SOINS INFIRMIERS

MÉDECINE CHIRURGIE

Tome **1**

Sharon L. **Lewis**, RN, PhD, FAAN
Shannon Ruff **Dirksen**, RN, PhD
Margaret McLean **Heitkemper**, RN, PhD, FAAN
Linda **Bucher**, RN, PhD, CEN
Ian M. **Camera**, RN, MSN, ND

ÉDITION FRANÇAISE

DIRECTION SCIENTIFIQUE

Céline Gélinas • Cécile Michaud
Mélanie Bérubé • Louise-Andrée Brien • Cécile Trochet

DIRECTION PÉDAGOGIQUE

Yvon Brassard

Achetez
en ligne ou
en librairie
En tout temps,
simple et rapide!
www.cheneliere.ca

CHENELIÈRE
ÉDUCATION

Soins infirmiers
Médecine Chirurgie, tome 1

© 2011, 2007, 2004, 2000, 1996, 1992, 1987, 1983 by Mosby, Inc., an affiliate of Elsevier Inc.

Traduction et adaptation de : *Medical-Surgical Nursing: Assessment and Management of Clinical Problems* de Sharon L. Lewis, Shannon Ruff Dirksen, Margaret McLean Heitkemper, Linda Bucher et Ian M. Camera © 2011 Elsevier (ISBN 978-0-323-06580-1)

This edition of *Medical-Surgical Nursing: Assessment and Management of Clinical Problems*, 8th by Sharon L. Lewis, Margaret M. Heitkemper, Shannon Ruff Dirksen, Linda Bucher and Ian M. Camera is published by arrangement with Elsevier Inc.

© 2011 **Chenelière Éducation inc.**

Conception éditoriale : Brigitte Gendron
Coordination éditoriale : André Vandal
Édition : Laurence Baulande, Valérie Cottier, Maxime Forcier, Nancy Lachance, Olivier Lagueux, Karine Nadeau, Martine Rhéaume
Coordination : Sabina Badilescu, Benoit Bordeleau, Audrey Boursaud, Martine Brunet, Caroline Côté, Chantal Lamarre, Lyne Larouche, Suzanne Lavigne, Johanne Lessard, Johanne Losier, Mélanie Nadeau, Catherine Nicole, Julie Pinson
Recherche iconographique : Rachel Irwin, Patrick St-Hilaire, Bernard Théoret
Traduction : Jean Blaquière, Claudie Bugnon, Nicolas Calvé, Isabelle Dargis, Marie Dumont, Catherine Ego, Christiane Foley, Jules Fontaine, Louise Gaudette, Geneviève Lachance, Alex Langlois, Suzanne Legendre, Lucie Martineau, Anne-Marie Mesa, Lucie Morin, Julie Paradis, Ethel Perez, Mélissa Perez, Laurence Perron, Marie Préfontaine, Geneviève Ross
Révision linguistique : Catherine Baron, Chantale Bordeleau, Nicolas Calvé, Marie-Claude Rochon, Anne-Marie Trudel
Correction d'épreuves : Catherine Baron, Isabelle Dowd, Marie LeToullec, Catherine Nicole, Maryse Quesnel, Marie-Claude Rochon, Martine Senécal, Nicolas Therrien, Zérofôte
Conception graphique : Dessine-moi un mouton
Adaptation de la conception graphique : Protocole communications d'affaires
Conception de la couverture : Josée Brunelle et Micheline Roy
Impression : TC Imprimeries Transcontinental

**Catalogage avant publication
de Bibliothèque et Archives nationales du Québec
et Bibliothèque et Archives Canada**

Vedette principale au titre :

Soins infirmiers : médecine chirurgie

Traduction de la 8e éd. de: Medical-surgical nursing.
Comprend des réf. bibliogr.
Pour les étudiants du niveau collégial.

ISBN 978-2-7650-2612-9 (v. 1)
ISBN 978-2-7650-2613-6 (v. 2)
ISBN 978-2-7650-2614-3 (v. 3)

1. Soins infirmiers. 2. Soins infirmiers en chirurgie. 3. Diagnostics infirmiers.
I. Lewis, Sharon Mantik. II. Brien, Louise-Andrée. III. Brassard, Yvon, 1953- .

RT41.M4314 2011   610.73   C2011-940738-8

**CHENELIÈRE
ÉDUCATION**

5800, rue Saint-Denis, bureau 900
Montréal (Québec) H2S 3L5 Canada
Téléphone : 514 273-1066
Télécopieur : 514 276-0324 ou 1 800 814-0324
info@cheneliere.ca

ISBN 978-2-7650-2612-9

Dépôt légal : 2e trimestre 2011
Bibliothèque et Archives nationales du Québec
Bibliothèque et Archives Canada

Imprimé au Canada

2 3 4 5 6 ITIB 18 17 16 15 14

Nous reconnaissons l'aide financière du gouvernement du Canada par l'entremise du Fonds du livre du Canada (FLC) pour nos activités d'édition.

Gouvernement du Québec – Programme de crédit d'impôt pour l'édition de livres – Gestion SODEC.

Dans cet ouvrage, le féminin est utilisé comme représentant des deux sexes, sans discrimination à l'égard des hommes et des femmes, et dans le seul but d'alléger le texte.

Des marques de commerce sont mentionnées ou illustrées dans cet ouvrage. L'Éditeur tient à préciser qu'il n'a reçu aucun revenu ni avantage conséquemment à la présence de ces marques. Celles-ci sont reproduites à la demande de l'auteur ou de l'adaptateur en vue d'appuyer le propos pédagogique ou scientifique de l'ouvrage.

La pharmacologie évolue continuellement. La recherche et le développement produisent des traitements et des pharmacothérapies qui perfectionnent constamment la médecine et ses applications. Nous présentons au lecteur le contenu du présent ouvrage à titre informatif uniquement. Il ne saurait constituer un avis médical. Il incombe au médecin traitant et non à cet ouvrage de déterminer la posologie et le traitement appropriés de chaque patient en particulier. Nous recommandons également de lire attentivement la notice du fabricant de chaque médicament pour vérifier la posologie recommandée, la méthode et la durée d'administration, ainsi que les contre-indications.

Les cas présentés dans les mises en situation de cet ouvrage sont fictifs. Toute ressemblance avec des personnes existantes ou ayant déjà existé n'est que pure coïncidence.

Chenelière Éducation, Elsevier, les auteurs, les adaptateurs et leurs collaborateurs se dégagent de toute responsabilité concernant toute réclamation ou condamnation passée, présente ou future, de quelque nature que ce soit, relative à tout dommage, à tout incident — spécial, punitif ou exemplaire —, y compris de façon non limitative, à toute perte économique ou à tout préjudice corporel ou matériel découlant d'une négligence, et à toute violation ou usurpation de tout droit, titre, intérêt de propriété intellectuelle résultant ou pouvant résulter de tout contenu, texte, photographie ou des produits ou services mentionnés dans cet ouvrage.

Tous les sites Internet présentés sont étroitement liés au contenu abordé. Après la parution de l'ouvrage, il pourrait cependant arriver que l'adresse ou le contenu de certains de ces sites soient modifiés par leur propriétaire, ou encore par d'autres personnes. Pour cette raison, nous vous recommandons de vous assurer de la pertinence de ces sites avant de les suggérer aux étudiants.

Le matériel complémentaire mis en ligne dans notre site Web et qui requiert un code d'accès est réservé aux résidants du Canada, et ce, à des fins d'enseignement uniquement.

L'achat en ligne est réservé aux résidants du Canada.

AVANT-PROPOS

Cette édition de *Soins infirmiers – Médecine Chirurgie,* que Chenelière Éducation présente fièrement, est la traduction et l'adaptation de la 8e édition de *Medical-Surgical Nursing* de Lewis, Dirksen, Heitkemper, Bucher et Camera, publié par Elsevier. Les enseignantes et les étudiantes francophones ont la chance d'avoir accès, dans leur langue, à cet ouvrage réputé quelques semaines seulement après sa parution aux États-Unis.

Dans leur 8e édition, les auteures américaines ont voulu rendre le texte plus accessible tout en s'assurant de conserver la rigueur scientifique qui a toujours caractérisé cet ouvrage. Cette préoccupation incontournable a aussi guidé l'équipe de la présente édition française.

L'adaptation du contenu américain a, en outre, été entreprise de manière à refléter le plus possible l'environnement et les pratiques les plus contemporaines des milieux de soins québécois. De plus, comme en témoignent les nombreuses références appuyant les diverses affirmations, une grande attention a été portée à la rigueur et à l'exactitude des contenus scientifiques.

Fidèle à l'orientation donnée à la collection Soins infirmiers, déjà illustrée par *Soins infirmiers – Fondements généraux* de Potter et Perry, ce *Soins infirmiers – Médecine Chirurgie* accorde une importance majeure au développement du jugement clinique. Cette édition est résolument axée sur l'apprentissage des étudiantes et comprend un ensemble de moyens qui les amènent à établir des liens entre la théorie et la pratique. Chaque chapitre fourmille ainsi d'occasions d'exercer leur esprit critique.

La démarche de soins constituant une composante essentielle de l'activité professionnelle de l'infirmière, l'ouvrage recense un grand éventail de situations cliniques. En effet, l'équipe pédagogique propose différentes situations de santé, inspirées pour la plupart de situations réelles. Dans ces mises en contexte, les analyses des données amènent les étudiantes à se familiariser avec un plan de soins et de traitements infirmiers et un plan thérapeutique infirmier, les préparant ainsi à ce qu'elles devront appliquer en milieu clinique.

Cet effort pour aiguiser la pensée critique et le jugement clinique se retrouve aussi dans le guide d'études qui accompagne le manuel. Il contient, pour sa part, plus de trente situations de santé réalistes, qui sont tantôt simples, tantôt complexes.

En résumé, la présente édition de *Soins infirmiers – Médecine Chirurgie,* qui a mobilisé plus de 200 spécialistes américaines et plus de 100 chercheuses, enseignantes ou praticiennes québécoises, reflète le mieux possible l'état actuel des connaissances. Il ne nous semble pas présomptueux d'affirmer qu'il s'agit de l'ouvrage le plus au cœur de la pratique infirmière.

Mélanie Bérubé   Céline Gélinas
Yvon Brassard   Cécile Michaud
Louise-Andrée Brien   Cécile Trochet

REMERCIEMENTS

La conception de l'ensemble didactique *Soins infirmiers – Médecine Chirurgie* est le résultat des efforts et de la collaboration d'une équipe imposante d'adaptatrices et de consultantes sous la direction de cinq directrices scientifiques. À ces personnes s'ajoute l'équipe de rédaction pédagogique. Sans leur connaissance du milieu des soins infirmiers québécois et de l'enseignement, cette réalisation n'aurait pu être possible.

Cette nouvelle édition n'aurait pu paraître sans le travail des traductrices, des réviseures et des correctrices qui ont assuré, tout au long de la rédaction, le niveau élevé de qualité que requiert un texte destiné à la formation collégiale et universitaire.

De même, sans le professionnalisme d'une équipe éditoriale compétente déterminée à produire un ouvrage qui réponde aux attentes des enseignantes et des étudiantes, ce manuel n'aurait pu voir le jour tel que vous pouvez l'apprécier actuellement.

Chenelière Éducation tient à remercier chaleureusement toutes les personnes qui, par leur talent, leur intelligence, leurs efforts et leur rigueur, ont rendu possible la publication de cet ouvrage et participent au succès de l'entreprise.

ÉQUIPE DE RÉDACTION

DIRECTION SCIENTIFIQUE

Mélanie Bérubé, inf., IPA, M.Sc., CSI(C)
Conseillère clinique en soins spécialisés pour les secteurs de la traumatologie et des soins critiques à l'Hôpital du Sacré-Cœur de Montréal, elle a également exercé le même rôle à l'Hôpital général juif dans le secteur des soins critiques et de la chirurgie cardiaque. Conseillère associée à la Faculté des sciences infirmières de l'Université de Montréal et chargée d'enseignement à cette même université, elle détient un diplôme postmaîtrise d'infirmière praticienne spécialisée en soins intensifs (*Acute Care Nurse Practitioner*) de l'Université de Toronto et une certification en soins intensifs de l'Association des infirmières et infirmiers du Canada.

Louise-Andrée Brien, inf., M. Sc.
Professeure invitée à la Faculté des sciences infirmières de l'Université de Montréal, elle est responsable des cours liés aux soins critiques pour le programme de baccalauréat en sciences infirmières. Détentrice d'une certification en soins infirmiers en neurosciences du Centre universitaire de santé McGill et d'une maîtrise en sciences infirmières (option formation) de l'Université de Montréal, elle s'intéresse aussi à la formation infirmière et interprofessionnelle en soins de fin de vie auprès de clientèles non oncologiques.

Céline Gélinas, inf., Ph. D.
(Sciences infirmières / Mesure et évaluation)
Professeure adjointe à l'École des sciences infirmières de l'Université McGill, elle est également chercheuse au Centre de recherche en sciences infirmières à l'Institut Lady Davis pour la recherche médicale de l'Hôpital général juif de Montréal. Détentrice d'un doctorat sur mesure en sciences infirmières et en mesure et évaluation de l'Université Laval, elle a réalisé un stage postdoctoral en sciences infirmières à l'Université McGill. Son expertise de recherche se situe dans le domaine de la mesure, de l'évaluation et du soulagement de la douleur auprès de la clientèle adulte de soins intensifs. Elle enseigne le contenu de l'examen clinique depuis plusieurs années dans le cadre de cours universitaires et de programmes de formation continue.

Cécile Michaud, inf., Ph. D.
(Sciences infirmières)
Professeure agrégée et directrice du programme de formation spécialisée en soins de première ligne à l'École des sciences infirmières de la Faculté de médecine et des sciences de la santé de l'Université de Sherbrooke, elle est aussi professeure associée à la Faculté des sciences infirmières de l'Université de Montréal. Elle dirige le Groupe de recherche de l'axe des pratiques professionnelles exemplaires du Centre de recherche de l'Hôpital Charles LeMoyne et assume la coresponsabilité de l'équipe sur le transfert des connaissances du Groupe de recherche interuniversitaire sur les interventions en sciences infirmières du Québec.

Cécile Trochet, M.D., M. Sc.
Professeure adjointe à l'École des sciences infirmières de la Faculté de médecine et des sciences de la santé de l'Université de Sherbrooke, elle coordonne l'enseignement des sciences biomédicales au baccalauréat en sciences infirmières et dans la partie prédoctorale du programme de médecine. Dès 1999, elle s'implique activement dans la mise en place des cours de sciences biologiques en utilisant l'approche par problèmes. Collaboratrice du Centre de pédagogie des sciences de la santé de l'Université de Sherbrooke, elle participe activement au développement de la formation des infirmières praticiennes spécialisées en soins de première ligne, dans son axe médical, en étroite collaboration avec le Département de médecine de famille.

DIRECTION PÉDAGOGIQUE

Yvon Brassard, inf., M. Éd., D.E.
Pendant près de 30 ans, il a œuvré dans le milieu de l'enseignement des soins infirmiers au collégial. Auteur de deux volumes sur la rédaction des notes d'évolution au dossier et d'un ouvrage sur les méthodes de soins, il a aussi participé à l'adaptation québécoise du volume *Soins infirmiers* (Potter & Perry, 1re et 2e édition), a assuré la direction pédagogique de la troisième édition *Soins infirmiers – Fondements généraux* et a rédigé le *Guide d'études* qui l'accompagne.

ADAPTATION DE L'ÉDITION FRANÇAISE

Sylvie Beaudoin, B. Sc.
Détentrice d'un baccalauréat en biochimie de l'Université de Montréal, elle possède 12 années d'expérience en recherche clinique. Étant spécialisée en cancer du sein et faisant actuellement partie de l'équipe du Groupe de recherche en cancer du sein du Centre de recherche du Centre hospitalier de l'Université de Montréal, elle y assume la responsabilité du contrôle de la qualité de la recherche clinique.

Maryse Beaumier, inf., M. Sc., Ph. D. (c)
Professeure régulière au Département des sciences infirmières de l'Université du Québec à Trois-Rivières, elle est aussi candidate au doctorat en santé communautaire à l'Université Laval. Spécialiste du soin des plaies et des soins aux personnes âgées, ses champs d'intérêt sont l'organisation des soins de santé et le travail en interdisciplinarité. Elle assume également la direction du conseil d'administration de l'Association canadienne du soin des plaies et est membre facultaire de l'Institut pour la gestion et la prévention des plaies.

Sylvie Bélanger, inf., M. Sc., CSIO(C)
Conseillère clinicienne spécialisée (volet hématologie-oncologie) à l'Hôpital du Sacré-Cœur de Montréal, centre hospitalier supra-régional affilié à l'Université de Montréal, elle assume aussi la fonction de présidente de l'Association québécoise des infirmières en oncologie.

Dalila Benhaberou-Brun, inf., M. Sc.
Infirmière diplômée d'État (IDE) de France, elle obtient ensuite un baccalauréat en sciences à l'Université de Montréal, puis une maîtrise en sciences biomédicales de cette même université. Elle s'est intéressée, à l'Hôpital du Sacré-Cœur, à l'évaluation du rythme circadien de la mélatonine chez les infirmières de nuit souffrant de troubles du sommeil. Après avoir œuvré dans la fonction publique, elle est, depuis 2005, rédactrice spécialisée en santé et en recherche clinique.

Anne Bernatchez, inf., M. Sc., IPSPL
Infirmière praticienne spécialisée en soins de première ligne au Centre médical Med, elle détient une maîtrise en sciences infirmières

de l'Université du Québec à Chicoutimi. Enseignante au Cégep André-Laurendeau, elle s'est notamment intéressée à une approche pédagogique novatrice en soins infirmiers, intégrée dans un milieu clinique, aidant l'étudiante à faire une évaluation clinique approfondie des clients.

Mélanie Bérubé, inf., IPA, M.Sc., CSI(C)
Conseillère clinique en soins spécialisés pour les secteurs de la traumatologie et des soins critiques à l'Hôpital du Sacré-Cœur de Montréal, elle a également exercé le même rôle à l'Hôpital général juif dans le secteur des soins critiques et de la chirurgie cardiaque. Conseillère associée à la Faculté des sciences infirmières de l'Université de Montréal et chargée d'enseignement à cette même université, elle détient un diplôme postmaîtrise d'infirmière praticienne spécialisée en soins intensifs (*Acute Care Nurse Practitioner*) de l'Université de Toronto et une certification en soins intensifs de l'Association des infirmières et infirmiers du Canada.

Luc-Étienne Boudrias, inf., M. Sc., CSI(C)
Titulaire d'une maîtrise de la Faculté des sciences infirmières de l'Université de Montréal, il est un spécialiste du développement du rôle de l'infirmière clinicienne en traumatologie. Il a travaillé au Centre de recherche interdisciplinaire en réadaptation du Montréal métropolitain, et il est actuellement conseiller en soins infirmiers de cardiologie à l'Hôpital du Sacré-Cœur de Montréal et infirmier en soins critiques pour la compagnie Skyservice Aviation.

Patricia Bourgault, inf., Ph. D.
(Sciences cliniques)
Infirmière et détentrice d'un doctorat en sciences cliniques (spécialisation en sciences infirmières) de l'Université de Sherbrooke portant sur la douleur chronique, elle occupe un poste de professeure agrégée à l'École des sciences infirmières et dirige le micro-programme de deuxième cycle en gestion de la douleur à la Faculté de médecine et des sciences de la santé de l'Université de Sherbrooke. Ses recherches portent sur la douleur chronique, de sa reconnaissance à son soulagement en passant par son dépistage, et ce, autant en première, deuxième que troisième ligne.

Carole Cormier, inf., B. Sc., M. Éd., ICP(C)
Conseillère en soins spécialisés (périnatalité, gynécologie et pédiatrie) à l'Hôpital Charles LeMoyne et instructrice en réanimation néonatale, elle a été auparavant infirmière-éducatrice en soins des nouveau-nés à l'Hôpital Royal Victoria, affilié au Centre universitaire de santé McGill. Elle s'intéresse au développement professionnel pour le personnel infirmier travaillant en périnatalité (unité de soins intensifs néonataux, post-partum, salle d'accouchement).

Manon Coulombe, inf., M. Sc., ICSP(C)
Titulaire d'une maîtrise en sciences infirmières de l'Université de Montréal et détentrice d'une certification de l'Association des infirmières et infirmiers du Canada en soins palliatifs, elle occupe le poste d'infirmière pivot en soins palliatifs à l'Hôpital Maisonneuve-Rosemont de Montréal.

Josée Dagenais, inf., M. Sc.
Conseillère clinicienne spécialisée (volet médecine) à l'Hôpital du Sacré-Cœur de Montréal, centre hospitalier affilié à l'Université de Montréal, et détentrice d'une maîtrise en sciences infirmières de l'Université de Montréal, ses compétences visent les soins aux personnes atteintes de maladie chronique, particulièrement en néphrologie et en pneumologie, de même que les soins en gériatrie.

Clémence Dallaire, inf., Ph. D.
(Sciences infirmières)
Titulaire d'un doctorat en sciences infirmières et professeure titulaire à la Faculté des sciences infirmières de l'Université Laval, elle enseigne notamment le savoir infirmier aux premier et troisième cycles. Ses travaux de recherche portent sur l'organisation des soins et des services, l'analyse et la description des fonctions infirmières, et l'adoption de politiques saines. Elle est l'auteure d'articles de vulgarisation, en plus d'avoir codirigé deux volumes sur les soins infirmiers. Son plus récent ouvrage est un outil pédagogique visant une meilleure connaissance du savoir infirmier.

Danièle Dallaire, inf., M. Sc.
Professeure de clinique à la Faculté des sciences infirmières de l'Université Laval, elle est titulaire d'une maîtrise en sciences

infirmières décernée par l'Université Laval. Elle occupe également un poste d'infirmière clinicienne spécialisée en soins critiques au Centre hospitalier universitaire de Québec. Son expertise touche principalement la traumatologie et les soins intensifs.

Lise Fillion, inf., Ph. D. (Psychologie)
Infirmière et professeure titulaire à la Faculté des sciences infirmières de l'Université Laval, elle est aussi psychologue en psycho-oncologie au Centre hospitalier universitaire de Québec–Hôtel-Dieu de Québec (CHUQ-HDQ) et chercheuse régulière au Centre de recherche du CHUQ (axe cancer). Elle est également membre de l'équipe de recherche en soins palliatifs de la Maison Michel-Sarrazin.

Catherine Forbes, inf., M. Sc., CSN(C)
Infirmière clinicienne spécialisée en neurologie à l'Hôpital général juif de Montréal, elle occupe la fonction de coordonnatrice clinique auprès des personnes ayant subi un accident vasculaire cérébral. Elle est aussi chargée de cours au baccalauréat en sciences infirmières à l'Université de Montréal. Ayant d'abord travaillé en réadaptation puis aux soins intensifs, elle se consacre maintenant aux soins des personnes ayant eu un accident vasculaire cérébral, et ce, de leur admission jusqu'à leur congé de l'hôpital.

Isabelle Gaboury, Ph. D. (Santé des populations)
Détentrice d'un doctorat en santé des populations de l'Université d'Ottawa, elle a fait un stage postdoctoral à la Faculté de médecine de l'Université de Calgary. Elle s'intéresse principalement à l'interprofessionnalisme dans le système des soins de santé ainsi qu'aux approches complémentaires et parallèles en santé.

Antoinette Gimenez-Lambert, inf., M. Éd.
Infirmière, titulaire d'un diplôme d'hygiène hospitalière de l'Université de Rouen, d'un diplôme de stratégie globale d'hygiène hospitalière de l'Université de Lyon et d'une maîtrise en pédagogie des sciences de la santé de l'Université Paris XIII, elle est coconceptrice et chargée de cours dans le microprogramme et le DESS en prévention et contrôle des infections de la Faculté des sciences infirmières de l'Université de Montréal depuis 2004.

Johanne Hébert, inf., M. Sc., Ph. D. (c)
Infirmière depuis plus de 20 ans et coordonnatrice de l'Unité de recherche en sciences infirmières du CHUQ, elle détient une maîtrise en sciences infirmières de l'Université Laval. Ses champs d'intérêt en recherche portent sur l'oncologie, et plus précisément sur l'infirmière pivot en oncologie et son rôle de soutien. Ses études doctorales traitent des besoins des personnes atteintes de cancer à la phase de survie.

Catherine Houle, inf., B. Sc.
Infirmière clinicienne diplômée de l'Université de Sherbrooke, elle occupe actuellement un poste d'assistante infirmière-chef au Département de chirurgie générale du CHUS. Elle s'intéresse à l'amélioration de la qualité des soins.

Marie-Claude Jacques, inf., B. Sc., Ph. D. (c)
Infirmière clinicienne et candidate au doctorat en sciences infirmières à l'Université de Sherbrooke, elle y est également professeure chargée d'enseignement à l'École des sciences infirmières de la Faculté de médecine et des sciences de la santé. Elle a cumulé plusieurs années d'expérience comme infirmière clinicienne auprès de toxicomanes et d'itinérants atteints d'un trouble mental grave.

Manon Lacroix, inf., M. Sc., IPSPL
Infirmière praticienne spécialisée en soins de première ligne, elle détient une maîtrise en sciences infirmières, option infirmière praticienne en soins de santé primaires de l'Université d'Ottawa. Au cours des vingt dernières années, elle a exercé majoritairement en CLSC. Professeure à mi-temps en sciences infirmières à l'Université du Québec en Abitibi-Témiscamingue et pratiquant à titre d'infirmière praticienne dans un CLSC du nord-est ontarien depuis 2003, ses domaines d'intérêt portent sur les soins de première ligne et sur la santé communautaire.

Renée Létourneau, inf., B. Sc.
Étudiante à la maîtrise à l'Université de Sherbrooke, elle occupe actuellement le poste d'assistante infirmière-chef au Département de chirurgie générale du CHUS. Elle s'intéresse à l'amélioration de la qualité de vie chez des clients atteints de maladie chronique.

Marie-Chantal Loiselle, inf., M. Sc., Ph. D. (c)
Professeure à l'École des sciences infirmières de l'Université de Sherbrooke et étudiante au doctorat en sciences infirmières, elle a une longue expérience à titre d'infirmière clinicienne spécialisée en dialyse rénale. Elle s'intéresse à l'autogestion de la santé, à la prise de décision partagée et aux interventions de soutien à la décision. Sa thèse doctorale porte sur ces thèmes chez les clients atteints de maladie rénale chronique devant faire le choix d'une thérapie de suppléance rénale.

Géraldine Martorella, inf., Ph. D. (c)
Conseillère en soins spécialisés dans les domaines de la chirurgie et de la traumatologie pendant plusieurs années, elle est actuellement professeure en sciences infirmières. Ses intérêts portent sur le développement d'interventions novatrices pour le soulagement de la douleur aiguë et chronique, particulièrement dans le contexte périopératoire.

France Paquet, inf., M. Sc.
Conseillère en pratique clinique au Centre universitaire de santé McGill, elle a occupé les fonctions d'infirmière clinicienne à la Clinique de fibrose kystique pour adultes de l'Institut thoracique de Montréal du Centre universitaire de santé McGill, puis d'infirmière clinicienne spécialisée en soins respiratoires. Elle s'intéresse notamment aux soins infirmiers respiratoires, aux soins à la famille et aux soins vasculaires.

Vitalie Perreault, inf., M. Sc.
Après cinq ans d'enseignement en soins infirmiers au collégial, elle est maintenant responsable de la formation clinique à la Faculté des sciences infirmières de l'Université de Montréal. Ayant une vaste expérience clinique de soins critiques liée principalement à la cardiologie, à la pneumologie et à la radiologie, elle possède également une expérience de recherche clinique en pneumologie, en électrophysiologie et en radiologie.

Karine Philibert, inf., B. Sc.
Infirmière bachelière diplômée de l'Université de Colombie-Britannique et spécialisée en santé mentale, en éthique et en soins interculturels, elle enseigne au Collège de Bois-de-Boulogne et au Cégep du Vieux-Montréal. Elle occupe également un poste de chargée de cours à l'Université de Sherbrooke, où elle poursuit une maîtrise en sciences cliniques.

Suzanne Provencher, inf., B. Sc. N.
Infirmière clinicienne spécialisée en fertilité, elle occupe le poste d'infirmière-chef au Centre de fertilité de Montréal. Elle compte quinze années d'expérience en infertilité et en fécondation *in vitro*.

Hugues Provencher-Couture, M. Sc., IPSC
Infirmier praticien spécialisé en cardiologie au Centre hospitalier universitaire de Sherbrooke, il s'est joint à l'équipe de chirurgie cardiaque en décembre 2008. Il détient une maîtrise en sciences infirmières et un diplôme de spécialisation complémentaire en cardiologie.

Annabelle Rioux, M. Sc., IPSPL
Infirmière praticienne spécialisée en soins de première ligne, elle fait partie de la toute première cohorte d'étudiantes à la maîtrise en sciences infirmières formées à l'Université de Montréal. Elle travaille comme IPSPL au CLSC Châteauguay du Centre de santé et de services sociaux Jardins-Roussillon depuis le printemps 2010 et enseigne également à l'Université de Montréal.

Jean-Dominic Rioux, M. Sc., IPSC
Infirmier praticien spécialisé en cardiologie à la clinique d'insuffisance cardiaque du CHUS–Hôtel-Dieu, il assume également un rôle régional en Estrie comme infirmier pivot en insuffisance cardiaque. Il est chargé de cours dans le cadre de la formation des infirmières praticiennes spécialisées en soins de première ligne à la Faculté de médecine de l'Université de Sherbrooke et, depuis 2005, il y est également moniteur en sciences biomédicales.

Danielle Soucy, inf., M. Sc., ICMC(C)
Infirmière conseillère en soins spécialisés pour les programmes généraux et Famille-Enfance-Jeunesse au Centre de santé et de services sociaux Champlain, elle est membre du comité des relations publiques de l'Ordre régional des infirmières et infirmiers de la Montérégie et membre du comité d'examen de certification en médecine/chirurgie à l'Association des infirmières et infirmiers du Canada.

Pierre Verret, inf., M. Sc., CSIO(C)
Détenteur d'une maîtrise en sciences infirmières et d'une certification en oncologie, il est chargé d'enseignement et responsable de la formation «Examen clinique» à l'Université Laval. Son expertise porte sur l'évaluation des besoins biopsychosociaux des enfants atteints d'un cancer et de leurs proches, ainsi que sur les effets à long terme de la maladie et des traitements chez les jeunes guéris.

ÉQUIPE DE CONSULTATION

Lara Aziz, inf., B. Sc., M. Éd.
Louiselle Bélanger, inf., B. Sc.
Ines Chamakhi, M.D.
Mélanie Charron, inf., B. Sc.
Françoise Côté, inf., Ph. D.
Josée Dagenais, inf., M. Sc.
Sylvie Desjardins, inf., M. Sc.
Michel Doré, inf., B. Sc.
Sylvie Dubé, inf., B. Sc.

Diane Dubreuil, inf., B. Sc.
Hélène Gagné, inf., B. Sc.
Nancy Gagné, inf.
Céline Gélinas, inf., Ph. D.
Christine Genest, inf., Ph. D. (c)
Roger Godbout, Ph. D.
Caroline Gravel, inf., M. Sc.
Suzanne Lachance, inf., M. Sc.
Jocelyne Lacroix, inf. clin.

Marjolaine Landry, inf., Ph. D. (c)
Nathalie Nadon, IPS, M. Sc.
Diane Nault, inf., M. Sc.
Margot Phaneuf, inf., Ph. D.
Ernest Prégent, M.D.
Jean St-Louis, M.D., CM
Louise Sylvestre, RN
Sébastien Touchette, inf., CSI(C)
Angèle Venne, inf., B. Sc.

ÉQUIPE DE RÉDACTION DE L'ÉDITION AMÉRICAINE

DIRECTION
Sharon L. **Lewis,** RN, PhD, FAAN
Shannon Ruff **Dirksen,** RN, PhD
Margaret McLean **Heitkemper,** RN, PhD, FAAN
Linda **Bucher,** RN, PhD, CEN
Ian M. **Camera,** RN, MSN, ND

COLLABORATION

Richard B. Arbour, RN, MSN, CCRN, CNRN, CCNS, FAAN
Critical Care Clinical Nurse Specialist
Albert Einstein Medical Center
Philadelphia, Pennsylvania

Margaret W. Baker, PhD, RN, CNL
Assistant Professor
University of Washington School of Nursing
Seattle, Washington

Barbara Bartz, MN, RN, CCRN
Nursing Instructor
Yakima Valley Community College
Yakima, Washington

Audrey J. Bopp, RN, MSN, CNS
Assistant Director, School of Nursing
University of Northern Colorado
Greeley, Colorado

Linda Dantino Bouffard, DNP, FNP, MSN
Director of Cardiovascular Programs
Humana Healthcare
Louisville, Kentucky

Elisabeth G. Bradley, RN, MS, ACNS-BC, CCRN, CCNS
Clinical Leader, Cardiovascular Prevention Program
Christiana Care Health System
Newark, Delaware

Lucy Bradley-Springer, PhD, RN, ACRN, FAAN
Associate Professor
University of Colorado School of Medicine
Mountain Plains AIDS Education and Training Center
Denver, Colorado

Linda Bucher, RN, PhD, CEN
Professor, School of Nursing
College of Health Sciences
University of Delaware
Newark, Delaware
Staff Nurse, Emergency Department
Virtua Memorial Hospital
Mt. Holly, New Jersey

Jormain Cady, DNP, ARNP, AOCN
Nurse Practitioner
Virginia Mason Medical Center
Department of Radiation Oncology
Seattle, Washington

Ian M. Camera, MSN, ND, RN
Professor
Holyoke Community College
Holyoke, Massachusetts

Deborah Castellucci, RN, MPA, CCRN-CMC
Clinical Nurse Specialist
Thomas Jefferson University Hospital
Philadelphia, Pennsylvania

Olivia Catolico, PhD, RN
Associate Professor, Department of Nursing
Dominican University of California
San Rafael, California

Anne Croghan, MN, ARNP
Nurse Practitioner
Seattle Gastroenterology Associates
Seattle, Washington

Judi Daniels, PhD, ARNP
Course Coordinator
Frontier School of Midwifery and Family Nursing
Richmond, Kentucky

Shannon Ruff Dirksen, RN, PhD
Associate Professor
College of Nursing and Health Innovation
Arizona State University
Phoenix, Arizona

Rose Ann DiMaria-Ghalili, PhD, RN
Associate Professor
College of Nursing and Health Professions
Drexel University
Philadelphia, Pennsylvania

Angela DiSabatino, RN, MS
Manager, Cardiovascular Clinical Trials
Christiana Care Health Services
Newark, Delaware

Laura Dulski, MSN, CNE, RNC-HROB
Assistant Professor
West Suburban College of Nursing
Oak Park, Illinois

Mary Ersek, PhD, RN, FAAN
Associate Professor
University of Pennsylvania
Philadelphia, Pennsylvania

JoAnn Grove, RN, EIS
Case Manager
Pueblo Community Health Center
Pueblo, Colorado

Peggi Guenter, RN, PhD, CNSN
Managing Editor for Special Projects
American Society for Parenteral and Enteral Nutrition
Silver Spring, Maryland

Debra Hagler, PhD, RN, ACNS-BC, CNE, ANEF
Clinical Professor
College of Nursing and Health Innovation
Arizona State University
Phoenix, Arizona

Deborah Hamolsky, RN, MS, AOCNS
Nurse Clinician, Educator
Helen Diller Family Cancer Center
Carol Franc Buck Breast Care Center
University of California—San Francisco
San Francisco, California

Carol M. Headley, RN, DNSc, CNN
Dialysis Case Manager
Veterans Affairs Medical Center
Memphis, Tennessee

Margaret McLean Heitkemper, RN, PhD, FAAN
Professor and Chairperson, Department of Biobehavioral Nursing and Health Systems
Elizabeth Sterling Soule Endowed Chair in Nursing
School of Nursing
Adjunct Professor, Division of Gastroenterology
School of Medicine
University of Washington
Seattle, Washington

Teresa E. Hills, RN, MSN, ACNP-BC, CNRN
Neurosurgery/Neurotrauma Critical Care
Nurse Practitioner
Christiana Care Health Systems
Newark, Delaware

Christine R. Hoch, MSN, RN
Nursing Instructor
Delaware Technical and Community College
Newark, Delaware

Joyce A. Jackowski, MS, FNP-BC, AOCNP
Nurse Practitioner
Fairfax Northern Virginia Hematology and Oncology
Arlington, Virginia

Vicki Johnson, PhD, RN, CUCNS
Assistant Professor
University of Alabama School of Nursing at Birmingham
Birmingham, Alabama

Jane Steinman Kaufman, MS, RN, ANP-BC
Clinical Associate Professor
University of North Carolina—Chapel Hill School of Nursing
Chapel Hill, North Carolina

Judy Knighton, RegN, MScN
Clinical Nurse Specialist—Burns
Ross Tilley Burn Centre
Sunnybrook Health Sciences Centre
Toronto, Ontario, Canada

Catherine N. Kotecki, RN, PhD, APN
Associate Dean
Thomas Edison State College
Trenton, New Jersey

Nancy Kupper, RN, MSN
Associate Professor
Tarrant County College
Fort Worth, Texas

Jeffrey Kwong, DNP, MPH, ANP-BC, ACRN
Instructor
University of Colorado School of Medicine
Division of Infectious Diseases
Clinical Education Coordinator
Mountain Plains AIDS Education and Training Center
Denver, Colorado

Carol A. Landis, DNSc, RN, FAAN
Professor and Vice Chair for Research
Department of Biobehavioral Nursing and Health Systems
University of Washington
Seattle, Washington

Cheryl A. Lehman, PhD, RN, CRRN-A, RN-BC, CNS
Associate Professor, Clinical
Acute Nursing Department
University of Texas Health Science Center,
San Antonio, Texas

Janet Lenart, RN, MN, MPH
Senior Lecturer
School of Nursing, University of Washington
Seattle, Washington

Sharon L. Lewis, RN, PhD, FAAN
Research Professor
Castella Distinguished Professor
School of Nursing
University of Texas Health Science Center at San Antonio
San Antonio, Texas

Kathy Lucke, PhD, RN
Associate Dean for Academic Affairs
University at Buffalo School of Nursing
Buffalo, New York

Nancy J. MacMullen, PhD, RNC-HROB, APN/CNS, CNE
Interim Chairperson
Governors State University
University Park, Illinois

Margaret (Peggy) J. Malone, RN, MN, CCRN
Clinical Nurse Specialist, Critical Care
St. John Medical Center
Longview, Washington

Brenda Michel, RN, EdD, MS, CDE
Professor of Nursing
Lincoln Land Community College
Diabetes Educator
Southern Illinois University School of Medicine
Springfield, Illinois

De Ann Fisher Mitchell, PhD, RN
Professor of Nursing
Tarrant County College
Fort Worth, Texas

Teri A. Murray, PhD, RN
Robert Wood Johnson
Executive Nurse Fellow
Dean, School of Nursing
Saint Louis University
St. Louis, Missouri

Sherry Neely, MSN, RN, CRNP
Associate Professor
Butler County Community College
Butler, Pennsylvania

Janice A. Neil, RN, PhD
Associate Professor
East Carolina University
College of Nursing
Greenville, North Carolina

Casey Norris, BSN, MSN, PCNS BC
Pulmonary Clinical Nurse Specialist
Easet Tennessee Children's Hospital
Maryville, Tennessee

Patricia Graber O'Brien, MA, MSN
Former Instructor, College of Nursing
University of New Mexico
Clinical Research Coordinator
Lovelace Scientific Resources
Albuquerque, New Mexico

DaiWai M. Olson, PhD, RN, CCRN
Assistant Professor of Medicine/Neurology
Duke University Medical Center
Durham, North Carolina

Rosemary C. Polomano, PhD, RN, FAAN
Associate Professor of Pain Practice –
Clinician Educator
University of Pennsylvania
School of Nursing
Philadelphia, Pennsylvania

Cory Shaw Retherford, M.O.M, L.Ac.
Traditional Chinese Medicine practitioner
Private practice
Research Assistant
School of Nursing
University of Texas Health Science
Center—San Antonio
San Antonio, Texas

Kathleen Rich, PhD, RN, CCNS, CCRN-CSC, CNN
Cardiovascular Clinical Specialist
La Porte Regional Health System
La Porte, Indiana

Dottie Roberts, EdD(C), MSN, MACI, RN, CMSRN, ONSC-C
Nursing Instructor
South University
Columbia, South Carolina

Sandra Irene Rome, RN, MN, AOCN
Hematology/Oncology Clinical
Nurse Specialist
Cedars-Sinai Medical Center
Los Angeles, California

Kathleen Rourke, BSN, ANP, ONP-C
Orthopedic Nurse Practitioner
Harvard Vanguard Medical Associates
West Roxbury, Massachusetts

Marilee Schmelzer, PhD, RN
Associate Professor
The University of Texas at Arlington College
of Nursing
Arlington, Texas

Maureen A. Seckel, RN, APN, MSN, ACNS, BC, CCNS, CCRN
Clinical Nurse Specialist Medical Pulmonary
Critical Care
Christiana Care Health System
Newark, Delaware

Virginia (Jennie) Shaw, MSN, RN
Associate Professor
University of Texas Health Science Center
School of Nursing
San Antonio, Texas

Maura M. Sheridan, BSN, CRNA
Clinical Site Coordinator
Roxanna Canon Arsht Ambulatory Surgery
Christiana Care Health Services
Wilmington, Delaware

Anita Shoup, RN, MSN, CNOR
Clinical Nurse Specialist
Swedish Medical Center
Seattle, Washington

Barbara Sinni-McKeehen, MSN, ARNP, DNC
Dermatology Nurse Practitioner
Bay Pines VA Health Care Center
Bay Pines, Florida

Sarah C. Smith, RN, MA, CRNO, COA
Nurse Manager
University of Iowa Health Care
Deptartment of Nursing, Eye Clinic
Iowa City, Iowa

Colleen R. Walsh, RN, MSN, ONC, CS, ACNP-BC
Faculty, Graduate Nursing
University of Southern Indiana
College of Nursing and Health Professions
Evansville, Indiana

Deirdre D. Wipke-Tevis, RN, MSN, PhD
Associate Professor, Coordinator
of CNS Area of Study
Sinclair School of Nursing
University of Missouri
Columbia, Missouri

Juvann M. Wolff, RN, ARNP, MN, FNP
Senior Lecturer, Clinical Faculty
University of Washington
School of Nursing
Lake Forest Park, Washington

Russell G. Zaiontz, RN, MSN
Assistant Professor of Nursing
San Antonio College, Department
of Nursing Education
San Antonio, Texas

Meg Zomorodi, RN, PhD
Clinical Assistant Professor
University of North Carolina—Chapel Hill
School of Nursing
Chapel Hill, North Carolina

CARACTÉRISTIQUES DE L'OUVRAGE

Traduction de la 8ᵉ édition anglaise

Cette édition de *Soins infirmiers – Médecine Chirurgie* de Lewis, Dirksen, Heitkemper, Bucher et Camera est la traduction de la toute dernière édition américaine parue en 2011. De ce fait, elle reflète les plus récentes avancées dans le domaine des sciences infirmières. À l'instar de la version américaine, l'édition québécoise a été réalisée en portant une attention particulière à la lisibilité du texte afin d'en faciliter la compréhension.

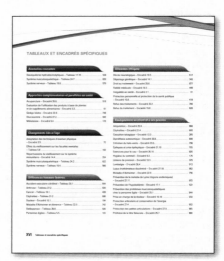

Tableaux et encadrés spécifiques

Une liste complète des tableaux et encadrés spécifiques, présentée par sujet, constitue un outil de référence rapide. Elle comprend :

- Anomalies courantes
- Approches complémentaires et parallèles en santé
- Changements liés à l'âge
- Différences hommes-femmes
- Dilemmes éthiques
- Enseignement au client et à ses proches
- Évaluation et interventions en situation d'urgence
- Examens paracliniques

- Génétique et pratique clinique
- Histoire de santé
- Pharmacothérapie
- Plan de soins et de traitements infirmiers
- Pratique fondée sur des résultats probants
- Processus diagnostique et thérapeutique
- Promotion et prévention
- Soins infirmiers transculturels
- Thérapie nutritionnelle

OUVERTURE DE CHAPITRE

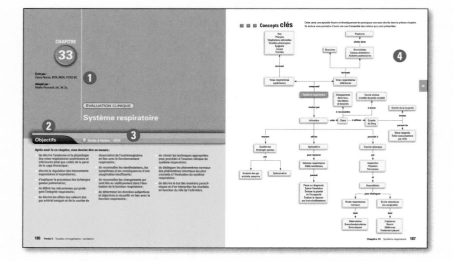

❶ Noms des auteures et des adaptatrices

Les noms des auteures de l'édition américaine et des adaptatrices du chapitre de l'édition en langue française figurent sur la page d'ouverture de chacun des chapitres. Ces dernières sont toutes issues du milieu des soins infirmiers québécois et canadien (professeures, chercheuses, cliniciennes).

❷ Objectifs d'apprentissage

Les principaux objectifs d'apprentissage mettent en évidence les aspects essentiels présentés dans le chapitre concernant les divers systèmes, les pathologies les affectant et les interventions infirmières appropriées.

❸ Renvois au *Guide d'études*

Un guide d'études propose des situations d'apprentissage favorisant l'appropriation des connaissances et le développement du jugement clinique.

❹ Concepts clés

Une carte conceptuelle présente la schématisation des principaux concepts abordés dans le chapitre. En un coup d'œil, la lectrice a une vue d'ensemble des notions essentielles et des liens qui les unissent. Ce réseau de concepts peut facilement être utilisé comme outil de révision des notions apprises à la lecture du chapitre.

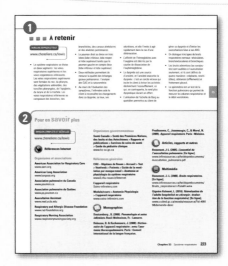

FERMETURE DE CHAPITRE

➊ À retenir

Cette rubrique résume les principaux points à retenir et facilite la révision des connaissances présentées dans le chapitre. Une version reproductible est consultable au www.cheneliere.ca/lewis pour celles qui voudraient se bâtir un outil de révision en vue de la préparation aux examens.

➋ Pour en savoir plus

Cette rubrique propose une série de références pertinentes (sites Web, ouvrages, revues scientifiques, articles scientifiques, etc.) aux lectrices qui désirent approfondir certains aspects traités dans le chapitre. Une version plus détaillée peut être consultée au www.cheneliere.ca/lewis et permet d'accéder, d'un seul clic, aux sites Web mentionnés.

ORGANISATION DU CONTENU

➊ Chapitres généraux

Ces chapitres présentent des concepts généraux constituant une base théorique en soins infirmiers.

➋ Chapitres *Évaluation clinique*

Ces chapitres exposent les notions d'anatomie et de physiologie, d'antécédents de santé, de diagnostics et celles liées aux responsabilités des infirmières. Dans ces chapitres, les outils mnémotechniques PQRSTU et AMPLE sont utilisés pour structurer la démarche de cueillette des données au cours de l'évaluation clinique.

➌ Chapitres *Interventions cliniques*

Ces chapitres s'organisent autour de la démarche de soins et présentent les différentes pathologies, leurs manifestations cliniques, ainsi que les interventions devant être maîtrisées par l'infirmière.

Les problèmes de santé présentés dans les plans de soins et de traitements infirmiers (PSTI) s'inspirent des diagnostics infirmiers de la NANDA International.

➍ Analyse d'une situation de santé

Tous les chapitres *Interventions cliniques* se terminent par la présentation d'un cas clinique réaliste abordant une des pathologies étudiées. À l'aide de questions, les étudiantes sont amenées à développer leur jugement clinique en expérimentant les étapes de la démarche de soins afin de planifier les interventions requises, et de préparer ou de modifier, s'il y a lieu, un plan thérapeutique infirmier (PTI).

➎ Solutionnaire

Les réponses aux questions de la section *Mise en œuvre de la démarche de soins* sont présentées au www.cheneliere.ca/lewis.

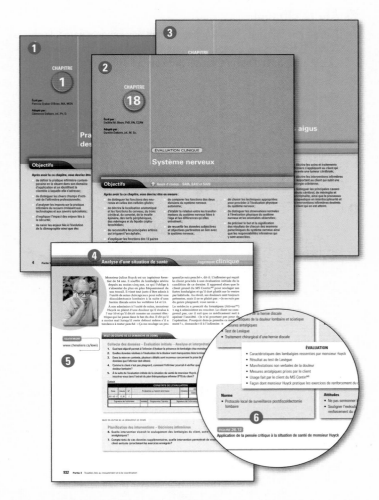

➏ Application de la pensée critique à la situation de santé

En lien avec le cas clinique présenté dans l'*Analyse d'une situation de santé*, la figure *Application de la pensée critique à la situation de santé* résume l'essentiel des connaissances, des expériences, des normes et des attitudes qu'une infirmière doit démontrer à l'étape de l'évaluation clinique. En s'appuyant sur les composantes de la pensée critique, l'infirmière fait ainsi preuve de jugement clinique et de compétence.

❶ Capsules de jugement clinique

Des capsules de jugement clinique proposent de courtes situations cliniques amenant la lectrice à mettre en relation ses connaissances, la théorie et la pratique clinique. L'exercice que requiert la formulation des réponses à ces questions favorise le développement des compétences en matière de pensée critique. Le solutionnaire est présenté au www.cheneliere.ca/lewis.

❷ Tableaux, encadrés, figures

Des centaines de tableaux, d'encadrés et de figures résument ou complètent les connaissances essentielles présentées dans ce manuel, ce qui permet de mieux en soutenir l'apprentissage.

❸ Alerte clinique

Des alertes cliniques en marge soulignent des aspects particuliers que l'infirmière doit considérer au moment de l'application de certains soins, ce qui lui permet d'assurer sa sécurité ou celle du client.

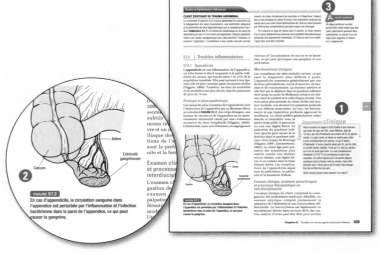

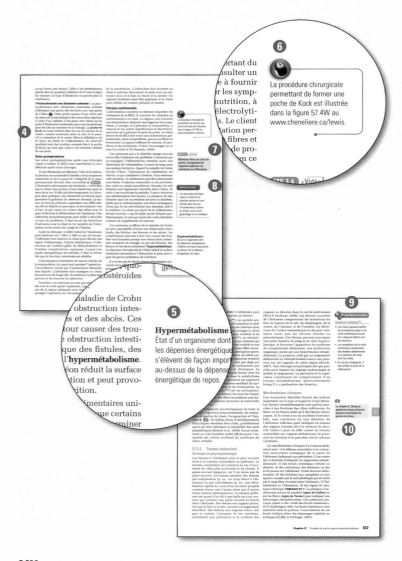

❹ Termes en gras

Les termes en caractères gras indiquent qu'ils sont définis dans le glossaire, à la fin du manuel.

❺ Mots définis en marge

Des mots surlignés en jaune dans le texte sont définis en marge afin d'aider à la compréhension du texte en un coup d'œil. Ces mots sont également définis dans le glossaire.

❻ Renvois au Web

Ces renvois en marge dirigent la lectrice vers du matériel complémentaire qu'elle peut consulter au www.cheneliere.ca/lewis. Aussi, dans la zone destinée aux étudiantes, il est possible de consulter des tableaux, des figures, des encadrés, des vidéos et des animations qui guideront leur apprentissage et permettront d'approfondir leurs connaissances.

❼ Renvois aux méthodes de soins

Ces renvois présentés en marge réfèrent au guide *Méthodes de soins 2*. Certaines méthodes de soins filmées sont également proposées au www.cheneliere.ca/lewis.

❽ Rappelez-vous

Cette rubrique présentée en marge propose un rappel des connaissances déjà acquises par l'étudiante, lui permettant ainsi de les associer au sujet abordé dans le chapitre.

❾ Pharmacovigilance

Ces rubriques présentées en marge visent à prévenir l'étudiante de spécificités de certains médicaments ou la met en garde quant à leur utilisation.

❿ Renvois aux autres chapitres

Au fil du texte, des renvois guident la lectrice vers d'autres chapitres qui présentent plus spécifiquement des aspects abordés dans le texte.

REPÉRAGE FACILE

Un texte aéré, une hiérarchie de titres logique, une utilisation péda-gogique de la couleur sont autant de moyens utilisés pour faciliter la lecture et la navigation dans le texte et le chapitre.

Les couleurs des tableaux et des encadrés thématiques permettent de faire le lien avec les composantes et les champs de compétences cliniques de l'infirmière décrits dans la *Mosaïque des compétences cliniques de l'infirmière – Compétences initiales* de l'OIIQ.

Bleu	Tableaux et encadrés généraux
Vert	Composante professionnelle / évaluation-interventions
Rouge	Composante fonctionnelle / scientifique-interventions
Orangé	Composante fonctionnelle / scientifique
Ocre	Composante fonctionnelle / éthique-déontologie
Bleu acier	Composante professionnelle / interventions

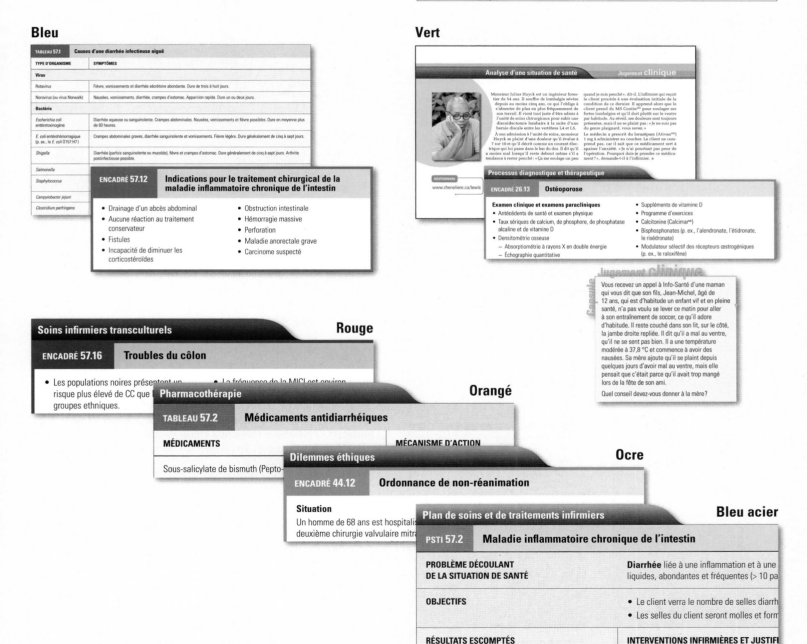

Bleu

TABLEAU 57.1 Causes d'une diarrhée infectieuse aiguë

TYPE D'ORGANISME	SYMPTÔMES
Virus	
Rotavirus	Fièvre, vomissements et diarrhée sécrétoire abondante. Dure de trois à huit jours.
Norovirus (ou virus Norwalk)	Nausées, vomissements, diarrhée, crampes d'estomac. Apparition rapide. Dure un ou deux jours.
Bactérie	
Escherichia coli entérotoxinogène	Diarrhée aqueuse ou sanguinolente. Crampes abdominales. Nausées, vomissements et fièvre possibles. Dure en moyenne plus de 60 heures.
E. coli entérohémorragique (p. ex., le E. coli O157:H7)	Crampes abdominales graves, diarrhée sanguinolente et vomissements. Fièvre légère. Dure généralement de cinq à sept jours.
Shigella	Diarrhée (parfois sanguinolente ou mucoïde), fièvre et crampes d'estomac. Dure généralement de cinq à sept jours. Arthrite postinfectieuse possible.
Salmonella	
Staphylococcus	
Campylobacter jejuni	
Clostridium parfringens	

ENCADRÉ 57.12 Indications pour le traitement chirurgical de la maladie inflammatoire chronique de l'intestin

- Drainage d'un abcès abdominal
- Aucune réaction au traitement conservateur
- Fistules
- Incapacité de diminuer les corticostéroïdes
- Obstruction intestinale
- Hémorragie massive
- Perforation
- Maladie anorectale grave
- Carcinome suspecté

Vert

Analyse d'une situation de santé — *Jugement* **clinique**

Monsieur Julius Huyck est un ingénieur forestier de 54 ans. Il souffre de lombalgie sévère depuis au moins cinq ans, ce qui l'oblige à s'absenter de plus en plus fréquemment de son travail. Il vient tout juste d'être admis à l'unité de soins chirurgicaux pour subir une discoïdectomie lombaire à la suite d'une hernie discale entre les vertèbres L4 et L5.

À son admission à l'unité de soins, monsieur Huyck se plaint d'une douleur qu'il évalue à 7 sur 10 et qu'il décrit comme un courant électrique qui lui passe dans le bas du dos. Il dit qu'il a moins mal lorsqu'il reste debout même s'il a tendance à rester penché : « Ça me soulage un peu quand je suis penché », dit-il. L'infirmier qui reçoit le client procède à une évaluation initiale de la condition de ce dernier. Il apprend alors que le client prend du MS Contin[MD] pour soulager ses fortes lombalgies et qu'il dort plutôt sur le ventre par habitude. Au réveil, ses douleurs sont toujours présentes, mais il ne se plaint pas : « Je ne suis pas du genre plaignard, vous savez. »

Le médecin a prescrit du lorazépam (Ativan[MD]) 1 mg à administrer au coucher. Le client ne comprend pas, car il sait que ce médicament sert à apaiser l'anxiété. « Je n'ai pourtant pas peur de l'opération. Pourquoi dois-je prendre ce médicament ? », demande-t-il à l'infirmier. »

SOLUTIONNAIRE
www.cheneliere.ca/lewis

Processus diagnostique et thérapeutique

ENCADRÉ 26.13 Ostéoporose

Examen clinique et examens paracliniques
- Antécédents de santé et examen physique
- Taux sériques de calcium, de phosphore, de phosphatase alcaline et de vitamine D
- Densitométrie osseuse
  – Absorptiométrie à rayons X en double énergie
  – Échographie quantitative

- Suppléments de vitamine D
- Programme d'exercices
- Calcitonine (Calcimar[MD])
- Bisphosphonates (p. ex., l'alendronate, l'étidronate, le risédronate)
- Modulateur sélectif des récepteurs œstrogéniques (p. ex., le raloxifène)

Capsule *Jugement clinique*

Vous recevez un appel à Info-Santé d'une maman qui vous dit que son fils, Jean-Michel, âgé de 12 ans, qui est d'habitude un enfant vif et en pleine santé, n'a pas voulu se lever ce matin pour aller à son entraînement de soccer, ce qu'il adore d'habitude. Il reste couché dans son lit, sur le côté, la jambe droite repliée. Il dit qu'il a mal au ventre, qu'il ne se sent pas bien. Il a une température modérée à 37,8 °C et commence à avoir des nausées. Sa mère ajoute qu'il se plaint depuis quelques jours d'avoir mal au ventre, mais elle pensait que c'était parce qu'il avait trop mangé lors de la fête de son ami.

Quel conseil devez-vous donner à la mère ?

Rouge

Soins infirmiers transculturels

ENCADRÉ 57.16 Troubles du côlon

- Les populations noires présentent un risque plus élevé de CC que
- La fréquence de la MICI est environ groupes ethniques.

Orangé

Pharmacothérapie

TABLEAU 57.2 Médicaments antidiarrhéiques

MÉDICAMENTS	MÉCANISME D'ACTION
Sous-salicylate de bismuth (Pepto-	

Ocre

Dilemmes éthiques

ENCADRÉ 44.12 Ordonnance de non-réanimation

Situation
Un homme de 68 ans est hospitalis
deuxième chirurgie valvulaire mitra

Bleu acier

Plan de soins et de traitements infirmiers

PSTI 57.2 Maladie inflammatoire chronique de l'intestin

PROBLÈME DÉCOULANT DE LA SITUATION DE SANTÉ	**Diarrhée** liée à une inflammation et à une liquides, abondantes et fréquentes (> 10 pa
OBJECTIFS	• Le client verra le nombre de selles diarrh • Les selles du client seront molles et form
RÉSULTATS ESCOMPTÉS	**INTERVENTIONS INFIRMIÈRES ET JUSTIFI**

FIN DU MANUEL

❶ Glossaire

Le glossaire propose la définition de près de 2 000 termes dont la compréhension soutient l'acquisition des connaissances.

❷ Références

Les références bibliographiques utilisées pour appuyer les notions abordées dans le manuel sont répertoriées par chapitre. Elles permettent d'approfondir les notions présentées et témoignent de la rigueur scientifique des contenus.

❸ Index

Un index de plus de 5 000 termes facilite et accélère la consultation du manuel.

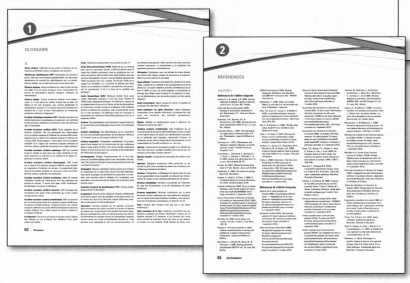

GUIDE D'ÉTUDES

Un outil pédagogique exclusif et unique !

Le *Guide d'études* accompagne le manuel et propose une série de situations d'apprentissage présentant des cas cliniques réalistes qui amènent l'étudiante à revoir et à appliquer les connaissances présentées dans les chapitres concernés. Le solutionnaire est présenté au www.cheneliere.ca/lewis.

MÉTHODES DE SOINS 2

Le guide *Méthodes de soins 2* offre 37 méthodes décrites étape par étape. Abondamment illustrée, chaque méthode est accompagnée de justifications scientifiques qui soutiennent la démarche proposée.

Toutes les méthodes de soins ont été élaborées en collaboration avec l'Association québécoise d'établissements de santé et de services sociaux (AQESSS), et elles ont été harmonisées avec ses méthodes pour faciliter l'intégration des futures infirmières dans les milieux cliniques.

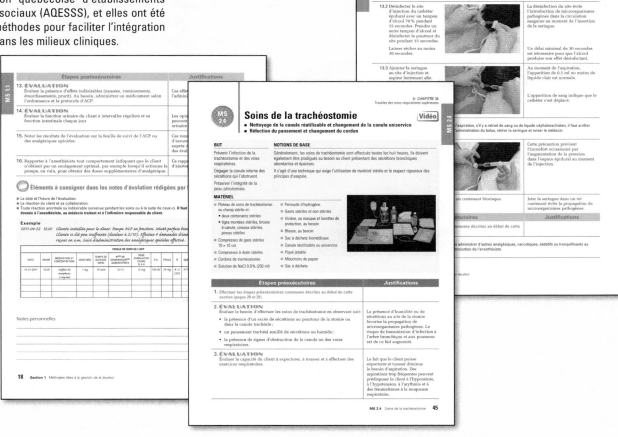

Vidéos *Méthodes de soins 2*

Une nouvelle série de vidéos illustre les principales méthodes présentées dans *Méthodes de soins 2.* Ces vidéos, réalisées spécialement pour accompagner notre ouvrage, sont présentées en exclusivité au www.cheneliere.ca/lewis.

TABLEAUX ET ENCADRÉS SPÉCIFIQUES

Évaluation et interventions en situation d'urgence

Examens paracliniques

Génétique et pratique clinique

Histoire de santé

Pharmacothérapie

Plan de soins et de traitements infirmiers

Pratique fondée sur des résultats probants

Table des matières

Écrit par : Margaret McLean Heitkemper, RN, PhD, FAAN
Adapté par : Manon Coulombe, M. Sc. inf., CHPCN(C)

Écrit par : Patricia Graber O'Brien, MA, MSN
Adapté par : Marie-Claude Jacques, inf., B. Sc.

PARTIE 2

Mécanismes pathophysiologiques

Écrit par : Russell G. Zaiontz, RN, MSN
Sharon L. Lewis, RN, PhD, FAAN
Adapté avec la collaboration de : Antoinette Gimenez-Lambert, inf., M. Éd.

Écrit par : Sharon L. Lewis, RN, PhD, FAAN
Adapté par : Sylvie Bélanger, inf., M. Sc., CSIO(C)

CHAPITRE 15

Infections et infection par le virus de l'immunodéficience humaine ... 388

Écrit par :   Jeffrey Kwong, DNP, MPH, ANP-BC, ACRN
              Lucy Bradley-Springer, PhD, RN, ACRN, FAAN
Adapté par : Antoinette Gimenez-Lambert, inf., M. Éd.

CHAPITRE 16

Cancer ... 426

Écrit par :   Jormain Cady, DNP, ARNP, AOCN
              Joyce Jackowski, MS, FNP-BC, AOCNP
Adapté par : Sylvie Bélanger, inf., M. Sc., CSIO(C)

PARTIE

3 Troubles liés au mouvement et à la coordination

CHAPITRE 18

Système nerveux 552

Écrit par :   DaiWai M. Olson, PhD, RN, CCRN
Adapté par : Danièle Dallaire, inf., M. Sc.

CHAPITRE 26

Troubles musculosquelettiques 900

Écrit par : Colleen R. Walsh, RN, MSN, ONC, CS, ACNP-BC
Adapté par : Pierre Verret, inf., M. Sc., CSIO(C)

CHAPITRE 27

Arthrite et maladies des tissus conjonctifs 936

Écrit par : Dottie Roberts, EdD(C), MSN, MACI, RN, CMSRN, ONSC-C
Adapté par : Pierre Verret, inf., M. Sc., CSIO(C)

PARTIE 1

Concepts en soins infirmiers

CHAPITRE

1

Écrit par :
Patricia Graber O'Brien, MA, MSN

Adapté par :
Clémence Dallaire, inf., Ph. D.

Pratique actuelle des soins infirmiers

Objectifs

Après avoir lu ce chapitre, vous devriez être en mesure :

- de définir la pratique infirmière contemporaine en la situant dans son domaine d'application et en identifiant la clientèle à laquelle elle s'adresse ;

- de distinguer les divers champs d'activité de l'infirmière professionnelle ;

- d'analyser les impacts sur la pratique infirmière du recours croissant aux technologies et aux savoirs spécialisés ;

- d'expliquer l'impact des enjeux liés à la sécurité ;

- de saisir les enjeux liés à l'évolution de la démographie ainsi que des

programmes de promotion de la santé et de prévention ;

- d'appliquer les concepts de la pratique fondée sur des résultats probants aux soins infirmiers ;

- d'évaluer les effets de l'informatique sur les soins de santé, sur leur gestion et sur la pratique infirmière ;

- de distinguer les activités infirmières propres à chacune des cinq étapes de la démarche de soins ;

- de différencier les fonctions autonomes, dépendantes et collaboratives de l'infirmière ;

- d'expliquer la responsabilité de l'infirmière dans la délégation d'actes à des infirmières auxiliaires et à des préposés aux bénéficiaires ;

- d'établir des liens entre l'analyse et l'interprétation des données, les résultats escomptés et l'intervention clinique, en utilisant une terminologie normalisée.

Concepts clés

Cette carte conceptuelle illustre schématiquement les principaux concepts décrits dans le présent chapitre. Sa lecture vous permettra d'avoir une vue d'ensemble des notions qui y sont présentées.

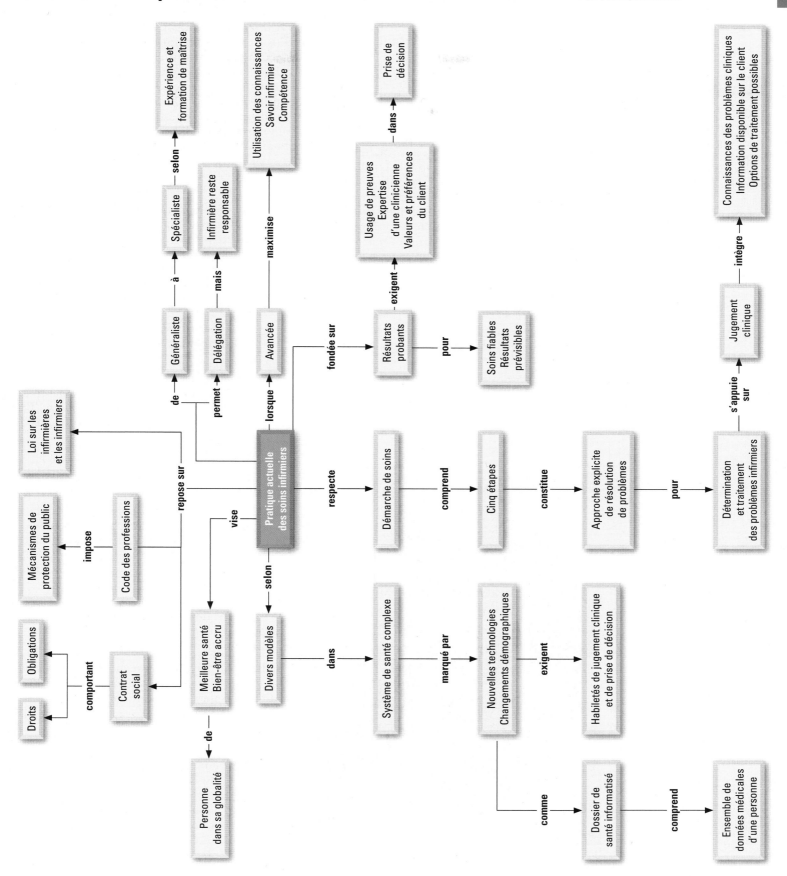

1.1 | Pratique infirmière contemporaine

1.1.1 Domaine de la pratique infirmière

Pour être en mesure de répondre aux besoins de la société en matière de soins de santé, la pratique infirmière se décline aujourd'hui en une vaste gamme de tâches et de fonctions. En tant que professionnelles, les infirmières sont des intervenantes importantes dans le système de soins de santé **FIGURE 1.1**. Elles travaillent partout au pays, dans les contextes les plus variés. Leur rôle actuel n'a jamais été aussi important. Une infirmière soigne avec compétence les malades et les blessés, défend les droits des clients, leur donne l'information nécessaire à une prise de décision éclairée, leur offre, ainsi qu'à leur famille, son soutien dans les étapes cruciales de la maladie et les aide à se frayer un chemin dans un système de soins de plus en plus complexe. Bien que la majorité des infirmières travaille au sein d'établissements de soins de courte durée, elles sont nombreuses à prodiguer des soins de longue durée, des soins à domicile, des soins primaires ou des soins ambulatoires, sans oublier celles qui se consacrent à la prévention ou à la santé communautaire. Quel que soit leur lieu de pratique, les infirmières ont pour clients des personnes, des groupes, des familles et des collectivités.

Au Québec, le titre d'infirmière est fondé sur un contrat social duquel émanent des obligations et des droits professionnels, ainsi que sur des mécanismes pour assurer la protection du public (Labarre & Dallaire, 2008). Les principaux éléments de ce contrat se concrétisent dans le Code des professions (L.R.Q., c. C-26) et dans la Loi sur les infirmières et les infirmiers (L.R.Q., c. I-8) adoptés par l'Assemblée nationale du Québec. Les connaissances et les compétences particulières aux soins infirmiers permettent aux infirmières de répondre aux attentes et aux besoins de la société dans le domaine de la santé.

Au fil du développement des connaissances et des progrès technologiques, et sous l'influence de la transformation des besoins en matière de santé de la société, la pratique infirmière continue d'évoluer. Ce chapitre présente les concepts et les autres éléments qui influent sur la pratique infirmière d'aujourd'hui et qui orientent celle de demain.

1.1.2 Soins infirmiers : quelques définitions

Depuis que Florence Nightingale a posé les jalons de la profession, plusieurs définitions bien connues des soins infirmiers ont eu pour fondements la santé, la personne, l'environnement et le *caring*. En témoignent les deux exemples d'écrits suivants :

> L'infirmière place le patient dans les meilleures conditions possible pour que la nature puisse agir (Traduction libre. Nightingale, 1946).

> La seule fonction de l'infirmière est d'aider la personne, malade ou bien portante, à faire le nécessaire pour garder la santé ou la retrouver (ou pour mourir en paix), ce que celle-ci accomplirait sans aide si elle en avait la force ou la volonté, ou si elle possédait les connaissances appropriées. L'infirmière agit de manière que la personne puisse devenir autonome le plus rapidement possible (Traduction libre. Henderson, 1966).

Au Québec, dans le document *Perspectives de l'exercice de la profession d'infirmière* de l'OIIQ, les soins infirmiers sont définis ainsi :

> Processus dynamique visant le maintien, le rétablissement ou l'amélioration de la santé, du bien-être et de la qualité de la vie d'une personne (famille, groupe ou collectivité), la prévention de la maladie, des accidents et des problèmes sociaux, et la réadaptation. Ce processus englobe l'évaluation et la surveillance de l'état physique et mental, la détermination du plan thérapeutique infirmier et du plan de soins et de traitements

FIGURE 1.1

Une infirmière aide une personne âgée à se lever.

infirmiers, les activités liées aux soins et aux traitements infirmiers et médicaux ainsi que l'information, le conseil professionnel, l'enseignement, l'orientation et le soutien au client (OIIQ, 2007).

L'American Nurses Association (ANA) a d'abord défini les soins infirmiers comme « le diagnostic et le traitement des réactions humaines à des problèmes de santé réels ou potentiels » (ANA, 2003). En ce sens, une infirmière qui soigne une personne souffrant d'une fracture de la hanche se préoccuperait avant tout de ses réactions éventuelles à l'immobilité, à la douleur et à la perte d'autonomie.

Dans la deuxième édition de *Nursing: A Social Policy Statement,* l'ANA a revu cette définition, largement acceptée, pour qu'elle reflète l'évolution de la pratique infirmière :

> Les **soins infirmiers** ont pour but de protéger, de promouvoir et d'optimiser la santé et les aptitudes des personnes, de prévenir les maladies et les blessures, de soulager la souffrance en diagnostiquant et en traitant les réactions humaines, et ils constituent un engagement pour les soins aux personnes, aux familles, aux communautés et à la population en général (Traduction libre. ANA, 2003).

Par ailleurs, l'OIIQ exprime ainsi le but de la pratique infirmière :

> La pratique infirmière vise à rendre la personne (famille, groupe ou collectivité) apte à prendre sa santé en charge selon ses capacités et les ressources que lui offre son environnement, quelle que soit l'étape de la vie qu'elle traverse et quelle que soit la phase de sa maladie. Elle vise également à rendre la personne capable d'assurer son bien-être et d'avoir une bonne qualité de vie (OIIQ, 2007).

Ces définitions et énoncés rendent compte du rôle de plus en plus important des infirmières dans la valorisation de la santé et du bien-être, et elles soulignent leur action de défense des intérêts des clients.

1.1.3 Conception de la personne selon les soins infirmiers

Toute description des soins infirmiers doit prendre en compte la manière dont cette discipline envisage la personne soignée. Bien qu'elles l'aient exprimé à l'aide de différents termes, la plupart des théoriciennes des soins infirmiers s'entendent sur le fait que l'humain possède des dimensions d'ordre physiologique (ou biophysique), psychologique (ou émotionnel), socioculturel (ou interpersonnel), spirituel et environnemental. Dans ce manuel, la personne est considérée comme « un être

biopsychosocial et spirituel en interaction constante avec un milieu changeant » (Traduction libre. Roy & Andrews, 1999). Les dimensions de la personne ne sont pas isolées les unes des autres : elles interagissent. C'est pourquoi un problème touchant une dimension influe généralement sur une ou plusieurs autres dimensions. Par exemple, l'anxiété, un problème psychologique, perturbe le système nerveux autonome, qui fait partie de la dimension physiologique.

En tant que membre unique de l'humanité, chaque personne a son importance. À ce titre, chacun a le droit de réaliser son potentiel propre en fonction de ses valeurs, dans la mesure où l'exercice de ce droit n'entrave pas celui d'autrui. Le comportement de la personne a un sens et vise à répondre à des besoins, à faire face au stress et à développer sa personnalité. Il arrive cependant qu'elle nécessite de l'aide pour combler ses besoins, pour pouvoir devenir autonome ou pour exprimer son potentiel.

1.1.4 Champs de la pratique infirmière

Les professionnels de la santé de tous les horizons coopèrent en partageant leurs savoirs et leurs idées dans le but d'offrir des soins de grande qualité. Selon les circonstances, l'infirmière en contexte interdisciplinaire partage des fonctions avec d'autres professionnels de la santé ou aiguille les clients vers eux.

Le champ de pratique d'une infirmière est lié à sa formation, à son expérience, à ses fonctions et au type de population pour laquelle elle travaille. Les novices fraîchement diplômées des niveaux collégial et universitaire ont une formation de généralistes. À ce stade, elles prodiguent des soins directs en veillant à ce que ces derniers soient coordonnés et intégrés, et ce, dans des contextes variés. Elles collaborent avec les autres intervenants en vue de répondre aux besoins des personnes et des groupes (Dallaire & Dallaire, 2009). En acquérant de l'expérience, elles peuvent développer une expertise dans un champ de pratique particulier ou exercer dans différents milieux cliniques.

Une formation supplémentaire peut mener les infirmières à la pratique avancée. Le concept de pratique infirmière avancée (PIA) est un terme générique incorporant différents rôles infirmiers, désignés par un ensemble de titres. L'Association des infirmières et infirmiers du Canada (AIIC) en donne la définition suivante :

> La pratique infirmière avancée est une expression générale décrivant un niveau avancé de

Capsule Jugement clinique

L'évaluation médicale diagnostique a confirmé que Jonathan, âgé de sept ans, était atteint de leucémie. Le garçonnet ne comprend pas trop ce qui lui arrive. Cette nouvelle a foudroyé ses parents, car ils ne s'attendaient pas à une telle annonce.

Dans cette situation, relevez les trois dimensions de l'être humain touchées chez Jonathan.

la pratique des soins infirmiers cliniques, qui maximise l'utilisation de connaissances acquises aux études supérieures, d'un savoir infirmier approfondi et d'une compétence confirmée au service des besoins de santé des personnes, des familles, des groupes, des communautés et des populations dans le domaine de la santé (AIIC, 2008).

Au Québec, une infirmière en pratique avancée possède une maîtrise en soins infirmiers, et sa pratique se caractérise par l'utilisation de ses connaissances dans l'exercice de ses fonctions, par ses habiletés critiques et analytiques, par son jugement clinique et ses aptitudes pour la prise de décisions, par son leadership professionnel et sa quête clinique, par ses habiletés de *coaching* et de mentorat et par ses capacités de recherche (Mantzoukas & Watkinson, 2006). Dans les écrits, on trouve généralement une division de la pratique avancée en deux types de rôles principaux: l'infirmière clinicienne spécialisée et l'infirmière praticienne spécialisée (IPS) (Dallaire & Dallaire, 2009). Au Québec, le Code des professions prévoit qu'on accède à la spécialisation seulement après avoir terminé une formation initiale de généraliste et avoir obtenu un permis de pratique délivré par un ordre professionnel. Or, pour le moment, seules les IPS ont une certification de spécialistes décernée par l'OIIQ et, par conséquent, toutes les autres infirmières de pratique avancée ne peuvent être qualifiées de spécialistes.

1.1.5 Prestation des soins infirmiers

On a eu recours au fil du temps à divers modèles de prestation des soins infirmiers. Dans le modèle des soins d'équipe, un modèle plus ancien, une infirmière professionnelle était chef d'équipe. Elle avait la responsabilité de planifier et de gérer les soins à prodiguer à un groupe de clients par d'autres infirmières professionnelles, par des infirmières auxiliaires ou par des préposés aux bénéficiaires (PAB). Des pénuries d'infirmières et un recours croissant aux infirmières auxiliaires et aux préposés font en sorte qu'on assiste, dans certains domaines, au retour de variantes de ce modèle.

Selon le modèle des soins intégraux, une infirmière est responsable de la planification des soins à un client et doit s'assurer qu'on répond à tous ses besoins. Certains concepts des soins intégraux font aussi partie d'un modèle de prestation plus récent, les soins fondés sur les relations (Manthey, 2008). Celui-ci propose que les soins intégraux obtiennent de meilleurs résultats si une relation de confiance thérapeutique s'établit entre une infirmière professionnelle et un client. Dans un tel modèle de soins, le client se sent davantage en sécurité. On consolide cette relation en mettant l'accent sur la continuité des soins dans le cadre d'une collaboration interdisciplinaire.

Quant aux soins intégrés, ils constituent aujourd'hui un modèle de prestation de soins très courant qui permet de mieux en maîtriser les coûts. Les soins intégrés impliquent la prise en charge des cas, en vertu de laquelle la prestation des soins est coordonnée avec le client et sa famille. En tant que membre d'une équipe interdisciplinaire, l'infirmière responsable d'un client coordonne la logistique des soins, à partir de l'admission à l'hôpital jusqu'au retour à la maison, incluant le congé de l'hôpital et, au besoin, la consultation auprès d'un organisme communautaire, tout cela dans le but d'optimiser les résultats. De nos jours, compte tenu des pénuries d'infirmières et de la condition de plus en plus aiguë de certains clients, on applique diverses variantes de ces modèles de prestation des soins.

1.2 | Facteurs influant sur l'avenir de la pratique infirmière

1.2.1 Milieux de soins complexes
Avancées des connaissances et des technologies

L'évolution rapide des technologies et l'essor remarquable des connaissances contribuent à la complexification des milieux où l'on prodigue des soins. Le projet du génome humain et les progrès de la génétique ont une incidence grandissante sur la prévention, le diagnostic et le traitement des problèmes de santé. Parallèlement à l'avancée des connaissances, des dilemmes éthiques naissent de controverses relatives à l'usage des découvertes scientifiques et à l'accès, inégal, aux soins de santé faisant appel aux technologies de pointe. Les médias font état de traitements prometteurs, fondés sur de nouveaux médicaments et sur des technologies médicales novatrices. Les clients utilisent Internet pour se renseigner sur leurs problèmes de santé et sur les moyens de les résoudre. Des clients et leurs proches, mieux informés, entretiennent toutefois des attentes accrues: ils exigent des soins de grande qualité accessibles et bien coordonnés, et ce, à un coût raisonnable. De plus, les clients veulent avoir leur mot à dire dans les décisions concernant les soins qui leur sont prodigués. Non seulement l'infirmière doit-elle pouvoir aider le client à trouver l'information pertinente et à la comprendre, mais elle doit aussi être en mesure d'évaluer l'information portant sur sa propre pratique.

Changements démographiques

Le vieillissement de la population a pour corollaire l'augmentation du nombre de personnes ayant des maladies chroniques et du nombre de celles souffrant de problèmes de santé multiples. Les

RAPPELEZ-VOUS...

L'article 36 de la Loi sur les infirmières et les infirmiers définit l'exercice infirmier au Québec, et il précise les 14 activités réservées à l'infirmière. L'article 36.1, quant à lui, énumère cinq autres activités qu'une infirmière peut exercer si elle est habilitée à le faire (L.R.Q., c. I-8, à jour au 1er août 2010).

RAPPELEZ-VOUS...

L'article 28 du Code de déontologie des infirmières et infirmiers (à jour au 1er août 2010) stipule que «l'infirmière ou l'infirmier doit chercher à établir et maintenir une relation de confiance avec son client».

changements démographiques complexifient les soins, car en plus de soigner les malades chroniques et les personnes en fin de vie, les infirmières doivent voir à la santé d'une population de plus en plus diversifiée sur le plan ethnoculturel. L'augmentation des voyages, la mobilité des travailleurs et l'essor des technologies de la communication ont contribué à la mondialisation des milieux de vie et de travail. Cette interdépendance a une influence sur l'état de santé des personnes, par exemple en raison de la propagation de certains virus ou de bactéries transportés d'un continent à l'autre par les voyageurs, et sur la prestation des soins de santé à l'échelle de la planète. Tout au long de ce manuel, des encadrés mettent en évidence les effets sur la pratique infirmière d'éléments comme le sexe, la culture et l'origine ethnique des clients.

Jugement et prise de décision clinique

Les infirmières recourent au jugement clinique pour prendre des décisions en vue d'assurer les meilleurs résultats possible pour les clients. La pensée critique et les méthodes favorisant une évaluation clinique judicieuse intéressent les professionnels de nombreux champs de pratique touchés par l'usage grandissant des technologies et de l'accès à l'information. Bien qu'il n'existe ni définition officielle du jugement clinique ni méthode standard pour l'enseigner et l'évaluer, on reconnaît que celui-ci, tout comme la prise de décision, est une compétence qui s'acquiert avec la formation et l'expérience. Certains définissent le jugement clinique comme « l'usage de données, de principes et de lois scientifiques en vue de discerner, d'associer, de comprendre, d'influencer et de maîtriser des propositions et concepts réels ou potentiels » (Traduction libre. Manthey, 2008). Dallaire et Dallaire (2009) ajoutent que le jugement clinique établit le lien entre le savoir général de l'infirmière et le savoir particulier lié à une personne et à son état de santé. Il est possible – et nécessaire – d'acquérir les habiletés intellectuelles que sont l'analyse, l'application de modèles, le discernement, la recherche d'information, le raisonnement logique, l'anticipation et la pensée transformatrice[a].

La **prise de décision clinique** est une activité de résolution de problèmes nécessitant l'usage du jugement clinique. Il s'agit d'un processus dynamique faisant appel à l'interaction entre la connaissance des problèmes cliniques, l'information dont on dispose sur le client, les options de traitement dont on dispose et des préférences du client. (Simoneau, 2010).

L'expérience clinique en soins infirmiers découlant de la formation et de la pratique offre certes des occasions d'apprentissage et de prise de décision en ce qui concerne les soins aux clients. Aujourd'hui, toutefois, la complexité des soins rend nécessaires l'apprentissage et l'exercice du jugement clinique bien avant que l'expérience ne contribue à la prise de décision clinique **FIGURE 1.2**. Il existe une variété de techniques et de modèles éducatifs de formation pratique à la prise de décision et au jugement clinique, dont des exercices de simulation et des jeux de rôles interactifs. Les analyses de situation clinique et les capsules de jugement clinique qui ponctuent ce manuel visent aussi à favoriser le développement du jugement clinique.

FIGURE 1.2
La complexité des soins exige souvent une approche interdisciplinaire.

1.2.2 Objectifs nationaux de sécurité des clients

La complexification constante des milieux de soins a une incidence sur la sécurité des clients et sur la communication entre professionnels de la santé. Au Canada, l'étude *The Canadian Adverse Events Study: The incidence of adverse events among hospital patients in Canada*, a montré qu'environ 7,5 % des 2,5 millions de Canadiens hospitalisés en 2000 ont vécu au moins un événement indésirable (Baker *et al.*, 2004) durant leur séjour. Chaque année, près de 23 750 Canadiens meurent des suites d'erreurs médicales qui auraient pu être évitées (Baker *et al.*, 2004). Dans son rapport, l'Institute of Medicine (IOM) américain qualifiait ce phénomène de véritable épidémie aux États-Unis, en concluant qu'il était inacceptable que des clients soient menacés par un système de santé devant en principe leur offrir soins et confort (IOM, 2000).

Depuis la publication de ce rapport, plusieurs commissions et organismes américains ont défini des objectifs de sécurité pour les établissements de soins et les professionnels de la santé. Compte tenu du rôle crucial que jouent les infirmières dans la sécurité des soins, les grandes organisations américaines de soins infirmiers ont financé des

---

[a] Pour obtenir plus d'information sur l'importance de la pensée critique dans l'exercice du jugement clinique, voir le chapitre 1 dans *Soins infirmiers : fondements généraux* (Potter & Perry, 2010).

projets de recherches afin de déterminer les causes du problème, ont élaboré des stratégies de prévention et se sont penchées sur les milieux de soins pouvant menacer la sécurité des clients (Cronenwett *et al.*, 2007). Au Canada, l'Institut canadien pour la sécurité des patients (ICSP), créé en 2003, est un organisme indépendant sans but lucratif qui travaille en collaboration avec des professionnels de la santé, des organisations de soins de santé, des organismes de réglementation et des gouvernements (provinciaux et fédéral) pour rendre le système de santé plus sécuritaire pour tous les Canadiens (ICSP, 2010a). Au Québec, le groupe Vigilance pour la sécurité des soins, composé d'experts et de citoyens, a été mis sur pied en 2001 et collabore à la stratégie canadienne (Ministère de la Santé et des Services sociaux [MSSS], 2010b). C'est l'ICSP qui coordonne les efforts des gouvernements, des professionnels et des chercheurs afin de favoriser des pratiques exemplaires et de sensibiliser les intervenants, le public et les clients à la sécurité de ces derniers. En 2005, l'ICSP a lancé la Semaine nationale de la sécurité des patients, qui se tient au début de novembre, chaque année. Cette semaine vise à mieux sensibiliser les gens aux questions liées à la sécurité des clients et à diffuser de l'information sur les pratiques exemplaires en matière de sécurité qui leur sont destinées. En outre, l'ICSP propose un cadre de compétences nécessaires à une meilleure sécurité des clients. Pour ce faire, l'Institut a utilisé le cadre CanMEDS de compétences pour les médecins, reconnu internationalement, ainsi que la méthodologie qui a servi à le produire pour suggérer un cadre de compétences à l'intention de l'ensemble des professionnels de la santé. Le cadre ainsi établi par l'ICSP se divise en six domaines, et il compte 23 compétences principales et 140 compétences habilitantes **ENCADRÉ 1.1**. Par

exemple, le troisième domaine de compétence, intitulé «Communiquer efficacement pour renforcer la sécurité des patients», comporte quatre compétences clés et quatre compétences habilitantes qui précisent notamment des éléments habilitants relatifs aux ordres verbaux transmis directement ou par téléphone, aux rapports communiqués par téléphone, à l'usage des sigles et abréviations, à l'opportunité de transmettre et de recevoir des résultats d'examen cliniques, et à la mise en place d'une procédure de relais normalisée pour les communications. Chaque compétence clé et chaque compétence habilitante comportent des énoncés qui en précisent la portée, et elles sont appuyées par des références bibliographiques. Par ailleurs, Agrément Canada, dont le mandat est d'accréditer les organismes offrant des soins de santé, a aussi fait de la sécurité des clients un élément essentiel de ses critères d'agrément. La conformité à ses normes permet de réduire les événements indésirables potentiels au sein des établissements de soins de santé (Agrément Canada, 2010).

Situation, bilan, analyse et recommandations

Les recommandations de l'ICSP et les normes d'Agrément Canada font en sorte que les établissements de santé ont adopté une variété de procédures, de modèles ou de politiques pour atteindre leurs objectifs en matière de sécurité. Parmi les modèles s'appliquant aux rapports communiqués par téléphone et aux procédures de relais figure la technique **S**ituation, **B**ilan, **A**nalyse et **R**ecommandations (SBAR) (ICSP, 2010b) **TABLEAU 1.1**. Il s'agit d'un mécanisme d'encadrement des communications entre membres d'une équipe de soins, particulièrement utile si un client se trouve dans un état critique (Kaiser Permanente of Colorado & Institute for Healthcare Improvement, 2010).

ENCADRÉ 1.1	Domaines des compétences liées à la sécurité des clients

- Domaine 1 : Créer une culture de sécurité des clients. Prendre l'engagement d'appliquer les connaissances, les compétences et les pratiques liées à la sécurité des clients dans son travail de tous les jours.
- Domaine 2 : Travailler en équipe pour veiller à la sécurité des clients. Travailler en équipes interdisciplinaires pour optimiser la sécurité des clients.
- Domaine 3 : Communiquer efficacement pour renforcer la sécurité des clients. Promouvoir la sécurité des clients grâce à des communications efficaces dans le milieu des soins de santé.
- Domaine 4 : Gérer les risques associés à la sécurité. Prévoir les situations qui exposent les clients

à des risques afin de pouvoir les reconnaître et bien les gérer.
- Domaine 5 : Optimiser les facteurs humains et environnementaux. Gérer le lien entre les facteurs humains et environnementaux afin d'optimiser la sécurité des clients.
- Domaine 6 : Reconnaître les événements indésirables, y réagir et les divulguer. Reconnaître la survenue d'un événement indésirable ou d'un incident évité de justesse et y réagir efficacement pour atténuer le préjudice qu'il cause au client, faire en sorte qu'il soit divulgué et empêcher qu'il ne se reproduise.

Source : Adapté de ICSP (2010b).

TABLEAU 1.1	Directives pour la communication à l'aide de la technique SBAR	
OBJECTIF	La technique SBAR est un modèle de transmission efficace de l'information proposant une structure normalisée facilitant une communication factuelle et concise d'infirmière à infirmière, d'infirmière à médecin ou d'infirmière à un autre professionnel de la santé.	
MARCHE À SUIVRE	Avant de consulter un médecin ou un autre professionnel de la santé à propos d'un problème relatif à un client, l'infirmière doit faire le bilan, soit évaluer la condition du client et lire les dernières notes d'évolution du médecin ou des autres membres de l'équipe soignante. Au moment de l'appel, elle doit avoir le dossier du client à portée de main.	
INFORMATION À COMMUNIQUER	**ÉLÉMENTS À CONSIDÉRER**	
Situation		
• De quelle situation faut-il discuter ? • Que se passe-t-il présentement ?	• Nom de la personne • Unité dans laquelle elle se trouve et numéro de chambre • Description du problème (nature du problème, moment où il a eu lieu ou moment où il a commencé)	
Bilan		
• Dans quel contexte cette situation s'est-elle présentée ? • Quelles en étaient les circonstances ?	• Diagnostic à l'admission et date d'admission • Liste à jour des médicaments, des allergies et des solutions intraveineuses (I.V.) • Signes vitaux les plus récents • Date et heure des tests de laboratoire et des résultats des examens antérieurs à des fins de comparaison • Résumé du traitement à ce jour	
Analyse		
• Quel était son avis sur la nature du problème ? • Quelle est son évaluation ?	• Changements par rapport aux évaluations antérieures • Instabilité ou aggravation de la condition du client	
Recommandations et demandes		
• Comment peut-elle régler le problème ? • Quelles sont les recommandations ou les demandes ?	• Traitements particuliers • Examens à subir • Besoins urgents du client	

Source : Adapté de Kaiser Permanente of Colorado & Institute for Healthcare Improvement (2010).

1.2.3 Promotion de la santé et prévention

Depuis 1979, le gouvernement du Canada a joué un rôle actif dans la formulation d'objectifs nationaux de **promotion de la santé** et de prestation des soins. La conception de la promotion de la santé au Canada se distingue de la conception américaine, qui demeure centrée sur la responsabilité individuelle, sur la **prévention** des maladies et sur la promotion de la santé dont les objectifs prioritaires sont énoncés dans le programme Healthy People 2020. La conception canadienne reconnaît l'importance de l'environnement et des communautés dans la capacité d'une personne d'être en santé. La promotion de la santé au Canada se démarque depuis le début des années 1970 et plus particulièrement après l'adoption de la Charte d'Ottawa pour la promotion de la santé reprise par l'Organisation mondiale de la santé (OMS, 1986). La Charte énonce les cinq grandes stratégies suivantes de promotion de la santé : adopter des politiques publiques saines, créer des milieux favorables, renforcer l'action communautaire, développer les compétences personnelles et réorienter les services de santé. L'approche récente axée sur la santé de la population cible les déterminants de la santé, soit des facteurs personnels, sociaux, économiques et environnementaux qui conditionnent la santé des personnes et des populations (Agence de la santé publique du Canada, 2009)[a].

Les programmes de formation des infirmières doivent donner davantage d'importance à la promotion de la santé, aux soins d'entretien ou soins de base, et à la prestation de soins qui répondent aux besoins d'une population vieillissante, de groupes culturels divers et de collectivités de régions éloignées. L'évaluation des programmes de formation de soins infirmiers doit aussi comprendre une interrogation sur leur efficacité à atteindre les objectifs nationaux. Pour concrétiser ces derniers, les infirmières d'aujourd'hui doivent s'intéresser à des problèmes de santé ciblés, à l'évolution de la prestation de soins, aux résultats de recherche et aux nouvelles technologies. En vertu du contrat les liant à la société, elles sont responsables de l'amélioration de l'état de santé de la population et de la réduction des inégalités en matière de santé ▶ **2**.

1.2.4 Pratique fondée sur des résultats probants

Si un client avait le choix, préférerait-il recevoir des soins basés sur les meilleures et les plus récentes connaissances, ou sur des méthodes traditionnelles et rituelles ? Préférerait-il participer aux décisions concernant ses soins ou laisserait-il quelqu'un d'autre trancher sur ce qui lui convient le mieux ?

La pratique fondée sur des **résultats probants** consiste à favoriser la prise de décision clinique par l'usage systématique de preuves (résultats de recherche, données émanant de programmes d'amélioration de la qualité et de la gestion de la pratique, normes des organisations professionnelles) combinées à l'expertise d'une clinicienne ainsi qu'aux valeurs et aux préférences du client (Melnyk & Fineout-Overholt, 2005). Les attentes pour des soins à la fois de grande qualité et rentables, tout comme l'amélioration de l'accès à l'information, ont contribué à la nécessité, pour les professionnels de toutes les disciplines de la santé, de prodiguer des soins fondés sur les résultats les plus probants.

Les organismes d'accréditation et de régulation (comme Agrément Canada) exigent désormais des preuves écrites de l'utilisation de résultats probants dans la prise de décision clinique.

C'est l'épidémiologiste britannique Archie Cochrane qui a donné un premier élan à la pratique fondée sur des résultats probants lorsqu'il a mis en cause la prise de décision des professionnels de la santé relativement au traitement des femmes accouchant prématurément. En procédant à l'évaluation et à la synthèse des résultats de nombreuses recherches, il a constaté que le taux de mortalité infantile était nettement plus bas quand les femmes à risques élevés prenaient des corticostéroïdes pendant le travail (Cochrane, 1972). Ses efforts ont été couronnés par l'établissement d'un nouveau standard en matière de prise de décision clinique, fondé sur des résultats probants.

La pratique fondée sur des résultats probants englobe l'évaluation, l'intégration et l'analyse de données dont les sources sont tant externes (recherches dont on peut généraliser les résultats) qu'internes (données relatives à l'amélioration de la qualité des services dans une unité de soins). Si les données sont insuffisantes, inexistantes ou peu fiables, les professionnels de la santé peuvent s'associer à des chercheurs pour mener les études dont les résultats les aideront à choisir de meilleures pratiques de soins.

Étapes de la pratique fondée sur des résultats probants

La pratique fondée sur des résultats probants comporte cinq étapes, résumées dans la **FIGURE 1.3** (Melnyk & Fineout-Overholt, 2005).

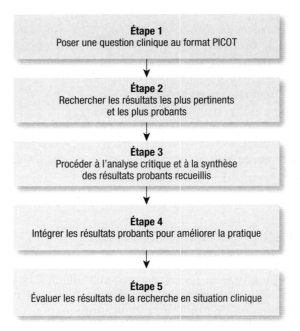

Étape 1
Poser une question clinique au format PICOT

Étape 2
Rechercher les résultats les plus pertinents et les plus probants

Étape 3
Procéder à l'analyse critique et à la synthèse des résultats probants recueillis

Étape 4
Intégrer les résultats probants pour améliorer la pratique

Étape 5
Évaluer les résultats de la recherche en situation clinique

FIGURE 1.3

Étapes de la pratique fondée sur des résultats probants

2

Le chapitre 2, – *Compétences culturelles et inégalités en santé*, traite des disparités en matière de santé.

RAPPELEZ-VOUS…

L'application de résultats probants dans la pratique clinique permet à l'infirmière de fournir des soins de qualité aux clients et à leurs familles.

---

[a] Pour obtenir plus d'information sur les déterminants de la santé, voir le chapitre 2 dans *Soins infirmiers : fondements généraux* (Potter & Perry, 2010).

1. Poser une question clinique au format PICOT

La formulation de la question clinique constitue l'étape la plus importante et la plus exigeante du processus (Sackett, Straus, Richardson, Rosenberg, & Haynes, 2000) **ENCADRÉ 1.2**. Si cette question mène à des recherches et suscite des réponses, elle crée un contexte favorable à l'intégration des résultats, du jugement clinique et des préférences du client. De surcroît, la question clinique oriente la recherche suscitée par le problème du client et les données requises.

Une question au format **PICOT** peut être formulée comme suit : « Chez les adultes subissant une chirurgie cardiaque (**P** pour population), est-ce la morphine (**I** pour intervention) ou le citrate de fentatyl (**C** pour comparaison) qui est le plus efficace pour atténuer la douleur (**O** pour *outcome,* résultat) dans un cadre temporel donné (**T** pour *time period*) ? » Certaines questions cliniques peuvent ne comporter que les quatre premiers éléments (PICO), sans le T, car il n'est pas toujours nécessaire de déterminer le moment (T) où aurait lieu l'intervention (I) visant un résultat (O). Quant à la composante C, elle peut consister en une comparaison

ENCADRÉ 1.2	Question clinique au format PICOT
P : population **I** : intervention **C** : comparaison	**O** : *outcome*, résultat **T** : *time period*, moment ou période temporelle

avec une intervention précise, avec la procédure de soins usuelle ou avec une absence d'intervention.

2. Rechercher les résultats les plus pertinents et les plus probants

La nature de la question clinique oriente le clinicien vers les bases de données les plus appropriées. Il lui faut d'abord chercher les données externes les plus solides. Des données déjà évaluées, telles les revues systématiques et les lignes directrices pour la pratique clinique fondées sur des résultats probants, permettent d'économiser temps et efforts **TABLEAU 1.2**.

Jugement clinique

Capsule

La question de recherche suivante est-elle acceptable : Les clients en phase terminale d'une maladie chronique qui sont à domicile ont-ils une meilleure qualité de fin de vie ?

TABLEAU 1.2	Exemples de questions cliniques, de types de données et de sources	
QUESTIONS CLINIQUES	**TYPES DE DONNÉES PERMETTANT D'Y RÉPONDRE**	**BASES DE DONNÉES OÙ LES TROUVER**
Générales		
• Prévention : La participation active de femmes blanches obèses à un groupe de soutien à l'exercice réduit-elle davantage le risque de diabète de type 2 que la participation à un programme d'éducation à une vie plus saine échelonné sur une période de cinq ans ? • Thérapie : Quelle est la stratégie de *coping*, cognitive ou émotionnelle, la plus efficace pour améliorer l'humeur, et réduire la détresse et l'anxiété d'hommes afro-américains infectés par le virus de l'immunodéficience humaine (VIH) au moment d'une aggravation de leurs symptômes ? • En cas d'aggravation de symptômes de femmes afro-américaines infectées par le VIH, comment se distinguent l'effet des stratégies d'adaptation cognitives et celui des stratégies d'adaptation émotionnelles utilisées pour améliorer leur humeur, et réduire leur détresse et leur anxiété ? • Diagnostic ou examen paraclinique : L'autosurveillance de la pression artérielle (P.A.) permet-elle de diagnostiquer le syndrome de la blouse blanche ? OU L'autosurveillance de la P.A. est-elle aussi valable que le monitorage ambulatoire de la pression artérielle (MAPA) pour diagnostiquer l'hypertension bénigne ?	• Étude de cohortes • Essais cliniques randomisés (ECR) • Lignes directrices fondées sur les résultats probants • ECR uniques ou regroupés • Revues systématiques d'ECR	• Cochrane Database of Systematic Reviews (CDSR) (www.cochrane.org) • Database of Abstracts of Reviews of Effects (DARE) (www.york.ac.uk/inst/crd/EM/em62.pdf) • National Guideline Clearinghouse (www.guideline.gov) • MEDLINE • Cumulative Index to Nursing and Allied Health Literature (CINAHL)
Spécifiques		
• Étiologie : Les hommes âgés de 30 à 50 ans souffrant d'hypertension ont-ils un risque plus élevé d'accident vasculaire cérébral (AVC) que les hommes dont la P.A. est normale ?	• Étude de cohortes	• MEDLINE
• Pronostic : La consommation de gras alimentaires a-t-elle un effet sur le maintien du poids santé des femmes ayant des antécédents familiaux d'obésité ?	• Études cas-témoins	• CINAHL

TABLEAU 1.2	Exemples de questions cliniques, de types de données et de sources *(suite)*		
QUESTIONS CLINIQUES		**TYPES DE DONNÉES PERMETTANT D'Y RÉPONDRE**	**BASES DE DONNÉES OÙ LES TROUVER**
Réactions à la maladie			
• Signification : Comment les jeunes femmes atteintes de polyarthrite rhuma-toïde perçoivent-elles les changements dans la réalisation de leurs activités de la vie quotidienne (AVQ) ?		• Métasynthèse d'études qualitatives • Études qualitatives individuelles ou regroupées	• MEDLINE • CINAHL • PsycINFO

• **Sources de données supplémentaires**
  – Association des infirmières et infirmiers autorisés de l'Ontario (www.rnao.org)
  – Université McGill, section sur les résultats probants en soins infirmiers (http://muhclibraries.mcgill.ca/mghnEBNR_fr.php)
  – Agency for Healthcare Research and Quality (AHRQ) Evidence-Based Practice Centers (www.ahrq.gov)
  – Bibliothèque Virginia Henderson (www.nursinglibrary.org)
  – Joanna Briggs Institute (www.joannabriggs.edu.au/about/home.php)

Les métaanalyses d'essais cliniques aléatoires constituent les données les plus pertinentes pour répondre aux questions relatives à des interventions (causes et effets). Ces examens, qui comprennent une analyse critique et la synthèse de méthodes et de résultats provenant de multiples recherches, n'existent cependant que pour un nombre limité de sujets cliniques ; ils ne conviennent donc pas à toutes les questions. Quant aux lignes directrices pour la pratique clinique, elles sont utiles pour traduire les résultats de recherche en interventions précises, mais ne sont pas toujours suffisamment exhaustives ou crédibles. Elles émanent de sources variées, notamment de regroupements de professionnels de la santé, de groupes de défense des droits des clients ou d'agences gouvernementales.

Métasynthèse : Synthèse de plusieurs études et résultats qualitatifs.

Si la question clinique porte sur les réactions d'un client aux changements de son état de santé, il peut être pertinent de consulter une **métasynthèse** de données qualitatives. Dans les cas où la recherche est insuffisante pour guider la pratique, il est probable que les meilleures données proviennent de recommandations de comités d'experts ou d'autorités reconnues. Si la prise de décision clinique dépend de ce type d'information, il importe de compiler des données de résultats de manière continue et rigoureuse en vue de renforcer le corpus.

3. Procéder à l'analyse critique et à la synthèse des résultats probants recueillis

L'analyse critique consiste à évaluer la recherche relativement à la pratique. Pour qu'elle soit bien menée, elle doit comporter trois questions essentielles : 1) Quels sont les résultats ? 2) Ces résultats sont-ils valables ? 3) Ces résultats sont-ils cliniquement appropriés à mes clients ? Afin d'arrêter leur choix sur la meilleure pratique, les cliniciens, y compris les infirmières, doivent évaluer les

données relatives à la question clinique et en faire la synthèse.

4. Intégrer les résultats probants pour améliorer la pratique

L'intégration des résultats probants à la pratique peut varier selon la rigueur et l'ampleur des résultats de la recherche. Des recommandations basées sur des résultats suffisamment démontrés et appuyés par une recension systématique de recherches et d'essais cliniques rigoureusement menés peuvent être appliquées, en tenant compte de l'expertise d'un clinicien et des préférences d'un client. Par exemple, bien que les données démontrent que la morphine est un analgésique efficace, il peut être inapproprié d'en administrer à un client souffrant d'insuffisance rénale. Autre exemple : bien que les données ne fassent pas état d'un tel effet, un client peut craindre que la morphine crée une dépendance et préférer une solution de rechange aux analgésiques opioïdes pour soulager sa douleur. Il faut prendre ce genre de décisions en s'appuyant sur des résultats probants, en faisant preuve de jugement clinique et en tenant compte de la perspective et des valeurs du client.

Si les données externes sont insuffisantes, la quatrième étape consiste à compiler ses propres données, en procédant notamment à une recherche rigoureuse.

5. Évaluer les résultats de la recherche en situation clinique

Les résultats doivent être mesurés en fonction de l'objectif clinique poursuivi. Par exemple, ne prendre en compte que le coût des médicaments antidouleur ne donne aucune information sur leur efficacité clinique. Les résultats doivent toucher tous les aspects d'une intervention et inclure les contributions interdisciplinaires obtenues grâce au processus de pratique fondée sur des résultats probants. Un tel processus pourrait par exemple mettre à contribution des clients, leur famille, des infirmières, des médecins, des pharmaciens, des physiothérapeutes, des inhalothérapeutes et d'autres membres d'une équipe interdisciplinaire. Bien qu'ils ne partagent pas tous nécessairement les mêmes objectifs, ils peuvent escompter les mêmes résultats, du moins en partie.

Mise en œuvre de la pratique fondée sur des résultats probants

Pour mettre en œuvre la pratique fondée sur des résultats probants, les infirmières intervenant auprès des clients doivent continuellement être à la recherche de données pouvant conduire aux meilleurs résultats pour leurs clients, tandis que les cadres doivent inciter tous les membres d'équipes à prodiguer de meilleurs soins (Pipe, Cisar, Caruso, & Wellik, 2008). L'intégration des données nuancées par l'expertise et les ressources cliniques doit prendre en compte l'état de santé et les préférences du client. La pratique fondée sur des résultats probants comble le fossé qui sépare la recherche et la pratique en rendant possibles des soins plus fiables, dont les résultats sont davantage prévisibles que ceux des soins fondés sur la tradition ou l'opinion, ou prodigués par tâtonnement. Elle constitue un moyen efficace pour faire face à l'avalanche de publications et de nouvelles technologies, ainsi que pour répondre aux préoccupations relatives aux coûts de la santé et à la prépondérance croissante accordée aux résultats et à la qualité du service à la clientèle.

Ce manuel est ponctué d'exemples, relatifs à des thèmes choisis, de pratiques fondées sur des résultats probants. Ces encadrés offrent des réponses à des questions cliniques précises. Ils comprennent une question au format PICOT ainsi que l'évaluation critique des données, leur impact sur la pratique infirmière et leur source. Les résultats probants ne vont pas dans une seule direction : il arrive que des résultats probants soutiennent une pratique établie, renforçant la confiance que les soins infirmiers produiront les résultats escomptés ; à l'inverse, les résultats probants peuvent aussi remettre en question des pratiques courantes. Quoi qu'il en soit, il importe, dans la prise de décision clinique, d'être conscient du rôle des données scientifiques, de sa propre expertise, de son propre jugement ainsi que des préférences et des valeurs du client.

1.2.5 Terminologies normalisées des soins infirmiers

Les exigences actuelles du système de santé mettent la profession infirmière au défi de définir sa pratique et de mesurer ses effets sur la santé des personnes, des familles et des collectivités, ainsi que sur les soins qui leur sont prodigués. Les questions suivantes se posent donc sur la profession : Que font les infirmières ? Comment le font-elles ? Leur pratique a-t-elle un effet mesurable sur la santé des clients ? Comment les infirmières peuvent-elles documenter leur pratique pour nommer ce qu'elles font ? Quels sont les résultats de leurs soins ?

Pour répondre à ces questions, les milieux de soins infirmiers ont adopté des terminologies normalisées, qui donnent des définitions claires de ces soins et qui aident à les évaluer. Elles peuvent favoriser la continuité des soins et fournir des données renforçant la crédibilité de la profession. Ainsi, un vocabulaire commun et facile à comprendre peut améliorer la communication entre infirmières. Une terminologie normalisée aide en outre à choisir les interventions les plus appropriées (Saba & Taylor, 2007). Les lésions de pression et l'atteinte à l'intégrité de la peau d'un client ont-elles la même signification ? Retourner un client dans son lit toutes les deux heures revient-il à le repositionner toutes les deux heures ? Quels seront les résultats de l'une ou l'autre de ces interventions ? Comment décrire ces résultats ? Si le client était couché sur un matelas pneumatique au lieu de l'être sur un matelas ordinaire et d'être retourné, cela reviendrait-il au même ? Comment une infirmière peut-elle savoir ce qui convient le mieux au client ? Grâce à un vocabulaire standardisé, les infirmières peuvent sans peine recueillir des données, les interpréter et évaluer l'efficacité d'une intervention.

Les terminologies normalisées, jadis connues sous les noms de nomenclatures, de systèmes de classification ou de taxinomies, permettent de structurer et de décrire le domaine infirmier. Malgré des débats philosophiques sur la nécessité pour les soins infirmiers de faire l'objet d'une seule ou de plusieurs taxinomies, il existe un certain nombre de systèmes de classification (Hughes, Lloyd, & Clark, 2008). L'**ENCADRÉ 1.3** présente la liste de ceux qui sont reconnus par l'ANA. Les diverses terminologies existantes se rapportent à différents sous-domaines des soins infirmiers. Le système de classification Omaha et le *Home Health Care Classification* (Classification des soins à domicile) ont respectivement pour objets les soins infirmiers communautaires et les soins infirmiers à domicile, tandis que le *Perioperative Nursing Dataset* ▶ **47** est utilisé par les infirmières des soins périopératoires. Le *Nursing Management Minimum Data Set* (Ensemble minimal de données relatives à la démarche de soins), quant à lui, sert aux infirmières gestionnaires et administratrices.

Reconnues par l'ANA, les trois terminologies suivantes répertorient de manière systématique les réactions des clients, les résultats escomptés et les interventions : 1) *Diagnostics infirmiers : définitions et classification,* de NANDA International ;

47

Pour en savoir davantage sur le rôle de l'infirmière en salle d'opération, consultez le chapitre 47, *Interventions cliniques – Soins peropératoires*.

2) Classification des résultats de soins infirmiers (NOC) ; 3) Classification des interventions de soins infirmiers (NIC). Chacun de ces systèmes de classification porte sur une composante en particulier de la démarche de soins, et ce, dans toutes les spécialités infirmières. On peut nommer les réactions et les problèmes des clients en se référant aux diagnostics infirmiers définis et classés par la NANDA (NANDA International, 2009). On peut choisir et mettre en œuvre les interventions ou les traitements en se basant sur le système NIC (Bulechek, Butcher, & Dochterman, 2008), et l'on peut caractériser puis évaluer les résultats potentiellement critiques sur le plan infirmier en déterminant le résultat NOC approprié (Moorhead, Johnson, Maas, & Swanson, 2008).

1.2.6 Informatique des soins de santé

Peu fiable, le recours à des dossiers sur papier pour recueillir, archiver et extraire l'information sur les soins aux clients est en voie d'abandon. Le gouvernement du Québec introduit progressivement le dossier de santé informatisé, qui permet d'accéder à l'ensemble des données médicales relatives à une personne. Le dossier de santé informatisé a été conçu pour donner accès, partout dans la province, à des renseignements protégés, compilés à partir des données ayant pour source tout professionnel de la santé. Ce dossier ne remplace pas le dossier médical dans les établissements de santé qui compilent les données sur leurs clients et qui peuvent aussi être informatisés. Le dossier de santé informatisé d'une personne contient obligatoirement les renseignements au sujet des médicaments d'ordonnance prescrits, les vaccins reçus, les résultats d'examens et d'imagerie diagnostique (p. ex., les radiologies, les imageries par résonance magnétique

[IRM], les échographies), les résultats des examens et des tests de laboratoire, ainsi que les allergies et intolérances. Le dossier peut aussi contenir de l'information convenue entre le médecin et le client, notamment les coordonnées des professionnels de la santé qui lui donnent des services et des données dites « d'urgence », c'est-à-dire celles nécessaires pour ne pas mettre la santé ou la vie en danger (p. ex., des traitements particuliers, le port d'orthèse ou d'un stimulateur cardiaque, un diagnostic de diabète) (MSSS, 2010a).

Au Québec, l'implantation d'un dossier de santé informatisé uniforme pourrait faire diminuer le nombre d'erreurs médicales dues à l'usage de dossiers papier classiques, et améliorer la prise de décision clinique, la sécurité des clients et la qualité des soins. Le gouvernement provincial poursuit l'objectif de mettre en place le dossier de santé informatisé en dépit des nombreuses difficultés encourues et d'un échéancier révisé qui viserait maintenant 2015.

Un dossier de santé informatisé uniforme nécessite un vocabulaire médical étendu et normalisé, ce à quoi correspond la *Terminologie clinique* de la *Nomenclature systématisée de la médecine*, connue sous l'acronyme SNOMED CT^MD (pour *Systematized Nomenclature of Medicine Clinical Terminology*). En 2006, son adoption par Inforoute santé du Canada confirme qu'elle permet le degré de précision de l'information clinique exigé par les cliniciens de toutes les disciplines des soins de santé et qu'elle convient à la plupart des environnements de prestation de soins de santé (Inforoute Santé du Canada, 2010).

La SNOMED CT^MD est très utile pour les soins infirmiers parce qu'elle inclut les terminologies NANDA, NIC et NOC (NNN). Elle permet donc de recourir aux termes standardisés de ces taxinomies. Elle permet aussi de tenir compte des liens déjà établis entre diagnostics, interventions et résultats des différentes classifications en plus de s'appuyer sur les résultats probants qui sont intégrés dans ces dernières. Par exemple, la sélection du diagnostic NANDA *Épuisement* sur l'ordinateur entre le code 00093 dans une base de données ; la sélection du résultat NOC *Endurance* y envoie le code 0001, tandis qu'aux interventions NIC *Gestion de l'énergie* et *Promotion de l'exercice* correspondent respectivement les codes 0180 et 0200. Ainsi, le système fait des liens entre les données, et cela peut contribuer à l'amélioration des directives cliniques.

Informatique infirmière

L'informatique infirmière applique aux soins de santé la science des ordinateurs et celle de l'information afin de favoriser la création, la gestion et le traitement de données pertinentes. L'informatique infirmière vise à utiliser l'information dans tous les domaines de pratique, car elle intègre les soins infirmiers, l'information qui s'y rattache et la gestion de cette dernière aux technologies de l'information et de la communication, et ce, dans le but de promouvoir la santé de tous (AIIC, 2001 ; ANA, 2008). Les spécialistes de cette discipline étudient la structure et le traitement de l'information par les infirmières lorsqu'elles prennent des décisions cliniques dans la pratique, et ils tentent de bâtir des systèmes pouvant soutenir et automatiser ce processus. Les tâches de l'infirmière informaticienne sont variées, allant de la conception de systèmes informatiques à leur amélioration, en passant par leur développement, leur mise en marché, leur rodage, leur installation, leur utilisation, leur maintenance, leur évaluation et la formation des utilisateurs.

Aujourd'hui, nombreuses sont les infirmières informaticiennes à se préoccuper du fait que si l'on ne procède pas au stockage numérique des données relatives aux soins infirmiers, les dossiers médicaux informatisés et les dossiers de santé informatisés ne diront rien des décisions prises par les infirmières **FIGURE 1.4**. Conséquemment, ces données ne contribueront pas à la planification et aux politiques de soins de santé. Les renseignements relatifs aux problèmes particuliers à la pratique infirmière, aux interventions infirmières autonomes et à l'amélioration des résultats chez les clients resteront dans l'ombre, rendant invisible l'apport des soins infirmiers aux soins de santé (Thede, 2008).

Si de telles données doivent figurer dans les dossiers de santé informatisés, il faut déterminer lesquelles, et choisir une terminologie qui les rend

L'informatisation des soins infirmiers offre de nouvelles perspectives professionnelles.

compréhensibles et cohérentes. Il serait possible d'adopter n'importe laquelle des nomenclatures reconnues par l'ANA dont nous avons traité plus haut. Cependant, rares sont les organismes qui les utilisent dans leurs documents numériques. Les infirmières doivent donc veiller à ce que les données relatives aux soins infirmiers fassent l'objet d'un stockage numérique et soient parties prenantes du dossier de santé informatisé. En raison du cheminement plus lent de l'informatisation au Québec, il est important que les infirmières s'y intéressent et développent une compréhension de l'informatisation des soins infirmiers qui leur permettra de dépasser une certaine résistance à l'endroit des taxinomies existantes.

1.3 | Démarche de soins de la pratique infirmière

La **démarche de soins** constitue un processus explicite de résolution de problèmes pour la détermination et le traitement des problèmes de santé. Elle fournit un cadre afin d'organiser les connaissances, les jugements et les actions des infirmières pour soigner les clients (Ackley & Ladwig, 2006). Elle fait appel aux aptitudes et aux compétences cognitives (réflexion, raisonnement), psychomotrices (agir) et affectives (sentiments, valeurs) de l'infirmière.

1.3.1 | Fonctions autonomes et interdisciplinaires de l'infirmière

La pratique infirmière comporte des fonctions autonomes, dépendantes et interdisciplinaires. Plus la profession gagne en autonomie, plus les infirmières décident elles-mêmes de certaines interventions en réponse au diagnostic infirmier, comme la promotion et l'amélioration de la santé, la prévention des maladies et la défense des droits des clients (Bulechek *et al.*, 2008). Il s'agit alors de fonctions autonomes.

L'infirmière remplit une fonction dépendante lorsqu'elle exécute l'ordonnance d'un médecin. Les fonctions dépendantes comprennent notamment l'administration de médicaments, l'intervention dans certains traitements et l'assistance au cours d'examens ou d'autres procédures diagnostiques. Les activités dépendantes sont déterminées par des politiques organisationnelles ou gouvernementales.

Les fonctions interdisciplinaires, quant à elles, donnent à l'infirmière la responsabilité principale de la surveillance, de la prise en charge et du traitement de complications possibles ou actuelles. Les interventions cliniques peuvent être déterminées par le médecin comme par l'infirmière. Ces fonctions se manifestent souvent dans les circonstances suivantes: surveillance de clients aux prises avec une maladie aiguë, administration de solutions intraveineuses sur ordonnance d'un médecin ou d'une IPS, et interventions telles que le soutien émotif ou l'enseignement de procédures précises.

1.3.2 Étapes de la démarche de soins

La démarche de soins comporte les cinq étapes suivantes: collecte des données pour une évaluation initiale, analyse et interprétation des données, planification des interventions et directives infirmières, interventions cliniques, évaluation des résultats et évaluation en cours d'évolution **FIGURE 1.5**. Ces cinq étapes sont intimement liées entre elles. Par exemple, on peut recueillir des données sur l'état d'une blessure (collecte des données) en changeant un pansement souillé (intervention clinique). La démarche doit cependant se dérouler dans un certain ordre, en commençant par la collecte des données.

- La collecte des données pour une évaluation initiale consiste à rassembler les éléments d'information subjective et objective sur un client, qui serviront de base à la planification des soins.
- L'analyse et l'interprétation des données permettent de formuler un jugement sur la nature de celles-ci. Cette étape comprend la détermination et la dénomination des réactions humaines aux problèmes de santé réels ou potentiels et aux processus vitaux.
- La planification des interventions ainsi que les directives infirmières correspondantes

déterminent les objectifs et précisent les résultats escomptés. Elles mènent à la rédaction du plan de soins et de traitement infirmier.

- L'intervention clinique constitue la mise en œuvre du plan de soins et de traitements infirmiers (PSTI).
- L'évaluation des résultats et l'évaluation en cours d'évolution sont des activités continues. Elles permettent de savoir si l'intervention clinique a produit les résultats escomptés. Si tel n'est pas le cas, il faut passer en revue toutes les étapes de la démarche afin d'en déterminer la cause. Il est possible qu'une révision de la collecte des données, de leur interprétation, des résultats escomptés ou de l'intervention clinique soit nécessaire.

Par nature, la démarche de soins est non seulement continue, mais aussi cyclique. Ce cycle peut se répéter aussi longtemps que nécessaire.

Tant les infirmières que les médecins utilisent une démarche fondée sur la résolution de problèmes pour soigner leurs clients. Celle des infirmières se distingue cependant en ce qu'elle découle des objectifs et des méthodes propres aux soins infirmiers. Le **TABLEAU 1.3** présente une comparaison entre les objectifs des soins infirmiers et ceux de la médecine.

Collecte des données pour une évaluation initiale

À la base de tout diagnostic, de toute planification et de toute intervention clinique dignes de ce nom se trouve une collecte de données fiables, tant subjectives qu'objectives, sur le client **FIGURE 1.6**.

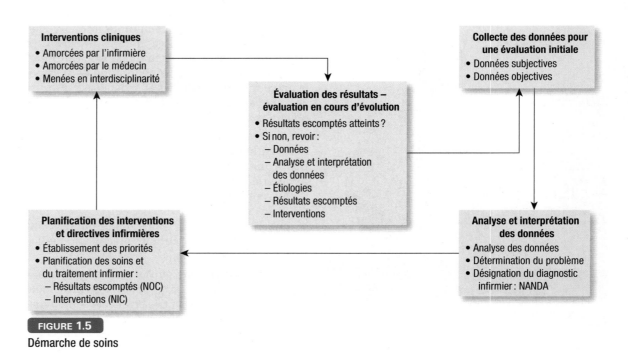

FIGURE 1.5

Démarche de soins

TABLEAU **1.3**	Comparaison des grands objectifs des soins infirmiers et de la médecine	
SOINS INFIRMIERS	**MÉDECINE**	
Évaluer l'expérience de santé-maladie et répondre aux demandes d'aide.	Déterminer l'étiologie des maladies ou des blessures.	
Offrir des soins physiologiques et psychologiques, de l'enseignement, de l'orientation et des conseils.	Prescrire des traitements médicaux, pratiquer des chirurgies.	
Intervenir pour promouvoir la santé, pour prévenir les maladies ou les complications, et pour aider les clients à répondre à leurs besoins.	Pratiquer des interventions visant à prévenir ou à guérir les maladies ou les blessures.	

FIGURE 1.6

La collecte des données est une condition préalable au diagnostic, à la planification des soins et à l'intervention.

L'être humain possède des dimensions biologique, psychologique, sociologique et spirituelle en interaction avec son environnement; toute personne peut donc avoir des besoins et éprouver des problèmes dans l'une ou l'autre des dimensions. Déterminer un problème de santé ou reconnaître un besoin actuel ou potentiel sans disposer de données relatives à toutes les particularités d'une personne peut déboucher sur des conclusions erronées et sur des soins dépersonnalisés. Par exemple, un client hospitalisé qui ne dort pas la nuit pourrait faire l'objet d'un diagnostic incorrect de troubles du sommeil. Dans les faits, peut-être a-t-il travaillé de nuit pendant toute sa vie adulte et qu'il est alors normal pour lui d'être éveillé la nuit. Il faut donc connaître ses habitudes de sommeil pour lui prodiguer des soins personnalisés.

La détermination du problème ou du besoin et les interventions cliniques dépendent de la qualité de la collecte des données sur laquelle elles s'appuient; celle-ci doit donc être précise et exhaustive. Il est recommandé d'utiliser une base de données infirmières systématisée pour faciliter la collecte des données ▶ **3** . Lorsque la situation s'y prête, il est souhaitable de valider auprès du client l'information provenant de sources secondaires comme son dossier, les membres de sa famille, d'autres professionnels de la santé et l'observation directe. De même, les affirmations qui semblent imprécises ou douteuses devraient être validées par des professionnels de la santé.

Analyse et interprétation des données

L'analyse et l'interprétation des données débutent par la compilation de l'information et se terminent par le jugement évaluatif de l'état de santé du client. Ce jugement n'est possible qu'après analyse des données recueillies. Cette analyse requiert de déceler des indices, de classer et de compiler l'information ainsi que de définir les forces du client et ses besoins non comblés. On compare ensuite les résultats aux normes existantes afin de déterminer si quelque chose nuit ou peut nuire à la satisfaction de ses besoins ou à sa capacité à maintenir son état de santé normal. Après analyse systématique de toute l'information disponible, il y a lieu de porter un jugement éclairé sur son état de santé. Il est possible qu'aucun problème, besoin ou processus vital ne commande une intervention clinique, comme il se peut que le client ait besoin de l'aide d'une infirmière pour régler un problème réel ou potentiel. En outre, un client dont l'état de santé ou les processus vitaux sont satisfaisants peut tout de même exprimer le désir de se sentir mieux, ce qui peut nécessiter l'assistance d'une infirmière.

Il importe de garder à l'esprit que ce ne sont pas toutes les conclusions découlant de l'analyse qui aboutissent à un diagnostic infirmier. Celui-ci ne peut se rapporter qu'à des conditions qui font partie du champ de pratique des infirmières. Il se peut que les données révèlent des problèmes devant être abordés en interdisciplinarité avec d'autres professionnels de

Capsule Jugement clinique

Monsieur Juan Fernandez est âgé de 78 ans. Il est lucide, mais en perte d'autonomie. Comme il est hypertendu, il prend du tartrate de métoprolol (Lopresor^MD). Il utilise un déambulateur pour ses déplacements, mais il lui arrive de vouloir prendre les escaliers sans cette aide technique.

Dans cette situation, trouvez au moins trois données supplémentaires qui pourraient confirmer un problème de risque de chute pour ce client.

3

La collecte des données subjectives et objectives est décrite dans le chapitre 3, *Examen clinique*.

la santé. Tout au long du processus, l'infirmière peut cerner des problèmes relevant tant du diagnostic infirmier que des soins en interdisciplinarité, et qui nécessitent une intervention clinique.

Diagnostic infirmier

Le diagnostic infirmier fournit une base pour déterminer les résultats escomptés et les interventions cliniques dont l'infirmière est responsable (NANDA International, 2009) **ENCADRÉ 1.4**.

La NANDA International est une association vouée aux soins infirmiers qui, depuis 1973, propose une terminologie normalisée servant à la reconnaissance, à la définition et à la classification des réactions potentielles ou effectives aux problèmes de santé. Ses deux principaux objectifs sont d'élaborer une taxinomie des diagnostics et de répertorier les diagnostics infirmiers. En sélectionnant un diagnostic infirmier dans la liste de la NANDA, l'infirmière désigne, pour les autres infirmières et les autres professionnels, la réponse du client ou ce qui nécessite des soins dans un langage propre à la détermination et à la définition du problème d'un client. L'utilisation d'une terminologie normalisée rend possible la consignation des analyses et des synthèses effectuées ainsi que des

précisions apportées dans le cadre d'un diagnostic infirmier. Elle permet de démontrer la contribution des soins infirmiers à des soins de santé de qualité, efficaces par rapport à leur coût.

Formulé par écrit, le diagnostic infirmier peut comporter une, deux ou trois parties.

Un diagnostic infirmier ne comptant qu'une partie doit traduire un diagnostic lié au bien-être. On le pose par exemple dans le cas d'un client dont l'état de santé s'améliore parce qu'il passe d'un niveau de bien-être à un autre niveau plus élevé. Un tel diagnostic s'écrit en commençant par « Prêt à améliorer son... », suivi de ce qu'on souhaite voir s'améliorer pour atteindre un plus grand degré de bien-être. Par exemple : « Prêt à améliorer son alimentation. »

Un diagnostic infirmier en deux parties, s'il désigne le problème et son étiologie, n'est acceptable que si les données relatives aux signes et aux symptômes sont accessibles facilement pour les autres infirmières prenant soin du client. Un exemple de ce type d'énoncé est le suivant : « Alimentation déséquilibrée offrant moins que les besoins corporels, liée à un revenu insuffisant pour acheter des aliments. » Un autre type de diagnostic infirmier s'énonce en deux parties en raison de l'absence de signes et de symptômes, soit un diagnostic de risque. Par exemple : « Risque d'aspiration de corps étranger lié à des troubles de déglutition. »

Finalement, une formulation en trois parties d'un diagnostic infirmier est recommandée en situation d'apprentissage. Ce diagnostic en trois parties reflète le processus de la pensée critique utilisée dans la formulation du jugement clinique relatif à l'état de santé du client. Il faut le rédiger sous la forme PES (problème, étiologie, signes et symptômes), en se rappelant que même s'il se trouve à la fin du sigle, le « S » est constaté en premier dans le processus **TABLEAU 1.4**.

| **Détermination du problème** | Pour établir un diagnostic infirmier qui correspond au problème

ENCADRÉ 1.4	Constats d'évaluation et diagnostics infirmiers
• L'infirmière pourra, grâce à son jugement clinique, formuler les constats de son évaluation concernant les problèmes de santé et les besoins du client. Deux grands types de constats permettent d'établir le profil clinique du client : les constats généraux, qui seront consignés au PSTI, et les constats prioritaires pour le suivi clinique du client, consignés au plan thérapeutique infirmier (PTI) comme constats d'évaluation.	• Aux fins du PSTI, les constats de l'évaluation peuvent, notamment, être formulés selon la taxinomie des diagnostics infirmiers proposée par la NANDA International (NANDA-I). Les libellés de diagnostics infirmiers normalisés et validés par la NANDA-I peuvent définir précisément et sans ambiguïté les problèmes ou les besoins du client à tous les membres de l'équipe soignante.

TABLEAU 1.4	Formulation de diagnostics infirmiers au format PES	
PARTIE	**DÉFINITION**	**EXEMPLE**
Problème	• Libellé ou énoncé du diagnostic infirmier • Terme reflétant la présentation des signes	Douleur
Étiologie	• Brève description de la cause probable du problème • Facteurs contributifs ou liés	Liée à une incision chirurgicale, à une pression localisée ou à un œdème
Signes et symptômes	• Liste des données subjectives ou objectives aidant à cerner le problème • Caractéristiques déterminantes essentielles, majeures ou mineures	Se manifestant par la verbalisation de la douleur et un faciès tendu

d'un client, l'infirmière doit faire appel à son jugement clinique. Elle doit classer les données recueillies par symptômes analogues ou apparentés, puis les analyser et les interpréter. Elle peut ensuite opter pour le diagnostic infirmier qui correspond aux paramètres appropriés et aux caractéristiques déterminantes. Ce manuel utilise la typologie des 11 **modes fonctionnels de santé** de Gordon comme cadre de référence pour la détermination des problèmes ou des besoins présentant des types communs de réactions (Gordon, 2007). Une taxinomie est une classification en un système ordonné à partir de relations logiques. Ainsi, la structure taxinomique des diagnostics infirmiers peut guider la détermination de problèmes en permettant de regrouper des réactions.

Par exemple, l'évaluation d'un client atteint d'insuffisance cardiaque repose sur des données relatives au mode activité-repos et à la fonction cardiovasculaire-pulmonaire : une dyspnée, de l'essoufflement, de la faiblesse et une augmentation de la fréquence cardiaque à l'effort ; le client affirme se sentir « trop faible pour faire quoi que ce soit ». Les diagnostics infirmiers répertoriés par Gordon sous le mode fonctionnel de santé activité-exercice ou ceux du domaine activité/exercice de la taxinomie II

de NANDA sont sans doute ceux qui conviennent le mieux à ce client. L'infirmière peut dans ce cas opter pour un diagnostic infirmier provisoire d'intolérance à l'activité, de fatigue ou de mode de respiration inefficace comme réactions du client à sa maladie cardiaque. Pour être en mesure de valider son diagnostic et de vérifier si les formulations choisies correspondent aux descriptions fournies, elle doit au préalable lire les définitions et les caractéristiques déterminantes de ces diagnostics infirmiers, et s'y être familiarisée (Carpenito-Moyet, 2007).

| **Étiologie** | La formulation d'un diagnostic infirmier détermine l'**étiologie** du problème. L'étiologie oriente le choix de l'intervention clinique. Elle peut s'avérer relative à la physiopathologie, à la maturation, à la situation ou au traitement, mais doit pouvoir être traitée par des soins infirmiers (Ackley & Ladwig, 2006 ; Carpenito-Moyet, 2007). Elle peut être considérée comme secondaire à un problème médical, mais un diagnostic médical ne doit pas désigner l'étiologie principale. À l'écrit, la description de l'étiologie suit la formulation du diagnostic infirmier. Ces deux éléments sont coordonnés par la proposition « lié à ». Le **PSTI 1.1**, par exemple, présente une situation de santé qui

Étiologie : Étude des causes des maladies ; ces causes elles-mêmes.

Plan de soins et de traitements infirmiers

PSTI 1.1 — Insuffisance cardiaque

PROBLÈME DÉCOULANT DE LA SITUATION DE SANTÉ	**Intolérance à l'activité** liée à une fatigue secondaire à une insuffisance cardiaque et à une congestion pulmonaire se manifestant par une dyspnée, de l'essoufflement, de la faiblesse et une augmentation du rythme cardiaque à l'effort, ainsi que par l'affirmation du client : « Je me sens trop faible pour faire quoi que ce soit. »
OBJECTIF	Le client accomplira un programme d'activités réaliste, dans lequel l'activité physique et la conservation de l'énergie sont en équilibre.

RÉSULTATS ESCOMPTÉS	**INTERVENTIONS INFIRMIÈRES ET JUSTIFICATIONS**
Tolérance à l'activité • Fréquence respiratoire _____R/min durant l'activité • Mesure de la saturation en O_2 dans les normales attendues durant l'activité • Fréquence cardiaque _____batt./min durant l'activité • Mesures de la pression artérielle systolique et diastolique dans les normales attendues durant l'activité • Absence de dyspnée à l'effort (échelle de Borg) • Absence de changement à l'électrocardiogramme • Absence de signes d'hypoxémie (fatigue, cyanose, etc.) • Accomplissement des activités de la vie quotidienne sans dyspnée ou douleur • Augmentation de la capacité à l'effort et aisance dans les activités physiques quotidiennes	**Gestion de l'énergie** • Encourager le client à alterner repos et activité en vue de réduire le travail du cœur. • Proposer au client des activités de divertissement calmes afin de l'encourager à se détendre, à réduire sa consommation d'oxygène (O_2), et de le soulager de sa dyspnée et de sa fatigue. • Surveiller la réaction du client à l'O_2 (p. ex., la fréquence respiratoire et cardiaque, le rythme cardiaque) en situation d'autosoins ou de soins infirmiers, afin de déterminer le niveau d'activité qu'il peut atteindre. • Enseigner au client et à sa famille les techniques d'autosoins aidant à minimiser la consommation d'O_2 (p. ex., des techniques d'autosurveillance et de stimulation en vue d'accomplir les AVQ). **Thérapie par l'activité** • Planifier et surveiller le début de la réadaptation cardiaque à l'unité de soins. • Évaluer l'engagement du client à augmenter la fréquence ou la portée de ses activités en vue de lui proposer des objectifs réalistes.

Choc cardiogénique :
Choc résultant de la diminution du débit cardiaque dans les maladies du cœur.

se formule ainsi : « Intolérance à l'activité liée à une fatigue secondaire à une insuffisance cardiaque et à une congestion pulmonaire ». L'étiologie guide le choix de l'intervention clinique qui modifiera le facteur fatigue. Le traitement de l'insuffisance cardiaque et de la congestion pulmonaire ne relève pas de la pratique infirmière. Si l'étiologie est inconnue, la formulation se lit ainsi : « lié à une étiologie inconnue ». Dans le cas d'un diagnostic infirmier de risque, les facteurs de risque correspondant à la situation du client sont désignés comme étiologie. Les étiologies multiples sont de plus en plus courantes dans la mesure où l'usage des diagnostics infirmiers se répand.

| Signes et symptômes | Les signes et symptômes, que l'on nomme aussi **caractéristiques déterminantes**, constituent les indices cliniques qui, dans un regroupement, appuient le diagnostic infirmier (NANDA International, 2009). Les caractéristiques déterminantes essentielles doivent faire partie des données si l'on veut obtenir un diagnostic infirmier fiable. Les caractéristiques déterminantes majeures sont des signes et symptômes présents une fois le diagnostic établi. Un diagnostic infirmier doit comporter au moins une caractéristique déterminante essentielle et une caractéristique déterminante majeure. L'infirmière relève aussi des caractéristiques déterminantes mineures qui peuvent servir au diagnostic infirmier. Dans la formulation d'un diagnostic, les signes et symptômes sont introduits par la proposition « se manifestant par ». Ainsi complétée, la situation de santé du **PSTI 1.1** citée ci-dessus se lirait comme suit : « Intolérance à l'activité liée à une fatigue secondaire à une insuffisance cardiaque et à une congestion pulmonaire se manifestant par une dyspnée, de l'essoufflement, de la faiblesse et une augmentation de la fréquence cardiaque à l'effort, ainsi que par l'affirmation du client : "Je me sens trop faible pour faire quoi que ce soit." »

Soins en interdisciplinarité

Les **soins en interdisciplinarité** sont les traitements que les infirmières prodiguent avec d'autres professionnels de la santé (généralement des médecins) concernant des complications possibles ou effectives découlant de maladies ou d'autres traitements (Carpenito-Moyet, 2007). À l'étape du diagnostic infirmier, en plus de remplir les autres exigences, l'infirmière doit évaluer les risques de complications physiologiques. La détection de problèmes à traiter en interdisciplinarité demande une bonne connaissance de la physiopathologie et des complications pouvant résulter d'un traitement médical. Dans le cas du client souffrant d'une insuffisance cardiaque **PSTI 1.1**, les problèmes à traiter en interdisciplinarité

pourraient comprendre un œdème pulmonaire, de l'hypoxémie, de la dysrythmie ou un **choc cardiogénique**. L'infirmière prodiguant des soins en interdisciplinarité pratique des interventions déterminées par le médecin ou par elle-même en vue de prévenir, de détecter et de prendre en charge des problèmes à traiter en interdisciplinarité.

Dans un diagnostic infirmier, les problèmes à traiter en interdisciplinarité se formulent généralement comme suit : « Complication possible : » ou « CP : », sans la mention « lié à ». Par exemple : « CP : embolie pulmonaire ».

Planification des interventions et directives infirmières

Une fois le diagnostic infirmier et le processus thérapeutique en interdisciplinarité établis, il faut déterminer les priorités de soins. La plus haute priorité devra être accordée aux diagnostics recommandant une intervention clinique immédiate, tandis qu'on remettra à plus tard les interventions moindrement prioritaires. En premier lieu, il est impératif d'intervenir pour traiter les problèmes concernant les voies respiratoires, la respiration et la circulation (l'ABC : *airway*, *breathing* et *circulation*), qui mettent en danger la vie du client. Il faut généralement répondre aux besoins physiques avant de répondre aux besoins psychologiques.

Il est aussi utile de s'informer de ce que le client considère comme important. Si ses priorités ne conviennent pas à la situation concrète, l'infirmière pourrait devoir lui expliquer la nécessité de procéder dans un certain ordre, notamment celui mentionné précédemment. Il est souvent plus efficace de satisfaire le besoin prioritaire du client avant de répondre aux priorités plus secondaires.

Détermination des résultats escomptés

Une fois les priorités établies, il faut déterminer quels sont les résultats escomptés. Il s'agit d'anticiper à quel point la réaction du client décrite dans le diagnostic infirmier peut être prévenue ou traitée grâce aux soins infirmiers. Un résultat influencé par les soins infirmiers correspond à l'état, au comportement ou à la perception d'une personne, d'une famille ou d'une collectivité dont on a évalué le degré de réponse à une ou plusieurs interventions (Moorhead *et al.*, 2008). Chaque résultat de la classification des résultats de soins infirmiers est précisé par un groupe d'indicateurs qui permettent de déterminer l'état du client par rapport au résultat escompté. Comme les priorités, les résultats escomptés doivent si possible être établis avec le client et sa famille **FIGURE 1.7**.

Il existe deux méthodes de détermination des résultats escomptés : la formulation de résultats précis et le choix de résultats NOC. Selon la première approche, l'infirmière peut décrire les

Jugement clinique

Capsule

L'infirmière formule le résultat escompté suivant pour le risque de chute décelé chez monsieur Fernandez : le client se déplacera sans jamais faire de chutes.

Ce résultat est-il acceptable pour ce client ? Justifiez votre réponse.

FIGURE 1.7

La collaboration entre le client, sa famille et l'infirmière est essentielle à l'établissement des résultats escomptés.

comportements, réalistes et mesurables, qu'elle souhaite que le client puisse manifester à partir d'une certaine date. Dans le cas du client présenté dans le **PSTI 1.1**, elle peut formuler ainsi un résultat escompté: « Le client présentera des signes vitaux normaux au cours d'une activité dans deux jours. » Cependant, cet énoncé ne dit rien des critères d'évaluation de l'évolution du client pendant son séjour à l'hôpital. Si les résultats ne sont pas atteints, l'infirmière ne dispose d'aucun moyen de savoir où en est le client par rapport aux résultats escomptés. De plus, la formulation de résultats précis engendre des données non standardisées qui n'ont aucune utilité pour la recherche sur l'efficacité des interventions cliniques.

| Classification des résultats de soins infirmiers | La classification des résultats de soins infirmiers (ou NOC) est une liste de concepts, de définitions et de méthodes d'évaluation décrivant les résultats influencés par les soins infirmiers (Moorhead *et al.*, 2008). On l'utilise pour évaluer les interventions cliniques. Sa version courante compte plus de 300 résultats répartis en 7 domaines et en 29 classes (University of Iowa, 2008a). Chaque

résultat possède son énoncé et sa définition, ainsi qu'un ensemble d'indicateurs précis et une échelle à cinq niveaux servant à évaluer le résultat global et les indicateurs.

Choix des interventions cliniques

Après avoir déterminé les résultats escomptés, il faut planifier les interventions infirmières. Une intervention infirmière consiste en tout traitement, fondé sur le jugement clinique et les connaissances, administré par une infirmière dans le but d'améliorer la condition d'un client. Directe ou indirecte, elle peut prendre la forme de soins entrepris par l'infirmière à partir d'un diagnostic infirmier, de traitements prescrits par un médecin et résultant d'un diagnostic médical, de soins en interdisciplinarité amorcés par des infirmières ou d'autres professionnels de la santé, ou encore d'activités quotidiennes essentielles qu'un client ne peut réaliser par lui-même **TABLEAU 1.5**. Pour sélectionner l'intervention qui convient, l'infirmière doit tenir compte des éléments suivants:

- les résultats escomptés;
- l'étiologie du diagnostic infirmier;
- les lignes directrices pour la pratique clinique fondée sur des résultats probants;
- les principes scientifiques de la science du comportement et de la biologie;
- la possibilité de réussite de l'intervention;
- les préférences du client;
- l'aptitude du client à la mettre en œuvre.

Afin de bien planifier son intervention, l'infirmière doit aussi faire preuve d'ingéniosité, d'intuition et de créativité, mettre son expérience à profit et prendre en compte des facteurs comme les résultats probants, la disponibilité de l'aide et de l'équipement. Au moment de faire le choix final de l'intervention, elle doit si possible garder à l'esprit les préférences du client. Avec sa famille, ce dernier dispose souvent d'une foule de renseignements sur

TABLEAU 1.5	Exemples d'interventions infirmières visant à traiter des problèmes de santé
TYPE D'INTERVENTION INFIRMIÈRE	**TÂCHE DE L'INFIRMIÈRE**
Traitement déterminé par une infirmière	Encourager le client à tousser et à respirer profondément.
Traitement prescrit par un médecin	Administrer des médicaments.
Traitement en interdisciplinarité	Assister le client avec l'utilisation d'aide à la locomotion dans ses déplacements après discussion avec son physiothérapeute.
Activité essentielle que le client ne peut pratiquer par lui-même	Proposer des exercices passifs.

les interventions, fructueuses ou non, qu'il a expérimentées dans le passé. Si l'infirmière demande au client de l'informer sur les mesures ayant été rejetées parce qu'elles étaient inefficaces, elle économisera temps et efforts de manière appréciable.

| **Classification des interventions infirmières** | Troisième terminologie infirmière normalisée à se pencher sur la démarche de soins, la classification des interventions de soins infirmiers (ou NIC) recense les interventions demandées ou effectuées par l'infirmière de manière indépendante ou en interdisciplinarité, et ce, dans tous les contextes et dans toutes les spécialités infirmières (Bulechek *et al.*, 2008). Chaque intervention y étant numérotée, le recours à la terminologie NIC facilite la collecte de données standardisées dans le but d'évaluer l'efficacité des interventions.

La terminologie NIC dénombre plus de 500 interventions, chacune ayant son énoncé ou son libellé, sa définition, et un ensemble de tâches parmi lesquelles choisir pour réaliser l'intervention en question. Les interventions sont réparties en 7 domaines et en 30 classes (University of Iowa, 2008b). L'ampleur de cette liste peut sembler considérable, mais l'infirmière y trouve vite les interventions propres à sa spécialité ou au profil de ses clients (Bulechek *et al.*, 2008). Au moment de la planification des soins, elle choisit des interventions précises dans le domaine ou la classe qui convient au client selon le diagnostic infirmier et les résultats escomptés.

La terminologie NIC ne recommande pas d'interventions propres à des situations particulières : c'est l'infirmière qui porte l'importante responsabilité de décider de l'intervention et du moment où cette dernière se déroulera, en se basant sur sa connaissance du client et de la condition de celui-ci.

Mise en relation des terminologies NANDA, NIC et NOC

Bien que distinctes l'une de l'autre, les terminologies NANDA, NIC et NOC (NNN) peuvent être associées et utilisées simultanément pour planifier les soins (Johnson *et al.*, 2006). Une telle mise en relation peut aider à établir le diagnostic infirmier, à anticiper les résultats escomptés et à choisir les interventions nécessaires. La **FIGURE 1.8** illustre l'intégration à la démarche de soins et le **TABLEAU 1.6** présente des exemples de mises en relation des trois nomenclatures.

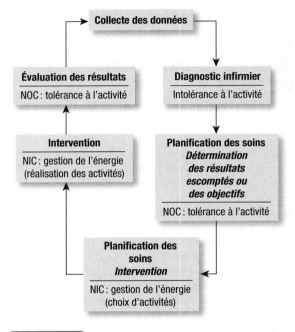

FIGURE 1.8

Intégration des terminologies NANDA, NOC et NIC à la démarche de soins

Interventions cliniques

Dans la démarche de soins, l'étape des interventions cliniques consiste en la mise en œuvre du PSTI propre au client. L'infirmière peut pratiquer l'intervention elle-même ou la déléguer à d'autres personnes qualifiées, qu'elle supervisera. La pénurie d'infirmières professionnelles a entraîné une hausse de la délégation ou de l'affectation de

TABLEAU 1.6	Exemples de mises en relation des terminologies NANDA, NOC et NIC	
Diagnostic infirmier NANDA : Atteinte à l'intégrité de la peau. État du client dont le derme ou l'épiderme est atteint.		
PARAMÈTRE NANDA	**RÉSULTAT ESCOMPTÉ NOC**	**INTERVENTIONS NIC**
Pression	Intégrité des tissus : peau et muqueuses	• Gestion de la pression • Surveillance de la peau
Déficit nutritionnel	État nutritionnel : apport en nourriture et en eau	• Surveillance de l'alimentation • Thérapie de l'alimentation
Manque de connaissances	Connaissances concernant la maladie	• Enseignement : processus de la maladie

tâches infirmières à du personnel non professionnel ou non diplômé.

Délégation et partage des tâches

La **délégation** consiste à transmettre l'autorité ou la responsabilité d'accomplir une tâche particulière à une personne compétente dans une situation donnée (ANA, 2003). Nombreux, les membres d'une équipe de soins doivent travailler de concert. L'infirmière qui a trop à faire et qui manque de temps doit savoir déléguer certaines tâches. Elle conserve cependant l'obligation de répondre de ses actes et doit donc s'assurer que les tâches en question sont accomplies avec compétence. La modification du Code des professions au début des années 2000 a attribué la responsabilité de l'exécution d'un nombre plus grand d'activités de soins qu'auparavant aux infirmières auxiliaires, sans leur en octroyer l'exclusivité. Il leur a également permis de contribuer à l'évaluation de l'état de santé et à la réalisation du PSTI sans toutefois leur permettre de planifier ce dernier. Dans ce contexte, les infirmières auxiliaires sont directement responsables des activités autorisées par ce code sans que cela engage la responsabilité de l'infirmière comme dans le cas d'une délégation. En outre, dans certains établissements, des activités supplémentaires seront déléguées aux infirmières auxiliaires, tout en respectant la réglementation en vigueur.

Certaines tâches de l'infirmière, qui font appel à ses connaissances, à ses compétences et à son jugement propres, ne peuvent être déléguées : c'est le cas de la collecte des données, de la planification des soins, de l'enseignement aux clients (des tâches qui sont toutefois partagées avec les autres professionnels) et de l'évaluation des soins. Ces tâches sont toujours sous la responsabilité de l'infirmière.

Le partage de tâches et de procédures déléguées se fait généralement avec des PAB. L'infirmière professionnelle est responsable de leur encadrement en situation de soins. Elle doit faire preuve de jugement dans la détermination des tâches à partager, en tenant compte des besoins du client, de leur formation et de l'encadrement dont ils ont besoin. En général, ces préposés peuvent aider les clients qui ont besoin d'assistance pour les repas, l'élimination, la mobilisation et l'hygiène.

Un recours judicieux au partage de tâches contribue à des soins infirmiers sûrs, efficaces et efficients. Il permet à l'infirmière de concentrer son attention sur les besoins plus complexes du client et de contribuer à la formation des préposés. L'infirmière doit utiliser son jugement clinique et professionnel pour s'assurer que les « Cinq bons principes du recours judicieux au personnel de soutien en matière de soins infirmiers » soient respectés **ENCADRÉ 1.5**.

La délégation et le partage de tâches sont un art qui s'apprend : l'infirmière doit s'y entraîner si elle

---

| ENCADRÉ 1.5 | **Cinq bons principes du partage des soins infirmiers** |

- La bonne tâche
- Dans les bonnes circonstances
- À la bonne personne
- Une bonne formation et une bonne communication
- Une bonne supervision et une bonne évaluation

---

souhaite améliorer ses compétences en gestion des soins. Dans certains chapitres de ce manuel, des encadrés présentent des décisions relatives à la délégation.

Distincte de la délégation, l'**affectation** consiste pour l'infirmière à distribuer, pour une période de temps donnée, les tâches dont chaque membre du personnel a la responsabilité et qu'il est autorisé à accomplir. L'infirmière affecte ainsi d'autres infirmières ou des infirmières auxiliaires aux tâches propres à leurs champs de pratique respectifs, et elle partage les tâches pour les préposés.

Sous la responsabilité de l'infirmière, le travail de supervision des infirmières auxiliaires et des préposés comprend leur orientation et leur supervision comme telle, ainsi que l'évaluation et le suivi des tâches accomplies.

Tout au long des interventions cliniques, l'infirmière doit évaluer l'efficacité de la méthode retenue. Dans l'un des exemples fournis au **TABLEAU 1.5**, l'infirmière qui applique une thérapie par l'activité pourrait constater que la fréquence cardiaque du client en réponse à l'activité n'a pas changé depuis l'étape de la collecte initiale des données. Pour atteindre les résultats escomptés, elle pourrait ainsi décider d'apporter des correctifs aux interventions que sont la thérapie par l'activité ou la gestion de l'énergie.

Capsule Jugement clinique

Qu'est-ce qui démontrerait que le résultat attendu pour monsieur Fernandez est atteint ?

Évaluation des résultats – évaluation en cours d'évolution

Comme l'indique la **FIGURE 1.5**, l'évaluation doit être continue pendant toutes les étapes de la démarche de soins. À la dernière étape, cependant, l'infirmière doit déterminer si les résultats escomptés ont été atteints. Si tel n'est pas le cas, elle doit revoir la démarche depuis le début. Elle doit se demander si les données étaient suffisantes pour soutenir le diagnostic infirmier, dont elle doit aussi réévaluer la précision. Par exemple, la douleur ressentie par le client est-elle vraiment due à sa chirurgie ou résulte-t-elle plutôt d'un pansement trop serré ? L'infirmière doit ensuite se demander si les résultats escomptés et les interventions choisies étaient réalistes et mesurables. S'il s'avère qu'ils ne l'étaient pas, elle doit les réviser. Elle doit aussi juger de l'efficacité de chaque intervention et de sa contribution aux résultats escomptés. Au final, l'infirmière décide si la planification des soins doit être maintenue telle quelle, modifiée ou annulée, ou s'il faut orienter le client vers un autre professionnel de la santé.

1.3.3 Documentation écrite des soins

La conservation de traces écrites permet de déterminer si les normes des soins infirmiers ont été respectées pendant toute la démarche de soins. Les données, le diagnostic infirmier, les résultats escomptés, la nature des interventions cliniques et l'évaluation de la réponse aux soins sont des éléments essentiels du dossier d'un client et du PSTI. Il existe de nombreuses méthodes pour constituer cette documentation, qui peut prendre divers formats. Leur choix dépend des établissements de soins, des politiques de l'organisme de réglementation et de leurs normes d'application, et des préférences de l'infirmière.

Parmi les formats qui permettent d'inscrire les notes d'évolution témoignant de la démarche de soins se trouvent la méthode SOAP (IER), la méthode PIE, la méthode DAR (Focus) et la documentation par exception (CBE)[a] (Brassard & Maxwell, 2010). Seules ou combinées, ces méthodes servent à compiler numériquement les données sur l'état du client, les interventions cliniques et leurs résultats.

Au Québec, les infirmières doivent déterminer un **plan thérapeutique infirmier (PTI)** pour tout client qui requiert un suivi clinique en vertu d'une nouvelle norme adoptée par l'OIIQ et mise en vigueur depuis le 1er avril 2009. Le PTI dresse le profil clinique évolutif des problèmes et des besoins prioritaires du client. Il fait également état des **directives infirmières** données en vue d'assurer le suivi clinique du client et qui portent notamment sur la surveillance clinique, les soins et les traitements. Couvrant le continuum de soins et de

---

[a] Pour obtenir plus d'information sur les méthodes SOAP, PIE, FOCUS et la documentation par exception, voir les pages 197 et 198 dans *Soins infirmiers : fondements généraux* (Potter & Perry, 2010).

services, le PTI peut englober un ou plusieurs épisodes de soins. Il constitue une note d'évolution à caractère obligatoire consignée dans un outil de documentation qui comprend trois parties : les constats de l'évaluation, le suivi clinique et les signatures des intervenants (OIIQ, 2006).

1.3.4 Cheminements cliniques

Les soins s'appliquant aux problèmes de santé communs qui touchent de nombreux clients sont documentés dans des cheminements cliniques. Un **cheminement clinique**, souvent associé à un suivi systématique de clientèle, est un protocole servant à orienter les objectifs quotidiens de toute une équipe de soins. Il comprend un plan de soins interdisciplinaire, et propose des objectifs et des interventions cliniques pour chaque journée d'hospitalisation, ainsi qu'un outil d'archivage (Saufl, Owens, Kelly, Merrill, & Freyaldenhouen, 2007). Les cheminements cliniques s'appliquent aux catégories de cas les plus répandues, dont les symptômes sont hautement prévisibles, comme l'infarctus du myocarde, l'AVC et l'angine de poitrine.

Le cheminement clinique décrit les soins à prodiguer au client à des moments précis de son traitement. Par son approche interdisciplinaire, il fait progresser le client jusqu'à l'atteinte des résultats escomptés, pendant un séjour d'une durée déterminée à l'hôpital. Le contenu et la forme du cheminement varient d'un établissement à l'autre, chacun utilisant le sien propre. Le cheminement clinique énumère les traitements pouvant mener aux résultats escomptés, qu'ils soient ordonnés par une infirmière ou par un médecin. Il y est parfois recommandé d'orienter les clients vers d'autres professionnels de la santé ou de consulter l'un d'entre eux, ce qui témoigne de la dimension interdisciplinaire du cheminement clinique. Si celui-ci inclut un PSTI, ce dernier peut être rédigé grâce aux diagnostics infirmiers et à l'évaluation des résultats escomptés.

■ ■ ■ À retenir

- Le titre d'infirmière est fondé sur un contrat social comportant des obligations et des droits professionnels ainsi que sur des

mécanismes pour assurer la protection du public prévus au Code des professions et dans la Loi sur les infirmières et les infirmiers.

- Les soins infirmiers visent une meilleure santé et un bien-être accru de personnes considérées dans leur globalité en ciblant leurs réactions alors qu'elles sont aux

prises avec diverses expériences de santé et de maladie.

- Les infirmières commencent leur carrière avec une formation de généraliste, et elles peuvent devenir des spécialistes en accumulant de l'expérience et en ajoutant une formation de maîtrise.

- La pratique infirmière avancée maximise l'utilisation de connaissances acquises aux études supérieures, d'un savoir infirmier approfondi et d'une compétence confirmée au service des besoins de santé des personnes, des familles, des groupes, des communautés et des populations.

- Divers modèles de prestation des soins infirmiers sont utilisés pour prodiguer des soins infirmiers dans un système de santé complexe où les nouvelles technologies et les changements démographiques exigent de bonnes habiletés de jugement clinique et de prise de décisions afin d'assurer la sécurité des clients et les meilleurs résultats possible.

- La prise de décision clinique nécessite l'usage du jugement clinique, un processus dynamique faisant appel à l'interaction entre la connaissance des problèmes cliniques, l'information dont on dispose sur le client, les options

de traitements possibles et les préférences du client.

- La pratique fondée sur des résultats probants favorise l'usage systématique de preuves (résultats de recherche, données émanant de programmes d'amélioration de la qualité et de la gestion de la pratique, normes des organisations professionnelles) combinées à l'expertise d'une clinicienne ainsi qu'aux valeurs et aux préférences du client dans la prise de décision clinique.

- La pratique fondée sur des résultats probants rend possibles des soins plus fiables, dont les résultats sont mieux prévisibles

que ceux des soins fondés sur la tradition ou l'opinion, ou ceux prodigués par tâtonnement.

- L'informatisation des soins va favoriser l'utilisation des terminologies normalisées que sont les taxinomies NANDA, NIC et NOC.

- Le dossier de santé informatisé permet d'accéder à l'ensemble des données médicales relatives à une personne.

- La démarche de soins est constituée de cinq étapes qui en font un processus explicite de résolution de problèmes pour la détermination et le traitement des problèmes infirmiers.

- La démarche de soins fournit un cadre d'organisation à la pratique infirmière ainsi qu'aux connaissances, aux jugements et aux stratégies que les infirmières appliquent aux soins.

- Au cours de la démarche de soins, l'infirmière peut mettre en œuvre elle-même les interventions planifiées ou les déléguer à d'autres personnes qualifiées qu'elle supervisera, ou partager les tâches entre les intervenants, en particulier les préposés.

- Lorsque l'infirmière délègue des tâches, elle doit s'assurer que celles-ci sont accomplies avec compétence, et elle conserve l'obligation de répondre de ses actes.

Pour en **savoir** plus

VERSION COMPLÈTE ET DÉTAILLÉE

www.cheneliere.ca/lewis

 Références Internet

Organismes et associations

Aqess
www.aqesss.qc.ca

Association des infirmières et infirmiers du Canada > Pratique infirmière > La pratique des soins infirmiers
www.cna-nurses.ca

Fédération interprofessionnelle de la santé du Québec
www.fiqsante.qc.ca

Institut canadien d'information sur la santé
www.cihi.ca

NANDA International
www.nanda.org

OIIQ > Pratique infirmière > Déontologie
www.oiiq.org

The University of iowa – College of Nursing > Areas of excellence > Centers > Center for nursing classification & clinical effectiveness (NIC/NOC)
www.nursing.uiowa.edu

Organismes gouvernementaux

Agence de la santé et des services sociaux de Montréal
www.santepub-mtl.qc.ca

Agence de la santé publique du Canada
www.phac-aspc.gc.ca

Classification nationale des professions > Liste complète des professions > Infirmiers autorisés/infirmières autorisées
www5.hrsdc.gc.ca

Institut national de santé publique du Québec
www.inspq.qc.ca

Références générales

Infiressources > Banques et recherche > Processus infirmier > Gestion des soins
www.infiressources.ca

 Monographies

Hôpital Louis-H. Lafontaine (2010). *Guide de pratique infirmière pour l'évaluation, la surveillance et le suivi phamacologique.* **Montréal : Hôpital Louis-H. Lafontaine.**

Nerot, J. (2010). *La démarche de soins de l'aide-soignante : à partir des besoins fondamentaux.* **Issy-les-Moulineaux, Fr : ESTEM.**

Potter, P.A., & Perry, A.G. (2010). *Soins infirmiers : fondements généraux.* **Montréal : Chenelière Éducation.**

 Articles, rapports et autres

Ministère de la Santé et des Services sociaux (MSSS) (2008). *En bref : le système de santé et de services sociaux au Québec.* **Québec, Qc : MSSS.**
http://www.msss.gouv.qc.ca/sujets/ organisation/ssss_enbref/index. php?presentation

Ministère de la Santé et des Services sociaux (MSSS) (2007). *Loi sur la santé et les services sociaux,* **L.R.Q., c. S-4.2. Québec, Qc : MSSS.**

Écrit par :
Olivia Catolico, PhD, RN
Janet Lenart, RN, MN, MPH

Adapté par :
Karine Philibert, inf., B. Sc.

Compétences culturelles et inégalités en santé

Objectifs

Après avoir lu ce chapitre, vous devriez être en mesure :

- de nommer les principaux déterminants de la santé ;

- de décrire les principaux déterminants responsables des inégalités en santé ;

- de décrire les nuances entre les termes culture, valeurs, acculturation, assimilation, ethnicité, stéréotype, ethnocentrisme, domination culturelle, soins infirmiers transculturels, compétence culturelle, guérisseur et syndrome lié à la culture ;

- d'expliquer comment la culture et l'ethnicité peuvent influer sur la santé physique et psychologique d'une personne ;

- de décrire le rôle de l'infirmière dans la lutte aux inégalités en santé ;

- de discuter l'influence du bagage culturel de l'infirmière dans les soins qu'elle prodigue aux personnes de diverses appartenances ethniques et sociales ;

- d'appliquer les stratégies permettant à l'infirmière de communiquer efficacement avec une personne allophone ;

- de choisir des stratégies cohérentes avec la culture du client dans les soins et traitements infirmiers, et ce, avec des personnes de toutes appartenances ethniques et sociales.

Concepts **clés**

Cette carte conceptuelle illustre schématiquement les principaux concepts décrits dans le présent chapitre. Sa lecture vous permettra d'avoir une vue d'ensemble des notions qui y sont présentées.

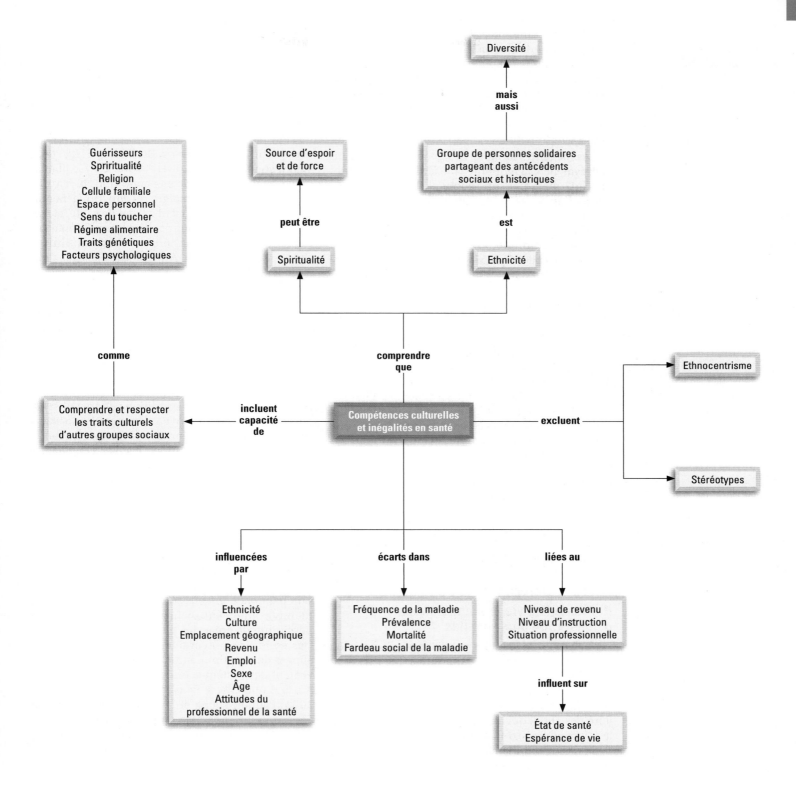

2.1 | Déterminants de la santé et inégalités

Pourquoi existe-t-il des inégalités en santé au Canada ? Pourquoi certaines personnes ou populations sont-elles en meilleure santé que d'autres ou peuvent-elles espérer vivre plus longtemps ? Comment ces fossés se creusent-ils ? On appelle **déterminants de la santé** les facteurs personnels, sociaux, économiques et environnementaux qui exercent une influence sur la santé des personnes et des communautés.

Les **inégalités en santé** désignent les écarts dans la prévalence, la mortalité et le fardeau social associés aux maladies qui touchent des populations particulières. Ces écarts sont visibles dans les sous-populations qui se distinguent par l'âge, l'origine ethnique, le statut socioéconomique, l'emplacement géographique, l'orientation sexuelle, une forme d'incapacité physique ou mentale, ou encore par leur dépendance à des soins de santé spécialisés. L'inégalité en santé est probante lorsqu'un groupe social présente un taux de mortalité supérieur à un autre, par exemple les Autochtones par rapport au reste de la population québécoise.

L'expression **état de santé global** décrit le niveau de santé d'une personne ou d'une communauté. Le deuxième rapport national sur l'état de santé de la population québécoise publié en 2006 par l'Institut national de santé publique du Québec (INSPQ), *Portrait de santé du Québec et de ses régions*, présente un aperçu de l'état de santé global des Québécois, ainsi que des principaux enjeux et problèmes de santé actuels. Le rapport permet de constater que le Québec a beaucoup progressé depuis les dernières décennies en matière de santé, mais qu'il reste encore un travail considérable à accomplir avant que ne disparaissent les inégalités en santé entre les différents sous-groupes de la population (INSPQ, 2006b).

2.1.1 Déterminants de la santé
Habitudes de vie et compétences d'adaptation personnelles

Les habitudes de vie et les compétences d'adaptation personnelles désignent les mesures que l'on peut prendre pour se protéger des maladies et favoriser l'autogestion de sa santé, faire face aux défis, acquérir de la confiance en soi, résoudre des problèmes et faire des choix qui améliorent la santé (Agence de la santé publique du Canada [ASPC], 2010). Ce sont deux des déterminants de la santé les plus connus. Ainsi, on sait qu'une personne qui a l'habitude de fumer risque davantage de développer un cancer du poumon et qu'elle est plus à risque de souffrir de problèmes cardiovasculaires qu'une personne qui ne fume pas, qui gère bien son stress, qui suit les recommandations du *Guide alimentaire canadien* et qui fait 30 minutes d'exercice par jour. Cependant, il ne s'agit pas des déterminants de santé les plus importants. On reconnaît, en effet, que les « choix de vie » personnels sont davantage déterminés par le milieu de vie de chacun, et par les ressources financières, sociales et autres dont on dispose (ASPC, 2005 ; Kawachi & Kennedy, 2002).

Niveau de revenu et situation sociale

Le niveau de revenu et la situation sociale figurent parmi les principaux déterminants de la santé (Scott, 2002). L'état de santé s'améliore en effet à mesure que la personne gravit un échelon de revenu et de statut social (Wilkins, Berthelot, & Ng, 2002 ; Wilkinson & Marmot, 2004) **FIGURE 2.1**. Ce phénomène serait dû en partie aux conditions de vie difficiles associées à un maigre revenu, qui génèrent un stress chronique nuisant à l'état de santé, et aux ressources moindres pour pallier les conséquences de cette situation (Kristenson, Eriksen, Sluiter, Starke, & Ursin, 2004). Au contraire, les gens qui croient avoir les ressources nécessaires pour modeler leur destinée auraient une meilleure santé physique et mentale (de Koninck, Pampalon, Paquet, Clément, Hamelin, & Disant, 2008 ; Paquet, 2005). Leur vision moins fataliste de la vie les encouragerait à utiliser davantage les services de santé et à adopter des habitudes de vie plus saines.

Emploi et conditions de travail

Avoir un emploi et des conditions de travail satisfaisantes est un bon moyen d'augmenter le statut socioéconomique, de diminuer le stress, d'avoir le sentiment de gérer sa destinée, et ainsi d'augmenter le niveau de santé et l'espérance de vie. À l'inverse, une période de chômage prolongée a un impact sur la santé physique et mentale et sur la mortalité (Wilkinson & Marmot, 2004).

Développement sain durant l'enfance

On réalise de plus en plus l'importance de s'attaquer très tôt aux inégalités en santé, soit à la naissance et même dès la conception. Un développement sain pendant l'enfance sous-entend de bons soins, un environnement sécuritaire et stimulant, et la possibilité de créer des liens affectifs sécurisants. Des conditions favorables durant les premières années de vie stimulent le développement du cerveau et des systèmes immunitaire et endocrinien (Case, Lubotsky, & Paxson, 2001 ; Eming Young, 2002 ; Paquet, 2005), et favorisent l'estime de soi ainsi que les capacités d'apprentissage (Paquet, 2005). Des études confirment qu'un bon développement durant l'enfance conduit à une meilleure santé à l'âge adulte (INSPQ, 2006a ; Paquet, 2005).

Niveau d'instruction

Le développement sain durant l'enfance devrait idéalement être accompagné d'une bonne instruction. Celle-ci donne accès à de meilleurs emplois et à des conditions de vie plus favorables. La personne instruite peut également faire des choix éclairés au sujet de sa santé. Ainsi, les clients ayant un faible niveau d'instruction ainsi que les personnes issues de diverses cultures et éprouvant de la difficulté à s'exprimer en français ou en anglais sont susceptibles de posséder un faible niveau de littératie en santé. La **littératie en santé** se définit comme la capacité pour une personne de recueillir, de comprendre et d'utiliser des données fondamentales sur la santé et sur les soins offerts, de manière à faire des choix éclairés ▶ **4**. Cette notion englobe la capacité de lire, de saisir le sens de l'information et de l'analyser ; de comprendre des directives ; de soupeser les risques et les bénéfices de soins ou de traitements ; et, finalement, de pouvoir prendre une décision et passer à l'action.

Selon le Conseil canadien sur l'apprentissage (2007), plus de la moitié des Canadiens éprouvent de la difficulté à comprendre l'information médicale et à décider des mesures à prendre. Avec le vieillissement de la population et l'augmentation du nombre de personnes atteintes de maladies chroniques, la question de la littératie en santé revêt de l'importance comme jamais auparavant. Par exemple, une personne diabétique qui vit à domicile pourrait échouer à maintenir un taux de glycémie adéquat parce qu'elle comprend mal le fonctionnement de son glucomètre, et ne fait pas le lien entre le résultat

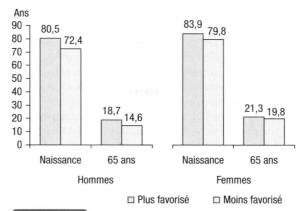

Ans

FIGURE 2.1

Espérance de vie à la naissance et espérance de vie à 65 ans selon la défavorisation matérielle et sociale

chiffré, son état de santé et son traitement. L'incapacité à décoder les étiquettes sur les flacons de médicaments peut également entraîner une prise erronée, soit de la dose, soit du moment **ENCADRÉ 2.1**.

Environnement physique

Selon l'Organisation mondiale de la santé (OMS, 2010), le quart des problèmes de santé dans le monde pourraient être éliminés grâce à une meilleure gestion de l'environnement physique, par exemple, en réduisant la pollution de l'air, de l'eau, des aliments

4

La littératie en santé est abordée plus en détail dans le chapitre 4, *Enseignement au client et à ses proches aidants.*

Dilemmes éthiques

ENCADRÉ 2.1   **Inégalités en santé**

Situation

Elena est une femme de 47 ans d'origine amérindienne, aux prises avec un diabète de type 2. Elle se présente à la clinique pour faire mesurer sa glycémie. Sa dernière visite remonte à 12 mois ; l'infirmière lui avait alors demandé de veiller à apporter, la prochaine fois, son glucomètre et ses bandelettes réactives. L'infirmière veut vérifier comment la cliente s'y prend pour lire sa glycémie, car l'hémoglobine glyquée lui paraissait anormalement élevée.

L'infirmière qui reçoit Elena s'aperçoit rapidement que les bandelettes réactives ne conviennent pas au type de glucomètre que la cliente utilise ; pire, elles sont périmées depuis deux ans. Questionnée, Elena répond ne pas pouvoir venir plus souvent à la clinique et ne pas avoir les moyens de s'acheter un autre instrument. Durant le jour, elle s'occupe de ses trois petits-enfants pour permettre à sa fille d'aller travailler. Ses propres revenus servent en grande partie à nourrir la famille, de sorte qu'il lui reste peu d'argent pour ses soins.

Considérations importantes

- Les minorités ethniques et certains groupes sociaux défavorisés sont plus atteints de maladies chroniques que la moyenne.

- Le statut socioéconomique et l'accès aux services de santé sont des déterminants importants ; ils expliquent en grande partie les inégalités en santé.

- La fréquence de certaines maladies et l'issue du traitement varient selon les groupes ethniques. Un taux plus élevé de morbidité et de mortalité mérite que l'on se penche sur la question plus large de l'équité sociale.

- Selon l'Association des infirmières et infirmiers du Canada (AIIC, 2006), les infirmières ont non seulement la tâche d'améliorer la santé des personnes, mais également celle des communautés, de la nation et de la communauté internationale.

Questions de jugement clinique

- Dans quelle mesure, pour aider Elena à gérer son diabète, pouvez-vous lui donner des conseils d'ordre personnel, comme de lui conseiller de s'occuper plus d'elle et moins de sa famille ?

- En plus de lui donner de l'information sur la meilleure manière de contrôler son diabète, devez-vous l'orienter vers des ressources d'aide sociale ?

et du sol ainsi que la pollution par le bruit. Dans les pays industrialisés, un environnement physique plus sain et sécuritaire pourrait réduire la fréquence des cancers, des maladies cardiovasculaires, de l'asthme, des maladies musculosquelettiques, des infections des voies respiratoires inférieures, des accidents de la route, des empoisonnements et des noyades. Toujours selon l'OMS, l'environnement physique serait directement responsable du tiers des décès dans les pays en développement.

Certaines régions du Québec exposent leurs habitants à des risques environnementaux accrus. Par exemple, dans la région de Thetford Mines, le risque de développer un cancer lié à la proximité des mines d'amiante est 17 fois plus élevé que dans les autres régions du Québec (Bourgault & Belleville, 2009) **FIGURE 2.2**. Certains emplois peuvent aussi comporter des risques environnementaux pour la santé. Le travail dans un environnement très bruyant en est un exemple.

Environnement social

L'environnement social comprend les relations interpersonnelles, le soutien social, le sentiment d'appartenance à la communauté, les institutions et la culture. Des études récentes démontrent que les populations des pays où l'écart de revenu entre les mieux nantis et les plus pauvres est important ont une moins bonne santé que celles des pays où les richesses sont mieux distribuées, et ce, peu importe le niveau de vie global dans le pays. De plus, ces inégalités de revenus à l'intérieur d'un pays influeraient autant sur la santé de ses citoyens aisés que sur celle des plus pauvres (Wilkinson & Pickett, 2009).

Réseau de soutien social

Les sociétés occidentales sont dites individualistes comparativement aux populations du reste du monde, qui tendent à être plus collectivistes. Pour plusieurs Occidentaux, il en résulte un isolement social ayant un impact négatif important sur la santé. Pourtant, un réseau social offrant un bon soutien de la part de la famille, des amis et de la communauté augmente la qualité de vie et le niveau de santé, et permet de réduire l'impact des inégalités de revenus sur la santé (ASPC, 2003). Ainsi, une étude québécoise de Paquet et Hamel (2005) démontre qu'un bon soutien des grands-parents durant l'enfance permettrait aux enfants de familles à faible revenu d'atteindre un état de santé proche de celui des enfants de familles plus aisées.

Services de santé

Les services de santé offerts à une population influent évidemment beaucoup sur son niveau de santé. Selon l'OMS (2010), les systèmes de santé contribuent le plus à l'amélioration de la santé et de l'équité en santé lorsqu'ils sont organisés selon le principe de la couverture universelle, c'est-à-dire lorsque l'ensemble de la population a accès aux mêmes services, selon les besoins et les préférences de chacun, indépendamment de sa capacité à pouvoir payer. Le Québec et l'ensemble du Canada possèdent ce type de services de santé publics. En effet, selon la *Loi canadienne sur la santé* (L.R., 1985, c. C-6) les soins de santé jugés essentiels doivent être facilement accessibles et gratuits pour tous les Canadiens. Si cette loi a contribué à diminuer de beaucoup les inégalités en santé au pays, celles-ci persistent dans l'accès aux services non assurés, par exemple les soins ophtalmologiques, les soins de santé buccale et de santé psychologique (Institut canadien d'information sur la santé [ICIS], 2005).

Patrimoine biologique et génétique

Le patrimoine biologique et génétique, le sexe et l'âge constituent des déterminants plus difficiles à modifier, mais les inégalités qui peuvent en résulter ne sont pas à négliger pour autant. Le patrimoine biologique et génétique, par exemple, rend des personnes plus à risque de développer certaines maladies héréditaires.

Sexe

Le sexe influence aussi l'état de santé. Les femmes continuent d'être plus touchées que les hommes par les inégalités en santé (Bibeau & Fortin, 2008). Elles sont à la tête de la majorité des familles monoparentales, demeurent moins bien payées à travail égal et risquent davantage de se retrouver sous le seuil de pauvreté. Les femmes vivent aussi plus longtemps. Par contre, elles sont plus nombreuses à souffrir de maladies chroniques, de dépression et d'incapacités. Elles consultent davantage les professionnels de la santé et consomment plus de médicaments que les hommes (Fournier, Lavallée, Dubé, & Côté, 2005). Par ailleurs, le rôle de proche aidant revient encore majoritairement aux femmes.

Âge

Les inégalités en santé tendent à s'accentuer avec l'âge. Au Québec, le quart des aînés vivant dans

FIGURE 2.2

La pollution de l'air causée par certaines industries est une cause importante de nombreuses maladies.

la communauté se retrouvent sous le seuil de pauvreté, et les personnes âgées sont deux fois plus nombreuses que les adultes plus jeunes à qualifier leur santé de moyenne à mauvaise (Lefebvre, 2003) ▶ **5**.

Emplacement géographique

Près de 20 % des Canadiens vivent en milieu rural ou en régions éloignées (Statistique Canada, 2006), alors que seulement 16 % des médecins de famille et 2 % des spécialistes en santé y exercent (ICIS, 2005). Selon l'ASPC (2005), les personnes vivant dans une collectivité nordique éloignée affichent l'espérance de vie sans incapacité et l'espérance de vie les moins élevées au pays. Les taux de tabagisme, d'obésité et de consommation abusive d'alcool y sont supérieurs aux moyennes canadiennes. Le vieillissement des populations est également plus senti en milieu rural, et les gens aux prises avec des maladies chroniques éprouvent davantage de difficulté à fonctionner au quotidien dans cet isolement (Thornlow, 2008). L'emplacement géographique engendre ainsi, par la force des choses, des inégalités dans l'accès aux soins de santé entre les communautés rurales et éloignées et celles vivant en milieu urbain.

La vie en milieu urbain est également la cause de variations en matière de santé. À Montréal, près de 30 % de la population vit sous le seuil de pauvreté. Certains quartiers sont plus favorisés que d'autres, et l'on observe un écart de 13 ans entre l'espérance de vie des résidants des quartiers les plus riches et celle des populations des quartiers les plus pauvres (INSPQ, 2006b).

Culture

Le risque de contracter une maladie et l'issue du traitement peuvent être liés à la culture et à l'ethnicité. À titre d'exemple, un Amérindien est plus à risque de subir un accident vasculaire cérébral qu'un autre Canadien (Zhang *et al.*, 2008). Les croyances culturelles relativement à la tolérance aux symptômes et à l'ouverture à l'égard des services de santé peuvent également influer sur le pronostic. Par exemple, dans certaines cultures, on apprend à ignorer ou à tolérer la douleur plutôt que de se plaindre, de telle sorte que la personne peut hésiter à consulter un professionnel lorsqu'elle est souffrante. Le délai d'attente qui en découle explique peut-être certains écarts dans les taux de mortalité. Pour d'autres cultures ou chez les gens ayant un plus faible statut socioéconomique, la maladie et les troubles de santé sont souvent perçus comme une fatalité ; pour ces personnes, il ne sert à rien d'envisager un traitement si elles ne croient pas à la possibilité d'un bénéfice.

L'influence de la culture et de l'ethnicité sur la santé physique et psychologique d'une personne est traitée plus loin dans ce chapitre.

2.1.2 Attitude du professionnel de la santé

La **discrimination** et les **préjugés** se manifestent lorsque la qualité des services offerts à une personne souffre du fait de son ethnicité, de son sexe, de son âge, de son orientation sexuelle ou d'un handicap. Chez les minorités, les préjugés défavorables ont un effet négatif sur le désir de consulter un professionnel (Kagan, 2008). Le système de santé – hôpitaux, cliniques de consultations externes et services de santé publique y compris – peut amplifier le problème. Par exemple, une clinique qui desservirait un quartier fortement peuplé d'immigrants vietnamiens et qui ne fournirait pas des services de traduction appropriés ou de l'information médicale et des formulaires en vietnamien restreindrait par la force des choses l'accès de cette population aux services de santé **FIGURE 2.3**.

Il est parfois ardu de repérer la manifestation d'une discrimination, en particulier lorsqu'elle survient à l'échelle d'un établissement. Dans ce cas, une attitude discriminatoire peut être plus difficile à reconnaître par le client ou même par le professionnel de la santé et, par conséquent, ne pas être remise en question. Il est démontré que des manifestations de discrimination

Discrimination : Traitement différencié, inégalitaire, appliqué à des personnes sur la base de critères variables.

Préjugé : Opinion hâtive et préconçue souvent imposée par le milieu, l'époque, l'éducation ou due à la généralisation d'une expérience personnelle ou d'un cas particulier.

5

Les préjugés défavorables qui touchent les personnes âgées ainsi que la discrimination fondée sur l'âge sont des thèmes abordés dans le chapitre 5, *Maladies chroniques et personnes âgées.*

FIGURE 2.3

Les femmes asiatiques âgées ne parlent souvent ni français ni anglais, et sont donc plus susceptibles de souffrir de discrimination fondée sur la langue et la culture.

demeurent observables même dans le langage non verbal du personnel bien intentionné qui s'applique à ne pas céder aux préjugés (Burgess, Fu, & van Ryn, 2004). Ainsi, malgré la sensibilisation et la législation contre la discrimination, le phénomène persiste.

2.2 | Culture

La **culture** est considérée comme « l'ensemble des traits distinctifs, spirituels et matériels, intellectuels et affectifs, qui caractérisent une société ou un groupe social. Elle englobe, outre les arts et les lettres, les modes de vie, les droits fondamentaux de l'être humain, les systèmes de valeurs, les traditions et les croyances » (UNESCO, 1982). Outre les cultures liées à l'origine ethnique, une personne peut aussi avoir une culture religieuse, professionnelle ou autre. Chacun possède une ou plusieurs cultures. Les cultures canadienne-française, sénégalaise, juive ou infirmière en sont des exemples. Les quatre grandes caractéristiques d'une culture sont énumérées dans l'**ENCADRÉ 2.2**.

Les **valeurs** représentent les croyances et les convictions d'une personne, d'une famille, d'un groupe ou d'une société. Elles établissent des principes et des normes qui servent de cadre aux attitudes et aux comportements. Toutes les cultures préconisent certaines valeurs. Cependant, leur nature ainsi que leurs manifestations diffèrent d'une société à l'autre. Les valeurs culturelles s'acquièrent avec l'âge. Elles guident les décisions et les actions, et peuvent même influer sur l'estime de soi. L'acquisition des valeurs culturelles, indissociable de la culture, se fait souvent de manière inconsciente durant les premières années de la vie, à mesure que l'enfant apprend à distinguer les comportements acceptables et répréhensibles que dicte la société dans laquelle il évolue. Le **TABLEAU 2.1** présente des exemples de caractéristiques culturelles qui distinguent divers groupes ethniques établis au Canada.

Bien que les personnes appartenant à un même groupe social puissent partager des valeurs, des croyances et des pratiques, il ne faut pas oublier que la diversité existe aussi au sein d'une communauté. Par exemple, parmi les personnes atteintes du sida dans les communautés autochtones, certaines se fient seulement aux médecins dans leur recherche de soins, d'autres à des guérisseurs, et d'autres encore aux deux ressources (Crouch, Elliot, Lemmens, & Charland, 2001). Chaque personne est unique sur le plan culturel, et cette diversité tient sans doute au fait que chacun conçoit sa propre interprétation du monde et des situations vécues. Ces singularités peuvent tenir à l'âge, au sexe, à l'état civil, à l'organisation familiale, au revenu, au niveau d'instruction, aux croyances religieuses ou aux

ENCADRÉ 2.2	Caractéristiques d'une culture
• La culture est dynamique, puisqu'elle évolue sans cesse.	• Elle est adaptative, puisque c'est une réponse aux facteurs du milieu.
• Elle est partagée par les membres d'une société.	• Elle est acquise par la voie de l'écrit et de la parole ainsi que par la socialisation.

TABLEAU 2.1	Particularités culturelles des groupes ethniques au Canada
GROUPE ETHNIQUE	**PARTICULARITÉS CULTURELLES**
Personnes des Premières Nations	• Harmonie avec la nature et les gens • Respect du vivant • Reconnaissance envers la nature • Sens de l'honneur • Respect des aînés et des enfants du clan • Importance de l'aide spirituelle
Personnes d'origine européenne	• Individualisme et esprit de compétition • Égalité des sexes • Indépendance et liberté individuelle • Matérialisme • Autonomie • Dépendance à la technologie • Valorisation de la jeunesse et de la beauté

TABLEAU 2.1	Particularités culturelles des groupes ethniques au Canada *(suite)*

GROUPE ETHNIQUE	PARTICULARITÉS CULTURELLES
Personnes d'origine africaine	• Réseaux familiaux de grande ampleur • Prépondérance de la religion • Sens de l'entraide à l'intérieur du groupe social • Importance de la musique et de l'activité physique
Personnes d'origine latino-américaine	• Valorisation de la famille élargie • Participation familiale aux activités sociales • Prépondérance de la religion et de la spiritualité • Respect des aînés et de l'autorité • Sens de l'entraide et de la collectivité
Personnes d'origine asiatique	• Respect des parents et des ancêtres • Loyauté familiale • Respect des aînés • Harmonie des relations sociales • Recherche de l'équilibre physique pour la préservation de l'énergie vitale

Sources : Adapté de Andrews & Boyle (2008) ; Giger & Davidhizar (2008).

expériences de vie. À l'intérieur même d'un groupe social, des sous-cultures se forment et peuvent se dissocier de certaines valeurs dominantes. Ces sous-cultures possèdent un vécu qui les distingue : antécédents ethniques, lieu de résidence, religion, emploi, particularités biologiques, âge, sexe, instruction et autres affinités qui contribuent à l'adhésion du groupe. Les pratiques culturelles évoluent par la force de l'acculturation et de l'assimilation.

L'**acculturation** est le processus par lequel un groupe social s'adapte aux attitudes et aux pratiques des membres d'une autre culture qu'il côtoie. L'acculturation suppose que l'influence est réciproque et que des particularités culturelles propres à chaque groupe finissent par se fondre. Le modèle culturel de l'un des deux groupes, possiblement des deux, se transforme, bien que le groupe reste distinct. Pour qu'une acculturation se produise, le poids de ce que reçoit un groupe social dans l'échange devrait égaler ce qu'il donne.

En revanche, l'**assimilation culturelle** survient lorsqu'un groupe minoritaire subit la domination culturelle d'un autre groupe, avec pour résultat que le groupe minoritaire perd ses valeurs profondes et ses croyances. Durant le processus d'assimilation, le groupe dominant impose ses valeurs et ne tolère pas celles des autres groupes sociaux. Le phénomène d'assimilation peut prendre des générations avant de s'achever, lorsqu'il n'est pas freiné. Concrètement, il peut être difficile de déterminer s'il y a eu acculturation ou assimilation, et de dire si les membres du groupe ont toute la liberté de choisir d'intégrer ou non à leur culture un aspect ou l'autre de la culture dominante.

Dans ce manuel, le terme **ethnicité** fait référence à un groupe de personnes solidaires par la notion d'identité et par leurs antécédents sociaux et historiques. Les membres d'un groupe ethnique partagent possiblement une langue, une histoire, une instruction, un mode de vie et une religion. Parmi les exemples de groupes ethniques, citons les Canadiens français, les Canadiens anglais, les Irlandais, les Coréens et les Sénégalais. L'emploi du concept de race pour parler des différents groupes ethniques est de nos jours rejeté par la plupart des scientifiques. Tant d'un point de vue biologique qu'anthropologique, il est entendu que tous les humains appartiennent à la même race, soit la race humaine. Ainsi, au lieu d'utiliser le terme de « race blanche », on parlera des personnes d'origine européenne, et au lieu d'employer le terme « race noire », on parlera des personnes d'origine africaine. Les peuples autochtones sont les Amérindiens et les Inuits, arrivés en Amérique il y a des milliers d'années.

Au Québec, la population canadienne-française est considérée comme majoritaire. Les Canadiens anglais et les Autochtones représentent des sous-groupes culturellement minoritaires importants. Les Canadiens anglais sont minoritaires au Québec, mais majoritaires dans le reste du Canada. Le Québec compte 13 nations autochtones, soit 12 nations amérindiennes et la nation inuite, qui possède des origines ethniques différentes. La population immigrante du Québec est principalement originaire d'Italie, de France, d'Haïti, de Chine, du Liban, du Maroc, d'Algérie, de Roumanie, des États-Unis et du Viêtnam. Elle représentait 11,5 % de la population du Québec en 2006 (Ministère de l'immigration et des communautés culturelles, 2009) et continue d'augmenter. De plus, on recense chaque année un nombre croissant de personnes qui rapportent une double ou une triple origine ethnique.

L'**ethnocentrisme** est la tendance d'une personne ou d'une société à considérer son modèle de culture comme supérieur à celui d'autres groupes sociaux ou ethniques (Bonham & Knerr, 2008). Un professionnel de la santé qui manifesterait cette propension pourrait aliéner certains clients et leur offrir des soins inadéquats (Giger & Davidhizar, 2008). Pour éviter toute forme d'ethnocentrisme, l'infirmière doit reconnaître de manière objective et impartiale les valeurs, les croyances et les pratiques de l'autre. Dans le cas contraire, elle ouvre la porte aux stéréotypes et à la domination culturelle.

On parle de **stéréotype** quand une personne a une opinion toute faite des membres d'un groupe social, racial ou ethnique, et leur prête à tous les mêmes valeurs et croyances. Cette vision réductrice et simpliste ne tient pas compte des différences individuelles. Le fait pour une personne d'appartenir à un groupe particulier ne la transforme pas en porte-parole de cette communauté. Les stéréotypes entraînent trop souvent des perceptions trompeuses et peuvent influer sur les soins aux clients. Une infirmière d'origine haïtienne serait mal avisée, par exemple, de présumer qu'un client de sa nationalité partage nécessairement les mêmes croyances qu'elle et qu'il a adopté des comportements de santé précis. En effet, une jeune infirmière qui serait née dans la ville de Port-au-Prince n'a pas été imprégnée de la même culture qu'une personne âgée issue d'une région rurale d'Haïti.

La **domination culturelle** se manifeste lorsque les croyances et les pratiques culturelles de l'un sont imposées à une autre personne ou à un autre groupe social (Giger & Davidhizar, 2008). Dans le domaine des soins de santé, cela équivaudrait à ignorer les croyances et les habitudes d'un client par rapport à sa santé ou à les ridiculiser. Un professionnel de la santé qui établirait un plan de soins et de traitements infirmiers (PSTI) en négligeant de tenir compte des croyances et des priorités du client exercerait une forme de domination culturelle.

L'expression **soins infirmiers transculturels** a été proposée par Madeleine Leininger et date des années 1950. Les soins infirmiers transculturels constituent un champ de pratique qui s'intéresse aux différentes cultures et sous-cultures. L'objectif est de cerner les aspects culturels chargés de sens qui aident l'infirmière à offrir des soins cohérents en tenant compte de la conception de la santé du client et des soins propres à celui-ci (Giger & Davidhizar, 2008).

La **sécurité culturelle** est un concept créé par des infirmières maories de Nouvelle-Zélande pour critiquer les inégalités en santé dont souffrent encore les communautés autochtones néozélandaises. Selon Irihapeti Ramsden, porte-parole des infirmières ayant défini la sécurité culturelle, les infirmières doivent reconnaître qu'elles sont elles-mêmes issues d'une culture particulière, apprendre à reconnaître leurs propres préjugés et se sensibiliser aux iniquités sociales à l'origine des inégalités en santé si elles veulent pouvoir offrir des soins considérés culturellement sécuritaires par le client. Selon ce concept, ce que le client dit et fait, c'est-à-dire ce que lui dicte sa culture, est moins important que la manière dont il est traité (par exemple, s'il est victime de discrimination) (Polaschek, 1998). La sécurité culturelle est déterminée par le client, c'est-à-dire que c'est à lui de dire s'il se sent ou non culturellement respecté et en sécurité dans une situation de soins. Au Canada, le concept de sécurité culturelle est adopté par plusieurs organismes autochtones.

2.2.1 Compétence culturelle

On entend par **compétence culturelle** la capacité d'un professionnel de la santé de comprendre et de respecter les traits culturels des gens issus d'autres groupes sociaux et de pouvoir travailler avec eux. L'infirmière doit reconnaître et accepter l'existence de différences culturelles, avoir conscience de ses propres partis pris, posséder une connaissance des valeurs de l'autre et adapter sa pratique pour répondre aux besoins de la clientèle (Capell, Dean, & Veenstra, 2008) **TABLEAU 2.2**. Les quatre volets d'une bonne compétence culturelle sont :

- la sensibilisation aux différentes cultures ;
- l'apprentissage des différentes cultures ;
- l'acquisition d'habiletés culturelles ;
- la rencontre culturelle (Andrews & Boyle, 2008).

L'infirmière doit se familiariser avec différentes cultures et apprendre à évaluer les spécificités de groupes sociaux divers. Au besoin, elle peut passer en revue les traits culturels associés à un groupe en prévision d'une entrevue avec un client particulier. Le client demeure toutefois la première source de connaissance, car son profil pourrait ne pas correspondre au modèle culturel proposé. La prestation de soins culturellement cohérents a pour effet d'augmenter la satisfaction chez la clientèle, en plus de clarifier la communication entre

TABLEAU 2.2	Facteurs culturels influant sur la santé et les soins
ÉLÉMENT	**ASPECTS CULTURELS**
Notion d'horaire	• Dans certaines sociétés, une obligation sociale passe avant un rendez-vous avec un professionnel de la santé. • Certaines sociétés accordent beaucoup de valeur aux événements futurs ; d'autres valorisent davantage le passé et le moment présent.
Langue et communication	• Au Québec et au Canada, une personne qui ne parle ni le français ni l'anglais risque de ne pas pouvoir communiquer avec un professionnel de la santé. • Même en présence d'un interprète, la communication peut se révéler difficile. Autant que possible, il faut s'efforcer de trouver un interprète professionnel.
Facteurs économiques	• Le manque d'argent peut empêcher une personne de s'offrir les soins nécessaires ou de se déplacer vers un établissement de santé. • Les personnes à faible revenu ont difficilement accès aux services non couverts ou partiellement couverts par le régime d'assurance maladie. • Les frais de transport ou l'incapacité de prendre une journée de maladie peut empêcher les personnes à faible revenu de se rendre à leurs rendez-vous.
Système de santé	• Une personne peut refuser un rendez-vous ou l'annuler, compte tenu du délai parfois long avant ce rendez-vous. • Les heures d'ouverture de certains établissements de santé peuvent ne pas convenir à une personne forcée de travailler et d'utiliser le transport public. • Certaines personnes éprouvent de la méfiance à l'égard des professionnels de la santé et du système de santé. • Le manque de programmes de soins de santé destinés aux communautés ethniques décourage les personnes de ces groupes à consulter. • Le transport peut constituer une difficulté chez une personne vivant en région éloignée. • De nombreuses personnes n'ont pas de médecin de famille et doivent se tourner vers les services de soins d'urgence mineure ou le service d'urgence d'un hôpital en cas de nécessité. • Certaines personnes ne connaissent tout simplement pas l'existence de tous les facteurs de risque pour la santé, les bonnes habitudes à adopter, les ressources de la communauté et les services de santé offerts. • Les politiques des établissements peuvent contrevenir aux besoins culturels (p. ex., la limite au nombre de visites pour des ethnies qui valorisent la présence de la famille élargie).
Croyances et pratiques	• Les services offerts dans le cadre de programmes de soins de santé peuvent être perçus par la clientèle comme non adaptés à sa culture. • Les notions, les croyances ou les pratiques religieuses d'une personne peuvent l'empêcher (ou la convaincre) de consulter un professionnel de la santé. • Une personne peut hésiter à consulter par crainte de ce qui l'attend, ou par préférence pour l'intervention d'un guérisseur, ou parce qu'elle désire recourir à un remède traditionnel. • Une personne peut avoir reçu des services professionnels qui l'ont heurtée dans sa culture ou qui lui ont inspiré une impression de discrimination. • Une personne issue d'une minorité peut se méfier de la société dominante et des institutions qu'elle gère.

l'infirmière et la personne, et d'atténuer les inégalités en santé. Cette ouverture d'esprit permet de ménager une place aux pratiques culturelles dans le modèle d'intervention biomédicale occidental ; les soins offerts aux personnes issues d'autres cultures s'en trouvent améliorés. Par exemple, il est courant au Québec de demander à la personne hospitalisée de retirer ses bijoux et ses accessoires ; mais comme ces objets pourraient avoir une signification culturelle ou spirituelle, il vaut mieux demander à la personne si le fait de les retirer l'indispose. C'est à l'infirmière d'établir si le port de ces objets compromet ou non la sécurité du client durant les soins ou l'intervention.

2.2.2 Diversité culturelle dans le milieu des soins de santé

Lorsque des professionnels de la santé issus de cultures différentes travaillent dans une même équipe, les cas de malentendu et de mésentente surviennent inévitablement. Ces malentendus s'expliquent souvent par les différences entre les valeurs, les croyances et les conduites culturelles du personnel soignant. Le sens que chacun donne au travail et à sa raison d'être offre un exemple de divergences de point de vue; il en va de même pour les obligations familiales, la notion d'horaire, la perception liée à l'appartenance à un sexe et à l'orientation sexuelle, ce à quoi s'ajoutent les rivalités séculaires entre groupes sociaux (Andrews, 2008). La volonté d'éclaircir les fautes de perception et les méprises permet de développer des stratégies qui faciliteront le travail d'une équipe multiculturelle **FIGURE 2.4**.

Jugement clinique

Madame Ulda Lorenville, 66 ans, est d'origine haïtienne. Elle doit subir une gastrectomie partielle sous anesthésie générale. Comme elle est très croyante, elle porte toujours un chapelet au cou, et elle refuse de l'enlever avant d'aller en salle d'opération. L'infirmière devrait-elle insister pour que la cliente le retire ?

Justifiez votre réponse.

2.2.3 Facteurs culturels influant sur la santé et les soins

De nombreux facteurs culturels influent sur la santé d'une personne et sur les soins qu'elle recevra. Un certain nombre d'entre eux sont décrits dans le **TABLEAU 2.2**.

Guérisseurs

Chaque culture a son histoire de guérisseurs traditionnels. La plupart des guérisseurs parlent la langue maternelle de la personne qui les consulte, partagent les mêmes valeurs et croyances en lien avec la santé et la maladie, et sont respectés par leur communauté. Les guérisseurs sont encore présents partout dans le monde : les personnes latino-américaines se tourneront peut-être vers un *curandero*, un Haïtien demandera l'aide d'un *hougan*, un Amérindien s'adressera à un *shaman*, un Chinois privilégiera un acupuncteur. Outre les guérisseurs, il ne faut pas oublier la présence des sages-femmes non diplômées (par exemple, dans certaines communautés autochtones) qui interviennent tout au long de la grossesse (Jarvis, 2009).

Ces guérisseurs pratiquent des médecines traditionnelles qui s'inspirent de la culture liée à la santé et à la maladie de leur groupe ethnique particulier. Toutes les cultures, y compris canadienne-française et canadienne-anglaise, possèdent une culture populaire liée à la santé et à la maladie. Par exemple, l'idée selon laquelle on aura un rhume si l'on « attrape froid » demeure une croyance populaire associée à la santé et la maladie que partagent plusieurs Canadiens français. Le savoir des médecines traditionnelles des différents groupes ethniques se transmet souvent de génération en génération par tradition orale, et forme un ensemble de pratiques de prévention et de traitement propres à chaque culture.

Spiritualité et religion

La spiritualité et la religion sont deux facettes de la culture susceptibles d'influer sur les croyances d'une personne quant à sa santé, au sens de la maladie et aux soins de fin de vie. Il est possible que ces aspects jouent un rôle dans le régime alimentaire, les décisions connexes à la santé, le bien-être, et la manière de faire face à la maladie et de se soigner.

La **spiritualité** est la propension d'une personne à trouver un sens à sa vie. Elle est teintée du vécu de la personne et témoigne de l'interprétation qu'elle se fait des mystères de l'existence. C'est un exercice de l'esprit et de la conscience qui peut être source d'espoir et de force durant l'épreuve de la maladie (Pesut, Fowlet, Johnston Taylor, Reimer-Kirkham, & Sawatzky, 2008).

La **religion** est un système de croyances et de pratiques qui tient pour principe supérieur un ou des dieux, source de vénération. Les croyances religieuses expliquent la raison, la nature et le dessein de l'Univers. Elle dicte des croyances par rapport à la vie, à la mort, au bien et au mal, et se fondent sur la prière ainsi que sur des rites (Pesut *et al.*, 2008).

Peu d'infirmières offrent des soins spirituels à la clientèle, bien qu'il existe plusieurs moyens d'y répondre : prière, livres saints, lectures éclairantes, écoute et suggestion de ressources utiles (Bigony, 2008). En période de maladie, beaucoup de clients trouvent du réconfort dans les rites. Certaines

FIGURE 2.4

Le personnel infirmier travaille souvent dans un milieu multiculturel.

Des collègues issus de cultures différentes utilisent la communication verbale et non verbale.

pratiques aident la personne à trouver un sens à l'épreuve qu'elle traverse ; il peut s'agir de la prière, de la méditation ou d'un rituel personnel. L'infirmière explore la spiritualité de la personne dont elle fait l'évaluation et en tient compte dans l'élaboration du PSTI. Elle demandera, par exemple : Pratiquez-vous une religion ? La spiritualité est-elle importante pour vous ?

Communication interculturelle

La communication consiste en une relation organisée autour d'un échange verbal ou non verbal **FIGURE 2.5**. Une communication verbale repose non seulement sur la langue ou sur le dialecte, mais également sur l'intonation de la voix, le rythme de la parole et la capacité à se confier. Selon Statistique Canada (2006), plus de 900 000 Québécois parlent une autre langue que le français ou l'anglais à la maison, les plus fréquentes étant respectivement l'italien, l'espagnol et l'arabe.

La communication non verbale comprend l'écriture, les gestes et l'expression du visage. Une personne peut communiquer de manière non verbale par le regard, le toucher, les mouvements du corps, les usages de politesse et la distance qu'elle conserve par rapport à l'autre personne (Giger & Davidhizar, 2008). Le sens du contact visuel diffère grandement selon les cultures ; par exemple, une personne d'origine asiatique, arabe ou amérindienne peut chercher à éviter le contact visuel, et considérer un regard persistant comme un manque de respect ou un signe d'agressivité. Une personne d'origine latino-américaine s'attendra peut-être à ce que l'infirmière la regarde droit dans les yeux, sans toutefois lui rendre la pareille. Pour choisir le mode de communication indiqué, il faut tenir compte des traits culturels particuliers liés au sexe, à l'âge, au degré d'acculturation, au statut social et aux coutumes entourant le contact visuel. La femme arabe musulmane, par exemple, peut être mal à l'aise de s'adresser à un autre homme que son mari, mais s'exprimer aisément si elle a l'occasion de parler à une femme.

L'interprétation du silence devra également tenir compte des pratiques culturelles. Certaines personnes apprécient le silence, tandis que d'autres chercheront à le combler à tout prix. Plusieurs clients autochtones considèrent de longs moments de silence essentiels à la réflexion avant de répondre à une question. Chez eux, cette attitude exprime le respect pour le professionnel avec lequel ils interagissent et l'importance qu'ils accordent à ses paroles. Dans les cultures traditionnelles japonaise et chinoise, la personne peut cesser de parler afin de laisser à son interlocuteur un moment pour réfléchir à tout ce qui a été dit. Si, parfois, le silence signifie le respect pour celui qui parle, chez d'autres (p. ex., les Français, les Espagnols et les Russes), il peut être interprété comme un consentement. Les Asiatiques marqueront par leur silence le respect à un aîné tandis que certaines personnes d'origine africaine resteront silencieuses à une question jugée non appropriée.

Cellule familiale et relations sociales

La structure familiale diffère d'une culture à l'autre **FIGURE 2.6**. Il importe que l'infirmière se demande qui inclure, parmi les membres de la famille, dans le processus de communication et de décision entourant les soins de santé d'une personne.

Le Québec est une société dite individualiste, où les droits et les besoins de l'individu peuvent parfois passer avant ceux de la collectivité. Dans les sociétés dites collectivistes, par contre, les droits et les besoins du groupe ont souvent priorité sur ceux de l'individu. Les groupes sociaux issus de sociétés collectivistes misent davantage sur l'interdépendance que sur l'indépendance. Au Québec, l'autonomie

Madame Cristina Romanescu, 55 ans, est d'origine roumaine. Elle est arrivée au Québec il y a deux mois. Elle a dû interrompre ses cours de francisation parce qu'elle s'est fracturé l'humérus droit. Comme elle porte un plâtre, l'infirmière lui explique les signes et symptômes circulatoires à surveiller. La cliente demeure silencieuse et acquiesce de la tête pour signifier qu'elle comprend ce qu'on lui dit.

Que pourrait signifier le silence de madame Romanescu ?

2

La structure familiale et les rapports entre proches diffèrent d'une culture à l'autre.

et la liberté individuelle sont des valeurs importantes, alors que dans les sociétés collectivistes, l'entraide, la cohésion du groupe et le respect des aînés représentent des valeurs privilégiées. Des conflits peuvent résulter de ces différences de valeurs si l'infirmière ne les prend pas en considération. Par exemple, l'usage veut qu'une personne signe un formulaire de consentement dès qu'elle reçoit des soins au Québec. Dans certaines cultures, cependant, ce genre de décision revient peut-être à un membre de la famille autre que le client. Lorsque l'infirmière traite avec une famille qui privilégie l'interdépendance plutôt que l'autonomie, il est possible que des tensions surviennent au moment de la prise de décision. Ainsi, une personne pourrait choisir d'attendre l'arrivée de proches avant de donner son consentement à une intervention, et ainsi retarder le traitement. Ou encore, la personne pourrait prendre une décision fondée sur les intérêts de la famille même si cela compromet ses propres chances de guérison. En gardant ces valeurs à l'esprit, l'infirmière sera mieux outillée pour défendre les intérêts de son client.

Jugement clinique

La petite Po Suhyn a 5 ans et elle est d'origine chinoise. Elle a été renversée par une voiture et elle est présentement aux services des urgences. Ses parents sont avec elle. La fillette a des lacérations à la tête. Au triage, l'infirmière avise les parents qu'elle devra toucher la tête de l'enfant pour procéder à une évaluation initiale. Est-ce acceptable que l'infirmière explique ce qu'elle va faire, sans demander la permission aux parents de toucher la tête de leur enfant ?

Justifiez votre réponse.

Il existe aussi des différences culturelles dans les attentes des proches envers l'organisation des soins. Chez certains groupes sociaux, les membres de la famille s'attendent à contribuer aux soins de santé même en milieu hospitalier, et le client peut également entretenir l'idée que ses proches s'occuperont de ses soins en collaboration avec les professionnels de la santé. Cette attitude va à l'encontre du modèle occidental, qui incite la personne à redevenir autonome dès que possible.

Dans le même ordre d'idées, l'infirmière doit s'enquérir des normes concernant les relations entre les sexes. Dans certaines communautés musulmanes, par exemple, il est inconvenant pour un homme de se trouver seul avec une femme autre que son épouse ou d'en recevoir des soins. Pour des raisons de pudeur, la femme musulmane s'attendra à recevoir ses soins d'une autre femme, et non d'un homme. Ces attitudes en milieu clinique empêchent parfois des clients musulmans de recevoir des soins directs d'une infirmière ; il arrive néanmoins que l'on puisse procéder à l'intervention ou au traitement en présence d'un tiers.

Espace personnel

RAPPELEZ-VOUS...

Dans chaque culture, les hommes et les femmes apprennent à communiquer de manière différente selon les rôles attribués à leur sexe.

L'espace personnel désigne l'espace qu'une personne considère comme vital entre elle et l'autre. Cette distance est une variable culturelle, mais elle peut également différer entre personnes d'une même culture. Pour un Canadien d'origine européenne, une proximité de 45 cm ou moins est considérée comme une distance intime ; pour lui, conserver son espace personnel veut dire se tenir à un minimum de 45 cm de l'autre jusqu'à un peu plus de un mètre. Entre amis, on parle de distance personnelle. La distance sociale, quant à elle, oscille entre un et deux mètres (Phaneuf, 2002). Dans l'exercice de ses fonctions, l'infirmière a en général un contact assez étroit avec les clients, ce qui risque d'en indisposer quelques-uns.

La perception de la distance acceptable varie grandement selon les cultures. Si une infirmière d'origine européenne trouve confortable une certaine distance, il se peut en revanche qu'une personne d'origine latino-américaine ou arabe souhaite se rapprocher et, ainsi, provoquer un malaise chez la soignante. L'infirmière qui prendrait alors ses distances pourrait transmettre l'idée d'un manque de sollicitude, voire offenser le client. Elle doit garder ces variations à l'esprit dans la conception de l'espace personnel de chaque client.

Toucher

Le toucher revêt différentes significations culturelles. Au cours d'une évaluation complète, l'infirmière devra nécessairement toucher le client. De nombreuses personnes d'origine asiatique ou latino-américaine interprètent le toucher de la tête comme un manque de respect, puisqu'il s'agit pour certaines d'entre elles du siège de l'âme. D'autres personnes croient au mauvais œil, le *mal ojo*. Selon cette croyance liée à la culture, une personne (un enfant ou une femme, en général) peut tomber malade à cause de l'envie dont elle ferait l'objet. Pour certains groupes sociaux, on peut se prémunir contre le mauvais œil en touchant l'objet envié ; par exemple, s'il s'agit de la chevelure, il est permis de toucher la tête. L'infirmière sera bien avisée de demander l'accord de la personne avant tout contact, surtout s'il est question de toucher la tête, et particulièrement celle d'un enfant.

Régime alimentaire

La nourriture est au cœur des pratiques culturelles, qu'il s'agisse de la nature même des aliments ou de leur préparation et des rituels qui y sont associés. Il arrive qu'un client soit incité à modifier son régime alimentaire en raison de son état de santé. Le professionnel de la santé doit tenir compte des pratiques culturelles de la personne si des changements sont requis dans son alimentation et l'orienter en conséquence. Des guides alimentaires ont été élaborés pour un éventail de groupes ethniques ▶ **54**. Ces guides, présentés sous forme de tableaux, tiennent compte des aliments privilégiés par différentes cultures tout en préconisant de saines pratiques alimentaires.

54

Les soins infirmiers transculturels concernant la nutrition sont abordés dans le chapitre 54, *Interventions cliniques – Troubles nutritionnels*.

Lorsque des personnes et des familles migrent vers des milieux où les habitudes alimentaires diffèrent des leurs, elles font en général l'expérience d'aliments nouveaux, et même de pratiques d'achat et de conservation inhabituelles. Il se peut que ces personnes proviennent de pays touchés par les pénuries, la famine, les conflits et les mauvaises conditions d'hygiène. Peut-être ont-elles été sous-alimentées et souffrent-elles d'hypertension, de diarrhée ou de problèmes dentaires. D'autres difficultés peuvent surgir une fois ces nouveaux venus installés dans le pays d'accueil. Par exemple, les enfants nés d'immigrants d'origine latino-américaine risquent davantage de souffrir d'obésité que leurs parents. Cette prise de poids semble liée au degré d'acculturation de l'immigrant (Yeh, Viladich, Bruning, & Roye, 2009).

Immigrants et immigration

Les statistiques tendent à démontrer que les mouvements migratoires augmenteront au cours du XXIᵉ siècle. La migration est provoquée par un certain nombre de conditions telles que la surpopulation, les catastrophes naturelles, les bouleversements géopolitiques, la persécution du fait de la nationalité et les forces économiques. En raison de la mobilité des peuples, plusieurs communautés et pays sont devenus de véritables mosaïques culturelles.

Certains nouveaux immigrants, surtout les réfugiés, sont à risque de troubles physiologiques et mentaux, et ce, pour de multiples raisons. Leurs conditions de vie antérieures (p. ex., la malnutrition, un manque de mesures sanitaires, la guerre civile) peuvent avoir entraîné des troubles de santé, ce qui n'exclut pas l'apparition de nouveaux problèmes après leur arrivée en pays hôte. Un déplacement aussi radical est synonyme de pertes matérielles et affectives; il s'accompagne généralement d'un stress physique et mental.

L'immigrant qui traverse le processus d'acculturation vit un important stress d'adaptation. Il lui faut s'adapter à son nouveau milieu, et renoncer aux rôles et au statut social à la base de son identité. Il laisse des proches derrière lui et il ne pourra peut-être pas retourner dans son pays natal. Une dépression peut s'ensuivre. L'immigrant affrontera également des obstacles au cours de son intégration – des préjugés et de la discrimination, notamment – et déplorera peut-être la perte de son réseau social et des ressources qui lui sont familières. Certains immigrants perdent définitivement la place qu'ils occupaient dans la hiérarchie sociale de leur communauté. L'immigrant âgé est souvent plus touché que les plus jeunes.

La tuberculose est un autre problème potentiel auquel font face les immigrants. En effet, les personnes nées à l'étranger représentent 60 % des cas de tuberculose au pays (Richards, Kozak, Brassard, Menzies, & Schwartzman, 2005). Environ 190 000 personnes provenant de régions où la tuberculose est endémique arrivent au Canada chaque année, par exemple de l'Asie du Sud-Est, de l'Afrique subsaharienne, de l'Europe de l'Est ou de l'Amérique du Sud. Dans les communautés des Premières Nations, le taux de tuberculose est 6,2 fois plus élevé que dans le reste de la population canadienne (Instituts de recherche en santé du Canada, 2006).

Les 35 dernières années ont été marquées par un infléchissement du flux migratoire vers l'Amérique du Nord. Alors qu'auparavant la majorité des immigrants provenaient d'Europe, ceux-ci viennent aujourd'hui d'Asie, d'Amérique latine et d'Afrique **FIGURE 2.7**. En outre, un nombre accru d'immigrants de première et de deuxième génération retournent dans leur pays d'origine pour rendre visite à des proches et à des amis. Ce sont des personnes plus exposées au paludisme, à la fièvre typhoïde, au choléra et à l'hépatite A que celles nées au Canada.

Médicaments

Les traits génétiques propres aux différents groupes ethniques expliquent sans doute pourquoi il faut parfois adapter le choix et la posologie des médicaments. On a d'ailleurs constaté que certains groupes réagissent mieux que d'autres à des médicaments en particulier. Les effets secondaires également peuvent varier d'un groupe ethnique à l'autre.

On peut logiquement attribuer aux variations génétiques entre groupes ethniques la réaction physiologique différente à un médicament ainsi que son effet global. Même si les variations génétiques s'avèrent des indicateurs imprécis, elles permettent parfois d'anticiper la réponse de la personne aux médicaments.

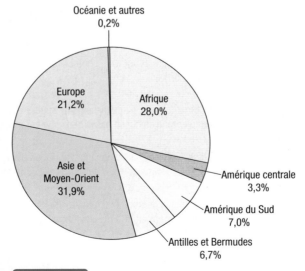

FIGURE 2.7

Région de naissance des immigrants récents dans la ville de Montréal, en 2006

Quelle que soit sa culture, une personne se tourne très souvent à la fois vers les remèdes traditionnels et les médicaments d'ordonnance pour se soigner, ce qui veut dire qu'il existe un risque d'interaction médicamenteuse. Les personnes d'origine chinoise, par exemple, prennent du ginseng comme stimulant et hypotenseur, et souffrent à l'occasion d'effets indésirables ▶ **7** . D'autres personnes prennent du millepertuis pour combattre les symptômes de la dépression, ce qui peut causer de graves interactions avec des antidépresseurs déjà prescrits **FIGURE 2.8**.

Il se peut qu'une personne repousse la prise d'un médicament prescrit jusqu'à ce qu'elle ait constaté l'échec d'un remède traditionnel ou

7

La médecine traditionnelle chinoise est abordée dans le chapitre 7, *Approches complémentaires et parallèles en santé.*

FIGURE 2.8
Exemples d'ingrédients médicinaux chinois

TABLEAU 2.3	Syndromes liés à la culture	
CULTURE	**SYNDROME**	**DESCRIPTION**
Amérique latine	*Bilis* ou *cólera*	État de rage ou de colère profonde. De nombreux groupes latino-américains croient que la colère bouleverse les forces responsables de la température du corps. Les symptômes comprennent : tension nerveuse extrême, céphalées, tremblements, cris, problèmes de digestion et, dans les cas les plus graves, évanouissements.
	Ataque de nervios	État nerveux censé être provoqué par un événement familial angoissant (p. ex., un décès, un divorce). Les symptômes peuvent inclure : cris non maîtrisés, pleurs et tremblements, propension aux agressions verbales et physiques.
	Empacho	Trouble de digestion attribué à la formation de boules de nourriture qui engorgent l'estomac et l'intestin, causant douleurs et crampes.
	Susto	Parfois appelé « peur magique » ou « perte de l'âme », l'état traumatique est caractérisé par l'anxiété et la dépression, et il peut résulter d'une expérience terrifiante, tel un bruit ou un danger. Cet état peut entraîner l'angoisse, l'insomnie, la léthargie, la perte d'appétit et le retrait social. Un des traitements consiste à faire coucher la personne par terre, tandis que le guérisseur passe des plantes indigènes sur le corps du malade et récite des prières pour chasser la mauvaise influence.
Afrique de l'Ouest	*Brain fag*	État de lassitude mentale causé par les exigences scolaires. Au nombre des symptômes, des difficultés de concentration, de mémorisation et de réflexion.
Afrique de l'Ouest, Haïti	*Bouffée délirante*	Comportement agité et agressif, confusion, agitation psychomotrice. S'accompagne parfois d'hallucinations visuelles et auditives.
Caraïbes	*Falling out*	État caractérisé par des évanouissements soudains, possiblement précédés d'une sensation de flotter mentalement. La personne entend ce qui se passe dans son entourage, mais elle se sent paralysée.
Inuits	*Pibloktoq*	Épisode dissociatif aigu accompagné d'agitation extrême pouvant durer jusqu'à 30 min, et suivi fréquemment de convulsions et de coma pouvant durer jusqu'à 12 heures.
Chine	*Shenjing shuairuo*	État qui rappelle la neurasthénie et caractérisé par un épuisement mental, des céphalées, des vertiges ainsi que des troubles du sommeil et de la concentration.
Cambodge	*Koucharang* ou *Kit chroeun*	Syndrome se traduisant par « penser trop » qui peut résulter d'un trauma ; se caractérise par un épuisement physique et psychique, de même qu'une préoccupation incessante de la souffrance et de la perte vécue.
Corée	*Hwa-byung*	Désordre caractérisé par le ressentiment, la rancœur et l'insatisfaction.

d'une préparation à base de plantes, ou jusqu'à ce que sa condition se soit nettement détériorée. Le défi de l'infirmière consiste alors à tenir compte de ce besoin exprimé par le client d'intégrer des soins traditionnels dans son traitement, et d'offrir un soutien et un enseignement qui seront bien reçus. Elle doit d'abord évaluer l'innocuité et l'efficacité des remèdes ou des rituels traditionnels. Pour ce faire, elle peut consulter un pharmacien ou, dans une situation d'intoxication possible, le Centre antipoison du Québec. Il s'agit d'établir des relations de coopération et de confiance avec les clients et de les inciter à discuter librement de leurs pratiques traditionnelles. En respectant leurs choix, dans la mesure où ils ne sont pas nuisibles, l'infirmière instaure un climat harmonieux qui ne peut que concourir aux résultats escomptés.

Facteurs psychologiques

Les symptômes d'une personne sont interprétés en fonction de ses normes culturelles et, de ce fait, ils peuvent diverger de l'interprétation offerte par la médecine occidentale. Autrement dit, tous les symptômes ont un sens, mais celui-ci peut varier d'une culture à l'autre.

On parle de **syndrome lié à la culture** quand un groupe social attribue une pathologie ou un désordre à une cause associée à sa vision du monde. Les symptômes, l'évolution de la maladie et les réactions de l'entourage sont propres à la culture où ces cas surviennent. Ce type de syndrome peut présenter des manifestations physiques ou psychiques. Le **TABLEAU 2.3** décrit quelques-uns des syndromes liés à la culture.

Soins et traitements infirmiers

RÉDUIRE LES INÉGALITÉS EN SANTÉ ET OFFRIR DES SOINS CULTURELLEMENT COHÉRENTS

Autoévaluation de l'infirmière

Les professionnels de la santé contribuent largement à réduire les inégalités en santé. La réduction de ces inégalités et l'offre de soins culturellement cohérents passent en tout premier lieu par la reconnaissance, chez l'infirmière, de son propre bagage culturel, de ses valeurs et de ses croyances, en particulier celles qui touchent de près à la santé et aux soins. Certains outils peuvent également guider l'infirmière dans sa réflexion. Le **TABLEAU 2.4** propose également des moyens d'aiguiser sa capacité à offrir des soins culturellement cohérents, ce qui lui permet de se faire un portrait plus précis de la clientèle et donc de s'ajuster à ses besoins.

Soins infirmiers transculturels

TABLEAU 2.4	Acquisition du savoir-faire culturel	
ÉLÉMENT	**DESCRIPTION**	**RÔLES DE L'INFIRMIÈRE**
Sensibilisation culturelle	• Capacité de comprendre les besoins culturels de la personne	• Reconnaître son propre bagage culturel, ses valeurs et ses croyances, en particulier celles qui touchent à la santé et aux soins. • Reconnaître ses propres *a priori* et partis pris à l'égard des personnes issues d'autres cultures.
Apprentissage des cultures	• Apprentissage des traits culturels d'un groupe social, en particulier ceux qui touchent à la santé et aux comportements liés à la santé	• Recueillir de l'information de base sur les principaux groupes sociaux dans sa région. Il existe des guides pratiques destinés aux professionnels de la santé qui se révèlent des outils utiles. • Mesurer la présence ou l'absence de phénomènes culturels compte tenu des modèles culturels proposés. • Être attentive à la clientèle, car elle est en général la meilleure source d'apprentissage des traits d'une culture. • Éviter les généralisations culturelles, puisque le degré d'acculturation varie d'une personne à l'autre. • Consulter les études publiées sur le sujet des différences culturelles. • Consulter des articles de journaux et des livres publiés par des représentants ethniques. • Regarder des documentaires portant sur les groupes sociaux.
Acquisition d'habiletés culturelles	• Capacité de relever l'information utile de nature culturelle • Capacité de procéder à une évaluation culturelle	• Être attentive aux réactions inattendues de la personne, en particulier pour ce qui touche aux questions culturelles. • Prendre conscience des différences culturelles entre les principaux groupes ethniques. • Acquérir des aptitudes pour bien procéder à l'évaluation culturelle de personnes issues de différents groupes sociaux, en reconnaissant entre autres leurs croyances et leurs pratiques **ENCADRÉ 2.3**.

TABLEAU 2.4	Acquisition du savoir-faire culturel *(suite)*	
ÉLÉMENT	**DESCRIPTION**	**RÔLES DE L'INFIRMIÈRE**
Rencontre culturelle	• Interactions significatives entre personnes de milieux culturels variés	• Créer des occasions d'interagir avec les principaux groupes sociaux. Le contact prolongé avec des membres d'un groupe social différent peut contribuer à la compréhension de ses valeurs et de ses croyances. • Assister à des événements culturels tels que les offices religieux, les rites de passage, les activités mondaines et les manifestations d'identité culturelle. • Fréquenter les marchés et les restaurants de quartiers à caractère ethnique. • S'imprégner de l'atmosphère des quartiers à caractère ethnique, écouter de la musique ou jouer à des jeux typiques. • Visiter des foires sur la santé dans des quartiers à caractère ethnique, voire y offrir son aide bénévole. • En apprendre davantage sur les principales croyances et pratiques culturelles, et intégrer ce savoir dans les PSTI.

Dans un milieu plus diversifié que jamais sur le plan culturel, l'infirmière aura à rencontrer des clients et des familles ainsi que des professionnels de la santé issus de cultures diverses. Elle sera confrontée à des situations où une bonne compréhension des croyances et des pratiques culturelles lui sera nécessaire. Même lorsque l'infirmière se trouve en présence d'une personne de sa propre culture, cette dernière n'appartient pas nécessairement à la même sous-culture qu'elle. Par exemple, les Autochtones ne possèdent pas tous la même histoire et la même culture. Il serait inapproprié de supposer qu'une infirmière mohawk donnera nécessairement des soins culturellement cohérents à un client inuit. Une jeune infirmière d'origine canadienne-française qui a grandi à Montréal ne partage sans doute pas tous les traits culturels d'une personne âgée canadienne-française qui a passé sa vie aux Îles-de-la-Madeleine.

Évaluation initiale de la personne

La cause des disparités en santé n'est pas toujours évidente. Il faut évaluer le risque des clients de se voir offrir des soins inadéquats du fait d'un accès limité aux services, de ressources insuffisantes, de l'âge ou d'une faible littératie en santé.

L'évaluation du client doit comporter une dimension culturelle. Les éléments à prendre en considération sont présentés dans l'**ENCADRÉ 2.3**. L'infirmière doit définir les croyances de la personne en lien avec la santé et les soins, et l'interprétation que la personne se fait de sa maladie (sa signification et ses causes) ainsi que les traitements qu'elle privilégie (Alexander, 2008). Ces données en main, l'infirmière peut mieux guider la personne et contribuer au succès du PSTI. Il va sans dire que le type de questions qu'elle se sent à l'aise de poser au client dépend de ses propres valeurs culturelles.

Comment se sensibiliser aux différences culturelles ? Le recours à des guides spécialisés facilite la tâche de l'infirmière appelée à composer avec des clients, des familles et des représentants d'autres groupes sociaux que le sien. Néanmoins, l'infirmière doit demeurer prudente et éviter les stéréotypes et les généralisations ; chaque personne est différente. Certes, un guide donne des balises, permet de se faire une idée des traits propres à une culture et de mesurer la conformité du client avec ce portrait, mais le plus important reste de cerner les similitudes et les différences culturelles qui peuvent influer sur la manière dont l'infirmière adaptera les soins.

L'infirmière cherche à reconnaître chez la personne des valeurs et des croyances culturelles, tout en évitant de former au départ des idées préconçues. Elle doit nécessairement explorer les pratiques de soins traditionnelles de son client. Mais elle doit

ENCADRÉ 2.3	Évaluation culturelle

• À votre avis, qu'est-ce qui a provoqué votre maladie ?
• Pourquoi s'est-elle déclarée à ce moment-là ?
• Quels sont les effets de la maladie ?
• Quels sont les principaux problèmes causés par votre maladie ?
• Avez-vous essayé de soigner cette maladie ? Si oui, comment ?
• À votre avis, quels traitements devrait-on vous prodiguer ?

• Y a-t-il d'autres mesures que vous, ou quelqu'un d'autre (p. ex., la famille, un prêtre), pourriez prendre ?
• Quels résultats précis attendez-vous de ces traitements ?
• Que craignez-vous le plus à propos de votre maladie ?
• Que craignez-vous le plus à propos du traitement ?
• Qui devrait-on consulter à propos de vos soins ?
• Qui devrait y participer ?

Source : Ordre des infirmières et infirmiers de l'Ontario (2009).

surtout garder à l'esprit que toute culture évolue et que chaque personne est unique.

Interventions infirmières

Bien que les enjeux entourant les inégalités en santé paraissent énormes, il existe des stratégies permettant de les atténuer, voire de les éliminer. Un certain nombre d'interventions infirmières ciblées sont présentées dans l'**ENCADRÉ 2.4**.

Promotion

C'est souvent aux décideurs qu'appartient la mise en œuvre des solutions visant à réduire les inégalités en santé, mais l'infirmière soucieuse de les combattre peut rester informée des politiques institutionnelles et gouvernementales, et même s'impliquer aux divers paliers de décision de son établissement de santé et de son gouvernement. Bien que les soins de santé essentiels soient couverts par la Régie de l'assurance maladie du Québec (RAMQ) et que les différences de revenu influent peu sur l'accès à ces soins, les soins d'ophtalmologie, les soins dentaires et les conseils en santé mentale ne sont pas ou sont peu couverts par le régime public (ASPC, 2005), rendant ces soins difficilement accessibles aux personnes à faible revenu.

L'infirmière joue un rôle déterminant, car elle peut diriger la personne vers une source d'information utile en lien avec les traitements offerts et lui faire découvrir les ressources disponibles d'un système de santé complexe. Sa fonction unique au chevet du client fait d'elle un témoin privilégié des inégalités en santé. Elle peut alors aider le client à défendre ses droits dans l'unité de soins, dans l'établissement ou la communauté. L'idée d'améliorer la représentativité des cultures dans le milieu professionnel est aussi une solution toute désignée **FIGURE 2.9**.

Communication

L'infirmière qui développe ses habiletés en relations humaines fait déjà un premier geste pour réduire les inégalités en santé et offrir des soins adaptés. Les habiletés interpersonnelles telles que l'écoute active, l'établissement de relations de confiance et l'aptitude à communiquer forment l'assise de soins équitables et de qualité (Carcaise-Edinboro & Bradley, 2008). L'infirmière doit savoir qu'elle joue un rôle primordial dans la communication avec le client et la famille pour tout ce qui touche à la prévention, aux soins et aux traitements.

La communication est réciproque entre la personne et l'infirmière lorsque les idées portent une signification commune, qu'elles soient transmises à l'aide de gestes ou de paroles. Le fait d'adopter le mode de communication que privilégie habituellement le client est une marque de respect que l'infirmière lui porte. Par exemple, il est conseillé de procéder à l'établissement des antécédents de santé avec la personne sans se presser, et même de commencer l'échange en tenant compte des habitudes sociales et des pratiques culturelles de son interlocuteur. Dans certaines cultures, les gens parlent de généralités avant d'entrer dans le vif du sujet ; dans d'autres, les menus propos génèrent des réponses qui paraissent souvent sans lien avec le sujet.

FIGURE 2.9

Une infirmière amérindienne transmet un enseignement à une personne de la même culture qu'elle.

RAPPELEZ-VOUS...

L'écoute active est une habileté fondamentale de la communication thérapeutique, qui consiste en une écoute attentive avec tout son être, et suppose un engagement du corps, du cœur et de l'esprit.

ENCADRÉ 2.4 **Interventions infirmières dans la lutte aux inégalités en santé**

- Traiter chaque personne de manière équitable.
- Reconnaître ses propres partis pris et préjugés culturels, et s'appliquer à les éliminer.
- S'informer des services et des programmes destinés aux groupes sociaux ou ethniques de la région.
- Renseigner la personne sur les services de santé qui se consacrent en particulier à son groupe social ou ethnique.
- Veiller à ce que les normes de soins soient respectées pour tous les clients, quelle que soit leur origine sociale ou ethnique.
- Reconnaître les méthodes de soins et les pratiques culturelles qui revêtent de l'importance pour une personne d'une certaine origine sociale ou ethnique.

- Contribuer à la recherche destinée à mieux comprendre et à améliorer les soins offerts aux divers groupes sociaux et ethniques.
- Reconnaître les stéréotypes véhiculés à l'égard des groupes sociaux et ethniques, et qui pourraient compromettre la qualité des soins.
- Offrir du soutien aux personnes issues de groupes sociaux ou ethniques qui craignent de fréquenter d'autres quartiers que le leur pour obtenir des soins.
- Défendre les droits des personnes issues de groupes sociaux ou ethniques qui souhaitent recevoir des soins tenant compte de leurs difficultés de communication et de leurs pratiques traditionnelles.

L'infirmière qui rencontre un client ou des membres de son entourage fait bien de commencer l'entrevue en se présentant et en précisant la manière dont elle souhaite que l'on s'adresse à elle ; par son prénom, ou par son nom de famille précédé de madame, de mademoiselle, ou encore par son titre d'infirmière. En retour, elle demande au client comment il souhaite qu'elle s'adresse à lui. Il s'agit d'une marque de respect, et l'exercice permet d'amorcer une relation conforme aux convenances.

Pendant la collecte des données, l'infirmière choisit l'approche la plus indiquée selon la culture du client. Avec les personnes de certaines cultures, par exemple, il est important de ne pas les presser pour obtenir des réponses. Il se peut que la personne prenne de longs moments de réflexion et observe un silence respectueux pour bien peser ce qu'elle va dire.

Les gestes peuvent avoir différentes significations selon la culture. En cas de doute, l'infirmière s'applique à en clarifier le sens. Par exemple, une personne hoche parfois la tête ou fait « oui » comme si elle acquiesçait ou comprenait, mais il peut s'agir d'un réflexe de politesse propre à sa culture. L'ignorer peut mener à d'importants malentendus.

Certaines cultures, telles les cultures amérindiennes, ont une tradition orale importante. L'infirmière qui s'adresse à une personne issue d'une culture de communication orale veille à inclure dans son plan d'enseignement des directives qui seront transmises verbalement.

Dans le doute, l'infirmière ne doit pas s'improviser interprète, à cause des risques de malentendus. Si elle ne peut parler la langue maternelle du client, il vaut mieux qu'elle fasse appel à une personne ayant reçu une formation d'interprète dans le domaine médical **ENCADRÉ 2.5**. Malheureusement, ces services ne sont pas offerts partout au Québec. Dans l'éventualité où aucun interprète professionnel n'est disponible, il faut s'assurer de choisir une personne qui parle non seulement la même langue, mais idéalement le même dialecte que le client. Ainsi, dans plusieurs centres hospitaliers du Québec, les employés parlant une autre langue sont répertoriés. Il est aussi important de voir à ce que l'interprète ne rende pas le client mal à l'aise. Par exemple, dans certaines cultures, le client pourrait être incommodé par un interprète du sexe opposé ou humilié de devoir discuter de ses problèmes de santé en présence d'une personne beaucoup plus jeune que lui. Par ailleurs, l'infirmière pourrait par erreur choisir un interprète d'un groupe social politiquement hostile au client, par exemple un interprète parlant arabe, mais d'origine israélienne, ce qui pourrait mettre un client palestinien mal à l'aise. Pour des raisons de confidentialité, il demeure toujours délicat de choisir un membre de la famille ou de la même

---

| ENCADRÉ 2.5 | Recours aux services d'un interprète spécialisé |

Choix d'un interprète

- S'adresser à une banque d'interprètes, si possible.
- Choisir de préférence un interprète qui a reçu une formation spécialisée et qui possède de l'expérience dans le domaine médical, qui est au fait des droits des usagers, et capable d'offrir un avis éclairé sur la pertinence culturelle du PSTI et du plan thérapeutique infirmier (PTI).
- Recourir à l'intervention d'un proche, au besoin. Il faut néanmoins composer avec certaines limites : l'incompréhension de certains termes médicaux, les différences quant à l'âge et au genre, ainsi que le manque de connaissances entourant les interventions médicales et les questions d'éthique.
- Vérifier que l'interprète peut s'acquitter de ces tâches :
  - traduire le langage non verbal et rendre fidèlement ce qui est dit et écrit ;
  - traduire le message en termes compréhensibles ;
  - agir en qualité de défenseur du client afin que les besoins de ce dernier soient pris en compte par l'équipe médicale ;
  - posséder une sensibilité culturelle qui permet aussi de communiquer de manière efficace les directives de soins.

Stratégies de fonctionnement avec un interprète

- Permettre à l'interprète et au client de se rencontrer au préalable pour faciliter les échanges pendant l'entrevue, dans la mesure du possible.
- S'exprimer lentement.
- Garder le contact visuel avec le client.
- S'adresser au client plutôt qu'à l'interprète.
- Employer un langage clair, en évitant autant que possible les termes techniques.
- Formuler une ou deux phrases à la fois, pour faciliter le travail de traduction.
- Éviter de hausser le ton durant l'échange.
- Demander au client d'exprimer ses commentaires, pour s'assurer qu'il a compris.
- Compter que tout le processus demandera deux fois plus de temps qu'un échange habituel.

communauté que le client, surtout dans les régions où les membres de cette communauté sont peu nombreux et se connaissent tous.

À Montréal, on peut recourir au service d'interprétariat de la Banque interrégionale d'interprètes, dont les membres sont rémunérés selon un tarif horaire, plutôt que de demander l'intervention d'un membre de la famille (Karliner, Jacobs, Chen, & Mutha, 2007). L'**ENCADRÉ 2.6** propose des balises pour communiquer avec une personne en l'absence d'interprète. Dans un contexte où la diversité ethnique ne fait que s'accentuer, la probabilité est forte que l'infirmière rencontre des personnes qui ne parlent aucune des deux langues officielles du pays.

Un dictionnaire bilingue qui passe de la langue de l'infirmière à la langue du client est très utile pour communiquer (p. ex., du français à l'espagnol, de l'espagnol au français). Il aide à formuler des questions ou à décoder des réponses dans bon nombre de langues. De plus, des sites Internet de traduction automatique permettent de procéder à la traduction de mots ou de textes. Par exemple, le programme en ligne Babelfish.com permet une traduction approximative, mais rapide de plusieurs langues vers le français.

Il serait utile de conserver à portée de main des ressources pertinentes au type de clientèle qui fréquente l'établissement. De tels outils sont utiles lorsqu'un interprète n'est pas disponible sur-le-champ et que l'infirmière doit composer avec quelques phrases clés dans une langue étrangère.

ENCADRÉ 2.6   **Directives de communication en l'absence d'un interprète**

- Adopter une attitude affable et professionnelle.
- S'appliquer à prononcer correctement le nom de la personne. Dans le doute, demander à la personne la façon correcte de prononcer son nom.
- Employer les formules de politesse telles que monsieur, madame, mademoiselle, docteur. Saluer la personne en utilisant son nom de famille ou son nom complet.
- En faisant un geste vers soi, prononcer son propre nom.
- Proposer une poignée de main ou faire un signe de tête. Sourire.
- Procéder sans se presser. Surveiller chez la personne ou un proche tout signe qui dénoterait son désir de communiquer.
- Prendre un ton de voix normal et doux, éviter de gesticuler. Se garder du réflexe de hausser le ton devant un interlocuteur qui semble ne pas comprendre. La personne pourrait interpréter ce signe comme de l'impatience ou de la colère.
- Si l'on connaît quelques mots dans la langue de la personne, les employer. C'est une marque de sensibilité et de respect pour la culture de l'autre.
- Employer des termes simples tels que « douleur » plutôt que « être incommodé ». Éviter le jargon médical, les expressions idiomatiques et les québécismes. Éviter les contractions de la langue parlée. Employer le nom de la chose ou de la personne au lieu de le remplacer par un pronom du genre « elle » ou « lui ».

  Par exemple :

  Ne pas dire : « Il a pris ses pilules, hein ? » Dire plutôt : « Juan prend ses médicaments, n'est-ce pas ? »
- Appuyer par le geste des mots ou des actions que l'on tente d'expliquer verbalement.

- Discuter d'un seul sujet à la fois. Éviter de joindre plusieurs idées en une seule phrase.

  Par exemple :

  Ne pas dire : « Avez-vous froid et sentez-vous une douleur ? »

  Dire plutôt : « Avez-vous froid (en mimant le sens) ? Sentez-vous une douleur ? »
- S'assurer que la personne comprend en lui demandant de répéter les directives, de faire une simulation de la procédure ou de mimer ce qu'elle a retenu de la conversation.
- Écrire quelques courtes phrases en français et vérifier la capacité de la personne de les lire.
- Tenter une communication par une troisième langue qui ferait le pont. Les Européens, comme les Asiatiques, parlent souvent deux ou trois langues. Les mots latins peuvent aussi avoir du sens dans d'autres langues, ce qui fait que l'on peut privilégier des mots français à l'étymologie latine (p. ex., fatiguer est plus facile à comprendre qu'éreinter). Les langues latines ayant la même origine, certains mots espagnols, italiens et français peuvent être similaires.
- Demander à l'entourage du client de désigner une personne comme interprète.
- Recourir aux sites Internet qui offrent des traductions de mots dans de nombreuses langues. Certains d'entre eux présentent même une fonction qui permet d'entendre la prononciation des termes.
- Se procurer des guides linguistiques auprès d'une librairie ou d'une bibliothèque, acheter des cartes-éclair, s'enquérir auprès d'un établissement de santé des interprètes qu'ils emploient, et puiser dans son réseau professionnel et social pour trouver un interprète adéquat.

Source : Adapté de Jarvis (2009).

▣ ▣ ▣ À retenir

VERSION REPRODUCTIBLE

www.cheneliere.ca/lewis

- Les inégalités en santé désignent les écarts, pour des populations particulières, dans la fréquence et la prévalence de maladies ainsi que dans la mortalité et le fardeau social qui leur sont associés.

- Les gens dont le revenu, le niveau d'instruction et la situation professionnelle correspondent au bas de l'échelle sociale présentent dans l'ensemble un moins bon état de santé et une espérance de vie plus courte que les gens plus fortunés.

- Les déterminants de la santé sont composés de facteurs et de conditions qui influent sur la santé, tels que les habitudes de vie, la culture, l'emplacement géographique, le revenu, l'emploi, le sexe, l'âge et les attitudes du professionnel de la santé.

- Bien que les personnes appartenant à un même groupe social partagent des valeurs, des croyances et des pratiques, la diversité existe aussi au sein d'une communauté.

- La spiritualité, qui est un exercice de l'esprit et de la conscience, peut être source d'espoir et de force durant l'épreuve de la maladie.

- La culture est considérée comme l'ensemble des traits distinctifs, spirituels et matériels, intellectuels et affectifs qui caractérise une société ou un groupe social.

- L'ethnicité réfère à un groupe de personnes solidaires par leurs antécédents sociaux et historiques propres.

- Le stéréotype est une opinion toute faite, une vision réductrice et simpliste qui ne tient pas compte des différences individuelles.

- Les stéréotypes entraînent trop souvent des perceptions trompeuses et peuvent nuire aux soins des clients.

- L'ethnocentrisme est la tendance à considérer sa culture comme supérieure à une autre.

- La compétence culturelle est la capacité d'un professionnel de la santé de comprendre et de respecter les traits culturels d'autres groupes sociaux.

- La réduction des inégalités en santé et l'offre de soins culturellement cohérents passent en tout premier lieu par la reconnaissance chez l'infirmière de son propre bagage culturel, de ses valeurs et de ses croyances, en particulier celles qui touchent à la santé et aux soins.

- Dans l'évaluation culturelle du client, l'infirmière doit définir les croyances du client en lien avec la santé et les soins, l'interprétation qu'il se fait de sa maladie (sa signification et ses causes) et les traitements qu'il privilégie.

Pour en **savoir** plus

VERSION COMPLÈTE ET DÉTAILLÉE

www.cheneliere.ca/lewis

 Références Internet

Organismes et associations

Association des infirmières et des infirmiers autochtones du Canada
www.anac.on.ca

Association Géza Róheim
http://geza.roheim.pagesperso-orange.fr

Cross Cultural Health Care Program
www.xculture.org

EthnoMed
www.ethnomed.org

Institut interculturel de Montréal
www.iim.qc.ca

Office of Minority Health
www.omhrc.gov

Transcultural C.A.R.E. Associates
www.transculturalcare.net

Transcultural Nursing Society
www.tcns.org

Organismes gouvernementaux

Agence de la santé publique du Canada > Promotion de la santé > Santé de la population > Qu'est-ce qui détermine la santé ?
www.phac-aspc.gc.ca

Statistique Canada > Santé > Maladies et état de santé
www.statcan.gc.ca

Ministère de l'immigration et des communautés culturelles
www.micc.gouv.qc.ca

Références générales

Infiressources > Banques et recherche > Culture
www.infiressources.ca

PasseportSanté.net > Actualités > Dossiers > L'état des déterminants de la santé dans notre vie
www.passeportsante.net

 Articles, rapports et autres

Association des infirmières et des infirmiers autochtones du Canada (AIIAC) (2009). *Compétence culturelle et sécurité culturelle en enseignement infirmier des Premières*

nations, des Inuit et des Métis. Analyse intégrée de la documentation. Ottawa, Ont. : AIIAC.
www.anac.on.ca

Association des infirmières et infirmiers du Canada (AIIC) (2005). Les déterminants sociaux de la santé et les soins infirmiers : résumé des enjeux. Ottawa, Ont. : AIIC.
www.cna-nurses.ca

Organisation mondiale de la santé (OMS) (2009). Combler le fossé en une génération. Instaurer l'équité en santé en agissant sur les déterminants sociaux de la santé. Genève, Suisse : OMS.
www.who.int/fr

Ministère de la Santé et des Services sociaux (MSSS) (2010). État de santé de la population québécoise : quelques repères. Québec, Qc : MSSS
www.msss.gouv.qc.ca

Ville de Montréal, Division des affaires économiques et institutionnelles (2010). La population immigrante dans la ville de Montréal (fascicule 3). Dans Portraits démographiques : portrait de la population immigrante à Montréal, Montréal : Ville de Montréal.

 Multimédia

Centre international des femmes de Québec > Banque régionale des interprètes linguistiques et culturels > Documents vidéos
www.cifqfemmes.qc.ca

Écrit par :
Ian M. Camera, MSN, ND, RN

Adapté par :
Pierre Verret, inf., M. Sc., CSIO(C)

Examen clinique

Objectifs

Après avoir lu ce chapitre, vous devriez être en mesure :

- de reconnaître les différents types d'examens cliniques ;

- de choisir le type d'examen clinique approprié en tenant compte des indications, des buts et des éléments de la situation ;

- d'expliquer le but, les éléments et les techniques de l'examen clinique d'un client ;

- de choisir les techniques d'inspection, de palpation, de percussion et d'auscultation qui conviennent pour évaluer une personne ;

- de rédiger l'évaluation d'un symptôme et l'histoire de santé d'une personne.

▣ ▣ ▣ Concepts **clés**

Cette carte conceptuelle illustre schématiquement les principaux concepts décrits dans le présent chapitre. Sa lecture vous permettra d'avoir une vue d'ensemble des notions qui y sont présentées.

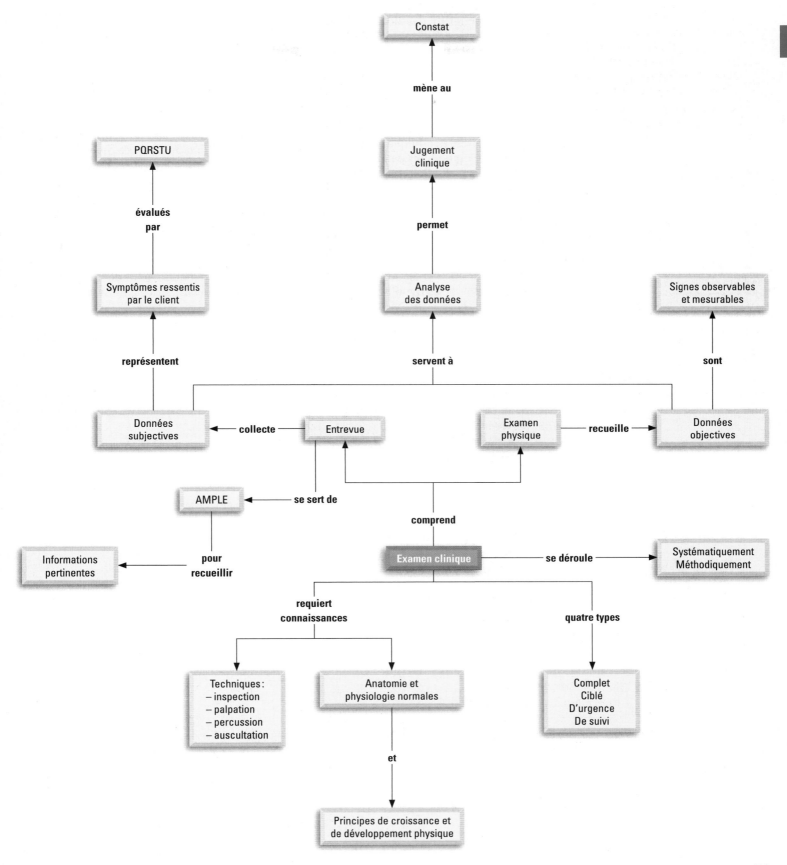

Jugement clinique

Monsieur Clotaire Lamirande, âgé de 52 ans, a été admis à l'unité de soins orthopédiques il y a 30 minutes. Il sera opéré demain pour la pose d'une prothèse totale du genou gauche. L'infirmière rencontre le client et l'interroge sur son état de santé actuel.

Dans quel but procède-t-elle à cette entrevue au moment de l'admission du client?

RAPPELEZ-VOUS...

Il est important de se rappeler les cinq étapes de la démarche de soins, de même que les éléments constituant un plan thérapeutique infirmier (PTI).

L'examen clinique consiste à recueillir des données subjectives et objectives sur les symptômes et l'état de santé d'une personne au moyen d'une entrevue structurée et d'un examen physique systématique approprié.

L'infirmière doit réaliser l'examen clinique au moment de l'évaluation initiale qu'elle fait de la situation du client et pendant son évaluation en cours d'évolution. Les résultats de ces évaluations procurent une base de données portant sur l'état de santé antérieur et actuel du client; elles fournissent aussi des éléments de référence en fonction des changements constatés ultérieurement chez celui-ci. Le but de l'examen clinique est d'obtenir des données permettant à l'infirmière d'exercer son jugement clinique afin d'émettre diverses hypothèses, ou de constater une problématique réelle ou potentielle sur l'état de santé de son client (Jarvis, 2009). Bien que cette évaluation initiale représente la première étape de la démarche de soins, il faut la réaliser tout au long de celle-ci afin de valider les constats, de noter la réaction du client aux interventions, et de déterminer si les buts et les résultats escomptés ont été atteints.

Dans ce chapitre, un **examen clinique** se définit comme étant le processus pratique de collecte de données comprenant une entrevue et un examen physique, alors qu'une base de données constitue une liste particulière de données recueillies.

Des renseignements sur une personne peuvent être obtenus au moyen de quatre types d'examens cliniques: complet, ciblé, d'urgence et de suivi **TABLEAU 3.1**.

L'infirmière choisit le type d'examen requis en se fondant sur la situation clinique de chaque personne (p. ex., ses antécédents et l'examen physique à l'admission, au début du quart de travail ou pendant le quart de travail). Les établissements offrant

TABLEAU 3.1	Types d'examens cliniques	
TYPE D'EXAMEN	**DESCRIPTION**	**MOMENT ET LIEU**
Complet	• Évaluation en détail de un ou de plusieurs systèmes corporels, y compris ceux qui ne sont pas directement visés par le problème de santé ou le diagnostic à l'admission. • Sert à procéder à une évaluation de la tête aux pieds.	• Au début des soins dans un établissement de soins de première ligne ou de soins ambulatoires • À l'admission dans un hôpital ou dans un établissement de soins de longue durée • Durant la première visite à domicile
Ciblé	• Évaluation abrégée qui porte sur un ou plusieurs des systèmes faisant l'objet des soins. • Comprend une évaluation relative à une plainte particulière (p. ex., une dyspnée, une douleur). • Sert à surveiller la manifestation de nouveaux problèmes.	• Durant tout le séjour à l'hôpital, du début d'un quart de travail jusqu'à la fin, si nécessaire • Consultations ultérieures dans un établissement de soins ambulatoires ou durant les visites à domicile

D'urgence	• Limité à l'évaluation de problèmes possiblement mortels.
	• Évaluation minimale visant à assurer la survie (ABCDE):
	  – ouverture des voies respiratoires (*airway*);
	  – respiration (*breathing*);
	  – circulation (*circulation*);
	  – déficit neurologique (*disability*);
	  – exposition (*exposure-environment control*).
		• Évaluation exécutée dans n'importe quel établissement lorsque des signes ou des symptômes révèlent un problème possiblement mortel (p. ex., un service d'urgence, une unité de soins intensifs ou un service de chirurgie)

De suivi	• Évaluation abrégée qui porte sur un ou plusieurs des systèmes faisant l'objet des soins. • Sert à surveiller l'évolution de l'état de santé et le résultat des interventions thérapeutiques. • Sert à surveiller la manifestation de nouveaux problèmes.	• Durant tout le séjour à l'hôpital, du début d'un quart de travail jusqu'à la fin, si nécessaire • Consultations ultérieures dans un établissement de soins ambulatoires ou durant les visites à domicile

des services de santé (centre hospitalier, centre de santé et de services sociaux, centre d'hébergement, centre de réadaptation et autres) fournissent parfois des lignes directrices à ce sujet, alors qu'à d'autres moments, les connaissances et l'expérience de l'infirmière guideront sa conduite dans l'évaluation de son client.

3.1.1 Examen complet

Un **examen complet** comprend une collecte de données incluant une histoire de santé et un examen physique détaillé des systèmes de l'organisme de la tête aux pieds. Cet examen a lieu habituellement au moment de l'admission à l'hôpital ou au début des soins dans un service de première ligne.

3.1.2 Examen ciblé

Un **examen ciblé** est utilisé pour évaluer un client présentant une plainte précise ou lorsque l'infirmière constate des indices liés à une problématique particulière (p. ex., une pneumonie). L'infirmière effectue alors une collecte de données plus ciblée, mais plus approfondie en lien avec le symptôme présenté (Jarvis, 2009). L'infirmière doit bien différencier les **signes** cliniques du client, qui sont des manifestations observables, des **symptômes** qui représentent des manifestations subjectives que seul le client peut exprimer. Les symptômes sont des éléments d'alerte d'un processus pathologique en cours motivant le client à consulter un professionnel de la santé afin que ce dernier puisse observer les signes cliniques qui, associés au symptôme, le guidera vers un diagnostic et une action thérapeutique. Les symptômes et les signes cliniques d'une personne guident l'infirmière quant au système à examiner. Par exemple, une douleur abdominale pourrait nécessiter un examen ciblé de l'abdomen, alors qu'un autre type de problème pourrait exiger un examen ciblé de plusieurs systèmes. Si une personne se plaint de maux de tête, cela peut nécessiter un examen musculosquelettique et neurologique de même qu'un examen de la tête et du cou. L'examen ciblé est celui le plus fréquemment utilisé par les infirmières, particulièrement à l'urgence et dans les cliniques de consultation sans rendez-vous.

3.1.3 Examen d'urgence

En cas d'urgence ou dans une situation critique, il faut procéder à un **examen d'urgence** en posant des questions précises au client **FIGURE 3.1** ou à un proche, dans un laps de temps très court, tout en évaluant les signes et symptômes, et en maintenant les fonctions vitales (ABCDE) de la personne ▶ **52**.

3.1.4 Examen de suivi

Un **examen de suivi** est utilisé pour réévaluer à intervalles réguliers l'état d'une personne en lien

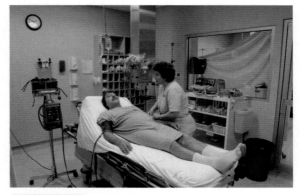

FIGURE **3.1**

Une infirmière pose des questions à un client dans une salle d'urgence.

avec ses problèmes de santé établis. Cet examen permet de suivre son évolution et d'apporter les ajustements nécessaires au processus thérapeutique infirmier. Tous les établissements de santé utilisent ce type d'examen clinique.

3.1.5 Recours à l'examen clinique

Dans un centre hospitalier, notamment dans les services de soins de courte durée, l'examen clinique est très différent de celui pratiqué dans d'autres types d'établissements (p. ex., dans les centres hospitaliers de soins de longue durée [CHSLD]), et il est réalisé par différents intervenants **ENCADRÉ 3.1**. Il s'agit d'un processus thérapeutique en interdisciplinarité qui demande une cohérence entre les professionnels de la santé au sein d'un même établissement ou entre établissements différents.

À mesure que l'infirmière prodigue des soins à un client, l'image qu'elle se fait de celui-ci se modifie constamment. En acquérant de l'expérience, elle raffine sa capacité à se figurer une personne à partir de quelques détails de base tels que « une femme de 85 ans admise en raison de l'aggravation d'une maladie pulmonaire obstructive chronique (MPOC) ». Le portrait clinique de cette femme se précisera grâce à un compte rendu verbal plus complet que pourra lui fournir une collègue : durée de son séjour, résultats d'analyse récents, signes vitaux et autres signes cliniques. L'infirmière procède ensuite à sa propre évaluation en recourant à un examen ciblé. Au cours de cette évaluation, elle valide ou révise les constatations dont elle a pris connaissance dans le dossier médical ou qui lui ont été communiquées par d'autres membres du personnel soignant.

Capsule Jugement clinique

Monsieur Normand Laurendeau, âgé de 31 ans, se trouve actuellement à l'urgence parce qu'il a été renversé par une voiture en traversant la rue. Il est conscient. Il présente une double fracture au côté gauche du bassin.

Dans ce cas-ci, devrez-vous également recueillir des données sur les caractéristiques de l'urine du client ? Justifiez votre réponse.

52

La technique d'évaluation ABCDE est présentée dans le chapitre 52, *Interventions cliniques – Soins en cas d'urgence*.

Évaluation et collecte des données

Tous les membres de l'équipe de soins de santé recueillent des données de manière continue. Dans le service des soins de courte durée, il appartient à l'infirmière d'évaluer le symptôme, d'établir l'histoire de santé et de procéder à une évaluation initiale au moment de l'admission du client.

Rôle de l'infirmière

- Procéder à un examen clinique complet au moment de l'admission du client.
- Procéder à l'évaluation du symptôme présenté par le client.
- Établir l'histoire de santé du client en interrogeant celui-ci ou un proche aidant.
- Procéder à un examen physique en recourant à l'inspection, à la palpation, à la percussion et à l'auscultation, au besoin.
- Consigner, dans le dossier de la personne, l'évaluation du symptôme, l'histoire de santé et les conclusions de l'examen physique.
- Émettre des constats d'évaluation et établir un ordre de priorité des interventions.
- Procéder, durant l'hospitalisation du client, à des évaluations en se fondant sur l'évaluation des symptômes, l'histoire de santé et les signes cliniques **TABLEAU 3.3**.

Rôle de l'infirmière auxiliaire

- Recueillir et consigner les données portant sur un client lorsque l'infirmière lui délègue cette tâche (selon les directives établies dans le PTI en fonction de l'évaluation à l'admission et au moment de l'ajustement du PTI selon l'évaluation en cours d'évolution).
- Contribuer à l'évaluation de l'état de santé d'une personne en se fondant sur les antécédents ou les manifestations cliniques du client, ou les directives de l'infirmière **TABLEAU 3.4**.
- Contribuer à l'élaboration du PTI.

Rôle du préposé aux bénéficiaires

- Informer l'infirmière lorsqu'il constate une donnée objective (p. ex., une ecchymose ou du sang dans les selles).
- Informer l'infirmière des plaintes subjectives émises par le client.
- Informer l'infirmière des comportements et des changements de comportement du client.

Crépitant : Bruit entendu pendant la respiration d'une personne présentant une maladie pulmonaire.

Vous pouvez entendre des crépitants ainsi que les principaux bruits pulmonaires au www.cheneliere.ca/lewis.

52

L'examen clinique propre aux clients admis en services d'urgence est présenté dans le chapitre 52, *Interventions cliniques – Soins en cas d'urgence.*

L'étape de formulation d'un constat général d'évaluation est précisée dans le chapitre 1, *Pratique actuelle des soins infirmiers.*

L'infirmière doit se rappeler que ce processus se poursuit au-delà de son évaluation initiale. Elle recueille de façon continue l'information sur les clients dont elle a la responsabilité pendant son quart de travail en effectuant des examens de suivi. Tout ce qui a été appris au sujet d'un client doit être reconsidéré à la lumière des nouveaux renseignements. Par exemple, une infirmière qui procède à un examen respiratoire chez une personne atteinte d'une MPOC pourrait détecter des **crépitants** dans les poumons. Cette constatation devrait l'amener à entreprendre un examen cardiovasculaire, puisque les problèmes cardiaques (p. ex., une insuffisance cardiaque) peuvent également provoquer des crépitants.

À ce défi vient s'ajouter le fait que l'infirmière doit procéder à de telles évaluations auprès de plusieurs clients dans une même journée. Mais à mesure qu'elle acquiert de l'expérience, l'infirmière prend conscience de toute l'importance des observations qu'elle fait.

Avec l'expérience, une infirmière cesse aussi de se demander à quel type d'examen clinique elle doit procéder. Elle ne se dit plus « je devrais faire maintenant un examen de suivi, en appliquant les techniques suivantes… », car elle pressent les renseignements qui revêtent de l'importance sur le moment et agence les techniques nécessaires pour recueillir les données pertinentes. La connaissance des différents types d'examens cliniques est néanmoins très utile en début de pratique.

L'infirmière peut tour à tour réaliser différents types d'examens cliniques qui tiennent compte des progrès accomplis par une personne au cours de son hospitalisation ou d'autres problèmes qui apparaissent **TABLEAU 3.2**. Par exemple, l'admission à l'urgence d'une personne en situation de détresse respiratoire aiguë amènera l'infirmière à pratiquer un examen d'urgence, et à vérifier ses voies respiratoires, sa respiration et sa circulation ▶ 52 . Une fois la personne stabilisée, l'infirmière peut entreprendre un examen ciblé des voies respiratoires et des systèmes connexes. Ensuite, elle peut procéder à un examen complet des systèmes, qu'ils jouent un rôle ou non dans le trouble clinique du moment.

3.1.6 Formulation d'un constat et jugement clinique

Après avoir évalué le symptôme, établi l'histoire de santé et réalisé un examen physique, l'infirmière regroupe et analyse les données recueillies afin d'établir diverses hypothèses ou une liste d'énoncés de problèmes réels ou potentiels sur lesquels elle pourra intervenir de manière autonome ou en collaboration avec l'équipe médicale ▶ 1 .

TABLEAU 3.2	Exemples de types d'examens cliniques dans différents services d'un hôpital	
SERVICE	SITUATION	TYPE D'EXAMEN
Service d'urgence	La personne se présente en étant aux prises avec un grave syndrome respiratoire aigu.	Réalisation d'un examen clinique d'urgence.
	Le problème est cerné et donne lieu à d'importantes interventions qui stabilisent l'état de la personne.	Réalisation d'un examen ciblé du système respiratoire et des systèmes connexes (p. ex., le système cardiovasculaire). Il est possible de procéder ensuite à un examen clinique complet de tous les systèmes.
Service clinique	La personne est admise dans une unité de soins et demeure sous surveillance.	Réalisation d'un examen clinique complet de tous les systèmes.
	Une nouvelle infirmière arrive au moment du changement de quart de travail ou au milieu du quart en cours, pour une réévaluation.	Réalisation d'un examen clinique de suivi du système respiratoire et des systèmes connexes afin de vérifier si les traitements sont efficaces ou si d'autres problèmes se sont manifestés. Si de nouveaux symptômes sont apparus, elle procède à un examen ciblé de ces symptômes.

3.2 | Collecte des données

Au sens le plus large, la **base de données** regroupe tous les renseignements recueillis au sujet d'une personne. Elle comprend l'évaluation du symptôme, l'histoire de santé, les données d'un examen physique, les résultats des analyses de laboratoire et des examens paracliniques, ainsi que des renseignements provenant de tous les professionnels de la santé. L'infirmière et le médecin pratiquent tous les deux un examen clinique et enregistrent les données recueillies au dossier du client, mais analysent cette information différemment, en fonction de l'objectif associé à leur discipline respective.

3.2.1 Objectif médical

Un membre de l'équipe médicale (p. ex., un médecin, un médecin résident, un auxiliaire médical, un étudiant en médecine ou une infirmière praticienne spécialisée [IPS]) évalue le symptôme du client et documente son histoire de santé selon un modèle standardisé afin de déterminer les risques de maladie et de diagnostiquer un état pathologique **ENCADRÉ 3.2**. L'examen physique pratiqué par cette personne ainsi que les analyses de laboratoire et les examens paracliniques contribuent à énoncer un diagnostic médical et à choisir un traitement thérapeutique approprié. Ces données peuvent aussi servir aux infirmières et aux autres membres de l'équipe de soins, en fonction de l'objectif qu'ils poursuivent selon leur discipline. Par

exemple, les résultats anormaux obtenus au cours d'un examen neurologique pratiqué par un médecin lui permettent de diagnostiquer une lésion cérébrale, et l'infirmière peut se servir des mêmes résultats pour déceler un risque de chutes. Un physiothérapeute peut également se fonder sur ces renseignements pour prévoir une thérapie donnant lieu à des exercices, au port d'une orthèse ou à l'utilisation d'un appareil qui facilite la marche.

3.2.2 Objectif infirmier

L'objectif des soins infirmiers consiste à dépister et à traiter des problèmes de santé actuels ou potentiels, et à évaluer des modes fonctionnels de santé à risque sur lesquels agir à l'aide d'interventions infirmières. Les renseignements obtenus au cours de l'examen clinique servent à déterminer les forces et les limites d'une personne ou la manière dont elle réagit à un problème de santé. Un client qui reçoit un diagnostic médical de diabète peut réagir en manifestant de l'anxiété ou démontrer un manque de connaissances quant aux

ENCADRÉ 3.2	Données à recueillir au cours de l'évaluation
• Données démographiques	• Histoire de santé (AMPLE)
• Motif de la consultation	• Examen physique
• Évaluation du symptôme (PQRSTU)	• Revue des systèmes corporels

habitudes à adopter ou au traitement qu'il peut s'administrer. Cette personne peut aussi réagir physiquement à un déficit hydrique en raison de la perte anormale de liquide causée par l'hyperglycémie. Ces réactions au diabète sont reconnues et traitées par l'infirmière. Durant l'entrevue visant à établir l'histoire de santé du client et au cours de l'examen physique, l'infirmière obtient les renseignements nécessaires pour pouvoir exercer son jugement clinique **FIGURE 3.2**.

FIGURE 3.2

L'infirmière recueille les données nécessaires à l'exercice de son jugement clinique.

3.2.3 Types de données

La base de données comporte des données subjectives et des données objectives. Les **données subjectives** sont recueillies au cours de l'entrevue visant à évaluer le symptôme et à établir l'histoire de santé de la personne. Ce type de données comprend des renseignements qu'elle seule peut fournir ou vérifier. Il s'agit des manifestations que la personne déclare au sujet de son problème de santé, spontanément ou en réponse à une question directe. Ces données subjectives peuvent également être qualifiées de symptômes. D'autres personnes informées, tel un membre de la famille ou un proche aidant, peuvent également fournir des données subjectives relatives à leur perception des symptômes du client.

Les **données objectives** proviennent de ce que l'infirmière peut observer et mesurer. Elles sont recueillies au cours d'une inspection, d'une palpation, d'une percussion ou d'une auscultation réalisée à l'examen physique. Elles peuvent également provenir d'autres professionnels de la santé ainsi que d'examens paracliniques. Elles

sont qualifiées de signes. Mais même si les données subjectives sont généralement recueillies au cours d'une entrevue, et les données objectives, au cours d'un examen physique, il est courant d'entendre une personne fournir des données subjectives durant celui-ci. L'infirmière peut également constater qu'un client présente des signes lorsqu'elle l'interroge. Qu'elles soient subjectives ou objectives, toutes les constatations à l'égard d'un problème particulier sont qualifiées de **manifestations cliniques**.

3.2.4 Éléments d'une entrevue à prendre en considération

L'entrevue vise à évaluer un symptôme, à établir l'histoire de santé d'une personne (recueillir des données subjectives), incluant le portrait de son état de santé antérieur et actuel. Pour ce faire, une bonne relation thérapeutique est essentielle ; elle repose sur une communication efficace ainsi que sur l'établissement d'un climat de confiance et de respect pendant l'entrevue (Wilson & Giddens, 2009). L'infirmière doit démontrer au client qu'elle est attentive et ouverte d'esprit, et qu'elle ne porte aucun jugement à son sujet. Cette communication se traduit non seulement au moyen du langage, mais également en fonction de la manière de s'habiller, d'agir et de s'exprimer corporellement. La culture influence la façon dont une personne communique, dicte le choix des mots, des gestes et du maintien, et elle agit aussi sur la nature de l'information divulguée. En plus de devoir comprendre les principes qui régissent une communication efficace, l'infirmière doit avoir une manière personnelle d'entrer en relation avec la clientèle. Bien qu'aucune méthode ne soit universelle, l'utilisation judicieuse de questions ouvertes et fermées influence la probabilité de recueillir les renseignements voulus. La facilité à poser des questions relatives à des domaines délicats, tels que la fonction sexuelle et la situation financière, vient avec l'expérience.

Le temps que prend l'infirmière pour évaluer un symptôme et recueillir l'histoire de santé d'un client peut varier selon la méthode qu'elle utilise et son expérience. Cela peut nécessiter une ou plusieurs séances, en fonction du contexte de l'entrevue et du client. Lorsqu'il s'agit d'une personne âgée affaiblie, l'infirmière peut avoir besoin de quelques courtes séances. Il est important de laisser à la personne le temps nécessaire pour qu'elle donne volontairement de l'information sur des sujets particulièrement préoccupants. Mais quand une personne n'est pas en mesure de fournir les données nécessaires (p. ex., lorsqu'elle est inconsciente ou aphasique), l'infirmière doit demander à un proche aidant de lui fournir le plus de renseignements possible.

L'infirmière doit respecter plusieurs lois et règlements visant à protéger la confidentialité des renseignements personnels. Au Québec, le Code de déontologie des infirmières et infirmiers (R.R.Q., c. I-8, r. 4.1) contient des dispositions visant à préserver le secret quant aux renseignements de nature confidentielle. Le Code des professions (L.R.Q. c. C-26) énonce également des dispositions visant à protéger ces renseignements; la législation fédérale canadienne contient aussi des stipulations quant à l'échange électronique, la confidentialité et la sécurité des renseignements personnels sur la santé. Le client peut consulter son dossier médical, en obtenir une copie et faire corriger, s'il y a lieu, des renseignements sur sa santé. Il a la possibilité d'autoriser ou non l'utilisation et l'échange de ces renseignements à des fins précises.

Pendant l'entrevue, l'infirmière doit juger de la fiabilité de son client à décrire son symptôme et à relater son histoire de santé. Une personne âgée peut donner une fausse impression de son état mental en raison d'un long délai à répondre aux questions ou à cause d'une déficience visuelle ou auditive. La complexité et la durée des problèmes de santé peuvent aussi empêcher une personne atteinte d'une maladie chronique de faire preuve de précision quant à ses antécédents médicaux.

Il est important que l'infirmière note les principales préoccupations et attentes d'une personne. À l'occasion, les priorités de l'infirmière pourraient ne pas concorder avec celles du client. Par exemple, l'infirmière pourrait vouloir avant tout obtenir les renseignements dont elle a besoin pour remplir les documents exigés, alors que la personne a comme priorité le soulagement de ses symptômes. L'infirmière aura sans doute peu de chances de recueillir des renseignements complets de la part du client tant que celui-ci n'aura pas satisfait le besoin qu'il juge prioritaire.

L'infirmière doit également déterminer la quantité de renseignements à recueillir au cours d'un premier entretien. Lorsqu'il s'agit d'une personne âgée, d'un client atteint d'une maladie chronique depuis longtemps ou d'une personne qui éprouve des douleurs ou qui a besoin de soins urgents, l'infirmière peut décider de restreindre ses questions à un problème précis et de reporter l'obtention d'autres renseignements à un moment plus opportun, dans le cadre d'une entrevue complémentaire.

3.2.5 Organisation des données

Les données d'évaluation nécessitent une collecte et une organisation systématiques de manière à pouvoir les analyser rapidement et déterminer l'état de santé de la personne ainsi que tout problème qu'elle pourrait éprouver. Certains questionnaires structurés comme l'échelle canadienne de triage et de gravité ou le score clinique sur l'évaluation d'une dyspnée permettent de recueillir les symptômes ressentis par la personne et les problèmes qui touchent les systèmes de l'organisme. Malgré leur utilité, ces outils demeurent incomplets parce qu'ils n'abordent pas toujours la question des modes fonctionnels en matière de santé, du sommeil, de la capacité d'adaptation et des valeurs personnelles.

Les **modes fonctionnels de santé** élaborés par Gordon (2010) servent de base à la grille utilisée dans ce manuel pour connaître l'histoire de santé d'un client. Cette grille donne lieu à une première collecte de renseignements importants sur la santé et est suivie d'une évaluation de 11 domaines illustrant l'état de santé et le fonctionnement de l'organisme. L'organisation des données en fonction de cette grille aide l'infirmière à cerner les problèmes de santé ainsi que les modes fonctionnels de santé adéquats (Wilson & Giddens, 2009).

Jugement clinique

Capsule

La petite Annie est âgée de 7 ans. Elle est à l'urgence avec sa mère, car elle a vomi à plusieurs reprises et a fait des selles diarrhéiques.

La fillette peut-elle fournir des renseignements sur sa situation clinique au moment du triage fait par l'infirmière? Justifiez votre réponse.

3

RAPPELEZ-VOUS...

Il existe des exceptions à l'obligation de respecter la confidentialité.

Soins infirmiers transculturels

ENTREVUE : DONNÉES SUBJECTIVES

La réalisation d'une entrevue pour évaluer le symptôme, établir l'histoire de santé et la conduite d'un examen physique constituent une forme d'intimité entre l'infirmière et le client. La culture influe sur la manière de communiquer ainsi que sur l'information qu'une personne transmet à une autre. Au cours de l'entrevue et de l'examen physique, l'infirmière accorde de l'importance au contact visuel, à la distance, à la pudeur et au toucher. Tenir compte des habitudes culturelles dans les relations entre hommes et femmes représente un élément particulièrement important au cours d'un examen physique, de même que ce qui touche à l'identité sexuelle. Pour éviter de déroger aux habitudes culturelles de la personne, l'infirmière doit lui demander l'importance qu'elle accorde aux aspects culturels des relations entre hommes et femmes et si elle désire qu'un membre de sa famille ou un proche soit présent durant l'entrevue et pendant l'examen physique (Jarvis, 2009) ▶ .

2

Les stratégies cohérentes avec la culture du client et applicables dans la démarche de soins infirmiers sont présentées dans le chapitre 2, *Compétences culturelles et inégalités en santé.*

3.3 | Évaluation d'un symptôme

3.3.1 Renseignements importants concernant l'évaluation d'un symptôme (PQRSTU)

À tout moment au cours d'une évaluation, une personne peut mentionner un symptôme tel qu'une douleur, de la fatigue ou une faiblesse. Le symptôme que le client ressent n'étant pas forcément visible, l'infirmière doit le préciser. Le **TABLEAU 3.3** présente les questions à poser et les éléments à analyser lorsqu'une personne mentionne un symptôme; les renseignements recueillis à l'aide de ce questionnaire permettent de déterminer la cause du symptôme. L'outil mnémotechnique PQRSTU (Ordre des infirmières et infirmiers du Québec [OIIQ], 2010) est très utile pour se rappeler les questions et les éléments à explorer lorsque l'infirmière évalue le symptôme que présente son client

 Provoquer / pallier / aggraver

L'infirmière cherche à connaître le contexte ou le mécanisme à l'origine de l'apparition de ce symptôme (p. ex., un traumatisme, une chute, une inflammation). Elle s'informe également des moyens entrepris par le client pour tenter de soulager son symptôme (p. ex., un médicament, du repos, l'application de glace ou de chaleur) ou de ce qui aggrave celui-ci (p. ex., l'activité, une position, une pression, le climat). Elle lui demande également si c'est la première fois qu'il ressent ce symptôme pour déterminer s'il s'agit d'un problème récurrent, d'un signe précurseur d'un problème plus grave ou de l'apparition d'un nouveau problème.

Collecte des données

TABLEAU 3.3	Évaluation d'un symptôme	
Provoquer / pallier / aggraver		
Provoquer	Demander	« Selon vous, qu'est-ce qui a provoqué l'apparition de ce symptôme? Que faisiez-vous lorsque ce symptôme est apparu? »
	Enregistrer	Si le symptôme montre un lien avec une cause particulière ou ce que faisait la personne lorsque le symptôme est apparu (p. ex., un traumatisme, une chute, une inflammation, un contact infectieux, une activité physique).
Pallier	Demander	« Qu'avez-vous fait pour tenter de régler ce problème? Cela a-t-il donné un résultat? Est-ce que quelque chose atténue votre symptôme? »
	Enregistrer	Les efforts de la personne pour soulager ou atténuer (ou faire disparaître) le symptôme (p. ex., un médicament, du repos, l'application de glace ou de chaleur).
Aggraver	Demander	« Selon vous, est-ce que quelque chose augmente votre symptôme? »
	Enregistrer	L'influence des activités physiques, d'un état émotionnel ou de l'environnement (p. ex., l'activité, la position, la pression, le climat, le stress, l'anxiété).
Qualité / quantité		
Qualité	Demander	« Pouvez-vous décrire ce que vous ressentez? »
	Enregistrer	Les propres mots de la personne (p. ex., une sensation de brûlure, d'étirement, de serrement, de gonflement, de lourdeur, une sensation pulsatile, lancinante, superficielle, profonde, en coup de poignard).
Quantité	Demander	« Comment évaluez-vous l'intensité de ce symptôme? Quelle est la fréquence d'apparition de ce symptôme? »
	Enregistrer	Le résultat sur une échelle d'évaluation d'un symptôme (p. ex., une échelle d'évaluation numérique, une échelle des visages). Noter le nombre de fois que ce symptôme se présente par jour, par semaine, par mois…

TABLEAU 3.3		Évaluation d'un symptôme *(suite)*	
Région / irradiation			
Région	Demander	« Pouvez-vous me montrer avec un doigt la région précise où se manifeste votre symptôme ? »
	Enregistrer	La région du corps de la manière la plus précise possible.
Irradiation	Demander	« Ce symptôme se fait-il ressentir dans une autre région ? »
	Enregistrer	La région du corps où le symptôme irradie.
Symptômes et signes associés / sévérité			
Symptômes et signes associés	Demander	« Avez-vous observé d'autres signes ou symptômes ? »
	Enregistrer	Tous les signes et symptômes nommés par le client, en plus du symptôme principal à l'origine de la consultation.
Sévérité	Demander	« Comment évaluez-vous l'intensité de ce symptôme ? Ce symptôme diminue-t-il, augmente-t-il ou demeure-t-il constant ? »
	Enregistrer	Le résultat sur une échelle d'évaluation du symptôme, la durée, la fréquence d'apparition, l'évolution du symptôme et l'incapacité fonctionnelle causée par celui-ci.
Temps / durée			
Temps / durée	Demander	« À quel moment cela a-t-il commencé ? Est-ce la première fois ? Cela se produit-il à un moment précis de la journée, de la semaine, d'un mois ou d'une année ? Est-ce constant ou intermittent ? Combien de temps ce problème a-t-il duré ? À quelle fréquence ressentez-vous ce symptôme ? »
	Enregistrer	Le moment de l'apparition, la durée, la périodicité, la fréquence et l'évolution des symptômes (principal et associés).
(*Understanding*) Compréhension et signification pour le client			
Compréhension et signification pour le client	Demander	« Qu'est-ce que ce symptôme signifie pour vous ? Quelles répercussions cela a-t-il sur votre vie ? »
	Enregistrer	La déclaration de la personne concernant les répercussions sur ses activités de la vie domestique (AVD) et sur ses activités de la vie quotidienne (AVQ), son interprétation personnelle du symptôme, etc.

 Qualité / quantité

En ce qui a trait à la qualité d'un symptôme, l'infirmière tente d'obtenir une description précise de la sensation éprouvée par le client (p. ex., une sensation de brûlure, d'étirement, de gonflement, de lourdeur, une sensation pulsatile, en coup de poignard). Un symptôme peut être quantifié en raison de sa fréquence d'apparition. Par exemple, une personne subissant des traitements de chimiothérapie peut évoquer deux ou trois épisodes de nausée dans sa journée. Par contre, l'intensité du symptôme est difficile à quantifier en raison de l'expérience individuelle. Ce qu'une personne décrit comme une « nausée épouvantable » peut être évoqué comme une « nausée tolérable » par une autre. Plusieurs types d'échelles d'évaluation permettent de quantifier l'intensité

RAPPELEZ-VOUS...

Les échelles d'évaluation ne servent pas seulement à évaluer l'intensité de la douleur.

d'un symptôme (échelle numérique, sémantique, des visages, pictogrammes, couleurs, thermomètre, etc.). Les échelles d'évaluation permettent d'assurer un suivi de l'intensité du symptôme, de noter les changements de celui-ci et l'efficacité des interventions choisies pour son soulagement.

 Région/irradiation

L'infirmière demande au client de montrer l'endroit exact ou la région où il ressent le symptôme. Une description précise est beaucoup plus significative qu'une formulation vague. Certains symptômes peuvent irradier autour du site de localisation d'origine ou être ressentis dans une région différente (p. ex., une douleur irradiée).

 Symptômes et signes associés / sévérité

Le symptôme primaire à l'origine de la consultation est souvent accompagné d'autres symptômes ou de signes cliniques qui doivent être évalués simultanément et qui permettent de préciser l'origine du problème. L'intensité d'un symptôme peut être évaluée à l'aide d'une échelle d'évaluation d'un symptôme, un outil associé à d'autres paramètres comme la durée, la fréquence d'apparition, la région d'origine du symptôme et l'incapacité fonctionnelle qu'il entraîne.

 Temps/durée

L'infirmière doit établir le moment précis de l'apparition du symptôme, sa durée et sa fréquence. Elle doit déterminer si le symptôme est constant ou intermittent. Apparaît-il à des moments précis de la journée ? Apparaît-il subitement ou progressivement ? Ces questions permettent à l'infirmière de déterminer la gravité de la situation.

 (*Understanding*) Compréhension et signification pour le client

L'infirmière tente de découvrir la signification que le client attribue à ce symptôme. En se référant à son expérience personnelle, la personne peut avoir une idée, fondée ou non, sur son problème de santé et afficher une attitude pouvant influer sur la manifestation de son symptôme. Celui-ci peut même s'exprimer par

une incapacité du client à accomplir ses activités quotidiennes, selon la signification qu'il accorde à ce symptôme.

3.3.2 Histoire de santé (AMPLE)

Les renseignements importants sur la santé donnent un aperçu des problèmes et des traitements médicaux passés et actuels. Les allergies, les antécédents médicaux, la prise de médicaments, une chirurgie ou tout autre traitement font partie de l'histoire de santé d'une personne. Ce sont des indices qui permettent d'envisager la façon dont le client réagit à la maladie et d'orienter l'infirmière quant à l'état de santé de celui-ci. Ces renseignements peuvent être recueillis à l'aide de l'outil mnémotechnique AMPLE (OIIQ, 2010).

 Allergies/réactions

L'infirmière recueille de l'information sur les allergies connues du client (médicamenteuses, alimentaires et environnementales) de même que sur les réactions qu'elles produisent. Il ne faut pas confondre une réaction allergique (p. ex., la présence d'un exanthème cutané et d'une difficulté respiratoire), une intolérance (p. ex., la diarrhée causée par le lactose contenu dans le lait) et les effets secondaires attribuables à la médication (p. ex., une céphalée, des nausées).

 Médicaments

L'infirmière demande au client des renseignements précis sur les médicaments qu'il a déjà pris ou qu'il prend actuellement. Il s'agit des médicaments obtenus sur ordonnance et en vente libre, des vitamines, des produits à base de plantes et des suppléments alimentaires. En général, la clientèle ne considère pas les produits à base de plantes et les suppléments alimentaires comme des médicaments, mais en raison d'interaction médicamenteuse possible, il est important que le client en soit informé avant de les utiliser **ENCADRÉ 3.3**. L'infirmière s'informe également des vaccins reçus, de la consommation de tabac, d'alcool, de caféine ou de drogues. Pour chaque médicament ou produit consommé, l'infirmière doit en noter le nom, la dose, la fréquence d'utilisation, la quantité consommée et le moment de la prise de la dernière dose.

Il est important d'interroger les personnes âgées sur leur consommation de médicaments. Des changements dans l'absorption de ceux-ci, dans le métabolisme de la personne, ou dans sa réaction aux médicaments et dans leur élimination font en sorte

ENCADRÉ 3.3 | **Évaluation de l'utilisation des produits à base de plantes et des suppléments alimentaires**

Importance d'une évaluation

- Les produits à base de plantes et les suppléments alimentaires peuvent avoir des effets secondaires ou interagir de façon négative avec des médicaments obtenus sur ordonnance ou en vente libre.

- Les personnes les plus à risque d'être touchées par une interaction entre médicaments et plantes sont celles qui prennent un anticoagulant, un antihypertenseur, un immunorégulateur ou celles qui subissent une anesthésie générale.

- Plusieurs personnes omettent de dire au personnel soignant qu'elles utilisent des produits à base de plantes ou des suppléments alimentaires. Elles craignent peut-être que ces professionnels de la santé désapprouvent leur utilisation. D'autres ne croient simplement pas pertinent de mentionner l'utilisation de tels produits puisqu'ils ne sont pas prescrits par un médecin.

- De nombreuses préparations à base de plantes contiennent une grande variété d'ingrédients. L'infirmière devrait demander au client ou à son proche aidant d'apporter les contenants étiquetés de ces produits afin que le personnel de l'établissement de santé puisse en connaître la composition.

Rôle de l'infirmière

- Habituellement, un client donne ce renseignement à l'infirmière lorsque celle-ci lui pose précisément la question.

- L'infirmière adopte une attitude ouverte et exempte de jugement à l'égard du client qui utilise des produits à base de plantes ou des suppléments alimentaires, et elle respecte l'intérêt que celui-ci y porte.

- L'infirmière pose des questions ouvertes telles que « Quels types de plantes médicinales, de vitamines ou de suppléments prenez-vous ? » et « Quels effets avez-vous remarqués lorsque vous en prenez ? »

- L'infirmière répond au client en formulant des observations propices à une discussion franche.

- L'utilisation de produits à base de plantes ou de suppléments alimentaires doit être consignée dans la base de données du client.

---

que les préoccupations pharmaceutiques peuvent représenter un sérieux problème chez cette clientèle (Lehne, 2010).

Passé

Les antécédents donnent un aperçu de l'état de santé antérieur d'une personne. L'infirmière demande au client de lui énumérer les principales maladies, blessures, hospitalisations et chirurgies dont il a été l'objet au cours de son enfance et de sa vie d'adulte et s'il a reçu des produits sanguins. Elle note la date à laquelle elles ont eu lieu, en précise les causes et s'informe si le problème a été totalement résolu ou s'il y a des effets résiduels. Elle recueille également des renseignements sur l'état de santé ou la cause de décès des membres de sa famille (parents, grands-parents, fratrie). Ces antécédents familiaux peuvent avoir une incidence génétique sur la santé du client.

(*Last meal*) Dernier repas

L'infirmière détermine la quantité et la qualité des aliments et des liquides consommés en demandant à la personne ce qu'elle a mangé depuis 24 heures.

Ce bilan permet d'évaluer l'ingestion, la digestion, l'absorption et le métabolisme du client. Il faut également évaluer les conséquences que l'état de santé du client entraîne sur son alimentation et sur son appétit. Par exemple, si le problème en cause a généré des symptômes tels que nausées, gaz intestinaux ou douleurs, l'infirmière évalue leur effet sur l'appétit. En outre, elle fait la distinction entre les allergies alimentaires et les intolérances alimentaires, notamment celle au lactose. L'infirmière évalue également l'incidence sur la nutrition que peuvent avoir des facteurs psychologiques tels que la dépression, l'anxiété et le concept de soi. Elle dresse un portrait des facteurs socioéconomiques et culturels tels que le budget alimentaire, se renseigne sur la personne qui prépare les repas et sur les aliments préférés du client. En outre, elle vérifie si ce dernier doit suivre une diète particulière et s'il la respecte.

Si ces renseignements révèlent un problème, l'infirmière demandera au client de noter par écrit tout ce qu'il consommera pendant une période de trois jours afin d'analyser son alimentation plus

Jugement clinique

Monsieur Octavio Moretti, âgé de 61 ans, souffre d'emphysème pulmonaire. Il est allergique aux noix. Au cours de l'entrevue d'évaluation initiale, l'infirmière lui demande de préciser les manifestations de cette allergie.

Pourquoi a-t-elle raison de demander cette précision au client ?

en détail. Il existe des questionnaires alimentaires hebdomadaires permettant d'obtenir davantage de renseignements de la part d'un client.

 Événements / environnement

Lorsque le client se présente en consultation pour un symptôme, il est pertinent de s'informer sur les circonstances qui ont contribué à l'apparition de ce symptôme. Par exemple, si un client se présente pour une douleur thoracique résultant d'un accident de voiture, la position du client dans le véhicule par rapport au point d'impact et le port ou non de la ceinture de sécurité sont des renseignements pertinents qui permettent à l'infirmière

d'effectuer une meilleure évaluation des symptômes du client.

L'infirmière doit évaluer la santé fonctionnelle d'une personne afin de cerner les comportements adéquats qui déterminent ses forces et de relever les comportements inadéquats actuels ou potentiels qui représentent un risque pour sa santé. Les comportements inadéquats actuels doivent donner lieu à un constat d'évaluation, alors que les comportements inadéquats potentiels révèlent un risque pathologique. Certains clients dont l'état de santé est considéré comme normal peuvent exprimer le désir de l'améliorer. Des exemples de questions touchant les modes fonctionnels de santé sont présentés au **TABLEAU 3.4**.

Histoire de santé

TABLEAU 3.4	Exemple de questionnaire pour recueillir l'histoire de santé
MODE FONCTIONNEL DE SANTÉ	**QUESTIONS À POSER**
Données démographiques	• Nom, adresse, âge et occupation • Race, origine ethnique, culture

Modes fonctionnels de santé (AMPLE)	**A** : Allergies / réactions
	  • Avez-vous des allergies connues ?
	  • Quelle est votre réaction à l'allergie ?
	M : Médicaments
	  • Prenez-vous des médicaments sur ordonnance ? Nom ? Dose ? Fréquence ? Raison ? Dernière dose ?
	  • Consommez-vous des médicaments offerts en vente libre ? Nom ? Dose ? Fréquence ? Raison ? Dernière dose ?
	  • Consommez-vous des produits naturels, des suppléments ou des vitamines ? Nom ? Dose ? Fréquence ? Raison ? Dernière dose ?
	  • Consommez-vous de l'alcool ? Quantité ? Fréquence ? Depuis quand ?
	  • Fumez-vous ? Quantité ? Fréquence ? Depuis quand ?
	  • Consommez-vous de la caféine (café, thé, boissons énergisantes) ? Quantité ? Fréquence ?
	  • Consommez-vous de la drogue ? Type ? Quantité ? Fréquence ? Depuis quand ?
	  • Avez-vous reçu des vaccins ? Type (tétanos, pneumonie, hépatite, grippe, etc.) ? Date ?
	P : Passé
	  • Avez-vous des problèmes de santé connus ? Type ? Date ? Traitement ? Problème résolu ou encore présent ?
	  • Avez-vous déjà été opéré ? Type ? Date ?
	  • Avez-vous déjà été hospitalisé ? Raison ? Date ?
	  • Y a-t-il des problèmes de santé connus dans votre famille ? Lien familial ? Type ? Âge ?
	L : (*Last meal*) Dernier repas
	  • Quand avez-vous mangé pour la dernière fois ?
	  • Qu'avez-vous mangé ? Tolérance ?
	  • Quand avez-vous bu des liquides ? Tolérance ?
	  • Prenez-vous des suppléments ?
	  • Devez-vous suivre une diète ? Type ? Raison ? Depuis quand ? Avez-vous de la difficulté à respecter votre diète ? Raison ?
	E : Événements / environnement
	  • Y a-t-il un événement stressant particulier qui vous préoccupe ?
	  • Décrivez-moi votre milieu de vie (ville, campagne, maison, appartement).
	  • Parlez-moi de votre environnement de travail (contact avec le public, poussière, bruits, équipement de travail, etc.).

MODE FONCTIONNEL DE SANTÉ	QUESTIONS À POSER
Perception et gestion de la santé	• Motif de la visite ? • État de santé général ? • Nombre de rhumes survenus l'année précédente ? • Pratiques personnelles pour rester en santé ? Autoexamen des seins ? Autoexamen des testicules ? Évaluation des risques de cancer colorectal, d'hypertension et de maladie cardiaque ? Test de Papanicolaou (*Pap test*) ? • Médecin de famille ou prestataire de soins habituel ? Nom ? • Difficultés d'observance des traitements ? • Cause de la maladie ? Mesures prises ? Résultats ? • Choses que vous estimez importantes maintenant que vous êtes ici ? • Facteurs de risque de maladie et de blessure : sévices sexuels, violence familiale, autres formes de violence, consommation de tabac, d'alcool ou de drogue ?
Nutrition et métabolisme	• Alimentation quotidienne habituelle (description) ? Suppléments ? • Quantité quotidienne de liquide (description) ? • Perte ou gain de poids (quantité, laps de temps) ? • Poids souhaité ? • Appétit ? • Nutrition et aliments : malaises ? Restrictions alimentaires ? • Effets de l'anxiété sur l'appétit ? • Guérison habituellement facile ou difficile ? • Problèmes de peau : lésions ? Sécheresse ? • Problèmes dentaires ? • Préférences alimentaires ?
Élimination	• Bilan de l'élimination intestinale (description) : fréquence ? Caractère ? Malaises ? Laxatifs ? Lavements ? • Bilan de l'élimination urinaire (description) : fréquence ? Problème de maîtrise ? Diurétiques ? • Appareillage de stomie (colostomie, iléostomie, urostomie) ? • Transpiration excessive ? Problèmes d'odeur ? Démangeaisons ?
Activités et exercices	• Êtes-vous en mesure de pourvoir à vos besoins au quotidien (AVQ, AVD) ? • Exercices habituels ? Type ? Régularité ? • Activités récréatives ? • Dyspnée ? Douleur à la poitrine ? Palpitations ? Raideurs ? Douleur persistante ? Faiblesse ? • Perception du degré d'autonomie selon les niveaux de fonctionnement : Système de mesure de l'autonomie fonctionnelle (grille d'évaluation SMAF^{MD}, Centre d'expertise en santé de Sherbrooke, 2006-2009) Alimentation __ Cuisine __ Soins personnels __ Mobilité dans le lit __ Bain __ Habillage __ Élimination __ Magasinage __ Mobilité générale __
Niveaux de fonctionnement	• Niveau 0 : Fait preuve d'autonomie complète. • Niveau I : Exige l'utilisation d'un équipement ou d'un appareil. • Niveau II : Exige l'aide ou la surveillance d'une autre personne. • Niveau III : Est dépendant et ne participe pas.
Sommeil et repos	• Après avoir dormi, vous sentez-vous généralement reposé et prêt à accomplir les activités quotidiennes ? • Problème à s'endormir ? Besoin de somnifères ? Rêves (cauchemars) ? Réveil précoce ? • Recours à des rituels pour s'endormir ? • Structure du sommeil : Léger / profond ? Agité / calme ? Diurne / nocturne ?

TABLEAU 3.4	Exemple de questionnaire pour recueillir l'histoire de santé *(suite)*

MODE FONCTIONNEL DE SANTÉ	QUESTIONS À POSER
Cognition et perception	• Trouble de l'audition ? Aide auditive ? • Qualité de la vision ? Port de lunettes ? Dernier examen ? • Modification du goût ? Modification de l'odorat ? • Troubles récents de la mémoire ? • Moyen privilégié pour apprendre ? • Malaises ? Douleur (échelle de 0 à 10) ? Moyen de la soulager ? • Aptitude à communiquer ? • Connaissance de sa maladie ? • Connaissance de ses traitements ?
Perception et concept de soi	• Autodescription ? Autoperception ? • Effets de la maladie sur l'image de soi ? • Facteurs d'apaisement ?
Relations et rôles	• Vit seul ? Famille ? Schéma de la structure familiale ? • Problèmes familiaux complexes ? • Résolution des problèmes familiaux ? • Dépendance de la famille à l'égard du client ? Manière d'assumer ? • Opinion de la famille et de l'entourage concernant la maladie et l'hospitalisation ? • Problèmes avec les enfants ? Difficultés à garder le contrôle[a] ? • Appartenance à des groupes sociaux ? Présence d'amis intimes ? Sentiment de solitude (à quelle fréquence) ? • Satisfaction au travail (à l'école) ? Revenus suffisants pour satisfaire les besoins[a] ? • Sentiment de faire partie de son voisinage ou d'en être isolé ?
Sexualité et reproduction	• Changements ou problèmes dans les relations sexuelles[a] ? • Effets de la maladie ? • Utilisation de contraceptifs ? Problèmes ? • Début des menstruations ? Dernière période de menstruation ? Problèmes menstruels ? Grossesse ? Naissances ? Avortements ? Avortements spontanés ? • Effets de l'état ou du traitement actuel sur la sexualité ? • Infections transmissibles sexuellement et par le sang (ITSS) ?
Adaptation et tolérance au stress	• Niveau de stress général ? Sources de soulagement ? • Présence de quelqu'un à qui se confier ? Disponibilité de cette personne ? • Changements de vie récents ? • Techniques de résolution de problèmes ? Efficacité ?
Valeurs et croyances	• Satisfaction à l'égard de la vie ? • Importance de la religion dans sa vie ? • Conflit entre le traitement médical et ses croyances ?
Autres	• Autres problèmes importants ? • Questions ?

[a] Selon la situation.

Source : Adapté du modèle de Gordon (2010).

Perception et gestion de la santé

L'évaluation de la perception qu'un client a de son état de santé et de ses pratiques personnelles se fonde sur la manière dont celui-ci évalue sa santé et son bien-être, ainsi que sur ses habitudes en matière de santé. Pour ce faire, l'infirmière demande au client à quel type de soins il a généralement recours. La culture peut jouer un rôle dans le choix de son principal prestataire de soins **FIGURE 3.3**. Par exemple, une personne autochtone envisagera peut-être de se faire soigner d'abord par un guérisseur. Si elle est d'origine latino-américaine, il s'agira d'un ***curandero***, c'est-à-dire un guérisseur qui a recours à des remèdes traditionnels ou à des plantes médicinales.

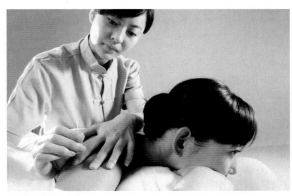

FIGURE 3.3
Une femme asiatique se fait traiter par une acupunctrice.

Chaque personne a une perception de son état de santé et de bien-être, et il existe plusieurs manières de définir cette représentation. En interrogeant la personne, l'infirmière doit d'abord déterminer l'importance qu'elle accorde au fait de préserver sa santé, et ce, en lui demandant de préciser ce qui favorise ou entrave l'atteinte de cet objectif. Il faut ensuite l'inviter à faire un bilan de sa santé et à exprimer toute préoccupation qu'elle peut avoir à ce sujet. Il est souvent utile de savoir si la personne estime que sa santé est excellente, bonne, passable ou mauvaise. L'infirmière consigne ces renseignements dans les termes utilisés par le client.

Si la personne est hospitalisée, l'infirmière lui demande ce qu'elle attend de ce séjour à l'hôpital. Il s'agit aussi d'une occasion pour la personne d'exprimer ce qu'elle sait à propos de son problème de santé, de son évolution et de son traitement. Il est également important de connaître la manière dont la personne réagit habituellement à l'égard de la maladie. Les réponses à ces questions révèlent l'étendue des connaissances du client quant à son problème de santé, aux solutions qu'il lui faut envisager et à son aptitude à utiliser les ressources adéquates à cette fin.

Élimination

L'évaluation du fonctionnement des intestins, de la vessie et de la peau se détermine en demandant au client à quelle fréquence il va à la selle et urine. La peau fait également l'objet d'une évaluation en sa qualité d'organe excréteur. Par exemple, l'infirmière évalue la présence d'une transpiration excessive, d'une odeur désagréable ou d'une sécheresse cutanée.

Activités et exercices

L'infirmière effectue l'évaluation des habitudes du client en ce qui a trait à l'exercice, à l'activité, à la détente et aux loisirs. Elle se renseigne sur la capacité du client de fonctionner au quotidien. Le **TABLEAU 3.4** présente un barème d'appréciation de l'autonomie relativement à l'activité et à l'exercice. Si la personne n'est pas en mesure de pourvoir à ses besoins au quotidien (AVQ, AVD), l'infirmière consigne les problèmes qui limitent ces activités.

Sommeil et repos

Il est pertinent de connaître les habitudes de sommeil, de repos et de relaxation de la personne au cours d'une période de 24 heures. L'infirmière peut obtenir ces renseignements en demandant au client : Avez-vous l'impression d'être reposé lorsque vous vous réveillez ?

Cognition et perception

La fonction cognitive de la personne peut avoir un impact sur son fonctionnement au quotidien. Certains outils, comme le test de Folstein, permettent d'évaluer les fonctions cognitives du client en explorant son orientation temporospatiale, l'apprentissage, la mémoire, l'attention, le raisonnement et le langage à partir d'une série de cinq épreuves. Un déficit sensoriel de l'odorat, de la vision, de l'audition, du goût et du toucher, de même que la sensation de douleur sont des perceptions sensorielles à évaluer.

L'infirmière demande à la personne si une déficience sensorielle l'empêche d'accomplir ses activités quotidiennes et consigne par écrit les moyens qu'elle a trouvés pour compenser une perte sensorielle ou un trouble perceptif. Elle lui fera aussi préciser le mode de communication qui lui convient le mieux et la connaissance qu'elle a de sa maladie et du traitement requis. Ces renseignements serviront à établir un plan d'enseignement destiné au client.

Perception et concept de soi

La perception et le concept de soi de la personne sont des éléments très révélateurs du genre de relations qu'elle entretient avec autrui. Ce volet de l'évaluation touche à l'attitude que le client a à l'égard de lui-même, à la perception qu'il a de ses aptitudes et de son image corporelle et à son estime de soi. L'infirmière demande au client de décrire comment il se représente et s'il juge que son état de santé peut influer sur l'image qu'il a de lui-même. Une expression de désespoir ou une perte de contrôle signifie généralement que la personne n'est pas en mesure de prendre soin d'elle.

Relations et rôles

Les relations et les rôles permettent de définir la personne, y compris ses principales responsabilités et son rendement en lien avec la conduite que ces rôles exigent.

L'infirmière demande au client de décrire ses relations familiales, sociales et professionnelles ; elle évalue le degré de satisfaction que ces relations apportent au client et relève celles qui, à l'évidence, nécessitent un effort. Elle note les impressions de la personne quant à son rôle dans ces relations et quant à l'effet que son état de santé actuel a sur sa conduite.

Sexualité et reproduction

Cette évaluation permet de savoir si la personne est satisfaite de ses fonctions sexuelles et reproductrices. Il s'agit d'une évaluation importante, car nombre de maladies, d'interventions chirurgicales et de médicaments ont des répercussions sur la fonction sexuelle. Les renseignements que donne la personne à cette occasion permettent de connaître ses préoccupations relativement à ces fonctions, de déterminer les connaissances qui pourraient lui être utiles, de cerner les problèmes qu'il est possible de résoudre et d'exercer un suivi de l'épanouissement du client.

L'infirmière doit plus particulièrement découvrir si le client manque de connaissances au sujet de la sexualité et de la reproduction. Elle lui demande s'il perçoit un problème à cet égard et consigne le fait si celui-ci éprouve des désordres sexuels en raison de son état actuel ou de son traitement.

L'infirmière aura peut-être de la difficulté à obtenir des renseignements de cette nature, mais il est important de connaître les antécédents médicaux et de savoir si la fonction sexuelle est normale ou altérée. Selon la complexité du problème, l'infirmière ne fournira peut-être que des renseignements limités à ce sujet, et elle dirigera la personne vers un autre professionnel de la santé possédant une expertise dans ce domaine.

Adaptation et tolérance au stress

L'infirmière évalue les capacités d'adaptation d'une personne ainsi que l'efficacité de ses mécanismes d'adaptation. L'évaluation porte sur certaines sources de stress ou problèmes auxquels la personne est confrontée, sur la perception qu'elle a de ces facteurs et de sa capacité à y faire face ainsi que sur les stratégies qu'elle utilise pour s'y adapter.

Il est important de consigner tout échec ou changement que la personne a subi durant l'année précédente. Un inventaire des facteurs de stress qu'elle affronte régulièrement sera également très utile. L'infirmière note non seulement les stratégies que le client utilise pour faire face à sa situation et diminuer la tension ressentie, mais aussi les personnes et les groupes formant les réseaux sociaux qui le soutiennent.

Valeurs et croyances

Les valeurs et les croyances (y compris spirituelles) guident les choix de la personne en matière de santé. L'infirmière indique ses origines ethniques et les incidences que sa culture et ses croyances ont sur son hygiène de vie. Il est important de respecter le désir de la personne de poursuivre sa pratique religieuse ou spirituelle et d'utiliser des articles religieux.

Environnement

L'infirmière s'informe sur l'environnement professionnel et personnel du client. La connaissance de la profession d'un client permet d'évoquer une étiologie professionnelle de sa pathologie **FIGURE 3.4**. L'infirmière ne peut pas se limiter à un titre d'emploi, mais doit approfondir la situation de travail du client, l'interroger sur les expositions professionnelles associées (p. ex., des produits toxiques, des bruits, de la poussière d'amiante) et les contraintes physiques ou psychologiques liées à son emploi. De même, la connaissance du parcours professionnel d'un client retraité peut se révéler utile. En effet, dans le cas d'une pathologie cancéreuse, l'exposition à l'agent cancérogène a peut-être eu lieu plusieurs années ou dizaines d'années avant le diagnostic. De même, l'environnement domiciliaire peut avoir un impact sur la santé de l'individu (ville ou campagne, présence de polluants, bruit excessif, etc.). L'aménagement intérieur du domicile et son contenu peuvent également fournir des explications sur les symptômes du client (p. ex., un tapis ou une moquette, des plantes intérieures, des animaux).

FIGURE 3.4

Le travail répétitif peut être la cause de certains problèmes de santé.

3.4 | Examen physique : données objectives

3.4.1 Constat

Après avoir évalué le symptôme et recueilli l'histoire de santé du client, l'infirmière formule un constat (p. ex., sous forme de diagnostic infirmier de la NANDA) qui relate son impression globale de la situation clinique de celui-ci, y compris son comportement.

Bien que l'infirmière puisse inclure dans ce constat d'autres données qui lui semblent pertinentes, les principales mentions concernent habituellement les domaines suivants : 1) les caractéristiques corporelles ; 2) l'état de conscience et la cognition ; 3) la parole ; 4) la gestuelle et la posture ; 5) les particularités physiques ; 6) l'état nutritionnel ; 7) les comportements. La prise des signes vitaux et la mesure de l'indice de masse corporelle (IMC), calculé en fonction de la taille et du poids, font souvent partie d'un examen général.

Les observations formulées à l'égard de ces domaines fournissent des données pour établir ce constat, dont voici un exemple :

Anita Muti est une personne d'origine italienne de 34 ans ; pression artérielle (P.A.) de 130/84 mm Hg, fréquence cardiaque (F.C.) de 88 batt./min., fréquence respiratoire (F.R.) de 18 R/min. Aucune caractéristique physique distinctive. Alerte, parle rapidement en exprimant une suite d'idées incohérentes (fuite des idées). Se tord les mains et frotte ses pieds sur le sol durant l'entrevue. Peau rougeâtre, mains moites et froides. En surpoids par rapport à sa taille (IMC = 32). S'assoit en gardant les yeux baissés et les épaules voûtées, évite tout contact visuel.

3.4.2 Examen physique

L'**examen physique** est une évaluation systématique de l'état physique et mental d'une personne **FIGURE 3.5** et **TABLEAU 3.5**. Les signes cliniques observés sont considérés comme des données objectives. Tout au long de l'examen physique, l'infirmière approfondit chaque observation en ayant recours aux mêmes critères que ceux utilisés dans l'évaluation d'un symptôme pendant l'entrevue **TABLEAU 3.4**. L'observation d'un signe clinique positif corrobore le fait que la personne manifeste ou a manifesté le trouble en question ; par exemple, un ictère est un signe clinique fréquent dans le cas d'une **hépatomégalie**, et sa présence constitue un signe clinique positif d'une atteinte hépatique. Il peut s'avérer également important de faire des observations négatives, car l'absence d'un signe clinique pertinent dénote l'absence de signe habituellement associé à un problème. Par exemple, un

FIGURE 3.5
Une infirmière procède à un examen physique.

œdème périphérique est courant en présence d'une maladie hépatique avancée, mais en l'absence d'œdème, l'infirmière doit inscrire « aucun œdème périphérique ». Il faut donc recueillir des renseignements pertinents en lien avec le problème, car la présence ou l'absence d'un signe clinique attendu aide l'infirmière à confirmer ou à éliminer la cause du problème et permet au médecin d'énoncer clairement son diagnostic médical parmi les différents diagnostics possibles .

Techniques

L'examen physique repose sur quatre grandes techniques se déroulant dans l'ordre suivant pour la majorité des systèmes : l'inspection, la palpation, la percussion et l'auscultation. La seule exception est l'examen de l'abdomen, car il requiert, dans l'ordre, une inspection, une auscultation, une percussion et une palpation. Le fait de procéder à une palpation et à une percussion de l'abdomen avant l'auscultation peut modifier les bruits intestinaux et entraîner une évaluation erronée. Ces quatre techniques ne sont pas toujours requises ; par exemple, l'appareil musculosquelettique n'exige qu'une inspection et une palpation.

Inspection

Pendant l'inspection, l'infirmière effectue un examen visuel d'une partie ou d'une région du corps afin d'évaluer si son état est normal ou non. Elle utilise également son audition pour détecter des sons

RAPPELEZ-VOUS...

Il existe un nomogramme facilitant le calcul de l'IMC.

Des animations représentant les divers systèmes faisant l'objet d'un examen physique sont présentées au www.cheneliere.ca/lewis.

Hépatomégalie :
Augmentation anormale du volume du foie.

TABLEAU 3.5	Aperçu de l'examen physique

1. Examen général

Observer l'état de santé général (la personne est assise) :	• Caractéristiques corporelles • État de conscience et cognition • Langage • Gestuelle et posture	• Apparence physique • État nutritionnel • Comportements

2. Signes vitaux

Enregistrer les signes vitaux :	• P.A. (aux deux bras pour pouvoir établir une comparaison) • F.C. (mesurée au niveau apical ou radial) • F.R.	• Température (T) • Taille et poids ; calcul de l'IMC

3. Téguments

Inspecter et palper la peau pour établir les constats suivants :	• Couleur • Excoriations, lacérations et lésions • Cicatrices, tatouages et perçages • Ecchymoses et exanthème • Œdème	• Humidité • Texture • Température • Signe du pli cutané (turgescence cutanée) • Vascularisation
Inspecter et palper les ongles pour établir les constats suivants :	• Couleur • Lésions • Taille • Souplesse	• Forme • Angle (hippocratisme digital) • Temps de remplissage capillaire

4. Tête et cou

Inspecter et palper la tête pour établir les constats suivants :	• Forme et symétrie du crâne
	• Masses
	• Sensibilité
	• Cheveux
	• Cuir chevelu
	• Peau
	• Artères temporales
	• Articulation temporomandibulaire
		• Éléments sensoriels (nerf trijumeau [V]) ; sensibilité tactile, douleur
		• Éléments moteurs
		  – Faire montrer les dents, pincer les lèvres, lever les sourcils et plisser le front (nerf facial [VII])
		  – Faire lever les épaules contre résistance (nerfs spinaux [XI])
		  – Faire tourner la tête contre résistance (nerfs spinaux [XI])

Inspecter et palper (ausculter à l'occasion) le cou pour établir les constats suivants :	• Peau (vascularisation et pulsations visibles) • Symétrie • Alignement corporel • Amplitude des mouvements • Pulsations et souffle (carotides)	• Partie médiane (trachée, glande thyroïde et cartilages) • Ganglions lymphatiques (préauriculaires, rétroauriculaires, occipitaux, sous-maxillaires, amygdaliens, sous-mentonniers, cervicaux superficiels, profonds et postérieurs, sus-claviculaires)
Inspecter et palper les yeux pour établir les constats suivants :	• Acuité visuelle • Sourcils • Position et mouvement des paupières (nerf oculomoteur [III], nerf facial [VII]) • Champ visuel (nerfs optiques [II]) • Mouvements extraoculaires (nerfs oculomoteur [III], trochléaire [IV] et moteur oculaire externe [VI])	• Cornée, sclérotique et conjonctive • Réaction pupillaire (nerf oculomoteur [III]) • Reflet rétinien • Tension du globe oculaire

▼

TABLEAU 3.5

TABLEAU 3.5	**Aperçu de l'examen physique** *(suite)*	
Inspecter et palper le nez et les sinus pour établir les constats suivants :	• Nez externe : forme et obstruction • Nez interne : perméabilité des cavités nasales ; forme, cornets ou polypes ; écoulement	• Sinus frontaux et maxillaires
Inspecter et palper les oreilles pour établir les constats suivants :	• Position • Pavillons • Acuité auditive (épreuve de Weber ou de Rinne, murmure et tic-tac d'une montre) (nerf vestibulo-cochléaire, aussi nommé auditif [VIII])	• Processus mastoïde • Conduit auditif • Tympan • Inspection du cou pour détecter des distensions veineuses et des ondulations et vérifier les pulsations
Inspecter et palper la bouche pour établir les constats suivants :	• Lèvres (asymétrie, lésions et couleur) • Muqueuse buccale (canaux de Sténon et canaux de Wharton) • Dents (absence, état des réparations et couleur) • Gencives (couleur et déchaussement gingival) • Force de la langue (asymétrie, capacité de sortir la langue, d'un côté à l'autre et fasciculations) (nerf hypoglosse [XII]) • Palais	• Amygdales et piliers • Réflexe vélopalatin (nerf glossopharyngien [IX]) • Partie postérieure du pharynx • Réflexe nauséeux (nerfs glossopharyngien [IX] et pneumogastrique, aussi nommé nerf vague [X]) • Mastication (nerf trijumeau [V]) • Humidité • Couleur • Plancher buccal

5. Extrémités

Observer la taille et la forme, la symétrie, toute malformation et tout mouvement involontaire, inspecter et palper les bras, les doigts, les poignets, les coudes et les épaules pour établir les constats suivants :	• Force • Ampleur du mouvement • Crépitations • Douleur articulaire	• Enflure • Liquide • Œdème
Inspecter et palper les membres inférieurs pour faire les constats suivants :	• Force dans les hanches • Œdème	• Répartition des poils • Pulsations (artères fémorales, poplitées, pédieuses et tibiales postérieures)

6. Face postérieure du thorax

Inspecter le développement musculaire, les mouvements respiratoires, et le diamètre antérieur et postérieur approximatif :	• Palpation pour vérifier la symétrie des mouvements respiratoires, la sensibilité de l'angle costovertébral (punch rénal), les apophyses épineuses, les masses ou les enflures et les vibrations vocales • Percussion pour vérifier la sonorité thoracique (résonance)	• Auscultation pour écouter les bruits respiratoires • Auscultation pour détecter une égophonie, une bronchophonie ou une pectoriloquie aphone

7. Face antérieure du thorax

Examiner le cœur :	• Inspection pour vérifier le choc apexien et autres pulsations précordiales • Palpation du choc apexien pour vérifier sa position, et de la région précordiale afin de détecter des frémissements, des soulèvements et toute sensibilité	• Auscultation pour vérifier la fréquence et le rythme cardiaques, les caractéristiques du premier bruit (B1) et du deuxième bruit (B2) dans les foyers aortiques et pulmonaire, au point d'Erb, et aux foyers tricuspidien et mitral ; les bruits dans la carotide et l'épigastre ; les bruits respiratoires.

Examiner les seins :	• Palpation des aisselles • Palpation des seins • Évaluation des seins pour en vérifier la forme et la symétrie, ainsi que la présence d'une fossette superficielle ou d'oedème de la peau	• Évaluation des mamelons pour en vérifier l'orientation, et détecter un exanthème, une invagination ou une rétraction

8. Abdomen

Utiliser les quatre techniques de l'examen physique dans l'ordre suivant :	• Inspection pour détecter des cicatrices et observer la forme, la symétrie, la distension, la position des muscles et l'état de l'ombilic ainsi que les mouvements (respiration, pulsations et présence d'ondes péristaltiques) • Auscultation pour entendre le péristaltisme et les bruits vasculaires	• Percussion pour vérifier le tympanisme général et la présence de matité, mesurer la dimension du foie, localiser la rate et évaluer la sensibilité d'un rein • Palpation pour valider les observations positives et vérifier le foie (grosseur, dimension, surface, contour et sensibilité) ; la rate ; les reins (grosseur, contour, consistance) ; la vessie (distension) ; les pulsations fémorales ; les ganglions fémoraux ; l'aorte abdominale

9. Examen complémentaire des extrémités

Observer les éléments suivants :	• Ampleur du mouvement des hanches, des genoux, des chevilles et des pieds • Crépitations • Douleur articulaire • Enflure	• Liquide • Développement musculaire • Coordination (talon sur le tibia opposé) • Proprioception (sens de la position du gros orteil)

10. Neurologie

Observer les fonctions motrices :	• Démarche • Démarche sur les orteils	• Démarche sur les talons • Équilibre

Observer la coordination :	• Doigt sur le nez
	• Épreuve de Romberg
	• Dérive en pronation
	• Talon sur le tibia opposé
	• Colonne vertébrale (scoliose)
		• Test des réflexes :
		  – Biceps – Rotulien
		  – Triceps – Achilléen
		  – Styloradial – Cutané plantaire

11. Organes génitaux[a]

Examiner les organes génitaux externes de l'homme :	• Inspection du pénis (en notant la répartition des poils), du prépuce, du gland et du méat urétral ; détection de cicatrices, d'ulcères, d'éruptions, d'anomalies structurelles ou d'un écoulement • Inspection de l'épiderme du périnée et du rectum	• Inspection de la peau du scrotum et palpation pour constater la descente des testicules, ou la présence de masses et de douleurs
Examiner les organes génitaux externes de la femme :	• Inspection des poils (répartition) ; du mont de Vénus ; des petites et grandes lèvres ; du méat urétral ; des glandes urétrales, de Bartholin et de Skene (peuvent faire l'objet d'une palpation, si cela est indiqué) ; de l'orifice vaginal externe ; détection d'un écoulement	• Évaluation de la présence d'une cystocèle ou d'un prolapsus • Inspection de l'épiderme du périnée et du rectum

[a] Si l'infirmière a reçu la formation lui permettant de procéder à un examen vaginal bimanuel et à un examen avec un spéculum chez une femme, ou de procéder à un examen de la prostate chez un homme, cet examen peut suivre l'inspection.

anormaux (p. ex., la respiration sifflante d'un enfant en bronchospasme), et son odorat (p. ex., l'odeur nauséabonde d'un méléna). L'inspection réclame davantage qu'une simple observation, car il s'agit d'une technique dont l'application est délibérée, systématique et ciblée. L'infirmière doit comparer ce qu'elle perçoit avec ce qu'elle sait des caractéristiques physiques normales de la partie du corps à inspecter. Par exemple, la plupart des hommes qui ont franchi la trentaine ont des poils sur les jambes; l'absence de poils peut révéler un problème vasculaire et amener la nécessité d'approfondir l'examen. Mais cette caractéristique peut être normale chez un homme d'une origine ethnique donnée, notamment chez les populations autochtones du Québec, dont le système pileux est peu développé. Par ailleurs, des constatations importantes peuvent être faites en comparant les deux moitiés du corps.

Palpation

La palpation consiste à examiner le corps au moyen du toucher. Le fait d'effectuer une palpation permet de recueillir des renseignements sur des masses corporelles, des pulsations, l'hypertrophie d'organes, une sensibilité ou une douleur, un gonflement, des spasmes musculaires, l'élasticité des tissus, la vibration de la voix, des crépitations, l'humidité et des différences de texture. Certaines parties de la main sont plus sensibles que d'autres pour effectuer des évaluations particulières. Par exemple, il est préférable d'utiliser le bout des doigts pour palper les pouls et les ganglions lymphatiques, le dos de la main et des doigts pour évaluer la température, et la paume pour sentir des vibrations (Seidel, Ball, Dains, & Benedict, 2006) **FIGURE 3.6**.

FIGURE 3.6
La palpation sert à examiner le corps au moyen du toucher.

Percussion

La **percussion** est une technique d'évaluation qui consiste à tapoter sur la peau de la personne avec de petites frappes précises pour évaluer les structures sous-jacentes. Les frappes créent des vibrations et un bruit caractéristique comme la **résonance**, l'**hyperrésonance**, le **tympanisme** et la **matité**, qui

dépeignent l'emplacement, la taille et la densité de l'organe sous-jacent (Jarvis, 2009) **FIGURE 3.7**. Il existe deux types de percussion : directe et indirecte. La **percussion directe** consiste à frapper directement une région du corps avec les doigts ou le revers de la main (p. ex., la percussion de la région sinusale). La **percussion indirecte** se pratique en frappant avec les doigts d'une main sur un doigt de l'autre main en contact avec la région du corps à examiner. Il faut évaluer les sons et les vibrations dans les structures internes, et toute différence avec le son escompté peut révéler un problème. Par exemple, le son habituel d'une percussion dans la partie inférieure droite de l'abdomen est un son tympanique, comme celui d'un tambour. Une matité (ou son sourd) dans cette partie du corps peut signaler un problème à examiner.

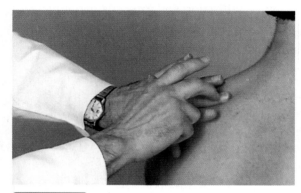

FIGURE 3.7
Dans cette technique de percussion (tapotement de l'articulation interphalangienne), seul le majeur de la main non dominante doit être en contact avec la surface de la peau.

Auscultation

L'**auscultation** permet d'entendre les bruits produits par l'organisme et d'évaluer si leur état est normal ou non. L'auscultation s'effectue habituellement avec un stéthoscope **FIGURE 3.8**. L'auscultation est particulièrement utile pour

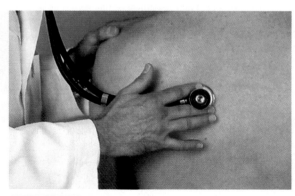

FIGURE 3.8
L'auscultation consiste à écouter les sons produits par certains systèmes de l'organisme, et à évaluer si leur état est normal ou s'ils révèlent une anomalie.

Monsieur Vladimir Petkov est âgé de 90 ans. Il a été retrouvé par terre au pied de son lit. Atteint de la maladie d'Alzheimer à un stade avancé, il ne peut répondre convenablement aux questions qui lui sont posées.

Quelles techniques d'examen physique l'infirmière devra-t-elle privilégier pour l'évaluation de ce client?

ALERTE CLINIQUE

En procédant toujours dans le même ordre, le risque d'oublier une intervention, une étape ou l'examen d'une partie du corps est moindre.

évaluer les sons provenant du cœur, des poumons, de l'abdomen et du système vasculaire. La cupule (cloche) du stéthoscope transmet mieux les sons graves, alors que le côté muni d'un diaphragme transmet mieux les sons aigus.

Matériel

Le matériel nécessaire à un examen physique doit être facilement accessible pendant celui-ci **ENCADRÉ 3.4**. Rassembler ce matériel avant de commencer l'examen permet d'économiser du temps et de l'énergie, autant pour l'infirmière que pour le client. L'utilisation des appareils particuliers est

abordée dans les chapitres appropriés consacrés à l'évaluation.

Coordination d'un examen

L'infirmière doit procéder à un examen physique de manière systématique. Sa méthode doit être efficace et coordonnée. Elle doit donner des explications au client tout au long de l'examen, en prenant soin de le mettre à l'aise, de le sécuriser et de respecter sa vie privée. Un exemple d'examen physique systématique est présenté au **TABLEAU 3.5**.

Il est conseillé d'adapter l'examen physique lorsqu'il s'agit d'une personne âgée pouvant présenter des problèmes inhérents de mobilité, d'énergie et de perceptions réduites (Eliopoulos, 2009). L'**ENCADRÉ 3.5** offre des suggestions utiles pour adapter l'examen à la clientèle aînée.

Enregistrement des résultats d'un examen physique

Au cours d'un examen physique, l'infirmière note uniquement les résultats anormaux, ce qui permet d'éviter d'interrompre l'examen et de retenir inutilement une liste de résultats normaux non significatifs. Au terme de l'examen, l'infirmière pourra combiner les résultats normaux et anormaux pertinents et les consigner avec soin par écrit. L'**ENCADRÉ 3.5** est utile pour apprendre comment enregistrer différents résultats d'un examen tenant compte de l'âge du client.

ENCADRÉ 3.4	Matériel requis pour l'examen physique[a]

- Stéthoscope (avec cupule et diaphragme, avec tube de 15 à 18 po [38 à 46 cm])
- Montre (avec trotteuse ou numérique)
- Sphygmomanomètre avec brassard de différentes grandeurs
- Ensemble comprenant un ophtalmoscope et un otoscope
- Échelle de Snellen (murale) ou carte de lecture (format de poche)
- Lampe stylo

- Abaisses-langue
- Tampons d'ouate
- Marteau à réflexes
- Diapason (128 et 512 Hz)
- Tampons d'alcool
- Chemise d'hôpital
- Gobelet en carton et eau
- Table d'examen ou lit

[a] Il s'agit d'exemples de matériel courant ainsi que d'autres appareils à utiliser selon la situation.

Changements liés à l'âge

ENCADRÉ 3.5	Adaptation des techniques d'examen physique

Démarche générale

Veiller à ce que toute personne âgée demeure confortablement installée et au chaud, car la diminution des tissus adipeux sous-cutanés réduit la capacité du corps à conserver sa chaleur. Adapter sa position à ses limites physiques et éviter de la changer de position inutilement. Effectuer le plus grand nombre d'inspections possible dans la position où elle dit se sentir à l'aise.

Peau

Faire preuve de délicatesse en manipulant la peau rendue plus fragile par la diminution des tissus adipeux sous-cutanés.

Tête et cou

Faire en sorte que l'endroit soit calme et exempt de distractions, car une personne âgée peut éprouver une déficience sensorielle (p. ex., de la vue ou de l'ouïe).

Extrémités

Amener la personne à faire des mouvements doux en utilisant des techniques de renforcement. Éviter de lui faire fléchir les jambes de manière trop marquée, en raison du déclin possible de ses réflexes, de l'équilibre et de la souplesse des articulations

Thorax

Adapter l'examen en fonction de la force d'expiration réduite d'une personne âgée, de l'affaiblissement de son réflexe tussigène et de son souffle court.

Abdomen

Prendre des précautions en palpant le foie, car la paroi abdominale d'une personne âgée est plus mince et moins ferme. Sa sensibilité à la douleur locale peut également avoir diminué.

■ ■ ■ À retenir

www.cheneliere.ca/lewis

- L'examen clinique se compose d'une entrevue servant à collecter des données subjectives provenant du client et d'un examen physique permettant à l'infirmière de recueillir des données objectives.

- En analysant les données cliniques, l'infirmière exerce son jugement clinique afin d'émettre diverses hypothèses ou de constater une problématique de santé réelle ou potentielle.

- Pour être en mesure d'effectuer un examen clinique, l'infirmière doit connaître l'anatomie et la physiologie normales des systèmes corporels selon l'âge du client, les principes de croissance et de développement physique de l'enfant, les résultats normaux attendus chez l'adulte, de même que l'influence du processus normal de vieillissement de la personne âgée.

- Les données recueillies pendant l'entrevue aident l'infirmière à se concentrer sur les systèmes susceptibles d'être touchés par un problème et guident l'examen physique.

- L'examen physique nécessite une bonne connaissance des techniques d'inspection, de palpation, de percussion et d'auscultation, de même que la maîtrise des techniques spéciales propres aux différents systèmes et régions anatomiques.

- Il y a quatre types d'examens cliniques : complet, ciblé, d'urgence et de suivi.

- Les données recueillies au cours d'un examen clinique sont de deux types : les données subjectives et les données objectives.

- Les données subjectives représentent les symptômes ressentis et décrits par une personne, alors que les données objectives représentent les signes recueillis au cours de l'examen clinique, qui sont observables et mesurables.

- Les renseignements obtenus par l'infirmière au cours de l'examen clinique servent à déterminer les forces d'une personne ou la manière dont elle réagit à un problème de santé.

- La méthode PQRSTU est un outil mnémotechnique qui aide à évaluer un symptôme ressenti chez une personne.

- La méthode mnémotechnique AMPLE peut servir d'outil pour recueillir de l'information pertinente chez la personne pendant l'entrevue.

Pour en savoir plus

www.cheneliere.ca/lewis

 Références Internet

Organismes et associations

Santé Canada > Santé des Premières Nations, des Inuits et des Autochtones > Services de soins de santé > Soins infirmiers > Guide de pratique clinique du personnel infirmier en soins primaires > Guide de pédiatrie clinique du personnel infirmier en soins primaires
www.hc-sc.gc.ca

Références générales

Infiressources > Banques et recherche > Moyens d'investigation > examens > examen physique
www.infiressources.ca

NeuroExam Online
www.neuroexam.com/neuroexam

NeuroLogic Exam
http://library.med.utah.edu/neurologicexam

The Auscultation Assistant
www.med.ucla.edu/wilkes

 Monographies

Bates, B., Bickley, L.S., & Szilagy, P.G. (2007). *Guide de poche de l'examen clinique et l'interrogatoire.* Paris : Lavoisier.

Gauthier, I., & Lapointe, B. (2010). *Examens et épreuves diagnostiques* (2e éd.). Anjou, Qc : Décarie Éditeur.

Gordon, M. (2010). *Manual of nursing diagnosis* (12e ed.). Boston : Jones and Bartlett.

Hoppenfeld, S. (2009). *Examen clinique des membres et du rachis* (2e éd.). Paris : Masson.

Jarvis, C. (2009). *L'examen clinique et l'évaluation de la santé.* Montréal : Beauchemin.

Lumley, J.S.P. (2006). *Anatomie de surface. Bases anatomiques de l'examen clinique.* Paris : Elsevier.

Roy, J., & Bussières, A. (2008). *Compendium de l'examen physique : une évaluation de l'état général et du système neuro-musculosquelettique.* Québec, Qc : Presses de l'Université du Québec.

Tixa, S. (2007). *Anatomie palpatoire. Tome 1, cou, tronc, membre supérieur* (2e éd.). Paris : Masson.

Tixa, S. (2007). *Anatomie palpatoire. Tome 2, membre inférieur* (3e éd.). Paris : Masson.

 Articles, rapports et autres

Ghosn, C. (2006). *L'examen clinique dans le développement professionnel de l'infirmière.* Beyrouth, Liban : Journal Association FSI–USI.
www.fsi.usj.edu.lb

Phaneuf, M. (2007). *La collecte des données base de toute intervention infirmière.*
www.infiressources.ca

 Multimédia

Online Physical Exam Teaching Assistant (OPETA) > Vital signs
http://opeta.medinfo.ufl.edu

The Connecticut Tutorials > Physical exam video
www.conntutorials.com

CHAPITRE

4

Écrit par :
Linda Bucher, RN, PhD, CEN
Catherine N. Kotecki,
RN, PhD, APN

Adapté par :
Clémence Dallaire, inf., Ph. D.

Enseignement au client et à ses proches aidants

Objectifs

 Guide d'études – SA19

Après avoir lu ce chapitre, vous devriez être en mesure :

- de définir le rôle du proche aidant dans l'enseignement au client ;

- d'adapter les objectifs de l'enseignement aux particularités du client et du proche aidant ;

- d'évaluer la portée de l'enseignement chez la personne adulte compte tenu de ses besoins spécifiques ;

- d'adopter des stratégies facilitant l'apprentissage du client et de son proche aidant ;

- de suivre une démarche pédagogique structurée auprès de populations distinctes ;

- de choisir une méthode d'enseignement qui tient compte des caractéristiques physiques, psychologiques et socioculturelles de la personne ;

- de choisir la bonne technique d'évaluation d'un apprentissage chez le client et le proche aidant.

Cette carte conceptuelle illustre schématiquement les principaux concepts décrits dans le présent chapitre. Sa lecture vous permettra d'avoir une vue d'ensemble des notions qui y sont présentées.

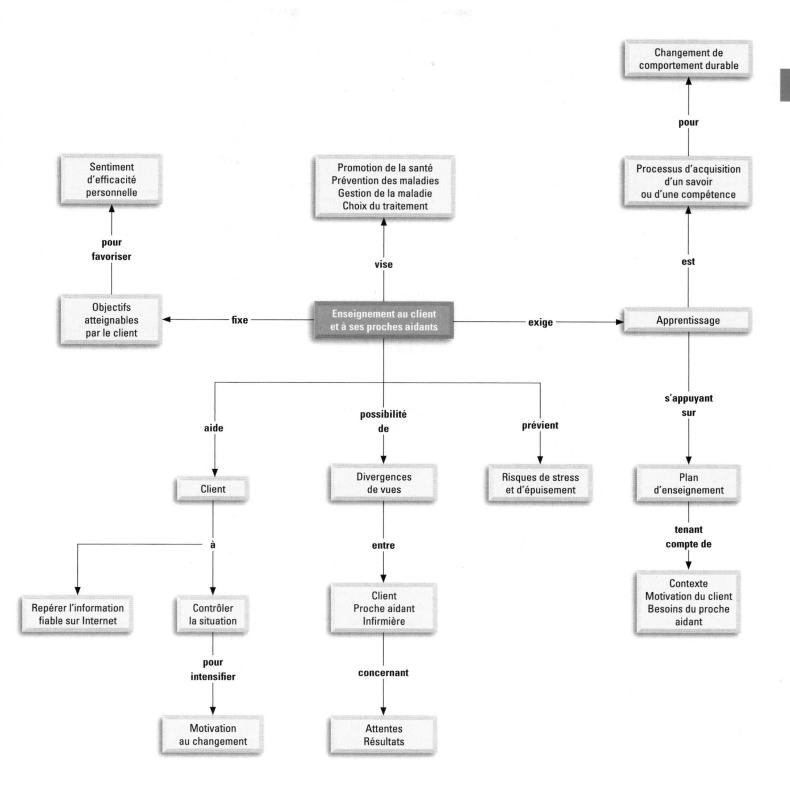

4.1 | Rôle d'éducatrice auprès du client et des proches aidants

L'enseignement au client et à ses proches aidants constitue un processus interactif et dynamique visant à provoquer chez le client un changement de comportement afin de l'amener à participer au maintien ou à l'amélioration de sa santé. Il s'agit d'un aspect primordial des soins infirmiers, et le défi propre à ce rôle est une grande source de valorisation pour l'infirmière. Cet enseignement est souvent l'intervention infirmière clé qui va transformer leur vie. Chaque rapport avec un client ou un proche aidant doit être une occasion d'enseignement.

Parmi les objectifs de l'enseignement, le Code des professions du Québec cite la promotion de la santé, la prévention des maladies, la gestion de la maladie, ainsi que le choix d'un traitement approprié et sa mise en pratique (L.R.Q., c. C-26). L'importance accordée à la promotion de la santé et à la prévention des maladies va généralement de pair avec le niveau de bien-être, et ce, tout au long de la vie. Mieux informée et outillée, une personne peut prendre des décisions éclairées en matière de santé et de traitements possibles. Chez les clients aux prises avec des troubles graves et chroniques, certains enseignements diminuent les risques de complications et facilitent la convalescence de même que le retour à l'autonomie. Au Canada, plus de 70 % des décès sont causés par des maladies chroniques qui affectent souvent les personnes depuis de longues années (Agence de la santé publique du Canada, 2010). Les personnes qui parviennent à bien fonctionner malgré leur état de santé et à maintenir une certaine qualité de vie sont celles qui font bon usage des connaissances (Conseil canadien sur l'apprentissage, 2008).

Une infirmière est appelée à donner des enseignements partout où elle œuvre : dans la communauté, les établissements scolaires, le secteur professionnel, les unités de soins ambulatoires, les hôpitaux, les établissements de soins prolongés et même à domicile. Même si certaines institutions engagent des conseillères en soins spécialisés chargées d'établir et de superviser des plans d'enseignement aux malades, c'est à l'infirmière que revient la responsabilité de communiquer ces connaissances au client et au proche aidant. Les dispositions de cette responsabilité partagée avec les autres professions sont prévues à l'article 39.4 du Code des professions du Québec (L.R.Q., c. C-26).

Chaque échange entre l'infirmière et les clients ou leurs proches aidants offre une occasion de transmettre un savoir. Dans le cours normal du travail infirmier, une rencontre informelle peut aussi faire surgir une possibilité d'enseignement plus formel. Il faut savoir saisir ce moment. Par exemple, lorsqu'une infirmière explique à une personne asthmatique le mode d'emploi d'un débitmètre pour mesurer le débit de pointe, il n'est pas nécessaire de suivre un plan d'enseignement rigide. En revanche, si la personne requiert un apprentissage particulier pour promouvoir sa santé, réduire des risques ou gérer un trouble spécifique, l'infirmière devra bien structurer l'enseignement. Un **plan d'enseignement** comporte :

- l'évaluation des besoins d'apprentissage ;
- l'évaluation de la capacité et de la réceptivité du client ;
- l'établissement des objectifs avec le client.

L'infirmière prodiguera alors son enseignement, puis elle évaluera les résultats. Ce chapitre décrit le processus de l'enseignement au client et à ses proches aidants ; il aborde entre autres les stratégies et les méthodes pour réussir une intervention en vue d'offrir un apprentissage utile.

4.2 | Processus de transmission des connaissances

Enseigner ne se résume pas au simple fait de communiquer de l'information, pas plus que l'apprentissage ne se limite à recevoir un enseignement (Hagan, 2006). L'apprentissage est un processus d'acquisition d'un savoir ou d'une compétence, et il procure une expérience capable d'induire chez la personne un changement de comportement durable (Redman, 2007). Une modification comportementale est d'ailleurs l'indice d'un apprentissage. L'apprentissage peut également avoir pour résultat de développer la capacité du client à changer de comportement. Dans ce cas, le client a reçu l'enseignement lui permettant de prendre une décision éclairée, mais il a choisi de ne pas modifier ses habitudes. L'indice de l'apprentissage est alors le choix effectué par le client.

L'enseignement est un processus actif, dans un contexte organisé, destiné à favoriser l'apprentissage et l'acquisition d'un nouveau comportement (Redman, 2007). La transmission des connaissances peut se produire dans un cadre planifié ou improvisé. On aura recours à plusieurs méthodes telles que la démonstration, le counseling et la modification du comportement pour faciliter l'apprentissage du client et influer sur son comportement. D'ailleurs, le rôle de tout enseignant est de favoriser l'apprentissage d'une personne et de créer des conditions propices à l'acquisition des connaissances. Il se peut que l'apprentissage se fasse sans enseignement formel, mais il reste qu'une information organisée est plus accessible et que l'acquisition de compétences s'en trouve facilitée.

Le défi de l'infirmière consiste à reconnaître et à utiliser des stratégies adaptées à chaque client, de sorte qu'elle peut aider la personne à adopter des comportements qui lui seront bénéfiques.

L'enseignement au client implique le client, le ou les proches aidants et l'infirmière. Cette relation, rendue complexe par toutes ces variables, doit être bien soupesée lors de la planification et de la mise en œuvre de l'enseignement à prodiguer.

4.2.1 Apprenant adulte
Principes de l'andragogie

Les facteurs tels que l'âge et la motivation influencent le processus d'apprentissage, et il importe de bien comprendre ce phénomène pour planifier efficacement un enseignement au client adulte et à son proche aidant. La recherche dans ce domaine de même que l'élaboration de théories ont permis de déterminer des principes propres à l'apprentissage des adultes et de les différencier de ceux utilisés pour l'éducation des enfants. Ces principes forment la base de tout bon enseignement à l'adulte. Nombre de théories de l'apprentissage adulte découlent des travaux de Malcolm Knowles qui a établi les sept principes de l'**andragogie** ayant tous une incidence directe sur la qualité de l'enseignement donné par l'infirmière à un adulte (Knowles, Holton, & Swanson, 2005). Ces principes et leurs incidences sont présentés au **TABLEAU 4.1**. Dans une intervention auprès d'un adulte, l'infirmière devra également tenir compte des particularités du client, notamment sa santé physique et psychologique, et de son environnement socioéconomique. Ces facteurs sont abordés en détail plus loin dans le chapitre.

Andragogie : Démarche d'enseignement qui tient compte des caractéristiques propres à l'adulte apprenant.

TABLEAU 4.1	Principes de l'andragogie appliqués à l'enseignement au client et à son proche aidant
PRINCIPE	**INCIDENCES SUR L'ENSEIGNEMENT**
L'adulte est un apprenant doté d'autonomie.	• L'enseignant est un facilitateur qui, plutôt que d'offrir toutes les réponses, dirige la personne vers des ressources. • La personne s'attend à décider de sa vie, à choisir ses apprentissages et à assumer ses décisions. • Le respect pour la notion d'autonomie de la personne est bien représenté par une question du genre : Que pensez-vous que vous ayez besoin d'apprendre sur cette question ?
La réceptivité à l'apprentissage est influencée par les changements dans la vie.	• La personne décode les processus comme des problèmes à résoudre. • Les nouveaux défis élèvent la réceptivité et la motivation à apprendre. • Un problème de santé crée chez la personne une occasion d'apprentissage et de modification comportementale.
Les passages de la vie sont des sources d'apprentissage.	• La personne a traversé nombre d'expériences de vie et a adopté un mode d'apprentissage informel au fil des années. • La motivation est plus grande lorsque la personne a le sentiment de posséder une certaine connaissance du sujet en raison de ses expériences précédentes. • Le survol des connaissances acquises ou des expériences utiles peut aider à démythifier la question et à augmenter le degré de confiance de la personne.
L'adulte apprend mieux si l'information présente une valeur immédiate.	• La personne préfère mettre son apprentissage en pratique sans délai. • Les objectifs à long terme présentent moins d'intérêt que les objectifs à court terme. • L'enseignement doit être axé sur l'information jugée essentielle dans l'immédiat par la personne.
L'adulte perçoit l'apprentissage comme la recherche d'une solution à un problème.	• La personne se tourne vers des sources d'information variées et se réserve la possibilité de faire des choix. • L'information qui n'est pas pertinente à la situation est difficilement mémorisée. • Si la pertinence de l'information n'est pas évidente pour la personne, l'enseignant doit expliquer la valeur de l'apprentissage. • L'enseignement doit porter sur le problème ou sur la situation particulière.

TABLEAU 4.1	Principes de l'andragogie appliqués à l'enseignement au client et à son proche aidant *(suite)*

PRINCIPE	INCIDENCES SUR L'ENSEIGNEMENT
L'adulte se perçoit comme une personne en action.	• La personne apprend mieux par l'action. • Les démonstrations, les exercices à l'ordinateur et la pratique concrète des habiletés devraient être proposés au moment opportun.
L'adulte est peu réceptif s'il est placé dans des conditions en conflit avec le concept de soi.	• La personne résiste à l'apprentissage si elle est infantilisée et si on lui dicte ce qu'elle doit faire. • La personne doit se sentir maître de sa situation et avoir la latitude d'agir afin de conserver un sentiment de valeur personnelle.

Source : Adapté de Knowles, Holton, & Swanson (2005).

Modèles de promotion de la santé

Plusieurs modèles tentent d'expliquer les facteurs qui influencent un client pour l'amener à changer son comportement en matière de santé. Lorsqu'ils font face à la recommandation de modifier un comportement, la personne et son proche aidant doivent parfois franchir une série d'étapes avant de souhaiter adopter – ou d'être capables d'adopter – le modèle de santé prescrit. Prochaska et Velicer (1997) proposent un modèle transthéorique de changement du comportement en six étapes. Ces étapes et leurs incidences sur l'enseignement à l'adulte sont présentées au **TABLEAU 4.2**. Le modèle a fait ses preuves chez les clients aux prises avec un diabète, un excès de poids ou l'habitude de fumer. Soulignons que chaque personne progresse à son rythme, que l'avancement se fait souvent de façon non linéaire et cyclique, et que des retours en arrière sont possibles. L'infirmière devra évaluer où se situe le client afin de l'accompagner dans son cheminement.

TABLEAU 4.2	Étapes proposées par le modèle transthéorique de changement de comportement	
ÉTAPE	COMPORTEMENTS DU CLIENT	INTERVENTIONS DE L'INFIRMIÈRE
Préréflexion	N'est pas conscient du problème : n'envisage pas encore de changement et se montre réticent à apprendre.	Apporte son soutien à la personne, la sensibilise à son état de santé ; décrit les bienfaits d'un changement et les risques de l'inaction.
Réflexion	Envisage un changement ; peut verbaliser et reconnaître la nécessité d'un changement, mais évoque les obstacles.	Explique les mesures à prendre pour procéder à un changement ; réitère la nécessité de changer de comportement.
Préparation	Planifie le changement de comportement, se renseigne, fixe une date de mise en pratique, communique sa décision à son entourage.	Renforce la personne dans l'idée des bienfaits d'un changement de comportement, offre de l'information et des encouragements, aide à élaborer un plan structuré qui ordonne les priorités et repère les sources de soutien comme les groupes d'entraide.
Action	Fait des tentatives pour mettre le changement en pratique ; peut connaître des rechutes.	Félicite les comportements désirables, incite la personne à reconnaître son efficacité, discute des stratégies pour favoriser l'autogestion et diminuer les risques de rechute, aide la personne à surmonter les épisodes de découragement.
Suivi et maintien	Met en pratique de manière assidue les nouveaux comportements ; s'adapte bien au changement.	Renforce la personne dans les comportements désirables, donne de l'information additionnelle au sujet des bénéfices de l'observance.
Réussite	Intègre le nouveau comportement à son mode de vie et n'a plus à faire d'effort pour modifier le comportement.	Évalue les retombées favorables du nouveau comportement ; cesse les interventions.

Source : Adapté de Prochaska & Velicer (1997).

Pender a proposé un modèle de promotion de la santé construit sur trois théories du comportement humain (Peterson & Bredow, 2004). La première, la **théorie de l'action raisonnée,** s'intéresse à l'intention derrière la modification d'un comportement. L'intention d'un individu est souvent influencée par sa croyance qu'il va tirer un bénéfice du nouveau comportement. La deuxième, la **théorie du comportement planifié,** propose l'idée que plus une personne a le sentiment d'exercer un contrôle sur sa situation, plus sa propension à changer s'intensifie. Le troisième pilier de ce modèle a été emprunté à la théorie sociale cognitive de Bandura et s'intéresse au concept d'**efficacité personnelle**. Néanmoins, aucun modèle unique n'explique à lui seul pourquoi certaines personnes modifient leur comportement en matière de santé, et d'autres pas.

4.2.2 Double rôle d'infirmière et d'éducatrice

Compétences requises

Le champ couvert par la pratique infirmière est aussi vaste que diversifié. Bien qu'il soit impossible de se spécialiser dans tous les secteurs d'activité, une infirmière peut développer ses compétences d'enseignante – et, par le fait même, sa confiance – en approfondissant le sujet à enseigner. L'infirmière qui possède une expérience ou une connaissance limitée dans un secteur aura intérêt à consulter des manuels, des publications médicales, des sites Web et d'autres ressources pertinentes. Par exemple, si elle doit enseigner à un client à surveiller son hypertension, elle doit pouvoir lui expliquer l'hypertension artérielle et ses répercussions. Il faudra aussi le renseigner sur l'importance de l'exercice et d'un régime alimentaire sain faible en sodium ainsi que sur les effets secondaires des médicaments. De plus, il est nécessaire de former le client et le proche aidant à l'emploi d'un appareil de mesure de pression artérielle (P.A.) et de les renseigner sur le genre de situations qui méritent d'être rapportées à un professionnel de la santé. Il faut également veiller à offrir au client des sources d'information additionnelles telles que des dépliants, des sites Web pertinents et des ressources complémentaires dans les milieux communautaires (p. ex., la Fondation des maladies du cœur).

Connaître la réponse à toutes les questions d'un client ou d'un proche aidant est pratiquement impossible. L'infirmière veillera d'abord à clarifier le sens d'une question imprécise. Si elle sent qu'elle ne dispose pas des connaissances requises pour répondre à une question, elle agira de manière ouverte en expliquant qu'il lui faudra se renseigner davantage ; des collègues, un site Web de confiance ou un manuel pourront lui apporter la solution ou les connaissances nécessaires.

Compétences en communication

Le succès de l'enseignement offert par l'infirmière repose sur une communication efficace entre elle, la clientèle et les proches aidants. Certaines aptitudes à communiquer sont particulièrement importantes et feront l'objet d'explications plus étendues.

Pour la majorité des gens, le jargon médical est une source d'intimidation et de crainte. Par conséquent, l'infirmière doit réfléchir au choix des termes médicaux à employer lorsqu'elle transmet ses connaissances à un client, avant d'utiliser un acronyme tel que PACG pour décrire un pontage aortocoronarien par greffe ou une abréviation du genre I.V. (voie intraveineuse) lorsqu'elle discute avec lui. Un client risque d'utiliser à tort le jargon médical entendu. Le fait de demander au client ou au proche aidant de décrire comment il conçoit la maladie et son processus amène la personne à résumer ses connaissances dans ses mots. La personne qui reçoit un diagnostic de leucopénie, par exemple, aura besoin que l'infirmière lui explique de quoi il s'agit en termes compréhensibles. L'étymologie du mot leucopénie peut s'avérer parlante, l'élément *leuko,* du grec, étant présent dans le mot leucocyte, un globule blanc essentiel au système immunitaire, et l'élément *penia* signifiant pauvreté. L'enseignement sera plus durable si l'infirmière en fait alors un bref résumé du genre : Vous avez une carence de globules blancs, les cellules qui interviennent dans la lutte contre les infections.

La communication non verbale joue un rôle important dans le processus d'enseignement et elle est souvent influencée par les pratiques culturelles. Dans la culture occidentale, par exemple, une communication franche et ouverte sera facilitée par la décision de l'infirmière de s'asseoir dans une position confortable, à la hauteur du client, afin de privilégier l'établissement d'un contact visuel **FIGURE 4.1**. À l'hôpital, cela pourrait signifier qu'il faille relever le lit du client ou encore approcher une chaise à son chevet. Une expression corporelle dynamique véhicule également un sentiment d'empathie et de partage. Dans la culture orientale, en revanche, l'infirmière vérifiera s'il vaut mieux éviter le contact visuel et transmettre à un membre de la famille l'information relative à la santé du client. Bref, l'infirmière doit garder à l'esprit que la communication non verbale influe aussi sur l'enseignement transmis.

L'infirmière doit développer son aptitude à l'**écoute active.** Ce type d'écoute consiste à recevoir avec intérêt ce que la personne dit, sans l'interrompre, et à observer les manifestations non verbales. Par souci d'une communication claire,

RAPPELEZ-VOUS…

Les facteurs physiques, affectifs, socioculturels et environnementaux, tout comme ceux liés à l'âge et au sexe, influencent la communication.

4

Efficacité personnelle : Croyance d'une personne en sa capacité à s'ajuster efficacement à une situation et à réussir un changement de conduite.

Jugement clinique

Capsule

Jules est infirmier. Il désire expliquer à une cliente qui vient de recevoir un diagnostic de diabète de type 2 comment reconnaître les signes d'hypoglycémie et d'hyperglycémie.

Si vous étiez à la place de Jules, quels mots utiliseriez-vous pour vous assurer que la cliente comprend bien ce qu'hypoglycémie et hyperglycémie veulent dire ?

FIGURE 4.1

Pour faciliter la communication et l'apprentissage pendant l'enseignement, l'infirmière veille à ce que l'échange se fasse à la hauteur des yeux de la personne et de son proche aidant.

l'infirmière peut hocher la tête pour signifier qu'elle a bien compris, reformuler les déclarations du client ou lui offrir une réponse-reflet. Ménager du temps d'écoute sans donner l'impression d'être tenue à un horaire exige du doigté et de la planification de la part de l'infirmière. L'écoute attentive permet de recueillir des indices révélateurs de la personne et d'évaluer l'enseignement à transmettre.

Combinée à l'empathie, l'écoute active est un moyen sûr de démontrer son intérêt pour le client et de le préparer à un apprentissage. L'empathie demande le courage de pénétrer dans l'univers de son client, dans une attitude dénuée de jugement, de prise de position ou de volonté de solution, avec l'objectif de parvenir à une compréhension dynamique. Autrement dit, l'empathie suppose que l'on se mette à la place de son interlocuteur pendant quelques instants. Sur le plan de l'enseignement au client, l'empathie permet d'évaluer d'un point de vue global les besoins de la personne pour mieux adapter l'apprentissage[a].

Défis associés au passage du rôle d'infirmière à celui d'éducatrice

L'éducation au client et aux proches aidants pose nombre de défis. Trois d'entre eux seront abordés dans cette section : 1) le manque de temps ; 2) l'incertitude de l'infirmière par rapport à ce rôle ; 3) la durée de séjour à l'hôpital.

Le manque de temps est un obstacle à l'efficacité de l'enseignement. Par exemple, le temps consacré aux besoins physiques du client peut empiéter sur un moment qui servirait avantageusement à l'enseignement. Pour utiliser à bon escient un temps précieux, il importe de fixer avec le client des priorités d'apprentissage et de donner quelques enseignements au moment de chaque échange avec la personne ou son proche aidant. Dès le début d'une séance, c'est une bonne idée de préciser au client

la durée de l'intervention. L'enseignement peut se dérouler sur une pleine journée, le renforcement de certaines notions en d'autres occasions étant une stratégie utile et efficace dans un contexte de temps compté.

La question de l'incertitude que peut éprouver une infirmière par rapport à un sujet a été soulevée précédemment ; l'insécurité peut fragiliser le sentiment de compétence. De plus, des divergences de vues peuvent survenir entre le client, le proche aidant et l'infirmière en ce qui a trait aux attentes de chacun et aux résultats de l'apprentissage. L'infirmière doit accepter que certaines personnes se refusent à discuter d'un trouble de santé et de ses conséquences. Il se peut que le client ou le proche aidant vivent une phase de déni ou qu'ils entretiennent des idées et des valeurs en contradiction avec les soins de santé classiques. Il est aussi possible que le client ressente de l'hostilité ou de la colère en réaction à sa maladie[b].

L'infirmière qui tente de créer des occasions d'enseignement peut également se heurter aux difficultés que posent les pratiques d'hospitalisation. Le raccourcissement des durées de séjour à l'hôpital a eu pour conséquence de donner congé à des clients à peine préparés à leur situation. Paradoxalement, la clientèle a aujourd'hui accès à des soins de santé plus diversifiés et plus complexes, de sorte que des connaissances rudimentaires ne suffisent plus aux clients et aux proches aidants qui désirent prendre en main leur santé. À cause de toute cette complexité du système de santé, clients et proches aidants sont placés devant des choix qu'ils ont peine à évaluer.

4.2.3　Rôle de soutien du proche aidant

Le soutien d'un proche aidant joue un rôle important dans le bien-être du client, qu'il s'agisse de son état physique, mental ou spirituel. Pour cette raison, l'enseignement au client devrait se faire en présence du proche aidant, si possible, et l'un comme l'autre devraient se voir expliquer les objectifs de l'apprentissage. Il se peut qu'un proche aidant doive se familiariser avec les nécessités physiques et les exigences techniques des soins à prodiguer, trouver des ressources pour les soins à domicile, louer du matériel et réorganiser les lieux qui accueilleront la personne.

Le client et le proche aidant n'ont pas nécessairement besoin du même apprentissage. Par

---

[a] Pour obtenir plus d'information sur les différentes stratégies de communication thérapeutique, voir le tableau 11.1 de la page 226 dans *Soins infirmiers : fondements généraux* (Potter & Perry, 2010).

[b] Pour obtenir plus d'information sur la relation entre l'adaptation psychosociale à la maladie et l'apprentissage, voir le tableau 16.2 de la page 337 dans *Soins infirmiers : fondements généraux* (Potter & Perry, 2010).

exemple, une personne âgée atteinte de diabète et souffrant d'un ulcère à la jambe devra apprendre à se lever d'un siège d'une manière qui atténue sa douleur. Le proche aidant, quant à lui, voudra sans doute apprendre à changer un pansement. Ces deux apprentissages sont aussi nécessaires et importants l'un que l'autre. Par ailleurs, le client et son proche aidant pourraient entretenir des perceptions différentes de la maladie et des traitements. Il arrive souvent que l'état de santé d'une personne modifie ses rapports avec les membres de sa famille, soudain appelés à jouer un autre rôle. L'établissement d'un plan d'enseignement fructueux demande que l'infirmière tienne également compte du contexte et des besoins du proche aidant. Prenons l'exemple d'une infirmière qui enseigne à une personne atteinte de parésie du côté droit (diminution de la force musculaire) comment s'alimenter seule à l'aide d'une aide technique et qui découvre, lors d'une visite à domicile, que le proche aidant nourrit le client. Questionné, le proche aidant répond qu'il ne supporte pas de voir la personne se démener, qu'il faut un temps fou pour le repas, que les dégâts sont considérables, et donc qu'il préfère l'aider. Le cas illustre la nécessité d'expliquer davantage les objectifs de l'apprentissage en vue d'en arriver à un retour à l'autonomie.

Un proche aidant appelé à s'occuper d'une personne pendant une longue période, et dans le contexte d'une maladie invalidante qui limite l'espérance de vie, s'expose au stress et à l'épuisement. Pourtant, la grande majorité des proches aidants souhaitent assumer cette tâche malgré l'épreuve que représentent les soins à une personne atteinte de maladie chronique grave (Caregiver Support, 2009 ; White, D'Abrew, Auret, Graham, & Duggan, 2008) ▶ **6** .

4.2.4 Réglementation en matière d'enseignement au client

La Loi sur les services de santé et les services sociaux aborde, dans sa première partie, les droits de l'usager du système de santé et elle précise le droit d'être informé « sur son état de santé et de bien-être, de manière à connaître, dans la mesure du possible, les différentes options qui s'offrent à lui ainsi que les risques et les conséquences généralement associés à chacune de ces options avant de consentir à des soins le concernant » (L.R.Q., c. S-4.2). Ainsi, une personne a besoin d'obtenir des renseignements sur son diagnostic, le traitement prescrit ainsi que le pronostic en termes compréhensibles qui l'éclairent sur l'évolution de la maladie et son issue éventuelle. La documentation écrite remise au client doit aussi être rédigée en fonction de son aptitude à la lecture. Les modèles proposés par l'Institut canadien pour la sécurité des patients ou par le Groupe Vigilance pour la

sécurité des soins du ministère de la Santé et des Services sociaux du Québec (MSSS) vont dans le même sens que le programme américain mis de l'avant par The Joint Commission, intitulé Speak Up, conçu pour promouvoir chez la clientèle le désir de s'informer sur sa santé et de participer à son plan de soins **ENCADRÉ 4.1** (Groupe Vigilance pour la sécurité des soins, 2006 ; Institut canadien pour la sécurité des patients, 2010 ; The Joint Commission, 2008c). Dans une perspective d'autonomisation, un dépliant destiné à guider la personne sur les questions à poser relativement aux soins est disponible sur le site du MSSS (Groupe Vigilance pour la sécurité des soins, 2006).

4.3 | Processus de l'enseignement au client

Il existe bien des modèles et des démarches pour assurer l'enseignement au client. Néanmoins, la démarche la plus courante dans le domaine infirmier est complémentaire à la démarche de soins. L'enseignement au client et la démarche de soins nécessitent l'un comme l'autre l'établissement d'un plan étayé sur l'évaluation, le diagnostic, la définition d'objectifs d'apprentissage, l'intervention et la mesure des résultats. L'enseignement, tout comme la démarche de soins, peut ne pas se dérouler de manière séquentielle, mais il reste qu'une structuration en étapes offre des points de repère et sert à vérifier si les aspects pertinents de l'enseignement et de l'apprentissage ont tous été pris en compte.

6

La question du stress chez les proches aidants est abordée dans le chapitre 6, *Soins communautaires et soins à domicile.*

ENCADRÉ 4.1	**Prise de parole**

- Dès que vous avez une question ou une préoccupation, exprimez-vous. Si vous ne comprenez pas la réponse, posez de nouveau votre question. Il s'agit de votre corps et de votre vie, et c'est votre droit.

- Intéressez-vous aux soins que vous recevez. Assurez-vous d'obtenir les traitements et les médicaments appropriés, et d'être suivi par des professionnels de confiance. La vigilance est toujours de mise.

- Renseignez-vous sur votre maladie. Apprenez-en plus sur les tests que vous subissez et sur le plan de soins préparé à votre intention.

- Demandez à un proche ou à un ami fiable de surveiller vos intérêts, comme conseiller ou à titre de soutien.

- Sachez quels médicaments vous prenez et pourquoi ils vous sont prescrits. Les erreurs de prescriptions comptent pour le plus grand nombre d'erreurs médicales.

- Choisissez un hôpital, une clinique, un service de chirurgie ou tout autre établissement de soins en fonction de sa bonne réputation.

- Soyez partie prenante des décisions en lien avec vos traitements. Vous êtes le cœur des soins de santé.

Source : Adapté de The Joint Commission (2008b).

4.3.1 Collecte des données

Pendant l'évaluation clinique, l'infirmière collecte des renseignements qui lui permettront de cerner les besoins d'apprentissage du client. À quel point la personne est-elle renseignée sur la nature de son problème de santé, par exemple? Quelle perception en a-t-elle? La détection d'un besoin permet ensuite d'évaluer son étendue et de l'aborder dans la perspective d'un plan d'enseignement structuré. Toute évaluation effectuée dans l'esprit de transmettre des connaissances devra tenir compte des facteurs physiques, psychologiques et socioculturels qui ont une incidence sur l'apprentissage, et des facultés d'apprentissage propres au client. À cette étape de l'évaluation, il est avisé d'inclure le ou les proches aidants qui s'occuperont de la personne à domicile afin de définir leurs rôles et leurs capacités. Une série de questions clés est présentée dans le **TABLEAU 4.3**.

TABLEAU 4.3	Caractéristiques à évaluer pour préparer l'enseignement au client
CARACTÉRISTIQUES	**QUESTIONS CLÉS**
Facteurs physiques	• Quel est l'âge de la personne? De quel sexe est-elle? • Est-elle gravement malade? • Est-elle en état d'épuisement ou de souffrance? • Quel est le diagnostic primaire? • Existe-t-il d'autres troubles médicaux? • Dans quel état d'esprit se trouve-t-elle? • Quelle est la qualité de sa perception auditive? De sa perception visuelle? De sa capacité motrice? • Parmi les médicaments qu'elle prend, lesquels sont de nature à affecter son apprentissage?
Facteurs psychologiques	• La personne paraît-elle nerveuse, craintive, déprimée, méfiante? • Semble-t-elle en état de déni? • Quel est son sentiment d'efficacité personnelle?
Facteurs socioculturels	• Quelles croyances la personne entretient-elle à l'égard de sa maladie et de ses traitements? • À quelle identité ethnique ou culturelle appartient-elle? • L'enseignement présenté est-il en accord avec ses valeurs culturelles? • Quels sont ses acquis scolaires et son aptitude à la lecture? • Est-elle encore sur le marché du travail? • Quel emploi occupe-t-elle ou a-t-elle occupé? • Comment qualifie-t-elle sa situation financière? • Quelles sont ses conditions de logement? • Peut-elle compter sur des proches ou de bons amis?
Particularités de l'apprenant	• Quelles sont les connaissances de la personne sur le sujet? • Quelles notions estime-t-elle les plus pressantes à acquérir? • Quels enseignements passés pourraient servir de guides pour fixer de nouveaux objectifs d'apprentissage? • Quels renseignements le médecin a-t-il communiqués à la personne pour lui expliquer son trouble de santé? • Se montre-t-elle réceptive à apprendre et à entreprendre une modification de comportement? • Peut-elle nommer des comportements ou des habitudes qui ont de bonnes et de mauvaises influences sur son état de santé? • Quelle méthode favorise-t-elle pour apprendre? La lecture? L'écoute? La pratique? • Dans quel genre de milieu apprend-elle le mieux? Dans une salle de classe? Dans un cadre plus informel comme à domicile ou dans un bureau? Seule ou en groupe? • Dans quelle mesure le ou les proches aidants devraient-ils participer à son enseignement?

Facteurs physiques

L'âge de la personne est un facteur prépondérant dans la préparation du plan d'enseignement. Le vécu, la souplesse cognitive et la capacité de rétention de l'information sont fonction de l'âge (Kelley & Abraham, 2007). Si l'on connaît les effets du vieillissement sur les capacités, il faut également retenir que le jeune âge et l'inexpérience influent sur la réceptivité. Un jeune homme dans la vingtaine pour qui la perspective de la mort est un concept étranger pourrait refuser d'accepter les conséquences de la cigarette sur sa santé à long terme.

Une déficience sensorielle, par exemple une déficience de la vue ou de l'ouïe, réduit la réception sensorielle et modifie de ce fait l'apprentissage. Une loupe, un éclairage accru, de la documentation en gros caractères sont autant de moyens pour aider une personne malvoyante à lire de l'information. Le problème d'une perte auditive peut être contourné par l'utilisation d'un appareil de correction et par le recours à des méthodes pédagogiques visuelles. La cognition peut également avoir été touchée par des désordres neurologiques, un accident vasculaire cérébral ou un traumatisme crânien par exemple, ou par des maladies telles qu'une néphropathie, un trouble hépatique ou une insuffisance cardiaque. Les personnes avec une capacité cognitive réduite risquent d'éprouver des difficultés d'apprentissage, ce qui nécessitera une plus grande participation du proche aidant pendant l'enseignement. L'emploi d'un appareil de mesure de la pression artérielle ou l'autoadministration d'injections, par exemple, exigent une certaine dextérité. On pourra aussi envisager l'emploi d'équipement adaptable.

La capacité d'apprentissage dépend également du degré de douleur et de fatigue de la personne, ou de l'action de certains médicaments. Personne n'est en de bonnes dispositions sous l'effet de la douleur. Si le client est souffrant, l'infirmière doit chercher à gérer la douleur et se limiter à des explications succinctes qui seront approfondies une fois la douleur contrôlée. Une personne épuisée ou affaiblie aura peine à se concentrer et à assimiler des connaissances. La privation de sommeil est également un phénomène commun aux personnes hospitalisées, et le client retourne souvent à son domicile en état de fatigue. Les médicaments agissant sur le système nerveux central (SNC), notamment les sédatifs et les opioïdes, sont des dépresseurs qui ralentissent le SNC et entravent les facultés intellectuelles. L'infirmière doit adapter le plan d'enseignement en tenant compte de ces facteurs et en se fixant des objectifs prioritaires dictés par les besoins et les réalités du moment. Dans tous les cas, les méthodes d'enseignement doivent s'adapter à la capacité d'un client et à ses limites, et ce, tout au long du processus. Le client peut également avoir besoin de poursuivre son apprentissage auprès de ressources externes ou communautaires après avoir reçu son congé.

Facteurs psychologiques

La capacité d'apprendre est intimement liée à certains facteurs psychologiques. La maladie est souvent associée à de l'anxiété et à de la tristesse. Bien qu'un certain niveau d'anxiété soit nécessaire au maintien de l'activité perceptive et de l'assimilation, un trouble anxieux qualifié de modéré à grave compromet l'apprentissage. Un client présentant une anxiété importante suscitée par un diagnostic de diabète pourrait, par exemple, ne pas être en mesure de bien saisir les instructions entourant l'analyse de sa glycémie, voire ne pas les entendre. L'infirmière fera bien d'aborder en premier le sujet de la maladie avec le client et axer ainsi ses interventions vers la diminution de son anxiété. Elle pourra aussi diriger la personne vers un groupe de soutien qui fait la preuve que l'on peut vivre avec le diabète grâce au traitement approprié. Lorsque l'anxiété du client sera légèrement diminuée, l'infirmière sera en mesure de reprendre l'enseignement.

> **Jugement clinique**
>
> Marie-Nicole, 42 ans, vient d'apprendre qu'elle a un cancer du pancréas. Elle a tendance à se refermer sur elle-même et à éviter le sujet de son état de santé. Elle devra recevoir des traitements agressifs de chimiothérapie. Cependant, l'infirmière disposera de peu de temps par la suite pour lui expliquer les traitements.
>
> Compte tenu du manque de temps, est-ce un moment acceptable pour que vous fassiez de l'enseignement à cette cliente ? Justifiez votre réponse.

Une personne peut également répondre au stress de la maladie en manifestant des mécanismes de défense tels que la négation, la rationalisation ou l'humour. Celle qui nie la réalité de son cancer sera incapable d'accueillir l'information liée aux traitements possibles. De la même manière, un proche aidant pourrait refuser d'admettre un diagnostic de phase terminale. Une personne qui répond par la rationalisation invoquera toutes sortes de raisons pour refuser un changement ou une consigne. Devant le constat d'un trouble cardiaque, par exemple, elle résistera à l'idée de modifier ses habitudes alimentaires en prétextant que des gens de son entourage ont mangé des œufs et du bacon tous les matins de leur vie et sont devenus centenaires. L'humour peut aussi permettre à certaines personnes de filtrer la réalité et de diminuer le niveau d'angoisse, tout comme le rire permet de s'extirper momentanément d'une situation menaçante. Faire preuve d'humour est une attitude utile dans le processus d'enseignement ; toutefois, l'infirmière devra s'assurer qu'il ne s'agit pas d'une attitude dictée par la fuite, et donc néfaste à l'apprentissage.

L'un des facteurs déterminants qui poussent une personne à modifier son comportement en matière de santé est le sentiment d'efficacité personnelle (Peterson & Bredow, 2004). La relation entre ce sentiment et la gestion de la maladie est très nette (Farrell, Wicks, & Martin, 2004 ; Resnick, 2004). Le sentiment d'autoefficacité augmente à mesure que la personne développe des aptitudes devant une situation menaçante, et diminue chaque fois qu'elle vit un échec, et ce, de manière plus sentie au début du cheminement. Ces constatations revêtent par conséquent une grande importance dans l'enseignement à la clientèle et aux proches aidants. L'infirmière veillera à fixer des objectifs atteignables dès les premières séances ; en dosant le contenu pour passer d'une information simple à une plus complexe, elle favorise les chances de succès du client.

Facteurs socioculturels

Les facteurs sociaux d'une personne influencent les perceptions qu'elle a de la santé, de la maladie, des soins qui y sont associés, de la vie et de la mort. Au nombre des facteurs socioculturels importants figurent l'éducation du client, l'emploi qu'il occupe et ses conditions de logement.

Littératie en santé

La littératie se définit comme étant la capacité de comprendre et d'utiliser des textes pour fonctionner en société. L'évaluation du niveau de littératie d'un client est en soi un défi, puisqu'il est rare qu'une personne admette éprouver des difficultés de lecture ; un aveu en ce sens entraîne généralement un sentiment de honte et d'incompétence. Certaines recherches suggèrent qu'il est possible de faire des prédictions de littératie en fonction du niveau de scolarité, mais leurs conclusions divergent (Barclay, 2009).

La **littératie en santé** établit en quelque sorte l'aptitude d'une personne à recueillir des données fondamentales sur sa santé et les soins offerts, à les traiter et à les comprendre dans le but de faire des choix éclairés. Un client de littératie minimale aura davantage de difficulté à assimiler l'information liée à sa santé, et donc à agir sur la base de ses connaissances. Même chez les clients de littératie plus élevée, il arrive que l'on décèle un manque de capacité à comprendre l'information médicale plus complexe. C'est dire qu'une faible littératie pour les questions de santé entraîne une diminution de l'autonomie, de la persévérance envers les traitements et des chances de réussite chez cette clientèle, tout en perpétuant des disparités dans la société (Kennen *et al.,* 2005 ; Villaire & Mayer, 2007).

Il existe des outils qui permettent d'évaluer aisément le niveau de littératie d'un client. L'examen de l'évaluation de la littératie par une question simple permet de repérer rapidement les adultes en difficulté de lecture (Morris, MacLean, Chew, & Littenberg, 2006). Cette question se formule ainsi : Demandez-vous souvent à quelqu'un de vous aider à lire un mode d'emploi, un dépliant ou de l'information qui vous est remise par votre pharmacien ou votre médecin ? **FIGURE 4.2**. Dans l'une des études fondées sur le recours à cette question simple,

2

La question de l'influence des traditions culturelles en santé est abordée dans le chapitre 2, *Compétences culturelles et inégalités en santé.*

FIGURE 4.2

Les personnes en difficulté de lecture ont souvent recours à un proche pour les aider à comprendre l'information remise par leur pharmacien ou leur médecin.

les réponses fournies par les clients ont permis de prédire assez bien la capacité de comprendre des textes liés à la santé. Il en a été déduit que la documentation servant à l'enseignement au client devrait être rédigée pour correspondre à un élève de 5e année du primaire (Barclay, 2009 ; Morris *et al.,* 2006 ; Villaire & Mayer, 2007).

Le Conseil canadien sur l'apprentissage, de concert avec de nombreux autres organismes, conclut à la nécessité de concevoir un plan d'enseignement au client en fonction de son niveau de littératie. À titre d'exemple, le client devrait recevoir un enseignement dans sa langue maternelle, ce qui peut demander le recours à un interprète ou à un logiciel d'aide à la traduction (Wilson-Stronks, Lee, Cordero, Kopp, & Galvez, 2008). Il existe actuellement beaucoup de matériel didactique présenté dans d'autres langues que le français.

Facteurs culturels

L'apprentissage est certainement conditionné par la culture ayant façonné la personne. En effet, les pratiques en matière de santé, les croyances et les comportements sont influencés par les traditions culturelles ▶ **2** . Afin d'éviter le risque de réduire un client à un stéréotype, l'infirmière devrait lui demander s'il s'identifie à un groupe culturel particulier. Au besoin, elle lui demandera de décrire ses croyances en matière de santé et de maladie.

Si une croyance de nature culturelle contrevient aux valeurs et aux comportements préconisés par l'équipe soignante, un conflit peut surgir entre le client et le personnel, et compromettre le processus d'enseignement. Par exemple, une personne pour qui un poids santé est un objectif désirable recevra sans problème l'enseignement destiné à améliorer sa pression artérielle, qui préconise un régime alimentaire sain et un programme d'exercice. Pour le client d'une autre culture, toutefois, un surpoids peut véhiculer l'idée d'une bonne santé financière et sexuelle. Cette personne résistera davantage à la notion de régime et d'exercice, à moins d'avoir saisi toute l'importance de sa pression artérielle.

L'infirmière doit aussi évaluer les pratiques du client en matière de remèdes ou de moyens de guérison privilégiés par sa culture. Pour que l'apprentissage soit fructueux, les pratiques culturelles en matière de santé doivent être incorporées dans le plan d'enseignement. Néanmoins, l'infirmière doit se pencher sur la question des remèdes traditionnels qui pourraient interférer avec le plan de soins. Savoir si la personne agit de manière autonome sur les questions qui touchent sa santé ou si elle s'en remet à une autorité est un autre élément à ne pas négliger. Certains clients demandent conseil auprès d'un sage ou d'un chef spirituel, ce qui signifie qu'une infirmière placée dans cette situation doit tenter d'engager une collaboration avec la personne en situation d'autorité.

Facteurs socioéconomiques

En préparant un plan d'enseignement, l'infirmière doit prendre en considération un certain nombre de facteurs socioéconomiques. Par exemple, l'emploi que la personne occupe ou a occupé est un indice utile dans le choix du vocabulaire à utiliser. Un mécanicien comprendra mieux la surcharge de volume associée à une insuffisance cardiaque s'il peut faire le lien avec le calage d'un moteur. Un ingénieur est sans doute capable de voir l'analogie entre les lois de la physique et les problèmes de gravité et de pression des troubles vasculaires. Si cette technique d'enseignement demande de la créativité, elle permet en revanche au client de mieux saisir les processus physiopathologiques.

L'infirmière demande également au client s'il vit seul ou entouré de proches ou d'amis, car la réponse permet de déterminer s'il faut inclure une autre personne dans le processus d'enseignement. Si le client réside dans une autre ville ou en milieu rural, l'infirmière aura peut-être à organiser la continuité de l'enseignement au client qui a reçu son congé. Il se peut même que la personne n'ait pas le téléphone ou l'eau courante à son domicile, de sorte que le plan d'enseignement devra être adapté à cette réalité.

Particularités de l'apprenant

En dernier lieu, l'infirmière doit évaluer les particularités propres au client qui sont susceptibles d'influer sur le plan d'enseignement. Ses besoins d'apprentissage, sa motivation et le style d'apprentissage qu'il préfère sont à prendre en considération.

Besoins d'apprentissage

Les besoins d'apprentissage se définissent comme étant les connaissances et les aptitudes dont une personne a besoin pour atteindre un objectif. Au moment d'évaluer quelles sont les notions à transmettre au client, il faut d'abord mesurer l'étendue de ses connaissances, vérifier s'il entretient des fausses croyances et faire le tour des problèmes de santé antérieurs. Les besoins d'un malade chronique vivant avec une santé précaire depuis plusieurs années diffèrent de ceux d'une personne qui apprivoise un diagnostic récent de maladie chronique. C'est à l'infirmière que revient la tâche de cerner les notions, les comportements et les attitudes qui seront utiles à la personne désireuse de participer à l'amélioration de son état et de concevoir un plan d'enseignement intégratif.

Ce qu'un client doit apprendre pour faire face à sa maladie ou ce qu'il doit changer dans ses comportements pour améliorer son état aura peut-être l'air d'une évidence pour l'infirmière. Toutefois, il est fréquent de remarquer un décalage entre les priorités du personnel soignant et les besoins du client (Jallinoja *et al.*, 2007). L'infirmière qui transmet un enseignement à un adulte obtiendra de meilleurs résultats si elle tient compte de ce qu'il désire connaître ou maîtriser dans l'immédiat. Elle devra donc lui demander ce qu'il juge primordial afin de concevoir un plan d'enseignement conforme à ses attentes. Ce serait une bonne idée de présenter au client une liste des sujets à aborder, à laquelle celui-ci pourrait ajouter d'autres aspects qui lui paraissent importants. En invitant la personne à dresser la liste de ses priorités d'apprentissage, l'infirmière peut mieux discerner les besoins les plus pressants. À supposer qu'il faille aussi communiquer une information concernant des complications potentiellement mortelles, l'infirmière pourra insister sur cette priorité et la justifier. L'individualisation de l'enseignement permet d'aborder les sujets essentiels dans un court laps de temps et dans un contexte peu favorable aux longues explications.

> **Capsule Jugement clinique**
>
> Monsieur Fernand Houde a 70 ans. Peu scolarisé, il a exercé le métier de plombier pendant plus de 40 ans. Ses artères coronaires sont bloquées à 80 % par des plaques d'athéromes. Le client n'a pas très bien compris les explications du cardiologue. Il demande donc à l'infirmière de lui réexpliquer son problème artériel.
>
> Quelle analogie pouvez-vous utiliser pour que monsieur Houde comprenne mieux son état de santé ?

Réceptivité à l'apprentissage

La réceptivité d'une personne à l'apprentissage et sa motivation reposent sur des facteurs comme ses attitudes, ses croyances et la perception qu'elle a de ses besoins (Kearsley, 2009). L'infirmière appelée à enseigner à un adulte aura avantage à repérer les renseignements considérés comme importants par la personne. En effet, la réceptivité augmente avec le sentiment que l'information est bénéfique à la santé ou qu'elle diminue le risque d'affection, qu'un changement de comportement est favorable ou que l'apprentissage offre des possibilités nouvelles et stimulantes.

Avant de mettre en œuvre le plan d'enseignement, l'infirmière évalue à quelle étape se situe la personne dans le processus de changement

Jugement clinique

Capsule

Stéphanie, 14 ans, présente une scoliose thoracique de 50°. Afin d'arrêter la progression de la déviation, Stéphanie subira une chirurgie forçant le redressement de la colonne (système de fixation interne métallique [tiges]). L'opération se fera sous anesthésie générale. L'infirmière doit enseigner les exercices de spirométrie à la jeune fille.

Quel style d'apprentissage serait indiqué pour ce point d'enseignement ?

TABLEAU 4.2. Face à une personne encore en préréflexion, l'infirmière se contente généralement de faire un travail de sensibilisation et de soutien, et ce, jusqu'à ce que cette personne s'ouvre à l'idée d'un changement comportemental. L'infirmière qui encadre un client en consultation externe ou à domicile continue d'évaluer sa réceptivité et franchit les étapes du plan d'enseignement à mesure que le client avance dans le processus. Durant tout le processus de changement, le renforcement est un élément de motivation essentiel et doit rester omniprésent dans les échanges. Le renforcement positif consiste à récompenser, par des félicitations ou d'autres moyens, la personne qui s'applique à l'atteinte d'un objectif et à encourager les gestes favorables au maintien du comportement souhaité. La technique du renforcement est indispensable pour consolider un changement (Cancer Prevention Research Center, 2009 ; Peterson & Bredow, 2004).

Styles d'apprentissage

Chaque personne adopte un style d'apprentissage en accord avec sa personnalité. Les trois principaux styles sont : 1) visuel (par la lecture, le dessin ou le schéma) ; 2) auditif (par l'écoute d'une personne, d'une vidéo ou d'un film) ; 3) kinesthésique (par le toucher, la manipulation du matériel concret ou la pratique de gestes clés) (Barbe & Milone, 1981). En général, les gens utilisent plus d'un style d'apprentissage pour assimiler des notions ou des habiletés. Pour bien évaluer le style privilégié par un client, l'infirmière lui demande sous quelle forme il préfère recevoir l'enseignement et de quelle manière il a fonctionné dans le passé. Durant cette évaluation, il faut veiller à reconnaître les personnes qui éprouvent des difficultés de lecture ou dont la littératie en santé est restreinte. Un client pourrait révéler qu'il lit peu, mais qu'il aime se tourner vers des émissions de télévision. Les techniques d'enseignement auditives et visuelles (p. ex., le recours à des CD ou à des vidéos) sont employées lorsque la personne a mentionné avoir une prédilection pour ces moyens.

4.3.2 Analyse et interprétation des données

Les données recueillies au moment de l'évaluation des connaissances, des croyances et des capacités sont mises en contexte avec ce que la personne désire connaître, ses besoins réels et les gestes qu'elle doit apprendre à poser. L'analyse de ce que le client connaît et ignore permet d'établir un diagnostic infirmier ou, en d'autres termes, de déterminer les objectifs du plan d'enseignement. L'**ENCADRÉ 4.2** présente les diagnostics infirmiers les plus courants en matière d'objectifs d'apprentissage.

Si une lacune est détectée, il faut en préciser la nature de manière que les objectifs, les stratégies, la mise en œuvre du plan et les mesures du progrès se rapportent directement au correctif à apporter. Un diagnostic infirmier qui mettrait en évidence un manque de connaissances en soins lié au changement d'un sac de stomie, par exemple, permettrait d'orienter l'enseignement vers cet apprentissage.

4.3.3 Planification des soins

La formulation d'un diagnostic infirmier dans le cadre d'un processus d'enseignement permet ensuite de fixer des objectifs d'apprentissage et de planifier l'enseignement. L'infirmière et le client s'entendent sur les besoins les plus urgents et les objectifs de l'enseignement. Dans l'éventualité où l'état physique ou psychologique de l'apprenant entrave sa participation au processus, les proches aidants peuvent apporter leur concours à l'infirmière dans cette planification.

Définition des objectifs

Il importe de dresser une liste d'objectifs clairs, précis, réalistes et mesurables. Les objectifs d'apprentissage sont dictés par les résultats escomptés ; de ce fait, ils orientent le choix des stratégies d'enseignement et servent à mesurer les progrès accomplis. Les objectifs d'apprentissage sont parallèles aux résultats escomptés chez le client dans un plan de soins infirmiers et de traitements infirmiers, et leur formulation se base sur les mêmes critères. Bon nombre de paramètres permettent d'établir un plan d'enseignement standardisé qui comporte des objectifs et des interventions appropriés aux apprentissages escomptés, mais qui devra cependant être adapté au contexte socioculturel du client et à sa capacité d'apprentissage.

Les manuels de soins de santé et les lignes directrices préconisées pour la pratique clinique proposent souvent des plans d'enseignement

---

Diagnostics infirmiers

ENCADRÉ 4.2 | **Besoins d'apprentissage du client et de son proche aidant[a]**

- Connaissances insuffisantes
- Recherche d'un meilleur niveau de santé
- Maintien inefficace de son état de santé
- Prise en charge inefficace du régime thérapeutique, sur le plan familial
- Prise en charge inefficace du régime thérapeutique, sur le plan individuel
- Risque de tension dans l'exercice du rôle de proche aidant

[a] Liste non exhaustive.

standardisés. Ces modèles contiennent la plupart du temps des notions et des habiletés fondées sur l'expérience que le client et ses proches aidants doivent maîtriser pour mettre en pratique des auto-soins. Comme dans le cas du plan de soins infirmiers, l'infirmière doit cependant individualiser le plan d'enseignement en fonction des particularités et des besoins de la personne.

Choix des stratégies d'enseignement

Le choix des stratégies d'enseignement appropriées repose sur trois facteurs : 1) les particularités du client (p. ex., l'âge, les acquis scolaires et la culture) ; 2) la matière abordée ; 3) les ressources disponibles. Pour se guider, l'infirmière peut tenir compte de la génération à laquelle la personne appartient. Le **TABLEAU 4.4** illustre les diverses particularités d'un apprenant ou de son proche aidant et les stratégies recommandées en fonction des groupes d'âge (Rose, 2007 ; The Organization for Transplant Professionals, 2006).

On peut faciliter l'apprentissage d'une personne en puisant dans un éventail de stratégies d'enseignement **TABLEAU 4.5**. Par ailleurs, la combinaison de stratégies est souvent reconnue pour en augmenter l'efficacité **FIGURE 4.3**. Le moyen le plus courant d'interagir avec une personne ou son proche aidant consiste à engager une discussion. L'enseignement entre pairs est une autre forme d'enseignement collectif et il est pratiqué dans les groupes de soutien. Les personnes aux prises avec des problèmes comme le cancer, la maladie de Parkinson, l'alcoolisme ou les troubles alimentaires tireront des bénéfices de l'enseignement mutuel **FIGURE 4.4**.

FIGURE 4.3

Un enseignement efficace exploite des outils éducatifs variés.

TABLEAU 4.4	Particularités de l'apprenant et stratégies d'enseignement recommandées en fonction du groupe d'âge		
GROUPE D'ÂGE	**ANNÉE DE NAISSANCE**	**PARTICULARITÉS DE L'APPRENANT**	**STRATÉGIES D'ENSEIGNEMENT RECOMMANDÉES**
Génération Y (ou post-*boomers*)	1981-2000	• Autonome • Adepte du multitâche • Préférence pour les environnements interactif et virtuel • Mode de vie technologique • Raisonnement intégratif • Champ de l'attention restreint	• Connexion à Internet dans la chambre du client • Discussion sur la fiabilité des sites Web • Téléchargement d'information médicale sur téléphone mobile, iPod ou autres lecteurs audionumériques • Recours aux jeux vidéo pour la présentation de comportements sains (p. ex., la Wii Fit)
Génération X	1961-1980	• Préférence pour l'interaction en groupes • Apprentissage autonome • Importance de l'autoapprentissage	• Formation de groupes pour un enseignement simultané • Liste des groupes de soutien • Jeux de rôles • Recours aux outils éducatifs en ligne
Génération du *baby-boom*	1945-1960	• Importance de la connaissance de soi • Connaissances acquises auprès de sources fiables	• Possibilité de conférence ou d'exposé-discussion (p. ex., un exposé PowerPoint) • Recours aux chaînes de télévision à vocation éducative • Documents imprimés
Génération des anciens combattants	Naissance avant 1945	• Acquis scolaires par mémorisation • Mémorisation des connaissances	• Possibilité de conférence ou d'exposé-discussion • Recours à des illustrations et à des documents imprimés, des livres notamment

Sources : Adapté de Rose (2007) ; The Organization for Transplant Professionals (2006).

TABLEAU 4.5	Comparaison des stratégies d'enseignement		
STRATÉGIE D'ENSEIGNEMENT	**DESCRIPTION**	**AVANTAGES**	**LIMITES**
Discussion	• À partir d'un sujet, échange de points de vue afin de tirer des conclusions et de prendre des décisions • En collaboration avec la personne seule ou avec son proche aidant, ou en groupe (p. ex., dans le renoncement à la cigarette)	• Échange dynamique entre participants de l'information et des leçons tirées de l'expérience • Formule judicieuse avec un client ayant une expérience du sujet et prêt à partager son savoir • Ambiance décontractée • Possibilité de mettre en commun l'expérience diverse des personnes	• Nécessité de prévoir du temps additionnel en fonction du sujet et du nombre de participants
Exposé-discussion	• Formule courante pour les groupes de clients et de proches aidants nécessitant des notions de base communes • Exposé de courte durée (de 15 à 20 minutes, environ) • Discussion subséquente à l'exposé; par exemple, principes de la réadaptation cardiologique par l'exercice et la nutrition	• Combinaison d'un bref exposé des notions de base et d'une discussion sur le sujet • Possibilité de renforcement par des documents imprimés en lien avec le sujet	• Nécessité de limiter la portée de l'exposé à un nombre de cinq à sept sujets • Nécessité de prévoir du temps additionnel en fonction du sujet et du nombre de participants
Démonstration / Démonstration à reproduire	• Enseignement visant à transmettre une compétence spécialisée au client et au proche aidant • Vérification des compétences acquises en appelant la personne à reproduire la démonstration **FIGURE 4.5**; par exemple, changement de pansement ou injection	• Occasion d'apprentissage en mode concret de compétences spécialisées • Présentation de la compétence en une série d'étapes simples qui en facilitent la maîtrise et la mémorisation	• Nécessité de prévoir du temps de pratique, au besoin • Difficulté pour les personnes de dextérité limitée

Jeu de rôles	• Pertinence auprès des personnes ayant besoin :
	  – de repenser des habitudes de vie et des comportements
	  – de comprendre le point de vue et l'attitude d'autrui
	  – de s'exercer à faire valoir une opinion ou une décision
	• Par exemple, la mise en situation d'une femme désirant inciter son conjoint à cesser de fumer
		• Occasion pour les participants de s'imaginer en train de prendre des décisions difficiles, de changer d'attitude et de modifier des comportements
		• Pratique fictive qui peut augmenter le sentiment d'efficacité personnelle
			• Impossibilité pour certains apprenants de faire preuve de la maturité, de la confiance ou de la souplesse exigées par l'exercice
			• Nécessité de prévoir du temps pour l'évaluation et la rétroaction

Outils éducatifs	• Recours à des moyens audiovisuels pour consolider l'enseignement, dont :
	  – documents imprimés (p. ex., des dépliants et des affiches)
	  – vidéos, CD et DVD
	  – modèles
	• Outils en ligne
		• Présentation plus percutante de l'information à transmettre grâce à la stimulation auditive et visuelle
		• Effet optimal en combinaison avec d'autres stratégies d'enseignement
		• Popularité de la collecte d'information sur Internet
		• Accroissement du nombre de connexions à Internet dans les hôpitaux (p. ex., dans les chambres des clients)
			• Vérification au préalable des outils didactiques (p. ex., en évaluer l'exactitude, l'exhaustivité et l'indice de lisibilité)
			• Vérification au préalable des sites Web pour en mesurer la fiabilité et la pertinence
			• Difficultés d'accès encore courantes et présence d'information erronée
			• Moyen inapproprié pour certains apprenants (p. ex., un désintérêt, une diminution des facultés)

Matériel didactique

Il existe de la documentation sous diverses formes, et l'infirmière devra s'enquérir de l'information disponible auprès de l'établissement où elle travaille, des associations affiliées ou encore des groupes professionnels. Au préalable, il lui faudra s'assurer que la documentation est fiable, exhaustive et appropriée à l'apprenant, qu'il soit le client ou le proche aidant. L'explication au moyen d'une démonstration sur CD ou DVD peut s'avérer très utile, en particulier si la forme visuelle est plus parlante, comme c'est le cas de la marche à suivre pour changer un pansement. Le système de télévision de l'établissement de santé peut d'ailleurs servir à diffuser de l'enseignement sous diverses formes. Dans certains établissements, une chaîne réservée permet de présenter des émissions de qualité produites par des professionnels de la santé selon un horaire tournant. Dans cette optique d'émission en circuit fermé, les CD et les DVD qui augmentent la bibliothèque de l'établissement peuvent servir à informer la clientèle, selon les besoins.

La documentation imprimée est un moyen largement utilisé pour l'enseignement aux clients et à leurs proches aidants. Elle complète généralement les techniques d'enseignement abordées précédemment. Au terme d'une discussion autour des incidences de l'usage du tabac sur les maladies du cœur, par exemple, l'infirmière peut présenter un dépliant de la Société canadienne du cancer pour renforcer l'idée des effets physiologiques de la cigarette. Aux clientes ayant subi une intervention chirurgicale en rapport avec le cancer du sein, un livre ou un article de journal écrit par une femme ayant subi une mastectomie offre une lecture préparatoire à d'autres séances d'information. À noter que la documentation est conseillée pour les clients qui privilégient l'apprentissage par la lecture.

Avant de proposer un texte à la clientèle, l'infirmière pensera à en évaluer la lisibilité. Si elle doit rédiger un document informatif, elle se fiera à quelques consignes utiles visant à rendre la

FIGURE 4.5

L'enseignement par la démonstration et l'appel à reproduire la démonstration augmentent l'efficacité de l'apprentissage.

matière compréhensible à un élève de la cinquième année du primaire :

- les phrases doivent être courtes, soit entre 10 et 15 mots ;
- les phrases doivent être formulées dans une syntaxe de base : sujet, verbe, complément ;
- choisir des phrases de forme affirmative et active ;
- privilégier les mots courts d'une ou de deux syllabes ;
- répéter les informations ;
- s'adresser directement au lecteur.

Aussi, sur le plan du contenu de l'information, l'infirmière doit :

- expliquer simplement les termes médicaux incontournables ;
- appuyer les notions au moyen d'illustrations ou de diagrammes (Pédagogie interactive en promotion de la santé, 2010).

Généralement, on trouve assez facilement des documents d'information à la bibliothèque des établissements de santé, à la pharmacie, à la bibliothèque municipale, dans les organismes fédéraux, les universités, les organismes bénévoles, les centres de recherche et sur Internet. L'infirmière doit examiner la validité de la documentation, y compris celle des outils disponibles sur Internet, avant de s'en servir auprès de la clientèle. En plus de vérifier l'indice de lisibilité, il est recommandé d'évaluer ces aspects : 1) l'exactitude ; 2) l'exhaustivité ; 3) la pertinence au regard des objectifs fixés ;

FIGURE 4.4

L'enseignement peut se faire entre pairs dans un groupe de soutien, comme c'est le cas pour les troubles alimentaires.

4) l'intérêt visuel soutenu par des illustrations ou des diagrammes ; 5) le développement d'une idée principale par dépliant ou par outil d'information ; 6) l'utilité de l'information par rapport aux besoins exprimés par le client ; 7) le respect démontré envers le genre et la culture (Conseil canadien sur l'apprentissage, 2008). Il est important de noter que la documentation faisant la promotion de produits commerciaux ou subventionnés par des entreprises commerciales devrait être utilisée avec discernement.

La clientèle fait maintenant un usage régulier d'Internet pour recueillir de l'information. Une personne peut rapidement y trouver des renseignements en lien avec sa maladie, les médicaments, les traitements et les chirurgies disponibles. L'infirmière aura pour tâche d'aider le client à faire le tri dans cette manne d'information pour ne retenir que les sources valables, fiables et utilisables. Bien saisir les particularités de la recherche en ligne et aider le client à reconnaître de l'information médicale valable est essentiel de la part de l'infirmière (Anderson & Allee, 2004). Le Pew Internet Project a permis de découvrir que 80 % des internautes américains sont en quête d'information de nature médicale (Fox, 2008). Certaines conditions permettent de prédire qu'une personne aura recours au Web pour ce genre de recherche : une connexion haute vitesse, l'appartenance à un groupe d'âge relativement jeune, un niveau d'éducation postsecondaire et une connaissance technologique (Fox, 2008 ; Watson, Bell, Kvedar, & Grant, 2008). Les personnes souffrant d'affection chronique se tournent plus facilement vers l'information en ligne pour prendre une décision en matière de santé (Fox, 2008). L'infirmière encouragera sa clientèle à privilégier les sites Web universitaires ou gouvernementaux (p. ex., celui de Santé Canada ou du MSSS), ou encore ceux tenus par des associations de santé reconnues (p. ex., Diabète Québec, la Fondation des maladies du cœur, l'Association pulmonaire du Québec et Info-Santé, ce dernier proposant un répertoire des meilleurs sites Web pour la santé des Québécois [www.info-sante.info]). La rubrique consacrée aux diverses ressources en fin de chapitre présente des sites Web choisis qui peuvent guider l'infirmière dans la préparation de l'enseignement et l'aider à aiguiller la clientèle.

Bien que le nombre de personnes âgées ayant adopté Internet augmente sensiblement, une partie de cette clientèle risque de n'avoir ni la faculté, ni la patience, ni la connaissance technologique pour repérer l'information utile. Il existe des organismes dont la vocation est de promouvoir la qualité de vie des aînés ; ces ressources peuvent les guider vers les sites Web de navigation facile et vers des dépliants informatifs sur les sources en ligne fiables (p. ex., celui de l'Association québécoise de défense des droits des personnes retraitées et préretraitées [www.aqdr.org]). En matière de recherche en ligne, les personnes âgées vivent certains facteurs contraignants : accès restreint à un ordinateur, difficulté de connexion, désintérêt et collecte d'information inexacte (Anderson & Klemm, 2008). L'évolution de la connexion à Internet dans les hôpitaux aide l'infirmière à offrir à un plus grand nombre de clients de l'information en ligne et à les guider sur la manière de faire une recherche.

La quantité et la complexité des moyens technologiques qui s'offrent à l'infirmière et à sa clientèle augmentent à grande vitesse. La télésanté, la vidéo interactive, la communication sans fil et la baladodiffusion sont quelques exemples des moyens au service du client pour l'aider à prendre sa santé en main. La **télésanté** se rapporte à la technologie permettant d'offrir de l'information et des services professionnels à une personne par le truchement des télécommunications. On aura recours à un service de télésanté pour suivre à distance le rythme cardiaque et les signes vitaux d'un client, ou pour inculquer des notions à une personne souffrant du cancer (Harless, Zier, Duncan, Hudak, McGarvey, & McLeod, 2007). La technologie sans fil permet également de surveiller la glycémie d'une personne. L'infirmière doit se familiariser avec ces technologies avant de pouvoir transmettre un enseignement. À n'en pas douter, les soins au client reposeront sur des techniques de plus en plus perfectionnées, de sorte qu'une infirmière devra rester au fait des percées technologiques pour bien les utiliser dans ses enseignements.

4.3.4 Interventions cliniques

Durant la mise en œuvre de son plan d'enseignement, l'infirmière utilise les stratégies retenues pour livrer l'information utile et expliquer les habiletés à acquérir. Elle intègre dans le processus des techniques de communication verbale et non verbale, l'écoute active, l'écoute attentive et l'empathie. Selon le portrait qu'elle s'est fait de l'apprenant — à partir de ses particularités physiques, psychologiques, socioculturelles et de sa capacité d'apprentissage —, elle évalue le degré d'implication de cette personne. Dans la mesure du possible, il faut inclure le proche aidant dans les séances d'apprentissage.

Les principes de l'andragogie et les particularités de cette clientèle doivent dicter la mise en œuvre du plan d'enseignement. Bien que le renforcement positif et les compliments soutiennent l'apprentissage, l'infirmière doit éviter d'utiliser des expressions telles que « Voyez comme vous êtes capable ! », qui pourraient infantiliser ou rabaisser l'adulte. Certaines techniques visant à faciliter l'enseignement à l'adulte figurent au **TABLEAU 4.4**.

4.3.5 Évaluation des résultats

L'évaluation est la dernière étape d'un processus d'apprentissage et mesure la réussite de la personne relativement aux objectifs préalablement fixés. La mesure des acquis se fait de façon continue tout au long de l'interaction entre l'infirmière et le client ou son proche aidant. Un objectif non atteint suppose que l'infirmière évalue de nouveau la personne et adapte le plan d'enseignement en conséquence.

Voici un exemple fictif. Une personne âgée souffrant de diabète est admise à l'hôpital alors que sa glycémie est de 22 mmol/L. L'étudiante infirmière lui prépare une injection d'insuline quand l'infirmière lui pose cette question : Allez-vous plutôt lui fournir l'insuline et en profiter pour observer la façon dont elle se l'administre ? L'étudiante lui répond non et ajoute que le client est diabétique depuis vingt ans. La logique voudrait en effet que la personne depuis longtemps diabétique sache s'injecter de l'insuline. Les deux infirmières décident de se rendre au chevet du client, lui demandent de préparer sa dose et constatent que le client remplit la seringue avec seulement 12 unités d'insuline, l'autre moitié restant vide. Il ne recevra donc pas la dose requise de 24 unités. Après avoir apporté le correctif et questionné le client, les infirmières concluent que celui-ci discerne mal les marques sur la seringue et qu'il s'est peut-être administré une dose d'insuline insuffisante depuis un long moment. Sa vue s'est détériorée depuis vingt ans, et il aura dorénavant besoin d'un instrument adapté pour s'autosoigner correctement. En conclusion, il est dangereux de présumer des connaissances d'une personne, et l'infirmière doit évaluer autant les nouvelles notions que celles déjà acquises.

Diverses techniques d'évaluation permettent de mesurer la compétence d'une personne en matière de connaissances, d'habiletés ou d'observance **TABLEAU 4.6**. Les objectifs d'apprentissage à long terme méritent souvent d'être l'objet d'un suivi après que la personne a reçu son congé de l'hôpital ou de la clinique. Avant le départ du client, l'infirmière devrait lui fournir par écrit un calendrier des visites de suivi et les références de ressources utiles. Il importe que l'entourage (famille et proches aidants) connaisse aussi les modalités du suivi afin de travailler au même objectif de prise en charge à long terme du client à l'égard de sa santé (Groupe Vigilance pour la sécurité des soins, 2006 ; The Joint Commission, 2008c).

La collecte de données est indispensable à l'efficacité du processus d'enseignement. De l'évaluation jusqu'aux mécanismes pour mesurer la réussite et assurer le suivi, l'infirmière doit recueillir tous les indices utiles. Une équipe de santé se compose de nombreux professionnels qui consultent les dossiers pour des motifs variés et dans diverses circonstances ; par conséquent, les objectifs d'enseignement, les stratégies employées et les résultats d'évaluation devraient être formulés avec clarté et exactitude, en plus d'être facilement repérables.

TABLEAU 4.6	Techniques d'évaluation des apprentissages du client et du proche aidant
TECHNIQUE	**STRATÉGIES ET EXEMPLES**
Procéder à une observation directe du client ou du proche aidant	• Demander à la personne de changer un pansement, car la reproduction de la démonstration permet de vérifier : — si la compétence est acquise ; — si des notions supplémentaires sont requises ; — si la personne ou le proche aidant peut entreprendre un autre apprentissage.
Observer les indices verbaux et non verbaux	• Il faudra reporter l'enseignement, le prolonger ou le modifier dans les cas suivants : — la personne ou le proche aidant demande de réentendre les explications ; — le contact visuel se perd ; — l'interlocuteur donne l'impression de s'affaisser dans son fauteuil ou son lit ; — l'interlocuteur montre des signes d'agitation ; — l'interlocuteur se demande s'il a bien compris.
Poser des questions ouvertes	• Une question ouverte force une réponse développée plus révélatrice que le simple oui ou non offert à une question fermée. • Poser des questions du genre : — À quelle fréquence prévoyez-vous changer de pansement ? — Que faut-il faire si vous éprouvez des douleurs thoraciques une fois de retour à la maison ?

TABLEAU 4.6	Techniques d'évaluation des apprentissages du client et du proche aidant *(suite)*
TECHNIQUE	**STRATÉGIES ET EXEMPLES**

S'entretenir avec le proche aidant	• Faire participer le proche aidant au processus d'évaluation, faute de pouvoir faire le suivi 24 heures sur 24 pour le personnel médical.
	• Poser des questions du genre :
	  – Comment est son appétit ?
	  – Comment cela va-t-il avec ses médicaments ?

Amener le client à évaluer ses propres progrès	• Demander à la personne ce qu'elle pense de ses progrès. • Intégrer les commentaires de la personne dans le processus d'évaluation. • Demander à la personne sur quoi elle se fonde pour mesurer sa réussite. • Vérifier auprès de la personne si elle est prête à passer à un nouvel apprentissage.

■ ■ ■ À retenir

VERSION REPRODUCTIBLE

www.cheneliere.ca/lewis

- Parmi les objectifs de l'enseignement, citons la promotion de la santé, la prévention des maladies, la gestion de la maladie ainsi que le choix d'un traitement approprié et sa mise en pratique.

- L'apprentissage est un processus d'acquisition d'un savoir ou d'une compétence qui procure une expérience capable d'induire chez la personne un changement de comportement durable.

- Chaque rapport avec un client ou un proche aidant doit être vu comme une occasion d'enseignement.

- Plus une personne a le sentiment d'exercer un contrôle sur sa situation, plus sa propension à changer s'intensifie.

- L'infirmière veillera à fixer des objectifs atteignables dès les premières séances pour favoriser le sentiment d'efficacité personnelle du client, particulièrement fragile en début de processus.

- Des divergences de vues peuvent survenir entre le client, le proche aidant et l'infirmière en ce qui a trait aux attentes de chacun et aux résultats de l'apprentissage.

- La conception d'un plan d'enseignement fructueux demande que l'infirmière tienne compte du contexte et des besoins du proche aidant.

- Un proche aidant appelé à s'occuper d'une personne pendant une longue période, et dans le contexte d'une maladie invalidante qui limite l'espérance de vie, s'expose au stress et à l'épuisement.

- La population fait maintenant un usage massif d'Internet pour recueillir de l'information sur les problèmes de santé.

- L'infirmière a également pour tâche d'aider les clients à faire le tri dans cette manne d'information pour ne retenir que les sources valables, fiables et utilisables.

Pour en savoir plus

VERSION COMPLÈTE ET DÉTAILLÉE

www.cheneliere.ca/lewis

 Références Internet

Organismes gouvernementaux

Agence de la santé publique du Canada > Promotion de la santé
www.phac-aspc.gc.ca

Santé Canada > Santé des Premières Nations, des Inuits et des Autochtones > Services de soins de santé > Cybersanté > Télésanté
www.hc-sc.gc.ca

Références générales

American Journal of Health Promotion
www.healthpromotionjournal.com

American Public Health Association
www.apha.org

Association canadienne de santé publique > Programmes, activités et politiques > La littératie et la santé > Portail de la littératie en santé
www.cpha.ca

Conseil canadien sur l'apprentissage
www.ccl-cca.ca

Everyday Health
www.everydayhealth.com

Info-Santé
www.info-sante.info

Organisation mondiale de la santé > Thèmes de santé > Promotion de la santé
www.who.int/fr

PasseportSanté.net
www.passeportsante.net

Promosanté
www.promosante.org

Réseau québécois de télésanté
www.rqt.qc.ca

 Monographies

Golay, A. (2010). *Comment motiver le patient à changer ?* Paris : Maloine.

 Articles, rapports et autres

Conseil canadien sur l'apprentissage (2008). *La littératie en santé au Canada : une question de bien-être.* www.ccl-cca.ca/pdfs/HealthLiteracy/Health LiteracyReportFeb2008F.pdf (page consultée le 17 avril 2010).

Eymard, C. (2008). *Modèles et démarches d'éducation thérapeutique : place des TIC dans les dispositifs.* Communication présentée dans le cadre du colloque *FORMA TIC Santé*, Nîmes, France. www.infiressources.ca

Groupe Vigilance pour la sécurité des soins (2006). *Ma santé, j'en prends soin.* http://publications.msss.gouv.qc.ca/acrobat/f/ documentation/2007/07-909-01.pdf (page consultée le 16 avril 2010).

Phaneuf, M. (2007). *Enseigner pour soigner.* www.infiressources.ca/fer/depotdocuments/ Enseigner_pour_soigner.pdf (page consultée le 11 novembre 2010).

Phaneuf, M. (2007). *La collecte de données, base de toute intervention infirmière.* www.infiressources.ca/fer/depotdocuments/ La_collecte_des_donnees_base_de_toute_ intervention_infirmiere.pdf (page consultée le 11 novembre 2010).

Robin-Quach, P. (2009). Connaître les représentations du patient pour optimiser le projet éducatif. *Recherche en soins infirmiers, 98*, 36-68.

4

CHAPITRE

5

Écrit par :
Margaret W. Baker,
RN, PhD, CNL
Margaret McLean Heitkemper,
RN, PhD, FAAN

Adapté par :
Clémence Dallaire, inf., Ph. D

Maladies chroniques et personnes âgées

Objectifs Guide d'études – SA16, SA18

Après avoir lu ce chapitre, vous devriez être en mesure :

- de décrire les principales causes de la maladie chronique et les stratégies de prévention dans ce domaine ;

- d'expliquer les caractéristiques de la maladie chronique ;

- de définir l'âgisme ;

- de définir les besoins propres aux diverses populations âgées ;

- d'expliquer les interventions infirmières qui peuvent améliorer la qualité de vie de la personne âgée atteinte de maladie chronique ;

- de décrire les troubles les plus courants qui frappent la personne âgée hospitalisée ou aux prises avec une maladie aiguë, de même que le rôle de l'infirmière dans certains soins particuliers ;

- de choisir les soins qui correspondent le mieux aux besoins de cette clientèle ;

- de décrire le rôle de l'infirmière dans la promotion de la santé, la prévention des maladies et l'offre de soins gérontologiques.

Concepts **clés**

Cette carte conceptuelle illustre schématiquement les principaux concepts décrits dans le présent chapitre. Sa lecture vous permettra d'avoir une vue d'ensemble des notions qui y sont présentées.

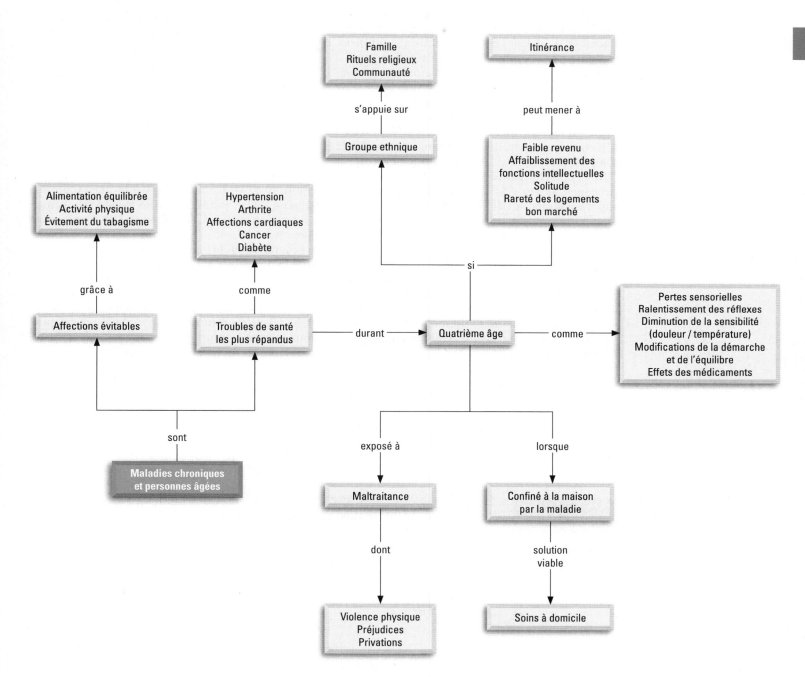

5.1 | Maladies chroniques

On distingue deux grandes formes de maladies : aiguë et chronique **TABLEAU 5.1**. À l'heure actuelle, le système de santé canadien est confronté au fardeau croissant de la maladie chronique. En effet, l'Organisation mondiale de la santé (OMS) prévoit qu'en 2015 les affections chroniques pourraient causer environ 89 % des décès (World Health Organization, 2005). La maladie chronique entraîne des difficultés au quotidien, mine la productivité ainsi que la qualité de vie. Le Canada consacre une large part des dépenses de santé aux soins entourant les maladies chroniques. Selon le Conseil canadien de la santé (CCS, 2007), « un tiers des Canadiens – soit environ neuf millions de personnes – souffrent d'au moins une des sept maladies chroniques [ciblées par l'organisme en raison de leur forte présence au sein de la population et de leurs répercussions sur le système de santé,] et la prévalence passe à plus de trois quarts des Canadiens parmi les personnes âgées de 65 ans et plus ». Ces affections sont l'arthrite, le cancer, la maladie pulmonaire obstructive chronique (MPOC), le diabète, les maladies du cœur, l'hypertension et les troubles de l'humeur. Dans une société marquée par le vieillissement de la population, le phénomène de la maladie chronique est préoccupant, à plus forte raison parce que la majorité des personnes âgées souffrent d'au moins deux de ces affections. Vivre avec une maladie chronique bouleverse non seulement la vie de la personne atteinte, mais également celle des proches aidants et de la famille. Le **TABLEAU 5.2** présente certaines des conséquences sociétales associées à diverses affections chroniques.

L'augmentation de la fréquence des maladies chroniques s'explique non seulement par l'allongement de l'espérance de vie, mais aussi par l'évolution de la société : l'augmentation des portions aux repas, l'accès plus difficile aux fruits et aux légumes frais, la réduction des périodes consacrées à l'activité physique à l'école, la technologie permettant désormais à l'humain d'économiser son énergie, la sédentarisation du travail, l'urbanisation et la configuration des habitats qui entravent les déplacements à pied. À tous ces changements s'ajoutent des facteurs de stress (Centers for Disease Control and Prevention, 2009).

5.1.1 Trajectoire de la maladie chronique

Une personne atteinte de maladie chronique peut vivre des épisodes d'aggravation, passant d'un état fonctionnel – durant lequel elle gère bien sa maladie – à un état instable qui exige parfois une aide extérieure. Corbin et Strauss (1991) ont proposé un modèle de la trajectoire vécue par le client qui montre bien le chevauchement des phases de la maladie **FIGURE 5.1**. Le **TABLEAU 5.3** décrit plus en détail chaque phase. Cette trajectoire illustre bien l'évolution de la plupart des maladies chroniques. Corbin et Strauss ont également défini sept tâches à entreprendre par le malade chronique pour arriver à composer avec sa maladie. Il est question de ces tâches dans les sections suivantes.

Prévention et gestion de crise

La majorité des maladies chroniques présentent un risque d'aggravation des symptômes pouvant mener à des incapacités ou au décès du client. Par exemple, une personne souffrant déjà d'une

TABLEAU 5.1	Caractéristiques des maladies aiguës et chroniques	
MALADIE	**DESCRIPTION**	**CARACTÉRISTIQUES**
Aiguë	Maladie d'apparition rapide et de courte durée (p. ex., le rhume, la grippe, la gastroentérite)	• Généralement guérissable • Réponse rapide au traitement • Complications rares • Retour éventuel à l'état de santé antérieur
Chronique	Maladie au parcours prolongé, non guérissable d'elle-même et rarement totalement curable	• Détérioration permanente de la santé ou écart par rapport à la norme • Modifications pathologiques irréversibles • Invalidité résiduelle • Réadaptation requise • Nécessité d'une gestion médicale ou d'un plan de soins à long terme

TABLEAU 5.2	Conséquences sociétales associées aux affections chroniques
AFFECTION	**RÉPERCUSSIONS AU CANADA**
Arthrite, arthrose, polyarthrite rhumatoïde	• Touche environ 4,2 millions d'adultes. • Constitue l'une des maladies chroniques les plus courantes. • Plus de 50 % des adultes aux prises avec l'arthrite sont limités dans leurs activités.
Cancer	• Chaque année, environ 170 000 nouveaux cas sont diagnostiqués dans la population adulte. • Représente la principale cause de décès prématuré.
Diabète	• Touche plus de un million de personnes. • Environ 700 000 Canadiens ignorent en être atteints. • Constitue la quatrième ou la cinquième cause de décès dans la plupart des pays industrialisés.
Maladies du cœur	• Touchent environ 1,3 million de personnes. • Chaque année, 67 000 personnes subissent une crise cardiaque. • Représentent la première cause de décès.
Accident vasculaire cérébral (AVC)	• Touche environ 300 000 personnes qui vivent ensuite avec les séquelles de cette maladie. • Chaque année, environ 50 000 personnes subissent un AVC, pour la première fois ou non. • Représente la troisième cause de décès.
Surpoids et obésité	• Touchent près de 60 % des adultes canadiens. • Sont un facteur de risque important dans l'apparition d'autres troubles de santé.
Maladies respiratoires	• Touchent plus de 3 millions de Canadiens. • Totalisent près de 12,18 milliards de dollars de dépenses chaque année. • Le nombre de personnes souffrant de telles maladies augmentera au fur et à mesure que vieillira la population.

Sources : Adapté de Fondation des maladies du cœur (2010) ; Institut canadien d'information sur la santé, Association pulmonaire du Canada, Santé Canada, & Statistique Canada (2001) ; Société canadienne du cancer (2010).

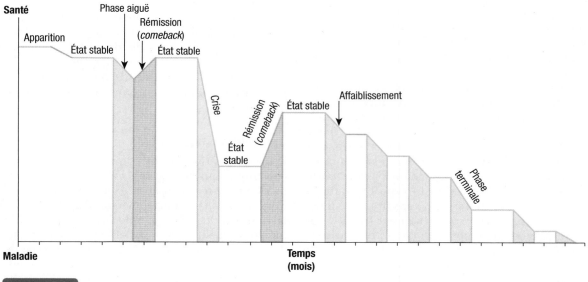

FIGURE 5.1

Corbin et Strauss (1991) ont proposé ce modèle pour illustrer la trajectoire de la maladie chronique. En théorie, l'évolution de la maladie chronique suit une série de phases.

TABLEAU 5.3	Trajectoire de la maladie chronique
PHASE	**DESCRIPTION**
Apparition	• Certains signes et symptômes de la maladie se manifestent. • La maladie est diagnostiquée.
État stable	• Le cours de la maladie et les symptômes sont maîtrisés grâce à un régime de traitement. • La personne maintient ses habitudes de vie.
Phase aiguë	• La maladie évolue et provoque des symptômes graves et persistants, ou des complications. • L'hospitalisation est nécessaire pour gérer l'état de santé.
Rémission (*comeback*)	• Le client retrouve progressivement une qualité de vie acceptable.
Crise	• L'affection prend une tournure potentiellement fatale. • Le recours aux soins d'urgence s'avère nécessaire.
État instable	• Il devient impossible de maîtriser l'évolution de la maladie et des symptômes. • La vie du client est perturbée malgré ses efforts pour stabiliser son état. • L'hospitalisation n'est pas nécessaire à ce stade.
Affaiblissement	• L'état physique et mental du client se détériore progressivement. • Les incapacités et les symptômes s'amplifient. • Le client doit constamment ajuster ses activités quotidiennes.
Phase terminale	• Le client renonce progressivement aux plaisirs et aux activités quotidiennes. • Le client se prépare à une mort aussi paisible que possible. • L'imminence du décès se mesure en semaines, en jours ou en heures.

Source : Adapté de Woog (1992).

affection cardiaque pourrait subir un infarctus du myocarde, tandis qu'une personne asthmatique, quant à elle, risque de souffrir d'une crise grave. Pour le client et sa famille, il importe d'apprendre à prévenir les crises et à les gérer efficacement quand elles surviennent, ce qui nécessite de reconnaître tout d'abord les dangers potentiels. En deuxième lieu, ils doivent élaborer des stratégies afin d'écarter ou de modifier le danger. Pour ce faire, le client doit généralement suivre son régime de traitement à la lettre. Une bonne connaissance des premiers signes cliniques d'une crise peut également s'avérer particulièrement utile. Selon le type de maladie chronique dont la personne souffre, les signes peuvent apparaître soudainement (p. ex., une crise chez le client épileptique) ou progressivement (p. ex., une insuffisance cardiaque chez le client souffrant d'une hypertension non soignée). Le client et son proche aidant bénéficieront de la planification d'une marche à suivre dans l'éventualité d'une crise.

Observance d'un régime de traitement

Suivre un régime de traitement représente une difficulté plus ou moins grande selon l'impact qu'il a sur le mode de vie. Habituellement, chacun adapte à sa façon le plan thérapeutique recommandé. Le **TABLEAU 5.4** présente les principales caractéristiques des régimes de traitement.

Contrôle des symptômes

Il importe qu'un client atteint d'une affection chronique apprenne à contrôler ses symptômes de manière à rester aussi actif que possible. Il peut repenser ses habitudes de vie et planifier davantage ses activités. Par exemple, le client qui souffre du syndrome du côlon irritable pourrait choisir de fréquenter des lieux qui offrent un accès facile à des toilettes. L'important est de connaître comment les symptômes se forment – apparition caractéristique, durée et intensité – de manière à organiser sa vie en fonction des risques.

Réorganisation de l'horaire et de la vie quotidienne

Le client atteint d'une affection chronique déplore souvent les pertes de temps entraînées par les soins. Un plan de traitement accaparant, que ce soit pour le client ou ses proches aidants, peut nécessiter une réorganisation de la vie quotidienne, voire l'abandon de certaines activités.

Adaptation aux épisodes de la maladie

L'évolution de certaines maladies, la sclérose en plaques notamment, reste imprévisible et complique de ce fait le plan de vie du client. Le client qui souffre d'une maladie chronique doit apprendre à l'intégrer à son quotidien et à reconstruire sa perception de soi.

Lutte contre l'isolement social

La maladie chronique peut isoler le client, soit parce qu'il délaisse progressivement ses activités sociales, soit parce que son entourage l'évite. Il suffit de penser à une personne souffrant d'aphasie, à la suite d'un AVC, qui pourrait s'empêcher de sortir faute de pouvoir parler et communiquer adéquatement avec les autres.

Normalisation des rapports avec autrui

La plupart des personnes atteintes d'une maladie chronique gèrent leurs symptômes en cachant les incapacités ou les atteintes physiques qui les affligent. Si certains ont le réflexe de porter une prothèse, d'autres tentent de faire la preuve qu'ils peuvent fonctionner comme toute personne en santé. Par exemple, une personne atteinte d'une MPOC peut, au cours d'une promenade, faire semblant d'examiner une plante ou une vitrine pour reprendre son souffle.

5.1.2   Prévention de la maladie chronique

Bien que les maladies chroniques soient responsables des troubles de santé les plus répandus et les plus coûteux de la société, ce sont souvent des affections évitables. Des comportements sains, tels

TABLEAU 5.4	Caractéristiques des régimes de traitement
CARACTÉRISTIQUE	**EXEMPLE**
Complexité	Fonctionnement du matériel d'hémodialyse
Investissement de temps	Changement de pansement quatre fois par jour
Douleur et inconfort	Injection quotidienne d'héparine dans l'abdomen
Dimension inesthétique	Trachéostomie
Lenteur des progrès	Réduction de l'hypercholestérolémie par un régime ou des médicaments

qu'une alimentation équilibrée, la pratique régulière d'une activité physique et le refus du tabagisme, peuvent prévenir les risques d'affection chronique ou à tout le moins en atténuer les conséquences (Agence de la santé publique du Canada, 2010). Les comportements qualifiés de préventifs englobent les mesures prises par la personne, seule ou en groupe, pour diminuer les risques de maladie. Ils se distinguent des traitements curatifs, car ils surviennent à un stade où la personne ne présente aucun signe d'une maladie particulière.

La santé préventive comporte deux phases : la prise de décision et l'action. La **prévention primaire** concerne des mesures qui privilégient une saine alimentation, l'exercice physique régulier et les comportements favorables à l'immunité contre certaines maladies. La **prévention secondaire** se rapporte quant à elle aux actions visant le dépistage des maladies et qui permettent une intervention rapide contre la progression d'une affection déclarée.

Jugement clinique

Capsule

Madame Aalana Llanfair, 64 ans, est d'origine galloise. Elle souffre d'embonpoint et d'insuffisance cardiaque. Elle dit comprendre l'importance de prendre ses médicaments et de suivre un régime pour maigrir. Elle sait qu'elle aura à faire contrôler son taux de cholestérol sanguin régulièrement.

Quel niveau de prévention est illustré dans cette courte situation ?

Soins et traitements infirmiers

CLIENT ATTEINT D'UNE MALADIE CHRONIQUE

Le diagnostic ainsi que la gestion des épisodes critiques d'une maladie chronique constituent des interventions très souvent effectuées en milieu hospitalier. Les autres phases d'une maladie chronique sont habituellement traitées dans les services de soins ambulatoires, les groupes de médecine familiale (GMF), les centres de santé et de services sociaux (CSSS), les cliniques spécialisées ou dans le cadre d'un programme de soins à domicile. Une maladie chronique s'accompagne régulièrement de multiples troubles de la santé, dont l'évolution est aussi lente qu'incertaine. La gestion au

quotidien d'une telle affection peut grandement perturber la vie et la perception de soi du client, de son proche aidant et de sa famille.

Même si l'évaluation de la santé du client concerne surtout la progression de la maladie aiguë ou chronique, elle comporte aussi un volet analysant le degré d'autonomie quotidienne qui peut être diminué par la maladie chronique. La santé fonctionnelle englobe les activités de la vie quotidienne (AVQ) comme se laver, s'habiller, manger et aller aux toilettes. Les activités de la vie domestique (AVD), telles que l'usage du téléphone, la capacité de faire les emplettes, la préparation des repas, le ménage, la lessive, l'organisation des déplacements, la prise des médicaments et la gestion des finances personnelles, sont également pris en compte dans l'évaluation de la santé fonctionnelle.

Comme le système de santé traite la majorité des affections chroniques dans le milieu de vie, il importe que le client et son proche aidant comprennent les enjeux de la maladie et apprennent à autogérer leur état de santé. Le terme autogestion fait référence à la capacité d'une personne à gérer ses symptômes, son traitement, les conséquences physiques et psychosociales de sa maladie ainsi que les transformations à son mode de vie que les soins de longue durée peuvent causer (Corbin & Strauss, 1991 ; Coster & Norman, 2008).

Une des responsabilités de l'infirmière consiste à enseigner au client comment autogérer sa maladie chronique. Elle entame ce processus avec le client et son proche aidant dès l'établissement du plan de soins, s'assure de leur transmettre l'information nécessaire pour qu'ils adoptent des stratégies de gestion des symptômes avant d'évaluer le succès de la démarche.

Le proche aidant et la famille sont souvent appelés à jouer un rôle prépondérant dans les soins à la personne atteinte d'une maladie chronique. Idéalement, un membre de la famille, le conjoint en général, collabore aux autosoins. L'équipe de santé supervise la mise en œuvre de ce partenariat au moment de poser le diagnostic. Lorsque le proche aidant est une personne âgée, possiblement atteinte elle aussi d'une affection chronique, les complications risquent de se multiplier.

Le rôle du proche aidant consistera sans doute à : 1) assumer en plus de ses responsabilités habituelles certaines des tâches auparavant accomplies par la personne malade ; 2) s'ajuster aux changements inhérents à l'évolution de la maladie ; 3) composer avec le sentiment d'être dépassé sur les plans physique et psychologique ; 4) s'adapter aux changements de perception de soi et dans les relations sociales que peut entraîner la maladie pour toute la famille ▶ 6 .

6

Les facteurs de stress et les besoins exprimés par le proche aidant sont abordés dans le chapitre 6, *Soins communautaires et soins à domicile.*

5.2 | Personnes âgées

5.2.1 Portrait démographique du vieillissement

Au cours des trois dernières décennies, la population de personnes âgées (les 65 ans et plus) a connu la croissance la plus rapide. Environ 4,3 millions de Canadiens se trouvent dans cette tranche d'âge, ce qui représente 13,2 % de la population (Statistique Canada, 2007). D'ici 2026, la proportion de personnes âgées dans l'ensemble de la population devrait atteindre 21,2 %. Pour ce qui est du nombre de Canadiens de 85 ans et plus, il devrait doubler d'ici 2026, passant de 500 000 à 900 000 (Statistique Canada, 2007). Cette hausse spectaculaire s'explique en partie par le vieillissement des *baby-boomers* (nés entre 1945 et 1960) dont les premières cohortes ont atteint l'âge de 65 ans en 2010. Notons que les nouvelles générations de personnes âgées se distingueront des précédentes par leur niveau d'instruction et leur accès à la technologie et aux ressources (McGinnis & Zoske, 2008). Par ailleurs, environ 90 % des personnes âgées demeurent dans leur maison, c'est-à-dire en ménage privé (Lefebvre, 2003).

Au Canada, le recensement de 2006 a dénombré plus de 200 communautés culturelles différentes, et 11 d'entre elles ont franchi la barre du million de membres. Les minorités représentent donc 16,2 % de l'ensemble de la population du Canada et de ce pourcentage, 7,3 % sont des aînés. Au Québec, les Noirs et les Arabes forment les deux principales minorités visibles (Statistique Canada, 2009).

Au nombre des facteurs encourageant le vieillissement de la population, il faut noter une moindre fréquence de certaines maladies courantes au début du XXe siècle, telles la grippe et la diarrhée, qui étaient responsables d'une grande mortalité chez les personnes âgées, de même que l'augmentation de l'espérance de vie. À ce chapitre, le recours aux médicaments, incluant les antibiotiques et la chimiothérapie, les nouvelles technologies, la prévention et le dépistage précoce représentent autant d'avancées qui expliquent que les Canadiens vivent plus longtemps qu'avant.

Un Canadien né entre 2005 et 2007 peut espérer atteindre l'âge de 80,5 ans, soit 12 ans de plus qu'un enfant ayant vu le jour en 1950. Statistique Canada prévoit d'ailleurs que l'espérance de vie continuera de grimper pour les hommes et pour les femmes. L'organisme estime que les personnes ayant franchi le cap des 65 ans entre 2005 et 2007 vivront en moyenne 84,8 ans (soit 86,3 ans chez la femme et 83,1 ans chez l'homme) (Statistique Canada, 2010).

Le groupe d'âge qui connaît l'accroissement de sa population le plus marqué est celui des 85 ans et plus **FIGURE 5.2**. En effet, la population du quatrième âge a augmenté de 250 % depuis 1960. Les expressions « troisième âge » (65 à 75 ans) et « quatrième âge » (85 ans et plus) permettent de distinguer ces deux groupes, introduisant une nuance pertinente compte tenu des caractéristiques et des nécessités qui leur sont propres. La personne du quatrième âge est souvent une femme veuve qui dépend du soutien de sa famille ou de ses proches. Nombre de ces femmes ont survécu à leurs enfants, à leur conjoint et à leur fratrie. Elles sont généralement considérées comme des personnes génétiquement fortes. Étant donné leur longue feuille de route, elles deviennent en quelque sorte une icône

FIGURE 5.2
Les personnes de 85 ans et plus représentent le groupe d'âge qui connaît l'accroissement le plus marqué au Canada.

familiale, incarnant la tradition et l'héritage d'une lignée. Les personnes âgées fragiles, quant à elles, ont généralement plus de 75 ans et souffrent d'incapacités physiques ou mentales suffisamment importantes pour les empêcher de bien gérer le quotidien. Le sujet des personnes âgées fragiles est abordé plus loin.

5.2.2 Attitudes à l'égard du vieillissement

À partir de quand est-on vieux? La réponse à cette question dépend de l'âge et des perceptions de la personne interrogée. Il importe pour l'infirmière de reconnaître le vieillissement comme un phénomène normal sans lien avec la maladie. L'âge ne représente finalement qu'une succession d'années, et il est soumis à de nombreux facteurs : santé physique et psychologique, niveau de développement physique et psychologique, statut socioéconomique, culture et origine ethnique, entre autres.

À mesure que la personne avance en âge, le vécu s'intensifie et se diversifie. Le bagage de celle-ci devient si distinct avec les années qu'il est tout à fait normal que la population âgée soit la plus hétérogène de toutes. L'infirmière qui procède à l'évaluation d'une personne âgée fera bien de garder à l'esprit cette diversité. Quelle perception le client a-t-il de son âge? Voilà également un point à vérifier. Une personne âgée en mauvaise santé entretient une perception plus négative à l'égard de son âge et de son état qu'une autre dont la santé est bonne (Levasseur, St-Cyr Tribble, & Desrosiers, 2008). Bien que la notion d'âge soit importante, il se peut que l'équipe soignante ne tienne pas compte de ce facteur dans son choix du traitement à offrir.

Dans la société, la médiatisation des nouvelles entourant des personnes âgées en difficulté alimentent souvent les mythes et les stéréotypes liés au vieillissement. Toutes ces idées préconçues trompent le jugement et peuvent non seulement affecter l'évaluation, mais également restreindre le champ d'intervention. Une infirmière qui s'imagine, par exemple, que les personnes âgées ont une mentalité rigide, pourrait omettre de discuter avec son client de nouvelles possibilités de traitement.

L'**âgisme** est une attitude de discrimination fondée sur l'âge (Luggen & Touhy, 2008). Cette forme de ségrégation entraîne malheureusement des inégalités dans les soins offerts aux personnes âgées. L'infirmière qui adopte une attitude négative à l'endroit de ces personnes entretient peut-être elle-même des craintes face au vieillissement ; il se peut aussi qu'elle soit mal informée sur ce processus naturel et sur les besoins spécifiques à cette période de l'existence. Il importe par conséquent d'acquérir de nouvelles connaissances sur le sujet, voire de chercher à multiplier ses contacts avec des personnes vieillissantes, autonomes et en bonne santé.

5.2.3 Vieillissement du point de vue biologique

Sur le plan physique, le vieillissement se traduit par la perte progressive des fonctions biologiques. Durant ce processus normal, la fertilité décroît tandis que les risques de mortalité augmentent. L'étiologie du vieillissement fait encore l'objet de recherches, mais il est possible d'imaginer que de multiples facteurs entrent en jeu : génétique, stress oxydatif, alimentation et milieu de vie (Gomez-Mejiba *et al.*, 2008 ; Schumacher, Hoeijmakers, & Garinis, 2008). En résumé, le vieillissement biologique serait conditionné, d'une part, par des éléments favorables tels qu'une saine alimentation, la pratique régulière d'une activité physique, le soutien des proches ainsi que des habiletés d'adaptation et, d'autre part, par des éléments négatifs comme l'obésité, les comportements risqués (p. ex., le tabagisme), la maladie chronique et un stress générateur de difficultés d'adaptation **FIGURE 5.3**.

Au chapitre du vieillissement biologique, les recherches actuelles poursuivent l'objectif d'allonger l'espérance de vie tout en veillant au maintien de l'état de santé à partir du troisième âge. Les chercheurs espèrent concevoir éventuellement des thérapies antivieillissement qui contribueront à ralentir ou à stopper les changements attribuables à l'âge et responsables des maladies chroniques et des incapacités. Des recherches effectuées sur des populations de souris et de rats ont montré qu'une restriction calorique (une réduction de 25 à 50 % de l'apport alimentaire, plus précisément) coïncidait avec une augmentation de la longévité (Gems & Partridge, 2008). Bien que la restriction calorique chez ces animaux ait entraîné une diminution de l'activité

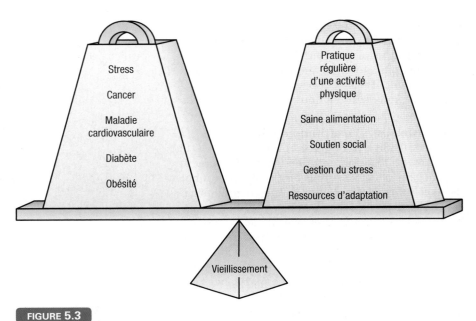

FIGURE 5.3

Il est possible de considérer le processus de vieillissement comme une sorte d'équilibre entre des facteurs négatifs et positifs.

métabolique, il est encore prématuré de lier directement ces deux phénomènes. Il se pourrait que la restriction calorique modifie la constitution corporelle, le métabolisme et les hormones qui favorisent la santé cellulaire (Martin, Golden, Egan, Mattson, & Mausley, 2007). Une autre étude a pour sa part démontré que les adultes qui coupent leur apport alimentaire quotidien de 25 % réduisent à la fois leur insulinémie à jeun et leur température corporelle, deux facteurs associés à la longévité dans les études expérimentales sur les animaux (Jett, 2008a).

Le mythe de la jeunesse éternelle existe depuis la nuit des temps. Des scientifiques ont mené des recherches avec un certain nombre de nutriments pour en mesurer la portée dans la lutte contre la dégradation cellulaire (p. ex., le bétacarotène, le sélénium, la vitamine C et la vitamine E). Jusqu'à maintenant, les résultats ne permettent pas de conclure que des doses élevées de ces éléments nutritifs peuvent contrer l'apparition de maladies chroniques telles que les affections cardiaques et le diabète (National Institute on Aging, 2008). Il faudra approfondir ces études avant de pouvoir conclure que certains nutriments peuvent bel et bien freiner le vieillissement ou améliorer le fonctionnement physiologique de la personne âgée.

5.2.4 Modifications physiologiques liées au vieillissement

Le vieillissement entraîne des changements dans toutes les fonctions biologiques. Il s'agit d'un processus normal et progressif. Par ailleurs, l'âge

2

Les principaux déterminants responsables des inégalités en santé sont décrits dans le chapitre 2, *Compétences culturelles et inégalités en santé*.

auquel ces modifications deviennent visibles varie d'une personne à l'autre, tout comme les systèmes et les appareils de l'organisme ne se dégradent pas au même rythme chez une personne. Une femme peut avoir grisonné à l'âge de 45 ans et avoir une peau relativement peu ridée à 80 ans. L'infirmière doit procéder à l'évaluation des modifications diverses qui sont liées au vieillissement.

5.2.5 Personne âgée dans une situation particulière

Personne âgée atteinte d'une maladie chronique

Pour bon nombre de personnes âgées, vivre avec une maladie chronique fait partie du quotidien. Les affections chroniques peuvent évidemment toucher les jeunes, mais leur apparition survient habituellement plus tard dans la vie. En effet, le nombre de cas de maladie chronique triple à partir de l'âge de 45 ans. La majorité des personnes de 65 ans et plus est atteinte d'au moins une affection chronique, et plusieurs souffrent de troubles multiples. Parmi les maladies chroniques les plus répandues chez les personnes âgées, il y a l'hypertension, l'arthrite, les affections cardiaques, le cancer et le diabète (CCS, 2007). D'autres états chroniques sont fréquents : perte visuelle et auditive, maladie d'Alzheimer, ostéoporose, fracture de la hanche, incontinence urinaire, AVC, maladie de Parkinson et dépression (Jett, 2008b).

Femme âgée

Pour la femme, l'impact du vieillissement sur le corps ne constitue pas la seule source d'insécurité. Beaucoup de facteurs entraînent des répercussions négatives sur la santé de la femme qui avance en âge **TABLEAU 5.5**. Des ressources financières limitées ainsi qu'une plus grande longévité chez la femme que chez l'homme exercent nettement une influence sur cette situation. Les femmes ont souvent moins accès à des soins de santé de qualité, ce qui renforce les inégalités entre les sexes ▶ **2**.

Grâce à ses interventions, l'infirmière peut faire avancer la cause des femmes en matière d'accès aux soins de santé et du financement de la recherche orientée vers cette clientèle. Au Québec, le Conseil du statut de la femme est un organisme de consultation et d'étude qui veille à promouvoir et à défendre les droits des Québécoises. De son côté, l'AFEAS (Association féminine d'éducation et d'action sociale) regroupe 13 000 Québécoises intéressées à défendre les droits des femmes et à améliorer la société par l'éducation et l'action sociale. L'AFEAS milite notamment pour faire reconnaître le travail invisible des femmes, et demande des soins de santé et des mesures en faveur de la sécurité des personnes âgées. Condition féminine Canada est un organisme fédéral favorisant la pleine participation des femmes à la vie économique, sociale et politique du pays. Sa mission consiste à faire la promotion de l'égalité des sexes et à éliminer les obstacles à la participation des femmes à la société, en se concentrant sur l'amélioration de leur sécurité économique et sur l'élimination de la violence à leur endroit. Ces organismes peuvent aussi apporter un soutien aux femmes âgées.

Personne âgée avec déficience cognitive

Chez la majorité des personnes âgées en bonne santé, le déclin des capacités intellectuelles n'est pas perceptible. La personne vieillissante peut commettre des oublis sans grande importance, faciles à distinguer de la déficience cognitive. Il s'agit tout simplement de pertes de mémoire causées par la dégénérescence liée à l'âge. Le **TABLEAU 5.6** énumère certains effets du vieillissement sur le fonctionnement cérébral.

L'infirmière peut inciter la personne vieillissante victime de petits oublis à se servir de pense-bêtes dans un environnement calme et propice à la réflexion, voire à recourir à des jeux destinés à améliorer sa mémoire. Une minuterie, un calendrier, un bloc-notes, une dosette portant des instructions, un avertisseur placé sur la cuisinière, un pendentif ou un bracelet qui portent une plaque d'identité sont autant d'aide-mémoire. Par ailleurs, la mémoire peut être musclée par des jeux d'associations de mots, l'imagerie mentale et la mnémotechnique.

Le déclin de la santé physique peut précipiter l'affaiblissement des fonctions intellectuelles. Chez la personne âgée qui éprouve des pertes sensorielles, ou qui souffre d'insuffisance cardiaque ou de maladie vasculaire cérébrale, les capacités cognitives peuvent diminuer sensiblement (Hoth, Poppas, Moser, Paul, & Cohen, 2008). L'évaluation des facultés doit se concentrer sur la capacité fonctionnelle, le rappel de la mémoire, le sens de l'orientation, le jugement critique et l'état émotionnel. Des modèles d'évaluation de l'état émotionnel et des comportements permettent ensuite de dresser un portrait des capacités cognitives de la personne ▶ **22**.

Personne âgée vivant en milieu rural

Les personnes âgées de plus de 65 ans sont moins enclines à vivre en milieu urbain que les adultes plus jeunes. Toutefois, la vie en milieu rural leur pose certains défis en raison de cinq obstacles aux soins : 1) moyens de transport moins accessibles; 2) rareté des centres de santé et des

Différences hommes-femmes

TABLEAU 5.5	Personnes âgées
HOMMES	**FEMMES**
• L'homme est probablement marié. • Le revenu de retraite est généralement plus élevé chez l'homme. • L'homme est moins souvent impliqué dans une tâche de proche aidant. • L'homme est atteint d'un moins grand nombre d'affections chroniques que la femme.	• La femme est probablement seule. • La femme vit plus souvent sous le seuil de pauvreté que l'homme. • La femme vit généralement sous le seuil de pauvreté lorsqu'elle est issue d'une minorité. • La femme n'ayant pas eu d'emploi rémunéré a des revenus moindres. • La femme est plus dépendante de l'aide sociale pour ses revenus. • La femme est plus souvent le proche aidant du conjoint. • La femme est plus touchée par les affections chroniques (p. ex., l'arthrite, l'hypertension, un AVC, le diabète).

Changements liés à l'âge

TABLEAU 5.6	Effets du vieillissement sur les facultés mentales
FONCTION MENTALE	**EFFET DU VIEILLISSEMENT**
Intelligence fluide	Décline à compter du milieu de l'âge adulte
Intelligence cristallisée	S'améliore
Vocabulaire et raisonnement verbal	S'améliore
Perception spatiale	Se maintient ou s'améliore
Synthèse de nouvelles données	Décline à l'âge moyen
Vitesse du traitement de l'information	Décline à l'âge moyen
Mémoire à court terme	Décline à l'âge avancé
Mémoire à long terme	Se maintient

professionnels; 3) insuffisance des services spécialisés; 4) isolement social; 5) revenus moindres (Grymonpre & Hawranik, 2008). Beaucoup de personnes âgées vivant à l'extérieur des villes angoissent avec raison à l'idée de perdre leur autonomie. De plus, cette tranche de la population est souvent moins portée sur la prévention et les comportements sains (Plonczynski, Wilbur, Larson, & Thiede, 2008).

Le déficit cognitif et la démence cognitive sont abordés en détail dans le chapitre 22, *Interventions cliniques – Démence et maladie d'Alzheimer.*

L'infirmière qui œuvre auprès de personnes vieillissantes en milieu rural doit comprendre les valeurs et les comportements associés à ce mode de vie **FIGURE 5.4**. Un professionnel de la santé doit d'abord tenir compte des difficultés de déplacement de ces gens. Des solutions de rechange pourront être envisagées : les ressources disponibles sur Internet, le clavardage et les sites de dialogue en ligne, les vidéos, les stations de radio, les centres communautaires et les événements paroissiaux offrent des occasions de faire de la prévention et de procéder à un dépistage dans le milieu. L'avancement des technologies ouvre toutes sortes de possibilités de télésoins et de suivi auprès des personnes vivant en région éloignée. La pratique infirmière n'échappe pas à l'innovation, et les initiatives qui permettent d'encadrer la personne âgée en milieu rural sont les bienvenues (Horn, 2008).

Personne âgée itinérante

Les régions où la population de sans-abri augmente voient nécessairement le nombre de personnes âgées sans logis grimper aussi. Certains facteurs conduisent à l'itinérance : 1) un faible revenu ; 2) un affaiblissement des fonctions intellectuelles ; 3) la solitude ; 4) la rareté des logements bon marché. Au sein de la clientèle âgée, il y a les sans-abri chroniques, et ceux qui se sont retrouvés dans la rue à cause d'une maladie ou de leur situation économique.

RAPPELEZ-VOUS...

Le système de mesure de l'autonomie fonctionnelle (SMAF) sert à évaluer les capacités fonctionnelles des personnes âgées ou handicapées vivant à domicile ou en établissement.

Le sans-abri âgé affiche un taux de mortalité trois fois plus important que son semblable logé (Jett, 2008c). Ses troubles de santé sont plus nombreux, et les effets du vieillissement, plus apparents. Il est aussi plus à risque de maladies, car les services de santé consacrés à cette population ne sont pas conçus pour aller au-devant de ses besoins. Le sans-abri vieillissant est moins enclin à recourir aux refuges et aux centres de repas communautaires. Le centre hospitalier de soins de longue durée (CHSLD), en particulier pour la personne seule qui souffre de déficience cognitive, constitue souvent la solution à l'itinérance. C'est peut-être par crainte de se voir placée en établissement que la personne évite les organismes d'aide aux sans-abri. Pour prodiguer des soins aux personnes âgées itinérantes, il faut créer des équipes interdisciplinaires (comprenant des infirmières, des médecins, des travailleurs sociaux et des administrateurs) et les mettre en relation avec des cliniques, des pharmacies et les services communautaires grâce à des transports publics adaptés.

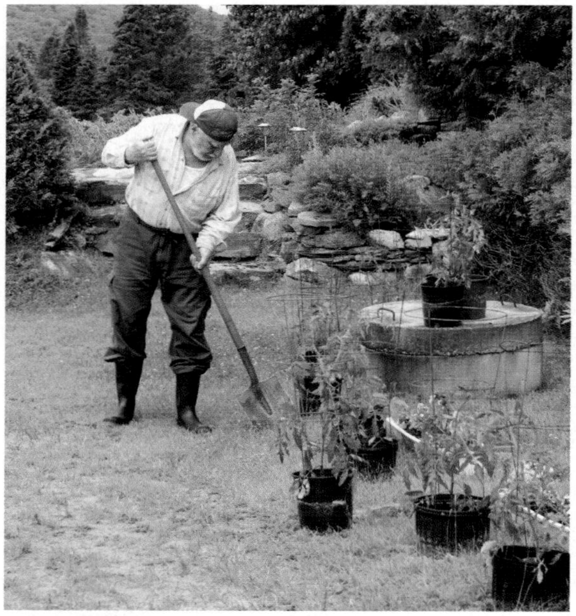

FIGURE 5.4

Les personnes âgées qui vivent en milieu rural apprécient souvent les activités extérieures telles que le jardinage.

Personne âgée fragile

La personne âgée fragile se trouve dans une situation de grande vulnérabilité du fait d'une santé déclinante et de ressources insuffisantes. Il faut mesurer la fragilité en prenant en considération le facteur de risque et non l'âge, car le vieillissement ne représente qu'une composante de sa vulnérabilité. La fragilité se définit par la réunion d'au moins trois des caractéristiques suivantes : une perte de poids rapide (supérieure ou égale à 4,5 kg en un an), un manque de force, un faible niveau d'endurance et d'énergie, une motricité lente et une activité réduite (Jett, 2008d). Pour cette personne, le risque de souffrir d'une incapacité, de multiples maladies chroniques et de démence augmente. Les fumeurs, les personnes ayant connu des épisodes de dépression et des problèmes de santé récurrents ou qui affichent une insuffisance pondérale risquent davantage de devenir fragiles. Les personnes très âgées (85 ans et plus) sont également plus exposées à ce genre de perte d'autonomie, même si bon nombre d'entre elles sont encore de robuste constitution.

La personne âgée fragile peine à s'adapter au déclin de ses fonctions et de son énergie. Un événement générateur de stress (p. ex., la perte d'un animal de compagnie) ou une activité quotidienne épuisante (p. ex., les soins prodigués au conjoint) ont tendance à écraser cette personne, qui risque ensuite de tomber malade. Elle subit plus souvent une perte de mobilité, de sensations, de cognition, fait davantage de chutes et devient encore plus vulnérable à la maladie. Il faut garder à l'esprit que la personne fragile s'épuise facilement, a peu de résistance physiologique, risque de souffrir d'incapacité et de maltraitance, et qu'elle est plus souvent placée en établissement.

L'infirmière doit également surveiller les risques de malnutrition et de déshydratation liés à la solitude, à la dépression et au manque de ressources financières. La perte cognitive et sensorielle, des soins dentaires déficients, l'épuisement ainsi qu'une mobilité réduite peuvent également causer ces phénomènes. Puisque de nombreuses personnes âgées fragiles prennent une variété de médicaments et que ces derniers peuvent entraîner une perte d'appétit, un déséquilibre de l'état nutritionnel peut survenir ; l'infirmière doit ainsi vérifier l'apport quotidien en calories, protéines, fer, calcium, vitamine D ainsi que la quantité de liquide ingérée.

Le dépistage nutritionnel des aînés (DNA), élaboré par l'Institut universitaire de gériatrie de Sherbrooke (IUGS), est un outil spécialement conçu pour la clientèle âgée qui peut être utilisé par les intervenants en soins à domicile au cours d'une entrevue avec le client ou les proches aidants . Le DNA a été élaboré « pour identifier les personnes âgées qui requièrent de l'aide pour améliorer leur alimentation et combler leurs besoins nutritionnels » (Payette, 2003). Bien informée des besoins de la personne, l'infirmière peut intervenir, soit en suggérant le service de popote roulante, soit en proposant des compléments alimentaires, des vitamines ou en remplissant une fiche de référence pour des services dentaires.

L'annexe 5.1W présente le questionnaire du DNA créé par l'IUGS. Vous pouvez la consulter au www.cheneliere.ca/lewis.

Soins infirmiers transculturels

PERSONNES ÂGÉES

L'**ethnogériatrie** constitue le domaine spécialisé en soins prodigués aux personnes âgées d'origine étrangère **FIGURE 5.5** (The American Geriatrics Society, 2009). La société canadienne est en pleine transformation, et le portrait des établissements et des quartiers à caractère ethnique va inévitablement se modifier. Une personne vieillissante très attachée à ses racines, qui perd des amis partageant sa langue maternelle, qui voit disparaître l'épicerie ethnique qu'elle fréquentait ou l'église de quartier faisant la promotion d'activités culturelles, peut vivre une crise situationnelle. Le sentiment de perdre son identité peut s'aggraver si les enfants et l'entourage du client minimisent l'importance de l'origine ethnique et des pratiques culturelles. En général, la personne âgée d'origine étrangère trouve son soutien dans sa famille, les rituels religieux et les petits groupes ethnoculturels de la communauté. Dans la population du quatrième âge, il est fréquent de voir ces personnes vivre avec leur famille étendue et continuer à parler leur langue maternelle.

Les personnes vieillissantes d'origine étrangère doivent faire face à des difficultés particulières : elles vivent le plus souvent dans un quartier qui leur offre peu de sécurité physique et psychologique contre la criminalité potentielle, ce qui les rend vulnérables et fait en sorte qu'elles ne se sentent pas en confiance, même dans un environnement généralement considéré comme sécuritaire : n'étant pas en mesure d'assurer leur propre sûreté, elles demandent souvent des actions pour renforcer leur sentiment de sécurité, y compris au Québec. Leurs revenus sont si faibles par rapport à la moyenne de la population qu'elles pourraient devenir incapables de payer les coûts de la franchise pour les médicaments requis par leurs affections chroniques.

FIGURE **5.5**

Les personnes âgées d'origine étrangère sont souvent très attachées à leurs racines.

L'infirmière a la tâche d'évaluer les valeurs et les référents culturels de la personne âgée d'origine étrangère. Seule une évaluation complète permet de conclure si ces facettes ont de l'importance ou pas aux yeux du client et de sa famille. Une intervention efficace auprès d'une personne âgée d'origine étrangère demande également une attitude respectueuse, propice à une communication ouverte. L'infirmière doit scruter ses propres comportements afin de déceler ceux qui pourraient être interprétés comme un manque d'empathie ou de respect, comme refuser au client la présence d'un objet qu'il juge important pour sa guérison ▶ **2**.

2

Des exemples d'interventions infirmières tenant compte des besoins des minorités culturelles sont présentés dans le chapitre 2, *Compétences culturelles et inégalités en santé*.

5.2.6 Soutien social à la personne âgée

La personne vieillissante trouve en général un certain appui dans son entourage. La famille et la parenté forment le réseau social privilégié mais d'autres milieux peuvent aussi s'avérer utiles. Les associations de tous genres, l'église, le quartier et les centres pour personnes âgées constituent un réseau intermédiaire entre le milieu familial et le milieu institutionnel. Les bureaux d'aide sociale et les établissements de santé, où l'infirmière travaille généralement, tissent un réseau formel auquel s'ajoutent les programmes financés par l'État.

Proches aidants

Nombreuses sont les personnes âgées qui dépendent des soins prodigués par des membres de leur famille. Certaines personnes âgées deviennent elles-mêmes des proches aidants, en général auprès de leur conjoint. Les chiffres montrent qu'une forte proportion des proches aidants de personnes âgées ont eux-mêmes franchi le cap des 65 ans (Santé Canada, 2004).

Violence et maltraitance à l'endroit des personnes âgées

Le terme maltraitance désigne les mauvais traitements qu'un proche aidant ou une personne « de confiance » fait subir intentionnellement à une personne âgée. La définition retenue par le gouvernement du Québec, inspirée de celle de l'OMS, précise qu'« il y a maltraitance quand un geste singulier ou répétitif, ou une absence d'action appropriée, se produit dans une relation où il devrait y avoir de la confiance, et que cela cause du tort ou de la détresse chez une personne aînée. Ce geste, intentionnel ou non, est de nature interpersonnelle ou découle de l'organisation des services dans les divers milieux de vie des personnes aînées » (Gouvernement du Québec, 2010). La maltraitance peut se produire dans le milieu familial (violence à domicile) ou dans un contexte de soins de longue durée (violence institutionnelle).

Au Canada, environ 7 % des personnes âgées vulnérables qui résident dans la communauté sont victimes de maltraitance, de négligence ou d'exploitation par une personne qui devrait être de confiance (Pottie Bunge, 2000). La fréquence de la maltraitance en institution reste une donnée incertaine, mais il s'agit probablement d'un phénomène répandu. Bien que la maltraitance n'épargne personne, la majorité des cohortes de personnes âgées sont composées de femmes, ce qui laisse croire que la majorité des victimes sont de sexe féminin. Une personne âgée maltraitée risque trois fois plus de mourir. Au Québec, un plan d'action gouvernemental pour contrer la maltraitance envers les personnes aînées a été préparé et publié par le ministère de la Famille et des Aînés (2010).

Le problème de la maltraitance est d'autant plus grave qu'il est pour ainsi dire tabou. En effet, pour chaque cas de maltraitance rapporté, au moins cinq autres ne le sont pas. Ces chiffres pourraient être encore plus alarmants chez les aînés dont l'origine ethnique ou l'orientation sexuelle diffèrent de la norme. En général, la victime ne dénonce pas la personne « de confiance », les raisons étant multiples : elle vit dans l'isolement, elle souffre d'une incapacité physique ou mentale, elle ressent de la honte ou de la culpabilité, elle craint les représailles, elle cède aux pressions d'autres proches, elle redoute d'être placée en institution ou elle se plie à certaines pratiques culturelles. Les professionnels de la santé ne rapportent pas tous les cas de maltraitance. Faute d'en être témoins, certains se sentent incapables d'une intervention efficace ou d'un suivi approprié, tandis que d'autres pratiquent une discrimination inconsciente à l'endroit des personnes âgées (Ministère de la Famille et des Aînés, 2010).

La maltraitance en milieu familial s'inscrit très souvent dans une dynamique familiale de mauvais traitements qui perdure depuis des années. Environ 9 fois sur 10, la maltraitance provient d'un membre de la famille. Les enfants devenus adultes qui maltraitent, négligent ou exploitent leurs parents âgés comptent habituellement sur eux pour régler certaines dépenses comme le loyer. Ils ont des antécédents de violence, sont au chômage, agissent possiblement sous l'effet de l'alcool ou de drogues, ou souffrent d'une maladie mentale.

De multiples facteurs alimentent le climat de violence familiale dans lequel se trouve la personne âgée vulnérable, notamment : 1) une incapacité physique ou mentale qui l'empêche de se charger de ses activités quotidiennes et la rend dépendante des proches pour ses soins ; 2) une déficience psychiatrique (surtout dans les cas de démence et de dépression) ; 3) la dépendance à l'alcool ; 4) la disparition de son réseau social (McGarry & Simpson, 2008). En centre de soins de longue durée, les mêmes facteurs qui ont précisément mené au placement de la personne favorisent également l'attitude négative du personnel soignant, des visiteurs et des autres résidents envers elle. Les risques de maltraitance augmentent quand la personne dépend du personnel pour ses soins en raison d'une incapacité physique ou mentale, et encore davantage lorsqu'elle affiche un comportement agressif dû à sa déficience. Les personnes hébergées en CHSLD sont parfois victimes d'agression de la part des autres clients (Fulmer, 2008).

Les formes de maltraitance, leurs caractéristiques et leurs manifestations sont présentées au **TABLEAU 5.7**. La maltraitance résulte souvent d'une combinaison de ces types d'abus, et dans près de 70 % des cas, il y a constat de négligence (Touhy, 2008). Dans un CHSLD, en plus des formes de mauvais traitements décrites au **TABLEAU 5.7**, il faut y ajouter le non-respect du plan de soins, l'emploi non autorisé de mesures de contention physique et chimique, l'usage des médicaments en excès ou en insuffisance et l'isolement punitif.

Plusieurs indices peuvent mener l'infirmière à soupçonner la présence de maltraitance dans un centre d'hébergement et de soins de longue

---

Capsule **Jugement clinique**

Monsieur Benito Rossi a immigré de son Italie natale il y a 52 ans. Maintenant veuf et âgé de 77 ans, il se trouve en centre d'hébergement et de soins de longue durée en raison d'une perte d'autonomie demandant trop d'attention pour que sa fille unique continue d'habiter avec lui. De nature autoritaire, il lui arrive d'être impoli envers le personnel et manifeste une impatience marquée s'il n'obtient pas ce qu'il demande tout de suite.

Pensez-vous que monsieur Rossi risque de subir des mauvais traitements physiques de la part du personnel infirmier ?

TABLEAU 5.7	Formes de maltraitance	
FORME	**CARACTÉRISTIQUES**	**MANIFESTATIONS**
Violence physique	• Gifles et coups, contention, positionnement inconfortable, sédation excessive au moyen des médicaments	• Ecchymoses, blessures bilatérales (poignets, chevilles), blessures à divers stades de guérison, somnolence, recours à plusieurs services de soins d'urgence
Négligence	• Incapacité à combler ou refus de combler les besoins fondamentaux, ce qui veut dire l'eau, la nourriture, les médicaments, les vêtements, les soins d'hygiène et un environnement sécuritaire ; incapacité de fournir des objets essentiels comme lunettes, dentiers, prothèses auditives • Incapacité d'offrir une stimulation sociale ; abandon pendant de longues périodes ; isolement	• Témoignage de la personne âgée ; ulcères non soignés ou infectés dans la région sacro-iliaque ou aux talons ; perte de poids ; résultats de laboratoire indiquant une déshydratation ($\uparrow$ hématocrite, $\uparrow$ taux sérique, $\uparrow$ sodium sérique) et une malnutrition ($\downarrow$ protéine sérique) ; hygiène personnelle laissant à désirer, non-observance du traitement prescrit • Dépression, attitude de repli sur soi, agitation, attitude ambivalente à l'égard du proche aidant ou d'un membre de la famille
Violence psychologique	• Critiques verbales agressives, harcèlement, intimidation, menaces de privation, infantilisation, isolement	• Dépression, attitude de repli sur soi, agitation, attitude ambivalente à l'égard du proche aidant ou d'un membre de la famille
Abus sexuel	• Relations sexuelles sans consentement, y compris des touchers inappropriés et contacts sexuels forcés	• Abus sexuel rapporté par la personne âgée, saignement inexpliqué des régions vaginale ou anale, ecchymoses sur la poitrine, infections transmissibles sexuellement et par le sang (ITSS) ou infections génitales inexpliquées
Exploitation financière	• Accès interdit aux ressources personnelles, vol d'argent ou de biens ; usage de la contrainte pour faire signer des contrats ou des procurations, ou faire modifier les dispositions testamentaires ou fiduciaires	• Mode de vie inférieur aux moyens personnels, transferts soudains de biens ou d'actifs
Violation des droits et des libertés	• Refus au droit à l'intimité ou à l'autonomie en ce qui concerne les décisions de santé et le milieu de vie, expulsion arbitraire	• Changements soudains dans les conditions de vie, confusion mentale
Abandon	• Abandon de la personne âgée par une personne ayant accepté la responsabilité de ses soins ou qui en a la garde physique	• Abandon rapporté par la personne âgée • Abandon de la personne âgée dans un hôpital, un centre de soins, un centre commercial ou un lieu public

Source : Adapté de Bain & Spencer (2006).

durée : des rapports de résidents concernant des traitements abusifs, de la négligence ou de l'exploitation ; des ecchymoses et des blessures inexpliquées ; une piètre hygiène corporelle et des vêtements souillés ; une perte de poids inhabituelle, des lésions de pression chroniques ou récurrentes ; des infections urinaires à répétition ; l'absence non motivée aux activités et aux thérapies. D'autres indices révélateurs incluent un changement d'humeur ainsi que l'apparition de troubles de comportement, d'incontinence urinaire ou fécale, ou encore d'insomnie.

Chaque intervention infirmière auprès d'une personne âgée vivant dans la communauté doit comporter une collecte des données sur ses antécédents médicaux et un examen physique permettant de déceler des signes révélateurs de maltraitance. L'infirmière doit suivre le protocole de dépistage de la maltraitance des aînés adopté par l'établissement de santé auquel elle est affiliée (Fulmer, 2008).

L'infirmière doit rencontrer son client seul ; s'il est victime de maltraitance, la participation d'un tiers l'empêchera sans doute de se confier, en particulier si l'accompagnateur est l'auteur des mauvais traitements . En présence de blessures, la vigilance est de mise : l'infirmière vérifie la crédibilité des explications, compare la version du client et celle du proche aidant et prend note de toute manifestation qui pourrait trahir de l'intimidation ou des craintes de représailles. D'autres interventions infirmières sont énumérées à l'**ENCADRÉ 5.1**.

L'annexe 5.2W présente le questionnaire de dépistage de l'abus chez les aidants naturels (DACAN). Il s'agit d'un outil qui peut aider l'infirmière à dépister les sévices infligés aux aînés. Vous pouvez la consulter au www.cheneliere.ca/lewis.

ENCADRÉ 5.1   **Cas soupçonné ou confirmé de violence envers la personne âgée**

En présence de signes de maltraitance potentielle, l'infirmière devra :

- dépister les cas possibles de maltraitance, incluant la violence familiale ;
- établir l'histoire de santé de la personne âgée, et procéder à son évaluation physique et mentale complète. Consigner par écrit les conclusions, y compris les déclarations du client et de son accompagnateur ;
- établir et mettre en œuvre un plan de sécurité de concert avec l'équipe interdisciplinaire chargée des soins de cette personne, si la situation laisse présager un danger immédiat ;
- reconnaître les signes physiques de la maltraitance, rassembler les données et les conserver (p. ex., les

vêtements, les pansements ou les draps souillés ou tâchés de sang) ;

- prendre des photos des indices physiques d'une violence ou d'une négligence, avec le consentement de la personne âgée. Dans la mesure du possible, photographier la présumée victime avant de la traiter ou de lui offrir des soins d'hygiène ;
- faire part de ses craintes à l'organisme de santé concerné ou à un agent de police lorsque l'on a des raisons de soupçonner un cas de maltraitance envers une personne âgée ;
- consulter un travailleur social, un professionnel de la santé ou tout autre professionnel capable d'offrir des conseils utiles.

Négligence de soi et incapacité de prendre soin de soi

En dépit du fait que la maltraitance exercée contre les personnes âgées est souvent imputable à un proche, la majorité des cas se rapportent à la négligence de soi. Les personnes âgées qui se négligent sont généralement seules, refusent de voir à leurs besoins ou en sont incapables, souffrent de multiples troubles physiques ou mentaux non soignés et vivent dans des conditions insalubres. Au même titre que les personnes âgées victimes de maltraitance, celles qui se négligent présentent un taux de mortalité supérieur à la moyenne. Dans le cadre de son intervention, l'infirmière évalue s'il s'agit d'un cas de négligence de soi, s'il faut recommander des soins globaux de courte durée ou demander l'intervention d'une équipe médicale multidisciplinaire à plus long terme, ou s'il faut signaler le cas aux services sociaux (Hertz, Koren, Rossetti, & Robertson, 2008).

5.2.7   Assistance aux personnes âgées
Logement

Malgré le déclin de leur autonomie, bon nombre de personnes âgées refusent de quitter leur domicile ou de se transplanter dans une autre région. Dans une communauté où les ressources aux aînés sont abondantes et accessibles, ces personnes peuvent bénéficier d'un soutien tout en préservant leur intimité et leur sentiment d'appartenance.

Il est également possible d'adapter le domicile d'une personne âgée pour compenser une perte d'autonomie. Une entrée accessible aux fauteuils roulants, un éclairage augmenté et modifié, des dispositifs de sécurité dans la cuisine et la salle

de bains, l'installation d'une alarme ou d'une sonorisation assistée sont autant de mesures à explorer.

Une bonne part de la clientèle âgée doit s'accommoder de revenus limités de sorte que certaines personnes ont besoin d'aide au logement. Un allègement de l'impôt foncier, une aide aux rénovations, une subvention pour le chauffage : l'aide gouvernementale aux personnes âgées existe sous diverses formes, et cela vaut la peine de se renseigner. Certains professionnels de l'équipe interdisciplinaire constituent une bonne source d'information et peuvent soutenir les personnes âgées dans leurs démarches de demande d'aide, notamment les travailleurs sociaux.

Lorsqu'il devient évident que la personne âgée n'a plus les capacités ni les ressources financières pour vivre seule, il convient d'envisager un autre type d'hébergement en fonction de son autonomie physique et psychologique. L'infirmière peut offrir son soutien à la personne âgée en l'aidant à établir ses priorités, de même qu'elle peut faire valoir ses idées sur la place publique pour de meilleures conditions d'hébergement des personnes vieillissantes au sein de la communauté.

Personne âgée avec des besoins particuliers et vivant dans la communauté

Les personnes âgées aux prises avec des besoins particuliers sont celles qui vivent dans l'itinérance, qui requièrent de l'aide dans l'accomplissement de leurs AVQ, qui présentent une déficience cognitive, qui sont confinées à domicile, ou encore qui ne sont plus aptes à vivre seules. Les services de soins de jour, les services à domicile ou les centres hospitaliers de soins de longue durée peuvent desservir ces clientèles.

Soins de jour pour adultes

Des services de soins de jour pour adultes (p. ex., la clinique externe des CHSLD, les hôpitaux de jour) permettent d'offrir aux personnes atteintes de troubles cognitifs ou en perte d'autonomie un suivi quotidien, des possibilités d'activités en groupe ainsi que de l'aide aux AVQ. Les soins de jour répondent précisément aux besoins de cette clientèle. Pour les personnes qui requièrent de l'aide au quotidien, des thérapeutes en réadaptation assurent un contrôle de la santé, organisent des activités, prévoient des formations individualisées en AVQ, offrent une planification personnalisée des soins et prodiguent aussi des soins personnels **FIGURE 5.6**. Les personnes présentant des troubles cognitifs bénéficient de loisirs thérapeutiques et d'activités sociales tandis que du dépannage et un service de consultation sont offerts à leurs proches aidants.

Les services de soins de jour pour adultes donnent du répit aux proches aidants ; ils permettent à certains d'entre eux de continuer à travailler et retardent le placement en établissement de la personne en perte d'autonomie. Les cliniques externes et les hôpitaux de jour font partie du réseau de la santé ; ils sont régis par le ministère de la Santé et des Services sociaux et obéissent à des normes provinciales. Il importe de trouver un service de soins de jour qui corresponde aux besoins du client. Il est dommage que le proche aidant et la personne vieillissante ne connaissent pas toujours l'existence de ces services et se privent par conséquent de ressources utiles. L'infirmière au fait des services offerts dans la région et qui a pris soin de bien évaluer les besoins de son client est alors d'un grand secours en dirigeant celui-ci vers les ressources appropriées.

Soins à domicile

Les soins à domicile représentent souvent une solution viable pour la personne vieillissante confinée chez elle à cause de troubles de santé intermittents ou aigus, mais qui peut compter sur l'assistance d'un proche aidant. Ce n'est cependant pas une option pour la personne qui nécessite de l'aide 24 heures sur 24 ou qui doit faire constamment l'objet de surveillance. La plupart du temps, les soins à domicile sont recommandés par un médecin et supervisés par une infirmière spécialisée. Les services d'aide domestique offerts par une entreprise d'économie sociale en aide domestique (EESAD) reconnue par le programme « Exonération financière pour les services d'aide domestique » offrent une réduction du tarif horaire habituel.

Établissements de soins de longue durée

Trois facteurs peuvent précipiter le placement de la personne dans un établissement de soins de longue durée : 1) une dégradation rapide de son état de santé ; 2) l'impossibilité pour le proche aidant de continuer à occuper son rôle pour cause d'épuisement ; 3) la diminution ou la disparition du réseau familial. Il faut aussi souligner l'impact de certaines détériorations comme une perte du sens de l'orientation (p. ex., une confusion croissante), de l'incontinence ou un trouble de santé ayant des conséquences lourdes (p. ex., un AVC).

Les conflits familiaux et les craintes ressenties à la fois par le client et sa famille font du placement en établissement une période de transition remplie d'incertitudes. Les inquiétudes les plus courantes des proches aidants sont : 1) le refus du client d'être placé ; 2) l'insuffisance des soins offerts ; 3) la solitude ressentie par le client ; 4) le financement inadéquat des soins de santé.

À ce passage difficile de la vie s'ajoute la relocalisation de la personne dans un nouvel environnement. Ce déménagement peut entraîner des répercussions sur sa santé ; un diagnostic infirmier d'inadaptation à un changement de milieu signifierait justement que la perturbation a engendré de la confusion et de grands défis d'adaptation pour la personne (Hertz *et al.*, 2008). Le déménagement pourrait provoquer de l'anxiété, des symptômes de dépression et une nette désorientation. Il existe néanmoins des formes d'intervention qui peuvent atténuer l'impact du changement de milieu. Dans la mesure du possible, il est bon que la personne âgée participe à cette décision et soit bien informée de sa nouvelle destination. Le proche aidant peut, par exemple, partager avec la personne ce qu'il sait de ce lieu, lui montrer des

FIGURE 5.6

Les centres pour personnes âgées prévoient des lieux où les résidents encore autonomes se divertissent.

photos ou une vidéo. De son côté, le personnel de l'établissement peut envoyer à la personne un message de bienvenue. Si la personne est accueillie à son arrivée par un membre du personnel qui s'applique à l'orienter, voire à la « jumeler » avec un résident habitué des lieux, l'ajustement se fera mieux **FIGURE 5.7**. Ces stratégies facilitent l'adaptation durant le changement de milieu.

Gestion de cas

Ajuster les services de soutien existants aux besoins des personnes vieillissantes constitue une tâche complexe. Un gestionnaire des soins peut faire ce suivi et s'assurer que la personne âgée continuera de recevoir les soins appropriés. Le processus de changement de milieu et la réorganisation des services demandent néanmoins beaucoup de temps. Pour des proches qui sont géographiquement éloignés de la personne âgée et qui ne peuvent se charger des soins, l'intervention d'un gestionnaire peut représenter une solution ▶ **6**.

5.2.8 Questions d'ordre juridique et éthique

Pour bien des personnes âgées, les questions juridiques sont une source de préoccupation. Il leur faut voir au testament de vie et au testament proprement dit, au mandat en cas d'inaptitude, aux questions fiscales et aux possibles poursuites concernant des soins qui leur ont été refusés. Le client à faible revenu peut s'adresser à l'aide juridique de son territoire.

Guidé par le respect du droit de la personne à l'autonomie et à l'intégrité, le Canada a élaboré un cadre législatif entourant les directives préalables, ces dernières indiquant clairement les soins qu'une personne désire ou non recevoir en fin de vie ▶ **11**.

FIGURE 5.7

Pour une personne âgée, les liens sociaux et le sentiment d'acceptation revêtent de l'importance.

L'infirmière qui travaille auprès des personnes âgées sera confrontée à plusieurs questions de nature éthique durant l'exercice de ses fonctions, celles qui touchent à l'usage des mesures de contention physique et chimique, notamment, ou à l'évaluation de la capacité d'une personne âgée à décider pour elle-même. Les enjeux éthiques des soins en fin de vie sont nombreux, qu'il s'agisse de la décision concernant la réanimation, l'alimentation et l'hydratation, ou le transfert au service de soins intensifs et le traitement des infections.

En général, ces situations sont complexes et difficiles sur le plan émotif. L'infirmière peut offrir son soutien au client, à sa famille et même aux collègues avec qui elle travaille par le simple fait de reconnaître le caractère éthique de certaines situations professionnelles. Pour ce faire, elle reste au fait des courants de pensée, et plaide dans son milieu pour des discussions portant sur l'éthique clinique et pour la nécessité d'un comité responsable des décisions concernant ces questions délicates de la fin de vie.

6

La gestion de cas est abordée dans le chapitre 6, *Soins communautaires et soins à domicile.*

11

Les questions de nature éthique et juridique liées aux soins en fin de vie sont abordées plus en détail dans le chapitre 11, *Soins palliatifs et soins de fin de vie.*

Soins et traitements infirmiers

CLIENT ÂGÉ

Les soins gérontologiques désignent les soins prodigués aux aînés et se basent sur les connaissances et les découvertes de la gérontologie. La personne vieillissante reste un être à part entière (défini par des caractéristiques physiques, psychologiques et socioéconomiques), et l'infirmière doit l'aborder ainsi. Ce chapitre se consacre précisément à la personne âgée ; l'information qu'il recèle vise à aider l'infirmière à prodiguer des soins adaptés au client ou à un groupe de clients. Il ne fait aucun doute que les défis que présentent les soins aux personnes âgées nécessitent une bonne capacité d'évaluation ainsi qu'une offre créative de soins adaptés.

Avec le vieillissement se manifestent un déclin des fonctions biologiques de la personne et, par conséquent, un accroissement des incapacités. L'infirmière généraliste possède des

connaissances en soins gérontologiques, et elle mettra tout en œuvre pour procéder à une évaluation de l'état de la personne âgée afin de pouvoir déployer des stratégies de prévention pertinentes et efficaces.

Il peut s'avérer difficile de bien diagnostiquer des troubles de santé chez la personne âgée. Cette clientèle tend à garder pour elle-même l'existence de certains symptômes, voire à les traiter d'une manière qui affecte jusqu'à l'état fonctionnel. Par exemple, une personne qui ressent une perte de sensibilité des pieds pourrait se déplacer au moyen d'un déambulateur, sans rien révéler du symptôme à son professionnel de la santé. Elle pourrait attribuer le phénomène au simple fait de vieillir, ignorer son état, contourner la difficulté en tentant par exemple de moins manger ou de dormir davantage, ou tout simplement prendre son mal en patience.

L'état pathologique de la personne âgée est souvent atypique ; certaines d'entre elles peuvent se plaindre d'une « douleur articulaire » alors qu'elles présentent une fracture de la hanche. Le traitement d'une infection urinaire peut parfois révéler la présence d'une affection cardiaque asymptomatique. Deux pathologies dont les symptômes se recoupent sont souvent difficiles à différencier. La dépression pourrait être traitée à tort comme un cas de démence et dès lors entraîner une cascade pathogénique. Un autre exemple de cascade pathogénique est celui d'une personne qui commence par souffrir d'insomnie, décide de prendre des somnifères, devient léthargique et confuse, tombe, se fracture la hanche, puis contracte une pneumonie.

Collecte des données

Pour tous les groupes d'âge, y compris les personnes âgées, l'évaluation fournit les données qui serviront aux soins et aux traitements infirmiers. La personne âgée pourrait non seulement éprouver des troubles de santé, mais également ressentir de la crainte et de l'angoisse. Si les professionnels de la santé ont la réputation d'être secourables, les établissements de santé sont quant à eux perçus comme des lieux à éviter, possiblement dangereux pour la santé. L'infirmière peut manifester de l'empathie et de la gentillesse au client par quelques paroles d'encouragement simples, un contact visuel approprié, un toucher amical et juste ce qu'il faut d'humour pour la circonstance. Ces marques d'attention aident la personne âgée à se détendre malgré une situation qui l'inquiète.

Avant de commencer l'évaluation, l'infirmière établit les priorités. Par exemple, elle vérifie que le client n'est pas en proie à la douleur ou ne nécessite pas d'aller aux toilettes. Si la personne a besoin d'appareils et d'accessoires particuliers (p. ex., des lunettes et une prothèse auditive), elle devrait les porter pendant l'examen. L'entrevue doit être assez brève pour ne pas épuiser le client ; il faut néanmoins prévoir suffisamment de temps pour donner au client l'information utile et répondre à ses questions. L'infirmière rencontre la personne âgée seule à seule, puis le proche aidant, à moins que le client présente une déficience cognitive ou exige la présence de ce proche. Reconstituer l'histoire de santé peut demander du temps, de sorte que l'infirmière doit se concentrer sur les renseignements qu'elle juge pertinents. Il faut également veiller à obtenir les dossiers médicaux du client.

L'objectif d'une évaluation gériatrique consiste à déterminer les interventions qui vont contribuer à maintenir, voire à améliorer les capacités fonctionnelles de la personne vieillissante. Cette évaluation exhaustive touche différents aspects de la vie du client, ce qui signifie que cette démarche est souvent le fruit d'une collaboration entre plusieurs professionnels ; en effet, l'infirmière, le médecin et l'intervenant social forment au minimum l'équipe d'intervention. Au terme de son évaluation, l'équipe rencontre le client et sa famille afin de leur présenter les conclusions de sa démarche ainsi que ses recommandations.

Parmi les éléments recueillis au cours de la collecte des données, citons les antécédents médicaux relevés à partir des modes fonctionnels de santé ▶ **3** , l'examen physique, ainsi que l'évaluation de l'état émotionnel et mental, des capacités relatives aux AVQ et aux AVD, et du milieu socioenvironnemental. L'évaluation de l'état mental revêt une grande importance du fait que les conclusions qui en sont tirées aident à mesurer la capacité d'autonomie de la personne.

Une évaluation exhaustive permet à l'équipe soignante d'examiner les données rassemblées et de définir les besoins du client

âgé ainsi que le type de soins à prodiguer. Plus l'évaluation des besoins est précise, plus l'offre de services est pertinente. Dans cette optique, il importe de définir quelles sont les ressources du milieu qui pourraient aider la personne et son proche aidant à préserver une saine autonomie. L'objectif est de prévoir et de mettre en œuvre les démarches qui aideront le client à rester fonctionnellement indépendant.

La collecte des données ne sera exhaustive que si elle repose sur des mesures fiables et adaptées à cette clientèle particulière. Il faut également garder à l'esprit que l'interprétation des résultats de laboratoire reste difficile, car les valeurs biométriques varient à mesure que la personne avance en âge. Les paramètres de santé relatifs à la personne âgée demeurent un peu flous, et ils le deviennent encore plus lorsque la personne entre dans le quatrième âge. Un bon ouvrage de référence aidera l'infirmière à se faire une opinion des valeurs de laboratoire obtenues ; elle est d'ailleurs en position de reconnaître des valeurs de laboratoire dont l'interprétation serait erronée, et de réagir à une telle situation.

Analyse et interprétation des données

À quelques exceptions près, les diagnostics infirmiers s'appliquent, que le client soit âgé ou plus jeune. Toutefois, l'étiologie et les caractéristiques déterminantes de la maladie sont souvent liées à l'âge et sont donc propres au vieillissement. L'**ENCADRÉ 5.2** énumère des diagnostics adaptés à la personne vieillissante. Savoir poser le bon diagnostic infirmier et prendre les mesures appropriées aura pour effets d'offrir au client des soins de qualité et d'améliorer son état de santé fonctionnelle.

Planification des soins

L'infirmière qui fixe des objectifs avec la personne âgée sera bien avisée de commencer par cerner les forces et les capacités de son client. C'est une bonne idée d'impliquer le proche aidant dans le processus. Si l'aîné fait preuve de résilience, de persévérance, d'un bon sens de l'humour et d'un désir d'apprendre, les objectifs devraient refléter ces facteurs favorables. La norme de pratique reste la personnalisation des soins avec les adultes vieillissants. Le client âgé qui a tendance à s'en remettre à quelqu'un pour ses soins et qui apprend à dépendre d'autrui sera généralement réfractaire à la notion d'autonomie. Parfois, l'infirmière doit accepter les raisons qui empêchent la personne de prendre sa santé en main au lieu de tenter de la convaincre, et chercher avant tout à lui inculquer des sentiments de contrôle et de sécurité afin de réduire son stress.

Interventions cliniques

Lorsqu'elle met en œuvre le plan de soins d'une personne âgée, l'infirmière se souvient qu'elle devra peut-être adapter ses méthodes et ses techniques pour tenir compte de l'état physique et mental de son client. Pour une personne âgée de petite stature et frêle, il peut s'avérer nécessaire d'utiliser des appareils pédiatriques (p. ex., un brassard de tensiomètre adapté). Lorsque l'infirmière demande au client de bouger ou de changer de position, elle

Jugement clinique

Monsieur Constant Lacasse a 84 ans. C'est un homme de petite taille plutôt frêle. Il habitait jusqu'à tout récemment avec son fils aîné. Il a été admis en centre d'hébergement et de soins de longue durée en raison d'une perte d'autonomie importante. Au moment de l'admission, monsieur Lacasse présente plusieurs ecchymoses aux bras et au cou. Son fils, qui est présent, devance les réponses de son père aux questions posées par l'infirmier. Ce dernier a la nette impression que le client est victime de maltraitance de la part de son fils.

L'infirmier devrait-il alors permettre au fils d'assister à l'entrevue d'admission de monsieur Lacasse ? Justifiez votre réponse.

3

Les éléments à recueillir au cours de la collecte des données sont décrits dans le chapitre 3, *Examen clinique.*

ENCADRÉ 5.2 **Modifications physiologiques liées au vieillissement**

Système cardiovasculaire
- Intolérance à l'activité
- Baisse du débit cardiaque
- Fatigue
- Irrigation inefficace des tissus périphériques

Système respiratoire
- Échanges gazeux déficients
- Dégagement partiel des voies respiratoires
- Mode de respiration inefficace
- Risque d'aspiration
- Risque d'infection

Système tégumentaire
- Intégrité de la peau compromise

Système urinaire
- Diminution du volume traité par les reins
- Élimination urinaire déficiente

Système musculosquelettique
- Mobilité réduite
- Douleur chronique
- Risque de blessures
- Perte d'autonomie
- Sédentarité

Système reproducteur
- Perturbation de l'image corporelle
- Comportements sexuels déficients
- Dysfonction sexuelle

Système gastro-intestinal
- Constipation
- Motilité gastro-intestinale dysfonctionnelle
- Nutrition déséquilibrée
- Détérioration de la muqueuse buccale

Système nerveux
- Altération de la perception sensorielle
- Hyperthermie
- Hypothermie
- Insomnie

Organes sensoriels
- Perturbation de l'image corporelle
- Altération de la communication verbale
- Isolement social

Système immunitaire
- Risque d'infection

doit généralement lui offrir de l'aide, une ceinture de marche ou un support en raison des modifications du système ostéoarticulaire possibles associées à l'âge. La personne âgée qui a peu d'énergie aura peut-être besoin de plus de temps pour s'exécuter. L'infirmière consent à prendre le temps qu'il faut, à prévoir moins de tâches à son horaire, et à employer une chaise d'aisance ou des appareils adaptés, au besoin.

En soignant une personne atteinte de déficience cognitive, il est important d'adopter une attitude rassurante et de lui fournir des explications claires pour éviter qu'elle s'inquiète ou résiste face à l'intervention. Un état dépressif peut aussi entraîner de l'apathie et du désintérêt pour le plan de soins.

Promotion de la santé

Quand il s'agit de promouvoir la santé et de faire de la prévention auprès des personnes âgées, l'infirmière vise trois grands objectifs : 1) la réduction des affections et des troubles de santé ; 2) la participation accrue aux activités de promotion de la santé **FIGURE 5.8** ; 3) l'offre de services ciblés qui aident à diminuer les risques de maladie. Prioriser la promotion de la santé et l'incitation aux comportements favorables demeure une évidence. Des programmes efficaces ont été mis en œuvre pour cette clientèle : dépistage d'affections chroniques, abandon du tabac, soins de pieds gériatriques, examens de la vue et de l'audition, gestion du stress, programme d'exercices, utilisation des médicaments, lutte à la criminalité et à la maltraitance et évaluation des risques au foyer. L'infirmière peut amener la personne âgée à reconnaître la nécessité de diverses formes de

FIGURE 5.8

Les exercices d'aérobie en piscine constituent un bon exemple d'activité de promotion de la santé adaptée aux personnes âgées.

prévention et lui transmettre des connaissances utiles (Cardinal, Langlois, Gagné, & Tourigny, 2008).

L'infirmière peut promouvoir la santé et la prévention dans toutes ses interventions auprès des personnes âgées, quels que soient le lieu et les circonstances de la rencontre. Toutes ces activités de promotion ont pour buts l'autonomie de la personne vis-à-vis de sa santé, la préservation de son indépendance fonctionnelle et l'amélioration de son bien-être ▶ ④.

 4

Les objectifs de l'enseignement au client sont décrits dans le chapitre 4, *Enseignement au client et à ses proches aidants.*

Phase aigüe

L'hôpital représente en général pour la personne âgée son principal lieu de contact avec le système de santé. Souvent, la personne est hospitalisée en raison de troubles de santé multiples, parmi lesquels certains sont plus fréquents que d'autres : arythmie, insuffisance cardiaque, AVC, perturbation de l'équilibre électrolytique et liquidien (p. ex., l'hyponatrémie et la déshydratation), pneumonie et fracture de la hanche. Parce que les soins en phase aigüe engendrent leurs propres difficultés, l'équipe soignante se concentre fréquemment sur le trouble spécifique au détriment de la santé globale de la personne.

L'hospitalisation d'une personne âgée signifie que l'infirmière doit offrir de l'aide à la fois au client et au proche aidant pour qu'ils puissent tous deux accomplir certaines tâches **ENCADRÉ 5.3**. Si le séjour produit des résultats très variables, les préoccupations sont quant à elles bien connues : risques accrus associés à une chirurgie, état de confusion mentale prononcé, vulnérabilité aux infections nosocomiales, congé rapide malgré une condition instable.

| **Congé de l'hôpital** | Bon nombre de personnes âgées reçoivent leur congé de l'hôpital alors que le client lui-même et ses proches jugent sa condition instable. La personne âgée fragile et la personne du quatrième âge sont plus à risque de complications à leur sortie de l'établissement. Pour la majorité de ces clients, toutefois, une infirmière spécialisée en planification des départs aura formulé des recommandations de suivi. Il faut réévaluer périodiquement le plan au fur et à mesure que le client et son proche aidant reçoivent les enseignements nécessaires pour s'adapter aux soins subséquents à l'hospitalisation.

L'infirmière dispose d'outils de dépistage (p. ex., le SMAF) qui l'aident à reconnaître les personnes plus susceptibles de souffrir de complications. Celles qui sont considérées comme plus fragiles peuvent espérer recevoir de l'aide pour les soins d'hygiène, la prise de médicaments, l'entretien ménager, les courses, les repas et les déplacements. Par ailleurs, les risques associés à un congé de l'hôpital alors que la condition du client est instable augmentent si celui-ci a été longtemps hospitalisé et dépend des autres pour ses repas. D'autres facteurs exacerbent les risques : l'avancement en âge, le sexe féminin, un statut socioéconomique précaire, des revenus insuffisants, l'absence d'une couverture d'assurance additionnelle, un réseau social inexistant et des troubles de santé sous-jacents (Thakur & Blazer, 2008). L'issue d'un congé de l'hôpital rapide est nettement plus positive lorsque l'état fonctionnel de la personne n'a pas été modifié profondément, ou encore lorsqu'elle réintègre un milieu capable de lui offrir un bon soutien, tel un centre de soins de longue durée.

| **Réadaptation gériatrique** | La réadaptation gériatrique a pour but d'aider la personne âgée à s'adapter à une incapacité ou à s'en remettre. Avec quelques notions utiles, des appareils d'assistance et l'aide d'un préposé aux bénéficiaires, le client qui vit avec une incapacité préserve souvent son autonomie **FIGURE 5.9**.

Lorsque la personne vieillissante est atteinte d'une affection vasculaire cérébrale ou cardiaque, les risques qu'elle ne puisse plus assumer certaines tâches augmentent. La fréquence des fractures de la hanche, des amputations et des AVC croît également avec l'âge. Ces facteurs influent sur le taux de mortalité, réduisent l'espérance de vie et augmentent le taux de placement en établissement. Parce qu'elle atténue les répercussions d'une incapacité, la réadaptation gériatrique a donc un impact significatif sur la qualité de vie de la personne.

La personne âgée ne profite souvent pas pleinement des bienfaits de la réadaptation à cause d'une perte sensorielle, de facultés cognitives affaiblies, de troubles de santé divers, d'une alimentation inadéquate ainsi que de faibles revenus. C'est, entre autres, grâce aux encouragements et au soutien du personnel infirmier et des proches aidants que le client trouvera la motivation nécessaire au succès de sa réadaptation.

Chez la personne âgée, le processus de réadaptation dépend de plusieurs facteurs. Des conditions préexistantes en termes de réflexes, d'acuité visuelle, de motricité fine, de force musculaire,

FIGURE 5.9
Une infirmière aide une cliente en réadaptation gériatrique dans un centre spécialisé.

| ENCADRÉ 5.3 | **Soins de la personne âgée hospitalisée** |

- Reconnaître la personne âgée fragile ou la personne du quatrième âge à risque de réaction iatrogène (provoquée par un médicament ou un traitement médical).

- En début d'hospitalisation, évaluer les besoins à combler lorsque la personne recevra son congé, en particulier l'aide aux AVQ, aux AVD et à la prise de médicaments.

- Favoriser la formation et la consultation des équipes interdisciplinaires, des unités de soins spéciaux ainsi que

la collaboration avec le personnel assigné aux besoins précis de la clientèle en milieu gériatrique.

- Élaborer des protocoles standardisés qui facilitent le dépistage des risques les plus courants chez la clientèle âgée hospitalisée, tels que l'infection des voies urinaires et le délirium.

- Diriger systématiquement la personne âgée vers des services communautaires conçus pour elle.

de fonction cognitive et de motivation ont certainement une incidence sur la capacité de réadaptation du client.

En outre, la détérioration des fonctions de l'aîné découle généralement de l'inactivité et de l'immobilité. Ce déconditionnement est précipité lorsqu'une maladie aiguë instable survient, que des contraintes du milieu freinent les déplacements, ou quand la personne a perdu l'intérêt de se maintenir en santé. Le client inactif doit alors décider s'il veut continuer dans la même voie ou améliorer sa forme physique. D'ailleurs, n'importe qui peut améliorer sa flexibilité, sa force et sa capacité cardiorespiratoire (au moyen d'exercices passifs et actifs) jusqu'à un âge très avancé si le désir persiste **ENCADRÉ 5.4**.

En résumé, la réadaptation gériatrique est une intervention infirmière qui incite la personne à bien exploiter ses capacités physiques résiduelles et à rester la plus active possible. Par ailleurs, chez le client dont l'état de santé est inférieur à la moyenne, l'infirmière doit dépister les problèmes potentiels qui le guettent. Une personne admise à l'hôpital, dans un centre de soins de longue durée ou prise en charge dans le cadre d'un programme de soins à domicile, doit, entre autres, être évaluée pour ses risques de chute. Une personne âgée atteinte de diabète recevra, quant à elle, une évaluation podologique et sera suivie de façon adéquate.

| Appareils et accessoires fonctionnels | Parmi les interventions possibles auprès de la personne âgée, il ne faut pas négliger le recours aux aides techniques, aux protections et aux prothèses. Dentiers, lunettes, prothèses auditives, déambulateurs, fauteuils roulants, culottes pour incontinence, ustensiles adaptés, sièges de toilette surélevés sont autant de moyens mis à la disposition de l'infirmière qui veille à en consigner l'usage dans le plan de soins. L'efficacité de ces mesures dépend toutefois en grande partie de l'implication de l'infirmière et du proche aidant.

La technologie aide également à la réadaptation. Par exemple, la surveillance électronique du rythme cardiaque ou de la pression artérielle peut se faire au moyen d'un appareil. Grâce à ces dispositifs, il est possible de retrouver une personne atteinte de démence qui s'est éloignée de son domicile ou du centre de soins de longue durée qui l'héberge. Une personne qui éprouve des difficultés d'élocution à la suite d'un AVC peut tirer avantage d'une aide informatique ou électronique, que ce soit pour parler ou pour favoriser le travail de mémoire.

| Sécurité | Un milieu sécuritaire constitue une composante essentielle du maintien de la santé chez la personne âgée. Cette clientèle est plus sujette aux accidents à cause des pertes sensorielles intrinsèques au vieillissement, du ralentissement des réflexes, de la diminution de la sensibilité à la douleur et à la température, des modifications de la démarche et de l'équilibre ainsi que des effets des médicaments. La majorité des événements malencontreux surviennent au foyer ou à proximité du domicile. Les chutes, les accidents de la route et les feux domestiques causent souvent et de manière fortuite la mort de plusieurs personnes âgées. Les variations importantes de température leur posent également des problèmes puisque leur fonction de régulation de la température est moins efficace. En effet, une personne âgée a plus de difficulté à conserver sa chaleur ou à la dissiper qu'un adulte plus jeune. Par conséquent, un plus grand nombre de cas d'hypothermie ou d'épuisement par la chaleur (hyperthermie) est observé. C'est dans ce groupe d'âge que les vagues de froid intense et les canicules font le plus de victimes.

L'infirmière peut offrir de bons conseils quand il s'agit de sécuriser le milieu de vie d'une personne âgée; des bandes de couleur sur les marches, des barres d'appui dans la baignoire et près de la toilette, des rampes d'escaliers constituent des moyens efficaces

---

Pratique fondée sur des résultats probants

ENCADRÉ 5.4 **L'entraînement musculaire améliore-t-il la capacité physique des personnes âgées ?**

Question clinique

Chez les personnes âgées (P), l'entraînement musculaire progressif (I) améliore-t-il la capacité physique (O) ?

Résultats probants

• Revue systématique des essais cliniques aléatoires

Analyse critique et synthèse des données

• Examen de 121 essais cliniques aléatoires (n = 6 700) menés chez des personnes âgées en santé et chez des personnes présentant des problèmes de santé ou des limitations fonctionnelles. La capacité de marcher, de monter des escaliers et de se lever d'une position assise a été mesurée.

• L'entraînement musculaire comprenait l'utilisation d'appareils d'exercice, de poids et de bandes élastiques au moins deux fois par semaine.

• Les personnes ont amélioré leur fonctionnement physique, leur force musculaire et accomplissent plus facilement leurs activités quotidiennes.

Conclusion

• La pratique d'exercices de musculation a permis aux personnes âgées d'améliorer leur force.

Recommandations pour la pratique infirmière

• Encourager la pratique d'exercices de musculation pour contrer la perte de force musculaire chez les personnes âgées.

• Conseiller au client d'entreprendre un entraînement musculaire supervisé par un professionnel.

Référence

Liu, C.J., & Latham, N.K. (2009). Progressive resistance strength training for improving physical function in older adults. *Cochrane Database of Syst Rev 3*, CD 002759.

P: population visée; I: intervention; O: (*outcome*) résultat.

d'augmenter la sécurité des lieux. Elle se doit également d'insister sur la nécessité d'installer des alarmes de sécurité et des détecteurs de fumée. Des planchers dégagés, des rampes, un éclairage adéquat et des veilleuses ainsi que des escaliers bien balisés permettent d'adapter sans grande difficulté un cadre de vie.

Une personne âgée hospitalisée ou placée dans un centre de soins de longue durée a besoin d'être familiarisée avec son environnement. Le personnel infirmier doit la rassurer sur sa sécurité et tenter de répondre à ses questions. Pour faciliter l'orientation de la clientèle, un centre de soins utilise de préférence des horloges à gros chiffres, évite les dessins complexes sur les murs, veille à une bonne identification des portes et privilégie les systèmes d'appel infirmier et les commandes de lit faciles d'emploi. L'éclairage doit être adéquat mais non éblouissant. Il faut aussi souligner que les centres dont le personnel soignant adopte une attitude cohérente et respecte la routine quotidienne favorisent la qualité de vie des personnes âgées.

| **Recours aux médicaments** | La médication des personnes âgées exige non seulement une évaluation complète et périodique de la santé du client mais aussi une planification détaillée des soins et des traitements infirmiers nécessaires. Les statistiques concernant l'usage et la surconsommation des médicaments chez cette clientèle invitent d'ailleurs à la prudence (Gulick & Jett, 2008 ; Ramage-Morin, 2009) :

- Les personnes âgées consomment 35 % de la totalité des médicaments vendus sur ordonnance.
- Une personne de 70 ans prend en moyenne 7 médicaments différents.
- Les 85 ans et plus prendraient au moins 12 médicaments prescrits.
- Les effets indésirables d'un médicament augmentent proportionnellement au nombre de médicaments différents ingérés.
- Environ 12 % des hospitalisations des personnes âgées sont imputables à des réactions aux médicaments.
- Après avoir reçu le congé de l'hôpital, il ne suffit que d'un seul médicament superflu pour que la personne âgée ait une réaction indésirable à celui-ci.

Les conséquences du vieillissement affectent la pharmacodynamique et la pharmacocinétique. L'interaction entre les médicaments, entre les médicaments et la nourriture, ainsi qu'entre les médicaments et les maladies influent sur l'absorption, l'assimilation, la métabolisation et l'élimination de ces substances. La **FIGURE 5.10** illustre les effets du vieillissement sur la biotransformation des médicaments ; les modifications les plus importantes entraînées par l'âge ont d'ailleurs rapport avec la métabolisation et l'élimination des médicaments. En règle générale, vers l'âge de 75 ou de 80 ans, les reins ont perdu 50 % de leur efficacité de filtration. De la même façon, le débit sanguin hépatique diminue considérablement durant le processus de vieillissement, et les enzymes qui catalysent la transformation des médicaments sont moins abondants. Il en résulte que la demi-vie d'un médicament est plus longue chez la personne âgée.

Outre les changements qui touchent la métabolisation des médicaments, la personne âgée peut souffrir d'un déclin cognitif, de troubles sensoriels, d'une perte de dextérité ainsi qu'éprouver des difficultés à payer les médicaments qui lui sont prescrits. L'**ENCADRÉ 5.5** énumère les erreurs communes que font les personnes âgées en prenant leurs médicaments. La polypharmacie ou polymédication (la prise de plusieurs médicaments pour soigner de multiples troubles de santé), la surdose et la dépendance aux médicaments sur ordonnance expliquent la majorité des pathologies chez cette clientèle (Maillé, 2010).

Évaluer et gérer les effets des médicaments chez la personne âgée atteinte de multiples affections demande de la vigilance. Le traitement d'une maladie peut modifier l'évolution d'une autre affection. L'emploi d'un anticholinergique, tel qu'un antidépresseur à base d'imipramine, peut provoquer une rétention urinaire. C'est le cas de l'amitriptyline. Pour bien évaluer la consommation de médicaments d'une personne, ainsi que ses connaissances en la matière, l'infirmière doit demander à son client âgé (ou à son proche aidant) d'apporter à la consultation tous les médicaments qu'il consomme de façon régulière ou occasionnelle, qu'il s'agisse de substances sur ordonnance ou en vente libre, ou de remèdes à base de plantes médicinales. C'est à partir de ce portrait complet de la pharmacie du client, y compris les substances que la personne pourrait avoir oublié ou jugé inutile de mentionner, que l'infirmière est en mesure de faire une évaluation exacte de la situation. Les autres interventions infirmières qui peuvent aider la personne âgée à respecter un schéma posologique sont présentées à l'**ENCADRÉ 5.6**.

| **Dépression** | La dépression ne fait pas partie du processus normal de vieillissement. C'est néanmoins une condition largement sous-estimée chez les personnes âgées. Environ 15 % des personnes âgées vivant dans la communauté présentent des symptômes de dépression. Ce taux est encore plus élevé en établissement. Au Québec, 9,8 % des suicides commis chaque année le sont par des personnes âgées, et c'est chez les hommes blancs âgés que les chiffres sont les plus alarmants (St-Laurent & Gagné, 2008).

La dépression frappe pourtant davantage les femmes, les personnes divorcées ou séparées, socialement isolées, celles de faible statut socioéconomique, ou encore celles affectées par un événement pénible ou déroutant. Chez la personne âgée, la dépression semble liée à la perte de l'estime de soi et peut résulter d'un passage difficile, tel que la retraite ou la perte du conjoint. Parmi les troubles courants, il y a les douleurs physiques, l'insomnie, la léthargie, l'agitation et la défaillance de la mémoire et de la concentration. Il est fréquent que la dépression tardive survienne à l'apparition d'une maladie telle qu'une affection cardiaque, un AVC, un diabète ou un cancer. La dépression peut exacerber les autres troubles de santé en entravant l'observance d'un régime, d'un programme d'exercice ou d'un traitement. Il importe que l'évaluation infirmière comprenne un examen physique et des examens de laboratoire qui permettront d'éliminer la possibilité d'une maladie présentant des symptômes similaires à ceux de la dépression (p. ex., une maladie thyroïdienne ou une carence vitaminique).

Il est essentiel d'encourager la personne âgée déprimée à consulter un professionnel de la santé. La dépression pouvant pousser la personne qui en souffre à se dévaloriser, voire à s'isoler, l'infirmière doit parfois mobiliser les proches pour inciter le client à se faire soigner. Quant à la personne âgée dépressive qui occupe le rôle de proche aidant, elle devrait se ménager des moments de répit et obtenir de l'aide aux soins.

| **Sommeil** | La question du sommeil est une préoccupation fréquente chez ce groupe d'âge, car la structure du sommeil s'altère en vieillissant (Luggen & Touhy, 2008). La durée du sommeil profond s'amenuise au profit du sommeil léger. Comme elle se réveille facilement, la personne âgée éprouve de la difficulté à récupérer vraiment. Si le besoin de sommeil diminue généralement

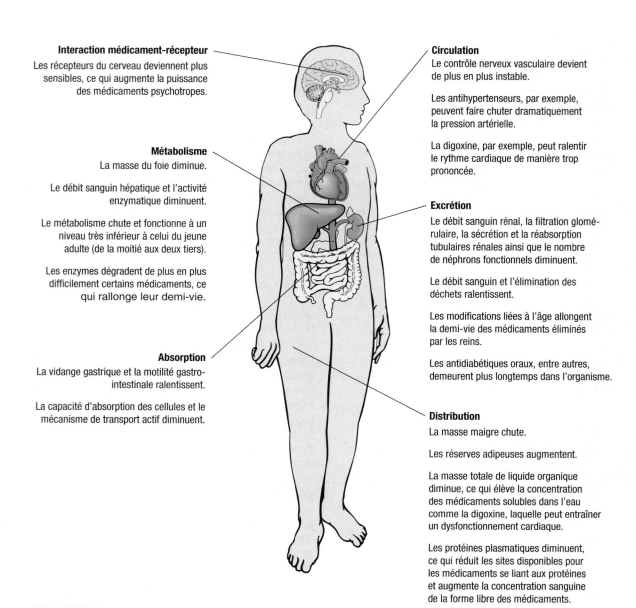

Interaction médicament-récepteur
Les récepteurs du cerveau deviennent plus sensibles, ce qui augmente la puissance des médicaments psychotropes.

Métabolisme
La masse du foie diminue.

Le débit sanguin hépatique et l'activité enzymatique diminuent.

Le métabolisme chute et fonctionne à un niveau très inférieur à celui du jeune adulte (de la moitié aux deux tiers).

Les enzymes dégradent de plus en plus difficilement certains médicaments, ce qui rallonge leur demi-vie.

Absorption
La vidange gastrique et la motilité gastro-intestinale ralentissent.

La capacité d'absorption des cellules et le mécanisme de transport actif diminuent.

Circulation
Le contrôle nerveux vasculaire devient de plus en plus instable.

Les antihypertenseurs, par exemple, peuvent faire chuter dramatiquement la pression artérielle.

La digoxine, par exemple, peut ralentir le rythme cardiaque de manière trop prononcée.

Excrétion
Le débit sanguin rénal, la filtration glomérulaire, la sécrétion et la réabsorption tubulaires rénales ainsi que le nombre de néphrons fonctionnels diminuent.

Le débit sanguin et l'élimination des déchets ralentissent.

Les modifications liées à l'âge allongent la demi-vie des médicaments éliminés par les reins.

Les antidiabétiques oraux, entre autres, demeurent plus longtemps dans l'organisme.

Distribution
La masse maigre chute.

Les réserves adipeuses augmentent.

La masse totale de liquide organique diminue, ce qui élève la concentration des médicaments solubles dans l'eau comme la digoxine, laquelle peut entraîner un dysfonctionnement cardiaque.

Les protéines plasmatiques diminuent, ce qui réduit les sites disponibles pour les médicaments se liant aux protéines et augmente la concentration sanguine de la forme libre des médicaments.

FIGURE 5.10

Le vieillissement entraîne des modifications dans la métabolisation des médicaments.

9

Les troubles du sommeil chez la personne âgée sont abordés dans le chapitre 9, *Sommeil et troubles du sommeil.*

avec l'âge, il est possible que la personne se plaigne tout de même de mal dormir et qu'elle se sente fatiguée malgré des nuits plus longues ▶ 9.

I Utilisation des mesures de contention I Les mesures de contention physique sont des instruments ou des accessoires destinés à restreindre les mouvements d'une personne. On peut vouloir empêcher cette dernière de marcher, de se tenir debout, de se coucher, de changer de position ou de s'asseoir. Les instruments les plus courants sont la ceinture de taille, la chaise gériatrique et la camisole. La personne immobilisée ne peut se libérer de l'instrument. En vertu de la Loi sur les services de santé et les services sociaux, plus précisément de l'article 118.1 (L.R.Q., c. S-4.2), l'usage des mesures de contention physique doit être dicté par des raisons de sécurité pour la personne et pour autrui. Depuis l'adoption de la Loi, l'emploi de ces moyens dans les centres de soins de longue durée a notablement diminué.

Il est important de réserver les mesures de contention physique et chimique aux situations exceptionnelles. L'infirmière qui doit absolument immobiliser une personne âgée dans un hôpital ou un centre de soins de longue durée choisit alors une méthode minimale. Au Québec, les infirmières peuvent décider de l'utilisation des mesures de contention (L.R.Q., c. I-8). Cette décision peut être partagée avec le médecin, le physiothérapeute et l'ergothérapeute. Lorsqu'une contention est appliquée, sa nécessité doit être sans cesse réévaluée. D'autres dispositions encadrent la contention et définissent des normes concernant la durée, l'observation, les soins ainsi que les solutions de rechange. Des règles de soins infirmiers, élaborées par les directions des soins infirmiers dans les centres hospitaliers, encadrent l'application des mesures de contentions et guident le personnel.

L'infirmière doit consigner tous les détails entourant l'usage de la contention, en particulier les moyens alternatifs tentés et les comportements qui ont justifié le recours à ces mesures.

Pharmacothérapie

ENCADRÉ 5.5 — **Principales causes d'erreur dans la prise de médicaments par la personne âgée**

- Mauvaise vue
- Oubli
- Consommation de médicaments en vente libre
- Consommation de médicaments prescrits pour une autre personne
- Moyens financiers insuffisants pour se procurer les médicaments prescrits

- Incapacité à comprendre la posologie ou la nécessité du traitement
- Refus du traitement en raison des effets secondaires tels que la nausée ou l'impuissance

Un risque de chute ou un comportement irritant, telles des sollicitations répétées, ne peuvent pas motiver la contention. Les normes de bonnes pratiques ont pour objectif l'administration de soins de qualité sans le recours aux mesures de contention physique ou chimique (Evans & Cotter, 2008).

Pour satisfaire à ces normes, l'infirmière doit chercher à comprendre les comportements des clients. Les comportements symptomatiques, tels les pleurs et les cris, sont possiblement des signes de comorbidité, de douleur, de réaction toxicologique, de besoins non satisfaits ou de réaction à des facteurs environnementaux. Devant des comportements qui paraissent symptomatiques, l'infirmière doit s'interroger sur leurs causes. Il est même possible que le client parvienne à exprimer ce qui le perturbe. Une personne atteinte de démence pourrait répondre par la parole, le geste, un hochement de tête ou un contact visuel. Les questions fermées qui exigent de répondre par un « oui » ou un « non » fournissent des renseignements plus précis. L'infirmière peut également interroger la famille, les amis ou le personnel affecté aux soins du client dans un établissement fréquenté précédemment : quels sont, par exemple, les signes convenus pour indiquer une douleur, un état de fatigue, la faim ou le besoin d'aller aux toilettes ? Quelles sont les AVQ qu'il peut assumer ? Se réveille-t-il souvent la nuit ? Est-ce un lève-tôt ? Préfère-t-il prendre son petit déjeuner avant de s'habiller ? Fait-il une sieste l'après-midi ? Suit-il un rituel pour s'habiller ? Voilà autant de questions à poser pour mieux connaître la personnalité et les habitudes du client.

Un comportement perturbateur peut signifier qu'un besoin physiologique ou psychologique n'a pas été comblé. Par exemple, la personne qui tente de sortir du lit sans aide tente peut-être d'aller à la toilette. Respecter un horaire pour les soins d'hygiène peut éviter certaines initiatives risquées et prévenir les problèmes d'incontinence. Une personne qui se réveille aux soins intensifs après une sédation pourrait paniquer en constatant qu'elle est branchée à des fils et à des tubes ou qu'elle est incapable de parler. En tentant de se mettre à la place du client, et en portant attention à ses gestes et à ses paroles, l'infirmière a davantage de chances de comprendre ce que celui-ci tente de communiquer.

Trouver des solutions de rechange aux mesures de contention demande vigilance et esprit créatif. L'usage de lits plus bas, d'accessoires pour soutenir le corps et de dispositifs électroniques (p. ex., une alarme personnelle pour le lit) est privilégié dans plusieurs établissements de soins. La tendance pour un milieu sans contention a contribué à réduire l'usage des mesures limitatives.

Capsule Jugement clinique

Monsieur Léonard Lanteigne, 80 ans, est hospitalisé pour une infection urinaire. Lucide, alerte et orienté, il se lève seul la nuit pour uriner, mais comme sa démarche n'est pas assurée, il a fait une chute. Heureusement pour lui, il s'en est tiré avec quelques ecchymoses. En raison d'un manque de personnel au service de nuit, l'infirmière essaie de convaincre le client d'accepter une contention physique. « Nous ne pouvons pas vous surveiller constamment », dit-elle au client. Celui-ci refuse catégoriquement cette mesure de protection.

La contention est-elle justifiée pour monsieur Lanteigne ? Expliquez votre réponse.

Pharmacothérapie

ENCADRÉ 5.6 — **Consommation des médicaments par la personne âgée**

- Mettre l'accent sur les médicaments indispensables.
- Réduire si possible la prise des médicaments qui ne sont pas essentiels au traitement des symptômes légers.
- Dresser le portrait de la consommation de médicaments au moyen d'un tableau d'évaluation normalisé, qui tient compte des médicaments en vente libre, des gouttes otiques et optiques, des antihistaminiques et des sirops contre la toux.
- Évaluer la consommation d'alcool.
- Inciter la personne à utiliser une liste aide-mémoire ou un autre système de rappel pour la prise des médicaments.

- Surveiller la force des doses ; normalement, la dose devrait être inférieure à la moitié de celle requise pour un adulte plus jeune.
- Inciter la personne à acheter ses médicaments dans une seule pharmacie.
- Travailler en collaboration avec d'autres professionnels de la santé et des pharmaciens pour aider à établir un profil pharmaceutique de la personne âgée.

Pour bien évaluer l'efficacité des soins offerts au client âgé, il faut se poser les questions suivantes :

- Un changement notable est-il survenu au chapitre des AVQ et des AVD, de l'état mental ainsi que des signes et des symptômes de la maladie ?
- Le client juge-t-il que sa santé s'est améliorée ?

- Le client considère-t-il le traitement comme utile ?
- Le client et le proche aidant considèrent-ils que les soins reçus valent leurs efforts et leurs ressources ?
- Les résultats sont-ils suffisamment probants pour justifier par écrit les interventions effectuées ?

Évaluation des résultats

L'étape de l'évaluation demeure la même pour tous les groupes d'âge. À partir des données recueillies, l'infirmière met en œuvre un plan de soins et de traitements infirmiers ou le révise au besoin. Souvent, les changements produits sur l'état de santé ne sont pas aussi spectaculaires chez la personne âgée que chez l'adulte plus jeune. Pour cette raison, l'infirmière se garde d'ajuster prématurément le plan de soins et de traitements infirmiers.

Au moment d'évaluer les soins infirmiers avec la personne âgée, l'amélioration des fonctions constitue habituellement la priorité. L'**ENCADRÉ 5.7** présente une liste de questions permettant d'évaluer le plan de soins et de traitements infirmiers pour cette clientèle.

■ ■ ■ À retenir

- Bien que les maladies chroniques soient responsables des troubles de santé les plus répandus et les plus coûteux de la société, ce sont en réalité les affections les plus évitables.
- Une alimentation équilibrée, la pratique régulière d'une activité physique et le refus du tabagisme peuvent prévenir les risques d'affection chronique ou à tout le moins en atténuer les conséquences.
- L'hypertension, l'arthrite, les affections cardiaques, le cancer et le diabète sont parmi les maladies chroniques les plus répandues chez les personnes âgées.
- Certains facteurs conduisent à l'itinérance, même chez la clientèle âgée : un faible revenu, un affaiblissement des fonctions intellectuelles, la solitude et la rareté des logements bon marché.

- En général, les personnes âgées d'origine étrangère trouvent leur soutien dans la famille, les rituels religieux et les petits groupes ethnoculturels de la communauté.
- La maltraitance désigne les mauvais traitements qu'un soignant ou une personne « de confiance » fait subir intentionnellement à une personne âgée en lui infligeant des blessures ou en la privant des soins requis par son état.
- Les soins à domicile représentent souvent une solution viable pour la personne vieillissante confinée chez elle à cause de troubles de santé intermittents ou aigus, mais qui peut compter sur la présence d'un proche aidant.
- La clientèle âgée est plus sujette aux accidents à cause des pertes sensorielles intrinsèques au vieillissement, du ralentissement des réflexes, de la diminution de la sensibilité à la douleur et à la température, des modifications de la démarche et de l'équilibre ainsi que des effets des médicaments.

Pour en **savoir** plus

 Références Internet

Organismes et associations

Association québécoise de gérontologie
www.aqg-quebec.org

Association québécoise des infirmières et infirmiers en gérontologie
www.aqiig.org

Institut universitaire de gériatrie de Montréal
www.iugm.qc.ca

Organismes gouvernementaux

Agence de la santé publique du Canada > Aînés
www.phac-aspc.gc.ca

Famille et aînés Québec
www.maltraitanceaines.gouv.qc.ca

Ministère de la Famille et des Aînés > Aînés
www.mfa.gouv.qc.ca

Références générales

Infiressources
> Carrefour des rubriques > Carrefour clinique
> Soins en géronto-gériatrie
> Banques et recherche > Pathologies
> Gériatrie
www.infiressources.ca

Monographies

Arcand, M., & Hébert., R. (dir.) (2007). *Précis pratique de gériatrie* (3ᵉ éd.). Acton Vale, Qc : Edisem ; Paris : Maloine.

Ducharme, F . (2006). *Famille et soins aux personnes âgées : enjeux, défis et stratégies.* Montréal : Beauchemin.

Lagacé M. (dir.) (2010). *L'âgisme : comprendre et changer le regard social sur le vieillissement.* Québec : Presses de l'Université Laval.

Leblanc, S., Leroux, G., Malo, S., & Roux, C. (2009). *Santé mentale et personnes âgées : s'outiller pour intervenir ensemble,* Montréal : Centre de santé et de services sociaux Jeanne-Mance.

Michaud, A. (2007). *La réalité des aînés québécois* (3ᵉ éd.). Sainte-Foy, Qc : Publications du Québec.

Miller, C.A. (2007). *L'essentiel en soins infirmiers gérontologiques.* Montréal : Beauchemin.

 Articles, rapports et autres

Cardinal, L., Langlois, M.-C., Gagné, D., & Tourigny, A. (2008). *Perspectives pour un vieillissement en santé : proposition d'un modèle conceptuel.* www.inspq.qc.ca/pdf/publications/860_PerspectiveVieillissementSante.pdf

Choinière R. (2010). *Vieillissement de la population, état fonctionnel des personnes âgées et besoins futurs en soins de longue durée au Québec.* Montréal : Institut national de santé publique du Québec. www.inspq.qc.ca

Conseil canadien de la santé (2007). *Schémas de population – Maladies chroniques au Canada.* www.healthcouncilcanada.ca/docs/rpts/2007/outcomes2/Outcomes2PopulationPatterns FRENCHWeb.pdf

Kergoat, M.-J. (dir.). *Approche adaptée à la personne âgée en milieu hospitalier.* Québec : Direction des communications du MSSS. http://publications.msss.gouv.qc.ca

5

CHAPITRE 6

Écrit par :
Teri A. Murray, PhD, RN

Adapté par :
Clémence Dallaire, inf., Ph. D.

Soins communautaires et soins à domicile

Objectifs

Après avoir lu ce chapitre, vous devriez être en mesure :

- de décrire comment les transformations du système de santé contribuent au déplacement des soins hospitaliers vers le milieu communautaire ;

- de distinguer les soins infirmiers communautaires des soins infirmiers de santé publique ;

- de comparer les soins en milieu communautaire avec les autres services qui sont offerts dans ce milieu ;

- de décrire le rôle de l'infirmière en milieu communautaire et les défis qu'elle doit surmonter ;

- de décrire les particularités du rôle de proche aidant, les difficultés qui y sont associées et la meilleure approche à adopter pour l'infirmière qui soutient le proche aidant.

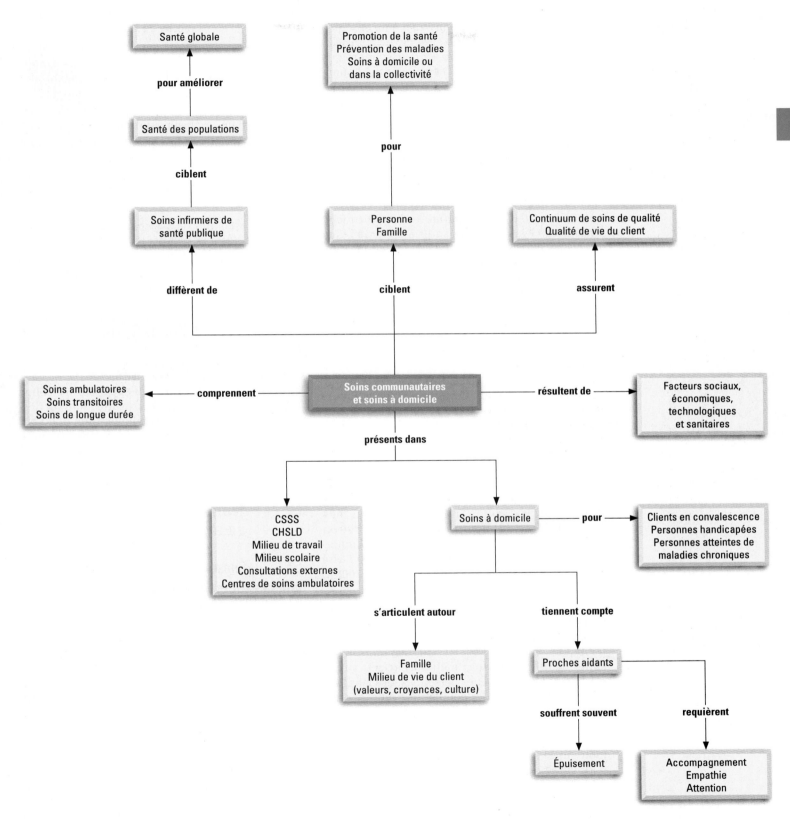

6.1 | Une pratique en transformation

La pratique infirmière connaît aujourd'hui d'importantes transformations dues à un ensemble de facteurs qui touchent le système de soins. Ces facteurs, qui sont de nature sociale, économique, technologique et sanitaire, entraînent notamment le transfert des soins hospitaliers vers le milieu communautaire. La pratique infirmière a suivi cette tendance, passant après la Seconde Guerre mondiale d'un exercice presque exclusivement hospitalier, à une pratique exercée dans différents milieux de la communauté. Au Québec, les centres de santé et de services sociaux (CSSS), les cliniques médicales et les groupes de médecine familiale (GMF) offrent différents programmes de soins en milieu communautaire ; les infirmières fournissent également des soins à domicile, dans les écoles et en milieu de travail. C'est donc dans des contextes très variés que ces professionnelles font leur travail à l'extérieur des hôpitaux. Les statistiques varient d'un organisme à l'autre en raison des diverses appellations des lieux de travail et des emplois ainsi que des réorganisations des systèmes de santé au Canada. On estime malgré tout qu'au début des années 1990, le pourcentage d'infirmières travaillant dans les hôpitaux canadiens est passé de 61,1 % (143 191 infirmières) à 59,4 % (135 691 infirmières). Ce pourcentage a encore diminué au début des années 2000 pour atteindre 58,6 % en 2009 (Canadian Institute for Health Information [CIHI], 1999 ; Institut canadien d'information sur la santé [ICIS], 2009 ; Ordre des infirmières et infirmiers du Québec [OIIQ], 2001). À l'inverse, dans le milieu des soins de santé communautaires, le pourcentage d'infirmières est passé de 6,0 % en 1994 à 8,1 % en 1999 et à 12 % en 2004 (CIHI, 1999 ; ICIS, 2009). Au Canada, environ 14,1 % des infirmières travaillent en santé communautaire, mais, au Québec, le pourcentage est passé de 12,7 % en 2003 à 10,2 % en 2007 (ICIS, 2009).

La pratique infirmière qui s'exerce dans la communauté prend diverses formes, si bien que l'on confond souvent les termes « soins infirmiers communautaires » et « soins infirmiers de santé publique ». Les infirmières en santé communautaire sont des infirmières qui mettent l'accent sur la promotion de la santé des personnes, des familles, des communautés et des populations, ainsi que sur un environnement propice à la santé (Association canadienne des infirmières et infirmiers en soins communautaires [ACIISC], 2008). En plus de promouvoir la santé et de prévenir la maladie, elles permettent aussi d'offrir des soins à domicile ou dans la collectivité, plutôt qu'en établissement, à des clients présentant une affection aiguë ou chronique et parfois en fin de vie. En ce qui concerne les soins infirmiers de santé publique, les infirmières travaillent à améliorer la santé globale de populations ciblées. Selon l'Association canadienne de santé publique (ACSP, 2010a), la pratique en santé publique se fonde sur une approche de santé des populations, et elle se distingue des autres contextes de soins par les principes suivants :

- Elle se concentre sur des populations entières et des sous-populations dont les préoccupations ou les caractéristiques relatives à la santé sont similaires.
- Elle mesure l'état de santé des populations au moyen d'une évaluation de santé communautaire.
- Elle tient compte des grands déterminants de la santé.
- Elle participe à tous les niveaux de prévention, particulièrement celui de la prévention primaire.
- Elle tient compte de tous les niveaux de pratique comme la communauté, les systèmes ainsi que le client et sa famille.

Les objectifs suivants sont particulièrement importants dans la pratique infirmière en santé publique et en santé communautaire : promouvoir la santé, renforcer les capacités individuelles et communautaires de faire des choix qui favorisent la santé, établir des relations, faciliter l'accès et l'équité (ACSP, 2010a). Ce chapitre propose une vue d'ensemble des transformations en cours dans le système de santé en se penchant sur les soins infirmiers communautaires plutôt que sur les soins infirmiers de santé publique. Bien que l'on ne les considère généralement pas comme communautaires, les centres de soins de longue durée et les centres de réadaptation sont aussi abordés.

6.2 | Transformations du système de soins

6.2.1 Facteurs de changement
Aspects socioéconomiques

Les efforts soutenus des gouvernements, des employeurs, des compagnies d'assurance et des organismes de réglementation pour offrir des soins à un bon rapport coût-efficacité, ont grandement contribué à transformer le système de soins. L'augmentation des coûts des séjours hospitaliers les a incités à rechercher de nouvelles façons de donner les services et a favorisé la croissance des services offerts dans la communauté (Underwood *et al.*, 2009).

Évolution de la démographie

Environ 13,2 % de la population du Canada est âgée de 65 ans ou plus. Au XXᵉ siècle, cette tranche d'âge est passée de 3 à 4,2 millions d'individus, et Statistique Canada prévoit qu'elle atteindra 9,6 millions de personnes vers 2036 (Statistique Canada, 2007). Cet accroissement de la population âgée exerce une influence sur tous les aspects de la vie en société et pose d'importants défis aux professionnels de la santé, qui doivent répondre aux besoins d'une population vieillissante. Les personnes âgées peuvent être affligées de limitations fonctionnelles qui, sans le soutien de leur communauté et l'aide de professionnels, limitent leur autonomie à domicile. Lorsqu'elles souffrent de multiples affections chroniques, leurs besoins en matière de soins de santé peuvent être fort complexes. Les problèmes physiques ou fonctionnels, la démence, les revenus fixes et un soutien limité de la famille ou de la collectivité font en sorte que les personnes âgées ont des besoins croissants d'assistance et de soins de santé ▶ .

L'arrivée d'immigrants, et en particulier les sans-papiers et les réfugiés, oblige également les professionnels de la santé à adapter leur pratique. Le Programme fédéral de santé intérimaire permet à ces personnes d'avoir accès à des soins en attendant qu'elles soient couvertes par le régime d'assurance-maladie. Afin de cerner leurs besoins et d'y répondre, il faut être présent dans leurs communautés et leurs lieux de travail ▶ .

Nature et fréquence des maladies

L'augmentation de l'espérance de vie et la manière de vivre contemporaine contribuent à la hausse du nombre, à la gravité et à la durée des affections chroniques. Ces dernières, dont les maladies cardiovasculaires, le cancer, le diabète et la maladie pulmonaire obstructive chronique (MPOC) sont à l'origine d'environ 89 % des décès au Canada (World Health Organization [WHO], 2005). Ces décès sont surtout attribués au mode de vie. Le tabagisme, la sédentarité et la mauvaise alimentation (y compris l'obésité et le diabète) constituent en effet les principaux facteurs de risque des maladies cardiovasculaires et du cancer (ACSP, 2010b). Les soins de santé s'orientent de plus en plus vers la promotion de la santé et de la prévention des maladies plutôt que vers l'intervention en phase aiguë. En milieu communautaire, la pratique infirmière s'appuie sur les orientations des réseaux locaux de soins et de services qui répondent à trois besoins : prévenir, guérir, soutenir (Commissaire à la santé et au bien-être, 2010). Ainsi, la prévention, le traitement des maladies chroniques et la réadaptation des personnes qui en souffrent s'articulent autour des trois axes suivants : 1) la promotion du dépistage régulier ; 2) l'éducation sur les effets des modes de vie sur la santé et la maladie ; 3) l'aide aux personnes et aux familles pour faire face à la maladie chronique à domicile.

Technologie

Les innovations dans les domaines de la chirurgie (notamment la chirurgie par endoscopie) et des traitements médicaux (comme les nouveaux médicaments contre le cancer et le SIDA) ont contribué à l'augmentation de l'espérance de vie et au déplacement des soins actifs et des soins de longue durée vers le milieu communautaire. De nouvelles technologies ont permis d'améliorer les procédures de diagnostic et la gestion des soins. L'ordinateur, les médicaments efficaces et la télésanté ont simplifié les diagnostics et les traitements, raccourcissant par le fait même la durée des séjours à l'hôpital **FIGURE 6.1**.

La tendance actuelle est aux soins ambulatoires, ce qui inclut les services traditionnellement offerts dans les hôpitaux. De plus en plus de traitements complexes, comme les traitements antibiotiques intraveineux ou la thérapie parentérale, sont administrés par perfusion à domicile. Les autres facteurs qui ont stimulé le développement des soins en milieu communautaire ou à domicile sont les progrès technologiques, l'accent mis sur la réduction des coûts et la préférence des clients de demeurer à la maison.

Consommateurs avertis

Les soins de santé s'apparentent de plus en plus à des biens de consommation. Les clients s'intéressent davantage aux soins qu'ils reçoivent et souhaitent y participer activement. Nombre d'entre eux font des recherches intensives sur leur état de santé dans la littérature médicale et Internet. Ils s'attendent aussi à recevoir toute l'information nécessaire du personnel médical afin d'être en mesure de décider avec eux du traitement approprié. De plus, la population considère désormais la santé comme un droit acquis. La législation canadienne en matière de santé privilégie en effet l'égalité dans l'accès aux soins, et ce, sans égard à la capacité de payer. Dans un contexte de hausse de la demande pour des ressources en santé rares et coûteuses, les infirmières encouragent l'autonomie en matière de santé par l'éducation et la défense des droits des personnes malades.

Le chapitre 5, *Maladies chroniques et personnes âgées*, traite des besoins des personnes âgées en matière de soins de santé.

Le chapitre 2, *Compétences culturelles et inégalités en santé*, traite des facteurs culturels et de leurs effets sur les soins de santé.

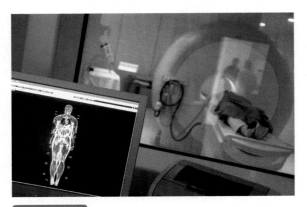

FIGURE 6.1

Les nouvelles technologies ont un impact majeur sur le diagnostic et le traitement des maladies.

6.2.2 Gestion de cas

La gestion de cas est un processus interdisciplinaire qui comprend l'évaluation, la planification et la résolution de problèmes. Elle implique une prise de position en faveur de soins de santé adaptés aux besoins d'une personne et de sa famille. Le processus de gestion de cas s'effectue grâce à la communication et à l'utilisation des ressources disponibles en vue d'atteindre de bons résultats, et ce, à coût raisonnable. Bien que les agences et les organismes de services de santé définissent et pratiquent la gestion de cas de diverses manières, il faut envisager ce concept en tenant compte de contextes très variés (Case Management Society of America, 2008). Une gestion de cas efficace garantit ainsi un continuum de soins de qualité, atténue la fragmentation des soins d'un milieu de soins à un autre et améliore la qualité de vie du client tout en limitant les coûts.

Les tâches du gestionnaire de cas consistent à déterminer les besoins d'une personne et de sa famille, à coordonner les services qui leur sont offerts tout au long de l'épisode de soins, à les orienter vers les professionnels adéquats et à évaluer la progression des traitements afin d'atteindre les objectifs tout en maintenant un bon rapport coût-efficacité à court et à long terme. Par exemple, en consultation externe, une infirmière est affectée à la gestion du cas d'un client affligé d'une maladie coronarienne grave. Quand ce dernier est hospitalisé pour un pontage coronarien, ses soins sont coordonnés par la même infirmière afin que tous les intervenants soient au fait de ses besoins particuliers. Au moment où le client quitte l'hôpital, c'est la même infirmière qui détermine s'il doit recevoir des soins à domicile ou d'autres services.

6.3 | Soins en milieu communautaire

6.3.1 Continuum des soins

Selon son état de santé et les soins dont il a besoin, un client doit parfois fréquenter divers milieux de soins. Le continuum des soins fait en sorte que ces différents milieux répondent aux besoins changeants du client. De nombreuses personnes sont aujourd'hui traitées en milieu communautaire et à domicile. Par exemple, une personne victime d'un accident de la route est hospitalisée en traumatologie dans un établissement de soins actifs. Une fois son état stabilisé, on la transfère en chirurgie générale, après quoi on l'oriente vers un centre de réadaptation **FIGURE 6.2**. Au bout d'un certain temps, elle regagne son domicile où elle poursuit sa réadaptation en étant suivie par des professionnels de la santé, dont des infirmières, ou en fréquentant un centre de réadaptation.

FIGURE 6.2

Au cours du processus de réadaptation, le client a souvent besoin de soutien et d'encouragements.

Le continuum des soins ne comprend pas toujours d'hospitalisation. Le diagnostic de la majorité des problèmes de santé peut être posé sans hospitalisation (en ambulatoire). De plus, les clients et les familles peuvent trouver l'aide dont ils ont besoin dans les CSSS, un groupe de médecine de famille ou les cliniques médicales[a]. Par exemple, un client chez qui on a diagnostiqué un diabète pourrait être suivi par une clinique médicale ou dans un GMF. Le suivi comprendra des soins et des séances d'éducation à la santé et est généralement assuré par des infirmières **FIGURE 6.3**.

On peut traiter un client dans une variété de milieux; il importe toutefois de choisir celui qui

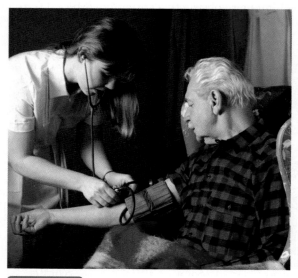

FIGURE 6.3

Une infirmière prend la pression artérielle d'un client qui séjourne dans un établissement de soins de longue durée.

---

[a] Pour obtenir plus d'information sur les services de santé offerts dans le système de santé québécois, voir le chapitre 3 dans *Soins infirmiers : fondements généraux* (Potter & Perry, 2010).

convient le mieux à ses besoins en tenant compte des contraintes propres aux services disponibles. Bien que les hôpitaux demeurent toujours le pilier de l'administration des soins aigus, des lieux comme les CSSS, les centres d'hébergement et de soins de longue durée ▶ **5** ainsi que le domicile du client offrent à celui-ci la possibilité de vivre et de récupérer dans un contexte maximisant son autonomie et préservant sa dignité.

Les soins infirmiers offerts en milieu communautaire comprennent les soins ambulatoires **ENCADRÉ 6.1**, les soins transitoires et les soins de longue durée. Les soins transitoires correspondent à la période intermédiaire entre les soins aigus et le domicile, et ils se pratiquent dans divers contextes **TABLEAU 6.1**. Les soins de longue durée sont pour leur part des soins dispensés à des personnes dont le degré d'autonomie est faible à cause de leur âge ou d'une incapacité physique ou mentale (Service Québec, 2010). Parmi les problèmes pouvant entraîner une diminution de l'autonomie, on trouve les handicaps, les retards de développement (p. ex., les personnes ayant une déficience intellectuelle), les problèmes de déficit physique ou devant faire l'objet d'un suivi médical ou infirmier constant (p. ex., les personnes qui ont besoin d'aide pour respirer et s'oxygéner, celles qui sont atteintes de la maladie d'Alzheimer, etc.). Les soins de longue durée sont notamment offerts dans les centres d'hébergement et de soins de longue durée, les centres de réadaptation et les ressources privées **TABLEAU 6.2**.

Comme cela a été mentionné au début du présent chapitre, certains de ces milieux ne sont généralement pas considérés comme communautaires. Ils constituent toutefois des milieux hors du cadre hospitalier auxquels on a recours en gestion intégrée des soins de santé **FIGURE 6.4**.

6.3.2 Infirmières communautaires

Les infirmières qui pratiquent en milieu communautaire soignent des clients dont les besoins sont très variés (ACIISC, 2008 ; ACSP, 2010a). Au Québec, la formation en soins

Jugement clinique

Capsule

Madame Blandine Jean est âgée de 85 ans. Elle vit à domicile avec sa petite-fille qui est célibataire. La cliente a eu huit enfants dont un fils vit encore en Haïti. Madame Jean souffre de fibrose pulmonaire et est constamment dyspnéique, ce qui nécessite de l'oxygène en permanence. Sa petite-fille s'inquiète de plus en plus de l'évolution de la condition de sa grand-mère. Comme elle travaille à temps plein, deux de ses tantes se relaient pendant le jour pour prendre soin de la cliente. Étant épuisée, une des filles voudrait que madame Jean aille dans un centre d'hébergement et de soins de longue durée. Une mésentente s'est établie entre les membres de la famille à ce sujet.

Que pensez-vous de la proposition de placement dans un tel centre ?

TABLEAU 6.1	Contextes de pratique des soins transitoires
MILIEU	**CARACTÉRISTIQUES**
Centre de réadaptation	<ul><li>Les soins sont spécialement adaptés pour les clients souffrant de blessures physiques ou neurologiques comme les traumatismes crâniens ou médullaires et les accidents vasculaires cérébraux.</li><li>Les soins sont offerts dans des unités particulières des hôpitaux ou dans des établissements autonomes en milieu communautaire.</li><li>Les clients peuvent faire des exercices de réadaptation ou recevoir d'autres traitements de ce genre quotidiennement et plusieurs heures par jour.</li><li>Les clients se familiarisent avec les aides techniques et ont besoin de temps et d'encouragement pour accomplir leurs activités quotidiennes et les autres tâches d'autogestion de leur santé.</li><li>Les clients peuvent nécessiter des soins de réadaptation pendant des semaines ou des mois avant de pouvoir regagner leur domicile.</li></ul>
Unité de courte durée gériatrique	<ul><li>Une unité spécialisée en évaluation, en traitement et en réadaptation axée sur la récupération et le maintien de l'autonomie optimale de la clientèle âgée.</li><li>Les soins sont offerts aux clients dépendant d'un respirateur, à ceux nécessitant des changements de pansement fréquents et complexes ou une combinaison d'interventions médicales et infirmières.</li><li>Le congé est planifié en fonction d'un retour à domicile ou d'un transfert en centre de soins de longue durée.</li></ul>

5

Le placement des personnes âgées dans un établissement de soins de longue durée est abordé dans le chapitre 5, *Maladies chroniques et personnes âgées*.

TABLEAU 6.2	Contextes de pratique des soins de longue durée
MILIEU	**CARACTÉRISTIQUES**
Centre d'hébergement et de soins de longue durée (CHSLD)	• Les soins sont offerts aux clients nécessitant une supervision 24 heures sur 24, nombre d'entre eux étant incontinents ou confinés au lit une partie de la journée. • Les soins sont planifiés par une infirmière et ils peuvent être prodigués par une infirmière auxiliaire et des préposés aux bénéficiaires. • Les établissements sont supervisés par les autorités chargées de délivrer les permis. • Les unités prothétiques permettent d'offrir des soins aux personnes souffrant de déficience cognitive (comme la maladie d'Alzheimer) et ayant besoin d'assistance particulière. • Les unités prothétiques conviennent aux clients atteints de démence au stade initial ou intermédiaire, mais pas nécessairement à ceux souffrant de cette maladie au stade avancé.
Soins de longue durée à domicile	• Les programmes de soins permettent une planification coordonnée des soins médicaux, des soins infirmiers et des soins de réadaptation à domicile offerts à des personnes handicapées qui séjourneraient autrement dans un CHSLD. • Les programmes de soins offrent une solution de rechange à l'hébergement. • Les mêmes services qu'en établissement sont offerts, mais les services infirmiers n'excèdent pas 12 heures par semaine.
Résidence de soins de longue durée	• Le milieu combine plusieurs services, y compris un complexe domiciliaire, un centre d'activités et un centre de soins de santé. • Le milieu se distingue des autres par le fait qu'il offre un continuum comprenant hébergement, services et soins. • Le résident et la résidence signent une entente écrite ou un contrat dont la durée correspond à la vie entière du client ou à une période de temps déterminée.

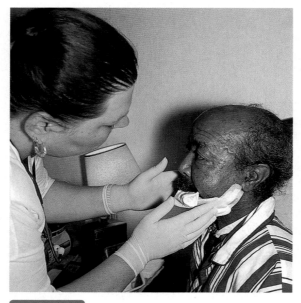

FIGURE 6.4

Une infirmière prodigue des soins en milieu communautaire.

infirmiers communautaires peut se faire à l'université (OIIQ, 2007). Ces infirmières sont notamment affectées dans un CSSS, aux soins à domicile, aux soins de longue durée, au milieu scolaire, au milieu du travail, aux services de consultations externes et aux centres de soins ambulatoires.

Contrairement à leurs consœurs des milieux de soins actifs, les infirmières communautaires doivent s'efforcer d'intégrer les soins qu'elles prodiguent au quotidien de leurs clients. Les établissements de soins de longue durée doivent pour leur part être aménagés en fonction des soins cliniques donnés aux résidents tout en offrant une atmosphère accueillante. Quant aux soins à domicile, le défi est d'y prodiguer des soins de qualité malgré le bruit, le désordre, les interruptions et les besoins des autres membres de la famille. Dans les cliniques médicales et les autres contextes ambulatoires, l'infirmière doit accomplir sa démarche avec une grande efficacité, en tâchant de réduire la durée et le nombre des visites que requièrent des soins de qualité.

6.4 | Soins à domicile

Selon l'Association canadienne des infirmières et infirmiers en santé communautaire (ACIISC, 2008), les soins à domicile regroupent une vaste gamme de soins de santé et de services sociaux offerts à la maison aux clients en convalescence, aux personnes handicapées ou aux malades chroniques. Ils comprennent les soins de maintien de la santé, l'éducation à la santé, la prévention des maladies, le diagnostic et le traitement des maladies, la réadaptation et les soins palliatifs. Les clients bénéficiant de soins à domicile peuvent avoir besoin de soins intermittents ou d'une assistance continue, 24 heures sur 24. Dans ce dernier cas, les soins à domicile publics ne permettent pas de fournir tous les soins requis, et la personne doit embaucher elle-même le personnel nécessaire si elle désire demeurer à domicile.

Au cours des 10 dernières années, les soins à domicile ont connu une forte croissance, alors que la durée des séjours à l'hôpital et le taux d'occupation des lits ont grandement décliné. Cette croissance a été stimulée par le recours des hôpitaux à de nouvelles technologies et à de nouveaux médicaments, par l'implantation de la gestion intégrée des soins de santé et par la préférence des clients de rester à la maison.

La majorité des soins à domicile sont prodigués par des infirmières ou des auxiliaires familiales et sociales. Les infirmières donnent et coordonnent les soins, supervisent les auxiliaires familiales et sociales et agissent comme gestionnaires de cas en encadrant toutes les facettes des soins à domicile. Les CSSS offrent aussi des services de physiothérapie, d'ergothérapie et de service social. Les soins à domicile mettent également à contribution des organismes communautaires tels que les coopératives de services, les popotes roulantes et d'autres initiatives selon les localités.

6.4.1 Soigner un client chez lui

Chez les clients soignés à domicile, les diagnostics les plus répandus sont le diabète, l'hypertension, l'insuffisance cardiaque, l'arthrose, les accidents vasculaires cérébraux, les plaies importantes ou chroniques, la MPOC, la maladie cardiaque athérosclérotique et le cancer. L'infirmière qualifiée observe, collecte les données, prend en charge des cas, coordonne, évalue, donne de l'information, assure l'administration de médicaments, le soin des plaies **FIGURE 6.5**, l'alimentation par sonde, l'entretien des sondes et les interventions en santé mentale **ENCADRÉ 6.2**. Les traitements les plus communs incluent l'administration de perfusions intraveineuses (notamment d'antibiotiques), l'analgésie contrôlée par le patient, l'alimentation entérale et parentérale ainsi que la chimiothérapie. Aidée d'un membre de l'équipe de réadaptation, l'infirmière peut aussi équiper la maison d'appareils sécuritaires pour faciliter les traitements, comme des lits électriques, des fauteuils roulants, des chaises d'aisance, des marchettes et d'autres appareils d'assistance.

Les clients soignés à domicile profitent aussi de technologies sophistiquées. La miniaturisation des pompes à perfusion permet au client d'aller travailler tout en recevant des antibiotiques, une alimentation parentérale ou un traitement de chimiothérapie. Le recours aux cathéters veineux centraux et aux cathéters centraux insérés par voie périphérique a éliminé de nombreux problèmes associés aux thérapies par intraveineuse, jusque-là peu fiables et de courte durée. Toutefois, ces dispositifs nécessitent une vigilance accrue en ce qui a trait aux infections. L'oxygénothérapie permet aux clients qui en dépendent de recevoir des soins à domicile et de jouir d'une mobilité encore plus grande si l'appareil est attaché à l'arrière de leur fauteuil roulant. L'inhalation d'oxygène peut aussi se faire à la maison, et ce, de diverses façons ▶ . L'**ENCADRÉ 6.3** présente les besoins courants de la clientèle qui nécessite des soins à domicile et l'**ENCADRÉ 6.4** donne des exemples de diagnostics infirmiers pour cette même clientèle.

Bien que le client soit la raison d'être des soins infirmiers à domicile, ceux-ci doivent s'articuler autour du noyau familial. La maladie d'une personne éprouve toute sa famille et altère les relations familiales. Il arrive souvent que les membres de la famille dispensent les soins et participent aux décisions concernant le type de traitement et son ampleur. Les soins prodigués par les professionnels de la santé le sont généralement de manière épisodique, ce qui laisse à la famille le fardeau des soins quotidiens.

L'éducation à la santé concerne donc à la fois le client et sa famille. Les proches aidants doivent apprendre à administrer certains traitements et à entretenir l'équipement. Par exemple, un changement des habitudes alimentaires constitue la pierre angulaire du traitement du diabète. Si le client est une personne âgée, il est probable que le conjoint ou leur enfant soit chargé de faire les courses et la cuisine. Voilà pourquoi l'éducation à la santé sur le plan nutritif peut échouer si la famille n'est pas impliquée.

RAPPELEZ-VOUS...

La prévention de la maladie vise à prévenir la maladie et les traumatismes. La promotion de la santé vise à maintenir ou améliorer l'état de santé.

36

Les particularités de l'oxygénothérapie, les modes d'administration et les complications liées à l'administration d'oxygène sont décrits dans le chapitre 36, *Interventions cliniques – Maladies pulmonaires obstructives*.

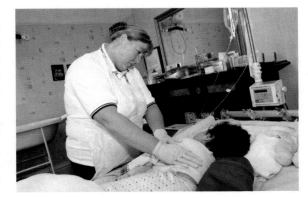

FIGURE 6.5

Une infirmière soigne une plaie à domicile.

ENCADRÉ 6.2	**Exemples de soins à domicile prodigués par l'infirmière**

Collecte de données

- Évaluation globale et approfondie du client, de sa famille et de son milieu de vie
- Évaluation des services communautaires vers lesquels orienter le client ou le proche aidant
- Suivi continu de l'état de santé du client

Soins des plaies

- Évaluation, culture, certains types de débridements, irrigation des plaies, application de produits sur les plaies, changement des pansements
- Éducation à la santé des clients et de leur famille sur le soin des plaies et la nutrition
- Documentation (écrite et photographique)

Inhalothérapie

- Oxygénothérapie, ventilation artificielle, kinésithérapie de drainage
- Aspiration et soin des trachéotomies

Signes vitaux

- Évaluation de la pression artérielle, du pouls et de l'état cardiopulmonaire
- Éducation à la santé des clients et de leur famille sur la mesure de la pression artérielle et du pouls
- Éducation à la santé des clients et de leur famille sur les signes et symptômes à surveiller et sur les mesures d'urgence à prendre en cas de manifestation de ceux-ci

Élimination

- Aide à l'irrigation de la colostomie et aux soins de la peau
- Insertion de sondes vésicales, irrigation des sondes et évaluation des signes et des symptômes d'infection
- Éducation à la santé des clients et de leur famille sur le cathétérisme intermittent et sur l'insertion, le remplacement et l'irrigation des sondes urétérales et des cathéters suspubiens
- Entraînement des intestins et de la vessie

Nutrition

- Évaluation de la nutrition et de l'hydratation du client
- Conseils et éducation à la santé en nutrition, renforcement positif par rapport au régime thérapeutique prescrit
- Administration d'aliments par sonde nasogastrique ou percutanée, y compris par sonde de gastrostomie ou de jéjunostomie, et éducation à la santé des clients et de leur famille sur l'alimentation par sonde
- Pose et remplacement des sondes nasogastriques, entretien et évaluation continus de toutes les sondes

Réadaptation

- Éducation à la santé des clients et de leur famille sur l'utilisation d'appareils d'assistance, les exercices d'amplitude, de déambulation et les techniques de transfert
- Orientation des clients vers les services de physiothérapie et de kinésithérapie

Médication

- Éducation à la santé des clients et de leur famille sur l'administration et les effets secondaires des médicaments
- Évaluation du respect de la posologie et de l'efficacité des médicaments prescrits
- Administration de médicaments par injection comme la cobalamine (vitamine B_{12}) et éducation à la santé à ce propos
- Préparation hebdomadaire des doses de médicaments autoadministrés comme l'insuline et les médicaments administrés par voie orale
- Ménage dans la pharmacie

Thérapie par intraveineuse

- Évaluation et traitement de la déshydratation
- Administration d'antibiotiques, de produits sanguins et d'agents analgésiques et chimiothérapiques, alimentation parentérale
- Irrigation et nettoyage des cathéters et des accès centraux et périphériques, et changement des pansements
- Éducation à la santé des clients et de leur famille sur l'entretien et le nettoyage des cathéters, ainsi que sur le changement des pansements

Soulagement de la douleur

- Évaluation de la douleur en tenant compte de son siège, de ses caractéristiques, de ses facteurs précipitants et de ses conséquences sur la qualité de vie du client (PQRSTU)
- Éducation à la santé des clients et de leur famille sur les techniques non pharmacologiques de soulagement de la douleur, comme la relaxation et l'imagerie mentale
- Soulagement optimal de la douleur à l'aide d'analgésiques prescrits

Analyses ponctuelles en laboratoire

- Prises de sang ou autres prélèvements pour assurer le suivi d'un problème de santé ou de son traitement, comme la mesure du rapport international normalisé (RIN) ou de l'hémoglobine glyquée (A1c)

ENCADRÉ 6.3 | **Besoins courants des clients nécessitant des soins à domicile classés selon les modes fonctionnels de santé**

Perception et gestion de la santé
- Facteurs de risque de problèmes de santé potentiels
- Difficulté à comprendre la thérapie prescrite

Nutrition et métabolisme
- Problèmes de mastication, de déglutition et d'alimentation
- Atteinte à l'intégrité de la peau
- Restrictions ou modifications de l'alimentation

Élimination
- Incontinence
- Besoin d'appareils d'assistance

Activités et exercices
- Manque d'endurance
- Mobilité réduite

Sommeil et repos
- Problèmes de sommeil

Cognition et perception
- Besoin de prothèses sensorielles
- Problèmes de mémoire et d'apprentissage

- Douleurs aiguës ou chroniques
- Déficiences sensorielles

Perception et concept de soi
- Perturbation de l'image corporelle et de l'estime de soi
- Sentiment d'impuissance

Relations et rôles
- Changements des conditions de logement
- Isolement social
- Perturbation des rôles et des responsabilités

Sexualité et reproduction
Changement d'habitudes en matière de sexualité

Adaptation et tolérance au stress
- Prise en charge du changement et du deuil
- Déclin des capacités d'adaptation

Valeurs et croyances
Conflits de valeurs ou de croyances

Diagnostics infirmiers

ENCADRÉ 6.4 | **Clients nécessitant des soins à domicile**

- Douleur aiguë liée à des dommages aux tissus, à une thérapie ou à une diminution de la mobilité des articulations
- Tension dans l'exercice du rôle de proche aidant liée au fait d'avoir des responsabilités 24 heures sur 24, des mécanismes d'adaptation insuffisants et des attentes irréalistes
- Douleur chronique liée à des dommages réels ou potentiels aux tissus ou à la progression de la maladie
- Constipation liée à une diminution de l'absorption de liquides, à un manque de mobilité ou à des analgésiques narcotiques
- Déficit de volume liquidien lié à une alimentation et à une hydratation inadéquates, à une dysphagie et à la confusion
- Fatigue liée à la maladie et à la thérapie
- Apport alimentaire insuffisant pour satisfaire les besoins métaboliques lié à l'incapacité d'ingérer ou de digérer les aliments ou à celle d'absorber les nutriments

- Entretien inefficace du domicile lié à une diminution de la mobilité et de l'endurance
- Atteinte à l'intégrité de la peau liée à l'immobilité, aux radiations ou à la pression
- Risque d'aspiration lié à l'alimentation entérale, à une déficience du réflexe laryngé ou de la déglutition, ou à une incapacité à expectorer
- Risque d'infection lié à des mécanismes de défense primaires et secondaires inefficaces, à une insuffisance de l'immunité ou à la malnutrition
- Risque de blessure lié à une diminution de la mobilité, à la confusion ou à la fatigue
- Déficit de soins personnels (p. ex., les soins d'hygiène, les soins de l'apparence, l'alimentation et l'élimination) lié à la douleur, à une déficience musculosquelettique ou à une diminution de l'endurance
- Isolement social lié à l'immobilité physique ou à une altération de l'apparence physique

Les soins infirmiers à domicile sont soumis à une tout autre dynamique que les soins en milieu hospitalier. À l'hôpital, dans un environnement contrôlé, l'équipe de soins joue un rôle prépondérant. À domicile, c'est le client ou sa famille qui décident ; dans ce milieu de soins, l'infirmière n'est qu'une visiteuse. Les soins sont prodigués dans un contexte qui correspond aux valeurs, aux croyances et à la culture du client. L'infirmière risque de faire face à des méthodes de guérison traditionnelles, à l'usage de remèdes maison et au recours à des thérapies complémentaires ou non conventionnelles. Elle doit donc être au fait des diverses pratiques culturelles pour orienter le client et sa famille de façon que ces approches soient appliquées en toute sécurité et de manière efficace[a].

Plusieurs clients soignés à domicile ont d'abord séjourné à l'hôpital. Il arrive cependant que certains d'entre eux soient orientés vers les soins à domicile à partir d'une clinique médicale ou encore qu'ils demandent eux-mêmes ce type de soins. Pour être admissible, le client doit avoir besoin des soins de professionnels qualifiés, comme les infirmières, de manière intermittente. La fréquence des visites à domicile varie selon les besoins, pouvant aller de deux fois par jour à une seule par mois. Ces visites demandent parfois beaucoup de temps, comme c'est le cas pour une première visite, ou sont de courte durée, comme pour l'évaluation de

l'état cardiopulmonaire du client. Elles se caractérisent par des procédures ou des régimes de traitement prédéterminés, comme le remplissage de seringues d'insuline, le dosage de médicaments administrés par voie orale, l'injection de cobalamine (vitamine B_{12}) ou le soin des plaies et le changement des pansements.

6.4.2   Équipe de soins à domicile

Plusieurs personnes composent l'équipe de soins à domicile, dont le client, sa famille, les infirmières, le médecin, le travailleur social, le physiothérapeute, l'ergothérapeute, l'orthophoniste, l'auxiliaire familiale et sociale, le pharmacien, l'inhalothérapeute et la nutritionniste **TABLEAU 6.3**. Ces personnes collaborent avec l'infirmière en soins communautaires afin de planifier les soins et d'évaluer l'évolution de l'état de santé du client. Ce travail s'effectue sur une base régulière, en accordant une grande importance à l'éducation à la santé et au soutien psychologique. Les soins infirmiers sont l'un des principaux services offerts à domicile. L'infirmière donne au client et à sa famille les moyens de répondre à leurs propres besoins de façon qu'ils aient le contrôle de leur vie. L'équipe de soins se donne ainsi des objectifs à long terme plutôt qu'à court terme. La prise de décision et l'établissement des priorités sont partagés par le client, sa famille et l'infirmière.

6.4.3   Soins palliatifs et de fin de vie

Les soins palliatifs et de fin de vie ont pour but de soulager et d'accompagner le client en phase terminale et sa famille, alors qu'ils font face à une maladie mortelle **FIGURE 6.6**. Ils allient les thérapies actives et de soutien moral pour répondre aux besoins physiques, psychologiques, psychosociaux et spirituels pendant la maladie et le deuil (ACIISC, 2008). Ils s'inspirent de l'époque où l'on aidait les mourants à finir leurs jours à domicile, si possible, entourés

---

[a] Pour obtenir plus d'information sur les différentes approches complémentaires et parallèles en santé, voir le chapitre 26 dans *Soins infirmiers : fondements généraux* (Potter & Perry, 2010).

TABLEAU 6.3	Rôles des autres membres de l'équipe de soins à domicile
MEMBRE DE L'ÉQUIPE	**DESCRIPTION DES SERVICES FOURNIS**
Auxiliaire familiale et sociale	Aide le client dans des tâches d'hygiène personnelle comme prendre un bain, s'habiller et se laver les cheveux, ou domestiques comme préparer les repas ou faire un peu de ménage.
Ergothérapeute	Évalue les habiletés fonctionnelles d'une personne, détermine et met en œuvre un plan de traitement et d'intervention pour améliorer, restaurer ou maintenir les aptitudes, compenser les incapacités, diminuer les situations de handicap et adapter l'environnement dans le but de favoriser une autonomie optimale.
Inhalothérapeute	Contribue à l'évaluation de la fonction cardiorespiratoire à des fins diagnostiques ou de suivi thérapeutique. Contribue à l'oxygénothérapie et traite des problèmes qui affectent le système cardiorespiratoire.

TABLEAU 6.3	Rôles des autres membres de l'équipe de soins à domicile *(suite)*
MEMBRE DE L'ÉQUIPE	**DESCRIPTION DES SERVICES FOURNIS**
Nutritionniste	Évalue l'état nutritionnel d'une personne. Détermine et assure la mise en œuvre d'une stratégie d'intervention visant à adapter l'alimentation en fonction des besoins pour maintenir ou rétablir la santé.
Orthophoniste	Évalue les fonctions de l'audition, du langage, de la voix et de la parole, détermine un plan de traitement et d'intervention et en assure la mise en œuvre dans le but d'améliorer ou de rétablir la communication.
Pharmacien	Évalue et assure l'usage approprié des médicaments afin de détecter et de prévenir les problèmes pharmacologiques. Éduque par rapport à la préparation, à la conservation et au suivi des médicaments dans le but de maintenir ou de rétablir la santé.
Physiothérapeute	Évalue les déficiences et les incapacités de la fonction physique liées aux systèmes neurologique, musculosquelettique et cardiorespiratoire. Détermine un plan de traitement et réalise les interventions dans le but d'obtenir un rendement fonctionnel optimal.
Travailleur social	Intervient auprès des personnes, des familles, des groupes ou des collectivités dans le but d'améliorer leur fonctionnement social. Il conseille les clients et leur famille. Les services d'aide psychologique peuvent comprendre le soutien aux clients et aux familles pendant une maladie grave ou en phase terminale, l'organisation du placement en soins de longue durée et l'évaluation des ressources financières.

Source : Adapté de Gouvernement du Québec (2010).

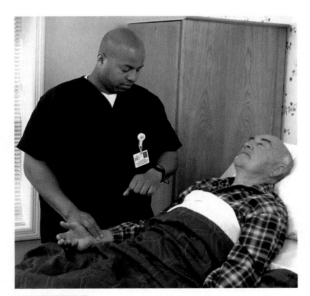

FIGURE 6.6

Les soins palliatifs peuvent être prodigués à domicile avec efficacité.

de leurs proches et d'un décor, d'odeurs et de sons familiers. Bien que les soins palliatifs puissent être donnés par des organismes offrant d'autres types de soins communautaires, il ne faut pas perdre de vue leur orientation philosophique propre ▶ 11 .

6.5 | Proches aidants

Bien que les cliniciens s'efforcent de collaborer avec les proches de leurs clients dans tous les contextes de soins, la collaboration revêt une importance particulière en milieu communautaire et à domicile. Les proches aidants sont le conjoint, des enfants, des parents ou des amis des clients, dont le rôle se résume comme suit : 1) ils participent aux soins directs du client ; 2) ils lui offrent un soutien psychologique et social ; 3) ils coordonnent les services de soins de santé **FIGURE 6.7**. On dit que les proches aidants fournissent une aide informelle, parce qu'ils ne reçoivent aucun salaire et qu'ils agissent dans leur propre milieu. Au Québec, à certaines conditions, un crédit d'impôt remboursable est versé à un particulier qui, sans être rémunéré, héberge un proche admissible et lui prodigue soins et assistance continus (Revenu Québec, 2010). Pour s'occuper d'un proche aux prises avec une maladie chronique, ces personnes sacrifient souvent leur propre santé. Le proche aidant typique est une femme mariée, d'âge mûr, pauvre et elle-même atteinte d'une maladie chronique ou d'un handicap (Paquet, 2009).

Le proche aidant prend généralement la responsabilité des soins de manière progressive, au fil de

RAPPELEZ-VOUS…

Le génogramme représente graphiquement la composition de la famille et facilite la compréhension du contexte familial. L'écocarte montre quant à elle la structure externe de la famille et les ressources utilisées par le client.

11

Les objectifs et les services d'un programme de soins palliatifs sont décrits dans le chapitre 11, *Soins palliatifs et soins de fin de vie*.

6

FIGURE 6.7
Le proche aidant et la personne atteinte de maladie chronique sont des partenaires pour la gestion des médicaments à domicile.

Capsule

Jugement clinique

Madame Fernande Leblond est âgée de 76 ans. Elle est présentement hospitalisée pour une fibrillation auriculaire qui dure depuis 24 heures. Elle est suivie pour ce problème cardiaque, mais, cette fois-ci, l'hospitalisation s'est avérée nécessaire. Elle désire quitter l'hôpital le plus vite possible même si sa condition cardiaque est plus ou moins stable. « Je dois m'occuper de mon mari qui est seul à la maison. Vous savez, il commence à faire de l'Alzheimer et ça m'inquiète de le savoir seul », confie-t-elle à l'infirmière.

Que pensez-vous de l'intention de madame Leblond de retourner chez elle alors que sa condition est plus ou moins stable ?

l'évolution de la maladie du client. Quand la charge commence à devenir plus accaparante, l'aidant se rend compte que sa vie en est affectée. L'intensité et la complexité des soins l'exposent à des degrés élevés de stress. L'**ENCADRÉ 6.5** énumère certains facteurs de stress fréquents chez les proches aidants. Ces facteurs varient selon l'ampleur de la tâche. Un proche aidant pourrait, par exemple, devoir ajuster son horaire de travail à celui des soins d'un proche, ou encore se voir contraint de veiller 24 heures sur 24 à la sécurité d'un proche ayant une déficience cognitive.

La plupart des gens ne sont pas préparés à devenir proches aidants. Il est donc fréquent que ces derniers se sentent écrasés, tant physiquement que psychologiquement et économiquement, par les responsabilités qu'implique le fait de prendre soin d'un proche. Ce stress mène parfois à des problèmes psychologiques comme la dépression, la colère, le ressentiment, qui se traduisent par de l'irritabilité, de la difficulté à se concentrer, de la fatigue et de l'insomnie. Le proche aidant voit souvent ses contacts avec autrui diminuer et risque ainsi de souffrir d'isolement social. Les contraintes d'horaire, la fatigue et, occasionnellement, des comportements sociaux inappropriés de la part du proche malade contribuent à cet isolement. Le stress peut se muer en épuisement et conduire le proche aidant à négliger ou à maltraiter la personne malade.

Les enfants adultes sont souvent ceux qui prodiguent les soins à leurs parents, et cela peut constituer pour eux un fardeau écrasant. Souvent, ils doivent déménager avec leur famille, concilier leur travail et leurs responsabilités familiales ou faire face à des difficultés financières, et ils finissent par prendre conscience qu'ils ont « perdu » leur vie propre : perdu leur parent tel qu'ils l'ont connu avant sa maladie, leur emploi, leurs réseaux sociaux, etc.

La maladie d'une personne éprouve toute sa famille et altère les relations familiales. Des conflits peuvent naître à propos des changements à apporter ou de la façon d'y faire face. Souvent, la communication entre les membres de la famille au sujet des besoins de leur proche est déficiente, donnant lieu à des tensions.

En même temps, de nombreux proches aidants constatent que leur situation comporte aussi des avantages. Parmi les aspects positifs se trouvent les éléments suivants : 1) savoir que leur proche reçoit des soins de qualité ; 2) découvrir et maîtriser de nouvelles tâches ; 3) avoir la possibilité de vivre des moments d'intimité. Les tâches propres aux soins donnent souvent aux membres de la famille l'occasion de mieux se comprendre mutuellement et d'améliorer leurs relations.

ENCADRÉ 6.5	**Facteurs de stress des proches aidants**

- Changements des rôles et des relations au sein de la famille
- Manque de repos et de divertissement
- Conciliation difficile des soins avec les activités et les décisions de la vie quotidienne
- Changement des conditions de vie pour accommoder un membre de la famille
- Conflits familiaux liés aux décisions relatives aux soins
- Mauvaise évaluation du temps et de l'énergie nécessaire pour prodiguer les soins

- Incapacité de répondre à ses propres besoins comme la socialisation, le sommeil, l'alimentation, l'exercice, etc.
- Problèmes financiers découlant de l'incapacité du proche aidant de travailler et de l'augmentation des coûts des soins de santé
- Connaissances ou compétences insuffisantes en ce qui a trait à certaines tâches propres aux soins, comme l'administration de médicaments et le soin des plaies

CLIENT ASSUMANT LE RÔLE DE PROCHE AIDANT

Collecte des données

La première étape du soutien aux proches aidants consiste à reconnaître les personnes qui tiennent ce rôle. Soit ils sont identifiés par les professionnels de la santé, soit ils se déclarent d'eux-mêmes « proche-aidant ». On les qualifie souvent de « clients cachés », car un de leurs traits communs est de s'occuper de leur proche en négligeant souvent leurs propres besoins.

L'évaluation des besoins d'un client doit comprendre celle des proches aidants. L'infirmière joue un rôle clé dans ce processus. L'**ENCADRÉ 6.6** énumère les questions à leur poser. Elle doit écouter attentivement leurs propos, car elle y trouvera de précieuses indications sur leur mode de vie.

Après avoir procédé à la collecte des données, l'infirmière doit demander aux proches aidants s'ils ont besoin de soutien et, le cas échéant, elle leur demandera de préciser quel type d'aide ils aimeraient recevoir. Ces derniers sont souvent peu enclins à demander de l'assistance, car ils ne souhaitent pas devenir un fardeau ou craignent que leur requête soit rejetée. Ils sont donc nombreux à souffrir en silence, ne sachant pas comment demander de l'aide et où la trouver, ni même qu'ils peuvent en obtenir.

Analyse et interprétation des données

Les diagnostics infirmiers concernant les proches aidants sont, entre autres :

- la tension liée à l'exercice du rôle de proche aidant ;
- l'isolement social ;
- l'anxiété ;
- la détérioration de l'état de santé.

Planification des soins

Les objectifs généraux pour le client tenant le rôle de proche aidant sont :

- la réduction du stress ;
- le maintien d'un bon état de santé personnelle, psychologique et physique ;
- l'adaptation aux conséquences à long terme du fait d'être proche aidant.

Interventions cliniques

L'infirmière doit aider les proches aidants à comprendre leur nouveau rôle et leurs nouvelles responsabilités, ainsi qu'à y faire face. Elle peut s'inspirer de l'Entente sur le soutien aux proches-aidants (outil ESPA) traduit et adapté par Lévesque, Ducharme et Caron (2010). Elle peut aussi exprimer son empathie à l'égard des proches aidants en amorçant une discussion sur le fardeau que représentent les soins à un proche et les gratifications que cette expérience apporte.

L'infirmière doit être attentive aux signes de détérioration de l'état de santé et de détresse psychologique chez le proche aidant. Elle doit avoir en tête que ce dernier peut mal interpréter les

préférences de son proche en matière de soins et elle doit l'aider à y voir plus clair.

Il existe de nombreuses manières de soutenir les proches aidants . Pour réduire leur niveau de stress, l'infirmière doit aider les proches aidants à reconnaître les signes de tension et à prévoir des activités pour prendre soin d'eux. Elle peut aussi leur parler des bienfaits des groupes de soutien, des réseaux sociaux et des ressources communautaires, qui contribuent à réduire le stress. Les groupes de soutien favorisent le partage des expériences et des connaissances, offrent compréhension et assistance, et proposent des solutions aux préoccupations et aux problèmes courants. L'infirmière doit inciter les proches aidants à se tourner vers les organismes communautaires pour obtenir de l'aide relativement aux soins de suppléance, au logement, à l'assurance maladie et aux finances personnelles. Les services de répit, où le client peut être soigné pour un temps limité, permettent aux proches aidants de reprendre leur souffle. Ces services offrent des soins de jour, à domicile ou en résidence assistée.

L'infirmière doit encourager le proche aidant à prendre soin de lui-même. Ce dernier peut écrire un journal intime dans lequel il exprimera des sentiments difficiles à verbaliser. Une alimentation saine selon un horaire régulier contribuera aussi à son bien-être. Le contact avec autrui lui offrira un soutien psychologique et l'aidera à reconnaître ses propres besoins en matière de réconfort physique. L'exercice physique l'aidera à se sentir moins stressé. Le maintien d'activités et de champs d'intérêt lui fera du bien. Le recours à l'humour compte aussi pour beaucoup : il permettra de diminuer le stress causé par certaines situations en détendant l'atmosphère.

RAPPELEZ-VOUS...

Si des différends surviennent, des efforts pour améliorer la communication entre le client, le proche aidant et les fournisseurs de soins peuvent faciliter la prise de décision et atténuer le stress de tous les intervenants.

6

D'autres stratégies infirmières concernant la planification des soins aux proches aidants sont présentées dans le PSTI.1W au www.cheneliere.ca/lewis.

ENCADRÉ 6.6 | **Évaluation des proches aidants**

L'infirmière évaluera les proches aidants en leur posant les questions suivantes :

- Que faites-vous pour vous adapter à la situation ? À quel point y arrivez-vous ?
- Comment votre situation affecte-t-elle vos habitudes de vie, telles que votre alimentation, votre sommeil et votre activité physique ?
- Comment votre situation affecte-t-elle vos interactions sociales ?
- Quel soutien recevez-vous de sources externes (p. ex., d'autres membres de la famille, d'amis, des membres de la communauté ou du voisinage) ?
- À quel point veillez-vous à vos propres besoins en matière de santé (en particulier si vous souffrez d'affections chroniques) ?
- Quelles sont les ressources que vous connaissez dans la communauté et dans

Internet ? Les utilisez-vous ? En voici quelques exemples : les ressources communautaires, les ressources d'organismes professionnels liées à une maladie en particulier (Société Alzheimer, Fondation des maladies du cœur du Québec), les centres de jour pour adultes de votre localité et des sites Internet comme celui du réseau des aidants (www.reseaudesaidants.org/index.html.)

- Que savez-vous des services de suppléance, qui peuvent prendre soin de votre proche pendant que vous vous accordez un peu de répit ?
- De quels types d'aide ou de services croyez-vous avoir besoin aujourd'hui et dans un avenir proche ?
- Quel est votre niveau de stress ?

■ ■ ■ À retenir

- Le système de santé transfère graduellement les soins des hôpitaux vers le milieu communautaire en raison de l'influence de facteurs sociaux, économiques, technologiques et sanitaires.

- Les soins infirmiers communautaires visent à aider les personnes et les familles par la promotion de la santé et la prévention des maladies, et à offrir des soins à domicile ou dans la collectivité plutôt qu'en établissement.

- Les soins infirmiers de santé publique ciblent les populations au lieu des individus dans l'optique d'améliorer la santé globale ; ils se fondent sur une approche de santé des populations.

- Les objectifs de la gestion de cas sont de garantir un continuum de soins de qualité, d'atténuer la fragmentation des soins d'un milieu de soins à l'autre, d'améliorer la qualité de vie du client et de limiter les coûts.

- Les soins infirmiers offerts en milieu communautaire comprennent les soins ambulatoires, les soins transitoires et les soins de longue durée.

- Dans les CSSS, les infirmières de santé communautaire sont notamment affectées aux soins à domicile, aux soins de longue durée, au milieu scolaire, au milieu du travail, aux services de consultations externes et aux centres de soins ambulatoires.

- Les soins à domicile regroupent une vaste gamme de soins de santé et de services sociaux offerts à la maison aux clients en convalescence, aux personnes handicapées ou atteintes d'une maladie chronique.

- Les soins infirmiers à domicile sont soumis à une tout autre dynamique que ceux en établissement puisqu'ils doivent s'articuler autour de la famille et qu'ils se déroulent dans un contexte correspondant aux valeurs, aux croyances et à la culture du client.

- Les proches aidants participent aux soins directs au client, lui offrent un soutien psychologique et social, et coordonnent les services de soins de santé.

- N'étant pas préparés à ce rôle, les proches aidants peuvent se sentir écrasés par les responsabilités, éprouver du stress, s'épuiser et, dans certains cas, négliger ou maltraiter leur proche.

- Les proches aidants peuvent constater que leur situation comporte des avantages tels que savoir que leur proche reçoit des soins de qualité, découvrir et maîtriser de nouvelles tâches et avoir la possibilité de vivre des moments d'intimité.

- L'infirmière doit accompagner les proches aidants afin qu'ils comprennent leur nouveau rôle et leurs nouvelles responsabilités, faire preuve d'empathie à leur égard et être attentive à tout signe de détresse ou de détérioration de leur état de santé.

Pour en savoir plus

VERSION COMPLÈTE ET DÉTAILLÉE

www.cheneliere.ca/lewis

 Références Internet

Organismes et associations

Association canadienne de soins et services à domicile
www.cdnhomecare.ca

Association des médecins spécialistes en santé communautaire du Québec
www.amsscq.org

Infirmiers et infirmières en santé communautaire du Canada
www.chnc.ca

Réseaux des aidants
www.reseaudesaidants.org

Réseaux des professionnels pour les proches aidants
www.rppa-pnc.com

Chaire Desjardins en soins infirmiers à la personne âgée et à la famille > Nouveautés > Nouvelles publications > ESPA – outil d'identification des besoins des proches-aidants à domicile > En savoir plus...
www.chairedesjardins.umontreal.ca

Organismes gouvernementaux

Santé Canada > Système de soins de santé
www.hc-sc.gc.ca

Références générales

Association québécoise d'établissements de santé et de services sociaux > Activités > Grands dossiers > Personnes âgées > Octobre 2010 > Les services à domicile : pour qui ?
www.aqesss.qc.ca

 Monographies

Anderson, T.A., & McFarlane, J. (2008). *Community as partner : Theory and practice in nursing* (5th ed.). Philadelphia : Lippincott.

Heslon, C. (2008). *Accompagner le grand âge.* Paris : Dunod.

 Articles, rapports et autres

Association canadienne de santé publique (ACSP) (2010). *La pratique infirmière en santé publique ~ en santé communautaire au Canada : rôle et activités.* Ottawa, Ont. : ACSP.
www.cpha.ca

Association canadienne des soins de santé (ACSS) (2009). *Les soins à domicile au Canada : de l'exclusion à l'intégration.* Ottawa, Ont. : ACSS.
www.cha.ca

Caron, C., Ducharme, F., & Lévesque, L. (2010). L'ESPA... Pour mieux soutenir les aidants. *Perspective infirmière, 7*(4), 42-46.
www.oiiq.org

Duplantie, A. (2009). Soins à domicile : dossier. *Perspective infirmière, 6*(5), 47-58.
www.oiiq.org

Goodwin, S. (2008). Transformation des soins à domicile et des soins communautaires. *Infirmière canadienne, 9*(5), 30-31.

Moreau, A. (2008). La visite à domicile, pas à pas. *Le médecin du Québec, 43*(3), 67-71.
www.fmoq.org

6

Écrit par :
Virginia Shaw, MSN, RN

Adapté par :
Isabelle Gaboury, Ph. D.

Approches complémentaires et parallèles en santé

Objectifs

Après avoir lu ce chapitre, vous devriez être en mesure :

- de reconnaître les différences entre le modèle biomédical occidental de soins de santé et le modèle intégrateur de soins de santé ;

- de décrire quatre catégories d'approches complémentaires et parallèles en santé ;

- de discuter des suppléments à base de plantes que les clients peuvent utiliser dans la gestion de leur santé ;

- d'expliquer les indications d'emploi de trois produits à base de plantes couramment utilisés ;

- de décrire le rôle de l'infirmière en ce qui a trait aux approches complémentaires et parallèles en santé ;

- d'évaluer dans quelle mesure un client a recours à des approches complémentaires et parallèles en santé ;

- de décrire comment l'infirmière peut se servir des approches complémentaires et parallèles en santé pour encourager l'autogestion des soins.

■ ■ ■ **Concepts clés**

Cette carte conceptuelle illustre schématiquement les principaux concepts décrits dans le présent chapitre. Sa lecture vous permettra d'avoir une vue d'ensemble des notions qui y sont présentées.

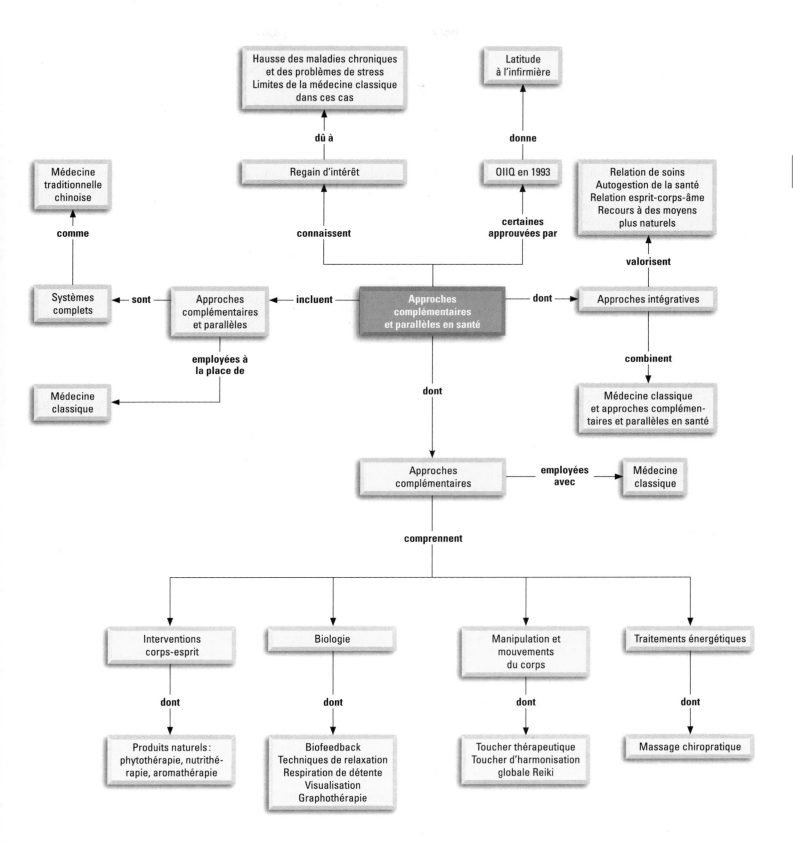

Holisme : Système de pensée selon lequel les caractéristiques d'un être ou d'un ensemble ne peuvent être connues que lorsqu'on le considère et l'appréhende dans son ensemble, dans sa totalité, et non pas quand on en étudie chaque partie séparément.

Homéostasie : État d'équilibre du milieu interne de l'organisme, naturellement maintenu par des réactions adaptatives assurant une bonne santé.

RAPPELEZ-VOUS…

Florence Nightingale a été la première infirmière épidémiologiste. Elle a mis sur pied le premier programme structuré pour la formation infirmière.

Autrefois, le sentiment de bien-être était vu comme le résultat de l'intégration des dimensions physique, émotionnelle, mentale et spirituelle de l'être. Hippocrate, le père de la médecine, conseillait de profiter quotidiennement d'un bain aromatique et d'un massage avec des huiles parfumées pour garder la santé. Florence Nightingale (1820-1910) considérait que les soins infirmiers consistaient à maintenir les clients dans les meilleures conditions possibles pour que la nature puisse faire son travail de guérison. Les concepts **holisme** et d'équilibre entretenaient la croyance selon laquelle le corps a un potentiel d'autoguérison et travaille à assurer l'**homéostasie**. Les concepts de spiritualité et d'harmonie avec la nature étaient indissociables des concepts de santé et de bien-être.

Cette perspective de « globalité » s'oppose à celle développée dans les travaux de René Descartes (1596-1650) et de sir Isaac Newton (1642-1727). Ces deux savants ont posé comme principe que le corps est un ensemble de pièces que l'on peut décomposer et étudier. Cette théorie mécaniste voit le corps comme une machine. Dans cette approche, une pièce endommagée peut être analysée, puis réparée, sans égard aux autres aspects de la personne concernée. Le modèle biomédical occidental de soins de santé repose sur cette approche. Dans ce modèle, la notion de santé est centrée sur le corps et exclut souvent les notions d'esprit et d'âme. L'accent est mis sur ce qui peut être observé et mesuré.

C'est ce modèle biomédical qui guide les soins de santé occidentaux depuis plus de 100 ans. Vers la fin des années 1970, les Américains ont commencé à expérimenter certaines thérapies de soins de santé en marge du modèle biomédical. Ce mouvement, issu de celui de la participation citoyenne, a favorisé l'émergence d'un nouveau modèle de soins de santé, un modèle plus « intégrateur ». Dans ce modèle, les utilisateurs de soins de santé ont recours aux approches complémentaires et parallèles en santé en plus des thérapies biomédicales (ou classiques). Le **TABLEAU 7.1** compare ces deux modèles de soins de santé basés sur une approche biomédicale ou intégrative.

L'approche intégrative de soins de santé met l'accent sur :

- la relation de soins entre le client et le professionnel de la santé ;
- l'autogestion de la santé ;
- la relation qui unit l'esprit, le corps et l'âme ;
- le recours à des moyens plus naturels, moins agressants.

Ce modèle se concentre sur la santé et le bien-être plutôt que sur le traitement des maladies. De nos jours, les personnes désirent prendre part plus activement aux décisions touchant leur santé. Elles recherchent des façons de faire qui soient plus naturelles, moins coûteuses et plus sûres. La hausse des maladies chroniques et des problèmes liés au stress est aussi un facteur qui a conduit les utilisateurs de soins de santé à s'intéresser aux approches complémentaires et parallèles en santé.

7.1 | Approches complémentaires et parallèles en santé

Les **approches complémentaires et parallèles en santé (ACPS)** constituent une variété de systèmes de santé, de pratiques et de produits qui ne sont

TABLEAU 7.1	Comparaison des modèles de soins de santé fondés sur les approches biomédicale et intégrative
APPROCHE BIOMÉDICALE DES SOINS DE SANTÉ	**APPROCHE INTÉGRATIVE DES SOINS DE SANTÉ**
Met l'accent sur l'organisme physique.	Met l'accent sur l'esprit, le corps et l'âme.
Met l'accent sur le traitement des symptômes à l'aide de médicaments et de chirurgie.	Met l'accent sur la capacité d'autoguérison du corps, à l'aide de plantes médicinales, d'exercices, de l'alimentation et de la gestion du stress.
Confie la responsabilité du choix des soins à un professionnel de la santé.	Confie la responsabilité du choix des soins au client ; encourage l'autogestion de la santé.
Met l'accent sur les états maladifs.	Met l'accent sur la santé et le bien-être.
A recours à des moyens technologiques, agressants.	A recours à des moyens plus proches de la nature.
Entraine des coûts toujours plus élevés.	Entraîne généralement des coûts moindres.
Met peu d'accent sur la prévention.	Met l'accent sur la prévention.

généralement pas considérés comme faisant partie de la médecine classique (National Center for Complementary and Alternative Medecine [NCCAM], 2010). Cette définition montre que ce qui est considéré comme « complémentaire et parallèle » dans un pays ou à une époque donnée peut être considéré comme « classique » dans un autre lieu ou à un autre moment. Ce que l'on inclut dans les ACPS change constamment. Lorsque ces approches s'avèrent sûres et efficaces, elles sont souvent adoptées par la médecine classique.

Pour décrire les approches qui sont en marge du système dominant de soins de santé, on utilise fréquemment les termes «parallèle», «complémentaire» et «intégrative». Les **approches complémentaires en santé** sont des approches employées conjointement avec la médecine classique, alors que les **approches parallèles** en santé sont des approches employées à la place de la médecine classique. Les **approches intégratives** combinent quant à elles les traitements de la médecine classique avec des ACPS qui ont démontré leur innocuité et leur efficacité.

Beaucoup d'ACPS sont en harmonie avec les valeurs de la profession infirmière. Les infirmières reconnaissent la place et l'importance d'un partenariat avec le client et sa famille dans le cadre de leurs activités de promotion de la santé et de prévention des maladies. À ce sujet, l'Ordre des infirmières et infirmiers du Québec (OIIQ) a publié en 1993 un énoncé de position donnant une certaine latitude à ses membres quant à l'utilisation des ACPS, lorsque celles-ci sont utilisées avec des thérapies classiques. Le recours à ces approches doit être fait dans l'intérêt et le respect du client et leur choix doit se faire sur la base de données scientifiques.

L'intérêt et l'utilisation par le consommateur des ACPS augmentent d'année en année. Un sondage mené en 2006 auprès de 2000 Canadiennes et Canadiens de plus de 18 ans a révélé que plus de la moitié d'entre eux (54 %) avaient fait l'utilisation d'au moins une ACPS au cours de l'année précédant le sondage (Esmail, 2007). Parmi les utilisateurs, la thérapie la plus utilisée était la prière (87 %), suivie des techniques de relaxation (71 %) et de la phytothérapie (63 %). L'auteur rapporte également une variation de l'utilisation des ACPS selon la province de résidence, l'âge du répondant ainsi que son revenu et son niveau d'éducation. Les plus grands utilisateurs des ACPS provenaient de la Colombie-Britannique et de l'Alberta. L'utilisation semblait également s'accroître avec le revenu et le niveau d'éducation du répondant, mais diminuait avec l'âge de celui-ci. Du côté des Québécois qui avaient déjà fait usage d'ACPS au cours de leur vie, 89 % d'entre eux avaient eu recours aux suppléments vitaminiques durant la dernière année, suivis de la prière (83 %) et de l'aromathérapie (73 %).

La communauté scientifique se questionne perpétuellement sur les critères d'inclusion qui font qu'une approche fait partie ou non des ACPS. Le système de classification du NCCAM est par ailleurs largement accepté (NCCAM, 2010). Cette agence du National Institutes of Health (NIH) aux États-Unis est chargée de promouvoir et de soutenir la recherche et d'informer le grand public ainsi que les professionnels de la santé au sujet des ACPS. Le NCCAM classe les ACPS en quatre groupes : les interventions corps-esprit, les pratiques fondées sur la biologie, les pratiques manuelles faisant appel aux mouvements du corps et les traitements énergétiques **TABLEAU 7.2**. Le NCCAM reconnait aussi l'existence de systèmes de santé autres que le système biomédical.

TABLEAU 7.2	Catégories d'approches complémentaires et parallèles en santé selon le NCCAM	
CATÉGORIE	**DESCRIPTION**	**EXEMPLES**
Interventions corps-esprit	Techniques qui mettent l'accent sur la capacité de l'esprit d'influencer le corps. La psychoneuroimmunologie explique l'importance des liens qui existent entre l'esprit et le corps.	Thérapies de relaxation, méditation, prière, visualisation, graphothérapie, art thérapie, musicothérapie, danse
Approches fondées sur la biologie	Traitements qui utilisent des substances naturelles connues pour leurs effets sur la santé et le bien-être.	Biofeedback, phytothérapie, suppléments alimentaires, thérapie nutritionnelle, aromathérapie
Pratiques faisant appel à la manipulation et aux mouvements du corps	Pratiques fondées sur la manipulation ou le mouvement d'une ou de plusieurs parties du corps.	Massage, chiropratique, yoga
Traitements énergétiques	Traitements fondés sur l'utilisation ou la manipulation de champs énergétiques.	Toucher thérapeutique, toucher d'harmonisation globale (*Healing Touch*), reiki

Source : Adapté de NCCAM (2010).

7.2 | Systèmes de santé complets et cohérents

Les systèmes de santé complets et cohérents désignent des méthodes complètes (théorie et pratique) liées à la santé qui ont été conçues en marge du modèle biomédical occidental **TABLEAU 7.3**. Beaucoup de ces systèmes sont appliqués par différents groupes culturels, et ce, dans le monde entier. La **médecine traditionnelle chinoise (MTC)** est un exemple de système de santé complet et cohérent.

Ce système de soins s'applique à toute une gamme de maladies et de problèmes de santé. Depuis plusieurs milliers d'années, ce système a évolué à partir de considérations culturelles et philosophiques de même que d'un grand nombre d'observations cliniques et d'expérimentations. Le principe du *yin* et du *yang* est au cœur de la philosophie, de la science et de l'art chinois, ainsi que de la MTC. Le yin et le yang sont considérés comme des forces dynamiques, interactives et interdépendantes. L'un ne peut exister sans l'autre, et chacun des deux porte en lui une part de l'autre. Ces forces font partie de chaque élément dans la nature et doivent demeurer dans un état d'équilibre harmonieux pour que la santé soit à son meilleur. À l'inverse, le déséquilibre est associé à la maladie. Les pratiques de la MTC visent alors à restaurer l'équilibre entre les forces du yin et du yang.

Parmi les points forts de la MTC, on peut mentionner son système personnalisé de diagnostic et de traitement, ainsi que son approche axée sur la prévention. Ses outils d'évaluation incluent une revue complète des antécédents de santé et l'examen de la langue et du pouls. La MTC a recours à un ensemble de pratiques, dont les plus communément adoptées sont l'acupuncture et la pharmacopée chinoise. Ces pratiques sont utilisées ensemble pour renforcer le *Qi* (prononcer « tchi ») et en faciliter la circulation dans tout le corps. Le *Qi* est une forme d'énergie se trouvant à la base de toute vie ; quand il est perturbé, la maladie ou la douleur risquent de se manifester. En **acupuncture**, on procède à l'introduction de fines aiguilles dans les réseaux de circulation du *Qi*, sous la surface de la peau. Ces réseaux sont aussi appelés « méridiens ». Les points d'insertion sont sélectionnés en fonction du diagnostic et de la nature de l'affection. La sélection et la manipulation de ces points permettent à l'acupuncteur de corriger ce qui perturbe la circulation du *Qi*.

La pharmacopée chinoise, qui inclut les plantes et les médicaments appartenant à la MTC, sert à maximiser les effets de l'acupuncture. Prises régulièrement sur une période donnée, les préparations aux herbes chinoises augmentent la capacité du corps à corriger son propre déséquilibre, de sorte que les traitements réguliers ne sont plus nécessaires. Les herbes sont choisies en fonction des résultats de l'évaluation et de l'histoire de la maladie ; les mélanges sont préparés de façon individualisée afin de correspondre aux besoins du client.

Il existe d'autres types d'outils et de méthodes qui relèvent aussi de la MTC, dont la digitopuncture, la **moxibustion**, l'application de ventouses, les massages chinois, l'exercice physique méditatif (p. ex., le tai-chi et le qi gong) et l'encadrement nutritionnel. Le tai-chi et le qi gong sont des exercices basés sur des mouvements exécutés très lentement et assortis d'exercices respiratoires ciblés.

Moxibustion : Consiste à réchauffer un point d'acupuncture et à faire pénétrer la chaleur à travers la peau.

TABLEAU 7.3	Systèmes de santé complets et cohérents
SYSTÈME DE SANTÉ	**DESCRIPTION**
Médecine traditionnelle chinoise (MTC)	Système basé sur le rétablissement et le maintien de l'équilibre de l'énergie vitale (*Qi*). L'un des systèmes de santé les plus anciens et complets du monde.
Médecine ayurvédique	Système basé sur l'équilibre du corps, de l'âme et de l'esprit. Est originaire de l'Inde. Considère la maladie comme un déséquilibre entre la force vitale d'une personne (*prana*) et l'état de son métabolisme de base (*dosha*).
Homéopathie	Système basé sur le principe que « le semblable guérit le semblable », qui est aussi appelé la « loi de similitude ». Les remèdes sont préparés à partir de multiples dilutions successives de la substance même qui provoque les symptômes ou la maladie.
Naturopathie	Système basé sur la promotion de la santé plutôt que sur la prise en charge des symptômes. Met l'accent sur le renforcement des capacités de guérison naturelles du corps au moyen de diverses interventions personnalisées, comme la modification de l'alimentation et le recours à l'herboristerie, l'homéopathie, la physiothérapie et l'assistance psychosociologique. Les naturopathes sont diplômés par des écoles de naturopathie accréditées et la reconnaissance des praticiens varie selon les provinces.

La **digitopuncture** (ou acupression) est une méthode thérapeutique naturelle qui se pratique à l'aide du toucher et qui repose sur les mêmes principes que l'acupuncture. On se sert des doigts pour appliquer une pression le long des méridiens où circule l'énergie. La digitopuncture permet d'accéder au flux énergétique du corps et de libérer l'énergie qui est bloquée ou entravée. La digitopuncture peut traiter de nombreuses affections. Il s'agit d'une technique pour laquelle il existe des formations et que l'infirmière peut apprendre. Pour l'appliquer, il faut : 1) connaître les méridiens et les recommandations d'utilisation des points d'acupuncture ; 2) expliquer au client ce qu'est la digitopuncture et quels en sont les bienfaits attendus ; 3) avoir le consentement du client.

Applications thérapeutiques de l'acupuncture

L'acupuncture est la principale méthode de traitement utilisée par les praticiens de la MTC. Elle était la cinquième approche complémentaire la plus utilisée par les Canadiennes et Canadiens au cours de leur vie selon un sondage effectué en 2006 (Esmail, 2007), la chiropratique occupant le premier rang. Au Québec, l'utilisation de l'acupuncture venait au troisième rang.

L'acupuncture est considérée comme une thérapie sécuritaire lorsque le praticien a suivi une formation appropriée et qu'il utilise des aiguilles jetables ou à usage personnel. Le client devrait pouvoir vérifier les titres de compétences de son praticien. Quatre provinces canadiennes (Colombie-Britannique, Alberta, Ontario et Québec) réglementent les activités professionnelles se rapportant à l'acupuncture, ce qui signifie que la formation, la délivrance de diplômes et la pratique des acupuncteurs sont étroitement surveillées. Au Québec, l'infirmière devrait toujours conseiller à ses clients de consulter le site de l'Ordre des acupuncteurs du Québec pour le choix d'un acupuncteur afin de s'assurer qu'il s'agit bien d'un thérapeute pratiquant légalement l'acupuncture.

L'efficacité de l'acupuncture est difficile à démontrer scientifiquement. Deux revues systématiques (le plus haut niveau de preuves) démontrent qu'elle peut être utile pour la prévention d'épisodes de migraine et la céphalée de tension (Linde, Allais, Brinkhaus, Manheimer, Vickers, & White, 2009a, 2009b). Des études ont également présenté des résultats positifs pour le traitement des maux de dos (Manheimer, White, Berman, Forys, & Ernst, 2005), des douleurs aux genoux (incluant celles associées à l'arthrose) (Bjordal, Johnson, Lopes-Martins, Bogen, Chow, & Ljunggren, 2007 ; Kwon, Pittler, & Ernst, 2006 ; White, Foster, Cummings, & Barlas, 2007), de la douleur consécutive à une chirurgie dentaire (Ernst & Pittler, 1998 ; Lao, Bergman, Hamilton, Langenberg, & Berman, 1999 ;

Lao, Bergman, Langenberg, Wong, & Berman, 1995 ; Rosted, 2001 ; Sung, Kutner, Cerine, & Frederickson, 1977), de l'insomnie (Chen, Shi, Ng, Chan, Yung, & Zhang, 2007), ainsi que des nausées et des vomissements (incluant ceux associés à une intervention chirurgicale, aux traitements de chimiothérapie ou à la grossesse) (Ezzo *et al.*, 2007 ; Helmreich, Shiao, & Dune, 2006 ; Shiao & Dune, 2006).

7.3 | Interventions corps-esprit

Les interventions corps-esprit comprennent diverses techniques conçues pour aider l'esprit à influer sur le fonctionnement du corps. Le biofeedback, les techniques de relaxation, la respiration de détente, la visualisation et la graphothérapie (*journaling*) font partie des interventions corps-esprit couramment recommandées par les infirmières (OIIQ, 1996)[a].

Les techniques d'hypnose et d'autohypnose sont également de plus en plus répandues pour soulager la douleur aiguë et l'anxiété qui y est associée, notamment pendant des procédures chirurgicales (Greco, 2003 ; Marc *et al.*, 2008 ; Schnur *et al.*, 2008 ; Smith, Collins, Cyna, & Crowther, 2006) et pour traiter le syndrome de l'intestin irritable (Gholamrezaei, Ardestani, & Emami, 2006 ; Kearney & Brown-Chang, 2008 ; Miller & Whorwell, 2009 ; Shen & Nahas, 2009 ; Webb, Kukuruzovic, Catto-Smith, & Sawyer, 2007 ; Wilson, Maddison, Roberts, Greenfield, & Singh, 2006). Cependant, le recours à l'hypnose ou à l'autohypnose requiert une formation. Pour plus d'informations à ce sujet et pour le répertoire des praticiens québécois, l'infirmière peut consulter le site de l'Association des hypnologues du Québec ou encore le site de la Société québécoise d'hypnose.

7.4 | Approches fondées sur la biologie

Les approches fondées sur la biologie ont recours à l'utilisation de produits de santé naturels à base de plantes (phytothérapie) ou de suppléments alimentaires (nutrithérapie). On inclut aussi l'aromathérapie à cette catégorie d'ACPS.

7.4.1 | Produits de santé naturels

La **phytothérapie** consiste à utiliser des plantes médicinales seules ou en combinaison avec d'autres ACPS à des fins thérapeutiques. La phytothérapie se distingue des suppléments alimentaires qui sont à la base des plantes médicinales desquelles ont été

---

[a] Pour obtenir plus d'information sur ces techniques, voir le chapitre 26 dans *Soins infirmiers : fondements généraux* (Potter & Perry, 2010).

extraites les molécules bénéfiques par des procédés de transformation. Les suppléments alimentaires servent à combler des besoins spécifiques de l'alimentation. Même si ces produits de santé naturels sont des végétaux, les plantes médicinales et surtout les suppléments alimentaires sont souvent vendus sous forme de poudre, de pilules ou de capsules **FIGURE 7.1**.

Une plante médicinale est une plante ou une partie de plante (écorce, racines, feuilles, graines, fleurs ou fruits) qui produit et contient des substances chimiques qui ont une action sur le corps. On évalue qu'environ 25 000 espèces de plantes sont employées comme médicament de par le monde et que près de 30 % des médicaments modernes délivrés sur ordonnance dérivent des plantes. La médecine par les plantes est la plus ancienne des médecines ; certains vestiges archéologiques semblent indiquer que les Néandertaliens utilisaient déjà des remèdes à base de plantes il y a 60 000 ans (University of Maryland Medical Center, 2010). De nos jours, environ 80 % de la population mondiale emploie dans une large mesure des remèdes qui proviennent de plantes.

Depuis les 30 dernières années, on assiste à un regain d'intérêt pour la phytothérapie dans les pays où les soins de santé sont dominés par le modèle biomédical. L'intérêt pour les produits à base de plantes est lié à plusieurs facteurs, notamment le coût élevé des médicaments d'ordonnance et le risque d'effets secondaires associés. Les remèdes à base de plantes sont considérés comme plus « naturels » et sont souvent perçus comme plus sûrs, ce qui peut parfois être trompeur. Ils sont disponibles en vente libre, ce qui permet aux gens d'être plus autonomes sur le plan de leurs soins de santé. La phytothérapie et les suppléments à base de plantes présentent les avantages suivants : 1) ils provoquent moins d'effets secondaires ; 2) ils donnent plus d'autonomie en matière de santé ; 3) ils entraînent des coûts moindres.

Mais ils présentent aussi les inconvénients suivants : 1) un temps de réaction plus long ; 2) une possibilité d'interactions médicament-plante ; 3) des pratiques inégales en matière de fabrication ; 4) une fiabilité plus ou moins certaine de l'information mise à la disposition des consommateurs (Thompson Healthcare, 2007).

Pour pallier certains de ces inconvénients, Santé Canada s'est doté en 2004 d'un système d'homologation des produits de santé naturels. Les produits homologués possèdent un numéro de produit naturel (NPN) ou un numéro de médicament homéopathique (DIN-HM) unique permettant de les reconnaître de façon claire pendant le suivi ou le rappel d'un produit sur le marché. Le système s'applique aux suppléments de vitamines et de minéraux, aux remèdes à base d'herbes et de plantes, aux médicaments traditionnels (tels que les médicaments traditionnels chinois et les médicaments ayurvédiques), aux acides essentiels et oméga-3, aux probiotiques et aux médicaments homéopathiques ainsi qu'à beaucoup de produits de consommation courante, tels que certains dentifrices, antisudorifiques, shampoings, produits pour le visage et rince-bouches (Santé Canada, 2010). La présence d'un NPN ou d'un DIN-HM sur un produit certifie que Santé Canada a évalué sa qualité, son innocuité et son efficacité.

Les **TABLEAUX 7.4** et **7.5** présentent successivement les plantes médicinales et les suppléments alimentaires couramment utilisés dont l'efficacité est reconnue par des preuves empiriques, ainsi que les interactions possibles connues avec d'autres plantes ou médicaments.

7.4.2 Aromathérapie

L'**aromathérapie** est l'utilisation médicale des essences et des huiles essentielles d'une plante. L'huile essentielle d'une plante est extraite par de longs procédés de pression à froid ou d'extraction par solvant, qui en font un produit très coûteux et très recherché. Bien que la vente libre des huiles essentielles laisse croire à leur innocuité, leur utilisation à l'état pur peut avoir des effets secondaires graves notamment sur la peau lorsqu'elle est en contact direct avec le produit (brûlures, effet photosensibilisant) ou dus à leurs effets allergènes. Puisqu'elles sont riches en cétones, en lactones et en phénols, la plupart des huiles essentielles sont toxiques ou hépatotoxiques et ne peuvent donc pas être ingérées. Il est également à noter que les huiles essentielles sont à éviter durant la grossesse et l'allaitement puisqu'elles traversent le placenta et sont transmises dans le lait maternel.

FIGURE 7.1

Les plantes médicinales, comme l'échinacée, sont généralement administrées sous forme de pilules ou de capsules.

TABLEAU 7.4	Plantes médicinales couramment utilisées[a]	
NOM	**USAGES RECONNUS SELON DES PREUVES SCIENTIFIQUES**	**REMARQUES**
Actée à grappes noires	• Symptômes de la ménopause	• Est en général sans danger lorsque prise durant une période n'excédant pas six mois chez les femmes en santé et qui ne sont pas enceintes. • Des cas de toxicité hépatique ont été rapportés avec des produits non homologués par Santé Canada (c'est-à-dire sans NPN). • Il y a possibilité d'interaction avec des médicaments antinéoplasiques.
Ail	• Hypertension artérielle	• Éviter de consommer en importante quantité (> 4 g par jour) avant et après une intervention chirurgicale en raison des effets anticoagulants. • À éviter pour les personnes atteintes de porphyrie.
Aloès	• Herpès génital • Brûlures • Constipation occasionnelle	• Ne pas utiliser au-delà de sept jours pour traiter la constipation. • Il y a possibilité d'interaction avec des médicaments dont l'action est laxative. • Ne pas utiliser en cas de douleur abdominale, de grossesse, d'obstruction intestinale, d'inflammation intestinale aiguë, d'appendicite, d'ulcère, de troubles rénaux, de maladies cardiaques, de nausées ou de vomissements. • Peut abaisser la glycémie. • Il y a possibilité d'interaction avec le glyburide (Diabeta[MD]).
Aubépine	• Insuffisance cardiaque légère à modérée	• Peut accroître les effets des glucosides cardiotoniques, des médicaments hypertenseurs et des médicaments hypocholestérolémiants. • Un suivi médical est nécessaire.
Andrographis	• Symptômes des infections des voies respiratoires	• Peut être utilisée en combinaison avec l'éleuthérocoque. • À éviter durant la grossesse. • Est généralement sans effet secondaire si consommée à des concentrations inférieures à 6 %.
Artichaut	• Troubles digestifs	• Consulter un professionnel de la santé en cas de calculs biliaires. • Il y a possibilité d'allergie.
Boswellie	• Inflammation causée par l'arthrose	• À éviter durant la grossesse. • Peut s'ajouter aux effets des médicaments anti-inflammatoires.
Consoude (usage externe)	• Ecchymoses • Entorses • Douleurs musculaires et articulaires	• À éviter pour les personnes souffrant de maladies hépatiques, les enfants, les femmes enceintes ou qui allaitent. • L'usage interne est déconseillé.
Échinacée	• Traitement des infections des voies respiratoires supérieures	• À utiliser avec prudence chez les clients qui présentent une pathologie liée au système immunitaire. • Il y a danger d'allergie chez les personnes asthmatiques. • Un usage à court terme est indiqué.
Gattilier	• Syndrome prémenstruel • Mastalgie	• À éviter durant la grossesse et l'allaitement. • Pourrait rendre impossible la fécondation in vitro. • Pourrait interagir avec les médicaments antagonistes des récepteurs de la dopamine et un traitement hormonal.

TABLEAU 7.4	Plantes médicinales couramment utilisées^a *(suite)*	

NOM	USAGES RECONNUS SELON DES PREUVES SCIENTIFIQUES	REMARQUES
Gingembre	• Nausées et vomissements postopératoires ou dus à la grossesse • Dyspepsie et mal des transports	• Peut accroître le risque de saignement. • La dose durant la grossesse ne devrait pas excéder 2 g par jour. • Les femmes enceintes et les personnes avec des calculs biliaires qui envisagent l'utilisation du gingembre devraient être suivies par un professionnel de la santé.
Ginkgo biloba	• Claudication intermittente • Démence (vasculaire ou de type Alzheimer)	• À éviter durant la grossesse ou avant une intervention chirurgicale. • Peut accroître le risque de saignement.
Ginseng (espèces du genre Panax, dont le ginseng asiatique et le ginseng à cinq folioles)	• Stimulation du système immunitaire • Diminution de la fatigue • Amélioration de la concentration • Rétablissement des forces pendant une convalescence	• Peut abaisser la glycémie. • Peut réduire l'efficacité de la warfarine. • À éviter chez les clients atteints ou à risque d'un cancer hormonodépendant ou d'une pathologie liée aux hormones, comme le cancer du sein. • Est en général sans danger lorsque pris durant une période n'excédant pas trois mois. • Éviter le ginseng asiatique en cas d'hypertension artérielle. • Est non recommandé pendant la grossesse.
Grande camomille ou camomille allemande (par voie orale et en association avec d'autres plantes)	• Troubles de la digestion • Coliques	• L'effet calmant pourrait s'ajouter à celui des sédatifs. • Ne pas prendre avec des médicaments antiplaquettaires. • Il y a possibilité d'allergie.
Griffe du diable	• Arthrite et maux de dos	• À éviter en cas d'ulcère gastrique ou du duodénum. • Éviter l'usage simultané avec des médicaments anticoagulants.
Hamamélis de Virginie (usage externe)	• Hémorroïdes	• Ne pas confondre avec l'eau d'hamamélis. • Réserver à l'usage externe.
Lierre grimpant	• Inflammation des bronches	• Présente un risque de réactions allergiques en cas d'usage répété (usage topique). • À éviter durant la grossesse.
Marronnier d'Inde	• Insuffisance veineuse	• Il y a possibilité d'interaction avec des médicaments ou des plantes ayant un effet hypoglycémiant. • Est non recommandé pendant la grossesse.
Millepertuis commun	• Traitement à court terme de la dépression légère à modérée • Traitement de l'anxiété et des troubles psychosomatiques	• Peut produire des interactions graves avec des plantes, des suppléments, des médicaments en vente libre ou des médicaments sur ordonnance servant à traiter la dépression. • Il y a possibilité d'interaction avec les contraceptifs oraux. • Pour cesser le produit, réduire la dose progressivement sur deux semaines. • Peut avoir une action photosensibilisante. • Peut accroître les effets secondaires lorsque pris avec d'autres antidépresseurs. • Les clients devraient consulter un professionnel de la santé avant de prendre du millepertuis commun.

TABLEAU 7.4	Plantes médicinales couramment utilisées[a] *(suite)*	
NOM	**USAGES RECONNUS SELON DES PREUVES SCIENTIFIQUES**	**REMARQUES**
Onagre	• Arthrite rhumatoïde • Eczéma, irritation de la peau	• Est contre-indiqué chez les personnes qui présentent des troubles épileptiques ou souffrant de schizophrénie et qui utilisent l'acide gamma-linolénique. • L'utilisation fréquente de corticostéroïdes pourrait diminuer l'effet de l'huile d'onagre sur l'eczéma.
Ortie	• Problèmes de miction reliés à l'hypertrophie bénigne de la prostate	• Est contre-indiqué en cas d'œdème. • Pourrait théoriquement interagir avec des plantes ou des médicaments qui ont un effet hypoglycémiant, hypotenseur ou antiplaquettaire.
Palmier nain	• Hypertrophie bénigne de la prostate (HBP)	• Apporte une amélioration des symptômes ; ne réduit pas la taille de la prostate. • Il y a possibilité de saignement. • Les hommes devraient consulter un professionnel de la santé pour diagnostiquer correctement une HBP.
Psyllium	• Constipation • Cholestérol sanguin • Diarrhée	• À éviter en cas de sténose intestinale ou œsophagienne réelle ou présumée. • Pourrait nécessiter un ajustement de la médication antidiabétique. • Pourrait diminuer l'absorption du lithium.
Sauge	• Pharyngite	• Est déconseillée aux femmes enceintes ou qui allaitent.
Saule blanc	• Douleurs lombaires • Arthrose • Arthrite rhumatoïde	• Présente un risque d'allergie si le client est allergique ou hypersensible à l'acide acétylsalicylique.
Thym (en association avec la racine de primevère)	• Bronchite	• Est déconseillé aux femmes enceintes ou qui allaitent. • Il y a possibilité d'allergie. • Peut théoriquement nuire aux médicaments pris pour soigner la glande thyroïde.
Valériane	• Agitation nerveuse • Insomnie	• Cause la somnolence : éviter de conduire ou de manipuler des outils dangereux après avoir pris la valériane. • Pourrait s'additionner aux effets de plantes et de médicaments sédatifs et calmants.
Vigne rouge	• Insuffisance veineuse et varices • Éblouissement oculaire	• Est déconseillée aux enfants, aux femmes enceintes ou qui allaitent et aux personnes souffrant de troubles hépatiques graves.

[a] Les femmes enceintes ou allaitantes devraient consulter un professionnel de la santé avant la prise de toute herbe médicinale. Il n'existe que peu de preuves scientifiques à l'appui de l'utilisation de la plupart des herbes médicinales durant la grossesse ou l'allaitement.

Source : PasseportSanté.net (2010).

Applications thérapeutiques des approches fondées sur la biologie

Les plantes médicinales, les suppléments alimentaires et l'aromathérapie fonctionnent sensiblement de la même façon que les médicaments ; tous sont absorbés par le corps, puis provoquent des effets biologiques qui peuvent avoir une portée thérapeutique. Beaucoup de ces produits occasionnent plus d'un effet physiologique et, par conséquent, peuvent être utilisés pour plus d'une affection.

Globalement, le recours à des produits à base de plantes continue de croître. Malgré le fait que la plupart des approches fondées sur la biologie peuvent être utilisées en toute sécurité sans apport d'aide professionnelle, on note certains effets secondaires et interactions avec d'autres produits à base de plantes et des médicaments d'ordonnance. On craint que les effets secondaires causés par l'utilisation de ces produits soient sous-estimés, renforçant ainsi l'impression que ces remèdes sont tout à fait inoffensifs.

TABLEAU 7.5	Suppléments alimentaires couramment utilisés[a]	
NOM	**USAGES RECONNUS SELON DES PREUVES SCIENTIFIQUES**	**REMARQUES**
Coenzyme Q$_{10}$ Glucosamine	• Hypertension • Insuffisance cardiaque (IC) légère à modérée	• Informer le professionnel de la santé en cas de prise conjointe d'un médicament antihypertenseur ou antinéoplasique. • Peut faire diminuer le taux de glycémie.
	• Arthrose	• Peut réduire l'efficacité de l'insuline ou d'autres médicaments pris pour contrôler la glycémie. • Peut accroître le risque de saignement.
Huile de poisson / acides gras oméga-3	• Maladies cardiovasculaires (prévention) • Arthrite rhumatoïde • Dépression	• De fortes doses peuvent accroître le risque de saignement. • Présente un risque d'allergie.
Mélatonine	• Symptômes du décalage horaire • Amélioration de la qualité du sommeil	• À utiliser avec prudence chez les clients qui prennent des anticoagulants ou des médicaments antihypertenseurs. • À utiliser avec prudence chez les clients qui sont atteints de diabète ou qui font de l'hypoglycémie. • À utiliser avec prudence chez les clients qui présentent des troubles épileptiques. • Peut augmenter le taux de cholestérol. • Présente un risque de somnolence, de perte de vigilance ou d'équilibre.
Probiotiques (bactéries vivantes ou levures)	• Diarrhée infectieuse • Restauration de la flore intestinale, particulièrement après une antibiothérapie prolongée	• Les personnes souffrant d'intolérance au lactose et celles dont le système immunitaire est affaibli devraient consulter un professionnel de la santé avant de prendre des probiotiques.
Sulfate de chondroïtine	• Arthrose	• À utiliser avec prudence chez les clients qui présentent des troubles hémostatiques ou qui prennent des anticoagulants.

[a] Les femmes enceintes ou allaitantes devraient consulter un professionnel de la santé avant la prise de tout supplément. Il n'existe que peu de preuves scientifiques à l'appui de l'utilisation de ces produits durant la grossesse ou l'allaitement.

Source : PasseportSanté.net (2010).

Étant donné que les consommateurs ont tendance à ne pas informer leur principal professionnel de la santé de leur recours à des thérapies à base de plantes médicinales, il se peut que les interactions médicaments-produits naturels soient aussi sous-estimées. Les clients qui doivent subir une intervention chirurgicale devraient être avisés d'interrompre la prise de remèdes à base de plantes médicinales au moins deux à trois semaines avant l'intervention. Les clients qui sont traités au moyen d'une pharmacothérapie classique devraient être avisés de ne plus prendre de remèdes à base de plantes dont les effets pharmacologiques sont similaires. En effet, la combinaison des produits risque de provoquer une réaction excessive ou des effets imprévus dus à l'interaction. L'**ENCADRÉ 7.1** présente les lignes directrices qui guident l'enseignement au client de l'utilisation de la phytothérapie.

Quant aux huiles essentielles, il est possible d'en faire l'utilisation de plusieurs façons, mais les applications les plus répandues sont par inhalation (p. ex., l'huile est ajoutée à un bol, à un bain d'eau chaude, ou versée sur un anneau pour ampoule électrique et inhalée par la suite) et par voie transcutanée (l'huile est diluée dans une huile de massage, un onguent, ou dans un bain). Les champs d'action de l'aromathérapie sont assez larges, mais les études scientifiques ont démontré jusqu'à maintenant l'efficacité de cette thérapie pour diminuer l'anxiété (Braden, Reichow, & Halm, 2009 ; Cooke & Ernst, 2000 ; Cooke, Holzhauser, Jones, Davis, & Finucane, 2007 ; Dunn, Sleep, & Collett, 1995 ; Kim *et al.*, 2006 ; Kritsidima, Newton, & Asimakopoulou, 2010 ; Lehrner, Marwinski, Lehr, Johren, & Deecke, 2005 ; McCaffrey, Thomas, & Kinzelman, 2009). Certaines

Jugement clinique

Capsule

Monsieur Philibert Caron, âgé de 57 ans, doit subir une méniscectomie au genou droit dans deux semaines. Il donne à l'infirmière de la clinique de préadmission la liste de tous les médicaments qu'il prend : acide acétylsalicylique (Aspirin^{MD}), atorvastatine (Lipitor^{MD}), amiodarone (Cordarone^{MD}), bisoprolol (Monocor^{MD}) et oméga-3. Vous lui suggérez de cesser deux médicaments sept jours avant la chirurgie.

Lesquels ?

études laissent également croire que les huiles essentielles pourraient réduire l'anxiété et la dépression des personnes atteintes de cancer (Wilkinson *et al.*, 2007) et les symptômes de la démence (Fujii *et al.*, 2008 ; Holmes, Hopkins, Hensford, MacLaughlin, Wilkinson, & Rosenvinge, 2002 ; Jimbo, Kimura, Taniguchi, Inoue, & Urakami, 2009 ; Snow, Hovanec, & Brandt, 2004).

Considérations gérontologiques

APPROCHES COMPLÉMENTAIRES ET PARALLÈLES EN SANTÉ

Les adultes plus âgés atteints d'une affection chronique qui ne constitue pas une menace pour leur vie sont les personnes les plus susceptibles d'avoir recours aux ACPS. Dans le cas de l'adulte âgé, les préoccupations en matière de sécurité concernent surtout les interactions entre les plantes médicinales et les médicaments, la toxicité causée par le recours à la polypharmacie ainsi que les changements dans la pharmacocinétique dus à l'âge (Scholz, Holmes, & Marcus, 2008). Une diminution des fonctions rénales ou hépatiques peut ralentir le métabolisme et l'élimination des plantes médicinales et des suppléments alimentaires. Comme les personnes âgées constituent une population à risque, il est très important que l'infirmière discute des risques et des bienfaits qui découlent de l'utilisation de produits à base de plantes, et qu'elle encourage le client à informer son professionnel de la santé de la prise de tout produit ou supplément alimentaire à base de plantes.

7.5 | Pratiques faisant appel à la manipulation et aux mouvements du corps

Les pratiques faisant appel à la manipulation et aux mouvements du corps comprennent entre autres le massage et la chiropratique.

Le massage est couramment utilisé par les infirmières, et ce, pour les clients de tous âges. Il comprend une gamme de techniques au moyen desquelles on manipule les tissus mous et les articulations du corps. Combinant le toucher et le mouvement, le massage est généralement effectué avec les mains, mais aussi parfois avec les coudes, les avant-bras ou les pieds. On a recours aux techniques de massage dans des contextes d'intégration du corps et de l'esprit, d'entraînement sportif, de physiothérapie, de chiropratique, d'ostéopathie et de naturopathie. Les bienfaits du massage découlent des effets qu'il a sur les systèmes musculosquelettique, circulatoire, lymphatique et nerveux. Le massage influence positivement l'état mental et l'état émotionnel. La popularité de la massothérapie ne cesse de croître; la plupart des gens qui font appel à la massothérapie y voient un moyen de réduire le stress.

Applications thérapeutiques du massage

Jusque dans les années 1970, on enseignait aux infirmières une technique de gestion de la douleur qui consistait à faire une friction dorsale pour favoriser la détente et le sommeil. Depuis cette époque, le recours à cette technique et aux frictions dorsales est devenu une exception plutôt que la règle. De nos jours cependant, avec l'intérêt croissant pour les soins holistiques, les infirmières reconnaissent de nouveau les vertus du massage. Le massage est une forme importante du toucher. C'est aussi une forme de soins, de communication et de réconfort. Le rôle de l'infirmière relativement au massage est différent de celui du massothérapeute autorisé. Le massothérapeute est appelé à dispenser des services complets de massothérapie, tandis que les infirmières vont intégrer des techniques spécifiques de massage dans le cadre de la prestation de soins infirmiers. Par exemple, l'infirmière pourra effectuer un massage du dos pour favoriser le sommeil. Dans le cas d'un client alité, un massage doux peut stimuler la circulation et permettre de prévenir des problèmes de peau.

Quand l'infirmière constate qu'un massage est indiqué pour favoriser le rétablissement d'un client, elle doit tout d'abord évaluer quelles sont les préférences de ce client relativement au toucher et au massage. L'infirmière doit aussi tenir compte des valeurs culturelles et sociales du client, et discuter avec lui des bienfaits attendus. Puis, elle peut mettre en œuvre le plan de soins et de traitements infirmiers (PSTI) (p. ex., le massage des mains ou du dos) et réévaluer la situation après le massage.

Sauf pour le massage des mains, le massage des autres parties du corps est contre-indiqué chez les clients qui souffrent de blessures, de fractures, d'ostéoporose sévère ou de traumas récents, qui sont hémophiles, qui ont subi une intervention chirurgicale depuis peu, qui présentent des plaies ouvertes, qui sont atteints de thrombose veineuse profonde, d'inflammation ou d'infections, qui présentent des saignements, de l'œdème ou une diminution de la sensibilité. Un massage prodigué à un client souffrant du cancer, du diabète, de varices, de problèmes cardiaques ou de maladies de la peau nécessite une attention particulière et parfois même une référence médicale. Il est également à noter que le massage des femmes enceintes nécessite une formation spécialisée (Association canadienne des thérapeutes en médecines douces, 2010; Cherkin, Sherman, Deyo, & Shekelle, 2003). Dans le cas des tout-petits, le massage est contre-indiqué si le bébé ou l'enfant pleure (sauf dans le cas de coliques où le massage pourrait être bénéfique), présente de la fièvre, une infection, a récemment subi une chirurgie ou reçu un vaccin (Beider, Mahrer, & Gold, 2007).

Bien qu'il y ait des recherches en cours sur l'efficacité de la massothérapie, on dispose actuellement de peu de preuves scientifiques à cet effet. Ceci est en partie dû au fait qu'il est difficile d'élaborer des **études à double insu** ou ayant recours à un placebo pour comparer les effets de la massothérapie sur les participants. Néanmoins, la massothérapie semble être efficace pour : 1) apaiser la douleur et améliorer le moral chez les clients de tous âges atteints de différents types de cancer (Bardia, Barton, Prokop, Bauer, & Moynihan, 2006; Billhult, Bergbom, & Stener-Victorin, 2007; Billhult, Lindholm, Gunnarsson, & Stener-Victorin, 2008, 2009; Calenda, 2006; Campeau *et al.*, 2007; Filshie & Rubens, 2006; Kutner *et al.*, 2008; Mansky & Wallerstedt, 2006; McLean & Kemper, 2006; Myers, Walton, & Small, 2008; Russell, Sumler, Beinhorn, & Frenkel, 2008; Sagar, 2006; Sturgeon, Wetta-Hall, Hart, Good, & Dakhil, 2009; Wilkinson, Barnes, & Storey, 2008); 2) soulager la douleur de la région lombaire (lombalgie) (Furlan, Imamura, Dryden, & Irvin, 2009); 3) calmer l'agitation chez les clients atteints de démence (Hansen, Jorgenson, & Ortenblad, 2008); et 4) réduire l'anxiété (Billhult & Maatta, 2009; Ernst, Pittler, Wider, & Boddy, 2007; Garner *et al.*, 2008; Moyer, Rounds, & Hannum, 2004). Des études en cours tendent à démontrer que la massothérapie est efficace dans de nombreuses autres situations.

Techniques de massage

Dans un contexte de soins infirmiers, le massage débute généralement par un simple effleurage (mouvements en douceur), afin de favoriser la détente. Les gestes sont effectués sur les muscles. Une fois les muscles détendus grâce à l'effleurage, on peut passer au pétrissage (mouvements qui travaillent le corps plus en profondeur), afin de soulever légèrement les muscles et de les presser. On peut faire usage de lotions légèrement parfumées ou de solutions d'huiles essentielles. La force appliquée pendant le massage doit être adaptée au niveau de confort du client.

On peut aussi effectuer un simple massage des mains en vue de produire un effet calmant et relaxant, particulièrement chez les clients anxieux ou agités **FIGURE 7.2**.

On peut enseigner aux membres de la famille comment pratiquer des massages sur leur proche,

FIGURE 7.2

Le massage des mains peut contribuer à apaiser l'anxiété chez un client.

Cette approche est thérapeutique à la fois pour le client et la famille, même quand l'être cher présente une déficience cognitive ou semble insensible à la démarche. Enfin, le massage est salutaire à tous les moments de la vie. Les infirmières qui œuvrent auprès des personnes âgées et des personnes en soins palliatifs peuvent intégrer le massage aux soins prodigués à un client, car cette pratique du toucher peut contribuer à calmer l'agitation et à diminuer la douleur ▶ **10** .

7.6 | Traitements énergétiques

Les traitements énergétiques font référence à la manipulation de champs énergétiques. Ils mettent l'accent sur les champs énergétiques qui émanent du corps (champs biologiques) ou d'autres sources (champs électromagnétiques). Les traitements basés sur les champs biologiques s'appuient sur une théorie selon laquelle les systèmes d'énergie à l'intérieur ou autour du corps doivent être en équilibre pour que la guérison soit favorisée. Le toucher thérapeutique, le toucher d'harmonisation globale (*Healing Touch*), et le reiki sont des exemples de traitements énergétiques.

7.6.1 Toucher thérapeutique
Le **toucher thérapeutique (TT)** a été élaboré dans les années 1970 par mesdames Dora Kunz et Dolores Krieger (une infirmière), en collaboration avec des médecins et un biochimiste. Le TT consiste à faire l'imposition des mains sur ou près du corps du client afin de détecter et d'harmoniser les champs énergétiques de ce dernier. Ce type de toucher est désormais reconnu par l'OIIQ et est enseigné à travers le monde.

7.6.2 Toucher d'harmonisation globale
Le **toucher d'harmonisation globale** a également été conçu par une infirmière, Janet Mentgen, dans les années 1980. Ce programme inclut une quinzaine de techniques du toucher, similaires au toucher thérapeutique, mais qui reposent toutes sur un principe voulant que le client peut s'autoguérir si on lui en donne les moyens. Il est cependant moins connu au Québec que le toucher thérapeutique.

7.6.3 Reiki
Le **reiki** est une autre forme de traitement énergétique qui consiste en un transfert d'énergie par l'imposition (sans toucher le client ou sinon par légers contacts) des paumes du thérapeute sur le client. Le but de la thérapie est de rétablir une circulation normale de l'énergie dans le corps du client. Ce retour à la normalité aiderait le corps à se guérir par lui-même. Les origines du reiki proviennent du Japon et remontent aux années 1920. La technique fut introduite en Amérique du Nord à la fin des années 1930. La pratique du reiki n'est pas réglementée au Canada.

7.6.4 Applications thérapeutiques des traitements énergétiques
Les recherches sur les traitements énergétiques en sont à leur début. Toutefois, elles indiquent que ces traitements sont efficaces pour :

- réduire l'anxiété (Henricson, Ersson, Maatta, Segesten, & Berglund, 2008 ; Maville, Bowen, & Benham, 2008) ;
- améliorer le bien-être des clients atteints de cancer (Aghabati, Mohammadi, & Pour Esmaiel, 2008) ;
- diminuer la douleur (Engebretson & Wardell, 2007).

D'autres études rapportent des effets prometteurs des traitements énergétiques notamment pour le soulagement de la douleur ainsi que la réduction des symptômes des clients souffrant d'Alzheimer.

La formation nécessaire pour pratiquer le TT se donne habituellement en trois journées de huit heures, parfois plus. De la formation continue est ensuite offerte aux thérapeutes. Il existe une association québécoise du TT, le Réseau du toucher thérapeutique du Québec, mais de plus amples informations concernant les formations offertes peuvent être obtenues auprès de l'association ontarienne, le Therapeutic Touch Network of Ontario. L'enseignement du toucher d'harmonisation globale, quant à lui, relève d'un programme qui mène

10

Le massage comme traitement de la douleur est expliqué dans le chapitre 10, *Douleur*.

à l'obtention d'une certification. Finalement, le reiki est habituellement enseigné par un « maître reiki » et la formation s'étale sur trois ou quatre niveaux ; cependant, seuls les deux premiers niveaux sont nécessaires pour la pratique thérapeutique. Au cours des dernières années, certains sites Internet proposent également une formation à distance, ce qui soulève la controverse.

Soins et traitements infirmiers

APPROCHES COMPLÉMENTAIRES ET PARALLÈLES EN SANTÉ

Pratique professionnelle

Dans le cadre de sa pratique professionnelle, l'infirmière doit connaître ces approches, évaluer leur utilisation chez le client et encourager leur utilisation sécuritaire. Elle peut intégrer nombre de ces approches dans l'exercice de la profession infirmière. Cependant, et comme le rappelle le Code de déontologie de l'OIIQ, « [l]'infirmière ne peut utiliser ou dispenser des produits ou des méthodes susceptibles de nuire à la santé ou des traitements miracles. L'infirmière ou l'infirmier ne peut non plus consulter une personne qui utilise ou dispense de tels produits, méthodes ou traitements miracles, ni collaborer avec cette personne, ni lui envoyer son client » (OIIQ, 2008).

Connaissance des approches

Le recours aux ACPS continue de croître et le public s'attend à ce que les professionnels de la santé connaissent le sujet. À cet effet, la formation des infirmières tient de plus en plus compte des ACPS. L'infirmière doit avoir une connaissance des ACPS couramment utilisées, notamment de leur utilisation clinique et des données probantes qui démontrent leur efficacité. De plus, l'infirmière doit connaître les dimensions personnelles, culturelles et spirituelles liées à ces approches. L'infirmière reçoit une formation qui en fait une personne capable d'exercer une pensée critique et de résoudre des problèmes. Elle doit maintenir à jour ses connaissances relatives aux ACPS et évaluer continuellement les éléments à l'appui de leur utilisation. Le site PasseportSanté.net, une initiative québécoise, est également une ressource utile à consulter puisqu'il fournit des informations régulièrement mises à jour sur de multiples ACPS, incluant une liste complète des applications thérapeutiques de chacune.

En fournissant des informations à la fois relatives aux thérapies classiques et aux ACPS, l'infirmière est bien placée pour aider le client à prendre des décisions éclairées. Celui-ci devrait être avisé que les approches complémentaires et même parallèles ne remplacent pas les thérapies classiques, mais qu'elles peuvent souvent être utilisées conjointement.

Évaluation initiale de l'utilisation des approches

Étant donné que beaucoup de clients font usage des ACPS, l'infirmière doit évaluer leur utilisation notamment au moment de l'évaluation initiale du client. Cette démarche est importante, car la plupart des clients ne révèlent pas d'emblée à leurs professionnels de la santé qu'ils ont recours à ces approches. Toutefois, ils communiquent habituellement cette information lorsqu'on le leur demande. L'infirmière doit alors poser des questions ouvertes, demeurer respectueuse et s'abstenir de juger la réponse du client. Voici quelques exemples de questions d'évaluation :

- Souffrez-vous d'affections que la médecine classique n'a pas pu régler ? Si oui, avez-vous essayé d'autres méthodes de soins ?

- Prenez-vous des suppléments vitaminiques, minéraux, diététiques ou à base de plantes ?

- Désirez-vous obtenir de l'information au sujet des approches complémentaires ou parallèles ?

Promotion de l'usage sécuritaire des approches

Un grand nombre de thérapies entrent dans la catégorie des ACPS, et il faut garder en tête que certaines peuvent être inefficaces ou même nuisibles. Or, les clients choisissent seuls d'avoir recours à ces approches, généralement sans consulter un professionnel de la santé. Les préoccupations actuelles en matière de sécurité portent sur la fiabilité de l'information, l'innocuité et l'efficacité des approches, ainsi que sur la réglementation qui encadre les praticiens. En ce qui touche l'information, les clients se la procurent habituellement par l'intermédiaire des magasins d'aliments naturels, le bouche à oreille, la lecture de livres et de magazines, ainsi que sur Internet. L'infirmière doit encourager les clients à demander l'avis d'un professionnel avant de prendre la décision de recourir aux ACPS.

Il y a actuellement au Canada un manque de réglementation relativement aux thérapeutes des ACPS. Par exemple, la réglementation entourant les massothérapeutes, les naturopathes et les acupuncteurs, ainsi que les services offerts varient d'une province à l'autre. Il en résulte qu'en plus de devoir faire face à la difficulté d'obtenir de l'information exacte, les clients peuvent se retrouver dans l'impossibilité d'évaluer la compétence de leurs praticiens. L'infirmière peut être une ressource fiable pour conseiller les clients sur l'utilisation sécuritaire des thérapies et sur le choix de praticiens en soins de santé.

Intégration des approches à la pratique

La profession infirmière a une longue tradition de prestation de soins considérés comme complémentaires et parallèles, notamment : le massage, la relaxation, la musicothérapie, l'humour, le soutien spirituel, ainsi que d'autres stratégies utiles pour favoriser le confort, réduire le stress, améliorer l'adaptation et aider à soulager les symptômes. Plusieurs de ces thérapies sont approuvées par l'OIIQ (OIIQ, 1993). Cependant, l'OIIQ rappelle que certaines de ces thérapies exigent des études ou de la formation supplémentaires, ou encore de la supervision. L'infirmière a la responsabilité de s'informer auprès de l'OIIQ des compétences nécessaires à l'utilisation d'une thérapie particulière et d'aller chercher la formation ainsi que l'expérience additionnelles pour les acquérir. De plus, l'établissement ou le lieu de travail doivent avoir mis en place des politiques qui encadrent le recours à ces thérapies.

L'infirmière est responsable de s'assurer d'avoir le consentement du client avant d'employer une thérapie déterminée. Le client doit être au courant des bienfaits attendus et des risques potentiels de la thérapie. Il est donc important que l'infirmière soit en mesure de décrire l'efficacité de l'intervention et d'évaluer les résultats des thérapies entreprises par le client.

RAPPELEZ-VOUS...

En vertu du Code des professions, le principal mandat de l'OIIQ est d'assurer la protection du public.

■ ■ ■ À **retenir**

- La hausse des maladies chroniques et des problèmes liés au stress est un facteur qui a conduit les consommateurs à s'intéresser davantage aux thérapies complémentaires et parallèles.

- Les thérapies complémentaires sont des thérapies employées en combinaison avec la médecine classique, alors que les thérapies parallèles sont des thérapies employées à la place de la médecine classique.

- Les thérapies intégratives combinent les traitements de la médecine classique avec des thérapies complémentaires et parallèles qui ont démontré leur innocuité et leur efficacité.

- Les effets secondaires engendrés par l'utilisation de remèdes à base de plantes peuvent être sous-estimés, renforçant ainsi l'impression que ces remèdes sont tout à fait inoffensifs.

- Depuis 2004, Santé Canada s'est doté d'un système d'homologation des produits de santé naturels certifiant que l'innocuité et l'efficacité de ces produits ont été évaluées.

- L'infirmière doit s'informer auprès de l'OIIQ pour déterminer quelles thérapies sont approuvées par l'Ordre.

- Généralement, les clients n'informent pas d'emblée leur professionnel de santé lorsqu'ils utilisent une ACPS. L'infirmière doit donc donc leur poser des questions ouvertes, sans jugement de valeur, pour obtenir cette information importante.

Pour en **savoir** plus

 Références Internet

Organismes et associations

Association canadienne de Reiki
www.reiki.ca

Association canadienne des thérapeutes en médecines douces
www.actmd.org

Association des naturopathes agréés du Québec
www.anaq.ca

Association des naturopathes professionnels du Québec
www.anpq.qc.ca

Association des naturothérapeutes du Québec
www.anpq.qc.ca

Commission des praticiens en médecine douce du Québec
www.cpmdq.com

Conseil des examinateurs en ostéopathie du Québec > Code de déontologie des ostéopathes
www.ceoq.org

Healing Touch International
www.healingtouchinternational.org

National Association for Holistic Aromatherapy
www.naha.org

National Center for Complementary and Alternative Medicine
http://nccam.nih.gov

Ordre des acupuncteurs du Québec
www.ordredesacupuncteurs.qc.ca

Registre des ostéopathes du Québec
www.registre.org

Regroupement des massothérapeutes du Québec
www.anpq.qc.ca

Syndicat professionnel des praticiens en médecine traditionnelle chinoise du Québec
www.mtcq.cpmdq.com

Therapeutic Touch Network of Ontario
www.therapeutictouchontario.org

Organismes gouvernementaux

Agence de la santé publique du Canada > Approches complémentaires et parallèles en santé
www.phac-aspc.gc.ca

Santé Canada > Médicaments et produits de santé > Rapports et publications > Produits de santé naturels
www.hc-sc.gc.ca

Références générales

Everyday Health > Health A-Z > Alternative Health
www.everydayhealth.com

PasseportSanté.net > Approches complémentaires
www.passeportsante.net

 Monographies

Bonnet, C., et al. (2009). *Médecines naturelles et écologiques : mésothérapie, acupuncture, homéopathie.* **Paris : Eyrolles.**

De Coudenhove, F. (2010). *Médecines naturelles : guide et conseils pratiques.* **Lyon : S. Bachès.**

Eliopoulos, C. (2010). *Invitation to holistic health : a guide to living a balanced life.* **Sudbury, Mass. : Jones and Bartlett.**

Magny, J-C., et al. (2009). *Pour une approche intégrée en santé : vers un nouveau paradigme.* **Québec, Qc : Presses de l'Université du Québec.**

Rafal, S. (2008). *Le Grand Guide des médecines douces.* **Paris : Marabout.**

CHAPITRE

8

Écrit par :
Sharon L. Lewis, RN, PhD, FAAN
Cory Shaw Retherford, M.O.M, L.Ac.

Adapté par :
Johanne Hébert, inf., M. Sc.
Lise Fillion, inf., Ph. D.

Stress et gestion du stress

Objectifs

Après avoir lu ce chapitre, vous devriez être en mesure :

- de différencier les termes stresseur et stress ;

- d'expliquer l'importance de l'adaptation dans la gestion du stress ;

- de décrire le rôle joué par les systèmes nerveux et endocrinien dans le processus de stress ;

- de décrire les effets du stress sur le système immunitaire et la santé ;

- de procéder à l'évaluation du stress vécu par une personne ;

- de recommander des interventions appropriées pour la gestion du stress ;

- de décrire les stratégies d'adaptation et de relaxation que peuvent utiliser une infirmière ou une personne en situation de stress.

Cette carte conceptuelle illustre schématiquement les principaux concepts décrits dans le présent chapitre. Sa lecture vous permettra d'avoir une vue d'ensemble des notions qui y sont présentées.

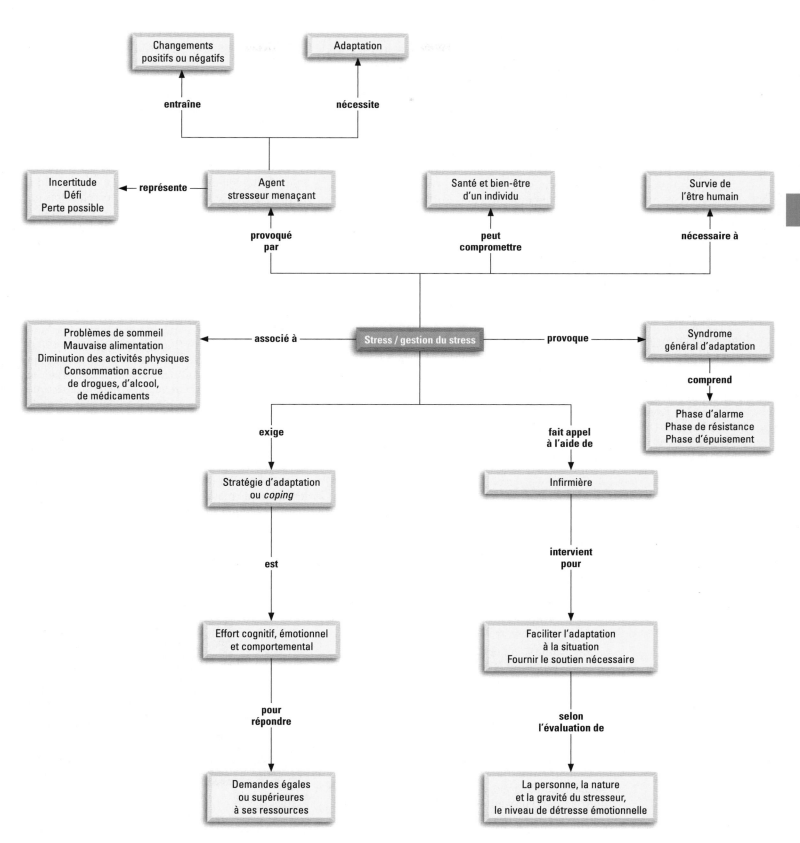

8.1 | La réponse de stress

Le stress est un phénomène universel. Tout comme la douleur, le stress fait partie des outils nécessaires à la survie de l'être humain. Toutefois, dans certaines circonstances, le stress peut compromettre la santé et le bien-être d'une personne. Le stress est d'ailleurs lié aux principales causes de décès, notamment aux maladies cardiovasculaires, aux accidents et au suicide (Cohen, Janicki-Deverts, & Miller, 2007). Le quart des Canadiens rapporte un fort degré de stress (Fondation des maladies du cœur, 2010); cela demeure un constat inquiétant. Il est donc important de comprendre comment le stress peut affecter la personne dans son ensemble et comment il est possible d'en atténuer les effets qui lui sont associés.

Jugement clinique

Sandrine et Sabrina sont âgées de 21 ans. Elles terminent leurs études menant à l'examen d'admission à l'exercice de la profession infirmière. Sandrine a toujours eu d'excellentes notes; étant exigeante envers elle-même, elle étudiait beaucoup. Ayant consacré ses dernières vacances à étudier, elle appréhende son arrivée sur le marché du travail, car elle n'a pu acquérir d'expérience de travail dans son domaine d'études. Pour sa part, Sabrina a dû redoubler d'efforts pour mener à bien ses études et elle a même été obligée de reprendre un cours à la suite d'un échec. Par contre, elle travaille déjà comme candidate à l'exercice de la profession (CEPI) et apprécie beaucoup cette expérience.

Selon vous, quels semblent être les stresseurs pour les deux jeunes femmes ?

Notre compréhension actuelle du stress remonte aux travaux de Hans Selye, chercheur à l'Université McGill de Montréal. Selye (1976) conceptualise le stress sous la perspective physiologique comme étant une réaction biologique non spécifique de l'organisme, c'est-à-dire identique pour chaque personne, en réponse directe à un stresseur ou à une demande de l'environnement qui comporte en soi un caractère de menace ou de danger. Dans une perspective physiologique, le stress est donc présenté comme une réaction à une menace (Selye, 1983). Cette réponse correspond à une mobilisation de l'organisme pour faire face au stresseur ou à l'événement externe qui menace la personne et perturbe son état d'**homéostasie**. En ce sens, le stress correspond à un déséquilibre temporaire des fonctions physiologiques dans le but de se préparer à agir pour éliminer le stresseur. Il s'agit ainsi d'une réponse utile permettant à l'être humain de se mobiliser pour faire face à un danger.

Par ailleurs, la perspective sociologique proposée par Holmes et Rahe (1967) définit le stress en tant que demande de l'environnement ou source de pression (*stress stimulus*). Le stress est conceptualisé et évalué selon la présence et le nombre de stresseurs dont l'accumulation est susceptible d'accroître la prédisposition de la personne à la maladie (Holmes & Rahe, 1967).

Combinant à la fois les perspectives physiologique et sociologique, la perspective psychologique, pour sa part, présente un modèle transactionnel intégrateur (Lazarus & Folkman, 1984) et propose de définir le stress comme étant une résultante de l'interaction entre la demande de l'environnement et les caractéristiques de la personne qui fait face à cette demande.

Dans ce modèle, la réponse de stress correspond à la fois à une réponse biologique et à un état émotionnel, et la source de stress prend l'appellation de stresseur.

8.2 | Processus d'adaptation à un stresseur

8.2.1 Définition du stress

Selon le modèle intégrateur, le stress correspond à un processus d'adaptation qui comporte à la fois un stresseur et une réponse de stress correspondant à un ensemble de réactions physiologiques et émotionnelles. La présence d'un stresseur ne déclenche pas automatiquement une réponse de stress. Une réponse de stress s'observe si le stresseur est évalué comme étant menaçant. Cette évaluation peut être influencée par des variables personnelles telles que les valeurs, les buts et les croyances de la personne. Ce qui est considéré comme stressant varie d'une personne à une autre (Lazarus & Folkman, 1984) **FIGURE 8.1**. Ce qui peut causer du stress sur le plan émotionnel ou psychologique pour une personne peut ne pas être vécu comme une situation stressante pour une autre. Les gens présentent donc une grande variabilité de réactions pour un même stresseur.

Selon Lazarus et Folkman (1984), la différence observée dans la réponse de stress apparaît associée à la différence de la perception de menace, de perte ou de défi (évaluation primaire) ainsi qu'au sentiment de maîtrise par rapport au stresseur (évaluation secondaire). Par exemple, une femme ayant subi une hystérectomie peut devenir dépressive après la chirurgie et refuser de faire son hygiène personnelle parce que l'ablation de l'utérus représente pour elle la perte de sa féminité. Une autre

FIGURE 8.1

Chaque personne réagit différemment face à des événements stressants.

Homéostasie: État d'équilibre du milieu interne de l'organisme, naturellement maintenu par des réactions adaptatives assurant une bonne santé.

se sentira libérée des saignements et des inconforts qui étaient son lot avant la chirurgie.

Une personne peut être soulagée d'avoir un diagnostic de diabète de type 2 alors qu'elle souffre depuis des semaines de symptômes qu'elle associait à la possibilité d'un cancer. Bien qu'un tel diagnostic soit habituellement vécu comme un événement de vie stressant, il est vécu dans ce contexte comme rassurant.

8.2.2 Stresseurs

De nombreux événements, facteurs ou stimuli peuvent être qualifiés de stresseurs **ENCADRÉ 8.1**. Les stresseurs correspondent à des événements de vie qui entraînent des changements positifs ou négatifs, et qui nécessitent une adaptation. Ils peuvent être majeurs ou chroniques, passés ou anticipés, et ils ont le potentiel de conduire à la détresse émotionnelle. Tous ont comme caractéristique principale d'exiger un effort d'adaptation de la part de la personne touchée. La nature du stresseur (type de menace), sa durée (aiguë ou chronique), sa prédictibilité, son ambiguïté (incertitude) et son intensité (légère, modérée ou grave) constituent des facteurs qui peuvent influencer la réaction de stress.

Un stresseur majeur correspond à une demande de l'environnement qui entraîne plusieurs changements pour la personne (décès d'une personne proche, divorce, perte d'un emploi). Les stresseurs chroniques, par ailleurs, ne correspondent pas nécessairement à des changements, mais sont associés à une pression constante sur la personne. Un stresseur chronique correspond en quelque sorte à un problème qui perdure dans le temps. Par exemple, le fait de prodiguer des soins quotidiens à un proche malade est associé à une pression continue et peut devenir un stresseur chronique (Herbert & Cohen, 1996).

8.2.3 Facteurs qui influencent la réaction au stress

Les gens réagissent différemment en présence de stresseurs. Certains réagissent difficilement et d'autres, bien qu'ils doivent faire face à de graves événements, ne succombent pas aux effets nocifs du stress.

Les facteurs qui influencent la réaction au stress chez une personne comportent des éléments internes et externes **ENCADRÉ 8.2**. En cherchant à comprendre pourquoi les gens réagissent différemment à un même stresseur, les chercheurs ont déterminé certains facteurs internes, comme des caractéristiques personnelles telles que la hardiesse, l'optimisme et l'estime de soi, qui permettent d'atténuer les effets du stress. Les ressources d'une personne influencent ainsi la façon dont le stresseur est perçu de même que la réaction

conséquente. Par exemple, les gens qui présentent une attitude positive prêteront attention aux facteurs facilitant la transaction avec le stresseur, se sentiront plus confiants pour faire face à la situation et composeront plus efficacement avec la demande en mobilisant les ressources disponibles perçues. En revanche, les personnes présentant une attitude négative porteront davantage leur attention sur les facteurs contraignants de l'environnement, pouvant ainsi contribuer à augmenter leur interprétation d'une menace et à mobiliser des stratégies passives d'évitement ou de retrait, souvent moins efficaces pour composer avec la demande. Il semble donc peu étonnant que certains décrivent l'optimisme comme un facteur pouvant réduire le risque de contracter

ENCADRÉ 8.1	Exemples de stresseurs
Physiologiques	**Émotionnels / psychologiques**
• Brûlure	• Diagnostic de cancer
• Douleur chronique	• Problèmes conjugaux
• Hypothermie	• Échec à un examen
• Maladie infectieuse	• Problèmes financiers
• Bruit excessif	• Deuil d'un proche
• Jeûne, famine	• Prise en charge d'un enfant handicapé
• Course d'endurance (marathon)	• Réussite ou échec à une épreuve d'athlétisme
• Naissance d'un enfant	• Gain à la loterie

ENCADRÉ 8.2	Facteurs influençant la réaction individuelle au stress
Internes	**Externes**
• Âge	• Influences culturelles et ethniques
• État de santé général	• Ressources financières et sociales
• Traits de personnalité (optimisme, estime de soi, hardiesse)	• Soutien social (émotionnel et instrumental)
• Profil de réponse biologique au stress	• Influences religieuses / spirituelles
• Bagage génétique	• Accessibilité aux services de santé
• Expériences antérieures	• Caractéristiques du stresseur (prédictibilité, contrôlabilité, ambiguïté [incertitude], sévérité)
• Éducation	• Effet cumulatif des stresseurs
• Sentiment de contrôle par rapport à la situation	
• Résilience	
• Attitude	
• Qualité du sommeil	

Jugement clinique

Madame Noémie Gravel est âgée de 32 ans. Elle est en phase terminale d'un cancer du cerveau. Malgré de fortes doses d'analgésiques narcotiques, elle éprouve des céphalées presque constamment. Pourtant, elle demeure souriante et accueille ses visiteurs avec gentillesse. Très croyante, elle espère que l'autre vie sera meilleure.

Quels facteurs internes (2) et externe (1) influencent, selon vous, la réaction de madame Gravel au stress?

RAPPELEZ-VOUS...

Une approche holistique tient compte de la globalité de la personne et non de ses caractéristiques étudiées séparément.

une maladie liée à une réaction prolongée de stress. Dans une certaine mesure, une attitude positive pourrait même prévenir la maladie et contribuer à prolonger la vie (Pedrelli, Feldman, Vorono, Fava, & Petersen, 2008). À l'inverse, les gens ayant une attitude négative ont davantage tendance à nier les problèmes, à ignorer l'événement stressant et à se concentrer sur des émotions négatives, ce qui permet au stresseur de nuire à la qualité de vie et d'avoir le potentiel de générer une détresse émotionnelle (Burris, Brechting, Salsman, & Carlson, 2009; Kubzansky, Sparrow, Vokonas, & Kawachi, 2001).

De plus, des facteurs externes s'ajoutent aux caractéristiques personnelles en ce qui a trait à la capacité de composer avec le stresseur ou la réaction de stress. Le fait de bénéficier de soutien social (famille, amis, travail) influence la capacité d'une personne à faire face à une situation stressante (Burris *et al.*, 2009; Luo & Wang, 2009; Ozbay, Fitterling, Charney, & Southwick, 2008).

La diversité de ces ressources internes et externes démontre l'importance de l'utilisation d'une approche holistique dans l'évaluation du stress que peut vivre une personne faisant face à une situation stressante.

8.2.4 Réaction physiologique au stress

Syndrome général d'adaptation

Selon Selye (1976), le stress correspond à une réaction physiologique en présence d'une menace et se mesure par l'intensité de la réponse biologique. Cet état de mobilisation de l'organisme devant un danger correspond à un état d'alerte, à un déséquilibre temporaire des fonctions physiologiques dans le but de se préparer à agir pour éliminer le stresseur (lutte) ou s'en protéger (fuite). Il devient possible d'évaluer le stress en quantifiant les modifications physiologiques notées pendant l'exposition à un stresseur. Il s'agit d'un enchaînement de réponses physiologiques aux stresseurs, une sorte de réaction d'alarme de l'organisme dans le but de se mobiliser pour affronter le stresseur. Selye a désigné l'ensemble de ces réactions physiques liées au stress sous le nom de **syndrome général d'adaptation (SGA)** qu'il a divisé en trois phases : alarme (réponse directe et indirecte), résistance (maintien dans le temps) et épuisement (Selye, 1983)[a].

La première phase, la phase d'alarme, se caractérise par la mobilisation des défenses de l'organisme. L'activation du système nerveux autonome (réponse directe) est d'une durée limitée. Pour maintenir la réaction de vigilance, la réponse indirecte du stress déclenche la libération d'importantes quantités d'hormones (réponse indirecte) afin de prolonger l'activation initiale. Ces changements préparent la personne de façon consciente ou inconsciente à lutter contre le stresseur. Par conséquent, c'est à cette phase que la personne est le plus apte à y réagir.

La deuxième phase du SGA, la phase de résistance, se caractérise par l'adaptation de l'organisme au stresseur. L'organisme tente de restreindre l'intensité de la réponse d'activation physiologique au stresseur, de résister à son agression et de mobiliser ses forces pour diminuer les dommages causés à la personne. La capacité de résistance (maintien dans le temps) varie selon les personnes en fonction des capacités physiques, des habiletés (stratégies) d'adaptation ainsi que du nombre et de l'intensité des stresseurs. Pendant cette phase, certains signes et symptômes se manifestent, et la personne déploie beaucoup d'énergie pour tenter de s'adapter. Ces efforts d'adaptation sont liés aux ressources des individus. Si les ressources sont adéquates, la personne s'adaptera avec succès au stresseur. À l'inverse, si les ressources ne permettent pas l'adaptation au stress, la personne passera à la phase d'épuisement du SGA.

La troisième et dernière phase du SGA, la phase d'épuisement, intervient lorsque toute l'énergie pour s'adapter est épuisée. L'organisme est alors incapable de maintenir les stratégies d'adaptation mises en œuvre à la phase de résistance, et tous les moyens utilisés pour s'adapter ont été épuisés **FIGURE 8.2**. Au cours de cette dernière phase, la

FIGURE 8.2

Ce couple a atteint la phase d'épuisement après avoir vécu de multiples événements stressants.

---
[a] Pour un organigramme du syndrome général d'adaptation, voir la figure 21.1 dans *Soins infirmiers: fondements généraux* (Potter & Perry, 2010).

personne est malade, et la maladie peut évoluer vers la mort si aucune ressource extérieure n'est disponible. L'issue de cette phase dépend des ressources personnelles d'adaptation que la personne possède, de la nature et de l'intensité du stresseur ainsi que des ressources adaptatives externes (p. ex., la médication).

Les travaux de Selye proposaient un mode de réponse d'activation non spécifique relativement au danger, peu importe la personne ou la nature du stresseur. Les recherches subséquentes ont cependant permis de mettre en lumière le fait que la réponse biologique de stress peut varier selon le type de stresseur et selon certaines caractéristiques de la personne (Anisman & Merali, 1999 ; Cohen & Hamrick, 2003). L'évolution de ces travaux a donc remis en question la caractéristique de non-spécificité de la réaction biologique. Ces recherches permettent de nuancer les modes de réponses physiologiques associées à l'exposition à un stresseur (Cohen & Hamrick, 2003). Les trois phases du SGA proposées initialement par Selye demeurent, mais les profils de réponses peuvent varier. Par exemple, en face d'un type de stresseur qui peut être contrôlé, la réponse de stress provoque souvent l'activation du système sympathique, alors qu'une activation du système parasympathique peut s'observer lorsque le stresseur n'est pas contrôlable. La réponse peut également varier selon des caractéristiques individuelles. La non-spécificité de la réaction au stress est donc maintenant exclue.

Rôles des différents systèmes en réaction au stress

La réponse de stress entraîne l'activation des systèmes nerveux, endocrinien et immunitaire. La réponse de stress physiologique chez une personne reflète le lien étroit entre les trois systèmes **FIGURE 8.3**.

Système nerveux

| Cortex cérébral | Le processus d'évaluation cognitive du caractère menaçant du stresseur fait appel au cortex cérébral. Cette évaluation est réalisée à la lumière des expériences du passé et des conséquences futures. Le processus cognitif impliqué permet également la mise en place d'un plan d'action. Le cortex cérébral intervient donc dans la perception du stresseur et dans la mobilisation cognitive conséquente si le stresseur est perçu comme une menace.

| Système limbique | Le système limbique se situe dans le mésencéphale, à la base du système nerveux central. Il constitue un médiateur important en lien avec les émotions et les comportements. La stimulation du système limbique entraîne des émotions, des sentiments et des comportements d'autoprotection qui assurent la survie. Le système

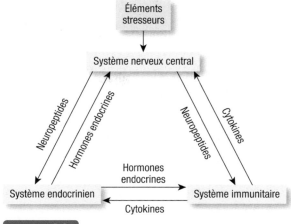

FIGURE 8.3

Liens neurochimiques entre les systèmes nerveux, endocrinien et immunitaire. La communication entre ces trois systèmes est bidirectionnelle.

limbique fait donc partie intégrante de la composante émotionnelle de la réaction de stress.

| Formation réticulée | La formation réticulée se situe entre l'extrémité inférieure du tronc cérébral et le thalamus. Elle comprend le système réticulé activateur (SRA) qui envoie des signaux de vigilance au système limbique et au cortex cérébral. La stimulation du SRA provoque une augmentation de la production de signaux qui contribuent à l'état de veille. Pendant une réaction de stress, la stimulation du SRA contribue à l'augmentation du degré de vigilance et peut occasionner des troubles du sommeil (Thibodeau & Patton, 2010).

| Hypothalamus | L'hypothalamus, situé à la base de l'encéphale, tout juste au-dessus de l'hypophyse, assure de nombreuses fonctions en lien avec la réponse de stress. Le stress active le système limbique qui, à son tour, stimule l'hypothalamus. L'hypothalamus sécrète des neuropeptides qui régulent la libération d'hormones par l'adénohypophyse. Il joue ainsi un rôle essentiel dans les échanges entre les systèmes nerveux et endocrinien dans la réaction au stress **FIGURE 8.4**.

L'hypothalamus exerce son rôle primordial en régulant le fonctionnement des deux éléments du système nerveux autonome : le système nerveux sympathique et le système nerveux parasympathique. Lorsqu'une personne perçoit une situation comme étant stressante, l'hypothalamus envoie des signaux qui déclenchent des réactions nerveuses et endocriniennes en lien avec la présence du stresseur et l'intensité de la menace perçue. Cette action s'effectue par l'envoi de signaux par les fibres nerveuses qui stimulent le système nerveux sympathique (SNS) et par la sécrétion de l'hormone de libération de la corticotrophine (CRH) qui favorise la sécrétion par l'hypophyse de la corticotrophine (ACTH) (Chida & Hamer, 2008).

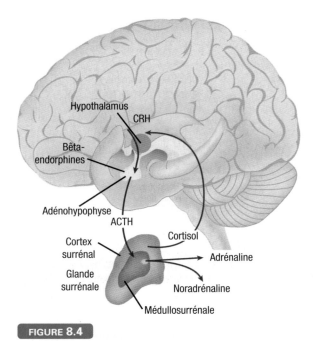

FIGURE 8.4

Axe hypothalamopituitaire-adrénocortical (HPAC)

Système endocrinien

Une fois l'hypothalamus activé, le système endocrinien entre en jeu. Le SNS stimule la médullosurrénale à sécréter de l'adrénaline et de la noradrénaline (catécholamines). L'effet des catécholamines et du SNS, y compris la réaction de la médullosurrénale, est appelé action sympathicoadrénergique. L'adrénaline et la noradrénaline préparent alors l'organisme à une réaction de lutte ou de fuite, qu'on appelle la réaction directe de stress. Cette réaction a pour but de combattre un danger en mobilisant les ressources de l'organisme en vue d'une activité immédiate. Les manifestations de stress fréquemment observables qui caractérisent la réponse directe sont, notamment : l'augmentation de la fréquence et de l'intensité des battements cardiaques, l'accélération de la respiration, la dilatation des voies respiratoires, l'augmentation du taux de glucose sanguin, l'augmentation de la transpiration et la diminution de la vitesse de la digestion **FIGURE 8.5**. L'augmentation du débit cardiaque, du taux de glucose sanguin, de la consommation d'oxygène et de l'augmentation du taux métabolique sont des éléments qui permettent à l'organisme de réagir vivement en présence d'un événement menaçant. Dans le même sens, la dilatation des vaisseaux sanguins des muscles squelettiques accroît l'apport de sang aux grands muscles et permet l'exécution de mouvements rapides, de même qu'une augmentation du débit sanguin cérébral qui accroît la vivacité d'esprit. Le volume sanguin accru (qui résulte de l'augmentation du volume liquidien extracellulaire et de la dérivation de sang provenant du tube digestif) aide à maintenir une circulation adéquate vers les organes vitaux en cas d'hémorragie traumatique.

La réaction indirecte de stress qui permet de soutenir le processus d'activation physiologique est caractérisée par l'activation de l'axe hypothalamopituitaire-adrénocortical (HPAC). En réaction, l'hypothalamus sécrète de la CRH qui pousse l'hypophyse antérieure à sécréter de la pro-opiomélanocortine (POMC). L'ACTH (une hormone) et la bêta-endorphine (un neuropeptide) dérivent toutes deux de la POMC. Les endorphines ont un effet analgésique et atténuent la perception de la douleur dans des situations stressantes comportant des stimuli douloureux. Quant à l'ACTH, elle stimule le cortex surrénal à synthétiser et à sécréter des

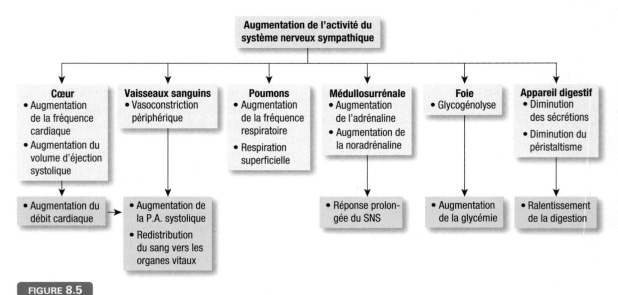

FIGURE 8.5

Réaction de lutte ou de fuite – Réponses à la réaction d'alarme résultant de l'augmentation de l'activité du système nerveux sympathique (SNS).

corticostéroïdes (p. ex., le cortisol) et, dans une moindre mesure, de l'aldostérone.

Les corticostéroïdes sont essentiels dans la prolongation de la réponse de stress. Le cortisol est responsable de plusieurs réactions physiologiques, dont l'augmentation du glucose sanguin, la potentialisation de l'action des catécholamines (adrénaline et noradrénaline) sur les vaisseaux sanguins et la diminution de la réponse inflammatoire. Il permet ainsi de prolonger la réponse de stress lorsque l'exposition au stresseur persiste dans le temps.

Les corticostéroïdes jouent également un rôle de mécanismes de rétroaction permettant entre autres l'arrêt de certaines composantes de la réponse de stress qui pourraient devenir incontrôlables ou nocives pour l'organisme. Les corticostéroïdes peuvent, par exemple, inhiber la sécrétion de cytokines, notamment le facteur de nécrose tumorale et l'interleukine 1 (IL-1). On croit également que la sécrétion continue de tels médiateurs peut provoquer le dysfonctionnement de certains organes dans des conditions particulières, comme dans le cas d'une septicémie. Ainsi, les corticostéroïdes ne contribuent pas uniquement à stimuler la réaction d'adaptation de l'organisme à un stresseur, mais ils servent également à réprimer une réaction exagérée et potentiellement dangereuse pour l'organisme (McCance & Huether, 2006). Par ailleurs, les deux réponses de stress, directe et indirecte, peuvent affecter le système immunitaire (Fillion, Kirouac, Lemyre, & Mandeville, 1994 ; O'Leary, 1990).

Système immunitaire et psychoneuro-immunologie

Le stress a aussi un effet sur le système immunitaire. La psychoneuro-immunologie (PNI) est un domaine de recherche qui s'intéresse aux relations entre les systèmes nerveux, endocrinien et immunitaire (Ziemssen & Kern, 2007). Les études en PNI ont permis de décrire la présence de liens directs entre le cerveau et le système immunitaire (SI) par des voies neuroanatomiques et neuroendocriniennes. On comprend mieux comment les événements stressants peuvent influencer les fonctions immunitaires **FIGURE 8.6**. Les fibres nerveuses provenant du système nerveux font synapse dans les cellules et les tissus (rate et ganglions lymphatiques) du système immunitaire. De leur côté, les cellules du système immunitaire possèdent des récepteurs pour de nombreux neuropeptides et hormones qui leur permettent de réagir aux signaux nerveux et endocriniens. Il en résulte que la régulation du stress par le système nerveux central induit des changements dans l'activité des cellules immunitaires. L'exposition à des stresseurs aigus ou chroniques peut notamment réduire le nombre

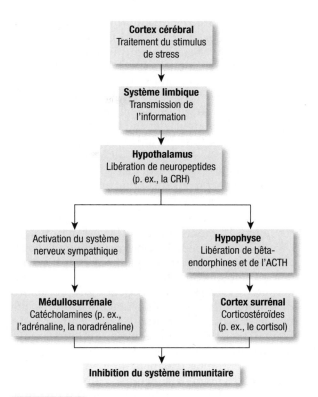

FIGURE 8.6

Le cortex cérébral traite les stimuli stressants et transmet l'information à l'hypothalamus grâce au système limbique. L'hormone de libération de la corticotrophine (CRH) stimule l'hypophyse à sécréter la corticotrophine (ACTH). L'ACTH stimule le cortex surrénal à sécréter des corticostéroïdes. Dans ce processus, le système nerveux sympathique est stimulé et provoque la sécrétion d'adrénaline et de noradrénaline par les médullosurrénales, entraînant ainsi l'inhibition du système immunitaire.

de cellules tueuses naturelles (cellules NK) et perturber leurs fonctions, nuire à la prolifération des lymphocytes, restreindre la production des cytokines (facteurs solubles sécrétés par les globules blancs et d'autres cellules) comme les interférons et les interleukines, ou réduire la phagocytose effectuée par les neutrophiles et les monocytes (Chida & Hamer, 2008). La plupart de ces études démontrent que le stress chronique inhibe ou diminue l'activité du système immunitaire ▶ 14.

La relation entre le système nerveux (SN) et le SI est complexe et bidirectionnelle. Le cerveau communique avec le SI, et ce dernier communique avec le cerveau **FIGURE 8.3**. Par conséquent, non seulement la réponse de stress peut modifier l'activité immunitaire, mais cette dernière peut retourner des messages au cerveau et affecter les comportements de la personne. De nombreux signaux envoyés au cerveau par le système immunitaire sont transmis par des cytokines, principalement les cytokines

14

Les cellules tueuses naturelles, les lymphocytes et les cytokines sont traités dans le chapitre 14, *Génétique, réaction immunitaire et transplantation.*

anti-inflammatoires, lesquelles jouent un rôle essentiel dans la coordination de la réaction immunitaire. Certaines sont également impliquées dans la régulation des comportements. Par exemple, l'interleukine 1 (IL-1), une cytokine produite entre autres par les monocytes, agit sur le centre de régulation de la température situé dans l'hypothalamus, déclenche la réaction fébrile pour lutter contre les agents pathogènes infectieux et est associée à un effet sur le comportement (ralentissement et retrait). La recherche en PNI a permis de découvrir des liens entre le stress, le SI et les comportements.

En plus du lien décrit entre les cytokines et les comportements de retrait, il est maintenant connu que le processus de stress influence négativement, par d'autres mécanismes, plusieurs comportements de santé qui, à leur tour, influenceront le SI. Le stress est associé à des problèmes de sommeil (liés à des tensions musculaires et à une hyperactivité cognitive), à une mauvaise alimentation, à un arrêt ou une diminution marquée des activités physiques ainsi qu'à une consommation accrue de drogues, de médicaments ou d'alcool (Anisman & Merali, 1999 ; Cohen & Rabin, 1998). Il est également reconnu que tous ces comportements peuvent affecter directement le SI (effet immunosuppresseur). Puisque le système immunitaire joue un rôle primordial dans le maintien de la santé, la recherche permet de mieux comprendre comment les facteurs psychosociaux tels que le stress peuvent affecter négativement l'état de santé. Enfin, la mesure de certains paramètres immunitaires peut être utilisée comme indicateurs de stress (Fillion *et al.*, 1994 ; O'Leary, 1990) **FIGURE 8.3**.

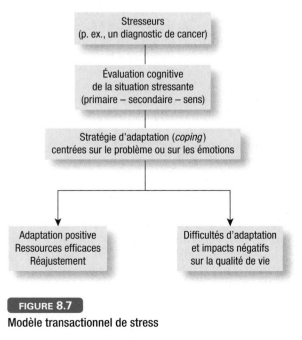

FIGURE 8.7
Modèle transactionnel de stress

8.2.5 Principaux médiateurs de la réponse de stress

Le modèle transactionnel de Lazarus et Folkman (1984), enrichi par les travaux de Folkman (2000), permet d'intégrer les perspectives biologique, sociologique et psychologique du stress. Cette intégration, illustrée à la **FIGURE 8.7**, permet de regrouper les principaux concepts liés au stress.

Évaluation cognitive

Le concept d'évaluation cognitive permet de mieux comprendre la relation entre un stresseur donné et la composante émotionnelle de la réponse de stress. Lazarus et Folkman (1984) définissent deux types d'évaluation cognitive : l'évaluation primaire et l'évaluation secondaire.

Évaluation cognitive primaire

L'évaluation cognitive primaire correspond à une perception de défi, de menace ou de perte. Une situation sera perçue comme stressante si elle comporte un aspect d'incertitude et de défi (risque de gain), si elle s'avère menaçante (danger, risque de perte) ou si elle sous-entend une perte (bien-être, estime de soi, idée chère, etc.). Selon l'intensité et la nature du sentiment de défi, de menace ou de perte, la réponse émotionnelle en sera affectée.

Évaluation cognitive secondaire

L'évaluation cognitive secondaire, quant à elle, évalue les ressources dont dispose la personne pour affronter le stresseur. Elle correspond à la perception de pouvoir faire face à l'événement. En se basant sur ses expériences antérieures, la personne évalue ses capacités à maîtriser, à éliminer ou à composer avec la situation. Moins la personne se sent capable de gérer la situation, plus la réponse de stress est intense. Ainsi, si la personne perçoit le stresseur comme étant à la fois très menaçant (p. ex., l'annonce d'un diagnostic de cancer qui comporte à la fois de l'incertitude et un danger) et difficile à maîtriser (incapacité à contrôler la maladie), la réponse de stress apparaît plus intense que celle ressentie par une personne qui perçoit le stresseur comme un défi (chances de survie élevées) et qui se sent capable d'y faire face.

Évaluation du sens

Les travaux de Park et Folkman (1997) ont permis d'ajouter une troisième dimension au processus de l'évaluation cognitive d'une situation stressante. L'évaluation du sens que la personne donne à l'événement vient compléter ce processus. Selon Folkman, l'évaluation du sens correspond au questionnement souvent inévitable sur le sens à attribuer à ce qui lui arrive : pourquoi cela m'arrive-t-il à ce moment de ma vie ? Il s'agit alors d'attribuer à l'événement une signification afin de le rendre cohérent avec le sens global de la vie que la personne construit. En présence de discordance entre l'évaluation situationnelle du sens donné à l'événement et l'évaluation globale du sens de la vie, la personne pourrait vivre une détresse existentielle ou spirituelle contribuant à la réponse émotionnelle de stress. Par exemple, si la personne attribue l'occurrence de la maladie à une épreuve qui lui permettra de grandir et que cette interprétation est cohérente avec ses croyances personnelles, le sens situationnel demeure cohérent avec le sens global, et la personne ne vit pas de détresse existentielle ou spirituelle. En revanche, si l'interprétation correspond à une punition, incompatible avec la croyance en un Être supérieur et aimable, la personne peut alors vivre une détresse spirituelle contribuant à augmenter la réponse émotionnelle de stress.

Certains stresseurs comme la perte d'un enfant ou une maladie à caractère potentiellement fatal, par exemple le cancer, peuvent entraîner une détresse existentielle ou spirituelle. La personne doit alors trouver un nouveau sens à la situation (réévaluation situationnelle) ou revoir certaines de ses croyances par rapport à la vie (réévaluation globale) afin de pouvoir surmonter la détresse. Il s'agit ici de stratégies d'adaptation cognitives qui permettent de restructurer l'interprétation donnée, de diminuer l'écart entre le sens situationnel et le sens global, et de diminuer ainsi la détresse existentielle ou spirituelle sous-jacente.

L'évaluation cognitive peut être influencée par des variables personnelles et contextuelles. Parmi ces facteurs, les valeurs, les buts et les croyances de la personne définissent la signification qu'elle accorde à chaque événement. La perception de l'événement affectera la relation entre stresseur et réponse de stress. Dans plusieurs cas, la perception est réaliste et permet une réponse de stress adaptée aux caractéristiques du stresseur. Dans certains cas, les personnes peuvent aggraver le danger, sous-évaluer leur capacité de faire face à la menace ou exagérer l'incohérence entre la situation et leurs valeurs personnelles ; ces perceptions peuvent contribuer à augmenter l'intensité de la réponse de stress. À l'opposé, certaines personnes peuvent ne voir aucune menace en présence d'un danger pourtant réel, éliminant ainsi un stress qui pourrait favoriser la modification de comportements pertinents à l'évolution favorable d'un problème de santé.

Selon cette approche, l'activation physiologique n'est pas automatiquement liée à la présence d'un stresseur. L'activation physiologique est plutôt liée à la signification donnée à l'événement. Dans une perspective physiologique, l'accent est mis sur l'importance du caractère menaçant du stresseur. Avec la perspective psychologique, il est précisé que le danger inhérent à la perception de menace peut être réel ou perçu, et que c'est la perception du danger, qu'il soit réel ou non, qui est à la base de la réaction d'activation.

Le processus par lequel un événement est perçu comme un stresseur par l'organisme demeure important à considérer afin de mieux comprendre la présence ou l'absence d'une réaction de stress. Selon le modèle transactionnel proposé par Lazarus et Folkman, la perception ou la signification donnée au stresseur détermine en grande partie comment la personne sera affectée par cet événement. Comme la réaction semble liée autant à la perception qu'à l'événement lui-même, la réaction physiologique peut provenir à la fois d'un danger réel ou perçu.

Stratégies d'adaptation (*coping*)

Les stratégies d'adaptation, ou le *coping,* correspondent à l'effort cognitif, émotionnel et comportemental que fournit la personne pour répondre à des demandes externes ou internes qu'elle évalue comme étant égales ou supérieures à ses ressources (Lazarus & Folkman, 1984). En d'autres mots, la mise en œuvre de stratégies d'adaptation sert à réduire les tensions et à maintenir l'équilibre pour s'adapter à la situation stressante, à aider à la prise de décision, à maintenir l'autonomie, à retrouver un sentiment de contrôle sur la situation avant qu'elle ne devienne une menace et à maintenir un état physiologique, psychologique et social le plus stable possible.

Les stratégies d'adaptation sont donc l'ensemble des actions cognitives, comportementales et émotionnelles qui permettent à une personne de modifier le problème perçu comme stressant ou de gérer la détresse émotionnelle causée par l'évaluation du stresseur. Lazarus et Folkman (1984) distinguent deux catégories de stratégies d'adaptation : celles centrées sur le problème et celles centrées sur les émotions.

On parle de stratégies centrées sur le problème lorsqu'une personne affronte directement le stresseur et vise à trouver des solutions pour résoudre les problèmes à l'origine du stress, par exemple en rassemblant de l'information et en demandant conseil. Le recours aux stratégies centrées sur le problème est surtout observé lorsque la personne a l'impression qu'elle peut faire quelque chose de constructif pour améliorer, diminuer ou éliminer le stresseur, et qu'elle modifie sa situation en posant des actions concrètes en regard du problème rencontré.

L'usage des stratégies centrées sur les émotions permet par ailleurs de s'intéresser à la réaction émotionnelle de stress. La personne met en place des moyens pour diminuer la détresse émotionnelle. Le recours à des stratégies centrées sur les émotions prédomine lorsqu'une personne a l'impression que le stresseur ne peut être modifié et qu'il doit être subi ou toléré (Carver, Scheier, & Kumari Weintraub, 1989). Des actes concrets comme des exercices respiratoires ou des

Vous pouvez consulter des exemples de stratégies d'adaptation dans l'encadré 8.1W au www.cheneliere.ca/lewis.

stratégies cognitives visant à revoir l'évaluation cognitive du stresseur permettent alors d'atténuer le sentiment de détresse. Toutefois, la mise en œuvre de ces stratégies ne permet pas d'éliminer la source de stress. Certaines stratégies permettent de réguler la réponse émotionnelle et facilitent ainsi le processus d'adaptation, notamment la recherche de soutien auprès de ses proches ou la pratique d'exercices de relaxation. La réponse de relaxation correspond à un état de détente physiologique et psychologique profonde. Elle est à l'opposé de la réaction au stress et se caractérise par une diminution de l'activité du SNS qui entraîne une réduction des fréquences cardiaque et respiratoire, de la pression artérielle, de la tension musculaire et de l'activité cérébrale, et qui provoque une élévation de la température cutanée (Benson, 1975).

On peut susciter la réponse de relaxation au moyen de diverses stratégies de relaxation, notamment par la respiration de détente, la méditation, l'imagerie mentale, la relaxation musculaire, la prière et l'activité physique[a]. La pratique régulière de la relaxation constitue un traitement efficace pour une vaste gamme de troubles liés au stress, notamment la douleur chronique, l'insomnie et l'hypertension (Carlson & Bultz, 2008 ; Pottie & Ingram, 2008). Les personnes qui utilisent régulièrement des stratégies de relaxation sont davantage en mesure de composer avec les stresseurs, d'augmenter leur sentiment de contrôle sur les situations stressantes et de réduire leur tension (Fernros, Furhoff, & Wändell, 2008).

Cependant, certaines stratégies centrées sur les émotions seraient moins efficaces pour gérer l'état de stress et pourraient même aggraver la détresse. Par exemple, afin d'éviter de ressentir la détresse émotionnelle, une personne peut se retirer de la situation, recourir à des drogues ou à de l'alcool, nier le problème ou blâmer quelqu'un d'autre pour ce qui lui arrive. Ce type de stratégies ne permet pas d'éliminer le stresseur et ne contribue pas nécessairement à diminuer la détresse. Au contraire, ces stratégies pourraient même nuire au processus d'adaptation en étant directement associées à une détresse accrue (Gélinas & Fillion, 2004). Les stratégies centrées sur l'émotion, comme la recherche de soutien émotionnel ou spirituel, le déni, l'acceptation et la

réinterprétation, peuvent être efficaces ou non pour diminuer la réaction émotionnelle de stress. Carver *et al.* (1989) proposent d'élargir la classification des stratégies d'adaptation en les distinguant selon leur mode actif ou passif .

Stratégies actives et passives

Les stratégies actives visent à éliminer le stresseur ou à améliorer l'état émotionnel de la personne par des actions concrètes ; elles semblent efficaces pour réduire la réponse de stress. Elles peuvent être liées aux stratégies centrées sur le problème et l'action (p. ex., la planification, la résolution de problème, la recherche d'information et de soutien instrumental), à celles centrées sur l'émotion (p. ex., la distraction, la recherche de soutien et la ventilation) ou être de type cognitif, c'est-à-dire qu'elles contribuent à réévaluer de façon plus réaliste le stresseur (restructuration cognitive, acceptation).

Les stratégies passives sont davantage liées aux stratégies d'évitement du stresseur (évitement, désintéressement, désengagement) et peuvent augmenter le sentiment de détresse. Elles varient d'une personne à l'autre et sont souvent déterminées par la signification donnée à l'événement stressant. Par exemple, si la personne est terrorisée par l'événement, elle aura peut-être tendance à supprimer sa réaction émotionnelle, à ne pas voir l'ampleur de la menace et à recourir ainsi à des stratégies passives.

Efficacité des stratégies d'adaptation

L'efficacité des stratégies d'adaptation dépend de plusieurs facteurs, notamment de la nature du stresseur ; du nombre, de la durée et de la sévérité du stresseur ; de l'expérience antérieure en regard de situations stressantes ; des caractéristiques personnelles ; et du réseau de soutien social de la personne.

Les stratégies d'adaptation seront efficaces si elles contribuent à éliminer le stresseur, à mieux gérer la détresse émotionnelle, si elles préservent l'intégrité de la personne et son fonctionnement dans ses rôles personnels et sociaux, et si elles maintiennent la perception d'une qualité de vie et le sentiment d'estime de soi (Miller, 2000).

Le modèle transactionnel a évolué au cours des dernières années. Les travaux de Folkman (2000) ont notamment permis de déterminer que la réponse émotionnelle n'est pas seulement négative ou uniquement empreinte de détresse. La personne stressée peut également ressentir et vivre des émotions positives qui contribueraient à l'adaptation à la situation stressante. Par exemple, au moment de l'accompagnement d'un proche en fin de vie, malgré le chagrin, la personne peut vivre des moments d'amour intenses. Selon Folkman (2000), la cohabitation d'émotions

[a] Pour obtenir plus d'information sur ces techniques, voir le chapitre 26 dans *Soins infirmiers : fondements généraux* (Potter & Perry, 2010).

négatives et positives faciliterait le processus d'adaptation. Dans ses travaux récents, Folkman précise qu'en présence d'incertitude, la peur et l'espoir cohabitent. L'espoir est un puissant mobilisateur de stratégies d'adaptation actives. Malgré le risque de danger et la peur associée, l'espoir d'une résolution favorable semble faciliter le processus d'adaptation.

8.2.6 Effets du stress sur la santé

Le stress permet de mobiliser la personne afin qu'elle se prépare à affronter un stresseur et à s'adapter aux changements associés. Il permet à la personne de réagir et de mettre en place des stratégies pour éliminer le stresseur ou pour augmenter sa résistance au stress lorsque le stresseur ne peut être éliminé.

Lorsqu'un stresseur perdure et ne se résout pas, qu'il est associé à une réponse prolongée de stress et que les stratégies d'adaptation sont insuffisantes, des problèmes de santé physiques ou des difficultés d'adaptation peuvent survenir.

Le stress prolongé et la réaction émotionnelle mal gérée peuvent compromettre la santé (Larzelere & Jones, 2008) **ENCADRÉ 8.3**. Il peut altérer les fonctions cognitives et amener des difficultés de concentration, des problèmes de mémoire, des troubles du sommeil et de la difficulté à prendre des décisions **FIGURE 8.8**. De plus, il peut altérer des comportements de santé. Par exemple, certaines personnes peuvent diminuer leur activité physique, s'isoler et se priver ainsi de soutien social ; d'autres vont changer leurs habitudes alimentaires ou consommer de l'alcool de façon excessive.

Une exposition prolongée aux catécholamines en raison d'une activation excessive du système sympathique peut augmenter le risque de maladies cardiovasculaires telles l'athérosclérose et

ENCADRÉ 8.3 **Exemples de troubles et de maladies comportant un élément de stress**

- Dépression
- Dyspepsie
- Troubles alimentaires
- Dysfonctionnement érectile
- Fatigue
- Fibromyalgie
- Maux de tête

- Hypertension
- Insomnie
- Syndrome du côlon irritable
- Lombalgie
- Irrégularités menstruelles
- Ulcères gastroduodénaux
- Dysfonction sexuelle

---

l'hypertension (Esler *et al.*, 2008 ; Sparrenberger *et al.*, 2009). Le stress peut également précipiter ou aggraver certaines affections comme les migraines, le syndrome du côlon irritable et les ulcères gastroduodénaux (Lehrer, Woolfolk, & Sime, 2007). De plus, le stress nuit au contrôle de certaines affections métaboliques comme le diabète de types 1 et 2. Certaines interventions comportementales axées sur la réduction du stress (élimination du stresseur) et certaines techniques de relaxation (gestion de la réaction émotionnelle) peuvent contribuer à améliorer la prise en charge de ces affections.

Le système nerveux central peut influencer le fonctionnement du système immunitaire. L'immunosuppression causée par le stress peut exacerber certaines maladies immunitaires comme la sclérose en plaques ou l'asthme (Bauer, 2008 ; Schmidt, Sterlemann, & Müller, 2008). Des événements éprouvants de la vie peuvent amener une personne à être plus sensible aux infections et la rendre ainsi davantage susceptible d'attraper un rhume ou une grippe.

Il faut toutefois faire preuve de prudence lorsqu'on associe le stress et le fonctionnement immunitaire. De nombreuses questions demeurent concernant les liens entre le stress et les réactions immunitaires. Par exemple, on ne connaît pas la quantité de stress nécessaire pour compromettre le bon fonctionnement des systèmes ni dans quelle mesure le système immunitaire doit subir des modifications pour amener une diminution de la résistance à la maladie. Il demeure important de ne pas généraliser à outrance en prétendant que le stress peut causer certaines maladies pour lesquelles le dysfonctionnement du système immunitaire ne constitue qu'un des facteurs potentiellement en cause, comme c'est le cas avec le cancer. Plusieurs facteurs contribuent à la genèse du cancer (génétique, environnemental et autre). Le faible lien entre la détresse émotionnelle et l'influence sur le fonctionnement immunitaire ne permet pas d'affirmer qu'une difficulté à gérer le stress puisse être un facteur déterminant du cancer. Des défis actuels importants attendent les chercheurs dans l'étude des changements immunitaires produits par le stress et leur rapport avec la santé et les maladies. Quoique suffisamment d'études supportent l'importance de reconnaître le stress comme un phénomène pouvant diminuer la résistance de l'hôte et rendre l'organisme plus vulnérable à certaines maladies, par exemple les infections ou les maladies cardiovasculaires, l'évaluation et la gestion du stress demeurent nécessaires.

8.3 | Stratégies individuelles d'adaptation

Le modèle de Roy (1991) se centre principalement sur l'adaptation des personnes. Tout comme le modèle intégrateur proposé par Lazarus et Folkman, il permet de prendre en compte le processus d'adaptation individuel à un stresseur donné et suggère plusieurs pistes intéressantes pour faciliter la gestion du stress. La personne possède la capacité de s'ajuster aux changements de son environnement et peut, par le fait même, affecter cet environnement. Roy précise que l'adaptation des personnes est possible grâce aux mécanismes de *coping,* tout comme le modèle de stress. Chacun des concepts proposés par le modèle peut être évalué et constituer ou non une cible d'intervention permettant d'éliminer le stresseur ou d'augmenter la résistance à la réaction biologique et émotionnelle du stress.

Selon le modèle intégrateur, le stress suppose une transaction avec un événement évalué comme étant stressant. La description des stresseurs ainsi que leur signification donnée (évaluations primaire et secondaire) apparaissent comme étant des éléments cruciaux pour la mobilisation subséquente des stratégies actives à mettre en place pour résoudre la situation ou pour augmenter la résistance à la réponse de stress.

Description du stresseur

L'évaluation de la présence de stresseurs constitue souvent la première étape de gestion du stress. Quels sont les stresseurs auxquels la personne doit faire face ? En présence de plusieurs stresseurs, une attention peut être portée à l'événement évalué comme étant le plus préoccupant pour la personne.

Lorsqu'un stresseur est ainsi délimité, il devient rapidement utile de documenter certaines caractéristiques associées à ce stresseur, notamment si cet événement est contrôlable, s'il comporte de l'inconnu et s'il est prévisible ou non pour la personne. Par exemple, l'hospitalisation peut être reconnue comme l'événement stressant le plus préoccupant. Les chercheurs du Centre d'études sur le stress humain (CESH) ont déterminé quatre caractéristiques d'un événement stressant qui déclenchent une sécrétion de l'hormone de stress. Ils ont composé l'acronyme C.I.N.E. comme moyen mnémotechnique. Le C représente le contrôle ; par exemple, la personne apprend qu'elle est atteinte d'une maladie dégénérative pour laquelle aucun traitement n'existe. Le I signifie l'imprévisibilité ou l'inconnu ; par exemple, il peut être impossible de prévoir l'évolution de certaines maladies ou le retour au domicile. Quant au N, il représente la nouveauté ; par exemple, la personne n'a jamais entendu parler de la maladie qui l'affecte, n'a jamais été hospitalisée ou été malade. Le E, enfin, symbolise l'ego menacé ; par exemple, la personne se fait demander si son style de vie peut avoir contribué à sa maladie, ou encore les professionnels de la santé peuvent adopter des comportements infantilisants à son égard. Le simple fait d'anticiper ces occasions peut provoquer la sécrétion de l'hormone de stress. En découvrant la principale source de stress, il est possible d'y faire face. Cela peut être un outil au moment de l'évaluation par le professionnel de la santé, en l'occurrence l'infirmière (Centre d'études sur le stress humain [CESH], 2010).

En plus de documenter les caractéristiques du stresseur, il devient rapidement utile de préciser comment il est perçu par la personne.

Évaluation cognitive

L'évaluation cognitive du stresseur correspond entre autres aux trois dimensions nommées préalablement (évaluation primaire, évaluation secondaire et évaluation du sens). Dans bien des cas, l'évaluation de l'événement peut être distorsionnée. Par exemple, la personne peut accroître la perception de menace en anticipant la mort au moment d'un diagnostic de cancer pourtant localisé et pour lequel il existe un excellent pronostic. De plus, elle peut minimiser son sentiment de contrôle. Elle n'a évidemment aucune emprise sur la maladie comme telle, mais elle peut collaborer activement aux traitements et mettre en place des comportements de santé. Elle peut ainsi réévaluer de façon plus réaliste le stresseur à surmonter (restructuration cognitive).

Réponse de stress

Lorsque l'évaluation est réaliste, que l'événement comporte une menace qui ne peut être éliminée, la réaction de stress demeure inévitable. La personne peut alors mettre en place des stratégies visant directement à moduler l'intensité de la réaction biologique et émotionnelle. Sur le plan biologique, le recours à des techniques de relaxation (p. ex., la relaxation musculaire progressive, l'imagerie, le yoga) et de respiration devient très utile. La diminution de l'activation physiologique contribue directement à une diminution de la réaction émotionnelle. Des stratégies actives peuvent également être mobilisées afin d'améliorer la présence d'émotions positives. Visionner un film humoristique, mobiliser son réseau de soutien, planifier des activités agréables et faire de l'exercice physique constituent des exemples de stratégies actives permettant de réguler la réaction émotionnelle **FIGURE 8.9**.

FIGURE 8.9

L'exercice physique, comme le vélo, est un exemple de stratégie active qui permet de réguler la réaction émotionnelle.

Soins et traitements infirmiers

CLIENT SOUFFRANT DE STRESS

Le modèle transactionnel de stress illustré à la **FIGURE 8.7** propose des balises utiles permettant de structurer la collecte des données. Il permet aussi à l'infirmière d'évaluer la présence ou l'absence de stresseurs et de prendre en compte plusieurs autres concepts tels que l'évaluation cognitive et les stratégies d'adaptation afin de guider ses interventions.

Collecte des données

L'infirmière occupe une position privilégiée dans l'évaluation initiale du stress que vivent la personne et sa famille afin de les aider à reconnaître les événements stressants et de leur permettre de mettre en place des stratégies d'adaptation susceptibles de les aider à faire face à cette situation. Tout au long de sa démarche de soins, l'infirmière collecte de l'information qui l'aidera à préciser les besoins spécifiques du client. Ces données sont à la fois objectives, donc mesurables, et subjectives, c'est-à-dire rapportées par la personne. À l'aide de questions ouvertes, l'infirmière peut guider sa collecte des données selon le modèle de stress vu précédemment ◉. Au moment de l'évaluation initiale, elle peut également utiliser des outils comme le thermomètre de détresse pour évaluer le niveau de détresse émotionnelle vécu par le client et ses proches. L'infirmière doit reconnaître le stresseur le plus préoccupant pour le client et déterminer en quoi il est menaçant pour lui.

En premier lieu, l'infirmière peut questionner le client sur la nature et l'étendue des stresseurs. Par la suite, pour accéder à l'évaluation cognitive, il devient souvent utile de sélectionner un stresseur précis — celui qui semble le plus préoccupant pour le client —, notamment la santé physique, les responsabilités liées au travail, les finances ou les enfants. Cette information est précieuse; elle permet à l'infirmière de connaître le point de vue du client par rapport à ce qu'il vit.

L'infirmière peut alors procéder à une collecte des données sur le contenu de l'évaluation cognitive primaire et secondaire pour ce stresseur en particulier. Il y a autant de significations possibles en lien avec un problème donné qu'il y a de personnes exposées à cette situation. Par exemple, ce que le cancer signifie pour une personne peut être très différent de la signification donnée à cette même maladie pour une autre personne affectée.

Puis l'infirmière peut diriger son attention sur les stratégies d'adaptation et la réponse émotionnelle en étant attentive aux émotions positives et négatives. L'ordre de questionnement est peu important pour l'exploration de ces concepts, mais il faut garder à l'esprit le fait que l'évaluation cognitive doit s'effectuer sur un seul stresseur, le plus préoccupant étant suggéré.

La présence ou l'absence de soutien social est un autre élément à prendre en compte dans l'évaluation de l'infirmière en regard du processus de stress. L'infirmière peut évaluer la présence de proches aidants ainsi que la disponibilité de ressources personnelles et environnementales. Par exemple, elle peut questionner le client sur la disponibilité du soutien pour éliminer le stresseur. Le soutien peut améliorer la perception des enjeux visés, encourager les comportements actifs, améliorer l'humeur et faciliter la détente ou la relaxation. Tous ces comportements peuvent contribuer à diminuer l'intensité de la réponse de stress.

En procédant à l'évaluation des stresseurs, l'infirmière peut également s'informer du soutien moins aidant. Le soutien social peut parfois nuire à l'adaptation de la personne à la situation stressante. Par exemple, certains proches aidants peuvent suggérer des solutions ne convenant pas à la personne. De plus, la capacité d'aide de certains proches peut être compromise par leur propre détresse par rapport à la maladie. Comme les manifestations du stress varient d'une personne à l'autre, l'infirmière doit évaluer les différents signes et symptômes qui témoignent de la présence de stress chez le client, notamment l'augmentation de la fréquence cardiaque et de la pression artérielle, l'hyperventilation, la diaphorèse, les céphalées, les douleurs musculosquelettiques, les malaises gastro-intestinaux, la perte d'appétit, les problèmes cutanés, l'insomnie et la fatigue **ENCADRÉ 8.3**.

Les manifestations comportementales comprennent notamment l'incapacité à se concentrer, une prédisposition accrue aux accidents et des difficultés d'élocution. D'autres manifestations comportementales sont observables au travail, entre autres l'absentéisme ou l'arrivée tardive, une baisse de productivité et de l'insatisfaction par rapport à l'emploi. Sur le plan cognitif, la personne peut être incapable de prendre des décisions ou elle peut présenter des problèmes de concentration et de mémoire. Sur le

Des exemples de questions pour l'évaluation selon le modèle transactionnel du stress sont présentées dans l'encadré 8.2W, au www.cheneliere.ca/lewis.

plan émotionnel, elle peut manifester de l'anxiété, de la tristesse, des pleurs, de la colère, de la frustration ou de l'irritabilité.

L'évaluation adéquate des stresseurs, des sentiments qu'ils provoquent et le risque de détresse émotionnelle associée à l'événement stressant sont des éléments clés qui aideront l'infirmière à déterminer les sources réelles et potentielles de stress ainsi que leurs conséquences dans la vie quotidienne du client et des proches qui vivent ces situations (Turan, Basbakkal, & Ozbek, 2008).

Analyse et interprétation des données

Une fois les données recueillies, l'infirmière analyse et interprète les informations qu'elle détient pour concevoir le plan de soins et de traitements infirmiers (PSTI) adapté aux besoins du client. En ce qui a trait aux stresseurs, elle doit évaluer la signification donnée aux événements stressants, les stratégies d'adaptation actives et passives utilisées par le client pour faire face à la situation ainsi que le soutien et les ressources dont il dispose. Par la suite, l'infirmière planifie les soins et établit les priorités.

Interventions cliniques

Le rôle de l'infirmière consiste à aider le client à s'adapter à sa situation et à lui fournir le soutien nécessaire. Ses interventions varient selon la personne, la nature et la gravité du stresseur, de même que selon le niveau de détresse émotionnelle associée. L'évaluation minutieuse de la situation est donc primordiale. Par

exemple, un client souffrant de nombreux traumatismes et devant consacrer toutes ses énergies à sa survie physique est moins susceptible de s'adapter ou de récupérer s'il doit faire face à de nouveaux éléments stressants comme un changement de chambre ou tout autre changement environnemental. Les interventions de l'infirmière doivent s'orienter vers le maintien des fonctions vitales et limiter l'ajout de nouveaux stresseurs. Pour aider efficacement le client à s'adapter à sa situation, l'infirmière doit établir un lien de confiance et offrir une présence rassurante.

Parmi les interventions à privilégier en gestion de stress, l'enseignement, le renforcement des stratégies actives de *coping* (exercice, respiration, massage, yoga, relaxation, méditation, etc.) et l'évaluation continue du niveau de détresse associée aux stresseurs pourront assurer un soutien adéquat. Par exemple, penser à quelque chose de positif, de plaisant et d'apaisant (une image, un événement, un moment) est une stratégie simple qui peut déjouer le système de réponse au stress et diminuer la réaction de stress. Une autre stratégie consiste à mobiliser l'énergie créée par le stresseur et à relâcher cette énergie en marchant d'un bon pas, en prenant l'escalier, en respirant profondément ou tout simplement en bougeant davantage (CESH, 2010).

Toutefois, l'infirmière doit savoir reconnaître ses limites comme professionnelle en dirigeant le client vers une autre ressource lorsque l'aide souhaitée nécessite une expertise spécialisée (p. ex., une nutritionniste, des travailleurs sociaux ou d'autres professionnels).

RAPPELEZ-VOUS…

Pour établir une communication thérapeutique avec le client, l'infirmière adopte des attitudes et des habiletés essentielles comme le respect, l'authenticité, l'écoute active et l'empathie, entre autres.

■ ■ ■ À retenir

VERSION REPRODUCTIBLE

www.cheneliere.ca/lewis

- Les stresseurs correspondent à des événements de vie qui entraînent des changements positifs ou négatifs, et qui nécessitent une adaptation.

- Les ressources d'une personne influencent la façon dont le stresseur est perçu de même que la réaction conséquente.

- Le syndrome général d'adaptation comporte une phase d'alarme, une phase de résistance et une autre d'épuisement.

- Les stratégies d'adaptation, ou le *coping*, correspondent à l'effort cognitif, émotionnel et comportemental que fournit la personne pour répondre à des demandes externes ou internes qu'elle évalue comme étant égales ou supérieures à ses ressources.

- La réponse de stress implique l'activation des systèmes nerveux, endocrinien et immunitaire.

- Le stress est associé à des problèmes de sommeil, à une mauvaise alimentation, à un arrêt ou une diminution marquée des activités physiques ainsi qu'à une consommation accrue de drogues, de médicaments ou d'alcool.

- Moins la personne se sent capable de gérer la situation, plus la réponse de stress est intense.

- La mise en œuvre de stratégies d'adaptation sert à réduire les tensions et à maintenir l'équilibre pour s'adapter à la situation stressante.

- La relaxation constitue un traitement efficace pour une vaste gamme de troubles liés au stress, notamment la douleur chronique, l'insomnie et l'hypertension.

- L'infirmière peut diriger son attention sur les stratégies d'adaptation et sur la réponse émotionnelle en étant attentive aux émotions positives et négatives.

- La présence ou l'absence de soutien social est un élément à prendre en compte dans l'évaluation de l'infirmière en regard du processus de stress.

- L'infirmière doit savoir reconnaître ses limites comme professionnelle en dirigeant le client vers une autre ressource lorsque l'aide souhaitée nécessite une expertise spécialisée.

Pour en **savoir** plus

VERSION COMPLÈTE ET DÉTAILLÉE

www.cheneliere.ca/lewis

 Références Internet

Organismes et associations

**American Psychological Association
> Psychology topics > Stress**
www.apa.org

Canadian Institute of Stress
www.stresscanada.org

**Centre d'études sur le stress humain
> Recherche > La recherche > Les
Centres d'études et laboratoires**
www.stresshumain.ca

The American Institute of Stress
www.stress.org

Organismes gouvernementaux

**Agence de la santé publique du Canada
> Rapports et publications > Faire face aux
événements stressants**
www.phac-aspc.gc.ca

**Centre canadien d'hygiène et de sécurité au
travail > Réponses SST > Questions psychosociales > Stress en milieu de travail - général**
www.cchst.ca

Références générales

**Association canadienne pour la santé
mentale > Votre santé mentale > Le stress**
www.cmha.ca

Everyday Health > Search > Stress
www.everydayhealth.com

**Infiressources > Banques et recherche
> Santé > Santé mentale > Stress**
www.infiressources.ca

**Fondation des maladies mentales > Aider une
personne > Les maladies mentales > Le stress
post-traumatique**
www.fondationdesmaladiesmentales.org

**Mental Health Foundation > Information
> Mental Health A/Z > Stress**
www.mentalhealth.org.uk

**PasseportSanté.net > Actualités > Dossiers
> Le stress et l'anxiété**
www.passeportsante.net

 Monographies

Choque, S. (2007). *Soignants: stress, apprendre
à le gérer.* **Paris: Lamarre.**

William, M-B., & Poijula, S. (2006). *Le trouble
de stress post-traumatique: un guide pratique
d'intervention.* **Montréal: Décarie.**

 Articles, rapports et autres

Botti, G., *et al.* **(2009). Prévention du stress,
une expérience en formation infirmière.**
Soins, 736, 24-27.

**Fondation des maladies du cœur & Asso-
ciation canadienne de la santé mentale
(ACSM) (2009).** *Le stress apprivoisé.*
Ottawa, Ont.: ACSM.
www.fmcoeur.qc.ca

Santé Canada (2008). *Gestion du stress.*
Ottawa, Ont.: Santé Canada.
www.hc-sc.gc.ca

 Multimédia

Institut de recherche Douglas (2007).
*Stress, mémoire et vieillissement:
un cours de Sonia Lupien.*
www.douglasrecherche.qc.ca/videos/24

CHAPITRE 9

Écrit par :
Carol Landis, DNSc, RN, FAAN
Margaret Heitkemper
RN, PhD, FAAN

Adapté par :
Dalila Benhaberou-Brun,
inf., M. Sc.

Sommeil et troubles du sommeil

Objectifs

Après avoir lu ce chapitre, vous devriez être en mesure :

- de définir ce qu'est le sommeil ;

- de décrire les mécanismes physiologiques et les stades du sommeil ;

- d'expliquer les liens entre un ensemble de conditions et les troubles du sommeil ;

- de décrire l'étiologie et les manifestations cliniques de l'insomnie, de la narcolepsie et de l'apnée obstructive du sommeil ;

- d'expliquer les interventions infirmières et les processus thérapeutiques en interdisciplinarité qui se rattachent à l'insomnie, à la narcolepsie et à l'apnée obstructive du sommeil ;

- de décrire ce que sont les parasomnies suivantes : somnambulisme, terreurs nocturnes, cauchemars ;

- de choisir les stratégies appropriées pour atténuer les problèmes de sommeil associés au travail par quarts.

■ ■ ■ **Concepts clés**

Cette carte conceptuelle illustre schématiquement les principaux concepts décrits dans le présent chapitre.
Sa lecture vous permettra d'avoir une vue d'ensemble des notions qui y sont présentées.

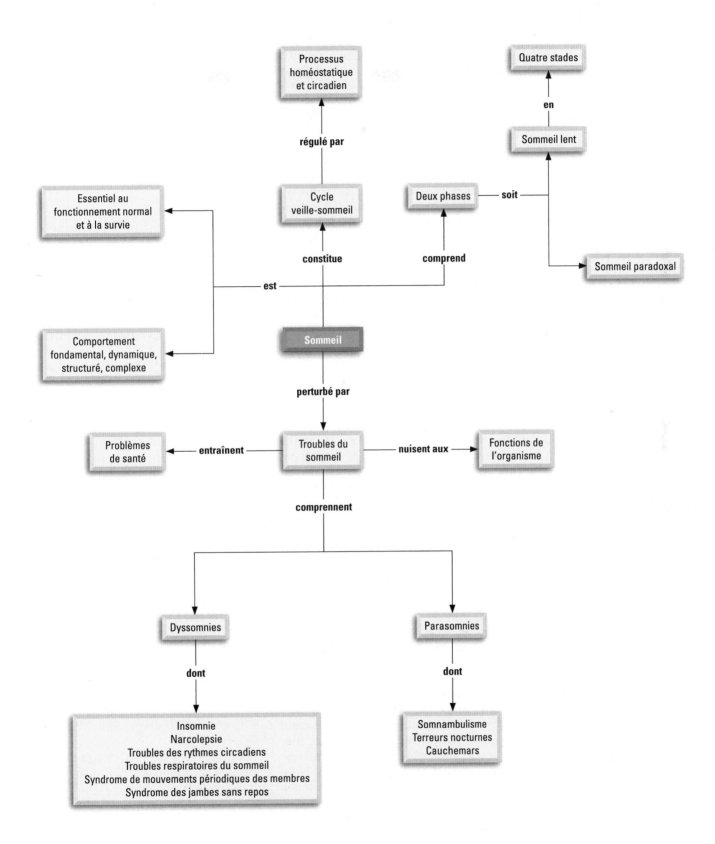

Le sommeil correspond à un état physiologique actif caractérisé par une perte de conscience et par une variété de changements qui se produisent dans les ondes cérébrales (alpha, bêta, thêta, delta), l'activité musculaire (tonus musculaire, atonie), la sécrétion hormonale, les taux métaboliques (p. ex., du cortisol, de la mélatonine, de la thyréostimuline [*thyroid stimulating hormone*, TSH], de la testostérone) et la régulation de la température du corps. Le sommeil se distingue d'autres états d'inconscience où la personne ne peut être réveillée, comme le coma. Le sommeil est un comportement fondamental, dynamique, hautement structuré et complexe, essentiel au fonctionnement normal et à la survie. Au cours d'une période de 70 ans de vie, une personne dormira en moyenne de 20 à 25 ans environ (Buysse, Angst, Gamma, Ajdacic, Eich, & Rössler, 2008). Le sommeil influe à la fois sur le comportement et sur les fonctions physiologiques, notamment la mémoire, l'humeur, les fonctions cognitives, la sécrétion hormonale, le métabolisme du glucose, la fonction immunitaire, la température corporelle et la fonction rénale.

Mécanismes physiologiques du sommeil

Cycle veille-sommeil

La plupart des adultes ont besoin d'au moins 7 heures de sommeil nocturne par période de 24 heures. C'est le système nerveux qui commande les changements cycliques des périodes de veille et de sommeil. Les états de veille et de sommeil ne sont pas régulés par une seule structure neuronale, mais plutôt par l'agencement complexe de plusieurs structures, dont les noyaux principaux du tronc cérébral, l'hypothalamus et le thalamus.

État de veille

L'état de veille, soit celui pendant lequel une personne ne dort pas, est associé à un rythme cérébral actif que l'on peut mesurer grâce à un test précis, l'électroencéphalogramme (EEG). Le système réticulé activateur (SRA), situé au centre du tronc cérébral, est associé à l'activation générale de l'électroencéphalogramme et à l'éveil comportemental. Divers neurotransmetteurs (glutamate, acétylcholine, noradrénaline, dopamine, histamine, sérotonine) jouent un rôle dans l'état de veille. Chez les personnes atteintes de la maladie d'Alzheimer, on observe une perte de neurones cholinergiques dans le cerveau antérieur basal, et ces personnes présentent des troubles du sommeil. La maladie de Parkinson entraîne une dégénérescence des neurones dopaminergiques de la substance noire, et les personnes atteintes

éprouvent une somnolence diurne excessive. Les neurones histaminergiques de l'hypothalamus stimulent l'activation du cortex cérébral et l'état de veille. Les propriétés sédatives de nombreux médicaments offerts en vente libre résultent de l'inhibition de l'un de ces systèmes régissant l'état de veille (spécialement l'acétylcholine et l'histamine).

Les neuropeptides sont d'autres éléments qui influent sur l'état de veille. L'orexine (aussi appelée hypocrétine) est sécrétée par l'hypothalamus latéral. L'orexine stimule l'état de veille par l'activation du système réticulé activateur. Un taux réduit d'orexine ou de ses récepteurs engendre des difficultés à demeurer éveillé et est responsable de la narcolepsie.

État de sommeil

L'état de sommeil, soit celui pendant lequel une personne dort, est régulé par différentes structures neurologiques. Les neurotransmetteurs et les peptides qui induisent le sommeil comprennent la mélatonine, l'adénosine, la somatostatine, l'hormone de libération de l'hormone de croissance, le peptide inducteur de sommeil de type delta, les prostaglandines et les cytokines pro-inflammatoires (interleukine-1, facteur de nécrose tumorale alpha, interleukine-6). Les cytokines pro-inflammatoires jouent un rôle important dans la médiation de la somnolence et de la léthargie associées aux maladies infectieuses. Certains peptides sécrétés par le tube digestif à la suite de l'ingestion d'aliments (comme la cholécystokinine) peuvent induire de la somnolence après les repas (somnolence postprandiale). C'est ce qu'on appelle communément le *post-lunch dip*, un phénomène naturel qui n'est pas forcément lié à la prise de nourriture (Monk, 2005).

La **mélatonine** est une hormone endogène sécrétée dans le cerveau par la glande pinéale à partir d'un acide aminé, le tryptophane. Dans le système nerveux central (SNC), la mélatonine a pour effet de diminuer la latence du sommeil et d'en améliorer l'efficacité (définie comme un rapport entre la durée du sommeil et le temps passé au lit). La sécrétion de la mélatonine est étroitement liée au cycle lumière-obscurité de l'environnement. Dans des conditions normales d'alternance jour-nuit, la sécrétion de mélatonine débute en soirée et augmente durant la nuit, sous l'effet de l'obscurité (Claustrat, Geoffriau, Brun, & Chazot, 1995).

Le cycle veille-sommeil est régulé par deux processus : homéostatique et circadien. Le premier est tributaire de la durée d'éveil : plus une personne reste éveillée longtemps, plus elle aura besoin de dormir. Le processus circadien, lui, se trouve régulé par le rythme des 24 heures de la journée. Les deux processus sont complémentaires (Schwartz & Roth, 2008).

Rythmes circadiens

Plusieurs rythmes biologiques relatifs au comportement et à la physiologie d'une personne fluctuent sur une période de 24 heures. Ces **rythmes circadiens** (de *circa diem* qui signifie « presque un jour ») persistent quand les gens sont placés dans un milieu isolé, exempt de tout repère temporel externe, parce que ces rythmes sont gérés par les mécanismes d'une horloge interne (endogène). C'est le noyau suprachiasmatique (NSC), localisé dans l'hypothalamus, qui constitue cette horloge maîtresse du corps. Le cycle de 24 heures est synchronisé avec les périodes de lumière et d'obscurité de l'environnement grâce à des détecteurs de lumière spéciaux présents dans la rétine. Différentes voies du système nerveux central innervent les cellules inductrices de sommeil dans l'hypothalamus antérieur, ainsi que les cellules inductrices de l'état de veille dans l'hypothalamus postérieur et latéral et dans le tronc cérébral.

La lumière est le synchroniseur le plus important du cycle veille-sommeil. C'est pourquoi on peut avoir recours à la luminothérapie, sous une supervision spécialisée, pour décaler le cycle veille-sommeil. Par exemple, l'utilisation de lumière vive tôt le matin aura pour effet de faire avancer le cycle veille-sommeil ; l'utilisation de lumière de forte intensité dans la soirée aura pour effet de le retarder.

Chronotype

Le **chronotype** caractérise le sommeil d'une personne. Il est autoévalué à l'aide d'un questionnaire créé par Horne et Ostberg (1976). Ce questionnaire, composé de 19 questions, aide à déterminer les heures de lever, de coucher, celles pendant lesquelles une personne se sent en meilleure forme physique et intellectuelle ou encore les heures idéales d'activités. Les résultats permettent de juger le chronotype d'une personne comme étant du matin (type matinal) ou du soir (type vespéral) et d'expliquer ses besoins en sommeil ou de déterminer les changements à apporter à l'hygiène du sommeil. Une version française de ce questionnaire est présentée sur le site du Centre de thérapies environnementales (www.cet.org/fr/index.html).

Phases du sommeil

Sur les 7 à 8 heures de sommeil nocturne, la plupart des adultes prennent de 10 à 20 minutes pour passer de l'état de veille à l'état de sommeil (latence du sommeil). En dormant, une personne passe par différents cycles du sommeil. L'enregistrement de l'activité électrique du cerveau obtenu par **polysomnographie (PSG)**, effectuée par des techniciens en électrophysiologie médicale, montre que chaque cycle du sommeil se divise en deux phases principales : le sommeil lent et le sommeil paradoxal.

Sommeil lent

Chez l'adulte en bonne santé, on observe quatre ou cinq cycles de sommeil au cours d'une période de sommeil continue de sept à huit heures. La plus grande partie d'une période de sommeil, soit environ 75 à 80 %, se déroule en phase de sommeil lent. Le sommeil lent se subdivise en quatre stades (Izac, 2006).

Sommeil paradoxal

La phase de sommeil paradoxal compte pour 20 à 25 %, soit environ 1,5 heure, de la période totale de sommeil et succède à la phase de sommeil lent. Durant cette phase, les ondes cérébrales ressemblent à celles caractéristiques de l'état de veille, d'où le caractère « paradoxal » de ce sommeil. Le sommeil paradoxal est considéré comme très important pour la consolidation de la mémoire ; il se caractérise par une paralysie musculaire et par des mouvements oculaires rapides (appelés REM pour *Rapid Eye Movement*). Les rêves les plus marquants surgissent au cours de cette phase du sommeil .

9.2 | Troubles du sommeil

Le terme « manque de sommeil » est associé au fait de ne pas réussir à dormir suffisamment pour se sentir totalement reposé et avoir l'esprit alerte durant le jour. Le terme « fragmentation du sommeil » fait référence à des réveils fréquents ou à des périodes d'éveil qui font obstacle à la continuité du sommeil. Les termes « trouble du sommeil » et « perturbation du sommeil » désignent des affections qui entraînent un sommeil de piètre qualité. La classification des troubles du sommeil s'avère complexe, car 70 types différents de troubles ont été répertoriés. L'**ENCADRÉ 9.1** énumère les troubles du sommeil les plus communs, selon l'American Academy of Sleep Medicine's International Classification of Sleep Disorders (la classification internationale des troubles du sommeil de l'American Academy of

---

RAPPELEZ-VOUS…

Les fluctuations de la température corporelle, la fréquence cardiaque, la pression artérielle, la sécrétion hormonale et l'acuité sensorielle dépendent également du maintien des rythmes circadiens.

Une description détaillée des quatre stades du sommeil lent et du sommeil paradoxal est présentée dans l'encadré 9.1W au www.cheneliere.ca/lewis.

Polysomnographie (PSG): Examen qui combine l'enregistrement du sommeil d'une personne avec l'enregistrement de plusieurs variables physiologiques comme la respiration, les activités musculaires des jambes, l'activité cardiaque, etc.

ENCADRÉ 9.1	Troubles du sommeil

Dyssomnies
- Insomnie
  - Aiguë
  - Chronique
    › Primaire
    › Secondaire (comorbide)
- Narcolepsie
- Troubles du sommeil en environnement hospitalier
- Troubles des rythmes circadiens

- Troubles respiratoires du sommeil
  - Apnée obstructive du sommeil (AOS)
- Syndrome de mouvements périodiques des membres
- Syndrome des jambes sans repos

Parasomnies
- Somnambulisme
- Terreurs nocturnes
- Cauchemars

Sleep Medicine [AASM]) (American Sleep Disorders Association, 2005). L'American Psychiatry Association (APA) propose aussi une classification des troubles du sommeil dans le DSM-IV (APA, 1994).

En 2002, les données de Statistique Canada rapportaient que près de trois millions de personnes étaient atteintes d'un trouble du sommeil, et que beaucoup parmi elles n'en étaient pas conscientes **FIGURE 9.1**. En moyenne, les Canadiens dorment 8,1 heures les jours ouvrables et 8,6 heures les jours où ils ne travaillent pas. Quinze pour cent des Canadiens déclarent dormir moins de six heures par nuit (Williams, 2001). De plus, les femmes dorment plus que les hommes (8,2 contre 7,9 heures respectivement). Les enquêtes de la National Sleep Foundation (2009) rapportent invariablement que près de 50 % des adultes (les personnes âgées de 18 à 64 ans) signalent éprouver de la somnolence diurne. Ce symptôme revêt une gravité telle que leur travail et leur fonctionnement social en sont perturbés au moins quelques jours chaque mois (Silber *et al.*, 2007). Les personnes atteintes de problèmes de santé chroniques ou d'une incapacité physique sont plus à risque de présenter des troubles du sommeil (Statistique Canada, 2002).

De nombreux troubles du sommeil demeurent non traités parce que, souvent, les professionnels de la santé n'abordent pas spontanément cette question, et les clients n'en parlent pas. Les troubles du sommeil non traités entraînent des conséquences médicales et économiques considérables. Selon la Société canadienne du sommeil, la somnolence au volant représente – après l'alcool – la deuxième cause d'accidents et est responsable d'environ 1 % des accidents mortels de la route en Ontario (Société canadienne du sommeil, 2004). Au Québec, la Société de l'assurance automobile du Québec (SAAQ)

met en cause la fatigue au volant dans près de 20 % des accidents mortels et dans 23 % de tous les accidents de la route au Canada (SAAQ, 2009). Le problème est d'une telle envergure que le gouvernement du Canada a mis en place une table ronde sur les conséquences de la fatigue au volant sur le plan de la sécurité routière (Gouvernement du Canada, 2004).

La privation de sommeil et un sommeil de piètre qualité sont associés à des changements dans les fonctions de l'organisme **FIGURE 9.2** et à des problèmes de santé **TABLEAU 9.1**. Chez les clients atteints de maladies chroniques, en particulier d'une maladie cardiovasculaire ou d'un accident vasculaire cérébral (AVC), les troubles du sommeil sont directement liés à une hausse de la mortalité et de la morbidité (Bloom *et al.*, 2009 ; Singh, Drake, Roehrs, Hudgel, & Roth, 2005). On associe le manque de sommeil à une diminution de la fonction immunitaire et de la température corporelle, ainsi qu'à des changements endocriniens, comme la baisse du taux de l'hormone de croissance. Les fonctions cognitives et la capacité d'exécution de tâches simples sont amoindries dans les 24 heures qui suivent un manque de sommeil, dont les effets sont cumulatifs. Une personne en situation de manque de sommeil chronique risque la détérioration de ses fonctions cognitives, la dépression, une diminution de sa capacité de fonctionnement diurne, l'isolement social et une altération générale de sa qualité de vie (Bloom *et al.*, 2009).

Une quantité insuffisante de sommeil nocturne a un effet néfaste sur le métabolisme des glucides et sur la fonction endocrinienne. Les personnes qui déclarent dormir moins de six heures par nuit présentent un indice de masse corporelle (IMC) plus élevé et ont une plus grande tendance à l'obésité. Le risque de développer un diabète ou de l'intolérance au glucose est accru chez les personnes qui présentent des antécédents de manque de sommeil (Chaput, Despres, Bouchard, & Tremblay, 2007).

Examens paracliniques

Pour évaluer les troubles du sommeil, les professionnels de la santé ont divers outils à leur disposition.

Autoévaluation

Le diagnostic d'insomnie s'établit à partir de plaintes subjectives du client et de l'évaluation d'un agenda du sommeil qu'il tient et qui porte sur une période de une ou de deux semaines. En contexte de soins ambulatoires, l'évaluation de l'insomnie nécessite une connaissance détaillée des antécédents de sommeil. Elle permettra de déterminer le type d'insomnie qui touche le client et de vérifier la présence de problèmes psychiatriques ou médicaux, ou de troubles du sommeil qui exigeraient des soins particuliers 🖱️

Jugement clinique

Capsule

Clothilde, 17 ans, est étudiante au baccalauréat international. Elle consulte l'infirmière en santé scolaire, car elle éprouve de plus en plus de difficulté à bien dormir.

Trouvez deux questions que vous pourriez poser à Clothilde pour évaluer son problème de sommeil.

Pour évaluer la qualité du sommeil, on a souvent recours à des questionnaires comme l'échelle de somnolence d'Epworth, illustrée dans le tableau 9.1W au www.cheneliere.ca/lewis.

FIGURE 9.1

Les troubles du sommeil sont courants dans la société moderne.

Actigraphie

L'**actigraphie** est une méthode non effractive utilisée pour suivre les cycles de repos et d'activité. L'actigraphe, qui se présente comme un bracelet-montre, est porté au poignet en vue de mesurer l'activité motrice globale. Le dispositif enregistre les mouvements de la personne, sans interruption. Une fois les données recueillies, celles-ci sont téléchargées vers un ordinateur et analysées à l'aide d'algorithmes.

Polysomnographie

La polysomnographie n'est pas utilisée pour établir un diagnostic d'insomnie. Cet examen s'effectue dans un laboratoire du sommeil. On y a recours seulement s'il y a présence de signes ou de symptômes d'un trouble du sommeil tel que l'apnée obstructive du sommeil (ces signes sont discutés plus loin). Pour cet examen, des électrodes sont placées à divers endroits sur le corps pour l'enregistrement simultané de différentes mesures physiologiques qui caractérisent les stades principaux des états de sommeil et de veille.

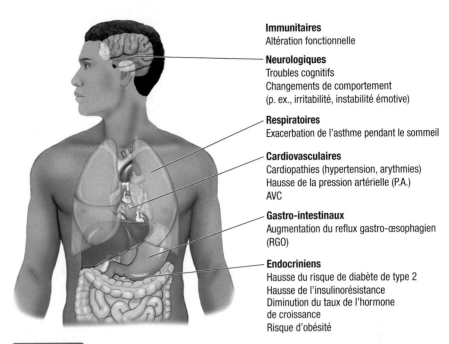

Immunitaires
Altération fonctionnelle

Neurologiques
Troubles cognitifs
Changements de comportement
(p. ex., irritabilité, instabilité émotive)

Respiratoires
Exacerbation de l'asthme pendant le sommeil

Cardiovasculaires
Cardiopathies (hypertension, arythmies)
Hausse de la pression artérielle (P.A.)
AVC

Gastro-intestinaux
Augmentation du reflux gastro-œsophagien (RGO)

Endocriniens
Hausse du risque de diabète de type 2
Hausse de l'insulinorésistance
Diminution du taux de l'hormone de croissance
Risque d'obésité

FIGURE 9.2

Effets de la privation de sommeil et des troubles du sommeil sur l'organisme

TABLEAU 9.1	Liens entre quelques maladies ou troubles et certaines perturbations du sommeil
MALADIES / TROUBLES	**PERTURBATIONS DU SOMMEIL**
Respiratoires	
Asthme	• Exacerbé durant le sommeil.
Maladie pulmonaire obstructive chronique (MPOC)	• Associée à une piètre qualité du sommeil, à une diminution de la saturation du sang artériel en oxygène (SaO_2) nocturne et à une apnée obstructive du sommeil concomitante.
Apnée obstructive du sommeil (AOS)	• Associée aux cardiopathies (hypertension, AVC, coronaropathie, arythmies). • Entraîne une détérioration du contrôle du glucose similaire à celle observée dans le diabète de type 2.
Rénaux	
Insuffisance rénale terminale	• Sommeil nocturne perturbé et somnolence diurne excessive. • Fréquence élevée de troubles respiratoires du sommeil (TRS) et du syndrome des jambes sans repos (SJSR) chez les clients dialysés. Ces troubles constituent un facteur de prédiction de la mortalité chez ces clients.
Immunitaires	
Virus de l'immunodéficience humaine (VIH)	• Les troubles du sommeil et la fatigue sont très courants et sont associés à la survie.
Endocriniens	
Diabète	• Le manque de sommeil est associé à un risque plus élevé de diabète de type 2. • La privation de sommeil chez les personnes en santé augmente l'insulinorésistance. • La durée et la qualité du sommeil sont des facteurs de prédiction du taux de la HbA_{1c}, un marqueur important dans le contrôle de la glycémie.

MALADIES / TROUBLES	PERTURBATIONS DU SOMMEIL
Obésité	• Il existe un lien entre un sommeil de courte durée et un excès de poids. Un sommeil de courte durée peut provoquer des changements métaboliques liés à l'obésité. • On observe un IMC plus élevé chez les gens qui dorment moins de six heures par nuit que chez ceux qui dorment plus de huit heures. • On associe un sommeil de mauvaise qualité à un faible taux de leptine et à un taux élevé de ghréline.
Musculosquelettiques	
Arthrite	• Taux plus élevé du SJSR et de TRS. L'activité de la maladie est associée à des plaintes relatives au sommeil.
Fibromyalgie	• Anomalie de fonctionnement de la régulation du sommeil associée à des rythmes circadiens perturbés et à de faibles concentrations d'hormones liées au sommeil (hormone de croissance, prolactine).
Syndrome de fatigue chronique	• Présence de troubles du sommeil, notamment de la baisse de la durée totale de sommeil.
Cardiovasculaires	
Trouble du rythme cardiaque et coronaropathies	• Les personnes atteintes d'AOS ou de troubles du sommeil présentent plus de risques de maladies cardiovasculaires, comme l'hypertension, les arythmies et les coronaropathies.
Insuffisance cardiaque (IC)	• Les troubles du sommeil (insomnie, syndrome de mouvements périodiques des membres [SMPM], TRS) sont courants. • La respiration de Cheyne-Stokes et l'apnée centrale du sommeil sont des signes d'exacerbation d'IC liée à une surcharge liquidienne.
Hypertension	• Une insuffisance de sommeil chez les personnes atteintes d'hypertension peut entraîner des hausses supplémentaires de la P.A.
Gastro-intestinaux	
Reflux gastro-œsophagien (RGO)	• Le reflux du contenu gastrique dans l'œsophage se produit durant le sommeil à cause d'une faiblesse du sphincter inférieur de l'œsophage.
Maladies chroniques du foie	• Associées à de la somnolence excessive, à des réveils nocturnes et à la fréquence du SJSR.
Neurologiques	
Maladie de Parkinson	• Associée à des difficultés d'endormissement et de maintien du sommeil, à des parasomnies et à de la somnolence diurne excessive.
Maladie d'Alzheimer	• Plusieurs clients atteints présentent des TRS (fréquemment de l'AOS). • Perturbations des rythmes circadiens, accompagnées d'errance nocturne, de somnolence diurne, de perturbation du sommeil (REM) et de réveils.
Autres	
Douleur (aiguë et chronique)	• Réduction de la qualité et de la quantité de sommeil. Un sommeil de piètre qualité peut avoir pour effet d'intensifier la douleur.
Cancer	• L'insomnie est plus fréquente chez les clients atteints de cancer. • Les traitements de chimiothérapie contre le cancer sont associés au sommeil fragmenté.

Sources : Adapté de National Center on Sleep Disorders Research (2003) ; Centers for Disease Control and Prevention (2010).

Ces mesures portent notamment sur : 1) le tonus musculaire, enregistré à l'aide d'un électromyogramme (EMG) ; 2) les mouvements oculaires, enregistrés au moyen d'un électrooculogramme (EOG) ; et 3) l'activité cérébrale, enregistrée à l'aide d'un électroencéphalogramme. On prend aussi d'autres mesures au cours d'une polysomnographie afin de relever des éléments supplémentaires liés à des troubles du sommeil particuliers. Ces mesures portent sur le déplacement de l'air par le nez et la bouche, l'effort respiratoire thoracique et abdominal, la fréquence cardiaque, la saturation du sang en oxygène (prise de façon non effractive, soit l'oxymétrie pulsée [SpO_2]) et l'électromyogramme du muscle tibial antérieur (pour dépister le **syndrome des jambes sans repos [SJSR]**). Enfin, l'ensemble des mouvements du client est continuellement surveillé par des moyens audiovisuels. Un spécialiste du sommeil (le plus souvent, un psychiatre) analyse les données obtenues.

9.2.1 Insomnie

Le trouble du sommeil le plus courant est l'insomnie. La personne éprouve alors de la difficulté à s'endormir ou à demeurer endormie, a tendance à s'éveiller trop tôt ou à avoir un sommeil de mauvaise qualité. L'insomnie est un problème courant qui touche approximativement un adulte sur trois (Morin, 2009). Les manifestations liées à l'insomnie comprennent notamment :

- un endormissement difficile (prolongation de la latence du sommeil);
- des réveils fréquents (fragmentation du sommeil);
- des éveils nocturnes prolongés ou le fait de se réveiller trop tôt et d'être incapable de se rendormir;
- le fait de ne pas se sentir frais et dispos au réveil, en raison d'un sommeil non réparateur.

L'**insomnie aiguë** réfère au fait d'avoir de la difficulté à s'endormir ou à demeurer endormi au moins trois nuits par semaine sur une période de deux semaines. L'**insomnie chronique** se définit par les mêmes symptômes qui persistent, jumelés à des symptômes diurnes (p. ex., de la fatigue, une faible concentration, de la difficulté à prendre part à des activités sociales ou familiales) qui perdurent durant un mois ou plus. L'insomnie chronique est plus fréquente chez les gens âgés de plus de 60 ans; elle toucherait près de 20 % des personnes de ce groupe d'âge. Elle se manifeste aussi plus souvent chez les personnes divorcées, veuves ou séparées que chez les personnes qui vivent en couple, ainsi que chez les gens peu instruits et de faible statut socioéconomique (Mezick *et al.*, 2008 ; Statistique Canada, 2005). L'insomnie chronique est également liée à la maladie physique (p. ex., le cancer) et mentale (p. ex., l'anxiété, la dépression et les maladies psychiatriques).

Étiologie et physiopathologie

Les différents comportements d'une personne, son mode de vie, son alimentation et les médicaments qu'elle prend sont des facteurs qui contribuent à l'insomnie. Ainsi, la consommation de stimulants (p. ex., la caféine, la nicotine, la méthamphétamine et d'autres drogues), particulièrement avant d'aller au lit, cause l'insomnie. Celle-ci est un effet secondaire courant de nombreux médicaments (p. ex., les antidépresseurs, les antihypertenseurs, les corticostéroïdes, les psychostimulants, les

analgésiques). L'insomnie peut être exacerbée ou perpétuée par la consommation d'alcool pour induire le sommeil, celle du tabac avant d'aller au lit, les longues siestes durant l'après-midi ou la grasse matinée, les cauchemars, l'exercice physique effectué peu de temps avant le coucher et le décalage horaire.

L'insomnie chronique est soit primaire, soit secondaire. L'**insomnie primaire** ou **idiopathique** consiste en une difficulté permanente à trouver et à maintenir le sommeil, ce qui cause un fonctionnement diurne médiocre. Le diagnostic d'insomnie primaire est envisagé une fois les causes médicales, neurologiques et psychiatriques exclues (Morin, 2009). L'étiologie de l'insomnie primaire demeure inconnue. Certaines personnes semblent prédisposées à cette affection ou présentent des traits psychologiques qui les rendent susceptibles de développer de l'insomnie. Souvent, les personnes atteintes d'insomnie chronique rapportent que leurs problèmes de sommeil sont apparus à la suite d'un événement stressant de la vie (p. ex., la perte d'un être cher).

L'**insomnie secondaire (comorbidité)** découle d'un état psychiatrique, de différentes situations de santé **TABLEAU 9.1**, de la consommation de médicaments ou de l'abus d'alcool ou d'autres drogues. L'étiologie de l'insomnie secondaire est parfois liée à la physiopathologie de la maladie.

Une fois que l'insomnie chronique s'est manifestée, les symptômes risquent fort de persister parce que la personne atteinte s'engage parfois dans des comportements qui perpétuent le sommeil de pauvre qualité. Par exemple, elle conserve des habitudes irrégulières de veille et de sommeil, prend des médicaments offerts en vente libre ou de l'alcool comme agents d'endormissement et elle passe plus de temps au lit à tenter de dormir. En prêtant trop attention à l'environnement, en se préoccupant ou en craignant de ne pas obtenir suffisamment de sommeil et en conservant de mauvaises habitudes liées au sommeil, une personne peut en arriver à se conditionner à rester éveillée.

Manifestations cliniques

Les répercussions diurnes de l'insomnie peuvent se présenter sous la forme d'une impression de fatigue, de problèmes de concentration au travail ou à l'école, de changements d'humeur et de somnolence au cours de la journée. Un sommeil de mauvaise qualité entraîne des manifestations comportementales comme de l'irritabilité, des trous de mémoire, de la confusion, de la difficulté à demeurer éveillé au cours de la journée et de l'anxiété.

Processus diagnostique et thérapeutique

Les traitements visent la prise en charge des symptômes **ENCADRÉ 9.2**. Un élément clé de cette

Syndrome des jambes sans repos (SJSR): Sensation profonde et désagréable d'agacement dans les jambes, qui incommode la personne et qui se manifeste au cours de périodes de repos, de détente ou d'inactivité.

9

ENCADRÉ 9.2   Insomnie

**Examen clinique
et examens paracliniques**

- Histoire de santé
  - Autoévaluation du sommeil à l'aide d'un cahier de bord ou d'un journal
  - Évaluation du sommeil
  - Échelle de somnolence d'Epworth
- Évaluation physique
- Actigraphie
- Polysomnographie

Processus thérapeutique

- Non pharmacologique
  - Hygiène du sommeil
- Pharmacologique
  - Benzodiazépines
  - Agents apparentés aux benzodiazépines
  - Mélatonine et agonistes des récepteurs de la mélatonine
  - Antidépresseurs
  - Antihistaminiques
- Approches complémentaires et parallèles en santé
  - Mélatonine

Médicament hypnotique:
Médicament qui provoque le sommeil.

Médicament anxiolytique:
Médicament utilisé dans le traitement de l'anxiété et de ses différentes manifestations, faisant partie des tranquillisants.

prise en charge consiste à faire changer les comportements qui perpétuent l'insomnie. On intervient en fournissant des stratégies comportementales et de l'information sur le sommeil, notamment sur l'hygiène du sommeil. Celle-ci consiste en un ensemble de pratiques qu'il est important d'appliquer pour obtenir un sommeil nocturne normal et de qualité et pour s'assurer d'être en forme le jour **ENCADRÉ 9.3**.

ENCADRÉ 9.3   Hygiène du sommeil

L'enseignement au client et à ses proches pour un client qui souffre de perturbations ou de troubles du sommeil devrait porter sur les aspects suivants :

- Ne pas aller au lit pour dormir à moins d'avoir sommeil.
- Se relever après 20 minutes si on ne dort pas.
- Adopter des habitudes régulières en ce qui a trait à l'heure du coucher et du lever.
- Instaurer des rituels (p. ex., prendre un bain chaud, une légère collation, lire) qui contribuent à se détendre avant de se coucher.
- Maintenir un horaire régulier.
- Éviter de lire, d'écrire, de manger, de regarder la télévision, de parler au téléphone ou de jouer aux cartes au lit.

- Ne pas consommer de caféine, de bière, de vin ou tout autre alcool moins de six heures avant de se coucher.
- Ne pas consommer de tabac ou d'autres produits contenant de la nicotine avant de se coucher.
- Ne pas se coucher l'estomac vide, mais ne pas prendre non plus un repas copieux peu de temps avant d'aller se coucher.
- Éviter tout exercice épuisant au moins six heures avant l'heure du coucher.
- Éviter d'avoir recours à des somnifères ou les utiliser avec précaution.
- Tenter de régler les problèmes en suspens ou essayer de s'en accommoder.
- Faire en sorte que la chambre soit un lieu tranquille, sombre et légèrement frais.

Source : Adapté de American Academy of Sleep Medicine (2009).

Thérapies cognitivocomportementales

Les thérapies cognitivocomportementales (TCC) sont efficaces dans la prise en charge de l'insomnie et doivent constituer le traitement de premier recours (Dirksen & Epstein, 2008 ; Irwin, Cole, & Nicassio, 2006). Les thérapies cognitivocomportementales contre l'insomnie comprennent l'entraînement à la relaxation, l'imagerie mentale dirigée, des stratégies cognitives servant à contrer les idées qui nuisent au sommeil et des stratégies comportementales qui ciblent les mauvaises habitudes de sommeil d'une personne. Des psychologues spécialement formés sont habilités à offrir ces thérapies. Celles-ci incluent aussi l'enseignement de bonnes pratiques de l'hygiène du sommeil que l'infirmière peut fournir **ENCADRÉ 9.3**. La pratique régulière d'exercice physique (effectué plusieurs heures avant l'heure du coucher) peut améliorer la qualité du sommeil. Les TCC exigent des gens qu'ils adoptent de nouveaux comportements, ce qui s'avère parfois difficile.

On recommande aux personnes souffrant d'insomnie de ne pas regarder la télévision ou de ne pas lire dans leur lit. Le temps passé au lit devrait être limité au temps où la personne dort. Les siestes, les repas copieux et la consommation d'alcool et de stimulants devraient être évités. Les siestes sont moins susceptibles d'influer sur le sommeil nocturne si leur durée se limite à 20 ou 30 minutes.

Pharmacothérapie

Les **médicaments hypnotiques** et **anxiolytiques** sont efficaces dans la prise en charge à court terme de l'insomnie. Cependant, le recours aux hypnotiques pour contrer l'insomnie chronique, particulièrement chez les personnes âgées, est controversé (Conn & Madan, 2006 ; Passarella & Duong, 2008). Beaucoup de gens souffrant d'insomnie prennent l'habitude de consommer des médicaments offerts en vente libre ou sous ordonnance pour traiter leur insomnie, et ils risquent alors de développer une dépendance à ces produits, à la fois physiquement et psychologiquement. Le sevrage des médicaments hypnotiques peut entraîner un rebond du sommeil paradoxal qui s'accompagne de rêves désagréables et, parfois, terrifiants. La fatigue diurne qui en résulte risque de décourager le client dans ses efforts d'avoir recours à des méthodes non médicamenteuses. Différentes classes de médicaments sont utilisées pour traiter l'insomnie, dont les benzodiazépines, les agents apparentés aux benzodiazépines et les antidépresseurs **TABLEAU 9.2**.

Approches complémentaires et parallèles en santé

De nombreux types de thérapies complémentaires et de produits à base de plantes sont utilisés pour favoriser le sommeil. La mélatonine, dont il a déjà

TABLEAU 9.2 **Insomnie**

CLASSE DE MÉDICAMENTS	DESCRIPTIONS ET EFFET	RECOMMANDATIONS ET CONTRE-INDICATIONS
Benzodiazépines • Diazépam (Valium^MD) • Chlorhydrate de flurazépam (Dalmane^MD) • Lorazépam (Ativan^MD) • Triazolam (Halcion^MD)	• Ils favorisent le sommeil en activant les récepteurs de l'acide gamma-aminobutyrique (GABA) (p. ex., le diazépam).	• La demi-vie prolongée de certains de ces agents (p. ex., le chlorhydrate de flurazépam) peut causer une somnolence diurne, de l'amnésie, des étourdissements et un rebond de l'insomnie (Passarella & Duong, 2008). • Toutes les benzodiazépines ont un effet potentiel d'accoutumance. • On recommande de limiter l'usage des benzodiazépines à une période de deux à trois semaines. • Les benzodiazépines interagissent avec l'alcool et les autres dépresseurs du SNC. • Ces agents ne sont plus recommandés comme thérapie de premier recours contre l'insomnie.
Agents apparentés aux benzodiazépines • Zolpidem (Ivadal^MD) • Zaleplon (Starnoc^MD) • Eszopiclone (Lunesta^MD)	• Le zolpidem, le zaleplon et l'eszopiclone sont les médicaments de premier recours pour lutter contre l'insomnie. • Ils agissent de façon similaire aux benzodiazépines (Conn & Madan, 2006). • La formule à libération prolongée du zolpidem (Ambien CR^MD) est utilisée chez les clients qui présentent des troubles du maintien du sommeil (Calamaro, 2008).	• Pour éviter un possible retard d'activité, ces agents ne doivent pas être pris avec des aliments. • Comme ils possèdent une demi-vie courte, leur durée d'action l'est aussi.
Antidépresseurs • Chlorhydrate d'amitriptyline (Elavil^MD) • Chlorhydrate de bupropion (Wellbutrin^MD) • Chlorhydrate de doxépine (Sinequan^MD) • Chlorhydrate de fluoxétine (Prozac^MD) • Chlorhydrate de trazodone (Desyrel^MD)	• Le chlorhydrate de trazodone est un antidépresseur atypique qui a des propriétés sédatives. • Le chlorhydrate de trazodone est un des agents les plus fréquemment prescrits au Canada pour traiter l'insomnie.	• L'administration du chlorhydrate de trazodone est controversée chez les personnes âgées.

Antihistaminiques
• Chlorhydrate de diphenhydramine (Benadryl^MD, Nytol^MD, Sominex^MD)
	• Ce sont des agents d'endormissement offerts en vente libre.
	• Ils sont utilisés par beaucoup de personnes souffrant d'insomnie et qui ont recours à l'automédication.
		• Ils sont moins efficaces que les benzodiazépines, et l'accoutumance à ces agents s'installe rapidement.
		• Ils causent certains effets secondaires, dont :
		  – de la somnolence diurne ;
		  – une dégradation de la fonction cognitive ;
		  – une vision trouble ;
		  – de la rétention urinaire ;
		  – de la constipation ;
		  – un risque d'augmentation de la pression intraoculaire (PIO).
		• Les agents qui contiennent du chlorhydrate de diphenhydramine ne devraient pas être utilisés à long terme.
		• Ces agents ne devraient pas être utilisés chez les personnes âgées.

été question dans le présent chapitre, est une hormone produite par la glande pinéale (Buscemi *et al.*, 2004). La mélatonine, sous forme de produit de synthèse, est considérée comme un produit de santé naturel et est offerte en vente libre au Canada (Santé Canada, 2006) **ENCADRÉ 9.4**. La valériane est une plante reconnue depuis longtemps pour aider à induire le sommeil et pour réduire l'anxiété. Cependant, les résultats probants manquent pour confirmer son efficacité dans le traitement de l'insomnie (Taibi, Vitiello, Barsness, Elmer, Anderson, & Landis, 2009).

ENCADRÉ 9.4 | **Mélatonine**

Résultats probants

En général, les résultats probants ont tendance à démontrer les bénéfices de la mélatonine chez les personnes qui l'utilisent pour contrer les effets du décalage horaire. La plupart des résultats probants indiquent que la mélatonine réduit le temps nécessaire pour s'endormir (latence du sommeil) et augmente la durée du sommeil.

Recommandations pour la pratique infirmière

- La mélatonine est considérée comme sécuritaire aux doses recommandées et pour un usage à court terme.

- Les clients qui prennent de la warfarine sodique (Coumadin^MD) doivent éviter la mélatonine.

- La mélatonine peut causer une chute de la P.A. La prudence est de mise chez les clients qui prennent des médicaments susceptibles de faire baisser celle-ci.

Référence

- Natural Standard (2011). [En ligne]. www.naturalstandard.com (page consultée le 22 février 2011).

Jugement clinique

Capsule

Monsieur Romain Tanguay, 47 ans, est directeur des relations publiques pour une firme internationale en construction, un travail qui lui cause de grandes tensions psychologiques et qui l'amène à voyager beaucoup. Il prend du diazépam (Valium^MD) 5 mg b.i.d. depuis plusieurs mois pour traiter son anxiété et son trouble du sommeil. Cependant, le médecin a diagnostiqué récemment que monsieur Tanguay présentait de l'apnée obstructive du sommeil.

Le client devrait-il continuer à prendre le diazépam? Justifiez votre réponse.

L'infirmière se trouve aussi en situation idéale pour prendre l'initiative de suggérer et de mettre en œuvre certains changements à la maison et dans les établissements de santé, en vue de favoriser un meilleur sommeil. La diminution de l'intensité lumineuse et du bruit est un exemple de changement qui peut améliorer la qualité du sommeil. L'infirmière peut suggérer au client d'éloigner le réveille-matin ou d'enlever sa montre, car le fait d'être attentif au temps qui passe et de surveiller l'heure est un élément qui ajoute à l'anxiété de ne pas réussir à s'endormir ou à se rendormir.

Les clients ont besoin d'obtenir des renseignements concernant les médicaments relatifs au sommeil. Dans le cas de prise de benzodiazépines, d'agents apparentés aux benzodiazépines et de l'agoniste de la mélatonine, l'infirmière informera le client qu'il doit prendre le médicament tout juste avant d'aller au lit. Il doit se préparer à passer une nuit complète d'au moins six à huit heures de sommeil et ne pas prévoir d'activité qui exige beaucoup de coordination psychomotrice le matin suivant. Le client doit aussi savoir que lorsqu'il prend un de ces agents, il évitera de consommer des aliments riches en gras, car ceux-ci peuvent influer sur l'absorption du médicament. De plus, ce type de médicaments ne doit pas être pris avec de l'alcool ou d'autres dépresseurs du système nerveux central afin d'éviter une sédation profonde.

Le suivi du client relativement aux médicaments qu'il consomme est important. L'infirmière le questionnera sur la présence de somnolence diurne, de cauchemars et de toute difficulté éprouvée au cours de ses activités quotidiennes. Dans le cas d'un client qui prend des médicaments induisant le sommeil depuis un certain temps, le sevrage devra être progressif et supervisé par un spécialiste.

Soins et traitements infirmiers

CLIENT SOUFFRANT D'INSOMNIE

Collecte des données

L'infirmière occupe un poste clé pour évaluer les troubles du sommeil présents chez un client et chez les proches aidants. L'évaluation du sommeil est une démarche importante qui permet d'aider le client à cerner les facteurs environnementaux qui contribuent à la mauvaise qualité de son sommeil. Les proches aidants sont susceptibles de vivre des perturbations de leur sommeil en raison de l'obligation de fournir des soins à la personne malade à la maison. Ces perturbations augmentent le fardeau des soins à donner.

L'évaluation de la durée et de la qualité du sommeil peut se faire au moyen des outils mnémotechniques PQRSTU et AMPLE.

Le fait de se plaindre d'un sommeil de mauvaise qualité se compare au fait d'exprimer une douleur quelconque, en ce sens qu'il s'agit d'une plainte qui est dite subjective. Par ailleurs, nombre de clients ne mentionnent pas leurs troubles du sommeil au professionnel de la santé. Par conséquent, la meilleure façon de déceler des problèmes de sommeil chez un client consiste à s'informer régulièrement de la qualité de son sommeil. Il pourra être utile d'interroger le partenaire du client. L'histoire de santé du sommeil doit comprendre des données qui précisent la durée et le type de sommeil, ainsi que la qualité de la vigilance diurne. Avant d'avoir recours à quelque questionnaire que ce soit, on doit évaluer la fonction cognitive du client, sa capacité à lire (si l'on utilise un document écrit) et à s'exprimer. L'**ENCADRÉ 9.5** propose des exemples de questions à poser pour évaluer le sommeil.

L'infirmière devra aussi vérifier l'alimentation du client. Ainsi, elle le questionnera sur sa consommation de caféine et d'autres stimulants alimentaires. Elle évaluera également la prise hebdomadaire d'alcool et vérifiera si le client utilise celui-ci comme agent d'endormissement. Il faut savoir toutefois que certains clients ne se souviennent pas d'avoir eu recours à l'alcool pour favoriser l'endormissement, alors que d'autres préfèrent taire cette information.

L'infirmière questionnera le client sur son utilisation d'agents d'endormissement, autant les médicaments obtenus en vente libre que ceux sur ordonnance. Il sera alors important qu'elle note la dose du médicament, la fréquence d'emploi, de même que tout effet secondaire ressenti par le client (p. ex., de la somnolence diurne, une sécheresse de la bouche). Beaucoup de gens consomment aussi des suppléments alimentaires ou à base de plantes pour améliorer leur sommeil, comme la valériane, la mélatonine, les cônes de houblon, la lavande, la passiflore, le kawa, la camomille et la scutellaire. On ignore souvent la composition exacte et les concentrations des suppléments et des produits à base d'herbe, et le client peut éprouver des effets indésirables à la suite de leur utilisation. Certains agents, comme le kawa, sont associés à une toxicité hépatique. Comme autres moyens d'endormissement, l'infirmière peut, par exemple, suggérer des techniques de relaxation ou le recours à des générateurs de **bruit blanc**.

L'infirmière encouragera le client à tenir un agenda de sommeil durant deux semaines, en distinguant bien les jours de semaine de ceux de la fin de semaine. Le client y indiquera l'heure de son coucher et celle de son réveil, et combien de temps il est demeuré éveillé chaque nuit. Le client notera aussi le nombre de siestes qu'il fait et leur durée.

Les antécédents médicaux du client (maladies physiques et psychologiques) peuvent aussi constituer une source importante de renseignements relativement aux facteurs qui contribuent à la mauvaise qualité du sommeil. Par exemple, les hommes atteints d'une hypertrophie de la prostate signalent souvent devoir se lever fréquemment pour aller uriner. Certains troubles psychiatriques, dont la dépression, l'anxiété, le trouble de stress post-traumatique (TSPT) et l'abus de médicaments, sont aussi associés aux troubles du sommeil. Ceux-ci sont souvent une conséquence ou une complication d'une maladie chronique ou terminale (p. ex., une cardiopathie, une démence, le cancer).

L'infirmière questionnera le client sur ses horaires de travail, ainsi que sur ses voyages au pays et à l'étranger, le cas échéant. Il faut savoir que le travail par quarts est un facteur qui peut contribuer à réduire la période de sommeil ou à en miner la qualité. Certains comportements observés au travail découlent d'un sommeil de mauvaise qualité, notamment le faible rendement, la baisse de productivité et l'absentéisme.

Analyse et interprétation des données

Les constats résultant de l'évaluation initiale ou de l'évaluation en cours d'évolution peuvent révéler un problème prioritaire portant sur les troubles du sommeil. Les principaux problèmes prioritaires relatifs au sommeil comprennent :

- l'insomnie ;
- la privation de sommeil ;

Collecte des données

ENCADRÉ 9.5   Sommeil

Les questions qui suivent peuvent être utilisées dans le cadre d'une première évaluation du sommeil.

- À quelle heure vous couchez-vous habituellement le soir ? À quelle heure vous levez-vous habituellement le matin ?
- Vous arrive-t-il souvent d'avoir de la difficulté à vous endormir ?
- Combien de fois environ vous réveillez-vous au cours de la nuit ?
- Si vous vous réveillez la nuit, avez-vous de la difficulté à vous rendormir ?
- Est-ce que votre partenaire rapporte qu'il vous arrive fréquemment de ronfler, de suffoquer ou d'arrêter de respirer durant la nuit, ou êtes-vous conscient de ces faits ?
- Est-ce que votre partenaire rapporte que vous donnez des coups de pied ou que vous agitez les bras ou les jambes quand vous dormez, ou êtes-vous conscient de ces faits ?
- Savez-vous s'il vous arrive de marcher, de manger, de donner des coups de poing ou de pied ou de crier durant votre sommeil ?
- Vous sentez-vous somnolent ou fatigué une grande partie de la journée ?
- Faites-vous habituellement une ou plusieurs siestes dans la journée ?
- Vous arrive-t-il de vous endormir brutalement durant la journée ?
- De combien d'heures de sommeil avez-vous besoin pour vous sentir en forme et pour bien fonctionner ?
- Prenez-vous actuellement des médicaments ou quelque préparation que ce soit pour vous aider à dormir ?

Source : Adapté de Bloom *et al.* (2009).

- la perturbation des habitudes de sommeil ;
- la volonté d'amélioration du sommeil.

Interventions cliniques

Les interventions cliniques dépendent de la gravité et de la durée du trouble du sommeil de même que des caractéristiques de la personne. Idéalement, les adultes en bonne santé devraient dormir de sept à huit heures par nuit. Les personnes qui dorment plus longtemps (plus de neuf heures) ou moins longtemps (moins de six heures) présentent un taux de morbidité et de mortalité plus élevé. Les personnes qui dorment peu sont plus à risque de faire de l'embonpoint, de l'intolérance au glucose et du diabète, de l'hypertension, de souffrir d'une maladie cardiovasculaire ou d'être victime d'un accident vasculaire cérébral. Il arrive à l'occasion qu'une personne ait de la difficulté à s'endormir ou se réveille au cours de la nuit. Cependant, une perturbation prolongée du sommeil – pendant plusieurs semaines – constitue un problème.

L'infirmière peut assurer un rôle de premier plan en enseignant les bonnes pratiques de l'hygiène du sommeil **ENCADRÉ 9.3**. Malgré les retombées positives de l'enseignement de ces pratiques, les personnes souffrant d'insomnie chronique auront besoin d'une formation plus poussée en stratégies cognitivocomportementales. Un élément important de l'hygiène du sommeil consiste à réduire l'apport alimentaire des substances contenant de la caféine. Le **TABLEAU 9.3** présente des exemples de contenu en caféine de différents aliments et boissons.

Bruit blanc : Bruit dont la densité spectrale de puissance est constante quelle que soit sa fréquence.

TABLEAU 9.3	Contenu en caféine de quelques aliments et boissons	
ALIMENTS ET BOISSONS	**PORTION**	**CAFÉINE (VALEURS APPROXIMATIVES)**
Café		
Torréfié et moulu, filtre	250 ml	(1 tasse) 189 mg
Infusé	250 ml	142 mg
Torréfié et moulu, percolateur	250 ml	124 mg
Instantané	250 ml	80 - 112 mg
Instantané décaféiné	250 ml	5 mg
Torréfié et moulu, décaféiné	250 ml	3 mg
Thé		
En feuilles ou en sachets	250 ml	53 mg
Mélange régulier	250 ml	45 mg
Vert	250 ml	32 mg
Instantané	250 ml	16 mg
Décaféiné	250 ml	0 mg
Produits à base de cacao		
Chocolat de cuisson, non sucré	28 g	25 - 58 mg
Friandises, chocolat sucré	28 g	19 mg
Mousse au chocolat	90 g	15 mg
Carrés au chocolat (brownies)	42 g	10 mg
Pouding au chocolat	145 g	9 mg
Lait au chocolat	250 ml	8 mg
Friandises, chocolat au lait	28 g	7 mg
Gâteau au chocolat	80 g	6 mg
Mélange pour chocolat chaud	250 ml	5 mg
Boissons dites au cola		
Cola de régime (« diète »)	355 ml (1 cannette)	39 - 50 mg
Cola régulier	355 ml	36 - 46 mg

Sources : Adapté de Harland (2000) ; Santé Canada (2010) ; Shils, Moshe, Shike, Ross, & Caballero (1999).

9.2.2 Perturbations du sommeil à l'hôpital

Une hospitalisation, particulièrement dans une unité de soins intensifs (USI), est associée à une diminution de la durée totale de sommeil, de l'efficacité de celui-ci et du sommeil paradoxal. Un séjour à l'hôpital peut aggraver les troubles du sommeil préexistants ou en provoquer. Les facteurs qui nuisent au sommeil peuvent être liés à la personne elle-même, à sa maladie, à la médication ou à l'environnement. Les symptômes, notamment la douleur, la dyspnée et les nausées, sont aussi des facteurs qui contribuent à la perte de sommeil chez le client gravement malade. Certains médicaments couramment utilisés chez les clients atteints d'une maladie aiguë ou grave peuvent accentuer la privation de sommeil. Les clients hospitalisés sont à risque d'avoir un sommeil de piètre qualité en partie à cause des perturbations des rythmes circadiens. L'hôpital ou l'établissement de soins de longue durée représente un nouvel environnement; les repères habituels liés au sommeil peuvent en être absents.

Les bruits présents dans l'hôpital et à l'unité de soins intensifs (p. ex., le système de téléavertisseurs du personnel, les alarmes des appareils d'assistance respiratoire, les moniteurs, les alarmes des appareils de perfusion, les conversations entre membres du personnel), autant la nuit que le jour, peuvent entraîner de la difficulté à dormir. La présence de lumière vive durant la nuit est un autre facteur qui peut nuire au sommeil. Les activités liées aux soins des clients (p. ex., les changements de pansements, les prises de sang, la surveillance des signes vitaux) perturbent le sommeil. Les troubles respiratoires du sommeil constituent une préoccupation majeure au sein des unités de soins intensifs. Or, les clients qui sont sous assistance respiratoire ont une structure du sommeil inhabituelle, caractérisée par une courte période de sommeil paradoxal et une plus grande fragmentation du sommeil (Brown & Arora, 2008; Cabello *et al.*, 2008).

Une durée de sommeil réduite influe sur la perception de la douleur. Des facteurs psychologiques, comme l'anxiété et la dépression, modifient aussi la relation sommeil-douleur. Une gestion adéquate de la douleur améliore la durée et la qualité du sommeil. Mais les médicaments couramment utilisés pour soulager la douleur, en particulier les analgésiques opioïdes, ont aussi pour effet d'altérer le sommeil et d'exposer le client à des troubles respiratoires du sommeil. Le sevrage des analgésiques opioïdes est associé à des effets rebond sur la structure du sommeil.

L'infirmière joue donc un rôle critique dans l'instauration d'un environnement propice au sommeil. Cela touche notamment le fait de distribuer des médicaments, de dispenser des soins et de réduire l'intensité lumineuse et le bruit.

9.2.3 Narcolepsie

La **narcolepsie** est un trouble neurologique chronique causé par l'incapacité du cerveau à réguler normalement le cycle veille-sommeil. La personne atteinte de narcolepsie ressent un besoin soudain de dormir et peut s'endormir brutalement pour une période qui varie de quelques secondes à plusieurs minutes (National Center on Sleep Disorders Research, 2003). La narcolepsie touche à la fois les hommes et les femmes; elle atteint une personne sur 2 000 (Société canadienne du sommeil, 2007). La maladie débute généralement durant l'adolescence ou au début de la trentaine.

Il existe deux catégories de narcolepsie: la narcolepsie associée à la cataplexie et la narcolepsie sans cataplexie. La **cataplexie** correspond à une perte brève et soudaine du tonus des muscles squelettiques ou à une faiblesse musculaire jumelée ou non à un effondrement de la posture menant à une chute au sol. De tels épisodes peuvent être déclenchés par des rires, la colère ou la surprise. Environ 80 % des clients atteints de narcolepsie connaissent des épisodes de cataplexie (Société canadienne du sommeil, 2007). Les personnes narcoleptiques, en particulier celles atteintes de cataplexie, voient leur qualité de vie diminuée en raison de leur somnolence diurne excessive.

Étiologie et physiopathologie

La cause de la narcolepsie demeure inconnue. Une déficience en orexine (ou hypocrétine), un neuropeptide lié à la phase d'éveil, est associée à la narcolepsie.

Manifestations cliniques et examens paracliniques

Chez certains clients, les symptômes comprennent de brefs épisodes de paralysie temporaire (de quelques secondes à quelques minutes) au cours du sommeil, des hallucinations, de la cataplexie et un sommeil nocturne fragmenté. La paralysie atteint les muscles squelettiques (sauf les muscles de la respiration et les muscles externes de l'œil) et est souvent déclenchée par des émotions fortes; elle dure habituellement moins de deux minutes, et la personne demeure consciente.

On diagnostique la narcolepsie à partir des antécédents de somnolence, d'une polysomnographie et de **tests itératifs de latence d'endormissement (TILE)**. Pour effectuer ces tests, le client doit se soumettre à une polysomnographie nocturne, puis à quatre ou cinq siestes se succédant aux deux heures au cours de la journée suivante. Des latences de sommeil courtes et la présence d'épisodes de sommeil paradoxal dans plus de deux tests constituent des signes diagnostiques de narcolepsie.

RAPPELEZ-VOUS...

La perception de la douleur est également influencée par l'âge, la culture, les expériences antérieures, la fatigue, la signification de la douleur, entre autres.

Test itératif de latence d'endormissement (TILE): Analyse de l'activité du cerveau pendant une période de un ou deux jours, effectuée au cours du dépistage de pathologies du sommeil.

Processus diagnostique et thérapeutique

Pharmacothérapie

La narcolepsie ne peut être guérie. Par contre, la somnolence diurne excessive et la cataplexie, les symptômes les plus invalidants de l'affection, peuvent être maîtrisés chez la plupart des clients au moyen de médicaments. Cette prise en charge de la narcolepsie repose, entre autres, sur l'usage de stimulants apparentés aux amphétamines, pour la maîtrise de la somnolence diurne excessive, et d'antidépresseurs pour le contrôle de la cataplexie **ENCADRÉ 9.6** (Bhat & Solh, 2008 ; Ohayon & Okun, 2006). Les psychiatres et les spécialistes du sommeil travaillent en collaboration avec l'infirmière pour évaluer l'efficacité des médicaments prescrits.

Thérapie comportementale

Aucun des traitements pharmacologiques actuels ne guérit la narcolepsie ou ne permet au client de maintenir un état de vigilance constante, entière et totale. C'est pourquoi on combine ce type de traitement avec différentes stratégies comportementales. Les thérapies comportementales mises en œuvre contre l'insomnie (discutées précédemment dans ce chapitre) sont aussi utilisées chez les clients atteints de narcolepsie.

L'application de mesures de sécurité est d'une importance capitale pour les clients atteints de narcolepsie, particulièrement en ce qui a trait à la conduite automobile. Chez les personnes qui reçoivent le traitement approprié, le taux d'accident est normal (Bhat & Solh, 2008). L'infirmière peut jouer un rôle clé en s'assurant de la sécurité du client et du respect de ce dernier quant à la médication prescrite.

Certains groupes de soutien se révèlent également utiles à de nombreux clients atteints de narcolepsie et aux membres de leur famille. En raison des symptômes de cette affection, les personnes risquent l'isolement social. En effet, les clients atteints de narcolepsie peuvent être stigmatisés comme étant paresseux et improductifs, en raison d'un manque de compréhension du problème qu'ils vivent.

9.2.4 Troubles des rythmes circadiens

Des troubles des rythmes circadiens peuvent se présenter quand le système qui assure le maintien de ces rythmes n'est plus synchronisé avec l'environnement. Ce manque de synchronisation perturbe le cycle veille-sommeil et empêche le client d'obtenir un sommeil de qualité. Le décalage horaire compte parmi les principaux troubles des rythmes circadiens. Le travail de nuit en est aussi l'une des causes importantes ; ce sujet est abordé plus loin dans ce chapitre. Les deux symptômes couramment observés dans cette affection sont l'insomnie et la somnolence excessive.

Le décalage horaire se présente quand une personne qui voyage traverse plusieurs fuseaux horaires et que son horloge biologique n'est plus synchronisée avec l'heure de l'environnement où elle se trouve. La plupart des gens qui traversent plus de trois fuseaux horaires présentent des symptômes liés au décalage horaire. La gravité des symptômes et le temps nécessaire à la récupération dépendent du nombre de fuseaux horaires traversés. La resynchronisation de l'horloge interne s'effectue à raison d'environ une heure par jour quand on voyage vers l'est et de une heure et demie par jour quand on voyage vers l'ouest. La mélatonine, agissant comme facteur d'endormissement, contribue efficacement à resynchroniser cette horloge. La mélatonine est naturellement sécrétée durant toute la nuit et agit également au maintien du sommeil. L'exposition à la lumière du jour peut aussi faciliter la synchronisation de l'horloge interne avec l'environnement.

Plusieurs stratégies peuvent contribuer à réduire le risque de voir apparaître des symptômes liés au décalage horaire. Par exemple, avant de voyager, la personne peut commencer à s'ajuster à l'horaire de sa destination. Lorsque le séjour est bref (c'est-à-dire de deux jours ou moins), le fait de conserver les heures de sommeil habituelles plutôt que d'adopter les heures de sommeil du lieu de destination peut réduire la somnolence et les symptômes associés au décalage horaire.

9.2.5 Troubles respiratoires du sommeil

Le terme **troubles respiratoires du sommeil (TRS)** fait référence à des profils respiratoires anormaux pendant le sommeil. Ces troubles comprennent l'apnée obstructive du sommeil, le ronflement et l'hypopnée, accompagnés d'un effort respiratoire accru qui entraîne des réveils fréquents. Les troubles respiratoires du sommeil causent de fréquentes perturbations du sommeil et en modifient la structure. L'apnée obstructive du sommeil est le trouble respiratoire du sommeil le plus fréquemment diagnostiqué.

Pharmacothérapie

| ENCADRÉ 9.6 | **Narcolepsie** |

Excitants

- Sulfate de dextramphétamine (Dexidrine^MD)
- Méthamphétamine (Desoxyn^MD)
- Chlorhydrate de méthylphénidate (Concerta^MD)

Antidépresseurs

Tricycliques

- Chlorhydrate d'atomoxétine (Strattera^MD)
- Protriptyline (Vivactil^MD)
- Chlorhydrate de désipramine (Apo-Désipramine^MD)

Inhibiteurs de recapture de la sérotonine

- Chlorhydrate de fluoxétine (Prozac^MD)
- Chlorhydrate de venlafaxine (Effexor^MD)
- Oxybate de sodium (Xyrem^MD)

Apnée obstructive du sommeil

L'**apnée obstructive du sommeil (AOS)**, appelée aussi syndrome d'apnées-hypopnées obstructives du sommeil (SAHOS), se caractérise par l'obstruction partielle ou totale des voies respiratoires supérieures durant le sommeil. L'**apnée** correspond à l'arrêt de la respiration spontanée durant plus de 10 secondes. L'**hypopnée** est une affection caractérisée par une respiration superficielle (réduction de 30 à 50 % du flux respiratoire). L'obstruction du flux respiratoire se produit lorsque les voies respiratoires se resserrent à cause du relâchement du tonus musculaire durant le sommeil. Cela survient lorsque la langue et le voile du palais s'affaissent vers l'arrière et obstruent partiellement ou totalement le pharynx **FIGURE 9.3**.

Chaque obstruction peut durer de 10 à 90 secondes. Durant la période apnéique, le client peut souffrir d'**hypoxémie** (diminution de la pression partielle en oxygène [PaO_2] ou de la saturation pulsatile en oxygène [SpO_2]) et d'**hypercapnie** (augmentation de la pression partielle en gaz carbonique [$PaCO_2$]). Ces changements ont un effet stimulant sur le mécanisme de ventilation et causent de brefs épisodes de réveil, sans amener le client à se réveiller complètement. Celui-ci a une réaction de sursaut, il renifle et cherche son souffle, ce qui a pour effet de déplacer la langue et le voile du palais vers l'avant et de dégager les voies respiratoires. Les cycles d'apnée et d'éveil se produisent à répétition, jusqu'à 200 et même 400 fois par nuit de 6 ou 8 heures de sommeil.

L'apnée obstructive du sommeil est présente chez 24 % des hommes d'âge moyen et se manifeste chez 9 % des femmes d'âge moyen (Société canadienne du sommeil, 2003). Le risque d'AOS augmente avec l'obésité (un IMC supérieur à 28 kg/m²), l'âge (plus de 65 ans), la circonférence du cou (supérieure à 17 pouces), les malformations craniofaciales qui touchent les voies respiratoires supérieures et l'acromégalie (Bhat & Solh, 2008). Les fumeurs ont plus tendance à présenter ce type d'apnée, qui est aussi plus fréquent chez les hommes que chez les femmes, tant que celles-ci ne sont pas ménopausées. Après la ménopause, la prévalence de ce trouble est égale chez les deux sexes. Les femmes qui font de l'apnée obstructive du sommeil ont un taux de mortalité plus élevé. L'hypoxémie associée à cette affection est plus importante chez les clients atteints de maladie pulmonaire obstructive chronique (MPOC) (Hiestand & Phillips, 2008).

Manifestations cliniques et examens paracliniques

Les manifestations cliniques de l'apnée obstructive du sommeil comportent des réveils fréquents au cours d'une période de sommeil, de l'insomnie, de la somnolence diurne excessive et des épisodes apnéiques décrits par le partenaire. Ce dernier peut se plaindre du ronflement sonore du client. Le ronflement peut être dérangeant au point que les deux personnes ne peuvent dormir dans la même chambre. On peut aussi signaler d'autres symptômes comme les maux de tête matinaux (dus à l'hypercapnie ou à l'augmentation de la pression sanguine qui entraîne la vasodilatation des vaisseaux sanguins du cerveau), des modifications de la personnalité et de l'irritabilité.

Parmi les complications qui découlent de l'apnée obstructive du sommeil non traitée figurent l'hypertension, l'insuffisance cardiaque droite (découlant de l'hypertension pulmonaire causée par une hypoxémie chronique nocturne) et l'arythmie cardiaque. Les symptômes de l'AOS peuvent

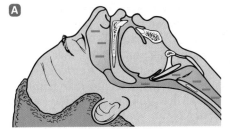
Client prédisposé à l'AOS

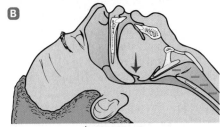
Épisode d'apnée

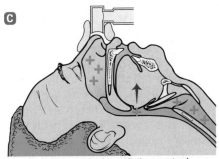
Technique nasale de ventilation spontanée en pression positive continue

FIGURE 9.3

Mécanisme de l'apnée obstructive du sommeil – **A** Le client prédisposé à l'AOS présente un passage pharyngé étroit. **B** Pendant le sommeil, le muscle pharyngé se détend, ce qui a pour effet de fermer le passage de l'air. L'obstruction du flux respiratoire provoque des épisodes apnéiques répétés. **C** Avec la technique de ventilation spontanée en pression positive continue, l'ouverture du passage est maintenue, ce qui prévient l'obstruction du flux respiratoire.

influer sur de nombreux aspects de la vie du client. La perte chronique de sommeil prédispose à une diminution de la capacité de concentration, à un déficit mnésique, à une incapacité d'accomplir certaines tâches quotidiennes et à des difficultés de relations interpersonnelles. Les hommes peuvent éprouver des problèmes d'impuissance. Les accidents de la route sont plus fréquents chez les personnes qui ressentent souvent de la somnolence. La vie familiale et la capacité de conserver un emploi sont fréquemment compromises. Il s'ensuit que le client peut sombrer dans une grave dépression. Lorsque de tels problèmes sont décelés, il est important d'orienter le client vers des ressources spécialisées. Par ailleurs, l'arrêt respiratoire que signale le partenaire est généralement une grande source d'anxiété, justifiée par la crainte que la respiration ne reprenne pas spontanément.

L'évaluation du client atteint d'apnée obstructive du sommeil comporte un examen complet de ses antécédents médicaux et une évaluation du sommeil. Certains symptômes de l'affection, comme la somnolence diurne, le ronflement et l'observation d'épisodes d'apnée, sont des caractéristiques faciles à remarquer. D'autres manifestations, comme des symptômes d'affection cardiovasculaire, de la douleur musculaire et des changements d'humeur, sont moins évidents. Les clients atteints d'AOS présentent fréquemment d'autres problèmes de santé comme des antécédents d'accident vasculaire cérébral ou de maladie cardiovasculaire.

Le diagnostic d'apnée obstructive du sommeil se fonde sur une polysomnographie. Au cours de cet examen, une machine mesure les mouvements thoraciques et abdominaux du client, la quantité d'air qui circule par la bouche et par le nez, la SpO_2, ainsi que la fréquence et le rythme cardiaques. Un diagnostic d'apnée obstructive du sommeil doit être appuyé par l'observation d'épisodes apnéiques (aucun flux respiratoire, avec des efforts pour respirer) ou d'hypopnée (un flux respiratoire diminué de 30 à 50 %, avec des efforts pour respirer) d'une durée minimale de 10 secondes. L'AOS se définit par la présence de plus de cinq épisodes d'apnée ou d'hypopnée par heure, accompagnés d'une diminution de 3 à 4 % de la SpO_2. On parle d'apnée grave en présence de 30 à 50 épisodes apnéiques par heure de sommeil. En règle générale, la polysomnographie est effectuée dans un laboratoire de sommeil. Il arrive aussi qu'une étude du sommeil soit pratiquée au domicile du client, au moyen d'un dispositif portable. Pendant la nuit, une oxymétrie transcutanée permet d'évaluer la SpO_2 et de déterminer dans quelle mesure un apport supplémentaire nocturne d'oxygène est indiqué.

Soins et traitements en interdisciplinarité

APNÉE OBSTRUCTIVE DU SOMMEIL

L'application de mesures simples peut corriger l'apnée obstructive du sommeil moyenne (de 5 à 10 épisodes d'apnée ou d'hypopnée par heure). Le traitement minimal commence à la maison et consiste simplement à dormir sur le côté plutôt que sur le dos. Chez certains clients, le fait d'élever la tête du lit réussit à mettre fin au problème. Le client doit savoir qu'il lui faut éviter de prendre des sédatifs ou de consommer des boissons alcoolisées au moins trois à quatre heures avant de se coucher, car les somnifères et l'alcool ont souvent pour effet d'augmenter l'apnée obstructive du sommeil. Le client doit être informé des dangers liés à la conduite automobile ou à l'utilisation d'équipements lourds. L'AOS est un trouble qui peut constituer une menace pour la vie. Comme l'excès de poids favorise son apparition et qu'une perte de poids permet d'en diminuer l'importance, il peut être indiqué d'orienter le client vers un programme de perte de poids. La chirurgie bariatrique, en favorisant la perte de poids, a aussi pour effet de réduire l'apnée obstructive du sommeil (Greenburg, Lettieri, & Eliasson, 2009).

Près de la moitié des clients atteints d'apnée obstructive du sommeil constatent la disparition de leurs symptômes lorsqu'ils utilisent, durant leur sommeil, une pièce buccale spéciale, appelée dispositif oral pour prévenir l'obstruction du flux respiratoire. Le dispositif oral pousse la mâchoire inférieure et la langue vers l'avant et maintient les voies aériennes ouvertes, prévenant ainsi leur occlusion. Chez les clients dont les symptômes sont plus importants (plus de 15 épisodes d'apnée ou d'hypopnée par heure), la ventilation spontanée en pression positive continue (ou *continuous positive airway pressure* [CPAP]) appliquée au moyen d'un masque constitue le traitement à privilégier **ENCADRÉ 9.7**. Le client porte alors un masque nasal relié à un appareil compresseur **FIGURE 9.4**. Cet appareil est ajusté de manière à maintenir une pression positive suffisante (de 5 à 25 cm H_2O) dans les voies aériennes durant l'inspiration et l'expiration, et ce, pour éviter leur affaissement. L'infirmière pourra faire appel à un inhalothérapeute pour aider les clients à comprendre le fonctionnement de l'appareil et à l'utiliser. Certains clients ne s'habituent pas à porter un masque sur le nez et la bouche ou à expirer contre la pression élevée. Il existe un traitement technologiquement plus sophistiqué, au moyen d'un appareil à deux niveaux de pression appelé BiPAP (en anglais *bilevel positive airway pressure*), qui fonctionne selon une pression plus forte à l'inspiration qu'à l'expiration. Avec le BiPAP, l'apnée obstructive du sommeil peut être soulagée par l'application d'une pression moyenne plus faible, et le client tolère mieux le traitement.

Même si la ventilation spontanée en pression positive continue est hautement efficace pour réduire l'apnée et l'hypopnée, l'observance du traitement demeure faible. Environ les deux tiers des

Jugement clinique

Capsule

Monsieur Erick Parnell, 52 ans, est contrôleur aérien. Il est de nature plutôt anxieuse et dit vivre un grand stress au travail. Il pèse 90 kg et mesure 1,70 m. Il est hypertendu, traité avec du tartrate de métoprolol (Lopresor[MD]) 100 mg b.i.d. De plus, il fume environ 30 cigarettes par jour.

Selon vous, d'après cette courte anamnèse de monsieur Parnell, quel facteur le rend susceptible de présenter de l'apnée obstructive du sommeil ?

ENCADRÉ 9.7	**La ventilation spontanée en pression positive continue permet-elle d'éviter l'apnée obstructive du sommeil ?**

Question clinique

Chez les clients adultes souffrant d'apnée obstructive du sommeil (AOS) (P), la ventilation spontanée en pression positive continue (CPAP) (I), par rapport à l'absence de traitement (C), permet-elle de réduire davantage la somnolence diurne (O) ?

Résultats probants

- Revue systématique des essais cliniques aléatoires.

Analyse critique et synthèse des données

- Selon 48 essais cliniques aléatoires menés auprès de clients souffrant d'AOS traitée par au moins une semaine de CPAP.
- Facteurs évalués : somnolences subjective et objective, pression artérielle, qualité de vie et conduite automobile.
- L'usage nocturne de la CPAP a permis de réduire la somnolence diurne chez des clients souffrant de divers degrés d'AOS.

Conclusion

- La CPAP permet de réduire l'apnée obstructive du sommeil modérée à grave ainsi que de l'AOS légère chez les clients dont la qualité de vie et les activités quotidiennes sont perturbées.

Recommandations pour la pratique infirmière

- Discuter avec le fournisseur de soins de premier recours et le client de la possibilité de diriger ce dernier chez un spécialiste en vue d'une évaluation du sommeil.
- Montrer au client comment ajuster le masque de la CPAP ou le masque nasal en vue de réduire l'irritation et l'inconfort (p. ex., l'irritation du nez, de la gorge).

Référence

National Institute for Health and Clinical Excellence (NICE) (2008). *Continuous positive airway pressure for treatment of obstructive sleep apnoea/hypopnoea syndrome*. Londres, R.-U. : NICE.

P : population visée; I : intervention; C : comparaison; O : (*outcome*) résultat.

FIGURE 9.4

La prise en charge de l'apnée obstructive du sommeil exige souvent le port d'un masque nasal durant le sommeil. La pression de l'air provenant du compresseur ouvre l'oropharynx et le nasopharynx.

clients qui utilisent cette technique rapportent des effets secondaires tel l'embarras de la respiration nasale. L'adhésion à ce traitement constitue un problème pour certains clients. Pour améliorer la situation, il est utile que l'infirmière vérifie tout d'abord ce que le client connaît de l'AOS et de la ventilation spontanée en pression positive continue et qu'elle fasse participer le partenaire de lit à la démarche de formation. Elle évaluera aussi la résistance nasale du client. De plus, un choix de masque et de dispositif tenant compte des préférences du client de même qu'une séance de familiarisation avec la technologie de la ventilation spontanée en pression positive continue avant le début du traitement contribuent de manière importante à assurer l'observance du traitement par le client (Weaver & Grunstein, 2008). Des interventions comme des séances encadrées de dépannage relatif à l'utilisation de l'équipement ou de résolution de problèmes constituent des stratégies qui aident à réduire l'anxiété et à favoriser l'adhésion au traitement au moyen de cette technique de ventilation. Certaines personnes trouvent que se joindre à un groupe de soutien les aide à exprimer leurs préoccupations et leurs émotions et à discuter de stratégies de résolution de problèmes.

Quand un client souffrant d'apnée obstructive du sommeil est hospitalisé, l'infirmière doit se rappeler que l'utilisation d'analgésiques opioïdes et de médicaments à effet sédatif (benzodiazépines, barbituriques, hypnotiques) peut augmenter les symptômes, et ce, en raison de leur effet dépresseur sur la respiration. Le client devra alors utiliser l'équipement de ventilation spontanée en pression positive continue ou de BiPAP lorsqu'il dort ou se repose (Ross, 2008). Si le client possède son propre équipement de ventilation spontanée en pression positive continue, l'infirmière devra vérifier si les règlements de l'hôpital permettent son utilisation et consulter l'inhalothérapeute au besoin.

Si toutes les autres mesures échouent, on peut avoir recours à la chirurgie. Les deux interventions les plus courantes sont l'uvulopalatopharyngoplastie et l'avancement du génioglosse conjugué à la myotomie hyoïdienne (GAHM, en anglais : *genioglossal advancement and hyoid myotomy*). Dans l'uvulopalatopharyngoplastie, on procède à l'excision des piliers amygdaliens, de la luette et du voile du palais en vue de retirer les tissus obstructifs. Dans l'avancement du génioglosse, on déplace le point d'attache de la partie musculaire de la langue vers l'avant, sur la mâchoire inférieure. Quand on effectue une uvulopalatopharyngoplastie, on pratique généralement un avancement du génioglosse par la même occasion. Les symptômes peuvent ainsi être soulagés, et le taux de réussite varie de 50 à 70 %, selon la localisation de l'obstruction (Senders & Strong, 2003). On peut aussi avoir

Ablation par radiofréquence (ARF): Intervention qui consiste à placer, dans une zone tissulaire prédéterminée, des électrodes génératrices de courants de radiofréquence qui, se transformant en chaleur, ont un effet destructeur sur la zone visée.

Le syndrome des jambes sans repos est présenté plus en détail dans le chapitre 21, *Interventions cliniques – Troubles neurologiques chroniques.*

recours à l'**ablation par radiofréquence (ARF)**, seule ou en combinaison avec d'autres techniques chirurgicales. L'ablation par radiofréquence est la moins effractive de toutes les interventions chirurgicales utilisées pour corriger l'apnée obstructive du sommeil.

Lorsque certaines complications postopératoires se manifestent (comme l'obstruction des voies aériennes ou une hémorragie), elles surviennent surtout durant la période postopératoire immédiate. Le client peut habituellement regagner son domicile une journée après l'intervention. Avant de retourner à la maison, l'infirmière l'informera de ce qui l'attend durant la période postopératoire de rétablissement. Elle lui expliquera qu'il aura mal à la gorge et qu'il aura peut-être mauvaise haleine. Si tel était le cas, il pourrait l'atténuer en utilisant du rince-bouche dilué, puis de l'eau salée après quelques jours. L'infirmière informera aussi le client que le ronflement persistera peut-être jusqu'à ce que l'inflammation diminue. Le suivi du client après une chirurgie est important. Une nouvelle polysomnographie sera prévue environ trois ou quatre mois après la chirurgie.

9.2.6 Syndrome de mouvements périodiques des membres

Le **syndrome de mouvements périodiques des membres (SMPM)** se caractérise par des mouvements involontaires et répétitifs des jambes ou des bras (ou des deux) qui se manifestent seulement durant le sommeil. Ce syndrome s'accompagne parfois de mouvements abdominaux, de la bouche ou du nez. Les secousses musculaires durent de 0,5 à 10 secondes, et elles se manifestent à intervalles de 5 à 90 secondes dans la première partie de la nuit. Cela entraîne une mauvaise qualité de sommeil, ce qui peut causer des troubles du maintien du sommeil ou de la somnolence diurne excessive. Le syndrome de mouvements périodiques des membres et le syndrome des jambes sans repos sont souvent présents simultanément, mais ils constituent des syndromes distincts ▶ 21 .

Le diagnostic de syndrome de mouvements périodiques des membres se fonde sur l'analyse des antécédents de sommeil détaillés fournis par le client ou son partenaire, de même que sur une polysomnographie. On traite ce syndrome au moyen de médicaments permettant de réduire ou d'éliminer les mouvements des membres ou les réveils. Les médicaments dopaminergiques (chlorhydrate de pramipexole [Mirapex^MD] et chlorhydrate de ropinirole [ReQip^MD]) sont privilégiés dans le traitement.

9.2.7 Parasomnies

Les **parasomnies** se définissent comme des comportements inhabituels et souvent indésirables qui ont lieu durant le sommeil ou au réveil. Les parasomnies qui se produisent durant le sommeil paradoxal comprennent l'énurésie (émission urinaire involontaire nocturne), des hallucinations et la consommation d'aliments. Les parasomnies sont causées par l'activation du système nerveux central et impliquent souvent des comportements complexes. Elles correspondent généralement à des actions orientées vers un but, quoique la personne en cause n'en soit pas consciente. Les parasomnies peuvent entraîner de la fatigue et un sommeil fragmenté.

Le somnambulisme et les terreurs nocturnes sont des troubles qui se manifestent au cours du sommeil lent. La personne qui présente un comportement de somnambulisme peut s'asseoir dans son lit, déplacer des objets, marcher dans une pièce et même conduire une voiture. Au cours d'un épisode de somnambulisme, la personne ne parle pas et a peu ou pas conscience de ce qui se produit (Zadra, Pilon, & Montplaisir, 2008). La plupart du temps, la personne somnambule n'a aucun souvenir de ce qui s'est passé. Dans les unités de soins intensifs, une parasomnie peut être confondue avec une « psychose liée à l'unité de soins intensifs ». Par ailleurs, les clients de ces unités qui sont sous sédatifs peuvent également présenter des manifestations de parasomnies.

Les terreurs nocturnes (ou frayeurs nocturnes) se caractérisent par un réveil soudain accompagné de hurlements et de signes de panique. On observe alors une réaction intense du système autonome, notamment une élévation de la fréquence cardiaque, une accélération du rythme respiratoire et de la diaphorèse. Dans les unités de soins intensifs, certains facteurs comme les interruptions et la privation de sommeil, la fièvre, le stress (physique ou émotionnel) et l'exposition au bruit et à la lumière peuvent contribuer à la manifestation de terreurs nocturnes.

Les cauchemars constituent une parasomnie caractérisée par des réveils répétitifs accompagnés de souvenirs de rêves effrayants ou troublants (Nielsen & Levin, 2007). Les cauchemars se manifestent habituellement durant le dernier tiers du sommeil et sont associés au sommeil paradoxal. Ils sont couramment décrits par les clients hospitalisés dans les unités de soins intensifs et correspondent probablement à des effets secondaires de médicaments puisque le sommeil paradoxal est souvent perturbé chez les clients gravement malades. Plus un client séjourne longtemps à l'unité de soins intensifs, plus il est susceptible de faire des cauchemars. Les classes de médicaments pouvant causer plus de cauchemars sont :

• les sédatifs hypnotiques non barbituriques ;

• les antagonistes bêtaadrénergiques ;

• les agonistes de la dopamine ;

• les amphétamines.

9.2.8 Besoins de sommeil propres aux infirmières

La profession infirmière est l'une des nombreuses professions qui exigent de travailler selon des horaires atypiques. Dans plusieurs d'unités de soins actifs et de soins de longue durée, les infirmières travaillent ou choisissent de travailler sur divers quarts de jour, de soir ou de nuit, souvent en alternance ou en rotation (Winwood, Winefield, & Lushington, 2006).

Malheureusement, les infirmières qui ont de tels horaires rapportent souvent retirer moins de satisfaction de leur travail et vivre plus de stress professionnel (Samaha, Lal, Samaha, & Wyndham, 2007).

Les infirmières qui travaillent de façon permanente de nuit ou en rotation rapide sont à risque plus élevé de vivre des troubles du cycle veille-sommeil associés au travail par quarts, comme l'insomnie, la somnolence et la fatigue (Infante-Rivard, Dumont, & Montplaisir, 1989). Les infirmières qui travaillent sur des quarts rotatifs sont celles qui dorment le moins. L'accumulation de périodes de sommeil insuffisant finit par créer une dette de sommeil de plus en plus importante. Un sommeil de mauvaise qualité s'avère être le plus important facteur de fatigue chronique chez ces infirmières. Le travail sur des quarts de nuit ou des quarts rotatifs comporte donc des problèmes particuliers pour le sommeil de l'infirmière, et même à long terme, une fois le travail de nuit cessé (Dumont, Montplaisir, & Infante-Rivard, 1997).

Le travail par quarts altère la synchronisation des rythmes circadiens avec l'environnement. Les infirmières qui travaillent de nuit se sentent souvent trop somnolentes pour être tout à fait alertes au travail et trop éveillées pour bien dormir durant la journée du lendemain. Les changements constants imposés aux rythmes circadiens, comme ceux que produit le travail par quarts rotatifs, sont associés à des répercussions sur la santé, notamment à des taux de morbidité et de mortalité plus élevés (problèmes cardiovasculaires). De plus, on note plus souvent la présence de troubles de l'humeur comme l'anxiété

chez les infirmières qui travaillent par quarts rotatifs et des problèmes gastro-intestinaux chez les infirmières qui travaillent par quarts, en comparaison avec celles qui ont un horaire constant de jour.

Du point de vue de la sécurité du client, un sommeil perturbé et la fatigue qui s'ensuit constituent des dangers dans un milieu de travail (risques d'erreurs et d'accidents) pour les infirmières, de même que pour leurs clients. La fatigue peut entraîner des troubles de la perception, un jugement altéré et une diminution des capacités décisionnelles. Le manque de sommeil perturbe la capacité de s'adapter au stress et de le gérer. Par la suite, cette capacité réduite de gérer le stress peut mener à l'épuisement physique, mental et émotionnel (Samaha *et al.*, 2007).

Le problème de la perturbation du sommeil est d'une importance capitale dans la profession infirmière. Plusieurs stratégies peuvent aider à réduire la détresse associée au travail par quarts rotatifs. Le maintien d'un horaire de sommeil et d'éveil constant, même les jours de congé, est idéal, quoique parfois irréaliste. En ce qui a trait au quart de nuit, le fait de planifier la période de sommeil juste avant le travail augmente le degré de concentration et de vigilance, améliore le temps de réaction et diminue le nombre d'accidents durant le quart. Les infirmières qui peuvent choisir leur horaire de travail semblent vivre une moins grande perturbation de leur sommeil que celles qui ont un horaire imposé (Kilpatrick & Lavoie-Tremblay, 2006). Aussi, le chronotype pourrait jouer un rôle dans la tolérance au travail de nuit : les infirmières « matinales » sembleraient moins bien s'adapter que celles qui sont « vespérales » (Sack *et al.*, 2007). Il est important que les infirmières reconnaissent les effets qu'occasionne la perturbation de leur sommeil. De bonnes pratiques d'hygiène du sommeil et une meilleure gestion de l'horaire de travail peuvent pallier certains inconvénients. Des stratégies individuelles comme dormir dans une pièce sombre, minimiser les dérangements durant le jour et utiliser des bruits blancs ou porter des bouchons d'oreilles peuvent améliorer la qualité du sommeil diurne (Novak & Auvil-Novak, 1996 ; Samaha *et al.*, 2007 ; Société canadienne du sommeil, 2003).

RAPPELEZ-VOUS...

L'article 25 du Code de déontologie des infirmières et infirmiers explique que l'infirmière ou l'infirmier doit faire preuve de disponibilité et de diligence raisonnables.

Considérations gérontologiques

LE SOMMEIL CHEZ LES PERSONNES ÂGÉES

Avec l'âge, le changement le plus notable que l'on observe est la diminution de la quantité de sommeil profond. Les adultes âgés rapportent avoir plus de difficulté à s'endormir et à rester endormis que les adultes plus jeunes. Le vieillissement est associé à une durée totale de sommeil plus courte, à une moins grande efficacité du sommeil et à des réveils plus nombreux (Bloom *et al.*, 2009 ; Vitiello, Larsen, & Moe, 2004). À partir de l'âge de 50 ans, le temps passé en période de sommeil lent diminue, et la fragmentation du sommeil augmente.

Même les aînés en bonne santé qui ne se plaignent pas de troubles du sommeil présentent des signes de sommeil fragmenté, d'éveil nocturne et d'efficacité du sommeil moindre quand ils passent une polysomnographie. Les personnes âgées considèrent parfois que les perturbations de sommeil sont normales en vieillissant. Par conséquent, il arrive qu'elles ne rapportent pas leurs symptômes de troubles du sommeil aux professionnels de la santé (Misra & Malow, 2008).

On croit souvent à tort que les personnes plus âgées ont moins besoin de sommeil que les adultes plus jeunes. En fait, la quantité de sommeil dont une personne a besoin varie peu avec l'âge. Le problème principal tient plutôt au fait que de nombreux facteurs contribuent à diminuer la capacité des personnes âgées à obtenir un sommeil de qualité.

Chez les aînés, les symptômes d'insomnie se manifestent fréquemment en même temps qu'un épisode de dépression, une maladie cardiaque ou parallèlement à des douleurs corporelles ou des problèmes cognitifs. L'insomnie peut avoir des conséquences néfastes sur la fonction cognitive des adultes âgés en bonne santé. Les femmes âgées rapportent avoir davantage de difficulté à s'endormir et en particulier à rester endormies (Vitiello *et al.*, 2004). Certains autres troubles du sommeil (p. ex., les troubles respiratoires du sommeil) augmentent également avec l'âge et peuvent s'accompagner de symptômes d'insomnie.

Le fait de se réveiller la nuit et de se lever pour aller aux toilettes accroît le risque de chutes. Certains adultes âgés ont recours à des médicaments offerts en vente libre ou à l'alcool pour favoriser l'endormissement. Cette pratique contribue à accroître encore plus le risque de chutes nocturnes. Chez les personnes âgées, des perturbations chroniques du sommeil peuvent mener à la désorientation, au délirium, à un esprit moins vif, à des troubles cognitifs ou à des risques accrus d'accidents et de blessures (Garcia, 2008 ; Haimov, Hanuka, & Horowitz, 2008).

Certaines maladies chroniques, comme les MPOC, le diabète, la démence, la douleur chronique et le cancer sont plus courantes chez les adultes âgés et peuvent nuire à la qualité du sommeil et augmenter la prévalence de l'insomnie (Haimov *et al.*, 2008). Les médicaments utilisés pour traiter ces maladies occasionnent parfois des problèmes de sommeil. Les médicaments offerts en vente libre peuvent également causer des troubles du sommeil.

Les médicaments contre la toux et le rhume, en particulier ceux qui contiennent de la pseudoéphédrine ou de la caféine (p. ex., les combinaisons d'acétaminophène) et de la nicotine (p. ex., les gommes à la nicotine et les timbres transdermiques) sont des stimulants. La diphénylhydramine, seule ou en combinaison avec d'autres médicaments, a une action sédative et des effets anticholinergiques. La mention « DM » apposée à un médicament offert en vente libre indique que celui-ci contient de la diphénylhydramine et qu'il devrait être utilisé avec précaution chez les personnes âgées.

Comme beaucoup de personnes âgées ne parlent pas de leurs problèmes de sommeil aux professionnels de la santé, l'infirmière peut procéder à une évaluation du sommeil pour détecter la présence de ces troubles **ENCADRÉ 9.5**. Par ailleurs, le bruit et l'intensité lumineuse que l'on observe dans un environnement de soins actifs peuvent contribuer à accroître les troubles du sommeil chez la personne âgée (Missildine, 2008).

Les thérapies médicamenteuses sont plus problématiques pour les aînés. Lorsque cela est possible, on devrait éviter le recours aux benzodiazépines à action prolongée. Les personnes âgées traitées au moyen de benzodiazépines sont à risque plus élevé de somnolence diurne, de chutes et de baisse des facultés cognitives et psychomotrices. L'usage d'hypnotiques devrait se limiter à une période aussi courte que possible et, en général, ne pas dépasser deux ou trois semaines (Conn & Madan, 2006).

Le métabolisme de la plupart des hypnotiques diminue avec l'âge. Les aînés démontrent une plus grande sensibilité aux hypnotiques et aux sédatifs. C'est pourquoi la pharmacothérapie des troubles du sommeil débute avec des doses plus faibles de médicaments, en plus d'être étroitement surveillée.

RAPPELEZ-VOUS...

Beaucoup de produits offerts en vente libre sont des produits de santé naturels. Leur qualité est variable, et certaines personnes croient à tort que ces produits sont inoffensifs et n'entraînent pas d'effets secondaires.

Analyse d'une situation de santé · Jugement **clinique**

Monsieur Fritz Argan, 53 ans, est sous observation au service des urgences. Il s'y est présenté à 23 h 30, car, en retournant chez lui en voiture, il a subitement ressenti une vive douleur au dos irradiant au côté droit de l'abdomen. Les signes vitaux pris par l'infirmière au triage étaient les suivants : T° 38 °C, P.A. 128/84, P 82, SpO₂ 96 %, respiration normale. L'analyse d'urine a révélé de l'hématurie microscopique. Le médecin soupçonne fortement une colique néphrétique.

Monsieur Argan s'est plaint d'une douleur d'une intensité variant entre 9 et 10 sur 10. Il a reçu une dose de morphine 5 mg I.V. à 00 h 10, mais il n'a pas été soulagé. Après une deuxième dose à 02 h 15, il évalue sa douleur à 7 sur 10. Sa conjointe est arrivée entretemps et elle rapporte que son mari a l'habitude de dormir sur le côté. Elle ajoute qu'il ronfle bruyamment, qu'il est facilement essoufflé et qu'il lui arrive de cesser de respirer lorsqu'il dort. Il faut dire que le client pèse 98 kg et mesure 1,66 m.

Vers 6 h, monsieur Argan devient soudainement très agité et anxieux. Le médecin a prescrit de l'hydromorphone (Dilaudid^MD), 2 à 4 mg S.C. q.3 h p.r.n. L'infirmière décide d'administrer 4 mg S.C. et d'installer des contentions aux poignets pour éviter que le client arrache son soluté, ce qui oblige ce dernier à rester sur le dos.

SOLUTIONNAIRE

www.cheneliere.ca/lewis

Collecte des données – Évaluation initiale – Analyse et interprétation

1. Dans l'évaluation initiale de monsieur Argan, l'infirmière a omis de préciser une donnée importante. Laquelle ?

2. L'infirmière aurait dû vérifier une donnée supplémentaire relative aux renseignements fournis par la conjointe du client et susceptible d'accentuer le risque de dépression respiratoire. Quelle est cette donnée ?

3. Pourquoi l'infirmière a-t-elle raison de soupçonner que monsieur Argan présente de l'apnée obstructive du sommeil (AOS) ?

4. Concernant l'AOS, l'infirmière devrait-elle établir un plan thérapeutique infirmier (PTI) pour assurer le suivi clinique de la situation de santé de monsieur Argan ? Justifiez votre réponse.

Planification des interventions – Décisions infirmières

Extrait

CONSTATS DE L'ÉVALUATION							
Date	Heure	N°	Problème ou besoin prioritaire	Initiales	RÉSOLU / SATISFAIT		Professionnels / Services concernés
					Date	Heure	Initiales	
2011-05-06	02:00	2	Risque de dépression respiratoire					
		3	Apnée obstructive du sommeil	A.L.				

SUIVI CLINIQUE							
Date	Heure	N°	Directive infirmière	Initiales	CESSÉE / RÉALISÉE		
					Date	Heure	Initiales
2011-05-06	02:00	2	Appliquer le protocole de surveillance				
			du client recevant des opioïdes.	A.L.			

Signature de l'infirmière	Initiales	Programme / Service	Signature de l'infirmière	Initiales	Programme / Service
Andrée Larouche	A.L.	Urgence			
		Urgence			

5. En plus du risque réel de dépression respiratoire causée par les médicaments opioïdes, l'infirmière ajoute le problème prioritaire d'*Apnée obstructive du sommeil* dans l'extrait du PTI de monsieur Argan. Formulez deux directives infirmières concernant ce problème prioritaire, dont une s'appliquerait également au problème prioritaire numéro 2.

Évaluation des résultats – Évaluation en cours d'évolution

6. Dans son évaluation des signes de dépression respiratoire possible accentuée par l'AOS, quel élément majeur l'infirmière doit-elle considérer à propos de la dose d'hydromorphone 4 mg qu'elle a administrée à monsieur Argan ?

Application de la pensée critique

Dans l'application de la démarche de soins auprès de monsieur Argan, l'infirmière a recours aux éléments du modèle de la pensée critique pour analyser la situation de santé du client et en comprendre les enjeux. La **FIGURE 9.5** résume les caractéristiques de ce modèle en fonction des données de ce client, mais elle n'est pas exhaustive.

Vers un jugement **clinique**

Connaissances
- Signes et symptômes de la colique néphrétique
- Facteurs de risque de l'apnée du sommeil
- Manifestations cliniques de l'apnée du sommeil
- Effets secondaires des médicaments opioïdes
- Signes de dépression respiratoire
- Échelle analogique d'évaluation de la douleur
- Équivalences entre les dosages des différents opioïdes

Expériences
- Soins au client éprouvant une douleur aiguë
- Surveillance des clients recevant des opioïdes
- Entourage personnel affecté par l'AOS

ÉVALUATION
- Caractéristiques de la douleur ressentie par monsieur Argan
- IMC du client
- Caractéristiques de la respiration du client lorsqu'il dort
- Position habituelle adoptée par monsieur Argan pour dormir
- Évaluation complète de la respiration et de la sédation après l'administration d'opioïdes

Normes
- Critères d'évaluation au triage
- Utilisation d'une échelle analogique pour l'évaluation de l'intensité de la douleur
- Protocole de surveillance d'un client sous médication opioïde
- Documentation pertinente et complète dans les notes d'évolution
- Activité réservée aux infirmières de décider de l'utilisation des mesures de contention et protocole d'application

Attitudes
- Inclure les proches dans la recherche de données pertinentes au moment de l'évaluation initiale et en cours d'évolution
- Ne pas négliger les craintes des proches du client
- Ne pas banaliser les risques pour la santé associés à l'AOS

FIGURE 9.5

Application de la pensée critique à la situation de santé de monsieur Argan

■ ■ ■ À retenir

- Le sommeil se distingue d'autres états d'inconscience où la personne ne peut être réveillée, comme le coma.

- Le terme « manque de sommeil » fait référence au fait de ne pas réussir à dormir suffisamment pour être totalement éveillé et avoir l'esprit alerte durant le jour.

- Les termes « troubles du sommeil » et « perturbation du sommeil » désignent des affections qui entraînent un sommeil de piètre qualité.

- Beaucoup de troubles du sommeil demeurent non traités parce que, souvent, les professionnels de la santé n'abordent pas spontanément cette question, et les clients n'en parlent pas.

- On peut avoir recours à la luminothérapie pour décaler le cycle veille-sommeil.

- La privation de sommeil et un sommeil de piètre qualité sont associés à des changements dans les fonctions de l'organisme et à des problèmes de santé.

- Les fonctions cognitives et la capacité d'exécution de tâches simples sont amoindries dans les 24 heures qui suivent une perte de sommeil.

- Le trouble du sommeil le plus courant est l'insomnie ; il touche approximativement un adulte sur trois.

- Les médicaments favorisant le sommeil ne sont efficaces qu'à court terme.

- Les troubles circadiens apparaissent quand le rythme éveil-sommeil est perturbé, comme chez les travailleurs de nuit et les personnes qui traversent plusieurs fuseaux horaire.

- Les proches aidants sont susceptibles de vivre des perturbations de leur sommeil en raison de l'obligation de fournir des soins à leur proche malade à la maison.

Pour en savoir plus

VERSION COMPLÈTE ET DÉTAILLÉE

www.cheneliere.ca/lewis

Références Internet

Organismes et associations

American Academy of Sleep Medecine
www.aasmnet.org

Association pulmonaire du Canada > Maladies pulmonaires > Apnée du sommeil
www.poumon.ca

National Sleep Foundation
www.sleepfoundation.org

SleepEducation.com
www.sleepeducation.com

Sleep Research Society
www.sleepresearchsociety.org

Société canadienne du sommeil
www.css.to

Références générales

Infiressources > Banques et recherches > Santé > Habitudes de vie > Sommeil
www.infiressources.ca

PasseportSanté.net > Maladies > Index des maladies de A à Z
> Apnée du sommeil
> Insomnie
> Troubles des rythmes circadiens
www.passeportsante.net

Monographies

Billiard, M., & Dauvilliers, Y. (2006). *Les troubles du sommeil.* Paris : Masson.

Bixler, E. (2009). *Epidemiology of sleep disorders: Clinical implications, an issue of sleep medicine, 5-1.* Philadelphia : Saunders.

Kryger, M. (2009). *Atlas of clinical sleep medicine.* Philadelphia : Saunders.

Morin, C.M. (2009). *Vaincre les ennemis du sommeil* (2e éd.). Montréal : Les Éditions de l'Homme.

Articles, rapports et autres

Hudon, C. (2008). L'évaluation clinique du sommeil. *Le Clinicien, 23*(2), 79-83.

Lapierre, M. (2008). L'apnée du sommeil : dossier. *Médecin du Québec, 43*(5), 31-80.

Lespérance, P. (2008). Le traitement de l'insomnie. *Le Clinicien, 21*(1), 69-75.

Écrit par:
Mary Ersek, PhD, RN, FAAN
Rosemary C. Polomano,
PhD, RN, FAAN

Adapté par:
Patricia Bourgault, inf., Ph. D.

Douleur

Objectifs

 Guide d'études – SA14

Après avoir lu ce chapitre, vous devriez être en mesure:

- de définir la douleur;

- de décrire les mécanismes neuronaux de la douleur et la modulation
de la douleur;

- de classifier les types de douleur;

- d'expliquer les effets physiques et
psychologiques de la douleur non
soulagée;

- d'interpréter les données subjectives
et objectives issues d'une évaluation
complète de la douleur;

- de décrire les techniques efficaces de
prise en charge multidisciplinaire de la
douleur;

- de décrire les méthodes pharmacologiques et non pharmacologiques de
soulagement de la douleur;

- d'expliquer le rôle et les responsabilités
du personnel infirmier dans la prise en
charge de la douleur;

- de discuter des enjeux éthiques et
juridiques de la douleur et de sa prise
en charge;

- d'évaluer l'effet des connaissances,
des croyances et des attitudes d'une
personne sur l'évaluation et la prise en
charge de la douleur.

Cette carte conceptuelle illustre schématiquement les principaux concepts décrits dans le présent chapitre. Sa lecture vous permettra d'avoir une vue d'ensemble des notions qui y sont présentées.

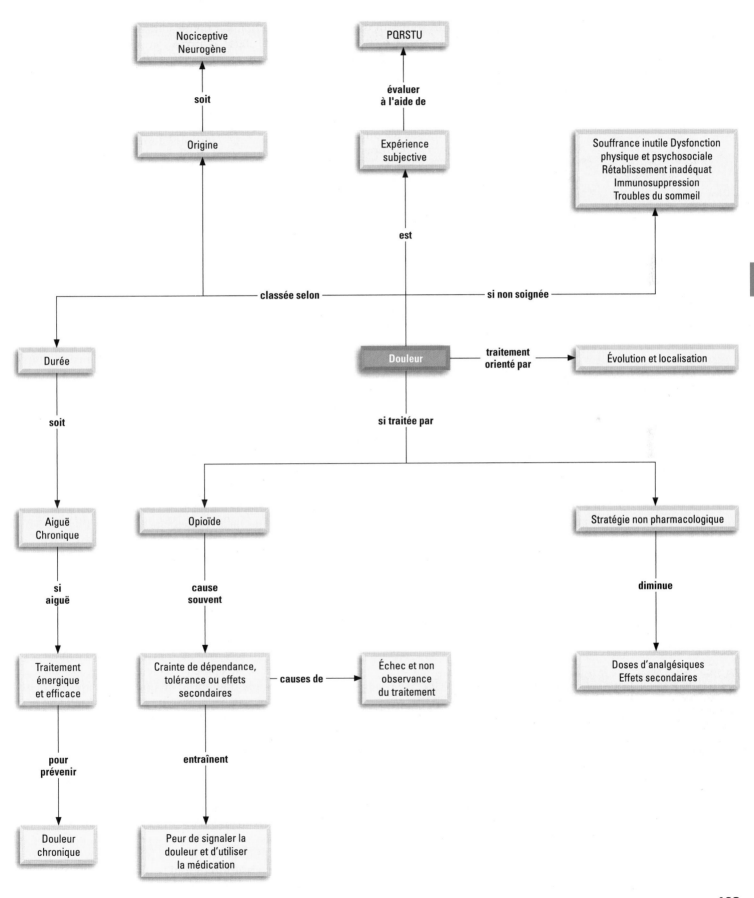

10.1 | Ampleur du problème de la douleur

Des millions de personnes souffrent de douleur. Malgré des avancées dans le traitement de la douleur, celle-ci demeure très présente, notamment en phase postopératoire. Par exemple, une étude pancanadienne montre que plus de 50 % des patients rapportent une douleur modérée à sévère (supérieure ou égale à 4 sur 10) à 24, 48 et 72 heures suivant une chirurgie cardiaque (Choinière *et al.*, 2009). À la septième journée postopératoire, ce pourcentage dépasse encore 40 %. De plus, la prévalence de la douleur en milieu hospitalier peut atteindre 84 %, dont 25 % de douleur sévère. Malgré cette prévalence élevée, les patients se disent satisfaits des efforts réalisés pour gérer leur douleur (Sawyer, Haslam, Daines, & Stilos, 2010).

Au Canada, comme dans la majorité des pays industrialisés, la douleur chronique est épidémique. Plus spécifiquement, au Québec, la douleur chronique affecte près de 20 % des hommes et 24 % des femmes (Statistique Canada, 2008). Il est à noter que les hommes se plaignent moins de douleur que les femmes ENCADRÉ 10.1 Cette douleur chronique provient principalement de l'appareil musculosquelettique. Toutes les clientèles et tous les milieux sont touchés, mais les personnes âgées sont les plus affectées: 38 % des personnes âgées vivant en institution et 27 % vivant à domicile en souffrent (Moulin, Clark, Speechley, & Morley-Forster, 2002). L'incidence financière de la douleur chronique est considérable. Les coûts proviennent essentiellement de la douleur non soulagée qui amène les personnes à consulter plus souvent leur médecin et qui nécessite qu'elles soient hospitalisées. À titre d'exemple, pour les clients sur la liste d'attente d'une clinique de la douleur, les coûts moyens mensuels des soins sont de 1 462 $ et ils sont, dans 95 % des cas, pris en charge par le client ou par des assurances privées.

Malgré la prévalence et le lourd tribut financier de la douleur aiguë et chronique, la prise en charge inadéquate de la douleur touche tous les domaines de soins et toutes les catégories de clients. Ainsi, les familles signalent que plus de 24 % des personnes en fin de vie n'ont pas reçu de soulagement de la douleur ou de soulagement suffisant (Teno *et al.*, 2004). Il arrive souvent que la douleur liée au cancer ne soit pas traitée adéquatement (Christo & Mazloomdoost, 2008). En effet, 70 % des clients atteints d'un cancer endurent une douleur importante pendant leur maladie (American Pain Foundation, 2009).

Les répercussions d'une douleur non traitée incluent la souffrance inutile, la dysfonction physique et psychosociale, le rétablissement inadéquat des suites d'une maladie aiguë et d'une chirurgie, l'immunosuppression et les troubles du sommeil. Chez les clients gravement malades, la douleur non soulagée peut aboutir à une morbidité élevée du fait d'une dysfonction respiratoire, d'une accélération de la fréquence cardiaque et d'une surcharge cardiaque, de contractions et de spasmes musculaires accrus, d'une diminution de la motilité et du transit gastro-intestinaux (GI), et d'une dégradation plus importante des réserves énergétiques de l'organisme (catabolisme) TABLEAU 10.1.

Il y a plusieurs raisons associées au sous-traitement de la douleur. Parmi celles qui concernent les professionnels de la santé, notons:

- une connaissance et des habiletés inadéquates relatives à l'évaluation et au traitement de la douleur;
- la méfiance envers les faits rapportés par les clients concernant leur douleur;
- le manque de temps et d'expertise, et le peu d'importance accordée aux évaluations régulières de la douleur;
- une information imprécise et inadéquate sur les dépendances, la tolérance, la dépression respiratoire et d'autres effets secondaires des opioïdes (Ersek, 2008).

En outre, certains professionnels de la santé craignent qu'une prise en charge énergique de la douleur précipite ou entraîne la mort (Hospice and Palliative Nurses Association, 2008). Quant aux clients et aux proches aidants, les perceptions relatives à la douleur et aux opioïdes expliquent en partie la sous-déclaration et le sous-traitement de la douleur. La crainte d'une dépendance, d'une tolérance ou des effets secondaires rend souvent les clients réticents à signaler la douleur ou à utiliser leur médication à base d'opioïdes. La conviction que la douleur est inévitable, qu'elle résulte d'une maladie qui s'aggrave et que les médicaments ne soulageront pas la douleur peut également faire obstacle au traitement. Il faut également mentionner la tendance du client à vouloir démontrer qu'il est un « bon » client qui ne se plaint pas. De telles attitudes sont particulièrement courantes chez les personnes âgées (Ersek, 2008).

Différences hommes-femmes

ENCADRÉ 10.1 | Douleur

Hommes
- Les hommes parlent moins de leur douleur que les femmes.
- Les hommes font preuve d'une plus grande maîtrise de la douleur.
- Les hommes ont moins tendance à se tourner vers des méthodes alternatives de traitement de la douleur que les femmes.

Femmes
- La douleur chronique affecte davantage de femmes que d'hommes.
- Les femmes souffrent davantage de maux de tête, de douleurs au dos, d'arthrite et de maux de pieds.
- Les femmes définissent le stress comme l'une des causes de la douleur.

TABLEAU 10.1	Effets nuisibles d'une douleur aiguë non soulagée	
SYSTÈME / APPAREIL	**RÉPONSES**	**CONSÉQUENCES CLINIQUES POSSIBLES**
Endocrinien / métabolique	• ↑ hormone corticotrope • ↑ cortisol • ↑ hormone antidiurétique • ↑ épinéphrine et norépinéphrine • ↑ rénine, ↑ aldostérone • ↓ insuline • Gluconéogenèse • Glycogénolyse • Catabolisme des protéines musculaires	• Perte pondérale (due à ↑ du catabolisme) • ↑ fréquence respiratoire • ↑ fréquence cardiaque • Choc • Intolérance au glucose • Hyperglycémie • Surcharge hydrique • Hypertension • Rétention urinaire, ↓ diurèse
Cardiovasculaire	• ↑ fréquence cardiaque • ↑ débit cardiaque • ↑ résistance vasculaire périphérique • ↑ consommation d'oxygène par le myocarde • ↑ coagulation	• Hypertension • Angine instable • Infarctus du myocarde • Thrombose veineuse profonde
Respiratoire	• ↓ volume courant • Hypoxémie • ↓ toux et rétention des expectorations	• Atélectasie • Pneumonie
Rénal / urologique	• ↓ diurèse • Rétention urinaire	• Déséquilibre hydrique • Trouble électrolytique
Gastro-intestinal	• ↓ motilité gastrique et intestinale	• Constipation • Anorexie • Iléus paralytique
Musculo-squelettique	• Spasme musculaire • Dysfonction musculaire	• Immobilité • Faiblesse et fatigue
Neurologique	• Dysfonction cognitive	• Confusion • Délirium • Atteinte des capacités à penser, à raisonner et à prendre des décisions
Immunologique	• ↓ réponse immune	• Infection • Septicémie
Psychique		• Anxiété • Troubles de l'humeur • Dépression

Source : Adapté de Ersek (2008).

10.2 | Définition et dimensions de la douleur

La douleur est une expérience complexe et multidimensionnelle. Elle est, pour beaucoup, un problème majeur qui est une cause de souffrance et affecte la qualité de vie. C'est aussi un des principaux motifs de consultation auprès d'un professionnel de la santé. Il est essentiel d'en comprendre les dimensions physiologiques et psychosociales afin de l'évaluer et de la prendre en charge efficacement. L'infirmière doit connaître les traitements offerts contre la douleur.

Il y a plus de 40 ans, Margo McCaffery, infirmière pionnière dans la prise en charge de la douleur, définissait la **douleur** comme « toute description donnée par une personne souffrant de douleur, qui se produit chaque fois que cette personne l'affirme » (McCaffery, 1968). L'Association internationale pour l'étude de la douleur définit la douleur comme « une expérience sensorielle et émotionnelle désagréable liée à des lésions tissulaires réelles ou potentielles, ou décrites en des termes évoquant de telles lésions » (Merskey & Bugduk, 1994). La perception de la douleur est également influencée par l'histoire personnelle et les expériences antérieures. Notons que ces définitions mettent l'accent sur la nature subjective de la douleur, et que ce qu'affirme le client est le moyen d'évaluation le plus valide. Bien qu'il soit primordial de saisir l'expérience du client et de se fier à ce qu'il dit, cette démarche est problématique pour certaines personnes. Par exemple, les clients dans le coma ou qui souffrent de démence ainsi que les clients atteints d'un déficit mental ou d'aphasie expressive peuvent difficilement communiquer leur douleur. Dans ces cas, l'infirmière doit incorporer les données non verbales, comme les comportements, dans son évaluation de la douleur.

Pour définir la douleur en tant qu'expérience humaine, l'évaluation et le traitement réussis de la douleur doivent envisager plusieurs dimensions. L'un des modèles dominants qui tient compte de la nature multidimensionnelle de la douleur est le **modèle biopsychosocial** (Gatchel, Peng, Peters, Fuchs, & Turk, 2007) : il inclut des dimensions physiologiques, affectives, cognitives, comportementales et socioculturelles de la douleur **TABLEAU 10.2**. La dimension physiologique sera explicitée dans la section suivante. Les autres dimensions sont discutées ci-après.

TABLEAU 10.2	Dimensions de la douleur
DIMENSION	**CARACTÉRISTIQUES**
Physiologique	• Comprend les déterminants génétiques, anatomiques et physiques de la douleur. Ces déterminants affectent la transmission, la reconnaissance et la description des stimuli douloureux. • Implique aussi la nociception et la réponse physiologique de stress.
Affective	• Représente les réponses émotionnelles à la douleur (p. ex., la colère, la crainte, la dépression et l'anxiété). • Inclut la présence d'émotions négatives qui nuisent à la qualité de vie. • Cause un rapport négatif entre la dépression et la douleur, qui entraîne des dysfonctions.
Cognitive	• Comprend les croyances, les attitudes, les significations et les souvenirs attribués à la douleur. Ceux-ci affectent la manière dont une personne réagit à la douleur. • Inclut les croyances liées à la douleur et les stratégies employées pour y faire face.
Comportementale	• Comprend des manifestations observables servant à exprimer ou à maîtriser la douleur, incluant les expressions faciales comme les grimaces, les mouvements corporels ou le comportement général de la personne, notamment l'irritabilité. • Permet l'observation du comportement des personnes qui ne sont pas en mesure de communiquer, car celui-ci peut changer en présence de douleur (p. ex., une agitation, un esprit querelleur).
Socioculturelle	• Comprend les caractéristiques démographiques (p. ex., l'âge, le sexe, la scolarité, le statut socioéconomique), les réseaux de soutien, les responsabilités sociales et la culture. En particulier : — l'âge et le sexe influent sur les processus nociceptifs et les réponses aux opioïdes ; — les familles et les proches aidants influencent la réponse du client à la douleur par leurs croyances et leurs comportements ; — la culture affecte l'expression de la douleur, le recours aux médicaments de même que les croyances et les comportements à l'égard de la douleur.

En lien avec la dimension affective, la détresse émotionnelle liée à la douleur sera définie comme un état de souffrance qui provient d'un sentiment de perte. Elle peut provoquer de l'insécurité et un manque de contrôle, et se manifester comme une épreuve spirituelle. Induire un soulagement de la douleur est une étape essentielle au soulagement de la souffrance. Il convient par ailleurs d'évaluer la manière dont la spiritualité d'un sujet influe sur sa douleur, ou l'inverse (Ferrell & Coyle, 2008).

Concernant la dimension cognitive, la signification de la douleur peut être particulièrement importante. Par exemple, une femme en travail peut endurer une douleur intense et la gérer sans analgésiques, car cette douleur est associée à un événement heureux. Elle pourra maîtriser sa douleur grâce à l'information reçue lors des cours prénataux et par l'assurance que cette douleur se résorbera rapidement. Par contre, une femme souffrant d'une douleur musculosquelettique chronique non définie peut être accablée par la pensée que sa douleur ne soit pas réelle, qu'elle soit incontrôlable ou qu'elle soit causée par ses propres actions. Ces perceptions affecteront les réactions de cette personne à l'égard de la douleur et doivent s'intégrer dans un plan de soins exhaustif. Il importe également que la personne comprenne l'origine de sa douleur et ce qu'elle signifie. Par exemple, la personne angineuse doit savoir que la douleur rétrosternale demande une action immédiate. Cela est plus complexe en présence de douleur chronique sans cause connue. Il faut alors expliquer que la douleur provient fort probablement du système nerveux central et que, s'il est impossible d'en déterminer l'origine, elle est néanmoins réelle. La compréhension du traitement, tout comme celle de la douleur, en facilite le suivi et en favorise l'efficacité.

Quant à la dimension comportementale, elle réfère à des façons d'exprimer et de contrôler la douleur. En présence d'une douleur, une réaction primaire s'observe sur le visage (grimace, plissement des yeux, etc.) et s'exprime verbalement (pleurs, gémissements, cris, etc.). Des mouvements de réflexe (retrait à la douleur) ou de protection (frotter le site douloureux) seront visibles. En présence de douleur chronique, ces comportements sont habituellement absents. La douleur se traduira alors davantage par des répercussions sur l'humeur (irritabilité, tristesse, etc.). L'expression de la douleur dépend donc du type de douleur, et elle varie selon les individus. Elle est aussi très différente en fonction de la culture. L'infirmière doit donc faire preuve d'ouverture par rapport aux comportements de douleur qui sont très variables et ne pas juger de leur présence ou de leur absence. La dimension comportementale est aussi présente dans la façon de gérer la douleur. Certaines personnes font face à la douleur en se distrayant, alors que d'autres se convainquent qu'elle est permanente, impossible à traiter et invincible. Il a été montré que les personnes persuadées du caractère non maîtrisable et accablant de leur douleur sont plus susceptibles de ne pas voir leur condition s'améliorer (Edwards, Bingham, Bathon, & Haythornthwaite, 2006).

Enfin, la dimension socioculturelle implique la famille, la culture et les valeurs. Par leurs convictions et leurs comportements, les membres de la famille et les proches aidants influencent la réponse du client à la douleur. Ainsi, les proches du client peuvent le décourager de prendre des opioïdes de crainte qu'il acquière une dépendance à ces médicaments. Des attitudes qui semblent positives, comme la sollicitude, peuvent même, dans un contexte de douleur chronique, devenir nuisibles en maintenant la personne dans son problème douloureux (Newton-John & Williams, 2006).

10.3 | Mécanismes de la douleur

La **nociception** est le processus physiologique déclenché par un stimulus provoquant l'activation de récepteurs et de fibres nerveuses qui transmettent l'information liée aux lésions tissulaires au système nerveux central (SNC). La douleur est l'expérience consciente en réponse à ce processus de nociception. Elle s'articule en quatre mécanismes présentés à la **FIGURE 10.1**.

10.3.1 Transduction

La **transduction** est la conversion d'un stimulus nuisible (qui endommage les tissus) en un signal électrique appelé potentiel d'action. Les stimuli nuisibles, qu'ils soient thermiques (p. ex., un coup de soleil), mécaniques (p. ex., une incision chirurgicale) ou chimiques (p. ex., des substances toxiques), entraînent la libération dans les tissus endommagés de nombreuses substances chimiques telles que des ions hydrogène, la **substance P** et l'adénosine triphosphate. D'autres substances chimiques sont libérées par les mastocytes (p. ex., la sérotonine, l'histamine, la bradykinine et les prostaglandines) et les macrophages (p. ex., la bradykinine, les interleukines et le facteur de nécrose tumorale). Ces substances chimiques activent des nocicepteurs, c'est-à-dire des récepteurs spécialisés ou des terminaisons nerveuses libres qui réagissent aux stimuli nociceptifs. L'activation des nocicepteurs produit un potentiel d'action, qui est conduit des nocicepteurs vers la moelle épinière, essentiellement par des petites fibres myélinisées A-delta et par des fibres C non myélinisées.

En plus de stimuler le déclenchement d'un potentiel d'action par les nocicepteurs, l'inflammation et la libération subséquente de médiateurs chimiques favorisent la diminution des seuils de nociception. Ainsi, les nocicepteurs peuvent être

Substance P : Neuropeptide, c'est-à-dire polypeptide ayant des fonctions de neurotransmetteur et de neuromodulateur.

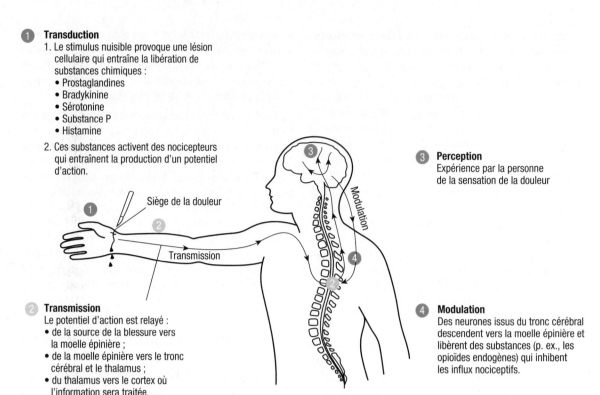

1 Transduction

1. Le stimulus nuisible provoque une lésion cellulaire qui entraîne la libération de substances chimiques :
   - Prostaglandines
   - Bradykinine
   - Sérotonine
   - Substance P
   - Histamine

2. Ces substances activent des nocicepteurs qui entraînent la production d'un potentiel d'action.

Siège de la douleur

Transmission

2 Transmission

Le potentiel d'action est relayé :
- de la source de la blessure vers la moelle épinière ;
- de la moelle épinière vers le tronc cérébral et le thalamus ;
- du thalamus vers le cortex où l'information sera traitée.

Modulation

3 Perception

Expérience par la personne de la sensation de la douleur

4 Modulation

Des neurones issus du tronc cérébral descendent vers la moelle épinière et libèrent des substances (p. ex., les opioïdes endogènes) qui inhibent les influx nociceptifs.

FIGURE 10.1

Mécanismes de nociception – La douleur nociceptive naît dès qu'un dommage tissulaire survient, et ce, par l'intermédiaire de quatre mécanismes : la transduction, la transmission, la perception et la modulation.

activés en réponse à des stimuli jusqu'ici insuffisants pour induire une réponse ; ils peuvent aussi être stimulés en réponse à des stimuli non nuisibles, comme l'effleurement de la peau. Cette sensibilité accrue à l'activation des nocicepteurs est appelée **sensibilisation périphérique** ou **hyperalgésie primaire**. La cyclo-oxygénase (COX), une enzyme produite pendant la réponse inflammatoire, joue aussi un rôle important dans la sensibilisation périphérique (Wang, Ehnert, Brenner, & Woolf, 2006). Les leucotriènes, les prostaglandines, les cytokines et la substance P participent également à la sensibilisation périphérique. Le coup de soleil est un exemple clinique de ce processus. Cette lésion thermique provoque une inflammation qui se traduit par une sensation de douleur dès que la peau affectée est à peine effleurée. La sensibilisation périphérique amplifie par ailleurs la transmission du signal, qui contribue à son tour à la sensibilisation centrale dont il est question à la section « Traitement dans la corne dorsale de la moelle ».

La douleur résultant de l'activation des nocicepteurs périphériques est appelée douleur nociceptive. Il existe une seconde source de potentiels d'action liés à la douleur pendant le traitement anormal des stimuli par le système nerveux : c'est ce qu'on appelle la douleur neurogène. Ces deux types de douleur sont décrits plus loin dans ce chapitre.

Les traitements qui modifient l'espace extracellulaire ou la sensibilité des nocicepteurs périphériques peuvent prévenir l'amorce d'un potentiel d'action et, ainsi, la transduction. La diminution des effets des substances chimiques libérées en périphérie est le fondement de plusieurs approches pharmacologiques destinées à soulager la douleur. Par exemple, les anti-inflammatoires non stéroïdiens (AINS), comme l'ibuprofène (Advil[MD]) et le naproxène (Naprosyn[MD]), et les corticostéroïdes, comme la dexaméthasone (Decadron[MD]), exercent leurs effets analgésiques en bloquant les substances chimiques qui provoquent une sensibilisation à la douleur. Les AINS bloquent l'action de la COX et interfèrent dans la production des prostaglandines. Les corticostéroïdes bloquent l'action de la phospholipase, réduisant ainsi la production des prostaglandines et des leucotriènes ▶ **13**. Les médicaments qui sensibilisent la membrane neuronale et inactivent les canaux sodiques périphériques inhibent la production d'influx nerveux. Ces médicaments incluent les anesthésiques locaux (p. ex., la lidocaïne injectable ou topique, la bupivacaïne [Sensorcaine[MD]] et la ropivacaïne [Naropin[MD]]) et les anticonvulsivants (p. ex., la carbamazépine [Tegretol[MD]] et la lamotrigine [Lamictal[MD]]).

10.3.2 Transmission et traitement

La **transmission** est le processus par lequel les signaux nociceptifs sont relayés de la périphérie vers la moelle épinière, puis au cerveau. Les nerfs qui véhiculent les influx nociceptifs de la

13

L'action des prostaglandines et des leucotriènes est expliquée en détail dans le chapitre 13, *Inflammation et soin des plaies*.

périphérie vers la moelle épinière sont appelés fibres afférentes primaires et ils incluent les fibres A-delta et C, chacune étant responsable d'une sensation douloureuse différente. Les fibres A-delta sont petites, myélinisées et transmettent rapidement la douleur ; elles sont responsables de la douleur vive initiale qui accompagne les lésions tissulaires. Les fibres C sont très petites, non myélinisées et elles transmettent les stimuli douloureux plus lentement en produisant une douleur généralement permanente et pulsative. Les fibres afférentes primaires se terminent dans la corne dorsale de la moelle épinière, qui contient les corps cellulaires des fibres nerveuses afférentes. L'activité dans la corne dorsale intègre et module les signaux entrants nociceptifs qui proviennent de la périphérie. La propagation des influx douloureux à partir du siège de transduction vers le cerveau est illustrée à la **FIGURE 10.1**. Trois segments participent à la transmission du signal nociceptif : 1) la transmission le long des fibres nerveuses périphériques vers la moelle épinière ; 2) le traitement nociceptifs dans la corne dorsale ; 3) la transmission vers le thalamus et le cortex cérébral.

Transmission vers la moelle épinière

Le neurone de premier ordre parcourt, sans synapse, toute la distance entre la périphérie et la corne dorsale de la moelle épinière. Par exemple, une fibre afférente du gros orteil va de l'orteil jusqu'à la moelle épinière, en passant par la racine nerveuse de la cinquième vertèbre lombaire ; il s'agit d'une seule cellule. Une fois généré, le potentiel d'action voyage tout le long de cette fibre jusqu'à la moelle épinière, à moins d'être bloqué par un inhibiteur des canaux sodiques (p. ex., un anesthésique local) ou perturbé par une lésion à la terminaison centrale de la fibre (p. ex., une lésion de la zone d'entrée de la racine postérieure).

La manière dont les fibres nerveuses entrent dans la moelle épinière occupe une place centrale dans la notion de dermatomes rachidiens. Les **dermatomes** sont des territoires cutanés essentiellement innervés par un seul segment de moelle épinière. Le profil caractéristique de l'éruption cutanée causée par l'herpès zoster (zona) sur tout le dos et le tronc est déterminé par les dermatomes. La **FIGURE 10.2** illustre différents dermatomes et leurs innervations.

Traitement dans la corne dorsale de la moelle

Une fois le signal nocicepteur parvenu dans le SNC, il est traité dans la corne dorsale de la moelle épinière. Les neurotransmetteurs libérés dans la fibre afférente se lient aux récepteurs des corps cellulaires voisins et aux dendrites des cellules.

Certains de ces neurotransmetteurs (p. ex., le glutamate, l'aspartate, la substance P) déclenchent un potentiel d'action, alors que d'autres (p. ex.,

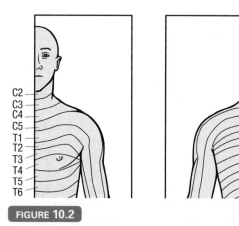

FIGURE 10.2

Les dermatomes rachidiens représentent les signaux sensoriels entrants organisés et transportés par des racines nerveuses rachidiennes précises.

l'acide gamma-aminobutyrique [GABA], la sérotonine, la norépinéphrine) inhibent l'activation des cellules voisines.

Une excitabilité accrue dans les neurones rachidiens est appelée **sensibilisation centrale**. Les lésions des tissus périphériques ou des nerfs peuvent entraîner une sensibilisation centrale qui suppose, pour être maintenue, des informations nociceptives provenant de la périphérie. La sensibilisation centrale joue un rôle crucial dans la pathogenèse de la douleur chronique (Woolf, 2007). Elle est définie par une augmentation de l'excitabilité des neurones du SNC, de telle sorte que les signaux sensoriels afférents normaux provoquent des sensations et des réponses anormales à la douleur et à d'autres stimuli. C'est pourquoi certaines personnes éprouvent une douleur importante après un toucher ou une stimulation tactile des régions qui ont été le siège de lésions tissulaires ou nerveuses. La sensibilisation centrale se caractérise par une perturbation des circuits centraux du traitement de la douleur. Certains aspects de la sensibilisation centrale peuvent persister après que les signaux entrants de la périphérie ont cessé ; les mécanismes neuropériphériques et centraux impliqués dans la sensibilisation centrale peuvent perdurer à vie (Woolf, 2007).

En cas de stimulation constante des nocicepteurs des fibres C non myélinisées à conduction lente, il se produit une augmentation progressive de l'activation des neurones spécialisés de la corne dorsale. Ces signaux entrants engendrent de nombreux problèmes, notamment le bourgeonnement des neurones à large gamme dynamique, ou *Wide Dynamic Range,* et l'induction des récepteurs N-méthyl D-aspartate (NMDA) dépendants du glutamate. Les neurones à large gamme dynamique réagissent aux signaux entrants nociceptifs et non nociceptifs déclenchés par des stimuli d'intensités diverses. Le bourgeonnement des neurones se produit dans des régions où les corps cellulaires nerveux sont là pour recevoir le signal douloureux.

La transmission d'une gamme plus large de signaux producteurs de stimuli est alors possible, et ceux-ci sont ensuite transmis à la moelle épinière et au cerveau. Ce processus de sensibilisation, appelé **wind up**, dépend de l'activation des récepteurs NMDA. Les antagonistes des récepteurs NMDA, comme la kétamine (Ketalar[MD]), sont des agents pouvant interrompre ou bloquer les mécanismes à l'origine de la sensibilisation centrale ou de son maintien. Le *wind up*, comme la sensibilisation centrale, est induit par des signaux issus des fibres C. Le *wind up* diffère en ceci qu'il est bref, alors que la sensibilisation centrale, appelée hyperalgésie secondaire, est persistante (Woolf, 1996).

Il est important que l'infirmière sache que la douleur aiguë non soulagée augmente le risque qu'une personne manifeste une douleur chronique par le processus de sensibilisation centrale. Les lésions tissulaires (p. ex., une plaie chirurgicale) entraînent une cascade d'événements permettant la libération de certains neurotransmetteurs excitateurs (p. ex., le glutamate) parallèlement à des réponses neuropsychologiques. De brefs épisodes de douleur aiguë suffisent à induire un remodelage et une sensibilisation des neurones à long terme (plasticité), une douleur chronique et une souffrance psychologique. La **neuroplasticité** désigne un ensemble complexe de processus grâce auxquels les neurones du cerveau effectuent une compensation en cas de blessures et ajustent leur réponse à de nouvelles situations ou à des changements dans leur environnement (Katz & Rothenberg, 2005). La neuroplasticité contribue aux mécanismes adaptateurs qui permettent de soulager la douleur, mais peut aussi entraîner des mécanismes inverses qui stimulent la douleur. La constitution et la variabilité génétique entre individus influent beaucoup sur la plasticité du SNC (Gjerstad, 2007). La compréhension de ce phénomène permet d'appréhender les différences individuelles en réponse à la douleur et d'envisager que certains clients présenteront des affections douloureuses chroniques et d'autres pas. Comme il est actuellement impossible de déterminer qui présentera ou non une douleur chronique, il est important de considérer que toute douleur aiguë peut se chroniciser et, qu'en ce sens, elle doit être traitée de façon optimale.

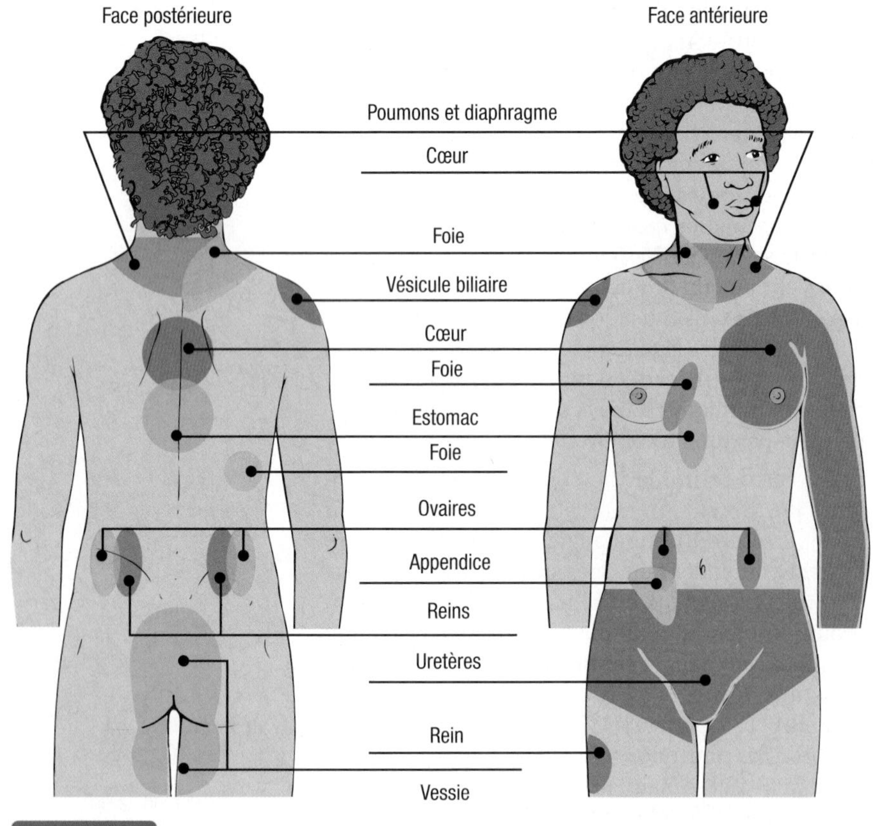

Sur le plan clinique, la sensibilisation centrale de la corne dorsale provoque : 1) une douleur intense à la suite d'une stimulation nociceptive légère (appelée **hyperalgésie**) ; 2) des réponses douloureuses à des stimuli normalement non douloureux (appelées **allodynie**) ; 3) une douleur prolongée qui persiste après la fin du stimulus nuisible initial (appelée **douleur persistante**) ; 4) la propagation de la sensation douloureuse ou de la sensibilité accrue à la douleur au-delà du siège des lésions, vers des tissus non lésés (**douleur référée**) (Berry *et al.*, 2001).

Il faut tenir compte du concept de douleur référée au moment d'interpréter l'origine de la douleur signalée par une personne souffrant d'une blessure ou d'une maladie touchant les viscères. En effet, le siège d'une tumeur peut être distant de la localisation de la douleur signalée par le client **FIGURE 10.3**. Par exemple, la douleur résultant d'une maladie hépatique est souvent ressentie dans le quadrant abdominal supérieur droit, mais peut aussi irradier vers les régions antérieure et postérieure du cou et vers la région postérieure du flanc. Si l'irradiation de la douleur n'est pas considérée au cours de l'évaluation, les tests diagnostiques et les traitements pourraient être faussés.

Transmission au thalamus et au cortex

Les stimuli nociceptifs sont communiqués depuis la corne dorsale vers les neurones de troisième ordre, principalement dans le thalamus, et dans plusieurs autres régions du cerveau. Les fibres des cellules de projection de la corne supérieure entrent dans le cerveau par plusieurs voies, notamment par le faisceau spinothalamique et le faisceau réticulospinal. Des noyaux thalamiques distincts reçoivent les signaux nociceptifs entrants de la moelle épinière et envoient des projections vers

Face postérieure   Face antérieure

Poumons et diaphragme
Cœur
Foie
Vésicule biliaire
Cœur
Foie
Estomac
Foie
Ovaires
Appendice
Reins
Uretères
Rein
Vessie

FIGURE 10.3

Régions typiques de douleur irradiant dans une région plus ou moins éloignée de son origine

plusieurs régions du cortex dans lesquelles la perception de la douleur se produit.

Les approches thérapeutiques qui ciblent la transmission de la douleur comprennent les analgésiques opioïdes qui se lient aux récepteurs opioïdes sur les neurones afférents primaires et à ceux de la corne dorsale. Ces agents imitent les effets inhibiteurs des opioïdes endogènes. Le baclofène (Lioresal^{MD}) inhibe également la transmission de la douleur en se liant aux récepteurs GABA et en imitant les effets inhibiteurs de la GABA. Des stratégies physiques telles que la neurostimulation transcutanée agissent aussi en ce sens.

10.3.3 Perception

La **perception** se produit lorsque la douleur est reconnue, définie et exprimée par la personne qui l'expérimente. Elle peut ou non susciter une réponse comportementale. Dans le cerveau, le signal nocicepteur entrant est perçu sous forme de douleur. Il n'existe pas de siège unique précis de perception de la douleur : elle implique plutôt plusieurs structures cérébrales. Ainsi, le système réticulé activateur indique la présence de stimuli douloureux à la personne, le système somatosensoriel permet la caractérisation de la douleur (localisation, sensation, intensité), alors que le système limbique est responsable des réactions émotionnelles et comportementales associées à la douleur. Les structures corticales sont également fondamentales dans l'interprétation et la signification qu'une personne donne à sa douleur. Par conséquent, les stratégies comportementales comme la distraction et la relaxation sont des thérapies analgésiques qui conviennent à beaucoup de personnes. En détournant leur attention de la sensation douloureuse, ces thérapies peuvent atténuer les composantes sensorielles et affectives de la douleur pour les clients.

10.3.4 Modulation

La douleur peut être modulée, c'est-à-dire augmentée ou diminuée par différents mécanismes internes nommés mécanismes endogènes de **modulation** de la douleur. L'inhibition de la douleur permet de limiter la transmission des afférences nociceptives et peut s'effectuer à différents niveaux : 1) moelle épinière ; 2) périphérique ; 3) tronc cérébral ; 4) cortex cérébral.

En ce qui a trait à la moelle, le mécanisme se nomme la théorie du portillon (*Gate Control Theory*)[a]. Il consiste en la stimulation de grosses fibres afférentes (A-bêta) qui bloquent le passage de l'information nociceptive provenant des petites fibres (A-delta et C) dans la corne dorsale grâce à un interneurone inhibiteur. Ce mécanisme est activé au moment du massage d'une zone douloureuse

ou encore pendant l'utilisation de la neurostimulation transcutanée.

Les contrôles inhibiteurs diffus nociceptifs, qui sont un second mécanisme, proviennent de la substance grise périaqueducale qui se trouve dans le tronc cérébral. Dans cette région, les opioïdes exogènes et endogènes jouent un rôle important en se liant aux récepteurs opioïdes et en bloquant la libération des neurotransmetteurs, en particulier la substance P. Les opioïdes endogènes, qui incluent l'encéphaline et la bêta-endorphine, sont des substances chimiques synthétisées et sécrétées par l'organisme. Ils peuvent produire des effets analgésiques semblables à ceux des opioïdes exogènes comme la morphine. Pour activer ce mécanisme, il est nécessaire de provoquer une douleur sur une surface assez grande et d'intensité assez élevée. Cela entraîne la libération de substances chimiques comme la sérotonine, la norépinéphrine, la GABA et des opioïdes endogènes pouvant inhiber la transmission du stimulus nociceptif dans toute la moelle épinière, expliquant ainsi son effet diffus. Ce mécanisme est stimulé par la création d'une seconde douleur par le massage profond, l'acupuncture ou la neurostimulation transcutanée de type acupuncture. Enfin, le dernier mécanisme se trouve en lien avec le cortex et consiste à détourner l'attention du stimulus nociceptif. Les stratégies telles la distraction, l'hypnose et la relaxation stimulent ce mécanisme.

Plusieurs antidépresseurs exercent leurs effets par des systèmes modulateurs. Ainsi, les antidépresseurs tricycliques (p. ex., l'amitriptyline [Elavil^{MD}]) et les inhibiteurs sélectifs du recaptage de la sérotonine et de la norépinéphrine (ISRSN) (p. ex., la venlafaxine [Effexor^{MD}] et la duloxétine [Cymbalta^{MD}]) sont employés dans la prise en charge des douleurs chroniques cancéreuses ou non cancéreuses. Ces agents interfèrent avec le recaptage de la sérotonine et de la norépinéphrine, augmentant leur disponibilité pour inhiber les stimuli nuisibles. Il semble que la norépinéphrine joue un rôle plus important dans l'inhibition centrale de la douleur que la sérotonine, et c'est pourquoi les ISRSN exercent des effets analgésiques supérieurs à ceux des inhibiteurs sélectifs du recaptage de la sérotonine (p. ex., la fluoxétine [Prozac^{MD}], la paroxétine [Paxil^{MD}] et la sertraline [Zoloft^{MD}]) (Saarto & Wiffen, 2007).

10.4 | Classification de la douleur

La douleur peut être classifiée de différentes façons. Le plus souvent, elle est caractérisée en fonction de son origine (nociceptive ou neurogène) ou encore en fonction de sa durée (aiguë ou chronique) **TABLEAU 10.3.**

RAPPELEZ-VOUS...

Selon la théorie du portillon, la fermeture du portillon constitue la base de certaines interventions non pharmacologiques telles que le massage pour le soulagement de la douleur.

[a] Pour obtenir plus d'information sur la théorie du portillon, voir le chapitre 33 dans *Soins infirmiers : fondements généraux* (Potter & Perry, 2010).

TABLEAU 10.3	Comparaison de la douleur nociceptive et de la douleur neurogène	
DOULEUR NOCICEPTIVE		**DOULEUR NEUROGÈNE**[a]
Définition		
• Traitement normal du stimulus qui endommage le tissu normal ou qui pourra le faire si le stimulus est prolongé • Réagit habituellement aux médicaments non opioïdes ou aux opioïdes		• Traitement anormal du signal sensoriel entrant par la périphérie ou le SNC • Le traitement inclut généralement des analgésiques adjuvants et des opioïdes
Types		
Douleur somatique superficielle • Douleur émanant de la peau, des membranes muqueuses, des tissus sous-cutanés ; tend à être bien localisée (p. ex., un coup de soleil, une contusion cutanée)		**Douleur centrale** • Douleur résultant d'une lésion primaire ou d'une dysfonction du SNC (p. ex., la douleur postaccident vasculaire cérébral [AVC], la douleur associée à la sclérose en plaques)
Douleur somatique profonde • Douleur émanant des muscles, des aponévroses, des os, des tendons ; localisée ou diffuse et irradiante (p. ex., l'arthrite, la tendinite, la douleur myofaciale)		**Neuropathies périphériques** • Douleur ressentie le long de la distribution d'un ou de nombreux nerfs périphériques, résultant de lésions aux nerfs (p. ex., la neuropathie diabétique, la neuropathie alcoolique nutritionnelle, la névralgie trigéminique, la neuropathie postherpétique)
Douleur viscérale • Douleur émanant des organes viscéraux, comme le tractus GI et la vessie ; bien ou mal localisée ; souvent référée ; souvent liée à des dermatomes cutanés (p. ex., l'appendicite, la pancréatite, le syndrome du côlon irritable, un cancer affectant les organes internes)		**Douleur de désafférentation** • Douleur résultant d'une perte des informations afférentes (p. ex., la douleur du membre fantôme, la douleur postmastectomie)
		Douleur maintenue par la voie sympathique • Douleur qui persiste à la suite d'une activité du système nerveux sympathique (p. ex., la douleur du membre fantôme, le syndrome douloureux régional complexe)

[a] Certains types de douleur neurogène (p. ex., l'algie postzostérienne) sont dus à plus d'un mécanisme neuropathologique.

Source : Adapté de National Institute of Neurological Disorders and Stroke (NINDS) (2008).

10.4.1 Douleur nociceptive

La **douleur nociceptive** résulte de lésions aux tissus somatiques ou viscéraux. La douleur nociceptive somatique est à son tour distinguée en douleur superficielle ou profonde. La douleur superficielle émane de la peau, des membranes muqueuses et des tissus sous-cutanés ; elle est souvent qualifiée de vive et de douleur à type de brûlure ou de sensation de piqûre. En règle générale, la douleur profonde est persistante, profonde ou pulsative ; elle émane des os, des articulations, des muscles ou des tissus conjonctifs.

La douleur nociceptive viscérale découle de l'activation des nocicepteurs dans les organes internes et du revêtement des cavités de l'organisme, notamment les cavités thoraciques et abdominales. Les nocicepteurs viscéraux réagissent à l'inflammation, à l'étirement et à l'ischémie. L'étirement des viscères creux tels l'intestin et la vessie en raison d'une lésion, d'une obstruction tumorale ou encore d'une hypersensibilité (p. ex., un syndrome du côlon irritable) peut provoquer une douleur crampoïde intense.

La douleur résultant d'une incision chirurgicale, d'une fracture osseuse, de l'arthrite, de la pancréatite et d'une maladie inflammatoire de l'intestin sont autant d'exemples de douleur nociceptive. La douleur nociceptive répond généralement aux médicaments non opioïdes comme les AINS, mais aussi aux opioïdes.

10.4.2 Douleur neurogène

La **douleur neurogène** est induite par une lésion du système nerveux périphérique ou du système nerveux central. Communément décrite comme un engourdissement, une douleur chaude et brûlante, une douleur fulgurante, une douleur pongitive (sensation de piqûre) vive ou apparentée à une décharge électrique, la douleur neurogène peut être soudaine, intense, de courte durée ou persistante. La décharge paroxystique des nerfs lésés est responsable des élancements et des sensations comparables à des décharges électriques. Les causes fréquentes de la douleur neurogène incluent les traumatismes (p. ex., une amputation), l'inflammation (p. ex., après une inflammation du nerf adjacent ou du ganglion d'une racine postérieure due à une hernie discale), certaines maladies métaboliques (p. ex., le diabète), l'alcoolisme, les infections du système nerveux (p. ex., un zona, une infection par le VIH), les tumeurs, les toxines et les maladies neurologiques (p. ex., la sclérose en plaques).

La douleur par **désafférentation** résulte d'une perte des signaux entrants afférents après une lésion nerveuse périphérique ou une maladie du système nerveux central. La douleur maintenue de manière sympathique est associée à une dérégulation du système nerveux autonome (p. ex., un syndrome douloureux régional complexe), alors que la douleur centrale est induite par des lésions ou une dysfonction du SNC (p. ex., une douleur du membre fantôme, une douleur à la suite d'un AVC). Les polyneuropathies périphériques douloureuses (douleur ressentie le long de la distribution de nerfs périphériques multiples) et les mononeuropathies douloureuses (douleur ressentie le long de la distribution d'un nerf lésé) résultent de lésions des nerfs périphériques et entraînent une douleur de type brûlure, paroxystique ou apparentée à une décharge électrique. La neuropathie postherpétique, la **douleur du membre fantôme**, les neuropathies diabétiques et les névralgies trigéminiques sont des exemples de douleur neurogène.

Parmi les douleurs neurogènes particulièrement incapacitantes, notons le **syndrome douloureux régional complexe (SDRC)**. Ses principales caractéristiques sont notamment des altérations considérables de la couleur et de la température de la peau recouvrant le membre ou la partie affectée, une sensibilité cutanée, de la diaphorèse et de l'enflure de cette même partie, ainsi qu'une douleur sous forme de brûlure intense. Il existe deux types de SDRC. Le SDRC de type I est souvent déclenché par des lésions tissulaires ; ce terme se rapporte à tous les clients présentant les symptômes ci-dessus, mais ne présentant aucune lésion nerveuse sous-jacente. Le SDRC de type II est associé à différentes dysfonctions sympathiques (NINDS, 2008).

Il est fréquent que la douleur neurogène ne soit pas convenablement maîtrisée par les seuls analgésiques opioïdes utilisé seuls. Le recours à des traitements adjuvants est fréquent, comme des antidépresseurs tricycliques (p. ex., l'amitriptyline, la nortriptyline, la désipramine), des inhibiteurs du recaptage de la sérotonine et de la norépinéphrine (p. ex., la venlafaxine [Effexor^MD], la duloxétine [Cymbalta^MD], le bupropion [Wellbutrin^MD et Zyban^MD]), des anticonvulsivants (p. ex., la gabapentine [Neurontin^MD], la prégabaline [Lyrica^MD]) et des agonistes des récepteurs α_2-adrénergiques (p. ex., la clonidine [Catapres^MD]). Dernièrement, certains antagonistes des récepteurs NMDA comme la kétamine se sont révélés prometteurs dans le soulagement de la douleur neurogène réfractaire à d'autres médicaments (Ben-Ari, Lewis, & Davidson, 2007).

10.4.3 Douleur aiguë et douleur chronique

La **douleur aiguë** et la **douleur chronique** se distinguent principalement par leur durée, mais aussi par leurs causes, leur évolution, leurs manifestations et leurs traitements **TABLEAU 10.4**. Une douleur aiguë peut durer jusqu'à 30 jours, soit le temps nécessaire au processus de guérison normal. La douleur postopératoire, celle liée à un traumatisme (p. ex., une lacération, une fracture, une entorse), à l'infection (p. ex., une dysurie causée par une cystite), à l'angine, de même que celle liée au travail et à l'accouchement sont autant d'exemples de douleur aiguë. Le traitement de la douleur aiguë implique des analgésiques pour maîtriser les symptômes et le traitement des causes sous-jacentes (p. ex., la pose d'une attelle dans le cas d'une fracture, un traitement antibiotique en cas d'infection). Normalement, la douleur aiguë se résorbe avec le temps, à mesure que la guérison survient. Cependant, la douleur aiguë persistante peut entraîner des états douloureux chroniques incapacitants. Par exemple, la douleur associée à l'herpès zoster (zona) disparaît à mesure que l'affection aiguë se résout, soit généralement en un mois. Cependant, la douleur persiste parfois et évolue en un état douloureux chronique appelé neuropathie postherpétique.

Jugement clinique

Capsule

Zora est âgée de 18 ans. Elle fait du ski de fond de compétition. Récemment, elle a fait une chute dans une descente et s'est déchiré un ménisque.

Est-ce que cet accident peut être une cause de douleur neurogène ? Justifiez votre réponse.

Désafférentation : Suppression des afférences, c'est-à-dire des fibres nerveuses établissant normalement une connexion entre deux structures nerveuses.

Jugement clinique

Capsule

Madame Mathob Rezaï est âgée de 50 ans. Elle est atteinte d'un cancer du pancréas. Elle a été diagnostiquée il y a sept mois. Elle est en phase terminale et il ne lui reste que quelques jours à vivre. Cependant, elle est encore capable de s'asseoir dans un fauteuil pour des périodes de 15 minutes. Actuellement, elle se plaint de céphalée ayant débuté lorsqu'elle était assise.

Selon vous, la cliente présente-t-elle une douleur aiguë ou chronique ?

TABLEAU 10.4	Différences entre la douleur aiguë et la douleur chronique	
	DOULEUR AIGUË	**DOULEUR CHRONIQUE**
Début de la douleur	• Soudain	• Graduel ou soudain
Durée de la douleur	• Inférieure à trois mois, ou tant que la guérison n'a pas eu lieu	• Supérieure à trois mois ; peut survenir sous forme de blessure ou d'un épisode aigu, et se poursuivre au-delà du temps habituel de guérison
Intensité de la douleur	• Légère à sévère	• Légère à sévère
Cause de la douleur	• Peut généralement déterminer l'événement précipitant (p. ex., une maladie, une chirurgie)	• Peut être inconnue ; la cause initiale de la douleur peut être distincte des mécanismes qui la font persister
Évolution de la douleur	• ↓ avec le temps, et disparaît à mesure que le rétablissement se produit	• En général, cette douleur ne disparaît pas ; caractérisée par des périodes d'intensité croissante et décroissante

Manifestations physiques et comportementales typiques	• Manifestations qui reflètent l'activation du système nerveux sympathique[a] :
	  — ↑ fréquence cardiaque
	  — ↑ fréquence respiratoire
	  — ↑ pression artérielle
	  — Diaphorèse / pâleur
	  — Anxiété, agitation, confusion
	  — Rétention urinaire
	• Manifestations de nature comportementale :
	  — Grimaces
	  — Rigidité musculaire
	  — Mouvements de protection
	  — Plaintes verbales
		• Manifestations de nature comportementale[a] :
		  — Troubles de l'humeur
		  — ↓ mouvement physique / activité
		  — Fatigue
		  — Isolement et diminution de l'interaction sociale

Objectifs habituels du traitement	• Maîtrise de la douleur pour la faire disparaître ; diminution de 30 % est considérée comme cliniquement significative (Choinière & Taillefer, 2005)	• Gestion de la douleur dans la mesure du possible ; le traitement vise l'optimisation du fonctionnement et de la qualité de vie

[a] À noter que ces manifestations, qui sont des signes associés à une réponse au stress et ne sont pas spécifiques à la douleur, ne sont pas présentes chez tous.

La douleur chronique perdure au-delà de la résolution anticipée d'un dommage tissulaire aigu. De façon générale, le terme douleur chronique s'applique à une douleur qui persiste plus de trois mois. Tandis que la douleur aiguë sert de signal et avertit le sujet de lésions tissulaires possibles ou réelles, la douleur chronique ne semble pas avoir de rôle utile. La douleur chronique se distingue également par ses conséquences biopsychosociales majeures. Elle peut être incapacitante au plan fonctionnel et s'accompagne généralement d'anxiété et parfois de troubles de l'humeur. Même si cela a déjà été mentionné, il importe d'insister sur le fait que la douleur aiguë non traitée risque d'entraîner une douleur chronique causée par une sensibilisation centrale et une neuroplasticité. En conséquence, il est impératif de traiter la douleur aiguë de manière énergique et efficace pour prévenir une douleur chronique. Ce lien entre la douleur aiguë et la douleur chronique est peu connu des clients et doit donc être expliqué afin de les conscientiser à l'importance d'un soulagement optimal.

10.5 | Évaluation de la douleur

L'évaluation de la douleur est une étape essentielle. Elle doit être considérée au même titre que les autres signes vitaux. Une évaluation rigoureuse et efficace de la douleur tiendra compte des principes fondamentaux exposés au **TABLEAU 10.5**.

L'évaluation de la douleur par l'infirmière vise : 1) à décrire toutes les dimensions de l'expérience douloureuse de manière à déterminer et à mettre en œuvre les techniques adéquates qui assureront sa prise en charge ; 2) à définir les objectifs de traitement du client et ses ressources personnelles afin qu'il apprenne à gérer sa douleur.

TABLEAU 10.5	Principes essentiels de l'évaluation de la douleur	
PRINCIPES	**RECOMMANDATIONS POUR LA PRATIQUE INFIRMIÈRE**
• Les clients ont droit à une évaluation et à une prise en charge adéquates de la douleur.	• Évaluer la douleur de tous les clients.
• La douleur est toujours subjective.	• Considérer l'autoévaluation de la douleur effectuée par le client comme l'indicateur le plus valide de la douleur. • Accepter et respecter cette autoévaluation. En cas de doute, s'assurer que le client a bien compris l'échelle, ce qui est souvent la source d'une évaluation inadéquate.
• Les signes physiologiques (p. ex., une tachycardie, des grimaces) ne sont pas des paramètres spécifiques de la douleur. • Les indicateurs comportementaux sont plus révélateurs de la présence de douleur, surtout si elle est d'intensité modérée à sévère.	• Si le client ne peut fournir son autoévaluation de la douleur, observer l'apparition d'indicateurs comportementaux associés à la présence de douleur (p. ex., une grimace, une rigidité musculaire, des mouvements dirigés vers le site douloureux) Les changements dans les signes physiologiques et autres manifestations résultant de l'activation du SNA peuvent être considérés comme des indices pour commencer une évaluation plus approfondie de la douleur (Herr *et al.*, 2006).
• La douleur est une expérience sensorielle et émotionnelle déplaisante. Elle possède ainsi des composantes physiologique, psychologique, cognitive et comportementale.	• Tenir compte des différentes composantes de la douleur pendant l'évaluation de celle-ci.
• Les techniques d'évaluation, notamment les outils, doivent convenir à la clientèle cible.	• Pour les clientèles présentant des difficultés de communication (p. ex., un déficit cognitif sévère, un coma, nécessitant une sous-ventilation mécanique), il est important de tenter de questionner le client pour l'obtention d'une autoévaluation de la douleur. Un simple « oui » ou « non » de la présence de douleur constitue une autoévaluation valide. Dans le cas d'absence de réponse du client, utiliser une échelle comportementale de douleur valide, selon la clientèle cible. • Intégrer les membres de la famille dans le processus d'évaluation, dans la mesure du possible.
• La douleur peut exister même si aucune cause physique n'est découverte.	• Se garder d'attribuer la douleur sans cause identifiable à des causes psychologiques.
• Chaque client connaît des degrés différents de douleur en réponse à des stimuli comparables.	• Considérer le fait qu'il n'existe pas de seuil universel de la douleur.
• Les clients qui souffrent de douleur chronique peuvent être plus sensibles à la douleur et à d'autres stimuli.	• Être conscient que la tolérance à la douleur varie selon les personnes, voire chez le même sujet suivant différents facteurs (p. ex., l'hérédité, le niveau d'énergie, la capacité d'adaptation, l'expérience antérieure de douleur).
• La douleur non soulagée a des conséquences physiques et psychologiques néfastes. La douleur aiguë mal maîtrisée peut entraîner des changements physiologiques qui augmentent le risque de douleur chronique.	• Encourager les clients à signaler la douleur, en particulier ceux qui sont réticents à en discuter, ceux qui la nient même s'ils la ressentent probablement ou ceux qui ne respectent pas les traitements qui leur sont prescrits.

10.5.1 Données subjectives
Renseignements importants concernant l'évaluation de la douleur (PQRSTU)

RAPPELEZ-VOUS...

La méthode PQRSTU peut être utilisée pour évaluer d'autres manifestations subjectives : elle n'est pas propre à la douleur.

La plupart des composantes de l'évaluation de la douleur nécessitent une entrevue directe couvrant les aspects de la méthode PQRSTU avec le client ou son observation. Les conclusions des examens diagnostiques et de l'examen physique complètent l'évaluation initiale. Même si l'évaluation variera en fonction du contexte clinique, de la population de clients et de l'étape de soins (c.-à-d. si l'évaluation s'inscrit dans le cadre d'un bilan initial ou si la douleur est réévaluée après un traitement), la douleur doit être évaluée, dans la mesure du possible, dans toutes ses dimensions. Il est toutefois convenable, dans un contexte postopératoire, de n'évaluer que l'intensité de la douleur. L'évaluation de la douleur doit être la base de tout traitement antidouleur comme l'est, par exemple, la mesure de la glycémie pour l'administration d'antidiabétiques.

Avant chaque évaluation, l'infirmière doit se rappeler que les clients peuvent employer d'autres mots que « douleur ». Il est possible, par exemple, que les personnes âgées nient ressentir de la douleur, mais qu'elles répondent affirmativement lorsqu'on leur demande si elles « ont mal ». L'infirmière doit rapporter exactement les mots dont se sert le client pour décrire la douleur, et les employer ensuite invariablement lorsqu'elle l'interroge à ce sujet.

Jugement clinique

Jeff Olson est âgé de 22 ans. Il dit qu'il a tellement mal à la tête qu'il a l'impression qu'un feu d'artifice éclate dans son cerveau.

Comment devriez-vous décrire la céphalée du client dans les notes d'évolution au dossier ?

Dans un contexte de soins aigus, une évaluation abrégée est peut-être inévitable en raison de contraintes liées au temps. L'infirmière doit à tout le moins évaluer les effets de la douleur sur le sommeil du client, ses activités journalières, ses relations avec les autres, son activité physique et son bien-être émotionnel. L'infirmière devra également prendre note de la manière dont le client décrit la douleur et les stratégies qu'il a mises en œuvre pour s'en accommoder et la maîtriser, ainsi que ses objectifs de soulagement. Pour ce qui est de la douleur chronique, l'évaluation sera beaucoup plus approfondie et reprendra en détail les éléments mentionnés pour la douleur aiguë.

 Provoquer / pallier / aggraver

Pour définir ce qui a provoqué la douleur, il faut établir l'élément déclencheur en lien avec le moment au cours duquel la douleur a débuté. L'infirmière demandera, par exemple : Que faisiez-vous quand la douleur est apparue ? En règle générale, les clients qui ressentent une douleur découlant d'une lésion, d'une maladie aiguë ou d'un traitement (p. ex., une chirurgie) sauront exactement quel est le déclencheur de leur douleur. Ce n'est peut-être pas le cas des clients aux prises avec une douleur chronique causée par une incapacité de l'organisme à cicatriser convenablement ou à une maladie chronique évolutive. Certaines procédures sont également bien connues pour causer au client de la douleur transitoire, appelée également douleur procédurale, notamment les changements de pansements, les mouvements, les changements de position et autres interventions (p. ex., un cathétérisme vésical). Cependant, dans certaines circonstances, la douleur peut être présente « au repos » comme en contexte postopératoire ou au moment d'une douleur de type cardiaque.

L'infirmière devra s'enquérir des activités ou des situations qui aggravent la douleur ou la soulagent. Par exemple, il est courant que la douleur musculosquelettique soit exacerbée par le mouvement et la marche. Par contre, le repos ou l'immobilisation d'une partie douloureuse du corps peut atténuer la douleur.

 Qualité / quantité

La qualité de la douleur désigne sa nature ou ses caractéristiques. Par exemple, il est fréquent que les clients décrivent la douleur nociceptive comme une douleur tranchante, un élancement, une douleur pulsatile, sourde, ou comme une crampe. La douleur neurogène peut être décrite comme une sensation de brûlure, un engourdissement, des picotements, une douleur pongitive, une sensation apparentée à une décharge électrique, ou encore comme une démangeaison.

L'infirmière doit aussi évaluer la quantité ou l'intensité de la douleur : c'est une mesure fiable qui sert à déterminer le type de traitement à administrer et son efficacité. L'infirmière demandera par exemple : Sur une échelle de 0 (aucune douleur) à 10 (la pire douleur imaginable), à combien évaluez-vous l'intensité de votre douleur ? Les échelles de douleur[a] sont des instruments utiles qui permettront au client de décrire l'intensité de sa douleur **FIGURE 10.4**. Ces échelles doivent être adaptées à l'âge et au développement cognitif de la personne. La plupart des adultes sont capables d'évaluer l'intensité de leur douleur grâce à des échelles numériques (p. ex., 0 signifie aucune douleur et 10, la pire douleur imaginable) ou de description verbale (p. ex., aucune, légère, modérée, sévère). Certains clients, particulièrement les personnes âgées, trouveront parfois ces outils plus

---

[a] Pour obtenir plus d'information sur les échelles de douleur, voir le chapitre 33 dans *Soins infirmiers : fondements généraux* (Potter & Perry, 2010).

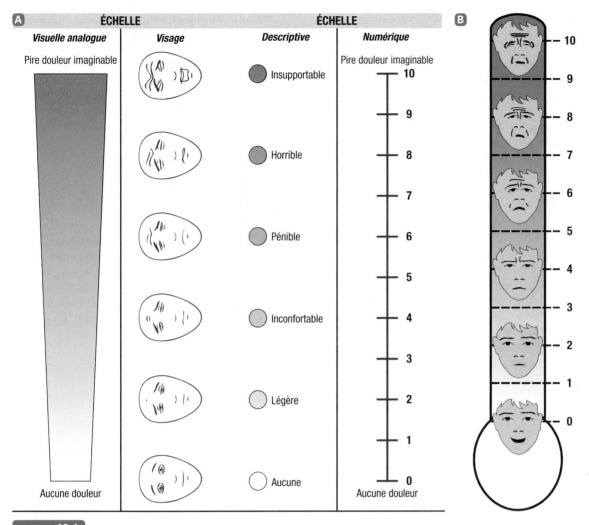

FIGURE 10.4

Outils visuels qui permettent d'évaluer la nature et l'intensité de la douleur – **A** Échelles d'évaluation de la douleur. **B** Thermomètre d'intensité de douleur : nouvel outil pour les clients adultes en phase critique.

faciles d'emploi s'ils sont orientés verticalement ou pourvus d'une composante visuelle.

Bien que l'intensité de la douleur soit un facteur important dans la définition des approches analgésiques, l'infirmière se gardera d'administrer des doses d'opioïdes en se référant uniquement aux scores de douleur rapportés par les clients. S'ils sont administrés « sur la foi de chiffres », c'est-à-dire sans tenir compte du degré de sédation du client ou de son état respiratoire, ces médicaments peuvent donner lieu à des pratiques dangereuses et provoquer de graves effets indésirables. L'administration des analgésiques sera plus sûre si l'infirmière exerce une surveillance clinique et si elle prend en considération les effets secondaires. Il est donc possible d'adapter le traitement pour favoriser une meilleure maîtrise de la douleur et réduire au maximum les issues défavorables.

 Région / irradiation

La région, ou localisation de la douleur, permet d'en déterminer les causes potentielles et de trouver le traitement susceptible de l'enrayer. L'infirmière doit s'informer de la localisation de la douleur en demandant au client : 1) de décrire le ou les sièges de la douleur ; 2) d'indiquer du doigt les régions douloureuses de son corps ; 3) de marquer les régions douloureuses sur une carte de la douleur **FIGURE 10.5**. Comme beaucoup de clients présentent plus d'un siège douloureux, il est important de s'assurer qu'ils en décrivent chaque emplacement. Certains clients sont en mesure de préciser la localisation exacte de leur douleur alors que d'autres désignent les régions en termes très vagues ou font savoir qu'ils ont « mal partout ». La localisation de la douleur peut recouvrir la région qui va de son point d'origine à un autre siège **FIGURE 10.3**. La douleur peut aussi irradier de son point d'origine vers un autre siège. C'est le cas de l'angine de poitrine qui peut irradier de la poitrine vers la mâchoire ou le bras gauche. La névralgie sciatique est une douleur qui suit le trajet du nerf sciatique. Elle peut provenir des articulations ou des muscles entourant le dos, ou découler de la compression ou d'une lésion du nerf sciatique. La douleur irradie tout le long du nerf périphérique et crée une douleur fulgurante depuis l'arrière de la cuisse et l'intérieur de la jambe jusqu'au pied.

 ### Symptômes et signes associés / sévérité

Les symptômes associés comme l'anxiété, la fatigue et la dépression peuvent aggraver la douleur qui, à son tour, peut les exacerber. L'infirmière demandera donc, par exemple : Ressentez-vous d'autres malaises en plus de votre douleur ? Si oui, lesquels ? Certains signes détectés au cours de l'examen physique, notamment des variations dans les valeurs des signes vitaux, la **diaphorèse** et la pâleur, peuvent aussi être présents et indiquer une situation de douleur sévère.

 ### Temps / durée

Jugement clinique

Une note d'évolution décrit ceci : « Se plaint de lombalgie à 5 sur 10 irradiant dans la jambe gauche. Décrit sa douleur sous forme de courant électrique. Dit que ça dure depuis 30 minutes, que cela a commencé quand il s'est levé du lit et que ça persiste même s'il s'assoit. Boite lorsqu'il marche. Croit que sa hernie discale s'aggrave. Analgésique P.O. donné. »

Deux éléments importants sont manquants dans cette note d'évolution. Lesquels ?

Il est très utile pour l'infirmière d'établir à quand remonte la douleur ou sa durée, ce qui permettra de déterminer son caractère aigu ou chronique, de définir sa cause et d'orienter son traitement. Prenons l'exemple d'un client atteint d'un cancer avancé qui présente une lombalgie chronique découlant d'une sténose spinale, et qui signale une douleur intense et soudaine dans le dos qui a débuté il y a deux jours. Le mode de déclenchement et la durée de cette douleur peuvent permettre de s'orienter vers un diagnostic de nouvelle maladie métastatique de la moelle épinière. L'intensité de nombreux types de douleurs chroniques (p. ex., les douleurs arthritiques) augmente et décline avec le temps. Un client peut éprouver constamment de la douleur (douleur persistante, ressentie 24 heures sur 24) et connaître des périodes isolées de douleur intermittente. La **percée de douleur** désigne une sensation transitoire, de légère à modérée, chez des clients dont la douleur est normalement bien maîtrisée. Elle est liée en règle générale à la douleur cancéreuse. L'**échec de fin de dose** désigne la percée de douleur qui survient avant la fin de la durée de l'analgésie normalement associée à un analgésique

spécifique. Ainsi, la durée de l'effet analgésique chez un client qui reçoit du fentanyl par voie transdermique (timbres Duragesic^MD) est en général de 72 heures. Une recrudescence de la douleur 48 heures après l'administration du médicament serait caractérisée comme un échec de fin de dose et signalerait la nécessité de modifier la dose ou la fréquence posologique de l'analgésique.

 ### (*Understanding*) Compréhension et signification pour le client

L'infirmière tente de découvrir quelle signification le client attribue à sa douleur. Par exemple, elle demande : Selon vous, à quel problème est associée votre douleur ? Quelles répercussions la douleur a-t-elle dans votre vie ? En se référant à son expérience personnelle, la personne peut avoir une idée, fondée ou non, sur son problème de santé, et présenter une attitude ou une anxiété pouvant influencer la manifestation de sa douleur.

Histoire de santé

La méthode AMPLE permet de faire une évaluation systématique et complète de l'histoire médicale du client.

 ### Allergies / réactions

Outre les AINS comme l'aspirine, peu d'analgésiques produisent des réactions allergiques sévères. Il faut bien distinguer les notions d'allergie (allant du prurit au choc anaphylactique), d'intolérance (nausées, vomissements, etc.) et d'effets indésirables (constipation liée à la morphine). Parfois, les manifestations sont semblables, et une surveillance étroite est nécessaire.

 ### Médicaments

Les personnes qui vivent avec la douleur et en font l'expérience sont susceptibles d'essayer différentes stratégies de prise en charge. Certaines sont efficaces, d'autres pas. Pour optimiser l'efficacité du plan de soins antidouleur, l'infirmière s'informera auprès des clients de leurs méthodes actuelles et passées pour contrôler leur douleur. Les stratégies comprennent les médicaments vendus sous ordonnance et en vente libre, les traitements non pharmacologiques comme l'application de chaleur et de froid, les thérapies complémentaires et non conventionnelles (p. ex., les produits à base d'herbes médicinales, l'acupuncture) et les stratégies de relaxation (p. ex., l'imagerie). Toutes les stratégies, qu'elles aient porté ou non leurs fruits, doivent être rapportées. Comme certaines drogues telles que le cannabis peuvent être utilisées pour

Outil d'évaluation initiale de la douleur

Date : _____

Nom du client : _____ Âge : _____ Chambre : _____

Diagnostic : _____ Médecin : _____

Infirmière : _____

1. ENDROIT : le client ou l'infirmière indique l'endroit sur le dessin.

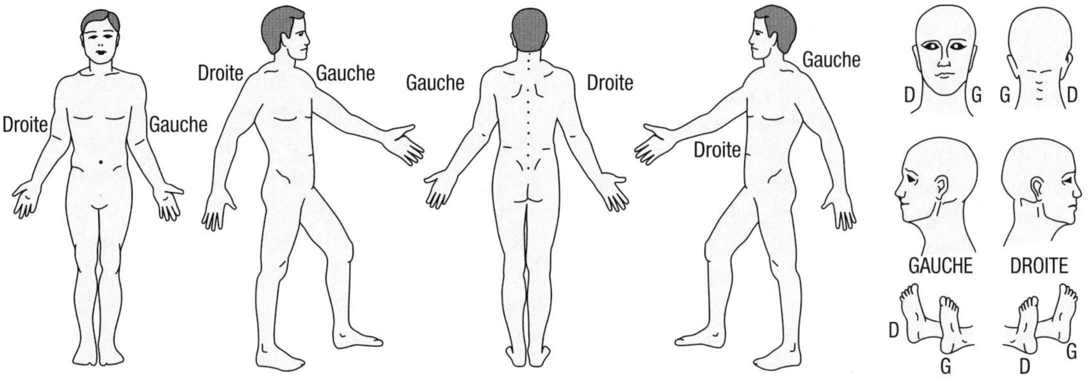

2. INTENSITÉ : le client évalue la douleur. Échelle utilisée : _____

À l'heure actuelle : _____

Quand la douleur est à son pire : _____

Quand la douleur est à son mieux : _____

Niveau de douleur acceptable : _____

3. QUALITÉ : (reprendre les mots du client, p. ex., piqûre, mal, brûlure, élancement, tiraillement, aiguë) _____
_____

4. APPARITION, DURÉE, VARIATIONS, RYTHMES : _____
_____

5. FAÇON D'EXPRIMER LA DOULEUR : _____
_____
_____

6. CE QUI APAISE LA DOULEUR : _____
_____
_____

7. CE QUI PROVOQUE OU AUGMENTE LA DOULEUR : _____
_____
_____

8. EFFETS DE LA DOULEUR : (noter la diminution des fonctions et de la qualité de vie)

Symptômes liés (p. ex., nausées) : _____

Sommeil : _____

Appétit : _____

Activité physique : _____

Relations avec les autres (p. ex., irritabilité) : _____

Émotions (p. ex., colère, idées suicidaires, pleurs) : _____

Concentration : _____

Autre : _____

9. AUTRES COMMENTAIRES : _____
_____

10. PLAN : _____
_____

Peut être reproduit pour utilisation dans la pratique clinique.

FIGURE 10.5

Questionnaire d'évaluation de la douleur

contrôler la douleur, il importe de savoir si la personne en consomme à des fins analgésiques. La consommation d'alcool doit aussi être notée.

 Passé

La connaissance des antécédents de santé du client peut guider dans la détermination de la cause de la douleur. L'infirmière doit questionner le client sur ses problèmes de santé connus et sur tous les traitements qu'il a reçus pour la douleur : chirurgie, infiltrations, traitements physiques ainsi que les méthodes alternatives et complémentaires. Cette connaissance permet de bien comprendre les démarches effectuées par le client et de l'accompagner dans son cheminement par rapport à la douleur. Cela est d'autant plus nécessaire en présence de douleur chronique puisque les personnes souffrantes ont souvent un long parcours auprès de professionnels de la santé. Il est aussi possible que des problématiques de douleur soient présentes dans la famille ; il faut donc questionner le client sur ses antécédents familiaux.

 (*Last meal*) Dernier repas

L'infirmière doit s'informer de l'alimentation de la personne souffrante. En effet, la douleur peut affecter l'appétit, surtout chez les personnes souffrant de douleur chronique pour qui l'apport alimentaire peut être inadéquat en raison de la douleur persistante. Également, l'immobilité engendrée par la douleur et la prise de certaines médications peuvent avoir un effet sur le poids.

 Événements / environnement

| **Perception et gestion de la santé** | La douleur peut avoir d'importantes répercussions sur la qualité de vie et le fonctionnement du client. Au moment de l'évaluation, l'infirmière doit prendre note des répercussions de la douleur sur la capacité du client à dormir, à profiter de la vie, à interagir avec les autres, à travailler, à s'acquitter des tâches domestiques et à prendre part à des activités physiques et sociales. Elle devra également évaluer les conséquences de la douleur sur l'humeur du client.

| **Élimination** | Les opioïdes affectent l'élimination urinaire et intestinale. Il faut alors s'enquérir de la fréquence d'élimination et dépister des problématiques comme un fécalome pouvant être la cause de douleur chez une personne âgée se plaignant de douleur abdominale diffuse. Un traitement prophylactique approprié est de mise.

| **Activités et exercice** | La douleur entraîne généralement de l'immobilité. À son tour, cette immobilité entraîne de nombreuses conséquences, que ce soit en phase postopératoire ou en réadaptation. L'activité normale doit donc être reprise le plus rapidement possible. Ceci est possible grâce à un traitement analgésique optimal. Chez les personnes souffrant de douleur chronique, il n'est pas rare d'observer un déconditionnement physique en raison de cette inactivité. L'infirmière est invitée à collaborer étroitement avec les thérapeutes (physiothérapeute, ergothérapeute, etc.) afin que la personne regagne le plus rapidement possible sa mobilité. Cette collaboration peut se faire par l'administration d'analgésiques avant les séances et par l'évaluation de la douleur au retour. Enfin, l'évaluation de la douleur doit être effectuée à la fois au repos et en mouvement.

| **Sommeil et repos** | La douleur a un effet direct sur le sommeil. En retour, le manque de sommeil engendre de la douleur. Dans un traitement anti-douleur, le soulagement permettant le repos est une priorité ; il en va d'une guérison optimale. Chez les personnes souffrant de douleur chronique et dont le sommeil est fréquemment perturbé par la douleur, la médication visera également à favoriser le sommeil. Il est même possible que les effets secondaires de certaines médications (p. ex., les antidépresseurs) soient utilisés pour favoriser le sommeil, tout en procurant un effet bénéfique sur la perception de la douleur.

| **Cognition et perception** | Un déficit cognitif pose un défi dans l'évaluation de la douleur et de son soulagement. En présence d'un tel déficit, l'infirmière devra utiliser les échelles comportementales appropriées. Il est possible que la douleur non soulagée, principalement chez les personnes âgées, entraîne un délirium en phase postopératoire. Pour détecter une telle situation, l'évaluation de la douleur est cruciale. Une attention particulière doit être portée aux personnes ayant des troubles sensitifs qui peuvent affecter la sensation de la douleur (p. ex., une neuropathie diabétique), car celles-ci ressentent moins bien la douleur et sont donc à risque de blessures.

| **Perception et concept de soi** | La douleur chronique peut affecter la perception que la personne a d'elle-même en raison de limitations qu'elle impose. Par exemple, le père de famille ne pourra plus travailler, et cela affectera l'image qu'il a de lui. Cela peut mener à des troubles de l'humeur importants. L'infirmière doit être vigilante relativement à ces manifestations de détresse et en discuter avec son client.

| **Relations et rôles** | Tout comme pour la perception de soi, la douleur chronique modifie les relations que la personne entretient avec son entourage et peut amener un changement, parfois permanent, des rôles. L'infirmière doit avoir une vision systémique et s'informer des conséquences de cette douleur sur la sphère familiale et sur le réseau

social. Il est important d'offrir du soutien autant à la personne souffrante qu'à son entourage.

| Sexualité et reproduction | La douleur et son traitement peuvent influencer la sexualité, notamment en entraînant une baisse de la libido. Ce sujet doit être abordé avec les personnes souffrant de douleur chronique.

| Adaptation et tolérance au stress | Dans certains contextes cliniques, des informations supplémentaires sur la manière dont le client gère le stress associé à sa douleur sont requises au stade de l'évaluation pour assurer un traitement efficace. Ceci est particulièrement vrai lorsqu'il s'agit de traiter des clients aux prises avec une douleur chronique. En règle générale, l'évaluation initiale de cette population de clients portera notamment sur les éléments figurant à l'**ENCADRÉ 10.2**. En présence de douleur aiguë, il faut également tenir compte de la présence d'une forte anxiété, car elle rend la douleur plus difficile à soulager, notamment en phase postopératoire.

| Valeurs et croyances | Les croyances, l'attitude et les attentes du client et de sa famille ont des conséquences sur la réponse à la douleur et sur le traitement antidouleur. L'infirmière doit évaluer les attitudes et les croyances susceptibles de compromettre l'efficacité du traitement (p. ex., celle qui veut que l'utilisation d'opioïdes entraîne une dépendance psychologique). L'infirmière doit s'informer des attentes et des objectifs liés à la prise en charge de la douleur.

10.5.2 Documentation

Il est essentiel de documenter l'évaluation de la douleur pour assurer à la fois une communication efficace entre les membres de l'équipe ainsi qu'une planification et une mise en œuvre adéquates des soins. De nombreux organismes professionnels et gouvernementaux ont proposé des outils spécifiques pour consigner l'évaluation initiale de la douleur, le traitement et la réévaluation. Un exemple d'outil d'évaluation initiale de la douleur est illustré à la **FIGURE 10.5**.

10.5.3 Réévaluation

Il est indispensable que l'infirmière réévalue la douleur aux intervalles qui conviennent. Par exemple, la réévaluation d'un client ayant subi une intervention chirurgicale s'effectue dans les 10 à 15 minutes suivant l'administration d'une dose d'analgésique par voie intraveineuse. En fait, la réévaluation dépend du pic d'action de la médication administrée . Le **TABLEAU 10.6** précise les pics d'action de la médication opiacée en fonction des modes d'administration. Dans les établissements de soins prolongés, les résidents affectés par une douleur chronique sont réévalués au moins une fois toutes les semaines, ou s'il se produit un changement de leur état pathologique ou fonctionnel. La fréquence et la portée de cette nouvelle évaluation dépendent de facteurs comme l'intensité de la douleur et l'état physique et psychosocial de la personne.

La figure 10.1W présentée au www.cheneliere.ca/lewis montre un exemple précis du pic d'action, de la durée et des courbes pharmacocinétiques de l'hydromorphone (Dilaudid^MD) selon les différentes voies d'administration.

10

Collecte des données

ENCADRÉ 10.2 Douleur

Données subjectives
- Renseignements importants concernant la santé :
  - Antécédents de santé : l'histoire de santé relative à la douleur comprend le moment d'apparition, la localisation, l'intensité, la qualité, les profils et l'expression de la douleur ; les stratégies destinées à y faire face ; les traitements antérieurs et leur efficacité ; les déclencheurs de la douleur ; un examen du recours aux soins de santé relativement au problème douloureux (p. ex., des visites au service d'urgence, un traitement dans des cliniques spécialisées de la douleur, des visites chez des professionnels de la santé primaire et des spécialistes)
  - Médicaments : utilisation de tout médicament sur ordonnance ou en vente libre, de drogues illicites ou de produits à base d'herbes pour le soulagement de la douleur ; consommation d'alcool ou de drogues
- Modes fonctionnels de santé :
  - Perception et gestion de la santé : antécédents sociaux et professionnels ; antécédents de santé mentale ; antécédents de tabagisme ; effets de la

douleur sur les émotions, les relations, le sommeil et les activités ; entrevues avec les membres de la famille ; dossiers se rapportant au traitement psychiatrique de la douleur
  - Élimination : constipation liée à la consommation de médicaments opioïdes
  - Activités et exercices : fatigue, limitation des activités, douleur liée à l'utilisation des muscles
  - Sexualité et reproduction : diminution de la libido
  - Adaptation et tolérance au stress : évaluation psychologique à l'aide de questionnaires validés et standardisés pour examiner le style d'adaptation, la dépression et l'anxiété du client

Données objectives
- Évaluation de l'intensité à l'aide d'une échelle valide (p. ex., une échelle numérique, descriptive, visuelle analogue et de visage)
- Examen physique, y compris une évaluation de toutes les limites fonctionnelles
- Évaluation psychosociale, y compris l'humeur

TABLEAU 10.6	Pics d'action de la médication opiacée		
NOM GÉNÉRIQUE	**SELON LE MODE D'ADMINISTRATION**		
	I.M./S.C.	**I.V.**	*Per os*
Hydromorphone (Dilaudid^MD)	30-60 min	15 min	60 min
Morphine	30-60 min	15 min	60 min
Mépéridine (Demerol^MD)	30-60 min	5-10 min	120 min
Oxycodone (Supeudol^MD)	–	–	30–60 min
Codéine	30-60 min	–	60–90 min
Fentanyl	–	5-15 min	–

10.6 | Traitement de la douleur

10.6.1 Principes de base

Tous les plans thérapeutiques antidouleur découlent des normes de pratique et des principes suivants :

- Se conformer aux principes d'évaluation de la douleur. Ces principes sont énoncés au **TABLEAU 10.5**. L'infirmière doit garder à l'esprit que la douleur est une expérience subjective : non seulement le client est le meilleur juge de sa douleur, mais il détient aussi une expertise sur l'efficacité de chaque traitement antidouleur.

- Être conscient que chaque client a droit à une prise en charge adéquate de sa douleur. De nombreuses populations de clients, notamment les minorités ethniques, les personnes âgées et les personnes aux prises avec des problèmes de toxicomanie ou qui ont des antécédents d'abus, risquent de voir leur douleur inadéquatement prise en charge. Les professionnels de la santé doivent être conscients de leurs propres préjugés et s'assurer que tous les clients sont traités avec respect.

- Accorder le plan de soins aux objectifs du client. Il faut discuter des objectifs du client quant au traitement de la douleur, et ce, dès l'évaluation initiale (de la douleur). Bien que cet objectif puisse être établi en ce qui concerne l'intensité de la douleur (p. ex., souhaiter que le score moyen de la douleur passe de 8 sur 10 à 4 sur 10), le client sera encouragé à définir des objectifs fonctionnels en cas de douleur chronique (p. ex., se fixer comme objectif d'effectuer certaines activités quotidiennes, rencontrer des amis ou se livrer à ses

passe-temps). Pendant un traitement prolongé, il faut réévaluer ces objectifs et rapporter les progrès effectués en vue de les atteindre. C'est le client, plutôt que l'équipe soignante, qui fixe de nouveaux objectifs. S'il s'agit d'objectifs de traitement irréalistes, comme se libérer tout à fait d'une douleur arthritique chronique, l'infirmière devra amener le client à se fixer un objectif plus plausible.

- Employer à la fois des traitements pharmacologiques et non pharmacologiques. Même si les médicaments sont souvent considérés comme le pilier du traitement, surtout en cas de douleur modérée à sévère, les activités de prise en charge personnelle et les approches non pharmacologiques doivent être utilisées de façon complémentaire et simultanée. Ceci favorise l'efficacité globale du traitement et peut même aider à réduire les doses des médicaments prescrits de manière à minimiser les effets indésirables qui leur sont associés (Chou & Huffman, 2007).

- Si possible, employer un traitement analgésique multimodal (ou coanalgésie). L'analgésie multimodale est de plus en plus admise dans le traitement de la douleur aiguë, notamment en contexte postopératoire. Ce type d'analgésie se définit comme l'utilisation de deux analgésiques ou plus qui interpellent des mécanismes différents afin d'offrir un soulagement supérieur sans une augmentation des effets secondaires, et ce, comparé à une augmentation du dosage d'un seul analgésique (European Society of Regional Anesthesia and Pain Therapy, 2004). Il est démontré que cette approche permet de mieux soulager la douleur, contribue à la satisfaction du client et diminue les effets indésirables liés à chaque médicament (Guindon, Walczak, & Beaulieu, 2007). Concrètement, la combinaison d'AINS et d'opioïdes (avec le dispositif d'analgésie contrôlée par le client) permet de diminuer la consommation d'opioïdes et les effets secondaires tels les nausées, les vomissements et la sédation. De plus en plus, des algorithmes de traitement de la douleur aiguë sont proposés et allient une analgésie multimodale à l'évaluation de l'intensité de la douleur. Le contexte postopératoire se prête très bien à l'utilisation de tels algorithmes, autant en pédiatrie qu'en chirurgie générale ⬤. L'analgésie multimodale est une pratique reconnue dans la prise en charge de la douleur chronique (Argoff, Albrecht, Irving, & Rice, 2009) et implique non seulement l'utilisation concomitante de médicaments, mais aussi la combinaison de thérapies cognitivo-comportementales.

- Aborder la douleur grâce à une approche multidisciplinaire. L'expertise et le point de vue des membres d'une équipe multidisciplinaire sont souvent nécessaires pour assurer une évaluation et un traitement efficaces des clients aux prises

La figure 10.2W présentée au www.cheneliere.ca/lewis montre l'algorithme conçu par le Centre hospitalier universitaire de Sherbrooke pour le soulagement de la douleur aiguë.

avec la douleur, surtout s'il s'agit de douleur chronique. Il est fréquent que les équipes multidisciplinaires soient composées, entre autres, d'un psychologue, d'un physiothérapeute, d'un ergothérapeute, d'une infirmière, d'un pharmacien, d'un intervenant en soins spirituels et de représentants de plusieurs spécialités médicales comme la neurologie, les soins palliatifs, l'oncologie, la chirurgie et l'anesthésiologie. Certains services de prise en charge de la douleur incluent aussi des praticiens de thérapies complémentaires comme des massothérapeutes, des musicothérapeutes, des acupuncteurs et des art-thérapeutes.

- Évaluer l'efficacité de tous les traitements pour s'assurer qu'ils répondent aux objectifs du client. Chaque client doit recevoir un traitement individualisé. La mise en place d'un plan de soins efficace est souvent ponctuée d'essais et d'erreurs. Il est courant d'ajuster la posologie ou la voie d'administration du médicament pour en tirer le plus de bénéfices, tout en minimisant les effets indésirables. En fait, l'ajustement de la médication antidouleur se fait de la même façon que celui d'un client diabétique en fonction de sa glycémie et des antidiabétiques (Dion, Fugère, & Dechêne, 2005). Ce processus d'essais-erreurs peut être matière à contrariété pour le client et le proche aidant : il convient de leur rappeler qu'il est possible de soulager la douleur, voire de la faire disparaître (douleur aiguë) ou de la contrôler le mieux possible (douleur chronique), et que l'équipe soignante s'emploiera avec eux à procurer un soulagement optimal.

- Prévenir ou prendre en charge les effets secondaires liés aux médicaments. Les effets secondaires sont une raison majeure d'échec et de non-observance du traitement. Il existe plusieurs moyens de les prendre en charge, comme l'indique l'**ENCADRÉ 10.3.** L'infirmière joue un rôle clé dans la surveillance et le traitement de ces effets secondaires ; elle donne aussi l'information nécessaire au client et au proche aidant pour réduire ces effets au minimum.

- Incorporer l'information destinée au client et au proche aidant tout au long de l'évaluation et du traitement. La teneur de cette information doit notamment se rapporter aux causes de la douleur, aux méthodes qui permettent de l'évaluer, aux objectifs et aux options de traitement, aux attentes relatives à sa prise en charge, à l'emploi adéquat des médicaments, à la prise en charge des effets secondaires, aux approches non pharmacologiques et aux autosoins en lien avec la douleur. Cette information doit être documentée et inclure une évaluation de la compréhension du client et de son proche aidant de la condition douloureuse.

10.6.2 Traitement pharmacologique de la douleur

En général, les médicaments antidouleur se divisent en trois groupes : les non-opioïdes, les opioïdes et les médicaments adjuvants. Le plan de traitement pharmacologique peut comprendre des médicaments d'au moins un de ces groupes. Souvent, les non-opioïdes suffisent à soulager la douleur légère. La douleur modérée à sévère requiert généralement l'administration d'un opioïde. En présence de certains types de douleur comme la douleur neurogène, des médicaments adjuvants peuvent être utilisés seuls, combinés à un opioïde ou à une autre classe d'analgésiques. Des traitements curatifs ou modificateurs de la maladie (p. ex., la chimiothérapie dans le cancer ; les antagonistes du facteur de nécrose tumorale comme l'étanercept [Enbrel^{MD}] dans la polyarthrite rhumatoïde) de même que des médicaments antidouleur pourront être administrés en cas de

---

Pharmacothérapie

ENCADRÉ 10.3 | **Prise en charge des effets secondaires des médicaments analgésiques**

Les effets secondaires peuvent être pris en charge grâce à une ou à plusieurs des méthodes suivantes :

- Diminuer la dose d'analgésique de 10 à 15 %.
- Remplacer le traitement par un autre médicament de la même classe.
- Privilégier l'analgésie multimodale (p. ex., une combinaison d'acétaminophène, d'AINS et d'opioïdes administrés en fonction de l'intensité de la douleur pour soulager la douleur postopératoire, ou des antidépresseurs et des anticonvulsivants pour gérer la douleur neurogène).

- Ajouter un médicament qui neutralise l'effet indésirable de l'analgésique (p. ex., instaurer un plan de traitement pour l'élimination des selles à l'aide d'un laxatif stimulant doux et d'un laxatif émollient pour les clients qui souffrent d'une constipation causée par les opioïdes).
- Privilégier une voie d'administration qui réduit au minimum les concentrations du médicament (p. ex., l'administration intraspinale des opioïdes sert parfois à réduire au minimum les taux élevés de médicaments responsables de sédation, de nausées et de vomissements).

douleur résultant de pathologies spécifiques comme le cancer et la polyarthrite rhumatoïde.

Non-opioïdes

Les analgésiques non opioïdes incluent l'acétaminophène, l'aspirine et d'autres salicylates, ainsi que les AINS **TABLEAU 10.7**. Ces agents présentent les caractéristiques suivantes : 1) ils sont dotés d'un **effet plafond**, c'est-à-dire qu'au-delà d'une limite supérieure donnée, ils n'offriront pas un meilleur rendement analgésique ; 2) ils n'entraînent ni tolérance ni dépendance physique ; 3) ils sont nombreux à être vendus sans ordonnance. Il est important de contrôler l'emploi des analgésiques vendus sans ordonnance afin d'éviter tout problème grave découlant d'interactions médicamenteuses, d'effets secondaires et de surdose. Les non-opioïdes sont souvent combinés avec les opioïdes : cette association permet d'induire un soulagement optimal de la douleur tout en recourant à des doses plus faibles d'opioïdes (réduisant ainsi les effets secondaires liés à ces médicaments) ; ce

Pharmacothérapie	
TABLEAU 10.7	**Analgésiques non opioïdes**

MÉDICAMENT	CONSIDÉRATIONS POUR L'INFIRMIÈRE
Non salicylés	
Acétaminophène (Tylenol^MD)	• Offert en suppositoires ; préparation à libération continue offerte ; la dose quotidienne maximale est de 3 à 4 g (3 g chez les personnes âgées). • Les doses supérieures à 4 g par jour peuvent causer une irritation et des saignements gastriques. • La dose supérieure recommandée pour les clients atteints d'insuffisance hépatique ou connus pour abus chronique d'alcool est de 2,4 g, et de 3 g pour les personnes âgées. • Un surdosage aigu peut provoquer une insuffisance hépatique aiguë. • Un surdosage chronique peut provoquer une toxicité hépatique.
Salicylés	
Aspirine	• Offerte en suppositoires ; préparation à libération continue offerte. • Peut augmenter le risque de saignements du système GI haut. • Est employée généralement à raison de faibles doses par mesure cardioprotectrice plutôt que pour ses propriétés analgésiques.
Trisalicylate de choline et de magnésium	• Contrairement à l'aspirine et aux AINS, il n'augmente pas le temps de saignement.
Anti-inflammatoires non stéroïdiens	
Ibuprofène (Motrin^MD, Advil^MD)	• Utiliser la dose efficace minimale le moins longtemps possible. • Présente un risque accru d'effets indésirables GI graves (surtout chez les personnes âgées), y compris des saignements, des ulcérations et des perforations. • Peut augmenter le risque d'effets thrombotiques cardiovasculaires graves, d'infarctus du myocarde et d'AVC ; risque probablement accru chez les clients qui présentent une maladie cardiovasculaire ou des facteurs de risque.
Naproxène (Naprosyn^MD)	• Utiliser la dose efficace minimale le moins longtemps possible. • Présente un risque accru d'effets indésirables GI graves (surtout chez les personnes âgées), y compris des saignements, des ulcérations et des perforations. • Est contre-indiqué pour le traitement de la douleur postopératoire après un pontage coronarien chirurgical, car il prolonge le temps de saignement et inhibe l'agrégation plaquettaire.

TABLEAU 10.7	Analgésiques non opioïdes *(suite)*
MÉDICAMENT	**CONSIDÉRATIONS POUR L'INFIRMIÈRE**
Kétorolac (Toradol^{MD})	• Limiter le traitement à cinq jours : peut précipiter une insuffisance rénale chez les clients déshydratés.
Diclofénac (Arthrotec^{MD})	• Utiliser la dose efficace minimale le moins longtemps possible.
Célécoxib (Celebrex^{MD})	• Provoque moins d'effets secondaires GI, comme les saignements, que les autres AINS, mais le risque est toujours présent ; il est plus coûteux que les autres AINS. • Peut augmenter le risque d'événements thrombotiques cardiovasculaires graves, d'infarctus du myocarde et d'AVC ; ce risque peut augmenter avec la durée d'utilisation en cas de maladie cardiovasculaire sous-jacente ou de facteurs de risque de maladie cardiovasculaire. • Est contre-indiqué pour le traitement de la douleur postopératoire après un pontage coronarien chirurgical.

phénomène correspond à l'**effet d'épargne des opioïdes** (*opioids-sparing effect*).

L'acétaminophène (Tylenol^{MD}) est doté d'effets analgésiques et antipyrétiques, mais n'implique toutefois aucun effet antiplaquettaire ou anti-inflammatoire. Même si l'acétaminophène est bien toléré, il est métabolisé par le foie : l'administration de doses chroniques supérieures à 4 g par jour (3 g par jour pour les personnes âgées [Lussier & Mallet, 2005]), une surdose aiguë ou l'existence d'une grave maladie hépatique chez le client peuvent déboucher sur une hépatotoxicité. Le mode d'action de l'acétaminophène est toujours inconnu, une des hypothèses est qu'il agit en inhibant la production des prostaglandines du système nerveux central impliquées dans le processus de la douleur et de la fièvre. L'acétaminophène rend possible l'administration de traitements multimodaux, d'où les combinaisons opioïde / acétaminophène dans des médicaments comme Percocet^{MD} et Tramacet^{MD}.

L'emploi de l'aspirine dans le traitement de la douleur est entravé par des effets secondaires courants comme l'augmentation du risque de dysfonction plaquettaire et d'hémorragie, surtout dans le système gastro-intestinal.

Les AINS représentent une classe importante de médicaments dont l'efficacité et les effets secondaires varient. Tous les AINS inhibent la cyclo-oxygénase, l'enzyme qui convertit l'acide arachidonique en prostaglandines et en composés connexes, autant en périphérie que dans le système nerveux central. Ils sont ainsi utiles lorsque la douleur provient d'un processus inflammatoire comme c'est le cas au moment d'une chirurgie ou d'une blessure (Fletcher, 2005). Cette enzyme existe sous deux formes : la COX-1 et la COX-2. La COX-1, présente dans presque tous les tissus, est responsable de plusieurs fonctions physiologiques

protectrices. Cependant, la COX-2 est également produite aux sièges de lésions tissulaires où elle assure la médiation de l'inflammation **FIGURE 10.6**. L'inhibition de la COX-1 est à l'origine de nombreux effets indésirables liés aux AINS, comme l'altération de la fonction rénale, les tendances aux saignements, l'irritation gastro-intestinale et l'ulcération. L'inhibition de la COX-2 est plutôt associée aux effets thérapeutiques et anti-inflammatoires des AINS. Les AINS plus anciens comme l'ibuprofène, qui inhibent les deux isoformes de la COX, sont désignés comme des AINS non sélectifs. À la fin des années 1990, les AINS inhibant sélectivement la COX-2 étaient mis sur le marché. Ces médicaments, parmi lesquels figure le célécoxib (Celebrex^{MD}), sont appelés les inhibiteurs de la COX-2 ou coxibs. Il est même reconnu que la prise

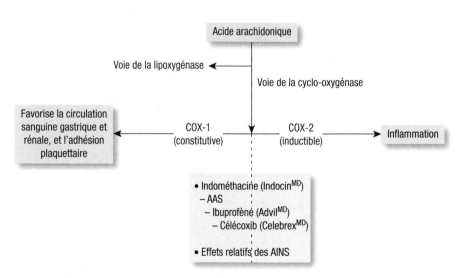

FIGURE 10.6

Oxydation de l'acide arachidonique par deux voies différentes : la lipoxygénase et la cyclo-oxygénase

de COX-2 en contexte préopératoire permet de réduire la douleur en phase postopératoire, de di-minuer la consommation d'opioïdes et d'augmen-ter la satisfaction du client (Macintyre, *et al.*, 2010).

L'efficacité de certains AINS est équivalente à celle de l'aspirine, alors que d'autres ont des profils d'efficacité plus avantageux. Les clients présentent des réponses très variées à un AINS spécifique ; donc, si un de ces agents ne procure aucun soulagement, il faudra le remplacer par un autre. Les AINS sont associés à de nombreux effets secondaires, notam-ment des problèmes gastro-intestinaux qui vont de la **dyspepsie** à des ulcérations et à des hémorragies menaçant le pronostic vital. L'insuffisance rénale et l'hypertension sont également possibles.

Les effets indésirables sérieux liés aux AINS entraînent chaque année des milliers d'hospitali-sations (American College of Rheumatology [ACR], 2008). Il faut donc restreindre l'emploi de ces médi-caments pour les personnes les plus sujettes aux effets indésirables, comme les personnes âgées et les clients avec des antécédents d'ulcère gastroduo-dénal. Si des clients susceptibles de connaître un saignement gastro-intestinal reçoivent des AINS, ils devront recevoir un traitement concomitant par le misoprostol ou un inhibiteur de la pompe à

protons comme l'oméprazole (Losec^MD). Il faudra éviter d'administrer des AINS concurremment à l'aspirine, compte tenu de l'augmentation du ris-que de saignements et d'effets indésirables gastro-intestinaux.

Lorsqu'ils sont apparus sur le marché, les coxibs semblaient beaucoup plus sûrs que les AINS non sélectifs. Néanmoins, deux agents de cette classe ont été retirés du marché : rofecoxib (Vioxx^MD) et valdécoxib (Bextra^MD). Santé Canada exige une mise en garde sous forme d'encadré soulignant le risque d'augmentation des événements cardiovas-culaires liés à la fois aux inhibiteurs sélectifs de la COX-2 et aux AINS non sélectifs (ACR, 2008).

Opioïdes

Les opioïdes produisent leurs effets en se liant aux récepteurs du système nerveux central et de la moelle épinière **TABLEAU 10.8**. Cette liaison entraîne : 1) l'inhibition de la transmission du signal nociceptif de la périphérie vers la moelle épinière ; 2) une modification de l'activité du sys-tème limbique ; 3) l'activation des voies inhibitri-ces descendantes qui modulent la transmission dans la moelle épinière. Les opioïdes agissent donc sur plusieurs processus nociceptifs maximi-sant ainsi leur efficacité.

Pharmacothérapie

TABLEAU 10.8	Analgésiques opioïdes	
MÉDICAMENTS	**VOIES D'ADMINISTRATION**	**CONSIDÉRATIONS POUR L'INFIRMIÈRE**
Agonistes mu		
• Morphine M.O.S^MD, MS.IR^MD, MS Contin^MD, Kadian^MD, Doloral^MD, M-Eslon^MD, Statex^MD, Oramorph SR^MD)	• Voie orale (courte durée d'action, libération immédiate et libération continue), rectale, I.V., sous-cutanée, épidurale, intrathécale, sublinguale	• Sert d'agent de comparaison standard pour les analgésiques opioïdes. • Indiquée pour la douleur modérée à sévère. • Peut stimuler la libération d'histamine et provoquer un prurit en cas d'administra-tion par voie générale. • Les comprimés à libération continue doivent être avalés entiers et ne doivent pas être cassés, mâchés, dissous ou écrasés. • Les préparations pour administration cylindraxiale^a ne doivent pas contenir d'agent de conservation.
• Hydromorphone (Dilaudid^MD, Hydromorph Contin)	• Voie orale (courte durée d'action), rectale, I.V., sous-cutanée, épidurale, intrathécale	• Durée d'action légèrement inférieure à celle de la morphine. • Indiquée pour la douleur modérée à sévère. • Les préparations pour administration cylindraxiale^a ne doivent pas contenir d'agent de conservation.
• Méthadone (Metadol^MD)	• Voie orale	• Puissance convenable par voie orale ; demi-vie de 24 à 36 heures. • S'accumule en cas d'administration répétée. • Utiliser avec prudence chez les personnes âgées.
• Lévorphanol	• Voie orale, I.V., I.M., sous-cutanée	• Demi-vie plasmatique de 12 à 16 heures ; s'accumule en cas d'administration répétée.

▼

| TABLEAU 10.8 | Analgésiques opioïdes *(suite)* |

MÉDICAMENTS	VOIES D'ADMINISTRATION	CONSIDÉRATIONS POUR L'INFIRMIÈRE
• Fentanyl [I.V.] (Duragesic^{MD} [transdermique])	• Voie I.V., épidurale, intrathécale, transmuqueuse orale, transdermique	• Délai d'action immédiat par voie I.V.; 7 à 8 min par voie I.M.; 5 à 15 min par voie transmuqueuse; le délai d'action par voie transdermique peut être de plusieurs heures. • Le fentanyl par voie I.V. est souvent associé à des benzodiazépines pour les analgésies d'interventions et la sédation. • Très puissant – la posologie est donnée en microgrammes (mcg). • Le fentanyl transdermique est uniquement indiqué pour la douleur chronique et ne doit pas être administré à des clients qui n'ont jamais pris d'opioïdes.
• Oxycodone (Percocet^{MD}, Endocet^{MD}, Oxycocet^{MD}, Supeudol^{MD}, Oxy.IR^{MD}, OxyContin^{MD})	• Voie orale (courte durée d'action, libération immédiate et libération continue) • Voie rectale	• Offerte en comprimés, ou dans un comprimé associé avec un non-opioïde. • Peut être employée comme la morphine orale pour la douleur modérée à sévère. • Peut être associée à un non-opioïde en cas de douleur aiguë et modérée.
• Hydrocodone	• Voie orale (courte durée d'action, et actuellement offerte seulement en association avec d'autres analgésiques comme l'acétami-nophène, l'aspirine ou l'ibuprofène)	• Offerte en association avec un non-opioïde. • Hydrocodone plus acétaminophène pour la douleur modérée ou modérément intense. • Association hydrocodone plus ibuprofène indiquée pour la prise en charge à court terme (généralement inférieure à 10 jours) de la douleur aiguë (p. ex., un traumatisme, une douleur musculosquelettique).
• Codéine orale (Tylenol^{MD} n° 3 et n° 4) • Codéine injectable	• Voie orale, sous-cutanée	• Entraîne une incidence plus élevée de nausées et de constipation par rapport aux agonistes mu. • De nombreuses préparations à base de codéine sont combinées à l'acétaminophène. • Entre 5 et 10 % des personnes d'origine caucasienne n'ont pas l'enzyme nécessaire pour métaboliser la codéine en morphine. Elle n'a alors aucun effet analgésique.

Préparations mixtes : agoniste-antagoniste

• Pentazocine (Talwin^{md}) • Pentazocine plus naloxone (Talwin^{MD} NX)	• Préparée en association avec l'acéta-minophène, l'aspirine ou l'ibuprofène • Préparation inviolable comprend de la naloxone pour décourager son utilisation abusive par voie parentérale	• Peut causer des effets psychotomimétiques (p. ex., des hallucinations) et précipiter un syndrome de sevrage chez les clients dépendants aux opioïdes. • N'est pas recommandée pour le traitement de la douleur chronique, et rarement pour la douleur aiguë.
• Butorphanol	• Offert en vaporisateur nasal et sous forme injectable • N'est pas offert par voie orale et ne fait pas l'objet d'une annexe en vertu de la Loi réglementant certaines drogues et autres substances.	• Effets psychotomimétiques inférieurs à ceux de la pentazocine. • Peut précipiter le syndrome de sevrage chez les clients dépendants aux opioïdes. • La forme injectable est employée en cas de douleur aiguë. • Le vaporisateur nasal est indiqué en cas de migraine.

Agonistes partiels

• Buprénorphine (BuTrans^{MD}) Buprénorphine plus naloxone sublinguale (Suboxone^{MD})	• Formes sublinguale, injectable et transdermique.	• Risque inférieur d'utilisation abusive par rapport à la morphine; ne produit pas d'effets psychotomimétiques. • La buprénorphine plus la naloxone sont utilisées sous forme de préparation sublinguale pour traiter la dépendance aux opioïdes et faciliter la période de retrait lorsqu'il faut en diminuer la dose; ne doit pas être mâchée ni avalée. • Peut précipiter le syndrome de sevrage chez les clients dépendants aux opioïdes; n'est pas aisément neutralisée par la naloxone.

^a L'anesthésie cylindraxiale désigne les anesthésiques locaux injectés autour des nerfs du système nerveux central, comme l'anesthésie rachidienne et l'anesthésie épidurale.

Méperidine (Demerol^MD)

Depuis 2004, l'Institut pour l'utilisation sécuritaire des médicaments du Canada (ISMP Canada), tout comme de nombreux organismes nord-américains, ne recommande pas l'utilisation de la méperidine (Demerol^MD) comme analgésique, car elle engendre trop d'effets secondaires.

Jugement clinique

Madame Alina Banu, âgé de 60 ans, souffre d'arthrite rhumatoïde aux mains. Elle prend Supeudol^MD 20 mg die.

Est-elle à risque de présenter de la dépression respiratoire ? Justifiez votre réponse.

Types d'opioïdes

Les opioïdes sont classés en fonction de leur action physiologique (c.-à-d. **agoniste** et **antagoniste**) et de leur liaison à des récepteurs opioïdes spécifiques (p. ex., mu, kappa et delta). Les opioïdes agonistes purs, ou opioïdes morphinomimétiques qui se lient aux récepteurs mu, constituent la sous-classe d'opioïdes la plus fréquemment administrée. Les opioïdes agonistes servent à la fois à traiter les douleurs aiguë et chronique. Quoique la douleur nociceptive paraisse mieux répondre aux opioïdes que la douleur neurogène, ces derniers s'emploient pour traiter ces deux types de douleur. En fait, la douleur neurogène peut demander de plus hautes doses d'opioïdes (Boulanger, 2005). Les opioïdes agonistes purs incluent la morphine, l'oxycodone (OxyContin^MD), l'hydrocodone (Vicodin^MD — association d'hydrocodone et d'acétaminophène —, utilisé surtout pour ses propriétés antitussives et aussi pour la douleur chronique), la codéine, la méthadone et l'hydromorphone (Dilaudid^MD) **TABLEAU 10.8**. Ces médicaments puissants sont dépourvus d'effet plafond et peuvent être administrés par plusieurs voies ; ils sont efficaces dans le traitement de la douleur modérée à sévère.

S'ils sont prescrits pour traiter une douleur légère, les opioïdes sont communément associés à un analgésique non opioïde comme l'acétaminophène (p. ex., la codéine plus acétaminophène [Triatec-30^MD] et l'hydrocodone plus acétaminophène [Vicodin^MD]). L'ajout d'acétaminophène ou d'AINS limite la dose quotidienne totale susceptible d'être administrée.

Les opioïdes agonistes-antagonistes (p. ex., la nalbuphine [Nubain^MD], la pentazocine [Talwin^MD] et le butorphanol) se lient comme des agonistes aux récepteurs kappa ou comme de faibles antagonistes ou des agonistes partiels aux récepteurs mu. Grâce à cette différence de liaison, les agonistes-antagonistes entraînent moins de dépression respiratoire que les médicaments qui agissent seulement sur les récepteurs mu (agonistes mu). Cependant, ils provoquent plus de dysphorie et d'agitation. De plus, les opioïdes agonistes-antagonistes sont pourvus d'un effet plafond et peuvent précipiter les symptômes de sevrage chez un client physiquement dépendant aux médicaments agonistes mu. Les opioïdes agonistes partiels (p. ex., la buprénorphine [Suboxone^MD]) se lient faiblement aux récepteurs mu et kappa, réduisant ainsi leur efficacité analgésique. Les agonistes-antagonistes trouvent actuellement une application clinique limitée dans la prise en charge de la douleur.

Un nouvel agoniste partiel, le tramadol, agit de façon non sélective sur les récepteurs morphiniques mu, delta et kappa avec une affinité plus élevée pour les récepteurs mu. D'autres mécanismes qui contribuent aux effets analgésiques du produit sont l'inhibition de la recapture neuronale de noradrénaline et l'augmentation de la libération de sérotonine. Le tramadol a un effet antitussif. À l'inverse de la morphine, une large gamme de doses analgésiques de tramadol ne présente pas d'effet dépresseur respiratoire. La motilité gastro-intestinale n'est pas non plus influencée. Les effets sur le système cardiovasculaire ont tendance à être peu marqués. La puissance du tramadol serait de 10 à 17 % celle de la morphine.

Opioïdes à éviter

Certains opioïdes à l'efficacité limitée ou responsables de réactions toxiques seront évités. Ainsi, l'efficacité du propoxyphène [Darvon^MD] n'équivaut qu'à une dose de 600 mg d'aspirine, et ce médicament produit un métabolite toxique susceptible de provoquer des crises convulsives. De plus, aucune donnée n'a permis d'établir qu'il soit plus efficace que l'acétaminophène. En règle générale, ce médicament n'est donc pas recommandé dans les lignes directrices relatives à l'emploi des analgésiques. La méperidine (Demerol^MD), ou péthidine, est un autre opioïde dont l'utilité est limitée. Ce médicament est associé à une neurotoxicité (p. ex., des crises convulsives) découlant de l'accumulation de son métabolite, la norméperidine. Elle n'est employée que dans le traitement de la douleur aiguë à très court terme (c'est-à-dire inférieure à 48 heures), lorsque d'autres agonistes opioïdes sont contre-indiqués (ACR, 2008). De plus, sa voie d'administration, principalement intramusculaire, n'est pas encouragée, car elle cause de la douleur et l'absorption est variable.

Effets secondaires des opioïdes

Parmi les effets secondaires courants des opioïdes, notons la constipation, les nausées, les vomissements, la sédation, la dépression respiratoire et le prurit. En cas d'utilisation prolongée, de nombreux effets secondaires diminuent en intensité, à l'exception de la constipation. La rétention urinaire, la myoclonie, les étourdissements, la confusion et les hallucinations sont des effets secondaires moins fréquents.

La constipation est l'effet secondaire le plus fréquemment associé aux opioïdes. La constipation induite par les opioïdes ne se manifeste pas progressivement : elle apparaît dès que la personne commence un traitement à base d'opioïdes. Il faut donc instaurer au début de tout traitement opioïde des mesures prophylactiques anti-constipation qui se poursuivront tant et aussi longtemps que la personne concernée suit le traitement. Même si, dans la mesure du possible, la consommation de fibres alimentaires, la prise de liquides et l'exercice sont encouragés, ces mesures à elles seules peuvent ne pas suffire. La plupart des clients doivent recourir à un laxatif stimulant doux (p. ex., le séné) en plus d'un laxatif émollient (p. ex., le docusate de sodium [Colace^MD]). D'autres agents (p. ex., le lait de magnésie, le bisacodyl [Dulcolax^MD], le polyéthylène glycol ou le lactulose) peuvent être prescrits, au besoin. La méthylnaltrexone (Relistor^MD) est un antagoniste périphérique des récepteurs opioïdes employé pour traiter la constipation induite par les opioïdes chez les clients atteints d'une maladie avancée ou à un stade tardif (p. ex., un cancer incurable) qui ne répondent pas aux laxatifs traditionnels. Ce médicament est administré par voie sous-cutanée. Si elle n'est pas traitée, la constipation peut non seulement exacerber la douleur du client, mais elle peut également provoquer un fécalome ou un iléus paralytique.

La nausée est un problème souvent rapporté par les clients qui n'ont jamais reçu d'opioïdes. L'emploi d'antiémétiques comme le métoclopramide [Apo^MD-Metoclop], la scopolamine par voie transdermique [Transderm-Scop^MD], ou l'hydroxyzine [Atarax^MD] peut prévenir ou minimiser les nausées et les vomissements associés aux opioïdes, jusqu'à l'apparition d'une **tolérance**: c'est généralement le cas en moins d'une semaine. Le métoclopramide est particulièrement efficace lorsque le client signale une sensation de plénitude gastrique. Les opioïdes ralentissent en effet la vidange gastrique, et le métoclopramide peut tempérer ce résultat. Si les nausées et les vomissements sont graves et persistants, il faudra peut-être opter pour un opioïde différent. Dans ce cas, un antagoniste sérotonergique (5HT_3) (p. ex., l'ondansétron [Zofran^MD]) peut être utilisé. Le plus efficace est d'intervenir de façon multimodale et agir sur les différents récepteurs pour traiter les nausées et les vomissements récalcitrants.

La **sédation** et la **dépression respiratoire** sont les deux effets secondaires les plus préoccupants liés à l'utilisation des opioïdes. En règle générale, la sédation s'observe chez des clients qui n'ont jamais reçu d'opioïdes et qui sont traités pour une douleur aiguë. Les clients hospitalisés qui reçoivent des analgésiques opioïdes pour une douleur aiguë doivent faire l'objet d'une surveillance étroite, surtout dans les premiers jours suivant une intervention chirurgicale. L'infirmière doit être consciente que, pour les clients qui se remettent d'une intervention chirurgicale, le risque de sédation est maximal dans les quatre heures suivant leur départ de l'unité de soins postanesthésie. La sédation induite par les opioïdes s'estompe avec l'apparition d'une tolérance. Une sédation persistante liée à l'utilisation chronique d'opioïdes peut être traitée efficacement à l'aide de psychostimulants comme la caféine, la dextroamphétamine (Dexedrine^MD), le méthylphénidate (Ritalin^MD) ou le modafinil (Alertec^MD), un médicament à effet anticataleptique.

Le risque de dépression respiratoire est aussi plus élevé chez les clients hospitalisés qui n'ont jamais reçu d'opioïdes ou qui en reçoivent depuis moins d'une semaine, et qui sont traités pour une douleur aiguë. Il est rare d'observer une dépression respiratoire importante sur le plan clinique chez les clients tolérants aux opioïdes, ou si la dose de ces médicaments a été ajustée en fonction de l'effet analgésique. L'**ENCADRÉ 10.4** présente comment l'Ordre des infirmières et infirmiers du Québec (OIIQ, 2009) définit les clients les plus susceptibles de subir une dépression respiratoire.

ENCADRÉ 10.4	**Clientèle à risque qui requiert une surveillance clinique accrue**

- Bébé âgé de moins de six mois
- Personne âgée de plus de 70 ans
- Personne n'ayant jamais pris d'opiacés (prise d'un nouvel opiacé débutée depuis moins d'une semaine)
- Personne souffrant de maladie pulmonaire obstructive chronique (MPOC)
- Personne souffrant d'apnée du sommeil
- Personne souffrant d'insuffisance rénale ou hépatique
- Personne éprouvant une douleur intense qui cesse subitement
- Personne ayant subi un traumatisme crânien
- Personne souffrant d'obésité (indice de masse corporelle supérieur à 35)
- Personne prenant d'autres médicaments qui ont un effet dépressif sur le SNC

Source: OIIQ (2009).

Pour les clients qui ont subi une intervention chirurgicale, le risque d'effets indésirables respiratoires liés aux opioïdes est maximal dans les 24 premières heures suivant l'intervention (Taylor, Kirton, Staff, & Kozol, 2005).

Une dépression respiratoire significative sur le plan clinique ne peut se produire si les clients sont réveillés. Il faut donc surveiller l'intensité de la douleur, le degré de sédation (à l'aide d'une échelle **ENCADRÉ 10.5**), l'état respiratoire, y compris la fréquence, le rythme, l'amplitude, les ronflements et la saturation pulsatile en oxygène (OIIQ, 2009).

En l'occurrence, il est également indiqué de diminuer la dose d'opioïdes. Pour les clients qui sont trop endormis ou qui ne réagissent pas, il est possible d'administrer du naloxone par voie intraveineuse

ALERTE CLINIQUE

Si le nombre de respirations chute en dessous de huit par minute et que le degré de sédation est d'au moins 5, l'infirmière doit vigoureusement stimuler le client et s'efforcer de le garder éveillé. Si la sédation du client devient excessive, l'infirmière doit administrer de l'oxygène. Des protocoles en cas de dépression respiratoire existent dans les milieux de soins lorsqu'un client présente une dépression respiratoire.

ENCADRÉ 10.5	**Échelle de sédation**

- S = Sommeil normal, éveil facile
- 1 = Éveillé et alerte
- 2 = Parfois somnolent, éveil facile
- 3 = Somnolent, s'éveille, mais s'endort durant la conversation
- 4 = Endormi profondément, s'éveille difficilement ou pas du tout à la stimulation

Source: Adapté de Pasero & McCaffery (1994).

ou sous-cutanée, un antagoniste opioïde qui neutralise rapidement les effets des opioïdes. À la suite d'une recommandation du coroner, chaque établissement de santé doit déterminer la procédure à suivre en présence d'une dépression respiratoire ou de somnolence excessive. Ceci implique l'administration de naloxone. Des protocoles locaux sont disponibles et doivent être connus de l'infirmière.

Si le client a reçu des opioïdes régulièrement pendant quelques jours ou plus, la naloxone doit être employée à bon escient et sa dose ajustée avec précaution, puisqu'elle peut précipiter des douleurs sévères, des symptômes marqués de sevrage et des crises convulsives. La **demi-vie** de la naloxone étant plus courte que celle de la plupart des opioïdes, l'infirmière devra surveiller la fréquence respiratoire du client, qui peut encore diminuer une à deux heures après l'administration de la naloxone.

Le prurit (démangeaisons), un autre effet secondaire couramment associé aux opioïdes, est plus fréquent lorsque ces agents sont administrés par voie régionale (c.-à-d. épidurale, intrathécale ou sous-arachnoïdienne). La prise en charge du prurit induit par l'opioïde peut nécessiter l'utilisation d'une perfusion de faible dose de naloxone, d'agonistes-antagonistes (p. ex., la nalbuphine) ou d'un antagoniste $5HT_3$ comme l'ondansétron (Ganesh & Maxwell, 2007) et l'administration de diphenhydramine (Benadryl^{MD}).

L'hyperalgésie induite par les opioïdes est un problème préoccupant qui découle de l'utilisation à court terme et à long terme d'opioïdes. Cette hyperalgésie désigne une sensibilisation nociceptive causée par une exposition aux opioïdes. Elle se caractérise par une réponse paradoxale durant laquelle les clients deviennent effectivement plus sensibles à certains stimuli douloureux et signalent une augmentation de la douleur liée à l'utilisation d'opioïdes. Le mécanisme exact qui sous-tend ce phénomène n'est pas totalement élucidé, mais il peut être lié aux changements neuroplastiques qui entraînent la sensibilisation des voies pronociceptives (Chu, Angst, & Clark, 2008). Cette hypothèse permettrait d'expliquer que les opioïdes, chez certains clients, tendent à perdre de leur efficacité avec le temps.

Traitements analgésiques adjuvants

Ces médicaments comprennent des classes de produits qui peuvent être employés seuls ou en association avec des analgésiques opioïdes et non-opioïdes. En règle générale, ces agents ont été mis au point pour d'autres indications (p. ex., des médicaments anticonvulsivants, des antidépresseurs) et leur effet antidouleur a été découvert ultérieurement. Les adjuvants analgésiques d'usage fréquent sont énumérés au **TABLEAU 10.9**.

Corticostéroïdes

Ces médicaments, qui incluent la dexaméthasone, la prednisone et la méthylprednisolone (Medrol^{MD}), sont employés dans la prise en charge de la douleur cancéreuse aiguë et chronique, et de la douleur découlant d'une compression médullaire et de syndromes douloureux arthritiques. Leur mode d'action

Pharmacothérapie

TABLEAU 10.9	Médicaments adjuvants destinés à la prise en charge de la douleur	
MÉDICAMENTS	**INDICATIONS PRÉCISES**	**CONSIDÉRATIONS POUR L'INFIRMIÈRE**
Corticostéroïdes		
• Tous types de corticostéroïdes	• Inflammation	• Éviter les doses élevées en cas d'utilisation à long terme.
Antidépresseurs		
Antidépresseurs tricycliques		
• Amines tertiaires : — Amitriptyline — Doxépine (Sinequan^{MD}) — Imipramine (Tofranil^{MD}) • Amines secondaires : — Nortriptyline, désipramine	• Douleur neurogène	• Le profil d'effets secondaires varie en fonction de chaque agent et dépend souvent de la dose. • Les effets secondaires courants comprennent les effets anticholinergiques et la sédation. • Les autres effets secondaires incluent la sécheresse buccale, l'hypotension orthostatique, la vision trouble, les nausées, la constipation, le gain pondéral, l'arythmie, l'agitation et les étourdissements. • Surveiller les effets indésirables anticholinergiques. • Ajuster graduellement la dose pendant plusieurs jours ou plusieurs semaines de manière à atteindre les doses thérapeutiques optimales.

▼

TABLEAU 10.9	Médicaments adjuvants destinés à la prise en charge de la douleur *(suite)*	
MÉDICAMENTS	**INDICATIONS PRÉCISES**	**CONSIDÉRATIONS POUR L'INFIRMIÈRE**
Antidépresseurs inhibiteurs du recaptage de la sérotonine-norépinéphrine		
• Venlafaxine (Effexor^MD) • Duloxétine (Cymbalta^MD) • Bupropion (Wellbutrin^MD)	• Douleur neurogène • Traitement multimodal de la douleur aiguë (venlafaxine) • Fibromyalgie (duloxétine)	• Les effets secondaires dépendent de chaque agent. • Venlafaxine : céphalée, nausées, sueurs, sédation, hypertension ou, très rarement, des crises convulsives. • Duloxétine : nausées, sécheresse buccale, constipation, étourdissements, insomnie. • Bupropion : anxiété, insomnie ou sédation, perte pondérale, rarement des crises convulsives (à des posologies supérieures à 450 mg par jour).
Anticonvulsivants		

• Première génération :
  — Carbamazépine (Tegretol^MD), phénytoïne (Dilantin^MD)
• Deuxième génération :
  — Gabapentine (Neurontin^MD)
  — Prégabaline (Lyrica^MD)
  — Lamotrigine (Lamictal^MD)
	• Douleur neurogène
	• Traitement multimodal de la douleur aiguë (gabapentine, prégabaline)
	• Fibromyalgie (prégabaline)
		• Commencer par des doses faibles, les augmenter lentement.
		• Les effets secondaires dépendent de chaque agent.
		• Carbamazépine : étourdissements, diplopie, nausées ; le traitement peut entraîner une anémie aplasique ; vérifier les tests de la fonction hépatique, de la fonction rénale et les hémogrammes au début, puis deux et six semaines après le traitement.
		• Phénytoïne : étourdissements, ataxie, troubles de l'élocution, confusion, nausées, éruption cutanée, dyscrasie sanguine et hépatotoxicité.
		• Gabapentine et prégabaline : sédation, somnolence, étourdissements, fatigue, nausées et gain pondéral ; avec la gabapentine, surveiller les effets secondaires idiosyncrasiques (p. ex., l'enflure de la cheville [plus courante chez les personnes âgées et avec les doses supérieures à 1 800 mg par jour], la vision trouble ou double, l'ataxie ou la mauvaise coordination).
		• Lamotrigine : étourdissements, constipation, nausées et, rarement, éruptions cutanées graves.

Relaxant musculaire		
• Baclofène (Lioresal^MD)	• Douleur neurogène • Spasmes musculaires	• Surveiller la présence de faiblesses, de dysfonctions urinaires ; éviter l'arrêt soudain du traitement à cause de l'irritabilité du SNC.
Agonistes α_2-adrénergiques		
• Clonidine (Catapres^MD)	• Particulièrement utile pour la douleur neurogène, lorsqu'elle est administrée par voie intrathécale	• Les effets secondaires comprennent la sédation, l'hypotension orthostatique, la sécheresse buccale ; souvent combinée à des anesthésiques (p. ex., la bupivacaïne [Sensorcaine^MD]).
Anesthésiques		
Anesthésiques par voie orale ou générale		
• Méxiletine	• Neuropathie diabétique • Douleur neurogène	• Vérifier les effets secondaires ; incidence élevée de nausées, d'étourdissements, d'engourdissement périoral, de paresthésie, de tremblements ; peut provoquer des crises convulsives, des arythmies et une dépression myocardique à des doses élevées ; à éviter chez les clients qui présentent une cardiopathie sous-jacente.

10

MÉDICAMENTS	INDICATIONS PRÉCISES	CONSIDÉRATIONS POUR L'INFIRMIÈRE
• Timbre transdermique imprégné de lidocaïne 5 % (Lidoderm^{MD} en timbres)	• Algie postzostérienne	• Les réactions cutanées locales au siège d'application incluent la décoloration, des points colorés, l'irritation, les démangeaisons, la desquamation de la peau, l'éruption cutanée, l'ecchymose, l'enflure, les saillies de peau d'apparence boutonneuse, la douleur, les brûlures ou une sensation anormale, qui sont généralement légères. • Les effets secondaires systémiques sont rares, mais peuvent inclure des étourdissements, une céphalée et des nausées.
Anesthésiques locaux		
• Lidocaïne 2,5 % et prilocaïne 2,5 % (EMLA^{MD} topique [mélange eutectique d'anesthésiques locaux])	• Analgésique cutané local avant une ponction veineuse ou une incision ; peut être efficace contre les algies postzostériennes	• À appliquer sous un pansement occlusif (p. ex., Tegaderm^{MD}, DuoDerm^{MD} ou un disque anesthésique) ; l'absorption de la muqueuse génitale est plus rapide et le délai d'action plus court (5 à 10 min) qu'après une application sur une peau intacte ; les effets indésirables courants comprennent l'érythème léger, l'œdème et le blêmissement de la peau.
• Capsaïcine (Zostrix^{MD})	• Douleur associée à l'arthrite, à neuropathie postherpétique, à la neuropathie diabétique	• Appliquer une très petite quantité sur la région affectée ; utiliser des gants ou se laver les mains avec du savon et de l'eau après l'application ; les effets secondaires comprennent l'irritation (brûlure, piqûre) au siège d'application et la toux.

est inconnu, mais il provient probablement de la capacité des corticostéroïdes à réduire l'œdème et l'inflammation. Il est possible aussi qu'ils réduisent l'activation des neurones enflammés. Cet effet explique l'utilité des corticostéroïdes injectés par voie épidurale en cas d'hernie discale aiguë ou subaiguë. Les corticostéroïdes entraînent de nombreux effets secondaires, surtout s'ils sont administrés à doses élevées et sur une longue période. Leurs effets indésirables incluent l'hyperglycémie, la rétention de liquide, la dyspepsie et les saignements gastro-intestinaux, les troubles de cicatrisation, l'amyotrophie, l'ostéoporose, la suppression surrénalienne et la susceptibilité aux infections. Comme leurs effets s'exercent sur les mêmes voies finales que les AINS, les corticostéroïdes ne doivent pas être employés en même temps que cette classe de médicaments.

Jugement clinique

Madame Nena Ionatos est âgée de 59 ans. Elle souffre d'une double hernie discale cervicale. Comme elle éprouve de la douleur modérée, elle prend des comprimés de codéine (Codéine Contin^{MD}) et de la dexaméthasone (Decadron^{MD}).

Selon vous, même si elle n'est pas diabétique, la cliente devrait-elle quand même vérifier sa glycémie régulièrement ?

Antidépresseurs

Les antidépresseurs tricycliques (ATC) stimulent la voie inhibitrice descendante en prévenant la recapture cellulaire de la sérotonine et de la norépinéphrine. L'augmentation des concentrations de ces neurotransmetteurs dans la fente synaptique inhibe la transmission des signaux nociceptifs dans le SNC, puisque la présence de ces neurotransmetteurs active la libération de morphine naturelle dans la moelle épinière, provoquant une analgésie diffuse. Parmi les autres effets bénéfiques potentiels des ATC, notons la modulation des canaux sodiques, les effets antagonistes α_1-adrénergiques et la faible modulation des récepteurs NMDA. Ces antidépresseurs sont efficaces pour une variété de syndromes douloureux, et en particulier contre la douleur neurogène. Cependant, des effets secondaires tels que la sédation, la sécheresse buccale, la vision brouillée et le gain pondéral tempèrent leur utilité. Les antidépresseurs qui inhibent sélectivement la recapture de la sérotonine et de la norépinéphrine sont efficaces pour de nombreux syndromes de douleur neurogène, et leur profil d'effets secondaires est plus avantageux que celui des ATC. La venlafaxine (Effexor^{MD}), la duloxétine (Cymbalta^{MD}) et le bupropion (Wellbutrin^{MD}, Zyban^{MD}), notamment, sont des agents de cette classe. Leur coût plus élevé comparativement aux ATC est un de leurs désavantages majeurs (Dworkin *et al.*, 2007). Il importe d'enseigner aux clients que les antidépresseurs sont utilisés pour traiter leur douleur, que les effets sont rapides et que les doses sont minimes comparativement à leur administration pour la dépression. Sans ces précisions, l'observance au traitement risque d'être entravée.

Médicaments anticonvulsivants

Les médicaments anticonvulsivants affectent de plusieurs façons à la fois les nerfs périphériques et le SNC, notamment par une modulation des canaux sodiques, une modulation centrale des canaux calciques et des modifications touchant les acides aminés excitateurs et d'autres récepteurs. Les agents comme la gabapentine (Neurontin^{MD}), la lamotrigine

(Lamictal^MD) et la prégabaline (Lyrica^MD) sont des médicaments adjuvants utiles dans le traitement de la douleur chronique, et sont de plus en plus répandus pour le traitement de la douleur aiguë. En diminuant la transmission du message nociceptif aux cellules, ces médicaments peuvent contribuer à prévenir la douleur, notamment lorsqu'ils sont administrés en phase préopératoire. L'usage de la gabapentine et de la prégabaline en contexte préopératoire permet de diminuer la douleur postopératoire et de limiter la consommation d'opioïdes et leurs effets secondaires, mais ces deux anticonvulsivants augmentent toutefois la sédation (Macintyre, *et al.*, 2010 ; Beaulieu, 2005). Tout comme c'est le cas pour les antidépresseurs, il importe d'enseigner aux clients que les anticonvulsivants servent à contrôler la douleur afin de favoriser l'observance au traitement.

Agonistes des récepteurs GABA

Le baclofène (Lioresal^MD), un analogue du neurotransmetteur inhibiteur GABA qui peut interférer avec la transmission des influx nociceptifs, est surtout employé en cas de spasmes musculaires. Il traverse peu la barrière hématoencéphalique, et son efficacité contre l'hypertonie spastique est beaucoup plus marquée lorsqu'il est administré par voie intrathécale. Cliniquement, ce médicament est surtout utilisé chez les clients quadriplégiques présentant des douleurs liées à des spasmes musculaires.

Agonistes α$_2$-adrénergiques

À l'heure actuelle, la clonidine (Catapres^MD) et la tizanidine (Zanaflex^MD) sont les deux agonistes α$_2$-adrénergiques les plus largement utilisés. Ils agiraient sur les récepteurs inhibiteurs adrénergiques centraux. Il est possible aussi qu'ils freinent la libération de norépinéphrine en périphérie. Ils sont employés pour les maux de tête chroniques et la douleur neurogène.

Anesthésiques locaux

En cas de douleur aiguë résultant d'une chirurgie ou d'un traumatisme, les anesthésiques locaux comme la bupivacaïne (Sensorcaine^MD) et la ropivacaïne (Naropin^MD) peuvent être administrés par voie épidurale en perfusion continue, mais également en perfusions intermittentes ou continues accompagnées d'une anesthésie par blocage nerveux. L'application topique d'anesthésiques locaux vise à interrompre la transmission des signaux nociceptifs vers le cerveau. Par exemple, le timbre de lidocaïne 5 % est recommandé comme agent de premier recours dans le traitement de plusieurs types de douleur neurogène. En cas de douleur neurogène grave et chronique, un traitement oral par la méxilétine peut être entrepris si la douleur est réfractaire aux autres analgésiques.

Agonistes opioïdes mu combinés à des inhibiteurs de la recapture de NE/5-HT

Certains analgésiques exercent deux actions distinctes ou sont dotés d'un double mode d'action.

Le tramadol (Zytram^MD) est un faible agoniste mu qui inhibe également la recapture de la norépinéphrine et de la sérotonine. Ce médicament est efficace dans le traitement de la lombalgie, de l'arthrose, de la douleur neurogène périphérique associée au diabète, de la polyneuropathie et de neuropathie postherpétique. Ses effets secondaires les plus courants équivalent à ceux des autres opioïdes et incluent les nausées, la constipation, les vertiges et la sédation. Comme il diminue le seuil de crises convulsives, cet agent doit être évité pour les clients qui ont déjà connu de telles crises, au même titre que les autres médicaments qui augmentent les taux de sérotonine et de norépinéphrine.

Le tapentadol est l'agent à double mode d'action le plus récent. Il agit sur les récepteurs opioïdes mu et inhibe la recapture de la sérotonine et de la norépinéphrine. En essais cliniques, le tapentadol a induit un soulagement de la douleur comparable à l'oxycodone pour les douleurs d'origine chirurgicale, et s'est d'ailleurs avéré efficace contre les douleurs lombaires et articulaires d'origine non chirurgicale (Stegman, Weber, Steup, Okamoto, Upmalis, & Daniels, 2008). Ses effets secondaires sont comparables à ceux des opioïdes conventionnels, à ceci près que les nausées et la constipation provoquées sont de moindre intensité.

Cannabinoïdes

Les médicaments dérivés des cannabinoïdes s'avèrent prometteurs dans le traitement de certains syndromes douloureux, bien qu'ils soient matière à controverse. En effet, ils donnent lieu à des *a priori* et à une confusion considérable, en grande partie à cause de leur rapport avec le cannabis — la plante également connue sous le nom de marijuana. Les cannabinoïdes synthétiques (p. ex., le dronabinol [Marinol^MD]) ont été approuvés à des fins médicales au Canada, au Royaume-Uni et aux États-Unis. Le fait de fumer de la marijuana ou du cannabis entraîne une augmentation rapide des taux plasmatiques de tétrahydrocannabinol, dont les concentrations toutefois dépendent largement de la composition de la cigarette de marijuana et de la technique d'inhalation ; ce mode d'emploi implique des résultats très variables quant au soulagement de la douleur (Hosking & Zajicek, 2008). L'absorption et la biodisponibilité des préparations orales offertes sur le marché sont beaucoup plus fiables et prévisibles.

Les cannabinoïdes exercent surtout leurs effets analgésiques en se liant à leur récepteur CB1 situé dans les régions nociceptives de la périphérie et du SNC. La stimulation des CB1 module notamment la neurotransmission des sérotonine, de la dopamine et du glutamate. Les cannabinoïdes stimuleraient les opioïdes endogènes. Le soulagement des nausées et l'augmentation de l'appétit sont d'autres effets bénéfiques de ces médicaments, et ils sont possiblement à même de réduire la consommation d'opioïdes et la tolérance à ces substances, voire d'améliorer les symptômes de sevrage (McCarberg & Barkin, 2007).

Administration

Horaire

Pour établir un calendrier analgésique adéquat, l'accent sera mis sur la prévention et le contrôle de la douleur plutôt que sur l'administration d'analgésiques une fois que s'est aggravée la douleur du client. Un client doit recevoir des médicaments avant de s'engager dans des activités ou de subir des interventions susceptibles de provoquer de la douleur, et le pic d'action doit être pris en considération. De même, un client dont la douleur est constante doit recevoir des analgésiques 24 heures sur 24 plutôt qu'au besoin. Ces stratégies permettent de maîtriser la douleur avant qu'elle ne se déclare et nécessitent généralement des doses plus faibles d'analgésiques. Les médicaments à action rapide s'imposent pour les percées de douleur ou les douleurs épisodiques et procédurales ; les analgésiques à longue durée d'action sont plus efficaces contre la douleur constante. Des exemples d'analgésiques à action rapide ou à libération continue sont présentés plus loin dans cette section.

Jugement clinique

Capsule

Madame Francine Sénéchal est âgée de 38 ans. Elle est en phase terminale d'un cancer invasif au sein droit. Elle reçoit des doses d'hydromorphone (Dilaudid^MD) totalisant 8 mg pour 24 heures.

À combien de milligrammes de morphine cette dose équivaut-elle ?

Ajustement

L'ajustement de l'analgésie repose sur l'évaluation de l'adéquation de l'efficacité analgésique par rapport aux effets secondaires présents. La quantité d'analgésique nécessaire à la prise en charge de la douleur varie énormément, et l'ajustement constitue une stratégie importante pour pallier cette variabilité. Selon la situation, la dose de l'analgésique peut être augmentée ou diminuée. Par exemple, la dose d'analgésique du client qui a subi une intervention chirurgicale est progressivement réduite, à mesure que la douleur se résorbe. Pour assurer un contrôle adéquat de la douleur, la dose des opioïdes peut être augmentée plusieurs fois au cours d'un traitement d'une douleur cancéreuse chronique et grave. Le but de l'ajustement est de recourir à la plus faible dose analgésique donnant lieu à une maîtrise efficace de la douleur et au minimum d'effets secondaires possibles.

Posologie équianalgésique

L'expression **dose équianalgésique** désigne une dose d'analgésique donnée équivalente, en ce qui a trait au soulagement de la douleur, à celle d'un autre analgésique. Cette équivalence permet la substitution d'analgésiques au cas où un médicament s'avère inefficace ou qu'il provoque des effets secondaires intolérables. En règle générale, des doses équianalgésiques sont établies pour les opioïdes, et sont importantes dans la mesure où un grand nombre de ces médicaments ne sont pas assortis de posologie maximale. Des tableaux et des programmes de conversion équianalgésiques sont largement diffusés dans les manuels, les lignes directrices cliniques, les protocoles de prise en charge de la douleur des établissements de santé et sur Internet **TABLEAU 10.10**. Ce sont là des outils pratiques, mais les professionnels de la santé doivent être conscients de leurs limites. En effet, les posologies équianalgésiques sont le résultat d'estimations, et certaines d'entre elles se fondent sur de petites études à dose unique portant sur des volontaires en bonne santé (Gammaitoni, Fine, Alvarez, McPherson, & Bergmark, 2003). Tous les tableaux publiés accusent entre eux des différences. Voilà pourquoi toute modification touchant le traitement par les opioïdes doit faire l'objet d'une attention particulière et s'adapter à chaque client. Les professionnels de la santé doivent avoir recours aux conversions équianalgésiques approuvées dans leur établissement ou leur clinique ; en cas de doute, ils s'adresseront à un pharmacien expert dans le contrôle de la douleur avant d'effectuer des changements.

Voies d'administration

À l'instar d'autres agents analgésiques, il est possible d'administrer les opioïdes par plusieurs voies. Cette flexibilité permet au professionnel de la santé : 1) de cibler un siège anatomique précis de la douleur ; 2) d'obtenir rapidement des taux sanguins thérapeutiques, le cas échéant ; 3) d'éviter certains effets secondaires grâce à une administration

TABLEAU 10.10	Équivalences (doses équianalgésiques) entre différents opioïdes administrés par voie orale ou parentérale	
OPIOÏDE	**VOIE ORALE**	**VOIE PARENTÉRAL**
Morphine	30 mg	10-15 mg
Hydromorphone	6-(7,5) mg	2-3 mg
Oxycodone	15-20 mg [a]	ND
Codéine	200 mg [b]	120 mg
Méthadone	Ratio variable	ND
Fentanyl[c]	ND	0,1 mg

[a] Le ratio morphine : oxyxodone habituellement recommandé varie entre 1,5:1 et 2:1.

[b] Le ratio varie de façon substantielle en fonction de la posologie de l'opioïde initialement utilisé.

[c] Les études cliniques ont montré que 25 µg/h de fentanyl transdermique était approximativement équivalent, du point de vue analgésique, à une dose quotidienne totale de 60-70 mg de morphine, administrée par voie orale mais ce ratio peut varier d'un individu à l'autre.

ND : Non disponible

Source : Beaulieu (2005). Cet extrait a été reproduit aux termes d'une licence accordée par Copibec.

localisée; 4) d'assurer l'analgésie si les clients sont incapables d'avaler. L'analyse porte sur les diverses modalités d'administration des analgésiques et sur les considérations de soins infirmiers qui s'y rapportent.

Voie orale En règle générale, l'administration orale est la voie privilégiée pour la personne dont le système gastro-intestinal est fonctionnel. La plupart des médicaments antidouleur sont disponibles en préparations orales sous forme de liquides ou de comprimés. Pour ce qui est des opioïdes, des doses orales supérieures sont nécessaires pour obtenir une analgésie équivalente à celle qui résulte d'une administration par voie sous-cutanée ou intraveineuse. Par exemple, 10 mg de morphine parentérale équivalent environ à 20 mg de morphine orale (Gammaitoni *et al.*, 2003). La nécessité de doses plus importantes s'explique par l'**effet de premier passage** de métabolisme hépatique. Ainsi, les opioïdes oraux sont absorbés à partir des voies gastro-intestinales dans la circulation portale avant de dériver dans le foie. Le métabolisme hépatique partiel survient avant que le médicament ne pénètre dans la circulation générale et agisse sur les récepteurs périphériques, ou avant qu'il traverse la barrière hématoencéphalique pour agir sur les récepteurs opioïdes du SNC, sans quoi l'analgésie ne peut avoir lieu. Les opioïdes oraux sont aussi efficaces que les opioïdes parentéraux à condition que la dose administrée soit assez importante pour compenser le métabolisme de premier passage.

De nombreux opioïdes sont offerts sous forme de préparations orales à courte durée d'action (libération immédiate) ou à longue durée d'action (libération continue). Les produits à libération immédiate permettent un soulagement rapide et à court terme de la douleur. Les préparations à libération continue sont généralement administrées (p. ex., M-Eslon^MD) et, dans certains cas, toutes les 24 heures (p. ex., Kadian^MD). Comme c'est le cas pour les autres préparations à libération continue, ces produits ne doivent pas être écrasés, coupés ou mâchés.

Voies sublinguale et buccale Les opioïdes peuvent s'administrer sous la langue ou être gardés dans la bouche pour être absorbés dans la circulation générale, évitant ainsi l'effet de premier passage. Bien que la morphine soit couramment administrée par voie sublinguale aux personnes présentant une douleur cancéreuse, une quantité négligeable de médicaments est absorbée à partir du tissu sublingual. La plus grande partie du médicament se dissout en fait dans la salive qui est avalée. La morphine est alors métabolisée de la même façon que par voie orale.

Le citrate de fentanyl est administré par voie transmucosale. La dose de fentanyl est contenue dans un losange aromatisé fixé sur un bâton. Le médicament est absorbé par la muqueuse buccale perméable après avoir été énergiquement frotté contre elle (et non sucé comme une sucette), ce qui permet au médicament de pénétrer dans la circulation et de se rendre directement au SNC. Un soulagement de la douleur se fait habituellement sentir entre cinq et sept minutes après l'administration. Cet agent ne peut être employé que pour les clients qui reçoivent déjà des opioïdes et qui les tolèrent.

L'administration oromucosale d'un extrait de cannabinoïde (Sativex^MD) par atomiseur paraît prometteuse pour le traitement des douleurs chroniques neurogènes. Ce médicament a été approuvé au Canada dans le traitement de la douleur associée à la sclérose en plaques (Santé Canada, 2005).

Voie intranasale L'administration intranasale permet d'introduire les médicaments dans des muqueuses très vascularisées et d'éviter l'effet de premier passage. Le butorphanol (Apo-Butorphanol^MD) est l'un des rares analgésiques intranasaux actuellement offert. Ce médicament est indiqué pour les maux de tête aigus et d'autres types de douleur intense et récurrente.

Voie rectale Bien qu'elle soit souvent négligée, la voie rectale est particulièrement utile lorsque le client ne peut pas prendre d'analgésique par la bouche, notamment en cas de nausées et de vomissements graves. Les analgésiques offerts sous forme de suppositoires rectaux incluent l'hydromorphone, l'oxymorphone, la morphine et l'acétaminophène. À défaut de préparations rectales, de nombreuses formulations orales peuvent s'administrer par voie rectale si le client n'est pas en mesure de prendre les médicaments par la bouche.

Voie transdermique Le fentanyl (Duragesic^MD) est offert sous forme de timbre transdermique qui doit être appliqué sur une peau glabre (exempte de pilosité). Cette modalité d'administration est pratique pour les clients qui ne tolèrent pas les analgésiques oraux. L'absorption à partir du timbre est lente: il faut 12 à 17 heures avant d'obtenir un effet complet après une première application. Par conséquent, le fentanyl transdermique ne convient pas à un ajustement rapide de la dose, mais peut servir si la douleur du client est stable et que la dose requise pour la maîtriser est connue. Il est possible de devoir remplacer les timbres toutes les 48 heures plutôt qu'aux 72 heures recommandées, selon la réponse individuelle de chaque client. Les éruptions cutanées provoquées par les produits adhésifs du timbre peuvent être tempérées en appliquant sur la peau, une heure plus tôt, une crème de corticostéroïdes faiblement concentrée. Il est possible de recourir à des pansements bio-occlusifs (Bioclusive^MD ou Tegaderm^MD) si le timbre ne tient pas en place en raison d'une sudation excessive.

10

PHARMACOVIGILANCE

Timbres de fentanyl

- Les timbres de fentanyl (Duragesic^MD) peuvent provoquer le décès par surdose.

- Les signes et symptômes de surdose incluent des difficultés respiratoires ou des respirations superficielles; la fatigue, une somnolence extrême ou une sédation; l'inaptitude à penser, parler ou marcher normalement; un malaise, des vertiges ou de la confusion.

- L'hypoventilation grave est possible si le timbre est soumis à une source de chaleur externe (coussin chauffant, soleil, etc.) ou interne (fièvre), ou s'il est utilisé en combinaison avec des médicaments ayant un effet dépressif sur le SNC.

Jugement clinique

Madame Hélène Lauzier est âgée de 51 ans. Elle est en fin de vie à la suite d'un cancer du foie. Elle est de plus en plus somnolente et difficile à éveiller. De plus, elle a constamment la bouche ouverte.

Quelle serait alors la meilleure voie d'administration des analgésiques dans son cas ?

Bolus : Désigne une injection intraveineuse d'une dose importante d'un agent thérapeutique.

MS 1.2

Méthodes liées à la gestion de la douleur : *Analgésie épidurale continue.*

PHARMACOVIGILANCE

EMLA^{MD} — EMLA^MD

La posologie maximale d'EMLA^MD est de 1 g par 10 cm² pendant une heure chez les enfants (maximum 200 cm² [soit la grandeur d'une carte postale]) et de 2 g par 10 cm² chez l'adulte (la surface doit aussi être limitée).

Des timbres transdermiques imprégnés de lidocaïne 5 % sont proposés pour la neuropathie postherpétique. Le timbre, appliqué directement sur la peau intacte de la région où la douleur post-zostérienne est ressentie, est laissé en place jusqu'à 12 heures. Les anesthésiques locaux topiques sont généralement bien tolérés et entraînent moins d'effets secondaires systémiques, même en cas d'utilisation prolongée.

Les crèmes et les lotions contenant du salicylate de trolamine 10 % (crèmes Aspercreme^MD et Myoflex^MD) sont actuellement vendues pour les douleurs articulaires et musculaires. Cette substance apparentée à l'aspirine est absorbée localement. Cette voie d'administration permet d'éviter l'irritation gastrique, mais il est impossible de prévenir les autres effets secondaires des doses élevées de salicylates. Les solutions topiques comme la crème de diclofénac (Voltaren Emulgel^MD) se sont avérées efficaces pour soulager la douleur associée à l'arthrose du genou. D'autres analgésiques topiques, comme la capsaïcine (p. ex., Zostrix^MD) et un mélange eutectique (face à fondre) de prilocaïne et de lidocaïne (mélange eutectique d'anesthésiques locaux [EMLA^MD]), procurent également une analgésie. Dérivée du piment de Cayenne, la capsaïcine agit sur les récepteurs vanilloïdes des fibres C activés par la chaleur. Lorsque employée régulièrement trois ou quatre fois par jour pendant quatre à six semaines, la capsaïcine provoquera l'inactivation des fibres nociceptrices C, étant donné la pénétration excessive de calcium dans la cellule nerveuse, entraînant finalement une résistance neuronale aux stimuli nociceptifs. La capsaïcine peut maîtriser la douleur résultant de neuropathie post-herpétique, de la neuropathie diabétique et de l'arthrite. Le produit EMLA^MD sert à maîtriser la douleur associée aux vénipunctures, au débridement de plaies et possiblement à neuropathie postherpétique. La région sur laquelle EMLA^MD est appliqué doit être recouverte d'une enveloppe en plastique pendant 30 à 60 minutes avant une intervention douloureuse.

| Voies parentérales | Les voies parentérales incluent l'administration sous-cutanée (S.C.), intramusculaire (I.M.) et intraveineuse (I.V.). Les voies parentérales permettent une administration unique, répétée ou continue (S.C. ou I.V.). Bien qu'elle soit d'usage fréquent, la voie I.M. n'est pas recommandée, car les injections provoquent des douleurs importantes, l'absorption qui en résulte est incertaine et les abcès et la fibrose sont possibles en cas d'utilisation chronique. Après l'administration sous-cutanée, l'analgésie est lente à se manifester :

elle est donc moins souvent utilisée dans la prise en charge de la douleur aiguë. Cependant, les perfusions sous-cutanées continues permettent une prise en charge efficace de la douleur en fin de vie. Cette voie est particulièrement pratique pour les personnes dont la fonction gastro-intestinale est anormale et qui ont un accès veineux limité. L'administration I.V. est la meilleure voie possible lorsqu'une analgésie immédiate et qu'un ajustement rapide de la dose s'imposent. Les perfusions I.V. continues permettent d'induire une analgésie extrêmement stable grâce à des taux sanguins constants.

| Administration neuraxiale | L'administration neuraxiale (épidurale ou intrathécale) d'opioïdes implique son administration en **bolus** directement dans le liquide céphalorachidien (sous-arachnoïdien ou intrathécal), dans le cas de rachianesthésie, ou dans l'espace épidural par un cathéter, dans le cas de l'épidurale ▶ **MS 1.2**. Cela peut se faire par bolus ou par perfusion continue. L'insertion d'un cathéter dans l'espace sous-arachnoïdien (administration intrathécale) est réservée aux cas de douleurs chroniques récalcitrantes **FIGURE 10.7**.

Les cathéters épiduraux implantés par voie percutanée sont employés pour les traitements à court terme (deux à quatre jours) ; ceux qui le sont par voie chirurgicale sont destinés aux traitements à long terme. Même si c'est dans la région lombaire

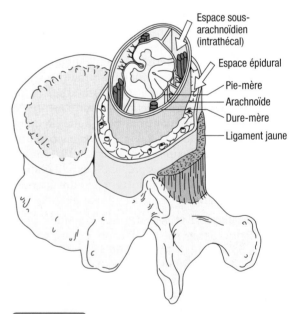

FIGURE 10.7

Anatomie de la moelle épinière – La moelle épinière s'étend du foramen magnum jusqu'au premier ou au deuxième espace vertébral lombaire. L'espace sous-arachnoïdien (espace intrathécal) est rempli de liquide cérébrorachidien qui circule continuellement et baigne la moelle épinière. L'espace épidural est l'espace pouvant être comblé de vaisseaux sanguins, de tissus adipeux et d'un plexus nerveux.

qu'ils sont le plus souvent implantés, les cathéters épiduraux peuvent l'être n'importe où le long de la colonne vertébrale (région cervicale, thoracique, lombaire ou caudale). L'embout du cathéter épidural est installé aussi près que possible des racines nerveuses innervant le dermatome de la douleur. Par exemple, en cas de chirurgie abdominale supérieure, le cathéter sera placé dans la région thoracique, alors que pour une chirurgie abdominale inférieure, il sera installé dans la région lombaire supérieure. La fluoroscopie permet de s'assurer que le cathéter est correctement mis en place.

Comme ils sont libérés près des récepteurs de la corne dorsale de la moelle épinière, les analgésiques administrés par voie intraspinale sont extrêmement puissants. Des doses bien inférieures d'analgésiques sont alors requises, comparativement à d'autres voies comme la voie intraveineuse. Par exemple, 1 mg de morphine intrathécale équivaut environ à 10 mg de morphine épidurale, à 100 mg de morphine intraveineuse et à 300 mg de morphine orale. Les médicaments susceptibles d'être administrés par voie intraspinale sont notamment la morphine et le fentanyl. Les nausées, les démangeaisons et la rétention urinaire sont les effets secondaires courants des opioïdes administrés par voie intraspinale.

Les complications liées à l'analgésie intraspinale incluent le déplacement ou le délogement du cathéter, la perfusion accidentelle d'agents neurotoxiques, l'infection et l'hématome épidural. Cette dernière complication est rare, mais elle peut être catastrophique du fait qu'elle peut mener à une paraplégie ou à une tétraplégie. Notons également l'hypotension artérielle, la sédation et la dépression respiratoire comme complications possibles. Les manifestations cliniques associées au déplacement ou au délogement du cathéter dépendent de son emplacement et du médicament perfusé. Le délogement du cathéter de l'espace intrathécal ou épidural provoquera une diminution du soulagement de la douleur que ni l'administration d'autres bolus ni l'augmentation de la vitesse de perfusion ne pourront contrer. Si un cathéter épidural se déplace dans l'espace sous-arachnoïdien, une intensification rapide des effets secondaires (la somnolence, la confusion et une hausse de l'anesthésie avec une dépression respiratoire) sera observée. Une façon de vérifier le bon emplacement du cathéter intrathécal est d'aspirer du liquide cérébrorachidien. Parmi les effets secondaires graves, notons le déplacement d'un cathéter dans un vaisseau sanguin, ce qui peut provoquer une augmentation des effets secondaires dus à la distribution systémique du médicament et une toxicité des anesthésiques locaux s'ils sont employés en combinaison avec les opioïdes.

De nombreux médicaments et agents chimiques sont associés à une neurotoxicité importante lorsqu'ils sont administrés par voie intraspinale. C'est le cas notamment des agents de conservation comme l'alcool et le phénol, des antibiotiques, des agents chimiothérapeutiques, du potassium et de la nutrition parentérale. Pour éviter que des médicaments intraveineux ne soient injectés par mégarde dans un cathéter intraspinal, celui-ci doit toujours être clairement identifié comme un appareil d'accès intraspinal, et seuls les médicaments sans agents de conservation y seront injectés.

L'infection est une complication rare mais sérieuse de l'analgésie intraspinale. La peau qui entoure le point d'émergence cutané doit être minutieusement inspectée pour y déceler des signes d'inflammation, d'écoulement ou de douleur. Les signes et les symptômes d'une infection intraspinale incluent une douleur lombaire diffuse, une douleur ou une paresthésie pendant l'injection de bolus ou encore des déficits moteurs ou sensoriels inexpliqués des membres inférieurs. La fièvre peut ou non se présenter. Les infections bactériennes aiguës (méningite) se manifestent par de la photophobie, une raideur au cou, de la fièvre, des maux de tête et une détérioration de l'état mental. Les soins méticuleux et réguliers de la plaie ainsi que le recours à des techniques stériles au moment de manipuler le cathéter ou d'injecter des médicaments permettront de prévenir l'infection.

Des cathéters épiduraux peuvent être mis en place pour une longue durée chez les clients atteints de cancer en fin de vie ou qui présentent certains syndromes douloureux récalcitrants aux autres traitements antidouleur. Si un cathéter épidural est mis en place pour une période prolongée, il est recommandé d'employer des doubles bougies filtrantes. Comme le risque d'infection est maximal pendant le changement des sacs de médicaments, la concentration et le volume des sacs de perfusion doivent être optimisés de manière à réduire la fréquence de leur remplacement.

| Pompes implantables | Les cathéters intraspinaux peuvent être implantés par voie chirurgicale en vue d'un soulagement à long terme de la douleur et du traitement de la spasticité. La pose chirurgicale d'un cathéter intrathécal relié à une pompe contenant un réservoir s'effectue sous la peau. Le cathéter est accessible par voie sous-cutanée pour permettre la diffusion directe des médicaments dans l'espace intrathécal. La pompe, normalement placée dans une pochette aménagée dans le tissu sous-cutané de l'abdomen, peut être programmée afin de libérer l'analgésique dans l'espace intrathécal à une dose fixe continue quotidiennement ou à un mode d'infusion modulable. De plus, cette technologie offre aux clients la possibilité de s'autoadministrer des bolus de médication à l'aide d'une

commande, leur permettant ainsi de mieux gérer leur douleur. Ces pompes demandent à être reprogrammées, et il est possible de changer le mélange ou la concentration du médicament dans le réservoir. La pompe est remplie par une infirmière tous les 30 à 90 jours, selon le débit, le mélange et la taille du réservoir.

MS 1.1

Méthodes liées à la gestion de la douleur : *Analgésie contrôlée par le patient (ACP).*

Analgésie contrôlée par le patient L'analgésie contrôlée par le patient (ACP), ou analgésie sur demande, correspond à un mode précis d'administration par voie I.V. ▶ **MS 1.1** . Ce dispositif peut aussi être relié à un cathéter épidural (analgésie épidurale contrôlée par le patient). Avec l'ACP, une dose d'opioïde sera libérée lorsque le client le jugera nécessaire. Ce type d'analgésie recourt à un système de perfusion qui permet au client d'appuyer sur un bouton pour recevoir un bolus d'analgésique. L'ACP est très répandue dans la prise en charge de la douleur aiguë, notamment la douleur postopératoire et cancéreuse.

Les opioïdes comme la morphine et l'hydromorphone sont couramment administrés par voie I.V. dans le cadre d'un traitement par ACP pour prendre en charge la douleur aiguë et chronique. L'emploi du fentanyl pour soulager la douleur aiguë est moins fréquent, sauf à la salle de réveil où il est très fréquemment utilisé par les anesthésiologistes. Il arrive parfois que l'ACP par voie I.V. soit administrée avec une perfusion continue ou de fond, appelée débit basal, en tenant compte des besoins du client en opioïdes. L'administration d'un débit basal n'est pas recommandée s'il s'agit d'instaurer un traitement pour des clients souffrant de douleur aiguë (p. ex., une douleur postopératoire) et qui n'ont jamais reçu d'opioïdes. Dans ce cas, l'ajout d'un débit basal ne permet ni de favoriser le contrôle de la douleur, ni de réduire le nombre de demandes de doses, ni d'améliorer le sommeil. Par ailleurs, l'ajout d'un débit basal peut provoquer de graves événements respiratoires (ANZCA, 2010) chez les clients qui n'ont jamais reçu d'opioïdes ou qui sont susceptibles de présenter des issues respiratoires défavorables (p. ex., en cas d'âge plus avancé, d'apnée obstructive du sommeil et de maladie pulmonaire préexistante). L'enseignement est essentiel pour que l'ACP soit optimale. Pour ce faire, l'infirmière doit aider le client à comprendre le processus mécanique qui lui permet d'obtenir une dose de médicament et la façon d'ajuster la dose en vue d'un soulagement adéquat de la douleur. Elle pourra enseigner au client le moyen de s'administrer lui-même l'analgésique avant que l'intensité de la douleur ne dépasse sa valeur cible. L'infirmière devra songer à rappeler au client que la surdose est impossible puisque la pompe est programmée pour libérer un nombre maximal de doses par heure. Une fois que ce nombre maximal de doses a été administré, il ne sera pas possible de produire d'analgésie

supplémentaire en appuyant sur le bouton. Si le nombre maximal de doses ne suffit pas à soulager la douleur, il est possible de reprogrammer la pompe pour augmenter la quantité de médicament ou la fréquence d'administration. De plus, l'infirmière peut administrer des bolus s'ils figurent dans les ordonnances du médecin. Pour que la transition de la perfusion d'ACP aux médicaments oraux se fasse de façon adéquate, le client doit recevoir des doses croissantes du médicament oral à mesure que les doses d'ACP diminuent progressivement.

10.6.3 Thérapie interventionnelle

Anesthésies thérapeutiques par blocage nerveux

En règle générale, les anesthésies par blocage nerveux supposent une perfusion unique ou continue d'anesthésiques locaux dans une région particulière en vue, entre autres, de soulager la douleur. Ces techniques sont aussi désignées par l'expression anesthésies locorégionales. L'**anesthésie par blocage nerveux** entraîne l'interruption de toutes les transmissions afférentes et efférentes de la région en question, et ne vise donc pas spécifiquement les voies nociceptives. Elle consiste notamment en l'infiltration d'anesthésiques dans une région chirurgicale (p. ex., des incisions du thorax, une hernie inguinale, une articulation) et en l'injection d'anesthésiques dans un nerf spécifique (p. ex., le grand nerf occipital et le nerf honteux interne) ou un plexus nerveux (p. ex., le plexus brachial ou solaire). Les anesthésies par blocage nerveux sont fréquemment employées durant et après une intervention chirurgicale pour prendre en charge la douleur. Les anesthésiques locaux peuvent être administrés par perfusion continue pour induire un soulagement à long terme des syndromes de douleur chronique.

Les effets indésirables associés aux anesthésies par blocage nerveux sont comparables à ceux des anesthésiques locaux administrés par d'autres voies systémiques et incluent les arythmies, la confusion, les nausées et les vomissements, une vision brouillée, le **tinnitus** (son anormal comme un bourdonnement ou un sifflement) et un goût métallique. Les blocages nerveux temporaires, qui affectent à la fois les fonctions motrices et sensorielles, durent habituellement entre 2 et 24 heures, selon l'agent retenu et le point d'injection. En règle générale, la fonction motrice se rétablit avant la fonction sensorielle (McCamant, 2006).

Interventions neuroablatives

Les **interventions neuroablatives** sont pratiquées en cas de douleur grave ne répondant à aucun autre traitement. Ces interventions impliquent la destruction des nerfs, interrompant ainsi la transmission de la douleur. La destruction s'effectue par résection chirurgicale ou thermocoagulation, y compris la coagulation par radiofréquence.

Les interventions neuroablatives qui détruisent le segment sensoriel d'un nerf périphérique ou spinal sont classées en neurectomies, rhizotomies et sympathectomies. Les interventions neurochirurgicales menant à l'ablation du faisceau spinothalamique sont catégorisées comme des cordotomies si le faisceau est interrompu dans la moelle épinière, ou des tractotomies si l'interruption s'effectue dans la moelle ou dans le mésencéphale du tronc cérébral. La **FIGURE 10.8** présente les sièges des interventions neurochirurgicales destinées au soulagement de la douleur. La cordotomie et la tractotomie peuvent toutes deux s'effectuer à l'aide d'un anesthésique local administré par voie percutanée sous fluoroscopie.

Neurostimulation

La **neurostimulation** désigne la stimulation électrique du cerveau et de la moelle épinière. La stimulation de la moelle épinière (SME) est beaucoup plus courante que la stimulation cérébrale profonde. Grâce aux avancées récentes, de multiples dérivations et pointes d'électrodes peuvent servir à stimuler d'importantes régions. La SME est surtout utilisée pour traiter la douleur lombaire chronique découlant d'une lésion nerveuse ne répondant pas aux autres traitements. Elle sert également à traiter le syndrome douloureux régional complexe, la douleur découlant d'une lésion médullaire, la douleur du membre fantôme, la douleur angineuse et la cystite interstitielle. Les complications potentielles incluent notamment celles qui sont inhérentes à toute intervention chirurgicale (saignements et infection), la migration du générateur (communément implanté dans les tissus sous-cutanés des régions fessières supérieures, abdominales ou pectorales) et les lésions nerveuses (Falowski, Celii, & Sharan, 2008). Le suivi des clients ayant une SME se fait généralement en clinique de douleur.

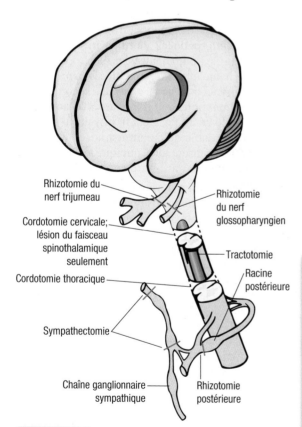

Rhizotomie du nerf trijumeau
Cordotomie cervicale; lésion du faisceau spinothalamique seulement
Cordotomie thoracique
Sympathectomie
Chaîne ganglionnaire sympathique
Rhizotomie du nerf glossopharyngien
Tractotomie
Racine postérieure
Rhizotomie postérieure

FIGURE 10.8

Sièges d'interventions neurochirurgicales pour le soulagement de la douleur

Jugement **clinique**

France est infirmière en salle d'opération depuis 20 ans. Elle souffre de fibromyalgie au cou, aux épaules et dans le bas du dos.

Le traitement de la douleur par neurostimulation serait-il indiqué dans son cas? Justifiez votre réponse.

10.6.4 Traitements non pharmacologiques de la douleur

Les stratégies non pharmacologiques sont essentielles à la prise en charge de la douleur **ENCADRÉS 10.6** et **10.7**. Elles permettent de réduire la dose d'analgésiques requise en vue d'un soulagement, diminuant ainsi au minimum les effets secondaires associés aux traitements pharmacologiques. De plus, le client a le sentiment de mieux contrôler la prise en charge de sa douleur, et ses capacités d'adaptation s'en trouvent renforcées. Certaines de ces stratégies pourront perturber le signal nociceptif afférent ou stimuler les mécanismes de modulation de la douleur, qu'ils soient spinaux, descendants ou corticaux. Certains traitements non pharmacologiques sont volontairement adoptés par les clients désireux de recourir à des stratégies de prise en charge personnelle. Ils revêtent une importance particulière dans le traitement de la douleur chronique (Reid, Papaleontiou, Ong, Breckman, Wethington, & Pillemer, 2008).

Stratégies physiques de prise en charge

Massage

Le massage est un traitement courant de la douleur. Des résultats probants encouragent son utilisation dans le traitement de la douleur aiguë et chronique (Frey Law, Evans, Knudtson, Nus, Scholl, & Sluka,

ENCADRÉ 10.6	Traitements non pharmacologiques de la douleur

Stratégies physiques
- Massage léger ou profond
- Exercice
- Neurostimulation transcutanée
- Acupuncture
- Application de chaleur et de froid

Thérapies cognitives
- Distraction
- Hypnose

- Stratégies de relaxation
  - Relaxation par la respiration
  - Musicothérapie
  - Imagerie
  - Méditation
  - Art-thérapie
  - Relaxation musculaire passive
  - Relaxation musculaire progressive

2008). Les techniques de massage sont nombreuses et diverses : le massage lent ou vif de la peau avec les mains ou les doigts, caractérisé par de longues caresses ou des mouvements circulaires (massage superficiel), ou encore par l'application d'une pression ferme sur la peau pour maintenir un contact pendant le massage des tissus profonds (massage profond). Le massage léger fait intervenir le mécanisme de modulation de la douleur spinale, appelé **théorie du portillon**, dans lequel la stimulation de grosses fibres (A-bêta) inhibe le message nociceptif provenant des petites fibres (A-delta et C). Le massage profond, en créant une seconde douleur, fait appel au mécanisme de modulation de la douleur qui provient du tronc cérébral et qui se nomme contrôles inhibiteurs diffus nociceptifs. La création d'une douleur entraîne la libération de neurotransmetteurs qui stimulent la libération de morphine endogène, laquelle amène une analgésie diffuse. Ces deux mécanismes de modulation de la douleur se stimulent également par le massage de la zone gâchette. La **zone gâchette** désigne une zone hypersensible circonscrite dans une bande de muscles tendus. Elle résulte d'un claquage musculaire aigu ou chronique qui provoque souvent une sensation de nœud serré sous la peau. Le massage de la zone gâchette consiste en l'application soutenue d'une forte pression digitale, en un massage profond, ou en un massage plus doux avec de la glace suivi par un réchauffement musculaire ▶ **7**.

Exercice

L'exercice est une composante fondamentale du plan de soins des clients qui souffrent de douleur chronique, surtout s'ils sont aux prises avec une douleur musculosquelettique.

Certaines études confirment l'efficacité de nombreux types d'exercice pour soulager diverses affections douloureuses (Busch, Barber, Overend, Peloso, & Schachter, 2007 ; Little *et al.*, 2008). La douleur fait perdre de leur vigueur physique à de nombreux clients, et elle s'en trouve ainsi exacerbée. L'exercice soulage la douleur grâce à plusieurs mécanismes : il stimule la circulation et la forme cardiovasculaire, diminue l'œdème, augmente la force et la flexibilité musculaires tout en favorisant le fonctionnement physique et psychosocial. Un programme d'exercice doit être adapté aux besoins physiques et au mode de vie du client, et doit normalement comporter des exercices aérobiques, des étirements et des exercices de raffermissement. Ce programme doit d'ailleurs être supervisé par des intervenants qualifiés (p. ex., un kinésithérapeute, un physiothérapeute). Le yoga, le tai-chi et l'aqua-aérobie en sont des exemples.

Neurostimulation transcutanée

La **neurostimulation transcutanée (NSTC)**, aussi nommée TENS pour *Transcutaneous Electrical Nerve Stimulation*, désigne la libération d'un courant électrique à travers des électrodes apposées sur la surface cutanée qui recouvre les zones gâchettes d'une région douloureuse ou d'un nerf périphérique. Un système de NSTC est composé d'au moins deux électrodes reliées par des fils de raccord, et d'un petit stimulateur alimenté par piles **FIGURE 10.9**.

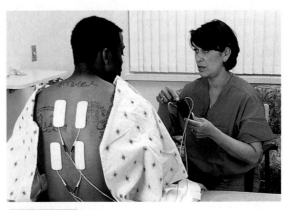

FIGURE 10.9

La physiothérapeute administre un traitement initial par neurostimulation transcutanée pour évaluer son efficacité dans le soulagement de la douleur.

La NSTC fonctionne de deux façons. La première s'opère par l'intermédiaire de la modulation spinale en stimulant les grosses fibres (A-bêta). Pour stimuler ce mécanisme, il faut appliquer les électrodes (haute fréquence, basse intensité) sur la zone douloureuse. Il s'agit de la fonction la plus commune. La seconde interpelle les contrôles inhibiteurs diffus nociceptifs. Pour ce faire, les électrodes (basse fréquence, haute intensité) sont placées à un endroit non douloureux et visent à créer une seconde douleur. Cette fonction se nomme la NSTC acupuncture. En règle générale, c'est le physiothérapeute qui est responsable de l'administration de la neurostimulation transcutanée, quoique les infirmières puissent en guider l'utilisation.

La NSTC peut servir à soulager la douleur aiguë, notamment la douleur postopératoire et la douleur résultant d'un traumatisme physique (Lang *et al.*, 2007). Les avantages de la NSTC contre la douleur chronique sont moins évidents, mais certains clients affectés par la douleur chronique sont susceptibles d'en bénéficier (Nnoaham & Kumbang, 2008). Par exemple, dans la lombalgie persistante (plus de 12 semaines), la NSTC a un niveau de preuve scientifique modéré, donc elle peut être proposée comme méthode de contrôle de la douleur (Clinique des lombalgies interdisciplinaire en première ligne, 2006).

Acupuncture

L'acupuncture est une technique issue de la médecine traditionnelle chinoise qui consiste à insérer des aiguilles très fines dans le corps en des points spécifiques. L'acupuncture est employée pour traiter un large éventail de douleurs.

7

Les massages, l'hypnose et l'acupuncture sont traités dans le chapitre 7, *Approches complémentaires et parallèles en santé*.

RAPPELEZ-VOUS...

L'exercice a d'autres effets bénéfiques, notamment sur les fonctions respiratoire et cardiovasculaire.

Traitement thermique

Le traitement thermique consiste à appliquer de la chaleur, humide ou sèche, sur la peau. Il peut être superficiel ou profond. La chaleur superficielle peut s'appliquer à l'aide d'un coussin chauffant électrique (chaleur sèche ou humide), d'un enveloppement chaud, de compresses chaudes et humides, de cire chaude (paraffine) ou d'une bouteille d'eau chaude. S'il s'agit d'exposer des régions importantes du corps à la chaleur, les clients pourront s'immerger dans un bain chaud, prendre une douche ou utiliser une baignoire à remous. Des traitements par la chaleur profonde comme la diathermie à ondes courtes, la diathermie à micro-ondes et l'ultrasonographie peuvent être proposés dans les départements de physiothérapie. L'enseignement destiné au client relativement à la thermothérapie est décrit à l'**ENCADRÉ 10.7**.

Traitement par le froid

Le traitement par le froid désigne l'application de froid, sec ou humide, sur la peau. Un sac de glace permet d'assurer un froid sec, tandis que les serviettes trempées dans de l'eau glacée, un système *hydrocollator pack* froid ou l'immersion dans un bain ou sous une eau courante froide permettent de produire un froid humide. L'application de glaçons ou de blocs de glace dont la forme évoque celle de la zone douloureuse est une autre technique employée pour soulager la douleur. Le traitement par le froid est plus efficace que la chaleur pour diverses affections douloureuses, notamment la douleur aiguë découlant d'un traumatisme ou d'une intervention chirurgicale, les poussées aiguës d'arthrite, les spasmes musculaires et les maux de tête. L'enseignement destiné au client relativement au traitement par le froid est présenté à l'**ENCADRÉ 10.7**.

Stratégies psychocognitives de prise en charge

Les techniques conçues pour affecter les composantes affectives, cognitives et comportementales de la douleur incluent une variété de stratégies cognitives et d'approches comportementales. Certaines de ces techniques nécessitent peu de formation et sont souvent adoptées par le client de son propre chef. Pour les autres, l'assistance d'un thérapeute qualifié s'impose. Pour la majorité de ces stratégies, il importe de les pratiquer afin qu'elles soient efficientes au moment d'une douleur intense. Ainsi, l'infirmière peut inviter le client à pratiquer la relaxation qu'il préfère (active, passive, méditation, etc.) quand il n'a pas de douleur ou qu'elle est légère. De cette façon, lorsqu'il éprouvera des pics de douleur, il pourra mettre cette stratégie en action. Également, ces stratégies gagnent à être utilisées en combinaison avec la pharmacothérapie, permettant à l'occasion de réduire la consommation d'analgésiques.

Distraction

La distraction consiste à détourner l'attention de la douleur pour la concentrer sur un autre objet. Il s'agit d'une stratégie simple mais très efficace pour soulager la douleur. Il est possible de distraire le client en l'invitant à toute autre activité susceptible de retenir son attention (p. ex., regarder la télévision ou un film, converser, écouter de la musique ou jouer à un jeu). Il est important d'adapter l'activité aux champs d'intérêt du client, à son niveau d'énergie et à sa capacité de concentration.

Hypnose

L'hypnothérapie (ou hypnose) est une technique bien définie qui permet au client d'atteindre un état de vigilance accrue et de concentration déterminée de manière à altérer sa perception de la douleur. L'hypnose ne doit être pratiquée et supervisée que par des cliniciens spécialement formés (Elkins, Jensen, & Patterson, 2007). Une infirmière dûment formée pourrait pratiquer l'hypnothérapie.

Stratégies de relaxation

Les stratégies de relaxation sont variées, mais elles visent toutes à induire un état libre d'anxiété et de tension musculaire. La relaxation réduit le stress, diminue l'anxiété aiguë, distrait de la douleur, atténue la tension musculaire, combat la fatigue, favorise le sommeil et contribue à l'efficacité des autres mesures de soulagement de la douleur (Berry *et al.*, 2001). Les stratégies de relaxation incluent la respiration, la musique, l'imagerie, la méditation, l'art-thérapie et la relaxation musculaire progressive[a].

Enseignement au client et à ses proches

ENCADRÉ 10.7 — **Traitement thermique de la douleur**

L'enseignement au client et à ses proches sur les techniques de traitement thermique pour la prise en charge de la douleur devrait porter sur les aspects suivants :

Techniques de traitement par la chaleur superficielle

- Ne pas appliquer de chaleur sur une région soumise à la radiothérapie, qui présente un saignement, dont la sensation est amoindrie ou qui a subi une lésion dans les 24 dernières heures.
- N'utiliser aucun produit contenant du menthol (p. ex., Bengay[MD], Vicks[MD], Icy Hot[MD]) en même temps que les applications de chaleur, compte tenu du risque de brûlures.
- Recouvrir la source de chaleur d'une serviette ou d'un linge avant de l'appliquer sur la peau pour prévenir les brûlures.

Techniques de traitement par le froid superficiel

- Recouvrir la source de froid d'un linge ou d'une serviette avant de l'appliquer sur la peau pour prévenir tout dommage tissulaire.
- Ne pas appliquer de froid sur les régions soumises à la radiothérapie, ou qui présentent des plaies ouvertes, ou caractérisées par une circulation médiocre.
- S'il n'est pas possible d'appliquer le froid directement sur le siège douloureux, essayer de l'appliquer juste au-dessus ou juste en dessous du siège de la douleur, ou sur le siège correspondant du membre opposé (p. ex., sur le coude gauche si c'est le droit qui est douloureux).

---

[a] Pour obtenir plus d'information sur ces techniques, voir le chapitre 26 dans *Soins infirmiers : fondements généraux* (Potter & Perry, 2010).

CLIENT SOUFFRANT DE DOULEUR

L'infirmière occupe une place importante au sein de l'équipe multidisciplinaire de prise en charge de la douleur. Elle agit notamment à titre de planificatrice, d'éducatrice, de porte-parole, d'interprète et de soutien auprès du client aux prises avec la douleur et de son proche aidant. Elle joue fréquemment le rôle de défense du client (*advocacy*) en regard d'un soulagement adéquat. Comme les clients sont susceptibles d'éprouver de la douleur dans n'importe quel contexte de soins, l'infirmière doit avoir une vaste connaissance des thérapies actuelles et faire preuve de flexibilité au moment d'essayer de nouvelles approches de prise en charge de la douleur. Plus tôt dans le chapitre, les nombreux rôles dévolus à l'infirmière ont été abordés, notamment en ce qui a trait à l'évaluation de la douleur, à l'administration des traitements, à la surveillance des effets secondaires et à l'enseignement des clients et des proches aidants. L'**ENCADRÉ 10.8** précise le rôle de chacun des membres de l'équipe des soins infirmiers. Cependant, le succès de ces démarches dépend de la capacité de l'infirmière à établir une relation de confiance avec le client et le proche aidant, et à dissiper leurs préoccupations touchant la douleur et son traitement.

Communication efficace

Puisque la douleur est une expérience subjective, les clients doivent recevoir l'assurance qu'ils seront pris au sérieux quand ils signaleront une douleur, et qu'ils ne passeront pas simplement pour des « plaignards ». Ils doivent avoir le sentiment que l'infirmière prend leur douleur au sérieux et qu'elle comprend que cette expérience peut profondément perturber leur vie. L'infirmière doit rapporter les préoccupations du client, s'engager à lui assurer un soulagement et à répondre à toute douleur non traitée. Elle doit assister le client et le proche aidant durant toute la période d'essais-erreurs qui peut précéder la mise en œuvre d'un plan de soins efficace. Il importe également de préciser les responsabilités de chacun dans la prise en charge de la douleur. L'infirmière peut ainsi aider le client à comprendre le rôle respectif des membres de l'équipe soignante, tout en l'éclairant sur sa situation et ses propres attentes.

En plus d'aborder des aspects spécifiques de la prise en charge et du traitement de la douleur, l'infirmière doit évaluer les conséquences de la douleur sur la vie du client et de son proche aidant. L'**ENCADRÉ 10.9** énumère les diagnostics infirmiers possibles pour le client aux prises avec la douleur. L'**ENCADRÉ 10.10** illustre les besoins des clients et des proches aidants en matière d'enseignement ayant trait à la prise en charge de la douleur.

Obstacles à une prise en charge efficace de la douleur

La douleur est une expérience complexe et subjective ; sa prise en charge est largement tributaire de facteurs psychosociaux, socioculturels, juridiques et éthiques. Ces facteurs incluent les émotions, les comportements, les convictions et les attitudes des clients et des proches aidants à l'égard de la douleur et des thérapies antidouleur. Pour que la douleur soit prise en charge efficacement, ces facteurs doivent faire l'objet d'un examen minutieux.

La tolérance, la dépendance et la toxicomanie sont des obstacles couramment mis en cause et suscitent volontiers des préoccupations chez les clients, les proches aidants et les professionnels de la santé. Il est important que l'infirmière comprenne ces concepts et qu'elle soit en mesure d'expliquer en quoi ils se distinguent : il en va d'un traitement optimal de la douleur.

ENCADRÉ 10.8   **Délégation des tâches : soulagement de la douleur**

Chacun des membres de l'équipe de soins infirmiers devrait se concentrer sur la démarche relative au soulagement de la douleur.

Rôle de l'infirmière

- Déterminer les caractéristiques de la douleur (méthode PQRSTU).
- Informer le client et le proche aidant sur le plan de traitement choisi.
- Concevoir un plan de traitement en vue de soulager les douleurs éprouvées par le client (traitement pharmacologique et non pharmacologique) en accord avec ce dernier et l'équipe de soins.
- Appliquer le plan de traitement, comme convenu avec le client et l'équipe de soins.
- Surveiller les effets secondaires de la médication ayant un effet dépresseur sur le système nerveux central.
- Évaluer l'efficacité du plan de traitement en cours.
- Mettre en place un plan de traitement de la douleur qui sera suivi à domicile.

Rôle de l'infirmière auxiliaire

- Administrer les analgésiques prescrits (dans le respect de la loi sur la pratique infirmière et des procédures administratives, car certains modes d'administration sont interdits aux infirmières auxiliaires).
- Évaluer l'intensité de la douleur du client (p. ex., l'évaluation et la documentation du niveau de douleur avant et après l'administration d'analgésiques est exigée par The Joint Commission (TJC, 2008).

Rôle du préposé aux bénéficiaires

- Aviser l'infirmière autorisée lorsque le client se plaint de douleurs.
- Évaluer les signes vitaux avant et après l'administration des analgésiques, et aviser l'infirmière.
- Noter les moments où le client refuse de prendre part aux activités conseillées, comme l'ambulation, et en aviser l'infirmière (cela pourrait indiquer que le plan de soulagement de la douleur est inefficace).

Tolérance

La tolérance est le résultat d'une exposition chronique à une variété de médicaments. Dans le cas des opioïdes, la tolérance se caractérise par la nécessité d'une dose croissante de médicaments pour assurer le même degré d'analgésie. L'incidence de la tolérance aux opioïdes – significative sur le plan clinique – chez les clients qui souffrent de douleur chronique est inconnue, puisque les besoins posologiques peuvent aussi augmenter à mesure que la maladie évolue, comme c'est le cas avec le cancer. Quoique la tolérance ne soit pas aussi courante qu'on le croie, il est essentiel d'évaluer les besoins analgésiques croissants des clients recevant un traitement à long terme. Les membres de l'équipe soignante doivent examiner et exclure toutes les autres causes plausibles expliquant des besoins analgésiques croissants, comme l'évolution de la maladie ou l'infection. Si une tolérance significative aux opioïdes est confirmée ou qu'un opioïde semble perdre de son efficacité, ou encore si des effets secondaires intolérables sont associés à l'augmentation des doses, la **rotation des opioïdes** peut être envisagée (de Leon-Casasola, 2008). Il s'agit de passer d'un opioïde à un autre, en présumant que le nouvel agent sera plus efficace à des doses équianalgésiques plus faibles. Comme il a été mentionné précédemment, des doses très élevées d'opioïdes peuvent provoquer une hyperalgésie plutôt qu'un soulagement de la douleur. Par conséquent, l'augmentation supplémentaire de la dose peut provoquer une douleur plus importante.

Dépendance physique

À l'instar de la tolérance, la **dépendance physique** est une réponse physiologique attendue à l'exposition continue aux médicaments. Elle se manifeste par un syndrome de sevrage qui survient lorsque les taux sanguins du médicament diminuent abruptement. Les symptômes de sevrage des opioïdes sont énumérés au **TABLEAU 10.11**. Dès que les opioïdes ne sont plus nécessaires pour soulager la douleur, un calendrier de diminution progressive des doses doit être instauré, en même temps qu'une surveillance étroite. D'ordinaire, un tel calendrier est conçu ainsi : la dose d'opioïdes prise par le client en 24 heures est d'abord calculée et divisée par 2 ; 25 % de cette dose réduite est ensuite administrée au client toutes les 6 heures. Après deux jours, la dose quotidienne est réduite de 25 % de plus tous les deux jours, jusqu'à ce que la dose orale quotidienne atteigne 30 mg (équivalent morphine) par jour. Après deux jours à cette dose minimale, l'administration de l'opioïde est interrompue.

Dépendance psychologique

La **dépendance psychologique** est une affection neurobiologique complexe caractérisée par des comportements aberrants motivés par le besoin d'obtenir et de consommer des substances pour des motifs autres que l'objectif thérapeutique pour lequel ils ont été prescrits ▶ **12**. Le terme accoutumance (*addiction*) est aussi utilisé. Les comportements inadéquats se traduisent par une perte de contrôle, une consommation abusive et poursuivie, malgré des conséquences néfastes, et la recherche des effets psychoactifs de ces substances (Dion, 2003). La tolérance et la dépendance physique ne sont pas des indicateurs de la dépendance physiologique. Elles constituent plutôt des réponses physiologiques normales à l'exposition chronique à certains médicaments comme les opioïdes. Cette distinction doit être bien expliquée au client et à ses proches aidants.

Le risque d'être atteint de toxicomanie est lié à certains facteurs, notamment un âge moins avancé, des antécédents personnels ou familiaux d'abus de substances psychoactives et des troubles de l'humeur. Le risque de toxicomanie, toutefois, ne doit pas empêcher les cliniciens de recourir aux opioïdes pour traiter les douleurs aiguës ou chroniques modérées à sévères. De nombreux organismes professionnels et agences gouvernementales ont émis des déclarations communes sur les rôles et les responsabilités des professionnels de la santé en ce qui a trait à l'emploi judicieux des opioïdes dans le traitement de la douleur (American Society for Pain Management Nursing [ASPMN], 2002).

Outre les craintes liées à la toxicomanie, à la dépendance physique et à la tolérance, d'autres obstacles compromettent la prise en charge efficace de la douleur. Le **TABLEAU 10.12** en énumère quelques-uns et propose des stratégies pour les surmonter.

Diagnostics infirmiers

ENCADRÉ 10.9   **Douleur**

- Stratégies d'adaptation inefficaces
- Dégradation du bien-être
- Anxiété
- Constipation
- Perte d'espoir
- Douleur aiguë
- Douleur chronique
- Fatigue
- Privation de sommeil
- Intolérance à l'activité
- Isolement social
- Dynamique familiale perturbée
- Peur
- Exercice inefficace du rôle
- Sentiment d'impuissance

Enseignement au client et à ses proches

ENCADRÉ 10.10   **Prise en charge de la douleur**

L'enseignement au client et à ses proches sur la prise en charge de la douleur devrait porter sur les aspects suivants :

- Connaître les répercussions négatives biologiques, psychologiques et sociales associées à la douleur non soulagée.
- Tenir un registre pour indiquer l'intensité de la douleur et l'efficacité du traitement.
- Soulager la douleur par des traitements pharmacologiques en combinaison avec des traitements non pharmacologiques avant qu'elle ne s'aggrave.
- Être conscient que les posologies devront être ajustées lorsque les médicaments cesseront d'opérer, après une certaine période.
- Connaître les effets secondaires et les complications potentielles liés aux traitements qui incluent les nausées, les vomissements, la constipation, la sédation, les étourdissements, les démangeaisons, la rétention urinaire et la sudation.
- Aviser la famille, au moment de l'initiation d'un traitement pharmacologique à base d'opioïdes, qu'elle doit être attentive aux signes de dépression respiratoire tels qu'une diminution de la fréquence respiratoire, une difficulté à s'éveiller et des ronflements inhabituels.
- Informer le professionnel de la santé si la douleur n'est pas soulagée à un niveau acceptable.

Jugement clinique

Monsieur Jarod Abijean est un grand sportif âgé de 31 ans. Récemment, il s'est infligé de graves déchirures ligamentaires aux deux genoux. Il prend de la morphine (Statex^MD) 25 mg q.4 h pour soulager ses très fortes douleurs.

Pour éviter qu'il manifeste une dépendance physique, après combien de jours la morphine pourra-t-elle être cessée ?

12

La dépendance est traitée en détail dans le chapitre 12, *Troubles liés à une substance.*

TABLEAU 10.11	Manifestations du syndrome de sevrage pour les opioïdes à courte durée d'action	
DIMENSION	RÉPONSE PRÉCOCE (6-12 h)	RÉPONSE TARDIVE (48-72 h)
Psychosociale	• Anxiété	• Excitation
Sécrétions	• Sécrétions et écoulement de larmes • Rhinorrhée • Diaphorèse	• Diarrhée
Autres	• Bâillements • Horripilation • Frissons accompagnés de tremblements • Pupilles dilatées • Anorexie • Tremblements	• Agitation • Fièvre • Nausées et vomissements • Douleur due à des crampes abdominales • Hypertension • Tachycardie • Insomnie

Enseignement au client et à ses proches

TABLEAU 10.12	Surmonter les obstacles à la prise en charge de la douleur
OBSTACLE	RESPONSABILITÉS INFIRMIÈRES
Peur de la toxicomanie	• Énoncer une définition précise de la toxicomanie. • Expliquer qu'il est rare que les clients recevant des opioïdes, dans le cadre d'un traitement antidouleur, deviennent toxicomanes.
Peur de la tolérance	• Énoncer une définition précise de la tolérance. • Expliquer que la tolérance est une réponse physiologique normale aux traitements chroniques par des opioïdes. Si une tolérance apparaît, il se peut qu'il faille changer de médicament (p. ex., remplacer l'oxycodone par la morphine). • Expliquer qu'il n'existe pas de dose maximale pour les agonistes opioïdes purs (p. ex., la morphine). Les posologies peuvent être augmentées indéfiniment, et le client ne devrait envisager de prendre les médicaments que dans les cas où sa douleur s'aggrave. • Expliquer que la tolérance aux effets analgésiques des opioïdes apparaît beaucoup plus lentement que la tolérance aux nombreux effets secondaires (p. ex., la sédation, la dépression respiratoire). Cependant, le client ne manifeste aucune tolérance à la constipation ; il faut donc instaurer un traitement régulier par des laxatifs dès le début de la prise d'opioïdes.
Préoccupation relative aux effets secondaires	• Enseigner au client des méthodes de prévention et de traitement des effets secondaires courants. • Insister sur le fait que les effets secondaires comme la sédation et les nausées se dissipent avec le temps, mais qu'il faut rester attentif aux signes de dépression respiratoire. • Expliquer que chaque médicament est associé à des effets secondaires uniques, et que d'autres médicaments antidouleur peuvent être employés pour tempérer un effet secondaire particulier. • Instruire le client sur les traitements non pharmacologiques permettant de réduire au minimum la dose de médicaments nécessaire à la maîtrise de la douleur.

TABLEAU 10.12	**Surmonter les obstacles à la prise en charge de la douleur** *(suite)*

OBSTACLE	RESPONSABILITÉS INFIRMIÈRES
Peur des injections	• Expliquer qu'il est préférable d'opter pour les médicaments oraux. • Insister sur le fait que, dans la mesure du possible, la voie orale sera privilégiée.
Intention d'être un « bon » client	• Expliquer que les clients participent à leurs soins et que cette relation de partenariat appelle une communication franche de la part du client et de l'infirmière. • Rappeler avec insistance aux clients qu'ils ont la responsabilité de tenir l'infirmière informée de leur douleur.
Volonté de rester stoïque	• Expliquer que, même si le stoïcisme est un comportement honorable dans de nombreuses cultures, le fait de ne pas signaler la douleur peut donner lieu à un traitement sous-optimal et à une douleur grave non soulagée, et entraîner des conséquences biopsychosociales.
Oubli de prendre l'analgésique	• Fournir des dosettes et les instructions d'emploi qui conviennent. • Proposer des méthodes de suivi de la consommation de médicaments. • Recruter, au besoin, des proches aidants qui assisteront le client dans l'observance de son schéma analgésique.
Peur de déranger le personnel soignant	• Expliquer que rapporter la douleur est important autant du point de vue du traitement de la maladie que de ses symptômes.
Crainte que la douleur signale une évolution de la maladie	• Expliquer qu'une douleur plus intense ou que des besoins croissants en analgésiques peuvent signaler une tolérance. • Insister sur le fait qu'une douleur nouvelle peut émaner d'une source qui ne menace pas le pronostic vital (p. ex., un spasme musculaire, une infection des voies urinaires). • Établir des stratégies pharmacologiques et non pharmacologiques pour atténuer l'anxiété. • S'assurer que le client et ses proches aidants disposent d'informations à jour, précises et détaillées sur la maladie et le pronostic. • Offrir un soutien psychologique.
Fatalisme	• Expliquer que la recherche a démontré que la douleur peut être prise en charge chez la plupart des clients. • Expliquer que la plupart des traitements nécessitent une période d'ajustement marquée d'essais et d'erreurs. • Insister sur le fait que les effets secondaires peuvent être pris en charge.
Médicaments inefficaces	• Expliquer que chaque catégorie de médicaments (p. ex., les opioïdes, les AINS) est assortie de multiples options, et qu'un autre médicament de la même classe peut offrir un meilleur soulagement. • Bien faire valoir qu'une période d'essais-erreurs est parfois inévitable avant de trouver le meilleur schéma thérapeutique. • Intégrer des approches non pharmacologiques au plan de soins.

Source : Adapté de Ersek (1999).

10.7 | Questions éthiques soulevées par la prise en charge de la douleur en contexte de fin de vie

10.7.1 Crainte de hâter la mort par l'administration d'analgésiques opioïdes

Lorsqu'ils administrent une dose suffisante pour soulager la douleur d'une personne parvenue au stade terminal de la maladie, les professionnels de la santé et les proches aidants redoutent souvent de précipiter le décès. Cela dit, aucune donnée scientifique ne permet d'établir que les opioïdes sont à même de précipiter la mort, même pour les clients dont le décès est imminent. De plus, les infirmières ont l'obligation morale d'assurer le bien-être du client et de soulager sa douleur en fin de vie. Même si cette éventualité soulève des préoccupations, la **règle du double effet** offre ici une justification éthique. En vertu de cette règle, si une conséquence non désirée (c.-à-d. la mort précipitée) résulte d'une action entreprise pour atteindre un objectif moral (c.-à-d. le soulagement de la douleur), cette action est alors justifiée, à condition que l'infirmière ait eu l'intention de soulager la douleur et non de précipiter la mort (Beauchamp & Childress, 2009).

10.7.2 Demande de suicide assisté

La douleur non soulagée est l'une des raisons qui poussent les clients à demander le suicide assisté. Une prise en charge énergique et adéquate de la douleur devrait limiter le nombre de ces demandes. Le suicide assisté est un problème complexe dont la portée dépasse les enjeux de la douleur et de sa prise en charge. Actuellement, au Canada, le suicide assisté est illégal. Aux États-Unis, seuls les États de l'Oregon et de Washington l'ont légalisé ▶ **11**.

10.7.3 Emploi de placebos dans l'évaluation et le traitement de la douleur

Bien que leur usage soit moins courant, les placebos sont encore employés à l'occasion pour évaluer et traiter la douleur. Il faut donc leurrer le client en l'assurant qu'il reçoit un analgésique (en général un opioïde) alors qu'il reçoit plutôt une substance inerte comme un composé salin, en général. L'emploi d'un placebo pour évaluer ou traiter la douleur est réprouvé par plusieurs organismes professionnels (ASPMN, 2002).

11

Le thème du suicide assisté est abordé plus en détail dans le chapitre 11, *Soins palliatifs et soins de fin de vie*.

RAPPELEZ-VOUS...

L'article 30 du Code de déontologie des infirmières et infirmiers stipule que « l'infirmière ou l'infirmier doit respecter, dans les limites de ce qui est généralement admis dans l'exercice de la profession, les valeurs et convictions personnelles du client » (R.R.Q., c. I-8, r. 4.1).

Considérations gérontologiques

DOULEUR

La douleur chronique que les personnes âgées rapportent couramment est souvent associée à une invalidité physique et à des problèmes psychosociaux majeurs. D'après certaines estimations, la prévalence de la douleur chronique chez les personnes âgées qui vivent en collectivité dépasse 50 %, et se situe autour de 80 % chez les clients résidant dans des centres de soins de longue durée. Les pathologies musculosquelettiques comme l'arthrose, les douleurs lombaires et les sièges de fractures antérieures sont les affections douloureuses les plus fréquentes chez cette clientèle. La douleur chronique provoque souvent une dépression, des troubles du sommeil, une diminution de la mobilité, une augmentation des recours aux soins de santé ainsi qu'une dysfonction physique et sociale. Malgré sa prévalence élevée, il est fréquent que la douleur des personnes âgées soit inadéquatement évaluée ou traitée (Gibson, 2007).

Plusieurs obstacles compromettent l'évaluation de la douleur chez le client âgé. En plus des facteurs analysés plus tôt dans le chapitre, il faut noter que les personnes âgées et leurs proches aidants sont souvent persuadés que la douleur est une composante normale et inévitable du vieillissement. Ils peuvent également être convaincus qu'aucune initiative ne saurait la soulager. Il est possible que les personnes âgées ne signalent pas la douleur pour n'être pas perçues comme des fardeaux ou des « plaignards », ou qu'elles craignent plus que d'autres groupes d'âge de se voir administrer des opioïdes. D'autre part, les clients âgés sont plus susceptibles d'employer des termes comme « avoir du mal » ou « inconfort » plutôt que « douleur ».

Pour toutes ces raisons, l'infirmière doit interroger avec insistance les personnes âgées au sujet de leur douleur. Elle doit effectuer l'évaluation de manière détendue et empathique. Elle doit observer avec attention leurs comportements qui pourraient traduire la présence de douleur, notamment éviter certains mouvements, protéger une région du corps, devenir irritables, avoir un sommeil perturbé, avoir moins d'appétit, se retirer socialement, etc.

La prévalence relativement élevée des problèmes cognitifs, sensoriels, perceptuels et moteurs, qui compromettent l'aptitude d'une personne à traiter l'information et à communiquer, s'avère un autre obstacle à l'évaluation de la douleur chez les personnes âgées. La démence et le délire, l'aphasie et l'hémiplégie résultant d'un accident vasculaire cérébral ainsi que les obstacles locutoires en sont des exemples. Des troubles d'audition et de vision peuvent également compliquer l'évaluation. Les outils d'évaluation de la douleur doivent donc être adaptés aux personnes âgées. Par exemple, il sera peut-être nécessaire d'employer une échelle d'évaluation de la douleur pourvue de gros caractères. Également, une échelle verticale semblable à un thermomètre est plus compréhensible pour cette clientèle **FIGURE 10.4**. Même si la difficulté des clients âgés à employer des échelles de la douleur peut soulever des préoccupations, de nombreuses personnes âgées, y compris celles qui présentent des troubles cognitifs légers à modérés, peuvent se servir d'échelles quantitatives de manière fiable et précise.

Les clients âgés qui souffrent de douleur chronique devront faire l'objet d'un examen physique approfondi et d'une histoire de santé détaillée pour déterminer les causes de la douleur, les traitements possibles et les problèmes éventuels. Comme la dépression et les troubles fonctionnels sont fréquents chez les personnes âgées aux prises avec la douleur, il faudra également les inclure dans l'évaluation. Il importe d'inclure la famille et les proches aidants dans l'évaluation de la douleur d'une personne ayant un trouble cognitif, car ils peuvent fournir de précieuses informations sur les comportements en lien avec la douleur.

Le traitement de la douleur chez les personnes âgées est compliqué par plusieurs facteurs :

- Les personnes âgées métabolisent les médicaments plus lentement que les clients plus jeunes. Cela a pour effet que les dosages médicamenteux peuvent être plus élevés et les effets secondaires plus importants. C'est pourquoi l'adage « commencer lentement et aller doucement » doit être la façon de procéder dans le traitement analgésique chez les personnes âgées. Cette règle doit s'accompagner d'un objectif thérapeutique à atteindre pour ne pas laisser la personne avec un soulagement insuffisant en raison d'une prudence justifiée.

- L'emploi d'AINS chez les personnes âgées est associé à des saignements gastro-intestinaux graves et très fréquents. Le recours à l'acétaminophène sera privilégié autant que possible, mais en respectant le dosage quotidien maximal (3 g).

- Les personnes âgées prennent souvent de nombreux médicaments pour soigner d'autres affections chroniques. La combinaison d'analgésiques peut provoquer des interactions médicamenteuses dangereuses et augmenter les effets secondaires.

- Les troubles cognitifs et l'ataxie peuvent être exacerbés par l'emploi d'analgésiques comme les opioïdes, les antidépresseurs et les anticonvulsivants. L'équipe soignante doit donc augmenter graduellement la dose des médicaments et observer minutieusement les effets secondaires.

Comme pour toute autre clientèle, les schémas thérapeutiques destinés aux personnes âgées doivent intégrer des modalités non pharmacologiques. L'exercice et l'enseignement aux clients sont des interventions non pharmacologiques particulièrement importantes pour les personnes âgées qui souffrent de douleur chronique. Les membres de la famille et les proches aidants rémunérés doivent aussi être inclus dans le plan de soins, que ce soit en regard de la douleur aiguë ou de la douleur chronique.

10.8 | Populations particulières

10.8.1 Clients incapables de signaler la douleur

Même s'il est indispensable que le client signale la douleur pour qu'elle fasse l'objet d'une évaluation, de nombreuses maladies et affections peuvent entraver sa capacité à le faire. Ces affections incluent l'altération du niveau de conscience causée par une maladie, un traumatisme, l'utilisation de médicaments (p. ex., des sédatifs, des anesthésiques), la démence avancée et d'autres maladies neurologiques évolutives comme la maladie de Parkinson et la sclérose en plaques, la maladie cérébrovasculaire, la psychose et le délire. Dans ces cas, les indicateurs comportementaux sont recommandés pour détecter la présence de douleur (Herr *et al.*, 2006). L'infirmière doit donc user de finesse pour reconnaître les signes comportementaux de la douleur.

Un guide d'évaluation est présenté à l'**ENCADRÉ 10.11**. Plusieurs échelles ont été mises au point pour évaluer les comportements associés à la douleur des clients qui ne peuvent communiquer verbalement, notamment pour les nouveau-nés et les enfants de stade préverbal, les personnes âgées atteintes de déficits cognitifs et les personnes sous ventilation mécanique ou inconscientes. L'infirmière doit sélectionner l'échelle appropriée selon le type de clientèles (Herr *et al.*, 2006). Plusieurs excellentes revues de ces outils ont été publiées (Li, Puntillo, & Miaskowski, 2008). Il existe également des échelles pour la clientèle inconsciente et ventilée, notamment le CPOT (*Critical-Care Pain Observation Tool,* ou grille d'observation comportementale de la douleur) **TABLEAU 10.13**. Il existe d'autres instruments pour les clientèles de nouveau-nés (p. ex., PIPP) et les personnes âgées avec déficits cognitifs (p. ex., PACSLAC).

ENCADRÉ 10.11 **Évaluation de la douleur chez les clients incapables de la verbaliser**

Les techniques d'évaluation suivantes sont recommandées :

- Obtenir, si possible, une autoévaluation (ne jamais présumer qu'un client est incapable de fournir une évaluation verbale). Un simple « oui » ou « non » constitue une autoévaluation valide.
- Rechercher les causes potentielles de la douleur.
- Observer les comportements du client qui indiquent une douleur actuelle (p. ex., le client grimace, fronce les sourcils, frotte une région douloureuse, gémit ou est agité).
- Obtenir des rapports de substitution sur la douleur émanant des proches aidants.
- Employer à l'essai des analgésiques et réévaluer le client pour voir s'il présente moins de comportements liés à la douleur.

Source : Adapté de Herr, Coyne, Key, Manworren, McCaffery, Merkel, *et al.* (2006).

CPOT

INDICATEUR	SCORE (0 à 8)		DESCRIPTION
Expression faciale[a] Détendue, neutre 0 Tendue 1 Grimace 2	Détendue, neutre	0	• Aucune tension musculaire du visage observable
	Tendue	1	• Front plissé • Sourcils abaissés • Légers plis nasolabiaux • Yeux serrés • Tout autre changement de l'expression faciale (p. ex., ouvre soudainement les yeux, présente des larmes au moment de la mobilisation)
	Grimace	2	• Front plissé, sourcils abaissés, plis nasolabiaux • Yeux fermés et serrés • Bouche peut être ouverte • Client peut mordre le tube endotrachéal
Mouvements corporels	Absence de mouvements ou position normale	0	• Immobile, ne bouge pas (ne signifie pas nécessairement une absence de douleur) • Position normale (mouvements non dirigés vers la douleur ou non réalisés dans le but de se protéger de la douleur)
	Mouvements de protection	1	• Mouvements lents, prudents • Touche ou frotte le site de douleur • Se dirige vers le site de douleur, les tubes • Touche à ses tubes • Attire l'attention en tapant du pied ou des mains
	Agitation	2	• Tire sur ses tubes • Essaie de s'asseoir dans son lit • Bouge constamment • Ne collabore pas • Repousse le personnel • Tente de passer les barreaux du lit
Interaction avec le ventilateur (client intubé)	Tolère la ventilation ou les mouvements	0	• Alarmes non actives, se laisse ventiler
	Tousse mais tolère	1	• Tousse mais se laisse ventiler, alarmes peuvent s'activer, mais cessent spontanément
	Combat	2	• Asynchronie : bloque sa respiration, déclenche constamment les alarmes
Vocalisation (client non intubé)	S'exprime normalement, silencieux	0	• S'exprime normalement ou demeure silencieux
	Gémit, soupire	1	• Gémit, soupire
	Crie, pleure	2	• Crie, pleure

▼

| TABLEAU 10.13 | Grille d'observation comportementale de douleur (CPOT) *(suite)* |

INDICATEUR	SCORE (0 à 8)		DESCRIPTION
Tension musculaire : évaluation par flexion et extension passives des membres supérieurs au repos ou évaluation pendant la mobilisation	Détendu	0	• Absence de résistance aux mouvements, tonus normal
	Tendu, rigide ou crispé	1	• Résistance aux mouvements
	Très tendu, très rigide ou très crispé	2	• Difficulté ou incapacité à exercer les mouvements • Serre les poings

Instructions pour l'utilisation du CPOT

- Le client doit être évalué au repos pendant une minute, ce qui constitue la valeur de référence, soit la valeur de comparaison à prendre en compte dans les évaluations subséquentes réalisées au cours de procédures douloureuses.
- Par la suite, le client est observé (évalué) pendant les procédures douloureuses (p. ex., au moment d'une mobilisation, d'une succion endotrachéale, d'un changement de pansement) – ce qui peut durer plus d'une minute – afin de détecter tout comportement pouvant indiquer la présence de douleur.
- Le client devrait aussi être évalué avant l'administration d'un analgésique et au pic d'action de celui-ci afin de vérifier l'efficacité du traitement.
- Le client se voit toujours attribuer le score le plus élevé observé durant la période d'évaluation. Par exemple, un client qui est observé pendant une minute et qui fait une grimace pendant quelques secondes seulement se verra attribuer un score de « 2 » pour l'expression faciale.
- Un score est attribué pour chacun des indicateurs du CPOT. Au repos, la tension musculaire est évaluée en dernier lieu puisque le fait d'effectuer des mouvements passifs (flexion et extension de l'avant-bras) peut stimuler le client et déclencher d'autres réactions comportementales.

^a Dessin par Caroline Arbour, RN, B. Sc., École des sciences infirmières, Université McGill.

Source : Gélinas, Fillion, Puntillo, Viens, & Fortier (2006).

10.8.2 Clients sujets aux problèmes d'abus de substances psychoactives

L'évaluation et le traitement de la douleur des personnes avec des problèmes d'alcoolisme et de toxicomanie, ou qui ont de tels antécédents, sont difficiles, surtout lorsque le traitement comprend des médicaments eux-mêmes susceptibles d'entraîner une accoutumance (p. ex., les opioïdes). Cependant, ces personnes ont le droit de bénéficier d'une prise en charge efficace de leur douleur. Il est impératif de procéder à une évaluation complète de la douleur, et notamment au rapport des antécédents détaillés, à un examen physique, à une évaluation psychosociale et à un bilan diagnostique afin de déterminer l'origine de la douleur. Certains outils de dépistage permettent d'évaluer le risque d'abus de substances psychoactives et les comportements aberrants chez les clients affectés de douleur chronique (Passik & Kirsh, 2008).

Lorsqu'ils sont utilisés pour le contrôle de la douleur, les opioïdes peuvent se révéler efficaces et sûrs pour les clients ayant des problèmes de dépendance. Il n'a pas été démontré que d'éviter d'administrer des opioïdes à des clients qui souffrent de douleur et d'une dépendance chimique augmentait la probabilité de contrer la toxicomanie. Les agonistes-antagonistes opioïdes (p. ex., la pentazocine [Talwin^{MD}], le butorphanol) sont à proscrire pour ce groupe de clients parce qu'ils sont susceptibles d'entraîner un sevrage. L'emploi de médicaments « potentialisateurs » et psychoactifs dénués de propriétés analgésiques (p. ex., les benzodiazépines) sera également évité. Pour des personnes tolérantes aux dépresseurs du SNC, des doses plus importantes d'opioïdes ou une fréquence d'administration plus élevée sont requises pour soulager la douleur, car ces personnes produisent moins d'opioïdes endogènes.

Le soulagement de la douleur des personnes ayant des problèmes de toxicomanie est délicat et appelle la participation de tous les membres de l'équipe multidisciplinaire. Des spécialistes de la toxicomanie et de la prise en charge de la douleur doivent, si possible, faire partie de cette équipe. Les membres de l'équipe doivent être conscients de leurs propres attitudes et de leurs préjugés touchant les personnes aux prises avec des problèmes de toxicomanie, qui peuvent entraîner un traitement insuffisant de la douleur.

Sœur Marcelle Montpetit est âgée de 85 ans. Elle est atteinte d'un cancer colorectal en phase terminale. Elle a tardé à consulter et n'a pas été opérée. Elle n'a donc pas subi de colostomie et une de ses consœurs informe l'infirmière que sœur Montpetit éprouve de la douleur depuis plusieurs semaines.

La cliente reçoit de la morphine (MS-Contin^MD) à raison de 30 mg q.12 h, avec des entredoses de morphine 5 mg p.r.n. Cependant, elle refuse les entredoses que les infirmières lui offrent et n'en demande jamais même si elle montre des signes de souffrance (grimace pendant les changements de position, repli sur soi, regard dirigé vers le sol, faciès triste). La cliente est lucide, mais totalement sourde. Il est donc difficile d'évaluer certaines caractéristiques de sa douleur, particulièrement l'intensité. ▶

MISE EN ŒUVRE DE LA DÉMARCHE DE SOINS

Collecte des données – Évaluation initiale – Analyse et interprétation

1. Trouvez au moins trois données non verbales à recueillir, autres que celles fournies dans la mise en contexte, pouvant confirmer que la cliente est souffrante.

2. Deux hypothèses pourraient expliquer le fait que sœur Montpetit ne demande pas d'entredoses ou qu'elle refuse celles offertes. Lesquelles ?

3. Quelle donnée susceptible d'expliquer l'exacerbation de la douleur de la cliente l'infirmière doit-elle rechercher ?

4. Une donnée de la mise en contexte peut mettre l'infirmière sur la piste d'un problème prioritaire à inscrire dans l'extrait du plan thérapeutique infirmier (PTI) de sœur Montpetit. Cependant, elle n'est pas précise. Quelle information l'infirmière doit-elle alors faire préciser ?

5. En plus de la surveillance relative aux opioïdes, au risque de constipation et à la difficulté, ou à l'incapacité, de la cliente à décrire la douleur ressentie, un autre problème prioritaire nécessitant un suivi particulier mériterait d'être inscrit au PTI de sœur Montpetit. Lequel ? Ajoutez-le dans la section *Constats de l'évaluation* de l'extrait du PTI de la cliente ci-après, vis-à-vis du numéro 5.

Extrait

CONSTATS DE L'ÉVALUATION								
Date	Heure	N°	Problème ou besoin prioritaire	Initiales	RÉSOLU/SATISFAIT			Professionnels/Services concernés
					Date	Heure	Initiales	
2011-02-04	09:15	2	Risque de dépression respiratoire lié à la prise d'opioïdes					
		3	Risque de constipation					
		4	Difficulté à confirmer verbalement la présence de douleur et à la décrire	S.L.				
	11:30	5						

Signature de l'infirmière	Initiales	Programme/Service	Signature de l'infirmière	Initiales	Programme/Service
Sandra Legendre	S.L.	Soins palliatifs			
		Soins palliatifs			

Planification des interventions – Décisions infirmières

6. Qu'est-ce qui justifie la décision prise par l'infirmière d'utiliser l'échelle numérique de 0 à 10 dans un format vertical pour évaluer la douleur de sœur Montpetit, et qui fait l'objet d'une directive spécifique inscrite dans l'extrait du PTI de la cliente ?

▶ L'infirmière désire connaître les raisons invoquées par sœur Montpetit pour expliquer le fait qu'elle refuse les entredoses proposées ou n'en demande pas. Elle revoit l'enseignement sur l'analgésie avec la cliente.

7. Concernant le nouveau problème prioritaire numéro 5 inscrit dans l'extrait du PTI, émettez une directive infirmière visant à assurer le suivi clinique de sœur Montpetit. Si vous n'avez pas trouvé la bonne réponse à la question numéro 5, référez-vous au corrigé pour formuler la directive demandée.

Extrait

			CONSTATS DE L'ÉVALUATION						
						RÉSOLU/SATISFAIT			Professionnels/ Services concernés
Date	Heure	N°	Problème ou besoin prioritaire	Initiales		Date	Heure	Initiales	
2011-02-04	09:15	4	Difficulté à confirmer verbalement la présence de douleur et à la décrire	S.L.					
	11:30	5							

			SUIVI CLINIQUE						
						CESSÉE/RÉALISÉE			
Date	Heure	N°	Directive infirmière	Initiales		Date	Heure	Initiales	
2011-02-04	09:15	4	Utiliser l'échelle numérique de 0 à 10 dans un format vertical pour évaluer la douleur	S.L.					
	11:30	5							

Signature de l'infirmière	Initiales	Programme / Service	Signature de l'infirmière	Initiales	Programme / Service
Sandra Legendre	S.L.	Soins palliatifs			
		Soins palliatifs			

Évaluation des résultats – Évaluation en cours d'évolution

8. Deux indices permettraient à l'infirmière de confirmer que la cliente est moins souffrante. Lesquels?

Application de la pensée critique

Dans l'application de la démarche de soins auprès de sœur Montpetit, l'infirmière a recours aux éléments du modèle de la pensée critique pour analyser la situation de santé de la cliente et en comprendre les enjeux. La **FIGURE 10.10** résume les caractéristiques de ce modèle en fonction des données de cette cliente, mais elle n'est pas exhaustive.

Vers un jugement clinique

Connaissances

- Caractéristiques de la douleur chronique, incluant les signes non verbaux de douleur
- Signification accordée à la douleur par la cliente et par l'infirmière
- Effets secondaires des opioïdes
- Différentes échelles d'évaluation de l'intensité de la douleur

Expériences

- Expérience auprès des clients présentant de la douleur chronique
- Surveillance des clients recevant des opioïdes
- Expérience personnelle de douleur aiguë ou chronique
- Communication avec des personnes présentant de la surdité

ÉVALUATION

- Signes cliniques non verbaux d'expression de douleur chez sœur Montpetit
- Mesure de l'intensité de la douleur avec une échelle numérique de 0 à 10 dans un format vertical puisque la cliente est âgée et sourde
- Efficacité des analgésiques administrés
- Mesure de la fréquence et du rythme respiratoires (la cliente prend des opioïdes)
- Élimination intestinale de la cliente (les opioïdes causent de la constipation)

Normes

- Normes relatives à la surveillance d'un client recevant des opioïdes
- Utilisation d'une échelle numérique pour évaluer l'intensité de la douleur

Attitudes

- Respecter les valeurs religieuses de la cliente
- Reconnaître l'importance d'administrer les entredoses même si la cliente n'exprime pas verbalement sa douleur

FIGURE 10.10

Application de la pensée critique à la situation de santé de madame Montpetit

■ ■ ■ À retenir

- Les répercussions d'une douleur non traitée incluent la souffrance inutile, la dysfonction physique et psychosociale, le rétablissement inadéquat des suites d'une maladie aiguë et d'une chirurgie, l'immunosuppression et les troubles du sommeil.

- La crainte d'une dépendance, d'une tolérance ou des effets secondaires rend souvent les clients réticents à signaler la douleur ou à utiliser leur médication analgésique, particulièrement celle à base d'opioïdes.

- La tolérance et la dépendance physique ne sont pas des indicateurs de la dépendance psychologique. Elles constituent plutôt des réponses physiologiques normales à l'exposition chronique à certains médicaments comme les opioïdes. Cette distinction doit être bien expliquée au client et à ses proches aidants.

- La douleur est classifiée en fonction de son origine (nociceptive ou neurogène) ou en fonction de sa durée (aiguë ou chronique).

- Il est impératif de traiter la douleur aiguë de manière énergique et efficace pour prévenir une douleur chronique. Ce lien entre la douleur aiguë et chronique est peu connu des clients et doit donc être expliqué afin de les conscientiser à l'importance d'un soulagement optimal.

- L'évolution de la douleur de même que sa localisation permettent d'orienter le traitement susceptible de l'enrayer.

- La douleur est une expérience subjective, et le client est le meilleur juge de sa douleur.

- L'équivalence des doses équianalgésiques permet la substitution d'analgésiques au cas où un médicament précis s'avère inefficace, qu'il provoque des effets secondaires indésirables ou en cas de changement de voie d'administration.

- Les effets secondaires des médicaments sont une raison majeure d'échec et de non-observance du traitement de la douleur.

- Aucune donnée scientifique ne permet d'établir que les opioïdes puissent précipiter la mort, même pour les clients dont le décès est imminent.

- Les stratégies non pharmacologiques de traitement de la douleur permettent de diminuer les doses d'analgésiques tout en réduisant les effets secondaires associés au traitement pharmacologique.

Pour en **savoir** plus

VERSION COMPLÈTE ET DÉTAILLÉE

www.cheneliere.ca/lewis

 Références Internet

Organismes et associations

Association de soutien et d'information face à la douleur
www.asid.qc.ca

Association pour le bien-être et la compréhension de la douleur
www.abcdouleur.org

Association québécoise de la douleur chronique
www.douleurchronique.org

Chronic pain association of Canada
www.chronicpaincanada.com

Coalition canadienne contre la douleur
www.canadianpaincoalition.ca

International association for the study of pain
www.iasp-pain.org

Pain.com.
www.pain.com

Société canadienne de la douleur
www.canadianpainsociety.ca

Société québécoise de la douleur
www.sqd.ca

Références générales

Infirmiers.com > Étudiants en IFSI > Cours > La douleur
www.infirmiers.com

Institut national de recherche pégagogique > Recherche > Accès > Sciences du vivant > Dynamique cellulaire et moléculaire – biotic > Biotic > Neurologie > La douleur
www.inrp.fr

Société canadienne du cancer > À propos du cancer > Traitement > Soulagement de la douleur
www.cancer.ca

Université de Montréal > Facultés > Faculté de médecine > Site Web > La communauté facultaire > Ressources pour le grand public > Médecine pour tous : La douleur chronique
www.umontreal.ca

 Monographies

Bouhassira, D., & Calvino, B. (2009). *Douleurs : physiologie, physiopathologie et pharmacologie.* Rueil-Malmaison, Fr. : Arnette.

Lynch, M.E., Craig, K.D., & Peng, F.P.H. (2011). *Clinical pain management : a practical guide.* Oxford, R.-U. : Wiley-Blackwell.

Ouimet Perrin, K., *et al.* (2011). *Palliative care nursing : caring for suffering patients.* Sudbury, Mass. : Jones & Bartlett.

Pasero, C., & McCaffery, M. (2011). *Pain assessment and pharmacologic management.* St. Louis, Mo. : Mosby/Elsevier.

Sorel, M. (2009). *Douleur, inflammation et auto-immunité : à l'usage des spécialités médicales : comprendre pour soigner.* Rueil-Malmaison, Fr. : Arnette.

 Articles, rapports et autres

Lelièvre, N. (2009). La place de l'infirmière dans la prise en charge de la douleur, *Soins, 740,* 61-62.

Martinez, V., & Lanteri-Minet, M. (2010). Traitements pharmacologiques actuels, recommandations et perspectives. *Douleur et Analgésie, 23*(2), 93-98.

Swenson, C.J. (2002). Ethical Issues in Pain Management. *Seminars in oncology nursing, 18*(2), 135-142.

 Multimédia

Canal Vie > Émissions > Toc Toc Docteur > Dossiers > Saison 1 > Épisode 10 > Douleurs chroniques
www.canalvie.com

10

CHAPITRE 11

Écrit par :
Margaret McLean Heitkemper,
RN, PhD, FAAN

Adapté par :
Manon Coulombe,
M. Sc. inf., CHPCN(C)

Soins palliatifs et soins de fin de vie

Objectifs

 Guide d'études – RE12

Après avoir lu ce chapitre, vous devriez être en mesure :

- d'expliquer le but des soins palliatifs ;

- de décrire les objectifs et les services d'un programme de soins palliatifs ;

- de décrire les signes physiques et psychologiques d'une personne en fin de vie ;

- d'expliquer les concepts de perte et de deuil ;

- d'appliquer la démarche de soins auprès de la personne mourante ;

- d'analyser les aspects culturels et spirituels associés aux soins de fin de vie ;

- de discuter les questions de nature éthique et juridique liées aux soins de fin de vie ;

- de reconnaître les besoins particuliers du proche aidant d'une personne en fin de vie ;

- de reconnaître les besoins des enfants en lien avec la maladie en phase avancée et la mort ;

- de reconnaître les besoins de l'infirmière chargée d'accompagner le mourant et sa famille.

■ ■ ■ **Concepts clés**

Cette carte conceptuelle illustre schématiquement les principaux concepts décrits dans le présent chapitre. Sa lecture vous permettra d'avoir une vue d'ensemble des notions qui y sont présentées.

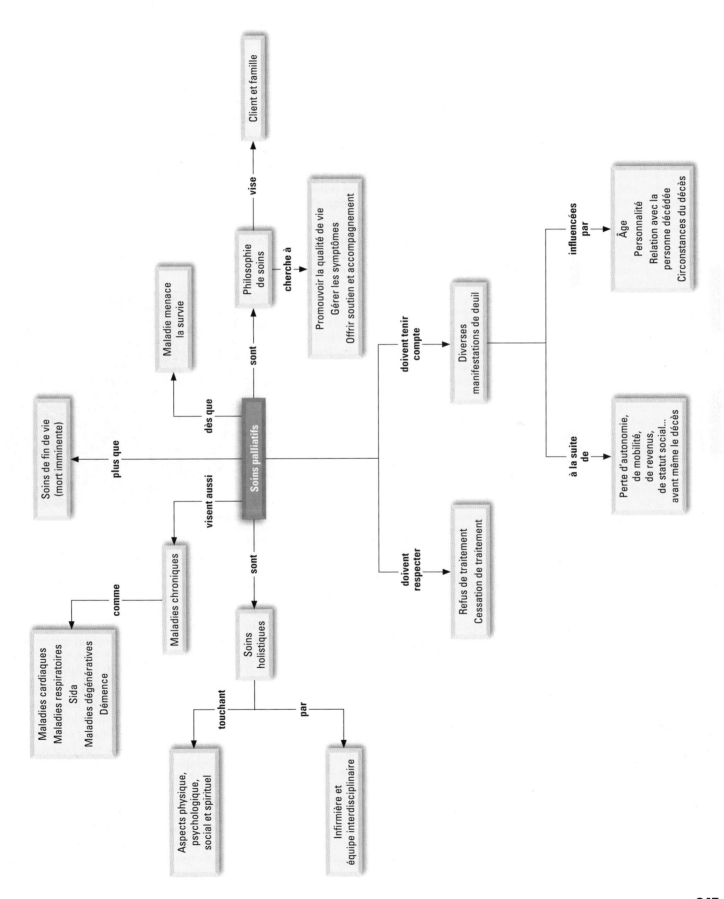

11

11.1 | Soins palliatifs

Les soins palliatifs ont pour objectif de soulager les symptômes accablant la personne qui souffre de maladie grave, plutôt que de tenter de freiner la progression de la maladie ou de viser la guérison. Selon l'Organisation mondiale de la santé (OMS), l'approche des soins palliatifs est axée sur l'amélioration de la qualité de vie d'une personne gravement malade et celle de ses proches en offrant une gestion de la douleur et des autres symptômes ainsi qu'un soutien spirituel et psychosocial à partir du diagnostic jusqu'à la fin de vie et même durant la période de deuil (OMS, 2010). Les objectifs propres aux soins palliatifs tels que présentés par l'OMS sont énumérés dans l'**ENCADRÉ 11.1**.

Selon l'Association canadienne de soins palliatifs (ACSP), les soins palliatifs sont prodigués dans le but de traiter les problèmes lorsqu'ils surviennent, de prévenir l'apparition de nouveaux problèmes, ainsi que d'aider la personne atteinte et les proches à :

- composer non seulement avec les problèmes physiques, psychologiques, sociaux, spirituels et pratiques associés à la maladie, mais également avec leurs espoirs, leurs besoins, leurs attentes et leurs craintes ;

- se préparer à accomplir les différentes tâches associées à la fin de vie et à affronter la mort ;

- promouvoir un sentiment d'accomplissement ainsi que des occasions d'enrichissement et de croissance aussi bien personnelle que spirituelle ;

- surmonter les pertes et la douleur pendant la maladie, mais aussi durant la période de deuil (Ferris *et al.*, 2002).

Les auteurs précisent que les soins palliatifs peuvent être offerts conjointement avec des traitements ou peuvent devenir « l'unique pôle des soins » (Ferris *et al.*, 2002). Même si, à l'origine, les soins palliatifs étaient destinés aux personnes en fin de vie, il est maintenant reconnu que le client et ses proches peuvent en bénéficier dès le moment d'un diagnostic de maladie potentiellement mortelle. Ces soins peuvent se poursuivre tout au long de la maladie jusqu'au décès de la personne atteinte. Pour la famille, ces soins incluent également le suivi des endeuillés après le décès (Carstairs, 2010). En effet, les soins palliatifs peuvent offrir des options pour gérer les symptômes physiques et offrir un soutien psychosocial et spirituel dans le but de faciliter l'adaptation à la maladie durant toute la trajectoire de soins **FIGURE 11.1**. Il y aurait toutefois une intensification des soins durant la fin de vie (Comité d'éthique du Réseau de soins palliatifs du Québec, 2010) **FIGURE 11.2**.

FIGURE 11.1

Les soins palliatifs ont notamment pour objectif de promouvoir la qualité de vie de la personne dans ses derniers moments.

Les définitions des termes soins de fin de vie et soins palliatifs ne font pas l'unanimité dans les écrits. Ces deux termes sont souvent interchangés, ce qui crée une certaine confusion tant chez les personnes atteintes et les familles que chez les professionnels de la santé (Doyle, Hawk, & Macdonald, cités dans Comité directeur de la Société canadienne du cancer, 2010). La nuance suivante peut aider à faire la distinction entre ces deux termes : « Les soins palliatifs ne mettent pas tant l'accent sur le fait de mourir que sur le fait de bien vivre jusqu'à la toute fin. » (Carstairs, 2010).

Historiquement, le développement du concept de soins palliatifs a été principalement associé aux soins prodigués aux clients en phase terminale de cancer. Entre 1997 et 2001, l'Institut national de santé publique du Québec estimait que la majorité des personnes bénéficiant de soins palliatifs

---

ENCADRÉ 11.1	Objectifs des soins palliatifs

- Soulager la douleur et les autres symptômes.
- Valoriser la vie et envisager la mort comme un processus normal.
- Éviter de hâter ou de retarder la mort.
- Intégrer les aspects psychologiques et spirituels aux soins.
- Offrir un soutien à la personne pour lui permettre d'avoir la meilleure vie possible jusqu'à sa mort.
- Offrir du soutien à la famille pour l'aider à composer avec la maladie et le deuil.
- Utiliser une approche d'équipe interdisciplinaire pour répondre aux besoins du client et de sa famille, incluant le suivi de deuil, si requis.
- Augmenter la qualité de vie et tenter d'influencer positivement le cours de la maladie.
- Permettre une intervention précoce dans la trajectoire de la maladie, conjointement avec des traitements qui ont pour but de prolonger la vie (p. ex., la chimiothérapie et la radiothérapie) ainsi qu'avec les investigations requises pour mieux comprendre et traiter les symptômes et les complications.

Source : Adapté de OMS (2010).

étaient atteintes de cancer (INSPQ, 2006). Au cours des dernières années, un mouvement a pris forme pour étendre cette approche à d'autres diagnostics, notamment aux maladies cardiaques et respiratoires, au sida, aux maladies dégénératives ainsi qu'aux maladies causant une atteinte cognitive. Selon le Conseil de la santé et du bien-être (2003), cela traduit un souci d'équité visant à offrir des soins de fin de vie à tous ceux qui en ont besoin, sans égard à l'âge de la personne et au diagnostic reçu. Malgré les progrès accomplis en ce sens, les soins palliatifs demeurent souvent associés au diagnostic de cancer (Carstairs, 2005), et les admissions dans les unités de soins palliatifs ou dans les maisons de soins palliatifs sont réservées majoritairement aux personnes atteintes de cancer.

Il est reconnu que la trajectoire du cancer et, dans certains cas, de la sclérose latérale amyotrophique (SLA), est plus prévisible que celle d'autres maladies.

D'autres maladies, notamment les affections cardiaques, les maladies pulmonaires et la démence sont moins prévisibles que le cancer. La prestation de ces soins relève donc du défi, car l'état d'une personne peut s'améliorer de façon marquée grâce au traitement d'une exacerbation de la maladie ou à celui d'une maladie aiguë qui s'ajoute à la maladie de base (Comité des normes en soins infirmiers de l'Association canadienne de soins palliatifs, 2009). La ligne ondulée de la **FIGURE 11.3** illustre ce phénomène.

Pour offrir des soins palliatifs, l'équipe soignante est composée de professionnels de la santé interdisciplinaires : médecin, infirmière, travailleur social, pharmacien, professionnel de la santé spécialisé, au besoin, et accompagnateur spirituel. La communication entre la personne, ses proches et l'équipe de soins palliatifs est vitale à l'efficacité des services. De nombreux établissements ont créé des équipes interdisciplinaires en soins palliatifs.

11.2 | Programme de soins palliatifs

Dans la pratique courante, les soins palliatifs englobent habituellement les soins prodigués dans le cadre d'une maladie préterminale et terminale. Un programme de soins palliatifs représente davantage une philosophie de soins caractérisée par la compassion, le souci de la personne et le soutien au mourant et à sa famille plutôt qu'un lieu de soins à proprement parler ou un moment précis dans la trajectoire de la maladie **FIGURE 11.4**. La philosophie des soins palliatifs s'inscrit dans une optique holistique des soins, c'est-à-dire que tous les aspects de la personne sont considérés : aspects physique, psychologique, social et spirituel. Les programmes de soins palliatifs visent à permettre

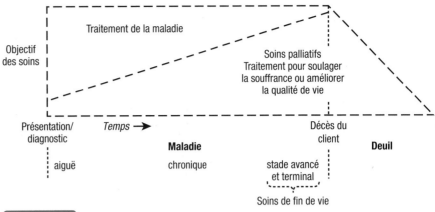

FIGURE 11.2

Rôle des soins palliatifs pendant la maladie

à la personne atteinte et à sa famille d'avoir davantage de maîtrise sur leur vie, de gérer plus efficacement la douleur et les autres symptômes et de fournir un soutien non seulement à la personne, mais également à sa famille (ACSP, 2010). Dans un contexte de soins palliatifs, la notion de bénéficiaire englobe donc non seulement le client, mais également sa famille (Carstairs, 2010). Ces soins ont pour but de soutenir la personne durant la phase avancée d'une maladie grave, pour l'aider à vivre ses derniers moments aussi dignement et confortablement que possible, et également de soutenir et d'accompagner la famille **FIGURE 11.5**.

Le concept moderne de soins palliatifs s'est développé au Royaume-Uni dans les années 1960. Il est attribué à la docteure Cicely Saunders. Au Québec, la première unité de soins palliatifs créée est celle de l'Hôpital Royal Victoria de Montréal en 1975. La première unité de soins palliatifs francophone a vu le jour à l'Hôpital Notre-Dame de Montréal en 1978 (Conseil de la santé et du bien-être, 2003). Depuis,

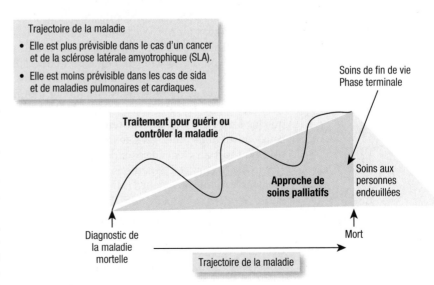

FIGURE 11.3

Modèle de soins de l'Association canadienne de soins palliatifs (ACSP)

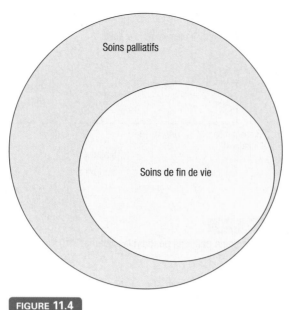

Relations entre les soins palliatifs et les soins de fin de vie

Les soins palliatifs sont empreints d'empathie, de compassion et visent à soutenir la personne en fin de vie ainsi que ses proches.

de nombreuses unités de soins palliatifs ont été mises sur pied, non seulement au Québec, mais également au Canada. Dans le but d'humaniser davantage le lieu de décès, des maisons de soins palliatifs ont vu le jour. Dans la province de Québec, mentionnons la Maison Michel-Sarrazin (Québec) et la Maison Victor-Gadbois (Saint-Mathieu-de-Belœil, en Montérégie).

Pour mieux cerner les besoins en soins palliatifs, il importe de connaître les causes de décès. Tant chez les Québécoises que chez les Québécois, les décès sont principalement attribuables au cancer (33,2 %), aux maladies du système circulatoire (26,5 %) et aux maladies du système respiratoire (8,8 %) (Institut de la statistique du Québec, 2007). Selon les taux d'incidence actuels, environ 40 % des Canadiennes et 45 % des Canadiens seront atteints d'un cancer au cours de leur vie. Les taux de mortalité actuels révèlent par ailleurs que 24 % des Canadiennes et 29 % des Canadiens mourront de cancer, soit environ 1 personne sur 4 (Comité directeur de la Société canadienne du cancer, 2009). Selon le même rapport, de tous les types de cancers, celui du poumon demeure le plus meurtrier, autant chez les hommes que les femmes. Le cancer du sein est la deuxième cause de mortalité chez les Canadiennes. Le cancer du côlon/rectum vient au second rang dans les causes de décès chez les Canadiens. Le même phénomène est observé au Québec (Ministère de la Santé et des Services sociaux [MSSS], 2006).

La Coalition pour des soins de fin de vie de qualité du Canada (CSFVQ) estime que seulement 25 % des Canadiens nécessitant des services de soins palliatifs et des soins de fin de vie ont accès à des soins appropriés (CSFVQ, 2007). Cela représente toutefois une amélioration comparativement aux données du rapport *Des soins de fin de vie de qualité : chaque*

Canadien et Canadienne y a droit publié en 2000. Selon ce document, seulement 5 % des Canadiens et des Canadiennes en phase terminale recevaient alors des soins palliatifs intégrés et interdisciplinaires (Sous-comité du Comité sénatorial permanent, 2000). Toutefois, un rapport récent du Sénat du Canada indique que 90 % des personnes en phase terminale pourraient bénéficier de soins palliatifs (Carstairs, 2010). Il reste donc encore beaucoup de travail à faire pour rendre ces soins accessibles.

Les soins palliatifs sont prodigués dans divers lieux : à domicile, dans des unités de soins aigus ou de soins palliatifs, dans des maisons de soins palliatifs et dans les centres hospitaliers de soins de longue durée (CHSLD). De plus en plus de Canadiens désirent mourir à domicile, mais près de 60 % de tous les décès au Canada, dont ceux attribuables au cancer, surviennent dans les hôpitaux (Comité directeur de la Société canadienne du cancer, 2010). Toujours selon cette source, la majorité des décès ont lieu dans des unités de soins chirurgicaux, médicaux, transitionnels ou intensifs plutôt que dans des lits dédiés aux soins palliatifs. Dans la province, même si une majorité de Québécois souhaite mourir à domicile, environ 87 % décèdent à l'hôpital (Heyland *et al.*, cités dans Conseil de la santé et du bien-être, 2003). Il semble toutefois que cette réalité ait commencé à changer. Dans une étude publiée en 2009, il y a une augmentation des décès à domicile au Canada : en 2004, 1 personne sur 4 mourait à la maison alors que ce ratio était de 1 personne sur 5 en 1994 (Wilson *et al.*, 2009).

Le souhait qu'exprime la personne en fin de vie de mourir à domicile est souvent lié à la croyance qu'une belle mort est davantage possible à domicile que dans tout autre lieu. Au Québec, les centres de santé et de services sociaux (CSSS) ont pour mandat d'assumer les soins à domicile. Dans la région de Montréal, des organismes tels que la Société des soins palliatifs à domicile du Grand Montréal (antérieurement Association d'Entraide Ville-Marie) et NOVA (antérieurement VON – Victorian Order of

Nurses) contribuent à répondre à la demande en soins palliatifs à domicile (MSSS, 2004). La fréquence des visites des infirmières et des autres membres de l'équipe interdisciplinaire est généralement déterminée selon l'état de santé de la personne. Le cadre des soins palliatifs à domicile revêt un caractère désinstitutionnalisé pour permettre au client de profiter du calme et du confort de son foyer aussi longtemps que possible **FIGURE 11.6**.

Une équipe interdisciplinaire coordonnée procure un service de soins palliatifs dans une perspective holistique. Dans cette optique de synergie, l'infirmière joue un rôle particulièrement important au sein des équipes de soins palliatifs à domicile (ACSP, 2006b).

L'infirmière assure généralement le principal contact professionnel et le lien entre le client et sa famille et les autres membres de l'équipe interdisciplinaire ; elle surveille l'état de santé du client, elle évalue la situation, dispense des soins infirmiers en conséquence ; souvent, elle gère et coordonne d'autres soins (notamment les soins personnels). Elle est également responsable de l'enseignement offert au client et à sa famille (ACSP, 2006b). L'infirmière travaille en collaboration avec des médecins, des pharmaciens, des diététistes, des ergothérapeutes, des physiothérapeutes, des travailleurs sociaux, des infirmières auxiliaires et des préposés aux bénéficiaires, des aumôniers, des membres d'autres ordres religieux, des accompagnateurs spirituels ainsi qu'avec des bénévoles, dans le but de « promouvoir la qualité de vie et de la mort » (ACSP, 2006b). Sa formation lui permet de gérer la douleur et les symptômes. Son intervention exige d'elle de grandes aptitudes pour enseigner, de même que de la compassion, de la souplesse et un sens aigu de l'adaptation pour répondre aux besoins de la personne atteinte et de ses proches.

La décision de recourir aux soins palliatifs est délicate pour plusieurs raisons. Il n'est pas rare que les clients, les familles et les médecins soient réticents à accepter l'implication de l'équipe de soins palliatifs. Comme ces soins sont la plupart du temps associés à la phase terminale imminente, les mots soins palliatifs ont donc souvent une connotation négative, non seulement pour la personne atteinte et sa famille, mais également pour certains professionnels de la santé, qui résistent à y diriger leurs clients ; ils interprètent alors le déclin de la personne comme un échec professionnel. Pour d'autres clients ou soignants, il s'agit d'une capitulation impossible. Cela expliquerait en partie que des clients soient dirigés de façon très tardive vers l'équipe de soins palliatifs.

11.3 | Décès

Le décès découle d'une cessation irréversible des fonctions cardiovasculaire, respiratoire et cérébrale. Les critères de la mort qui guident le monde médical et juridique au Canada sont les suivants :

- une personne décède au moment où elle subit une cessation irréversible de l'ensemble de ses fonctions cérébrales ;

- la cessation irréversible des fonctions cérébrales peut être constatée par l'absence prolongée des fonctions circulatoire et respiratoire spontanées ;

- lorsque l'utilisation de mécanismes de soutien rend impossible la constatation de l'absence prolongée des fonctions circulatoire et respiratoire spontanées, la cessation irréversible des fonctions cérébrales peut être constatée par tout moyen reconnu par les normes de la pratique médicale courante (Association québécoise d'établissements de santé et de services sociaux, 2006).

Le **décès neurologique**, communément appelé **mort cérébrale**, se traduit par la « perte de conscience irréversible associée à la perte totale des fonctions du tronc cérébral, y compris la capacité de respirer. La mort cérébrale équivaut à la mort de la personne, même si le cœur continue de battre et que les fonctions de la moelle épinière peuvent persister » (Shemie *et al.*, 2006). Le décès neurologique implique qu'il y a interruption de la circulation sanguine dans le cerveau, ce qui entraîne la mort complète de celui-ci (Québec-Transplant, 2006). Le diagnostic de mort cérébrale peut être posé chez une personne dont les fonctions circulatoire et respiratoire sont maintenues temporairement (Irwin & Rippe, 2008). La mort cérébrale signifie que le cortex a cessé de fonctionner ou que

Certains soins de fin de vie sont dispensés hors des établissements avec l'intention de créer une atmosphère aussi familiale et détendue que possible.

sa destruction s'est amorcée. Le cortex cérébral est le siège des mouvements et de l'activité volontaires, de même que de la fonction cognitive.

Les avancées technologiques permettant de maintenir les fonctions vitales ont provoqué des controverses quant à la définition de la mort. Faut-il se demander si la mort cérébrale survient lorsque le cerveau entier (cortex et tronc cérébral) cesse ses activités ou si la cessation des activités corticales suffit au diagnostic? Selon un document produit par Québec-Transplant (2006), les critères de décès neurologique sont les suivants : 1) une maladie neurologique irréversible ; 2) l'absence de facteurs confondants (intoxication médicamenteuse grave, anomalies métaboliques graves, agent de blocage neuromusculaire et hyperthermie) ; 3) l'absence d'activité cérébrale ; 4) l'absence d'activité du tronc cérébral ; 5) l'absence de réflexe à la douleur ; et 6) l'absence de réflexe respiratoire. La déclaration d'un décès neurologique doit être établie par un médecin ayant les connaissances et les compétences nécessaires pour poser le diagnostic de décès neurologique (Shemie *et al.*, 2006). Ce diagnostic devient particulièrement important lorsque le don d'organes est envisagé. Dans ce contexte, deux examens cliniques réalisés par deux médecins indépendants sont requis pour déterminer le décès neurologique (Québec-Transplant, 2006).

À l'heure actuelle, des normes juridiques et des normes de pratique médicale prévoient que toutes les fonctions cérébrales doivent avoir cessé pour que le constat de mort soit prononcé et que le médecin puisse débrancher le système de maintien des fonctions vitales. Au Québec, seul un médecin peut constater un décès.

11.4 | Soins de fin de vie

Les soins de fin de vie font habituellement référence à la phase terminale d'une maladie, lorsque la mort de la personne est imminente. La durée de la période qui précède cette phase terminale varie grandement, selon la nature du diagnostic et la progression de la maladie ; il peut s'agir de quelques heures, de quelques semaines, possiblement de quelques mois.

Les soins palliatifs prodigués dans un contexte de fin de vie visent la phase préterminale et la phase terminale de la maladie. Selon la *Politique en soins palliatifs de fin de vie* émise par le MSSS, la **phase préterminale** correspond à la période durant laquelle « la maladie évolue lentement alors que les traitements curatifs ont pour la plupart déjà été abandonnés » (MSSS, 2004). La **phase terminale**, pour sa part, est associée à une « condition clinique souvent instable qui provoque une perte accélérée d'autonomie » (MSSS, 2004).

Il arrive que le personnel soignant puisse affirmer que la personne a atteint cette période de fin de vie, mais dans d'autres cas, il est impossible de dire si la mort est imminente ou non. Cette incertitude pose alors une difficulté quant à la communication des faits au client et à la famille.

Les soins de fin de vie se rapportent aux soins qui entourent le mourir et la mort de même que les services qui permettent de s'y préparer. Ils s'intéressent principalement aux besoins physiques et psychosociaux de la personne et de sa famille. L'objectif est de soutenir le mourant 1) en lui assurant un confort et des soins de soutien, 2) en améliorant sa qualité de vie durant les derniers moments, 3) en lui permettant de mourir dans la dignité et 4) en offrant à sa famille un soutien psychologique.

11.4.1 Manifestations physiques de fin de vie

À l'approche de la mort, le métabolisme ralentit, et les fonctions biologiques se détériorent jusqu'à cesser. Habituellement, l'arrêt respiratoire est constaté, puis le cœur cesse de battre quelques minutes plus tard. Un trauma ou une maladie peuvent influer sur la nature des signes physiques à la fin de la vie. Les manifestations physiques d'une mort imminente sont énumérées au **TABLEAU 11.1**. Elles peuvent être une source de grande anxiété si elles ne sont pas expliquées et comprises par la famille (Emanuel, Ferris, Von Gunten, & Von Roenn, 2010).

TABLEAU 11.1	Manifestations physiques de mort imminente
SYSTÈME OU ÉTAT	**MANIFESTATIONS**
Système tégumentaire	• Apparition de marbrures sur la peau des pieds et des jambes ainsi que sur les mains et les bras • Peau moite et froide • Apparence cyanosée (bleutée) du nez, des lèvres et des ongles (mains et orteils) • Apparence cireuse du visage • Teint grisâtre • Diminution ou disparition de l'œdème (enflure) si présent

TABLEAU 11.1	Manifestations physiques de mort imminente *(suite)*

SYSTÈME OU ÉTAT	MANIFESTATIONS
Système respiratoire	• Respiration superficielle • Respiration rapide ou lente • Respiration irrégulière • Respiration de Cheyne-Stokes (périodes d'apnée entrecoupées de respirations rapides de grande amplitude) • Incapacité à tousser et à éliminer les sécrétions, de sorte que la respiration s'accompagne de gargouillis (encombrement causé par les sécrétions bronchiques appelé râle terminal). Phénomène qui n'incommode pas la personne.
Système génito-urinaire	• Diminution progressive de la quantité d'urine (oligurie) • Urine très foncée • Incapacité à uriner (anurie) • Incontinence urinaire • Possible évacuation de la vessie quelques instants avant la mort ou immédiatement après
Système gastro-intestinal	• Quelques heures à quelques jours sans manger ou boire • Perte de la maîtrise sphinctérienne et possibilité d'incontinence fécale • Possible évacuation des selles quelques instants avant la mort ou immédiatement après
Système locomoteur	• Très grande faiblesse • Affaissement de la mâchoire (bouche demeure entrouverte) • Yeux mi-ouverts avec regard vitreux et fixe • Perte de réflexe cornéen (clignement des paupières si cornée touchée) • Difficulté d'élocution • Difficulté de déglutition • Assistance nécessaire pour changer de position dans le lit
Système cardiovasculaire	• Pouls faible et difficile à prendre • Pouls irrégulier • Pouls rapide • Diminution de la pression artérielle (P.A.)
Système nerveux	• État de sommeil profond (coma ou semi-coma) • Agitation possible
Regain d'énergie soudain	• Cette manifestation peut survenir même après quelques jours de coma ou de semi-coma. • La personne peut demander à manger. • La personne peut demander à se lever. • La personne communique avec son entourage. • Cette période est de durée variable. • La mort survient habituellement rapidement suivant le regain d'énergie. • Cette manifestation représente souvent une très grande source d'espoir pour la famille.

Sources complémentaires : Adapté de Berry & Griffie (2006) ; Mainville (2005).

La respiration de Cheyne-Stokes peut-être entendue au www.cheneliere.ca/lewis.

Modification des perceptions sensorielles

Avec le ralentissement de la circulation sanguine et de l'oxygénation cérébrale, les messages sensoriels ne sont plus décodés de la même manière. Les clients sont de plus en plus somnolents jusqu'à devenir comateux. Toutefois, il est reconnu que leur conscience est probablement plus grande que leur habileté à communiquer (Emanuel *et al.*, 2010). Par conséquent, il est prudent de supposer que la personne inconsciente peut quand même entendre, et il faut le rappeler à la famille et encourager ses membres à parler à la personne mourante même si elle est inconsciente. Considérant que le toucher peut faire partie intégrante de la communication, les proches peuvent être incités à lui démontrer de l'affection (Emanuel *et al.*, 2010).

Modifications circulatoires et respiratoires

Lorsque la circulation et l'oxygénation diminuent et que cela provoque des changements métaboliques, la fréquence cardiaque (F.C.) ralentit, et la P.A. chute progressivement. La respiration peut devenir rapide ou lente, irrégulière, elle peut également s'accompagner de bruits et de gargouillis audibles. La respiration accompagnée de bruits humides est appelée **râle terminal**; elle s'explique par la présence de sécrétions dans les voies respiratoires et par le fait que le mourant respire par la bouche. Ces râles terminaux constituent souvent une source de grand désarroi pour la famille. Il est important de leur mentionner que la personne n'est pas en détresse et qu'elle n'a pas la sensation de suffoquer (Emanuel *et al.*, 2010). La respiration de Cheyne-Stokes, pour sa part, se caractérise par des périodes d'apnée entrecoupées de respirations rapides dont l'amplitude est d'abord superficielle puis devient graduellement profonde. L'amplitude décroît par la suite, et il y a arrêt de la respiration avant le recommencement du processus . Généralement, ce rythme respiratoire précède la mort de peu. L'évaluation de la respiration est donc très importante dans un contexte de fin de vie. Ce paramètre donne davantage d'information que la prise de la P.A. ou de la température corporelle.

La circulation sanguine diminue, et la coloration de la peau en témoigne. Elle prend un aspect cireux, grisâtre. L'extrémité des membres pâlit, et la peau prend une coloration marbrée ou cyanosée (bleutée). La peau est froide au toucher, d'abord aux extrémités (jambes et bras) et, finalement, sur le torse. Si la peau semble chaude, cela peut découler du processus pathologique de la maladie.

Perte de tonicité

Quand la mort est imminente, un affaiblissement marqué qui limite les capacités fonctionnelles est observé. Les muscles faciaux perdent du tonus, et la mâchoire s'affaisse. La coordination musculaire s'amenuise et entraîne des problèmes d'élocution chez la personne, qui éprouve également de la difficulté à déglutir. Le **réflexe pharyngé** finit par disparaître. La motilité gastro-intestinale diminue, ce qui provoque de la constipation, de la rétention de gaz, de la distension et de la nausée. Les fonctions rénales – production et excrétion d'urine – se détériorent. Cela entraîne une diminution de la production d'urine (oligurie). Dans les heures qui précèdent la mort, cette production cesse complètement (anurie). La perte de la maîtrise sphinctérienne peut mener à l'incontinence urinaire et fécale.

11.4.2 Manifestations psychosociales de fin de vie

Une gamme de sentiments et d'émotions peut habiter le mourant et sa famille. L'**ENCADRÉ 11.2** présente une série de manifestations psychosociales prévisibles. L'acceptation d'un diagnostic de maladie incurable et terminale est difficile autant pour le client que pour sa famille. Cette dernière se sent souvent dépassée, atterrée et impuissante. Le cheminement de chaque personne se fait à un rythme différent, qu'il importe de respecter. La réaction de la famille dépend en partie du type et de la durée de la maladie ainsi que de ses liens avec la personne. Il faut également respecter les besoins et les désirs du client, lui accorder le temps de réfléchir à sa situation et d'exprimer ses sentiments. Chez le client en fin de vie, les réponses aux questions que pose l'infirmière pourraient se faire plus lentes en raison d'un état d'épuisement, d'affaiblissement et de confusion.

Jugement clinique

Capsule

Monsieur Julius Petit-Frère, d'origine haïtienne, est âgé de 88 ans et est en fin de vie; il souffre de la maladie de Parkinson. À votre dernière visite au client, vous avez noté que celui-ci avait une respiration de grande amplitude à 4 R/min entrecoupée de périodes d'apnée de 10 secondes et plus. Visiblement, sa mort est imminente.

Citez trois régions où il sera le plus approprié de vérifier la présence de cyanose chez ce client.

ENCADRÉ 11.2   Manifestations psychosociales possibles de mort imminente

- Altération de la capacité à prendre des décisions
- Angoisse quant aux affaires inachevées
- Perte de socialisation
- Peur de la solitude
- Peur de n'avoir pas eu une vie signifiante
- Peur de la douleur
- Impuissance
- Désir de dresser un bilan de vie
- Sérénité
- Inquiétude et agitation
- Désir de faire ses adieux
- Communication inhabituelle
- Visions et hallucinations
- Détachement

11.4.3 Perte et deuil

La maladie entraîne de nombreuses pertes, autant pour le client que pour sa famille, et cela, avant même le décès. Les pertes vécues incluent notamment celle de la mobilité, de l'autonomie, de revenu, de statut social, etc. Toutes ces pertes, qu'elles soient reconnues ou non, entraînent un deuil qui n'est pas vécu uniquement au décès. Le deuil est présent durant la maladie, autant pour la personne que pour sa famille. Le même terme est utilisé pour décrire un état et un processus qui suit le décès d'une personne aimée. La durée du deuil est liée à un certain nombre de facteurs, comme le degré d'attachement à la personne décédée et la durée de la période de préparation à son décès.

Le deuil est une réaction normale pour quelqu'un qui subit une perte et qui doit s'adapter au changement. Il s'agit d'un état dynamique qui entraîne des réactions psychologiques et physiologiques. La réaction psychologique peut s'exprimer par la colère, la culpabilité, l'anxiété, la tristesse, la dépression et le désespoir. Sur le plan physiologique, les réactions sont également variables et peuvent comprendre de l'insomnie, l'altération des habitudes alimentaires, des malaises et des troubles de santé.

Le deuil est l'un des états émotionnels les plus profonds que puisse vivre une personne; il peut influer sur toutes les facettes de sa vie, ce qui en fait une expérience intense et complexe. Kübler-Ross (1969), Martocchio (1985) et Rando (1993) ont divisé le deuil en différentes étapes présentées au **TABLEAU 11.2**.

Plusieurs facteurs entrent en jeu dans la manière dont un membre de la famille vit son deuil. Selon Saint-Pierre & Régnier (2009), quatre sphères d'influence déterminent la façon dont le deuil est vécu: la personnalité de l'endeuillé, la relation qui le liait au défunt, les circonstances du décès et les facteurs subséquents **FIGURE 11.7**.

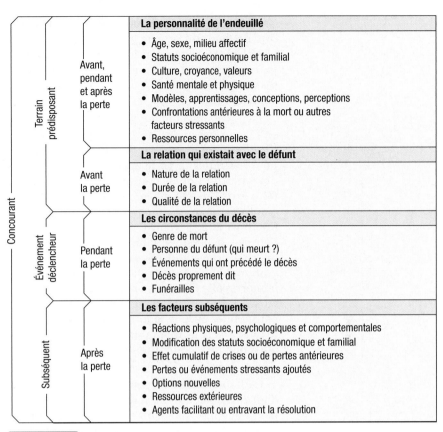

FIGURE 11.7

Facteurs déterminants du deuil

Chez les membres de la famille d'une personne atteinte de maladie chronique, l'expérience du deuil commence souvent bien avant le moment du décès. Dans ce cas, il est question de **deuil anticipé**. Cette forme de deuil implique une préparation et une adaptation progressive à la future réalité (celle du décès). Le processus de deuil est donc amorcé, mais il ne pourra être complété qu'après le décès (Saint-Pierre & Régnier, 2009). L'acceptation de la perte potentielle est généralement favorable au processus du deuil (Metzger &

RAPPELEZ-VOUS...

Une personne peut vivre un deuil normal, un deuil compliqué, anticipé ou marginal.

TABLEAU 11.2	Étapes comparées du deuil	
KÜBLER-ROSS (1969)	**MARTOCCHIO (1985)**	**RANDO (1993)**
Déni	État de choc et incrédulité	Repli
Colère/marchandage	Tristesse et protestation	Confrontation
Dépression	Anxiété, déroute et désespoir	
	Identification à d'autres personnes dans le deuil	
Acceptation	Réorganisation et rétablissement	Adaptation

Gray, 2008). D'autres facteurs influencent la réaction de deuil du proche, dont son état de santé physique et mentale, son statut socioéconomique, ses croyances culturelles, ses convictions religieuses ou spirituelles et le temps alloué pour se préparer à la mort.

Le travail de deuil (ou résolution de deuil) est en fait un processus décrit comme une « tâche psychologique que l'endeuillé doit effectuer pour assimiler la perte ainsi que parvenir à se détacher de l'objet d'attachement perdu et à réinvestir son énergie mentale et affective dans d'autres sources d'attachement » (Saint-Pierre & Régnier, 2009) Cela demande du temps, de l'énergie et de la volonté. Un processus normal de résolution peut nécessiter quelques mois, voire quelques années. Il peut s'amorcer avant la mort réelle et a pour objectif de faire le point sur des émotions, de réfléchir aux relations entretenues avec le mourant ou le défunt, d'exprimer ses sentiments de perte et sa tristesse ainsi que de reconnaître l'importance de ce qui a été partagé.

Certaines difficultés peuvent survenir au cours d'un deuil. Saint-Pierre et Régnier (2009) mentionnent notamment le **deuil différé**, le **deuil inhibé** et le **deuil chronique**. Le deuil différé se caractérise par le fait que l'endeuillé reconnaît qu'il a un deuil à vivre, mais la résolution est remise à plus tard parce que son énergie et son temps sont requis au moment du décès pour faire face à d'autres obligations incontournables (p. ex., des engagements personnels ou professionnels importants, le règlement de la succession). Cette forme de deuil implique un choix délibéré selon un ordre de priorité établi par l'endeuillé. Toujours selon

ces auteurs, ce n'est donc pas un refus ou un déni de la situation.

Le deuil inhibé, pour sa part, se caractérise par un refoulement, une sorte de refus inconscient de la souffrance qui accompagne le travail du deuil. Les manifestations normales du deuil sont masquées par différents symptômes physiques ou par des comportements divers. Il est reconnu qu'un deuil inhibé peut ressurgir sous différentes formes : apparition d'un symptôme, d'un malaise répétitif ou d'une maladie ou encore réactivation de la douleur liée au deuil antérieur dans le cas d'une crise majeure ou d'une épreuve (Saint-Pierre & Régnier, 2009).

Le deuil chronique se caractérise par le fait qu'il ne parvient pas à une résolution. Il « traîne en longueur et encombre la vie du survivant d'un chagrin qui ne s'estompe jamais tout à fait, de regrets et d'attachements quelquefois démesurés au passé, aux souvenirs, aux rites ou aux objets ayant appartenu au défunt » (Saint-Pierre & Régnier, 2009). Certaines cultures encouragent cette forme de deuil : les endeuillés sont « condamnés » à mener une existence sous le signe du deuil, car toute forme d'émancipation est interdite (Saint-Pierre & Régnier, 2009). L'**ENCADRÉ 11.3** énumère différents indices d'un deuil compliqué. Il est maintenant reconnu que les endeuillés présentent davantage de risques sur le plan de leur santé physique et mentale ainsi que de leurs comportements (augmentation du risque d'accident et de suicide) durant la première année de deuil (Cornille, Foriat, Hanus, & Séjourné, 2006). Ces mêmes auteurs précisent toutefois que les complications surviennent généralement chez les personnes qui étaient déjà plus fragiles avant le décès.

ENCADRÉ 11.3	Indices d'un deuil compliqué

- Fortes réactions en parlant du défunt
- Absence prolongée de réactions, indifférence et engourdissement émotif persistants
- Réactions intenses de deuil lors d'un événement mineur, d'une perte ou d'une séparation
- Hyperactivité afin d'éviter les idées ou les sentiments réprimés
- Incapacité de se départir des biens du défunt
- Idéalisation excessive du défunt
- Présence de symptômes analogues à ceux du défunt
- Obsession du défunt
- Craintes extrêmes liées à la cause du décès du défunt (maladie, voiture, route particulière, etc.) ou à des endroits associés à sa mort (hôpital, salon mortuaire, etc.)

- Apparition de troubles physiques
- Anxiété élevée quant à sa propre mort ou à celle des autres
- Changements radicaux : amis, activités, personnalité
- Dépression, colère ou euphorie constantes
- Incapacité d'éprouver des états émotifs propres au deuil
- Incapacité de parler du défunt et des émotions liées à la perte
- Isolement extrême et peur de l'intimité avec autrui
- Idées suicidaires persistantes
- Toxicomanie et dépendances diverses
- Troubles persistants du sommeil
- Hypersensibilité aux expériences de perte et de séparation

Source : Adapté de Jacques (1998).

Le suivi et le soutien des personnes en deuil constituent un volet important des soins palliatifs. Un programme de suivi de deuil vise à aider les membres de la famille à réaménager leur vie en l'absence du défunt ; ce travail devrait être intégré au plan de soins et de traitements infirmiers (PSTI) auprès des membres de la famille pendant la phase terminale de la maladie, en plus de se poursuivre au décès de la personne.

Une personne mourante vit également des deuils. Il importe de la soutenir et de l'accompagner dans les deuils présents et à venir. La personne devrait pouvoir exprimer librement sa colère, son angoisse, son désespoir ou sa culpabilité. Le mourant et sa famille doivent savoir que ces diverses réactions sont normales. Il faut aussi respecter le désir d'intimité du mourant ou encore son besoin de parler (ou de se taire), car l'honnêteté de son attitude et de ses réponses est essentielle au processus de deuil.

11.4.4 Besoins spirituels

Lorsqu'il s'agit de soins de fin de vie, l'évaluation des besoins spirituels de la personne représente une démarche cruciale **ENCADRÉ 11.4**. Les besoins spirituels ne font pas nécessairement allusion à la religion. Une personne peut être athée et avoir une vie spirituelle très riche. Il arrive fréquemment que les personnes en fin de vie se questionnent sur l'idée d'une force supérieure, sur le sens de leur passage sur Terre, sur les principes religieux et sur la vie après la mort **FIGURE 11.8**. Certaines personnes choisissent la voie spirituelle, d'autres non, et la liberté de chacun doit être respectée. L'infirmière prend en note les préférences de la personne et de sa famille relativement aux consultations spirituelles ou au service de pastorale souhaités, et elle les oriente vers les personnes-ressources appropriées.

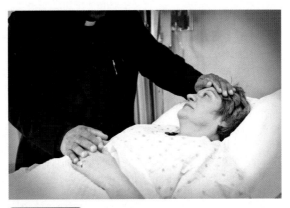

FIGURE 11.8

Les besoins spirituels revêtent une grande importance dans le cadre des soins de fin de vie.

Une personne qui reçoit un diagnostic de maladie terminale peut voir ses croyances spirituelles profondes remuées. La détresse spirituelle peut alors se manifester (Ruder, 2008). Parfois, la personne manifeste sa colère contre Dieu ou contre un être suprême, elle vit des sautes d'humeur et des changements de comportement, cherche un guide, se révolte contre des membres religieux ou encore fait preuve d'un humour cynique (Ruder, 2008).

Il existe des corrélations positives entre le sentiment de paix, de confort et de sérénité et le bien-être spirituel (Kruse, Ruder, & Martin, 2007). Certains mourants ont foi dans ce qui les attend. Il est également fréquent de voir des personnes sortir du matérialisme et s'intéresser aux valeurs spirituelles qui permettent d'entrevoir un au-delà. Beaucoup se tournent vers la religion parce que la foi donne, à leurs yeux, un sens à la vie, justifie le déclin physique, les pertes affectives, la souffrance et la mort. La quête existentielle prend ainsi une signification, procure la sérénité et le sentiment de faire partie d'un « Grand Tout » (Edmondson, Park, & Blank, 2008).

ENCADRÉ 11.4	Évaluation spirituelle

Pour évaluer la spiritualité de la personne, l'infirmière peut lui poser les questions suivantes :

- Quelles sont vos sources de force et d'espoir ?
- Priez-vous ?
- De quelle manière exprimez-vous votre spiritualité ?
- Comment décririez-vous votre philosophie de vie ?
- Quel soutien spirituel ou religieux désirez-vous obtenir ?
- Comment se nomme votre clergé, votre prêtre, votre aumônier, votre pasteur, votre rabbin ?
- Que représente la souffrance à vos yeux ?

- Que représente la mort à vos yeux ?
- Quels sont vos objectifs spirituels ?
- Quelle place Dieu tient-il dans votre vie ?
- En quoi votre foi vous aide-t-elle à vivre avec votre maladie ?
- Qu'est-ce qui vous donne la force de continuer ?
- Qu'est-ce qui vous aide à passer à travers cette expérience ?
- Quelle influence votre maladie a-t-elle sur votre vie et celle de vos proches ?

Source : Adapté avec la permission de © The Joint Commission.

L'encadré 11.1W, présenté au www.cheneliere.ca/lewis, expose différentes traditions culturelles relatives à la famille et à la fin de vie.

L'infirmière doit prendre en considération la culture et l'origine ethnique de la personne et de sa famille tout au long de la démarche de soins de fin de vie. La culture, qui se transmet de génération en génération, réfère aux croyances, aux valeurs, aux connaissances, aux règles, aux symboles, à la vision du monde et aux autres facteurs qui guident les comportements d'un groupe de personnes. Elle influence les actions et les pensées (Racher & Annis, 2007). Ces auteurs précisent par ailleurs que l'origine ethnique réfère à un groupe de personnes qui partagent des caractéristiques physiques et un héritage culturel et social commun qui se transmet également de génération en génération. Les croyances culturelles influent sur la manière dont une personne conçoit la mort, la maladie et sur sa réaction à l'égard de la perte. Le volet ethnique – plus que le niveau d'éducation, la classe sociale ou les autres marqueurs d'identité sociale – est la variable clé dans les attitudes relativement à la fin de vie (Turner, 2002). Dans certains groupes culturels, religieux ou ethniques, la mort est un moment qui se vit dans la plus grande intimité avec les êtres chers. Il arrive souvent que les sentiments soient refoulés et intériorisés. Les gens qui croient qu'il faut endurer les revers de la vie et se montrer fort risquent de ne pas exprimer ce qu'ils ressentent devant une perte tragique. Dans certains autres groupes culturels, les émotions et les sentiments sont facilement extériorisés. L'expression du sentiment de perte est alors non seulement acceptée, mais également encouragée (Johnson, Kuchibhatla, & Tulsky, 2008). De plus, les croyances concernant la notion de vérité, de prise de décision, d'autonomie et de consentement éclairé varient de façon marquée d'un groupe ethnique à l'autre. Dans plusieurs cultures, les soins empreints de compassion n'incluent pas les discussions avec le client concernant les soins, la cessation ou l'abstention de traitement (Turner, 2002).

Jugement clinique

Capsule

Monsieur Laurent Bilodeau a été opéré pour une tumeur maligne à l'estomac. Il est âgé de 60 ans et demeure avec son épouse dans la maison où ils ont élevé leurs cinq enfants. Monsieur Bilodeau présente de l'ascite au point où il a de la difficulté à marcher. Il n'est pas au courant qu'il a un cancer, croyant que le chirurgien a enlevé une partie de l'estomac seulement. Il dit à son fils aîné : « J'ai peut-être un cancer, et personne ne veut me le dire. »

En tant qu'infirmière, diriez-vous la vérité à monsieur Bilodeau ?

Selon Foucault (2008), il est important de ne pas généraliser les croyances à partir de la culture ou de l'origine ethnique, car il existe un écart souvent aussi important entre les individus d'un même groupe qu'il y en a entre les différentes cultures. Cet auteur souligne qu'il est fréquent d'observer, au sein de familles immigrantes, un écart culturel important entre les premiers arrivants et les générations qui sont nées et ont grandi dans le pays d'accueil.

La rencontre de visions différentes en raison de diverses pratiques culturelles et religieuses peut conduire à des confrontations, à des incompréhensions ou à des questionnements éthiques. En effet, au nom de valeurs religieuses ou culturelles, par exemple, un client peut refuser que soit soulagée sa douleur ou une famille peut demander ce qui est considéré comme de l'acharnement thérapeutique, d'où l'importance d'instaurer une bonne communication qui permettra d'établir un climat de confiance facilitant les échanges et la compréhension mutuelle (Bouthillier, Petit, & Roigt, 2008). L'infirmière doit reconnaître l'unicité de chaque personne (Foucault, 2008) 🌐.

Si les soins palliatifs prodigués en établissement ou à domicile sont conçus pour servir la population, certains groupes culturels ou ethniques minoritaires hésitent à utiliser ces ressources (Chan, Macdonald, & Cohen, 2009). Les personnes appartenant à certaines cultures, considérées comme très solidaires, préfèrent s'occuper personnellement de leurs proches. Pour ces groupes, la décision de confier un membre de la famille à un établissement ou à une équipe de soins à domicile est souvent synonyme de capitulation ou de soins palliatifs de qualité inférieure. L'infirmière doit aborder la question avec le client et sa famille de manière franche et ouverte au moment de présenter la philosophie et les services des organismes spécialisés en soins palliatifs. Il demeure néanmoins que certaines personnes de diverses cultures ne se prévaudront pas des services professionnels, faute de pouvoir compter sur des travailleurs de la même origine ethnique qu'elles (Fishman, O'Dwyer, Lu, Henderson, Asch, & Casarett, 2009).

La culture et l'origine ethnique influent sur les décisions relatives au maintien des fonctions vitales et à l'interruption de traitement de survie (Payne & Thornlow, 2008). Pour certaines cultures, il peut s'avérer judicieux de présenter le diagnostic de phase terminale d'abord à la famille qui, elle, décide de révéler ou non à la personne l'état de sa situation. Dans ces cultures, les membres de la famille se perçoivent comme étant responsables de protéger la personne des renseignements qui pourraient la troubler ou la bouleverser (Turner, 2002). La qualité des soins infirmiers transculturels repose sur la pleine participation de la personne (dans la mesure où elle veut et peut être impliquée) et de la famille.

Il existe un risque bien réel pour les familles de langues étrangères de recevoir moins d'information utile concernant la maladie terminale de la personne et son évolution (Thornton, Pham, Engelberg, Jackson, & Curtis, 2009). L'expression des symptômes, telle la douleur, peut également varier d'une culture à l'autre. Cela peut entraîner une gestion non optimale de la douleur. La question de la langue a donc beaucoup d'importance quand il s'agit de soins de fin de vie. Offrir des soins de qualité adaptés à la culture requiert de la part de l'infirmière une attention particulière au non verbal : les grimaces, la posture, la diminution des mouvements ou les gestes visant à se protéger sont autant de signes à surveiller chez la personne malade.

Les croyances et les valeurs culturelles en lien avec la mort varient énormément. Il importe de procéder à une collecte de données pour bien évaluer les croyances et les préférences de la personne mourante et éviter le piège des stéréotypes culturels **ENCADRÉ 11.4**. Cette collecte peut orienter les soins. L'évaluation initiale sert à établir un plan de soins et de traitements infirmiers (PSTI) et à en mesurer l'efficacité ; elle peut également s'avérer utile au moment de recommander ou de prévoir le suivi de deuil de la famille. Simultanément, il faut prendre les dispositions nécessaires pour faciliter la communication et tenir compte des besoins et des croyances culturelles du client et de sa famille **ENCADRÉ 11.5**. Si nécessaire, l'équipe de soins peut recourir aux services d'un interprète ; celui-ci pourra préciser les désirs de la personne mourante et de sa famille et aider le personnel soignant à mieux comprendre les enjeux culturels associés à la situation ▶ **2**.

2

Les soins infirmiers transculturels sont traités plus en détail dans le chapitre 2, *Compétences culturelles et inégalités en santé.*

1. Quel est le lieu de naissance du client? S'il a immigré au Québec, depuis combien de temps? Quelles sont ses personnes de référence: famille, amis, regroupement culturel?

2. Quelle est son appartenance ethnique? Quelle est sa langue maternelle (dialecte)? A-t-il une langue seconde, parlée/écrite?
   - La présence d'un interprète est-elle requise? Si oui, faut-il privilégier un interprète de sexe masculin ou féminin?
   - Quelles sont ses habitudes alimentaires? A-t-il une intolérance? Y a-t-il des aliments prohibés dans son régime?

3. Est-ce une première expérience avec les services de santé du Québec?
   - Si oui, en quoi diffère-t-elle de ce qu'il a déjà connu?

4. Comment le client et ses proches perçoivent-ils la maladie actuelle?

5. Comment ont-ils l'habitude de se soigner (médecine selon leur culture/médecine traditionnelle)? Ont-ils des pratiques culturelles concernant la façon de soigner qui leur semblent utiles à respecter dans le contexte actuel? En ont-ils concernant l'hospitalisation?

6. Quelles sont leurs attentes concernant les professionnels de la santé?

7. Quelles sont leurs attentes concernant les traitements? (Particulièrement important dans un contexte de soins de confort en fin de vie: explorer l'intensité de soins attendue.)

8. Qui prend soin des personnes gravement malades dans la famille et comment? Quels rôles sont réservés aux femmes? aux hommes?

9. Qui faut-il informer et consulter pour les décisions à prendre concernant les traitements ou autres éléments de soins? Qui prend les décisions dans la famille?

10. Quelle est l'appartenance religieuse du client et de ses proches?
    - Quelles sont leurs valeurs et pratiques religieuses?
    - Quelle est l'importance de celles-ci au quotidien? Le représentant de leur culte est-il disponible?

11. Comment se vivent la douleur, la maladie grave, l'agonie et la mort dans la famille?

12. Y a-t-il des rituels, des attitudes concernant les pratiques de santé qu'il serait important connaître afin d'adapter les interventions de soins tout en tenant compte des limites organisationnelles sur les plans humain, matériel et financier?

Source: Adapté de Foucault (2008).

11.5 | Questions d'ordre juridique et éthique entourant les soins de fin de vie

Le client et sa famille doivent prendre de nombreuses décisions durant la maladie et à l'approche de la mort. La démarche de soins doit être guidée par une bonne connaissance des volontés du client et de ses proches. Ces décisions peuvent porter sur différents aspects.

11.5.1 Dons de tissus et d'organes

Toute personne âgée de plus de 14 ans peut choisir de faire un don d'organes ou de tissus après sa mort. Pour ce faire, il lui suffit de signer l'autocollant de consentement qui se trouve sur le formulaire de renouvellement ou de délivrance de la carte d'assurance maladie et de l'apposer sur la carte (Services Québec, 2009). Il est important que la personne en informe les membres de sa famille pour s'assurer que cette décision sera respectée. En effet, ceux-ci devront la valider et signer le formulaire de consentement au décès de la personne. La décision de faire un don d'organes peut également être inscrite gratuitement au Registre des consentements au don d'organes et de tissus de la Chambre des notaires du Québec. Cela se fait au moment de rédiger un testament ou un mandat en cas d'inaptitude (MSSS, 2009).

Les organes pouvant être utilisés pour une transplantation sont les reins, le cœur, les poumons, le foie, le pancréas et les intestins. Les principaux tissus greffés sont les os, la peau, les valves du cœur, les veines, les tendons et les cornées. Toute personne, peu importe son âge, peut-être considérée comme un donneur potentiel (MSSS, 2009).

Québec-Transplant est l'organisme mandaté par le MSSS pour assurer la coordination du don d'organes au Québec (Québec-Transplant, 2009). Héma-Québec est l'organisme responsable de la coordination du don de tissus dans la province. Le don et la gestion des cornées se font en partenariat avec la Banque d'yeux du Québec (Héma-Québec, 2010). Le don d'organes et de tissus est un geste gratuit, et aucune compensation financière ne peut être attendue ni exigée.

Qu'il s'agisse de dons de tissus ou d'organes, des protocoles reconnus sur les plans médical et éthique doivent être respectés. Le prélèvement et la distribution doivent se conformer à des exigences juridiques et à des politiques strictes. Il importe de prévenir l'équipe médicale dès que le consentement au don est connu, car le délai de prélèvement ne dure que quelques heures.

11.5.2 Don de son corps à un établissement d'enseignement

Le Code civil du Québec (C.c.Q.) stipule qu'une personne peut choisir de donner son corps à un établissement scolaire à des fins de recherche et d'enseignement. Cela inclut également un mineur âgé de moins de 14 ans à condition qu'il y ait consentement de l'autorité parentale ou du tuteur. Au Québec, cinq établissements reçoivent le corps d'un donneur : l'Université Laval, l'Université McGill, l'Université de Sherbrooke, l'Université du Québec à Trois-Rivières et le Collège de Rosemont (MSSS, 2009). Pour faire don de son corps, il importe de signer la carte de donneur et de la faire contresigner par deux témoins majeurs. Il est recommandé de conserver la carte de donneur dans son portefeuille avec ses papiers d'identité et d'informer la famille de sa décision (MSSS, 2010). Le formulaire pour l'obtention de la carte de donneur est disponible sur le site du MSSS (www.msss.gouv.qc.ca/sujets/organisation/don_corps/index.php?Signifier_son_consentement). Le donneur peut révoquer sa décision à tout moment en détruisant sa carte de donneur (MSSS, 2009).

11.5.3 Documents juridiques associés aux soins de fin de vie

Au Québec, le Code civil « codifie les principes et les règles qui gèrent les rapports entre les citoyens » (Saint-Arnaud, 2009). Dans les autres provinces canadiennes, c'est la *common law* qui s'applique.

La personne apte peut faire connaître ses volontés en prévision d'une inaptitude possible par différents moyens. La planification préalable des soins est un processus de réflexion que fait une personne apte dans le but de prendre des décisions en lien avec les soins de santé et les soins personnels qui pourraient être requis lorsqu'elle ne sera plus en mesure de donner un consentement libre et éclairé. Cela donne une occasion de discuter avec les proches et les professionnels de la santé de ses volontés et de réfléchir à la personne à qui déléguer le pouvoir de faire connaître ses volontés dans l'éventualité où cela ne peut pas être fait par soi-même. Cette réflexion peut se faire verbalement ou par écrit (ACSP, 2009).

Le **testament biologique** (*living will*) est une expression officieuse qui n'est utilisée dans

Testament biologique :
Directives qui indiquent les volontés d'une personne en matière de soins médicaux advenant une diminution de ses facultés mentales ou physiques si elle devient inapte à prendre une décision éclairée sur les soins à recevoir.

aucune loi provinciale ou fédérale. Popularisé par les médias, le terme est toutefois bien connu et est associé aux discussions en lien avec la planification préalable des soins (Santé Canada, 2006).

La planification préalable des soins peut mener à l'élaboration d'un document appelé **mandat en cas d'inaptitude** dans la province de Québec. Dans ce document écrit, une personne (mandant) désigne une autre personne (mandataire) pour voir à sa protection ou à l'administration de ses biens, ou les deux, dans l'éventualité où elle serait privée de ses facultés de façon permanente ou temporaire. Les volontés de fin de vie peuvent également être incluses dans le mandat en cas d'inaptitude. Pour que le mandat puisse entrer en vigueur, il doit être homologué par le tribunal. Pour ce faire, il faut faire la preuve que le mandant est devenu inapte (Curateur public du Québec, 2010). L'inaptitude doit être attestée sur le plan médical et psychosocial (Saint-Arnaud, 2009). Dans les provinces soumises à la *common law*, le *durable power of attorney* (mise sous tutelle) permet de nommer la personne qui représentera celle devenue inapte (Saint-Arnaud, 2009).

Lorsque la personne devient inapte, le mandataire ou les membres de la famille qui participent aux décisions en lien avec les soins sont soumis à des conditions supplémentaires. Ils ne peuvent rien décider qui va à l'encontre de l'intérêt de la personne. De plus, ils doivent prendre leur décision « en oubliant leur propre intérêt pour juger selon le point de vue du patient » (Saint-Arnaud, 2009). Le Code civil du Québec stipule que :

> Celui qui consent à des soins pour autrui ou qui les refuse est tenu d'agir dans le seul intérêt de cette personne en tenant compte, dans la mesure du possible, des volontés que cette dernière a pu manifester.
>
> S'il exprime un consentement, il doit s'assurer que les soins seront bénéfiques, malgré la gravité et la permanence de certains de leurs effets, qu'ils sont opportuns dans les circonstances et que les risques présentés ne sont pas hors de proportion avec le bienfait qu'on en espère. (C.c.Q., art. 12)

En d'autres mots, le mandataire ou les membres de la famille doivent choisir ce que la personne elle-même aurait choisi si elle avait été en mesure de le faire. D'où l'importance pour la personne de discuter de ses volontés en lien avec les traitements et les soins de fin de vie avec ses proches. Ces discussions devraient avoir lieu périodiquement, car les volontés peuvent changer au fil du temps.

Le **TABLEAU 11.3** détaille entre autres certains documents juridiques reconnus en matière de soins de fin de vie.

TABLEAU 11.3	Processus ou documents généralement associés aux soins de fin de vie

PROCESSUS/DOCUMENT	DESCRIPTION
Planification préalable des soins	• Processus de réflexion et de communication en lien avec les décisions concernant les soins de santé et les soins de la personne en prévision d'une incapacité future à le faire elle-même. • Peut mener à l'élaboration d'un document ; celui-ci n'a pas de forme imposée par la loi. • Pas d'homologation requise par la Cour. • Peut mener à l'établissement d'une directive préalable (mandat en cas d'inaptitude).
Mandat en cas d'inaptitude	• Aussi appelé mandat en prévision de l'inaptitude. • Document écrit dans lequel la personne (mandant) désigne une autre personne (mandataire) pour assurer sa protection ou l'administration de ses biens dans le cas où elle serait incapable de le faire (temporairement ou de façon permanente). • Deux formes : mandat fait par acte notarié ou mandat fait devant témoins (deux témoins requis qui n'ont pas d'intérêt dans le mandat). • Homologation par la Cour requise pour que le mandataire puisse exercer les pouvoirs qui lui ont été confiés (évaluations médicales et psychosociales requises).

Niveaux de soins	• Grille qui comprend de trois à cinq niveaux d'intervention.
	• Échelle à trois niveaux :
	  1. Soins maximaux (intervention visant le maintien de toute fonction altérée par tous les moyens disponibles).
	  2. Soins usuels (intervention visant la correction de toute détérioration réversible par des moyens considérés raisonnables).
	  3. Soins de base (intervention visant la promotion du confort, du bien-être et le soulagement de la douleur et des autres symptômes).
	• Échelles à quatre et cinq niveaux qui précisent davantage les niveaux 2 et 3.
	• Échelle basée davantage sur des objectifs de soins plutôt que sur une liste d'interventions précises.
	• Réanimation cardiorespiratoire peut être proposée indépendamment du niveau de soins.
	• Considérée comme un outil de communication, une réflexion sur les soins et les traitements désirés.
	• Favorise la communication entre le client, la famille et le médecin.
	• Favorise la communication au sein de l'équipe interdisciplinaire.
	• Niveau de soins peut être modifié à tout moment selon l'évolution de l'état de santé.
	• Échelles plus répandues dans les CHSLD.
	• Chaque révision du niveau de soins doit être datée et documentée par le médecin.

Ordonnance de non-réanimation	• Ordonnance signée par le médecin traitant qui donne la consigne au personnel soignant de ne pas pratiquer la réanimation advenant un arrêt cardiaque ou respiratoire.

Sources : Adapté de Béland & Bergeron (2002) ; Curateur public du Québec (2010) ; Santé Canada (2006).

11.5.4 Réanimation

La réanimation cardiorespiratoire (RCR) est une intervention courante dans le système des soins de santé. ⬤Pour plus de détails sur la technique de RCR, reportez-vous au www.cheneliere.ca/lewis, Annexe. La RCR est entreprise lorsqu'un client subit un arrêt cardiaque ou respiratoire, à moins qu'une ordonnance de non-réanimation ait été signée par le médecin. L'ordonnance de non-réanimation fait suite à un désir exprimé préalablement par le client (Chen & Youngner, 2008).

La décision de discuter l'ordonnance de non-réanimation est souvent prise lorsqu'il y a une atteinte fonctionnelle ou cognitive importante, un pronostic réservé, peu d'options de traitements ou lorsque la mort est imminente (Brink, Smith, & Kitson, 2008). Les décisions associées aux niveaux de soins (incluant la RCR) doivent respecter les principes d'autonomie, de bienfaisance, de justice et de non-malfaisance. Une bonne partie de la population estime que la personne et sa famille ont le droit d'accepter ou de refuser la RCR. Toutefois, selon Béland et Bergeron (2002), si le médecin considère que la RCR apparaît inappropriée ou futile, il n'a pas à la proposer comme intervention possible. Ces auteurs ajoutent que le médecin n'a même pas l'obligation d'en informer le client et sa famille. Ils suggèrent néanmoins que ce dernier le fasse dans le but de maintenir la relation de confiance avec eux.

Dans le contexte de soins à domicile, l'ordonnance de non-réanimation doit être signée et conservée à domicile pour éviter que des manœuvres soient entreprises par les ambulanciers s'ils étaient appelés à intervenir sur les lieux.

11.5.5 Consentement et refus de traitement

La personne apte a le droit de refuser des soins ou un traitement. Au Québec, le Code civil reconnaît ce droit: «Nul ne peut être soumis sans son consentement à des soins, quelle qu'en soit la nature, qu'il s'agisse d'examens, de prélèvements, de traitements ou de toute autre intervention.» (C.c.Q., art. 11) Le même droit est reconnu ailleurs au Canada par la *common law*. Dans la pratique clinique, pour que le consentement ou le refus de soins soit valide, il doit être libre et éclairé (Saint-Arnaud, 2009). Le consentement est libre si la personne le donne de plein gré, sans être exposée à aucune contrainte (morale, physique ou par la violence). Il est éclairé si la personne le donne en toute connaissance de cause. Cela signifie que tous les renseignements nécessaires sont donnés à la personne, dans un langage accessible, pour lui permettre d'en comprendre tous les enjeux (Ordre des infirmières et infirmiers du Québec [OIIQ], 2005). Le refus de soins ou de traitement par la personne apte est valide en tout temps, quelles que soient les circonstances, à condition que l'information requise lui soit donnée et que la liberté de son choix soit respectée. Selon Saint-Arnaud (2009), si ces conditions sont respectées, tout soin ou tout traitement (commencé ou non) peut être refusé, même s'il implique le maintien des fonctions vitales tel que la RCR, l'utilisation du respirateur, la dialyse, l'alimentation parentérale, la gastrostomie, la greffe d'organes, la chirurgie cardiaque ou tout autre soin ou traitement dont le refus ou l'arrêt entraînera la mort à court terme (quelques heures à quelques jours). Toujours selon le même auteur, dans le cas de refus ou d'arrêt de traitement, le décès est considéré comme l'issue de la maladie qui poursuit son cours. Il n'est donc pas question d'homicide, de suicide assisté ou d'euthanasie.

11.5.6 Euthanasie et suicide assisté

L'**euthanasie** et le **suicide médicalement assisté** (ou **suicide assisté** ou **aide au suicide**) sont illégaux au Canada et considérés comme des actes criminels. Le suicide médicalement assisté est légal aux Pays-Bas, au Luxembourg et dans les États américains de Washington et de l'Oregon; l'euthanasie est légale aux Pays-Bas, au Luxembourg et en Belgique (Assemblée nationale du Québec, 2010). Il importe de distinguer les deux termes. Dans l'euthanasie, une tierce personne (médecin, infirmière, membre de la famille) met fin à la vie d'une autre personne à sa demande ou à son insu. Le motif invoqué par la personne qui pose l'acte est habituellement la compassion (Saint-Arnaud, 2009). Malheureusement, l'euthanasie est souvent confondue avec le refus de traitement, l'abstention de traitement, le soulagement de la douleur ou l'accompagnement en fin de vie (Réseau de soins palliatifs du Québec, 2009).

Dans le suicide assisté, une tierce personne fournit les moyens nécessaires à la mort, mais c'est la personne concernée qui met fin à ses jours (Saint-Arnaud, 2009). L'aide au suicide peut se faire par des conseils, des médicaments (posologie mortelle) ou d'autres formes d'assistance sans lesquelles la personne ne pourrait pas se donner la mort (Mélançon, 2008).

Selon l'ACSP (2006a), le désir d'avoir recours à l'euthanasie ou au suicide assisté est souvent lié à un ou plusieurs des facteurs suivants:

- le souhait de ne pas être un fardeau;
- le besoin pour la personne atteinte de gérer sa maladie, son corps et sa vie;
- la dépression et la détresse psychologique liées à la maladie;
- la douleur et la souffrance liées à la maladie terminale **ENCADRÉ 11.6**.

La mise sur pied de programmes structurés de soins palliatifs pourrait donc être une façon

---

Dilemmes éthiques

ENCADRÉ 11.6   **Soins en fin de vie**

Situation

Nadine, une femme âgée de 50 ans, est aux prises avec un cancer du sein métastatique en phase terminale; elle présente une ostéalgie, et ses douleurs restent accablantes malgré la dose actuelle de morphine administrée par voie intraveineuse. Au repos, elle gémit et elle dit souffrir énormément lorsque le personnel infirmier tente de la changer de position. Quand l'équipe médicale se réunit, les infirmières évoquent la possibilité d'augmenter la dose d'antidouleur, mais elles s'inquiètent du fait que cela pourrait hâter le décès de la cliente.

Considérations importantes

- Un client s'attend normalement à être soulagé de la douleur, et c'est d'autant plus important pour une personne en phase terminale. Le principe de bienfaisance dicte l'obligation d'agir en fonction du bénéfice pour le client.

- L'objectif d'alléger de manière adéquate les souffrances d'une personne en phase terminale se fonde sur le principe de non-malfaisance; il faut protéger la personne de tout acte qui représenterait un mal pour elle. En ce sens, l'effet secondaire de précipiter la mort de la cliente est acceptable sur le plan éthique. Il s'agit d'un cas de règle du double effet.

- L'euthanasie constitue un acte volontaire de hâter la mort, et elle est moralement inacceptable.

Questions de jugement clinique

- Quel genre de discussion serait-il souhaitable d'engager entre l'équipe soignante, la cliente et sa famille, compte tenu des décisions qui devront être prises pour offrir des soins adéquats en fin de vie?

- Faire la distinction entre la nécessité du confort et du soulagement chez la personne mourante et la question de suicide assisté et d'euthanasie. La position exprimée par l'OIIQ peut être un point de départ à partir duquel il est possible d'établir cette distinction.

---

d'assurer une mort dans la dignité, ce qui répondrait au principal argument des gens favorables à l'euthanasie et au suicide assisté (OIIQ, 2010).

Dans les soins qu'elle offre, l'infirmière doit tenir compte à la fois des questions d'ordre juridique et des désirs du client. Elle s'assure de consigner dans le dossier médical, et possiblement dans le PSTI, les désirs de la personne et l'information relative au don d'organes. Tous les membres de l'équipe soignante doivent connaître les volontés du client. L'infirmière a également le devoir de se familiariser avec la documentation disponible sur les soins de fin de vie et sur les procédures qui s'y rapportent provenant des gouvernements fédéral ou provincial ainsi que des organismes spécialisés (OIIQ, 2010).

CLIENT EN FIN DE VIE

Une infirmière est appelée à côtoyer un client en fin de vie plus que tout autre professionnel de la santé. La démarche de soins auprès d'un client en phase terminale tient de l'approche holistique et touche tous les aspects des besoins psychosociaux et physiques. Pour le client et sa famille, les notions de respect, de dignité et de bien-être revêtent une grande importance. Par ailleurs, l'infirmière doit également reconnaître ses propres besoins quand il s'agit d'accompagner des personnes dans la mort et dans le deuil.

Collecte des données

L'évaluation de la personne atteinte de maladie terminale et dont la mort est imminente dépend de son état et du temps qui lui reste à vivre. L'infirmière note au dossier ses observations, les événements particuliers ou les changements qui sont survenus au cours des dernières semaines, des derniers jours ou des dernières heures. La collecte de données initiale inclut les diagnostics, le profil pharmacologique et les allergies. Le profil pharmacologique peut changer selon l'évolution de l'état de santé du client. Il faut également évaluer la réaction du client au diagnostic et au pronostic qu'elle a reçus ; il en va de même pour les capacités de la famille à participer aux soins de la personne et à faire face aux répercussions de la maladie.

Si le client est conscient, l'infirmière procède à un examen sommaire des systèmes de l'organisme afin de relever les signes et les symptômes tels que douleur, nausées, vomissements, constipation, dyspnée, toux, insomnie, anxiété, état confusionnel, agitation, myoclonies et autres symptômes. Les **myoclonies** sont des contractions musculaires soudaines, brèves et involontaires pouvant survenir pendant le sommeil ou durant les périodes d'éveil. Ce symptôme est souvent lié à l'accumulation des analgésiques opioïdes et de leurs métabolites dans le corps. Pour contrer les myoclonies, une diminution de la dose d'analgésiques opioïdes ou une rotation de ceux-ci est requise (Association des pharmaciens des établissements de santé du Québec [APES], 2008). La peau fait également l'objet d'un examen régulier puisqu'elle devient fragile et à risque important d'altération de son intégrité. Une bonne évaluation permet de procéder à une intervention rapide pour tenter de corriger les situations problématiques et pour offrir la meilleure qualité de vie possible. Si le client est inconscient, l'infirmière observe son comportement non verbal pour découvrir ce qui peut l'incommoder. La famille peut également devenir une source importante d'information.

L'évaluation inclut également la capacité du client à s'alimenter et à s'hydrater, ainsi que la présence de **dysphagie** (difficulté à avaler). Lorsque celle-ci se manifeste, il devient nécessaire de réévaluer la médication pour déterminer la nécessité de passer de la forme orale (P.O.) à la forme sous-cutanée (S.C.). Le degré de fatigue et la tolérance à l'effort de la personne sont aussi des facteurs importants à considérer.

L'évaluation des activités quotidiennes permet de dresser un tableau des capacités du client. Une diminution de la capacité fonctionnelle est souvent un indicateur important de la progression de la maladie (particulièrement dans le cas d'un diagnostic de cancer). Il est important d'évaluer la capacité à réaliser les activités de la vie quotidienne (AVQ), entre autres celle de procéder à ses soins d'hygiène, à s'habiller et à se nourrir. La personne malade est-elle en mesure de le faire de façon autonome, avec une aide partielle ou avec une aide complète ? Est-elle capable de participer aux activités de la vie domestique (AVD) (ménage, lessive, préparation des repas, épicerie et courses) ?

En établissement de soins, l'évaluation est effectuée à intervalles plus ou moins espacés, selon que la personne se trouve dans un état stable ou non, mais elle se fait au minimum toutes les huit heures. Pour une personne qui reçoit des soins à domicile, la fréquence de l'évaluation peut être journalière, plusieurs fois par semaine ou hebdomadaire. C'est l'état de santé du client qui dicte la fréquence des visites à domicile. Plus l'état de la personne change, plus l'infirmière multiplie les évaluations et consigne ses interventions et leur motif. Il importe de noter les préférences du client et de la famille en matière de soins et de lieu de décès. Il est à noter que les souhaits quant à ce lieu peuvent changer en cours de maladie. Le client exprime souvent le désir de mourir à domicile, mais parfois, il devient évident au cours de la maladie que ce souhait ne pourra être réalisé. Les raisons sont multiples, les plus fréquentes étant l'épuisement de la famille, l'âge avancé du proche aidant, une gestion complexe des symptômes, un événement soudain et aigu ou un manque de soutien. La promesse faite au malade de mourir à son domicile s'avère parfois trop lourde pour les membres de la famille.

Lorsque la personne vit ses dernières heures, l'évaluation devrait se résumer aux données essentielles. L'important est de promouvoir son confort et d'offrir du soutien à la famille **FIGURE 11.9**. La prise des signes vitaux (notamment celle de la P.A. et de la température) devient moins essentielle. L'observation de la respiration (fréquence, amplitude, rythme, périodes d'apnée, bruits respiratoires) donne bien davantage d'information sur l'état du client que la P.A. et la température. La coloration de la peau est également un facteur important à observer. L'évaluation doit inclure la capacité à s'hydrater (à ce stade, l'alimentation a cessé) et la capacité à uriner. L'oligurie et par la suite l'anurie (absence de la

11

FIGURE 11.9

L'infirmière joue un rôle de soutien auprès des membres de la famille de la personne en fin de vie.

production d'urine) sont des phénomènes normaux dans un contexte de mort imminente. Il faut donner des soins de bouche régulièrement pour assurer le confort de la personne.

L'infirmière doit faire preuve de délicatesse à l'endroit du client mourant et s'en tenir aux examens nécessaires. Dans la mesure du possible, elle consulte les notes consignées au dossier plutôt que de fatiguer le client en l'interrogeant. Dans un contexte de mort imminente, l'état de la personne doit être évalué à intervalles rapprochés pour lui procurer le meilleur confort.

Durant tout le processus de la maladie et de la phase terminale, il est important pour l'infirmière de reconnaître le pouvoir de ses gestes et de ses mots pendant ses interactions avec les clients et les familles. En effet, l'infirmière sous-estime souvent le pouvoir de ses paroles et l'influence qu'elle peut avoir sur la souffrance des personnes confiées à ses soins (Duhamel, 2007), qu'il s'agisse du client en fin de vie ou des membres de sa famille. Duhamel (2007) suggère différentes interventions pour soulager la souffrance, dont le besoin d'établir une relation de confiance, une attitude courtoise et chaleureuse, l'élaboration d'un génogramme (permettant d'établir la composition de la famille), l'écoute active, l'empathie, l'enseignement, la reconnaissance des compétences de la famille, le soulignement des forces et des ressources de la famille, l'aide pour mobiliser les ressources de la famille et la référence à d'autres ressources professionnelles lorsque celle-ci est requise.

Analyse et interprétation des données

À la suite de son évaluation initiale, l'infirmière détermine le PTI selon les règles établies par l'OIIQ (2006).

Planification des interventions et directives infirmières

La planification des soins tient compte à la fois des besoins du client et de ceux de la famille. L'enseignement, le soutien et la défense des droits du client et de sa famille demeurent des priorités pour l'infirmière. Cette dernière offre présence et écoute autant au client qu'à ses proches. Puis, aux derniers moments de la vie, elle se préoccupe de soulager la personne pour favoriser son bien-être physique. Le soulagement des symptômes physiques reste primordial, car il est souvent lié à la diminution de la détresse psychologique, sociale et spirituelle (Ferrell & Coyle, 2008).

RAPPELEZ-VOUS...

Il est important de connaître les symboles et les conventions qui servent à dessiner un génogramme.

Les techniques de relaxation sont présentées dans le chapitre 7, *Approches complémentaires et parallèles en santé.*

L'enseignement, qu'il soit donné à la personne ou à la famille, constitue un volet important de la planification des soins de fin de vie. La famille exprime généralement le besoin d'être informée de l'évolution de la maladie, des signes avant-coureurs de la mort et des soins qui seront offerts. L'enseignement associé à la phase terminale n'apporte généralement pas de détresse chez les membres de la famille, mais plutôt un sentiment de maîtrise. L'information leur permet d'anticiper les symptômes et d'être mieux préparés à les gérer. La famille a également besoin d'apprendre à faire face à ce passage de la vie. La grande souffrance vécue par les proches peut cependant limiter l'apprentissage et la compréhension des événements et des enseignements. Pour cette raison, l'infirmière établit un plan détaillé du soutien et de l'enseignement qu'elle se propose d'offrir au client et à ses proches. La même information a souvent besoin d'être répétée pour être intégrée. Il importe d'évaluer les interventions effectuées pour déterminer si elles ont été efficaces ou s'il faut les modifier pour répondre davantage aux besoins de la personne et de sa famille.

La planification des soins de fin de vie peut s'avérer particulièrement ardue dans une unité de soins intensifs. C'est habituellement aux soins intensifs qu'une personne en état de mort cérébrale vit ses derniers jours ou ses dernières heures. C'est également à cette occasion que certaines familles seront sollicitées pour un don d'organes (Crighton, Coyne, Tate, Swigart, & Happ, 2008).

Interventions cliniques

Les interventions cliniques auprès d'une personne mourante ont pour but principal de la soulager et de lui procurer tout le bien-être possible. Les soins psychosociaux et psychologiques, intimement liés, sont offerts non seulement au mourant, mais également à la famille et aux proches.

Soins psychosociaux

Lorsque la mort devient imminente, l'infirmière est particulièrement attentive aux besoins psychosociaux de la personne. Le **TABLEAU 11.4** offre des pistes quant à la manière de répondre aux besoins psychosociaux de la personne agonisante. Il importe de démythifier ces différents besoins auprès de la famille, car s'ils ne sont pas expliqués, ils peuvent devenir une source importante de souffrance.

| Angoisse et anxiété | En fin de vie, l'anxiété est le signe de détresse le plus courant. Selon l'APES (2008), l'anxiété est une émotion normale éprouvée lorsqu'une personne affronte une situation étant perçue comme plus ou moins menaçante. Ce malaise, dont l'objet est difficile à cerner, plonge le client dans un état de mal-être. Durant cette période qui précède la mort, il est fréquent qu'un client montre des signes d'anxiété. Les facteurs qui peuvent engendrer cette détresse sont, entre autres, des douleurs persistantes, des symptômes mal gérés, une difficulté d'adaptation, des facteurs psychologiques et existentiels liés à la mort, un sevrage médicamenteux ou d'autres substances (p. ex., l'alcool, le tabac, la caféine) et de la dyspnée (APES, 2008). L'infirmière, par sa présence, ses encouragements, son soutien et son enseignement, peut aider à atténuer l'anxiété ressentie. La gestion de l'angoisse peut reposer à la fois sur des interventions pharmacologiques et non pharmacologiques. Les techniques de relaxation par la musique ou la représentation mentale sont des exemples d'interventions non pharmacologiques ▶ 7 .

| Colère | La colère est une réaction normale et courante devant le deuil. Il faut comprendre qu'il n'existe aucun moyen

TABLEAU 11.4	Soins psychosociaux de fin de vie
CARACTÉRISTIQUES	**SOINS ET INTERVENTIONS INFIRMIÈRES**
Détachement	
À l'approche de la mort, la personne semble se détacher de son environnement.	• Continuer de communiquer avec la personne comme si elle était consciente, en employant une voix douce et des gestes empreints de délicatesse. • La capacité à entendre demeure présente même si la personne est incapable de répondre.
Communication inhabituelle	
Une communication en apparence inhabituelle peut indiquer un désir chez la personne de résoudre une situation avant de lâcher prise.	• Inviter la famille à parler avec le mourant et à le rassurer. • Encourager la visite des membres de la famille ou celle d'un conseiller spirituel (si désiré).
Langage symbolique du mourant	
La personne peut utiliser des métaphores en fin de vie : • évocation d'un voyage, d'un changement ; • évocation de la présence d'une personne disparue ; • évocation d'un lieu ; • évocation du moment de la mort. Ce langage sert souvent au mourant à préparer les membres de sa famille à son décès prochain[a].	• Expliquer que ce langage sert au mourant à annoncer son décès, surtout si le sujet de la mort est tabou dans la famille. • Inviter la famille à répéter ce qui a été dit par la personne. Ce qui est pris pour de la confusion est parfois l'utilisation d'un langage symbolique.
Adieux	
La personne et ses proches doivent pouvoir exprimer leur tristesse, se pardonner les uns les autres et se faire des adieux.	• Encourager la personne mourante et sa famille à verbaliser leurs émotions, qu'il s'agisse de tristesse, d'amour, de désir de pardon ; se toucher, s'enlacer et pleurer sont des gestes qui parlent aussi. • Aménager un cadre d'intimité où la personne et ses proches pourront exprimer leurs émotions et se consoler mutuellement.

[a] Callanan & Kelley (1992) ; Callanan & Kelley cités dans Foucault (2004).

de contraindre une personne affligée à accepter la perte. Il se peut que les survivants éprouvent de la colère à l'endroit du mourant. L'infirmière doit inciter les membres de la famille à reconnaître leurs sentiments et à les partager. Les endeuillés dirigent parfois leur colère vers le personnel soignant ; il importe de comprendre ce qui cause cette colère et de ne pas y réagir sur le plan personnel.

I **Désespoir et impuissance** I En fin de vie, les réactions de désespoir et d'impuissance se multiplient. L'infirmière est appelée à accueillir les espoirs exprimés par le client et sa famille. Elle les aide à départager les aspects sur lesquels ils ont un pouvoir de ceux qui ne sont pas de leur ressort. Pour rétablir un sentiment relatif de pouvoir, il faut inciter le client à se fixer des objectifs personnels. En lui permettant également de prendre des décisions relativement à ses soins, l'infirmière redonne au client un peu de maîtrise sur sa vie.

I **Peur** I Il est normal qu'une personne mourante ressente de la peur, et l'infirmière doit l'aider à affronter ses craintes. Quatre types de peur sont plus fréquents en fin de vie : la peur de la douleur, celle

de la dyspnée, la peur de la solitude et de l'abandon ainsi que celle de la perte d'un sens à sa vie.

I **Peur de la douleur** I Pour bon nombre de gens, la mort est synonyme de douleur, car ces deux notions sont souvent associées. Des expressions telles que « les affres de la mort » ont largement influencé les perceptions. Une personne mourante qui a accompagné un être cher dans une agonie douloureuse s'attend sans doute à connaître le même genre d'expérience. Sur le plan physiologique, toutefois, il n'existe aucune indication précise selon laquelle la mort serait invariablement douloureuse. C'est peut-être sur le plan psychologique et à cause de l'angoisse inhérente à la perspective de la mort que la sensation de souffrance prend naissance. Une personne en phase terminale qui se plaint de douleur devrait être soulagée par une médication ou des interventions appropriées. La personne et sa famille ont donc besoin de savoir qu'un analgésique sera administré sans délai et à la demande et que les effets secondaires seront gérés. Il importe d'évaluer l'efficacité des interventions visant le soulagement. Un réajustement de la médication est souvent requis en cours de maladie. La plupart des clients souhaitent que leur douleur soit efficacement soulagée sans être plongés dans la somnolence ou l'inconscience. Certains clients sont prêts à endurer un certain degré de douleur pour pouvoir demeurer capables d'interagir avec les membres de leur famille. Idéalement, les mesures de soulagement ne doivent pas empêcher la personne de communiquer avec ses proches.

| **Peur de la dyspnée** | La dyspnée et la détresse respiratoire peuvent survenir en phase terminale. La dyspnée est une sensation subjective de difficulté à respirer qui incommode le client (APES, 2008). Plusieurs personnes ont peur de « mourir étouffées ». L'impression de manquer d'air entraîne de l'anxiété autant chez le client que chez sa famille. Une combinaison de traitements pharmacologiques et non pharmacologiques est souvent requise. Parmi les traitements pharmacologiques, il y a l'utilisation des analgésiques opioïdes, des anxiolytiques, des bronchodilatateurs, des anticholinergiques et des corticostéroïdes (APES, 2008). Les traitements non pharmacologiques comprennent, entre autres, une attitude rassurante, un environnement calme, une tête de lit surélevée ou une position adéquate dans un fauteuil, une fenêtre ouverte, un ventilateur dirigé vers le visage du client, une température fraîche dans la pièce et l'utilisation de l'oxygène comme prescrit (APES, 2008).

| **Peur de la solitude et de l'abandon** | La majorité des clients mourants ne souhaitent pas être laissés seuls et redoutent même la solitude. Bien des mourants craignent d'ailleurs que les proches soient incapables de composer avec la phase avancée de la maladie et la fin de vie et qu'ils les abandonnent. Habituellement, ils désirent la présence de gens qu'ils connaissent et en qui ils ont confiance. L'important est de se rappeler que, souvent, une simple présence devient source de soutien et de réconfort **FIGURE 11.10**. Généralement, toucher le client, lui tenir la main et l'écouter sont des gestes grandement appréciés. La présence et l'accompagnement offrent un sentiment de sécurité au mourant.

| **Peur de la perte de sens** | La crainte de n'avoir pas mené une vie signifiante entraîne la plupart des personnes qui affrontent la mort à dresser le bilan de leur vie. Le mourant soupèse les motivations qui l'ont guidé, passe en revue ses gestes et ses choix, exprime des regrets sur ce qu'il aurait voulu faire autrement. Quand une personne fait son bilan de vie, elle mesure la valeur de son passage dans la communauté humaine (Aylor & Grimes, 2008). Chacun a besoin de s'interroger sur la valeur et la signification de son parcours. Il est également important que les autres reconnaissent l'importance de la personne qui les quitte. L'infirmière peut aider le client et ses proches à mettre en évidence les qualités du client qui ont servi d'inspiration. Ce partage de sentiments et de pensées a le pouvoir d'apporter un supplément de réconfort au mourant. Ces échanges, de même que les coutumes et les rituels qu'ils peuvent inciter, méritent le respect de l'infirmière, qui doit éviter de poser un quelconque jugement de valeur (Aylor & Grimes, 2008).

| **Communication** | La bonne communication entre le personnel soignant, la personne et sa famille contribue à la qualité des soins offerts en fin de vie **FIGURE 11.11**. L'empathie et l'écoute active sont des composantes essentielles de la communication dans un tel contexte. L'empathie est « la capacité d'éprouver un sentiment avec une personne, de partager avec elle, et non pas d'éprouver la même chose que l'autre » (Foucault, 2004). Selon Tournebise (cité dans Foucault, 2004), être empathique ne veut pas dire de se mettre à la place de l'autre, mais plutôt de s'ouvrir à cet autre. L'écoute est, quant à elle, un processus actif essentiel à la faculté d'empathie.

La personne mourante apprécie la présence d'une personne qu'elle connaît et en qui elle a confiance.

Des silences peuvent s'installer durant les conversations entre la personne ou ses proches et l'infirmière. Ils sont souvent associés à des émotions intenses. Le silence offre l'occasion de rassembler ses pensées ; c'est également une marque de respect pour ce qui a été dit et un indice d'aisance avec l'autre. Il faut également se rappeler que le mode de communication est influencé par la culture, l'origine ethnique et les croyances religieuses.

Selon Chesla, Hardicre et Hupcey (cités dans Plante, 2007), l'infirmière est la personne la mieux placée pour reconnaître la réalité de la famille, la soutenir dans son adaptation à la situation, l'encourager dans le partage des émotions et des espoirs et l'aider à raffermir les liens entre ses membres.

Il importe de consacrer du temps pour que la personne et sa famille puissent exprimer leurs pensées et leurs sentiments malgré la retenue qui pose souvent un frein à ce genre de démonstrations. Le client et les membres de sa famille ont souvent un désir de se

Jugement clinique

Frédéric Lefebvre, âgé de 30 ans, est en phase terminale du sida. Il vous dit : « Je ne sais pas comment mon compagnon va réagir quand je vais mourir. Il est très dépendant de moi. »

Quelle réponse pourriez-vous fournir à monsieur Lefebvre pour lui démontrer votre empathie ?

La communication thérapeutique joue un rôle important dans les soins de fin de vie.

protéger mutuellement. Le fait de réserver un moment pour les écouter et interagir avec eux – avec toute l'humanité possible – est un moyen de favoriser les saines relations entre l'infirmière, le client et sa famille. La réunion de famille est une forme de concertation qui permet de créer un environnement propice à la communication entre la personne et ses proches.

Par ailleurs, il arrive qu'un mourant tienne des propos qui semblent confus **TABLEAU 11.4**. Une écoute active et attentive des propos de la personne peut aider à démystifier cette forme de langage.

Soins physiques

La démarche liée aux soins physiques de fin de vie vise la gestion des symptômes et le bien-être de la personne plutôt que le traitement curatif de ses pathologies. L'infirmière doit voir en priorité aux besoins physiques et à la sécurité du client. Parmi les besoins physiques, les principaux sont le soulagement de la douleur et des autres symptômes, la respiration, l'alimentation, la mobilité, l'élimination et les soins de la peau. Une personne mourante a droit aux mêmes soins physiques qu'une personne sous traitement curatif. Le **TABLEAU 11.5** énumère les soins physiques à prodiguer en fin de vie.

| Soins au défunt | Lorsque le décès du client a été constaté par un médecin, l'infirmière s'occupe de préparer ou de faire préparer le corps pour que la famille puisse le voir sans délai. Elle tient néanmoins compte des pratiques culturelles de celle-ci ainsi que des règles et directives de l'établissement. Dans certaines cultures, les membres de la famille s'occupent des soins du corps et de sa préparation ou y participent. De manière générale, l'infirmière ferme les yeux du défunt, replace ses dentiers s'il y a lieu, retire les tubes et les pansements et lave le corps (en veillant à glisser une serviette protectrice sous le périnée pour absorber l'urine et les selles). Le corps doit être positionné sur le dos, un oreiller placé sous la tête. Il faut allouer toute l'intimité et le temps nécessaire à la famille qui souhaite rester au chevet du défunt. Dans l'éventualité où il s'agit d'un décès subit ou inattendu, la préparation du corps demeure la même. Pour le transport au salon funéraire, il est important de se référer aux règles et procédures de l'établissement. Le décès qui survient à domicile peut être constaté sur place par le médecin qui assurait le suivi à domicile. L'autre option est de contacter Urgences-santé et de mentionner le fait que le décès était attendu. Le décès sera constaté par l'un des médecins d'Urgences-santé.

TABLEAU 11.5	Soins physiques de fin de vie	
CARACTÉRISTIQUES	**INTERVENTIONS INFIRMIÈRES**
Douleur	
• La douleur peut être le symptôme principal le plus craint de la phase terminale d'une maladie. • La douleur peut être aiguë ou chronique. • Les irritants physiques et psychologiques peuvent aggraver l'impression de douleur.	• Évaluer la douleur avec attention et de manière régulière pour en discerner la nature, l'intensité, le site, la qualité et les facteurs qui la diminuent ou qui l'augmentent. • Réduire les irritants possibles qui incommodent le client tels que l'humidité, la chaleur, le froid ou une pression qui altèret la peau. • Administrer les analgésiques régulièrement et les entre-doses au besoin avec l'idée d'offrir un soulagement constant plutôt que de réagir à la présence d'une douleur croissante. • Offrir des approches complémentaires et parallèles telles que la technique de l'imagerie mentale, le massage, l'acupuncture, l'emploi de la chaleur et du froid, le toucher thérapeutique et les techniques de distraction ou de relaxation. • Évaluer l'efficacité des mesures de soulagement à intervalles réguliers afin de s'assurer que le régime médicamenteux convient au client. • Ne pas retarder ni refuser des mesures de soulagement de la douleur à un client en phase terminale.
Délirium	
• Le délirium est un état caractérisé par la confusion, la désorientation, l'agitation, l'altération de l'état de conscience, l'incohérence des propos, les problèmes de mémoire à court terme, l'altération du cycle sommeil-éveil et parfois les hallucinations. • Le délirium peut se manifester par de l'hyperactivité ou de l'hypoactivité ou par une fluctuation entre les deux. • L'utilisation des analgésiques opioïdes et des corticostéroïdes en fin de vie peut engendrer le délirium. • L'évolution de la maladie terminale peut précipiter l'apparition du délirium. • Ce processus est généralement considéré comme réversible (sauf dans les 24 à 48 dernières heures de vie).	• Procéder à une évaluation complète des causes réversibles du délirium, y compris la douleur, la fièvre ainsi que la constipation et la rétention urinaire. • Prévoir une chambre tranquille, familière et adéquatement éclairée pour atténuer les facteurs contribuant à la confusion. • Contribuer à l'orientation du client en situant de nouveau les gens, les lieux et le moment à l'occasion de chaque rencontre. • Administrer les benzodiazépines et les sédatifs au besoin. • Rester à proximité du client en proie à la peur. Le rassurer en lui parlant lentement et d'une voix douce. • Offrir aux proches un soutien et des explications pour les aider à comprendre les manifestations du délirium. Le délirium qui s'accompagne d'agitation est souvent interprété par la famille comme une augmentation de la douleur. • Éviter les mesures de contention. • Encourager la famille à participer aux soins du client.

| TABLEAU 11.5 | Soins physiques de fin de vie *(suite)* |

CARACTÉRISTIQUES	INTERVENTIONS INFIRMIÈRES
Agitation	
• L'état d'agitation peut survenir à l'approche de la mort sous forme de nervosité, d'angoisse, d'anxiété ou de détresse.	• Évaluer l'état mental du client, car une détresse spirituelle peut provoquer l'inquiétude et l'agitation. • Ne pas tenter de contenir le client. • Recourir à une musique apaisante ; parler lentement et d'une voix douce. • Offrir des explications et du soutien au client et à la famille. • Évaluer la rétention urinaire (présence de globe vésical). • Évaluer la possibilité de constipation/fécalome. • Évaluer le soulagement de la douleur. • Administrer la médication selon la prescription.
Dysphagie	
• La dysphagie peut survenir à cause d'un grave affaiblissement ou d'une altération de l'état de conscience.	• Administrer un médicament par le mode alternatif le moins invasif possible pour gérer le symptôme (lorsque la voie P.O. n'est plus une option, considérer la voie S.C.). • Faire réévaluer la médication par le médecin. Considérer de cesser la médication qui n'est plus nécessaire. • Procéder à des soins de bouche réguliers.
Déshydratation	
• La déshydratation peut survenir dans les jours précédant la mort. • La sensation de faim et de soif disparaît généralement dans les jours précédant la mort. • Quand la mort est imminente, la personne limite d'elle-même l'ingestion de nourriture et de liquide.	• Évaluer l'état des muqueuses pour éviter un dessèchement prononcé et une sensation désagréable. • Veiller à prodiguer des soins de bouche complets et fréquents pour hydrater les muqueuses et maintenir le confort du client. • Ne pas forcer la personne à boire ou à manger. • Inciter la personne à s'hydrater avec des morceaux de glaçons, de petites gorgées d'eau ou au moyen d'une compresse humide qui empêche la bouche de se dessécher. Il faut s'assurer que la personne est bien éveillée sinon il existe un risque d'aspiration. • Utiliser une brosse à dents ou une *toothette* (éponge montée sur une tige) pour faire les soins de bouche. Éviter les bâtonnets de citron/glycérine ; ils ont un effet asséchant. • Lubrifier les lèvres et humecter les muqueuses buccales au besoin. • Rassurer la famille en expliquant que l'anorexie est une étape normale dans les jours qui précèdent la mort.
Symptômes respiratoires	
• La dyspnée est un symptôme subjectif. • Elle s'accompagne d'anxiété et de la peur de suffoquer. • Il y a une possible aggravation du symptôme durant l'évolution de la maladie. • Le réflexe de toux et d'expectoration devient difficile. • Il y a présence de râle terminal en fin de vie.	• Évaluer l'état respiratoire périodiquement. • Surélever la tête, changer aussi le client de position pour lui assurer du confort. • Favoriser la circulation d'air frais en se servant d'un ventilateur. • Administrer l'oxygène comme prescrit. • Administrer tout analgésique opioïde, sédatif, diurétique, antibiotique, corticostéroïde ou bronchodilatateur tel que prescrit afin d'alléger les symptômes de congestion et de toux ainsi qu'abaisser le degré d'anxiété. • Administrer un anticholinergique tel que prescrit pour diminuer les sécrétions. • Aviser la famille que les râles terminaux sont causés par le mouvement oscillatoire des sécrétions qui s'accumulent dans l'arrière-gorge. Ils incommodent davantage l'entourage que le client. • Éviter la succion oropharyngée qui est habituellement inefficace, inconfortable et qui stimule les sécrétions.

TABLEAU 11.5   **Soins physiques de fin de vie** *(suite)*

CARACTÉRISTIQUES	INTERVENTIONS INFIRMIÈRES
Faiblesse et épuisement	
• Ces phénomènes sont normaux dans les derniers moments de vie. • La dépense métabolique liée à l'évolution de la maladie accentue l'état de faiblesse et d'épuisement.	• Évaluer la tolérance du client aux AVQ et lui apporter de l'aide selon son besoin. • Garder la durée des interventions aussi brève que possible pour préserver l'énergie du client. • Aider la personne à choisir ou à mener à terme les activités prisées ou souhaitées. • Offrir au client le support adéquat pour l'aider à trouver le confort dans un fauteuil ou dans son lit. • Prévoir des périodes de repos fréquentes entre les activités.
Myoclonies	
• Les contractions musculaires involontaires, brèves et soudaines peuvent être de modérées à importantes et sont associées à différentes causes, mais l'accumulation des analgésiques opioïdes et de leurs métabolites est une cause fréquente. • Les myoclonies peuvent survenir durant le sommeil ou durant les périodes d'éveil.	• Évaluer le moment de l'apparition des myoclonies, leur durée et le malaise ou l'anxiété qu'elles provoquent chez le client. • Dans l'éventualité où les myoclonies s'aggravent ou perturbent la personne, discuter avec le médecin d'une possible modification de la médication. • Considérer une diminution de la dose ou une rotation des analgésiques opioïdes (à discuter avec le médecin). • Ajouter une autre molécule peut être nécessaire pour maîtriser les myoclonies. À discuter avec le médecin.
Intégrité des téguments	
• L'intégrité de la peau est très difficile à préserver en fin de vie. • L'immobilité, l'incontinence fécale et urinaire, le dessèchement de la peau, la dénutrition, l'anémie, la friction et le tiraillement exercés sur la peau augmentent les risques de rupture de l'épiderme. • L'évolution de la maladie combinée à d'autres processus fragilise la peau. • À l'approche de la mort, la circulation diminue dans les extrémités du corps qui deviennent alors froides, moites et cyanosées.	• Évaluer l'état de la peau pour détecter les signes de fragilisation en portant une attention particulière aux points de pression. • Tourner et positionner le client régulièrement pour éviter l'apparition de lésions de pression. • Éviter de masser la peau aux endroits où une rougeur est présente. • Suivre le protocole destiné à préserver l'intégrité de la peau et veiller à ce que la peau et les plaies restent propres. • Évaluer l'état des plaies, au besoin. • Suivre le protocole de soins pour les changements de pansement. • Suivre le protocole de soins établi pour la personne immobile, tout en trouvant le juste milieu entre préserver l'intégrité de la peau et assurer le confort de la personne. • Prodiguer les soins appropriés pour éviter l'irritation et la fragilisation de la peau associées à l'incontinence urinaire et fécale. • Se servir de couvertures pour garder le client au chaud ; ne jamais appliquer une source de chaleur sur la peau. • Éviter toutes manoeuvres qui risquent de faire des forces de cisaillement. • Prévenir les effets des forces de cisaillement. • Éviter d'utiliser les coussins en forme de beigne dans le cas d'une lésion de pression au coccyx. Cela a simplement pour effet de déplacer la pression à un autre site.
Élimination	
• L'immobilité peut provoquer de la constipation, tout comme les analgésiques opioïdes, la carence en fibres alimentaires et la déshydratation. • La diarrhée peut survenir des suites de la perte de tonicité musculaire et de la présence de fécalomes provoquées par l'usage d'analgésiques opioïdes et par l'immobilité.	• Évaluer la régularité de l'élimination, car passer des selles est requis même si la personne s'alimente peu. • Administrer un laxatif émollient (docusate sodique) et un laxatif stimulant (séné ou bisacodyl) régulièrement (s'il y a prescription d'analgésiques opioïdes). Si c'est inefficace, ajouter un laxatif osmotique (Lactulose^{MD}, lait de magnésie ou solution iso-osmotique [GoLYTELY^{MD}, PegLyte^{MD}, Colyte^{MD}]).

11

| TABLEAU 11.5 | Soins physiques de fin de vie *(suite)* |

CARACTÉRISTIQUES	INTERVENTIONS INFIRMIÈRES
	• Administrer ensemble des suppositoires de glycérine et de bisacodyl après trois jours sans selles ou appliquer le protocole local en cas de constipation. • Procéder au curage manuel de l'ampoule rectale si requis. • Procéder à l'administration d'un lavement au besoin, selon la prescription. • Vérifier s'il y a présence de fécalomes et les éliminer. • Encourager la personne à bouger et à rester active dans la mesure du possible. • Encourager la consommation de fibres, sauf s'il y a contre-indication. Les fibres commercialisées (p. ex., le Metamucil^{MD}) sont déconseillées, car elles exigent un apport de liquide important pour produire l'effet escompté et elles sont souvent inefficaces lorsqu'elles sont utilisées seules. • Encourager l'hydratation sauf s'il y a contre-indication.
Incontinence urinaire	
• L'incontinence peut résulter de la progression de la maladie et de l'altération de l'état de conscience. • Dans les heures précédant la mort, le périnée se relâche.	• Évaluer la fonction et la fréquence urinaire. • Se servir de serviettes absorbantes ou de culottes d'incontinence pour pallier l'incontinence urinaire. • Suivre le protocole de soins pour l'installation éventuelle d'une sonde urinaire. • Prodiguer les soins appropriés pour prévenir l'irritation et la fragilisation de la peau associées à l'incontinence urinaire.
Anorexie, nausées et vomissements	
• Ces symptômes peuvent être provoqués par les complications de la maladie terminale. • Les médicaments peuvent provoquer des nausées. • La constipation, l'apparition de fécalomes et l'obstruction du côlon peuvent engendrer de l'anorexie, des nausées et des vomissements.	• Rassurer la famille sur le fait que la personne « ne meurt pas de faim ». La perte d'appétit est un phénomène normal en phase avancée de la maladie. • Évaluer la personne qui se plaint de nausées ou qui souffre de vomissements. • Définir les causes possibles de nausées et de vomissements. • Demander aux membres de la famille d'apporter les mets favoris de la personne. • Discuter de possibles modifications pharmacologiques avec le médecin. • Administrer un antiémétique avant le repas, tel que prescrit. • Proposer à la personne des repas plus petits et plus fréquents, composés de ses mets favoris. • Choisir des aliments qui respectent la culture de la personne. • Pratiquer des soins de bouche fréquemment, en particulier après un vomissement. • Favoriser un environnement bien aéré sans odeur particulière. • Assurer un soulagement adéquat des autres symptômes : douleur, constipation, anxiété, etc.
Sensation et perception	
• La personne éprouve une diminution de la capacité à comprendre et à raisonner. • La personne peut vivre une période de désorientation. • L'acuité visuelle diminue.	• Toucher et parler à la personne doucement et gentiment. • Garder les stimulations à un minimum, incluant la lumière et les bruits. • Encourager la famille à parler à la personne mourante même si elle n'est pas en mesure de répondre. • Aviser la famille que l'audition est souvent le dernier sens à disparaître. Par conséquent, toujours supposer que la personne mourante peut entendre ce qui est dit. • Être à l'affût du langage symbolique que le mourant pourrait utiliser.

11.6 | Besoins propres au proche aidant d'une personne en fin de vie

11.6.1 Besoins du proche aidant

L'efficacité avec laquelle les besoins physiques et psychosociaux du client mourant sont comblés repose souvent en grande partie sur le proche aidant. Ce dernier a pour rôle de soutenir la personne, de communiquer avec elle, de contribuer à la gestion des symptômes, de voir à ce que ses besoins soient comblés, de l'aider à finaliser les affaires inachevées, de coordonner ses efforts avec ceux de la famille et des amis, tout cela en parvenant à gérer ses propres besoins et émotions.

La famille mobilisée par des soins à une personne en fin de vie subit généralement des conséquences émotionnelles, physiques et économiques de cette situation. Selon Bernier, Néron et Dumont (2007), l'accompagnement à domicile d'une personne en fin de vie peut représenter un fardeau important pour la famille et devenir la source de nombreuses difficultés. Parmi les difficultés vécues par le proche aidant, ces auteurs mentionnent l'épuisement, l'isolement, l'anxiété, la diminution de l'efficacité du système immunitaire, des difficultés financières, une atteinte à la santé physique et, pour certains, une détresse psychologique importante. Il faut également souligner que l'intervention d'un proche aidant ne s'arrête pas au moment où le client mourant est admis dans un hôpital, une maison de soins palliatifs ou un CHSLD.

La façon dont un client et les membres de sa famille sont affectés par le processus de deuil mérite considération. Le fait d'assister à la fin de la vie et à l'agonie d'un proche est un passage de la vie qui génère un très grand stress et une grande souffrance. L'infirmière est attentive aux signes et aux comportements des proches qui pourraient révéler des réactions de deuil anormales et se tient prête à intervenir au besoin. Une dépendance démesurée à l'égard du mourant, des sentiments négatifs, l'incapacité à s'extérioriser, l'insomnie, des antécédents de dépression, des deuils prolongés ou des deuils multiples déjà vécus, l'impression d'être abandonné de son entourage, une faible estime de soi, la dépendance à l'alcool ou aux drogues sont autant de manifestations de fragilité qui commandent la vigilance. Le proche aidant déjà en rupture d'équilibre est particulièrement à risque de complications.

Il faut encourager le proche aidant et les membres de la famille endeuillée à maintenir leurs activités quotidiennes dans la mesure du possible. Il leur faut pouvoir conserver un sentiment de maîtrise relative sur leur vie. Les parents, les amis et les êtres chers touchés par la situation peuvent s'apporter un réconfort mutuel. Le personnel soignant doit aussi reconnaître l'importance de l'intervention auprès de personnes qui ne sont pas de la famille. La communauté recèle d'ailleurs des ressources utiles en suivi de deuil de même que du soutien bénévole. En règle générale, le simple fait de permettre à une personne affligée d'exprimer ses sentiments facilite chez elle le processus normal de deuil. Il faut inciter le proche aidant à se créer un réseau d'entraide avec le concours de la famille, des amis ou de groupes confessionnels. Cet accès à des personnes à qui il peut se confier ouvertement aide le proche aidant à surmonter l'épreuve ▶ **6**.

Dans le but de soutenir financièrement les familles, des prestations dites de compassion sont offertes pour permettre à un proche aidant de prodiguer des soins à un membre de la famille atteint d'une maladie grave risquant d'entraîner le décès dans un délai de 26 semaines. Le proche peut bénéficier d'un maximum de six semaines de **prestations de compassion** (Service Canada, 2010). Le site Internet de Service Canada (www.servicecanada.gc.ca/fra/ae/genres/prestations_compassion.shtml#Qui) présente tous les renseignements utiles à ce sujet.

11.6.2 Besoins des enfants

Les parents et les membres de la famille hésitent souvent à aborder le sujet de la maladie avec les enfants **FIGURE 11.12**. La motivation est souvent de protéger l'enfant (Plante, 2007). Selon Saint-Pierre et Régnier (2009), cela a toutefois pour effet de ne pas offrir à l'enfant le soutien dont il a besoin. Ces auteurs ajoutent que ce constat ne vient pas d'une mauvaise volonté de la part des adultes qui entourent l'enfant, mais plutôt d'une méconnaissance des capacités de compréhension et d'intégration de celui-ci au sujet de la maladie et de la mort. Il importe de rappeler aux parents que les enfants sont très sensibles aux messages verbaux et non verbaux, peu importe ce qui a été dit ou non dit (Foucault, 2004). Le silence et l'isolement peuvent créer davantage de souffrance et de détresse chez l'enfant que le partage de la réalité dans un langage qu'il peut comprendre. La communication ouverte et

Les questions des agents stressants, des besoins particuliers du proche aidant et des soins à lui fournir sont abordées dans le chapitre 6, *Soins communautaires et soins à domicile*.

Prestations de compassion : Prestations versées aux personnes qui doivent s'absenter temporairement de leur travail pour fournir des soins ou offrir un soutien à un membre de leur famille souffrant d'une maladie grave, qui risque de causer le décès dans un délai de 26 semaines.

FIGURE 11.12

Les infirmières peuvent aider les parents à faire comprendre aux enfants la réalité de la mort.

l'échange d'information à propos de la maladie et des changements à venir peuvent déclencher des crises de larmes autant chez l'enfant que chez le parent. Pourtant, pleurer ensemble et apprendre à se soutenir mutuellement par le partage de la peine et des espoirs constitue indéniablement une expérience majeure dans la consolidation des liens entre les membres de la famille (Plante, 2007).

Il ne faut pas oublier que les enfants ont la compréhension que leur âge leur permet d'avoir (Masson, 2006) en lien avec la maladie et la mort. Différents auteurs (Jacques, 1998 ; Masson, 2006 ; Saint-Pierre & Régnier, 2009) ont énoncé des caractéristiques de la conception de la mort chez les enfants et les adolescents, présentées dans le **TABLEAU 11.6**. Il est important de souligner que les groupes d'âge mentionnés le sont uniquement à titre indicatif. Les écrits sur le sujet ne sont pas unanimes sur les groupes d'âge (Masson, 2006). De plus, outre l'âge, des facteurs comme la personnalité, la maturité, le stade de développement et l'expérience particulière de chaque enfant (Jacques 1998 ; Saint-Pierre & Régnier, 2009) peuvent avoir des impacts sur sa conception de la maladie et du deuil.

Les infirmières ont un rôle important à jouer auprès des parents et des familles en lien avec le soutien requis par les enfants. Il est primordial de prendre le temps de parler avec les enfants et les adolescents chaque fois qu'ils en manifestent le désir. La crainte de ne pas offrir une aide adéquate est souvent présente autant chez le parent que chez l'infirmière. L'important est de se montrer sincère et attentif aux besoins de l'enfant, non pas d'être parfait. L'adulte peut avouer simplement qu'il n'a pas réponse à tout. Il peut tenter d'offrir des explications à l'enfant à la mesure de sa compréhension (Saint-Pierre & Régnier, 2009). Le fait de tenter de conserver une routine malgré la situation peut apporter un sentiment de sécurité à l'enfant. Les visites auprès de la personne malade sont possibles dans la mesure où l'enfant le désire. Il importe de le préparer à ce qu'il verra.

Les parents se questionnent souvent sur la nécessité de faire participer l'enfant aux rites funéraires. Masson (2006) souligne qu'il est important de différencier la décision du parent et le choix de l'enfant. L'enfant peut accepter de participer mais pas nécessairement à tout. Il importe donc d'être ouvert aux besoins de l'enfant et de réévaluer ses besoins régulièrement.

TABLEAU 11.6	Réactions des enfants à l'égard de la maladie et de la mort
ÂGE	**RÉACTIONS**
Petite enfance (de 0 à 12 mois) et bas âge (de 1 à 3 ans)[a]	• Ne saisit pas la portée d'un événement comme la mort. • Réagit à partir de ce qu'il perçoit dans son environnement : tension, anxiété, détresse. • Se montre très réceptif aux changements de routine. • Les personnes et les objets existent dans la mesure où l'enfant peut les percevoir. • La mort est associée à l'absence, à la séparation, au départ. • Fait preuve d'égocentrisme. • A besoin de nourriture, d'affection, de sécurité, de tendresse. • Peut réagir par des changements de comportements ou d'habitudes (sommeil, alimentation ou jeu).
Âge préscolaire (de 3 à 5 ans)	• Manifeste une grande curiosité (questions parfois très concrètes et insolites). • Désire savoir sans parvenir à comprendre. • A recours à la pensée magique. • Pose des questions relativement à la mort. • La mort est non permanente (la personne décédée continue d'exister). • Ne comprend pas le concept de finitude. • L'imaginaire est très présent (cauchemars et fabulations possibles en lien avec la mort). • A des fantasmes en lien avec la mort et la vie après la mort. • La mort est représentée comme un monstre, une sorcière, un être malfaisant. • Croit à la possibilité d'être vivant et mort à la fois (n'assimile pas l'arrêt des fonctions biologiques du corps). • Ne comprend pas les notions « toujours » ou « jamais ». • La mort est temporaire et réversible. • Attribue la mort à des causes magiques. • Fait preuve d'égocentrisme. • Peut croire qu'il a causé la mort ou la disparition (besoin d'être réassuré). • Il est préférable d'éviter les expressions « il est parti » ou « il dort » pour parler du défunt à l'enfant.

ÂGE	RÉACTIONS
Âge scolaire (de 5 à 9 ans)	• Perçoit la mort comme définitive et irréversible (entre 7 et 9 ans). • Ne comprend pas la notion que la mort est inévitable. • Ne se conçoit pas comme un être mortel. • Les causes de la mort sont plus concrètes et plus près de la réalité. • Demeure curieux et pose de nombreuses questions. • Pense que la mort peut être évitée. • Croit que la mort est destinée aux plus vieux et aux plus faibles. • Peut manifester des changements de comportement. • Peut manifester des changements dans son rendement scolaire. • L'école devrait être avisée de ce que vit l'enfant.
Puberté (de 9 à 12 ans)	• La mort est interprétée comme un processus biologique permanent et définitif (à partir de 9 ou 10 ans). • La mort est universelle (pour les autres et lui-même). • Comprend que la mort peut survenir sans raison. • A une fascination pour la destruction du corps. • Se questionne sur le paradis et l'enfer. • Se questionne sur le pourquoi de la mort. • A peur de la mort, peur de sa mort, peur de voir les morts. • Garde souvent sa détresse secrète, pour ne pas paraître « bébé ». • Peut manifester des changements de comportement. • Peut manifester des changements dans son rendement scolaire. • L'école devrait être avisée de ce que vit l'enfant.
Adolescence (de 12 à 18 ans)	• Comprend la signification de la mort. • Reconnaît les causes objectives de la mort. • Perçoit la mort comme l'issue fatale de toute vie, non plus comme une malédiction ou une punition. • Peut commettre des actes de délinquance. • Se sent souvent déconcerté et ignore comment réagir. • Peut manifester une attitude d'indifférence (malgré une grande souffrance). • La fierté et le besoin de s'affirmer l'empêchent d'exprimer ses sentiments. • A besoin d'être entouré et écouté. • Ses croyances et ses réflexions peuvent varier grandement. • Se questionne sur la réincarnation. • Se questionne sur la vie après la mort.

[a] Les groupes d'âge sont ceux désignés par Saint-Pierre et Régnier (2009).

Sources : Adapté de Foucault (2004) ; Masson (2006) ; Saint-Pierre & Régnier (2009).

11.6.3   Besoins de l'infirmière

La majorité des infirmières qui prodiguent des soins aux clients dans les unités de soins palliatifs ont fait le choix de travailler auprès de cette clientèle. Elles savent que les soins aux personnes en fin de vie et à leur famille offrent une expérience aussi riche de défis que valorisante. L'expérience des infirmières offrant des soins de fin de vie dans un contexte d'unité spécialisée (chirurgical, médical, soins intensifs) est souvent très différente.

Dans ces lieux, les infirmières n'ont pas forcément les compétences, les connaissances et le soutien nécessaire pour offrir ces soins.

Dans le domaine des soins de fin de vie, une infirmière est appelée à utiliser toutes ses aptitudes personnelles et à faire valoir son sens du devoir.

Jugement clinique

Manon est infirmière en pédiatrie. Elle était présente au moment du décès du petit Axel, âgé de six mois. Elle est très affectée par cette situation, car elle a un enfant de deux ans qui est atteint d'un grave problème neurologique. Lorsqu'elle rencontre les parents du bébé, elle ne peut s'empêcher de pleurer avec eux.

Que pensez-vous de la réaction de Manon ?

Foucault (2004) souligne que pour créer une alliance thérapeutique, l'infirmière doit faire preuve de sensibilité, de simplicité et de réceptivité. Soigner dans un contexte de soins palliatifs c'est « accepter d'être témoin de la souffrance et de la mort, parfois simplement dans le silence, où la présence de cœur peut être plus significative et thérapeutique pour les personnes concernées qu'un flot de paroles faussement rassurantes » (Foucault, 2004). Pour être en mesure d'offrir des soins de fin de vie de qualité, l'infirmière doit pouvoir faire une réflexion personnelle sur ses valeurs et ses croyances et être à l'écoute de ce qui se passe en elle (Foucault, 2004).

Cela n'empêche pas l'accompagnement professionnel des mourants d'être très exigeant sur le plan psychologique. Il se peut que l'infirmière tisse des liens forts avec le client et sa famille et, à ce titre, elle peut sentir qu'elle vit aussi un deuil. Parfois, l'infirmière n'est pas épargnée par le sentiment de perte et d'impuissance. Par conséquent, elle peut avoir besoin d'exprimer sa peine, sa culpabilité et sa frustration. Certaines interventions sont destinées à alléger le stress physique et psychologique. L'infirmière s'applique à reconnaître ce sur quoi elle peut agir ou non. Le fait de prendre conscience de ses propres sentiments permet un échange franc avec le client mourant et sa famille. Une infirmière peut avoir besoin de pleurer avec le client et ses proches pour mesurer l'ampleur de sa peine, auquel cas elle doit le faire pour maintenir son propre équilibre.

Les interventions destinées à reconnaître ses besoins et à les satisfaire aident l'infirmière à la soulager de son stress et à préserver son équilibre. De plus, elle veille à s'adonner à des passe-temps ou à des loisirs, à se réserver du temps pour ses projets, à cultiver son réseau professionnel et à tisser un réseau social qui dépasse le cadre du travail. Les établissements qui se consacrent aux soins palliatifs offrent souvent aux membres du personnel soignant du soutien professionnel et des groupes de discussion informels. L'important pour l'infirmière est de reconnaître ses besoins et d'y répondre.

■ ■ ■ À retenir

VERSION REPRODUCTIBLE

www.cheneliere.ca/lewis

- Les soins palliatifs sont des soins holistiques. Ils considèrent les différents aspects de la personne : aspects physique, psychologique, social et spirituel.

- Le but des soins palliatifs est de promouvoir la qualité de vie, de gérer les différents symptômes et d'offrir soutien et accompagnement.

- Dans un contexte de soins palliatifs, les soins visent la personne malade et sa famille.

- Les soins palliatifs ont avantage à être entrepris non pas uniquement durant la phase terminale de la maladie, mais dès qu'une maladie menace la survie.

- Le concept de soins palliatifs est beaucoup plus large que les soins prodigués dans un contexte de fin de vie (mort imminente).

- Les soins palliatifs demeurent souvent associés aux personnes en phase terminale de cancer.

- Les personnes atteintes de différentes maladies chroniques auraient avantage à bénéficier de soins palliatifs. Parmi elles, les plus importantes sont les maladies cardiaques, les maladies respiratoires, le sida, les maladies dégénératives ainsi que la démence.

- La trajectoire du cancer est prévisible jusqu'à un certain point. L'évolution d'autres maladies chroniques (insuffisance cardiaque, maladie pulmonaire obstructive chronique [MPOC], démence, insuffisance rénale) est moins prévisible.

- Les soins palliatifs sont davantage une philosophie de soins qu'un lieu de soins. En effet, ils peuvent être offerts autant dans des unités de soins spécialisés, à domicile ou en CHSLD que dans des unités de soins palliatifs ou dans des maisons de soins palliatifs.

- Le cancer est la principale cause de décès au Québec et au Canada.

- L'infirmière, en collaboration avec l'équipe interdisciplinaire, joue un rôle important dans la gestion des symptômes physiques, psychologiques, sociaux et spirituels dans un contexte de soins palliatifs.

- Le deuil est une réaction normale à la perte. Considérant que plusieurs pertes surviennent en cours de maladie (p. ex., la perte d'autonomie, de mobilité, de revenus, de statut social), il peut donc y avoir des manifestations de deuil avant même le décès de la personne atteinte.

- Le refus de traitement et la cessation de traitement sont des droits dans un contexte de consentement libre et éclairé. Ils ne sont d'aucune façon une euthanasie ou un suicide assisté.

- L'âge d'un enfant a un impact majeur sur sa façon de composer avec les pertes, le deuil et la mort.

Pour en savoir plus

VERSION COMPLÈTE ET DÉTAILLÉE

www.cheneliere.ca/lewis

 Références Internet

Organismes et associations

Association Canadienne des Dons d'Organes
www.acdo.ca

Association canadienne des soins palliatifs
www.acsp.net

Campagne Québec-Vie
www.cqv.qc.ca

Leçons de vie
www.living-lessons.org

Maison Michel-Sarrazin
www.michel-sarrazin.ca

Palli-Science
www.palli-science.com

Portail canadien en soins palliatifs
www.virtualhospice.ca

Québec-Transplant
www.quebec-transplant.qc.ca

Répertoire national des services de soins palliatifs
www.oulton.com/chpca/home.nsf/MainViewFrameSetF!OpenFrameSet

Réseau des soins palliatifs du Québec
www.aqsp.org

Société canadienne des médecins de soins palliatifs
www.cspcp.ca

Organismes gouvernementaux

Santé Canada > Système de soins de santé > Soins palliatifs et soins de fin de vie
www.hc-sc.gc.ca

Santé et Services sociaux Québec > Problèmes de santé > Cancer > Documentation > Formations > Formation continue en soins palliatifs pour les infirmières et les infirmiers auxilliaires
www.sante.gouv.qc.ca

Références générales

Infiressources > Carrefour des rubriques > Carrefour clinique > Soins palliatifs
www.infiressources.ca

Société canadienne du cancer > Qui sommes-nous ? > Salle des nouvelles > Nos prises de position > Soins palliatifs en fin de vie
www.cancer.ca

 Monographies

Béland, J.-P. (2008). *Mourir dans la dignité*. Sainte-Foy, Qc : Les Presses de l'Université Laval.

Laval, G., *et al.* (2009). *Principales thérapeutiques en soins palliatifs chez l'adulte et la personne âgée*. Paris : Sauramps.

Marmilloud, L. (2007). *Soigner un choix d'humanité*. Paris : Vuibert.

Société française d'accompagnement et de soins palliatifs (2009). *L'infirmière et les soins palliatifs. Prendre soin : éthique et pratiques*. Paris : Masson.

Articles, rapports et autres

Bédard, C., Major, D., Ladouceur-Kègle, P., Guertin, M-H., & Brisson, J. (2006). *Soins palliatifs de fin de vie au Québec : définition et mesure d'indicateurs – Partie 1 : population adulte (20 ans et plus)*. Québec, Qc : Institut national de santé publique.

Ministère de la Santé et des Services sociaux (MSSS) (2006). *Normes en matière de soins palliatifs pédiatriques*. Québec, Qc : MSSS.

Organisation mondiale de la santé (OMS) (2008). *Soins palliatifs : prise en charge des symptômes et soins de fin de vie. Prise en charge intégrée des maladies de l'adolescent et de l'adulte. Directives provisoires pour les agents de santé de premier niveau*. Suisse : OMS.

11

CHAPITRE

12

Écrit par :
Patricia Graber O'Brien, MA, MSN

Adapté par :
Marie-Claude Jacques, inf., B. Sc.

Troubles liés à une substance

Objectifs

Après avoir lu ce chapitre, vous devriez être en mesure :

- d'appliquer les termes suivants à des situations cliniques : usage inadéquat, abus de psychotropes, dépendance, toxicomanie, abstinence, manque, rechute, surdose, sevrage, tolérance, intoxication et désintoxication ;

- de lier les effets de la toxicomanie à leurs complications ;

- de distinguer les effets des stimulants, des dépresseurs et du cannabis ;

- de décrire le rôle de l'infirmière dans la promotion de la cessation tabagique ;

- de décrire le processus thérapeutique en interdisciplinarité des clients en situation d'intoxication, de surdose ou de sevrage de stimulants ou de dépresseurs ;

- de décrire les interventions infirmières pour des clients ayant un problème de toxicomanie et devant subir une chirurgie ;

- de décrire le traitement infirmier de la douleur chez le client dépendant de dépresseurs du système nerveux central ;

- d'appliquer les techniques d'entretien motivationnel en vue d'amener les clients dépendants à adopter des changements de comportement ;

- d'évaluer la prévalence et les consé-quences de l'abus de psychotropes chez les personnes âgées.

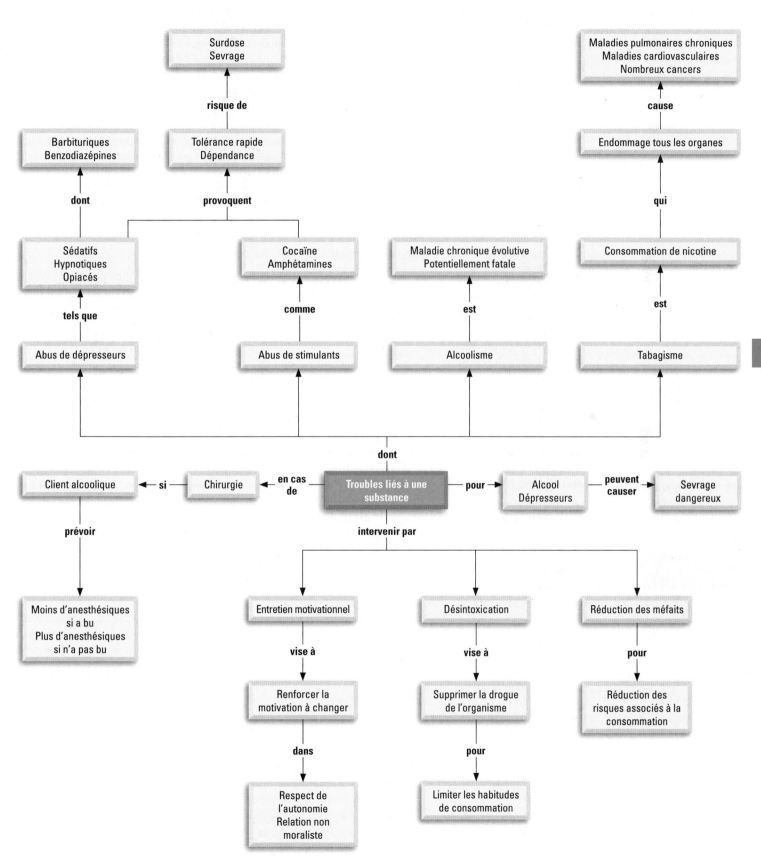

12.1 | Abus et dépendance

L'abus de psychotropes et la dépendance sont devenus de graves problèmes pour le système de soins et la société en général. Les substances chimiques en cause sont généralement des agents psychoactifs provoquant une sensation de plaisir ou altérant la pensée et la perception. Celles-ci comprennent des produits dont l'usage par les adultes est permis, comme l'alcool et le tabac, ainsi que des drogues illicites, dont les plus répandues au Québec sont le cannabis, la cocaïne, les hallucinogènes, les amphétamines et l'héroïne (Comité permanent de lutte à la toxicomanie [CPLT], 2003). Phénomène répandu, l'abus des médicaments d'ordonnance est aussi une réalité. Il existe peu de statistiques au sujet de l'abus de médicaments d'ordonnance au Canada. Par contre, les Canadiens comptent parmi les plus grands consommateurs de médicaments psychotropes au monde (Weekes, Rehm, & Mugford, 2007). Dans une enquête publiée en 2008, 2 % des personnes ayant consommé ce type de substances ont admis l'avoir fait pour l'effet euphorique. Ce taux atteignait 9,4 % chez les 15 à 24 ans (Santé Canada, 2009). Aux États-Unis, les médicaments d'ordonnance sont les substances les plus utilisées (après le cannabis). L'abus d'opioïdes dans ce pays est largement associé à l'augmentation du nombre de décès par surdose de drogues. Il semblerait que les utilisateurs ne perçoivent pas comme un risque le fait d'utiliser des médicaments d'ordonnance à des fins non thérapeutiques (Organe international de contrôle des stupéfiants, 2010).

Les personnes qui abusent des psychotropes ont plus souvent recours au système de santé que les autres. En un an, au Québec, près de 4 000 séjours aux urgences associés à une forme d'abus ou d'usage inadéquat de psychotropes ont été enregistrés (CPLT, 2003). Toutes les infirmières finissent par prendre soin de clients ayant un problème de toxicomanie, que ceux-ci soient reconnus comme tels ou non, car l'abus de substances et les problèmes de santé qui en découlent sont un phénomène pour lequel la prévalence est élevée.

L'abus de psychotropes et la toxicomanie font l'objet de diagnostics psychiatriques précis (American Psychiatric Association [APA], 2000) **TABLEAU 12.1**. Les substances en cause sont décrites en détail dans les manuels de psychiatrie et de pharmacologie. Le traitement à long terme des dépendances est généralement offert par des établissements spécialisés qui proposent tant des pharmacothérapies que des thérapies comportementales. Ce chapitre met plutôt l'accent sur le rôle de l'infirmière dans la détermination et le traitement en contexte de soins actifs des clients ayant un problème de toxicomanie ou étant intoxiqués.

En plus d'affecter le cerveau, presque toutes les substances utilisées par les personnes ayant un problème de toxicomanie endommagent des tissus ou des organes. Certains problèmes de santé sont causés par une drogue en particulier, comme les lésions au foie provoquées par l'alcool, ou la **maladie pulmonaire obstructive chronique (MPOC)** occasionnée par la fumée du tabac. D'autres problèmes de santé résultent de comportements liés à la dépendance, comme la négligence en matière d'alimentation et d'hygiène accompagnant l'usage de drogues injectables. Le **TABLEAU 12.2** énumère des complications communes découlant de l'abus de psychotropes.

TABLEAU 12.1	Terminologie de l'abus de psychotropes
TERME	**DÉFINITION**
Abstinence	Absence de consommation de substances psychotropes.
Abus	Usage injustifié ou excessif de quelque chose. Cette notion varie d'une société à l'autre. Dépend grandement, entre autres, de divers aspects culturels, religieux, éthiques, légaux et médicaux.
Dépendance	Ensemble des phénomènes physiques et psychologiques qui, après un certain temps d'utilisation variable, rendent certaines substances indispensables à l'équilibre physiologique d'une personne.
Dépendance physique	État résultant de l'usage répété et excessif d'une substance au cours duquel l'organisme s'est adapté et est devenu dépendant à la présence de la substance à une certaine concentration.
Dépendance psychologique	État dans lequel l'arrêt ou la diminution brutale de la dose d'une substance produit des symptômes psychologiques caractérisés par une préoccupation émotionnelle et mentale liée aux effets de la substance, et par un besoin intense et persistant à reprendre de cette substance.

▼

TABLEAU 12.1	Terminologie de l'abus de psychotropes *(suite)*
TERME	**DÉFINITION**
Désintoxication	Processus de traitement utilisé pour éliminer une substance psychoactive chez une personne dépendante, soit par le retrait graduel du produit, soit par le traitement pharmacologique de substitution spécifique pour minimiser et contrôler les risques de complications associées pouvant apparaître à l'arrêt brusque du produit.
Drogue	Substance chimique psychoactive qui influence significativement le fonctionnement du cerveau et, par conséquent, celui de l'état mental. A un impact sur l'humeur, les émotions et les processus cognitifs. Synonyme de psychotrope.
Intoxication	Manifestation d'un syndrome réversible entraînant des changements mentaux et comportementaux qui peuvent impliquer des troubles intellectuels, une altération du jugement et des fonctions physiques et sociales, ainsi qu'une labilité de l'humeur et de l'agressivité.
Manque	Terme habituellement employé pour définir la sensation qu'entraîne la privation d'une substance psychoactive. Le manque est un mot de la langue commune désignant le syndrome de sevrage. Cet état, déclenché par un signal, survient lorsque se présentent des situations antérieurement associées à la consommation de drogues.
Polytoxicomanie (dépendance à plusieurs substances)	Utilisation d'au moins trois groupes de substances (excepté la caféine et la nicotine) de manière répétitive pendant une période continue de 12 mois, sans que prédomine l'une des substances. La personne démontre de la dépendance de façon générale, mais pas pour une substance en particulier.
Rechute	Retour à la consommation de drogues suivant une période d'abstinence.
Sevrage	Combinaison de réactions physiologiques et psychologiques survenant au cours de l'arrêt ou de la diminution de la consommation d'une drogue dont une personne est dépendante.
Surdose	Présence dans l'organisme d'une quantité excessive de médicaments ou de drogues menaçant l'intégrité physique de la personne.
Tolérance	État d'hyposensibilité de l'organisme se traduisant par une diminution de la réponse à une substance et par la capacité de supporter, sans manifester de symptômes d'intoxication, des doses élevées qui, habituellement, seraient toxiques pour le néophyte. Se manifeste par une diminution de l'efficacité et de la toxicité d'une substance.
Toxicomanie	Utilisation compulsive et prépondérante d'une substance, y compris le fait de consacrer de plus en plus de temps à l'obtention ou à la prise de celle-ci, ou au rétablissement de ses effets ; elle peut survenir en l'absence de dépendance physique.
Usage inadéquat	Usage d'un médicament ou d'une drogue à d'autres fins que celles prévues.

Sources : Adapté de APA (2000) ; Beers, Porter, Jones, Kaplan, & Berkwits (2006) ; Centre québécois de lutte aux dépendances (2006) ; Davis & Buskist (2008) ; Ferguson & Shiffman (2009) ; Parrillo (2008).

TABLEAU 12.2	Principaux problèmes de santé associés à l'abus de psychotropes et à la toxicomanie
DROGUE	**PROBLÈMES DE SANTÉ[a]**
Nicotine et fumée du tabac	• Maladie pulmonaire obstructive chronique (MPOC) • Cancers du poumon, de la bouche, du larynx, de l'œsophage, de l'estomac, du pancréas, de la vessie, de la prostate et du col de l'utérus • Maladies coronariennes, artériopathie oblitérante des membres inférieurs • Ulcère gastroduodénal, reflux gastro-œsophagien pathologique

TABLEAU 12.2	Principaux problèmes de santé associés à l'abus de psychotropes et à la toxicomanie *(suite)*
DROGUE	**PROBLÈMES DE SANTÉ[a]**
Cocaïne	• Plaies nasales, nécrose ou perforation septales • Sinusite chronique • Poumon du *crack* (*crack lung*) (atteinte pulmonaire à éosinophiles) • Arythmie cardiaque, ischémie myocardique, infarctus du myocarde • Accident vasculaire cérébral • Psychose
Amphétamines	• Arythmie cardiaque, ischémie myocardique, infarctus du myocarde • Tremblements irrépressibles
Caféine	• Irritation gastro-intestinale, ulcère gastroduodénal, reflux gastro-œsophagien pathologique • Anxiété, insomnie
Sédatifs et hypnotiques	• Troubles de la mémoire • Dépression respiratoire • Risques de chutes et de fractures
Opioïdes	• Dysfonction sexuelle • Ulcères gastriques • Glomérulonéphrite
Cannabis	• Bronchite, sinusite chronique • Troubles de la mémoire • Troubles de l'immunité • Dysfonction reproductive
COMPORTEMENT	**PROBLÈMES DE SANTÉ**
Injection de drogues	• Caillots sanguins, phlébites, infections de la peau • Hépatites B et C • VIH, sida • Autres infections : endocardite, tuberculose, pneumonie, méningite, tétanos, infection des os et des articulations, abcès du poumon
Reniflement de drogues	• Plaies nasales, nécrose ou perforation septales • Sinusite chronique
Comportements sexuels à risque	• VIH, sida • Hépatites B et C • Autres infections transmissibles sexuellement
Négligence	• Mauvaise alimentation, troubles de l'immunité • Blessures accidentelles

[a] Les problèmes de santé associés à l'abus de psychotropes et à la toxicomanie sont abordés ailleurs dans ce manuel, là où des problèmes pour lesquels les comportements liés à une substance constituent un facteur de risque sont décrits.

Source : Adapté de National Institute on Drug Abuse (NIDA) (2008).

12.2 | Drogues toxicomanogènes les plus répandues

12.2.1 Nicotine

Le trouble lié à une substance que l'infirmière est le plus susceptible de rencontrer est sans conteste le tabagisme. La nicotine est un stimulant contenu dans le tabac. De toutes les drogues toxicomanogènes, il s'agit de celle qui provoque le plus rapidement une dépendance. La cigarette est le vecteur principal de l'abus du tabac au Canada. Le fumeur moyen inhale de 1 à 2 mg de nicotine par cigarette. Si, pendant les cinq minutes où elle est allumée, il en tire dix bouffées et qu'il en fume une trentaine par jour, cela procure trois cents doses quotidiennes de nicotine à son cerveau (Centers for Disease Control and Prevention [CDC], 2009 ; NIDA, 2006).

Les effets de la nicotine sur le cerveau sont les mêmes que ceux d'autres stimulants hautement toxicomanogènes, dont la cocaïne **TABLEAU 12.3**. Bien que les fumeurs affirment que la nicotine a un effet sédatif et relaxant et qu'elle atténue l'anxiété, ces effets seraient plutôt ceux du soulagement d'un sevrage par un surcroît de nicotine.

TABLEAU 12.3	Effets des drogues toxicomanogènes		
DROGUES	**EFFETS PHYSIOLOGIQUES ET PSYCHOLOGIQUES**	**EFFETS D'UNE SURDOSE ET TOXICITÉ**	**SYMPTÔMES DE SEVRAGE**
Stimulants			
• Nicotine	Augmentation de l'éveil et de la vigilance ; amélioration du rendement ; augmentation du rythme et du débit cardiaques et de la pression artérielle ; vasoconstriction cutanée ; tremblement léger ; diminution de l'appétit ; effet antidiurétique ; augmentation de la motilité gastrique	Rares : nausées, douleur abdominale, diarrhée, vomissements, étourdissements, confusion, diminution de la respiration, convulsions, crises d'épilepsie, mort par MPOC	Sensation de manque, agitation, dépression, céphalées, irritabilité, somnolence et insomnie, diminution de la pression artérielle et de la fréquence cardiaque, augmentation de l'appétit
• Cocaïne et amphétamines – Cocaïne, sulfate de dexamphétamine (Dexedrine^{MD}), méthamphétamine, méthylphénidate (Ritalin^{MD} ou Concerta^{MD})	Effets initiaux : euphorie, grandiloquence, agitation, insomnie ; tachycardie, hypertension, angine de poitrine, arythmie ; dyspnée, tachypnée ; excitation sexuelle, retardement de l'orgasme ; anorexie Effets à long terme : dépression, hallucinations, tremblements, infarctus du myocarde, insuffisance cardiaque, myocardiopathie ; congestion pulmonaire ; rhinorrhée ; perte d'intérêt pour la sexualité	Agitation ; augmentation de la température corporelle, du pouls, de la fréquence respiratoire et de la pression artérielle ; arythmie cardiaque, infarctus du myocarde, hallucinations, crises d'épilepsie, mort possible	Importante sensation de manque, dépression majeure, épuisement, sommeil prolongé, apathie, irritabilité, désorientation
Dépresseurs			
• Alcool • Sédatifs hypnotiques – Barbituriques : sécobarbital (Séconal^{MD}), pentobarbital (Nembutal^{MD}), amobarbital (Amytal^{MD}), phénobarbital (Luminal^{MD}) – Benzodiazépines : diazépam (Valium^{MD}), chlordiazépoxide (Librium^{MD}), alprazolam (Xanax^{MD}) – Hypnotiques : témazépam (Restoril^{MD}), flurazépam (Dalmane^{MD})	Détente initiale, humeur labile, désinhibition, somnolence, manque de coordination, affaiblissement du jugement, propos mal articulés, hypotension, bradycardie, bradypnée, contraction des pupilles	Respiration peu profonde ; rhume, peau moite, pouls faible et rapide ; hyporéflexie, coma, mort possible	Premiers symptômes : faiblesse, agitation, insomnie, hypothermie, hypotension orthostatique, confusion, désorientation Au bout de trois à cinq jours : épisodes importants de convulsions, délire psychotique, épuisement, collapsus cardiovasculaire, mort

TABLEAU 12.3	Effets des drogues toxicomanogènes *(suite)*		
DROGUES	**EFFETS PHYSIOLOGIQUES ET PSYCHOLOGIQUES**	**EFFETS D'UNE SURDOSE ET TOXICITÉ**	**SYMPTÔMES DE SEVRAGE**
• Opioïdes – Héroïne, morphine, opium, codéine, fentanyl, péthidine (Demerol^MD), hydromorphone (Dilaudid^MD), pentazocine (Talwin^MD), oxycodone (OxyContin^MD), méthadone (Metadol^MD), buprénorphine (Suboxone^MD)	Analgésie, euphorie, somnolence, détachement par rapport à son milieu, détente, contraction des pupilles, constipation, nausées, diminution de la fréquence respiratoire, propos mal articulés, affaiblissement du jugement, diminution de la libido et de l'agressivité	Respiration lente et peu profonde ; peau moite ; contraction des pupilles ; coma ; mort possible	Larmoiements, dilatation des pupilles, nez qui coule, bâillements, tremblements, douleur, frissons, fièvre, diaphorèse, nausées, vomissements, diarrhée, crampes abdominales
• Cannabis – Marijuana, haschisch	Détente, euphorie, perte de motivation, impression que le temps passe plus lentement, excitation sexuelle, troubles de la mémoire et de l'attention, affaiblissement du jugement, manque de coordination, tachycardie, augmentation de l'appétit	Fatigue, paranoïa, panique, état psychotique de type hallucinatoire	Rares : insomnie, hyperactivité

Effets et complications

Le tabagisme est le mode de consommation de nicotine le plus nocif et il peut endommager pratiquement tous les organes. Il est reconnu depuis longtemps qu'il provoque des maladies pulmonaires chroniques, des maladies cardiovasculaires et de nombreux cancers **TABLEAU 12.2**. Des recherches récentes l'associent à la cataracte, à la pneumonie, à la **parodontite** et à l'anévrisme de l'aorte (Lehne, 2010). L'irritation chronique des bronches causée par l'exposition à la fumée de cigarette constitue le principal facteur de risque de cancer du poumon et de MPOC. Les gaz toxiques contenus dans la fumée de cigarette contractent les bronches, paralysent les cils, épaississent les membranes sécrétrices de mucus, dilatent les voies respiratoires distales et détruisent les parois des alvéoles.

La fumée de cigarette contient aussi du monoxyde de carbone, dont les effets combinés à ceux de la nicotine augmentent le risque de maladie coronarienne. Ce gaz possède une forte affinité pour l'hémoglobine à laquelle il se combine plus facilement que l'oxygène, réduisant ainsi sa capacité à transporter ce dernier. Le fait que les fumeurs inhalent moins d'oxygène lorsqu'ils fument s'ajoute à cette diminution de l'oxygène disponible. Combiné à une hausse de la consommation d'oxygène par le myocarde provoquée par la nicotine, le monoxyde de carbone diminue considérablement la quantité d'oxygène dont ce muscle peut disposer. Il en résulte une augmentation encore plus forte de la fréquence cardiaque et de la demande d'oxygène par le myocarde, ce qui peut provoquer une **ischémie myocardique**.

Les enfants dont les parents fument affichent une prévalence de symptômes et de maladies respiratoires plus élevée que les autres. Chez les adultes, la fumée secondaire est associée à une diminution de la fonction pulmonaire, à une augmentation du risque de cancer du poumon et à une hausse du taux de mortalité due à des maladies coronariennes.

Il semble que le risque de contracter une maladie liée au tabagisme soit plus élevé chez les femmes que chez les hommes. Le tabagisme est associé chez elles à une augmentation du saignement menstruel et à la **dysménorrhée**, ainsi qu'à la ménopause précoce et à la stérilité. Le cancer du poumon lié au tabagisme a maintenant supplanté le cancer du sein comme cause principale de décès par cancer chez les femmes (Société canadienne du cancer, 2010).

Bien que le tabac sans fumée (tabac à priser ou à chiquer) entraîne moins de maladies pulmonaires que la cigarette, son usage n'est pas sans conséquence. La présence récurrente de tabac en bouche multiplie presque par 50 les probabilités de cancer de la bouche, de la joue, de la langue ou de la gencive. Ses utilisateurs subissent aussi les effets généraux de la nicotine sur le système circulatoire, lesquels accentuent les risques de maladies cardiovasculaires (Lehne, 2010).

Peu importe la façon dont elle est consommée, la nicotine peut elle-même entraîner des problèmes de santé tels qu'une **artériopathie oblitérante des membres inférieurs**, des retards de cicatrisation, des ulcères gastroduodénaux et du reflux gastro-œsophagien pathologique (Lehne, 2010).

Dysménorrhée :
Menstruations difficiles et douloureuses.

RAPPELEZ-VOUS...

Le risque d'être atteint d'un cancer pulmonaire est 10 fois plus élevé chez le fumeur que chez le non-fumeur.

Ischémie myocardique :
Diminution ou arrêt de l'apport de sang dans le myocarde.

CLIENT AYANT UN PROBLÈME DE TABAGISME

Prévention du tabagisme

La prévention du tabagisme chez les enfants et les adolescents est un élément clé de la prévention de l'abus de psychotropes en général. L'enfant ou l'adolescent qui ne fume pas court beaucoup moins de risques d'abuser d'autres drogues en vieillissant. Au Québec, parmi les élèves de la 5e année du primaire à la 3e année du secondaire, la prévalence du tabagisme est de 7 % (comparativement à 3 % dans le reste du Canada), et l'âge moyen d'initiation à la cigarette est de 11 ans (Payette & Nguyen, 2009). Il existe d'ailleurs au Québec des programmes de prévention du tabagisme spécifiquement destinés aux jeunes **FIGURE 12.1**.

Cessation tabagique

Le tabagisme est la principale cause de maladies et de décès évitables dans le monde. Au Québec, malgré l'intensification de la lutte au tabagisme au cours des dernières années, 21 000 personnes décèdent chaque année des suites du tabagisme (Institut national de santé publique du Québec, 2006). Malgré une baisse de 2 % depuis 2004, il y avait encore 22,5 % de fumeurs au Québec en 2009 (Statistique Canada, 2010). C'est pourquoi les professionnels de la santé mettent l'accent sur le traitement de la dépendance à la nicotine et sur la promotion de la cessation tabagique. Chacun d'eux a la responsabilité de déceler les fumeurs et de leur donner de l'information sur les méthodes pour arrêter de fumer. Le moyen considéré comme étant le plus efficace pour garantir une cessation tabagique à long terme consiste à combiner des produits de substitution au tabac ou des médicaments à une thérapie comportementale et à un bon accompagnement **ENCADRÉ 12.1**.

Pour atténuer la gravité des symptômes découlant du sevrage ou du manque de nicotine, il existe toute une gamme de produits de substitution au tabac **TABLEAU 12.4**. Grâce à un dispositif libérant la drogue plus lentement, et ce, sans les gaz et les autres éléments cancérigènes propres à la fumée, ces produits permettent à l'utilisateur d'absorber moins de nicotine que s'il fumait une cigarette. Les thérapies de remplacement de la nicotine ne sont cependant pas recommandées aux femmes enceintes et aux personnes qui ont subi un infarctus aigu du myocarde depuis moins de deux semaines, qui souffrent d'une angine instable ou qui sont atteintes d'une arythmie sévère (Agency for Healthcare Research and Quality [AHRQ], 2008).

Le tartrate de varénicline (Champix^MD) est un médicament d'aide au sevrage tabagique qui se distingue par son action à la fois agoniste et antagoniste sur les récepteurs nicotiniques. Son action agoniste sur un sous-type de récepteur nicotinique procure des effets comparables à ceux de la nicotine, ce qui atténue les symptômes du manque. En bloquant un autre sous-type de récepteur nicotinique, il prévient la libération de dopamine, ce qui a pour effet d'annuler les effets de la nicotine si la personne fume.

D'autres médicaments sans nicotine peuvent aider à vaincre la dépendance au tabac. Le bupropion (Zyban^MD) est un antidépresseur approuvé en tant qu'aide antitabagique. Il atténue l'envie de fumer et diminue certains symptômes du manque tout en prévenant l'accroissement pondéral associé à la cessation tabagique. Bien qu'ils ne soient pas approuvés à cette fin par la Direction générale des produits de santé et des aliments (DGPSA) de Santé Canada, la nortriptyline (Aventyl^MD) et le chlorhydrate de clonidine (Catapres^MD) sont parfois utilisés pour apaiser les symptômes du manque et encourager la cessation tabagique (Gray, 2007).

En association avec les produits de substitution, la participation à un programme d'abandon du tabac est recommandée. Il y a des centres d'abandon du tabagisme (CAT) dans chaque région du Québec. Pour soutenir la personne dans ses démarches d'abandon du tabagisme ou pour prévenir une rechute, les CAT offrent du soutien individuel ou en groupe. Ces services sont offerts par des professionnels de la santé qui ont reçu une formation spécialisée en abandon du tabagisme reconnue par le ministère de la Santé et des Services sociaux (MSSS) (Conseil québécois sur le tabac et la santé, Société canadienne du cancer, & MSSS, 2009). Certains fumeurs sont capables d'arrêter par sevrage brutal. Basées sur le fait que des signaux environnementaux induisent la sensation de manque, des thérapies comportementales dans lesquelles la personne est exposée de façon répétée aux signaux associés à l'envie de fumer sans pouvoir consommer de tabac existent aussi (Ferguson & Shiffman, 2009). Le signal (p. ex., voir quelqu'un fumer) n'est alors plus renforcé par le comportement (fumer). Des programmes proposent aussi d'autres stratégies d'adaptation comme des techniques de refus de cigarette, l'affirmation de soi, de nouvelles manières de faire face au stress et le recours à l'entraide. Les thérapies combinées voient leur taux de réussite doubler si elles s'échelonnent sur un an plutôt que sur les 12 semaines habituelles (Hall, Humfleet, Reus, Muñoz, & Cullen, 2004).

L'infirmière a la responsabilité d'aider les personnes à cesser de fumer ou de consommer du tabac. Dans une étude américaine, il a été rapporté que 70 % des fumeurs veulent arrêter, mais que seulement la moitié d'entre eux y ont été encouragés par des professionnels de la santé (AHRQ, 2008). Puisque seulement 5 % des fumeurs réussissent à arrêter dès leur première tentative, certains professionnels de la santé font preuve de cynisme à l'égard de telles recommandations. La plupart des personnes qui en ont fini pour de bon avec la cigarette ont connu un certain nombre de rechutes avant d'y arriver. L'infirmière et son client ne devraient pas se laisser décourager par ces rechutes. Le *Plan québécois de lutte contre le tabagisme 2006-2010* (MSSS, 2006) a notamment pour objectif la réduction du tabagisme dans la population québécoise. Pour contribuer à l'atteinte de ce but et pour mettre fin à ces milliers de décès et de maladies inutiles, l'infirmière doit prendre les devants en discutant avec les fumeurs et en leur donnant de l'information sur les méthodes pouvant les aider à venir à bout de leur dépendance.

L'Ordre des infirmières et infirmiers du Québec (OIIQ) a publié un guide à l'usage des infirmières intitulé *Counseling en abandon du tabac : orientations pour la pratique infirmière* (Kayser & Thibault, 2006) les incitant à motiver les fumeurs et les autres consommateurs de tabac à perdre leur habitude. Y sont abordés le rôle de l'infirmière en counseling en abandon du tabac ainsi que les types d'interventions qu'elle peut effectuer en fonction de la réceptivité du client à se libérer du tabagisme. Selon ce guide, le rôle de l'infirmière en counseling en abandon du tabac consiste à dépister l'usage du tabac, à évaluer l'état de santé du client, à lui conseiller d'arrêter de fumer, à évaluer la réceptivité du client au changement, à intervenir en fonction des stades de changement de comportement du client et à évaluer les progrès de celui-ci au moment du suivi.

PHARMACOVIGILANCE

Tartrate de varénicline (Champix^MD) et bupropion (Zyban^MD)

- Ces médicaments peuvent provoquer des symptômes neuropsychiatriques graves comme des changements de comportement, de l'hostilité, de l'agitation, une humeur dépressive de même que des pensées et des conduites suicidaires.

- Veuillez aviser les clients d'arrêter de prendre ces médicaments et de communiquer avec un professionnel de la santé s'ils présentent l'un de ces symptômes.

12

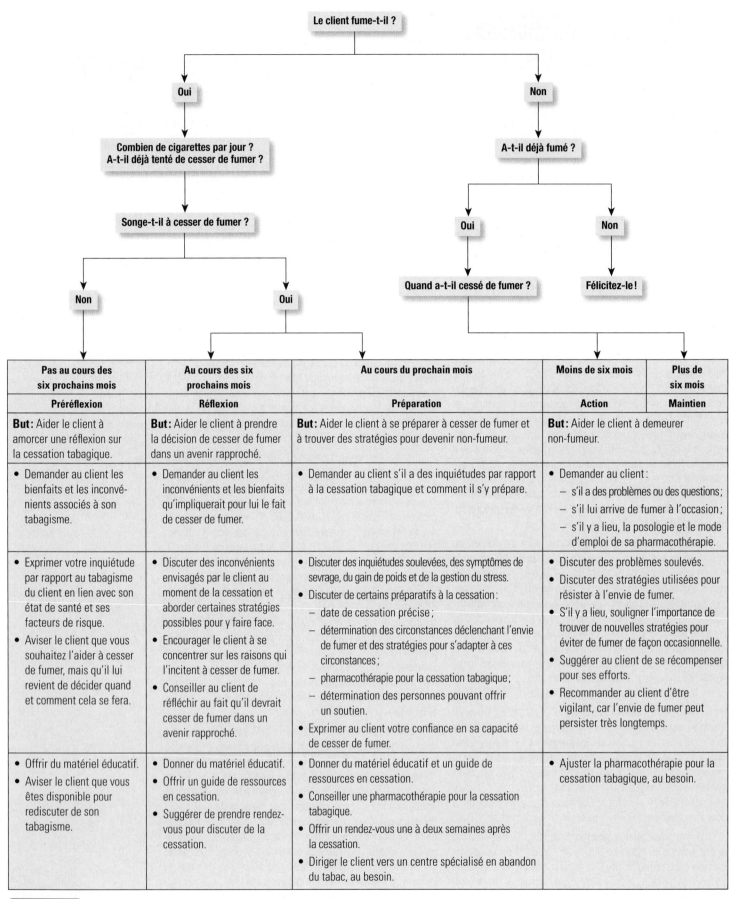

FIGURE 12.1

Conduite clinique concernant le tabagisme : intervenir selon les stades de changement de comportement

ENCADRÉ 12.1 **Les interventions de courte durée en abandon du tabac sont-elles efficaces ?**

Question clinique

Chez les clients fumeurs (P), les interventions de courte durée en counseling en abandon du tabac (moins de trois minutes) (I) ont-elles plus de chances de mener à une cessation tabagique (O) qu'une absence de traitement (C) ?

Résultats probants

- Revue systématique et métaanalyse des essais cliniques aléatoires

Analyse critique et synthèse des données

- Quelque 300 essais cliniques aléatoires ont révélé que le clinicien pourrait jouer un rôle dans la cessation tabagique du client grâce à une intervention en counseling de courte durée (moins de 3 minutes).
- Le counseling a augmenté la motivation du client ainsi que ses chances de cesser de fumer, et ce, même si ce dernier n'était pas prêt à abandonner l'usage du tabac au cours de l'intervention.
- Les fumeurs qui ont reçu des conseils et de l'aide du clinicien ont semblé plus satisfaits des soins de santé qui leur ont été donnés.

Conclusion

- Une courte intervention de trois minutes en counseling en abandon du tabac s'avère efficace chez les fumeurs.

Recommandations pour la pratique infirmière

- Aborder le sujet de la cessation tabagique et de l'aide qui peut être offerte au fumeur.
- Apporter du soutien au client et encourager sa démarche au cours de rencontres continues avec lui.
- Suivre la démarche de l'intervention brève en counseling en abandon du tabac : demander au client s'il fume, lui conseiller d'arrêter, évaluer la réceptivité du client au changement, aider le client dans sa démarche et assurer un suivi.

Référence

Agency for Healthcare Research and Quality (AHRQ) (2008). *Treating tobacco use and dependence : 2008 update.* [En ligne]. www.ncbi.nlm.nih.gov/bookshelf/br.fcgi?book=hsahcpr&part=A28163 (page consultée le 1er juillet 2009).

Source : P : population visée ; I : intervention ; C : comparaison ; O : (*outcome*) résultats.

TABLEAU 12.4 **Produits d'aide à la cessation tabagique[a]**

PRODUITS	PRINCIPAUX EFFETS SECONDAIRES	REMARQUES
Produits de substitution au tabac		

Gomme à la nicotine (en vente libre)
• Nicorette[MD] (2 ou 4 mg)
  — Posologie : de 10 à 12 morceaux par jour
  — Dose maximale : 20 morceaux par jour
  — Durée du traitement : 12 semaines ou plus. La consommation du produit peut être arrêtée une fois qu'elle passe à 1 ou 2 morceaux par jour.
	Hoquet, aphtes buccaux, indigestion, douleur à la mâchoire	Régime posologique : mâcher un morceau pendant 30 minutes en faisant des pauses au cours desquelles la gomme est placée entre la mâchoire et la joue ; éviter de boire ou de manger 15 minutes avant l'utilisation et pendant l'utilisation.

Pastilles à la nicotine (en vente libre)
• Nicorette[MD] (2 ou 4 mg)
  — Posologie : d'abord une pastille par heure ou deux, puis diminution progressive jusqu'à une pastille aux 4 à 8 heures au bout de 12 semaines
  — Durée du traitement : de 8 à 12 semaines ou plus
	Nausées, indigestion, hoquet, céphalées, toux, douleur à la bouche, flatulences	Se dissout dans la bouche en 20 ou 30 minutes ; mâcher et avaler la pastille fait augmenter l'indice glycémique ; éviter de boire ou de manger pendant l'utilisation.

Timbres à la nicotine (en vente libre)
• Nicoderm[MD], Habitrol[MD]
  — Administration transdermique de la nicotine
  — Durée des doses : 18 ou 24 heures
  — Durée du traitement : 8 semaines ou plus
	Prurit, inflammation et rougeur transitoires à l'endroit où se trouve le timbre ; troubles du sommeil avec les timbres de 24 heures	Fournit un niveau de nicotine constant et est facile à utiliser ; contre-indiqué pour les personnes allergiques aux adhésifs.

TABLEAU 12.4	**Produits d'aide à la cessation tabagique[a] *(suite)***	
PRODUITS	**PRINCIPAUX EFFETS SECONDAIRES**	**REMARQUES**

Inhalateur à la nicotine
• Dispositif d'inhalation de nicotine Nicorette[MD]
  – Dose : 4 mg par inhalation
  – Durée du traitement : jusqu'à 6 mois
	Toux ; irritation de la bouche, du nez et de la gorge ; brûlements d'estomac et nausées	Vendu sur ordonnance ; simule le fait de fumer grâce à un embout et à une cartouche de nicotine ; peut être contre-indiqué pour les personnes souffrant d'asthme ou de maladie pulmonaire.

Produits sans nicotine		

• Bupropion (Zyban[MD])
  – Posologie : 150 mg par jour pendant 3 jours, puis 150 mg 2 fois par jour
  – Durée du traitement : de 12 semaines à 6 mois
	Insomnie, assèchement de la bouche, irritabilité, anorexie	Contre-indiqué pour les personnes ayant des antécédents d'épilepsie ou de troubles de l'alimentation ; favorise la perte de poids ; meilleur choix pour les fumeurs dépressifs.

• Tartrate de varénicline (Champix[MD])
  – Posologie : 0,5 mg par jour pendant 3 jours, 0,5 mg 2 fois par jour pendant 4 jours, puis 1 mg 2 fois par jour
  – Durée du traitement : 12 semaines, avec possibilité de 12 autres semaines
	Nausées, troubles du sommeil, constipation, flatulences, vomissements, céphalées	Si administré simultanément à un produit de substitution au tabac, ce produit augmente l'incidence des nausées, des céphalées, des vomissements, de la somnolence, de la dyspepsie et de la fatigue, mais sans que soit modifiée la pharmacocinétique de la nicotine.

• Nortriptyline (Aventyl[MD])[b]
  – Posologie : de 25 à 75 mg par jour
  – Durée du traitement : 12 semaines (ou plus, en cas de dépression)
	Assèchement de la bouche, somnolence, étourdissements	Nécessite un électrocardiogramme stable ; ne pas utiliser immédiatement après un infarctus du myocarde.

• Clonidine (Catapres[MD])[b] – Posologie : 0,1 mg aux 6 heures (q.6 h) au besoin (p.r.n.) pour soulager le manque	Assèchement de la bouche, somnolence, constipation, hypotension	Utilisé pour le soulagement du manque ; changer de position lentement pour prévenir l'hypotension orthostatique.

[a] Les produits de substitution au tabac offerts en vente libre existent aussi sous forme générique. L'Association pulmonaire canadienne offre de l'information supplémentaire et des instructions d'utilisation sur son site Web au www.poumon.ca.

[b] La nortriptyline et la clonidine n'ont pas été approuvées par la Direction générale des produits de santé et des aliments (DGPSA) de Santé Canada pour le traitement du tabagisme, mais ont été utilisées avec succès à cette fin.

Sources : Adapté de Association des pharmaciens du Canada (APhC) (2010) ; Gray (2007).

L'**ENCADRÉ 12.2** présente les principes sous-jacents à toute intervention en counseling en abandon du tabac, et la **FIGURE 12.1** résume la conduite clinique concernant le tabagisme selon les stades du changement de comportement. Pour sa part, l'**ENCADRÉ 12.3** propose un guide d'accompagnement du client qui veut arrêter de fumer basé sur des résultats probants.

Dans le cas des personnes ne souhaitant pas arrêter de fumer, les interventions basées sur les principes de l'entretien motivationnel ont montré de bons résultats à long terme **ENCADRÉ 12.8**. L'entretien motivationnel s'articule autour des cinq arguments que sont la pertinence, les risques, les avantages, les obstacles et la répétition. Il existe aussi des interventions adaptées aux clients hospitalisés **ENCADRÉ 12.4**. Il importe de préciser qu'un produit de substitution atténuant les symptômes de manque doit être administré aux clients dépendants de la nicotine lorsqu'ils sont hospitalisés.

Les femmes réussissent moins bien que les hommes à cesser de fumer (Torchalla, 2010). Cela s'explique notamment par leurs préoccupations relatives à l'embonpoint, par leur moins grande sensibilité aux produits de substitution, par l'influence du cycle menstruel et par un soutien psychologique inadéquat de leur entourage. Il est aussi probable qu'elles se laissent davantage influencer que les hommes par les signes associés au tabagisme dans leur environnement. Il ressort de cette constatation que les femmes ayant recours aux produits de substitution ont plus de succès avec les inhalateurs de nicotine qu'avec les timbres, et qu'elles ont plus de chances de réussir si elles font coïncider leur tentative avec la première moitié de leur cycle menstruel (CDC, 2008).

Les conseils et les encouragements des professionnels de la santé peuvent avoir une grande influence sur la cessation tabagique. L'infirmière qui fume devrait essayer d'arrêter avant de prétendre donner l'exemple à un client qui veut rompre avec sa dépendance. Le programme américain national Tobacco Free Nurses a pour but d'aider les infirmières et les étudiantes à arrêter de fumer. Son site Web (www.tobaccofreenurses.org) donne de l'information sur les moyens d'arrêter et sur les recherches sur le tabagisme, ainsi que des liens vers des organismes de divers pays ; il s'agit d'un outil fort utile pour les infirmières qui veulent cesser de fumer ou aider leurs clients à le faire.

Principes sous-jacents à toute intervention en counseling en abandon du tabac

- Établir une relation de confiance avec le client et sa famille, et amorcer les interventions seulement après avoir obtenu l'accord du client.
- Respecter les croyances, les choix, les décisions et l'autonomie du client, et reconnaître que les solutions pour améliorer sa situation lui appartiennent.
- Faire preuve de jugement clinique tout au long de l'intervention en counseling en abandon du tabac et adapter celui-ci au cheminement du client dans son processus de changement.
- Encourager le client à explorer son vécu en ce qui concerne le tabagisme, le guider et l'accompagner dans son processus de changement.
- Intervenir en interrelation avec les autres membres de l'équipe interdisciplinaire et en complémentarité avec les autres ressources.
- Baser sa pratique sur des résultats probants.

Source : Kayser & Thibault (2006).

Enseignement au client et à ses proches

Cessation tabagique

L'enseignement au client et à ses proches en matière de cessation tabagique devrait porter sur les aspects suivants. S'il opte pour plus d'une méthode, le fumeur augmente ses chances de réussite.

Établir un plan de cessation tabagique

- Choisir une date de cessation, idéalement dans les deux semaines à venir.
- Aviser famille, amis et collègues de ses intentions en leur demandant compréhension et soutien.
- Prévoir l'apparition des symptômes du manque et les défis qu'ils impliqueront.
- Avant d'arrêter, éviter de fumer aux endroits les plus fréquentés (travail, voiture, maison).
- Se débarrasser de tous ses produits du tabac le premier jour de la cessation.
- Éviter la moindre bouffée de cigarette après la date de cessation tabagique : l'abstinence totale est essentielle.

Utiliser un produit homologué de substitution au tabac

- Utiliser un produit de substitution au tabac, sauf en situation de grossesse ou d'allaitement.
- Ne pas consommer de tabac, quelle qu'en soit la forme, pendant l'utilisation d'un produit de substitution au tabac.

Composer avec l'envie de fumer

- Savoir reconnaître les situations pouvant donner envie de fumer : se trouver parmi des fumeurs, être soumis à des contraintes de temps, se disputer, se sentir triste ou frustré, boire de l'alcool.
- Éviter les situations difficiles pendant la cessation. Essayer de diminuer son niveau de stress.
- Faire de l'exercice : marche, jogging, cyclisme.
- Se distraire des pensées relatives à la cigarette et de l'envie de fumer en ayant une conversation avec quelqu'un, en s'occupant ou en lisant.

- Boire beaucoup d'eau.
- Prendre une douche ou un bain.

Chercher soutien et encouragement

- Dans le cas où ce n'est pas la première tentative d'arrêter de fumer, recenser ce qui a aidé et ce qui a nui aux essais précédents.
- Adhérer à un groupe de soutien à la cessation tabagique pour augmenter ses chances de réussite définitive.
- En cas d'envie irrépressible de fumer, contacter quelqu'un qui peut aider à la réprimer, de préférence un ex-fumeur.
- Ne pas craindre de se confier à quelqu'un, en particulier à propos des craintes d'échec. Demander du soutien à son conjoint, à ses amis et à ses collègues. Les organismes suivants offrent de l'information pour l'autoassistance et de l'assistance téléphonique :
  - Association pulmonaire du Québec
  - Société canadienne du cancer
  - Info-Tabac.ca
  - J'arrête : www.jarrete.qc.ca

Tâcher d'éviter les rechutes

La plupart des rechutes ont lieu dans les trois premiers mois suivant la cessation tabagique. S'il y a rechute, il ne faut pas se décourager. Il est important de garder à l'esprit que la plupart des fumeurs font plusieurs tentatives avant d'arrêter une fois pour toutes. Il faut explorer les diverses façons de rompre avec une habitude. Il convient de maintenir une liste de ses « écarts de conduite », de ses « quasi-écarts de conduite », de leurs causes et de ce qui pourrait en être retenu. Les éléments suivants déclenchent souvent des rechutes :

- Environnement physique. À la maison, dans sa voiture et à son lieu de travail, se débarrasser de tout produit du tabac et de tous les cendriers. Éliminer toute odeur de cigarette dans la maison et l'auto.

ENCADRÉ 12.3 — Cessation tabagique (*suite*)

- **Alcool.** Envisager de limiter ou de cesser sa consommation d'alcool au moment de cesser le tabagisme.

- **Autres fumeurs à la maison.** Encourager ses proches à arrêter de fumer avec soi. Établir un plan pour faire face aux autres personnes qui fument ; les éviter autant que possible.

- **Gain de poids.** Prendre les choses une à la fois. Commencer par faire des efforts pour arrêter de fumer. Un gain de poids ne survient pas nécessairement, et l'augmentation de l'appétit est souvent transitoire.

- **Mauvaise humeur ou dépression.** Si de tels symptômes persistent, en parler à son professionnel de la santé. Un traitement de la dépression pourrait être nécessaire.

- **Symptômes de sevrage.** La cessation tabagique a de nombreux effets physiologiques comme l'assèchement de la bouche, la toux et l'irritation de la gorge, et elle suscite l'irritabilité. Les symptômes du manque peuvent être atténués à l'aide de timbres ou de gomme à la nicotine.

- **Pensées.** Penser à autre chose qu'au tabac. Faire de l'exercice ou des activités agréables.

Se concentrer sur les avantages de la cessation tabagique

- Au bout de 20 minutes, la pression artérielle a diminué, le pouls a ralenti et la température des mains et des pieds a augmenté.

- Au bout de 12 heures, le taux sanguin de monoxyde de carbone dans le sang a diminué jusqu'à la normale, tandis que le taux d'oxygène a augmenté jusqu'à la normale.

- Au bout de 24 heures, le risque de crise cardiaque a diminué.

- Au bout de 48 heures, les terminaisons nerveuses reprennent leur croissance, et les sens du goût et de l'odorat s'éveillent.

- Au bout d'une période de deux semaines à trois mois, la circulation s'est améliorée, tandis que la toux, la congestion des sinus, la fatigue et l'essoufflement ont diminué.

- Au bout de un an, le risque de crise cardiaque a diminué de moitié.

- Au bout de 10 à 15 ans, les risques d'accident vasculaire cérébral, de cancer du poumon, d'autres cancers et de mort prématurée sont revenus au même niveau que chez les personnes n'ayant jamais fumé.

Source : Adapté de AHRQ (2008).

ENCADRÉ 12.4 — Interventions visant la cessation tabagique chez les clients hospitalisés

Pour tout client hospitalisé, prendre les mesures suivantes :

- Au moment de l'admission, s'informer de sa consommation de tabac et consigner son statut par écrit.

- S'il est un usager du tabac, inscrire ce statut dès l'admission sur la liste des problèmes et ajuster les constats et les directives du plan thérapeutique infirmier en conséquence.

- Par des conseils et des médicaments, l'aider à observer l'abstinence et à surmonter les symptômes du sevrage.

- Lui offrir conseils et soutien sur les moyens d'arrêter de fumer pendant son hospitalisation et sur les façons de ne pas recommencer après son congé.

- Assurer un suivi de sa cessation tabagique et garder le contact pour au moins un mois après son congé de l'hôpital.

Source : Adapté de AHRQ (2008).

L'infirmière doit avoir une connaissance approfondie des changements physiologiques découlant de la cessation tabagique, et elle doit systématiquement donner information et soutien aux fumeurs qui essaient d'arrêter. Elle doit aussi être au fait des ressources communautaires pouvant les aider. Les sections locales de l'Association pulmonaire du Canada et de la Société canadienne du cancer disposent d'information sur les programmes existants. L'Association pulmonaire du Québec offre une ligne téléphonique, 1 888 Poumon-9, dans le but de soutenir l'arrêt du tabac.

12.2.2 Alcool

Au Québec, 82 % de la population âgée de 15 ans et plus consomme de l'alcool **FIGURE 12.2**. Bien que la plupart des gens boivent avec modération, l'alcoolisme, ou dépendance à l'alcool, afflige 1,5 % de la population (CPLT, 2003). L'alcoolisme est aujourd'hui considéré comme une maladie chronique, évolutive et potentiellement fatale en l'absence de traitement. En général, la dépendance à l'alcool apparaît graduellement, sur plusieurs années, et peut être précédée d'une période au cours de laquelle l'alcoolisme social est intense.

L'alcool est souvent consommé pour mieux supporter les pressions de la vie quotidienne.

Effets et complications

L'alcool affecte presque toutes les cellules du corps. Dans le système nerveux central (SNC), il a des effets complexes sur les neurones : comme d'autres substances toxicomanogènes, l'alcool stimule la libération de dopamine et a un effet dépresseur sur toutes les zones et les fonctions du système nerveux central (NIDA, 2008). Il est absorbé directement par l'estomac et le petit intestin. Chez le buveur modéré, le métabolisme de l'alcool par le foie et l'estomac s'effectue au taux relativement constant d'une consommation (7 g d'alcool) par heure. Une consommation équivaut à 350 ml de bière, 150 ml de vin ou 30 ml de spiritueux. Comme le métabolisme par l'estomac est nettement moins actif chez les femmes que chez les hommes, celles-ci ont un plus haut taux d'alcool dans le sang après avoir bu le même nombre de consommations (Lehne, 2010).

Les effets de l'alcool varient selon sa concentration et la sensibilité du buveur à son égard. L'alcoolémie, ou concentration d'alcool dans le sang, est mesurable. Chez le buveur non dépendant, elle permet de prévoir les effets de l'alcool **TABLEAU 12.5**. Chez la personne manifestant une tolérance, les liens entre alcoolémie et comportement ne sont pas les mêmes : la personne peut généralement absorber une grande quantité d'alcool sans diminution manifeste de ses capacités et continuer à accomplir sans problème des tâches complexes (Lehne, 2010). Les **TABLEAUX 12.3** et **12.5** décrivent les changements physiologiques et comportementaux découlant d'une intoxication à l'alcool. Les buveurs dépendants peuvent souffrir de pertes de mémoire et d'**éclipses mentales** (*black out*).

TABLEAU **12.5**	Alcoolémie et effets concomitants
mg/100 ml	**CONSÉQUENCES**[a]
50	• Légère ivresse : l'alcool diminue les réflexes. • La durée moyenne du temps de réaction dans des conditions normales est évaluée à environ une seconde. Dès 50 mg/100 ml, le temps de réaction peut atteindre 1,5 seconde. Ainsi, un véhicule roulant à 90 km/h parcourt 25 mètres en 1,0 seconde et 37 mètres en 1,5 seconde. Ce sont ces 12 mètres qui peuvent sauver une vie ! • Les temps de réaction augmentent considérablement avec des taux d'alcoolémie encore plus élevés.
80	• Limite légale permise au Canada • Capacité visuelle réduite de 25 % • Augmentation du temps de réaction de 30 à 50 % • Ralentissement des réflexes • Coordination et motricité réduites, importante désinhibition
100	• Ivresse notable chez la plupart des gens • Facultés de plus en plus affaiblies (jugement, attention et maîtrise de soi). Troubles de l'équilibre et de la motricité
150	• Ivresse évidente pour toute personne normale • Troubles marqués de l'équilibre, du raisonnement, de l'élocution. Confusion mentale et relâchement de tous les muscles • Démarche titubante et autres troubles de coordination, troubles d'élocution, vision double, pertes de mémoire et confusion

TABLEAU 12.5	Alcoolémie et effets concomitants *(suite)*
mg/100 ml	CONSÉQUENCES[a]
250	• Ivresse extrême ou état d'hébétude • Ralentissement prononcé des réflexes, incapacité à rester debout, vomissements, incontinence et somnolence
350	• Coma • Perte de connaissance, réflexes réduits au minimum, incontinence, abaissement de la température du corps, respiration difficile, chute de la pression artérielle, peau moite et froide
500	• Décès probable • Risque de surdose mortelle ; arrêt respiratoire

[a] Les conséquences peuvent varier en fonction de l'âge, du poids et de l'état de santé général du consommateur.

De nombreux problèmes de santé découlent de l'abus d'alcool et sont souvent la raison pour laquelle les personnes dépendantes de l'alcool demandant à recevoir des soins de santé **TABLEAU 12.6**. Parmi les conséquences graves de l'abus chronique d'alcool se trouve l'**encéphalopathie de Gayet-Wernicke**, une maladie causant l'inflammation, l'hémorragie et la dégénérescence cérébrales. Attribuable à une déficience en **thiamine** résultant d'une mauvaise alimentation et de la suppression, induite par l'alcool, de son absorption, ce syndrome se soigne facilement par l'administration de thiamine. En l'absence de traitement, cependant, il peut évoluer en **syndrome de Korsakoff**, forme irréversible d'amnésie se caractérisant par une perte de la mémoire à court terme et de la capacité d'apprentissage (Lehne, 2010).

L'interaction entre l'alcool et des médicaments d'ordonnance ou des médicaments communs en vente libre peut aussi entraîner des complications. Les médicaments dont les effets s'ajoutent à ceux de l'alcool comprennent les antihypertenseurs, les antihistaminiques et les antiangineux. Prise avec de l'alcool, l'aspirine peut provoquer ou aggraver une hémorragie digestive. L'acétaminophène, quant à lui, augmente les risques de dommages au foie. Mélangés à l'alcool, d'autres dépresseurs du système nerveux central peuvent provoquer une **potentialisation** et une tolérance croisée. La potentialisation consiste en une augmentation des effets des deux drogues, tandis que la tolérance croisée (nécessité d'une plus forte dose pour obtenir l'effet habituel) se manifeste quand une personne dépendante de l'alcool qui est à jeun absorbe un autre dépresseur du SNC.

Capsule Jugement clinique

Monsieur Filistin Grandmont, 50 ans, est dépendant de l'alcool. Une évaluation médicale a détecté une maladie de Hodgkin pour laquelle il est traité avec du méthotrexate. Il prend également de la digoxine (Lanoxin[MD]) pour régulariser son pouls et de l'amlodipine (Norvasc[MD]) pour son hypertension artérielle.

Déterminez lequel de ces médicaments est potentialisé par la consommation d'alcool.

TABLEAU 12.6	Effets de l'abus chronique d'alcool
SYSTÈME DE L'ORGANISME	**EFFETS**
Système nerveux central	• Démence alcoolique ; encéphalopathie de Gayet-Wernicke (confusion, nystagmus, paralysie des muscles oculaires, ataxie) ; syndrome de Korsakoff (fabulation, amnésie) ; détérioration des fonctions cognitives, des habiletés psychomotrices, de la capacité d'abstraction et de la mémoire ; dépression, déficit de l'attention, humeur changeante, crises d'épilepsie, troubles du sommeil
Système nerveux périphérique	• Neuropathie périphérique avec douleur, paresthésie et faiblesse
Système immunitaire	• Augmentation des risques de tuberculose et d'autres infections virales ; augmentation des risques de cancer de la cavité buccale, du pharynx, de l'œsophage, du foie, du côlon, du rectum et, possiblement, du sein
Système hématologique	• Aplasie médullaire, anémie, leucopénie, thrombopénie, anomalies de la coagulation sanguine

TABLEAU 12.6	Effets de l'abus chronique d'alcool *(suite)*
SYSTÈME DE L'ORGANISME	**EFFETS**
Système musculosquelettique	• Œdème des grands muscles, douloureux à la palpation ; faiblesse musculaire et amyotrophie progressives ; ostéoporose
Appareil cardiovasculaire	• Pouls rapide et pression artérielle élevée ; diminution de la tolérance à l'exercice, myocardiopathie (irréversible) ; risques accrus d'accident vasculaire cérébral, de maladie coronarienne, d'hypertension et de mort subite par arrêt cardiaque
Système hépatique	• Stéatose[a] : nausées, vomissements, hépatomégalie • Hépatite alcoolique[a] : anorexie, nausées, vomissements, fièvre, frissons, douleur abdominale • Cirrhose • Cancer
Système gastro-intestinal	• Gastrite, reflux gastro-œsophagien pathologique, ulcère gastroduodénal, œsophagite, varices œsophagiques, entérite, colite, syndrome de Mallory-Weiss, pancréatite
Nutrition	• Perte d'appétit, indigestion, malabsorption, déficience en vitamines (particulièrement en thiamine)
Système urinaire	• Inhibition de la vasopressine ayant un effet diurétique
Système endocrinien et appareil reproducteur	• Perturbation de la fonction gonadique, atrophie des testicules, ralentissement de la croissance de la barbe, baisse de la libido, diminution du nombre de spermatozoïdes, gynécomastie, intolérance au glucose et diabète
Système tégumentaire	• Érythème palmaire, angiome stellaire, acné rosacée, rhinophyma

[a] Dans sa phase initiale, cette maladie est réversible si la personne atteinte arrête de boire.

Source : Kumar, Cotran, & Robbins (2003).

Soins et traitements en interdisciplinarité

CLIENT ATTEINT DE TROUBLES LIÉS À L'ALCOOL

Intoxication à l'alcool

Une intoxication alcoolique aiguë peut survenir si l'alcool est consommé de manière excessive ou avec d'autres dépresseurs du système nerveux central. Elle est considérée comme une urgence parce que l'écart entre des doses intoxicantes, anesthésiques et létales d'alcool est mince. Une dépression du SNC causée par l'alcool entraîne un arrêt respiratoire ou des lésions cérébrovasculaires **TABLEAU 12.3**.

L'infirmière doit s'informer du mieux qu'elle peut des antécédents du client : blessures, traumatismes, maladies et hypoglycémie. Elle doit appliquer un traitement symptomatique visant le dégagement des voies respiratoires, la stabilisation de la respiration et de la circulation (ABCD) jusqu'à ce que la désintoxication soit complète et que tout l'alcool soit métabolisé. Elle doit surveiller les signes vitaux du client et son état de conscience. Les vasoconstricteurs ne sont d'aucune utilité contre l'hypotension due à l'alcool. Il n'existe aucun antidote, et les stimulants ne sont pas recommandés. Il faut aussi éviter d'administrer d'autres dépresseurs, car leurs effets s'additionneraient à ceux de l'alcool.

Pour déceler l'encéphalopathie de Gayet-Wernicke chez un client ayant une dépendance chronique à l'alcool, l'infirmière doit vérifier s'il présente des anomalies oculaires (p. ex., un nystagmus ou une paralysie des muscles droits latéraux), de l'**ataxie** et un état global de confusion. Comme il peut présenter des symptômes semblables à ceux de l'encéphalopathie et que cette dernière, si elle n'est pas traitée, peut dégénérer en syndrome de Korsakoff, le client doit recevoir, par voie intraveineuse, de la thiamine suivie d'une solution de glucose.

Les clients intoxiqués à l'alcool présentent parfois de l'hypoglycémie, de l'hypomagnésémie et d'autres signes de malnutrition. Chez les personnes n'ayant jamais souffert d'encéphalopathie de Gayet-Wernicke, les solutions de glucose peuvent précipiter cette maladie. Pour cette raison, il importe d'administrer la thiamine avant ou avec le glucose. La thiamine doit être poursuivie jusqu'à ce que le client ait une diète normale (LeFever Kee, Hayes, & McCuistion, 2009).

L'infirmière doit, autant que possible, veiller sur le client en le ramenant à la réalité si nécessaire, en l'orientant dans les trois sphères, en lui rappelant pourquoi il est à l'hôpital, etc. L'agitation et l'anxiété sont courantes ; l'infirmière doit donc se préoccuper des comportements conflictuels, qui peuvent évoluer en violence.

Comme la coordination et le jugement du client sont affaiblis, il risque aussi de se blesser. C'est pourquoi l'infirmière doit prendre des mesures de protection. Il est très important de poursuivre la surveillance et les interventions jusqu'à ce que l'alcoolémie ait au moins baissé à 100 mg/100 ml (0,10 %) et que tout trouble ou toute blessure associée à l'intoxication aient été soignés.

Syndrome de sevrage alcoolique

Après avoir consommé de l'alcool en quantité excessive, les personnes non dépendantes éprouvent une **xylostomiase** (ou gueule de bois) qui se traduit par des malaises, des nausées, des céphalées, de la soif et une sensation globale de fatigue. Les personnes ayant une dépendance à l'alcool qui sont hospitalisées pour quelque raison que ce soit peuvent quant à elles éprouver un syndrome de sevrage alcoolique qui résulte d'une interruption brutale de l'ingestion d'alcool.

Le *delirium tremens* est une grave complication pouvant survenir au bout de 30 à 120 heures de privation. Il se manifeste notamment par une désorientation, des hallucinations visuelles ou auditives et une forte agitation sans convulsions généralisées (épilepsie alcoolique). Il peut entraîner la mort par hyperthermie, collapsus vasculaire périphérique ou insuffisance cardiaque (Lehne, 2010). Plus la dépendance à l'alcool du client est forte, plus les symptômes risquent d'être graves. Il est important de questionner les clients en sevrage d'alcool au sujet du *delirium tremens*. En effet, une histoire de *delirium tremens* dans le passé est un puissant indicateur de risque futur de ce syndrome (Stern, Rosenbaum, Fava, Biederman, & Rauch, 2008).

L'infirmière doit être attentive au syndrome de sevrage alcoolique, car elle peut prévenir le *delirium tremens* en administrant au client des benzodiazépines à action prolongée comme le chlordiazépoxide (Librium^MD) ou le lorazépam (Ativan^MD) (Gray, 2007). Le **TABLEAU 12.7** décrit les manifestations cliniques du sevrage alcoolique et présente des suggestions de médication. Le moment d'apparition des signes et des symptômes du sevrage varie selon les habitudes éthyliques du client. Les premiers symptômes peuvent survenir au bout de quatre à six heures de privation et peuvent durer de trois à cinq jours.

Calme et silence sont de mise pour prévenir l'aggravation des symptômes. Les clients présentant un *delirium tremens* sont extrêmement influençables et répondent bien à la réassurance. Ils ne nécessitent généralement pas de mesures de contention (Beers, Porter, Jones, Kaplan, & Berkwits, 2006), et il vaut mieux éviter, autant que possible, le recours aux tubes intraveineux. Un traitement symptomatique est nécessaire pour assurer au client une alimentation et un repos adéquats 🔊.

Bien que la désintoxication réponde à l'objectif à court terme qu'est l'interruption immédiate de la consommation d'alcool, la finalité la plus importante, à long terme, est la réduction de la consommation ou l'abstinence permanente. En contexte de soins primaires ou actifs, l'infirmière est mieux placée que quiconque pour motiver le client à réduire ou à cesser sa consommation d'alcool et lui faciliter la tâche. Un client qui se fait soigner pour des ennuis de santé liés à un abus de psychotropes ou dont l'hospitalisation perturbe les habitudes de consommation devient plus conscient des problèmes associés à sa consommation d'alcool. À cette étape, les interventions de l'infirmière peuvent constituer un élément décisif vers un changement de comportement. Une section de ce chapitre traite d'ailleurs de l'entretien motivationnel, une technique de communication non conflictuelle visant à amener les clients à adopter des changements de comportements.

Après avoir été désintoxiqué, le client est orienté vers un programme de traitement avec ou sans hospitalisation. Ce dernier consiste en une thérapie comportementale pouvant être accompagnée de médicaments qui diminuent la sensation de manque et enrayent les effets de l'alcool.

Un plan de soins et de traitements infirmiers aux clients en sevrage alcoolique est présenté dans le PSTI 12.1W, au www.cheneliere.ca/lewis.

RAPPELEZ-VOUS...

L'infirmière peut recourir à des mesures de contention dans un contexte où un comportement inhabituel ou imprévisible du client met en danger imminent la sécurité de la personne ou d'autrui (OIIQ, 2003).

TABLEAU 12.7	Manifestations cliniques du sevrage alcoolique et suggestions de médication
MANIFESTATIONS CLINIQUES	**SUGGESTIONS DE MÉDICATION**
Syndrome de sevrage mineur	
• Tremblements, anxiété • Augmentation de la fréquence cardiaque • Augmentation de la pression artérielle • Sueur • Nausées • Hyperréflexie • Insomnie • Forte agitation sans convulsions	• Benzodiazépines à action prolongée comme le chlordiazépoxide (Librium^MD) ou le lorazépam (Ativan^MD) (pour stabiliser les signes vitaux, réduire l'anxiété et prévenir les crises d'épilepsie et le délire) • Thiamine (pour prévenir l'encéphalopathie de Gayet-Wernicke) • Multivitamines (acide folique, vitamines du complexe B) • Sulfate de magnésium (si magnésémie basse) • Solution de glucose administrée par voie intraveineuse • Thiamine et autres vitamines et minéraux (pouvant être administrés avec la solution de glucose)
Syndrome de sevrage majeur	
• Hallucinations visuelles et auditives • Tremblements • Convulsions généralisées (épilepsie alcoolique) • *Delirium tremens*	• Maintien du traitement aux benzodiazépines • Phénytoïne (Dilantin^MD) (pour prévenir ou traiter les crises d'épilepsie) • Antipsychotiques comme la chlorpromazine (Thorazine^MD) et l'halopéridol si psychose persistante après l'administration de benzodiazépines

12.3 | Autres drogues

12.3.1 Stimulants

Outre la nicotine, la cocaïne et les amphétamines comptent parmi les stimulants dont l'abus est le plus fréquent. La cocaïne est une substance illicite, tandis que les amphétamines sont prescrites pour le traitement de la narcolepsie, des troubles déficitaires de l'attention et de l'embonpoint. Tous les stimulants ont notamment pour effet d'augmenter la libération de dopamine dans le cerveau, provoquant l'euphorie, aiguisant la vigilance et entraînant rapidement une dépendance **TABLEAU 12.3**. La cocaïne et les amphétamines stimulent en outre le système nerveux périphérique et le système circulatoire, procurant des effets comparables à ceux de l'adrénaline (NIDA, 2008).

La caféine est la substance psychoactive la plus utilisée au monde, mais ses effets sont minimes comparés à ceux des autres stimulants. Elle ne fait l'objet d'aucune réglementation et sa consommation est sans danger pour la plupart des gens. Récemment, des problèmes dus aux fortes doses de caféine contenues dans les populaires boissons énergisantes ont fait la manchette. Un client dépendant à la caféine qui est hospitalisé peut souffrir de céphalées causées par un sevrage à la suite d'une anesthésie générale ou d'une limitation de sa consommation habituelle de café ou de thé.

Soins et traitements en interdisciplinarité

CLIENT ABUSANT DE STIMULANTS

Les surdoses de cocaïne et d'amphétamines sont courantes et parfois mortelles. Une surdose massive entraîne de la fébrilité, de la paranoïa, du délire avec agitation, de la confusion et des comportements stéréotypés répétitifs. La mort est souvent due à un accident vasculaire cérébral, à une arythmie ou à un infarctus du myocarde (Lehne, 2010).

La marche à suivre en situation d'urgence varie selon les résultats des examens du client et le moment du traitement. Si, en plus d'avoir abusé d'un stimulant, le client a consommé de l'héroïne, de l'alcool ou du chlorhydrate de phencyclidine (PCP), des complications peuvent survenir. Il n'existe aucun antidote à la cocaïne et aux amphétamines. Le **TABLEAU 12.8** traite de la marche à suivre en cas d'intoxication à l'une ou l'autre de ces drogues.

Évaluation et interventions en situation d'urgence

TABLEAU 12.8	Intoxication à la cocaïne ou aux amphétamines
OBSERVATIONS	**INTERVENTIONS**
Système circulatoire • Palpitations • Tachycardie • Hypertension • Arythmies • Ischémie myocardique ou infarctus du myocarde **Système nerveux central** • Impression de désastre imminent • Euphorie • Agitation • Combativité • Crises d'épilepsie • Hallucinations • Confusion • Paranoïa • Fièvre **Autre** • Traces de piqûres	**Interventions initiales** • Assurer le dégagement des voies respiratoires. • Prévoir le besoin d'intubation en cas de détresse respiratoire manifeste. • Établir un accès intraveineux afin de procéder à une suppléance hydrique, au besoin. • Procéder à un électrocardiogramme (ECG) à 12 dérivations. • Traiter l'arythmie associée à un allongement de l'intervalle Q-T avec une solution de bicarbonate de sodium hypertonique. • Prévoir l'administration de propranolol (Inderal^{MD}) ou de labétalol (Trandate^{MD}) en cas d'hypertension ou de tachycardie. • Prévoir l'administration de nitroprussiate (Nipride^{MD}) ou de phentolamine (Rogitine^{MD}) en cas d'hypertension grave. • Envisager l'administration d'Aspirine^{MD} pour réduire le risque d'infarctus du myocarde. • Administrer du diazépam (Valium^{MD}) ou du lorazépam (Ativan^{MD}) par voie intraveineuse en cas de crise d'épilepsie. • Administrer des antipsychotiques en cas de psychose et d'hallucinations. • Administrer de la naloxone (Narcan^{MD}) par voie intraveineuse en cas de dépression du système nerveux central et d'usage simultané présumé d'opioïdes. **Interventions continues** • Surveiller les signes vitaux, l'état de conscience et le rythme cardiaque. • Recourir à la contention seulement si nécessaire pour protéger le client et le personnel soignant.

Le sevrage de cocaïne et d'amphétamine provoque généralement peu de symptômes physiologiques, bien que certaines personnes éprouvent de la fatigue, voient la durée de leur sommeil augmenter ou souffrent de dépression. La sensation de manque est à son paroxysme dès les premières heures de privation, et elle dure de quelques jours à quelques semaines. Les cas d'hospitalisation pour sevrage de stimulants sont rares, mais il arrive que des clients traités pour d'autres problèmes de santé en présentent les symptômes. La démarche de soins est orientée vers la gestion des symptômes et comprend des mesures visant à réduire l'agitation du client dans les phases initiales de son sevrage et, dans les phases ultérieures, à s'assurer qu'il s'alimente et se repose convenablement.

12.3.2   Dépresseurs

Outre l'alcool, les sédatifs, les hypnotiques et les opioïdes comptent parmi les dépresseurs dont l'abus est le plus fréquent. Contrairement à l'alcool et à certaines drogues réglementées, la plupart des dépresseurs du système nerveux central ont un usage médical. Ils sont aussi réputés pour provoquer rapidement la tolérance et la dépendance, et ils peuvent être la cause d'urgences médicales pour surdose ou sevrage. Chez les professionnels de la santé, bien que la prévalence de troubles liés à une substance soit estimée la même que dans la population générale, le taux d'utilisation d'opioïdes et de benzodiazépines serait jusqu'à cinq fois plus élevé. Cela s'explique probablement par l'accessibilité de ces substances en milieu de travail ainsi que par la familiarité que les professionnels de la santé ont avec celles-ci (Baldisseri, 2007).

Sédatifs et hypnotiques

Les sédatifs et les hypnotiques faisant le plus souvent l'objet d'abus sont les barbituriques, les benzodiazépines et d'autres drogues apparentées aux barbituriques. Par l'euphorie qu'ils procurent, les barbituriques sont surtout utilisés comme drogues à usage récréatif. Les sédatifs et les hypnotiques sont des dépresseurs du système nerveux central qui provoquent la sédation à faible dose et le sommeil à forte dose. Leur consommation excessive entraîne d'abord une sensation d'euphorie, puis une intoxication similaire à celle causée par l'alcool. Le **TABLEAU 12.3** énumère les effets des sédatifs et des hypnotiques.

La tolérance se manifeste rapidement, des doses de plus en plus fortes étant nécessaires pour procurer l'euphorie. Il arrive toutefois que cette tolérance ne s'applique pas aux effets dépresseurs du tronc cérébral, si bien que l'augmentation des doses peut déclencher l'hypotension, la dépression respiratoire et, ultimement, la mort (Lehne, 2010).

Le **TABLEAU 12.2** dresse la liste des problèmes de santé résultant de l'usage de sédatifs et d'hypnotiques. À ceux-ci s'ajoutent des complications associées à la consommation par injection, notamment les infections transmissibles par le sang. Une surdose de sédatifs et d'hypnotiques peut entraîner la mort par dépression respiratoire.

Opioïdes

Le **TABLEAU 12.3** énumère les opioïdes dont l'abus est le plus fréquent. La dépendance aux opioïdes se manifeste par la consommation de drogues illicites et par l'usage abusif de médicaments d'ordonnance. L'héroïne et le fentanyl (Sublimaze^MD) sont faciles à trouver dans la rue, mais l'oxycodone à libération progressive (OxyContin^MD), administrée par voie intraveineuse, est de plus en plus répandue.

Dans le système nerveux central, les opioïdes agissent sur les récepteurs et les neurotransmetteurs opioïdes, provoquant sa dépression et affectant de manière importante le système de récompense du cerveau. La tolérance croisée avec d'autres opioïdes est commune, mais pas avec d'autres dépresseurs. Par potentialisation, ces derniers peuvent cependant aggraver la dépression du système nerveux central.

Les opioïdes sont souvent consommés par injection, ce qui multiplie les risques d'infection par le VIH (sida), le VHB (hépatite B) ou le VHC (hépatite C) **FIGURE 12.3**. De plus, quelles qu'en soient les modalités, l'abus de ces drogues accroît les probabilités de contracter le VIH en raison de comportements sexuels à risque, que ce soit en échange de drogue ou d'argent, ou par désinhibition. Comme les autres dépresseurs, les opioïdes peuvent entraîner la mort par dépression du système nerveux central ou par dépression respiratoire **TABLEAU 12.3**.

FIGURE 12.3

Une personne s'injecte de l'héroïne.

Capsule Jugement clinique

Madame Élise-Ann Grenon est une femme d'affaires âgée de 35 ans. Comme elle présente des troubles du sommeil, le médecin lui a prescrit du triazolam (Apo-Triazo^MD) à raison de 0,125 mg h.s. Cependant, elle prend le quart d'un comprimé pour dormir.

Y a-t-il un risque qu'elle présente des signes de tolérance à ce médicament ? Justifiez votre réponse.

CLIENT ABUSANT DE DÉPRESSEURS

Surdose

À cause de leur teneur et de leur pureté imprévisibles, les dépresseurs sont une cause fréquente de surdoses involontaires. Si le client a consommé diverses substances, son portrait clinique peut s'avérer complexe et déroutant. Une analyse d'urine et un dépistage sérologique peuvent ainsi contribuer à déterminer la nature et la quantité des drogues prises. En situation de surdose, la priorité absolue demeure le dégagement des voies respiratoires, et la stabilisation de la respiration et de la circulation (ABCD). La surveillance continue de l'état neurologique, y compris l'état de conscience, et des fonctions respiratoires et cardiovasculaires est essentielle jusqu'à ce que le client soit dans un état stable. Le **TABLEAU 12.9** présente la marche à suivre en cas d'une urgence provoquée par une surdose de dépresseurs.

Aussitôt son état stabilisé, le client ou ses proches doivent être interrogés de manière approfondie sur ses antécédents. Parmi les données importantes figurent sa consommation récente de drogues (type, quantité, durée) et la présence de toute maladie chronique. Un client ayant fait une surdose volontaire ne devrait pas être autorisé à quitter l'hôpital avant d'avoir rencontré un psychiatre.

Sédatifs et hypnotiques

Les surdoses de benzodiazépines sont traitées au flumazénil (Anexate[MD]), un antagoniste spécifique de ces drogues. Celui-ci doit être administré avec prudence, car il peut provoquer des convulsions chez les personnes dépendantes aux benzodiazépines. Sa durée d'action étant plus courte que celle de certaines benzodiazépines, il doit parfois être administré de manière répétée, et ce, jusqu'à ce que la drogue ait été métabolisée. Le flumazénil doit être administré seulement si une surveillance continue du client peut être assurée, pour éviter toute récurrence de sédation. Son emploi est généralement réservé pour le traitement d'un surdosage pur aux benzodiazépines gravement symptomatique (APhC, 2010).

Il n'existe aucun antagoniste connu aux barbituriques et aux autres sédatifs et hypnotiques qui s'y apparentent. Un client ayant pris une surdose d'un sédatif ou d'un hypnotique autre que les benzodiazépines doit recevoir un traitement de choc. Une dialyse peut être nécessaire pour faire diminuer le taux de drogue, prévenir des effets dépresseurs irréversibles au système nerveux central et empêcher la mort. Si la drogue a été consommée par voie orale depuis moins de quatre à six heures, un lavage d'estomac peut être effectué, suivi de l'administration de charbon activé. Les stimulants du système nerveux central ne sont pas utilisés pour traiter les surdoses de dépresseurs (NIDA, 2008).

Opioïdes

Un client ayant consommé une surdose d'opioïdes peut sombrer dans le coma ou faire un arrêt respiratoire. La nature précise de la drogue peut être déterminée par une analyse d'urine ou un dépistage sanguin, mais il ne faut pas attendre les résultats toxicologiques avant de procéder au traitement, car une surdose non traitée peut causer la mort. Un antagoniste aux opioïdes, tel que la naloxone (Narcan[MD]), peut être administré sitôt le soutien vital mis en place. Le client doit alors être étroitement surveillé, car la naloxone a une durée d'action plus courte que la plupart des opioïdes. Il est aussi possible que le client ait consommé un cocktail de drogues causant une absence de réponse aux antagonistes aux opioïdes.

Sevrage

L'infirmière doit être consciente de la possibilité de sevrage chez tout client ayant des antécédents d'abus de psychotropes. Le sevrage de dépresseurs du système nerveux central, y compris le sevrage d'alcool, est le plus dangereux de tous, car il peut menacer la vie du client. Pour tous les types de sevrage, les interventions infirmières comprennent la surveillance des fonctions physiologiques, la mise en place de conditions de sécurité et de confort, la prévention de l'aggravation des symptômes, l'apport de réconfort et d'orientation, et l'encouragement au client à participer à un traitement à long terme (Tetrault & O'Connor, 2008).

Sédatifs et hypnotiques

Le sevrage des sédatifs ou des hypnotiques peut s'avérer très grave. Au bout de 24 heures, le client est en manque : il peut être atteint de délire et de convulsions, et subir un arrêt cardiaque et respiratoire. Le sevrage de fortes doses commande une hospitalisation et une surveillance étroite (NIDA, 2008). Des médicaments à action

Jugement clinique

Patrick est un jeune itinérant âgé de 17 ans. Il consomme du phénobarbital I.V. qu'il se procure en se prostituant. Récemment arrêté par la police, il a été conduit à l'urgence parce qu'il présentait des nausées accompagnées de vomissements abondants. Le médecin soupçonne que ce sont des manifestations de sevrage.

Trouvez deux autres symptômes cliniques significatifs d'un état de sevrage aux barbituriques que pourrait éprouver le jeune homme.

12

Évaluation et interventions en situation d'urgence

TABLEAU 12.9	Marche à suivre en cas de surdose de dépresseurs
OBSERVATIONS	**INTERVENTIONS**
• Agressivité • Agitation • Confusion • Léthargie • Stupeur • Hallucinations • Dépression • Problèmes d'élocution • Micropupilles • Nystagmus • Crises d'épilepsie • Traces de piqûres • Peau froide et moite • Pouls faible et rapide • Respiration peu profonde, lente ou rapide • Diminution de la saturation du sang en oxygène • Hypotension • Arythmie • ECG instable • Arrêt cardiaque ou respiratoire	**Interventions initiales** • Assurer le dégagement des voies respiratoires. • Prévoir le besoin d'intubation en cas de détresse respiratoire manifeste. • Établir un accès intraveineux. • Mesurer la température corporelle. • Procéder à un ECG à 12 dérivations. • Se renseigner sur la drogue absorbée (nom, voie, moment, quantité). • Mesurer le taux de la drogue en particulier ou effectuer un dépistage toxicologique général. • Recueillir les antécédents du client, y compris la consommation de drogues et les allergies. • Administrer des antidotes, au besoin. • Effectuer un lavage d'estomac, au besoin. • Administrer du charbon activé et un purgatif, au besoin. **Interventions continues** • Surveiller les signes vitaux, la température, l'état de conscience, la saturation du sang en oxygène et le rythme cardiaque.

prolongée comme le diazépam (Valium^MD), le chlordiazépoxide (Librium^MD) et le clonazépam (Rivotril^MD) peuvent être substitués à la drogue incriminée en diminuant progressivement la dose une fois l'état du client stabilisé. Des symptômes légers ou modérés peuvent persister dans les deux à trois semaines suivant la période initiale de trois à cinq jours où ils étaient graves.

Opioïdes

Le sevrage d'opioïdes survient à la suite d'une diminution ou d'un arrêt de leur consommation prolongée, qu'elle soit modérée ou excessive. Chez les personnes dépendantes, l'administration d'un antagoniste aux opioïdes comme la naloxone (Narcan^MD) provoque des symptômes de sevrage, notamment le manque, les crampes abdominales, la diarrhée, les nausées et les vomissements.

Le traitement du sevrage d'opioïdes est symptomatique et ne nécessite pas toujours de médicaments. Le sevrage procure au client un grand inconfort, mais ne met pas sa vie en danger. La méthadone (Metadol^MD) en doses décroissantes constitue la médication la plus courante pour atténuer ces symptômes. Certains clients sont soulagés par la clonidine (Catapres^MD), un agoniste des récepteurs adrénergiques centraux de type alpha-2 (Lehne, 2010). Une fois le client désintoxiqué, son traitement à long terme comprend généralement une thérapie comportementale et la prescription d'un agoniste aux opioïdes (méthadone).

12.3.3 Cannabis

Le cannabis, ou marijuana, est la drogue illicite la plus courante en Amérique du Nord. Les modalités de son usage sont semblables à celles de l'alcool : consommation occasionnelle, usage inadéquat entraînant des problèmes temporaires, abus ou dépendance à haut risque. Le principe actif du cannabis causant la plupart de ses effets psychotropes est le tétrahydrocannabinol (THC). De plus en plus de recherches rapportent de nombreux bienfaits potentiels du THC. Au Canada, le THC et d'autres cannabinoïdes purs sont présents dans trois médicaments d'ordonnance. Le dronabinol (Marinol^MD) et le nabilone (Cesamet^MD) sont des THC synthétiques prescrits pour soulager les nausées et les vomissements causés par la chimiothérapie anticancéreuse et pour stimuler l'appétit des personnes atteintes du sida (Lehne, 2010). Le Sativex^MD, pour sa part, est un vaporisateur buccal qui peut être utilisé comme traitement d'appoint pour le soulagement de la douleur neuropathique chez les adultes atteints de sclérose en plaques (APhC, 2010).

Des doses faibles ou modérées de THC induisent moins de changements physiologiques et psychiques que les autres types de psychotropes, y compris l'alcool. Ses trois principaux effets sont l'euphorie, la sédation et les hallucinations. Il affecte généralement le cerveau, le système circulatoire et le système respiratoire. Le **TABLEAU 12.3** présente les signes d'intoxication au THC, tandis que le **TABLEAU 12.2** énumère les problèmes de santé résultant de sa consommation abusive.

Si un client est aux prises avec une intoxication aiguë au cannabis, l'infirmière doit procéder à son examen physique et s'informer de manière approfondie sur ses antécédents. De tels cas conduisent rarement à une hospitalisation. La panique, les retours en arrière et les réactions toxiques découlant de l'usage du cannabis sont traités en offrant au client calme, soutien et réconfort, et en lui expliquant ce qui se passe. Celui-ci doit comprendre que le degré d'intoxication peut varier pendant quelques jours, suivant la production des métabolites.

Soins et traitement infirmiers

CLIENT DÉPENDANT D'UNE SUBSTANCE

Collecte des données

Se rendre compte rapidement de la toxicomanie d'un client est essentiel à l'obtention de bons résultats dans le traitement de tout problème de santé. L'**ENCADRÉ 12.5** énumère des comportements et des troubles physiques laissant entrevoir une dépendance aux psychotropes, mais cette liste n'est pas exhaustive. Tout client doit être interrogé sur sa consommation de drogues, quelles qu'elles soient, y compris les médicaments d'ordonnance, les médicaments en vente libre, les produits phytothérapiques et homéopathiques, la caféine, le tabac, l'alcool et les drogues récréatives. En collectant les données, l'infirmière doit être attentive aux comportements du client pouvant altérer le récit de ses antécédents comme le déni, la fuite, la sous-évaluation et l'imprécision. En posant ses questions de manière à lui donner à entendre qu'elle considère tel comportement comme normal, ou à tout le moins compréhensible, elle peut gagner sa confiance. Elle peut par exemple lui demander : « Compte tenu de votre situation, je me demande si vous prenez quelque chose pour réduire votre stress. »

Parmi tous les outils de dépistage existants, il en est un, bien adapté aux différences culturelles, que les infirmières utilisent volontiers pour détecter l'alcoolisme : le questionnaire AUDIT (acronyme de *Alcohol Use Disorders Identification Test*) **FIGURE 12.4**. Un résultat de 8 points ou moins indique qu'il n'y a aucune dépendance à l'alcool, tandis qu'un résultat de 9 points ou plus signale un problème d'alcoolisme. Un autre outil de dépistage commun, portant à la fois sur l'alcool et d'autres drogues, est le questionnaire CAGE **ENCADRÉ 12.6**.

Un autre outil conçu au Québec et fréquemment utilisé dans les centres de santé et de services sociaux (CSSS) depuis quelques années est le DÉBA (acronyme de Dépistage et évaluation du besoin d'aide). Cet outil permet d'orienter les personnes vers le niveau de services approprié à la sévérité de leur consommation. Il existe deux versions : une pour la consommation d'alcool (DÉBA-A) et l'autre pour la consommation de drogues (DÉBA-D). Ces outils permettent d'évaluer la fréquence de consommation d'alcool, de médicaments non prescrits et de drogues, d'évaluer le degré de dépendance envers les substances psychoactives ainsi que les conséquences négatives que cette dépendance a occasionnées au cours de la dernière année. Il est cependant fortement recommandé d'avoir eu la formation préalable avant d'administrer cet outil à ses clients (Recherche et intervention sur les substances psychoactives – Québec [RISQ], 2000). Ces outils peuvent être téléchargés gratuitement à partir du site Web du RISQ.

L'examen physique du client donne aussi des indices à propos d'un possible abus de psychotropes. L'observation de son apparence générale, de son état nutritionnel, de son abdomen, de sa peau et de ses systèmes cardiovasculaire, respiratoire et neurologique peut révéler des problèmes associés à la surconsommation de drogues.

L'infirmière doit interroger le client sur ses antécédents dans un lieu qui garantit la confidentialité de l'entretien et où ils ne se feront pas déranger. Pour obtenir les renseignements les plus précis possible, elle doit faire preuve d'ouverture et communiquer avec lui sans le juger. Elle doit le rassurer en lui expliquant que l'information reste confidentielle et ne sert qu'à garantir la sécurité des soins. Le client pourrait se montrer inquiet de perdre la maîtrise de sa consommation de drogues et craindre que sa toxicomanie soit dénoncée aux autorités. L'infirmière doit l'informer que les lois relatives au respect de la vie privée interdisent aux infirmières et aux autres professionnels de la santé de divulguer tout traitement associé à un abus de psychotropes sans le consentement écrit du client.

Même si le client hospitalisé nie sa dépendance, le moindre signe montrant qu'il a fait usage d'alcool ou d'un dépresseur du système nerveux central doit systématiquement inciter l'infirmière à lui demander à quel moment remonte sa dernière consommation. Cette information permet d'anticiper d'éventuelles interactions médicamenteuses ainsi que, si le client s'avérait avoir un problème de toxicomanie, le moment où pourraient survenir les symptômes du sevrage. Dans certaines situations, une analyse d'urine peut aider à déterminer s'il a pris de la drogue.

Analyse et interprétation des données

Les diagnostics infirmiers suivants comptent parmi ceux qui se rapportent aux cas de dépendance aux psychotropes :

- mécanismes de protection inefficaces liés à un déficit sensorimoteur, à des convulsions et à de la confusion ;
- altération de la perception sensorielle (visuelle, auditive et tactile) liée à un déséquilibre neurochimique ;
- maintien du comportement de dépendance lié à une non-résolution de l'ambivalence ;
- maintien inefficace de l'état de santé lié à une méconnaissance de l'évolution et des effets de l'abus de psychotropes ;
- dynamique familiale dysfonctionnelle liée à l'abus de psychotropes par un de ses membres et à des sentiments de culpabilité, d'hostilité et de désespoir non exprimés, mais ressentis par les membres de la famille ;
- motivation insuffisante à s'engager dans le changement pour résoudre son problème de dépendance ou d'abus lié à un manque de confiance en sa capacité à entreprendre un tel changement.

Planification des soins

Les objectifs généraux pour le client qui souffre d'un trouble lié à une substance sont les suivants : 1) améliorer ses fonctions

physiologiques ; 2) reconnaître qu'il a un problème d'abus de psychotropes ; 3) en comprendre les effets psychologiques et physiologiques ; 4) réduire ou cesser sa consommation ; 5) participer au programme de traitement proposé.

Interventions cliniques

Promotion de la santé

La prévention et le dépistage précoce de l'abus de psychotropes font partie des tâches de l'infirmière en matière de promotion de la santé. L'éducation relative aux effets et aux conséquences des drogues toxicomanogènes est un élément primordial de la prévention. Quant aux clients dépendants, il est essentiel que l'infirmière les motive à prendre part à un programme de traitement de la toxicomanie.

Phase aiguë

En contexte de soins aigus, il peut se présenter des clients en état d'intoxication aiguë, de surdose ou de sevrage. Les cas d'intoxication et de surdose peuvent exiger un soutien physiologique jusqu'à ce que la désintoxication soit accomplie. La désintoxication vise à supprimer la drogue de l'organisme du client ou à en diminuer la quantité, et ce, en vue d'en atténuer ou d'en annuler les effets. Ce traitement peut comprendre l'administration de médicaments antagonistes, la stimulation du métabolisme ainsi que des soins de soutien intensifs jusqu'à l'élimination naturelle de la drogue. L'infirmière doit être consciente qu'une intoxication et une surdose peuvent survenir chez une personne ayant un problème de toxicomanie déjà hospitalisée si un visiteur lui fournit de la drogue.

Un client hospitalisé peut donc présenter des symptômes de sevrage. Lui poser des questions sur sa consommation récente de psychotropes permet d'aller au-devant de ces symptômes.

Jugement clinique

Carl, un séropositif âgé de 25 ans, a un problème de polytoxicomanie. Il est hospitalisé pour une grave pneumonie traitée aux antibiotiques I.V. L'infirmière sait qu'un des visiteurs apporte de la cocaïne à Carl et que ce dernier se l'injecte par la dérivation en Y du soluté.

Sachant cela, que feriez-vous si vous étiez l'infirmière de Carl ?

AUDIT – Questionnaire de repérage des problèmes liés à la consommation d'alcool

Version autoquestionnaire à remettre aux patients

Encerclez les réponses qui se rapprochent le plus de votre situation au cours de la dernière année.

Questions	Points accordés à chaque réponse					Score
	0	1	2	3	4	
1. Combien de fois vous arrive-t-il de prendre un verre d'alcool?	Jamais	Une fois par mois ou moins	De deux à quatre fois par mois	De deux à trois fois par semaine	Quatre fois ou plus par semaine	
2. Combien de verres buvez-vous au cours d'une journée ordinaire où vous consommez de l'alcool?	Un ou deux	Trois ou quatre	Cinq ou six	De sept à neuf	Dix ou plus	
3. Combien de fois vous arrive-t-il de boire cinq verres d'alcool ou plus au cours d'une même occasion?	Jamais	Moins d'une fois par mois	Une fois par mois	Une fois par semaine	Chaque jour ou presque	
4. Au cours des douze derniers mois, combien de fois avez-vous observé que vous n'étiez plus capable de vous arrêter de boire après avoir commencé?	Jamais	Moins d'une fois par mois	Une fois par mois	Une fois par semaine	Chaque jour ou presque	
5. Au cours des douze derniers mois, combien de fois n'avez-vous pas pu faire, parce que vous aviez bu, ce que normalement vous auriez dû faire?	Jamais	Moins d'une fois par mois	Une fois par mois	Une fois par semaine	Chaque jour ou presque	
6. Au cours des douze derniers mois, combien de fois avez-vous dû prendre un verre d'alcool le matin pour vous remettre en forme?	Jamais	Moins d'une fois par mois	Une fois par mois	Une fois par semaine	Chaque jour ou presque	
7. Au cours des douze derniers mois, combien de fois avez-vous eu un sentiment de culpabilité ou de regret après avoir bu?	Jamais	Moins d'une fois par mois	Une fois par mois	Une fois par semaine	Chaque jour ou presque	
8. Au cours des douze derniers mois, combien de fois avez-vous été incapable de vous souvenir de ce qui s'était passé la veille parce que vous aviez bu?	Jamais	Moins d'une fois par mois	Une fois par mois	Une fois par semaine	Chaque jour ou presque	
9. Vous êtes-vous déjà blessé ou avez-vous déjà blessé quelqu'un parce que vous aviez bu?	Non		Oui, mais pas au cours de la dernière année		Oui, au cours de la dernière année	
10. Est-ce qu'un ami, un proche, un médecin ou un autre professionnel de la santé s'est déjà préoccupé de votre consommation d'alcool et vous a conseillé de la diminuer?	Non		Oui, mais pas au cours de la dernière année		Oui, au cours de la dernière année	
					Score total	

FIGURE 12.4

Questionnaire AUDIT – Résultats : Les réponses aux questions 1 à 8 valent 0, 1, 2, 3 ou 4 points ; les réponses aux questions 9 et 10 valent 0, 2 ou 4 points seulement. Le résultat le plus bas (abstinent) est de 0, tandis que le plus élevé est de 40. Un résultat de 9 ou plus indique une consommation risquée ou nocive.

ENCADRÉ 12.6   **Questionnaire CAGE**

C (Cut): Avez-vous déjà ressenti le besoin de réduire votre consommation d'alcool?

A (Annoyed): Vous êtes-vous déjà senti contrarié par les remarques de votre entourage sur votre consommation d'alcool?

G (Guilty): Vous êtes-vous déjà senti coupable de boire?

E (Eye opener): Vous arrive-t-il de prendre un verre le matin pour démarrer la journée?

Source : Allard (2009).

| Soins périopératoires | Une personne ayant abusé d'une drogue court plus de risques d'accident et de blessure que les autres en cas de chirurgie. Chez les victimes de traumas, il importe d'évaluer les signes et les symptômes de surdose et de sevrage, ces derniers pouvant provoquer des réactions indésirables avec les analgésiques ou les anesthésiques (Moore, 2005). Tant en milieu hospitalier qu'en consultation externe, une personne avec un problème de toxicomanie ayant subi une intervention chirurgicale non urgente risque d'éprouver des complications postopératoires à la suite desquelles elle pourrait même succomber. Au moment de l'évaluation préopératoire, le client ou ses proches doivent être interrogés de manière approfondie sur ses antécédents en matière de consommation de drogues, y compris de caféine et de nicotine. Pendant la période de rétablissement postopératoire, l'infirmière doit être attentive aux signes et aux symptômes d'interaction entre la drogue et les analgésiques ou les anesthésiques, ainsi qu'aux indices de sevrage. L'**ENCADRÉ 12.7** présente des considérations propres aux soins infirmiers en ce qui concerne les personnes ayant un problème de toxicomanie et subissant une chirurgie.

Des précautions particulières s'imposent pour le client intoxiqué à l'alcool ou dépendant de l'alcool qui doit subir une chirurgie. L'intoxication à l'alcool d'une victime de trauma peut passer inaperçue si ses blessures entraînent une dépression de son système nerveux central. Si possible, il faut reporter la chirurgie de tout client intoxiqué jusqu'à ce que son alcoolémie descende sous la barre des 200 mg/100 ml (0,20 %). Des effets de synergie surviennent avec l'anesthésie dès que le taux dépasse 150 mg/100 ml (0,15 %). Un client dont le taux dépasse 250 mg/100 ml (0,25 %) voit ses risques de mortalité associée à la chirurgie augmenter de manière importante. Combiné à la chirurgie, l'arrêt de la consommation d'alcool peut donner lieu à un *delirium tremens*. Si possible, l'opération doit être retardée d'au moins 48 heures, voire de 72 heures. Un client ayant une dépendance à l'alcool et qui n'a pas bu a généralement besoin d'une plus grande quantité d'anesthésique à cause de la tolérance croisée. En revanche, celui qui est intoxiqué doit en recevoir moins en raison de l'effet synergique de l'alcool.

Les problèmes de santé associés à la consommation d'alcool peuvent nuire aux résultats de la chirurgie. Autant que possible, il faut traiter la malnutrition, la déshydratation et toute infection avant l'opération. Il importe aussi de surveiller étroitement les signes vitaux, y compris la température corporelle, pour être en mesure de déceler des symptômes de sevrage, d'infection et de problèmes respiratoires ou cardiaques. Les anesthésiques et les analgésiques peuvent retarder les symptômes de sevrage d'au plus cinq jours après l'opération (Tetrault & O'Connor, 2008).

| **Soulagement de la douleur** | Historiquement, les infirmières et les médecins se sont montrés réticents à administrer des opioïdes aux clients abusant de psychotropes par crainte d'encourager ou d'accroître leur dépendance. Il n'existe pourtant pas de données scientifiques attestant que l'absorption d'analgésiques opioïdes par cette clientèle aggrave sa dépendance. En fait, le stress propre à une douleur non soulagée peut contribuer à une rechute chez le client qui est en train de se rétablir, ou à une augmentation de la consommation de drogues chez le client ayant un problème de toxicomanie actif. L'American Society for Pain Management Nursing (ASPMN) a émis des recommandations concernant le soulagement de la douleur chez les clients souffrant de dépendance. Celles-ci rendent compte du rôle de l'infirmière dans une démarche interdisciplinaire de traitement de la toxicomanie selon laquelle ces clients ont droit à la dignité et au respect dans l'évaluation et le soulagement de leur douleur, ainsi qu'à des soins d'une qualité égale à celle des autres clients (ASPMN, 2002).

Si le client admet consommer des opioïdes, l'infirmière doit en connaître le type et la quantité. Il vaut mieux éviter de l'exposer à la drogue dont il abuse : connaître sa consommation quotidienne permet de déterminer la dose efficace d'un autre analgésique opioïde équivalent. Si ses antécédents en la matière sont inconnus, qu'il refuse d'admettre sa toxicomanie et que des doses normales d'analgésiques restent sans effet, l'infirmière doit suspecter chez lui une consommation abusive. Un comportement agressif et des symptômes de sevrage peuvent aussi survenir. Le sevrage peut intensifier sa douleur et exacerber son besoin de se droguer. Des tests de dépistage toxicologique peuvent contribuer à déterminer les drogues qu'il a consommées récemment. En discutant de ces observations avec le client, l'infirmière peut obtenir sa coopération en vue de soulager sa douleur.

Pour cette clientèle, les douleurs aiguës doivent être soulagées à l'aide d'opioïdes, et ce, à des doses beaucoup plus fortes que pour les clients ne consommant pas de drogues. Il est préférable de recourir à un seul opioïde en prenant soin d'éviter ceux dont

---

ENCADRÉ 12.7 — **Considérations relatives aux clients ayant un problème de toxicomanie et devant subir une chirurgie**

- Des doses normales d'anesthésiques et d'analgésiques peuvent s'avérer insuffisantes en cas de tolérance croisée.
- Des doses accrues d'analgésiques peuvent s'avérer nécessaires en cas de tolérance croisée.
- L'effet sédatif des anesthésiques peut se prolonger si le client est atteint de troubles hépatiques. Dans ce cas, il faut prolonger la période d'observation.
- Les risques de dépression cardiaque et de dépression respiratoire sont accrus.
- Les risques de saignement, de complications postopératoires et d'infection sont accrus.
- Les symptômes de sevrage peuvent être retardés de cinq jours à cause des effets des anesthésiques et des analgésiques.
- Il faut réduire les doses d'analgésiques de façon graduelle.

---

l'activité est à la fois agoniste et antagoniste comme le tartrate de butorphanol, et les agonistes partiels comme le chlorhydrate de buprénorphine (Suboxone^MD), ceux-ci pouvant précipiter les symptômes de sevrage. Si nécessaire, des analgésiques adjuvants ou non opioïdes peuvent être prescrits, et des mesures non médicamenteuses de soulagement de la douleur peuvent être prises. Pour maintenir le taux d'opioïdes dans le sang et ainsi prévenir les symptômes du sevrage, les analgésiques doivent être administrés 24 heures sur 24, et des doses supplémentaires peuvent s'avérer nécessaires pour traiter les épisodes de douleur aiguë. L'analgésie contrôlée par le patient (ACP) peut améliorer le soulagement de la douleur et atténuer son besoin de se droguer (Savage, Kirsh, & Passik, 2008).

Il est pertinent de rédiger, de concert avec le client, un accord ou un plan de traitement portant sur le soulagement de la douleur. Ce document doit lui garantir des mesures de soulagement basées sur la perception qu'il a de sa douleur et sur ce qu'il en dit. Cet accord doit prévoir la diminution progressive des doses d'analgésiques ainsi que le remplacement des médicaments administrés par voie parentérale par des préparations à action prolongée destinées à la voie orale, tout en envisageant la cessation de la prise d'opioïdes avant la fin du séjour du client à l'hôpital.

| **Entretien motivationnel** | En contexte de soins primaires ou actifs, l'infirmière est mieux placée que quiconque pour motiver le client à diminuer ou à cesser sa consommation et lui faciliter la tâche. Un client qui se fait soigner pour des problèmes de santé liés à un abus de psychotropes, ou dont l'hospitalisation perturbe les habitudes de consommation, devient plus conscient des problèmes associés à sa consommation. À cette étape, les interventions de l'infirmière peuvent contribuer de manière décisive au choix de changer de comportement.

L'entretien motivationnel, un style d'intervention brève élaborée par Miller et Rollnick en 1983, serait à l'heure actuelle l'intervention thérapeutique la plus performante pour aider les personnes à modifier un comportement de dépendance (Golay, Lagger, & Giordan, 2010). L'entretien motivationnel vise à amener les clients à changer leur comportement. Miller et Rollnick (2006) insistent maintenant davantage sur l'esprit qui sous-tend l'entretien motivationnel plutôt que sur les techniques **ENCADRÉ 12.8**.

L'infirmière doit donc l'aider à prendre conscience des problèmes et des risques associés à sa dépendance, et semer le doute en lui. Il est pertinent de lui demander ce qu'il lui arriverait, à son avis, s'il persistait dans son comportement, en lui fournissant des données comme de nouveaux résultats d'analyses en laboratoire, et en l'informant de manière factuelle sur les risques associés à l'abus de psychotropes. Même si, quand il éprouve un grave problème de santé, le client n'est pas nécessairement prêt à entreprendre un changement de comportement, il est possible d'éveiller le doute chez lui. En d'autres cas, comme celui d'un client dont la vie est en danger, la prise de conscience peut être immédiate et susciter sa motivation à changer.

L'étape de la réflexion en est souvent une d'ambivalence. Le client est conscient du caractère problématique de son comportement et de la nécessité du changement, mais il a l'impression qu'il s'agit d'une tâche insurmontable ou que les plaisirs découlant de sa toxicomanie valent bien les risques qu'ils impliquent. L'affirmation suivante témoigne bien de cet état d'esprit : « Je sais que je dois arrêter de boire. J'ai failli mourir dans cet accident. Ma contravention en état d'ivresse m'a fait perdre mon permis. Mais tous mes amis prennent un coup. Je ne connais pas d'autres façons de me détendre. Je pense que je ne suis pas capable d'arrêter. » À cette étape, l'infirmière peut aider le client à réfléchir aux aspects positifs et négatifs de sa consommation de drogues, en essayant délicatement de faire pencher la balance en faveur de l'adoption de comportements sains. Encourager le client à trouver sa motivation intérieure, qui vient s'ajouter aux contrariétés externes (accidents, contraventions, ennuis judiciaires, problèmes de santé, dépenses excessives, etc.), peut l'aider à passer de la réflexion à la préparation, puis à l'action. Tout au long du processus, il faut accorder une place importante aux choix et aux responsabilités du client en matière de changement.

Quand le client passe de la réflexion à la préparation, l'infirmière va l'aider à établir un plan d'action rattaché à des objectifs réalistes. Dans cette perspective, l'infirmière doit soutenir le moindre de ses efforts de changement. Pour qu'il puisse atteindre les étapes de l'action et du maintien, sa motivation à participer au traitement doit augmenter; pour ce faire, il a besoin d'un soutien continu.

Souvent, le client voit ses graves problèmes de santé réglés ou quitte l'hôpital avant de passer aux étapes de la préparation et de l'action. Pendant qu'il en est à l'étape de la réflexion et se prépare au changement, l'infirmière doit lui manifester son soutien en l'orientant vers les ressources communautaires ou externes appropriées.

Il est aussi possible que l'infirmière doive intervenir auprès d'un client qui a fait une rechute, c'est-à-dire qu'après une période d'abstinence, il a recommencé à consommer. La rechute peut être perçue comme un échec et amener la personne à abandonner ses efforts. Pourtant, la rechute fait partie du processus de changement, et il est important que l'infirmière normalise celle-ci auprès du client. Ainsi, elle peut lui dire : « Il est souvent très difficile d'arrêter de consommer et il est normal d'avoir des rechutes. Cela ne signifie pas que vous n'y arriverez pas. » Elle doit aider le client à entamer de nouveau les étapes précédentes tout en l'encourageant à se remémorer ses réussites antérieures. C'est aussi le moment de vérifier si ses objectifs étaient réalistes et de l'aider à définir des objectifs atteignables (Golay *et al.*, 2010).

Soins ambulatoires et soins à domicile

Avant d'envisager le traitement de sa toxicomanie et sa réadaptation, un client doit être guéri de ses ennuis de santé majeurs. La plupart des clients dépendants qui fréquentent les hôpitaux

En effet, l'entretien motivationnel est un style d'intervention doux et semi-directif profondément humaniste. Plutôt que d'avoir une attitude directive dans laquelle elle décide de ce qui est bon pour le client, l'infirmière qui travaille selon l'esprit de l'entretien motivationnel sera plutôt attentive au processus relationnel et elle veillera à comprendre ce que vit le client (notamment par son attitude empathique) **ENCADRÉ 12.9**.

Les éléments de l'esprit de l'entretien motivationnel se rapportent à l'une ou l'autre des six étapes du changement définies par Prochaska et DiClemente dans leur modèle transthéorique (Prochaska & DiClemente, 1992) ▶ **4** . Ces étapes sont la préréflexion, la réflexion, la préparation, l'action, le suivi et le maintien, et la réussite. Les cinq premières s'appliquent à l'entretien motivationnel. Il faut s'attendre à ce que, pendant le processus de changement, le client fasse des rechutes et des allers-retours entre les étapes. L'absence de changement ou la reprise de la consommation après un temps d'arrêt traduisent soit une rechute prévisible, soit le fait que les interventions ne correspondent pas à l'étape à laquelle le client se trouve (Miller, 1999). Il est essentiel que l'infirmière connaisse l'état de préparation au changement du client et sache quelle est la prochaine étape qu'il doit atteindre. Ceux qui en sont aux premières étapes n'ont pas besoin du même type de soutien et de motivation que ceux qui sont plus avancés dans le processus de changement.

L'entretien motivationnel comprend toute intervention pouvant renforcer la motivation du client à changer, pourvu qu'elle respecte son autonomie et qu'elle mette en place une relation non moraliste et fondée sur la collaboration.

Un client ayant un problème de toxicomanie qui vient se faire soigner ou qui est hospitalisé en est souvent à l'étape de la préréflexion ou de la réflexion dans son processus de changement. Au stade de la préréflexion, il ne se préoccupe pas de sa consommation de drogues et n'envisage aucun changement de comportement.

4

Le modèle transthéorique de Prochaska est abordé dans le chapitre 4, *Enseignement au client et à ses proches aidants.*

Jugement clinique

Monsieur Malcolm Green est âgé de 41 ans. Il est hospitalisé pour une deuxième pancréatite aiguë. Il boit au moins 20 bières par jour depuis 10 ans. « Je sais que je devrais arrêter de boire. Je mets ma santé et ma vie en danger. Mais je m'en sors toujours. Il faut croire que j'ai une bonne résistance », dit-il.

Déterminez à quelle étape de changement M. Green se trouve lorsqu'il tient de tels propos ?

ENCADRÉ 12.9 — Quatre principes généraux de l'entretien motivationnel

- **Exprimer de l'empathie**

Par son empathie, l'infirmière démontre au client son acceptation, et ce, même s'il a des comportements nuisibles pour sa santé comme la dépendance à une substance. Elle cherche à comprendre le client en utilisant l'écoute réflexive et en s'abstenant de le juger, de le blâmer ou de le critiquer.

- **Déterminer la divergence**

Par ce principe, l'infirmière cherche à déterminer et à amplifier, selon le point de vue du client, les divergences entre son comportement actuel, ses valeurs et ses objectifs de vie. Par exemple, pour un fumeur qui dirait vouloir vivre longtemps pour voir grandir ses petits-enfants, l'infirmière peut l'aider à prendre conscience de la divergence entre son comportement et son souhait. Elle va l'amener à réaliser que le fait de continuer à fumer diminue son espérance de vie.

- **Rouler avec la résistance**

Selon Miller et Rollnick (2006), la résistance (souvent détectable par un « oui, mais... » de la part du client) n'est habituellement pas un signe que le client manque de volonté, mais plutôt que l'infirmière doit modifier son attitude. Sinon, plus l'infirmière plaidera en faveur du changement, plus le client trouvera des raisons au maintien de sa position de non-changement. Alors, plutôt que de s'opposer à la résistance, il est proposé de « rouler » avec elle. Pour ce faire, l'infirmière pourra aider le client à considérer de nouveaux points de vue en lien avec sa situation et à trouver comment il peut résoudre son problème par lui-même.

- **Renforcer le sentiment d'efficacité personnelle**

L'infirmière qui veut aider le client à changer un comportement doit l'aider à croire en ses capacités d'y réussir. Par exemple, elle peut demander au client de se remémorer une réussite antérieure, ce qui l'amènera à prendre conscience qu'il est capable de changer, car il l'a déjà fait dans le passé.

Source : Adapté de Miller & Rollnick (2006).

ou les cliniques dans la communauté viennent avant tout se faire soigner pour des problèmes de santé associés à l'abus de psychotropes, et non pour traiter leur toxicomanie. Bien qu'en général, l'infirmière ne participe pas au traitement à long terme des clients ayant un problème de toxicomanie, elle a la responsabilité de cerner leur problème, de les motiver à changer et de les orienter vers des programmes de traitement et de réadaptation, que ceux-ci soient offerts à l'hôpital, en consultation externe ou en milieu communautaire.

Réduction des méfaits

La réduction des méfaits telle qu'elle est connue aujourd'hui a émergé dans les années 1980 lors de l'apparition du sida chez les personnes s'injectant des drogues. Cette approche se définit comme étant « une démarche de santé collective visant, plutôt que l'élimination de l'usage des psychotropes (ou d'autres comportements à risque ou "addictifs"), à ce que les personnes puissent trouver des moyens de réduire les conséquences négatives liées à leurs comportements » (CPLT, 1999). Ainsi, au lieu de s'attaquer au problème de l'usage des drogues, ce sont les conséquences de cet usage qui sont visées. L'approche de réduction des méfaits repose essentiellement sur deux grands principes philosophiques : le pragmatisme et l'humanisme. Par le pragmatisme, il est admis que les drogues sont là pour rester, il est donc préférable d'intervenir de façon à limiter les conséquences négatives de leur usage. L'humanisme, pour sa part, sous-tend l'importance de considérer les personnes utilisatrices de drogues comme des personnes à part entière et dignes de respect, possédant des droits et un pouvoir d'agir en tant que citoyens. De ces deux principes philosophiques découlent les valeurs propres à la réduction des méfaits, soit l'accès universel aux soins, la protection de la santé et de la sécurité du public, la promotion de la santé individuelle et collective, l'accès équitable aux ressources collectives, la défense des droits du citoyen et la promotion de la participation et de l'intégration sociale (Brisson, 1997).

Un des exemples les plus connus de l'approche de réduction des méfaits concerne la distribution de matériel d'injection sécuritaire pour les utilisateurs de drogues injectables. Au Québec, il existe plus de 900 centres d'accès au matériel d'injection (CAMI) (MSSS, 2009). Non seulement cette mesure permet aux utilisateurs de drogues injectables d'obtenir des seringues neuves et ainsi prévenir la propagation du VIH et de l'hépatite C, mais elle permet aussi de joindre une clientèle qui, autrement, n'entrerait pas en contact avec les services d'aide. Dans certains CAMI, une infirmière est présente pour évaluer l'état de santé des utilisateurs de drogues injectables, les référer à un médecin si leur état de santé le nécessite et s'assurer qu'ils s'injectent de façon sécuritaire. Plusieurs études ont démontré que les programmes d'échange de seringues ne contribuent pas à l'augmentation de la fréquence de l'usage de drogues et ne facilitent pas l'initiation de nouveaux consommateurs à l'usage de drogues sous forme d'injection. Au contraire, ces programmes ont plutôt pour conséquence une augmentation des comportements sécuritaires (Chayer, Larkin, Morissette, & Brochu, 1997).

Le traitement à la méthadone, pour sa part, est un traitement de substitution principalement destiné aux personnes ayant une dépendance à l'héroïne. Il s'agit d'un médicament appartenant à la famille des opioïdes qui est ingéré par voie orale sous forme de sirop et qui diminue considérablement le besoin de consommer de l'héroïne sans l'effet euphorisant, ce qui maintient la personne dans un état fonctionnel. Ce mode d'administration réduit considérablement les risques associés aux comportements d'injection. Les personnes suivant ce traitement bénéficient d'un suivi multidisciplinaire qui leur permet de travailler sur plusieurs aspects de leur problème de toxicomanie, notamment sur les aspects physiques et psychologiques de leur dépendance ainsi que sur leur réinsertion sociale (Paquin, 2003). Pour les personnes qui tolèrent mal la méthadone ou qui ont des effets indésirables importants, la buprénorphine (Suboxone[MD]) est disponible au Québec depuis 2008.

Ce médicament se présente sous forme de comprimés sublinguaux et nécessite un suivi comparable à celui de la méthadone (Collège des médecins du Québec, & Ordre des pharmaciens du Québec, 2009). Un autre exemple de réduction des méfaits, qui vise un public beaucoup plus large, est le programme québécois Opération Nez Rouge. Il s'agit d'un service de raccompagnement offert gratuitement durant la période des Fêtes à quiconque a trop consommé d'alcool ou qui ne se sent pas capable de conduire son automobile.

L'infirmière doit connaître les programmes orientés vers la réduction des méfaits pour pouvoir y référer les clients qui ne sont pas prêts à cesser de consommer.

La réduction des méfaits s'applique aussi dans d'autres domaines que les troubles liés à une substance. Par exemple, les infirmières qui font de l'éducation sur les pratiques sexuelles sécuritaires auprès des adolescents ou sur le tatouage sécuritaire en prison font aussi de la réduction des méfaits.

Considérations gérontologiques

TROUBLES LIÉS À UNE SUBSTANCE

Les professionnels de la santé ont beaucoup plus de difficulté à reconnaître l'abus de psychotropes et la toxicomanie chez les personnes âgées que chez les jeunes adultes. Les personnes âgées ne cadrent pas avec l'image préconçue du client ayant un problème de toxicomanie, et la manière dont ils abusent des médicaments d'ordonnance ou de l'alcool est différente. Contrairement aux personnes plus jeunes qui vont davantage consommer des substances illicites, les personnes âgées abusent plus souvent de médicaments en vente libre ou prescrits par un médecin. Les raisons les plus fréquentes d'abus de médicaments d'ordonnance chez les personnes âgées sont une mauvaise compréhension de l'ordonnance (p. ex., une difficulté à lire les instructions), les déficits cognitifs ainsi que la complexité du régime thérapeutique (Pinto & Walsh, 2010). Pour ce qui est de l'alcool, certains facteurs liés à l'âge sont propres aux personnes âgées. En effet, certaines personnes âgées seront portées à boire davantage en réaction aux pertes causées par la retraite ou pour se désennuyer. De plus, l'accumulation de deuils (perte d'un conjoint, perte de mobilité ou de santé) peut amener un sentiment d'impuissance que certaines personnes âgées compenseront par une consommation d'alcool plus importante (Éduc'alcool, 2006).

Il est facile de confondre les effets de l'alcool et des autres drogues avec des problèmes de santé typiques des personnes âgées comme l'insomnie, la dépression, la mauvaise alimentation, l'insuffisance cardiaque et les chutes fréquentes. Ainsi, leur dépendance est rarement diagnostiquée et traitée.

L'usage inadéquat ou l'abus d'une ou de plusieurs drogues psychoactives par une personne âgée peut provoquer confusion, désorientation, délire, pertes de mémoire et déficience neuromusculaire. Les changements physiologiques propres au vieillissement, comme le ralentissement de la circulation, du métabolisme et de l'excrétion, font en sorte qu'une intoxication peut survenir à des taux n'affectant pas outre mesure les jeunes adultes. L'infirmière doit toujours envisager la possibilité que le changement de comportement d'un client âgé soit dû à la consommation de psychotropes ou au sevrage.

Déceler l'abus de psychotropes et la toxicomanie chez un client âgé n'est pas chose facile. Les membres de sa famille sont d'importantes sources d'information. Comme elle le fait avec les autres clients, l'infirmière doit discuter avec lui de sa consommation d'alcool et de toute drogue, y compris les médicaments en vente libre, les produits phytothérapiques et les remèdes homéopathiques (Naegle, 2008b). Elle doit aussi évaluer sa connaissance des médicaments qu'il prend.

Les réponses des personnes âgées aux questionnaires de dépistage usuels ne reflètent pas toujours les conséquences sociales, judiciaires et professionnelles découlant de l'abus de psychotropes. À ce jour, il n'existe pas de questionnaire validé en français pour le dépistage de l'alcoolisme chez les personnes âgées. L'infirmière peut alors utiliser les questionnaires CAGE et AUDIT.

L'usage du tabac sous toutes ses formes est aussi un problème chez les personnes âgées. Celles qui fument depuis des dizaines d'années peuvent se sentir incapables d'arrêter ou ne pas voir les avantages de le faire à un âge si avancé. Le tabagisme contribue toutefois à de nombreuses maladies chroniques typiques des personnes âgées et constitue un facteur aggravant. À tout âge, il est bénéfique d'arrêter de fumer. Les directives cliniques concernant le traitement du tabagisme déjà discutées plus haut conviennent aussi aux personnes âgées **FIGURE 12.1**, **TABLEAU 12.4**, **ENCADRÉS 12.2** et **12.3**.

L'enseignement offert aux personnes âgées doit aborder les effets souhaités, les effets secondaires et l'usage adéquat des médicaments d'ordonnance et des médicaments en vente libre (Naegle, 2008b). Il faut recommander à ces clients de ne pas consommer d'alcool avec ces médicaments. Éduc'alcool a produit un guide intitulé *L'alcool et les aînés* qui présente ces recommandations (Éduc'alcool, 2006). Si aucun état pathologique ou interaction médicamenteuse potentielle n'interdit l'alcool, il faut tout de même leur conseiller de ne pas dépasser une consommation par jour. Si l'infirmière croit qu'un client a un problème de toxicomanie, elle doit l'orienter vers un traitement. Selon une fausse croyance, les personnes âgées auraient peu à gagner d'un traitement pour la toxicomanie. Rompre avec la toxicomanie a pourtant l'avantage de leur assurer une meilleure qualité de vie et une plus grande longévité.

■ ■ ■ À retenir

VERSION REPRODUCTIBLE

www.cheneliere.ca/lewis

- Les personnes qui abusent des psychotropes ont plus souvent recours au système de santé que les autres.
- Le tabagisme est le mode de consommation de nicotine le plus nocif et il peut endommager pratiquement tous les organes.
- L'alcoolisme est considéré comme une maladie chronique, évolutive et potentiellement fatale en l'absence de traitement.

- Outre la nicotine, la cocaïne et les amphétamines comptent parmi les stimulants dont l'abus est le plus fréquent.
- Les sédatifs, les hypnotiques et les opiacés sont réputés provoquer rapidement la tolérance et la dépendance, et ils peuvent être la cause d'urgences médicales pour surdose ou sevrage.
- Les sédatifs et les hypnotiques faisant le plus souvent l'objet d'abus sont les barbituriques, les benzodiazépines et d'autres drogues apparentées aux barbituriques.
- Le sevrage de dépresseurs du système nerveux central, y compris

d'alcool, est le plus dangereux de tous, car il peut menacer la vie du client.
- La désintoxication vise à supprimer la drogue de l'organisme du client ou à en diminuer la quantité, et ce, en vue d'en atténuer ou d'en annuler les effets.
- Au moment d'une chirurgie, un client ayant une dépendance à l'alcool et qui n'a pas bu a généralement besoin d'une plus grande quantité d'anesthésique à cause de la tolérance croisée.
- Au moment d'une chirurgie, un client qui est intoxiqué à l'alcool doit recevoir une moins grande

quantité d'anesthésique en raison de l'effet synergique de l'alcool.
- L'entretien motivationnel comprend toute intervention pouvant renforcer la motivation du client à changer, pourvu qu'elle respecte son autonomie et qu'elle mette en place une relation non moraliste et fondée sur la collaboration.
- L'approche de réduction des méfaits vise à trouver des moyens permettant de limiter les conséquences négatives des habitudes de consommation.

12

Pour en **savoir** plus

VERSION COMPLÈTE ET DÉTAILLÉE

www.cheneliere.ca/lewis

 Références Internet

Organismes et associations

Centre canadien de lutte contre l'alcoolisme et les toxicomanies
www.ccsa.ca

Centre de toxicomanie et de santé mentale
www.camh.net

Centre québécois de documentation en toxicomanie
www.centredollardcormier.qc.ca/cqdt

Centre québécois de lutte aux dépendances
www.cqld.ca

Réseau canadien des professionnels en toxicomanie et de domaines connexes
www.rcptdc.ca

Organismes gouvernementaux

Dépendances
www.dependances.gouv.qc.ca

INSPQ > Habitudes de vie, maladies chroniques > Tabac, alcool, drogues et autres produits à risque de dépendance
www.inspq.qc.ca

Santé Canada > Préoccupations liées à la santé > Tabagisme

Santé Canada > Préoccupations liées à la santé > Prévention et traitement de la toxicomanie
www.hc-sc.gc.ca

Références générales

PasseportSanté.net > Maladies > Index des maladies de A à Z > Tabagisme
www.passeportsante.net

Toxquébec.com
www.toxquebec.com

 Monographies

Dally, S., & Bismuth, C. (2007). *Addictologie et toxicologie*. Paris : Flammarion.

 Articles, rapports et autres

Allard, F. (2009). Comment aider les patients qui boivent trop. *Le Médecin du Québec, 44*(2), 35-42.

Allard, F. (2009). Osez interroger les malades sur l'alcool. *Le Médecin du Québec, 44*(2), 27-34.

April, N., Leblanc, J., & Pion, N. (2009). Boire moins, c'est mieux. *Le Médecin du Québec, 44*(2), 19-26.

Kayser, J.W., & Thibault, C. (2006). *Counseling en abandon du tabac. Orientations pour la pratique infirmière : Pour le bien-être et la santé des populations*. Westmount : OIIQ.
www.oiiq.org

OIIQ (2008). Besoin d'oxygène. *Perspective infirmière, 5*(5), 35-37.
www.oiiq.org

PARTIE

2

Mécanismes pathophysiologiques

CHAPITRE

13

Écrit par :
Russell G. Zaiontz, RN, MSN
Sharon L. Lewis, RN, PhD, FAAN

Adapté avec la collaboration de :
Antoinette Gimenez-Lambert,
inf., M. Éd.

Inflammation et soin des plaies

Objectifs

Après avoir lu ce chapitre, vous devriez être en mesure :

- de décrire la réponse inflammatoire, notamment les réponses vasculaire et cellulaire, et la formation d'exsudat ;

- d'expliquer les manifestations locales et générales de l'inflammation et leurs fondements physiologiques ;

- de décrire la pharmacothérapie, le traitement nutritionnel de même que les soins et les traitements infirmiers se rapportant à l'inflammation ;

- de décrire les quatre phases du processus de cicatrisation des plaies ;

- de distinguer la cicatrisation par première, deuxième et troisième intention ;

- de justifier les soins et les traitements en interdisciplinarité touchant la cicatrisation ;

- de décrire les facteurs de risque liés à l'apparition d'une lésion de pression et les mesures de prévention ;

- d'expliquer les étiologies et les manifestations cliniques des lésions de pression ;

- d'expliquer les interventions infirmières et les soins en interdisciplinarité pour un client présentant des lésions de pression.

Concepts **clés**

Cette carte conceptuelle illustre schématiquement les principaux concepts décrits dans le présent chapitre. Sa lecture vous permettra d'avoir une vue d'ensemble des notions qui y sont présentées.

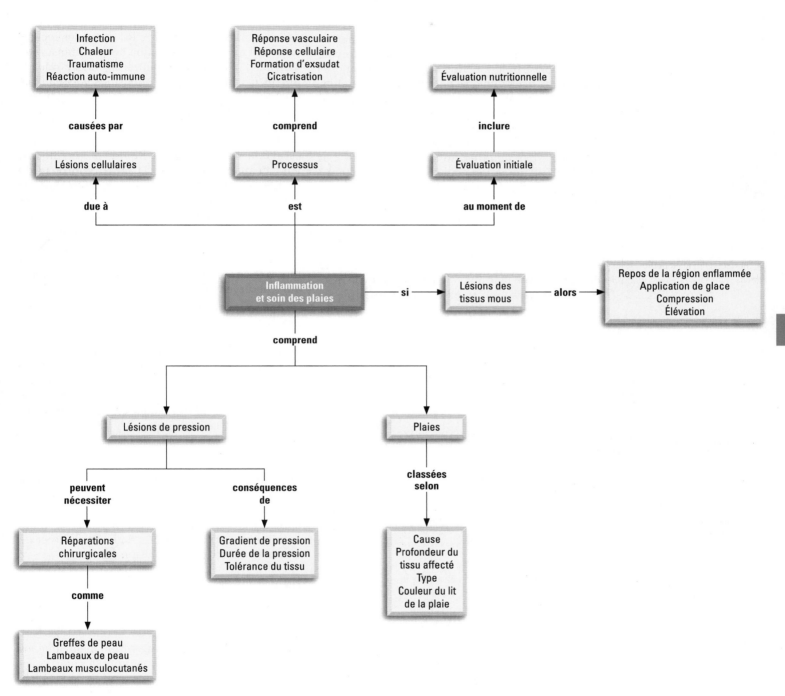

13.1 | Réponse inflammatoire

La **réponse inflammatoire** désigne une séquence de réactions consécutives à une atteinte cellulaire. Elle permet de neutraliser et de diluer l'agent inflammatoire, d'éliminer les produits nécrotiques, et d'établir un environnement propice à la cicatrisation et à la réparation. Le terme inflammation est souvent employé à tort comme un synonyme d'infection. L'inflammation accompagne toujours l'infection, mais l'inverse n'est pas vrai. Toutefois, il se peut qu'une personne **neutropénique** soit incapable de produire une réponse inflammatoire. Qui dit infection dit envahissement des tissus ou des cellules par des microorganismes comme des bactéries, des champignons ou des virus. Par contre, l'inflammation peut être due tout autant à la chaleur, à des rayonnements, à un traumatisme, à des produits chimiques, à des allergènes ou à une réaction auto-immune.

Le mécanisme de l'inflammation est fondamentalement le même, quel que soit l'agent causal. L'intensité de la réponse dépendra de l'étendue et de la gravité de la lésion, et de la capacité de réaction de la personne touchée. Il est possible de découper la réponse inflammatoire en phases distinctes : une réponse vasculaire, une réponse cellulaire, la formation d'exsudat et la cicatrisation. La **FIGURE 13.1** illustre ces diverses étapes du processus inflammatoire.

13.1.1 Réponse vasculaire

Après une lésion cellulaire, les artérioles locales subissent une vasoconstriction brève et transitoire. Une fois l'histamine et d'autres agents chimiques libérés par les cellules atteintes, les vaisseaux se dilatent. Cette vasodilatation se traduit par une augmentation du flot sanguin qui amplifie la pression de filtration. Des médiateurs chimiques entraînent une augmentation de la perméabilité capillaire et favorisent le passage de liquide des capillaires vers l'espace tissulaire. D'abord composé de liquide séreux, cet exsudat inflammatoire finit par contenir des protéines plasmatiques, principalement de l'albumine, responsables d'une **pression oncotique** qui attire encore plus de liquide hors des vaisseaux sanguins. La vasodilatation et l'augmentation de la perméabilité capillaire provoquent toutes les deux la rougeur, la chaleur et l'œdème qui s'observent au siège de la lésion.

À mesure qu'il quitte le sang, le fibrinogène, une protéine plasmatique, est activé en fibrine par les substances produites dans les cellules lésées. La fibrine consolide les caillots sanguins formés par les plaquettes. Dans les tissus, le caillot permet de piéger les bactéries, de prévenir leur propagation et de structurer le processus de cicatrisation. Les plaquettes libèrent des **facteurs de croissance** qui font démarrer ce processus.

13.1.2. Réponse cellulaire

Les neutrophiles et les monocytes passent de la circulation au siège de la lésion **FIGURE 13.1**. Le **chimiotactisme**, qui désigne la migration directionnelle des globules blancs vers le siège de la lésion, entraîne une accumulation de neutrophiles et de monocytes au foyer de la lésion 🖱.

Neutrophiles

Les neutrophiles sont les premiers leucocytes à arriver (en général dans les 6 à 12 heures) au siège de la lésion. Ils phagocytent (engloutissent) les bactéries, des substances étrangères de même que les cellules endommagées. Les neutrophiles morts s'accumulent sans tarder, compte tenu de leur courte durée de vie (de 24 à 48 heures). Avec le temps, une substance crémeuse appelée pus, composée d'un mélange de neutrophiles morts, de bactéries digérées et d'autres débris cellulaires, s'accumule.

Pour répondre à la demande en neutrophiles, la moelle osseuse en libère davantage dans la circulation, entraînant une recrudescence du taux de globules blancs, et en particulier de neutrophiles.

🖱 La figure 13.1W, présentée au www.cheneliere.ca/lewis, illustre les processus de margination, de diapédèse et de chimiotactisme des globules blancs.

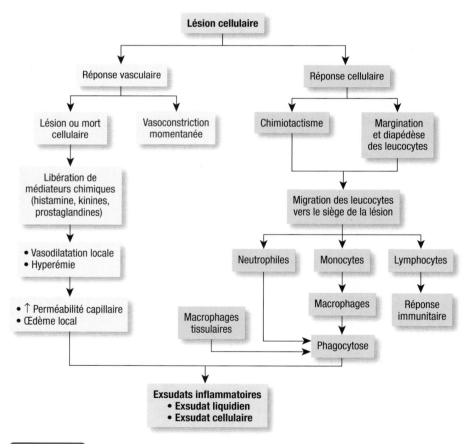

FIGURE 13.1

Schéma physiopathologique ; réponses vasculaire et cellulaire consécutives à une atteinte tissulaire

Il arrive parfois que la demande en neutrophiles soit si élevée que la moelle osseuse les libère dans la circulation sous une forme encore immature (neutrophiles non segmentés).

La **déviation à gauche** témoigne de l'augmentation en proportion des formes immatures de neutrophiles. Elle s'observe couramment chez les clients atteints d'infections bactériennes aiguës.

Monocytes

Les monocytes sont le second type de cellules phagocytaires à migrer depuis le sang en circulation. Ils arrivent généralement au siège de trois à sept jours après le début de l'inflammation. En pénétrant l'espace tissulaire, les monocytes se transforment en macrophages, puis se joignent aux macrophages tissulaires pour contribuer à la phagocytose des débris inflammatoires. Le nettoyage de la région par les macrophages est essentiel pour que la cicatrisation puisse débuter. Les macrophages ont une longue durée de vie ; ils peuvent se multiplier et séjourner dans les tissus endommagés pendant des semaines. Ces cellules à longue durée de vie jouent un rôle important dans l'orchestration du processus de cicatrisation.

Quand les particules sont trop grosses pour être phagocytées par un seul macrophage, plusieurs d'entre eux se regroupent et fusionnent en une cellule géante multinucléée. La cellule géante est ensuite encapsulée par le collagène de manière à former un **granulome**, qui se présente comme une cavité de tissu nécrotique. Ce mécanisme classique est à l'œuvre dans la tuberculose du poumon. Bien que le bacille *Mycobacterium* soit isolé, une inflammation chronique persiste.

Lymphocytes

Les lymphocytes arrivent plus tard au siège de la lésion. Leur fonction principale concerne l'immunité humorale (qui fait intervenir certains globules blancs, en particulier les lymphocytes B) et l'immunité à médiation cellulaire (qui associe les lymphocytes et les macrophages) ▶ .

13.1.3 Médiateurs chimiques

Les **médiateurs chimiques** de la réponse inflammatoire sont présentés au **TABLEAU 13.1**.

Système du complément

Le système du complément désigne une **cascade enzymatique** (C1-C9) qui peut être activée par plusieurs voies. Il sert à déclencher la réaction inflammatoire et à détruire les agents pathogènes envahissants . Sa principale fonction est de

RAPPELEZ-VOUS…

Les neutrophiles matures sont aussi appelés polynucléaires neutrophiles.

14

L'immunité humorale et l'immunité à médiation cellulaire sont expliquées dans le chapitre 14, *Génétique, réaction immunitaire et transplantation.*

La figure 13.2W, présentée au www.cheneliere.ca/lewis, illustre le système du complément.

13

TABLEAU 13.1	Médiateurs chimiques de l'inflammation	
MÉDIATEUR	**SOURCE**	**ACTIONS**
Histamine	Emmagasinée dans les cellules des basophiles, des mastocytes et des plaquettes	• Entraîne une vasodilatation et une augmentation de la perméabilité capillaire.
Sérotonine	Emmagasinée dans les plaquettes et les mastocytes	• Entraîne une vasodilatation et une augmentation de la perméabilité capillaire. • Stimule la contraction des muscles lisses.
Kinines (p. ex., la bradykinine)	Produites à partir de leur précurseur, le kininogène, après l'activation du facteur Hageman (facteur XII) du système de la coagulation	• Provoquent la contraction des muscles lisses et une vasodilatation. • Stimulent la douleur.
Composantes du complément (anaphylatoxines C3a, C4a, C5a)	Produits après l'activation de la voie du complément	• Stimulent la libération d'histamine et le chimiotactisme.
Prostaglandines	Produites à partir de l'acide arachidonique	• Provoquent une vasodilatation.
Leucotriènes	Produits à partir de l'acide arachidonique	• Stimulent le chimiotactisme.
Cytokines	Sécrétées par les lymphocytes et les macrophages	• Jouent un rôle immunomodulateur. • Sont des facteurs de croissance et de régulation de la croissance des cellules hématopoïétiques.

favoriser la phagocytose, d'augmenter la perméabilité vasculaire, le chimiotactisme et la lyse cellulaire (destruction des cellules). Toutes ces activités sont des composantes importantes de la réponse inflammatoire et de la cicatrisation.

La **lyse cellulaire** survient lorsque les composants finaux créent des trous dans les membranes cellulaires et provoquent la mort des cellules ciblées par rupture membranaire. Dans les troubles auto-immuns, le tissu sain peut être endommagé par l'activation du complément et la réponse inflammatoire qui en résulte. Ce processus s'observe notamment dans la polyarthrite rhumatoïde et le lupus érythémateux aigu disséminé.

Prostaglandines et leucotriènes

Lorsque les cellules sont activées après une lésion, l'acide arachidonique des membranes cellulaires subit une conversion rapide, et produit les prostaglandines (PG), les thromboxanes et les leucotriènes **FIGURE 13.2**. Les PG sont généralement considérées comme des vasodilatateurs puissants qui favorisent l'inflammation, et contribuent à l'augmentation du flot sanguin et à la formation d'un œdème. Certains sous-types de PG se forment après l'activation des plaquettes, et ils peuvent en inhiber leur agrégation ainsi que celle des neutrophiles. Les PG remplissent une fonction importante en sensibilisant les récepteurs de la douleur à des stimuli normalement indolores, et elles jouent aussi un rôle essentiel de **pyrétogènes** en stimulant la zone thermorégulatrice de l'hypothalamus et en produisant une réponse fébrile.

Les thromboxanes sont des vasoconstricteurs puissants en plus d'être des agents d'agrégation des plaquettes. Ils entraînent une vasoconstriction de courte durée ainsi qu'une pâleur au siège de la lésion, et ils favorisent la formation de caillots. Compte tenu de la courte demi-vie de ces substances, la pâleur laisse place rapidement aux effets vasodilatateurs des PG et de l'histamine.

Les leucotriènes regroupent les substances à réaction différée de l'anaphylaxie responsables de la constriction des muscles lisses des bronches à l'origine du rétrécissement des voies aériennes et de l'augmentation de la perméabilité capillaire à l'origine d'un œdème des mêmes voies.

13.1.4 Formation de l'exsudat

L'exsudat est composé de liquide et de leucocytes qui passent de la circulation au siège de la lésion. La nature et la quantité d'exsudat dépendent du type et de la gravité de la lésion subie et des tissus touchés **TABLEAU 13.2**.

13.1.5 Manifestations cliniques

La réponse inflammatoire locale comprend la rougeur, la chaleur, la douleur, l'œdème et la perte de la fonction **TABLEAU 13.3**. Les manifestations générales de l'inflammation incluent l'augmentation du taux de globules blancs avec une déviation à gauche, un malaise, des nausées, de l'anorexie, de la fièvre, ainsi que l'accélération de la fréquence cardiaque et de la fréquence respiratoire.

La leucocytose découle d'une augmentation de la libération des leucocytes par la moelle osseuse. Une augmentation en nombre d'au moins un type de leucocytes en circulation est alors observée. Les réactions inflammatoires s'accompagnent de symptômes de malaise, de nausées, d'anorexie et de fatigue. Les causes de ces changements systémiques, vraisemblablement attribuables à une activation du complément et à la libération de **cytokines**, sont encore inexpliquées. Certaines de ces cytokines (p. ex., les interleukines [IL], le facteur de nécrose tumorale [TNF]) jouent un rôle important dans l'apparition des manifestations générales de l'inflammation, comme dans l'induction de la fièvre. L'accélération de la fréquence cardiaque et de la respiration succède à une hausse du métabolisme résultant lui-même de l'élévation de la température corporelle.

Fièvre

La fièvre est déclenchée par la libération de cytokines, qui entraînent des changements métaboliques dans le centre thermorégulateur **FIGURE 13.3**. Le changement métabolique le plus décisif est la synthèse des PG, qui agissent directement sur le seuil de réglage thermostatique. L'hypothalamus active ensuite le système nerveux autonome, qui stimule l'augmentation du tonus musculaire et des frissons, ainsi que la baisse de la transpiration et

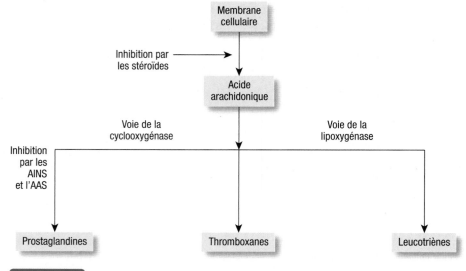

FIGURE 13.2

Voie de synthèse des prostaglandines, des thromboxanes et des leucotriènes. Les corticostéroïdes, les anti-inflammatoires non stéroïdiens (AINS) et l'acide acétylsalicylique (AAS) agissent en inhibant plusieurs étapes de cette voie.

du flot sanguin vers la périphérie. L'épinéphrine libérée à partir de la médullosurrénale entraîne une augmentation du métabolisme, ce qui se traduit finalement par l'apparition de fièvre.

Le thermostat physiologique étant réglé à une température supérieure à la normale, le taux de production de chaleur augmente jusqu'à ce que la température corporelle atteigne le nouveau seuil de réglage. À mesure que ce seuil de réglage augmente, l'hypothalamus signale la nécessité d'accroître la production et la conservation de chaleur pour hausser la température corporelle jusqu'au nouveau seuil.

La personne affectée frissonne : c'est ainsi que l'organisme fait augmenter la température corporelle jusqu'au nouveau seuil de réglage. Ce paradoxe apparent est frappant : le corps est chaud, mais le sujet empile pourtant les couvertures et se met au lit pour se réchauffer. Lorsque la température corporelle atteint le seuil de réglage final, les frissons cessent, et la personne ne cherche plus à se réchauffer.

Les cytokines libérées et la fièvre qu'elles déclenchent activent les mécanismes de défense de l'organisme. L'élimination accrue des microorganismes, une augmentation de la phagocytose par

TABLEAU 13.2	Types d'exsudat inflammatoire	
TYPE	DESCRIPTION	EXEMPLES
Séreux	• Résulte de l'écoulement du liquide inflammatoire. • S'observe aux stades précoces de l'inflammation en cas de lésion légère.	Phlyctènes sur la peau, épanchement pleural et tout autre exsudat jaune, limpide et non odorant
Sérosanguin	• S'observe à mi-chemin durant la cicatrisation qui résulte d'une chirurgie ou d'une lésion tissulaire. • Composé de globules rouges et de liquide séreux. De couleur rose semi-transparent ; peut contenir des raies rouges.	Liquide de drainage chirurgical ou dû à un traumatisme d'une plaie en voie de guérison
Fibrineux	• Associé à une augmentation de la perméabilité vasculaire et à un écoulement de fibrinogène dans les espaces interstitiels. • Les quantités excessives de fibrine qui recouvrent les surfaces tissulaires sont peut-être à l'origine de leur adhérence.	Adhésions, rubans gélatineux observés dans les tubulures reliées aux drains chirurgicaux ; recouvrement de plaies suintantes, comme les ulcères veineux
Sanguin	• Résulte de la rupture ou de la nécrose des parois de vaisseaux sanguins.	Hématome, saignement consécutif à une chirurgie, à un traumatisme tissulaire ou à un problème de coagulation
Purulent (pus)	• Composé de globules blancs, de microorganismes (morts ou vifs), de cellules mortes liquéfiées et d'autres débris, et d'une charge bactérienne importante.	Furoncle (clou), abcès, cellulite (inflammation diffuse du tissu conjonctif) ou tout autre exsudat d'une plaie infectée
Catarrhal	• S'observe dans les tissus où les cellules produisent du mucus. • La production de mucus est accélérée par la réponse inflammatoire.	Écoulement nasal associé à une infection des voies respiratoires supérieures

TABLEAU 13.3	Manifestations locales de l'inflammation
MANIFESTATION	CAUSES
Rougeur	Hyperémie (afflux important de sang) due à la vasodilatation
Chaleur	Augmentation du métabolisme au site de l'inflammation et vasodilatation
Douleur	Modification du pH ; stimulation nerveuse par des agents chimiques (p. ex., l'histamine, les prostaglandines) ; pression exercée par l'inflammation
Œdème	Passage du liquide dans les espaces interstitiels ; accumulation d'exsudat
Perte de la fonction	Œdème et douleur

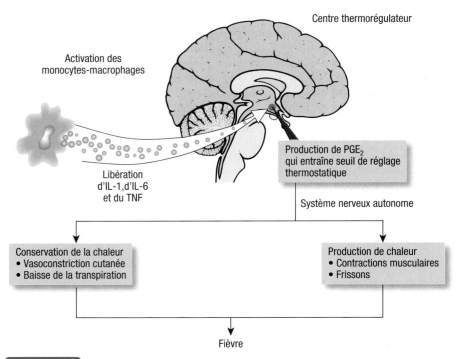

FIGURE 13.3

Production de fièvre. Lorsqu'ils sont activés, les monocytes macrophages sécrètent des cytokines, comme l'interleukine-1 (IL-1), l'interleukine-6 (IL-6) et le facteur de nécrose tumorale (TNF), qui atteignent le centre thermorégulateur de l'hypothalamus, et favorisent la synthèse et la sécrétion de prostaglandine E2 (PGE₂) dans l'hypothalamus antérieur. Cette prostaglandine augmente le seuil de réglage thermostatique ; le système nerveux autonome est stimulé, ce qui se traduit par différentes manifestations qui produisent ou conservent la chaleur.

les neutrophiles et la prolifération des lympho-cytes T sont autant d'aspects bénéfiques de la fièvre. Une température corporelle plus élevée favorise également l'activité de l'interféron, une substance naturelle qui combat les virus (Atkins, 1982).

13.1.6 Types d'inflammation

Il existe trois types d'inflammation : aiguë, sub-aiguë et chronique. Dans l'**inflammation aiguë**, la guérison survient dans les deux à trois semaines, et elle n'est généralement associée à aucun dom-mage résiduel. Les neutrophiles sont les cellules présentes en plus grand nombre au siège de l'inflammation. L'**inflammation subaiguë** présente les caractéristiques du processus aigu, mais elle dure plus longtemps. C'est le cas, par exemple, de l'endocardite aiguë, infection qui donne lieu à une inflammation aiguë, mais qui persiste pendant des semaines, voire des mois ▶ **44** .

L'**inflammation chronique** dure des semaines, des mois, voire des années. L'agent qui en est res-ponsable persiste ou cause des lésions répétées aux tissus. Les lymphocytes et les macrophages sont les types cellulaires prédominants au siège de l'inflam-mation. La polyarthrite rhumatoïde et l'ostéomyé-lite sont des exemples d'inflammation chronique. La prolongation et la chronicité de toute inflamma-tion peuvent découler d'une altération de la réponse immunitaire (p. ex., une maladie auto-immune) et provoquer une détérioration physique.

44

L'endocardite infectieuse est étudiée dans le chapitre 44, *Interventions cliniques – Troubles inflammatoires et structuraux du cœur.*

Taux métabolique :

Nombre de calories requises pour entretenir le métabolisme de base. Ce taux correspond à la consommation calorifique du corps sans mouvements ou activités. La régulation de la température, la digestion et les autres processus du métabo-lisme requièrent des calories.

Soins et traitements en interdisciplinarité

CLIENT ATTEINT D'INFLAMMATION

Analyse et interprétation des données

L'analyse et l'interprétation des données pour le client atteint d'in-flammation peut, entre autres, concerner les éléments suivants :

- la douleur aiguë liée à la lésion et au processus inflammatoire ;
- l'hyperthermie liée à l'augmentation du taux métabolique due à l'infection et au processus inflammatoire.

Interventions cliniques

Promotion de la santé

La meilleure prise en charge de l'inflammation consiste à prévenir l'infection, les traumatismes, la chirurgie et les contacts avec des agents potentiellement nuisibles. Cela n'est pas toujours possible. Une simple piqûre de moustique, en effet, peut provoquer une réponse inflammatoire. Comme les blessures occasionnelles sont inévitables, des efforts concertés sont nécessaires pour minimiser l'inflammation et l'infection.

Une alimentation adéquate est indispensable pour que l'orga-nisme dispose des facteurs nécessaires qui favorisent la cicatrisation en cas de lésion. Un apport liquidien important doit assurer le rem-placement du liquide perdu par la transpiration. Une augmentation de 13 % de perte liquidienne pour chaque hausse de 1 °C au-dessus de 37,8 °C est possible. La hausse du **taux métabolique** accroît les besoins du client en calories additionnelles.

Il est nécessaire de reconnaître tôt les manifestations de l'in-flammation pour entamer un traitement adéquat. Il peut s'agir de repos, d'un traitement pharmacologique ou d'un traitement précis administré au siège de la lésion. Le traitement immédiat peut prévenir l'extension et les complications liées à l'inflammation.

Phase aiguë

| **Observation et signes vitaux** | Il est important de pouvoir reconnaître les manifestations cliniques de l'inflammation. Chez les personnes immunodéprimées (p. ex., celles qui prennent des corticostéroïdes ou qui reçoivent de la chimiothérapie), il se peut que les manifestations classiques de l'inflammation soient masquées : les symptômes précoces de l'inflammation peuvent se présenter sous forme d'un malaise diffus.

Il s'avère aussi important de mesurer les signes vitaux en cas d'inflammation, surtout en présence d'un agent infectieux. Si une infection est déclarée, la température peut augmenter, tout comme la fréquence cardiaque et la fréquence respiratoire.

| **Prise en charge de la fièvre** | Établir la cause de la fièvre est un aspect primordial de sa prise en charge. Bien qu'elle soit générale-ment considérée comme nuisible, l'augmentation de la température corporelle constitue un mécanisme de défense important de l'hôte.

Il est fréquent que des mesures soient prises pour normaliser la température corporelle et soulager de ce fait l'anxiété du client. Puisque, en règle générale, une fièvre de légère à modérée est rarement préjudiciable, qu'elle n'entraîne pas d'inconfort considérable et qu'elle peut être profitable aux mécanismes de défense de l'hôte, il est rare que les antipyrétiques soient essentiels au bien-être du client. Les fièvres modérées (jusqu'à 39,5 °C) n'entraînent d'ordinaire que peu d'inconvénients pour la plupart des clients. Cependant, s'il s'agit d'un client très jeune ou très âgé, très incommodé ou qui présente un problème médical grave (p. ex., une maladie cardiopulmonaire grave, une lésion cérébrale), l'emploi d'antipyrétiques doit être envisagé (Beard & Day, 2008). Chez le client immunodéprimé, la fièvre doit être traitée rapidement et une antibiothérapie doit être instaurée, car les infections sont susceptibles d'évoluer rapidement vers une septicémie.

La fièvre, surtout si elle dépasse 40 °C, peut endommager les cellules du corps, et susciter des délires et des crises convulsives. Lorsque la température dépasse 41 °C, la régulation par le centre thermorégulateur hypothalamique est altérée, et de nombreuses cellules, y compris les cellules cérébrales, peuvent subir des dommages.

Les adultes plus âgés présentent une réponse fébrile atténuée à l'infection. Il est possible que leur température corporelle n'atteigne pas le niveau observé chez les adultes plus jeunes ou que son élévation soit tardive. La réponse atténuée peut retarder le diagnostic et le traitement. Lorsque la fièvre (telle que définie pour les adultes plus jeunes) finit par se manifester, il se peut que la maladie soit déjà grave.

Même si un bain à l'eau tiède favorise la perte de chaleur par l'évaporation, cette perte de chaleur n'implique pas forcément une diminution de la température corporelle, à moins que des antipyrétiques n'aient été administrés pour diminuer le seuil de réglage. Autrement, l'organisme mettra en place des mécanismes de compensation (p. ex., des frissons) pour rétablir la chaleur corporelle. Le même principe vaut pour les couvertures refroidissantes, qui sont plus efficaces pour réduire la température corporelle lorsque le seuil de réglage a aussi été abaissé (Kiekkas, Brokalaki, Theodorakopoulou, & Baltopoulos, 2008) .

| Pharmacothérapie | Certains médicaments servent à diminuer la réponse inflammatoire et à réduire la température corporelle **TABLEAU 13.4**. L'aspirine bloque la synthèse de prostaglandines dans l'hypothalamus et ailleurs dans l'organisme. L'acétaminophène agit pour sa part sur le centre thermorégulateur de l'hypothalamus. Certains anti-inflammatoires non stéroïdiens (AINS) (p. ex., l'ibuprofène [Motrin^MD, Advil^MD]) sont dotés d'effets antipyrétiques. Les corticostéroïdes exercent un effet antipyrétique par un double mécanisme : ils préviennent à la fois la production de cytokines et la synthèse de PG. Ces médicaments entraînent la dilatation des vaisseaux sanguins superficiels et une augmentation de la température cutanée, et ils favorisent la transpiration.

Les antipyrétiques doivent être administrés sans interruption pour prévenir les oscillations aiguës de température : une administration intermittente peut susciter ou maintenir les frissons. Ces agents entraînent une nette diminution de la température. Quand leurs effets disparaissent, l'organisme peut présenter une contraction musculaire compensatrice involontaire (c.-à-d. des frissons) pour ramener la température corporelle à son niveau précédent. Il est possible de prévenir ce mécanisme compensatoire du corps par une administration régulière et fréquente, à des intervalles de deux à quatre heures.

Les antihistaminiques s'emploient également pour inhiber l'action de l'histamine.

| **Repos, glace, compression et élévation** | Repos, glace, compression et élévation forment un concept clé pour le traitement des lésions des tissus mous et de l'inflammation qui en résulte.

TABLEAU 13.4	Inflammation et cicatrisation
MÉDICAMENTS / SUBSTANCES	**ACTION**
Antipyrétiques	
Acétaminophène (p. ex., Tylenol^MD)	Fait baisser la température en agissant sur le centre thermorégulateur de l'hypothalamus.
AINS (p. ex., l'ibuprofène [Motrin^MD, Advil^MD])	Inhibent la synthèse de PG.
Anti-inflammatoires	
AINS (p. ex., l'ibuprofène [Motrin^MD], le piroxicam)	Inhibent la synthèse de PG.
Vitamines	
Vitamine A	Accélère la granulation et l'épithélialisation (différenciation).
Vitamines du complexe B	Agissent comme coenzymes.
Vitamine C	Participe à la synthèse de collagène et de nouveaux capillaires.
Vitamine D	Facilite l'absorption de calcium, ce qui permet la cicatrisation osseuse et tissulaire.

Le repos permet à l'organisme d'utiliser les nutriments et l'oxygène pour le processus de guérison. En laissant la fibrine et le collagène se former entre les bords de la plaie avec le moins de perturbations possible, le processus de réparation se trouve facilité.

En général, l'application de froid et de glace est indiquée immédiatement après le traumatisme initial pour provoquer une vasoconstriction, et diminuer l'enflure, la douleur et la congestion découlant d'une augmentation du métabolisme dans la région enflammée. Par la suite (p. ex., après 24 à 48 heures), la chaleur peut servir à favoriser la cicatrisation en augmentant la circulation vers le siège enflammé et l'élimination ultérieure des débris. Elle permet également de localiser les agents inflammatoires. En présence de produits nécrotiques, l'application d'une chaleur tiède et humide peut aider à débrider le siège de la plaie.

La compression et l'immobilisation peuvent limiter ou réduire l'inflammation, et faciliter la cicatrisation. La compression sert à contrer les effets de la vasodilatation et l'apparition d'un œdème. La compression par application d'une pression directe sur une lacération permet d'occlure les vaisseaux sanguins et d'arrêter le saignement. Les bandages compressifs immobilisent les articulations lésées qui sont incapables de se soutenir par elles-mêmes. L'infirmière devra évaluer le pouls distal et le remplissage capillaire avant et après l'application d'une compression pour vérifier que celle-ci n'a pas compromis la circulation ▶ **MS 7.3**.

Les soins et traitements infirmiers auprès d'un client fiévreux sont présentés dans le PSTI 13.1W au www.cheneliere.ca/lewis.

MS 7.3

Méthodes liées aux soins des plaies : *Thérapie compressive veineuse par bandage.*

13

Jugement clinique

Capsule

Juanita, 9 ans, s'est fracturé le coude gauche en tombant de son vélo. Elle porte un plâtre qui couvre le bras jusqu'au poignet. Malchanceuse, elle présente une cellulite à la main gauche.

Quel conseil pouvez-vous donner à la fillette et à ses parents pour diminuer l'œdème de la main ?

25

Les soins et les traitements infirmiers d'un client victime d'une entorse ou d'une foulure sont expliqués dans le chapitre 25, *Interventions cliniques – Trauma musculosquelettique et chirurgie orthopédique*.

L'immobilisation de la région enflammée ou blessée favorise la cicatrisation en réduisant les besoins métaboliques des tissus. L'immobilisation à l'aide d'un plâtre ou d'une attelle soutient les os fracturés, et prévient le risque d'hémorragie ou de nouvelles lésions tissulaires découlant d'une coupure des nerfs ou des vaisseaux sanguins par des fragments osseux pointus. Comme c'est le cas pour la compression, l'infirmière devra évaluer la circulation du client après l'immobilisation, puis périodiquement afin de voir si un œdème susceptible de compromettre la circulation apparaît dans l'espace délimité du plâtre.

L'élévation du membre blessé au-dessus du niveau du cœur aura pour effet de diminuer l'œdème au siège de l'inflammation en augmentant le retour veineux et lymphatique. L'élévation permet aussi de diminuer la douleur associée à la congestion sanguine du siège de la lésion. Toutefois, elle peut être contre-indiquée pour les clients dont la circulation artérielle est sensiblement amoindrie ▶ **25**.

13.2 | Processus de cicatrisation

La cicatrisation correspond à la dernière phase de la réponse inflammatoire. Elle englobe deux formes majeures : la régénération et la réparation. La régénération désigne le remplacement des cellules et des tissus perdus par des cellules du même type. La réparation désigne la cicatrisation découlant du remplacement des cellules perdues par du tissu conjonctif. La réparation est le type de cicatrisation le plus courant et se traduit généralement par la formation d'une cicatrice.

13.2.1 Régénération

La capacité de régénération des cellules dépend du type cellulaire **TABLEAU 13.5**. Les cellules labiles se divisent constamment. Les cellules de la peau, des organes lymphoïdes, de la moelle osseuse et des membranes muqueuses des voies gastro-intestinales (GI), urinaires et reproductrices en sont des exemples. La régénération des tissus de ces organes est rapide.

Les cellules stables conservent la capacité de se régénérer, mais ne le font que lorsque l'organe est touché. Le foie, le pancréas, le rein et les cellules osseuses en sont des exemples.

Les cellules permanentes ne se divisent pas. Les neurones du système nerveux central (SNC) et les cellules musculaires, squelettiques et cardiaques en sont des exemples. Si les neurones du SNC, le muscle cardiaque ou le muscle squelettique sont endommagés, la perte peut être définitive. Si les neurones du SNC sont détruits, les cellules gliales viennent généralement les remplacer. Cependant, des travaux de recherche récents ont permis d'établir que la neurogenèse peut survenir à partir de cellules souches. La cicatrisation du muscle squelettique ou cardiaque prendra la forme d'une réparation par du tissu cicatriciel.

Épithélialisation : Formation des cellules épithéliales au site d'une plaie.

Jugement clinique

Capsule

Madame Meredith Rosewell, 79 ans, présente une lésion de pression au-dessus du pli interfessier à la suite d'un alitement prolongé. La lésion mesure 6 cm sur 5 cm, et elle a une profondeur de 1 cm. Du tissu de granulation a commencé à se former dans le lit de la lésion, même s'il y a un exsudat séreux.

Décrivez par quel processus de cicatrisation la lésion de pression se refermera ?

13.2.2 Réparation

La réparation est un processus plus complexe que la régénération. La plupart des lésions cicatrisent après réparation par du tissu conjonctif. Il existe trois types de cicatrisation, soit les cicatrisations par première, deuxième et troisième intention. Ils sont présentés dans la **FIGURE 13.4**.

Première intention

La cicatrisation par première intention est celle qui survient lorsque les berges de la plaie sont parfaitement rapprochées, comme après une incision chirurgicale (avec sutures ou agrafes). Ce type de cicatrisation se fait lorsqu'une plaie présente peu ou pas de perte tissulaire. Dans la mesure où il n'y a pas d'infection, la guérison de ce type de plaie est habituellement rapide (Ordre des infirmières et infirmiers du Québec [OIIQ], 2007).

Deuxième intention

Les plaies résultant de traumatismes, d'ulcérations ou d'infections produisent des quantités importantes d'exsudat, et présentent des bords (ou berges) éloignés et irréguliers avec d'importantes pertes tissulaires. Les bords de ces plaies ne pourront pas être rapprochés par voie chirurgicale (OIIQ, 2007). La réaction inflammatoire peut être plus vive que dans la cicatrisation par première intention, impliquant alors une quantité supérieure de débris, de cellules et d'exsudat. Il est possible également qu'il faille débrider (nettoyer) la plaie pour en faciliter la cicatrisation.

Les processus de cicatrisation de première ou de deuxième intention suivent toujours les mêmes étapes **TABLEAU 13.6**, mais, dans la cicatrisation de deuxième intention, chaque étape se produit sur une plus longue période, principalement l'inflammation. Les différences majeures concernent la présence d'un lit de plaie plus large, aux bords éloignés. La granulation et l'**épithélialisation** se produisent respectivement du bas vers le haut et des bords vers l'intérieur, jusqu'à ce que la plaie soit comblée. Étant donnée la plus grande quantité de tissu de granulation, la cicatrice est plus volumineuse.

Troisième intention

La cicatrisation par troisième intention (dite aussi par première intention retardée) survient quand la suture d'une plaie est retardée et que deux couches de tissu de granulation sont suturées (p. ex., une **déhiscence** de plaie) ou dans des cas de plaies majeures avec un processus de cicatrisation complexe. C'est le cas lorsqu'une plaie contaminée est laissée ouverte puis suturée une fois que l'infection a été maîtrisée (p. ex., dans le cas d'une morsure avec risque de contamination rabique), ou lorsqu'une plaie primaire s'infecte et qu'elle est alors rouverte pour laisser place à la granulation. En règle générale, la cicatrisation par troisième intention débouche sur une cicatrice plus large et plus profonde que la cicatrisation par première ou deuxième intention.

13.2.3 Classification des plaies

Les plaies peuvent être classées selon leur cause (chirurgicale ou non chirurgicale ; aiguë ou

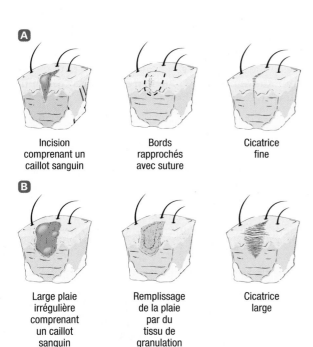

Ⓐ

Incision comprenant un caillot sanguin

Bords rapprochés avec suture

Cicatrice fine

Ⓑ

Large plaie irrégulière comprenant un caillot sanguin

Remplissage de la plaie par du tissu de granulation

Cicatrice large

Ⓒ

Plaie contaminée

Tissu de granulation

Fermeture retardée avec suture

FIGURE 13.4

Types de cicatrisation – **Ⓐ** Première intention. **Ⓑ** Deuxième intention. **Ⓒ** Troisième intention.

TABLEAU 13.5	Capacité régénératrice des différents types de tissus
TYPES DE TISSUS	**CAPACITÉ RÉGÉNÉRATRICE**
Épithélial	
Peau	Les cellules se divisent et se régénèrent facilement.
Revêtement des vaisseaux sanguins	
Membranes muqueuses	
Conjonctif	
Os	Le tissu actif cicatrise rapidement.
Cartilage	La régénération est possible, mais elle est lente.
Tendons et ligaments	
Sang	Les cellules se régénèrent activement.
Musculaire	
Lisse	La régénération est possible en général (particulièrement dans les voies GI).
Cardiaque	Les muscles endommagés sont remplacés par du tissu conjonctif.
Squelettique	Le tissu conjonctif remplace le tissu musculaire gravement endommagé ; une certaine régénération dans le tissu musculaire modérément endommagé est observée.
Nerveux	
Neurone	Le neurone est généralement non mitotique ; en cas de dommage irréversible, il ne se réplique pas et n'est pas remplacé.
Cellule gliale	Les cellules se régénèrent ; la formation de tissu cicatriciel est fréquente lorsque les neurones sont endommagés.

chronique) et selon la profondeur du tissu affecté (plaie superficielle, d'épaisseur partielle ou totale). Une plaie superficielle ne touche que l'épiderme, tandis qu'une plaie d'épaisseur partielle s'étend jusqu'au derme superficiel. Avec les plaies d'épaisseur totale, le tissu sous-cutané est atteint, et parfois même le fascia et les structures sous-jacentes comme les muscles, les tendons ou les os. À cet égard, il existe plusieurs systèmes de classification des plaies .

Les différents systèmes de classification des plaies sont présentés dans les tableaux 13.1W et 13.2W au www.cheneliere.ca/lewis.

13

TABLEAU 13.6 — Phases de la cicatrisation par première et deuxième intentions

PHASE	ACTIVITÉ ET DURÉE
Hémostase	• Les plaquettes contribuent à la libération des facteurs de croissance et à la coagulation : c'est l'étape de l'arrêt des saignements. • Chez une personne en santé, elle peut durer de 5 à 10 minutes (OIIQ, 2007).
Inflammation	• Cette phase est caractérisée par l'action des neutrophiles, des monocytes et des macrophages, qui vise à nettoyer la plaie de tout débris, tissu dévitalisé ou microorganisme pathogène (OIIQ, 2007). • Elle dure environ trois jours chez une personne en santé présentant une plaie aiguë.
Prolifération	• Les fibroblastes et les macrophages sont ici prédominants. • Les lymphocytes, les angiocytes, les neurocytes et les kératinocytes participent activement à la reconstruction. • La durée moyenne de cette phase est de 15 à 21 jours.
Maturation	• Les fibrocytes participent au remodelage avec la participation du collagène. • La durée moyenne de cette phase est de un à deux ans.

Source : Adapté de Kane (2006).

Jugement clinique

Capsule

Monsieur Jean-Noël Barbeau a subi une gastrectomie partielle en raison d'un cancer. Il a 42 ans et il s'injecte de l'insuline depuis l'âge de 16 ans. Ayant l'habitude de surveiller son alimentation, il maintient un poids santé.

Identifiez le facteur présent chez ce client qui peut retarder la cicatrisation de sa plaie chirurgicale.

Un autre système de classification des plaies ouvertes repose sur la couleur du lit de la plaie (rouge, jaune, noir) plutôt que sur la profondeur de la destruction tissulaire **TABLEAU 13.7**. La classification rouge-jaune-noir peut s'appliquer à tout type de plaie susceptible de cicatriser par deuxième ou troisième intention, notamment les plaies chirurgicales sans fermeture cutanée en raison d'un risque d'infection. Le lit de la plaie peut avoir deux ou trois couleurs en même temps : la classification de celle-ci dépend alors de la couleur prédominante.

Les nouvelles recommandations canadiennes de pratiques exemplaires en matière de prévention et de gestion des plaies chirurgicales ouvertes distinguent les approches selon que les infections du site opératoire (ISO) sont aiguës ou chroniques (temps de cicatrisation inférieur ou supérieur à 30 jours, respectivement) (Orsted *et al.*, 2010). Des classifications existent aussi pour les plaies veineuses et les plaies diabétiques, ainsi que pour les déchirures cutanées (Keast, Parslow, Houghton, Norton, & Fraser, 2006 ; Orsted *et al.*, 2010).

13.2.4 Retard de cicatrisation

Chez une personne en bonne santé, les plaies cicatrisent à une vitesse normale de façon prévisible. Cependant, certains facteurs, résumés au **TABLEAU 13.8**, peuvent retarder la cicatrisation des plaies. L'apport sanguin suffisant à la plaie est toujours le premier élément à considérer (Sibbald, Orsted, Coutts, & Keast, 2006).

13.2.5 Complications liées à la cicatrisation

La forme et la localisation d'une plaie contribuent à déterminer son potentiel de cicatrisation. Cependant, certains facteurs peuvent également interférer avec la cicatrisation et entraîner des complications. Ces complications sont présentées au **TABLEAU 13.9**.

TABLEAU 13.7 — Classification internationale rouge-jaune-noir se rapportant au soin des plaies

PRÉSENTATION CLINIQUE	DESCRIPTION ET CARACTÉRISTIQUES	EXEMPLES	OBJET DU TRAITEMENT	PANSEMENTS ET THÉRAPIE
Plaie rouge				
	Plaie superficielle ou profonde si elle est propre et rouge ; possibilité d'écoulement séreux ; cicatrice rose à rouge vif ou foncé, ou blessure chronique avec tissu de granulation	Déchirures cutanées, lésions de pression (stades II, III et IV), brûlures d'épaisseur partielle ou au second degré et plaies résultant d'un traumatisme ou d'une chirurgie qu'on laisse cicatriser par deuxième intention	Protection, nettoyage délicat et atraumatique, et cicatrisation	Pansements interactifs : • Film dermique transparent (p. ex., Tegaderm^MD, OpSite^MD) • Pansement hydrocolloïde (p. ex., DuoDerm^MD) • Hydrogels (p. ex., Tegaderm Hydrogel^MD) • Mousses (p. ex., Mepilex^MD) • Hydrofibre (p. ex., Aquacel^MD) • Alginate (p. ex., AlgiSite^MD)

TABLEAU 13.7	Classification internationale rouge-jaune-noir se rapportant au soin des plaies *(suite)*			
PRÉSENTATION CLINIQUE	**DESCRIPTION ET CARACTÉRISTIQUES**	**EXEMPLES**	**OBJET DU TRAITEMENT**	**PANSEMENTS ET THÉRAPIE**
Plaie jaune				
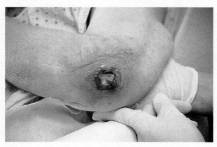	Présence de nécrose jaune humide ou de tissu nécrotique mou ; sphacèle (fragment de tissu nécrosé) avec présence d'exsudat épais pouvant être coloré de jaune à verdâtre	Plaie qui présente du tissu dévitalisé, environnement idéal pour la croissance bactérienne (devrait être débridée, si indiqué) ; plaie veineuse, plaie du pied diabétique ou toute autre plaie chronique	Nettoyage de la plaie destiné à retirer le tissu non viable (débridement) et à absorber l'excès de liquide de drainage, et cicatrisation	• Pansements interactifs absorbants (voir phase rouge) ; hydrogel, si plaie asséchée • Pansements interactifs avec argent, si charge bactérienne importante • Cadexomère d'iode (p. ex., Iodosorb^MD) pour plaies infectées : aide à contrer les plaies colonisées au SARM • Débridement topique (enzymatique, chirurgical, chimique, autolytique)
Plaie noire				
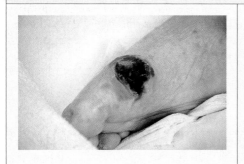	Tissu nécrotique adhérent noir, gris ou brun appelé escarre ; possibilité d'écoulement purulent ; le risque d'infection de la plaie augmente en fonction de la quantité de tissu nécrotique présent et du degré d'altération de la circulation sous-jacente	Brûlures d'épaisseur totale ou au troisième degré, lésions de pression (stade indéterminé) et ulcères artériels	Débridement de la lésion et du tissu non viable, si la circulation sous-jacente le permet, et cicatrisation	• Débridement topique (enzymatique, chirurgical, chimique, autolytique) après scarification **TABLEAU 13.10** • Pansements interactifs avec argent, si charge bactérienne importante • Cadexomère d'iode (p. ex., Iodosorb^MD) pour plaies en colonisation critique ou infectées : aide à contrer les plaies colonisées au SARM

13

TABLEAU 13.8	Facteurs retardant la cicatrisation
FACTEUR	**EFFETS SUR LA CICATRISATION**
Âge avancé	• Ralentit la synthèse de collagène par les fibroblastes. • Altère la circulation. • Retarde l'épithélialisation de la peau. • Altère les réponses phagocytaire et immunitaire.
Anémie	• Diminue l'apport tissulaire en oxygène.
Apport sanguin insuffisant	• Diminue l'apport en nutriments vers la zone lésée et l'élimination des débris d'exsudat. • Inhibe la réponse inflammatoire.

TABLEAU 13.8	Facteurs retardant la cicatrisation *(suite)*
FACTEUR	**EFFETS SUR LA CICATRISATION**
Carence en protéines	• Diminue l'apport en acides aminés destinés à la réparation tissulaire.
Carence en vitamine C	• Retarde la formation des fibres de collagène et la croissance des capillaires.
Carence en zinc	• Altère l'épithélialisation.
Corticostéroïdes	• Altèrent la phagocytose par les globules blancs. • Inhibent la prolifération et la fonction des fibroblastes. • Ralentissent la formation du tissu de granulation en inhibant la contraction de la plaie.
Diabète	• Diminue la synthèse de collagène. • Retarde la croissance capillaire précoce. • Altère la phagocytose (à cause de l'hyperglycémie). • Diminue l'apport en oxygène et en nutriments (en cas de maladie vasculaire).
État de santé général médiocre	• Se traduit par une absence généralisée de facteurs nécessaires à la cicatrisation.
Friction mécanique sur la plaie	• Détruit le tissu de granulation en prévenant l'apposition des bords de la plaie.
Infection	• Augmente la réponse inflammatoire et la destruction tissulaire.
Obésité	• Diminue l'apport sanguin dans le tissu adipeux.
Tabagisme	• Diminue le débit sanguin vers les zones de cicatrisation.

TABLEAU 13.9	Complications liées à la cicatrisation	
COMPLICATION	**DÉFINITION**	**DESCRIPTION**
Adhérence	Bande de tissu cicatriciel qui se forme entre les organes ou autour d'eux	• Les adhérences peuvent survenir notamment dans la cavité abdominale, ou entre les poumons et la plèvre. • Les adhérences dans l'abdomen peuvent entraîner une obstruction intestinale.
Contraction excessive	Raccourcissement du tissu musculaire ou cicatriciel, particulièrement aux articulations, découlant d'une formation excessive de tissu fibreux	• La contraction des plaies est une étape normale de la cicatrisation. • Des complications surviennent en cas de contraction excessive, entraînant ainsi une difformité.

Déhiscence	Séparation et rupture des bords de la plaie jusque-là joints **FIGURE 13.5A**	• La déhiscence survient en règle générale lorsqu'un site de cicatrisation primaire s'ouvre brusquement.
		• Elle peut être due à :
		  – une infection à l'origine d'un processus inflammatoire ;
		  – un tissu de granulation pas assez vigoureux pour supporter les forces qui s'exercent sur la plaie ;
		  – l'obésité, car la perfusion sanguine du tissu adipeux est inférieure à la normale, ce qui peut ralentir la cicatrisation ;
		  – une pochette de liquide (sérum, hématome) qui peut se former entre les couches de tissu et empêcher les bords de la plaie de se rejoindre.
		  – un effort précoce ou inadéquat.

TABLEAU 13.9	Complications liées à la cicatrisation *(suite)*	
COMPLICATION	**DÉFINITION**	**DESCRIPTION**
Éviscération	Sortie de viscères (intestins ou autres) hors de la cavité abdominale, par une plaie dont les bords se séparent exagérément	• L'éviscération se produit le plus souvent avec la désunion d'une plaie chirurgicale.
Hypergranulation (excès de tissu de granulation)	Tissu de granulation excédentaire qui fait saillie au-dessus de la surface du tissu de cicatrisation	• Si le tissu de granulation est cautérisé ou inversé par pression, la cicatrisation se poursuit normalement.
Fistules	Passage anormal entre les organes, ou entre un organe creux et la peau (fistule vésicale, fistule intestinale, etc.)	• Les fistules sont des complications possibles de toute chirurgie abdominale.
Infection	Colonisation bactérienne de la plaie	• Le risque d'infection augmente lorsque la plaie contient du tissu nécrotique ou lorsque l'approvisionnement sanguin diminue, lorsque la fonction immunitaire du client diminue (p. ex., à cause de médicaments immunosuppresseurs comme les corticostéroïdes), et lorsqu'il y a présence de malnutrition, de facteurs multiples de stress et d'hyperglycémie associée au diabète.
Hémorragie	Perte sanguine interne ou externe due à une défaillance des sutures, à une anomalie de la coagulation, au délogement d'un caillot, à une infection, à l'érosion d'un vaisseau sanguin par un objet étranger (tubulure, drain) ou à un processus infectieux	• L'hémorragie peut aussi survenir en cas de surveillance clinique inadéquate de l'anticoagulothérapie. • Le saignement est normal immédiatement après une lésion tissulaire; il cesse avec la formation du caillot.
Cicatrice hypertrophique	Cicatrice anormalement large, rouge, dure et surélevée, qui ne menace pas le pronostic vital	• La cicatrice hypertrophique s'observe en cas de production surabondante de collagène durant la cicatrisation à la phase de réépithélialisation **FIGURE 13.5B**.
Chéloïde	Saillie importante de tissu cicatriciel qui s'étend au-delà des bords de la plaie et qui peut former des masses de tissu cicatriciel semblables à des tumeurs **FIGURE 13.5C**	• Permanente, la chéloïde ne tend pas du tout à s'estomper. • Les clients se plaignent souvent de sensibilité, de douleur et d'hyperesthésie, surtout aux stades précoces. • Il s'agirait d'une affection héréditaire qui frappe surtout les personnes dont la peau est foncée, en particulier les Afro-Américains

13

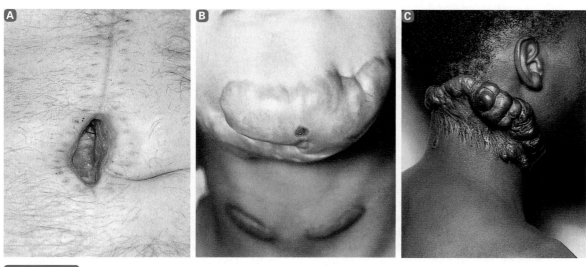

FIGURE 13.5

A Déhiscence consécutive à une cholécystectomie. B Cicatrice hyperthrophique. C Cicatrice chéloïde.

CLIENT PRÉSENTANT UNE PLAIE

Collecte des données

Il est essentiel d'observer et de consigner les caractéristiques de la plaie. Une évaluation approfondie de la plaie doit être faite au moment de l'admission. Par la suite, le rythme de l'évaluation détaillée de la plaie est minimalement hebdomadaire, mais il est tributaire de facteurs comme l'étiologie, la gravité de la plaie ou le milieu de soins où la personne reçoit ses traitements (Krasner, Rodeheaver, & Sibbald, 2007 ; OIIQ, 2007). En cas de détérioration, l'infirmière devra évaluer les changements et les consigner plus fréquemment. L'infirmière devra rapporter, après avoir bien déterminé le type de plaie, les dimensions et la couleur du lit de la plaie, l'état de la peau environnante, les espaces sous-minés ou les **sinus**, la présence d'exsudat et l'odeur, puis signaler toute anomalie à cet égard (Baranoski & Ayello, 2004 ; Krasner et al., 2007 ; OIIQ, 2007). La longueur, la largeur et la profondeur de la plaie doivent être mesurées régulièrement et le plus précisément possible pour suivre l'évolution de celle-ci (Baranoski & Ayello, 2004 ; OIIQ, 2007). Il existe plusieurs méthodes pour mesurer les plaies (Hanson, Langemo, Anderson, Hunter, & Thompson, 2007). L'une d'entre elles est présentée à la **FIGURE 13.6**.

L'odeur des plaies infectées est souvent caractéristique. Le diagnostic d'une infection est souvent basé sur des critères cliniques, avec des écouvillons ou des cultures profondes, des tests de laboratoire et des tests radiologiques (Sibbald et al., 2006). Toutes les plaies renferment des bactéries à des niveaux allant de la contamination à la **colonisation**, de la **colonisation critique** (aussi appelée hausse de la charge bactérienne, infection occulte ou silencieuse) à l'infection locale ou systémique (Sibbald et al., 2006). L'exsudat purulent est souvent colonisé par des *Staphylococcus* et des *Pseudomonas*.

Dès l'admission du client, l'infirmière doit déterminer les facteurs susceptibles de retarder la cicatrisation et d'entraîner une chronicisation, voire l'apparition de plaies incurables **TABLEAU 13.8**. L'évaluation de la circulation sanguine est la première recommandation avant d'intervenir sur une plaie pour en évaluer la curabilité (Sibbald et al., 2006). Cette évaluation doit inclure une mesure de l'indice de pression systolique cheville-bras (IPSCB) si la plaie se situe aux membres inférieurs ▶ **MS 7.1** .

Les **plaies chroniques** sont celles qui ne cicatrisent pas dans le délai normal (environ trois mois). Si une plaie ne cicatrise pas en temps opportun, l'infirmière devra évaluer précisément les facteurs susceptibles de retarder la cicatrisation. Le client sera alors orienté vers un spécialiste en soins des plaies, une infirmière clinicienne en soins des plaies ou un stomothérapeute. Toutes les plaies n'ont pas un potentiel de cicatrisation assuré. L'infirmière affectée aux soins de clients dont les plaies sont en cours de guérison doit constamment être à l'affût des complications liées à ce processus **TABLEAU 13.9**.

Analyse et interprétation des données

L'analyse et l'interprétation des données pour le client qui présente une plaie peut concerner les éléments suivants, sans toutefois s'y limiter :

- altération de l'intégrité cutanée liée à une plaie ou à des facteurs mécaniques (p. ex., une pression, une contention) ;
- altération de l'intégrité tissulaire liée à une malnutrition, à une circulation compromise ou à une diminution de la mobilité physique ;
- risque d'infection lié à une rupture de la peau, à la malnutrition ou à une immunité réduite.

Interventions cliniques

Les soins et les traitements en interdisciplinarité relatifs au client qui présente une plaie sont très variables et dépendent de l'agent causal de la lésion, de l'étendue de celle-ci et de l'état de santé de la personne. Il est possible que les lésions cutanées superficielles ne nécessitent qu'un simple nettoyage, dans les cas de cicatrisation de première intention à quelques jours postopératoires. Les diachylons ou les diachylons de rapprochement peuvent remplacer les sutures. Seules les plaies cutanées aiguës plus profondes peuvent être refermées en suturant les bords de la plaie. Si la plaie est contaminée, elle doit d'abord être nettoyée pour que la cicatrisation normale ait lieu. Il peut être nécessaire de débrider une plaie qui présente des corps étrangers ou du tissu dévitalisé. Une des recommandations des pratiques exemplaires pour la préparation du lit de la plaie conseille de débrider les plaies curables en enlevant le tissu non viable, contaminé ou infecté (par méthode chirurgicale, autolytique, enzymatique, mécanique ou larvaire [biologique]) (Sibbald et al., 2006) **TABLEAU 13.10**.

Sinus : Conduit artificiel au sein d'un tissu.

MS 7.1 | Vidéo

Méthodes liées aux soins des plaies : *Mesure de l'indice de pression systolique cheville-bras (IPSCB).*

FIGURE 13.6

Les plaies sont mesurées en centimètres. La première mesure est orientée dans l'axe qui va de la tête aux pieds, la deuxième s'effectue d'un côté à l'autre et la troisième en profondeur (le cas échéant). La présence d'un tunnel (mouvement de la tige ouatée, une fois introduite dans la plaie) ou d'un décollement (présence d'une « lèvre » une fois la tige ouatée introduite dans la plaie) autour de la plaie est répertoriée par rapport à un cadran horaire dont le midi pointe vers la tête du client. Cette plaie serait répertoriée comme une plaie rouge d'épaisseur totale, mesurant 7 cm × 5 cm × 3 cm, présentant un tunnel de 3 cm à 7 heures et un décollement de 2 cm de 3 à 5 heures.

TABLEAU 13.10	Types de débridement	
TYPE	**DÉFINITION**	**DESCRIPTION**
Débridement chirurgical	Procédure qui permet de retirer chirurgicalement les tissus nécrotiques d'une plaie	• Méthode rapide de débridement destinée à prévenir, à maîtriser ou à supprimer l'infection. • S'emploie en présence de quantités importantes de tissu non viable. • Prépare le lit de la plaie à la cicatrisation, à la greffe de peau ou à la greffe par lambeaux. • Peut consister en un débridement chirurgical conservateur (avec pinces et ciseaux, et pouvant être pratiqué par une infirmière qui y est habilitée) ou en un débridement chirurgical effractif (par le médecin ou le chirurgien).

Débridement mécanique	Débridement effectué au moyen de procédés mécaniques (technique *wet-to-dry*; irrigation de la plaie; hydrothérapie)	• Technique *wet-to-dry*: Une compresse à larges mailles est humidifiée avec une solution NaCl 0,9 %, puis déposée sur la surface de la plaie. On laisse sécher. Les débris de la plaie adhèrent au pansement, et celui-ci est ensuite retiré.
		  — Technique peu sélective et douloureuse.
		  — Peu recommandée dans les pratiques exemplaires.
		• Irrigation de la plaie : Consiste à faire circuler du sérum physiologique dans une plaie, à l'aide d'une seringue, munie ou non d'un cathéter.
		  — Si la pression d'irrigation est élevée (au-dessus de 15 psi), il faut s'assurer que des bactéries ne sont pas accidentellement introduites dans la plaie.
		• Hydrothérapie : Consiste en l'utilisation thérapeutique de l'eau sous toutes ses formes (p. ex., douches, enveloppement humide, bains).
		  — Ne doit pas être employée pour une plaie propre en phase de granulation.
		  — Méthode non sélective. Provoquera aussi le débridement de certains tissus sains.
		  — Peu recommandée dans les pratiques exemplaires.

Débridement autolytique	Débridement naturel de la plaie par élimination physiologique spontanée des tissus nécrotiques par les phagocytes et les enzymes protéolytiques	• Peut être potentialisé par l'utilisation de pansements occlusifs ou semi-occlusifs **TABLEAU 13.11** employés pour dissoudre les tissus nécrotiques. • Évaluer le risque de macération de la région autour de la plaie avant d'employer ces pansements. • Peu douloureux et à moindres coûts. • Recommandé dans les pratiques exemplaires.
Débridement enzymatique	Débridement réalisé par l'application sur la plaie d'enzymes protéolytiques permettant de dégrader les tissus nécrotiques	• Médicaments appliqués par voie topique pour dissoudre le tissu nécrotique, qui est recouvert d'un pansement humide (p. ex., une compresse imprégnée de solution saline). La collagénase (p. ex., Santyl[MD]) est un type de ce médicament. • Possibilité de devoir effectuer une scarification préalablement sur les escarres noires sèches seulement. • Processus pouvant être long.

13

La gestion du traitement de la plaie et le choix des pansements dépendent du type, de l'étendue et des caractéristiques de la plaie, ainsi que de la phase de cicatrisation (Singer & Dagum, 2008). Les cliniciens devraient baser leur choix de pansement sur l'anamnèse et l'évaluation du client, sur la cause et l'évaluation de la plaie, ainsi que sur la peau environnante (Sibbald *et al.*, 2006). La gestion du traitement comprend notamment : 1) le nettoyage de la plaie pour éliminer toute saleté ou tout débris dans le lit de la plaie ; 2) le traitement de l'infection ainsi que la préparation de la plaie à la cicatrisation ; 3) la protection de la plaie propre contre les traumatismes de manière à ce qu'elle puisse cicatriser normalement.

Le clinicien devrait avoir une bonne compréhension du mode d'action du pansement sur la plaie, et connaître les indications et les contre-indications à l'utilisation de chacun des types de pansements (Sibbald *et al.*, 2006). Les objectifs du traitement doivent être clairs, par exemple une grande ou moins grande absorption de l'exsudat, ou une diminution de la charge bactérienne par l'utilisation de pansements antibactériens (OIIQ, 2007). Le choix du pansement doit évidemment être adapté à l'évolution de la plaie. Le **TABLEAU 13.11** illustre les types de pansements utilisés dans le soin des plaies.

Pour les plaies sous forme de lacérations mineures, les sutures et la colle de fibrine servent à favoriser la fermeture de la plaie et à créer un milieu optimal propice à la cicatrisation. Le plus souvent, les sutures sont privilégiées pour fermer les plaies, car le matériel dont elles sont composées confère le soutien mécanique nécessaire pour que la plaie reste fermée. Une grande variété de matériaux de suture existent. Pour sa part, la colle de fibrine est un adhésif tissulaire biologique qui peut servir de méthode d'appoint aux sutures ou aux diachylons de rapprochement pour favoriser l'intégrité optimale de la plaie. Il est également possible de l'employer seule pour sceller des plaies lorsque les sutures ne permettent pas de maîtriser le saignement ou si elles sont susceptibles de l'aggraver. Cet adhésif permet de sceller le tissu et d'éliminer les espaces potentiels.

Pour les plaies qui font l'objet d'une cicatrisation par première intention, il est fréquent que l'incision soit recouverte d'un pansement sec et stérile qui sera retiré dès que l'écoulement aura cessé, ou après deux à trois jours. Les atomiseurs médicamentés qui forment un film transparent sur la peau peuvent servir de pansement sur une incision ou une lésion propre. Les pellicules transparentes sont aussi d'un usage courant. Le chirurgien choisira parfois de laisser la plaie opératoire à l'air libre.

TABLEAU 13.11	Types de pansements pour les plaies[a]	
TYPE	**DESCRIPTION**	**EXEMPLES**
Compresses de coton	• Assurent l'absorption de l'exsudat. • Peuvent servir à couvrir diverses plaies. • Principalement utilisées pour les plaies chirurgicales aiguës, non conseillées pour les plaies chroniques. • Nécessitent un changement une fois par jour (die).	• Curity[MD] • Kling[MD] • Kerlix[MD]
Pansements non adhérents	• Pansements tissés ou non tissés. • Peuvent être imprégnés de solution saline, de vaseline ou d'antimicrobiens (antibiotiques, antiseptiques [p. ex., Bactigras[MD]]). • Principalement employés sur des plaies mineures ou comme pansement secondaire ; doivent être utilisés sur des plaies aiguës mais non chroniques, sauf le tulle (p. ex., Mepitel[MD]).	• Adaptic[MD] • Jelonet[MD]
Pellicules transparentes	• Membranes semi-perméables assurant un échange gazeux (oxygène et vapeur d'eau) entre la plaie et l'environnement. • Leur transparence laisse voir la plaie. • Ne possèdent aucune propriété d'absorption. Un environnement humide se crée donc en cas d'exsudat, ce qui provoque un danger de macération. • Employées pour les plaies sèches non infectées. • Utilisées comme pansement primaire ou secondaire.	• Bioclusive[MD] • Omniderm[MD] • OpSite[MD] • Tegaderm[MD]
Hydrocolloïdes	• Pansements composés de gélatine, de pectine ou de carboxyméthylcellulose. • Pansements principalement semi-occlusifs qui contribuent au débridement autolytique. • Employés pour les plaies superficielles et d'épaisseur partielle présentant un écoulement léger.	• Comfeel[MD] • DuoDerm[MD] • Nu-Derm[MD] • Restore[MD]
Mousses	• Coussinets de polymère en mousse (le plus souvent du polyuréthane) pourvus de petites cellules ouvertes capables de retenir les liquides. • Absorption de quantités modérées à importantes d'exsudat. • Pour faciliter le retrait, la partie en contact avec la surface de la plaie est non adhésive, pour la plupart des marques. • Employées pour les plaies de profondeur partielle ou totale, ou les plaies infectées.	• Allevyn[MD] • Hydrasorb[MD] • Lyofoam[MD] • Mepilex[MD] • Biatain[MD]
Hydrogels	• Polymères hydrophiles, sous formes de feuilles et de gels ; conçus pour hydrater les plaies sèches et maintenir un environnement de cicatrisation humide. • La teneur élevée en eau ou en solution saline permet de réhydrater le tissu de la plaie. • Débridement autolytique facilité en favorisant l'appel du liquide inflammatoire dans la plaie. • Aucune absorption : c'est un hydratant de la plaie. • Nécessitent un pansement secondaire, pour la plupart. • Employés pour les plaies de profondeur partielle ou totale, les plaies profondes présentant un écoulement minimal et les plaies nécrotiques. Attention : certains gels sont composés de chlorure de sodium à 10 ou 20 % (p. ex., Hypergel[MD]) ou certains autres composés (p. ex., Nu-Derm[MD]). Ils doivent être appliqués sur le tissu nécrotique, mais pas sur la peau saine, car cela risquerait d'entraîner des brûlures.	• IntraSite[MD] • Tegaderm Hydrogel[MD] • Woun'Dres[MD]

▼

TABLEAU 13.11	Types de pansements pour les plaies[a] *(suite)*	
TYPE	**DESCRIPTION**	**EXEMPLES**
Alginates	• Compresses et mèches (certaines tissées, d'autres pas) non adhésives composées de fibres naturelles de polysaccharide ou de xérogel dérivé d'algues. • D'un emploi facile sur les plaies de forme irrégulière. Indiqués pour les plaies présentant une quantité modérée à importante d'exsudat (p. ex., les lésions de pression, les plaies infectées). • Nécessitent généralement un pansement secondaire.	• AlgiSite[MD] • SeaSorb[MD] • Silvercel[MD] • Tegarderm Alginate[MD]
Agents antimicrobiens	• Agents qui recouvrent la plaie et libèrent des agents aux propriétés antibactériennes tels que des ions d'argent et le polyhexaméthylène biguanide. • L'avantage de l'utilisation des métaux a trait au fait qu'il est impossible pour les bactéries d'y développer une résistance. • Indiqués pour les plaies de profondeur partielle ou totale situées sur la peau, près d'incisions chirurgicales ou autour de trachéostomies. • Offerts sous forme d'éponges, de films dermiques, de produits absorbants, de pâtes, de tissus en nylon, de barrières non adhérentes ou de matériels combinés. • Le cadexomère d'iode (Iodosorb[MD]) est aussi utilisé comme antimicrobien, mais est fait d'iode et non d'argent.	• Iodosorb[MD] • Silverlon[MD]

[a] Pour de plus amples renseignements, consulter le site Web www.woundsource.com.

En ce qui concerne les plaies opératoires qui cicatrisent par deuxième intention, il arrive que des drains y soient insérés pour faciliter l'élimination de l'exsudat. Le drain Jackson-Pratt est un dispositif de drainage à aspiration, composé d'un bulbe en plastique flexible connecté à un tube de drainage interne également en plastique **FIGURE 13.7**.

Les agents antimicrobiens et les bactéricides topiques (p. ex., povidone-iode [Betadine[MD], Proviodine[MD]], solution de Dakin [hypochlorite de sodium], peroxyde d'hydrogène [H_2O_2] et chlorhéxidine) doivent être utilisés avec prudence dans le soin des plaies, puisqu'ils sont cytotoxiques pour les fibroblastes à l'étape de la granulation et qu'ils retardent ainsi la cicatrisation. Ils ne doivent donc en aucun cas être employés sur une plaie propre en phase de granulation. L'utilisation d'antiseptiques topiques devrait être réservée aux plaies qui ne sont pas guérissables ou à celles dont la charge bactérienne est plus préoccupante que la stimulation de la guérison (Sibbald *et al.*, 2006).

La gestion de la cicatrisation par deuxième intention dépend de la cause et du lit de la plaie. Elle consiste à créer un environnement propice à la cicatrisation.

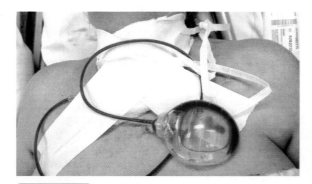

FIGURE 13.7

Drain Jackson-Pratt

Plaies rouges, jaunes et noires

| **Plaies rouges et plaies jaunes** | L'objectif du traitement des plaies rouges ou jaunes est de protéger la plaie et de la nettoyer délicatement (si c'est indiqué) par un débridement autolytique. Ce débridement se fait par l'utilisation de pansements interactifs (OIIQ, 2007) ▶ **MS 7.5**. Il faut maintenir une humidité légère sur les plaies propres en phase de granulation et de réépithélialisation, et il est nécessaire de les protéger d'autres traumatismes, jusqu'à ce qu'elles cicatrisent naturellement. Un pansement interactif destiné à maintenir la surface de la plaie propre et légèrement humide est idéal dans ce cas. Les films transparents ou les pansements interactifs semi-occlusifs (p. ex., OpSite[MD], Tegaderm[MD]) sont perméables à l'oxygène et favorisent le maintien du milieu humide. Toutefois, ils n'ont aucun pouvoir absorbant. En règle générale, le choix d'un pansement se fait aussi selon la quantité d'exsudat. Un pansement de la catégorie des pellicules transparentes est non absorbant alors qu'un pansement de la catégorie des hydrocolloïdes peut absorber un léger exsudat. De leur côté, les mousses sont utilisées pour un exsudat variant de modéré à abondant. Pour leur part, les hydrofibres et les alginates contribuent aussi à la gestion de l'exsudat, tout comme les hydrogels (OIIQ, 2007). Ces pansements sont conçus pour rester en place de trois à sept jours, ou jusqu'à ce qu'une fuite se produise autour du périmètre de la plaie.

| **Plaies noires** | Le traitement immédiat des plaies noires consiste à débrider le tissu non viable et les escarres. Cependant, les recommandations canadiennes des pratiques exemplaires pour la préparation du lit de la plaie stipulent qu'avant tout débridement, la curabilité de la plaie doit être évaluée. Les plaies incurables comme les ulcères artériels (escarres noires sèches) qui présentent un indice de pression systolique cheville-bras (IPSCB) inférieur à 0,4 ne devraient pas être débridées (Sibbald *et al.*, 2006). La méthode de débridement retenue dépendra de la quantité de débris, de la vitesse d'exécution, de la sélectivité tissulaire (tissus dévitalisés priorisés), de la douleur, de l'exsudat, de l'infection de la plaie et des coûts (Caliano & Jakubek, 2006a, 2006b; Sibbald *et al.*, 2006) **TABLEAU 13.10**.

MS 7.5

Méthodes liées aux soins des plaies : *Application de produits et de pansements interactifs.*

13

Traitement des plaies par pression négative

Selon la onzième recommandation canadienne des pratiques exemplaires pour la préparation du lit de la plaie, il peut être intéressant d'utiliser des traitements actifs (agents biologiques, greffes de peau, traitements d'appoint, notamment le système V.A.C.^MD) lorsque d'autres facteurs ont été corrigés et que la guérison ne progresse toujours pas (Sibbald *et al.*, 2006). Le traitement des plaies par pression négative (système V.A.C.^MD) utilise une pression négative pour éliminer l'écoulement et accélérer la cicatrisation (Takahashi, Chandra, Kiemele, & Targonski, 2008). Ce type de traitement consiste d'abord à nettoyer la plaie et à créer un milieu humide favorisant la granulation. Un large pansement occlusif est appliqué par-dessus une éponge taillée qui comble la cavité, puis un petit orifice est pratiqué sur l'éponge à laquelle se rattache une tubulure. Cette tubulure est connectée à une pompe qui crée une pression négative sur le lit de la plaie. Ce traitement convient notamment aux plaies aiguës ou traumatiques, aux plaies opératoires qui ont subi une déhiscence, aux lésions de pression et aux autres plaies chroniques. Ce traitement permet de maintenir l'humidité adéquate dans la plaie, de diminuer la charge bactérienne et de favoriser l'angiogenèse dans la base de la plaie. L'infirmière devra surveiller les taux de protéines sériques et l'équilibre hydroélectrolytique du client, eu égard aux pertes issues de la plaie. Il lui faudra aussi porter une attention vigilante aux analyses de coagulation du client : taux de plaquettes, **temps de Quick**, temps de thromboplastine partielle.

Oxygène hyperbare

Selon une revue Cochrane (Kranke, Bennett, Debus, Roeckl-Wiedmann, & Schnabel, 2004), il semble que l'utilisation du traitement à l'oxygène hyperbare (OHB) pour les ulcères du pied diabétique peut diminuer le risque d'une amputation et faciliter la guérison **MS 7.4**. L'OHB consiste à libérer de l'oxygène à une pression supérieure à la pression atmosphérique (Takahashi *et al.*, 2008). Ce traitement peut s'administrer par voie systémique : le client est placé dans une chambre close dans laquelle de l'oxygène à 100 % est libéré à une pression de 1,5 à 3 fois supérieure à la pression atmosphérique normale. L'OHB permet à l'oxygène de diffuser dans le sérum plutôt que dans les globules rouges et d'être ainsi transporté vers les tissus profonds. La concentration plus élevée du sérum en oxygène lui permettra de court-circuiter les artères et les capillaires étroits impénétrables aux globules rouges. De plus, les taux élevés d'oxygène stimulent l'angiogenèse, tuent les bactéries anaérobies, et augmentent le potentiel cytotoxique des globules blancs et de certains antibiotiques (p. ex., les fluoroquinolones, les aminosides). L'oxygénothérapie hyperbare accélère la formation du tissu de granulation et la cicatrisation.

Pharmacothérapie

Outre les traitements d'appoint et les pansements interactifs, il existe les traitements de plaies avec des agents dits bioactifs, notamment le facteur de croissance dérivé des plaquettes (PDGF), qui sert de signal pour la prolifération et la migration cellulaire. La bécaplermine (Regranex^MD), un facteur de croissance recombinant dérivé des plaquettes humaines appliqué sous forme de gel, stimule activement la cicatrisation. Ce médicament ne doit être employé que si la plaie ne présente ni tissu dévitalisé ni infection. Si la présence d'une tumeur dans la plaie est soupçonnée, le recours à ce médicament est contre-indiqué. Il est très important de lire le mode d'utilisation, qui stipule que ce gel devient inefficace s'il est placé à température ambiante pendant plus de 20 minutes. Il est accepté comme médicament d'exception au Québec. Il peut donc être remboursé après que certains critères

ont été respectés. D'autres produits bioactifs sont offerts sur le marché, entre autres Oasis^MD, Promogran^MD, Prisma^MD, Apligraf^MD, etc. Chacun pallie à sa façon une faiblesse détectée dans le processus de cicatrisation d'une plaie.

Recommandations nutritionnelles

Certaines mesures nutritionnelles spéciales facilitent la cicatrisation. Un apport liquidien important devra compenser la perte de liquide due à la transpiration et à la formation d'exsudat. Une vitesse métabolique élevée augmente la perte en eau. Les clients qui présentent des problèmes de malabsorption (p. ex., la maladie de Crohn, une chirurgie des voies GI, une maladie hépatique) ou un apport énergétique déficient, ceux dont la demande en énergie est élevée (p. ex., se relevant d'une affection maligne, d'un traumatisme ou d'une chirurgie majeure, d'une septicémie, d'une fièvre) ou qui sont diabétiques s'exposent tous à des problèmes de cicatrisation (National Pressure Ulcer Advisory Panel [NPUAP], 2009).

Une personne qui souffre de malnutrition voit ses capacités de cicatrisation compromises. Pour favoriser la cicatrisation, il faut respecter une alimentation riche en protéines, en hydrates de carbone et en vitamines, et consommer des lipides avec modération. Les protéines sont nécessaires à la correction du bilan azoté négatif découlant de l'augmentation de la vitesse métabolique. Elles sont également nécessaires à la synthèse des facteurs immunitaires, des leucocytes, des fibroblastes et du collagène, qui sont les composantes fondamentales du tissu de cicatrisation. Les hydrates de carbone sont nécessaires pour combler l'augmentation des besoins en énergie métabolique induite par l'inflammation et la cicatrisation. S'il y a carence en hydrates de carbone, l'organisme consommera les protéines déjà emmagasinées pour se procurer l'énergie dont il a besoin. Les lipides d'origine alimentaire sont également nécessaires puisqu'ils contribuent à la synthèse des acides gras et des triglycérides, qui composent en partie les membranes cellulaires. La vitamine C est nécessaire à la synthèse des capillaires et à la production de collagène par les fibroblastes. Les vitamines du complexe B sont indispensables, car elles agissent comme coenzymes dans de nombreuses réactions métaboliques. Une carence en vitamines B entraîne une perturbation du métabolisme des protéines, des lipides et des hydrates de carbone. La vitamine A est également indispensable à la cicatrisation puisqu'elle contribue au processus d'épithélialisation. Elle stimule la synthèse de collagène et, donc, la résistance à la force de traction des plaies en voie de cicatrisation.

Si le client ne peut pas manger, l'alimentation entérale et les suppléments sont le premier choix d'alimentation, à condition que les voies GI soient fonctionnelles. La nutrition parentérale est indiquée lorsque l'alimentation entérale est contre-indiquée ou qu'elle n'est pas tolérée **54**.

Prévention et maîtrise de l'infection

L'infirmière et le client doivent scrupuleusement respecter les procédures d'asepsie et veiller à ce que la plaie soit protégée de l'infection (Slachta, 2008). L'infirmière doit donc informer le client qu'il est contre-indiqué de toucher la plaie. En autant que possible, l'environnement doit être protégé de la contamination nosocomiale. Si une infection se manifeste, il faut procéder à une culture et à un antibiogramme pour déterminer l'organisme en cause et l'antibiotique le plus apte à l'éradiquer (Sarvis, 2007). Le prélèvement en vue de la culture doit être effectué avant l'administration de la première dose d'antibiotique et après le nettoyage de la plaie. Les cultures pourront être obtenues par aspiration à l'aiguille, par culture tissulaire ou par **écouvillonnage**

Temps de Quick : Temps de formation et d'activation de certains facteurs de la coagulation aboutissant à la formation d'un caillot.

MS 7.4 Vidéo

Méthodes liées aux soins des plaies : *Évaluation de la neuropathie sensorielle.*

54

L'alimentation entérale et l'alimentation parentérale sont étudiées dans le chapitre 54, *Interventions cliniques – Troubles nutritionnels.*

après le nettoyage de la plaie. Les médecins peuvent obtenir des échantillons en effectuant des biopsies par aspiration et des biopsies tissulaires à l'emporte-pièce. Les infirmières, elles, pourront obtenir des cultures par écouvillonnage (Gardner, Frantz, Saltzman, Hillis, Park, & Scherubel, 2006) ▶ **MS 7.6** . Au Québec, les infirmières doivent avoir une ordonnance individuelle ou collective pour procéder à l'écouvillonnage (OIIQ, 2003) **ENCADRÉ 13.1**.

Conséquences psychologiques

Le client peut être découragé à la vue ou à la pensée d'une incision ou d'une plaie à cause des cicatrices disgracieuses ou des lésions corporelles permanentes qu'elles peuvent laisser. L'écoulement et l'odeur qui émanent d'une plaie exacerbent souvent ces inquiétudes. Le client doit comprendre le processus de cicatrisation et les changements normalement associés à la cicatrisation d'une plaie. Si son visage laisse paraître une expression désobligeante lorsqu'elle remplace le pansement, l'infirmière peut effrayer le client et lui laisser percevoir que sa plaie est problématique, ou encore le faire douter de sa capacité à en prendre soin. En fronçant le nez, par exemple, elle signalerait au client son dégoût. Enfin, pour éviter au client le sentiment de ne pas être traité comme une personne à part entière, l'infirmière doit veiller à ne pas concentrer toute son attention sur la plaie.

Enseignement au client

Les clients reçoivent maintenant leur congé plus tôt après une intervention chirurgicale, et ils sont nombreux à subir de telles interventions sur une base ambulatoire en chirurgie d'un jour; il importe donc que le client ou sa famille sachent comment soigner la plaie et changer les pansements. Le processus de cicatrisation peut prendre de quatre à six semaines. Durant cette période, le client devra prendre du repos, bien s'alimenter, et réduire au minimum tout stress physique ou émotionnel. Il est important de surveiller la plaie en cas de complications comme des adhérences et des infections secondaires. Le client doit comprendre les signes et les symptômes de l'infection, et noter les changements en rapport avec la couleur de la plaie et la quantité d'écoulement. Tout élément qui indique une cicatrisation anormale doit être signalé au professionnel de la santé.

Il est habituel que le client ait des médicaments prescrits pendant une certaine période après le rétablissement d'une infection aiguë. Les effets secondaires propres aux médicaments et les effets indésirables de chacun doivent être passés en revue avec lui, de même que les méthodes de prévention qui s'y rapportent (p. ex., prendre le médicament avec ou sans nourriture). Le client doit recevoir pour directive de contacter un professionnel de la santé si l'un de ces effets survient. La sensibilisation du client à la nécessité de poursuivre le traitement pharmacologique pendant la période prévue est un élément important de l'information qui doit lui être donnée. Par exemple, un client à qui l'on recommande de prendre un antibiotique pendant 10 jours cessera peut-être de le consommer après 5 jours si les symptômes ont diminué ou disparu. Cependant, il est possible que le microorganisme impliqué n'ait pas été tout à fait éradiqué, et l'interruption du traitement favoriserait alors la multiplication de souches résistantes.

MS 7.6

Méthodes liées aux soins des plaies: *Culture de plaie par écouvillonage.*

13

ENCADRÉ **13.1**	**Rôle de l'infirmière dans les soins à prodiguer aux clients souffrant de plaies**

Au Québec, les soins des plaies complexes ou dont la cicatrisation est difficile doivent être pris en charge par une infirmière qui a reçu une formation spécialisée en soins des plaies (infirmière en soins des plaies, stomothérapeute, etc.). Mais selon la Loi sur les infirmières et infirmiers (L.R.Q., c. I-8, art. 36) et le Code des professions (L.R.Q., chap. C-36, art. 37.1) toute infirmière peut déterminer le plan de traitement infirmier lié aux plaies simples et aux altérations de la peau et des téguments. La contribution spécifique de l'infirmière réside également dans l'évaluation des facteurs de risque et dans l'instauration de mesures préventives. L'infirmière doit:

- s'assurer d'avoir les connaissances et les habiletés nécessaires (appliquer les soins et les traitements requis par la condition du client, ce qui inclut le débridement, les produits et les pansements à utiliser);
- baser sa pratique sur des résultats probants;
- tenir compte de la complexité de la plaie;
- s'assurer de connaître le diagnostic médical lié à l'origine de la plaie (p. ex., les ulcères des membres inférieurs);
- connaître les indications et les contre-indications cliniques aux soins et aux traitements prévus;

- obtenir une ordonnance médicale pour un agent médicamenteux;
- se reporter à la liste des médicaments en vigueur dans l'établissement de pratique ou utiliser les médicaments en vente libre, dans le cas de pratique privée;
- aviser le médecin traitant de l'évolution de la plaie;
- consulter d'autres professionnels de la santé;
- respecter les règles et les normes en vigueur dans l'établissement pouvant préciser les recommandations cliniques;
- évaluer et noter l'apparence initiale de la plaie, notamment sa taille, sa profondeur, sa couleur et l'écoulement;
- planifier les activités infirmières qui contribueront à la cicatrisation, notamment le soin des plaies, le positionnement du client et les interventions nutritionnelles;
- choisir les pansements et les thérapies destinées au traitement des plaies (en collaboration avec le médecin ou la spécialiste des soins de plaies);
- établir si les soins prodigués contribuent efficacement à la cicatrisation des plaies;
- offrir au client et à ses proches aidants toute l'information nécessaire sur le soin des plaies à domicile et la prévention des lésions de pression.

Source: Adapté de OIIQ (2003).

13.3 | Lésions de pression

13.3.1 Étiologie et physiopathologie

Une **lésion de pression** désigne une lésion localisée sur la peau ou le tissu sous-jacent (généralement près d'une proéminence osseuse) qui résulte d'une pression, ou de l'action combinée d'une pression et d'un **cisaillement** ou d'une friction (frottement de deux surfaces l'une contre l'autre) (NPUAP, 2007). Les lésions de pression relèvent généralement de la cicatrisation par deuxième intention et parfois de troisième intention. Leur site le plus fréquent est le sacrum, suivi des talons. Les facteurs qui concourent à l'apparition de ces plaies sont notamment le gradient de pression (intensité), la durée de la pression exercée sur la peau et la capacité du tissu du client à tolérer la pression externe. Outre la pression, la force de cisaillement, la friction et l'humidité excessive contribuent également à la formation des lésions de pression.

Cellulite: Inflammation du tissu conjonctif sous-cutané, causée par une infection bactérienne.

Le tableau 13.3W présente la version française de l'échelle de Braden. Il peut être consulté au www.cheneliere.ca/lewis.

Les facteurs de risque de présenter des lésions de pression sont énumérés à l'**ENCADRÉ 13.2**. Parmi les clients à risque figurent les personnes âgées, les personnes souffrant d'incontinence, les personnes alitées ou en fauteuil roulant, ou celles atteintes d'une lésion médullaire.

L'incidence des lésions de pression parmi les résidents d'établissements de soins prolongés est estimée à 23 %. La prévalence de ces plaies se situe entre 5 et 10 % pour les clients hospitalisés ; elle est environ de 15 % pour les résidents d'établissements de soins prolongés (Russo, Steiner, & Spector, 2008). Une revue récente des bases de données au Canada estime qu'un client sur quatre dans les soins aigus et un client sur trois dans les soins de longue durée ont déjà fait un ulcère de pression (Keast *et al.*, 2006). Cette étude a aussi révélé que la prévalence globale dans tous les établissements était de 26 %.

13.3.2 Manifestations cliniques

Les manifestations cliniques des lésions de pression dépendent de l'étendue et de la profondeur du tissu atteint. Les lésions de pression sont classées selon la couche la plus profonde de tissu lésé ou cicatriciel. Le **TABLEAU 13.12** présente les différents stades des lésions de pression conformément aux lignes directrices du National Pressure Ulcer Advisory Panel (Black *et al.*, 2007 ; NPUAP, 2007).

Il est parfois impossible de déterminer le stade d'une lésion de pression. La profondeur réelle de la perte tissulaire est biaisée par la nécrose jaune humide (jaune, brun clair, grise, verte ou brune) ou la présence d'une escarre (brun clair, brune ou noire) dans le lit de la plaie. Une lésion de pression peut aussi se présenter sous la forme d'une cloque remplie de sang. Son stade ne pourra être déterminé que lorsqu'une quantité suffisante de tissu provenant de la nécrose jaune humide ou des escarres aura été retirée pour exposer le lit de la plaie et sa profondeur réelle. Toutefois, un tel débridement exige une évaluation importante de la circulation sous-jacente avant de procéder ainsi qu'une évaluation du potentiel de cicatrisation du client (Sibbald *et al.*, 2006). Par exemple, un client en phase terminale avec une escarre sèche au talon droit ne devrait pas avoir de débridement. La même restriction s'applique à un client souffrant d'une maladie vasculaire artérielle périphérique sévère aux membres inférieurs.

Si la plaie s'infecte, le client peut présenter des signes d'infection, comme une leucocytose, et de la fièvre. Les signes classiques d'infection sont : douleur, rougeur, œdème, écoulement purulent et chaleur accrue (Sibbald *et al.*, 2006). Dans les cas de plaies chroniques, d'autres signes peuvent s'ajouter : retard de cicatrisation, écoulement accru, décoloration du tissu de granulation, granulation friable et exubérante, réapparition de tissus dévitalisés sur la surface de la plaie et odeur nauséabonde. Les plaies non traitées peuvent causer une **cellulite**, des infections chroniques, une septicémie et même la mort. La complication la plus fréquente des lésions de pression est la récurrence. Il est donc important de noter l'emplacement des lésions de pression antérieures déjà cicatrisées au moment de l'évaluation initiale du client à son admission. L'utilisation d'une échelle d'évaluation des facteurs de risque d'apparition d'une lésion de pression est très pertinente. Les échelles de Norton et de Braden ont fait l'objet de plusieurs études de validité et de fiabilité, et elles ont été recommandées en 1992 par l'Agency for Health Care Policy and Research (OIIQ, 2007). L'échelle de Braden est toutefois la seule ayant fait l'objet d'une étude de validation linguistique et dont la version française est autorisée par les auteurs

ENCADRÉ 13.2	Facteurs de risque associés aux lésions de pression

- Âge avancé
- Anémie
- Contractures
- Diabète
- Température corporelle élevée
- Immobilité
- Humidité de la peau
- Baisse des activités
- Malnutrition
- Friction et cisaillement

- Circulation altérée
- Incontinence
- Pression artérielle diastolique < 60 mmHg
- Détérioration de l'état mental
- Troubles neurologiques
- Obésité
- Douleur
- Chirurgie prolongée
- Maladie vasculaire

TABLEAU 13.12	Classification des lésions de pression	
DÉFINITION	**DESCRIPTION**	**PRÉSENTATION CLINIQUE**
Lésion tissulaire profonde suspectée (LTPS)		
Région localisée de peau intacte décolorée, de couleur mauve ou bordeaux. La région peut être entourée de tissu douloureux, ferme, mou, œdémateux, plus chaud ou plus froid que le tissu adjacent.	Les lésions tissulaires profondes sont parfois difficiles à déceler chez les personnes à la peau foncée. L'évolution peut se traduire par une phlyctène recouvrant un lit de plaie sombre. Ces lésions peuvent se détériorer et former une escarre. L'évolution peut être rapide et exposer des couches additionnelles de tissu malgré l'administration d'un traitement optimal.	
Lésion de stade I		
Région localisée de peau intacte présentant une rougeur qui ne pâlit pas à la pression, généralement située sur une proéminence osseuse. Il est possible que la pâleur ne soit pas visible sur une peau foncée ; la couleur peut différer de celle de la région environnante.	La région peut être douloureuse, ferme, molle, plus chaude ou plus froide que le tissu adjacent. Les plaies de stade I sont parfois difficiles à détecter chez les personnes à la peau foncée. Ce type de lésion peut aider à dépister les personnes à risque de présenter des lésions de pression plus profondes.	
Lésion de stade II		
Perte d'une épaisseur partielle de derme, déchirure de l'épiderme, se présentant comme une plaie ouverte superficielle caractérisée par un lit rouge-rose, sans nécrose jaune humide. Peut aussi se présenter sous la forme d'une cloque de sérum intacte ou éclatée.	La région se présente comme une plaie superficielle brillante ou sèche, sans nécrose jaune humide ni ecchymose (laisse soupçonner une lésion tissulaire profonde). Ce stade ne convient pas pour décrire les déchirures cutanées, les brûlures dues au retrait d'un ruban adhésif, les dermatites périnéales, la macération ou l'excoriation.	
Lésion de stade III		
Perte tissulaire d'épaisseur totale, soit la totalité de l'épaisseur du tissu cutané (épiderme et derme). L'hypoderme peut être visible, mais l'os, les tendons ou les muscles ne sont pas exposés. Des escarres sont possibles, mais n'obscurcissent pas la profondeur de la perte tissulaire. Un tunnel ou des espaces sous-jacents peuvent être observés.	La profondeur d'une lésion de pression de stade III dépend de son emplacement anatomique. Les régions dont l'adiposité est importante peuvent présenter des lésions de pression de stade III extrêmement profondes. Les os et les tendons ne sont ni visibles ni directement palpables.	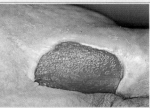
Lésion de stade IV		
Perte tissulaire de profondeur totale, avec exposition de l'os, des tendons ou des muscles. La nécrose jaune humide est possible sur certaines parties du lit de la plaie. Un tunnel ou des espaces sous-jacents peuvent être observés.	La profondeur d'une lésion de pression de stade IV dépend de son emplacement anatomique. Les plaies de stade IV peuvent s'étendre aux muscles ou aux structures d'appui (p. ex., au fascia, aux tendons ou aux capsules articulaires), ce qui crée un risque d'ostéomyélite. Les os et les tendons exposés sont visibles ou directement palpables.	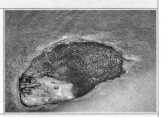
Lésion de stade indéterminé		
Perte tissulaire de profondeur totale dans laquelle la base de la plaie est recouverte d'une escarre (brun clair, brune ou noire).	La profondeur de l'atteinte des structures de la peau de cette plaie est inconnue. À moins de retirer une quantité suffisante d'escarre et d'exposer la base de la plaie, il est impossible d'en déterminer la profondeur véritable.	

Source : Adapté de NPUAP (2007).

13

CLIENT PRÉSENTANT UNE LÉSION DE PRESSION

Les soins et les traitements infirmiers, ainsi que le processus thérapeutique en interdisciplinarité sont envisagés conjointement car, outre l'infirmière, d'autres membres de l'équipe soignante comme le spécialiste du soin des plaies, l'infirmière conseillère clinicienne, le médecin de famille, le médecin spécialiste (plasticien, chirurgien vasculaire, dermatologue), la diététiste, le physiothérapeute, l'ergothérapeute et l'intervenante sociale peuvent contribuer au traitement complexe visant à prévenir et à soigner les lésions de pression ▶ MS 7.2 .

Collecte des données

Le risque de présenter des lésions de pression doit être évalué dès l'admission, dans un premier temps, puis périodiquement, selon l'état du client et l'environnement de soins (Van Rijswijk & Lyder, 2008).

L'évaluation des risques doit être faite à l'aide d'un outil d'évaluation valide et fidèle, comme l'échelle de Braden. La détermination du niveau de risque décidera de l'intensité des mesures préventives à mettre en place (Stotts & Gunningberg, 2007).

Durant l'admission, l'infirmière devra évaluer le client de la tête aux pieds afin de relever les lésions de pression et d'en déterminer les causes. Il lui faudra procéder ensuite à une réévaluation de la peau et des plaies, périodiquement ou dès qu'un changement se produit sur celles-ci. La détection des lésions de pression de stade I peut s'avérer difficile chez les clients à la peau foncée. L'**ENCADRÉ 13.3** propose des techniques qui permettront d'évaluer ce type de client. Les données subjectives et objectives qu'il convient de collecter auprès d'une personne qui présente ou risque de présenter une lésion de pression figurent à l'**ENCADRÉ 13.4**.

Analyse et interprétation des données

L'analyse et l'interprétation des données relatives au client qui présente une lésion de pression peuvent concerner, sans s'y limiter, les éléments énumérés dans le **PSTI 13.1**.

MS 7.2

Méthodes liées aux soins des plaies : *Évaluation des lésions de pression et application des moyens de prévention.*

ALERTE CLINIQUE

- Dans les cas de soins actifs, réévaluer le client toutes les 24 heures.
- Dans les cas de soins de longue durée, réévaluer le résident toutes les semaines pendant les quatre premières semaines suivant l'admission, puis tous les mois ou tous les trois mois, au moins, par la suite.
- Dans les cas de soins à domicile, réévaluer le client à chaque visite de l'infirmière.

Planification des soins

Les objectifs généraux pour le client atteint d'une lésion de pression sont les suivants :

- prévenir toute détérioration du stade de la plaie ;
- maîtriser ou éliminer les facteurs à l'origine des lésions de pression ;
- prévenir l'infection de la lésion de pression ;
- favoriser la cicatrisation des lésions de pression ;
- prévenir toute récurrence.

Interventions cliniques

Promotion de la santé

Une des principales responsabilités de l'infirmière consiste à dépister les clients susceptibles de présenter des lésions de pression **ENCADRÉ 13.2** et à mettre en œuvre des stratégies de prévention à l'intention de ceux pour lesquels il existe un risque établi. Dès que ce risque est confirmé, il faudra adopter des stratégies de prévention. La prévention reste en effet la meilleure intervention relative aux lésions de pression (Ayello & Lyder, 2007).

Phase aiguë

Les soins administrés au client qui présente une lésion de pression passent par les soins locaux de la plaie et par des mesures de soutien globales telles qu'assurer une nutrition adéquate, prendre en charge la douleur, maîtriser les autres pathologies et soulager la pression. Le traitement des lésions de pression repose à la fois sur des stratégies conservatrices et sur la chirurgie, eu égard au stade et à l'état de la plaie. La dixième recommandation canadienne des pratiques exemplaires pour la prévention et la prise en charge des lésions de pression suggère d'envisager une intervention chirurgicale pour les plaies profondes qui ne guérissent pas (stades III et IV) (Keast *et al.*, 2006).

Lorsqu'une lésion de pression est détectée, l'infirmière doit mettre en œuvre des interventions adaptées aux caractéristiques de la plaie (p. ex., le stade, la taille, l'emplacement, la quantité d'exsudat, le type de plaie, l'infection éventuelle ou la douleur) et à l'état général du client (p. ex., l'état nutritionnel, l'âge, l'état cardiovasculaire, le degré de mobilité) (Keast *et al.*, 2006). Les dimensions de la lésion de pression doivent être rapportées correctement. Il est possible de se servir d'une carte ou d'un ruban gradué en centimètres pour mesurer la longueur maximale de la plaie et sa largeur. Pour mesurer sa profondeur, l'infirmière placera avec délicatesse un applicateur ouaté stérile, qu'elle aura préalablement trempé dans une solution saline, dans la partie la plus profonde de la plaie : la longueur du segment enfoncé dans la plaie servira alors de mesure. La cicatrisation de la plaie pourra être documentée grâce à plusieurs outils destinés à l'évaluation de la cicatrisation des lésions de pression, notamment le Pressure Ulcer Scale of Healing (PUSH) de la NPUAP disponible en anglais sur le site Web de cet organisme. Certains établissements peuvent exiger que la lésion de pression soit photographiée une première fois, puis à intervalles réguliers durant le traitement.

Les soins locaux d'une lésion de pression consistent à débrider et à nettoyer la plaie, à appliquer un pansement et à

ENCADRÉ 13.3 | **Évaluation des clients à la peau foncée**

- Rechercher les endroits où la couleur de la peau a subi un changement, par exemple une pigmentation plus foncée (violacée, tirant sur le brun, bleuâtre) que la peau environnante.
- Employer une source de lumière naturelle ou halogène pour évaluer la couleur de la peau avec précision. Les lumières fluorescentes émettent une couleur bleue qui peut gêner cette évaluation.
- Évaluer la température de la peau avec les mains. La région peut d'abord sembler tiède, puis plus froide.

- Toucher la peau pour en palper la consistance. Une sensation œdémateuse peut indiquer une lésion de pression de stade I.
- Demander au client s'il ressent une douleur ou des démangeaisons.
- Effectuer l'évaluation des facteurs de risque d'apparition d'une lésion de pression avec l'échelle de Braden.

ENCADRÉ 13.4   Lésions de pression

ALERTE CLINIQUE

Données subjectives

- Renseignements importants concernant la santé :
  - Antécédents de santé : accident vasculaire cérébral, lésion médullaire ; immobilité ou alitement prolongé ; altération de la circulation ; alimentation insuffisante ; niveau de conscience altéré ; antécédents de lésions de pression ; anomalies immunologiques ; âge avancé ; diabète ; anémie ; traumatisme
  - Médicaments : utilisation d'opioïdes, d'hypnotiques et de corticostéroïdes à action générale
  - Interventions chirurgicales et autres traitements : chirurgie récente
- Modes fonctionnels de santé :
  - Échelle de Braden : le pointage peut varier de 6 à 23 ; plus il est faible, plus le risque d'apparition de lésions de pression est élevé. La variation marginale révèle le niveau de risque : absence de risque (19 à 23), faible risque (15 à 18), risque modéré (13 à 14), risque élevé (10 à 12) et risque très élevé (9 et moins)
  - Nutrition et métabolisme : obésité, émaciation ; diminution de l'apport en liquides, en calories ou en protéines ; déficiences en vitamines ou en minéraux ; malnutrition significative sur le plan clinique établie par de faibles taux d'albumine

sérique, et une diminution du nombre total de lymphocytes et du poids corporel (inférieur de 15 % au poids corporel idéal)
  - Élimination : incontinence urinaire ou fécale
  - Activités et exercices : faiblesse, affaiblissement, incapacité à se mobiliser ou à conserver un bon alignement postural ; contractures
  - Cognition et perception : douleur ou sensation cutanée altérée dans la région de la lésion de pression ; sensation altérée de la pression exercée sur des parties du corps ; aptitude à respecter le plan thérapeutique

Données objectives

- Observations générales : fièvre
- Système tégumentaire : diaphorèse, œdème et décoloration, surtout sur les proéminences osseuses comme le sacrum, les hanches, les coudes, les talons, les genoux, les chevilles, les épaules et le bord de l'oreille, évoluant vers des stades plus avancés de dommages tissulaires caractéristiques des stades de plaies **TABLEAU 13.12**.
- Résultats possibles aux examens paracliniques : leucocytose, résultat positif de cultures de microorganismes prélevées dans la lésion de pression ou toute autre plaie chronique

ALERTE CLINIQUE

- Changer la position du client, selon un horaire établi, pour prévenir les lésions de pression.
- Recourir, au besoin, aux dispositifs permettant de diminuer la pression et la force de cisaillement (p. ex., un matelas à gonflement alternatif, un matelas en mousse, des coussins pour fauteuil roulant, des sièges hygiéniques matelassés, des bottes mousse, air, des lève-draps). Ces dispositifs ne sont pas aussi efficaces que le changement fréquent de position.

13

---

soulager la pression pourvu que la circulation sanguine soit jugée adéquate, surtout si la lésion de pression est située aux membres inférieurs. Il est important de recourir à la technique appropriée pour diminuer la pression (p. ex., un coussinet, un revêtement, un matelas, un lit spécial, des surfaces thérapeutiques) et faire en sorte qu'il n'y ait aucun point d'appui du client sur la plaie. Une fois que la lésion de pression a été débridée avec succès et qu'elle présente un lit de plaie de granulation propre, il s'agit dès lors de créer un environnement favorable à une cicatrisation humide de la plaie et destiné à prévenir toute perturbation du tissu de granulation nouvellement formé. Une réparation chirurgicale, comme des greffes de peau, de lambeaux de peau, de lambeaux musculocutanés ou de lambeaux libres, peut s'avérer nécessaire pour reconstruire le site de la lésion de pression. La dixième recommandation canadienne des pratiques exemplaires pour la prévention et la prise en charge des ulcères de pression suggère d'envisager une intervention chirurgicale pour les ulcères profonds qui ne guérissent pas (stades III et IV) (Keast *et al.*, 2006).

Il faut nettoyer les lésions de pression avec des solutions non cytotoxiques pour ne pas tuer ou endommager les cellules, en particulier les fibroblastes. Des solutions comme l'acide acétique, la solution de Dakin (solution d'hypochlorite de sodium), la providone iodée et le peroxyde d'hydrogène (H_2O_2) sont cytotoxiques ; il faudra donc éviter de s'en servir pour nettoyer les lésions de pression présentant un lit de granulation. Cependant, ces agents peuvent être utilisés en cas de lésions de pression avec une pauvre

circulation sous-jacente pour éviter la prolifération bactérienne dans les tissus. Il est important également d'exercer une pression de nettoyage suffisante sur la lésion de pression (de 4 à 15 psi), sans toutefois lui infliger des traumatismes ou des dommages. Une seringue de 30 ml et une aiguille de calibre 18 tenue à 10 cm de la plaie permettront d'obtenir une telle pression.

Une fois la lésion nettoyée, elle doit être recouverte du pansement qui convient. La tendance actuelle est au maintien d'une légère humidité, plutôt qu'à la sécheresse, afin de maintenir l'équilibre du microenvironnement pour favoriser la granulation et l'épithélialisation (Bolton, 2007). Les facteurs dont il faut tenir compte pour choisir un pansement incluent notamment le maintien d'un environnement humide, la prévention de la dessiccation (assèchement) de la plaie, la capacité d'absorption du pansement par rapport à la quantité d'exsudat qui s'écoule de la plaie, l'emplacement de la lésion, le temps dont dispose le proche aidant, le coût du pansement, l'éventualité d'une infection, l'option d'un pansement propre ou stérile, et l'environnement de soins.

Les lésions de pression de stades II à IV sont considérées comme étant contaminées ou colonisées par des bactéries (Zulkowski & Gray-Leach, 2009). Même en présence d'une lésion de pression infectée, il est important de se rappeler que les signes cliniques de l'infection (exsudat purulent, odeur, érythème, chaleur, sensibilité, œdème, douleur, fièvre et recrudescence du nombre de globules blancs) peuvent ne pas se manifester chez les personnes immunodéprimées ou présentant des plaies chroniques.

PSTI 13.1 Lésions de pression

PROBLÈME DÉCOULANT DE LA SITUATION DE SANTÉ	**Altération de l'intégrité cutanée** liée à la pression, aux forces de cisaillement, à la perturbation de la circulation et aux proéminences osseuses établies par la présence d'une lésion de pression.
OBJECTIFS	• Le client aura une peau intacte de toute autre lésion de pression. • Le client verra sa lésion de pression cicatriser.

RÉSULTATS ESCOMPTÉS	INTERVENTIONS INFIRMIÈRES ET JUSTIFICATIONS
Intégrité tissulaire : membranes cutanées et muqueuses • Absence d'érythème, de blancheur, de nécrose ou de lésions cutanées • Absence d'érythème, de lésions cutanées ou de décoloration des proéminences osseuses • Peau tiède • Sensations maintenues dans le membre affecté • Remplissage capillaire < 2 sec.	**Prévention des lésions de pression** • Se servir d'un outil reconnu d'évaluation du risque pour surveiller les facteurs de risque auxquels le client est exposé (p. ex., l'échelle de Braden), et pour contenir ou éliminer ceux qui favorisent l'apparition et l'évolution des lésions de pression. • Pour prévenir la macération, supprimer l'excès d'humidité cutanée découlant de la transpiration, de l'écoulement de la plaie, ou d'une incontinence fécale ou urinaire dans le cas de plaies dans une zone cutanée de macération. • Éviter de masser les sites de rougeur de la peau située sur les proéminences osseuses pour prévenir d'autres dommages tissulaires. • Mobiliser le client toutes les heures ou toutes les deux heures pour éviter qu'une pression prolongée ne s'exerce sur une région. • Mobiliser le client avec précaution (p. ex., éviter le cisaillement) pour prévenir toute lésion sur la peau fragile. • Installer le client avec des oreillers pour surélever les points de pression du lit. • Utiliser au besoin des lits spéciaux et des surfaces thérapeutiques pour soulager la pression et stimuler la circulation vers le site de la plaie. • Employer des dispositifs (p. ex., un coussin en gel) sur le lit pour protéger le client de la pression. • Appliquer, au besoin, des protecteurs pour les coudes et les talons pour éviter la pression. • Encourager le client à conserver un poids santé, car le risque de lésions de pression est plus élevé pour les personnes obèses ou très minces.
Cicatrisation : deuxième intention • Absence d'écoulement purulent, séreux ou sérosanguin • Absence de nécrose cutanée • Absence d'escarre cutanée • Absence de tunnel sous-cutané	**Soins des lésions de pression** • Décrire les caractéristiques de la plaie à intervalles réguliers, notamment la taille (longueur × largeur × profondeur), le stade (I à IV ou indéterminé), l'emplacement, l'exsudat, la présence de tissus de granulation ou nécrotiques, et l'épithélialisation ; ces renseignements serviront de données initiales et de suivi pour la surveillance des lésions de pression. • Maintenir l'humidité de la plaie pour contribuer à la cicatrisation. • Nettoyer la plaie avec une solution non toxique appropriée, en décrivant un mouvement circulaire à partir du centre. • Débrider la plaie, au besoin, afin de favoriser la croissance de nouveaux tissus. • Appliquer un pansement interactif selon la quantité de l'exsudat et sa qualité (colonisation, colonisation critique, infection) afin de favoriser la cicatrisation. • S'assurer que l'apport en calories et en protéines de haute qualité du client est suffisant pour procurer les nutriments nécessaires à la réparation tissulaire. • Enseigner au client et aux membres de sa famille les procédures relatives aux soins des plaies afin de favoriser l'autonomie en matière de santé. • Pour prévenir toute récurrence, enseigner au client et au proche aidant les signes de rupture cutanée. • Organiser, au besoin, une consultation avec l'infirmière en soins de plaies (parfois avec la stomathérapeute) pour recevoir des directives précises sur le soin des plaies.

Assurer l'état nutritionnel adéquat du client qui présente une lésion de pression est une des responsabilités importantes de l'infirmière, particulièrement en ce qui a trait à l'apport protéinique. Il est fréquent que le client soit affaibli et qu'il n'ait pas d'appétit du fait de son inactivité. La chute du taux d'albumine sérique en dessous de 3 g/dl de même qu'un nombre total de lymphocytes inférieur à 1 800/µl ou une diminution de plus de 15 % du poids corporel signalent une malnutrition cliniquement significative. L'alimentation orale doit comporter une quantité suffisante de calories et de protéines, de liquides, de vitamines et de minéraux pour satisfaire les besoins alimentaires du client. L'apport calorique nécessaire à la correction et au maintien de l'équilibre nutritionnel est possiblement de 30 à 35 cal/kg/j et de 1,25 à 1,50 g de protéines/kg/j. L'alimentation entérale peut suppléer l'alimentation orale. La nutrition parentérale, qui consiste à administrer des solutions d'acides aminés et de glucose, est retenue, au besoin, si l'alimentation orale ou l'alimentation entérale s'avèrent inadéquates. Le **PSTI 13.1** récapitule les soins destinés au client souffrant d'une lésion de pression.

Soins ambulatoires et soins à domicile

Les lésions de pression affectent la qualité de vie des clients et de leurs proches aidants. Comme la récurrence des lésions de pression est fréquente, il est extrêmement important d'enseigner les techniques de prévention au client et à son proche aidant **ENCADRÉ 13.5**. Le guide (en anglais) du NPUAP sur la prévention des lésions de pression destiné aux clients peut être très utile. Le proche aidant doit connaître la cause des lésions de pression, les techniques de prévention, les signes précoces, les mesures de soutien nutritionnel et les techniques de soins relatifs à ce type de plaies. Puisque les clients souffrant de lésions de pression requièrent souvent des soins considérables, compte tenu des autres problèmes de santé dont ils sont affectés, il est important que l'infirmière soutienne le proche aidant en favorisant une gestion saine du traitement des lésions de pression.

Évaluation des résultats

Pour le client souffrant d'une lésions de pression, les résultats escomptés à la suite des soins et des interventions cliniques sont présentés dans le **PSTI 13.1**.

Enseignement au client et à ses proches

ENCADRÉ 13.5 | **Lésions de pression**

L'enseignement au client et à ses proches sur la prise en charge des lésions de pression devrait porter sur les aspects suivants.

- Déterminer et expliquer les facteurs de risque ainsi que les causes des lésions de pression au client et au proche aidant.

- S'assurer que l'importance de l'apport alimentaire (protéines) et de l'hydratation sont des prémisses à un bon soin des plaies.

- Évaluer tous les clients à risque pendant leur première visite à l'hôpital ou au moment de la visite à domicile, ou dès que l'état du client change. Après quoi, l'évaluation se poursuit à intervalles réguliers, suivant l'environnement de soins (toutes les 24 heures en soins aigus ou à chaque visite à domicile).

- Indiquer au proche aidant les soins à prodiguer en cas d'incontinence. Si un épisode d'incontinence se produit, nettoyer aussitôt la peau souillée, et utiliser des coussinets ou des sous-vêtements absorbants.

- Montrer comment positionner correctement le client pour réduire le risque de rupture cutanée. Rappeler au proche aidant de changer la position du client alité au moins

toutes les deux heures, et toutes les heures pour un client en fauteuil roulant. Ne jamais positionner le client directement sur la lésion de pression.

- Évaluer les ressources (c.-à-d. les disponibilités et les compétences du proche aidant, les moyens financiers et l'équipement) des clients dont les lésions de pression nécessitent des soins à domicile. Au moment de choisir un pansement pour le soin des plaies, tenir compte du coût et du temps dont dispose le proche aidant.

- Montrer au client et au proche aidant, au moment de remplacer les pansements, comment placer des pansements propres sur les pansements stériles grâce à la technique « sans contact ». Indiquer au proche aidant la manière de jeter les pansements contaminés.

- Montrer au client et au proche aidant comment inspecter quotidiennement la peau. Évaluer et rapporter l'état des lésions de pression au moins une fois par semaine.

- Expliquer au client et au proche aidant l'importance d'une bonne alimentation pour favoriser la cicatrisation de la plaie.

- Évaluer l'efficacité du plan d'enseignement.

Madame Marie-Marthe Résolus est âgée de 60 ans et elle est d'origine haïtienne. Elle demeurait avec sa fille, mais comme cette dernière était épuisée de prendre soin de sa mère à temps plein, un transfert en centre de soins prolongés a été effectué. La cliente est alitée, étant au stade terminal de la sclérose en plaques. Puisque madame Résolus ne peut plus bouger ses jambes, une lésion de stade III est apparue au talon droit malgré les précautions attentives de sa fille.

L'infirmière qui a procédé à l'admission de madame Résolus a constaté que le pourtour de la plaie de la cliente montrait de l'érythème et de l'œdème, et que la cliente éprouvait de la douleur au toucher. Il y a également présence de nécrose humide jaune avec exsudat dans le lit de la lésion. De plus, l'infirmière observe une lésion de pression de stade I au sacrum. Les résultats de la formule sanguine indiquent que la numération des érythrocytes est de $3,5 \times 10^{12}$/L, l'hémoglobine est à 102 g/L (SI) et les leucocytes sont à 12 500/mm^3.

La cliente est lucide et collabore aux soins dans la mesure de ses capacités physiques. Elle est vue par l'infirmière stomothérapeute.

SOLUTIONNAIRE

www.cheneliere.ca/lewis

MISE EN ŒUVRE DE LA DÉMARCHE DE SOINS

Collecte des données – Évaluation initiale – Analyse et interprétation

1. Quelle donnée objective permettrait de catégoriser une lésion de pression de stade I au sacrum chez madame Résolus?

2. Quels sont les deux facteurs présents chez madame Résolus qui contribueraient à un retard dans la cicatrisation des lésions de pression?

3. Que signifie le résultat du compte des leucocytes?

4. Quel est le problème prioritaire révélé par l'analyse des données collectées lors de l'évaluation clinique et des résultats de la numération des leucocytes? Inscrivez votre réponse vis-à-vis du numéro 4 dans l'extrait du plan thérapeutique infirmier (PTI) de la cliente.

5. Trouvez deux autres signes que ceux déjà connus qui confirmeraient davantage le problème prioritaire que vous avez relevé à la question précédente.

Extrait

CONSTATS DE L'ÉVALUATION						RÉSOLU / SATISFAIT			Professionnels / Services concernés
Date	Heure	N°	Problème ou besoin prioritaire		Initiales	Date	Heure	Initiales	
2011-04-10	13:45	2	Lésion de pression de stade III au talon droit						
		3	Lésion de pression de stade I au sacrum		M.G.				
		4							

Signature de l'infirmière	Initiales	Programme / Service	Signature de l'infirmière	Initiales	Programme / Service
Maggie Gélinas	M.G.	Unité 2			

Planification des interventions – Décisions infirmières

6. Quel serait l'objectif de soins à poursuivre concernant la lésion de pression au sacrum?

7. Outre les interventions habituelles pour prévenir les lésions de pression, y a-t-il des interventions spécifiques à effectuer avec cette cliente pour le problème prioritaire de « *Lésion de pression de stade I au sacrum* »? Justifiez votre réponse.

8. Dans l'extrait du PTI de madame Résolus, quelle directive infirmière pourrait être émise, qui serait applicable par une autre intervenante que l'infirmière ou l'infirmière auxiliaire, pour le problème prioritaire de « *Lésion de pression de stade I au sacrum* » ?

9. Concernant le problème prioritaire numéro 4 dans l'extrait du PTI de madame Résolus, formulez une directive infirmière précise et spécifique qui découlerait de ce problème. Inscrivez votre réponse vis-à-vis du numéro 4 dans la section « Suivi clinique ».

10. Dans la section « Professionnels / Services concernés », inscrivez le statut de la professionnelle également mise à contribution pour résoudre le problème prioritaire numéro 2.

Extrait

			CONSTATS DE L'ÉVALUATION						
Date	Heure	N°	Problème ou besoin prioritaire	Initiales	RÉSOLU / SATISFAIT			Professionnels / Services concernés
					Date	Heure	Initiales	
2011-04-10	13:45	2	Lésion de pression de stade III au talon droit					
		3	Lésion de pression de stade I au sacrum	M.G.				
		4						

			SUIVI CLINIQUE					
Date	Heure	N°	Directive infirmière	Initiales	CESSÉE / RÉALISÉE		
					Date	Heure	Initiales
2011-04-10	13:45	2	Appliquer plan de traitement pour lésion de pression de stade III	M.G.			
		3					
		4					

Signature de l'infirmière	Initiales	Programme / Service	Signature de l'infirmière	Initiales	Programme / Service
Maggie Gélinas	M.G.	Unité 2			

Évaluation des résultats – Évaluation en cours d'évolution

11. Qu'est-ce qui indiquerait que le problème prioritaire de « *Lésion de pression de stade I au sacrum* » est résolu ?

12. Quels éléments l'infirmière devrait-elle vérifier pour assurer un suivi clinique du problème prioritaire numéro 2 dans l'extrait du PTI de madame Résolus ? Nommez-en six.

Application de la pensée critique

Dans l'application de la démarche de soins auprès de madame Résolus, l'infirmière a recours aux éléments du modèle de la pensée critique pour analyser la situation de santé de la cliente et en comprendre les enjeux. La **FIGURE 13.8** résume les caractéristiques de ce modèle en fonction des données de cette cliente, mais elle n'est pas exhaustive.

Vers un jugement **clinique**

Connaissances
- Caractéristiques des stades des lésions de pression
- Classification des plaies selon la couleur
- Facteurs favorisant l'apparition des lésions de pression
- Signes et symptômes de l'inflammation et de l'infection
- Produits utilisés dans le traitement des lésions de pression
- Complications possibles des lésions de pression
- Effets de l'immobilité

Expériences
- Expérience dans le soin des plaies
- Soins aux clients alités
- Soins aux clients atteints d'une maladie chronique
- Soins cutanés à une personne de peau noire

ÉVALUATION
- Signes d'inflammation et d'infection de la plaie au talon droit : douleur, érythème, œdème, exsudat purulent
- Caractéristiques du lit de la plaie au talon (présence de nécrose jaune humide)
- Facteurs contribuant à l'apparition de lésions de pression chez madame Résolus
- Indices d'un début de lésion de stade I au sacrum (pigmentation plus foncée)
- Température buccale (fièvre)
- Résultats de la formule sanguine
- Facteurs pouvant retarder la guérison de la plaie au talon droit

Normes
- Utilisation de l'échelle de Braden
- Application de l'ordonnance collective locale en cas de fièvre si la cliente n'a pas d'antipyrétique prescrit dans son dossier
- Activités réservées à l'infirmière d'après les articles 36 et 36.1 de la *Loi sur les infirmières et les infirmiers* (L.R.Q., c. I-8) concernant le plan de traitement lié aux plaies et aux altérations de la peau
- Suivi des directives déléguées à d'autres intervenants en soins infirmiers

Attitudes
- Comprendre la fatigue de la fille de madame Résolus
- Contribuer à déculpabiliser la fille de la cliente du fait que cette dernière a présenté une lésion de pression à domicile

FIGURE 13.8

Application de la pensée critique à la situation de santé de madame Résolus

■ ■ ■ À **retenir**

VERSION REPRODUCTIBLE

www.cheneliere.ca/lewis

- L'inflammation peut être due à la chaleur, à des rayonnements, à un traumatisme, à des produits chimiques, à des allergènes ou à une réaction auto-immune.

- L'intensité de la réponse inflammatoire dépend de l'étendue et de la gravité de la lésion, et de la capacité de réaction de la personne touchée.

- La réponse inflammatoire locale comprend la rougeur, la chaleur, la douleur, l'œdème et la perte de fonction.

- L'inflammation aiguë n'est généralement associée à aucun dommage résiduel.

- Les antipyrétiques doivent être administrés sans interruption pour prévenir les oscillations aiguës de température ; une administration intermittente peut susciter ou maintenir les frissons.

- Dans le cas d'une inflammation chronique qui peut durer des mois, voire des années, l'agent responsable cause des lésions répétées aux tissus.

- La meilleure gestion de l'inflammation consiste à prévenir l'infection,

- les traumatismes, la chirurgie et les contacts avec des agents potentiellement nuisibles.
- Une fièvre de légère à modérée est rarement préjudiciable, car elle n'entraîne pas d'inconfort considérable et peut être profitable aux mécanismes de défense de l'hôte.
- La cicatrisation comprend la régénération (remplacement des cellules et des tissus perdus par des cellules du même type) et la réparation (cicatrisation découlant du remplacement des cellules perdues par du tissu conjonctif).
- La capacité de régénération des cellules dépend du type cellulaire.

- Les cellules labiles se divisent constamment; les cellules stables conservent la capacité de se régénérer et ne le font que lorsque l'organe est touché.
- Une bonne évaluation nutritionnelle devrait faire partie de l'évaluation initiale en soins des plaies.
- Les plaies peuvent être classées selon leur cause, selon la profondeur du tissu affecté ou selon le type de la plaie.
- Chez une personne en bonne santé, les plaies cicatrisent à une vitesse et selon un processus prévisibles.
- Si une plaie est contaminée, elle doit d'abord être propre pour que la cicatrisation ait lieu normalement.

- Les agents antimicrobiens et les bactéricides topiques doivent être utilisés avec prudence dans le soin des plaies, car ils peuvent endommager l'épithélium du tissu cicatriciel nouvellement formé et retarder ainsi la cicatrisation.
- Les agents antimicrobiens et les bactéricides topiques ne doivent en aucun cas être employés sur une plaie propre en phase de granulation.
- Les facteurs qui concourent à l'apparition des lésions de pression sont notamment le gradient de pression (intensité), la durée de la pression exercée sur la peau (durée) et la capacité du tissu du client à tolérer la pression externe.

- L'incidence des lésions de pression parmi les résidents d'établissements de soins prolongés est estimée à 23 %.
- La prévention reste la meilleure intervention relative aux lésions de pression.
- Une réparation chirurgicale, comme des greffes de peau, de lambeaux de peau, de lambeaux musculocutanés ou de lambeaux libres, peut s'avérer nécessaire pour reconstruire le site de la lésion de pression.

13

Pour en **savoir** plus

VERSION COMPLÈTE ET DÉTAILLÉE

www.cheneliere.ca/lewis

Références Internet

Organismes et associations

American Professional Wound Care Association
www.apwca.org

Association canadienne du soin des plaies
http://cawc.net

National Pressure Ulcer Advisory Panel
www.npuap.org

Société française et francophone des plaies et cicatrisations
www.sffpc.org

Références générales

DermAtlas
http://dermatlas.org

Infiressources
> Banques et recherche > Pathologies
> Dermatologie

> **Carrefour des rubriques** > **Carrefour clinique**
> **Soins des plaies et escarres**
www.infiressources.ca

Monographies

Bouchard, H., & Morin, J. (2009). *Aidez-moi, s'il-vous-«plaie»* ! Sherbrooke, Qc : Centre hospitalier universitaire de Sherbrooke.

Bryant, R., & Nix, D. (Eds) (2011). *Acute and Chronic Wounds* (4ᵗʰ éd.). St. Louis, Mo. : Mosby.

Centre de santé et de services sociaux (CSSS) de la Montagne (2009). *Guide pratique en soins de plaies – Prévention et traitement.* Montréal : CSSS de la Montagne.

Chaîné, L., Deschênes, J., & Gorman, L. (2006). *Oser une nouvelle vision des soins de plaies : à l'intention des professionnels de la santé.* Montréal : Association québécoise d'établissements de santé et de services sociaux.

Expert LPN Guides. Wound care (2008). Philadelphia : Lippincott Williams & Wilkins ; Wolters Kluwer Health.

Ordre des infirmières et infirmiers du Québec (OIIQ) (2007). *Les soins de plaies au cœur du savoir infirmier : de l'évaluation à l'intervention pour mieux prévenir et traiter.* Montréal : OIIQ.

Articles, rapports et autres

Association des infirmières et infirmiers autorisés de l'Ontario (AIIAO) (2005). *Lignes directrices sur les pratiques exemplaires en soins infirmiers : évaluation du risque et prévention des lésions de pression.* Toronto : AIIAO.
www.rnao.org

Multimédia

Mosby (2010). *Mosby's Nursing Assistant Video Skills – Skin & Wound Care DVD 3.0* (3ʳᵈ éd.). St. Louis, Mo. : Mosby.

CHAPITRE

14

Écrit par :
Sharon L. Lewis, RN, PhD, FAAN

Adapté par :
Sylvie Bélanger, inf., M. Sc.,
CSIO(C)

Génétique, réaction immunitaire et transplantation

Objectifs

Après avoir lu ce chapitre, vous devriez être en mesure :

- de définir les termes courants associés à la génétique et aux troubles génétiques : autosome, porteur, hétérozygote, homozygote, mutation, caractère récessif, caractère lié au sexe ;

- de comparer les classifications les plus courantes des troubles génétiques ;

- de décrire les fonctions et les composantes du système immunitaire ;

- de comparer l'immunité humorale et l'immunité cellulaire en tenant compte des catégories de lymphocytes participant à ces réactions, des types de réactions et de leurs effets sur les antigènes ;

- de caractériser les cinq types d'immunoglobulines ;

- de différencier les quatre catégories de réactions d'hypersensibilité en tenant compte des mécanismes immunitaires en jeu et de leurs conséquences ;

- de décrire les manifestations cliniques d'une réaction anaphylactique systémique et la façon de gérer une telle situation d'urgence ;

- d'expliquer comment sont évaluées les allergies chroniques chez une personne ainsi que le processus thérapeutique requis ;

- d'expliquer la relation entre le système HLA et certaines maladies ;

- de décrire les facteurs étiologiques, les manifestations cliniques et les modalités de traitement des maladies auto-immunes ;

- de décrire les facteurs étiologiques et les catégories d'immunodéficiences ;

- de différencier les catégories de rejet de greffe survenant à la suite d'une transplantation ;

- de reconnaître les catégories de thérapie immunosuppressive et certains de leurs effets secondaires.

Cette carte conceptuelle illustre schématiquement les principaux concepts décrits dans le présent chapitre. Sa lecture vous permettra d'avoir une vue d'ensemble des notions qui y sont présentées.

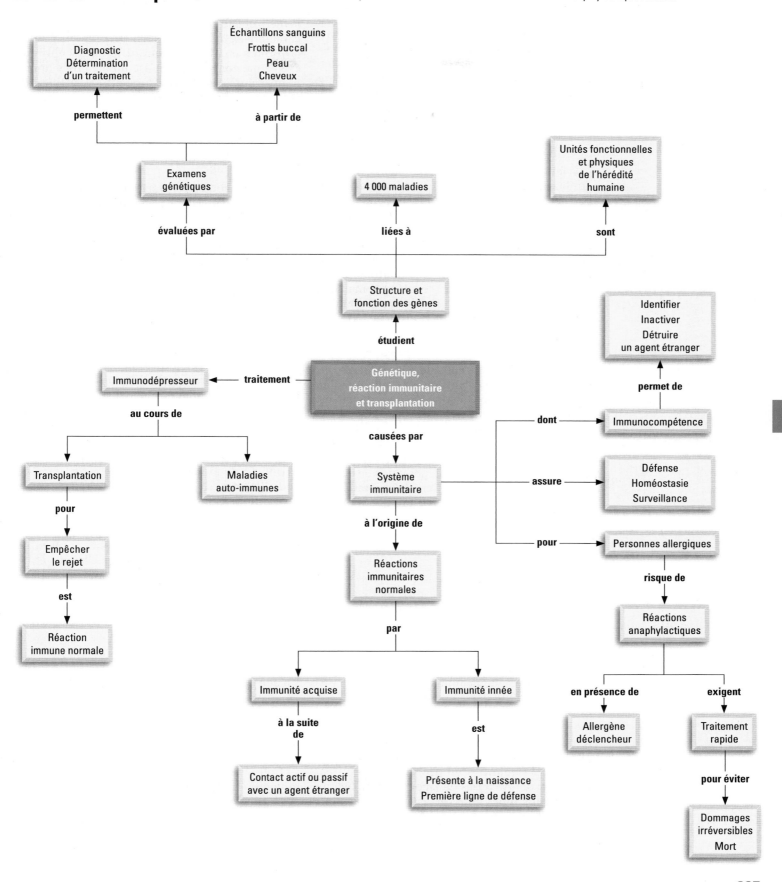

Les facteurs génétiques ayant un impact important sur la santé et sur la prédisposition à certaines maladies, leur étude par les professionnels de la santé présente un intérêt croissant. En effet, plus de 4 000 maladies auraient une relation avec des gènes mutés. Certains troubles courants comme la cardiopathie ou la plupart des cancers résultent d'une interaction complexe entre divers gènes, et entre les gènes et des facteurs environnementaux.

Le fait de reconnaître un fondement génétique à un bon nombre de maladies s'avère important en sciences infirmières. Cela influence grandement les soins à prodiguer aux personnes à risque, de même qu'aux personnes ayant reçu un diagnostic de maladie attribuable à un facteur génétique. L'infirmière doit connaître les principes élémentaires de la génétique, savoir reconnaître l'impact des facteurs génétiques sur la santé et la maladie, et être préparée à soutenir le client et sa famille aux prises avec une affection d'ordre génétique.

14.1.1 Fondements de la génétique

C'est dans les années 1860, alors qu'il faisait des expériences avec des plants de pois, qu'un moine augustin du nom de Gregor Mendel a découvert comment certains caractères se transmettaient des parents à leurs descendants. Cette découverte fut à l'origine de l'étude de la génétique, appelée aussi étude de l'hérédité. La génétique humaine est l'étude scientifique des gènes, tant du point de vue de leur structure que de leurs fonctions (Corporation de recherche et d'action sur les maladies héréditaires [CORAMH], 2010). Le **TABLEAU 14.1** définit les termes courants utilisés en génétique.

Gènes

Les gènes sont les unités fonctionnelles et physiques de l'hérédité, c'est-à-dire de ce qui est transmis par un parent à son enfant. Ce sont des fragments d'ADN emmagasinés dans le noyau cellulaire. Chaque cellule d'une personne contient le même ensemble unique et complet de gènes. Selon le Consortium international de séquençage du génome humain, le **génome,** c'est-à-dire l'ensemble des gènes présents chez chaque être humain, est estimé à 30 000 gènes environ (HumGen International, 2011a). Toute modification dans la structure d'un gène peut entraîner une mutation susceptible de modifier le type et la quantité de protéines produites. Les gènes sont disposés de façon linéaire le long du chromosome ; chacun est situé dans un emplacement précis appelé **locus.** L'**allèle** est l'une des deux ou des diverses formes que peut avoir un gène occupant un locus sur des chromosomes homologues (les chromosomes homologues sont des chromosomes ayant des séquences similaires d'ADN, l'un provenant de la mère et l'autre, du père). Chaque allèle code un caractère héréditaire précis. Lorsque les allèles d'un même caractère sont différents, celui qui s'exprime complètement est appelé allèle dominant. L'autre allèle, qui ne peut s'exprimer en présence de l'allèle dominant, est dit allèle récessif. Les traits physiques exprimés par une personne sont appelés phénotype ; l'ensemble de l'information génétique est appelé génotype.

Chromosomes

Les chromosomes se présentent sous forme de paires dans le noyau de la cellule. Il existe normalement 23 paires de chromosomes chez l'humain ; 22 des 23 paires sont dites homologues et sont constituées de chromosomes dits autosomes. Ces derniers sont semblables chez l'homme et la femme. Les chromosomes sexuels forment la 23e paire. La femme possède deux chromosomes X et l'homme, un chromosome X et un chromosome Y. Pour chaque paire formée, l'un des chromosomes vient de la mère et l'autre, du père. La moitié des chromosomes de chaque personne provient de sa mère et l'autre moitié, de son père ; les chromosomes forment ainsi la constitution génétique d'un être humain.

ADN

Les gènes sont formés à partir d'un acide nucléique appelé **acide désoxyribonucléique (ADN).** Cette molécule entrepose sous forme de code l'information génétique utile à la synthèse des protéines spécifiques nécessaires au maintien de la vie. L'ADN dicte aussi le taux de synthèse des protéines. L'ADN est une molécule à double brin (bicaténaire), souvent représentée sous la forme d'une double hélice. Chaque molécule d'ADN se compose de molécules plus petites comprenant un sucre (désoxyribose), une base azotée et un phosphate. Les quatre bases azotées de l'ADN sont l'adénine, la thymine, la guanine et la cytosine.

ARN

L'**acide ribonucléique (ARN)** et l'ADN comportent de grandes similitudes. Ils présentent cependant des différences significatives. Tout comme l'ADN, l'ARN est fait à partir d'une base azotée constituée d'adénine, de guanine et de cytosine. Cependant, dans l'ARN, un autre composé de base, la thymine, se trouve remplacé par l'uracile. L'ARN est une molécule à simple brin (monocaténaire) et sa molécule de sucre est du ribose et non du désoxyribose. L'ARN transmet l'information génétique en provenance de l'ADN vers les sites propices à la synthèse des protéines.

TABLEAU 14.1	Glossaire des termes de génétique
TERME	**DÉFINITION**
Allèle	L'une des formes que peut prendre un gène occupant un locus particulier sur un chromosome.
Allèle dominant	Gène qui s'exprime dans le phénotype d'une personne hétérozygote.
Allèle récessif	Allèle qui n'a pas d'effet notable sur le phénotype d'une personne hétérozygote.
Autosome	Tout chromosome qui n'est pas un chromosome sexuel.
Caractère ou trait	Caractéristique physique dont quelqu'un hérite, comme la couleur des cheveux ou des yeux.
Chromosome	Support matériel des gènes présent dans le noyau de toutes les cellules humaines quand elles se divisent, composé d'ADN et de protéines.
Codominant	Les allèles sont dit codominants lorsque deux allèles d'un gène se manifestent complètement et de manière indépendante dans le phénotype chez une personne hétérozygote.
Congénital	Désigne une condition présente dès la naissance.
Gène	Unité d'information héréditaire occupant un emplacement précis sur un chromosome.
Gène lié au sexe	Gène dont le locus se situe sur un chromosome sexuel.
Génétique	Étude de l'hérédité ; étude des gènes.
Génome	Ensemble du matériel génétique d'une personne ou d'une espèce, encodé chez l'humain dans l'ADN. Ce matériel génétique est organisé sous la forme de chromosomes.
Héréditaire	Qualifie une maladie ou une condition qui se transmet des parents aux enfants.
Hétérozygote	Qui possède deux allèles différents pour un gène donné pendant les divisions cellulaires.
Homozygote	Qui possède deux allèles identiques pour un gène donné.
Locus	Emplacement d'un gène sur un chromosome.
Mutation	Changement permanent dans la séquence de l'ADN.
Oncogène	Gène capable de provoquer la conversion de cellules normales en cellules cancéreuses ou d'y contribuer.
Phénotype	Caractéristiques physiques apparentes déterminées par les gènes.
Porteur	Personne qui porte un gène défectueux ou muté pouvant s'exprimer dans une maladie héréditaire récessive. Un porteur n'est pas malade, mais il peut transmettre la maladie à ses enfants.
Proto-oncogène	Gène qui agit comme un important régulateur dans le processus cellulaire normal, mais qui peut devenir oncogène à la suite d'une mutation.
Tableau généalogique	Tableau représentant les membres d'une famille et leurs caractéristiques ou troubles génétiques.

14

Les deux étapes de la protéosynthèse sont illustrées dans la figure 14.1W. Cette figure peut être consultée au www.cheneliere.ca/lewis.

La figure 14.2W présente un exemple de tableau généalogique détaillé pour les maladies autosomiques dominantes. Cette figure peut être consultée au www.cheneliere.ca/lewis.

Gamète : Cellule reproductrice humaine ; spermatozoïde chez l'homme et ovocyte chez la femme.

Synthèse des protéines

La synthèse des protéines, aussi appelée protéosynthèse, se déroule en deux étapes : la transcription et la traduction ⚫.

La **transcription** est le processus au cours duquel une molécule d'ARN messager (ARNm) est synthétisée à partir d'une portion d'un brin d'ADN. L'ARNm s'attache ensuite à un ribosome où s'effectuera un processus appelé **traduction**. Un autre type d'ARN spécialisé intervient alors, soit l'ARN de transfert (ARNt), pour amener les acides aminés à former une séquence dans un ordre précis déterminé par l'ARNm de façon à assembler une protéine. Une fois synthétisée, la protéine se détache du ribosome et peut subir des modifications dites post-traductionnelles avant d'être prête à accomplir une fonction qui lui est propre.

Mitose

La **mitose** réfère à la division cellulaire des cellules non sexuelles et dont l'aboutissement produit deux cellules filles ayant un contenu génétique identique. Avant même qu'une cellule se divise, les chromosomes doivent être dupliqués et chaque nouvelle cellule, dite cellule fille, reçoit alors un ensemble de chromosomes parfaitement identiques à ceux de la cellule d'origine, dite cellule mère.

Méiose

La **méiose** réfère à la division cellulaire qui se produit uniquement au cours de la formation d'ovules et de spermatozoïdes. Au cours de la méiose, le nombre de chromosomes de la cellule mère est réduit de moitié, passant de 46 chromosomes à 23 chromosomes. C'est ainsi que les ovocytes et les spermatozoïdes ne possèdent qu'un seul exemplaire de chaque chromosome, alors que toutes les autres cellules de l'organisme, dites cellules somatiques, ont plutôt des paires de chromosomes.

Au cours de la méiose, un processus appelé **enjambement** (*crossing-over*) se produit, au cours duquel un échange de matériel génétique s'effectue entre les chromosomes homologues présents dans une cellule. Chaque nouvelle paire ainsi créée est alors constituée d'un chromosome d'origine paternelle et d'un autre d'origine maternelle. La recombinaison qui résulte de l'enjambement génère donc une grande diversité dans la constitution génétique des ovocytes et des spermatozoïdes.

Durant la méiose, les chromosomes de chaque paire se séparent normalement l'un de l'autre. Mais il arrive parfois que le processus ne soit pas complet. Lorsque les chromosomes n'ont pu réaliser cette séparation, il y a non-disjonction des chromosomes. Il en résulte un nombre de chromosomes anormal dans les **gamètes** filles. Un spermatozoïde ou un ovocyte peut ainsi avoir deux exemplaires d'un même chromosome ou encore un chromosome manquant. Les syndromes de Down et Turner sont des exemples d'anomalies génétiques résultant d'une non-disjonction des chromosomes. Ces anomalies génétiques sont associées à des problèmes d'ordre physique, mental, ou les deux à la fois.

14.1.2 Patrons héréditaires

Les maladies génétiques peuvent être classées selon leur mode de transmission : maladie héréditaire autosomique dominante, maladie héréditaire autosomique récessive et maladie héréditaire récessive liée au sexe **TABLEAU 14.2**. Lorsque le gène muté se trouve sur un chromosome autosome le trouble est dit autosomique. Lorsqu'il est présent sur un chromosome sexuel, la maladie est alors liée au chromosome X (le chromosome Y ne possédant qu'un petit nombre de gènes, utiles pour la différenciation sexuelle, il n'a aucun rôle dans les maladies héréditaires liées au sexe).

La **FIGURE 14.1** illustre des généalogies familiales présentant des anomalies autosomiques récessives et dominantes, ainsi que des anomalies liées au sexe ⚫.

Les maladies génétiques autosomiques dominantes sont dues à la mutation d'un seul gène présent dans une paire de chromosomes (hétérozygotie). L'allèle muté est dominant et l'emporte sur l'allèle normal. L'allèle dominant impose ses instructions, qui prennent alors le dessus sur celles de l'allèle homologue. La mutation d'un seul exemplaire du gène (allèle muté dominant) suffit pour qu'une personne soit atteinte de la maladie correspondante. Lorsqu'un des deux parents est atteint de la maladie, le risque de la transmettre à

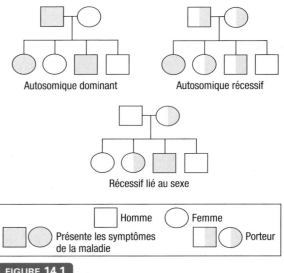

Autosomique dominant

Autosomique récessif

Récessif lié au sexe

☐ Homme	◯ Femme
▦ ◖ Présente les symptômes de la maladie	▯ ◖ Porteur

FIGURE 14.1

Exemples de tableaux généalogiques

TABLEAU 14.2	Comparaison des troubles génétiques	
TROUBLE GÉNÉTIQUE	**CARACTÉRISTIQUES**	**EXEMPLES**
Autosomique dominant	• Les hommes et les femmes sont également touchés[a]. • Ce trouble est plus courant que les troubles récessifs et habituellement moins grave. • L'expression est d'intensité variable chez les personnes atteintes. • La pénétrance est incomplète dans certaines conditions. • Les personnes atteintes peuvent avoir un parent atteint. • La probabilité que les enfants d'un parent hétérozygote (atteint) soient atteints est de 50 %. • Des personnes sont atteintes dans des générations successives.	• Maladie de Huntington • Hypercholestérolémie familiale • Neurofibromatose • Cancer du sein et de l'ovaire relié aux gènes BRCA • Syndrome de Marfan • Cancer colorectal héréditaire sans polypose
Autosomique récessif	• Les hommes et les femmes sont également touchés. • Les hétérozygotes sont porteurs et généralement asymptomatiques. • Les personnes atteintes ont le plus souvent des parents non atteints[b] de caractère hétérozygote. • La probabilité que les enfants de deux parents hétérozygotes soient atteints est de 25 % ; la probabilité qu'ils soient porteurs est de 50 % **FIGURE 14.1**. • Il arrive fréquemment qu'il n'y ait pas d'antécédents familiaux de la maladie.	• Fibrose kystique • Maladie de Tay-Sachs • Phénylcétonurie • Drépanocytose • Thalassémie
Récessif lié au sexe	• La plupart des personnes atteintes ont des parents non atteints. • Les personnes atteintes sont en général des hommes. • Les filles d'un homme atteint sont porteuses. • Les fils d'un homme atteint ne sont pas atteints (à moins que leur mère soit porteuse).	• Hémophilie • Dystrophie musculaire progressive de Duchenne • Syndrome de Wiskott-Aldrich

[a] Ils présentent les symptômes de la maladie.

[b] Ils ne présentent pas les symptômes de la maladie.

ses enfants est de un sur deux à chaque grossesse (CORAMH, 2010). Les maladies autosomiques dominantes peuvent s'exprimer de façon variable, c'est-à dire que les symptômes observés peuvent varier d'une personne à l'autre, même lorsque la mutation d'un même gène est en cause. Ainsi, certaines personnes seront très gravement atteintes tandis que d'autres ne présenteront que des symptômes légers (CORAMH, 2010). Bien que la probabilité que survienne la maladie soit très élevée dans les familles présentant des troubles génétiques autosomiques dominants, il arrive que ces troubles soient à l'origine d'une nouvelle mutation ou qu'ils sautent une génération. C'est ce qui est appelé la pénétrance incomplète. Le **TABLEAU 14.3** présente les maladies génétiques les plus fréquentes au Québec.

Les maladies héréditaires autosomiques récessives sont causées par des gènes défectueux récessifs. Deux copies du gène défectueux (allèles récessifs mutés) sont nécessaires pour que la maladie apparaisse. Une personne qui hérite d'un exemplaire de l'allèle récessif muté ne sera pas atteinte par la maladie puisque l'allèle normal est dominant. Elle sera toutefois porteuse

du gène défectueux et pourra à son tour le transmettre à ses enfants. Dans le cas des maladies autosomiques récessives, le risque de maladie chez les enfants n'apparaît que si les deux membres d'un couple sont porteurs d'une mutation sur le même locus. Ainsi, deux parents porteurs du même gène défectueux récessif ont une possibilité de l'ordre de un sur quatre d'avoir un enfant atteint de cette maladie à chaque grossesse (CORAMH, 2010). Le troisième type de maladie génétique est constitué par les maladies héréditaires récessives liées au sexe. Chez la femme, les deux chromosomes de la 23e paire sont, comme dans les autres paires, à peu près identiques. Chez les hommes, certains gènes présents sur le chromosome X n'ont aucun équivalent sur le chromosome Y. Les hommes ne possèdent donc qu'un seul exemplaire de ces gènes, soit l'exemplaire légué par le chromosome X qu'ils ont hérité de leur mère. Comme les mutations des gènes du chromosome X sont en général récessives, une femme qui porte un gène anormal a un autre chromosome X pour contrebalancer l'effet du gène muté, ce qui ne peut se faire chez l'homme. Un homme qui hérite d'une

TABLEAU 14.3	Maladies génétiques les plus fréquentes au Québec		
MALADIES		**HÉRÉDITÉ[a]**	**RÉGIONS OÙ LA FRÉQUENCE EST PLUS ÉLEVÉE[b]**
Maladies plus fréquentes chez les Canadiens français du Québec			
Fibrose kystique		AR	Partout au Québec, mais plus fréquente au Saguenay–Lac-Saint-Jean
Ataxie de Charlevoix-Saguenay		AR	Charlevoix et Saguenay–Lac-Saint-Jean
Neuropathie sensitivomotrice avec ou sans agénésie du corps calleux		AR	Charlevoix et Saguenay–Lac-Saint-Jean
Acidose lactique (déficience COX ou syndrome Leigh de type canadien français)		AR	Charlevoix et Saguenay–Lac-Saint-Jean
Tyrosinémie de type I		AR	Charlevoix et Saguenay–Lac-Saint-Jean
Maladie de Tay-Sachs		AR	Bas-St-Laurent et Gaspésie (aussi Nouveau-Brunswick)
Rachitisme vitamine-D-dépendante type I		AR	Charlevoix, Côte-Nord et Saguenay–Lac-Saint-Jean
Mucolipidose de type II		AR	Charlevoix et Saguenay–Lac-Saint-Jean
Dystrophie myotonique de Steinert		AD	Partout au Québec, mais plus fréquente au Saguenay–Lac-Saint-Jean
Dystrophie musculaire oculo-pharyngée		AD	Région de Québec et Saguenay
Ataxie de Friedreich		AR	Partout au Québec, mais plus fréquente près de Rimouski
Hypercholestérolémie familiale[c]		AD	Partout au Québec, mais plus fréquente au Saguenay–Lac-Saint-Jean, en Gaspésie et sur la Côte-Nord
Hyperchylomicroanémie familiale		AR	Partout au Québec, mais plus fréquente dans l'Est du Québec (Charlevoix et Saguenay)
Hémochromatose héréditaire[d]		AR	Partout au Québec, mais plus fréquente au Saguenay–Lac-Saint-Jean
Atrésies intestinales multiples		AR	Est du Québec (Saguenay)
Syndrome triple H		AR	Sud du Québec
Cystinose		AR	Saguenay–Lac-Saint-Jean
Syndrome de Clouston (dysplasie ectodermique)		AD	Sud-ouest du Québec et Bas-Saint-Laurent
Syndrome de Rothmund-Thomson		AR	Bas-Saint-Laurent
Syndrome MEDNIK		AR	Bas-Saint-Laurent
Désordre de la glycosylation de type Ib		AR	Saguenay–Lac-Saint-Jean
Syndrome de l'insensibilité congénitale et héréditaire à la douleur de type II (HSAN[2])		AR	Sud du Québec

▼

TABLEAU 14.3	Maladies génétiques les plus fréquentes au Québec *(suite)*	
MALADIES	**HÉRÉDITÉ[a]**	**RÉGIONS OÙ LA FRÉQUENCE EST PLUS ÉLEVÉE[b]**
β-thalassémie (mineure)	AR	Comté de Portneuf et Saguenay–Lac-Saint-Jean
Hyperthermie maligne	AD	Abitibi
Maladies plus fréquentes chez les autochtones du Québec		
Leucoencéphalopathie crie	AR	Baie James (membres de la Nation crie)
Encéphalite crie	AR	Baie James (membres de la Nation crie)
Cirrhose infantile des Amérindiens nord-américains	AR	Nord-ouest du Québec

[a] AR = autosomique récessif ; AD = autosomique dominant.

[b] Les régions indiquées sont celles où la maladie est plus fréquente, mais elle peut aussi être observée dans d'autres régions du Québec.

[c] L'hypercholestérolémie familiale (forme héréditaire d'athérosclérose due à un excès de cholestérol, et pouvant survenir à un jeune âge) n'est pas une maladie rare. Environ 1 personne sur 300 en souffre parmi la population canadienne française au Québec.

[d] L'hémochromatose héréditaire (accumulation de fer dans les tissus) est aussi une maladie très fréquente. Environ 1 personne sur 70 en est atteinte au Saguenay–Lac-Saint-Jean.

Source : Adapté de Laberge *et al.* (2005).

mutation récessive sur son chromosome X contractera la maladie ou le caractère compte tenu qu'il n'a pas d'autre copie de ce gène qui peut prendre la relève. Cependant, une femme porteuse du gène muté peut le transmettre à ses descendants. Les maladies génétiques récessives liées au chromosome X touchent en général les hommes puisque, pour être affectée, une femme devrait posséder deux fois le gène responsable de l'anomalie (un sur chaque X) (Bourbonnais, 2010). Cette situation rare devient toutefois possible lorsqu'une femme porteuse du gène muté s'unit à un homme qui présente la même anomalie et qu'ils ont une fille. Ceci montre l'importance des tests génétiques pour vérifier l'état de porteur chez l'un ou l'autre des partenaires sexuels. Il y a des cas connus de maladies dominantes liées au chromosome X, mais elles sont très rares (Maradiegue, 2008). La dystrophie musculaire de Duchenne, l'hémophilie A et B, et le daltonisme sont au nombre des maladies récessives ou troubles récessifs liés au chromosome X (Portail québécois des maladies génétiques orphelines [PQMGO], 2010).

Enfin, quelques maladies communes héréditaires sont multifactorielles, c'est-à-dire qu'elles possèdent des composantes génétiques et environnementales. Elles apparaissent d'une façon plus particulière dans certaines familles, mais sans présenter les caractéristiques de transmission héréditaire des maladies déterminées par la mutation d'un seul gène. D'un point de vue génétique, le processus de ces troubles multifactoriels est assez peu connu ; cependant, il est certain que

le bagage génétique d'une personne peut la prédisposer à certaines affections comme les maladies cardiovasculaires, le cancer, l'obésité ou l'hypertension.

14.1.3 Projet Génome humain

Après la publication en 1953 de la structure de l'ADN par les chercheurs Watson et Crick, la publication, en avril 2003, de la séquence du génome humain (PGH) a constitué un tournant scientifique dans le développement de la génomique. Ce projet international de recherche, entrepris en 1990, avait deux objectifs : cartographier l'emplacement des gènes dans le génome humain et établir la séquence (ordre) des nucléotides (adénine, guanine, cytosine et thymine) qui composent l'ADN du génome humain (Santé Canada, 2005). L'analyse des données prendra encore de nombreuses années, mais aura d'importants effets : 1) elle permettra de mieux diagnostiquer les maladies ; 2) elle sera utile pour détecter plus tôt la prédisposition génétique à certaines maladies ; 3) elle jouera un rôle déterminant pour évaluer les risques dans les cas de maladies génétiques. De plus, les résultats du PGH vont contribuer à un meilleur appariement des donneurs d'organes avec les receveurs.

14.1.4 Dépistage génétique

Le dépistage génétique comprend tous les procédés permettant d'analyser les chromosomes, les gènes ou n'importe quel produit génique susceptible de caractériser une mutation ou une quelconque prédisposition à souffrir d'un trouble génétique.

Lorsque le gène associé à une maladie est connu, il est possible d'examiner l'ADN directement pour qu'il révèle la présence de mutations. À ce jour, environ 2 400 gènes associés à des maladies génétiques ont été découverts (pour un total d'environ 6 000 maladies). Des tests génétiques sont offerts pour environ 1 700 maladies dans des laboratoires cliniques ou des laboratoires de recherche à travers le monde. Les tests génétiques peuvent être effectués pour le dépistage de porteurs potentiels de même qu'à des fins de diagnostic (PQMGO, 2010).

Les tests génétiques comprennent des tests directs, des tests biochimiques et le **caryotypage**.

Les tests directs examinent l'ADN à la recherche de mutations. Les tests biochimiques incluent l'analyse de produits géniques comme les enzymes et les protéines. Le caryotypage offre la possibilité de dénombrer les chromosomes, d'en étudier la forme et la taille ainsi que la configuration.

Des tests génétiques sont couramment effectués à partir d'un échantillon sanguin ou d'un frottis buccal (la peau ou les cheveux peuvent aussi convenir). Il est également possible de prélever des échantillons de tissus et de cellules *in utero*.

Le dépistage génétique joue un rôle important dans les soins de la santé **TABLEAU 14.4**. Certains tests permettent de diagnostiquer une maladie ou un risque de problème de santé en servant de base pour des traitements appropriés. D'autres

TABLEAU 14.4	Tests génétiques
TYPE DE TESTS	**EXEMPLES ET DESCRIPTION**
Tests préimplantatoires	Évaluation des embryons avant l'implantation ; permet d'introduire dans l'utérus des embryons exempts de troubles particuliers ; les embryons dont le test révèle la présence de troubles génétiques peuvent être détruits.
Tests prénataux	Prélèvements de cellules fœtales dans le liquide obtenu par amniocentèse, ou dans les tissus provenant des villosités chorioniques (placenta) ; ces cellules ont la même constitution génétique que le fœtus.
Tests de dépistage néonatal	À la naissance, ces tests réalisés, par exemple, à partir d'un échantillon sanguin prélevé au talon permettent le diagnostic précoce de la tyrosinémie, de la phénylcétonurie et de l'hypothyroïdie congénitale.
Tests diagnostiques	Servent à détecter des variations sur un ou plusieurs gènes, afin de confirmer ou d'infirmer un diagnostic ; ils sont utilisés dans le contexte de soins de santé cliniques lorsque des symptômes de la maladie génétique sont déjà présents.
Tests prédictifs	Tests visant à déceler une mutation génétique chez une personne n'ayant pas manifesté de symptômes associés à cette mutation ; les tests prédictifs se divisent en trois catégories : présymptomatiques, de susceptibilité et de détection du statut de porteur.
1. Tests présymptomatiques	Effectués auprès de personnes asymptomatiques, ils visent à déterminer si elles ont une mutation génétique responsable de l'apparition d'une maladie inscrite dans leurs gènes ; malgré le fait que les tests présymptomatiques permettent de savoir si telle personne sera ou non atteinte, le début de la maladie et sa sévérité demeurent incertains ; p. ex. : maladie de Huntington, polykystose rénale de type adulte. Diagnostic de troubles génétiques codominants qui se révèlent à l'âge adulte.
2. Test de susceptibilité	Permettent de dépister les personnes qui, tout en n'étant pas malades, sont néanmoins porteuses d'une mutation génétique qui augmente le risque de souffrir d'une maladie causée par des facteurs génétiques et non génétiques ; cette susceptibilité ne signifie pas que les personnes seront nécessairement affectées ; p. ex. : dépistage génétique des mutations BRCA-1 et BRCA-2.
3. Tests de détection du statut de porteur	Visent à dépister les personnes porteuses d'un gène récessif comportant une mutation associée à la maladie génétique. La personne reconnue comme étant porteuse ne souffrira jamais de la maladie ; toutefois, les enfants de cette personne pourraient être sains (ni porteurs ni atteints de la maladie), porteurs de la mutation sans être atteints de la maladie ou atteints de la maladie ; p. ex. : drépanocytose, hémophilie.
Test d'identité	Permet d'établir la paternité.

Source : Adapté de HumGen International (2011b).

tests génétiques déterminent les personnes à risque élevé de souffrir de conditions évitables. Ainsi, une surveillance étroite de la présence de polypes dans le côlon et leur ablation chez des personnes ayant hérité du gène de la polypose adénomateuse familiale permet de sauver de nombreuses vies.

L'utilisation de tests génétiques soulève cependant des enjeux éthiques et sociaux **ENCADRÉ 14.1**. Les personnes susceptibles d'être testées devraient être conscientes du fait qu'à partir du moment où les résultats de leurs tests existent dans leur dossier médical, ces derniers pourraient être communiqués à un tiers. Au Québec, plusieurs dispositions légales protègent la confidentialité des dossiers médicaux et interdisent aux professionnels de la santé d'en divulguer le contenu sans autorisation. Ainsi les assureurs n'ont pas accès à ces dossiers sans le consentement de la personne concernée (LRQ, c. P39-1 ; LRQ, c. A2-1). Toutefois, au cours de la signature d'un contrat d'assurance, tout candidat à l'assurance a l'obligation de révéler tous les renseignements pertinents à l'évaluation des risques (articles 2408, 2409 et 2410 du Code civil du Québec). Le défaut de révéler toute information pertinente peut entraîner l'annulation de la police d'assurance (Audet c. L'Industrielle-Alliance [1990] R.R.A.500 [C.S.Q.]) (HumGen International, 2011c). De plus, les tests réalisés sur un individu peuvent mettre en évidence des informations concernant un membre de la famille qui n'a pas été testé. Bien souvent, ce ou ces membres ne participent pas à la décision de subir des tests. De la même façon, si tous les membres d'une famille subissent des tests génétiques, il peut arriver que les résultats démontrent que le lien biologique entre les membres n'est pas celui auquel la famille s'attendait. Certains tests offrent au médecin des choix concernant les traitements. D'autres tests permettent de savoir si une personne est à risque de transmettre une maladie héréditaire récessive à ses enfants. Il existe des tests de détection du statut de porteur, notamment pour cinq maladies héréditaires récessives fréquentes, soit l'acidose lactique, l'ataxie de Charlevoix-Saguenay, la fibrose kystique, la neuropathie sensitivomotrice et la tyrosinémie. Ces tests sont réalisables à partir d'une simple prise de sang dont l'ADN sera extrait pour vérifier la présence du gène défectueux. Étant donné l'impact considérable qu'ils ont sur la personne, le couple ou les familles et les décisions qu'ils entraînent concernant la reproduction, ces tests ne devraient pas être prescrits comme un simple test de laboratoire de routine. Lorsqu'un test génétique est proposé, cette offre doit s'accompagner d'un conseil génétique approprié. L'information fournie doit permettre au client d'en mesurer les différents enjeux avant qu'il accepte ou non de se prévaloir de l'offre. Il peut arriver que le client ne souhaite pas connaître ce qui peut être révélé par le test (PQMGO, 2010).

Capsule Jugement clinique

Madame Caroline Sabatino est enceinte de son premier bébé à l'âge de 32 ans. Son conjoint pense qu'il existe des cas d'hémophilie dans sa famille, mais il n'en est pas certain. Madame Sabatino tient à passer un test génétique pour savoir si son bébé risque d'être atteint de cette maladie. « Je ne supporterais pas que mon enfant vive avec ça. Si le test est positif, il n'est pas question que je continue ma grossesse », dit-elle.

Sans juger madame Sabatino, que pensez-vous de son intention ?

14

Dilemmes éthiques

ENCADRÉ 14.1   Dépistage génétique

Situation

Une femme âgée de 30 ans vous informe qu'elle est enceinte de 3 mois. Elle et son mari ont déjà deux enfants. Cette grossesse n'était pas planifiée et son enfant le plus jeune est atteint de fibrose kystique. Elle se montre préoccupée par la possibilité d'avoir un autre enfant atteint de la même maladie. Elle dit qu'elle aimerait procéder à un dépistage génétique sur son fœtus. Son mari veut lui aussi savoir si ce prochain enfant sera atteint de fibrose kystique.

Considérations importantes

- Grâce au dépistage génétique, la personne et sa famille peuvent savoir si l'enfant sera atteint ou non de fibrose kystique. Les résultats du test permettront à cette femme et à son mari de prendre une décision éclairée.

- Il est recommandé que tout dépistage génétique soit accompagné d'une consultation en génétique, avant et après le dépistage, en raison de la complexité de l'information et de la charge émotive du problème.

- La fibrose kystique étant une affection autosomique récessive, il est possible d'utiliser des échiquiers de croisement ou un tableau généalogique pour exposer aux parents quelle est la probabilité pour eux d'avoir un autre enfant atteint de fibrose kystique **FIGURE 14.1** et **14.2**.

Questions de jugement clinique

- Quelle information sur le dépistage génétique donneriez-vous à la mère pour les aider, elle et son mari, à prendre une décision éclairée ?

- Quelles sont les options possibles pour ce couple ?

- Comment soutiendrez-vous ce couple dans sa prise de décision s'il envisage de mettre fin à la grossesse sur la base des résultats du dépistage génétique ?

Les nouvelles technologies de procréation assistée ont rendu possible un **diagnostic génétique préimplantatoire**. Au cours de la fécondation in vitro, des tests génétiques préimplantatoires peuvent être effectués sur l'embryon avant son implantation dans l'utérus. La première utilisation clinique du diagnostic génétique préimplantatoire remonte au début des années 1990. Il était alors utilisé afin de déterminer le sexe de l'embryon pour les couples qui avaient un risque élevé de transmettre un trouble récessif lié au sexe. Après une revue de littérature portant sur les techniques et les indications du dépistage et du diagnostic génétique préimplantatoire, le comité sur la génétique de la Société des obstétriciens et gynécologues du Canada a estimé que le diagnostic génétique préimplantatoire constitue une solution de rechange au diagnostic prénatal pour la détection des anomalies génétiques chez les couples courant le risque de transmettre une maladie génétique à leur progéniture. Le comité a émis une série de recommandations, dont la mise en place d'un service de counseling génétique en mesure de fournir l'information et le soutien appropriés avant tout diagnostic génétique préimplantatoire (Audibert *et al.*, 2009). Les tests génétiques comportent certaines limites. Il n'est pas toujours facile d'interpréter le résultat positif obtenu à un test, compte tenu du fait que certaines personnes porteuses d'une mutation génique ne présenteront jamais les symptômes de la maladie. Ainsi, de nombreuses personnes positives pour l'apolipoprotéine E-4 (Apo-E4) ne souffriront jamais de la maladie d'Alzheimer ▶ **22**. Dans l'analyse de la pertinence de subir des tests génétiques il faut considérer, d'une part, la valeur de l'information génétique dans l'amélioration de la santé de la personne et, d'autre part, la comparer avec les inconvénients (peur, stress, fatalisme,

etc.) résultant de la connaissance par la personne du risque accru de maladie liée à sa condition génétique (HumGen International, 2011b).

De l'information supplémentaire peut être trouvée sur certains sites qui fournissent des renseignements sur les tests génétiques. Parmi ceux-ci, figurent la Corporation de recherche et d'action sur les maladies héréditaires (CORAMH) et le GeneTests (National Center for Biotechnology Information, 2009). Des adresses Internet utiles sont données en fin de chapitre.

14.1.5 Thérapie génique

La **thérapie génique** est une technique expérimentale qui permet de remplacer ou de réparer des gènes défectueux ou manquants par des gènes normaux. Un gène normal est inséré dans le génome afin de neutraliser les effets d'un gène anormal ou absent. Un vecteur, c'est-à-dire une molécule porteuse, peut être employé pour transporter le gène thérapeutique jusqu'aux cellules ciblées. À l'heure actuelle, le vecteur utilisé le plus couramment est un virus qui a été modifié génétiquement pour transporter de l'ADN humain normal. Ce virus libère son matériel génétique contenant le gène thérapeutique dans la cellule cible ⬤.

Même si la thérapie génique apparaît comme un traitement prometteur pour soigner bon nombre de maladies (comprenant des troubles héréditaires, certains types de cancer ou d'infections virales), c'est une technique qui demeure risquée. Les recherches devront être approfondies pour garantir son innocuité et son efficacité. À l'heure actuelle, la thérapie génique n'est utilisée que dans les cas de maladies (p. ex., l'immunodéficience sévère combinée) pour lesquelles il n'existe aucun autre traitement (US National Library of Medicine & National Institutes of Health, 2009).

La technique de la thérapie génique est illustrée dans la figure 14.3W, au www.cheneliere.ca/lewis.

22

Les facteurs génétiques de la maladie d'Alzheimer sont expliqués dans le chapitre 22, *Interventions cliniques – Démence et maladie d'Alzheimer.*

Soins et traitements infirmiers

CLIENT AYANT BESOIN D'UN CONSEIL GÉNÉTIQUE

Le conseil génétique (counseling génétique) est destiné à fournir une information d'ordre génétique aux clients. Il comporte également une part de soutien pour aider le client à prendre une décision éclairée. Plusieurs sujets y sont abordés : histoire familiale (antécédents médicaux de la famille) ; description de l'état de santé de la famille ou de la personne en relation avec des facteurs génétiques ; patrons héréditaires et leur explication à l'aide de tableaux généalogiques familiaux **FIGURE 14.1** et d'un échiquier de croisement **FIGURE 14.2** ; évaluation du facteur de risque personnel ou de la possibilité d'avoir un enfant atteint par la maladie ou porteur de gènes mutés. Il sert aussi à la présentation des tests génétiques disponibles (CORAMH, 2010).

L'infirmière doit connaître les principes fondamentaux de la génétique afin de comprendre son influence sur la santé, ce qui lui permettra de mieux soutenir la personne et ses proches dans

leur prise de décision relative à des questions génétiques (p. ex., le dépistage). Elle doit veiller à toujours respecter la confidentialité de l'information recueillie ainsi que les valeurs et croyances des personnes concernées. L'infirmière peut aussi référer son client à un conseiller en génétique. Cette profession est en émergence au Québec ; elle est exercée par un professionnel de la santé qui détient un diplôme universitaire de deuxième cycle en conseil génétique et qui est membre de l'Association canadienne des conseillers en génétique (ACCG).

Les tests génétiques peuvent générer de nombreuses difficultés d'ordres divers. Savoir qu'elle est porteuse d'une maladie génétique peut avoir une influence sur le plan de carrière d'une personne et sur sa décision de se marier et d'avoir des enfants. Ces tests peuvent aussi affecter bon nombre d'autres personnes déjà aux prises avec de graves questions existentielles ou nécessitant des soins de santé. Ainsi, quelle devrait être la réaction

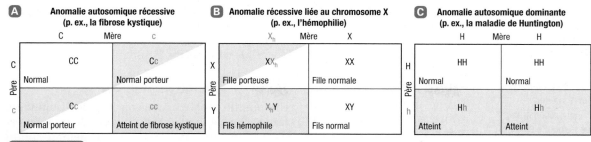

A Anomalie autosomique récessive (p. ex., la fibrose kystique)

	C	Mère	c
Père C	CC Normal		Cc Normal porteur
c	Cc Normal porteur		cc Atteint de fibrose kystique

B Anomalie récessive liée au chromosome X (p. ex., l'hémophilie)

	X_h	Mère	X
Père X	XX_h Fille porteuse		XX Fille normale
Y	X_hY Fils hémophile		XY Fils normal

C Anomalie autosomique dominante (p. ex., la maladie de Huntington)

	H	Mère	H
Père H	HH Normal		HH Normal
h	Hh Atteint		Hh Atteint

FIGURE 14.2

L'échiquier de croisement permet d'illustrer les diverses combinaisons possibles de certains gènes héréditaires. **A** Si la mère et le père sont tous deux porteurs de la fibrose kystique, la probabilité d'avoir un enfant atteint de fibrose kystique est de 25 %. **B** Si la mère est porteuse du gène de l'hémophilie et que le père a un génotype normal, 50 % de leurs garçons risquent d'être hémophiles et 50 % de leurs filles, d'être porteuses. **C** Si la mère a un génotype normal et que le père est atteint de la maladie de Huntington, il y a une probabilité de 50 % que leurs enfants aient la maladie.

d'un homme dont la conjointe vient de recevoir un diagnostic de maladie de Huntington et qui manifeste des symptômes précoces de troubles cognitifs, mais qui ne présente pas encore les autres signes neurologiques de cette maladie ?

Il existe aussi des préoccupations d'ordre éthique. À qui les résultats d'un test génétique devraient-ils être transmis ? À qui devrait revenir le rôle de protéger la confidentialité des résultats de ces tests et d'empêcher certaines personnes d'être victimes de discrimination ? Aucun renseignement d'ordre génétique ne devrait être utilisé dans le but de stigmatiser des personnes ou des groupes ethniques en particulier. Il faut être attentif aux besoins psychosociaux des gens, mais aussi savoir adopter des réponses sociétales et des politiques de soins de santé qui conviennent au contexte relié aux tests génétiques.

Certaines personnes peuvent être réticentes à partager ou à divulguer des renseignements relatifs à leurs antécédents familiaux ou provenant des tests génétiques subis. Elles peuvent en effet craindre d'être victimes de discrimination basée sur leur statut génétique. De nombreux documents internationaux s'opposent à l'utilisation discriminatoire de l'information génétique, notamment la déclaration internationale sur les données génétiques humaines de l'UNESCO (2003). Au Canada comme au Québec, il n'existe aucun texte de loi prohibant précisément la discrimination génétique. Au Québec, les articles relatifs à la discrimination contenus dans la Charte des droits et libertés de la personne pourraient englober la discrimination génétique. Cependant, il s'agit d'une question d'interprétation juridique demeurant à ce jour sans réponse (HumGen International, 2011d).

14.2 | Cellules souches

Les cellules souches sont des cellules de notre organisme qui ont la capacité 1) de s'autorégénérer par division et 2) de se différencier en devenant des cellules spécialisées telles que les cellules musculaires, nerveuses ou sanguines. Dans certains de nos organes comme ceux du système digestif ou dans la moelle osseuse, les cellules souches se divisent pour réparer ou remplacer des tissus endommagés ou sénescents (vieillissants). Dans d'autres organes, tels le pancréas et le cœur, les cellules souches ne se divisent que dans des conditions particulières.

Les cellules souches peuvent être divisées en deux catégories, les cellules embryonnaires et les cellules adultes ou somatiques. Les cellules souches embryonnaires sont décrites comme des **cellules pluripotentes** en raison de leur capacité à se transformer en n'importe quel autre type des quelques centaines de cellules différentes présentes dans le corps humain. Elles sont issues de cellules embryonnaires âgées de quatre à cinq jours.

Les cellules souches adultes sont des cellules non différenciées observées en faible nombre dans de nombreux tissus et organes adultes comme le cerveau, la moelle osseuse, le sang périphérique, les vaisseaux sanguins, le muscle squelettique, la peau, les dents, le cœur, le tube digestif, le foie, l'épithélium ovarien et les testicules. Elles logent possiblement dans une région précise de chaque tissu appelée niche de cellules souches.

Le rôle premier des cellules souches adultes est d'entretenir et réparer les tissus où elles résident. Elles sont généralement considérées comme des **cellules multipotentes** à l'origine d'une famille de cellules fortement apparentées dans un même tissu. Par exemple, les cellules souches de la peau produisent de nouvelles cellules cutanées.

Les thérapies à base de cellules souches, appelées thérapies cellulaires, sont des traitements provoquant la différenciation des cellules souches en un type spécifique de cellules, dans le but de remplacer ou de réparer des cellules ou des tissus endommagés ou détruits. Les thérapies cellulaires sont quelque peu similaires à la transplantation d'organes, sauf que, au lieu de transplanter des organes, ce sont des cellules qui sont transplantées soit dans le sang, soit directement dans un tissu organe malade

16

La greffe des cellules souches hématopoïétiques est expliquée en détail dans le chapitre 16, *Cancer*.

ou endommagé (HumGen International, 2011e). L'exemple le plus connu de la thérapie cellulaire est celui de la greffe de cellules souches hématopoïétiques ▶ **16**.

Une application des plus intéressantes à mettre au point à partir des cellules souches humaines est vraisemblablement la production de tissus par la thérapie cellulaire. À l'heure actuelle, il n'y a pas suffisamment d'organes dans les banques d'organes pour la transplantation pour satisfaire à la demande. Par ailleurs, les cellules souches pourraient être amenées à se différencier en types cellulaires spécifiques. Elles constitueraient ainsi une source renouvelable de cellules et de tissus de remplacement pour soigner des maladies comme la maladie d'Alzheimer, ou pour réparer un organe comme dans le cas des blessures médullaires, d'un AVC, d'une coronaropathie, du diabète, de l'ostéoarthrite ou encore de l'arthrite rhumatoïde. Il pourrait être possible, par exemple, de produire des cellules musculaires cardiaques en laboratoire, puis de les transplanter à des personnes atteintes de cardiopathie chronique. Des recherches sont en cours pour déterminer si ces cellules seraient à même de générer des cellules musculaires cardiaques ou de stimuler la croissance de nouveaux vaisseaux sanguins (US Department of Health and Human Services, 2009). À l'heure actuelle, cependant, il n'est pas possible de réparer un organe avec de telles cellules.

14.3 | Réaction immunitaire normale

L'**immunité** est la capacité d'un organisme à réagir à des éléments étrangers (antigènes), comme des microorganismes ou des protéines tumorales (Coico & Sunshine, 2009). Dans le cas de l'immunité humorale, cette fonction de reconnaissance appartient aux immunoglobulines, qui sont des protéines plasmatiques aussi appelées anticorps. Le système immunitaire remplit les trois fonctions suivantes :

1. Défense : l'organisme se protège contre l'invasion par des microorganismes et empêche l'infection en attaquant les antigènes étrangers et les agents pathogènes.

2. Homéostasie : les débris cellulaires sont digérés et éliminés. Grâce à ce mécanisme, les différentes catégories de cellules de l'organisme conservent leur intégrité et demeurent inchangées.

3. Surveillance : des mutations se produisent continuellement dans notre organisme, mais les cellules ainsi produites sont reconnues comme des cellules étrangères et sont éliminées.

14.3.1 Types d'immunités

L'immunité peut être innée ou acquise. L'**immunité innée** existe à la naissance et son rôle premier est de constituer une première ligne de défense contre les agents pathogènes. Ce type d'immunité commande une réaction non spécifique ; les neutrophiles et les monocytes sont les principaux globules blancs participant à ces réactions. L'immunité innée n'étant pas spécifique à un antigène particulier, la réaction contre un microorganisme pourra donc s'effectuer en quelques minutes sans qu'il y ait eu de contact préalable avec celui-ci. L'immunité qui s'acquiert à la suite d'un premier contact actif ou passif avec un agent étranger est appelée **immunité acquise ENCADRÉ 14.2**.

Immunité acquise de façon active

L'immunité active résulte de l'invasion de l'organisme par des substances étrangères comme des microorganismes ; l'organisme produit alors des anticorps ainsi que des lymphocytes sensibilisés contre cette particule étrangère. À la suite d'une autre infection par les mêmes microorganismes, l'organisme réagit plus rapidement et plus fortement pour combattre l'envahisseur. Ce type d'immunité peut être acquis de façon naturelle à la suite d'une infection, ou de façon artificielle par la vaccination, soit l'inoculation d'un antigène traité au préalable de manière à être immunogène mais non pathogène, c'est-à-dire apte à déclencher une réponse immunitaire sans provoquer la maladie **ENCADRÉ 14.3**. Parce qu'il y a synthèse d'une nouvelle sorte d'anticorps, ce type d'immunité prend plus de temps à devenir effectif, mais dure ensuite plus longtemps.

Immunité acquise de façon passive

L'immunité passive résulte de l'introduction dans l'organisme d'anticorps déjà prêts à agir contre un antigène. L'organisme n'a donc pas à les synthétiser. Cette immunité peut se faire de façon naturelle de la mère au fœtus par le transfert d'immunoglobulines G à travers la membrane placentaire. L'immunité passive peut aussi être acquise artificiellement par l'injection intraveineuse (I.V.) d'immunoglobulines (anticorps sériques). L'avantage de ce type d'immunité est qu'il est immédiat, mais il est aussi de courte durée puisque l'hôte ne synthétise pas lui-même ces anticorps et qu'il ne conserve donc pas la mémoire de l'antigène.

14.3.2 Antigènes

Un **antigène** est une substance qui déclenche une réaction immunitaire. La plupart des antigènes sont d'origine protéique. Toutefois, d'autres substances comme des polysaccharides de grande taille, des lipoprotéines et des acides nucléiques peuvent aussi être antigéniques. Toutes les cellules de l'organisme possèdent sur leur surface des antigènes qui sont propres à chaque personne, et qui permettent à l'organisme de reconnaître ses propres cellules. Le système immunitaire manifeste une tolérance vis-à-vis de ses propres molécules et ne réagit donc pas contre ses propres antigènes (antigènes du soi).

14.3.3 Organes lymphoïdes

Le système lymphoïde se compose d'organes lymphoïdes centraux et périphériques. Les organes lymphoïdes centraux sont le thymus et la moelle osseuse. Les organes lymphoïdes périphériques sont les amygdales, les ganglions lymphatiques et la rate, de même que tous les tissus lymphoïdes associés au tube digestif, aux voies génitales, aux bronches et à la peau **FIGURE 14.3**.

Les lymphocytes sont produits dans la moelle osseuse (rouge) et migrent ensuite dans les organes lymphoïdes périphériques. Ils sont également présents dans le sang ainsi que dans la lymphe. Le thymus joue un rôle important dans la différenciation et la maturation des lymphocytes T et exerce ainsi un rôle essentiel dans les réponses immunes cellulaires. Durant l'enfance, le thymus est une grosse glande, puis sa taille diminue avec l'âge et, chez les personnes âgées, il se compose principalement de fibres réticulées, de lymphocytes et de tissu conjonctif.

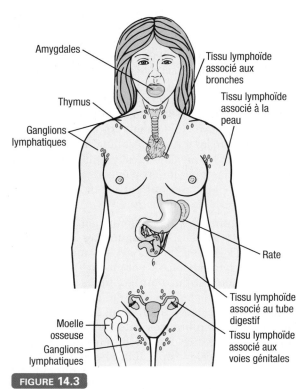

FIGURE 14.3

Organes du système immunitaire

Promotion et prévention

| ENCADRÉ 14.3 | Impact des campagnes de vaccination sur la santé |

- Aide à maîtriser la propagation des infections dans les communautés.
- Aide à prévenir chez les personnes les risques d'invalidité et de mort dus à des maladies infectieuses.

- Aide à réduire ou même à éliminer certaines maladies dont la poliomyélite et la rougeole lorsque son usage est répandu ou généralisé.
- Diminue l'impact de certaines maladies courantes dans les populations à risque.

Du tissu lymphoïde se trouve dans les sous-muqueuses des voies respiratoires, génito-urinaires et gastro-intestinales. Ce tissu protège les surfaces corporelles des microorganismes provenant de l'extérieur. Les amygdales sont un exemple type de tissu lymphoïde.

Le tissu lymphoïde associé à la peau se compose principalement de lymphocytes et de cellules de Langerhans (catégorie de cellules dendritiques) présents dans l'épiderme. Si les cellules de Langerhans sont absentes ou en nombre réduit, il ne peut y avoir de réaction immunitaire au niveau de la peau, ni de réaction d'hypersensibilité retardée cutanée.

Lorsque des antigènes sont introduits dans l'organisme, ils peuvent être transportés par le sang ou par des vaisseaux lymphatiques jusqu'à des ganglions lymphatiques régionaux. Ces antigènes réagissent alors avec les macrophages et avec les lymphocytes B et T qui y sont présents. Les ganglions lymphatiques ont deux fonctions importantes : 1) la filtration de substances étrangères et 2) la circulation des lymphocytes .

La rate étant aussi un site de filtration des antigènes présents dans le sang, elle joue un rôle important dans l'épuration du sang. Ce filtre laisse passer de 100 à 200 ml de sang par minute. Cet organe est constitué de deux types de tissus : la pulpe blanche, qui renferme les lymphocytes B et T, et la pulpe rouge, contenant surtout des érythrocytes. Des macrophages bordent la pulpe et les sinus de la rate. Une splénectomie prédispose à des infections graves.

L'activation des lymphocytes B est présentée sous forme d'animation au www.cheneliere.ca/lewis.

14.3.4 Cellules impliquées dans les réactions immunitaires

Phagocytes mononucléaires

Le **système phagocytaire mononucléé** comprend les monocytes du sang ainsi que les macrophages présents partout dans l'organisme. Les phagocytes mononucléaires jouent un rôle de premier plan dans la réaction immunitaire. Ce sont eux en effet qui capturent l'antigène et le traitent avant de le présenter aux lymphocytes, ce qui déclenche une réaction immunitaire à médiation humorale ou cellulaire. La capture se fait par phagocytose. L'antigène lié au macrophage est très immunogène et il est ensuite présenté aux lymphocytes T ou B circulants, ce qui a pour effet de déclencher une réaction immunitaire **FIGURE 14.4**.

Lymphocytes

Les lymphocytes sont produits dans la moelle osseuse rouge **FIGURE 14.5**. Plus tard, ils se différencient en lymphocytes B ou T. Ils doivent leur nom à l'organe où s'effectue leur maturation et leur différenciation.

Lymphocytes B

Des recherches effectuées sur les oiseaux ont permis de constater que certains lymphocytes arrivaient à maturité dans la bourse de Fabricius, un organe propre aux oiseaux. Ces lymphocytes ont été appelés les lymphocytes B (B pour Bourse). Chez l'humain, la maturation et la différenciation des lymphocytes B s'effectuent plutôt dans la moelle osseuse. Les lymphocytes B assurent la synthèse des immunoglobulines chargées de la fonction anticorps. Ces immunoglobulines sont sécrétées par une forme particulière de lymphocytes B activés, les plasmocytes. Les lymphocytes B activés qui ne se différencient pas en plasmocytes (producteurs d'anticorps) deviennent des lymphocytes B mémoire qui seront prêts à réagir plus vite et plus vigoureusement si le même antigène se présente à nouveau (Tortora & Grabowski, 2001).

Lymphocytes T

Les lymphocytes qui migrent depuis la moelle osseuse jusqu'au thymus s'y différencient en lymphocytes T (T pour thymus) ; ils sont aussi appelés lymphocytes thymodépendants. Le thymus, situé derrière le sternum, sécrète des hormones, dont la thymosine, qui stimulent la maturation et la différenciation des lymphocytes T. Ces lymphocytes comptent pour 70 à 80 % des lymphocytes circulants. Ils sont principalement responsables de l'immunité contre les virus intracellulaires, les cellules tumorales et les **mycètes**. Les lymphocytes T peuvent vivre quelques mois ou encore pendant toute l'existence d'une personne ; ils sont responsables de l'immunité de longue durée.

Les lymphocytes T se différencient en lymphocytes T cytotoxiques, en lymphocytes T auxiliaires (*helper* [TH]) et en lymphocytes T mémoire. Ces différents lymphocytes T ont pu être classés selon leurs caractéristiques antigéniques grâce à des anticorps monoclonaux. Ces antigènes sont ainsi regroupés en classes de différenciation ou antigènes CD. De nombreuses catégories de globules blancs, particulièrement les lymphocytes, sont maintenant désignées par leur classe de différenciation. Par exemple, tous les lymphocytes T matures ont l'antigène CD3.

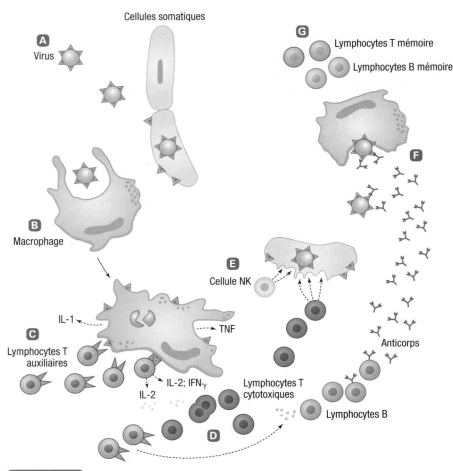

FIGURE 14.4

Réaction immunitaire à un virus – Ⓐ Un virus envahit l'organisme par une brèche cutanée ou par une autre porte d'entrée. Le virus doit se frayer un chemin jusque dans une cellule afin de se répliquer. Ⓑ Un macrophage reconnaît les antigènes à la surface du virus. Il digère le virus et expose ses parties (antigènes) à sa surface. Ⓒ Un lymphocyte T auxiliaire reconnaît l'antigène présenté et se lie au macrophage. Cette liaison stimule la production de cytokines (interleukine-1 [IL-1] et facteur de nécrose tumorale [TNF]) par le macrophage, et la production d'interleukine-2 (IL-2) et d'interféron gamma (IFNγ) par le lymphocyte T. Ces cytokines sont des messagers extracellulaires qui permettent la communication entre les cellules. Ⓓ L'IL-2 donne l'ordre à d'autres lymphocytes T auxiliaires et à des lymphocytes T cytotoxiques de proliférer (se multiplier). Les lymphocytes T auxiliaires libèrent des cytokines, amenant les lymphocytes B à se multiplier et à produire des anticorps. Ⓔ Les lymphocytes T cytotoxiques et les cellules tueuses naturelles (cellules NK) détruisent les cellules infectées de l'organisme. Ⓕ Les anticorps se lient au virus et le marquent pour qu'il soit détruit par les macrophages. Ⓖ Les lymphocytes B et T mémoire restent en arrière pour réagir rapidement si le même virus attaque à nouveau.

| Lymphocytes T cytotoxiques | Les lymphocytes T cytotoxiques (ou cytolytiques) (TCD8) attaquent directement les antigènes des membranes cellulaires des organismes pathogènes et libèrent des substances cytolytiques qui les détruisent. Ces lymphocytes ont une spécificité antigénique et sont sensibilisés à la suite d'une exposition à l'antigène. De la même façon que les lymphocytes B, certains lymphocytes T sensibilisés n'attaquent pas l'antigène, mais continuent à circuler sous forme de lymphocytes T mémoire. Tout comme dans une réaction immune humorale, une seconde exposition à l'antigène cause une réaction immunitaire cellulaire plus intense et rapide.

| Lymphocytes T auxiliaires | Les lymphocytes T auxiliaires (TCD4) interviennent dans la régulation de la réponse immunitaire à médiation cellulaire et humorale. Leur rôle est d'activer des cellules de la réaction immunitaire : les macrophages, les lymphocytes B et les lymphocytes T cytotoxiques (TCD8). Cette fonction leur a donné leur nom de lymphocytes T auxiliaires ou *helper* (TH). Ces lymphocytes se différencient en sous-populations lymphocytaires, les lymphocytes TH1 et TH2, produisant différentes catégories de cytokines. Les lymphocytes TH1 orientent la réponse immunitaire vers l'immunité à médiation cellulaire (lymphocytes T cytotoxiques). Les lymphocytes TH2 orientent la réponse immunitaire vers l'immunité à médiation humorale (production d'anticorps) (Lemahieu, 2004). Les interactions entre ces différentes cellules sont toutefois nécessaires à la réaction immunitaire qui est génétiquement contrôlée, et les lymphocytes T auxiliaires caractérisés par leur marqueur membranaire CD4 sont les principaux acteurs de cette coopération cellulaire (Decoster, Lemahieu, Dehecq, & Duhamel, 2004).

Cellules tueuses naturelles

Les cellules tueuses naturelles, aussi appelées cellules NK (*natural killer*) jouent également un rôle dans l'immunité cellulaire. Ces cellules ne sont ni des lymphocytes B ni des lymphocytes T, mais plutôt des lymphocytes volumineux ayant de nombreux granules cytoplasmiques. Ces cellules n'ont pas besoin d'être sensibilisées pour se diviser. Elles participent à la reconnaissance et à la mise à mort de cellules tumorales et de cellules infectées par des virus, mais aussi aux réactions de rejet des greffons.

Même si leur mécanisme de reconnaissance n'est pas encore très bien compris, il est sûr que les cellules tueuses naturelles jouent un rôle important dans la surveillance immunitaire pour ce qui a trait à la transformation de cellules normales en cellules malignes.

Cellules dendritiques

Les cellules dendritiques constituent un système cellulaire qui joue un rôle important dans la réaction

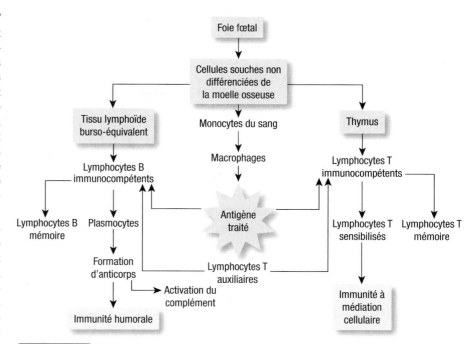

FIGURE 14.5

Relations et fonctions des macrophages, des lymphocytes B et des lymphocytes T au cours d'une réaction immunitaire.

immunitaire, surtout dans la réaction à médiation cellulaire. Elles ont une forme particulière typique en raison de prolongements dendritiques étendus qui se forment et qui se rétractent. Elles se retrouvent dans de nombreuses régions de l'organisme, y compris la peau (où elles portent le nom de cellules de Langerhans) et les muqueuses nasales, pulmonaires, stomacales et intestinales. Elles se retrouvent aussi dans le sang, surtout à un stade immature.

La fonction première des cellules dendritiques est de capturer des antigènes présents sur des sites en contact avec le milieu externe (p. ex., la peau et les muqueuses) pour ensuite les transporter jusqu'aux lymphocytes T spécifiques pour ces antigènes. Les cellules dendritiques jouent ainsi un rôle important dans l'activation de la réponse immunitaire.

14.3.5 Cytokines

La réaction immunitaire implique des interactions complexes entre les lymphocytes T et B, les monocytes et les neutrophiles. Ces interactions dépendent des **cytokines**, qui peuvent être décrites comme les hormones du système immunitaire puisqu'elles interviennent dans le dialogue entre lymphocytes, macrophages et autres cellules intervenant au cours de la réaction inflammatoire et des réponses immunitaires. Les lymphocytes TH sont les principales cellules productrices, mais d'autres cellules en produisent également : les macrophages, les cellules présentatrices d'antigènes, les fibroblastes, les cellules de l'endothélium vasculaire et les cellules épithéliales. Les cytokines agissent en cascade, l'une pouvant induire la production de l'autre (Lemahieu, 2004).

Elles agissent sur les cellules pour modifier leur prolifération, leur différenciation, leurs sécrétions ou leur activité. À l'heure actuelle, plus de 100 cytokines différentes sont connues, et elles peuvent être classées dans des catégories distinctes. Le **TABLEAU 14.5** en présente un certain nombre. En général, les cytokines ont un rôle immunomodulateur et de facteurs de croissance et de régulation de la croissance des cellules hématopoïétiques, et les **interférons** sont dotés de propriétés antivirales et immunomodulatrices.

Le résultat net d'une réaction inflammatoire est déterminé par l'équilibre qui s'établit entre des médiateurs pro-inflammatoires et d'autres qui sont anti-inflammatoires. Les cytokines sont parfois classées dans l'une ou l'autre de ces catégories **TABLEAU 14.5**. Mais la différence n'est pas toujours aussi tranchée puisque bien d'autres facteurs (p. ex., les cellules cibles, l'environnement) influencent la réaction inflammatoire due à une blessure ou à une agression ▶ **13**.

Les cytokines ont un rôle bénéfique dans l'hématopoïèse et la fonction immunitaire. Elles peuvent aussi produire des effets nuisibles comme ceux observés dans l'inflammation chronique, les maladies auto-immunes et les infections systémiques. Des cytokines comme l'érythropoïétine (EPO), les facteurs de croissance de colonies (CSF), les interférons et l'interleukine-2 (IL-2) sont utilisés en clinique pour stimuler l'hématopoïèse et la fabrication de globules blancs par la moelle osseuse, ainsi que dans le traitement de différentes tumeurs malignes ▶ **16**. Des inhibiteurs de cytokines sont aussi utilisés comme anti-inflammatoires, par exemple l'antagoniste du récepteur du facteur soluble de nécrose tumorale (TNFα) et l'interleukine-1. Le **TABLEAU 14.6** présente les différentes utilisations cliniques des cytokines.

Les interférons aident les défenses naturelles du corps à combattre les tumeurs et les virus. Le **TABLEAU 14.5** présente les trois catégories d'interférons connues à ce jour. En plus de leurs propriétés antivirales directes, les interférons possèdent des fonctions immunorégulatrices. Celles-ci facilitent la production et l'activation des cellules tueuses naturelles de même que l'inhibition de la croissance des cellules tumorales.

16

L'utilisation des cytokines dans le traitement des tumeurs malignes est expliquée plus en détail dans le chapitre 16, *Cancer*.

13

Le processus inflammatoire est décrit dans le chapitre 13, *Inflammation et soin des plaies*.

TABLEAU 14.5	Types et fonctions des cytokines	
TYPE	**FONCTION PRINCIPALE**	
Interleukines (IL)		
IL-1	Médiateur pro-inflammatoire; favorise la maturation et la multiplication clonale des lymphocytes B; accroît l'activité des cellules tueuses naturelles; active les lymphocytes T et les macrophages.	
IL-2	Induit la prolifération et la différenciation des lymphocytes T, ainsi que l'activation des lymphocytes T, des cellules tueuses naturelles et des macrophages; stimule la libération d'autres cytokines (IFNα, TNF, IL-1, IL-6).	
IL-3 (facteur de croissance des globules blancs)	Facteur de croissance hématopoïétique pour les précurseurs des cellules sanguines.	
IL-4	Médiateur anti-inflammatoire; facteur de croissance des lymphocytes B; stimule la prolifération et la différenciation des lymphocytes B; induit la différenciation en lymphocytes auxiliaires TH2; stimule la croissance des mastocytes.	
IL-5	Croissance et différenciation des lymphocytes B; favorise la croissance et la différenciation des éosinophiles.	
IL-6	Médiateur pro-inflammatoire; facteur de croissance des lymphocytes T et B; favorise la différenciation des lymphocytes B en plasmocytes; stimule la sécrétion d'anticorps; provoque la fièvre; effets synergiques avec l'IL-1 et le TNF.	
IL-7	Favorise la croissance des lymphocytes T et B.	
IL-8	Chimiotactisme des neutrophiles et des lymphocytes T; stimule la libération de superoxyde et de granules.	
IL-9	Améliore la survie des lymphocytes T; active les mastocytes.	

TABLEAU 14.5	Types et fonctions des cytokines *(suite)*
TYPE	**FONCTION PRINCIPALE**
IL-10	Médiateur anti-inflammatoire; inhibe la production de cytokines par les lymphocytes T et les cellules tueuses naturelles; favorise la prolifération des lymphocytes B et la production d'anticorps; suppression efficace du fonctionnement des macrophages.
IL-11	Médiateur pro-inflammatoire; action synergique avec l'IL-3 et l'IL-4 dans l'hématopoïèse; régulateur multifonctionnel de l'hématopoïèse et de la lymphopoïèse; agent de formation des ostéoclastes et d'élévation de la numération plaquettaire.
IL-12	Médiateur pro-inflammatoire; favorise la production d'IFNα; induction des lymphocytes T auxiliaires; active les cellules tueuses naturelles; stimule la prolifération des lymphocytes T activés et des cellules tueuses.
IL-13	Médiateur anti-inflammatoire; agent de croissance et de différenciation des lymphocytes B.
IL-14	Stimule la prolifération des lymphocytes B activés.
IL-15	Imite les effets de l'IL-2; stimule la prolifération des lymphocytes T et des cellules tueuses naturelles.
IL-16	Facteur chimiotactique des lymphocytes, des éosinophiles et des monocytes.
IL-17	Médiateur pro-inflammatoire; favorise la libération d'IL-6, d'IL-8 et de G-CSF; accroît l'expression des molécules d'adhérence.
IL-18	Médiateur pro-inflammatoire; induit la production d'IFNα, d'IL-2 et de GM-CSF; rôle important dans la formation des lymphocytes T auxiliaires; accroît l'activité des cellules tueuses naturelles; inhibe la production d'IL-10.
Interférons (IFN)	
Interféron alpha (IFNα) Interféron bêta (IFNβ)	Inhibent la réplication virale; activent les cellules tueuses naturelles et les macrophages; effet antiprolifératif sur les cellules tumorales.
Interféron gamma (IFNγ)	Médiateur pro-inflammatoire; active les macrophages, les neutrophiles et les cellules tueuses naturelles; favorise la différenciation des lymphocytes B; inhibe la réplication virale.
Facteur de nécrose tumorale (TNF)	
TNF	Médiateur pro-inflammatoire; active les macrophages et les granulocytes; favorise les réactions immunitaire et inflammatoire; tue les cellules tumorales; responsable de la perte de poids associée à l'inflammation chronique et au cancer.
Facteurs de croissance hématopoïétique (CSF)	
Facteur de croissance des granulocytes (G-CSF)	Stimule la prolifération et la différenciation des neutrophiles; accroît l'activité fonctionnelle des leucocytes polymorphonucléaires matures.
Facteur de croissance des granulocytes et macrophages (GM-CSF)	Stimule la prolifération et la différenciation des polymorphonucléaires et des monocytes.
Facteur de croissance des macrophages (M-CSF)	Favorise la prolifération, la différenciation et l'activation des monocytes et des macrophages.
Érythropoïétine	
Érythropoïétine	Stimule la production de globules rouges par les cellules progénitrices de la lignée érythrocytaire dans la moelle osseuse.

14

TABLEAU 14.6	Utilisations cliniques des cytokines	
CYTOKINE	**UTILISATIONS CLINIQUES**	
Interférons		
• Interféron-α (Intron A^MD) • Interféron-β (Betaseron^MD, Avonex^MD, Avonex PS^MD, Rebif^MD)	• Leucémie à tricholeucocytes, leucémie myéloïde chronique, mélanome malin, néphrocarcinome, myélome multiple, sarcome de Kaposi, hépatites B et C • Sclérose en plaques	
Facteurs de croissance hématopoïétique		
G-CSF (facteur de croissance des granulocytes)		
• Filgrastim (Neupogen^MD) • Pegfilgrastime (Neulasta^MD)	• Neutropénie provoquée par la chimiothérapie	
GM-CSF (facteur de croissance des granulocytes et des macrophages)		
Récepteur soluble du TNF (facteur de nécrose tumorale)		
• Étanercept (Enbrel^MD)	• Polyarthrite rhumatoïde	
Érythropoïétine		
• Époétine alfa (Eprex^MD) • Darbepoétine alfa (Aranesp^MD)	• Anémie attribuée à la chimiothérapie chez des personnes atteintes d'un cancer non myéloïde • Anémie attribuée à la néphropathie chronique	
Antagoniste du récepteur de l'Interleukine-1		
• Anakinra (Kinéret^MD)	• Polyarthrite rhumatoïde	

La technologie de production commerciale des interférons est présentée dans la figure 14.4W, au www. cheneliere.ca/lewis.

Les interférons n'exercent pas directement leur activité antivirale, mais produisent un effet antiviral dans les cellules en réagissant avec ces dernières pour provoquer la synthèse d'une deuxième protéine appelée protéine antivirale **FIGURE 14.6**. Celle-ci joue un rôle de médiateur dans l'activité antivirale de l'interféron en altérant la synthèse des protéines dans les cellules et en inhibant l'assemblage de nouveaux virus 🖱.

14.3.6 Comparaison de l'immunité à médiation humorale et de l'immunité à médiation cellulaire

Pour demeurer en santé, l'être humain a besoin d'une bonne immunité à médiation humorale et d'une bonne immunité à médiation cellulaire. Chacun de ces types d'immunité possède des

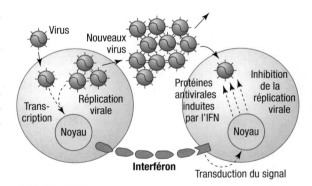

FIGURE 14.6

Mécanisme d'action de l'interféron – Lorsqu'un virus attaque une cellule, celle-ci commence à synthétiser de l'ADN viral et des interférons. L'interféron agit comme messager intercellulaire et induit la production de protéines antivirales. Le virus est alors incapable de se répliquer dans la cellule.

propriétés uniques et des modes d'action différents ; chacun réagit aussi contre des antigènes particuliers. Le **TABLEAU 14.7** compare les deux types d'immunité.

Immunité à médiation humorale

L'**immunité à médiation humorale** est une réaction qui se fait par l'intermédiaire des anticorps. Le terme humoral vient du mot latin *humor* qui veut dire liquide organique. Les anticorps, aussi appelés immunoglobulines (Ig), sont fabriqués par les plasmocytes, soit des lymphocytes B différenciés présents dans le plasma, d'où l'expression immunité à médiation humorale. La production d'anticorps est un élément essentiel de la réaction immunitaire à médiation humorale. Il y a cinq classes d'immunoglobulines (Ig) dénommées IgG, IgA, IgM, IgD et IgE. Chaque classe possède des propriétés qui lui sont spécifiques **TABLEAU 14.8**.

Lorsqu'un agent pathogène, en particulier une bactérie, infecte l'organisme, il peut rencontrer un lymphocyte B qui a une affinité spécifique pour les antigènes de sa paroi cellulaire. Un monocyte ou un macrophage peuvent aussi phagocyter la bactérie, pour ensuite présenter ses antigènes à un lymphocyte B. Ce dernier reconnaît les antigènes bactériens, car il possède sur sa membrane cytoplasmique des récepteurs spécifiques pour ces antigènes. Quand l'antigène vient en contact avec les récepteurs de sa surface membranaire, le lymphocyte B est activé et produit des clones de lymphocytes B qui vont se

différencier en plasmocytes **FIGURE 14.5**. Le plasmocyte mature sécrète des immunoglobulines. D'autres lymphocytes B activés vont former un clone de lymphocytes mémoire.

TABLEAU 14.7	Comparaison de l'immunité humorale et de l'immunité à médiation cellulaire	
CARACTÉRISTIQUE	**IMMUNITÉ HUMORALE**	**IMMUNITÉ À MÉDIATION CELLULAIRE**
Cellules en cause	• Lymphocytes B	• Lymphocytes T, macrophages
Produits	• Anticorps	• Lymphocytes T sensibilisés, cytokines
Lymphocytes mémoire	• Présents	• Présents
Protection	• Bactérie • Virus (extracellulaires) • Agents pathogènes respiratoires et gastro-intestinaux	• Mycètes • Virus (intracellulaires) • Agents des infections chroniques • Cellules tumorales
Exemples de pathologies	• Choc anaphylactique • Atopie • Réaction transfusionnelle • Infection bactérienne	• Tuberculose • Infection fongique • Dermite de contact • Rejet du greffon • Destruction des cellules cancéreuses

TABLEAU 14.8	Caractéristiques des immunoglobulines		
CLASSE	**CONCENTRATION SÉRIQUE RELATIVE (%)**	**LOCALISATION**	**CARACTÉRISTIQUES**
IgG	76	Plasma, liquide interstitiel	• Est la seule immunoglobuline à traverser le placenta. • Est responsable de la réponse immunitaire secondaire.
IgA	15	Sécrétions corporelles, incluant les larmes, la salive, le lait maternel et le colostrum	• Tapisse les muqueuses et protège les surfaces corporelles.
IgM	8	Plasma	• Est responsable de la réponse immunitaire primaire. • Forme les anticorps contre les antigènes sanguins ABO.
IgD	1	Plasma	• Présente à la surface des lymphocytes. • Contribue à la différenciation des lymphocytes B.
IgE	0,002	Plasma, liquide interstitiel	• Cause les symptômes des réactions allergiques. • Se fixe aux mastocytes et aux basophiles. • Contribue à la défense contre les parasitoses.

La réponse immune primaire devient apparente quatre à huit jours après le premier contact avec un antigène **FIGURE 14.7**. Les IgM sont les premiers anticorps à apparaître. En raison de leur grande taille, les IgM demeurent confinés dans l'espace intravasculaire. Au fur et à mesure que la réaction immunitaire progresse, des IgG sont produits ; ceux-ci peuvent migrer de l'espace intravasculaire vers les espaces extravasculaires.

Lorsqu'une personne est exposée une seconde fois au même antigène, il se produit une réponse immunitaire secondaire. Celle-ci est plus rapide (un à trois jours), plus intense et elle dure plus longtemps que la réaction primaire. Comme les lymphocytes mémoire peuvent rester dans l'organisme pendant des décennies, ils gardent le souvenir de la première exposition à l'antigène. C'est grâce à eux que la production d'anticorps est plus rapide. Les IgG sont les principaux anticorps à apparaître dans les réactions immunes secondaires.

Les IgG peuvent franchir la membrane placentaire et procurer au nouveau-né une immunité passive qui dure au moins trois mois. Les nourrissons reçoivent aussi une certaine immunité passive grâce aux IgA présents dans le **colostrum** et le lait maternel.

Colostrum : Liquide jaunâtre et opaque sécrété par les glandes mammaires les premiers jours après un accouchement.

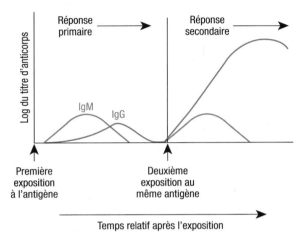

FIGURE 14.7

Réponses immunitaires primaire et secondaire – L'introduction d'un antigène déclenche une réponse dominée par deux classes d'immunoglobulines, les IgM et les IgG. Les IgM prédominent dans la réponse primaire, alors que des IgG apparaissent plus tard. Une fois que le système immunitaire de l'hôte est alerté, une deuxième confrontation avec le même antigène déclenche la réponse secondaire, au cours de laquelle quelques IgM et de grandes quantités d'IgG sont produits.

Immunité à médiation cellulaire

Les réactions immunes déclenchées à la suite de la reconnaissance d'un antigène précis par des lymphocytes T constituent un mécanisme de protection appelé **immunité à médiation cellulaire**. Il était considéré autrefois que ces réactions étaient dues uniquement aux lymphocytes T. Il est maintenant admis que plusieurs autres facteurs et catégories de cellules jouent un rôle dans ce type d'immunité. Les cellules qui y participent sont les lymphocytes T, les macrophages et les cellules tueuses naturelles. L'immunité à médiation cellulaire joue un rôle de premier plan dans la protection contre les agents pathogènes, comme les virus et certaines bactéries (p. ex., *Mycobacterium*) qui survivent à l'intérieur des cellules, et les mycoses ; elle intervient aussi dans les rejets des greffes, les réactions d'hypersensibilité de contact et l'immunité à médiation tumorale.

Considérations gérontologiques

RÉPERCUSSIONS DU VIEILLISSEMENT SUR LE SYSTÈME IMMUNITAIRE

À mesure qu'une personne vieillit, la protection immunitaire de son organisme subit un déclin **ENCADRÉ 14.4**. Cette immunosénescence explique en partie le taux élevé de cancers chez les adultes plus âgés de même qu'une sensibilité plus grande aux infections (p. ex., les grippes et les pneumonies) causées par des agents pathogènes contre lesquels ces adultes avaient été relativement protégés plus tôt dans leur existence. Chez les personnes âgées, la pneumonie bactérienne est la principale cause de mortalité infectieuse. La réponse immunitaire à des vaccins comme celui de la grippe est aussi beaucoup plus faible que chez des adultes plus jeunes (Goodwin, Viboud, & Simonsen, 2005).

La moelle osseuse demeure assez peu modifiée par l'âge. Les taux d'immunoglobulines diminuent avec l'âge, entraînant une suppression de la réaction immunitaire à médiation humorale chez les personnes âgées. Le vieillissement provoque une involution (diminution de taille) du thymus de même qu'une diminution du nombre de lymphocytes T. Ces transformations thymiques sont probablement la première cause de l'immunosénescence. Les lymphocytes T et B présentent une altération de leur activation, de la durée de leur cycle cellulaire et de leur différenciation. Les modifications les plus importantes sont celles qui touchent les lymphocytes T. À mesure que leur production diminue, leur

Changements liés à l'âge

ENCADRÉ 14.4	Répercussions du vieillissement sur le système immunitaire

- Involution du thymus
- ↓ de l'immunité à médiation cellulaire
- ↓ de l'immunité à médiation humorale
- ↓ de la réaction d'hypersensibilité retardée
- ↓ de la synthèse d'interleukine (IL) 1 et 2
- ↓ de l'expression des récepteurs de l'IL-2
- ↓ de la réaction proliférative des lymphocytes T et B
- ↓ des réponses immunitaires primaire et secondaire
- ↑ des autoanticorps

différenciation augmente ; il en résulte une accumulation de lymphocytes mémoire plutôt qu'une production de nouvelles cellules précurseurs capables de réagir vis-à-vis d'antigènes inconnus.

La réaction d'hypersensibilité retardée, telle que mise en évidence par un test cutané, est souvent diminuée ou absente chez les personnes âgées. Il s'agit là d'une **anergie**, c'est-à-dire un état d'immunodéficience caractérisé par une diminution ou une absence de réaction à un antigène ou à une catégorie d'antigènes. Les conséquences cliniques d'un déclin de l'immunité à médiation cellulaire sont évidentes.

14.4 | Réactions immunitaires altérées

Le rôle du système immunitaire est de nous protéger contre les agents infectieux. Il est question d'**immunocompétence** quand le système immunitaire est en mesure de déceler et d'inactiver, ou de détruire des substances étrangères. Mais quand il s'agit d'altérations de la réactivité immunitaire, par exemple en présence de défaillance du système immunitaire incompétent ou non réceptif (ou insensible), de graves infections, des maladies dues à un déficit immunitaire et des cancers peuvent alors se manifester. Le système immunitaire peut également réagir trop fortement, ce qui se traduit par une hypersensibilité, comme des allergies ou des maladies auto-immunes.

Réactions d'hypersensibilité

L'allergie est une réaction d'hypersensibilité impliquant des mécanismes immunologiques. (Conseil supérieur de la santé, 2009). La classification de Gell et Coombs répartit les réactions d'hypersensibilité allergiques en quatre types (I, II, III, IV) selon leur rapidité d'apparition et les mécanismes immunologiques impliqués. Le **TABLEAU 14.9** résume les caractéristiques de ces quatre catégories de réactions d'hypersensibilité.

Type I – Réactions d'hypersensibilité immédiate

Le mécanisme de la réaction allergique immédiate médiée par les IgE se déroule en deux temps. Au cours du premier contact avec l'allergène, le système immunitaire produira des IgE spécifiques à cet antigène. C'est la phase de sensibilisation. Elle est cliniquement silencieuse. Les IgE produites en réponse à l'allergène ont la propriété caractéristique de se lier à des mastocytes et à des basophiles **FIGURE 14.8**. Ces cellules renferment des granules contenant de puissants médiateurs chimiques, à savoir l'histamine, les prostaglandines, les leucotriènes, le facteur d'attraction des éosinophiles (facteur éosinotactique), les kinines et la bradykinine.

Lors d'expositions subséquentes au même allergène, celui-ci se lie aux IgE (anticorps) qui tapissent les mastocytes ou les basophiles (IgE de surface), ce qui déclenche une **dégranulation** accompagnée d'une libération des médiateurs chimiques des granules. Ces médiateurs attaquent à leur tour des tissus cibles, provoquant des manifestations cliniques de sévérité variable : vasolidatation et augmentation de la perméabilité capillaire (urticaire, bouffées congestives, angiœdème, œdème laryngé, hypotension, choc), œdème interstitiel (rhinite, dyspnée asthmatiforme, angiœdème, œdème laryngé), contraction des muscles lisses (douleurs abdominales, bronchoconstriction, vasoconstriction artérielle, pulmonaire ou des

14

Dégranulation : Libération par certaines cellules (mastocytes, basophiles) de granules, contenant notamment de l'histamine lorsqu'elles sont au contact de l'antigène auquel l'immunoglobuline est sensibilisée.

TABLEAU 14.9	Types de réactions d'hypersensibilité allergique		
TYPE I (immédiate)	**TYPE II (par cytotoxicité)**	**TYPE III (par complexes immuns)**	**TYPE IV (hypersensibilité retardée)**
Antigènes			
Facteurs exogènes • Pollen • Aliments • Médicaments • Poussière	• Surface cellulaire des globules rouges • Membrane basale des cellules	• Mycètes • Virus • Bactéries extracellulaires	• Intracellulaire • Extracellulaire
• Piqûres d'insectes • Latex naturel			

TABLEAU 14.9	Types de réactions d'hypersensibilité allergique *(suite)*

TYPE I (immédiate)	TYPE II (par cytotoxicité)	TYPE III (par complexes immuns)	TYPE IV (hypersensibilité retardée)
Mécanisme immunologique			
• Humoral	• Humoral	• Humoral	• Cellulaire
Anticorps en cause			
• IgE	• IgG, IgM	• IgG, IgM	• Aucun
Participation du complément			
• Non	• Oui	• Oui	• Non
Médiateurs de la lésion			
• Histamine • Mastocytes • Leukotriènes • Prostaglandines	• Lyse du complément • Macrophages tissulaires	• Neutrophiles • Lyse du complément • Monocytes/macrophages • Enzymes lysosomiales	• Cytokines • Lymphocytes T cytotoxiques
Mécanisme d'action[a]			
• Liaison entre les IgE spécifiques et les allergènes • Activation des mastocytes et basophiles avec libération des médiateurs	• Réaction antigène-anticorps ; activation du complément suivie de lyse cellulaire	• Formation de complexes immuns activant le complément et créant des lésions tissulaires	• Infiltration des cellules immunocompétentes à l'endroit du contact avec l'antigène
Vitesse d'apparition[a]			
• Immédiate (quelques minutes à quelques heures après l'exposition à l'allergène)	• Variable	• Semi-retardée (6-16 heures)	• Retardée (48 heures)
Exemples			
• Rhinite allergique • Asthme • Urticaire • Angiœdème • Conjonctivite • Bronchospasme • Choc anaphylactique	• Réaction transfusionnelle • Syndrome de Goodpasture • Purpura thrombopénique auto-immun • Goitre exophtalmique • Cytopénie médicamenteuse	• Lupus érythémateux aigu disséminé • Polyarthrite rhumatoïde • Alvéolite allergique (p. ex., le poumon du fermier) • Arthrite	• Dermite de contact due au sumac vénéneux • Photodermite • Sarcoïdose
Test cutané			
• Réaction papulo-érythémateuse	• Aucun	• Érythème et œdème en trois à huit heures	• Érythème et œdème en 24 à 48 heures (p. ex., le test à la tuberculine)

[a] Source : Furger *et al.*, (2005).

coronaires) (Gabus, 2005). Il s'agit de la réaction allergique proprement dite (phase d'activation) avec ses manifestations cliniques.

Le **TABLEAU 14.10** présente ces médiateurs et résume leurs effets.

Les manifestations cliniques d'une réaction allergique varient selon que les médiateurs conservent une action localisée ou qu'ils deviennent systémiques, ou encore selon l'organe concerné. Quand une réaction locale se limite aux tissus cutanés, elle est appelée lésion papulo-érythémateuse. Cette lésion se caractérise par une papule blanchâtre contenant du liquide œdémateux et entourée d'un cercle érythémateux (anneau rougeâtre) dû à l'hyperémie. Cette réaction peut se manifester en quelques minutes ou en quelques heures ; elle est habituellement inoffensive. L'exemple classique est la réaction à une piqûre de moustique. Le même type de réaction démontre la réactivité de l'organisme et permet de diagnostiquer une allergie à des allergènes spécifiques au cours de tests cutanés.

Certaines personnes possèdent une prédisposition génétique (**atopie**) aux allergies (Hummell, 2008). C'est la disposition à être sensibilisé aux allergènes qui semble être héréditaire et non le trouble allergique spécifique. C'est ainsi qu'un père souffrant d'asthme pourrait avoir un fils atteint de rhinite allergique.

Les réactions d'hypersensibilité immédiate de type I sont les plus fréquentes. Elles regroupent l'anaphylaxie et les manifestations de l'allergie atopique telles que la rhinite, l'urticaire, la conjonctivite.

Anaphylaxie

L'anaphylaxie est un syndrome clinique qui représente la réaction allergique généralisée sous sa forme la plus grave (Isabelle & Blaquière, 2009). Certains auteurs réservent d'ailleurs ce terme aux manifestations cliniques les plus graves des réactions d'hypersensibilité immédiate (Dewachter, Mouton-Faivre, Nace, Longrois, & Mertes, 2007). D'autres auteurs font la différence entre l'anaphylaxie grave qui regroupe les formes sévères de réactions anaphylactiques : le choc anaphylactique, l'angiœdème et l'asthme bronchique, ainsi que l'anaphylaxie légère à modérée qui inclut la réaction anaphylactique sans atteinte respiratoire ni cardiovasculaire, l'angiœdème léger ou modéré et l'urticaire légère à modérée (Furger et al., 2005).

L'anaphylaxie est une réaction d'hypersensibilité allergique immédiate de type I qui, le plus souvent, met en cause des IgE spécifiques à un antigène qui se sont formées lors d'une exposition antérieure à l'allergène en question chez une personne dite alors sensibilisée (Isabelle & Blaquière, 2009). Elle peut survenir lorsque des médiateurs chimiques se répandent dans le système, à la suite par exemple d'une piqûre

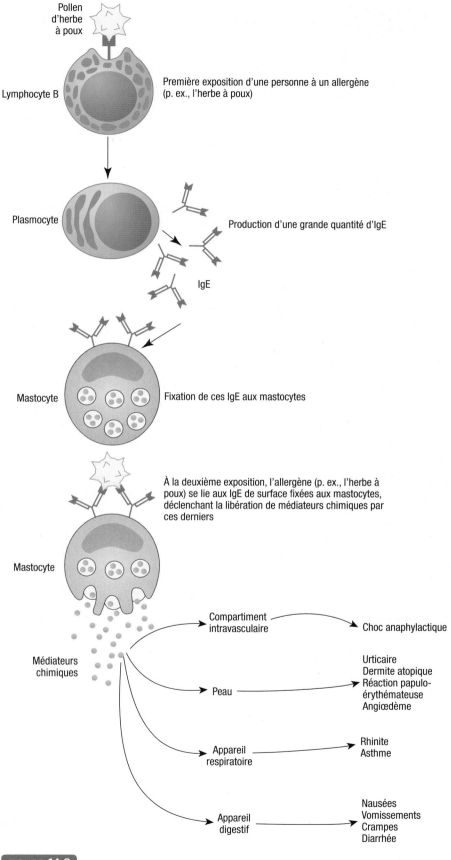

FIGURE 14.8

Étapes d'une réaction allergique de type I

TABLEAU 14.10	Médiateurs de la réaction allergique	
TYPE ET PROVENANCE	**ACTIVITÉ BIOLOGIQUE**	**EFFETS CLINIQUES**
Histamine		
Mastocytes et granules des basophiles	Augmentation de la perméabilité capillaire, contraction des muscles lisses ; stimulation des récepteurs des agents irritants	Œdème des voies aériennes et œdème laryngé ; bronchoconstriction ; urticaire, angiœdème, prurit ; hypersécrétion bronchique, nausées, vomissements, diarrhée ; choc
Leucotriènes		
Métabolites de l'acide arachidonique par voie de lipo-oxygénase	Contraction des muscles lisses bronchiques ; augmentation de la perméabilité capillaire	Bronchoconstriction ; effet accru de l'histamine sur les muscles lisses
Prostaglandines		
Métabolites de l'acide arachidonique par voie de cyclo-oxygénase	Vasodilatation ; contraction des muscles lisses	Réaction cutanée papulo-érythémateuse ; hypotension ; bronchospasme
Facteur d'activation des plaquettes		
Mastocytes	Agrégation plaquettaire ; vasodilatation	Augmentation de la pression dans l'artère pulmonaire ; hypotension systémique
Kinine		
Kininogène	Stimulation des contractions lentes et soutenues des muscles lisses ; augmentation de la perméabilité capillaire ; stimulation de la sécrétion de mucus ; stimulation des récepteurs de la douleur	Angiœdème avec tuméfaction douloureuse ; bronchoconstriction
Sérotonine		
Plaquettes	Augmentation de la perméabilité capillaire ; stimulation de la contraction des muscles lisses	Œdème muqueux ; bronchoconstriction
Anaphylatoxines		
C3a, C4a, C5a produites au cours de l'activation du complément	Stimulation de la libération d'histamine	Comme pour l'histamine

d'insecte, ou de produits à visée diagnostique, de l'exposition à des produits du caoutchouc (latex) ou de l'ingestion d'aliments ou de certains médicaments. Une infime quantité d'allergène dans une préparation alimentaire peut suffire à provoquer un choc anaphylactique mortel (Isabelle & Blaquière, 2009). L'**ENCADRÉ 14.5** présente certains des principaux allergènes susceptibles de causer une réaction anaphylactique grave chez les personnes hypersensibles. La rapidité d'apparition, la progression et la gravité des signes et symptômes peuvent varier de façon significative chez une même personne, d'un épisode à un autre. Une corrélation directe semble exister entre la rapidité d'apparition des premiers symptômes et la gravité de la réaction anaphylactique. Plus l'apparition des symptômes est rapide, plus la réaction risque d'être sévère. Généralement, les premières manifestations ont lieu en quelques minutes, voire à l'intérieur de 5 à 30 minutes, mais peuvent survenir jusqu'à quelques heures après l'exposition à l'allergène (Isabelle & Blaquière, 2009). Quand la réaction est rapide, les symptômes sont alors les

ENCADRÉ 14.5   Allergènes pouvant provoquer un choc anaphylactique

Médicaments

- Antibiotiques (p. ex., la pénicilline, la céphalosporine, les fluoroquinolones, l'amphotéricine B, la nitrofurantoïne, la tétracycline)
- Sulfamidés
- Insulines
- Aspirine
- Anesthésiques locaux (p. ex., la procaïne, la lidocaïne)
- Agents chimiothérapiques
- Anti-inflammatoires non stéroïdiens

Venins d'insectes

- Abeilles (+++)
- Guêpes
- Frelons
- Bourdons
- Fourmis

Aliments

- Œufs
- Lait
- Noix
- Arachides
- Produits de la mer (p. ex, le poisson, les crustacés et les mollusques)
- Poisson
- Chocolat
- Fraises

Sérums animaux

- Sérum antitétanique
- Sérum antirabique
- Sérum antidiphtérique
- Sérum antivenimeux (venin de serpent)

Produits utilisés à des fins médicales

- Produits sanguins (sang entier et composants du sang)
- Produit de contraste iodé au cours de procédures à visée diagnostique (p. ex., la pyélographie I.V., l'angiographie)
- Extraits allergéniques utilisés pour les traitements de désensibilisation

---

suivants : tachycardie et pouls faible, hypotension, pupilles dilatées, dyspnée et parfois cyanose. Ces symptômes peuvent être aggravés par un angiœdème. La réaction peut être mortelle en raison d'un collapsus vasculaire et d'une constriction des bronches (Bryant, 2007 ; Peavy & Metcalfe, 2008). La **FIGURE 14.9** présente les manifestations cliniques d'une réaction anaphylactique systémique.

Réactions atopiques

Environ 20 % de la population présente une atopie, c'est-à-dire une prédisposition génétique à synthétiser des IgE spécifiques vis-à-vis des allergènes. L'atopie est considérée comme un facteur de risque des maladies allergiques (Bourdin, Godard, Charpin, Tillie-Leblond, Raherion, & Marquette, 2010). Les réactions atopiques peuvent se manifester par une rhinite allergique, de l'asthme, une dermatite atopique, de l'urticaire et un angiœdème.

La rhinite allergique, aussi appelée rhume des foins, est la plus courante des réactions d'hypersensibilité de type I. Elle peut se manifester tout au long de l'année (rhinite allergique chronique) ou n'apparaître que de façon saisonnière (rhinite allergique saisonnière). Les substances aérogènes comme le pollen, la poussière et les spores de moisissures sont les causes principales des rhinites allergiques. Les rhinites allergiques chroniques peuvent être causées par la poussière, les moisissures, les poils et squames d'animaux. La rhinite saisonnière est habituellement due au pollen des

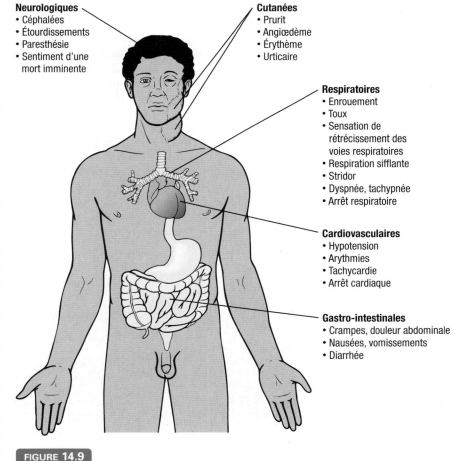

Neurologiques
- Céphalées
- Étourdissements
- Paresthésie
- Sentiment d'une mort imminente

Cutanées
- Prurit
- Angiœdème
- Érythème
- Urticaire

Respiratoires
- Enrouement
- Toux
- Sensation de rétrécissement des voies respiratoires
- Respiration sifflante
- Stridor
- Dyspnée, tachypnée
- Arrêt respiratoire

Cardiovasculaires
- Hypotension
- Arythmies
- Tachycardie
- Arrêt cardiaque

Gastro-intestinales
- Crampes, douleur abdominale
- Nausées, vomissements
- Diarrhée

FIGURE 14.9

Manifestations cliniques d'une réaction anaphylactique systémique

James est âgé de 15 ans. Il présente une allergie au pollen des arbres qui se manifeste par une rhinorrhée, des éternuements, un larmoiement, une congestion nasale et un prurit aux yeux, dans le nez et dans la bouche.

Trouvez deux autres manifestations subjectives de la rhinite allergique que James pourrait présenter.

34

Le traitement de la rhinite allergique est décrit dans le chapitre 34, *Interventions cliniques – Troubles des voies respiratoires supérieures.*

31

Les différents types de dermatites et l'urticaire sont présentés plus en détail dans le chapitre 31, *Interventions cliniques – Troubles tégumentaires.*

36

La pathophysiologie de l'asthme et son traitement sont présentés dans le chapitre 36, *Interventions cliniques – Maladies pulmonaires obstructives.*

arbres, à l'herbe à poux ou aux graminées. Les tissus cibles sont habituellement la membrane conjonctive et la muqueuse des voies respiratoires supérieures. Les symptômes comprennent un écoulement nasal, des éternuements, un larmoiement, une tuméfaction des muqueuses accompagnée d'une obstruction des voies respiratoires et d'un prurit touchant les yeux, le nez, la gorge et la bouche ▶ **34** .

Chez beaucoup de personnes qui souffrent d'asthme, il existe une composante allergique à leur maladie. Souvent, ces personnes ont des antécédents de troubles atopiques (p. ex., l'eczéma infantile, la rhinite allergique ou des intolérances alimentaires). Des médiateurs inflammatoires causent une constriction des muscles lisses bronchiques, une sécrétion excessive de mucus visqueux, un œdème des muqueuses des bronches et une diminution de la compliance pulmonaire. En raison de ces changements physiologiques, les personnes ressentent de la dyspnée, et présentent une respiration sifflante, une toux, une oppression thoracique et des expectorations épaisses ▶ **36** .

La dermite atopique est une dermatose chronique et héréditaire caractérisée par des périodes d'exacerbation et de rémissions (Hunter, Anderson, Langemo, Hanson, & Thompson, 2008). Elle est causée par des allergènes environnementaux difficiles à déterminer. Bien que les personnes souffrant de dermite atopique aient des taux élevés d'IgE et des tests cutanés positifs, les caractéristiques histopathologiques ne sont pas représentatives des réactions typiques papulo-érythémateuses localisées de type I. Les lésions cutanées sont plus généralisées et incluent une vasodilatation, d'où l'apparition d'un œdème interstitiel et la formation de vésicules **FIGURE 14.10**.

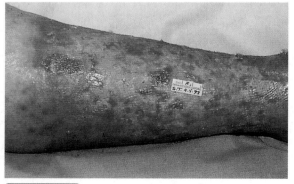

FIGURE 14.10

Dermite atopique dans la partie inférieure de la jambe

L'urticaire est une réaction cutanée à des allergènes systémiques chez des personnes prédisposées aux allergies. L'urticaire ne touche que la portion superficielle du derme et se présente sous forme de papules bien circonscrites à bordures surélevées, érythémateuses, serpigineuses (qui guérissent en un point et s'étendent à un autre) prurigineuses, de taille et de forme variables et pouvant se manifester sur l'ensemble du corps. L'urticaire apparaît rapidement à la suite de l'exposition à un allergène et peut ne durer que quelques minutes ou plusieurs heures. L'histamine est responsable d'une vasodilatation locale (érythème), d'une transsudation (papule œdémateuse) et de cercles érythémateux. Ces derniers correspondent à des vaisseaux sanguins dilatés en bordure de la papule en réponse à une réaction amplifiée par le système nerveux sympathique. L'histamine est responsable du prurit associé aux lésions ▶ **31** .

L'**angiœdème (œdème de Quincke)** est une lésion cutanée localisée assez similaire à l'urticaire, mais qui atteint les couches hypodermiques et sous-muqueuses. Il s'agit d'une tuméfaction de taille variable, mal limitée, ferme, non érythémateuse, peu prurigineuse et responsable d'une sensation de tension cutanée. Elle peut toucher n'importe quelle partie de la peau ou des muqueuses avec une prédilection pour le visage. Les formes graves peuvent se compliquer d'un œdème de la langue, de la glotte et du larynx avec détresse respiratoire grave et risque d'asphyxie (Gabus, 2005). Les principales régions atteintes sont les paupières, les lèvres, la langue, le larynx, les mains, les pieds, le tube digestif et les organes génitaux. L'enflure débute généralement au niveau du visage pour ensuite progresser vers les voies respiratoires et d'autres parties du corps. Une vasodilatation et un engorgement des capillaires résultant de la libération d'histamine génèrent une tuméfaction diffuse. Les papules ne sont pas évidentes comme dans l'urticaire : la couche externe de la peau a une apparence normale ou une teinte rougeâtre. Les lésions peuvent donner des sensations de brûlure, de piqûre ou des démangeaisons (prurit) ; si elles se situent dans le tube digestif, elles peuvent causer une douleur abdominale aiguë. La tuméfaction (l'enflure) peut se manifester soudainement ou en quelques heures ; elle ne dure généralement que 24 heures.

Type II – Réactions d'hypersensibilité par cytotoxicité

Les réactions par cytotoxicité sont des réactions d'hypersensibilité de type II qui se caractérisent par l'attachement direct d'IgM et d'IgG à un antigène sur une surface cellulaire. Les complexes antigène-anticorps activent alors le système du complément qui sert d'intermédiaire dans la réaction. Le tissu cellulaire peut être détruit de deux façons : 1) par une activation du système du complément aboutissant à une cytolyse ; 2) par une augmentation de la phagocytose.

Les cellules cibles fréquemment détruites au cours des réactions de type II sont les érythrocytes, les plaquettes et les leucocytes. Une partie des antigènes impliqués sont ceux du groupe ABO, le facteur Rh et des médicaments. Les troubles physiopathologiques qui caractérisent les réactions de type II sont les incompatibilités ABO et Rh, les anémies hémolytiques auto-immunes et celles qui sont liées à la consommation de drogues, les cytopénies médicamenteuses, l'érythroblastose fœtale (maladie hémolytique du nouveau-né) et le syndrome de Goodpasture. Habituellement, les dommages tissulaires se produisent rapidement.

Réactions transfusionnelles hémolytiques

Une réaction classique de type II se produit quand un receveur reçoit du sang ABO d'un donneur incompatible. Des anticorps contre les antigènes ABO sont naturellement présents dans le sérum du receveur, mais non sur les membranes des érythrocytes. Par exemple, une personne du groupe A possède des anticorps naturels anti-B, une personne du groupe B possède des anticorps naturels anti-A, une personne de groupe AB n'a pas d'anticorps naturels anti-A ni anti-B et finalement, une personne de groupe O a des anticorps naturels anti-A et anti-B ▶ **37**.

Si un receveur reçoit du sang incompatible, ses anticorps vont immédiatement tapisser les érythrocytes étrangers, provoquant leur agglutination. Les érythrocytes agglutinés vont ensuite bloquer les petits vaisseaux sanguins de l'organisme ; ils utilisent les facteurs de coagulation et en épuisent les réserves, entraînant ainsi des hémorragies. En quelques heures, les neutrophiles et les macrophages vont phagocyter les cellules agglutinées. Comme le complément est fixé à l'antigène, une cytolyse se produit. La lyse cellulaire entraîne alors une libération d'hémoglobine dans l'urine et le plasma. Une réaction cytotoxique cause par ailleurs des spasmes vasculaires au niveau des reins, qui aggravent le blocage des tubules rénaux. Une insuffisance rénale aiguë peut alors résulter de l'hémoglobinurie (urine rouge).

La majorité des complications provenant d'une hémolyse aiguë est due à une erreur au chevet du client, lorsque les normes de sécurité transfusionnelles n'ont pas été respectées (erreur dans l'étiquetage du produit sanguin ou dans l'identité de la personne). Une réaction hémolytique aiguë peut se manifester par de la fièvre, des frissons et une hémoglobinurie, qui sont les manifestations cliniques les plus fréquentes,

ainsi que par une hypotension, une tachypnée, une tachycardie et des douleurs thoraciques ou lombaires. La surveillance des signes vitaux avant et pendant la transfusion est importante pour détecter rapidement ces complications (Callum & Pinkerton, 2005).

Quoique la réaction fébrile non hémolytique (RFNH) ne fasse pas partie des réactions transfusionnelles hémolytiques, il importe de souligner que la RFNH est la plus fréquente complication post-transfusionnelle des produits sanguins cellulaires. Elle correspond à une immunisation contre les globules blancs ou les plaquettes du donneur. La fièvre se produit généralement durant la transfusion ou jusqu'à quelques heures après celle-ci, et peut s'accompagner de frissons, de tremblements, de nausées ou vomissements et d'une hypotension. La fièvre peut être absente, les autres signes pouvant se manifester seuls (Callum & Pinkerton, 2005). Les personnes multitransfusées et les femmes multipares sont à risque. En présence de signes et symptômes récidivants l'administration d'une prémédication pourra diminuer l'incidence et la sévérité de ce type de réaction (Dzieczkowski & Anderson, 2002).

Syndrome de Goodpasture

Le syndrome de Goodpasture est une affection touchant les poumons et les reins. Une réaction auto-immune anticorps-dépendante se produit au niveau des membranes basales des glomérules rénaux et des alvéoles pulmonaires (Goligher & Detsky, 2009). Les anticorps circulants se lient à des antigènes tissulaires sur les membranes basales des cellules pulmonaires et rénales entraînant une activation du complément. Une hémorragie pulmonaire et une glomérulonéphrite peuvent être observées ▶ **68**.

Type III – Réactions d'hypersensibilité par complexes immuns

Les dommages tissulaires qui se produisent dans les réactions des complexes immuns sont des réactions de type III ; ils apparaissent à un stade secondaire à la formation des complexes antigènes-anticorps. Des antigènes solubles se combinent à des IgG et IgM et forment des complexes trop petits pour être éliminés par le système phagocytaire mononucléé. Ces complexes se déposent alors dans les tissus ou dans les petits vaisseaux sanguins. Ils entraînent la fixation du complément et la libération de facteurs chimiotactiques responsables de l'inflammation et de la destruction des tissus impliqués.

Les réactions de type III peuvent être locales ou systémiques, immédiates ou retardées. Les manifestations cliniques dépendent du nombre de complexes et de leur localisation dans l'organisme. Les

RAPPELEZ-VOUS...

L'urine normale est limpide, de couleur jaune pâle et ne contient pas d'hémoglobine.

37

Les groupes sanguins et les facteurs Rh sont traités dans le chapitre 37, *Évaluation clinique – Système hématologique.*

14

68

Le syndrome de Goodpasture est décrit dans le chapitre 68, *Interventions cliniques – Troubles rénaux et urologiques.*

27

Le LED et la PR sont traités dans le chapitre 27, *Interventions cliniques – Arthrite et maladies des tissus conjonctifs.*

68

La glomérulonéphrite aiguë est décrite dans le chapitre 68, *Interventions cliniques – Troubles rénaux et urologiques.*

Jugement clinique

Madame Rita Bertrand, âgée de 42 ans, présente de l'eczéma au poignet gauche chaque fois qu'elle porte une nouvelle montre. Elle ne comprend pas pourquoi cet eczéma apparaît.

Qu'est-ce que madame Bertrand devrait vérifier avant de s'acheter une nouvelle montre ?

Nécrose caséeuse :
Nécrose tissulaire engendrée par le bacille tuberculeux, d'aspect macroscopique homogène et blanchâtre.

complexes immuns se déposent couramment dans les reins, la peau, les articulations, les vaisseaux sanguins et les poumons. Les réactions graves de type III sont associées à des maladies auto-immunes comme le lupus érythémateux disséminé (LED) aigu, la glomérulonéphrite aiguë et la polyarthrite rhumatoïde (PR) ▶ **27** ▶ **68** .

Type IV – Réactions d'hypersensibilité retardée

Une réaction d'hypersensibilité retardée est une réaction de type IV appelée aussi réponse immunitaire à médiation cellulaire. Même si ce type de réponse joue habituellement un rôle protecteur, des dommages tissulaires sont occasionnés au cours de cette réaction.

Contrairement aux catégories précédentes, les dommages tissulaires qui surviennent au cours d'une réaction de type IV ne se produisent pas en présence d'anticorps ou de complément. Ce sont plutôt des lymphocytes T sensibilisés qui attaquent les antigènes ou qui libèrent des cytokines. Certaines de ces cytokines exercent un effet d'attraction sur les macrophages présents dans cette zone. Ces macrophages et les enzymes qu'ils libèrent sont responsables de la plus grande partie de la destruction tissulaire. Il faut de 24 à 72 heures pour qu'une réaction d'hypersensibilité retardée se produise.

L'eczéma de contact **FIGURE 14.11**, les réactions d'hypersensibilité survenant au cours d'infections bactériennes, fongiques et virales, des réactions de rejet de greffes ainsi que certaines réactions de sensibilité aux médicaments figurent parmi les exemples cliniques de réaction d'hypersensibilité retardée.

Eczéma de contact

L'eczéma (ou dermatite) de contact est un exemple de réaction d'hypersensibilité retardée touchant la peau. Cette réaction se produit quand la peau est exposée à des substances qui la traversent facilement pour ensuite se lier à des protéines de l'épiderme. Ces substances acquièrent alors des propriétés antigéniques. Puis, pendant une période variant de 7 à 14 jours, il se forme des lymphocytes mémoire dirigés contre l'antigène. À la suite d'un autre contact avec le même antigène, une personne sensibilisée va produire des lésions cutanées eczémateuses en moins de 48 heures. Les antigènes les plus courants sont les composés métalliques, comme ceux contenant du nickel ou du mercure, les composés contenant du caoutchouc, les catéchols présents dans l'herbe à puce ou autres sumacs, certains produits de beauté et teintures.

Un eczéma aigu se manifeste par des lésions cutanées d'apparence érythémateuse et œdémateuse qui sont recouvertes de papules, de vésicules et de bulles. La région atteinte est très prurigineuse, mais peut aussi brûler ou piquer. Quand l'eczéma aigu devient chronique, les lésions font penser à un eczéma exsudatif (constitutionnel), car elles sont épaisses, écailleuses et lichénifiées (sèches et dures). La principale différence entre l'eczéma de contact et l'eczéma atopique est que le premier est localisé et restreint à la région exposée aux allergènes alors que le second couvre une plus grande partie du corps.

Réactions d'hypersensibilité microbienne

L'exemple classique d'une réaction immune déclenchée par des microorganismes est la défense de l'hôte contre le bacille de la tuberculose (bacille de Koch). La tuberculose est due à l'invasion des tissus pulmonaires par ces bacilles très résistants. Ce ne sont pas eux qui attaquent directement les poumons, mais plutôt les antigènes qu'ils libèrent. En réagissant avec les lymphocytes T, ceux-ci déclenchent une réaction immune à médiation cellulaire. C'est cette réaction qui cause une importante **nécrose caséeuse** des poumons, spécifique à la tuberculose.

À la suite de cette réponse cellulaire, les lymphocytes mémoire demeurent en place de sorte qu'un autre contact avec le bacille de la tuberculose, ou avec un extrait de protéines purifiées de ce bacille, déclenche une réaction d'hypersensibilité retardée. Ceci est le fondement du test cutané de sensibilité à la tuberculine (PPD), pour lequel une réaction peut être observée au cours des 48 à 72 heures qui font suite à l'injection.

14.5 | Troubles allergiques

Un mauvais fonctionnement du système immunitaire peut se manifester de diverses façons. Toutefois, les réactions d'hypersensibilité allergique immédiate de type 1, médiées par les IgE, en sont les manifestations cliniques les plus courantes.

FIGURE 14.11

Dermite (eczéma) de contact provoquée par le caoutchouc

14.5.1 Évaluation

L'évaluation clinique d'une personne aux prises avec des allergies se fonde sur des données aussi complètes que possible, comprenant les antécédents détaillés de cette personne, un examen clinique, un bilan diagnostique et des tests cutanés mettant en évidence les allergènes responsables de la réaction allergique.

Il est particulièrement important d'effectuer une analyse complète des antécédents familiaux concernant des allergies passées ou actuelles, mais il faut aussi considérer la présence de facteurs sociaux et environnementaux. L'infirmière doit obtenir ces renseignements de la personne elle-même ou de son proche aidant.

L'exploration des antécédents familiaux, qui permet d'obtenir des renseignements sur d'éventuelles réactions atopiques dans la parenté, contribue de façon importante à la reconnaissance des personnes à risque. L'infirmière devra évaluer avec précision la nature du trouble, les manifestations cliniques ainsi que les traitements prescrits.

Il faut prendre note des allergies passées et actuelles. Afin de prévenir et maîtriser les réactions allergiques, il est essentiel de déterminer les allergènes susceptibles d'avoir déclenché une réaction. Déterminer un moment de l'année où une réaction allergique se manifeste peut être un indice pour suspecter un allergène saisonnier. L'infirmière doit également s'informer des médicaments prescrits ou achetés en vente libre que la personne a utilisés pour traiter ses allergies.

En plus de déterminer l'allergène, il convient de se renseigner sur les manifestations cliniques de la réaction allergique et de son déroulement. Si la personne est une femme, il peut être important d'évaluer la présence de symptômes durant la grossesse, les périodes de menstruation ou à la ménopause. Les facteurs sociaux et environnementaux, l'environnement physique en particulier, ont une grande importance. L'infirmière doit s'enquérir des animaux domestiques, des espèces d'arbres et de plantes sur la propriété, des polluants de l'air, du recouvrement des planchers, des plantes d'intérieur ainsi que des systèmes de chauffage et de refroidissement à la maison ou dans le milieu de travail. Tenir un journal alimentaire quotidien ou hebdomadaire décrivant tout effet indésirable peut avoir une grande utilité. Il peut se révéler aussi très intéressant de scruter toute réaction à un médicament. Enfin, il faut explorer avec la personne la possibilité qu'il existe un lien entre ses manifestations allergiques, son mode de vie et son niveau de stress.

Toute personne allergique devrait subir un examen clinique détaillé, avec une attention particulière portée à la zone où se produisent des manifestations allergiques. L'examen clinique doit comprendre des données subjectives et objectives **ENCADRÉ 14.6**.

14.5.2 Examen clinique et examens paracliniques

Bon nombre de techniques immunologiques spécialisées sont utilisées pour mettre en évidence des anomalies des lymphocytes, des éosinophiles et des immunoglobulines. L'analyse complète de la formule sanguine (hémogramme, FSC) et les tests sérologiques sont fréquemment utilisés.

La formule sanguine doit comprendre la formule leucocytaire, complément de la numération des globules blancs, qui présente le compte différentiel des divers types cellulaires (neutrophiles, lymphocytes, monocytes, éosinophiles, basophiles). Il est important d'interpréter les taux leucocytaires uniquement en nombre absolu. Un déficit immunitaire est diagnostiqué lorsque le nombre de lymphocytes est inférieur à $1,2 \times 10^9$/L. L'évaluation quantitative des lymphocytes T et B permet de diagnostiquer des syndromes immunodéficitaires spécifiques. La numération des éosinophiles est élevée dans les cas de réactions d'hypersensibilité de type I mettant en cause des IgE. Le taux sérique d'IgE est également élevé dans les réactions d'hypersensibilité de type I et apparaît comme un indicateur diagnostique de maladies atopiques.

Il est aussi possible d'utiliser un test sanguin appelé RAST (Radio AllergoSorbent Test), qui dose quantitativement les anticorps IgE responsables des manifestations allergiques. Ce test est utilisé si les tests cutanés ne peuvent être faits, par exemple dans le cas de personnes présentant des manifestations cutanées importantes ne permettant pas de scarifications habituelles, ou présentant une sensibilité alimentaire sévère (Association des allergologues et immunologues du Québec [AAIQ], 2011). Ce test est moins sensible que les tests cutanés ; il prend aussi plus de temps pour mettre en évidence des allergènes. Il permet toutefois de confirmer la réactivité à différents aliments ou médicaments chez des personnes ayant des antécédents de réactions anaphylactiques graves.

Les expectorations ainsi que les sécrétions nasales et bronchiques peuvent aussi être testées pour détecter la présence d'éosinophiles. Si le professionnel de la santé soupçonne de l'asthme, les explorations fonctionnelles pulmonaires sont utiles pour évaluer la capacité vitale, le débit expiratoire forcé et le débit expiratoire maximal médian.

14

RAPPELEZ-VOUS...

Les tests de fonction respiratoire mesurent la capacité des poumons à échanger l'oxygène et le gaz carbonique de façon efficace.

ENCADRÉ 14.6 | **Allergies**

Données subjectives

- Renseignements importants concernant la santé :
  - Antécédents de santé : problèmes respiratoires récurrents avec exacerbations saisonnières ; réactions inhabituelles à des morsures ou à des piqûres d'insectes ; réactions allergiques ou réactions inhabituelles passées ou actuelles
  - Médicaments : réactions inhabituelles à des médicaments ; emploi de médicaments en vente libre, utilisation de médicaments contre les allergies
- Modes fonctionnels de santé :
  - Perception et gestion de la santé : antécédents familiaux d'allergies ; malaise
  - Nutrition et métabolisme : intolérances alimentaires, vomissements
  - Élimination : crampes abdominales, diarrhée
  - Activités et exercice : fatigue, enrouement, toux, dyspnée
  - Cognition et perception : démangeaisons, sensation de brûlure, picotements des yeux, du nez, de la gorge ou de la peau ; oppression thoracique
  - Relations et rôles : détérioration du milieu de vie ou de l'environnement de travail, présence d'animaux de compagnie

Données objectives

- Système tégumentaire : éruptions cutanées incluant urticaire, réaction papulo-érythémateuse, papules, vésicules, bulles ; sécheresse, desquamation, égratignures, irritation
- Yeux, oreilles, nez et gorge :
  - Yeux : conjonctivite ; larmoiement ; frottements ou clignements excessifs ; chez les enfants, cernes sous les yeux causés par congestion nasale
  - Oreilles : diminution de l'audition ; membranes tympaniques immobiles ou portant des cicatrices ; otites à répétition
  - Nez : polypes nasaux, voix nasonnée, tics nasaux, se gratte le nez ; rhinite, muqueuses pâles, œdémateuses ; reniflements, éternuements à répétition ; voies nasales enflées, saignements de nez récurrents inexpliqués ; chez les enfants, habitude de se frotter le nez vers le haut (« salut allergique »)
  - Gorge : raclements de gorge continuels, langue ou lèvres enflées, rougeur de la gorge, ganglions lymphatiques cervicaux palpables
- Système respiratoire : respiration sifflante, stridor ; expectorations épaisses
- Résultats possibles aux examens paracliniques : éosinophilie du sérum, des expectorations ou des sécrétions nasales et bronchiques ; ↑ du taux sérique d'IgE ; tests cutanés positifs ; radiographies anormales des poumons et des sinus

Tests cutanés

Les tests cutanés permettent de déterminer les allergènes responsables de symptômes allergiques. Les gens utilisent souvent des médicaments de façon empirique pour soigner une rhinite allergique et omettent ainsi de subir des tests cutanés qui pourraient révéler les substances allergènes auxquelles ils réagissent. Connaître l'allergène responsable de l'allergie dont elle souffre permet à une personne d'éviter cet allergène et en fait un candidat pour l'immunothérapie. Malheureusement, ces tests cutanés ne peuvent être utilisés chez des personnes ayant des allergies alimentaires ou qui ne peuvent cesser de prendre des médicaments antihistaminiques. Les tests cutanés sont inappropriés pour les éruptions qui ne font pas intervenir les IgE (Austen, 2002).

Procédure

Un test cutané peut être pratiqué de trois façons : 1) par cutiréaction (scarification ou piqûre épidermique [*prick test*]), 2) par injection intradermique ou 3) par test épicutané aussi appelé application

locale (*patch test*). Le plus souvent, ces tests sont faits sur les bras ou le dos. Des extraits d'allergènes sont appliqués en rangées dans une région expérimentale ; une région témoin, opposée à cette dernière, reçoit un témoin, soit un soluté salin ou un autre diluant. Dans le test par scarification, une goutte d'allergène est déposée sur la peau, puis le site est piqué avec une aiguille pour faire pénétrer l'allergène dans la peau. Dans le cas de l'injection intradermique, un extrait de l'allergène est introduit sous la peau, comme pour le test cutané à la tuberculine PPD utilisé pour le diagnostic de la tuberculose. Pour ces 2 tests, la réaction se produit en 5 à 10 minutes. Pour le test épicutané, l'extrait est appliqué sur la peau, recouvert d'un diachylon spécial, et la lecture est faite dans les 24 à 48 heures qui suivent (AAIQ, 2011). Chez les personnes très sensibles, un test par scarification doit précéder le test intradermique (Austen, 2002).

Résultats

Lorsque la personne est sensible à l'allergène, une réaction se produit quelques minutes à peine après son introduction dans la peau. Cette réaction peut persister de 8 à 12 heures. Un test s'avère positif quand une réaction papulo-érythémateuse se produit. Le diamètre des papules n'a pas toujours une étroite corrélation avec la gravité des symptômes allergiques. Il peut y avoir de faux positifs et des faux négatifs. Le résultat négatif à un test cutané ne signifie pas nécessairement que la personne n'est pas atteint de troubles allergiques, et un résultat positif ne veut pas toujours dire que l'allergène est responsable des manifestations cliniques. Des résultats positifs confirment la sensibilité de la personne à cet allergène. C'est pourquoi il est important de mettre en corrélation les résultats des tests cutanés avec les antécédents de la personne.

Précautions

Une personne sensibilisée court toujours le risque de subir un choc anaphylactique au cours de tests cutanés. C'est pourquoi un client ne devrait jamais être laissé seul au moment de subir des tests. Il arrive que les tests cutanés soient tout à fait contre-indiqués ; le test RAST (dosage des IgE sériques spécifiques) est alors pratiqué. Si une grave réaction survient au cours d'un test cutané, il faut immédiatement enlever l'extrait et appliquer localement un onguent topique anti-inflammatoire. Lorsqu'il s'agit d'un test intradermique, il est fait sur le bras : un garrot pourra ainsi être posé en cas de grave réaction. Une injection sous-cutanée (S.C.) d'épinéphrine pourrait aussi être nécessaire.

14.5.3 Processus thérapeutique en interdisciplinarité

Après le diagnostic d'un trouble allergique, le traitement vise à diminuer l'exposition à l'allergène, à traiter les symptômes et, si possible, à éviter, sinon à diminuer l'exposition avec l'allergène incriminé. Il est parfois nécessaire de désensibiliser le client par des traitements immunothérapeutiques. Le personnel soignant doit toujours être prêt à intervenir rapidement en présence d'une réaction anaphylactique, événement rare, mais susceptible de mettre en danger la vie de la personne et nécessitant des interventions médicales et infirmières immédiates. Il est primordial que toutes les allergies d'une personne soient inscrites à son dossier médical, sur son profil pharmaceutique ainsi que sur le plan de soins.

Anaphylaxie

Les réactions anaphylactiques se produisent brutalement chez des personnes sensibilisées à la suite d'une exposition à l'allergène déclencheur. Elles peuvent survenir notamment à la suite d'une injection parentérale de médicaments, en particulier

des antibiotiques, au moment de l'administration de produits sanguins ou à la suite d'une piqûre d'insecte. Le principe essentiel du traitement repose sur la rapidité avec laquelle 1) les signes et symptômes d'une réaction anaphylactique sont reconnus ; 2) les voies respiratoires sont maintenues ouvertes ; 3) l'épinéphrine est administrée ; 4) la propagation de l'allergène est empêchée par le recours à un garrot ; 5) les autres médicaments et interventions sont administrés selon le tableau clinique ; 6) l'état de choc est traité. Le **TABLEAU 14.11** résume les traitements d'urgence d'un choc anaphylactique.

Lorsque la réaction est sévère, un choc anaphylactique peut induire un choc hypovolémique dû à la perte de liquide intravasculaire vers les espaces interstitiels ; ce choc résulte de l'augmentation de la perméabilité des capillaires. Gabus (2005) qualifie ce choc, secondaire à une vasodilatation, de distributif. Il se produit alors une vasoconstriction périphérique et une stimulation du système nerveux sympathique pour compenser le déplacement des liquides. À moins que l'état de choc ne soit traité rapidement, l'organisme sera incapable de compenser et des dommages irréversibles se produiront, entraînant la mort ▶ **50**.

Allergies chroniques

La plupart des réactions allergiques sont chroniques et se caractérisent par des périodes de rémission puis d'exacerbation des symptômes. Le traitement consiste à déterminer, puis contrôler les allergènes, soulager les symptômes à l'aide de médicaments et hyposensibiliser la personne envers un allergène.

Reconnaissance et contrôle de l'allergène

L'infirmière doit encourager la personne à modifier ses habitudes de vie de façon à réduire autant que possible ses contacts avec les allergènes qui l'agressent. Il importe de rappeler à la personne qu'elle ne pourra jamais être complètement désensibilisée et qu'elle aura toujours des symptômes allergiques. Selon le type d'allergène en cause, différentes mesures préventives pourront être mise en place afin d'aider la personne à mieux gérer ses symptômes allergiques.

Il est tout à fait essentiel de pouvoir déterminer l'allergène en cause. Parfois, cela peut être fait à l'aide de tests cutanés. Dans les cas d'allergies alimentaires, un régime d'élimination est indiqué. Si la personne subit une réaction allergique, il faudrait alors éliminer tous les aliments consommés avant la réaction, puis les réintroduire, un à la fois, jusqu'à ce que l'aliment allergène soit déterminé.

Plusieurs réactions allergiques, l'asthme et l'urticaire en particulier, peuvent être aggravées par

50

Il est question du choc hypovolémique dans le chapitre 50, *Interventions cliniques – État de choc, syndrome de réaction inflammatoire systémique et syndrome de défaillance multiorganique.*

14

TABLEAU 14.11	**Choc anaphylactique**	

CAUSES	OBSERVATIONS	INTERVENTIONS

• Injection, inhalation, ingestion ou exposition topique à une substance qui provoque une réaction allergique sévère
• Liste plus complète présentée dans l'**ENCADRÉ 14.5**
	Manifestations neurologiques
	• Céphalées
	• Étourdissements
	• Paresthésie
	• Sentiment d'une mort imminente
	Manifestations cutanées
	• Prurit
	• Angiœdème
	• Érythème
	• Urticaire
	Manifestations respiratoires
	• Enrouement
	• Toux
	• Sensation de rétrécissement des voies respiratoires
	• Respiration sifflante
	• Stridor
	• Dyspnée, tachypnée
	• Arrêt respiratoire
	Manifestations cardiovasculaires
	• Hypotension
	• Arythmies
	• Tachycardie
	• Arrêt cardiaque
	Manifestations gastro-intestinales
	• Crampes, douleur abdominale
	• Nausées, vomissements
	• Diarrhée
		Initiales
		• Évaluer rapidement les voies respiratoires, la respiration, la circulation (ABC) et l'état de conscience.
		• Demander de l'aide.
		• Administrer sans délai l'épinéphrine [1:1000].
		  – I.V.[a] : épinéphrine [1mg/ml] toujours diluée dans une seringue de 10 ml ; 1 mg (1 amp) + 9 ml NaCl 0,9 % ;
		  – administration par palier de 0,1mg.
		• I.M.[b] : épinéphrine 0,01 mg/kg (maximum de 0,5 mg ou de 0,5 ml par dose). Utiliser la partie antérolatérale de la cuisse ; répéter toutes les 5 à 15 minutes.
		• Prévoir le matériel nécessaire à l'intubation en présence de détresse respiratoire.
		• Administrer de l'oxygène à débit élevé à l'aide d'un masque (40-60 %).
		• Installer un accès I.V.
		• Administrer les médicaments requis tels que : bronchodilatateurs (p. ex., le Ventolin[MD]) ; antihistaminiques : diphenhydramine (p. ex., le Bénadryl[MD]) ; corticostéroïdes (p. ex., l'hydrocortisone, le méthylprednisolone).
		• Retirer le dard de l'insecte au besoin.
		Hypotension
		• Élever les jambes du client.
		• Maintenir la pression artérielle à l'aide de solutions de remplissage (sous prescription médicale) comme les cristalloïdes (p. ex., le lactate Ringer ou une solution saline 0,9 %), et de vasopresseurs (p. ex., la dopamine).
		Monitorage continu
		• Surveiller la condition respiratoire, la condition cardiaque, l'état de conscience, les signes vitaux, la saturation en oxygène.
		• Prévoir une cricothyroïdotomie ou une trachéotomie en cas d'œdème laryngé sévère.

[a] Il est recommandé de réserver la voie I.V. aux clients en état de choc et souffrant d'hypotension grave.
[b] La voie I.M. est supérieure à la voie S.C.

la fatigue ou un stress émotionnel. Les infirmières peuvent jouer un rôle clé en participant à la mise en place d'un programme de gestion du stress. Des techniques de relaxation peuvent être proposées à une personne qui doit se présenter à une série de traitements d'immunothérapie.

Il arrive que la régulation des symptômes allergiques exige un contrôle du milieu environnant : il faut parfois se défaire de son animal de compagnie préféré, mais parfois même envisager un changement de profession ou un déménagement pour profiter d'un autre climat. Dans le cas des allergènes aérogènes, il peut être profitable de dormir dans une pièce climatisée, d'enlever chaque jour la poussière à l'aide d'un dispositif humide, de recouvrir matelas et oreillers de housses hypoallergènes et de porter un masque à l'extérieur.

Si l'allergène est un médicament, la personne doit être prévenue qu'elle doit éviter d'en prendre. C'est au client que revient la responsabilité de bien faire connaître à tous les professionnels de la santé, incluant son dentiste, les médicaments auxquels il est allergique ; une liste peut être préparée à cet effet. Le port d'un bracelet du type Medic-Alert[MD] précisant le nom de médicaments auxquels il est allergique sera aussi utile. La personne doit faire en sorte qu'une allergie soit connue des membres de sa famille, de ses collègues de travail et de ceux qui partagent ses loisirs.

Les personnes allergiques aux piqûres d'insectes peuvent trouver sur le marché des trousses de soins contenant une seringue d'épinéphrine auto-injectable (ÉpiPen^MD) ainsi qu'un garrot. L'infirmière a la responsabilité d'enseigner à la personne et à sa famille comment appliquer un garrot et comment s'administrer l'adrénaline auto-injectable. Elle doit également s'assurer de la compréhension de l'enseignement donné. La personne devrait toujours porter un bracelet (Medic-Alert^MD) signalant qu'elle est allergique et, au moment de ses sorties et déplacements à l'extérieur, transporter avec elle son ÉpiPen^MD non périmé.

Pharmacothérapie

Les principales catégories de médicaments utilisés pour le soulagement symptomatique des allergies chroniques comprennent les antihistaminiques, les sympathomimétiques décongestionnants, les corticostéroïdes, les médicaments antiprurigineux et les stabilisateurs de membrane (inhibant la dégranulation des mastocytes). Bon nombre de ces médicaments sont en vente libre et ils se trouvent souvent mal utilisés.

Antihistaminiques

Les antihistaminiques sont les médicaments les plus appropriés pour soigner la rhinite allergique et l'urticaire, mais ils sont moins efficaces pour traiter les réactions allergiques graves. Ils agissent en rivalisant avec l'histamine pour ses sites récepteurs H_1 ; ce faisant, ils inhibent l'effet de l'histamine. De meilleurs résultats sont obtenus s'ils sont pris dès les premières manifestations signalant une allergie. Les antihistaminiques sont efficaces pour traiter l'œdème et le prurit, mais ils sont relativement inefficaces pour prévenir la bronchoconstriction. Dans les cas de rhinite saisonnière, les antihistaminiques devraient être utilisés au plus fort de la saison pollinique.

Sympathomimétiques et décongestionnants

Le principal sympathomimétique est l'**adrénaline**, qui est particulièrement appropriée pour traiter le choc anaphylactique. L'adrénaline est une hormone synthétisée par la médullosurrénale et elle stimule les récepteurs α- et β-adrénergiques. La stimulation des récepteurs α-adrénergiques cause la vasoconstriction périphérique alors que la stimulation des récepteurs β-adrénergiques entraîne le relâchement des muscles lisses bronchiaux. L'adrénaline agit aussi de façon directe sur les mastocytes pour les stabiliser et empêcher toute future dégranulation. L'adrénaline ne demeure active que pendant quelques minutes. Pour traiter l'anaphylaxie, le médicament doit être administré par voie parentérale (I.M. ou I.V.).

Plusieurs sympathomimétiques spécifiques et mineurs diffèrent de l'adrénaline, car ils peuvent être pris par voie orale ou nasale ; leurs effets durent alors plusieurs heures. La phényléphrine (Neo-Synephrine^MD) et la pseudoéphédrine (Sudafed^MD) entrent dans cette catégorie de médicaments. Ces sympathomimétiques mineurs sont surtout utilisés pour le traitement de la rhinite allergique.

Corticostéroïdes

Les aérosols nasaux de corticostéroïdes sont très efficaces pour soulager les symptômes de la rhinite allergique. Il arrive que des personnes aient des réactions allergiques tellement fortes qu'elles en sont invalidantes. Dans ces situations, des corticostéroïdes oraux peuvent être brièvement utilisés.

Antiprurigineux

L'efficacité des antiprurigineux topiques est meilleure lorsqu'ils sont appliqués sur une peau intacte. Ces médicaments protègent la peau et soulagent le prurit. Les médicaments les plus courants sont la lotion de calamine, les solutions à base de goudron et le camphre. Du menthol et du phénol peuvent aussi être ajoutés à d'autres lotions pour obtenir un effet antiprurigineux. Les médicaments plus efficaces qui sont l'objet d'une prescription comprennent notamment la triméprazine (Panectyl^MD). Il faut les utiliser avec beaucoup de précautions étant donné le risque élevé d'agranulocytose qui leur est associé.

Stabilisateurs de membranes

Le cromoglycate sodique (Rhinaris^MD) et le nédocromil (Alocril^MD) sont des stabilisateurs de membrane qui inhibent la libération d'histamine, de leucotriènes et d'autres molécules par les mastocytes à la suite d'une interaction antigène-IgE. Ils sont disponibles sur le marché sous forme de pulvérisateur nasal ou d'aérosol pour inhalation. Ils sont utiles pour traiter l'asthme et la rhinite allergique. Une caractéristique intéressante de ces produits est qu'ils produisent très peu d'effets secondaires.

Antagonistes des récepteurs des leucotriènes

Les antagonistes des récepteurs des leucotriènes (ARL) inhibent l'activité des leucotriènes qui sont parmi les principaux médiateurs de la réaction inflammatoire. Ces médicaments peuvent être pris par voie buccale (P.O.) pour soigner la rhinite allergique et l'asthme.

Immunothérapie

L'immunothérapie spécifique ou désensibilisation spécifique par injection S.C. est strictement réservée aux personnes qui présentent une maladie allergique mettant en jeu des IgE : rhinite et asthme saisonniers, rhinite et asthme perannuels induits par un allergène défini, manifestations anaphylactiques induites par des piqûres d'hyménoptères. Dans le cadre de la recherche, notamment en Europe, les manifestations allergiques alimentaires IgE médiées font actuellement l'objet d'essais cliniques utilisant la technique sublinguale (Pauli, 2010). Il n'y a qu'un nombre relativement faible de personnes souffrant d'allergies pour lesquelles les symptômes sont tellement intolérables qu'elles doivent recourir à l'immunothérapie. Ce traitement n'est absolument nécessaire que pour les personnes sujettes à un choc anaphylactique en raison de leur sensibilité au venin d'insectes. De faibles quantités d'extraits allergéniques sont alors administrées, en augmentant progressivement les doses jusqu'à ce que la personne devienne hyposensible à l'allergène. Pour de meilleurs résultats, la personne devrait continuer, autant que possible, à éviter tout contact avec l'allergène, car elle ne pourra jamais être complètement désensibilisée.

Mécanisme d'action

L'immunothérapie spécifique cible différents mécanismes d'action : la réponse humorale, l'activation des cellules T et des cellules présentatrices d'allergènes, ainsi que l'activation des mastocytes et des basophiles.

Après une augmentation initiale des concentrations d'IgE spécifiques pendant le début d'une désensibilisation par injection à dose croissante, seul le pic des IgE observé naturellement après l'exposition saisonnière pollinique disparaît. Par contre, la désensibilisation spécifique s'accompagne d'une augmentation importante des taux d'IgG1 et d'IgG4 qui se maintiennent pendant l'administration de l'immunothérapie et diminuent une fois le traitement cessé. Les IgG4 sont considérées comme des anticorps bloquants qui empêchent l'allergène de se lier aux IgE spécifiques fixées à la surface des cellules effectrices (mastocytes et basophiles) vraisemblablement par compétition avec les IgE vis-à-vis de l'allergène. Un autre effet des IgG induites par l'immunothérapie spécifique est l'inhibition de la présentation IgE dépendante de l'allergène aux cellules présentatrices d'antigènes (cellules dendritiques et lymphocytes B) diminuant ainsi la capacité de ces cellules à présenter l'allergène aux cellules T spécifiques. Finalement, les anticorps IgG pourraient avoir un rôle inhibiteur de l'activation par l'antigène des cellules effectrices, ainsi qu'un rôle suppresseur dans l'activation IgE médiée des cellules T (Pauli, 2010).

Mode d'administration

Les allergènes utilisés pour l'immunothérapie spécifique sont choisis en tenant compte des résultats aux tests cutanés effectués à partir d'allergènes présents dans la région géographique. L'immunothérapie spécifique par injection sous-cutanée de volumes titrés d'extraits allergéniques se fait une ou deux fois par semaine. Au début, la dose d'allergène est faible, puis elle est lentement augmentée jusqu'à ce que soit atteinte une posologie d'entretien. En général, il faut une ou deux années de traitement avant d'arriver à un effet thérapeutique maximal. L'efficacité du traitement se manifeste par une réduction des symptômes cliniques aux organes cibles (conjonctivites, nez, bronches), par une diminution de la consommation médicamenteuse et par une amélioration de la qualité de vie (Pauli, 2010). La thérapie doit généralement être poursuivie pendant trois à cinq ans environ avant de cesser les traitements (Hébert, Caron, Charbonneau, Copeland, Dubé, & Primeau, 2010). Il a été démontré que lorsque l'immunothérapie spécifique est efficace, la rémission des symptômes pouvait se prolonger trois ans après la cessation du traitement. Pour les personnes qui ne répondent pas au traitement, l'immunothérapie spécifique doit alors être cessée si aucune amélioration n'est obtenue après une année de traitement (Pauli, 2010). Chez les personnes souffrant d'allergies graves (inhalants ou piqûres d'insectes), l'administration d'une posologie d'entretien se poursuivra pendant plusieurs années. De meilleurs résultats sont obtenus lorsque les traitements d'immunothérapie sont appliqués tout au long de l'année.

L'immunothérapie par voie sublinguale se fait à l'aide d'extraits d'allergènes placés sous la langue. Cette méthode présente un risque diminué de réactions indésirables graves. Bien que ces préparations commerciales soient disponibles en Europe, l'immunothérapie sublinguale n'est pas encore utilisée en Amérique du Nord.

Soins et traitements infirmiers

CLIENT NÉCESSITANT UNE IMMUNOTHÉRAPIE SPÉCIFIQUE

Le traitement par immunothérapie spécifique requiert à la fois des professionnels bien formés et un environnement de pratique sécuritaire. À cet effet, l'AAIQ a publié un guide, incluant des outils de soins permettant d'encadrer cette pratique clinique. Il y est précisé que l'immunothérapie devrait être administrée dans un environnement où l'anaphylaxie sera détectée précocement par des professionnels de la santé qualifiés en assistance cardio-respiratoire (Hébert *et al.*, 2010).

Lorsque la responsabilité d'administrer les injections relève de l'infirmière, celle-ci doit suivre rigoureusement le protocole d'administration et assurer le suivi infirmier requis. Il faudra toujours prévoir des réactions indésirables, surtout au passage à une dose plus forte, ou si une réaction allergique s'est déjà produite, ou encore lorsqu'une séance du traitement a été omise. Les premiers signes et symptômes d'une réaction systémique sont un prurit, l'urticaire, des éternuements, un œdème laryngé et une hypotension. Lorsque ces manifestations se présentent, il faut alors immédiatement appliquer les méthodes d'urgence pertinentes au traitement d'un choc anaphylactique. Pour décrire la réaction locale, il faut tenir compte de l'intensité de la rougeur et de l'enflure manifeste sur le site de l'injection. Si la personne est un adulte et que le diamètre de la région est supérieur à celui d'une pièce de 25 cents, le médecin responsable devrait être informé de façon à ce que la dose de l'allergène puisse être diminuée.

Tout traitement immunothérapeutique comporte le risque d'une grave réaction anaphylactique. Avant toute injection, il faut donc s'assurer de la présence d'un professionnel de la santé et de la disponibilité d'un équipement de réanimation et des médicaments appropriés.

La tenue des dossiers doit être méticuleuse, car les informations qu'ils contiennent peuvent se révéler essentielles pour prévenir une réaction négative à un extrait d'allergène. Avant de faire une injection, il faut toujours vérifier que le nom de la personne et celui inscrit sur le flacon sont identiques. Il convient aussi de vérifier la dose du produit, la date de la dernière injection et le volume injecté au cours de celle-ci, ainsi que tout renseignement au sujet d'une réaction précédente.

L'extrait d'allergène doit toujours être injecté par voie sous-cutanée au deuxième tiers du bras, à la jonction du deltoïde et du triceps, afin qu'il soit possible de mettre en place un garrot en cas de réaction grave. Avant d'injecter l'extrait, il faut retirer légèrement le piston afin de s'assurer que l'aiguille n'est pas à l'intérieur d'un vaisseau sanguin. S'il y a un retour sanguin, il faut jeter la seringue et recommencer (Hébert *et al.*, 2010); le fait de piquer directement dans un vaisseau pourrait en effet potentialiser la réaction anaphylactique. À la suite de l'injection, une surveillance attentive doit s'exercer auprès de la personne pendant au moins 30 minutes, puisque la réaction anaphylactique est généralement quasi immédiate. Les personnes qui présentent un plus grand risque pourraient devoir être gardées plus longtemps sous observation (Hébert *et al.*, 2010). Il faut toutefois informer la personne de l'éventualité d'une réaction retardée, qui peut se manifester dans les 24 heures, et des actions à poser advenant une telle situation.

14.5.4 Allergies au latex

L'allergie au latex est liée à la présence d'IgE spécifiques, dirigées contre des protéines présentes dans le latex naturel et les produits manufacturés qui en dérivent. Les allergies aux produits contenant du latex sont devenues un problème dont les proportions s'accroissent, et qui touche à la fois la population en général et le personnel soignant. Les cas d'allergie ont augmenté principalement dans le secteur de la santé depuis le début des années 1990, en même temps que l'utilisation des gants de latex est devenue plus fréquente. Environ 5 à 18 % du personnel soignant régulièrement exposé au latex est sensibilisé. Plus l'exposition est fréquente et prolongée, plus la possibilité d'une allergie au latex est grande (Bundesen, 2008). Selon l'American Latex Allergy Association, toute personne ayant subi de multiples chirurgies est à risque de faire une allergie au latex. En plus des gants, bon nombre d'autres produits contenant du latex sont utilisés pour les soins de santé, par exemple les brassards pneumatiques, les stéthoscopes, les garrots, les tubulures I.V., les seringues, les électrodes, les masques à O_2, les tubes trachéaux, les sacs de colostomie et d'iléostomie, les cathéters urinaires, les masques d'anesthésie et le ruban adhésif. Les protéines de latex présentes sous forme de poudre sur les gants peuvent se disperser comme un aérosol; lorsque ces poussières sont inhalées, elles peuvent provoquer de graves réactions chez les personnes sensibilisées. Il est recommandé aux établissements de soins de santé d'utiliser des gants dépourvus de poudre afin d'éviter la contamination aérienne par des protéines du latex.

Types d'allergies au latex

Deux types d'allergie au latex sont susceptibles de se produire soit la dermatite de contact de type IV et les réactions allergiques de type I. La dermatite de type IV est causée par des additifs chimiques utilisés dans la fabrication des gants en latex plutôt que par le latex lui-même. Il s'agit d'une réaction retardée qui se manifeste de 6 à 48 heures après le contact. Les symptômes classiques touchent la peau: sécheresse, prurit, fissures et fendillements. Une rougeur cutanée, une tuméfaction et la formation de croûtes sont ensuite observées dans les 24 à 48 heures. Chaque exposition peut contribuer à accroître la sensibilisation et à provoquer des réactions plus graves. Une exposition chronique peut amener une **lichénification**, une desquamation et une hyperpigmentation. La dermite peut s'étendre au-delà de la région directement en contact avec l'allergène.

La réaction allergique de type I médiée par la présence d'IgE spécifiques (hypersensibilité immédiate) apparaît quelques minutes après un contact avec les protéines présentes dans le latex. Les signes de ces réactions allergiques peuvent être une rougeur cutanée, de l'urticaire, une rhinite, une conjonctivite, de l'asthme, un bronchospasme, un œdème de la glotte, et peuvent aller jusqu'au choc anaphylactique. Les réactions systémiques au latex peuvent faire suite à l'exposition aux protéines de latex par diverses voies, comme la peau,

Lichénification:
Épaississement de la peau dû à la prolifération des kératinocytes et accompagné d'une accentuation des marques naturelles de la peau.

Constance est âgée de 16 ans. À la suite d'une relation sexuelle avec son copain, elle a présenté des réactions cutanées indiquant une allergie au latex présent dans le condom. Elle refuse d'avoir des relations non protégées, mais elle ne sait pas comment faire pour éviter d'autres réactions allergiques au latex.

Quelle information devez-vous lui donner?

Réaction croisée:
Réaction déclenchée par une substance qui n'est pas la cause primaire de l'allergie.

les muqueuses, les poumons et le sang. Les allergènes du latex libérés par la sueur peuvent pénétrer dans la peau par les follicules et être ensuite disséminés dans tout l'organisme par le sang. Le contact avec les muqueuses peut survenir lors d'une intervention diagnostique ou chirurgicale ou impliquant un contact avec ce matériau. L'inhalation de protéines de latex aéroportées, fixées sur la poudre des gants se produit après contamination de l'air ambiant au cours de la mise ou du retrait des gants (Rast & Jost, 2006). De plus en plus d'établissements de santé adoptent des politiques qui minimisent l'exposition aux produits contenant du latex.

Syndrome latex-aliments

Parce que certaines protéines du caoutchouc sont semblables à des protéines alimentaires, certains aliments peuvent provoquer une réaction allergique chez les personnes sensibilisées au latex. C'est ce qui est appelé le syndrome latex-aliments. Les aliments les plus souvent concernés sont les suivants: bananes, avocats, châtaignes, kiwis, tomates, goyaves, noisettes, pommes de terre, pêches, raisins et abricots. Au moins 70% des personnes allergiques au latex auront une réaction à au moins l'un de ces aliments. D'autres auteurs parlent de **réactions croisées** avec les allergènes du latex et précisent qu'une réaction croisée avec la plante d'appartement *Ficus benjamina* n'est pas rare. Le contact avec la plante ainsi que l'inhalation de particules végétales peuvent induire une réaction allergique chez une personne sensibilisée (Rast & Jost, 2006).

Soins et traitements en interdisciplinarité

ALLERGIES AU LATEX

Il est essentiel de connaître les personnes et les membres du personnel soignant qui sont sensibilisés au latex afin de prévenir les risques de réaction allergique. Une analyse complète des antécédents de santé et de toute forme d'allergie devrait être faite, surtout chez les personnes qui se plaignent de symptômes à la suite de contacts avec du latex. Les personnes sensibles au latex ne peuvent cependant pas être toutes connues, même après avoir fait une étude approfondie et minutieuse de leurs antécédents. Le facteur de risque le plus important est une exposition à long terme aux produits du latex (p. ex., le personnel soignant, les personnes ayant eu de multiples chirurgies, les travailleurs des industries du caoutchouc). Les facteurs de risque additionnels sont des antécédents de rhume des foins, d'asthme et d'allergie à certains aliments.

Des protocoles de précaution devraient être appliqués aux personnes ayant obtenu un résultat positif au test du latex ou qui présentent des antécédents de signes et de symptômes en lien avec une exposition au latex. De nombreux établissements de santé disposent de chariots équipés de produits sans latex qui peuvent être utilisés par les personnes allergiques au latex. Le National Institute for Occupational Safety and Health (NIOSH) a publié des recommandations pour la prévention des réactions allergiques au latex dans les milieux de travail **ENCADRÉ 14.7**.

En raison du fort potentiel qui existe de présenter des symptômes d'allergie alimentaire grave, il faut recommander aux personnes souffrant d'allergies au latex d'éviter de consommer les aliments susceptibles de déclencher des allergies croisées. Il leur est recommandé de porter un bracelet (Medic-Alert^MD) signalant leur allergie et de conserver sur eux en tout temps une seringue d'EpiPen^MD non périmée.

ENCADRÉ 14.7	**Recommandations pour prévenir les réactions allergiques au latex**

- Utiliser des gants qui ne sont pas en latex quand il n'y a pas de risque d'entrer en contact avec des substances infectantes (p. ex., la préparation des aliments, l'entretien ménager).
- Utiliser des gants sans poudre, avec une teneur en protéine réduite.
- Ne pas utiliser de crème ou de lotion pour les mains à base d'huile avec le port de gants.
- Après avoir retiré les gants, se laver les mains avec un savon doux et bien les assécher.
- Nettoyer fréquemment les zones de travail contaminées par de la poussière contenant du latex.

- Reconnaître les symptômes de l'allergie au latex: éruptions cutanées, urticaire, bouffées congestives, démangeaisons, symptômes touchant le nez, les yeux ou les sinus, asthme et choc.
- Lorsque des symptômes d'allergie au latex apparaissent, éviter le contact direct avec des gants de latex ou autres produits contenant du latex.
- Porter un bracelet d'alerte médicale et avoir sur soi une seringue d'épinéphrine auto-injectable (ÉpiPen^MD).

14.5.5 Hypersensibilité chimique multiple (MCS)

L'hypersensibilité chimique multiple (MCS) est un trouble acquis observé chez certaines personnes exposées à différents aliments et agents chimiques dans leur environnement et qui présentent de nombreux symptômes touchant plusieurs organes de l'organisme (Cooper, 2007). Ces symptômes sont généralement subjectifs et ne se révèlent par aucun signe particulier à l'examen physique. La personne ressent divers symptômes, mais il n'existe pas d'éléments qui puissent démontrer avec certitude une dysfonction pathologique ou physiologique.

Ce sont surtout les femmes qui souffrent de MCS. Les symptômes comprennent la fatigue, des maux de tête, des nausées, des douleurs, un côlon irritable, des étourdissements, une irritation buccale, une désorientation et la toux. N'importe quel agent chimique, ou presque, est susceptible de déclencher les symptômes d'une MCS. Les odeurs seraient le principal élément déclencheur. Les gaz d'échappement, les parfums, la fumée des cigarettes, les matières plastiques, les pesticides et les solvants industriels sont parmi les odeurs les plus souvent associées à la MCS. En outre, certaines personnes peuvent être sensibilisées à des additifs alimentaires, à des médicaments de même qu'à des aliments habituels, y compris l'eau courante. Le caractère unique de la MCS provient de ce que les symptômes se manifestent alors que les taux en présence sont inférieurs aux valeurs établies pour la toxicité des substances.

Les causes de la MCS sont possiblement d'origine immunologique, psychologique, toxicologique et sociologique. Généralement, le diagnostic est fondé sur les antécédents de santé de la personne. Il n'existe pas de test pour confirmer le diagnostic de ce type d'hypersensibilité. Les tests utilisés comprennent des tests de provocation-neutralisation ainsi que les tests immunologiques classiques (p. ex., la formule sanguine complète, les sous-populations lymphocytaires, les titres d'anticorps). Cependant, les épreuves immunologiques n'ont pas encore été largement acceptées comme test diagnostique. Le **test de provocation-neutralisation** consiste à exposer la personne à certaines substances de l'environnement pour faire apparaître les symptômes, puis de continuer les tests avec des doses plus élevées et plus faibles jusqu'à la disparition des symptômes.

Le traitement le plus efficace des MCS consiste, d'une part, à éviter les agents chimiques qui pourraient déclencher les symptômes et, d'autre part, à créer un espace de travail inodore et dépourvu d'agents chimiques. Toutefois, cela peut être difficile à réaliser dans notre société qui est tellement dépendante des produits chimiques.

14.6 Auto-immunité

L'**auto-immunité** est une réaction immune dirigée contre le soi. Dans ces conditions, le système immunitaire ne distingue plus le soi du non-soi. Pour une raison inconnue, nos cellules immunitaires, qui sont habituellement non réactives, c'est-à-dire tolérantes vis-à-vis des antigènes du soi, sont activées. En général, les lymphocytes T et B ne réagissent pas contre les antigènes du soi, mais il peut se produire une stimulation d'un clone lymphocytaire (T ou B et T) autoréactif avec une production d'autoanticorps et de lymphocytes T autosensibilisés qui vont causer des dommages tissulaires. La façon dont se manifeste une maladie auto-immune dépend du type d'autoantigène impliqué.

Les causes des maladies auto-immunes ne sont pas encore connues. Toutefois, l'âge pourrait jouer un rôle, étant donné que le nombre d'autoanticorps augmente chez les personnes âgées de 50 ans et plus. Cependant, les principaux facteurs impliqués dans le développement de l'auto-immunité sont la transmission héréditaire de gènes de prédisposition à l'auto-immunité qui peuvent contribuer à l'échec de la tolérance du soi, et l'amorce d'une autoréactivité par des déclencheurs comme des infections pouvant activer des lymphocytes autoréactifs.

Les maladies auto-immunes ont tendance à s'additionner, de sorte qu'une même personne peut souffrir de plus d'une maladie (p. ex., la polyarthrite rhumatoïde, la maladie d'Addison); en outre, la même maladie ou des maladies associées peuvent être observées chez d'autres membres d'une même famille. C'est cette observation qui a mené à l'idée d'une prédisposition génétique à ces maladies. La plupart des recherches génétiques dans ce domaine mettent en corrélation le système HLA et une condition auto-immune. Le système HLA (*human leucocyte antigen*) ou complexe majeur d'histocompatibilité (CMH) est un groupe de gènes qui codent des protéines particulières présentes dans toutes les cellules de l'organisme. Il s'agit en quelque sorte d'un système de reconnaissance permettant à l'organisme de distinguer les cellules qui lui appartiennent (soi) et les cellules qui lui sont étrangères (non-soi). Le système HLA joue un rôle fondamental dans la réponse immune.

Même chez une personne présentant une prédisposition génétique, un élément déclencheur est nécessaire pour qu'une réaction d'auto-immunité se produise. Cet élément peut être un agent infectieux comme un virus. Les infections virales produisent des changements susceptibles de modifier des cellules ou des tissus qui ne sont normalement pas antigéniques. Les virus pourraient possiblement être impliqués dans l'apparition de maladies comme la sclérose en plaques et le diabète insulinodépendant. La fièvre rhumatismale et le rhumatisme cardiaque sont des maladies auto-immunes déclenchées par une infection à streptocoques, facilitée par des anticorps dirigés contre les streptocoques β-hémolytiques du groupe A, et qui ont une réaction croisée avec le muscle cardiaque et les valves de même qu'avec les membranes synoviales.

Les médicaments peuvent aussi jouer le rôle de facteurs précipitants dans les maladies auto-immunes. Par exemple, le procaïnamide (Procan SR[MD]) peut entraîner la formation d'anticorps antinucléaires et causer un syndrome semblable au lupus.

Le sexe du client et les hormones jouent aussi un rôle dans les maladies auto-immunes. En effet, plus de femmes que d'hommes sont touchées. Au cours de la grossesse, beaucoup de maladies auto-immunes régressent. Mais après l'accouchement, chez les femmes souffrant d'une maladie auto-immune, une exacerbation des symptômes est fréquemment observée.

14.6.1 Maladies auto-immunes

Les maladies auto-immunes sont habituellement regroupées en deux catégories : les maladies touchant certains organes spécifiques et les maladies systémiques **ENCADRÉ 14.8**. Le LED est un exemple classique de maladie auto-immune systémique en raison de l'abondance des atteintes d'organes ou de tissus (reins, articulations, peau, vaisseaux, surfaces séreuses, système nerveux central). Il est observé plus fréquemment chez les femmes âgées de 20 à 40 ans. L'étiologie est inconnue, mais il semble y avoir une perte de la tolérance du soi pour son propre ADN.

Les dommages tissulaires provoqués par le LED semblent être causés par la formation d'anticorps antinucléaires. Pour une quelconque raison, possiblement une infection virale, la membrane cellulaire est endommagée et l'ADN est libéré dans la circulation systémique où il est considéré comme non-soi. Cet ADN est généralement séquestré dans le noyau cellulaire. Lorsqu'il se trouve libéré dans la circulation, cet ADN antigénique réagit avec les anticorps. Certains anticorps participent à la formation d'un complexe immun et d'autres peuvent causer directement des dommages. Une fois les complexes déposés, le système du complément est activé et d'autres anticorps peuvent provoquer directement des dommages tissulaires, surtout dans le glomérule rénal.

14.6.2 Aphérèse

L'**aphérèse** (qui vient du mot grec qui signifie ôter) est une technique qui s'est avérée efficace pour traiter les maladies auto-immunes et divers autres troubles et maladies (McLeod, 2007) ; elle consiste à séparer les éléments du sang, puis à en éliminer un ou plusieurs composants. Il existe différents termes pour désigner les éléments à retirer. Par exemple, la thrombocytaphérèse consiste à extraire les plaquettes sanguines provenant généralement de sujets sains, pour les transfuser à des personnes dont la numération plaquettaire est faible (p. ex., des personnes atteintes de thrombopénie à la suite de traitements chimiothérapeutiques). La leucophérèse permet de diminuer le nombre élevé de lymphocytes, chez des personnes atteintes de leucémie lymphoïde chronique, par exemple.

Une autre catégorie d'aphérèse est le prélèvement (collecte) de cellules souches hématopoïétiques périphériques (aussi appelées progéniteurs hématopoïétiques) en vue d'une greffe. Ces cellules peuvent servir à reconstituer les populations de cellules médullaires d'une personne ayant reçu des doses élevées de chimiothérapie myéloablative.

Plasmaphérèse

La **plasmaphérèse** consiste à extraire des substances plasmatiques causant une maladie ou présumées en provoquer. C'est aussi une technique pour obtenir du plasma de donneurs sains pour le donner à des personnes comme thérapie de substitution.

La plasmaphérèse peut contribuer au traitement des certaines maladies auto-immunes comme le LED, la glomérulonéphrite, le syndrome de Goodpasture, la myasthénie, le purpura thrombopénique, la polyarthrite rhumatoïde et le syndrome de Guillain-Barré. Plusieurs affections traitées par la plasmaphérèse se caractérisent par la présence d'autoanticorps circulants (le plus souvent des IgG) et des complexes antigène-anticorps. La plasmaphérèse permet de réduire le titre d'autoanticorps circulant. Il est possible d'enlever seulement la macromolécule impliquée dans la pathophysiologie de la maladie et de réinjecter le reste du plasma au client. La thérapie immunosuppressive a permis d'inhiber la récupération de la capacité de production d'IgG, alors que la plasmaphérèse a

---

ENCADRÉ 14.8	Exemples de maladies auto-immunes

Maladies systémiques

- Lupus érythémateux aigu disséminé
- Polyarthrite rhumatoïde
- Sclérodermie généralisée
- Connectivité mixte

Maladies spécifiques à un organe

- Sang : anémie hémolytique auto-immune ; purpura thrombopénique immunologique
- Système nerveux central : sclérose en plaques ; syndrome de Guillain-Barré
- Muscles : myasthénie grave

- Cœur : rhumatisme articulaire aigu
- Système endocrinien : maladie d'Addison ; thyroïdite ; hypothyroïdie ; diabète de type 1
- Système digestif : anémie pernicieuse ; colite ulcéreuse
- Rein : syndrome de Goodpasture ; glomérulonéphrite
- Foie : cirrhose biliaire primitive ; hépatite auto-immune
- Œil : uvéite

été appliquée pour prévenir un rebond de synthèse d'anticorps.

En plus de diminuer des anticorps et des complexes antigène-anticorps, la plasmaphérèse peut aussi diminuer la concentration des médiateurs de l'inflammation (p. ex., le complément) responsables de dommages tissulaires. La plasmaphérèse est habituellement réservée aux personnes atteintes gravement du LED et qui ne répondent pas aux traitements classiques.

La plasmaphérèse est une technique extracorporelle qui consiste à séparer le sang en le faisant circuler dans un appareil à aphérèse (séparateur de cellules). Le procédé nécessite une sortie et une entrée veineuse, soit par l'utilisation de deux voies veineuses indépendantes, soit à partir d'un cathéter veineux à deux voies installé dans une veine centrale. L'appareil récupère le plasma et ses constituants cellulaires par centrifugation ou par filtration membranaire. Le plasma est généralement remplacé par un soluté physiologique, par une solution de lactate Ringer, par du plasma frais congelé, par des fractions de protéines plasmatiques ou par de l'albumine. Lorsque le sang est retiré de façon manuelle, seulement 500 ml peut être prélevé à la fois. Grâce à l'aphérèse, plus de 4 L de plasma peut être retiré en 2 ou 3 heures.

Comme c'est le cas dans l'administration d'autres produits sanguins, il est nécessaire de bien connaître les effets secondaires associés à la plasmaphérèse. Les complications les plus courantes sont l'hypotension et une réaction liée à la toxicité du citrate. L'hypotension est généralement due à une **réaction vasovagale** ou aux changements transitoires de volume. Le citrate utilisé comme anticoagulant peut causer une hypocalcémie qui se manifeste par des céphalées, des paresthésies, des crampes musculaires et des étourdissements. Il s'agit d'une complication mineure et facilement traitable.

14.7 | Immunodéficience

Lorsque le système immunitaire ne réussit pas à bien protéger l'organisme, il y a **immunodéficience**. Ces troubles sont dus à une déficience de un ou plusieurs mécanismes de protection immunitaire. Ils sont dits primaires lorsqu'ils sont causés par des anomalies génétiques du système immunitaire et secondaires quand ils sont dus à des facteurs extrinsèques susceptibles d'affecter le système immunitaire.

14.7.1 Déficits immunitaires primaires

Plus de 150 formes d'immunodéficience primaire sont dénombrées et leur gravité varie beaucoup.

Au Canada, environ 13 000 personnes (1 personne sur 2 500), surtout des enfants, souffrent d'immunodéficience primaire (Société canadienne d'immunodéficience). Ces déficits sont caractérisés par une susceptibilité accrue aux infections souvent accompagnée de phénomènes immunopathologiques. Ils sont regroupés au sein de quatre grandes catégories selon l'atteinte du système immunitaire qui prédomine : 1) désordre de la phagocytose (leucocytes neutrophiles et monocytes); 2) déficits en anticorps (immunité humorale); 3) déficits cellulaires (lymphocytes T) ou combiné (lymphocytes B et T) : immunités cellulaire et humorale; 4) désordre du système du complément . Il est important pour l'infirmière de reconnaître les signes de l'immunodéficience primaire **ENCADRÉ 14.9**.

14.7.2 Déficits immunitaires secondaires

L'**ENCADRÉ 14.10** présente certains facteurs importants susceptibles de provoquer des déficits immunitaires secondaires. Le plus souvent, le déficit est d'origine médicamenteuse. Un traitement immunosuppresseur est prescrit aux personnes pour soigner des maladies auto-immunes et pour empêcher le rejet de greffe. L'immunosuppression est aussi un effet secondaire important des médicaments utilisés en chimiothérapie anticancéreuse. Il s'ensuit souvent une **leucopénie** (ou neutropénie) généralisée responsable d'une augmentation de la susceptibilité aux infections causée par une diminution de la réponse immunitaire.

La malnutrition détériore les réponses à médiation cellulaire. Lorsqu'il y a pénurie de protéines sur une longue période, le thymus et les tissus lymphoïdes s'atrophient. De plus, les personnes présentent toujours une sensibilité accrue aux

Le tableau 14.1W présente certains de ces déficits immunitaires primaires. Il peut être consulté au www.cheneliere.ca/lewis.

Réaction vasovagale : Ou syncope vasovagale (évanouissement). Réponse anormale du système nerveux autonome à une forte composante émotionnelle, à un stress physique ou psychologique. C'est une réaction bénigne assez fréquente après une vaccination, particulièrement chez l'adolescent et le jeune adulte.

Leucopénie : Diminution du nombre des globules blancs circulant dans le sang.

ENCADRÉ **14.9**	**Dix signes d'alarme de l'immunodéficience primaire**[a]

1. Huit nouvelles infections de l'oreille ou plus en un an
2. Deux infections sinusales graves ou plus en un an
3. Prise d'antibiotiques pendant deux mois ou plus sans grand effet
4. Deux pneumonies ou plus en un an
5. Nourrisson qui ne prend pas de poids ou ne croît pas normalement
6. Abcès cutanés profonds ou des organes récurrents
7. Candidose buccale ou cutanée persistante chez un enfant de plus de un an
8. Nécessité d'administrer des antibiotiques par voie I.V. pour guérir les infections
9. Deux infections profondes ou plus
10. Antécédents familiaux d'immunodéficience primaire

[a] Ces signes d'alarme ont été élaborés par le comité consultatif médical de la Jeffrey Modell Foundation (2006).
Source : Société canadienne d'immunodéficience (2011).

38

La maladie de Hodgkin est décrite dans le chapitre 38, *Interventions cliniques – Troubles hématologiques.*

15

La physiopathologie de l'infection par le VIH est abordée dans le chapitre 15, *Infections et infection par le virus de l'immunodéficience humaine.*

Splénectomie : Ablation de la rate.

L'effet du stress sur la réaction immunitaire est étudié dans le chapitre 8, *Stress et gestion du stress.*

infections. De même, le lymphome de Hodgkin (LH) détériore grandement la réponse à médiation cellulaire de sorte que les personnes touchées peuvent mourir des suites d'infections virales ou de mycoses ▶ **38**.

Les virus, celui de la rubéole en particulier, peuvent provoquer un déficit immunitaire en causant directement des dommages cytotoxiques aux cellules lymphoïdes. Des infections systémiques peuvent se révéler tellement exigeantes vis-à-vis du système immunitaire que la résistance à une autre infection ou à une infection secondaire en est entravée. Le virus d'immunodéficience humaine (VIH) cause aussi une immunodéficience secondaire. Ce virus s'attaque à certaines cellules du système immunitaire, l'empêchant de bien fonctionner. Lorsque le système immunitaire est trop atteint, les personnes infectées souffrent d'infections inhabituelles et sévères. ▶ **15**.

Les radiations peuvent détruire les lymphocytes de manière directe, ou encore épuiser leurs réserves de cellules souches. À mesure qu'augmente la dose de radiations, la moelle osseuse s'atrophie de plus en plus, pour causer une pancytopénie grave et une suppression de la réponse immunitaire. Une **splénectomie** pratiquée chez un enfant le rend beaucoup plus vulnérable aux infections. Par exemple une infection respiratoire peut se compliquer d'une septicémie chez un enfant ayant subi ce type de chirurgie. Le stress peut également détériorer la réponse immunitaire ▶ **8**.

14.8 | Système HLA (système des antigènes leucocytaires humains)

Le **système HLA** (*human leukocyte antigens*) est aussi appelé complexe majeur d'histocompatibilité (CMH). Les antigènes responsables du rejet de tissus et d'organes génétiquement incompatibles font partie de ce système. Ces antigènes sont codés par les gènes d'histocompatibilité. Les gènes du HLA sont liés et sont situés sur le chromosome 6. Ils sont présents dans toutes les cellules nucléées et dans les plaquettes sanguines. Le système HLA est surtout utilisé pour assurer la compatibilité des organes et des tissus pour les transplantations. Le développement des techniques de transplantation a rendu nécessaire une étude plus approfondie du système HLA puisque la meilleure survie d'une allogreffe est observée lorsque le donneur et le receveur présentent des caractéristiques identiques dans leurs systèmes HLA (Nepom & Taurog, 2002).

Une caractéristique importante des gènes du système HLA est leur grande polymorphie (formes variables). Chacun des locus du HLA peut avoir de nombreux allèles différents. Comme il y a plusieurs allèles possibles pour chaque locus du HLA, un grand nombre de combinaisons sont possibles. Chaque personne possède deux antigènes pour chaque locus, un allèle provenant de chacun de ses parents. Chacun de ces allèles pouvant être exprimé de façon indépendante, ils sont dits codominants. L'ensemble des gènes A, B, C, D et DR situés sur un chromosome est appelé un haplotype. Un ensemble complet est hérité comme un tout (haplotype). Un haplotype est hérité de chacun des parents **FIGURE 14.12**. Cela signifie que chaque personne est à moitié identique à chacun de ses parents et que sa probabilité d'être identique à un frère ou une sœur est de 25 %.

Pour les greffes d'organes, les gènes A, B et DR sont principalement utilisés pour vérifier la compatibilité. L'allèle spécifique à chaque locus est identifié par un nombre. Le HLA d'une personne pourrait, par exemple, être le suivant : A-2, A-6, B-7, B-27, DR-4 et DR-7.

HLA et maladies associées

Au départ, l'intérêt porté aux antigènes du système HLA était dû à son rôle pour l'appariement des donneurs et des receveurs d'organes. Mais au cours des dernières années, une attention particulière a été accordée à l'association qu'il pourrait y avoir entre des allèles HLA et des maladies. Une forte corrélation entre la présence de certains allèles HLA et la susceptibilité à certaines maladies a pu être démontrée. Les maladies sont dites

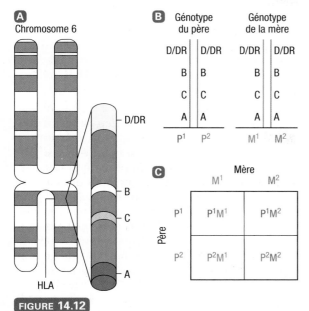

Patrons de transmission des antigènes du système HLA – **A** Les gènes HLA sont situés sur le chromosome 6. **B** Les deux haplotypes du père sont désignés par P¹ et P² et ceux de la mère par M¹ et M². Chaque enfant hérite de deux haplotypes, un de chaque parent. **C** Par conséquent, seules quatre combinaisons sont possibles – P¹M¹, P¹M², P²M¹ et P²M² –, avec une probabilité d'apparition de 25 % pour chacune.

associées à des groupes HLA lorsqu'une fréquence plus élevée d'un allèle donné du HLA peut être observée chez les porteurs de la maladie comparativement à d'autres personnes non malades de même origine ethnique. La plupart des maladies associées au HLA sont classifiées en tant que maladies auto-immunes. Voici des exemples de types de HLA et de maladies associées : 1) HLA-B27 et spondylarthrite ankylosante ; 2) HLA-DR2 et HLA-DR3 et lupus érythémateux disséminé japonais (DR2) et caucasien (DR3) ; 3) HLA-DR3 et HLA-DR4 et diabète de type 1 ; 4) HLA-DR3 et maladie coeliaque.

La découverte d'associations entre le HLA et certaines maladies a été une percée majeure pour comprendre les bases génétiques de ces maladies. Il est maintenant reconnu qu'au moins une partie des maladies associées au HLA ont une base dans la région du HLA, mais les mécanismes impliqués dans ces associations demeurent encore inconnus. Cependant, la plupart des personnes qui héritent d'un HLA associé à une maladie ne souffriront jamais de cette maladie.

À l'heure actuelle, l'association entre le HLA et certaines maladies a une utilité assez peu importante sur le plan clinique. Toutefois, il sera sûrement possible un jour de mettre au point des applications cliniques. Par exemple, dans le cas

de certaines maladies auto-immunes, il pourrait être possible de dépister les membres d'une famille courant un plus grand risque de souffrir d'une même maladie ou d'une maladie auto-immune apparentée. Ces personnes auraient alors besoin d'une surveillance médicale attentive, de la mise en œuvre de mesures préventives lorsque c'est possible et pourraient recevoir un diagnostic précoce dans le but de prévenir des complications chroniques.

14.9 | Transplantation d'organes

Le taux de réussite des transplantations d'organes s'est grandement amélioré avec l'avancée des techniques chirurgicales, l'amélioration des tests d'histocompatibilité et des procédés de conservation d'organes, ainsi que l'usage d'immunosuppresseurs plus efficaces (p. ex., la cyclosporine). Le taux de succès des transplantations varie selon les types d'organes, mais se situe généralement entre 85 et 95 % un an après la chirurgie (Ministère de la Santé et des Services sociaux du Québec, 2011). Un seul donneur peut procurer des organes et des tissus à plusieurs personnes. En moyenne, un donneur procure 3,2 organes (Québec-Transplant, 2010b). Les tissus les plus couramment transplantés sont la cornée, la peau, les cellules souches hématopoïétiques, les valves cardiaques, les os et les tissus conjonctifs **FIGURE 14.13**. Les transplantations de cornée sont souvent effectuées afin de prévenir la cécité ou pour y remédier. Des greffes de peau sont pratiquées chez les grands brûlés. La greffe de cellules souches hématopoïétiques permet de soigner des personnes souffrant de leucémie ou d'autres types de cancers.

Les organes qui sont transplantés proviennent de nombreux systèmes. Ces organes comprennent le cœur, les poumons, le foie, les reins, le pancréas et l'intestin. Certains organes peuvent être transplantés ensemble, par exemple, le rein et le pancréas, le rein et le foie, le rein et le cœur. Ainsi, certaines personnes peuvent recevoir en même temps une greffe de pancréas et une greffe de rein, ce qui pourrait être le cas d'une personne souffrant de diabète, car le diabète fait perdre la capacité de produire de l'insuline, mais il peut aussi avoir déjà causé une insuffisance rénale. Au Québec, de 2008 à 2009, 32 personnes ont subi une transplantation simultanée rein-pancréas (Québec-Transplant, 2010c) **TABLEAU 14.12**.

Au lieu d'être greffés en entier, certains organes peuvent être transplantés en parties ou segments. Il en est ainsi pour les lobes du foie et des

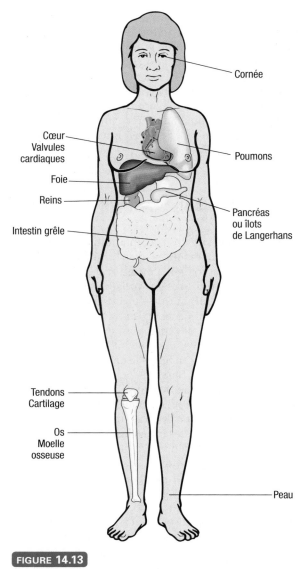

Cornée

Cœur
Valvules
cardiaques

Poumons

Foie

Reins

Pancréas
ou îlots
de Langerhans

Intestin grêle

Tendons
Cartilage

Os
Moelle
osseuse

Peau

FIGURE 14.13

Tissus et organes pouvant être transplantés

poumons, ou pour des segments de l'intestin. De cette façon, un même don d'organe peut bénéficier à plusieurs receveurs. Cette technique permet également à des donneurs vivants de céder une partie d'organe tout en conservant cet organe fonctionnel pour eux-mêmes.

Les dons d'organes peuvent se faire par prélèvements sur deux sources : le corps de personnes décédées (cadavres), ou sur des personnes vivantes. La plupart des tissus ou organes sont prélevés sur des donneurs décédés. Cependant, en raison de la rareté des organes de donneurs décédés, de plus en plus des organes de donneurs apparentés ou non sont utilisés. Ainsi, le don de rein par donneur vivant représentait 67 % des transplantations en 2008 au Québec (Québec-Transplant, 2010a).

Au Québec, seulement 10 % des organes transplantés proviennent de donneurs vivants comparativement à 25 % au Canada. Le Québec est la

province canadienne où il y a le moins de donneurs vivants par million d'habitants. En 2004, cette proportion était de 6 donneurs par million d'habitant (DPMH) comparativement à une moyenne canadienne de 14 DPMH (Québec-Transplant, 2010a).

Au Canada, la procédure en vue d'être un donneur varie légèrement selon le lieu de résidence. Au Québec, le consentement au don d'organes et de tissus doit être signé par la famille ou les proches du défunt. Il est donc important qu'une personne consentante au don d'organes et de tissus en informe ses proches avant son décès, afin que ceux-ci puissent prendre des décisions qui respecteront cette volonté. La signature de l'autocollant de consentement apposé sur sa carte d'assurance maladie, ou l'inscription de son consentement dans le Registre des consentements au don d'organes et de tissus de la Chambre des notaires du Québec sont de bons moyens de faire connaître ses volontés, mais en avoir parlé de son vivant avec ses proches reste la meilleure avenue.

Sur l'ensemble du territoire canadien, le don d'organes est un geste gratuit et anonyme. Au Québec, lorsqu'un receveur désire communiquer avec la famille du donneur, ou vice-versa, il est possible de le faire par l'entremise de Québec-Transplant. L'anonymat est toutefois respecté.

Selon l'Association canadienne de greffes et de dons d'organes, 4 330 Canadiens étaient inscrits sur une liste d'attente pour une transplantation d'organes en 2008. Au cours de la même année, 2 080 transplantations ont été effectuées (Institut canadien d'information sur la santé, 2010) et 1 541 ont été réalisées grâce à des organes provenant de donneurs décédés. Au Québec, 1 202 personnes étaient inscrites sur la liste d'attente de transplantation d'organes alors qu'il s'effectue en moyenne 400 greffes d'organes par année. L'écart entre les personnes en attente d'une greffe et le nombre d'organes disponibles est important. Par conséquent, chaque année, des dizaines de personnes décèdent alors qu'elles sont en attente d'un organe et plusieurs centaines d'autres demeurent en attente. Les organes les plus demandés sont le rein et le foie ; ce sont aussi les organes le plus souvent transplantés **TABLEAU 14.12**. Pour d'autres personnes, le besoin d'une greffe de tissus résulte de diverses maladies ou problèmes de santé ; elle permettrait d'améliorer considérablement leur état de santé et leur qualité de vie.

Sur le territoire québécois, Québec-Transplant est l'organisme mandaté par le gouvernement du Québec pour coordonner le processus de prélèvement des organes provenant de donneurs décédés et assurer l'attribution et la distribution des organes selon des procédures découlant de normes

TABLEAU 14.12 Nombre de personnes en attente d'une transplantation et nombre de transplantations effectuées au Québec en 2008-2009

Nombre de personnes vivant au québec inscrites sur la liste d'attente pour une transplantation d'organe au 31 décembre pour les années 2008-2009

ANNÉE	CŒUR	CŒUR/ POUMONS	POUMONS	FOIE	PANCRÉAS	REIN/ PANCRÉAS	REIN	AUTRES COMBINAISONS	TOTAL
2008	38	3	82	122	15	27	866	6	1 159
2009	36	3	81	118	18	20	921	5	1 202

Nombre de personnes transplantées vivant au Québec pour les années 2008-2009[a]

ANNÉE	CŒUR	CŒUR/ POUMONS	POUMONS	FOIE	PANCRÉAS	REIN/ PANCRÉAS	REIN	AUTRES COMBINAISONS	TOTAL
2008	46		26	109	3	20	223	3	430
2009	49		32	105[b]	4	12	209	7	418

[a] Transplantations provenant de donneurs décédés.
[b] Incluant 27 organes provenant de l'extérieur du Québec, transplantés chez 25 personnes québécoises et incluant 3 bipartitions hépatiques.
Source : Québec-Transplant (2010c).

reconnues et dans le respect des valeurs éthiques. Les personnes en attente d'un organe sont inscrites sur une liste unique, selon l'organe concerné. Cette liste est constituée et gérée quotidiennement par Québec-Transplant selon des critères d'inscription et des règles de gestion connus des personnes en attente d'une transplantation et des intervenants concernés. Héma-Québec est, quant à lui, l'organisme qui coordonne le don de tissus et la gestion de la banque de tissus (prélèvement, transformation, conservation et distribution des tissus pour fin de greffe). La gestion des prélèvements et des greffes de cornée est assumée par la Banque d'yeux du Québec (située à l'Hôpital Maisonneuve-Rosemont) et par la Banque d'yeux nationale de Québec (située au Centre hospitalier de l'Université Laval).

14.9.1 Typage cellulaire

Le receveur doit obtenir une greffe d'un donneur ABO compatible. La compatibilité Rh elle, n'est pas essentielle.

Typage HLA

Le typage HLA est effectué chez tous les donneurs et receveurs potentiels. Actuellement, seuls les antigènes A, B et DR auraient une importance clinique pour les transplantations. Étant donné qu'il y a deux antigènes possibles pour chaque locus, il faut déterminer six antigènes. En vue d'une transplantation, il faut essayer d'assortir le plus d'antigènes possible parmi les locus HLA-A, HLA-B et HLA-DR. En effet, l'appariement de cinq et six antigènes et certains appariements de quatre antigènes présentent de meilleurs avantages cliniques (c'est-à-dire que le risque de rejet d'un organe est plus faible), surtout dans les transplantations de rein et de moelle osseuse.

Le degré d'appariement HLA nécessaire ou jugé approprié pour la transplantation d'un organe entier varie selon l'organe concerné. Certains organes exigent en effet un degré d'appariement HLA plus élevé que d'autres organes. Ainsi, une transplantation de la cornée sera acceptée par presque toutes les personnes, étant donné que la cornée est avasculaire et qu'aucun anticorps ne peut l'atteindre pour provoquer une réaction de rejet. Pour les transplantations médullaires et rénales, un très haut degré d'appariement HLA est nécessaire, car ces organes encourent un risque élevé de rejet. Par contre, dans les transplantations de foie, l'absence d'appariement n'a que peu d'effet sur la survie de la greffe. Avec le cœur et les poumons, les risques de rejet sont moyens, mais un plus grand degré d'appariement augmente de beaucoup les chances de réussite de la greffe. Cependant, comme il y a peu de donneurs disponibles pour les greffes de foie, de poumons et de cœur, il est difficile de réaliser de bons appariements HLA.

Parce que les techniques immunosuppressives se sont améliorées, l'appariement HLA a maintenant une moindre importance pour la réussite des transplantations. Il existe un autre facteur important à considérer : le temps (en fonction de la distance entre le donneur et le receveur) pendant lequel l'organe prélevé devra être préservé. Plus un organe est conservé longtemps, plus le risque de dommage est élevé. Il faut donc établir un équilibre entre les exigences relatives à l'appariement HLA et la contrainte du temps nécessaire pour obtenir, acheminer et transplanter l'organe du donneur.

Tableau d'anticorps réactifs

Un tableau d'anticorps réactifs illustre la sensibilité d'un receveur à certains HLA avant une greffe. Pour démontrer la présence d'anticorps anti-HLA, le sérum du receveur est mélangé avec des lymphocytes de donneurs choisis au hasard pour en déterminer la réactivité. Le receveur potentiel pourrait en effet avoir déjà été exposé à des antigènes HLA au cours de transfusions sanguines antérieures, d'une grossesse ou d'une greffe d'organe.

Dans le tableau d'anticorps réactifs, les résultats sont exprimés en pourcentage. Des pourcentages élevés indiquent que la personne possède un grand nombre d'anticorps cytotoxiques et qu'elle est très sensibilisée, ce qui signifie qu'il y a une faible probabilité de trouver un donneur auquel elle ne réagira pas de façon négative à un test de compatibilité croisée. Dans le cas des personnes en attente d'une greffe, ce tableau est dressé sur une base régulière. Grâce à la plasmaphérèse et à l'injection de gammaglobulines, la quantité d'anticorps anti-HLA préformés a pu être diminuée chez les clients très sensibilisés.

Test de compatibilité croisée

Le test de compatibilité croisée consiste à prélever du sérum du receveur et à le mélanger avec des lymphocytes du donneur pour vérifier la présence d'anticorps anti-HLA préformés susceptibles de réagir contre l'organe du donneur. Cette épreuve peut être utilisée comme test de dépistage génétique lorsque plusieurs donneurs vivants sont possibles, ou lorsqu'un cadavre a été retenu comme donneur. Un ultime test de compatibilité croisée est effectué juste avant la greffe.

Un résultat de compatibilité croisée positif démontre que le receveur possède des anticorps cytotoxiques contre le donneur. C'est donc une contre-indication absolue pour une transplantation. Si un organe de ce donneur était greffé, il déclencherait une réaction de rejet suraiguë. Des résultats négatifs indiquent qu'il n'y a pas d'anticorps préformés et que la greffe peut être pratiquée en toute sécurité. Le test de compatibilité croisée est surtout important pour les greffes rénales, mais il n'est pas toujours requis pour une greffe pulmonaire, hépatique ou cardiaque.

14.9.2 Rejet du greffon

Le rejet du **greffon** est l'une des principales complications faisant suite à une transplantation d'organes. Il s'agit d'une réaction immune normale contre des tissus étrangers. Le rejet peut être minimisé par une thérapie d'immunosuppression, par appariement ABO et HLA et en s'assurant que le test de compatibilité croisée est négatif. L'appariement du système des groupes sanguins ABO est plus facile à respecter, et il faut s'assurer que les groupes sanguins du donneur et du receveur sont compatibles. Les principaux antigènes de transplantation sont les antigènes d'histocompatibilité HLA. Malheureusement, il existe de nombreux systèmes HLA différents et un appariement parfait est quasi impossible à moins que le greffon provienne de la personne elle-même (autogreffe) ou d'un jumeau identique. Le rejet peut être suraigu (ou hyperaigu), aigu ou chronique. Pour qu'un greffon demeure longtemps fonctionnel, la prévention, un diagnostic précoce et des traitements antirejet sont essentiels.

Rejet suraigu

Le rejet suraigu (dépendant des anticorps, humoral) s'apparente aux réactions transfusionnelles. Il se produit de quelques minutes à quelques heures après la greffe parce que les vaisseaux sanguins sont rapidement détruits. Ce type de rejet survient lorsque le receveur a déjà des anticorps préformés contre les tissus ou l'organe transplanté. Il ne se produit que lorsque le tissu est revascularisé immédiatement après la transplantation, par exemple dans les cas de greffe rénale (Male, 2007). Les reins sont les organes les plus sensibles à ce type de rejet. Il s'agit heureusement d'un événement extrêmement rare puisque le test de compatibilité croisée pratiquée avant la greffe permet d'anticiper ce risque et d'établir si le receveur est sensibilisé ou non aux antigènes HLA du donneur. Il arrive parfois, pour des raisons obscures, que le test de compatibilité croisée ne révèle pas la présence d'anticorps préformés et qu'il s'ensuive un rejet hyperaigu. Il n'y a pas de traitement pour ce type de rejet et l'organe greffé est enlevé.

Rejet aigu

Le rejet aigu se manifeste le plus souvent dans les six premiers mois suivant la greffe. Ce type de rejet se fait généralement par l'intermédiaire des lymphocytes du receveur, qui se sont sensibilisés contre les tissus ou organes (étrangers) du donneur **FIGURE 14.14**. Un autre type de rejet aigu se produit lorsque des anticorps anti-donneur se forment à la suite de la greffe.

Il n'est pas rare d'observer au moins un épisode de rejet, surtout lorsque les organes proviennent de donneurs décédés. Ces épisodes sont généralement

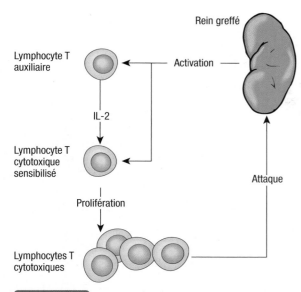

FIGURE 14.14

Mécanisme d'action de l'activation des lymphocytes T cytotoxiques et de l'attaque d'un tissu transplanté – L'organe greffé (p. ex., un rein) est identifié comme étant étranger, ce qui active le système immunitaire. Les lymphocytes T auxiliaires activés produisent de l'interleukine-2 (IL-2) et les lymphocytes T cytotoxiques sont sensibilisés. Après avoir proliféré, ces derniers attaquent l'organe transplanté.

réversibles grâce à une thérapie immunosuppressive consistant à augmenter les doses de corticostéroïdes ou d'anticorps mono- ou polyclonaux. Malheureusement, les immunosuppresseurs augmentent aussi le risque d'infection. Toutes les personnes greffées doivent recevoir des immunosuppresseurs durant une longue période afin que soit minimisé le risque de rejet aigu ; cela les rend toutefois très vulnérables aux infections, surtout dans les premiers mois suivant la transplantation lorsque les doses sont les plus élevées.

Rejet chronique

Le rejet chronique est un processus irréversible qui évolue pendant des mois et des années. Ce type de rejet peut avoir des causes inconnues, mais il peut aussi survenir à la suite d'épisodes répétés de rejet aigu. Le greffon est infiltré par un grand nombre de lymphocytes T et B, ce qui est caractéristique d'une lésion en cours de faible intensité. Le rejet chronique se manifeste par l'apparition d'une fibrose progressive aboutissant à la perte des fonctions du greffon. Dans les cas de transplantations cardiaques, le rejet prend la forme d'une coronaropathie accélérée. Dans les transplantations de poumons, une bronchiolite oblitérante est observée. Les greffes hépatiques ont un rejet caractérisé par la perte de conduits biliaires, alors que dans les greffes rénales une fibrose et une glomérulopathie sont observées.

Présentement, il n'y a pas de thérapie efficace contre ce type de rejet. Il est difficile d'accompagner les personnes qui présentent un rejet chronique, car cela signifie la perte du greffon à plus ou moins brève échéance. Les clients souffrant de rejet chronique devraient être inscrits de nouveau sur la liste d'attente des demandeurs d'organes, avec l'espoir d'une nouvelle transplantation.

14.9.3 Thérapie immunosuppressive

La **thérapie immunosuppressive** nécessite un certain équilibre. D'une part, il faut réprimer la réaction immunitaire pour empêcher le rejet du greffon. D'autre part, il faut maintenir la capacité de produire une réaction immunitaire afin d'empêcher la généralisation d'une infection et l'apparition de cancers. Bon nombre d'immunosuppresseurs produisent d'importants effets secondaires. Deux de ces effets sont particulièrement préoccupants : l'augmentation du risque d'infections et l'augmentation du risque de cancers. En outre, parce que les receveurs d'organes doivent continuer de prendre des immunosuppresseurs durant toute leur vie, le risque de toxicité est toujours présent.

Le **TABLEAU 14.13** présente des médicaments immunosuppresseurs. En utilisant une combinaison de médicaments qui exercent leur action

Pharmacothérapie

TABLEAU 14.13	**Thérapie immunosuppressive**		
MÉDICAMENTS	**ADMINISTRATION**	**MÉCANISMES D'ACTION**	**EFFETS SECONDAIRES**
Corticostéroïdes			
• Prednisone Méthylprednisolone (Solu-Medrol^MD)	P.O., I.V.	• Suppriment la réaction inflammatoire ; inhibent la production de cytokine (IL-1, IL-6, TNF) ainsi que l'activation et la prolifération des lymphocytes T.	• Ulcères gastroduodénaux ; hypertension ; ostéoporose ; rétention de Na^+ et d'eau ; faiblesse musculaire ; ecchymoses ; retard de guérison ; hyperglycémie ; augmentation des risques d'infection

TABLEAU 14.13	Thérapie immunosuppressive *(suite)*

MÉDICAMENTS	ADMINISTRATION	MÉCANISMES D'ACTION	EFFETS SECONDAIRES
Inhibiteurs de la calcineurine			
• Cyclosporine (Sandimmune^{MD}, Neoral^{MD})	P.O., I.V.	• Prévient la production et la libération d'IL-2 et d'interféron gamma par les lymphocytes T auxiliaires; inhibe la production de lymphocytes T cyto-toxiques et de lymphocytes B.	• Rougeur du visage et de la partie supérieure du thorax; dyspnée, respiration sifflante; œdème pulmonaire non cardiogénique; détresse respiratoire; variations de la pression artérielle; tachycardie • Néphrotoxicité; ↑ des risques d'infection; neurotoxicité (tremblements; convulsions); hépatotoxicité; lymphome; hypertension; tremblements; hirsutisme; leucopénie; hypertrophie des gencives
• Tacrolimus (Prograf^{MD} à libération immédiate, Advagraf^{MD} à libération prolongée)	P.O., I.V.	• Comme la cyclosporine, mais il est plus efficace.	• Effets secondaires similaires à ceux de la cyclosporine, mais plus prononcés; hyperglycémie
Médicaments cytotoxiques (antiprolifératifs)			
• Mofétilmycophénolate (CellCept^{MD}) • Mycophénolate sodique (Myfortic^{MD})	P.O., I.V.	• Inhibent la synthèse des purines; suppriment la prolifération des lymphocytes T et B.	• Diarrhée, nausées et vomissements; neutropénie sévère; thrombopénie; ↑ des risques d'infection; ↑ de l'incidence des tumeurs malignes
• Sirolimus (Rapamune^{MD})	P.O.	• Supprime l'activation et la prolifération des lymphocytes T. • N'est pas utilisé pour les greffes du foie ou du poumon.	• ↑ des risques d'infection; leucopénie; anémie; thrombopénie; hyperlipidémie; hypercholestérolémie; arthralgie; diarrhée; ↑ de l'incidence des tumeurs malignes.
Anticorps monoclonal			
• Basiliximab (Simulect^{MD})	I.V.	• Anticorps monoclonal qui agit en empêchant la liaison de l'IL-2 sur ses récepteurs; inhibe l'activation et la prolifération des lymphocytes T.	• Rares réactions d'hypersensibilité aiguë (urticaire, prurit, éternuements, hypotension, tachycardie, dyspnée, bronchospasme, œdème pulmonaire et insuffisance respiratoire) • Douleur; œdème périphérique; hypertension; céphalée; hypo ou hyperkaliémie; insomnie; troubles gastro-intestinaux, pyrexie
Anticorps polyclonal			
• Immunoglobuline polyclonale (Atgam^{MD})	I.V.	• Se prépare en immunisant des chevaux avec des lymphocytes T humains; anticorps polyclonaux dirigés contre les lymphocytes T, dont ils entraînent la déplétion.	• Éruption cutanée; fièvre, frissons; douleurs musculaires et articulaires; ↑ des risques d'infection systémique; leucopénie et thrombopénie; phlébite • Réaction anaphylactique • Test cutané fortement recommandé avant la première perfusion I.V.

dans différentes phases de la réponse immunitaire, des doses plus faibles de chacun des médicaments produisent une immunosuppression efficace tout en diminuant les effets secondaires

Les principaux immunosuppresseurs sont les inhibiteurs de la calcineurine, y compris la cyclosporine (Sandimmune^{MD}, Neoral^{MD}) et le tacrolimus (Prograf^{MD}), les corticostéroïdes (prednisone, méthylprednisolone Solu-Medrol^{MD}), le mofétilmycophénolate (CellCept^{MD}) ainsi que le sirolimus (Rapamune^{MD}). La globuline antilymphocytaire (GAL) est utilisée en prévention et en traitement de la réaction du greffon contre l'hôte (GVH) aiguë. Le muromonab-CD3 est un anticorps monoclonal.

Les protocoles immunosuppresseurs varient beaucoup d'un centre de transplantation à l'autre, ceux-ci s'adaptant aux différentes combinaisons de médicaments utilisées. Au départ, la plupart des clients reçoivent une trithérapie. La trithérapie standard comprend généralement un inhibiteur de calcineurine, un corticostéroïde et du mofétilmycophénolate (CellCept^{MD}). Par la suite, le traitement immunosuppresseur pourra être progressivement allégé. Les clients qui prennent des corticostéroïdes (prednisone) pourront subir un sevrage au bout de quelques années. De nombreux centres de transplantation tendent à recourir à des protocoles qui évitent l'usage des corticostéroïdes en raison de leurs nombreux effets secondaires.

Inhibiteurs de calcineurine

Cette catégorie de médicaments comprend le tacrolimus (Prograf^{MD} à libération immédiate, Advagraf^{MD} à libération prolongée) et la cyclosporine (Sandimmune^{MD} I.V., Neoral^{MD} P.O.). À l'heure actuelle, ce sont les immunosuppresseurs les plus

efficaces trouvés sur le marché (Moore *et al.*, 2009). Ils inhibent fortement les réactions immunitaires à médiation cellulaire et sont par conséquent très efficaces pour prévenir le rejet d'une allogreffe. **FIGURE 14.15**. La surveillance adéquate du patient et le contrôle des paramètres de laboratoire (dont le dosage sérique) sont essentiels pour la prévention ou la réduction de réactions indésirables telles que la néphrotoxicité, l'hypertension, l'apparition d'affections malignes ou de troubles lymphoprolifératifs, l'augmentation du risque d'infection, l'hépatotoxicité, des anomalies des lipoprotéines et une neurotoxicité (Association des pharmaciens du Canada, 2010).

Sirolimus

Le sirolimus (Rapamune^{MD}) est un immunosuppresseur dont l'emploi est approuvé dans les cas de transplantation rénale. Il est généralement utilisé en combinaison avec des corticostéroïdes et la cyclosporine. Il est parfois aussi combiné avec le tacrolimus.

Mofétilmycophénolate

Le mofétilmycophénolate (CellCept^{MD}) est un inhibiteur spécifique de la synthèse de purine, qui agit pour supprimer la prolifération des lymphocytes T et B. Utilisé en association avec le tacrolimus ou la cyclosporine, ce médicament semble encore plus efficace. Ses effets sont additifs, car il exerce ensuite une action plus tardive sur l'activation des lymphocytes. Il est démontré qu'il diminue l'incidence d'un rejet tardif du greffon. La principale restriction à son usage est liée à sa toxicité pour le système digestif, qui se traduit par des nausées, des vomissements et des diarrhées. Dans bien des cas, il est possible d'atténuer les effets secondaires

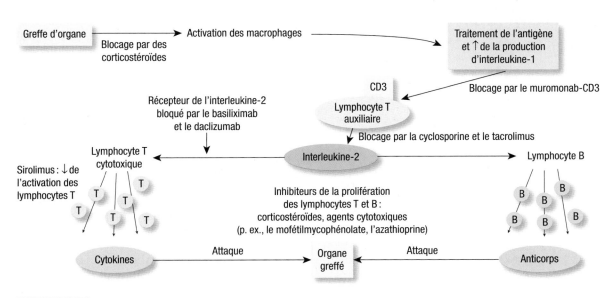

FIGURE 14.15

Sites d'action des agents immunosuppresseurs

en diminuant le dosage ou en administrant des doses plus faibles mais plus fréquentes.

Anticorps monoclonaux

Les anticorps monoclonaux sont employés pour prévenir et traiter les épisodes de rejet aigu. Le muromonab-CD3 (Orthoclone OKT3MD) fut le premier de ces anticorps à être utilisé au cours des transplantations cliniques. Il n'est cependant plus disponible depuis 2007 **FIGURE 14.16**.

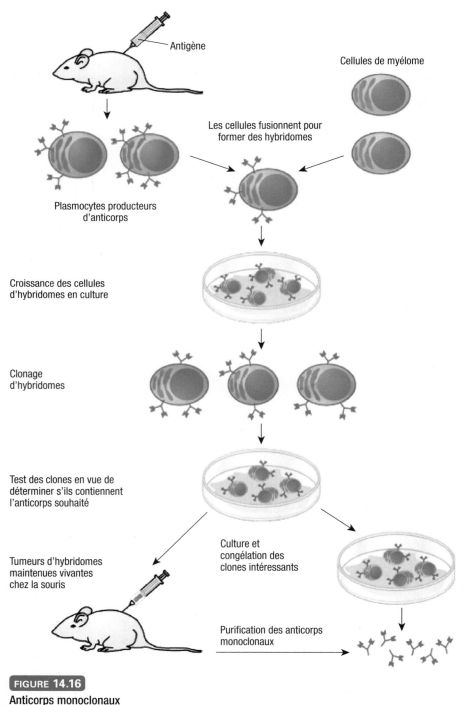

FIGURE 14.16
Anticorps monoclonaux

Antigène

Cellules de myélome

Les cellules fusionnent pour former des hybridomes

Plasmocytes producteurs d'anticorps

Croissance des cellules d'hybridomes en culture

Clonage d'hybridomes

Test des clones en vue de déterminer s'ils contiennent l'anticorps souhaité

Tumeurs d'hybridomes maintenues vivantes chez la souris

Culture et congélation des clones intéressants

Purification des anticorps monoclonaux

Les nouvelles générations d'anticorps monoclonaux comprennent le basiliximab (SimulectMD). Ces anticorps sont des hybrides d'anticorps murins et humains et produisent moins d'effets secondaires que le muromonab-CD3, parce qu'ils ont été « humanisés ». Le basiliximab (SimulectMD) est indiqué en prophylaxie du rejet aigu chez les greffés rénaux *de novo* (dont c'est la première greffe) et doit être administré en concomitance avec un traitement immunosuppressif reposant sur le NeoralMD (cyclosporine pour micro-émulsion) et des corticostéroïdes. Une fois reconstitué, le SimulectMD peut être administré en perfusion I.V. Il est important de disposer de matériel de réanimation immédiatement accessible. De graves réactions d'hypersensibilité immédiate ont été observées tant après une première exposition à SimulectMD qu'à la suite d'une nouvelle exposition. Parmi ces réactions, certaines sont de type anaphylactoïde : urticaire, prurit, éternuements, hypotension, tachycardie, dyspnée, bronchospasme, œdème pulmonaire et insuffisance respiratoire (moins de 1 cas pour 1 000 clients). En cas d'hypersensibilité grave, il convient d'interrompre définitivement le traitement et de n'administrer aucune autre dose de ce médicament (Association des pharmaciens du Canada, 2010).

Anticorps polyclonal

La globuline anti-lymphocytaire (AtgamMD) est utilisée comme thérapie adjuvante ou pour le traitement d'un rejet aigu. L'objectif de la thérapie adjuvante est de renforcer la rigueur du traitement immunosuppresseur immédiatement après la transplantation afin de prévenir tout rejet précoce. Cet anticorps est obtenu en immunisant des chevaux à l'aide de lymphocytes humains du thymus. Les anticorps ainsi formés pour réagir contre les lymphocytes humains sont ensuite purifiés puis injectés par voie I.V. Il est fortement conseillé d'effectuer un test cutané avant de procéder à la première perfusion I.V. d'AtgamMD. La perfusion dans une veine à grand débit réduit au minimum le risque de phlébite ou de thrombose. Il faut éviter d'administrer une dose d'AtgamMD en moins de quatre heures. Les réactions allergiques aux protéines équines se manifestent par de la fièvre, des frissons, des arthralgies et une tachycardie ; généralement, ces symptômes ne sont pas graves au point d'empêcher le recours à cette thérapie. L'administration prophylactique ou thérapeutique d'antihistaminiques ou de corticostéroïdes permet généralement de maîtriser cette réaction. L'anaphylaxie est une manifestation peu fréquente (moins de 5 % de cas), mais elle peut s'avérer grave. Lorsque l'AtgamMD est administré, il faut toujours avoir à portée de main de l'épinéphrine, des antihistaminiques, des corticostéroïdes ainsi que du matériel d'assistance respiratoire (Association des pharmaciens du Canada, 2010).

14.10 | Réaction du greffon contre l'hôte

La réaction du greffon contre l'hôte, appelée aussi maladie du greffon (GVH), se produit lorsqu'une personne immunodéficiente reçoit par transfusion ou par transplantation des cellules immunocompétentes (Hahn *et al.*, 2008). Cette réaction peut être causée par n'importe quel produit contenant des lymphocytes viables, à la suite, par exemple, de transfusions de produits sanguins ou de transplantations de thymus et de foies fœtaux, ou de cellules souches hématopoïétiques. Dans la plupart des transplantations, la principale complication est le rejet par l'hôte (receveur) du greffon (HVG). Mais dans le cas d'une réaction greffe contre l'hôte (GVH), ce sont les cellules immunocompétentes du donneur, contenues dans le greffon, qui attaquent l'hôte ou le tissu du receveur. C'est une complication fréquente avec des greffons riches en lymphocytes T et la principale complication de l'allogreffe de cellules souches hématopoïétiques, où les lymphocytes issus du donneur attaquent le receveur sévèrement immunosupprimé, qui ne peut les éliminer. La réaction du greffon contre l'hôte est beaucoup plus rare après une transplantation rénale.

Si une GVH apparaît au cours des 3 premiers mois suivant la greffe (durant les 100 premiers jours), elle est qualifiée de GVH aiguë. Elle peut apparaître de deux à quatre semaines après la greffe. Lorsque plus de 3 mois se sont écoulés depuis la greffe (plus de 100 jours), qu'il s'agisse de la persistance d'une GVH aiguë ou d'une GVH *de novo* (nouvelle réaction), elle est qualifiée de GVH chronique (Appelbaum, 2002). Au cours d'une réaction GVH, les organes cibles sont la peau, le foie et le système digestif. Le diagnostic de GVH rend généralement nécessaire une biopsie de la peau, du foie ou digestive par voie endoscopique.

La peau peut présenter un *rash* maculopapulaire qui peut être prurigineux ou douloureux. Au début, ce sont les paumes et les soles plantaires qui sont touchées, mais cela peut évoluer en un érythème généralisé accompagné de formations bulleuses et d'une desquamation, c'est-à-dire qu'il se produit une élimination de la couche externe de la peau. L'atteinte au foie peut prendre la forme d'un ictère léger, mais il peut y avoir une forte augmentation d'enzymes hépatiques pouvant mener jusqu'au coma hépatique. Les atteintes intestinales peuvent se manifester par des diarrhées légères devenant sévères, une douleur abdominale intense, des saignements gastro-intestinaux et une malabsorption. Un système de gradation de la GVH aiguë permet d'en anticiper la sévérité. La GVH aiguë de grade 1 a une faible signification clinique ; elle n'altère pas la survie et ne nécessite pas de traitement. Les GVH de grade 2 à grade 4 sont pour leur part associées à des symptômes importants, une probabilité de survie diminuée et nécessitent un traitement agressif.

Le meilleur moyen de prévenir la GVH est le respect de la compatibilité ABO et de l'histocompatibilité HLA combiné à l'administration d'un traitement immunomodulateur tôt après une greffe. Cependant, en dépit de ces mesures, une GVH de sévérité variable apparaîtra chez environ 30 % des receveurs de cellules souches hématopoïétiques greffées à partir d'un donneur compatible, géno-identique (allogreffe apparentée) et chez 80 % des greffés ayant un donneur compatible, phéno-identique (allogreffe non apparentée) (Jouet, 2007). Il n'existe pas de traitement adéquat permettant d'éradiquer une réaction GVH une fois qu'elle s'est enclenchée. Même si les corticostéroïdes sont fréquemment utilisés, ceux-ci tendent à augmenter la sensibilité de l'organisme à l'infection. Quant aux immunosuppresseurs (p. ex., le méthotrexate, la cyclosporine), ils se sont avérés plus efficaces comme mesure préventive que comme moyen thérapeutique. L'irradiation des produits sanguins avant leur transfusion est une autre façon d'empêcher la réplication des lymphocytes T.

Le problème le plus grave auquel doivent faire face les personnes immunosupprimées est l'infection susceptible de se présenter sous différentes formes à différents moments. Immédiatement après la transplantation, les infections bactériennes et les mycoses (champignons) prédominent, alors que les personnes sont profondément neutropéniques. Par la suite, l'apparition d'une pneumonie interstitielle est à craindre.

14

Monsieur Renaud Boutin, âgé de 54 ans, a subi une greffe du rein gauche il y a 4 jours, parce qu'il avait une insuffisance rénale chronique. Avant son opération, il a pris de la cyclosporine (Neoral^MD) P.O. Afin d'éviter le rejet du rein greffé, une trithérapie postopératoire est mise en place : elle est composée de mofétilmycophénolate (CellCept^MD), d'un inhibiteur de la calcineurine (sirolimus [Rapamune^MD]) et de cyclosporine (Sandimmune^MD) par voie I.V.

Un bilan strict des liquides ingérés et excrétés est calculé. Vers 20 heures, la pression artérielle de monsieur Boutin est de 108/64 et son pouls est irrégulier à 108 batt./min. Il se plaint de légères crampes abdominales et il a des selles liquides qu'il décrit comme étant plus ou moins abondantes. Sa température buccale est de 38,3 °C, alors qu'elle était de 37,2 °C deux heures auparavant. Sa formule sanguine indique que les érythrocytes sont à $4,9 \times 10^{12}$/L, et l'hémoglobine est à 124 g/L. ▶

MISE EN ŒUVRE DE LA DÉMARCHE DE SOINS

Collecte des données – Évaluation initiale – Analyse et interprétation

1. Compte tenu du changement dans la température du client, quelle complication postopératoire doit être suspectée ?

2. Quel problème monsieur Boutin risque-t-il de présenter en raison de la valeur de sa P.A. ?

3. Quel résultat d'analyse biochimique l'infirmière doit-elle vérifier si elle soupçonne un rejet du rein greffé chez monsieur Boutin ?

4. Quelle donnée importante est à vérifier dans le dosage des ingesta et excreta ?

5. Donnez deux raisons qui peuvent expliquer le résultat de l'hémoglobine.

▶ Monsieur Boutin s'inquiète beaucoup de sa condition, car il craint que la transplantation rénale n'ait pas réussi. Malgré un enseignement préopératoire complet, il dit ne pas être en mesure de contrôler sa crainte. Étant de nature plutôt renfermé, il a tendance à changer le sujet de conversation lorsque l'infirmière tente d'en parler avec lui. ▶

MISE EN ŒUVRE DE LA DÉMARCHE DE SOINS

Extrait

			CONSTATS DE L'ÉVALUATION						
					RÉSOLU/SATISFAIT			Professionnels/ Services concernés	
Date	Heure	N°	Problème ou besoin prioritaire	Initiales	Date	Heure	Initiales		
2011-03-14	20:00	2	Signe de rejet aigu du rein greffé	C.H.					
2011-03-15	09:45	3	Crainte liée aux signes de rejet du rein greffé	C.H.					

			SUIVI CLINIQUE					
					CESSÉE/RÉALISÉE			
Date	Heure	N°	Directive infirmière	Initiales	Date	Heure	Initiales	
2011-03-14	20:00	2	Surveiller autres signes de rejet	C.H.				
2011-03-15	09:45	3	Encourager à verbaliser quand il aborde de lui-même sa crainte du rejet	C.H.				

Signature de l'infirmière	Initiales	Programme / Service	Signature de l'infirmière	Initiales	Programme / Service
Corine Harvey	C.H.	5ᵉ Nord – néphrologie			

▶ Le 15 mars vers 9 h, le néphrologue de l'équipe de transplantation est venu évaluer l'état de monsieur Boutin. Le suivi clinique de l'infirmière a permis d'obtenir ces nouvelles données : pression artérielle (P.A.) 126/70, P 76 régulier, eupnée, absence d'œdème aux chevilles, douleur à 2 sur 10. La température est redevenue normale pendant la nuit.

Planification des interventions – Décisions infirmières

6. Selon vous, est-ce que la directive infirmière *Surveiller autres signes de rejet* est suffisamment claire pour assurer un suivi clinique du problème prioritaire numéro 2 ? Justifiez votre réponse.

7. Nommez quatre signes de rejet à vérifier au cours de l'application de la directive *Surveiller autres signes de rejet*. Selon vous, la directive *Encourager à verbaliser quand il aborde de lui-même sa crainte du rejet* est-elle appropriée ? Justifiez votre réponse

Évaluation des résultats – Évaluation en cours d'évolution

8. À la lumière de ces nouvelles données, est-il justifié de cesser la surveillance des signes de rejet du rein greffé ? Justifiez votre réponse.

Application de la pensée critique

Dans l'application de la démarche de soins auprès de monsieur Boutin, l'infirmière a recours aux éléments du modèle de la pensée critique pour analyser la situation de santé du client et en comprendre les enjeux. La **FIGURE 14.17** résume les caractéristiques de ce modèle en fonction des données de ce client, mais elle n'est pas exhaustive.

Vers un jugement **clinique**

Connaissances
- Organes les plus souvent greffés
- Conditions cliniques justifiant une greffe d'organe
- Complications postgreffe
- Signes de rejet de l'organe greffé
- Effets des immunosuppresseurs
- Trithérapie post greffe

Expériences
- Expérience en néphrologie et en urologie
- Expérience en greffe d'organes et en chirurgie
- Expérience en soins intensifs

ÉVALUATION
- Signes de rejet possible du rein greffé
- Signes vitaux, particulièrement la température
- Bilan des ingesta et excreta
- Indices d'efficacité du traitement immunosuppresseur
- Craintes de monsieur Boutin quant à la possibilité d'un rejet du rein greffé

Norme
- Protocole d'administration de la trithérapie lors d'une greffe rénale

Attitudes
- Être vigilant à détecter les signes de complications : rejet, infection
- Être attentif aux craintes vécues par monsieur Boutin
- Être disponible pour écouter les préoccupations du client quand il les aborde de lui-même

FIGURE 14.17

Application de la pensée critique à la situation de santé de monsieur Boutin

■ ■ ■ À retenir

VERSION REPRODUCTIBLE

www.cheneliere.ca/lewis

- Des tests génétiques peuvent être effectués à partir de la peau ou des cheveux, d'un échantillon sanguin ou d'un frottis buccal.

- Certains tests permettent de diagnostiquer une maladie ou un risque de problème de santé ; ils servent aussi de fondements pour des traitements appropriés.

- L'immunité innée est présente à la naissance et son rôle premier est de former la première ligne de défense contre les agents pathogènes.

- L'immunité acquise de façon active résulte de l'invasion de l'organisme par des substances étrangères comme des microorganismes à la suite d'une infection, ou, de façon artificielle, par la vaccination.

- L'immunité acquise de façon passive résulte de l'introduction, dans l'organisme, d'anticorps déjà préparés dirigés contre un antigène ; cette immunité peut se faire de façon naturelle de la mère au fœtus ou être acquise artificiellement par l'injection I.V. d'immunoglobulines E.

- L'immunocompétence se manifeste lorsque le système immunitaire peut déceler et inactiver ou détruire des substances étrangères.

- Des tests cutanés permettent de déterminer les allergènes responsables de symptômes allergiques.

- L'allergie au latex est une allergie qui touche un nombre croissant de professionnels de la santé.

- La caractéristique habituelle de la réaction anaphylactique est l'apparition de manifestations réactives dans les secondes ou les minutes qui suivent l'introduction de l'antigène chez une personne sensibilisée à l'allergène incriminé.

- En présence d'une anaphylaxie, l'épinéphrine est le médicament le plus important à administrer.

- À moins que l'état de choc ne soit traité rapidement, l'organisme sera incapable de compenser et des dommages irréversibles se produiront, conduisant à la mort.

- Beaucoup de réactions allergiques, l'asthme et l'urticaire en particulier, peuvent être aggravées par la fatigue et un stress émotionnel.

- Un traitement immunosuppresseur est prescrit dans le but de soigner des maladies auto-immunes et pour empêcher le rejet d'une greffe.

- Les tissus les plus couramment transplantés sont la cornée, la peau, la moelle osseuse, les valves cardiaques, les os et les tissus conjonctifs.

- Le rejet est l'une des principales complications qui font suite à une transplantation d'organe.

- La réaction du greffon contre l'hôte est l'une des principales complications de la transplantation allogénique de cellules souches hématopoïétiques.

- Le respect de la compatibilité ABO et de l'histocompatibilité HLA, l'administration d'un traitement immunomodulateur et l'amélioration des techniques de conservation du greffon permettent de minimiser les risques de rejet.

Pour en savoir plus

VERSION COMPLÈTE ET DÉTAILLÉE

www.cheneliere.ca/lewis

 Références Internet

Organismes et associations

Anaphylaxis Canada
www.anaphylaxis.org

Association des allergologues et immunologues du Québec
www.allerg.qc.ca

Association d'information sur l'allergie et l'asthme (AIAA)
www.aaia.ca

Association québécoise des allergies alimentaires (AQAA)
www.aqaa.qc.ca

Corporation de recherche et d'action sur les maladies héréditaires
www.coramh.org

Genetic Alliance
www.geneticalliance.org

Génome Canada
www.genomecanada.ca

Génome Québec
www.genomequebec.com

HumGen International
www.humgen.org

Québec-Transplant
www.quebec-transplant.qc.ca

Sécurité Allergie
www.securite-allergie.ca

Société canadienne d'allergie et d'immunologie clinique (SCAIC)
www.csaci.ca

Société canadienne d'immunodéficience
www.cisociety.com

Organismes gouvernementaux

Agence canadienne d'inspection des aliments > Aliments > Allergènes alimentaires
www.inspection.gc.ca

Instituts de recherche en santé du Canada > Instituts > Génétique
www.cihr-irsc.gc.ca

Santé Canada > Aliments et nutrition > Salubrité des aliments > Allergies alimentaires et les intolérances alimentaires
www.hc-sc.gc.ca

Références générales

Infiressources
www.infiressources.ca

Organisation mondiale de la Santé > Programmes and projects > Transplantation
www.who.int

PasseportSanté.net > Maladies > Allergies
www.passeportsante.net

Orphanet
www.orpha.net

 Monographies

Avise, J.C. (2010). *Inside the human genome: A case for non-intelligent design.* Oxford: Oxford University Press.

Carroll, S.B., Griffiths, A.J.F., Lewontin, R.C., & Wessler, S. (2010). *Introduction à l'analyse génétique.* Paris: De Boeck.

Collins, F.S. (2009). *The language of life: DNA and the revolution in personalized medicine.* New York: Harper.

De Plaen, S. (2006). *La transplantation d'organes: enjeux et paradoxes.* Montréal: CHU-Sainte-Justine.

INSERM (2009). *Transplantation d'organes: quelles voies de recherche?* Paris: Institut national de la santé et de la recherche médicale.

Le Gal, R. (2009). *L'ADN en question(s).* Paris: L'Harmattan.

Marty, B. (2010). *De l'hérédité à la génétique.* Paris: Vuibert.

Schwartz, J. (2009). *In pursuit of the gen: From Darwin to DNA.* Cambridge: Harvard University Press.

 Articles, rapports et autres

Gauvin, N., & Gingras, P. (2010). Quand les gènes vous gênent. *Médecin du Québec, 45*(10), 67-71.

Gevirtz, C. (2009). Managing posttransplantation pain syndromes. *Nursing 2009, 39*(2), 60-61.

Institut canadien d'information sur la santé (2010). *Traitement du stade terminal de l'insuffisance organique au Canada de 1999 à 2008.* Ottawa: ICIS.

Pestka, E.L. (2009). Genomics. *Nursing 2009, 39*(12), 50-53.

Trassman, S. (2006). It is in the genes. *Am J Nurs, 106*(2), 74-75.

14

CHAPITRE

15

Écrit par :
Jeffrey Kwong, DNP, MPH,
ANP-BC, ACRN
Lucy Bradley-Springer, PhD,
RN, ACRN, FAAN

Adapté par :
Antoinette Gimenez-Lambert,
inf., M. Éd.

Infections et infection par le virus de l'immunodéficience humaine

Objectifs

Après avoir lu ce chapitre, vous devriez être en mesure :

- d'évaluer les conséquences des infections émergentes et réémergentes sur les soins de santé ;

- de découvrir des moyens qui permettent aux infirmières de limiter l'apparition de la résistance aux antibiotiques ;

- d'expliquer les modes de transmission du virus de l'immunodéficience humaine (VIH) et les facteurs qui en favorisent la transmission ;

- de décrire la physiopathologie de l'infection par le VIH ;

- de décrire l'évolution de l'infection par le VIH en l'absence de traitement ;

- de déterminer les critères diagnostiques du syndrome d'immunodéficience acquise (sida) ;

- d'expliquer les méthodes de détection de l'infection par le VIH ;

- de discuter de la prise en charge de l'infection par le VIH par l'équipe interdisciplinaire ;

- de résumer les caractéristiques des maladies liées au sida ;

- de décrire les conséquences à long terme de l'infection par le VIH ou du traitement de cette infection ;

- de comparer les méthodes de prévention du VIH qui permettent d'éliminer le risque avec celles qui permettent de l'amoindrir ;

- de décrire la prise en charge infirmière des personnes vivant avec le VIH et celles qui sont à risque de contracter l'infection.

Concepts **clés**

■ ■ ■

Cette carte conceptuelle illustre schématiquement les principaux concepts décrits dans le présent chapitre. Sa lecture vous permettra d'avoir une vue d'ensemble des notions qui y sont présentées.

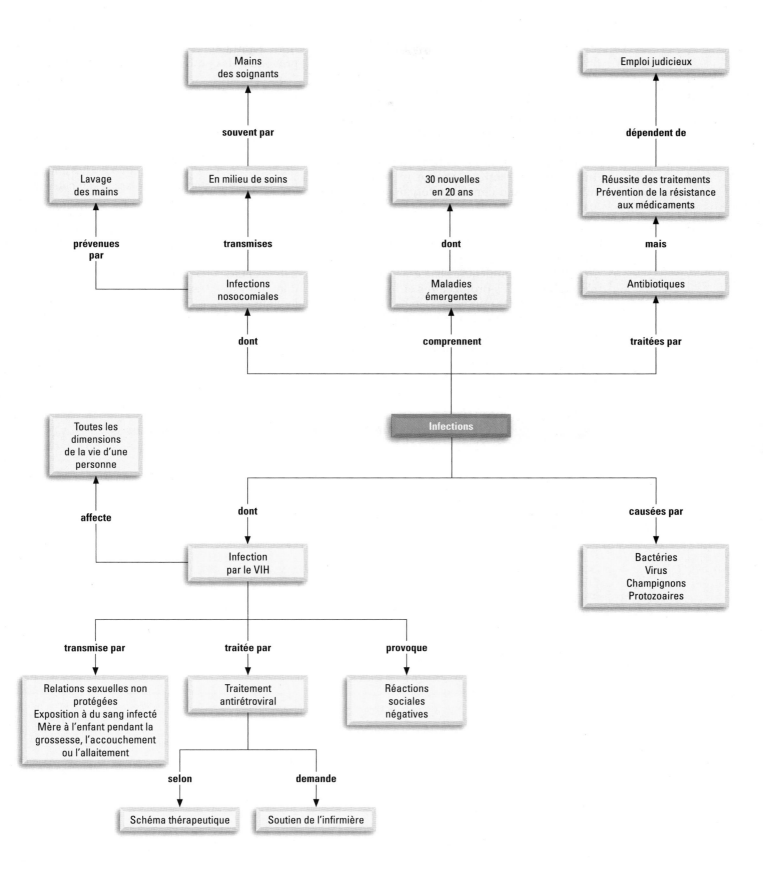

15.1 | Infections

Une infection se produit lorsqu'un microorganisme responsable d'une maladie, appelé **agent pathogène** (ou **agent infectieux**), envahit l'organisme et prolifère en provoquant une maladie. Les signes et les symptômes d'une infection résultent de l'action de l'agent pathogène, mais aussi d'une inflammation. Les infections peuvent être réparties en maladies localisées, disséminées et systémiques. Une infection localisée est circonscrite à une petite région ; une infection disséminée se propage à d'autres régions de l'organisme, au-delà du siège initial de l'infection ; et une infection systémique se répand dans tout l'organisme, souvent par le sang.

15.1.1 Causes des infections

De nombreux microorganismes provoquent des infections, notamment les bactéries, les virus, les champignons, les protozoaires et les prions. Les bactéries sont des microorganismes unicellulaires très communs dans la nature. En effet, de nombreuses bactéries font partie de la flore résidente de l'humain ; en temps normal, elles vivent harmonieusement dans le corps ou à sa surface sans provoquer de maladies. De plus, elles protègent l'organisme humain en empêchant la prolifération de microorganismes pathogènes. *Escherichia coli*, par exemple, est une espèce bactérienne qui fait partie de la flore résidente du gros intestin (Huether & McCance, 2007). Cependant, s'il y a un déséquilibre de la flore, *E. coli* pourrait se multiplier et provoquer des problèmes de santé chez l'hôte.

Les bactéries provoquent des maladies de deux façons : elles pénètrent dans l'organisme et se multiplient dans les tissus ou dans les cellules humaines (p. ex., *Mycobacterium tuberculosis*, agent de la tuberculose [TB]) ou alors elles sécrètent des toxines qui endommagent les cellules (p. ex., *Staphylococcus aureus*, qui provoque des affections variées). Les bactéries sont classées en catégories, selon leur morphologie. Les **coques**, comme les streptocoques et les staphylocoques, sont de forme sphérique. Les **bacilles**, quant à eux, sont en forme de bâtonnets (c'est le cas pour les agents du tétanos et de la tuberculose). Les bactéries en forme de bâtonnets recourbés comprennent les bactéries *Vibrio*, dont une espèce est responsable du choléra. Enfin, les **spirochètes** se présentent en forme de spirale et comprennent les microorganismes responsables de la lèpre et de la syphilis. Le **TABLEAU 15.1** énumère les bactéries pathogènes les plus répandues et les maladies qu'elles provoquent (Huether & McCance, 2007 ; Pommerville, 2007).

TABLEAU 15.1	Bactéries courantes responsables de maladies infectieuses
BACTÉRIES	**MALADIES INFECTIEUSES**
Clostridium • *C. botulinum* • *C. difficile* • *C. tetani*	• Intoxication alimentaire avec paralysie évolutive des muscles • Diarrhée pouvant évoluer vers une colite pseudomembraneuse • Tétanos (contraction tonique des muscles masticateurs)
Corynebacterium diphteriæ	• Diphtérie
Escherichia coli	• Infection des voies urinaires, péritonite, syndrome hémolytique et urémique
Hæmophilus • *H. influenzæ* • *H. pertussis*	• Rhinopharyngite, méningite, pneumonie • Toux coquelucheuse
Helicobacter pylori	• Ulcère gastroduodénal, gastrite
Klebsiella-Enterobacter	• Infection des voies urinaires, péritonite, pneumonie
Legionella pneumophila	• Pneumonie (légionellose)
Mycobactérium (*Mycobacterium*) • *M. lepræ* • *M. tuberculosis*	• Maladie de Hansen (lèpre) • Tuberculose

TABLEAU 15.1	Bactéries courantes responsables de maladies infectieuses *(suite)*
BACTÉRIES	**MALADIES INFECTIEUSES**
Neisseriæ • *N. gonorrhœæ* • *N. meningitidis*	• Gonorrhée, maladie inflammatoire pelvienne • Méningococcémie, méningite
Proteus	• Infection des voies urinaires, péritonite
Pseudomonas æruginosa	• Infection des voies urinaires, méningite
Salmonelle (*Salmonella*) • *S. typhi* • *Salmonella* spp.[a]	• Fièvre typhoïde • Intoxication alimentaire, gastroentérite
Shigella	• Shigellose ; diarrhée, douleur abdominale et fièvre (dysenterie)
Staphylococcus aureus	• Infection de la peau, pneumonie, infection des voies urinaires, ostéomyélite aiguë, syndrome de choc toxique
Streptocoques (*Streptococcus*) • *S. fæcalis* • *S. pneumoniæ* • *S. pyogenes* (streptocoques du groupe A, β-hémolytiques) • *S. pyogenes* (streptocoques du groupe B, β-hémolytiques) • *S. viridans*	• Infection urogénitale, infection des plaies chirurgicales • Pneumonie pneumococcique • Pharyngite, scarlatine, fièvre rhumatismale, glomérulonéphrite aiguë, érésipèle, pneumonie • Infection des voies urinaires • Endocardite bactérienne
Treponema pallidum	• Syphilis

[a] spp. : autres microorganismes du même genre (ici, pour le genre *Salmonella*).

Les virus, contrairement aux bactéries, n'ont pas de structure cellulaire. Ce sont de simples particules infectieuses constituées d'une petite quantité de matériel génétique (soit de l'acide ribonucléique [ARN], soit de l'acide désoxyribonucléique [ADN]) et d'une enveloppe protéique. Les virus sont des parasites obligatoires qui ne peuvent se reproduire qu'après avoir libéré leur matériel génétique dans la cellule d'un autre organisme vivant. Le **TABLEAU 15.2** présente des exemples de maladies infectieuses causées par des virus.

TABLEAU 15.2	Virus courants responsables de maladies infectieuses
TYPE DE VIRUS	**MALADIES INFECTIEUSES**
Adénovirus	Infection des voies respiratoires supérieures, pneumonie
Arbovirus	Syndrome fébrile, malaise, céphalée, myalgie ; méningite aseptique ; encéphalite
Coronavirus	Infection des voies respiratoires supérieures
Écho virus	Infection des voies respiratoires supérieures, gastroentérite, méningite aseptique

15

TABLEAU 15.2	Virus courants responsables de maladies infectieuses *(suite)*
TYPE DE VIRUS	**MALADIES INFECTIEUSES**
Herpèsvirus • Cytomégalovirus • Epstein-Barr • Virus herpès simplex, type 1 • Virus herpès simplex, type 2 • Virus varicelle-zona	• Gastroentérite ; pneumonie et lésion de la rétine chez les personnes immunodéprimées, syndrome apparenté à une mononucléose infectieuse • Mononucléose, lymphome de Burkitt (possiblement) • Herpès labial (« boutons de fièvre »), herpès génital • Herpès génital • Varicelle, zona
Influenza A et B	• Infection des voies respiratoires supérieures, grippe A (H1N1) (porcine), grippe aviaire (oiseau)
Myxovirus parotidis (virus ourlien)	• Oreillons : parotidite, orchite chez les hommes pubères
Papovavirus	• Verrues
Para-influenza 1-4	• Infection des voies respiratoires supérieures
Parvovirus	• Gastroentérite
Poliovirus	• Poliomyélite
Poxvirus	• Variole
Réovirus 1, 2, 3	• Infection des voies respiratoires supérieures
Rhabdovirus	• Rage
Rhinovirus	• Infection des voies respiratoires supérieures, pneumonie
Rotavirus	• Gastroentérite
Rubivirus	• Rubéole
Virus Coxsackie A et B	• Infection des voies respiratoires supérieures, gastroentérite, myocardite aiguë, méningite aseptique
Virus de l'hépatite • A • B • C	 • Hépatite virale • Hépatite virale • Hépatite virale
Virus de l'immunodéficience humaine (VIH)	• Infection par le VIH, syndrome d'immunodéficience acquise (sida)
Virus du Nil occidental	• Symptômes pseudogrippaux, méningite, encéphalite
Virus morbilleux	• Rougeole
Virus respiratoire syncytial	• Gastroentérite, infection des voies respiratoires

Les champignons microscopiques sont semblables aux végétaux, mais ne contiennent pas de chlorophylle ; ils ne font donc pas de photosynthèse. Une **mycose** est une infection causée par un champignon. Les champignons pathogènes provoquent des infections généralement localisées, mais peuvent se propager chez une personne immunodéprimée. Le pied d'athlète et la teigne sont deux infections mycosiques fréquentes. Certains champignons font partie de la flore résidente de l'organisme, mais ils peuvent entraîner une maladie (infection fongique) lorsqu'ils prolifèrent de façon excessive. C'est notamment le cas de *Candida albicans* qui peut causer une candidose buccale (**muguet**), œsophagienne, intestinale ou vaginale s'il prolifère de façon importante (Huether & McCance, 2007). Le **TABLEAU 15.3** présente d'autres champignons et les infections mycosiques dont ils sont responsables.

Les **protozoaires** sont des microorganismes unicellulaires appartenant au règne animal. Ils vivent normalement dans le sol et les plans d'eau. Lorsqu'ils pénètrent dans le corps humain, ils provoquent une infection. La dysenterie amibienne et la giardiase sont notamment causées par des parasites protozoaires, et le paludisme est provoqué par un sporozoaire appelé *Plasmodium malariæ* (Huether & McCance, 2007 ; Pommerville, 2007).

Les **prions**, pour leur part, font partie des agents transmissibles non conventionnels (ATNC). Ce sont des protéines infectieuses de forme anormale, dépourvues d'acide nucléique (ADN ou ARN). Tous les prions ne causent pas obligatoirement des maladies, mais ceux qui sont pathologiques affectent généralement le système nerveux. Ils sont responsables d'un ensemble de maladies désigné sous le nom d'**encéphalite spongiforme transmissible (EST)**. Parmi les EST les plus courantes, mentionnons la maladie de Creutzfeldt-Jakob chez l'homme, et l'encéphalopathie spongiforme bovine (ESB), aussi appelée « maladie de la vache folle », chez le bétail (Brown & Lee, 2009 ; Centers for Disease Control and Prevention [CDC], 2009d).

15.1.2 Infections émergentes

Une infection émergente est une maladie infectieuse dont l'incidence a augmenté au cours des vingt dernières années, ou qui risque d'augmenter dans un avenir proche. Des exemples d'infections émergentes figurent au **TABLEAU 15.4**. Les maladies infectieuses émergentes peuvent provenir de sources inconnues, résulter de contacts avec des animaux ou de modifications de maladies connues, ou encore être issues d'une guerre biologique. Ainsi, l'agent responsable du **syndrome respiratoire aigu sévère (SRAS)** et le **virus du Nil occidental (VNO)**

TABLEAU 15.3	Champignons courants responsables de maladies infectieuses	
CHAMPIGNON	**MALADIES INFECTIEUSES**	**SITES DE L'INFECTION**
Aspergillus fumigatus	• Aspergillose • Otomycose	• Poumons • Oreilles
Blastomyces dermatitidis	• Blastomycose	• Poumons, divers organes
Candida albicans	• Candidose • Vaginite • Muguet	• Intestins • Vagin • Peau, bouche
Coccidioides immitis	• Coccidioïdomycose	• Poumons
Epidermophyton spp.[a]	• Teigne corporelle (*Tinea corporis*)	• Peau
Microsporum spp.[a]	• Teigne du cuir chevelu (*Tinea capitis*)	• Peau
Pneumocystis jiroveci	• Pneumonie à *Pneumocystis*	• Poumons
Sporothrix schenckii	• Sporotrichose	• Peau, vaisseaux lymphatiques
Trichophyton spp.[a]	• Teigne des pieds, aussi nommée « pied d'athlète » (*Tinea pedis*)	• Peau

[a] spp. : Divers microorganismes du même genre.

TABLEAU 15.4	Exemples d'infections émergentes et maladies qu'elles provoquent
AGENT PATHOGÈNE EN CAUSE	**MALADIE ASSOCIÉE**
Bactérie	
Borrelia burgdorferi	Maladie de Lyme
Campylobacter jejuni	Diarrhée
Escherichia coli 0157 : H7	Colite hémorragique, syndrome hémolytique et urémique
Helicobacter pylori	Ulcère gastroduodénal
Legionella pneumophila	Légionellose
Vibrio choleræ 0139	Nouvelle souche associée au choléra épidémique
Virus	
Influenza A, sous-type H1N1	Grippe A (H1N1) (porcine)
Hantavirus	Fièvre hémorragique associée au syndrome pulmonaire hantavirus
Virus de l'hépatite C	Hépatite transmise par voie parentérale
Virus de l'hépatite E	Hépatite transmise par voie entérique
Virus de l'immunodéficience humaine	Sida
Virus du Nil occidental	Fièvre du Nil occidental
Virus Ebola	Fièvre Ebola
Virus humain de l'herpès 6	Exanthème subit
Virus humain de l'herpès 8	Associé au sarcome de Kaposi chez les personnes immunodéprimées, y compris les personnes porteuses du VIH
Parasite	
Cryptosporidium parvum	Diarrhée aiguë et chronique

Le SRAS est traité de façon plus élaborée dans le chapitre 51, *Interventions cliniques – Insuffisance respiratoire et syndrome de détresse respiratoire aiguë.*

populations, l'empiètement sur de nouveaux environnements, l'utilisation irraisonnée des antibiotiques et même le bioterrorisme ont accru le risque de propagation des infections émergentes (Fauci, Touchette, & Folkers, 2005).

Il y a peu de temps encore, beaucoup de gens s'imaginaient que la science viendrait à bout des maladies infectieuses. Malheureusement, les infections restent la troisième cause de décès chez les Américains et la première à l'échelle mondiale. Au Canada, elles se situent au dixième rang (Agence de la santé publique du Canada [ASPC], 2004). Plus de 30 nouvelles maladies infectieuses ont été découvertes ces 20 dernières années, incluant l'infection par le virus de l'immunodéficience humaine (VIH), la maladie de Lyme, l'hépatite C, le SRAS, les infections liées au virus Ebola et au nouveau virus de la grippe A (H1N1). Certaines maladies qui étaient considérées maîtrisées, comme la tuberculose, la syphilis ou les infections liées à d'autres souches bactériennes résistantes aux antibiotiques, ont réémergé (Fauci *et al.*, 2005 ; Madoff & Kasper, 2008).

L'étude des **zoonoses** indique que de nombreuses maladies infectieuses connues ont comme vecteurs des animaux et des insectes. L'éclosion du SRAS survenue en Chine en 2003, par exemple, a été reliée à la moufette tachetée, petit mammifère carnivore présent dans l'ensemble de l'Asie et de l'Afrique ▶ **51**.

Le virus du Nil occidental est véhiculé par des moustiques qui contractent le virus en aspirant le sang d'animaux et de personnes infectées. Ce virus ne cause pas la maladie chez le moustique, mais il peut se transmettre à des animaux et à des humains non infectés à mesure que le moustique continue de se nourrir. La présence d'oiseaux morts est un premier indice révélateur d'une éclosion du virus du Nil occidental, qui se propagera rapidement si des mesures immédiates ne sont pas prises (Artsob *et al.*, 2009 ; Fauci *et al.*, 2005).

Les virus de la grippe A passent généralement des oiseaux aux porcs, puis aux humains. Deux variantes des virus de la grippe A illustrent la manière dont ils se transmettent entre les espèces. Le nouveau virus de la grippe A (H1N1) est un virus dont la structure génétique est semblable à celle des virus grippaux observés chez le porc, les oiseaux et l'humain. Les scientifiques qualifient le virus H1N1 de virus à « remaniement quadruple », car il renferme les composantes de quatre souches grippales distinctes : deux types de virus porcins, un type aviaire et un type humain (CDC, 2009b). Les premiers cas de grippe A (H1N1) ont été rapportés au Mexique en 2009. Quelques mois après avoir été identifiée, la grippe A (H1N1) a été signalée dans plus de 70 pays (World Health Organization [WHO], 2009b). Le cours de l'infection est, en général, spontanément résolutif, mais certaines personnes, surtout celles qui sont

proviennent de sources animales, alors que d'autres infections (p. ex., le *Staphylococcus aureus* résistant à la méthicilline [SARM]) dérivent d'un microorganisme jusque-là contenu, mais désormais devenu résistant aux antibiotiques. La lutte contre les infections est un problème permanent. Cependant, les technologies modernes ont changé la donne. En effet, les déplacements à l'étranger, la densité des

atteintes de maladies chroniques – les jeunes enfants et les femmes enceintes –, sont exposées à un risque plus élevé de complications ou de décès (CDC, 2009b ; Gatherer, 2009). Dans le cas d'une éclosion de grippe aviaire (H5N1), le virus se propage directement des poulets à l'humain, ce qui a été démontré pour la première fois à Hong Kong en 1997, puis aux Pays-Bas en 2003. Les personnes infectées souffrent généralement de conjonctivites ou de symptômes pseudogrippaux légers. Cependant, plus de 230 décès liés à la grippe aviaire ont déjà été rapportés (WHO, 2009a).

La **fièvre hémorragique à virus Ebola** est une maladie émergente qui, depuis son apparition en 1976, est toujours un enjeu pour la santé publique. C'est une maladie grave, habituellement mortelle. Les mesures thérapeutiques et préventives sont très limitées. Des transmissions par contact direct avec les liquides organiques des personnes infectées ont été observées, mais selon l'Organisation mondiale de la Santé (OMS, 2010a), il reste beaucoup d'éléments inconnus en ce qui concerne le réservoir naturel et les modes de transmission du virus, ce qui empêche bien sûr de combattre efficacement le virus Ebola et la maladie dont il est responsable (CDC, 2009f).

Infections réémergentes

La vaccination et les traitements adéquats ont presque permis d'éradiquer certaines infections

(p. ex., la variole). Cependant, des agents infectieux peuvent toujours réémerger quand les conditions sont propices. Le **TABLEAU 15.5** présente certaines des maladies réapparues ces dernières décennies.

Par exemple, l'incidence de la tuberculose a diminué graduellement au cours des années 1950, mais, en 1984, la tendance s'est inversée. L'épidémie de VIH dans les années 1970 et 1980 a contribué à l'augmentation des cas de tuberculose, car les personnes immunodéprimées sont plus sujettes à contracter une tuberculose de novo ou à réactiver une tuberculose dormante. L'apparition de formes de tuberculose résistantes à plusieurs médicaments, communément appelées tuberculoses multirésistantes, a également contribué à cette recrudescence (OMS, 2010b). Le gouvernement fédéral et les autorités régionales des États-Unis ont réagi et ont pris des mesures pour infléchir cette recrudescence. En conséquence, l'incidence de la tuberculose a diminué aux États-Unis pour atteindre son niveau le plus bas en 2008 (CDC, 2009g) ▶ **35**. Au Canada, le problème de la tuberculose est limité. Toutefois, quelque 1 600 nouveaux cas de tuberculose sont rapportés annuellement, dont 70 % proviennent de l'extérieur du pays. Au Québec, la prévalence et l'incidence ont diminué

Capsule Jugement clinique

Monsieur Bora Miroglou, âgé de 62 ans, souffre d'emphysème pulmonaire depuis vingt ans.

Selon vous, monsieur Miroglou fait-il partie des clientèles à risque pour la grippe A (H1N1) ?

35

Le sujet de la tuberculose est traité dans le chapitre 35, *Interventions cliniques – Troubles des voies respiratoires inférieures*.

TABLEAU 15.5	Exemples d'infections réémergentes	
MICROORGANISME	**MALADIE INFECTIEUSE**	**DESCRIPTION**
Bactérie		
Corynebacterium diphtheriæ	Diphtérie	• Infection localisée des membranes muqueuses ou de la peau
Bordetella pertussis	Coqueluche	• Maladie respiratoire aiguë, très contagieuse, caractérisée par une forte inspiration coquelucheuse ; aussi appelée « toux quinteuse »
Mycobacterium tuberculosis	Tuberculose	• Infection chronique transmise par inhalation de gouttelettes infectées
Yersinia pestis	Peste	• Bubonique : adénopathie, fièvre, frissons, céphalée et épuisement extrême • Pneumonique : pneumonie sévère avec fièvre importante, toux, expectorations sanguinolentes et frissons
Virus		
Flavivirus	Fièvre dengue	• Infection aiguë transmise par des moustiques ; surtout présente dans les régions tropicales et subtropicales
Parasite		
Giardia	Giardiase	• Maladie diarrhéique issue généralement d'une eau contaminée par des selles ; aussi appelée « diarrhée du voyageur »

progressivement, passant de 359 nouveaux cas (4,9/100 000) en 1997 à 256 (3,4/100 000) en 2003. Cette diminution a touché aussi bien les Canadiens de naissance non autochtones que les immigrants, bien que ces derniers aient encore des prévalences quinze fois plus élevées (24/100 000 contre 1,5/100 000) (Association pulmonaire du Canada, 2006 ; Ministère de la Santé et des Services sociaux [MSSS], 2006a ; Santé Canada, 2009).

Les déplacements à l'étranger ont engendré un nouveau dilemme pour l'atteinte de l'éradication locale de certaines infections. La rougeole, par exemple, n'est plus considérée comme endémique aux États-Unis, mais reste la principale cause de morbidité dans les pays en voie de développement ; des éclosions se sont produites aux États-Unis, en général dans des régions à faible taux de vaccination. Ainsi, des cas de rougeole ont été observés aux États-Unis chez des personnes ayant voyagé récemment dans des pays où la rougeole est endémique (CDC, 2008c). Au Québec, en 2007, il y a eu une éclosion de rougeole à l'échelle provinciale chez des personnes majoritairement non immunisées, mais qui n'avaient pas voyagé (MSSS, 2009, 2010).

Microorganismes résistants aux antibiotiques

La résistance se produit lorsque des microorganismes pathogènes (bactéries ou virus) s'adaptent de manière à diminuer l'efficacité d'un médicament (ou d'une classe de médicaments) à les combattre. Les microorganismes peuvent devenir résistants aux traitements classiques (p. ex., la pénicilline), mais aussi aux nouveaux antibiotiques et antiviraux. Les microorganismes s'adaptent très facilement ; ils sont pourvus de mécanismes génétiques et biochimiques évolués qui leur permettent de se défendre contre l'action des antimicrobiens. Ces mécanismes génétiques incluent les mutations et l'acquisition d'un nouvel ADN ou ARN. Sur le plan biochimique, les bactéries peuvent résister aux antibiotiques en produisant des enzymes qui détruisent ou inactivent les médicaments. Ces enzymes ou encore des mutations structurales peuvent aussi altérer les sites de liaison des médicaments, empêchant alors l'antibiotique de s'y fixer ou d'entrer dans la bactérie. Si le médicament n'arrive pas à entrer dans la cellule bactérienne, il ne peut pas la détruire (CDC, 2008a). Le **TABLEAU 15.6** présente les bactéries les plus courantes devenues résistantes aux antibiotiques et indique les traitements à privilégier.

Le *Staphylococcus aureus* résistant à la méthicilline (SARM), l'entérocoque résistant à la vancomycine (ERV) et le *Streptococcus pneumoniæ* résistant à la pénicilline sont des exemples de bactéries résistantes particulièrement coriaces. Le SARM se contracte dans divers milieux, notamment dans les hôpitaux. Les travailleurs de la santé exposés au SARM peuvent ainsi contracter l'infection et le transmettre à d'autres personnes, y compris aux clients. Le microorganisme peut aussi

TABLEAU 15.6	Traitements à privilégier en cas d'infection par des bactéries résistantes aux antibiotiques	
BACTÉRIE	**RÉSISTANTE À...**	**TRAITEMENTS PRIVILÉGIÉS**
Enterococcus fæcalis	• Vancomycine • Streptomycine • Gentamicine (Garamycin[MD])	• Pénicilline G ou ampicilline
Enterococcus fæcium	• Vancomycine • Streptomycine • Gentamicine	• Pénicilline G ou ampicilline
Staphylococcus aureus	• Méthicilline[a]	• Vancomycine (Vancocin[MD])
Staphylococcus epidermidis	• Méthicilline[a]	• Vancomycine
Streptococcus pneumoniæ	• Pénicilline G	• Ceftriaxone (Rocephin[MD]) • Céfotaxime (Claforan[MD])
Klebsiella pneumonia	• Céphalosporines de troisième génération (p. ex., la ceftazidime [Ceptaz[MD], Fortaz[MD]])	• Imipénem / cilastatine (Primaxin[MD]) • Méropénem (Merrem[MD] I.V.)

[a] Ce médicament n'est plus vendu au Canada ni aux États-Unis.

rester viable pendant des jours sur des surfaces ou des vêtements. Les clients hospitalisés les plus à risque sont les **personnes immunodéprimées** (p. ex., celles qui reçoivent une chimiothérapie), celles qui sont porteuses de dispositifs invasifs (p. ex., des sondes à ballonnet) ou celles qui présentent des lésions cutanées (p. ex., des plaies chirurgicales). Pour sa part, l'ERV est plus robuste que le SARM, et il peut rester viable sur des surfaces pendant des semaines. Il faut un savon antiseptique, comme ceux à base de chlorhexidine, pour tuer ces bactéries (Moore *et al.*, 2009). L'Occupational Safety & Health Administration (OSHA) et le Centers for Disease Control and Prevention (CDC) des États-Unis recommandent une série de précautions pour les soins de tous les clients afin de limiter la propagation des maladies dues en particulier à des microorganismes résistants aux antibiotiques. Ces précautions ont été reprises et adaptées au Canada et au Québec (Agence de santé publique du Canada, 1999; Santé Canada, 1998).

Certaines bactéries à Gram-négatif ont réussi à produire une β-lactamase, une enzyme qui les rend résistantes aux céphalosporines de troisième génération (p. ex., la ceftriaxone [Rocephin^MD] et le cefixime [Suprax^MD]). Les infections causées par ces bactéries provoquent des signes et des symptômes semblables à ceux dus aux souches non résistantes, mais des antibiotiques différents sont nécessaires pour les traiter efficacement. Les échantillons en culture doivent alors être soumis à des tests pour déterminer si les bactéries produisent la β-lactamase et si elles sont sensibles ou non à l'antibiotique retenu pour le traitement (Chopra *et al.*, 2008).

Les professionnels de la santé peuvent contribuer à l'émergence des microorganismes qui sont résistants aux médicaments :

- en administrant des antibiotiques pour des infections virales;
- en cédant aux pressions des clients qui demandent à recevoir des antibiothérapies inutiles;
- en recourant à des schémas thérapeutiques inadéquats pour traiter les infections;
- en se servant d'agents à large spectre ou en association pour traiter des infections qui pourraient répondre à des médicaments de première intention.

Les personnes qui omettent de prendre des doses ou qui ne prennent pas leurs antibiotiques pendant toute la durée prescrite du traitement favorisent aussi l'apparition des résistances. Il faut informer les clients et leurs familles que la réussite des traitements et la prévention de l'apparition des résistances aux médicaments dépendent de l'emploi judicieux des antibiotiques **ENCADRÉ 15.1**.

Personne immunodéprimée: Personne ayant des défenses immunitaires affaiblies.

15

Enseignement au client et à ses proches

ENCADRÉ 15.1 — Réduction du risque d'infection par des microorganismes résistant aux antibiotiques

L'enseignement au client et à ses proches sur les façons de réduire le risque d'infection par des microorganismes résistant aux antibiotiques devrait porter sur les aspects suivants :

Ne pas prendre d'antibiotiques pour prévenir une maladie

Cette pratique augmente la probabilité de contracter une infection résistante. Les exceptions concernent l'administration d'antibiotiques tels qu'ils sont prescrits avant certaines interventions chirurgicales et chirurgies dentaires.

Se laver les mains souvent

Se laver les mains est le moyen le plus important de prévention des infections.

Suivre les directives

Ne pas prendre les antibiotiques de la manière prescrite, ou omettre de prendre des doses, favorise l'apparition de bactéries résistantes aux antibiotiques.

Éviter de demander un antibiotique pour la grippe ou les rhumes

Si un professionnel de la santé affirme que les antibiotiques ne sont pas nécessaires, il a probablement raison. Les antibiotiques sont efficaces contre les infections bactériennes, mais pas contre les infections virales à l'origine des rhumes et des grippes.

Terminer le traitement antibiotique

Il ne faut pas arrêter de prendre l'antibiotique même si l'état de santé s'améliore, car les bactéries les plus robustes survivront et se multiplieront. Une infection résistante à de nombreux antibiotiques, ou infection multirésistante, peut survenir. Il faut donc prendre toute la dose d'antibiotiques prescrite.

Ne pas prendre des restants d'antibiotiques

Ne pas conserver pour un usage ultérieur un traitement antibiotique non terminé ou ne pas emprunter à un parent ou à un ami des médicaments restants. C'est dangereux, car :

- les antibiotiques restants pourraient ne pas convenir;
- la maladie pourrait ne pas être due à une infection bactérienne;
- les anciens antibiotiques peuvent perdre de leur efficacité et même, dans certains cas, être mortels;
- pour suivre un traitement complet et efficace, les doses restantes d'un flacon sont insuffisantes.

15.1.3 Infections associées aux soins de santé

Les infections associées aux soins de santé (IASS), également appelées **infections nosocomiales**, sont des infections qui résultent de l'exposition à un microorganisme dans le milieu des soins de santé ou lors d'actes de soins. Près de deux millions d'IASS provoquent 99 000 décès chaque année aux États-Unis, et les microorganismes résistants aux antibiotiques sont responsables de la moitié de ces infections (CDC, 2007a). Jusqu'à 10 % des personnes hospitalisées contractent une IASS. Les clients en chirurgie et les personnes immunodéprimées sont les plus exposés au risque. Certaines bactéries ne provoquant normalement pas de maladie peuvent être pathogènes chez les personnes à risque élevé à la suite d'une maladie ou de son traitement. Tout microorganisme peut entraîner des IASS, mais certaines bactéries telles que *Escherichia coli*, *Staphylococcus aureus*, *Enterobacter ærogenes*, *Clostridium difficile* et plusieurs types de streptocoques sont le plus souvent en cause (CDC, 2007a). La situation est comparable au Canada et au Québec. Il convient toutefois de signaler que, depuis ces dernières années, le Québec a mis en place une politique de lutte contre les infections nosocomiales qui commence à porter ses fruits (MSSS, 2006c).

Près du tiers des IASS, qui se transmettent souvent d'un client à un autre par contact direct et par l'intermédiaire des professionnels de la santé, peuvent être prévenus. Les premières lignes de défense et de prévention de la propagation des IASS restent le lavage des mains (ou l'utilisation d'un désinfectant pour les mains à base d'alcool) entre chaque client et chaque intervention ainsi que l'utilisation appropriée d'un équipement de protection tel que des gants. Les infections isolées peuvent être dues à des bactéries normalement présentes dans une partie de l'organisme, mais qui sont aussi présentes ailleurs. Il importe donc de changer de gants et de se laver les mains avant de passer à une autre tâche, même s'il s'agit du même client (CDC, 2007a).

ALERTE CLINIQUE

Il ne faut pas se fier à la présence de fièvre pour reconnaître une infection chez les personnes âgées, car beaucoup d'entre elles ont une température profonde du corps diminuée et des réponses immunitaires affaiblies.

Considérations gérontologiques

INFECTIONS CHEZ LES PERSONNES ÂGÉES

Chez les personnes âgées, le taux d'IASS est de deux à trois fois plus élevé que chez les jeunes. Les personnes qui vivent dans des établissements de soins de longue durée sont exposées à un risque particulier d'IASS. Les bouleversements liés à l'âge (p. ex., une altération de la fonction immunitaire, des comorbidités comme le diabète, des handicaps physiques) contribuent aux taux accrus d'infection (High *et al.*, 2009).

Les infections fréquentes chez les personnes âgées incluent la pneumonie, les infections des voies urinaires, les infections cutanées et la tuberculose. Les infections des voies urinaires sont plus courantes chez les personnes âgées qui résident dans des établissements de soins de longue durée ; ce risque est par ailleurs plus élevé chez les clients porteurs de sondes à ballonnet **ENCADRÉ 15.2**. Aussi, le tableau clinique est souvent atypique chez les personnes âgées présentant des infections. Des altérations de la fonction cognitive et comportementale qui apparaissent avant la fièvre ou les douleurs sont notamment observées, et parfois même des anomalies dans les résultats d'analyses de laboratoire (High *et al.*, 2009). En général, il faut soupçonner une maladie si la capacité à effectuer les activités quotidiennes ou la fonction cognitive sont affectées. En outre, les maladies sous-jacentes, la fréquence accrue des réactions aux médicaments et le fait de vivre en établissement peuvent compliquer la prise en charge des infections chez les personnes âgées.

Pratique fondée sur des résultats probants

ENCADRÉ 15.2 | **Comment l'infirmière peut-elle procéder à une hémoculture de manière efficace ?**

Question clinique

Chez les clients souffrant possiblement d'une infection du courant sanguin associée à l'usage d'une sonde (P), comment procéder le plus efficacement possible (I) à une hémoculture précise (O) ?

Résultats probants

- Revue systématique des essais cliniques aléatoires et des études cas-témoins et de cohorte

Analyse critique et synthèse des données

- Lignes directrices recommandées par la Société européenne de microbiologie clinique et des maladies infectieuses (ESCMID), la Pediatric Infectious Diseases Society (PIDS), l'American Society of Nephrology (ASN), la Society of Critical Care Medicine (SCCM) et la Society for Healthcare Epidemiology of America (SHEA).

Conclusions

- Procéder à l'hémoculture avant d'administrer l'antibiothérapie.
- Lorsque cela s'avère possible, l'équipe de phlébotomie devrait prélever les échantillons de sang.
- Utiliser une préparation cutanée à l'alcool, à la teinture d'iode ou à la chlorhexidine (10,5 %) plutôt qu'à la polyvidone iodée pour effectuer l'hémoculture percutanée. Respecter les temps de contact et de séchage.

ENCADRÉ 15.2 | **Comment l'infirmière peut-elle procéder à une hémoculture de manière efficace ?** *(suite)*

Recommandations pour la pratique infirmière

- Poser un diagnostic précoce et entreprendre rapidement un traitement en vue de réduire le taux de morbidité et de mortalité des clients atteints d'une infection du courant sanguin associée à l'usage d'une sonde.
- Aviser l'équipe de phlébotomie de procéder sans attendre à l'hémoculture afin de ne pas retarder l'antibiothérapie.
- Commencer le traitement antibiotique prescrit immédiatement après l'hémoculture.

- Lorsque les échantillons de sang sont prélevés à l'aide d'un cathéter vasculaire, nettoyer le raccord du cathéter avec la substance requise en respectant le temps d'attente en vue d'éviter la contamination des échantillons.

Référence

Mermel, L.A., Allon, M., Bouza, E., Carven, D.E., Flynn, P., O'Grady, N.P., *et al.* (2009). Clinical practice guidelines for the diagnosis and management of intravascular catheter-related infection : 2009 Update by Infectious Diseases Society of America. *Clin Infectious Dis 49*(1), 1-45.

P : population visée ; I : intervention ; O : (*outcome*) résultat.

15.1.4 Prévention et lutte contre les infections

Lignes directrices

L'OSHA, l'agence fédérale américaine chargée de la protection des travailleurs contre les blessures et les maladies sur les lieux de travail, recommande des activités conçues pour réduire au minimum ou éliminer l'exposition à des substances infectieuses sur le lieu de travail. Selon l'OSHA, tout employeur dont les salariés pourraient être exposés à des substances potentiellement infectieuses devrait instaurer des politiques et des procédures normalisées de protection à leur intention. Au Canada, ces mesures sont intégrées dans des guides de prévention et de lutte contre les infections, accessibles sur le site de l'Agence de la santé publique du Canada. Ainsi, les employés doivent recevoir de l'équipement de protection personnelle (EPP) adéquat et de l'équipement de sécurité comprenant les gants, les vêtements, une protection pour le visage et des systèmes d'évacuation des objets pointus. L'EPP adéquat varie en fonction du contexte, et l'infirmière doit connaître le moment et la manière d'utiliser judicieusement l'équipement protecteur. Le **TABLEAU 15.7** présente d'ailleurs l'EPP servant à limiter l'exposition à des pathogènes à diffusion hématogène.

Mesures de prévention des infections

Dès qu'un client présente une infection considérée comme à risque pour les autres, des mesures de prévention des infections s'imposent. En s'inspirant des normes établies par le CDC aux États-Unis, Santé Canada et le ministère de la Santé et des Services sociaux du Québec (MSSS, 2006b) ont établi des directives élaborées sur deux niveaux de précaution : 1) les pratiques de base qui s'appliquent en tout temps, à tous les clients, à toutes les techniques de travail ; 2) les

TABLEAU 15.7 | **Exigences en matière d'équipement de protection personnelle[a]**

ÉQUIPEMENT DE PROTECTION PERSONNELLE	INDICATIONS D'USAGE
Gants	Obligatoires s'il est raisonnablement prévisible que l'employé sera en contact avec du sang ou d'autres substances potentiellement infectieuses, s'il effectue des interventions d'accès vasculaire et s'il manipule ou touche des articles ou des surfaces contaminés. Les gants doivent être remplacés s'ils sont déchirés, troués ou contaminés, ou s'ils ne sont pas à même de faire écran.
Vêtements (combinaisons, tabliers, chapeaux, bottes)	Obligatoires en cas d'exposition professionnelle prévisible. Leur type et leurs caractéristiques dépendront de la tâche et du degré d'exposition prévu.
Protection faciale (masque et lunettes avec écrans latéraux solides ou écran facial avec mentonnière)	Obligatoire si des éclaboussures, des vaporisations, des giclées ou des gouttelettes de sang ou d'autres substances potentiellement infectieuses posent un danger pour les yeux, le nez ou la bouche.

[a] Les employeurs doivent fournir gratuitement l'EPP à leurs employés, favoriser l'accessibilité à ce dernier et rendre son utilisation obligatoire. Cet équipement doit être offert dans les tailles adéquates. Des gants hypoallergènes ou des options semblables doivent être offerts aux employés souffrant d'allergie au latex.

Source : Adapté de Occupational Safety & Health Administration (2009).

précautions additionnelles fondées sur les modes de transmission connus ou présumés et sur les caractéristiques du client. Ces dernières précautions visent des infections particulières et s'ajoutent à celles de base. L'objectif des mesures de prévention est de limiter la transmission des microorganismes des clients aux professionnels de la santé, des professionnels de la santé aux clients, des clients à d'autres clients ainsi que des professionnels de la santé ou des clients à des personnes extérieures à l'hôpital.

Les pratiques de base concernent : 1) le sang ; 2) tous les liquides biologiques, les sécrétions et les excrétions corporelles ; 3) toute peau lésée ; 4) les membranes muqueuses. Elles sont conçues pour réduire le risque de transmission des microorganismes issus de sources infectieuses reconnues ou non reconnues dans les hôpitaux. Elles s'appliquent à tous les clients, quel que soit le diagnostic ou le statut présumé de l'infection. Les pratiques de base incluent aussi toutes les exigences standardisées en matière de pathogènes hématogènes (CDC, 2007a).

Les précautions additionnelles sont au nombre de quatre et concernent les précautions aériennes, par gouttelettes, par contact direct et par la protection de l'environnement. Elles peuvent être combinées en cas de maladies ayant plusieurs voies de transmission. Seules ou combinées, les précautions additionnelles doivent toujours s'ajouter aux pratiques de base.

Les précautions additionnelles concernent les personnes chez qui une infection est soupçonnée ou pour lesquelles il a été établi qu'elles sont infectées par des agents pathogènes hautement transmissibles. C'est également le cas chez des personnes asymptomatiques ou non, mais porteuses d'un agent pathogène (p. ex., le SARM) et qui requièrent des mesures supplémentaires pour rompre la chaîne de transmission. C'est notamment le cas des personnes âgées traitées par antibiotiques.

RAPPELEZ-VOUS...

Il est important de se souvenir des éléments constituant la chaîne de l'infection.

15.2 | Infection par le virus de l'immunodéficience humaine

Bien que le virus de l'immunodéficience humaine ait été connu plus tôt, les autorités de santé publique n'ont confirmé l'existence d'une nouvelle maladie, appelée **syndrome d'immunodéficience acquise (sida)**, qu'en 1981. En 1985, l'agent en cause (le VIH) était déjà connu, et il avait déjà été établi que le sida était un stade avancé de l'infection par le VIH (Osmond, 2003).

Depuis, des progrès importants ont été accomplis, notamment la mise au point d'analyses de laboratoire permettant d'évaluer le nombre de particules du VIH dans le plasma (la **charge virale**), la mise au point de nouveaux médicaments, l'utilisation d'associations pharmacologiques, la possibilité de tester la résistance aux **antirétroviraux** ainsi que le traitement destiné à diminuer le risque de transmission de la mère à son enfant (Mahungu, Rodger, & Johnson, 2009 ; Osmond, 2003). Dans les pays développés, ces mesures ont eu pour conséquences de faire chuter le nombre de décès liés à l'infection par le VIH, d'améliorer la qualité de vie des personnes vivant avec le VIH

et de diminuer de manière significative le nombre d'enfants nés porteurs du VIH (ASPC, 2007a ; CDC, 2007b). Des progrès considérables ont été réalisés, mais l'épidémie en Amérique du Nord et dans le reste du monde continue de se propager (Kaiser Family Foundation, 2009 ; Mayer, Pizer, & Venkatesh, 2008).

15.2.1 Incidence du VIH

Plus de un million de personnes vivent avec le VIH aux États-Unis, et environ 56 000 nouvelles infections se déclarent chaque année. L'Agence de santé publique du Canada estime qu'à la fin de 2005, environ 58 000 personnes étaient infectées par le VIH au Canada, dont environ 27 % étaient des cas non diagnostiqués. Le nombre de nouvelles contaminations chaque année se situerait entre 2 300 et 4 500. Il est à noter qu'il s'agit là d'estimations, actualisées tous les trois ans et qui se situent, selon les auteurs, en deçà de la réalité (ASPC, 2009). En Amérique du Nord, l'épidémie croît plus rapidement chez les femmes, les personnes de couleur, les personnes qui vivent sous le seuil de la pauvreté, les utilisateurs de drogues injectables et les adolescents. Le traitement a permis des avancées considérables du point de vue du temps de maintien en bonne santé des personnes porteuses du VIH et du taux de décès (Mayer et al., 2008 ; Osmond, 2003).

L'infection par le VIH reste une **pandémie** mondiale dévastatrice puisqu'elle a déjà tué plus de 25 millions de personnes (Kaiser Family Foundation, 2009). Plus de 33 millions de personnes vivent avec le VIH, dont près de la moitié sont des femmes ; environ 2,7 millions de personnes contractent l'infection par le VIH et 2 millions en meurent chaque année (Kaiser Family Foundation, 2007).

De plus, les cas d'infection par le VIH ne sont pas répartis de manière uniforme. Depuis le début de l'épidémie, l'Afrique subsaharienne a été la région la plus touchée, mais les Caraïbes, l'Asie, l'Europe de l'Est et l'Amérique du Sud connaissent également des épidémies croissantes. Dans les pays en voie de développement, la principale voie de transmission est le rapport sexuel hétérosexuel, et les femmes ainsi que les enfants paient un lourd tribut à la maladie. Les pays industrialisés s'en tirent à meilleur compte, mais ils n'ont pas réussi à éliminer l'infection ou à offrir des soins adéquats à toutes les personnes vivant avec le VIH (PVVIH). La plupart du temps, l'infection par le VIH reste une maladie contractée par des personnes marginalisées : celles-ci sont discriminées en raison de leur sexe, de leur origine, de leur orientation sexuelle, de la pauvreté, de la consommation de drogues ou d'un accès insuffisant aux soins de santé (Kaiser Family Foundation, 2007 ; Mayer et al., 2008).

15.2.2 Modes de transmission du VIH

Le VIH est un virus à ARN appartenant à la famille des rétrovirus. Il est fragile et ne peut se transmettre que dans des conditions précises de contact avec du sang infectieux, du sperme, des sécrétions vaginales et du lait d'allaitement. La transmission du VIH peut se produire pendant les relations sexuelles avec un partenaire infecté, après une exposition à du sang ou à des produits sanguins infectés par le VIH, et de mère à enfant pendant la grossesse, l'accouchement ou l'allaitement (CDC, 2007b ; National Institute of Allergy and Infectious Diseases [NIAID], 2009).

Les PVVIH peuvent transmettre le virus à d'autres dès les premiers jours suivant leur contamination, et cette infectiosité dure le reste de leur vie. La transmission du VIH exige aussi les mêmes conditions que celles d'autres microorganismes (c.-à-d. que le virus doit entrer en quantité suffisante dans l'organisme de l'hôte susceptible). La durée et la fréquence des contacts, le volume de liquide, la virulence et la concentration du microorganisme ainsi que le statut immunitaire de l'hôte sont autant de facteurs déterminants de l'infection après une exposition. La charge virale dans le sang, le sperme, les sécrétions vaginales et le lait maternel du « donneur » est également une variable déterminante. Des quantités importantes de VIH peuvent être trouvées dans le sang et, dans une moindre mesure, dans le sperme pendant les six premiers mois suivant l'infection, et pendant les derniers stades de la maladie **FIGURE 15.1**. Les relations sexuelles non protégées ou l'exposition au sang d'une personne infectée sont alors plus risquées, bien que le VIH puisse être transmis pendant toutes les phases de la maladie (CDC, 2006a, 2007b).

Le VIH ne se propage pas facilement. En effet, le virus ne peut être transmis au cours d'un simple enlacement ou encore d'un baiser, d'une poignée de main, d'un partage d'ustensiles, de l'utilisation des mêmes cuvettes de toilettes, de la fréquentation d'une même école ou d'un même lieu de travail. Le virus n'est pas transmis par les larmes, la salive, l'urine, les vomissements, les expectorations, les selles ou la sueur. Des études répétées n'ont pas réussi à démontrer que le virus pouvait se transmettre par gouttelettes respiratoires ni par voie entérique. Les professionnels de la santé courent un risque minime de contracter le VIH au travail, même après blessure par piqûre d'aiguille (CDC, 2006a, 2007b).

Transmission par voie sexuelle

Le contact sexuel non protégé avec une personne vivant avec le VIH est le principal mode de transmission de ce virus. L'activité sexuelle permet le contact avec du sperme, du liquide prééjaculatoire, des sécrétions vaginales ou du sang, tous ces liquides pouvant renfermer des lymphocytes éventuellement infectés par le VIH. Bien que les hommes qui ont des relations sexuelles avec d'autres hommes soient en cause dans la majorité des infections aux États-Unis et au Canada (ASPC, 2009), la transmission hétérosexuelle est devenue la voie d'infection la plus fréquente pour les femmes et constitue aussi un risque croissant pour les hommes (CDC, 2007b). L'activité sexuelle qui comporte le plus de risques est la relation sexuelle anale sans protection. Pendant des relations sexuelles, quelle que soit leur forme (anale, vaginale ou buccale), le risque d'infection est plus élevé pour le partenaire qui reçoit le sperme, bien que l'infection puisse également se transmettre au sujet qui pratique la pénétration. La raison en est que le sujet receveur est plus longtemps en contact avec des liquides infectés, ce qui explique aussi en partie pourquoi les femmes sont plus facilement infectées que les hommes pendant des relations hétérosexuelles. Les activités sexuelles qui impliquent un contact avec le sang, comme celles qui sont pratiquées pendant les menstruations ou qui provoquent un traumatisme du tissu local, peuvent augmenter le risque de transmission. En outre, la présence de lésions génitales dues à d'autres infections transmissibles sexuellement (p. ex., l'herpès, la syphilis) augmente significativement le risque de transmission (Tobian & Quinn, 2009).

Contact avec du sang et des produits sanguins

Le VIH peut se transmettre par contact avec du sang contaminé par du matériel servant à l'injection de drogues. Les partages et les échanges de ce matériel

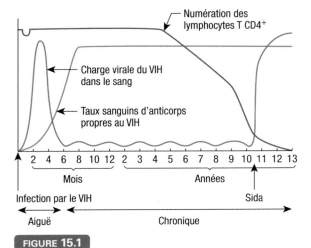

FIGURE 15.1

Charge virale dans le sang et numération des lymphocytes T CD4+ dans le spectre d'une infection par le virus de l'immunodéficience humaine non traitée

> **Capsule Jugement clinique**
>
> Yannick Savoie est infirmier. Il soigne Julie Grondin, âgée de 34 ans, hospitalisée pour une grave pneumonie. La cliente est porteuse du VIH. Elle a la mauvaise habitude de se ronger les ongles jusqu'à se faire saigner. En lui donnant la main pour l'aider à se lever du fauteuil, Yannick s'est aperçu qu'il avait du sang dans la paume de la main. Pourtant, il n'a aucune plaie à cet endroit.
>
> Est-il à risque d'être contaminé par le sang de Julie ? Justifiez votre réponse.

usagé peuvent transmettre le VIH, mais aussi d'autres microorganismes à diffusion hématogène comme le **virus de l'hépatite B (VHB)** ou le **virus de l'hépatite C (VHC)** (CDC, 2006a ; New Mexico AIDS Education and Training Center, 2009b).

En Amérique du Nord, la transfusion de sang et de produits sanguins infectés est responsable de seulement 1 % des cas de sida chez l'adulte (CDC, 2007b). En 1985, une sélection systématique des donneurs de sang destinée à déceler les individus à risque de même que des tests de dépistage du VIH dans les échantillons provenant des dons de sang ont été mis en place pour améliorer l'innocuité des transfusions. Dans les pays qui testent systématiquement les dons de sang, l'infection par le VIH causée par des transfusions de sang ou de facteurs de coagulation en cas d'hémophilie est devenue improbable (CDC, 2006b). Toutefois, elle demeure possible dans le cas des dons faits pendant les premiers mois de l'infection, mois au cours desquels la recherche d'anticorps est négative. Les facteurs de coagulation utilisés chez les personnes hémophiles sont maintenant prétraités par la chaleur ou par des produits chimiques de façon à tuer le VIH et les autres pathogènes transmis par le sang. Ceci permet donc d'éliminer le risque infectieux (Société canadienne de l'hémophilie, 2007).

En milieu professionnel, les blessures par piqûre sont le mode de transmission le plus fréquent. Le risque d'infection après une exposition à du sang infecté par le VIH résultant d'une piqûre accidentelle d'aiguille est compris entre 0,3 et 0,4 % (ou de 3 à 4 sur 1 000). Le risque est plus grand si l'exposition concerne le sang d'un client présentant une charge virale élevée, dans le cas de blessures par perforation profonde, d'une aiguille de gros calibre sur laquelle du sang est visible, d'un dispositif pour les accès veineux ou artériels, ou si le sang provient d'un client qui décède dans les 60 jours. Les expositions aux éclaboussures de sang sur une peau qui présente des lésions ouvertes entraînent un certain risque, mais il est de loin inférieur à celui associé à une blessure par perforation (CDC, 2005).

Transmission périnatale

La transmission périnatale est le mode d'infection le plus fréquent chez les enfants. La transmission d'une mère vivant avec le VIH à son enfant peut se produire pendant la grossesse, à l'accouchement ou pendant l'allaitement. En moyenne, 25 % des nourrissons nés d'une mère dont l'infection par le VIH n'a pas été traitée seront porteurs du VIH. Cela signifie que, même en l'absence de traitement, 75 % des enfants ne seront pas infectés. Heureusement, grâce au traitement antirétroviral (TAR) administré pendant la grossesse, il est possible de réduire le risque de transmission à moins de 2 % (CDC, 2009c).

15.2.3 Physiopathologie

Le virus de l'immunodéficience humaine est un virus à ARN (Osmond, 2003) et, comme tous les virus à ARN, il est appelé **rétrovirus**, car il se réplique en mode « inverse » en produisant de l'ADN à partir de l'ARN. Il est composé d'une capsule protéique interne appelée capside. Cette dernière contient deux brins d'ARN et des enzymes, dont la transcriptase inverse qui a pour rôle de transcrire l'ARN en ADN. La capside est elle-même entourée d'une enveloppe lipidique dans laquelle sont ancrés des spicules formés de deux glycoprotéines (soit les gp120 et les gp41). Les spicules vont permettre l'arrimage sur les récepteurs cellulaires, notamment les CD4 **FIGURE 15.2**.

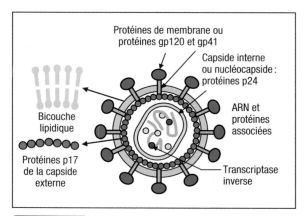

Protéines de membrane ou protéines gp120 et gp41

Capside interne ou nucléocapside : protéines p24

ARN et protéines associées

Transcriptase inverse

Bicouche lipidique

Protéines p17 de la capside externe

FIGURE 15.2

Schéma simplifié du VIH – Le VIH possède une enveloppe externe constituée de protéines (dont la gp120) et une capside centrale composée de protéines et renfermant l'ARN viral.

Comme tous les virus, le VIH ne peut se répliquer que s'il est à l'intérieur d'une cellule vivante. Le VIH peut pénétrer dans une cellule lorsque les spicules de la protéine gp120 de l'enveloppe virale se lient à des récepteurs spécifiques des lymphocytes CD4 (fusion) **FIGURE 15.3**. Le VIH se sert aussi des récepteurs des chimiokines CXCR4 et CCR5 comme corécepteurs (CD4 étant le récepteur principal) pour faciliter la liaison et l'entrée du virus dans les lymphocytes T CD4+. Les récepteurs des chimiokines sont des protéines présentes dans les membranes cellulaires. Ces récepteurs répondent normalement aux chimiokines extérieures à la cellule pour déclencher une réponse à l'intérieur de cette dernière.

Lorsque le virus est lié à la cellule, son ARN entre dans la cellule où il est transcrit en ADN viral simple brin avec l'aide de la **transcriptase inverse**. Ce filament d'ADN se réplique et devient un ADN viral double brin qui pénètre ensuite dans le noyau

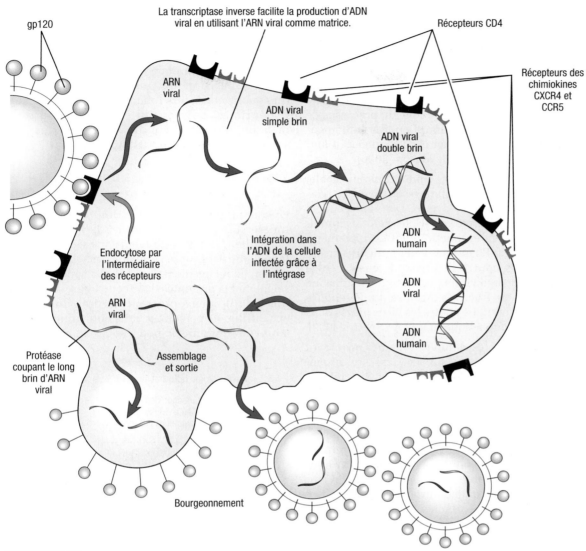

gp120

La transcriptase inverse facilite la production d'ADN viral en utilisant l'ARN viral comme matrice.

Récepteurs CD4

Récepteurs des chimiokines CXCR4 et CCR5

ARN viral

ADN viral simple brin

ADN viral double brin

Endocytose par l'intermédiaire des récepteurs

Intégration dans l'ADN de la cellule infectée grâce à l'intégrase

ADN humain

ADN viral

ADN humain

ARN viral

Protéase coupant le long brin d'ARN viral

Assemblage et sortie

Bourgeonnement

15

FIGURE 15.3

En se liant à la surface de la cellule, l'ARN viral peut y pénétrer et être transcrit en ADN viral à l'aide de la transcriptase inverse. Dans la cellule, cet ADN viral s'intègre au génome de façon permanente et peut être répliqué, puis sortir de la cellule et la détruire.

des cellules puis, à l'aide d'une autre enzyme appelée intégrase, s'insère dans le génome et intègre ainsi de façon permanente la structure génétique de la cellule. Ce processus a deux conséquences : 1) puisque tout le matériel génétique est répliqué pendant la division cellulaire, toutes les cellules filles seront aussi infectées ; 2) l'ADN viral dans le génome permet à la cellule de produire de nouvelles copies du VIH. La production du VIH dans la cellule est un processus complexe qui commence par la fabrication de longs filaments d'ARN du VIH à partir de l'ADN intégré. Certains de ces ARN sont traduits en protéines virales après un épissage en fragments de longueur adéquate. L'assemblage des protéines et d'ARN viral permet la production de virus immatures par bourgeonnement. La maturation nécessite l'action d'enzymes virales particulières appelées

protéases qui coupent certaines des protéines du virus pour les rendre fonctionnelles (New Mexico AIDS Education and Training Center, 2009c ; Stevenson, 2009).

L'infection initiale par le VIH entraîne une première **virémie** élevée qui s'accompagne d'une chute brutale du nombre de lymphocytes T CD4+ de quelques semaines. Il s'ensuit une longue période durant laquelle la virémie plasmatique reste faible, même sans traitement **FIGURE 15.1**. Pendant cette période, qui peut durer de 10 à 12 ans, parfois plus, il y a peu ou pas de symptômes cliniques. Cependant, même si les symptômes sont inexistants, et contrairement à ce qui a longtemps été cru, la réplication du VIH continue à une vitesse élevée et constante dans le sang et dans les tissus lymphatiques. La charge virale peut atteindre un point

Virémie : Désigne la présence de grandes quantités de virus dans le sang.

d'équilibre dans l'organisme des personnes infectées pendant de nombreuses années sous l'effet de la réponse immunitaire, et ce, même si un milliard de nouveaux virions sont produits chaque jour. Une des conséquences les plus importantes de cette réplication rapide est que si une erreur génétique (mutation) se produit, cette dernière risque également de se multiplier tout au long du processus de réplication, ce qui peut compliquer le traitement antirétroviral (New Mexico AIDS Education and Training Center, 2009c ; Stevenson, 2009).

Au cours d'une réponse immunitaire normale, les antigènes étrangers interagissent avec les lymphocytes B et les lymphocytes T. Dans les premiers stades de l'infection par le VIH, les cellules immunitaires réagissent et fonctionnent normalement. Les lymphocytes B fabriquent des anticorps spécifiques dirigés contre le VIH qui réussissent à diminuer la charge virale plasmatique, tandis que les lymphocytes T activés organisent une réponse immunitaire cellulaire contre les virus piégés dans les ganglions lymphatiques (Ortiz & Silvestri, 2009).

Le VIH infecte les cellules humaines possédant des récepteurs CD4 à leur surface. Ces cellules comprennent les lymphocytes, les monocytes / macrophages, les astrocytes et les oligodendrocytes. La dysfonction immunitaire durant l'infection par le VIH est principalement due à des lésions et à une destruction des cellules T CD4+ (aussi appelées lymphocytes T auxiliaires, *T-Helper* ou lymphocytes T CD4+). Ces cellules sont ciblées, car elles présentent un nombre de récepteurs CD4 en surface supérieur à celui des autres cellules porteuses de CD4. Ceci est très fâcheux, car les lymphocytes T CD4+ jouent un rôle de premier plan dans la capacité du système immunitaire à reconnaître les agents pathogènes et à se défendre contre eux. Normalement, les adultes possèdent de 800 à 1 200 lymphocytes T CD4+ par microlitre de sang (ou exprimé simplement par 800 cellules/µl). L'espérance de vie normale d'un lymphocyte T CD4+ est d'environ cent jours, alors que les lymphocytes T CD4+ infectés par le VIH ont une durée de vie moyenne de deux jours seulement (Ortiz & Silvestri, 2009 ; Stevenson, 2009).

Le VIH détruit environ un milliard de lymphocytes T CD4+ par jour. Heureusement, pendant de nombreuses années, la moelle osseuse et le thymus réussissent à produire suffisamment de nouveaux lymphocytes T CD4+ pour remplacer ceux qui sont détruits. Cela dit, la capacité du VIH à détruire les lymphocytes T CD4+ dépasse finalement celle de l'organisme à remplacer ces cellules, et cela se traduit par la baisse du nombre de lymphocytes T CD4+ et de la fonction immunitaire. En général, le système immunitaire demeure efficace tant que le nombre de lymphocytes T CD4+ dépasse 500 cellules/µl. En deçà de ce taux, les problèmes immunitaires surviennent et s'aggravent lorsque

le nombre de lymphocytes T CD4+ est inférieur à 200 cellules/µl. Dans le cas de l'infection par le VIH, la diminution de lymphocytes T CD4+ devient si élevée qu'il n'en reste plus assez pour réguler les réponses immunitaires **FIGURE 15.1**. Ceci favorise l'apparition de maladies liées au sida (infections et cancers touchant les clients immunodéprimés, qui sont la principale cause de maladie, d'invalidité et de décès chez les personnes infectées par le VIH) (CDC, 2009a).

15.2.4 Manifestations cliniques et complications

Le cours typique d'une infection par le VIH non traitée suit le schéma décrit à la **FIGURE 15.4**. Cependant, il faut se souvenir que l'évolution de la maladie est propre à chaque cas, et que le traitement peut largement modifier son cours. Les renseignements présentés dans cette figure découlent donc de données obtenues auprès d'un vaste échantillon de personnes et ils ne sauraient servir à prévoir le pronostic pour un cas en particulier.

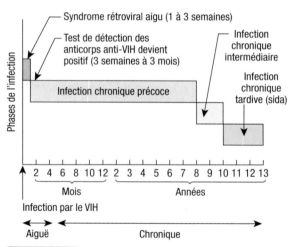

FIGURE 15.4

Déroulement de l'infection par le VIH non traitée – Il s'agit du cours d'une maladie non traitée, depuis le moment de l'infection jusqu'aux manifestations cliniques de la maladie.

Infection aiguë ou primo-infection

La **séroconversion** s'accompagne souvent d'un syndrome fébrile pseudogrippal ou apparenté à la mononucléose, d'adénopathie, de maux de gorge, de céphalées, de malaises, de nausées, de douleurs musculaires et articulaires, de diarrhées ou d'éruptions cutanées diffuses. Certaines personnes présentent des complications neurologiques telles qu'une méningite aseptique, une neuropathie périphérique, une paralysie faciale ou le syndrome de Guillain-Barré. Cette phase, appelée **infection aiguë** ou **primo-infection**, survient généralement entre deux et quatre semaines après l'infection initiale et dure de une à deux semaines, parfois même plusieurs mois pour certaines personnes. Pendant cette période est notée une charge virale élevée ainsi qu' une diminution temporaire du nombre de lymphocytes T CD4+ qui, toutefois, regagne rapidement son taux initial **FIGURE 15.1**. De nombreuses personnes, y compris les professionnels de la santé, confondent les symptômes aigus de l'infection par le VIH avec un épisode intense de grippe (Valenti, 2008).

Infection chronique

Phase asymptomatique

L'intervalle médian entre une infection par le VIH non traitée et un diagnostic de sida est d'environ onze ans. Pendant cet intervalle, le nombre de lymphocytes T CD4+ reste supérieur à 500 cellules/μl (taux normal ou légèrement inférieur), et la charge virale dans le sang est faible. Cette phase est connue sous le nom de phase asymptomatique, même s'il est courant d'éprouver de la fatigue, des maux de tête, une fièvre de faible intensité, des sueurs nocturnes, une lymphadénopathie généralisée persistante ainsi que d'autres symptômes (CDC, 2008b).

Comme la symptomatologie du début de l'infection est vague et non caractéristique, il arrive que les personnes ne sachent pas qu'elles sont infectées par le VIH. Pendant cette période, elles se livrent à leurs activités habituelles, incluant peut-être des comportements sexuels à haut risque et la consommation de drogues. Il s'agit là d'un problème de santé publique, car les personnes infectées peuvent transmettre le VIH à d'autres, tout en étant asymptomatiques. Aussi, ignorant qu'elles sont porteuses de l'infection par le VIH, la santé de ces personnes peut être affectée, car elles ne sont pas traitées et sont moins susceptibles de modifier leur comportement pour améliorer leur qualité et leur espérance de vie (CDC, 2003).

Phase symptomatique

À mesure que le nombre de lymphocytes T CD4+ diminue (de 500 à 200 cellules/μl), la charge virale augmente et le VIH progresse vers un stade plus actif. Les symptômes observés pendant les phases précédentes tendent à s'aggraver : fièvre persistante, sueurs nocturnes abondantes et fréquentes, diarrhée chronique, céphalées récurrentes ainsi qu'une fatigue suffisamment intense pour perturber les habitudes de vie. Les autres problèmes consistent notamment en des infections localisées, une lymphadénopathie et des manifestations touchant le système nerveux (CDC, 2008d).

L'infection la plus courante observée durant cette phase de l'infection par le VIH est la candidose oropharyngée, communément appelée muguet **FIGURE 15.5**. Chez les adultes en bonne santé, le *Candida albicans* entraîne rarement

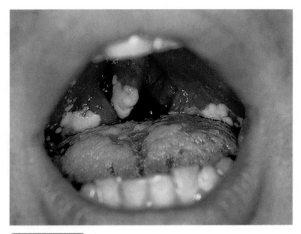

FIGURE **15.5**

Le muguet buccal siège sur la voûte palatine et le voile du palais.

des problèmes ; il en va autrement chez la plupart des personnes infectées par le VIH. Les autres infections possibles à ce stade sont le zona (dû au virus varicelle-zona [VZV]), des candidoses vaginales persistantes, des éclosions d'herpès buccal ou génital, des infections bactériennes et le **sarcome de Kaposi (SK)** causé par le virus humain de l'herpès 8 (VHH-8) **FIGURE 15.6**. La **leucoplasie orale chevelue**, une infection causée par le virus d'Epstein-Barr et caractérisée par des lésions indolores, blanches et en saillie sur le côté de la langue, peut également survenir **FIGURE 15.7**. La leucoplasie orale chevelue est également un indicateur de l'évolution de la maladie (CDC, 2009a).

Sida

Le diagnostic du sida n'est posé que lorsque la personne vivant avec le VIH répond aux critères d'abord établis par le CDC (2008b), puis repris

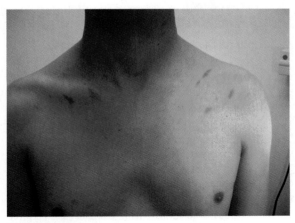

FIGURE **15.6**

Sarcome de Kaposi : lésions vasculaires malignes – Les lésions peuvent apparaître sur n'importe quelle surface cutanée ou dans des organes internes. La taille des lésions peut varier entre de simples points et de très grosses taches de couleurs diverses.

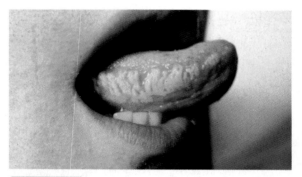

La leucoplasie orale chevelue se présente sur le côté de la langue.

Jugement clinique

Monsieur Marc Philippon, âgé de 31 ans, est porteur du VIH depuis 5 ans. Il s'est présenté en consultation externe parce qu'il avait très mal aux oreilles. Le médecin, qui est au courant de la séropositivité du client, a diagnostiqué une otite bilatérale.

Devrait-il alors soupçonner que monsieur Philippon est atteint du sida ? Justifiez votre réponse.

Il est question du traitement des maladies liées au sida dans le tableau 15.1W présenté au www.cheneliere.ca/lewis.

En général, les maladies liées au sida, qui sont souvent la réactivation d'une infection antérieure, ne surviennent pas si le système immunitaire est fonctionnel. De nombreuses infections, différentes tumeurs malignes, un syndrome de **cachexie** et la démence peuvent résulter d'un trouble immunitaire lié au VIH **TABLEAU 15.8**. Les microorganismes, qui ne causent pas de maladie grave chez les personnes dont le système immunitaire est intact, peuvent provoquer des infections invalidantes, disséminées, qui menacent le pronostic vital à ce stade. Plusieurs maladies liées au sida peuvent apparaître simultanément, ce qui rend plus difficiles le diagnostic et le traitement 🖱️. Les progrès dans le traitement de l'infection par le VIH ont contribué à diminuer l'occurrence de ces maladies en permettant au système immunitaire de fonctionner convenablement (CDC, 2009a). La découverte d'une nouvelle classe d'antirétroviraux (ARV) en 1995, à savoir les inhibiteurs de la protéase utilisés en association dans le cadre d'un traitement dit hautement actif, a profondément modifié l'évolution de la maladie. Malheureusement, leurs effets secondaires sont importants et touchent la qualité de vie de certains clients. C'est notamment le cas de la **lipodystrophie**.

internationalement, notamment par le Canada et l'OMS. Ce diagnostic est le plus souvent posé lorsque le système immunitaire est sévèrement déprimé **ENCADRÉ 15.3**. À mesure que la charge virale augmente, le nombre absolu et le pourcentage de lymphocytes diminuent, augmentant ainsi le risque de contracter une ou plusieurs maladies liées au sida. C'est le dernier stade de l'infection par le VIH ; il se traduit par une détérioration de l'état de santé, une augmentation des invalidités et, finalement, par le décès de la personne à la suite de ces maladies ou de complications liées à l'envahissement de l'organisme par le VIH (New Mexico AIDS Education and Training Center, 2009c ; Ortiz & Silvestri, 2009).

15.2.5 Examens paracliniques
Diagnostic de l'infection par le VIH

Les tests de dépistage les plus utiles dans le cas de l'infection par le VIH sont ceux qui permettent de détecter des anticorps spécifiques anti-VIH. Le principal inconvénient de ces tests est qu'il existe une latence moyenne de deux mois entre l'infection et la possibilité de détection des anticorps.

ENCADRÉ 15.3	**Critères diagnostiques du sida**

Le sida est diagnostiqué lorsqu'une personne porteuse du VIH présente au moins l'une des affections suivantes.

- Le nombre de lymphocytes T CD4+ diminue à moins de 200 cellules/µl.
- Une des infections opportunistes suivantes :
  - Fongique : candidose des bronches, de la trachée, des poumons ou de l'œsophage ; pneumonie à *Pneumocystis jiroveci* ; coccidioïdomycose disséminée ou extrapulmonaire ; histoplasmose disséminée ou extrapulmonaire.
  - Virale : maladie à cytomégalovirus hors du foie, de la rate ou des ganglions ; rétinite à cytomégalovirus (avec perte de vision) ; *Herpes simplex* avec un ou plusieurs ulcères chroniques ou bronchiques, pneumonies ou œsophagites ; leucoencéphalopathie multifocale progressive ; cryptococcose extrapulmonaire.

- Protozoaire : toxoplasmose du cerveau ; isosporose intestinale chronique ; cryptosporidiose intestinale chronique.
- Bactérienne : *Mycobacterium tuberculosis* (tous les sièges) ; toute infection disséminée ou extrapulmonaire à *Mycobacterium*, y compris le complexe *M. avium* ou *M. kansasii* ; pneumonie récurrente ; septicémie récurrente à *Salmonella*.
- Un des cancers opportunistes suivants : Cancer invasif du col de l'utérus, sarcome de Kaposi, lymphome de Burkitt, lymphome immunoblastique ou lymphome primitif du cerveau.
- Syndrome de dépérissement (cachexie). La cachexie se définit par une perte d'au moins 10% de la masse corporelle idéale.
- Encéphalopathie liée au VIH.

Source : Adapté de CDC (2008d).

TABLEAU 15.8	Maladies courantes associées à l'infection par le VIH
MICROORGANISME/MALADIE	**MANIFESTATIONS CLINIQUES**
Candida albicans	• Muguet, œsophagite, vaginite ; taches blanchâtres et jaunes dans la bouche, l'œsophage, le tube digestif, le vagin
Coccidioides immitis	• Pneumonie / fièvre, perte pondérale, toux
Complexe *Mycobacterium avium*	• Gastroentérite, diarrhée, perte pondérale
Cryptococcus neoformans	• Méningite, trouble cognitif, dysfonction motrice, fièvre, crises convulsives, céphalée
Cryptosporidium muris	• Gastroentérite, diarrhée, douleur abdominale, perte pondérale
Cytomégalovirus	• Rétinite : lésions rétiniennes, vision trouble, perte de vision • Œsophagite / stomatite : difficulté à avaler ; colite / gastrite : diarrhée sanguinolente, douleur, perte pondérale • Pneumonite : symptômes respiratoires • Maladie neurologique : manifestations liées à l'atteinte du SNC
Herpes simplex	• VHS-1 (type 1) : lésions buccolabiales et cutanéomuqueuses vésiculaires et ulcéreuses ; kératinite : troubles de la vision ; encéphalite : manifestations liées à l'atteinte du SNC • VHS-2 (type 2) : lésions génitales et périanales vésiculaires et ulcéreuses
Histoplasma capsulatum	• Pneumonie : fièvre, toux, perte pondérale • Méningite : manifestations liées à l'atteinte du SNC ; maladie disséminée
Lymphome du système nerveux central	• Dysfonction cognitive, altération motrice, aphasie, crises convulsives, troubles de la personnalité, céphalée
Mycobacterium tuberculosis	• Maladie respiratoire et disséminée ; toux productive, fièvre, sueurs nocturnes, perte pondérale
Papovavirus JC	• Leucoencéphalopathie multifocale progressive, manifestations liées à l'atteinte du SNC, déclins mental et moteur
Pneumonie à *Pneumocystis jiroveci*	• Pneumonie, toux non productive, hypoxémie, essoufflement progressif, fièvre, sueurs nocturnes, fatigue
Sarcome de Kaposi causé par le virus humain de l'herpès 8	• Lésions vasculaires de la peau, des muqueuses et des viscères (tableau clinique très varié) : fermes, plates, en saillie ou nodulaires ; de taille minuscule ou de plusieurs centimètres ; hyperpigmentées, multicentriques ; pouvant causer un lymphoedème et une défiguration, surtout lorsque confluentes ; généralement sans gravité, sauf si présentes dans l'appareil respiratoire ou gastro-intestinal
Toxoplasma gondii	• Encéphalite, dysfonction cognitive, affection motrice, fièvre, altération de l'état mental, céphalée, crises convulsives, anomalies sensorielles
Virus de l'hépatite B	• Jaunisse, fatigue, douleur abdominale, perte d'appétit, nausées, vomissements, douleur articulaire ; dans 30 % des cas, ni signe ni symptôme
Virus de l'hépatite C	• Jaunisse, fatigue, douleur abdominale, perte d'appétit, nausées, vomissements, urine foncée ; dans 80 % des cas, ni signe ni symptôme
Virus grippal	• Fièvre (généralement élevée), céphalée, fatigue extrême, toux sèche, maux de gorge, écoulements ou congestion du nez, douleurs musculaires, nausées, vomissements et diarrhée possibles
Virus varicelle-zona	• Zona : éruption érythémateuse, maculopapulaire, métamérique, douleur, prurit • Oculaire : nécrose rétinienne externe progressive

15

Il est alors question de **fenêtre sérologique** durant laquelle une personne infectée peut obtenir un résultat négatif au test de détection des anticorps anti-VIH **FIGURE 15.1**.

Les tests de dépistage du VIH sont généralement effectués selon la séquence présentée à l'**ENCADRÉ 15.4** qui permet d'obtenir des résultats très précis. Les nouveaux tests de dépistage rapide des anticorps anti-VIH fournissent des résultats en 20 minutes et sont fortement recommandés par le CDC (2006c). Les tests de dépistage rapide sont très fiables et offrent des résultats immédiats aux clients, leur permettant ainsi de recevoir rapidement des conseils pour le traitement et la prévention. C'est là un avantage important, car nombreux sont ceux qui ne reviennent pas s'enquérir des résultats de leurs tests si les résultats sont plus lents à venir (Bowles *et al.*, 2008 ; CDC, 2006c). Au Canada, le dépistage rapide a été homologué par Santé Canada en 2005, mais il est très peu utilisé au Québec. Une étude (le projet « SPOT ») menée par le Dr Wainberg, directeur du Centre SIDA McGill, offre depuis septembre 2009 un test rapide de dépistage gratuit et anonyme aux hommes homosexuels (Centre SIDA McGill, 2009).

Analyses de laboratoire en cours d'évolution de l'infection par le VIH

L'évolution de l'infection par le VIH est surveillée grâce à deux analyses de laboratoire importantes : la numération des lymphocytes T CD4$^+$ et la charge virale. La numération des lymphocytes T CD4$^+$ est

ENCADRÉ 15.4	Tests de dépistage par la détection des anticorps anti-VIH

Procédures des tests de dépistage des anticorps anti-VIH

- Un dosage immunoenzymatique (EIA) très sensible sert à détecter les anticorps sériques qui se lient aux antigènes du VIH sur des plaques. Après ce test, les échantillons de sang qui ne renferment pas de virus produisent des résultats négatifs.

  Si le client déclare avoir eu récemment des comportements à risque, il faut l'encourager à repasser le test trois semaines, six semaines et trois mois plus tard.

- Si des anticorps sont présents dans le sang après le test EIA, il faut le refaire.

- Si des anticorps sont constamment présents dans le sang après des tests EIA répétés, une confirmation des résultats devra être réalisée à l'aide de tests plus précis. Parmi les tests, celui par transfert de western (WB) ou par immunofluorescence (IF) sera utilisé.

  – Le test WB consiste à incuber des échantillons de sérum en présence d'antigènes du VIH purifiés, et qui sont soumis à une électrophorèse. Les anticorps présents dans le sérum pourront être détectés.

  – Le test IF permet de déceler le VIH dans les cellules infectées. Le sang est traité avec un anticorps fluorescent dirigé contre l'antigène p17 ou p24, puis examiné à l'aide d'un microscope à fluorescence.

- Le sang réactif à ces trois premières étapes est considéré comme porteur d'anticorps anti-VIH.

- Si les résultats sont indéterminés, il faut alors procéder selon les étapes suivantes :

- Si une évaluation approfondie des risques révèle que la personne ne présente pas d'antécédents d'activités à risque élevé, il faut la rassurer, lui apprendre que l'infection par le VIH est extrêmement peu probable et lui suggérer de repasser le test dans trois mois.

- Si une évaluation approfondie du risque révèle que la personne présente des antécédents d'activités à risque élevé, il faut envisager des tests de détection de l'antigène du VIH.

Considérations particulières pour les tests rapides de détection des anticorps anti-VIH

- Les résultats des tests rapides sont très précis ; ils peuvent être menés dans plusieurs contextes, et ils offrent des résultats en vingt minutes. Leur principal avantage est de permettre aux clients d'obtenir leurs résultats avant d'avoir quitté le centre de tests.

- Les tests rapides sont des tests de dépistage ; ils permettent de détecter les anticorps et non les antigènes.

- Des résultats négatifs aux tests rapides doivent donner lieu à une évaluation du risque pour déterminer la pertinence de refaire les tests.

- L'obtention de résultats positifs aux tests rapides peut être divulguée au client, mais doit être confirmée par des tests plus précis comme le WB ou l'IF (de la manière décrite ci-dessus). Cette étape nécessitera une prise de sang et un nouveau rendez-vous pour obtenir les résultats.

- Les tests rapides sont plus coûteux que les anciennes méthodes de détection. Les trousses de tests rapides ont une durée d'entreposage limitée[a].

[a] L'Agence de la santé publique du Canada a publié en 2000 des recommandations sur le dépistage du VIH grâce à des trousses de dépistage rapide (www.phac-aspc.gc.ca/publicat/ccdr-rmtc/00vol26/rm2607fa.html) ainsi qu'un document sur les politiques de dépistage (ASPC, 2000).

un marqueur de la fonction immunitaire. À mesure que la maladie évolue, une baisse du nombre de lymphocytes T CD4+ est généralement observée **FIGURE 15.1**. Un nombre de CD4+ compris entre 800 et 1 200 cellules/µl est considéré comme normal. Les analyses de laboratoire destinées à mesurer l'activité virale permettent d'estimer l'évolution de la maladie. Plus la charge virale est faible, moins la maladie est active. Au Québec, la mesure quantitative de la charge virale est effectuée au moyen de la technique de l'ADN ramifié (aussi nommée bDNA, en anglais). Le seuil de détection utilisé est de 50 copies/ml de plasma (MSSS, 2008). Dans l'infection par le VIH, les charges virales sont rapportées en nombres réels ou comme étant indétectables. « Indétectable » signifie que la charge virale est inférieure au seuil de détection du test ; « indétectable » ne signifie pas que le virus a été éliminé de l'organisme ou que la personne visée ne transmettra plus le VIH à d'autres. L'ensemble de ces tests fournit des renseignements de nature à déterminer le début du traitement antirétroviral, son efficacité et si les objectifs cliniques ont été atteints (CDC, 2008b).

Il arrive souvent, en cas d'infection par le VIH, que les résultats des analyses de sang soient anormaux ; cela peut être dû au virus lui-même, aux maladies liées au sida ou aux complications du traitement. La diminution du nombre de globules blancs (GB), en particulier un faible taux de polynucléaires neutrophiles (neutropénie), est fréquente. La faible numération plaquettaire (thrombopénie) peut être causée par le VIH, des anticorps antiplaquettaires ou le traitement pharmacologique ; l'anémie, elle, est associée au processus de maladie chronique ainsi qu'aux effets secondaires du traitement antirétroviral lui-même ou de celui hautement actif. De plus, des anomalies dans les examens de la fonction hépatique dues à l'infection par le VIH, aux traitements pharmacologiques ou à une co-infection par un virus d'hépatite sont souvent observées. La détection précoce d'une co-infection par le virus de l'hépatite B ou par le virus de l'hépatite C est capitale, car l'évolution de ces infections est beaucoup plus sévère chez les PVVIH. En effet, elles peuvent limiter les options de traitement antirétroviral et provoquer une morbidité et une mortalité supplémentaire d'origine hépatique (CDC, 2008b ; Kwong, 2009) ▶ **58** .

Deux types de tests permettent maintenant de vérifier la résistance aux antirétroviraux des personnes sous ce type de traitement. Les tests **génotypiques** permettent de détecter les mutations virales qui confèrent une résistance aux médicaments et qui sont présentes dans les gènes codant la transcriptase inverse et la protéase. Les tests **phénotypiques**, quant à eux, mesurent la croissance du VIH à diverses concentrations d'antirétroviraux (comme le font les tests de sensibilité des bactéries aux antibiotiques). Ces tests sont particulièrement utiles lorsqu'il faut concevoir de nouvelles associations médicamenteuses pour des personnes qui ne répondent plus au traitement (CDC, 2008b).

15.2.6 Processus thérapeutique en interdisciplinarité

La prise en charge en interdisciplinarité des personnes infectées par le VIH est axée sur :

- la surveillance de l'évolution de l'infection par le VIH et de la fonction immunitaire ;
- l'instauration et la gestion du TAR ;
- la prévention des maladies liées au sida ;
- la détection et le traitement des maladies liées au sida ;
- la prise en charge des symptômes ;
- la prévention ou la diminution des complications liées au traitement ;
- la prévention de la transmission du VIH.

L'évaluation constante, les interactions clinicien-client, le degré d'observance de la thérapie antirétrovirale, l'éducation et le soutien du client sont indispensables pour atteindre ces objectifs (CDC, 2003, 2008b, 2009a ; Kwong, 2009). En effet, en cas d'arrêt non contrôlé du TAR, même sur une courte période, le VIH peut se multiplier ou présenter une résistance, ce qui rend la maladie plus difficile à traiter.

La première visite est l'occasion de réunir les données initiales et d'amorcer la préparation d'un rapport. Il faut alors consigner tous les antécédents et les résultats de l'examen physique, y compris les antécédents d'immunisation, d'évaluation psychosociale et diététique. Les antécédents de même que les résultats de l'évaluation et des analyses de laboratoire permettront de déterminer les besoins du client. Durant cette visite, il est possible de commencer d'emblée à informer le client sur l'infection par le VIH, le traitement, la prévention de la transmission à d'autres personnes, l'amélioration de la santé et la planification familiale. Il faut tenir compte de l'avis du client pour concevoir un plan de soins et de traitements infirmiers, et pour organiser les contacts nécessaires avec des référents. Il faut se rappeler qu'un client qui vient de recevoir un diagnostic peut être en état de choc ou de déni, et ne pas être en mesure de retenir ou de saisir les informations communiquées.

Il est important d'évaluer son état émotionnel et le soutien dont il dispose. L'infirmière doit être prête à répéter et à éclaircir les renseignements pendant plusieurs mois (Kwong, 2009). C'est également le bon moment pour remplir les documents de déclaration de l'infection par le VIH, qui est

58

De l'information détaillée sur les hépatites est présentée dans le chapitre 58, *Interventions cliniques – Troubles du foie, du pancréas et des voies biliaires.*

Génotypique : Relatif au génotype, qui est l'ensemble des caractères génétiques d'un être vivant, qu'ils se traduisent ou non dans son phénotype.

Phénotypique : Relatif au phénotype, qui est l'ensemble des caractéristiques corporelles d'un organisme.

RAPPELEZ-VOUS…

Les réactions observées pendant un processus de deuil et de perte peuvent également être présentes chez les clients recevant un diagnostic d'infection par le VIH.

obligatoire au Canada (Association canadienne de santé publique, 2005).

Traitement pharmacologique de l'infection par le VIH

Les objectifs du traitement pharmacologique de l'infection par le VIH sont les suivants (MSSS, 2008) :

- diminuer la charge virale à un niveau indécelable, soit à un nombre inférieur à 50 copies/ml ;
- maintenir ou augmenter le nombre de lymphocytes T CD4+ ;
- retarder l'apparition des symptômes liés au VIH et des maladies liées au sida ;
- améliorer la qualité de vie ;
- diminuer la mortalité ;
- prévenir les résistances au TAR ;
- éviter les toxicités médicamenteuses ;
- conserver des options thérapeutiques pour le futur ;
- prévenir la transmission mère-enfant.

Le choix du premier traitement est le choix le plus important. Le **TABLEAU 15.9** récapitule les recommandations pour l'amorce du traitement antirétroviral chez les clients atteints d'une infection chronique.

Les lignes directrices thérapeutiques tiennent compte des principes suivants :

- Les décisions quant au traitement doivent être individualisées en fonction du risque d'évolution de la maladie (charge virale plus élevée et nombre de lymphocytes T CD4+ plus bas) de même qu'en fonction de la volonté et de la motivation du client à intégrer le TAR à son mode de vie.

- L'utilisation d'une combinaison thérapeutique antirétrovirale permet d'empêcher la réplication du VIH et de réduire le risque de résistance, qui est le principal facteur limitant l'effet du traitement. Le moyen le plus sûr de supprimer la réplication du VIH est de recourir à au moins trois antirétroviraux efficaces issus d'au moins deux classes thérapeutiques différentes, à raison de schémas d'administration optimaux et de posologies entières.

- Les femmes devraient recevoir le TAR optimal, qu'elles soient enceintes ou non.

- Malgré les données attestant que le risque de transmission du VIH diminue lorsque les charges virales sont faibles (CDC, 2003), les personnes infectées par le VIH, quelle que soit leur charge virale, demeurent potentiellement infectieuses et devraient éviter tout comportement associé à la transmission du VIH ou à d'autres infections (CDC, 2008d).

Il est impossible de guérir une infection par le VIH, mais le TAR peut freiner la réplication virale et retarder l'évolution de la maladie chez la plupart des clients. Lorsqu'il est observé assidûment et correctement, le TAR peut réduire les charges virales de 90 % à 99 %, d'où l'importance capitale de se conformer aux schémas thérapeutiques (CDC, 2008b ; Davis, Johnson, Kiser, & Hindman, 2009). Les différentes classes d'antirétroviraux employées

---

Pharmacothérapie

TABLEAU 15.9	Traitement antirétroviral pour les personnes vivant avec une infection par le VIH	
ÉTAT CLINIQUE OU NOMBRE DE LYMPHOCYTES T CD4+	**RECOMMANDATIONS**	
Antécédents de maladies définissant le sida	• Instaurer le traitement antirétroviral.	
Nombre de lymphocytes T CD4+ inférieur à 200 cellules/µl	• Instaurer le traitement antirétroviral.	
Nombre de lymphocytes T CD4+ compris entre 200 et 350 cellules/µl • Femmes enceintes • Personnes atteintes d'une neuropathie associée au VIH • Personnes co-infectées par l'hépatite B, si le traitement contre le VHB est indiqué	• Instaurer le traitement antirétroviral. • Instaurer le traitement antirétroviral. • Traitement recommandé : par des antiviraux entièrement suppressifs actifs contre le VIH et le VHB.	
Nombre de lymphocytes T CD4+ supérieur à 350 cellules/µl et aucune des conditions précitées	• Le délai optimal pour instaurer le traitement n'est pas bien défini. Il faut tenir compte de la situation de chaque client et de ses comorbidités.	

Sources : Adapté de CDC (2008b) ; MSSS (2008).

pour traiter l'infection par le VIH agissent à différents stades du cycle de réplication du VIH **TABLEAU 15.10** . Le principal avantage de l'emploi d'une combinaison de médicaments issus de différentes classes réside dans le fait que la réplication virale étant ciblée de plusieurs manières, le rétablissement du virus est plus difficile et la possibilité de résistance aux médicaments est atténuée. L'autre avantage est de ménager d'autres options thérapeutiques futures pour les clients qui ne répondent pas (ou ne répondent plus) à un schéma thérapeutique précis (CDC, 2008b ; Davis *et al.*, 2009).

Le tableau 15.2W présentant les effets secondaires des médicaments utilisés pour traiter l'infection par le VIH peut être consulté au www.cheneliere.ca/lewis.

Pharmacothérapie

TABLEAU 15.10	Mécanismes d'action des médicaments utilisés pour traiter l'infection par le VIH	
CLASSE DE MÉDICAMENTS	**MODE D'ACTION**	**EXEMPLES**
Inhibiteurs d'entrée	Empêchent le VIH de se lier aux cellules, et donc d'entrer dans les cellules où se produit la réplication.	• Enfuvirtide (Fuzeon^{MD}) • Maraviroc (Celsentri^{MD})
Inhibiteurs nucléosidiques de la transcriptase inverse (INTI)	Introduisent un fragment d'ADN dans la chaîne d'ADN du VIH en formation, ce qui bloque la production du reste de la chaîne et produit un nouveau filament d'ADN du VIH incomplet.	• Zidovudine (AZT^{MD}, ZDV^{MD}, Retrovir^{MD}) • Didanosine (ddI^{MD}, Videx^{MD}, Videx EC^{MD} [libération progressive]) • Stavudine (d4T^{MD}, Zerit^{MD}) • Lamivudine (3TC^{MD}, Epivir^{MD}) • Abacavir (Ziagen^{MD}) • Emtricitabine (FTC^{MD}, Emtriva^{MD}) • Combivir^{MD} (association de lamivudine et de zidovudine) • Trizivir^{MD} (association de lamivudine, de zidovudine et d'abacavir) • Epzicom^{MD} (association de lamivudine et d'abacavir)
Inhibiteurs non nucléosidiques de la transcriptase inverse (INNTI)	Inhibent l'action de la transcriptase inverse en se liant directement au site catalytique, de façon non compétitive.	• Névirapine (Viramune^{MD}) • Délavirdine (Rescriptor^{MD}) • Éfavirenz (Sustiva^{MD}) • Étravirine (Intelence^{MD})
Inhibiteurs nucléotidiques de la transcriptase inverse	Se lient à l'enzyme transcriptase inverse pour bloquer le processus de conversion de l'ARN du VIH en ADN. Semblables aux INTI, ils nécessitent une phosphorylation en moins.	• Ténofovir DF (Viread^{MD}) • Truvada^{MD} (association de ténofovir et d'emtricitabine)
Inhibiteurs de l'intégrase	Se lient à l'enzyme intégrase et empêchent le VIH d'incorporer son matériel génétique dans la cellule hôte.	• Raltégravir (Isentress^{MD})
Inhibiteurs de la protéase	Empêchent l'enzyme protéase de découper les protéines du VIH immature en protéines de longueur adéquate pour que les virions viables s'assemblent et bourgeonnent à l'extérieur de la membrane cellulaire.	• Saquinavir (Invirase^{MD}) • Indinavir (Crixivan^{MD}) • Ritonavir (Norvir^{MD}) – utilisé le plus souvent à faibles doses avec d'autres inhibiteurs de la protéase pour potentialiser l'effet • Nelfinavir (Viracept^{MD}) • Amprenavir (Agenerase^{MD}) • Kaletra^{MD} (association de lopinavir et de ritonavir) • Atazanavir (Reyataz^{MD}) • Fosamprenavir (Lexiva^{MD}) • Tipranavir (Aptivus^{MD}) • Darunavir (Prezista^{MD})

PHARMACOVIGILANCE

Antirétroviraux

Éfavirenz (Sustiva^MD)

- Ne pas utiliser pendant la grossesse, car des doses importantes peuvent entraîner des anomalies fœtales.

- Prescrire une dose uniquotidienne avant le coucher (au moins initialement) pour aider le client à gérer les effets secondaires liés aux étourdissements et à la confusion.

Le traitement pharmacologique des maladies courantes liées au sida est présenté dans le tableau 15.3W au www.cheneliere.ca/lewis.

Un des problèmes majeurs posés par la plupart des médicaments utilisés dans le TAR est qu'une résistance apparaît rapidement lorsqu'ils sont utilisés seuls (monothérapie) ou selon des doses inadéquates. C'est pourquoi il ne faut jamais prescrire une monothérapie, mais plutôt une association d'au moins trois antirétroviraux prescrits à une dose complète. Toutefois, de nombreux antirétroviraux peuvent susciter des interactions dangereuses et potentiellement mortelles avec d'autres médicaments courants, notamment les médicaments en vente libre et les traitements à base d'herbes médicinales (CDC, 2008b; Davis *et al.*, 2009). Par exemple, le millepertuis, souvent employé pour soulager la dépression, peut interagir avec le TAR (New Mexico AIDS Education and Training Center, 2008), et tous les produits à base d'herbes médicinales devraient être utilisés avec prudence par les PVVIH (New Mexico AIDS Education and Training Center, 2009a).

Traitement pharmacologique des maladies liées au sida

Le traitement de l'infection par le VIH est compliqué en raison de l'apparition de nombreuses maladies liées au sida au moment où la fonction immunitaire se détériore **TABLEAU 15.8**. La prévention est une approche privilégiée contre les maladies liées au sida. Un certain nombre de ces maladies peuvent être retardées ou prévenues à l'aide du TAR adéquat, de vaccins (contre l'hépatite A et B, la grippe et les pneumocoques) et de mesures de prévention spécifiques. Bien qu'il soit normalement impossible d'éradiquer les maladies liées au sida une fois qu'elles existent, des médicaments prophylactiques peuvent sensiblement en réduire la morbidité et la mortalité. Les progrès dans la prévention, le diagnostic et le traitement des maladies liées au sida ont significativement contribué à l'augmentation de l'espérance de vie des personnes vivant avec le VIH (CDC, 2009a)

Stratégies biochimiques de prévention des infections

Malgré des recherches considérables, les moyens biochimiques de prévention de la transmission du VIH ne sont pas encore disponibles. Des recherches sur les microbicides vaginaux ou rectaux, la prophylaxie préexposition et un vaccin sont en cours (Buchbinder, 2009; Watkins, 2009). La découverte d'un vaccin anti-VIH et de microbicides se heurte à de nombreux obstacles. En effet, le VIH vit à l'intérieur des cellules où il peut se « mettre à l'abri » des facteurs immunitaires circulants. Le VIH peut aussi effectuer rapidement des mutations, de sorte que les personnes infectées peuvent devenir porteuses de souches variantes du VIH qui pourraient ne pas répondre à de simples vaccins ou à des microbicides. En outre, il existe deux souches du VIH (VIH-1 et VIH-2) qui peuvent provoquer une infection et au moins neuf sous-types du VIH à l'échelle mondiale. Une méthode biochimique efficace pour la prévention du sous-type B (groupe prédominant en Amérique du Nord et en Europe occidentale) pourrait être sans effet dans les pays en voie de développement, où les besoins sont plus criants (Buchbinder, 2009; Watkins, 2009).

Certains problèmes d'ordre social, éthique et économique font également obstacle à la mise au point d'un vaccin ou de microbicides. Étant donné que l'efficacité de ces moyens devrait être établie par des tests chez l'humain, comment les volontaires seront-ils recrutés? Comment la protection sera-t-elle effectivement évaluée? Les volontaires seront-ils exposés au VIH pour tester l'immunité après avoir employé une nouvelle méthode biochimique, et donc au risque d'être infectés? Étant donné que l'infection par le VIH est un problème mondial, que l'épidémie sévit le plus dans les pays en voie de développement, un vaccin ou un microbicide susceptible d'être distribué à grande échelle, en peu de temps et à un coût acceptable, pourra-t-il être mis au point? Les vaccins ou les microbicides, une fois élaborés, seront-ils acceptés? Seront-ils offerts à ceux qui en ont besoin (Rotheram-Borus, Swendeman, & Chovnick, 2009)? Malgré ces enjeux complexes, d'importantes recherches sont en cours. Des mesures de prévention biochimiques efficaces pourraient être très utiles dans la maîtrise de l'épidémie, mais ne sont pas appelées à remplacer les méthodes courantes de prévention, car il est improbable qu'une méthode biochimique soit efficace à 100 % (Buchbinder, 2009).

Soins et traitements infirmiers

CLIENT VIVANT AVEC LE VIH

Collecte des données

Chez les personnes ne présentant pas une infection par le VIH avérée, la collecte de données doit être axée sur les comportements les exposant à un risque d'infection par le VIH et à d'autres infections transmissibles sexuellement et par le sang (ITSS). Pour tous les clients, il faut évaluer régulièrement les comportements à risque.

Il ne faut pas présumer qu'une personne ne court aucun risque parce qu'elle est trop âgée ou trop jeune, ou qu'elle est mariée, ou encore qu'elle chante dans la chorale de l'église. L'infirmière peut contribuer à l'évaluation des risques encourus en posant quatre questions élémentaires : 1) Avez-vous déjà reçu une transfusion de sang ou de facteurs de coagulation ? Dans l'affirmative, était-ce avant 1985 ? ; 2) Avez-vous déjà partagé des articles servant à l'administration de drogues avec une autre personne ? ; 3) Avez-vous déjà eu une expérience sexuelle durant laquelle votre pénis, votre vagin, votre rectum ou votre bouche a été en contact direct avec le pénis, le vagin, le rectum ou la bouche d'une autre personne ? ; 4) Avez-vous déjà eu une infection transmissible sexuellement ? Ces questions fourniront le minimum de données nécessaires à l'évaluation du risque. Une réponse positive à une seule de ces questions doit donner lieu à une recherche approfondie des enjeux spécifiques du risque décelé (CDC, 2003 ; Mountain Plains AIDS Education and Training Center, 2009).

Pour une personne dont l'infection par le VIH a été diagnostiquée, des examens précis s'imposent. Il faut obtenir les données subjectives et objectives présentées à l'**ENCADRÉ 15.5**. Il est essentiel de recueillir des données, à répétition au fil du temps, car la situation de ces personnes évolue. La détection et le traitement précoces peuvent ralentir l'évolution de l'infection par le VIH et prévenir de nouvelles infections. Une anamnèse et un examen complet des systèmes et des appareils peuvent aider l'infirmière à détecter rapidement certains problèmes et à les résoudre.

Collecte des données

ENCADRÉ 15.5 — Infection par le VIH

Données subjectives

- Renseignements importants concernant la santé :
  - Antécédents de santé : voie d'infection ; hépatite ; autres maladies transmissibles sexuellement ; tuberculose ; infections virales fongiques ou bactériennes fréquentes
  - Médicaments : utilisation de médicaments immunosuppresseurs
- Modes fonctionnels de santé :
  - Perception et gestion de la santé : perception de la maladie ; consommation d'alcool et de drogues ; malaise
  - Nutrition et métabolisme : perte pondérale, anorexie, nausées, vomissements ; lésions, hémorragies ou ulcérations des lèvres, de la bouche, des gencives, de la langue ou de la gorge ; sensibilité aux aliments acides, salés ou épicés ; difficulté à avaler ; crampes abdominales ; éruptions cutanées, lésions ou décolorations ; plaies incurables
  - Élimination : diarrhée persistante, changement de l'aspect des selles, miction douloureuse, douleur lombaire
  - Activités et exercices : fatigue chronique, faiblesse musculaire, difficulté à marcher, toux, essoufflements
  - Sommeil et repos : insomnie, sueurs nocturnes, fatigue
  - Cognition et perception : céphalées, raideur au cou, douleur thoracique, douleur rectale, douleur rétrosternale ; vision trouble, photophobie, diplopie, perte de vision ; trouble de l'audition ; confusion, distraction, déficit de l'attention, altération de l'état mental, pertes de mémoire, changements de personnalité ; paresthésie, hypersensibilité aux pieds, prurit
  - Relations et rôles : réseaux de soutien, carrière / emploi, ressources financières
  - Sexualité et reproduction : lésions sur les organes génitaux (internes ou externes), prurit ou brûlures vaginales, péniennes ou anales ; relations sexuelles douloureuses, douleur ou hémorragie rectale, changement dans les menstruations, pertes vaginales ou péniennes ; utilisation de mesures contraceptives ; grossesses, grossesses envisagées
  - Adaptation et tolérance au stress : niveaux de stress, pertes antérieures, profils d'adaptation, image de soi

Données objectives

- Observations générales : léthargie, fièvre persistante, adénopathie, syndrome de dépérissement périphérique, dépôts adipeux dans les régions du tronc et de la partie supérieure du dos ; retrait social
- Système tégumentaire : diminution de la turgescence cutanée, sécheresse cutanée, diaphorèse ; pâleur, cyanose, lésions, éruptions, décolorations, ecchymoses de la peau ou des membranes muqueuses ; excoriation vaginale ou périanale ; alopécie ; retard dans la guérison des plaies
- Système oculaire : présence d'exsudats, de lésions ou d'hémorragies de la rétine, œdème papillaire
- Système respiratoire : tachypnée, dyspnée, tirages intercostaux ; craquements, respiration sifflante, toux productive ou non productive
- Système cardiovasculaire : frottement péricardique, souffle, bradycardie, tachycardie
- Système gastro-intestinal : lésions buccales, y compris des vésicules herpétiques (VHS), des plaques blanc-gris (*Candida*), des lésions blanches indolores sur le côté de la langue (leucoplasie chevelue), décolorations (SK) ; gingivite, caries dentaires ou déchaussement des dents ; rougeurs ou lésions blanches en plaques dans la gorge ; vomissements, diarrhée, incontinence ; lésions rectales ; bruits intestinaux d'hyperactivité, masses abdominales, hépatosplénomégalie
- Système musculosquelettique : atrophie musculaire, faiblesse
- Système nerveux : ataxie, tremblements, manque de coordination ; perte sensorielle ; trouble de l'élocution ; aphasie ; pertes de mémoire ; neuropathie périphérique, apathie, agitation, dépression, comportement incongru ; baisse de l'état de conscience, crises convulsives, paralysie, coma
- Système reproducteur : lésions ou pertes génitales, sensibilité abdominale due à une maladie inflammatoire pelvienne (MIP)
- Résultats possibles aux examens paracliniques : résultat positif au test des anticorps anti-VIH (EIA, confirmé par WB ou IF) ; charge virale détectable par réaction de l'ADN ramifié ou par amplification en chaîne par polymérase ; diminution du nombre de lymphocytes T CD4+, diminution du nombre de GB, lymphopénie, anémie, thrombopénie ; déséquilibres électrolytiques ; anomalie des tests de la fonction hépatique ; augmentation du taux de cholestérol, de triglycérides et de la glycémie

Analyse et interprétation des données

Les diagnostics infirmiers associés à l'infection par le VIH dépendent de plusieurs variables : le stade (p. ex., une absence d'infection, un nouveau diagnostic, une infection chronique), la présence de problèmes sous-jacents (p. ex., une souffrance respiratoire, une dépression, une douleur) et les facteurs psychosociaux (p. ex., des problèmes liés à l'estime de soi, à la sexualité, aux rapports familiaux et aux finances). Comme l'infection par le VIH est une maladie complexe que chacun vit différemment, les diagnostics infirmiers peuvent être très variés et comprennent, entre autres, ceux présentés à l'**ENCADRÉ 15.6**.

Planification des soins

Les objectifs généraux pour le client atteint d'une infection par le VIH sont :

- d'observer ses schémas thérapeutiques ;
- de favoriser un mode de vie sain, notamment en évitant l'exposition à d'autres ITSS ;
- de protéger les autres contre la transmission du VIH ;
- d'entretenir ou nouer des relations saines qui lui offriront un soutien ;
- de maintenir ses activités et sa productivité ;
- d'aborder des questions d'ordre spirituel ;
- de résoudre les problèmes liés à la maladie, à l'incapacité et au décès ;
- de faire face aux symptômes courants résultant de l'infection par le VIH et de ses traitements (Bradley-Springer, 2005 ; Knobel *et al.*, 2009 ; Rotheram-Borus *et al.*, 2009).

Il est possible d'adapter les plans de soins et de les modifier si de nouveaux protocoles thérapeutiques apparaissent ou que l'infection par le VIH évolue.

Pour le client, la prévention de l'infection par le VIH se heurte à un certain nombre d'obstacles, notamment la difficulté éventuelle de modifier ses comportements. L'infirmière peut jouer un rôle déterminant dans ce processus. Les interventions du personnel infirmier visant à prévenir la transmission de l'infection dépendent de l'évaluation des comportements à risque de chaque client, de ses connaissances et de ses habiletés. Les interventions fondées sur ces évaluations peuvent encourager le client à adopter des comportements plus sûrs, plus sains et moins risqués (CDC, 2003).

L'infection par le VIH affecte toutes les dimensions de la vie d'une personne, de sa santé physique jusqu'à son bien-être social, émotionnel, économique et spirituel. Aucun traitement connu ne peut totalement éliminer le VIH d'un organisme infecté. Par conséquent, les principaux objectifs du traitement sont de maintenir une charge virale aussi faible que possible et aussi longtemps que possible, de maintenir ou de rétablir la fonction du système immunitaire, d'améliorer la qualité de vie du client, de prévenir les maladies liées au sida, de réduire l'incapacité et le décès liés à l'infection par le VIH et de prévenir de nouvelles infections.

Interventions cliniques

La complexité de l'infection par le VIH est liée à son caractère chronique. Comme pour la plupart des maladies infectieuses et chroniques, la prévention primaire et la promotion de la santé sont les stratégies de soins de santé les plus efficaces. Quand la prévention échoue, la maladie survient. L'infection par le VIH ne se guérit pas : elle dure toute la vie, provoque une incapacité physique croissante, contribue à la détérioration de l'état de santé et finit par entraîner le décès.

Les interventions infirmières peuvent être déterminantes, à tous les stades de l'infection par le VIH, dans l'amélioration de la qualité et de l'espérance de vie du client. L'approche holistique et personnalisée permettra d'offrir des soins optimaux à ces clients. Le **TABLEAU 15.11** présente un aperçu des objectifs, des évaluations et des interventions à chaque stade de l'infection par le VIH.

Promotion de la santé

Un des principaux objectifs de la promotion de la santé est de prévenir les maladies. Malgré les avancées récentes du traitement de l'infection par le VIH, la prévention reste cruciale pour maîtriser l'épidémie. En outre, la promotion de la santé favorise la détection rapide de la maladie, de sorte qu'en cas d'échec de la prévention primaire, une intervention précoce pourra être faite (CDC, 2003, 2006c) **ENCADRÉ 15.7**.

| Prévention de l'infection par le VIH | Il est possible de prévenir l'infection par le VIH. Éviter ou modifier les comportements à risque sont les moyens de prévention les plus efficaces. Il faut offrir à tous les clients de l'enseignement et du counseling sur les changements de comportement adaptés à leurs besoins, à leur culture, à leur langue et à leur âge. L'infirmière, ressource privilégiée pour ce type d'enseignement, doit être à l'aise et savoir comment aborder des sujets sensibles comme la sexualité et la consommation de drogues (Moutain Plains AIDS Education and Training Center, 2009).

Il est important de se souvenir qu'un grand nombre d'activités peuvent limiter le risque d'infection par le VIH, et que les gens opteront pour celles qui conviennent le mieux à leur situation, l'objectif étant d'adopter des comportements plus sécuritaires, plus

---

Diagnostics infirmiers

ENCADRÉ 15.6 — Client vivant avec le VIH

- Douleur aiguë
- Anxiété
- Défaillance dans l'exercice du rôle du proche aidant
- Perturbation chronique de l'estime de soi
- Douleur chronique
- Stratégies d'adaptation familiale inefficaces (absence de soutien)
- Conflit décisionnel
- Manque de connaissances
- Diarrhée
- Perturbation de l'image corporelle
- Fatigue
- Peur
- Deuil
- Perte d'espoir
- Hyperthermie
- Déficit nutritionnel : inférieur aux besoins de l'organisme
- Altération des mécanismes de la pensée

- Atteinte à l'intégrité de la muqueuse buccale
- Atteinte à l'intégrité de la peau
- Stratégies d'adaptation individuelle inefficaces
- Déni non constructif
- Perturbation des habitudes de sommeil
- Perturbation de la dynamique familiale
- Nausées
- Non-observance
- Sentiment d'impuissance
- Syndrome d'inadaptation à un changement de milieu
- Altération des mécanismes de protection
- Difficulté à se maintenir en santé
- Perturbation situationnelle de l'estime de soi
- Isolement social
- Détresse spirituelle

TABLEAU 15.11	Interventions du personnel infirmier en cas d'infection par le VIH	
NIVEAU DE SOINS INFIRMIERS / OBJECTIFS	**ÉVALUATION**	**INTERVENTIONS**
Promotion de la santé		
Prévenir l'infection par le VIH	• Facteurs de risque : quels comportements ou facteurs sociaux, physiques, émotionnels, pathogènes ou immunitaires exposent le client à des risques ?	• Éduquer les clients en leur transmettant des connaissances sur les attitudes et les comportements à adopter en insistant sur la réduction du risque : – La population générale : donner les informations générales. – Les femmes enceintes : donner les informations générales et les informations propres à l'infection par le VIH pendant la grossesse. • Évaluer les besoins individuels et spécifiques. • Habiliter les clients à prendre des mesures préventives.
Détecter l'infection par le VIH au stade initial	• Le client doit-il passer un test de dépistage du VIH ?	• Proposer un test de détection des anticorps anti-VIH accompagné du counseling adéquat.
Phase aiguë		
Promouvoir la santé et limiter les incapacités	• Santé physique : le client a-t-il des problèmes ou des interrogations ? • Santé mentale : comment le client répond-il aux problèmes ? • Ressources : le client bénéficie-t-il de soutien familial ou social ? Le client fait-il appel aux services communautaires ? A-t-il des problèmes d'argent ou d'assurance ? Le client dispose-t-il d'un soutien spirituel, s'il le souhaite ?	• Gérer le cas. • Offrir de l'information sur le VIH, les infections opportunistes, les options de soins, les signes et les symptômes à déclarer, les options thérapeutiques, l'amélioration de la fonction immunitaire, la réduction du risque et les moyens d'observer les schémas thérapeutiques. • Orienter le client vers les ressources nécessaires. • Établir une relation de confiance à long terme avec le client, sa famille et ses proches. • Offrir du soutien émotionnel et spirituel. • Recourir aux ressources juridiques nécessaires : prévention de la discrimination, testament et procuration, volontés concernant la garde des enfants. • Donner au client les moyens de déterminer ses besoins et ses soins directs, et de solliciter des services.
Prendre en charge les problèmes dus à l'infection par le VIH	• Santé physique : le client a-t-il présenté des exacerbations aiguës de problèmes liés à son déficit immunitaire, des maladies liées au sida ou des facteurs de risque (p. ex., la consommation de substances psychoactives) ? • Santé mentale : le client peut-il faire face à sa situation malgré la détérioration de l'aspect psychosocial ?	• Offrir des soins pendant les exacerbations aiguës : reconnaître les progressions qui mettent la vie du client en danger, ou le maintien des fonctions vitales ; mettre en place des interventions rapides par des traitements et des médicaments ; assurer le confort et répondre aux besoins en matière d'hygiène. • Soutenir le client et sa famille pendant une crise. • Assister le client atteint de problèmes de santé mentale et faire en sorte de l'orienter, le cas échéant, vers un spécialiste de la santé mentale.
Soins ambulatoires et soins à domicile		
Optimiser la qualité de vie	• Santé physique : de nouveaux symptômes apparaissent-ils ? Le client présente-t-il des effets secondaires ou des interactions médicamenteuses ?	• Continuer à gérer le cas. • Offrir de l'enseignement sur les options de changement thérapeutique et le maintien de l'adhésion au traitement. • Donner au client les moyens de poursuivre ses soins directs et de communiquer ses souhaits aux membres de sa famille et aux êtres qui lui sont chers.

15

TABLEAU 15.11	Interventions du personnel infirmier en cas d'infection par le VIH *(suite)*	
NIVEAU DE SOINS INFIRMIERS/OBJECTIFS	**ÉVALUATION**	**INTERVENTIONS**
Résoudre les questions en lien avec le maintien en vie et la mort	• Santé mentale : comment le client réagit-il à ces circonstances ? Des ajustements ont-ils été faits ? • Finances : le client est-il en mesure de prolonger les soins de santé et de conserver des standards élémentaires de vie ? • Soutien familial/social/communautaire : ce soutien est-il disponible ? Le client se sert-il de ce soutien efficacement ? Sa famille et ses proches doivent-ils être informés, encouragés ou conseillés en matière de gestion du stress ? • Questions spirituelles : le client souhaite-t-il obtenir du soutien d'un organisme religieux ? Quel type d'assistance désire-t-il recevoir ?	• Prolonger les soins physiques propres à la maladie chronique : traitements, médicaments, soins de confort et réponse aux besoins en matière d'hygiène. • Encourager les mesures de promotion de la santé (de la manière décrite ci-dessus). • Orienter le client vers les ressources d'assistance financière. • Appuyer le client, sa famille et ses proches dans le cadre d'une relation de confiance. • Assister le client dans les questions de fin de vie : ordonnances de réanimation, mesures de confort, planification funéraire, planification successorale, garde permanente des enfants, etc. • Évaluer les souhaits du client et l'orienter vers les ressources qui l'aideront à répondre aux besoins spirituels décelés.

Promotion et prévention

ENCADRÉ 15.7 — Prévention et détection précoce du VIH

- Encourager les pratiques sexuelles sans risques, notamment l'utilisation du préservatif.
- Décourager le partage de matériel parmi les utilisateurs de drogues intraveineuses.
- Perfectionner les habiletés des cliniciens dans l'évaluation des facteurs de risque de l'infection par le VIH, la recommandation des tests de dépistage du VIH et la proposition de counseling destiné à modifier les comportements.
- Intégrer le test de dépistage volontaire du VIH aux soins de santé systématiques.
- Favoriser l'accès aux établissements de tests de dépistage du VIH dans le contexte des soins de santé classiques, et dans les autres centres comme les établissements

- de traitement de la toxicomanie et les organismes communautaires.
- Favoriser l'accès aux nouvelles technologies de tests de dépistage du VIH, en particulier le test de dépistage rapide.
- Communiquer plus de messages concernant l'évaluation du risque et la modification des comportements individualisés aux PVVIH afin de prévenir les nouvelles infections.
- Réduire davantage l'infection périnatale par le VIH en proposant des tests volontaires de dépistage du VIH dans le cadre des soins prénataux systématiques et en offrant du counseling et le traitement anti-VIH adéquat aux personnes infectées.

L'utilisation et la mise en place adéquates du préservatif masculin sont décrites dans l'encadré 15.1W au www.cheneliere.ca/lewis.

sains et moins risqués. Ces techniques peuvent être réparties en activités dépourvues de risque (celles qui éliminent le risque) et en activités qui réduisent le risque (celles qui diminuent mais n'éliminent pas le risque). L'utilisation continue de méthodes adéquates de prévention de l'infection par le VIH augmente leur efficacité (Rotheram-Borus *et al.*, 2009).

Les activités sexuelles sans risque éliminent le risque d'exposition au VIH par le sperme et les sécrétions vaginales. L'abstinence sexuelle complète est le moyen le plus sûr d'atteindre cet objectif, mais il existe des options sans risque pour les personnes qui ne peuvent pas ou ne souhaitent pas recourir à l'abstinence. Il est moins

dangereux de limiter les activités sexuelles à des activités durant lesquelles la bouche, le pénis, le vagin ou le rectum n'entre pas en contact avec la bouche, le pénis, le vagin ou le rectum du partenaire, car le contact avec le sang, le sperme ou les sécrétions vaginales est ainsi évité. Les activités sans risque comprennent le baiser, la masturbation, la masturbation mutuelle, le non-partage d'instruments et d'autres activités par lesquelles les contacts à risque sont évités. Les relations sexuelles avec pénétration entre partenaires qui ne sont pas infectés par le VIH ou par d'autres ITSS et qui ne présentent pas de risque de le devenir sont aussi considérées comme sûres.

Les activités sexuelles à risque réduit permettent de diminuer le contact avec le VIH par l'emploi de méthodes barrières. Il faut y recourir pendant les activités sexuelles avec pénétration (buccale, vaginale ou anale) avec un partenaire dont le statut par rapport au VIH est inconnu ou qui est porteur du VIH. La méthode barrière la plus courante est le préservatif masculin. L'efficacité (protection fournie dans des circonstances idéales) du préservatif masculin est *a priori* de 100 % ; son efficacité réelle (protection fournie dans des circonstances réelles ou de la « vraie vie ») est de 80 à 90 %. L'utilisation convenable des préservatifs masculins augmente leur efficacité réelle 🖱.

Les préservatifs féminins peuvent remplacer les préservatifs masculins. Leur efficacité avoisine les 100 %, et leur efficacité réelle est comprise entre 94 et 97 % en ce qui a trait à la transmission du VIH et des ITSS. Leur utilisation peut être laborieuse, car il faut disposer de directives adéquates et de pratique 🖱. En outre, il est possible d'utiliser des carrés de latex (appelés digues dentaires) ou des pellicules de plastique alimentaire pour recouvrir la surface externe des parties génitales féminines pendant les activités sexuelles buccales. Il est à noter que cette dernière pratique reste dangereuse, car les pellicules en plastique conçues pour les microondes sont trop poreuses.

La consommation de drogues, y compris l'alcool et le tabac, est nuisible. Elle peut causer une suppression immunitaire, altérer l'état nutritionnel et occasionner divers problèmes psychosociaux. Cependant, la consommation de drogues en soi ne déclenche pas l'infection par le VIH. Le principal risque d'infection par le VIH est lié au partage du matériel de toxicomanie ou aux relations sexuelles avec des facultés affaiblies par des drogues. Les règles élémentaires en matière de réduction de risque sont notamment : 1) ne pas consommer de drogues ; 2) si de la drogue est consommée, ne pas partager le matériel qui sert à son administration ; 3) ne pas avoir de relations sexuelles avec les facultés affaiblies par une drogue (incluant l'alcool) qui compromet la capacité à prendre des décisions (CDC, 2007b ; New Mexico AIDS Education and Training Center, 2009b).

Le plus sûr serait de ne pas consommer de drogues du tout. Bien que ce soit là la solution optimale, elle n'est peut-être pas viable pour les utilisateurs qui ne sont pas prêts à interrompre leur consommation ou qui n'ont pas accès à des services de traitement pour toxicomanie. Le risque d'infection par le VIH pour ces personnes peut être éliminé si elles ne partagent pas leur matériel pour l'injection. Le matériel d'injection (*kit*) comprend les aiguilles, les seringues, les garrots, les réchauds (cuillères ou bouchons de bouteille utilisés pour mélanger la drogue), le filtre (ouate) et l'eau de rinçage. L'équipement employé pour renifler (pailles) ou fumer (pipes) des drogues peut être contaminé par du sang. Il ne faut partager ce matériel en aucun cas. L'accès à du matériel stérile est un moyen important d'élimination du risque. Certaines communautés proposent des programmes d'échange d'aiguilles et de seringues, et fournissent du matériel stérile aux utilisateurs en échange du matériel usagé. Les opposants à ce type de programme craignent qu'une meilleure accessibilité au matériel d'injection entraîne une augmentation de la consommation de drogues. Cependant, des études ont démontré que dans les communautés qui offrent des programmes d'échange, la consommation de drogues n'augmente pas, les taux d'infection par le VIH et d'autres infections transmissibles par le sang sont stabilisés et, du reste, ce dispositif est avantageux en ce qui concerne les coûts (Des Jarlais, McKnight, Goldblatt, & Purchase, 2009). Le nettoyage du matériel avant utilisation contribue également à réduire le risque. C'est le cas quand le matériel est partagé, mais il faut y consacrer du temps, et ce pourrait être difficile pour une personne en état de manque .

Le meilleur moyen de prévenir l'infection par le VIH chez les nourrissons est de prévenir l'infection chez leurs mères. Il faut s'enquérir si les femmes vivant avec le VIH veulent avoir des enfants. Celles qui choisissent de ne pas en avoir doivent s'informer scrupuleusement des méthodes de planification familiale. Si elles commencent une grossesse, elles peuvent souhaiter l'interrompre, et cela doit donner lieu à une discussion au cours de laquelle d'autres options pourront être abordées (CDC, 2009e). Si les femmes enceintes vivant avec le VIH reçoivent un traitement adéquat pendant la grossesse, le taux de transmission périnatale peut passer de 25 % à moins de 2 %. Le TAR a considérablement atténué le risque que les femmes vivant avec le VIH aient un nourrisson contaminé, et un plus grand nombre d'entre elles envisagent désormais d'être mères. L'approche standard actuelle pour toutes les femmes enceintes, ou qui souhaitent le devenir, consiste à recevoir du counseling sur le VIH, à avoir accès systématiquement et sur une base volontaire à des tests de dépistage des anticorps anti-VIH et, au besoin, à recevoir un TAR optimal (CDC, 2003, 2006c, 2009e ; Cohan *et al.*, 2008).

Le risque d'infection résultant d'une exposition professionnelle au VIH est faible mais réel. L'OSHA exige des employeurs qu'ils protègent leurs employés d'une exposition au sang et à d'autres substances potentiellement infectieuses. Au Québec, la protection

relève de la Commission de la santé et de la sécurité du travail. Les mesures de prévention sont décrites dans les guides et procédures, et ces mesures de précaution de même que les dispositifs de sécurité diminuent le risque de contact direct avec du sang et des liquides corporels. En cas d'exposition accidentelle à des liquides infectés par le VIH, la prophylaxie postexposition (PPE) par un TAR d'association – selon le type d'exposition, le type et la quantité de liquide biologique impliqué, le statut sérologique de la personne source et, si ce dernier est connu, sa charge virale – peut sensiblement diminuer le risque d'infection (ASPC, 2007a). Puisqu'il est possible de recevoir un traitement, il est d'autant plus crucial de déclarer les expositions accidentelles au sang (CDC, 2005).

| Dépistage du VIH | Aux États-Unis, environ 250 000 personnes vivraient avec le VIH sans le savoir. Des recherches ont démontré que les personnes ignorant leur statut étaient plus susceptibles de transmettre l'infection aux autres. Cette réalité a également été démontrée au Canada où environ 27 % des personnes infectées par le VIH ignorent leur séropositivité (ASPC, 2007b). Dans la mesure où les tests de dépistage sont le seul moyen de déterminer avec certitude si une personne est porteuse du VIH, le CDC a recommandé à toutes les personnes âgées de 13 à 64 ans de se faire tester. Le CDC recommande pour ce groupe démographique un test universel et volontaire, quel que soit le risque réel ou perçu du client. Pour contourner les obstacles inhérents aux tests, le CDC recommande un processus de « refus volontaire » permettant au client de refuser le test même s'il est offert de manière « systématique ». Cet organisme recommande aussi, dans ces circonstances, d'abréger le counseling avant et après le test. L'objectif est de banaliser le test, de diminuer la stigmatisation liée aux tests de dépistage du VIH, de détecter les cas inconnus, de proposer des soins aux personnes infectées et de prévenir de nouvelles infections (CDC, 2006c). Cette approche est actuellement discutée au Canada dans le cadre du dépistage et de la consultation à l'initiative du prestataire. Deux possibilités sont explorées : le test est offert à tous les clients qui doivent donner leur autorisation, ou le client est prévenu qu'il va subir un test dans le cadre de son examen clinique, à moins qu'il ne le refuse (ASPC, 2007b).

Au Québec, il existe un document intitulé *Interventions préventives auprès des personnes atteintes d'une infection transmissible sexuellement (ITS) et auprès de leurs partenaires*, auparavant appelé *Notification aux partenaires*, qui décrit les interventions d'un professionnel de la santé dans le cadre de la découverte d'une ITS, mais qui s'applique également à l'infection par le VIH (MSSS, 2004) **ENCADRÉ 15.8**.

Phase aiguë

| Intervention précoce | L'intervention précoce, qui suit de peu le dépistage de l'infection par le VIH, peut favoriser une meilleure santé et limiter l'incapacité. Comme le cours de l'infection par le VIH varie, il est important de soumettre le client à une évaluation précise. Les interventions du personnel infirmier reposent sur les besoins du client notés pendant l'évaluation, et elles s'y adaptent. Dans le contexte de l'infection par le VIH, la collecte de données doit s'attacher au dépistage précoce des symptômes, des maladies liées au sida et des problèmes psychosociaux **ENCADRÉ 15.5** et **TABLEAU 15.11**.

Les réactions à un test positif de dépistage des anticorps anti-VIH ressemblent à celles des personnes qui reçoivent un diagnostic de maladie mortelle, invalidante ou chronique. Elles incluent l'anxiété, la panique, la crainte, la dépression, le déni, le désespoir, la colère et la culpabilité (CDC, 2006c). Malheureusement, toutes ces émotions sont exacerbées par la stigmatisation et la discrimination qui marquent encore les réactions sociales à l'infection par le VIH

L'utilisation et la mise en place adéquates du préservatif féminin sont décrites dans l'encadré 15.2W au www.cheneliere.ca/lewis.

15

L'utilisation adéquate du matériel destiné à la consommation de drogues est présentée dans l'encadré 15.3W au www.cheneliere.ca/lewis.

ENCADRÉ 15.8 — Protection personnelle et protection de la santé publique

Situation

Une infirmière de clinique communautaire a effectué une visite de suivi auprès de Virginia, une femme de 38 ans dont l'infection par le VIH a été découverte pendant un examen annuel deux semaines plus tôt. Pendant la visite, Virginia avoue qu'elle est victime de violence verbale et physique de la part de son partenaire. Elle fait également savoir qu'elle n'a pas encore informé son partenaire de son infection par le VIH, car elle craint de subir d'autres violences. Elle n'a toujours pas utilisé de protection pendant leurs relations sexuelles depuis qu'elle a appris les résultats de son test, car elle le soupçonne de l'avoir infectée.

Considérations importantes

- L'infirmière doit faire face aux dilemmes suivants : empêcher que Virginia subisse d'autres violences (exacerbation possible des comportements violents de son partenaire), offrir des soins à son partenaire (il doit passer un test de dépistage du VIH, recevoir un diagnostic et un traitement) et protéger la santé publique (propagation possible de l'infection au VIH à son partenaire, ou de son partenaire à d'autres dans la communauté). L'éducation et le soutien des clients sont essentiels, car l'obligation primordiale de l'infirmière concerne le client.
- L'infection par le VIH est une maladie transmissible à déclaration obligatoire. L'infirmière doit déterminer si le nom de son partenaire et ses coordonnées ont été transmis aux organismes responsables des déclarations de l'infection une fois les résultats positifs du test obtenus.
- Si c'est le cas, le partenaire de Virginia sera avisé par les autorités de santé publique qu'une de ses partenaires intimes a obtenu des résultats positifs au test de dépistage du VIH. Il faudra donc l'encourager à passer ce test. Même si le nom de sa partenaire n'est pas mentionné dans cette correspondance, il pourrait deviner que c'est elle qui est porteuse du VIH.

Questions de jugement clinique

- Compte tenu des exigences gouvernementales relatives aux maladies à déclaration obligatoire, l'infirmière peut-elle protéger la confidentialité de la cliente pour prévenir d'autres épisodes violents de la part de son partenaire ?
- N'étant pas certaine que Virginia ait contracté l'infection par le VIH à cause de son partenaire, comment l'infirmière peut-elle protéger le partenaire d'une possible infection tout en s'efforçant d'éviter à Virginia d'autres épisodes violents ?
- Quel est le meilleur moyen pour l'infirmière de répondre au problème de la violence conjugale ? Quelles sont les ressources auxquelles Virginia pourrait avoir accès dans la communauté ?
- À la lumière du cas de Virginia, quels sont les avantages des tests universels et volontaires ?

(Holzemer *et al.*, 2009). Un grand nombre de ces réactions s'observent aussi chez les membres de la famille du client, ses amis et ses soignants (Bogart *et al.*, 2008). Progressivement, les clients et leurs proches se heurtent aux problèmes couramment associés à une maladie qui menace le pronostic vital, notamment des décisions thérapeutiques complexes ; des sentiments de dépossession, de colère, d'impuissance, de dépression et de chagrin ; l'isolement social imposé par soi-même ou par les autres ; le bouleversement de l'idée du soi physique, social, émotionnel et créatif ; des pensées de suicide et l'éventualité de la mort.

Le traitement associant plusieurs médicaments peut réduire de façon importante les charges virales et modifier l'évolution clinique de l'infection par le VIH (CDC, 2008b). Cependant, l'infirmière doit savoir que les schémas thérapeutiques peuvent être complexes, que les médicaments entraînent des effets secondaires et des interactions potentielles avec d'autres médicaments, que le TAR n'est pas efficace pour tout le monde et qu'il est coûteux. Ces facteurs nuisent à l'adhésion au traitement, ce qui rend la situation dangereuse en raison du risque élevé de résistance aux médicaments. L'infirmière est souvent la clinicienne la plus proche des clients touchés. Les interventions consisteront notamment à offrir de l'enseignement sur :

- les avantages et les inconvénients des nouveaux traitements ;
- les dangers de la non-observance des schémas thérapeutiques ;
- la manière et le moment opportuns pour l'ingestion de chaque médicament ;
- les interactions médicamenteuses à éviter ;
- les effets secondaires qui doivent être rapportés aux professionnels de la santé (Bradley-Springer, 2005 ; CDC, 2008b ; Davis *et al.*, 2009).

Des conseils sur l'enseignement aux clients à cet égard figurent dans l'**ENCADRÉ 15.9**.

Le TAR a constamment évolué depuis le lancement du premier antirétroviral en 1987, et les critères d'instauration du TAR se sont ajustés aux nouvelles découvertes scientifiques. Les lignes directrices actuelles en matière d'instauration du TAR sont basées sur le degré d'immunosuppression mesuré grâce au nombre de lymphocytes T CD4+. Elles sont mises à jour périodiquement en fonction des résultats des recherches sur les issues de la maladie et les nouveaux médicaments. Le **TABLEAU 15.9** énumère les recommandations en matière de traitement. Les lignes directrices du gouvernement fédéral américain offrent des recommandations sur les schémas optimaux de TAR destinés aux clients qui n'ont jamais été traités. Au Québec, il existe un guide pour les professionnels de la santé rédigé par un groupe d'experts, publié par le ministère de la Santé et des Services sociaux et régulièrement mis à jour : *La thérapie antirétrovirale pour les adultes infectés par le VIH*, dont la dernière édition date de 2008 (MSSS, 2008).

Au moment de choisir un schéma thérapeutique initial, il faudra tenir compte notamment des éléments suivants : la résistance du VIH dont le client est porteur à des antirétroviraux précis, les effets secondaires potentiels du médicament, la présence de comorbidités

ENCADRÉ 15.9   **Utilisation des médicaments antirétroviraux**

La résistance aux antirétroviraux est un problème majeur dans le traitement de l'infection par le VIH. L'enseignement au client et à ses proches sur la prise en charge de l'infection par le VIH afin d'éviter l'apparition d'une résistance devrait porter sur les aspects suivants :

- Discuter des options offertes avec le professionnel de la santé pour trouver le schéma thérapeutique qui convient le mieux (au moins trois antirétroviraux différents appartenant à au moins deux classes différentes).
- Savoir quels médicaments prendre et comment les prendre. Demander jusqu'à ce que la marche à suivre soit parfaitement claire.
- Prendre toute la dose prescrite, au moment indiqué. Si le médicament n'est pas pris à cause d'effets secondaires ou d'autres problèmes, le signaler immédiatement.
- Prendre tous les médicaments de la manière prescrite. Si l'un des médicaments n'est pas toléré, ne pas cesser de le prendre. Parler d'abord à un professionnel de la santé.
- De nombreux antirétroviraux interagissent avec d'autres médicaments. Informer le professionnel de la santé et le pharmacien de tous les médicaments pris et ne prendre aucun nouveau médicament sans avoir d'abord vérifié les interactions possibles.
- Entre deux et quatre semaines après le début de la pharmacothérapie (ou du changement de traitement), un professionnel de la santé testera la charge virale pour savoir si les médicaments sont efficaces. Par la suite, il la testera aux trois à six mois.
  - La charge virale est exprimée en nombres absolus ou en logarithmes (un concept mathématique). Ce qui importe, c'est que la charge virale diminue. En logarithmes, la baisse doit être au moins de une unité, ce qui signifie que 90 % de la charge virale est éliminée. Si la charge virale diminue de deux unités, c'est qu'elle aura baissé de 95 % ; si elle diminue de trois unités, elle aura baissé de 99 %.
  - Le nombre de lymphocytes T CD4$^+$ est exprimé en nombres absolus ou en pourcentage. Il est préférable que le taux de lymphocytes T CD4$^+$ soit supérieur à 500-600 cellules/µl. Si ce taux est exprimé en pourcentage, le nombre de lymphocytes T CD4$^+$ doit être supérieur à 14 %.
- Une charge virale indétectable signifie que la quantité de virus est extrêmement faible et que les virus ne peuvent être détectés dans le sang avec la technologie actuelle des tests. Cela ne signifie pas que le virus a disparu, car la plus grande partie des virus se trouveront dans les ganglions lymphatiques et les organes où les tests ne peuvent pas les détecter. Cela ne signifie pas non plus que la personne ne peut plus transmettre le VIH à d'autres : il faut continuer à appliquer des mesures de prévention.

RAPPELEZ-VOUS...

Un produit dit naturel peut entraîner des effets secondaires et il peut interagir avec la médication antirétrovirale.

15

et les schémas posologiques (CDC, 2008b). Il s'agit d'une décision cruciale, car le premier schéma thérapeutique est généralement assorti de la meilleure chance de succès pour le client. Toutefois, la considération la plus importante pour l'instauration du traitement est l'état de préparation du client et sa probabilité d'observance au régime choisi. L'infirmière pourra offrir de l'enseignement détaillé et du counseling aux clients aux prises avec cette décision.

L'adhésion au TAR est une composante essentielle du traitement pharmacologique des personnes vivant avec le VIH. L'infirmière est la mieux placée pour prêter assistance au client en la matière. Quel que soit le traitement pharmacologique, il est important de prendre les médicaments de la manière prescrite (doses et intervalles adéquats) chaque jour, mais dans le cas de l'infection par le VIH, l'omission de quelques doses seulement peut entraîner des mutations virales et permettre au VIH de devenir résistant aux antirétroviraux (CDC, 2008b ; Roberson, White, & Fogel, 2009). Tous ceux qui ont déjà suivi un traitement antibiotique de dix jours savent probablement comment il est difficile d'observer parfaitement son traitement. Les clients qui suivent un traitement pour l'infection par le VIH doivent prendre au moins un comprimé par jour (mais beaucoup d'entre eux en prennent bien davantage), et prendre ces comprimés chaque jour pour le reste de leur vie, même si des effets secondaires incommodants apparaissent.

L'infirmière peut aider les clients à observer ces schémas thérapeutiques exigeants. Des rappels électroniques, des téléavertisseurs, des minuteurs fixés sur les dosettes ou des calendriers permettent aux clients de prendre leurs médicaments sans interruption. Les groupes de soutien et le counseling individuel peuvent être utiles, mais il est préférable d'en savoir plus sur la vie du client et de l'aider dans ses difficultés en tenant compte de sa situation personnelle (CDC, 2008b ; Knobel et al., 2009 ; Roberson et al., 2009). L'**ENCADRÉ 15.10** présente des stratégies que les infirmières peuvent utiliser pour aider les clients à observer leurs traitements pharmacologiques.

Il est possible de retarder l'évolution de l'infection par le VIH en améliorant l'état du système immunitaire, que le client ait opté pour un TAR ou non. Voici, parmi d'autres, quelques interventions utiles pour les clients vivant avec le VIH : 1) recevoir un soutien nutritionnel pour maintenir la masse musculaire et assurer des taux adéquats de vitamines et de micronutriments ; 2) consommer modérément ou éliminer l'alcool, le tabac et les drogues ; 3) être à jour sur les schémas de vaccination ; 4) consacrer assez de temps au repos et à l'exercice ; 5) réduire le stress ; 6) éviter l'exposition aux nouveaux agents infectieux ; 7) avoir accès à du counseling en santé mentale ; 8) participer à des groupes de soutien et à des activités communautaires.

L'infirmière doit apprendre aux clients à reconnaître les symptômes révélateurs d'une évolution de la maladie ou des effets secondaires des médicaments afin qu'ils reçoivent rapidement les soins médicaux nécessaires. L'**ENCADRÉ 15.11** offre un aperçu général des symptômes que les clients pourront rapporter. D'une manière générale, les clients devraient disposer de toute

Stratégies visant à améliorer l'adhésion au traitement antirétroviral

- S'assurer que le client comprend l'importance de l'adhésion au traitement et qu'il est prêt à commencer.
- Offrir de l'enseignement sur l'administration des médicaments.
- Passer en revue les effets secondaires potentiels des médicaments.
- Assurer le client que ces effets secondaires peuvent être traités et qu'autrement, il sera possible de modifier ses ordonnances.
- Utiliser des outils pédagogiques et des aide-mémoires, notamment des photos, des dosettes et des calendriers.
- Faire collaborer les membres de la famille et les amis au processus d'enseignement ;

- solliciter leur soutien pour aider le client à suivre son traitement.
- Simplifier autant que possible les schémas, la posologie et les impératifs alimentaires.
- Recourir à une approche en équipe avec des infirmières, des pharmaciens et des pairs conseillers pour soutenir le client.
- Permettre l'accès à une équipe de soins de santé en qui le client peut avoir confiance.
- Aider le client à intégrer le schéma thérapeutique dans ses horaires habituels de vie et de travail.

Source : Adapté de CDC (2008b).

l'information nécessaire pour prendre des décisions éclairées et faciliter l'évaluation clinique par le personnel infirmier.

| Exacerbations aiguës | Les maladies chroniques sont caractérisées par des exacerbations aiguës de problèmes récurrents. C'est particulièrement vrai avec l'infection par le VIH qui donne lieu à des infections, à des cancers, à une faiblesse intense et à des problèmes psychosociaux ou économiques à un point tel que le client peut se sentir trop accablé pour y faire face. Les soins infirmiers deviennent plus complexes lorsque le système immunitaire du client se détériore et que de nouveaux problèmes viennent s'ajouter aux difficultés existantes. S'il survient des maladies liées au sida ou des effets secondaires pénibles du traitement, la prise en charge des symptômes, l'éducation et le soutien émotionnel sont essentiels (Bradley-Springer, 2005 ; CDC, 2009a).

Les soins infirmiers sont d'une importance primordiale pour aider les clients à prévenir les nombreuses maladies associées à l'infection par le VIH. Le meilleur moyen de prévenir une maladie liée au sida est d'offrir un traitement adéquat contre l'infection par le VIH sous-jacente. En plus d'aider le client à observer les traitements prescrits pour ces maladies, l'infirmière devra offrir des

Enseignement au client et à ses proches

Signes et symptômes à rapporter

L'infirmière doit informer le client vivant avec une infection par le VIH et son proche aidant qu'il leur faut rapporter les signes et les symptômes suivants :

Signaler immédiatement :

- Tout changement dans l'état de conscience : léthargie, difficulté ou incapacité à stimuler le client, absence de réaction, inconscience
- Céphalée accompagnée de nausées et de vomissements, altération de la vision ou de la coordination, ou tout traumatisme crânien
- Troubles de la vision : régions floues ou sombres dans le champ visuel, nouveaux corps flottants, vision double
- Essoufflements persistants pendant les activités ne disparaissant pas après une courte période de repos
- Nausées et vomissements accompagnés de douleur abdominale
- Vomissements de sang
- Déshydratation : incapacité à manger ou à boire due à des nausées, à une diarrhée ou à des lésions buccales ; diarrhée ou vomissements intenses ; étourdissements lorsque le client est debout
- Coloration jaune de la peau
- Tout saignement du rectum qui n'est pas lié à des hémorroïdes ou à un traumatisme (p. ex., à la suite de relations sexuelles anales)
- Douleur au flanc accompagnée de fièvre et incapacité à uriner depuis plus de six heures
- Présence de sang dans l'urine
- Nouvelle faiblesse dans une partie du corps, difficulté à parler ou engourdissement qui n'est pas lié à une pression

- Douleur à la poitrine qui ne semble pas liée à la toux
- Crises convulsives
- Nouvelles éruptions cutanées accompagnées de fièvre
- Nouvelles lésions buccales accompagnées de fièvre
- Dépression grave, anxiété, hallucinations, délire ou pensées dangereuses à l'égard de soi-même ou des autres

Rapporter les signes et les symptômes suivants dans les 24 heures :

- Céphalée nouvelle ou distincte ; céphalée permanente qui n'est pas soulagée par des médicaments en vente libre
- Céphalée accompagnée de fièvre, de congestion nasale ou de toux
- Brûlure, picotement ou écoulement des yeux
- Toux nouvelle ou productive
- Vomissements deux ou trois fois par jour
- Vomissements accompagnés de fièvre
- Nouvelle diarrhée importante ou liquide (plus de six fois par jour)
- Miction douloureuse, présence de sang dans l'urine, écoulement urétral
- Nouvelles éruptions cutanées importantes (répandues, douloureuses ou qui longent la jambe ou le bras, autour de la poitrine ou sur le visage)
- Difficulté à manger ou à boire à cause de lésions buccales
- Écoulement vaginal, douleur ou picotements

soins de soutien adéquats. Si le client est atteint d'une pneumonie à *Pneumocystis jiroveci* (anciennement appelé *Pneumocystis carinii*) par exemple, les interventions du personnel infirmier devront faire en sorte d'assurer une oxygénation adéquate **FIGURE 15.8**. Si le client est atteint d'une méningite cryptococcique, l'infirmière devra surtout garantir un environnement stable au client gagné par la confusion (Bradley-Springer, 2005 ; CDC, 2009a).

Soins ambulatoires et soins à domicile

| **Soins permanents** | Les PVVIH connaissent les mêmes problèmes que celles atteintes de maladies chroniques, mais leurs soucis sont exacerbés par les réactions sociales négatives entourant l'infection par le VIH. Dans ce cas, la stigmatisation de la maladie est aggravée par plusieurs facteurs. En effet, les PVVIH peuvent être perçues comme des individus incapables de refréner leurs désirs sexuels ou leur consommation de drogues. Certains seront donc enclins à conclure hâtivement que les PVVIH ont forcément contracté la maladie par leur faute, et qu'elles méritent d'être malades. D'autres considèrent les comportements associés à l'infection par le VIH comme immoraux (p. ex., l'homosexualité, les partenaires sexuels multiples) et parfois illégaux (p. ex., la consommation de drogues, l'industrie du sexe). Le fait que les personnes infectées soient en mesure de transmettre le VIH à d'autres personnes engendre des craintes et alimente la stigmatisation et la discrimination à tous les points de vue (Benotsch *et al.*, 2008). Aux États-Unis, par exemple, des PVVIH ont perdu leur emploi, leur maison et leurs assurances, même si ces formes de discrimination sont illégales en vertu de la loi intitulée *Americans with Disabilities Act* (42 U.S.C. s.1201 et seq., 1992 and 1994). Au Québec, de telles situations ont également été rapportées. Malheureusement, ce problème existe dans le monde entier, et il est souvent plus grave pour les femmes (Benotsch *et al.*, 2008 ; Holzemer *et al.*, 2009). La discrimination associée à l'infection par le VIH peut entraîner de l'isolement social, une dépendance, de la frustration, une mauvaise estime de soi, une perte de contrôle et des pressions financières. Il est intéressant de noter que tous ces facteurs ont peut-être été, en tout ou en partie, à l'origine de l'infection du client. La faible estime de soi, la recherche de contacts sociaux, la frustration et les difficultés financières peuvent toutes contribuer à la consommation de drogues et aux comportements sexuels à risque. Enfin, il existe une autre situation qui demande aussi un accompagnement : celle des **couples sérodiscordants**, c'est-à-dire des couples dans lesquels l'un des partenaires est séropositif et l'autre non. Ce peut être le cas de couples homosexuels ou hétérosexuels pour lesquels la question d'avoir un enfant risque de se poser à un certain moment.

| **Maladies et effets secondaires des médicaments** | Les problèmes physiques liés à l'infection par le VIH ou à son traitement peuvent priver le client du mode de vie de son choix. Les PVVIH éprouvent souvent de l'anxiété, de la crainte, une dépression, de la diarrhée, une neuropathie périphérique, des douleurs, des nausées, des vomissements et de la fatigue. L'infirmière rencontre ces symptômes régulièrement, et ses interventions ne varient pas beaucoup en fonction du diagnostic primaire. Il est évident que des considérations individuelles influeront sur la manière dont l'infirmière aborde chaque client. Pour le personnel infirmier, la prise en charge de la diarrhée, par exemple, consiste toujours à aider les clients à prélever des échantillons, à recommander des changements alimentaires, à les encourager à remplacer les liquides et les électrolytes, à les informer quant aux soins cutanés et à prendre en charge les lésions cutanées autour de la région périanale. Dans les cas de fatigue, l'infirmière doit notamment apprendre aux clients à évaluer les profils de fatigue, à déterminer les facteurs concourants à cette fatigue, à établir des priorités en matière d'activités, à conserver son énergie, à ménager des périodes de repos, à faire de l'exercice et à éviter les substances comme la caféine, la nicotine, l'alcool et d'autres drogues susceptibles de perturber le sommeil (Bradley-Springer, 2005 ; Salahuddin, Barroso, Leserman, Harmon, & Pence, 2009).

Certaines personnes vivant avec le VIH, en particulier celles qui sont infectées et qui suivent un TAR depuis longtemps, finissent par présenter des troubles métaboliques qui affectent la morphologie corporelle (dépôts adipeux dans l'abdomen, la partie supérieure du dos et les seins, et disparition de l'adiposité aux bras, aux jambes et au visage) à cause de la lipodystrophie **FIGURE 15.9**, de l'hyperlipidémie (taux élevé de triglycérides et diminution des taux de lipoprotéines à densité élevée), de l'insulinorésistance et de l'hyperglycémie, d'une maladie osseuse (ostéoporose, ostéopénie, nécrose avasculaire), d'une acidose lactique ou d'une maladie cardiovasculaire. L'origine de ces désordres biologiques n'est pas encore très bien connue, mais il s'agit probablement d'une combinaison de facteurs comme l'infection à long terme par le VIH, les effets secondaires du TAR, la prédisposition génétique et le stress chronique (Barbaro & Iacobellis, 2009 ; Martinez, Iarrousse, & Gatell, 2009).

La prise en charge des troubles métaboliques est actuellement orientée sur la détection précoce des problèmes, la prise en charge des symptômes et l'assistance au client en tenant compte des problèmes et des changements émergents liés aux schémas thérapeutiques. Il est important de reconnaître et de traiter ces problèmes dès le début, d'autant plus que les maladies

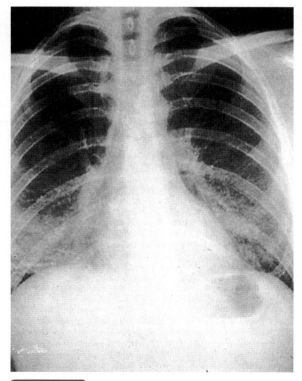

FIGURE 15.8

La radiographie du poumon montre les infiltrats interstitiels résultant d'une pneumonie à *Pneumocystis jiroveci*.

15

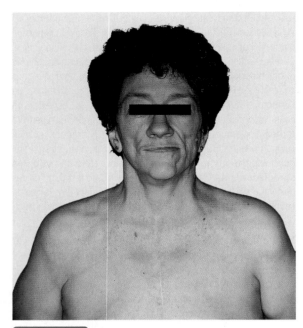

FIGURE 15.9

La lipodystrophie peut provoquer une cachexie au visage.

Il est question des soins en fin de vie dans le chapitre 11, *Soins palliatifs et soins de fin de vie.*

cardiovasculaires et l'acidose lactique sont des complications potentiellement mortelles. Une première intervention consiste d'ordinaire à modifier la composition du TAR, car certains médicaments sont plus souvent associés à ces troubles (CDC, 2008b). Les anomalies lipidiques sont généralement traitées par des médicaments hypolipémiants, des changements alimentaires et de l'exercice. L'insulinorésistance est traitée par des hypoglycémiants et une perte pondérale. Les maladies osseuses peuvent être soulagées par des exercices, des changements alimentaires et la prise de suppléments de calcium et de vitamine D (Barbaro & Iacobellis, 2009; Bradley-Springer, 2005; Martinez *et al.*, 2009).

Les transformations corporelles qui combinent accumulation adipeuse et cachexie sont les principaux problèmes des personnes atteintes de ce syndrome. Les données attestant que l'exercice ou les changements alimentaires ont un impact sont peu nombreuses. L'hormone de croissance humaine, la testostérone et les stéroïdes anabolisants ont été utilisés pour tâcher de résoudre ces problèmes, mais ils sont souvent inefficaces, voire non disponibles. Les chirurgies esthétiques visant à réduire les zones adipeuses et à combler les parties atrophiées du visage peuvent être utiles, mais elles sont coûteuses et leur accès est limité. Les interventions du personnel infirmier peuvent être axées sur le soutien au client aux prises avec des décisions thérapeutiques et des bouleversements de son image corporelle (Bradley-Springer, 2005).

Soins palliatifs et soins de fin de vie

Malgré les derniers progrès prometteurs dans le traitement de l'infection par le VIH, de nombreuses personnes finissent par présenter une progression de la maladie, une incapacité, puis elles décèdent. Cela est parfois dû à l'inefficacité des traitements. Il arrive aussi que le VIH dont le client est porteur devienne résistant à tous les traitements pharmacologiques offerts. Dans d'autres cas, une personne peut choisir de ne plus être traitée et de laisser la maladie évoluer jusqu'au décès. Dans tous les cas de maladie en phase terminale, les soins infirmiers doivent chercher à assurer le confort du client, contribuer à son acceptation émotionnelle et spirituelle de la finitude de la vie, aider les êtres chers du client à faire face au chagrin et au deuil et maintenir un environnement sûr. L'infirmière est au premier plan des soins offerts pendant cette phase de la maladie, que ce soit au domicile du client, dans un centre de soins palliatifs ou dans un établissement de santé ▶ 11 .

Évaluation des résultats

Pour le client qui présente un risque d'infection au VIH, les résultats escomptés à la suite des soins et des interventions cliniques sont :

- d'analyser ses facteurs de risque personnels ;
- d'établir et mettre en œuvre un plan personnel flexible et progressif pour réduire les risques ;
- de passer un test de dépistage du VIH.

Pour le client vivant avec le VIH, les résultats escomptés à la suite des soins et des interventions cliniques sont :

- de décrire les aspects élémentaires des effets du VIH sur le système immunitaire ;
- d'évaluer les multiples options thérapeutiques de l'infection par le VIH ;
- de collaborer avec une équipe de professionnels de la santé pour obtenir un état de santé optimal ;
- de prévenir la transmission du VIH à d'autres personnes.

Fiametta Anconi est âgée de 17 ans. Fille d'immigrants, elle a été élevée avec des valeurs religieuses plutôt strictes. Au cours d'une soirée entre amis à laquelle ses parents l'avaient autorisée à aller, quelqu'un lui a fait prendre du GHB (drogue du viol) à son insu. Sous l'effet de cette substance, elle aurait été contrainte d'avoir des relations sexuelles sans protection, ce dont elle ne se souvient pas, évidemment. Ayant montré des signes et des symptômes d'un syndrome fébrile (céphalées, maux de gorge, douleurs musculaires), l'adolescente s'est présentée à la clinique des jeunes, et des analyses sanguines ont confirmé qu'elle était séropositive. Craignant la réaction de ses parents, elle ne leur a rien raconté de cette fâcheuse soirée et de ses suites.

Fiametta est fortement ébranlée par ce qui lui arrive. Elle pleure souvent en cachette et a tendance à s'isoler plus que d'habitude. Comme elle est de nature timide et réservée, cela ne soulève aucun soupçon dans son entourage. L'infirmière qui la rencontre procède à une évaluation de sa situation pour l'aider à saisir les enjeux de cette malheureuse situation.

SOLUTIONNAIRE

www.cheneliere.ca/lewis

MISE EN ŒUVRE DE LA DÉMARCHE DE SOINS

Collecte des données – Évaluation initiale – Analyse et interprétation

1. Même si Fiametta ne se souvient pas d'avoir eu des relations sexuelles non protégées, l'infirmière devrait-elle lui demander les noms des garçons qui étaient présents à cette soirée? Justifiez votre réponse.

2. Serait-il approprié de questionner Fiametta sur les réactions possibles de ses parents? Expliquez votre point de vue.

3. L'infirmière aurait-elle raison de s'enquérir de la présence d'idées suicidaires chez Fiametta? Justifiez votre réponse.

4. L'infirmière demande à Fiametta si elle a reçu du sang ou un produit sanguin récemment. Pourquoi est-ce important de lui poser cette question?

5. Les résultats des lymphocytes T CD4+ sont de 700 cellules/µl. Qu'est-ce que cela signifie?

6. À ce stade-ci, l'infirmière aurait-elle raison de croire qu'un traitement antirétroviral (TAR) sera envisagé pour Fiametta?

7. D'après les données connues de la situation de Fiametta, est-il juste de penser que l'adolescente présente un déni de sa condition? Expliquez votre réponse.

Planification des interventions – Décisions infirmières

8. L'infirmière encourage Fiametta à ne pas perdre le contact avec ses amis. Quel objectif poursuit-elle par cette intervention?

9. L'infirmière désire impliquer la psychologue dans son approche professionnelle pour amener Fiametta à envisager sa situation avec plus de réalisme. Commentez cette intention.

10. L'infirmière tente de convaincre Fiametta de parler de sa situation avec ses parents sans tarder. Pourquoi une telle intention est inappropriée à ce moment-ci?

11. Serait-ce approprié de prévoir une rencontre prochaine avec le médecin, l'infirmière, Fiametta et ses parents? Justifiez votre réponse.

Évaluation des résultats – Évaluation en cours d'évolution

12. Deux éléments indiqueraient à l'infirmière que Fiametta est disposée à prendre en main sa condition de personne vivant avec le VIH. Lesquels?

Application de la pensée critique

Dans l'application de la démarche de soins auprès de Fiametta, l'infirmière a recours aux éléments du modèle de la pensée critique pour analyser la situation de santé de la cliente et en comprendre les enjeux. La **FIGURE 15.10** résume les caractéristiques de ce modèle en fonction des données de cette cliente, mais elle n'est pas exhaustive.

15

Vers un jugement **clinique**

Connaissances

- Moyens de transmission du VIH
- Signes et symptômes précoces d'une infection au VIH
- Réactions possibles de la personne qui apprend qu'elle est séropositive
- Clientèles à risque
- Tests de dépistage et charge virale
- Affections opportunistes
- Particularités du traitement antirétroviral (durée, coût, effets secondaires, etc.)
- Critères pour déterminer le stade de sida

Expériences

- Soins aux clients vivant avec le VIH
- Évaluation personnelle des comportements à risque de contracter le VIH
- Expérience en relation d'aide et en techniques d'entrevue avec des adolescents

ÉVALUATION

- Comportements à risque de Fiametta
- Manifestations cliniques actuelles
- État émotif de l'adolescente
- Craintes par rapport à la réaction des parents
- Disposition de Fiametta à aborder sa condition avec ses parents et avec un intervenant professionnel

Normes

- Articles 28, 29 et 30 du Code de déontologie des infirmières et infirmiers relativement à la relation de confiance
- Article 31 du même code concernant le secret quant aux renseignements de nature confidentielle
- Fréquence des contrôles des lymphocytes T CD4+
- Critères de consentement aux soins pour une personne mineure de 14 ans et plus (article 14 du Code civil)

Attitudes

- Absence de jugement des comportements de Fiametta
- Compréhension des craintes de l'adolescente
- Respect du rythme d'intégration personnelle que Fiametta fait de son état actuel

FIGURE 15.10

Application de la pensée critique à la situation de santé de Fiametta

■ ■ ■ À **retenir**

VERSION REPRODUCTIBLE

www.cheneliere.ca/lewis

- Les maladies infectieuses émergentes peuvent résulter de contacts avec des animaux, de modifications de maladies connues, être issues d'une guerre biologique ou encore être de source inconnue.

- La réussite des traitements et la prévention de l'apparition des résistances aux médicaments dépendent de l'emploi judicieux des antibiotiques.

- Dans les milieux de soins, le mode de transmission le plus fréquent des infections associées aux soins de santé (ou infections nosocomiales) est celui des mains des soignants.

- Pour prévenir les infections associées aux soins de santé, les professionnels de la santé doivent se laver les mains (ou utiliser un désinfectant pour les mains à base d'alcool) entre chaque client et chaque intervention, et utiliser un équipement de protection tel que des gants.

- En Amérique du Nord, l'épidémie de sida croît plus rapidement chez les femmes, les personnes de couleur, les personnes qui vivent sous le seuil de pauvreté, les utilisateurs de drogues injectables et les adolescents.

- La transmission du VIH peut se produire pendant les relations sexuelles avec un partenaire infecté, après une exposition à du sang ou à des produits sanguins infectés et de

- mère à enfant pendant la grossesse, l'accouchement ou l'allaitement.

- Il est impossible de guérir une infection par le VIH, mais le traitement antirétroviral peut freiner la réplication virale et retarder l'évolution de la maladie chez la plupart des clients.

- Le premier schéma thérapeutique antirétroviral est crucial, car c'est celui qui est généralement assorti des meilleures chances de succès.

- Comme clinicienne la plus proche des clients, l'infirmière est la mieux placée pour aider le client à observer un traitement très exigeant.

- L'infection par le VIH affecte toutes les dimensions de la vie d'une personne, de sa santé physique jusqu'à son bien-être social, émotionnel, économique et spirituel.

- L'utilisation continue de méthodes adéquates de prévention de l'infection par le VIH augmente leur efficacité.

- Le meilleur moyen de prévenir l'infection par le VIH chez les nourrissons est de prévenir l'infection chez les femmes.

- Les personnes vivant avec le VIH connaissent les mêmes problèmes que celles atteintes de maladies chroniques, mais leurs soucis sont exacerbés par les réactions sociales négatives entourant l'infection par le VIH.

Pour en **savoir** plus

VERSION COMPLÈTE ET DÉTAILLÉE

www.cheneliere.ca/lewis

 Références Internet

Organismes et associations

Association canadienne des infirmières et infirmiers en sidologie
www.canac.org

Coalition des organismes communautaires québécois de lutte contre le sida (COCQ- Sida)
www.cocqsida.com

Programme national de mentorat sur le VIH-sida – PNMVS
www.pnmvs.org

Réseau canadien d'info-traitement sida (Catie)
www.catie.ca

Réseau juridique canadien VIH/sida
www.aidslaw.ca

Société canadienne du sida
www.cdnaids.ca

Organismes gouvernementaux

Agence de la santé publique du Canada > Maladies infectieuses
www.phac-aspc.gc.ca

Institut national de santé publique > Maladies infectieuses, immunisation
www.inspq.qc.ca

Ministère de la Santé et des Services sociaux > Problèmes de santé > Infections nosocomiales

Ministère de la Santé et des Services sociaux > Problèmes de santé > ITS/VIH/Hépatite C
www.msss.gouv.qc.ca

Références générales

Infiressources > Banques et recherche > Pathologies > Immunologie > VIH et sida

Infiressources > Carrefour des rubriques > Carrefour clinique > Soins des maladies infectieuses
www.infiressources.ca

PasseportSanté.net > Maladies > Index des maladies de A à Z > Sida/VIH
www.passeportsante.net

 Monographies

Glazier, R., Hanford, C., Tynan, A.M., & Rackal, J.M. (2009). *Setting and organization of care for persons living with HIV/AIDS.* Toronto : John Wiley & Sons.

Hugard, L. (2008). *Infectiologie, sida et soins infirmiers.* Paris : Lamarre.

 Articles, rapports et autres

Héron, M. (2009). Vivre avec le VIH aujourd'hui. *Soins, 734,* 31-56.

Ministère de la Santé et des Services sociaux (MSSS) (2008). *La thérapie antirétrovirale pour les adultes infectés par le VIH – Guide pour les professionnels de la santé du Québec.* Québec : MSSS.

15

CHAPITRE

16

Écrit par :
Jormain Cady, DNP, ARNP, AOCN
Joyce Jackowski, MS,
FNP-BC, AOCNP

Adapté par :
Sylvie Bélanger, inf., M. Sc.,
CSIO(C)

Cancer

Objectifs

 Guide d'études – SA19, SA21

Après avoir lu ce chapitre, vous devriez être en mesure :

- de préciser la prévalence et l'incidence du cancer ainsi que les taux de survie et de mortalité propres à cette maladie au Canada et au Québec ;

- de décrire les processus qui interviennent dans la biologie du cancer ;

- de distinguer les trois phases de la propagation du cancer et les facteurs impliqués dans le processus ;

- de distinguer la radiothérapie externe de la curiethérapie ;

- de décrire les effets de la radiothérapie et de la chimiothérapie sur les tissus normaux ;

- de définir les types de traitements biologiques et de traitements ciblés ainsi que leurs effets ;

- de décrire les interventions infirmières relatives aux personnes qui reçoivent une chimiothérapie, une radiothérapie, des thérapies biologiques et des traitements ciblés ;

- de décrire les recommandations nutritionnelles destinées aux clients atteints d'un cancer ;

- de décrire le rôle du système immunitaire dans le cancer ;

- de distinguer les systèmes de classification du cancer ;

- de discuter du rôle de l'infirmière dans la prévention et le dépistage du cancer ;

- de justifier l'emploi de la chirurgie, de la chimiothérapie, de la radiothérapie, et des traitements biologiques et ciblés ;

- de définir les classes d'agents chimio-thérapeutiques et leurs méthodes d'administration ;

- de distinguer les multiples complications associées au cancer ;

- de décrire les interventions de soutien psychologique destinées aux clients atteints d'un cancer, aux survivants du cancer et à leurs proches aidants.

■ ■ ■ **Concepts clés**

Cette carte conceptuelle illustre schématiquement les principaux concepts décrits dans le présent chapitre. Sa lecture vous permettra d'avoir une vue d'ensemble des notions qui y sont présentées.

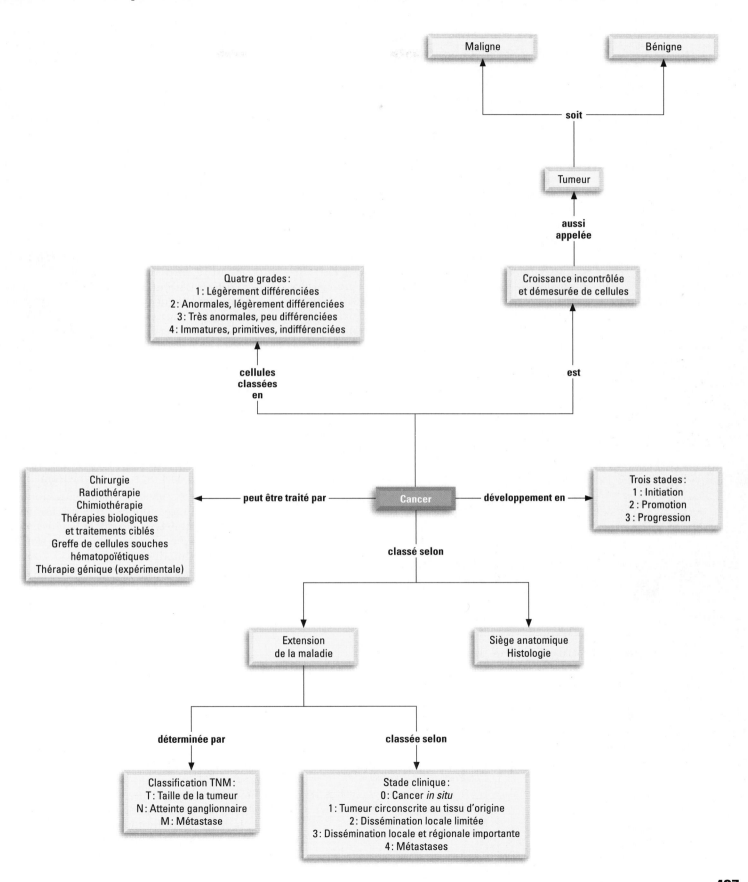

16

16.1 | Cancer: un problème majeur

Le **cancer** est un terme générique qui regroupe plus de 200 maladies caractérisées par une croissance incontrôlée et démesurée de cellules. Le cancer est un problème de santé majeur. La hausse du nombre de personnes qui reçoivent un diagnostic de cancer et qui meurent de cette maladie se maintient.

16.1.1 Incidence et mortalité selon le sexe

Au Canada, un peu plus de 1 femme sur 2,5 (40 %) et près de 1 homme sur 2 (45 %) seront atteints d'un cancer au cours de leur vie. Par ailleurs, 24 % des femmes atteintes et 29 % des hommes en mourront, soit 1 personne sur 4 (Société canadienne du cancer [SCC], 2009b). Le **TABLEAU 16.1** résume les principales différences entre les statistiques propres aux deux sexes. Au Canada, pour l'année 2010, le nombre de nouveaux cas de cancer (à l'exclusion de 75 500 cas de cancer de la peau autres que le mélanome) est estimé à 173 800, et le nombre de décès causés par cette maladie est estimé à 76 200. Cela représente une hausse de 1,6 % (2 800) des nouveaux cas et une hausse de 1,2 % (900) des décès comparativement à 2009. Pour le Québec, le nombre de nouveaux cas de cancer est estimé à 45 200, et le nombre de décès attribuables à cette maladie est estimé à 20 300. Tant au Canada qu'au Québec, quatre sièges de cancer (prostate, sein, poumon, côlon et rectum) sont responsables de la majorité des nouveaux cas et des décès par cancer (SCC, 2010e) **TABLEAU 16.2**.

16.1.2 Incidence selon l'âge

L'incidence du cancer augmente de façon spectaculaire avec l'âge, très vraisemblablement en raison de la multiplication des facteurs de risque tout au long de la vie, conjuguée au fait que les mécanismes de réparation cellulaire perdent généralement de leur efficacité avec l'âge (Organisation mondiale de la santé [OMS], 2010). Au Canada, le cancer frappe surtout les personnes âgées de 50 ans ou plus, qui représentent 88 % de tous les nouveaux cas de cancer. Bien que le vieillissement soit un facteur fondamental dans la survenue du cancer, il touche néanmoins tous les groupes d'âge. Il importe de souligner que 30 % des nouveaux cas de cancer et 17 % des décès sont le fait de personnes âgées de 20 à 59 ans, à une étape de leur vie où elles sont le plus productives sur les plans professionnel et familial.

Chez les 0 à 14 ans, ce sont environ 850 enfants qui, chaque année, contractent un cancer (SCC, 2008). La leucémie est le cancer le plus fréquemment diagnostiqué, suivi par les cancers du système nerveux central (SNC) et les lymphomes. Bien que les cancers pédiatriques représentent moins de 1 % de tous les cancers diagnostiqués au Canada, leurs répercussions sont majeures. Selon les estimations, les traitements entraînent chez les deux tiers des survivants au moins un effet chronique ou une séquelle, et une complication importante, grave ou potentiellement mortelle chez le tiers d'entre eux. Avec un taux de survie de 82 % pour tous les cancers pédiatriques combinés, il est essentiel que cette clientèle ait accès à un suivi à long terme.

Chez les 15 à 29 ans, le nombre de nouveaux cas s'élève, en moyenne, à 2 075 par année. Les lymphomes sont le type de cancer le plus couramment diagnostiqué, et la leucémie est la principale cause de mortalité due au cancer (SCC, 2009b).

Les risques de souffrir d'un cancer et d'en mourir varient d'une province canadienne à l'autre. En général, les taux sont plus élevés dans les provinces de l'Atlantique et au Québec, et plus bas en Colombie-Britannique (SCC, 2009b).

16.1.3 Incidence chez les autochtones

Le cancer est également en forte hausse dans les populations autochtones, alors qu'il était rarement diagnostiqué voilà quelques décennies. Une étude menée par l'Institut national de santé publique du Québec (INSPQ, 2009) a révélé que l'incidence de certains cancers est plus élevée chez les autochtones du Québec vivant dans les réserves et les villages nordiques que dans l'ensemble du Québec. Ces cancers concernent, pour les hommes, le foie, les poumons et les reins. Pour les femmes, les cancers touchent le côlon et le rectum, le poumon, le col utérin et les reins. En ce

Différences hommes-femmes

TABLEAU 16.1	Cancer
HOMMES	**FEMMES**
• La mortalité associée au cancer du poumon est plus élevée. • Chaque année, plus d'hommes que de femmes meurent des suites d'un cancer. • Le cancer de l'œsophage est plus fréquent. • Le cancer de la prostate est celui dont l'incidence est la plus élevée. • Les hommes sont plus susceptibles de présenter un cancer du foie. • Le cancer de la tête et du cou est plus fréquent. • Le cancer de la vessie est au moins trois fois plus fréquent.	• Le cancer du poumon est le cancer le plus mortel. • Les non-fumeuses risquent davantage de présenter un cancer du poumon que les hommes qui ne fument pas. • Le cancer de la thyroïde est plus fréquent. • Le cancer du sein est celui dont l'incidence est la plus élevée. • Les femmes sont moins susceptibles de passer des examens de dépistage du cancer du côlon.

TABLEAU 16.2	Nouveaux cas de cancer et décès liés en 2010, et répartition (%) selon le siège et le sexe (estimations)											
	HOMMES						**FEMMES**					
	Canada				**Québec**		**Canada**				**Québec**	
Siège[a]	**Nouveaux cas**	**%**	**Décès**	**%**	**Nouveaux cas**	**Décès**	**Nouveaux cas**	**%**	**Décès**	**%**	**Nouveaux cas**	**Décès**
Prostate et sein	24 600	27,4	4 300	10,8	4 700	870	23 200	27,6	5 300	14,8	6 100	1 400
Poumon	12 900	14,4	11 200	28,1	4 400	3 700	11 100	13,4	9 400	25,8	3 200	2 900
Côlon et rectum	12 400	13,8	5 000	12,5	3 300	1 350	10 100	12,0	4 100	11,4	2 600	1 150

[a] Ces 4 cancers représentent 54,4 % de tous les cancers diagnostiqués en 2010. Le cancer de la peau (basocellulaire et squameux), bien qu'il soit le type de cancer le plus souvent diagnostiqué au Canada, n'apparaît pas dans la présentation des données statistiques.

Sources : Adapté de SCC (2010e).

qui a trait à la mortalité, les hommes présentent des taux plus élevés pour les cancers du foie. Chez les femmes, les taux de mortalité sont plus élevés pour les cancers du poumon et du col utérin (INSPQ, 2009).

16.1.4 Première cause de mortalité

Au Canada comme au Québec, le cancer est la première cause de mortalité. Au Canada, le cancer est responsable de 29 % de tous les décès, suivis des maladies du système circulatoire, qui provoquent 28 % des décès (SCC, 2009b). Au Québec, depuis 2000, les tumeurs ont supplanté les maladies de l'appareil circulatoire comme première cause de décès. Le cancer est donc devenu une cause de mortalité très importante, surtout en tenant compte du fait que les maladies de l'appareil circulatoire regroupent de nombreuses affections, dont l'angine de poitrine, l'infarctus du myocarde et l'insuffisance cardiaque. En 2008, les tumeurs ont occasionné 35 % des décès chez les hommes et 32 % chez les femmes, comparativement aux maladies de l'appareil circulatoire, responsables de 25 % des décès chez les hommes et de 26 % des décès chez les femmes. Chez les hommes, le cancer du poumon est de loin le plus mortel, suivi des cancers du côlon et du rectum, et du cancer de la prostate. Chez la femme, la hausse des taux d'incidence et de mortalité imputables au cancer du poumon se maintient. Ces taux ont plus que triplé depuis 1975. Au Québec, le cancer du poumon devrait avoir tué en 2010 deux fois plus de femmes que le cancer du sein (2 900 décès contre 1 400) (SCC, 2010e).

L'évolution différente du cancer du poumon chez les hommes et les femmes est imputable au déclin de l'usage du tabac, amorcé au milieu des années 1960 chez l'homme, mais seulement au milieu des années 1980 chez la femme (Institut de la statistique du Québec, 2009).

À l'échelle mondiale, le cancer est également une cause majeure de décès. Deuxième cause de mortalité dans les pays développés, il est au nombre des trois principales causes de mortalité dans les pays en développement. Le cancer est à l'origine de 12,5 % du total des décès, soit plus que la proportion des décès attribuables au sida, à la tuberculose et au paludisme réunis. D'après les projections, le nombre devrait augmenter pour atteindre 12 millions en 2030, comparativement à 7,4 millions en 2005 (OMS, 2005a).

16.1.5 Survie

Le cancer est aujourd'hui considéré comme une affection chronique associée à un avenir incertain (Razavi, Delvaux, & Farvacques, 2008a). Au Canada, 62 % des personnes sont toujours en vie 5 ans après leur diagnostic de cancer comparativement à la population générale de même âge et de même sexe. Les taux de survie varient en fonction du type de cancer (SCC, 2009b).

Aux États-Unis, le taux global de survie à 5 ans est désormais de 66 % (ce qui représente une augmentation de 16 % dans les 30 dernières années) (American Cancer Society, 2010).

Un diagnostic de cancer fait naître des appréhensions considérables, plus encore que d'autres maladies chroniques comme les cardiopathies. Malgré les avancées dans le traitement et les soins, un diagnostic de cancer suscite toujours une anxiété et une crainte immenses. La lutte contre le cancer a connu une évolution importante au cours des dernières années. Initialement centrée sur la pathologie et les traitements requis, l'approche privilégiée aujourd'hui intègre la prévention et la promotion de la santé, ainsi qu'un ensemble de soins et services destinés à mieux répondre aux besoins exprimés par les personnes atteintes de cancer et leurs proches (Agence d'évaluation des technologies et des modes d'intervention en santé, 2007).

L'infirmière occupe une place stratégique pour contribuer à modifier les attitudes et les comportements en matière de santé populationnelle et de façon plus spécifique à l'égard du cancer. Ses interventions éducatives aident les personnes : 1) à comprendre et à limiter le risque de survenue d'un cancer ; 2) à respecter le plan thérapeutique suggéré ; 3) à surmonter les effets du cancer et de son traitement. L'infirmière doit détenir des connaissances sur les différents types de cancers, les modalités thérapeutiques et les thérapies de soutien, la gestion des effets secondaires du traitement et les autosoins requis. Enfin, en comprenant les principes qui régissent les soins palliatifs et les soins de fin de vie, l'infirmière peut aider les personnes à préserver une qualité de vie qui leur soit acceptable le plus longtemps possible et leur permettre de mourir paisiblement.

16.2 | Biologie du cancer

Le cancer englobe un large éventail de maladies, de causes multiples, qui peuvent se manifester à partir de n'importe quelle cellule d'un organisme pouvant se soustraire aux mécanismes de régulation de la prolifération et de la différenciation. Si elles sont défectueuses, la prolifération (croissance) et la différenciation cellulaires constituent les deux principaux dysfonctionnements responsables du cancer.

16.2.1 Anomalie de la prolifération cellulaire

Chez l'adulte, la plupart des tissus abritent normalement une population de cellules prédéterminées et non différenciées, connues sous le nom de cellules souches. Le terme prédéterminé signifie que les cellules souches d'un tissu particulier finiront par se différencier et devenir des cellules matures et fonctionnelles de ce tissu et de ce tissu seulement.

La prolifération cellulaire débute dans la cellule souche au moment où celle-ci s'engage dans le cycle cellulaire **FIGURE 16.1**. Le délai qui s'écoule entre le moment où une cellule s'engage dans le

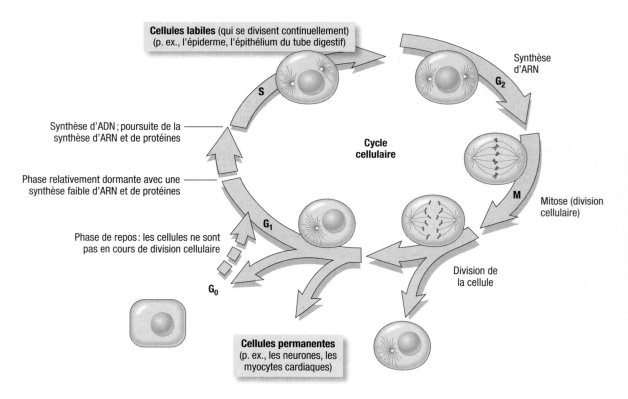

FIGURE 16.1

Cycle de vie cellulaire et activité métabolique – Le temps de génération correspond à la période entre deux phases M (mitose). Les cellules qui ne sont pas engagées dans le cycle, mais qui peuvent se diviser, sont en phase de repos (G_0).

cycle cellulaire et celui où elle se divise en deux cellules identiques se nomme temps de génération d'une cellule. Une cellule mature continuera de fonctionner jusqu'à sa dégénérescence et à sa mort.

Toutes les cellules de l'organisme sont contrôlées par un mécanisme intracellulaire qui détermine le moment opportun de la prolifération cellulaire. Dans les conditions normales, un état d'équilibre dynamique est constamment maintenu (c.-à-d. que la prolifération cellulaire compense la dégénérescence ou la mort cellulaire). Normalement, le processus de division et de prolifération cellulaires est activé en cas de dégénérescence ou de mort cellulaire, ou si l'organisme a physiologiquement besoin d'un plus grand nombre de cellules. Par exemple, le nombre de globules blancs augmente normalement en cas d'infection.

Dans les cellules normales, le contrôle de la prolifération s'explique également par l'inhibition de contact. Les cellules normales respectent les limites et le territoire des cellules qui les entourent. Elles n'envahissent pas un territoire qui n'est pas le leur. La croissance des cellules s'inhibe au contact physique avec les membranes des cellules avoisinantes. En effectuant des cultures cellulaires, il a été constaté que les cellules cancéreuses se caractérisent par une perte de cette inhibition de contact. Elles font peu de cas des limites cellulaires et croissent les unes par-dessus les autres, et même sur ou entre les cellules normales.

La vitesse de prolifération cellulaire normale (de la naissance d'une cellule à sa mort) varie selon le tissu de l'organisme concerné. Dans certains tissus, comme la moelle osseuse, les follicules pileux et le revêtement épithélial des voies gastro-intestinales (GI), cette vitesse est élevée, tandis que dans d'autres, comme le myocarde et les cartilages, elle est lente, voire inexistante.

Les cellules cancéreuses prolifèrent habituellement à la même vitesse que les cellules normales du tissu dont elles proviennent. Cependant, les cellules cancéreuses répondent différemment aux signaux intracellulaires qui régulent l'état d'équilibre dynamique par rapport aux cellules normales. Les cellules cancéreuses se divisent de manière arbitraire et désordonnée. Il arrive parfois qu'elles produisent plus de deux cellules au moment de la **mitose** (p. ex., la mitose tripolaire).

La théorie des cellules souches postule que la perte de contrôle intracellulaire de la prolifération résulte d'une mutation au sein d'une cellule. Les cellules mutées sont considérées comme la cible ou le point d'origine du cancer. Pour diverses raisons (p. ex., une exposition à des mutagènes), des modifications de l'ADN ou de ses régulateurs de réplication peuvent entraîner la mutation d'une cellule souche. Dans ce cas, l'un des trois phénomènes suivants peut survenir : 1) la cellule meurt, soit des dommages résultant de la mutation, soit en amorçant un suicide cellulaire programmé appelé apoptose ; 2) la cellule reconnaît le dommage subi et se répare ; 3) la cellule survit et transmet le dommage à ses cellules filles. Les cellules survivant à la mutation peuvent devenir malignes (cellules potentiellement invasives et métastatiques). En ce qui a trait à l'apparition du cancer, la théorie des cellules souches est incomplète, dans la mesure où des cellules souches malignes peuvent se différencier en cellules tissulaires normales (Neal & Hoskin, 2009).

Quant aux caractéristiques des cellules cancéreuses, l'idée voulant que leur vitesse de prolifération soit plus élevée que celle des cellules normales de l'organisme est erronée. Dans la plupart des situations, les cellules cancéreuses prolifèrent à la même vitesse que les cellules normales du tissu dont elles proviennent. Elles se distinguent par le fait que la prolifération des cellules cancéreuses est continue et désordonnée. À cet égard, puisque chaque division cellulaire crée au moins deux cellules filles, la masse tumorale connaît une croissance continuelle : $1 \rightarrow 2 \rightarrow 4 \rightarrow 8 \rightarrow 16$, etc. Le temps requis pour que la taille d'une masse tumorale double est connu sous le nom de **temps de doublement tumoral (TDT)**. Sur un graphique, le modèle de croissance tumorale est illustré par une courbe, la **courbe de Gompertz** : le temps de doublement diminue à mesure que la taille de la tumeur augmente. Cette courbe s'infléchit progressivement en raison de pertes cellulaires imputables à trois mécanismes : l'apoptose, une insuffisance d'apport nutritionnel et la migration des cellules à l'origine des métastases. Sous l'influence de ces différents facteurs, le taux de prolifération cellulaire diminue, la croissance ralentit et la courbe s'aplanit.

16.2.2 Anomalie de la différenciation cellulaire

En temps normal, la différenciation cellulaire est un processus méthodique évoluant d'un stade d'immaturité à un stade de maturité. Puisque toutes les cellules de l'organisme sont formées à partir d'un ovule fécondé, elles ont toutes le potentiel de remplir l'ensemble des fonctions de l'organisme. À mesure que les cellules subissent une différenciation, ce potentiel est réprimé et la cellule mature ne peut plus remplir que certaines fonctions précises **FIGURE 16.2**. La différenciation cellulaire s'accompagne d'un effacement graduel, stable et méthodique de ce potentiel. Dans les conditions normales, la cellule différenciée est stable et ne se dédifférencie pas (c.-à-d. qu'elle ne revient pas au stade indifférencié précédent).

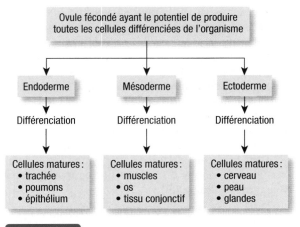

FIGURE 16.2
Différenciation cellulaire normale

Le mécanisme exact qui régit la différenciation et la prolifération cellulaires n'est pas complètement élucidé. Deux types de gènes normaux sont touchés par des mutations : les proto-oncogènes et les gènes suppresseurs de tumeurs. Les **proto-oncogènes** sont des gènes cellulaires normaux qui sont des régulateurs importants des processus cellulaires normaux. Ils favorisent la croissance, alors que les gènes suppresseurs de tumeurs, comme le gène codant la protéine tumorale, la suppriment. Les mutations qui altèrent l'expression des proto-oncogènes peuvent les activer et les faire opérer comme des **oncogènes** (gènes inducteurs de tumeurs).

Le proto-oncogène a été décrit comme la serrure génétique qui maintient la cellule dans son état de maturité et de fonctionnement. Si cette serrure est déverrouillée, comme en cas d'exposition à des agents cancérogènes (qui causent le cancer) ou à des virus oncogènes, des altérations et des mutations génétiques se produisent. Les capacités et les propriétés propres à la cellule pendant le développement fœtal s'expriment à nouveau. Les oncogènes interfèrent avec l'expression cellulaire normale dans certaines conditions, et la cellule devient alors maligne. Cette cellule reprend un aspect et une fonction fœtaux. Par exemple, certaines cellules cancéreuses produisent de nouvelles protéines, comme celles qui sont caractéristiques des périodes embryonnaire et fœtale. Ces protéines, exprimées sur la membrane cellulaire, comprennent l'antigène carcinoembryonnaire (ACE) et l'alphafœtoprotéine (AFP). Elles sont détectables dans le sang humain par des analyses de laboratoire. D'autres cellules cancéreuses, telles les cellules du cancer pulmonaire à petites cellules, produisent des hormones qui sont normalement produites par des cellules issues des mêmes cellules embryonnaires que les cellules tumorales.

Les gènes suppresseurs de tumeurs servent à réguler la croissance cellulaire. Les mutations qui altèrent ces gènes les rendent inactifs et leur font perdre leur capacité de suppression des tumeurs. Les gènes BRCA1 et BRCA2 en sont des exemples. Des altérations de ces gènes font augmenter chez la femme le risque de cancer du sein et des ovaires. Le gène APC est un autre gène suppresseur de tumeurs. Les altérations de ce gène augmentent le risque de polypose adénomateuse familiale (PAF), affection héréditaire rare engendrant la formation d'un grand nombre de polypes. La PAF est responsable de 1 % de tous les cancers colorectaux ▶ **57**.

Des mutations du gène suppresseur de tumeur ont été constatées dans de nombreux cancers, entre autres ceux de la vessie, du sein, de l'œsophage, du foie, du poumon et des ovaires, ainsi que le cancer colorectal (Croce, 2008).

Les tumeurs peuvent être réparties en deux catégories : bénignes ou malignes. En règle générale, les **néoplasmes bénins** sont bien différenciés ; les **néoplasmes malins** oscillent quant à eux entre bien différenciés et indifférenciés. La capacité des cellules malignes à envahir d'autres cellules et à former des métastases est la différence essentielle entre les néoplasmes bénins et malins. D'autres caractéristiques distinctives de ces deux types de néoplasmes sont présentées dans le **TABLEAU 16.3**.

16.2.3 Apparition du cancer

Aucun modèle théorique d'apparition du cancer ne fait consensus, malgré certaines constantes. La cause de chaque type de cancer obéit vraisemblablement à plusieurs facteurs. L'agent causal d'un cancer n'est pas toujours décelable. Il peut être secondaire à l'exposition à un agent chimique,

La polypose adénomateuse familiale est abordée dans le chapitre 57, *Interventions cliniques – Troubles du tractus gastro-intestinal inférieur*.

TABLEAU 16.3	Comparaison entre les néoplasmes bénins et les néoplasmes malins	
CARACTÉRISTIQUE	**NÉOPLASME BÉNIN**	**NÉOPLASME MALIN**
Encapsulé	Habituellement	Rarement
Différencié	Normalement	Peu
Métastase	Absente	Possible
Récurrence	Rare	Possible
Vascularité	Légère	De modérée à marquée
Mode de croissance	Expansif	Infiltrant et expansif
Caractéristiques cellulaires	Cellules assez normales, comparables aux cellules mères	Cellules anormales se distinguant des cellules mères

viral ou environnemental. Il peut également être associé à une anomalie génétique ou à un déficit immunitaire. Cela dit, le plus souvent, il n'y a pas de cause définie.

Il est courant de considérer la propagation du cancer comme un processus rapide et désordonné. Cependant, le cours naturel du cancer est un processus méthodique, qui comporte plusieurs stades s'échelonnant sur une certaine période. Ces stades incluent l'initiation, la promotion et la progression **FIGURE 16.3**.

Initiation

Le premier stade, appelé initiation, désigne une mutation de la structure génétique de la cellule, qui découle d'une mutation héréditaire (erreur survenant durant la réplication de l'ADN) ou de l'exposition soit à un agent chimique ou viral, soit à un rayonnement ionisant. Cette anomalie clonale sera transmise à toutes les cellules filles de la cellule mutée initialement.

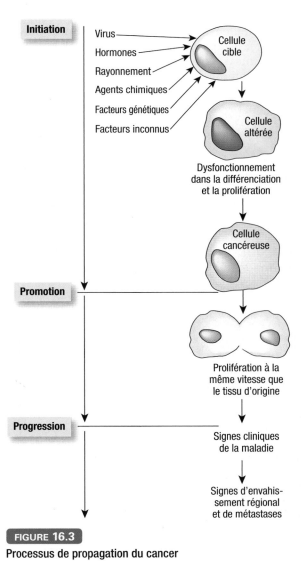

FIGURE 16.3

Processus de propagation du cancer

L'initiation est irréversible, mais les cellules altérées ne deviennent pas toutes tumorales, dans la mesure où un grand nombre d'entre elles subissent une apoptose (mort cellulaire programmée). Une cellule ayant subi une transformation cellulaire n'est pas encore tumorale, car elle n'est pas à même de s'autorépliquer ni de croître. L'altération de l'ADN peut ainsi passer inaperçue pendant toute la vie d'une personne, à moins que d'autres événements ne stimulent une tumeur.

De nombreux **agents cancérogènes** sont éliminés par des enzymes protectrices et excrétés sans danger. Si ce mécanisme protecteur échoue, les cancérogènes peuvent pénétrer dans le noyau de la cellule et altérer l'ADN. La cellule peut alors mourir ou se réparer. Cependant, si la mort ou la réparation cellulaire n'ont pas lieu avant la division cellulaire, la cellule se réplique en cellules filles, qui sont chacune porteuses de la même altération génétique (Neal & Hoskin, 2009).

Les cancérogènes peuvent être de nature chimique, radiative ou virale. De plus, certaines anomalies génétiques augmentent la susceptibilité à certains cancers. Pendant le stade initial, les effets des cancérogènes sont généralement irréversibles et cumulatifs.

Cancérogènes chimiques

Dès la fin du XVIIIe siècle, il a été démontré que des agents chimiques pouvaient provoquer des cancers. En 1775, Sir Percival Pott a observé que les ramoneurs, exposés aux résidus de suie dans les cheminées, présentaient une incidence supérieure de cancer du scrotum. Au fil du temps, de plus en plus d'agents chimiques ont été identifiés comme des cancérogènes réels ou potentiels. Certains cancers ont une incidence plus importante que d'autres chez les personnes exposées à certains produits pendant une période donnée. La longue période de latence entre le moment de l'exposition à l'agent et l'apparition du cancer rend difficile la détermination des substances qui en sont responsables. De plus, les agents chimiques qui provoquent des cancers chez les animaux n'entraînent pas nécessairement les mêmes cancers chez l'humain.

Certains médicaments ont également été reconnus comme des cancérogènes. Les médicaments qui interagissent avec l'ADN (p. ex., les agents alkylants) et les agents immunosuppresseurs peuvent causer des néoplasmes chez l'humain. Le recours aux **agents alkylants** (p. ex., le cyclophosphamide [ProcytoxMD]), seuls ou en association avec la radiothérapie, a été associé à une incidence accrue de leucémie aiguë myéloblastique chez les clients traités pour un lymphome de Hodgkin ou non hodgkinien, ou encore un myélome multiple. Ces leucémies

Jugement clinique

Capsule

Monsieur Habib Mansour est âgé de 59 ans. Il a subi une greffe rénale il y a deux ans, et c'est pourquoi il prend maintenant de la ciclosporine (NeoralMD) quotidiennement.

Croyez-vous que monsieur Mansour risque de souffrir d'une forme de cancer due à la prise de ce médicament?

secondaires ont souvent une évolution plus défavorable. De même, les clients ayant subi une greffe d'organe et se trouvant donc sous immunosuppresseurs ont un risque augmenté de souffrir d'un cancer.

Rayonnements cancérogènes

De façon générale, l'énergie émise par une source est qualifiée de rayonnement : la chaleur ou la lumière du soleil, les micro-ondes d'un four, les rayons X d'un tube radiogène et les rayons γ (gamma) des éléments radioactifs en sont des exemples (Association nucléaire canadienne [ANC], 2010a).

Les rayonnements qui ne sont pas suffisamment énergétiques pour rompre les liaisons intramoléculaires sont dits non ionisants. Ceux dont l'énergie est capable de briser ces liaisons sont appelés **rayonnements ionisants** (OMS, 2010). La **FIGURE 16.4** présente les sources et caractéristiques des rayonnements.

La plupart des formes de rayonnement électromagnétique traversent le corps humain sans entraîner de conséquences. Les seules parties du spectre électromagnétique que nos sens peuvent détecter directement sont la chaleur radiante (l'infrarouge), la lumière visible et l'ultraviolet (UV). Ces rayonnements sont convertis en chaleur. Le rayonnement UV contribue également à la production de vitamine D et au bronzage, mais peut aussi causer le cancer de peau (ANC, 2010a). La **FIGURE 16.5** illustre les effets des divers types d'ondes électromagnétiques.

Les effets nocifs de doses élevées de rayonnements sur la santé sont bien documentés. L'efficacité de la radiothérapie repose sur le fait que les rayonnements tuent les cellules cancéreuses. Des doses inférieures à celles utilisées à des fins thérapeutiques, mais des centaines de fois plus élevées que les niveaux autorisés dans l'environnement et les milieux professionnels, augmentent le risque de certains types de cancers un certain nombre d'années après l'exposition (ANC, 2010a).

Certaines affections malignes ont été mises en corrélation avec les rayonnements à titre d'agents cancérogènes :

- L'incidence de certains cancers, notamment de leucémies, de lymphomes et de cancers de la thyroïde, a augmenté dans la population générale d'Hiroshima et de Nagasaki après les explosions atomiques de 1945.

- L'incidence du cancer des os est plus élevée chez les personnes exposées à des rayonnements dans le cadre de leur profession, comme les radiologistes, les radiochimistes et les travailleurs des mines d'uranium.

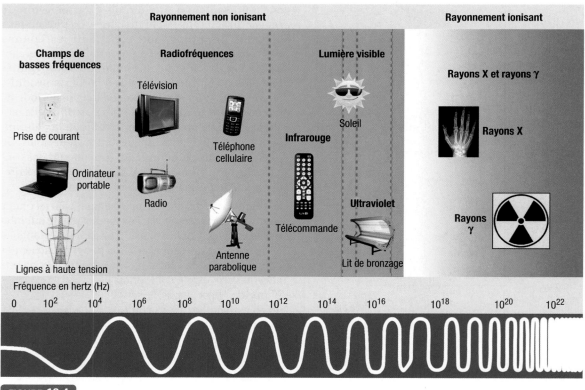

FIGURE 16.4

Sources et caractéristiques des rayonnements – Plus la fréquence est haute, plus l'énergie est élevée.

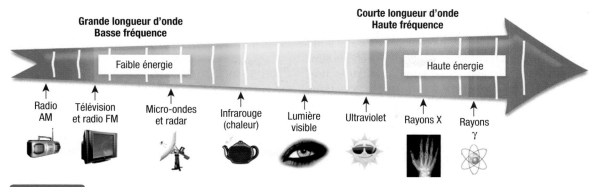

FIGURE 16.5

Effets des ondes électromagnétiques selon leur position sur le spectre

- L'incidence du cancer de la thyroïde est plus élevée chez les personnes ayant reçu des rayonnements à la tête et au cou en guise de traitement d'une variété d'affections comme l'acné, l'amygdalite, les maux de gorge ou une hypertrophie de la glande thyroïde.

- L'exposition aux rayons UV est la principale cause des cancers de la peau.

Le cancer de la peau représente un diagnostic de cancer sur trois, et le mélanome est l'un des types de cancers les plus fréquents chez les jeunes âgés de 15 à 29 ans (SCC, 2010d). Toutefois, la présentation des statistiques ne permet pas de saisir l'ampleur du cancer de la peau, étant donné que ses deux formes les plus courantes, les carcinomes basocellulaires et les carcinomes squameux, sont exclues des présentations statistiques. Seules les statistiques sur le mélanome, responsable de la majorité des décès par cancer de la peau, sont présentées. Si le cancer de la peau est le plus fréquent, il est aussi le plus évitable. L'exposition aux rayons UV (soleil, lits de bronzage, lampes solaires) accroît le risque de cancer de la peau. Les rayons UV, peu importe leur type ou leur quantité, peuvent être nocifs. En août 2009, l'OMS a revu la classification des appareils émettant des rayons UV, dont les lits de bronzage. Auparavant classés cancérogènes probables, ils sont désormais considérés comme cancérogènes. Des recherches effectuées par le Centre international de recherche sur le cancer montrent que l'exposition au rayonnement UV des appareils de bronzage artificiel avant l'âge de 35 ans augmente le risque de mélanome. Près des trois quarts des utilisateurs des salons de bronzage sont des femmes âgées de 16 à 29 ans. Pour la Société canadienne du cancer, il faut agir pour protéger les adolescents et les jeunes adultes du cancer.

Il est recommandé de ne pas utiliser les lits de bronzage ou les lampes solaires. La Société canadienne du cancer (2010c) milite d'ailleurs pour faire interdire aux personnes âgées de moins de 18 ans l'utilisation des dispositifs de bronzage artificiel et bannir toute publicité auprès d'elles.

Cancérogènes biologiques

Certaines infections virales sont associées à l'apparition de cancers tant chez les animaux que chez les humains. L'ADN viral (et parfois l'ARN) peut s'insérer dans l'ADN d'une cellule et agir comme oncogène, ce qui transformera la cellule en un clone malin. Des données ont établi un lien indubitable entre la présence *in vitro* du virus Epstein-Barr et le lymphome de Burkitt. Ce virus est également présent dans la mononucléose infectieuse. Toute personne contractant ce virus ne souffrira pas forcément d'un cancer. C'est en fait un événement rare. Les raisons expliquant que, chez une personne, l'infection se soldera par un lymphome ne sont pas connues et dépendent sans doute de multiples facteurs comme les caractéristiques génétiques de la personne, son statut immunitaire et son exposition à d'autres agents. Chez les personnes atteintes du sida, maladie causée elle aussi par un virus, l'incidence du sarcome de Kaposi est élevée ▶ **15**. Parmi les autres virus dont le lien avec le cancer a été établi figurent le virus de l'hépatite B, associé à l'hépatome, et le virus du papillome humain (VPH), associé à des lésions évoluant vers des cancers squameux comme le cancer du col de l'utérus et ceux de la sphère otorhinolaryngologique (ORL) (American Cancer Society, 2009). Il existe plus de 100 types différents de VPH, auxquels un numéro a été attribué (SCC, 2010f). De ce nombre, 40 génotypes peuvent infecter la sphère génitale de l'homme et de la femme (OMS, 2006). Ils peuvent être classés en deux grandes catégories, soit à faible risque et à haut risque. Le niveau de risque indique la probabilité que l'infection au VPH évolue en cancer. Les VPH à faible risque et à haut risque peuvent favoriser la croissance cellulaire, mais, en général, seuls les génotypes à haut risque sont susceptibles de mener au cancer (SCC, 2010f).

Presque tous les cas de cancer du col de l'utérus sont dus à une infection persistante par un VPH à haut risque. Les VPH à haut risque sont considérés comme des agents cancérogènes connus.

 15

Le sarcome de Kaposi est abordé dans le chapitre 15, *Infections et infection par le virus de l'immunodéficience humaine.*

Environ 70 % des cas de cancer du col sont dus à deux génotypes dits à haut risque, les VPH 16 et 18. Les autres VPH à haut risque sont associés aux 30 % restants des cas. La plupart des hommes et des femmes sexuellement actifs souffriront d'une infection par le VPH à un moment ou l'autre de leur vie. Dans la majorité des cas, les infections par un VPH à haut risque se résorbent d'elles-mêmes en quelques mois. Chez la plupart des femmes, le virus ne sera plus détectable après deux ans. Il arrive cependant que l'infection persiste, ce qui peut entraîner des changements dans les cellules du col de l'utérus (SCC, 2010g). Si elles ne sont pas traitées, ces lésions peuvent évoluer vers un cancer du col au bout de 20 à 30 ans (OMS, 2006).

Susceptibilité génétique

Certains gènes ou mutations génétiques spécifiques sont associés à un risque augmenté de certains cancers. Par exemple, les BRCA1 et BRCA2 sont des gènes humains appartenant à la classe des gènes suppresseurs de tumeurs. Dans les cellules normales, les gènes BRCA1 et BRCA2 servent à assurer la stabilité du matériel génétique de la cellule (ADN) et aident à prévenir une croissance cellulaire non contrôlée. La mutation de ces gènes a été associée à l'apparition de cancers héréditaires du sein et de l'ovaire. Les termes BRCA1 et BRCA2 (abréviation de *breast cancer*) désignent respectivement la susceptibilité au cancer du sein du gène 1 et du gène 2. Dans la population générale, environ 1 femme sur 8 (12 %) va souffrir d'un cancer du sein, et de 1,5 à 2 % des femmes vont souffrir d'un cancer de l'ovaire au cours de leur vie.

Les femmes porteuses de mutations BRCA1 ont, à l'âge de 70 ans, un risque cumulatif moyen de cancer du sein d'environ 57 %. Environ la moitié d'entre elles contractent un cancer du sein avant l'âge de 50 ans. À l'âge de 70 ans, le risque cumulatif moyen de cancer de l'ovaire est d'environ 40 %, et ce risque a commencé à augmenter de manière importante dans la trentaine. Les hommes porteurs de mutations BRCA1 ne présentent qu'un risque à vie légèrement plus élevé de cancer de la prostate et de cancer du sein.

Les femmes porteuses de mutations BRCA2 ont, à l'âge de 70 ans, un risque cumulatif moyen de cancer du sein d'environ 49 %. Environ 1 femme porteuse sur 3 contractera un cancer du sein avant l'âge de 50 ans. À l'âge de 70 ans, leur risque cumulatif moyen de cancer de l'ovaire est d'environ 18 %, et ce risque a commencé à augmenter de manière importante dans la quarantaine. Les hommes porteurs de mutations BRCA2 sont 3 fois plus susceptibles de contracter un cancer de la prostate pendant leur vie (en comparaison à 12 % des hommes en général), avec un risque à vie de contracter un cancer du sein d'environ 6 %.

Le risque de souffrir d'un autre cancer du sein primaire peut être jusqu'à 5 fois plus élevé avec une mutation BRCA1 ou BRCA2 (en comparaison au cancer du sein sporadique), avec un risque à vie de 40 à 50 % avant l'âge de 70 ans (Gilchrist, 2010).

Promotion

Une altération unique de la structure génétique de la cellule ne suffit pas à provoquer un cancer. Cependant, le risque de cancer est accru en présence de promoteurs. La promotion, deuxième stade du cancer, se caractérise par une prolifération réversible des cellules altérées. L'augmentation de la population de cellules altérées fait en sorte que la probabilité de mutations supplémentaires est encore plus grande.

Une distinction importante entre l'initiation et la promotion réside dans le fait que l'activité des promoteurs est réversible. C'est là un concept clé dans la prévention du cancer. Les agents promoteurs incluent entre autres le tabagisme, la consommation de lipides d'origine animale, l'obésité et la consommation d'alcool. Les changements du mode de vie comprenant la modification ou l'élimination de ces facteurs de risque modifiables permettraient d'éviter environ 30 % des cas de cancer. Dans les pays à revenu élevé, le tabagisme, la consommation d'alcool et la surcharge pondérale ou l'obésité sont les principales causes de cancer (OMS, 2009).

Plusieurs promoteurs exercent leur action contre des types précis de tissus ou d'organes. Par conséquent, ces agents tendent à promouvoir des types précis de cancer. Par exemple, la fumée de cigarette est un promoteur du cancer bronchopulmonaire et favorise, en association avec l'alcool, les cancers de l'œsophage et de la vessie. Certains cancérogènes sont à la fois responsables de l'initiation et de la promotion dans l'apparition du cancer. Il s'agit de cancérogènes complets. La fumée de cigarette est un exemple de cancérogène complet pouvant déclencher et promouvoir le cancer.

Une période comprise entre 1 et 40 ans s'écoule entre l'altération génétique initiale et l'apparition de signes cliniques effectifs de cancer. Cette période, appelée période de latence, englobe, d'après la théorie actuellement admise, les stades d'initiation et de promotion marquant le cours naturel du cancer. La variation du délai précédant la manifestation du cancer sur le plan clinique est associée à la vitesse mitotique du tissu d'origine et à des facteurs environnementaux. Dans la plupart des cancers, le processus d'accroissement de la maladie dure des années, voire des décennies.

Pour que le processus pathologique se manifeste sur le plan clinique, les cellules doivent atteindre une masse critique. Une tumeur qui mesure 1 cm (la taille habituellement détectable par palpation) contient environ un milliard de cellules cancéreuses. La plus petite qui peut être détectée par les méthodes diagnostiques actuelles, comme l'imagerie par résonance magnétique (IRM), est de 0,5 cm.

Progression

La progression est le dernier stade caractérisant le cours naturel d'un cancer. Durant ce stade, la tumeur croît plus rapidement, elle est plus envahissante et se propage à un siège éloigné (**métastase**). Certains cancers semblent avoir une affinité pour un tissu ou un organe particulier comme siège de métastase (p. ex., le cancer du côlon se propage surtout au foie). D'autres cancers métastasent de manière imprévisible (p. ex., le mélanome). Les sièges les plus fréquents de métastases sont les poumons, le cerveau, les os, le foie et les glandes surrénales **FIGURE 16.6**.

Les métastases correspondent à un processus en plusieurs étapes qui commence par la croissance rapide de la tumeur primitive **FIGURE 16.7**. Au fur et à mesure que la tumeur grossit, son propre approvisionnement en sang est essentiel à sa survie et à sa croissance. Le processus par lequel des vaisseaux sanguins se forment au sein de la tumeur elle-même, appelé **angiogenèse tumorale**, est favorisé par les facteurs angiogéniques produits par les cellules cancéreuses. À mesure que la tumeur grossit, elle peut commencer à envahir mécaniquement les tissus avoisinants et les régions qui lui opposent le moins de résistance.

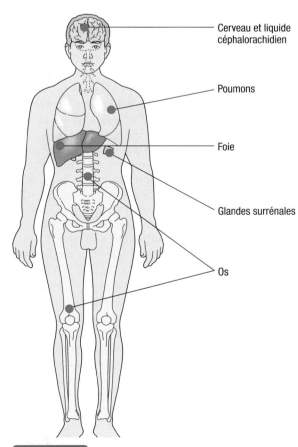

Cerveau et liquide céphalorachidien

Poumons

Foie

Glandes surrénales

Os

Principaux sièges de métastases

Certaines sous-populations (segments) de cellules tumorales parviennent à se détacher de la tumeur primitive pour envahir le tissu avoisinant et pénétrer les parois des vaisseaux lymphatiques ou vasculaires afin de métastaser un siège à distance. Certaines cellules tumorales sont dotées de capacités singulières qui favorisent ce processus. Premièrement, la prolifération rapide des cellules malignes provoque une pression mécanique à l'origine de la pénétration des tissus avoisinants. Deuxièmement, certaines cellules malignes présentent une adhérence intercellulaire limitée comparativement aux cellules normales. Grâce à cette propriété, les cellules cancéreuses ont la mobilité nécessaire pour se déplacer en dehors de la tumeur primitive et pénétrer d'autres structures vasculaires et organes. Certaines cellules cancéreuses produisent des métalloprotéinases, une famille d'enzymes capables de détruire la membrane basale (membrane solide entourant les tissus et les vaisseaux sanguins) de la tumeur elle-même, mais aussi des vaisseaux lymphatiques et sanguins, des muscles, des nerfs et de la plupart des parois épithéliales. Une fois libérées de la tumeur primitive, les cellules tumorales métastatiques se rendent fréquemment vers des organes éloignés en empruntant les voies lymphatiques et hématogènes. Ces deux processus métastatiques sont interreliés. Une hypothèse veut donc que les cellules tumorales métastasent par ces deux voies.

La progression des métastases hématogènes comporte plusieurs étapes. La première consiste en la pénétration des vaisseaux sanguins par des cellules de la tumeur primitive grâce à la libération de métalloprotéinases. Ces cellules tumorales entrent ensuite dans la circulation, se déplacent dans l'organisme et adhèrent aux petits vaisseaux sanguins d'organes éloignés. Les cellules tumorales sont alors en mesure de pénétrer les vaisseaux sanguins de ces organes à distance, en libérant les mêmes types d'enzymes. La plupart des cellules tumorales ne survivent pas à ce processus et sont détruites par des procédés mécaniques (p. ex., la turbulence du débit sanguin) et des cellules du système immunitaire. Cependant, la formation d'un agrégat constitué de cellules tumorales, de plaquettes et de dépôts de fibrine peut empêcher certaines cellules tumorales d'être détruites dans les vaisseaux sanguins.

Dans le système lymphatique, les cellules tumorales peuvent être piégées dans le premier ganglion lymphatique rencontré sur leur trajectoire ou court-circuiter les ganglions lymphatiques régionaux pour se diriger vers des ganglions lymphatiques plus éloignés, phénomène connu sous le nom de saut de relais ganglionnaires. Ce phénomène, observé dans des affections malignes comme le cancer de l'œsophage, suscite des questions sur l'efficacité du curage ganglionnaire dans la prévention de certaines métastases à distance (Abeloff, 2008).

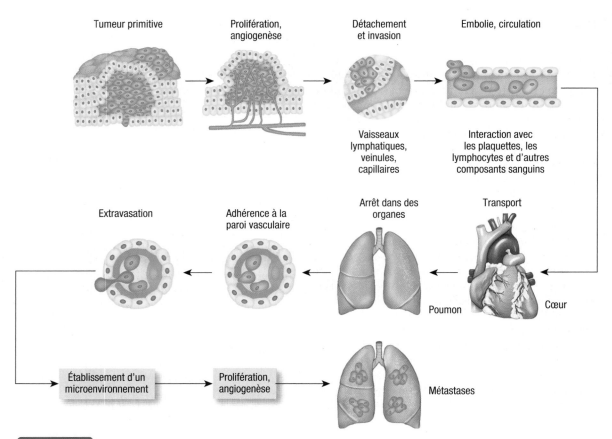

FIGURE 16.7

La pathogenèse des métastases cancéreuses – Pour produire des métastases, les cellules tumorales doivent se détacher de la tumeur primitive, pénétrer et survivre dans la circulation, s'arrêter dans le lit capillaire et adhérer à la membrane basale des vaisseaux capillaires, accéder au parenchyme de l'organe ciblé, répondre aux facteurs de croissance, proliférer, induire une angiogenèse et échapper aux défenses de l'hôte.

Les cellules tumorales qui survivent au processus de métastase doivent créer dans l'organe éloigné un environnement propice à leur croissance. Cette croissance est facilitée par la capacité des cellules tumorales à envahir des cellules du système immunitaire et à assurer, dans le siège métastatique, un approvisionnement vasculaire comparable à celui qui s'est mis en place autour de la tumeur primitive. La vascularisation est essentielle au ravitaillement en nutriments de la tumeur métastatique et à l'élimination des produits de déchet. La vascularisation du siège métastatique est également favorisée par des facteurs angiogéniques produits par les cellules cancéreuses.

16.2.4 Rôle du système immunitaire

Cette partie est consacrée au rôle du système immunitaire dans la reconnaissance et la destruction des cellules tumorales ▶ **14**.

Le système immunitaire peut distinguer les cellules normales (soi) des cellules anormales (non-soi). Par exemple, les cellules d'organes greffés peuvent être reconnues par le système immunitaire

comme des cellules du non-soi et ainsi provoquer une réponse immunitaire. Cette réponse peut finir par entraîner le rejet de l'organe. De même, les cellules cancéreuses peuvent être perçues comme du non-soi et provoquer une réponse immunitaire se soldant par leur rejet et leur destruction. Cependant, contrairement aux cellules greffées, les cellules cancéreuses sont dérivées de cellules normales du soi, et quoiqu'elles aient subi des mutations et qu'elles soient donc différentes, la réponse immunitaire qu'elles provoquent peut être insuffisante pour les détruire.

Du fait de leur transformation maligne, les cellules cancéreuses peuvent présenter des antigènes de surface altérés, nommés **antigènes associés aux tumeurs FIGURE 16.8**. L'une des fonctions du système immunitaire serait de répondre et de réagir à ces antigènes. Cette réponse est appelée **surveillance immunitaire**. Durant ce processus, les lymphocytes inspectent constamment les antigènes de surface et détectent, en vue de les détruire, les cellules dont les déterminants antigéniques sont anormaux ou altérés. Une hypothèse postule que la transformation de cellules normales en cellules malignes est un processus continu, et que les cellules malignes qui

14

Une analyse détaillée des fonctions du système immunitaire est présentée dans le chapitre 14, *Génétique, réaction immunitaire et transplantation.*

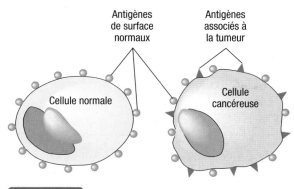

FIGURE 16.8

Les antigènes associés à la tumeur se trouvent à la surface des cellules malignes.

en résultent sont détruites par la réponse immunitaire. Dans la plupart des cas, la surveillance immunitaire empêche ces cellules transformées de se changer en tumeurs cliniquement détectables.

La réponse immunitaire aux cellules malignes fait appel aux lymphocytes T cytotoxiques, aux cellules tueuses naturelles (cellules NK, pour *natural killer*), aux macrophages et aux lymphocytes B. Les lymphocytes T cytotoxiques, qui jouent un rôle prédominant dans la résistance à la croissance tumorale, peuvent tuer les cellules tumorales. Les lymphocytes T contribuent aussi largement à la production de **cytokines** (p. ex., l'interleukine-2 [IL-2] et l'interféron γ), qui stimulent les lymphocytes T, les cellules NK, les lymphocytes B et les macrophages.

Les cellules NK sont capables de lyser directement et spontanément les cellules tumorales sans aucune sensibilisation préalable. Ces cellules sont stimulées par l'interféron γ et l'IL-2 (libérés par les lymphocytes T), et entraînent une activité cytotoxique accrue.

Les monocytes et les macrophages remplissent plusieurs fonctions importantes dans l'immunité antitumorale. Les macrophages peuvent être activés par l'interféron gamma (produit par les lymphocytes T) et acquérir des propriétés lytiques non spécifiques à l'égard des cellules tumorales. Les macrophages sécrètent également des cytokines, notamment l'interleukine-1 (IL-1), le facteur de nécrose tumorale (TNF) et des facteurs de croissance de globules blancs. La libération d'IL-1, associée à la présentation de l'antigène traité, stimule l'activation et la production de lymphocytes T. L'interféron alpha stimule l'activité des cellules NK. Le TNF provoque une nécrose des tumeurs et exerce une action cytocide ou cytostatique (qui empêche la division cellulaire) sur les cellules tumorales. Les facteurs de croissance de globules blancs régulent la production de diverses cellules sanguines dans la moelle osseuse et stimulent la fonction de divers globules blancs.

Les lymphocytes B peuvent produire des anticorps spécifiques qui se lient aux cellules tumorales et peuvent les tuer par fixation du complément et par lyse cellulaire ▶ . Il arrive que ces anticorps soient détectables dans le sérum et la salive du client.

Mécanismes d'échappement à la surveillance immunitaire

Le processus par lequel les cellules cancéreuses échappent au système immunitaire est appelé échappement immunitaire. Les mécanismes proposés pour expliquer la capacité des cellules cancéreuses à échapper à la surveillance immunitaire incluent :

- la suppression des facteurs qui stimulent les lymphocytes T à réagir aux cellules cancéreuses ;
- de faibles antigènes de surface qui permettent aux cellules cancéreuses d'échapper à la surveillance immunitaire ;
- l'établissement d'une tolérance du système immunitaire à certains antigènes tumoraux ;
- la suppression de la réponse immunitaire par des produits sécrétés par les cellules cancéreuses ;
- l'induction des lymphocytes suppresseurs par la tumeur ;
- le blocage des anticorps qui se lient aux antigènes associés aux tumeurs, ce qui empêche ainsi leur reconnaissance par les lymphocytes T **FIGURE 16.9**.

13

Le rôle des lymphocytes B est présenté dans le chapitre 13, *Inflammation et soin des plaies.*

Cytokine : Facteur soluble sécrété par les globules blancs et d'autres types de cellules, et agissant comme messager intracellulaire.

16

FIGURE 16.9

Les anticorps bloquants empêchent les lymphocytes T d'interagir avec les antigènes associés à la tumeur et de détruire la cellule cancéreuse maligne.

Antigènes oncofœtaux et marqueurs tumoraux

Les marqueurs tumoraux sont des protéines qui sont dosées dans le sang. Chez la personne en santé, elles sont en petite quantité. En présence de cancer, leur concentration peut augmenter, bien que cette augmentation puisse aussi être attribuable à d'autres raisons (p. ex., un processus inflammatoire).

Les antigènes oncofœtaux peuvent être utilisés comme marqueurs tumoraux. Ils sont présents à la fois à la surface et à l'intérieur des cellules cancéreuses et des cellules fœtales. Ces antigènes témoignent du passage des cellules cancéreuses à un stade métabolique plus immature, d'ordinaire associé aux périodes embryonnaire ou fœtale. La réapparition des antigènes fœtaux dans les affections malignes n'est pas bien comprise, mais elle se produit, semble-t-il, si la cellule retrouve sa capacité embryonnaire à se différencier en plusieurs types de cellules distinctes.

L'antigène carcinoembryonnaire (ACE) et l'alphafœtoprotéine (AFP) sont des exemples d'antigènes oncofœtaux. L'ACE est présent à la surface des cellules cancéreuses dérivées des voies GI et de cellules normales de l'intestin, du foie et du pancréas fœtaux. Normalement, cet antigène disparaît dans les trois derniers mois de la vie fœtale. L'ACE a été isolé pour la première fois à partir de cellules cancéreuses colorectales. Cependant, des taux élevés d'ACE ont aussi été observés dans des affections non malignes (p. ex., la cirrhose, la colite ulcéreuse) ou en cas de tabagisme important.

Ces antigènes oncofœtaux peuvent servir de marqueurs tumoraux potentiellement utiles sur le plan clinique pour surveiller l'effet du traitement et signaler la récurrence d'une tumeur. Par exemple, la persistance de valeurs élevées préopératoires d'ACE après une intervention chirurgicale indique que la tumeur n'a pas été complètement réséquée. Une recrudescence des taux d'ACE après la chimiothérapie ou la radiothérapie peut signaler la récurrence ou la propagation du cancer.

L'AFP est produite par les cellules malignes du foie et les cellules hépatiques fœtales. Une augmentation des taux de cet antigène est également constatée dans certains cas de cancer du testicule, d'hépatite virale et d'affections hépatiques non malignes. Une augmentation de l'AFP est pratiquement universelle dans le cancer primaire du foie (hépatocarcinome), mais elle est aussi produite en cas de croissance métastatique dans cet organe. La détection de l'AFP sert par ailleurs au dépistage et à la détermination du stade d'évolution d'une tumeur.

D'autres marqueurs, les antigènes tumoraux, s'expriment selon les sièges du cancer : le CA 125 dans le cancer ovarien, le CA 19-9 dans le cancer du pancréas et de la vésicule biliaire, l'antigène prostatique spécifique dans le cancer de la prostate, le CA 15-3 et le CA 27-29 dans le cancer du sein. Le CA 15-3 est le marqueur de référence dans le cancer du sein. D'autres marqueurs tumoraux propres à certaines tumeurs et découverts plus récemment comprennent le KRAS (oncogène exprimé dans le cancer du côlon) et le récepteur 2 du facteur de croissance épidermique humain (HER-2), surexprimé dans le cancer du sein.

16.3 | Classification du cancer

Les tumeurs peuvent être classées selon leur siège anatomique, leur histologie (grade) et l'extension de la maladie (stade). Les systèmes de classification des tumeurs permettent : 1) de communiquer le statut du cancer à tous les membres de l'équipe de soins ; 2) d'établir le plan thérapeutique le plus efficace ; 3) d'évaluer la réponse au plan thérapeutique ; 4) de prévoir le pronostic ; 5) de comparer des groupes analogues à des fins statistiques.

16.3.1 Classification selon le siège anatomique

Dans la classification anatomique des tumeurs, la tumeur est définie selon son tissu d'origine, son siège anatomique et son comportement (tumeur bénigne ou maligne) **TABLEAU 16.4**. Les carcinomes émanent de l'ectoderme (peau et glandes) et de l'endoderme (revêtement des muqueuses des voies respiratoires, GI et génito-urinaires) embryonnaires. Les sarcomes émanent du mésoderme (tissu conjonctif, muscles, os et tissu adipeux) embryonnaire. Les lymphomes et les leucémies émanent du système hématopoïétique.

16.3.2 Classification histologique

Dans la classification des tumeurs selon leur **type histologique**, c'est l'apparence des cellules et leur degré de différenciation qui font l'objet d'une évaluation pathologique. Pour de nombreux types de tumeurs, les cellules anormales sont classées en quatre grades fondés sur leur ressemblance avec le tissu d'origine. Les tumeurs peu différenciées ou indifférenciées sont associées à un moins bon pronostic que celles qui sont bien différenciées et ressemblent davantage au tissu d'origine.

- Grade I : les cellules sont légèrement différentes des cellules normales (dysplasie légère) et sont bien différenciées (bas grade).
- Grade II : les cellules sont plus anormales (dysplasie modérée) et modérément différenciées (grade intermédiaire).
- Grade III : les cellules sont très anormales (dysplasie sévère) et peu différenciées (haut grade).
- Grade IV : les cellules sont immatures, primitives (anaplasie) et indifférenciées ; la cellule d'origine est difficile à déceler (haut grade).
- Grade X : le grade ne peut être déterminé.

TABLEAU 16.4	Classification anatomique des tumeurs	
SIÈGE	**TUMEUR BÉNIGNE**	**TUMEUR MALIGNE**
Tumeurs du tissu épithélial[a]	**-ome**	**-carcinome**
Épithélium de revêtement	Papillome	Carcinome
Épithélium glandulaire	Adénome	Adénocarcinome
Tumeurs du tissu conjonctif[b]	**-ome**	**-sarcome**
Tissu fibreux	Fibrome	Fibrosarcome
Cartilage	Chondrome	Chondrosarcome
Muscle strié	Rhabdomyome	Rhabdomyosarcome
Os	Ostéome	Ostéosarcome
Tumeurs du tissu nerveux	**-ome**	**-ome**
Méninges	Méningiome	Sarcome méningé
Cellules nerveuses	Ganglioneurome	Neuroblastome
Tumeurs du tissu hématopoïétique		
Tissu lymphoïde		Lymphome hodgkinien, lymphome non hodgkinien
Cellules plasmatiques		Myélome multiple
Moelle osseuse		Leucémie myéloïde

[a] Surfaces corporelles, revêtement des cavités corporelles et structures glandulaires.
[b] Tissus de soutien, tissus fibreux et vaisseaux sanguins.

16.3.3 Classification selon l'extension de la maladie

Il s'agit d'établir le bilan de l'extension et de la dissémination de la maladie pour en déterminer le stade. Ce système de classification se fonde sur l'extension anatomique de la maladie plutôt que sur l'apparence cellulaire. Bien qu'il y ait des similarités dans la détermination du stade de différents cancers, une connaissance approfondie du cours naturel de chaque type précis de cancer permet de constater de nombreuses différences.

Classification par stade clinique

Le système de classification par stade clinique permet de déterminer l'extension anatomique de la maladie maligne.

- Stade 0 : cancer *in situ*.

- Stade I : tumeur circonscrite au tissu d'origine ; croissance tumorale localisée.
- Stade II : dissémination locale limitée.
- Stade III : dissémination locale et régionale importante.
- Stade IV : métastases.

Il est à noter que cette classification ne s'applique pas à tous les types de cancers (p. ex., la leucémie).

Classification TNM

Le système de classification TNM permet de déterminer l'extension anatomique de la maladie selon trois paramètres **TABLEAU 16.5**. Le premier de ces paramètres est la taille de la tumeur (T) et son degré de propagation dans les tissus voisins (envahissement local), le deuxième, la présence

16

TABLEAU 16.5	Classification TNM
ABRÉVIATION	**DESCRIPTION**
Taille de la tumeur primitive (T)	
T_0	Aucun signe de tumeur primitive
T_{is}	Carcinome *in situ*
T_{1-4}	Degrés ascendants correspondant à une tumeur de taille et d'extension croissantes
T_x	Impossibilité de localiser ou de mesurer la tumeur
Ganglions lymphatiques régionaux (N)	
N_0	Aucun signe de maladie dans les ganglions lymphatiques
N_{1-4}	Degrés croissants d'atteinte ganglionnaire
N_x	Impossibilité d'évaluer les ganglions lymphatiques régionaux sur le plan clinique
Métastase à distance (M)	
M_0	Aucun signe de métastase à distance
M_{1-4}	Degrés croissants d'atteinte métastatique de l'hôte, notamment dans les ganglions à distance
M_x	Indéterminable

assistée par ordinateur, l'imagerie par résonance magnétique (IRM) et la tomographie par émission de positons (TEP).

La détermination du stade par intervention chirurgicale revient à déterminer l'étendue de la maladie par exérèse, exploration ou prélèvement chirurgical d'un échantillon de ganglions lymphatiques. Au cours d'une stadification par laparotomie, des biopsies de ganglions lymphatiques peuvent être effectuées et les marges de toute masse marquées à l'aide de clips métalliques. Ces clips peuvent servir à délimiter le champ de la radiothérapie. Cependant, le recours à la tomodensitométrie pour planifier les radiothérapies et l'accès à des techniques diagnostiques non effractives font en sorte que ce mode de détection est de moins en moins utilisé. En cas de progression de la maladie, il est souvent utile de répéter le bilan d'extension.

Outre les systèmes de classification des tumeurs, d'autres échelles d'évaluation servent à décrire et à noter la condition de la personne atteinte d'un cancer à différentes étapes de la maladie : au moment du diagnostic, pendant les traitements et au cours des rencontres de suivi. Par exemple, l'échelle de l'Eastern Cooperative Oncology Group (ECOG), l'index de Karnofsky et l'échelle de Katz d'évaluation des activités de la vie quotidienne (AVQ) permettent de quantifier la capacité d'une personne sur le plan fonctionnel. L'index de l'ECOG est l'échelle la plus utilisée au Québec .

16.4 | Prévention et détection du cancer

Le cancer est l'une des maladies les plus craintes. Or, selon l'OMS, les causes en sont aujourd'hui suffisamment bien connues pour prévenir l'apparition d'au moins le tiers d'entre eux en modifiant ou en évitant les principaux facteurs de risque, et pour réduire d'environ un tiers la charge de cancer par un dépistage précoce. La prévention est souvent la stratégie la plus rentable à long terme pour lutter contre le cancer **ENCADRÉ 16.1**. Des stratégies intégrées, efficaces et multisectorielles de prévention dirigées contre plusieurs facteurs de risque de cancer réduisent à long terme l'incidence des tumeurs ayant pour siège l'estomac, le foie, le sein, le col de l'utérus, le côlon et le rectum (OMS, 2005b). Les mesures préventives sont doublement efficaces, car elles contribuent aussi à prévenir d'autres maladies chroniques associées aux mêmes facteurs de risque.

16.4.1 Tabagisme

Environ 43 % des décès par cancer sont dus au tabagisme, à une alimentation déséquilibrée, à la consommation d'alcool, au manque d'exercice

35

Un exemple de classification TNM du cancer du poumon non à petites cellules est présenté dans le chapitre 35, *Interventions cliniques – Troubles des voies respiratoires inférieures.*

Les échelles de l'ECOG, de Karnofsky et de Katz sont présentées dans les tableaux 16.1W, 16.2W et 16.3W au www.cheneliere.ca/lewis.

ou l'absence de dissémination régionale vers les ganglions lymphatiques (N, pour *nodes* en anglais), et le dernier concerne les métastases aux organes éloignés (M) ▶ **35**. Le système de classification TNM ne peut s'appliquer à toutes les tumeurs malignes. Par exemple, les leucémies ne sont pas des tumeurs solides et ne peuvent donc pas être classées suivant ces paramètres. Le **carcinome *in situ*** a sa propre désignation dans ce système (T_{is}), car, bien qu'il présente toutes les caractéristiques histologiques du cancer, il n'est pas envahissant – une caractéristique fondamentale du système de classification TNM.

La détermination du stade de la maladie peut être effectuée dès le début et à plusieurs moments de l'évaluation. La classification par stades cliniques de la maladie a lieu une fois le diagnostic posé, pour orienter le choix d'un traitement efficace. Les examens paracliniques effectués pour évaluer l'étendue de la maladie comprennent les examens radiologiques comme la scintigraphie osseuse, l'ultrasonographie, la tomographie

physique et à des infections. Le tabagisme associé à la consommation d'alcool agit en synergie pour provoquer des cancers de la cavité buccale, du pharynx, du larynx et de l'œsophage.

Le tabagisme est le facteur de risque le plus facilement évitable. Selon la Société canadienne du cancer, de 85 à 90 % des cancers du poumon sont liés au tabagisme, et aucune preuve ne permet de croire que les cigarettes légères en réduisent le risque. Outre le cancer du poumon, la consommation de tabac entraîne d'autres types de cancers : cavité buccale, pharynx, larynx, œsophage, estomac, pancréas, foie, rein, uretère, vessie, col de l'utérus et moelle osseuse.

L'exposition à la fumée du tabac ambiante, ou tabagisme passif, accroît le risque de cancer du poumon. Les risques pour la santé des non-fumeurs exposés à la fumée secondaire sont scientifiquement reconnus. La fumée qui s'échappe de la cigarette représente au moins 50 % de la fumée de tabac se trouvant dans l'environnement. Produite à une température plus basse, la fumée qui s'échappe directement de la cigarette a une composition différente de celle qui est inspirée par le fumeur. Elle comporte de plus petites particules et présente des concentrations plus élevées de certains composants chimiques, comme l'ammoniaque, le benzène et l'aniline. Elle est, et de beaucoup, plus toxique que la fumée inspirée et rejetée par le fumeur. Parmi les risques encourus par les non-fumeurs exposés à la fumée de tabac dans l'environnement figurent le cancer du poumon (risque accru de 18 à 32 %), le cancer du sein chez les femmes plus jeunes (préménopause) et le cancer des sinus nasaux.

Au Canada, c'est le Québec qui occupe la première place avec un taux de tabagisme de 24,4 %, suivi de la Saskatchewan avec un taux de 22,9 % La Colombie-Britannique a le taux le plus bas, soit 17,8 %. La moyenne canadienne se situe à 21,3 %. En 2002, au Québec seulement, les coûts directs et indirects de l'usage du tabac ont totalisé quatre milliards de dollars, dont un milliard en coûts directs de santé. Compte tenu des dangers de la cigarette et du fait qu'il n'existe pas de seuil de consommation sécuritaire, le tabagisme est un problème majeur de santé publique. Le gouvernement du Québec s'est doté d'un plan de lutte contre le tabagisme, qui vise trois grands objectifs :

- prévenir l'initiation au tabagisme ;
- encourager et soutenir l'abandon des habitudes tabagiques ;
- assurer la protection des non-fumeurs contre l'exposition à la fumée de tabac dans l'environnement.

Cette démarche québécoise s'inscrit dans un mouvement international de lutte contre le tabagisme comprenant la mise en œuvre, depuis 2005, de la Convention-cadre de l'OMS pour la lutte antitabac, qui a été ratifiée par plus de 115 pays, dont le Canada (Direction générale de la santé publique, 2006).

16.4.2 Rôle de l'infirmière

L'infirmière a un rôle important à jouer dans la prévention et la détection du cancer. L'élimination de facteurs de risque modifiables réduit l'incidence du cancer et peut avoir un impact favorable sur la survie des personnes atteintes de cette maladie. Ainsi, la réduction des taux de cancers liés au tabagisme comme ceux du poumon ou de la sphère ORL résulte de la diminution des taux de tabagisme (American Cancer Society, 2010). La détection précoce et le traitement rapide sont directement responsables des taux élevés de survie des clients atteints de cancer (Knowles, 2009). L'information du public sur la prévention et la détection précoce du cancer constitue un aspect important des soins et traitements infirmiers. Les comportements suivants permettent de prévenir le cancer :

- Réduire ou éviter l'exposition aux cancérogènes connus ou soupçonnés ainsi qu'à d'autres agents promoteurs du cancer, dont la fumée de cigarette et les rayons UV.
- Avoir une alimentation équilibrée comprenant des fruits et légumes frais, des grains entiers et une quantité adéquate de fibres. Réduire la consommation d'aliments riches en graisses animales et agents de conservation, dont les viandes fumées et saumurées, qui contiennent des concentrations élevées de nitrites.
- Faire de l'exercice (au moins 30 minutes d'activité physique modérée 5 fois par semaine).
- Se ménager des périodes régulières et suffisantes de repos (au moins six à huit heures par nuit).

Jugement clinique

Madame Violeta Bernardo est âgée de 48 ans. Elle est atteinte d'un adénocarcinome du poumon. Pourtant, elle ne fume plus depuis 30 ans et marche environ 40 minutes pour se rendre au travail. En plus d'être végétarienne, elle consomme très peu d'alcool et maintient un poids santé.

Pouvez-vous nommer les deux facteurs de risque de cancer que madame Bernardo ne peut contrôler ?

8

Les stratégies d'adaptation et de relaxation que peut utiliser une personne en situation de stress sont décrites dans le chapitre 8, *Stress et gestion du stress*.

4

Les stratégies facilitant l'apprentissage du client sont décrites dans le chapitre 4, *Enseignement au client et à ses proches aidants*.

- Se soumettre régulièrement à un examen de santé comprenant les antécédents médicaux, un examen physique et des examens paracliniques spécifiques de détection de cancers courants, conformément aux recommandations émises par la Société canadienne du cancer.
- Éliminer ou réduire au minimum l'exposition à des facteurs stressants et accroître la capacité à les surmonter efficacement ▶ **8**.
- Connaître les huit signes d'alerte du cancer et informer le professionnel de la santé s'ils sont présents ENCADRÉ 16.2.
- S'informer des recommandations en matière de dépistage du cancer et les mettre en pratique.
- S'adresser immédiatement à un médecin s'il y a un changement par rapport à la normale et si un cancer est soupçonné. La détection précoce a un impact positif sur le pronostic.

La mammographie est actuellement reconnue comme la méthode la plus efficace pour dépister le cancer du sein (Ministère de la Santé et des Services sociaux du Québec [MSSS], 2010a).

ENCADRÉ 16.2	Signes d'alerte du cancer

- Masse palpable, surtout si elle augmente de volume : nodule dans un sein, sous la peau, à un ganglion, etc.
- Grain de beauté ou tache cutanée qui change d'aspect, de couleur ou de taille, ou qui saigne
- Saignement persistant : sang dans les crachats, les urines ou les selles ; chez la femme, pertes sanguines vaginales en cours de cycle ou après la ménopause
- Certains symptômes persistant plus de trois à quatre semaines : toux et enrouements inexpliqués, difficulté à déglutir, nausées et vomissements, plaie qui ne guérit pas, diarrhée ou constipation depuis six semaines ou plus
- Rétractation ou écoulement du mamelon
- Maux de tête récidivants et violents.
- Fatigue extrême
- Perte de poids rapide, inexpliquée

Source : Servan-Schreiber (2009).

TABLEAU 16.6	Lignes directrices pour le dépistage du cancer du sein
TRANCHE D'ÂGE	**RECOMMANDATIONS**
De 40 à 49 ans	• Passer un examen clinique des seins, effectué par un professionnel de la santé qualifié, tous les deux ans au moins. • Discuter avec son médecin de son risque personnel de cancer du sein ainsi que des avantages et inconvénients de la mammographie.
De 50 à 69 ans	• Passer un examen clinique des seins, effectué par un professionnel de la santé qualifié, tous les deux ans au moins. • Passer une mammographie tous les deux ans.
70 ans et plus	• Demander à son médecin des conseils en matière de dépistage.

Source : Adapté de SCC (2010a).

L'autoexamen des seins (AES) n'est pas recommandé comme moyen de dépistage, car il a été démontré que cette méthode ne réduit pas la mortalité par cancer du sein (MSSS, 2010b). Toutes les provinces canadiennes offrent des programmes de dépistage pour les femmes âgées de 50 à 69 ans (p. ex., le Programme québécois de dépistage du cancer du sein). Actuellement, seulement 54 % des Québécoises de cet âge participent officiellement au programme (SCC, 2010d) TABLEAU 16.6. Pour le cancer du testicule, un dépistage précoce peut faire toute la différence dans le traitement de la maladie. Dès l'âge de 15 ans, tous les hommes devraient apprendre à connaître l'apparence et la sensation habituelles de leurs testicules. Le fait de savoir ce qui est anormal et de le signaler au médecin peut aider à détecter plus rapidement la présence d'un cancer (SCC, 2010e) ENCADRÉ 16.3.

Pour le cancer colorectal, il est recommandé aux personnes âgées de 50 ans et plus (à risque moyen) de subir un examen de dépistage, soit une recherche de sang occulte dans les selles (RSOS), tous les 2 ans au moins. Diverses recommandations adaptées au niveau de risque encouru (moyen ou élevé) sont disponibles sur le site de la Société canadienne du cancer. Plusieurs provinces canadiennes se sont dotées d'un programme de dépistage du cancer colorectal. Au Québec, des travaux sont en cours en vue d'en mettre un en œuvre.

En donnant de l'information au public sur le cancer, il faut prendre soin de recadrer les craintes entourant le diagnostic. Les approches éducatives retenues doivent viser à réduire l'anxiété et à répondre aux besoins précis de la personne ou du groupe concernés. L'information grand public a pour objectif d'encourager les personnes à reconnaître et à modifier les comportements pouvant avoir un impact négatif sur la santé, et de promouvoir la sensibilisation ainsi que l'adoption de comportements sains. L'infirmière a un rôle important à jouer en regard de cet objectif. Bien que le public en général puisse tirer profit de ces renseignements, les personnes à haut risque de présenter un cancer sont la clientèle cible de ces efforts éducatifs. L'infirmière aura une influence indéniable si elle convainc les clients concernés du fait que des changements dans leur style de vie peuvent avoir un impact positif sur leur santé ENCADRÉ 16.4. Pour obtenir l'effet recherché, elle doit reconnaître les difficultés en présence et faire preuve d'initiative en recourant à des stratégies d'enseignement efficaces des principes de la prévention et de la détection précoce du cancer ▶ **4**.

16.4.3 Diagnostic du cancer

Lorsque le diagnostic d'un cancer est suspecté, le client et sa famille vivent des moments éprouvants. Celui-ci peut avoir à subir pendant plusieurs jours, voire plusieurs semaines, des examens paracliniques. Durant cette période, la peur de l'inconnu peut être plus stressante que le diagnostic du cancer lui-même.

Pendant que la personne attend les résultats de ses examens paracliniques, l'infirmière doit être disponible, écouter ses inquiétudes et recourir à des stratégies qui lui permettront d'engager avec lui ou ses proches une discussion sur leurs craintes relatives au cancer. Il est important de reconnaître que leur anxiété peut découler de mythes et d'idées fausses sur le cancer (p. ex., le cancer est une peine de mort, le traitement du cancer est pire que la maladie), qu'elle doit explorer. Corriger ces perceptions peut contribuer à atténuer l'anxiété.

Durant cette période de grande anxiété, il arrive fréquemment de devoir répéter les explications relatives au processus d'investigation. Cette information doit être communiquée en termes clairs, simples, et sa compréhension doit être vérifiée. Les personnes et leurs proches apprécient généralement la documentation écrite.

L'infirmière doit également apprendre à reconnaître et à maîtriser son propre malaise. Il est important d'éviter les phrases toutes faites ou formulées sans réfléchir ; de tels propos peuvent gêner l'exploration des sentiments et la recherche de sens. Il faut aussi se garder d'offrir de fausses garanties (p. ex., « Ce n'est probablement rien du tout »), de réorienter la discussion (p. ex., « Parlons

de cela plus tard »), de généraliser (p. ex., « Tout le monde ressent cela ») et d'utiliser un langage exagérément technique pour mettre une distance (Langhorne, Fulton, & Otto, 2007). Ces stratégies d'autoprotection privent la personne de la possibilité de partager le sens de son expérience, et empêchent la mise en place d'une relation de confiance avec les professionnels de la santé.

ENCADRÉ 16.3   **Autoexamen des testicules**

- Le meilleur moment pour examiner les testicules est immédiatement après le bain ou la douche ; les muscles du scrotum sont alors détendus, ce qui permet de sentir plus facilement toute masse, croissance ou sensibilité au toucher.
- Il faut consulter un médecin en présence des signes et symptômes suivants :

– bosse sur un testicule ;
– douleur dans un testicule ;
– sensation de lourdeur ou tiraillements dans le bas de l'abdomen ou le scrotum ;
– douleur sourde dans le bas de l'abdomen et à l'aine.

- Il faut prévoir des examens médicaux de routine des testicules.

Source : SCC (2010b).

Capsule Jugement clinique

Madame Carmen Levasseur, qui est âgée de 54 ans, a découvert une bosse à son sein droit. Le médecin soupçonne que la masse est cancéreuse. À l'infirmière de la clinique, elle dit : « J'ai vraiment peur d'avoir le cancer du sein. Il y en a dans ma famille. » L'infirmière lui répond alors : « Ça ne veut pas dire que vous en aurez un vous aussi. De toute façon, vous avez consulté très tôt. Vous avez de bonnes chances de guérir si c'est cancéreux. »

Que pensez-vous de la réponse de l'infirmière ?

Pratique fondée sur des résultats probants

ENCADRÉ 16.4   **Le thé vert fait-il diminuer le risque de cancer ?**

Question clinique

La consommation de thé vert (I) par des adultes en bonne santé (P) fait-elle diminuer le risque de cancer (O) ?

Résultats probants

- Revue systématique d'études cas-témoins, d'études de cohortes et d'essais cliniques aléatoires.

Analyse critique et synthèse des données

- La plupart des 51 études (n = 1,6 million de sujets / participants) ont été menées en Asie, où le thé est la boisson la plus populaire.
- La consommation de thé vert a été évaluée, de même que l'incidence de nombreux types de cancers et la mortalité qui leur est associée.
- Selon les données actuellement disponibles, le thé vert ne fait diminuer ni l'incidence du cancer ni le risque de décès des suites de cancers gastrique, pulmonaire, pancréatique et colorectal.

- Une consommation importante de thé vert peut entraîner de nombreux effets secondaires dans le système nerveux et les voies GI.

Conclusions

- Globalement, il n'a pas été prouvé que le thé vert prévient le cancer ou qu'il réduit la mortalité.
- La consommation régulière et modérée de thé vert est sans danger.

Recommandations pour la pratique infirmière

- Aviser les clients que la prévention du cancer par le thé vert n'est pas prouvée.
- Aviser les clients qui désirent boire du thé vert qu'une quantité de trois à cinq tasses par jour ne semble pas avoir d'effets secondaires néfastes.

Référence

Boehm, K., Borrelli, F., Ernst, E., Habacher, G., Hung, S.K., Milazzo, S., *et al.* (2009). Green tea (*Camellia sinensis*) for the prevention of cancer, *Cochrane Database of Syst Rev 3*, CD 005004.

P : population visée ; I : intervention ; O : (*outcome*) résultat.

3

L'examen physique de dépistage est présenté dans le chapitre 3, *Examen clinique*.

Le bilan d'investigation du client chez qui un cancer est suspecté comprend une revue de ses antécédents médicaux et de son état de santé actuel, la détermination des facteurs de risque, un examen physique ainsi que des examens paracliniques précis ▶ **3**.

De nombreux clients reçoivent leur diagnostic initial de cancer après un résultat anormal d'un test de dépistage ou à la suite d'un simple examen de routine (découverte fortuite), alors que d'autres sont alertés par la présence d'un symptôme ou d'un ensemble de symptômes (p. ex., de la toux ou de l'hémoptysie, une satiété précoce ou une perte de poids).

Le médecin passe en revue les antécédents médicaux, évalue l'état de santé actuel et procède à un examen physique approfondi afin de décrire en détail le symptôme en présence et son évolution (antécédents de la maladie présente). Il recueille des renseignements sur la présence de facteurs de comorbidité (p. ex., de l'hypertension, une insuffisance rénale, du diabète), les allergies (p. ex., des allergies médicamenteuses, environnementales ou alimentaires) et les médicaments que le client prend actuellement. Il porte une attention particulière aux facteurs de risque de cancer, comme des antécédents familiaux ou personnels de cancer, l'exposition à des cancérogènes connus (p. ex., le tabagisme, l'exposition à des polluants ou à des produits chimiques professionnels, l'exposition antérieure à des rayonnements ionisants), la présence de maladies caractérisées par une inflammation chronique (p. ex., la colite ulcéreuse) et la prise de médicaments (p. ex., la thérapie hormonale ou des traitements anticancéreux antérieurs).

L'infirmière doit évaluer de façon prioritaire les besoins d'information et de soutien du client, ainsi que les ressources dont il dispose pour composer avec la situation. Il arrive que le client reçoive beaucoup d'information qu'il peut avoir de la difficulté à comprendre ou à retenir. L'infirmière doit vérifier sa compréhension de l'information médicale reçue et des examens à venir. Elle doit aussi lui donner des repères sur cette trajectoire d'investigation souvent très complexe. La mise en place d'une démarche personnalisée et graduelle de transmission de l'information permet à l'infirmière de contribuer à la satisfaction du besoin manifesté par le client. Une information qu'il ne souhaite pas recevoir risque de faire augmenter son anxiété, voire le plonger dans la détresse. Une information donnée prématurément risque de lui apporter davantage de confusion. L'information est appropriée lorsqu'elle est réaliste, juste, donnée au moment opportun et adaptée aux souhaits du client (Delvaux, Merckaert, Razavi, & Lienard, 2008). Pendant toute la durée de la maladie, l'infirmière devra poursuivre cette évaluation des besoins d'information, de soutien et de ressources afin d'ajuster ses interventions à l'évolution de la situation du client.

Les examens paracliniques à effectuer dépendent du ou des sièges primitifs ou métastatiques soupçonnés du cancer. Les exemples d'examens ou d'interventions susceptibles d'être effectués pour les bilans d'investigation incluent notamment:

- les études cytologiques (p. ex., le test de Pap, les lavages bronchoalvéolaires);
- la RSOS (test au gaïac);
- les biopsies tissulaires;
- les radiographies simples (p. ex., des poumons, des os);
- l'examen radiologique des seins (la mammographie);
- la formule sanguine, le profil biochimique;
- les tests de fonction hépatique (p. ex., l'aspartate-aminotransférase);
- les examens endoscopiques: voies GI supérieures, sigmoïdoscopie ou coloscopie;
- les examens radiographiques assistés par ordinateur (p. ex., la tomodensitométrie de la colonne, abdominale);
- l'imagerie par résonance magnétique (p. ex., de la colonne, du cerveau);
- les échographies (p. ex., abdominale, pelvienne, du sein);
- les scintigraphies (p. ex., des os, des poumons, du foie ou du cerveau);
- la tomographie par émission de positons;
- la biopsie de moelle osseuse (en cas d'affection maligne hématolymphoïde ou myéloïde soupçonnée, ou pour documenter une maladie métastatique).

Biopsie

Une biopsie est un prélèvement d'un échantillon de tissu en vue d'un examen pathologique. Diverses méthodes permettent d'effectuer une biopsie, selon l'emplacement et la taille de la tumeur suspectée. Les biopsies percutanées s'effectuent souvent sur des tissus accessibles en toute sécurité à travers la peau. Des biopsies endoscopiques peuvent être réalisées dans le poumon ou en présence d'autres lésions intraluminales ou endocavitaires (œsophage, côlon, vessie). Si une tumeur est difficile d'accès, une intervention chirurgicale (laparoscopie, laparotomie, thoracotomie, craniotomie) est souvent nécessaire pour obtenir un échantillon de tissu tumoral. Plusieurs techniques radiographiques peuvent être employées en association avec la biopsie (p. ex., la tomodensitométrie, l'IRM, la biopsie sous guidage échographique, la biopsie stéréotaxique ou la biopsie sous guidage radioscopique) pour mieux localiser le tissu et pour une plus grande sécurité.

Les aiguilles à biopsie, de tailles et de types variés, sont sélectionnées selon les caractéristiques précises du tissu à prélever. La cytoponction peut s'effectuer à l'aide d'une aiguille à aspiration de faible calibre pour prélever des cellules de la masse aux fins d'examen cytologique. Les aiguilles tranchantes, qui servent au prélèvement de fragments de grande taille, permettent d'obtenir une véritable carotte de tissu pour l'analyse et ont l'avantage de préserver l'architecture histologique de l'échantillon tissulaire. Dans la biopsie exérèse, l'ensemble de la lésion, du ganglion lymphatique, du nodule ou de la masse est retiré chirurgicalement ; il s'agit par conséquent d'une intervention thérapeutique autant que diagnostique. Si une biopsie exérèse est impossible, une biopsie d'incision (exérèse partielle) peut être accomplie à l'aide d'un scalpel ou d'un poinçon cutané.

L'évaluation pathologique d'un échantillon tissulaire est le seul moyen permettant de diagnostiquer une affection maligne de manière concluante. Le pathologiste examine le tissu pour vérifier s'il présente des lésions bénignes ou malignes, déterminer le tissu anatomique dont la tumeur provient (histologie) et évaluer le degré de différenciation cellulaire (classification selon le type histologique). Les autres données résultant de cet examen incluent l'extension des lésions malignes (taille et profondeur de la tumeur), les signes d'envahissement (extracapsulaire, lymphatique), la réussite de l'exérèse chirurgicale (statut des marges chirurgicales positives ou négatives) et le grade nucléaire (activité mitotique). Certaines techniques spéciales de coloration (p. ex., l'immunohistochimie) peuvent donner un aperçu de la réactivité au traitement ou des caractéristiques de la maladie (statut des récepteurs, marqueurs tumoraux).

16.5 | Processus thérapeutique en interdisciplinarité

Le traitement du cancer a pour objectif la guérison (visée curative), la maîtrise et la palliation (visée palliative) **FIGURE 16.10**. Certaines caractéristiques de la tumeur, comme son histologie, les résultats se rapportant à la détermination du stade de la maladie et la présence ou non de récepteurs hormonaux (p. ex., le cancer du sein), influencent le

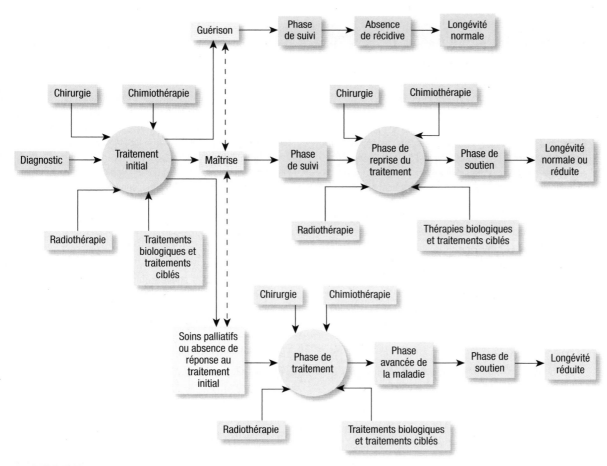

Objectifs du traitement anticancéreux

choix de l'approche thérapeutique. D'autres considérations importantes pour le choix du plan thérapeutique sont l'état physiologique du client (p. ex., la présence ou non de comorbidités), son état psychologique et ses désirs personnels (p. ex., un traitement actif plutôt que la palliation des symptômes). Ces facteurs influent sur les modalités retenues pour le traitement (chirurgie, radiothérapie, chimiothérapie, hormonothérapie, traitements biologiques et traitements ciblés, séquence des traitements et durée du traitement). Des lignes directrices variées sur le traitement du cancer, fondées sur des données probantes, ont été élaborées par des groupes d'experts pour orienter les recommandations. Elles sont disponibles auprès d'organismes reconnus, tels l'American Society of Clinical Oncology et le National Comprehensive Cancer Network. Au Québec, le Comité d'évolution des pratiques en oncologie a publié des guides de pratique clinique.

Lorsqu'elle s'occupe d'un client atteint d'un cancer et de sa famille, l'infirmière doit connaître les objectifs du plan thérapeutique pour pouvoir communiquer, informer et soutenir adéquatement. L'**ENCADRÉ 16.5** présente un dilemme éthique

pouvant survenir. Si l'objectif est la guérison, le traitement offert est celui qui est le plus susceptible d'éradiquer la maladie. Le traitement curatif dépend du cancer particulier visé par le traitement, et peut comprendre des traitements locaux (c.-à-d. une chirurgie ou une radiothérapie), administrés seuls ou en association, avec ou sans thérapie adjuvante systémique (chimiothérapie). Par exemple, l'ablation chirurgicale de la lésion dans l'épithélioma cutané basocellulaire ou l'administration d'une radiothérapie pendant plusieurs semaines suffit à guérir ce cancer de la peau. La leucémie promyélocytaire (M3) aiguë chez l'adulte est également curable. Le plan thérapeutique relatif aux leucémies aiguës comprend l'administration de plusieurs médicaments chimiothérapeutiques, suivant un calendrier qui s'échelonne sur plusieurs mois, en trois phases : l'induction de la rémission, la consolidation de la rémission et le traitement d'entretien. La greffe de cellules souches hématopoïétiques (GCSH) fait partie des modalités thérapeutiques possibles. Les cancers de la sphère ORL sont potentiellement guérissables par une association de chirurgie et de radiothérapie préopératoire ou postopératoire, avec ou sans chimiothérapie.

Dilemmes éthiques

ENCADRÉ 16.5   Futilité médicale

Situation

Madame Ada Ottis, âgée de 65 ans, de confession juive, est atteinte d'un cancer du sein avancé avec métastases hépatiques et osseuses. La famille vous demande pourquoi elle ne reçoit plus de chimiothérapie. Elle veut également s'assurer qu'elle sera réanimée en cas d'arrêt cardiaque. La famille connaît son diagnostic et sait également qu'il lui reste possiblement moins d'un mois à vivre. À l'occasion de la tournée matinale, vous avez appris que la cliente ne souhaite recevoir aucun traitement susceptible de prolonger sa vie.

Considérations importantes

- Si le client jouit de toutes ses facultés, il peut, du point de vue de la loi et de l'éthique, décider de tout ce qui concerne ses soins. À son admission, le client est interrogé sur ses instructions en cas de maladie avancée, qui seront inscrites dans le dossier médical le cas échéant. Si le client ne donne aucune instruction, cela sera consigné.

- La Charte des droits et libertés de la personne prévoit que le client et sa famille ou ses proches doivent être traités avec discrétion et délicatesse eu égard aux valeurs et aux convictions qui déterminent leurs choix en matière de soins de santé, notamment sur les questions touchant les soins de fin de vie.

- Les membres de l'équipe de soins ne sont pas tenus de prodiguer des soins médicalement superflus,

c'est-à-dire des soins qui ne contribuent pas à la capacité d'un client à poursuivre ses objectifs de vie. Les soins futiles sont susceptibles de prolonger l'agonie du client ou de ne lui offrir que peu de bienfaits physiques, voire aucun.

- Le client ou sa famille n'ont pas le droit d'exiger des traitements qui ne procureront aucun bienfait à la personne.

- En règle générale, dans la religion juive, il est acceptable d'interrompre les soins si le client est en phase terminale et qu'il souffre.

- Avec le concours des autres membres de l'équipe de soins, vous organisez une rencontre pour aider les membres de la famille à composer avec la situation actuelle de leur mère, intégrer les volontés de celle-ci au plan de soins, discuter d'un ordre de ne pas réanimer, envisager l'orientation vers un centre de soins palliatifs et aborder les dispositions en cas de décès.

Questions de jugement clinique

- Comment pouvez-vous aider la cliente à communiquer ses désirs à sa famille ?

- Comment vous et l'équipe de soins pouvez-vous aider la famille à planifier des soins de fin de vie qui prennent en compte les désirs de madame Ottis ?

- Quelles difficultés culturelles ce cas soulève-t-il ?

Le risque de récurrence peut varier selon le type de tumeur. Bien qu'il n'existe aucun délai de référence au-delà duquel la guérison de la plupart des affections malignes est garantie, il semble que le risque de maladie récurrente soit généralement maximal immédiatement après la fin du traitement et qu'il diminue progressivement à mesure que le client vit sans maladie après le traitement. Les cancers caractérisés par une vitesse mitotique élevée (p. ex., le cancer du testicule) sont moins susceptibles d'être récurrents que ceux qui se caractérisent par une faible vitesse mitotique (p. ex., le cancer du sein postménopausique). Par conséquent, le délai qui s'écoule avant que la personne puisse être considérée comme guérie peut varier selon la tumeur et ses caractéristiques.

La maîtrise de la maladie sera l'objectif du plan thérapeutique pour de nombreux cancers qui ne peuvent pas être complètement éradiqués, mais qui répondent aux thérapies anticancéreuses et sont maîtrisables pendant un certain temps grâce au traitement. La maladie est alors traitée comme une maladie chronique, semblable au diabète de type 2 ou à l'insuffisance cardiaque. Le myélome multiple et la leucémie lymphoïde chronique en sont des exemples ▶ **38**. Les clients peuvent recevoir un traitement initial, suivi d'une thérapie d'entretien qu'ils suivent tant et aussi longtemps que la maladie y répond, ou jusqu'à ce que les effets indésirables de médicaments en justifient l'interruption. Les clients sont souvent traités selon des protocoles variables, administrés en séquences. La modification du traitement ou l'administration d'un traitement distinct peuvent être envisagées en présence de signes de résistance de la tumeur (p. ex., une évolution de la maladie). Ces clients font l'objet d'un suivi étroit durant lequel les signes et symptômes précoces de récurrence ou d'évolution de la maladie sont surveillés, tout en assurant une gestion optimale des effets secondaires du traitement.

Kelley et Meir (2010) prônent une approche contemporaine de soins palliatifs davantage intégrés au plan thérapeutique dès le diagnostic d'une maladie grave, en même temps que tous les autres traitements à visée curative. Le but des soins palliatifs est de favoriser la meilleure qualité de vie possible pour les personnes et leur famille, par une gestion optimale des symptômes et de la souffrance. Dans cette approche, les soins palliatifs doivent être accessibles tout au long de la trajectoire de la maladie.

Mais la **palliation** peut aussi être la visée principale du plan thérapeutique, avec comme principal objectif le maintien d'une qualité de vie satisfaisante plutôt que la guérison ou le contrôle du processus pathologique. Le recours à la radiothérapie ou à la chimiothérapie pour réduire la taille de la tumeur ou soulager les symptômes attribuables aux métastases osseuses sont des exemples de traitements dans lequel la palliation constitue l'objectif principal.

Les objectifs de guérison, de maîtrise et de palliation du cancer sont atteints à l'aide des modalités thérapeutiques suivantes : la chirurgie, la radiothérapie, la chimiothérapie, les thérapies biologiques et les traitements ciblés. Par ailleurs, la palliation peut utiliser d'autres modes, en particulier l'analgésie. Chacun d'eux peut être prodigué seul ou en association, durant le traitement initial, les traitements subséquents si la maladie ne répond pas, ou en cas de récurrence après la rémission. Pour de nombreux cancers, au moins deux modes de traitement, le traitement multimodal et le traitement d'association, sont utilisés pour atteindre l'objectif de guérison ou de contrôle durable. Le traitement multimodal a l'avantage d'être plus efficace, cumulant plus d'un mode d'action, mais souvent au prix d'une plus grande toxicité.

16.6 | Traitement chirurgical

La chirurgie est la forme la plus ancienne de traitement local du cancer : elle a longtemps constitué la seule méthode efficace de diagnostic et de traitement de la maladie. Pendant de nombreuses années, le traitement de choix consistait à retirer la tumeur et autant de tissus normaux environnants que possible. Cette approche ne tenait pas tout à fait compte de la capacité des cellules malignes à quitter le siège de la tumeur primitive et à se déplacer vers d'autres organes, de sorte que la guérison chirurgicale n'était possible que si la tumeur était localisée et relativement petite. Aujourd'hui, grâce aux méthodes de dépistage précoce, aux progrès des techniques chirurgicales, à l'acquisition de connaissances sur les profils métastatiques des tumeurs et aux thérapies de rechange, la chirurgie est toujours employée à diverses fins, mais la tendance est à la diminution des chirurgies radicales **FIGURE 16.11**.

16.6.1 Prévention

Une intervention chirurgicale peut être pratiquée pour éliminer ou réduire le risque de cancer chez les clients présentant des affections sous-jacentes qui augmentent la probabilité de la maladie. Par exemple, les clients présentant une PAF peuvent tirer profit d'une colostomie totale pour prévenir l'apparition d'un cancer colorectal. Les femmes qui présentent des mutations des gènes BRCA1 ou BRCA2, ou des antécédents familiaux notables d'apparition précoce du cancer du sein, pourraient envisager une mastectomie prophylactique ▶ **63**. L'ablation prophylactique d'organes non vitaux s'est avérée efficace dans la réduction de l'incidence de

38

Le myélome multiple et la leucémie lymphoïde chronique sont abordés dans le chapitre 38, *Interventions cliniques – Troubles hématologiques*.

63

La mastectomie prophylactique est abordée dans le chapitre 63, *Interventions cliniques – Troubles mammaires*.

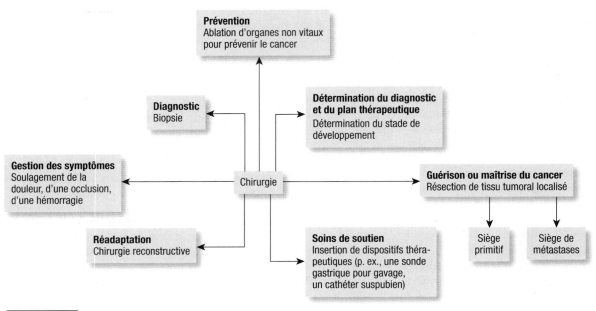

FIGURE 16.11

Rôle de la chirurgie dans le traitement anticancéreux

certains cancers. Cependant, les clients qui envisagent une telle intervention doivent en soupeser les risques et les avantages inhérents.

16.6.2 Chirurgie à visée curative et maîtrise de l'expansion

Pour répondre aux objectifs de guérison ou de maîtrise du cancer, il convient de retirer tout le tissu tumoral résécable, ou du moins en enlever autant que possible, tout en épargnant les tissus normaux. Les indicateurs d'un bon pronostic sont entre autres une tumeur de petite taille, l'absence de maladie dans les marges tissulaires (marges négatives) entourant le siège de résection et l'absence d'atteinte ganglionnaire. Le curage ganglionnaire cervical élargi, l'exérèse locale d'une tumeur du sein, la mastectomie, l'excision de tissu pulmonaire, l'orchidectomie, la thyroïdectomie, la néphrectomie, l'hystérectomie et l'ovariectomie sont des exemples d'interventions chirurgicales destinées à guérir ou à contrôler le cancer.

Une chirurgie de réduction du volume tumoral peut être pratiquée si la tumeur ne peut être complètement réséquée (p. ex., une tumeur attachée à un organe vital). Dans ce cas, autant de tissu tumoral que possible est réséqué, et le client reçoit de la chimiothérapie, de la radiothérapie ou les deux. Ce type d'intervention chirurgicale peut rendre la chimiothérapie ou la radiothérapie plus efficaces, car la masse tumorale est réduite avant l'amorce

du traitement. En d'autres circonstances, il sera nécessaire d'administrer une chimiothérapie, une radiothérapie néoadjuvante (traitement antérieur à la chirurgie) ou les deux pour optimiser les résultats de la chirurgie.

16.6.3 Soins palliatifs et soins de soutien

Si la guérison ou la maîtrise du cancer ne sont plus envisageables, l'accent est alors mis sur la préservation d'une bonne qualité de vie pour la plus longue durée possible. Les soins de soutien et la palliation des symptômes sont ici les principaux objectifs.

Certaines interventions chirurgicales peuvent être pratiquées en tant que soins de soutien axés sur l'optimisation des fonctions corporelles. Parmi les interventions chirurgicales de soutien, il existe entre autres :

- l'insertion d'une endoprothèse vasculaire en présence d'une obstruction néoplasique des voies biliaires ;
- la colostomie visant à favoriser la guérison d'un abcès rectal ;
- la cystostomie suspubienne chez le client atteint d'un cancer de la prostate avancé ;
- la mise en place d'une sonde pour permettre une alimentation par gastrostomie ou jéjunostomie ;
- l'ablation de lésions métastatiques hépatiques chez le client atteint d'un cancer colorectal.

La survenue de symptômes pénibles nuit aussi à la qualité de vie (p. ex., la douleur). Les effets

Jugement clinique

Capsule

L'endocrinologue a découvert que madame Carla Brunelle, âgée de 33 ans, avait une tumeur maligne à la glande thyroïde, dont la classification TNM est $T_1 N_0 M_0$.

Comment interprétez-vous le pronostic de madame Brunelle ?

tardifs du traitement ou les symptômes associés à la maladie métastatique peuvent appeler une intervention chirurgicale. Les interventions chirurgicales servant à pallier certains symptômes associés au cancer ou à son traitement comprennent la réduction du volume tumoral ou la radiothérapie pour soulager la douleur ou réduire la pression, la colostomie pour soulager une occlusion intestinale et la laminectomie pour soulager une compression médullaire ▶ **23**.

16.6.4 Soins de réadaptation

La chirurgie liée au cancer peut entraîner une altération de l'image corporelle sur une base temporaire ou permanente. Il est souvent difficile pour le client d'affronter en même temps ces changements et un diagnostic de cancer tout en s'efforçant de conserver ses habitudes de vie. Compte tenu de l'efficacité accrue du traitement de certains cancers, la période durant laquelle le client doit vivre avec une altération découlant de la chirurgie est de durée variable. Pour maintenir sa qualité de vie, le client doit puiser dans ses ressources tant personnelles et familiales que sociales, de même qu'il doit déterminer de nouvelles stratégies adaptatives qui permettront à tous de composer de façon optimale avec cette nouvelle réalité. Les interventions chirurgicales de réadaptation incluent l'installation d'un réservoir vésical en cas de cystectomie, la reconstruction mammaire consécutive à une mastectomie et l'insertion de dispositifs destinés à faciliter certaines fonctions (p. ex., des tiges servant à la stabilisation rachidienne ou articulaire).

16.7 | Chimiothérapie

La chimiothérapie, qui consiste en l'utilisation d'agents chimiques comme traitement systémique du cancer, a évolué au cours des 70 dernières années. Dans les années 1940, la moutarde azotée, arme chimique utilisée durant les deux guerres mondiales, servait au traitement du lymphome et de la leucémie aiguë ; au même moment, l'activité antitumorale d'un antimétabolite de l'acide folique, le 5-fluorouracile (5-FU), était découverte. Dans les années 1970, la chimiothérapie était établie comme modalité de traitement efficace du cancer. De nos jours, elle est fondamentale pour le traitement de la plupart des tumeurs solides et des affections malignes hématologiques (p. ex., les leucémies, les lymphomes, les myélomes et les syndromes myélodysplasiques). La chimiothérapie a évolué pour devenir une option thérapeutique susceptible de guérir certains cancers, d'en maîtriser d'autres pendant de longues périodes ou d'offrir un soulagement des symptômes si la guérison ou la maîtrise ne sont plus possibles **FIGURE 16.12**. La chimiothérapie a

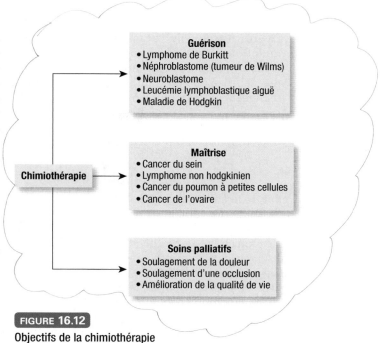

FIGURE 16.12
Objectifs de la chimiothérapie

également été employée pour traiter des maladies non cancéreuses comme la polyarthrite rhumatoïde et la sclérose en plaques. La présente analyse concerne seulement l'emploi de la chimiothérapie dans le contexte oncologique.

L'objectif de la chimiothérapie est d'éliminer ou de réduire le nombre de cellules malignes présentes aux sièges de la tumeur primitive et des métastases (Hanna, Crosby, & Macbeth, 2008). Plusieurs facteurs déterminent la réponse des cellules cancéreuses à la chimiothérapie :

- L'activité mitotique du tissu dont la tumeur est issue. Plus l'activité mitotique est élevée, plus le potentiel de réponse est grand. La leucémie aiguë et le cancer du poumon à petites cellules sont des exemples de tumeurs caractérisées par des vitesses de prolifération élevées.

- La taille de la tumeur. Plus la charge tumorale est faible (c.-à-d. plus le nombre de cellules cancéreuses est faible), plus le potentiel de réponse est grand.

- L'âge de la tumeur. Plus la tumeur est jeune, meilleure sera la réponse à la chimiothérapie. Les tumeurs d'apparition récente tendent à contenir un pourcentage plus important de cellules proliférantes.

- L'emplacement de la tumeur. Certains sièges anatomiques sont à l'abri des effets de la chimiothérapie. Par exemple, seuls quelques médicaments (nitroso-urées, bléomycine [Blenoxane^MD], témozolomide [Temodal^MD]) traversent la barrière hémato-encéphalique. De nouveaux agents et de nouvelles techniques permettant de traverser efficacement cette barrière sont en train d'être mis au point.

23

La compression médullaire est abordée dans le chapitre 23, *Intervention cliniques – Troubles des nerfs périphériques et de la moelle épinière.*

16

- La présence de cellules tumorales résistantes. La mutation des cellules cancéreuses au sein de la masse tumorale peut entraîner une résistance des cellules à la chimiothérapie. Les cellules malignes qui ne répondent pas à la chimiothérapie peuvent transmettre cette résistance à leurs cellules filles, entraînant une diminution de la réponse au traitement avec le temps.

16.7.1 Effet sur les cellules

L'effet de la chimiothérapie s'exerce dans les cellules. Toutes les cellules (cancéreuses et normales) s'engagent dans le cycle cellulaire en vue de leur réplication et de leur prolifération **FIGURE 16.1**. Les effets des agents chimiothérapeutiques sont décrits en regard du cycle cellulaire. Les deux principales catégories d'agents chimiothérapeutiques sont les médicaments non spécifiques d'une phase cellulaire et les médicaments spécifiques d'une phase cellulaire. Les agents chimiothérapeutiques non spécifiques d'une phase cellulaire exercent leur effet sur les cellules durant toutes les phases du cycle cellulaire, y compris sur celles qui sont en phase de prolifération et de réplication cellulaire et celles qui sont en phase de repos (G_0). Les agents chimiothérapeutiques spécifiques d'une phase cellulaire n'exercent leurs effets les plus importants que pendant certaines phases spécifiques du cycle cellulaire (c.-à-d. lorsque les cellules sont en cours de réplication ou de prolifération pendant les phases G_1, S_1, G_2 ou M). Les agents spécifiques et non spécifiques d'une phase cellulaire sont souvent administrés en association pour optimiser leur efficacité grâce à leurs modes d'action distincts, ciblant ainsi l'ensemble du cycle cellulaire.

Au moment où le cancer apparaît pour la première fois, la plupart des cellules se divisent activement. Au fur et à mesure que la tumeur grossit, de plus en plus de cellules deviennent inactives et tombent en phase de repos (G_0). Comme les agents chimiothérapeutiques sont les plus efficaces contre les cellules en division, celles-ci peuvent échapper à la mort en demeurant en phase G_0. Un des plus grands défis de la mise au point de protocoles consiste à venir à bout de la résistance induite par l'état de repos.

16.7.2 Classification des médicaments chimiothérapeutiques

Les médicaments chimiothérapeutiques sont classés en catégories suivant leur structure moléculaire et leurs modes d'action **TABLEAU 16.7**. Les médicaments d'une classe particulière présentent de nombreuses analogies. Cependant, il existe des différences majeures quant à leur mode d'action et à leurs effets secondaires, qui sont propres à chaque classe de médicaments.

Pharmacothérapie

TABLEAU 16.7	Classification des médicaments chimiothérapeutiques[a]
MODES D'ACTION	**EXEMPLES**
Agents alkylants	
Agents non spécifiques d'une phase cellulaire	
Endommagent l'ADN en provoquant des cassures de l'hélice à double brin ; s'il n'y a pas de réparation, les cellules meurent immédiatement (médicament cytotoxique) ou en tentant de se diviser (médicament cytostatique).	Bendamustine (Treanda[MD]), busulfan (Myleran[MD]), chlorambucil (Leukeran[MD]), cyclophosphamide (Procytox[MD]), dacarbazine, ifosfamide (Ifex[MD]), méchloréthamine (Mustargen[MD]), melphalan (Alkeran[MD]), témozolomide (Temodal[MD]), thiotépa (Thioplex[MD])
Nitroso-urées	
Agents non spécifiques d'une phase cellulaire	
Comme les agents alkylants, brisent l'hélice de l'ADN et interfèrent avec sa réplication ; traversent la barrière hémato-encéphalique.	Carmustine (BCNU[MD]), lomustine (CeeNU[MD]), streptozocine (Zanosar[MD])
Médicaments dérivés du platine	
Agents non spécifiques d'une phase cellulaire	
Se lient à l'ADN et à l'ARN, entraînent des erreurs de codage ou inhibent la réplication de l'ADN, ce qui provoque la mort cellulaire.	Carboplatine, cisplatine, oxaliplatine (Eloxatin[MD])

TABLEAU 16.7	Classification des médicaments chimiothérapeutiques[a] *(suite)*
MODES D'ACTION	**EXEMPLES**

Antimétabolites

Agents spécifiques d'une phase cellulaire

Miment certaines substances naturelles, ce qui leur permet d'interférer avec les fonctions enzymatiques ou la synthèse de l'ADN. Agissent principalement durant la phase S. Les purines et les pyrimidines sont des composantes de base des acides nucléiques nécessaires à la synthèse de l'ADN et de l'ARN.

MODES D'ACTION	EXEMPLES
Interfèrent avec le métabolisme des purines.	Cladribine (Leustatin[MD]), clofarabine, (Clolar[MD]), fludarabine (Fludara[MD]), mercaptopurine (Purinethol[MD]), nélarabine (Atriance[MD]), pentostatine, thioguanine
Interfèrent avec le métabolisme des pyrimidines.	Capécitabine (Xeloda[MD]), cytarabine (Cytosar[MD], DepoCyt[MD]), floxuridine, 5-fluorouracile (5-FU), gemcitabine (Gemzar[MD])
Interfèrent avec le métabolisme de l'acide folique.	Méthotrexate, pémétrexed (Alimta[MD])
Interfèrent avec la synthèse de l'ADN.	Hydroxyurée (Hydrea[MD], Mylan-hydroxyurea[MD])

Antibiotiques antitumoraux

Agents non spécifiques d'une phase cellulaire

MODES D'ACTION	EXEMPLES
Se lient directement à l'ADN, ce qui inhibe sa synthèse et interfère avec la transcription de l'ARN.	Bléomycine (Blenoxane[MD]), dactinomycine (Cosmegen[MD]), daunorubicine (Cerubidine[MD]), doxorubicine (Adriamycin PFS[MD], Myocet[MD], Caelyx[MD]), épirubicine (Pharmorubicin[MD]), idarubicine (Idamycin[MD]), mitomycine, mitoxantrone, plicamycine, valrubicine (Valtaxin[MD])

Inhibiteurs mitotiques

Agents spécifiques d'une phase cellulaire

Taxanes

MODES D'ACTION	EXEMPLES
Entravent la mitose. Agents antimicrotubulaires qui agissent en fin de phase G_2 et de mitose pour stabiliser les microtubules, inhibant ainsi la division cellulaire.	Docétaxel (Taxotere[MD]), paclitaxel (Taxol[MD], Abraxane[MD])

Alcaloïdes de la pervenche

MODES D'ACTION	EXEMPLES
Agissent durant la phase M pour inhiber la mitose.	Vinblastine, vincristine, vinorelbine (Navelbine[MD])

Autres

MODES D'ACTION	EXEMPLES
Inhibiteurs microtubulaires	Estramustine (Emcyt[MD]), ixabepilone (Ixempra[MD])

Inhibiteurs de la topoisomérase

Agents spécifiques d'une phase cellulaire

MODES D'ACTION	EXEMPLES
Inhibent les enzymes normales (topoisomérases) qui brisent de manière réversible l'ADN et le réparent, assurant ainsi sa flexibilité durant la réplication.	Étoposide (VePesid[MD]), irinotecan (Camptosar[MD]), téniposide (Vumon[MD]), topotecan (Hycamtin[MD])

TABLEAU 16.7 **Classification des médicaments chimiothérapeutiques**[a] *(suite)*

MODES D'ACTION	EXEMPLES
Corticostéroïdes	
Agents non spécifiques d'une phase cellulaire	
Perturbent la membrane cellulaire et inhibent la synthèse des protéines ; diminuent le nombre de lymphocytes circulants ; inhibent la mitose ; dépriment le système immunitaire ; accroissent le sentiment de bien-être.	Cortisone, dexaméthasone, hydrocortisone (Cortef[MD]), méthylprednisolone (Medrol[MD]), prednisone (Winpred[MD])
Thérapie hormonale	
Agents non spécifiques d'une phase cellulaire	
Antiœstrogènes	
Se lient sélectivement aux récepteurs de l'œstrogène, ce qui entraîne leur régulation négative et inhibe la croissance tumorale ; également connus sous le nom de modulateurs sélectifs des récepteurs des œstrogènes (SERM).	Fulvestrant (Faslodex[MD]), raloxifène (Evista[MD]), tamoxifène (Nolvadex[MD]), torémifène
Œstrogènes	
Interfèrent avec les récepteurs hormonaux et les protéines.	Diéthylstilbestrol (DES), estradiol (Estrace[MD]), estramustine (Emcyt[MD]), œstrogène
Inhibiteurs de l'aromatase	
Inhibent l'aromatase, enzyme convertissant les androgènes de la surrénale en œstrogènes.	Anastrozole (Arimidex[MD]), exémestane (Aromasin[MD]), létrozole (Femara[MD])
Divers	
Inhibent la synthèse de protéines ; enzyme dérivée de la bactérie *Erwinia*, employée pour vider les réserves des cellules leucémiques de l'asparagine, acide aminé dont l'apport est exogène.	*Erwinia* asparaginase, l-asparaginase (Erwinase[MD])
Provoque des modifications de l'ADN dans les cellules leucémiques et dégrade la protéine hybride PML-RAR-α.	Trioxyde de diarsenic (Trisenox[MD])
Supprime la mitose à l'interphase ; semble altérer l'ADN préformé, l'ARN et les protéines.	Procarbazine (Matulane[MD])

[a] Plusieurs de ces médicaments sont irritants ou vésicants, alors que d'autres sont irritants, mais peuvent être potentiellement vésicants. Ils doivent donc être administrés avec des précautions particulières pour éviter l'extravasation. Il est essentiel de connaître la caractéristique (irritant ou vésicant) du médicament avant de l'administrer.

Jugement clinique

Capsule

Rosita Acosta est infirmière au centre ambulatoire d'oncologie. Elle administre du fluorouracile (5-FU) I.V. à une cliente atteinte d'un cancer des ovaires. Durant l'administration du traitement, l'infirmière porte une blouse à manches longues et des gants de chimiothérapie conformes aux normes de sécurité reconnues, qui recouvrent les poignets de sa blouse.

Expliquez pourquoi elle a raison d'appliquer ces mesures de protection.

16.7.3 Préparation et administration

Au Québec, les médicaments chimiothérapeutiques sont considérés comme dangereux (ASSTSAS, 2008). Il est très important de connaître les lignes directrices précises ayant trait tant à leur manipulation qu'à leur administration. Il importe aussi de comprendre que les travailleurs de la santé qui ne respectent pas les recommandations relatives à la manipulation sécuritaire des médicaments cytotoxiques s'exposent à un risque professionnel. Cette exposition peut avoir lieu dans les circonstances suivantes : transport, entreposage ou livraison, préparation ou administration, contacts avec les fournitures de soins (p. ex., les tubulures, les sacs à soluté ou les compresses) ou contacts avec les liquides biologiques (p. ex., l'urine, les selles, ou les vomissures).

En septembre 2004, une alerte publiée par le National Institute for Occupational Safety and Health des États-Unis a mis en garde les travailleurs de la santé contre cette possibilité d'exposition aux médicaments dangereux. Au Québec, l'Association paritaire pour la santé et la sécurité du travail du secteur affaires sociales (ASSTSAS, 2008) a publié une série de recommandations couvrant toutes les étapes du circuit du médicament dangereux : réception, préparation, administration, gestion des déchets, hygiène et salubrité. Ce guide porte sur les pratiques pouvant présenter un risque d'exposition pour les personnes qui travaillent étroitement ou sont en contact avec des médicaments dangereux. Par exemple, il est recommandé que les infirmières portent des équipements de protection individuels adéquats pour administrer les médicaments dangereux, et qu'elles les retirent avant de quitter la salle de traitement. Bien que les recommandations comprises dans ce guide soient principalement destinées aux travailleurs du secteur de la santé, certaines d'entre elles s'appliquent également aux clients recevant des médicaments antinéoplasiques et à leur famille. Il est à noter que les recommandations présentées dans ce guide sont conformes à celles publiées en Amérique du Nord, en Europe et en Australie (Centre canadien d'hygiène et de sécurité au travail, 2008).

16.7.4 Méthodes d'administration

Il existe plusieurs voies d'administration de la chimiothérapie **TABLEAU 16.8**. La voie intraveineuse (I.V.) est la plus courante ▶ **MS 6.1**. Les progrès réalisés dans les techniques de formulation pharmaceutique expliquent l'émergence d'agents antinéoplasiques oraux. Les principales préoccupations touchant à l'administration par voie I.V. de médicaments antinéoplasiques concernent les difficultés posées par l'accès veineux, les infections liées à ces dispositifs, et l'**extravasation** (infiltration de médicaments dans les tissus avoisinant le point de perfusion), responsable de dommages tissulaires locaux **FIGURE 16.13**.

Un grand nombre de médicaments chimiothérapeutiques peuvent être **irritants** ou **vésicants**. Les irritants peuvent endommager l'intima veineuse, provoquer une phlébite et une sclérose, ce qui limite l'accès veineux périphérique futur. En cas d'infiltration, ils n'induisent pas de dommages tissulaires d'une sévérité comparable aux vésicants, qui, eux, peuvent induire une nécrose grave du tissu souscutané. Il est extrêmement important de surveiller et de détecter rapidement les signes et symptômes associés à l'extravasation d'un vésicant et de prendre des mesures immédiates le cas échéant. Il faut alors interrompre immédiatement l'administration du médicament et se conformer aux protocoles d'intervention en cas d'extravasation de médicaments particuliers, et ce, afin de réduire au minimum les dommages tissulaires futurs (Schulmeister, 2009). Même si la sévérité des complications associée à l'infiltration d'un irritant est moindre, l'infirmière doit appliquer les mesures de surveillance requises et agir promptement en présence de signes et de symptômes d'infiltration d'un agent irritant. La classification d'un médicament comme irritant ou vésicant n'est pas exclusive. Certains médicaments classés

Capsule

Jugement clinique

Au cours de l'administration I.V. du fluorouracile à sa cliente, Rosita a décelé une rougeur vive et de l'œdème au site d'insertion I.V. La cliente a également éprouvé une douleur subite.

Quel autre symptôme d'extravasation aurait pu être décelé ?

Pharmacothérapie

TABLEAU 16.8	Voies d'administration de la chimiothérapie
VOIE	**EXEMPLES**
Orale	Cyclophosphamide (Procytox^MD), capécitabine (Xeloda^MD), témozolomide (Temodal^MD)
Intramusculaire	Bléomycine (Blenoxane^MD)
Intraveineuse	Doxorubicine (Adriamycin PFS^MD), vincristine, cisplatine, fluorouracile (5-FU), paclitaxel (Taxol^MD), bléomycine (Blenoxane^MD)
Intracavitaire (pleurale, péritonéale)	Radio-isotopes, agents alkylants, méthotrexate, bléomycine (Blenoxane^MD)
Intrathécale	Méthotrexate, cytarabine (Cytosar^MD)
Intraartérielle	Dacarbazine, fluorouracile (5-FU), méthotrexate, bléomycine (Blenoxane^MD)
Perfusion continue	Fluorouracile (5-FU), méthotrexate, cytarabine (Cytosar^MD), agents alkylants
Sous-cutanée	Cytarabine (Cytosar^MD), bléomycine (Blenoxane^MD)
Topique	Crème de 5-fluorouracile (5-FU)

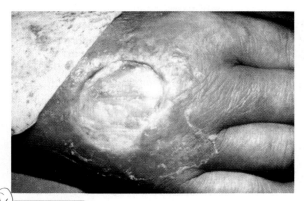

FIGURE 16.13

Lésion d'extravasation causée par l'infiltration d'un médicament chimiothérapeutique

MS 6.1

Méthodes liées aux soins en oncologie : *Administration de chimiothérapie par voie intraveineuse.*

irritants possèdent aussi des propriétés vésicantes (p. ex., l'oxaliplatine [Eloxatin^{MD}], la vinorelbine [Navelbine^{MD}] ou le melphalan [Alkeran^{MD}]) (Polovich, Whitford, & Olsen, 2009).

Bien que la douleur soit le symptôme principal de l'extravasation, il arrive que cette dernière soit indolore. La tuméfaction, la rougeur, l'œdème, la présence de vésicules sur la peau (plus tardivement) et la modification ou l'absence d'un retour veineux sont d'autres signes d'extravasation. Après quelques jours, le tissu peut commencer à s'ulcérer et à se nécroser. Les vésicants peuvent provoquer la perte d'une épaisseur partielle ou totale du tissu cutané. Il se peut donc que la personne atteinte doive subir une intervention chirurgicale, qui peut aller du nettoyage de la plaie (débridement du tissu sous-cutané abîmé ou nécrosé) à une greffe de peau. Les complications de l'extravasation comprennent la septicémie, l'apparition de cicatrices, des contractures, des douleurs articulaires ou une dépopulation neuronale (Polovitch, White, & Kelleher, 2009 ; Schulmeister, 2007).

Pour atténuer l'inconfort physique, la détresse psychologique ainsi que les risques d'infiltration ou d'extravasation associés à la chimiothérapie par voie I.V., l'utilisation d'un **dispositif d'accès veineux central (DAVC)** est fortement recommandée. Insérés dans de gros vaisseaux sanguins, les DAVC permettent l'administration régulière, continue ou intermittente d'une chimiothérapie, de thérapies biologiques et de traitements ciblés ou d'autres produits, ce qui évite de compromettre le capital veineux à la suite de multiples ponctions pour obtenir un accès veineux ▶ **17**. Toutefois si un médicament vésicant est administré par un dispositif court d'accès veineux périphérique, l'Oncology Nursing Society (ONS) précise que l'administration doit être assortie de mesures de surveillance strictes. Par exemple, si l'administration de l'agent vésicant se fait par perfusion, celle-ci doit être administrée par gravité (ne pas utiliser de pompe). L'infirmière doit demeurer au chevet du client et surveiller attentivement le site d'administration afin de détecter précocement tout signe ou symptôme d'extravasation avec une vérification du retour veineux toutes les 5 à 10 minutes. Il faut éviter d'administrer des perfusions dont la durée excède 30 à 60 minutes, et, une fois la perfusion terminée, la perméabilité de la veine doit être vérifiée et le cathéter irrigué avec une solution compatible. Pour les médicaments vésicants administrés par bolus, le retour veineux doit être vérifié toutes les deux à cinq minutes. D'autres recommandations portent entre autres sur les méthodes et les techniques d'administration (Polovich *et al.*,).

16.7.5 Administration de chimiothérapie régionale

La chimiothérapie régionale consiste à administrer le médicament directement au siège de la tumeur.

L'avantage de cette méthode a trait au fait que des concentrations plus élevées de médicament sont libérées dans la tumeur tout en réduisant la toxicité systémique. Plusieurs méthodes d'administration régionale ont été mises au point, dont les chimiothérapies intraartérielle, intrapéritonéale, intrathécale, intraventriculaire et intravésicale.

Chimiothérapie intraartérielle

La chimiothérapie intraartérielle libère le médicament dans la tumeur par le vaisseau artériel qui la ravitaille. Cette méthode est employée pour le traitement de l'ostéosarcome, des cancers de la sphère ORL, de la vessie, du cerveau et du col de l'utérus, du mélanome, du cancer du foie primitif et de la maladie métastatique hépatique. Une des méthodes d'administration intraartérielle consiste à implanter chirurgicalement un cathéter, qui est ensuite raccordé à une pompe à perfusion externe ou à une pompe à perfusion implantée, par laquelle l'agent chimiothérapeutique est administré. Généralement, la chimiothérapie intraartérielle est associée à une toxicité systémique réduite. Le type de réaction toxique présentée par le client dépend du siège de la tumeur traitée. Les complications incluent des saignements, des embolies, de la douleur, des lésions artérielles, le déplacement ou le détachement du cathéter, et l'occlusion.

Chimiothérapie intrapéritonéale

La chimiothérapie intrapéritonéale consiste à administrer la chimiothérapie dans la cavité péritonéale pour traiter les métastases péritonéales découlant de cancers colorectaux et ovariens et d'ascites malignes. Des cathéters temporaires en silastic (Tenckhoff, Hickman^{MD} ou Groshong^{MD}) sont insérés par voie percutanée ou chirurgicale dans la cavité péritonéale en vue d'une administration à court terme de la chimiothérapie. Autrement, une chambre implantable (*port a cath*) peut servir à administrer la chimiothérapie par voie intrapéritonéale. La chimiothérapie est généralement injectée dans le péritoine à raison de 1 à 2 L de liquide, et y séjourne entre 1 et 4 heures. Après la période de séjour, le liquide est drainé à l'extérieur du péritoine. Les complications associées à la chimiothérapie péritonéale incluent les douleurs abdominales, l'occlusion, le détachement ou le déplacement du cathéter, une distension, un iléus, une perforation intestinale ou une infection.

Chimiothérapie intrathécale ou intraventriculaire

Les cancers qui produisent des métastases dans le SNC – dont les plus fréquents sont les cancers du sein et du poumon, les tumeurs GI, les leucémies et les lymphomes – sont difficiles à traiter, car la barrière hémato-encéphalique empêche souvent la distribution de la chimiothérapie dans cette région. La méthode de chimiothérapie intrathécale

17

Les DAVC sont examinés dans le chapitre 17, *Déséquilibres hydroélectrolytiques et acidobasiques.*

est employée pour traiter les métastases du SNC. Elle consiste à effectuer une ponction lombaire et à injecter la chimiothérapie dans l'espace sous-arachnoïdien. Elle peut toutefois entraîner une distribution incomplète du médicament dans le SNC, particulièrement dans les régions cisternale et ventriculaire.

Un réservoir d'Ommaya peut être inséré pour assurer une distribution plus uniforme de la chimiothérapie dans ces régions. Il s'agit d'un dispositif en forme de dôme, raccordé à un cathéter implanté chirurgicalement dans le crâne, en direction du ventricule latéral. En plus d'assurer une distribution plus régulière du médicament, le réservoir d'Ommaya permet d'éviter les ponctions lombaires douloureuses et répétées. Actuellement, au Québec, la chimiothérapie intrathécale est administrée par un médecin. Les complications associées à la chimiothérapie intrathécale ou intraventriculaire incluent des maux de tête, des nausées, des vomissements, de la fièvre, une augmentation de la pression intracrânienne et une raideur de la nuque.

Chimiothérapie intravésicale

Les clients atteints d'un cancer superficiel de la vessie à cellules transitionnelles sont souvent victimes d'une récurrence de la maladie après le traitement chirurgical classique. L'instillation d'une chimiothérapie dans la vessie favorise la destruction des cellules cancéreuses et diminue l'incidence de maladies récurrentes. Les autres avantages de cette thérapie comprennent la réduction des dysfonctions urinaires et sexuelles. L'agent chimiothérapeutique est instillé dans la vessie par une sonde urinaire qui est maintenue en place de une à trois heures ▶ MS 6.2 . Les complications associées à ce traitement incluent la dysurie, la pollakiurie, l'hématurie, la cystite, une infection des voies urinaires et des spasmes vésicaux.

16.7.6 Effets de la chimiothérapie sur les tissus normaux

Les agents chimiothérapeutiques ne peuvent pas distinguer les cellules normales des cellules cancéreuses. Les effets secondaires induits par la chimiothérapie résultent de la destruction de cellules normales, surtout celles dont la prolifération est rapide, comme les cellules de la moelle osseuse, de la muqueuse des voies GI et du système tégumentaire (peau, cheveux et ongles) **TABLEAU 16.9**. Les effets de la chimiothérapie découlent d'une cytotoxicité générale et de toxicités spécifiques induites par le médicament à certains organes. La réponse de l'organisme aux produits de la destruction cellulaire en circulation peut provoquer de la fatigue, une plus grande vulnérabilité aux infections, de l'anorexie ainsi qu'une altération du goût.

TABLEAU 16.9	Cellules dont la vitesse de prolifération est élevée
CELLULES ET TEMPS DE GÉNÉRATION	**CONSÉQUENCES RÉSULTANT DE LEUR DESTRUCTION**
Cellules souches de la moelle osseuse, de 6 à 24 heures	Myélosuppression : infection, saignement, anémie
Neutrophiles, 12 heures	Leucopénie, augmentation du risque d'infection
Revêtement des cellules épithéliales des voies GI, de 12 à 24 heures	Anorexie, inflammation des muqueuses (p. ex., une stomatite, une œsophagite), nausées et vomissements, diarrhée
Cellules des follicules pileux, 24 heures	Alopécie partielle, alopécie totale
Ovules ou testicules, de 24 à 36 heures	Dysfonction du système reproducteur

Les effets indésirables généraux et spécifiques de ces médicaments sont classés en effets aigus, retardés ou chroniques. La toxicité aiguë, qui survient pendant et immédiatement après l'administration du médicament, comprend les réactions d'hypersensibilité et d'anaphylaxie, les nausées et les vomissements, y compris ceux d'anticipation, ainsi que l'arythmie cardiaque. Les effets retardés sont nombreux et comprennent les nausées et vomissements retardés, l'inflammation des muqueuses, l'alopécie, les éruptions cutanées, la suppression médullaire, une perturbation de la fonction intestinale (diarrhée ou constipation) ainsi que des neurotoxicités cumulatives variées qui dépendent de la composante du système nerveux affectée (SNC, système nerveux périphérique [SNP] ou nerfs crâniens). Les toxicités chroniques concernent les dommages causés aux organes comme le cœur, le foie, les reins et les poumons. Il peut s'agir d'effets persistants à long terme, qui surgissent pendant ou immédiatement après le traitement, ou d'effets retardés, absents durant le traitement et apparaissant plus tard. Certains effets secondaires relèvent de plus d'une catégorie. Par exemple, les nausées et les vomissements peuvent être à la fois aigus et retardés, ou d'anticipation.

16.7.7 Plan de traitement

Différents régimes de chimiothérapie sont prescrits. Il peut s'agir de l'administration d'un agent seul ou, plus souvent, en combinaison. L'association de deux agents chimiothérapeutiques ou plus peut améliorer l'efficacité du traitement, mais s'avérer plus toxique.

Les traitements médicamenteux sont sélectionnés en fonction des résultats probants quant à leur utilisation contre des cancers précis, et sont quelquefois personnalisés pour répondre aux besoins

MS 6.2 ⌐Vidéo⌐

Méthodes liées aux soins en oncologie : *Administration d'agent antinéoplasique par voie intravésicale.*

16

d'un client particulier. La chimiothérapie constitue le traitement le plus efficace si les cellules tumorales sont sensibles à la chimiothérapie, que la charge tumorale est faible, que le traitement n'est pas interrompu et que le client reçoit la dose prévue. La dose de chaque médicament dépend du poids corporel et de la taille du client, et est calculée à l'aide de la surface corporelle, exprimée en mètres carrés.

16.8 | Radiothérapie

Comme la chirurgie, la radiothérapie est l'une des méthodes de traitement du cancer les plus anciennes, employée pour la première fois en 1896 par Emil Grubbe, à l'époque étudiant en médecine, pour traiter un cancer inflammatoire du sein (bien que la cliente ait obtenu une réponse locale, elle est décédée ensuite d'une maladie métastatique). Ayant observé que l'exposition aux rayonnements ionisants provoquait des dommages tissulaires, les scientifiques du début du XXᵉ siècle ont exploré l'utilisation de ces radiations pour traiter des tumeurs. D'après l'hypothèse retenue, si l'exposition aux rayonnements entraînait la destruction de cellules cutanées fortement mitotiques, ces rayonnements pouvaient être contrôlés pour prévenir la croissance continue de cellules cancéreuses elles aussi fortement mitotiques. Il a fallu attendre les années 1960, la mise au point d'équipements plus sophistiqués et la planification des traitements pour que des doses de rayonnements adéquates et tolérables par les tissus normaux soient administrées dans les tumeurs. À l'heure actuelle, près de la moitié de tous les clients atteints d'un cancer recevront une radiothérapie pour traiter leur maladie (National Cancer Institute, 2009).

16.8.1 Effets du rayonnement ionisant

Un rayonnement consiste en l'émission et la transmission d'énergie dans un milieu donné. La libération de faisceaux de haute énergie dans un tissu provoque l'ionisation de ses atomes. L'énergie locale des rayonnements ionisants et la génération consécutive de radicaux libres agissent de concert pour briser les liens chimiques de l'ADN. Les dommages causés à l'ADN cellulaire peuvent être létaux ou sublétaux. Les dommages létaux entraînent une rupture chromosomale suffisante pour empêcher la cellule de se répliquer, ou nuisent possiblement aux fonctions nécessaires à la synthèse de protéines indispensables à sa survie. En cas de dommages sublétaux à l'ADN, la réparation est possible dans l'intervalle séparant deux séances de radiothérapie. Par ailleurs, les dommages cumulatifs résultant de l'administration de doses répétées peuvent finir par entraîner la mort cellulaire. En cas d'administration de doses cumulatives de rayonnement, les cellules cancéreuses sont plus susceptibles de subir des dommages permanents, car elles sont moins en mesure de réparer les dommages sublétaux à l'ADN que les cellules saines.

Divers types de rayonnements ionisants sont employés pour traiter le cancer, dont le rayonnement électromagnétique (rayons X et rayons γ) et le **rayonnement corpusculaire** (particules alpha [noyaux d'hélium], particules bêta [électrons ou positons], neutrons et protons). La différence fondamentale entre les rayons X et rayons γ est que les seconds, de plus haute énergie, sont émis à partir d'une source radioactive dans le cadre d'un processus de désintégration constant. Les photons des rayons X sont quant à eux générés par un appareil électrique, comme un accélérateur linéaire. Le principal inconvénient du recours aux rayonnements ionisants (p. ex., la technologie à base de cobalt introduite dans les années 1960) tient au fait que la source subit une désintégration avec le temps : elle émet donc de moins en moins d'énergie et nécessite un remplacement périodique. Il faut également tenir compte des problèmes de sécurité relatifs à l'enceinte contenant la source radioactive. Des avancées technologiques ont permis de mettre au point et de raffiner les sources et les méthodes d'administration de la radiothérapie, de sorte que ces options sont maintenant plus précises et moins effractives (Hayman, 2009). La plupart des centres de radiothérapie aux États-Unis et au Canada utilisent actuellement une technologie qui repose sur les accélérateurs linéaires, et de plus vastes infrastructures de radiothérapie peuvent proposer un ensemble d'appareils de traitement qui offrent dans un même centre des options thérapeutiques plus larges.

16.8.2 Principes de radiobiologie

Lorsque le faisceau traverse la zone d'irradiation, l'énergie déposée est déterminée par les propriétés de la source employée et par les propriétés d'absorption de la matière que le rayonnement traverse. Les faisceaux de plus faible énergie (p. ex., les particules bêta) libèrent rapidement leur énergie au moment de l'impact avec la matière. Ils ne pénètrent donc qu'à une faible profondeur. C'est pourquoi leur utilité clinique se rapporte au traitement de lésions cutanées superficielles. Les faisceaux de haute énergie (p. ex., les rayons X ou les rayons γ), qui pénètrent plus profondément, n'arrivent à leur pleine intensité qu'à une certaine profondeur. Ils peuvent donc libérer des doses optimales vers des cibles internes tout en épargnant la peau. Les principes de la détermination et du fractionnement des doses de radiothérapie sont régis par la réponse cellulaire aux rayonnements, connue en radiobiologie comme la règle des 4 R : réparation des dommages sublétaux, redistribution des cellules dans le cycle cellulaire, repopulation cellulaire entre les séances et réoxygénation des cellules hypoxiques les rendant plus radiosensibles à la séance suivante.

La règle des 4 R en radiobiologie est présentée dans le tableau 16.4W au www.cheneliere.ca/lewis.

Techniquement, toutes les cellules cancéreuses peuvent être éradiquées par des doses assez élevées de rayonnements. Cependant, pour éviter de graves intoxications et des complications à long terme liées au traitement, le rayonnement touchant le tissu sain environnant doit être limité à la dose maximale tolérée par ce tissu particulier. Les progrès de la planification et des techniques d'administration (comme dans le cas de la radiothérapie avec modulation d'intensité) ont beaucoup raffiné la capacité d'administrer des doses maximales au volume cible, tout en épargnant autant que possible les structures importantes comme la moelle épinière, l'intestin grêle, les artères carotides, les glandes parotides, le chiasma optique et d'autres organes importants.

Historiquement, la dose de rayonnement était exprimée en unités appelées rads (*radiation absorbed doses*). Les unités de la nomenclature actuelle sont le gray (Gy) ou le centigray (cGy). Un centigray équivaut à 1 rad et 100 centigrays égalent 1 gray **TABLEAU 16.10**.

TABLEAU 16.10	Unités de mesure du rayonnement
UNITÉ	**DÉFINITION**
Becquerel (Bq)	Nombre de désintégrations par seconde d'une source radioactive. Le Bq a remplacé le Curie (Ci).
Röntgen (R)	Rayonnement requis pour produire un nombre standard d'ions dans l'air ; unité d'exposition au rayonnement.
Sievert (Sv)	Effet des rayonnements ionisants sur les tissus vivants. Le sievert a remplacé le rem. 1 mSv = 1 millisievert = 0,001 Sv ; 1 rem = 0,01 Sv
Gray (Gy)	Quantité de rayonnements absorbés (ou dose absorbée) par unité de poids d'un organe ou d'un tissu exposé aux rayonnements. Le Gy a remplacé le rad. 1 Gy = 100 rads ; 1 centigray (cGy) = 1 rad

Une fois la dose totale à administrer établie, elle est divisée en fractions quotidiennes (comprises généralement entre 180 et 200 cGy). Le traitement est administré d'ordinaire une fois par jour, du lundi au vendredi, pendant une période de deux à huit semaines (selon la dose totale désirée). Il s'agit là d'un fractionnement standard. D'autres schémas thérapeutiques peuvent être prescrits selon les principes régissant l'effet radiobiologique. Des doses quotidiennes élevées de radiation peuvent être administrées en moins de fractions (hypofractionnée), en doses plus faibles plus d'une fois par jour (hyperfractionnée), ou encore en doses standards deux fois par jour sur une période plus courte (fractionnement accéléré).

La période requise pour que les lésions liées aux radiations se manifestent dépend de l'activité mitotique des tissus, ceux dont la vitesse de prolifération est élevée étant les plus sensibles. Les cellules des voies GI, de la muqueuse buccale et de la moelle osseuse qui se divisent rapidement meurent aussi rapidement, et présentent une réponse rapide au rayonnement. Les tissus dont les cellules prolifèrent plus lentement, comme le cartilage, les os et les reins, présentent des réponses tardives au rayonnement. Ce taux différentiel de mort cellulaire explique la chronologie des manifestations cliniques associées à la radiothérapie. Certains cancers sont plus sensibles que d'autres aux effets des rayonnements. Le **TABLEAU 16.11** décrit la radiosensibilité relative d'une variété de tumeurs. Les tumeurs radiosensibles peuvent répondre même si la charge tumorale (volume) est importante, alors que, pour les tumeurs moins radiosensibles, le degré de réponse pourrait être lié à la taille de la masse et, ce faisant, donner lieu à une réponse plus lente et peut-être incomplète. Le cancer localisé de la prostate répond très lentement au rayonnement (plusieurs mois après la fin du traitement). Pour certaines maladies bénignes (p. ex., les méningiomes), l'arrêt de la croissance (par opposition à la régression de la maladie) peut être considéré comme un succès.

TABLEAU 16.11	Radiosensibilité des tumeurs		
RADIOSENSIBILITÉ ÉLEVÉE	**RADIOSENSIBILITÉ MODÉRÉE**	**RADIOSENSIBILITÉ LÉGÈRE**	**RADIOSENSIBILITÉ FAIBLE**
• Dysgerminome ovarien • Séminome testiculaire • Lymphome de Hodgkin • Lymphome non hodgkinien • Tumeur de Wilms • Neuroblastome	• Cancer de l'oropharynx • Cancer de l'œsophage • Adénocarcinome du sein • Cancer de l'utérus et du col de l'utérus • Cancer de la prostate • Cancer de la vessie	• Sarcomes des tissus mous (p. ex., le chondrosarcome) • Adénocarcinome gastrique • Adénocarcinome rénal • Adénocarcinome du côlon	• Ostéosarcome • Mélanome malin • Gliome malin • Cancer testiculaire non séminomateux

16.8.3 Simulation

La simulation fait partie de la planification entourant la radiothérapie et sert à localiser la tumeur avec précision et à s'assurer de la reproductibilité des paramètres du positionnement. Durant la simulation, les objectifs du plan de radiation prescrit sont atteints en déterminant l'orientation et la taille des faisceaux de rayonnement de même que l'emplacement des boucliers, dont la forme épouse celle du champ d'irradiation, et en traçant les contours du champ sur la peau du client. Le client est installé dans un simulateur, un appareil de radiodiagnostic qui recrée les opérations de l'accélérateur linéaire **FIGURE 16.14**. Cette étape permet la sélection des dispositifs d'immobilisation personnalisés requis (p. ex., des moules, des masques protecteurs en thermoplastique ou des coussins) pour aider le client à conserver une position stable **FIGURE 16.15**. La cible est définie par des techniques d'imagerie variées (p. ex., la radiographie, la tomodensitométrie, l'IRM, la TEP), l'examen physique et le compte rendu chirurgical (Newton, Hickey, & Marrs, 2008). Sous fluoroscopie, les structures normales essentielles qui seront incluses dans le champ d'irradiation sont définies de manière à pouvoir être protégées. Un cliché radiographique est pris pour vérifier le champ. Des marques de repérage sont tracées sur la peau avec un crayon feutre ou des lignes pointillées avec de l'encre permanente afin de bien délimiter la zone à traiter et s'assurer que le client reprend tous les jours exactement la même position.

16.8.4 Traitement

Le traitement par radiothérapie implique un compromis entre la nécessité d'irradier suffisamment le

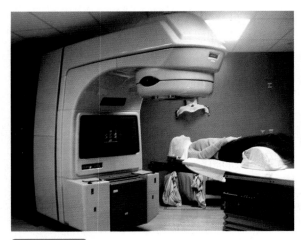

FIGURE 16.14

Accélérateur linéaire Varian Clinac EX^{MD} à énergies photoélectriques multiples, à utiliser conformément au plan thérapeutique – Le client est placé sur la table de radiothérapie pour le traitement du cancer de la tête et du cou.

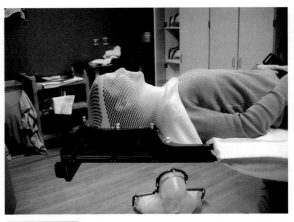

FIGURE 16.15

Dispositif d'immobilisation – L'utilisation d'un support pour la tête et d'un masque d'immobilisation peut assurer un positionnement précis pour le traitement du cancer de la tête et du cou.

tissu cancéreux, pour permettre le contrôle local de la tumeur, et la volonté d'irradier au minimum les tissus sains voisins, afin de limiter la morbidité (Agence nationale d'accréditation et d'évaluation en santé, 2003). En cas de maladie systémique, les indications de la radiothérapie ont des visées palliatives, tel le contrôle de la douleur ou du saignement. Cependant, le rayonnement peut servir, seul ou en association (avec la chirurgie ou la chimiothérapie), à traiter des tumeurs primitives ou à parvenir à une maîtrise palliative des lésions métastatiques. La source de radiation peut être extérieure au client (radiothérapie externe ou transcutanée) ou placée à l'intérieur du client (curiethérapie).

Comme pour d'autres thérapies anticancéreuses, les objectifs de la radiothérapie sont la guérison, le contrôle local ou la palliation. Les rayonnements ionisants trouvent plusieurs contextes d'application, dont ceux-ci :

• Traitement principal ou définitif : employé comme modalité de traitement indépendante pour obtenir une guérison (p. ex., du cancer du poumon, de la prostate, de la vessie, de la sphère ORL et du lymphome de Hodgkin).

• Traitement néoadjuvant : administré (avec ou sans chimiothérapie) avant la chirurgie pour diminuer la charge tumorale et augmenter la probabilité d'une résection chirurgicale complète, et pour rendre opérable (p. ex., le cancer du poumon ou de l'œsophage, ou le cancer colorectal) une tumeur jusque-là inopérable (p. ex., voisine d'une structure critique).

• Traitement adjuvant : administré après la chirurgie ou la chimiothérapie pour favoriser la maîtrise locale de la maladie et diminuer le risque de récurrence locale (p. ex., le glioblastome et les cancers de la sphère ORL, du sein, du poumon, du rectum et du pancréas).

- Traitement prophylactique : administré sur des régions à risque élevé pour prévenir l'apparition future de métastases (p. ex., l'irradiation crânienne prophylactique pour prévenir les métastases cérébrales découlant d'un cancer pulmonaire à petites cellules).
- Traitement de contrôle local de la maladie : administré en vue de limiter la croissance de la tumeur pour prolonger autant que possible la période asymptomatique (p. ex., le cancer de la prostate).
- Traitement palliatif : administré pour prévenir ou soulager les symptômes pénibles comme la douleur (métastases osseuses) et les essoufflements (obstruction causée par une tumeur bronchique), ou pour préserver les fonctions neurologiques (métastases cérébrales ou compression médullaire).

Radiothérapie externe

La radiothérapie externe est la méthode d'administration la plus courante de la radiothérapie. Cette technique consiste à administrer des radiations de haute énergie. L'appareil d'administration d'une radiothérapie externe le plus répandu est l'accélérateur linéaire : il génère des rayonnements ionisants à partir de l'électricité et offre plusieurs réglages **FIGURE 16.14**. Il peut être utilisé pour divers types de techniques (ou plans) thérapeutiques. Le type de traitement le plus simple, le plan bidimensionnel, comprend des rayons X, des points de référence osseux et des faisceaux de fluence homogène.

Les avancées technologiques en imagerie médicale, en informatique et en radiothérapie ont permis de développer la radiothérapie conformationnelle.

Radiothérapie conformationnelle 3D

La radiothérapie conformationnelle 3D est une technique d'irradiation transcutanée dans laquelle les faisceaux d'irradiations sont conformés au volume tumoral reconstruit en trois dimensions. La dose souhaitée est administrée dans un volume plus ou moins complexe, défini avec précision, tout en épargnant les tissus sains et les organes à risque voisins (Balas *et al.*, 2009).

Radiothérapie conformationnelle avec modalisation d'intensité

La radiothérapie conformationnelle avec modalisation d'intensité (RCMI) est une radiothérapie conformationnelle 3D dans laquelle la fluence (quantité de photons par unité de surface) des faisceaux est modulée en cours de séance de traitement. Cette technique d'irradiation permet le traitement de volumes complexes enveloppant parfois des organes à risque. Elle permet aussi de faire varier la distribution de la dose au sein même de la tumeur (Balas *et al.*, 2009). Cette technique exige une planification laborieuse, mais a l'avantage de permettre l'ajustement de l'intensité du faisceau pour optimiser l'administration de la dose au volume visé tout en réduisant au minimum la dose administrée dans les structures critiques. Elle convient particulièrement au traitement des champs de forme irrégulière et des champs adjacents aux structures sensibles (cancers de la sphère ORL). Bien que le degré de contribution à la survie de cette technologie soit inconnu, la planification du traitement par RCMI a néanmoins permis de réduire la toxicité du traitement.

Radiothérapie guidée par l'image

La précision d'irradiation apportée par les techniques de radiothérapie conformationnelle 3D et de RCMI exige une localisation et une définition des volumes cibles les plus précises possible. En réponse à ces exigences, de nouvelles technologies d'imagerie ont été mises au point pour les différents stades du traitement : pour la phase de préparation du traitement et la détermination du volume cible, et pour le traitement, afin de contrôler l'évolution et la localisation du volume cible et repositionner le client (Balas *et al.*, 2009).

Radiothérapie asservie à la respiration

Pour les organes en mouvement dépendant de la respiration, l'imagerie 3D ne suffit pas. Pendant la numérisation des images, la respiration du client entraîne le mouvement des organes cibles et des organes à risque, d'où une difficulté à connaître la position réelle de ces organes. Cette situation engendre une dégradation des phases de préparation et de traitement pour les organes cibles dans les zones en mouvement. Pour maîtriser ce mouvement, il existe aujourd'hui des techniques de synchronisation respiratoire (*gating* respiratoire) qui permettent de déterminer le parcours du volume cible dans les différentes phases de la respiration et de déclencher l'irradiation à un instant précis et toujours identique du cycle respiratoire. La synchronisation respiratoire permet de mieux adapter les champs d'irradiation à la tumeur et ainsi de protéger certains organes critiques (cœur, poumons). Ces techniques sont aussi appelées imagerie médicale 4D (Balas *et al.*, 2009).

Radiothérapie stéréotaxique intracrânienne et extracrânienne

La radiothérapie stéréotaxique, ou radiochirurgie, est une technique d'irradiation de haute précision qui utilise un ensemble de minifaisceaux convergents dont les diamètres sont inférieurs à 3 cm. Elle permet le traitement d'un volume cible de très petite taille (inférieure à 1 cm³) avec une grande précision. Ces faisceaux peuvent être obtenus soit au moyen de multiples sources de cobalt 60 placées à la surface d'une sphère (Gamma Knife^MD), soit par un faisceau de rayons X de 6 MV issu d'un accélérateur dédié (Cyberknife^MD, Novalis^MD) ou de type courant. Jusqu'à un passé relativement récent, en raison de la nécessité d'une haute précision et d'une stricte immobilisation, la radiothérapie stéréotaxique n'était applicable qu'au traitement des lésions intracrâniennes. Les récents progrès en matière de techniques d'imagerie stéréotaxique intégrée en salle de traitement et la robotisation des plateaux de table, permettant le repositionnement en temps réel du client durant le traitement, ont permis un allègement des systèmes d'immobilisation, la maîtrise des organes en mouvement et l'extension de cette technique au reste du corps (stéréotaxie extracrânienne). Le Gamma Knife^MD est conçu exclusivement pour le traitement des lésions intracrâniennes (p. ex., des tumeurs cérébrales, des malformations artérioveineuses). Le Cyberknife^MD et le Novalis^MD, eux, traitent des lésions intracrâniennes et des lésions extracrâniennes (p. ex., des tumeurs du rachis ou des tumeurs bronchopulmonaires) (Balas, Wioland, Moreno, Gaschard-Wahart, Lefkopoulos, & Lartigau, 2009).

Au Québec, le Centre hospitalier universitaire de Sherbrooke dispose d'un Gamma Knife^MD, le Centre hospitalier de l'Université de Montréal, d'un Cyberknife^MD, et le Centre universitaire de santé McGill, d'un Novalis^MD.

Radiothérapie interne

La radiothérapie peut également être administrée sous forme de curiethérapie, aussi appelée brachythérapie (ce dernier terme est cependant un anglicisme). Il s'agit d'une radiothérapie dont la source de rayonnement est interne, située dans la tumeur ou à proximité de celle-ci. Elle consiste à implanter ou à insérer des substances radioactives directement dans la tumeur (interstitielle) ou tout près de la tumeur, dans la zone adjacente (intracavitaire ou intraluminale). Elle permet donc d'administrer directement la dose au volume souhaité, en exposant le moins possible les tissus sains avoisinants (au contraire de la radiothérapie externe, où le faisceau doit traverser les tissus externes pour atteindre la source interne). La curiethérapie est souvent employée en association avec la radiothérapie externe pour optimiser les effets du traitement.

Les sources de rayonnement utilisées en curiethérapie sont soit temporairement scellées, comme l'iridium 192 et le césium 137, soit scellées en permanence, comme l'iode 125, l'or 198 et le palladium 103. Ces isotopes sont conditionnés sous forme de grains ou de rubans. Dans le cas d'un implant temporaire, la source peut être placée dans un cathéter spécial ou un tube métallique inséré dans la zone de la tumeur. La source est laissée en place jusqu'à ce que la dose prescrite de rayonnement ait été administrée pendant le nombre d'heures prévu. La curiethérapie peut être administrée sous forme de traitement à haut débit de dose (HDD) (plusieurs doses administrées à des intervalles variables pendant quelques minutes) ou à faible débit de dose (FDD) (traitement continu pendant plusieurs heures ou plusieurs jours). La curiethérapie HDD avec iridium 192 fait appel à une technique de chargement différé à distance (source insérée une fois l'applicateur en place), conçue pour la sécurité du médecin et du client. Ces méthodes sont souvent employées pour les tumeurs malignes de la sphère ORL, du poumon, du sein et de l'appareil reproducteur féminin.

La technique des implants permanents, pour la curiethérapie de la prostate par exemple, consiste à insérer des grains radioactifs directement dans le tissu tumoral et de les y laisser en permanence. Comme ces grains interstitiels thérapeutiques sont de basse énergie et pénètrent peu dans les tissus, les clients ne sont pas considérés comme radioactifs. Cependant, certaines précautions peuvent être recommandées pour la radiothérapie initiale, car il existe un faible risque de délogement des grains. Avec le temps, les isotopes se dégradent et ne sont plus radioactifs. Il est possible de prévoir la durée des effets secondaires du traitement à partir de la vitesse de désintégration propre à l'isotope utilisé.

La thérapie radiopharmaceutique se sert de sources radioactives non scellées, liquides ou en comprimés, administrées par voie orale (p. ex., à base d'iode 131 pour le cancer de la thyroïde) ou par voie I.V. (p. ex., à base d'yttrium 90 pour les lymphomes réfractaires ou de samarium 153 pour les métastases osseuses) (Newton *et al.*, 2008).

Quand l'infirmière prodigue des soins à un client sous curiethérapie ou sous thérapie radiopharmaceutique, elle doit garder à l'esprit qu'il émet de la radioactivité. Les clients porteurs d'un implant temporaire ne sont radioactifs que si la source est en place. Quant à ceux qui portent un implant permanent, étant donné que la demi-vie des sources est assez courte et que ces denières émettent peu de rayonnement, l'exposition du milieu et des autres personnes à la radioactivité est faible. Ces clients recevront leur congé de l'hôpital en nécessitant des précautions minimales.

Protection et sécurité

La Commission canadienne de sûreté nucléaire réglemente l'industrie nucléaire selon le principe ALARA (*As Low As Reasonably Achievable*, soit la valeur la plus faible qu'il soit raisonnablement possible d'atteindre), qui dicte une ligne directrice fondamentale en radioprotection, soit celle de maintenir l'exposition au rayonnement ionisant le plus bas possible compte tenu d'une faisabilité raisonnable. L'industrie nucléaire applique trois principes fondamentaux, le temps, la distance et le blindage, afin de réduire les risques pour les travailleurs, le public et l'environnement (ANC, 2010b). Le respect de ces principes est essentiel à la sécurité des professionnels de la santé, y compris des professionnels qui traitent des personnes porteuses d'un implant.

- Le temps. Si la période pendant laquelle les travailleurs sont en contact avec une source radioactive ou se trouvent près de celle-ci est réduite, la radioexposition est ainsi diminuée (ANC, 2010b). Il faut donc planifier les soins de manière à rester le moins de temps possible en contact direct avec le client. Pour réduire au minimum l'anxiété et la confusion, il faut informer le client, avant l'intervention, de la raison pour laquelle le personnel passe moins de temps à son chevet et doit garder ses distances avec lui. Pour sa part, le personnel doit être informé du temps qu'il convient de consacrer au client.

- La distance. Pour réduire la radioexposition, l'une des méthodes les plus faciles et les moins dispendieuses est l'augmentation de la distance, qui dépend de la dose libérée par l'implant (ANC, 2010b). S'agissant d'une source non pénétrante, de légers écarts dans la distance ont une importance cruciale. Seuls les soins qui doivent être prodigués près de la source de rayonnement, comme la vérification de la mise en place de l'implant, sont effectués tout près du client.

- Le blindage. Cette méthode consiste à ériger une barrière entre la source radioactive et le travailleur ou l'environnement. La taille du blindage repose sur le type de rayonnement qui est émis (ANC, 2010b). Le travailleur doit utiliser un équipement protecteur si nécessaire et ne doit jamais prodiguer de soins sans porter de dosimètre. Ce dernier permet de mesurer la dose cumulative de rayonnement reçu. Il ne faut pas le partager avec qui que ce soit, il ne doit être porté qu'en milieu de travail et remis aux responsables conformément au protocole de sécurité en vigueur dans le centre de radiothérapie.

CLIENT TRAITÉ PAR CHIMIOTHÉRAPIE OU RADIOTHÉRAPIE

L'infirmière joue un rôle important en reconnaissant et en signalant les effets secondaires associés à la radiothérapie ou à la chimiothérapie, et en aidant le client à y faire face. Elle se doit d'informer le client sur son traitement, ses options en matière de soins de soutien (p. ex., la prise d'antiémétiques ou d'antidiarrhéiques) et ce qu'il peut escompter du traitement, de manière à atténuer ses craintes et son anxiété, à encourager son observance et à guider sa prise en charge personnelle. Cependant, avant d'informer le client, il convient d'évaluer sa capacité à traiter toutes ces données et les bienfaits qu'il peut en tirer. De l'information personnalisée permet de répondre aux besoins du client et de sa famille.

Les effets secondaires fréquemment associés à la chimiothérapie et à la radiothérapie sont présentés dans le **TABLEAU 16.12**. La suppression médullaire, la fatigue, les troubles GI, les réactions du système tégumentaire, des muqueuses et des systèmes pulmonaire et reproducteur sont examinés dans cette section.

Interventions cliniques

Suppression médullaire

La **myélosuppression** est l'un des effets secondaires les plus fréquents de la chimiothérapie et, dans une moindre mesure, de la radiothérapie. Puisque la moelle osseuse est responsable de la production de cellules sanguines essentielles (globules rouges, globules blancs et plaquettes), le ralentissement de cette production induit par le traitement peut avoir de graves effets, comme des infections, des hémorragies et une fatigue écrasante, et menacer le pronostic vital. La différence majeure entre les manifestations associées à la radiothérapie et celles qui découlent de la chimiothérapie réside en ceci qu'avec la première, qui est une thérapie locale, seule la moelle osseuse située dans le champ d'irradiation est affectée, alors que la seconde, une thérapie systémique, affecte la moelle osseuse dans tout l'organisme. Les effets sont donc plus importants en cas de chimiothérapie ou si les deux traitements sont concomitants.

En général, le moment auquel la suppression médullaire apparaît dépend de la durée de vie du type de cellules sanguines affectées. Les globules blancs (et en particulier les neutrophiles)

sont les premiers affectés (en une à deux semaines), les plaquettes sont touchées en deux à trois semaines, et les globules rouges, dont la durée de vie de 120 jours est la plus longue, le sont ultérieurement. La sévérité de la myélosuppression dépend des médicaments utilisés en chimiothérapie, des doses administrées et de la zone spécifique d'irradiation. Les rayonnements administrés dans les régions du corps qui contiennent une quantité importante de moelle provoquent la myélosuppression la plus considérable sur le plan clinique. Chez l'adulte, environ 40 % de la moelle active se situe dans le bassin, et 25 % dans les vertèbres dorsales et lombaires (Newton *et al.,* 2008). Certains agents chimiothérapeutiques ont des propriétés plus myélosuppressives que d'autres, et certains traitements d'association comprenant plusieurs agents myélosuppresseurs peuvent entraîner des effets notables.

Il est essentiel de surveiller la formule sanguine des clients qui reçoivent une chimiothérapie ou une radiothérapie, surtout en ce qui a trait à la numération absolue des neutrophiles, à la numération plaquettaire et à la numération érythrocytaire. En règle générale, la numération globulaire la plus faible, appelée le **nadir**, est constatée de sept à dix jours après l'amorce du traitement. Cependant, le délai précis d'apparition dépend du traitement particulier et des facteurs propres à l'hôte.

La **neutropénie** survient surtout chez les clients qui reçoivent une chimiothérapie, et peut les exposer à un grave risque de septicémie et d'infection menaçant leur pronostic vital. Une neutropénie importante justifie de retarder l'administration du traitement ou d'en modifier les modalités (p. ex., envisager des doses plus faibles). L'infirmière doit prendre toutes les mesures possibles pour prévenir les infections chez ces clients. L'hygiène des mains est indispensable à leur protection comme à celle de toutes les personnes appelées à entrer en contact avec elles (y compris les membres du personnel hospitalier); tous doivent respecter les directives concernant le lavage des mains .

16

Les précautions recommandées pour les clients atteints de neutropénie sont présentées dans l'encadré 16.1W, au www.cheneliere.ca/lewis.

TABLEAU 16.12

Traitements infirmiers se rapportant aux effets secondaires de la chimiothérapie ou de la radiothérapie

PROBLÈMES	ÉTIOLOGIES	TRAITEMENTS INFIRMIERS
Système gastro-intestinal		
Stomatite, inflammation des muqueuses (mucite buccale notamment), œsophagite	• Destruction des cellules épithéliales se trouvant dans le champ d'irradiation (p. ex., la tête, le cou, l'estomac, l'œsophage) • Inflammation et ulcération dues à une destruction cellulaire rapide	• Enseigner au client les signes et symptomes annonciateurs de mucosite. • Examiner tous les jours la muqueuse buccale et enseigner au client à le faire lui-même. • Encourager la prise de suppléments nutritifs (p. ex., l'Ensure^{MD} ou le déjeuner instantané Carnation^{MD}) si l'apport alimentaire diminue. • Garder à l'esprit que le fait de manger, d'avaler et de parler peut être difficile (des analgésiques peuvent s'avérer nécessaires). • Adapter les recettes en les enrichissant. • Surveiller le poids corporel. • Recommander au besoin des changements alimentaires (recommander d'éviter les aliments irritants, épicés ou acides, et de privilégier les aliments crémeux, doux, en purée). • Recommander de privilégier les aliments froids ou tièdes. • Encourager le maintien d'une cavité buccale propre et humide par des rinçages buccaux avec une solution saline ou du bicarbonate de soude. • Encourager l'emploi de la salive artificielle pour lutter contre la sécheresse buccale (radiothérapie). • Décourager l'utilisation d'irritants comme le tabac ou l'alcool. • Appliquer des anesthésiques topiques (p. ex., la lidocaïne visqueuse, l'oxétacaïne).
Nausées et vomissements	• Stimulation du centre du vomissement bulbaire par la libération de produits de dégradation intracellulaire • Stimulation du centre du vomissement bulbaire par les médicaments eux-mêmes • Destruction du revêtement GI	• Recommander au client de manger et de boire lorsqu'il n'a pas de nausées. • Recommander au client d'éviter de manger ses aliments préférés après des vomissements pour prévenir le risque d'aversion alimentaire acquise. • Recommander la prise d'aliments froids ou tièdes, moins odorants que les aliments chauds. • Recommander d'éviter la position couchée après les repas. • Au besoin, administrer préventivement des antiémétiques avant la chimiothérapie. • Recommander de prendre les antiémétiques selon un horaire fixe pendant deux à trois jours après l'administration d'une chimiothérapie hautement émétisante. • Proposer des activités de distraction (au besoin).
Anorexie	• Suppression de l'appétit due à la libération de TNF et d'IL-1 par les macrophages • Réduction de l'appétit due aux effets GI induits par le traitement (inflammation des muqueuses, nausées, vomissements, perturbations du transit intestinal) et à l'anxiété	• Surveiller le poids. • Encourager le client à prendre de petits repas fréquents, riches en protéines et en calories. • Recommander de boire le moins possible en mangeant. • Recommander l'enrichissement des aliments pour augmenter leur densité nutritive sans en augmenter le volume. • Recommander au client de faire en sorte que sa nourriture lui soit servie dans un environnement agréable. • Encourager la présence de personnes significatives.

TABLEAU 16.12

TABLEAU 16.12 | **Traitements infirmiers se rapportant aux effets secondaires de la chimiothérapie ou de la radiothérapie** *(suite)*

PROBLÈMES	ÉTIOLOGIES	TRAITEMENTS INFIRMIERS
Diarrhée	• Dénudation du revêtement épithélial des intestins • Effet secondaire de la chimiothérapie • Rayonnements ionisants des régions abdominale, pelvienne et lombosacrée	• Administrer des antidiarrhéiques au besoin. • Encourager une alimentation pauvre en fibres et en résidus (p. ex., le riz blanc, le poulet bouilli, la purée de pommes de terre). • Recommander d'éviter ou de diminuer les irritants : caféine, épices, friture, sucreries. Les aliments contenant des fibres solubles peuvent être tolérés : riz, bananes, fruits et légumes tendres pelés, épépinés, cuits ou en conserve. • Encourager la consommation d'au moins 3 L de liquide par jour. • Recommander d'éviter les produits laitiers et les desserts au lait.
Constipation	• Diminution de la motilité intestinale due à une dysfonction du système nerveux autonome • Effet neurotoxique d'alcaloïdes végétaux (p. ex., la vincristine, la vinblastine)	• Recommander au client de prendre des laxatifs émollients au besoin, de manger des aliments riches en fibres et de boire plus de liquide. • Encourager la consommation de pruneaux et de jus de pruneaux (stimulants). • Promouvoir le confort et l'intimité.
Destruction des cellules du foie	• Hépatotoxicité des médicaments chimiothérapeutiques (habituellement transitoire, cessant dès l'interruption de l'usage du médicament)	• Surveiller les tests de l'exploration fonctionnelle hépatique.

Système hématologique

PROBLÈMES	ÉTIOLOGIES	TRAITEMENTS INFIRMIERS
Anémie	• Dépression médullaire due au traitement • Infiltration maligne de la moelle osseuse par les cellules cancéreuses	• Surveiller les taux d'hémoglobine et la valeur de l'hématocrite. • Administrer des suppléments de fer et de l'érythropoïétine (sous ordonnance médicale). • Encourager la consommation d'aliments favorisant la production de globules rouges.
Leucopénie	• Dépression médullaire due à la chimiothérapie ou à la radiothérapie • Infection le plus souvent responsable de morbidité et de décès chez les clients atteints d'un cancer • Infection touchant surtout les appareils respiratoire et génito-urinaire	• Surveiller le nombre de globules blancs, en particulier la valeur absolue des neutrophiles. • Enseigner au client la manière de reconnaître et de signaler les hausses de température ou toute autre manifestation d'infection. • Conseiller au client d'éviter les foules et de ne pas fréquenter les personnes atteintes d'une infection. • Administrer des facteurs de croissance des globules blancs (sous ordonnance médicale).
Thrombocytopénie	• Dépression médullaire due à la chimiothérapie. • Infiltration maligne de la moelle osseuse, encombrant la moelle normale • Risque de saignement augmenté si le nombre de plaquettes est égal ou inférieur à $50\,000/mm^3$ et accru si égal ou inférieur à $20\,000/mm^3$	• Surveiller le nombre de plaquettes. • Déceler les signes de saignement (p. ex., des pétéchies, des ecchymoses). • Informer le client d'éviter de prendre des médicaments en vente libre affectant la coagulation (p. ex., l'aspirine, l'Advil^MD). • Recommander au client d'éviter de se moucher trop fort et d'éviter de faire des efforts pour aller à la selle. • Recommander au client d'éviter les activités physiques comportant des risques de blessure ou de chute. • Enseigner au client la manière de reconnaître et de signaler les hausses de température ou toute autre manifestation d'infection.

16

▼

| TABLEAU 16.12 | Traitements infirmiers se rapportant aux effets secondaires de la chimiothérapie ou de la radiothérapie *(suite)* |

PROBLÈMES	ÉTIOLOGIES	TRAITEMENTS INFIRMIERS
Système tégumentaire		
Alopécie	• Destruction des follicules pileux par la chimiothérapie ou l'irradiation du cuir chevelu • Perte de cheveux généralement temporaire après la chimiothérapie et permanente après la radiothérapie	• Suggérer des stratégies permettant de pallier la perte de cheveux (p. ex., les postiches, les écharpes, les perruques, les foulards). • Si le client a les cheveux longs, lui suggérer de les faire couper avant le traitement. • Recommander l'utilisation d'une brosse à cheveux à poils souples et d'un shampooing doux. • Suggérer d'éviter les teintures et les permanentes. • Recommander au client de dormir sur un oreiller de satin, afin de réduire la friction. • Recommander d'éviter l'usage des séchoirs à cheveux électriques, des bigoudis et des rouleaux à friser. • Aborder l'impact de la perte de cheveux sur l'image de soi.
Changements cutanés induits par la radiothérapie (desquamation sèche à humide)	• Dommages à la peau	• L'**ENCADRÉ 16.6** décrit la prise en charge par le client.
Changements cutanés induits par la chimiothérapie	• Hyperpigmentation • Télangiectasies • Photosensibilité • Éruptions dites acnéiformes • Érythème des extrémités	• Encourager le client à éviter de s'exposer au soleil et l'inciter à utiliser une crème solaire (FPS 15 ou plus). • Chez le client traité avec un inhibiteur du récepteur du facteur de croissance épidermique (R-EGF), instaurer dès le début du traitement une stratégie préventive de prise en charge des éruptions cutanées, en recommandant l'utilisation d'un savon doux et le maintien de l'hydratation de la peau à l'aide d'une crème émolliente. • Aviser le client traité avec un inhibiteur de l'R-EGF de ne pas appliquer de lotions ou de crèmes normalement utilisées contre l'acné (p. ex., le peroxyde de benzoyle) : en plus de ne pas être efficaces, ces produits peuvent aggraver les éruptions. • Surveiller l'apparition d'éruptions cutanées et évaluer leur degré de sévérité.
Voies génito-urinaires		
Cystite hémorragique	• Destruction des cellules du revêtement de la vessie par la chimiothérapie (p. ex., le cyclophosphamide [Procytox^{MD}], l'ifosfamide [Ifex^{MD}]) • Effet secondaire des rayonnements si ces voies se trouvent dans le champ d'irradiation	• Encourager le client à augmenter son apport hydrique (2 L/ jour) de 24 à 72 heures après le traitement, en l'absence de contre-indication médicale. • Informer le client de la nécessité de vider fréquemment sa vessie pendant la journée et avant d'aller au lit. • Surveiller les manifestations comme les mictions impérieuses, la pollakiurie et l'hématurie. • Administrer, sous ordonnance médicale, un agent cytoprotecteur (p. ex., le mesna [Uromitexan^{MD}]) et assurer l'hydratation. • Administrer, sous ordonnance médicale, des agents de soutien pour prendre en charge les symptômes (p. ex., l'APO-Flavoxate^{MD}).
Dysfonction du système reproducteur	• Dommages aux cellules du testicule ou de l'ovaire	• Discuter de cette éventualité avec le client avant l'amorce du traitement. • Si le client est en âge de procréer, évoquer la possibilité de stocker des spermatozoïdes ou des ovules ; fournir de l'information écrite.

▼

TABLEAU 16.12	**Traitements infirmiers se rapportant aux effets secondaires de la chimiothérapie ou de la radiothérapie** *(suite)*

PROBLÈMES	ÉTIOLOGIES	TRAITEMENTS INFIRMIERS
Néphrotoxicité	• Dommage direct aux cellules rénales dû à l'exposition à des agents néphrotoxiques (cisplatine et dose élevée de méthotrexate) • Précipitation de métabolites résultant de la dégradation cellulaire (syndrome de lyse tumorale)	• Surveiller les taux d'azote uréique sanguin et la créatininémie. • Éviter d'administrer des médicaments potentialisants. • Alcaliniser les urines à l'aide de $NaHCO_3$ et administrer de l'allopurinol (Zyloprim[MD]) ou de la rasburicase (Fasturtec[MD]) pour prévenir le syndrome de lyse tumorale. • Recommander au client de vider sa vessie fréquemment au cours de la journée et avant d'aller au lit.
Système nerveux		
Augmentation de la pession intracrânienne	• Conséquence possible d'un œdème au SNC dû au rayonnement	• Surveiller l'état neurologique du client. • Envisager l'administration de corticostéroïdes.
Neuropathie périphérique	• Paresthésies, aréflexie, faiblesse des muscles squelettiques et dysfonction du muscle lisse, effets secondaires possibles des alcaloïdes (principalement : vinblastine, vinorelbine et vincristine), des taxanes (paclitaxel [Abraxane[MD]], docetaxel [Taxotere[MD]]), de cisplatine (Platinol-AQ[MD]) et d'oxaliplatine ; à doses élevées, cytarabine (Ara-C [Cytosar-U[MD], DepoCyt[MD]]), et etoposide et, dans de rares cas, ifosfamide ; les nouveaux agents comprennent le bortézomib (Velcade[MD]), la thalidomide et les epothilones	• Rechercher l'apparition de manifestations chez le client qui prend ces médicaments. • Évaluer la gravité des manifestations à l'aide d'une échelle validée. • Enseigner au client les stratégies de prévention des chutes. • Envisager la réduction temporaire de la dose de chimiothérapie ou son interruption jusqu'à l'amélioration des symptômes (sous ordonnance médicale).
Système respiratoire		
Pneumopathie	• Pneumonite radique apparaissant deux à trois mois après le début du traitement • Fibrose apparente sur les radiographies au bout de 6 à 12 mois • Effet secondaire de certains médicaments chimiothérapeutiques	• Surveiller l'apparition d'une toux sèche et quinteuse, de fièvre et de dyspnée d'effort.
Système cardiovasculaire		
Péricardite et myocardite	• Inflammation due à des lésions résultant de l'irradiation • Complication observée si la paroi thoracique a été irradiée ; pouvant survenir jusqu'à un an après le traitement • Effet secondaire de certains médicaments chimiothérapeutiques	• Surveiller l'apparition des manifestations cliniques de ces troubles (p. ex., la dyspnée).
Cardiotoxicité	• Modifications à l'électrocardiogramme (ECG) et insuffisance cardiaque rapidement évolutive dues à certains médicaments chimiothérapeutiques (p. ex., les anthracyclines, les taxanes)	• Surveiller la fonction cardiaque au moyen de l'ECG et des fractions d'éjection cardiaque. • Envisager la modification du traitement pharmacologique en cas de symptômes ou si des examens témoignent d'une détérioration de la fonction cardiaque.

16

TABLEAU 16.12	Traitements infirmiers se rapportant aux effets secondaires de la chimiothérapie ou de la radiothérapie *(suite)*	
PROBLÈMES	**ÉTIOLOGIES**	**TRAITEMENTS INFIRMIERS**
Biochimique		
Hyperuricémie	• Augmentation des taux d'acide urique due à une destruction cellulaire induite par la chimiothérapie • Possibilité de goutte secondaire et d'uropathie obstructive	• Surveiller les taux d'acide urique. • Administrer au besoin de l'allopurinol (Zyloprim^{MD}) en prophylaxie, sous ordonnance médicale. • Encourager un apport hydrique plus important.
Aspect psychoémotif		
Fatigue	• Processus anabolique consécutif à l'accumulation de métabolites résultant de la dégradation cellulaire	• Encourager un exercice modéré, (p. ex., la marche, le vélo, la natation) selon la tolérance du client. • Évaluer les causes réversibles de la fatigue (p. ex., la douleur, les nausées) et les résoudre, de la manière prescrite. • Rassurer le client et lui rappeler que la fatigue est un effet secondaire courant du traitement. • Encourager le client à se reposer s'il est fatigué, à conserver autant que possible ses habitudes de vie et à adapter ses activités à son niveau d'énergie. • Encourager le client à planifier ses activités de la vie quotidienne (AVQ) et ses activités de la vie domestique (AVD) en établissant un ordre de priorité.

38

Les interventions infirmières auprès du client neutropénique sont présentées dans le chapitre 38, *Interventions cliniques – Troubles hématologiques*.

L'infirmière doit par ailleurs surveiller régulièrement la température du client. Tout signe d'infection doit être traité rapidement, car la fièvre est une urgence médicale en contexte de neutropénie. Les facteurs de croissance des globules blancs (filgrastim [Neupogen^{MD}] et pegfilgrastim [Neulasta^{MD}]) sont couramment utilisés pour réduire la durée de la neutropénie induite par la chimiothérapie et prévenir la neutropénie si des médicaments chimiothérapeutiques hautement myélosuppressifs sont employés (National Comprehensive Cancer Network, 2009) ▶ **38**.

La thrombocytopénie peut se traduire par un saignement spontané ou une hémorragie majeure. La thrombocytopénie se caractérise par une numération plaquettaire inférieure à 150×10^9/L. L'infirmière doit éviter les interventions effractives et conseiller aux clients de se garder de pratiquer des activités les exposant à un risque de blessure ou de saignement (surmenage excessif, entre autres). En général, le risque de saignement grave n'apparaît que si la numération plaquettaire tombe sous 50×10^9/L. À cet effet, l'American Society of Clinical Oncology a émis des lignes directrices en matière de transfusion plaquettaire (Damron, Brant, Belansky, Friend, Samsonow, & Schaal, 2009).

L'anémie est fréquente chez les clients qui reçoivent une radiothérapie ou une chimiothérapie, et elle apparaît généralement plus tard, soit environ trois ou quatre mois après la mise en œuvre du traitement. Toutefois, plusieurs clients atteints de néoplasie présentent une anémie plus ou moins sévère avant même le début des traitements. Les facteurs de croissance des globules rouges (darbépoétine [Aranesp^{MD}] et époétine alfa [Eprex^{MD}]) peuvent être administrés aux clients qui présentent de faibles taux d'hémoglobine. En cas d'anémie symptomatique, une transfusion de globules rouges peut aussi être indiquée. En général, ce type de transfusion est évité autant que possible.

Fatigue

La fatigue, sensation subjective persistante associée au cancer et à son traitement, interfère aussi avec les activités quotidiennes. Il s'agit d'un symptôme quasi universel, qui affecte de 70 à 100 % des clients atteints d'un cancer (Kuchinski, Reading, & Lash, 2009). La fatigue est souvent désignée comme l'effet secondaire le plus pénible par les clients qui suivent un traitement actif ; elle peut d'ailleurs persister longtemps après la fin du traitement.

Les mécanismes physiopathologiques de la fatigue ne sont pas clairs. Une théorie veut que l'accumulation de métabolites musculaires comme le lactate, les ions hydrogène et d'autres produits résultant de la destruction des cellules provoque une diminution de la force musculaire. D'autres hypothèses évoquent la production de cytokines, des altérations de la fonction neuromusculaire, une dérégulation de la sérotonine, une association indirecte avec l'anorexie ainsi que la présence de fièvre et d'infections fréquentes consécutives à un traitement. Il est important de rappeler que les causes réversibles de la fatigue comme l'anémie, l'hypothyroïdie, la dépression, l'anxiété, l'insomnie, la déshydratation ou l'infection doivent être évaluées et corrigées, le cas échéant (Given, 2008 ; Rao & Cohen, 2008). Les médicaments susceptibles de contribuer à la fatigue doivent également faire l'objet d'une évaluation et, si possible, être remplacés. Des facteurs comme la perte de poids, la dépression, les nausées et d'autres symptômes peuvent exacerber la sensation de fatigue.

L'infirmière peut aider les clients à comprendre que la fatigue est un effet secondaire courant du traitement, et encourager des stratégies de conservation de l'énergie. Elle peut ainsi leur apprendre à reconnaître les jours ou les moments de la journée où ils se sentent généralement mieux, de manière à les garder plus actifs durant cette période. Il peut être nécessaire de se reposer avant les activités et de demander l'assistance des autres pour le travail ou les tâches ménagères. Si la fatigue paraît tolérable, l'ignorer ou surmener le corps peut entraîner une exacerbation des symptômes. À la lumière des données disponibles, l'exercice s'avère être la seule intervention appuyée par des résultats probants suffisamment rigoureux pour qu'elle soit proposée à des clients atteints de cancer ressentant de la fatigue et répondant à des critères précis (Mitchell, Beck, Hood, Katen Moore, & Tanner, 2007). Aussi, continuer à faire de l'exercice et maintenir ses activités dans les limites tolérables permet souvent de gérer la fatigue.

Pour la plupart des clients, l'exercice est un moyen de rester actif sans se surmener. La capacité de rester actif contribue à améliorer l'humeur et à éviter le cycle débilitant de fatigue-dépression-fatigue, qui peut toucher les personnes atteintes d'un cancer. La fatigue peut aussi être réduite en maintenant de bonnes conditions de nutrition et d'hydratation, et en se préoccupant des autres symptômes, surtout l'insomnie ou les troubles du sommeil, la douleur, la dépression et l'anxiété. Le National Comprehensive Cancer Network a publié des directives pour l'évaluation et la prise en charge de la fatigue liée au cancer (Given, 2008). Des interventions reposant sur des résultats probants visant à contrer la fatigue pendant les traitements et après ceux-ci ont également été mis à la disposition des infirmières (Mitchell, Beck, Hood, Katen, Moore, & Tanner, 2007).

Effets gastro-intestinaux

Les cellules de la muqueuse des voies GI sont très prolifératives, les cellules de surface étant remplacées tous les deux à six jours. La muqueuse intestinale est l'un des tissus les plus sensibles à la radiothérapie et à la chimiothérapie. Les réactions GI sont dues à divers mécanismes, notamment : 1) la libération de sérotonine du tractus GI, qui stimule à son tour la zone de déclenchement des chimiorécepteurs et le centre du vomissement bulbaire ; 2) la mort cellulaire et les dommages qui en découlent aux tissus muqueux et aux structures sous-jacentes du revêtement GI responsables de la digestion, de la sécrétion et de l'absorption. De plus, l'irradiation des zones de traitement englobant des structures GI (régions abdominopelvienne, lombosacrée et thoracique inférieure) et certains agents chimiothérapeutiques sélectifs entraînent des lésions directes aux cellules épithéliales GI. Ces lésions se traduisent par divers effets GI, dont les nausées et les vomissements, la diarrhée, l'inflammation des muqueuses et l'anorexie. Ces problèmes peuvent sensiblement affecter l'hydratation du client, son état nutritionnel et son sentiment de bien-être.

| **Nausées et vomissements** | Les nausées et les vomissements sont des effets secondaires fréquents de la chimiothérapie et, dans certains cas, de la radiothérapie. Sauf chez les clients recevant de l'irradiation corporelle totale, les nausées et vomissements induits par la radiothérapie sont habituellement moins sévères et moins fréquents que les nausées et vomissements induits par la chimiothérapie (Direction de la lutte contre le cancer [DLCC], 2009).

Parmi les facteurs de risque susceptibles de générer des nausées et vomissements, le potentiel émétisant de l'antinéoplasique est le facteur de risque le plus important et guide le professionnel dans le choix des antiémétiques à associer à une chimiothérapie. Plusieurs médicaments antiémétiques sont utilisés pour prévenir sinon traiter ces symptômes, dont les antagonistes des récepteurs 5-HT$_3$ de la sérotonine, surnommés sétrons : l'ondansétron (Zofran^{MD}), le granisétron (Kytril^{MD}), le dolasétron (Anzemet^{MD}), les corticostéroïdes, la dexaméthasone, les antidopaminergiques, le métoclopramide et le prochlorpérazine (DLCC, 2009) ▶ **56** . L'aprépitant (Emend^{MD}), premier agent d'une classe d'antiémétiques connus comme les antagonistes des récepteurs de la neurokinine-1, est efficace pour prévenir les nausées et vomissements le jour où a lieu la chimiothérapie ainsi que les jours suivants. L'association de trois médicaments (p. ex., d'un antagoniste des récepteurs de la sérotonine, de la dexaméthasone et de l'aprépitant) est recommandée avant d'administrer une chimiothérapie hautement émétisante (p. ex., le cyclophosphamide ou les anthracyclines) (Ettinger *et al.*, 2009).

Les clients peuvent aussi présenter des nausées et des vomissements d'anticipation si ces symptômes, ressentis après l'administration de la chimiothérapie, ont été mal maîtrisés. En vertu de ce phénomène, même si le traitement n'est pas administré, la simple pensée de son administration suffit à provoquer des nausées et des vomissements. Il importe d'en prévenir l'apparition par une maîtrise dynamique de l'émèse et de traiter ce type de nausées et de vomissements par l'administration prophylactique d'antiémétiques et d'anxiolytiques une heure avant le traitement. Le client pourrait d'ailleurs juger opportun de consommer avant le traitement un repas léger composé d'aliments non irritants.

Les nausées et les vomissements retardés peuvent apparaître 24 heures et jusqu'à une semaine après le traitement. L'infirmière doit évaluer si les clients qui sont sujets à des nausées et à des vomissements présentent des signes et des symptômes de déshydratation et d'alcalose métabolique. Elle doit estimer la prise liquidienne pour s'assurer qu'un volume adéquat est consommé et conservé. Les nausées et les vomissements peuvent être pris en charge avec succès grâce à des traitements antiémétiques, des changements au régime alimentaire et d'autres interventions non pharmacologiques.

| **Diarrhée** | La diarrhée est une réaction de la muqueuse intestinale à la radiothérapie et à certains agents antinéoplasiques. Elle se caractérise par une fréquence accrue de selles liquides. La physiopathologie de la diarrhée induite par le traitement procède de plusieurs facteurs. Les mécanismes les plus souvent mis en cause sont de nature osmotique, sécrétoire ou exsudative, et touchent aussi l'hypermotilité. L'intestin grêle est extrêmement sensible et ne tolère pas de doses importantes de rayonnement. En cas d'irradiation de la région pelvienne, il serait plus indiqué de traiter les clients avec une vessie pleine, ce qui fait sortir l'intestin grêle du champ d'irradiation. La prise en charge la plus effective de la diarrhée induite par la radiothérapie et la chimiothérapie consiste à apporter des modifications au régime alimentaire et à administrer des antidiarrhéiques, des agents inhibant la motilité et des antispasmodiques.

Jugement clinique

Le traitement chimiothérapeutique de madame Trosier comprend une combinaison de cyclophosphamide et de doxorubicine à répéter toutes les trois semaines.

Est-ce qu'un seul de ces médicaments peut expliquer que la cliente présente une thrombocytopénie ?

56

Les médicaments antiémétiques sont abordés dans le chapitre 56, *Interventions cliniques – Troubles du tractus gastro-intestinal supérieur.*

16

L'infirmière doit recommander un régime alimentaire pauvre en fibres et en résidus avant l'administration d'une chimiothérapie qui provoque la diarrhée. Il s'agit entre autres de limiter l'apport en aliments riches en fibres (p. ex., les fruits frais, les légumes, les graines et les noix). Il est possible de prévenir la diarrhée ou d'en réduire la sévérité en évitant d'autres aliments comme les aliments frits ou très épicés, ou encore ceux qui provoquent des gaz. Les lésions de la muqueuse intestinale résultant de la radiothérapie peuvent également entraîner une intolérance temporaire au lactose ; par conséquent, certains clients gagneraient à éviter les produits laitiers durant le traitement et immédiatement après. Selon la sévérité des symptômes, l'hydratation du client et l'administration de suppléments hydroélectrolytiques sont aussi recommandées. Des bains de siège à l'eau tiède peuvent soulager l'inconfort et nettoyer la région rectale si une irritation importante se manifeste dans cette région. La région rectale doit rester propre et sèche pour maintenir l'intégrité de la peau. L'infirmière doit inspecter visuellement la région périanale pour relever des signes d'*érythème* ou de lésions cutanées. Une analgésie peut être requise en cas d'irritation cutanée douloureuse. L'infirmière doit noter le nombre de selles quotidiennes, leur volume, leur texture et leurs caractéristiques. Elle doit également montrer au client à tenir un journal ou un carnet pour consigner les épisodes et les facteurs aggravant ou atténuant la diarrhée (Muehlbauer, Thrope, & Davis, 2009 ; Vachani, 2009). Le client pourrait être tenté d'appliquer une crème topique : l'infirmière doit l'informer de l'importance de se conformer aux directives données par l'équipe de radio-oncologie.

| Inflammation des muqueuses | La stomatite ou mucite buccale (irritation, inflammation ou ulcération de la muqueuse buccale) est une complication fréquente observée chez presque tous les clients qui reçoivent des rayonnements dans la sphère ORL, et chez un nombre important de clients recevant certains agents antinéoplasiques, en particulier le 5-fluorouracile (5-FU). Comme la muqueuse de l'intestin, les revêtements muqueux de la cavité buccale, de l'oropharynx et de l'œsophage sont extrêmement sensibles aux effets de la radiothérapie et de la chimiothérapie. L'inflammation de la muqueuse buccale (ou stomatite) est un problème complexe qui affecte non seulement le revêtement épithélial, mais aussi d'autres composantes de la muqueuse, dont le tissu endothélial, la matrice extracellulaire et le tissu conjonctif.

Certains facteurs peuvent aggraver le problème. Par exemple, les clients qui reçoivent des rayonnements dans la sphère ORL peuvent aussi souffrir d'une dysfonction de la glande parotide induite par les rayonnements, qui peut se traduire par une diminution de l'écoulement salivaire et une xérostomie (bouche sèche) aiguë ou chronique. La sécheresse buccale ou la salive épaisse compromettent les fonctions protectrices de ce liquide qui contribue au nettoyage des dents, à l'humectation de la nourriture et à la déglutition. Des soins buccodentaires méticuleux, pendant le traitement et longtemps après, réduisent le risque de caries associées à la radiothérapie et découlant possiblement d'une diminution de la salive. L'infirmière doit recommander aux clients d'effectuer régulièrement leur suivi dentaire tous les six mois, et d'utiliser des suppléments de fluorure conformément aux recommandations de leur dentiste. Des substituts de salive sont offerts sur le marché et peuvent être proposés aux clients atteints de xérostomie, quoique la plupart d'entre eux estiment que la consommation fréquente de petites quantités d'eau a le même effet. L'amifostine, un cytoprotecteur, peut être employée durant la radiothérapie si une dose importante doit être administrée aux glandes parotides. Des données contradictoires ont été publiées sur le rôle de l'amifostine

dans la réduction de l'inflammation des muqueuses associée à la radiothérapie (Keefe *et al.*, 2007).

Une perte de goût (dysgueusie) peut survenir durant le traitement, et il arrive souvent que les clients constatent, à la fin du traitement, que tous les aliments ont perdu leur saveur. En fin de compte, il est possible que l'état nutritionnel soit compromis. La dysphagie (difficulté à avaler), qui caractérise une atteinte du pharynx ou de l'œsophage, nuit encore plus à l'alimentation. Les clients peuvent signaler la présence d'une « masse » lorsqu'ils avalent, et se plaindre que « les aliments restent coincés ». L'odynophagie, déglutition douloureuse due à une irritation oropharyngée ou œsophagienne, ainsi que l'ulcération peuvent rendre l'utilisation d'analgésiques nécessaire avant les repas.

Il est essentiel de procéder à une évaluation buccodentaire de même qu'à des soins méticuleux destinés à garder la cavité buccale humide, propre et sans débris, pour prévenir les infections et favoriser l'apport nutritionnel. L'établissement de protocoles standards de soins buccodentaires axés sur la prévention et la prise en charge de l'inflammation des muqueuses facilite les évaluations de routine, l'information au client et à sa famille, ainsi que les interventions (Keefe *et al.*, 2007). La cavité buccale, les muqueuses, les caractéristiques de la salive et la capacité de déglutition doivent être régulièrement examinées par l'infirmière. Il est également recommandé de se soumettre à une évaluation durant laquelle un dentiste effectuera tous les soins dentaires qui s'imposent avant l'amorce du traitement. L'infirmière doit enseigner aux clients l'auto-examen de la cavité buccale et la méthode des soins buccodentaires (brossage de dents approprié avec une brosse à dents à poils souples, passage de la soie dentaire et utilisation d'un porte-fluorure pour prévenir les caries). Les soins buccodentaires doivent s'effectuer au moins avant et après chaque repas ainsi qu'au coucher. Une solution saline composée de 5 ml de sel et de 1 L d'eau est un agent nettoyant efficace. La solution peut être complétée par 5 ml de bicarbonate de sodium pour atténuer les odeurs, soulager la douleur et dissoudre la mucine.

Si une infection est confirmée, les symptômes associés à l'inflammation des muqueuses ou aux maux de gorge peuvent être soulagés à l'aide d'analgésiques systémiques ou topiques et d'antibiotiques. Le nettoyage fréquent avec une solution saline et de l'eau, ainsi que l'application topique de gel anesthésique directement sur les lésions, correspondent aux soins standards (Wray, 2008).

La palifermine (Kepivance^(MD)), version synthétique du facteur de croissance des kératinocytes, peut prévenir les stomatites et en raccourcir la durée. Elle est administrée par voie I.V. et stimule la croissance de la couche superficielle de cellules buccales. Ces cellules sont alors remplacées plus rapidement après leur élimination par le traitement anticancéreux, et le processus de guérison des ulcères buccaux s'en trouve aussi accéléré. La palifermine est actuellement recommandée pour la prévention de l'inflammation des muqueuses chez les clients atteints d'affections malignes hématologiques et soumis à des chimiothérapies à dose élevée, à une irradiation corporelle totale et à une greffe de cellules souches (Keefe *et al.*, 2007). L'innocuité et l'efficacité de ce médicament n'ont pas été établies pour les clients atteints d'affections malignes non hématologiques.

L'infirmière doit encourager la prise fréquente de petits repas composés d'aliments doux, crémeux, non irritants, riches en protéines et hypercaloriques. Les températures extrêmes, de même que le tabagisme et la consommation d'alcool sont à proscrire.

L'infirmière peut encourager la prise de suppléments nutritifs comme complément aux repas et aux liquides ingérés. Elle doit peser le client au moins deux fois par semaine afin de s'assurer que son poids se maintient ou détecter toute diminution rapide de celui-ci. Les proches du client font partie intégrante de l'équipe de soins. À mesure que la gravité des symptômes augmente, l'assistance qu'ils apportent au client dans ses repas devient de plus en plus essentielle. Si les proches ne sont pas disponibles, d'autres ressources de soutien peuvent être utilisées (p. ex., la popote roulante, des bénévoles, des aides à domicile).

| Anorexie | L'anorexie peut apparaître en tant que réaction générale au traitement. Les mécanismes qui en sont responsables sont incertains, mais ont donné lieu à plusieurs hypothèses. Les macrophages libèrent le TNF et l'IL-1 pour tenter de lutter contre le cancer. Ces deux substances ont un effet modérateur de l'appétit (anorexigène). Quand les tumeurs sont détruites par le traitement, des taux accrus de ces facteurs pourraient être libérés, traverser la barrière hémato-encéphalique et exercer leur action sur le centre de la satiété. Les grosses tumeurs produisent une quantité plus importante de ces facteurs, d'où la **cachexie cancéreuse** observée en cas de cancer avancé. Les autres effets secondaires GI induits par le traitement peuvent également compromettre l'appétit. En général, les clients qui sont sujets à des nausées, à des vomissements, à des troubles intestinaux, à une inflammation des muqueuses et à des altérations du goût n'ont pas très envie de boire et de manger. Ils éprouvent même des difficultés mécaniques à le faire. Bien que chaque personne soit affectée différemment, l'anorexie semble atteindre son pic après quatre semaines de traitement et paraît se résoudre plus rapidement que la fatigue en fin de traitement.

Une perte de poids non planifiée est considérée comme importante et anormale si elle est supérieure à 5 % du poids habituel en 1 mois, ou supérieure à 10 % du poids habituel en 6 mois (Brusco *et al.*, 2007). Pendant le traitement, l'infirmière doit surveiller attentivement le client atteint d'anorexie pour s'assurer que sa perte de poids ne devient pas excessive, et lui proposer de consulter une diététiste. De petits repas fréquents, riches en protéines et hypercaloriques sont mieux tolérés que les gros repas. Les suppléments nutritifs peuvent aussi s'avérer utiles. La nutrition entérale ou parentérale peut être indiquée si le client souffre de dénutrition grave, si des symptômes pouvant entraver longtemps la nutrition peuvent être anticipés ou si l'intestin est mis au repos. Des médicaments comme les corticostéroïdes ou les progestatifs (p. ex., l'acétate de mégestrol [Megace OS^{MD}]) peuvent aussi convenir à certains clients (Adams, Shepard, Caruso, Norling, Belansky, & Cunningham, 2009).

Réactions cutanées

À l'instar de la moelle osseuse et du revêtement GI, la peau contient des cellules qui prolifèrent rapidement et sont donc affectées par la radiothérapie et la chimiothérapie. Les effets cutanés de la radiothérapie sont locaux et ne surviennent que dans le champ d'irradiation. La chimiothérapie, par contre, provoque un éventail d'effets cutanés dans tout le système tégumentaire. Mentionnons à titre d'exemple la **radiodermite** ou les réactions de photosensibilité associées à la prise de **méthotrexate** qui se produisent des mois, voire des années après la radiothérapie ou la chimiothérapie.

Les changements cutanés induits par les rayonnements ionisants peuvent être aigus ou chroniques, selon la zone irradiée, la dose de rayonnement et la technique employée. La capacité des équipements modernes de radiothérapie à épargner la peau tempère la gravité de ces réactions. L'érythème peut survenir de 1 à 24 heures après un traitement unique, mais il apparaît d'ordinaire progressivement, avec l'accumulation de la dose de traitement. L'érythème, réponse aiguë, précède la desquamation sèche **FIGURE 16.16**. Si la vitesse de desquamation cellulaire est supérieure à la vitesse de remplacement des cellules mortes, une desquamation humide survient, avec exposition du derme et suintement de sérosité **FIGURE 16.17**. Les réactions cutanées sont particulièrement évidentes dans les plis cutanés ou dans les endroits où la peau subit une pression, comme derrière l'oreille, dans le pli fessier, au périnée, sous le sein, dans les plis du cou et sur les protubérances osseuses.

Bien que les protocoles de soins de la peau varient selon les établissements, les mêmes principes de base s'appliquent partout. Les objectifs thérapeutiques sont de prévenir les infections et de favoriser la guérison des blessures. La peau irradiée doit être protégée des températures extrêmes. Les sacs chauffants ou refroidissants ne doivent pas être appliqués sur la zone à traiter. Les vêtements de compression, les frictions, les produits chimiques puissants et les déodorants sont à proscrire parce qu'ils peuvent causer un traumatisme à la peau. Les réactions de sécheresse peuvent entraîner de l'inconfort et du prurit. Il convient de lubrifier la peau sèche avec une lotion émolliente non irritante (p. ex., à l'aloès) qui ne contient ni métal, ni alcool, ni parfum, ni additif susceptible d'irriter la peau. Pour prévenir la dermatite atopique, des émollients contenant des acides gras essentiels peuvent être

Cachexie cancéreuse: Syndrome clinique complexe caractérisé par une fonte tissulaire chronique du tissu adipeux et de la masse maigre, à la suite de l'action directe de facteurs tumoraux, ou indirectement causée par une réponse exacerbée de l'hôte face à la tumeur.

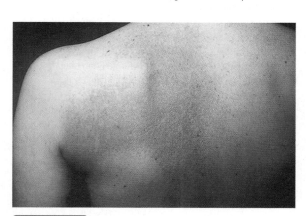

FIGURE 16.16
Desquamation sèche

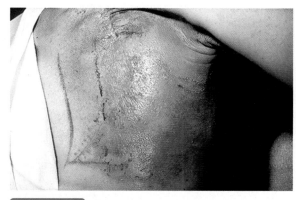

FIGURE 16.17
Desquamation humide

16

appliqués deux fois par jour, en évitant cependant de le faire dans les trois heures précédant l'irradiation (Bonnafoux-Clavère, Clavère, & Bonnetblanc, 2001). En maintenant la peau normalement hydratée, ils empêchent le prurit et procurent ainsi au client un certain confort.

En raison des variations qui existent en matière de prévention et de prise en charge des manifestations cutanées, il est essentiel que le client se conforme aux directives émises par l'équipe traitante de radio-oncologie en matière d'application lotion sur la zone cutanée comprise dans le champ d'irradiation.

La desquamation humide des tissus est généralement associée à des douleurs, à un drainage et à un risque accru d'infection. Les soins de la peau pour la prise en charge de la plupart des types de desquamations consistent notamment à maintenir les tissus propres à l'aide de compresses salines ou d'une solution de trempage plus spécifique, et à protéger les tissus contre d'autres dommages avec des pansements perméables à l'humidité ou des pansements aux

propriétés plus spécifiques. Puisque les protocoles varient énormément, les directives présentées dans l'**ENCADRÉ 16.6** doivent d'abord être revues avec les cliniciens du département de radio-oncologie.

La chimiothérapie produit une grande variété de réactions toxiques cutanées, allant de l'érythème léger et de l'hyperpigmentation à des effets plus pénibles comme l'érythème des extrémités et l'érythrodysesthésie palmoplantaire (aussi connue sous le nom de syndrome main-pied), en passant par la toxicité unguéale (ongles cassants, striés), fréquemment associée à la prise de certains médicaments (p. ex., le fluorouracile [5-FU], la capécitabine [Xéloda[MD]] et le docetaxel [Taxotere[MD]]). L'érythrodysesthésie palmoplantaire peut provoquer des symptômes légers de rougeur et de picotement dans la paume des mains et la plante des pieds. Elle peut aussi être associée à de graves symptômes de desquamation humide et douloureuse, d'ulcération, de vésication et de douleur. Si de tels symptômes surviennent, la chimiothérapie doit être interrompue

---

Enseignement au client et à ses proches

ENCADRÉ 16.6 — **Réactions cutanées dues au rayonnement**[a]

Les instructions suivantes sur la manière de nettoyer et de protéger la peau située dans une zone d'irradiation doivent faire partie intégrante de l'information adressée au client et au proche aidant :

- Nettoyer délicatement la peau de la zone à traiter avec un savon doux (p. ex., du Ivory[MD] ou du Dove[MD]), sans utiliser de débarbouillette ou de gant de toilette. Rincer abondamment en laissant couler de l'eau tiède sur le savon. Sécher en tapotant avec un linge doux.
- Appliquer des lotions ou des crèmes hydratantes non médicamenteuses et non parfumées, comme un gel à l'aloès, pour soulager la sécheresse cutanée. Certaines substances peuvent être délicatement retirées de la zone à traiter avant chaque traitement, puis appliquées de nouveau. La crème d'hydrocortisone 0,5 %, offerte en vente libre, peut calmer les démangeaisons.
- Rincer la zone avec une solution saline. L'exposer à l'air aussi souvent que possible. En cas d'écoulement important, utiliser des compresses astringentes ; l'usage de pansements absorbants non adhésifs est aussi indiqué (il faut les remplacer dès qu'ils deviennent humides). Surveiller quotidiennement cette zone pour déceler des signes d'infection.
- Éviter de porter des vêtements serrés, comme des soutiens-gorges ou des ceintures, sur la zone à traiter.
- Éviter de porter des tissus irritants comme de la laine ou du velours côtelé. Un vêtement de coton léger est plus indiqué. Si possible, exposer la zone à traiter à l'air.
- Utiliser des détergents doux (p. ex., du Ivory Neige[MD]) pour laver les vêtements qui entrent en contact avec la zone à traiter.
- Éviter l'exposition directe au soleil. Si la zone à traiter est exposée au soleil, il faut porter des vêtements

protecteurs comme un chapeau à larges bords et appliquer un écran solaire durant l'exposition.
- Éviter d'appliquer toute source de chaleur excessive (bouteilles d'eau chaude, coussins chauffants et lampes à rayons ultraviolets) sur la zone à traiter.
- Éviter d'exposer la zone à traiter à des températures froides (sacs de glace ou temps froid).
- Éviter de nager dans l'eau salée ou chlorée (piscine, spa) durant la période de traitement.
- Éviter d'appliquer tout médicament, déodorant, parfum, lotion après rasage, poudre ou produit cosmétique sur la peau située dans la zone à traiter. Les sparadraps et les pansements, en particulier ceux qui sont adhésifs, sont à proscrire, sauf s'ils sont autorisés par le radiothérapeute. Éviter de raser les poils sur la zone à traiter.

Pendant les deux à trois semaines suivant la fin des traitements :

- Continuer de nettoyer délicatement la peau de la zone traitée en suivant les mêmes recommandations que pendant les traitements.
- Éviter de porter des vêtements serrés sur les zones traitées (p. ex., un soutien-gorge, des bretelles, une ceinture).

Une fois le traitement terminé, la peau sensible doit continuer à être protégée. Le client doit donc respecter les recommandations suivantes :

- Éviter l'exposition directe au soleil. Si la zone traitée est exposée au soleil, porter des vêtements protecteurs (chapeau à large bord, vêtements amples, légers et tissés serré) et appliquer un écran solaire (minimum FPS 30).
- Si la zone traitée doit être rasée, utiliser un rasoir électrique.

[a] Avant de recommander l'application d'un produit, d'une solution ou d'un pansement sur la zone traitée, il importe d'en discuter avec le radio-oncologue.

pendant une à deux semaines pour permettre à la peau de se régénérer. Les directives de l'ONS en matière de chimiothérapie et de traitement biologique abordent cette question en détail et énoncent des recommandations de prise en charge (Polovitch *et al.,* 2005).

Avec les traitements ciblés apparaissent de nouvelles toxicités cutanées qui diffèrent de celles qui sont attribuées aux agents chimiothérapeutiques classiques. Ainsi, les manifestations cliniques observées avec des inhibiteurs du récepteur du facteur de croissance épidermique (R-EGF), comme le cetuximab (Erbitux^MD) et l'erlotinib (Tarceva^MD), sont des manifestations physiologiques des différents récepteurs et signaux moléculaires inhibés par ces nouvelles molécules. Les effets observés ne sont pas tant secondaires que directement liés au mécanisme d'action. Le *rash* cutané acnéiforme des inhibiteurs du R-EGF est reconnu comme facteur prédictif de réponse au traitement (Deslandres, Sibaud, Chevreau, & Delord, 2008).

L'alopécie, ou perte de cheveux, est un effet aisément observable des traitements antinéoplasiques. Elle est souvent associée à différents niveaux de détresse émotionnelle. La perte de cheveux découlant de la radiothérapie est locale, alors que la chimiothérapie affecte la pilosité du corps entier. Le degré (partiel ou total) et la durée (temporaire ou permanente) de la perte de cheveux des clients qui subissent une radiothérapie et une chimiothérapie dépendent du type et de la dose de l'agent chimiothérapeutique, ainsi que de l'emplacement du champ d'irradiation et de la dose de rayonnement administrée. L'alopécie due à l'administration d'agents chimiothérapeutiques est habituellement réversible, tandis que les rayonnements peuvent produire une perte de cheveux partielle (temporaire ou permanente) selon l'emplacement du champ d'irradiation et de la dose de rayonnement administrée. Parfois, les cheveux repoussent alors que le client reçoit encore des agents chimiothérapeutiques, mais en général cette repousse n'a lieu que de trois à quatre semaines après la fin de la prise de médicaments. Il arrive souvent que les cheveux qui repoussent aient une couleur et une texture différentes de celles qu'ils avaient auparavant. Les clients éprouvent toutes sortes d'émotions à l'idée de perdre leurs cheveux ou lorsqu'ils les perdent effectivement. Ces émotions peuvent inclure la colère, le chagrin, l'embarras ou la peur. La perte des cheveux est un signe visible de leur cancer et des difficultés liées au traitement. Pour certains, la perte des cheveux est l'un des événements les plus stressants du traitement.

Le programme *Belle et bien dans sa peau* est une initiative de la Fondation de l'Association canadienne des cosmétiques, produits de toilette et parfums. Il est offert gratuitement partout au Canada sous forme d'ateliers, et a pour objectif d'aider les femmes atteintes de cancer à surmonter les effets des traitements sur leur apparence. Ces ateliers sont également des occasions de partage d'expériences. Ils offrent un grand soutien aux clients confrontés non seulement à la perte de leurs cheveux, mais aussi au bouleversement général de leur image corporelle.

Toxicités neurologiques

De nombreux médicaments sont reconnus pour présenter une certaine toxicité sur le SNP, quoique les mécanismes physiopathologiques et l'incidence exacte de ces neuropathies soient mal connus. En oncologie, avec la prise de certains de ces médicaments, la survenue de neuropathies périphériques d'origine médicamenteuse est relativement prévisible. Les antinéoplasiques et les immunomodulateurs sont parmi les classes de médicaments fréquemment rapportées comme causes de ce type de neuropathies ; les immunosuppresseurs, les agents

alcaloïdes et les dérivés du platine en sont les sous-classes les plus fréquemment citées (Haute Autorité de santé [HAS], 2007).

La plupart des neuropathies périphériques d'origine médicamenteuse sont **subaiguës**. Si elles sont liées à la dose, elles se forment en quelques semaines ou quelques mois, tandis que si elles sont immuno-allergiques, elles surviennent au bout de quelques jours. Les manifestations cliniques sont habituellement distales et symétriques, touchent d'abord les membres inférieurs et s'installent de façon progressive. Les manifestations sensitives sont les plus fréquentes : sensations de fourmillement, brûlures, engourdissements, impression de marcher sur du coton ou du gravier (HAS, 2007). Certaines de ces manifestations peuvent nuire aux AVQ (p. ex., le client peut avoir de la difficulté à boutonner sa chemise, à dévisser un couvercle, à écrire ou à attacher sa boucle d'oreille). Selon la sévérité et le degré de persistance des neuropathies, le régime thérapeutique peut devoir être modifié. Par exemple, si l'agent causal est l'oxaliplatine (Eloxatin^MD), la dose peut être diminuée ou son administration interrompue, voire abandonnée.

Considérant le risque d'aggravation d'une neuropathie périphérique préexistante, la probabilité d'apparition de neuropathies périphériques avec la prise de certains médicaments utilisés en oncologie, l'impact de celles-ci sur les AVQ et, plus globalement, sur la qualité de vie, ou encore les modifications possibles au régime thérapeutique, les interventions de l'infirmière sont de l'ordre de l'évaluation, du suivi clinique et de l'enseignement. L'évaluation initiale permet de cibler les clients présentant des facteurs de risque (p. ex., du diabète ou de l'insuffisance rénale). L'évaluation continue permet de détecter les manifestations les plus précoces d'une neuropathie périphérique chez les clients qui prennent ces médicaments, de partager cette information avec le médecin traitant et le pharmacien, et d'assurer le suivi clinique interdisciplinaire requis auprès du client. Les conseils prodigués permettent au client d'appliquer des mesures de sécurité à domicile en vue de diminuer le risque de chutes et de blessures (Bélanger, 2007).

D'autres problèmes de toxicité neurologique peuvent également se manifester, comme la constipation opiniâtre (p. ex., avec la vincristine) et l'**ototoxicité** (toxicité pour l'appareil auditif) induite par le cisplatine.

Effets pulmonaires

La chimiothérapie et la radiothérapie peuvent entraîner des toxicités pulmonaires et des dommages tissulaires irréversibles et évolutifs. La distinction entre les complications dues au traitement et celles qui découlent de la maladie représente un défi, dans la mesure où les symptômes de toxicité pulmonaire induits par le traitement peuvent mimer un large éventail de problèmes. Le type et la gravité des effets pulmonaires induits par le traitement dépendent en fait du champ d'irradiation (dans ce cas, il s'agit de la zone thoracique) et du volume traité, des agents chimiothérapeutiques utilisés, des doses administrées, des traitements antérieurs et des facteurs de comorbidité. Les effets des rayonnements sur les poumons se traduisent à la fois par des réactions aiguës et tardives. Les effets pulmonaires immédiats de la radiothérapie, qui ressemblent parfois aux symptômes ayant donné lieu au diagnostic de cancer, peuvent inquiéter le client **FIGURE 16.18**. La toux et la dyspnée peuvent augmenter pendant et après le traitement. La toux devient productive dans la mesure où la tumeur répond au traitement, ce qui entraîne l'ouverture des alvéoles bloquées et une production accrue de sécrétions respiratoires. Quand le traitement est poursuivi, la toux peut devenir sèche en cas d'altération du mucus par les rayonnements. Des antitussifs peuvent être indiqués pour la nuit.

16

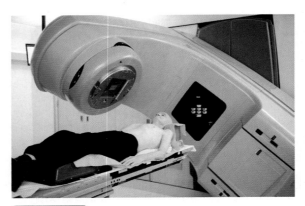

FIGURE **16.18**

Un traitement par radiothérapie cause des effets secondaires pouvant affecter les systèmes respiratoire, cardiovasculaire ou reproducteur.

La pneumopathie inflammatoire est une réaction aiguë retardée qui peut survenir de un à trois mois après l'irradiation du thorax (Miller & Triano, 2008). Cette réaction est souvent asymptomatique, bien qu'une augmentation de la toux, de la fièvre et des sueurs nocturnes est parfois constatée. Des traitements par bronchodilatateurs et expectorants, l'alitement et l'administration d'oxygène sont préférables à un traitement par corticostéroïdes. Une minorité de clients peuvent présenter une fibrose pulmonaire (avec ou sans pneumopathie inflammatoire antérieure), effet retardé et potentiellement chronique de la thérapie survenant de six mois à deux ans après le traitement.

Les réactions toxiques pulmonaires les plus courantes de la chimiothérapie comprennent l'œdème pulmonaire (d'origine non cardiaque) associé au syndrome de fuite capillaire ou à une rétention aqueuse, la pneumopathie par hypersensibilité, la fibrose interstitielle et la pneumopathie inflammatoire due à une réaction inflammatoire ou à une destruction de l'endothélium des capillaires alvéolaires. Les symptômes sont gérés selon l'agent causal et les manifestations de la toxicité.

Effets cardiovasculaires

L'irradiation du thorax peut endommager le péricarde, le myocarde, les valves et les vaisseaux coronaires. C'est le péricarde qui est le plus souvent touché, principalement par un épanchement péricardique ou une péricardite. Compte tenu de l'amélioration de la planification des traitements rendue possible par une technologie de plus en plus précise, l'incidence des cardiopathies induites par la radiothérapie est inférieure à ce qu'elle était, mais le risque demeure élevé chez les clients subissant une irradiation médiastinale ou thoracique à dose élevée et recevant des anthracyclines. Les clients déjà atteints de coronaropathies sont particulièrement vulnérables (Miller & Triano, 2008).

Les **anthracyclines** (p. ex., la doxorubicine [Adriamycin PFS[MD]] et la daunorubicine [Cerubidine[MD]]) sont les antinéoplasiques cardiotoxiques les mieux étudiés. Les cardiotoxicités aiguës peuvent se traduire par des anomalies à l'électrocardiogramme (ECG), tandis que la dysfonction ventriculaire gauche et l'insuffisance cardiaque sont des effets tardifs. La toxicité causée par les anthracyclines peut être tempérée en en modifiant le mode d'administration et en remplaçant la perfusion rapide par une perfusion continue. Les doses cumulatives d'anthracyclines administrées doivent être surveillées et consignées pour s'assurer qu'elles ne dépassent pas les limites recommandées (p. ex., ne pas dépasser 550 mg/m^2).

Le fluorouracile (5-FU) peut provoquer un syndrome ischémique cardiaque. Les anticorps monoclonaux entraînent souvent une hypotension durant la perfusion, en raison de la libération massive de cytokines. Le trastuzumab (Herceptin[MD]), anticorps monoclonal employé pour le traitement du cancer du sein, est cardiotoxique et peut provoquer une dysfonction ventriculaire et de l'insuffisance cardiaque. Il faut envisager d'effectuer des échocardiographies au début du traitement, puis périodiquement afin de surveiller la fonction ventriculaire gauche durant le traitement. La cardiomyopathie causée par le trastuzumab est prise en charge par des inhibiteurs de l'enzyme de conversion de l'angiotensine et des bêtabloquants.

Effets sur le système reproducteur

Les dysfonctions du système reproducteur attribuables à la radiothérapie et à la chimiothérapie varient selon le champ d'irradiation et la dose de rayonnement, l'agent chimiothérapeutique et la dose à laquelle il a été administré, et de facteurs liés à l'hôte (p. ex., l'âge). Le traitement peut provoquer une **insuffisance gonadique** temporaire ou permanente. Des effets sur le système reproducteur surviennent surtout si les organes reproducteurs se situent dans la zone à irradier ou que des agents alkylants sont administrés.

Les testicules sont extrêmement sensibles au rayonnement, et doivent être, autant que possible, protégés à l'aide de protecteurs testiculaires (caches). Les doses de rayonnement comprises entre 15 et 30 cGy font temporairement diminuer la numération des spermatozoïdes ; une aspermie temporaire apparaît avec des doses comprises entre 35 et 230 cGy. L'homme qui reçoit une dose de 200 à 300 cGy peut recommencer à produire des spermatozoïdes trois ans après le traitement. Dans certains cas, cette dose peut entraîner une aspermie permanente. Celui qui reçoit une dose comprise entre 400 et 600 cGy recouvrera sa fonction reproductrice 2 à 5 ans, ou jamais. L'exposition à des doses supérieures à 600 cGy est associée à une stérilité permanente. La condition du client avant le traitement peut avoir une certaine importance chez les hommes atteints d'un cancer testiculaire ou d'une maladie de Hodgkin, puisque, avant tout traitement, une faible numération et une perte de motilité des spermatozoïdes sont observées chez eux. Une importante déception peut être ressentie par le client en âge de procréer à qui il est proposé une conservation de sperme sans tenir compte de l'impact de la maladie sur la qualité du sperme congelé. En effet, si le traitement entraîne une stérilité complète, une qualité sous-optimale du sperme congelé peut compromettre la capacité de procréer (Razavi *et al.*, 2008a). L'association de plusieurs modalités de traitement ou une chimiothérapie antérieure à l'aide d'agents alkylants accroissent et prolongent les effets des rayonnements sur les testicules. Si la radiothérapie est employée seule, à des doses usuelles et avec une protection adéquate, le rétablissement de la fonction testiculaire n'est pas rare. L'atteinte de la fonction reproductrice chez l'homme peut aussi se manifester par une dysfonction érectile consécutive à l'irradiation de la région pelvienne, résultant des effets vasculaires et neurologiques associés au traitement.

Les doses de rayonnement suffisantes pour induire un déficit ovarien varient selon l'âge. Une interruption permanente des menstruations survient chez 95 % des femmes âgées de moins de 40 ans à une dose comprise entre 500 et 1 000 cGy, et, à une dose de 375 cGy, chez les femmes âgées de plus de 40 ans. Contrairement aux testicules, il n'existe aucun moyen de rétablir la fonction ovarienne. Les ovaires doivent donc être protégés autant que possible. Les réactions au col et à l'endomètre constituent d'autres manifestations susceptibles d'affecter les fonctions reproductrices ou sexuelles de la femme. Ces tissus peuvent recevoir une dose élevée de rayonnement tout en présentant des séquelles minimales ; c'est pourquoi il est possible de traiter les cancers de l'endomètre et du col de l'utérus par des doses élevées de radiothérapie externe et de curiethérapie. Des réactions aiguës, telles la sensibilité, l'irritation et la sécheresse vaginale, compromettent l'activité sexuelle. Les effets tardifs attribuables à l'association de traitements internes et externes comprennent le raccourcissement du vagin dû à une fibrose et la perte d'élasticité et de lubrification.

Il faut informer le client et sa ou son partenaire des effets attendus du traitement sur la fonction sexuelle et reproductrice. Le risque d'infertilité pouvant grandement perturber le client, des séances de counseling peuvent être indiquées. Cependant, le client doit savoir que la conception n'est pas impossible une fois les traitements terminés, car des spermatozoïdes ou des ovocytes peuvent lui être prélevés au préalable. Des suggestions spécifiques à la prise en charge des effets secondaires ayant un impact sur les fonctions sexuelles de la femme incluent l'utilisation d'un lubrificateur vaginal hydrosoluble et d'un dilatateur vaginal après chaque irradiation de la région pelvienne. L'infirmière doit encourager les discussions sur la sexualité, faire des suggestions précises et orienter le client ou le couple vers des séances de counseling, le cas échéant.

Soutien

L'infirmière a un rôle clé à jouer en aidant les clients et leurs familles à surmonter l'aspect psychoémotif du traitement. L'anxiété est fréquente chez les clients qui reçoivent des traitements contre le cancer, et porte sur divers aspects de l'expérience de la maladie : l'administration du traitement (p. ex., les ponctions veineuses fréquentes), leur dépendance à l'égard des autres, les effets secondaires potentiels et la réponse mitigée aux traitements. Les visites médicales ou les hospitalisations répétées, la prise continue de médicaments et les tests de laboratoire forcent le client à affronter le cancer quotidiennement. Souvent, les incertitudes et les craintes liées au traitement sont plus manifestes au début du traitement. Vers la fin du traitement, l'anxiété peut refaire surface (p. ex., une peur de la récurrence ou de la diminution du soutien offert). L'infirmière peut rassurer le client et ses proches en leur demandant quel type de soutien ils aimeraient obtenir une fois les traitements terminés. L'information et le soutien permettent de réduire l'impact négatif du traitement sur leur qualité de vie. L'enseignement à la clientèle, une gestion optimale des symptômes, des interventions visant à augmenter le pouvoir d'action du client vis-à-vis de sa maladie (p. ex., en lui enseignant les autosoins requis) de même que des interventions visant à lui permettre de poursuivre certaines activités (p. ex., en adaptant les horaires du traitement) et à normaliser son expérience (p. ex., en l'orientant vers des groupes de soutien) facilitent le processus d'adaptation pendant et après les traitements, et optimisent au quotidien la qualité de vie. Un suivi téléphonique permet de rassurer le client et ses proches. L'infirmière peut offrir espoir et confiance au client en lui offrant de rencontrer d'autres personnes ayant complété le traitement avec succès. Une coordination avec les services communautaires (p. ex., les soins à domicile) et la transmission d'information sur les organismes bénévoles reconnus et les services qu'ils offrent (p. ex., les groupes de soutien, et des services de transport, de popote roulante ou d'hébergement) sont autant d'interventions que peut effectuer l'infirmière pour soutenir les clients touchés par le cancer et leur famille.

16.9 | Séquelles de la radiothérapie et de la chimiothérapie

Grâce aux progrès réalisés en matière de modalités de traitement, les survivants du cancer bénéficient de rémissions de longue durée et de taux de survie impressionnants. Cependant, des traitements comme la radiothérapie et la chimiothérapie peuvent entraîner des séquelles à long terme, appelées effets retardés, qui surviennent des mois, voire des années après l'arrêt du traitement. Tous les systèmes de l'organisme sont susceptibles, dans une certaine mesure, d'être affectés par la chimiothérapie et la radiothérapie. Les effets de la radiothérapie sur les tissus de l'organisme sont dus à une hypoplasie des cellules souches et à une altération des vaisseaux de petit diamètre et des tissus fibroconjonctifs. Ces effets peuvent contribuer au risque de nécrose due au rayonnement, qui dépend de la dose. L'altération des canaux lymphatiques (p. ex., des curages ganglionnaires axillaires) peut contribuer au lymphœdème.

En plus des réactions toxiques aiguës, la chimiothérapie peut avoir des effets à long terme attribuables à la perte de la capacité proliférative de réserve de la cellule, qui se manifestent, entre autres, par des cataractes, des arthralgies, des altérations endocriniennes, une insuffisance rénale, une hépatite, de l'ostéoporose, une dysfonction neurocognitive ou d'autres effets, selon les agents utilisés (Miller & Triano, 2008). La synergie additive d'une chimiothérapie combinant plusieurs agents et administrée avant, durant ou après une radiothérapie, peut accroître considérablement les effets retardés qui sont associés à chacun de ceux-ci.

Les survivants s'exposent également à des risques de leucémie, d'angiosarcome et de cancer de la peau après le traitement de leur cancer primitif. Ils peuvent également contracter d'autres affections malignes secondaires : c'est le cas d'environ 8 % d'entre eux, qui comptent surtout parmi les survivants du cancer du sein ou du côlon (Mariotto, Rowland, Ries, Scoppa, & Feuer, 2007). Les agents alkylants et les doses élevées de rayonnement sont les traitements les plus souvent en cause. Cependant, le risque d'affection maligne secondaire ne doit pas être considéré comme une contre-indication au traitement antinéoplasique. Le risque global de présenter des complications néoplasiques est faible, et la période de latence peut être longue. Le tabagisme peut sensiblement augmenter le risque d'affection maligne secondaire après un traitement antinéo-plasique. L'infirmière doit donc adresser à tous les clients des recommandations en matière d'abandon du tabagisme (Park *et al.*, 2007).

16.10 | Traitements biologiques et ciblés

Les traitements biologiques et ciblés constituent le quatrième type de traitement du cancer. Les agents biologiques et ciblés sont efficaces seuls ou en association avec la chirurgie, la radiothérapie et la chimiothérapie. Les **traitements biologiques**, ou traitements modificateurs de la réponse biologique, consistent en l'administration d'agents qui modifient la relation entre l'hôte et la tumeur en altérant la réponse biologique de l'hôte aux cellules tumorales. Les agents biologiques peuvent modifier la réponse de l'hôte à la tumeur de trois façons : 1) ils sont dotés d'effets antitumoraux directs ; 2) ils rétablissent, augmentent ou modulent les mécanismes du système immunitaire de l'hôte ; 3) ils exercent d'autres effets biologiques en interférant par exemple avec la capacité des cellules cancéreuses à produire des métastases ou à se différencier.

Les **traitements ciblés** entravent la croissance des cellules cancéreuses en prenant pour cible des récepteurs et des voies cellulaires essentielles à la croissance tumorale. Les agents utilisés agissent sur des récepteurs cibles de la surface cellulaire, dans les cellules et dans la région extracellulaire **FIGURE 16.19** et **TABLEAU 16.13**. Ces agents sont plus sélectifs à l'égard de cibles moléculaires spécifiques que les antinéoplasiques cytotoxiques. Comparativement à la chimiothérapie, ils sont donc en mesure de détruire des cellules cancéreuses en causant moins de dommages aux cellules normales.

Les agents ciblés incluent notamment les inhibiteurs de l'activité tyrosine kinase du récepteur du facteur de croissance épidermique (R-EGF), les inhibiteurs de l'activité tyrosine kinase de BCR-ABL, les anticorps monoclonaux (AcMo) anti-CD20, les inhibiteurs de l'angiogenèse et les inhibiteurs du protéasome.

Le R-EGF est une molécule transmembranaire qui agit par l'entremise de l'activation de la tyrosine kinase (TK) intracellulaire. La portion du R-EGF située sur la surface externe de la membrane cellulaire est couplée à la TK de la surface interne de la membrane cellulaire. La liaison d'un agoniste au R-EGF active la TK, qui active à son tour les voies de signalisation régulant la prolifération et la survie des cellules. La surexpression du R-EGF est associée à une croissance cellulaire démesurée et, quelquefois, à un pronostic plus réservé. Les médicaments qui inhibent le R-EGF suppriment la prolifération cellulaire et favorisent l'apoptose.

Le récepteur 2 du facteur de croissance épidermique humain (HER-2 ou HER2/neu) fait partie de la famille des R-EGF. Il est surexprimé dans certains cancers (en particulier celui du sein), et est associé à une maladie plus agressive et à un taux de survie plus faible. Le trastuzumab (Herceptin^MD) est un AcMo qui se lie au HER-2 et inhibe la croissance des cellules cancéreuses du sein, qui surexpriment la protéine HER-2. Le trastuzumab est employé dans le traitement du cancer du sein métastatique qui surexprime le HER-2.

Les cellules observées dans la leucémie myéloïde chronique (LMC) fabriquent une enzyme active anormale appelée TK de BCR-ABL. Les médicaments qui inhibent cette enzyme suppriment la prolifération des cellules de la LMC et favorisent l'apoptose.

Les inhibiteurs de l'angiogenèse agissent en inhibant les mécanismes et les voies nécessaires à la vascularisation des tumeurs. Le bevacizumab (Avastin^MD), un AcMo humain recombinant, se lie au facteur de croissance de l'endothélium vasculaire (VEGF), une substance qui stimule la croissance des vaisseaux sanguins. Ce faisant, il empêche sa liaison avec le récepteur situé sur les cellules endothéliales vasculaires. Dès lors, le VEGF ne peut plus stimuler la formation de nouveaux vaisseaux. Par conséquent, toute croissance tumorale supplémentaire est inhibée.

Le protéasome est un complexe multienzymatique intracellulaire qui dégrade les protéines. Les inhibiteurs du protéasome peuvent provoquer l'accumulation de ces protéines, et par là une altération de la fonction cellulaire. Les cellules normales sont capables de surmonter l'inhibition du protéasome, qui entraîne par contre la mort des cellules cancéreuses.

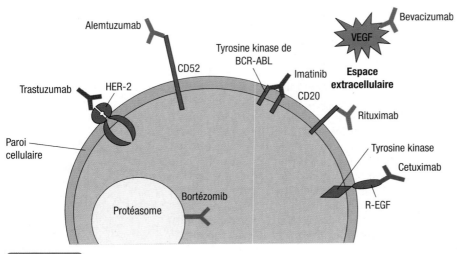

FIGURE 16.19

Sites d'action des traitements ciblés

TABLEAU 16.13 — **Agents biologiques et agents ciblés**

MÉDICAMENT	MÉCANISMES D'ACTION	INDICATIONS	EFFETS SECONDAIRES
Interféron alpha-2b (Intron A^{MD})	• Inhibe la synthèse de l'ADN et des protéines. • Supprime la prolifération cellulaire. • Augmente les effets cytotoxiques des cellules tueuses naturelles (NK).	Leucémie à tricholeucocytes, leucémie myéloïde chronique, mélanome malin, cancer à cellules rénales, cancer ovarien, myélome multiple, sarcome de Kaposi	Syndrome pseudogrippal (fièvre, frissons, myalgie, céphalées), troubles cognitifs, fatigue, nausées, vomissements, anorexie, perte de poids
Interleukine-2 (aldesleukine [Proleukin^{MD}])	• Stimule la prolifération des lymphocytes T et B. • Active les cellules NK.	Cancer à cellules rénales métastatique, mélanome métastatique	Hypotension résultant de l'augmentation de la perméabilité capillaire systémique ; suppression médullaire
Lévamisole	• Potentialise la fonction des monocytes et des macrophages.	Cancer du côlon de stade C selon la classification de Dukes (administré en association avec le 5-FU)	Diarrhée, goût métallique, nausées, fièvre, frissons, lésions buccales, céphalées
Vaccin BCG (Immucyst^{MD} et OncoTICE^{MD})	• Provoque une réponse immunitaire qui prévient l'angiogenèse de la tumeur.	Cancer de la vessie *in situ*	Syndrome pseudogrippal, nausées, vomissements, éruption, toux

Inhibiteurs de l'activité tyrosine kinase du récepteur du facteur de croissance épidermique (R-EGF)

MÉDICAMENT	MÉCANISMES D'ACTION	INDICATIONS	EFFETS SECONDAIRES
Cetuximab (Erbitux^{MD})	• Inhibe le facteur de croissance épidermique (R-EGF).	Cancer colorectal, cancer de la tête et du cou	Éruptions cutanées, réactions à la perfusion, maladie pulmonaire interstitielle, hypotension
Panitumumab (Vectibix^{MD})	• Inhibe le R-EGF.	Cancer colorectal ayant produit des métastases après une chimiothérapie standard	Fibrose pulmonaire, éruption cutanée grave compliquée par des infections, réactions à la perfusion, maladie pulmonaire interstitielle
Erlotinib (Tarceva^{MD})	• Inhibe l'activité tyrosine kinase (TK) du R-EGF.	Cancer du poumon non à petites cellules	Éruptions cutanées, diarrhée, maladie pulmonaire interstitielle
Gefitinib (Iressa^{MD})	• Inhibe l'activité TK du R-EGF.	Cancer du poumon non à petites cellules	Éruptions cutanées, diarrhée, maladie pulmonaire interstitielle
Lapatinib (Tykerb^{MD})	• Inhibe l'activité TK du R-EGF et se lie au récepteur 2 du facteur de croissance épidermique humain (HER-2).	Cancer du sein avancé ou métastatique	Cardiotoxicité, diarrhée, éruptions cutanées, nausées, vomissements, syndrome d'enflure douloureuse des mains et des pieds

Inhibiteurs de la tyrosine kinase de BCR-ABL

MÉDICAMENT	MÉCANISMES D'ACTION	INDICATIONS	EFFETS SECONDAIRES
Imatinib (Gleevec^{MD})	• Inhibe la tyrosine kinase de BCR-ABL.	Leucémie myéloïde chronique, tumeurs stromales du GI (TSGI)	Nausées, diarrhée, myalgie, rétention volémique
Nilotonib (Tasigna^{MD})	• Inhibe la tyrosine kinase de BCR-ABL.	Leucémie myéloïde chronique	Neutropénie, thrombocytopénie, saignement, nausées, fatigue, hausse des taux de lipase, fièvre, éruptions, prurit, diarrhée, pneumonie

16

TABLEAU 16.13	Agents biologiques et agents ciblés *(suite)*		
MÉDICAMENT	**MÉCANISMES D'ACTION**	**INDICATIONS**	**EFFETS SECONDAIRES**
Dasatinib (Sprycel^MD)	• Inhibe la tyrosine kinase de BCR-ABL.	Leucémie myéloïde chronique	Myélosuppression, hémorragie du SNC ou du système GI, fièvre, épanchement pleural, pneumonie, insuffisance cardiaque, rétention volémique, douleur abdominale
Anticorps monoclonaux anti-CD20			
Rituximab (Rituxan^MD)	• Se lie à l'antigène CD20, ce qui entraîne une cytotoxicité.	Lymphome non hodgkinien (lymphocytes B)	Fièvre, frissons, nausées, céphalées, urticaire, hypotension, hypertension, dyspnée
Ibritumomab (couplé aux agents chélatants tiuxetan ou yttrium-90 [Zevalin^MD])	• Se lie à l'antigène CD20, ce qui entraîne une cytotoxicité et des radiolésions.	Lymphome non hodgkinien (lymphocytes B)	Suppression médullaire, fatigue, nausées, frissons
Tositumomab (131 I-tositumomab) (Bexxar^MD)	• Se lie à l'antigène CD20, ce qui entraîne une attaque immunitaire et des radiolésions.	Lymphome non hodgkinien (lymphocytes B)	Suppression médullaire, fièvre, frissons, nausées, céphalées
Inhibiteur de l'angiogenèse			
Bevacizumab (Avastin^MD)	• Se lie au facteur de croissance endothélial vasculaire (VEGF) pour inhiber l'angiogenèse.	Cancer colorectal, cancer du poumon non à petites cellules, cancer à cellules rénales, cancer du sein et glioblastome	Hypertension, perforation du côlon et saignement, cicatrisation perturbée, événements thromboemboliques, diarrhée
Inhibiteur du protéasome			
Bortézomib (Velcade^MD)	• Inhibe l'activité du protéasome qui régule la croissance cellulaire.	Myélome multiple	Suppression médullaire, nausées, vomissements, diarrhée, neuropathie périphérique, fatigue
Agents ciblés			
Gemtuzumab-ozogamicine (Mylotarg^MD)	• Se lie à l'antigène CD33 (exprimé sur les cellules leucémiques) pour libérer le médicament cytotoxique dans l'ADN.	Leucémie myéloïde aiguë	Suppression médullaire, fièvre, frissons, nausées, dyspnée, hypotension
Alemtuzumab (MabCampath^MD)	• Se lie à l'antigène CD52 (sur les lymphocytes B et T, les monocytes, les cellules NK et les neutrophiles).	Leucémie lymphoïde chronique (lymphocytes B), TSGI	Suppression médullaire, frissons, fièvre, vomissements, diarrhée, fatigue
Trastuzumab (Herceptin^MD)	• Se lie au récepteur HER-2.	Cancer du sein (surexpression HER-2)	Cardiotoxicité, état fébrile, frissons
Sorafenib (Nexavar^MD)	• Inhibe plusieurs tyrosines kinases.	Cancer à cellules rénales avancé	Éruptions, diarrhée, hypertension, rougeurs, douleurs, tuméfaction ou cloques sur les mains ou les pieds
Sunitinib (Sutent^MD)	• Inhibe plusieurs tyrosines kinases.	Cancer à cellules rénales avancé, TSGI	Fatigue, insuffisance cardiaque, hypertension

▼

TABLEAU 16.13	Agents biologiques et agents ciblés *(suite)*		
MÉDICAMENT	**MÉCANISMES D'ACTION**	**INDICATIONS**	**EFFETS SECONDAIRES**
Temsirolimus (Torisel^MD)	• Inhibe l'activité de la voie de signalisation de la cible mammalienne de la rapamycine (mTOR).	Cancer à cellules rénales avancé	Hyperlipidémie (triglycérides en particulier), hyperglycémie, maladie pulmonaire interstitielle, insuffisance rénale, éruptions, nausées, fatigue
Évérolimus (Afinitor^MD)	• Inhibe l'activité de la voie de signalisation de la cible mammalienne de la rapamycine (mTOR).	Cancer à cellules rénales avancé	Inflammation des muqueuses, diarrhée, anorexie, œdème, anémie, essoufflement, toux, nausées, vomissements, éruptions, fièvre

Effets secondaires associés aux agents biologiques et aux agents ciblés

L'administration d'un agent biologique entraîne habituellement la libération endogène d'autres agents biologiques, dont l'action se traduit par des réactions immunitaires systémiques et inflammatoires. La toxicité et les effets secondaires associés aux agents biologiques dépendent de leur dose et de leur calendrier d'administration. Le **TABLEAU 16.13** résume les effets secondaires potentiels d'agents biologiques et d'agents ciblés précis.

Les effets secondaires fréquemment observés incluent des symptômes pseudogrippaux généraux, dont des céphalées, de la fièvre, des frissons, des myalgies, de la fatigue et de la faiblesse, une photosensibilité, de l'anorexie et des nausées. Durant un traitement à l'interféron, ces symptômes pseudogrippaux sont presque systématiques. Cependant, leur gravité diminue généralement avec le temps. La prise d'acétaminophène toutes les quatre heures, selon l'ordonnance médicale, en atténue souvent la gravité. D'ordinaire, le client reçoit de l'acétaminophène avant le traitement pour prévenir ou atténuer la gravité des symptômes, et toutes les quatre heures après le traitement. De plus, une hydratation importante permet aussi de tempérer leur gravité. La mépéridine (Demerol^MD) par voie I.V. peut servir à gérer les frissons importants induits par certains agents biologiques.

La tachycardie et l'hypotension orthostatique sont aussi fréquemment signalées. L'IL-2 et les anticorps monoclonaux peuvent induire un syndrome de fuite capillaire, qui peut aboutir à un œdème pulmonaire. D'autres effets toxiques et secondaires peuvent toucher le SNC et les systèmes rénal, hépatique et cardiovasculaire. Ces effets sont surtout associés aux interférons et à l'IL-2. La vigilance de l'infirmière permettra de mettre rapidement en place les interventions requises.

Un large éventail d'effets neurologiques a été observé avec le traitement par l'interféron et l'IL-2. La nature et l'ampleur de ces problèmes ne sont pas encore complètement élucidées. Cependant, le client et sa famille pourraient s'en inquiéter à juste titre : ils doivent avoir reçu les renseignements leur permettant de détecter des symptômes neurologiques (p. ex., de la confusion, des pertes de mémoire, de la difficulté à prendre des décisions, de l'insomnie), de les signaler, et de mettre en œuvre des interventions adéquates et sécuritaires.

Les AcMo sont administrés par perfusion. Selon ses paramètres (p. ex., la vitesse du débit) la perfusion peut alors provoquer des symptômes chez le client, y compris de la fièvre, des frissons, de l'urticaire, une congestion muqueuse, des nausées, une diarrhée et des myalgies. La vitesse de perfusion doit être augmentée graduellement, et le client doit être étroitements surveillé. L'administration des AcMo est également associée à un risque, quoique rare, d'**anaphylaxie**. Ce risque s'explique par le fait que la plupart des AcMo sont produits à partir de lymphocytes de souris et qu'ils constituent donc pour le corps humain une protéine étrangère. Le risque est sensiblement inférieur avec les AcMo d'origine humaine. La réaction anaphylactique peut survenir dans les cinq premières minutes de l'administration et peut menacer la vie du client. Si tel est le cas, il faut immédiatement interrompre l'administration de l'AcMo, obtenir une aide d'urgence et mettre en œuvre des mesures de réanimation ▶ **14**.

Les éruptions cutanées sont fréquentes chez les clients qui reçoivent des inhibiteurs du R-EGF ; elles se manifestent généralement par de l'érythème et un *rash* cutané acnéiforme pouvant recouvrir jusqu'à 50 % de la partie supérieure du corps. Les antiangiogéniques peuvent entraîner

Anaphylaxie : Réaction allergique grave accompagnée de difficultés respiratoires et circulatoires mettant en danger la vie de la personne.

16

14

Dans le chapitre 14, *Génétique, réaction immunitaire et transplantation,* il est question des interventions cliniques en cas de réaction anaphylactique.

des réactions menaçant le pronostic vital, comme des thromboses artérielles, des hémorragies, de l'hypertension, des problèmes de cicatrisation et une protéinurie (Held-Warmkessel, 2008). Les autres réactions toxiques associées aux AcMo incluent entre autres le syndrome de fuite capillaire, l'hépatotoxicité et la dépression médullaire, de même que des effets sur le SNC. Les clients qui reçoivent du rituximab (Rituxan^MD) peuvent connaître une réactivation de leur hépatite ; ceux qui reçoivent du traztuzumab (Herceptin^MD) peuvent aussi présenter une dysfonction cardiaque, en particulier si le médicament est administré à des doses plus élevées ou en association avec des anthracyclines comme la doxorubicine (Adriamycin PFS^MD).

Aux interventions de soins infirmiers citées précédemment s'ajoutent la surveillance des signes vitaux, particulièrement de la température, et des autres effets secondaires, la planification de périodes de repos pour le client et une assistance touchant les AVQ. Il importe aussi de lui rappeler l'importance d'adopter des mesures préventives, comme l'application d'un émollient, d'une crème de protection ou d'un écran solaire total, et d'éviter l'application de tout produit asséchant la peau, y compris les produits habituellement utilisés contre l'acné, avec la prise d'inhibiteur du R-EGF. Enfin, l'infirmière doit s'assurer de l'assiduité du client dans la prise de ses médicaments oraux et du respect de la posologie prescrite.

Soins et traitements infirmiers

CLIENT RECEVANT DES AGENTS BIOLOGIQUES OU DES AGENTS CIBLÉS

Certains des problèmes rencontrés par les clients recevant des agents biologiques ou des agents ciblés diffèrent de ceux observés avec les formes plus classiques de traitement anticancéreux. Ces effets apparaissent plus soudainement et dépendent de la dose administrée, c'est-à-dire que leurs effets disparaissent dès que l'administration de l'agent est interrompue. Le syndrome de fuite capillaire et l'œdème pulmonaire sont des problèmes réclamant une intervention infirmière immédiate. La dépression médullaire associée à l'administration d'agents biologiques est généralement plus transitoire et moins grave que celle qui est provoquée par la chimiothérapie. La fatigue associée aux agents biologiques peut être grave au point de constituer une réaction toxique commandant une limitation de la dose. Comme ces agents sont de plus en plus associés à des traitements cytotoxiques, le spectre des effets liés au traitement s'élargit.

16.11 | Facteurs de croissance hématopoïétiques

Les facteurs de croissance hématopoïétiques visent à soutenir les clients atteints de cancer tout au long du traitement de leur maladie. Parfois désignés par leur sigle anglais CSF (*colony stimulating factor*), ils consistent en une famille de glycoprotéines produites par différentes cellules. Ces facteurs stimulent la production, la maturation, la régulation et l'activation de cellules du système hématologique. Il en existe divers types, et leurs noms dérivent de la lignée cellulaire précise sur laquelle ils agissent (p. ex., le facteur de stimulation des colonies granulocytaires [G-CSF] et le facteur de stimulation des granulocytes et macrophages [GM-CSF] [ce dernier n'étant toutefois pas disponible au Canada]) **TABLEAU 16.14**.

Les agents stimulateurs de l'érythropoïèse, substances augmentant la production de globules rouges, ne doivent être employés que pour traiter l'anémie spécifiquement causée par la chimiothérapie. L'utilisation de ces agents a soulevé des préoccupations en matière d'innocuité, car ils peuvent provoquer des événements thromboemboliques, et augmenter le risque de décès et d'événements cardiovasculaires graves s'ils sont administrés en vue d'obtenir un taux d'hémoglobine (Hb) cible de plus de 120 g/L. Par conséquent, il faut recourir à la dose la plus faible pour faire graduellement augmenter la concentration d'hémoglobine jusqu'au taux minimal suffisant pour éviter une transfusion sanguine. De plus, il faut surveiller les taux d'hémoglobine régulièrement (Steinbrook, 2007). La Food and Drug Administration des États-Unis a émis une mise en garde quant à son utilisation chez les clients atteints d'une néoplasie curable (contexte adjuvant).

16.12 | Greffe de cellules souches hématopoïétiques

La **greffe de cellules souches hématopoïétiques (GCSH)** est utilisée pour traiter un certain nombre d'affections malignes et non malignes **TABLEAU 16.15**. La greffe permet d'administrer un traitement hautement myéloablatif de chimiothérapie avec ou sans radiothérapie (normalement létale pour la moelle osseuse), en vue de détruire les cellules tumorales sans se soucier de la toxicité hématologique qui sera contrebalancée par la transfusion

TABLEAU 16.14	Facteurs de croissance hématopoïétiques employés dans le traitement du cancer		
FACTEUR DE CROISSANCE	**MÉDICAMENTS**	**INDICATIONS**	**EFFETS SECONDAIRES**
Facteur de stimulation des colonies granulocytaires (G-CSF)	Filgrastim (Neupogen^{MD}), pegfilgrastim (Neulasta^{MD})	• Neutropénie induite par la chimiothérapie	• Douleurs osseuses, nausées, vomissements
Facteur de stimulation des cellules souches hématopoïétiques	Ancestim (Stemgen^{MD})	• Optimisation de la mobilisation de cellules souches chez des clients difficilement mobilisables • Administration en association avec le G-CSF • Administration en injection sous-cutanée (S.C.) dans un site différent de celui du G-CSF • Prémédication requise	• Réaction au site d'injection, érythème, prurit, urticaire, symptômes musculosquelettiques • Réactions généralisées du type allergique
Érythropoïétine	Époétine alfa (Eprex^{MD})	• Anémie associée à un cancer chronique	• Hypertension, thrombose, céphalées
	Darbépoétine alfa (Aranesp^{MD})	• Anémie associée à la chimiothérapie	
Interleukine-11 (facteur de croissance des plaquettes)	Oprelvekin (Neumega^{MD})	• Thrombocytopénie associée à la chimiothérapie	• Rétention aqueuse, œdème périphérique, dyspnée, tachycardie, nausées, lésions buccales

de cellules souches hématopoïétiques. En général, ce traitement est administré en cas de maladie chimiosensible. Même si ces interventions sont reconnues, elles ne sont pas sans risque, et les clients peuvent présenter des complications de sévérité variable à court, moyen et long terme, et susceptibles de nuire à leur qualité de vie (Mitchell, 2009).

Cette approche thérapeutique était autrefois désignée sous le nom de **greffes de moelle osseuse (GMO)** parce que la moelle osseuse était alors considérée comme la source originelle de cellules souches hématopoïétiques (CSH). Les progrès accomplis dans les techniques de prélèvement et de cryopréservation ont cependant ouvert la voie au prélèvement de CSH à partir du sang périphérique. Par conséquent, la terminologie a changé, et l'expression greffe de cellules souches hématopoïétiques (GCSH) est maintenant employée (Mitchell, 2009).

Que le diagnostic annonce une affection maligne ou non maligne, l'objectif de la GCSH reste la guérison. Globalement, les taux de guérison sont encore faibles, mais ils progressent régulièrement. Même en l'absence de guérison, la greffe peut donner lieu à une période prolongée de rémission.

L'approche consiste à éradiquer les cellules tumorales ou à purger la moelle osseuse pour permettre aux CSH saines transplantées de prendre greffe. Pour ce faire, l'administration de chimiothérapie à hautes doses, avec ou sans radiothérapie, est requise. Toutefois, en raison de l'agressivité des traitements

TABLEAU 16.15	Indications de greffe de cellules souches hématopoïétiques	
AFFECTIONS MALIGNES	**AFFECTIONS NON MALIGNES**
• Leucémie aiguë myéloblastique et leucémie myéloïde chronique • Leucémie aiguë lymphoblastique • Lymphome de Hodgkin • Myélome multiple • Syndrome myélodysplasique • Neuroblastome • Lymphome non hodgkinien • Cancer de l'ovaire • Sarcome • Cancer du testicule	• Maladies hématologiques • Anémie aplasique • Granulomatose septique chronique • Anémie de Fanconi • Anémie drépanocytaire (grave) • Thalassémie • Maladies de l'immunodéficience • Immunodéficience combinée grave • Syndrome de Wiskott-Aldrich

sur le fonctionnement de la moelle osseuse, qui retarde la récupération, voire l'empêche, cette approche n'est possible que si elle est suivie de l'administration de CSH.

Bien que l'utilisation de CSH prélevées dans le sang périphérique permette une reconstitution hématopoïétique plus rapide comparativement à la source médullaire (moelle osseuse) (Appelbaum, 2002), la toxicité de ces traitements

16

place le client en aplasie médullaire profonde. Il y aura alors une diminution importante de globules rouges et de plaquettes dans le sang (risque de saignements) et une absence totale de globules blancs, ce qui implique que le client n'est plus en mesure de se défendre et est donc exposé à toutes les infections. L'aplasie est d'une durée variable selon le type de greffe (autogreffe ou allogreffe), mais les conséquences peuvent être fatales. Il importe alors de mettre en place des mesures strictes de prévention des infections et d'administrer, au besoin, des thérapies de soutien (p. ex., des dérivés sanguins, des antibiotiques, des antiviraux ou des antifongiques).

La GCSH est une intervention qui comporte de nombreux risques. La guérison est recherchée, mais les risques de complications, de récurrence ou de décès liés au traitement sont élevés. Comme il s'agit d'un traitement agressif, le client doit bien comprendre l'information qui lui est transmise et pondérer ces risques, tout en conservant son espoir de guérison.

16.12.1 Types de greffes de cellules souches hématopoïétiques

14

Le groupage HLA est abordé dans le chapitre 14, *Génétique, réaction immunitaire et transplantation.*

Il existe deux types de GCSH: les greffes allogéniques et les greffes autologues; les CSH peuvent être issues de trois sources: la moelle osseuse (médullaire), le sang périphérique ou le sang du cordon ombilical. Dans les **allogreffes de cellules souches hématopoïétiques**, les CSH proviennent d'un donneur (différent du receveur) dont le **système HLA** a été jugé compatible avec celui du receveur grâce au groupage HLA. Ce groupage tissulaire requiert l'analyse des globules blancs pour déterminer les antigènes héréditaires communs au donneur et au receveur, lesquels jouent sur la compatibilité du tissu greffé ▶ **14** . Si le donneur est un membre de la famille, il s'agit d'une greffe allogénique apparentée, et s'il est un vrai jumeau, il s'agit d'une greffe syngénique. Si le donneur ne fait pas partie de la fratrie, il s'agit d'une greffe allogénique non apparentée. L'établissement de registres nationaux et internationaux de donneurs volontaires de CSH permet d'établir une liste de donneurs non apparentés HLA compatibles pour de nombreux clients. Au Québec, les personnes désirant faire un tel don peuvent s'inscrire au Registre des donneurs de cellules souches (moelle osseuse) d'Héma-Québec. Ailleurs au Canada, elles peuvent s'inscrire au registre du réseau de moelle et de cellules souches UniVie de la Société canadienne du sang. Plus de 13 millions de donneurs volontaires sont ainsi répertoriés dans le monde (Jouet, 2007). Toutefois, les personnes originaires de populations peu représentées dans ces registres ont peu de chances de trouver un donneur. Bien qu'une greffe allogénique puisse comporter plus de risques et entraîner des réactions toxiques plus importantes, ce type de greffe a l'avantage, outre d'éradiquer les cellules tumorales par un traitement à dose élevée, de pouvoir stimuler la réaction du greffon vis-à-vis de la tumeur (réaction GVL [*graft versus leukemia*]), durant laquelle les globules blancs du donneur reconnaissent les cellules malignes du receveur et les attaquent. Il s'agit de l'activité immunologique du greffon vis-à-vis de la maladie résiduelle du donneur (Jouet, 2007). Les greffes allogéniques sont souvent indiquées dans certains cas de leucémies et de lymphomes en rechute.

La greffe syngénique (isogénique) consiste à obtenir les cellules souches d'un vrai jumeau et à les perfuser chez l'autre. Les vrais jumeaux ont des systèmes HLA identiques et sont donc parfaitement appariés. Par conséquent, il n'y a de réaction ni entre le greffon et l'hôte (GVH) ni entre le greffon et les cellules tumorales résiduelles (réaction GVL). Une des limites à l'intensification de la chimiothérapie est sa toxicité envers les précurseurs hématopoïétiques (cellules souches). Plus la chimiothérapie est intensive, plus ces précurseurs sont détruits, ce qui peut entraîner une aplasie fatale. Pour pallier cette destruction, les CSH sont prélevées avant l'administration d'une chimiothérapie hautement myéloablative, et cryopréservées **FIGURE 16.20**. Le moment venu, soit de 24 à 48 heures après avoir complété le traitement de chimiothérapie hautement mylosuppressif, aussi appelé régime de conditionnement, le greffon est administré au receveur par voie intraveineuse. Ces CSH vont coloniser la moelle osseuse, proliférer et se différencier en cellules hématopoïétiques. Cette stratégie de chimiothérapie intensive est rendue possible grâce à la disponibilité des CSH (précurseurs hématopoïétiques). À la différence de la greffe allogénique, l'autogreffe n'entraîne pas de risque de réaction du greffon contre hôte (réaction GVH: [*graft versus host disease effect*]) ni de rejet du greffon (réaction HVG [*host versus graft effect*]). En revanche, avec l'autogreffe, il n'y a pas de réaction du greffon contre la tumeur (GVL) et les cellules souches du greffon autologue peuvent être contaminées par des cellules tumorales résiduelles non détectables (Appelbaum, 2002).

Généralement, il faut de quatre à six semaines à la moelle osseuse pour se reconstituer, selon le traitement de conditionnement administré. L'autogreffe est généralement employée dans le traitement de certaines affections malignes hématologiques.

Plus récemment, le recours à des greffes non myéloablatives ou de moindre intensité (utilisant des doses plus faibles de radiothérapie ou de chimiothérapie) se traduit par des réactions toxiques et des myélosuppressions de moindre intensité. Le recours aux GCSH dans la prise en charge de certaines tumeurs solides réfractaires au traitement fait actuellement l'objet de recherches (Mitchell, 2009).

16.12.2 Interventions

Interventions de prélèvement

Les CSH sont prélevées chez un donneur unique (dans la greffe allogénique) ou chez le receveur (dans la greffe autologue) à l'aide de l'une ou l'autre de deux méthodes. Pour le prélèvement de CSH de source médullaire, l'intervention a lieu en salle d'opération, et le client subit une anesthésie générale ou rachidienne. Les multiples ponctions médullaires, habituellement effectuées dans les crêtes iliaques postérieures, mais quelquefois aussi dans les crêtes iliaques antérieures et dans le sternum, visent l'obtention de la quantité de cellules souches nécessaires pour assurer la prise du greffon. L'intervention exige de une à deux heures, et le donneur peut recevoir son congé de l'hôpital après son rétablissement. La moelle prélevée est ensuite filtrée et concentrée. Le greffon peut aussi faire l'objet de différentes manipulations en laboratoire. Il est possible que le donneur présente par la suite une douleur au point de prélèvement, jusqu'à sept jours après l'intervention ; elle peut être traitée par des analgésiques légers. L'organisme du donneur reconstitue en quelques semaines la moelle osseuse prélevée.

Dans le cas de l'autre méthode, les CSH sont prélevées à partir du sang périphérique (CSHP), et l'intervention a lieu sur une base ambulatoire. À l'état normal ou d'équilibre, la concentration des CSH dans le sang périphérique est très faible. Il faut donc les mobiliser de façon à augmenter leur quantité dans la moelle osseuse et leur passage dans le sang périphérique. Cette mobilisation s'effectue à l'aide de facteurs de croissance hématopoïétiques. En autogreffe, la mobilisation des CSH s'effectue à l'aide d'un traitement associant une chimiothérapie, habituellement le cyclophosphamide (Procytox^MD), et l'administration d'un facteur de croissance. Lorsque les CSHP sont utilisées dans le cadre d'une allogreffe, celles-ci seront mobilisées par l'utilisation d'un facteur de croissance uniquement. Les facteurs de croissance employés à cette fin sont le G-CSF et, plus rarement, le GM-CSF (non offert au Canada) **TABLEAU 16.14**.

L'ancestim (Stemgen^MD), médicament administré par voie sous-cutanée, permet, s'il est associé au G-CSF, d'augmenter le nombre de CSH libérées de la moelle osseuse vers la circulation sanguine (sang périphérique). L'ancestim peut être utilisé chez des clients dont les cellules se mobilisent mal en raison d'un échec antérieur à la mobilisation, ou dont la mobilisation des cellules s'annonce difficile en raison de traitements de chimiothérapie ou de radiothérapie déjà reçus.

Par la suite, les CSHP sont prélevées par cytaphérèse. La collecte de cellules souches débute environ sept jours après le début des injections du facteur de croissance. Cette tâche exige de deux à quatre heures en moyenne, et parfois davantage,

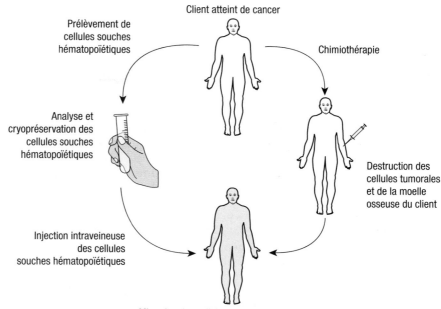

FIGURE 16.20

Greffe autologue de cellules souches hématopoïétiques

selon des facteurs liés au donneur et la qualité de l'accès veineux. Il faut souvent plus d'une collecte pour obtenir suffisamment de CSH.

Les CSH médullaires ou périphériques sont ensuite placées dans des sacs avec des agents de conservation. Le greffon sera soit cryopréservé et entreposé en attendant d'en avoir besoin, soit administré dans les 24 à 48 heures suivant le prélèvement. Comme elles proviennent de la même personne, les CSHP du greffon autologue peuvent être contaminées par des cellules tumorales résiduelles non détectables. Le greffon doit parfois être purgé de ses cellules cancéreuses résiduelles non détectées. Pour ce faire, différentes techniques utilisant des agents pharmacologiques, immunologiques, physiques et chimiques sont employées pour éliminer les cellules tumorales du greffon autologue. À ce jour, aucun essai clinique aléatoire et prospectif n'a montré que l'une des techniques permettait de diminuer le taux de rechute ou d'améliorer la survie sans maladie ou la survie globale (Appelbaum, 2002).

Le sang du cordon ombilical est également riche en cellules souches hématopoïétiques, et a déjà servi à des greffes allogéniques réussies. Le sang de cordon peut faire l'objet d'un groupage tissulaire selon la compatibilité du système HLA, et être cryopréservé. Il a toutefois l'inconvénient de fournir un nombre de cellules souches potentiellement insuffisant pour une greffe sur un adulte. De nombreuses recherches sont actuellement en cours pour déterminer l'application optimale de cette technologie (Antin & Yolin, 2009).

16

Lorsque les CSH sont utilisées dans le cadre d'une autogreffe, pour s'assurer que le nombre de CSH prélevées est suffisant (qualité de la collecte), le régime de conditionnement ne doit commencer qu'une fois leur prélèvement terminé. Pour garantir le fonctionnement optimal des CSH prélevées, le greffon n'est décongelé et administré au receveur qu'une fois la chimiothérapie éliminée de l'organisme, généralement au bout de 24 à 48 heures, de manière à éviter que les cellules nouvellement perfusées ne soient endommagées par la chimiothérapie. Dans le cadre d'une allogreffe, les CSH ne sont généralement pas congelées (greffon frais). Elles sont réinjectées au receveur dans les 24 à 48 heures suivant leur prélèvement. Le respect du délai de 24 à 48 heures suivant l'administration de chimiothérapie (régime de conditonnement) s'applique également. Sous certaines conditions, il arrive parfois que le greffon soit congelé.

Régimes de conditionnement et perfusion de cellules souches hématopoïétiques

Les clients atteints d'une affection maligne reçoivent des doses myéloablatives de chimiothérapie, avec ou sans radiothérapie, pour traiter la maladie sous-jacente. L'irradiation corporelle totale peut être employée à des fins d'immunosuppression ou de traitement de la maladie. Ces traitements préparatoires sont appelés régimes de conditionnement.

Les cellules souches sont administrées par voie I.V. à l'aide d'un dispositif d'accès veineux central. Elles peuvent être injectées par bolus lent ou perfusées par gravité. Ce processus est habituellement bien toléré, mais il arrive que le client présente de la fièvre, de la toux ou de la dyspnée. Ces symptômes disparaissent généralement si la vitesse de perfusion est ralentie. Si les cellules transfusées ont été cryopréservées, le receveur ressent souvent des nausées ou des vomissements de courte durée, secondaires à l'odeur et au goût de l'agent de conservation utilisé, soit le diméthylsulfoxyde (DMSO) (Appelbaum, 2002). Cette odeur et ce goût, qui se rapprochent de ceux du maïs bouilli ou du chou, apparaissent dès le début de la transfusion. Des pastilles ou de la gomme à mâcher peuvent atténuer l'inconfort qu'ils suscitent. Les réactions allergiques sont peu fréquentes et secondaires à la présence du DMSO. Un accès aux médicaments et à l'équipement de réanimation est requis sur place. Les cellules souches injectées reconstituent les éléments de la moelle osseuse, rétablissant ainsi le système hématopoïétique du receveur. Il faut normalement de deux à quatre semaines à la moelle greffée pour commencer à produire des cellules sanguines hématopoïétiques. Comme la greffe est précédée par l'administration d'un régime de conditionnement, une période de pancytopénie a lieu, au cours de laquelle tous les soins infirmiers relatifs aux effets secondaires d'un traitement hautement myéloablatif sont requis. Il est indispensable de protéger le client contre une exposition à des agents infectieux et, au besoin, de lui administrer des antibiotiques, des antifongiques, des antiviraux et des suppléments hydroélectrolytiques, ainsi que de lui prodiguer un soutien nutritionnel et de lui transfuser des composants sanguins afin de maintenir des taux adéquats de globules rouges et de plaquettes en circulation.

Complications

Les infections bactériennes, virales et fongiques sont fréquentes après une GCSH. Une antibiothérapie prophylactique peut diminuer leur incidence. La réaction du greffon contre l'hôte (GVH) est une complication potentiellement grave résultant des greffes allogéniques. Cette maladie survient lorsque les lymphocytes T du donneur (greffon) reconnaissent le receveur (hôte) comme un élément étranger et se mettent à attaquer certains de ses organes, comme la peau, le foie et les voies GI. La survenue et la gravité des complications consécutives à la greffe dépendent également des médicaments inclus dans le régime de conditionnement spécifique au client (certains sont plus toxiques que d'autres) et de la source des cellules souches. Étant donné que les CSHP sont plus matures que celles qui sont prélevées dans la moelle osseuse, le délai de rétablissement hématologique nécessaire après une GCSH périphériques est plus court, et les complications observées sont moins nombreuses et moins graves (Appelbaum, Forman, Negrin, & Blume, 2009).

16.13 | Thérapie génique

La **thérapie génique** est un traitement expérimental qui consiste à introduire du matériel génétique dans les cellules d'une personne pour lui permettre de lutter contre une maladie. Les chercheurs étudient actuellement divers moyens de traiter le cancer par la thérapie génique. Certaines approches consistent à cibler des cellules saines afin d'accroître leur capacité à lutter contre le cancer. D'autres approches ciblent les cellules cancéreuses pour les détruire ou prévenir leur croissance. L'une d'elles consiste pour les chercheurs à remplacer les gènes manquants ou altérés par des gènes sains. Comme l'absence ou l'altération de certains gènes peut causer le cancer, il est possible d'empêcher la maladie de progresser en remplaçant ceux-ci par des copies fonctionnelles. Les chercheurs s'efforcent également d'améliorer la réponse immunitaire au cancer. Dans cette optique, la thérapie génique est employée pour stimuler la capacité naturelle de l'organisme à attaquer les cellules cancéreuses. D'autres travaux de recherche s'intéressent à l'emploi de la thérapie génique pour empêcher les cellules cancéreuses de créer de nouveaux vaisseaux sanguins (angiogenèse). À ce jour, le recours à la thérapie génique est expérimental ▶ **14**.

16.14 | Complications liées au cancer

Le client peut présenter des complications découlant de la croissance continue des cellules malignes dans les tissus normaux ou des effets secondaires du traitement.

16.14.1 Problèmes nutritionnels
Malnutrition

Le client atteint d'un cancer peut présenter une malnutrition protéinoénergétique (MPE) se caractérisant par une diminution de la masse adipeuse et musculaire ▶ **54**. Les aliments recommandés pour augmenter l'apport en protéines et faciliter la réparation et la régénération des cellules sont énumérés dans le **TABLEAU 16.16**. Les aliments riches en calories qui fournissent de l'énergie et permettent de limiter au minimum la perte de poids sont présentés dans

14

La thérapie génique est examinée dans le chapitre 14, *Génétique, réaction immunitaire et transplantation.*

54

Les manifestations cliniques de la malnutrition sont présentées dans le chapitre 54, *Interventions cliniques – Troubles nutritionnels.*

Thérapie nutritionnelle

TABLEAU 16.16	Aliments protéiniques à valeur biologique élevée	
ALIMENT	**RATIO PROTÉINES / QUANTITÉ**	**RECOMMANDATIONS**
Produit laitier		
Lait entier	240 ml = 9 g de protéines	• Utiliser du lait condensé, du lait doublement concentré ou de la crème 10 % pour les ragoûts, les céréales chaudes, les sauces, les sauces au jus de viande, les poudings, les laits frappés et les soupes.
Lait doublement concentré (1 litre de lait entier plus 1 tasse de poudre de lait écrémé mélangés et refroidis)	240 ml = 14 g de protéines	
Lait frappé	240 ml de crème glacée plus 240 ml de lait = 15 g de protéines, 416 calories	
Yogourt (régulier et congelé)	240 ml = 10 g de protéines	• Vérifier les étiquettes et choisir la marque qui contient le plus de protéines.
Œufs		
Œuf	1 unité = 6 g de protéines	• Ajouter des œufs dans les salades, les ragoûts et les sauces. Les œufs à la diable sont particulièrement bien tolérés.
Lait de poule	240 ml = 15,5 g de protéines	• Parmi les desserts contenant des œufs figurent le gâteau des anges, le gâteau éponge, le pouding au lait et le gâteau au fromage.
Fromage		
Cottage	120 ml = 15 g de protéines	• Utiliser le fromage dans les sandwichs ou comme collation.
Cheddar	1 tranche = 6 g de protéines	• Ajouter du fromage dans les salades, les ragoûts, les sauces et les pommes de terre cuites au four.
À la crème	15 ml = 1 g de protéines	• Tartiner du fromage sur des craquelins donne une collation complète qui peut être préparée à l'avance et conservée au réfrigérateur pour un accès facile.
Viande, volaille, poisson		
Porc	85 g = environ 19 g de protéines	• Ajouter de la viande, de la volaille ou du poisson aux salades, aux ragoûts et aux sandwichs.
Poulet	1/2 poitrine = environ 26 g de protéines	• Ajouter de la viande réduite en purée ou coupée en tout petits morceaux dans les soupes et les ragoûts.
Poisson	85 g = environ 30 g de protéines	
Thon	185 g = environ 44,5 g de protéines	

16

le **TABLEAU 16.17**. Des exemples d'ingrédients permettant d'augmenter la teneur en calories des repas et collations sont présentés dans le **TABLEAU 16.18**.

Il est fréquent que le client atteint de cancer ne parvienne plus à s'alimenter suffisamment pour répondre à ses besoins nutritionnels. Très souvent, il se sent incapable de manger davantage. La diminution non volontaire du poids est l'élément primordial permettant de déceler la MPE (Lizotte & Fleury, 2004). Dès que l'infirmière constate une perte de poids de 5 % ou un risque de MPE, elle doit s'assurer que des mesures correctives ou préventives sont mises en place (p. ex., l'ajout de suppléments nutritifs). Il faut surveiller les taux d'albumine et de préalbumine. Si la perte de poids atteint 4,5 kg, il devient difficile de maintenir l'état nutritionnel. L'infirmière doit alors montrer au client à se servir de suppléments nutritifs pour remplacer le lait dans la cuisine ou la pâtisserie. Les aliments auxquels des suppléments nutritifs peuvent être aisément ajoutés incluent les œufs brouillés, les poudings, les crèmes renversées, les purées de pommes de terre, les céréales et les sauces crémeuses. Les déjeuners instantanés peuvent être utilisés selon l'indication ou parsemés sur les céréales, les desserts et les ragoûts.

Selon la sévérité ou la complexité des problèmes nutritionnels actuels ou anticipés, l'infirmière fera appel à l'expertise de la diététiste. Si la malnutrition ne peut être traitée par un apport alimentaire, la nutrition entérale ou parentérale s'imposera peut-être comme mesure nutritionnelle adjuvante.

Altération du goût

Il est possible que les cellules cancéreuses libèrent des substances qui stimulent les papilles gustatives amères. Le client peut également rapporter une altération des goûts (dysgueusie) sucré, acide et salé. Il est possible que la viande (principalement la viande rouge) ait un goût plus amer ou fade. À l'heure actuelle, le mécanisme physiologique qui sous-tend ces altérations du goût reste inconnu. L'infirmière doit suggérer au client qui signale une altération du goût d'éviter les aliments qu'il n'aime pas. Il arrive souvent que le client se sente contraint de consommer certains aliments tenus pour bénéfiques. L'infirmière peut lui conseiller d'ajouter des épices ou d'autres condiments pour pallier les altérations du goût. Le jus de citron, l'oignon, la menthe, le basilic et les marinades de jus de fruit peuvent rehausser le goût de certaines viandes et des poissons. Les légumes peuvent être relevés avec des miettes de bacon, de l'oignon et du jambon en morceaux. Ajouter davantage d'une seule épice ou condiment n'a généralement que peu d'effet sur le goût ; mieux vaut privilégier la diversité.

16.14.2 Infection

Après la maladie en soi, l'infection est la principale cause de décès chez les clients atteints de cancer. Les sièges habituels d'infection incluent les poumons, le système GI, la bouche, le rectum, la cavité péritonéale et le sang (septicémie). L'infection survient à la suite de l'ulcération et de la nécrose causées par la tumeur. Elle s'explique aussi par la compression des organes vitaux par une tumeur et par la neutropénie résultant du cours de la maladie ou du traitement du cancer. L'infirmière doit aviser les clients traités sur une base ambulatoire et susceptibles de présenter une neutropénie de contacter leur professionnel de la santé si leur température buccale atteint 38 °C ou plus. L'évaluation effectuée alors porte le plus souvent sur les signes et les symptômes d'infection, la détermination de la cause éventuelle et une formule sanguine complète.

De nombreuses personnes sont neutropéniques lorsqu'une infection apparaît. Cela s'appelle de la neutropénie fébrile. Chez elles, l'infection peut entraîner une morbidité importante et s'avérer rapidement fatale si elle n'est pas traitée promptement. Les manifestations cliniques de l'infection sont souvent subtiles ou absentes chez une personne neutropénique.

16.14.3 Urgences oncologiques

Les urgences oncologiques menacent le pronostic vital et sont imputables au cancer ou à son traitement. Elles peuvent être de nature obstructive, métabolique ou infiltrante.

Thérapie nutritionnelle

TABLEAU 16.17	Aliments riches en calories
ALIMENT	**RATIO CALORIES / QUANTITÉ**
Mayonnaise	15 ml = 101 calories
Beurre ou margarine	15 ml = 103 calories
Crème sure	15 ml = 72 calories
Beurre d'arachide	15 ml = 94 calories
Crème fouettée	15 ml = 53 calories
Huile de maïs	15 ml = 119 calories
Confiture	15 ml = 49 calories
Crème glacée	250 ml = 256 calories
Miel	15 ml = 64 calories

Urgences de nature obstructive

Les urgences de nature obstructive surviennent principalement quand la tumeur obstrue un organe ou un vaisseau sanguin. Elles incluent entre autres le syndrome de compression de la veine cave supérieure, le syndrome de compression médullaire, la formation d'un troisième espace et l'occlusion intestinale.

Syndrome de compression de la veine cave supérieure

Le syndrome de compression de la veine cave supérieure découle de l'obstruction de la veine cave supérieure par une tumeur ou une thrombose. Les manifestations cliniques incluent l'œdème du visage, l'œdème périorbitaire, la turgescence des veines de la tête, du cou et du thorax **FIGURE 16.21**, des maux de tête et des crises convulsives. Une masse médiastinale est souvent apparente sur les radiographies. Le cancer du poumon, le lymphome non hodgkinien et le cancer du sein métastatique en sont les causes les plus courantes. La présence d'un cathéter veineux central et l'irradiation antérieure du médiastin font augmenter le risque de présenter ce syndrome (Murphy, 2009).

Le syndrome de compression de la veine cave supérieure est considéré comme un problème médical grave. Sa prise en charge implique généralement une radiothérapie du siège de l'obstruction. Cependant, la chimiothérapie peut être utilisée pour les tumeurs plus sensibles à cette forme de traitement.

Compression médullaire

La compression médullaire est une urgence neurologique due à la présence de métastases dans l'espace épidural de la moelle épinière. Les tumeurs primitives le plus souvent responsables de ce problème sont celles qui siègent dans le sein, le poumon, la prostate, le système GI et le rein, ainsi que le mélanome (Murphy, 2009). Les lymphomes posent également un risque s'il y a envahissement de l'espace épidural par les cellules néoplasiques. Le problème se manifeste par une douleur lombaire intense, localisée et persistante, accompagnée d'une sensibilité vertébrale et aggravée par la manœuvre de Valsalva, ainsi que par une faiblesse et un dysfonctionnement moteurs, une paresthésie ou une perte sensorielle et une dysfonction autonome. Un des symptômes cliniques de cette dysfonction autonome est un changement de la fonction intestinale ou vésicale, signalé par le client. Une radiothérapie, combinée à l'amorce précoce de corticostéroïdes, entraîne généralement une certaine amélioration, qui sera toutefois tributaire de la gravité de l'atteinte au début du traitement. Une laminectomie décompressive par voie chirurgicale est pratiquée en cas de tumeurs radiorésistantes ou si la tumeur se trouve dans une zone ayant déjà été irradiée. La

Thérapie nutritionnelle

TABLEAU 16.18	Aliments permettant d'augmenter la teneur en calories des repas et collations
ALIMENTS	**PLATS**
Lait entier évaporé, crème 15 %	Potages, céréales, laits frappés, crèmes-desserts (poudings), pommes de terre en purée, sauces au fromage, pains, gâteaux, œufs brouillés, crêpes
Yogourt ou crème sure (au moins 3 % de matières grasses)	Trempettes et vinaigrettes, fruits, pirojkis, pommes de terre
Crème à fouetter, garniture fouettée	Crèmes-desserts, flans, gâteaux, tartes, gelées
Crème glacée et autres desserts surgelés	Fruits, laits frappés, gâteaux, tartes, gelées
Beurre, margarine non hydrogénée, huile végétale	Soupes, pommes de terre en purée, céréales chaudes, riz, pâtes, légumes cuits
Fromages fermes (pasteurisés)	Œufs brouillés, sandwichs, pommes de terre, potages, sauces, plats en cocotte
Fromages à la crème (pasteurisés)	Craquelins, pains, bagels
Mayonnaise ou vinaigrette	Garnitures à sandwichs, trempettes
Confiture, sucre, sirops, miel (pasteurisé)	Pains, craquelins, muffins, céréales, crêpes, desserts
Fruits séchés	Céréales, recettes de pains et de gâteaux, noix et graines
Noix et graines	Céréales, recettes de pains et de gâteaux, plats sautés

Source : SCC (2009d).

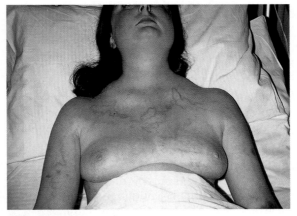

FIGURE 16.21

Obstruction de la veine cave supérieure dans le cancer bronchique – L'enflure du visage et du cou, et la circulation collatérale dans les veines sont visibles.

restriction des activités du client et une gestion optimale de sa douleur sont des interventions importantes de soins infirmiers.

Formation d'un troisième espace

La formation d'un troisième espace désigne le déplacement de liquide de l'espace vasculaire vers l'espace interstitiel, attribuable surtout à des interventions chirurgicales de grande envergure, à des traitements biologiques ou à un choc septique. Les clients présentent initialement des signes d'**hypovolémie**, dont de l'hypotension, de la tachycardie, une faible pression veineuse centrale et une diminution de la diurèse. Le traitement consiste à administrer des liquides, des électrolytes et des protéines plasmatiques. Durant le rétablissement, une hypervolémie peut apparaître et provoquer de l'hypertension, une hausse de la pression veineuse centrale, un gain de poids et de l'essoufflement. Le traitement consiste généralement à réduire l'administration de liquide et à surveiller l'équilibre hydrique.

Occlusion intestinale

L'occlusion intestinale aiguë est un problème fréquent chez les clients atteints d'un cancer avancé, en particulier d'un cancer colorectal ou d'un cancer de l'ovaire. Cependant, d'autres cancers, tels les cancers des bronches ou du sein ou les mélanomes, peuvent aussi donner des métastases péritonéales responsables d'occlusion intestinale. Dans la plupart des cas, l'occlusion affecte plus d'un site à la fois. La douleur, généralement colique, est le symptôme le plus fréquent (Gucalp & Dutcher, 2002) ▶ **57** .

Urgences de nature métabolique

Les urgences de nature métabolique sont dues à la production d'hormones ectopiques directement à partir de la tumeur, ou à des altérations métaboliques causées par la présence de la tumeur ou par le traitement anticancéreux. Les hormones ectopiques sont libérées à partir de tissus qui normalement n'en produisent pas. Les cellules cancéreuses retournant à un stade plus embryonnaire, leur potentiel de réserve devient alors plus manifeste. Les urgences de nature métabolique comprennent le syndrome de sécrétion inappropriée de l'hormone antidiurétique (SIADH), l'hypercalcémie, le syndrome de lyse tumorale, le choc septique et la coagulation intravasculaire disséminée (CIVD).

Syndrome de sécrétion inappropriée de l'hormone antidiurétique

Le SIADH résulte d'une production anormale ou soutenue de l'hormone antidiurétique (ADH) entraînant une rétention d'eau et une **hyponatrémie** ▶ **61** . Ce syndrome survient le plus souvent en cas de cancer du poumon (en particulier de sa variante à petites cellules), mais aussi de cancers du pancréas, du duodénum, du cerveau, de l'œsophage, du côlon, des ovaires, de la prostate, des bronches et du rhinopharynx, et de leucémie, de mésothéliome, de réticulosarcome, de maladie de Hodgkin et de thymome. Les cellules cancéreuses de ces tumeurs peuvent en fait fabriquer, conserver et libérer l'ADH. Différents agents chimiothérapeutiques dont le sulfate de vincristine et le cyclophosphamide (Procytox^MD), peuvent aussi stimuler la libération d'ADH des cellules pituitaires ou tumorales. Les manifestations de ce syndrome incluent un gain de poids sans œdème, une faiblesse, de l'anorexie, des nausées, des vomissements, des changements de personnalité, des crises convulsives, de l'oligurie, une diminution des réflexes et le coma. Le traitement consiste entre autres à traiter l'affection maligne sous-jacente et à instaurer des mesures pour corriger le déséquilibre hydrosodique. Les mesures thérapeutiques varient selon la sévérité de l'hyponatrémie et les symptômes d'intoxication hydrique en présence. L'infirmière doit surveiller les taux de sodium, car une correction rapide de ce syndrome peut provoquer des crises convulsives ou le décès (Rosiak, 2009).

Hypercalcémie

L'hypercalcémie peut survenir en présence d'un cancer associé à une maladie métastatique des os ou à un myélome multiple, ou si une substance apparentée à l'hormone parathyroïde est sécrétée par les cellules cancéreuses en l'absence de métastases osseuses. L'hypercalcémie résultant d'affections malignes qui produisent des métastases survient le plus souvent chez les clients présentant un cancer du poumon, du sein, du rein, du côlon, des ovaires ou de la glande thyroïde. L'hypercalcémie résultant de la sécrétion de substances apparentées à l'hormone parathyroïde est plus fréquente chez les clients qui présentent un épithélioma épidermoïde bronchique, un cancer de la sphère ORL, du col de l'utérus ou de l'œsophage, des lymphomes ou une leucémie. L'immobilité et la déshydratation peuvent contribuer à l'hypercalcémie ou l'exacerber.

Les principales manifestations de l'hypercalcémie incluent l'apathie, la dépression, la fatigue, la faiblesse musculaire, des variations de l'ECG, la polyurie, la nycturie, l'anorexie ainsi que des nausées et des vomissements. Des taux de calcium sérique qui dépassent 3 mmol/L sont souvent symptomatiques, et toute augmentation marquée des taux de calcium peut menacer le pronostic vital. Les taux de calcium sérique sont modifiés par des taux d'albumine faibles, qui ont pour effet de révéler un taux de calcium normal trompeur. Il convient donc de corriger le taux de calcium en fonction de l'albumine sérique ou de vérifier le taux de calcium ionisé (Rosiak, 2009). L'hypercalcémie chronique peut entraîner une néphrocalcinose (dépôts calcaires dans le tissu rénal) et une insuffisance rénale irréversible. Le traitement à long terme de

---

Hypovolémie: Diminution du volume sanguin total.

57

Le chapitre 57, *Interventions cliniques – Troubles du tractus gastro-intestinal inférieur*, présente les soins et traitements infirmiers auprès du client souffrant d'occlusion intestinale.

61

Le syndrome de sécrétion inappropriée de l'hormone antidiurétique est traité dans le chapitre 61, *Interventions cliniques – Troubles endocriniens*.

l'hypercalcémie prend pour cible la maladie primaire. L'hypercalcémie aiguë se traite par des mesures d'hydratation (3 L/jour) et par l'administration de diurétiques (en particulier de diurétiques de l'anse) et d'un bisphosphonate, qui inhibe l'action des ostéoclastes. La perfusion d'acide zolédronique (Zometa^MD) ou de pamidronate (Aredia^MD) constitue le traitement de choix. Ces médicaments sont également employés pour prévenir des complications osseuses chez les clients qui présentent des métastases osseuses.

Syndrome de lyse tumorale

Le syndrome de lyse tumorale aigu est une complication métabolique qui se caractérise par la libération rapide de composants intracellulaires en réponse à la chimiothérapie. Il est moins fréquent avec la radiothérapie. Ce syndrome est souvent associé à des tumeurs caractérisées par une activité mitotique élevée et sensibles à la chimiothérapie. La destruction cellulaire massive découlant d'une chimiothérapie agressive contre des masses tumorales volumineuses libère dans la circulation sanguine un ensemble de composants intracellulaires, dont du potassium, du phosphate, de l'ADN et de l'ARN (métabolisés en acide urique par le foie). L'augmentation des taux de phosphate sérique entraîne une diminution des taux de calcium sérique, provoquant une hypocalcémie. Les anomalies métaboliques et l'acide urique concentré (qui se cristallise dans les tubules distaux des reins) provoquent rapidement une insuffisance rénale aiguë, à moins que celle-ci ne soit détectée et traitée de manière précoce.

Les quatre débalancements métaboliques distinctifs du syndrome de lyse tumorale sont l'hyperuricémie, l'hyperphosphatémie, l'hypocalcémie et l'hyperkaliémie. Les premiers entraînent des symptômes tels que la faiblesse, des crampes musculaires, la diarrhée, des nausées et des vomissements (Rosiak, 2009). L'hyperkaliémie affecte la fonction cardiaque en provoquant des arythmies.

Le syndrome de lyse tumorale survient généralement dans les 24 à 48 heures suivant l'instauration de la chimiothérapie et peut persister de 5 à 7 jours. L'objectif primordial de la prise en charge de ce syndrome est de prévenir l'insuffisance rénale et de graves déséquilibres électrolytiques. Le traitement principal consiste à faire augmenter la production d'urine par l'administration de liquide, et à diminuer les concentrations d'acide urique grâce à l'allopurinol (King, 2008).

Choc septique et coagulation intravasculaire disséminée

Le choc septique est consécutif à une cascade de complications qui s'intensifient et dont le point de départ est la réaction de l'organisme à une invasion de microbes ou de toxines de ces derniers, en l'absence de mécanismes de défense adéquats. Il se caractérise par une hypotension sévère et une incapacté progressive des cellules à utiliser l'oxygène, entraînant un déséquilibre homéostatique très important, qui se manifeste par une acidose métabolique, une défaillance multiviscérale et des troubles de la coagulation tels que la CIVD. (Mundford, 2002) **50**.

Plusieurs pathologies peuvent se compliquer en CIVD, dont les cancers (en particulier les adénocarcinomes mucosécrétants, la leucémie aiguë promyélocytaire [M3]), les infections bactériennes (p. ex., au staphylocoque ou au méningocoque), virales ou fongiques (p. ex., histoplasmose aiguë). Le tableau clinique varie selon le stade et la sévérité de ce syndrome (Handin, 2002) **38**.

Urgences de nature infiltrante

Les urgences de nature infiltrante surviennent lorsque les tumeurs malignes infiltrent les organes majeurs; elles peuvent aussi découler du traitement du cancer. Les urgences de nature infiltrante les plus fréquentes, quoique rares, sont la tamponnade cardiaque et la rupture de l'artère carotide.

Tamponnade cardiaque

La tamponnade cardiaque résulte de l'accumulation de liquide dans le péricarde fibreux, de la contraction du péricarde par la tumeur ou d'une péricardite secondaire due à la radiothérapie du thorax. Ses manifestations incluent une sensation de lourdeur du thorax, des essoufflements, la tachycardie, la toux, la dysphagie, le hoquet, l'enrouement, des nausées et des vomissements, une transpiration excessive, un état de conscience diminué, un pouls paradoxal, des bruits cardiaques distants ou assourdis et une anxiété extrême. La prise en charge de cette urgence vise à réduire la quantité de liquide autour du cœur, et consiste notamment en une ponction péricardique chirurgicale ou en l'implantation d'une sonde péricardique. Le traitement de soutien comprend l'administration d'oxygène, l'hydratation par voie I.V. et un traitement vasopresseur.

Rupture de l'artère carotide

La rupture de l'artère carotide survient dans la plupart des cas chez les clients atteints d'un cancer de la sphère ORL; elle est due à une invasion de la paroi artérielle par la tumeur ou à une érosion consécutive à une intervention chirurgicale ou à une radiothérapie. Les saignements peuvent se manifester par des suintements ou de petites giclées de sang en cas de rupture de l'artère. Il convient alors d'appliquer avec le doigt une pression sur le siège. Des solutés et des produits sanguins sont administrés par voie I.V. pour stabiliser le client en vue d'une intervention chirurgicale. La prise en charge chirurgicale comprend la ligature de l'artère carotide en amont et en aval de la rupture, et la réduction de la tumeur locale.

50

Le choc septique est traité dans le chapitre 50, *Interventions cliniques – État de choc, syndrome de réaction inflammatoire systémique et syndrome de défaillance multiorganique.*

38

La coagulation intravasculaire disséminée (CIVD) est traitée dans le chapitre 38, *Interventions cliniques – Troubles hématologiques.*

16

16.15 | Prise en charge de la douleur cancéreuse

Environ 50 % des personnes qui reçoivent un traitement actif contre le cancer et de 80 à 90 % des personnes en phase avancée souffrent de douleur modérée à grave. Il est fréquent que la douleur cancéreuse soit insuffisamment traitée et qu'elle entraîne des souffrances inutiles, compromette la qualité de vie et alourdisse le fardeau des proches aidants (Broxson, Williams, Mendoza, Tamayo, Ownby, & McNeill, 2009). Dans le cadre de soins de qualité, elle doit faire l'objet d'une évaluation régulière et d'un soulagement optimal. L'American Pain Society a publié un guide de pratique clinique sur la prise en charge de la douleur cancéreuse. Au Canada, la Société canadienne du cancer a également publié un guide sur la douleur et son soulagement (SCC, 2006). Des recommandations québécoises pour le traitement de la douleur neuropathique ont également été publiées (Boulanger *et al.*, 2009). L'évaluation inadéquate de la douleur est l'obstacle le plus important à sa prise en charge efficace. Les données comme les signes vitaux et les comportements de la personne souffrante n'en sont pas des indicateurs fiables, surtout s'il s'agit de douleur persistante ou chronique. Il est important de distinguer la douleur persistante des accès douloureux paroxystiques (ADP). Pour être complète, l'évaluation doit impérativement inclure un historique détaillé, qui permet d'établir si les deux formes de douleur sont présentes. Le plan de prise en charge de la douleur doit prendre en compte ces deux variantes (Brink-Huis, van Achterberg, & Schoonhoven, 2008).

Les stratégies de soulagement de la douleur sont présentées dans le chapitre 10, *Douleur.*

Selon ce plan, l'infirmière doit montrer au client à tenir un journal de prise en charge de la douleur. Elle doit évaluer la douleur régulièrement pour déterminer l'efficacité du plan thérapeutique. Pour ce faire, elle doit consigner à intervalles réguliers des données sur le siège et l'intensité de la douleur, la sensation qu'elle provoque et la manière dont elle est soulagée. L'infirmière doit également évaluer les modifications des particularités de la douleur (p. ex., une nouvelle douleur, de nouvelles caractéristiques). L'infirmière doit toujours se fier à l'évaluation du client et en faire la source principale de ses données. Le **TABLEAU 16.19** énumère des questions d'évaluation pouvant faciliter la collecte de données. Afin de soutenir les infirmières dans l'actualisation d'une pratique exemplaire en gestion de la douleur, l'Association des infirmières et infirmiers autorisés de l'Ontario (AIIO, 2002, 2007) a émis des directives sur l'évaluation et la prise en charge de la douleur.

Des pharmacothérapies à base d'antiinflammatoires non stéroïdiens (AINS), d'opioïdes ou d'analgésiques adjuvants s'imposent. Les opioïdes (p. ex., la morphine ou le fentanyl) sont normalement prescrits pour traiter une douleur néoplasique modérée ou grave. Les analgésiques doivent être administrés régulièrement, et des doses additionnelles doivent être disponibles au besoin pour les ADP. En général, l'administration par voie orale est privilégiée, mais d'autres voies d'administration (p. ex., sous-cutanée ou transdermique) sont également possibles.

Il ne faut pas oublier que, pour les analgésiques opioïdes comme la morphine, la dose appropriée est celle qui suffit à maîtriser la douleur et qui s'accompagne du moins d'effets secondaires possible. La crainte de susciter une dépendance est injustifiée, mais cette question doit être abordée dans l'information transmise au client sur la maîtrise de la douleur puisqu'il ne s'agit pas, ni pour le client ni pour l'infirmière, d'un obstacle sérieux à une prise en charge optimale de la douleur. L'information destinée au client doit explorer certains mythes ou idées fausses et lui rappeler, de même qu'aux proches aidants, que la douleur néoplasique peut être soulagée efficacement. De plus, la dépendance et la tolérance ne sont pas associées à une prise en charge adéquate de la douleur cancéreuse (Brink-Huis *et al.*, 2008). Au Québec, le Regroupement des pharmaciens en établissement de santé ayant un intérêt pour les soins palliatifs a publié un outil de référence portant sur les interventions pharmacologiques se rapportant à la douleurs et aux différents symptômes. Ce guide contient de nombreux renseignements à la fois théoriques et cliniques, portant notamment sur les types de douleurs et les principes d'utilisation des analgésiques, l'emploi des classes de médicaments, les voies d'administration et les différents symptômes possibles (Regroupement des pharmaciens en établissement de santé ayant un intérêt pour les soins palliatifs, 2008).

Les interventions non pharmacologiques, dont les thérapies de relaxation et la visualisation, peuvent avoir une certaine efficacité dans la prise en charge de la douleur, de même que d'autres stratégies ▶ 10 .

16.16 | Soutien psychologique

Le soutien psychologique est un aspect important des soins aux personnes atteintes de cancer. La réaction au diagnostic du cancer varie considérablement d'un client à l'autre. L'un éprouvera de multiples inquiétudes de nature psychosociale comme la peur de devenir dépendant, de perdre le contrôle, d'être une charge pour sa famille, y compris sur le plan financier, ou de mourir. L'autre ressentira de la détresse en traversant toutes les

TABLEAU 16.19	Évaluation de la douleur chez un client atteint de cancer à l'aide de la méthode PQRSTU	
ÉLÉMENT	DONNÉES CLINIQUES ET INTERVENTIONS	EXEMPLES DE QUESTIONS
P		
Provoquer	• Facteurs provoquant ou aggravant la douleur • Présence d'un événement précis : changement de pansement, mobilisation, soins d'hygiène	• Comment votre douleur est-elle apparue ? • Y a-t-il une activité ou une position qui aggrave votre douleur ?
Pallier	• Éléments soulageants	• Tentez-vous des choses pour vous soulager ? • Est-ce que ça fonctionne ?
Q		
Qualité	• Recours à une liste de descriptifs possibles si le client n'arrive pas à décrire sa douleur : pression, crampe, serrement, sensation d'électrocution, brûlure, élancement, tiraillement, pesanteur, etc.	• Quel mot utiliseriez-vous pour décrire votre douleur ? • À quoi ressemble votre douleur ?
R		
Région / irradiation	• Localisation de la zone douloureuse • Examen de la zone douloureuse • Recherche d'autres régions touchées	• Où ressentez-vous de la douleur ? • Est-ce que votre douleur se déplace ? • Est-ce que votre douleur irradie ailleurs ? • Montrez-moi l'endroit où vous avez mal.
S		
Sévérité	• Utilisation d'un outil normalisé et adapté au client (p. ex., une échelle numérique de 1 à 10, une échelle visuelle analogue : absence de douleur, douleur faible, douleur modérée, douleur intense, douleur insupportable) • Important : toujours utiliser la même échelle pour une même personne	• Sur une échelle de 0 à 10, où 0 signifie aucune douleur et 10 signifie la pire douleur que vous puissiez imaginer, comment évaluez-vous votre douleur en ce moment ? • Comment évaluez-vous la douleur lorsqu'elle est à son maximum ?
T		
Temps / durée	• Début, durée, progression	• Depuis quand avez-vous mal ? • Est-ce que votre douleur est toujours présente, ou survient-elle par moments seulement (p. ex., pendant la mobilisation) ? • Est-ce que votre douleur augmente en intensité ?
U		
Signification pour le client	• Répercussions sur les AVQ et les AVD • Attentes en matière de soulagement	• À votre avis, d'où vient cette douleur ? • Est-ce que votre douleur vous empêche de pratiquer certaines activités (dormir, manger, marcher, lire, etc.) ? • Quel serait un niveau de soulagement acceptable pour vous ?

16

phases de la maladie, que ce soit au moment du diagnostic, durant ou après le traitement ou pendant les visites de suivi à long terme. La manière de réagir à un diagnostic de cancer dépend de plusieurs facteurs liés au client, dont les facteurs démographiques, ses habiletés et ses stratégies antérieures d'adaptation, son réseau de soutien et ses croyances religieuses ou spirituelles (Reavley, Pliant, & Sali, 2009). L'infirmière joue un rôle central dans l'évaluation de la réaction du client et de sa famille, et doit encourager l'adoption de stratégies d'adaptation positives.

Les facteurs suivants peuvent influer sur la manière dont un client compose avec un diagnostic de cancer :

- Capacité de réagir aux événements stressants (p. ex., une perte d'emploi, une contrariété majeure). En s'informant simplement de la manière dont le client a fait face à des événements stressants passés, l'infirmière peut se faire une idée de ses capacités d'adaptation, de l'efficacité de ses stratégies habituelles et du délai courant d'adaptation. Des antécédents d'événements traumatisants sérieux (ou d'épisodes de stress post-traumatique) laissent présager une adaptation plus difficile au diagnostic de cancer.

- Disponibilité des proches. Le client qui bénéficie d'un réseau de soutien efficace tend à mieux s'adapter que celui qui en est privé ou qui reçoit un soutien plus modeste.

- Capacité à exprimer ses sentiments et ses inquiétudes. Le client qui est en mesure d'exprimer ses sentiments et ses besoins et qui ne craint pas de demander de l'aide paraît mieux s'en sortir que celui qui intériorise ses sentiments et ses besoins.

- Âge au moment du diagnostic. L'âge influe considérablement sur les stratégies d'adaptation. Ainsi, une jeune mère atteinte d'un cancer connaît des inquiétudes différentes de celles d'une femme âgée de 70 ans qui souffre de la même maladie.

- Étendue de la maladie. En général, il est plus facile de s'adapter au processus de guérison ou de contrôle de la maladie qu'à la réalité d'une maladie avancée.

- Bouleversement de l'image corporelle. Les bouleversements de l'image corporelle (p. ex., un curage ganglionnaire cervical élargi, une alopécie, une mastectomie, une stomie) peuvent aggraver l'impact psychologique du cancer.

- Présence de symptômes. Les symptômes comme la fatigue, les nausées, la diarrhée et la douleur peuvent aggraver l'impact psychologique du cancer.

- Expérience antérieure du cancer. Des expériences négatives liées au cancer (personnelles ou concernant autrui) peuvent influencer la perception de la situation.

- Attitude à l'égard du cancer. Un client qui a le sentiment de maîtriser la situation et dont l'attitude vis-à-vis du cancer et de son traitement est positive est appelé à mieux réagir au diagnostic et au traitement que celui qui se sent désespéré, sans défense et dépassé par la situation.

Pour favoriser une attitude optimiste à l'égard du cancer, et pour soutenir le client et sa famille tout au long du processus de la maladie, l'infirmière doit :

- être disponible et le rester, surtout pendant les moments difficiles (périodes de transition) ;
- faire preuve d'une attitude bienveillante ;
- recueillir attentivement les craintes et les inquiétudes ;
- soulager les symptômes ;
- fournir des renseignements sur le cancer, les traitements requis et les soins aux clients qui en sont atteints ; ils doivent être exacts et leur permettre de se faire une idée réaliste, mais non alarmiste, de l'expérience qui les attend ;
- maintenir une relation fondée sur la confiance ; être ouverte, honnête et bienveillante dans son approche ;
- utiliser le toucher comme marque de bienveillance : parfois, serrer la main ou enlacer le client est plus efficace que parler ;
- souligner les forces du client et celles de sa famille ;
- aider le client à se fixer des objectifs à court et à moyen terme, réalistes et atteignables ;
- aider le client à conserver ses habitudes de vie ;
- maintenir l'espoir, clé de l'efficacité des soins en oncologie. Les objets d'espoir ne sont pas les mêmes pour tous et varient selon la condition du client et l'évolution de la maladie : espoir que les symptômes n'annoncent rien de grave, que le traitement entraîne la guérison, de conserver son autonomie, de soulager la douleur, de vivre plus longtemps ou de mourir paisiblement. L'espoir permet de garder le contrôle sur ce qui arrive ; il est le socle d'une attitude positive vis-à-vis du cancer et des soins qui en découlent.

Les services de soutien offerts par les intervenants de l'équipe interdisciplinaire d'oncologie et des organismes communautaires doivent s'articuler autour des différentes particularités et des besoins fondamentaux des personnes atteintes de cancer et de leurs proches, toucher les dimensions psychologique, sociale, morale, spirituelle et physique, tenir compte de la santé mentale, et aborder les aspects matériel, financier et pratique de la maladie (Comité de soutien, d'adaptation et de réadaptation [SAR], 2005). L'infirmière doit évaluer les besoins, les préoccupations et les ressources des clients et de leur famille afin de les mettre en contact, au besoin, avec les services de soutien.

CANCER

Le cancer est une maladie qui touche principalement la population vieillissante : la plupart des cas concernent des personnes âgées de plus de 65 ans. La mortalité liée au cancer est excessivement élevée chez elles : 70 % de l'ensemble des décès dus aux affections malignes surviennent chez les membres de ce groupe. Ces données prennent une importance particulière dans la mesure où l'espérance de vie ne cesse de croître (McEvoy, Carrow *et al.*, 2009).

Selon le recensement canadien de 2006, le nombre de Canadiens âgés de 65 ans et plus s'établit à 4,3 millions, soit 13,7 % de la population totale, ou près de 1 personne sur 7. Le Québec compte plus de 1 million de personnes âgées de 65 ans et plus, soit 14,3 % de la population ou 1 Québécois sur 7. Selon les projections démographiques, la proportion de personnes âgées dans la population canadienne pourrait pratiquement doubler au cours des 25 prochaines années (Statistique Canada, 2006).

Au Canada, 88 % de tous les nouveaux cas de cancer sont diagnostiqués chez les personnes âgées de 50 ans et plus. Pour 2010, le nombre estimé de nouveaux cas de cancer est de 173 880 au Canada et de 45 200 au Québec. C'est donc environ 475 personnes qui, chaque jour, recevront un diagnostic de cancer au Canada, et environ 124 au Québec. Réparties selon l'âge, ces données indiquent que ce sont les Canadiens âgés de 70 ans et plus qui courent le risque de cancer le plus élevé, avec 75 100 nouveaux cas estimés (43 % de tous les cas de cancer), alors que ce nombre est de 46 900 (27 %) chez les 60 à 69 ans et de 31 100 chez les 50 à 59 ans, soit la proportion la plus faible, avec 18 % de tous les nouveaux cas (SCC, 2010e).

Ce risque qui augmente avec l'âge est encore plus manifeste en ce qui a trait aux cancers les plus fréquents, dont le cancer du poumon et le cancer colorectal. Chez les personnes âgées de 70 à 79 ans, le nombre estimé de nouveaux cas de cancer du poumon est de 7 600, comparativement à 7 200 chez les 60 à 69 ans. Pour le cancer colorectal, ce nombre est de 6 300 chez les 70 à 79 ans, comparativement à 5 900 chez les 60 à 69 ans. Chez les 70 à 79 ans, le cancer de la prostate arrive au deuxième rang avec 7 000 nouveaux cas estimés, comparativement à 9 400 chez les 60 à 69 ans. Chez les 70 à 79 ans, le cancer du sein arrive au troisième rang avec 3 800 nouveaux cas estimés, précédés par les 60 à 69 ans avec 5 800 et les 50 à 59 ans avec 6 200 (SCC, 2010e).

Chez les adultes plus âgés, les manifestations cliniques du cancer peuvent être confondues avec des changements liés à l'âge, et donc ignorés par la personne concernée (Hurria & Balducci, 2009). Les adultes plus âgés sont particulièrement vulnérables aux complications liées au cancer et à son traitement. Cela s'explique par un affaiblissement de leurs fonctions physiologiques, de leurs ressources sociales et psychologiques et de leurs fonctions cognitives. Il faut considérer l'état fonctionnel d'un adulte plus âgé avant de choisir un plan thérapeutique. L'âge ne permet pas à lui seul d'anticiper exactement la tolérance ou la réponse au traitement. De plus en plus d'adultes âgés, et notamment de personnes dont l'état de santé est sous-optimal, tirent profit des traitements du cancer grâce aux progrès réalisés en la matière.

Le vieillissement biologique, processus allant de la naissance à la mort, varie considérablement d'une personne à l'autre. Chaque personne a sa propre histoire de vie, et les personnes considérées comme âgées ne forment pas un groupe homogène.

Appliquée à l'oncologie, l'évaluation gériatrique standardisée permet de personnaliser l'approche thérapeutique grâce à une meilleure estimation des capacités fonctionnelles, à la prise en compte des facteurs de comorbidité présents et d'autres facteurs sur lesquels il est possible d'agir, et à une estimation plus objective du degré de fragilité. Cela permet de trouver un juste équilibre entre les avantages recherchés et les risques encourus (Balducci, 2003).

16.17 | Survie au cancer

Le nombre de survivants au cancer s'est multiplié par trois depuis la fin des années 1980, et, compte tenu des avancées graduelles réalisées dans le domaine du dépistage précoce et du traitement, cette augmentation du taux de survie se maintiendra probablement (Morgan, 2009). Au 1er janvier 2005, le Canada comptait 695 000 personnes vivantes ayant reçu un diagnostic de cancer au cours des 10 années précédentes, soit environ 1 personne sur 46 ou 2,2 % de la population. Le nombre de cas de cancer récemment diagnostiqués au Canada continue d'augmenter, et le taux de survie augmente lui aussi. Il en résulte une augmentation du nombre de personnes vivant actuellement avec le cancer ou ayant des antécédents de cancer (SCC, 2009b). À l'heure actuelle, le nombre de survivants du cancer aux États-Unis est estimé à 10 millions ; les clientes ayant survécu à un cancer du sein forment la plus grande part de ce groupe (American Cancer Society, 2010).

Cette augmentation du nombre de survivants au cancer dans la population s'accompagne d'une plus grande sensibilisation à propos des répercussions d'un diagnostic du cancer sur la santé à long terme et la qualité de vie. Les survivants présentent, après le traitement, un ensemble de séquelles retardées et à long terme. Comparativement à la population en général, les survivants au cancer et à son traitement courent un plus grand risque de décès et de comorbidité non liés au cancer

16

(p. ex., la cardiopathie, le diabète, le syndrome métabolique, la dysfonction endocrinienne et l'ostéoporose). Ils peuvent en outre continuer à présenter des symptômes ou des déficiences fonctionnelles liés au traitement des années plus tard.

Un diagnostic de cancer peut bouleverser de nombreux aspects de la vie d'une personne. Les survivants signalent d'ailleurs fréquemment des préoccupations d'ordre financier, professionnel, conjugal et psychologique longtemps après la fin du traitement. Les conséquences psychosociales du traitement du cancer peuvent marquer profondément la vie d'une personne, et ce, après la rémission ; les répercussions relatives au fait de vivre dans l'incertitude sont souvent rapportées.

Il est indispensable que l'infirmière explore la signification que peut avoir le cancer pour le client afin de mieux le soutenir dans cette étape de sa vie (Haylock, Mitchell, Cox, Temple, & Curtiss, 2007). Certains clients aimeraient reprendre leur vie normale dès que possible ; ils peuvent ainsi décider de ne pas se présenter aux rendez-vous de suivi prévus. D'autres se feront plutôt porte-parole de la lutte contre le cancer ou membres actifs d'un groupe de soutien aux personnes atteintes. D'autres encore centreront leur vie autour du cancer et iront même jusqu'à refuser de renoncer à leur statut de malade.

L'infirmière peut aider le survivant au cancer :

- en lui remettant un sommaire du traitement et un plan de soins décrivant les traitements auxquels il a été exposé, les effets retardés possibles, les recommandations en matière d'autosoins, l'importance d'éviter les facteurs de risque modifiables ainsi qu'un plan de suivi à la fin du traitement ;

- en sensibilisant les professionnels de la santé aux besoins des survivants du cancer, notamment en ce qui a trait aux effets à long terme de la maladie et aux traitements qui s'y rapportent ;

- en l'encourageant à détecter les effets retardés de la radiothérapie et de la chimiothérapie, à les signaler et à rapporter tout symptôme persistant et importun découlant du traitement ;

- en favorisant de saines habitudes de vie et des comportements de prévention de la maladie :

  - prévention : nutrition saine, exercice, renoncement au tabagisme, maintien d'un poids équilibré ou d'un poids santé, réduction des risques cardiaques, santé osseuse ;

  - détection précoce : examens de dépistage systématiques (p. ex., du cancer du sein ou du côlon), dépistages recommandés de l'hypercholestérolémie, du diabète et de l'ostéoporose ;

- en l'encourageant à subir des examens de suivi réguliers auprès d'un professionnel de la santé de première ligne (p. ex., un médecin de famille ou une infirmière praticienne spécialisée en soins de première ligne) ;

- en évaluant les préoccupations d'ordre familial, psychoémotionnel, financier et professionnel, et en l'aidant à trouver, le cas échéant, les ressources et le soutien dont il a besoin.

Analyse d'une situation de santé — Jugement clinique

Madame Berta Ramirez est âgée de 47 ans. Elle est atteinte d'un cancer de stade II au sein gauche et a subi une tumorectomie. Son protocole de traitement chimiothérapique, comprend les antinéoplasiques suivants administrés par voie intraveineuse : cyclophosphamide (Procytox^MD), épirubicine (Pharmorubicin^MD) et fluorouracil (5-FU). Des séances de radiothérapie sont prévues une fois la chimiothérapie terminée.

Madame Ramirez n'avait jamais été malade auparavant, à part une grippe ou un rhume lorsque c'était la saison. Elle a trois sœurs et deux frères, et ses parents sont décédés. Après quelques traitements, la cliente ressent une grande fatigue l'empêchant de vaquer à plusieurs de ses activités habituelles, et se plaint de reflux gastrique et de constipation. Les derniers résultats de sa formule sanguine montraient une Hb à 99 g/L, des neutrophiles à 2 900/mm^3 et des érythrocytes à 4,3 × 10^{12}/L. En raison de la neutropénie, elle a reçu du filgrastim (Neupogen^MD) par injection S.C.

L'infirmière qui rencontre madame Ramirez à la clinique d'oncologie connaît bien la cliente, car cette dernière en est à son quatrième cycle de chimiothérapie. Au cours de la dernière visite, elle a détecté la présence de muguet ; la température de la cliente était de 36,9 °C. L'évaluation initiale a été faite partiellement, et des éléments sont à compléter. Parce qu'elle considère comme crucial d'assurer un suivi clinique de la condition de madame Ramirez, l'infirmière détermine un plan thérapeutique infirmier. ▶

Collecte des données – Évaluation initiale – Analyse et interprétation

SOLUTIONNAIRE
www.cheneliere.ca/lewis

1. Quelle information l'infirmière doit-elle connaître concernant les antécédents de madame Ramirez?

2. Outre la fatigue ressentie par madame Ramirez, le reflux gastrique, la constipation et le muguet, citez deux autres effets indésirables des médicaments antinéoplasiques à vérifier.

3. Une fois que madame Ramirez aura débuté ses traitements de radiothérapie, quelle manifestation clinique l'infirmière devra-t-elle surveiller dans la zone de traitement de radiothérapie?

4. Le médecin oncologue a prescrit du pantoprazole (Pantoloc^MD). Quelle raison justifie la prise de ce médicament par la cliente?

5. Trouvez une donnée supplémentaire à rechercher relativement au muguet que l'infirmière a constaté chez la cliente.

6. Pourquoi est-il important de vérifier la température de la cliente?

Extrait

CONSTATS DE L'ÉVALUATION							
Date	Heure	N°	Problème ou besoin prioritaire	Initiales	RÉSOLU / SATISFAIT		Professionnels / Services concernés
					Date	Heure	Initiales
2011-03-18	09:45	2	Risque d'infection	M.J.D.			

Signature de l'infirmière	Initiales	Programme / Service	Signature de l'infirmière	Initiales	Programme / Service
Marie-Josée Doré	M.J.D.	Clinique d'oncologie			

7. L'infirmière a inscrit « *Risque d'infection* » comme problème prioritaire dans l'extrait du plan thérapeutique infirmier de madame Ramirez. D'après vous, qu'est-ce qui justifie ce risque?

8. Parmi les manifestations présentées par la cliente, laquelle doit faire l'objet d'une plus grande attention?

Planification des interventions – Décisions infirmières

9. En plus des précautions générales contre les infections, que pourriez-vous suggérer à la cliente si sa température augmentait?

10. Quelle autre professionnelle collaborerait avec l'infirmière pour trouver des solutions au problème de constipation éprouvé par madame Ramirez?

11. En plus d'augmenter l'apport en eau et en fibres dans son alimentation, trouvez un autre moyen d'aider la cliente à ne plus être constipée.

16

▶ Madame Ramirez prend de la nystatine (ratio-Nystatin^MD) pour traiter son muguet buccal. L'infirmière a ajouté un nouveau problème prioritaire dans l'extrait du plan thérapeutique infirmier de la cliente.

Extrait

CONSTATS DE L'ÉVALUATION							
Date	Heure	N°	Problème ou besoin prioritaire	Initiales	RÉSOLU / SATISFAIT		Professionnels / Services concernés
					Date	Heure	Initiales
2011-03-18	09:45	3	Odynophagie liée au muguet	M.J.D.			

SUIVI CLINIQUE							
Date	Heure	N°	Directive infirmière	Initiales	CESSÉE / RÉALISÉE		
					Date	Heure	Initiales
2011-03-18	09:45	3					

Signature de l'infirmière	Initiales	Programme / Service	Signature de l'infirmière	Initiales	Programme / Service
Marie-Josée Doré	M.J.D.	Clinique d'oncologie			
		Clinique d'oncologie			

12. Inscrivez une directive verbale à la cliente pour l'aider à diminuer la douleur liée au muguet.

Évaluation des résultats – Évaluation en cours d'évolution

13. Quelle donnée indiquerait que le risque d'infection est écarté ?

14. Au cours des visites subséquentes, l'infirmière doit rechercher des données relatives aux problèmes de constipation et d'odynophagie de la cliente. Trouvez trois questions à poser et une donnée à recueillir par inspection informant de l'évolution de ces problèmes.

Application de la pensée critique

Dans l'application de la démarche de soins auprès de madame Ramirez, l'infirmière a recours aux éléments du modèle de la pensée critique pour analyser la situation de santé de la cliente et en comprendre les enjeux. La **FIGURE 16.22** résume les caractéristiques de ce modèle en fonction des données sur cette cliente ; elle n'est pas exhaustive.

Vers un jugement clinique

Connaissances
- Moyens diagnostiques pour détecter un cancer du sein
- Types de cancers et classification des stades
- Signification des stades (gravité de l'extension anatomique)
- Traitements possibles (chimiothérapie, radiothérapie)
- Effets secondaires dus au traitement

Expériences
- Expérience de cancer (soi-même ou une personne de son entourage)
- Soins aux clients atteints de cancer
- Accompagnement des clients atteints de cancer
- Expérience en relation d'aide

ÉVALUATION
- Température de la cliente et autres indices d'infection
- Facteurs de risque de contracter une infection
- Présence de nausées et de vomissements, impact sur l'appétit
- Odynophagie et muguet buccal
- Poids à chaque visite
- État de fatigue et tolérance pendant les activités
- État de la peau sur la zone irradiée
- Résultats de la formule leucocytaire
- Caractéristiques de l'élimination intestinale

Normes
- Protocole de traitement contre le cancer
- Normes relatives à l'administration des médicaments antinéoplasiques

Attitude
- Compréhension des émotions vécues par la cliente (peur de l'échec du traitement ou de récidives, anticipation des effets secondaires du traitement)

FIGURE 16.22
Application de la pensée critique à la situation de santé de madame Ramirez

■ ■ ■ À retenir

- Le cancer est la première cause de mortalité au Canada.

- Il existe 10 recommandations dont l'observation permet de prévenir le cancer.

- Le cancer consiste en une croissance incontrôlée et démesurée de cellules : les tumeurs malignes.

- Les tumeurs peuvent être réparties en deux catégories : bénignes ou malignes.

- En règle générale, les néoplasmes bénins sont bien différenciés ; les néoplasmes malins oscillent quant à eux entre bien différenciés et indifférenciés.

- Les trois stades du cancer sont l'initiation, la promotion et la progression.

- Les tumeurs peuvent être classées selon leur siège anatomique, leur histologie et l'extension de la maladie (stade).

- Pour de nombreux types de tumeurs, les cellules sont évaluées selon quatre grades.

- Le système de classification par stade clinique permet de déterminer l'extension anatomique du cancer selon cinq stades.

- La classification TNM (T : taille de la tumeur ; N : atteinte ganglionnaire ; M : métastase) permet de déterminer l'extension anatomique de la maladie selon trois paramètres.

- La chimiothérapie est devenue essentielle au traitement de la plupart des tumeurs solides et des affections malignes hématologiques (p. ex., les leucémies, les lymphomes, les myélomes et les syndromes myélodysplasiques).

- L'association des biothérapies ciblées à la chimiothérapie classique, tout en élargissant l'arsenal thérapeutique, élargit le spectre des effets secondaires auxquels sont exposés les personnes traitées.

- Les greffes de cellules souches hématopoïétiques (GSCH) sont des interventions efficaces et salutaires pour un certain nombre d'affections malignes et non malignes.

- La thérapie génique est un traitement expérimental qui consiste à introduire du matériel génétique dans les cellules d'une personne pour lui permettre de lutter contre une maladie.

Pour en savoir plus

 Références Internet

Organismes et associations

American Institute for Cancer Research
www.aicr.org

American Society of Clinical Oncology
www.asco.org

Association canadienne des infirmières en oncologie
www.cano-acio.org

Consortium de recherche en oncologie clinique du Québec
www.qcroc.ca

Fondation québécoise du cancer
www.fqc.qc.ca

Partenariat canadien contre le cancer
www.partnershipagainstcancer.ca

Société canadienne du cancer
www.cancer.ca

Organismes gouvernementaux

INSPQ > Habitudes de vie, maladies chroniques > Lutte au cancer
www.inspq.qc.ca

MSSS > Problèmes de santé > Cancer
www.msss.gouv.qc.ca

Santé Canada > Index A-Z > Cancer
www.hc-sc.gc.ca

Références générales

**Infiressources
> Banques et recherche > Pathologies
> Oncologie**

**> Carrefour des rubriques > Carrefour clinique
> Soins en cancérologie**
www.infiressources.ca

**Infiressources > Carrefour des rubriques
> Carrefour clinique > Soins en cancérologie
Infiressources > Banques et recherche >
Pathologies > Oncologie**
www.infiressources.ca

PasseportSanté.net > Maladies > Index des maladies de A à Z

Le site contient des fiches détaillées sur plusieurs types de cancer.
www.passeportsante.net

 Monographies

Alexandre, J. (2008). *Cancérologie – hématologie*. Paris, Fr. : Masson.

Gates, R., & Fink, R. (2007). *Oncology and Nursing Secrets* (3rd ed.). St. Louis, Mo. : Mosby Elsevier.

Langhorne, M., Fulton, J., & Otto, S. (2007). *Nursing Oncology*. St. Louis, Mo. : Mosby Elsevier.

Marolla, M., & Guérin, R. (2006). *Oncologie et soins infirmiers*. Paris, Fr. : Lamarre.

Pardee, A.B., & Stein, G.S. (2009). *The Biology and Treatment of Cancer : Understanding Cancer*. Hoboken, N.J. : Wiley-Blackwell.

16

CHAPITRE

17

Écrit par:
Audrey J. Bopp, RN, MSN, CNS

Adapté par:
Mélanie Bérubé, IPA, M. Sc., CSI(C)

Déséquilibres hydroélectrolytiques et acidobasiques

Objectifs

Après avoir lu ce chapitre, vous devriez être en mesure:

- de décrire la composition des principaux compartiments liquidiens de l'organisme;

- de définir les processus suivants de la régulation du mouvement de l'eau et des électrolytes entre les compartiments liquidiens de l'organisme: diffusion, osmose, filtration, pression hydrostatique, pression oncotique et pression osmotique;

- de détailler l'indication et les résultats des examens paracliniques, les manifestations cliniques, ainsi que les interventions infirmières et en interdisciplinarité relatives aux troubles suivants: déséquilibres du volume liquidien extracellulaire, du sodium, du potassium, du magnésium, du calcium et du phosphate;

- de décrire les processus qui assurent le maintien de l'équilibre acidobasique;

- d'expliquer l'indication et les résultats des examens paracliniques, les manifestations cliniques et les soins et traitements en interdisciplinarité relatifs aux déséquilibres acidobasiques;

- de décrire la composition et les indications des solutions courantes pour la thérapie liquidienne intraveineuse;

- de présenter les types courants de cathéters veineux centraux et les soins qu'ils requièrent.

Concepts **clés**

Cette carte conceptuelle illustre schématiquement les principaux concepts décrits dans le présent chapitre. Sa lecture vous permettra d'avoir une vue d'ensemble des notions qui y sont présentées.

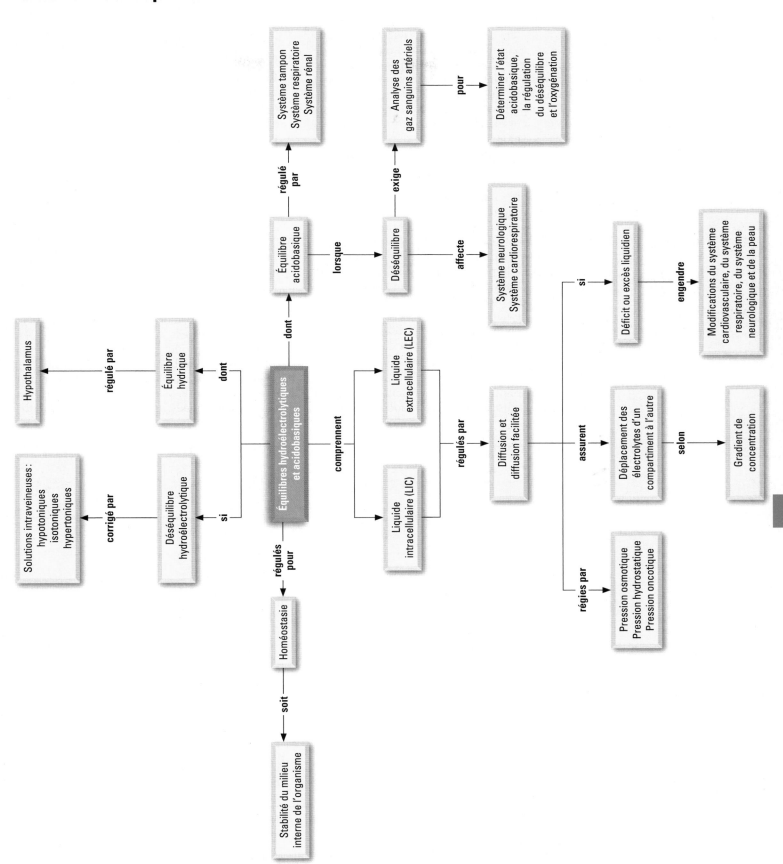

17.1 | Homéostasie

Les liquides et les électrolytes de l'organisme jouent un rôle important dans l'homéostasie. L'**homéostasie** désigne l'état d'équilibre du milieu interne de l'organisme, naturellement maintenu par des réactions adaptatives assurant une bonne santé (Myers, 2008). Le maintien de la composition et du volume des liquides corporels dans la marge étroite des limites normales est nécessaire pour assurer l'homéostasie (Huether & McCance, 2008). Pendant les réactions métaboliques normales, de nombreux acides sont produits et modifient l'équilibre interne, notamment l'équilibre hydroélectrolytique. La production d'acide doit donc être régulée pour maintenir l'homéostasie. De nombreuses maladies ainsi que leurs traitements peuvent affecter l'équilibre hydrique et électrolytique. Par exemple, un client atteint d'un cancer du sein ou du poumon métastatique peut présenter une hypercalcémie résultant de la destruction osseuse due à l'invasion tumorale. La chimiothérapie prescrite pour traiter le cancer peut entraîner des nausées et des vomissements, puis une déshydratation et des déséquilibres acidobasiques. La correction de la déshydratation par des liquides intraveineux (I.V.) exige un suivi rigoureux pour prévenir la surcharge hydrique.

Il est important que l'infirmière anticipe le risque d'altérations de l'équilibre hydroélectrolytique associé à certains troubles ou traitements médicaux, qu'elle en reconnaisse les signes et les symptômes et qu'elle intervienne en prenant les mesures adéquates. Ce chapitre porte sur :

- le contrôle physiologique de l'équilibre hydrique, électrolytique et acidobasique ;
- les causes qui perturbent l'homéostasie et les manifestations qui en résultent ;
- les mesures à prendre par les professionnels de la santé, dont les infirmières, pour maintenir l'équilibre hydrique, électrolytique et acidobasique, ou pour le rétablir.

17.2 | Teneur en eau de l'organisme

L'eau est la principale composante de l'organisme, et compte pour 50 à 60 % du poids corporel de l'adulte. C'est un solvant qui assure la dissolution et le transport des sels, des nutriments et des déchets de l'organisme. La teneur en eau varie en fonction du sexe, de la masse corporelle et de l'âge **FIGURE 17.1**. La proportion de l'eau dans le poids corporel est généralement supérieure chez les hommes, car leur masse maigre est ordinairement plus élevée que celle des femmes. La masse en eau des personnes âgées est inférieure à celle des

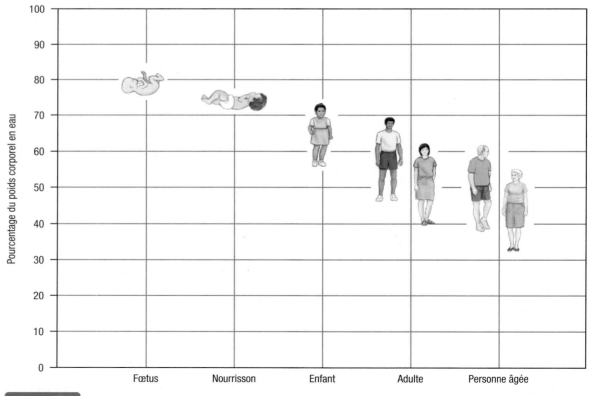

jeunes pour la même raison. Les cellules lipidiques contiennent moins d'eau qu'un volume équivalent de tissus maigres (Kee, Paulanka, & Polek, 2009). Chez une personne âgée, la teneur en eau de l'organisme est comprise en moyenne entre 45 et 55 % du poids corporel. Chez le nourrisson, la teneur en eau représente de 70 à 80 % du poids corporel. Les nourrissons et les personnes âgées sont donc exposés à un plus grand risque de problèmes hydriques que les jeunes adultes.

17.2.1 Compartiments liquidiens de l'organisme

Les deux principaux compartiments hydriques de l'organisme sont l'espace intracellulaire (l'intérieur des cellules) et l'espace extracellulaire (l'extérieur des cellules) **FIGURE 17.2**. Environ les deux tiers de l'eau contenue dans l'organisme se trouvent dans les cellules: c'est le **liquide intracellulaire (LIC)**, qui constitue près de 40 % du poids corporel d'un adulte. Le poids d'un jeune homme de 70 kg comprend environ 42 L d'eau, dont 28 L de LIC.

Le **liquide extracellulaire (LEC)** comprend le **liquide interstitiel**, composé du liquide dans l'espace interstitiel (espace entre les cellules) et de la lymphe, le liquide du sang (plasma) et une très petite quantité de liquide contenu dans les cavités spécialisées de l'organisme (liquide céphalorachidien, liquide du tractus gastro-intestinal [GI], et liquides pleural, synovial, péritonéal, intraoculaire et péricardique). Le liquide contenu dans les cavités spécialisées s'appelle **liquide transcellulaire**. Le LEC compte pour un tiers de l'eau corporelle, ce qui représente environ 14 L chez un homme de 70 kg. Le LEC est réparti dans les espaces intravasculaires, interstitiels et transcellulaires. Environ un tiers du LEC se trouve dans l'espace intravasculaire sous forme de plasma (3 L chez un homme de 70 kg), et les deux autres tiers dans l'espace interstitiel (10 L chez un homme de 70 kg). Le liquide dans les espaces transcellulaires totalise près de 1 L à tout moment, mais, comme de 3 à 6 L de liquide sont sécrétés et réabsorbés chaque jour depuis le tractus GI, la déperdition de ce liquide due aux vomissements ou à la diarrhée peut entraîner des déséquilibres hydroélectrolytiques graves.

17.2.2 Fonctions de l'eau dans l'organisme

Les liquides contenus dans l'organisme sont en mouvement constant: ils véhiculent les nutriments, les électrolytes et l'oxygène vers les cellules et éliminent les déchets à partir des cellules. L'eau est nécessaire à la régulation de la température de l'organisme. De plus, elle lubrifie les articulations et les membranes, et elle sert de milieu pour la digestion des aliments (Kee *et al.*, 2009).

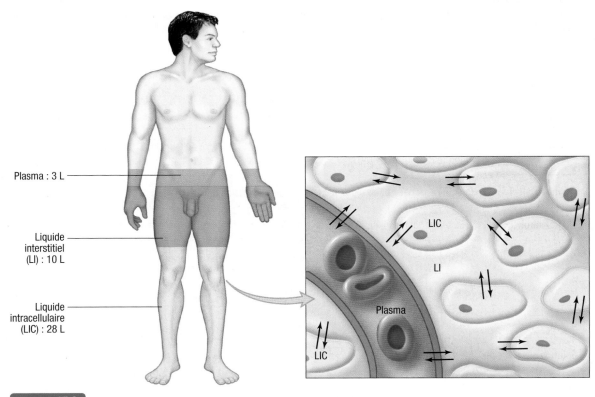

FIGURE 17.2

Volumes relatifs des trois liquides de l'organisme. Les valeurs représentent la répartition des liquides chez un jeune homme adulte.

17.2.3 Calcul du gain ou de la perte hydrique

Un litre d'eau équivaut à 1 kg. La variation du poids corporel, surtout quand elle est brusque, est un excellent indicateur de perte ou de gain de volume hydrique global. Par exemple, si un client boit 250 ml de liquide, le gain pondéral sera de 0,24 kg. Un client qui reçoit un traitement diurétique, qui perd 2 kg en 24 heures, enregistre une perte hydrique d'environ 2 L. Un client adulte qui jeûne peut perdre entre 0,48 et 0,72 kg par jour. Une baisse pondérale dépassant cette valeur s'explique probablement par une perte de liquide corporel.

17.3 | Électrolytes

Les **électrolytes** sont des substances dont les molécules se dissocient ou se décomposent en ions en présence d'eau. Les **ions** sont des particules électriquement chargées. Les **cations** sont des ions chargés positivement, comme c'est le cas du sodium (Na^+), du potassium (K^+), du calcium (Ca^{2+}) et du magnésium (Mg^{2+}). Les **anions** sont des ions chargés négativement : c'est le cas des ions bicarbonate (HCO_3^-), chlorure (Cl^-) et phosphate (PO_4^{3-}). La plupart des protéines sont porteuses d'une charge négative et sont donc des anions. La charge électrique d'un ion est appelée **valence**. Les cations et les anions s'associent en fonction de leurs valences. Un ion monovalent a la puissance de combinaison d'un atome d'hydrogène. Le **TABLEAU 17.1** donne la définition des termes liés à la chimie des liquides corporels.

17.3.1 Mesure des électrolytes

La concentration d'électrolytes peut être mesurée en millimoles par litre (mmol/L) ou en milliéquivalents par litre (mEq/L). Les électrolytes présents dans les liquides de l'organisme sont des substances chimiques actives permettant diverses liaisons. Il est donc plus pratique d'exprimer leur concentration par une mesure de l'activité chimique (ou milliéquivalents) plutôt qu'en unités de poids. Les ions se lient par milliéquivalent. Par exemple, 1 mEq (1 mmol) de sodium (cation monovalent) se lie à 1 mEq (1 mmol) de chlorure (anion monovalent), et 1 mEq (0,5 mmol) de calcium (cation divalent) se lie à 1 mEq (1 mmol) de chlorure. Ce pouvoir de liaison des électrolytes est important pour le maintien de l'équilibre entre les ions positifs (cations) et négatifs (anions) dans les liquides de l'organisme.

TABLEAU 17.1	Terminologie relative à la biochimie des liquides corporels
TERME	**DÉFINITION / DESCRIPTION**
Anion	Ion chargé négativement
Cation	Ion chargé positivement
Électrolyte	Substance qui se dissocie en ions (particules chargées) dans une solution (p. ex., une molécule de chlorure de sodium [NaCl] en solution qui se dissocie en Na^+ et en Cl^-)
Ion monovalent	Ion qui possède la puissance de combinaison d'un atome d'hydrogène
Non-électrolyte	Substance qui ne se dissocie pas en ions dans une solution (p. ex., le glucose et l'urée)
Osmolalité	Mesure de la concentration de soluté totale par kilogramme de solvant
Osmolarité	Mesure de la concentration de soluté totale par litre de solution
Soluté	Substance qui se dissout dans un solvant
Solution	Mélange homogène de solutés dissous dans un solvant
Solvant	Substance pouvant dissoudre un soluté (liquide ou gaz)
Valence	Degré de puissance de combinaison d'un ion

17.3.2 Composition électrolytique des compartiments liquidiens

La composition électrolytique varie entre le LEC et le LIC. La concentration globale des électrolytes est à peu près la même dans les deux compartiments. Cependant, les concentrations précises fluctuent considérablement **FIGURE 17.3**. Dans le LEC, le principal cation est le sodium, associé à de petites quantités de potassium, de calcium et de magnésium. Le principal anion du LEC est le chlorure, associé à de petites quantités d'anions bicarbonates, sulfates et phosphates. Le plasma renferme des quantités importantes de protéines, inférieures cependant à celles contenues dans le LIC. L'espace interstitiel renferme, quant à lui, très peu de protéines dans les conditions physiologiques.

Dans le LIC, le cation le plus prévalent est le potassium, associé à de faibles quantités de magnésium et de sodium. L'anion le plus prévalent dans le LIC est le phosphate, associé à quelques protéines et à une petite quantité de bicarbonate.

17.4 | Mécanismes de contrôle des mouvements hydroélectrolytiques

De nombreux processus distincts sont à l'origine du mouvement des électrolytes et de l'eau entre le LIC et le LEC, notamment la diffusion simple, la diffusion facilitée, le transport actif et l'osmose. L'eau se déplace sous l'effet de trois forces : la pression osmotique, la pression hydrostatique et la pression oncotique.

17.4.1 Diffusion

La **diffusion** est le mouvement de molécules d'une région à concentration élevée vers une région à faible concentration **FIGURE 17.4**. Elle se produit avec des liquides, des gaz et des solides. Le mouvement net des molécules à travers une membrane s'interrompt lorsque les concentrations sont égales de part et d'autre de la membrane. Pour que le processus de diffusion ait lieu, la membrane qui sépare les deux parties doit être perméable à la substance qui se déplace. La diffusion simple ne requiert aucun apport externe d'énergie. Les gaz (p. ex., l'oxygène, l'azote, le dioxyde de carbone) et d'autres substances (p. ex., l'urée) peuvent diffuser en traversant des membranes cellulaires et ainsi être distribués dans tout l'organisme.

17.4.2 Diffusion facilitée

Compte tenu de la composition des membranes cellulaires, certaines molécules diffusent lentement dans les cellules. Cependant, lorsqu'elles se

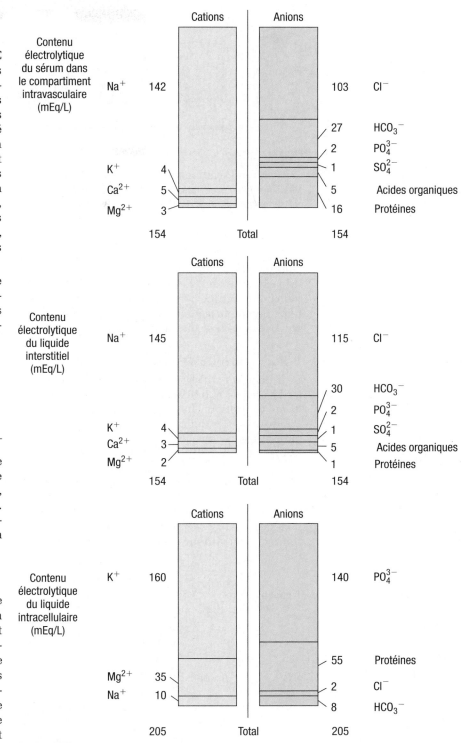

FIGURE 17.3

Contenu électrolytique des compartiments liquidiens

lient à une molécule vectrice précise, la vitesse de diffusion s'accélère. Comme la diffusion simple, la diffusion facilitée permet le déplacement de molécules d'une région à concentration élevée vers une région à faible concentration. La **diffusion facilitée** est un processus passif qui ne requiert pas

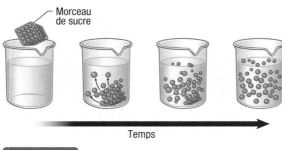

Morceau de sucre

Temps

FIGURE 17.4

La diffusion est le mouvement des molécules d'une région à concentration élevée vers une région à faible concentration, qui se termine par une répartition égale des molécules.

d'énergie mis à part la présence d'un **gradient de concentration**. Le transport du glucose dans la cellule est un exemple de diffusion facilitée. Une molécule vectrice présente sur la plupart des cellules augmente la vitesse ou facilite la diffusion du glucose dans ces cellules.

17.4.3 Transport actif

Le **transport actif** est un processus qui permet aux molécules de se déplacer à l'encontre du gradient de concentration. Une source d'énergie externe est ici requise. Les concentrations de sodium et de potassium varient beaucoup à l'échelle intracellulaire et extracellulaire **FIGURE 17.3**. Grâce au transport actif, le sodium sort de la cellule, tandis que le potassium y pénètre pour assurer cette différence de concentration **FIGURE 17.5**. Ce mécanisme de transport actif est connu sous le nom de pompe sodium-potassium. La source d'énergie qui rend ce mécanisme possible est l'adénosine

triphosphate (ATP), produite dans les mitochondries cellulaires.

17.4.4 Osmose

L'**osmose** est le mouvement de l'eau entre deux compartiments séparés par une membrane semi-perméable (une membrane perméable à l'eau, mais pas aux solutés). L'eau se déplace d'une région à faible concentration de soluté vers une région à haute concentration de soluté en traversant la membrane **FIGURE 17.6** ; autrement dit, l'eau se déplace du compartiment le plus dilué (celui qui contient le plus d'eau) vers le plus concentré (qui contient le moins d'eau). L'osmose ne requiert aucune source externe d'énergie et s'interrompt lorsque les différences de concentration disparaissent, ou si une pression hydrostatique s'accumule et devient suffisante pour empêcher tout autre mouvement de l'eau. La diffusion et l'osmose sont importantes pour le maintien du volume liquidien des cellules de l'organisme et celui de la concentration des solutés.

La **pression osmotique** correspond à la quantité de pression requise pour freiner le débit osmotique d'eau. Pour illustrer la pression osmotique, imaginons une chambre séparée en deux compartiments par une membrane semi-perméable **FIGURE 17.6**. L'eau se déplace du côté le moins concentré vers le côté le plus concentré de la chambre.

La pression osmotique est déterminée par la concentration de soluté en solution. Elle est mesurée en milliosmoles (mOsm) et peut être exprimée soit par l'osmolalité, soit par l'osmolarité du liquide. L'**osmolalité** mesure la force osmotique du soluté par unité de poids du solvant (mOsm/kg ou mmol/kg). L'**osmolarité** mesure le nombre total de milliosmoles de soluté par unité de volume total de solution (mOsm/L). Même si ces deux unités sont souvent employées de manière interchangeable, l'osmolalité se rapporte aux liquides à l'intérieur de l'organisme, alors que l'osmolarité concerne des liquides extérieurs à l'organisme (Porth & Matfin, 2009). Le test de l'osmolalité sert communément à évaluer la concentration du plasma et de l'urine.

Mesure de l'osmolalité

L'osmolalité est à peu près équivalente dans les divers espaces liquidiens de l'organisme. Il est important d'en déterminer la valeur, car l'osmolalité indique l'équilibre hydrique de l'organisme. Pour évaluer l'état d'équilibre hydrique de l'organisme, il faut estimer l'osmolalité plasmatique. L'osmolalité plasmatique normale est comprise entre 275 et 295 mOsm/kg. Toute valeur supérieure à 295 mOsm/kg indique une concentration trop élevée de particules ou une teneur en eau trop faible. Cet état est appelé déficit hydrique. Toute valeur inférieure à 275 mOsm/kg

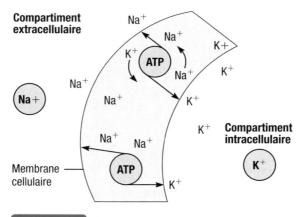

Compartiment extracellulaire

Na⁺ Na⁺ K⁺ K⁺ ATP Na⁺ K⁺ Na⁺ K⁺ **Na+** Na⁺ K⁺

Compartiment intracellulaire

Na⁺ Na⁺ K⁺

Membrane cellulaire — ATP K⁺ **K+**

FIGURE 17.5

Pompe sodium-potassium. À mesure que les ions sodium (Na⁺) diffusent dans la cellule et que les ions potassium (K⁺) diffusent à l'extérieur de la cellule, un système de transport actif, alimenté par une source d'énergie, ramène les ions Na⁺ dans le compartiment extracellulaire et les ions K⁺ dans le compartiment intracellulaire.

indique une quantité de soluté trop faible pour la quantité d'eau ou une quantité d'eau trop importante pour la quantité de soluté. Cet état est appelé excès hydrique. Les deux états sont graves sur le plan clinique. Comme les principaux déterminants de l'osmolalité plasmatique sont le sodium et le glucose, l'osmolalité plasmatique peut être estimée à partir des concentrations de ces substances.

L'osmolalité de l'urine peut varier entre 100 et 1 300 mOsm/kg, selon l'apport hydrique, la quantité d'hormone antidiurétique (ADH) dans la circulation et la réponse des reins à cette hormone.

Mouvement osmotique des liquides

Les cellules sont affectées par l'osmolalité du liquide qui les entoure. Les liquides dont l'osmolalité est équivalente à celle de l'intérieur de la cellule sont dits **isotoniques**. Les solutions sont dites **hypotoniques** (hypoosmolaires) si les solutés sont moins concentrés qu'à l'intérieur des cellules ou **hypertoniques** (hyperosmolaires) s'ils sont plus concentrés qu'à l'intérieur des cellules.

Normalement, le LEC et le LIC sont isotoniques; par conséquent, il ne se produit aucun mouvement net de l'eau. Dans la cellule active sur le plan métabolique, il se produit un échange constant des substances entre la cellule et l'espace interstitiel, mais pas de gain ou de perte nets d'eau.

Si une cellule est entourée de liquide hypotonique, l'eau entre dans la cellule, la fait enfler et peut même la faire éclater. Si une cellule est entourée de liquide hypertonique, l'eau sort de la cellule pour diluer le LEC; ainsi, la cellule diminue de volume et peut s'atrophier **FIGURE 17.7**.

17.4.5   Pression hydrostatique

La **pression hydrostatique** est la force qui s'exerce dans un compartiment liquidien. Dans les vaisseaux sanguins, la pression hydrostatique correspond à la pression sanguine générée par la contraction du cœur (Huether & McCance, 2008). La pression hydrostatique du système vasculaire diminue graduellement à mesure que le sang se déplace dans les artères, jusqu'à ce qu'elle atteigne environ 40 mm Hg à l'extrémité artérielle d'un capillaire. Étant donné la taille du lit capillaire et le mouvement des liquides dans l'espace interstitiel, la pression diminue à près de 10 mm Hg à l'extrémité veineuse du capillaire. Dans le capillaire, la pression hydrostatique est la principale force par laquelle l'eau est expulsée du système vasculaire.

17.4.6   Pression oncotique

La **pression oncotique** (pression osmotique colloïdale) correspond à la pression osmotique exercée

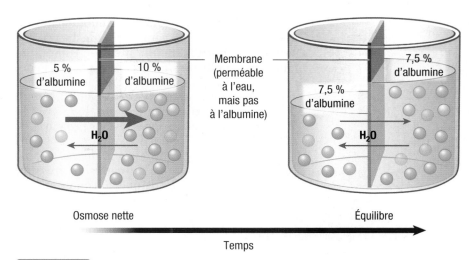

FIGURE 17.6

L'osmose est un processus de déplacement de l'eau à travers une membrane semi-perméable, d'une région à faible concentration de soluté vers une région à concentration élevée de soluté.

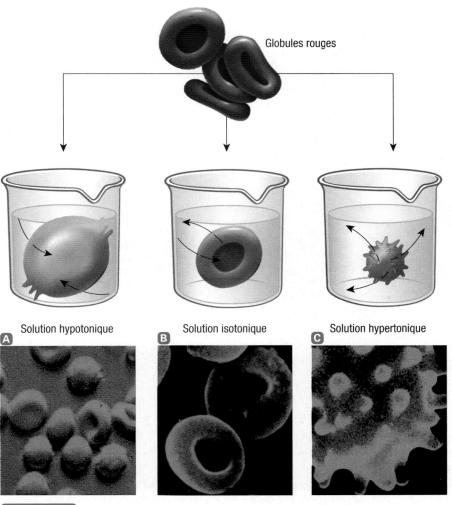

FIGURE 17.7

Effets du statut hydrique sur les globules rouges – **A** La solution hypotonique (excès de H_2O) entraîne l'œdème cellulaire. **B** La solution isotonique (équilibre normal en H_2O) ne provoque aucun changement. **C** La solution hypertonique (déficit en H_2O) cause l'atrophie des cellules.

par les colloïdes en solution. L'albumine, qui est une protéine, est le principal colloïde du système vasculaire contribuant à la pression osmotique totale. Les molécules de protéine attirent l'eau, déplaçant ainsi le liquide de l'espace tissulaire vers l'espace vasculaire (Porth & Matfin, 2009). Contrairement aux électrolytes, leur grande dimension moléculaire empêche les protéines de quitter l'espace vasculaire par les pores des parois capillaires. Dans des conditions normales, la pression oncotique plasmatique est d'environ 25 mm Hg. Une petite quantité de protéines est présente dans l'espace interstitiel et exerce une pression oncotique d'environ 1 mm Hg.

Capsule Jugement clinique

Madame Lucia Alfarez, âgée de 50 ans, travaille comme caissière dans un grand magasin.

Est-ce que son travail peut contribuer à une augmentation de la pression veineuse ? Justifiez votre réponse.

17.5 | Mouvements liquidiens entre les capillaires et l'espace interstitiel

Un mouvement normal de liquide se produit entre les capillaires et l'espace interstitiel. L'intensité et la direction du mouvement sont déterminées par l'interaction de la pression hydrostatique capillaire ; la pression oncotique interstitielle ; la pression oncotique plasmatique ; la pression hydrostatique interstitielle.

La pression hydrostatique capillaire et la pression oncotique interstitielle génèrent le mouvement de l'eau vers l'extérieur des capillaires. La pression oncotique plasmatique et la pression hydrostatique interstitielle sont à l'origine du mouvement des liquides vers l'intérieur des capillaires. À l'extrémité artérielle du capillaire, la pression hydrostatique capillaire dépasse la pression oncotique plasmatique, et il y a ainsi déplacement de liquide dans l'espace interstitiel. À l'extrémité veineuse du capillaire, la pression hydrostatique capillaire est inférieure à la pression oncotique plasmatique, le liquide se déplaçant ainsi dans le capillaire grâce à la pression générée par les protéines plasmatiques **FIGURE 17.8**.

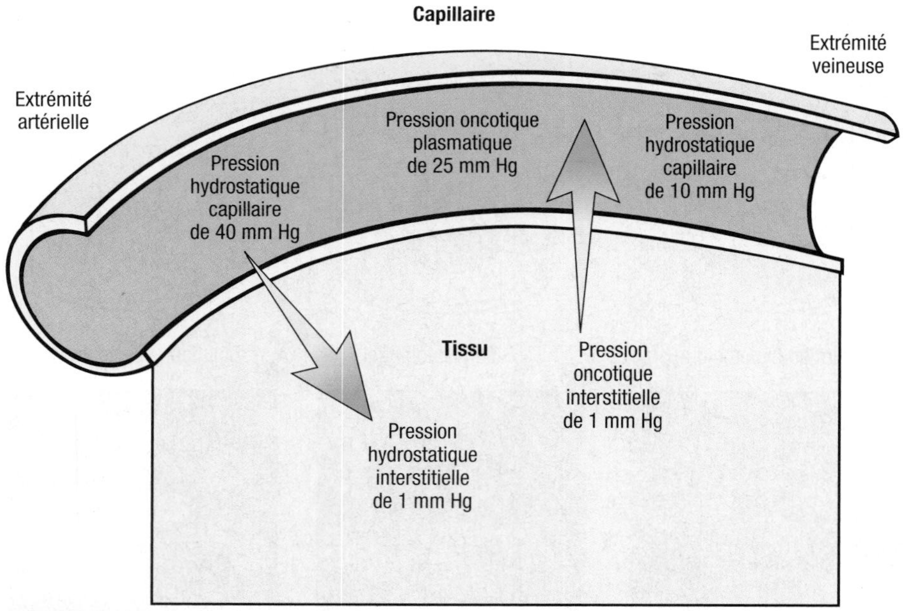

17.5.1 Échanges liquidiens

Si la pression capillaire ou interstitielle change, des échanges hydriques anormaux peuvent se produire entre un compartiment et l'autre, et donner lieu à un œdème ou à une déshydratation.

Mouvements liquidiens du plasma vers le liquide interstitiel

L'accumulation de liquide dans l'espace interstitiel (œdème) survient si la pression hydrostatique veineuse augmente, si la pression oncotique plasmatique diminue ou si la pression oncotique interstitielle augmente. L'œdème peut également survenir en cas d'obstruction de la circulation lymphatique, freinant ainsi l'élimination des liquides interstitiels.

Augmentation de la pression hydrostatique veineuse

L'augmentation de la pression à l'extrémité veineuse du capillaire empêche le retour des liquides dans le capillaire et entraîne un œdème. La surcharge hydrique, l'insuffisance cardiaque, l'insuffisance hépatique, l'obstruction du retour veineux au cœur (p. ex., des garrots, des vêtements serrés, une thrombose veineuse) ainsi que l'insuffisance veineuse (p. ex., des varices) sont notamment responsables de l'augmentation de la pression veineuse.

Diminution de la pression oncotique plasmatique

Le liquide reste dans l'espace interstitiel si la pression oncotique plasmatique est trop faible pour l'attirer dans les capillaires. La pression oncotique diminue lorsque la teneur en protéines du plasma est faible. Cela peut être dû à une perte excessive de protéines (troubles rénaux), à un déficit de la synthèse protéique (maladie hépatique) ou à un déficit de l'apport en protéines (malnutrition).

FIGURE 17.8

Dynamique de l'échange hydrique entre les capillaires et les tissus – Il existe un équilibre entre les forces qui filtrent les liquides à l'extérieur des capillaires et les forces réabsorbant les liquides dans les capillaires. Notons que la pression hydrostatique capillaire est plus élevée à l'extrémité artérielle du capillaire qu'à l'extrémité veineuse. L'effet net des pressions à l'extrémité artérielle du capillaire entraîne le liquide vers l'intérieur du tissu. À l'extrémité veineuse du capillaire, il se produit un mouvement net de retour du liquide dans le capillaire.

Augmentation de la pression oncotique interstitielle

Les traumatismes, les brûlures et l'inflammation peuvent affecter les parois des capillaires et permettre ainsi aux protéines plasmatiques de s'accumuler dans l'espace interstitiel. La pression oncotique interstitielle s'en trouve augmentée, attirant et maintenant les liquides dans l'espace interstitiel.

Mouvements liquidiens de l'espace interstitiel vers le plasma

Le liquide est attiré dans l'espace plasmatique chaque fois que la pression osmotique ou oncotique du plasma augmente. Cela peut se produire avec l'administration de colloïdes, de mannitol ou de solutions hypertoniques. Le liquide quitte ainsi l'espace interstitiel. À son tour, l'eau quitte alors les cellules par osmose pour rétablir l'osmolalité entre le LIC et le LEC.

L'augmentation de la pression hydrostatique tissulaire est un autre moyen de provoquer un mouvement de liquide vers le plasma. Les bas élastiques à compression calibrée portés pour diminuer un œdème périphérique en sont une application thérapeutique.

17.6 | Mouvements liquidiens entre l'espace extracellulaire et l'espace intracellulaire

Les variations de l'osmolalité du LEC affectent le volume des cellules. L'osmolalité élevée du LEC (déficit hydrique) fait sortir l'eau des cellules jusqu'à ce que les deux compartiments aient atteint une osmolalité équivalente. Le déficit hydrique déclenche les symptômes résultant d'une atrophie cellulaire au fur et à mesure que l'eau se déplace vers le système vasculaire. Ainsi, l'altération de la fonction du système nerveux central (SNC) entraînera des symptômes neurologiques à mesure que les cellules du cerveau s'atrophient. La diminution de l'osmolalité du LEC (excès hydrique) résulte du gain ou de la rétention de l'excès d'eau. Les cellules prennent alors de l'expansion. Là encore, les principaux symptômes sont de nature neurologique et sont liés à l'œdème des cellules cérébrales, à mesure que l'eau pénètre dans les cellules.

17.7 | Espaces liquidiens

Les **espaces liquidiens** sont des termes utilisés pour décrire la distribution d'eau dans l'organisme. Le premier espace réfère à la distribution normale de liquide dans les compartiments du LEC et du LIC. Le deuxième espace fait référence à une accumulation anormale de liquide interstitiel (p. ex., un œdème). La formation d'un troisième espace découle de l'accumulation de liquide dans une partie de l'organisme (liquide transcellulaire) où il n'est pas facilement échangeable avec le reste du LEC. Le liquide séquestré dans le troisième espace ne peut plus servir à des fins fonctionnelles. Les ascites, la séquestration de liquide dans la cavité abdominale en cas de péritonite, et l'œdème associé aux brûlures, aux traumatismes ou aux sepsies (Holcomb, 2008) sont autant d'exemples de formation d'un troisième espace.

17.8 | Régulation de l'équilibre hydrique

17.8.1 Régulation hypothalamique

L'équilibre hydrique est maintenu par le réglage minutieux de l'absorption et de l'excrétion d'eau. Les osmorécepteurs de l'hypothalamus détectent tout déficit en liquide de l'organisme ou toute augmentation de l'osmolalité plasmatique, ce qui stimule la sensation de soif et la libération de l'ADH. La soif amène la personne à boire de l'eau. L'ADH (aussi appelée vasopressine), synthétisée dans l'hypothalamus et mise en réserve dans le lobe postérieur de l'hypophyse (neurohypophyse), agit sur le tubule rénal distal et le tube collecteur, où elle favorise la réabsorption d'eau. Ces facteurs combinés entraînent une augmentation de l'eau libre dans l'organisme et une diminution de l'osmolalité plasmatique. Si l'osmolalité plasmatique diminue ou s'il y a excès d'eau, la sécrétion d'ADH est suspendue, ce qui entraîne l'excrétion urinaire d'eau.

L'intégrité du mécanisme de provocation de la soif est cruciale, car c'est le mécanisme primaire de protection contre l'hyperosmolalité. Les clients qui ne sont pas en mesure de reconnaître la sensation de soif, ou d'assouvir leur soif, sont exposés à un risque de déficit hydrique et d'hyperosmolalité. La sensibilité du mécanisme de la soif diminue chez les adultes âgés.

Par ailleurs, le désir de consommer des liquides est affecté par des facteurs sociaux et psychologiques indépendants de l'équilibre hydrique. Une sécheresse buccale déclenche l'envie de boire, même en l'absence d'un déficit hydrique corporel mesurable. La consommation d'eau permettra de compenser la perte hydrique chez une personne ayant librement accès à de l'eau et dont les mécanismes de soif et de stimulation d'ADH, ainsi que la fonction rénale, sont normaux.

17.8.2 Régulation hypophysaire

Contrôlé par l'hypothalamus, le lobe postérieur de l'hypophyse libère l'ADH, qui régule la rétention d'eau par les reins. Les autres facteurs stimulant la libération d'ADH incluent le stress, la nausée, la nicotine et la morphine. Ces facteurs provoquent généralement des changements d'osmolalité à l'intérieur des limites de valeurs normales. Il arrive souvent qu'un client en phase postopératoire ait une faible osmolalité sérique, probablement à cause du stress de l'intervention et de l'administration d'analgésiques narcotiques.

Un état pathologique appelé **syndrome de sécrétion inappropriée d'hormone antidiurétique (SIADH)** s'observe parfois ▶ **61**. Il est dû notamment à une production anormale d'ADH en cas de troubles du SNC (p. ex., les tumeurs cérébrales, les lésions cérébrales), ou à certaines tumeurs malignes (p. ex., le cancer du poumon à petites cellules). La surproduction d'ADH entraîne une rétention d'eau, qui fait baisser l'osmolalité plasmatique en dessous de la valeur normale et provoque une augmentation relative de l'osmolalité urinaire ainsi qu'une diminution du volume urinaire.

La réduction de la libération ou de l'action de l'ADH entraîne un diabète insipide. Une quantité importante d'urine diluée est excrétée, car les tubules rénaux et les tubes collecteurs ne réabsorbent pas l'eau convenablement. Le client atteint de diabète insipide présente une **polyurie** extrême, et une **polydipsie** (soif excessive) s'il est alerte. Des symptômes de déshydratation et d'**hypernatrémie** se manifestent quand les pertes d'eau ne sont pas remplacées adéquatement.

17.8.3 Régulation corticosurrénalienne

Si l'ADH n'affecte que la réabsorption de l'eau, les **glucocorticoïdes** et les **minéralocorticoïdes** sécrétés par le cortex surrénal contribuent à réguler à la fois l'eau et les électrolytes. Les glucocorticoïdes (p. ex., le cortisol) ont essentiellement un effet anti-inflammatoire et augmentent la glycémie, alors que les minéralocorticoïdes (p. ex., l'aldostérone) stimulent la rétention de sodium et l'excrétion de potassium. L'eau suit alors le sodium réabsorbé pour rétablir l'équilibre osmotique.

Le cortisol est le glucocorticoïde le plus abondant. À fortes doses, le cortisol exerce à la fois des effets glucocorticoïdes (augmentation des taux de glucose et effet anti-inflammatoire) et minéralocorticostéroïdes (rétention de sodium). Le cortisol est normalement sécrété selon un rythme diurne ou circadien, mais aussi en réponse à un stress physique ou psychologique élevé. De nombreuses fonctions de l'organisme, y compris l'équilibre hydroélectrolytique, sont affectées par le stress **FIGURE 17.9**.

L'aldostérone est un minéralocorticoïde doté d'une puissante capacité de rétention du sodium et d'excrétion du potassium. Sa sécrétion peut être stimulée par une insuffisance de l'irrigation sanguine des reins ou de l'apport en sodium dans la partie distale du tubule rénal. Les reins réagissent alors en sécrétant de la rénine dans le plasma. Sous l'action de la rénine, l'angiotensinogène produit par le foie est transformé en angiotensine I, qui est ensuite convertie en angiotensine II. Le foie stimule ensuite le cortex surrénal pour qu'il sécrète de l'aldostérone. En plus du **système rénine-angiotensine-aldostérone (SRAA)**, l'augmentation des taux plasmatiques de potassium et de corticotrophine produite par l'adénohypophyse ainsi que la diminution du taux plasmatique de

61

Les affections associées à la sécrétion d'ADH sont abordées dans le chapitre 61, *Interventions cliniques – Troubles endocriniens.*

Polyurie : Élimination excessive d'urine.

Hypernatrémie : Taux élevé de sodium dans le sang.

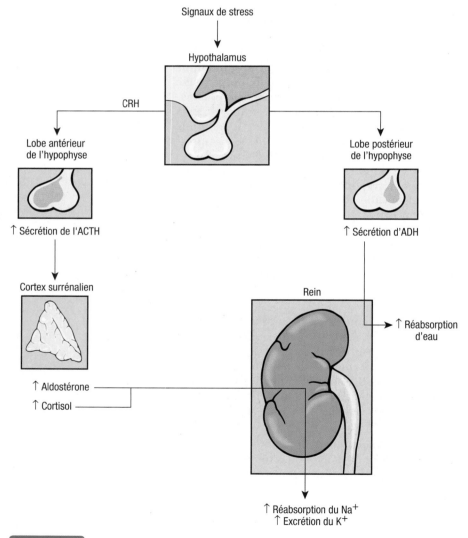

FIGURE 17.9

Effets du stress sur l'équilibre hydroélectrolytique. CRH, hormone de libération de la corticotrophine (ACTH)

sodium agissent toutes directement sur le cortex surrénalien pour stimuler la sécrétion d'aldostérone **FIGURE 17.10.**

17.8.4 Régulation rénale

Les principaux organes de régulation de l'équilibre hydroélectrolytique sont les reins ▶ **67** . Ils régulent l'équilibre hydrique en ajustant les volumes urinaires produits. De même, l'excrétion urinaire de la plupart des électrolytes est ajustée de manière que l'équilibre soit maintenu entre l'apport et l'excrétion. Le volume plasmatique total est filtré par les reins de nombreuses fois par jour. Chez un adulte moyen, le rein réabsorbe 99 % de ce filtrat, ce qui produit environ 1,5 L d'urine par jour. Au fur et à mesure que le filtrat se déplace dans les tubules rénaux, la réabsorption sélective de l'eau et des électrolytes de même que la sécrétion des électrolytes suscitent la production d'urine dont la composition et la concentration sont très différentes de celles du plasma. Ce processus contribue à maintenir l'osmolalité plasmatique normale, l'équilibre électrolytique, le volume sanguin et l'équilibre acidobasique. Les tubules rénaux sont le site d'action de l'ADH et de l'aldostérone.

En cas de dysfonction rénale grave, les reins ne peuvent plus maintenir l'équilibre hydroélectrolytique. Il s'ensuit un œdème, une rétention de potassium et de phosphore, une acidose ainsi que d'autres déséquilibres électrolytiques ▶ **69** .

17.8.5 Régulation cardiaque

Les peptides natriurétiques, y compris le peptide natriurétique auriculaire (PNA) et le peptide natriurétique de type b (PNB), sont des hormones produites par les cardiomyocytes. Ce sont des antagonistes naturels du SRAA. Leur production répond à l'augmentation de la pression auriculaire (augmentation du volume, comme en cas d'insuffisance cardiaque) et à des taux sériques élevés de sodium. Ils suppriment la sécrétion d'aldostérone, de rénine et d'ADH, ainsi que l'action de l'angiotensine II (Huether & McCance, 2008). Ils agissent sur les tubules rénaux pour faciliter l'excrétion du sodium et de l'eau, faisant ainsi diminuer la volémie et la pression artérielle.

17.8.6 Régulation gastro-intestinale

La consommation et l'excrétion quotidiennes d'eau sont normalement comprises entre 2 000 et 3 000 ml **TABLEAU 17.2**. L'apport hydrique provient en majeure partie de la consommation orale de liquides, mais compte également l'eau issue du métabolisme des aliments et l'eau présente dans les aliments solides. La viande maigre est constituée d'environ 70 % d'eau, alors que la teneur en eau de nombreux fruits et légumes avoisine les 100 %.

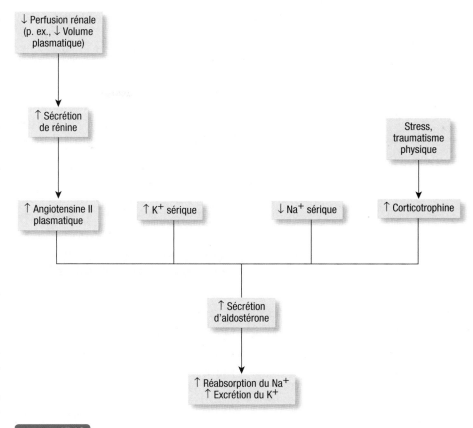

FIGURE 17.10
Facteurs influant sur la sécrétion d'aldostérone

TABLEAU 17.2	Équilibre hydrique normal chez l'adulte	
Apport		
Liquides		1 200 ml
Aliments solides		1 000 ml
Eau de l'oxydation		300 ml
		2 500 ml
Élimination		
Perte insensible (peau et poumons)		900 ml
Selles		100 ml
Urine		1 500 ml
		2 500 ml

RAPPELEZ-VOUS...

Le système rénine-angiotensine-aldostérone (SRAA) contribue également à la régulation de la pression artérielle.

67

Le chapitre 67, *Évaluation clinique – Système urinaire*, traite de la structure et des fonctions des reins.

69

Les dysfonctions rénales sont abordées dans le chapitre 69, *Interventions cliniques – Insuffisance rénale aiguë et insuffisance rénale chronique*.

En plus de la consommation orale, le tractus GI sécrète normalement environ 8 000 ml de liquides digestifs chaque jour, lesquels sont réabsorbés. Une petite quantité de liquide du tractus GI est normalement éliminée dans les selles, mais la diarrhée et les vomissements qui empêchent la réabsorption GI des sécrétions et des liquides peuvent entraîner une déperdition importante de liquide et d'électrolytes.

17.8.7 Perte hydrique insensible

La **perte hydrique insensible**, qui représente la vaporisation invisible d'eau à partir des poumons et de la peau, contribue à réguler la température corporelle. Entre 600 et 900 ml d'eau sont ainsi normalement perdus par jour. La quantité d'eau perdue augmente avec l'accélération du métabolisme corporel, qui survient en cas d'exercice et d'augmentation de la température corporelle.

Il ne faut pas confondre la perte hydrique par la peau et la vaporisation d'eau excrétée par les glandes sudoripares. Pendant la perte hydrique insensible, seule l'eau est éliminée. La **perte hydrique sensible** (sueur excessive) due à la fièvre ou à des températures environnementales élevées peut donner lieu à des pertes importantes d'eau et d'électrolytes.

Considérations gérontologiques

LIQUIDE ET ÉLECTROLYTES

Les personnes âgées connaissent des modifications physiologiques normales qui augmentent leur sensibilité aux déséquilibres hydroélectrolytiques. Les modifications structurales du rein et la diminution du débit sanguin rénal entraînent une diminution du taux de filtration glomérulaire, de la clairance de la créatinine ainsi que de la capacité de concentration de l'urine et de conservation de l'eau. Elles imposent aussi des limites plus étroites pour l'excrétion de l'eau, du sodium, du potassium et des ions hydrogène (H^+). Les modifications hormonales incluent une diminution du taux de rénine et d'aldostérone et une augmentation du taux d'ADH et de PNA (Ebersole, Touhy, Hess, Jett, & Schmidt Luggen, 2008). La perte de tissus sous-cutanés et l'amincissement du derme entraînent une plus grande perte d'humidité par la peau et une incapacité à réagir rapidement à la chaleur ou au froid. Les personnes âgées présentent aussi une altération du mécanisme de la soif, responsable d'une baisse de la consommation de liquide malgré des augmentations de l'osmolalité et du taux sérique de sodium. La fragilité des personnes âgées, surtout si elles sont malades, les rend plus sujettes à la perte d'eau libre et à l'apparition ultérieure d'hypernatrémie découlant de l'altération du mécanisme de la

soif et de l'apparition d'obstacles à la consommation de liquides (Danjou, 2006).

Les personnes âgées en bonne santé consomment d'habitude une quantité adéquate de liquides pour rester bien hydratées. Cependant, d'éventuelles altérations fonctionnelles peuvent affecter la capacité à s'hydrater. Les modifications musculo-squelettiques comme la raideur des mains et des doigts peuvent entraver la capacité d'une personne à tenir un verre ou une tasse. De plus, les changements de l'état mental, comme la confusion et la désorientation, ou une diminution de la mobilité d'une personne peuvent aussi restreindre sa capacité à se procurer des liquides. Par ailleurs, les épisodes d'incontinence peuvent amener les personnes âgées à consommer délibérément moins de liquides.

Pour aider le client âgé, le professionnel de la santé doit bien comprendre les perturbations homéostatiques qui peuvent survenir chez celui-ci. Il est important d'éviter les pièges de l'âgisme et de ne pas attribuer à tort les problèmes hydroélectrolytiques du client âgé aux processus physiologiques du vieillissement. L'infirmière doit adapter l'évaluation initiale et les interventions cliniques de manière à tenir compte des modifications physiologiques et fonctionnelles ▶ **5** .

5

En plus de celles qui sont présentées dans le présent chapitre, le chapitre 5, *Maladies chroniques et personnes âgées*, offre des suggestions pour adapter les soins infirmiers prodigués aux clients âgés.

17.9 | Déséquilibres hydroélectrolytiques

Les déséquilibres hydroélectrolytiques surviennent dans une certaine mesure chez la plupart des clients atteints d'une maladie grave ou d'une blessure sérieuse, car les lésions qui en découlent perturbent l'homéostasie. Certains déséquilibres hydroélectrolytiques résultent directement d'une infection ou d'une maladie (p. ex., les brûlures, l'insuffisance cardiaque). Dans certains cas, ils sont causés par des mesures thérapeutiques (p. ex., le remplacement des liquides par voie I.V., l'administration de diurétiques). Les clients en phase

périopératoire sont exposés à un risque de déséquilibres hydroélectrolytiques du fait de la restriction alimentaire, de la préparation GI, de la perte volémique ou des mouvements liquidiens entre le LIC et le LEC (Noble, 2008).

Les déséquilibres sont généralement classés en deux catégories : les déficits ou les excès. Chaque déséquilibre sera abordé séparément dans le présent chapitre **TABLEAU 17.3**. Souvent, plus d'un type de déséquilibre s'observe chez un même client. Par exemple, un client sous aspiration nasogastrique (NG) prolongée perd des ions Na^+, K^+, H^+ et Cl^-. Ces déséquilibres peuvent entraîner un déficit en Na^+ et en K^+, un déficit du volume hydrique ainsi qu'une alcalose métabolique due à une perte de HCl.

17.9.1 Déséquilibres du volume liquidien extracellulaire

L'**hypovolémie** (déficit du volume de LEC) et l'**hypervolémie** (excès du volume de LEC) sont des affections cliniques courantes. Les déséquilibres du volume de LEC s'accompagnent généralement d'au moins un déséquilibre électrolytique et en particulier de modifications des taux sériques de sodium.

Déficit de volume liquidien

Le déficit de volume liquidien peut résulter d'une perte anormale de liquides corporels (p. ex., la diarrhée, le drainage d'une fistule, une hémorragie, la polyurie), d'une consommation inadéquate de liquide ou d'un échange hydrique entre le plasma et l'espace interstitiel. L'expression « déficit de volume liquidien » ne doit pas s'employer au sens de déshydratation. La **déshydratation** renvoie à la perte d'eau pure seulement, sans perte correspondante de sodium. Le **TABLEAU 17.4** énumère les causes et les manifestations cliniques du déficit de volume liquidien.

Processus thérapeutique en interdisciplinarité

L'objectif du traitement du déficit de volume liquidien est de corriger la cause sous-jacente et de remplacer l'eau, mais aussi tous les électrolytes nécessaires. En général, des solutions I.V. équilibrées, comme la solution de lactate Ringer, sont administrées. Le chlorure de sodium isotonique (NaCl 0,9 %) est administré lorsqu'un remplacement rapide du volume est indiqué. Du sang est administré lorsque la perte de volume résulte d'une perte sanguine.

TABLEAU 17.3	Valeurs électrolytiques sériques normales
ÉLECTROLYTE	**INTERVALLE DE RÉFÉRENCE**
Anions	
Bicarbonate (HCO_3^-)	22-26 mEq/L (22-26 mmol/L)
Chlorure (Cl^-)	96-106 mEq/L (96-106 mmol/L)
Phosphate (PO_4^{3-})[a]	2,4-4,15 mg/dl (0,78-1,42 mmol/L)
Cations	
Potassium (K^+)	3,5-5,0 mEq/L (3,5-5,0 mmol/L)
Magnésium (Mg^{2+})	1,5-2,5 mEq/L (0,75-1,25 mmol/L)
Sodium (Na^+)	135-145 mEq/L (135-145 mmol/L)
Calcium (Ca^{2+}) (total)	9-10,5 mg/dl (2,2-2,6 mmol/L)
Calcium (ionisé)	4,6-5,3 mg/dl (1,18-1,30 mmol/L)

[a] La majorité du phosphore (P) de l'organisme est sous forme de phosphate (PO_4^{3-}). Ces deux termes sont utilisés de manière interchangeable dans le présent manuel.

TABLEAU 17.4	Déséquilibres hydriques extracellulaires : causes et manifestations cliniques	
DÉFICIT DE VOLUME LIQUIDIEN		**EXCÈS DE VOLUME LIQUIDIEN**
Causes		
• ↑ perte insensible en eau (fièvre élevée, coup de chaleur) • Diabète insipide • Diurèse osmotique • Hémorragie • Pertes GI – vomissements, aspiration gastrique, diarrhée, drainage d'une fistule • Surutilisation des diurétiques • Apport hydrique inadéquat • Déplacements des liquides dans le troisième espace ; brûlures, occlusion intestinale		• Liquides isotoniques ou hypotoniques I.V. excessifs • Insuffisance cardiaque • Insuffisance rénale • Polyurodipsie psychogène • SIADH • Syndrome de Cushing • Utilisation à long terme de corticostéroïdes

17

TABLEAU 17.4	Déséquilibres hydriques extracellulaires : causes et manifestations cliniques *(suite)*	
DÉFICIT DE VOLUME LIQUIDIEN		**EXCÈS DE VOLUME LIQUIDIEN**
Manifestations cliniques		
• Agitation, somnolence, léthargie, confusion • Soif, muqueuse sèche • Turgescence de la peau, ↓ remplissage capillaire • Hypotension orthostatique, ↑ pouls, ↓ pression veineuse centrale (PVC) • ↓ débit urinaire, urine concentrée • ↑ fréquence respiratoire • Faiblesse, étourdissements • Perte pondérale • Convulsions, coma		• Céphalée, confusion, léthargie • Œdème périphérique • Distension de la veine jugulaire • Pouls bondissant, ↑ pression artérielle (P.A.), ↑ PVC • Polyurie (avec fonction rénale normale) • Dyspnée, crépitements (râles), œdème pulmonaire • Spasmes musculaires • Gain pondéral • Convulsions, coma

Paracentèse abdominale : Opération qui consiste à introduire un instrument dans une ouverture pratiquée dans l'abdomen afin d'évacuer un liquide accumulé dans la cavité abdominale.

Thoracentèse : Ponction thoracique transpariétale destinée à évacuer un épanchement pleural ou à pratiquer un prélèvement (biopsie).

Excès de volume liquidien

L'excès de volume liquidien peut résulter d'une consommation excessive ou d'une rétention anormale de liquides (p. ex., l'insuffisance cardiaque, l'insuffisance rénale) ou encore d'échanges hydriques entre le plasma et l'espace interstitiel. Bien que les échanges de liquides entre le plasma et l'espace interstitiel n'affectent pas le volume global du LEC, ils impliquent des modifications du volume intravasculaire. Le **TABLEAU 17.4** énumère les causes et les manifestations cliniques de l'excès de volume liquidien.

Processus thérapeutique en interdisciplinarité

L'objectif du traitement de l'excès de volume liquidien est d'évacuer le liquide sans produire de modifications anormales de la composition électrolytique ou de l'osmolalité du LEC. La cause principale doit aussi être déterminée et traitée. Les diurétiques et la restriction de consommation liquidienne sont à la base du traitement. La restriction d'apport sodique peut également être indiquée. Si l'excès de liquide entraîne des ascites ou un épanchement pleural, il se peut qu'une **paracentèse abdominale** ou une **thoracentèse** soit requise.

Soins et traitements infirmiers

CLIENT ATTEINT DE DÉSÉQUILIBRES HYDRIQUES

Analyse et interprétation des données

Les diagnostics infirmiers pour un client atteint de déséquilibres hydriques incluent, entre autres :

Déficit de volume liquidien extracellulaire

• Déficit de volume liquidien dû à des pertes excessives de LEC ou à une diminution de l'apport en liquide ;

• Risque de déficit de volume liquidien dû à des pertes excessives de LEC ou à une diminution de l'apport en liquide ;

• Diminution du débit cardiaque due à des pertes excessives de LEC ou à une diminution de l'apport liquidien ;

• Complication possible : choc hypovolémique.

Excès de volume liquidien extracellulaire

• Excès de volume liquidien dû à une augmentation de la rétention d'eau ou de sodium ;

• Risque d'excès de volume liquidien dû à une augmentation de la rétention d'eau ou de sodium ;

• Altération des échanges gazeux due à une rétention d'eau entraînant un œdème pulmonaire ;

• Risque d'altération de l'intégrité de la peau dû à un œdème ;

• Perturbation de l'image corporelle due à une modification de l'apparence corporelle résultant d'un œdème ;

• Complications possibles : œdème pulmonaire, ascites.

Interventions cliniques

Ingesta et excreta

La consignation des ingesta et des excreta pendant 24 heures donnera de précieux renseignements sur les problèmes hydroélectrolytiques. Les sources de consommation ou de perte excessives de liquide pourront être déterminées grâce à la documentation précise des ingesta et excreta sur la feuille réservée à cet effet. Les ingesta doivent inclure les apports liquidiens par voie orale, par voie I.V. et par sonde d'alimentation, ainsi que les solutions d'irrigation qui ne sont pas retirées à la suite de leur administration. Les excréta comprennent l'urine, la transpiration excessive, le drainage de plaies ou d'un conduit, ainsi que les vomissements et la diarrhée. L'infirmière devra estimer la perte de liquide à partir des plaies et de la transpiration. Il faut également mesurer la densité de l'urine. L'urine est concentrée si les valeurs sont supérieures à 1,025 et diluée si elles sont inférieures à 1,010.

RAPPELEZ-VOUS...

La densité spécifique de l'urine peut varier entre 1,005 et 1,030.

Modifications cardiovasculaires

Le suivi du client s'impose pour prévenir ou détecter les complications dues à des déséquilibres hydroélectrolytiques, et pour surveiller les éventuelles modifications cardiovasculaires. Les signes et symptômes d'un excès ou d'un déficit du volume de LEC consistent en des variations de la pression artérielle, de l'amplitude du pouls et de la distension de la veine jugulaire. En cas d'excès du volume liquidien, le pouls est ample et bondissant. Lorsque le volume intravasculaire augmente, le pouls est difficile à abolir, et il existe une distension des veines du cou (veine jugulaire) et une augmentation de la pression artérielle.

En cas de déficit léger à modéré du volume liquidien, les mécanismes compensatoires comprennent la stimulation cardiaque par le système nerveux sympathique et une vasoconstriction périphérique. L'augmentation de la fréquence cardiaque combinée à une vasoconstriction permet de maintenir la pression artérielle dans les limites normales. Tout changement de position, comme se redresser ou se lever, peut provoquer une augmentation supplémentaire de la fréquence cardiaque ou une **hypotension orthostatique** (baisse de la pression artérielle). Si la vasoconstriction et la tachycardie ne permettent pas une compensation adéquate, le client présentera une hypotension en position couchée. Un grave déficit de volume liquidien peut entraîner un pouls faible et filant, facile à abolir, ainsi qu'un aplatissement des veines du cou. Tout déficit liquidien grave non traité entraîne un choc.

Modifications respiratoires

L'excès et le déficit de volume liquidien affectent la fonction respiratoire. L'excès de LEC peut causer un œdème pulmonaire, car l'augmentation de la pression hydrostatique dans les vaisseaux pulmonaires entraîne un mouvement du liquide vers les alvéoles. Le client connaît alors un essoufflement, une toux irritante et des crépitants à l'auscultation (Kee *et al.*, 2009). Le client qui présente un déficit de LEC a une fréquence respiratoire accrue en réaction à la diminution de l'irrigation sanguine des tissus et l'hypoxie qui en résulte.

Modifications neurologiques

Des modifications de la fonction neurologique peuvent survenir en cas d'excès ou de déficit du volume liquidien. L'excès de LEC peut entraîner un œdème cérébral à cause de l'augmentation de la pression hydrostatique dans les vaisseaux cérébraux. Par ailleurs, une déplétion importante du volume liquidien peut provoquer des problèmes sensoriels dus à la réduction de l'irrigation sanguine des tissus cérébraux. L'évaluation de la fonction neurologique comprend :

- l'évaluation du niveau de conscience, y compris les réponses aux stimuli verbaux et les réactions à la douleur, ainsi que l'examen de l'orientation spatiale, temporelle et sociale ;
- l'égalité de la taille des pupilles et la réponse pupillaire à la lumière ;
- le mouvement volontaire des membres, le degré de force musculaire et les réflexes.

Les soins infirmiers doivent favoriser le maintien de la sécurité du client.

Mesure quotidienne du poids

La mesure quotidienne précise du poids est le moyen le plus facile de déterminer l'état du volume liquidien. Toute augmentation de 1 kg équivaut à 1 L de rétention de liquide, à condition que le client n'ait ni modifié ses apports alimentaires ni été soumis à la diète « aucune ingestion par la bouche (*nil per os* [N.P.O.]) ». Cependant, les variations du poids corporel doivent être observées dans des conditions normalisées. Une mesure précise du poids implique de peser le client toujours au même moment de la journée, avec les mêmes vêtements, et sur la même balance soigneusement calibrée. Il faut retirer la literie excédentaire et vider tous les sacs de drainage avant la pesée. Si le client est porteur de pansements volumineux ou de tubes, et qu'il n'en va pas forcément ainsi tous les jours, l'infirmière doit l'indiquer sur la feuille de documentation des ingesta et excreta ou dans ses notes.

Évaluation et soins de la peau

L'examen de la peau peut signaler un déficit ou un excès de volume de LEC. L'infirmière doit examiner la mobilité et la turgescence de la peau. Généralement, la peau se soulève facilement et se replace dès qu'elle est relâchée. Les régions cutanées qui recouvrent le sternum, l'abdomen, la partie antérieure de l'avant-bras sont le siège habituel de recherche de turgescence de la peau **FIGURE 17.11**. Chez les personnes âgées, une turgescence diminuée de la peau est moins révélatrice d'un déficit liquidien, compte tenu de la perte d'élasticité des tissus (Ebersole *et al.*, 2008). En cas de déficit du volume liquidien, la turgescence de la peau diminue ; le soulèvement de la peau est suivi d'un lent retour à son état initial (pli cutané persistant). Si une vasoconstriction compense la diminution du volume liquidien, la peau peut être froide et moite.

En général, l'hypovolémie légère ne stimule pas cette réponse compensatoire, et la peau est chaude et sèche. Le déficit

Jugement clinique

Madame Angelina Labelle, âgée de 80 ans, porte un tube nasogastrique (TNG). Lorsque l'infirmière irrigue le TNG, elle injecte 30 ml de sérum physiologique, mais ne retire que 20 ml.

Devez-vous inclure la quantité de liquide non retirée dans les ingesta de la cliente ?

RAPPELEZ-VOUS...

Les mots hypoxie, hypoxémie, anoxie et anoxémie ne sont pas synonymes.

RAPPELEZ-VOUS...

L'évaluation de l'état de conscience et des signes neurologiques avec l'échelle de Glasgow renseigne sur la condition neurologique.

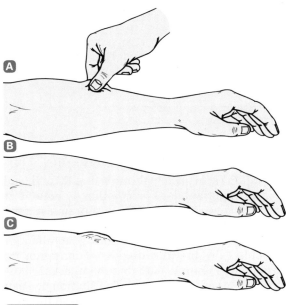

FIGURE 17.11

Évaluation de la turgescence de la peau – **A** et **B** Lorsqu'une peau normale est pincée, elle reprend sa forme initiale en quelques secondes. **C** Si la peau reste pliée pendant 20 à 30 secondes, la turgescence de la peau du client est diminuée.

volumique peut aussi entraîner une sécheresse et des rides cutanées. Ces signes sont difficilement détectables chez les personnes âgées, car il est possible que la peau du client soit normalement sèche, ridée et dépourvue d'élasticité. La muqueuse buccale sera alors sèche, la langue peut sembler sillonnée, et le client se plaindra souvent de soif. Les soins buccaux habituels sont indispensables au confort du client déshydraté et de celui dont la consommation de liquide est restreinte pour le traitement de l'excès de volume liquidien.

La peau œdémateuse peut communiquer une sensation de fraîcheur à cause de l'accumulation de liquide et de la diminution du débit sanguin résultant de la pression exercée par le liquide. Il se peut aussi que le liquide étire la peau et crée ainsi une sensation de raideur et de durcissement cutanés. L'œdème est examiné en appuyant avec le pouce et l'index sur la région œdémateuse. Une échelle de notation permet de normaliser la description si une indentation (allant de 1+ [œdème léger; indentation de 2 mm] à 4+ [œdème à godet; indentation de 8 mm]) persiste lorsque la pression disparaît. C'est dans les régions des tissus mous qui recouvrent un os qu'il faut vérifier la présence d'œdème, et plus particulièrement dans les régions cutanées recouvrant le tibia, le péroné et le sacrum.

Jugement clinique

Capsule

Monsieur Marcello Visconti, âgé de 62 ans, est traité pour de l'insuffisance cardiaque gauche. Il est présentement hospitalisé pour des ulcères variqueux infectés aux jambes. Il reçoit des antibiotiques I.V. q.6 h dans un soluté normal salin 0,9 % à raison de 60 ml/h.

Sachant que le calibrage de la chambre compte-gouttes du soluté est de 15 gouttes/ml, calculez le nombre de gouttes par minute pour respecter la quantité prescrite.

Le client présente de l'œdème à godet 4+.

Serait-il justifié alors de commencer un dosage ingesta et excreta (I/E)? Expliquez votre réponse.

Il est important que le client qui présente un excès ou un déficit du volume de LEC ait des soins adéquats de la peau. Il faut protéger les tissus œdémateux contre les pics de chaleur et de froid, une pression prolongée ou un traumatisme. Des soins cutanés fréquents et des changements de position contribuent à protéger le client de lésions cutanées. L'élévation des membres œdémateux favorise le retour veineux et la réabsorption de liquide. Une peau déshydratée doit faire l'objet de soins réguliers, sans usage de savon. L'application de crèmes hydratantes ou d'huiles augmente la rétention de l'humidité et stimule la circulation.

Autres interventions infirmières

Il faut surveiller attentivement les débits de perfusion des solutés intraveineux. Les tentatives de « rattrapage » doivent être entreprises avec une extrême prudence, surtout lorsque des volumes importants de liquide ou de certains électrolytes sont en jeu. Cette précaution concerne particulièrement les clients atteints de problèmes cardiaques, rénaux ou neurologiques. Les clients alimentés par une sonde doivent recevoir plus d'eau dans leur formule entérale. La quantité d'eau dépend de l'osmolarité, de l'alimentation et de l'état du client.

Le client sous aspiration gastrique ne doit pas boire d'eau, car cela aurait pour effet d'aggraver sa perte électrolytique. L'infirmière peut lui donner, à l'occasion, quelques glaçons à sucer. La sonde gastrique doit toujours être irriguée par une solution saline isotonique, et non avec de l'eau. L'eau entraîne une diffusion des électrolytes dans la lumière gastrique à partir des cellules muqueuses, suivie de leur élimination par aspiration.

Les infirmières des hôpitaux et des établissements de soins de longue durée doivent encourager et assister les clients âgés ou incapables de maintenir un apport adéquat de liquides par voie orale. Le personnel infirmier doit vérifier que le client peut se procurer lui-même des quantités suffisantes de liquide, qu'il est en mesure de manifester sa sensation de soif et d'avaler convenablement (Ebersole et al., 2008). Les liquides doivent être accessibles et placés à la portée du client. De plus, il faut aider les personnes âgées présentant des incapacités physiques comme l'arthrite à ouvrir et à tenir les récipients. L'infirmière mettra aussi à la disposition du client plusieurs types de boissons, de manière à répondre à ses préférences personnelles. Les boissons à température ambiante sont rarement attrayantes. Des liquides seront donc servis à une température agréable pour le client. Entre 70 et 80 % de la consommation quotidienne de liquides doit se faire pendant les repas, et le reste de l'apport liquidien entre les repas. Les personnes âgées peuvent choisir de diminuer ou d'éliminer les liquides deux heures avant le coucher pour diminuer la nycturie ou l'incontinence. Enfin, les clients inconscients ou atteints d'un déficit cognitif sont exposés à un risque plus élevé, compte tenu de leur incapacité à exprimer leur soif et à se servir à boire. Il faut donc consigner avec précision la consommation et les pertes de liquide, et évaluer attentivement si elles sont adéquates (Scales & Pilsworth, 2008).

17.9.2   Déséquilibres du sodium

Le sodium est le principal cation du LEC et il joue un rôle important dans le maintien du volume et de la concentration du LEC. Le sodium est donc le déterminant principal de l'osmolalité du LEC. Les déséquilibres sodiques sont généralement associés à des modifications concomitantes de l'osmolalité. Compte tenu de son impact sur l'osmolalité, le sodium affecte la distribution de l'eau entre le LEC et le LIC. Par ailleurs, le sodium est important pour la création et la transmission d'influx nerveux et la régulation de l'équilibre acido-basique. Le sodium sérique est mesuré en milliéquivalents par litre (mEq/L) ou en milli-moles par litre (mmol/L).

Le tractus GI absorbe le sodium à partir des aliments. En général, l'apport quotidien en sodium dépasse largement les besoins quotidiens de l'organisme. Le sodium quitte l'organisme par l'urine, la sueur et les selles. Les reins sont le principal régulateur de l'équilibre sodique. Ils régulent la concentration de sodium dans le LEC en excrétant ou en retenant l'eau sous l'influence de l'ADH. L'aldostérone joue également un rôle dans la régulation du sodium en facilitant sa réabsorption à partir des tubules rénaux. Le taux sérique de sodium reflète la quantité de sodium par rapport à l'eau, mais pas forcément la perte ou le gain de sodium. Par conséquent, les variations du taux sérique de sodium peuvent indiquer un déséquilibre hydrique primaire, un déséquilibre sodique primaire ou les deux à la fois. Les déséquilibres sodiques sont généralement associés à des déséquilibres du volume du LEC **FIGURES 17.12** et **17.13**.

Hypernatrémie

Les causes courantes de l'hypernatrémie sont énumérées au **TABLEAU 17.5**. Un taux sérique élevé de sodium peut être observé en cas de perte hydrique ou de gain sodique. Étant donné que le sodium est le principal déterminant de l'osmolalité du LEC, l'hypernatrémie entraîne une hyperosmolalité. À son tour, l'hyperosmolalité du LEC provoque une sortie d'eau des cellules et donc une déshydratation cellulaire.

Comme il a déjà été mentionné, la soif est le principal mode de protection contre l'hyperosmolalité. À mesure que l'osmolalité du plasma augmente, le centre de la soif dans l'hypothalamus est stimulé, poussant la personne concernée à boire. L'hypernatrémie ne touche pas la personne alerte qui a accès à l'eau, qui peut sentir la soif et avaler. L'hypernatrémie résultant d'un déficit hydrique découle souvent d'une diminution de l'état de conscience ou d'une incapacité à se procurer des liquides.

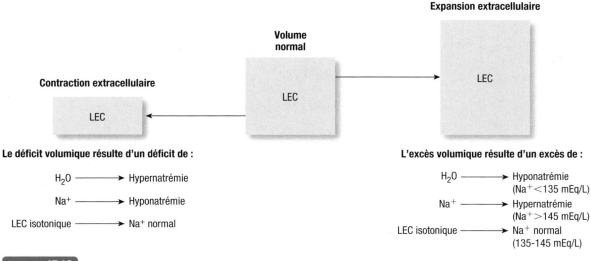

FIGURE 17.12

Évaluation différentielle du volume de liquide extracellulaire

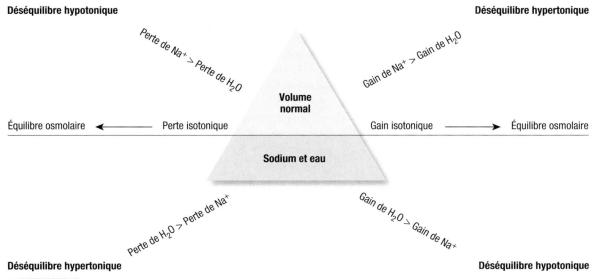

FIGURE 17.13

Les gains et les pertes isotoniques affectent principalement le compartiment de LEC en entraînant peu de mouvement de l'eau, voire aucun, vers les cellules. Les déséquilibres hypertoniques entraînent un déplacement de l'eau de l'intérieur de la cellule vers le LEC afin de diluer le sodium concentré, ce qui cause une atrophie des cellules. Les déséquilibres hypotoniques causent le déplacement de l'eau vers l'intérieur de la cellule, ce qui cause un œdème.

TABLEAU 17.5 **Déséquilibres du sodium : causes et manifestations cliniques**

HYPERNATRÉMIE (Na$^+$ > 145 mEq/L)	HYPONATRÉMIE (Na$^+$ < 135 mEq/L)
Causes	
Apport excessif en sodium :	Perte excessive de sodium :
• Liquides I.V. : NaCl hypertonique, NaCl isotonique excessif, bicarbonate de sodium • Alimentation entérale hypertonique sans suppléments d'eau • Quasi-noyade dans l'eau salée	• Pertes GI : diarrhée, vomissements, fistules, aspiration gastrique • Pertes rénales : diurétiques, insuffisance surrénalienne, perte de Na$^+$ à cause d'une maladie rénale • Pertes cutanées : brûlures, drainage à partir d'une plaie
Apport insuffisant en eau :	Apport insuffisant en sodium :
• Personnes inconscientes ou dont la fonction cognitive est altérée	• Régimes de jeûne
Perte excessive d'eau (↑ concentration de sodium) :	Gain excessif d'eau (↓ concentration de sodium) :
• ↑ perte insensible en eau (fièvre élevée, coup de chaleur, hyperventilation prolongée), traitement diurétique osmotique, diarrhée	• Liquides I.V. hypotoniques excessifs, polyurodipsie psychogène
États pathologiques :	États pathologiques :
• Diabète insipide, hyperaldostéronisme primaire, syndrome de Cushing, diabète non contrôlé	• SIADH, insuffisance cardiaque, hypoaldostéronisme primaire
Manifestations cliniques	
Hypernatrémie avec diminution du volume de LEC :	Hyponatrémie avec diminution du volume de LEC :
• Nervosité, agitation, secousses musculaires, convulsions, coma • Soif intense, sécheresse et œdème de la langue, muqueuses collantes • Hypotension orthostatique, ↓ PVC, perte pondérale • Faiblesse, léthargie	• Irritabilité, appréhension, confusion, étourdissements, modifications de la personnalité, tremblements, convulsions, coma • Muqueuse sèche • Hypotension orthostatique, ↓ PVC, ↓ du remplissage de la veine jugulaire, tachycardie, pouls filiforme • Peau froide et moite
Hypernatrémie avec volume de LEC normal / accru :	Hyponatrémie avec volume de LEC normal / accru :
• Nervosité, agitation, secousses musculaires, convulsions, coma • Soif intense, rougeur cutanée • Gain pondéral, œdème périphérique et pulmonaire, ↑ P.A., ↑ PVC	• Céphalée, apathie, confusion, spasmes musculaires, convulsions, coma • Nausées, vomissements, diarrhée, crampes abdominales • Gain pondéral, ↑ P.A., ↑ PVC

Plusieurs états cliniques peuvent entraîner une perte hydrique et une hypernatrémie. Un déficit de synthèse ou de libération d'ADH à partir du lobe postérieur de l'hypophyse (diabète insipide central) ou une diminution de la réaction des reins à l'ADH (diabète insipide néphrogène) peuvent entraîner une diurèse importante causant un déficit hydrique et une hypernatrémie. L'hyperosmolalité peut résulter d'une alimentation entérale hyperosmolaire et concentrée, de la prise de diurétiques osmotiques (Mannitol^{MD}), et de l'hyperglycémie associée à un diabète de type I ou II non contrôlé. Dans tous les cas, il s'ensuit une diurèse osmotique. L'urine excrétée est diluée et le plasma, lui, devient plus concentré en soluté. Les autres causes d'hypernatrémie incluent la sueur excessive et l'augmentation des pertes liquidiennes sensibles dues à une forte fièvre.

L'apport excessif de sodium, combiné à une consommation insuffisante de liquide, peut aussi donner lieu à une hypernatrémie. L'administration par voie I.V. de solution saline hypertonique ou de bicarbonate de sodium, les médicaments contenant du sodium, une alimentation par sonde entérale concentrée, un apport excessif en sodium par voie orale (ingestion d'eau de mer) et l'hyperaldostéronisme primaire (hypersécrétion d'aldostérone) découlant d'une tumeur des glandes surrénales sont autant d'exemples causant un gain sodique.

Manifestations cliniques

L'hypernatrémie symptomatique est rare sauf pour les personnes qui n'ont pas accès à l'eau ou dont le mécanisme de la soif est altéré. Si des symptômes apparaissent, ils sont dus essentiellement à un déplacement de l'eau des cellules vers le LEC, ce qui entraîne une déshydratation et une atrophie des cellules. La déshydratation des cellules cérébrales entraîne des manifestations neurologiques comme la soif intense, la léthargie, l'agitation, des convulsions et même un coma. L'hypernatrémie a aussi un effet direct sur l'excitabilité et la conduction des neurones, qui les rend plus facilement activables. Les clients atteints d'hypernatrémie présentent également tous les symptômes du déficit de volume liquidien, comme l'hypotension orthostatique, la faiblesse et la diminution de la turgescence de la peau. Le **TABLEAU 17.5** énumère les manifestations cliniques de l'hypernatrémie.

Soins et traitements infirmiers

CLIENT ATTEINT D'HYPERNATRÉMIE

Analyse et interprétation des données

Les diagnostics infirmiers pour un client atteint d'hypernatrémie incluent, entre autres :

- Risque de lésion lié à des altérations de l'état de conscience et à des convulsions résultant d'une fonction anormale du SNC ;
- Risque de déséquilibre électrolytique lié à un apport excessif en sodium ou à une perte d'eau ;
- Complications possibles : convulsions et coma entraînant des lésions cérébrales irréversibles.

Interventions cliniques

L'objectif du traitement de l'hypernatrémie est de corriger la cause sous-jacente. En cas de déficit hydrique primaire, il faut prévenir la perte d'eau continue et suppléer à l'apport en eau. S'il est impossible pour le client d'absorber des liquides par voie orale, l'infirmière administre d'abord des solutés intraveineux de dextrose 5 % dans de l'eau, ou une solution saline hypotonique. Il faut faire baisser graduellement les taux sériques de sodium pour prévenir un déplacement rapide de l'eau vers les cellules. La correction trop brusque de l'hypernatrémie peut entraîner un œdème cérébral. Le risque est maximal chez le client qui a présenté une hypernatrémie ayant duré plusieurs jours.

L'objectif du traitement de l'excès de sodium est de diluer la concentration de sodium avec des solutions intraveineuses qui en sont exemptes, comme du dextrose 5 % dans l'eau, et de faciliter l'excrétion de l'excès de sodium par l'administration de diurétiques. L'apport alimentaire de sodium doit également être revu à la baisse.

> ## Jugement clinique
>
> La natrémie de madame Anastasia Perez, âgée de 70 ans, est de 148 mmol/L.
>
> Un soluté de dextrose 5 % dans 0,45 % de chlorure de sodium est-il recommandé dans son cas ? Justifiez votre réponse.

Hyponatrémie

L'**hyponatrémie** peut résulter d'une perte de liquides contenant du sodium, d'un excès d'eau (hyponatrémie de dilution) ou des deux à la fois. L'hyponatrémie entraîne une hypoosmolalité avec déplacement de l'eau vers les cellules.

L'utilisation inadéquate de solutés intraveineux sans sodium ou hypotoniques est une cause fréquente de l'hyponatrémie liée à un excès d'eau. Elle peut affecter les clients qui ont subi une chirurgie ou un traumatisme important, les clients en état d'insuffisance rénale qui reçoivent des liquides ou les clients atteints de troubles psychiatriques associés à une consommation excessive d'eau. Le SIADH entraîne une hyponatrémie avec dilution résultant d'une rétention anormale d'eau ▶ **61**.

Les pertes de liquides corporels riches en sodium à partir du tractus GI, des reins ou de la peau sont indirectement responsables de l'hyponatrémie. Comme ces liquides sont soit isotoniques, soit hypotoniques, le sodium est évacué avec une quantité supérieure ou égale d'eau. Cependant, l'hyponatrémie se manifeste lorsque l'organisme réagit au déficit de volume liquidien par l'activation du mécanisme de la soif et la libération d'ADH. La rétention d'eau consécutive fait alors diminuer la concentration de sodium (Kee *et al.*, 2009).

Manifestations cliniques

Les symptômes de l'hyponatrémie sont liés à l'œdème cellulaire et touchent d'abord le SNC (Kee *et al.*, 2009). L'excès d'eau diminue l'osmolalité du plasma et implique un déplacement des liquides vers les cellules cérébrales, entraînant de l'irritabilité, de l'appréhension, de la confusion, des convulsions et même un coma. Si elle n'est pas traitée, l'hyponatrémie aiguë grave peut causer des lésions neurologiques irréversibles ou la mort (Haskal, 2007). Le **TABLEAU 17.5** énumère les manifestations cliniques de l'hyponatrémie.

61

Il est question des causes du SIADH dans le chapitre 61, *Interventions cliniques – Troubles endocriniens*.

> ## Jugement clinique
>
> Monsieur Adolpho Gonzales, âgé de 60 ans, est traité pour de l'hypertension artérielle avec les médicaments suivants : spironolactone (Aldactone^MD) et énalapril (Vasotec^MD).
>
> Expliquez pourquoi il risque de présenter de l'hyponatrémie.

CLIENT ATTEINT D'HYPONATRÉMIE

Analyse et interprétation des données

Les diagnostics infirmiers pour un client atteint d'hyponatrémie incluent, entre autres :

- Risque de lésion lié à des altérations ou à une diminution de l'état de conscience découlant d'une fonction anormale du SNC ;
- Risque de déséquilibre électrolytique lié à une perte excessive de sodium, à un apport excessif d'eau ou à une rétention d'eau ;
- Complication possible : troubles neurologiques graves.

Interventions cliniques

En cas d'hyponatrémie causée par un excès d'eau, il suffit généralement de restreindre la consommation de liquide pour traiter le problème. Si des symptômes graves (convulsions) apparaissent, de petites quantités de solution saline hypertonique (NaCl 3 %) sont administrées pour rétablir le taux sérique de sodium pendant que l'organisme retrouve un équilibre hydrique physiologique. Le traitement de l'hyponatrémie associée à une perte anormale de liquide consiste notamment à remplacer les liquides par des solutions contenant du sodium.

17.9.3 Déséquilibres du potassium

RAPPELEZ-VOUS...

Les produits laitiers (sauf le beurre), les viandes et substituts, le son de blé et la mélasse noire sont également des sources alimentaires de potassium.

Le potassium est le principal cation du LIC, et 98 % du potassium dans l'organisme est intracellulaire. Ainsi, la concentration de potassium dans les cellules musculaires est d'environ 140 mEq/L ; la concentration de potassium dans le LEC est comprise entre 3,5 et 5,0 mEq/L. La pompe sodium-potassium des membranes cellulaires maintient cette différence de concentration en déplaçant le potassium vers les cellules et en en évacuant le sodium. Ce processus nécessite une énergie qui provient de la dégradation de l'ATP. Une concentration intracellulaire adéquate de magnésium est nécessaire au fonctionnement normal de cette pompe. Étant donné que le rapport entre le potassium du LEC et celui du LIC est le principal facteur de maintien du potentiel de repos de la membrane des cellules nerveuses et musculaires, les fonctions neuromusculaire et cardiaque sont souvent affectées par des déséquilibres potassiques (Huether & McCance, 2008).

Le potassium est essentiel à de nombreuses fonctions cellulaires et métaboliques. Outre son rôle dans la fonction neuromusculaire et cardiaque, le potassium régule l'osmolalité intracellulaire et favorise la croissance cellulaire. Le potassium entre dans les cellules pendant la formation de nouveaux tissus et quitte les cellules pendant la dégradation cellulaire (Kee *et al.*, 2009). Le potassium joue également un rôle dans l'équilibre acidobasique, dont les mécanismes de régulation seront abordés dans le présent chapitre.

Le potassium est issu de l'alimentation. La diète occidentale typique contient entre 50 et 100 mEq de potassium par jour, qui proviennent surtout des fruits frais ou secs et des légumes. De nombreux substituts du sel présents dans une alimentation à faible teneur en sodium contiennent beaucoup de potassium. Les clients peuvent recevoir du potassium par des sources parentérales comme les liquides injectables, les transfusions de sang dans lesquelles des globules rouges (GR) sont hémolysés à cause du processus de conservation ou des médicaments (p. ex., la pénicilline potassique).

C'est par les reins que se produit surtout la perte potassique. Près de 90 % de l'apport quotidien en potassium est éliminé par les reins ; le reste est excrété dans les selles et la sueur. En cas d'insuffisance rénale grave, des taux de potassium toxiques peuvent s'observer. Un rapport inverse s'établit entre la réabsorption du sodium et celle du potassium dans les reins. Les facteurs à l'origine de la rétention du sodium (p. ex., une faible volémie, une augmentation du taux d'aldostérone) entraînent une perte potassique dans l'urine. Des volumes urinaires importants peuvent être liés à une perte excessive de potassium urinaire. La capacité des reins à conserver le potassium est faible, même quand les réserves de l'organisme sont épuisées (Huether & McCance, 2008).

Les perturbations de l'équilibre dynamique entre le potassium du LIC et celui du LEC entraînent souvent des problèmes cliniques. Parmi les facteurs causant le déplacement du potassium du LEC vers le LIC, il y a :

- l'insuline ;
- l'alcalose ;
- la stimulation β-adrénergique (libération de catécholamines en cas de stress, ischémie coronarienne, *delirium tremens* ou administration d'agonistes β-adrénergiques) ;
- une construction cellulaire rapide (administration d'acide folique ou de cobalamine [vitamine B_{12}] aux clients atteints d'anémie mégaloblastique, entraînant une production importante de GR).

Les facteurs causant le déplacement du potassium du LIC vers le LEC incluent :

- l'acidose ;
- le traumatisme cellulaire (en cas de lésions massives des tissus mous ou de lyse tumorale) ;
- l'exercice.

Les médicaments apparentés à la digoxine et les antagonistes β-adrénergiques (p. ex., le propranolol [Inderal^MD]) peuvent nuire à l'entrée du potassium dans les cellules et augmenter la concentration de potassium dans le LEC. Le **TABLEAU 17.6** énumère les causes de déséquilibres potassiques.

TABLEAU 17.6	Déséquilibres du potassium : causes et manifestations cliniques	
HYPERKALIÉMIE (K+ > 5,0 mEq/L)		**HYPOKALIÉMIE (K+ < 3,5 mEq/L)**
Causes		
Apport excessif en potassium :		Perte excessive de potassium :
• Administration excessive ou rapide par voie parentérale • Médicaments contenant du potassium (p. ex., la pénicilline G potassique) • Substitut du sel contenant du potassium		• Pertes GI : diarrhée, vomissements, fistules, aspiration NG • Pertes rénales : diurétiques, hyperaldostéronisme, déplétion en magnésium • Pertes cutanées : diaphorèse • Dialyse
Déplacement du potassium vers l'extérieur des cellules :		Déplacement du potassium vers l'intérieur des cellules :
• Acidose • Catabolisme tissulaire (p. ex., la fièvre, la septicémie, les brûlures) • Lésion par écrasement • Syndrome de lyse tumorale		• Augmentation de la libération d'insuline (p. ex., la charge de dextrose par voie I.V.) • Alcalose • Réparation tissulaire • Augmentation de la libération d'adrénaline (p. ex., le stress)
Élimination insuffisante du potassium :		Apport insuffisant en potassium :
• Néphropathie • Diurétiques d'épargne potassique • Insuffisance surrénalienne • Inhibiteurs de l'enzyme de conversion de l'angiotensine (ECA)		• Inanition • Alimentation à faible teneur en potassium • Absence de potassium dans la solution parentérale si N.P.O.
Manifestations cliniques		
• Irritabilité • Anxiété • Crampes abdominales, diarrhée • Faiblesse aux membres inférieurs • Paresthésie • Pouls irrégulier • Arrêt cardiaque en cas d'hyperkaliémie soudaine ou grave		• Fatigue • Faiblesse musculaire, crampes aux jambes • Nausées, vomissements, iléus paralytique • Muscles flasques • Paresthésie, diminution des réflexes • Pouls faible et irrégulier • Polyurie • Hyperglycémie
Modifications à l'électrocardiogramme :		Modifications à l'électrocardiogramme :
• Onde T ample et pointue • Allongement de l'intervalle PR • Dépression du segment ST • Perte de l'onde P • Élargissement de l'onde QRS • Fibrillation ventriculaire • Pause ventriculaire		• Dépression du segment ST • Aplatissement de l'onde T • Présence de l'onde U • Arythmies ventriculaires (p. ex., l'extrasystole ventriculaire [ESV]) • Bradycardie • Effet digitalique accru

17

Hyperkaliémie

L'**hyperkaliémie** (taux sérique élevé de potassium) peut résulter d'un apport massif en potassium, d'une anomalie de l'excrétion rénale, d'un déplacement du potassium du LIC vers le LEC ou d'une combinaison de ces facteurs. La cause la plus fréquente de l'hyperkaliémie est l'insuffisance rénale. L'hyperkaliémie est également courante chez les clients qui présentent une destruction cellulaire massive (p. ex., une brûlure ou lésion par écrasement, le **syndrome de lyse tumorale**), en cas de transfusion rapide de sang contenant des GR hémolysés par le processus de conservation, ou d'états cataboliques (p. ex., des infections graves). L'acidose métabolique est associée à un déplacement des ions potassium du LIC vers le LEC à mesure que les ions H^+ pénètrent dans la cellule. L'insuffisance surrénalienne avec déficit consécutif en aldostérone entraîne une rétention des ions K^+. Certains médicaments comme les diurétiques d'épargne potassique (p. ex., la spironolactone [Aldactone^MD], le triamtérène [Dyrenium^MD]) et les inhibiteurs de l'ECA (p. ex., l'énalapril [Vasotec^MD], le lisinopril [Prinivil^MD]) peuvent contribuer à l'hyperkaliémie. Ces deux types de médicaments entravent la capacité des reins à excréter le potassium.

Manifestations cliniques

L'hyperkaliémie augmente la concentration de potassium à l'extérieur de la cellule, modifiant ainsi le rapport LEC-LIC normal et accroissant l'excitabilité cellulaire. Le client peut présenter, dans un premier temps, des douleurs aux jambes apparentées à des crampes, suivies d'une faiblesse ou d'une paralysie des muscles squelettiques. Les muscles des jambes sont les premiers affectés ; les muscles respiratoires, eux, ne sont pas atteints. Les troubles de conduction cardiaque surviennent au fur et à mesure que le taux de potassium augmente (Kee *et al.*, 2009). La dépolarisation des cellules cardiaques diminue, ce qui aplatit l'onde P et élargit le complexe QRS. La repolarisation est plus rapide, ce qui entraîne un raccourcissement de l'intervalle QT, et une onde T plus étroite et plus pointue. La fibrillation ventriculaire ou un arrêt des contractions cardiaques sont possibles. La **FIGURE 17.14** illustre les effets de l'hyperkaliémie à l'électrocardiogramme (ECG). L'hyperactivité des muscles lisses entraîne des crampes abdominales et une diarrhée. Le **TABLEAU 17.6** énumère les manifestations cliniques de l'hyperkaliémie.

Syndrome de lyse tumorale : Syndrome biologique résultant de la destruction d'une tumeur, spontanée ou induite par un traitement, dans le contexte d'un cancer très sensible : hypokaliémie, hyperuricémie, hyperphosphatémie, hypocalcémie, augmentation du taux sérique des LDH.

Jugement clinique

Monsieur Gildas N'Daye, âgé de 59 ans, s'est présenté à l'unité d'urgence parce qu'il ressentait une douleur rétrosternale qu'il n'arrivait pas à soulager. Le résultat de sa kaliémie est de 4,1 mmol/L.

D'après ce résultat, auriez-vous raison d'anticiper des problèmes de conduction cardiaque liés à la kaliémie ?

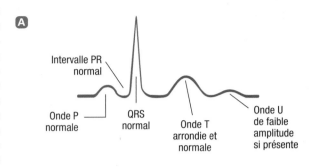

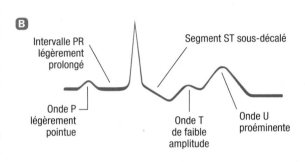

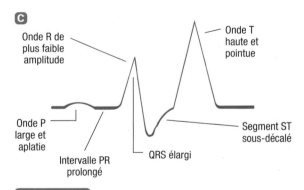

FIGURE 17.14

Modifications électrocardiographiques associées à des modifications du statut du potassium - **A** Kaliémie normale. **B** Hypokaliémie. **C** Hyperkaliémie.

Soins et traitements infirmiers

CLIENT ATTEINT D'HYPERKALIÉMIE

Analyse et interprétation des données

Les diagnostics infirmiers pour un client atteint d'hyperkaliémie incluent, entre autres :

- Risque de déséquilibre électrolytique lié à une rétention excessive ou à la libération de potassium par les cellules ;

- Risque de lésion lié à une faiblesse des muscles des membres inférieurs et à des convulsions ;

- Complication possible : arythmies.

Interventions cliniques

Le traitement de l'hyperkaliémie inclut les mesures suivantes :

- Éliminer l'apport oral et parentéral de potassium.

- Stimuler l'élimination du potassium à l'aide de diurétiques, d'une dialyse et par l'emploi de résines échangeuses d'ions comme le sulfonate de polystyrène de sodium (Kayexalate^{MD}). La consommation accrue de liquide peut encourager l'élimination du potassium par les reins.

- Favoriser la migration du potassium du LEC vers le LIC en administrant de l'insuline par voie I.V. (avec du glucose) pour prévenir l'hypoglycémie ou du bicarbonate de sodium par voie I.V. pour corriger l'acidose. En de rares occasions, un agoniste β-adrénergique (p. ex., l'épinéphrine) peut être administré.

- Réduire ou éliminer les effets sur le potentiel membranaire associés à un taux élevé de potassium dans le LEC en administrant du gluconate de calcium par voie I.V. L'ion calcium peut immédiatement diminuer l'excitabilité de la membrane.

Si l'augmentation du taux de potassium est légère et que les reins sont fonctionnels, il suffira éventuellement de supprimer le potassium de l'alimentation et des solutions intraveineuses et de stimuler son élimination rénale par l'administration de liquides ou même de diurétiques. Le Kayexalate^{MD}, administré par voie orale, se lie au potassium en échange d'un ion sodium, et la résine résultante est excrétée dans les selles ▶ **69** . Tous les clients présentant une hyperkaliémie significative sur le plan clinique doivent faire l'objet d'un suivi électrocardiographique pour la détection d'arythmies et le suivi des effets du traitement. Les clients atteints d'une hyperkaliémie modérée doivent aussi recevoir des traitements pour forcer l'entrée du potassium dans les cellules, généralement par l'administration I.V. d'insuline et de glucose. Le client qui présente des arythmies dangereuses doit recevoir immédiatement du gluconate de calcium par voie I.V. en attendant l'élimination du potassium et son entrée forcée dans les cellules. Pour les clients atteints d'insuffisance rénale, l'hémodialyse est un moyen efficace d'éliminer le potassium de l'organisme.

Le traitement de l'hyperkaliémie par l'administration du Kayexalate^{MD} est davantage abordé dans le chapitre 69, *Interventions cliniques – Insuffisance rénale aiguë et insuffisance rénale chronique.*

Hypokaliémie

L'**hypokaliémie** (faible taux sérique de potassium) peut résulter de pertes anormales du potassium dues à un déplacement du potassium du LEC vers le LIC ou, plus rarement, d'une carence alimentaire en potassium. Les causes les plus courantes de l'hypokaliémie sont des pertes anormales, par les reins ou le tractus GI. Les pertes anormales surviennent pendant la diurèse, en particulier s'il existe un taux élevé d'aldostérone. L'aldostérone est libérée quand le volume du sang circulant est faible ; elle provoque une rétention de sodium dans les reins, mais une perte de potassium dans l'urine. La carence en magnésium peut contribuer à l'épuisement des réserves de potassium. Le faible taux plasmatique de magnésium stimule la libération de rénine et l'augmentation subséquente des taux d'aldostérone qui entraîne une excrétion de potassium (Huether & McCance, 2008). Les vomissements, le drainage d'une iléostomie, la diarrhée et un usage abusif de laxatifs sont susceptibles d'aboutir à une hypokaliémie due à une perte de potassium à partir du tractus GI.

L'alcalose métabolique peut entraîner un déplacement du potassium dans les cellules avec échange d'ions hydrogène, ce qui fait baisser le taux de potassium dans le LEC et provoque une hypokaliémie symptomatique. L'hypokaliémie est parfois liée au traitement de l'acidocétose diabétique, compte tenu de plusieurs facteurs, notamment l'augmentation de la perte de potassium urinaire et le déplacement intracellulaire du potassium résultant de l'administration d'insuline et de la correction de l'acidose métabolique. L'hypokaliémie est moins souvent due à une formation cellulaire soudaine ; par exemple, la formation de GR dans le traitement de l'anémie par la cobalamine (vitamine B$_{12}$), l'acide folique ou l'érythropoïétine. Le **TABLEAU 17.6** énumère les causes de l'hypokaliémie.

Manifestations cliniques

L'hypokaliémie modifie le potentiel membranaire de repos. Elle entraîne le plus souvent une hyperpolarisation ou une charge négative intracellulaire accrue. Cet état diminue l'excitabilité des cellules. Les problèmes cliniques les plus graves sont de nature cardiaque et incluent des problèmes de repolarisation avec un aplatissement de l'onde T et l'apparition d'une onde U. L'onde P peut être amplifiée et devenir pointue **FIGURE 17.14**. L'incidence des arythmies ventriculaires potentiellement mortelles augmente en cas d'hypokaliémie. Les clients à risque d'hypokaliémie et ceux qui sont gravement malades doivent être surveillés à l'aide d'un moniteur cardiaque et d'ECG pour détecter les modifications liées aux déséquilibres potassiques. Les clients qui prennent de la digoxine présentent une toxicité élevée à ce produit si leur taux sérique de potassium est faible. De plus, la faiblesse musculaire squelettique et la paralysie sont possibles en cas d'hypokaliémie. Comme c'est le cas pour l'hyperkaliémie, les premiers symptômes affectent souvent les jambes. L'hypokaliémie grave peut être à l'origine d'une faiblesse ou d'une paralysie des muscles respiratoires, et entraîner une respiration superficielle et un arrêt respiratoire.

La fonction des muscles lisses est également altérée par l'hypokaliémie. Le client peut présenter une diminution de la motilité GI (p. ex., l'iléus paralytique), une diminution de la réactivité des voies respiratoires et des anomalies de la régulation du débit sanguin artériolaire, susceptibles de contribuer à une dégradation des cellules du muscle lisse. Enfin, l'hypokaliémie peut nuire à la fonction de tissus non musculaires. La libération d'insuline est diminuée, ce qui entraîne une hyperglycémie. Le **TABLEAU 17.6** énumère les manifestations cliniques de l'hypokaliémie.

CLIENT ATTEINT D'HYPOKALIÉMIE

Analyse et interprétation des données

Les diagnostics infirmiers pour un client atteint d'hypokaliémie incluent, entre autres :

- Risque de déséquilibre électrolytique lié à une perte excessive de potassium ;
- Risque de lésion lié à une faiblesse musculaire et à une hyporéflexie ;
- Complication possible : arythmies.

Interventions cliniques

L'hypokaliémie est traitée par l'administration de suppléments de chlorure de potassium et l'augmentation de l'apport alimentaire en potassium. Des suppléments de chlorure de potassium (KCl) peuvent être administrés par voie orale ou I.V. Du KCl est administré seulement en présence de carence grave ou encore si le débit urinaire représente au moins 0,5 ml/kg de poids corporel par heure.

La concentration maximale privilégiée est de 40 mEq/L. Cependant, des concentrations supérieures pourront être administrées en cas d'hypokaliémie grave (jusqu'à 80 mEq/L), si la fonction cardiaque est surveillée de façon continue à l'aide d'un moniteur (Wilson, Shannon, & Shields, 2009). L'administration I.V. du KCl doit rester en deçà de 10 à 20 mEq par heure et être faite à l'aide d'une pompe intraveineuse volumétrique pour assurer une vitesse d'administration adéquate. Puisque le KCl irrite les veines, il convient d'évaluer les sites d'accès I.V. au moins à chaque heure pour vérifier l'absence de phlébite et d'infiltration. L'infiltration peut entraîner une nécrose et la formation d'une escarre dans les tissus avoisinants. Une voie veineuse centrale doit être utilisée lorsqu'une correction rapide de l'hypokaliémie s'impose.

L'infirmière enseignera aux clients des méthodes de prévention de l'hypokaliémie. Les clients à risque doivent effectuer des tests fréquents du taux sérique de potassium pour surveiller l'hypokaliémie. Un guide d'enseignement sur la prévention de l'hypokaliémie se trouve dans l'**ENCADRÉ 17.1**.

Jugement clinique

Capsule

Le médecin a prescrit un soluté de dextrose 5 % dans l'eau avec 40 mEq de KCl par litre à Pierre-Luc Massé, âgé de 40 ans. Le médicament se présente en fioles de 20 mEq/10 ml, et uniquement des sacs de 500 ml sont disponibles.

Quelle quantité de KCl devez-vous préparer pour respecter l'ordonnance médicale ?

⚠ ALERTE CLINIQUE

- Toujours diluer le le KCl administré par voie I.V.
- Ne jamais administrer de bolus intraveineux de KCl ou en concentration élevée.
- Agiter plusieurs fois les poches de soluté I.V. contenant du KCl par un mouvement de rotation pour assurer la répartition égale du soluté.
- Pour éviter d'administrer un bolus, ne jamais rajouter de KCl à un sac de soluté I.V. suspendu à une tige.

Enseignement au client et à ses proches

ENCADRÉ 17.1   **Prévention de l'hypokaliémie**

L'enseignement au client et à ses proches sur la prévention de l'hypokaliémie devrait porter sur les aspects suivants.

- Chez tous les clients présentant un risque, l'infirmière doit :
  - Enseigner au client ou au proche à reconnaître les signes et les symptômes de l'hypokaliémie **TABLEAU 17.6** et à signaler leur apparition au professionnel de la santé.
- Chez les clients prenant des diurétiques n'épargnant pas le potassium, l'infirmière doit :
  - Expliquer l'importance d'augmenter l'apport alimentaire en potassium.
  - Enseigner au client ou au proche aidant à reconnaître les aliments riches en potassium.
  - Expliquer au client que les substituts de sel contiennent environ 50 à 60 mEq de potassium par cuillère à thé et que la prise de diurétiques n'épargnant pas le potassium peut l'aider à augmenter son apport en potassium.

- Chez les clients prenant des diurétiques d'épargne potassique, l'infirmière doit :
  - Demander au client ou au proche aidant d'éviter les substituts du sel et les aliments riches en potassium.
- Chez les clients prenant des suppléments de potassium par voie orale, l'infirmière doit :
  - Expliquer au client de prendre le médicament de la manière prescrite pour éviter tout surdosage, et de prendre le supplément avec un grand verre d'eau pour faciliter sa dissolution dans le tractus GI.
- Chez les clients prenant des préparations à base de digitale et les clients présentant un risque d'hypokaliémie, l'infirmière doit :
  - Expliquer l'importance de mesurer régulièrement le taux sérique de potassium, car les taux faibles de potassium favorisent l'action des digitaliques.

17.9.4   Déséquilibres du calcium

Le calcium provient des aliments consommés, mais seulement environ 30 % du calcium alimentaire est absorbé dans le tractus GI. La quasi-totalité (plus de 99 %) du calcium dans l'organisme est associée au phosphore et concentrée dans l'appareil squelettique. Les os servent de réserve de calcium. Les variations importantes des taux sériques de calcium sont évitées grâce à la régulation du mouvement du calcium vers les os ou hors des os. Les fonctions du calcium incluent la transmission des influx nerveux, les contractions du myocarde, la coagulation du sang, la formation des dents et des os ainsi que les contractions musculaires.

Le calcium est présent dans le sérum sous trois formes : libre ou ionisé, lié à des protéines (essentiellement l'albumine) et sous forme de complexe avec le phosphate, le citrate ou le carbonate. Les formes ionisées sont biologiquement actives. Près de la moitié du calcium sérique total est ionisé.

Le taux de calcium se mesure en milliéquivalents par litre (mEq/L). Habituellement, les taux sériques de calcium qui sont rapportés reflètent le taux de calcium total (les trois formes), mais il est possible d'analyser et de rapporter séparément les taux de calcium ionisé. Le **TABLEAU 17.7** présente les taux de calcium total. Les variations du pH sérique affectent le taux de calcium ionisé sans modifier le taux de calcium total. Une diminution du pH plasmatique (acidose) entrave la liaison du calcium avec l'albumine, augmentant la quantité de calcium ionisé. Un pH plasmatique élevé (alcalose) augmente la liaison du calcium, ce qui diminue le taux de calcium ionisé. Les variations des taux sériques d'albumine affectent aussi l'interprétation des taux de calcium total. Les faibles taux d'albumine entraînent une baisse du taux de calcium total, mais le taux de calcium ionisé n'en est pas affecté.

TABLEAU 17.7	Déséquilibres du calcium : causes et manifestations cliniques
HYPERCALCÉMIE (Ca^{2+} > 10,2 mg/dl [2,55 mmol/L])	**HYPOCALCÉMIE (Ca^{2+} < 8,6 mg/dl [2,15 mmol/L])**
Causes	
Augmentation du calcium total :	Diminution du calcium total :
• Myélome multiple • Tumeurs malignes avec métastases osseuses • Immobilisation prolongée • Hyperparathyroïdie • Surdosage de la vitamine D • Diurétiques thiazidiques • Syndrome du lait et des alcalins	• Insuffisance rénale chronique • Augmentation du phosphore • Hypoparathyroïdie primitive • Carence en vitamine D • Carence en magnésium • Pancréatite aiguë • Diurétiques de l'anse (p. ex., le furosémide [Lasix^{MD}]) • Alcoolisme chronique • Diarrhée • ↓ Albumine sérique (le client est généralement asymptomatique en raison du taux normal de calcium ionisé)
Augmentation du calcium ionisé :	Diminution du calcium ionisé :
• Acidose	• Alcalose • Administration excessive de sang citraté
Manifestations cliniques	
• Léthargie, faiblesse • Réflexes diminués • Troubles de la mémoire • Confusion, troubles de la personnalité, psychose • Anorexie, nausées, vomissements • Douleurs osseuses, fractures • Polyurie, déshydratation • Néphrolithiase • Stupeur, coma	• Fatigabilité • Dépression, anxiété, confusion • Engourdissements et fourmillements aux extrémités et autour de la bouche • Hyperréflexie, crampes musculaires • Signe de Chvostek • Signe de Trousseau • Laryngospasmes • Tétanie, convulsions
Modifications à l'électrocardiogramme :	Modifications à l'électrocardiogramme :
• Raccourcissement du segment ST • Raccourcissement de l'intervalle QT • Arythmies ventriculaires • Augmentation de l'effet digitalique	• Allongement du segment ST • Allongement de l'intervalle QT • Tachycardie ventriculaire

17

Hyperparathyroïdie : Hyperfonctionnement de la glande parathyroïde.

L'équilibre calcique est contrôlé par l'hormone parathyroïdienne (parathormone), la calcitonine et la vitamine D. La parathormone est produite par la glande parathyroïde. Sa production et sa libération sont stimulées par de faibles taux sériques de calcium. La parathormone augmente la résorption osseuse (mouvement du calcium à l'extérieur des os), l'absorption GI du calcium et la réabsorption du calcium par les tubules rénaux.

La calcitonine est produite par la thyroïde et stimulée par des taux sériques élevés de calcium. Elle s'oppose à l'action de la parathormone et diminue donc le taux sérique de calcium en limitant son absorption GI, en augmentant le dépôt de calcium dans les os et en favorisant son excrétion rénale.

La vitamine D est formée par l'action des rayons ultraviolets (UV) sur un précurseur présent dans la peau ; elle peut aussi être ingérée avec les aliments. La vitamine D est importante pour l'absorption du calcium à partir du tractus GI. Le **TABLEAU 17.7** énumère les causes de déséquilibres calciques.

Hypercalcémie

Près des deux tiers des cas d'**hypercalcémie** sont dus à une **hyperparathyroïdie**, et un tiers à des tumeurs malignes, en particulier le cancer du sein, le cancer du poumon et le myélome multiple (Wilson *et al.*, 2009). Les tumeurs malignes entraînent une hypercalcémie par la destruction des os découlant de l'invasion tumorale, ou par la sécrétion de protéines parathyroïdiennes, qui stimulent la libération de calcium par les os. L'hypercalcémie peut être également liée à un surdosage de vitamine D. L'immobilisation prolongée induit une perte minérale osseuse et une augmentation de la concentration plasmatique de calcium. L'hypercalcémie survient plus rarement en cas de consommation excessive de calcium (p. ex., la consommation d'antiacides à base de calcium, l'administration excessive pendant un arrêt cardiaque). L'excès de calcium entraîne une diminution de l'excitabilité des muscles et des nerfs. Le **TABLEAU 17.7** énumère les causes et les manifestations cliniques de l'hypercalcémie.

Soins et traitements infirmiers

CLIENT ATTEINT D'HYPERCALCÉMIE

Analyse et interprétation des données

Les diagnostics infirmiers pour un client atteint d'hypercalcémie incluent, entre autres :

- Risque de déséquilibre électrolytique lié à une destruction osseuse excessive ;
- Risque de lésion lié à des altérations neuromusculaires ou à des altérations de l'état de conscience ;
- Complication possible : arythmies.

Interventions cliniques

Le traitement de base de l'hypercalcémie vise à favoriser l'excrétion du calcium dans l'urine par l'administration d'un diurétique de l'anse (p. ex., le furosémide [Lasix^MD]) et l'hydratation du client par des perfusions de solution saline isotonique. En cas d'hypercalcémie, le client doit boire de 3 à 4 L de liquide par jour pour faciliter l'excrétion rénale du calcium et contrer l'éventuelle formation de calculs rénaux.

De la calcitonine synthétique peut également être administrée pour faire baisser les taux sériques de calcium. Une alimentation à faible teneur en calcium sera aussi encouragée ainsi que les exercices de port de poids pour stimuler la minéralisation des os. Pour l'hypercalcémie liée à des tumeurs malignes, le médicament de choix est le pamidronate (Aredia^MD), qui inhibe l'activité des ostéoclastes (cellules qui dégradent les os et entraînent la libération de calcium). Le pamidronate est préféré à la plicamycine, parce qu'il n'a pas d'effets secondaires cytotoxiques et qu'il freine la résorption osseuse sans inhiber la formation et la minéralisation des os.

Hypocalcémie

Lipolyse : Destruction des corps gras (lipides) ou graisses de l'organisme.

Toute affection ayant pour effet une diminution de la production de parathormone peut donner lieu à une **hypocalcémie**. C'est ce qui arrive en cas d'ablation chirurgicale d'une partie des glandes parathyroïdiennes, ou de lésion touchant ces glandes, pendant une chirurgie de la thyroïde ou dans la région du cou. La pancréatite aiguë est une autre cause possible d'hypocalcémie. La **lipolyse**, conséquence de la pancréatite, produit des acides gras qui se lient aux ions calcium, ce qui fait baisser les taux sériques de calcium. De plus, le client qui reçoit plusieurs transfusions de sang peut devenir hypocalcémique, car le citrate destiné à l'anticoagulation du sang se lie au calcium. L'alcalose soudaine peut également entraîner une hypocalcémie symptomatique, malgré un taux sérique total de calcium normal. Le pH élevé augmente la liaison du calcium avec les protéines, faisant ainsi diminuer la quantité de calcium ionisé. Enfin, l'hypocalcémie peut résulter d'une alimentation pauvre en calcium, d'une perte excessive de calcium induite par l'utilisation abusive de laxatifs, et de syndromes de malabsorption. Le **TABLEAU 17.7** énumère les causes de l'hypocalcémie.

Les faibles taux de calcium permettent au sodium de s'introduire dans les cellules excitables, ce qui entraîne une dépolarisation des cellules et diminue le seuil des potentiels d'action. Cela augmente l'excitabilité neuronale et favorise une contraction musculaire appelée **tétanie**. Les signes cliniques de la tétanie comprennent le signe de Chvostek et le signe de Trousseau. Le **signe de Chvostek** est une contraction des muscles du visage en réponse à la percussion du nerf facial devant l'oreille **FIGURE 17.15A** : il indique aussi une hypocalcémie avec tétanie latente. Le **signe de Trousseau** désigne des spasmes carpiens causés par le gonflement du brassard d'un tensiomètre sur le bras du client **FIGURE 17.15B** et **C**. Le brassard de tensiomètre est gonflé au-dessus de la tension systolique. En cas d'hypocalcémie, les spasmes carpiens apparaissent en trois minutes. Les autres manifestations de la tétanie sont le **stridor laryngé**, la **dysphagie** et l'engourdissement avec picotements autour de la bouche ou des membres.

Les effets cardiaques de l'hypocalcémie comprennent la diminution de la contractilité cardiaque et des modifications du tracé de l'ECG. Une prolongation de l'intervalle QT peut entraîner une tachycardie ventriculaire. Le **TABLEAU 17.7** énumère les manifestations cliniques de l'hypocalcémie.

Stridor laryngé : Bruit respiratoire anormal, aigu et perçant, du nouveau-né, survenant à l'inspiration et causé par une affection du larynx.

Dysphagie : Difficulté à avaler, sensation de gêne, manifestation plus ou moins douloureuse se produisant au moment de la déglutition ou du transit œsophagien des aliments.

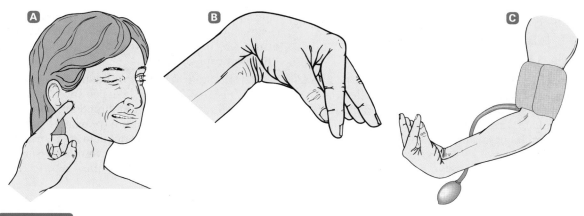

FIGURE 17.15

Tests de l'hypocalcémie – **A** Le signe de Chvostek est une contraction des muscles du visage en réponse à une légère percussion du nerf facial devant l'oreille. **B** Le signe de Trousseau est un spasme carpien provoqué par **C** le gonflage du brassard d'un tensiomètre au-dessus de la pression systolique pendant quelques minutes.

Soins et traitements infirmiers

CLIENT ATTEINT D'HYPOCALCÉMIE

Analyse et interprétation des données

Les diagnostics infirmiers pour un client atteint d'hypocalcémie incluent, entre autres :

- Risque de déséquilibre électrolytique lié à une diminution de la production de parathormone ;
- Risque de lésion lié à une tétanie et à des convulsions ;
- Complications possibles : fractures, arrêt respiratoire.

Interventions cliniques

Le principal objectif du traitement de l'hypocalcémie est d'éliminer sa cause. L'hypocalcémie peut être traitée à l'aide de suppléments de calcium par voie orale ou I.V. Le calcium n'est pas administré par voie intramusculaire (I.M.), car il peut provoquer plusieurs réactions locales comme des brûlures, une nécrose et la formation d'esquarres tissulaires. Les préparations injectables de calcium comme le gluconate de calcium sont employées lorsque des symptômes d'hypocalcémie grave sont imminents ou présents. En général, des aliments riches en calcium sont prescrits ainsi que des suppléments de vitamine D au client atteint d'hypocalcémie. Les suppléments de calcium par voie orale, comme le carbonate de calcium, seront prescrits au client dont l'alimentation n'assure pas une consommation suffisante de calcium, par exemple s'il est intolérant aux produits laitiers. Il faut maîtriser adéquatement la douleur et l'anxiété du client à risque d'hypocalcémie, car l'alcalose respiratoire induite par l'hyperventilation peut précipiter les symptômes d'hypocalcémie. Compte tenu de la proximité du siège chirurgical avec les glandes parathyroïdes, il faut surveiller de près un client qui a subi une chirurgie de la thyroïde ou dans la région du cou, immédiatement après l'opération, pour déceler les manifestations d'hypocalcémie.

17.9.5 Déséquilibres du phosphate

Le phosphore est le principal anion du LIC; il est essentiel à la fonction des muscles, des GR et du système nerveux. Il se dépose avec le calcium dans la structure des os et des dents. Il participe également au système tampon acidobasique, à la production d'énergie mitochondriale sous forme d'ATP, au captage cellulaire et à l'utilisation du glucose, ainsi qu'au métabolisme des glucides, des protéines et des lipides.

Le maintien de l'équilibre du phosphate normal suppose une fonction rénale adéquate, puisque les reins sont la principale voie d'excrétion du phosphate. Une petite quantité de phosphate est éliminée dans les selles. Il existe un lien de réciprocité entre le phosphore et le calcium, puisqu'un taux sérique élevé de phosphate tend à faire baisser la concentration sérique de calcium.

Hyperphosphatémie

La principale affection donnant lieu à une **hyperphosphatémie** est l'insuffisance rénale aiguë ou chronique qui empêche les reins d'excréter le phosphate. Les autres causes de l'hyperphosphatémie incluent la chimiothérapie employée contre certaines tumeurs malignes (lymphomes), la consommation excessive de lait ou de laxatifs à base de phosphate et la consommation importante de vitamine D qui accroît l'absorption GI du phosphore. Le **TABLEAU 17.8** énumère les causes de l'hyperphosphatémie.

Les manifestations cliniques de l'hyperphosphatémie se rapportent essentiellement aux précipités métastatiques calcium-phosphate. En temps normal, le calcium et le phosphate se déposent uniquement dans les os. Cependant, des précipités se forment aisément en cas de concentration sérique élevée de phosphate et de calcium, et des dépôts calcifiés peuvent apparaître dans les tissus mous comme les articulations, les artères, la peau, les reins et les cornées ▶ **69** . Les autres manifestations de l'hyperphosphatémie sont l'irritabilité neuromusculaire et la tétanie, découlant des faibles taux sériques de calcium souvent associés aux taux sériques élevés de phosphate. Le **TABLEAU 17.8** énumère les manifestations cliniques de l'hyperphosphatémie.

Le traitement de l'hyperphosphatémie vise à déterminer et à éliminer la cause sous-jacente. Il faut restreindre la consommation d'aliments et de liquides riches en phosphore (p. ex., les produits laitiers). Une hydratation adéquate et la correction des états hypocalcémiques peuvent favoriser l'excrétion rénale du phosphate par l'action de la

---

69

L'hyperphosphatémie comme manifestation clinique du mauvais fonctionnement de la fonction rénale est abordée dans le chapitre 69, *Interventions cliniques – Insuffisance rénale aiguë et insuffisance rénale chronique*.

TABLEAU 17.8	Déséquilibres du phosphate : causes et manifestations cliniques	
HYPERPHOSPHATÉMIE (PO_4^{3-} > 4,4 mg/dl [1,42 mmol/L])		**HYPOPHOSPHATÉMIE (PO_4^{3-} < 2,4 mg/dl [0,78 mmol/L])**
Causes		
• Insuffisance rénale • Agents chimiothérapeutiques • Lavements contenant du phosphore (p. ex., le lavement Fleet^{MD}) • Ingestion excessive (p. ex., le lait, les laxatifs contenant du phosphate) • Apport trop important de vitamine D • Hypoparathyroïdie		• Syndrome de malabsorption • Syndrome de réalimentation (correction ou traitement de l'inanition) • Administration de glucose • Nutrition parentérale totale • Sevrage de l'alcool • Antiacides liant le phosphate • Rétablissement d'une acidocétose diabétique • Alcalose respiratoire
Manifestations cliniques		
• Hypocalcémie • Troubles musculaires, tétanie • Dépôt de précipités de phosphate de calcium dans la peau, les tissus mous, la cornée, les viscères et les vaisseaux sanguins		• Dysfonction du SNC (confusion, coma) • Faiblesse musculaire, incluant faiblesse des muscles respiratoires et difficulté de sevrage • Libération de Mg^{2+}, de Ca^{2+} et de HCO_3^- par les tubules rénaux • Problèmes cardiaques (arythmies, diminution du volume d'éjection systolique) • Ostéomalacie • Rhabdomyolyse

---

parathormone. À mesure que le taux sérique de calcium augmente, il entraîne l'excrétion rénale du phosphore. Pour le client atteint d'insuffisance rénale, les mesures destinées à faire baisser les taux sériques de phosphate comprennent la prise de suppléments de calcium, d'agents ou de gels liant le phosphate, et des restrictions alimentaires relatives au phosphate.

Hypophosphatémie

L'**hypophosphatémie** (faible taux sérique de phosphate) s'observe chez le client qui souffre de malnutrition ou qui présente un syndrome de malabsorption. Les autres causes incluent le syndrome de sevrage alcoolique et l'utilisation d'antiacides liant le phosphate. L'hypophosphatémie apparaît également en cas de nutrition parentérale n'assurant pas un remplacement adéquat de l'ion phosphore. Le **TABLEAU 17.8** énumère les causes de l'hypophosphatémie.

La plupart des manifestations cliniques de l'hypophosphatémie sont liées à un déficit en ATP cellulaire ou en 2,3-diphosphoglycérate (2,3-DPG), une enzyme des GR qui facilite le transport de l'oxygène vers les tissus. Étant donné que le phosphore est nécessaire à la formation d'ATP et du 2,3-DPG, son déficit implique un déséquilibre énergétique dans les cellules et nuit au transport de l'oxygène. L'hypophosphatémie légère à modérée est souvent asymptomatique. L'hypophosphatémie grave peut être mortelle, du fait de l'affaiblissement de la fonction cellulaire. Les symptômes aigus incluent la dépression du SNC, la confusion et d'autres modifications de l'état mental. Les autres manifestations incluent la faiblesse musculaire et la douleur, les arythmies et la cardiomyopathie.

Le traitement d'un déficit léger en phosphore consiste notamment en la prise de suppléments par voie orale et la consommation d'aliments riches en phosphore (p. ex., les produits laitiers). L'hypophosphatémie importante peut être grave et rendre nécessaire l'administration par voie I.V. de phosphate de sodium ou de phosphate de potassium. Le dosage fréquent des taux sériques de phosphate s'impose pour orienter le traitement par voie I.V. L'hypocalcémie symptomatique soudaine, résultant de la liaison accrue du phosphore avec le calcium, est une complication possible de l'administration de phosphore par voie I.V. Le **TABLEAU 17.8** énumère les manifestations cliniques de l'hypophosphatémie.

17.9.6 Déséquilibres du magnésium

Le magnésium est le deuxième cation le plus abondant à l'intérieur des cellules. Les os contiennent entre 50 et 60 % du magnésium de l'organisme. Le magnésium agit comme une coenzyme dans le métabolisme des glucides et des protéines. Il participe aussi au métabolisme des acides nucléiques et des protéines cellulaires. Le magnésium est régulé par l'absorption GI et l'excrétion rénale. Les reins peuvent conserver au besoin le magnésium et en excréter l'excédent. Il semble que les facteurs régulant l'équilibre calcique (p. ex., la parathormone) influent pareillement sur l'équilibre du magnésium. Les manifestations des déséquilibres du magnésium sont souvent confondues avec celles des déséquilibres calciques. Puisque l'équilibre du magnésium est lié à l'équilibre calcique et potassique, les trois cations doivent faire l'objet d'examens simultanés (Haskal, 2007). Le magnésium agit directement sur la plaque neuromusculaire, et l'excitabilité neuromusculaire est considérablement affectée par les modifications des taux sériques de magnésium. Le **TABLEAU 17.9** énumère les causes des déséquilibres du magnésium.

L'**hypomagnésémie** (faible taux sérique de magnésium) entraîne une hyperirritabilité neuromusculaire et du SNC. L'**hypermagnésémie** (taux sérique élevé de magnésium) déprime les fonctions neuromusculaires et celles du SNC. Le magnésium est important pour la fonction cardiaque. Il existe d'ailleurs un rapport entre l'hypomagnésémie et les arythmies cardiaques, par exemple, les extrasystoles ventriculaires ou les fibrillations ventriculaires.

Hypermagnésémie

En règle générale, l'hypermagnésémie se produit uniquement en cas de consommation élevée de magnésium et d'insuffisance ou de défaillance rénale. Un client atteint d'une néphropathie chronique, qui consomme des produits contenant du magnésium (p. ex., le Maalox^MD, le lait de magnésium) est sujet à des problèmes d'excès de magnésium. Il en va de même pour les femmes enceintes qui reçoivent du sulfate de magnésium pour le traitement de l'**éclampsie**.

Éclampsie : Ensemble de manifestations convulsives accompagnant, surtout chez l'enfant et la femme enceinte, certains états pathologiques.

TABLEAU 17.9	Causes des déséquilibres du magnésium
HYPOMAGNÉSÉMIE	**HYPERMAGNÉSÉMIE**
• Diarrhée • Vomissements • Alcoolisme chronique • Problème d'absorption GI • Syndrome de malabsorption • Malnutrition prolongée • Diurèse importante • Aspiration gastrique • Diabète de type I et II mal contrôlés • Hyperaldostéronisme	• Insuffisance rénale (en particulier si le client reçoit des produits à base de magnésium) • Administration excessive de magnésium pour le traitement de l'éclampsie • Insuffisance surrénalienne

17

Les manifestations cliniques initiales d'une concentration sérique légèrement élevée de magnésium incluent la léthargie, la somnolence, les nausées et les vomissements. À mesure que les taux sériques de magnésium augmentent, les réflexes tendineux sont compromis, il s'ensuit une somnolence, puis un arrêt respiratoire, voire cardiaque.

Le traitement de l'hypermagnésémie doit être axé sur la prévention. Les personnes atteintes d'une néphropathie chronique ne doivent pas prendre de médicaments contenant du magnésium. L'infirmière les encouragera à prêter attention aux étiquettes de tous les médicaments en vente libre pour vérifier leur teneur en magnésium. Le traitement d'urgence de l'hypermagnésémie consiste à administrer par voie I.V. du chlorure de calcium ou du gluconate de calcium, pour opposer physiologiquement les effets du magnésium sur le muscle cardiaque. Il est possible de faire baisser les taux sériques de magnésium en favorisant l'excrétion urinaire par la prise de liquide. Le client atteint d'une insuffisance rénale doit avoir recours à la dialyse, car les reins sont la principale voie d'excrétion du magnésium.

Hypomagnésémie

Un jeûne prolongé ou une famine sont le plus souvent responsables des carences en magnésium. L'alcoolisme chronique est une cause fréquente d'hypomagnésémie compte tenu de la consommation insuffisante d'aliments. La perte de liquide à partir du tractus GI interfère aussi avec l'absorption du magnésium. Une autre cause possible de l'hypomagnésémie est une nutrition parentérale prolongée sans suppléments de magnésium. De plus, de nombreux diurétiques peuvent accentuer la perte de magnésium par excrétion rénale (Kee *et al.*, 2009). En outre, la diurèse osmotique induite par une glycémie élevée augmente l'excrétion rénale du magnésium chez les personnes dont le diabète n'est pas contrôlé.

Les manifestations cliniques significatives de l'hypomagnésémie incluent la confusion, des réflexes tendineux hyperactifs, des tremblements et des convulsions. La carence en magnésium prédispose aussi le sujet à des arythmies cardiaques. Sur le plan clinique, l'hypomagnésémie ressemble à l'hypocalcémie et peut contribuer à l'apparition d'une hypocalcémie résultant de l'action limitée de la parathormone. Le magnésium intracellulaire est essentiel à la fonction normale de la pompe sodium-potassium. C'est pourquoi l'hypomagnésémie peut également être liée à une hypokaliémie qui ne répond pas bien au traitement de remplacement du potassium.

Il est possible de traiter les carences légères en magnésium en prenant des suppléments par voie orale et en augmentant la consommation d'aliments riches en magnésium (p. ex., les légumes verts, les noix, les bananes, les oranges, le beurre d'arachide, le chocolat). Si l'affection est grave, il faut administrer du magnésium par voie parentérale I.V. ou I.M. (p. ex., le sulfate de magnésium). L'administration trop rapide de magnésium peut entraîner un arrêt cardiaque ou respiratoire.

17.10 | Déséquilibres acidobasiques

L'organisme maintient normalement un équilibre stable entre les acides produits pendant le métabolisme et les bases qui neutralisent et favorisent l'excrétion des acides. De nombreux problèmes de santé peuvent entraîner des déséquilibres acidobasiques en plus des déséquilibres hydroélectrolytiques. Il est fréquent que les clients atteints de diabète de type I ou II, d'une maladie pulmonaire obstructive chronique (MPOC) ou d'une maladie rénale présentent des déséquilibres acidobasiques. Les vomissements et la diarrhée peuvent causer une perte d'acides et de bases, en plus des pertes hydroélectrolytiques. Les reins constituent un système tampon essentiel pour les acides et, chez les personnes âgées, les reins sont moins aptes à compenser la charge acide. Par ailleurs, la fonction respiratoire affaiblie des personnes âgées entraîne une compensation insuffisante des déséquilibres acidobasiques. En outre, l'hypoxie tissulaire, quelle qu'en soit la cause, peut affecter l'équilibre acidobasique. L'infirmière doit toujours envisager l'éventualité d'un déséquilibre acidobasique chez les clients atteints d'une maladie grave.

17.10.1 pH et concentration en ions hydrogène

L'acidité ou l'alcalinité d'une solution dépend de sa concentration en ions hydrogène (H^+). Toute augmentation de la concentration de H^+ fait accroître l'acidité ; sa diminution augmente l'alcalinité. Le **TABLEAU 17.10** présente les définitions des termes liés à la physiologie acidobasique.

Bien que des acides soient produits quotidiennement par l'organisme, la concentration en ions H^+ dans les liquides de l'organisme est faible (0,0004 mEq/L). Cette quantité minime est maintenue dans des limites étroites pour assurer un fonctionnement cellulaire optimal. La concentration en ions H^+ est généralement exprimée en valeurs logarithmiques négatives (symbolisées par le pH) plutôt qu'en milliéquivalents. L'emploi de cette valeur logarithmique négative indique que plus le pH est faible, plus la concentration en ions H^+ est élevée.

TABLEAU 17.10	Terminologie relative à la physiologie acidobasique
TERME	**DÉFINITION / DESCRIPTION**
Acide	Donneur d'ions H^+; séparation d'un acide en ions H^+ et en l'anion qui l'accompagne en solution
Acidémie	pH du sang artériel inférieur à 7,35
Acidose	Processus d'ajout d'un acide ou d'élimination d'une base des liquides corporels
Alcalémie	pH du sang artériel supérieur à 7,45
Alcalose	Processus d'ajout d'une base ou d'élimination d'un acide des liquides corporels
Base	Accepteur d'ions H^+; le bicarbonate (HCO_3^-) est la base la plus abondante dans les liquides corporels; combinaison chimique d'un acide et d'une base lorsque des ions H^+ sont ajoutés à une solution contenant une base
pH	Logarithme négatif de la concentration en ions H^+
Tampon	Substance qui réagit à l'acide ou à une base pour prévenir une modification importante du pH
Trou anionique	Présence d'anions normalement non mesurés dans le plasma; utile pour le diagnostic différentiel de l'acidose

Par exemple, par rapport à un pH égal à 7, un pH égal à 8 représente une diminution par 10 de la concentration en ions H^+.

Le pH d'une solution chimique peut être compris entre 1 et 14. Une solution dont le pH est égal à 7 est considérée comme neutre. Le pH d'une solution acide est inférieur à 7, celui d'une solution alcaline est supérieur à 7. Le sang est légèrement alcalin (pH compris entre 7,35 et 7,45) et il suffit que le pH devienne inférieur à 7,35 pour qu'un sujet présente une acidose, même si le sang ne devient jamais effectivement acide. Si le pH du sang est supérieur à 7,45, le sujet présente une alcalose **FIGURE 17.16**.

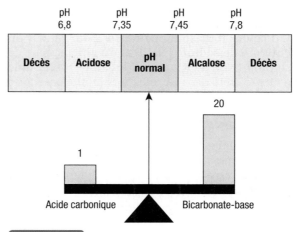

FIGURE 17.16

Les limites normales du pH plasmatique sont comprises entre 7,35 et 7,45. Un pH normal est maintenu avec un rapport 1:20 d'acide carbonique-bicarbonate.

17.10.2 Régulation de l'équilibre acidobasique

Les processus métaboliques de l'organisme produisent constamment des acides qui doivent être neutralisés et excrétés pour maintenir l'équilibre acidobasique. Normalement, l'organisme dispose de trois mécanismes de régulation de l'équilibre acidobasique et de maintien du pH artériel entre 7,35 et 7,45. Ce sont le système tampon, le système respiratoire et le système rénal.

Les mécanismes régulateurs réagissent à différentes vitesses. Les systèmes tampons réagissent immédiatement; le système respiratoire réagit en quelques minutes et atteint son efficacité maximale en quelques heures; quant au système rénal, il lui faut deux ou trois jours pour fournir une réponse maximale, mais, en cas de déséquilibres à long terme, les reins peuvent assurer indéfiniment un équilibre de compensation.

Système tampon

Le système tampon est celui qui agit le plus rapidement; il est le principal régulateur de l'équilibre acidobasique. Les tampons agissent sur le plan chimique en transformant les acides forts en acides plus faibles ou en se liant à eux pour en neutraliser l'effet. Les tampons de l'organisme sont notamment l'acide carbonique-bicarbonate, le phosphate monohydrogène-phosphate dihydrogène, les protéines intracellulaires et plasmatiques, ainsi que l'hémoglobine-hémoglobinate.

Un tampon est en somme un acide faiblement ionisé ou une base et ses sels. Les tampons agissent en réduisant au minimum l'effet des acides sur le pH sanguin jusqu'à ce qu'ils soient excrétés de l'organisme. Le système tampon acide carbonique (H_2CO_3)-bicarbonate (HCO_3^-) neutralise l'acide chlorhydrique (HCl) de la manière suivante :

$$HCl \ + \ NaH_2CO_3 \ \rightarrow \ NaCl \ + \ H_2CO_3$$
acide fort   base forte   sel   acide faible

Le H_2CO_3 ainsi formé empêche un acide d'entraîner des modifications importantes du pH sanguin. L'acide carbonique est à son tour dégradé en H_2O et en CO_2. Le CO_2 excrété par les poumons est soit lié à une molécule H_2O insensible sous forme d'acide carbonique, soit tout seul sous forme de CO_2. Durant ce processus, le système tampon maintient un rapport 1:20 entre l'acide carbonique et le bicarbonate, pour que le pH reste normal.

Le système tampon phosphate est composé de sodium et d'autres cations associés au phosphate monohydrogène (HPO_4^{2-}) ou au phosphate dihydrogène ($H_2PO_4^-$). Ce système tampon intracellulaire agit de la même manière que le système bicarbonate. Les acides forts sont neutralisés pour former du chlorure de sodium (NaCl) et du biphosphate de sodium (NaH_2PO_4), un acide faible susceptible d'être excrété dans l'urine. Lorsqu'une base forte comme l'hydroxyde de sodium (NaOH) vient s'ajouter au système, elle est neutralisée pour former une base faible (Na_2HPO_4) et une molécule de H_2O.

Les protéines intracellulaires et extracellulaires forment un système tampon efficace dans tout l'organisme. Le système tampon protéique agit comme le système du bicarbonate. Quelques acides aminés des protéines sont porteurs de radicaux d'acide libre (–COOH), qui peuvent se dissocier en CO_2 (dioxyde de carbone) et en H^+ (ion hydrogène). D'autres acides aminés portent des radicaux basiques (–NH_3OH ou hydroxyde d'ammonium), qui peuvent se dissocier en NH_3^+ (ion ammoniac) et en OH^- (ion hydroxyde). L'ion OH^- peut se combiner à l'ion H^+ pour former une molécule de H_2O. L'hémoglobine est une protéine qui contribue à la régulation du pH en déplaçant le chlorure à l'intérieur et à l'extérieur des GR en échange de bicarbonate.

La cellule peut également agir comme un tampon en déplaçant de l'hydrogène à l'intérieur ou à l'extérieur de la cellule. Quand les ions H^+ s'accumulent dans le LEC, les cellules peuvent accepter des ions H^+ en échange d'un autre cation (p. ex., l'ion K^+).

L'organisme est plus apte à tamponner une charge d'acide qu'à neutraliser un excès de base. Les tampons ne sont pas en mesure d'assurer l'équilibre du pH si le système respiratoire et le système rénal ne fonctionnent pas adéquatement.

Système respiratoire

Les poumons contribuent au maintien d'un pH normal en excrétant du CO_2 et de l'eau, qui sont des sous-produits du métabolisme cellulaire. Une fois libéré dans la circulation, le CO_2 entre dans les GR et se combine à une molécule de H_2O pour former du H_2CO_3. Cet acide carbonique se dissocie en ions hydrogène et bicarbonate. L'hydrogène libre est tamponné par les molécules d'hémoglobine, et le bicarbonate diffuse dans le plasma. Ce processus est inhibé dans les capillaires pulmonaires, et le CO_2 est formé et excrété par les poumons. La réaction réversible globale s'exprime ainsi :

$$CO_2 + H_2O \rightleftharpoons H_2CO_3 \rightleftharpoons H^+ + HCO_3^-$$

La quantité de CO_2 dans le sang est directement liée à la concentration d'acide carbonique et, par conséquent, à la concentration d'ions H^+. Quand la fréquence respiratoire augmente, le CO_2 est évacué en plus grande quantité et il en reste moins dans le sang. La concentration d'acide carbonique et d'ions H^+ diminue donc. Quand la fréquence respiratoire baisse, une plus grande quantité de CO_2 reste dans le sang, ce qui augmente la concentration d'acide carbonique et d'ions H^+.

Le taux d'excrétion du CO_2 est contrôlé par le centre respiratoire bulbaire du tronc cérébral. Si les quantités de CO_2 ou d'ions H^+ augmentent, le centre respiratoire stimule l'augmentation de la fréquence et de l'amplitude respiratoires. Les respirations sont inhibées si le centre perçoit de faibles concentrations d'ions H^+ ou de CO_2.

Le mécanisme de compensation du système respiratoire agit sur les segments CO_2 et H_2O de la réaction en altérant la fréquence et l'amplitude respiratoires de manière que le sujet expire (par hyperventilation) ou retienne (par hypoventilation) le CO_2. Si le déséquilibre acidobasique est dû à un problème respiratoire (p. ex., l'insuffisance respiratoire), le système respiratoire perd sa capacité de corriger une variation de pH.

Système rénal

Dans les conditions physiologiques normales, les reins réabsorbent et conservent tout le bicarbonate qu'ils ont filtré. Les reins peuvent produire davantage de bicarbonate et éliminer l'excès d'ions H^+ pour compenser une acidose. Les trois mécanismes d'élimination de l'acide sont : la sécrétion de petites quantités d'hydrogène libre dans le tubule rénal ; l'association des ions H⁺ avec l'ammoniac (NH_3) pour former de l'ammonium (NH_4^+) ; l'excrétion des acides faibles.

L'organisme dépend des reins pour excréter une partie de l'acide produit par le métabolisme cellulaire. Normalement, les reins excrètent donc de l'urine acide (pH moyen égal à 6). Par l'effet d'un mécanisme compensatoire, le pH de l'urine peut descendre à 4 ou monter à 8. Si le système rénal est à l'origine d'un déséquilibre acidobasique (p. ex., l'insuffisance rénale), il n'est plus en mesure de corriger une variation de pH.

17.10.3 Modifications de l'équilibre acidobasique

Un déséquilibre acidobasique survient lorsque le rapport acide-base n'est plus égal à 1:20 **TABLEAU 17.11**. Une maladie ou un processus primaire peut affecter un élément de ce rapport (p. ex., la rétention de CO_2 en cas de maladie pulmonaire). Le processus compensatoire s'efforce d'assurer l'autre élément du rapport (p. ex., l'augmentation de la réabsorption rénale de bicarbonate). Lorsque le mécanisme compensatoire échoue, un déséquilibre acidobasique apparaît. Le processus compensatoire peut faillir si le processus physiopathologique devient excessif ou si le délai requis pour que la compensation survienne est insuffisant.

Les déséquilibres acidobasiques sont répartis en déséquilibres respiratoires ou métaboliques. Les déséquilibres respiratoires affectent les concentrations d'acide carbonique ; les déséquilibres métaboliques affectent le bicarbonate. Par conséquent, l'acidose peut résulter d'une augmentation d'acide carbonique (acidose respiratoire) ou d'une diminution de bicarbonate (acidose métabolique). L'alcalose, elle, peut être induite par une diminution de l'acide carbonique (alcalose respiratoire) ou une augmentation du bicarbonate (alcalose métabolique). Les déséquilibres sont également classés en déséquilibres aigus ou chroniques. Les déséquilibres chroniques accordent aux mécanismes compensatoires plus de temps pour exercer leurs effets.

TABLEAU 17.11	Déséquilibres acidobasiques	
CAUSES COURANTES	**PHYSIOPATHOLOGIE**	**RÉSULTATS DES ANALYSES DE LABORATOIRE**
Acidose respiratoire		
• MPOC • Surdosage en barbituriques ou en sédatifs • Anomalie de la paroi thoracique (p. ex., l'obésité) • Pneumonie sévère • Atélectasie • Faiblesse des muscles respiratoires (p. ex., le syndrome de Guillain-Barré) • Hypoventilation mécanique	• Rétention du CO_2 à cause de l'hypoventilation • Réponse compensatoire à la rétention de HCO_3^- par les reins	• ↓ pH plasmatique • ↑ $PaCO_2$ • HCO_3^- normal (aucune compensation) • ↑ HCO_3^- (compensation) • pH urinaire < 6 (compensation)
Alcalose respiratoire		
• Hyperventilation (causée par l'hypoxie, une embolie pulmonaire, l'anxiété, la peur, la douleur, l'exercice, la fièvre) • Stimulation du centre respiratoire causée par un sepsis, une encéphalite, une lésion cérébrale, une intoxication aux salicylés • Hyperventilation mécanique	• ↑ Excrétion du CO_2 à cause de l'hyperventilation • Réponse compensatoire à l'excrétion de HCO_3^- par les reins	• ↑ pH plasmatique • ↓ $PaCO_2$ • HCO_3^- normal (pas de compensation) • ↓ HCO_3^- (compensation) • pH urinaire > 6 (compensation)

17

TABLEAU 17.11	**Déséquilibres acidobasiques** *(suite)*	
CAUSES COURANTES	**PHYSIOPATHOLOGIE**	**RÉSULTATS DES ANALYSES DE LABORATOIRE**
Acidose métabolique		
• Cétoacidose diabétique • Acidose lactique • Malnutrition • Diarrhée grave • Acidose tubulaire rénale • Insuffisance rénale • Fistules GI • Choc	• Production excessive d'acide, incapacité à excréter l'acide ou perte de HCO_3^- • Réponse compensatoire de l'excrétion du CO_2 par les poumons	• ↓ pH plasmatique • $PaCO_2$ normal (aucune compensation) • ↓ $PaCO_2$ (compensation) • ↓ HCO_3^- • pH urinaire < 6 (compensation)
Alcalose métabolique		
• Vomissements graves • Aspiration gastrique excessive • Traitement diurétique • Carence en potassium • Apport excessif en $NaHCO_3$ • Apport excessif de minéralocorticoïdes	• Perte de H^+ ou gain de HCO_3^- • Réponse compensatoire de la rétention de CO_2 par les poumons	• ↑ pH plasmatique • $PaCO_2$ normal (sans compensation) • ↑ $PaCO_2$ (compensation) • ↑ HCO_3^- • pH urinaire > 6 (compensation)

Acidose respiratoire

L'**acidose respiratoire** (excès d'acide carbonique) survient en cas d'hypoventilation **TABLEAU 17.11**. L'hypoventilation entraîne une accumulation de CO_2 ; l'acide carbonique s'accumule ensuite dans le sang. L'acide carbonique se dissocie et libère des ions H^+, ce qui fait baisser le pH. Si le CO_2 n'est pas éliminé du sang, l'acidose résulte de l'accumulation d'acide carbonique **FIGURE 17.17A**.

Pour compenser l'acidose, les reins conservent le bicarbonate et sécrètent des concentrations élevées d'hydrogène dans l'urine. En cas d'acidose respiratoire aiguë, les mécanismes de compensation rénale commencent à agir en 24 heures. En attendant, le taux sérique de bicarbonate reste habituellement normal.

Alcalose respiratoire

L'**alcalose respiratoire** (déficit en acide carbonique) apparaît en cas d'hyperventilation **TABLEAU 17.11**. La principale cause d'alcalose respiratoire est l'hypoxémie résultant de troubles pulmonaires aigus. L'anxiété, les troubles du SNC et la surventilation mécanique causent également de l'hyperventilation et réduisent la pression artérielle partielle en gaz carbonique ($PaCO_2$). Il s'ensuit une diminution de la concentration d'acide carbonique et une alcalose **FIGURE 17.17A**.

Il est rare que l'alcalose respiratoire soit compensée. En cas d'alcalose respiratoire aiguë, un traitement agressif des causes de l'hypoxémie est essentiel, car, en règle générale, le temps n'est pas suffisant pour que le mécanisme de compensation puisse agir. Cependant, le tamponnage de l'alcalose respiratoire aiguë est possible en déplaçant le bicarbonate (HCO_3^-) dans les cellules en échange d'ions Cl^-. En cas d'alcalose respiratoire chronique associée à une fibrose pulmonaire ou à des troubles du SNC, la réponse compensatoire peut consister en l'excrétion rénale du bicarbonate.

Acidose métabolique

L'**acidose métabolique** (déficit en bicarbonate) apparaît lorsqu'un acide autre que l'acide carbonique s'accumule dans l'organisme, ou que le bicarbonate est éliminé par les liquides corporels **TABLEAU 17.11** et **FIGURE 17.17B**. Dans les deux cas, un déficit en bicarbonate survient. L'accumulation de cétoacide en cas d'acidocétose diabétique et l'accumulation d'acide lactique en cas de choc en sont des exemples. De plus, les diarrhées graves impliquent une perte de bicarbonate et, en cas de maladie rénale, les reins perdent leur faculté de réabsorption du bicarbonate et de sécrétion des ions hydrogène.

La réponse compensatoire à l'acidose métabolique se traduit par l'excrétion d'une plus grande

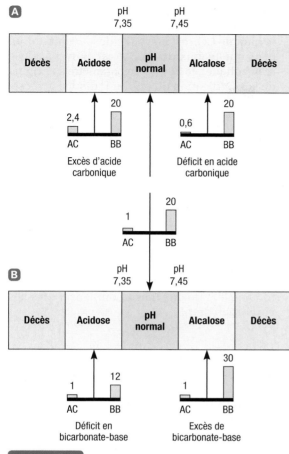

FIGURE 17.17

Types de déséquilibres acidobasiques – **A** Déséquilibres respiratoires causés par un excès d'acide carbonique (AC) et un déficit en acide carbonique. **B** Déséquilibres métaboliques causés par un déficit en bicarbonate (BB) et un excès de bicarbonate.

quantité de CO_2 par les poumons. Le client présente souvent une **respiration de Kussmaul** (respiration profonde et rapide). Les reins essaient par ailleurs d'excréter l'acide additionnel.

Alcalose métabolique

L'**alcalose métabolique** (excès de bicarbonate) résulte d'une perte d'acide (vomissements ou aspiration gastrique prolongés) ou d'un gain en bicarbonate (ingestion de bicarbonate de soude) **TABLEAU 17.11** et **FIGURE 17.17B**. Le mécanisme compensatoire consiste à ralentir la fréquence respiratoire pour augmenter le taux plasmatique de CO_2. L'excrétion rénale de bicarbonate est aussi une réponse à l'alcalose métabolique.

Déséquilibres acidobasiques mixtes

Un déséquilibre acidobasique mixte survient lorsqu'au moins deux déséquilibres apparaissent simultanément. Le pH dépend du type, de la gravité et de l'intensité de chacun des déséquilibres en présence, ainsi que des mécanismes compensatoires.

L'acidose respiratoire et l'alcalose métabolique (p. ex., chez un client atteint d'une MPOC traitée en même temps par un diurétique thiazidique) peuvent donner lieu à un pH quasi normal, alors que l'acidose respiratoire et l'acidose métabolique abaissent davantage le pH que si un seul de ces déséquilibres est présent. L'acidose mixte survient par exemple chez un client qui souffre d'un arrêt cardiorespiratoire. L'hypoventilation fait grimper le taux de CO_2, et le métabolisme anaérobique induit par la diminution de la perfusion entraîne une accumulation d'acide lactique. L'alcalose mixte survient par exemple en cas d'hyperventilation causée par la douleur postopératoire couplée à la perte d'acide résultant de l'aspiration gastrique.

17.10.4 Manifestations cliniques

Les **TABLEAUX 17.12** et **17.13** énumèrent les manifestations cliniques de l'acidose et de l'alcalose. Dans la mesure où un pH normal est essentiel à toutes les réactions cellulaires, les manifestations cliniques des déséquilibres acidobasiques sont systémiques et non spécifiques. Les mécanismes compensatoires produisent également certaines manifestations cliniques. Les respirations profondes et rapides d'un client atteint d'acidose métabolique sont un exemple de compensation respiratoire. En cas d'alcalose, l'augmentation de la liaison du calcium à l'albumine provoque une hypocalcémie, ce qui réduit la quantité de calcium ionisé et biologiquement actif. L'hypocalcémie entraîne de nombreuses manifestations cliniques de l'alcalose. Pour déterminer quels sont les clients sujets à un risque élevé de déséquilibre acidobasique, il faut reconnaître ceux qui présentent ou qui sont exposés à un risque de déséquilibre électrolytique important, à un gain net ou à une perte d'acides ou de bases, à des anomalies ventilatoires ou à des anomalies de la fonction rénale (Fournier, 2009).

Valeurs des gaz sanguins artériels

Les gaz sanguins artériels (GSA) fournissent des renseignements essentiels sur l'état acidobasique d'un client, la cause sous-jacente du déséquilibre, la capacité de l'organisme à réguler le pH et l'état d'oxygénation globale du client. Le diagnostic des déséquilibres acidobasiques et l'évaluation des processus compensatoires s'effectuent suivant ces six étapes:

1. Déterminer si le pH est acidosique ou alcalosique. La valeur de 7,4 sert de point de référence. Les valeurs inférieures à 7,4 sont considérées comme acidosiques, et les valeurs supérieures à 7,4 comme alcalosiques.

17

2. Analyser le taux de $PaCO_2$ pour déterminer si le client présente une acidose ou une alcalose respiratoire. Puisque le taux de $PaCO_2$ est contrôlé par les poumons, il est considéré comme une composante respiratoire des GSA. Étant donné que le CO_2 se transforme en acide carbonique lorsqu'il est dissous dans le sang, la présence de taux élevés de CO_2 indique une acidose, alors que de faibles taux de CO_2 indiquent une alcalose.

3. Analyser le taux de HCO_3^- pour déterminer si le client présente une acidose ou une alcalose métabolique. Le HCO_3^-, composante métabolique des GSA, est essentiellement contrôlé par les reins. Comme le HCO_3^- est une base, des taux élevés de HCO_3^- indiquent une alcalose, alors que de faibles taux indiquent une acidose.

4. À ce stade, si les valeurs du CO_2 et du HCO_3^- sont dans les limites normales et que le pH est compris entre 7,35 et 7,45, les GSA sont normaux.

5. Déterminer si les valeurs du CO_2 ou du HCO_3^- correspondent à une modification du côté acidosique ou alcalosique du pH. Par exemple, si le pH est acidosique (inférieur à 7,35) et que le taux de CO_2 est élevé (acidose respiratoire), mais que le taux de HCO_3^- est élevé (alcalose métabolique), le CO_2 est le paramètre à l'origine de la modification du pH qui indique l'acidose. Le déséquilibre acidobasique du client donnera lieu à un diagnostic d'acidose respiratoire.

6. Déterminer si l'organisme s'efforce de compenser la modification du pH. C'est le cas lorsque le paramètre qui ne correspond pas au pH se déplace en direction opposée. Dans l'exemple évoqué à l'étape 5, le taux de HCO_3^- est alcalosique ; il se déplace en direction opposée de l'acidose respiratoire, ce qui est considéré comme une compensation. Si les mécanismes compensatoires fonctionnent, le pH revient vers 7,40. Quand le pH se normalise, le client a effectué une compensation totale. L'organisme ne surcompensera pas les variations du pH.

TABLEAU 17.12	Manifestations cliniques de l'acidose	
ACIDOSE RESPIRATOIRE ($\uparrow PaCO_2$)		**ACIDOSE MÉTABOLIQUE ($\downarrow HCO_3^-$)**
Manifestations neurologiques		
• Somnolence • Désorientation • Étourdissements • Céphalée • Coma		• Somnolence • Confusion • Céphalée • Coma
Manifestations cardiovasculaires		
• ↓ Pression artérielle • Fibrillation ventriculaire (liée à l'hyperkaliémie due à la compensation) • Peau rouge et chaude (à cause de la vasodilatation périphérique)		• ↓ Pression artérielle • Arythmies (liées à l'hyperkaliémie due à la compensation) • Peau rouge et chaude (à cause de la vasodilatation périphérique)
Manifestations gastro-intestinales		
• Aucune manifestation significative		• Nausées, vomissements, diarrhée, douleur abdominale
Manifestations neuromusculaires		
• Convulsions		• Aucune manifestation significative
Manifestations respiratoires		
• Hypoventilation avec hypoxie (les poumons sont incapables de compenser en présence d'un problème respiratoire)		• Respiration profonde et rapide (compensation par les poumons)

TABLEAU 17.13	Manifestations cliniques de l'alcalose
ALCALOSE RESPIRATOIRE ($\downarrow$ PaCO$_2$)	**ALCALOSE MÉTABOLIQUE ($\uparrow$ HCO$_3^-$)**
Manifestations neurologiques	
• Léthargie • Sensation de tête légère • Confusion	• Étourdissements • Irritabilité • Nervosité, confusion
Manifestations cardiovasculaires	
• Tachycardie • Arythmies (liées à l'hypokaliémie due à la compensation)	• Tachycardie • Arythmies (liées à l'hypokaliémie due à la compensation)
Manifestations gastro-intestinales	
• Nausées • Vomissements • Douleur épigastrique	• Nausées • Vomissements • Anorexie
Manifestations neuromusculaires[a]	
• Tétanie • Engourdissements • Fourmillements aux membres • Hyperréflexie • Convulsions	• Tétanie • Tremblements • Fourmillements aux doigts et aux orteils • Crampes musculaires, muscles hypertoniques • Convulsions
Manifestations respiratoires	
• Hyperventilation (les poumons sont incapables de compenser en présence d'un problème respiratoire)	• Hypoventilation (compensation par les poumons)

[a] L'alcalose augmente la liaison du calcium aux protéines, ce qui diminue les taux de calcium ionisé.

17

Le **TABLEAU 17.14** énumère les valeurs normales de la gazométrie du sang. Le **TABLEAU 17.15** présente un échantillon de GSA et l'interprétation qui s'y rapporte (la section des résultats des analyses de laboratoire du **TABLEAU 17.11** inclut les résultats des GSA des quatre principaux déséquilibres acidobasiques).

La connaissance de l'état clinique du client et de l'étendue physiologique de la compensation rénale et respiratoire permettra au personnel infirmier de déterminer les déséquilibres acidobasiques mixtes et la capacité du client à les compenser. L'analyse des gaz artériels révélera également la pression partielle en oxygène (PaO$_2$) et la saturation du sang artériel en oxygène. Ces valeurs permettront de déterminer la présence d'hypoxémie. Les valeurs de référence de ces analyses varient légèrement en fonction de la provenance artérielle ou veineuse des échantillons **TABLEAU 17.14** ▶ 33.

TABLEAU 17.14	Valeurs normales des gaz sanguins artériels[a]
PARAMÈTRE	**INTERVALLE DE RÉFÉRENCE**
pH	7,35-7,45
PaCO$_2$	35-45 mm Hg
HCO$_3^-$	22-26 mEq/L
PaO$_2$[b]	75-100 mm Hg
SaO$_2$	> 95 %
Excès de base	± 2,0 mEq/L

[a] Les valeurs de référence des gaz sanguins veineux figurent au **TABLEAU 17.15.**

[b] Son taux diminue en fonction de l'altitude et de l'âge.

33

Le chapitre 33, *Évaluation clinique – Système respiratoire*, traite davantage des gaz sanguins.

TABLEAU 17.15	Analyse des gaz sanguins artériels
VALEUR DES GAZ SANGUINS ARTÉRIELS	**ANALYSE**
pH : 7,30 PaCO$_2$: 25 mm Hg HCO$_3^-$: 16 mEq/L	• Un pH < 7,35 indique une acidose. • Un faible taux de PaCO$_2$ indique une alcalose respiratoire. • Un faible taux de HCO$_3^-$ indique une acidose métabolique. • L'acidose métabolique correspond à un pH acide. • Le CO$_2$ ne correspond pas, mais se déplace en direction opposée, ce qui indique que les poumons essaient de compenser l'acidose métabolique.

Interprétation : ces valeurs des GSA permettent de déterminer la présence d'une acidose métabolique avec compensation partielle. Si le pH se normalise, cela signifie que le client présente une compensation totale.

17.11 | Évaluation des déséquilibres hydroélectrolytiques et acidobasiques

Il a été question des manifestations cliniques de déséquilibres hydroélectrolytiques et acidobasiques précis en début de chapitre. En plus de noter et d'évaluer ces manifestations, il importe d'obtenir les données subjectives et objectives suivantes pour tout client susceptible de présenter ces déséquilibres.

17.11.1 Données subjectives
Renseignements importants concernant l'évaluation d'un symptôme (PQRSTU)

L'histoire de santé revêt une grande importance pour collecter les données et ainsi déterminer l'étiologie et le traitement de certains troubles. La section suivante est fondée sur un exemple de questionnaire réalisé auprès d'un client qui présente une faiblesse musculaire, un symptôme fréquemment associé aux déséquilibres électrolytiques ou acidobasiques.

 Provoquer / pallier / aggraver

L'infirmière tente de déterminer ce qui a provoqué la faiblesse musculaire. Par exemple, l'infirmière peut demander au client s'il a été exposé à une température environnementale élevée ou s'il urine plus fréquemment qu'à l'habitude. Ensuite, elle s'enquiert de ce qui contribue à diminuer cette faiblesse musculaire (p. ex., le repos, un environnement frais) ou à l'aggraver (p. ex., la position debout, l'exercice).

 Qualité / quantité

L'infirmière cherche à obtenir une description détaillée de la sensation de faiblesse musculaire.

Il peut être difficile de quantifier ce symptôme sur une échelle de 0 à 10. L'infirmière invite donc le client à décrire exactement ce qu'il ressent : Est-ce que vous éprouvez une fatigue générale au repos ? Est-ce que votre faiblesse est constante ou apparaît seulement lorsque vous faites certaines activités (p. ex., la position couchée à debout, l'exercice physique) ?

 Région / irradiation

L'infirmière demande au client si la faiblesse musculaire est ressentie à un endroit en particulier. Des exemples de questions pertinentes en lien avec cet élément pourraient être : Est-ce que votre faiblesse est située à un endroit précis ? Est-ce que vous pouvez me pointer du doigt où votre faiblesse se situe exactement ? Aussi, l'infirmière peut interroger le client pour déterminer si la faiblesse tend à se propager à d'autres régions du corps.

 Symptômes et signes associés / sévérité

La faiblesse musculaire causée par un déséquilibre hydroélectrolytique ou acidobasique pourrait être accompagnée de plusieurs symptômes et signes. Ainsi, l'infirmière peut demander : Ressentez-vous d'autres malaises en plus de la faiblesse (p. ex., des nausées et vomissements, des engourdissements aux extrémités, des spasmes musculaires, des palpitations) ? Le client doit également être interrogé sur toute variation récente du poids corporel.

 Temps / durée

L'infirmière cherche à déterminer le moment de l'apparition de ce symptôme, sa durée et sa fréquence. À titre d'exemple, l'infirmière peut demander : Depuis combien de temps éprouvez-vous cette faiblesse ? Combien de fois par jour ou par semaine cette faiblesse est-elle présente ?

(*Understanding*) Compréhension et signification pour le client

L'infirmière tente d'établir auprès du client sa compréhension de ce symptôme. Elle peut alors lui poser la question suivante : D'après vous, quelle est la cause de votre faiblesse ? Cette question permet d'obtenir des renseignements supplémentaires qui auraient pu ne pas être révélés jusqu'à maintenant.

Histoire de santé (AMPLE)

Les renseignements sur la santé peuvent fournir de l'information importante sur l'origine des déséquilibres hydroélectrolytiques et acidobasiques. Ces données peuvent être recueillies à l'aide de l'outil AMPLE.

Allergies / réactions

L'infirmière s'informe des allergies connues du client. Celui-ci pourrait présenter un œdème localisé à certaines régions du corps après l'exposition à des allergènes de type médicamenteux, alimentaire et environnemental. Si un remplacement liquidien avec un expanseur du volume plasmatique contenant de l'amidon (Pentaspan^MD et Voluven^MD) est prévu, l'infirmière doit demander au client s'il est allergique au maïs.

Médicaments

Il est important que l'infirmière évalue la pharmacothérapie actuelle et précédente du client. Les ingrédients de nombreux médicaments, surtout ceux en vente libre, s'avèrent souvent des sources ignorées de sodium, de potassium, de calcium, de magnésium et d'autres électrolytes. De nombreux médicaments sur ordonnance, y compris les diurétiques, les corticostéroïdes et les suppléments électrolytiques, peuvent entraîner des déséquilibres hydroélectrolytiques.

Passé

L'infirmière interroge le client sur tout antécédent de problèmes impliquant les reins, le cœur, l'appareil GI ou les poumons, susceptibles d'affecter l'équilibre hydroélectrolytique et acidobasique. Elle se renseigne auprès du client pour déterminer s'il est atteint de maladies précises comme le diabète, le diabète insipide, la MPOC, l'insuffisance rénale, la colite ulcéreuse et la maladie de Crohn. Elle s'informe également de troubles hydroélectrolytiques ou acidobasiques survenus dans le passé.

Il est aussi important de demander au client s'il a déjà reçu ou s'il reçoit des traitements de dialyse rénale, s'il a déjà subi une chirurgie rénale ou une chirurgie intestinale suivie de la mise en place d'un dispositif de collecte externe, temporaire ou permanent, comme une néphrotomie ou une colostomie.

(*Last meal*) Dernier repas

L'infirmière doit s'enquérir de l'alimentation du client et de toute habitude alimentaire particulière. Les régimes amaigrissants, les régimes à la mode ou tout trouble alimentaire comme l'anorexie ou la boulimie peuvent entraîner des problèmes hydroélectrolytiques. Si le client suit un régime spécial, à faible teneur en sodium ou à teneur élevée en potassium, par exemple, il convient d'évaluer son aptitude à s'y conformer.

Événements / environnement

L'infirmière doit évaluer la santé fonctionnelle de son client afin de cerner les comportements adéquats qui déterminent ses forces et de relever les comportements inadéquats actuels qui représentent un risque pour sa santé.

| Perception et gestion de la santé | Si le client présente actuellement un problème lié à l'équilibre hydrique, électrolytique ou acidobasique, l'infirmière doit obtenir une description détaillée de la maladie, notamment de son apparition, de son évolution et du traitement. Elle doit interroger le client sur toute variation récente du poids corporel.

| Élimination | L'infirmière doit prendre note des habitudes d'élimination des selles et d'urine du client. Elle doit rapporter avec précision tout changement au profil d'élimination usuel, par exemple la diarrhée, l'oligurie, la nycturie, la polyurie ou l'incontinence.

| Activités et exercices | Il est important de déterminer le profil d'activités physiques du client, car une transpiration excessive due aux exercices peut entraîner des problèmes hydroélectrolytiques. L'infirmière doit demander au client quelles mesures il a prises pour remplacer le liquide et les électrolytes perdus après une transpiration excessive. L'infirmière doit aussi évaluer le niveau d'activité du client pour établir tout problème fonctionnel susceptible de gêner l'absorption des aliments ou des liquides.

| Perception et concept de soi | L'infirmière doit s'enquérir de toute altération des sensations, par exemple un engourdissement, des fourmillements, des fasciculations (contractions non coordonnées d'un seul groupe musculaire) ou une faiblesse musculaire, qui peut indiquer un problème hydroélectrolytique. De plus, l'infirmière s'informe auprès du client et de son proche aidant s'ils ont noté des perturbations de l'état mental ou des problèmes de vigilance, par exemple une confusion, des troubles de la mémoire ou une difficulté à éveiller la personne (léthargie).

17

17.11.2 Données objectives

Examen physique

Il n'existe pas d'examen physique précis qui permette d'évaluer l'équilibre hydroélectrolytique et acidobasique. Les anomalies courantes dans l'examen des principaux systèmes corporels offrent des indices d'éventuels déséquilibres **TABLEAU 17.16**.

Analyses de laboratoire

L'évaluation des taux sériques d'électrolytes est un bon point de départ pour la détermination des déséquilibres hydroélectrolytiques **TABLEAU 17.3**. Cependant, les taux sériques d'électrolytes offrent souvent peu de renseignements. Ils reflètent la concentration d'un électrolyte précis dans le LEC, mais ne révèlent pas forcément la concentration d'électrolytes dans le LIC. Par exemple, la majorité du potassium dans l'organisme se trouve à l'intérieur des cellules. Les variations des taux sériques de potassium peuvent donc résulter d'un véritable déficit ou excès de potassium, ou illustrer le déplacement du potassium à l'intérieur ou à l'extérieur des cellules pendant un déséquilibre acidobasique.

Un taux sérique anormal de sodium peut découler d'un problème lié au sodium ou, plus vraisemblablement, d'un problème hydrique. Une diminution de la valeur de l'hématocrite peut signaler de l'anémie, ou être due à un excès de volume hydrique.

Les autres analyses de laboratoire utiles pour établir la présence ou le risque d'un déséquilibre hydrique, électrolytique et acidobasique incluent l'osmolalité du sérum et de l'urine, la glycémie, l'urée, la créatinine sérique, la densité urinaire et les électrolytes urinaires.

Anomalies courantes

TABLEAU 17.16 — **Déséquilibres hydroélectrolytiques**

OBSERVATIONS	ÉTIOLOGIES POSSIBLES ET SIGNIFICATIONS
Peau	
• Diminution de la turgescence de la peau • Peau froide et moite • Œdème à godet • Peau rouge et sèche	• Déficit de volume liquidien • Déficit en Na^+, déplacement du plasma vers le liquide interstitiel • Excès de volume liquidien • Excès de Na^+
Pouls	
• Pouls bondissant • Pouls rapide, faible et filiforme • Pouls faible, irrégulier, rapide • Pouls faible, irrégulier, lent	• Excès de volume liquidien, déplacement du liquide interstitiel vers le plasma • Déplacement du plasma vers le liquide interstitiel, carence en Na^+, déficit de volume liquidien • Déficit grave en K^+ • Excès grave de K^+
Pression artérielle	
• Hypotension • Hypertension	• Déficit de volume liquidien, déplacement du plasma vers le liquide interstitiel, déficit en Na^+ • Excès de volume liquidien, déplacement du liquide interstitiel vers le plasma
Respiration	
• Respiration rapide, profonde • Respiration superficielle, lente, irrégulière • Essoufflements • Crépitants • Constriction des voies aériennes	• Compensation de l'acidose métabolique • Compensation de l'alcalose métabolique • Excès de volume liquidien • Excès de volume liquidien, déplacement du liquide interstitiel vers le plasma • Déficit en Ca^{2+}

TABLEAU 17.16	Déséquilibres hydroélectrolytiques *(suite)*	
OBSERVATIONS	**ÉTIOLOGIES POSSIBLES ET SIGNIFICATIONS**
Muscles squelettiques	
• Crampes des muscles sollicités • Spasme carpien (signe de Trousseau) • Muscles flasques • Signe de Chvostek positif	• Déficit en Ca^{2+}, déficit en Mg^+, alcalose • Déficit en Ca^{2+}, déficit en Mg^+, alcalose • Déficit en K^+ • Déficit en Ca^{2+}, déficit en Mg^+, alcalose
Comportement ou état mental	
• Tripotage des couvertures • Indifférence • Appréhension • Agitation psychomotrice • Confusion et irritabilité • Diminution du niveau de conscience	• Déficit en K^+, déficit en Mg^+ • Déficit de volume liquidien, déficit en Na^+ • Déplacement du plasma vers le liquide interstitiel • Excès de K^+, excès de Na^+, déficit de volume liquidien • Déficit en K^+, excès de volume liquidien, excès de Ca^{2+}, excès de Mg^+, excès de H_2O, déficit en Na^+ • Déficit en Na^+, excès de H_2O

En plus des gaz sanguins artériels et veineux, les électrolytes sériques offrent des renseignements importants sur l'équilibre acidobasique d'un client. Les variations du taux sérique de bicarbonate (souvent rapportées sous forme de la teneur totale en HCO_3 ou de la teneur en HCO_3 d'un bilan électrolytique) indiquent une acidose métabolique ou une alcalose. Le calcul du trou anionique peut aider à déterminer la source de l'acidose métabolique. Celui-ci se calcule par la soustraction du taux sérique de sodium au total de l'addition des taux des ions chlorure et bicarbonate. Le trou anionique augmente en cas d'acidose métabolique associée à un gain d'acide (p. ex., l'acidose lactique, la cétoacidose diabétique) puisque les bicarbonates sont utilisés comme tampon. Toutefois, le trou anionique reste normal (de 10 à 14 mmol/L) en cas d'acidose métabolique résultant d'une perte de bicarbonate (p. ex., la diarrhée), car il y a alors rétention de chlorure par les reins.

17.12 | Remplacement liquidien et électrolytique par voie orale

Dans tous les cas de déséquilibres hydrique, électrolytique et acidobasique, le traitement vise à corriger la cause sous-jacente. Il est possible de corriger les déficits hydroélectrolytiques légers grâce à des solutions de réhydratation par voie orale contenant de l'eau, des électrolytes et du glucose. Non seulement le glucose fournit-il des calories, mais il favorise aussi l'absorption du sodium dans l'intestin grêle. Il est désormais possible de disposer à domicile de solutions commercialisées de réhydratation par voie orale.

17.13 | Remplacement liquidien et électrolytiques par voie intraveineuse

Il est courant de traiter de nombreux types de déséquilibres hydroélectrolytiques par l'administration de liquides et d'électrolytes par voie I.V. La thérapie liquidienne d'entretien par voie I.V. est indiquée lorsque le client est incapable de s'hydrater (p. ex., pendant et après une chirurgie). D'autres clients ont besoin d'une thérapie liquidienne pour compenser les pertes déjà survenues. La quantité et le type de solution sont déterminés suivant les besoins d'entretien quotidiens normaux et les déséquilibres établis par les résultats des examens de laboratoire. Le **TABLEAU 17.17** énumère les solutions intraveineuses communément prescrites.

17.13.1 Solutions
Solution hypotonique

Une solution hypotonique contient plus d'eau que d'électrolytes, ce qui permet de diluer le LEC. L'osmose entraîne alors un mouvement de l'eau du LEC vers le LIC. Une fois l'équilibre osmotique atteint, le LIC et le LEC ont la même osmolalité, et les deux compartiments ont pris de l'expansion.

TABLEAU 17.17	Composition et utilisation des solutés cristalloïdes souvent prescrits				
CONCENTRATION	**TONICITÉ**	**mOsm/kg**	**GLUCOSE (g/L)**	**INDICATIONS ET REMARQUES**	

Dextrose dans l'eau

CONCENTRATION	TONICITÉ	mOsm/kg	GLUCOSE (g/L)	INDICATIONS ET REMARQUES
5 %	Isotonique, mais hypotonique sur le plan physiologique	278	50	• Contient l'eau libre nécessaire à l'excrétion rénale des solutés. • Est utilisé pour remplacer les pertes hydriques et traiter l'hypernatrémie. • Procure 170 calories/L (850 kJ/L). • Ne fournit aucun électrolyte.
10 %	Hypertonique	556	100	• Fournit de l'eau libre seulement, aucun électrolyte. • Procure 340 calories/L (1 700 kJ/L).

Solution de chlorure de sodium (NaCl)

CONCENTRATION	TONICITÉ	mOsm/kg	GLUCOSE (g/L)	INDICATIONS ET REMARQUES
0,45 %	Hypotonique	154	0	• Fournit de l'eau libre en plus du Na^+ et du Cl^-. • Est utilisée pour remplacer les pertes liquidiennes hypotoniques. • Est utilisée comme solution de maintien bien qu'elle ne remplace pas les pertes quotidiennes d'autres électrolytes. • Ne procure aucune calorie.
0,9 %	Isotonique	308	0	• Est utilisée pour augmenter le volume intravasculaire et remplacer les pertes de liquides extracellulaires. • Est la seule solution pouvant être administrée avec les produits sanguins. • Contient du Na^+ et du Cl^- en excès par rapport aux taux plasmatiques. • Ne fournit pas d'eau libre, de calories ou d'autres électrolytes. • Peut causer une surcharge intravasculaire ou une acidose hyperchlorémique.
3,0 %	Hypertonique	1 026	0	• Est utilisée pour traiter l'hyponatrémie symptomatique. • Doit être administrée lentement et avec une extrême prudence, car elle peut causer une surcharge dangereuse du volume intravasculaire et un œdème pulmonaire.

Dextrose dans le chlorure de sodium (NaCl)

CONCENTRATION	TONICITÉ	mOsm/kg	GLUCOSE (g/L)	INDICATIONS ET REMARQUES
5 % dans 0,225 %	Isotonique	355	50	• Contient du Na^+, du Cl^- et de l'eau libre. • Est utilisé pour remplacer les pertes hypotoniques et traiter l'hypernatrémie. • Procure 170 calories/L (850 kJ/L).
5 % dans 0,45 %	Hypertonique	432	50	• Est identique au soluté de NaCl 0,45 %, sauf qu'il procure 170 calories/L (850 kJ/L).
5 % dans 0,9 %	Hypertonique	586	50	• Est identique au soluté de NaCl 0,9 %, sauf qu'il procure 170 calories/L (850 kJ/L).

Solution à électrolytes multiples

CONCENTRATION	TONICITÉ	mOsm/kg	GLUCOSE (g/L)	INDICATIONS ET REMARQUES
Lactate Ringer	Isotonique	274	0	• A une composition similaire au plasma normal, sauf qu'il ne contient pas de Mg^{2+}. • Est utilisé pour traiter les pertes consécutives à des brûlures et à des problèmes du tractus GI inférieur. • Peut être utilisé pour traiter l'acidose métabolique légère, mais ne doit pas être utilisé pour traiter l'acidose lactique. • Ne contient pas d'eau libre ni aucune calorie.

Le **TABLEAU 17.17** montre des exemples de liquides hypotoniques. Les liquides d'entretien consistent généralement en des solutions hypotoniques (p. ex., le NaCl 0,45 %), car les pertes quotidiennes normales sont hypotoniques. On peut y ajouter des électrolytes (p. ex., le KCl) pour assurer des taux normaux. Les solutions hypotoniques peuvent provoquer l'œdème des cellules, c'est pourquoi il faut surveiller l'état des clients pour détecter toute perturbation de l'état mental susceptible d'indiquer un œdème cérébral (Alexander, Corrigan, Gorski, Hankins, & Perruca, 2009 ; Porth & Matfin, 2009).

Bien qu'une solution dextrosée 5 % dans l'eau soit considérée comme isotonique, le dextrose est rapidement métabolisé, et le résultat net est l'administration d'eau libre (hypotonique) avec une expansion proportionnellement égale du LEC et du LIC. Un litre de solution dextrosée 5 % dans l'eau équivaut à 50 g de dextrose ou à 170 calories (850 kJ/L). Même si cette quantité de dextrose est insuffisante pour répondre aux demandes caloriques, elle contribue à prévenir la cétose associée à la famine. L'eau pure ne peut pas être administrée par voie I.V., car elle provoquerait une hémolyse des GR.

Solution isotonique

L'administration d'une solution isotonique accroît uniquement le volume du LEC. Il ne se produit aucune perte ni aucun gain net à partir du LIC. Une solution isotonique est un liquide de remplacement idéal pour un client qui présente un déficit volémique du LEC. Parmi les solutions isotoniques, mentionnons la solution de lactate Ringer et la solution de NaCl 0,9 %. La solution de lactate Ringer contient du sodium, du potassium, du chlorure, du calcium et du lactate (le précurseur du bicarbonate) dans les mêmes concentrations que celles du LEC. Il est contre-indiqué en cas d'hyperkaliémie et d'acidose lactique compte tenu de la capacité inférieure de l'organisme à convertir le lactate en bicarbonate.

La solution isotonique de chlorure de sodium (NaCl 0,9%) contient une concentration de sodium légèrement supérieure (154 mEq/L) à celle du plasma (de 135 à 145 mEq/L), et sa concentration de chlorure (154 mEq/L) est sensiblement plus élevée que le taux plasmatique de chlorure (de 96 à 106 mEq/L). L'administration excessive de NaCl isotonique peut donc entraîner une augmentation des taux de sodium et de chlorure. La solution de salin isotonique peut être administrée en cas de pertes de liquide et de sodium, ou pour remplacer le liquide vasculaire en cas de choc hypovolémique.

Solution hypertonique

Une solution hypertonique augmente dans un premier temps l'osmolalité du LEC et le volume plasmatique. Elle est utile dans le traitement de l'hypovolémie et de l'hyponatrémie. Le

TABLEAU 17.17 présente des exemples de solutions hypertoniques. Par ailleurs, la pression osmotique élevée déplace l'eau des cellules vers le LEC. Les solutions hypertoniques (p. ex., le NaCl 3 %) doivent donner lieu à un suivi fréquent de la pression artérielle, des bruits pulmonaires et des taux sériques de sodium, et doivent être employées avec prudence pour éviter l'excès de volume hydrique intravasculaire (Alexander *et al.*, 2009).

Quoique les solutions concentrées de dextrose dans l'eau (dextrosées 10 % ou plus) soient des solutions hypertoniques, une fois le dextrose métabolisé, le résultat net est l'administration d'eau. L'eau libre contenue dans ces solutions finit par augmenter le volume du LEC et du LIC. Les solutions de dextrose concentré servent surtout à augmenter l'apport calorique. On peut les combiner à des solutions d'acides aminés, à des électrolytes, à des vitamines et à des oligo-éléments pour administrer une nutrition parentérale ▶ **54**. Les solutions de dextrose 10 % dans l'eau ou moins peuvent être administrées par un accès veineux périphérique. Celles dont les concentrations sont supérieures à 10 % doivent être administrées par un accès veineux central pour produire une dilution adéquate et prévenir l'atrophie des GR.

Additifs intraveineux

Outre les solutions de base qui fournissent l'eau et une quantité minimale de calories et d'électrolytes, il existe des additifs destinés à remplacer des pertes spécifiques. Ils ont été évoqués lorsqu'il était question des déficits en électrolytes précis. Les électrolytes KCl, CaCl, $MgSO_4$, et HCO_3^- sont des additifs courants pour les solutions injectables de base.

Expanseurs du volume plasmatique

Les expanseurs du volume plasmatique augmentent la pression osmotique. Ils sont composés de colloïdes, de dextran et d'hydroxyethylamidon (HEA). Les colloïdes sont des solutions protéiques comme le plasma et l'albumine. L'albumine est offerte en solutions de 5 à 25 %. La solution d'albumine 5 % possède une concentration d'albumine comparable à celle du plasma et permet d'approvisionner le liquide intravasculaire millilitre par millilitre. Par contre, la solution d'albumine 25 % est une solution hypertonique qui attire davantage de liquide de l'espace interstitiel. La solution d'albumine 5 % est généralement administrée aux clients hypovolémiques, alors que la solution d'albumine 25 % est administrée pour réduire l'apport en liquide et en sodium au minimum (Hankins, 2007). Le dextran est un sucre synthétique complexe. Comme son métabolisme est lent, ce sucre reste longtemps dans le système vasculaire, mais moins longtemps que les colloïdes. Il attire davantage de liquide vers l'espace intravasculaire. L'HEA (Pentaspan^MD et Voluven^MD) est un colloïde synthétique qui agit comme le dextran pour augmenter le volume plasmatique ▶ **50**.

54

Une section du chapitre 54, *Interventions cliniques – Troubles nutritionnels*, est consacrée à l'alimentation parentérale.

17

50

Le chapitre 50, *Interventions cliniques – État de choc, syndrome de réaction inflammatoire systémique et syndrome de défaillance multiorganique*, traite des indications des expanseurs du volume plasmatique.

Concentré de globules rouges (GR): Produit sanguin labile constitué de granulocytes mis en suspension dans du plasma, obtenu en pratiquant une aphérèse sur un seul donneur.

38

Le chapitre 38, *Interventions cliniques – Troubles hématologiques,* traite de l'administration du sang et des produits sanguins.

Si le client a perdu du sang, il faut lui administrer du sang entier ou un **concentré de globules rouges (GR)**. Les concentrés de GR présentent l'avantage d'administrer avant tout des GR au client; les banques de sang peuvent se servir du plasma pour les composantes sanguines. Puisqu'elle suppose un volume supplémentaire de liquide, l'administration de sang entier peut provoquer une surcharge circulatoire et doit donc être faite avec précaution chez les clients susceptibles de connaître des complications liées à un excès de volume circulatoire. Bien que les concentrés de GR possèdent un volume plasmatique inférieur, ils augmentent la pression osmotique et attirent le liquide dans l'espace intravasculaire. L'infirmière peut administrer les diurétiques de l'anse avec le sang pour prévenir les symptômes d'hypervolémie chez les clients anémiques qui ne présentent pas de déplétion volumique ▶ **38**.

17.14 | Cathéters veineux centraux

Les cathéters veineux centraux (CVC) sont des cathéters placés dans de gros vaisseaux sanguins (p. ex., la veine sous-clavière, la veine jugulaire) chez les sujets qui requièrent un accès fréquent au système vasculaire. Contrairement aux CVC, un cathéter intraveineux de base est inséré dans une veine périphérique de la main, dans le bras ou dans le pli du coude, et sert d'accès I.V. à court terme. L'accès à une veine centrale s'obtient de trois manières différentes: par les cathéters introduits par voie centrale, les cathéters veineux centraux introduits par voie périphérique (CVCIVP) ou les cathéters à accès veineux sous-cutané. Les cathéters insérés par voie centrale et par accès veineux sous-cutané doivent être mis en place par un médecin, tandis que les CVCIVP peuvent être insérés par une infirmière qui a reçu une formation spécialisée **ENCADRÉ 17.2.**

Les CVC permettent une administration régulière, continue, rapide ou intermittente de liquides et de médicaments. Ils rendent possible l'administration de médicaments potentiellement vésicants, de sang ou de produits sanguins, et la nutrition parentérale (Association québécoise d'établissements de santé et de services sociaux [AQESSS], 2009a). Ils permettent également la surveillance hémodynamique et le prélèvement d'échantillons de sang veineux. Ces dispositifs sont indiqués pour les clients dont l'accès vasculaire périphérique est limité ou dont on peut prévoir qu'ils requerront un accès vasculaire à long terme. Le **TABLEAU 17.18** présente des exemples d'affections médicales justifiant l'emploi de CVC. On recommande d'envisager un CVC comme les cathéters tunnellisés ou le cathéter à accès veineux sous-cutané pour un

---

ENCADRÉ 17.2	Décisions de délégation pour le traitement intraveineux

Selon le règlement adopté par le Code des professions du Québec (L.R.Q, c. C-26, a. 94, par. h), l'infirmière ou l'infirmier auxiliaire peut contribuer à la thérapie intraveineuse (I.V.). À ce titre, les activités professionnelles suivantes peuvent être exercées par l'infirmière ou l'infirmier auxiliaire:

• Installer un cathéter intraveineux périphérique court de moins de 7,5 cm;

• Administrer une solution intraveineuse sans additif à partir d'un cathéter intraveineux périphérique court de moins de 7,5 cm;

• Installer et irriguer, avec une solution isotonique, un cathéter intraveineux périphérique court de moins de 7,5 cm, à injection intermittente;

• Surveiller une perfusion intraveineuse et en maintenir le débit;

• Arrêter une perfusion intraveineuse si administrée à l'aide d'un cathéter intraveineux périphérique court de moins de 7,5 cm;

• Retirer un cathéter intraveineux périphérique court de moins de 7,5 cm.

TABLEAU 17.18	Indications pour un cathéter veineux central[a]	
CONTEXTE MÉDICAL	**INDICATIONS**	
Administration de médicaments		
Cancer	• Chimiothérapie, perfusion de médicaments irritants ou vésicants	
Infection	• Administration à long terme d'antibiotiques	
Douleur	• Administration à long terme d'analgésiques	
Médicaments risquant de causer une phlébite	• Époprosténol (Flolan[MD]) • Chlorure de calcium • Chlorure de potassium • Amiodarone (Cordarone[MD])	

▼

TABLEAU 17.18	Indications pour un cathéter veineux central^a *(suite)*
CONTEXTE MÉDICAL	**INDICATIONS**
Remplacement nutritionnel	• Perfusion d'une nutrition parentérale totale ; il n'est possible de perfuser des solutés de dextrose plus concentrés par un CVC que par un accès veineux périphérique
Échantillons de sang	• Plusieurs prélèvements de sang pour des examens paracliniques pendant une certaine période
Transfusions de sang	• Perfusion de sang ou de produits sanguins rapidement, et sur une certaine période
Insuffisance rénale	• Hémodialyse (surtout pour un traitement en aigu), traitement de substitution rénale continu
Choc, brûlures	• Perfusion de volumes importants de liquide et d'électrolytes de remplacement
Surveillance hémodynamique	• Mesure de la PVC pour évaluer l'équilibre hydrique
Insuffisance cardiaque	• Ultrafiltration
Troubles auto-immuns	• Plasmaphérèse

^a Cette liste n'est pas exhaustive, il ne s'agit que d'exemples.

usage à long terme si le client nécessite un traitement pendant plus d'une année (Registered Nurses Association of Ontario, 2008).

Les avantages des CVC incluent un moindre recours aux ponctions veineuses multiples, un moindre risque de lésion d'extravasation et l'accès immédiat au système veineux central (SVC). Bien que son incidence soit en baisse, l'extravasation est néanmoins possible en cas de déplacement ou de dommage du dispositif. Les risques supérieurs d'infection généralisée et le recours à une intervention effractive sont les principaux inconvénients des CVC.

17.14.1 Cathéters introduits par voie centrale

Les cathéters introduits par voie centrale sont insérés dans une veine du cou ou de la poitrine (veine jugulaire ou sous-clavière), ou de l'aine (veine fémorale) ; l'extrémité du cathéter repose alors à l'extrémité distale de la veine cave supérieure **FIGURE 17.18** ▶ MS 4.1 . Ces cathéters sont dotés d'une lumière unique, double, triple ou quadruple, et sont introduits sous anesthésie locale ou générale. L'autre extrémité du cathéter est non tunnellisée, ou tunnellisée à travers le tissu sous-cutané, et sort par une incision de la paroi thoracique ou abdominale. Le manchon de Dacron entourant un cathéter sert à le stabiliser et peut diminuer l'incidence des infections en empêchant la migration des bactéries le long du cathéter, au-delà du ballonnet. Les cathéters tunnellisés peuvent être munis d'une valve Groshong

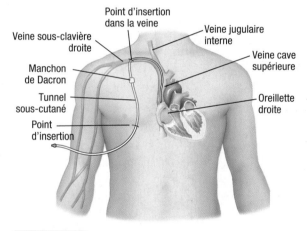

Point d'insertion dans la veine
Veine jugulaire interne
Veine sous-clavière droite
Veine cave supérieure
Manchon de Dacron
Tunnel sous-cutané
Oreillette droite
Point d'insertion

FIGURE 17.18

Cathéter veineux central tunnellisé – Noter l'extrémité du cathéter dans la veine cave supérieure.

qui s'ouvre au moment d'une perfusion ou d'un prélèvement et qui reste fermée lorsque le cathéter n'est pas en fonction (AQESSS, 2009a, 2009b). La mise en place correcte du cathéter doit être vérifiée par radiographie pulmonaire, avant l'utilisation de celui-ci. Les soins requis comprennent le remplacement ▶ MS 4.3 , le nettoyage et le rinçage de l'obturateur au site d'injection, ainsi que le changement du pansement ▶ MS 4.2 . La fréquence et les interventions précises relatives à ces soins varient selon la politique de l'établissement **ENCADRÉ 17.3** ▶ MS 4.5 ▶ MS 4.7 .

MS 4.1 Vidéo

Méthodes liées à la thérapie intraveineuse par voie centrale : *Installation d'une perfusion.*

MS 4.3

Méthodes liées à la thérapie intraveineuse par voie centrale : *Changement du sac de perfusion et de la tubulure.*

MS 4.2 Vidéo

Méthodes liées à la thérapie intraveineuse par voie centrale : *Changement de pansement au site d'insertion d'un cathéter central.*

MS 4.5 Vidéo

Méthodes liées à la thérapie intraveineuse par voie centrale : *Changement de bouchon à injections intermittentes (à membrane, raccord CLAVE^{MD} et CLC2000^{MD}).*

MS 4.7 Vidéo

Méthodes liées à la thérapie intraveineuse par voie centrale: *Retrait ou fermeture d'un cathéter central.*

17

ENCADRÉ 17.3

Le rinçage des cathéters veineux centraux à l'aide d'une solution héparinée permettrait-il de réduire les risques d'occlusion ?

Question clinique

Chez les clients qui nécessitent un cathétérisme intermittent (P), le rinçage à l'aide d'une solution héparinée (I) permettrait-il de réduire davantage les risques d'occlusion du cathéter (O) que le rinçage à l'aide d'une solution saline (C) ?

Résultats probants

- Révision exhaustive de 2 analyses systématiques effectuées précédemment, de 6 guides de pratique clinique et de 22 articles de recherche.

Analyse critique et synthèse des données

- Population étudiée : clients d'âge adulte chez qui un cathéter veineux central ou un cathéter par voie périphérique a été installé. Ont été exclus les clients portant une chambre implantable.

- Les éléments évalués sont, notamment, la perméabilité du cathéter, le nombre d'infections du courant sanguin associées à l'usage du cathéter et le nombre de thrombocytopénie sous héparine.

- Les preuves de la réduction du risque d'occlusion des cathéters grâce à leur rinçage à l'aide d'une solution héparine sont non concluantes.

- Rien ne prouve qu'un tel rinçage réduise le nombre d'infections du courant sanguin.

Conclusions

- Les résultats probants sont insuffisants relativement à l'utilité du rinçage des cathéters à l'aide d'une solution héparinée.

- D'autres essais cliniques portant sur l'entretien des accès veineux centraux sont nécessaires avant d'orienter la pratique fondée sur les résultats probants.

Recommandations pour la pratique infirmière

- L'entretien des cathéters relativement à leur perméabilité est primordial.

- Le rinçage à l'aide d'une solution saline peut s'avérer une solution de rechange sûre et efficace à la solution héparinée.

Référence

Mitchell, M.M., Anderson, B.J., Williams, K., & Umscheid, C.A. (2009). Heparin flushing and other interventions to maintain patency of central venous catheters: A systematic review. *Journ of Adv Nurs, 65*(10), 2007.

P : population visée ; I : intervention ; C : comparaison ; O : (*outcome*) résultat.

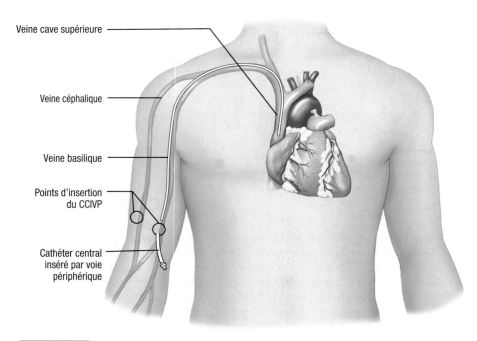

Veine cave supérieure

Veine céphalique

Veine basilique

Points d'insertion du CCIVP

Cathéter central inséré par voie périphérique

FIGURE 17.19

Le cathéter veineux central introduit par voie périphérique (CVCIVP) peut être inséré par la veine céphalique ou basilique.

17.14.2 Cathéters veineux centraux introduits par voie périphérique

Les CVCIVP sont des CVC insérés dans une veine du bras plutôt que du cou ou de la poitrine. Ils sont dotés d'une lumière unique ou multiple, ils ne sont pas tunnellisés, leur longueur maximale est de 60 cm, et leur calibre est compris entre 16 et 24 gauges **FIGURE 17.19**. Certains CVCIVP sont munis d'une valve Groshong. Les CVCIVP sont introduits dans le pli du coude ou juste au-dessus (généralement par la veine céphalique ou basilique) et avancés de manière à positionner l'extrémité du cathéter dans le tiers distal de la veine cave supérieure. Ils sont destinés aux clients qui requièrent un accès vasculaire pendant une semaine à six mois, mais peuvent aussi demeurer en place plus longtemps.

La technique de mise en place d'un CVCIVP consiste à introduire le cathéter à travers une aiguille et à le faire avancer à l'aide d'un guide métallique ou de pinces. Comparativement à un CVC, les avantages du CVCIVP reposent sur un taux inférieur d'infection, des complications moins nombreuses quant à la technique d'insertion, des coûts inférieurs et la possibilité d'être insérés en clinique externe.

Les complications dues au CVCIVP comprennent l'occlusion du cathéter et la phlébite **TABLEAU 17.19**, qui apparaît généralement dans les 7 à 10 jours suivant l'insertion. Il ne faut pas mesurer la pression artérielle ou prélever du sang (AQESSS, 2006) sur le bras où se situe le CVCIVP.

TABLEAU 17.19	Complications possibles liées à l'utilisation des cathéters veineux centraux		
COMPLICATION	**CAUSES POSSIBLES**	**MANIFESTATIONS CLINIQUES**	**SOINS ET TRAITEMENTS EN INTERDISCIPLINARITÉ**
Occlusion du cathéter	• Cathéter clampé ou plié • Extrémité contre la paroi d'un vaisseau • Thrombose • Accumulation d'un précipité dans la lumière	• Perfusion ou aspiration lente • Incapacité de perfuser ou d'aspirer	• Demander au client de changer de position, de lever le bras et de tousser. • Vérifier la présence d'un clampage ou d'un pli, et le défaire. • Rincer avec du salin physiologique en utilisant une seringue de 10 ml ; ne pas faire un rinçage forcé. • Procéder à une fluoroscopie pour déterminer la cause et le siège. • Administrer un anticoagulant ou des agents thrombolytiques.
Embolie	• Brisure du cathéter • Délogement d'un thrombus • Entrée d'air dans la circulation	• Douleur thoracique • Détresse respiratoire (dyspnée, tachypnée, hypoxie, cyanose) • Hypotension • Tachycardie	• Administrer de l'oxygène. • Clamper le cathéter. • Mettre le client sur le côté gauche, la tête vers le bas (embolie gazeuse). • Aviser le médecin.
Infection liée au cathéter (locale ou généralisée)	• Contamination pendant l'insertion ou l'utilisation • Migration de micro-organismes le long du cathéter • Client immunodéprimé	• Locale – Rougeur, sensibilité à la palpation, drainage purulent, chaleur, œdème • Généralisée – Fièvre, frissons, malaise	• Locale – Effectuer une culture de l'écoulement provenant du siège ; – Appliquer des compresses humides et chaudes ; – Retirer le cathéter si cela est indiqué. • Généralisée – Effectuer des cultures de sang ; – Procéder à une antibiothérapie ; – Administrer un traitement antipyrétique ; – Retirer le cathéter si cela est indiqué.
Pneumothorax	• Perforation de la plèvre viscérale pendant l'insertion	• Bruits respiratoires moindres ou absents • Détresse respiratoire (cyanose, dyspnée, tachypnée) • Douleur thoracique • Expansion unilatérale de la cage thoracique	• Administrer de l'oxygène. • Positionner en décubitus dorsal à 45°. • Préparer le client pour l'insertion d'un drain thoracique.
Migration du cathéter	• Suturation inadéquate • Traumatisme au site d'insertion • Modifications de la pression intrathoracique • Rinçage forcé du cathéter • Migration spontanée	• Perfusion ou aspiration lente • Œdème au thorax ou au cou pendant la perfusion • Plaintes du client (bruit de gazouillements dans l'oreille) • Arythmies • Augmentation de la longueur externe du cathéter	• Procéder à une fluoroscopie pour vérifier le positionnement du cathéter. • Retirer le cathéter et assister le médecin pour la mise en place d'un nouveau CVC.

17

17.14.3 Cathéters à accès veineux sous-cutané

Les chambres implantables pour perfusion incluent le CVC relié à un port d'accès implanté pour injection sous-cutanée simple ou double **FIGURE 17.20A**. Le cathéter est mis en place dans la veine souhaitée et l'autre extrémité est liée à une chambre implantée chirurgicalement dans une poche sous-cutanée de la paroi thoracique. La chambre implantable consiste en une gaine métallique assortie d'un septum de silicone autoscellant. Les médicaments sont injectés dans la chambre implantable à la suite d'une ponction de la peau la recouvrant. Après avoir été remplie, la chambre libère lentement le médicament vers le cathéter pour rejoindre la circulation sanguine.

L'accès à la chambre implantable se fait par le septum, à l'aide d'une aiguille spéciale dite de Huber, dont l'extrémité déviée empêche d'endommager le septum, sans quoi l'accès veineux sous-cutané pourrait être compromis **FIGURE 17.20B** (AQESSS, 2006). Les aiguilles de Huber sont aussi munies d'une extrémité courbée à 90° pour permettre des perfusions plus longues. Les chambres implantables sont utiles pour les traitements à long terme et impliquent un faible risque d'infection. Comme ce type de port est dissimulé, il est avantageux sur le plan esthétique.

Des cathéters à accès veineux sous-cutanés ont été conçus de manière à permettre les injections sécuritaires de solutions de contraste radio-opaque sous haute pression, à des débits contrôlés. L'emploi de l'accès veineux sous-cutané pour injecter un milieu de contraste permet d'éviter l'inconfort dû à des tentatives multiples d'insertion de cathéters périphériques en présence d'un réseau veineux médiocre et de réduire le risque d'extravasation (Smith, 2008). Les soins requis consistent notamment en un rinçage régulier, car une agglutination intravasculaire ou *sludging* (accumulation de sang coagulé et de précipité de médicament) peut se produire dans le septum de la chambre implantable.

17.14.4 Complications

Le risque de complications associées aux CVC est toujours présent. La surveillance et l'évaluation judicieuses permettent de repérer rapidement les complications. Le **TABLEAU 17.19** énumère les complications courantes possibles, les causes éventuelles, les manifestations cliniques et les interventions requises.

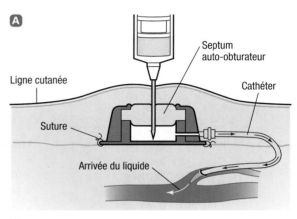

Ligne cutanée
Septum auto-obturateur
Cathéter
Suture
Arrivée du liquide

FIGURE 17.20

A Section transversale d'une chambre implantable affichant l'accès à la chambre avec une aiguille de Huber. **B** Deux aiguilles de Huber utilisées pour accéder à la chambre implantable – Celle de gauche, l'aiguille coudée, est utilisée pour les ports d'accès supérieur de la chambre implantable pour une perfusion continue. Noter la courbure de l'extrémité de l'aiguille de Huber, qui empêche le carottage du septum de la chambre implantable.

Monsieur Sam Belek est âgé de 71 ans. En plus d'être diabétique de type 2 depuis 30 ans, il souffre d'insuffisance rénale chronique non traitée par l'hémodialyse. L'azote uréique est à 12 mmol/L et la créatinine sérique à 194 µmol/L; la clairance à la créatinine est de 70 ml/min et la kaliémie à 4,9 mmol/L. Concernant la gazométrie du sang artériel, le pH est à 7,32, la PaCO$_2$ à 41 mm Hg et les HCO$_3^-$ à 40 mmol/L.

Le client est friand de viande et de fruits, particulièrement les bananes. Il sait qu'il devrait restreindre la consommation de ces aliments, mais « j'aime trop ça », se plaît-il à dire. Il présente de l'œdème à godet ++, des orteils jusqu'au tiers inférieur de la jambe. Sa restriction liquidienne est de 600 ml par jour, mais il lui arrive de boire l'équivalent de 4 verres d'eau. Comme il éprouve parfois de la dyspepsie accompagnée de brûlures d'estomac, il prend du Gelusil^{MD} pour soulager ce malaise.

SOLUTIONNAIRE

www.cheneliere.ca/lewis

MISE EN ŒUVRE DE LA DÉMARCHE DE SOINS

Collecte des données – Évaluation initiale – Analyse et interprétation

1. Expliquez la raison justifiant l'importance de connaître la magnésémie de monsieur Belek.

2. Nommez deux autres tests de laboratoire associés à un possible déséquilibre hydroélectrolytique que l'infirmière doit vérifier dans le dossier du client.

3. L'infirmière interroge monsieur Belek sur son alimentation. Pourquoi a-t-elle raison de recueillir d'autres données à ce sujet?

4. Quelle donnée supplémentaire contribuerait à confirmer un problème hydroélectrolytique chez ce client?

5. Dans son évaluation initiale, l'infirmière aurait-elle raison de vérifier le résultat de l'électrocardiographie (ECG) de monsieur Belek? Justifiez votre réponse.

6. Comment les résultats de la gazométrie du sang artériel doivent-ils être interprétés?

7. Quel est le lien entre les préférences alimentaires du client et les résultats des tests de laboratoire?

8. L'hypothèse d'hypokaliémie est-elle plausible chez monsieur Belek? Appuyez votre réponse à l'aide des données de la mise en contexte.

9. Quel problème pouvez-vous associer à l'œdème à godet et à la restriction liquidienne du client?

10. En vous appuyant sur les résultats des tests de laboratoire de ce client, déterminez quel problème monsieur Belek risque de développer.

Planification des interventions – Décisions infirmières

11. Quel signe vital sera-t-il important de surveiller de près?

12. Quel professionnel de la santé, autre que le médecin, serait appelé à intervenir auprès de monsieur Belek?

13. Expliquez la raison qui justifie l'une ou l'autre des directives suivantes : « *Rappeler l'importance de restreindre les aliments sources de K* », « *Renforcer l'enseignement sur une alimentation pauvre en K* » ou « *Faire revoir par la nutritionniste* ».

Évaluation des résultats – Évaluation en cours d'évolution

14. En vous basant sur les données initiales de la mise en contexte, déterminez ce qui indiquerait une résorption du déséquilibre hydroélectrolytique.

15. Toujours sur la base des données initiales de la mise en contexte, relevez deux autres éléments qui indiqueraient une réelle prise en charge de la part de monsieur Belek.

17

Application de la pensée critique

Dans l'application de la démarche de soins auprès de monsieur Belek, l'infirmière a recours aux éléments du modèle de la pensée critique pour analyser la situation de santé du client et en comprendre les enjeux. La **FIGURE 17.21** résume les caractéristiques de ce modèle en fonction des données de ce client.

Vers un jugement clinique

Connaissances
- Différents déséquilibres hydroélectrolytiques et acidobasiques
- Manifestations cliniques et conséquences de ces déséquilibres
- Valeurs normales de la gazométrie du sang artériel et des électrolytes
- Médicaments affectant les résultats des électrolytes
- Aliments influant sur les résultats des tests de laboratoire propres aux déséquilibres hydroélectrolytiques

Expériences
- Soins aux clients présentant un déséquilibre hydroélectrolytique ou acidobasique
- Interprétation des résultats des tests de laboratoire propres à ces déséquilibres
- Lecture des tracés de l'ECG

ÉVALUATION
- Résultats des tests de laboratoire (Na^+, K^+, Mg^{++}, Ca^{++}, gazométrie du sang artériel [pH, HCO_3^-, $PaCO_2$])
- Tracé de l'ECG
- Aliments influant sur les résultats des tests de laboratoire
- Respect de la restriction liquidienne
- Dosage des ingesta et excreta
- Progression de l'œdème à godet aux pieds

Norme
- Protocole de surveillance en cas de déséquilibres hydroélectrolytiques et acidobasiques

Attitudes
- Ne pas juger le client parce qu'il ne respecte pas les restrictions liquidiennes et alimentaires
- Aviser promptement le médecin des résultats anormaux des tests de laboratoire

FIGURE 17.21
Application de la pensée critique à la situation de santé de monsieur Belek

■ ■ ■ À retenir

- Les équilibres hydroélectrolytique et acidobasique doivent être régulés pour maintenir l'homéostasie, soit la stabilité du milieu interne de l'organisme.

- L'espace intracellulaire contient les deux tiers de l'eau de l'organisme. L'autre tiers est emmagasiné dans les liquides interstitiel, plasmatique et transcellulaire constituant l'espace extracellulaire.

- Les électrolytes sont des molécules qui se dissocient en particules chargées, les ions, en présence d'eau. Les cations sont des particules chargés positivement, et les anions, des particules chargés négativement.

- La diffusion simple et la diffusion facilitée sont des mécanismes par lesquels les molécules se déplacent d'un compartiment liquidien à l'autre selon un gradient de concentration.

- Le mouvement de l'eau entre le LEC et le LIC est régi par des forces précises, soit la pression osmotique, la pression hydrostatique et la pression oncotique.

- L'équilibre hydrique est principalement régulé par l'hypothalamus, qui stimule le mécanisme de la soif et la production d'hormone antidiurétique (ADH) par le lobe postérieur de l'hypophyse.

- Le déficit de volume liquidien et l'excès de volume liquidien peuvent engendrer des modifications du système cardiovasculaire, du système respiratoire, du système neurologique et de la peau.

- Les modifications de la fonction rénale sont souvent désignées comme la cause principale des déséquilibres potassiques.

- Le système tampon, le système respiratoire et le système rénal permettent de réguler l'équilibre acidobasique et par conséquent de maintenir le pH sanguin entre 7,35 et 7,45.

- Les déséquilibres acidobasiques surviennent en présence de processus physiopathologiques qui modifient le ratio acide-base et lorsque les systèmes de compensation n'arrivent plus à rétablir ce ratio.

- Les manifestations cliniques des déséquilibres acidobasiques concernent principalement le système neurologique et le système cardiorespiratoire.

- Les déséquilibres hydroélectrolytiques sont souvent corrigés par l'administration de solution intraveineuse dans lesquelles des électrolytiques sont ajoutés ou non.

- Le cathéter veineux central (CVC) tunnellisé, le cathéter veineux central introduit par voie périphérique (CVCIVP) et le cathéter par accès vasculaire sous-cutané sont habituellement utilisés pour une thérapie à long terme contrairement au CVC non tunnellisé.

- L'infection est une complication fréquente reliée aux CVC. Le site d'insertion du cathéter doit donc être évalué pour déterminer la présence de signes comme une rougeur, un œdème et un suintement.

- Les nourrissons et les personnes âgées sont exposés à un plus grand risque de problèmes hydriques que les jeunes adultes.

- Les problèmes hydroélectrolytiques du client âgé ne sont pas dus aux processus physiologiques du vieillissement.

- La mesure quotidienne précise du poids est le moyen le plus facile de déterminer l'état du volume liquidien.

- L'infirmière doit toujours envisager l'éventualité d'un déséquilibre acidobasique chez les clients atteints d'une maladie grave.

Pour en **savoir** plus

VERSION COMPLÈTE ET DÉTAILLÉE

www.cheneliere.ca/lewis

 Références Internet

Références générales

EtudiantInfirmier.com > Urgence réanimation
www.etudiantinfirmier.com

Infirmiers.com > Étudiants en IFSI > Cours > 2.2 SI
www.infirmiers.com

Nephrohus > Acide-base et potassium
www.nephrohus.org

PasseportSanté.net > Nutrition > Régimes > Équilibre acido-basique
www.passeportsante.net

Soins-infirmier.com > Module Cours > Anatomie Physiologie > L'équilibre acido-basique

Examens biologiques > Ionogramme sanguin
www.soins-infirmiers.com

 Monographies

Arcand, M., & R. Hébert (dir.) (2007). *Précis pratique de gériatrie* (3e éd.). Acton Vale, Qc : Edisem ; Paris : Maloine.

Falardeau, P., & Latour, J. (2007). *Problèmes rénaux et troubles de l'homéostase.* Dans M. Arcand & R. Hébert (dir.), *Précis pratique de gériatrie* (3e éd.). Acton Vale, Qc : Edisem ; Paris : Maloine.

Fulcher, E., & Frazier, M. (2007). *Introduction to Intravenous Therapy for Health Professionals.* St. Louis, Mo. : Saunders.

Halperin, M.L., Goldstein, M.B., & Kamel, K.S. (2010). *Fluid, Electrolyte and Acid-Base Physiology: A Problem-Based Approach* (4th ed.). St. Louis, Mo. : Saunders.

Johnson, J. (2008). *Fluids and electrolytes demystified.* New York : McGraw-Hill Medical.

 Articles, rapports et autres

Gougoux, A. (2006). Les désordres acidobasiques. *Le Clinicien, 21*(5), 103-107.

CHAPITRE

18

Écrit par :
DaiWai M. Olson, PhD, RN, CCRN

Adapté par :
Danièle Dallaire, inf., M. Sc.

ÉVALUATION CLINIQUE

Système nerveux

Objectifs

 Guide d'études – SA06, SA12 et SA20

Après avoir lu ce chapitre, vous devriez être en mesure :

- de distinguer les fonctions des neurones et celles des cellules gliales ;

- de décrire la localisation anatomique et les fonctions du cerveau, du tronc cérébral, du cervelet, de la moelle épinière, des nerfs périphériques, des méninges et du liquide céphalorachidien ;

- de reconnaître les principales artères qui irriguent l'encéphale ;

- d'expliquer les fonctions des 12 paires de nerfs crâniens ;

- de comparer les fonctions des deux divisions du système nerveux autonome ;

- d'établir la relation entre les transformations du système nerveux liées à l'âge et les différences qu'elles entraînent ;

- de recueillir les données subjectives et objectives pertinentes en lien avec le système nerveux ;

- de choisir les techniques appropriées pour procéder à l'évaluation physique du système nerveux ;

- de distinguer les observations normales à l'évaluation physique du système nerveux et les anomalies observées ;

- de préciser le but et la signification des résultats de chacun des examens paracliniques du système nerveux ainsi que les responsabilités infirmières qui y sont associées.

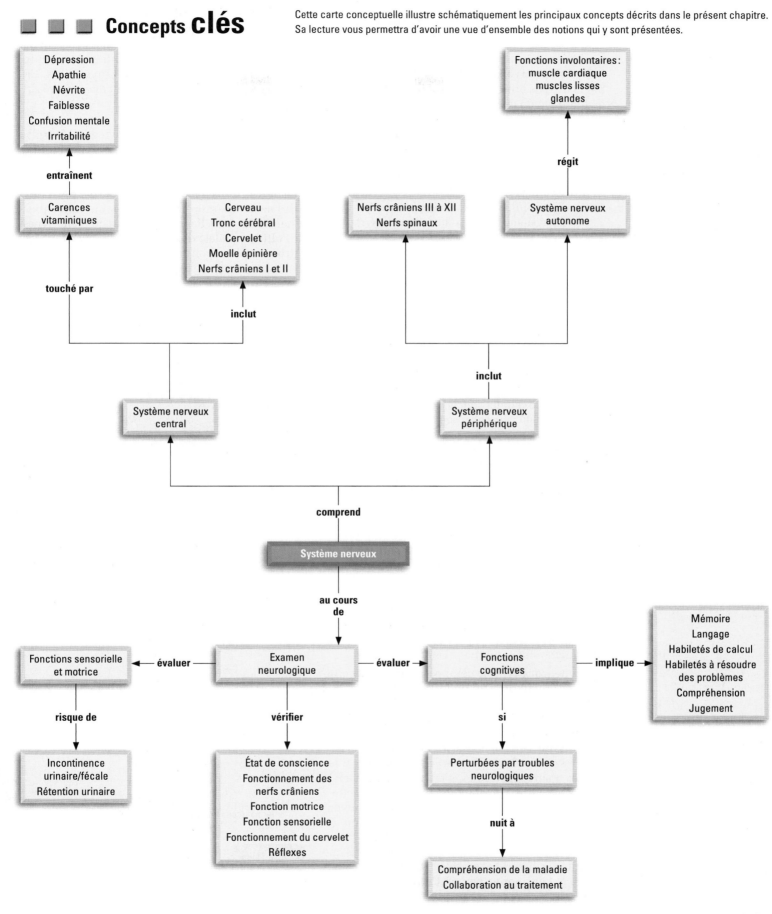

Concepts **clés**

Cette carte conceptuelle illustre schématiquement les principaux concepts décrits dans le présent chapitre. Sa lecture vous permettra d'avoir une vue d'ensemble des notions qui y sont présentées.

Dépression
Apathie
Névrite
Faiblesse
Confusion mentale
Irritabilité

↑ **entraînent**

Carences vitaminiques

touché par

Cerveau
Tronc cérébral
Cervelet
Moelle épinière
Nerfs crâniens I et II

inclut

Nerfs crâniens III à XII
Nerfs spinaux

Fonctions involontaires :
muscle cardiaque
muscles lisses
glandes

↑ **régit**

Système nerveux autonome

inclut

Système nerveux central

Système nerveux périphérique

comprend

Système nerveux

au cours de

Fonctions sensorielle et motrice

← évaluer — Examen neurologique — **évaluer →**

Fonctions cognitives

implique →

Mémoire
Langage
Habiletés de calcul
Habiletés à résoudre des problèmes
Compréhension
Jugement

risque de

Incontinence urinaire/fécale
Rétention urinaire

vérifier

État de conscience
Fonctionnement des nerfs crâniens
Fonction motrice
Fonction sensorielle
Fonctionnement du cervelet
Réflexes

si

Perturbées par troubles neurologiques

nuit à

Compréhension de la maladie
Collaboration au traitement

18

18.1 | Anatomie et physiologie du système nerveux

Le système nerveux humain est un système extrêmement spécialisé responsable de la régulation et de l'intégration des nombreuses activités de l'organisme. Il peut être divisé en système nerveux central (SNC) et système nerveux périphérique (SNP). Le système nerveux central se compose de l'encéphale, de la moelle épinière et des deux premières paires de nerfs crâniens. Le système nerveux périphérique est formé des nerfs crâniens III à XII, des nerfs spinaux (rachidiens) et des composantes périphériques du système nerveux autonome (SNA).

18.1.1 Cellules du système nerveux

Le système nerveux est constitué de deux types de cellules : les neurones et les cellules gliales (gliocytes ou cellules de la névroglie). Ces dernières fournissent un soutien structural ; elles sont plus nombreuses que les neurones, qui sont les unités fonctionnelles principales du système nerveux. Les chercheurs ont longtemps cru que les neurones ne se divisaient pas et que, par conséquent, une fois endommagés, ils ne pouvaient être remplacés. La découverte de cellules souches neuronales démontre toutefois que la neurogenèse peut se produire dans le cerveau adulte après une lésion cérébrale (Colucci-D'Amato & Di Porzio, 2008). Par contre, en général, lorsque des neurones sont détruits, le tissu est remplacé par la prolifération de cellules gliales, qui ont une activité mitotique et qui peuvent se diviser.

Neurones

Les neurones du système nerveux présentent des formes et des tailles variées, mais ils partagent tous trois propriétés : 1) l'excitabilité, soit la capacité de générer un influx nerveux ; 2) la conductibilité, soit la capacité de transmettre l'influx à d'autres parties de la cellule ; et 3) la capacité d'avoir un effet sur d'autres neurones, sur des cellules musculaires et sur des cellules glandulaires en leur transmettant des influx nerveux.

Un neurone type se compose d'un corps cellulaire, d'un axone et de plusieurs dendrites **FIGURE 18.1**. Le corps cellulaire, qui renferme le noyau et le cytoplasme, est le centre métabolique du neurone. Les dendrites sont de courts prolongements qui s'étendent à partir du corps cellulaire. Elles reçoivent des influx nerveux transmis par les axones d'autres neurones et les conduisent vers le corps cellulaire. L'axone du neurone se projette à partir du corps cellulaire, à des distances pouvant aller de quelques micromètres à plus d'un mètre. Il a pour fonction de transmettre les influx nerveux à d'autres neurones ou à des organes cibles tels que les muscles lisses, les muscles squelettiques et les glandes. Les axones peuvent être myélinisés ou amyélinisés. Ils sont dits myélinisés lorsqu'ils sont recouverts d'une gaine de myéline, composée d'une substance lipidique blanche qui agit comme isolant pour la conduction des influx. Beaucoup d'axones du SNC et du SNP sont myélinisés. En général, les fibres plus petites sont amyélinisées.

Cellules gliales

Les cellules gliales (gliocytes ou névroglies) fournissent soutien, nutrition et protection aux neurones. Ces cellules représentent environ la moitié de la masse de l'encéphale et de la moelle épinière, et elles sont de 5 à 10 fois plus nombreuses que les neurones. Elles se divisent en microglies et en macroglies (Chan, Kohsaka, & Rezaie, 2007). Les différents types de cellules gliales, dont les oligodendrocytes, les astrocytes, les épendymocytes (cellules épendymaires) et les microglies, ont des fonctions précises.

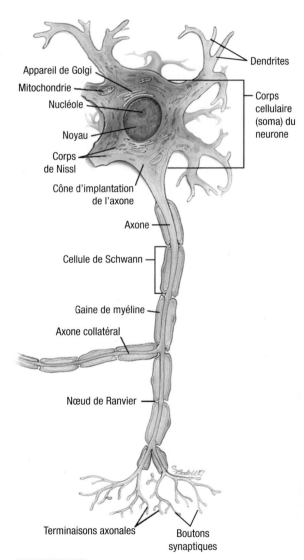

FIGURE 18.1

Caractéristiques structurales des neurones : dendrites, corps cellulaire et axone

Les oligodendrocytes sont des cellules spécialisées qui produisent la gaine de myéline des fibres nerveuses dans le SNC (les cellules de Schwann remplissent le même rôle dans le SNP), et ils se retrouvent principalement dans la substance blanche du SNC.

Les astrocytes offrent un soutien structural aux neurones, et leurs délicats prolongements forment la barrière hématoencéphalique avec l'endothélium des vaisseaux sanguins. Ils jouent aussi un rôle dans la transmission synaptique (transmission des influx entre les neurones). Les astrocytes se trouvent principalement dans la substance grise. Lorsqu'une lésion cérébrale se produit, les astrocytes phagocytent les débris neuronaux. Ils aident à restaurer l'environnement neurochimique et fournissent un support pour la réparation. La prolifération des astrocytes contribue à la formation de tissu cicatriciel (**gliose**) dans le SNC.

Les épendymocytes tapissent les ventricules cérébraux et contribuent à la sécrétion du liquide céphalorachidien (LCR). Les microglies – un type de macrophages – sont relativement rares dans le tissu normal du SNC. Ce sont des phagocytes importants pour la défense de l'hôte.

Les cellules gliales sont impliquées dans la plupart des tumeurs primaires du SNC (Martin-Villalba, Okuducu, & Von Deimling, 2008). Les tumeurs malignes primaires qui touchent les neurones sont rares, car ces cellules n'ont habituellement pas une activité mitotique active.

18.1.2 Régénération nerveuse

Lorsque les axones d'une cellule nerveuse sont endommagés, celle-ci produit de nombreuses branches collatérales à partir des extrémités endommagées de l'axone, dans le but de reconstituer la jonction interrompue. Malheureusement, les axones du SNC réussissent moins bien à se régénérer que ceux du SNP. Des inhibiteurs endogènes, comme l'inhibiteur de croissance axonale, une protéine associée à la myéline, restreignent la régénération des axones.

Dans le SNP (en dehors de l'encéphale et de la moelle épinière), les fibres nerveuses endommagées peuvent se régénérer, si leur corps cellulaire est intact, en croissant à l'intérieur de l'enveloppe protectrice de myéline formée par les cellules de Schwann. Le résultat final de cette régénération nerveuse dépend du nombre de pousses axonales qui rejoignent leurs cellules de Schwann initiales pour innerver de nouveau les organes cibles.

18.1.3 Influx nerveux

La fonction du neurone est d'envoyer, de recevoir et de traiter des messages concernant des événements qui se déroulent à l'intérieur ou à l'extérieur de l'organisme. Le déclenchement d'un message neuronal (influx nerveux) exige la création d'un **potentiel d'action** . Une fois celui-ci amorcé, une série de potentiels d'action se déplacent le long de l'axone. Lorsque l'influx atteint l'extrémité de la fibre nerveuse, il est transmis à travers la jonction entre les cellules nerveuses (synapse) grâce à une interaction chimique mettant en cause des neurotransmetteurs. Cette interaction chimique génère une autre vague de potentiels d'action dans le neurone suivant. Ces événements se répètent jusqu'à ce que l'influx nerveux atteigne sa destination.

En raison de ses propriétés isolantes, la gaine de myéline des axones des neurones facilite la conduction du potentiel d'action. La gaine de myéline entourant de nombreux axones périphériques présente à intervalles réguliers des espaces appelés nœuds de Ranvier. Un potentiel d'action circulant le long de l'un de ces axones saute d'un nœud à l'autre sans traverser les segments gainés de myéline, donc isolés de la membrane, de sorte qu'il voyage beaucoup plus rapidement qu'il ne le ferait autrement. C'est ce qui est appelé la conduction saltatoire (par sauts). Dans une fibre amyélinisée, l'onde de dépolarisation traverse toute la longueur de l'axone, chaque portion de la membrane se dépolarisant à tour de rôle.

Synapse

La synapse est une jonction structurale et fonctionnelle entre deux neurones. C'est là que se transmet l'influx nerveux d'un neurone à un autre neurone ou d'un neurone à une glande ou à un muscle. Les structures essentielles de la transmission synaptique sont une terminaison présynaptique, une fente synaptique et un site récepteur sur la cellule postsynaptique. Il existe deux types de synapses : électriques et chimiques. Dans une synapse électrique, le potentiel d'action se transmet directement d'un neurone à l'autre en permettant au courant électrique de passer entre les neurones. Dans une synapse chimique, le potentiel d'action qui atteint l'extrémité de l'axone (terminaison présynaptique) provoque la libération d'une substance chimique (neurotransmetteur) par de minuscules vésicules comprises dans la terminaison axonale. Cette libération est consécutive à l'afflux de calcium résultant de la dépolarisation de la terminaison nerveuse. Le neurotransmetteur traverse alors l'espace microscopique qui sépare les deux neurones (fente synaptique) et se lie aux sites récepteurs du deuxième neurone (postsynaptique). Cela entraîne une modification de la perméabilité de la membrane cellulaire postsynaptique pour des ions précis (p. ex., le Na$^+$, le K$^+$) et un changement du potentiel électrique de la membrane.

Neurotransmetteurs

Les neurotransmetteurs sont des substances chimiques qui agissent sur la transmission des influx à

Potentiel d'action :
Changements transitoires du potentiel membranaire à partir de son niveau de repos qui constituent les signaux électriques donnant naissance à l'influx nerveux.

Une animation représentant l'impulsion nerveuse est présentée au www.cheneliere.ca/lewis.

RAPPELEZ-VOUS...

Le rôle des macrophages est de phagocyter les débris cellulaires et les agents pathogènes.

18

travers la fente synaptique **TABLEAU 18.1**. Les neurotransmetteurs excitateurs activent les récepteurs postsynaptiques qui augmentent la probabilité qu'un potentiel d'action soit généré. Les neurotransmetteurs inhibiteurs activent les récepteurs postsynaptiques qui diminuent cette probabilité.

Chacune des centaines ou des milliers de connexions synaptiques reçues par un unique neurone a une influence sur celui-ci. Le résultat net des afférences est parfois excitateur, parfois inhibiteur. En général, l'effet final dépend du nombre de neurones présynaptiques qui libèrent des neurotransmetteurs vers la cellule postsynaptique. Une cellule présynaptique qui libère un neurotransmetteur excitateur n'entraîne pas toujours une dépolarisation suffisante de la cellule postsynaptique pour générer un potentiel d'action. Toutefois, quand de nombreuses cellules présynaptiques libèrent des neurotransmetteurs excitateurs vers un unique neurone, la somme de leurs contributions est suffisante pour générer un potentiel d'action.

Les neurotransmetteurs continuent de se combiner avec les sites récepteurs de la membrane postsynaptique jusqu'à ce qu'ils soient inactivés par des enzymes ou recaptés par les terminaisons présynaptiques, ou encore qu'ils diffusent loin de la région synaptique. Les neurotransmetteurs peuvent aussi être perturbés par des médicaments ou des toxines qui modifient alors leur fonctionnement ou qui bloquent leur liaison aux sites récepteurs de la membrane postsynaptique (Uehara, Sumiyoshi, Itoh, & Kurata, 2008).

TABLEAU 18.1	Exemples de neurotransmetteurs
SUBSTANCE	**IMPORTANCE CLINIQUE[a]**
Acétylcholine	Une diminution des neurones sécrétant de l'acétylcholine est observée chez les clients atteints de la maladie d'Alzheimer ; la myasthénie grave résulte d'une réduction des récepteurs d'acétylcholine.
Amines	
Adrénaline (épinéphrine)	Hormone sécrétée par le SNC et par les glandes surrénales en réponse à un état de stress ou en vue d'une activité physique ; stimule les récepteurs $\beta1$.
Dopamine	Impliquée dans la régulation des émotions et de l'humeur ; intervient dans la régulation des commandes motrices. La maladie de Parkinson résulte de la destruction de neurones sécrétant de la dopamine.
Noradrénaline (norépinéphrine)	La cocaïne et les amphétamines augmentent la libération de noradrénaline et bloquent son recaptage, entraînant une surstimulation des neurones postsynaptiques.
Sérotonine	Impliquée dans la régulation de l'humeur, des émotions et du sommeil ; des taux élevés de sérotonine sont observés chez les clients atteints de schizophrénie.
Acides aminés	
Acide gamma-aminobutyrique (GABA)	Des médicaments qui favorisent l'action du GABA sont utilisés pour traiter l'épilepsie.
Glutamate et aspartate	Une libération soutenue de glutamate déclenche l'apoptose neuronale ; le traitement de la sclérose latérale amyotrophique (SLA) comprend parfois un inhibiteur de glutamate ou d'aspartate.
Neuropeptides	
Endorphines et enképhalines	Sécrétées par l'hypophyse et l'hypothalamus. Les analgésiques opioïdes (p. ex., la morphine, l'héroïne) se lient aux récepteurs d'endorphine et d'enképhaline sur les neurones présynaptiques et réduisent ainsi la douleur.
Substance P	Associée à la régulation des nausées et à la transmission de la douleur ; la morphine bloque sa libération, ce qui explique les nausées fréquentes chez les clients qui prennent de la morphine.

[a] Il ne s'agit ici que d'exemples ; la plupart des neurotransmetteurs s'observent aussi en d'autres endroits, et ils peuvent avoir d'autres fonctions.

18.1.4 Système nerveux central

Les composantes du SNC sont le cerveau, soit le télencéphale (hémisphères cérébraux) et le diencéphale, le tronc cérébral, le cervelet et la moelle épinière.

Moelle épinière

La moelle épinière, qui est en continuité anatomique avec le tronc cérébral, émerge de la cavité crânienne par le foramen magnum (ou trou occipital) et se termine au niveau des premières vertèbres lombaires (L1-L2). Une coupe transversale de la moelle épinière montre une zone centrale de substance grise, adoptant la forme d'un H, entourée de substance blanche **FIGURE 18.2**. La substance grise abrite les corps cellulaires des neurones moteurs somatiques (volontaires) et des neurones moteurs préganglionnaires autonomes, de même que les corps cellulaires des neurones d'association (interneurones). La substance blanche renferme les axones des fibres nerveuses sensitives (ascendantes) et motrices (descendantes). La myéline qui gaine ces fibres leur donne leur aspect blanc. Il est possible de distinguer des voies ascendantes et descendantes précises dans la substance blanche. Les voies spinales, aussi appelées tractus ou faisceaux, sont nommées selon leur origine et leur destination (p. ex., le tractus spinocérébelleux [ascendant], le tractus corticospinal [descendant]).

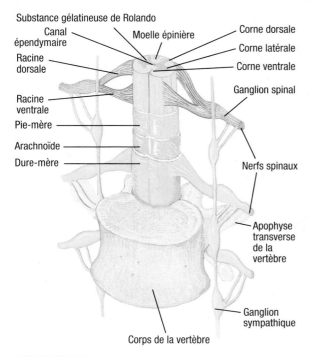

FIGURE 18.2

Substance gélatineuse de Rolando
Canal épendymaire
Moelle épinière
Corne dorsale
Corne latérale
Racine dorsale
Corne ventrale
Ganglion spinal
Racine ventrale
Pie-mère
Arachnoïde
Dure-mère
Nerfs spinaux
Apophyse transverse de la vertèbre
Ganglion sympathique
Corps de la vertèbre

FIGURE 18.2

Coupe transversale de la moelle épinière montrant ses enveloppes (méninges) et les racines des nerfs spinaux

Tractus ascendants

En général, les tractus ascendants transmettent de l'information sensorielle précise vers les niveaux supérieurs du SNC. Cette information provient de récepteurs sensoriels spéciaux logés dans la peau, les muscles, les articulations, les viscères et les vaisseaux sanguins, et elle rejoint la moelle épinière en passant par la racine dorsale des nerfs spinaux. Le faisceau gracile et le faisceau cunéiforme forment ensemble le cordon dorsal (ou cordon postérieur) qui transporte l'information concernant le toucher, la sensibilité profonde, la sensibilité vibratoire (**pallesthésie**), la sensibilité posturale (**statesthésie**) et la **kinesthésie** (appréciation du mouvement, du poids et des parties du corps). Les tractus spinocérébelleux transmettent de l'information sur la tension musculaire et la position du corps vers le cervelet qui assure la coordination des mouvements. Les tractus spinothalamiques acheminent les sensations douloureuses et thermiques. Les voies ascendantes sont donc organisées en fonction du type d'information sensorielle qu'elles transmettent et selon leur destination anatomique.

Les fonctions de ces voies sont généralement exclusives, mais d'autres voies ascendantes pourraient aussi transporter de l'information sensorielle en présence de certaines pathologies. Par exemple, les symptômes de diverses maladies neurologiques suggèrent qu'il existe des voies supplémentaires pour le toucher, la sensibilité posturale et la sensibilité vibratoire.

Tractus descendants

Les tractus ou faisceaux descendants transportent les influx responsables des mouvements musculaires. Parmi les tractus descendants les plus importants se trouvent les tractus corticonucléaires et les tractus corticospinaux, désignés collectivement sous le nom de tractus directs ou pyramidaux. Ils acheminent les influx volontaires du cortex jusqu'aux nerfs crâniens et spinaux, respectivement. Un autre groupe de tractus moteurs (descendants) transporte des influx du système extrapyramidal. Ce dernier se compose de tous les systèmes moteurs concernés par les mouvements volontaires, à l'exception du système pyramidal. Il comprend des tractus descendants qui prennent leur origine dans le tronc cérébral, les noyaux gris centraux et le cervelet. Les commandes motrices quittent la moelle épinière en passant par les racines ventrales des nerfs spinaux.

Neurones moteurs inférieurs et supérieurs

Les **neurones moteurs inférieurs** constituent la voie commune finale par laquelle les tractus moteurs (descendants) agissent sur les muscles squelettiques, qui sont les organes effecteurs du mouvement. Les corps cellulaires de ces neurones, dont les axones vont innerver les muscles squelettiques des bras, du tronc et des jambes, sont situés dans la corne antérieure du segment correspondant de la moelle épinière (p. ex., les segments cervicaux contiennent les neurones moteurs inférieurs destinés aux bras). Les neurones moteurs inférieurs allant aux muscles squelettiques des yeux, de la face, de la bouche et de la gorge sont localisés dans les segments correspondants du tronc cérébral. Ces corps cellulaires et leurs axones forment les composantes motrices somatiques des nerfs crâniens. Les lésions des neurones moteurs inférieurs entraînent généralement de la faiblesse ou une paralysie, une réduction du tonus musculaire (flaccidité), l'atrophie par dénervation, l'hyporéflexie ou l'aréflexie.

Les **neurones moteurs supérieurs** prennent leur origine dans le cortex cérébral, et ils se projettent vers le bas. Les tractus corticonucléaires aboutissent dans le tronc cérébral, et les tractus corticospinaux descendent dans la moelle épinière. Ces neurones influent sur les mouvements des muscles squelettiques. Des lésions des neurones moteurs supérieurs causent en général de la faiblesse ou une paralysie, une augmentation du tonus musculaire (spasticité), l'atrophie par inaction ou l'hyperréflexie.

Arc réflexe

Un réflexe se définit comme une réaction involontaire (automatique) à un stimulus. Les composantes d'un arc réflexe monosynaptique (type le plus simple d'arc réflexe) sont un organe récepteur, un neurone afférent, un neurone efférent et un organe effecteur (p. ex., un muscle squelettique). Le neurone afférent fait synapse avec le neurone efférent dans la substance grise de la moelle épinière. La **FIGURE 18.3** illustre un arc réflexe. Des arcs réflexes plus complexes mettent en cause d'autres neurones (interneurones) en plus du neurone afférent qui influence le neurone efférent. Les arcs réflexes de la moelle épinière jouent un rôle important dans le maintien du tonus musculaire, essentiel à la posture.

Encéphale

Le terme encéphale fait généralement référence aux trois composantes intracrâniennes principales du SNC : le cerveau, le tronc cérébral et le cervelet.

Cerveau

Les fonctions du cerveau sont multiples et complexes. Des régions particulières du cortex cérébral sont associées à des fonctions précises. Le **TABLEAU 18.2** présente un résumé de la localisation et des fonctions des structures cérébrales.

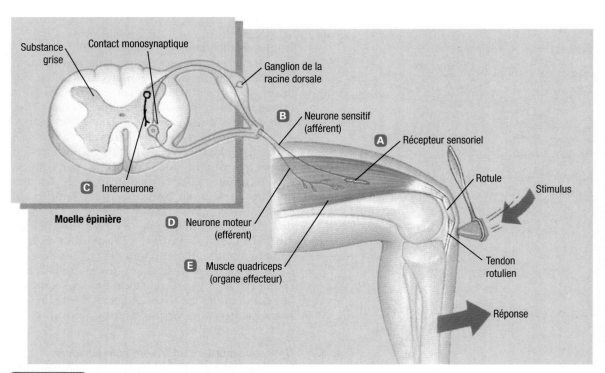

FIGURE 18.3

Schéma de base d'un arc réflexe (réflexe rotulien) – **A** Récepteur sensoriel (récepteur de l'étirement). **B** Neurone sensitif (afférent). **C** Interneurone. **D** Neurone moteur (efférent). **E** Organe effecteur (muscle quadriceps).

TABLEAU 18.2	Localisation et fonctions des structures cérébrales	
STRUCTURE	**LOCALISATION**	**FONCTION**
Aires corticales		
Motrices		
Aire motrice primaire	Gyrus précentral	Permet les commandes motrices et les mouvements du côté opposé du corps.
Aire prémotrice	Devant le gyrus précentral	Facilite l'activité des muscles centraux, nécessaire pour la posture et la démarche, ainsi que les mouvements spontanés et la coordination.
Sensitives		
Aire somesthésique primaire	Gyrus postcentral	Reçoit les influx sensitifs de la partie opposée du corps.
Aire visuelle primaire	Lobe occipital	Enregistre l'information visuelle.
Aire auditive primaire	Portion supérieure du gyrus temporal	Enregistre l'information auditive.
Aires associatives	Lobe pariétal (aire pariétale postérieure)	Intègre les données somesthésiques tactiles et kinesthésiques.
	Lobe temporal postérieur (aire auditive associative)	Intègre les données visuelles et auditives pour la compréhension du langage.
	Lobe temporal antérieur	Intègre les expériences émotionnelles passées.
	Lobe frontal antérieur (cortex préfrontal)	Régit les processus intellectuels supérieurs (p. ex., le jugement, le raisonnement, la logique).
Associées au langage		
Aire de la compréhension	Aire de Wernicke (partie postérieure du lobe temporal)	Intègre le langage parlé (compréhension des mots prononcés et entendus).
Aire de l'expression	Aire de Broca (devant l'aire prémotrice)	Régit l'expression orale et motrice (gestes, écriture) du langage.
Noyaux gris centraux	Près des ventricules latéraux, dans les deux hémisphères cérébraux	Permettent l'apprentissage des automatismes (mouvements en séquences).
Thalamus	Sous les noyaux gris centraux	Relaie l'information motrice venant du cerveau et l'information sensorielle s'y rendant.
Hypothalamus	Sous le thalamus	Régule les fonctions endocriniennes et autonomes.
Système limbique	De chaque côté de l'hypothalamus	Influe sur le comportement émotionnel et les pulsions fondamentales comme les comportements alimentaire et sexuel.

Le cerveau comprend les hémisphères cérébraux droit et gauche. Chaque hémisphère se divise en quatre lobes : frontal, temporal, pariétal et occipital **FIGURE 18.4**. Le lobe frontal régule les fonctions cognitives supérieures, la rétention mnémonique, les mouvements volontaires des yeux, les mouvements moteurs volontaires et l'expression orale du langage (dans l'aire motrice du langage [aire de Broca]). Le lobe temporal renferme l'aire de Wernicke, responsable de la compréhension du langage et de l'intégration des données somesthésiques, visuelles et auditives. Le lobe pariétal comprend le cortex sensoriel qui reçoit et interprète l'information spatiale. Le traitement des données visuelles se fait dans le lobe occipital.

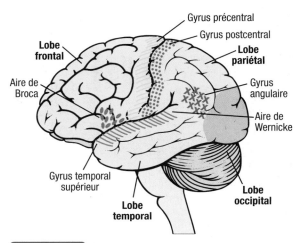

FIGURE 18.4

Surface latérale de l'hémisphère gauche du cerveau montrant les principaux lobes et les principales aires de l'encéphale

Ces divisions sont utiles pour représenter les portions du néocortex (substance grise) qui forment la couche externe des hémisphères cérébraux. Les neurones situés dans des régions précises du néocortex sont essentiels pour divers aspects très complexes et sophistiqués du fonctionnement mental, comme le langage, la mémoire et l'appréciation des relations visuelles et spatiales.

Les noyaux gris centraux, le thalamus, l'hypothalamus et le système limbique font aussi partie du cerveau. Les noyaux gris centraux sont un groupe de structures paires qui occupent une position centrale dans le cerveau et le mésencéphale ; la plupart d'entre eux sont situés de part et d'autre du thalamus. Les fonctions des noyaux gris centraux comprennent le déclenchement, l'exécution et l'achèvement des mouvements volontaires, l'apprentissage, les réactions affectives et les mouvements automatiques associés à l'activité des muscles squelettiques, comme le balancement des bras pendant la marche, la déglutition de la salive et le clignement des paupières.

Le thalamus (une partie du diencéphale), qui se trouve directement au-dessus du tronc cérébral constitue le principal centre relais pour l'information sensorielle et pour les autres données afférentes (p. ex., celles venant du cervelet ou du tronc cérébral) vers le cortex cérébral. L'hypothalamus loge juste en dessous du thalamus et un peu en avant du mésencéphale. Il est responsable de la régulation du système nerveux autonome et du système endocrinien. Le système limbique, situé près des surfaces internes des hémisphères cérébraux, gère les émotions, l'agressivité, les comportements alimentaires et la réponse sexuelle.

Tronc cérébral

Le tronc cérébral comprend le mésencéphale, le pont (ou protubérance) et le bulbe rachidien **FIGURE 18.5**. Des fibres descendantes et ascendantes traversent le tronc cérébral, venant du cerveau et du cervelet ou s'y dirigeant. Les noyaux des nerfs crâniens III à XII sont situés dans le tronc cérébral. S'y trouve également la formation réticulaire, un groupe diffus formé de neurones et de leurs axones qui s'étend du bulbe rachidien jusqu'au thalamus et à l'hypothalamus. La formation réticulaire a pour fonctions de relayer

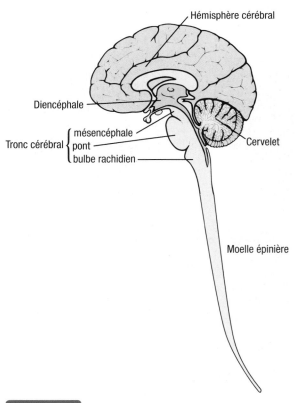

FIGURE 18.5

Principales divisions du système nerveux central

l'information sensorielle, d'influer sur la régulation excitatrice et inhibitrice des neurones moteurs spinaux et de réguler l'activité vasomotrice et respiratoire. Le système réticulé activateur (SRA) est un système complexe qui repose sur la communication entre le tronc cérébral, la formation réticulaire et le cortex cérébral. Le SRA est responsable de la régulation de l'éveil et des transitions éveil-sommeil.

Les centres vitaux responsables des fonctions respiratoire, vasomotrice et cardiaque sont localisés dans le bulbe rachidien. Le tronc cérébral renferme aussi les centres de l'éternuement, de la toux, du hoquet, du vomissement, de la succion et de la déglutition.

Cervelet

Le cervelet occupe, avec le tronc cérébral, la fosse crânienne postérieure, sous le lobe occipital du cerveau. Il a pour fonction de coordonner les mouvements volontaires et de maintenir la stabilité du tronc et l'équilibre. Il influe sur l'activité motrice grâce à ses connexions axonales avec le cortex moteur, les noyaux du tronc cérébral et leurs voies descendantes. Afin de réaliser ces fonctions, le cervelet reçoit de l'information du cortex cérébral, des muscles, des articulations et de l'oreille interne.

Ventricules et liquide céphalorachidien

Plusieurs structures de soutien situées à l'intérieur du SNC jouent un rôle important dans la régulation de la fonction neuronale et dans le support physique de l'encéphale. Les ventricules sont quatre cavités remplies de liquide à l'intérieur de l'encéphale. Ces cavités communiquent entre elles et avec le canal central (épendymaire) de la moelle épinière par le quatrième ventricule qui, dans la portion inférieure du tronc cérébral, se prolonge dans le canal central. Le canal central s'étend sur toute la longueur de la moelle épinière.

Le **liquide céphalorachidien (LCR)** circule dans l'espace sous-arachnoïdien qui entoure le cerveau, le tronc cérébral et la moelle épinière. Ce liquide, constitué presque exclusivement d'eau, ressemble beaucoup au plasma bien que sa composition ionique soit différente. Il constitue un amortisseur pour ces structures ; il peut aussi se déplacer entre les espaces sous-arachnoïdiens crânien et spinal dans le but de maintenir la pression intracrânienne. La formation du LCR dans les plexus choroïdes des ventricules se réalise à la fois par diffusion passive et par transport actif de substances. Le LCR se compare à un ultrafiltrat du sang. Bien qu'il soit produit de façon continue, de nombreux facteurs physiologiques influent sur son taux de formation et de réabsorption. Les ventricules et le canal spinal central en contiennent normalement 135 ml en moyenne.

Le LCR est produit et circule dans les ventricules, et il s'infiltre dans l'espace sous-arachnoïdien qui entoure l'encéphale et la moelle épinière par des orifices du quatrième ventricule. Il est principalement réabsorbé par les villosités arachnoïdiennes, d'où il finit par retourner dans le système veineux. Les villosités arachnoïdiennes sont de minuscules projections des sinus veineux dans l'espace sous-arachnoïdien. L'analyse de la composition du LCR fournit des données diagnostiques utiles relatives à certaines maladies du système nerveux. La pression du LCR chez des clients présentant une lésion intracrânienne ou chez qui est soupçonnée une telle lésion est fréquemment mesurée. Une augmentation importante de la pression intracrânienne, révélée par une hausse de celle du LCR, peut provoquer une protrusion vers le bas du cerveau et du tronc cérébral. Les signes de cette condition font partie du syndrome de herniation ▶ **19**.

19

Le syndrome de herniation est expliqué dans le chapitre 19, *Interventions cliniques – Troubles intracrâniens aigus.*

18.1.5 Système nerveux périphérique

Le système nerveux périphérique (SNP) comprend toutes les structures nerveuses situées à l'extérieur du système nerveux central. Il se compose des nerfs crâniens et des nerfs spinaux (ou rachidiens), des ganglions (amas de corps cellulaires) qui leur sont associés et de certaines portions du système nerveux autonome.

Nerfs spinaux

La moelle épinière peut être considérée comme une série de segments spinaux empilés les uns sur les autres. En plus des corps cellulaires, chaque segment contient deux faisceaux dorsaux (racines dorsales) symétriques de fibres nerveuses sensitives (afférentes) et deux faisceaux ventraux (racines ventrales) de fibres motrices (efférentes), qui innervent des régions précises de l'organisme **FIGURE 18.2**. Le nerf mixte, sensitif et moteur, formé de chaque côté par la réunion des deux racines est appelé nerf spinal. Les corps cellulaires du système moteur somatique (volontaire) sont situés dans la corne antérieure de la substance grise de la moelle épinière, alors que les corps cellulaires du système moteur autonome (involontaire) se trouvent dans la portion antérolatérale de la substance grise. Les corps cellulaires des fibres sensitives sont localisés dans le ganglion de chaque racine dorsale, juste en dehors de la moelle épinière. À sa sortie de la colonne vertébrale, chaque nerf spinal se divise en rameaux antérieur et postérieur, assemblages de fibres motrices et sensitives reliées aux structures périphériques (p. ex., la peau, les muscles, les viscères).

Un **dermatome** est la région cutanée innervée par les fibres sensitives de la racine dorsale d'un nerf spinal donné. Les dermatomes fournissent un portrait général de l'innervation sensorielle

18

Chapitre 18 Système nerveux **561**

Les effets du système sympathique et du système parasympathique sont comparés dans le tableau 18.1W, présenté au www.cheneliere.ca/lewis.

somatique par les divers segments spinaux. Un **myotome** est un groupe musculaire innervé par les neurones moteurs primaires d'une unique racine ventrale. Les dermatomes et les myotomes d'un segment spinal donné chevauchent ceux des segments adjacents parce que les fibres nerveuses possèdent des branches collatérales ascendantes et descendantes.

Nerfs crâniens

Les nerfs crâniens sont composés de 12 paires de nerfs formés de fibres qui émergent de la cavité crânienne et dont les corps cellulaires sont situés dans l'encéphale. À la différence des nerfs spinaux, qui sont toujours formés de fibres sensitives (afférentes) et de fibres motrices (efférentes),

certains nerfs crâniens ne comprennent que des fibres afférentes ou que des fibres efférentes, alors que d'autres contiennent les deux types de fibres. Le **TABLEAU 18.3** présente un résumé des composantes motrices et sensitives des nerfs crâniens. La **FIGURE 18.6** montre la position des nerfs crâniens par rapport à l'encéphale et à la moelle épinière. Tout comme les corps cellulaires des nerfs spinaux qui sont localisés dans des segments précis de la moelle épinière, les corps cellulaires des nerfs crâniens occupent des segments précis (noyaux) de l'encéphale. Les noyaux des nerfs olfactifs et des nerfs optiques constituent des exceptions. Les corps cellulaires primaires du nerf olfactif sont situés dans l'épithélium nasal et ceux du nerf optique, dans la rétine.

TABLEAU 18.3	Nerfs crâniens	
NERF	**POINT D'ATTACHE DANS L'ENCÉPHALE**	**FONCTIONS**
I Olfactif	Région antérieure ventrale du cerveau	• Sensitive : provient de la muqueuse olfactive (odorat)
II Optique	Corps géniculé latéral du thalamus	• Sensitive : provient de la rétine (vision)
III Oculomoteur	Mésencéphale	• Motrice : pour quatre des muscles du globe oculaire et pour le muscle releveur de la paupière supérieure • Parasympathique : muscles lisses du globe oculaire
IV Trochléaire	Mésencéphale	• Motrice : pour l'un des muscles du globe oculaire, l'oblique supérieur
V Trijumeau • Nerf ophtalmique • Nerf maxillaire • Nerf mandibulaire	Pont (protubérance)	• Sensitive : pour le front, l'œil et la portion supérieure de la cavité nasale • Sensitive : pour la portion inférieure de la cavité nasale, la face, les dents supérieures et la muqueuse de la portion supérieure de la bouche • Sensitive : pour les surfaces des mâchoires, les dents inférieures, la muqueuse de la portion inférieure de la bouche et la portion antérieure de la langue • Motrice : pour les muscles de la mastication
VI Abducens	Pont (protubérance)	• Motrice : pour le muscle droit latéral du globe oculaire
VII Facial	Jonction du pont et du bulbe rachidien	• Motrice : pour les muscles faciaux de l'expression et les muscles de la joue • Sensitive : sens du goût pour les deux tiers antérieurs de la langue
VIII Vestibulocochléaire (auditif) • Nerf vestibulaire • Nerf cochléaire	Jonction du pont et du bulbe rachidien	• Sensitive : pour l'organe sensoriel de l'équilibre (appareil vestibulaire) • Sensitive : pour l'organe sensoriel de l'audition (cochlée)
IX Glossopharyngien	Bulbe rachidien	• Sensitive : pour le pharynx et la portion postérieure de la langue, y compris la perception du goût • Motrice : pour les muscles supérieurs du pharynx

TABLEAU 18.3	Nerfs crâniens *(suite)*	
NERF	**POINT D'ATTACHE DANS L'ENCÉPHALE**	**FONCTIONS**
x Vague (pneumogastrique)	Bulbe rachidien	• Sensitive : pour la plupart des viscères du thorax et de l'abdomen • Motrice : pour le larynx et les muscles moyens et inférieurs du pharynx • Parasympathique : pour le cœur, les poumons et la plupart des organes du système digestif
xi Accessoire (spinal)	Bulbe rachidien et segments supérieurs de la moelle épinière	• Motrice : pour le muscle sternocléidomastoïdien et le trapèze
xii Hypoglosse	Bulbe rachidien	• Motrice : pour les muscles de la langue

Système nerveux autonome

Le système nerveux autonome régit les fonctions involontaires du muscle cardiaque, des muscles lisses (involontaires) et des glandes.

Le SNA se divise en deux composantes, sympathique et parasympathique, différentes sur le plan anatomique et fonctionnel. Ces deux divisions travaillent de concert pour maintenir l'équilibre relatif du milieu intérieur. Le SNA est un système essentiellement efférent ☯.

Les corps cellulaires préganglionnaires du système nerveux sympathique se situent dans les segments spinaux T1 à L2. Le principal neurotransmetteur libéré par les fibres postganglionnaires de ce système est la noradrénaline, et celui qui est libéré par ses fibres préganglionnaires est l'acétylcholine. Les corps cellulaires préganglionnaires du système nerveux parasympathique sont situés dans le tronc cérébral et dans les segments sacrés de la moelle épinière (S2 à S4). L'acétylcholine est le neurotransmetteur libéré par les terminaisons nerveuses préganglionnaires et postganglionnaires parasympathiques.

La stimulation du système sympathique entraîne l'activation des mécanismes nécessaires à la réponse aux différents agents stressants qui influe sur l'ensemble de l'organisme. La réaction dite de lutte ou de fuite, modulée par le système sympathique, est un exemple de réaction extrême de l'organisme devant un agent stressant qui met la vie de la personne en danger. Par opposition, le système parasympathique est conçu pour agir dans des régions localisées et distinctes. Il permet de conserver et de renouveler les réserves énergétiques de l'organisme. Le SNA fournit une double innervation, souvent réciproque, à de nombreuses structures. Par exemple, le système sympathique augmente le rythme et la force des battements cardiaques, alors que le système parasympathique provoque l'effet inverse.

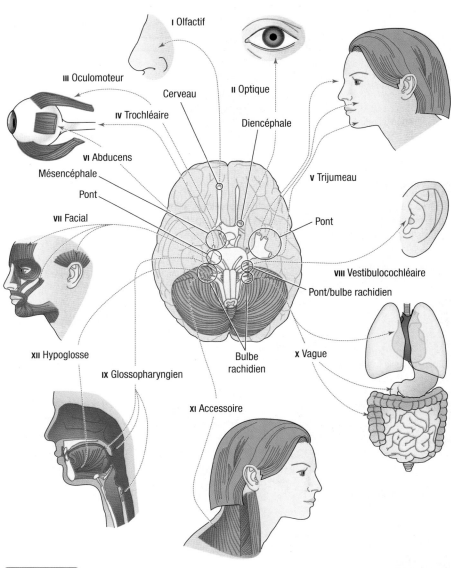

FIGURE 18.6

Le chiffre romain attribué aux nerfs crâniens correspond à l'ordre dans lequel ils émergent de l'encéphale.

18

18.1.6 Circulation cérébrale

Il est essentiel de connaître la distribution des principales artères de l'encéphale et les régions qu'elles irriguent pour comprendre et évaluer les signes et les symptômes des maladies et des traumas vasculaires cérébraux. L'irrigation sanguine de l'encéphale provient des artères carotides internes (circulation antérieure) et des artères vertébrales (circulation postérieure) **FIGURE 18.7**.

Les artères carotides internes apportent le sang aux portions antérieures et moyennes du cerveau, et l'artère basilaire (formée par la jonction des deux artères vertébrales) irrigue les structures de la fosse postérieure (cervelet et tronc cérébral). Le cercle artériel du cerveau (cercle de Willis ou polygone de Willis) est formé par des artères, nommées artères communicantes, qui relient l'artère basilaire (postérieure) aux artères carotides internes (antérieures) **FIGURE 18.8**. Il constitue une soupape de sécurité permettant au cerveau d'ajuster et de maintenir le débit sanguin intracérébral, malgré les pressions différentielles ou des occlusions vasculaires. Au-dessus du cercle de Willis, trois paires d'artères cérébrales fournissent le sang aux hémisphères droit et gauche. L'artère cérébrale antérieure irrigue les portions médiale et antérieure du lobe frontal. L'artère cérébrale moyenne nourrit les portions externes des lobes frontal et pariétal et la portion supérieure du lobe temporal. L'artère cérébrale postérieure irrigue les portions médiales du lobe occipital et du lobe temporal inférieur. Le sang veineux est drainé de l'encéphale vers les sinus de la dure-mère, qui forment des canaux se jetant dans les deux veines jugulaires.

Barrière hématoencéphalique

La **barrière hématoencéphalique** est une barrière physiologique entre les capillaires sanguins et le tissu cérébral (Strbian *et al.*, 2008). La structure des capillaires cérébraux diffère de celle des autres capillaires du corps. Certaines substances qui passent normalement avec facilité dans la plupart des tissus ne peuvent entrer dans le tissu cérébral. Cette barrière protège l'encéphale contre les agents nocifs, tout en permettant le passage des nutriments et des gaz sanguins. Étant donné que la barrière hématoencéphalique a un effet sur le passage des médicaments, seuls certains d'entre eux peuvent pénétrer dans le SNC à partir de la circulation sanguine. Les composés liposolubles pénètrent facilement dans l'encéphale, alors que les médicaments hydrosolubles ou ionisés n'entrent que lentement dans l'encéphale et la moelle épinière.

18.1.7 Structures protectrices
Méninges

Les méninges sont trois couches membraneuses protectrices qui enveloppent l'encéphale et la moelle épinière. L'épaisse dure-mère est la couche

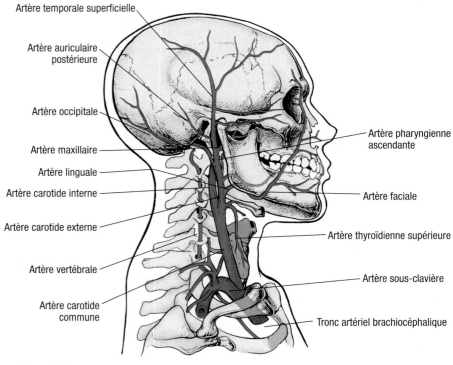

FIGURE 18.7

Artères de la tête et du cou – Tronc brachiocéphalique, artère carotide commune droite, artère sous-clavière droite et leurs ramifications. Les principales artères irriguant la tête sont les artères carotides communes et les artères vertébrales.

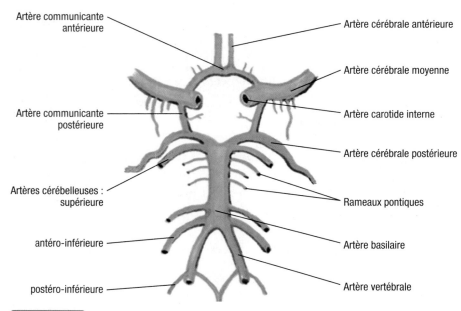

FIGURE 18.8

Artères de la base de l'encéphale – Les artères qui forment le cercle de Willis sont les deux artères cérébrales antérieures qui sont reliées entre elles par l'artère communicante antérieure et reliées aux deux artères cérébrales postérieures par les artères communicantes postérieures.

la plus externe; les deux couches suivantes sont l'arachnoïde et la pie-mère. La dure-mère et l'arachnoïde se prolongent jusqu'aux premières vertèbres sacrées (S1-S2) tandis que la pie-mère, qui est accolée aux structures cérébrales et à la moelle épinière, se termine à la première vertèbre lombaire (L1). La faux du cerveau est un repli de la dure-mère qui sépare les deux hémisphères cérébraux et qui prévient l'expansion du tissu cérébral dans des situations comme la présence d'une tumeur à croissance rapide ou une hémorragie aiguë. Le cerveau en expansion est alors comprimé et s'engage sous cette structure (herniation sous-falciale ou cingulaire). La tente du cervelet est un repli de la dure-mère qui sépare les hémisphères cérébraux des structures de la fosse postérieure (p. ex., le tronc cérébral et le cervelet). L'expansion de lésions massives dans le cerveau force celui-ci à former une hernie à travers l'ouverture par laquelle passe le tronc cérébral. C'est ce qui est appelé une hernie sous-tentorielle.

L'arachnoïde est une membrane délicate située entre la dure-mère et la pie-mère (couche fine la plus interne des méninges). L'espace sous-arachnoïdien, compris entre l'arachnoïde et la pie-mère, est rempli de LCR. Les structures comme les artères, les veines et les nerfs crâniens allant ou venant du crâne et de l'encéphale doivent traverser l'espace sous-arachnoïdien. Celui-ci étant plus large au niveau des troisième et quatrième vertèbres lombaires en raison de l'absence de canal médullaire dans cette région, c'est le site qui est choisi pour prélever du LCR au cours d'une ponction lombaire.

Crâne

Le crâne protège l'encéphale contre les traumas externes. Il se compose de 8 os crâniens et de 14 os faciaux. La structure de la cavité crânienne explique la physiopathologie des traumas crâniens ▶ . Bien que les portions supérieures et latérales de l'intérieur de la boîte crânienne soient relativement lisses, sa surface inférieure est irrégulière. Elle comporte de nombreuses crêtes, saillies et foramens (trous par lesquels les vaisseaux sanguins et les nerfs traversent les parois de la boîte crânienne). Le trou le plus volumineux est le foramen magnum (trou occipital), par lequel passe la moelle épinière qui prolonge le tronc cérébral. Ce foramen représente le seul espace important permettant l'expansion du contenu cérébral lorsqu'il y a une augmentation de la pression intracrânienne.

Colonne vertébrale

La colonne vertébrale protège la moelle épinière, soutient la tête et offre une certaine flexibilité. Elle est faite de 33 vertèbres : 7 cervicales, 12 thoraciques, 5 lombaires, 5 sacrées (fusionnées) et 4 coccygiennes (fusionnées). Chaque vertèbre est dotée d'une ouverture centrale à travers laquelle passe la moelle épinière. Une série de ligaments retiennent les vertèbres ensemble. Les disques intervertébraux occupent les espaces entre les vertèbres. La **FIGURE 18.9** montre la colonne vertébrale par rapport au tronc.

> **19**
>
> La physiopathologie des traumas crâniens est abordée dans le chapitre 19, *Interventions cliniques – Troubles intracrâniens aigus.*

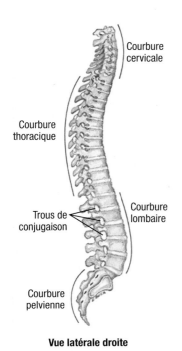
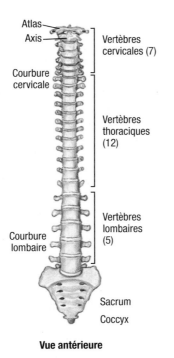
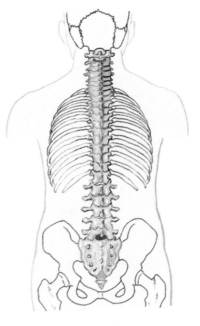

Vue latérale droite **Vue antérieure** **Vue postérieure**

FIGURE **18.9**

Colonne vertébrale (trois vues)

EFFETS DU VIEILLISSEMENT SUR LE SYSTÈME NERVEUX

Le vieillissement touche plusieurs parties du système nerveux. Dans le SNC, il se produit une perte de neurones dans certaines régions du tronc cérébral, du cervelet et du cortex cérébral. Il s'agit d'un processus graduel qui s'amorce dès le début de l'âge adulte. L'élargissement ou la dilatation des ventricules ainsi qu'une réduction du poids de l'encéphale accompagnent cette perte neuronale. Le débit sanguin cérébral diminue, de même que la production de LCR. L'atrophie cérébrale et des anomalies pathologiques ont été associées à un risque accru de maladie d'Alzheimer (Brickman et al., 2008) ▶ **22**.

Dans le SNP, des modifications dégénératives de la myéline entraînent une diminution de la conduction nerveuse. La coordination des activités neuromusculaires, comme le maintien de la pression artérielle (P.A.) au moment du passage de la position allongée à la position debout, s'altère avec l'âge. Les personnes âgées sont par conséquent plus exposées à l'hypotension orthostatique. De même, la coordination des activités neuromusculaires nécessaires pour maintenir la température corporelle devient aussi moins efficace avec l'âge. C'est pourquoi les personnes âgées ont plus de difficulté à s'adapter aux variations de la température ambiante et sont plus susceptibles de souffrir d'hypothermie ou d'hyperthermie.

La détérioration de la mémoire, de la vision, de l'audition, du goût, de l'odorat et de la sensibilité vibratoire et posturale, ainsi que la diminution de la force musculaire et l'augmentation du temps de réaction sont d'autres transformations attribuables au vieillissement. Les modifications sensorielles, dont l'amoindrissement du goût et de la perception des odeurs, peuvent entraîner une réduction de l'apport alimentaire chez les personnes âgées. La baisse de l'audition et de la vision peut générer une confusion perceptuelle. Les problèmes d'équilibre et de coordination peuvent augmenter les risques de chutes et de fractures chez les personnes âgées.

Les altérations que l'âge cause à diverses composantes du système nerveux se manifestent dans les diagnostics infirmiers. Le **TABLEAU 18.4** présente les transformations du système nerveux liées à l'âge et des différences observées au cours de l'évaluation.

22

L'étiologie et la physiopathologie de la maladie d'Alzheimer sont décrites dans le chapitre 22, *Interventions cliniques – Démence et maladie d'Alzheimer*.

Changements liés à l'âge

TABLEAU 18.4	Système nerveux	
COMPOSANTE	**CHANGEMENTS NORMAUX**	**OBSERVATIONS AU COURS DE L'ÉVALUATION**
Système nerveux central		
Encéphale	• ↓ débit sanguin cérébral et du métabolisme • ↓ efficacité des mécanismes de thermorégulation • ↓ neurotransmetteurs, perte de neurones • ↓ apport en oxygène (O_2) • Atrophie du tissu cérébral, augmentation de la taille des ventricules	• Altération de certaines fonctions mentales • ↓ capacité de s'adapter à la température ambiante • Ralentissement de la conduction nerveuse, temps de réaction plus long • Modifications de la démarche et des mouvements ; diminution de la sensibilité kinesthésique • Perte d'équilibre, vertiges, syncopes ; ↓ hypotension orthostatique ; ↓ proprioception ; ↓ réception sensorielle
Système nerveux périphérique		
Nerfs crâniens et nerfs spinaux	• Perte de myéline et ↓ vitesse de conduction • Dégénérescence cellulaire, mort des neurones	• ↓ vitesse de réaction motrice • ↓ vitesse et intensité des réflexes neuronaux
Divisions fonctionnelles		
Motricité	• ↓ masse musculaire	• ↓ force et agilité
Sensibilité[a]	• ↓ récepteurs sensoriels • ↓ activité électrique • Atrophie des bourgeons gustatifs • Dégénérescence et perte des fibres du bulbe olfactif • Modifications dégénératives des cellules nerveuses de l'oreille interne, du cervelet et des voies proprioceptives	• ↓ sens du toucher et de la perception de la douleur et de la température • Ralentissement ou altération de la réception sensorielle • Signes de malnutrition, perte de poids • ↓ sens de l'odorat • ↓ capacité à garder l'équilibre ; jambes écartées pendant la marche

TABLEAU 18.4	Système nerveux *(suite)*	
COMPOSANTE	**CHANGEMENTS NORMAUX**	**OBSERVATIONS AU COURS DE L'ÉVALUATION**
Réflexes	• ↓ réflexes tendineux profonds • ↓ vitesse de conduction sensorielle	• Score d'évaluation des réflexes ostéotendineux sous la moyenne • ↓ temps de réaction réflexe
Formation réticulaire		
Système réticulé activateur	• Modification du fonctionnement de l'hypothalamus, ↓ stade IV du sommeil	• ↑ perturbations du sommeil
Système nerveux autonome		
Système sympathique et système parasympathique	• Caractéristiques morphologiques des ganglions, ralentissement des réactions du SNA	• Hypotension orthostatique, hypertension systolique
Sommeil	• ↓ sommeil lent profond • ↑ périodes de mouvements oculaires rapides (REM)	• Difficulté à s'endormir • ↑ périodes d'éveil

a Les modifications liées à l'œil et à l'oreille sont énumérées dans le chapitre 28, *Évaluation clinique – Systèmes visuel et auditif.*

18.2 | Examen clinique du système nerveux

18.2.1 Données subjectives

Renseignements importants concernant l'évaluation d'un symptôme (PQRSTU)

Certains points doivent être pris en compte en établissant l'anamnèse d'un client ayant des problèmes neurologiques. D'abord, il faut éviter de suggérer certains symptômes ou de poser des questions trop directes au client. Cela pourrait influencer ses réponses, par volonté de vouloir donner des réponses socialement acceptables, ou faciliter le camouflage de certains symptômes. Si l'infirmière considère que le client ne peut répondre aux questions de façon fiable, elle doit recueillir son histoire de santé auprès d'une personne qui a une bonne connaissance de ses problèmes et des symptômes qu'il présente.

L'infirmière qui collecte les données subjectives peut utiliser les outils mnémotechniques PQRSTU et AMPLE afin d'effectuer une histoire de santé complète du client qui présente un problème neurologique. Il faut recueillir toutes les données pertinentes sur la maladie actuelle du client, en particulier les données relatives aux caractéristiques des symptômes et à leur progression. Le mode d'apparition de la maladie et son évolution sont des aspects particulièrement importants de l'histoire de santé. Il est souvent possible de décrire la nature d'un processus pathologique neurologique

à partir de ces simples faits. Les étourdissements et la faiblesse musculaire constituent des symptômes couramment associés à de nombreux problèmes de santé, et c'est souvent la raison pour laquelle un client ira consulter un professionnel. Il faut aussi recueillir des données complètes au sujet de ces symptômes, s'il y a lieu. Les symptômes présentés par le client doivent être évalués de façon complète selon la méthode PQRSTU.

 Provoquer / pallier / aggraver

L'infirmière cherche à connaître les éléments qui ont provoqué le symptôme associé au problème neurologique du client. Par exemple, elle lui demandera : Qu'est-ce qui a provoqué votre symptôme ? Ou encore : Que faisiez-vous lorsque vos étourdissements sont apparus ? Ensuite, elle s'intéressera à ce qui pallie, diminue ou aggrave le ou les symptômes présentés. À ce sujet, elle pourra demander au client : Qu'est-ce qui améliore ou aggrave vos étourdissements ?

 Qualité / quantité

L'infirmière tente ensuite d'obtenir une description précise de la sensation éprouvée par le client. Elle souhaite

18

Jugement clinique

Capsule

Madame Lucille Toutant, âgée de 45 ans, enseignante en arts plastiques, se présente en consultation, car elle éprouve des problèmes de coordination motrice. Vous avez du mal à lui faire préciser ses symptômes et leur date d'apparition. Elle finit par vous dire qu'elle fait souvent tomber des objets et qu'elle casse des pièces de vaisselle. « Je ne suis plus bonne à rien, car je laisse tout tomber. Ça veut peut-être dire que je dois laisser l'enseignement des arts plastiques », dit-elle.

Quel est le problème qui lui cause autant de mal à préciser les choses ?

La méthode PQRSTU appliquée à l'évaluation de la douleur est présentée en détail dans le chapitre 10, *Douleur*.

documenter la qualité (p. ex., une sensation de brûlure ou d'engourdissements ou encore une douleur sous forme de pression) et la quantité de cette sensation (p. ex., selon une échelle d'intensité de 0 à 10) ▶ . Pour ce faire, elle invite, par exemple, le client à décrire ses étourdissements : Pouvez-vous me décrire vos étourdissements ? Sur une échelle de 0 à 10, 10 correspondant à l'étourdissement le plus intense que vous ayez ressenti dans votre vie, à combien estimez-vous vos étourdissements actuellement ? Elle peut aussi tenter d'évaluer, sur l'échelle de 0 à 10, l'intensité selon laquelle une incapacité, une faiblesse ou un tremblement nuit aux activités de la vie quotidienne (AVQ) du client.

Région / irradiation

Selon le symptôme, l'infirmière demande au client de bien le localiser et de préciser s'il irradie à un endroit particulier (p. ex., le cou, le long des bras). À titre d'exemple, l'infirmière pourrait demander : À quel endroit votre douleur se situe-t-elle (à la tête, au dos) ? Quelles sont les régions corporelles touchées par ces faiblesses ? Certains symptômes peuvent irradier autour du site d'origine. Ce n'est pas le cas d'un symptôme comme l'étourdissement, mais ce pourrait être pertinent pour un symptôme comme l'engourdissement. L'infirmière pourra interroger le client à ce sujet en lui demandant : Cette sensation s'étend-elle à un autre endroit ?

Symptômes et signes associés / sévérité

Le symptôme primaire à l'origine de la consultation, dans ce cas-ci les étourdissements, peut être accompagné d'un ou de plusieurs autres symptômes ou signes cliniques. Ils doivent également être évalués afin de permettre de préciser l'origine du problème. L'infirmière a besoin de savoir quels sont les signes (p. ex., une altération de la fonction motrice, de la coordination, une rigidité musculaire) et les symptômes associés (p. ex., une céphalée, des nausées, des étourdissements, une raideur). L'infirmière pourra demander au client : Ressentez-vous d'autres malaises ou d'autres symptômes en plus de vos étourdissements ? L'intensité des symptômes peut nuire aux activités de la vie quotidienne (AVQ). L'infirmière pourra donc demander au client : Avez-vous des difficultés à accomplir vos tâches quotidiennes ?

Temps / durée

L'infirmière doit déterminer le moment précis de l'apparition de ces étourdissements, leur durée ainsi que leur évolution dans le temps. Des exemples de questions pertinentes en lien avec cet élément seraient : À quel moment ces étourdissements

ont-ils débuté ? Depuis combien de temps les ressentez-vous ? Sont-ils constants ou pas ?

(*Understanding*) Compréhension et signification pour le client

Les symptômes peuvent nuire aux activités du client. L'infirmière pourra donc lui demander : Avez-vous des difficultés à accomplir vos tâches quotidiennes ? L'infirmière tente de découvrir quelle est la signification de ce symptôme pour le client. Elle pourra le questionner de la façon suivante : D'après vous, quelle est la cause de ces étourdissements ? Par la suite, il est important que l'infirmière s'informe de la compréhension du client à l'égard des symptômes et de la maladie. Les valeurs et les croyances individuelles, qui varient selon la culture ou la religion, peuvent jouer un rôle majeur dans la capacité à s'adapter à la maladie, mais également dans la compréhension de celle-ci.

Histoire de santé (AMPLE)

Allergies / réactions

L'infirmière doit ensuite s'enquérir de la présence ou non d'allergies que le client est susceptible de présenter. En effet, certaines allergies peuvent se manifester par des signes et symptômes neurologiques, comme des céphalées. Il est important de noter la différence entre une réaction allergique et une intolérance puisque la réaction du client ainsi que l'intensité de celle-ci ne seront pas les mêmes. Finalement, l'infirmière doit obtenir des renseignements sur les allergies générales du client (alimentaire, saisonnière).

Médicaments

L'infirmière doit recueillir minutieusement l'histoire médicamenteuse (incluant les produits naturels), en particulier l'usage de sédatifs, d'analgésiques opioïdes, de tranquillisants et de psychotropes. De nombreux autres médicaments peuvent aussi entraîner des effets secondaires neurologiques. Elle doit également s'informer sur les habitudes du client en ce qui concerne l'usage du tabac, de l'alcool et des drogues, car ces produits peuvent influer sur le système neurologique.

P Passé

Il est nécessaire de connaître les causes d'hospitalisations antérieures du client pour des problèmes neurologiques. Il faut également s'informer de toute chirurgie et autres traitements touchant une partie du système nerveux, comme la tête, la colonne vertébrale ou les organes sensoriels. Si le client a subi une telle chirurgie, il faut en noter la date, la

RAPPELEZ-VOUS...

Les boissons énergisantes procurent une stimulation mentale et physique pour une courte période, mais elles peuvent entraîner des troubles neurologiques, en particulier en cas de mélange avec l'alcool.

cause, la procédure utilisée, le processus de rétablissement et la condition actuelle du client.

En plus d'une information sur les antécédents familiaux, un historique de la croissance et du développement peut être important pour vérifier si un dysfonctionnement du système nerveux était présent à un plus jeune âge. L'infirmière doit s'informer plus particulièrement des étapes majeures du développement, comme l'acquisition de la marche et du langage. La réussite scolaire ou l'existence de problèmes décelés en milieu scolaire représentent aussi des données développementales qu'il est important de recueillir. Toutefois, il arrive souvent que ces renseignements ne soient pas disponibles lorsque l'infirmière interroge un client adulte.

 (*Last meal*) Dernier repas

Il est important de vérifier l'heure du dernier repas qu'a pris le client, car certains examens à effectuer ou traitements à entreprendre peuvent nécessiter un jeûne de quelques heures. Mais au-delà de ces préoccupations, ce que le client a ingéré peut être à l'origine de son symptôme. Par exemple, les aliments tels que le fromage, le chocolat, les mets chinois et le vin contiennent des substances (amines, glutamate monosodique) pouvant occasionner des céphalées.

 Événements / environnement

Finalement, l'infirmière devra s'enquérir des raisons particulières qui ont amené le client à consulter. Le client peut demander une consultation neurologique pour un trouble particulier ou pour un suivi régulier. Dans ce dernier cas, l'infirmière doit axer son évaluation des modes fonctionnels sur des sujets liés à la promotion de la santé. Quand le client a un trouble connu, les questions doivent porter sur celui-ci en particulier. L'infirmière doit également s'enquérir auprès du client s'il vit un stress important en ce moment. Le stress peut contribuer à causer ou à alimenter les symptômes. Enfin, l'environnement pouvant avoir un impact sur le système neurologique, elle doit vérifier si le client a été exposé à certaines substances pouvant occasionner des malaises neurologiques.

Les principales questions à poser à un client qui souffre d'un problème neurologique sont présentées dans le **TABLEAU 18.5**.

TABLEAU 18.5	Modes fonctionnels de santé - Éléments complémentaires : système nerveux
MODES FONCTIONNELS DE SANTÉ	**QUESTIONS À POSER**
Perception et gestion de la santé	• Quelles sont vos activités quotidiennes habituelles ? • Consommez-vous de l'alcool, du tabac ou des drogues à usage récréatif ?[a] • Quelles mesures de sécurité prenez-vous en auto ? À motocyclette ? À bicyclette ? • Faites-vous de l'hypertension ? Si oui, est-elle maîtrisée ? • Avez-vous déjà été hospitalisé en raison d'un problème neurologique ?[a]
Nutrition et métabolisme	• Pouvez-vous vous alimenter vous-même ? • Avez-vous des problèmes de nutrition attribuables à des difficultés de mastication ou de déglutition, à une paralysie du nerf facial ou à une mauvaise coordination musculaire ?[a] • Faites une revue des aliments que vous avez consommés dans les 24 dernières heures.
Élimination	• Souffrez-vous d'incontinence fécale ou urinaire ?[a] • Avez-vous déjà eu des problèmes de retard mictionnel, de besoin impérieux d'uriner, de rétention ?[a] • Avez-vous l'habitude de remettre la défécation à plus tard ?[a] • Prenez-vous des médicaments pour traiter des problèmes neurologiques ? Lesquels ?
Activités et exercices	• Décrivez les problèmes que vous éprouvez dans la réalisation de vos activités et de vos exercices en raison d'un trouble neurologique. • Éprouvez-vous de la faiblesse ou un manque de coordination ?[a] • Pouvez-vous accomplir seul vos soins d'hygiène personnelle ?[a]

▼

| TABLEAU 18.5 | Modes fonctionnels de santé - Éléments complémentaires : système nerveux *(suite)* |

MODES FONCTIONNELS DE SANTÉ	QUESTIONS À POSER
Sommeil et repos	• Décrivez vos habitudes de sommeil. • Que faites-vous quand vous avez de la difficulté à dormir ?
Cognition et perception	• Avez-vous noté des changements dans votre mémoire ?[a] • Éprouvez-vous des étourdissements, une sensibilité à la chaleur ou au froid, des engourdissements ou des fourmillements ?[a] • Souffrez-vous de douleur chronique ?[a] • Éprouvez-vous des difficultés de communication verbale ou écrite ?[a] • Avez-vous remarqué des changements dans votre vision ou dans votre audition ?[a]
Perception et concept de soi	• Comment vous sentez-vous à l'égard de vous-même, de votre façon d'être ? • Décrivez votre état émotif général.
Relations et rôles	• Avez-vous récemment vécu un changement de rôle en tant que conjoint, parent, soutien de famille ?[a]
Sexualité et reproduction	• Êtes-vous satisfait de votre activité sexuelle ?[a] • Est-ce que des problèmes liés à votre fonctionnement sexuel causent des tensions avec votre conjoint(e) ?[a] • Sentez-vous le besoin de consulter un conseiller professionnel relativement à votre vie sexuelle ?[a]
Adaptation et tolérance au stress	• Comment gérez-vous habituellement le stress ? • Croyez-vous que votre mode actuel d'adaptation est adéquat pour faire face aux agents stressants de votre vie ?[a] • Avez-vous des besoins qui ne sont pas satisfaits par votre réseau de soutien actuel ?
Valeurs et croyances	• Y a-t-il des croyances et des attitudes propres à votre culture qui pourraient influencer la gestion de votre problème neurologique ?

[a] Si la réponse est affirmative, demandez au client d'expliciter.

| **Perception et gestion de la santé** | L'infirmière s'informe auprès du client des aspects de son hygiène de vie ayant un lien avec le système nerveux, comme le tabagisme et l'abus d'alcool ou d'autres drogues, le respect d'une alimentation saine, la participation sécuritaire à des activités physiques et récréatives, l'utilisation d'une ceinture de sécurité en auto, le port d'un casque protecteur pendant la pratique de certaines activités sportives et la maîtrise de l'hypertension. La recherche des antécédents familiaux peut indiquer si le problème neurologique a un fondement héréditaire ou congénital.

Si le client présente actuellement un problème neurologique, l'infirmière doit vérifier de quelle façon celui-ci touche sa vie quotidienne et ses autosoins. Après sa collecte des données, elle peut ensuite demander à quelqu'un qui connaît bien le client s'il a remarqué chez lui des transformations mentales ou physiques. Le client souffrant d'un trouble neurologique peut être inconscient de ces transformations ou incapable de les rapporter fidèlement.

| **Nutrition et métabolisme** | Les troubles neurologiques peuvent entraîner des problèmes de nutrition. Il est possible que le client éprouve de la difficulté à ingérer une quantité suffisante de nutriments en raison de problèmes liés à la mastication, à la déglutition, à la paralysie des nerfs faciaux et à l'incoordination musculaire. En outre, certaines vitamines comme la thiamine (B_1), la niacine et la pyridoxine (B_6) sont essentielles au maintien et à la santé du SNC. Des carences d'une ou de plusieurs de ces vitamines pourraient entraîner des manifestations neurologiques non spécifiques comme la dépression, l'apathie, la névrite, la faiblesse, la confusion mentale et l'irritabilité. Étant donné que les personnes âgées ont tendance à avoir des problèmes d'absorption de vitamines à partir des sources alimentaires naturelles comme la viande, le poisson et la volaille, elles courent le risque de souffrir d'une carence

Jugement clinique

Capsule

Les enfants de madame Odette Dutour, âgée de 82 ans, s'inquiètent, car ils ont l'impression que leur mère devient de plus en plus exigeante. Elle leur reproche sans arrêt de ne jamais venir la voir alors qu'ils se sont arrangés pour qu'il y ait une visite des enfants un jour sur deux, et elle ne supporte pas que ses affaires soient rangées.

Qu'est-ce que cette attitude peut révéler ?

en cobalamine (vitamine B$_{12}$). Cette carence peut provoquer un déclin des fonctions mentales si elle n'est pas traitée. Il se peut qu'elle ne soit pas diagnostiquée si elle s'accompagne d'un apport élevé de folate, qui prévient l'anémie, mais non les dommages neuronaux.

| Élimination | Des troubles neurologiques tels que l'accident vasculaire cérébral (AVC), le trauma crânien, la sclérose en plaques et la démence s'accompagnent souvent de problèmes intestinaux et vésicaux. Pour planifier les interventions appropriées, il est important de déterminer si le problème intestinal ou vésical est apparu avant ou après l'événement neurologique. L'incontinence urinaire ou fécale et la rétention urinaire sont les problèmes d'élimination le plus souvent associés à un trouble neurologique. Par exemple, la compression d'une racine nerveuse (comme dans le syndrome de la queue de cheval) provoque l'apparition soudaine d'incontinence. Il est important de bien documenter les détails du problème, en notant par exemple le nombre d'épisodes, les sensations ou l'absence de sensations qui l'accompagnent et les mesures prises pour gérer le problème.

| Activités et exercices | De nombreux troubles neurologiques peuvent perturber la mobilité, la force et la coordination du client et entraîner des modifications de ses habitudes en ce qui concerne les activités et les exercices qu'il pratique. Ces troubles peuvent aussi causer des chutes. Beaucoup d'activités de la vie quotidienne pouvant être impliquées, il faut procéder à une collecte de données à ce sujet. En outre, la capacité d'accomplir des tâches nécessitant l'utilisation de la motricité fine peut être perturbée ; la personne court donc davantage de risque de se blesser **FIGURE 18.10**.

| Sommeil et repos | La modification des habitudes de sommeil peut à la fois être la cause et le résultat de nombreux facteurs neurologiques (Mistraletti *et al.*, 2008). Le malaise résultant de la douleur et l'incapacité de se déplacer et de changer de position pour être plus confortable, attribuable à la faiblesse musculaire ou à la paralysie, peuvent perturber le sommeil profond du client. Les hallucinations causées par la démence ou par des médicaments peuvent aussi interrompre le sommeil. L'infirmière recueillera donc des données sur les habitudes de sommeil du client et sur ses habitudes à l'heure du coucher.

| Cognition et perception | De nombreux troubles neurologiques peuvent perturber la cognition et l'intégration sensorielle puisque ces fonctions sont régies par le système nerveux. La capacité d'utiliser et de comprendre le langage est une fonction cognitive qu'il faut évaluer. La pertinence des réponses est un indicateur utile de la capacité cognitive. L'infirmière évalue également la mémoire, les habiletés de calcul, la

FIGURE 18.10
De nombreux troubles neurologiques peuvent nuire à l'exécution des tâches quotidiennes.

capacité à résoudre des problèmes, la compréhension et le jugement. Souvent, elle utilise un questionnaire structuré sur l'état mental pour évaluer ces fonctions et pour fournir des données de référence ▶ **22**.

Le délirium (état aigu de confusion) est un trouble aigu et transitoire de la cognition. Il peut s'observer à n'importe quel moment de la maladie du client et constitue souvent un indicateur précoce de diverses maladies. La méthode CAM (*Confusion Assessment Method*) est un outil d'évaluation de la confusion largement étudié et qui contribue à la reconnaissance du délirium dans certains milieux cliniques, en association avec d'autres moyens d'évaluation (Voyer, 2006). Une version française du CAM a été validée (Laplante, Cole, McCusker, Singh, & Ouimet, 2005).

Les troubles neurologiques et leur traitement peuvent être complexes et déroutants. L'infirmière doit déterminer la compréhension qu'a le client des traitements nécessaires à son état et sa capacité à les suivre. Les modifications cognitives associées à un trouble neurologique peuvent empêcher le client de bien comprendre sa maladie et de collaborer au traitement approprié.

22

Des outils couramment utilisés pour l'évaluation des fonctions cognitives sont présentés dans le chapitre 22, *Interventions cliniques – Démence et maladie d'Alzheimer.*

Madame Josie L'Heureux, âgée de 72 ans, est de retour chez elle après avoir subi un AVC qui a entraîné une hospitalisation et un séjour en centre de réadaptation. Elle a peu de séquelles physiques importantes ; toutefois, au cours d'une visite à son domicile, vous remarquez que la maison est globalement mal tenue, que de la vaisselle sale encombre la cuisine, que du linge traîne un peu partout et qu'enfin il y règne une odeur désagréable. Vous en êtes surprise, car cela ne correspond pas au caractère de madame L'Heureux.

Quel problème pouvez-vous relever dans cette situation et que devriez-vous vérifier ?

Madame Danielle Labonté, âgée de 35 ans, avait choisi d'interrompre ses activités professionnelles d'agente immobilière pour s'occuper de ses deux enfants, âgés de 5 et 7 ans. Elle habite une maison en banlieue, et il lui faut sans arrêt prendre la voiture pour les conduire à leurs nmbreuses activités scolaires et parascolaires. Elle vient d'être opérée à la suite d'un traumatisme crânien, secondaire à un accident de ski. Elle souffre pour l'instant de déficits moteurs importants et doit s'astreindre à une longue réadaptation.

Quel problème la famille doit-elle affronter ?

| Perception et concept de soi | Les maladies neurologiques peuvent altérer radicalement la maîtrise qu'une personne exerce sur sa propre vie et créer une dépendance à l'égard d'autrui en ce qui concerne ses besoins quotidiens. En outre, il est possible que l'apparence physique du client et sa maîtrise émotionnelle soient touchées. L'infirmière s'informera avec délicatesse de l'évaluation que fait lui-même le client de sa confiance en soi, de la perception qu'il a de ses capacités, de son image corporelle et de son profil émotif général.

| Relations et rôles | Il est nécessaire de demander au client si son rôle en tant que conjoint, parent ou soutien de famille a été modifié en raison d'un problème neurologique. Des altérations physiques, comme la faiblesse ou la paralysie, peuvent modifier ou limiter la participation aux rôles ou aux activités habituelles, et des altérations cognitives peuvent changer de façon permanente la capacité d'un client à maintenir ses rôles antérieurs. Cela a des conséquences sur la vie personnelle, familiale et professionnelle du client et le touche considérablement, de même que ses proches. Ainsi, il est nécessaire de s'intéresser aussi à l'impact de la situation de santé du client sur les proches aidants pour être en mesure d'assurer un soutien et de les diriger vers d'autres professionnels au besoin.

| Sexualité et reproduction | Puisque de nombreux troubles du système nerveux peuvent perturber la réponse sexuelle, il faut discuter avec le client de sa satisfaction en regard de sa vie sexuelle. Des lésions cérébrales peuvent inhiber le désir ou les réactions réflexes de la phase d'excitation. Des lésions du tronc cérébral et de la moelle épinière peuvent interrompre partiellement ou complètement les connexions entre l'encéphale et les systèmes effecteurs qui sont nécessaires pour les rapports sexuels. Les neuropathies et les lésions de la moelle épinière qui touchent la sensibilité, en particulier dans les zones érogènes, peuvent réduire le désir. Les neuropathies autonomes et les lésions de la moelle sacrée et de la queue de cheval peuvent compromettre les activités réflexes

de la réponse sexuelle. Par ailleurs, certaines lésions touchant le lobe frontal du cerveau entraînent des manifestations de désinhibition sexuelle qui peuvent être difficiles à maîtriser et provoquer du rejet social. En dépit des transformations de la fonction sexuelle liées à un trouble neurologique, plusieurs personnes peuvent parvenir à un degré satisfaisant d'intimité et d'affection.

| Adaptation et tolérance au stress | Les séquelles physiques d'un problème neurologique peuvent mettre les modes d'adaptation du client à rude épreuve. Il arrive souvent que le problème soit chronique et exige de lui qu'il apprenne de nouvelles façons de s'adapter. Par contre, il arrive aussi que la difficulté d'adaptation au stress soit l'une des manifestations de la condition neurologique du client. Il est important, dans ces cas, de ne pas juger le client en raison de son incapacité, mais de reconnaître plutôt ses limites et ses forces. L'infirmière évalue le mode habituel d'adaptation du client afin de déterminer si sa capacité d'adaptation est suffisante pour faire face au stress représenté par un problème. Il est primordial d'évaluer également le réseau de soutien dont il bénéficie.

| Valeurs et croyances | Plusieurs problèmes neurologiques entraînent à long terme des effets sérieux qui bouleversent la vie. Ces effets peuvent mettre à l'épreuve le système de croyances du client, et ils doivent être évalués. Il est aussi important de déterminer si des croyances religieuses ou culturelles pourraient entrer en conflit avec le plan de traitement prévu et comment y remédier.

18.2.2 Données objectives
Examen physique

L'examen neurologique standard aide à déterminer la présence, la localisation et la nature d'un problème du système nerveux. Cet examen passe en revue six catégories de fonctions : l'état mental, le fonctionnement des nerfs crâniens, la fonction motrice, la fonction sensorielle, le fonctionnement du cervelet et les réflexes. Il importe de mettre au point une façon systématique de procéder à l'examen neurologique afin de n'oublier aucun élément. L'infirmière doit cependant adapter l'évaluation neurologique qu'elle effectue au trouble présenté par la personne puisque tous les aspects ne sont pas pertinents à évaluer pour tous les clients.

État mental et état de conscience

L'évaluation de l'état mental (fonctionnement cérébral) fournit une impression générale de la façon dont le cerveau du client fonctionne. Elle s'intéresse aux fonctions cérébrales complexes de haut niveau qui sont régies par plusieurs régions du cortex cérébral. La plus grande partie de cette évaluation peut se faire au moment de l'interaction avec le client. Par exemple, l'infirmière peut évaluer le langage et la mémoire lorsqu'elle demande au client de préciser des détails sur sa maladie et sur des événements significatifs du passé. L'infirmière doit tenir compte de l'environnement culturel et éducationnel du client quand elle évalue son état mental.

Les composantes de l'examen de l'état mental sont les suivantes :

- Apparence générale et comportement : cette composante comprend l'activité motrice, la position corporelle, l'habillement et la propreté, les expressions faciales et le langage approprié ou non.

- Cognition : la cognition s'évalue par rapport à trois sphères, soit l'orientation dans le temps, l'orientation dans le lieu et l'orientation en lien avec les personnes ; sont également évalués la mémoire, les connaissances générales, la compréhension, le jugement, la résolution de problèmes et le calcul. L'évaluation de la cognition permet de noter la présence de facteurs perturbant les capacités intellectuelles du client comme le retard mental, les hallucinations, le délire et la démence, et de vérifier si ses projets et ses objectifs sont adaptés à ses capacités physiques et mentales.

- Humeur et affect : il faut noter toute agitation, colère, dépression ou euphorie et évaluer si ces états sont appropriés à la situation. Les questions posées doivent permettre de faire ressortir les sentiments du client.

L'état de conscience s'évalue par l'observation de certaines caractéristiques chez le client (p. ex., s'il est alerte, somnolent, irritable, léthargique, agité, comateux). En situation d'urgence, l'échelle AVPU (*Alert, Verbal, Pain, Unresponsive*) est utilisée pour une évaluation rapide de l'état de conscience. Une évaluation plus approfondie s'impose chez les clients dont l'état de conscience est diminué ou à risque de l'être.

Malgré ses limites, l'échelle de coma de Glasgow reste le test le plus utilisé pour mesurer et faire le suivi des variations de l'état de conscience (Zuercher, Ummenhofer, Baltussen, & Walder, 2009). L'échelle évalue trois composantes : l'ouverture des yeux, la réponse verbale et la réponse motrice. Il faut déterminer un score pour chaque composante selon les réponses du client. Le score maximal (15/15) signifie qu'il n'y a aucune altération de l'état de conscience, et le score minimal (3/15) témoigne d'une altération neurologique grave qui nécessite un soutien des fonctions vitales (p. ex., une ventilation assistée). Le client qui obtient un score de 8/15 ou moins est considéré comme étant en coma. Cette échelle n'est pas valable si le client se trouve sous sédation, s'il est atteint d'une blessure médullaire ou s'il présente

un état de santé qui interfère avec le rendement du test ▶ **19**.

Nerfs crâniens

L'évaluation des nerfs crâniens est une composante essentielle de l'examen neurologique (Palmieri, 2009) **TABLEAU 18.3**.

| Nerf olfactif | Pour évaluer le fonctionnement du nerf olfactif (nerf crânien I), l'infirmière vérifie que les deux narines du client sont libres, puis elle lui demande de se boucher une narine et de sentir une bouteille diffusant une odeur facilement reconnaissable. Elle recommence le processus avec l'autre narine. La rhinite chronique, la sinusite et un usage important du tabac émoussent souvent le sens de l'odorat. La perturbation de la faculté de sentir peut aussi être associée à une tumeur du bulbe olfactif ou elle peut être attribuable à une fracture de la base du crâne qui aurait endommagé les fibres olfactives à l'endroit où elles traversent la délicate plaque criblée de l'ethmoïde.

| Nerf optique | L'infirmière évalue les champs visuels et l'acuité visuelle du client pour vérifier le fonctionnement du nerf optique (nerf crânien II). Chaque œil doit être examiné séparément. L'infirmière se place juste en face du client ; elle lui demande de fixer la racine de son nez (celui de l'infirmière) avec l'œil qu'elle évalue et d'indiquer à quel moment un objet (p. ex., son doigt, l'extrémité d'un crayon) déplacé à partir de la périphérie pénètre dans le champ visuel **FIGURE 18.11**. Les anomalies du champ visuel peuvent être attribuables à des lésions des nerfs optiques, du chiasma optique ou des tractus optiques qui s'étendent à travers les lobes temporal, pariétal et occipital. Les altérations du champ visuel qui résultent de lésions cérébrales sont l'**hémianopsie** (la moitié du champ visuel est touchée) et la **tétranopsie** (le

Jugement clinique

Monsieur Alex Norton est âgé de 58 ans. Il a subi une crâniotomie pour une cure d'anévrisme cérébral sur l'artère communicante antérieure. Pour évaluer l'orientation temporospatiale, vous lui demandez s'il sait où il se trouve et quelle est la date du jour. Monsieur Norton répond correctement à ces deux questions.

Pouvez-vous conclure que le client est orienté ?

19

L'échelle de coma de Glasgow est présentée dans le chapitre 19, *Interventions cliniques – Troubles intracrâniens aigus.*

RAPPELEZ-VOUS...

Il est possible de vérifier s'il y a obstruction au passage de l'air en bouchant une narine et en demandant au client de respirer par la narine libre.

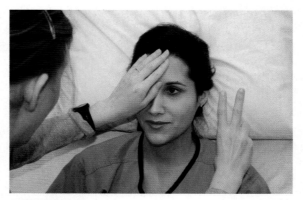

FIGURE 18.11

Une infirmière procède à l'évaluation des champs visuels d'une cliente.

28

L'évaluation de l'acuité visuelle est expliquée dans le chapitre 28, *Évaluation clinique – Systèmes visuel et auditif.*

Anisocorie: Différence de taille entre les deux pupilles.

quart du champ visuel est touché); elles peuvent n'atteindre qu'un seul œil.

L'acuité visuelle est évaluée en demandant au client de lire une planche de Snellen éloignée de six mètres ▶ 28 . L'infirmière note le numéro de la ligne la plus basse que le client peut lire avec une précision de 50 %. Le client qui porte des lunettes doit les garder pendant l'examen, à moins qu'il ne les utilise que pour la lecture. Si l'infirmière ne dispose pas de planche de Snellen, elle doit demander au client de lire autre chose (p. ex., un journal) pour faire une évaluation sommaire de son acuité visuelle. Il s'agit de noter à quelle distance le journal doit se trouver pour que le client puisse lire avec précision. Il peut être impossible de vérifier l'acuité visuelle grâce à ces tests si le client ne sait pas lire la langue du document présenté, s'il est aphasique ou analphabète.

| Nerfs oculomoteur, trochléaire et abducens | Il faut évaluer ensemble le nerf oculomoteur (ou moteur oculaire commun) (nerf crânien III), le nerf trochléaire (nerf crânien IV) et le nerf abducens (ou nerf moteur oculaire externe) (nerf crânien VI) parce que tous trois contribuent aux mouvements des yeux. L'infirmière demande au client de suivre un doigt qu'elle déplace horizontalement et verticalement (en décrivant la forme de la lettre N) **FIGURE 18.12**. S'il existe une faiblesse ou une paralysie de l'un des muscles oculaires, les yeux ne se déplacent pas ensemble, et le client a un regard non conjugué. Dans ce cas, l'infirmière observe la présence et la direction du **nystagmus** (succession de petits mouvements rapides et saccadés des yeux), même si cette condition révèle le plus souvent des problèmes vestibulaires.

L'infirmière évalue d'autres fonctions du nerf oculomoteur en vérifiant le réflexe photomoteur, le diamètre et la forme des pupilles, ainsi que le réflexe d'accommodation. Pour évaluer le réflexe photomoteur, elle dirige une source lumineuse vers une pupille du client et surveille la constriction

FIGURE 18.12

Une cliente subit une évaluation des mouvements des muscles extrinsèques de l'œil.

(ipsilatérale) de cette pupille et la constriction controlatérale (consensuelle) de l'autre pupille. Pour que ce réflexe se manifeste, le nerf optique (nerf crânien II) doit être intact. Étant donné que le nerf oculomoteur émerge du sommet du tronc cérébral par le foramen ovale de Pacchioni, il est facilement comprimé par des lésions massives en expansion (lésions occupant de l'espace) dans les hémisphères cérébraux. Rien ne s'oppose alors à l'influx sympathique allant vers la pupille, et celle-ci reste dilatée (**mydriase**). L'absence de constriction pupillaire est un signe précoce de herniation centrale (transtentorielle) et demande une intervention immédiate.

L'infirmière note le diamètre (en millimètres) de chaque pupille, leur forme et leur symétrie. L'**anisocorie** est présente de façon normale chez environ 5 % de la population (Jarvis, 2009). Certaines pathologies rendent la pupille difforme. La mydriase décrit une pupille anormalement dilatée et le myosis décrit une pupille d'un diamètre anormalement petit. L'infirmière évalue la convergence et l'accommodation chez le client conscient en lui demandant de fixer un doigt qui est déplacé vers le bout de son nez. Elle notera alors une constriction symétrique des pupilles dans la vision rapprochée.

L'acronyme PERRLA est utilisé pour signifier, dans les notes au dossier, la qualité du réflexe photomoteur, l'absence d'anomalie pupillaire et la capacité d'accommodation. Il signifie: Pupilles Égales Rondes Réactives à la Lumière et à l'Accommodation (Jarvis, 2009).

Le nerf oculomoteur a aussi pour fonction de maintenir les paupières ouvertes. Une lésion de ce nerf peut provoquer une ptose (chute de la paupière), des anomalies de la forme de la pupille et une faiblesse des muscles oculaires.

| Nerf trijumeau | La composante sensorielle du nerf trijumeau (nerf crânien V) est mise à l'épreuve en demandant au client de reconnaître un toucher léger et une piqûre d'épingle dans chacune des trois divisions du nerf (ophtalmique, maxillaire et mandibulaire), des deux côtés de la figure. Le client doit garder les yeux fermés pendant cette partie de l'examen. L'infirmière évalue la composante motrice du nerf en demandant au client de serrer les dents et en palpant les muscles masséters juste au-dessus de l'angle de la mandibule.

Le test du réflexe cornéen évalue simultanément les nerfs crâniens V (trijumeau) et VII (facial). Il est évalué, chez le client inconscient, en testant d'abord le clignement à la menace; il suffit de laisser tomber une goutte de solution saline sur la cornée ou d'avancer rapidement une main vers les yeux du client pour déceler le mouvement de la paupière qui traduit le réflexe cornéen. La composante sensorielle de ce réflexe (sensation cornéenne) est sous la responsabilité de la division ophtalmique du nerf crânien trijumeau (nerf crânien V), et sa composante motrice (clignement de la paupière) dépend du nerf facial (nerf crânien VII).

Nerf facial Le nerf facial (nerf crânien VII) innerve les muscles responsables des expressions faciales. L'infirmière évalue son fonctionnement en demandant au client de lever les sourcils, de serrer les paupières, de pincer les lèvres, de tirer les coins de la bouche vers l'arrière en un sourire exagéré et de froncer les sourcils. L'infirmière doit noter toute asymétrie des mouvements faciaux qui pourrait révéler une lésion du nerf facial. Bien que la discrimination gustative du salé et du sucré dans les deux tiers antérieurs de la langue soit une fonction de ce nerf, elle n'est pas évaluée systématiquement, à moins de soupçonner une lésion d'un nerf périphérique.

Nerf vestibulocochléaire (auditif) L'évaluation de la branche cochléaire du nerf vestibulocochléaire (nerf crânien VIII) se fait en demandant au client de fermer les yeux et d'indiquer à quel moment il entend le tic tac d'une montre ou le bruissement du bout des doigts de l'infirmière. L'utilisation d'un audiomètre permet de procéder à une évaluation plus précise de l'audition.

La branche vestibulaire de ce nerf n'est pas évaluée systématiquement, à moins que le client se plaigne d'étourdissements, de vertiges, de manque d'assurance ou qu'il ait un dysfonctionnement auditif. Chez le client inconscient, le réflexe oculocéphalique peut être évalué (phénomène des yeux de poupée : mouvement des yeux vers le côté opposé lorsque la tête est rapidement tournée sur le côté).

Nerfs glossopharyngien et vague (pneumogastrique) Le nerf glossopharyngien (nerf crânien IX) et le nerf vague (nerf crânien X) sont évalués conjointement parce que tous deux innervent le pharynx. L'infirmière teste le réflexe nauséeux en touchant, avec un abaisse-langue, l'un ou l'autre côté de l'oropharynx ou du palais mou, ce qui provoque une contraction bilatérale des muscles du palais (mouvement de haut-le-cœur). Ce test évalue la composante sensitive du nerf glossopharyngien (nerf crânien IX) et la principale composante motrice du nerf vague (nerf crânien X). Il est important de vérifier le réflexe nauséeux chez les clients qui ont un état de conscience diminué, une lésion du tronc cérébral ou une maladie de la musculature de la gorge. Si le réflexe est faible ou absent, le client risque d'aspirer des aliments ou des sécrétions. Pour la même raison, il importe d'évaluer la force et l'efficacité de la déglutition chez ces clients. Un autre test destiné au client éveillé et coopératif consiste à lui demander de dire « Ahhh » et de vérifier si son palais mou s'élève de façon symétrique.

Si le client a un tube endotrachéal, la présence du réflexe de toux, déclenché par les mouvements du tube endotrachéal ou lorsque le cathéter d'aspiration touche la carène (ou éperon trachéal) de l'arbre respiratoire, permet d'évaluer le nerf vague.

Nerf accessoire Pour vérifier le fonctionnement du nerf accessoire (nerf crânien XI), l'infirmière demande au client de hausser les épaules et de tourner la tête d'un côté ou de l'autre, contre une résistance (Jarvis, 2009). Les muscles sternocléidomastoïdiens et trapèzes devraient se contracter sans à-coup. Il faut également noter la symétrie, l'atrophie ou la fasciculation du muscle.

Nerf hypoglosse L'infirmière évalue le nerf hypoglosse (nerf crânien XII) en demandant au client de tirer la langue **FIGURE 18.13.** Celle-ci devrait rester sur la ligne médiane. Le client devrait aussi être capable de pousser sa langue des deux côtés contre la résistance d'un abaisse-langue. Là encore, il faut noter l'asymétrie, l'atrophie ou la fasciculation de la langue.

Système moteur

L'examen du système moteur comprend l'évaluation de la force, du tonus, de la coordination et de la symétrie des principaux groupes musculaires. L'infirmière évalue la force musculaire du client en lui demandant de pousser et de tirer sur son bras alors que celui-ci oppose une résistance aux mouvements de flexion et d'extension que le client tente de faire. Elle demande au client d'offrir une résistance au niveau de l'épaule, du coude, du poignet, des hanches, des genoux et des chevilles. Une légère faiblesse du bras se manifeste par le déplacement de celui-ci vers le bas ou par la pronation de la paume au cours du test du serment ▶ **19**. Il est important de relever toute faiblesse ou asymétrie de la force des mêmes groupes musculaires du côté droit et du côté gauche.

Le tonus musculaire est évalué en déplaçant passivement les membres du client dans toute

19

Le test du serment est présenté dans le chapitre 19, *Interventions cliniques – Troubles intracrâniens aigus.*

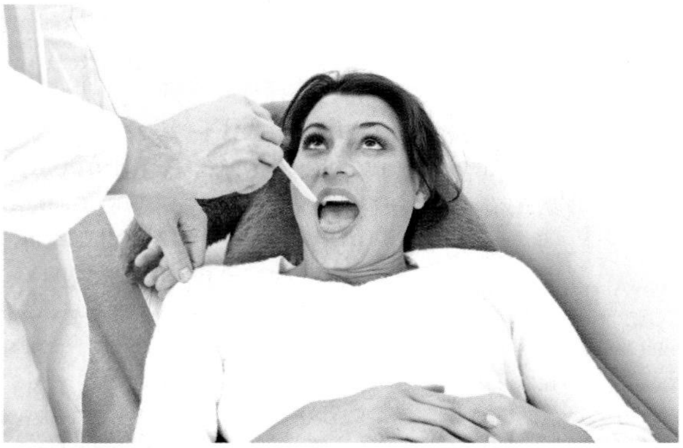

18

FIGURE 18.13

Un infirmier évalue le fonctionnement du nerf hypoglosse d'une cliente à l'aide d'un abaisse-langue.

l'amplitude de leur mouvement ; il devrait y avoir une légère résistance à ces mouvements. Un tonus anormal se décrit comme de l'hypotonie (flaccidité) ou de l'hypertonie (spasticité). Il faut noter les mouvements involontaires (p. ex., des tics, des tremblements, la myoclonie [spasme des muscles], l'athétose [mouvements lents et involontaires de torsion des membres], la chorée [mouvements rapides, involontaires, sans objet], la dystonie [diminution du tonus musculaire]).

Le fonctionnement du cervelet s'évalue par des tests d'équilibre et de coordination. Un bon test de dépistage pour l'équilibre et la force musculaire consiste à observer la posture du client en position debout, ainsi que sa démarche. Il faut noter l'allure et le rythme de la démarche et observer le balancement des bras (ceux-ci devraient se déplacer de façon symétrique et dans la direction opposée à celle de la jambe du même côté). La capacité du client à se déplacer est un facteur clé dans la détermination de l'importance des soins infirmiers qu'il exige et de ses risques de blessures par chute.

L'épreuve doigt-nez (le client touche en alternance son nez puis le doigt de l'infirmière) et l'épreuve talon-tibia (en position couchée, le client glisse son talon vers le haut et vers le bas, le long du tibia de la jambe opposée) évaluent la coordination et la fonction cérébelleuse (Jarvis, 2009). L'infirmière doit déplacer le doigt pendant que le client touche son nez pour qu'il doive s'ajuster à une nouvelle distance chaque fois. Ces mouvements devraient s'effectuer en douceur et avec précision. Un autre test consiste à demander au client d'alterner rapidement les mouvements de pronation et de supination de ses deux mains, ou de plier légèrement les genoux d'une jambe, puis de l'autre. L'infirmière doit aussi relever la **dysarthrie** et les troubles de l'élocution, car ils constituent un signe d'incoordination des muscles de la parole.

Système sensoriel

L'examen somatosensitif permet l'évaluation de plusieurs types de sensations (p. ex., le toucher superficiel, la vibration, la température, la douleur), chacune étant acheminée par un tractus médullaire ascendant spécifique vers le cortex somesthésique. En règle générale, le client doit garder les yeux fermés pendant cet examen, et il faut éviter de lui fournir des indices ; il est préférable de lui demander : « Quelle sensation cela produit-il ? » plutôt que « Est-ce que c'est coupant ? » Pour un examen neurologique de routine, l'évaluation sensorielle des quatre membres est suffisante. Toutefois, si une anomalie de la fonction

sensorielle de la peau a été décelée, il faut déterminer les limites de ce dysfonctionnement en relation avec tous les dermatomes.

| **Toucher, douleur et température** | Habituellement, le toucher superficiel est d'abord évalué. À l'aide d'un coton-tige, l'infirmière touche doucement et aléatoirement chacun des quatre membres à quelques reprises, et elle demande au client d'indiquer à quel moment il ressent le stimulus en disant « Touché ! » ou « Oui ! » (Jarvis, 2009).

L'infirmière peut évaluer la perception de la sensation douloureuse en piquant la peau avec la pointe d'une épingle. Il faut alterner aléatoirement ce stimulus avec un simple toucher pour déterminer si le client peut distinguer les deux sensations. L'extinction ou l'inhibition est analysée en stimulant de façon simultanée et symétrique les deux côtés du corps à l'aide de stimulus douloureux ou tactiles. Normalement, les stimulations simultanées sont toutes deux perçues (senties). La réaction est anormale si le client ne perçoit le stimulus que d'un côté. L'autre stimulus est alors dit éteint.

La sensibilité thermique peut être testée en appliquant des tubes, un d'eau chaude et un d'eau froide, sur la peau et en demandant au client, qui a les yeux fermés, de déterminer le stimulus. Si la perception de la douleur est intacte, l'évaluation de la sensibilité thermique peut être omise, car ces deux types de sensations sont transportés par les mêmes voies ascendantes.

| **Sensibilité vibratoire** | L'infirmière évalue la sensibilité vibratoire (pallesthésie) en appliquant un diapason en vibration sur les ongles et les protubérances osseuses des mains, des jambes et des pieds et en demandant au client s'il ressent d'abord la vibration, puis à quel moment elle cesse.

| **Kinesthésie et sensibilité posturale** | Pour évaluer la kinesthésie, l'infirmière place le pouce et l'index de chaque côté de l'index du client, ou de son gros orteil, et déplace doucement le doigt ou l'orteil vers le haut et vers le bas. Elle demande au client d'indiquer dans quelle direction elle déplace le doigt ou l'orteil.

L'**épreuve de Romberg** est un test utilisé pour évaluer la sensibilité posturale (statesthésie) des membres inférieurs. Le client se tient debout, les pieds joints, puis il ferme les yeux. Si le client peut garder son équilibre lorsqu'il a les yeux ouverts, mais qu'il chancelle ou tombe quand il les ferme (Romberg positif), cela peut indiquer un dysfonctionnement vestibulocochléaire ou une maladie touchant les cordons dorsaux de la moelle épinière. Pendant ce test, l'infirmière devra se préoccuper de la sécurité du client pour éviter les chutes.

| **Fonctions sensorielles corticales** | Plusieurs tests évaluent l'intégration corticale des perceptions sensorielles (qui se réalise dans les lobes pariétaux).

Dysarthrie : Trouble moteur de la parole résultant d'une paralysie ou d'une absence de coordination des mouvements volontaires qui atteint les muscles des organes phonateurs.

L'infirmière évalue la discrimination de deux points en plaçant les pointes d'un compas étalonné ou d'un trombone sur l'extrémité des doigts ou des orteils. La distance minimale perceptible est de 4 à 5 mm sur le bout des doigts, et elle est plus grande à d'autres endroits du corps (Jarvis, 2009). Ce test est important pour le diagnostic de maladies du cortex sensoriel et du système nerveux périphérique.

La **graphesthésie** est testée en demandant au client de reconnaître des nombres tracés dans la paume de sa main. Pour tester la **stéréognosie** (capacité de percevoir la forme et la nature des objets), l'infirmière demande au client de préciser la taille et la forme d'objets aisément reconnaissables (p. ex., une pièce de monnaie, une clé, une épingle de sûreté) placés dans ses mains alors qu'il a les yeux fermés.

Réflexes

Les tendons attachés aux muscles squelettiques renferment des récepteurs sensibles à l'étirement. Une contraction réflexe du muscle squelettique se produit quand le tendon est étiré. Le réflexe d'étirement (réflexe myotatique) simple peut être déclenché en donnant un coup sec sur le tendon d'un muscle étiré, généralement à l'aide d'un marteau à réflexes **FIGURE 18.14**. La réaction (contraction du muscle correspondant) se mesure de la façon suivante : 0/5 = aucune réponse, 1/5 = faible réponse, 2/5 = réponse normale, 3/5 = réponse exagérée et 4/5 = hyperréflexie avec **clonus**.

L'évaluation des réflexes ostéotendineux se fait généralement au niveau bicipital (biceps), tricipital (triceps), styloradial (réflexe supinateur), rotulien et achilléen. Pour provoquer le réflexe bicipital, l'infirmière place le pouce sur le tendon du biceps dans l'espace situé devant l'espace antécubital et frappe le pouce avec un marteau. Le bras du client doit être partiellement fléchi au coude, et sa paume tournée vers le haut. La réaction normale est la flexion du bras au niveau du coude ou une contraction du biceps qui peut être sentie avec le pouce.

Le réflexe tricipital (olécranien) est déclenché en frappant le tendon du triceps au-dessus du coude, alors que le bras du client se trouve fléchi. La réaction normale est l'extension du bras ou la contraction visible du triceps.

Pour provoquer le réflexe styloradial, l'infirmière frappe le radius à une distance de 3 à 5 cm au-dessus du poignet alors que le bras du client est détendu. La réaction normale est la flexion au niveau du coude et la supination ou la contraction du muscle brachioradial.

Le réflexe rotulien (patellaire) est provoqué en frappant le ligament patellaire juste sous la rotule . Le client peut être assis ou allongé, mais sa jambe doit pendre librement. La réaction normale est une extension de la jambe due à la contraction du quadriceps.

Le réflexe achilléen (réflexe du triceps sural) se déclenche en frappant le tendon d'Achille alors que la jambe du client est fléchie au niveau du genou et que son pied se trouve en dorsiflexion. La réaction normale est la flexion plantaire.

Il est possible de tester d'autres réflexes pour évaluer le système nerveux. Par exemple, le réflexe cutané plantaire (**signe de Babinski**) positif (extension du gros orteil au moment de la stimulation de la plante de pied externe) est anormal chez l'adulte. Il dénote une interruption des faisceaux pyramidaux. Il se manifeste le plus souvent chez les personnes atteintes d'un trauma crânien. Des réflexes anormaux sont également observés dans le cas d'une méningite ; ces réflexes font partie de l'évaluation neurologique de ces clients (**signe de Kernig** et **signe de Brudzinski**).

L'infirmière réalise une évaluation ciblée pour vérifier l'état de problèmes neurologiques précédemment relevés et pour surveiller les signes d'apparition de nouveaux problèmes **TABLEAU 18.6**. Le **TABLEAU 18.7** donne un exemple d'évaluation physique normale du système nerveux. Les anomalies du système nerveux couramment observées sont présentées dans le **TABLEAU 18.8**.

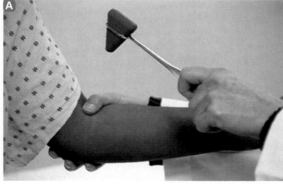
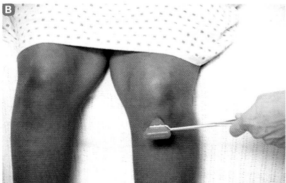

FIGURE 18.14

L'infirmier donne un coup sec sur un tendon étiré pour provoquer un réflexe d'étirement. **A** Réflexe bicipital. **B** Réflexe rotulien.

Clonus : Série de contractions rapides rythmiques et réflexes (involontaires), pouvant être considérées comme des spasmes, causées par l'étirement de certains muscles.

Le réflexe rotulien est présenté dans une animation au www.cheneliere.ca/lewis.

Signe de Kernig : Douleur intense engendrée par l'extension complète de la jambe du client lorsqu'il est assis.

Signe de Brudzinski : Flexion du cou vers l'avant qui provoque une flexion réflexe des hanches et des genoux. Cette réponse anormale témoigne d'une lésion méningée (irritation de la dure-mère).

18

TABLEAU 18.6   Évaluation ciblée du système nerveux

Cette liste de contrôle permet de vérifier que les étapes clés de l'évaluation ont été réalisées.

Données subjectives

Interroger le client sur les éléments suivants

Absences/amnésie	Oui	Non
Faiblesse, engourdissement, fourmillement dans les bras ou les jambes	Oui	Non
Céphalées, en particulier d'apparition récente (*de novo*)	Oui	Non
Perte d'équilibre, incoordination	Oui	Non

Données objectives – Examen physique

Inspecter

État de conscience global	☐
Orientation (personne, lieu, temps)	☐
État mental (apparence, cognition, humeur)	☐
Sensibilité périphérique à un toucher léger et à une piqûre d'épingle (figure, mains, pieds)	☐
Odorat (avec un tampon d'alcool)	☐
Yeux : mouvements des muscles extrinsèques de l'œil, PERRLA, vision périphérique, nystagmus	☐
Démarche : fluidité, coordination	☐

Palper

Force normale et symétrique du cou, des épaules, des bras et des jambes	☐

Percuter

Réflexes ostéotendineux	☐

Données objectives – Examens paracliniques

Vérifier les résultats des examens suivants

Analyse du LCR (ponction lombaire)	☐
Tomodensitométrie (TDM) ou imagerie par résonance magnétique (IRM) cérébrale	☐
Électroencéphalogramme (EEG), électromyogramme (EMG) ou potentiels évoqués	☐
Angiographie cérébrale	☐

TABLEAU 18.7	Observations normales à l'évaluation physique du système nerveux
PARAMÈTRE	**OBSERVATIONS**[a]
État mental	• Client alerte et orienté, processus mentaux ordonnés • Humeur et affect appropriés
Nerfs crâniens	• Odorat normal • Champs visuels complets • Mouvements normaux des muscles extrinsèques • Pas de nystagmus ; pupilles égales, rondes, réactives à la lumière et capables d'accommodation (PERRLA) • Sensibilité faciale normale à un toucher léger et à une piqûre d'épingle • Mouvements faciaux normaux • Réflexes nauséeux et de déglutition normaux ; sourire symétrique, protrusion médiane de la langue • Force normale pendant la rotation de la tête et le haussement des épaules
Système moteur	• Démarche et posture normales ; démarche en tandem normale ; épreuve de Romberg négative • Masse musculaire, tonus et force musculaire normaux et symétriques • Fluidité des mouvements au cours des tests doigt-nez et talon-genou
Système sensoriel	• Sensibilité normale au toucher léger et à une piqûre d'épingle, sensibilités thermique et posturale normales
Réflexes[b]	• Réflexes ostéotendineux (bicipital, tricipital, styloradial, rotulien et achilléen) : 2+, des deux côtés • Orteils en flexion au moment d'une stimulation plantaire (Babinski négatif)

[a] Si certaines parties de l'examen neurologique ne sont pas faites, il faut l'indiquer (p. ex., Odorat non évalué).
[b] Peuvent être consignés en indiquant la force du réflexe à l'endroit convenable sur un dessin de bonhomme allumette.

Anomalies courantes

TABLEAU 18.8	Système nerveux	
OBSERVATIONS	**DESCRIPTION**	**ÉTIOLOGIE POSSIBLE ET SIGNIFICATION**
État mental		
Altération de l'état de conscience	Agitation, léthargie, confusion, stupeur, réaction amoindrie à la stimulation verbale ou à la douleur	Lésions intracrâniennes, hypoxie, trouble métabolique, troubles psychiatriques, médication
Anosognosie	Incapacité d'admettre un défaut physique ou une maladie	Lésions du cortex pariétal droit
Langage		
Aphasie/dysphasie	Perte ou détérioration de la compréhension ou de l'expression du langage, ou des deux	Lésion du cortex cérébral de l'hémisphère dominant (généralement le gauche)
Dysarthrie	Manque de coordination dans l'articulation du langage	Lésion du cervelet ou des nerfs crâniens ; médicaments anticonvulsivants, sédatifs, intoxication aux médicaments hypnotiques (y compris l'alcool)

OBSERVATIONS	DESCRIPTION	ÉTIOLOGIE POSSIBLE ET SIGNIFICATION
Yeux		
Anisocorie[a]	Pupilles de taille inégale	Lésion du nerf optique
Diplopie	Vision double	Lésions touchant les nerfs des muscles extra-oculaires, dommage cérébelleux
Hémianopsie homonyme	Perte de vision d'un côté du champ visuel	Lésions du lobe occipital controlatéral
Nerfs crâniens		
Dysphagie	Difficulté à avaler	Lésions touchant les voies motrices des nerfs crâniens IX et X (y compris la portion inférieure du tronc cérébral)
Ophtalmoplégie	Paralysie des muscles oculaires	Lésions du tronc cérébral
Œdème papillaire (papillœdème)	Œdème de la papille optique (disque du nerf optique)	Augmentation de la pression intracrânienne
Système moteur		
Apraxie	Incapacité d'exécuter les mouvements appris malgré l'intention et la capacité physique de le faire	Lésion du cortex cérébral
Ataxie	Manque de coordination des mouvements	Lésions des voies sensitives ou motrices, du cervelet; médicaments anticonvulsivants, sédatifs, intoxication aux médicaments hypnotiques (y compris l'alcool)
Dyskinésie	Réduction de la puissance des mouvements volontaires, résultant en mouvements fragmentaires ou incomplets	Troubles des noyaux gris centraux, réaction idiosyncrasique aux médicaments psychotropes
Hémiplégie	Paralysie d'un côté complet du corps	AVC et autres lésions touchant le cortex moteur
Nystagmus	Mouvements saccadés et brefs des yeux	Lésions du cervelet, du tronc cérébral, de l'appareil vestibulaire; médicaments anticonvulsivants, sédatifs, intoxication aux médicaments hypnotiques (y compris l'alcool)
Système sensoriel		
Analgésie	Perte de la sensation de douleur	Lésion du tractus spinothalamique ou du thalamus, certains médicaments
Anesthésie	Absence de sensibilité	Lésions de la moelle épinière, du thalamus, des aires sensorielles du cortex ou des nerfs sensitifs périphériques; certains médicaments
Paresthésie	Altération de la sensibilité	Lésions du cordon dorsal de la moelle épinière ou des aires sensorielles du cortex
Astéréognosie	Incapacité de reconnaître la forme des objets au toucher	Lésions du cortex pariétal

TABLEAU 18.8	Système nerveux *(suite)*	
OBSERVATIONS	**DESCRIPTION**	**ÉTIOLOGIE POSSIBLE ET SIGNIFICATION**
Réflexes		
Réflexe cutané plantaire (signe de Babinski)	Extension des orteils vers le haut pendant une stimulation de la plante externe du pied	Lésion suprasegmentaire ou lésion du neurone moteur supérieur
Réflexes ostéotendineux profonds	Réduction ou absence de réponse motrice	Lésions du neurone moteur inférieur
Moelle épinière		
Dysfonctionnement vésical		
Atonie (système nerveux autonome)	Absence de tonus musculaire et de contractilité, augmentation de la capacité vésicale, pas de sensation d'être incommodé, regorgement et grand résidu vésical, incapacité d'uriner volontairement	Stade précoce d'une lésion de la moelle épinière ou lésion permanente de la moelle épinière au niveau sacré
Hypotonie	Plus efficace qu'une vessie atonique, mais moins qu'une vessie normale	Interruption des voies afférentes venant de la vessie
Hypertonie	Augmentation du tonus musculaire, diminution de la capacité, évacuation réflexe, fuites, incontinence	Lésions des tractus pyramidaux (voies efférentes)
Paraplégie	Paralysie des membres inférieurs	Section de la moelle épinière ou lésion due à une masse spinale (région thoracolombaire)
Tétraplégie	Paralysie des quatre membres	Section de la moelle épinière ou lésion due à une masse spinale (région cervicale)

[a] L'anisocorie est présente de façon normale chez environ 5 % de la population.

18.3 | Examens paracliniques du système nerveux

De nombreux examens paracliniques permettent l'évaluation du système nerveux. Le **TABLEAU 18.9** présente les plus courants, et certains d'entre eux sont décrits plus en détail ci-après.

18.3.1 Analyse du liquide céphalorachidien

L'analyse du LCR fournit des renseignements sur diverses maladies du SNC. Habituellement, le LCR est limpide, incolore, et il ne contient pas de globules rouges et peu de protéines. Le **TABLEAU 18.10** présente les valeurs normales du LCR. Celui-ci peut être prélevé par ponction lombaire ou par ventriculostomie.

Ponction lombaire

La ponction lombaire est la méthode la plus courante pour prélever du LCR à des fins d'analyse.

Elle est contre-indiquée en présence d'une élévation de la pression intracrânienne ou dans le cas d'une infection au site de la ponction.

L'infirmière doit d'abord demander au client d'uriner. Il est possible qu'elle doive ensuite participer à son installation. Le plus souvent, il sera allongé sur le côté, mais la position assise est aussi utilisée. L'infirmière informe le client qu'il pourra ressentir une douleur irradiant dans ses jambes quand l'aiguille sera introduite entre la troisième et la quatrième vertèbre lombaire, ou entre la quatrième et la cinquième vertèbre lombaire, mais que cette douleur sera temporaire.

Un manomètre fixé à l'aiguille permet de mesurer la pression du LCR; celui-ci est prélevé dans une série de tubes et acheminé au laboratoire pour analyse. Après l'examen, il est important d'évaluer l'intensité de la céphalée et de l'irritation méningée (raideur de la nuque) qui sont des symptômes fréquents après une ponction lombaire, ainsi que les signes et symptômes de trauma local (p. ex., un hématome, une douleur).

TABLEAU 18.9	Système nerveux	
EXAMEN	**DESCRIPTION ET BUT**	**RESPONSABILITÉS INFIRMIÈRES**
Analyse du liquide céphalorachidien		
Ponction lombaire	Du LCR est aspiré à l'aide d'une aiguille insérée dans l'espace L3-L4 ou L4-L5 afin d'évaluer plusieurs maladies du SNC **TABLEAU 18.10**.	S'assurer que le client n'a pas de tumeur cérébrale avant d'entreprendre l'intervention, car le retrait de LCR pourrait alors provoquer une herniation du cerveau. Le client est installé en décubitus latéral et doit maintenir cette position. S'assurer du respect des règles strictes d'asepsie. Étiqueter les spécimens de LCR dans l'ordre correct. Encourager l'absorption de liquide. Surveiller les signes vitaux et les signes neurologiques et méningés. Évaluer la douleur (céphalée et site de ponction). Administrer un analgésique au besoin.
Examens radiologiques		
Radiographie du crâne et de la colonne vertébrale	Radiographie simple du crâne et de la colonne vertébrale qui permet de détecter des fractures, l'ostéolyse (érosion osseuse), des calcifications, une vascularisation anormale.	Aviser le client que l'examen n'est pas effractif. Lui expliquer quelles positions il devra adopter.
Angiographie cérébrale	Visualisation de radiographies en série des vaisseaux sanguins intracrâniens et extracrâniens qui permet de détecter des lésions vasculaires, des tumeurs de l'encéphale **FIGURE 18.16** ou le décès neurologique. Un produit de contraste est utilisé.	Vérifier les risques d'AVC du client avant l'examen, car des thrombus pourraient être délogés pendant celui-ci. Vérifier les contre-indications à l'utilisation d'un produit de contraste, comme un problème rénal sous-jacent, une allergie aux fruits de mer, à l'iode ou au colorant. Garder le client à jeun avant l'examen. Expliquer au client qu'il aura des bouffées de chaleur à la tête et au cou quand le produit de contraste sera injecté. Expliquer la nécessité de demeurer parfaitement immobile pendant l'examen. Surveiller les signes vitaux et les signes neurologiques toutes les 15 à 30 minutes pendant les 2 premières heures, toutes les heures pendant les 6 heures suivantes, puis toutes les 2 heures pendant 24 heures. Garder le client au lit selon le protocole en vigueur. Surveiller le site de ponction artérielle. Signaler tout saignement et tout changement de son état hémodynamique et neurologique.
Tomodensitométrie (TDM)	Radiographie assistée par ordinateur d'un grand nombre de sections transversales de diverses parties de l'organisme pour détecter des problèmes comme une hémorragie, une tumeur, un kyste, de l'œdème, un infarctus, l'atrophie cérébrale ou d'autres anomalies **FIGURE 18.15**. Il est possible d'utiliser un produit de contraste pour améliorer la visualisation des structures cérébrales.	Vérifier les contre-indications à l'utilisation d'un produit de contraste, comme un problème rénal sous-jacent, une allergie aux fruits de mer, à l'iode ou au colorant. Décrire l'appareil à TDM. Aviser le client de demeurer immobile pendant l'examen.
Imagerie par résonance magnétique (IRM)	Imagerie de l'encéphale, de la moelle épinière et du canal vertébral au moyen d'énergie magnétique **FIGURE 18.15**. Utilisée pour détecter les AVC, la sclérose en plaques, les tumeurs, les traumatismes, les hernies ou l'épilepsie. Aucune intervention effractive n'est nécessaire. Il est possible d'utiliser un produit de contraste pour améliorer la visualisation. Produit des images des tissus mous plus détaillées que celles de la TDM.	Vérifier les contre-indications, comme la présence chez le client d'un stimulateur cardiaque ou de parties métalliques. Aviser le client de la nécessité de rester étendu, immobile, pendant une période pouvant aller jusqu'à une heure. Expliquer que l'examen est très bruyant. Une sédation peut être nécessaire si le client est claustrophobe.

TABLEAU 18.9 **Système nerveux** *(suite)*

EXAMEN	DESCRIPTION ET BUT	RESPONSABILITÉS INFIRMIÈRES
Angiographie par résonance magnétique (ARM)	Méthode qui utilise les caractéristiques du signal différentiel produit par le sang circulant pour l'évaluation des vaisseaux sanguins extracrâniens et intracrâniens. Fournit une information à la fois anatomique et hémodynamique. Peut être utilisée en conjonction avec un produit de contraste.	Mêmes que l'IRM, avec vérification d'usage pour produits de contraste (voir la TDM).
Tomographie par émission de positons (TEP)	Examen qui mesure l'activité métabolique de l'encéphale pour évaluer la mort de cellules ou les dommages qu'elles ont subis. Utilise un produit radioactif qui apparaît comme une tache brillante sur l'image. Utilisée pour les clients souffrant d'AVC, de maladie d'Alzheimer, d'épilepsie, de maladie de Parkinson ou de tumeurs.	Prévenir le client que deux voies veineuses seront installées. L'aviser de ne pas prendre de sédatifs ou de tranquillisants au préalable. Lui dire d'uriner avant l'examen. Assurer une surveillance glycémique en raison du matériel tomographique injecté par voie intraveineuse (I.V.). Il est possible qu'il soit demandé au client de réaliser diverses activités pendant l'examen.
Tomographie par émission monophotonique (TEMP)	Méthode d'imagerie similaire à la TEP, mais utilisant des substances plus stables et des détecteurs différents. Des composés radiomarqués sont injectés, et il est possible de détecter leurs émissions de photons. Les images produites correspondent à une accumulation du composé marqué. Utilisée pour visualiser l'écoulement du sang, l'oxygénation ou le métabolisme du glucose dans l'encéphale. Utile pour le diagnostic des AVC, des tumeurs cérébrales et des troubles convulsifs.	Mêmes que la TEP ci-dessus.
Myélographie	Radiographie de la moelle épinière et de la colonne vertébrale après injection d'un produit de contraste dans l'espace sous-arachnoïdien. Utilisé pour détecter des lésions spinales (p. ex., une hernie ou une rupture d'un disque, une tumeur spinale).	Avant l'examen : administrer la sédation comme prescrit. Demander au client d'uriner. L'aviser qu'il sera installé sur une table basculante qui sera déplacée pendant l'examen. Après l'examen : le client doit rester étendu pendant quelques heures. L'encourager à boire. Surveiller les signes vitaux et les signes neurologiques. Il est possible que le client souffre de céphalées, de nausées et de vomissements après l'examen.
Examens électrographiques		
Électroencéphalographie (EEG)	Des électrodes placées sur le cuir chevelu enregistrent l'activité électrique de l'encéphale ; permet d'évaluer les troubles convulsifs, les maladies cérébrales, les effets de maladies systémiques sur le SNC.	Aviser le client que l'examen n'est pas effractif et ne présente pas de danger de choc électrique. Déterminer s'il faut suspendre la prise de certains médicaments (p. ex., des tranquillisants, des anticonvulsivants). Après l'examen, reprendre la médication et enlever le gel à électrodes des cheveux du client.
Magnétoencéphalographie (MEG)	Utilisation d'un biomagnétomètre pour détecter les champs magnétiques générés par l'activité nerveuse. Peut localiser avec précision la partie de l'encéphale touchée par un AVC, une crise épileptique ou un autre trouble ou trauma. Mesure les champs magnétiques extracrâniens tout comme le champ électrique du cuir chevelu (EEG).	Aviser le client que le magnétoencéphalographe est un détecteur passif qui n'entre pas physiquement en contact avec le client.
Électromyographie (EMG) et études de conduction nerveuse	Des aiguilles-électrodes permettent d'enregistrer l'activité électrique associée aux nerfs et aux muscles squelettiques ; utilisée pour déceler une maladie touchant un muscle ou un nerf périphérique.	Aviser le client que l'insertion des aiguilles s'accompagne de douleur et qu'elle peut l'incommoder.

18

TABLEAU 18.9	Système nerveux *(suite)*	
EXAMEN	**DESCRIPTION ET BUT**	**RESPONSABILITÉS INFIRMIÈRES**
Potentiels évoqués	Des électrodes placées sur la peau et le cuir chevelu enregistrent l'activité électrique associée à la conduction nerveuse le long des voies sensitives. Le stimulus génère l'influx. Cet examen est utilisé pour diagnostiquer une maladie, pour localiser une lésion d'un nerf ou pour le monitorage peropératoire (surveillance fonctionnelle pendant une intervention chirurgicale).	Aviser le client que l'examen n'est pas effractif et ne présente pas de danger de choc électrique.
Échographie		
Doppler des carotides	Combinaison de l'échographie et de la technologie de doppler pulsé. C'est un examen non effractif qui évalue le degré de sténose des artères carotides et des artères vertébrales. Une sonde est placée au-dessus de l'artère carotide commune, et elle est déplacée lentement le long du trajet de cette artère. La fréquence du signal ultrasonore réfléchi correspond à la vitesse de circulation du sang. Une accélération de celle-ci peut indiquer une sténose du vaisseau.	Aviser le client de rester immobile durant l'examen.
Doppler transcrânien	Même technologie que l'échographie doppler des carotides, mais évalue la vitesse du flux sanguin dans les vaisseaux intracrâniens. La sonde est placée sur la peau au niveau de diverses «fenêtres» du crâne (régions du crâne qui n'ont qu'une mince couverture osseuse) pour enregistrer la vitesse du sang dans les vaisseaux sanguins. Technique non effractive utile pour évaluer le spasme vasculaire associé à une hémorragie sous-arachnoïdienne, une altération hémodynamique intracrânienne associée à une maladie vasculaire oblitérante, la présence d'une embolie ou l'autorégulation cérébrale.	Aviser le client de rester immobile durant l'examen. Il est probable que la procédure soit répétée tous les jours ou tous les deux jours, selon le besoin.

18.3.2 Examens radiologiques

Tomodensitométrie

La TDM constitue un moyen rapide d'obtenir des images radiographiques de coupes axiales de l'encéphale **FIGURE 18.15**. Visualisées en succession, ces images fournissent une représentation tridimensionnelle du contenu intracrânien. Les substances plus denses y apparaissent en blanc, alors que le liquide et l'air sont foncés ou noirs. Il est possible de pratiquer une TDM de l'encéphale avec ou sans produit de contraste en quelques minutes seulement.

Imagerie par résonance magnétique

L'IRM fournit davantage de détails que la TDM et produit des images plus précises des structures intracrâniennes **FIGURE 18.15**. Cependant, l'IRM étant plus longue à réaliser, elle n'est peut-être pas appropriée pour l'évaluation d'urgences mettant la vie en danger. Les techniques plus récentes d'IRM fonctionnelle (IRMf) fournissent des images dynamiques (temporelles) qui permettent de voir comment l'encéphale réagit à diverses stimulations.

Angiographie cérébrale

L'angiographie cérébrale est indiquée lorsque des lésions vasculaires ou des tumeurs sont suspectées. Un cathéter est introduit dans l'artère fémorale (parfois dans l'artère brachiale) et il est poussé jusqu'à la crosse aortique, puis jusqu'à la base d'une artère carotide ou d'une artère vertébrale, où un produit de contraste est injecté. Des images radiographiques sont prises en séquence temporelle pendant que le produit de contraste se répand dans les artères, les plus petits vaisseaux puis les veines **FIGURE 18.16**. Cet examen peut aider à détecter et à localiser un abcès, un anévrisme, un hématome, une malformation artérioveineuse, un spasme artériel ou certaines tumeurs (Ionita, Graffagnino, Alexander, & Zaidat, 2008).

Étant donné qu'il s'agit d'une technique effractive, des effets indésirables peuvent se manifester. Par exemple, le client pourrait avoir une réaction allergique (anaphylactique) au produit de contraste.

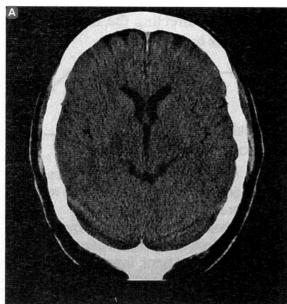

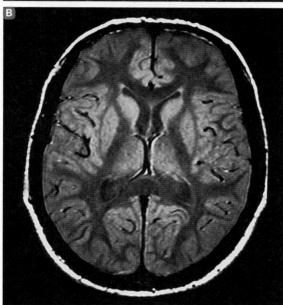

FIGURE 18.15

Images normales de l'encéphale – **A** Tomodensitométrie.
B Imagerie par résonance magnétique.

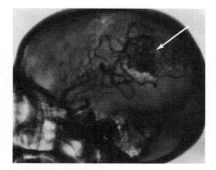

FIGURE 18.16

Angiogramme cérébral montrant une malformation
artérioveineuse (flèche)

TABLEAU 18.10	Valeurs normales du liquide céphalorachidien	
PARAMÈTRE		**VALEUR NORMALE**
Densité		1,007
pH		7,35
Aspect		Limpide, incolore
Globules rouges		Aucun
Globules blancs		0-5 cellules/µl (0-5 × 10^6 cellules/L)
Protéines	Niveau lombaire	15-45 mg/dl (0,15-0,45 g/L)
	Aqueduc	15-25 mg/dl (0,15-0,25 g/L)
	Ventricules	5-15 mg/dl (0,05-0,15 g/L)
Glucose		40-70 mg/dl (2,2-3,9 mmol/L)
Microorganismes		Aucun
Pression		60-150 mm H_2O (ou 5-15 mm Hg)

En général, cette réaction se produit immédiatement après l'injection de celui-ci et elle peut exiger
l'application de mesures de réanimation dans la
salle d'examen. Une responsabilité infirmière très
importante après le retour du client à sa chambre
consiste à surveiller le saignement au site de ponction du cathéter (habituellement l'aine).

18.3.3 Études électrographiques
Électroencéphalographie

La technique d'EEG consiste à enregistrer l'activité
électrique des neurones superficiels du cortex
cérébral à l'aide d'électrodes placées sur des zones
précises du cuir chevelu. Il est possible de pratiquer des tests précis pour évaluer la réaction
électrique de l'encéphale à des lumières ou à des
bruits intenses. Cet examen est réalisé pour évaluer des maladies cérébrales, ainsi que les effets
que de nombreuses maladies métaboliques ou systémiques peuvent avoir sur le SNC. Parmi les
maladies cérébrales évaluées par l'EEG figurent
l'épilepsie, les troubles du sommeil, les lésions
vasculaires cérébrales et les traumas cérébraux. La
surveillance électroencéphalographique continue
est de plus en plus considérée comme un élément
de base dans le diagnostic et le traitement des troubles convulsifs (Meier, Dittrich, Schulze-Bonhage,
& Aertsen, 2008). L'examen est non effractif, et il

Jugement clinique

faut rassurer le client qu'il ne risque pas de recevoir une décharge électrique.

Électromyographie et études de conduction nerveuse

L'EMG est l'enregistrement de l'activité électrique associée à l'innervation des muscles squelettiques. Des aiguilles-électrodes sont insérées dans le muscle pour étudier des unités motrices précises, parce que l'enregistrement à partir de la peau est insuffisant. Un muscle normal au repos ne manifeste pas d'activité électrique ; celle-ci ne se produit que lorsque le muscle se contracte. Cette activité peut être modifiée par une maladie touchant le muscle lui-même (p. ex., une affection myopathique) ou par un trouble de l'innervation musculaire (p. ex., une lésion segmentaire ou une lésion du neurone moteur inférieur, une affection neuropathique périphérique).

Pour réaliser une étude de conduction nerveuse (électroneurographie), un bref stimulus électrique est appliqué sur la portion distale d'un nerf sensitif ou d'un nerf mixte, et la vague de dépolarisation résultante est enregistrée à un point proximal à la stimulation. Par exemple, un stimulus peut être appliqué sur l'index et une électrode d'enregistrement est placée sur le poignet, au-dessus du

nerf médian. Le temps qui s'écoule entre l'application du stimulus et l'arrivée de l'onde initiale de dépolarisation à l'électrode d'enregistrement constitue la vitesse de conduction nerveuse. Celle-ci est plus lente dans les nerfs endommagés.

Potentiels évoqués

Les **potentiels évoqués** sont des enregistrements de l'activité électrique associée à la conduction nerveuse le long des voies sensitives. L'activité électrique est générée par un stimulus sensoriel précis associé au type d'étude (p. ex., des motifs en damier pour les potentiels évoqués visuels, un bruit de cliquetis pour les potentiels évoqués auditifs, de légères impulsions électriques pour les potentiels évoqués somesthésiques). Des électrodes placées sur des zones précises de la peau et du cuir chevelu enregistrent l'activité électrique. Une augmentation du temps qui s'écoule normalement entre l'application du stimulus et un sommet donné (période de latence) indique que la conduction nerveuse est ralentie ou que le nerf est endommagé. Cette technique s'avère utile dans le diagnostic des anomalies visuelles ou auditives, car elle révèle si un influx sensitif atteint la partie appropriée de l'encéphale. L'évaluation de la profondeur du coma, de l'évolution de la sclérose en plaques (névrite optique) et du neurinome acoustique représente une indication pour ces tests.

■ ■ ■ À retenir

- Le système nerveux autonome régit les fonctions involontaires du muscle cardiaque, des muscles lisses (involontaires) et des glandes.

- Certaines vitamines comme la thiamine (B_1), la niacine et la pyridoxine (B_6) sont essentielles au maintien et à la santé du SNC.

- Des carences de une ou de plusieurs de ces vitamines pourraient entraîner des symptômes neurologiques non spécifiques comme la dépression, l'apathie, la névrite, la faiblesse, la confusion mentale et l'irritabilité.

- L'incontinence urinaire ou fécale et la rétention urinaire sont les problèmes d'élimination les plus souvent associés à un trouble neurologique.

- L'évaluation des fonctions cognitives englobe la mémoire, le langage, les

habiletés de calcul, la capacité de résoudre des problèmes, la compréhension et le jugement.

- Les modifications cognitives associées à un trouble neurologique peuvent empêcher le client de bien comprendre sa maladie et de collaborer au traitement approprié.

- L'examen neurologique standard passe en revue six catégories de fonctions : l'état mental, le fonctionnement des nerfs crâniens, la fonction motrice, la fonction

sensorielle, le fonctionnement du cervelet et les réflexes.

- Il est important de vérifier l'intégrité des réflexes tronculaires, soit les réflexes nauséeux, de toux et de déglutition, chez les clients qui présentent un état de conscience diminué, une lésion du tronc cérébral ou une maladie de la musculature de la gorge, car si ces réflexes dits de protection sont faibles ou absents, les clients risquent d'aspirer des aliments ou des sécrétions.

Pour en savoir plus

VERSION COMPLÈTE ET DÉTAILLÉE

www.cheneliere.ca/lewis

 Références Internet

Organismes et associations

American Academy of Neurology
www.aan.com

Groupe de recherche sur le système nerveux central
www.grsnc.umontreal.ca

Moelle épinière et motricité Québec
www.moelleepiniere.com

Organismes gouvernementaux

Santé Canada > Santé des Premières nations, des Inuits et des Autochtones > Rapports et publications > Services de soins de santé > Guide de pédiatrie clinique du personnel

en soins infirmier primaires > Chapitre 15 - Système nerveux central
www.hc-sc.gc.ca

Références générales

ÉtudiantInfirmier.com > Neurologie
www.etudiantinfirmier.com

Le cerveau à tous les niveaux
http://lecerveau.mcgill.ca

Les secrets du corps humain > Fonctionnement du corps > Le système nerveux
www.lecorpshumain.fr

Neuroscience Information Framework
http://neuinfo.org

PasseportSanté.net > Le corps humain
www.passeportsante.net

Soins-Infirmiers.com > Modules Cours > Neurologie > Anatomie – Physiologie > Le système nerveux
www.soins-infirmiers.com

 Monographies

Kahle, W. (2007). *Atlas de poche d'anatomie. Tome 3 : système nerveux et organes des sens.* Paris : Flammarion.

Michael-Titus, A., Revest, P., & Shortland, P. (2010). *The nervous system : Basic science and clinical conditions* (2nd ed.). Edinburgh, R.-U., New York : Churchill Livingstone.

Nieuwenhuys, R., Voogd, J., & Van Huijzen, C. (2008). *The Human Central Nervous System* (4th ed.). Berlin, All., New York : Springer.

Vogel, H. (2009). *Nervous System.* Cambridge, R.-U. : Cambridge University Press.

CHAPITRE

19

Écrit par :
Meg Zomorodi, RN, Ph. D.

Adapté par :
Danièle Dallaire, inf., M. Sc.

Troubles intracrâniens aigus

Objectifs

 Guide d'études – SA20

Après avoir lu ce chapitre, vous devriez être en mesure :

■ d'expliquer les mécanismes physiologiques qui assurent le maintien d'une pression intracrânienne normale ;

■ de décrire les causes les plus fréquentes de l'hypertension intracrânienne, ses manifestations cliniques et le processus thérapeutique en interdisciplinarité destiné au client qui en est atteint ;

■ de décrire les interventions infirmières s'appliquant au client atteint d'hypertension intracrânienne ;

■ de distinguer les types de traumatismes craniocérébraux selon leur mécanisme de blessure et leurs manifestations cliniques ;

■ de décrire les interventions infirmières et le processus thérapeutique en interdisciplinarité s'appliquant au client qui présente un traumatisme craniocérébral ;

■ de comparer les types de tumeurs cérébrales, leurs manifestations cliniques et le processus thérapeutique en interdisciplinarité destiné aux clients qui en sont atteints ;

■ de décrire les soins et traitements infirmiers s'appliquant au client qui présente une tumeur cérébrale ;

■ de décrire les interventions infirmières se rapportant au client qui subit une chirurgie crânienne ;

■ de distinguer les principales causes d'abcès cérébral, de méningite et d'encéphalite, ainsi que le processus thérapeutique en interdisciplinarité et les interventions infirmières destinés au client qui en est atteint.

Concepts **clés**

Cette carte conceptuelle illustre schématiquement les principaux concepts décrits dans le présent chapitre. Sa lecture vous permettra d'avoir une vue d'ensemble des notions qui y sont présentées.

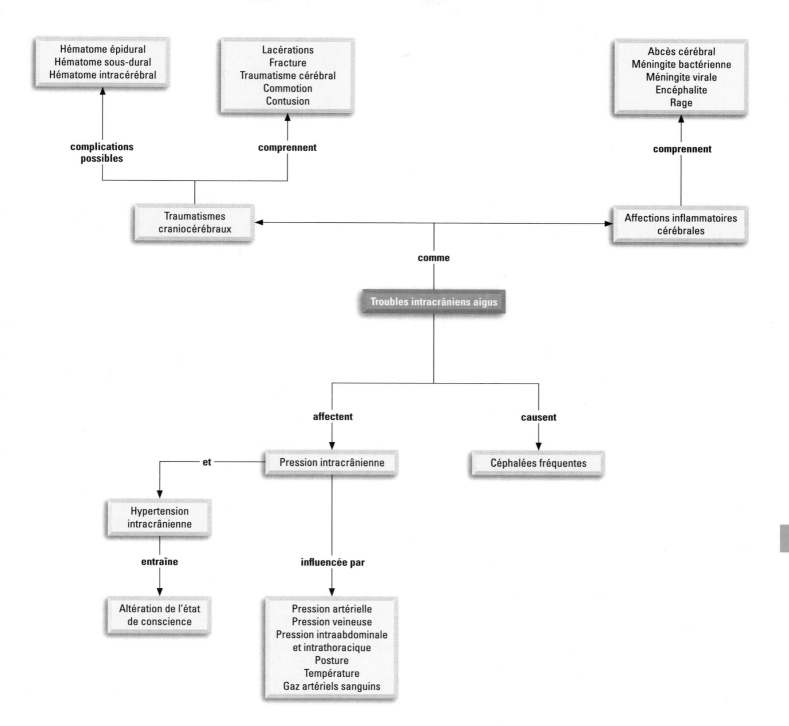

19.1 | Pression intracrânienne

Les problèmes intracrâniens aigus incluent les maladies et troubles susceptibles d'augmenter la pression intracrânienne (PIC). Ce chapitre traite des mécanismes responsables du maintien d'une PIC normale, de son augmentation, des traumatismes craniocérébraux (TCC) et des tumeurs cérébrales, ainsi que des affections inflammatoires cérébrales.

Il est important de comprendre la dynamique de la PIC si des soins sont dispensés à des clients souffrant de problèmes neurologiques, dont il existe une grande variété. Le crâne ressemble à une boîte fermée contenant trois grandes composantes : le tissu cérébral, le sang et le liquide céphalorachidien (LCR) **FIGURE 19.1**. Le tissu cérébral compte pour environ 78 % de ce volume. Le sang des réseaux artériel, veineux et capillaire en constitue 12 %, et les 10 % restants correspondent au volume du LCR.

19.1.1 Régulation et maintien de la pression intracrânienne

Pression intracrânienne normale

La **pression intracrânienne (PIC)** est la force hydrostatique mesurée dans le LCR cérébral. Dans des conditions normales, où le volume intracrânien reste relativement inchangé, l'équilibre entre les trois composantes (tissu cérébral, sang, LCR) assure le maintien de la PIC. Selon l'hypothèse de Monro-Kellie, le volume des trois composantes doit rester relativement constant à l'intérieur de la boîte crânienne. Si le volume de l'un des trois éléments augmente, le volume d'un autre doit diminuer afin que le volume intracrânien total ne change pas (Cushing, 1925). Cette hypothèse ne vaut que si le crâne est fermé ; elle ne s'applique pas aux nouveau-nés et aux adultes présentant des fractures déplacées du crâne.

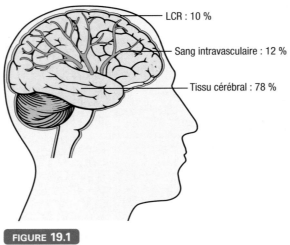

FIGURE 19.1

Composantes du cerveau

- LCR : 10 %
- Sang intravasculaire : 12 %
- Tissu cérébral : 78 %

Dans des conditions normales, les facteurs qui influencent la PIC sont des modifications : 1) de la pression artérielle (P.A.) ; 2) de la pression veineuse ; 3) de la pression intraabdominale et intrathoracique ; 4) de la posture ; 5) de la température ; 6) des gaz artériels sanguins (GAS), en particulier des taux de CO_2. L'ampleur de la diminution ou de l'augmentation de la PIC résultant de ces facteurs dépend de la capacité du cerveau à s'y adapter.

La PIC peut se mesurer dans les ventricules, l'espace sous-arachnoïdien, l'espace sous-dural, l'espace épidural ou le tissu cérébral à l'aide d'un capteur de pression (Andrews *et al.*, 2008). La PIC normale se situe entre 5 et 15 mm Hg. Si elle se maintient au-dessus de la limite supérieure, elle est considérée comme anormale.

Mécanismes normaux de compensation

Toujours d'après l'hypothèse de Monro-Kellie, l'organisme peut s'adapter aux variations de volume dans le crâne de manière à assurer une PIC normale. Les modifications de volume de LCR, dues à une augmentation ou une diminution de son absorption ou de sa production et à son déplacement dans l'espace sous-arachnoïdien spinal, figurent parmi les mécanismes compensatoires initiaux. L'affaissement des veines cérébrales et des sinus duraux, la vasoconstriction ou la vasodilatation cérébrale régionale, de même que les changements touchant le retour veineux, participent aux altérations du volume sanguin intracrânien. La distension de la dure-mère ou la compression du tissu cérébral assurent une compensation du volume du tissu cérébral. Grâce à ces mécanismes compensatoires, une augmentation de volume n'entraîne d'abord aucune hausse de la PIC. Cependant, cette capacité de compensation des variations de volume est limitée. À mesure que le volume s'accroît, la PIC augmente et se solde par une décompensation résultant de la compression et de l'ischémie (Cushing, 1925).

19.1.2 Débit sanguin cérébral

Le débit sanguin cérébral (DSC) désigne la quantité de sang, en millilitres, qui traverse 100 grammes de tissu cérébral en une minute. Le DSC global se situe autour de 50 mL/min par 100 g de tissu cérébral. Le maintien d'un bon débit sanguin vers le cerveau est essentiel puisque cet organe nécessite un apport constant en oxygène et en glucose (Wilensky & Bloom, 2005). Le cerveau utilise 20 % de l'oxygène du corps et 25 % de son glucose.

Autorégulation du débit sanguin cérébral

Le cerveau a la capacité de réguler son propre débit sanguin en fonction de ses besoins métaboliques, et ce, malgré des variations importantes de la P.A. systémique. L'autorégulation désigne l'ajustement automatique du diamètre des vaisseaux sanguins cérébraux par le cerveau en vue d'assurer un DSC constant malgré des fluctuations de la P.A. Le but de l'autorégulation est de veiller à la stabilité du DSC pour répondre aux besoins métaboliques du tissu cérébral et de maintenir la pression de perfusion cérébrale (PPC) dans les limites normales.

Chez une personne normotendue, une pression artérielle moyenne (P.A.M.) d'au moins 50 mm Hg est requise pour que l'autorégulation soit efficace. En dessous de cette valeur, le DSC diminue et des symptômes d'ischémie cérébrale, comme la syncope et la vision brouillée, apparaissent. Une P.A.M. de 150 mm Hg est la limite supérieure de pression pour laquelle l'autorégulation est encore efficace (Czonyka, Brady, Reinhard, Smielewski, & Steiner, 2009). Au-delà de cette valeur, la vasoconstriction des vaisseaux est maximale et toute réponse vasoconstrictrice supplémentaire est impossible.

Facteurs influençant le débit sanguin cérébral

Les concentrations de dioxyde de carbone (CO_2), d'oxygène (O_2) et d'ions hydrogène (H^+) influencent le tonus des vaisseaux sanguins cérébraux. La pression partielle du dioxyde de carbone dans le sang artériel ($PaCO_2$) est un agent vasoactif puissant. Une augmentation de la $PaCO_2$ a pour effet de relâcher les muscles lisses, de dilater les vaisseaux cérébraux, de diminuer la résistance vasculaire cérébrale et d'augmenter le DSC. Une diminution de la $PaCO_2$ entraînera par contre la constriction des vaisseaux cérébraux, l'augmentation de la résistance cérébro-vasculaire et la diminution du DSC. Le doppler transcrânien est une méthode non effractive employée dans les unités de soins intensifs pour surveiller les changements de la résistance vasculaire cérébrale.

Dans le cerveau, une pression artérielle en oxygène (PaO_2) inférieure à 50 mm Hg entraîne une vasodilatation des vaisseaux. Cette vasodilatation a pour but de diminuer la résistance vasculaire cérébrale, d'augmenter le DSC et, par conséquent, d'augmenter la pression en O_2. Cependant, si cette dernière n'augmente pas, le métabolisme anaérobique est enclenché et il en résulte une accumulation d'acide lactique. À mesure que la concentration de cette substance augmente et que les ions hydrogène s'accumulent, l'environnement cérébral devient de plus en plus acide. La vasodilatation devient alors encore plus marquée, dans un ultime effort pour augmenter le débit sanguin afin d'évacuer les déchets acides. Une PaO_2 très basse dans le sang artériel, combinée à une concentration élevée en ions hydrogène (acidose), deux puissants vasodilatateurs cérébraux, peuvent mettre un terme à l'autorégulation et rendre les mécanismes compensatoires inaptes à répondre aux demandes métaboliques des tissus (Cushing, 1925).

Les arrêts cardiaques ou respiratoires, les hémorragies systémiques et certains autres états physiopathologiques (p. ex., un coma diabétique, une encéphalopathie, une infection ou une intoxication) sont susceptibles d'affecter le DSC. Les traumatismes, les tumeurs, les hémorragies cérébrales ou les accidents vasculaires cérébraux (AVC) peuvent aussi avoir un impact sur le DSC de certaines régions cérébrales. En cas de perte de l'autorégulation, le DSC n'est plus constant et se trouve directement touché par les variations de la P.A. systémique et l'hypoxie.

Pression de perfusion cérébrale

La pression de perfusion cérébrale (PPC) désigne la pression requise pour maintenir un DSC adéquat au cerveau et assurer la perfusion tissulaire. Elle est égale à la P.A.M. moins la PIC (PPC = P.A.M. – PIC) **ENCADRÉ 19.1**. Même si elle ne tient pas compte de l'effet de résistance vasculaire cérébrale, cette formule est néanmoins utile sur le plan clinique. La résistance vasculaire cérébrale générée par les artérioles de la boîte crânienne permet d'établir la relation suivante entre la PPC et le débit sanguin :

$$PPC = débit \times résistance$$

À mesure que la PPC diminue, l'autorégulation cesse et le DSC diminue. La PPC se situe normalement entre 60 et 100 mm Hg. Si elle diminue en deçà de 50 mm Hg, elle provoque une ischémie cérébrale importante. Une PPC inférieure à 30 mm Hg cause l'ischémie cellulaire et la mort neuronale. Normalement, l'autorégulation permet de maintenir un DSC et une PPC adéquats par ajustement du diamètre des vaisseaux sanguins cérébraux et des facteurs métaboliques touchant la PIC. Si cette dernière est élevée, il est essentiel de maintenir une P.A.M. plus élevée. Il est important de garder à l'esprit que la PPC peut ne pas refléter la pression de perfusion dans toutes les régions du cerveau. En effet, il peut y avoir des zones d'œdème et de compression qui restreignent la pression de perfusion dans une région. Pour les clients concernés, il est possible qu'une PPC plus élevée soit

ENCADRÉ 19.1	Calcul de la pression de perfusion cérébrale

PPC = P.A.M. – PIC
P.A.M.[a] = P.A.D. + 1/3 (P.A.S. – P.A.D.) ou **P.A.M. = P.A.S. + 2(P.A.D.)/3**
Exemple : Pression artérielle = 122/84
                            P.A.M. = 97
                              PIC = 12 mm Hg
                            PPC = 85 mm Hg

P.A.D. : pression artérielle diastolique ; P.A.M. : pression artérielle moyenne ; P.A.S. : pression artérielle systolique ; PIC : pression intracrânienne ; PPC : pression de perfusion cérébrale.

[a] La plupart des appareils multiparamétriques et tous les moniteurs cardiaques calculent automatiquement la P.A.M.

requise pour prévenir une lésion tissulaire localisée. Ainsi, il sera peut-être nécessaire de maintenir une P.A. plus élevée chez un client victime d'un AVC en phase aiguë, pour faire augmenter la P.A.M. et la PPC, afin de stimuler la perfusion au cerveau et prévenir des dommages tissulaires secondaires.

Changements de pression

Le rapport entre la pression et le volume est illustré par la courbe pression-volume, qui varie selon la compliance cérébrale. La compliance désigne l'augmentation de volume correspondant à chaque augmentation d'une unité de pression. Si elle est faible, de petites variations de volume se traduisent par des hausses de pression importantes.

La courbe pression-volume peut servir à représenter les stades d'augmentation de la PIC **FIGURE 19.2**. Au stade 1 de la courbe, une compliance élevée est observée. Le cerveau est en compensation totale, et les mécanismes d'adaptation et d'autorégulation sont intacts. Une augmentation du volume (du tissu cérébral, du sang ou du LCR) ne provoque pas de hausse de la PIC. Au stade 2, la compliance commence à diminuer et une augmentation du volume expose le client à un risque d'augmentation de la PIC. Au stade 3, la compliance est sensiblement réduite. La moindre augmentation de volume entraîne une hausse importante de la PIC : les mécanismes de compensation sont inefficaces, l'autorégulation est compromise, et le client présente des manifestations d'hypertension intracrânienne (p. ex., des céphalées ou des altérations de l'état de conscience ou de la réactivité des pupilles).

En cas de perte de l'autorégulation, le DSC n'est plus maintenu et est influencé directement par les changements de P.A. systémique. Ainsi, la P.A. systolique augmente pour tenter de maintenir la perfusion cérébrale. La réponse du client se caractérise par une hypertension systolique associée à un accroissement graduel de la pression différentielle,

Hypercapnie :
Augmentation de la $PaCO_2$ dans le sang au-dessus de 45 mm Hg.

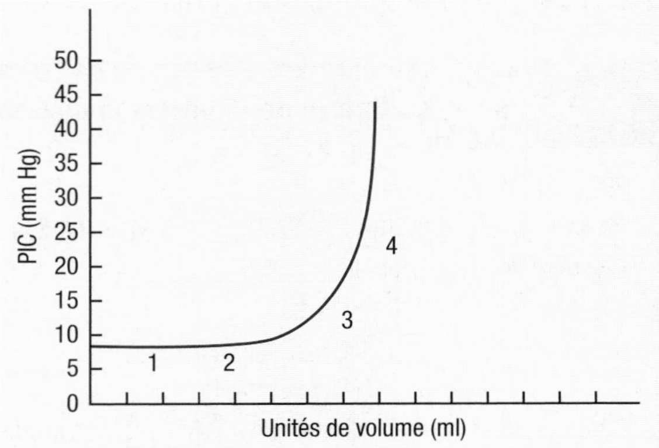

FIGURE 19.2

Courbe de la PIC en fonction du volume (les stades 1, 2, 3 et 4 sont expliqués dans le texte).

une bradycardie associée à un pouls bondissant, et par une altération de la respiration. Ces symptômes, regroupés sous le nom de triade de Cushing, constituent une urgence neurologique.

Au début du stade 4, la PIC s'élève à des niveaux mortels par la seule addition d'une faible unité de volume. Une herniation (ou engagement) survient si le tissu cérébral est déplacé de force du compartiment où la pression est la plus importante vers un compartiment où la pression est inférieure.

19.2 | Hypertension intracrânienne

Il faut soupçonner une hypertension intracrânienne chez tout client présentant une altération subite de l'état de conscience, et ce, peu importe la cause.

19.2.1 Mécanismes de l'hypertension intracrânienne

L'hypertension intracrânienne, soit une PIC supérieure à 20 mm Hg, est une situation de menace potentielle à la vie Elle découle d'une augmentation du volume de l'une ou de l'ensemble des trois composantes (tissu cérébral, sang, LCR). L'hypertension intracrânienne peut être due à une masse intracrânienne (p. ex., un hématome, une contusion, un abcès ou une tumeur) ou à un œdème cérébral (associé à des tumeurs cérébrales, à un traumatisme craniocérébral ou à une inflammation cérébrale). L'hypertension intracrânienne soutenue est significative sur le plan clinique parce qu'elle entraîne une diminution de la PPC, fait augmenter les risques d'ischémie et d'infarctus cérébral et est associée à un pronostic sombre (McIlvoy, 2008).

Les lésions cérébrales peuvent provoquer une **hypercapnie**, une acidose cérébrale, une altération de l'autorégulation et une hypertension systémique, et ainsi favoriser la formation et la propagation d'un œdème cérébral. Ce dernier a pour effet de déformer le tissu cérébral et d'augmenter davantage la PIC, provoquant une hypoxie et une acidose tissulaires encore plus graves. La **FIGURE 19.3** illustre l'évolution de l'hypertension intracrânienne.

Le maintien du DSC est essentiel à la préservation des tissus. Une hypertension intracrânienne qui progresse lentement et dont la distribution dans le cerveau est homogène (p. ex., en présence d'une lésion cérébrale en développement) permet de mieux préserver le débit sanguin qu'une augmentation rapide de la PIC, qui s'observe notamment dans les traumatismes crâniens primaires. Une hypertension intracrânienne soutenue provoque une compression du tronc cérébral et une herniation du cerveau d'un compartiment à l'autre.

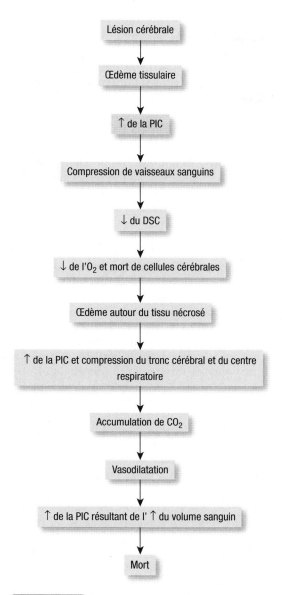

FIGURE 19.3

Évolution de la PIC

Flowchart:
Lésion cérébrale → Œdème tissulaire → ↑ de la PIC → Compression de vaisseaux sanguins → ↓ du DSC → ↓ de l'O₂ et mort de cellules cérébrales → Œdème autour du tissu nécrosé → ↑ de la PIC et compression du tronc cérébral et du centre respiratoire → Accumulation de CO₂ → Vasodilatation → ↑ de la PIC résultant de l'↑ du volume sanguin → Mort

Le déplacement et la herniation du tissu cérébral sont susceptibles de rendre irréversible un processus physiopathologique réversible au départ. L'ischémie et l'œdème sont amplifiés, ce qui aggrave le problème déjà présent. La compression du tronc cérébral et des nerfs crâniens peut être fatale (la **FIGURE 19.4** illustre les types de herniation). Par exemple, une herniation peut forcer le cervelet et le tronc cérébral à passer à travers le trou occipital. Si la compression du tronc cérébral n'est pas résorbée, un arrêt respiratoire résultera de la compression du centre respiratoire situé dans le bulbe rachidien.

19.2.2 Œdème cérébral

L'**œdème cérébral** consiste en une accumulation croissante de liquide dans les espaces extravasculaires du tissu cérébral. Comme le montre l'**ENCADRÉ 19.2**, il en existe une variété de causes.

Dans tous les cas, l'œdème cérébral provoque une augmentation du volume tissulaire qui fait augmenter la PIC. L'étendue et la sévérité de la lésion initiale déterminent son degré, tout comme l'apparition de lésions secondaires, qui surviennent dans les heures et les jours suivants. Quelle que soit la cause de l'œdème cérébral, il s'accompagne d'hypertension intracrânienne, à moins que les mécanismes de compensation fonctionnent adéquatement.

Il existe trois types d'œdème cérébral : vasogénique, cytotoxique et interstitiel. Il est possible qu'un même client en présente plus d'un type.

Œdème cérébral vasogénique

L'œdème cérébral vasogénique, qui est le plus fréquent et qui affecte surtout la substance blanche, découle de changements touchant le revêtement endothélial des capillaires cérébraux. Ces changements permettent le passage de macromolécules des capillaires dans l'espace extracellulaire environnant, ce qui crée un gradient osmotique favorisant le passage de liquide de l'espace intravasculaire vers l'espace extravasculaire. Diverses lésions, comme des tumeurs cérébrales, des abcès et d'autres qui sont dues à des toxines ingérées, peuvent être à l'origine d'une plus grande perméabilité de la barrière hématoencéphalique et provoquer une augmentation du volume de liquide extracellulaire. La vitesse de propagation de l'œdème et son étendue dépendent de la P.A. systémique, du siège de la lésion cérébrale et de l'ampleur de la brèche dans la barrière hématoencéphalique.

Ce type d'œdème peut produire un éventail de symptômes allant des céphalées à des altérations de l'état de conscience, y compris le **coma** (état d'inconscience profond) et des déficits neurologiques

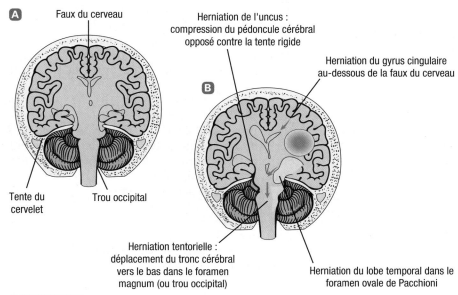

FIGURE 19.4

Herniation – Ⓐ Relation normale entre les structures intracrâniennes. Ⓑ Déplacement des structures intracrâniennes.

Masse intracrânienne
- Abcès cérébral
- Tumeur cérébrale (primaire ou métastatique)
- Hématome (intracérébral, sous-dural, épidural)
- Hémorragie (intracérébrale, cérébelleuse, du tronc cérébral)

Traumatismes craniocérébraux et chirurgie cérébrale
- Contusion
- Hémorragie
- Œdème cérébral post-traumatique

Infections cérébrales
- Méningite
- Encéphalite

Accident vasculaire cérébral (AVC)
- Épisodes anoxiques et ischémiques
- Infarcissement cérébral (thrombotique ou embolique)
- Thrombose des sinus veineux

Encéphalopathies toxiques ou métaboliques
- Intoxication au plomb ou à l'arsenic
- Encéphalopathie hépatique
- Urémie

Shunt ventriculo-péritonéal : Création chirurgicale d'une communication entre un ventricule cérébral et le péritoine au moyen d'un tube de plastique pour permettre le drainage du liquide céphalorachidien pour soulager une hydrocéphalie.

focaux. Il importe de garder à l'esprit que, même si les céphalées peuvent sembler être un symptôme bénin, en cas d'œdème cérébral, elles sont l'indicateur d'un état pouvant rapidement évoluer vers le coma et la mort. L'infirmière doit donc faire preuve de vigilance en effectuant son évaluation.

Œdème cérébral cytotoxique

L'œdème cérébral cytotoxique est attribuable à une perturbation de l'intégrité fonctionnelle ou morphologique des membranes cellulaires et survient généralement dans la substance grise. Il est consécutif à des lésions ou à des traumatismes du tissu cérébral découlant d'une hypoxie ou d'une anoxie, d'une déplétion sodique ou du syndrome de sécrétion inappropriée d'hormone antidiurétique (SIADH). Dans ce type d'œdème, la barrière hématoencéphalique demeure intacte, et l'œdème cérébral découle plutôt du passage direct dans les cellules de liquide et de protéines provenant de l'espace extracellulaire, ce qui entraîne ultérieurement un œdème et la perte de la fonction cellulaire.

Œdème cérébral interstitiel

L'œdème cérébral interstitiel résulte de la diffusion périventriculaire de LCR dans la matière blanche entourant les ventricules, habituellement à la suite d'une hydrocéphalie obstructive ou non contrôlée (Barker, 2002). Il peut aussi être causé par un élargissement de l'espace extracellulaire dû à un excès de liquide systémique (p. ex., une intoxication à l'eau ou une hyponatrémie). Le LCR pénètre dans les cellules et dans l'espace extracellulaire de la substance blanche.

Hydrocéphalie

L'hydrocéphalie désigne une accumulation de LCR dans le cerveau et se manifeste par un élargissement ventriculaire. Elle peut résulter d'une production excessive de LCR, de l'obstruction de son débit ou d'une incapacité à le réabsorber. Le traitement de l'hydrocéphalie consiste habituellement à réaliser une ventriculostomie ou à mettre en place un **shunt ventriculo-péritonéal**.

19.2.3 Manifestations cliniques

Les manifestations cliniques de l'hypertension intracrânienne peuvent prendre plusieurs formes selon la cause de celle-ci, son emplacement et la vitesse à laquelle la pression augmente. Plus tôt la condition est reconnue et traitée, plus le pronostic est favorable.

Altération de l'état de conscience

L'état de conscience est l'indicateur le plus sensible et le plus fiable de l'état neurologique du client. Les changements de l'état de conscience découlent d'une altération du DSC, qui a pour effet de priver d'oxygène les cellules du cortex cérébral et du système réticulé activateur (SRA). Situé dans le tronc cérébral, le SRA est relié à plusieurs parties du système nerveux. S'il est intact, ce système permet de maintenir un état de veille même si le cortex cérébral ne fonctionne pas. L'interruption des influx nerveux en provenance du SRA ou les altérations touchant le fonctionnement des hémisphères cérébraux peuvent provoquer l'**inconscience**, état anormal caractérisé par une non-conscience complète ou partielle de soi ou de l'environnement.

L'état de conscience du client est évalué à la fois par son comportement et par son activité cérébrale, enregistrée sur un électroencéphalogramme (EEG). L'altération de l'état de conscience peut être spectaculaire, comme un coma, ou subtile, comme une diminution de l'affect, une modification dans l'orientation ou une diminution de l'attention. S'il se trouve dans un état d'inconscience très profond, le client peut ne pas répondre aux stimulus douloureux. Les réflexes cornéen et pupillaire peuvent être absents. Le client ne peut ni avaler ni tousser et présente une incontinence urinaire et fécale. L'EEG peut faire état d'une activité cérébrale limitée ou nulle.

Changements des signes vitaux

Des modifications des signes vitaux du client ne sont habituellement pas des signes précoces notés en cas d'hypertension intracrânienne. Les changements tardifs proviennent de la pression croissante exercée sur le thalamus, l'hypothalamus, le pont de Varole (protubérance annulaire) et le bulbe rachidien : élévation progressive de la pression systolique, bradycardie suivie de tachycardie (Barker, 2002). Les manifestations de la triade de Cushing (hypertension systolique associée à un accroissement progressif de la pression différentielle, bradycardie associée à un pouls bondissant et respirations irrégulières) sont possibles, mais rares, et n'apparaissent en général que si la PIC augmente depuis un certain temps ou qu'elle subit une hausse marquée et soudaine (p. ex., en cas de traumatisme craniocérébral). Ainsi, elle n'apparaît pas toujours chez certains clients, malgré des hausses importantes de PIC. L'infirmière doit toujours garder à l'esprit que la triade de Cushing, signe de compression du tronc cérébral et de mort imminente, constitue une urgence médicale. Si l'hypertension intracrânienne affecte l'hypothalamus, un changement de la température corporelle peut aussi s'observer.

Signes oculaires

La compression du troisième nerf crânien, ou nerf moteur oculaire commun, entraîne une dilatation ipsilatérale de la pupille (c'est-à-dire la dilatation de celle-ci du même côté que la lésion intracrânienne), une réponse lente, voire nulle, à la lumière (réflexe photomoteur), une incapacité à diriger l'œil vers le haut et une ptose de la paupière. Ces signes peuvent découler du déplacement du cerveau par rapport à la ligne médiane, ce qui comprime le tronc du troisième nerf crânien et paralyse les muscles qui agissent sur la taille et la forme de la pupille. C'est un signe précoce de détérioration neurologique. En l'occurrence, une pupille fixe et dilatée unilatéralement est considérée comme une urgence neurologique signalant une herniation du cerveau.

D'autres nerfs crâniens peuvent également être affectés, comme le nerf optique (nerf crânien II), le nerf trochléaire (nerf crânien IV) et le nerf moteur oculaire externe ou nerf abducens (nerf crânien VI). Les signes de dysfonction de ces nerfs incluent une vision brouillée, une **diplopie** et des modifications touchant les mouvements abducteurs de l'œil. Une herniation centrale peut d'abord se manifester par une réponse lente, mais identique, des pupilles. Une hernie de l'uncus (situé dans le lobe temporal) peut entraîner une **mydriase** unilatérale. La présence d'un œdème papillaire, ou disque optique œdémateux, constatée durant l'examen rétinien est un signe non spécifique d'augmentation persistante de la PIC.

Détérioration des fonctions motrices

À mesure que la PIC augmente, des changements touchant les capacités motrices se manifestent. Une hémiparésie ou hémiplégie contralatérale (du côté opposé à la lésion intracrânienne) peut survenir, selon l'emplacement de la source responsable de l'augmentation de la PIC. Pendant l'évaluation neurologique, si une stimulation douloureuse est employée pour susciter une réponse motrice, le client pourra répondre par un mouvement de localisation, c'est-à-dire un mouvement dirigé vers la source de la douleur, ou encore par un mouvement de retrait à cette douleur.

Les stimulus inconfortables ou douloureux peuvent également provoquer une posture de décortication (flexion) ou de décérébration (extension) **FIGURE 19.5**. La posture de décortication se traduit par la rotation interne et l'adduction des bras avec flexion des

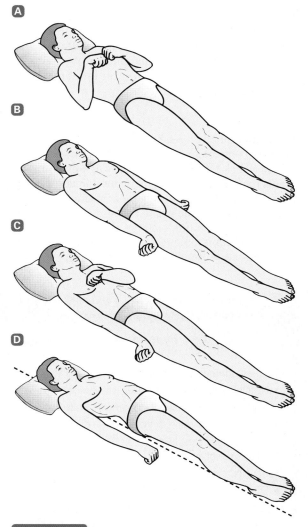

A

B

C

D

Diplopie : Trouble de la vision consistant à percevoir deux images ou plus pour un seul objet.

Mydriase : Dilatation anormale de la pupille due soit à l'action d'un réflexe pupillaire, soit à une maladie oculaire ou nerveuse, soit à l'action de certaines substances.

FIGURE 19.5

Posture de décortication et de décérébration – **A** Réponse de décortication. Flexion des bras, des poignets et des doigts avec adduction des extrémités supérieures. Extension, rotation interne et flexion plantaire des extrémités inférieures. **B** Réponse de décérébration. Une extension rigide des quatre extrémités est observée, avec hyperpronation des avant-bras et flexion plantaire. **C** Réponse de décortication sur le côté droit du corps et réponse de décérébration sur le côté gauche. **D** Posture opisthotonique. Posture typique d'irritation méningée : tête arquée vers l'arrière, dos arqué et membres supérieurs et inférieurs en extension.

coudes, des poignets et des doigts consécutives à l'interruption des voies motrices volontaires dans le cortex cérébral. L'extension des jambes peut également être observée. La posture de décérébration peut signaler des dommages plus graves et découle d'une rupture des fibres motrices dans le mésencéphale et le tronc cérébral. Une raideur des bras avec extension, adduction et hyperpronation, et une hyperextension des jambes avec flexion plantaire sont alors notées.

Céphalées

Bien que le cerveau lui-même soit insensible à la douleur, la compression d'autres structures intracrâniennes, comme les parois artérielles et veineuses et les nerfs crâniens, peut provoquer des céphalées. L'effort, l'agitation ou le mouvement peuvent accentuer la douleur.

Vomissements

Les vomissements, généralement non précédés de nausées, constituent souvent un signe non spécifique d'hypertension intracrânienne. Il s'agit de vomissements inattendus témoignant de modifications de la pression à l'intérieur de la boîte crânienne. En effet, une pression exercée sur le bulbe rachidien (tronc cérébral), où est situé le centre des vomissements, induit ces vomissements associés à l'hypertension intracrânienne, appelés vomissements en jet.

19.2.4 Complications

La perfusion cérébrale inadéquate et la herniation cérébrale sont les complications majeures et souvent fatales de l'hypertension intracrânienne non maîtrisée **FIGURE 19.4**. Il convient d'abord de décrire deux structures importantes du cerveau pour mieux comprendre la herniation cérébrale. La faux du cerveau est un pli fin de la dure-mère qui se glisse dans le cortex entre les deux hémisphères cérébraux. La tente du cervelet (*tentorium cerebelli*) est un pli rigide de la dure-mère qui sépare les hémisphères cérébraux du cervelet. Ce pli est nommé ainsi parce qu'il forme une sorte de tente qui recouvre le cervelet.

La herniation tentorielle (ou herniation centrale) survient si une masse intracrânienne déplace le cerveau vers le bas à travers l'ouverture créée pour le tronc cérébral dans la tente du cervelet. La herniation de l'uncus se produit en cas de déplacement latéral et vertical du cervelet dans le trou occipital. En cas de herniation cingulaire, le tissu cérébral se déplace latéralement au-dessous de la faux du cerveau.

19.2.5 Examen clinique et examens paracliniques

L'examen clinique et les examens paracliniques ont pour but d'établir la présence d'hypertension intracrânienne et de déterminer sa cause sous-jacente **ENCADRÉ 19.3**. La tomodensitométrie et l'imagerie

---

Processus diagnostique et thérapeutique

ENCADRÉ 19.3 | **Hypertension intracrânienne**

Examen clinique et examens paracliniques
- Histoire (incluant AMPLE) et examen physique
- Signes vitaux, évaluations neurologiques, mesures de la PIC
- Radiographies du crâne, du thorax et de la colonne vertébrale
- Tomodensitométrie, IRM, TEP, électroencéphalogramme (EEG), angiographie
- Doppler transcrânien
- ECG
- Analyses de laboratoire, notamment : formule sanguine complète, profil de coagulation, électrolytes, créatinine sérique, gaz artériels sanguins (GAS), urée, dépistage de drogues et profil toxicologique, recherche de protéines, de cellules et de glucose dans le LCR[a]

Processus thérapeutique
- Élévation de la tête de lit jusqu'à 30° et maintien de la tête du client en position neutre
- Intubation et ventilation mécanique
- Surveillance de la PIC
- Surveillance de l'oxygénation cérébrale (LICOX, saturation veineuse jugulaire en oxygène [$SvjO_2$])

- Maintien de la PaO_2 à 100 mm Hg ou plus
- Maintien de l'équilibre hydrique et évaluation de l'osmolalité
- Maintien de la PPC à plus de 60 mm Hg
- Réduction du métabolisme cérébral (p. ex., une hypothermie induite, sauf dans les cas où l'hypertension est associée à un traumatisme craniocérébral), administration de doses élevées de barbituriques)
- Traitement pharmacologique :
  - diurétique osmotique (mannitol [Osmitrol[MD]])
  - médicaments anticonvulsivants (p. ex., la phénytoïne [Dilantin[MD]])
  - corticostéroïdes (dexaméthasone) (en cas de tumeurs cérébrales, de méningite bactérienne)
  - antagoniste des récepteurs histaminiques H_2 (p. ex., la ranitidine [Zantac[MD]] ou un inhibiteur de la pompe à protons (p. ex., le pantoprazole [Pantoloc[MD]]), afin de prévenir les hémorragies et les ulcères gastro-intestinaux
  - antipyrétiques
- Soutien nutritionnel

[a] L'analyse du LCR ne doit pas être pratiquée s'il y a risque de herniation.

par résonance magnétique (IRM) ont notamment révolutionné le diagnostic de l'hypertension intracrânienne. Ces techniques permettent de distinguer les nombreuses affections susceptibles de provoquer une hypertension intracrânienne et aident à l'évaluation des options thérapeutiques. Les autres examens possibles incluent l'angiographie cérébrale, l'EEG, la mesure de la PIC, la mesure de l'oxygénation du tissu cérébral à l'aide d'une sonde LICOX^MD, le doppler transcrânien et l'examen des potentiels évoqués. La tomographie par émission de positons (TEP) sert également à diagnostiquer la cause de l'hypertension intracrânienne. La ponction lombaire est utilisée à des fins thérapeutiques ou diagnostiques pour évaluer qualitativement et quantitativement le LCR et son contenu. En général, une ponction lombaire n'est pas recommandée si une hypertension intracrânienne est soupçonnée, compte tenu de la possibilité d'une herniation cérébrale provoquée par la baisse soudaine de la pression crânienne à la suite du prélèvement de LCR dans la région lombaire.

19.2.6 Surveillance de la PIC et oxygénation cérébrale

Indications de la surveillance de la PIC

La surveillance de la PIC sert à orienter les soins cliniques dans le cas où le client risque de présenter ou présente déjà une hypertension intracrânienne. Elle peut être effectuée pour les clients victimes d'une variété d'accidents neurologiques, notamment des hémorragies, des AVC, des tumeurs, des infections ou des traumatismes cérébraux. La PIC des clients dont le résultat sur l'**échelle de coma de Glasgow** est plus petit ou égal à 8 et dont les résultats de TEP ou d'IRM sont anormaux (hématome, contusion, œdème) à l'admission doit faire l'objet d'une surveillance étroite. L'échelle de coma de Glasgow est présentée dans le **TABLEAU 19.2**.

Méthodes de mesure de la PIC

La surveillance de la PIC est habituellement effectuée dans une unité de soins intensifs pour les clients à risque d'augmentation de la PIC, à l'exception de ceux qui présentent des problèmes irréversibles ou une maladie neurologique avancée. De multiples méthodes et dispositifs permettent de surveiller la PIC dans différentes régions **FIGURE 19.6**.

La ventriculostomie, durant laquelle un cathéter spécialisé est inséré dans le ventricule latéral et couplé à un capteur de pression externe, procure des résultats constituant l'étalon dans la surveillance de la PIC **FIGURES 19.7** et **19.8**. Cette technique permet de mesurer directement la pression dans les ventricules, facilite le drainage ou le prélèvement de LCR et permet d'administrer des médicaments dans les ventricules. Le capteur de pression est externe, et sa position doit absolument rester stable par rapport à la tête du client pour

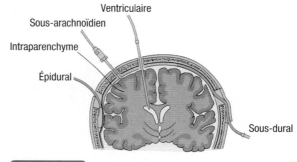

FIGURE 19.6

Coupe coronale du cerveau indiquant des sites possibles de mise en place de dispositifs de surveillance de la PIC

produire des mesures comparables. Il est important de s'assurer que le capteur de pression se trouve au même niveau que le trou de Monro (foramen interventriculaire), et que le système de ventriculostomie se trouve à la hauteur idéale **FIGURE 19.9**. Le point de référence pour situer ce trou est le **tragus** de l'oreille. Le zéro du système doit être refait lorsque le client change de position.

Une autre technologie, le cathéter à fibre optique, recourt à un capteur de pression situé à son extrémité distale, laquelle est placée dans le ventricule ou le tissu cérébral. Il permet de mesurer directement la pression du tissu cérébral.

La vis sous-arachnoïdienne est un autre dispositif de surveillance de la PIC. Installée entre l'arachnoïde et le cortex cérébral, elle ne permet pas le retrait du LCR, mais est idéale pour les clients

Tragus : Petite saillie triangulaire de l'orifice externe du conduit auditif.

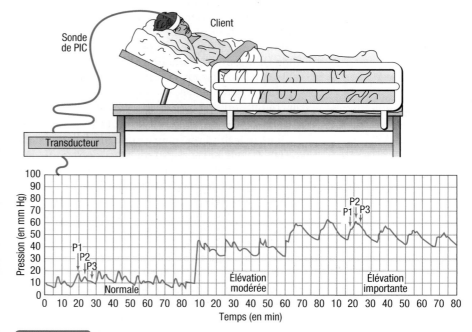

FIGURE 19.7

La surveillance de la PIC permet sa mesure continue. Des ondes normales, élevées et en plateau apparaissent sur le tracé. Si la PIC est élevée, le pic de P2 est supérieur à celui de P1, puis les pics sont de moins en moins distincts et finissent par se confondre en plateau.

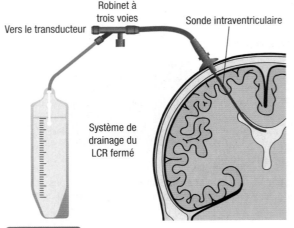

Robinet à
trois voies

Vers le transducteur

Sonde intraventriculaire

Système de
drainage du
LCR fermé

FIGURE 19.8

Mise en place d'une ventriculostomie – Le LCR peut être drainé par ventriculostomie si la PIC dépasse la limite supérieure fixée par le médecin. En cas de drainage intermittent, il faut ouvrir le robinet à trois voies pour permettre au LCR de s'écouler dans le sac de drainage en un court laps de temps (de 30 à 120 secondes), jusqu'à ce que la pression retombe sous la limite supérieure.

souffrant d'un TCC léger ou modéré, chez qui la surveillance de la PIC est indiquée. En cas de décompensation du client, elle se transforme aisément en ventriculostomie.

L'infection est une complication grave associée aux dispositifs de surveillance de la PIC. Des antibiotiques systémiques peuvent être administrés en prophylaxie pour en réduire l'incidence. Les facteurs qui contribuent à l'apparition d'une infection incluent une surveillance de la PIC de plus de cinq jours, le recours à une ventriculostomie, une fuite de LCR et une infection systémique concomitante. Les soins usuels peuvent inclure les examens cliniques et paracliniques habituels visant à détecter la croissance d'organismes dans le LCR. L'infirmière doit aussi surveiller toute variation de la couleur ou de la clarté du LCR drainé.

Si un dispositif de drainage du LCR est en place, le drain doit être fermé pour assurer une lecture exacte de la PIC, et il faut enregistrer le tracé de l'onde et des autres courbes de surveillance de la pression. Le tracé de la PIC normale comporte trois phases **FIGURE 19.7** et **TABLEAU 19.1**. Il est important de surveiller les ondes de la PIC, de même que la PPC. Si la PIC est normale, les ondes P1, P2 et P3 ont l'apparence d'un escalier (Fan, Kirkness, Vicini, Burr, & Mitchell, 2008). À mesure qu'elle augmente, P2 s'élèvera au-dessus de P1, signalant une compliance ventriculaire médiocre. Bien que l'onde de PIC ait une phase systolique et une phase diastolique, la PIC est mesurée comme une pression moyenne (p. ex., 10, 15 ou 20 mm Hg plutôt que 25/10). Il est important de tenir compte de la vitesse à laquelle les changements de PIC surviennent ainsi que de l'état clinique du client. Il est possible que les symptômes cliniques de détérioration neurologique ne se manifestent que si

l'hypertension intracrânienne est prononcée et soutenue. Toute hypertension intracrânienne se manifestant soit par une augmentation soutenue de la PIC, soit par un tracé anormal des ondes, doit immédiatement être signalée au médecin.

Les lectures inexactes de la PIC peuvent être dues à un écoulement de LCR autour du dispositif de surveillance, à l'obstruction du cathéter ou de la vis intraventriculaire (par du tissu ou un caillot sanguin), à un écart entre la hauteur de la vis et celle du capteur de pression, à des nœuds dans la tubulure ou encore à une hauteur incorrecte du système de drainage par rapport au point de référence du client. La présence de bulles ou d'air dans la tubulure peut également amortir le tracé.

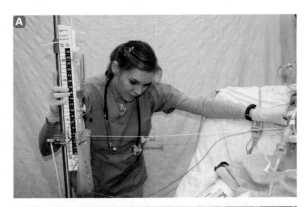

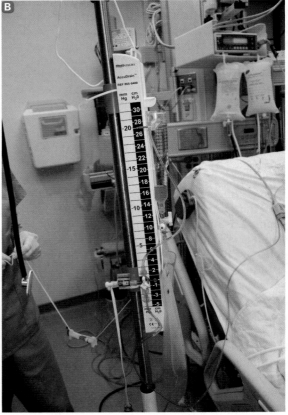

FIGURE 19.9

Drainage du LCR – **A** Mise à niveau d'une ventriculostomie. **B** Le LCR s'écoule dans un système de drainage.

TABLEAU 19.1	Ondes normales de la PIC
ONDE	**SIGNIFICATION**
P1 : onde de percussion	Représente les pulsations artérielles ; normalement la plus haute des trois ondes.
P2 : onde reflux ou raz-de-marée	Reflète la compliance intracrânienne ou le volume cérébral relatif. Lorsque P2 est plus élevée que P1, la compliance intracrânienne est compromise.
P3 : onde dicrote	Suit l'incisure catacrote ; représente les pulsations veineuses ; normalement l'onde la plus basse.

Drainage du LCR

Il est possible de contrôler la PIC en retirant du LCR à l'aide d'un cathéter ventriculaire (ventriculostomie) **FIGURE 19.8**. En règle générale, le médecin indique à partir de quelle valeur spécifique de PIC il convient d'entreprendre le drainage, et si celui-ci doit être effectué de manière intermittente ou continue. Lorsque la PIC dépasse le niveau indiqué, le système de ventriculostomie est activé en ouvrant le robinet à trois voies de manière à drainer le LCR afin de diminuer la pression à l'intérieur de la boîte crânienne **FIGURE 19.9**.

Le LCR peut être drainé de deux façons : intermittente ou continue. Si le drainage intermittent est recommandé, l'infirmière ouvre le système de ventriculostomie à la valeur de PIC indiquée pour permettre le drainage de LCR pendant 2 à 3 minutes. Le robinet à trois voies est ensuite refermé pour que la ventriculostomie redevienne un système clos. Si un drainage continu est prescrit, il est essentiel de surveiller étroitement le volume de LCR drainé. Il faut garder à l'esprit que la production normale de LCR d'un adulte se situe entre 20 et 30 mL/h, ce qui donne un volume constant de LCR de 90 à 150 mL dans les ventricules et l'espace sous-arachnoïdien. Il est également recommandé de placer, au-dessus du lit du client, un panneau indiquant qu'il y a drainage continu de LCR, afin que les intervenants fassent attention avant de mobiliser ou d'aspirer les sécrétions du client et évitent ainsi qu'une quantité trop importante de LCR soit retirée, ce qui provoquerait d'autres complications.

Il est impératif de recourir à une technique aseptique stricte pour remplacer les pansements ou prélever du LCR, et ainsi prévenir les infections. Le système doit être toujours au même niveau (tragus du client) pour s'assurer que les lectures de PIC sont exactes, puisque le traitement est établi en fonction de ces lectures.

Les complications associées à ce type de système de drainage incluent le collapsus ventriculaire, l'infection et la herniation, ou encore la formation d'un hématome sous-dural découlant d'une décompression rapide. Même s'il est généralement convenu que le retrait de LCR diminue la PIC et améliore la PPC, les lignes directrices en matière de drainage du LCR ne font pas l'unanimité et reflètent habituellement les préférences de l'établissement ou du médecin (Bershad, Humphreis, & Suarez, 2008).

Surveillance de l'oxygénation cérébrale

De nouvelles technologies permettent désormais de mesurer l'oxygénation cérébrale et d'évaluer la perfusion : le cathéter LICOX^{MD} et le cathéter veineux jugulaire (SjO₂). Le cathéter LICOX^{MD}, qui mesure l'oxygénation cérébrale et la température, est placé dans une partie viable (saine) de la substance blanche cérébrale **FIGURE 19.10**. Le cathéter

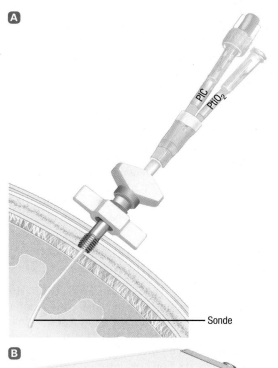

Sonde

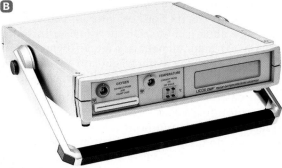

FIGURE 19.10

Cathéter LICOX^{MD} – **A** Le dispositif de mesure de l'oxygénation du tissu cérébral LICOX consiste à insérer un cathéter à travers une vis intracrânienne. **B** Le dispositif mesure l'oxygène dans le cerveau (PtiO₂) et la température du tissu cérébral.

LICOX^{MD} permet une surveillance continue de la pression partielle en oxygène des tissus du cerveau ($PtiO_2$); la $PtiO_2$ normale se situe entre 20 et 40 mm Hg. Une $PtiO_2$ inférieure à la normale indique une ischémie cérébrale.

L'autre avantage du cathéter LICOX^{MD} est qu'il permet de mesurer la température cérébrale. Il a été démontré qu'une température cérébrale située entre 36 et 38 °C est associée à de meilleurs résultats (Childs, Wieloch, Lecky, Machin, Harris, & Stocchetti, 2010).

Le cathéter veineux jugulaire est placé de façon rétrograde dans la veine jugulaire interne, de manière à ce que son extrémité atteigne le bulbe jugulaire. L'installation d'un cathéter veineux jugulaire est techniquement difficile, et une radiographie permet de s'assurer d'un positionnement adéquat. Ce cathéter permet de mesurer la **saturation veineuse jugulaire** en oxygène ($SvjO_2$). En raison de son positionnement difficile, jusqu'à 50 % des lectures de $SvjO_2$ par cathéter veineux jugulaire sont potentiellement fausses (Littlejohns & Bader, 2005).

Les interventions effectuées à la suite de l'utilisation de l'un ou de l'autre de ces dispositifs peuvent être spécifiquement destinées à améliorer les taux d'oxygénation tissulaire du cerveau. Cependant, il est important de garder à l'esprit que ni le cathéter LICOX^{MD} ni le cathéter veineux jugulaire ne permettent à eux seuls de mesurer la PIC; un autre dispositif de surveillance de la PIC, doit donc être employé à cette fin.

19.2.7 Processus thérapeutique en interdisciplinarité

Le processus thérapeutique en interdisciplinarité vise à déterminer et à traiter la cause sous-jacente de l'hypertension intracrânienne, et à soutenir la fonction cérébrale **ENCADRÉ 19.3**. Des antécédents de santé vérifiés avec minutie sont un outil diagnostique précieux pour orienter la recherche de la cause sous-jacente. L'hypertension intracrânienne est généralement due à une augmentation du volume de sang (hémorragie), du tissu cérébral (tumeur ou œdème) ou du LCR (hydrocéphalie).

En cas d'hypertension intracrânienne, il est important de s'assurer qu'une oxygénation adéquate est maintenue pour soutenir la fonction cérébrale du client. Un tube endotrachéal ou une trachéotomie peut s'avérer nécessaire pour maintenir une ventilation adéquate. L'analyse des GAS permet d'orienter l'oxygénothérapie. L'objectif est de maintenir la PaO_2 à 100 mm Hg ou plus, et la $PaCO_2$ entre 30 et 35 mm Hg. Il peut être nécessaire de garder le client sous ventilation mécanique pour lui assurer une oxygénation adéquate.

Si l'hypertension intracrânienne est due à une masse intracrânienne comme une tumeur ou un hématome, son retrait chirurgical constitue la meilleure prise en charge. Les interventions non chirurgicales visant à réduire l'œdème cérébral (qui augmente le volume du cerveau) incluent l'emploi de diurétiques osmotiques, de solutions hypertoniques et de corticostéroïdes. Dans les cas graves, une **craniectomie de décompression** est possible pour diminuer la PIC et prévenir une herniation.

Pharmacothérapie

Le traitement pharmacologique occupe une place importante dans la prise en charge de l'hypertension intracrânienne. Le mannitol (Osmitrol^{MD}) est un diurétique osmotique administré par voie intraveineuse (I.V.). Il agit de deux manières pour diminuer la PIC : expansion plasmatique et effet osmotique. L'effet d'expansion plasmatique, qui diminue l'hématocrite et la viscosité sanguine, est immédiat, ce qui augmente le DSC et l'apport d'oxygène au cerveau. Grâce au gradient osmotique vasculaire créé par le mannitol, le liquide se déplace des tissus cérébraux vers les vaisseaux sanguins. La PIC diminue donc sous l'effet d'une réduction du volume total de liquide dans le cerveau. L'infirmière doit surveiller le bilan liquidien et électrolytique du client qui se voit administrer des diurétiques osmotiques. Le mannitol peut être contre-indiqué en cas de maladie rénale ou d'osmolalité sérique élevée (Bershad *et al.*, 2008).

L'administration d'une solution saline hypertonique à 3 % vise à diminuer l'osmolalité du liquide extracellulaire du cerveau, réduisant du même coup l'œdème des cellules cérébrales. L'administration de telles solutions requiert une surveillance étroite de la P.A. et des taux de sodium sérique, car le volume de liquide intravasculaire peut devenir excessif (Banks & Furik, 2008). Il a été démontré que la solution saline hypertonique était tout aussi efficace que le mannitol pour traiter l'hypertension intracrânienne ; en fait, ces deux agents sont souvent employés concurremment chez les clients présentant de graves TCC.

Les corticostéroïdes (p. ex., la dexaméthasone), qui servent à traiter l'œdème vasogénique entourant les tumeurs et les abcès, ne sont toutefois pas recommandés pour la prise en charge de clients souffrant de traumatismes hémorragiques craniocérébraux. Le mode d'action de ces agents n'est pas complètement élucidé ; ils agiraient en stabilisant la membrane cellulaire et en inhibant la synthèse de prostaglandines ▶ **13**, empêchant ainsi la formation de médiateurs pro-inflammatoires. Les corticostéroïdes améliorent aussi la fonction neuronale en stimulant le DSC et en rétablissant l'autorégulation.

Les complications associées aux corticostéroïdes incluent l'hyperglycémie, l'incidence accrue d'infections, le saignement des voies gastro-intestinales et

---

Craniectomie de décompression :
Détachement chirurgical d'un volet du crâne pratiqué pour traiter une hypertension intracrânienne secondaire aux lésions cérébrales.

Jugement clinique

Capsule

Madame Christiane Burcam, âgé de 43 ans, a subi un traumatisme crânien lors d'une collision en automobile. Le résultat de l'osmolalité sérique est de 291 mOsm/kg H_2O.

La cliente pourrait-elle recevoir du mannitol (Osmitrol^{MD}) I.V. ? Justifiez votre réponse.

RAPPELEZ-VOUS...

La pression osmotique d'une solution est appelée osmolalité. La pression osmotique détermine la distribution de l'eau entre les différents compartiments liquidiens du corps.

13

La voie de synthèse des prostaglandines est illustrée dans le chapitre 13, *Inflammation et soin des plaies.*

l'hyponatrémie. L'infirmière doit donc surveiller régulièrement l'apport liquidien et les taux de sodium et de glucose. Elle doit surveiller la glycémie de tous les clients qui reçoivent des corticostéroïdes au moins toutes les six heures, car un contrôle glycémique strict a été associé à de meilleurs résultats. Les clients auxquels des corticostéroïdes sont administrés doivent recevoir en même temps des antiacides, des antagonistes des récepteurs histaminiques H$_2$ (p. ex., la ranitidine [Zantac^{MD}] ou la famotidine [Pepcid^{MD}]) ou des inhibiteurs de la pompe à protons (p. ex., l'oméprazole [Losec^{MD}], l'esomeprazole [Nexium^{MD}] ou le pantoprazole [Pantoloc^{MD}]) pour prévenir les ulcères et les saignements des voies gastro-intestinales.

Les besoins métaboliques créés notamment par la fièvre (température supérieure à 38 °C), l'agitation, les frissons, la douleur et les crises convulsives peuvent aussi augmenter la PIC. L'équipe soignante doit s'assurer de limiter ces demandes métaboliques pour diminuer la PIC chez les clients à risque. L'infirmière doit surveiller toute activité convulsive chez les clients. Ces derniers pourraient nécessiter un traitement prophylactique avec des anticonvulsivants. L'infirmière doit maîtriser la fièvre correctement et maintenir la température corporelle entre 36 et 37 °C, à l'aide d'antipyrétiques (p. ex., de l'acétaminophène [Tylenol^{MD}]), de bains froids, de couvertures et de petits blocs réfrigérants, ou, le cas échéant, de dispositifs intravasculaires de refroidissement, tout en veillant à ne pas provoquer de frissons ou de tremblements. Les frissons augmentent les besoins métaboliques du cerveau et doivent être évités; des sédatifs ou une autre méthode de refroidissement seront alors utilisés. La douleur aussi doit être prise en charge; il faut cependant porter attention à ne pas donner trop de sédatifs au client et à bien ajuster la médication analgésique selon des échelles de mesure reconnues. L'infirmière s'efforcera enfin de lui offrir un environnement calme et silencieux, pour qu'il soit dérangé le moins possible par des bruits ou des perturbations. L'infirmière veillera à observer chez le client les signes d'agitation, d'irritation ou de frustration. Elle devra informer ses proches et les membres de sa famille qu'il convient de limiter les stimulations sensorielles pour en diminuer les effets sur le métabolisme cérébral. Enfin, elle coordonnera ses efforts avec l'équipe soignante de manière à réduire au maximum les interventions susceptibles de produire de l'agitation ou de l'inconfort.

Un traitement pharmacologique visant à réduire le métabolisme cérébral peut être une stratégie efficace de contrôle de la PIC. La réduction des besoins métaboliques diminue le DSC, et donc la PIC. Des doses élevées de barbituriques (p. ex., de pentobarbital ou de thiopental [Pentothal^{MD}]) sont administrées aux clients dont l'hypertension intracrânienne est réfractaire au traitement. Les barbituriques entraînent une réduction du métabolisme cérébral et une diminution consécutive de la PIC (il est alors question de coma barbiturique). La réduction de l'œdème cérébral et la production d'un apport sanguin plus uniforme vers le cerveau en sont des effets additionnels (Bershad et al., 2008). Si ce traitement est retenu, la PIC, le débit sanguin et l'EEG du client doivent faire l'objet d'une surveillance étroite. La posologie des barbituriques est généralement établie après une analyse du tracé de l'EEG au chevet du client et de la PIC. Le médecin prescrira la perfusion de barbituriques de manière à ce qu'elle soit administrée à une vitesse permettant la suppression de suffisamment d'ondes cérébrales, de manière à maîtriser la PIC. La suppression des bouffées du tracé électroencéphalographique (burst suppression), constatée par l'absence de pics témoignant d'une activité cérébrale, indique que l'effet thérapeutique maximal recherché a été atteint (Bershad et al., 2008).

Thérapie nutritionnelle

Les besoins nutritionnels du client doivent être comblés, et ce, quel que soit son état de conscience ou de santé. L'alimentation précoce après une lésion cérébrale peut améliorer les résultats en prévenant certaines complications (Hartl, Gerber, Ni, & Ghajar, 2008). Le client qui souffre d'hypertension intracrânienne se trouve dans un état hypermétabolique et hypercatabolique qui augmente ses besoins en glucose, élément plus que jamais nécessaire au métabolisme de son cerveau lésé. Si son alimentation par voie orale ne peut être maintenue, d'autres moyens peuvent être employés pour satisfaire ses besoins nutritionnels, comme l'alimentation entérale ou la nutrition parentérale. Le traitement de soutien nutritionnel doit débuter moins de trois jours après la lésion, de manière à être optimal au bout de sept jours (Hartl et al., 2008). Il est même recommandé de l'amorcer dans les heures suivant l'admission du client. Comme la malnutrition favorise la persistance de l'œdème cérébral, il est impératif de maintenir une nutrition optimale ▶ **54** . Le choix des aliments ou des suppléments administrés au client doit être guidé par son bilan liquidien et électrolytique, ainsi que par ses besoins métaboliques. Les clients doivent maintenir un état normovolémique, et l'évaluation continue des facteurs cliniques comme la diurèse, les pertes insensibles, l'**osmolalité** sérique et urinaire, le taux d'électrolytes sériques et l'état général est primordiale. Pour la perfusion de médicaments par voie secondaire de type « minisac », une solution de chlorure de sodium à 0,9 % est privilégiée, dans la mesure où l'administration d'une solution de dextrose à 5 % en solution aqueuse ou de chlorure de sodium à 0,45 % est susceptible de diminuer l'osmolarité sérique et d'aggraver l'œdème cérébral.

Jugement clinique

La petite Livia a 11 mois. Inquiets, ses parents l'ont amenée à l'urgence pédiatrique, car l'enfant pleure constamment et sa température est de 39,6 °C.

Devez-vous craindre une augmentation de la PIC chez la petite fille ? Justifiez votre réponse.

54

Les recommandations nutritionnelles sont examinées dans le chapitre 54, *Interventions cliniques – Troubles nutritionnels*.

19

CLIENT ATTEINT D'HYPERTENSION INTRACRÂNIENNE

18
ÉVALUATION CLINIQUE

L'étape d'évaluation du système nerveux est décrite en détail dans le chapitre 18, *Système nerveux*.

L'approche méthodique d'évaluation neurologique est illustrée à la figure 19.1W, au www.cheneliere.ca/Lewis.

Valve de phonation:
Dispositif à valve unidirectionnelle qui permet au client d'inspirer par son tube de trachéostomie, mais qui se ferme dès qu'il cesse d'inspirer. Au moment de l'expiration, l'air s'échappe donc par les voies aériennes supérieures (haut de la trachée, larynx puis bouche ou nez), permettant au client trachéotomisé de parler s'il le désire.

Collecte des données

Des données subjectives concernant le client souffrant d'hypertension intracrânienne peuvent être recueillies auprès du client lui-même ou d'un membre de sa famille qui le connaît bien. L'infirmière doit maîtriser les techniques adéquates d'évaluation neurologique et décrire l'état de conscience du client en rapportant les comportements particuliers qu'elle observe. En cas d'altération de l'état de conscience, une méthode plus rigoureuse d'observation doit être utilisée. Ce type d'approche méthodique d'évaluation consiste à évaluer l'état de conscience au moyen de l'échelle de coma de Glasgow, présentée dans le **TABLEAU 19.2**, et des fonctions corporelles ⬤. Une circulation et une respiration adéquates sont absolument essentielles : de toutes les fonctions corporelles, celles-ci doivent toujours être évaluées en premier.

Échelle de coma de Glasgow

L'échelle de coma de Glasgow est une échelle fiable, rapide et pratique qui permet d'évaluer le degré d'altération de l'état de conscience. Trois catégories de réponses sont examinées :

1) l'ouverture des yeux ; 2) la réponse verbale ; 3) la réponse motrice. À partir d'une évaluation spécifique, l'infirmière doit noter la meilleure réponse obtenue dans chaque catégorie : plus les scores sont élevés, meilleur est le fonctionnement cérébral. Chaque réponse correspond à un score. L'addition de toutes les réponses donne le score total sur l'échelle de coma de Glasgow. Celui-ci peut être converti en graphique, lequel permet de déterminer si l'état du client est stable, s'améliore ou se détériore. Les résultats de chaque catégorie sont particulièrement importants si une condition présentée par le client rend l'évaluation difficile. Par exemple, la présence d'un œdème palpébral bilatéral important peut empêcher l'ouverture des yeux ; la présence d'un tube endotrachéal ou d'une trachéostomie empêche le client d'émettre des sons, à moins qu'une **valve de phonation** soit utilisée. Le résultat est alors de 1, et l'infirmière doit en expliquer la raison dans ses notes d'évolution. Le score maximal sur l'échelle de Glasgow est de 15, et correspond à l'état d'une personne complètement éveillée. Le score minimal est de 3, et correspond à l'état d'un client en coma profond, un minimum de 1 point étant accordé à chacune des 3 réponses. Un score de 8 ou moins indique généralement un état comateux. En effet, l'examen des trois types

TABLEAU 19.2	Échelle de coma de Glasgow		
CATÉGORIE DE RÉPONSES[a]	**STIMULUS APPROPRIÉS**	**RÉPONSE**	**SCORE**
Ouverture des yeux	• Approche du chevet • Commande verbale • Douleur	Ouverture spontanée des yeux	4
		Ouverture des yeux à l'appel ou sur commande	3
		Absence d'ouverture des yeux après les stimulus mentionnés ci-dessus, mais ouverture en réaction à la douleur	2
		Pas d'ouverture, quel que soit le stimulus	1
Meilleure réponse verbale	• Questions verbales en état d'éveil maximal	Orientation appropriée ; conversation ; orientation dans les trois sphères (lieu, temps, personnes)	5
		Confusion ; conversation trahissant cependant une certaine désorientation dans au moins une des sphères (personnes, lieu, temps)	4
		Usage inapproprié ou désordonné des mots (p. ex., des jurons), absence de conversation soutenue	3
		Mots incompréhensibles et sons (p. ex., des gémissements)	2
		Absence d'émission de son, même après des stimulus douloureux	1

▼

TABLEAU 19.2	Échelle de coma de Glasgow *(suite)*		
CATÉGORIE DE RÉPONSES[a]	**STIMULUS APPROPRIÉS**	**RÉPONSE**	**SCORE**
Meilleure réponse motrice	• Commande verbale (p. ex., « Levez le bras, soulevez deux doigts. ») • Douleur centrale par frottement sternal ou pincement des trapèzes • Douleur périphérique (p. ex., l'application d'une pression à la base d'un ongle)	Obéissance à la commande	6
		Localisation de la douleur, non-obéissance à la commande, mais tentative d'élimination du stimulus douloureux	5
		Retrait normal par flexion du bras en réponse à la douleur sans posture anormale en flexion	4
		Flexion anormale, flexion du bras au niveau du coude et pronation (décortication)	3
		Extension anormale du bras au coude, généralement accompagnée d'une adduction et d'une rotation interne du bras à l'épaule (décérébration)	2
		Absence de réponse	1

[a] Si un œdème palpébral bilatéral empêche l'ouverture des yeux, si une intubation endotrachéale ou une trachéostomie empêche l'émission de sons, ou si toute autre condition empêche d'évaluer la réponse attendue sans adaptation de l'échelle, coter 1 et expliquer la condition dans les notes d'évolution.

de réponses visées par l'échelle de coma de Glasgow correspond à la définition du coma (score de 8 ou moins à l'échelle). Si le client est incapable de parler (score de 2 ou moins), d'obéir à des commandes (score de 5 ou moins) et d'ouvrir les yeux sur commande ou à la suite d'un stimulus douloureux (score de 1), on considère qu'il est dans le coma.

L'évaluation d'un client inconscient à l'aide de l'échelle de coma de Glasgow présente plusieurs avantages. Elle permet à divers professionnels de la santé de s'entendre sur l'état du client, et peut servir à distinguer des états qui fluctuent ou qui évoluent. En cas d'AVC ou d'hémorragie associée à une hypertension intracrânienne, il est cependant préférable de recourir à la NIH Stroke Scale ▶ **23**. Les autres éléments de l'évaluation neurologique incluent l'examen des nerfs crâniens et les tests moteurs et sensoriels.

Évaluation neurologique

L'infirmière doit comparer la taille, la forme, le mouvement et la réactivité des deux pupilles **FIGURE 19.11**. Si le nerf moteur oculaire commun (nerf crânien III) est comprimé, la pupille du côté affecté (ipsilatérale) s'élargit et se dilate complètement (mydriase). Si la PIC continue d'augmenter, les deux pupilles se dilatent.

L'infirmière doit tester la réactivité des pupilles (réflexe photomoteur) à l'aide d'une lampe de poche destinée à l'examen clinique. Si le faisceau lumineux est directement dirigé sur l'œil, une constriction brusque se produit normalement. Un réflexe consensuel (légère constriction de la pupille du côté opposé) s'observe aussi en même temps. Une réaction lente peut indiquer une pression précoce sur le nerf crânien III (nerf moteur oculaire commun). Une pupille fixe qui ne répond pas à un stimulus lumineux indique généralement une hypertension intracrânienne. Il

est important de noter cependant que la fixité d'une pupille peut avoir d'autres causes, notamment une lésion directe du nerf crânien III, une chirurgie oculaire antérieure, l'administration d'atropine ou l'emploi de gouttes oculaires mydriatiques.

L'évaluation d'autres nerfs crâniens peut être intégrée à l'évaluation neurologique. Les mouvements oculaires contrôlés par les nerfs crâniens III, IV et VI peuvent être évalués si le client est éveillé et peut obéir à des commandes. Ils fournissent des indications sur la fonction du tronc cérébral. Le test du réflexe cornéen permet d'obtenir de l'information sur le fonctionnement des nerfs crâniens V et VII. Si ce réflexe est absent, l'infirmière doit prodiguer les soins oculaires usuels pour prévenir l'abrasion cornéenne ▶ **28**.

Les mouvements oculaires du client qui ne collabore pas ou qui est inconscient peuvent être provoqués de façon réflexe par des mouvements de la tête (réflexe oculocéphalique ou réflexe des yeux de poupée) et par une stimulation calorique (réflexe oculovestibulaire). Pour tester le réflexe oculocéphalique, l'infirmière fait pivoter vivement la tête du client de la gauche vers la droite tout en maintenant ses paupières ouvertes. Une réponse normale se caractérise par un mouvement des yeux sur la ligne médiane, dans la direction opposée à la rotation. L'infirmière doit ensuite pencher rapidement la tête du client vers l'avant, puis vers l'arrière. Le mouvement des yeux doit se faire dans la direction opposée au mouvement de la tête, soit vers le haut si le cou est fléchi et vers le bas s'il est étiré. Les réponses anormales

Jugement clinique

Capsule

Madame Jasmine Roy, âgée de 60 ans, est hospitalisée en neurologie pour un TCC subi lors d'une collision en voiture. Son résultat sur l'échelle de Glasgow est le suivant : score de 3 à l'ouverture des yeux, score de 3 pour la réponse verbale et score de 4 pour la réponse motrice. Le score total est de 10.

Qu'est-ce que cela signifie ?

Si madame Roy avait les yeux enflés au point de ne plus pouvoir les ouvrir, quel pointage devrait être accordé pour l'ouverture des yeux ?

19

23

L'échelle NIH Stroke Scale est présentée dans le chapitre 23, *Interventions cliniques – Troubles des nerfs périphériques et de la moelle épinière*.

28

Les soins oculaires usuels sont abordés dans le chapitre 28, *Évaluation clinique – Systèmes visuel et auditif*.

peuvent permettre de localiser la lésion intracrânienne. Il ne faut pas effectuer ce test si une atteinte de la colonne cervicale est suspectée.

L'infirmière évalue la force motrice du client éveillé qui collabore en lui demandant de serrer ses mains pour qu'elle en compare la force. Le test du serment est un autre excellent outil de mesure de la force des extrémités supérieures. Les yeux fermés, le client lève les bras devant lui et place ses mains en supination (vers le haut). En présence d'une faiblesse des membres supérieurs, la main tourne vers le bas (pronation) et le bras baisse dans la même direction. En demandant au client de soulever le pied ou de plier les genoux au-dessus du lit, il est possible d'évaluer la force des extrémités inférieures. Il faut tester les quatre extrémités pour en évaluer la force, comparer les membres entre eux et noter tout mouvement asymétrique.

L'infirmière doit évaluer la réponse motrice du client qui est inconscient ou qui ne collabore pas en observant ses mouvements spontanés. Si elle n'observe aucun mouvement spontané, elle applique un stimulus douloureux au client et prend note de sa réaction. La résistance au mouvement observée durant les exercices isométriques passifs est un autre moyen de mesurer la force.

Vous pouvez entendre la dyspnée de Cheyne-Stokes, L'hyperventilation et la respiration ataxique, au www.cheneliere.ca/lewis.

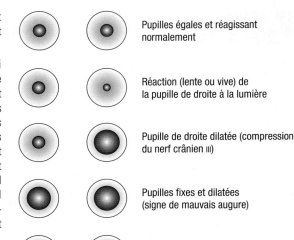

Pupilles égales et réagissant normalement

Réaction (lente ou vive) de la pupille de droite à la lumière

Pupille de droite dilatée (compression du nerf crânien III)

Pupilles fixes et dilatées (signe de mauvais augure)

Myosis (lésion du pont de Varole ou médicaments)

FIGURE 19.11
Vérification de la taille et de la réponse des pupilles (réflexe photomoteur)

Le serrement des mains ne doit pas faire partie de l'évaluation de la motricité chez les clients qui sont inconscients ou qui ne collaborent pas puisqu'il s'agit d'un réflexe, et que l'interprétation de l'état du client pourrait en être faussée.

Les signes vitaux, notamment la P.A., la fréquence cardiaque, la fréquence respiratoire et la température, doivent être systématiquement consignés. L'infirmière doit garder à l'esprit la triade de Cushing, qui signale une grave hypertension intracrânienne. Outre la fréquence respiratoire, elle doit aussi noter le profil respiratoire. L'hypertension intracrânienne grave est associée à des profils respiratoires spécifiques **FIGURE 19.12**.

Analyse et interprétation des données

L'analyse et l'interprétation des données relatives au client qui souffre d'hypertension intracrânienne incluent notamment celles qui sont présentées dans le **PSTI 19.1**.

Planification des soins

Pour les clients souffrant d'hypertension intracrânienne, les objectifs prioritaires sont : 1) de maintenir la perméabilité des voies respiratoires ; 2) de maintenir la PIC dans les limites normales ; 3) d'assurer la normalité de l'équilibre hydro-électrolytique ; 4) d'éviter toute complication résultant de l'immobilité et de la diminution de l'état de conscience.

Interventions cliniques

Phase aiguë

Fonction respiratoire Il est essentiel de maintenir la perméabilité des voies respiratoires du client qui souffre d'hypertension intracrânienne, et cette responsabilité relève principalement de l'infirmière. À mesure que son état de conscience diminue, le client risque davantage de voir ses voies respiratoires s'obstruer en raison de la descente de sa langue dans le fond de sa gorge ou d'une accumulation de sécrétions.

Tracé	Site de la lésion	Description
1. Dyspnée de Cheyne-Stokes	Pathologie touchant les deux hémisphères ou dysfonctionnement métabolique cérébral	Cycles d'hyperventilation progressive et d'apnée
2. Hyperventilation neurogénique centrale	Tronc cérébral entre la partie inférieure du mésencéphale et supérieure du pont de Varole	Respiration profonde, rapide, régulière et soutenue
3. Respiration apneustique	Partie centrale ou inférieure du pont de Varole	Phase ou pauses inspiratoires prolongées en alternance avec des pauses expiratoires
4. Respiration groupée	Bulbe rachidien ou partie inférieure du pont de Varole	Groupes de respirations entrecoupés de pauses irrégulières
5. Respiration ataxique ou de Biot	Formation réticulée du bulbe rachidien	Respirations complètement irrégulières dont certaines sont profondes et d'autres superficielles ; pauses aléatoires et irrégulières et fréquence faible

FIGURE 19.12
Profil respiratoire anormal fréquemment associé au coma

PSTI 19.1 | **Hypertension intracrânienne**

PROBLÈME DÉCOULANT DE LA SITUATION DE SANTÉ	**Diminution de la capacité d'autorégulation intracrânienne** liée à une réduction de la perfusion cérébrale ou à une hypertension intracrânienne soutenue mise en évidence par des hausses répétées de la PIC > 10 mm Hg pendant plus de 5 minutes suivant une variété de stimuli externes ; une PIC soutenue > 20 mm Hg ; une pression artérielle systolique élevée, une bradycardie et une augmentation de la pression différentielle soudaines.
OBJECTIFS	• Le client maintiendra sa pression intracrânienne dans les limites normales. • Le client maintiendra sa pression intracrânienne sans aucune augmentation sérieuse pendant ou après les activités de soins.

RÉSULTATS ESCOMPTÉS	INTERVENTIONS INFIRMIÈRES ET JUSTIFICATIONS
État neurologique • Absence d'altération de la cognition • Absence de diminution de l'état de conscience • Fonctions sensorielle et motrice des nerfs crâniens stables • Pression intracrânienne dans les normales attendues • Absence de changements dans le profil respiratoire • Pression artérielle et pression différentielle stables • Fréquence cardiaque _____ batt. / min	**Prise en charge de l'œdème cérébral** • Surveiller étroitement les signes vitaux et les signes neurologiques, les comparer aux données initiales afin d'évaluer la réponse du client au traitement, signaler immédiatement le moindre problème et modifier le traitement si nécessaire selon prescription. • Surveiller l'état respiratoire : la fréquence, le rythme et la profondeur des respirations. • Surveiller la PaO_2, la $PaCO_2$ et le pH, attendu qu'une faible PaO_2, qu'une concentration élevée en ions hydrogène (acidose) et qu'une augmentation de $PaCO_2$ agissent comme des vasodilatateurs puissants et entraînent une augmentation du débit cérébral et une élévation potentielle de la PIC. • Analyser les ondes de pression intracrânienne afin de disposer d'un indicateur précis de la PIC. • Surveiller la PIC et les réponses neurologiques du client aux activités de soins infirmiers. • Positionner la tête de lit à au moins 30° afin de favoriser le drainage veineux de la tête et diminuer la PIC. • Éviter toute flexion du cou ou des membres du client et garder sa tête dans l'alignement corporel afin de favoriser le retour veineux et éviter une élévation de la PIC. • Limiter la durée des aspirations endotrachéales à < 10 secondes afin de prévenir les variations de PIC. • Laisser la PIC revenir à sa valeur initiale entre les activités de soins infirmiers afin d'éviter qu'elle ne connaisse des hausses soutenues. • Maintenir la normothermie car une température élevée augmente le métabolisme cérébral et provoque une hypertension intracrânienne. • Administrer des sédatifs afin de réduire l'agitation et l'hyperactivité susceptibles de provoquer l'hypertension intracrânienne. • Administrer des analgésiques afin de soulager la douleur du client susceptible de faire augmenter l'agitation et la PIC. • Réduire les stimuli environnementaux afin de diminuer le métabolisme cérébral.
PROBLÈME DÉCOULANT DE LA SITUATION DE SANTÉ	**Risque d'une perfusion inadéquate du tissu cérébral** lié à une diminution du débit veineux ou artériel et à l'œdème cérébral.
OBJECTIF	Le client maintiendra sa perfusion cérébrale dans les limites normales.

RÉSULTATS ESCOMPTÉS	INTERVENTIONS INFIRMIÈRES ET JUSTIFICATIONS
Perfusion tissulaire : cérébrale • Absence de céphalées, d'agitation, d'altération de la cognition ou de diminution de l'état de conscience • Fonctions sensorielle et motrice des nerfs crâniens stables	**Promotion de la perfusion cérébrale** • Consulter le médecin pour établir les paramètres hémodynamiques attendus et les maintenir dans l'intervalle recommandé. • Induire une hypertension par expansion du volume ou au moyen d'agents inotropes ou vasoconstricteurs, selon les recommandations afin de maintenir les paramètres hémodynamiques attendus et assurer le maintien et l'optimisation de la pression de perfusion cérébrale (PPC). • Consulter le médecin pour déterminer le degré optimal d'élévation de la tête de lit (p. ex., 0, 15 ou 30 degrés) et surveiller la réponse du client au positionnement de sa tête.

19

• Pression intracrânienne dans les normales attendues • Pressions artérielles systolique, diastolique et différentielle stables	• Surveiller si possible les déterminants de la libération d'oxygène dans les tissus (p. ex., la $PaCO_2$, la SaO_2 [saturation en oxyhémoglobine du sang artériel], le taux d'hémoglobine et le débit cardiaque) afin de s'assurer d'une oxygénation adéquate pour soutenir la fonction cérébrale. • Calculer et surveiller la PPC afin d'évaluer l'adéquation de la perfusion sanguine dans le cerveau. • Surveiller l'état neurologique afin de détecter tout changement subséquent de l'état hémodynamique. • Surveiller les ingesta et excreta afin d'évaluer les effets des diurétiques et les corticostéroïdes et de maintenir l'hémodynamie.
PROBLÈME DÉCOULANT DE LA SITUATION DE SANTÉ	**Risque de syndrome d'immobilisation** lié à l'altération de l'état de conscience, de l'apport nutritionnel ou à l'immobilité.
OBJECTIF	Le client n'expérimentera aucune complication liée à l'immobilité ou à la diminution de son état de conscience
RÉSULTATS ESCOMPTÉS	**INTERVENTIONS INFIRMIÈRES ET JUSTIFICATIONS**
Conséquences de l'immobilité : physiologiques	**Maintien de la perméabilité des voies aériennes**
• Absence de difficultés respiratoires (congestion pulmonaire, infection pulmonaire, etc) • Absence de lésions de pression • Consommation de liquides et d'aliments répondant aux besoins évalués • Maintien d'un poids optimal • Amplitude articulaire intacte • Maintien du tonus musculaire	• Positionner le client de manière à optimiser la ventilation afin de prévenir l'aspiration et empêcher la langue de bloquer les voies respiratoires. • Retirer les sécrétions accumulées en encourageant le client à tousser ou en les aspirant à l'aide d'un cathéter, afin de réduire le risque d'aspiration bronchique. • Recourir à la physiothérapie respiratoire afin de mobiliser les sécrétions et prévenir une congestion pulmonaire. • Évaluer régulièrement l'état de conscience afin de déceler tout changement susceptible de modifier la respiration. **Prévention des plaies de pression** • Employer un outil reconnu d'évaluation du risque pour évaluer les facteurs de risque individuels (p. ex., l'échelle de Braden). • Au moment de changer la position du client, inspecter régulièrement la peau recouvrant les proéminences osseuses et d'autres points de pression, afin d'identifier les problèmes cutanés actuels ou potentiels et débuter un plan de soins. • Tourner le client toutes les heures ou toutes les deux heures, selon le cas, car une pression prolongée diminue la circulation et peut provoquer une ischémie et une nécrose tissulaires. • Tourner le client avec soin (p. ex., éviter la friction et le cisaillement) afin de prévenir toute lésion à la peau fragilisée. • S'assurer que la literie reste propre, sèche et sans plis afin de protéger la peau. • Utiliser des accessoires de lit (p. ex., une peau de mouton) qui protègent le client afin de réduire la pression exercée sur les proéminences osseuses en distribuant uniformément le poids corporel. **Traitement nutritionnel** • Effectuer une évaluation nutritionnelle afin d'estimer l'état et les besoins nutritionnels actuels. • Déterminer, en collaborant avec la nutritionniste, le nombre de calories et les types de nutriments nécessaires afin de répondre aux exigences nutritionnelles. • Si le client est incapable d'ingérer des aliments et des liquides, déterminer si des sondes d'alimentation entérale sont nécessaires pour répondre à ses besoins nutritionnels. **Réadaptation : mobilité articulaire** • Effectuer des exercices isométriques passifs ou assistés afin de maintenir l'amplitude articulaire et la force musculaire.

L'infirmière doit, au besoin, aspirer les sécrétions accumulées. L'installation d'une canule oropharyngée facilite la respiration et l'aspiration des sécrétions du client comateux. En général, tout client qui a obtenu un score inférieur à 8 sur l'échelle de Glasgow, ou dont l'état de conscience est altéré et pour qui le maintien de la perméabilité des voies respiratoires ou d'une ventilation efficace est impossible, doit être intubé et placé sous ventilation mécanique.

L'infirmière doit prévenir l'hypoxie et l'hypercapnie. À cet égard, il est important de bien positionner la tête du client. La surélévation de la tête de lit à un angle de 30° favorise les échanges respiratoires et permet de réduire l'œdème cérébral. L'aspiration et la toux entraînent une diminution transitoire de la PaO_2 et une augmentation de la PIC. Le nombre d'aspirations doit donc être minimal et durer moins de 10 secondes ; il faut veiller à administrer de l'oxygène à 100 % avant et après chaque aspiration (hyperoxygénation) pour prévenir toute diminution de la PaO_2. Pour éviter des hausses successives de la PIC, chaque séance d'aspiration doit se limiter à deux passages. Les clients qui souffrent d'hypertension intracrânienne risquent de voir leur PPC diminuer durant l'aspiration. La PPC doit être maintenue au-dessus de 60 mm Hg pour préserver la perfusion cérébrale (The Brain Trauma Foundation, 2007).

L'infirmière doit s'efforcer de prévenir toute distension abdominale susceptible d'interférer avec la fonction respiratoire. L'installation d'une sonde nasogastrique pour aspirer le contenu de l'estomac peut prévenir la distension, les vomissements et d'éventuelles aspirations. Elle est cependant contre-indiquée pour les clients qui présentent des fractures faciales ou crâniennes : la mise en place d'une sonde gastrique par voie buccale est alors privilégiée.

La douleur, l'anxiété et la peur associées au trauma initial, aux interventions thérapeutiques ou à des stimulus nocifs, peuvent faire augmenter la PIC et la P.A., compliquant ainsi la prise en charge et le rétablissement du client victime d'un traumatisme cérébral. Le choix judicieux de sédatifs, de bloquants neuromusculaires et d'analgésiques pour le traitement des symptômes est un défi pour l'équipe de l'unité des soins intensifs. L'administration de ces agents est susceptible d'altérer l'état neurologique et de masquer ainsi des changements neurologiques réels. Il peut s'avérer nécessaire de suspendre temporairement le traitement pharmacologique pour évaluer correctement l'état neurologique. Le choix, la dose et la combinaison des agents peuvent varier selon les antécédents du client, son état neurologique et la situation clinique globale.

Les opioïdes, comme le sulfate de morphine et le fentanyl (citrate de fentanyl), sont des analgésiques à début d'action rapide ayant un effet minime sur le DSC ou le métabolisme de l'oxygène. Le propofol (Diprivan^{MD}), anesthésique sédatif administré par voie I.V., a gagné en popularité dans la prise en charge de l'anxiété et de l'agitation à l'unité de soins intensifs, en raison de son début d'action rapide et de sa courte demi-vie, grâce auxquels une évaluation neurologique précise peut être effectuée très promptement après l'arrêt de la perfusion (Bershad *et al.*, 2008).

Les curares non dépolarisants (p. ex., le bésylate de cisatracurium [Nimbex^{MD}]) permettent un contrôle ventilatoire complet dans le traitement de l'hypertension intracrânienne réfractaire. Comme ces agents paralysent les muscles sans bloquer la douleur ou les stimulus nuisibles, ils sont administrés en association avec des sédatifs ou des benzodiazépines, et des analgésiques.

Même si elles sont employées comme sédatifs, les benzodiazépines sont généralement évitées dans la prise en charge du client souffrant d'hypertension intracrânienne en raison de leur effet hypotenseur et de leur longue demi-vie, à moins qu'elles ne servent d'adjuvants aux médicaments curarisants.

Les GAS doivent être mesurés et évalués régulièrement ▶ **33**. L'infirmière doit donc surveiller ces valeurs fréquemment et s'assurer qu'elles se maintiennent dans un intervalle prescrit ou acceptable selon la condition du client. Le mode de ventilation assistée approprié peut être prescrit en fonction des valeurs de PaO_2 et de $PaCO_2$.

| **Équilibre hydro-électrolytique** | Les perturbations hydro-électrolytiques peuvent avoir un effet nuisible sur la PIC. L'infirmière doit surveiller attentivement les liquides administrés

par voie I.V. à l'aide d'un dispositif de contrôle précis de la perfusion I.V. ou d'une pompe à perfusion. Les ingesta et les excreta sont des paramètres importants dans l'évaluation du bilan hydrique ; ils doivent tenir compte des pertes insensibles (diaphorèse) et du poids quotidien.

Le bilan électrolytique doit être effectué tous les jours, et toute valeur anormale doit faire l'objet d'une discussion avec le médecin. La surveillance des valeurs sériques de glucose, de sodium, de potassium, de magnésium et de l'osmolalité est particulièrement importante.

L'infirmière doit également surveiller le débit urinaire pour déceler les problèmes liés au diabète insipide et au SIADH. Le diabète insipide se traduit par un débit urinaire élevé, dû à une diminution de l'hormone antidiurétique. Il est aussi associé à une hypernatrémie. Son traitement consiste habituellement à remplacer les liquides et à administrer de la vasopressine (Pressyn^{MD}) ou de l'acétate de desmopressine (DDAVP^{MD}) ▶ **61**. S'il n'est pas traité, il peut provoquer une déshydratation sévère. Le SIADH entraîne une diminution du débit urinaire et une hyponatrémie par dilution. Il peut aussi provoquer un œdème cérébral, une altération de l'état de conscience, des crises convulsives et le coma.

| **Surveillance de la PIC** | La mesure de la PIC facilite la prise de décision clinique puisqu'elle permet de déceler les signes précoces d'hypertension intracrânienne et la réponse au traitement. La surveillance de la PIC est associée à un ensemble d'autres paramètres physiologiques qui permettent d'orienter les soins au client et d'évaluer sa réponse aux soins usuels. La manœuvre de Valsalva, la toux, les éternuements, l'hypoxémie et le réveil sont susceptibles d'augmenter la PIC. L'infirmière doit surveiller ces facteurs avec vigilance et s'efforcer de les minimiser.

| **Position du corps** | L'infirmière doit s'assurer que le client atteint d'hypertension intracrânienne garde la tête élevée à 30°. Elle doit également prévenir toute flexion extrême du cou, qui peut causer une obstruction veineuse et contribuer à l'hypertension intracrânienne. L'infirmière doit ajuster la position du corps (position physiologique) de manière à faire baisser la PIC au maximum et à améliorer la PPC. L'élévation de la tête de lit réduit la pression du sinus sagittal, favorise le drainage de la tête par les veines jugulaires et diminue la congestion vasculaire potentiellement responsable de l'œdème cérébral. Cependant, surélever la tête de lit au-delà de 30° peut provoquer une réduction de la PPC en diminuant la P.A. systémique. Il convient d'évaluer soigneusement les effets de cette manœuvre sur la PIC et sur la PPC. L'infirmière doit positionner le lit de manière à diminuer la PIC tout en optimisant la PPC et les autres indices d'oxygénation cérébrale.

Lorsqu'elle retourne le client, l'infirmière doit s'y prendre lentement et délicatement, car les changements brusques de position peuvent faire augmenter la PIC. En l'occurrence, elle doit prévenir tout inconfort pendant la mobilisation au lit, car la douleur ou l'agitation peuvent aussi faire augmenter la pression . Une pression intrathoracique élevée contribue à l'augmentation de l'hypertension intracrânienne en empêchant le retour veineux. La toux, les efforts et la manœuvre de Valsalva sont donc à éviter. L'infirmière doit éviter de fléchir les hanches

Jugement clinique

Carlo Dumas, âgé de 40 ans, est hospitalisé pour une hémorragie sous-arachnoïdienne. Il est conscient. Pour évaluer la force musculaire de ses membres supérieurs, l'infirmière lui demande de lui serrer les doigts.

Deux autres façons de vérifier la force musculaire des bras peuvent être employées. Lesquelles ?

61

Le traitement du SIADH est examiné dans le chapitre 61, *Interventions cliniques – Troubles endocriniens*.

ALERTE CLINIQUE

- L'infirmière doit être attentive à la modification du profil respiratoire.
- L'infirmière doit veiller à maintenir le client en position latérale (et à le faire changer fréquemment de position) pour que les voies respiratoires demeurent libres.
- Des ronflements signalent une obstruction et nécessitent une intervention immédiate.

19

L'échelle de Braden est présentée dans le Tableau 19.1W au www.cheneliere.ca / lewis.

33

Les gaz sanguins sont examinés dans le chapitre 33, *Évaluation clinique – Système respiratoire*.

Atélectasie: État caractérisé par un affaissement des alvéoles qui empêche l'échange respiratoire normal d'oxygène et de gaz carbonique. Lorsque les alvéoles s'affaissent, le poumon se ventile moins bien, et l'hypoventilation se produit, ce qui diminue le taux d'oxygène sanguin.

RAPPELEZ-VOUS…

Considérant l'importance des risques associés à l'utilisation de la contention, l'infirmière doit respecter le protocole local d'application d'une telle mesure de protection et s'assurer qu'il est suivi par les autres membres de l'équipe de soins.

Jugement clinique

Capsule

Steve Vanier, âgé de 18 ans, est hospitalisé pour TCC et hypertension intracrânienne. Il obtient un score de 10 sur l'échelle de coma de Glasgow, et sa PIC est de 22 mm Hg.

Quelle position contribuerait à faire baisser la PIC ?

---

du client à l'extrême pour diminuer le risque d'augmentation de la pression intraabdominale et le risque d'augmentation consécutive de la PIC. Elle doit mobiliser le client au moins toutes les deux heures.

La posture de décortication ou de décérébration est une réponse réflexe chez certains clients souffrant d'hypertension intracrânienne. Mobiliser le client, lui dispenser des soins de la peau ou même lui faire faire des exercices isométriques passifs peut provoquer de telles postures réflexes. Les soins infirmiers requis doivent être prodigués de manière à minimiser les complications associées à l'immobilité, comme l'**atélectasie** et les contractures.

| **Protection contre les blessures** | Le client qui souffre d'hypertension intracrânienne et dont l'état de conscience est altéré doit être protégé contre les blessures qu'il est susceptible de s'infliger. La confusion, l'agitation et les convulsions éventuelles favorisent le risque de blessure. L'infirmière peut user judicieusement de moyens de contention pour le client agité, mais elle ne doit le faire que si d'autres mesures se sont avérées insuffisantes. Si le recours à un système de contentions est absolument nécessaire pour empêcher le client d'enlever ses divers cathéters et tubes ou de tomber du lit, celui-ci doit être bien fixé pour être efficace, et la peau se trouvant sous ses composants doit être régulièrement évaluée pour déceler tout signe d'irritation. La contention pouvant aussi aggraver l'agitation, il est préférable de recourir à d'autres mesures pour protéger le client contre les blessures. Une sédation légère par des agents comme le midazolam ou le lorazépam (Ativan^(MD)) peut être indiquée. La présence d'un proche au chevet du client peut aussi

---

avoir un effet calmant. Des mesures de précaution doivent être instituées pour le client présentant ou risquant de présenter des convulsions. Elles incluent notamment des ridelles de lit matelassées, la disponibilité d'un tube endotrachéal à son chevet, un système d'aspiration à portée de la main, l'administration en temps opportun de médicaments anticonvulsivants ainsi qu'une surveillance étroite.

Un environnement calme et non stimulant peut être bénéfique pour le client. L'infirmière doit toujours se montrer calme et rassurante. Même si le client est dans le coma, l'infirmière doit le toucher et lui parler.

| **Considérations psychologiques** | Outre les soins physiques soigneusement planifiés et dispensés au client atteint d'hypertension intracrânienne, l'infirmière doit se préoccuper du bien-être psychologique du client et de sa famille. L'anxiété liée au diagnostic et au pronostic peut être source de détresse pour le client, sa famille et le personnel infirmier. La compétence et l'assurance de l'infirmière en matière de soins peuvent rassurer toutes les personnes concernées. Des explications brèves et simples sont de mise et permettent au client et à sa famille d'obtenir les renseignements nécessaires. Le client et sa famille ont besoin d'être soutenus, informés et guidés. L'infirmière doit évaluer le désir et le besoin des membres de la famille de prendre part aux soins du client et leur permettre de le faire si cela convient. Elle doit aussi encourager la prise en charge interdisciplinaire du client (travailleur social, aumônier, etc.), et impliquer autant que possible la famille dans le processus de décision.

Évaluation des résultats

Pour un client atteint d'hypertension intracrânienne, les résultats escomptés des soins et interventions cliniques sont analysés dans le **PSTI 19.1**.

19.3 | Traumatismes craniocérébraux

Les **traumatismes craniocérébraux (TCC)** représentent une vaste catégorie regroupant tout traumatisme ou lésion au cuir chevelu, au crâne ou au cerveau. Le traumatisme cérébral est une forme grave de TCC et implique une lésion à l'intérieur de la boîte crânienne.

Les statistiques sur l'occurrence des TCC sont incomplètes, car de nombreuses victimes décèdent sur les lieux de l'accident qu'elles ont subi, ou la blessure, jugée mineure, n'est pas signalée aux services de santé. Au Québec, plus de 100 000 personnes vivraient avec un TCC (Regroupement des associations de personnes traumatisées craniocérébrales du Québec [RAPTCCQ], 2010). Chaque année, plus de 13 000 personnes en sont victimes, dont environ 3 000 nécessitent une hospitalisation. Plus de 200 ne survivent pas, tandis que 100 autres sont condamnées à demeurer dans

un état neurovégétatif. Plus de 200 victimes en gardent des séquelles permanentes. Le TCC est la principale cause de décès des moins de 35 ans et touche 3 hommes pour 1 femme. Les accidents de la route sont à l'origine de 45 % des TCC (RAPTCCQ, 2010). Selon la Société de l'assurance automobile du Québec (SAAQ), 60 % des décès de cyclistes qui ne portaient pas de casque sont dus à des blessures à la tête (SAAQ, 2010). Les chutes, les armes à feu, les agressions, les traumatismes sportifs, les lésions découlant d'activités récréatives et les blessures de guerre comptent parmi les autres causes (Martin, Lu, Helmick, French, & Warden, 2008).

En cas de TCC, la probabilité d'une évolution défavorable (Center for Disease Control and Prevention, 2010) est très élevée. Les décès consécutifs à ce type de traumatisme peuvent survenir à trois moments après l'accident : immédiatement après le traumatisme, dans les deux heures qui suivent et environ trois semaines plus tard (Ryan, 2009). Les facteurs prédictifs d'un pronostic sombre incluent la présence d'un hématome intracrânien, l'âge plus avancé du client, des réponses motrices anormales, des mouvements oculaires ou des réflexes photomoteurs diminués ou absents, une hypotension précoce soutenue, une hypoxémie ou une hypercapnie, et des valeurs de PIC supérieures à 20 mm Hg (Ramesh, Thirumaran, & Raja, 2008).

Le score sur l'échelle de coma de Glasgow, mesuré dès l'arrivée à l'hôpital, est un facteur prédictif important de la survie : en effet, un score inférieur à 8 indique des chances de survie de 30 à 70 %, tandis qu'un score supérieur à 8 annonce une probabilité de survie dépassant 90 %. La majorité des décès dus à un TCC surviennent immédiatement après le traumatisme et résultent soit d'un traumatisme crânien direct, soit d'une hémorragie massive et d'un choc. Les décès qui surviennent quelques heures après le traumatisme résultent d'une aggravation progressive du TCC ou d'une hémorragie interne. La reconnaissance immédiate des changements de l'état neurologique et des interventions chirurgicales rapides sont essentielles à la prévention des décès (Zinc & McQuillan, 2005). La morbidité qui survient trois semaines ou plus après le traumatisme découle d'une défaillance multiorganique. Les soins infirmiers spécialisés dispensés dans les semaines suivant le traumatisme jouent un rôle crucial dans la réduction des décès et optimisent les résultats chez le client.

19.3.1 Types de traumatismes craniocérébraux

Lacérations du cuir chevelu

Les lacérations du cuir chevelu sont une forme aisément identifiable de TCC externe. Comme le cuir chevelu contient de nombreux vaisseaux sanguins qui se contractent peu, la plupart des lacérations s'accompagnent de saignements importants. Même les lésions relativement mineures peuvent provoquer un saignement abondant. Les principales complications associées aux lacérations du cuir chevelu sont liées à la quantité de sang perdu et à l'infection.

Fracture du crâne

Les fractures du crâne sont fréquentes en cas de TCC. Il existe plusieurs façons de décrire ces fractures : linéaires, comminutives, enfoncées, simples ou complexes, ouvertes ou fermées **TABLEAU 19.3**. Les fractures sont qualifiées d'ouvertes ou de fermées selon qu'il y a ou non lacération du cuir chevelu ou prolongement de la fracture dans les sinus frontaux ou la dure-mère. Le type et la gravité d'une fracture du crâne dépendent de la vélocité, de la dynamique, de la direction et de la forme (pointue ou non) de l'agent préjudiciable et du site de l'impact.

L'emplacement de la fracture a une incidence sur la manière dont ses manifestations se présentent **TABLEAU 19.4**. Par exemple, une fracture de la base du crâne correspond à un type particulier de fracture linéaire se produisant lorsque celle-ci est touchée. Les manifestations peuvent évoluer en l'espace de plusieurs heures, varier selon l'emplacement et la gravité de la fracture et se caractériser notamment par des déficits des nerfs crâniens, par des ecchymoses périorbitaires (yeux de raton laveur) et par le signe de Battle (ecchymoses rétroauriculaires) **FIGURE 19.13A** et **19.13D**. Cette fracture est généralement associée à une déchirure de la dure-mère et à un écoulement subséquent de LCR. La rhinorrhée (écoulement de LCR par le nez) ou l'otorrhée (écoulement de LCR par l'oreille) permet en général de confirmer que la fracture a traversé la dure-mère **FIGURE 19.13A** et **19.13B**. La rhinorrhée peut aussi se manifester sous forme d'un écoulement rétronasal dans les sinus. Toute rhinorrhée doit faire l'objet d'une évaluation spécifique et ne doit pas être négligée. En effet, en cas d'écoulement du LCR, le risque de **méningite** est élevé ; il importe alors d'administrer des antibiotiques en prophylaxie.

Deux types de test servent à déterminer si le LCR s'écoule par le nez ou l'oreille. La première méthode consiste à tester le liquide drainé à l'aide d'une bandelette réactive (Dextrostix[MD]) pour établir la présence de glucose. En présence de LCR, le résultat sera positif. Si le liquide en question contient du sang, le résultat du test ne sera pas fiable, car le sang contient aussi du glucose. Dans ce cas, il faut rechercher le signe du halo **FIGURE 19.13C**. Pour effectuer ce test, il faut laisser le liquide s'écouler sur une serviette blanche ou une compresse de 10 cm sur 10 cm et observer le drainage. S'il y a du LCR, le sang converge en quelques minutes vers le centre de la tache, et un anneau jaunâtre l'encercle. Comme les deux tests peuvent produire des résultats faussement positifs, l'infirmière doit noter la couleur, l'apparence et la quantité de liquide de drainage.

Les deux complications majeures potentielles des fractures du crâne sont les infections intracrâniennes et l'hématome d'une part, les lésions méningées et les dommages au tissu cérébral d'autre part. Il est important de noter que, si une fracture de la base du crâne est soupçonnée, on doit mettre en place une sonde nasogastriquesous fluoroscopie ou une sonde gastrique par voie orale pour éviter que le tube ne se loge par inadvertance dans le cerveau pendant son installation.

Traumatisme cérébral

Les lésions cérébrales sont classées en lésions diffuses (généralisées) ou focales (localisées). En cas de lésion diffuse (p. ex., une commotion ou une lésion axonale diffuse), les dommages ne sont pas localisés à une région particulière du cerveau, contrairement à une lésion focale (p. ex., une contusion ou un hématome). Les lésions cérébrales peuvent être légères (score de 13 à 15 sur l'échelle

Méningite : Inflammation aiguë des tissus méningés enveloppant le cerveau et la moelle épinière.

19

TABLEAU 19.3	Types de fractures du crâne	
TYPE	**DESCRIPTION**	**CAUSE**
Linéaire	Rupture de la continuité de l'os sans altération du rapport entre les parties	Blessure à faible vélocité
Comminutive	Fractures linéaires multiples avec fragmentation de l'os en plusieurs morceaux	Impact direct de grande vélocité
Enfoncée	Entaille du crâne vers l'intérieur	Coup puissant
Ouverte	Enfoncement localisé du crâne et lacération du cuir chevelu avec voie communicante vers la cavité intracrânienne	TCC sévère
Fermée	Fracture linéaire ou enfoncement localisé du crâne sans fragmentation ni lacération communicante	Impact léger à modéré

TABLEAU 19.4	Manifestations cliniques des différents types de fractures du crâne
EMPLACEMENT	**MANIFESTATIONS CLINIQUES**
Fracture frontale	Exposition du cerveau à des contaminants à travers le sinus frontal de la face ; contact possible avec l'air dans le tissu frontal ; rhinorrhée de LCR ou pneumo-encéphalie
Fracture orbitaire	Ecchymose périorbitaire (yeux de raton laveur) ; lésion du nerf optique
Fracture temporale	Œdème du muscle temporal dû à l'extravasation de sang ; ecchymose de forme ovale dans la région mastoïdienne derrière l'oreille (signe de Battle) ; otorrhée de LCR ; rupture de l'artère méningée moyenne ; hématome épidural
Fracture pariétale	Surdité ; otorrhée de LCR ou de tissu cérébral ; saillie de la membrane tympanique causée par le sang ou le LCR ; paralysie faciale ; perte du goût ; signe de Battle
Fracture de la fosse cérébrale postérieure	Ecchymose de l'os occipital provoquant une cécité corticale et des anomalies du champ visuel ; ataxie ou autres signes cérébelleux rares
Fracture de la base du crâne	Otorrhée de LCR ou de tissu cérébral ; saillie de la membrane tympanique causée par du sang ou du LCR ; signe de Battle ; ecchymoses périorbitales ; acouphènes ou problème d'audition ; rhinorrhée ; paralysie faciale ; déviation conjuguée des yeux ; vertige

de coma de Glasgow), modérées (score de 9 à 12) ou graves (score de 3 à 8). Habituellement, un traumatisme cérébral n'est pas distingué d'un TCC. Il est question de TCC dès que le cerveau est lésé de quelque façon que ce soit, que la lésion soit accompagnée ou non de lésions au cuir chevelu ou au crâne.

Lésion diffuse

La **commotion** est un TCC mécanique, soudain et transitoire, caractérisé par une perturbation de l'activité nerveuse et un changement de l'état de conscience. Elle est considérée comme un TCC diffus ou léger. Le client qui la subit peut ou non perdre totalement connaissance.

Les signes typiques d'une commotion incluent une brève perturbation de l'état de conscience, une amnésie au regard de l'événement (amnésie rétrograde) et des céphalées. Les manifestations sont généralement de courte durée. Si le client n'a pas perdu connaissance ou qu'il ne l'a fait que pendant

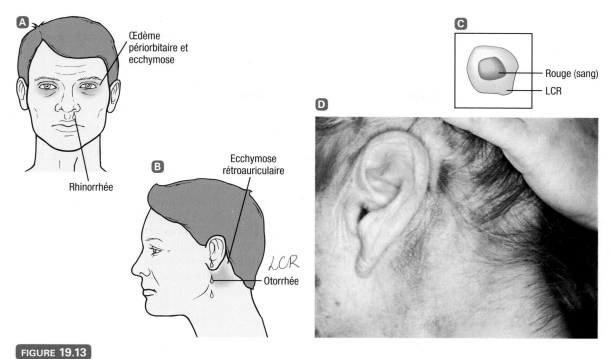

FIGURE 19.13

A Ecchymose périorbitaire et rhinorrhée. **B** Signe de Battle (ecchymoses rétroauriculaires) avec otorrhée. **C** Signe du halo. **D** Signe de Battle.

moins de cinq minutes, il reçoit le plus souvent son congé de l'établissement de soins, et on lui recommande d'aviser un professionnel de la santé si ses symptômes persistent ou que des changements de comportement sont constatés.

Le syndrome postcommotionnel est possible chez certains clients et s'observe généralement de deux semaines à deux mois après le traumatisme. Les symptômes incluent des céphalées persistantes, de la léthargie, de la fatigabilité, des changements de personnalité et de comportement, une capacité d'attention réduite, une diminution de la mémoire à court terme et des changements touchant les capacités intellectuelles. Ce syndrome peut affecter de manière importante les capacités du client à effectuer ses activités de la vie quotidienne (AVQ).

Bien que la commotion soit généralement considérée comme un problème bénin et qu'elle se résolve habituellement de façon spontanée, ses symptômes peuvent signaler le début d'un problème évolutif plus grave, en particulier chez les clients ayant des antécédents de commotion ou de TCC. Au moment où il reçoit son congé, il est important de donner au client et à ses proches des instructions sur l'observation et le compte rendu précis des symptômes ou des changements de l'état neurologique.

ǀ Lésion axonale diffuse ǀ Les lésions axonales diffuses (LAD) désignent des lésions axonales étendues consécutives à un traumatisme cérébral léger, modéré ou grave. Les dommages surviennent surtout autour des axones présents dans la substance blanche sous-corticale des hémisphères cérébraux, du **noyau lenticulaire**, du thalamus et du tronc cérébral (Wasserman & Koenigsberg, 2007). Il a d'abord été supposé que les LAD résultaient des forces de tension découlant du traumatisme, qui entraînaient une torsion des axones, ce qui se traduisait par une déconnexion axonale. De plus en plus de données probantes montrent que les dommages aux axonaux ne sont pas précédés d'une déchirure immédiate de l'axone après l'impact traumatique, mais plutôt que ce traumatisme modifie la fonction de l'axone, provoquant son œdème et sa déconnexion. Ce processus prend de 12 à 24 heures environ pour se développer et peut persister plus longtemps.

Les signes cliniques associés aux LAD incluent une diminution de l'état de conscience, une aggravation de l'hypertension intracrânienne, une posture de décortication ou de décérébration ainsi qu'un œdème cérébral global. Près de 90 % des clients qui présentent de telles lésions demeurent dans un état végétatif persistant (Wasserman & Koenigsberg, 2007). Les clients atteints de LAD qui survivent au traumatisme initial sont rapidement orientés vers une unité de soins intensifs, où les signes d'hypertension intracrânienne font l'objet d'une surveillance vigilante et où les traitements nécessaires, abordés plus haut dans ce chapitre, sont administrés.

Lésions focales

Les lésions focales peuvent être de mineures à graves et sont localisées dans une région particulière. Il s'agit de lacérations, de contusions, d'hématomes et de lésions des nerfs crâniens.

Noyau lenticulaire:
Association du putamen et du globus pallidus. Il a une forme de pyramide triangulaire dont le sommet, interne, est dirigé vers le trou de Monro. Sa base, latérale, est parallèle au claustrum et à l'insula.

19

Les lacérations désignent une véritable déchirure du tissu cérébral et sont souvent associées à des fractures ouvertes et enfoncées ainsi qu'à des lésions pénétrantes. Le dommage tissulaire est sérieux et, compte tenu de la nature du tissu cérébral, il n'est pas possible de réparer la lacération par voie chirurgicale. La prise en charge médicale consiste à administrer des antibiotiques jusqu'à ce que le risque de méningite soit écarté, et à prévenir des lésions secondaires liées à l'hypertension intracrânienne. En cas de saignements situés profondément dans le tissu cérébral, des signes généralisés et focaux apparaissent.

Lorsqu'un TCC majeur survient, de nombreuses réponses tardives peuvent être observées, notamment des hémorragies, la formation d'hématomes, des crises convulsives et un œdème cérébral. Les hémorragies intracérébrales sont généralement associées à une lacération cérébrale. Cette hémorragie se manifeste sous forme de lésion occupant de l'espace accompagnée d'inconscience, d'hémiplégie controlatérale et d'une dilatation de la pupille ipsilatérale. À mesure que l'hématome s'étend, les signes d'hypertension intracrânienne s'aggravent. Le pronostic est généralement sombre pour les clients qui souffrent d'une hémorragie intracérébrale importante. Les hémorragies sous-arachnoïdiennes et intraventriculaires peuvent également résulter d'un TCC.

La **contusion** désigne l'ecchymose du tissu cérébral. Elle est généralement associée à un TCC fermé. Une contusion peut présenter des zones d'hémorragie, d'infarctus, de nécrose et d'œdème, et s'observe couramment au siège d'une fracture.

46

L'évaluation du risque de chute est abordée dans le chapitre 46, *Interventions cliniques – Soins préopératoires.*

Le phénomène de coup-contrecoup est fréquent en cas de contusion **FIGURE 19.14**. Il peut être mineur ou grave. Ce phénomène entraîne des dommages lorsque le cerveau se déplace à l'intérieur du crâne en raison d'un mécanisme de production de la blessure dont l'énergie ou l'impact est élevé. Des contusions et des lacérations se produisent à la fois au site d'impact direct du cerveau sur le crâne (coup) et, par la suite, dans la région du crâne opposée à la blessure (contrecoup). Il en résulte de multiples zones de contusion. Les lésions liées au contrecoup tendent à être plus graves, et le pronostic global du client dépend de l'importance de l'hémorragie autour du site de contusion. Les contusions peuvent persister ou se remettre à saigner, et peuvent sembler s'étendre sur les tomodensitométries ultérieures du cerveau, ce qui aggrave le pronostic neurologique. L'évaluation neurologique peut établir la présence de lésions focales ou généralisées, selon la taille et l'emplacement de la contusion. Les crises convulsives sont une complication fréquente des contusions cérébrales.

L'usage d'anticoagulants et la coagulopathie sont associés à des hémorragies plus importantes, à des traumatismes crâniens plus graves et à un taux de mortalité plus élevé (Wong, Lurie, & Wong, 2008). Ces statistiques sont particulièrement importantes pour les personnes âgées qui prennent de la warfarine (Coumadin^MD) ou de l'aspirine à la maison. En cas de chute, leur contusion risque d'être plus grave du fait de l'emploi d'anticoagulants. Il faut donc évaluer le risque de chute et valider la prise des médicaments prescrits ▶ **46**.

Coup

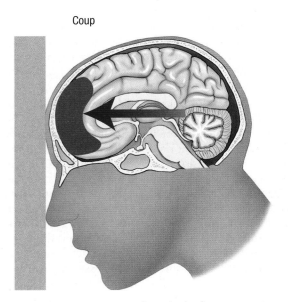

Impact primaire

Contrecoup

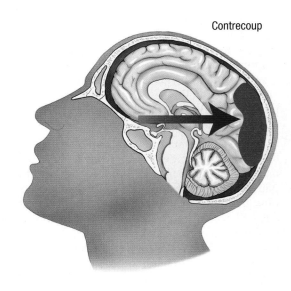

Impact secondaire

FIGURE 19.14

Lésion par coup-contrecoup – Lorsque la tête frappe la paroi, une lésion par coup résulte de l'impact initial du cerveau sur le crâne. La lésion par contrecoup survient lorsque le cerveau frappe la surface crânienne opposée au site d'impact initial.

19.3.2 Complications

Hématome épidural

L'**hématome épidural** résulte du saignement qui survient entre la dure-mère et la surface interne du crâne **FIGURE 19.15**. Il s'agit d'une urgence neurologique généralement associée à une fracture linéaire traversant une grosse artère de la dure-mère (artère méningée moyenne) **FIGURE 19.16**. Plus rarement, l'hématome épidural peut avoir une origine veineuse. Les hématomes épiduraux veineux sont associés à une déchirure du sinus veineux de la dure-mère et apparaissent lentement. En cas d'hématome artériel, l'artère méningée moyenne, située en dessous de l'os temporal, est souvent déchirée. L'hémorragie survient dans l'espace épidural, situé entre la dure-mère et la surface interne du crâne. Comme il s'agit d'une hémorragie artérielle, l'hématome apparaît rapidement et est soumis à une haute pression.

Les signes classiques d'un hématome épidural incluent une période initiale d'inconscience sur la scène de l'accident, suivie d'un bref intervalle de lucidité puis d'une nouvelle diminution de l'état de conscience. Des céphalées, des nausées et des vomissements ou des signes focaux en sont d'autres manifestations. Une intervention chirurgicale rapide, destinée à drainer l'hématome et à prévenir la herniation du cerveau, et associée à une prise en charge médicale de l'hypertension intracrânienne, peut considérablement améliorer les résultats.

Hématome sous-dural

Les **hématomes sous-duraux** sont causés par des saignements se produisant entre la dure-mère et la couche arachnoïdienne des méninges **FIGURE 19.15**.

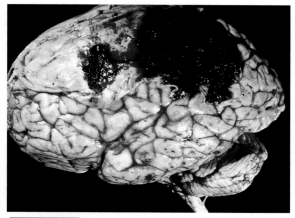

Hématome épidural s'étendant sur une partie de la dure-mère – De multiples petites contusions peuvent être observées dans le lobe temporal.

Un hématome sous-dural découle habituellement d'une lésion du tissu cérébral et des vaisseaux sanguins qui l'irriguent. Les veines drainant la surface du cerveau dans le sinus sagittal sont la source de la plupart de ces hématomes. Comme un hématome sous-dural est le plus souvent d'origine veineuse, il peut mettre plus de temps à se développer. Cependant, il peut également découler d'une hémorragie artérielle ; dans ce cas, il survient plus rapidement (Valadka & Robertson, 2007). Les hématomes sous-duraux peuvent être aigus, subaigus ou chroniques **TABLEAU 19.5**.

Un hématome sous-dural aigu se manifeste dans les 24 à 48 heures suivant le traumatisme. Les signes et symptômes sont comparables à ceux observés en cas de compression du tissu cérébral découlant d'une hypertension intracrânienne, et incluent une diminution de l'état de conscience et des céphalées. La taille de l'hématome détermine la présentation clinique et le pronostic (Valadka & Robertson, 2007). Le client peut devenir somnolent, confus, voire inconscient. La pupille ipsilatérale se dilate et devient fixe si la PIC augmente de manière importante. Les traumatismes fermés à l'origine d'hématomes sous-duraux aigus peuvent aussi provoquer d'importantes lésions cérébrales sous-jacentes et un œdème cérébral concomitant. L'augmentation de la PIC résultant de l'œdème cérébral peut être responsable de l'augmentation de la morbidité et de la mortalité, en dépit des interventions chirurgicales destinées à évacuer l'hématome.

Les hématomes sous-duraux subaigus surviennent généralement entre 2 et 14 jours après la blessure. Après l'hémorragie initiale, il est possible que l'hématome sous-dural paraisse s'élargir avec le temps, à mesure que les produits de dégradation du sang attirent les liquides dans l'espace sous-dural.

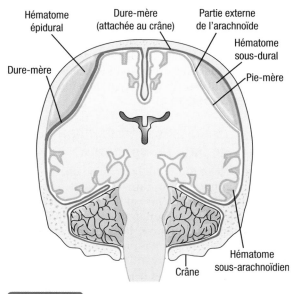

Emplacements d'hématomes épiduraux, sous-duraux et sous-arachnoïdiens

Hématome épidural
Dure-mère (attachée au crâne)
Partie externe de l'arachnoïde
Hématome sous-dural
Dure-mère
Pie-mère
Crâne
Hématome sous-arachnoïdien

TABLEAU 19.5	Types d'hématomes sous-duraux		
TYPE	**APPARITION CONSÉCUTIVE À LA BLESSURE**	**ÉVOLUTION DES SYMPTÔMES**	**TRAITEMENTS**
Aigu	De 24 à 48 heures après un traumatisme grave	Détérioration immédiate	Craniotomie, évacuation et décompression
Subaigu	De 48 heures à 2 semaines après un traumatisme grave	Détérioration de l'état de conscience et des fonctions cognitives à mesure que l'hématome évolue ; évolution selon la taille et l'emplacement de l'hématome	Craniotomie, évacuation et décompression
Chronique	Semaines, mois, habituellement plus de 20 jours après le traumatisme, souvent jugé insignifiant par le client, qui peut même l'oublier	Évolution non spécifique et non localisée ; détérioration graduelle de l'état de conscience ou apparition de signes focaux	Craniotomie, évacuation et décompression, membranectomie

Un hématome sous-dural chronique apparaît des semaines, voire des mois après un TCC apparemment mineur. Les hématomes sous-duraux chroniques sont plus fréquents chez les personnes âgées dont l'espace sous-dural est potentiellement plus large en raison de l'atrophie cérébrale : le cerveau reste attaché aux structures de soutien, mais il est sujet à des déchirures à mesure que la pression augmente. La taille plus importante de l'espace sous-dural explique aussi que les plaintes initiales évoquent des symptômes focaux plutôt que des signes d'hypertension intracrânienne (Valadka & Robertson, 2007). Les alcooliques chroniques sont plus susceptibles de présenter une atrophie cérébrale et de subir des hématomes sous-duraux ultérieurs, car leur risque de chute est plus élevé.

Le diagnostic tardif d'hématome sous-dural chez les personnes âgées peut s'expliquer par la présence de symptômes mimant d'autres problèmes de santé fréquents dans ce groupe d'âge, comme la somnolence, la confusion, la léthargie et la perte de mémoire. Les manifestations de l'hématome sous-dural sont souvent interprétées à tort comme des maladies vasculaires (AVC, accident ischémique transitoire [AIT]) ou de la démence.

Hématome intracérébral

L'**hématome intracérébral** est causé par des saignements à l'intérieur du tissu cérébral et survient dans environ 16 % des TCC. Les hématomes affectent généralement les lobes frontaux et temporaux, et découlent possiblement de la rupture de vaisseaux intracérébraux au moment de la lésion. La taille et l'emplacement de l'hématome sont un facteur déterminant dans le pronostic du client.

19.3.3 Examen clinique et examens paracliniques

La tomodensitométrie est le meilleur outil diagnostique d'évaluation du traumatisme crânien, dans la mesure où elle permet de diagnostiquer et d'intervenir rapidement dans un contexte de soins de courte durée. L'IRM, la TEP et les examens des potentiels évoqués peuvent aussi servir au diagnostic et à la différentiation des TCC. L'examen par IRM est plus sensible que la tomodensitométrie pour déceler des petites lésions. Le doppler transcrânien permet de mesurer la vélocité du DSC. Une série de radiographies de la colonne cervicale ou une tomodensitométrie de la colonne vertébrale peuvent être indiquées, car les traumatismes de la colonne cervicale sont souvent associés aux TCC. En général, les examens cliniques et paracliniques sont comparables à ceux effectués pour les clients souffrant d'hypertension intracrânienne **ENCADRÉ 19.3**.

19.3.4 Processus thérapeutique en interdisciplinarité

Le **TABLEAU 19.6** illustre la prise en charge à l'urgence du client atteint d'un TCC. Outre le traitement de l'œdème cérébral et la prise en charge de l'hypertension intracrânienne, qui visent à prévenir les lésions secondaires, le principal traitement des TCC consiste à poser rapidement un diagnostic et à effectuer une intervention chirurgicale le cas échéant. L'observation et la prise en charge de l'hypertension intracrânienne sont les principales stratégies de prise en charge du client qui présente une commotion ou une contusion.

TABLEAU 19.6	Traumatisme craniocérébral modéré ou grave	
CAUSES	**OBSERVATIONS**	**INTERVENTIONS**

Brutale
• Accident de la route
• Accident de piéton
• Chute
• Agression
• Lésion sportive
Par pénétration
• Blessure par balle
• Blessure par objet pointu ou arme blanche
	Observations générales
	• Lacérations du cuir chevelu
	• Fracture ou enfoncement du crâne
	• Ecchymoses ou contusions sur le visage, signe de Battle (ecchymoses derrière les oreilles)
	• Yeux de raton laveur (liés aux hématomes périorbitaires)
	Système respiratoire
	• Modification du profil respiratoire
	  – Bradypnée
	  – Hyperpnée
	  – Hyperventilation neurogénique centrale
	  – Respiration de Cheyne-Stokes
	  – Respiration ataxique ou de Biot
	  – Respiration apneustique
	• Diminution de la saturation en oxygène
	• Œdème pulmonaire
	Système nerveux central
	• Pupilles inégales ou dilatées
	• Mouvements faciaux asymétriques
	• Discours incohérent, grossier
	• Confusion
	• Diminution de l'état de conscience
	• Agressivité
	• Mouvements involontaires
	• Crises convulsives
	• Incontinence intestinale et urinaire
	• Flaccidité
	• Réflexes diminués ou hyperactifs
	• Posture de décérébration ou de décortication
	• Score inférieur à 12 sur l'échelle de coma de Glasgow
	• Écoulement de LCR par les oreilles ou le nez
		Initiales[a]
		• A : S'assurer que les voies aériennes du client sont perméables.
		• A : Stabiliser la colonne cervicale (la colonne cervicale doit être immobilisée d'emblée chez tout traumatisé, mais une lésion au cou doit être suspectée en cas de TCC.
		• B : Administrer de l'oxygène à 100 % à l'aide d'un masque avec réservoir.
		• C : Établir un accès veineux à l'aide de deux cathéters à gros calibre pour perfuser du sérum physiologique ou une solution de lactate Ringer.
		• C : Évaluer la présence de lésions au cuir chevelu.
		• C : Contrôler les saignements externes au moyen de pansements compressifs stériles.
		• D : Évaluer l'état neurologique.
		• D : Évaluer la présence de rhinorrhée, d'otorrhée.
		• E : Retirer les vêtements du client et prendre sa température rectale.
		Surveillance continue
		• Maintenir la chaleur du client à l'aide de couvertures, de liquides I.V. tièdes, de lumières chauffantes dirigées sur la tête et d'O_2 tiède et humide.
		• Surveiller régulièrement les signes vitaux, l'état de conscience, la saturation en O_2, la fréquence cardiaque, le score sur l'échelle de coma de Glasgow, la taille et la réactivité des pupilles.
		• Prévoir l'intubation en cas d'altération ou d'absence du réflexe pharyngé.
		• Administrer prudemment les liquides pour éviter une surcharge et l'augmentation de la PIC.

[a] Selon l'Advanced Trauma Life Support (ATLS) : A (*airway* et colonne cervicale) : dégager les voies respiratoires et stabiliser la colonne cervicale ; B (*breathing*) : assurer la respiration ; C (*circulation*) : assurer la circulation ; D (*disability*) : évaluer l'état neurologique ; E (*exposure* et environnement) : déshabiller le client et prendre sa température rectale.

En règle générale, le traitement des fractures du crâne est conservateur. En cas de fractures enfoncées du crâne ou de fractures avec fragments, une craniotomie est nécessaire pour replacer l'os enfoncé et retirer les fragments libres. Si une quantité importante d'os est détruite, l'os peut être retiré (craniectomie), et une cranioplastie s'imposera plus tard.

En cas d'hématomes sous-duraux ou épiduraux aigus importants, ou d'hématomes entraînant une altération neurologique sévère, il faut procéder à une évacuation chirurgicale pour retirer le sang. Une craniotomie est généralement effectuée pour visualiser et maîtriser les vaisseaux hémorragiques. En cas d'urgence extrême, une trépanation est pratiquée pour permettre une décompression plus rapide, puis une craniotomie. En règle générale, un drain est mis en place après l'intervention chirurgicale pendant plusieurs jours pour prévenir une nouvelle accumulation de sang. Dans les cas où un œdème important est prévu (p. ex., une LAD, une hémorragie), il faut procéder à une hémicraniectomie durant laquelle un fragment de crâne est retiré pour diminuer la pression à l'intérieur de la boîte crânienne, et limiter ainsi le risque de herniation.

CLIENT ATTEINT D'UN TRAUMATISME CRANIOCÉRÉBRAL

Collecte des données

Tout client atteint d'un TCC peut éventuellement présenter une hypertension intracrânienne, laquelle est associée à des taux de mortalité plus élevés et à une récupération fonctionnelle plus sombre (Fan *et al.*, 2008). Les données objectives sont obtenues grâce à l'échelle de coma de Glasgow **TABLEAU 19.2**, à l'évaluation et à la surveillance de l'état neurologique et à la détermination d'un éventuel écoulement de LCR 🖱. (Les soins et traitements infirmiers relatifs à l'hypertension intracrânienne sont abordés dans le **PSTI 19.1**, et les soins et traitements infirmiers relatifs au client atteint d'un TCC sont présentés dans l'**ENCADRÉ 19.4**.)

Analyse et interprétation des données

L'analyse et l'interprétation des données, de même que les complications potentielles pour le client qui a subi un TCC, peuvent concerner les éléments suivants :

- le risque d'une perfusion tissulaire cérébrale inadéquate liée à une interruption du DSC découlant d'une hémorragie cérébrale, d'un hématome ou d'un œdème ;
- l'hyperthermie liée à une augmentation du métabolisme, à une infection et à une perte de la fonction cérébrale intégrative résultant d'une éventuelle lésion hypothalamique ;

- une douleur aiguë (céphalée) liée à un traumatisme ou à un œdème cérébral ;
- une réduction de la mobilité physique liée à une diminution de l'état de conscience et à l'alitement imposé par le traitement ;
- l'anxiété liée à un changement brusque de l'état de santé, à l'environnement hospitalier et à l'incertitude concernant l'avenir ;
- les complications éventuelles, comme l'hypertension intra-crânienne liée à un œdème cérébral ou à une hémorragie.

Planification des soins

Les objectifs généraux pour le client qui a subi un TCC aigu sont : 1) de maintenir une oxygénation et une perfusion cérébrale adéquates ; 2) de viser un état normothermique ; 3) de maîtriser la douleur et l'inconfort ; 4) de prévenir les infections ; 5) d'atteindre un fonctionnement optimal sur les plans cognitif, moteur et sensoriel **ENCADRÉ 19.5**.

Interventions cliniques

Promotion de la santé

Le meilleur moyen d'éviter les TCC est de prévenir les accidents de véhicules motorisés. L'infirmière peut participer activement aux campagnes de promotion de la sécurité routière et intervenir dans les cours destinés aux futurs conducteurs à propos des

La méthode d'évaluation et la surveillance de l'état neurologique sont illustrées à la figure 19.1W, au www.cheneliere.ca/lewis.

Collecte des données

ENCADRÉ 19.4 Traumatisme craniocérébral

Données subjectives
- Renseignements importants concernant la santé :
  - Antécédents de santé : accident de voiture ; blessures sportives ; accident industriel ; agression ; chute
  - Médicaments : emploi d'anticoagulants
- Modes fonctionnels de santé :
  - Perception et gestion de la santé : consommation d'alcool ou de drogues ; comportements dangereux
  - Perception et concept de soi : céphalées ; changement d'humeur ou de comportement, changement de l'état mental ; aphasie, dysphasie ; altération du jugement
  - Adaptation et tolérance au stress : peur, déni, colère agressivité, dépression

Données objectives
- Généralités : altération de l'état mental et de l'état de conscience
- Système tégumentaire : lacérations, contusions abrasions, hématomes, signe de Battle, œdème et ecchymoses périorbitaires ; otorrhée exposition de la substance cérébrale
- Système respiratoire : rhinorrhée ; altération du réflexe pharyngé ; incapacité à maintenir l'ouverture des voies

aériennes ; herniation imminente : fréquence et profil respiratoires altérés ou irréguliers
- Système cardiovasculaire : herniation imminente : triade de Cushing (hypertension systolique [accroissement de la pression différentielle], bradycardie [pouls bondissant])
- Système gastro-intestinal : vomissements, vomissements en jets ; incontinence intestinale
- Système urinaire : incontinence urinaire
- Système reproducteur : désinhibition sexuelle
- Système nerveux : altération de l'état de conscience ; crises convulsives ; dysfonction des pupilles ; anomalie des nerfs crâniens
- Système musculosquelettique : altération de la motricité ou déficit moteur ; faiblesse, test du serment ; paralysie, spasticité, posture de décortication ou de décérébration, rigidité musculaire ou augmentation du tonus, flaccidité, ataxie
- Résultats possibles aux examens paracliniques : emplacement et type d'hématome, œdème, fracture du crâne ou présence d'un corps étranger révélée par tomodensitométrie ou IRM ; EEG anormal ; dépistage toxicologique positif ou taux d'alcool supérieur à la normale ; ↓ ou ↑ de la glycémie ; ↑ de la PIC

ENCADRÉ 19.5   Décès neurologique

Situation

Un jeune homme impliqué dans un accident de moto est amené en salle de réanimation. Le transport depuis la scène de l'accident a été retardé de 45 minutes en raison d'un orage violent et de la congestion de la circulation. Il ne portait pas de casque et présente une importante fracture ouverte du crâne. Son score à l'échelle de coma de Glasgow est de 3. Ses pupilles sont fixes et dilatées, et il a subi un arrêt cardiaque durant son transport en ambulance. Les manœuvres de réanimation ont été immédiatement amorcées, sans résultat. L'équipe de l'urgence a décidé de poursuivre les manœuvres de réanimation. L'infirmière du client s'interroge sur la nécessité de poursuivre ces interventions.

Considérations importantes

- D'après les critères neurologiques, le décès survient si le tronc cérébral cesse de fonctionner ou qu'il subit une destruction irréversible.

- La mise au point de technologies permettant de maintenir les fonctions vitales en l'absence de stimulation cérébrale a rendu problématique la définition exacte de la mort.

- Les critères du décès neurologique incluent le coma ou l'absence de réponse, l'absence de réflexes du tronc cérébral et l'apnée. Le médecin doit se livrer à des évaluations spécifiques pour valider chacun de ces critères.

- Les manifestations cliniques présentées par le client indiquent un décès neurologique et cardio-respiratoire.

- Même s'il existe une petite chance que la fonction cardiaque du client puisse être réanimée et maintenue par ventilation mécanique, il n'y a pas d'obligation à administrer des soins médicaux inutiles à un client en état de décès neurologique.

- Les critères de décès neurologique ne concernent pas les clients qui sont dans un état neurovégétatif permanent, dans la mesure où l'activité du tronc cérébral permet de maintenir chez eux les fonctions cardiaque et pulmonaire.

Questions de jugement clinique

- Quel est votre avis sur l'arrêt de la fonction cérébrale comme critère permettant de prononcer la mort d'un client par rapport à l'arrêt des fonctions cardiaque et pulmonaire?

- Au nom de quels critères éthiques peut-on être pour ou contre la poursuite de la réanimation?

- En cas de décès neurologique, quelles sont vos obligations envers la famille ou les proches en matière d'information sur le don d'organes?

---

dangers d'une conduite imprudente ou affectée par la consommation d'alcool ou de drogue. Le recours à la ceinture de sécurité, l'utilisation du siège d'auto pour bébé et le port du casque en moto, obligatoires au Québec, ont également entraîné une réduction des taux de mortalité associés à ces traumatismes. Le port du casque par de nombreux cyclistes a fait baisser l'incidence des traumatismes cérébraux. Le casque protecteur est obligatoire pour les bûcherons, les travailleurs de la construction, les mineurs et les cavaliers, et est fortement recommandé pour les cyclistes, les surfeurs des neiges et les parachutistes sportifs. De plus, la sécurité des personnes susceptibles de faire des chutes (p. ex., les personnes âgées) doit faire l'objet d'une évaluation à domicile, car les chutes constituent la deuxième cause principale des TCC.

Phase aiguë

La prise en charge sur les lieux de l'accident peut avoir un effet important sur l'évolution du TCC. La méthode systématique de prise en charge des TCC en salle d'urgence est illustrée au **TABLEAU 19.6**. L'objectif général des soins et traitements infirmiers pour le client qui a subi un TCC est de maintenir l'oxygénation et la perfusion cérébrales et de prévenir une **ischémie cérébrale secondaire**, qui, si elle survenait, pourrait entraîner des lésions additionnelles. La surveillance des changements de l'état neurologique est essentielle, dans la mesure où l'état du client peut se détériorer rapidement et nécessiter une intervention chirurgicale d'urgence. Si une chirurgie est prévue, des interventions infirmières préopératoires et postopératoires appropriées doivent être entreprises. Compte tenu du rapport étroit entre l'état hémodynamique et la perfusion cérébrale, l'infirmière doit être attentive à toute lésion concomitante ou condition préexistante.

L'infirmière doit expliquer au client et à sa famille la raison de la fréquence des évaluations neurologiques. Des manifestations comportementales associées au TCC peuvent susciter frayeur, désorientation, agressivité et résistance aux soins chez le client. L'infirmière doit alors se montrer calme et rassurante. Un proche peut demeurer auprès du client pour éviter que son anxiété ou sa peur ne redoublent. Durant la phase aiguë, les membres de la famille ont surtout besoin d'être informés du diagnostic du client, du plan thérapeutique et de la raison des interventions effectuées. D'autres éléments d'information destinés au client et à sa famille sont présentés dans l'**ENCADRÉ 19.6**.

L'infirmière doit procéder à des évaluations neurologiques aussi fréquentes que l'exige l'état du client. Le score sur l'échelle de coma de Glasgow lui permet d'évaluer l'état de conscience **TABLEAU 19.2**. L'état du client doit faire l'objet d'une surveillance étroite (Anness & Tirone, 2009), et les signes de détérioration de l'état neurologique, aussi subtils soient-ils, comme une diminution de l'état de conscience ou de la force motrice, doivent être signalés au médecin (Anness & Tirone, 2009).

Les soins infirmiers relatifs aux clients atteints d'un traumatisme cérébral portent surtout sur l'hypertension intracrânienne **PSTI 19.1**. Néanmoins, il existe de nombreux problèmes spécifiques qui nécessitent des interventions infirmières.

Ischémie cérébrale secondaire: Diminution de la vascularisation artérielle, donc de l'apport sanguin, au niveau d'une zone plus ou moins étendue d'un tissu ou d'un organe: l'ischémie cérébrale est secondaire à une baisse de la tension intraartérielle des artères du cerveau ou du système nerveux central.

ENCADRÉ 19.6   **Traumatisme craniocérébral léger**

L'enseignement au client et à ses proches doit inclure les directives suivantes, à observer pendant les deux ou trois jours suivant un TCC :

- Avisez immédiatement votre professionnel de la santé en cas de signes et de symptômes évoquant des complications. En voici quelques exemples :
  - somnolence accrue (p. ex., de la difficulté à se réveiller, de la confusion) ;
  - nausées ou vomissements ;
  - aggravation des céphalées ou de la raideur de la nuque ;
  - convulsions ;
  - problèmes de vision (p. ex., une vision brouillée) ;
  - changement de comportement (p. ex., de l'irritabilité, de la colère) ;
  - problèmes moteurs (p. ex., de la maladresse, de la difficulté à marcher, des troubles de l'élocution, une faiblesse des bras et des jambes) ;
  - anomalies sensorielles (p. ex., de l'engourdissement) ;
  - fréquence cardiaque inférieure à 60 battements par minute si inhabituel chez le client.
- Assurez-vous d'avoir quelqu'un auprès de vous.
- Évitez de consommer de l'alcool.
- Consultez votre professionnel de la santé avant de prendre des médicaments qui pourraient augmenter la somnolence, notamment des relaxants musculaires, des tranquillisants et des opioïdes.
- Évitez de conduire, d'opérer de la machinerie lourde, de pratiquer des sports de contact ou de prendre des bains chauds.

Les problèmes oculaires incluent une perte du réflexe cornéen, des ecchymoses ou un œdème périorbitaire et de la diplopie. La perte du réflexe cornéen peut rendre nécessaires l'administration de gouttes oculaires lubrifiantes ou la fermeture des yeux à l'aide d'un adhésif, pour prévenir l'abrasion. L'ecchymose et l'œdème périorbitaires disparaissent spontanément, mais l'application de compresses, froides d'abord puis tièdes ensuite, assure un certain confort et accélère le processus. La diplopie peut être soulagée par un pansement oculaire.

L'hyperthermie peut être causée par une lésion ou une inflammation de l'hypothalamus. Des hausses de la température corporelle peuvent entraîner une augmentation du DSC, du volume sanguin cérébral et de la PIC (Bershad *et al.*, 2008). L'augmentation du métabolisme consécutive à l'hyperthermie stimule la production de déchets métaboliques, qui provoque à son tour une plus grande vasodilatation cérébrale. L'hyperthermie doit être évitée : l'objectif doit être de maintenir la température entre 36 et 37°C. Les interventions destinées à faire baisser la température doivent être effectuées de la manière abordée précédemment, en association avec la sédation si nécessaire, pour prévenir les frissons.

En cas de rhinorrhée ou d'otorrhée du LCR, l'infirmière doit immédiatement informer le médecin. À moins d'avis médical contraire, la tête de lit doit être surélevée à 30° pour diminuer la pression du LCR et permettre à la déchirure de se refermer. Une compresse destinée à recueillir le liquide peut être placée assez librement sous le nez ou sur l'oreille. L'infirmière ne doit pas mettre de pansement dans les cavités nasales ou auditives, et doit rappeler au client d'éviter d'éternuer ou de se moucher. Compte tenu du risque élevé de méningite, l'emploi de sondes nasogastriques et l'aspiration nasotrachéale sont proscrits.

Les interventions infirmières destinées aux soins du client immobilisé, comme celles qui se rapportent aux fonctions vésicale et intestinale, aux soins de la peau et aux infections, sont également indiquées. Les nausées et les vomissements peuvent poser problème et peuvent être soulagés par des antiémétiques. Les céphalées sont généralement maîtrisées avec de l'acétaminophène (Tylenol^MD) ou de petites doses de codéine.

Si l'état du client se détériore, une chirurgie intracrânienne peut s'imposer. Une trépanation ou une craniotomie peuvent être indiquées selon la lésion sous-jacente responsable des symptômes. Le caractère urgent de cette chirurgie peut entraîner la précipitation des préparatifs préopératoires, qui sont normalement soigneusement effectués. L'infirmière doit consulter le neurochirurgien pour déterminer les interventions infirmières spécifiquement indiquées avant l'intervention.

Comme le client est souvent inconscient avant l'intervention chirurgicale, c'est un membre de la famille qui doit signer le formulaire de consentement à la chirurgie. Il s'agit d'un moment pénible et éprouvant pour la famille du client : l'infirmière doit donc faire preuve d'empathie. Le caractère soudain et imprévisible de l'événement rend la chose particulièrement difficile pour la famille.

Soins ambulatoires et soins à domicile

Une fois son état stabilisé, le client est généralement transféré vers un établissement de réadaptation en vue de son retour dans la collectivité. Des problèmes chroniques liés aux déficits moteurs et sensoriels, aux difficultés de communication, aux troubles de mémoire et au fonctionnement intellectuel peuvent survenir. Une bonne partie des principes directeurs des soins et traitements infirmiers s'appliquant au client victime d'un AVC sont pertinents pour le traumatisé crânien ▶ **20**. Les conditions susceptibles de requérir des interventions infirmières et des traitements en interdisciplinarité incluent un état nutritionnel déficient, des problèmes liés à l'élimination intestinale et vésicale, la spasticité, la dysphagie, la thrombose veineuse profonde et l'hydrocéphalie. L'apparence du client n'est pas un bon indicateur de son fonctionnement futur, chez lui ou dans son environnement professionnel, après son rétablissement et sa réadaptation.

Des convulsions s'observent chez environ 5 % des clients victimes d'un TCC fermé. La première semaine suivant ce traumatisme correspond à la période la plus propice aux crises convulsives. Il est possible que certains clients ne connaissent ce type de problème que des années après le traumatisme initial. La plupart des médecins recommandant l'administration

20

Les soins et traitements infirmiers pour un client atteint d'un AVC sont présentés dans le chapitre 20, *Interventions cliniques – Accident vasculaire cérébral*.

prophylactique d'anticonvulsivants. En règle générale, la phénytoïne (Dilantin^{MD}) est l'anticonvulsivant de choix pour la prise en charge des crises convulsives post-traumatiques.

Les séquelles mentales et émotionnelles sont souvent les problèmes les plus invalidants des TCC. Une des conséquences est que la personne concernée peut ne pas se rendre compte qu'elle a subi une lésion cérébrale. Parmi les clients qui ont subi un TCC et qui sont restés dans le coma pendant plus de six heures, nombreux sont ceux chez qui des changements de personnalité sont constatés. Ils peuvent souffrir d'une perte de concentration et de mémoire ainsi que d'un déficit du processus mnémonique. Leur dynamisme peut décliner, tandis que l'apathie et la fatigue apparente les gagnent de plus en plus. De l'euphorie, des changements d'humeur et ce qui ressemble à un manque de conscience de la gravité du traumatisme peuvent également être observés. Le comportement du client peut témoigner d'une désinhibition sociale ainsi que d'une perte de jugement, de tact et de maîtrise de ses émotions.

Un rétablissement progressif peut nécessiter six mois ou plus, avant qu'un certain plateau ne soit atteint et qu'un pronostic puisse être établi à cet égard. Les soins indiqués pour la phase posttraumatique dépendent des déficits résiduels présents.

Dans tous les cas, la famille doit faire l'objet d'une attention spéciale. Elle doit comprendre ce qui se passe et être informée des modalités d'interaction appropriées. L'infirmière doit leur donner des conseils et les orienter en ce qui a trait à l'aide financière, à la garde des enfants et aux autres besoins personnels. Elle doit aider la famille à impliquer autant que possible le client dans les activités familiales. L'infirmière doit aussi nourrir l'espoir chez le client et sa famille. Il arrive souvent que cette dernière ait des attentes irréalistes à l'égard du client à mesure que le coma s'estompe, et qu'elle s'imagine qu'il redeviendra exactement comme il était avant le traumatisme. En réalité, le client voit souvent diminuer sa conscience et sa capacité à interpréter les stimulus environnementaux. L'infirmière doit préparer la famille à la sortie du coma du client et lui expliquer que ce processus d'éveil prend souvent plusieurs semaines. Elle doit organiser des rendezvous avec la travailleuse sociale et l'aumônier si la famille en fait la demande, lui permettre d'effectuer des visites sans restriction et lui donner régulièrement des nouvelles de l'état du client.

Au moment de la planification du congé, le professionnel de la santé, la famille et le client peuvent tirer profit de certaines instructions se rapportant à la période qui suit l'hospitalisation, pour éviter les frictions entre le client et sa famille. Le neurochirurgien, le neuropsychologue et l'infirmière peuvent suggérer des politiques spéciales d'interdiction concernant la consommation de boissons alcoolisées, la conduite de véhicules, l'utilisation d'armes à feu, le maniement d'outils et de machines dangereuses et le tabagisme sans supervision. Les proches, en particulier les conjoints, sont contraints de vivre une transition : ils passent du rôle de conjoint à celui d'aidant ▶ .

Le stress et les besoins auxquels font face les proches aidants sont analysés dans le chapitre 6, *Soins communautaires et soins à domicile.*

Évaluation des résultats

Pour les soins et traitements infirmiers donnés au client qui souffre d'un TCC, les résultats escomptés sont les suivants :

- le maintien d'une PPC normale ;
- l'atteinte d'un fonctionnement optimal des capacités cognitives, motrices et sensorielles ;
- l'absence d'infection ou d'hyperthermie ;
- le contrôle de la douleur.

19.4 | Tumeurs cérébrales

Au Canada, environ 55 000 personnes survivent à une tumeur cérébrale, et le nombre annuel de nouveaux diagnostics est d'environ 10 000. Les tumeurs cérébrales primaires, c'est-à-dire celles qui se développent dans le cerveau, touchent 8 individus sur 100 000, tandis que les tumeurs secondaires ou métastatiques en affectent 24 sur 100 000 (Fondation canadienne des tumeurs cérébrales, 2010). Le cerveau est d'ailleurs un siège fréquent de métastases émanant d'autres tumeurs. En 2009, la Société canadienne du cancer estimait que ce type de cancer est responsable d'environ 1 750 décès. Le taux de survie à cinq ans associé aux tumeurs cérébrales est d'environ 33 % (National Cancer Institute, 2009). L'incidence des tumeurs cérébrales est légèrement plus élevée chez les hommes que chez les femmes. Elles sont plus fréquentes chez les personnes d'âge moyen, mais peuvent se produire à tout âge.

19.4.1 Types

Les tumeurs cérébrales peuvent survenir dans n'importe quelle partie du cerveau ou de la moelle épinière. Elles peuvent être primaires, provenant alors des tissus se trouvant à l'intérieur du cerveau, ou secondaires, résultant alors d'une métastase d'un néoplasme malin situé ailleurs dans l'organisme (Palmieri, 2007). Les tumeurs cérébrales secondaires sont les plus courantes.

Les tumeurs cérébrales sont généralement classées selon le tissu dont elles proviennent. Les tumeurs primaires les plus fréquentes prennent naissance dans les astrocytes : il s'agit de gliomes (p. ex., un astrocytome ou un glioblastome multiforme), qui comptent pour 65 % des tumeurs cérébrales primaires. Le glioblastome multiforme est la tumeur cérébrale primaire la plus courante, suivi du méningiome et de l'astrocytome. Plus de la moitié des tumeurs cérébrales sont malignes ; elles infiltrent le parenchyme cérébral, et leur ablation complète est impossible. D'autres tumeurs, histologiquement bénignes, sont également impossibles à retirer compte tenu de leur emplacement.

Les tumeurs cérébrales métastasent rarement à l'extérieur du système nerveux central (SNC), dans la mesure où elles sont contenues par des barrières structurelles (méninges) et physiologiques (barrière hématoencéphalique). Le **TABLEAU 19.7** compare les principales tumeurs cérébrales ; la **FIGURE 19.17** représente un glioblastome et un méningiome.

TABLEAU 19.7	Types de tumeurs cérébrales		
TYPE		**TISSUS D'ORIGINE**	**CARACTÉRISTIQUES**
Gliomes	Astrocytome	Tissu conjonctif, cellules gliales et astrocytes	Affection de malignité faible à modérée
	Glioblastome multiforme	Cellules souches primitives (glioblaste)	Affection extrêmement maligne et envahissante ; l'une des tumeurs cérébrales primaires les plus dévastatrices
	Oligodendrogliome	Oligodendrocytes	Affection bénigne (encapsulement et calcification)
	Épendymome	Épithélium épendymaire	Affection allant de bénigne à extrêmement maligne ; généralement bénigne et encapsulée
	Médulloblastome	Cellule neuro-ectodermique primitive	Affection extrêmement maligne et envahissante ; métastase dans la moelle épinière et les régions éloignées du cerveau
	Méningiome	Méninges	Affection allant de bénigne à maligne ; généralement bénigne
Neurinome acoustique (Schwannome)		Cellules formant la gaine de myéline autour des nerfs (affectant généralement le nerf crânien VIII)	Tumeur croissant des deux côtés du cerveau, généralement bénigne ou maligne de faible grade
Adénome pituitaire		Glande pituitaire (hypophyse)	Affection généralement bénigne
Hémangioblastome		Vaisseaux sanguins du cerveau	Affection rare et bénigne ; chirurgie curative
Lymphome primaire du système nerveux central		Lymphocytes	Incidence accrue chez les clients greffés ou atteints du sida
Tumeur métastatique		Poumons, seins, reins, thyroïde, prostate, etc.	Affection maligne

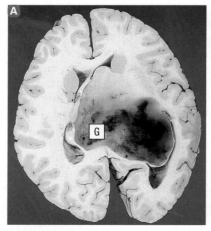
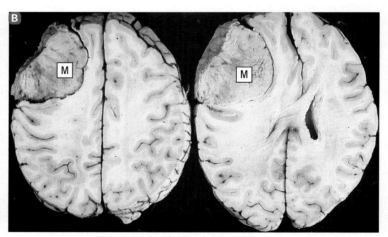

FIGURE 19.17

A Glioblastome – Un large glioblastome (G) émanant d'un hémisphère cérébral s'est développé au point de remplir le système ventriculaire. **B** Méningiome – Ces coupes, effectuées sur deux plans différents du même cerveau, montrent un méningiome (M) qui comprime le lobe frontal et déforme la masse cérébrale sous-jacente.

19.4.2 Manifestations cliniques et complications

Les manifestations cliniques d'une tumeur cérébrale dépendent surtout de sa localisation et de sa taille TABLEAU 19.8. La vitesse de sa croissance et le tableau de ses manifestations dépendent de son emplacement, de sa taille et de la vitesse mitotique des cellules du tissu d'origine. La FIGURE 19.18, qui illustre les aires fonctionnelles du cortex cérébral, peut servir de repère pour mettre en corrélation les manifestations cliniques et l'emplacement de la tumeur. En effet, les manifestations peuvent indiquer la localisation de la tumeur par une altération de la fonction contrôlée par la région touchée.

Les tumeurs cérébrales s'accompagnent d'un large éventail de manifestations cliniques possibles. Les céphalées sont un problème fréquent ; elles tendent à être plus intenses la nuit et peuvent réveiller le client. Il s'agit généralement de céphalées sourdes et constantes, parfois pulsatiles. Les gliomes et les métastases cérébrales entraînent souvent des crises convulsives. Les tumeurs cérébrales peuvent aussi causer des nausées et des vomissements dus à une hypertension intracrânienne. Les dysfonctions cognitives, notamment les problèmes de mémoire et les changements d'humeur et de personnalité, sont également fréquentes, surtout chez les clients atteints de métastases cérébrales. Parmi les autres manifestations des tumeurs cérébrales, mentionnons la faiblesse musculaire, les pertes sensorielles, l'aphasie et les dysfonctions visuo-spatiales.

Si la masse tumorale obstrue les ventricules ou les canaux de circulation du LCR, un élargissement ventriculaire (hydrocéphalie) est

TABLEAU 19.8		Emplacements des tumeurs cérébrales et manifestations initiales
EMPLACEMENT DES TUMEURS		**MANIFESTATIONS INITIALES**
Hémisphère cérébral	Lobe frontal (unilatéral)	Hémiplégie, convulsions, déficit de la mémoire, changements de personnalité, altération du jugement, perturbations visuelles
	Lobe frontal (bilatéral)	Symptômes comparables à ceux des tumeurs du lobe frontal unilatéral, démarche ataxique
	Lobe pariétal	Dysphasie, incapacité à écrire, troubles spatiaux, héminégligence (incapacité de percevoir ce qui est situé d'un côté)
	Lobe occipital	Perturbations visuelles et convulsions
	Lobe temporal	Peu de symptômes ; convulsions, dysphasie
Région sous-corticale		Hémiplégie ; autres symptômes variant selon la région d'infiltration
Méninges		Symptômes liés à la compression du tissu cérébral, variant selon l'emplacement de la tumeur
Métastases cérébrales		Céphalées, nausées ou vomissements dus à une ↑ de la PIC ; symptômes variables selon l'emplacement de la tumeur
Hypophyse et thalamus		Céphalées, nausées, troubles de la vision, œdème papillaire et nystagmus dus à une ↑ de la PIC ; possibilité de diabète insipide
Quatrième ventricule et cervelet		Céphalées, nausées et œdème papillaire dus à une ↑ de la PIC ; démarche ataxique et coordination altérée
Angle ponto-cérébelleux		Acouphènes et vertige, surdité
Tronc cérébral		Céphalées au réveil, étourdissements, vomissements, démarche ataxique, faiblesse des muscles faciaux, perte auditive, dysphagie, dysarthrie, strabisme ou autres changements touchant la vision, hémiparésie

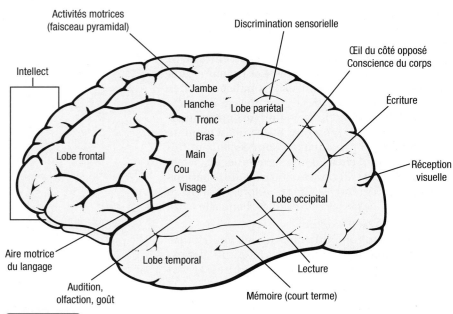

FIGURE 19.18
Chaque région du cerveau contrôle une activité particulière.

Légendes de la figure :
Activités motrices (faisceau pyramidal)
Discrimination sensorielle
Œil du côté opposé
Conscience du corps
Écriture
Intellect
Jambe
Hanche
Tronc
Bras
Main
Cou
Visage
Lobe pariétal
Lobe frontal
Réception visuelle
Lobe occipital
Aire motrice du langage
Lobe temporal
Lecture
Audition, olfaction, goût
Mémoire (court terme)

Les analyses endocriniennes sont abordées dans le chapitre 61, *Interventions cliniques – Troubles endocriniens.*

possible. À mesure que la tumeur cérébrale se propage, des manifestations d'hypertension intracrânienne, d'œdème cérébral ou d'obstruction des voies du LCR peuvent apparaître. À moins d'être traitées, les tumeurs cérébrales finissent toutes par causer la mort, l'augmentation du volume de la tumeur entraînant une hypertension intracrânienne.

19.4.3 Examen clinique et examens paracliniques

Une histoire détaillée des antécédents et un examen neurologique approfondi doivent être effectués au cours du bilan du client soupçonné d'avoir une tumeur cérébrale. Les antécédents de santé et un examen physique attentif peuvent fournir des données sur l'emplacement de la tumeur. Chez l'adulte, les crises convulsives ou les migraines peuvent indiquer la présence d'une tumeur cérébrale et doivent donner lieu à une investigation. Les examens cliniques et paracliniques sont similaires à ceux effectués pour un client qui présente une hypertension intracrânienne **ENCADRÉ 19.3**. Grâce à leur grande sensibilité, des techniques comme l'IRM et la TEP permettent la détection de très petites tumeurs et l'obtention de renseignements diagnostiques plus fiables. Les tomodensitométries et les scintigraphies du cerveau servent à diagnostiquer l'emplacement de la lésion. Les autres tests incluent la spectroscopie par résonance magnétique, l'IRM fonctionnelle et la tomographie d'émission monophotonique (TEMP). L'EEG est utile, mais moins important. La ponction lombaire est un outil diagnostique rarement employé, associé au risque de

herniation cérébrale. L'angiographie peut servir à déterminer le débit sanguin vers la tumeur et à mieux la localiser. D'autres examens visent à exclure la présence d'une tumeur primaire ailleurs dans l'organisme. Les analyses endocriniennes sont utiles si un adénome pituitaire est soupçonné ▶ **61**.

Il est possible de diagnostiquer une tumeur cérébrale en soumettant un échantillon de tissu à un examen histologique. Dans la plupart des cas, le prélèvement est effectué au moment de la chirurgie. La biopsie stéréotaxique assistée par ordinateur est aussi une option. Un frottis ou une biopsie peut être pratiqué dans la salle d'opération pour effectuer une interprétation préliminaire du type histologique de la tumeur. Cela aide le neurochirurgien à prendre une décision plus éclairée quant à l'ampleur de l'intervention chirurgicale. Dans certains cas, une coloration immunohistochimique ou une microscopie électronique peuvent s'avérer nécessaires pour confirmer le diagnostic. Il est souvent nécessaire de déterminer l'indice MIB-1, une mesure de la vitesse de la mitose, pour évaluer l'activité mitotique d'une tumeur donnée.

19.4.4 Processus thérapeutique en interdisciplinarité

Le processus thérapeutique vise à : 1) déterminer le type et l'emplacement de la tumeur ; 2) retirer ou réduire la masse tumorale ; 3) prévenir ou prendre en charge l'hypertension intracrânienne.

Traitement chirurgical

L'ablation chirurgicale est le traitement privilégié des tumeurs. Les techniques chirurgicales stéréotaxiques sont employées plus fréquemment pour les biopsies et le retrait des petites tumeurs cérébrales. Les résultats de la chirurgie dépendent du type, de la taille et de l'emplacement de la tumeur. En règle générale, les méningiomes et les oligodendrogliomes peuvent être complètement retirés, alors que les gliomes et les médulloblastomes, plus invasifs, ne peuvent l'être que partiellement. La biopsie stéréotaxique assistée par ordinateur, l'échographie, l'IRM fonctionnelle et la cartographie corticale peuvent servir à localiser les tumeurs cérébrales pendant l'intervention chirurgicale. Il n'est pas toujours possible d'effectuer une ablation chirurgicale complète si la tumeur n'est pas accessible ou qu'elle a envahi des régions vitales du cerveau. La chirurgie permet de réduire la masse de la tumeur, ce qui fait baisser la PIC, soulage les symptômes et prolonge la survie.

Shunts ventriculaires

L'hydrocéphalie peut être traitée en installant un shunt ventriculaire : un cathéter muni de valves unidirectionnelles est mis en place dans le ventricule latéral et glissé sous la peau pour drainer le LCR dans la veine jugulaire ou le péritoine. Les manifestations d'un mauvais fonctionnement du shunt se rapportent à l'hypertension intracrânienne et comprennent une diminution de l'état de conscience, de l'agitation, des céphalées, une vision brouillée ou des vomissements. La révision ou le remplacement du shunt peut alors s'avérer nécessaire. Une fièvre élevée, des céphalées persistantes et une **raideur de la nuque** peuvent signaler une infection justifiant le recours aux antibiotiques et, dans certains cas, le remplacement du shunt.

Radiothérapie et radiochirurgie stéréotaxique

La radiothérapie est effectuée en suivi postchirurgical. Des grains de radiothérapie peuvent être mis en place dans le cerveau. L'œdème cérébral et l'augmentation rapide de la PIC sont des complications possibles de la radiothérapie, mais elles peuvent être traitées avec des doses élevées de corticostéroïdes (dexaméthasone, prednisone [Winpred^MD] ou méthylprednisolone [Solu-Medrol^MD]).

La radiochirurgie stéréotaxique est une méthode permettant d'administrer une dose hautement concentrée de radiations sur une zone précise du cerveau. Cette technique peut être utilisée si la chirurgie classique a échoué ou qu'elle s'avère impossible à cause de l'emplacement de la tumeur.

Chimiothérapie et thérapie ciblée

L'efficacité de la chimiothérapie est limitée en raison de la difficulté qu'ont les médicaments à traverser la barrière hématoencéphalique, de l'hétérogénéité des cellules tumorales et de la résistance de ces dernières aux médicaments. Un groupe d'agents chimiothérapiques, les nitrosourés (p. ex., la carmustine [BiCNU^MD] et la lomustine [CeeNU^MD]), est utilisé pour traiter les tumeurs cérébrales. En temps normal, la barrière hématoencéphalique empêche l'entrée de la plupart des médicaments dans le cerveau. Les tumeurs les plus malignes causent toutefois une rupture de cette barrière près d'où elles sont localisées, ce qui permet de les traiter à l'aide d'agents chimiothérapiques. Grâce à des cachets biodégradables contenant l'agent chimiothérapique qui sont insérés pendant la chirurgie, la chimiothérapie peut être libérée directement au siège de la tumeur. Les autres médicaments incluent le méthotrexate et la procarbazine (Matulane^MD). L'administration intrathécale par l'entremise d'un réservoir d'Ommaya est une des méthodes permettant de libérer directement les médicaments chimiothérapiques dans le SNC.

Le temozolomide (Temodal^MD) est le premier agent chimiothérapique oral capable de traverser la barrière hématoencéphalique. Contrairement à de nombreux agents chimiothérapiques traditionnels, qui doivent subir une activation métabolique pour pouvoir exercer leurs effets, le temozolomide peut se convertir spontanément en agent réactif interférant directement avec la croissance tumorale. Il n'interagit pas avec les autres médicaments couramment administrés aux clients atteints d'une tumeur cérébrale, comme les anticonvulsivants, les corticostéroïdes et les antiémétiques.

Le bevacizumab (Avastin^MD) est utilisé pour traiter les clients atteints d'un glioblastome multiforme qui continue d'évoluer après un traitement standard. Le bevacizumab est une thérapie ciblée inhibant l'action du facteur de croissance de l'endothélium vasculaire participant à la formation de nouveaux vaisseaux sanguins. Ces vaisseaux peuvent nourrir une tumeur, participer à sa croissance et offrir aussi aux cellules cancéreuses une voie de circulation dans l'organisme ▶ 16 .

De nombreuses techniques destinées à maîtriser et à traiter les tumeurs cérébrales font actuellement l'objet de recherches. Bien que les progrès du traitement aient permis de prolonger et d'améliorer la qualité de vie des clients atteints de tumeurs cérébrales, le pronostic de ceux qui présentent des gliomes reste médiocre (Sathornsumetee & Rich, 2008).

16

La radiothérapie et la thérapie ciblée sont analysées dans le chapitre 16, *Cancer*.

Soins et traitements infirmiers

CLIENT ATTEINT D'UNE TUMEUR CÉRÉBRALE

Collecte des données

L'infirmière doit procéder à l'évaluation initiale de manière à recueillir des données de base sur l'état neurologique du client. Elle se sert ensuite de ces informations pour élaborer un plan de soins réaliste et individualisé. Les éléments à évaluer incluent l'état de conscience, les capacités motrices, la perception sensorielle et les fonctions intégrées (notamment intestinale et vésicale), l'équilibre et la proprioception, de même que les capacités d'adaptation du client et de sa famille. Observer un client dans ses AVQ et l'écouter converser est un moyen d'établir partiellement son état neurologique. Il peut être utile de demander au client ou à sa famille d'expliquer le problème pour déterminer les limites du client et connaître sa perception des difficultés. L'infirmière consigne toutes ces données initiales afin de constituer une base de comparaison permettant de déterminer si l'état du client s'améliore ou se détériore.

Les données obtenues pendant l'entrevue sont aussi importantes que l'examen physique lui-même. L'infirmière doit s'enquérir

19

Les troubles épileptiques sont décrits dans le chapitre 21, *Interventions cliniques – Troubles neurologiques chroniques.*

Dysphasie motrice: Elle se caractérise par des troubles de la phonation et de l'écriture, alors que la compréhension est à peu près bonne. Le client présente généralement des problèmes d'articulation à des degrés divers, et utilise des phrases qui ne sont pas structurées (agrammatisme). Il a du mal à trouver le mot exact pour s'exprimer, et les mots utilisés ne sont pas adaptés.

Dysphasie sensorielle: Altération de la réception du langage sans trouble de l'articulation verbale se caractérisant par un langage spontané rapide (fluence normale ou exagérée), la production de nombreuses paraphasies (remplacement d'un mot par un autre) et un langage généralement vide de sens avec des troubles importants de la compréhension.

11

Ces soins sont abordés dans le chapitre 11, *Soins palliatifs et soins de fin de vie.*

des antécédents médicaux, des capacités intellectuelles et du niveau d'instruction, et vérifier l'existence d'antécédents d'infections du système nerveux et de traumatisme. Elle doit aussi établir la survenue de crises convulsives, de syncope, de nausées et de vomissements, de céphalées ou d'autres types de douleurs afin de mieux planifier les soins au client.

Analyse et interprétation des données

Les diagnostics infirmiers concernant un client atteint d'une tumeur cérébrale peuvent notamment faire état des éléments suivants:

- un risque de perfusion cérébrale inefficace lié à l'œdème cérébral;
- une douleur aiguë (céphalée) liée à l'œdème cérébral et à l'hypertension intracrânienne;
- des déficits relatifs aux soins personnels liés à une altération de la fonction neuromusculaire résultant de la croissance tumorale et d'un œdème cérébral;
- une anxiété liée au diagnostic, au traitement et au pronostic;
- des complications potentielles: crises convulsives liées aux anomalies de l'activité électrique du cerveau; hypertension intracrânienne liée à la présence d'une tumeur et à l'échec des mécanismes compensatoires normaux.

Planification des soins

Les objectifs généraux pour le client qui souffre d'une tumeur cérébrale sont: 1) de maintenir une PIC normale; 2) d'optimiser le fonctionnement neurologique; 3) de parvenir à maîtriser la douleur et l'inconfort; 4) d'être conscient des implications à long terme en regard du pronostic et du fonctionnement cognitif et physique.

Interventions cliniques

Une tumeur primaire ou métastatique du lobe frontal peut entraîner des changements de comportement et de personnalité. La perte du contrôle des émotions, la confusion, la désorientation, les pertes de mémoire, l'impulsivité et la dépression peuvent indiquer une lésion du lobe frontal. Souvent, ces changements comportementaux ne sont pas perçus par le client, mais peuvent perturber, voire effrayer la famille. Ils peuvent aussi créer une distance entre le client et ses proches. L'infirmière doit les aider à comprendre ce qui arrive au client et leur offrir son soutien.

Le client en proie à la confusion et à l'instabilité comportementale peut poser problème. Le protéger des blessures qu'il est susceptible de s'infliger (automutilation) représente une part importante des soins infirmiers (Catt, Chalmers, & Fallowfield, 2008). Si le client se montre colérique et agressif, l'infirmière doit aussi se soucier de sa propre protection. La supervision étroite de l'activité, le recours à d'autres mesures que la contention ou son utilisation judicieuse, l'administration de sédatifs adéquats, le matelassage des ridelles et de la zone qui entoure le lit de même qu'une approche calme et rassurante sont tous des éléments essentiels à la prise en charge de ces clients.

Les problèmes de perception liés aux tumeurs des lobes frontal et pariétal contribuent à la désorientation et à la confusion du client. L'infirmière doit donc minimiser les stimulus environnementaux, créer une routine et recourir à l'orientation centrée sur

la réalité. Les crises convulsives, souvent associées aux tumeurs cérébrales, sont traitées avec des médicaments anticonvulsivants. L'infirmière devra aussi prendre des précautions pour protéger le client durant ces crises. Certains des changements comportementaux découlant d'une tumeur cérébrale résultent des troubles épileptiques et peuvent être améliorés moyennant un contrôle adéquat des convulsions ▶ **21**.

Les déficits moteurs et sensoriels viennent interférer avec les AVQ (Catt *et al.*, 2008). Les altérations de la mobilité doivent être prises en charge, et l'infirmière doit encourager le client à s'occuper lui-même de ses soins, pourvu que sa condition physique le lui permette. L'image de soi dépend souvent de la capacité à participer aux soins selon les limites imposées par les déficiences physiques.

Des déficits du langage peuvent aussi survenir chez les clients atteints de tumeurs cérébrales. Une **dysphasie motrice** (dite expressive ou de Broca) ou une **dysphasie sensorielle** (dite réceptive ou de Wernicke) est possible. Les troubles de la parole peuvent contrarier le client et entraîner une difficulté pour l'infirmière de répondre adéquatement à ses besoins. L'infirmière doit s'efforcer d'établir un système de communication à l'usage du client et du personnel.

L'apport nutritionnel peut diminuer du fait que le client est incapable de manger, a perdu l'appétit ou n'a plus envie de manger. L'infirmière doit évaluer son état nutritionnel et s'assurer que son apport nutritionnel est adéquat (Catt *et al.*, 2008). Elle doit aussi l'encourager à manger. Dans certains cas, le client doit être nourri par voie orale, par voie entérale au moyen d'une sonde de gastrostomie ou nasogastrique, ou encore par voie parentérale. Le client atteint d'une tumeur cérébrale qui subit une chirurgie crânienne requiert des soins infirmiers complexes, qui sont l'objet de la prochaine section.

Bien que les progrès destinés à aider les clients atteints de tumeurs cérébrales soient constants, le pronostic reste sombre pour les victimes de tumeurs très invasives (Catt *et al.*, 2008). L'infirmière peut offrir son aide et son soutien durant la phase d'ajustement et la planification à long terme. Une travailleuse sociale et des infirmières en soins à domicile devront peut-être assister la famille dans la planification du congé de l'hôpital et l'aider à s'adapter au bouleversement des rôles et aux facteurs psychosociaux et socioéconomiques. Les questions liées aux soins palliatifs et aux soins de fin de vie devront être abordées avec le client et avec la famille ▶ **11**.

Évaluation des résultats

Pour le client souffrant d'une tumeur cervicale, les résultats escomptés à la suite des soins et traitements sont:

- de parvenir à contrôler la douleur, les vomissements et les autres inconforts;
- de maintenir la PIC dans les limites normales;
- d'assurer une fonction neurologique optimale (cognitive, motrice, sensorielle), compte tenu de l'emplacement et de l'étendue de la tumeur;
- de maintenir un statut nutritionnel optimal;
- d'accepter les conséquences à long terme de la tumeur et de son traitement.

19.5 | Chirurgie crânienne

La raison ou l'indication d'une chirurgie crânienne peut être liée à une tumeur cérébrale, à une infection du SNC (p. ex., un abcès), à des anomalies vasculaires, à un TCC, à l'épilepsie ou à une douleur rebelle **TABLEAU 19.9**.

Types

Les différents types d'interventions chirurgicales crâniennes sont illustrés au **TABLEAU 19.10**.

Craniotomie

Selon l'emplacement de l'affection pathologique, une craniotomie peut être frontale, pariétale, occipitale, temporale, sous-occipitale ou encore être une combinaison de ces types. À l'aide d'un trépan, une série de trous est pratiquée, qui sont reliés les uns aux autres avec une scie, ce qui permet ensuite de retirer un volet osseux. Un microscope opératoire est parfois utilisé pour mieux voir le siège de l'intervention. Après la chirurgie, le volet osseux est fixé ou suturé. Il arrive que des drains soient installés pour évacuer le liquide et le sang. Le client est généralement transféré vers une unité de soins intensifs jusqu'à ce que son état se stabilise.

Radiochirurgie stéréotaxique

Les interventions stéréotaxiques sont réalisées à l'aide d'appareils de précision (souvent par guidage informatique) permettant au médecin d'atteindre une région très précise du cerveau **FIGURE 19.19**. Une biopsie stéréotaxique peut être effectuée pour obtenir des échantillons de tissus destinés à un examen histologique. D'abord, la tomodensitométrie et l'IRM servent

TABLEAU 19.9	Indications de la chirurgie crânienne		
INDICATION	**CAUSE**	**MANIFESTATIONS**	**INTERVENTION CHIRURGICALE**
Infection intracrânienne	Bactérie	• Précoces : raideur de la nuque, céphalées, fièvre, faiblesse, convulsions • Tardives : crises convulsives, hémiplégie, troubles de l'élocution, troubles oculaires, diminution de l'état de conscience	Exérèse ou drainage de l'abcès
Hydrocéphalie	Accumulation de LCR : surproduction, obstruction du débit, réabsorption déficiente	• Précoces : altération de l'état mental, troubles de la démarche • Tardives : altération de la mémoire, incontinence urinaire, réflexes tendineux accrus	Mise en place d'un shunt ventriculo-auriculaire ou ventriculo-péritonéal
Tumeur cérébrale	Croissance cellulaire bénigne ou maligne	• Altération de l'état de conscience, changement pupillaire, déficit sensoriel ou moteur, œdème papillaire, convulsions, changement de personnalité	Exérèse ou résection partielle de la tumeur
Hémorragie intracrânienne	Rupture de vaisseaux cérébraux due à un traumatisme ou à un AVC	• Épidurale : perte de conscience momentanée ; intervalle de lucidité suivi d'une détérioration rapide • Sous-durale : céphalées, convulsions, changement pupillaire	Évacuation chirurgicale par trépanation ou craniotomie
Fracture du crâne	Traumatisme crânien	• Céphalées, écoulement de LCR, déficit des nerfs crâniens	Débridement des fragments et du tissu nécrotique, repositionnement des fragments osseux
Malformation artérioveineuse	Enchevêtrement congénital des artères et des veines (fréquent dans l'artère cérébrale moyenne)	• Céphalées, hémorragie intracrânienne, convulsions, détérioration de l'état mental	Exérèse de la malformation
Anévrisme	Dilatation de la paroi artérielle sur une zone de faiblesse (généralement près de la partie antérieure de l'hexagone de Willis)	• Avant la rupture : céphalées, léthargie, troubles de la vision • Après la rupture : céphalées violentes, détérioration de l'état de conscience, troubles de la vision, déficit moteur	Dissection et « clippage » de l'anévrisme ou mise en place d'une endoprothèse

19

TABLEAU 19.10	Types de chirurgie crânienne
TYPE	**DESCRIPTION**
Trépanation	Ouverture du crâne à l'aide d'une perceuse ; sert à retirer le liquide et le sang localisés sous la dure-mère
Craniotomie	Ouverture du crâne avec retrait d'un volet osseux et ouverture de la dure-mère pour retirer une lésion, réparer une région endommagée, drainer du sang ou soulager l'hypertension intracrânienne
Craniectomie	Incision pratiquée dans le crâne pour ôter un volet osseux
Cranioplastie	Réparation d'une anomalie crânienne résultant d'un traumatisme, d'une malformation ou d'une intervention chirurgicale antérieure ; un matériau artificiel sert à remplacer l'os endommagé ou perdu
Intervention stéréotaxique	Localisation précise d'une région du cerveau au moyen d'un cadre ou d'un système sans cadre grâce à des coordonnées en trois dimensions ; cette intervention est pratiquée pour les biopsies, la radiochirurgie ou les dissections
Mise en place de shunts	Mise en place de voies de rechange permettant de rediriger le LCR d'une région à une autre à l'aide d'un tube ou d'un dispositif implanté ; les shunts ventriculaires et les réservoirs d'Ommaya en sont des exemples

Maladie extrapyramidale (ou syndrome extrapyramidal) : Troubles provoqués par l'altération du système pyramidal (ensemble de structures nerveuses et de faisceaux), se manifestant par une altération du tonus musculaire et de la régulation des mouvements involontaires et automatiques.

à déterminer précisément le site de prélèvement du tissu visé. Tandis que le client est sous anesthésie générale ou locale, le chirurgien pratique une trépanation ou crée un volet osseux par lequel il introduit ensuite une sonde et une aiguille à biopsie. Les interventions stéréotaxiques permettent de retirer de petites tumeurs cérébrales et des abcès, de drainer des hématomes, de procéder à des ablations en cas de **maladie extrapyramidale** (p. ex., la maladie de

Un cadre stéréotaxique est fixé sur la tête d'une cliente avant l'intervention.

Parkinson) et de réparer les malformations artérioveineuses. La minimisation des dommages touchant les tissus environnants est un avantage majeur de la méthode stéréotaxique.

La radiochirurgie stéréotaxique n'est pas une forme de chirurgie au sens traditionnel du terme. Elle consiste plutôt en l'émission, dans une direction précise, de radiations ionisantes dont le but est de détruire des cellules tumorales et d'autres excroissances anormales dans le cerveau. Tandis que la tête du client est immobilisée dans un cadre stéréotaxique, l'ordinateur crée des images du cerveau en trois dimensions, utilisées pour orienter les radiations à l'endroit précis à traiter. Les radiations peuvent être générées par un accélérateur linéaire ou un scalpel gamma. Dans ce dernier cas, une dose élevée de radiations de cobalt 60 est libérée très précisément dans le tissu tumoral ciblé. Cette dose de radiations peut être administrée en un seul traitement de quelques heures. Il arrive que certaines tumeurs nécessitent plusieurs séances. Les effets secondaires peuvent notamment inclure la fatigue, les céphalées et les nausées.

Une intervention stéréotaxique permet avant tout de localiser le site d'une tumeur. En combinaison avec celle-ci, un laser chirurgical peut être utilisé pour la détruire. Parmi les types de laser chirurgical actuellement employés, il y a le laser au gaz carbonique, le laser à l'argon et le laser à grenat d'yttrium et d'aluminium dopé au néodyme (Nd-YAG). Ces trois lasers opèrent en transmettant une énergie thermique qui détruit le tissu sur lequel ils sont dirigés. Le traitement au laser offre aussi l'avantage de réduire les dommages aux tissus environnants.

CLIENT NÉCESSITANT UNE CHIRURGIE CRÂNIENNE

Collecte des données

La collecte des données se rapportant au client qui doit subir une chirurgie crânienne est semblable à celle du client qui souffre d'hypertension intracrânienne.

Analyse et interprétation des données

Les diagnostics infirmiers pour le client qui doit subir une chirurgie crânienne sont comparables à ceux du client qui souffre d'hypertension intracrânienne, et concernent entre autres les éléments présentés dans le **PSTI 19.1**.

Planification des soins

Les objectifs prioritaires pour le client qui doit subir une chirurgie crânienne sont de : 1) retrouver un état de conscience normal ; 2) parvenir à contrôler la douleur, les nausées et l'inconfort ; 3) maximiser le fonctionnement neuromusculaire ; 4) recouvrer des capacités optimales.

Interventions cliniques

Phase aiguë

Les soins infirmiers préopératoires et postopératoires généraux dispensés au client qui subit une chirurgie crânienne sont les mêmes, quelle que soit la cause de l'opération. La démarche de soins infirmiers est présentée dans le **PSTI 19.1**. Le client et sa famille peuvent se montrer très préoccupés par les conséquences éventuelles de la chirurgie, tant sur le plan physique qu'émotionnel. Compte tenu de l'incertitude entourant le pronostic et les résultats des traitements, les soins infirmiers doivent être prodigués avec compassion durant la période préopératoire.

L'enseignement préopératoire est important dans la mesure où il permet d'apaiser les craintes du client et de sa famille et de préparer ces derniers à la période postopératoire. L'infirmière doit offrir de l'information générale sur le type d'intervention que s'apprête à subir le client et sur ce à quoi il peut s'attendre immédiatement après l'intervention. Elle doit expliquer que le rasage d'une partie des cheveux vise à permettre une meilleure exposition de la zone chirurgicale et à prévenir la contamination. En général, il est effectué dans la salle d'opération après l'induction de l'anesthésie. L'infirmière doit également informer la famille que le client sera transporté vers une unité de soins intensifs ou de soins intermédiaires après la chirurgie. Le principal objectif des soins postopératoires est de prévenir l'hypertension intracrânienne (les soins et traitements infirmiers pour le client qui souffre d'hypertension intracrânienne sont présentés dans le **PSTI 19.1**). Il est essentiel d'évaluer régulièrement l'état neurologique du client durant les 48 premières heures. En plus des fonctions neurologiques, l'équilibre hydro-électrolytique et l'osmolalité sérique font l'objet d'une surveillance étroite pour déceler toute variation dans la régulation du sodium, l'apparition d'un diabète insipide ou d'une hypovolémie sévère. La mobilisation et le positionnement du client dépendent parfois du siège de l'intervention. Si un volet osseux a été retiré (craniectomie), l'infirmière ne doit pas positionner le client du côté opéré.

L'infirmière doit surveiller l'apparition de douleurs et de nausées chez le client. Bien que le cerveau ne soit pas lui-même doté de récepteurs de la douleur, il arrive souvent que les clients signalent des céphalées dues à l'œdème ou à l'incision. L'infirmière pourra maîtriser la douleur à l'aide d'opioïdes à une courte durée d'action, afin de pouvoir surveiller l'état neurologique. Les nausées et les vomissements, fréquents après une chirurgie, sont traités d'ordinaire par des antiémétiques. L'administration de prométhazine n'est pas recommandée, car ce médicament peut augmenter la somnolence et ainsi rendre difficile une évaluation neurologique exacte et complète.

Le pansement chirurgical reste habituellement en place pendant quelques jours. Si l'incision au crâne passe par la fosse cérébrale antérieure ou moyenne, le client doit quitter la salle d'opération avec la tête surélevée à un angle de 30 à 45°. La tête de lit doit être maintenue à au moins 30°, à moins que l'approche chirurgicale n'ait été pratiquée dans la fosse cérébrale postérieure ou qu'un trou ait été fait à l'aide d'un trépan. Dans ces cas, le client demeure généralement à l'horizontale ou garde la tête légèrement surélevée (de 10 à 15°) durant la période postopératoire.

L'infirmière doit aussi examiner le pansement pour déterminer la couleur, l'odeur et le volume de l'écoulement, et aviser immédiatement le chirurgien en cas de saignement excessif ou de drainage clair. Elle doit aussi vérifier la position des drains et évaluer la région qui entoure le pansement. Les soins du cuir chevelu comprennent le nettoyage méticuleux de l'incision afin de prévenir une infection de la plaie. À cette fin, l'infirmière doit se conformer aux méthodes de soins de l'hôpital ou aux prescriptions du neurochirurgien. Une fois le pansement retiré, elle lave le cuir chevelu à l'aide d'un savon antiseptique. Une fois l'incision complètement guérie, l'impact psychologique du rasage peut être atténué par l'emploi d'une perruque, d'un turban, d'une écharpe ou d'une casquette. Elle doit encourager le client traité par radiothérapie à employer un écran solaire et à se couvrir la tête s'il compte s'exposer au soleil.

Soins ambulatoires et soins à domicile

Le potentiel de réadaptation du client qui a subi une chirurgie crânienne dépend des motifs de la chirurgie, de l'évolution postopératoire et de son état de santé général. L'infirmière doit fonder ses interventions sur une évaluation réaliste de ces facteurs. Son objectif général doit être de favoriser, tant et aussi longtemps que possible, l'autonomie du client. **ENCADRÉ 19.7**.

Durant la période postopératoire, le potentiel spécifique de réadaptation ne peut être établi tant que l'œdème cérébral et l'hypertension intracrânienne n'ont pas diminué. L'infirmière veillera à maintenir autant que possible les fonctions du client grâce à un positionnement adéquat, à des soins méticuleux de la peau et de la bouche, à des exercices isométriques réguliers, à des soins liés à l'élimination urinaire et intestinale et à une nutrition adéquate.

Le client peut être orienté vers d'autres spécialistes de l'équipe de soins. Ainsi, l'orthophoniste et l'ergothérapeute peuvent aider le client ayant des problèmes d'élocution ou de déglutition, et le physiothérapeute peut concevoir un plan d'exercices pour corriger certains déficits fonctionnels. L'infirmière doit évaluer les besoins et les problèmes de chaque client individuellement, dans la mesure où plusieurs variables peuvent influer sur le plan. Il est difficile, tant pour la famille que pour les professionnels de la santé, de faire face aux séquelles physiques et mentales du client, notamment aux convulsions, aux troubles de la personnalité,

ENCADRÉ 19.7 | **Refus du traitement**

Situation

Une 15e infection de la vessie est diagnostiquée chez une cliente âgée de 26 ans se trouvant dans un état neurovégétatif permanent. Vous êtes son infirmière à domicile et vous devez déterminer s'il convient d'obtenir des antibiotiques pour traiter cette infection. Les membres de la famille redoutent que des mesures extraordinaires soient entreprises pour prolonger la vie biologique de leur fille et sœur, mais refusent d'interrompre le traitement actuel de nutrition entérale par sonde de gastrotomie. Faut-il renoncer aux antibiotiques ?

Considérations importantes

- Les clients qui sont dans un état neurovégétatif chronique ne se rétablissent pas.
- La nutrition et l'hydratation, même par des moyens artificiels, peuvent avoir une signification culturelle, religieuse et psychologique particulière pour les clients et leur famille.
- Il est impératif de clarifier avec la famille les objectifs du traitement et les désirs qu'a exprimés la cliente lorsqu'elle était apte à le faire, s'ils sont connus. Il est important de déterminer si le traitement d'une infection sera considéré comme une mesure extraordinaire, compte tenu du point de vue de la famille et des désirs de la cliente.
- Les préoccupations de la famille en ce qui concerne la douleur, la souffrance et la qualité de vie de la cliente doivent être envisagées dans le contexte du plan de soins global.
- Le refus du traitement est moralement acceptable s'il est le fait d'un client apte et que le traitement n'est assorti d'aucun bienfait médical, qu'il ne sert qu'à prolonger la vie ou que ses désagréments dépassent ses bienfaits.

Questions de jugement clinique

- Comment approcheriez-vous la famille de la cliente ?
- Que pensez-vous de la nutrition, de l'hydratation et des traitements destinés à prolonger la vie d'une cliente pour qui il n'existe aucun espoir d'amélioration fonctionnelle ?
- De quelles options de soins la famille dispose-t-elle pour leur fille, si la décision est de renoncer aux antibiotiques ?

à l'apathie et à l'atrophie. Les déficits cognitifs et émotionnels résiduels sont souvent plus difficiles à accepter pour le client et sa famille que les pertes motrices et sensorielles.

Évaluation des résultats

Pour le client qui a subi une chirurgie crânienne, les résultats escomptés à la suite des soins et des interventions cliniques sont :

- d'atteindre un fonctionnement cognitif, moteur et sensoriel optimal ;
- de ne plus présenter d'infection ;
- de maîtriser la douleur, les nausées et l'inconfort ;
- de ne plus présenter de crises convulsives ;
- de maintenir un apport nutritionnel optimal.

19.6 | Affections inflammatoires cérébrales

Mastoïdite : Inflammation de la muqueuse et des structures osseuses des cellules mastoïdiennes, généralement consécutive à une otite.

Les abcès cérébraux, la méningite et l'encéphalite sont les affections inflammatoires les plus courantes du cerveau et de la moelle épinière **TABLEAU 19.11**. L'inflammation peut être causée par des bactéries, des virus, des champignons ou des agents chimiques (p. ex., la substance de contraste employée dans les examens paracliniques ou du sang dans l'espace sous-arachnoïdien). Les infections du SNC peuvent provenir de la circulation sanguine et se propager depuis un site primaire ou le long des nerfs crâniens et rachidiens. Le taux de mortalité, qui atteint de 2 à 30 % dans la population générale, est plus élevé chez les clients âgés. Jusqu'à 40 % des sujets qui se rétablissent souffrent de déficits neurologiques à long terme, notamment de perte auditive.

19.6.1 Abcès cérébral

L'**abcès cérébral**, qui correspond à une accumulation de pus dans le tissu cérébral, peut résulter d'une infection locale ou systémique. La propagation directe résultant d'une otite, d'une infection dentaire, d'une **mastoïdite** ou d'une sinusite en est la cause principale. La formation d'un abcès cérébral peut aussi découler d'une propagation à partir d'un site plus distant (p. ex., une infection pulmonaire, une endocardite bactérienne), d'une fracture du crâne, d'une chirurgie ou d'un traumatisme cérébral. Les streptocoques et *Staphylococcus aureus* sont les principaux organismes infectieux responsables.

Les manifestations de l'abcès cérébral sont similaires à celles de la méningite et de l'encéphalite et incluent les céphalées, la fièvre, les nausées et les vomissements. Les signes d'hypertension intracrânienne peuvent se traduire par de la somnolence,

TABLEAU 19.11	Comparaison entre les affections inflammatoires cérébrales	
MÉNINGITE	**ENCÉPHALITE**	**ABCÈS CÉRÉBRAL**
Organismes en cause		
• Bactérie (*Streptococcus pneumoniæ, Neisseria meningitidis*, streptocoque du groupe B, virus, champignons)	Bactéries, champignons, parasites, virus de *Herpes simplex* (VHS), autres virus (p. ex., le virus du Nil occidental [VNO])	Streptocoques, staphylocoques à travers la circulation sanguine
LCR (intervalle de référence)		
• Pression (normale moins de 20 mm Hg)		
• Augmentée	Normale ou légère augmentation	Augmentée
Nombre de globules blancs (de 0 à 5 cellules/mm³)		
• Bactérienne : plus de 1 000 globules blancs/mm³ (surtout des polymorpho-nucléaires) • Virale : de 25 à 500 globules blancs/mm³ (surtout des lymphocytes)	500 globules blancs/mm³, polymorpho-nucléaires (stade précoce), lymphocytes (stade tardif)	De 25 à 300 globules blancs/mm³ (polymorpho-nucléaires)
Protéines (de 1,5 à 4,5 g/dl)		
• Bactérienne : plus de 50 g/dl • Virale : de 5 à 50 g/dl	Légère augmentation	Normales
Glucose (de 2,2 à 3,9 mmol/L)		
• Bactérienne : diminution • Virale : de normal à faible	Normal	Faible ou absent
Apparence		
• Bactérienne : turbide, trouble • Virale : claire ou trouble	Claire	Claire
Examens paracliniques		
• Tomodensitométrie, coloration de Gram, frottis, culture, amplification en chaîne par polymérase[a]	Tomodensitométrie, EEG, IRM, TEP, amplification en chaîne par polymérase, présence d'anticorps IgM dirigés contre le virus dans le sérum ou le LCR	Tomodensitométrie
Traitement		
• Antibiotiques, dexaméthasone, soins de soutien, prévention de l'hypertension intracrânienne	Soins de soutien, prévention de l'hypertension intra-crânienne, acyclovir (Zovirax^MD) pour le HSV	• Antibiotiques, incision et drainage • Soins de soutien

[a] L'amplification en chaîne par polymérase est employée pour détecter l'ARN ou l'ADN viral.

de la confusion et des convulsions. Des symptômes focaux peuvent être présents et indiquer la localisation de l'abcès. Par exemple, les anomalies du champ visuel ou les crises d'épilepsie psychomotrices sont fréquentes en cas d'abcès du lobe temporal, alors qu'un abcès occipital s'accompagne éventuellement de troubles visuels et d'hallucinations. La tomodensitométrie et l'IRM sont utilisées pour diagnostiquer les abcès cérébraux.

Le principal traitement des abcès cérébraux est l'administration d'agents antimicrobiens. Les autres manifestations sont traitées selon leurs symptômes. Si le traitement pharmacologique s'avère inefficace, il faudra peut-être drainer l'abcès ou encore le retirer s'il est encapsulé. En l'absence de traitement, le taux de mortalité frôle les 100 %.

L'infirmière doit prendre des mesures similaires à celles préconisées pour la prise en charge de la

RAPPELEZ-VOUS...

Une pétéchie a un diamètre de 1 à 3 mm, alors que la macule mesure moins de 1 cm.

méningite ou de l'hypertension intracrânienne. Si le drainage ou l'ablation chirurgicale constituent les traitements de choix, les soins infirmiers sont les mêmes que ceux requis pour les chirurgies crâniennes.

Les autres infections cérébrales incluent l'empyème sous-dural, l'ostéomyélite des os crâniens, l'abcès épidural et la thrombose des sinus veineux consécutive à une cellulite périorbitaire.

19.6.2   Méningite bactérienne
Étiologie et physiopathologie

La méningite est une inflammation aiguë des membranes enveloppant le cerveau et la moelle épinière. Elle désigne spécifiquement l'infection de l'arachnoïde et du LCR. *Streptococcus pneumoniæ* et *Neisseria meningitidis* sont les principaux pathogènes responsables de la méningite bactérienne, supplantant désormais *Hæmophilus influenzæ*. La vaccination contre *H. influenzæ* s'est donc traduite par une diminution considérable des méningites dues à cet organisme. Les agents infectieux pénètrent généralement dans le SNC par les voies respiratoires supérieures ou par la circulation sanguine, mais aussi par propagation directe à partir de plaies pénétrantes au crâne ou de fractures des sinus lors de fractures de la base du crâne.

La méningite survient habituellement pendant l'automne, l'hiver ou le début du printemps et résulte souvent d'une maladie respiratoire virale. En général, les personnes âgées ou affaiblies et les enfants sont plus touchés que l'ensemble de la population. Également, les personnes qui vivent en promiscuité (p. ex., les étudiants dormant dans des dortoirs ou les personnes vivant en institution, comme les détenus) sont plus susceptibles de contracter une méningite.

La méningite bactérienne est considérée comme une urgence médicale. Si elle n'est pas traitée, le taux de mortalité qui lui est associé frôle les 100 %.

La réponse inflammatoire à l'infection tend à augmenter la production de LCR et à hausser modérément la PIC. Dans la méningite bactérienne, les sécrétions purulentes produites se propagent rapidement à d'autres régions du cerveau par l'entremise du LCR, atteignant les nerfs crâniens et d'autres structures intracrâniennes. Si ce processus s'étend au parenchyme cérébral ou qu'une encéphalite se produit en même temps, l'œdème cérébral et l'hypertension intracrânienne posent davantage problème. Tous les clients atteints de méningite doivent être étroitement surveillés de manière à détecter toute manifestation d'hypertension intracrânienne résultant possiblement de l'œdème autour de la dure-mère et de l'augmentation du volume de LCR.

Manifestations cliniques

La fièvre, des céphalées sévères, des nausées, des vomissements et une raideur de la nuque sont les

RAPPELEZ-VOUS...

Le lavage des mains représente un bon moyen d'éviter la propagation des virus et des bactéries.

signes clés de la méningite. La photophobie, une diminution de l'état de conscience et des signes d'hypertension intracrânienne sont également possibles. Le coma est associé à un pronostic médiocre : il survient chez 5 à 10 % des clients atteints de méningite bactérienne. Un tiers des clients connaissent des crises convulsives. Les céphalées s'aggravent progressivement et peuvent s'accompagner de vomissements et d'irritabilité. Si l'agent infectieux est un méningocoque, l'éruption cutanée est courante et des pétéchies peuvent s'observer.

Complications

L'hypertension intracrânienne est la complication aiguë la plus fréquemment associée à la méningite bactérienne. La plupart des clients atteints présenteront une hypertension intracrânienne, principale cause de l'altération de l'état mental. Les dysfonctions neurologiques résiduelles sont une autre complication possible. La dysfonction des nerfs crâniens liée à la méningite bactérienne touche souvent les nerfs crâniens III, IV, VI, VII ou VIII.

L'irritation des nerfs crâniens peut avoir de graves séquelles. L'hypertension intracrânienne peut comprimer le nerf optique (nerf crânien II). Un œdème papillaire est souvent présent, et la cécité peut survenir. Si le nerf moteur oculaire commun (nerf crânien III), le nerf trochléaire (nerf crânien IV) et le nerf moteur oculaire externe (nerf crânien VI) sont irrités, les mouvements oculaires sont affectés. Une ptose des paupières, des pupilles inégales et une diplopie sont fréquemment observées. L'irritation du nerf trijumeau (nerf crânien V) se manifeste par des pertes sensorielles et la perte du réflexe cornéen, tandis que l'irritation du nerf facial (nerf crânien VII) provoque une parésie faciale. L'irritation du nerf vestibulo-cochléaire (nerf crânien VIII) provoque des acouphènes, des vertiges et la surdité. La dysfonction disparaît généralement en quelques semaines. Cependant, la perte auditive peut être permanente après une méningite bactérienne.

L'hémiparésie, la dysphasie et l'hémianopsie sont également possibles. Ces signes se résolvent généralement avec le temps. Sinon, il pourrait s'agir d'un abcès cérébral, d'un empyème sous-dural, d'un épanchement sous-dural ou d'une méningite persistante. En cas de méningite bactérienne, un œdème cérébral aigu peut survenir et provoquer des crises convulsives, une paralysie du nerf moteur oculaire commun (nerf crânien III), de la bradycardie, un coma hypertensif et la mort.

Les céphalées peuvent persister pendant des mois après le diagnostic de méningite, et ce, jusqu'à ce que l'irritation et l'inflammation soient complètement résorbées. La douleur liée à ces céphalées chroniques doit être prise en charge en collaboration.

Une hydrocéphalie non communicante est possible si l'exsudat provoque des adhérences empêchant l'écoulement normal du LCR à partir des ventricules. La réabsorption du LCR par les villosités arachnoïdiennes peut aussi être obstruée par l'exsudat : la mise en place d'un shunt ventriculaire est alors le seul traitement qui convienne.

Le syndrome de Waterhouse-Friderichsen est une complication de la méningite à méningocoques. Ce syndrome se manifeste par des pétéchies, une coagulation intravasculaire disséminée (CIVD), une surrénalite hémorragique et de l'instabilité hémodynamique. La CIVD et le choc sont deux des complications les plus graves de la méningite et sont associés à une méningococcémie ▶ 38 .

Examen clinique et examens paracliniques

Si un client se présente avec des manifestations suggérant une méningite bactérienne, il faut procéder à une hémoculture et à une tomodensitométrie. Le diagnostic est confirmé en général par une ponction lombaire et l'analyse du LCR prélevé. Cette intervention ne peut être effectuée que si l'obstruction du trou occipital a été exclue à la suite de la tomodensitométrie, et ce, pour éviter le passage de liquide susceptible de provoquer une herniation du cerveau. Les modifications de la composition du LCR dépendent de l'organisme responsable. Les taux de protéines du LCR sont généralement élevés et le sont davantage en présence d'une méningite bactérienne que d'une méningite virale. La concentration de glucose du LCR diminue habituellement en cas de méningite bactérienne, mais peut rester normale en cas de méningite virale. En cas de méningite bactérienne, le LCR est purulent et d'apparence trouble ; il peut en être de même en cas de méningite virale, mais il peut aussi prendre une apparence claire. Les leucocytes qui prédominent dans le LCR en cas de méningite bactérienne sont les cellules polymorphonucléaires **TABLEAU 19.11**. Des échantillons de LCR, d'expectorations et de sécrétions nasopharyngées sont prélevés à des fins de culture avant de commencer l'antibiothérapie, et ce, afin d'identifier l'agent causal. Une coloration de Gram est effectuée pour détecter la présence de bactéries.

Des radiographies du crâne peuvent révéler une infection des sinus. En cas de méningite non compliquée, la tomodensitométrie et l'IRM peuvent être normales. Dans les autres cas, la tomodensitométrie peut révéler des signes d'hypertension intracrânienne ou d'hydrocéphalie.

Processus thérapeutique en interdisciplinarité

La méningite bactérienne est une urgence médicale. Un diagnostic rapide établi à partir de l'histoire de santé et d'un examen physique est crucial, car le client est généralement dans un état critique lorsqu'il se présente pour des soins. Si la méningite est soupçonnée, l'antibiothérapie doit être entreprise immédiatement après le prélèvement d'échantillons aux fins de culture, même avant confirmation du diagnostic **ENCADRÉ 19.8**.

L'ampicilline, la pénicilline, la vancomycine, la céfuroxime (Ceftin^MD), le céfotaxime (Claforan^MD), la ceftriaxone (Rocephin^MD) et la ceftazidime sont communément prescrits pour le traitement de la méningite bactérienne. De la dexaméthasone, un corticostéroïde, peut aussi être prescrite avant la première dose d'antibiotiques ou en même temps que celle-ci. Il semble que ce médicament soit associé à un taux de mortalité inférieur et à une réduction de l'incidence des pertes auditives chez les clients atteints de méningite bactérienne. L'infirmière doit travailler de concert avec le médecin à la prise en charge des céphalées, de la fièvre et de la raideur de la nuque, souvent associées à la méningite.

La CIVD est examinée dans le chapitre 38, *Interventions cliniques – Troubles hématologiques.*

Processus diagnostique et thérapeutique

ENCADRÉ 19.8   Méningite bactérienne

Examen clinique et examens paracliniques

- Antécédents et examen physique
- Analyse du LCR : protéines, glucose, globules blancs, coloration de Gram et culture
- Analyses sanguines : formule sanguine complète, profil de coagulation, électrolytes, glucose, décompte plaquettaire
- Hémocultures
- Tomodensitométrie, IRM, TEP

Processus thérapeutique

- Repos
- Isolement (pour certains types de méningite)
- Réanimation liquidienne et intraveinothérapie

- Antibiotiques par voie I.V. :
  - ampicilline, pénicilline
  - céphalosporine (p. ex., céfotaxime [Claforan^MD], ceftriaxone [Rocephin^MD])
- Codéine contre les céphalées
- Dexaméthasone
- Acétaminophène ou aspirine (température supérieure à 38 °C)
- Hypothermie pour diminuer l'hypertension intracrânienne
- Phénytoïne (Dilantin^MD) par voie I.V. (prophylaxie des convulsions)
- Mannitol (Osmitrol^MD) par voie I.V. pour diminuer l'hypertension intracrânienne

---

Soins et traitements infirmiers

CLIENT ATTEINT DE MÉNINGITE BACTÉRIENNE

Collecte des données

L'évaluation initiale doit notamment comprendre les antécédents de santé (y compris ceux d'infection respiratoire, de sinusite, etc.), les signes vitaux, une évaluation neurologique complète incluant les signes méningés (réponse positive aux signes de Kernig et de Brudzinski), le bilan des ingesta et des excreta ainsi qu'un examen clinique pulmonaire et cutané afin d'évaluer la présence de pétéchies.

Analyse et interprétation des données

Les diagnostics infirmiers relatifs au client atteint de méningite bactérienne portent notamment sur les éléments présentés dans le **PSTI 19.2**.

PSTI 19.2	**Méningite bactérienne**

PROBLÈMES DÉCOULANT DE LA SITUATION DE SANTÉ	**Diminution de la capacité d'autorégulation intracrânienne**[a]. **Risque d'une perfusion tissulaire inadéquate dans le cerveau**[a]. **Confusion aiguë** liée à une altération de la fonction cérébrale, mise en évidence par une interprétation inexacte de l'environnement, une fluctuation de la cognition et de l'état de conscience et une perception erronée.
OBJECTIFS	• Le client démontrera une fonction cognitive adéquate. • Le client sera orienté par rapport aux personnes, au lieu et au temps.

RÉSULTATS ESCOMPTÉS	**INTERVENTIONS INFIRMIÈRES ET JUSTIFICATIONS**
Niveau de confusion • Absence d'altération de la cognition ou de diminution de l'état de conscience • Interprétation adéquate des stimulus environnementaux et du langage non verbal (selon la condition de santé) • Cycle éveil-sommeil permettant la récupération	**Prise en charge du délirium** • Surveiller constamment l'état neurologique afin de déterminer l'ampleur du problème. • Administrer au besoin des médicaments contre l'anxiété ou l'agitation, afin d'atténuer la peur et l'anxiété. • Créer un environnement de faible stimulation pour le client, car la stimulation excessive aggrave sa désorientation. • Approcher le client doucement et de face, afin d'éviter de le stimuler ou de l'effrayer. • Fournir une fréquence appropriée de surveillance du client, afin de l'évaluer et de permettre les interventions thérapeutiques. • Réorienter le client à chaque contact afin de favoriser son orientation et de diminuer son anxiété. • Employer des termes simples, directs et descriptifs afin d'éviter toute stimulation excessive. • Assister le client dans ses besoins relativement à la nutrition, à l'élimination, à l'hydratation et à l'hygiène personnelle, car il peut ne pas être conscient de ceux-ci.

PROBLÈME DÉCOULANT DE LA SITUATION DE SANTÉ	**Hyperthermie** liée à une infection et à une régulation anormale de la température par l'hypothalamus en raison de l'hypertension intracrânienne, mise en évidence par une température corporelle élevée.
OBJECTIF	Le client maintiendra sa température corporelle dans les limites normales.

RÉSULTATS ESCOMPTÉS	**INTERVENTIONS INFIRMIÈRES ET JUSTIFICATIONS**
Thermorégulation • Absence d'hyperthermie • Peau tiède • Absence d'altération de l'état cognitif (irritabilité, etc) • Absence de signes de déshydratation • Absence de convulsions	**Traitement de la fièvre** • Surveiller la température aussi souvent que nécessaire. • Surveiller la pression artérielle, le pouls et la respiration afin d'évaluer les effets de l'hyperthermie. • Surveiller les ingesta et les excreta, car les hausses de température corporelle favorisent le risque de déficit liquidien. • Rechercher les signes de détérioration de l'état de conscience, car la fièvre augmente le métabolisme cérébral. • Encourager au besoin une plus grande consommation de liquide par voie orale afin de compenser la perte liquidienne due à l'augmentation du métabolisme et à la diaphorèse. • Surveiller les convulsions provoquées par l'hyperthermie et l'augmentation de l'irritabilité cérébrale.

PROBLÈME DÉCOULANT DE LA SITUATION DE SANTÉ	**Douleur aiguë** liée aux céphalées et aux douleurs musculaires, mise en évidence par de l'apathie, un inconfort général ressenti à la tête, aux articulations, aux muscles ou par le faciès grimaçant du client lors de ses mouvements.
OBJECTIFS	• Le client se dira satisfait du contrôle de sa douleur. • Le client ne présentera aucun signe de douleur.

RÉSULTATS ESCOMPTÉS	**INTERVENTIONS INFIRMIÈRES ET JUSTIFICATIONS**
Niveau de douleur • Douleur soulagée • Absence d'indices cliniques qui démontrent de la douleur (tensions faciales, tensions musculaires, agitation, tachycardie, etc.).	• Assurer un soulagement optimal de la douleur grâce aux analgésiques prescrits à cet effet. • Adopter une variété de mesures (p. ex., pharmacologiques, non pharmacologiques, interpersonnelles) pour favoriser le contrôle de la douleur (p. ex., des massages, des exercices d'amplitude), de manière à promouvoir le confort, à réduire la raideur articulaire et à stimuler la circulation ; faire montre d'une attitude empathique. • Réduire ou éliminer les facteurs qui suscitent ou aggravent la sensation douloureuse (p. ex., la peur). • Contrôler les facteurs environnementaux susceptibles d'influencer la réponse du client à l'inconfort (p. ex., la température de la chambre, l'éclairage, le bruit), car la douleur peut épuiser le client.

▼

PSTI 19.2	Méningite bactérienne *(suite)*

PROBLÈME DÉCOULANT DE LA SITUATION DE SANTÉ	**Risque de crises convulsives** liées à une irritation cérébrale.

SOINS ET TRAITEMENTS EN INTERDISCIPLINARITÉ

OBJECTIFS INFIRMIERS	INTERVENTIONS INFIRMIÈRES ET JUSTIFICATIONS
• Surveillance des convulsions • Recours aux interventions médicales et infirmières appropriées • Signalement et consignation de toute crise convulsive	• Surveiller les crises convulsives de manière à ce que les interventions puissent être instaurées immédiatement. • Veiller à ce que les ridelles de lit soient élevées et matelassées, afin de protéger le client en cas de convulsions. • Administrer des sédatifs et des médicaments anticonvulsivants conformément aux prescriptions médicales, afin de maîtriser ou de prévenir les crises convulsives. • Effectuer des interventions pour traiter les causes sous-jacentes de la condition inflammatoire cérébrale et ainsi prévenir les crises convulsives.

[a] Comme l'œdème cérébral et l'hypertension intracrânienne sont possibles en cas de méningite bactérienne, il convient de consulter le **PSTI 19.1** pour les diagnostics infirmiers s'y rapportant.

Planification des soins

Les objectifs prioritaires pour le client atteint de méningite bactérienne sont les suivants : 1) retrouver une fonction neurologique optimale ; 2) résoudre l'infection ; 3) maîtriser la douleur et l'inconfort.

Interventions cliniques

Promotion de la santé

La prévention des infections respiratoires au moyen de programmes de vaccination contre la pneumonie à pneumocoques et l'influenza est cruciale. Il existe un vaccin contre *Neisseria meningitides*. La vaccination systématique est recommandée pour tous les enfants et adolescents âgés de 1 à 18 ans. Le vaccin peut être administré jusqu'à l'âge de 55 ans (Ministère de la Santé et des Services sociaux du Québec [MSSS], 2009).

Un traitement précoce et énergique des otites et des infections respiratoires est important. Les personnes ayant des contacts étroits avec une personne souffrant de méningite bactérienne doivent recevoir des antibiotiques en prophylaxie.

Intervention en phase aiguë

Habituellement, le client atteint de méningite bactérienne est gravement malade. La fièvre est élevée et les céphalées sont sévères. L'irritation du cortex cérébral peut entraîner des convulsions. Les modifications de l'état mental et de l'état de conscience dépendent du degré d'hypertension intracrânienne. L'évaluation des signes vitaux, l'évaluation neurologique, le bilan des ingesta et excreta, de même que l'évaluation des plages pulmonaires et de la peau, doivent être régulièrement effectués selon l'état du client et être minutieusement consignés.

Les céphalées et les cervicalgies provoquées par les mouvements doivent être soulagées. Chez la plupart des clients, la codéine permet de soulager la douleur sans sédation excessive. L'infirmière doit aider le client à adopter une position confortable ; c'est souvent la position fœtale, avec le cou en légère extension, qui est la meilleure. La tête de lit peut être un peu surélevée si cela est permis après une ponction lombaire. Une chambre obscure et une débarbouillette froide sur les yeux permettront de soulager l'inconfort résultant de la photophobie.

Pour le client présentant un délirium, un éclairage plus tamisé peut s'avérer nécessaire pour réduire les hallucinations. Tous les clients souffrent jusqu'à un certain point de distorsion mentale et d'hypersensibilité, et peuvent être effrayés ou mal interpréter leur environnement. L'infirmière doit déployer tous les efforts pour réduire au maximum les stimulus environnementaux et prévenir les blessures. Elle doit autant que possible éviter les contentions. La présence d'une personne familière au chevet du client peut avoir un effet calmant. L'infirmière doit être efficace dans ses soins tout en faisant preuve de bienveillance et d'attention. Il est utile de recourir au toucher et de parler d'une voix apaisante pour expliquer les activités d'une façon simple. En cas de crises convulsives, l'infirmière doit procéder aux observations qui conviennent, prendre des mesures protectrices et administrer des médicaments anticonvulsivants, comme la phénytoïne (Dilantin[MD]), conformément à la prescription. La prévention et la surveillance de l'hypertension intracrânienne doivent également être prises en charge (consulter la section sur l'hypertension intracrânienne plus haut dans ce chapitre).

La fièvre doit être absolument traitée, car elle augmente l'œdème cérébral et la fréquence des convulsions. Une fièvre extrêmement élevée pendant une période prolongée peut d'ailleurs provoquer des dommages neurologiques. L'acétaminophène ou l'aspirine peuvent servir à diminuer la fièvre. Cependant, si la fièvre résiste à ces deux agents, des moyens plus drastiques doivent être retenus, comme le recours à une couverture refroidissante. L'infirmière doit veiller à ne pas faire baisser la température trop rapidement pour ne pas provoquer des frissons, ce qui entraînerait un effet rebond et ferait augmenter la température. Elle doit envelopper les extrémités du client dans des serviettes douces ou dans une couverture pour les protéger des engelures. Les soins de la peau doivent être fréquents pour prévenir les plaies cutanées. Si aucune couverture refroidissante n'est disponible ou que son emploi n'est pas indiqué, des bains d'eau tiède peuvent faire baisser la température. L'infirmière doit aussi veiller à protéger la peau contre l'assèchement excessif et les lésions.

Comme la fièvre élevée augmente considérablement le métabolisme et, par conséquent, les pertes insensibles, l'infirmière doit déterminer si le client est déshydraté et si son apport liquidien est adéquat. La diaphorèse accroît encore plus les pertes liquidiennes, dont il faut tenir compte dans la consignation des

> **RAPPELEZ-VOUS...**
>
> Les clients sous contention ont tendance à essayer de s'en libérer. Il n'est pas rare qu'ils se blessent. Il est important de chercher à obtenir le consentement de la personne ou de son mandataire.

19

excreta. Dans son estimation du remplacement liquidien, l'infirmière doit calculer une quantité de 800 mL/jour pour les pertes respiratoires et de 100 mL/jour pour chaque degré de température au-dessus de 38 °C. Une alimentation complémentaire, par voie orale ou entérale, s'imposera peut-être pour assurer un apport nutritionnel adéquat. L'infirmière doit respecter l'horaire d'administration de l'antibiothérapie afin de maintenir les concentrations sanguines dans l'intervalle thérapeutique.

La méningite requiert généralement l'isolement respiratoire du client jusqu'à ce que les cultures soient négatives. La méningite à méningocoques est extrêmement contagieuse, alors que le risque est minime ou nul en cas de contact si la méningite est causée par d'autres agents. Cependant, il est essentiel de prendre les précautions de base et les précautions additionnelles pour protéger le client, l'infirmière et les visiteurs.

Soins ambulatoires et soins à domicile

Une fois la période aiguë terminée, le client doit passer plusieurs semaines en convalescence avant de reprendre ses activités normales. Durant cette période, il faut insister sur l'importance d'une nutrition adéquate et, plus particulièrement, sur une alimentation riche en protéines et en calories et sur de petits repas fréquents.

Il est possible que la raideur musculaire persiste dans le cou et l'arrière des jambes. Les exercices isométriques progressifs et les bains tièdes sont utiles. L'infirmière doit faire en sorte que le client augmente graduellement son activité en fonction de sa tolérance, mais doit aussi l'encourager à se reposer et à dormir.

Les effets résiduels de la méningite peuvent provoquer des séquelles comme la démence, les convulsions, la surdité, l'hémiplégie et l'hydrocéphalie. Après le rétablissement, l'infirmière doit évaluer la vision et l'audition ainsi que les capacités cognitives, motrices et sensorielles, et orienter le client vers les spécialistes qui conviennent. Tout au long de la période aiguë et de la convalescence, l'infirmière devra être à l'affût de l'anxiété et du stress vécus par les proches du client.

Évaluation des résultats

Pour le client atteint de méningite bactérienne, les résultats escomptés des soins et traitements infirmiers sont présentés dans le **PSTI 19.2**.

RAPPELEZ-VOUS...

La transmission par contact direct peut se faire, entre autres, de personne à personne, de contact entre un hôte et un objet contaminé, ou par de grosses particules se déplaçant jusqu'à un mètre et entrant en contact avec un hôte réceptif.

RAPPELEZ-VOUS...

Les moustiques, les poux, les puces et les tiques sont des vecteurs de propagation des infections.

19.6.3 Méningite virale

La méningite virale est due le plus souvent à des entérovirus, à des arbovirus, au virus de l'immunodéficience humaine (VIH) et au virus *Herpes simplex* (VHS). Les entérovirus se propagent généralement par contacts directs avec des sécrétions respiratoires. La méningite virale se manifeste le plus souvent par des céphalées, de la fièvre, de la photophobie et de la raideur de la nuque (Hayes, 2006). La fièvre peut être modérée ou élevée. En général, aucun symptôme d'affection cérébrale n'est observé.

Le test Xpert^MD EV permet de diagnostiquer rapidement la méningite virale. Un échantillon de LCR est prélevé pour établir la présence d'entérovirus, et les résultats sont connus dans les heures suivant l'apparition des symptômes (Hayes, 2006). L'examen du LCR à l'aide d'une ponction lombaire est un test diagnostique important. Le LCR peut être clair ou trouble, et la lymphocytose est un résultat typique **TABLEAU 19.11**. Les organismes n'apparaissent ni sur la coloration de Gram ni sur la coloration de frottis visant la détection de l'acido-alcoolo-résistance. L'amplification en chaîne par polymérase (PCR), qui sert à détecter la présence d'ADN ou d'ARN spécifiquement viral, est une méthode diagnostique très sensible aux infections virales du SNC. Les antibiotiques doivent être administrés immédiatement après la ponction lombaire en attendant les résultats de culture du LCR. Les antibiotiques sont le meilleur moyen de défense contre la méningite bactérienne, et il est facile d'en interrompre l'administration si la méningite s'avère être de nature virale (Matthews, Miller & Mott, 2007).

La méningite virale est prise en charge selon les symptômes présents, car il s'agit d'une maladie qui se résout spontanément. Un rétablissement complet est attendu. Ses rares séquelles incluent des céphalées persistantes, un léger déficit mental et de l'incoordination.

19.6.4 Encéphalite

L'**encéphalite**, qui désigne une inflammation aiguë du cerveau, est une maladie grave et parfois fatale. Elle est généralement due à un virus. Divers virus ont été associés à l'encéphalite ; certains sont saisonniers et d'autres sont endémiques dans certaines régions. Les tiques et les moustiques sont responsables de la transmission d'encéphalites épidémiques. L'encéphalite équine de l'Est, l'encéphalite de Californie, l'encéphalite de Saint-Louis, l'encéphalite du Nil occidental et l'encéphalite équine de l'Ouest en sont des exemples (Tang, Liu, Hapip, Xu, & Fang, 2008). Les encéphalites non épidémiques peuvent découler de complications de la rougeole, de la varicelle ou des oreillons. L'encéphalite à VHS est l'encéphalite virale aiguë non épidémique la plus courante. L'encéphalite à cytomégalovirus est une des complications fréquentes du sida.

Manifestations cliniques

En général, l'infection apparaît de manière non spécifique et se manifeste par de la fièvre, des céphalées, des nausées et des vomissements. L'encéphalite peut être aiguë ou subaiguë. Les signes surviennent le deuxième ou le troisième jour, et vont d'altérations minimales de l'état mental au coma. Pratiquement toutes les anomalies du SNC sont possibles, y compris l'hémiparésie, les tremblements, les crises convulsives, la paralysie des nerfs crâniens, les changements de personnalité, les troubles de mémoire, l'amnésie et la dysphasie.

Examen clinique et examens paracliniques

Le diagnostic et le traitement précoces de l'encéphalite virale sont essentiels si une évolution favorable est souhaitée. Les données diagnostiques se rapportant à l'encéphalite virale sont présentées dans le **TABLEAU 19.11**. Les techniques d'imagerie cérébrale incluent la tomodensitométrie, l'IRM et la TEP. Les tests par polymérase (PCR) permettent la détection précoce des encéphalites à VHS et du Nil occidental. Chez les adultes âgés de plus de 50 ans qui présentent une encéphalite ou une méningite durant l'été ou au début de l'automne, il faut sérieusement envisager une infection par le virus du Nil occidental (VNO). Le meilleur test diagnostique du VNO est un test sanguin de détection de l'ARN viral.

Soins et traitements en interdisciplinarité

CLIENT ATTEINT D'ENCÉPHALITE

Pour prévenir l'encéphalite, l'élimination des moustiques est indiquée, notamment par le nettoyage des gouttières où se déverse l'eau de pluie, l'élimination des vieux pneus, l'assèchement des bains d'oiseaux et des flaques d'eau où les moustiques peuvent se multiplier. L'emploi d'un insectifuge est aussi recommandé durant la saison des moustiques.

Les soins et traitements en interdisciplinarité relatifs à l'encéphalite, notamment l'infection par le VNO, reposent sur une approche symptomatique. Dans les premiers stades de l'encéphalite, de nombreux clients requièrent des soins intensifs.

L'acyclovir (Zovirax^MD) sert à traiter l'encéphalite à VHS. Il a été démontré que cet agent antiviral était associé à une diminution de la mortalité, mais il est possible que les complications neurologiques ne soient pas réduites. Pour un bénéfice maximal, il faut introduire les agents antiviraux avant que le coma ne survienne. Les crises convulsives doivent être traitées par des médicaments anticonvulsivants, qui pourront être administrés à titre prophylactique dans les cas graves d'encéphalite **15**.

15

Le traitement de l'encéphalite à cytomégalovirus chez les clients atteints du sida est analysé dans le chapitre 15, *Infections et infection par le virus de l'immunodéficience humaine.*

19.6.5 Rage

Plus de 50 000 personnes décèdent chaque année de la rage dans le monde, et 95 % de ces décès surviennent en Afrique et en Asie. La plupart des cas sont dus à une morsure de chien infecté. De 30 à 60 % des victimes sont des enfants âgés de moins de 15 ans (Organisation mondiale de la santé, 2008). La menace est donc beaucoup plus grave dans les pays en voie de développement, et il est recommandé aux personnes qui voyagent à travers le monde de recevoir le vaccin contre la rage. L'infection est mortelle et constitue un grave problème de santé publique.

La rage est causée par un virus à ARN responsable d'une encéphalite virale aiguë et progressive. Quoique la rage se transmette généralement, à l'occasion d'une morsure, par la salive d'un animal infecté, elle peut aussi l'être par contact des sécrétions infectées avec une égratignure ou une muqueuse, et par l'inhalation du virus dans les voies respiratoires. Tous les mammifères à sang chaud, y compris les animaux d'élevage, peuvent être porteurs de la rage. Dans le monde, les chiens enragés sont les vecteurs les plus courants de la maladie. Cependant, dans les pays développés, ce sont les ratons laveurs, les moufettes, les chauves-souris et les renards qui en sont les principaux porteurs.

Le virus de la rage se répand à partir du point de contact à travers le SNC par les nerfs périphériques et possiblement les fibres musculaires. Pendant ce temps (de 2 à 14 jours après l'exposition), les clients présentent des symptômes pseudogrippaux, de la douleur, des paresthésies ou un engourdissement. Un syndrome neurologique aigu survient de deux à sept jours plus tard et se manifeste par de l'agitation, de l'hypersalivation, de l'hydrophobie, de la **dysarthrie**, des vertiges, de la diplopie, des hallucinations et d'autres séquelles neurologiques (p. ex., des réflexes hyperactifs, une raideur de la nuque et un **signe de Babinski** positif). Le coma survient au bout de 7 à 10 jours. Les clients présentent une paralysie flasque, de l'apnée, de l'hydrophobie et des convulsions. La mort survient à la suite d'une défaillance respiratoire et cardiovasculaire, quelques jours après le début du coma.

Comme la rage est presque toujours fatale, la prise en charge vise à prévenir la transmission et l'apparition de la maladie. Des mesures prophylactiques s'imposent après l'exposition à la rage **52**.

19

Dysarthrie : Trouble moteur de la parole résultant d'une paralysie ou d'une absence de coordination des mouvements volontaires qui atteint les muscles des organes phonateurs.

52

Les mesures prophylactiques après l'exposition à la rage sont analysées dans le chapitre 52, *Interventions cliniques – Soins en cas d'urgence.*

Jacques Groulx, âgé de 36 ans, est hospitalisé aux soins intensifs de traumatologie. Il s'est infligé un traumatisme crânien sévère suite à une collision en motocyclette survenue en fin de nuit. Le traumatisme s'accompagne d'une contusion du tronc cérébral. Le client présente un score de 8 sur 15 à l'échelle de Glasgow; les pupilles sont isocoriques.

Il est intubé et ventilé mécaniquement. Les liquides ingérés et excrétés sont minutieusement calculés. Une sonde vésicale a été installée et une diurèse horaire est scrupuleusement vérifiée. Le client a un cathéter de monitorage de la pression intracrânienne (PIC); la pression de perfusion cérébrale visée est ≥ 70 mm Hg. Il reçoit du mannitol I.V, de même qu'une solution hypertonique saline à 3 % (NS 3 %). La médication prescrite comprend l'acétaminophène (Tylenol^{MD}), le propofol (Diprivan^{MD}) et le phénytoïne (Dilantin^{MD}). Le dernier bilan ionique montre les résultats suivants: Cl-96 mmol/L, K$^+$ 3 mEq/L et Na$^+$ 125 mEq/L.

Lorsqu'il est mobilisé, le client réagit par une extension des bras, des poignets et des membres inférieurs. Les derniers signes vitaux indiquent une P.A. de 152/82, une pulsation bondissante à 56 batt./min et une respiration régulière à 14 respirations/min. Auparavant, la pression artérielle était de 144/88, la pulsation régulière à 62 batt./min, et la respiration régulière à 14 respirations/min. ▶

SOLUTIONNAIRE

www.cheneliere.ca/lewis

MISE EN ŒUVRE DE LA DÉMARCHE DE SOINS

Collecte des données – Évaluation initiale – Analyse et interprétation

1. Quelle sont les données manquantes dans l'évaluation des pupilles?
2. Comment qualifier les mouvements de monsieur Groulx durant le changement de position?
3. Monsieur Groulx risque-t-il de présenter de l'hypertension intracrânienne? Justifiez votre réponse.
4. Quels sont les indices d'hypertension intracrânienne que monsieur Groulx présente?
5. Que représente un score de 8 sur 15 sur l'échelle de coma de Glasgow?
6. Pourquoi la diurèse doit-elle être vérifiée très précisément?
7. Pourquoi le client reçoit-il les médicaments suivants: acétaminophène, propofol, phénytoïne?
8. Comment les résultats des deux autres analyses de laboratoire doivent-ils être interprétés?

▶ La température rectale de monsieur Groulx a grimpé à 38,3 °C. Lors du dernier changement de position, l'infirmière a remarqué qu'il y avait un cerne jaunâtre sur l'oreiller. ▶

MISE EN ŒUVRE DE LA DÉMARCHE DE SOINS

Collecte des données – Évaluation en cours d'évolution – Analyse et interprétation

9. Que pourrait laisser suspecter le cerne jaunâtre observé sur l'oreiller?

Extrait

CONSTATS DE L'ÉVALUATION									
Date	Heure	N°	Problème ou besoin prioritaire	Initiales	RÉSOLU / SATISFAIT			Professionnels / Services concernés
					Date	Heure	Initiales	
2011-03-31	08:30	2	Signes de HIC	N.S.				
	10:00	3						
		4						

SUIVI CLINIQUE							
Date	Heure	N°	Directive infirmière	Initiales	CESSÉE / RÉALISÉE		
					Date	Heure	Initiales
2011-03-31	08:30	2	Aviser MD stat si détérioration des S.V. et S.N.	N.S.			

Signature de l'infirmière	Initiales	Programme / Service	Signature de l'infirmière	Initiales	Programme / Service
Nadège Sainvil	N.S.	S.I. traumatologie			
		S.I. traumatologie			

MISE EN ŒUVRE DE LA DÉMARCHE DE SOINS

10. Selon la bonne réponse à la question précédente, quel examen paraclinique faut-il alors penser de consulter ?
Voir l'extrait du plan thérapeutique infirmier du client plus haut.

Planification des interventions – Décisions infirmières

11. Après l'évaluation de l'état actuel de monsieur Groulx, inscrivez deux nouveaux problèmes prioritaires nécessitant un suivi clinique spécifique de sa situation de santé.
12. Pour le problème prioritaire nº 2, l'infirmière a inscrit comme directive d'*aviser MD stat si détérioration des S.V. et S.N.* Que pensez-vous de cette directive ?
13. La tête de lit est élevée à 30°. Donnez la justification de cette intervention.

▶ Vers midi, monsieur Groulx a présenté des convulsions de type myoclonique.

MISE EN ŒUVRE DE LA DÉMARCHE DE SOINS

Évaluation des résultats – Évaluation en cours d'évolution

14. Nommez au moins trois données à évaluer lorsque monsieur Groulx présente un épisode de convulsions.
15. Qu'est-ce qui expliquerait l'apparition des convulsions ?

Application de la pensée critique

Dans l'application de la démarche de soins auprès de monsieur Groulx, l'infirmière a recours aux éléments du modèle de la pensée critique pour analyser l'état de santé du client et en comprendre les enjeux. La **FIGURE 19.20** résume les caractéristiques de ce modèle en fonction des données de ce client, mais elle n'est pas exhaustive.

Vers un jugement clinique

Connaissances
- Physiopathologie du TCC
- Examens paracliniques du système nerveux
- Échelle de coma de Glasgow
- Signes d'hypertension intracrânienne
- Complications d'un TCC
- Valeurs normales des électrolytes sanguins
- Caractéristiques des mouvements convulsifs myocloniques

Expériences
- Expérience en soins d'urgence et soins intensifs
- Expérience en traumatologie et en neurologie
- Soins aux clients comateux

ÉVALUATION
- Signes vitaux et neurologiques de monsieur Groulx
- Indices d'hypertension intracrânienne chez le client
- État de conscience avec l'échelle de coma de Glasgow
- Vérification des résultats des électrolytes sanguins (Na^+, K^+, Cl^-)
- Vérification de la tomodensitométrie cérébrale
- Otorrhée de LCR
- Caractéristiques des convulsions (localisation, durée, mouvements des yeux, écume à la bouche postconvulsion)

Normes
- Utilisation de l'échelle de coma de Glasgow
- Respect des ordonnances collectives locales, s'il y a lieu (hyperthermie, convulsions)

Attitude
- Porter attention au client comme s'il n'était pas comateux (lui parler et décrire les soins prodigués, comme pendant les changements de position)

FIGURE 19.20
Application de la pensée critique à la situation de santé de monsieur Groulx

■ ■ ■ À retenir

VERSION REPRODUCTIBLE

www.cheneliere.ca/lewis

- La PIC est influencée par la P.A., la pression veineuse, la pression intraabdominale et intrathoracique, la posture, la température et les gaz sanguins.

- Le cerveau a la capacité de réguler le débit sanguin de façon automatique afin de maintenir son homéostasie.

- Il est nécessaire de maintenir une P.A. plus élevée chez un client victime d'un TCC en phase aiguë afin de stimuler la perfusion au cerveau et de prévenir des dommages tissulaires secondaires.

- L'hypertension intracrânienne est significative sur le plan clinique parce qu'elle entraîne une diminution de la PPC tout en augmentant les risques d'ischémie et d'infarctus cérébral ; de plus, elle est associée à un pronostic médiocre.

- L'état de conscience du client est déterminé à la fois par son comportement et par son activité cérébrale, enregistrée sur un EEG.

- La ponction lombaire est contre-indiquée si l'hypertension intracrânienne est soupçonnée, compte tenu de la possibilité d'un engagement cérébral provoqué par la baisse soudaine de la pression crânienne à la suite du retrait de LCR dans la région lombaire.

- Dans l'échelle de coma de Glasgow, trois indicateurs de réponse sont examinés : l'ouverture des yeux, la meilleure réponse verbale et la meilleure réponse motrice.

- Les TCC représentent une vaste catégorie regroupant tout traumatisme ou lésion au cuir chevelu, au crâne ou au cerveau : lacérations du cuir chevelu, fracture du crâne, commotion et contusion cérébrale.

- Les complications suivant un traumatisme crânien comprennent l'hématome épidural (saignement entre la dure-mère et la surface interne du crâne), l'hématome sous-dural (saignement entre la dure-mère et la couche arachnoïdienne des méninges) et l'hématome intracérébral (saignement à l'intérieur du tissu cérébral).

- Le meilleur moyen d'éviter les TCC est de prévenir les accidents d'automobile et de motocyclette, de porter un casque en vélo, de porter la ceinture de sécurité en voiture et d'utiliser un siège d'auto pour bébé.

- Les tumeurs cérébrales peuvent survenir dans n'importe quelle partie du cerveau ou de la moelle épinière et peuvent provenir des tissus à l'intérieur du cerveau ou résulter d'une métastase ou d'un néoplasme malin situé ailleurs dans l'organisme.

- En cas de tumeur cérébrale, les céphalées sont sourdes et constantes, parfois pulsatiles, et sont plus intenses la nuit, réveillant le client.

- Les abcès cérébraux, la méningite et l'encéphalite sont les affections inflammatoires les plus courantes du cerveau et de la moelle épinière. Une otite, une infection dentaire, une mastoïdite ou une sinusite peuvent en être la cause.

- Tous les clients atteints de méningite doivent être étroitement surveillés, de manière à détecter les manifestations d'hypertension intracrânienne résultant possiblement de l'œdème autour de la dure-mère et de l'augmentation du volume de LCR.

- L'hypertension intracrânienne est la complication aiguë la plus fréquemment associée à la méningite bactérienne et la principale cause de l'altération de l'état mental.

- En cas de méningite bactérienne, la fièvre doit être prise en charge sans ménagement, car elle augmente l'œdème cérébral et la fréquence des convulsions.

Pour en **savoir** plus

VERSION COMPLÈTE ET DÉTAILLÉE

www.cheneliere.ca/lewis

 Références Internet

Organismes et associations

Association québécoise des traumatisés crâniens
www.aqtc.ca

Conseil canadien de la sécurité
www.safety-council.org

Fondation canadienne de recherche sur la méningite
www.meningitis.ca

Société Canadienne du Cancer > Liens rapides > Cerveau
www.cancer.ca

The Encephalitis society
www.encephalitis.info

Organismes gouvernementaux

Agence de santé publique du Canada > Santé des voyageurs > Maladies associées aux voyages > Méningococcie
www.phac-aspc.gc.ca

Centre canadien d'hygiène et de sécurité au travail > Réponses SST > Quoi de neuf > Rage
www.cchst.ca

National Cancer Institut > Cancer Topics > All Cancer Types > Brain Tumor Adult > What you need to know about brain tumors
www.cancer.gov

Organisation mondiale de la santé (OMS) > Programmes et projets > Eau, assainissement et santé > Maladies liées à l'eau
www.who.int

Santé Canada > Vie saine > Votre santé et vous > Aspect médical > Vaccin contre le méningocoque
www.hc-sc.gc.ca

Santé et services sociaux du Québec > Sujets > Santé publique > Vaccination > Maladies > Encéphalite européenne à tiques

Sujets > Santé publique > Vaccination
> Maladies > Encéphalite japonaise
www.msss.gouv.qc.ca

Références générales

MedInfos > Neurologie
> Hypertension Intracrânienne
www.medinfos.com

PasseportSanté.net > Maladies > Index
des maladies de A à Z > Méningite
www.passeportsante.net

The Medical News > Health A to Z > Hydrocephalus > What is Hydrocephalus ?
www.news-medical.net

U.S. National Library of Medecine
> Medlineplus > Medical Encyclopedia
www.nlm.nih.gov

 Monographies

Bernstein, M., & Berger, M. (2008). *Neuro
oncology: the essentials* (2nd ed.).
New York : Thieme.

Leclercq, M. (2007). *Le traumatisme crânien :
guide à l'usage des proches.* Marseille, Fr. :
Solal.

Raizer, J., & Abrey, L. (2007). Brain metastases.
New York : Springer.

Russell Brain, W., & Donaghy, M. (2009).
Encephalitis and infectious encephalopathies.

In M. Donaghy (Ed.), *Brain's diseases of the
nervous system.* New York : Oxford University
Press.

Velly, L., & Bruder, N. (2007). Œdème cérébral
traumatique. Dans M. Chabert (dir.), *Congrès
national d'anesthésie et de réanimation.*
Issy-les-Moulineaux, Fr. : Elsevier.

Wiedemann, A. (2008). Meningitis.
In N. Skolnik & A. Ross (Ed.), *Essential Infec-
tious Disease Topics for Primary Care.* Totowa,
N.J. : Humana Press.

William, P. (2009). *Critical Care Nursing
Handbook.* Toronto : Jones and Bartlett.

 Articles, rapports et autres

Bertholom, C. (2009). Diagnostique des
méningites bactérienne aiguës. *Option Bio,
20*(421), 22-23.

Chazal, J., & Klein, O. (2008). Hypertension
intracrânienne bénigne : historique, définition
et physiopathologie. *Neuro-Chirurgie, 54*(6),
704-709.

Dubos, F., Aurel, M., Heuclin, T., & Martinot, A.
(2009). Mise en condition d'un enfant atteint
de méningite aiguë. *Archives de pédiatrie :
organe officiel de la Société française de
pédiatrie, 16*(6), 784.

Noah, N. (2010). Encephalitis. *Epidemiology
and Infection, 138*(6).

Perron, L. (2007). *Les infections invasives à
méningocoque : guide d'intervention.* Québec,
Qc : Direction de la Santé publique et Agence
de la santé et des services sociaux de la
Montérégie.

Société canadienne du cancer (2008).
*Tumeurs cérébrales. Comprendre le dia-
gnostic.* Montréal : Société canadienne
du cancer.

Société de l'assurance automobile du Québec
(2002) *Le Traumatisme cranio-cérébral :
brochure à l'intention des familles et des
personnes atteintes.* Québec, Qc : Société de
l'assurance automobile du Québec.

Torpy, J., Lynm, C., & Glass, R. (2007). Meningitis. *JAMA : The journal of the American
Medical Association, 297,* 122.

Zerah, M., Ginguene, C., Di Rocco, F., &
Rougeau, T. (2008). Hypertension intracrânienne idiopathique : indication d'une
dérivation du liquide cérébrospinal.
Neuro-Chirurgie, 54(6) : 724-726.

 Multimédia

Santépratique.fr > Vidéos > Méningite virale
www.santepratique.fr

19

Écrit par :
Meg Zomorodi, RN, PhD

Adapté par :
Catherine Forbes, inf., M. Sc.
CSN(C)

INTERVENTIONS CLINIQUES

Accident vasculaire cérébral

Objectifs

>> Guide d'études – SA12

Après avoir lu ce chapitre, vous devriez être en mesure :

- de préciser les facteurs de risque de l'accident vasculaire cérébral ;

- d'expliquer les mécanismes qui influent sur le débit sanguin cérébral ;

- de différencier l'étiologie et la physiopathologie des accidents vasculaires cérébraux ischémiques et hémorragiques ;

- de distinguer le processus thérapeutique en interdisciplinarité, la pharmacothérapie et les traitements chirurgicaux pour les personnes victimes d'un accident vasculaire cérébral ;

- de décrire les soins et traitements infirmiers pour un client victime d'un accident vasculaire cérébral en phase aiguë ;

- de décrire les soins et traitements infirmiers de réadaptation pour un client victime d'un accident vasculaire cérébral ;

- d'expliquer les conséquences psychologiques d'un accident vasculaire cérébral chez un client, le proche aidant et la famille.

Concepts **clés**

Cette carte conceptuelle illustre schématiquement les principaux concepts décrits dans le présent chapitre. Sa lecture vous permettra d'avoir une vue d'ensemble des notions qui y sont présentées.

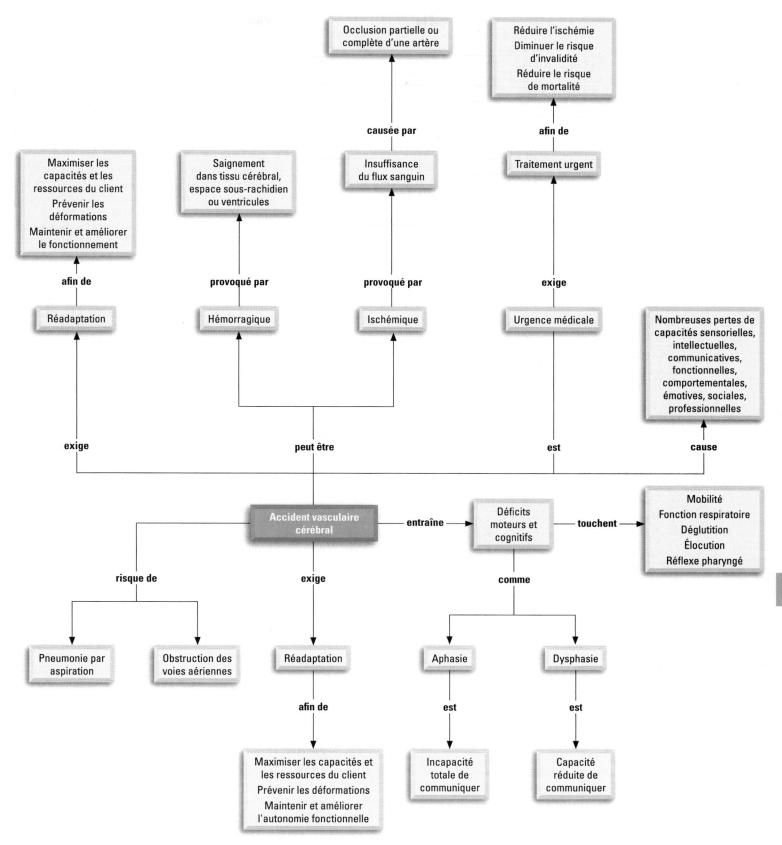

20.1 | AVC : première cause d'invalidité prolongée

Un **accident vasculaire cérébral (AVC)** survient lorsque des cellules nerveuses de l'encéphale sont privées d'oxygène (O_2) en raison d'une entrave à la circulation sanguine (AVC ischémique) ou en raison d'une hémorragie causée par la rupture d'un des vaisseaux sanguins de l'encéphale (AVC hémorragique). Les AVC ischémique et hémorragique entraînent la mort cellulaire dans des régions précises de l'encéphale. S'ensuit alors la perte ou l'altération des fonctions cognitive, émotionnelle, motrice et sensorielle. Les séquelles d'un AVC varient selon l'emplacement et l'étendue de la région atteinte.

L'expression attaque cérébrale (*brain attack*) est également utilisée pour décrire un AVC. Cette expression illustre l'urgence de reconnaître les manifestations cliniques d'un AVC et de recourir à un traitement médical d'urgence, comme il serait fait pour une crise cardiaque. Il est crucial d'apporter une attention médicale immédiate dès l'apparition des premiers symptômes d'un AVC afin de limiter l'étendue de l'ischémie et, par conséquent, de diminuer les déficits et la mortalité associés à cette atteinte.

L'AVC est un problème de santé publique important. C'est la première cause d'invalidités prolongées graves à long terme. Provoquant plus de 14 000 décès par année, les AVC représentent la troisième cause de mortalité au Canada après le cancer et les maladies cardiaques ; chaque année au pays, 50 000 personnes subissent un AVC (Fondation des maladies du cœur du Québec, 2010). L'incidence réelle des accidents vasculaires cérébraux n'est pas connue au Canada puisque seules les données portant sur les personnes hospitalisées pour un AVC sont compilées. Ainsi, en 2005-2006, il y a eu 38 341 hospitalisations attribuables à cette atteinte, soit 2 % de toutes les hospitalisations. Un AVC peut se produire chez des personnes de tout âge, du nouveau-né à la personne âgée ; toutefois, 65 % des hospitalisations consécutives à un AVC surviennent chez les gens âgés de 65 à 84 ans, et 17,2 % des hospitalisations qui font suite à un AVC touchent les personnes âgées de plus de 85 ans (Agence de la santé publique du Canada, 2009). Malgré cela, une diminution des admissions dans les établissements de santé et des décès associés aux maladies cardiovasculaires et aux AVC est observée au Canada. De fait, entre 1994 et 2004, une baisse de 7,2 % des admissions dans les établissements de santé et de 11,4 % de la mortalité a été notée (Tu *et al.*, 2009). Au Québec, les AVC constituent également la troisième cause de mortalité et la première cause d'invalidité. De plus, le fait d'être défavorisé sur le plan matériel et sur le plan social augmente le risque relatif de mortalité de 40 % et de 30 %, respectivement, et ce, en comparant des individus de même âge et de même sexe (Martinez, Pampalon, & Hamel, 2003).

Actuellement, plus de 300 000 Canadiens vivent avec les séquelles d'un premier AVC. Parmi les personnes qui y survivent, 10 % n'auront pas de séquelles, 25 % présenteront des incapacités mineures, 40 % souffriront d'incapacités modérées à graves et 10 % devront être relocalisées dans des centres de soins et d'hébergement de longue durée (CHSLD) (Fondation des maladies du cœur du Québec, 2010). Parmi les invalidités prolongées courantes, citons l'hémiparésie, l'incapacité de marcher, la dépendance complète ou partielle pour les activités de la vie quotidienne (AVQ), l'aphasie, l'apraxie et la dépression. Outre ses conséquences physiques, cognitives et émotionnelles, l'AVC perturbe la vie du proche aidant et de la famille de la personne atteinte (Haley, Roth, Howard, & Safford, 2010).

20.2 | Physiopathologie de l'accident vasculaire cérébral

20.2.1 Anatomie de la circulation cérébrale

L'encéphale est irrigué par quatre artères : les artères carotides internes droite et gauche (circulation antérieure) et les artères vertébrales droite et gauche (circulation postérieure). Chacune des artères carotides se ramifie pour irriguer la majeure partie des lobes frontaux, pariétaux et temporaux, les noyaux gris centraux, ainsi qu'une région du diencéphale (thalamus et hypothalamus). Les principales branches des artères carotides forment les artères cérébrales moyennes et antérieures. Les artères vertébrales se rejoignent pour former l'artère basilaire, laquelle se ramifie pour vasculariser le tronc cérébral, le cervelet, le diencéphale, les lobes occipitaux et les régions inférieures et moyennes des lobes temporaux. La circulation antérieure et postérieure est reliée au cercle artériel (polygone de Willis) du cerveau par les artères communicantes antérieures et postérieures **FIGURE 20.1**. Des anomalies structurelles sont fréquentes dans cette région, et les artères communicantes ne sont pas nécessairement toujours présentes.

20.2.2 Régulation du débit sanguin cérébral

Le sang doit constamment parvenir aux neurones de l'encéphale pour leur fournir l'oxygène et le glucose dont ils ont besoin pour fonctionner. Afin d'assurer un fonctionnement optimal des neurones de l'encéphale, le débit sanguin doit se

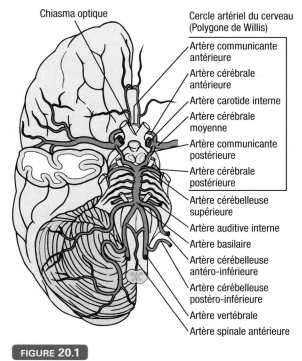

FIGURE 20.1

Artères cérébrales et cercle artériel du cerveau – La partie supérieure du lobe temporal a été enlevée afin de révéler le trajet de l'artère cérébrale moyenne.

Labels (haut du schéma):
- Chiasma optique
- Cercle artériel du cerveau (Polygone de Willis)
- Artère communicante antérieure
- Artère cérébrale antérieure
- Artère carotide interne
- Artère cérébrale moyenne
- Artère communicante postérieure
- Artère cérébrale postérieure
- Artère cérébelleuse supérieure
- Artère auditive interne
- Artère basilaire
- Artère cérébelleuse antéro-inférieure
- Artère cérébelleuse postéro-inférieure
- Artère vertébrale
- Artère spinale antérieure

maintenir entre 750 et 1 000 ml/min (55 ml/100 g de tissu cérébral), ce qui représente 20 % du débit cardiaque (D.C.). En cas d'interruption totale du débit sanguin cérébral (p. ex., en raison d'un arrêt cardiaque), le métabolisme neurologique est altéré après 30 secondes, le métabolisme s'arrête après 2 minutes, et la mort cellulaire survient après 5 minutes.

Normalement, l'encéphale est bien protégé des variations de la pression artérielle (P.A.) de la circulation systémique lorsque celle-ci se situe entre 50 et 150 mm Hg grâce à un mécanisme appelé **autorégulation cérébrale**. Ce mécanisme maintient un débit sanguin cérébral constant en faisant varier le diamètre des vaisseaux de l'encéphale en réaction aux variations de la P.A. Toutefois, l'autorégulation cérébrale peut être altérée après une ischémie cérébrale ; dans ce cas, la perfusion cérébrale varie en fonction des changements de la P.A.

Les facteurs qui ont une influence sur le débit sanguin cérébral sont la P.A. systémique, le D.C. et la viscosité du sang. Pendant l'activité normale, les besoins en oxygène varient considérablement, mais les variations du D.C., du tonus vasomoteur et de la distribution du flux sanguin maintiennent un débit sanguin adéquat à l'encéphale. Ainsi, le débit sanguin cérébral demeure constant tant que le D.C. n'est pas réduit du tiers. Par ailleurs, les variations de la viscosité du sang ont un effet sur le débit sanguin cérébral, une faible viscosité faisant augmenter le débit sanguin cérébral.

Une réduction du débit sanguin cérébral dans une région de l'encéphale peut être compensée par la formation d'une circulation collatérale. Ainsi, il est possible qu'une région de l'encéphale soit irriguée par un autre vaisseau sanguin qui prend la relève du vaisseau obstrué (p. ex., en raison d'une thrombose). En d'autres termes, les vaisseaux de l'encéphale trouvent une voie de contournement pour amener le sang vers les régions atteintes. Cette circulation collatérale comporte toutefois des variantes individuelles, lesquelles déterminent en partie la gravité de la lésion cérébrale et de la perte de fonction lorsqu'un AVC survient. Par exemple, la circulation du système carotidien et celle du système basilaire communiquent par les artères communicantes postérieures. En situation normale, la pression est égale dans ces artères, et le sang ne se mêle pas. Cependant, si l'un des vaisseaux est obstrué, le sang passera de l'artère intacte à l'autre artère, prévenant un AVC. Ainsi, une personne ayant une obstruction complète d'une de ses carotides internes peut ne présenter aucun signe d'ischémie cérébrale.

Le débit sanguin cérébral est également influencé par la pression intracrânienne. Une hausse de celle-ci produit une compression de l'encéphale et une réduction du débit sanguin cérébral. Ce mécanisme peut entraîner la création de nouvelles lésions ischémiques appelées lésions secondaires. Un des principaux objectifs de l'infirmière qui intervient auprès du client atteint d'un AVC en soins aigus est de prévenir les lésions secondaires liées à des augmentations soudaines de la pression intracrânienne ▶ **19**.

20.2.3 Athérosclérose

L'**athérosclérose** (durcissement et épaississement des artères) est une cause importante d'AVC. Elle peut conduire à la formation de thrombus et contribuer à une embolie ▶ **41**. Il se produit d'abord une infiltration anormale de lipides dans la paroi interne de l'artère (intima). Ces lipides s'accumulent pour former une plaque. Les plaques logent souvent dans les zones de forte turbulence du sang, comme aux bifurcations des artères ou dans les endroits tortueux **FIGURE 20.2**. Ces plaques friables calcifiées peuvent se rompre ou se fissurer, entraînant une réaction inflammatoire. Les plaquettes et la fibrine adhèrent alors à la surface rugueuse des plaques. Celles-ci entraînent un rétrécissement ou une occlusion de l'artère. De plus, des parties de la plaque ou du thrombus peuvent se détacher puis se déplacer vers une artère distale et plus étroite. L'infarctus cérébral (AVC ischémique) survient lorsqu'une obstruction dans une artère cérébrale empêche le sang d'irriguer la région du cerveau en aval.

19

Les soins et traitements auprès d'un client souffrant d'hypertension intracrânienne sont décrits dans le chapitre 19, *Interventions cliniques – Troubles intracrâniens aigus.*

41

Le rôle de l'athérosclérose dans la thrombose et l'embolie est décrit dans le chapitre 41, *Interventions cliniques – Coronaropathie et syndrome coronarien aigu.*

20

RAPPELEZ-VOUS...

La formation d'une circulation collatérale se fait sur plusieurs années.

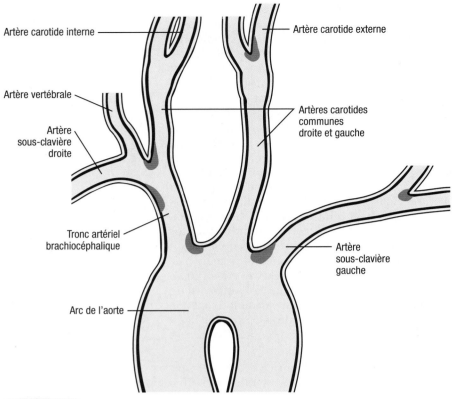

Foyers de formation fréquents d'athérosclérose dans les artères extracrâniennes et intracrâniennes – Les principales zones de formation se trouvent juste au-dessus de la bifurcation carotidienne (foyer de formation le plus fréquent) et à la naissance des branches de l'aorte, du tronc brachiocéphalique et de l'artère sous-clavière.

L'ischémie des cellules nerveuses qui en résulte entraîne alors une série d'événements métaboliques (**cascade ischémique**), à savoir une production insuffisante d'adénosine triphosphate (ATP), une perturbation de l'homéostasie ionique, la libération d'acides aminés excitateurs (p. ex., le glutamate), la formation de radicaux libres et la mort des cellules nerveuses. Le foyer central de l'ischémie est entouré d'une zone de débit sanguin réduit

appelée pénombre, où l'ischémie peut être réversible. Si un débit sanguin adéquat est rapidement instauré (p. ex., en moins de 4,5 heures) et que la cascade ischémique est interrompue, les lésions cérébrales et la perte de fonction neurologique peuvent être moins importantes. C'est pour cette raison que l'expression « le temps, c'est du cerveau » (*time is brain*) est utilisée par les professionnels de la santé.

20.3 | Facteurs de risque

Le moyen le plus efficace de réduire le nombre de personnes victimes d'un AVC est la prévention. La connaissance et la maîtrise des facteurs de risque évitables peuvent contribuer à réduire l'incidence et les conséquences d'un AVC. Les facteurs de risque peuvent être répartis en deux catégories : les facteurs irréversibles et les facteurs réversibles. La probabilité d'avoir un AVC augmente en présence de multiples facteurs de risque.

20.3.1 Facteurs de risque irréversibles

Les facteurs de risques irréversibles comprennent l'âge, le sexe, l'origine ethnique, les antécédents familiaux et l'hérédité. Le risque d'AVC augmente avec l'âge, doublant à chaque décennie après l'âge de 55 ans. Deux accidents vasculaires cérébraux sur trois surviennent après l'âge de 65 ans, mais un AVC peut frapper à tout âge. Les AVC sont plus fréquents chez les hommes, mais davantage de femmes en meurent **TABLEAU 20.1**. Étant donné que les femmes vivent plus longtemps que les hommes, les possibilités qu'elles soient victimes d'un AVC sont plus élevées. Aux États-Unis, l'incidence et le taux de mortalité d'AVC sont plus élevés chez les Afro-Américains que chez les Blancs. Cette situation peut être liée en partie à une prévalence plus élevée d'hypertension, d'obésité et de diabète chez les Afro-Américains. Des antécédents familiaux

Différences hommes-femmes	
TABLEAU 20.1 **Accident vasculaire cérébral**	
HOMMES	**FEMMES**
• Les AVC sont plus fréquents chez les hommes que chez les femmes. • Dans la plupart des groupes d'âge, plus d'hommes que de femmes seront victimes d'un AVC à une année donnée. • Les hommes sont plus susceptibles de subir un AVC thrombotique ou un AVC embolique. • Les hommes ont plus de chance de survivre à un AVC.	• À tout âge, plus de femmes que d'hommes meurent d'un AVC. • Les femmes sont plus susceptibles de subir un AVC hémorragique. • L'utilisation de contraceptifs oraux et la grossesse augmentent le risque d'AVC. • La thrombolyse est utilisée moins fréquemment chez les femmes victimes d'un AVC.

d'AVC, un accident ischémique transitoire ou le fait d'avoir déjà eu un AVC augmentent également le risque d'accident vasculaire cérébral (American Heart Association, 2010).

20.3.2 Facteurs de risque réversibles

Les facteurs de risque réversibles sont ceux qu'il est possible d'éviter et de modifier par des changements aux habitudes de vie ou par un traitement médical. La gestion des facteurs de risques modifiables ou à éviter permet de réduire le risque d'AVC. Ces facteurs comprennent l'hypertension, les maladies cardiaques, le tabagisme, la consommation excessive d'alcool, l'obésité, l'apnée obstructive du sommeil (AOS), le syndrome métabolique, le manque d'activité physique, une mauvaise alimentation et la toxicomanie.

L'hypertension est le facteur de risque réversible le plus important. Malheureusement, ce facteur demeure un tueur silencieux puisque l'hypertension est souvent diagnostiquée ou traitée de manière inadéquate. Parfois, la personne diagnostiquée cesse de suivre son traitement antihypertenseur parce qu'elle se sent bien. La hausse de la pression systolique ainsi que la hausse de la pression diastolique augmentent chacune de leur côté le risque d'un AVC chez une personne atteinte d'hypertension. Un traitement adéquat de l'hypertension permet de réduire jusqu'à 40 % le risque d'AVC (Fondation des maladies du cœur du Québec, 2010).

Les maladies cardiaques, comme la fibrillation auriculaire, l'infarctus du myocarde, la myocardiopathie, les anomalies des valves cardiaques et les insuffisances cardiaques héréditaires représentent également des facteurs de risque d'AVC. Parmi eux, la fibrillation auriculaire est le facteur de risque cardiaque traitable le plus important, étant responsable d'environ 20 % de tous les AVC. La prévalence de cette maladie augmente aussi avec l'âge (American Heart Association, 2010).

Le diabète, un taux de cholestérol élevé et le tabagisme sont d'autres facteurs de risque d'AVC. De fait, le risque d'AVC est cinq fois plus élevé chez les personnes atteintes de diabète que dans la population en général (American Heart Association, 2010). De plus, l'usage du tabac double presque le risque d'AVC. Toutefois, celui-ci diminue considérablement après l'abandon du tabac. Après 5 à 10 ans sans faire usage du tabac, les anciens fumeurs ont en effet le même risque d'avoir un AVC que les non-fumeurs (Carmona, 2004).

L'effet de l'alcool en ce qui concerne les AVC semble dépendre de la quantité consommée. Les femmes qui boivent plus de une consommation alcoolisée par jour et les hommes qui en boivent plus de deux s'exposent à un risque accru d'hypertension, ce qui augmente le risque d'AVC. Par ailleurs, l'obésité abdominale augmente le risque

d'AVC ischémique dans tous les groupes ethniques. L'espérance de vie des personnes en surcharge pondérale ou obèses se trouve considérablement réduite. De plus, l'obésité est associée à l'hypertension, à l'hyperglycémie et à l'hyperlipidémie, tous des facteurs qui augmentent le risque d'AVC (American Heart Association, 2010).

L'inactivité physique est associée à une hausse du risque d'AVC tant chez les hommes que chez les femmes, peu importe l'origine ethnique. Les bienfaits de l'activité physique peuvent se faire sentir même si celle-ci, pratiquée régulièrement, est de légère à modérée. L'activité physique peut également avoir des effets bénéfiques sur d'autres facteurs de risque. L'impact de l'alimentation sur le risque d'AVC n'est pas clair, mais une alimentation riche en gras saturés et faible en fruits et en légumes peut augmenter le risque. La consommation de drogue, particulièrement de la cocaïne, est associée à un risque plus élevé d'AVC (Lindsay, Bayley, Hellings, Hill, Woodbury, & Phillips, 2008).

Les premières formes de contraceptifs oraux qui contenaient des taux élevés de progestatif et d'œstrogène augmentaient les risques d'AVC, particulièrement chez les femmes qui fumaient beaucoup. Les nouveaux contraceptifs oraux à faible dose ont permis de réduire les risques, sauf chez les femmes fumeuses qui sont atteintes d'hypertension. Parmi les autres affections qui peuvent augmenter le risque d'AVC, figurent les migraines, les maladies inflammatoires et l'hyperhomocystéinémie. La drépanocytose (maladie héréditaire caractérisée par l'altération de l'hémoglobine) constitue un autre facteur de risque connu.

20.4 | Types d'accidents vasculaires cérébraux

Les AVC sont classés comme ischémiques ou hémorragiques selon leur cause et les mécanismes physiopathologiques sous-jacents **TABLEAU 20.2**.

20.4.1 Accident vasculaire cérébral ischémique

Un **AVC ischémique** résulte d'une insuffisance de la circulation sanguine à l'encéphale causée par l'occlusion partielle ou complète d'une artère. Il est responsable d'environ 80 % de tous les AVC (American Heart Association, 2010). Les AVC ischémiques peuvent être thrombotiques, lacunaires ou emboliques. Un accident ischémique

RAPPELEZ-VOUS...

La mesure du tour de taille constitue un facteur important pour déterminer la présence d'adiposité abdominale.

Jugement clinique

Capsule

Monsieur Jean-Pierre Locas est âgé de 53 ans et est diabétique. Il est également traité pour hypertension artérielle. Il ne fume plus depuis 20 ans et son cholestérol total est 5,32 mmol/L. Il a un indice de masse corporelle de 28,7. Sa mère et son frère aîné sont décédés d'accident vasculaire cérébral.

Déterminez les facteurs de risque d'AVC réversibles et irréversibles présents chez ce client.

20

TABLEAU 20.2	Types d'accidents vasculaires cérébraux			
TYPE	**SEXE/ÂGE**	**SIGNE AVANT-COUREUR**	**APPARITION**	**ÉVOLUTION/PRONOSTIC**
Ischémique				
Thrombotique	• Plus fréquent chez les hommes que chez les femmes • Atteint les personnes dans la tranche supérieure de l'âge moyen	Accident ischémique transitoire (AIT) (30 à 50 % des cas)	Souvent pendant ou après le sommeil	• Évolution par étapes • Apparition lente des signes et symptômes • Habituellement une certaine amélioration • Récurrence chez 20 à 25 % des survivants
Lacunaire	• Incidence augmente avec l'âge ; serait légèrement plus élevé chez les hommes		Soudaine, sans lien avec l'activité	• Taux de survie beaucoup plus grand que celui des autres types d'AVC ischémique • Meilleur pronostic de récupération fonctionnelle (après 1 an, entre 70 et 80 % des victimes d'un AVC lacunaire ont une indépendance fonction-nelle comparativement à environ 50 % des clients atteints d'un autre type d'AVC ischémique)
Embolique	• Plus fréquent chez les hommes que chez les femmes	AIT (rare)	Soudaine, sans lien avec l'activité	• Événement ponctuel • Apparition rapide des signes et symptômes • Habituellement une certaine amélioration • Récurrence courante sans traitement énergique de l'affection sous-jacente
Hémorragique				
Intracérébral	• Légèrement plus fréquent chez les femmes que chez les hommes	Céphalée (25 % des cas)	Souvent pendant une activité	• Évolution pendant 24 heures • Pronostic défavorable • Mort plus probable en cas de coma
Sous-arachnoïdien	• Légèrement plus fréquent chez les femmes que chez les hommes • Atteint les personnes dans la tranche supérieure de l'âge moyen	Céphalée (courante)	Souvent soudaine, pendant une activité ; le plus souvent lié à un trauma crânien	• Décès probable en cas de coma

transitoire (AIT) est habituellement précurseur d'un AVC ischémique. Pour distinguer un AVC ischémique d'un AIT, une analogie avec l'infarctus du myocarde et l'angine de poitrine peut être faite. Dans un AVC ischémique, la mort de cellules cérébrales cause une lésion au cerveau, tout comme dans l'infarctus du myocarde où survient une destruction d'une partie des cellules du muscle cardiaque. Dans l'AIT, il y a une obstruction transitoire de l'apport sanguin aux cellules cérébrales, ce qui cause des symptômes temporaires sans qu'il y ait de destruction de cellules cérébrales, tout comme dans l'angine de poitrine où une douleur thoracique se manifeste en raison d'un apport sanguin insuffisant aux cellules du muscle cardiaque.

Accident ischémique transitoire

Un **accident ischémique transitoire (AIT)** est un épisode transitoire de dysfonctionnement neuro-logique provoqué par une ischémie focale cérébrale, médullaire ou rétinienne, mais sans infarctus aigu à l'encéphale. Les symptômes cliniques durent généralement moins de une heure. Par le passé, les AIT étaient définis comme tout événement ischémique cérébral focal dont les symptômes duraient moins de 24 heures. Or, il a été démontré que cette période arbitraire était trop longue parce que dans 30 à 50 % des AIT qui répondaient à cette définition classique, une lésion cérébrale était détectée à l'imagerie par résonance magnétique (IRM) (Easton, Saver, & Albers, 2009).

Bien que la plupart des AIT se résolvent, il faut encourager les clients à se rendre à l'urgence dès l'apparition des symptômes, car il est impossible de prédire si la situation va persister et évoluer vers un véritable AVC. En général, le tiers des personnes qui subissent un AIT ne connaîtra pas d'autre événement du genre, un tiers en subira d'autres, et le dernier tiers des cas évoluera en AVC (Giles & Rothwell, 2009).

Les AIT peuvent être causés par des microembolies qui bloquent temporairement le flux sanguin. Ils sont un signe précurseur d'une maladie vasculaire cérébrale évolutive (Gao & Jiang, 2009). Les signes et symptômes d'un AIT dépendent du vaisseau sanguin impliqué et de la région de l'encéphale atteinte. Si le système carotidien est touché, le client peut éprouver une perte temporaire de la vision à un œil (cécité monoculaire transitoire), une hémiparésie transitoire, un engourdissement ou une perte de sensation, ou une incapacité soudaine à parler. Les signes d'un AIT impliquant le système vertébrobasilaire peuvent comprendre un acouphène, des vertiges, une vision assombrie ou trouble, une diplopie, une ptose, une dysarthrie, une dysphagie, une ataxie et un engourdissement ou une faiblesse unilatérale ou bilatérale d'un membre.

Accident vasculaire cérébral thrombotique

Un **AVC thrombotique** survient à la suite d'une lésion à la paroi d'un vaisseau sanguin qui entraîne la formation d'un caillot de sang **FIGURE 20.3A**. La lumière du vaisseau rétrécit et, s'il y a occlusion, l'infarctus survient. Voici la principale différence entre un AIT et un AVC: dans un AIT, l'ischémie se produit sans infarctus, alors que dans le cas d'un AVC, il y a infarctus et mort cellulaire. La thrombose se forme facilement là où les plaques d'athéromes ont déjà réduit le diamètre des vaisseaux sanguins. L'AVC thrombotique, qui résulte d'une thrombose ou d'un rétrécissement de vaisseau, est la cause la plus fréquente d'AVC, soit environ 20 % des cas (Summers *et al.*, 2009). Les deux tiers des AVC thrombotiques sont associés à l'hypertension ou au diabète, deux facteurs accélérant l'apparition de l'athérosclérose. Chez 30 à 50 % des personnes ayant subi un AVC thrombotique, ce denier était précédé d'un AIT.

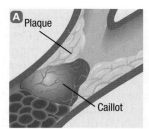 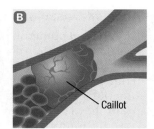 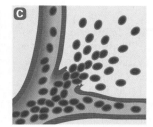

FIGURE 20.3

Principaux types d'AVC – **A** **AVC thrombotique**. La thrombose cérébrale est le rétrécissement d'une artère causé par une accumulation de dépôts graisseux appelée plaque. Cette plaque peut entraîner la formation d'un caillot qui bloque la circulation du sang dans l'artère. **B** **AVC embolique**. Un embole est un caillot de sang ou une accumulation d'autres débris qui circulent dans le sang. Lorsque l'embole atteint une artère du cerveau trop étroite pour passer, il s'y loge et bloque la circulation du sang. **C** **AVC hémorragique**. L'éclatement d'un vaisseau sanguin laisse le sang s'infiltrer dans les tissus cérébraux tant que la coagulation ne parvient pas à colmater la fuite, ce qui entraîne des lésions cérébrales.

La gravité de l'AVC dépend de l'étendue de la lésion, de sa localisation et de la présence de circulation sanguine collatérale. Chez la plupart des personnes victimes d'un AVC ischémique, le niveau de conscience ne diminue pas dans les 24 premières heures, à moins que l'accident touche le tronc cérébral ou qu'il soit accompagné d'un autre problème comme une crise épileptique, une élévation de la pression intracrânienne ou la présence de transformation hémorragique. Les symptômes d'un AVC ischémique peuvent évoluer au cours des 72 premières heures à mesure que l'infarctus et l'œdème cérébral progressent.

Jugement clinique

Expliquez pourquoi monsieur Locas, qui est hypertendu et diabétique, risque de souffrir d'un AVC thrombotique.

✳ Un **AVC lacunaire** est défini comme un accident vasculaire cérébral provoqué par l'occlusion d'une petite artère perforante qui a pour origine une plus grosse artère. En raison de la structure vasculaire du cerveau, l'AVC lacunaire se produit généralement dans des régions du cerveau qui sont éloignées du cortex cérébral comme les noyaux gris centraux, le thalamus, la capsule interne et le pont. Il laisse une petite cavité dans le tissu infarci. Bien qu'une forte proportion des AVC lacunaires soit asymptomatique, les symptômes, lorsqu'il y en a, peuvent entraîner des déficits importants tels que l'hémiplégie, l'hémiparésie, la faiblesse controlatérale au membre inférieur et au visage accompagnée d'ataxie aux membres supérieurs et inférieurs, un déficit moteur ou sensoriel focal. De 15 à 25 % des AVC ischémiques sont lacunaires (Agranoff & Wong, 2008). De multiples infarctus liés à de petits vaisseaux peuvent également entraîner une diminution de la fonction cognitive (p. ex., une démence vasculaire) ▶ **22**.

AVC thrombotique : AVC occasionné par l'occlusion progressive d'un vaisseau sanguin cérébral par la présence d'athérosclérose. Progressivement, des cellules sanguines adhèrent aux parois athérosclérotiques du vaisseau sanguin cérébral, et un caillot sanguin se forme et obstrue la circulation cérébrale.

22

Les manifestations cliniques, les examens paracliniques et le processus thérapeutique en interdisciplinarité associés à la démence sont décrits dans le chapitre 22 , *Interventions cliniques – Démence et maladie d'Alzheimer*.

Accident vasculaire cérébral embolique

Un **AVC embolique** survient lorsqu'un embole se loge dans une artère cérébrale et l'obstrue, entraînant un infarctus ou un œdème de la région irriguée par le vaisseau atteint **FIGURE 20.3B**. L'embolie est la deuxième cause d'AVC, comptant pour 24 % des cas (American Heart Association, 2010). La majorité des sources emboliques proviennent de plaques situées sur la couche interne du cœur (endocarde), d'où se détachent des morceaux qui entrent dans la circulation. L'embole migre alors vers le haut dans la circulation cérébrale et se loge dans un rétrécissement ou une bifurcation d'un vaisseau. Parmi les problèmes de santé cardiaque associés aux embols, citons la fibrillation auriculaire, l'infarctus du myocarde, l'endocardite infectieuse, la cardite rhumatismale, une communication interauriculaire, de même que la présence d'une prothèse valvulaire. Plus rarement, l'air et la graisse provenant d'une fracture d'un os long (fémur) peuvent également être à l'origine d'embols.

Habituellement, quand un AVC embolique survient, des symptômes cliniques importants se manifestent rapidement. Ce type d'accident peut toucher tous les groupes d'âge. Chez les jeunes adultes et les adultes d'âge moyen, la cardite rhumatismale est une cause d'AVC embolique. Chez les personnes plus âgées, l'embole a fréquemment pour origine une plaque athéromateuse.

Les signes avant-coureurs sont plus rares dans le cas d'une embolie que dans celui d'un AVC thrombotique. Généralement, une embolie survient soudainement et peut ou non être liée à l'activité. La personne demeure généralement consciente, mais peut se plaindre d'un mal de tête. Comme dans les autres types d'AVC, le pronostic dépend de la quantité de tissu cérébral privé d'irrigation sanguine. L'embolie est d'abord caractérisée par des déficits neurologiques importants, qui peuvent être temporaires si le caillot se désagrège et permet au sang de circuler. Des embols de petite taille peuvent aussi obstruer de petits vaisseaux, impliquant des régions plus restreintes de l'encéphale et entraînant par conséquent moins de déficits. Étant donné qu'un AVC embolique survient souvent rapidement, l'organisme n'a pas le temps de compenser le manque d'irrigation en produisant une circulation collatérale. Les AVC emboliques seront récurrents si la cause sous-jacente à la présence d'un embole n'est pas traitée.

20.4.2 Accident vasculaire cérébral hémorragique

Les **AVC hémorragiques**, qui constituent environ 15 % de tous les AVC, résultent d'un saignement dans le tissu cérébral (hémorragie intracérébrale ou intraparenchymateuse), ou dans les espaces sous-arachnoïdiens ou les ventricules (hémorragie sous-arachnoïdienne ou intraventriculaire) (American Heart Association, 2010).

Hémorragie intracérébrale

L'**hémorragie intracérébrale** compte pour environ 10 % des AVC. Elle est définie comme étant un saignement dans l'encéphale provoqué par la rupture d'un vaisseau **FIGURE 20.3C**. L'AVC hémorragique est associé à un mauvais pronostic, le taux de mortalité après 30 jours se situant entre 40 et 80 %. De plus, 50 % des décès surviennent dans les 48 premières heures (American Heart Association, 2010).

Bien que l'hypertension soit la principale cause des hémorragies intracérébrales **FIGURE 20.4**, les malformations vasculaires, les troubles de la coagulation, les médicaments anticoagulants et thrombolytiques, les traumas, les tumeurs cérébrales et les ruptures d'anévrisme en sont également d'autres causes. L'hémorragie survient habituellement pendant une période d'activité. Le plus souvent, les symptômes apparaissent soudainement, puis évoluent pendant les minutes et les heures qui suivent en raison du saignement qui se poursuit. Ils peuvent comprendre des déficits neurologiques, une céphalée, des vomissements, une réduction de l'état de conscience (chez environ 50 % des personnes) et de l'hypertension. L'ampleur des symptômes varie selon les personnes en fonction de la localisation de l'hémorragie dans le cerveau, de

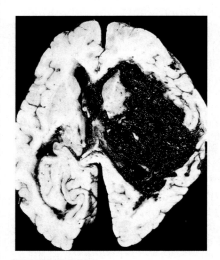

FIGURE 20.4

Hémorragie hypertensive massive dans un ventricule latéral de l'encéphale

même que de la quantité et de la durée du saignement. Le sang qui s'est écoulé lors de l'hémorragie forme un caillot sanguin. Ce caillot comprime le tissu cérébral et les vaisseaux sanguins cérébraux, ce qui diminue la perfusion sanguine de certaines régions du cerveau conduisant à une ischémie et à un infarctus des cellules nerveuses de l'encéphale.

Environ la moitié des hémorragies intracérébrales surviennent dans le putamen et la capsule interne, la substance blanche centrale, le thalamus, les hémisphères cérébelleux et le pont. Le premier symptôme à se manifester est une forte céphalée accompagnée de nausées et de vomissements. Parmi les manifestations cliniques d'un saignement dans le putamen et la capsule interne, citons une faiblesse unilatérale (y compris du visage, du membre supérieur et du membre inférieur), un trouble de l'élocution et une déviation oculaire. Les signes associés à un pronostic réservé sont liés à une augmentation de la pression intracrânienne, ce qui entraîne le déplacement et la compression du tronc cérébral. Les symptômes qui annoncent une hémorragie majeure s'amorcent par une hémiplégie et évoluent progressivement vers une diminution de l'état de conscience, la présence de pupilles fixes et dilatées, une posture anormale et, finalement, un coma et une altération du rythme respiratoire et cardiaque. Une hémorragie thalamique entraîne des déficits plus importants sur le plan sensitif que moteur, et ce, d'un seul côté du corps. Un saignement dans les régions sous-thalamiques de l'encéphale entraîne des problèmes de vision et de motricité oculaire. Les hémorragies cérébelleuses sont caractérisées par une forte céphalée, des vomissements, une incapacité de marcher, une dysphagie, une dysarthrie et des troubles de motricité oculaire. L'hémorragie dans le pont est la plus grave, car elle altère rapidement les fonctions vitales de base (p. ex., la respiration). Elle peut se caractériser par une hémiplégie évoluant vers une paralysie complète, un coma, des mouvements de décérébration et de décortication, des pupilles fixes en myosis (de petite taille), une hyperthermie et la mort.

Hémorragie sous-arachnoïdienne

Une **hémorragie sous-arachnoïdienne** survient lorsqu'il y a un saignement intracrânien dans l'espace où circule le liquide céphalorachidien (LCR) situé entre l'arachnoïde et la pie-mère, deux membranes à la surface de l'encéphale (Zebian & Kazzi, 2009). L'hémorragie sous-arachnoïdienne est habituellement causée par la rupture d'un **anévrisme** cérébral (faiblesse congénitale ou acquise et dilatation de la paroi d'un vaisseau). Les anévrismes peuvent être sacciformes ou ampullaires d'un diamètre de quelques millimètres à 20 à 30 mm ; ils peuvent également être fusiformes athéroscléreux. La majorité des anévrismes se trouvent dans le cercle artériel du cerveau (polygone de Willis). Les autres causes d'hémorragie sous-arachnoïdienne sont les traumas

et l'abus de drogues (cocaïne). Environ 40 % des personnes victimes d'un AVC hémorragique causé par un anévrisme meurent au moment de la rupture de celui-ci. Quinze pour cent meurent des suites de saignements subséquents (Zebian & Kazzi, 2009). L'incidence augmente avec l'âge, et elle est plus élevée chez les femmes que chez les hommes.

La personne peut présenter des symptômes précurseurs si l'artère dilatée exerce une pression sur le tissu cérébral ; par ailleurs, des symptômes annonciateurs mineurs peuvent résulter de fuites de sang provenant de l'anévrisme avant sa rupture. En général, les anévrismes cérébraux sont considérés comme des tueurs silencieux, car aucun signe avant-coureur n'annonce leur rupture.

Il peut y avoir ou non perte de conscience. L'état de conscience de la personne peut être d'alerte à comateux, selon l'importance du saignement. D'autres symptômes comprennent des déficits neurologiques focaux (y compris des déficits des nerfs crâniens), des nausées, des vomissements, des convulsions et une rigidité au cou. En dépit des améliorations apportées aux techniques chirurgicales et aux traitements, nombre de personnes meurent d'une hémorragie sous-arachnoïdienne. De nombreuses autres survivent avec une morbidité importante, comme des troubles cognitifs.

Avant d'intervenir de manière médicale ou chirurgicale, une hémorragie sous-arachnoïdienne peut être accompagnée de complications comme un nouveau saignement ou un **vasospasme** (rétrécissement d'un vaisseau sanguin) cérébral qui peut provoquer un infarctus cérébral. Un vasospasme cérébral résulte la plupart du temps d'une interaction entre les métabolites du sang et le muscle lisse vasculaire. La lyse des caillots sanguins sous-arachnoïdiens libère des métabolites qui peuvent provoquer des lésions endothéliales et une vasoconstriction des vaisseaux sanguins cérébraux. De plus, la sécrétion d'endothéline (puissant vasoconstricteur) peut jouer un rôle important dans l'induction d'un vasospasme cérébral après une hémorragie sous-arachnoïdienne. Les personnes victimes de ce type d'hémorragie sont à risque de vasospasme, et elles demeurent généralement en observation aux soins intensifs pendant 14 jours, jusqu'à ce que la menace de vasospasme soit réduite. La période critique pour les vasospasmes s'étend du 6ᵉ au 10ᵉ jour après le saignement initial.

20.5 | Manifestations cliniques d'un accident vasculaire cérébral

Les manifestations neurologiques d'un AVC ischémique et d'un AVC hémorragique diffèrent peu. C'est en fait la destruction du tissu cérébral qui est

à la base du dysfonctionnement neurologique causé par ces deux types d'accidents. Les manifestations cliniques sont liées à la région atteinte. La section précédente décrivait les manifestations propres aux différents types d'AVC.

La présente section traite des manifestations cliniques générales d'un AVC tant ischémique qu'hémorragique. Un AVC peut avoir des effets sur de nombreuses fonctions de l'organisme, comme l'activité motrice, les fonctions vésicale et intestinale, la fonction cognitive, la proprioception, la personnalité, les émotions, la sensibilité, la déglutition et la communication. Les fonctions atteintes lors d'un AVC dépendent directement de l'artère touchée, de la région de l'encéphale qu'elle irrigue, ainsi que de l'étendue et de la localisation des cellules nerveuses détruites **TABLEAU 20.3**. Les manifestations diffèrent quelque peu selon qu'elles sont associées à une lésion à l'hémisphère droit ou à l'hémisphère gauche telles que présentées à la **FIGURE 20.5**.

20.5.1 Fonction motrice

Les déficits moteurs représentent la conséquence la plus visible d'un AVC. Parmi eux, citons une détérioration: 1) de la mobilité; 2) de la fonction respiratoire; 3) de la déglutition et de l'élocution; 4) du réflexe pharyngé; 5) de la capacité de prendre soin de soi-même. Ces symptômes sont causés par la destruction des neurones moteurs de la voie pyramidale (fibres nerveuses naissant dans l'encéphale et descendant dans la moelle épinière jusqu'aux cellules motrices). Une incapacité d'exécuter des mouvements (akinésie), une mauvaise intégration du mouvement, une réduction du tonus musculaire et une altération des réflexes constituent les déficits moteurs caractéristiques. L'hyporéflexie (diminution des réflexes) initiale

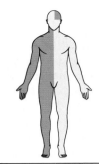

Lésion cérébrale droite (AVC du côté droit de l'encéphale)	Lésion cérébrale gauche (AVC du côté gauche de l'encéphale)
• Paralysie du côté gauche: hémiplégie • Négligence du côté gauche • Altérations de la perception spatiale • Tendance à nier ou à minimiser les problèmes • Mouvements rapides, déficit de l'attention • Impulsivité et imprudence • Altération du jugement • Altération de la notion du temps	• Paralysie du côté droit: hémiplégie • Troubles d'élocution et du langage (aphasie) • Altération de la discrimination droite-gauche • Mouvements lents et prudence • Conscience des pertes de fonction: dépression et anxiété • Altération de la compréhension liée au langage, aux mathématiques

FIGURE 20.5

Manifestations d'AVC au côté droit et au côté gauche de l'encéphale

évolue en hyperréflexie (exagération des réflexes) chez la plupart des personnes atteintes.

Les déficits moteurs consécutifs à un AVC suivent certains schémas précis. Étant donné que la voie pyramidale effectue un croisement dans le mésencéphale, une lésion survenue dans un côté de l'encéphale touche les fonctions motrices du côté opposé (controlatéral) du corps. Le membre supérieur et inférieur du côté atteint peut être affaibli ou paralysé à différents degrés selon la région de l'encéphale atteinte ou selon l'importance de la perturbation de la circulation cérébrale. Un AVC impliquant l'artère cérébrale moyenne entraîne une faiblesse plus importante au membre supérieur qu'au membre inférieur. L'épaule du côté atteint tend à exercer une rotation interne; la hanche exerce une rotation externe. Le pied du côté atteint est en flexion plantaire et en inversion. Une période initiale de flaccidité peut durer des jours, voire plusieurs semaines, et est liée aux lésions neuronales. Une spasticité musculaire suit la phase de flaccidité initiale, et elle est liée à une interruption de l'influence des neurones moteurs supérieurs.

20.5.2 Communication

L'hémisphère gauche est le principal siège du langage chez les droitiers et chez la plupart des gauchers (McCaffrey, 2008). Les troubles du langage touchent l'expression et la compréhension des mots

TABLEAU 20.3	Manifestations de l'accident vasculaire cérébral selon l'artère touchée
ARTÈRE	**DÉFICIT OU SYNDROME**
Cérébrale antérieure	• Déficit moteur ou sensoriel (controlatéral), réflexe de succion ou des points cardinaux, rigidité et problèmes de démarche, perte de proprioception et de sensibilité tactile fine
Cérébrale moyenne	• Côté dominant: aphasie, déficit moteur et sensoriel, hémianopsie • Côté non dominant: négligence, déficit moteur et sensoriel, hémianopsie
Cérébrale postérieure	• Hémianopsie, hallucination visuelle, douleur spontanée, déficit moteur
Vertébrale	• Déficits des nerfs crâniens, diplopie, étourdissements, nausées, vomissements, dysphagie ou coma

écrits et parlés. La personne peut être atteinte d'**aphasie** (perte totale de la compréhension et de l'usage du langage ou incapacité totale de communiquer). Cette situation survient lorsqu'un AVC provoque des lésions dans l'hémisphère dominant du cerveau. La **dysphasie** se définit comme une capacité réduite de communiquer. Toutefois, dans la plupart des établissements, les termes aphasie et dysphasie sont utilisés indifféremment pour exprimer le même phénomène, aphasie étant le plus couramment employé. (Il ne faut pas confondre le terme dysphasie avec le terme de prononciation semblable dysphagie, qui signifie la difficulté d'avaler.)

Les signes de l'aphasie peuvent différer en fonction de la région de l'encéphale touchée par l'AVC. L'aphasie peut être une aphasie d'expression de Broca dite non fluente (activité langagière minimale avec élocution lente demandant un effort évident dans laquelle la compréhension du langage est préservée) ou de réception de Wernicke dite fluente (présence de parole, mais peu de contenu significatif et dans laquelle la compréhension du langage est atteinte) **TABLEAU 20.4**. La plupart des types d'aphasie sont mixtes, comportant une altération à la fois de l'expression et de la compréhension. Un AVC massif peut entraîner une aphasie totale, soit la perte de toutes les fonctions de communication et de réception.

De nombreuses personnes victimes d'un AVC sont également atteintes de **dysarthrie**, soit d'une mauvaise maîtrise des muscles de la parole. La prononciation, l'articulation et la phonation peuvent être altérées. La dysarthrie n'atteint pas le contenu ni la compréhension du langage, mais plutôt la mécanique de la parole. Certaines personnes présentent une combinaison d'aphasie et de dysarthrie.

20.5.3 Affect

Les personnes victimes d'un AVC peuvent éprouver de la difficulté à maîtriser leurs émotions. Elles peuvent avoir des réactions émotives exagérées ou imprévisibles. La dépression et les sentiments associés aux modifications de l'image corporelle et à la

TABLEAU 20.4	Types d'aphasies
TYPE	**CARACTÉRISTIQUES**
De Broca	• Aphasie d'expression (non fluente) • Lésion au lobe frontal • Emploi fréquent d'expressions courtes et logiques, mais exprimées avec beaucoup d'effort • Omission fréquente de petits mots comme « est », « et », « le » • Emploi de mots tels que « Marcher chien » pour exprimer « Je vais marcher avec le chien » ou « Livre, livre table » pour « Il y a deux livres sur la table » • Compréhension habituellement plutôt bonne des paroles d'autrui • Conscience fréquente des limites, ce qui peut facilement éveiller un sentiment de frustration
De Wernicke	• Aphasie de réception (fluente) • Lésion au lobe temporal gauche, bien qu'elle puisse se manifester avec une lésion au lobe temporal droit • Emploi possible de longues phrases qui n'ont aucun sens, ajout de mots inutiles et même création de mots • Emploi de phrases désordonnées telles que « Tu sais ce mollet rosé que je veux promener et prendre soin comme tu voulais » • Expression de la pensée souvent difficile à suivre • Compréhension des paroles d'autrui habituellement très difficile • Inconscience fréquente des erreurs faites
Totale	• Aphasie non fluente • Résultat de lésions étendues à des parties de l'aire du langage dans le cerveau • Problèmes graves de communication • Possibilité d'une capacité très restreinte de parler et de comprendre la parole
Autres	• Résultat de lésions dans différentes régions du cerveau • Difficulté pour certaines personnes de répéter des mots et des phrases même si elles peuvent parler et comprendre la signification du mot ou de la phrase • Difficulté pour d'autres personnes de nommer les objets même si elles connaissent l'objet et son utilité

Source : Adapté de National Institute on Deafness and Other Communication Disorders & National Institutes of Health (2008).

Madame Germaine Granger a fait un AVC gauche, et elle est hémiplégique du côté droit. Elle est âgée de 80 ans. Elle comprend les consignes qui lui sont données. Cependant, elle dit des phrases courtes comme : « Pluie dehors, tête mal, aimer mari. » Elle désigne votre montre par le mot « heure » lorsque vous la lui montrez en lui demandant de nommer l'objet.

À quel type d'aphasie la difficulté de langage de cette cliente est-elle associée ?

perte de fonction aggravent parfois la situation (Christensen, Mayer, Ferran, & Kissela, 2009). Les problèmes de mobilité et de communication sont aussi susceptibles de devenir une source de frustration. Par exemple, au cours d'un repas, une personne ayant subi un AVC peut éprouver de la difficulté à amener la nourriture à sa bouche et à la mastiquer, ce qui lui cause de la frustration. Elle peut même se mettre à pleurer, ce qui surprend possiblement ses proches. La maîtrise des émotions est diminuée après un AVC, mais elle s'améliore généralement avec le temps. De plus, la frustration et la dépression sont courantes dans la première année qui suit un AVC.

20.5.4 Fonction cognitive

La mémoire et le jugement peuvent être altérés après un AVC. Ces altérations peuvent survenir quel que soit le côté de l'encéphale atteint. Un AVC impliquant le côté gauche est plus susceptible d'entraîner des troubles de la mémoire liés au langage. Les personnes victimes d'un AVC au côté gauche sont souvent conscientes de leurs incapacités et prennent des précautions pour éviter les blessures. Par contre, une personne ayant subi un AVC au côté droit de l'encéphale a tendance à être impulsive sans juger des risques de blessures potentielles. Par exemple, une personne peut essayer de se lever rapidement d'un fauteuil roulant sans bloquer les roues ou sans relever les repose-pieds. À l'opposé, une personne ayant subi un AVC au côté gauche de l'encéphale se lèvera lentement et avec précaution du fauteuil roulant. Dans les deux cas toutefois, les personnes peuvent éprouver de la difficulté à faire des généralisations, ce qui entrave leur capacité à transférer leurs apprentissages dans d'autres contextes.

20.5.5 Altérations de la proprioception

La perception spatiale est plus susceptible d'être altérée par un AVC survenant au côté droit de l'encéphale, bien qu'elle puisse également l'être dans le cas d'un AVC au côté gauche. Les troubles de perception spatiale sont classés en quatre catégories. La première est associée à une perception erronée de soi-même et de la maladie. Ce déficit résulte de lésions au lobe pariétal. Les personnes atteintes peuvent nier leurs maladies ou ne pas reconnaître des parties de leur propre corps. La deuxième catégorie, l'**héminégligence**, concerne la perception erronée de soi-même dans l'espace. La personne peut ne pas tenir compte de toute l'information provenant du côté atteint. Ce cas peut être aggravé par une **hémianopsie homonyme**, perte de la vision sur la même moitié du champ visuel dans les deux yeux. La personne éprouve également de la difficulté à s'orienter dans l'espace, comme juger les distances. La troisième catégorie est l'**agnosie**, c'est-à-dire l'incapacité de reconnaître un objet par la vue, le toucher ou l'ouïe. La quatrième catégorie est l'**apraxie**, soit l'incapacité d'exécuter sur commande une suite de mouvements appris. Les personnes peuvent être conscientes ou non de ces altérations.

20.5.6 Fonction d'élimination

La plupart des problèmes liés à l'élimination de l'urine et des selles apparaissent tôt et sont temporaires. Lorsque l'AVC touche un seul hémisphère du cerveau, le pronostic de fonction vésicale normale est excellent. La sensation de plénitude de la vessie subsiste au moins partiellement, et la miction volontaire demeure. Initialement, la personne peut présenter une pollakiurie, une impériosité de miction ou une incontinence. Du côté des intestins, bien que la maîtrise motrice ne représente habituellement pas un problème, les personnes atteintes sont fréquemment constipées. La constipation est associée à l'immobilité, à une faiblesse des muscles abdominaux, à une déshydratation et à une réponse réduite du réflexe exonérateur. Les problèmes d'élimination de l'urine et des selles peuvent également être liés à une incapacité pour la personne d'exprimer ses besoins, de se déplacer vers la toilette et de retirer adéquatement ses vêtements.

20.6 | Examen clinique et examens paracliniques

Lorsque les manifestations d'un AVC apparaissent, il faut procéder à des examens paracliniques pour : 1) déterminer s'il s'agit d'un AVC ischémique et non d'un autre type de lésion cérébrale, comme un AVC hémorragique ou un hématome sousdural ; 2) établir la cause probable de l'AVC **ENCADRÉ 20.1.** Les examens orientent le choix d'un traitement pour prévenir un AVC secondaire. L'outil diagnostique le plus important dans les cas d'AVC est la tomodensitométrie (TDM) sans contraste (Adams *et al.*, 2007). Cette technologie permet de déterminer rapidement si l'AVC est ischémique ou hémorragique ainsi que sa taille et son emplacement. Des TDM en série peuvent servir à évaluer l'efficacité du traitement et le rétablissement. Selon les normes de pratique canadiennes, chaque client chez qui un AVC est soupçonné devrait subir une tomodensitométrie

Jugement **clinique**

Capsule

Madame Granger essaie de peigner ses cheveux avec sa brosse à dents. Elle se fâche et pleure lorsqu'elle réalise que ça ne fonctionne pas.

Quel type d'altération de la perception spatiale est illustré dans ces comportements ?

Héminégligence : Incapacité totale ou partielle à percevoir des informations situées dans l'hémi-espace controlatéral à une lésion cérébrale, sans qu'un déficit moteur ou sensoriel de l'oeil puisse rendre compte d'un tel trouble.

sans contraste à l'intérieur des 25 minutes qui suivent son arrivée à l'urgence (Lindsay *et al.*, 2008).

L'angiographie par TDM permet une visualisation des vaisseaux sanguins cérébraux. Cette technique peut s'effectuer après ou pendant une tomodensitométrie sans contraste. L'angiographie par TDM permet également d'estimer l'irrigation sanguine et de détecter des défauts de remplissage dans les artères cérébrales.

L'imagerie par résonance magnétique permet de déterminer l'étendue des lésions cérébrales. L'IRM est plus précise que la tomodensitométrie, et elle permet de visionner des lésions du tronc cérébral qui ne sont pas toujours visibles sur une TDM. L'angiographie par résonance magnétique (ARM) permet de détecter des lésions et des occlusions vasculaires, de manière semblable à l'angiographie par TDM.

Une angiographie permet de détecter les occlusions vasculaires cervicales et cérébrales, les plaques athéroscléreuses et les malformations vasculaires. L'angiographie cérébrale est un examen définitif pour déterminer la source d'une hémorragie sous-arachnoïdienne. L'angiographie comporte toutefois des risques, à savoir le délogement d'un thrombus et la formation subséquente d'un embole, un vasospasme, l'induction d'une autre hémorragie ou une réaction allergique au produit de contraste.

Par rapport à l'angiographie traditionnelle, l'angiographie numérique intraartérielle nécessite moins de produit de contraste, utilise des cathéters plus petits et réduit la durée de l'intervention. Cette technique consiste à injecter un produit de contraste dans le but de visualiser les vaisseaux sanguins du cou et les gros vaisseaux du cercle artériel du cerveau. Elle est considérée comme plus sûre que l'angiographie cérébrale parce qu'elle nécessite moins de manipulation vasculaire.

L'échographie doppler transcrânienne est une technique non invasive qui permet de mesurer la vitesse du flux sanguin dans les grosses artères cérébrales. Cette technique permet de détecter efficacement les microembolies et les vasospasmes lorsqu'il y a une hémorragie sous-arachnoïdienne. Selon les normes de pratique canadiennes, tous les clients qui ont subi un AIT ou un AVC ischémique non invalidant devraient passer une échographie doppler carotidienne dans les 24 heures qui suivent leur AVC (Lindsay *et al.*, 2008).

Si la TDM ne révèle aucune hémorragie, mais qu'une hémorragie sous-arachnoïdienne est soupçonnée, une ponction lombaire peut être effectuée. La présence de globules rouges dans le LCR confirmera le diagnostic d'hémorragie sous-arachnoïdienne. Toutefois, il faut éviter la ponction lombaire si le client présente des signes d'une élévation de la pression intracrânienne ou d'herniation cérébrale. Effectuer une ponction lombaire dans ce

contexte pourrait entraîner une herniation de l'encéphale vers le bas, ce qui peut exercer une pression sur les centres cardiaque et respiratoire du tronc cérébral et, conséquemment, entraîner la mort.

S'il appert que l'embole est d'origine cardiaque, il faut effectuer des examens cardiaques tels qu'une échographie cardiaque et un monitorage continu du rythme cardiaque pendant 24 heures. Des analyses sanguines sont également réalisées pour dépister la présence de dyslipidémie et de diabète, afin de déterminer les problèmes de santé qui contribuent à l'AVC et pour orienter le traitement de l'AVC et la prévention secondaire **ENCADRÉ 20.1**.

Examens paracliniques

ENCADRÉ 20.1   **Accident vasculaire cérébral**

Diagnostic d'un AVC (y compris l'importance de l'engagement)
- TDM
- Angiographie par TDM
- IRM
- ARM

Circulation sanguine cérébrale
- Angiographie cérébrale
- Angiographie carotidienne
- Angiographie numérique avec soustraction
- Échographie doppler
- Échographie doppler transcrânienne
- Échographie duplex de la carotide

Examens cardiaques
- Électrocardiogramme (ECG)

- Radiographie thoracique
- Marqueur cardiaque (troponine, CK-MB [créatine kinase-MB])
- Échocardiographie (transthoracique, transœsophagienne)
- Moniteur cardiaque en continu pour 24 heures
- Moniteur de Holter du cœur

Examens additionnels
- Hémogramme comprenant les plaquettes
- Épreuves de coagulation : temps de prothrombine, temps de céphaline activée
- Électrolytes, glycémie
- Épreuves rénales et hépatiques
- Profil lipidique
- Analyse du LCR[a]

[a] Si une élévation de la pression intracrânienne est soupçonnée, il faut éviter toute ponction lombaire pour prélever du LCR.

Le cathéter de monitoring de l'oxygénation cérébrale (LICOX) peut servir d'outil diagnostique pour évaluer l'évolution de l'AVC. Ce système mesure l'oxygénation et la température de l'encéphale ▶ **19**. Les lésions cérébrales secondaires sont une cause importante de mortalité et de mauvais rétablissement fonctionnel après un AVC.

L'utilisation du système LICOX pour l'évaluation de l'évolution de l'AVC est décrite dans le chapitre 19, *Interventions cliniques – Troubles intracrâniens aigus*.

20.7 | Processus thérapeutique en interdisciplinarité

20.7.1 Traitement préventif

La prévention primaire est une priorité pour diminuer la morbidité et la mortalité associées aux AVC **ENCADRÉS 20.2** et **20.3**. La prévention des

PHARMACOVIGILANCE

Anticoagulants : warfarine sodique (Coumadin^MD), mélisate de dabigatran etexilate (Pradax^MD) Antiplaquettaires : Aspirin^MD, dipyridamole (Aggrenox^MD) et bisulfate de clopidogrel (Plavix^MD)

- Tous les professionnels de la santé et les dentistes doivent être informés que le client prend ces médicaments, particulièrement avant de prévoir une intervention chirurgicale ou une intervention dentaire importante.

- L'administration de ces médicaments pourrait être interrompue par le chirurgien dans les jours précédant une intervention chirurgicale si une action antiplaquettaire n'est pas souhaitée.

- Les statines (simvastatine [Zocor^MD], atorvastatine calcique [Lipitor^MD]) ont également démontré une efficacité dans la prévention des AVC chez les personnes ayant déjà subi un AIT (Lindsay *et al.*, 2008).

AVC s'effectue par l'entremise d'activités de promotion de la santé et d'éducation pour réduire les facteurs de risque évitables. La promotion de la santé se concentre sur : 1) l'alimentation saine ; 2) le contrôle du poids ; 3) l'activité physique régulière ; 4) l'abandon du tabagisme ; 5) la consommation limitée d'alcool ; 6) les examens médicaux périodiques. Les personnes qui présentent des facteurs de risque comme le diabète, l'hypertension, l'obésité, la dyslipidémie ou une maladie cardiaque doivent faire l'objet d'une surveillance étroite.

Il faut effectuer une évaluation pour déterminer si les signes et symptômes d'un AIT ne sont pas liés à d'autres types de lésions cérébrales, comme un hématome sous-dural ou une masse tumorale en croissance. La TDM sans contraste de l'encéphale représente l'examen paraclinique initial le plus important. La surveillance et les examens cardiaques peuvent révéler une maladie cardiaque sous-jacente responsable de la formation d'un caillot.

Pharmacothérapie

Il faut prendre des mesures pour prévenir la formation d'un thrombus ou d'un embole chez les personnes victimes d'un AIT et chez celles ayant subi un premier AVC, car le risque d'avoir un premier AVC ou d'en refaire un est élevé chez ces personnes. Habituellement, le choix s'arrête sur un médicament antiplaquettaire. L'Aspirin^MD est l'agent antiplaquettaire le plus fréquemment utilisé, habituellement à une dose de 81 à 325 mg/jour. Parmi les autres médicaments, le bisulfate de clopidogrel (Plavix^MD) et une combinaison de dipyridamole et d'acide acétylsalicylique (Aggrenox^MD) sont également utilisés. Une anticoagulation orale avec de la warfarine sodique (Coumadin^MD) constitue le traitement de choix pour les personnes atteintes d'une fibrillation auriculaire ou ayant une valve cardiaque métallique (Adams, Albers, Alberts, *et al.*, 2008 ; Adams, del Zoppo, Alberts, *et al.*, 2007). Le mélisate de dabigatran etexilate

(Pradax^MD) est approuvé par Santé Canada depuis octobre 2010 pour prévenir les AVC ischémiques chez les personnes atteintes de fibrillation auriculaire ou ayant une valve cardiaque. Ce médicament a l'avantage de ne pas nécessiter d'ajustement afin d'obtenir un niveau thérapeutique d'anticoagulation (Boerhinger Ingelheim, 2010)

Traitement chirurgical

Les interventions chirurgicales pour traiter les personnes victimes d'un AIT découlant d'une maladie carotidienne comprennent l'endartériectomie carotidienne, l'angioplastie transluminale, l'implantation d'une endoprothèse vasculaire et le pontage extra-intracrânien. L'endartériectomie carotidienne consiste à retirer la lésion athéromateuse de l'artère carotide pour améliorer le flux sanguin **FIGURE 20.6**.

L'angioplastie transluminale consiste à insérer un ballonnet afin d'ouvrir une artère cérébrale sténosée pour augmenter le flux sanguin. Le ballonnet est amené dans l'artère carotide au moyen d'un cathéter introduit dans l'artère fémorale. L'implantation d'une endoprothèse vasculaire vise à maintenir la perméabilité de l'artère **FIGURE 20.7**. L'endoprothèse peut être introduite dans le cadre d'une angioplastie. Une fois en place, le système peut faire appel à un minuscule filtre qui se déploie comme un parapluie. Ce filtre permet de capter et d'éliminer les débris qui sont délogés pendant l'installation de l'endoprothèse avant qu'ils ne soient emportés vers le cerveau où ils pourraient provoquer un AVC. L'implantation d'une endoprothèse est une technique de revascularisation moins invasive pour les personnes qui ne pourraient supporter une endartériectomie carotidienne en raison de problèmes de santé coexistants. La recherche effectuée jusqu'à maintenant a démontré que cette technique est aussi efficace que l'endartériectomie carotidienne (Koelemay & Legemate, 2009 ; Stingele & Ringleb, 2009).

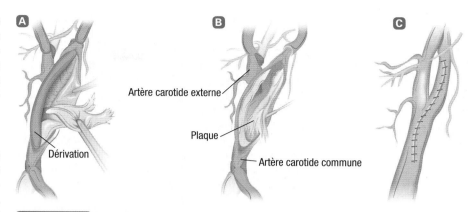

FIGURE 20.6

L'endartériectomie carotidienne vise à prévenir un infarctus cérébral imminent. **A** Un tube est inséré en amont et en aval de l'occlusion pour dériver la circulation sanguine. **B** La plaque d'athérome est retirée de l'artère carotide commune. **C** Une fois l'artère suturée, le tube peut être retiré. Un chirurgien peut également exécuter cette technique sans dériver la circulation sanguine.

Le pontage extra-intracrânien consiste à créer une anastomose (connexion chirurgicale) faisant communiquer une branche d'une artère extracrânienne avec une artère intracrânienne (le plus souvent, l'artère temporale superficielle à l'artère cérébrale moyenne) en aval d'une région obstruée afin d'augmenter la perfusion sanguine cérébrale. Cette technique est généralement réservée aux personnes qui n'ont tiré aucun bénéfice des autres formes de traitement.

20.7.2 Phase aiguë : accident vasculaire cérébral ischémique

À l'évaluation initiale, l'élément le plus important de la collecte des données est l'heure d'apparition des symptômes. Le processus thérapeutique en interdisciplinarité a pour but de maintenir la personne en vie, de prévenir d'autres lésions cérébrales et de réduire l'invalidité. Le traitement change à mesure que le client évolue de la phase aiguë à la phase de réadaptation.

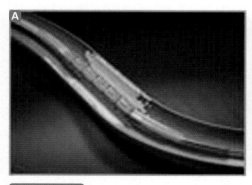 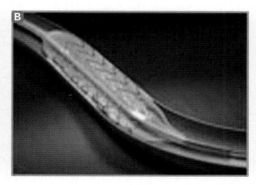 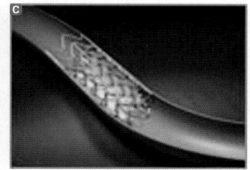

FIGURE 20.7

Endoprothèse cérébrale utilisée pour traiter les occlusions de la circulation sanguine cérébrale – **A** À l'aide d'un cathéter à ballonnet, l'endoprothèse est installée dans une artère de l'encéphale. **B** Le cathéter à ballonnet est placé dans la zone bloquée, puis il est gonflé. L'endoprothèse se déploie avec le gonflement du ballonnet. **C** Le ballonnet est dégonflé puis retiré, laissant l'endoprothèse en place en permanence pour maintenir l'artère ouverte et améliorer le débit sanguin.

Le **TABLEAU 20.5** résume les interventions en situation d'urgence auprès d'un client victime d'un AVC. Les soins en phase aiguë commencent par le maintien de la perméabilité des voies respiratoires, de la respiration et de la circulation (ABC) **ENCADRÉ 20.4**. Il est possible que le client ne puisse maintenir ses voies respiratoires perméables en raison d'un état de conscience réduit ou d'une absence des réflexes pharyngé (de vomissement) et palatin (de déglutition). Il est important de maintenir une oxygénation adéquate, afin d'éviter l'hypoxie et l'hypercapnie, lesquelles peuvent contribuer à la formation de lésions neuronales secondaires. Il peut alors être nécessaire d'administrer de l'oxygène, d'insérer une canule nasopharyngée ou oropharyngée, d'intuber le client et de le ventiler mécaniquement. L'infirmière effectue une évaluation neurologique initiale et maintient une surveillance étroite du client en demeurant à l'affût des signes de détérioration neurologique tels que l'altération de l'état de conscience ou une progression de la parésie d'un membre. Environ 25 % des cas s'aggraveront au cours des 24 à 48 premières heures.

La *Stratégie canadienne de l'AVC* (Lindsay *et al.*, 2008) recommande la mise en place d'unités de soins dédiés aux clients ayant eu un AVC dans les établissements de soins de courte durée. Ces unités doivent inclure la présence d'une équipe interdisciplinaire (infirmière, médecin, ergothérapeute, physiothérapeute, travailleur social, psychologue, pharmacien, nutritionniste) qui évalue le client à l'intérieur d'un délai de 24 à 48 heures après son arrivée à l'urgence. Un dépistage de la dysphagie doit être effectué avant que le client s'alimente ou s'hydrate par voie orale (P.O.).

La P.A. augmente fréquemment après un AVC, ce phénomène pouvant être une réaction de protection visant à maintenir un débit sanguin cérébral optimal. Immédiatement après un AVC ischémique, l'utilisation de médicaments pour

Évaluation et interventions en situation d'urgence

TABLEAU 20.5	Accident vasculaire cérébral	
CAUSES	**CONSTATS**	**INTERVENTIONS**
• Thrombose • Trauma • Anévrisme • Embolie • Hémorragie • Malformation artérioveineuse	• Altération de l'état de conscience • Détresse respiratoire • Faiblesse, engourdissement ou paralysie d'une partie du corps • Pupilles inégales • Troubles de la parole ou de la vue • Affaissement facial du côté atteint • Déglutition difficile • Céphalée intense • Vertiges • Fréquence cardiaque ↑ ou ↓ • Hypertension • Convulsions • Incontinence urinaire ou fécale • Nausées et vomissements	**Initiales** • Dégager les voies respiratoires. • Appeler le code d'AVC ou l'équipe d'AVC. • Enlever les prothèses dentaires. • Surveiller la saturation en O_2. • Maintenir une oxygénation adéquate (saturation du sang artériel en oxygène [SaO_2] > 92 %) avec O_2 additionnel, au besoin. • Installer un accès I.V. avec solution physiologique. • Maintenir une P.A. optimale[a]. • Obtenir une TDM immédiatement. • Effectuer des analyses de laboratoire de base (y compris la glycémie) immédiatement et traiter en cas d'hypoglycémie. • Placer la tête dans le plan médian. • Soulever la tête du lit de 30° s'il n'y a aucun symptôme de choc ou de lésion à la colonne vertébrale. • Prendre les précautions relatives aux convulsions. • Prévoir un traitement thrombolytique en cas d'AVC ischémique. • Maintenir « rien par voie orale » (N.P.O.) jusqu'à l'évaluation de la déglutition. **Surveillance continue** • Surveiller les signes vitaux et l'état neurologique, y compris l'état de conscience (échelle NIHSS ou échelle neurologique canadienne), les fonctions motrices et sensorielles, la taille et la réactivité des pupilles, la SaO_2 et le rythme cardiaque. • Rassurer le client et sa famille.

[a] Voir l'annexe sur la RCR au chenceliere.ca/lewis.

ENCADRÉ 20.4   **Soins aux clients en phase aiguë d'accident vasculaire cérébral**

- Évaluer les manifestations cliniques de l'AVC et déterminer le moment de leur apparition.
- Déterminer s'il existe des contre-indications au traitement par thrombolyse pour le client.
- Administrer la thrombolyse chez les personnes victimes d'un AVC ischémique qui répondent aux critères décrits plus loin dans ce chapitre, selon la dose prescrite par le neurologue et selon le protocole de l'établissement.
- Évaluer l'état respiratoire et mettre en place les interventions nécessaires comme l'administration d'oxygène, l'installation d'une sonde oropharyngée ou nasopharyngée, l'aspiration des sécrétions et le positionnement du client pour prévenir une obstruction des voies respiratoires, une pneumonie par aspiration ou une atélectasie.
- Évaluer l'état neurologique, y compris la pression intracrânienne au besoin.
- Surveiller l'état cardiovasculaire, y compris l'état hémodynamique au besoin.
- Évaluer la capacité du client à avaler (en collaboration avec l'orthophoniste).
- Administrer les agents anticoagulants et antiplaquettaires prescrits.
- Prendre les signes vitaux selon l'état clinique.
- Mesurer et noter la diurèse.
- Compléter le formulaire des ingesta et excreta.
- S'assurer que le client est mobilisé toutes les deux heures et positionné adéquatement.
- S'assurer que des exercices d'amplitude passifs et assistés sont faits toutes les deux heures lorsque le client est éveillé.

réduire la P.A. est recommandée seulement si celle-ci est considérablement élevée (P.A. moyenne supérieure à 130 mm Hg ou pression systolique supérieure à 220 mm Hg). Dans le cas d'un AVC aigu, il est préférable d'utiliser des antihypertenseurs I.V. à action rapide comme le chlorhydrate de labétalol (Trandate^MD) et la nitroprusside de sodium (Nipride^MD). Bien qu'il soit rare que la P.A. baisse immédiatement après un AVC, il faut corriger rapidement toute hypotension et hypovolémie afin de maintenir la perfusion sanguine cérébrale.

Il faut surveiller étroitement l'équilibre des liquides et des électrolytes afin de diminuer le risque de lésions ultérieures. Une surhydratation peut toutefois compromettre la perfusion sanguine cérébrale en augmentant l'œdème cérébral. Un apport hydrique adéquat par voie orale, par voie intraveineuse ou par voie entérale dans la phase aiguë des soins devrait être de 1 500 à 2 000 ml/jour. L'infirmière mesure la diurèse. Si la sécrétion de l'hormone antidiurétique augmente en réaction à l'AVC, la diurèse diminue, et il y a rétention d'eau, ce qui peut faire réduire la concentration de sodium sérique (hyponatrémie). Il faut éviter les solutions I.V. de glucose et d'eau parce qu'elles sont isotoniques et peuvent faire augmenter l'œdème cérébral et la pression intracrânienne. De plus, l'hyperglycémie doit être traitée parce qu'elle peut causer de nouvelles lésions cérébrales. En général, les décisions concernant les remplacements hydriques et électrolytiques reposent sur l'importance de l'œdème cérébral, des symptômes de pression intracrânienne élevée, de la pression veineuse centrale, des données de laboratoire sur les électrolytes ainsi que sur le bilan des ingesta et des excreta.

Bien que la pression intracrânienne soit plus susceptible d'augmenter après un AVC hémorragique, il est possible qu'elle augmente après un AVC ischémique. La hausse de la pression intracrânienne résultant d'un œdème cérébral atteint habituellement son maximum en 72 heures et peut provoquer une herniation de l'encéphale. Pour réduire la pression intracrânienne, il faut favoriser le retour veineux en maintenant un bon alignement de la tête et du cou pour ne pas obstruer les veines jugulaires et éviter la flexion de la hanche. Il faut éviter l'hyperthermie et la traiter intensivement, car elle augmente le métabolisme cellulaire cérébral et, par conséquent, la consommation d'oxygène par les cellules cérébrales qui sont déjà en état d'ischémie. L'hyperthermie est associée à une évolution défavorable. Parmi les médicaments pouvant traiter l'hyperthermie, l'acétaminophène (Tylenol^MD) est recommandé. Une hausse d'aussi peu que 1 °C peut faire grimper de 10 % le métabolisme cérébral et ainsi contribuer à l'apparition d'autres lésions cérébrales. L'infirmière peut utiliser des couvertures refroidissantes pour abaisser la température. Elle doit alors surveiller étroitement la température du client. La prise de mesures radicales pour maintenir la température à des valeurs adéquates, particulièrement pendant les premières 24 heures suivant un AVC, permet de prévenir une évolution défavorable. La température idéale se situant entre 36 et 37 °C, il faut entreprendre un refroidissement actif quand la température est supérieure à 38 °C (Knies, 2010).

Capsule Jugement clinique

À la suite d'une collision frontale en voiture, monsieur Vittorio Visconti, âgé de 56 ans, a subi un traumatisme crânien-cérébral sévère ayant causé une hémorragie cérébrale ; il y a atteinte de l'hypothalamus. Il est inconscient, et sa température rectale est de 40,2 °C.

Serait-il approprié de traiter l'hyperthermie par des antipyrétiques ? Justifiez votre réponse.

De 5 à 7 % des personnes victimes d'un AVC ont des convulsions dans les 24 premières heures. L'infirmière administre alors des médicaments anticonvulsivants, comme le lorazépam (Ativan^MD), la phénytoïne (Dilantin^MD) ou le lévétiracétam (Keppra^MD). Toutefois, l'utilisation prophylactique d'anticonvulsivants n'est pas recommandée pour les clients qui n'ont pas eu de convulsions (Adams *et al.*, 2007).

41

Le chapitre 41, *Interventions cliniques – Coronaropathie et syndrome coronarien aigu*, se penche sur le traitement thrombolytique.

19

D'autres stratégies de réduction de la pression intracrânienne sont décrites dans le chapitre 19, *Interventions cliniques – Troubles intracrâniens aigus.*

Activateur tissulaire du plasminogène (t-PA):
Enzyme protéolytique initiant la fibrinolyse.

Parmi les autres interventions, il faut noter le soulagement de la douleur et le traitement de la constipation. Chez certains clients, du LCR peut être drainé pour réduire la pression intracrânienne. L'infirmière peut administrer des diurétiques, comme le mannitol (Osmitrol^MD) et le furosémide (Lasix^MD), pour faire diminuer l'œdème cérébral. L'utilisation du mannitol fait de nouveau l'objet d'une étude dans laquelle elle est comparée aux perfusions de solution saline hypertonique et de dextran pour le traitement de la pression intracrânienne élevée. Les résultats préliminaires indiquent que les solutions saline hypertonique et de dextran sont aussi efficaces que le mannitol pour abaisser la pression intracrânienne (Infanti, 2008). En dernier recours, une craniectomie de décompression, qui consiste à enlever une partie d'os de la boîte crânienne, peut être effectuée pour abaisser la pression intracrânienne. Cela permet d'éviter que l'œdème cérébral provoque une herniation de l'encéphale ▶ **19**.

Pharmacothérapie

L'**activateur tissulaire du plasminogène (t-PA)**, recombinant administré par voie I.V., permet de rétablir la circulation sanguine par un effet fibrinolytique dans une artère obstruée pour prévenir la mort cellulaire en cas d'apparition soudaine des symptômes d'un AVC ischémique.

La thrombolyse doit s'effectuer le plus rapidement possible dans un délai maximal de 4,5 heures suivant l'apparition des signes cliniques d'un AVC ischémique (Réseau canadien contre les accidents cérébrovasculaires, 2007). Il faut évaluer soigneusement le client avant de lui administrer la thrombolyse. L'évaluation comprend une TDM sans contraste ou une IRM visant à écarter la possibilité d'un AVC hémorragique, des analyses sanguines pour détecter des troubles de la coagulation ainsi que la recherche d'antécédents récents de saignements gastro-intestinaux, d'AVC ou de trauma crânien dans les 3 mois précédents, ou d'une intervention chirurgicale importante dans les 14 jours précédents (Lindsay *et al.*, 2008).

Si la thrombolyse est envisagée comme traitement, l'infirmière doit mettre en place les dispositifs invasifs tels que les cathéters I.V., le tube nasogastrique et la sonde urinaire avant le début du traitement pour éviter de provoquer un saignement. Au Québec, c'est généralement le neurologue qui prescrit la thrombolyse. Pendant la perfusion du médicament, il faut surveiller étroitement les signes vitaux et l'état neurologique du client pour déceler rapidement une amélioration ou une détérioration liée à l'apparition d'hémorragie intracérébrale. Il est essentiel de surveiller et de contrôler la P.A. du client au cours du traitement et pendant les 24 heures suivantes.

Une thrombolyse peut être administrée dans des centres spécialisés aux personnes qui présentent des occlusions de l'artère cérébrale moyenne. Le t-PA produit une fibrinolyse localisée en se fixant à la fibrine contenue dans les thrombus. Cette action fibrinolytique survient quand le plasminogène est converti en plasmine, dont l'action enzymatique digère la fibrine et le fibrinogène pour provoquer la lyse du caillot. Les autres agents fibrinolytiques ne peuvent être substitués au t-PA ▶ **41**.

L'administration du t-PA intraartériel peut se faire jusqu'à six heures après l'apparition des symptômes d'AVC. Cette intervention, effectuée par un médecin spécialisé en interventions neurovasculaires, consiste à insérer un mince cathéter flexible dans une artère (habituellement l'artère fémorale) et à le diriger jusqu'au caillot en se guidant par angiographie. Le t-PA, administré à travers le cathéter, cible immédiatement le caillot. De plus, une administration directe au site du caillot nécessite moins de t-PA que les autres techniques, ce qui permet de réduire le risque d'hémorragie intracrânienne.

L'administration d'anticoagulants (p. ex., l'héparine) en phase urgente du traitement de l'AVC ischémique n'est généralement pas recommandée en raison du risque d'hémorragie intracrânienne. L'administration d'acide acétylsalicylique (Aspirin^MD) à une dose de 325 mg devrait commencer le plus rapidement possible après le diagnostic d'un AVC ischémique si le client ne reçoit pas de thrombolyse. S'il en reçoit une, l'administration d'acide acétylsalicylique devrait débuter 24 heures après (Lindsay *et al.*, 2008) la thrombolyse. La principale complication associée à l'Aspirin^MD est un saignement gastro-intestinal. Il faut administrer ce médicament avec prudence si le client a des antécédents d'ulcère gastrique (Hegge, 2008).

Une fois que l'état d'une personne victime d'un AVC thrombotique ou embolique est stabilisé, l'administration d'agents antiplaquettaires et d'anticoagulants permet de prévenir la formation d'autres caillots. La warfarine sodique (Coumadin^MD) est un anticoagulant couramment utilisé. Les agents antiplaquettaires comprennent l'acide acétylsalicylique (Aspirin^MD), le bisulfate de clopidogrel (Plavix^MD) et le dipyridamole (Aggrenox^MD). De plus, l'efficacité des statines a été démontrée pour les personnes victimes d'un AVC ischémique.

Traitement chirurgical

L'appareil d'extraction MERCI (de l'anglais *mechanical embolus removal in cerebral ischemia*) permet aux médecins d'avoir accès à l'artère obstruée d'une personne victime d'un AVC ischémique **FIGURE 20.8**. L'appareil se rend directement au site de l'obstruction pour y extraire le caillot. Il s'agit d'un mince appareil en tire-bouchon doté d'un microcathéter inséré dans l'artère fémorale au moyen d'un cathéter à ballonnet. Une fois que le dispositif en tire-bouchon a atteint le caillot dans l'encéphale, il le pénètre, ce qui lui permet de le retirer. Se guidant à l'aide de rayons X, le médecin fait monter le cathéter à ballonnet dans l'artère carotide au niveau du cou, puis déploie un guide métallique et le microcathéter à travers le cathéter à ballonnet pour aller le placer juste au-delà du caillot. Le médecin déploie alors l'extracteur MERCI qui emprisonne le caillot. Une fois le caillot capturé, le médecin gonfle le cathéter à ballonnet pour temporairement interrompre la circulation sanguine pendant l'extraction du caillot. Il aspire le caillot dans le cathéter à ballonnet pour le retirer de l'organisme, puis il dégonfle le ballonnet pour restaurer la circulation sanguine. Des recherches sont en cours pour évaluer l'utilisation d'autres dispositifs de thrombectomie mécanique pour l'extraction de caillots qui comprennent l'angioplastie transluminale transcutanée et l'implantation d'une endoprothèse vasculaire en phase aiguë, des mécanismes pour capturer les caillots et des aspirateurs à ultrasons.

20.7.3 Phase aiguë : accident vasculaire cérébral hémorragique

Pharmacothérapie

Les agents anticoagulants et antiplaquettaires sont contre-indiqués chez les personnes ayant subi un AVC hémorragique (Broderick, Connolly, & Feldmann, 2007). Dans un tel cas, l'utilisation de médicaments doit principalement viser à traiter l'hypertension. Il peut s'agir d'administrer des médicaments par voies P.O. et I.V. afin de maintenir la P.A. à des valeurs normales à normales élevées (entre 120 et 160 mm Hg).

Traitement chirurgical

Les interventions chirurgicales en cas d'AVC hémorragique comprennent l'évacuation immédiate des hématomes induits par l'anévrisme ou des hématomes cérébelleux de plus de 3 cm. Les personnes ayant une malformation artérioveineuse peuvent subir un AVC hémorragique en cas de rupture au site de la malformation. Une telle malformation se traite par résection chirurgicale ou radiochirurgie (c.-à-d. avec le couteau gamma), ou les deux. Ces deux interventions peuvent être précédées d'une intervention neuroradiologique visant l'embolisation des vaisseaux sanguins alimentant la malformation.

Une hémorragie sous-arachnoïdienne est habituellement causée par une rupture d'anévrisme. Environ 20 % des clients auront plusieurs anévrismes. L'anévrisme est traité en installant une agrafe ou une endoprothèse vasculaire en spirale dans le but de prévenir un nouveau saignement **FIGURES 20.9** et **20.10**. L'installation d'une agrafe est une technique chirurgicale courante visant à prévenir un nouveau saignement **FIGURE 20.9**, mais les techniques endovasculaires deviennent de plus en plus populaires. Dans le cadre d'une intervention endovasculaire, une endoprothèse en spirale est insérée dans la lumière de l'anévrisme par neuroradiologie interventionnelle **FIGURE 20.10**. Les endoprothèses détachables de Guglielmi procurent une protection immédiate contre l'hémorragie en réduisant les pulsations sanguines à l'intérieur de

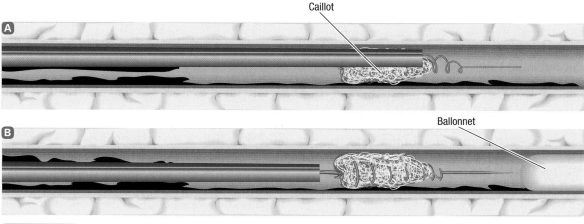

Caillot

Ballonnet

20

FIGURE 20.8

Le dispositif MERCI permet de retirer les caillots sanguins chez les personnes victimes d'un AVC ischémique. **A** Ce dispositif consiste en un long fil métallique mince introduit dans l'artère fémorale au moyen d'un cathéter. Le médecin guide le fil jusqu'au bout du cathéter dans l'artère carotide. Le fil prend alors une forme en petites boucles qui s'enroulent autour du caillot pour permettre de le retirer. **B** Pour prévenir une désagrégation du caillot, un ballonnet est gonflé à l'extrémité du cathéter pour stopper la circulation sanguine dans l'artère.

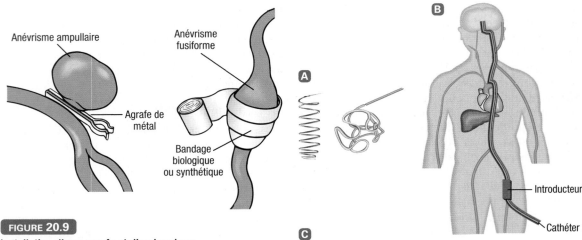

FIGURE 20.9

Installation d'une agrafe et d'un bandage

l'anévrisme. Par la suite, un thrombus se forme dans l'anévrisme, et ce dernier est séparé du vaisseau par la formation d'une couche endothélialisée de tissu conjonctif. Les endoprothèses détachables de Guglielmi constituent une solution de rechange à l'installation d'agrafes.

Pour une hémorragie sous-arachnoïdienne, la surveillance et la maîtrise de la pression intracrânienne visent les mêmes objectifs que pour un AVC aigu. Après l'occlusion d'un anévrisme par l'installation d'agrafes ou par intervention endovasculaire, il est possible d'entreprendre un traitement hyperdynamique (hypertension induite à l'aide d'agents vasoconstricteurs comme le chlorhydrate de phényléphrine [Neo-Synphrine^MD] ou le bitartrate de norépinéphrine [Lévophed^MD] et l'hypervolémie de même que l'hémodilution pour l'atteinte d'une pression veineuse centrale entre 8 et 12 mm Hg) dans le but de hausser la P.A. moyenne et d'augmenter la perfusion sanguine cérébrale (Janjua & Mayer, 2003). L'augmentation du volume vasculaire s'obtient au moyen de l'administration de solution I.V. de cristalloïde ou de colloïde.

Le traitement d'un vasospasme avant ou après l'installation d'une agrafe ou d'une endoprothèse en spirale comprend l'administration de nimodipine (Nimotop^MD). Ce médicament, un inhibiteur des canaux calciques, est administré en cas d'hémorragie sous-arachnoïdienne pour diminuer le vasospasme et réduire au minimum les lésions cérébrales. La nimodipine limite l'entrée d'ions calcium dans les cellules en réduisant le nombre de canaux calciques ouverts. Bien que la nimodipine soit un inhibiteur des canaux calciques, son mécanisme exact en ce qui concerne la réduction du vasospasme reste peu connu.

Les hémorragies sous-arachnoïdiennes et intracérébrales peuvent occasionner un saignement dans les ventricules cérébraux. Cette situation entraîne une hydrocéphalie, laquelle provoque des lésions au tissu cérébral en raison d'une

FIGURE 20.10

Endoprothèse en spirale détachable de Guglielmi – **A** Une endoprothèse en spirale est utilisée pour occlure un anévrisme. Les endoprothèses en spirale sont faites de platine souple enroulé. La souplesse du platine permet à l'endoprothèse en spirale d'épouser la forme irrégulière de l'anévrisme tout en réduisant au minimum le risque de rupture. **B** Un cathéter est introduit à l'aide d'un introducteur (petit tube) dans une artère du membre inférieur, puis poussé jusque dans les vaisseaux sanguins cérébraux. **C** Les endoprothèses en spirale de platine fixées à un mince fil sont insérées dans le cathéter, puis installées dans l'anévrisme jusqu'à ce qu'elles le remplissent et empêchent le sang d'y circuler, ce qui réduit le risque de rupture.

augmentation de la pression intracrânienne. Il est toutefois possible d'améliorer grandement cette situation par l'insertion d'une ventriculostomie qui permet le drainage du LCR.

20.7.4 Soins de réadaptation

Après 10 jours de stabilité suivant un AVC, le processus thérapeutique en interdisciplinarité qui consistait jusqu'alors à préserver la vie et à éviter les complications possibles de l'AVC (telles que la pneumonie par aspiration, la thrombophlébite, les lésions de pression, la subluxation de l'épaule et les contractures) change pour viser à réduire l'invalidité et à atteindre un état fonctionnel optimal. Un physiatre (médecin spécialiste en médecine physique et en réadaptation) peut alors évaluer l'état du client. Il est toutefois important de se rappeler que certains aspects de la réadaptation commencent dans la phase de soins aiguë dès que l'état du client est stabilisé. Selon son état, ses autres problèmes de santé, son potentiel de réadaptation et les ressources disponibles, le client peut être transféré dans une unité de réadaptation. La réadaptation peut également se faire en consultation externe et à domicile.

Dans le cadre du processus thérapeutique en interdisciplinarité à long terme consécutif à un AVC, différents membres de l'équipe de soins doivent participer aux efforts visant à favoriser une reprise optimale des fonctions du client et de la famille. La composition de l'équipe dépend des besoins du client et de sa famille ainsi que des ressources de l'établissement en matière de réadaptation.

ÉVALUATION CLINIQUE

L'étape d'évaluation du système nerveux est décrite en détail dans le chapitre 18, – *Système nerveux.*

Soins et traitements infirmiers

CLIENT VICTIME D'UN ACCIDENT VASCULAIRE CÉRÉBRAL

Collecte des données

L'**ENCADRÉ 20.5** présente les données subjectives et objectives à obtenir d'une personne victime d'un AVC. La première collecte des données se concentre sur la condition cardiaque et respiratoire, et sur l'évaluation neurologique. Si l'état de la personne est stable, l'infirmière collecte les données suivantes :

- description de la maladie actuelle avec une attention sur les symptômes initiaux, y compris l'heure de leur apparition et leur durée, leur nature (intermittents ou continus) et leur évolution ;
- antécédents de symptômes semblables déjà observés ;

Collecte des données

ENCADRÉ 20.5	Accident vasculaire cérébral

Données subjectives

- Renseignements importants concernant la santé :
  - Antécédents de santé : hypertension ; AVC antérieur, AIT, anévrisme, maladie cardiaque (y compris un infarctus du myocarde récent), arythmies, insuffisance cardiaque, valvulopathie, endocardite infectieuse, dyslipidémie, polyglobulie, diabète, goutte ; trauma crânien antérieur, antécédents familiaux d'hypertension, diabète, AVC ou maladie coronarienne
  - Médicaments : utilisation de contraceptifs oraux ; utilisation d'agents antihypertenseurs et anticoagulants et observance du traitement ; consommation de substances illégales ou de drogues (cocaïne)
- Modes fonctionnels de santé :
  - Perception et gestion de la santé : antécédents familiaux d'AVC positifs ; alcoolisme, tabagisme, toxicomanie
  - Nutrition et métabolisme : anorexie, nausées, vomissements ; dysphagie, altération du goût et de l'odorat
  - Élimination : changements dans les habitudes d'élimination fécale et urinaire
  - Activités et exercices : perte de motricité et de sensation ; syncope ; faiblesse à un côté ; fatigue généralisée, grande fatigabilité
  - Perception et concept de soi : engourdissement ; fourmillement d'un côté du corps ; perte de mémoire ; altération de la parole, du langage, de la capacité de résoudre des problèmes ; douleur ; céphalée, peut-être soudaine et grave (hémorragie) ; troubles de la vue ; déni de la maladie

Données objectives

- Observations générales : labilité émotionnelle, léthargie, apathie ou combativité, fièvre
- Système respiratoire : perte du réflexe de la toux, respiration laborieuse ou irrégulière, tachypnée, rhonchi (aspiration), occlusion des voies respiratoires, apnée, toux aux repas ou toux retardée
- Système cardiovasculaire : arythmie, hypertension, hypotension, tachycardie, bruit carotidien
- Système gastro-intestinal : incontinence fécale, réduction ou absence des bruits intestinaux, constipation
- Système urinaire : pollakiurie, miction impérieuse, incontinence
- Système nerveux : déficits moteurs et sensoriels controlatéraux, dont faiblesse, parésie, paralysie, anesthésie ; troubles de l'équilibre, pupilles inégales, réflexe de serrement de la main ; akinésie, aphasie (de Broca, de Wernicke, globale), dysarthrie (trouble de l'élocution), agnosie, apraxie, déficits de la vue, perturbations perceptuelles ou spatiales, altération de l'état de conscience (de la somnolence au coma profond) et signe de Babinski, diminution puis augmentation des réflexes tendineux, flaccidité suivie de spasticité, amnésie, ataxie, changement de la personnalité, raideur de la nuque, convulsions
- Résultats possibles aux examens paracliniques : TDM[a], angiographie par TDM, ARM, IRM ou autre neuro-imagerie positive révélant la taille, l'emplacement et le type de la lésion ; échographie doppler et angiographie positive indiquant une sténose

[a] La TDM initiale est souvent négative dans le cas d'un AVC ischémique puisque les changements ischémiques initiaux n'apparaissent pas sur une TDM. Le diagnostic d'AVC ischémique est initialement un diagnostic clinique. Dans les cas d'AVC hémorragique, la TDM sera positive initialement.

Le rôle de l'infirmière dans la promotion de la cessation du tabagisme est décrit dans le chapitre 12, *Troubles liés à une substance.*

Le NIHSS est disponible pour consultation dans le tableau 20.1W au www.cheneliere.ca/lewis.

- médication actuelle ;
- antécédents de facteurs de risque et autres maladies comme l'hypertension ;
- antécédents familiaux d'AVC ou de maladies cardiovasculaires.

L'infirmière obtient ces renseignements en interrogeant le client, des membres de sa famille, d'autres personnes significatives ou le proche aidant.

La deuxième collecte des données doit comprendre un examen neurologique complet du client. L'échelle neurologique canadienne est un instrument qui permet à l'équipe interdisciplinaire d'évaluer et de quantifier le fonctionnement neurologique d'une personne ayant fait un AVC (O'Farrell & Zou, 2008) **FIGURE 20.11**. Le NIHSS (*National Institute of Health Stroke Scale*) est également une grille d'évaluation standardisée qui a été conçue pour évaluer les déficits qui résultent d'un AVC 🖱. Il est essentiel de bien documenter l'examen initial et les examens en cours de traitement pour suivre l'évolution de l'état du client.

Analyse et interprétation des données

L'analyse et l'interprétation des données relatives à la personne victime d'un AVC peuvent comprendre, sans s'y limiter, les actes présentés dans le **PSTI 20.1**.

Planification des soins

Les objectifs généraux pour le client victime d'un AVC sont :

- de conserver un état de conscience stable ou qui s'améliore ;
- d'atteindre un fonctionnement physique maximal ;
- d'accroître au maximum ses capacités d'autosoins ;
- de conserver des fonctions organiques stables (p. ex., la maîtrise de la vessie) ;
- de maximiser ses capacités de communication ;
- de se nourrir adéquatement ;
- d'éviter les complications associées à l'AVC ;
- de vivre le mieux possible cette transition en utilisant des stratégies d'adaptation qui fonctionnent pour lui et sa famille.

Interventions cliniques

Promotion de la santé

Dans tout établissement de soins de santé et auprès de la population en général, l'infirmière peut jouer un rôle prépondérant dans la promotion d'un mode de vie sain. Pour réduire l'incidence des AVC, l'infirmière doit s'efforcer de faire de l'éducation en matière de prévention, particulièrement auprès des personnes présentant des facteurs de risques connus. Les mesures adoptées par le personnel infirmier pour réduire les facteurs de risque sont semblables à celles utilisées pour les maladies coronariennes.

L'un des principaux rôles de l'infirmière est l'enseignement relatif à la réduction de l'hypertension et à l'observance de la prise de médication antihypertensive. L'hypertension non traitée est la principale cause des AVC. L'infirmière devrait se faire porte-parole de la surveillance et du traitement de l'hypertension, ce qui comprend l'évaluation des besoins financiers et de la couverture des médicaments sous ordonnance. Il est très important que le diabète, le cas échéant, soit bien maîtrisé (Lindsay *et al.*, 2008). En cas de fibrillation auriculaire, un anticoagulant comme la warfarine sodique (Coumadin^MD) ou l'Aspirin^MD aide à prévenir le risque d'AVC en empêchant la formation d'embole. Étant donné que l'usage du tabac est un important facteur de risque en ce qui concerne les AVC, l'infirmière doit prendre une part active pour aider les clients à cesser de fumer ▶ 12.

Un autre aspect très important en matière de promotion de la santé est l'enseignement aux clients et à leur famille des premiers symptômes associés à un AVC ou à un AIT l'**ENCADRÉ 20.6**.

Phase aiguë

| Système nerveux | L'infirmière doit surveiller étroitement l'état neurologique du client à la recherche de variations laissant supposer une progression de l'AVC, une augmentation de la pression intracrânienne, un vasospasme ou une réduction des symptômes de l'AVC. Les principaux outils cliniques pour évaluer et documenter l'état neurologique en cas d'AVC en phase aiguë sont l'échelle NIHSS (American Stroke Association, 2009) et l'échelle neurologique canadienne (The Internet Stroke Center, 2010) **FIGURE 20.11**. Ces échelles peuvent servir de mesure de la gravité de l'AVC. L'échelle NIHSS permet de prédire l'évolution tant à court qu'à long terme des clients victimes d'un AVC. De plus, elle sert d'outil de collecte de données pour la planification des soins du client et assure un langage commun dans l'échange de renseignements entre les professionnels de la santé.

L'évaluation neurologique comprend également l'état mental, la réaction pupillaire ainsi que la motricité et la force des membres. Il faut également surveiller étroitement les signes vitaux. Une diminution de l'état de conscience est le premier signe d'une augmentation de la pression intracrânienne. Il importe aussi de surveiller la pression intracrânienne et la perfusion sanguine cérébrale si le client se trouve dans une unité de soins intensifs et que ces paramètres sont mesurés. L'infirmière doit noter les résultats de ses évaluations sur une feuille de paramètres dans le but de documenter l'évolution du client dans le temps et l'effet des différentes interventions.

| Système respiratoire | Pendant la phase aiguë consécutive à un AVC, les interventions relatives au système respiratoire sont une priorité des soins infirmiers. Les personnes victimes d'un AVC sont particulièrement vulnérables aux problèmes respiratoires (Miller & Mink, 2009). L'âge avancé et l'immobilité augmentent le risque d'atélectasie et de pneumonie.

Le risque de pneumonie par aspiration est élevé à cause de l'altération de la conscience et de la dysphagie, qui est fréquente après un AVC (Palmer & Metheny, 2008). Une obstruction des voies respiratoires peut également survenir en raison des problèmes de mastication et de déglutition, du fait que de la nourriture peut s'amasser dans la cavité buccale et que la langue a tendance à s'affaisser vers l'arrière. Certaines personnes victimes d'un AVC, particulièrement en cas d'AVC au tronc cérébral ou d'AVC hémorragique, peuvent avoir besoin d'une intubation endotrachéale et d'une ventilation mécanique, dès leur arrivée à l'hôpital ou plus tard en raison de l'augmentation de l'œdème cérébral ou de la pression intracrânienne. L'alimentation entérale par tube gastrique représente également un risque de pneumonie par aspiration.

Jugement clinique

Capsule

Monsieur Stevenson Joseph est âgé de 74 ans. Il est hospitalisé aux soins intensifs neurologiques à la suite d'un AVC massif. Sa P.A. est stable à 140/70 mm Hg, sa pulsation est irrégulière à 120 batt./min, sa température rectale a grimpé jusqu'à 39 °C. Ses pupilles sont isocoriques en mydriase. Il ne réagit pas à la douleur.

Nommez trois autres signes indicateurs d'une hypertension intracrânienne.

Centre universitaire de santé McGill

Site hospitalier :
Unité de soins :

L'échelle neurologique canadienne[a]

ÉLÉMENT	Heure :									
	Date :									
1. État de conscience :	Points									
• alerte	30									
• somnolent mais éveillable	15									
2. Orientation :										
• orienté	10									
• désorienté ou non applicable	0									
3. Langage et parole :										
• normal	10									
• déficit expressif	5									
• déficit réceptif	0									
4. A. Fonction motrice (pas de déficit réceptif) :										
1. Face : • pas de faiblesse	5									
• présence de faiblesse	0									
2. Bras • pas de faiblesse	15									
1. Proximal • faiblesse légère	10									

FIGURE 20.11

Échelle neurologique canadienne

	• faiblesse importante	**5**														
	• faiblesse totale	**0**														
2. Distal	• pas de faiblesse	**15**														
	• faiblesse légère	**10**														
	• faiblesse importante	**5**														
	• faiblesse totale	**0**														
3. Jambe 1. Proximal	• pas de faiblesse	**15**														
	• faiblesse légère	**10**														
	• faiblesse importante	**5**														
	• faiblesse totale	**0**														
2. Distal	• pas de faiblesse	**15**														
	• faiblesse légère	**10**														
	• faiblesse importante	**5**														
	• faiblesse totale	**0**														
4. B. Réponse motrice (déficit réceptif) :																
1. Face :	• symétrique	**5**														
	• asymétrique	**0**														
2. Bras :	• égal	**15**														
	• inégal	**0**														
3. Jambes :	• égal	**15**														
	• inégal	**0**														
	TOTAL	**115**														

^a Si le client est comateux, utiliser l'échelle de coma de Glasgow.

FIGURE 20.11
Échelle neurologique canadienne

PSTI 20.1 Accident vasculaire cérébral

PROBLÈME DÉCOULANT DE LA SITUATION DE SANTÉ	**Diminution de la capacité adaptative intracrânienne** liée à une perfusion cérébrale égale ou inférieure à 50 à 60 mm Hg et à une hausse soutenue de 10 à 15 mm Hg de la pression intracrânienne associée à un thrombus, à un embole ou à une hémorragie, comme l'indiquent la pression systolique élevée, la bradycardie, l'augmentation de la P.A. différentielle et l'augmentation du score à l'échelle NIHSS.
OBJECTIF	Le client présentera des signes de perfusion cérébrale stables ou améliorés.

RÉSULTATS ESCOMPTÉS	INTERVENTIONS INFIRMIÈRES ET JUSTIFICATIONS
Perfusion cérébrale • Mesure de pression de perfusion cérébrale dans les normales attendues • Mesure de pression intracrânienne dans les normales attendues • Pressions artérielles systolique, diastolique et différentielle stables • Absence d'altération de la cognition ou de diminution de l'état de conscience • Absence d'altération des réflexes neurologiques • Absence de bruit carotidien	**Faciliter la perfusion sanguine cérébrale** • Surveiller l'état neurologique pour détecter les changements indicateurs d'une aggravation ou d'une amélioration du problème. • Calculer et surveiller la pression de perfusion cérébrale pour déceler les changements dans l'état du client. • Surveiller l'état respiratoire (p. ex., la fréquence, le rythme et l'amplitude de la respiration), la composition des gaz artériels sanguins (SaO_2, pression partielle en gaz carbonique [$PaCO_2$]), le bicarbonate et le pH pour évaluer les changements de l'état neurologique. • Surveiller la pression intracrânienne et les réponses neurologiques aux soins, car les changements de position et les mouvements peuvent provoquer une augmentation de cette pression. • Administrer et titrer des médicaments vasoactifs, selon les prescriptions, pour maintenir les paramètres hémodynamiques. • Éviter la flexion du cou ou la flexion extrême de la hanche ou du genou pour prévenir une obstruction de la circulation sanguine artérielle et veineuse.

PROBLÈME DÉCOULANT DE LA SITUATION DE SANTÉ	**Dégagement inadéquat des voies respiratoires** lié à une diminution de l'état de conscience, à une diminution ou à l'absence des réflexes pharyngé et palatin, comme l'indiquent les bruits surajoutés des murmures vésiculaires diminués et une toux inefficace.
OBJECTIFS	• Le client présentera une toux efficace et une ventilation pulmonaire adéquate. • Le client maintiendra ses voies respiratoires dégagées.

RÉSULTATS ESCOMPTÉS	INTERVENTIONS INFIRMIÈRES ET JUSTIFICATIONS
État respiratoire : perméabilité des voies respiratoires • Augmentation de l'amplitude pulmonaire • Absence de bruits surajoutés • Murmures vésiculaires présents dans toutes les plages pulmonaires • Absence de dyspnée au repos • Absence d'utilisation des muscles respiratoires accessoires • Capacité de mobiliser ses sécrétions	**Prise en charge des voies respiratoires** • Ausculter les bruits respiratoires, en notant les zones de ventilation réduite ou absente et la présence de bruits surajoutés pour obtenir des données continues sur la réponse au traitement. • Éliminer les sécrétions en encourageant le client à tousser ou par l'aspiration des sécrétions pour dégager les voies respiratoires. • Encourager le client à prendre une inspiration lente et profonde et à tousser pour dégager les voies respiratoires sans augmenter la pression intracrânienne. • Installer le client en position assise la tête légèrement penchée, les épaules relâchées et les genoux fléchis pour maximiser le potentiel de ventilation. • Encourager le client à effectuer des exercices de spirométrie pour ouvrir les alvéoles affaissés, maximiser l'amplitude de la respiration et prévenir une atélectasie. • Maintenir le client en N.P.O. jusqu'à ce que la déglutition ait été évaluée pour prévenir une pneumonie par aspiration.

20

▼

PROBLÈME DÉCOULANT DE LA SITUATION DE SANTÉ	**Motricité diminuée** liée à des déficits neuromusculaire et cognitif ainsi qu'à une perte de force et de maîtrise musculaires, comme l'indiquent une réduction des habiletés motrices grossières et fines, une amplitude de mouvement limitée et une difficulté à se tourner.
OBJECTIFS	• Le client démontrera une force musculaire et une capacité de mouvements accrues. • Le client utilisera de l'équipement adapté pour faciliter sa motricité.

RÉSULTATS ESCOMPTÉS	INTERVENTIONS INFIRMIÈRES ET JUSTIFICATIONS
Motricité • Tonus musculaire accru • Amplitude articulaire accrue • Exécution des transferts par le client de façon sécuritaire • Maintien de l'équilibre durant la marche • Démonstration par le client de l'utilisation adéquate du matériel d'aide fourni	**Exercices de rééducation : maîtrise musculaire** • Collaborer avec les physiothérapeutes, les ergothérapeutes pour préparer et exécuter un programme d'exercices visant à déterminer l'étendue du problème et à planifier les interventions appropriées. • Déterminer le degré de préparation du client à s'engager dans un programme d'activités ou d'exercices afin d'évaluer le degré de participation attendu. • Installer des attelles pour stabiliser les articulations proximales impliquées dans la motricité fine afin de prévenir les contractures. • Encourager le client à pratiquer les exercices de manière autonome pour éveiller son sentiment de maîtrise. • Rappeler au client les instructions sur la bonne façon d'exécuter les exercices afin de réduire au minimum le risque de blessure et d'en maximiser l'efficacité. • Prévoir un environnement relaxant pour le client après une période d'exercices afin de favoriser la récupération.

PROBLÈME DÉCOULANT DE LA SITUATION DE SANTÉ	**Altération de la communication verbale** liée à une aphasie résiduelle, comme l'indiquent le refus ou l'incapacité de parler, la difficulté d'exprimer la pensée verbalement, de former des phrases et des mots, et une expression verbale inappropriée.
OBJECTIFS	• Le client fera usage de techniques de communication orale et écrite efficaces. • Le client fera preuve de cohérence en communication verbale et non verbale.

RÉSULTATS ESCOMPTÉS	INTERVENTIONS INFIRMIÈRES ET JUSTIFICATIONS
Communication • Utilisation des méthodes alternatives proposées au langage verbal (langage écrit, images et dessins, langage non verbal) • Capacité d'échanger des messages efficacement avec les autres (décoder les messages des autres et adresser le bon message au bon interlocuteur)	**Amélioration de la communication : déficit de la parole** • Écouter attentivement le client pour montrer l'importance de ses idées et pour favoriser un environnement d'apprentissage positif. • Faire du renforcement positif et féliciter le client pour favoriser l'estime de soi et la confiance en soi. • Utiliser des mots simples et des phrases courtes pour éviter d'accabler le client par des stimulus verbaux. • Pendant les échanges informels avec le client, utiliser les techniques d'orthophonie suggérées pour renforcer l'utilisation de ces techniques auprès de lui. • Fournir des indices ou des aide-mémoire verbaux pour aider le client à s'exprimer.

PROBLÈME DÉCOULANT DE LA SITUATION DE SANTÉ	**L'héminégligence** liée à une perte du champ visuel d'un côté du corps (hémianopsie) et à une lésion cérébrale découlant de problèmes vasculaires cérébraux, comme l'indique la négligence constante des stimulus du côté atteint.
OBJECTIFS	• Le client portera attention aux deux côtés du corps de manière appropriée. • Le client fera appel à des stratégies pour réduire au minimum l'héminégligence.

RÉSULTATS ESCOMPTÉS	INTERVENTIONS INFIRMIÈRES ET JUSTIFICATIONS
Attention portée au côté négligé • Protection du côté atteint dans les déplacements (mobilisations, transferts, marche, etc.)	**Traitement de l'héminégligence** • Être à l'affût de réponses anormales aux trois principaux types de stimulus : sensoriels, visuels et auditifs pour déceler la présence et le degré d'héminégligence (c.-à-d. la perte de sensation du côté atteint, la négligence des aliments situés du côté atteint dans l'assiette, l'incapacité de voir les objets situés du côté atteint).

- Protection du côté atteint dans les activités de la vie quotidienne (AVQ)
- Organisation de l'environnement pour compenser les déficits physiques ou sensoriels
- Utilisation du côté valide pour compenser les déficits physiques ou sensoriels
- Utilisation de statégies compensatoires comme le balayage visuel
- Renforcement du membre atteint par des exercices

- Enseigner au client à faire un balayage visuel de gauche à droite pour voir tout son environnement.
- Placer le lit dans la chambre de sorte que les personnes qui s'approchent du client ou qui lui donnent des soins le fassent de son côté valide.
- Réorganiser l'environnement pour utiliser le champ visuel droit ou gauche ; placer les articles personnels, le téléviseur ou les livres et les revues à la vue du côté non atteint pour compenser les déficits du champ visuel.
- Toucher l'épaule du côté valide en amorçant une conversation pour attirer l'attention du client.
- Déplacer graduellement les articles et les activités vers le côté atteint à mesure que le client démontre une capacité de compenser son déficit.
- Faire participer les proches aidants à la réadaptation de manière qu'ils soutiennent les efforts du client et aident aux soins pour favoriser la réintégration avec tout le corps.

PROBLÈME DÉCOULANT DE LA SITUATION DE SANTÉ	**Altération de l'élimination urinaire** liée à une altération de l'envie d'uriner ou à une incapacité d'atteindre les toilettes ou d'exécuter les tâches associées à la miction, comme l'indiquent la perte de la maîtrise de la miction et les écoulements involontaires et inattendus d'urine.
OBJECTIFS	• Le client percevra l'envie d'uriner, se dévêtira pour uriner et utilisera les toilettes. • Le client démontrera sa capacité d'uriner lorsque le besoin se présentera ou suivant un horaire établi.
RÉSULTATS ESCOMPTÉS	**INTERVENTIONS INFIRMIÈRES ET JUSTIFICATIONS**

Continence urinaire
- Perception de l'envie d'uriner, et réaction à temps
- Respect d'un horaire de miction planifié
- Amorce et interruption de la miction
- Absence de fuites urinaires entre les mictions
- Absence de fuites urinaires à l'augmentation de la pression sur l'abdomen

Entraînement aux habitudes urinaires
- Tenir un registre des aspects relatifs à la continence pendant trois jours pour établir un horaire de miction et planifier les interventions appropriées.
- Définir les intervalles de l'horaire initial en fonction des besoins du client et de sa routine pour commencer le processus d'amélioration du fonctionnement vésical et du tonus musculaire.
- Aider le client à se rendre aux toilettes et l'inciter à uriner aux intervalles prévus pour l'aider à s'adapter au nouvel horaire.
- Inciter le client à retenir volontairement son urine jusqu'à l'heure prévue pour la miction afin d'augmenter le tonus musculaire.
- Discuter du registre sur la continence avec les autres membres de l'équipe afin qu'ils connaissent l'horaire des mictions et encouragent le client à le respecter.
- Formuler des commentaires positifs ou user de renforcement positif à l'endroit du client lorsqu'il urine aux heures prévues ; ne faire aucun commentaire en cas d'incontinence afin de favoriser le comportement souhaité.

PROBLÈME DÉCOULANT DE LA SITUATION DE SANTÉ	**Altération de la déglutition** liée à une faiblesse ou à une paralysie des muscles impliqués, comme l'indiquent la présence de salive qui s'écoule à l'extérieur de la bouche, la difficulté d'avaler, la présence de toux et l'étouffement.
OBJECTIF	Le client devra capable d'avaler sans étouffement, sans toux et sans aspiration.
RÉSULTATS ESCOMPTÉS	**INTERVENTIONS INFIRMIÈRES ET JUSTIFICATIONS**

État de la déglutition
- Réflexe de déglutition qui survient à temps
- Réflexe pharyngé
- Absence de malaise à la déglutition
- Capacité à garder les aliments dans la bouche

Traitement de la dysphagie
- Collaborer avec les autres membres de l'équipe de soins (ergothérapeute, orthophoniste et nutritionniste) pour assurer une continuité dans le programme de réadaptation du client.
- Aider le client à s'asseoir droit (le plus près possible de 90°) pendant les exercices d'alimentation et les repas afin qu'il ait une position optimale pour mâcher et avaler sans aspiration.
- Aider le client à fléchir la tête vers l'avant (rentrer le menton) pour se préparer à avaler.
- Aider le client à demeurer en position assise pendant 30 minutes après la fin du repas pour prévenir une régurgitation.

20

• Capacité à maîtriser les sécrétions buccales • Capacité à dégager la cavité buccale • Capacité à se redresser seul pour manger et boire • Choix d'aliments en fonction de l'habileté à déglutir • Absence de signes et de symptômes d'aspiration (p. ex., de la toux pendant l'alimentation, un changement de la voix, un changement de la coloration)	• Enseigner au client et au proche aidant les mesures d'urgence en cas d'étouffement pour prévenir les complications au domicile. • Vérifier la présence d'aliments dans la bouche après le repas pour prévenir une accumulation et une putréfaction des aliments, ou une aspiration de ceux-ci. • Exécuter les soins buccaux pour favoriser le confort et une bonne santé buccodentaire. • Surveiller le poids corporel du client pour déterminer si l'apport nutritionnel est suffisant.

PROBLÈME DÉCOULANT DE LA SITUATION DE SANTÉ	**Faible estime de soi** liée à la perte réelle ou perçue des fonctions et à l'altération de l'image corporelle, comme l'indiquent le refus de toucher ou de regarder les parties du corps atteintes, le refus de participer aux autosoins et l'expression de sentiments d'impuissance et d'inutilité.
OBJECTIFS	• Le client exprimera des sentiments positifs d'estime de soi. • Le client participera aux autosoins des parties du corps atteintes.

RÉSULTATS ESCOMPTÉS	**INTERVENTIONS INFIRMIÈRES ET JUSTIFICATIONS**
Estime de soi • Verbalisation des inquiétudes à l'égard des changements corporels subis • Attitude positive à l'égard des changements relatifs à l'apparence et à la fonction de la partie atteinte • Énonciation de stratégies d'adaptation cohérentes avec la réalité de sa condition • Attitude d'ouverture à participer aux autosoins • Verbalisation de l'acceptation de soi	**Amélioration de l'estime de soi** • Noter les déclarations du client sur sa valeur personnelle pour évaluer l'effet de l'AVC sur l'estime de soi. • Encourager le client à définir ses forces pour l'aider à reconnaître sa valeur intrinsèque. • Aider le client à se fixer des objectifs réalisables pour assurer une meilleure estime de soi. • Reconnaître les efforts et les progrès du client. • Encourager un sentiment de responsabilité de soi accru pour favoriser l'impression de satisfaction, d'autonomie et de maîtrise ainsi que pour réduire le sentiment de frustration. • Suivre les variations en ce qui concerne l'estime de soi dans le temps pour déterminer les sources de stress ou les situations qui provoquent une faible estime de soi et pour enseigner des moyens d'y faire face. **Amélioration de l'image corporelle** • Surveiller si le client peut regarder la partie de son corps qui a changé pour évaluer le degré d'acceptation de sa nouvelle image. • Aider le client à déterminer l'ampleur des véritables changements de son corps ou son degré d'autonomie fonctionnelle pour prévenir de fausses perceptions relatives à ses fonctions physiologiques.

Il faut évaluer avec précision la présence de dysphagie chez chaque personne admise pour un AVC à l'aide d'un test de dépistage de la dysphagie standardisé (Lindsay *et al.*, 2008). Lorsqu'il y a soupçon de dysphagie, une évaluation complète doit être effectuée par une orthophoniste en collaboration avec une nutritionniste afin de déterminer les textures d'aliments et de liquides qui causeront le moins de risques d'aspiration. Parfois, il est nécessaire que le client demeure à jeun et qu'il soit alimenté de façon entérale jusqu'à ce qu'il recouvre sa fonction de déglutition.

Les interventions visant le maintien d'une fonction respiratoire adéquate sont adaptées aux besoins de chaque client. En présence d'un client comateux, une canule oropharyngée peut contribuer à prévenir l'affaissement de la langue vers l'arrière, qui obstruerait les voies aériennes, et fournir un accès à la succion.

Chez un client toujours conscient ou qui réagit à la douleur, la canule nasopharyngée est alors utilisée pour maintenir les voies respiratoires perméables. Lorsqu'un tube endotrachéal est nécessaire pour une période prolongée, une trachéotomie s'avère possible.

✕ Les interventions comprennent une évaluation fréquente de la perméabilité des voies respiratoires et de la fonction respiratoire, l'oxygénation, le positionnement de la tête de lit à au moins 30° pour prévenir les aspirations, l'aspiration des sécrétions, la physiothérapie respiratoire (p. ex., des exercices respiratoires et le drainage postural avec percussion) et la mobilisation du client. En ce qui concerne la prévention des complications liées à la ventilation mécanique, la recherche a démontré que le fait de prodiguer des soins infirmiers oraux au moins toutes les deux

ENCADRÉ 20.6   **Signes avant-coureurs d'un accident vasculaire cérébral**

Appeler le 9-1-1 et obtenir une assistance immédiate si quelqu'un présente l'un ou plusieurs des symptômes ou signes suivants. Noter également l'heure d'apparition des premiers symptômes. Il est très important d'intervenir rapidement.

- Engourdissement, faiblesse ou paralysie soudains du visage, d'un bras ou d'une jambe, particulièrement d'un seul côté du corps

- Confusion ou trouble de la parole ou de la compréhension d'apparition soudaine
- Trouble de l'élocution
- Problème de vision soudain à un œil ou aux deux yeux
- Difficulté soudaine à marcher, étourdissements, perte d'équilibre ou perte de la coordination
- Important mal de tête soudain sans cause connue

Source : Adapté de American Stroke Association (2009).

heures réduit l'incidence des pneumonies acquises sous venti-lation mécanique (Muscedere, Dodek, & Keenan, 2008). Chez les clients porteurs d'un anévrisme non agrafé ou sans endoprothèse, il peut y avoir resaignement et augmentation de la pression intracrânienne induite par la toux, la mobilisation et l'aspiration des sécrétions.

Les interventions visant à maintenir les voies respiratoires perméables sont décrites dans le **PSTI 20.1**.

| Système cardiovasculaire | En ce qui concerne le système cardiovasculaire, l'objectif clinique est le maintien de l'homéostasie. Chez de nombreuses personnes victimes d'un AVC, la réserve cardiaque est diminuée en raison d'une maladie cardiaque existante. La fonction cardiaque peut être davantage compromise par la rétention hydrique, la surhydratation, la déshydratation et les variations de la P.A. Une rétention hydrique survient s'il y a production accrue d'hormone antidiurétique et d'aldostérone associée au stress. Cette rétention accompagnée d'une surhydratation peut entraîner une surcharge hydrique. Elle peut également faire augmenter l'œdème cérébral et la pression intracrânienne. Par contre, une déshydratation peut contribuer à la morbidité et à la mortalité associées à l'AVC, particulièrement chez les personnes présentant un vasospasme cérébral. L'infirmière doit surveiller étroitement le bilan liquidien du client. La pression veineuse centrale, la pression de l'artère pulmonaire et le débit cardiaque ou la surveillance d'autres paramètres hémodynamiques peuvent servir d'indicateurs concernant l'équilibre hydrique et la fonction cardiaque chez un client hospitalisé dans une unité de soins intensifs.

Les interventions infirmières comprennent : 1) la surveillance fréquente des signes vitaux ; 2) la surveillance du rythme cardiaque ; 3) le bilan des ingesta et des excréta ; 4) l'ajustement des perfusions intraveineuses ; 5) l'ajustement de l'apport hydrique selon les besoins du client ; 6) la surveillance des bruits pulmonaires à la recherche de crépitants et de ronchi indiquant une congestion pulmonaire ; 7) la surveillance des bruits cardiaques à la recherche de souffles, de B_3 ou de B_4. Les moniteurs cardiaques de chevet ou la télésurveillance permettent la surveillance du rythme cardiaque et d'autres signes vitaux. L'hypertension est parfois présente après un AVC, car l'organisme essaie d'augmenter la perfusion sanguine cérébrale. Il est important de vérifier la possibilité d'hypotension orthostatique avant de déplacer le client pour la première fois, car une soudaine baisse de la P.A. peut entraîner des détériorations de l'état neurologique.

Après un AVC, le risque de thrombose veineuse profonde est accru, particulièrement dans le membre inférieur affaibli ou paralysé. La thrombose veineuse profonde est causée par l'immobilité, par la perte du tonus veineux et par une diminution de l'action de pompage des muscles du membre inférieur. La prévention la plus efficace est de garder le client mobile. L'infirmière doit enseigner des exercices d'amplitude actifs au client si celui-ci peut mouvoir volontairement le membre atteint. Pour les clients atteints d'une hémiplégie, il faut pratiquer des exercices d'amplitude passifs plusieurs fois par jour. Les autres mesures pour prévenir une thrombose veineuse profonde comprennent l'utilisation de bas élastiques de compression graduée ou de bas de soutien. Des dispositifs de compression séquentielle peuvent être prescrits pour les clients confinés au lit. La prophylaxie de la thrombose veineuse profonde peut comprendre de l'héparine à faible poids moléculaire (p. ex., l'énoxaparine sodique [Lovenox^{MD}]). Pour détecter une thrombose veineuse profonde, l'infirmière peut mesurer quotidiennement le mollet et la cuisse, rechercher toute enflure aux membres inférieurs, noter toute chaleur inhabituelle sur ceux-ci et demander au client s'il a mal au mollet.

| Système locomoteur | Du côté du système locomoteur, les soins visent à maintenir une fonction optimale. Pour ce faire, il faut prévenir les contractures et l'atrophie musculaire. En phase aiguë, les exercices d'amplitude passifs et le positionnement du client constituent des éléments importants des soins. Les exercices d'amplitude passifs doivent débuter dès le premier jour de l'hospitalisation. Si l'AVC est causé par une hémorragie sous-arachnoïdienne, il faut limiter la mobilisation aux membres. L'infirmière doit inciter le client à faire des exercices actifs le plus tôt possible. L'atrophie musculaire consécutive à une altération de l'innervation et à une diminution d'activité peut apparaître dans le mois suivant un AVC.

Le côté paralysé ou affaibli nécessite une attention particulière au moment de l'installation du client. Il faut surélever chaque articulation par rapport à celle qui lui est proximale pour prévenir un œdème. Certaines déformations peuvent apparaître chez les personnes victimes d'un AVC, notamment une rotation interne de l'épaule, une contracture en flexion de la main, du poignet et du coude, une rotation externe de la hanche ou une flexion plantaire du pied. La subluxation de l'épaule du côté atteint est fréquente. Pour éviter une périarthrite de l'épaule, il faut installer et manipuler le bras du côté atteint avec précaution. L'immobilisation du membre supérieur atteint peut favoriser l'apparition du syndrome épaule-main, qui est douloureux.

Les animations *Bruits pulmonaires : crépitements (anormaux)* et *Bruits pulmonaires : ronchi (anormaux)* peuvent être consultées au www.cheneliere.ca/lewis.

20

Les interventions visant à optimiser la fonction locomotrice comprennent : 1) l'installation d'un rouleau à la hanche pour supporter le trochanter et prévenir une rotation externe de la jambe ; 2) l'utilisation de cônes ou de débarbouillettes roulées pour prévenir une contracture de la main ; 3) le support du membre supérieur atteint au moyen d'une écharpe au moment des transferts au fauteuil ou lorsque la personne est debout ; 4) la prévention d'un déplacement de l'épaule en évitant de tirer le client par le membre supérieur atteint ; 5) l'utilisation d'attelles postérieures pour les jambes, de repose-pieds ou de chaussures de tennis à hauts rebords pour prévenir le pied tombant. L'utilisation d'attelles pour les mains afin de réduire la spasticité ainsi que celle d'un repose-pieds est controversée. En effet, au lieu d'empêcher la flexion plantaire (pied tombant), la stimulation sensorielle d'un repose-pieds contre la plante du pied l'induit. De même, il existe un désaccord sur le recours aux attelles pour les mains, à savoir si elles favorisent ou diminuent la spasticité. Par conséquent, la prise de décision concernant l'utilisation de repose-pieds ou d'attelles pour les mains se fait sur une base individuelle.

| **Système tégumentaire** | La peau d'une personne victime d'un AVC est particulièrement vulnérable aux lésions de pression en raison de la perte sensorielle, de la diminution de la circulation et de l'immobilité. Cette situation s'aggrave avec l'âge du client, une mauvaise alimentation, une déshydratation, un œdème et l'incontinence. Pour prévenir les lésions de pression, l'infirmière : 1) diminue la pression exercée sur la peau en changeant le client de position, en utilisant des matelas spéciaux ou des coussins pour fauteuil roulant ; 2) maintient une bonne hygiène de la peau ; 3) applique des émollients sur la peau sèche ; 4) mobilise le client de façon précoce. Par exemple, l'infirmière peut placer le client sur le dos après une période sur le côté, en ne le laissant pas plus de deux heures dans une même position. Si le client est installé sur son côté affaibli ou paralysé, il faut le changer de position après 30 minutes. Une rougeur localisée qui ne reprend pas une couleur normale dans les 15 minutes suivant l'élimination de la pression est signe de lésion à l'épiderme et au derme. Il ne faut pas masser la région atteinte, car cela risque d'aggraver la lésion. La réduction de la pression qui est appliquée sur la peau du client par des changements fréquents de position est le facteur le plus important dans la prévention et le traitement des lésions de pression. Des oreillers installés sous les membres inférieurs permettent de soulager la pression sur les talons. La vigilance et des soins infirmiers méticuleux sont requis pour prévenir les lésions de pression.

| **Système digestif** | Le stress provoqué par la maladie contribue à l'apparition d'un état catabolique qui peut nuire au rétablissement. Les problèmes neurologiques, cardiaques et respiratoires sont considérés comme des priorités dans la phase aiguë d'un AVC. Toutefois, les problèmes gastro-intestinaux peuvent retarder le rétablissement. Le problème intestinal le plus fréquent chez les personnes victimes d'un AVC est la constipation, qu'il est possible de prévenir par l'administration de laxatifs émollients ou de fibres (psyllium [Metamucil^MD]), ou une combinaison des deux. Si le client ne fait pas au moins une selle par jour ou tous les deux jours, il faut vérifier la présence

Jugement clinique

Monsieur Alexandre Bourgeault, âgé de 72 ans, est incapable de manger seul.

Comme sa bouche dévie du côté gauche, pourquoi est-ce important de lui donner à manger du côté droit ?

d'un fécalome. Des selles liquides peuvent également indiquer un fécalome. Selon l'équilibre hydrique du client et sa capacité à avaler, l'apport hydrique devrait être au moins de 1 800 à 2 000 ml/jour, et la consommation de fibres de 25 g/jour. L'activité physique favorise également la fonction intestinale. Si le client ne répond pas à un apport accru de liquide et de fibres, des laxatifs, des suppositoires ou davantage d'émollients peuvent être prescrits. Par ailleurs, les lavements ne sont pratiqués que si les suppositoires et la stimulation digitale sont inefficaces, car ils provoquent une stimulation vagale qui augmente la pression intracrânienne.

| **Système urinaire** | Pendant la phase aiguë de l'AVC, le principal problème urinaire est une mauvaise maîtrise de la vessie, qui se manifeste par l'incontinence. Il faut s'efforcer de favoriser un fonctionnement normal de la vessie et d'éviter le recours à une sonde urinaire à demeure. Si cette sonde est requise, il faut la retirer aussitôt que l'état médical et neurologique du client se stabilise. L'utilisation prolongée d'une sonde à demeure est associée aux infections des voies urinaires et à un retard dans la rééducation de la vessie. En cas de rétention urinaire, un programme de cathétérismes intermittents peut réduire le risque d'infection. Par ailleurs, un condom urinaire peut servir en cas d'incontinence urinaire chez les hommes. Toutefois, ce type de dispositif n'atténue pas le problème de rétention urinaire alors qu'il faut éviter une surdistension de la vessie.

Un programme de rééducation de la vessie comprend : 1) un apport hydrique adéquat dont la majeure partie est administrée entre 8 h et 19 h ; 2) un horaire de miction prévue aux deux heures avec un bassin de lit, une chaise d'aisance ou le cabinet de toilette ; 3) l'observation des signes d'agitation, qui peuvent indiquer le besoin d'uriner.

| **Nutrition** | Il faut rapidement évaluer les besoins nutritionnels du client et y répondre. Les perfusions I.V. permettent initialement de maintenir l'équilibre hydroélectrolytique ainsi que d'administrer des médicaments. Les clients atteints d'incapacités graves peuvent avoir besoin d'une alimentation entérale ou parentérale. Selon la gravité de l'AVC, il est nécessaire d'effectuer une évaluation et une planification propres à chaque client en ce qui concerne l'alimentation. Selon les normes canadiennes, une alimentation entérale doit être entreprise avant le septième jour d'hospitalisation chez une personne qui ne peut pas s'alimenter oralement (Lindsay *et al.*, 2008).

Selon les normes canadiennes, toute personne qui a eu un AVC devrait subir un test de dépistage de la dysphagie à l'intérieur des 24 premières heures de son admission, et ce, avant la prise de médication, avant qu'il s'alimente et avant qu'il boive (Lindsay *et al.*, 2008). Le protocole utilisé doit être simple valide et fiable. Un exemple de protocole est le ASDS (*Acute Stroke Dysphagia Screening*) (Edmianston, Connor, Loehr, & Nassief, 2010). Cet outil d'évaluation comporte cinq points. Une réponse positive à un des points entraîne automatiquement une évaluation en orthophonie avant que le client puisse manger ou boire :

- Le client a-t-il un résultat inférieur à 13 sur l'échelle de coma de Glasgow ?
- Le client présente-t-il une asymétrie faciale ou une faiblesse ?
- Le client présente-t-il une asymétrie ou une faiblesse de la langue ?

Pas boire bcp de liquide à cause de la surcharge, il peut avoir de l'OAP

- Le client présente-t-il une asymétrie ou une faiblesse du palais ?
- Le client présente-t-il un signe de dysphagie lorsqu'il boit 250 ml d'eau de façon séquentielle ?

Si les réponses à toutes les questions sont « non », alors le client peut recevoir une diète régulière.

Une personne dysphagique doit s'alimenter et boire en position assise ou en position Fowler haute. Cette position doit être conservée pendant les 30 minutes qui suivent la fin du repas. La tête de la personne doit être penchée légèrement vers l'avant. L'hygiène buccale devrait être faite avant et après les repas. Il est important d'introduire la nourriture du côté non atteint de la bouche et de respecter le rythme de la personne. Une personne dysphagique doit bénéficier d'une supervision lorsqu'elle s'alimente.

| **Communication** | Pendant la phase aiguë de l'AVC, le rôle de l'infirmière pour répondre aux besoins psychologiques du client en est principalement un de soutien. Une personne consciente devient habituellement anxieuse parce qu'elle ne comprend pas ce qui lui arrive et qu'elle a de la difficulté à communiquer ou en est incapable. Il faut alors évaluer sa capacité de parler et de comprendre. Les réponses du client à des questions simples peuvent aider l'infirmière à orienter ses explications et ses directives. Si la personne ne peut comprendre les mots, les gestes peuvent appuyer la parole. Il est préférable de parler lentement et calmement en employant des mots et des phrases simples pour favoriser la communication. Il faut laisser le temps au client de comprendre les questions et d'y répondre. Il importe également de faire preuve d'empathie et d'expliquer à la personne que sa capacité à s'exprimer va s'améliorer avec le temps. Les victimes d'AVC atteintes d'aphasie peuvent facilement se sentir accablées par les stimulus verbaux. Dans ce cas, un tableau de pictogramme peut s'avérer utile. Souvent, l'orthophoniste évalue et traite les déficits du langage et de communication une fois l'état du client stabilisé. L'**ENCADRÉ 20.7** présente des directives pour communiquer avec un client aphasique.

| **Altérations sensorielles et perceptuelles** | L'hémianopsie homonyme (perte de la vision sur la même moitié du champ visuel dans les deux yeux) est un problème fréquent après un AVC. Une négligence persistante des objets se trouvant dans une partie du champ visuel peut être un indice de ce problème. D'abord, l'infirmière doit aider le client à compenser ce déficit en organisant l'environnement dans le champ qu'il perçoit, comme placer toute la nourriture à droite ou à gauche dans son plateau de manière qu'il la voie **FIGURE 20.12**. La personne apprendra par la suite à compenser ce déficit visuel en portant consciemment attention aux objets se trouvant du côté atteint ou en balayant celui-ci du regard. Il faut soigneusement vérifier les pansements, l'hygiène et la présence de traumas aux membres affaiblis ou paralysés qui se trouvent du côté du champ visuel que la personne a perdu.

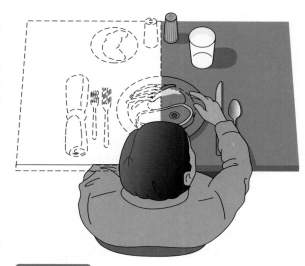

FIGURE 20.12

Déficits spatial et perceptuel consécutifs à un AVC droit avec paralysie motrice et sensorielle gauche – Perception d'une personne atteinte d'une hémianopsie homonyme illustrant qu'elle ne voit pas les aliments situés à sa gauche et ne les prend pas.

| ENCADRÉ 20.7 | **Communiquer avec un client atteint d'aphasie** |

- Réduire les stimulus de l'environnement qui pourraient distraire le client et perturber les efforts de communication.
- Traiter le client en adulte.
- Exprimer une seule pensée ou idée à la fois.
- S'en tenir à des questions simples ou poser des questions dont la réponse est « oui » ou « non ».
- Laisser la personne parler. Ne pas l'interrompre. Lui laisser le temps d'exprimer complètement sa pensée.
- Utiliser des gestes ou faire des démonstrations pour communiquer. Encourager le client en lui disant : « Montrez-moi… » ou « Pointez-moi ce que vous voulez. »
- Ne pas prétendre comprendre ce que la personne essaie d'exprimer si ce n'est pas le cas. Dire calmement ne pas comprendre et encourager l'expression non verbale ou demander à la personne d'écrire ce qu'elle veut.
- Parler en employant un volume normal et un ton habituel.
- Avant de répéter une question ou un énoncé, donner le temps au client de traiter l'information et de répondre.
- Favoriser le plus possible les contacts physiques (p. ex., serrer la main, toucher la personne). Tenir compte que le toucher peut être le seul moyen pour un client d'exprimer ses sentiments.
- Organiser la journée du client en préparant un horaire à suivre (plus la routine est familière, plus il lui sera facile de la suivre).
- Ne pas forcer la personne à communiquer si elle est fatiguée ou contrariée. La fatigue et l'anxiété aggravent l'aphasie.

20

Relisez les questions au sujet de madame Granger page 652. Comme cette cliente est aphasique, l'infirmière lui pose des questions demandant une réponse courte et fait les gestes en lien avec sa question. Par exemple, elle fait le geste de boire quand elle dit à madame Granger : « Voulez-vous boire? »

Est-ce une bonne façon de communiquer avec la cliente? Justifiez votre réponse.

RAPPELEZ-VOUS...

La décision de recourir à des mesures de contention est une activité réservée à l'infirmière (Loi sur les infirmières et les infirmiers, L.R.Q., c. I-8, art. 36), mais partagée avec les physiothérapeutes, les ergothérapeutes et les médecins. Cette activité doit respecter le protocole de chaque établissement.

En milieu clinique, il est souvent difficile de faire la distinction entre une perte du champ visuel et un syndrome de négligence. Ces deux problèmes peuvent découler d'un AVC touchant le côté droit ou le côté gauche de l'encéphale. Il est d'ailleurs possible qu'une personne soit atteinte à la fois d'une hémianopsie homonyme et d'un syndrome de négligence, ce qui contribue à augmenter l'inattention du côté affaibli ou paralysé.

Un syndrome de négligence cause une diminution de la conscience du danger et entraîne des risques de blessures pour la personne. Immédiatement après l'AVC, l'infirmière doit anticiper les dangers potentiels et prévenir les blessures. Les mesures de sécurité peuvent comprendre une observation étroite du client, l'élévation des ridelles du lit, l'abaissement du lit, une réponse rapide et une anticipation des besoins du client (p. ex., l'utilisation des toilettes, le désir de se lever pour accéder au téléphone) et la surveillance vidéo. Les mesures de contention sont à éviter parce qu'elles peuvent induire un état d'agitation chez la personne.

Parmi d'autres troubles visuels, citons la **diplopie** (vision double), la perte du réflexe cornéen et la **ptose** (chute de la paupière), particulièrement si la région atteinte se trouve dans la distribution vertébrobasilaire. La diplopie se traite parfois au moyen d'un cache-œil. En cas de perte du réflexe cornéen, le risque d'abrasion de la cornée est élevé ; il faut donc observer étroitement la personne et la protéger contre les lésions oculaires. Il est possible de prévenir une abrasion de la cornée à l'aide de larmes artificielles ou de gel lubrifiant afin de maintenir l'œil humide ; l'œil de la personne peut aussi être fermé la nuit en abaissant la paupière manuellement à l'aide d'une compresse et d'un morceau de ruban adhésif, après avoir lubrifié l'œil. En général, la ptose n'est pas traitée parce qu'elle n'entrave habituellement pas la vision.

| Adaptation | Un AVC est habituellement un événement soudain et extrêmement stressant pour la victime, le proche aidant, sa famille et les autres personnes significatives. Il perturbe souvent toute la famille sur les plans émotif, social et financier, en plus de provoquer des changements dans les rôles et responsabilités de chacun de ses membres. Un couple de personnes âgées peut percevoir l'AVC comme une menace très réelle à la vie et à leurs habitudes. Bien que les réactions à cette menace varient considérablement, elles peuvent comprendre la peur, l'appréhension, le déni de la gravité de l'accident, la dépression, la colère et la tristesse. Pendant la phase aiguë des soins, les interventions infirmières visant à favoriser l'adaptation consistent à bien informer la personne victime de l'AVC, les proches aidants et la famille et à leur apporter un soutien émotif **ENCADRÉ 20.8**.

Les explications fournies à la victime sur ce qui lui est arrivé et sur le diagnostic ainsi que sur les traitements doivent être claires et compréhensibles. Dans la prise de décisions, il est crucial que l'équipe traitante respecte les directives

---

Pratique fondée sur des résultats probants

ENCADRÉ 20.8 | **Comment les infirmières peuvent-elles soutenir les personnes victimes d'un AVC et leurs proches aidants ?**

Question clinique

Pour les clients et les proches aidants (P), les interventions informationnelles (I) par opposition aux soins standards (C) améliorent-t-elles les connaissances et l'humeur (O)?

Résultats probants

- Analyse systématique des essais contrôlés à répartition aléatoire

Analyse critique et synthèse des données

- Il a été réalisé 17 essais contrôlés à répartition aléatoire comptabilisant 1 773 clients et 1 058 proches aidants des personnes victimes d'un AVC ou AIT. La connaissance en matière d'AVC, les services et l'humeur ont été évalués.
- L'information prodiguée au client et au proche aidant a fait en sorte d'améliorer les connaissances et d'augmenter la satisfaction du client avec certains renseignements reçus. Une légère diminution de l'état dépressif chez les clients a été notée.
- Le processus de transmission de l'information qui permet une participation active du client et du proche aidant (p. ex., leur laisser l'occasion de poser des questions à

plusieurs reprises) a eu plus d'effet sur l'amélioration de l'humeur que dans les cas où l'information n'avait été transmise qu'une seule fois.

Conclusion

- La transmission de l'information améliore les connaissances et l'humeur des clients victimes d'AVC et de leurs proches aidants.

Recommandations pour la pratique infirmière

- Offrir fréquemment aux clients et à leurs familles des occasions de poser des questions sans les presser. Cette pratique s'avère plus efficace lorsqu'elle est effectuée avant le congé.
- La participation active du client a plus d'effet sur l'amélioration de l'humeur que la réception passive de l'information.

Référence

Smith, J. A., Forster, A., House, A., Knapp, P., Wright, J.J., & Young, J. (2008). Information provision for stroke patients and their caregivers. *Cochrane Database of Syst. Rev. 2,* CD 001919.

P : population visée ; I : intervention ; C : comparaison ; O : (*outcome*) résultat.

préalables établies par le client. En l'absence de directives préalables et lorsque le client n'est pas apte à prendre des décisions, ses proches ou son mandataire doivent participer au processus décisionnel. Le meilleur intérêt du client, c'est-à-dire ce qu'il aurait souhaité dans de telles circonstances, doit être alors considéré. Il faut informer la famille de l'état de la personne et de son pronostic. Dans certaines situations cliniques, l'installation d'une sonde d'alimentation ou la pratique d'une trachéotomie doivent aussi être discutées. Les explications données à la famille et au proche aidant doivent être respectueuses et adaptées à leur niveau de compréhension. Toutefois, si les membres de la famille sont extrêmement anxieux et bouleversés pendant la phase aiguë, il faudra peut-être répéter les explications ultérieurement. Une des stratégies est d'utiliser du matériel éducatif qui contient un support visuel et d'écrire l'information donnée. Il faut évidemment demander à la personne et à sa famille quelle est leur plus grande priorité et la façon de les aider avant de donner de l'information. Une intervention importante pour les personnes et les familles consiste à donner de l'espoir d'une façon réaliste et honnête. De plus, il faut amener la famille à considérer comment elle a composé avec l'incertitude dans le passé et à évaluer si ces stratégies peuvent être utiles et applicables dans la présente situation. Une consultation en service social s'avère parfois nécessaire surtout si la personne atteinte assurait un rôle de proche aidant ou si elle avait la garde d'enfants mineurs.

Il est particulièrement difficile de maintenir un client aphasique adéquatement informé. Le ton de la voix, le comportement et le toucher peuvent être utilisés pour aider l'infirmière dans ce processus. Pour communiquer avec une personne affichant un déficit de communication, il est important de parler avec une tonalité et un volume normaux, de s'en tenir à des questions simples et d'exprimer une seule idée ou pensée à la fois. Afin de diminuer le sentiment de frustration, l'infirmière doit toujours laisser le client parler sans l'interrompre et utiliser la gestuelle. L'écrit et les tableaux de communication peuvent également se révéler utiles (Gordon, Ellis-Hill, & Ashburn, 2009) **ENCADRÉ 20.7**.

Soins ambulatoires et soins à domicile

Habituellement, le client qui reçoit son congé de l'hôpital se rend à la maison, dans un établissement de convalescence ou de soins prolongés, ou dans un établissement de réadaptation. Idéalement, la planification du congé avec le client et le proche aidant commence tôt pendant l'hospitalisation et prévoit une transition harmonieuse d'un environnement à l'autre. Dès que le plan de congé est connu, les démarches appropriées sont entreprises pour le réaliser. Il peut s'agir de communiquer de l'information avec le centre de santé et de services sociaux (CSSS), d'envoyer une demande de réadaptation dans un programme de réadaptation neurologique, d'entreprendre une demande d'hébergement en CHSLD ou de donner de la formation aux proches aidants. Le degré d'autonomie du client dans l'exécution des AVQ représente un facteur crucial dans la planification du congé. Si le client retourne chez lui, l'équipe dirige le client vers le CSSS qui dessert l'endroit où il réside, de façon qu'il obtienne l'équipement et les services d'assistance requis. Dans certains cas, en vue d'optimiser le congé à domicile, une rencontre entre les intervenants du CSSS, la personne atteinte, sa famille et l'équipe interdisciplinaire en AVC aura lieu.

La réadaptation consiste à maximiser les capacités et les ressources du client afin d'optimiser son bien-être physique, mental et social. La réadaptation a pour objectif de maintenir et d'améliorer l'autonomie fonctionnelle. Quel que soit l'environnement de soins, la réadaptation continue est essentielle pour maximiser les capacités de la personne. Pour la plupart des clients, la réadaptation donne des résultats maximums pendant la première année suivant un AVC (Hoffmann, Bennett, & McKenna, 2009).

Plusieurs des interventions décrites dans le plan de soins et de traitements infirmiers (PSTI) pour les personnes victimes d'un AVC commencent dans la phase aiguë des soins et se poursuivent pendant toute la réadaptation **PSTI 20.1**. Certaines des interventions sont effectuées par l'infirmière seule, alors que d'autres font appel à l'ensemble de l'équipe de réadaptation.

L'infirmière en réadaptation évalue avec précision le client, le proche aidant et la famille pour déterminer : 1) le potentiel de réadaptation du client ; 2) l'état de tous les systèmes de l'organisme ; 3) la présence de complications liées à l'AVC ou à d'autres maladies chroniques ; 4) la capacité cognitive ; 5) les ressources et le soutien familial ; 6) les attentes du client et du proche aidant relativement au programme de réadaptation.

| Fonction locomotrice | Pour la réadaptation du client, l'infirmière s'attarde d'abord aux fonctions locomotrices requises pour l'alimentation, l'hygiène et la marche. L'évaluation initiale consiste à déterminer l'état de recouvrement de la fonction musculaire. Si les muscles demeurent flaccides plusieurs semaines après l'AVC, le pronostic est défavorable en ce qui concerne le recouvrement de la fonction musculaire ; les soins doivent alors viser à prévenir une perte additionnelle **FIGURE 20.13**. Chez

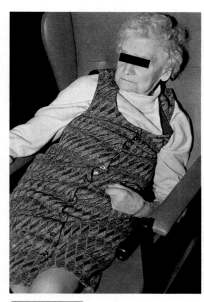

FIGURE 20.13

La perte de la stabilité posturale est fréquente après un AVC. Lorsque l'hémisphère non dominant est atteint, une apraxie de la marche et une perte du contrôle postural sont habituellement apparentes. La personne ne peut se tenir droite lorsqu'elle est assise et elle tend à tomber sur le côté. Il faut lui procurer un soutien adéquat à l'aide d'oreillers et de coussins.

Les interventions infirmières propres à la gastrostomie endoscopique percutanée sont abordées dans le chapitre 54, *Interventions cliniques – Troubles nutritionnels.*

57

Les types d'alimentations entérales sont décrits dans le chapitre 57, *Interventions cliniques – Troubles du tractus gastro-intestinal inférieur.*

La thérapie nutritionnelle comportant une alimentation à forte teneur en fibres est présentée dans le chapitre 57, *Interventions cliniques – Troubles du tractus gastro-intestinal inférieur.*

la plupart des clients, les signes de spasticité accompagnée d'une exagération des réflexes apparaissent dans les 48 heures suivant l'AVC. À cette phase de l'AVC, la spasticité indique un progrès vers un rétablissement. Avec la progression, les petits mouvements volontaires de la hanche ou de l'épaule peuvent être accompagnés de mouvements involontaires dans le reste du membre (synergie). La phase finale du rétablissement est caractérisée par la maîtrise volontaire de chacun des groupes musculaires.

Les interventions relatives au système locomoteur progressent selon l'évolution des activités. La première étape comporte des exercices d'équilibre qui consistent à faire asseoir le client droit dans le lit ou à lui faire balancer les membres inférieurs au bord du lit. L'infirmière évalue si la personne tolère bien l'exercice en notant le degré d'étourdissement ou toute syncope causée par une instabilité vasomotrice. L'infirmière peut également noter si la personne corrige elle-même sa posture lorsqu'elle est assise au bord du lit. Si la personne peut se tenir droite, elle peut passer à l'étape suivante, qui est le transfert du lit au fauteuil roulant. L'infirmière place alors le fauteuil à côté du lit de manière que la personne puisse s'aider de son bras et de sa jambe valides. La personne s'assoit au bord du lit, se lève, place sa main valide sur le bras le plus éloigné du fauteuil roulant et s'y assoit. L'infirmière peut superviser le transfert ou apporter une assistance minimale en guidant la main valide de la personne vers le bras du fauteuil, en se tenant debout devant la personne et en utilisant ses genoux pour empêcher ceux de la personne de plier, puis en aidant celle-ci à s'asseoir.

Dans certaines unités de réadaptation, la **méthode Bobath** est utilisée pour favoriser la mobilité. Cette méthode vise à aider la personne à maîtriser son problème de spasticité par l'inhibition des réflexes anormaux. Les thérapeutes et les infirmières utilisent cette méthode pour favoriser le tonus musculaire normal, les mouvements normaux et le fonctionnement bilatéral du corps. Par exemple, l'infirmière peut demander au client de passer du lit au fauteuil roulant en s'aidant de son côté affaibli ou paralysé et de son côté valide pour encourager un fonctionnement bilatéral.

Il existe une stratégie plus récente en rééducation neurologique : la thérapie par contrainte induite. Celle-ci consiste à encourager le client à utiliser ses membres affaiblis en restreignant les mouvements des membres valides. Toutefois, l'utilisation de cette méthode peut être limitée par la capacité du client à y participer. L'entraînement au mouvement, l'acquisition d'habileté, la pose d'une attelle et l'exercice sont des thérapies de réadaptation possibles pour les personnes victimes d'un AVC (Hoffmann *et al.*, 2009).

La mobilité peut nécessiter, à court ou à long terme, du matériel de soutien ou d'aide, comme une canne, un déambulateur ou des orthèses pour les membres inférieurs. Le physiothérapeute choisit habituellement le ou les dispositifs qui conviennent le plus aux besoins de chaque client, à qui il en enseigne l'utilisation. L'infirmière devrait intégrer des exercices de physiothérapie dans ses interventions quotidiennes pour que le client s'exerce aux activités de réadaptation et qu'il les répète.

| Thérapie nutritionnelle | Après la phase aiguë, une nutritionniste peut déterminer l'apport calorique quotidien approprié en fonction de la taille, du poids et du degré d'activité physique du client. Si ce dernier n'est pas en mesure de s'alimenter normalement par la bouche, une alimentation par gastrostomie effectuée par la méthode endoscopique percutanée peut être adminitrée ▶ **54** . La plupart des formules de préparation commerciale fournissent une calorie par millilitre ▶ **57** .

En collaboration avec l'orthophoniste, l'infirmière évalue la capacité du client d'avaler des aliments solides et liquides, puis elle adapte la diète alimentaire en conséquence. La nutritionniste détermine le type de diète, la texture des aliments, le nombre de calories et l'apport hydrique afin de répondre aux besoins nutritionnels du client. L'ergothérapeute et l'infirmière doivent évaluer la capacité du client à se nourrir lui-même et recommandent des appareils d'assistance qui permettent une alimentation autonome.

L'incapacité de s'alimenter soi-même peut entraîner un sentiment de frustration et mener à un état de malnutrition et de déshydratation. Pour favoriser une alimentation autonome, l'infirmière peut demander au client d'utiliser son membre supérieur non atteint pour manger ; employer des dispositifs d'assistance comme des couteaux à lame courbe, des bagues d'assiette et des napperons antidérapants **FIGURE 20.14** ; enlever les articles inutiles du plateau ou de la table afin de prévenir les dégâts ; et assurer un environnement sans distraction pour limiter la surexcitation des sens. L'efficacité de la diète alimentaire est évaluée en fonction du maintien du poids, de l'hydratation et de la satisfaction du client.

| Fonction intestinale | L'infirmière doit mettre en application un programme pour traiter les problèmes de maîtrise des intestins, de constipation ou d'incontinence. Un régime riche en fibres ▶ **57** et un apport hydrique adéquat sont habituellement recommandés. Les personnes victimes d'un AVC souffrent

FIGURE 20.14

Dispositifs d'aide à l'alimentation – **A** La fourchette courbée entoure la main. Le rebord arrondi de l'assiette aide à maintenir la nourriture dans l'assiette. Les poignées spéciales et les poignées pivotantes sont utiles pour certaines personnes. **B** Les couteaux à lame courbée d'avant en arrière sont balancés pour couper la nourriture. La personne n'a pas besoin de tenir de fourchette dans son autre main pendant qu'elle coupe les aliments. **C** Les bagues d'assiette permettent de maintenir les aliments dans l'assiette. **D** Tasse munie d'une anse spéciale.

souvent de constipation, laquelle requiert le traitement alimentaire suivant :

- un apport hydrique de 2 500 à 3 000 ml par jour à moins d'une contre-indication ;
- du jus de pruneaux (120 ml) ou de la compote de pruneaux tous les jours ;
- des fruits cuits trois fois par jour ;
- des légumes cuits trois fois par jour ;
- des céréales ou du pain de grains entiers de trois à cinq fois par jour.

Le programme visant à traiter l'incontinence intestinale consiste à installer le client sur le bassin de lit ou sur la chaise d'aisance à côté du lit ou à le conduire à la toilette à des heures régulières chaque jour pour rétablir la régularité intestinale. Trente minutes après le petit-déjeuner représente un bon moment pour l'entraînement à la régularité intestinale, car l'alimentation stimule le réflexe gastrocolique et le péristaltisme. L'heure doit être déterminée en fonction des habitudes d'élimination du client et de ses préférences. La position assise sur la chaise d'aisance ou sur la toilette facilite l'évacuation des selles en raison de la gravité et de l'augmentation de la pression abdominale. Toutefois, la prescription d'émollients fécaux ou de suppositoires peut s'avérer nécessaire si un tel programme ne parvient pas à rétablir la régularité. L'administration d'un suppositoire à la glycérine de 15 à 30 minutes avant l'évacuation des selles stimule le réflexe anorectal. Le bisacodyl (Dulcolax^MD) en suppositoire est un stimulant intestinal chimique utilisé lorsque les autres stratégies s'avèrent inefficaces. Idéalement, il ne faut pas avoir recours aux suppositoires à long terme.

| Fonction vésicale | L'infirmière doit porter assistance aux clients qui éprouvent des problèmes urinaires ou d'incontinence après un AVC. Les victimes d'un AVC peuvent souvent avoir un trouble d'incontinence fonctionnelle, lequel est associé à des problèmes de communication et de motricité ainsi qu'à une incapacité de se vêtir ou de se dévêtir adéquatement. Dans ses interventions pour traiter l'incontinence urinaire, l'infirmière peut : 1) évaluer la distension vésicale par la palpation ou utiliser un appareil à ultrasons pour déterminer la quantité d'urine dans la vessie ; 2) proposer le bassin de lit, l'urinal, la chaise d'aisance ou la toilette toutes les deux heures quand le client est éveillé ou toutes les trois ou quatre heures pendant la nuit ; 3) rappeler au client de faire l'effort de retenir ses mictions pour uriner au moment approprié ; 4) aider le client à se dévêtir et à se déplacer ; 5) prévoir la majeure partie de l'apport hydrique entre 7 h et 19 h ; 6) favoriser la position habituelle pour uriner dans la mesure des capacités du client (debout pour les hommes et assise pour les femmes).

À court terme, une sonde à demeure, des cathétérismes intermittents, des culottes d'incontinence ou un condom urinaire pour l'homme peuvent être utiles en cas d'incontinence. Il faut éviter d'utiliser ces solutions à long terme en raison des complications possibles, comme les infections urinaires et les irritations cutanées.

Il faut régulièrement procéder à une évaluation du volume résiduel postmictionnel à l'aide d'ultrasons. La vidange incomplète de la vessie représente un problème et peut provoquer des infections urinaires. Tout le personnel infirmier doit coordonner ses efforts pour régler les problèmes d'incontinence urinaire.

| Fonction sensorielle et perceptuelle | Les personnes victimes d'un AVC présentent souvent des déficits perceptuels. Les AVC qui surviennent dans le côté droit de l'encéphale altèrent habituellement la capacité de juger la position, la distance et la vitesse du mouvement. Les personnes atteintes deviennent souvent impulsives et impatientes en plus de nier tous les problèmes liés à l'AVC. Elles peuvent ne pas faire la corrélation entre leurs problèmes de perception spatiale et leur incapacité d'effectuer des activités comme guider son fauteuil roulant à travers un seuil de porte. Les personnes atteintes au côté droit de l'encéphale (hémiplégie gauche) sont plus exposées aux blessures à cause des troubles de motricité. Elles comprennent mieux les directives données verbalement pour une activité à accomplir. Il est préférable de diviser l'activité en étapes simples pour faciliter la compréhension. Pour favoriser la concentration et assurer la sécurité du client, il faut adapter l'environnement, comme éliminer les encombrements et les obstacles et prévoir un bon éclairage. De plus, le client doit porter des chaussettes antidérapantes en tout temps. Les personnes atteintes au côté droit de l'encéphale négligent couramment un de leurs côtés ; il faut donc leur rappeler de vêtir le côté affaibli ou paralysé ou de raser le côté oublié du visage, ou encore les aider à le faire.

Les personnes victimes d'un AVC au côté gauche de l'encéphale (hémiplégie droite) sont habituellement lentes dans l'organisation et l'exécution des tâches. La proprioception du côté atteint peut être affectée. Ces personnes admettent habituellement leurs déficits et réagissent avec peur et anxiété à leur AVC. Elles agissent avec lenteur et précaution. Les directives et les signes non verbaux favorisent la compréhension chez ces personnes.

| Affect | Les personnes ayant subi un AVC ont souvent des réactions émotives inappropriées ou non habituelles à la situation. Elles peuvent sembler apathiques, déprimées, craintives, anxieuses, larmoyantes, contrariées ou en colère **FIGURE 20.15**. Certaines personnes, particulièrement celles atteintes au côté gauche de l'encéphale (hémiplégie droite), peuvent manifester des élans émotifs exagérés. Elles peuvent être incapables de maîtriser leurs émotions et soudainement éclater en sanglots ou de rire. Ce comportement ne dépend pas du contexte et n'a souvent aucun lien avec l'état émotif sous-jacent de la personne. Les interventions de l'infirmière aux réactions émotives inhabituelles

FIGURE 20.15
L'accès de colère compte parmi les réactions émotives inappropriées ou non habituelles que peuvent manifester les personnes victimes d'un AVC.

Madame Granger sourit lorsque vous entrez dans sa chambre, et vous la saluez. Quand vous vous approchez d'elle, elle crie, ses propos sont incompréhensibles, et elle pleure. Par contre, elle vous sourit de nouveau quelques secondes plus tard.

Comment devriez-vous réagir aux comportements de la cliente ?

consistent : 1) à distraire le client qui devient soudainement émotif ; 2) à expliquer au client et à la famille que des réactions émotives exagérées peuvent survenir après un AVC ; 3) à maintenir un environnement calme ; 4) à éviter de susciter un sentiment de honte au client ou de le réprimander pendant une réaction émotive exagérée.

| Adaptation | La personne victime d'un AVC peut subir de nombreuses pertes de capacités sensorielles, intellectuelles, communicatives, fonctionnelles, comportementales, émotives, sociales et professionnelles. La personne, le proche aidant et la famille traversent alors une période de chagrin et de deuil associée à ces pertes. Certaines des personnes atteintes souffrent d'une dépression prolongée accompagnée de symptômes comme l'anxiété, une perte de poids, la fatigue, une perte d'appétit et des troubles du sommeil. De plus, le temps et l'énergie nécessaires pour accomplir des tâches auparavant simples peuvent provoquer de la colère et de la frustration **FIGURE 20.16**.

La personne, le proche aidant et la famille ont besoin d'aide pour s'adapter aux pertes consécutives à l'AVC. L'infirmière peut apporter son soutien : 1) en facilitant la communication entre le client et sa famille ; 2) en discutant des modifications à apporter au style de vie en raison des déficits ; 3) en discutant des changements des rôles et des responsabilités au sein de la famille ; 4) en faisant preuve d'écoute pour permettre l'expression des craintes, des frustrations et de l'anxiété ; 5) en faisant participer la famille et le client à la planification des objectifs et des soins à court et à long terme. Si le client ne conserve pas sa capacité optimale en matière d'autosoins, de responsabilités familiales, de prise de décision et de socialisation, il peut présenter un état de dépendance qu'il ne veut pas reconnaître et s'adapter de façon inadéquate. Cette situation peut entraîner un cycle négatif de dépendance et de contrôle interpersonnels accompagné de ressentiments de la part du client et de la famille. Le retour à domicile seul est compromis si le client surestime ses

capacités cognitives ou physiques ainsi que son énergie. Ces personnes s'exposent à des risques de blessure.

Le proche aidant et les membres de la famille doivent composer avec trois aspects du comportement de la personne atteinte : 1) la reconnaissance des changements comportementaux résultant des déficits neurologiques qui ne peuvent être modifiés ; 2) les réactions du client et de la famille aux multiples pertes ; 3) les comportements qui peuvent avoir été renforcés pendant les premières phases suivant l'AVC, comme une dépendance prolongée. La personne atteinte, le proche aidant et la famille peuvent éprouver un sentiment de culpabilité pour ne pas avoir suivi un mode de vie sain ou ne pas avoir demandé plus tôt de l'aide auprès d'un professionnel. La thérapie familiale peut alors s'avérer un complément utile à la réadaptation. La communication honnête, l'information sur tous les effets de l'AVC et l'éducation sur le traitement de l'AVC constituent des moyens pertinents d'aide à l'adaptation. Les groupes de soutien en AVC dans les établissements de réadaptation et dans les établissements communautaires sont utiles aux échanges mutuels, à l'éducation, à l'adaptation et à la compréhension.

| Fonction sexuelle | Les clients qui ont subi un AVC peuvent entretenir des craintes quant à leur sexualité. De nombreux clients n'éprouvent aucune difficulté à parler de leurs anxiétés et de leurs craintes relatives à leur fonction sexuelle si l'infirmière manifeste une attitude d'ouverture et qu'elle demande au client s'il a des questions sur sa sexualité. L'infirmière peut amorcer la discussion sur le sujet avec la personne et son conjoint ou avec un autre proche. Les craintes couramment exprimées au chapitre de l'activité sexuelle concernent l'impuissance et le déclenchement d'un autre AVC pendant l'acte. Les interventions de l'infirmière consistent alors à renseigner les partenaires sur de nouvelles positions possibles et sur les périodes où l'énergie est à son maximum ; elle peut aussi adresser la personne à un sexologue au besoin.

| Communication | Les déficits de la parole, de la compréhension et du langage représentent les problèmes les plus difficiles à surmonter pour la personne atteinte et le proche aidant. L'orthophoniste peut procéder à une évaluation et formuler un plan de traitement pour faciliter la communication. L'infirmière peut jouer le rôle de modèle en ce qui concerne la communication avec la personne aphasique. Pour faciliter la communication, l'infirmière doit : 1) communiquer fréquemment et de manière significative avec le client ; 2) laisser le temps au client de comprendre les paroles et de répondre aux questions ; 3) privilégier des phrases simples et courtes ; 4) utiliser des signes visuels ; 5) structurer la conversation de manière à favoriser des réponses simples par le client ; 6) féliciter le client avec honnêteté quant aux améliorations accomplies en ce qui concerne la parole (Gordon *et al.*, 2009).

| Intégration à la collectivité | Il est habituellement difficile pour une personne victime d'un AVC d'intégrer la collectivité avec succès en raison des problèmes persistants liés aux capacités cognitives, à l'adaptation, aux déficits physiques et à l'instabilité émotive qui entravent l'autonomie fonctionnelle. Les personnes âgées qui ont subi un AVC présentent souvent des déficits accrus et éprouvent fréquemment de multiples problèmes de santé.

FIGURE 20.16

Un AVC peut entraîner une perte de capacités exigeant une période de rééducation.

Si elles ne poursuivent pas leur programme de réadaptation à la maison, leur état risque de se détériorer, et des complications peuvent survenir.

La Fondation des maladies du cœur du Québec offre de l'information sur les AVC, l'hypertension, le régime alimentaire, l'exercice et les appareils d'assistance.

Évaluation des résultats

Les résultats escomptés chez un client atteint d'un AVC sont présentés dans le **PSTI 20.1**.

ACCIDENT VASCULAIRE CÉRÉBRAL

Un AVC peut perturber la vie de façon importante, particulièrement chez la personne âgée. L'ampleur de l'invalidité et les changements dans les fonctions en général peuvent faire craindre aux personnes atteintes de ne pouvoir retrouver leur « vraie vie ». La perte d'autonomie peut aussi être très préoccupante. L'exécution des AVQ peut demander des adaptations en raison des déficits physiques, émotifs, perceptuels et cognitifs acquis. L'entretien de la maison peut s'avérer particulièrement difficile si le proche aidant de la personne atteinte est son conjoint qui a également des problèmes de santé. Les membres de la famille (y compris les enfants adultes) qui vivent à proximité et qui peuvent apporter leur aide sont parfois en nombre limité.

La phase de réadaptation et l'aide aux clients âgés présentant des déficits liés à un AVC, ainsi qu'à l'âge, peuvent représenter un défi en matière de soins infirmiers qui nécessite de l'empathie, de la patience et des connaissances. Les clients peuvent devenir craintifs et déprimés parce qu'ils envisagent la possibilité d'une récidive ou la mort. La peur peut les immobiliser et ainsi nuire à la réadaptation **FIGURE 20.17**.

Les relations entre la personne atteinte et son conjoint peuvent changer. La dépendance résultant de l'AVC peut s'avérer menaçante. Le conjoint peut également souffrir de problèmes de santé chroniques l'empêchant de prendre soin de la personne atteinte. De plus, il est possible que la personne atteinte ne veuille nul autre que son conjoint pour prendre soin d'elle, lui infligeant un fardeau important.

L'infirmière a l'occasion d'aider le client et le proche aidant dans leur cheminement de l'hôpital de soins de courte durée à la réadaptation, aux soins prolongés et au domicile. Les besoins du client, du proche aidant et de la famille requièrent

FIGURE 20.17

La réadaptation d'un client présentant des déficits liés à un AVC touche tous les aspects des activités de la vie quotidienne.

une évaluation constante de la part de l'infirmière, qui doit adapter ses interventions en fonction de l'évolution des besoins, afin d'optimiser la qualité de vie de la personne atteinte et de sa famille.

Madame Esther Rousseau est âgée de 62 ans. Elle est hospitalisée à l'unité de cardiologie pour fibrillation auriculaire, hypertension artérielle et insuffisance cardiaque gauche. Vers 19 h 45, l'infirmière lui apporte son comprimé d'irbesartan 75 mg (Avapro^MD) et constate que la cliente pleure en articulant difficilement: « Qu'est-ce que je fais ici ? » Le côté gauche de son visage est flasque, et elle dit ressentir de l'engourdissement au bras droit. Elle est incapable de tenir le verre d'eau que lui tend l'infirmière.

L'infirmière reconnaît des signes de problème vasculaire cérébral et en avise le médecin. La tomodensitométrie confirme qu'il ne s'agit pas d'un AVC hémorragique, et à la suite de l'administration de thrombolyse, madame Rousseau est transférée à l'unité de neurologie. Une deuxième tomodensitométrie le lendemain confirme une lésion ischémique de l'artère cérébrale moyenne. ▶

SOLUTIONNAIRE

www.cheneliere.ca/lewis

MISE EN ŒUVRE DE LA DÉMARCHE DE SOINS

Collecte des données – Évaluation initiale – Analyse et interprétation

1. Quels sont les deux facteurs de risque pour un AVC présents chez madame Rousseau ?
2. Quel terme désigne la difficulté de la cliente à articuler ?
3. Avant de suspecter de l'aphasie, quelle vérification doit être faite étant donné que madame Rousseau s'est plainte d'engourdissement au bras droit et qu'elle est incapable de tenir un verre ?

Extrait

			CONSTATS DE L'ÉVALUATION					
Date	Heure	N°	Problème ou besoin prioritaire	Initiales	RÉSOLU / SATISFAIT			Professionnels / Services concernés
					Date	Heure	Initiales	
2011-04-05	19:45	2	Signes de problème vasculaire cérébral	Y.B.				

			SUIVI CLINIQUE					
Date	Heure	N°	Directive infirmière		Initiales	CESSÉE / RÉALISÉE		
						Date	Heure	Initiales
2011-04-05	19:45	2						

Signature de l'infirmière	Initiales	Programme / Service	Signature de l'infirmière	Initiales	Programme / Service
Yolanda Buczek	Y.B.	Unité de cardiologie			
		Unité de cardiologie			

Planification des interventions – Décisions infirmières

4. Écrivez une directive à l'intention de l'infirmière auxiliaire pour que cette dernière participe à la surveillance de la condition neurologique de madame Rousseau.

▶ Madame Rousseau est devenue hémiplégique du côté droit, et elle est aphasique. L'infirmière a noté que la cliente avait tendance à replacer sa chemise d'hôpital en la lissant et qu'elle portait souvent sa main gauche à la vulve en serrant les jambes. Peu de temps après, elle faisait une incontinence urinaire.

Lorsque la cliente est assise au fauteuil, son bras droit est pendant. Durant les transferts du lit au fauteuil et vice versa, elle le laisse traîner ou pendre. De plus, elle ne tourne pas la tête vers la personne qui lui parle si cette dernière se tient à sa gauche.

L'infirmière constate également que madame Rousseau ne peut se retenir suffisamment longtemps lorsqu'un membre du personnel l'amène à la toilette.

Extrait

CONSTATS DE L'ÉVALUATION								
Date	Heure	N°	Problème ou besoin prioritaire	Initiales	RÉSOLU / SATISFAIT			Professionnels / Services concernés
					Date	Heure	Initiales	
2011-04-05	19:45	2	Signes de problème vasculaire cérébral	Y.B.				
2011-04-07	11:00	3	Incontinence urinaire					
		4	Héminégligence du bras droit					
		5	Hémianopsie gauche possible	P. dT.				

Signature de l'infirmière	Initiales	Programme / Service	Signature de l'infirmière	Initiales	Programme / Service
Yolanda Buczek	Y.B.	Unité de cardiologie			
Paule de Tilly	P. dT.	Unité de cardiologie			

5. Quelles données appuient les trois problèmes prioritaires ajoutés dans l'extrait du PTI de la cliente?

6. Sur le plan physiopathologique, qu'est-ce qui explique les déficits moteurs et sensoriels de madame Rousseau?

Planification des interventions – Décisions infirmières

Extrait

CONSTATS DE L'ÉVALUATION								
Date	Heure	N°	Problème ou besoin prioritaire	Initiales	RÉSOLU / SATISFAIT			Professionnels / Services concernés
					Date	Heure	Initiales	
2011-04-06	11:00	3	Incontinence urinaire	P. dT.				

SUIVI CLINIQUE							
Date	Heure	N°	Directive infirmière	Initiales	CESSÉE / RÉALISÉE		
					Date	Heure	Initiales
2011-04-06	11:00	3	Tenir un journal mictionnel				
				P. dT.			

Signature de l'infirmière	Initiales	Programme / Service	Signature de l'infirmière	Initiales	Programme / Service
Paule de Tilly	P. dT.	Unité de cardiologie			

7. Pour le problème d'incontinence urinaire, l'infirmière décide de tenir un journal mictionnel et le mentionne dans les directives infirmières. Complétez cette directive: *Tenir un journal mictionnel...*

8. En tenant compte du fait que madame Rousseau ne peut se retenir jusqu'à ce qu'elle soit amenée à la toilette, trouvez une intervention qui viserait à réduire le nombre d'incontinences urinaires.

Évaluation des résultats – Évaluation en cours d'évolution

9. Quelle donnée indiquerait que le problème d'incontinence est en voie de se résorber?

10. Comment l'infirmière reconnaîtrait-elle que madame Rousseau prend de plus en plus conscience de son bras droit?

Application de la pensée critique

Dans l'application de la démarche de soins auprès de madame Rousseau, l'infirmière a recours aux éléments du modèle de la pensée critique pour analyser la situation de santé de la cliente et en comprendre les enjeux. La **FIGURE 20.18** résume les caractéristiques de ce modèle en fonction des données de cette cliente, mais elle n'est pas exhaustive.

Vers un jugement clinique

Connaissances
- Facteurs de risque de problèmes vasculaires cérébraux
- Physiopathologie de l'AVC
- Types d'AVC et manifestations cliniques
- Indices d'hémianopsie et d'héminéglicence
- Complications de l'AVC sur les différents systèmes de l'organisme

Expériences
- Soins aux clients aphasiques
- Expérience en cardiologie et en neurologie
- Habileté à procéder à un examen clinique neurologique
- Expérience en soins d'urgence

ÉVALUATION
- Signes et symptômes de problème vasculaire cérébral chez madame Rousseau (confusion, dysarthrie, engourdissement à un membre, paralysie faciale)
- Hémianopsie
- Signes d'héminégligence du bras droit (laisser pendre ou traîner le bras pendant les transferts)
- Indices laissant suspecter de l'incontinence urinaire (replacer sa chemise d'hôpital, porter la main gauche à la vulve)
- Fréquence des incontinences urinaires

Normes
- Collaboration avec d'autres intervenants professionnels
- Activités réservées à l'infirmière d'après la Loi sur les infirmières et les infirmiers

Attitudes
- Être patiente devant la lenteur de la cliente
- Prendre le temps de comprendre ses demandes
- Laisser le plus d'autonomie possible à madame Rousseau
- Manifester de l'empathie et de la compréhension par rapport aux répercussions psychologiques de l'AVC

FIGURE 20.18
Application de la pensée critique à la situation de santé de madame Rousseau

■ ■ ■ À retenir

VERSION REPRODUCTIBLE

www.cheneliere.ca/lewis

- L'AVC est une urgence médicale ; la reconnaissance de ses manifestations cliniques est d'une importance cruciale pour le choix d'un traitement médical d'urgence afin de réduire l'étendue de l'ischémie et, par conséquent, de diminuer l'invalidité qui résultera de l'AVC et de réduire le risque de mortalité.

- Les facteurs de risque de l'AVC sont les même que ceux des maladies cardiovasculaires. Le contrôle de ceux-ci permet de prévenir la maladie.

- Un AVC ischémique résulte d'une insuffisance du flux sanguin à l'encéphale causée par une occlusion partielle ou complète d'une artère.

- Un AVC hémorragique résulte d'un saignement dans le tissu cérébral, ou dans les espaces sous-arachnoïdiens, ou dans les ventricules.

- Les déficits moteurs sont les plus visibles lors d'un AVC et touchent la mobilité, la fonction respiratoire, la déglutition et l'élocution, le réflexe pharyngé et la capacité de prendre soin de soi-même.

- La dysphasie désigne une capacité réduite à communiquer. L'aphasie est la perte totale de la compréhension et de l'usage du langage ou l'incapacité totale de communiquer.

- Après un AVC, le risque de pneumonie par aspiration est élevé à cause de l'altération de la conscience et de la dysphagie.

- Une obstruction des voies aériennes peut survenir après un AVC en raison des problèmes de mastication et de déglutition, du fait que de la nourriture peut s'amasser dans la cavité buccale et que la langue a tendance à s'affaisser vers l'arrière.

- Un AVC est habituellement un événement soudain et extrêmement stressant pour la victime, le proche aidant, sa famille et les autres personnes significatives, car il a des conséquences sur les plans émotif, social et financier, en plus de provoquer des changements dans les rôles et responsabilités au sein de la famille.

- Pour un client ayant fait un AVC, la réadaptation vise à maximiser ses capacités et ses ressources afin d'optimiser son bien-être physique, mental et social, ainsi qu'à prévenir toute déformation et à maintenir et améliorer l'autonomie fonctionelle de la personne atteinte.

- La personne victime d'un AVC peut subir de nombreuses pertes de capacités sensorielles, intellectuelles, communicatives, fonctionnelles, comportementales, émotives, sociales et professionnelles, associées à une période de chagrin et de deuil vécue également par le proche aidant et la famille.

- Les déficits de la parole, de la compréhension et du langage représentent les problèmes les plus difficiles à surmonter pour la personne atteinte et le proche aidant.

Pour en savoir plus

VERSION COMPLÈTE ET DÉTAILLÉE

www.cheneliere.ca/lewis

Références Internet

Organismes et associations

American Stroke Association
www.strokeassociation.org

Fondation des maladies du cœur > Votre santé > AVC
www.fmcoeur.com

France AVC Fédération nationale
www.franceavc.com

National Stroke Association™
www.stroke.org

Réseau canadien contre les accidents cérébrovasculaires > À Propos > Accidents cérébrovasculaires
www.canadianstrokenetwork.ca

Réseau canadien contre les accidents cérébrovasculaires > La vie après un AVC
www.canadianstrokenetwork.ca

Organismes gouvernementaux

Gouvernement du Québec > Maladies > Accident vasculaire cérébral
www.guidesante.gouv.qc.ca

Organisation mondiale de la santé > Programmes et projets > Centre des médias > Aide-mémoire > Maladies cardio-vasculaires
www.who.int

Santé Canada > Votre santé et vous > Maladies > Accidents vasculaires cérébraux
www.hc-sc.gc.ca

Références générales

Everyday Health > Health A-Z > Stroke
www.everydayhealth.com

PasseportSanté.net > De A à Z > AVC (accident cérébral vasculaire)
www.passeportsante.net

 Monographies

Caplan, L. R. (2006). *Stroke*. New York: Demos; Saint Paul, Minn.: American Academy of Neurology.

Fisher, M. (2009). *Stroke*. Edinburgh, R.-U.; New York: Elsevier.

 Articles, rapports et autres

Camden, M.C., & Verreault, S. (2008). L'AVC cardioembolique: la sémiologie et l'investigation étiologique. *Le clinicien, 23*(5), 61-66.

Garner, M. (2006). L'ICT et l'AVC, un défi diagnostique et thérapeutique, dossier thématique. *Le médecin du Québec, 41*(6), 36-95.

Lanthier, S. (dir.) (2009). *Accident vasculaire cérébral (AVC)*. Montréal: Fondation des maladies du cœur du Québec.

20

Écrit par :
Cheryl A. Lehman, PhD, RN,
CRRN-A, RN-BC, CNS

Adapté par :
Catherine Forbes, inf., M. Sc.,
CSN(C)

INTERVENTIONS CLINIQUES

Troubles neurologiques chroniques

Objectifs

>> Guide d'études – SA06

Après avoir lu ce chapitre, vous devriez être en mesure :

- de distinguer la céphalée de tension de la migraine et de l'algie vasculaire de la face sur les plans de l'étiologie, des manifestations cliniques, du processus thérapeutique en interdisciplinarité et des interventions infirmières ;

- de préciser l'étiologie, les manifestations cliniques et les examens paracliniques de l'épilepsie, de la sclérose en plaques, de la maladie de Parkinson et de la myasthénie grave, de même que le processus thérapeutique en interdisciplinarité et les interventions infirmières dans ces cas ;

- de décrire les manifestations cliniques du syndrome des jambes sans repos, de la sclérose latérale amyotrophique et de la maladie de Huntington, ainsi que les soins et les traitements infirmiers et le processus thérapeutique en interdisciplinarité dans chacun de ces cas ;

- d'expliquer les conséquences potentielles de la maladie neurologique chronique sur le bien-être physique ou psychologique ;

- d'énumérer les buts principaux du traitement de la maladie neurologique chronique évolutive.

Concepts **clés**

Cette carte conceptuelle illustre schématiquement les principaux concepts décrits dans le présent chapitre. Sa lecture vous permettra d'avoir une vue d'ensemble des notions qui y sont présentées.

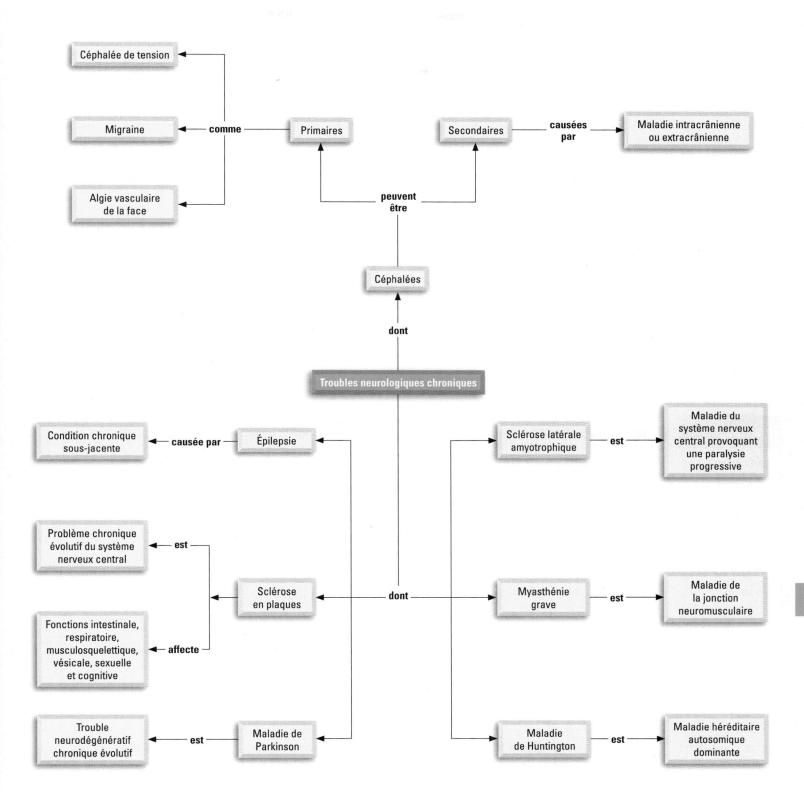

21.1 | Céphalée

La **céphalée** est vraisemblablement l'expression de la douleur la plus courante chez les êtres humains. Dans la plupart des cas, il s'agit d'une céphalée de nature fonctionnelle, comme la migraine ou la céphalée de tension, tandis que, dans les autres cas, il s'agit d'une céphalée d'origine organique causée par une maladie intracrânienne ou extracrânienne.

Le cerveau est insensible à la douleur dans certaines zones, notamment dans le cortex cérébral, qui est composé de matière blanche et de matière grise. Les structures sensibles à la douleur sont les sinus veineux, la dure-mère, les vaisseaux sanguins crâniens de même que certains nerfs crâniens et cervicaux, notamment les trois branches du nerf trijumeau – c'est-à-dire le cinquième nerf crânien (v) qui est composé de la branche ophtalmique (v1), de la branche maxillaire (v2) et de la branche mandibulaire (v3) –, le nerf facial (nerf crânien VII), le nerf glossopharyngien (nerf crânien IX), le nerf vague (nerf crânien X) et les trois premiers nerfs cervicaux. La douleur peut donc provenir d'une source intracrânienne ou extracrânienne.

La céphalée est soit primaire, soit secondaire. Elle est primaire lorsque sa cause n'est pas une maladie ou un problème médical. La International Headache Society (IHS) propose une classification des céphalées en vertu de critères diagnostiques fondés sur les caractéristiques de la céphalée (IHS, 2005). Dans la catégorie des céphalées primaires figurent la céphalée de tension, la migraine et l'algie vasculaire de la face. Les céphalées secondaires englobent les céphalées causées par des changements de pression intracrânienne (p. ex., une tumeur cérébrale, une hydrocéphalie, etc.), des troubles comme une sinusite, un accident vasculaire cérébral (AVC), ou encore une blessure cervicale. Le **TABLEAU 21.1** présente les caractéristiques des céphalées primaires. La même personne peut être affligée de céphalées des deux types. L'anamnèse et l'examen neurologique sont les éléments fondamentaux du diagnostic du type de céphalée.

21.2 | Céphalée de tension

La **céphalée de tension**, la céphalée la plus fréquente, se caractérise par une atteinte bilatérale et une sensation d'étau. Elle est habituellement d'intensité légère ou modérée, et l'activité physique ne l'accentue pas. La céphalée de tension est soit épisodique, soit chronique (IHS, 2005). Sa durée varie de quelques minutes à quelques jours.

TABLEAU 21.1	Comparaison entre la céphalée de tension, la migraine et l'algie vasculaire de la face		
CARACTÉRISTIQUE	**CÉPHALÉE DE TENSION**	**MIGRAINE**	**ALGIE VASCULAIRE DE LA FACE**
Siège **FIGURE 21.1**	Bilatéral, sensation d'étau à la base du crâne ou au visage	Unilatéral (60 % des cas), pouvant passer d'un côté à l'autre, habituellement antérieur	Unilatéral, irradiant en haut ou en bas de l'œil
Nature	Douleur constante, étau se resserrant	Douleur pulsatile (synchrone avec le pouls)	Douleur intense, constrictive
Fréquence	Cyclique, durant de nombreuses années	Périodique (cycles de plusieurs mois à quelques années)	Crises espacées de quelques mois ou années ; crises successives durant une période allant de 2 à 12 semaines
Durée	Intermittente ; de 30 minutes à 7 jours	Continue ; de 4 à 72 heures	Intermittente ; de 5 à 180 minutes
Moment et apparition	À tout moment	Pouvant être précédée d'un prodrome ; surgissant après le réveil, s'atténuant pendant le sommeil	Surgissant la nuit et réveillant le client
Symptômes connexes	Muscles du cou et de l'épaule en saillie, raideur du cou, endolorissement	Nausées, vomissements, irritabilité, sudation, photophobie, phonophobie ; prodrome sensoriel, moteur ou psychique ; antécédents familiaux (65 % des cas)	Bouffée congestive ou pâleur du visage ; larmoiement, ptosis et rhinite

21.2.1 Étiologie et physiopathologie

Les médecins ont d'abord pensé que la céphalée de tension était provoquée par la contraction soutenue et douloureuse des muscles du cuir chevelu et du cou. Toutefois, il est probable que des facteurs neurovasculaires comparables à ceux qui entrent en jeu dans la migraine participent à la survenue de la céphalée de tension. Il y a bien une sensibilité neuronale inhabituelle qui provoque de la douleur, mais il n'y a pas de contractions musculaires anormales.

21.2.2 Manifestations cliniques

La céphalée de tension n'est pas précédée d'un **prodrome** (signe avant-coureur d'un trouble imminent). Les nausées et les vomissements ne font pas partie du tableau clinique, mais la **photophobie** (intolérance à la lumière) et la **phonophobie** (intolérance aux sons) peuvent être présentes. Les céphalées sont intermittentes durant des semaines, des mois, voire des années. De nombreuses personnes sont affligées d'une céphalée mixte alliant des symptômes de la migraine et des symptômes de la céphalée de tension qui se manifestent simultanément. La personne sujette aux migraines peut avoir des céphalées de tension entre les épisodes migraineux. La **FIGURE 21.1** illustre le siège de la douleur des céphalées courantes.

21.2.3 Examen clinique et examens paracliniques

L'anamnèse exhaustive est sans doute l'élément le plus important susceptible d'étayer le diagnostic de la céphalée de tension. L'électromyographie (EMG) peut révéler la contraction tenace des muscles du cou, du cuir chevelu ou du visage **ENCADRÉ 21.1**. Cependant, cet examen peut ne

pas détecter de tension musculaire accrue même s'il est effectué pendant que la céphalée sévit. Par contre, il peut déceler une tension musculaire accrue chez des personnes sujettes aux migraines. Si la céphalée de tension est présente au moment de l'examen physique, le clinicien décèlera une augmentation de la résistance au mouvement passif de la tête, et l'endolorissement de la tête et du cou.

21.3 | Migraine

La **migraine** est une céphalée récurrente caractérisée par une douleur pulsatile unilatérale (parfois bilatérale). Elle est liée à un élément déclencheur, des antécédents familiaux, des manifestations d'une dysfonction neurologique et des manifestations de dysfonction du système nerveux autonome.

Examens paracliniques

ENCADRÉ 21.1 **Céphalées**

Anamnèse et examen physique
- Examen neurologique (souvent négatif)
- Inspection : recherche d'infections locales
- Palpation pour déceler l'endolorissement ou la tuméfaction osseuse
- Auscultation pour détecter les bruits aux artères majeures

Analyses de laboratoire
- Hémogramme
- Électrolytes sanguins
- Analyse d'urine

Examens spécifiques
- Tomodensitométrie (TDM)
- Angiographie cérébrale ou verticale (EMG)
- Électroencéphalographie (EEG)
- Angiographie par résonance magnétique (ARM)
- Imagerie par résonance magnétique (IRM)
- Ponction lombaire

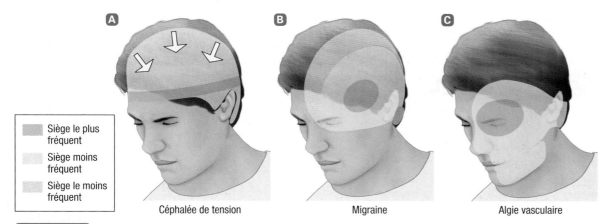

Siège le plus fréquent
Siège moins fréquent
Siège le moins fréquent

Céphalée de tension

Migraine

Algie vasculaire

FIGURE 21.1

Siège de la douleur dans les céphalées courantes – **A** La céphalée de tension s'apparente souvent à une sensation d'oppression ou d'étau. **B** La migraine se manifeste par une douleur pulsatile ou un martèlement intense à une tempe. La douleur est habituellement unilatérale (un seul côté de la tête), mais parfois bilatérale. **C** L'algie vasculaire de la face se concentre dans un œil et son pourtour ; la douleur est vive, profonde ou cuisante.

Jugement clinique

Madame Émilie Saint-Arnaud, 36 ans, enseigne le français au secondaire. Elle est responsable de dossiers importants dans l'application de la réforme de l'enseignement, en plus d'être représentante syndicale. Ses tâches consistent également à encadrer les nouveaux enseignants. Mère monoparentale de deux enfants âgés de huit et six ans, elle siège au comité de parents de l'école fréquentée par ses enfants.

Quel facteur rend madame Saint-Arnaud à risque de souffrir d'une migraine ?

En règle générale, l'âge d'apparition se situe entre 20 et 30 ans. Elle est la cause la plus fréquente de consultation en neurologie au Canada (Jelinski *et al.*, 2006). Elle est plus fréquente chez la femme que chez l'homme **TABLEAU 21.2**. Les antécédents familiaux, le bas niveau de scolarité, le statut socio-économique défavorable, la lourde charge de travail et la céphalée de tension fréquente constituent les facteurs de risque de migraine (Jensen & Stovner, 2008 ; Sahai-Srivastava & Ko, 2010).

21.3.1 Étiologie et physiopathologie

Malgré la présence de nombreuses théories qui tentent d'expliquer la cause de la migraine, l'étiologie exacte demeure inconnue. L'hypothèse actuelle veut qu'une série d'incidents neurovasculaires complexes fassent surgir la migraine (Sahai-Srivastava & Ko, 2010). Le cortex cérébral de la personne migraineuse, particulièrement la région occipitale, serait en état d'hyperexcitabilité neuronale.

Jugement clinique

Madame Louison Dupré, 22 ans, essaie le plus possible d'avoir une alimentation équilibrée. Pour se faire plaisir après une sortie entre amis, elle s'est permis de manger des *hot-dogs* accompagnés de frites et d'une eau minérale gazeuse. Pour se déculpabiliser d'avoir commis cet écart, elle a mangé un yogourt aux fraises et une banane, ce qui ne l'a pas empêchée d'avoir une migraine carabinée.

Quel aliment peut être la cause de la migraine de madame Dupré ?

Environ 79 % des migraineux ont un parent de premier degré sujet aux migraines. La migraine est parfois associée aux crises épileptiques, au syndrome de Gilles de la Tourette, à l'AVC ischémique, à l'asthme, à la dépression et à l'anxiété (Sahai-Srivastava & Ko, 2010).

Dans bien des cas, aucun incident ne déclenche la migraine. Dans d'autres cas cependant, des aliments, une fluctuation hormonale, un traumatisme crânien, l'épuisement physique, la fatigue, le stress ou certains médicaments provoquent la migraine. Les aliments ou les boissons en cause sont le chocolat, le fromage, l'orange, la tomate, l'oignon, le glutamate monosodique, l'aspartame, les sulfites, les nitrites, le vin rouge et l'alcool.

21.3.2 Manifestations cliniques

En plus du mal de tête, les migraines peuvent être précédées par un prodrome et par une **aura**. Le prodrome peut se manifester des heures ou des jours avant la migraine. Il englobe des manifestations neurologiques (p. ex., une photophobie), psychologiques (p. ex., une hyperactivité, une irritabilité) ou autres (p. ex., une faim intense). L'aura survient tout juste avant le mal de tête et elle peut durer de 10 à 30 minutes. Elle se compose d'un ensemble de symptômes neurologiques visuels (p. ex., des points lumineux, des **scotomes** [taches noires], une distorsion, des lignes en zig-zag), sensoriels (p. ex., une audition de voix ou de sons irréels, des odeurs étranges) ou moteurs (p. ex., une faiblesse, une paralysie, une sensation que les membres bougent).

La classification de l'IHS (2005) veut que les migraines se rangent dans des catégories dont les deux plus importantes sont la **migraine sans aura** (anciennement appelée migraine commune) et la **migraine avec aura** (anciennement appelée migraine classique). La migraine sans aura est la forme la plus courante, alors que la migraine avec aura ne représente que 10 % des épisodes migraineux.

Le mal de tête comme tel peut persister de 4 à 72 heures. Durant cette phase, certaines personnes désirent « hiberner » ; autrement dit, elles s'efforcent d'éviter le bruit, la lumière, les odeurs, les gens et toutes les formes d'agents stressants. La douleur est constante, pulsatile, c'est-à-dire au même rythme que le pouls. L'intensité de la migraine varie d'un épisode à un autre. Elle n'est pas toujours incapacitante, et nombre de personnes accablées de migraines ne sont pas en quête d'un traitement médical. Bien que le mal de tête soit habituellement localisé du même côté (unilatéral), il peut sévir du côté opposé à l'occasion d'un autre épisode. Dans certains cas, les symptômes migraineux s'aggraveront progressivement au fil du temps.

21.3.3 Examen clinique et examens paracliniques

Il n'y a pas d'analyses biochimiques ou d'examens radiologiques précis permettant d'appuyer le diagnostic de migraine. Celui-ci se fonde habituellement sur l'anamnèse. Souvent, les examens neurologiques ou diagnostiques sont normaux **ENCADRÉ 21.1**.

Différences hommes-femmes	
TABLEAU 21.2	**Céphalées**
HOMMES	**FEMMES**
• L'algie vasculaire de la face est plus fréquente chez l'homme que chez la femme, dans une proportion de six hommes pour une femme. • La céphalée provoquée par l'exercice est plus fréquente chez l'homme que chez la femme.	• La migraine est plus fréquente chez la femme que chez l'homme, dans une proportion de trois femmes pour un homme. • La céphalée de tension est plus fréquente chez la femme que chez l'homme.

En présence de traits atypiques, il convient d'écarter les céphalées secondaires. La neuro-imagerie (p. ex., la tomodensitométrie de la tête, avec ou sans contraste, et l'imagerie par résonance magnétique) n'est pas recommandée dans l'évaluation usuelle de la céphalée, à moins que l'examen neurologique soit anormal. Toutefois, chez une personne qui se présente avec une céphalée sévère et soudaine, il est important d'exclure des causes secondaires de céphalée comme l'hémorragie sous-arachnoïdienne.

21.4 | Algie vasculaire de la face

L'**algie vasculaire de la face**, forme de céphalée rare, touche moins de 0,1 % de la population. Elle se manifeste par des céphalées qui persistent des semaines ou des mois, entrecoupées de périodes de rémission.

21.4.1 Étiologie et physiopathologie

Ni la cause ni le mécanisme physiopathologique de l'algie vasculaire de la face ne sont élucidés. Le nerf trijumeau y participe en transmettant la douleur, mais l'algie vasculaire de la face découlerait d'une dysfonction des vaisseaux sanguins intracrâniens, du système nerveux sympathique et des systèmes de modulation de la douleur. Le rythme circadien des céphalées laisse entrevoir que l'hypothalamus exercerait un rôle dans sa physiopathologie (Leroux & Ducros, 2008).

21.4.2 Manifestations cliniques

Comparativement à la douleur pulsatile de la migraine, la douleur de l'algie vasculaire de la face est vive et s'apparente à un coup de poignard. Cette céphalée est l'une des formes les plus accablantes, la douleur intense persistant de quelques minutes à trois heures. La céphalée peut se produire tous les deux jours, à une fréquence pouvant aller jusqu'à huit reprises dans une journée. Elle apparaît avec régularité, habituellement au même moment de la journée et aux mêmes saisons. En règle générale, l'algie vasculaire de la face s'installe durant une période variant de deux semaines à trois mois, et la rémission subséquente peut durer des mois, voire des années.

En général, la douleur se situe autour de l'œil, irradiant vers la tempe, le front, la joue, le nez ou les gencives. D'autres manifestations cliniques possibles sont l'enflure autour de l'œil, le larmoiement, la bouffée congestive ou la pâleur du visage, la congestion nasale et la constriction pupillaire (myosis). Durant l'épisode de céphalée, la personne est souvent agitée, l'instabilité psychomotrice l'empêchant de s'arrêter de bouger ou de se relaxer. L'alcool est le seul déclencheur alimentaire connu. Les odeurs fortes et la sieste peuvent également déclencher un épisode (Leroux & Ducros, 2008).

21.4.3 Examen clinique et examens paracliniques

Le diagnostic d'algie vasculaire de la face repose principalement sur l'anamnèse. Demander au client de tenir un journal des céphalées peut être utile. Par ailleurs, la tomodensitométrie, l'imagerie ou l'angiographie par résonance magnétique peuvent être indiquées pour écarter la possibilité d'un anévrisme, d'une tumeur ou d'une infection. Il est également possible d'avoir recours à la ponction lombaire si d'autres étiologies à l'origine des symptômes sont soupçonnées.

21.5 | Autres types de céphalées

Bien que la céphalée primaire de tension, la migraine et l'algie vasculaire de la face soient de loin les céphalées les plus courantes, d'autres types de céphalées existent. La céphalée secondaire peut être le premier symptôme d'une maladie grave. Elle peut accompagner l'hémorragie sous-arachnoïdienne, la tumeur cérébrale, des masses intracrâniennes, l'artérite, des anomalies vasculaires cérébrales, les infections méningées, la névralgie essentielle du trijumeau (tic douloureux), des maladies oculaires, nasales ou dentaires, ou une maladie systémique (p. ex., une bactériémie, une intoxication au monoxyde de carbone, un mal des montagnes, une polyglobulie primitive). Les symptômes se caractérisent par une grande diversité. Parce que les causes de la céphalée sont multiples, l'évaluation clinique doit être exhaustive. Elle devrait couvrir la personnalité, les mécanismes d'adaptation, l'environnement et la situation familiale, ainsi que l'examen neurologique et l'examen physique.

21.6 | Processus thérapeutique en interdisciplinarité

En l'absence de maladie systémique sous-jacente, le traitement est déterminé selon le type fonctionnel de la céphalée. L'**ENCADRÉ 21.1** présente les examens paracliniques généraux permettant d'écarter la possibilité d'une maladie intracrânienne ou extracrânienne. Le **TABLEAU 21.3** résume les traitements prophylactiques ou symptomatiques actuels des céphalées courantes tels que les médicaments, la méditation, le yoga, la rétroaction biologique, la thérapie cognitivocomportementale et l'entraînement à la relaxation.

TABLEAU 21.3	Céphalées	
CÉPHALÉE DE TENSION	**MIGRAINE**	**ALGIE VASCULAIRE DE LA FACE**
Processus diagnostique		
• Anamnèse • Antécédents de tension musculaire, et sensibilité de la tête et du cou, raideur du cou	• Anamnèse • Antécédents[a]	• Anamnèse • Antécédents
Processus thérapeutique		
Traitement symptomatique		
• Analgésiques non opiacés : aspirine, ibuprofène, acétaminophène, naproxène • Associations d'analgésiques : butalbital, aspirine, codéine et caféine (Fiorinal[MD]), dichloralphénazone, acétaminophène et isométheptène • Myorelaxant	• Analgésiques non opiacés : aspirine, ibuprofène, acétaminophène, naproxène • Agonistes des récepteurs de la sérotonine : almotriptan (Axert[MD]), élétriptan (Relpax[MD]), frovatriptan (Frova[MD]), naratriptan (Amerge[MD]), rizatriptan (Maxalt[MD]), sumatriptan (Imitrex[MD]), zolmitriptan (Zomig[MD]) • Association médicamenteuse : sumatriptan et naproxène • Adrénolytiques alpha : tartrate d'ergotamine, dihydroergotamine (DHE) • Anti-inflammatoire analgésique : diclofénac potassique • Association d'analgésiques : acétaminophène, dichloralphénazone et isométheptène • Corticostéroïde : prednisone	• Adrénolytique alpha : tartrate d'ergotamine • Oxygène • Agonistes des récepteurs de la sérotonine : almotriptan, élétriptan, frovatriptan, naratriptan, rizatriptan, sumatriptan, zolmitriptan
Traitement préventif ou prophylactique		
• Antidépresseurs tricycliques : amitriptyline, nortriptyline, doxépine (Sinequan[MD]) • Inhibiteurs sélectifs du recaptage de la sérotonine : fluoxétine (Prozac[MD]), paroxétine (Paxil[MD]) • Bêtabloquant : propranolol (Inderal[MD]) • Rétroaction biologique • Psychothérapie • Entraînement à la relaxation musculaire	• Bêtabloquant : propranolol (Inderal[MD]) • Antidépresseurs : amitriptyline, imipramine (Tofranil[MD]) • Antiépileptiques : valproate (Depakene[MD]), topiramate (Topamax[MD]) • Inhibiteurs calciques : vérapamil, flunarizine • Antagoniste sérotoninergique : méthysergide[b] • Toxine botulinique (Botox[MD]) • Rétroaction biologique • Thérapie par la relaxation • Thérapie cognitivocomportementale	• Adrénolytique alpha : tartrate d'ergotamine • Antagoniste sérotoninergique : méthysergide • Corticostéroïde : prednisone • Inhibiteur calcique : verapamil • Lithium • Rétroaction biologique

[a] L'imagerie par résonance magnétique sera envisagée en présence d'une céphalée en phase non aiguë pour laquelle l'examen neurologique révèle des anomalies inexpliquées, une céphalée atypique ou des facteurs de risque connus.

[b] Réservé à la personne affligée d'au moins une céphalée intense par semaine.

Dans la rétroaction biologique, la personne est soumise à une surveillance physiologique qui mesure sa tension musculaire et la circulation sanguine périphérique (température des doigts) afin de l'informer sur son degré actuel de tension. La personne doit donc s'exercer à relaxer ses muscles afin d'augmenter sa circulation sanguine, et ce, en appliquant le principe de la relaxation musculaire.

La thérapie cognitivocomportementale et la relaxation, à elles seules ou jumelées au traitement pharmacologique, sont bénéfiques dans certains cas, tout comme l'acupuncture, la digitopuncture et l'hypnose[a] **ENCADRÉ 21.2**.

[a] Pour obtenir plus d'information sur les approches complémentaires et parallèles en santé, voir le chapitre 26 dans *Soins infirmiers : fondements généraux* (Potter & Perry, 2010).

ENCADRÉ 21.2 | **L'acupuncture est-elle utile en cas de céphalée de tension ?**

Question clinique

Est-ce que l'acupuncture (I) diminue les céphalées (O) que subit la personne aux prises avec des céphalées de tension (P) dans une période de trois mois (T), comparativement à un traitement fictif ou aux soins usuels (C) ?

Résultats probants

- Étude systématique d'essais cliniques en groupes parallèles

Analyse critique et synthèse des données

- Onze essais cliniques (n = 2 317) dont six qui comparent l'acupuncture à une intervention fictive comportant l'insertion d'aiguilles à des points incorrects ou faisant appel à des aiguilles, sans pénétration de la peau. La moitié des personnes soumises à l'acupuncture voient leur nombre de jours de céphalée baisser d'au moins 50 % comparativement à une baisse de 41 % dans les groupes des interventions fictives.
- Deux essais cliniques comparent l'acupuncture au traitement ponctuel de la céphalée ou aux soins usuels seulement. Dans le groupe de l'acupuncture, 47 % des

participants mentionnent une diminution du nombre de jours de céphalée, par rapport à 16 % des participants des groupes témoins.

- L'effet à long terme de l'acupuncture sur la céphalée de tension n'est pas étudié.

Conclusion

- L'acupuncture peut réduire le nombre de jours de céphalée durant une période de trois mois.

Recommandations pour la pratique infirmière

- La personne accablée de céphalées de tension fréquentes peut voir sa qualité de vie et sa productivité en souffrir.
- L'acupuncture pratiquée par un professionnel qualifié peut diminuer les céphalées de tension.

Référence

Linde, K., Allais, G., Brinkhaus, B., Manheimer, E., Vickers, A., & White, A.R. (2009). Acupuncture for tension-type headache. *Cochrane Database of Systematic Reviews, 1,* CD007587.

P : population visée ; I : intervention ; C : comparaison ; O : (*outcome*) résultat ; T : (*time period*) période visée.

21.6.1 Pharmacothérapie

Céphalée de tension

Le traitement pharmacologique de la céphalée de tension comprend habituellement un analgésique non opiacé (p. ex., l'aspirine, l'acétaminophène) seul ou associé à un sédatif, un myorelaxant, un anxiolytique ou un opiacé (codéine). Il faut savoir que nombre de ces médicaments occasionnent des effets indésirables importants. L'infirmière doit mettre en garde le client contre l'utilisation de longue durée de l'aspirine ou de médicaments contenant de l'aspirine en raison du risque de saignement gastro-intestinal et d'interférence avec la coagulation. Le Fiorinal^MD contient de l'aspirine, un barbiturique (butalbital), de la caféine et de la codéine. L'usage de longue durée de Fiorinal^MD est à proscrire puisqu'il est **toxicomanogène**. Les médicaments contenant de l'acétaminophène (Tylenol^MD) peuvent entraîner une dysfonction rénale lorsqu'ils sont utilisés à long terme et une dysfonction hépatique lorsqu'ils sont utilisés à haute dose en combinaison avec de l'alcool.

Migraine

Le traitement pharmacologique a pour objectif de faire disparaître les symptômes ou, à tout le moins, de les atténuer. L'aspirine ou l'acétaminophène viendra à bout de la migraine d'intensité légère ou modérée dans bien des cas. Quand la céphalée est d'intensité modérée ou marquée, les triptans

constituent le traitement de premier recours. Il est recommandé de prendre le médicament à l'apparition des premiers symptômes de migraine. Les triptans (p. ex., le sumatriptan [Imitrex^MD]) ont un effet sur la cause primaire présumée de la migraine en agissant sur certains **récepteurs sérotoninergiques TABLEAU 21.3**. Ils diminuent l'inflammation neurogène des vaisseaux sanguins cérébraux et produisent une vasoconstriction. Étant donné que les triptans provoquent aussi la constriction des artères coronaires, ils sont contre-indiqués en présence de maladie cardiaque.

Comme il est possible de mieux répondre à un triptan qu'à un autre, il importe de les connaître tous. Le sumatriptan peut être administré par voie orale ou sous-cutanée, ou en nébulisation nasale, selon sa forme. À long terme, ce médicament augmente les risques d'incidents cardiovasculaires graves tels l'infarctus du myocarde, la thrombose cardiovasculaire et l'AVC. D'autres médicaments peuvent être utilisés quand les triptans sont contre-indiqués **TABLEAU 21.3**.

Le traitement préventif est important dans la prise en charge de la migraine (Sahai-Srivastava & Ko, 2010). La décision d'instaurer un traitement prophylactique est prise en fonction de la fréquence et de la gravité des céphalées, ainsi qu'en fonction de l'incapacité qui en découle. L'antiépileptique topiramate (Topamax^MD), à raison d'une prise quotidienne, est efficace dans la

PHARMACOVIGILANCE

Sumatriptan (Imitrex^MD)

- Il y a contre-indication en cas :
  - d'antécédents, ou de manifestations d'un trouble cardiaque ischémique, vasculaire cérébral ou vasculaire périphérique ;
  - d'hypertension non contrôlée, car il peut hausser la pression artérielle.
- La surdose peut provoquer des tremblements et causer une dépression respiratoire.
- Le médicament est tératogène et ne devrait pas être pris par des femmes enceintes ou qui tentent de le devenir.

Toxicomanogène : Se dit de ce qui provoque une toxicomanie, c'est-à-dire un usage excessif et répété de substances toxiques ou de médicaments détournés de leur usage habituel, pouvant entraîner un état de dépendance.

21

Stimulation cérébrale profonde : Traitement des troubles de la motricité, notamment la maladie de Parkinson, qui consiste à appliquer, par une implantation stéréotactique d'électrodes, un courant électrique dans des zones précises du cerveau telles que le thalamus. Ces électrodes sont reliées à un neurostimulateur implanté sous la peau.

prévention de la migraine. Ses effets indésirables courants sont l'hypoglycémie, la paresthésie, la perte de poids et l'altération de la fonction cognitive. En règle générale, ces effets indésirables d'intensité légère ou modérée sont transitoires. Il est nécessaire de l'administrer durant deux à trois mois pour être en mesure de déterminer son efficacité. Il ne chassera pas la douleur complètement dans tous les cas. Pour favoriser l'observance thérapeutique, le professionnel de la santé doit renseigner le client au sujet de ce médicament.

L'acide valproïque (Depakene^{MD}) est un autre antiépileptique prescrit dans la prévention de la migraine. D'autres médicaments sont également utiles dans la prévention, notamment les bêtabloquants (p. ex., le propranolol [Inderal^{MD}], l'aténolol [Tenormin^{MD}]), les inhibiteurs calciques (p. ex., le vérapamil), les inhibiteurs de l'enzyme de conversion de l'angiotensine (IECA) (p. ex., le lisinopril [Zestril^{MD}]), les antagonistes des récepteurs de l'angiotensine (ARA) (p. ex., le candésartan [Atacand^{MD}]) et les agonistes des récepteurs adrénergiques alpha-2 (p. ex., la clonidine [Catapres^{MD}]). Des antidépresseurs ont également leur place dans la prévention de la migraine, notamment les antidépresseurs tricycliques comme l'amitriptyline (Elavil^{MD}) et les inhibiteurs sélectifs du recaptage de la sérotonine (p. ex., la fluoxétine [Prozac^{MD}]).

La toxine botulinique A (Botox^{MD}) a été utilisée dans le traitement prophylactique de la céphalée, de la migraine quotidienne chronique et de la migraine réfractaire aux autres médicaments. Il se peut que la fréquence et l'intensité des migraines ne s'estompent qu'après deux à trois mois d'injections dans le cuir chevelu et la tempe. Le traitement est onéreux, il doit être répété tous les deux ou trois mois et il doit se poursuivre durant au moins trois à six mois après la disparition des symptômes (Sahai-Srivastava & Ko, 2010).

Algie vasculaire de la face

Parce que l'algie vasculaire de la face survient soudainement, souvent la nuit, et qu'elle disparaît promptement, le traitement pharmacologique

n'est pas aussi utile que pour les autres types de céphalées. Le traitement en phase aiguë consiste en l'inhalation d'oxygène à une concentration de 100 % à raison d'un débit de 6 à 8 L/min pendant 10 minutes ; l'oxygénothérapie peut soulager le mal de tête en produisant une vasoconstriction et en augmentant la synthèse de sérotonine au système nerveux central. La séance peut être reprise après une période de repos de cinq minutes. Pour en bénéficier, le client doit toutefois avoir de l'oxygène à sa disposition en permanence. Les triptans sont également efficaces dans le traitement de l'algie vasculaire de la face en phase aiguë.

Le vérapamil, le lithium, l'ergotamine, le divalproex et les anti-inflammatoires non stéroïdiens (AINS) sont utilisés en prophylaxie. Le méthysergide est utile dans la prévention lorsque la personne connaît les périodes pendant lesquelles l'algie survient. Enfin, la lidocaïne en administration intranasale interrompt l'épisode d'algie vasculaire de la face (Sahai-Srivastava & Ko, 2010).

L'algie vasculaire réfractaire peut être traitée par l'anesthésie par blocs nerveux, l'ablation neurochirurgicale (p. ex., par radiofréquence percutanée) d'une partie du nerf trijumeau ou la **stimulation cérébrale profonde**.

Autres céphalées

Il se peut que le client aux prises avec des céphalées fréquentes fasse un usage excessif d'analgésiques, ce qui peut provoquer le **phénomène de rebond** (ou céphalée d'origine médicamenteuse). Les médicaments reconnus pour causer ce problème sont l'acétaminophène, l'aspirine, les AINS (p. ex., l'ibuprofène), le butalbital, le sumatriptan et les opiacés. S'il souffre de céphalées quotidiennes, le client peut se plaindre de réveil hâtif, de baisse de l'appétit, de nausées, d'instabilité psychomotrice, de troubles de mémoire et d'irritabilité. Pour maîtriser le phénomène, il faut cesser l'administration du médicament en cause (mais pas de l'opiacé, le cas échéant, dont l'arrêt devrait être progressif) et instaurer un traitement prophylactique (p. ex., l'amitriptyline [Elavil^{MD}]).

Soins et traitements infirmiers

CLIENT ATTEINT DE CÉPHALÉES

(18)

ÉVALUATION CLINIQUE

L'étape d'évaluation du système nerveux est présentée en détail dans le chapitre 18, *Système nerveux*.

Collecte des données

L'**ENCADRÉ 21.3** récapitule les données subjectives et objectives que l'infirmière recueille en utilisant la méthode PQRSTU et AMPLE au moment de l'évaluation de la céphalée. Puisque les antécédents de santé sont essentiels à l'évaluation des céphalées, ils doivent englober des renseignements précis

à ce sujet, dont le siège et les caractéristiques de la douleur, les premiers signes, la fréquence, la durée et le moment d'apparition de la céphalée, ainsi que l'état émotionnel, psychologique et physique en période de céphalée. L'infirmière est également en quête d'information sur les maladies, les interventions chirurgicales, les traumatismes antérieurs, les allergies, les antécédents familiaux et la réponse aux médicaments.

ENCADRÉ 21.3 | **Céphalées**

Données subjectives

- Renseignements importants concernant la santé :
  - Antécédents de santé : crises épileptiques, cancer, chute ou traumatisme récent, infection intracrânienne, accident vasculaire cérébral, asthme ou allergies, maladie mentale ; céphalée liée à la surcharge de travail, au stress, aux menstruations, à l'exercice, à des aliments, à l'activité sexuelle, aux déplacements, à la lumière brillante ou à un élément nocif de l'environnement
  - Médicaments : prise d'hydralazine (Apresoline^MD), bromures, nitroglycérine, ergotamine (sevrage), anti-inflammatoire non stéroïdien (dose quotidienne élevée), œstrogène, contraceptif oral, médicaments en vente libre
  - Interventions chirurgicales et autres traitements : craniotomie, chirurgie aux sinus, chirurgie faciale ou dentaire
- Modes fonctionnels de santé :
  - Perception et gestion de la santé : antécédents familiaux
  - Nutrition et métabolisme : consommation d'alcool, de caféine, de fromage, de chocolat, de glutamate monosodique, d'aspartame, de viandes salaisonnées (présence de nitrites), de saucisse, de charcuterie, d'oignons, d'avocats ; anorexie, nausées, vomissements (prodrome de la migraine) ; larmoiement unilatéral (algie vasculaire de la face)
  - Activités et exercices : vertige, fatigue, faiblesse, paralysie, évanouissement
  - Sommeil et repos : insomnie

- Cognition et perception :
  - › Migraine : aura, céphalée unilatérale pulsatile (peut changer de côté) ; troubles visuels, photophobie, phonophobie, étourdissement, picotement ou sensation cuisante, prodrome
  - › Algie vasculaire de la face : céphalée nocturne unilatérale et intense, congestion nasale
  - › Céphalée de tension : céphalée bilatérale à la base du crâne, sensation d'étau lancinant, sensibilité cervicale
  - Perception et concept de soi : dépression
  - Adaptation et tolérance au stress : stress, anxiété, irritabilité, repli sur soi

Données objectives

- Observations générales : anxiété, appréhension
- Système tégumentaire :
  - Algie vasculaire de la face : diaphorèse frontale, pâleur, bouffée congestive unilatérale et œdème de la joue, conjonctivite
  - Migraine : pâleur, diaphorèse
- Système nerveux : syndrome de Horner, instabilité psychomotrice (algie vasculaire de la face), hémiparésie (migraine)
- Système musculosquelettique : résistance de la tête et du cou au mouvement, raideur de la nuque (méningée, de tension), muscles du cou et de l'épaule tendus
- Résultats possibles aux examens paracliniques : l'imagerie cérébrale (tomodensitométrie, IRM, ARM), l'angiographie cérébrale, la ponction lombaire, l'EEG ou l'EMG détecteront des signes de maladie, de déformation ou d'infection ; autres examens d'imagerie cérébrale ; analyses sanguines

---

L'infirmière peut proposer au client de tenir un journal des épisodes de céphalées comportant des renseignements précis. Ce journal peut être d'une grande utilité dans la détermination du type de céphalées et des incidents précipitants. En présence d'antécédents de migraine, de céphalée de tension ou d'algie vasculaire de la face, il importe de savoir si la nature, l'intensité et le siège de la céphalée ont changé. Ces données peuvent aider à déterminer la cause de la céphalée.

Analyse et interprétation des données

Les diagnostics infirmiers en cas de céphalées comprennent ceux qui sont présentés dans le plan de soins et de traitements infirmiers **PSTI 21.1**, sans toutefois s'y limiter.

Planification des soins

Les objectifs généraux pour le client qui souffre de céphalée sont :
- de diminuer la douleur ou la faire disparaître ;
- d'accroître le bien-être et diminuer l'anxiété ;
- de connaître les déclencheurs et les stratégies thérapeutiques ;

- d'appliquer des stratégies d'adaptation à la douleur chronique ;
- d'améliorer la qualité de vie et estomper l'incapacité de s'adapter au stress de la vie quotidienne.

Interventions cliniques

La personne souffrant de céphalées chroniques pose un défi de taille aux professionnels de la santé. La céphalée peut découler de l'incapacité de s'adapter au stress de la vie quotidienne. Examiner le mode de vie, cerner les situations susceptibles de générer du stress et déterminer des façons de mieux composer avec le stress peuvent s'avérer être des éléments importants en vue d'obtenir un traitement efficace ▶ **8** . L'infirmière aide le client à relever les facteurs précipitants et à trouver des moyens de les éviter. Elle encourage la pratique quotidienne de l'exercice physique et de la relaxation ainsi que les interactions sociales qui sont susceptibles de diminuer la récurrence des céphalées. Elle propose divers moyens alternatifs de soulager la douleur, notamment la relaxation, la méditation, le yoga et l'autohypnose **TABLEAU 21.3**.

Les différents mécanismes du stress sont présentés dans le chapitre 8, *Stress et gestion du stress.*

21

PSTI 21.1 | Céphalées

PROBLÈME DÉCOULANT DE LA SITUATION DE SANTÉ	**Douleur aiguë** liée à la céphalée, mise en évidence par des données objectives de douleur intense constante, martelante ou oppressante.
OBJECTIFS	• Le client verra sa douleur maîtrisée. • Le client adoptera les mesures pharmacologiques et les mesures non pharmacologiques appropriées pour maîtriser sa douleur.

RÉSULTATS ESCOMPTÉS	INTERVENTIONS INFIRMIÈRES ET JUSTIFICATIONS
Maîtrise de la douleur • Description des liens entre la condition et la douleur • Description des liens entre le soulagement de la douleur et la bonne utilisation des méthodes pharmacologiques • Recours à des mesures non pharmacologiques de soulagement de la douleur de façon appropriée • Utilisation des mesures de prévention pour éviter l'apparition de la douleur • Mention que la douleur est maîtrisée	**Prise en charge de la douleur** • Procéder à l'évaluation exhaustive de la douleur (PQRSTU) pour en déterminer le siège, les caractéristiques, le début, la durée, la fréquence, la qualité, l'intensité ainsi que les facteurs précipitants afin de planifier des interventions appropriées. • Appliquer un mode d'évaluation qui incorpore la surveillance de l'évolution de la douleur, et qui favorise le relevé des facteurs précipitants réels et potentiels (p. ex., un schéma fonctionnel, un journal quotidien) afin que le client gagne en autonomie dans la détermination et la maîtrise des facteurs susceptibles de déclencher la céphalée. • Préconiser le recours à des techniques non pharmacologiques (p. ex., la rétroaction biologique, la relaxation, la visualisation dirigée, la musicothérapie, le divertissement, le massage) avant que la douleur ne s'installe ou ne s'intensifie, en plus des autres mesures de soulagement afin de susciter un sentiment de maîtrise de la douleur. • Procurer le soulagement optimal de la douleur à l'aide des analgésiques prescrits afin de diminuer la douleur. • Évaluer l'efficacité des mesures de maîtrise de la douleur dans le cadre d'un processus permanent d'évaluation de l'état douloureux afin de déterminer l'efficacité des interventions et de déceler les effets indésirables des médicaments. • Diriger le client, sa famille et les proches aidants vers des groupes d'entraide et d'autres ressources afin de renforcer la capacité de prise en charge de la douleur et d'atténuation du stress.

Outre les analgésiques, les techniques de relaxation sont également efficaces dans la maîtrise symptomatique des céphalées ; l'infirmière encourage donc le client à y recourir. Elle offre au client un environnement calme avec une lumière tamisée. Le massage et la compresse chaude humide appliquée au cou et à la tête peuvent être bénéfiques pour le client atteint de céphalées de tension. L'infirmière enseigne au client les notions importantes liées au traitement pharmacologique, notamment les médicaments utilisés aux fins de prévention ou de prophylaxie, les médicaments destinés à l'interruption ou au traitement symptomatique de la céphalée ainsi que leur mécanisme d'action, leur posologie et leurs effets indésirables. Elle incite le client à consigner la dose de chacun des médicaments prescrits afin d'éviter la surdose accidentelle.

L'infirmière prévoit le counseling diététique pour le client dont les céphalées sont déclenchées par des aliments. Celui-ci doit savoir qu'il doit éviter les aliments tels le chocolat, le fromage, les oranges, les tomates, les oignons, le glutamate monosodique, l'aspartame, l'alcool (en particulier le vin rouge), l'excès de caféine ainsi que les aliments fermentés ou marinés. Il se peut qu'un test de provocation soit nécessaire pour déterminer les aliments en cause. Il convient cependant de préciser que les aliments déclencheurs peuvent changer avec le temps. L'infirmière préconise l'abandon du tabac et l'évitement de déclencheurs comme les parfums forts, les solvants volatils et les vapeurs d'essence. L'algie vasculaire de la face peut se produire en avion à haute altitude quand l'oxygène se raréfie. La prise d'ergotamine avant le décollage peut diminuer le risque de cette poussée. L'**ENCADRÉ 21.4** propose un plan d'enseignement au client aux prises avec des céphalées.

Évaluation des résultats

Le plan de soins et de traitements infirmiers **PSTI 21.1** précise les résultats escomptés de la démarche de soins en présence de céphalées.

ENCADRÉ 21.4 | **Céphalées**

L'enseignement au client et à ses proches sur la prise en charge des céphalées devrait porter sur les aspects suivants :

- Tenir un journal ou un calendrier des céphalées et prendre note des déclencheurs.
- Éviter ce qui risque de déclencher la céphalée :
  - les aliments contenant des amines (fromage, chocolat), les nitrites (viandes comme la saucisse à *hot-dogs*), le vinaigre, les oignons, le glutamate monosodique ;
  - les aliments fermentés ou marinés ;
  - la caféine ;
  - les oranges et les tomates ;
  - l'aspartame ;
  - la nicotine ;
  - la crème glacée ou tout aliment froid ;
  - l'alcool (particulièrement le vin rouge) ;
  - le stress émotionnel et la fatigue ;

  - certains médicaments, notamment ceux renfermant de l'ergot de seigle, et les inhibiteurs de la monoamine oxydase.
- Connaître le but, le mode d'action, la posologie et les effets indésirables des médicaments prescrits.
- Connaître le mode d'administration par voie sous-cutanée du sumatriptan (Imitrex^MD), le cas échéant.
- Recourir à des techniques de réduction du stress comme la relaxation.
- Adhérer à un programme d'exercice physique régulier.
- Communiquer avec le professionnel de la santé lorsque :
  - les symptômes s'intensifient, durent plus longtemps qu'à l'habitude ou sont réfractaires aux médicaments ;
  - la céphalée s'accompagne de nausées et de vomissements (intenses ou atypiques), de troubles de la vision ou de fièvre ;
  - les médicaments posent des problèmes.

21.7 | Épilepsie et crise épileptique

L'**épilepsie** se caractérise par des crises épileptiques spontanées et récurrentes causées par une condition chronique sous-jacente. Au Canada, environ 15 500 nouveaux diagnostics d'épilepsie sont faits annuellement et 0,6 % de la population canadienne est atteinte d'épilepsie (Épilepsie Canada, 2003). L'homme est légèrement plus enclin à l'épilepsie que la femme. Certains adultes sont plus particulièrement à risque de présenter de l'épilepsie, notamment les personnes souffrant de la maladie d'Alzheimer, les victimes d'un AVC et les personnes dont l'un des deux parents souffre d'épilepsie (Epilepsy Foundation, 2010).

La **crise épileptique** est une décharge électrique paroxystique des neurones, qui interrompt le fonctionnement normal cérébral, pouvant provoquer des manifestations motrices, sensitives et autonomiques de même que des perturbations de l'état de conscience et de la cognition (Hickey, 2009). Elle est souvent le symptôme d'une maladie sous-jacente. Elle peut se produire à cause de troubles sous-jacents ou survenir spontanément sans cause apparente. Les convulsions découlant de perturbations systémiques ou métaboliques ne sont pas véritablement de l'épilepsie si elles cessent lorsque

le problème primaire se règle. Les troubles métaboliques de l'adulte susceptibles de causer des crises épileptiques sont l'acidose, le déséquilibre électrolytique, l'hypoglycémie, l'hypoxie, le sevrage alcoolique ou barbiturique, la déshydratation et l'intoxication hydrique. Au titre des troubles extracrâniens susceptibles de provoquer des crises épileptiques figurent la maladie cardiaque, pulmonaire, hépatique ou rénale, le lupus érythémateux disséminé, le diabète, l'hypertension et la septicémie. Certaines atteintes cérébrales aiguës telles que l'AVC et le traumatisme crânien peuvent également provoquer des crises.

21.7.1 Étiologie et physiopathologie

Durant les six premiers mois de vie, les causes les plus courantes d'épilepsie sont un grave traumatisme à la naissance, une anomalie congénitale au système nerveux central (SNC), une infection et une maladie enzymatique.

Dans la tranche d'âge de 2 à 20 ans, les principales causes sont un traumatisme de naissance, une infection, un traumatisme crânien, une anoxie cérébrale ou des facteurs génétiques. De l'âge de 20 à 30 ans, l'épilepsie survient habituellement à la suite de lésions structurelles occasionnées par un traumatisme, une tumeur cérébrale ou une maladie vasculaire. Les principales causes d'épilepsie après

Nature idiopathique :
Dont la cause est inconnue.

50 ans sont les lésions vasculaires cérébrales (AVC) et la tumeur cérébrale métastatique. Malgré le fait que de nombreuses causes d'épilepsie soient connues, les trois quarts des cas sont de **nature idiopathique**, c'est-à-dire que l'épilepsie ne peut être imputée à une cause précise.

Il est difficile de déterminer l'importance de l'hérédité dans l'étiologie des crises épileptiques par rapport aux influences environnementales. Certaines familles sont prédisposées aux crises épileptiques en raison de leur faible seuil de tolérance aux stimulus de la crise épileptique comme un traumatisme, une maladie ou une fièvre élevée. L'étiologie des crises épileptiques récurrentes est attribuée à un groupe de neurones anormaux, à savoir le **foyer épileptogène**, dans lequel se produit la décharge spontanée. Celle-ci se répand par les voies physiologiques aux régions adjacentes ou éloignées du cerveau. Lorsque la décharge s'étend à tout le cerveau, la crise épileptique est généralisée. Lorsque la décharge est localisée à un endroit précis du cerveau, il est alors question de crise épileptique focalisée. L'élément qui cause cette décharge est inconnu. N'importe quel stimulus occasionnant la dépolarisation de la membrane neuronale induit une propension à la décharge spontanée. Dans bien des cas, du tissu cicatriciel (gliose) se forme dans la région cérébrale où a pris naissance l'activité épileptique. Ce tissu cicatriciel interférerait avec l'environnement chimique et structural normal des neurones, favorisant ainsi la décharge imprévisible. Puisque l'épilepsie résulte de changements durables au cerveau, il importe de tout mettre en œuvre pour maîtriser les crises épileptiques récurrentes.

Astrocyte : Cellule de la substance grise des systèmes nerveux dite aussi cellule en araignée parce qu'elle possède des ramifications très nombreuses et rayonnantes.

La recherche sur l'épilepsie s'est concentrée principalement sur les causes neuronales. Toutefois, des résultats probants démontrent que les **astrocytes** pourraient exercer un rôle clé dans les crises épileptiques récurrentes. Ces cellules libèrent du glutamate qui déclenche les décharges neuronales synchrones. Par conséquent, le traitement pharmacologique axé sur la suppression de la signalisation des astrocytes ou sur l'inhibition de la libération de glutamate pourrait permettre de maîtriser la crise épileptique (Jabs, Seifert, & Steinhäuser, 2008).

21.7.2 Manifestations cliniques

Les manifestations cliniques précises de la crise épileptique varient selon le siège de la perturbation électrique. La classification internationale des troubles épileptiques a été révisée en 2010 (International League against Epilepsy [ILAE], 2010) **ENCADRÉ 21.5**. Deux catégories de crises d'épilepsie sont proposées : les crises épileptiques généralisées et les crises épileptiques focales **FIGURE 21.2**. Il existe également des cas pour lesquels il est impossible de déterminer si la crise est focale ou généralisée : il est alors question de crises épileptiques d'origine inconnue. Pour leur part, les spasmes épileptiques sont d'origine inconnue. En effet, à ce stade-ci, les chercheurs sont incapables de déterminer si les spasmes épileptiques appartiennent à la catégorie des crises généralisées d'épilepsie ou aux crises focales d'épilepsie. Il est important de noter qu'il y a une distinction à faire entre le type de crises épileptiques (généralisée, focale ou d'origine inconnue) et le type d'épilepsie ou de syndrome électroclinique. Ainsi, le type de crises épileptiques réfère à la description des convulsions qui surviennent durant une crise épileptique, tandis que le type d'épilepsie ou de syndrome électroclinique réfère à la pathologie ou au syndrome à l'origine de la crise. Enfin, l'ancienne classification est encore présente dans la littérature, mais ce volume présente uniquement la classification de 2010.

Selon sa nature, la crise épileptique peut traverser plusieurs phases, à savoir : 1) la phase prodromique durant laquelle se produisent les signes avant-coureurs ; 2) l'aura ou alerte sensorielle ; 3) la phase critique de la crise épileptique ; 4) la phase résolutive ou période de rétablissement succédant à la crise.

Épilepsies généralisées

Dans l'épilepsie généralisée, l'activité électrique désordonnée, sous forme de décharges épileptiques bilatérales synchrones, se produit dans les deux hémisphères cérébraux. Dans la plupart des cas, il y a perte de l'état de conscience durant quelques secondes à plusieurs minutes.

Crise tonico-clonique

La **crise tonico-clonique**, appelée auparavant grand mal, est la forme d'épilepsie généralisée la plus courante. La crise tonico-clonique se caractérise par une perte de l'état de conscience et une chute

---

ENCADRÉ 21.5	Classification internationale des troubles épileptiques

Épilepsie généralisée (sans foyer)

- Crise tonico-clonique (auparavant appelée grand mal)
- Absence (auparavant appelée petit mal)
- Crise myoclonique
- Crise tonique
- Crise atonique (effondrement du tonus musculaire postural)
- Crise clonique

Épilepsie focale

- Crise partielle simple (pas d'altération de la conscience)
  - avec signes moteurs
  - avec symptômes sensoriels
  - avec symptômes autonomiques
  - avec symptômes psychiques
- Crise partielle complexe (altération de la conscience)
  - début sous forme de crise partielle simple suivie de l'altération de la conscience
  - altération de la conscience dès le début
  - avec automatismes
- Crise partielle évoluant en crise généralisée secondaire

Troubles épileptiques non classifiés

Source : Adapté de ILAE (2010).

si la personne était debout, suivie d'une raideur intense de tout le corps (phase tonique) durant 10 à 20 secondes, puis de secousses des extrémités (phase clonique) pendant 30 à 40 secondes. La crise peut s'accompagner de **cyanose**, de **ptyalisme** (salivation abondante), de morsure de la langue ou de la joue et d'incontinence.

À la phase résolutive, la personne ressent de la douleur musculaire et de la fatigue. Elle peut dormir pendant des heures. Certaines personnes auront besoin de plusieurs heures ou de plusieurs jours avant de se sentir bien après une crise d'épilepsie. La personne ne conserve aucun souvenir de la crise.

Absence typique

L'**absence typique** se produit en général chez l'enfant et cesse à l'adolescence. Cette forme d'épilepsie disparaît complètement à la puberté ou évolue vers un autre type de crises épileptiques. Comme la principale manifestation clinique de l'absence est un regard fixe durant quelques secondes seulement, la crise peut passer inaperçue. L'enfant peut s'évanouir très brièvement. En l'absence de traitement, les crises peuvent survenir jusqu'à une centaine de reprises dans une journée.

Le tracé de l'électroencéphalogramme adopte un schéma de pointe suivie d'une onde de 3 Hz (cycles par seconde) propre à cette épilepsie. Dans bien des cas, l'hyperventilation et un clignotement lumineux peuvent déclencher l'absence.

Absence atypique

Forme d'épilepsie généralisée, l'**absence atypique** se manifeste par un regard fixe ainsi que d'autres signes et symptômes, dont des signes avant-coureurs brefs, un comportement étrange durant la crise ou de la confusion par la suite. L'EEG fait ressortir un schéma atypique de pointe suivi d'une onde au rythme de plus ou moins 3 Hz.

Autres épilepsies généralisées

Les crises myocloniques, atoniques, toniques et cloniques sont également des formes d'épilepsie généralisée. La **crise myoclonique** est marquée de secousses musculaires soudaines et intenses du corps ou des extrémités. Ces contractions peuvent être brutales au point de projeter la personne au sol. La crise est très brève et elle peut être répétée.

La **crise atonique**, quant à elle, prend la forme d'un épisode tonique ou de la perte paroxystique du tonus musculaire; son début soudain provoque une chute. Au moment où la personne touche le sol, elle reprend habituellement connaissance; le rétablissement est immédiat. La personne sujette à ce type de crises est à risque de traumatisme crânien, et elle doit porter un casque protecteur. Pour sa part, la crise

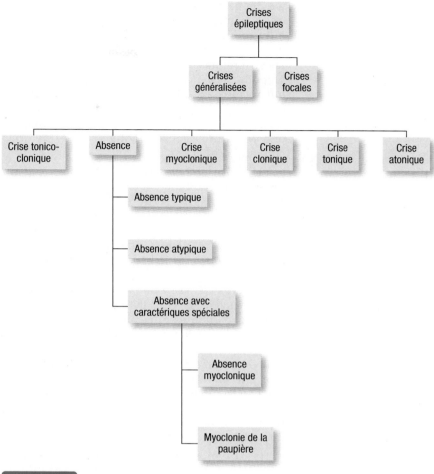

FIGURE 21.2

Classification des crises épileptiques

tonique se caractérise par une augmentation soudaine et persistante du tonus des muscles extenseurs. Le risque de chute est hautement probable. Enfin, la crise clonique commence par une perte de l'état de conscience et l'effondrement subit du tonus musculaire, et se poursuit par des secousses musculaires des membres, symétriques ou asymétriques.

Épilepsies focales

Les **épilepsies focales** constituent l'autre catégorie majeure d'épilepsies du système de classification international. Leurs manifestations sont unilatérales et elles sont causées par une décharge neuronale localisée dans une partie spécifique et unilatérale du cerveau. L'électroencéphalogramme qui mesure l'activité électrique du cerveau montre que les crises focales s'amorcent dans une région précise du cortex. Par exemple, si les décharges sont localisées dans le plan interne du gyrus post-central (partie sensorielle du cortex cérébral), elles peuvent donner lieu à de la paresthésie et à du fourmillement ou de l'engourdissement de la jambe du côté opposé du siège des décharges. Si les décharges se produisent dans la région du cerveau qui gouverne une fonction en particulier, elles pourront entraîner des manifestations sensorielles, motrices, cognitives ou émotionnelles spécifiques de la région du cerveau affectée. Selon la classification de 2010, la crise épileptique focale peut être décrite avec une terminologie spécifique. En effet, il est alors question de crise focale sans altération de la conscience, ou encore de crise focale évoluant vers une crise convulsive bilatérale.

Les crises focales peuvent se limiter à un hémisphère cérébral et demeurer de cette nature, ou elles peuvent s'étendre à tout le cerveau et culminer en une crise tonico-clonique généralisée (crise focale qui évolue vers une crise convulsive bilatérale). La crise tonico-clonique précédée d'une aura ou d'un signe avant-coureur est en fait une crise focale qui évolue vers une crise convulsive bilatérale. De nombreuses crises tonico-cloniques d'apparence généralisée dès le début sont en réalité des crises focales dont la phase initiale partielle peut être tellement brève que ni la personne, ni un observateur, ni même l'EEG ne l'ont détectée. À l'encontre de la crise généralisée tonico-clonique, la crise focale peut laisser dans son sillage un déficit neurologique résiduel transitoire après la phase résolutive. Il s'agit de la **paralysie de Todd** (faiblesse localisée) qui disparaît après un certain temps.

La crise focale peut avoir des manifestations motrices ou sensorielles, ou les deux types de manifestations. La crise focale motrice ou sensorielle s'accompagnant de symptômes élémentaires ne cause pas de perte de l'état de conscience et dure rarement plus d'une minute. Elle prend la forme d'un phénomène moteur, sensoriel ou végétatif, ou d'un phénomène multiple. Les expressions crise focale motrice, crise focale sensorielle et crise jacksonienne désignent ce type de crise.

La crise focale avec altération de l'état de conscience peut s'étendre à diverses fonctions comportementales, émotionnelles, affectives ou cognitives. Les décharges ont habituellement pour siège le lobe temporal, d'où son appellation de crise du lobe temporal. Cette crise dure habituellement plus de une minute et elle entraîne fréquemment une période de confusion après la phase résolutive. La crise focale avec altération de l'état de conscience se distingue de la crise focale motrice ou focale sensorielle du fait qu'elle altère la conscience. Elle peut se manifester exclusivement par une **obnubilation** ou de la confusion, sans signes moteurs ou sensoriels. Ce type de crise est parfois désigné par l'expression absence temporale. Il n'y a que rarement perte totale de l'état de conscience, un trait caractéristique de l'absence généralisée, ni de

Obnubilation : Trouble de la conscience caractérisé par un obscurcissement et un ralentissement de la pensée.

rétablissement aussi immédiat que dans l'absence généralisée.

La crise focale psychomotrice la plus fréquente se manifeste par le claquement des lèvres et des automatismes (mouvements répétitifs qui peuvent ne pas être appropriés). Ce type de crise est souvent appelé crise psychomotrice. La personne peut poursuivre une activité commencée avant la crise, comme compter ses sous ou choisir un article à l'épicerie, mais elle peut ne pas se rappeler ce qu'elle faisait pendant la crise. D'autres automatismes sont de nature désordonnée, comme tirailler ses vêtements, faire preuve de maladresse avec des objets (réels ou imaginaires) ou marcher sans but.

La crise focale avec altération de l'état de conscience peut se traduire par des symptômes psychosensoriels, dont la distorsion de la perception visuelle ou auditive et le vertige. Elle peut produire des troubles de mémoire, comme la sensation d'avoir déjà vécu un événement (déjà-vu), ou altérer la pensée. Le comportement sexuel est soit inhibé, soit débridé.

Crise non épileptique psychogène

La **crise non épileptique psychogène** consiste en un changement brusque de comportement ou de l'état de conscience. Elle ressemble à une crise épileptique, mais elle n'est pas accompagnée de changements électrophysiologiques à l'EEG typiques à la crise épileptique. La crise non épileptique psychogène fait partie des troubles de conversion dans la classification américaine du DSM-IV (Association américaine des psychiatres et psychologues). Elle est involontaire, en général, et elle est la manifestation physique d'un trouble psychologique. Dans certains cas, elle passe à tort pour de l'épilepsie (Berney, 2009).

21.7.3 Complications
Physiques

L'**état de mal épileptique** s'installe quand la crise épileptique persiste longtemps ou qu'elle se répète à intervalles brefs sans qu'il y ait une reprise de la conscience. C'est la complication la plus grave de l'épilepsie, et il s'agit d'une urgence neurologique. Tous les types de crises épileptiques peuvent aboutir à l'état de mal épileptique. Au cours de crises successives, le cerveau consomme plus d'énergie qu'il n'en a de disponible. Les neurones, épuisés, cessent de fonctionner. Il y a un risque de lésions cérébrales irréversibles. L'état de mal tonico-clonique est le plus dangereux, car il peut provoquer une insuffisance ventilatoire, de l'hypoxémie, des arythmies cardiaques, de l'hyperthermie et de l'acidose systémique en raison des spasmes musculaires intenses. Ces complications peuvent être fatales.

La crise infraclinique est une forme de mal épileptique chez un client sous sédation. La sédation masque la présence de signes externes de convulsions. Ainsi, si un client hospitalisé aux soins intensifs sous sédation avec une ventilation mécanique traverse une crise sans mouvements physiques, celle-ci peut passer inaperçue.

Les crises épileptiques peuvent également provoquer des blessures graves, entraînant parfois la mort à cause des traumatismes subis au moment de ces crises. Les personnes qui s'évanouissent durant la crise sont celles qui sont le plus à risque. De plus, les crises épileptiques durant la grossesse ou à l'accouchement comportent également un risque de complications potentielles pour la mère et le bébé.

Le taux de mortalité dans la population atteinte d'épilepsie est de deux à trois fois supérieur à celui de la population en général. Dans une proportion de 40 %, les décès sont causés par des blessures durant une crise, un suicide, une maladie sous-jacente, ou ils sont liés au traitement ou sont des morts subites inattendues en épilepsie (MSIE), c'est-à-dire des décès soudains inexpliqués liés à l'épilepsie. Ces décès soudains inexpliqués surviennent plus fréquemment chez les hommes et chez les personnes âgées de 20 à 40 ans. Ils représentent de 8 à 17 % des décès de personnes épileptiques. Leur cause directe est inconnue, mais la dysfonction respiratoire, les dysrythmies ou les médicaments sont soupçonnés (Nouri & Balish, 2009).

Psychosociales

La complication la plus courante de l'épilepsie est la conséquence sur le mode de vie du client. La stigmatisation sociale frappe encore ceux qui sont atteints d'épilepsie. La personne épileptique peut subir de la discrimination dans son milieu de travail ou à l'école. Étant donné les restrictions imposées à la conduite automobile, le transport peut devenir problématique.

21.7.4 Examen clinique et examens paracliniques

Le diagnostic d'épilepsie a des conséquences socioéconomiques, physiques et psychologiques importantes. Il repose surtout sur la description globale et précise des crises épileptiques et sur les antécédents de santé de la personne **ENCADRÉ 21.6**. L'EEG est une source d'information d'appoint, mais seulement s'il décèle des anomalies. Celles-ci permettent de déterminer le type d'épilepsies et le siège de la crise épileptique. En théorie, l'EEG devrait être effectué dans les 24 heures suivant une crise présumée. Malheureusement, le premier EEG ne révèle des anomalies que chez une petite proportion des personnes atteintes d'épilepsie. Il peut être nécessaire de l'effectuer à plusieurs reprises, voire de façon continue. La surveillance par EEG peut être nécessaire afin de parvenir à détecter des anomalies. Il se peut qu'aucune décharge anormale ne se produise durant les 30 à 40 minutes de l'EEG, et que ce dernier ne révèle jamais d'anomalies. Cet examen n'est pas concluant à lui seul, car le tracé de l'électroencéphalogramme de personnes exemptes d'épilepsie peut être anormal, tandis que celui de personnes affligées d'épilepsie peut apparaître normal. La magnétoencéphalographie peut être couplée à l'EEG. Cet examen est d'une plus grande sensibilité dans la détection des petits champs magnétiques générés par l'activité neuronale.

L'hémogramme, les analyses biochimiques, l'examen du foie et des reins et l'analyse d'urine permettront d'écarter la possibilité d'un trouble métabolique. La tomodensitométrie ou l'IRM sont indiquées en cas d'épilepsie d'apparition récente afin de savoir si une lésion structurelle est en cause. L'angiographie cérébrale, la tomographie d'émission à photon unique (TEPU), la spectroscopie par résonance magnétique (SRM), l'angiographie par résonance magnétique et la tomographie par émission de positrons (TEP) seront utiles dans certaines situations cliniques.

Non seulement il importe de diagnostiquer l'épilepsie, mais il faut également établir le type d'épilepsie avec justesse **FIGURE 21.2** et **ENCADRÉ 21.5**. Le choix du traitement varie selon le type d'épilepsie.

Processus diagnostique et thérapeutique

ENCADRÉ 21.6   **Épilepsie et crise épileptique**

Examen clinique et examens paracliniques

- Anamnèse et examen physique
  - Naissance et événements postnataux
  - Maladies et blessures antérieures
  - Antécédents familiaux
  - Crises hyperpyrétiques
  - Évaluation neurologique globale
- Caractéristiques de la crise épileptique
  - Facteurs précipitants
  - Événements antérieurs
  - Description de la crise (début, durée, fréquence et caractéristiques de la phase résolutive)

- Examens paracliniques
  - Hémogramme, analyse d'urine, électrolytes, créatinine, glycémie à jeun
  - Ponction lombaire (analyse du liquide céphalorachidien)
  - TDM, IRM, ARM, spectroscopie par résonance magnétique (SRM), tomographie par émission de positrons (TEP)
  - EEG

Processus thérapeutique

- Antiépileptiques **ENCADRÉ 21.7**
- Traitement chirurgical **TABLEAU 21.5**
- Stimulation du nerf vagal
- Counseling psychosocial

21.7.5 Processus thérapeutique en interdisciplinarité

La plupart des crises épileptiques s'achèvent d'elles-mêmes et ne causent pas de blessures corporelles. Il n'est pas nécessaire d'appeler les services médicaux d'urgence lorsqu'une personne qui se sait atteinte d'épilepsie a une crise épileptique. Il est toutefois important de s'assurer que la personne ne se blesse pas, de noter la durée de la crise et les événements qui se produisent durant la crise. Toutefois, en présence d'un état de mal épileptique, de blessures importantes ou d'une première crise épileptique, il faut obtenir des soins médicaux rapidement. Chez une personne hospitalisée, la présence d'une crise d'épilepsie doit être signalée au médecin traitant ; la durée de la crise ainsi que les événements qui se produisent durant l'attaque doivent être rapportés. Le **TABLEAU 21.4** résume les soins d'urgence en cas de crise épileptique généralisée tonico-clonique, la crise pour

---

Évaluation et interventions en situation d'urgence

TABLEAU 21.4	Crise tonico-clonique

CAUSES	CONSTATS	INTERVENTIONS
Traumatisme crânien • Hématome extradural • Hématome sous-dural • Hématome intracrânien • Contusion cérébrale • Traumatisme à la naissance **Origine iatrogène** • Surdose • Sevrage de l'alcool, des opiacés, d'antiépileptiques • Ingestion, inhalation **Origine infectieuse** • Méningite • Septicémie • Encéphalite **Origine cérébrale** • Tumeur cérébrale • Hémorragie sous-arachnoïdienne • AVC • Crise hypertensive • Élévation de la pression intracrânienne *due* à l'occlusion d'un *shunt* • Maladies neurodégénératives **Déséquilibre métabolique** • Déséquilibre liquidien ou électrolytique • Hypoglycémie **Affections** • Cardiopathie, hépatopathie, pneumopathie, néphropathie • Lupus érythémateux disséminé **Autres** • Arrêt cardiaque • Cause idiopathique • Troubles psychiatriques • Hyperthermie	• Aura (sensation étrange précédant la crise) • Perte de l'état de conscience • Incontinence intestinale et vésicale • Tachycardie • Diaphorèse • Peau chaude • Pâleur, bouffée congestive ou cyanose • Phase tonique : contractions musculaires soutenues • Phase hypertonique : rigidité musculaire extrême durant 5 à 15 secondes • Phase clonique : alternance rapide de la rigidité musculaire et de la relaxation musculaire • Phase résolutive : léthargie, altération de la conscience • Confusion et céphalée • Crises tonico-cloniques successives durant plusieurs minutes	**Initiales** • Dégager les voies respiratoires. • Ventiler le client s'il ne respire pas. • Faciliter la ventilation si le client ne respire pas spontanément après la crise. Prévoir l'intubation en cas d'absence du réflexe laryngé. • Aspirer les sécrétions, s'il y a lieu. • Éviter que le client se blesse durant la crise. Ne pas utiliser la contention. Coussiner les côtés de lit. • Desserrer les vêtements. • Établir un accès intraveineux (I.V.) • Demeurer auprès du client jusqu'à la fin de la crise. • Prévoir l'administration de phénobarbital, de phénytoïne (Dilantin^{MD}) ou de benzodiazépines (p. ex., le midazolam, le lorazépam [Ativan^{MD}]) afin de maîtriser la crise. **Surveillance continue** • Ne pas accéder de force aux voies respiratoires si le client a la mâchoire serrée. • Vérifier les signes vitaux, l'état de conscience, la saturation en oxygène, les résultats de l'échelle de coma de Glasgow, la taille des pupilles et la réponse au réflexe photomoteur. • Rassurer et orienter le client après la crise. • Administrer du dextrose par voie I.V. en cas d'hypoglycémie.

laquelle il est le plus probable que des services médicaux d'urgence soient nécessaires. Les examens paracliniques de l'épilepsie et le processus thérapeutique en interdisciplinarité sont décrits dans l'**ENCADRÉ 21.6**.

Pharmacothérapie

Les antiépileptiques constituent le pilier du traitement de l'épilepsie.

Puisque la guérison est impossible, le traitement a pour objectif la prévention des crises épileptiques. En général, le mécanisme d'action des médicaments consiste à stabiliser la membrane neuronale et à empêcher la propagation de la décharge épileptique. Les médicaments maîtrisent les manifestations de l'épilepsie chez près de 70 % des personnes atteintes. La maîtrise optimale des crises épileptiques et le minimum d'effets indésirables représentent le but premier du traitement pharmacologique. Celui-ci comprend au début un seul médicament dont la dose est déterminée selon l'âge et le poids du client, le type et la cause de l'épilepsie, et la fréquence des crises ; la dose augmente jusqu'à ce que les crises soient maîtrisées ou jusqu'à ce que des effets indésirables néfastes surviennent. La surveillance de la concentration sérique du médicament s'impose lorsque des crises se produisent malgré la prise d'un médicament antiépileptique, que la fréquence des crises s'accroît ou que l'inobservance thérapeutique est soupçonnée. La marge thérapeutique du médicament indique la concentration sérique maximale au-delà de laquelle des effets indésirables néfastes risquent de se produire chez la plupart des gens et la concentration sérique minimale en deçà de laquelle les crises continueront de se produire chez la plupart des personnes épileptiques. Cette marge thérapeutique n'est qu'un guide dans le traitement. Si le médicament parvient à maîtriser les crises épileptiques à une dose sous-thérapeutique, il n'y a pas lieu d'augmenter la dose. De même, si le médicament est employé à une dose supérieure à la marge thérapeutique, mais que le client ne subit pas d'effets indésirables néfastes, il n'y a pas lieu de diminuer la dose. Pour beaucoup de nouveaux médicaments, la surveillance de la concentration sérique n'est pas nécessaire parce que leur marge thérapeutique est très grande. Lorsqu'un seul médicament est insuffisant pour maîtriser les crises, il est possible de revoir sa posologie ou son moment d'administration, ou encore d'ajouter un autre médicament. Dans environ le tiers des cas, une polythérapie médicamenteuse sera nécessaire. Dans l'évaluation du traitement pharmacologique de la femme atteinte d'épilepsie, il importe de tenir compte des fluctuations hormonales à la puberté, à la période des menstruations, au cours de la grossesse et à la ménopause.

Durant de nombreuses années, la phénytoïne (Dilantin^{MD}), la carbamazépine (Tegretol^{MD}), le phénobarbital et l'acide valproïque (Depakene^{MD}) ont été les médicaments les plus souvent utilisés dans le traitement de l'épilepsie généralisée tonico-clonique et de l'épilepsie focale. L'éthosuximide (Zarontin^{MD}), l'acide valproïque (Depakene^{MD}) et le clonazépam (Rivotril^{MD}) interviennent dans le traitement de l'absence et de l'épilepsie myoclonique.

D'autres médicaments ont fait leur apparition au fil des ans, dont la gabapentine (Neurontin^{MD}), la lamotrigine (Lamictal^{MD}), le topiramate (Topamax^{MD}) et le lévétiracétam (Keppra^{MD}). Certains de ces médicaments ont un vaste spectre d'action et ils sont efficaces dans plusieurs types d'épilepsies.

La prégabaline (Lyrica^{MD}) est un médicament relativement nouveau utilisé en appoint dans la maîtrise des crises épileptiques focales lorsqu'un seul médicament n'y parvient pas.

Le traitement de l'état de mal épileptique nécessite l'administration intraveineuse d'un antiépileptique à action rapide. Les médicaments d'usage courant indiqués dans cette situation sont le lorazépam (Ativan^{MD}) et le midazolam. Comme leur action est brève, ils doivent être suivis de l'administration d'un médicament à action prolongée tels que la phénytoïne ou le phénobarbital.

L'**ENCADRÉ 21.7** présente les médicaments employés dans la prise en charge de l'épilepsie. Étant donné que nombre de ces médicaments (p. ex., la phénytoïne, le phénobarbital, l'éthosuximide, la lamotrigine, le topiramate) ont une longue demi-vie, ils peuvent être administrés en une ou deux prises par jour. Ce régime simple facilite l'observance thérapeutique, notamment parce qu'il n'est pas nécessaire de prendre le médicament au travail ou à l'école.

Pharmacothérapie

ENCADRÉ 21.7   **Épilepsie et crise épileptique**

Crise tonico-clonique généralisée ou focale
- Carbamazépine (Tegretol^{MD})
- Acide valproïque (Depakene^{MD})
- Gabapentine (Neurontin^{MD})
- Lamotrigine (Lamictal^{MD})
- Lévétiracétam (Keppra^{MD})
- Oxcarbazépine (Trileptal^{MD})
- Phénobarbital
- Phénytoïne (Dilantin^{MD})

- Prégabaline (Lyrica^{MD})
- Primidone
- Topiramate (Topamax^{MD})
- Vigabatrin (Sabril^{MD})

Absence, crise akinétique, crise myoclonique
- Clonazépam (Rivotril^{MD})
- Éthosuximide (Zarontin^{MD})
- Phénobarbital
- Acide valproïque (Depakene^{MD})

PHARMACOVIGILANCE

Carbamazépine (Tegretol^{MD})

- Ne pas prendre avec du jus de pamplemousse.
- Mentionner au client la nécessité de signaler les troubles visuels.
- Informer le client que l'arrêt brusque après une utilisation de longue durée risque de provoquer une crise épileptique.

21

Les effets indésirables des antiépileptiques touchent le SNC; ce sont la **diplopie** (trouble de la vue qui consiste à voir deux objets au lieu d'un seul), la somnolence, l'**ataxie** (incoordination des mouvements) et le ralentissement cognitif. L'évaluation neurologique des effets néfastes proportionnels à la dose consiste en l'examen des yeux pour dépister le nystagmus, l'évaluation de la coordination, de la marche et des fonctions cognitives.

Les effets indésirables idiosyncrasiques concernent des organes hors du SNC, notamment la peau (éruption cutanée), la gencive (**hyperplasie**), la moelle osseuse (**dyscrasie sanguine**), le foie et les reins. L'infirmière doit connaître ces effets indésirables pour être en mesure d'en informer le client et de veiller à l'instauration du traitement indiqué. L'hyperplasie gingivale (croissance exagérée du tissu gingival) est un effet indésirable courant de la phénytoïne, particulièrement chez le jeune adulte. Il est possible d'en limiter l'étendue grâce à une hygiène dentaire rigoureuse, soit le brossage et l'emploi du fil dentaire. Si l'hyperplasie se répand, l'ablation chirurgicale (gingivectomie) et le remplacement de la phénytoïne par un autre antiépileptique peuvent devenir nécessaires. La phénytoïne peut aussi causer de l'**hirsutisme** chez le jeune client.

La non-observance du traitement pharmacologique en raison des effets indésirables mentionnés ci-dessus peut devenir un problème. L'infirmière doit donc adopter des mesures destinées à favoriser l'observance thérapeutique. S'ils sont au courant de ce problème, les professionnels de la santé, de concert avec le client, pourront en arriver à un traitement pharmacologique acceptable. Par exemple, la prégabaline est prescrite dans certains cas à titre de médicament d'appoint dans le but de diminuer la dose du principal antiépileptique et, de ce fait, d'en diminuer les effets indésirables.

Traitement chirurgical

Bon nombre de clients pour qui le traitement pharmacologique ne parvient pas à maîtriser l'épilepsie sont des candidats à l'intervention chirurgicale destinée à exciser le foyer épileptique et à prévenir la propagation de l'activité épileptique dans le cerveau **TABLEAU 21.5**. Parmi les interventions figurent l'**exérèse** limbique, principalement la résection du lobe temporal antérieur, l'**amygdalo-hippocampectomie**, l'exérèse néocorticale, l'hémisphérectomie, la résection multilobaire et la section du corps calleux (Elger & Schmidt, 2008).

La chirurgie a pour effet bénéfique de réduire la fréquence des crises épileptiques ou de les faire cesser. Toutefois, ce ne sont pas toutes les épilepsies qui se prêtent à une intervention chirurgicale. Il est important de procéder à une évaluation préopératoire approfondie, notamment par la surveillance EEG continue et par d'autres tests particuliers afin de repérer le foyer avec précision. La chirurgie n'aura lieu que si les trois critères suivants sont satisfaits: 1) la confirmation du diagnostic d'épilepsie; 2) la durée du traitement pharmacologique suffisamment longue pour témoigner de son échec; 3) la précision des caractéristiques électriques et cliniques du syndrome (type d'épilepsie).

Autres traitements

La stimulation vagale constitue une autre forme de traitement de l'épilepsie, en appoint au traitement pharmacologique, lorsque la chirurgie est

TABLEAU 21.5	Traitement chirurgical de l'épilepsie	
TYPE DE CRISE	**INTERVENTION CHIRURGICALE**	**RÉSULTAT**
Crise focale prenant naissance dans le lobe temporal	Résection du tissu épileptogène	Guérison dans 25 à 30 % des cas; disparition des crises grâce au traitement pharmacologique concomitant dans 25 à 30 % des cas
Crise focale prenant naissance dans le lobe frontal	Résection du tissu épileptogène, si possible	Absence de crises durant 5 ans après la chirurgie dans 30 à 50 % des cas
Crise généralisée (syndrome de Lennox-Gastaut ou effondrement épileptique)	Section du corps calleux (callosotomie)	Persistance des crises, mais moins violentes, moins fréquentes et moins incapacitantes
Épilepsie unilatérale diffuse réfractaire associée à l'hémiplégie cérébrale infantile	Hémisphérectomie ou callosotomie	Baisse de la fréquence et de l'intensité des crises, amélioration du comportement

impensable. Une électrode implantée dans le cou transmet des impulsions électriques au nerf vague. Une fois le dispositif mis en place et programmé, le client peut l'activer à l'aide d'un aimant lorsqu'il a le sentiment qu'une crise est imminente. En effet, lorsqu'il est stimulé, le nerf vague peut prévenir la crise épileptique en interrompant la décharge neuronale excessive. Le mécanisme d'action exact est inconnu, mais certains chercheurs suggèrent qu'il augmente le seuil épileptogène par la libération d'acide gamma-aminobutyrique (GABA) et de glycine au cerveau. Cependant, la stimulation vagale peut entraîner des effets indésirables tels la toux, l'enrouement, la dyspnée et une sensation de fourmillement au cou. Le remplacement chirurgical de la pile est nécessaire tous les cinq ans.

La diète cétogène (riche en gras et faible en glucides) peut réduire le nombre de crises épileptiques chez certaines personnes, en favorisant l'accumulation de corps cétoniques dans le cerveau (Hartman & Vining, 2007). Elle est utile dans le traitement de l'épilepsie chez l'enfant, mais ses

effets à long terme ne sont pas connus. Il importe de surveiller étroitement la personne qui adopte ce régime en raison de l'augmentation du risque de saignement (Elger & Schmidt, 2008).

La rétroaction biologique à l'aide d'appareils qui informent la personne sur la fréquence de ses ondes cérébrales en vue de maîtriser les crises épileptiques a pour but d'enseigner au client à maintenir une certaine fréquence des ondes cérébrales qui fait obstacle à l'activité épileptique. L'efficacité de la rétroaction biologique reste à déterminer dans le cadre d'essais cliniques.

Plusieurs des nouveaux antiépileptiques semblent plus avantageux pour la personne âgée. La gabapentine et le lévétiracétam sont sûrs : ils altèrent peu la fonction cognitive et ils interagissent moins avec d'autres médicaments. La lamotrigine a également fait ses preuves en tant que médicament relativement sûr. L'oxcarbazépine (Trileptal^MD) est mieux tolérée que la carbamazépine. Enfin, le topiramate est considéré comme étant sécuritaire pour la personne âgée (Bromfield, 2010 ; Elger & Schmidt, 2008).

Considérations gérontologiques

ANTIÉPILEPTIQUES

L'incidence de nouveaux cas d'épilepsie est élevée dans la population âgée. Avant d'utiliser des antiépileptiques dans ce groupe, il importe de tenir compte des changements qui se produisent au cours du vieillissement. Ainsi, la phénytoïne est d'usage répandu dans le traitement de l'épilepsie. Mais comme ce médicament est métabolisé par le foie, son utilisation chez la personne âgée peut poser un problème en raison

du ralentissement de la fonction hépatique. En effet, des modifications enzymatiques liées au vieillissement diminuent la capacité du foie à métaboliser les médicaments. D'autre part, le phénobarbital et la primidone altèrent la fonction cognitive. Par conséquent, leur utilisation chez la personne âgée n'est pas souhaitable. Enfin, les interactions médicamenteuses avec la carbamazépine (Tegretol^MD) sont nombreuses (Bromfield, 2010 ; Elger & Schmidt, 2008).

RAPPELEZ-VOUS...

Après avoir atteint son site d'action, un médicament est métabolisé en une forme inactive ou moins active, qui sera plus facilement éliminée. Cette biotransformation a lieu principalement dans le foie.

Soins et traitements infirmiers

CLIENT ATTEINT D'ÉPILEPSIE

Collecte des données

En utilisant les méthodes PQRSTU et AMPLE, l'infirmière collecte les données subjectives et objectives présentées à l'**ENCADRÉ 21.8**. Elle peut interroger un témoin pour obtenir de l'information sur un épisode épileptique précis.

Analyse et interprétation des données

Le plan de soins et de traitements infirmiers **PSTI 21.2** présente plusieurs situations de santé liées à l'épilepsie ou aux crises épileptiques.

Planification des soins

Les objectifs généraux pour le client qui souffre d'épilepsie sont :
- d'éviter de se blesser durant une crise ;
- de jouir d'un état mental et physique optimal dans le cadre du traitement pharmacologique antiépileptique ;
- d'être dans une situation satisfaisante sur le plan psychosocial.

Interventions cliniques

Promotion de la santé
La promotion de mesures de sécurité générales, comme le port d'un casque protecteur, peut prévenir les risques de traumatisme crânien en cas de crise d'épilepsie. L'amélioration des soins périnataux, notamment durant le travail et l'accouchement, s'est traduite par la diminution de l'hypoxie et des traumatismes fœtaux, donc des lésions cérébrales causant l'épilepsie.

La personne épileptique devrait adopter un mode de vie sain (p. ex., un régime alimentaire équilibré, un repos suffisant, de l'exercice physique). L'infirmière l'aide à cerner les événements ou les situations qui précipitent la crise épileptique et lui suggère des moyens de les éviter ou de mieux les affronter. L'ingestion d'alcool en grande quantité, la fatigue et la perturbation du sommeil sont à éviter, et l'infirmière devrait enseigner au client à composer de façon constructive avec le stress.

Phase aiguë
Les responsabilités infirmières à l'égard du client hospitalisé pour cause d'épilepsie ou de crises épileptiques découlant d'un trouble

Durant la crise épileptique :

- veiller au dégagement des voies respiratoires ;

- protéger la tête du client, positionner le client sur le côté, relâcher les vêtements serrés, étendre le client au sol s'il est assis ;

- ne pas appliquer de mesures de contention ;

- ne rien mettre dans la bouche du client.

métabolique sont multiples, et elles incluent notamment l'observation et le traitement de la crise épileptique, l'éducation et l'intervention psychosociale (Fagley, 2007) **ENCADRÉ 21.9**.

Quand la crise épileptique survient, l'infirmière l'observe attentivement afin d'en consigner les aspects, car le diagnostic et le choix du traitement ne reposent souvent que sur la seule description des crises. L'infirmière note donc toutes les caractéristiques de la crise. Quels événements ont précédé la crise ? À quel moment s'est produite la crise ? Combien de temps a duré chaque phase (l'aura, le cas échéant, la crise elle-même, la phase résolutive) ? Comment s'est déroulée chaque phase ?

Tant les données subjectives que les données objectives revêtent de l'importance. Cette information doit décrire le début de la crise (la partie du corps dans laquelle la crise s'est manifestée en premier et de quelle façon) ; le déroulement et la nature de

l'activité épileptique (perte de l'état de conscience, morsure de la langue, automatismes, raideur, secousses, perte du tonus musculaire) ; les parties du corps touchées par la crise et l'ordre de progression de la crise ; les signes de stimulation du système nerveux sympathique comme la dilatation de la pupille, le ptyalisme, la respiration altérée, la cyanose, la bouffée congestive, la diaphorèse ou l'incontinence. L'évaluation de la période résolutive devrait porter sur l'évaluation de l'état de conscience et les signes vitaux, la taille de la pupille et la position des yeux et les troubles de mémoire, l'endolorissement musculaire, les troubles de la parole (aphasie, dysarthrie), la faiblesse ou la paralysie, le sommeil, et la durée de chacun des signes ou symptômes.

Une fois la crise passée, il peut être nécessaire de repositionner le client afin de dégager ses voies respiratoires, de procéder à l'aspiration des mucosités ou de lui administrer de l'oxygène.

Collecte des données

ENCADRÉ 21.8   **Épilepsie et crise épileptique**

Données subjectives

- Renseignements importants concernant la santé :
  - Antécédents de santé : crises antérieures, anomalies congénitales ou traumatisme à la naissance, épisode d'anoxie, traumatisme, tumeur ou infection au système nerveux central, AVC, trouble métabolique ; alcoolisme, intoxication à certains métaux ou au monoxyde de carbone ; insuffisance hépatique ou rénale, fièvre, grossesse, lupus érythémateux disséminé
  - Médicaments : observance du traitement antiépileptique ; sevrage alcoolique ou barbiturique, consommation de cocaïne, amphétamines, lidocaïne, théophylline, pénicilline, lithium, phénothiazines, antidépresseurs tricycliques, benzodiazépines

- Modes fonctionnels de santé :
  - Perception et gestion de la santé : antécédents familiaux
  - Cognition et perception : céphalées, aura, sautes d'humeur ou comportements inappropriés avant la crise, variation du degré de lucidité, douleur abdominale, myalgie (phase résolutive)
  - Perception et concept de soi : anxiété, dépression, perte de l'estime de soi, isolement social
  - Sexualité et reproduction : baisse ou hausse de la libido, dysfonction érectile

Données objectives

- Observations générales : facteurs précipitants, dont l'acidose ou l'alcalose métabolique marquée, l'hyperkaliémie, l'hypoglycémie, la déshydratation ou l'intoxication hydrique
- Système tégumentaire : morsure de la langue, lésions des tissus mous (si chute), cyanose, diaphorèse (phase résolutive)

- Système respiratoire : fréquence, rythme ou amplitude respiratoire anormale, hyperventilation puis apnée (phase critique), bruits respiratoires absents ou anormaux, obstruction respiratoire possible
- Système cardiovasculaire : hypertension, tachycardie ou bradycardie (phase critique)
- Système gastro-intestinal : incontinence intestinale, ptyalisme
- Système nerveux :
  - Crise généralisée :
    › Tonico-clonique : perte de l'état de conscience, contraction musculaire suivie de secousses musculaires ; dilatation de la pupille, somnolence en phase résolutive
    › Absence : altération de la conscience (durant 5 à 30 secondes) ; activité faciale motrice mineure
  - Crise focale :
    › Simple : aura, état de conscience intact, manifestation sensorielle, motrice, cognitive ou émotionnelle (crise focale motrice) ; crise motrice unilatérale avec manifestations en ordre de marche jacksonienne (du pouce, aux doigts, à la main, au bras)
    › Complexe : altération de la conscience et comportements inappropriés, automatismes, amnésie de la crise
- Système musculosquelettique : Faiblesse, paralysie, ataxie (phase résolutive)
- Système urinaire : incontinence
- Résultats possibles aux examens paracliniques : analyse toxicologique positive ou présence d'alcool ; déséquilibres électrolytiques, acidose ou alcalose, hypoglycémie marquée ; ↑ azote uréique du sang ou de la créatinine sérique, ↑ enzymes hépatiques, ↑ ammoniaque ; TDM ou IRM de la tête anormale, résultats de la ponction lombaire anormaux, décharges anormales détectées par l'EEG

PSTI 21.2 | Épilepsie

PROBLÈME DÉCOULANT DE LA SITUATION DE SANTÉ	**Mode de respiration inefficace** lié à la défaillance neuromusculaire secondaire à l'état de mal épileptique tonico-clonique ou à la fatigue consécutive à la crise, et mis en évidence par la fréquence, le rythme ou l'amplitude respiratoire problématique.
OBJECTIF	Le client verra son cycle respiratoire rétabli de façon à combler ses besoins en oxygène.

RÉSULTATS ESCOMPTÉS	INTERVENTIONS INFIRMIÈRES ET JUSTIFICATIONS

Dégagement des voies respiratoires
• Mouvements respiratoires présents
• Fréquence respiratoire _____R/min
• Murmures vésiculaires présents dans toutes les plages pulmonaires
• Absence de bruits respiratoires audibles (râles, stridor, etc.)
• Absence de sécrétions ou de vomissures dans la bouche
	Assistance respiratoire
	• Évaluer la personne inconsciente selon la méthode ABCD.
	• Surveiller et évaluer la respiration et l'oxygénation afin de cerner les problèmes respiratoires et leur étendue, et d'intervenir de façon appropriée.
	  — Positionner le client en décubitus latéral pour optimiser la ventilation.
	  — Déterminer la nécessité d'accéder aux voies respiratoires pour faciliter l'intubation, s'il y a lieu.
	  — Ne rien insérer dans la bouche durant la crise pour éviter les blessures à la bouche et aux dents.
	  — Procéder à l'aspiration trachéale ou nasotrachéale pour dégager les voies respiratoires.
	Prise en charge de la crise épileptique
	• Évaluer la respiration, mesurer la saturation en oxygène.
	• Desserrer les vêtements pour éviter toute contrainte à la respiration.
	• Administrer de l'oxygène, s'il y a lieu, afin de maintenir l'oxygénation et de prévenir l'hypoxie.
	• Surveiller la phase résolutive pour en déterminer la durée et les caractéristiques parce que les lésions neurologiques peuvent altérer le schéma respiratoire.

PROBLÈME DÉCOULANT DE LA SITUATION DE SANTÉ	**Risque de blessure** lié à la perte de l'état de conscience durant la crise épileptique et à la faiblesse physique subséquente.
OBJECTIF	Le client évitera les blessures durant la crise épileptique.

RÉSULTATS ESCOMPTÉS	INTERVENTIONS INFIRMIÈRES ET JUSTIFICATIONS
Maîtrise de la crise épileptique • Respect du traitement pharmacologique • Consultation d'un professionnel de la santé si la fréquence des crises augmente • Adoption de pratiques sécuritaires à la maison et au travail pour éviter les déclencheurs • Adoption de pratiques sécuritaires à la maison et au travail pour diminuer les facteurs de risque de blessures	**Précautions** • Surveiller l'observance du traitement pharmacologique antiépileptique afin de diminuer le risque de crise épileptique. • Enlever les objets de son environnement susceptibles de blesser le client et recouvrir les côtés de lit d'un coussin protecteur pour que le client ne se blesse pas durant la crise. • Veiller à la présence de l'appareil d'aspiration, du masque AMBU^{MD} et du dispositif d'intubation oropharyngée ou nasopharyngée au chevet du client afin de dégager les voies respiratoires et de maintenir l'oxygénation, s'il y a lieu. • Évaluer les risques pour le client à faire certaines activités. **Prise en charge de la crise épileptique** • Assister le client qui anticipe la crise (aura) en s'assurant d'un environnement et d'une position sécuritaires afin de diminuer les risques de blessures. • Demeurer avec le client durant la crise pour éviter qu'il se blesse. • Ne pas bouger le client durant la crise pour éviter des blessures aux tissus mous. • Consigner les caractéristiques de la crise : élément déclencheur, aura, parties du corps touchées, activité motrice et évolution de la crise, durée, etc. • Évaluer la condition du client dans la phase résolutive (blessures à la bouche, ecchymoses, plaies, fatigue, faiblesse, etc.) afin de planifier les interventions appropriées. • Aviser le médecin traitant.

21

PROBLÈME DÉCOULANT DE LA SITUATION DE SANTÉ	**Adaptation inefficace** liée à la sensation de perte de contrôle et de danger pour le bien-être physique et social, mise en évidence par le déni du diagnostic et le refus d'admettre la véritable fréquence des crises ou par la non-observance du régime thérapeutique.
OBJECTIF	Le client s'adaptera à la maladie et observera le régime thérapeutique.

RÉSULTATS ESCOMPTÉS	INTERVENTIONS INFIRMIÈRES ET JUSTIFICATIONS
Acceptation de l'état de santé • Attitude positive à l'égard de la maladie • Exercice de ses rôles et de ses relations sociales • Énonciation de stratégies d'adaptation cohérentes avec la réalité de sa condition • Verbalisation de son acceptation de soi	**Amélioration de l'adaptation** • Évaluer l'adaptation du client aux changements de son image corporelle. • Déterminer les répercussions de la situation du client sur ses rôles et ses relations afin de cerner l'étendue du problème et de planifier des interventions appropriées. • Explorer avec le client les raisons de ses réactions à la situation. • Favoriser l'autonomie du client afin de promouvoir l'adaptation en offrant de l'information juste. **Enseignement : la maladie** • Explorer avec le client ses besoins d'information afin de favoriser le partenariat. • Transmettre au client de l'information factuelle sur le diagnostic, le traitement et le pronostic afin de lui permettre d'apporter les modifications nécessaires à son style de vie. • Décrire les complications chroniques potentielles. • Aborder le bien-fondé des recommandations de prise en charge ou de traitement.

PROBLÈME DÉCOULANT DE LA SITUATION DE SANTÉ	**Prise en charge de sa santé inefficace** liée au manque de connaissances sur la prise en charge de l'épilepsie, mise en évidence par le fait que le client exprime son manque de connaissances, sa perception inexacte de son état de santé et sa non-observance du régime thérapeutique prescrit.
OBJECTIFS	• Le client sera bien informé des aspects de la prise en charge efficace de l'épilepsie. • Le client prendra des décisions quant à la modification de ses comportements et de son style de vie nécessaire dans la prise en charge de l'épilepsie.

RÉSULTATS ESCOMPTÉS	INTERVENTIONS INFIRMIÈRES ET JUSTIFICATIONS
Connaissances sur la maladie • Attitude positive à l'égard de la maladie • Exercice de ses rôles et de ses relations sociales • Énonciation de stratégies d'adaptation cohérentes avec la réalité de sa condition • Verbalisation de son acceptation de soi	**Enseignement : la maladie** • Évaluer le degré de connaissances du client sur le mécanisme de la maladie afin de préciser ses besoins d'information. • Examiner les modifications du style de vie (p. ex., l'évitement des facteurs précipitants, les restrictions en matière de conduite automobile, le port d'une pièce d'identité médicale, la modération dans la consommation d'alcool et l'alimentation, l'exposition au stress, l'abstention de la pratique d'activités dangereuses) qui pourraient être nécessaires afin de prévenir des complications ou de maîtriser le processus de la maladie. • Aborder les options thérapeutiques et de prise en charge ainsi que le bien-fondé de ces options de sorte que le client et sa famille modifient leur style de vie pour s'adapter à la maladie chronique.

La crise peut être une expérience angoissante pour le client et pour ceux qui en sont témoins. L'infirmière évalue leur degré de connaissances sur le sujet et leur offre de l'information sur le déroulement et la cause de la crise. Elle peut ainsi réfuter bien des idées fausses sur les crises épileptiques.

Soins ambulatoires et soins à domicile

Le but premier du traitement de l'épilepsie consiste à prévenir les crises épileptiques. Nombre d'épilepsies étant incurables, il s'avère nécessaire de prendre des médicaments de façon régulière et continue, parfois durant toute la vie. L'infirmière vérifie que le client connaît les aspects particuliers de son traitement pharmacologique et qu'il sait ce qu'il faut faire s'il oublie une dose. Habituellement, il peut prendre son médicament dans les 24 heures suivant l'heure de la prise habituelle. Elle le prévient de ne pas modifier la posologie de ses médicaments sans consulter un professionnel de la santé puisqu'il pourrait ainsi augmenter la fréquence des crises, voire provoquer l'état de mal épileptique. Elle encourage le client à rapporter les effets indésirables des médicaments et à consulter un professionnel de la santé à intervalles réguliers.

L'enseignement au client et au proche aidant représente une fonction infirmière importante. Les lignes directrices à ce propos sont présentées à l'**ENCADRÉ 21.10**. L'infirmière enseigne aux

Étant donné que n'importe quel membre du personnel infirmier peut être témoin d'une crise épileptique, il incombe à tout le personnel de veiller à la sécurité du client. Toutefois, c'est la responsabilité professionnelle de l'infirmière de s'assurer que les personnes sous ses soins sont en sécurité.

Rôle de l'infirmière

- Renseigner le client sur les facteurs qui accroissent le risque de crise épileptique, notamment l'alcool, la fatigue, le sommeil perturbé et le stress.
- Aborder avec le client tous les aspects du traitement pharmacologique antiépileptique, à savoir la nature des médicaments, leur posologie, leurs effets indésirables et la surveillance du taux sérique, le cas échéant.
- Veiller à ce que l'appareil d'aspiration, le masque AMBU^MD et l'oxygène soient à proximité du lit du client à risque de crise.
- Dans un contexte d'hospitalisation, aviser immédiatement le médecin de tout signe d'activité épileptique.
- Évaluer la perméabilité des voies respiratoires et, après la crise, positionner le client de façon à dégager les voies respiratoires.
- Administrer l'antiépileptique en perfusion I.V. au client en état de mal épileptique.
- Procéder à l'aspiration oropharyngée après la crise.
- Documenter la crise épileptique, notamment les instants précédant la crise ; la durée de chaque phase ; le déroulement et la nature de l'activité épileptique ; le degré de conscience, les signes vitaux et l'activité à la phase résolutive.

- Guider le client vers la Fondation de l'épilepsie et les organismes communautaires offrant de l'aide concernant les problèmes financiers, la formation professionnelle, la recherche d'emploi et l'hébergement.
- Éduquer les membres de la famille et les proches aidants sur la prise en charge de la crise épileptique et de l'état de mal épileptique.
- En milieu de soins ambulatoires ou de soins à domicile, évaluer l'autogestion du traitement pharmacologique et le mode de vie du client.

Rôle de l'infirmière auxiliaire

- Administrer les antiépileptiques par la voie orale, selon leur posologie.
- En milieu de soins ambulatoires ou de soins à domicile, surveiller l'observance du traitement pharmacologique et des modifications du style de vie.
- Mesurer les signes vitaux à la phase résolutive.
- Dans un contexte d'hospitalisation, aviser immédiatement l'infirmière de tout signe d'activité épileptique.
- Observer les manifestations de la crise épileptique et en faire état à l'infirmière.

Rôle du préposé aux bénéficiaires

- Enlever les objets qui pourraient blesser le client et installer un coussin protecteur sur les côtés de lit.
- Dans un contexte d'hospitalisation, mentionner immédiatement tout signe d'activité épileptique à l'infirmière.
- Observer les manifestations de la crise épileptique et en faire état à l'infirmière.

Enseignement au client et à ses proches

ENCADRÉ **21.10** **Épilepsie et crise épileptique**

L'enseignement au client et à ses proches sur la prise en charge de l'épilepsie devrait porter sur les aspects suivants :

- Prendre les médicaments tels qu'ils sont prescrits. Rapporter tous les effets indésirables des médicaments au professionnel de la santé. Lorsque cela est nécessaire, du sang est prélevé pour déterminer le taux sanguin des médicaments afin de vérifier s'il se situe dans l'écart thérapeutique.
- Recourir à des techniques non pharmacologiques, notamment la thérapie par la relaxation et l'entraînement à la rétroaction biologique afin de diminuer le nombre de crises.
- Connaître les ressources offertes dans la collectivité.
- Porter un bracelet, un collier ou une carte d'identité médicale.
- Ne pas consommer d'alcool de façon excessive ; éviter la fatigue et le manque de sommeil.

- Prévoir les repas à intervalles réguliers ainsi que des collations entre les repas en cas de sensation de faiblesse, d'étourdissement ou de faim.

Information à transmettre aux proches aidants

- En cas de crise tonico-clonique, il n'est pas nécessaire de faire venir une ambulance ou de conduire la personne à l'hôpital après une seule crise, à moins qu'elle ne se prolonge, qu'une autre y succède tout de suite, que la personne se blesse gravement ou que la personne ne soit pas diagnostiquée comme étant épileptique.
- Durant la phase aiguë de la crise, il importe de protéger la personne pour qu'elle ne se blesse pas. Il peut s'agir de soutenir et de protéger la tête, de positionner la personne en décubitus latéral, de desserrer les vêtements ou d'aider la personne à s'étendre au sol, si elle est assise ou debout.

Sophie est âgée de 17 ans. Épileptique depuis l'âge de 14 ans, elle est traitée par la phénytoïne (Dilantin^MD). Elle désire ardemment devenir infirmière, un rêve qu'elle entretient depuis de nombreuses années.

La sachant épileptique, lui conseilleriez-vous de s'inscrire dans un programme de formation en soins infirmiers ?

proches aidants et aux membres de la famille les mesures d'urgence à adopter devant la crise épileptique tonico-clonique **TABLEAU 21.4**. Elle leur rappelle qu'il n'est pas nécessaire d'appeler une ambulance ou de se rendre à l'hôpital après une seule crise, à moins que celle-ci ne se prolonge, qu'une autre crise y succède immédiatement ou qu'elle cause une blessure importante.

La personne aux prises avec un trouble épileptique éprouve de l'inquiétude ou de la crainte quant à la récurrence des crises. Elle appréhende l'incontinence ou de la perte de la maîtrise de soi. L'infirmière peut la soutenir en lui offrant de l'information sur la maladie et en l'aidant à s'adapter efficacement.

Le plus grand défi que pose l'épilepsie à la personne qui en souffre est sans doute celui de s'adapter aux limites imposées par la maladie. La discrimination dans l'emploi constitue le plus grave problème que doit affronter la personne épileptique. À ce propos, le client peut être dirigé vers l'instance responsable du respect des droits de la personne ou de l'application de la législation sur le travail.

Diverses ressources sont mises à la disposition de la personne épileptique qui éprouve un problème en particulier. Si l'infirmière estime qu'un groupe d'entraide constitué de personnes atteintes de la même maladie pourrait se révéler utile, elle dirige le client vers la section locale de la Fondation sur l'épilepsie, organisme bénévole qui offre des services aux personnes épileptiques.

Les dispositions de la législation sur la conduite automobile applicables aux personnes ayant subi une crise épileptique varient d'une province à une autre. Au Québec, le Code de la sécurité routière stipule qu'une personne épileptique peut conduire, mais à certaines conditions assez restrictives (L.R.Q., c. C-24.2, art. 619, par. 2 et 8). L'infirmière indique au client qu'il peut se procurer un bracelet, un collier ou une carte d'identité auprès de la Fondation, d'une pharmacie ou d'un organisme spécialisé comme MedicAlert. Toutefois, le port d'une telle pièce demeure facultatif. Certains clients jugent que c'est utile, alors que d'autres préfèrent ne pas faire savoir qu'ils sont épileptiques.

La Fondation publie plusieurs dépliants sur le sujet et elle peut animer des groupes d'entraide. Nombre d'organismes offrant des services aux personnes épileptiques, ainsi que les sections locales d'Épilepsie Canada et de l'Alliance canadienne de l'épilepsie (ACE), les proposent à titre de matériel didactique.

Évaluation des résultats

Le plan de soins et de traitements infirmiers **PSTI 21.2** précise les résultats escomptés des soins et des traitements infirmiers en présence d'épilepsie.

21.8 | Sclérose en plaques

Démyélinisation :
Destruction de la myéline enveloppant la fibre nerveuse.

La **sclérose en plaques (SEP)** est un trouble chronique, dégénératif et évolutif du SNC qui se caractérise par la **démyélinisation** disséminée des fibres nerveuses du cerveau et de la moelle épinière.

La maladie survient chez l'adulte jeune ou d'âge moyen, habituellement entre 20 et 50 ans. Son incidence est plus grande chez la femme que chez l'homme dans un ratio de 2,3 femmes pour 1 homme (Alonso & Hernan, 2008). Sa prévalence dans les régions au climat tempéré (situées du 45e au 65e degré de latitude), comme le Nord des États-Unis, le Canada et l'Europe, est le quintuple de celle dans les régions tropicales. Le déplacement d'une région tempérée à une région tropicale, ou l'inverse, peut modifier le risque de survenue de la SEP. Les immigrants et leurs descendants ont tendance à présenter le degré de risque (soit élevé, soit bas) de la région où ils s'établissent. Toutefois, cette modification du risque ne se produit pas instantanément. Ainsi, le taux de prévalence chez les Américains d'origine africaine équivaut à 40 % de celui chez les Américains d'origine européenne, alors que le taux de prévalence chez les Africains correspond à 1 % de celui des Américains d'origine européenne. L'incidence variable de la SEP laisse entrevoir que l'étiologie de la maladie tient à l'interaction complexe de facteurs géographiques, de facteurs ethniques et d'autres facteurs (National Multiple Sclerosis Society, 2010b).

21.8.1 Étiologie et physiopathologie

La cause de la SEP est inconnue, quoique la recherche suggère qu'elle est liée à un processus de nature infectieuse (virale), immunologique et génétique, et que la maladie se perpétue par l'effet de facteurs intrinsèques (p. ex., une régulation immunitaire défectueuse). La susceptibilité à la SEP semble être héréditaire. Les parents de premier, deuxième et troisième degrés d'une personne atteinte de SEP présentent un risque légèrement accru de la maladie. Plusieurs gènes confèrent la susceptibilité à l'égard de la SEP.

Dans l'étiologie de la SEP, le rôle des facteurs précipitants, dont l'exposition à un agent pathogénique, est controversé. Il est possible que leur association avec la SEP relève du hasard et qu'il n'y ait pas de relation de cause à effet. Une infection, une blessure physique, un stress émotionnel, la fatigue excessive, la grossesse et l'état de santé médiocre sont des facteurs précipitants possibles.

L'inflammation chronique, la démyélinisation et la gliose (formation de tissu cicatriciel) dans le SNC sont les traits caractéristiques de la SEP. Le trouble neuropathologique primaire est une maladie auto-immune générée par l'autoréactivité des lymphocytes T. Chez la personne prédisposée génétiquement, il se peut que ce processus soit déclenché par un virus. Les lymphocytes T activés s'acheminent vers le SNC par le courant sanguin occasionnant un bris de la barrière hématoencéphalique. Il s'agit probablement du premier incident menant à l'apparition de la SEP. La réaction antigène-anticorps subséquente, qui a lieu dans le SNC, entraîne l'activation de la réponse inflammatoire, puis la démyélinisation des axones des neurones. Le processus pathogénique comprend la perte de la myéline, la disparition des **oligodendrocytes** et la prolifération des astrocytes. Ensuite, il y a la formation de plaques disséminées, ou sclérose, dans de multiples régions du SNC.

La maladie s'attaque en premier à la gaine de myéline des neurones du cerveau et de la moelle épinière **FIGURE 21.3A** et **B**. Cette gaine est lésée au stade précoce de la maladie. Cependant, la fibre nerveuse comme telle demeure intacte et elle transmet toujours les influx nerveux **FIGURE 21.3C**. C'est alors que la personne peut ressentir les effets de l'altération de son fonctionnement (p. ex., une faiblesse). La myéline peut cependant se régénérer de sorte que les symptômes disparaissent au bout d'un moment. La phase de rémission s'amorce.

Après la myéline, l'**axone** est touché **FIGURE 21.3D**. La myéline est remplacée par une cicatrice gliale qui forme une plaque scléreuse dure dans de nombreuses régions du SNC **FIGURE 21.4**. En l'absence de myéline, les influx nerveux ralentissent. À la destruction des axones, les influx sont carrément bloqués, ce qui entraîne une défaillance permanente. Dans beaucoup de

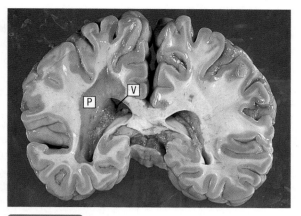

Sclérose en plaques chronique – Plaque de démyélinisation (P) à la jonction de la matière grise et de la matière blanche, et plaque ombrée adjacente partiellement remyélinisée (V).

lésions chroniques, la démyélinisation se poursuit et entraîne dans son sillage une dysfonction neurologique progressive.

21.8.2 Manifestations cliniques

La maladie apparaît de manière insidieuse et progressive, et elle se manifeste par des symptômes vagues survenant à intermittence pendant des mois, voire des années (Palmieri, 2008). C'est ainsi qu'il peut s'écouler une longue période avant que la maladie ne soit diagnostiquée. Le processus pathogénique se produisant de façon éparse dans le SNC, les signes et les symptômes varient avec le temps. Dans certains cas, la maladie évolue au fil d'une détérioration progressive chronique, tandis que, dans d'autres cas, elle alterne entre la rémission et la poussée. Toutefois, plus les poussées se répètent, plus la gaine de myéline disparaît au profit de la cicatrice gliale, et plus l'état neurologique se détériore progressivement.

Les diverses manifestations cliniques reflètent les régions du SNC touchées. Ainsi, certaines personnes présenteront de graves symptômes tenaces dès la phase initiale de la maladie, tandis que d'autres n'éprouveront que des symptômes légers occasionnels durant des années. La maladie a fait l'objet d'une classification basée sur son évolution clinique **TABLEAU 21.6**.

Les signes et les symptômes usuels de la SEP sont d'ordre moteur, sensoriel, cérébelleux ou émotionnel. La faiblesse ou la paralysie des membres, du tronc ou de la tête, la diplopie, la **dysarthrie ataxique**, ou scansion du discours, qui consiste à détacher chaque syllabe d'un mot, et la **spasticité** des muscles marqués d'une atteinte chronique figurent au nombre des symptômes moteurs. Quant aux anomalies sensorielles, il convient de mentionner l'engourdissement, le fourmillement et d'autres paresthésies, le

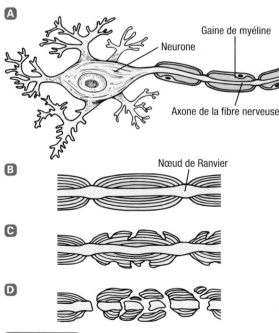

Pathogénie de la sclérose en plaques – **A** Cellule nerveuse et sa gaine de myéline. **B** Axone normal. **C** Dégradation de la myéline. **D** Myéline complètement détruite ; axone incapable de fonctionner normalement.

Spasticité : Augmentation exagérée et permanente du tonus musculaire (tension musculaire) d'un muscle au repos. Cette affection est secondaire à une maladie neurologique (tumeur, problème vasculaire, transformation progressive du tissu nerveux en un tissu inerte).

TABLEAU 21.6	Évolution de la sclérose en plaques
FORME	**CARACTÉRISTIQUES**
Cyclique	• Nettes poussées de manifestations symptomatiques suivies de périodes de rémission totale ou partielle • Diagnostic initial de SEP dans près de 85 % des cas
Progressive primaire	• Détérioration lente de l'état neurologique dès le début, sans poussées ni périodes de rémission distinctes • Environ 10 % des diagnostics de SEP
Progressive secondaire	• Phase cyclique initiale suivie de la progression de la maladie, constante ou parsemée de poussées, de périodes de rémission partielle ou de périodes de stabilité • Nouveaux traitements pouvant possiblement ralentir cette progression • Apparition de cette forme de la maladie dans les 10 ans chez environ 50 % des personnes atteintes de SEP cyclique.
Progressive rémittente	• Progression constante de la maladie, dès le début, ponctuée de poussées suivies parfois de périodes de rémission totale ; progression de la maladie entre les poussées • Seulement 5 % des diagnostics de SEP

scotome (vision lacunaire), la vision floue, le vertige, l'acouphène, un déficit auditif et la douleur neuropathique chronique. L'**algie** radiculaire (racine nerveuse) peut être présente, particulièrement dans les régions thoraciques basse et abdominale. Le **signe de Lhermitte**, symptôme sensoriel transitoire, se manifeste par une sensation de décharge électrique parcourant le dos, le long de la colonne vertébrale, et les jambes pendant une flexion cervicale. Le nystagmus, l'ataxie, la dysarthrie et la dysphagie comptent parmi les signes cérébelleux. Nombre de personnes aux prises avec la SEP ressentent une grande fatigue, source d'incapacité importante dans certains cas. Cette fatigue est habituellement associée à l'augmentation des besoins énergétiques, au déconditionnement, à la dépression et aux effets indésirables des médicaments (Lazoff, 2010).

Lorsque les plaques scléreuses envahissent les régions du SNC responsables de l'élimination, les fonctions intestinale et vésicale sont affectées. Le problème de défécation le plus généralement observé est la constipation plutôt que l'incontinence fécale. Divers problèmes urinaires se présentent. La vessie spastique (désinhibée) est fréquente dans la SEP. Cet état relève d'une lésion au-dessus du deuxième nerf sacré, qui bloque l'influence inhibitrice suprasegmentale sur la contractilité vésicale.

La capacité de remplissage vésicale s'en trouve réduite, et les contractions vésicales deviennent incontrôlées. Il s'ensuit une impériosité urinaire accompagnée de **pollakiurie**, qui débouche sur la miction goutte à goutte ou l'incontinence. La vessie flasque (hypotonique) reflète une lésion de l'arc réflexe contrôlant la fonction vésicale. La capacité de remplissage de la vessie s'accroît du fait de l'absence de toute sensation, pression, douleur ou envie d'uriner. En général, elle provoque de la rétention urinaire, quoique la miction impérieuse et la pollakiurie puissent se produire dans ce type de lésions. Le problème urinaire peut être de nature mixte, jumelant des traits de la vessie spastique et des traits de la vessie flasque. Seul l'examen urodynamique permet de diagnostiquer les problèmes urinaires.

La dysfonction sexuelle est également fréquente dans la SEP. La dysfonction érectile physiologique peut traduire une atteinte de la moelle épinière. Chez la femme, la dysfonction se manifeste par une baisse de la libido, des difficultés à atteindre l'orgasme, la dyspareunie et la diminution de la lubrification vaginale. L'altération des sensations peut empêcher la jouissance sexuelle chez l'homme comme chez la femme. L'excitation sexuelle est également affectée par les répercussions émotionnelles de la maladie chronique et par la perte de l'estime de soi.

Chez certaines femmes atteintes de SEP, la grossesse amène une rémission ou une amélioration symptomatique. L'état hormonal particulier à la grossesse semble exercer une influence sur le système immunitaire. Après l'accouchement, toutefois, le risque d'une poussée est grand.

Les répercussions cognitives de la SEP peuvent entraîner une incapacité considérable. Ces répercussions cognitives vont des troubles de la mémoire à court terme, de l'attention, du traitement de l'information, de la planification et de la perception visuelle au manque de mots. L'intellect demeure intact, y compris la mémoire à long terme, le langage conversationnel et la capacité de compréhension en lecture. La personne aux prises avec la SEP peut également manifester des changements émotionnels qui s'expriment par la colère, la dépression ou l'euphorie. Le traumatisme physique ou émotionnel, la fatigue et l'infection déclenchent ou accentuent les signes et les symptômes de la SEP.

L'espérance de vie à l'apparition des symptômes est de plus de 25 ans. Ce sont habituellement des complications infectieuses (p. ex., une pneumonie) de l'immobilité ou une autre maladie qui causent le décès.

21.8.3 Examen clinique et examens paracliniques

Il n'y a pas d'examens paracliniques précis qui permettent d'établir le diagnostic de SEP avec certitude ; le diagnostic repose principalement sur les antécédents du client, les manifestations cliniques et la détection des lésions au fil du temps à l'aide de l'imagerie par résonance magnétique ENCADRÉ 21.11. Certaines analyses biochimiques peuvent étayer les constats de l'examen clinique. Dans certains cas, l'analyse du liquide céphalorachidien (LCR) détecte une hausse du taux d'immunoglobuline G (IgG). Ce liquide peut également contenir un nombre élevé de lymphocytes et de monocytes. Les potentiels évoqués sont souvent différés dans la SEP en raison du ralentissement de la transmission électrique le long des voies nerveuses allant de l'œil et de l'oreille au cerveau. L'IRM peut être utile dans la détection des petites plaques de 3 ou 4 mm de diamètre. Cet examen mettra en évidence les lésions caractéristiques de la substance blanche disséminées dans le cerveau ou la moelle épinière (Lazoff, 2010).

21.8.4 Processus thérapeutique en interdisciplinarité
Pharmacothérapie

Parce que la SEP ne se guérit pas encore, le processus thérapeutique en interdisciplinarité est axé sur le traitement du processus pathogénique et la maîtrise symptomatique TABLEAU 21.7. Les médicaments interviennent dans le traitement du processus pathogénique, et les symptômes sont maîtrisés par divers médicaments et d'autres formes de traitements. L'hormone corticotrope (ACTH), la méthylprednisolone et la prednisone sont utiles dans la phase aiguë de la maladie, probablement en réduisant l'œdème et l'inflammation aiguë dans les zones de démyélinisation. Cependant, ces médicaments ne changent en rien l'issue ultime ni l'étendue du déficit neurologique résiduel après une poussée.

Cinq immunomodulateurs ont pour fonction de modifier l'évolution de la maladie et de prévenir la rechute TABLEAU 21.8.

Le natalizumab (Tysabri^MD) en administration intraveineuse mensuelle est prescrit lorsque les autres médicaments échouent. Il accroît le risque de leucoencéphalopathie multifocale progressive, une infection cérébrale virale potentiellement mortelle.

PHARMACOVIGILANCE

Interféron bêta (Avonex^MD, Betaseron^MD, Rebif^MD)

- Changer de site d'injection chaque fois.
- Évaluer la présence de dépression ou d'idées suicidaires.
- Au soleil, appliquer un écran solaire et porter des vêtements couvrants.
- Savoir que les symptômes d'allure grippale sont fréquents à l'instauration du traitement.

Processus diagnostique et thérapeutique

ENCADRÉ 21.11   **Sclérose en plaques**

Examen clinique et examens paracliniques
- Anamnèse et examen physique
- Analyse du liquide céphalorachidien
- Potentiels évoqués (p. ex., les potentiels évoqués somesthésiques [PES], les potentiels évoqués auditifs [PEA], les potentiels évoqués visuels [PEV])
- TDM
- IRM, SRM

Processus thérapeutique
- Pharmacothérapie TABLEAU 21.7
  - Corticostéroïdes

- Immunomodulateurs
- Immunosuppresseurs
- Cholinergiques
- Anticholinergiques
- Myorelaxants
- Traitement chirurgical
  - Thalamotomie (tremblements persistants)
  - Neurectomie, radicotomie, chordotomie (spasticité persistante)

TABLEAU 21.7   Sclérose en plaques

CLASSE DE MÉDICAMENTS	ENSEIGNEMENT AU CLIENT
Corticostéroïdes	
• ACTH, prednisone, méthylprednisolone	• Surveiller la glycémie. • Observer l'augmentation de l'appétit. • Surveiller toute hyperactivité, sensation d'agitation ou d'impatience. • Limiter le sel. • Ne pas cesser le traitement. • Connaître les interactions médicamenteuses.
Immunomodulateurs	
• Interféron bêta (Betaseron^MD, Avonex^MD, Rebif^MD) • Acétate de glatiramère (Copaxone^MD)	• Connaître le mode d'administration par injection. • Rapporter les effets indésirables.
Cholinergiques	
• Béthanéchol • Néostigmine (Prostigmin^MD)	• Consulter un professionnel de la santé avant de prendre d'autres médicaments, notamment des médicaments en vente libre.
Anticholinergiques	
• Propanthéline • Oxybutynine (Ditropan^MD)	• Consulter un professionnel de la santé avant de prendre d'autres médicaments, particulièrement les médicaments pour dormir et les antihistaminiques (qui peuvent intensifier l'effet).
Myorelaxants	
• Diazépam (Valium^MD) • Baclofène (Lioresal^MD) • Dantrolène (Dantrium^MD) • Tizanidine (Zanaflex^MD)	• Ne pas conduire ni effectuer des activités semblables en raison de l'effet sédatif. • Ne pas cesser le traitement. • Ne pas prendre de tranquillisants ni d'alcool.
Inhibiteur de l'acétylcholinestérase	
• Donépézil (Aricept^MD)	• Boire de deux à trois litres de liquide par jour. • Se lever lentement lorsqu'en position assise ou étendue. • Mentionner à un professionnel de la santé la présence d'un malaise abdominal persistant, l'hypersalivation, la diarrhée tenace, la douleur musculaire accrue, les troubles visuels ou l'essoufflement, le cas échéant.

La recherche démontre que les immunosuppresseurs tels l'azathioprine (Imuran^MD), le méthotrexate, la cyclophosphamide et la mitoxantrone produisent des effets bénéfiques dans le traitement de la SEP. Il importe toutefois de soupeser les avantages de ces médicaments au regard du risque d'effets indésirables graves. À l'encontre des autres médicaments, la mitoxantrone comporte une dose limite maximale viagère en raison de sa cardiotoxicité.

De nombreux autres médicaments sont prescrits afin de maîtriser divers symptômes de la SEP comme la fatigue, la spasticité, le tremblement, le vertige ou l'étourdissement, la dépression, la douleur, les problèmes de transit intestinal, les problèmes vésicaux, la dysfonction sexuelle et l'altération cognitive. Ainsi, des relaxants musculaires peuvent être utilisés pour contrer la spasticité. L'amantadine et les stimulants du SNC (méthylphénidate [Ritalin^MD], modafinil [Alertec^MD]) sont utilisés pour traiter la fatigue. Les anticholinergiques viennent maîtriser les symptômes vésicaux. Le donézépil (Aricept^MD), inhibiteur de l'acétylcholinestérase, est utilisé dans le traitement du trouble cognitif. Enfin, les antidépresseurs tricycliques et les antiépileptiques sont utiles dans le soulagement de la douleur chronique (Multiple Sclerosis Association of America, 2010).

La fampridine (Ampyra^MD) est administrée dans l'espoir d'accroître la vitesse de marche. Inhibiteur sélectif des **canaux potassiques**, le médicament améliore la conduction nerveuse dans les segments nerveux lésés. Son utilisation est contre-indiquée en présence d'antécédents d'épilepsie ou de néphropathie modérée ou grave.

Autres traitements

Les relaxants musculaires sont d'abord prescrits pour traiter la spasticité. Cependant, il se peut que la chirurgie (p. ex., une **névrectomie**, une **radicotomie**, une **chordotomie**), la stimulation électrique de la colonne vertébrale ou l'administration **intrathécale** de baclofène (Lioresal^MD) à l'aide d'une pompe soient nécessaires. Lorsque les médicaments ne parviennent pas à maîtriser les tremblements, la **thalamotomie** ou la stimulation cérébrale profonde peuvent être utiles.

La physiothérapie et l'orthophonie améliorent parfois la fonction neurologique. L'exercice physique améliore l'état fonctionnel général, pourvu que la personne aux prises avec la SEP ne soit pas en période de poussée. Il diminue la spasticité, accroît la coordination et entraîne les muscles indemnes à prendre la relève des muscles atteints. L'aquathérapie est un type de physiothérapie particulièrement bénéfique **FIGURE 21.5**. Grâce à la flottabilité, la personne peut exécuter des mouvements qui seraient impossibles à faire hors de l'eau à cause du poids de son corps.

Recommandations nutritionnelles

Diverses mesures nutritionnelles ont été préconisées dans la prise en charge de la SEP, parmi lesquelles la vitaminothérapie (cobalamine [vitamine B_{12}], vitamine C) et un régime alimentaire faible en gras, exempt de gluten et abondant en légumes crus. Aucun régime alimentaire particulier n'est conseillé, car leur efficacité ne repose pas sur des résultats probants. Un régime alimentaire nutritif

Pharmacothérapie

TABLEAU 21.8	Immunomodulateurs utilisés pour traiter la SEP	
MÉDICAMENT	**VOIE**	**FRÉQUENCE**
Interféron bêta-1b (Betaseron^MD)	Sous-cutanée (S.C.)	Tous les deux jours
Interféron bêta-1a (Avonex^MD)	Intramusculaire (I.M.)	Une fois par semaine
Interféron bêta-1a (Rebif^MD)	Sous-cutanée	Trois fois par semaine
Acétate de glatiramère (Copaxone^MD)	Sous-cutanée	Chaque jour
Natalizumab (Tysabri^MD)	Intraveineuse (I.V.)	Mensuelle

et équilibré demeure toutefois essentiel. Bien qu'il n'existe pas de régime alimentaire standardisé s'appliquant de façon spécifique à la SEP, un régime riche en protéines, jumelé à un supplément multivitaminé, est souvent recommandé. L'apport élevé en fibres alimentaires peut se révéler utile en présence de constipation. Les vitamines interviennent à titre de supplément ; elles n'ont pas de visées curatives.

FIGURE 21.5

L'aquathérapie est une source d'activité physique récréative bénéfique dans la maladie neurologique chronique.

CLIENT ATTEINT DE SCLÉROSE EN PLAQUES

Collecte des données

À l'aide des méthodes PQRSTU et AMPLE, l'infirmière collecte les données subjectives et objectives qui apparaissent à l'**ENCADRÉ 21.12**.

Analyse et interprétation des données

Le plan de soins et de traitements infirmiers **PSTI 21.3** présente certaines situations de santé en relation avec la SEP.

Planification des soins

Les objectifs généraux pour le client qui souffre de sclérose en plaques sont :

- d'optimiser l'état neuromusculaire ;
- de maintenir l'autonomie dans l'exécution des activités de la vie quotidienne le plus longtemps possible ;
- de gérer la fatigue incapacitante ;
- d'optimiser le bien-être psychosocial ;
- de favoriser l'adaptation à la maladie ;
- de contrer les facteurs qui précipitent les poussées.

Interventions cliniques

La personne aux prises avec la SEP devrait connaître les déclencheurs à l'origine de la poussée ou de l'aggravation de la maladie.

Une infection (particulièrement une infection des voies respiratoires hautes ou une infection urinaire), un traumatisme, un vaccin, un accouchement, le stress et un changement de climat peuvent exacerber les manifestations de la SEP. La réponse à ces déclencheurs varie d'une personne à une autre. L'infirmière aide le client à cerner ses propres déclencheurs et à déterminer des moyens de les éviter ou de les contrer.

Dans la période de détermination du diagnostic, l'infirmière rassure le client en lui précisant que même si le diagnostic de SEP a été évoqué, d'autres examens paracliniques viendront confirmer ou infirmer ce diagnostic. Elle aide la personne à mettre en place des stratégies qui permettent de diminuer l'anxiété que suscite le diagnostic de maladie invalidante grâce à des interventions cognitives et éducatives. La personne nouvellement diagnostiquée a besoin d'assistance pour gérer le deuil qu'elle vit et pour apprendre à vivre avec la SEP.

L'exacerbation peut forcer la personne à s'aliter. Les interventions infirmières ont alors pour objectif de prévenir les complications majeures de l'immobilité, notamment l'infection respiratoire ou urinaire, les contractures et les lésions de pression.

L'enseignement au client est axé sur la promotion de sa santé et la prévention des épisodes d'exacerbation en évitant entre autres la fatigue, les températures extrêmes et l'exposition aux sources d'infection. Il s'agit d'éviter les climats froids et le contact avec des personnes malades afin de limiter l'exposition de la personne atteinte de SEP à des sources d'infection. Le cas échéant, il faut traiter l'infection énergiquement, le plus tôt possible.

Collecte des données

| ENCADRÉ 21.12 | **Sclérose en plaques** |

Données subjectives

- Renseignements importants concernant la santé :
  - Antécédents de santé : infections virales ou vaccinations récentes ou par le passé, autres infections récentes ; séjour dans une région au climat froid ou tempéré, stress physique ou émotionnel récent, grossesse, exposition à des températures extrêmes (chaud ou froid)
  - Médicaments : utilisation et observance du traitement (corticostéroïdes, immunomodulateurs, immunosuppresseurs, cholinergiques, anticholinergiques, antispasmodiques)
- Modes fonctionnels de santé :
  - Perception et gestion de la santé : antécédents familiaux
  - Nutrition et métabolisme : perte de poids, mastication difficile, dysphagie
  - Élimination : pollakiurie, miction impérieuse, miction goutte à goutte ou incontinence, rétention urinaire, constipation
  - Activités et exercices : faiblesse musculaire généralisée, fatigue musculaire, picotement et engourdissement, ataxie (maladresse)
  - Cognition et perception : douleur oculaire, dorsalgie, arthralgie, douleur aux jambes, spasmes musculaires douloureux, vertige, vision floue ou affaiblie, diplopie, acouphène
  - Sexualité et reproduction : impuissance, baisse de la libido
  - Adaptation et tolérance au stress : colère, dépression, euphorie, isolement social

Données objectives

- Observations générales : apathie, inattention
- Système tégumentaire : lésions de pression
- Système nerveux : **scansion**, nystagmus, ataxie, tremblement, spasticité, hyperréflectivité, baisse de l'audition
- Système musculosquelettique : faiblesse musculaire, parésie, paralysie, spasmes, **marche helcopode**, dysarthrie
- Résultats possibles aux examens paracliniques : ↓ lymphocytes T suppresseurs ; lésions de démyélinisation visibles à l'IRM ou à la SRM ; ↑ IgG ou mise en évidence des bandes oligoclonales dans le liquide céphalorachidien ; potentiels évoqués différés

---

Scansion : Trouble de la prononciation qui consiste à détacher les syllabes de chaque mot, comme en scandant des vers.

Marche helcopode : Démarche dans laquelle le membre inférieur paralysé est traîné comme un corps étranger qui serait attaché à la personne sans qu'elle en ait connaissance.

PSTI 21.3 Sclérose en plaques

PROBLÈME DÉCOULANT DE LA SITUATION DE SANTÉ	**Altération de la mobilité physique** liée à la faiblesse ou à la paralysie musculaire de même qu'à la spasticité, mise en évidence par l'incapacité à se mouvoir, les spasmes musculaires intermittents et la douleur engendrée par ces spasmes.
OBJECTIFS	• Le client maintiendra ou accroîtra sa force et sa mobilité musculaires, et ses spasmes diminueront. • Le client verra sa déambulation et sa mobilité s'améliorer grâce à l'utilisation d'appareils fonctionnels.

RÉSULTATS ESCOMPTÉS	INTERVENTIONS INFIRMIÈRES ET JUSTIFICATIONS
Mobilité • Tonus musculaire accru • Amplitude articulaire accrue • Exécution de mouvements de façon coordonnée • Équilibre maintenu durant la marche • Utilisation adéquate du matériel d'aide • Absence de spasmes	**Réadaptation par l'exercice : la déambulation** • Proposer un appareil fonctionnel (p. ex., une canne, un déambulateur, un fauteuil roulant) pour faciliter la déambulation si la démarche du client est instable, afin de diminuer la fatigue, et d'accroître l'autonomie, le bien-être et la sécurité. • Encourager la marche en autonomie dans les limites de la tolérance afin de maintenir la mobilité, de favoriser l'autonomie et de veiller à la sécurité. **Réadaptation par l'exercice : la mobilité articulaire** • Enseigner au client et à sa famille l'exécution d'exercices passifs, assistés ou actifs, afin de prévenir les contractures et de réduire au minimum l'amyotrophie. **Promotion de l'exercice : l'étirement** • Enseigner au client à étendre lentement les muscles ou les articulations jusqu'au point d'étirement complet (ou jusqu'à l'apparition d'un malaise modéré) et à les maintenir dans cette position durant quelques secondes avant de lentement les relâcher afin d'apaiser les spasmes et les contractures.

PROBLÈME DÉCOULANT DE LA SITUATION DE SANTÉ	**Altération de l'élimination urinaire** liée au déficit sensorimoteur, mise en évidence par le volume urinaire résiduel supérieur à 50 ml, la distension vésicale, la miction goutte à goutte, la miction impérieuse et la pollakiurie.
OBJECTIFS	• Le client observera une amélioration de sa continence urinaire. • Le client présentera un volume urinaire résiduel de moins de 50 ml. • Le client verra son élimination urinaire maintenue par cathétérisme vésical intermittent, s'il y a lieu.

RÉSULTATS ESCOMPTÉS	INTERVENTIONS INFIRMIÈRES ET JUSTIFICATIONS
Continence urinaire • Adoption d'habitudes mictionnelles régulières • Détection de l'envie impérieuse d'uriner et réaction à temps • Passage à la toilette entre les mictions impérieuses • Volume urinaire supérieur à 150 ml à chaque miction • Réalisation d'une vidange vésicale complète	**Prise en charge de l'élimination urinaire** • Préconiser l'ingestion de 250 ml de liquide aux repas, entre les repas et en début de soirée pour un total de 2 à 3 litres par jour dans le but de diluer l'urine et de réduire le risque d'infection urinaire. • Enseigner au client à détecter les signes et les symptômes de l'infection urinaire pour favoriser le dépistage et le traitement hâtifs. • Surveiller l'apparition de signes et de symptômes de rétention urinaire afin d'intervenir le plus rapidement possible. • Cerner les facteurs de risque d'incontinence afin de planifier les interventions. • Recommander au client de réagir immédiatement à l'envie impérieuse d'uriner afin de prévenir l'incontinence. • Aider le client à établir des habitudes mictionnelles régulières pour maintenir la fonction vésicale. **Soins infirmiers en cas de rétention urinaire** • Surveiller le degré de distension vésicale par la palpation et la percussion afin d'évaluer la rétention urinaire. • Recourir au cathétérisme intermittent afin de prévenir la distension ou la miction goutte à goutte. • Appliquer la méthode de Credé en tant que méthode de vidange vésicale de rechange. • Stimuler le réflexe mictionnel par l'application de froid à l'abdomen, par le frottement de l'intérieur de la cuisse ou en faisant couler de l'eau pour favoriser la vidange vésicale.

21

PROBLÈME DÉCOULANT DE LA SITUATION DE SANTÉ	**Dysfonctionnement sexuel** lié au déficit neuromusculaire, mis en évidence par l'impuissance, l'expression verbale du problème ou la baisse de libido.
OBJECTIF	Le client constatera avec satisfaction le rétablissement de sa fonction sexuelle.

RÉSULTATS ESCOMPTÉS	**INTERVENTIONS INFIRMIÈRES ET JUSTIFICATIONS**
Fonction sexuelle • Aisance dans son mode d'expression sexuelle • Capacité de vivre une intimité satisfaisante • Adaptation de son mode d'expression sexuelle à sa condition • Communication de ses besoins au conjoint	**Counseling d'ordre sexuel** • Dans un contexte propice à la discussion, offrir de l'information sur la sexualité et les effets de la sclérose en plaques sur la sexualité. • Encourager le client à exprimer ses craintes et à poser des questions. • Réconforter le client et l'encourager à expérimenter d'autres formes d'activités sexuelles si le rapport sexuel comme tel est devenu impossible en raison de la défaillance neuromusculaire. • Offrir le counseling non seulement au client, mais également à son conjoint ou à sa partenaire intime, dans la mesure du possible. • Diriger le client vers un sexologue s'il y a lieu parce que ces spécialistes ont des connaissances avancées sur la sexualité humaine.

PROBLÈME DÉCOULANT DE LA SITUATION DE SANTÉ	**Perturbation de la dynamique familiale** liée au changement dans les rôles familiaux, au changement de l'état de santé d'un membre de la famille, aux problèmes financiers potentiels et à l'état physique fluctuant, mise en évidence par les relations familiales tendues, la communication inefficace et l'expression verbale des préoccupations financières.
OBJECTIFS	• Le client entretiendra une communication ouverte avec sa famille. • Le client et sa famille feront appel à des ressources externes spécialisées afin de rétablir la dynamique familiale.

RÉSULTATS ESCOMPTÉS	**INTERVENTIONS INFIRMIÈRES ET JUSTIFICATIONS**
Adaptation familiale • Acceptation de la famille de faire face à ses problèmes • Utilisation par la famille de stratégies efficaces pour gérer les conflits • Participation de la famille au processus décisionnel • Facilitation par la famille de l'expression libre des sentiments et des émotions • Recours par la famille aux services de soutien familial offerts, selon ses besoins (stabilité financière, hébergement, etc.)	**Maintien de la dynamique familiale** • Cerner les répercussions des changements de rôle sur la dynamique familiale. • Favoriser l'adoption de stratégies de normalisation par les membres de la famille. • Encourager les membres de la famille à recourir aux services de soutien pour que la famille soit en mesure d'affronter les problèmes liés à la maladie chronique. • Concevoir un programme de soins à domicile qui perturbe le moins possible les habitudes de la famille. **Soutien familial** • Faciliter l'expression des préoccupations et des sentiments entre le client et les membres de sa famille, ou entre ces derniers. • Dans le cas d'une perte de revenu à la suite d'une incapacité causée par la SEP, s'assurer que la famille est capable de répondre à ses besoins (hébergement, alimentation, habillement). Mettre la famille en lien avec les services communautaires appropriés. • Inciter la famille à acquérir les connaissances, les aptitudes et l'équipement nécessaires à la prise en charge de la personne atteinte de SEP. • Diriger le client vers une clinique interdisciplinaire spécialisée en sclérose en plaques et s'assurer qu'il a accès aux ressources professionnelles dont il a besoin. • Évaluer les stratégies de résolution de problèmes utilisées par le client et sa famille.

PSTI 21.3	Sclérose en plaques *(suite)*

PROBLÈME DÉCOULANT DE LA SITUATION DE SANTÉ	**Prise en charge inefficace du programme thérapeutique** liée au manque de connaissances sur la prise en charge de la sclérose en plaques et à la complexité du régime thérapeutique, mise en évidence par l'expression verbale du manque de connaissances et du sentiment d'incapacité à prendre soin de lui-même.
OBJECTIFS	• Le client pourra décrire les activités nécessaires pour gérer le déroulement de la maladie. • Le client prendra des décisions éclairées et modifiera son comportement et son style de vie en tenant compte de ce qui est nécessaire pour sa santé dans une prise en charge adéquate de la sclérose en plaques.

RÉSULTATS ESCOMPTÉS	INTERVENTIONS INFIRMIÈRES ET JUSTIFICATIONS
Autogestion de la sclérose en plaques • Recherche d'information sur les moyens de maintenir sa santé musculaire et osseuse • Respect du régime thérapeutique • Reconnaissance des symptômes indicateurs de la progression de la maladie • Utilisation de stratégies d'adaptation réalistes par rapport aux changements fonctionnels • Communication aux professionnels de la santé de tout symptôme de l'aggravation de la maladie • Changement des habitudes de vie afin de maintenir un état de santé optimal	**Enseignement : la maladie** • Évaluer le degré de connaissances du client sur le mécanisme de la maladie afin de préciser ses besoins d'information. • Examiner avec le client ce qu'il fait déjà en matière de gestion des symptômes afin de renforcer ses capacités. • Décrire la physiopathologie de la maladie des points de vue de l'anatomie et de la physiologie afin d'accroître les connaissances sur la maladie. • Aborder le bien-fondé des recommandations en matière de prise en charge et de traitement. • Examiner les modifications du style de vie qui peuvent être nécessaires pour prévenir les complications ou maîtriser la maladie de sorte que le client puisse planifier son avenir. • Enseigner au client les mesures destinées à prévenir ou à réduire au minimum les effets indésirables du traitement de la maladie. • Diriger le client vers des organismes communautaires ou des groupes d'entraide qui lui offriront du soutien à long terme.

Il importe d'enseigner au client : 1) à alterner les périodes d'exercice et d'activité et les périodes de repos ; 2) à opter pour un régime alimentaire nutritif et équilibré ; 3) à éviter les dangers de l'immobilité (p. ex., les contractures, les lésions de pression). L'enseignement porte également sur le régime thérapeutique, les effets indésirables des médicaments et la surveillance de leur apparition, de même que sur leurs interactions avec les médicaments en vente libre. Le client devrait consulter un professionnel de la santé avant de prendre un médicament en vente libre.

La maîtrise de la fonction vésicale constitue un véritable problème pour nombre de personnes atteintes de SEP. Bien que les anticholinergiques puissent être bénéfiques dans certains cas en diminuant la spasticité, d'autres devront avoir recours à la pose d'un cathéter vésical. Les troubles intestinaux, surtout la constipation, sont fréquents dans la SEP. Augmenter l'apport de fibres alimentaires peut favoriser la régularité du transit intestinal.

Devant l'imprévisibilité de la maladie, la nécessité de modifier le style de vie et le défi d'éviter ou de contrer les facteurs précipitants, le client et le proche aidant auront à s'adapter sur le plan émotionnel. La Société canadienne de la sclérose en plaques et ses sections locales offrent divers services qui visent à répondre aux besoins des personnes atteintes de la maladie.

Évaluation des résultats

Le plan de soins et de traitements infirmiers **PSTI 21.3** précise les résultats escomptés des soins et des traitements infirmiers dans la SEP.

21.9 | Maladie de Parkinson

La **maladie de Parkinson (MP)** est un trouble neurodégénératif chronique évolutif qui se caractérise par la **bradykinésie** (lenteur de l'initiation et de l'exécution du mouvement), l'hypertonie musculaire (rigidité), le tremblement au repos et la perturbation de la démarche (Chadwick, 2008). Il s'agit du **syndrome parkinsonien** (comportant des symptômes semblables à la MP) le plus fréquent.

Selon la Société Parkinson Canada (2010) et la Société Parkinson du Québec (2010), la MP touche près de 100 000 Canadiens, dont 25 000 Québécois. La forme précoce de la maladie (avant l'âge de 40 ans) représente entre 5 et 10 % des personnes diagnostiquées.

21.9.1　Étiologie et physiopathologie

De nombreux gènes à transmission autosomique dominante ou récessive sont liés à la MP familiale. L'hypothèse actuelle veut que le mécanisme de la maladie relève d'une interaction complexe entre des facteurs environnementaux et la constitution génétique de la personne. La maladie a une prédilection pour l'homme dans une proportion de trois hommes pour deux femmes.

Outre la MP, les syndromes parkinsoniens sont nombreux. L'encéphalite de type A (ou maladie de Économo) a été associée avec l'apparition d'un syndrome parkinsonien. L'intoxication à divers composés chimiques, dont le monoxyde de carbone et le manganèse (chez les mineurs du cuivre), ainsi qu'au 1-méthyl-4-phényl-1,2,3, 6-tétrahydropyridine, un analogue de synthèse de la mépéridine, peut se traduire par des symptômes d'allure parkinsonienne. Le syndrome parkinsonien peut être causé par la prise de médicaments comme le méthyldopa, le lithium, l'halopéridol et la chlorpromazine. Il peut également survenir chez les consommateurs de drogues illicites psychostimulantes telles que l'amphétamine et la méthamphétamine. L'hydrocéphalie, l'hypoxie, une infection, un accident vasculaire cérébral, une tumeur, la maladie de Huntington et un traumatisme comptent également parmi les causes du syndrome parkinsonien (Chadwick, 2008).

Le processus pathologique à l'origine de la MP consiste en la dégénérescence des neurones sécrétant la dopamine dans le locus niger du mésencéphale, ce qui provoque un déséquilibre entre la dopamine et l'acétylcholine dans les **noyaux gris centraux FIGURE 21.6** et **FIGURE 21.7** . La dopamine est un neurotransmetteur essentiel au fonctionnement normal du système moteur extrapyramidal, qui contrôle la posture, l'équilibre et les mouvements volontaires. Les symptômes de la MP ne se manifestent que lorsque 80 % des neurones du locus niger sont détruits.

La figure 21.1W illustre le rôle de la dopamine dans le fonctionnement normal du système moteur. Elle est présentée au www.cheneliere.ca/lewis

Démarche festinante:
Démarche d'une personne qui avance à petits pas rapides, penchée en avant.

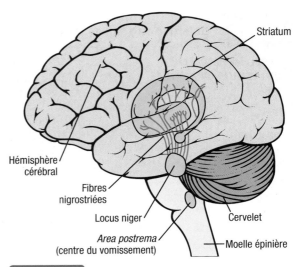

FIGURE 21.6
Les troubles du système nigrostrié engendrent un syndrome parkinsonien. Vue du locus niger et du striatum enfouis profondément dans l'hémisphère cérébral gauche. Les fibres nerveuses jaillissent du locus niger, se répartissent en plusieurs branches et acheminent la dopamine dans toutes les régions du striatum.

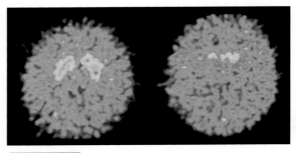

FIGURE 21.7
Diminution de la fixation de la fluorodopa dans la maladie de Parkinson – La tomographie par émission de positrons met en évidence la diminution de la fixation de la fluorodopa dans les noyaux gris centraux (à droite) comparativement à la fixation normale (à gauche).

21.9.2　Manifestations cliniques

La MP apparaît de façon insidieuse et progressive, et elle évolue lentement. Elle peut se manifester de façon unilatérale. Le tremblement, la rigidité et la bradykinésie forment la triade classique des symptômes de la MP. Au début, un tremblement léger, une claudication à peine perceptible ou le balancement des bras d'ampleur réduite sont les seuls signes. Par la suite, une **démarche festinante** (traînante) se manifeste, les bras se plient et les réflexes posturaux se perdent. Certains présenteront un léger trouble de la parole. Aucune de ces manifestations à elle seule n'est suffisante pour établir un diagnostic de MP.

Tremblement

Le tremblement est souvent le premier signe de la maladie, bien qu'il soit peu perceptible au début et que seule la personne le remarque. Il peut notamment affecter l'écriture (les dernières lettres des mots vont s'étirer et former un trait). Le tremblement est plus apparent au repos et il s'accentue sous l'effet du stress émotionnel ou de la concentration accrue. Le tremblement des mains caractérisé par le mouvement du pouce et de l'index s'apparente au mouvement d'émiettement ou au « signe de piastre ». Le tremblement peut s'étendre au diaphragme, à la langue, aux lèvres et à la mâchoire, mais rarement à la tête.

Malheureusement, le diagnostic de MP a été posé dans bien des cas sur la foi d'un simple tremblement essentiel bénin. Le tremblement essentiel bénin survient durant les mouvements volontaires, il est d'un rythme plus rapide que le tremblement parkinsonien et est souvent d'origine familiale.

Rigidité

La rigidité est un autre signe de la triade des symptômes de la MP. Elle consiste en une résistance accrue au mouvement passif des membres dans toute l'amplitude du mouvement. La rigidité parkinsonienne est particulière par sa nature saccadée ; elle donne l'impression d'une résistance par à-coups successifs (signe de la roue dentée) lorsque le membre est déplacé passivement. La rigidité provient de la contraction musculaire soutenue qui provoque d'ailleurs l'endolorissement musculaire, la sensation de fatigue et de courbature ou de douleur à la tête, au thorax, à la colonne vertébrale ou aux jambes. La rigidité ralentit également le mouvement parce qu'elle inhibe l'alternance entre la contraction et la relaxation dans les groupes de muscles opposés (p. ex., les biceps et les triceps).

Bradykinésie

La bradykinésie se manifeste surtout par la disparition des mouvements automatiques. Cette disparition des mouvements automatiques est une conséquence de l'altération physique et chimique des noyaux gris centraux et des structures connexes dans la région extrapyramidale du SNC. Chez la personne indemne, les mouvements automatiques sont involontaires, leur survenue relève du subconscient. Il s'agit du clignement des paupières, du balancement des bras à la marche, de la déglutition pour avaler la salive, de l'expression gestuelle qui passe par le visage et les mains, et de l'adaptation posturale préparatoire à un mouvement. La personne atteinte de la MP n'exécute pas ces mouvements ; elle perd sa capacité d'activité spontanée. Ainsi s'installent la posture voutée, le visage impassible (sans expression), l'écoulement de salive et la démarche festinante, signes caractéristiques de la maladie. La posture rappelle celle d'un vieil homme au ralenti, la tête et le tronc penchés vers l'avant, et les jambes constamment en flexion **FIGURE 21.8**.

21.9.3 Complications

Outre les signes moteurs, de nombreux autres symptômes sont courants, notamment la dépression, l'anxiété, l'apathie, la fatigue, la douleur, la constipation, l'impuissance et les troubles de la mémoire à court terme. Au fur et à mesure que la maladie progresse, les complications se multiplient. Elles sont d'ordre moteur (p. ex., la **dyskinésie** [mouvements involontaires spontanés], la faiblesse, l'akinésie [immobilité totale]), neurologique (p. ex., la démence) ou neuropsychiatrique

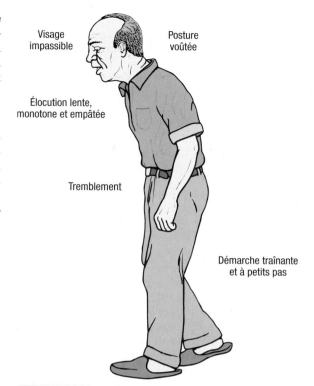

FIGURE 21.8

Apparence caractéristique de la personne atteinte de la maladie de Parkinson

(p. ex., la dépression, les hallucinations, la psychose). La démence afflige près de 40 % des personnes atteintes de MP. Comme la déglutition devient de plus en plus difficile (dysphagie), la personne est à risque de malnutrition et d'aspiration. L'état de faiblesse généralisée est propice à la pneumonie, à l'infection urinaire et aux lésions de pression. L'hypotension orthostatique est présente dans certains cas et, avec la perte des réflexes posturaux, elle prédispose la personne aux chutes ou à d'autres accidents (Brunton, 2006 ; Tarsy, 2010).

Les troubles du sommeil, fréquents et pouvant être marqués, sont souvent sous-estimés et traités inefficacement (Simuni & Sethi, 2008). La prise en charge efficace des troubles du sommeil peut améliorer grandement la qualité de vie de la personne. L'infirmière doit prévoir l'évaluation des problèmes de cette nature chez le client atteint de MP.

21.9.4 Examen clinique et examens paracliniques

Étant donné qu'il n'y a pas d'examens paracliniques précis, le diagnostic repose exclusivement sur les antécédents du client et les manifestations

> **Capsule Jugement clinique**
>
> Monsieur Frank Perry, âgé de 71 ans, souffre de la maladie de Parkinson. Il habite encore seul dans son petit appartement dans le haut d'un duplex. Il a des tremblements marqués aux mains et une démarche festinante.
>
> En tenant compte de ces quelques données, quel risque de complication monsieur Perry présente-t-il ?

21

cliniques. Le diagnostic définitif n'est établi qu'en présence d'au moins deux des trois traits marquants qui forment la triade classique : tremblement, rigidité et bradykinésie. La confirmation ultime du diagnostic de MP vient de la réponse favorable aux antiparkinsoniens. La recherche continue d'examiner la fonction cognitive dans la MP à l'aide de l'IRM.

21.9.5 Processus thérapeutique en interdisciplinarité

Comme la MP est toujours incurable, le processus thérapeutique en interdisciplinarité vise essentiellement le traitement optimal des symptômes **ENCADRÉ 21.13**.

Pharmacothérapie

Le traitement pharmacologique a pour objectif de rétablir l'équilibre de la neurotransmission dans le SNC. Les antiparkinsoniens stimulent la sécrétion de dopamine ou en comblent le manque (action dopaminergique), ou encore ils s'opposent aux effets des neurones cholinergiques hyperactifs du striatum (action anticholinergique). La lévodopa associée à la carbidopa (Sinemet^{MD}) est le premier médicament prescrit dans bien des cas. Précurseur chimique de la dopamine, la lévodopa peut traverser la barrière hématoencéphalique. Elle est transformée en dopamine dans les noyaux gris centraux. Le Sinemet^{MD} est le médicament de prédilection, car il renferme de la carbidopa, un inhibiteur de l'enzyme dopadécarboxylase périphérique. Cette enzyme s'attaque à la lévodopa avant qu'elle n'ait le temps de se rendre au cerveau. L'association de lévodopa et de carbidopa a l'avantage de favoriser une plus grande concentration de lévodopa au cerveau et d'éviter ainsi d'avoir à augmenter la dose indéfiniment (Welsh, 2008).

Souvent, le Sinemet^{MD} est prescrit au début de la maladie. Le médicament est très efficace dans la maîtrise des symptômes akinétiques. Il peut également atténuer le tremblement et la rigidité (Brunton, 2006). Comme le médicament semble perdre de son efficacité au fil des ans, certains cliniciens préfèrent amorcer le traitement par un **agoniste** des récepteurs de la dopamine, à savoir la bromocriptine, le ropinirole (ReQuip^{MD}) ou le pramipexole (Mirapex^{MD}). Ces médicaments stimulent directement les récepteurs de la dopamine (Welsh, 2008). Lorsque les symptômes s'intensifient, l'association de lévodopa et de carbidopa (Sinemet^{MD}) s'ajoute à la pharmacothérapie.

Le **TABLEAU 21.9** présente les médicaments d'usage courant pour traiter la MP, de même que les symptômes qu'ils atténuent. Un seul médicament est prescrit, de préférence, car les effets indésirables sont ainsi moins nombreux, et il est plus facile d'adapter la posologie lorsqu'il n'y a qu'un seul médicament. Cependant, la polythérapie est souvent nécessaire au fil de l'évolution de la maladie. Une forte concentration d'agonistes dopaminergiques peut provoquer une **intoxication paradoxale** (aggravation de l'état plutôt qu'atténuation symptomatique).

La lévodopa est le médicament le plus prescrit dans le traitement de la MP ; toutefois, ses interactions médicamenteuses et ses effets indésirables sont nombreux. L'administration de longue durée se traduit souvent par de la dyskinésie et un phénomène d'intermittence au cours duquel le médicament agit ou cesse d'agir de façon imprévisible.

Dans les trois à cinq ans du traitement pharmacologique habituel, de nombreuses personnes traverseront des épisodes d'hypomobilité (p. ex., une incapacité de se lever d'une chaise, de parler ou de marcher). L'épisode survient à la fin de l'intervalle d'administration du médicament (atténuation de l'effet en fin de dose) ou à des moments imprévisibles (intermittence spontanée).

Le médicament associant la carbidopa, la lévodopa et l'entacapone (Stalevo^{MD}) est destiné aux

---

Processus diagnostique et thérapeutique

| ENCADRÉ 21.13 | **Maladie de Parkinson** |

Examen clinique et examens paracliniques
- Anamnèse et examen physique
  - Tremblement
  - Rigidité
  - Bradykinésie
- Réponse positive à un antiparkinsonien
- IRM

- Écarter la possibilité d'un effet indésirable d'une phénothiazine, de la réserpine, d'une benzodiazépine ou de l'halopéridol (symptômes extrapyramidaux)

Processus thérapeutique
- Antiparkinsoniens **TABLEAU 21.9**
- Exérèse chirurgicale
- Stimulation cérébrale profonde

TABLEAU 21.9 **Maladie de Parkinson**

CLASSE DE MÉDICAMENTS	MÉCANISME D'ACTION	SYMPTÔMES MAÎTRISÉS
Dopaminergiques		
Précurseurs de la dopamine • Lévodopa (l-dopa) • Lévodopa-carbidopa (Sinemet^{MD})	Se transforment en dopamine dans les noyaux gris centraux.	Bradykinésie, tremblement, rigidité
Agonistes des récepteurs de la dopamine • Bromocriptine • Pramipexole (Mirapex^{MD}) • Ropinirole (ReQuip^{MD}, ReQuip XL^{MD}) • Rotigotine (timbre cutané)	Simulent les récepteurs de la dopamine.	
Agoniste dopaminergique		
• Amantadine	Bloque la recapture de la dopamine par les neurones présynaptiques.	
Anticholinergiques		
• Trihexyphénidyl • Benztropine	Bloquent les récepteurs cholinergiques afin de rééquilibrer l'activité cholinergique et l'activité dopaminergique.	Tremblement
Antihistaminique		
• Diphenhydramine (Benadryl^{MD})	Exerce un effet anticholinergique.	Tremblement, rigidité
Inhibiteurs de la monoamine oxydase		
• Sélégiline • Rasagiline (Azilect^{MD})	Bloquent la dégradation de la dopamine.	Bradykinésie, rigidité, tremblement
Inhibiteur de la catéchol-O-méthyltransférase (COMT)		
• Entacapone (Comtan^{MD})	En bloquant l'activité de la COMT, ralentit le métabolisme de la lévodopa, prolongeant ainsi son action.	

personnes aux prises avec ce phénomène d'atténuation de l'effet. L'apomorphine (Apokyn^{MD}) peut également être utile durant la période d'hypomobilité ou la période sans activité médicamenteuse. Puisque ce médicament administré par injection sous-cutanée cause des nausées et des vomissements intenses, un **antiémétique** lui est associé (p. ex., la triméthobenzamide [Tigan^{MD}]). Cet antiémétique ne doit pas provenir de la classe des antagonistes des récepteurs 5-HT$_3$ de la sérotonine (p. ex., l'ondansétron [Zofran^{MD}]) parce que la combinaison d'un tel antiémétique et de l'apomorphine peut entraîner une chute abrupte de la pression artérielle et la perte de l'état de conscience.

La rivastigmine (Exelon^{MD}) et le donézépil (Aricept^{MD}) sont prescrits dans le traitement de la démence d'intensité légère ou modérée, tandis que l'amitriptyline (Elavil^{MD}) est administrée en présence de dépression.

Traitement chirurgical

Le traitement chirurgical est un traitement symptomatique qui vise à contrôler les symptômes moteurs, et non un traitement curatif (guérison). Il est destiné aux personnes chez qui la pharmacothérapie a échoué ou à celles qui éprouvent de graves complications motrices. Les interventions chirurgicales se rangent dans trois catégories : l'ablation (destruction), la stimulation cérébrale profonde (SCP) et la transplantation. L'ablation consiste en fait en l'**exérèse stéréotaxique** de régions du thalamus (thalamotomie), du globus pallidus (pallidectomie) et du noyau sous-thalamique (nucléotomie sous-thalamique). Désormais, la SCP remplace les interventions d'ablation pratiquées durant plus de 50 ans.

La SCP suppose la mise en place d'une électrode au thalamus, au globus pallidus ou au noyau sous-thalamique ; celle-ci est branchée à un générateur logé dans la cage thoracique supérieure (de la même manière qu'un stimulateur cardiaque). Le dispositif est programmé de sorte qu'il transmet un courant électrique précis dans la zone cérébrale en question. Contrairement aux interventions d'ablation, la SCP peut être modulée afin d'améliorer la maîtrise symptomatique et elle est réversible (retrait de l'appareil). Qu'il s'agisse d'ablation ou de SCP, le mécanisme d'action est le même, à savoir la diminution de l'hyperactivité neuronale induite par la déplétion en dopamine. La SCP améliore la fonction motrice et réduit la dyskinésie de même que la consommation de médicaments (Tarsy & Kleiner-Fisman, 2010).

La transplantation de cellules neurales fœtales dans les noyaux gris centraux a pour objectif de reconstituer le stock des cellules sécrétrices de dopamine. Cette thérapie est encore au stade expérimental.

Recommandations nutritionnelles

Le régime alimentaire revêt une importance majeure dans la MP étant donné qu'une alimentation déficiente peut entraîner la malnutrition et la constipation. En présence de dysphagie et de bradykinésie, le régime doit comporter des aliments appétissants faciles à mastiquer et à avaler.

Il doit renfermer en outre des fibres alimentaires et des fruits afin de prévenir la constipation. Les aliments doivent être coupés en morceaux prêts à manger et servis dans une assiette chaude pour qu'ils restent chauds plus longtemps et qu'ils soient appétissants. Six petits repas chaque jour seront moins épuisants que trois gros repas. Pour éviter la frustration du client et encourager son autonomie, il est nécessaire de lui accorder suffisamment de temps pour manger. Il faut savoir que les protéines et la vitamine B_6 interfèrent avec l'absorption de la lévodopa. C'est pourquoi il est recommandé, dans certains cas, de limiter l'apport de protéines au repas du soir et de consulter un professionnel de la santé au sujet de la vitamine B_6 présente dans le produit multivitaminé et les céréales enrichies.

Soins et traitements infirmiers

CLIENT ATTEINT DE LA MALADIE DE PARKINSON

Collecte des données

L'**ENCADRÉ 21.14** présente les données subjectives et objectives que l'infirmière doit recueillir.

Analyse et interprétation des données

Certaines situations de santé liées à la MP sont présentées dans le **PSTI 21.4**.

Planification des soins

Les objectifs généraux pour le client qui souffre de la maladie de Parkinson sont :

- d'optimiser la fonction neurologique (p. ex., diminuer les épisodes de rigidité, diminuer la présence des symptômes du Parkinson) ;
- de préserver l'autonomie dans l'exécution des activités de la vie quotidienne le plus longtemps possible ;
- d'optimiser le bien-être psychosocial.

Interventions cliniques

L'infirmière axe ses interventions principalement sur la promotion de l'exercice physique et un régime alimentaire équilibré. En effet, l'exercice peut contrecarrer les conséquences de la mobilité réduite comme l'atrophie musculaire, les contractures et la constipation. La Société canadienne du Parkinson publie des dépliants décrivant les exercices que peuvent effectuer les personnes atteintes de cette maladie.

Il peut être utile de consulter un physiothérapeute qui concevra un programme d'exercice personnalisé dans le but de renforcer et d'étirer des muscles en particulier. Un tel programme devrait porter sur le tonus musculaire général ainsi que sur le renforcement des muscles qui participent à la parole et à la déglutition. Même si l'exercice ne freine pas la progression de la maladie, il améliore la capacité fonctionnelle du client. D'autre part, l'ergothérapeute peut proposer des stratégies de maintien de l'autonomie en matière de soins personnels, notamment en ce qui concerne l'alimentation et l'habillement.

Puisque la MP est un trouble dégénératif chronique sans exacerbations aiguës, l'infirmière centre son enseignement et ses interventions sur le maintien d'une bonne santé et de l'autonomie, et sur la prévention des complications comme les contractures et les chutes.

L'infirmière évalue la possibilité d'une surdose de lévodopa, cause fréquente d'immobilité transitoire (attitude akinétique).

ENCADRÉ 21.14   **Maladie de Parkinson**

Données subjectives

- Renseignements importants concernant la santé :
  - Antécédents de santé : traumatisme du SNC, troubles vasculaires cérébraux ; intoxication à certains métaux ou au monoxyde de carbone ; encéphalite
  - Médicaments : prise de tranquillisants, particulièrement halopéridol et phénothiazines, réserpine, méthyldopa, amphétamines
- Modes fonctionnels de santé :
  - Perception et gestion de la santé : fatigue
  - Nutrition et métabolisme : ptyalisme, dysphagie, perte de poids
  - Élimination : constipation, incontinence, diaphorèse
  - Activités et exercices : difficulté à amorcer le mouvement, chutes fréquentes ; altération de la dextérité, micrographie (écriture en pattes de mouche)
  - Sommeil et repos : insomnie
  - Cognition et perception : douleur diffuse à la tête, aux épaules, au cou, au dos, aux jambes et aux hanches, endolorissement et crampes musculaires

  - Perception et concept de soi : dépression, sautes d'humeur, hallucinations, difficultés de concentration

Données objectives

- Observations générales : impassibilité, élocution lente et monocorde, clignement occasionnel des yeux
- Système tégumentaire : séborrhée, pellicules, œdème malléolaire
- Système cardiovasculaire : hypotension orthostatique
- Système gastro-intestinal : ptyalisme
- Système nerveux : tremblement au repos des mains (avec gestes d'émiettement), puis des jambes et des bras, du visage et de la langue ; tremblement accentué par l'anxiété et le manque de sommeil ; incoordination, démence progressive, altération des réflexes posturaux
- Système musculosquelettique : **rigidité pallidale**, dysarthrie, bradykinésie, contractures, posture voûtée, démarche traînante
- Résultats possibles aux examens paracliniques : pas d'examens paracliniques précis ; diagnostic établi sur la foi de l'anamnèse et des constats de l'examen physique, de même qu'en écartant la possibilité d'autres maladies

Rigidité pallidale : Variété de contracture extrapyramidale qui prédomine au visage et aux membres supérieurs.

Plan de soins et de traitements infirmiers

PSTI 21.4   **Maladie de Parkinson**

PROBLÈME DÉCOULANT DE LA SITUATION DE SANTÉ	**Altération de la mobilité physique** liée à la rigidité, à la bradykinésie et à l'akinésie, mise en évidence par l'amorce difficile de mouvements précis et la diminution de la spontanéité motrice.
OBJECTIFS	• Le client aura recours à l'exercice physique pour contrer l'amyotrophie et les contractures articulaires. • Le client verra sa déambulation et sa mobilité s'améliorer grâce à l'utilisation d'appareils fonctionnels.

RÉSULTATS ESCOMPTÉS	INTERVENTIONS INFIRMIÈRES ET JUSTIFICATIONS
Mobilité • Utilisation des techniques de stimulation motrice pour amorcer les mouvements • Exécution des déplacements de façon sécuritaire • Utilisation adéquate du matériel d'aide	**Réadaptation par l'exercice : la déambulation** • Encourager le client à opter pour des chaussures de marche sécuritaires. • Évaluer la capacité de marche du client pendant le transfert de la position assise (immobile) à la position debout, puis pendant la marche 50 m plus loin et le retour en position assise, afin de déterminer le degré d'incapacité et prévenir les blessures accidentelles. • Consulter un physiothérapeute à propos d'un plan de déambulation pour faciliter l'exécution des activités de la vie quotidienne et veiller à la sécurité de la marche. • Proposer un appareil fonctionnel (p. ex., une canne, un déambulateur, un fauteuil roulant) pour faciliter la déambulation si la démarche du client est instable.
Coordination motrice • Capacité à garder l'équilibre en position statique et durant la marche • Exécution coordonnée et fluide des mouvements	**Promotion de l'exercice : l'étirement** • Participer à la conception d'un plan d'exercice qui prévoit une séquence ordonnée de mouvements d'étirement et l'augmentation progressive de la durée de maintien des mouvements et du nombre de répétitions de chaque mouvement d'étirement lent en fonction de la forme physique ou de la présence de la maladie afin de réduire la rigidité.

21

▼

RÉSULTATS ESCOMPTÉS	INTERVENTIONS INFIRMIÈRES ET JUSTIFICATIONS
	Réadaptation par l'exercice : l'équilibre • Aider le client à se balancer d'un côté à l'autre en position debout ou assise afin de stimuler les mécanismes responsables de l'équilibre et de diminuer l'akinésie. • Encourager le client à écarter les pieds pour élargir son appui au sol afin de prévenir les déplacements latéraux et la perte d'équilibre.
PROBLÈMES DÉCOULANT DE LA SITUATION DE SANTÉ	• **Déficit nutritionnel** lié à la dysphagie, démontré par la perte de poids. • **Dysphagie** liée à la détérioration de l'état de santé, démontrée par la déglutition et la mastication difficiles, le ptyalisme et l'affaiblissement du réflexe laryngé.
OBJECTIFS	• Le client maintiendra un apport nutritionnel suffisant pour répondre à ses besoins métaboliques. • Le client conservera un poids corporel dans les limites des paramètres normaux. • Le client déglutira de façon sécuritaire.
RÉSULTATS ESCOMPTÉS	INTERVENTIONS INFIRMIÈRES ET JUSTIFICATIONS
État nutritionnel • Consommation suffisante de liquides et d'aliments pour répondre aux besoins évalués • Maintien du poids corporel idéal • Maintien d'une élimination régulière	**Recommandations nutritionnelles** • Veiller à la satisfaction des besoins nutritifs, conformément au régime alimentaire prescrit. • Veiller à ce que la diète soit riche en fibres pour prévenir la constipation. • Surveiller l'apparition de signes et de symptômes de dysphagie comme la toux et la voix enrouée après les repas. • Surveiller la présence de résidus alimentaires dans la bouche après la déglutition. • Aider le client à s'asseoir au repas ou au moment de se nourrir pour favoriser la déglutition et réduire le risque d'aspiration. • En cas de signes de dysphagie, diriger le client vers une équipe composée d'un orthophoniste et d'une nutritionniste pour une évaluation formelle de dysphagie. • Collaborer avec les autres membres de l'équipe soignante (ergothérapeute, orthophoniste et nutritionniste) à la continuité du programme de réadaptation du client puisqu'ils peuvent proposer des interventions précises destinées à améliorer la déglutition.
Prévention de l'aspiration • Réflexe de déglutition présent et opportun • Capacité de maintenir une position droite pour manger et boire • Capacité à évacuer ses sécrétions buccales • Capacité à mastiquer ses aliments • Capacité à nettoyer sa cavité buccale • Absence de signes et de symptômes d'aspiration : toux pendant l'alimentation, changement de la voix, changement de la coloration, présence de nourriture dans les sécrétions pulmonaires, etc.	**Précautions pour éviter l'aspiration** • Veiller à la présence du matériel d'aspiration à proximité afin d'évacuer les sécrétions et de prévenir la suffocation par aspiration. • Offrir des aliments ou des liquides qui correspondent à la texture recommandée par l'équipe de soins si le client présente de la dysphagie, car il les avalera plus facilement sous cette forme. • Maintenir une bonne hygiène buccale avant et après les repas pour diminuer la présence de bactéries qui peuvent pénétrer dans les poumons en cas d'aspiration. • Si le client n'a pas de dents, nettoyer la bouche avec une éponge montée sur une tige à l'aide d'un rince-bouche antiseptique.
PROBLÈME DÉCOULANT DE LA SITUATION DE SANTÉ	**Altération de la communication verbale** liée à la dysarthrie, au tremblement et à la bradykinésie, mise en évidence par l'expression verbale réduite, l'élocution lente et brouillonne, l'impassibilité faciale, la mobilité réduite de la langue et la micrographie.
OBJECTIF	Le client aura recours à des modes de communication qui permettront de satisfaire ses besoins en matière d'interaction sociale.
RÉSULTATS ESCOMPTÉS	INTERVENTIONS INFIRMIÈRES ET JUSTIFICATIONS
Communication : expressivité • Utilisation des méthodes alternatives proposées (langage écrit, images et dessins, langage non verbal)	**Amélioration de la communication : trouble de la parole** • Écouter attentivement le client pour diminuer la frustration.

▼

PSTI 21.4	Maladie de Parkinson *(suite)*

RÉSULTATS ESCOMPTÉS	INTERVENTIONS INFIRMIÈRES ET JUSTIFICATIONS
• Capacité à échanger efficacement des messages avec les autres • Diminution du sentiment de frustration liée à la difficulté de communiquer	• Diriger le client vers une orthophoniste s'il présente des troubles de communication afin d'offrir un encadrement spécialisé au client. • Inciter le client à utiliser des mots simples et des phrases courtes pour favoriser l'interaction. • Donner une consigne à la fois pour ne pas dérouter le client. • Donner le temps au client de communiquer et prendre le temps de l'écouter.

PROBLÈME DÉCOULANT DE LA SITUATION DE SANTÉ	**Perturbation des interactions sociales** liée à l'incapacité d'accomplir les activités de loisir habituelles, mise en évidence par la lassitude, le refus de participer, l'instabilité psychomotrice et la dépression.

OBJECTIF	Le client s'adonnera à des activités sociales gratifiantes.

RÉSULTATS ESCOMPTÉS	INTERVENTIONS INFIRMIÈRES ET JUSTIFICATIONS
Activités de loisir • Participation à des activités de loisir appropriées à sa capacité énergétique • Satisfaction à l'égard de ses activités de loisir • Augmentation de l'estime de soi	**Ludothérapie** • Inciter le client à se concentrer sur ce qu'il peut faire, non pas sur ce qu'il lui est impossible d'accomplir. • Aider le client à cerner des activités significatives qui correspondent à ses besoins. • Aider le client à planifier des périodes de divertissement à son horaire quotidien. • Aider le client à choisir des activités qui correspondent à ses capacités physiques, psychologiques et sociales de sorte que ses besoins sont pris en compte. • Surveiller la réaction émotionnelle, physique, sociale et spirituelle aux activités afin d'évaluer l'efficacité des interventions. **Soutien émotionnel** • Favoriser l'expression par le client de ses sentiments d'anxiété, de colère ou de tristesse afin de promouvoir la résolution de problèmes et le choix de nouvelles activités qui remplaceront celles qu'il ne peut plus accomplir.

Une brève période de dyskinésie (mouvements de contorsion involontaires, lents et continuels du cou) est un signe révélateur de la surdose.

Une chaise avec des bras et un dossier droit, comportant un petit support (5 cm) derrière la jambe, peut faciliter l'action de se lever de la chaise. Il est également possible de modifier d'autres aspects de l'environnement. Ainsi, il convient d'enlever les tapis et les meubles qui gênent la circulation afin d'éviter de trébucher. Un siège permettra de soulever les jambes pour réduire le risque d'œdème déclive à la cheville. L'habillement est simplifié en adoptant la fermeture velcro ou à glissière, qui sont préférables aux boutons et aux crochets. Les chaussures sans lacets de type flâneur sont également facilitantes. Il sera plus facile de s'asseoir et de se relever de la toilette si le siège est surélevé. L'infirmière collabore étroitement avec le proche aidant et la famille du client pour trouver des moyens créatifs d'adapter l'environnement afin de favoriser l'autonomie optimale.

La dépression et l'anxiété sont fréquentes au début de la MP. Le client devra progressivement adapter son mode de vie aux contraintes de la maladie. L'infirmière soutient le client en l'écoutant, en lui offrant de l'information, en remettant en perspective les idées fausses et en encourageant les interactions sociales.

Le début de la maladie se caractérise également par une altération discrète de la fonction cognitive susceptible de mener à la démence. Le travail du proche aidant s'en trouve alourdi, et il peut y avoir lieu d'envisager le placement dans un établissement de soins de longue durée ▶ **22**.

Dans la majorité des cas, ce sont des membres de la famille (p. ex., le conjoint, les enfants) qui prennent soin de la personne atteinte de la MP. Les soins donnés par les proches aidants sont de plus en plus exigeants au fur et à mesure que la maladie progresse. Cette tâche peut avoir des répercussions sur la santé physique ou mentale du proche aidant ▶ **6**.

Évaluation des résultats

Les résultats escomptés de la démarche de soins dans la maladie de Parkinson sont énumérés dans le **PSTI 21.4**.

22

La démence est traitée en détail dans le chapitre 22, *Interventions cliniques – Démence et maladie d'Alzheimer.*

6

Le chapitre 6, *Soins communautaires et soins à domicile,* propose des stratégies destinées à alléger la tâche du proche aidant ainsi que des interventions en cas de démence.

21

21.10 | Myasthénie grave

La **myasthénie grave (MG)** est une maladie auto-immune de la jonction neuromusculaire caractérisée par la faiblesse variable de certains groupes de muscles squelettiques. Elle frappe autant l'homme que la femme, sans discrimination ethnique. La myasthénie grave touche environ 1 personne sur 10 000 au Canada (Coalition canadienne de la myasthénie grave, 2010). Elle peut survenir à n'importe quel âge, mais elle fait habituellement son apparition entre l'âge de 10 et 65 ans. Chez la femme, les années de procréation sont celles au cours desquelles la maladie risque le plus de se manifester. Pendant les années de procréation, les femmes risquent d'être atteintes de cette maladie dans une proportion de deux femmes pour un homme. Cette prédilection disparaît chez les personnes âgées ; elle est rare après l'âge de 70 ans.

21.10.1 Étiologie et physiopathologie

La MG relève d'un mécanisme auto-immun. Les anticorps s'attaquent aux récepteurs de l'acétylcholine (ACh) de sorte que leur nombre à la jonction neuromusculaire diminue. Par conséquent, l'acétylcholine manque de récepteurs sur lesquels se fixer afin de stimuler la contraction musculaire. Les anticorps dirigés contre les récepteurs de l'ACh sont présents dans le sérum de 85 à 90 % des personnes atteintes de MG généralisée. La faiblesse musculaire que présentent les 10 à 15 % de personnes qui n'ont pas de tels anticorps pourrait s'expliquer par la présence d'anticorps dirigés contre les récepteurs musculaires de la tyrosine kinase (Bershad, Feen, & Suarez, 2008). Une tumeur au thymus sera présente chez environ 15 % des personnes atteintes, et des anomalies tissulaires du thymus seront décelées chez la majorité des autres.

21.10.2 Manifestations cliniques et complications

La faiblesse variable des muscles squelettiques représente le principal symptôme de la MG. En règle générale, le repos permet de restaurer la force musculaire. Les muscles les plus touchés sont les muscles responsables du mouvement de l'œil et de la paupière, les muscles de la mastication et de la déglutition, ainsi que les muscles de la parole et de la respiration. Le matin, les muscles sont à leur mieux, leur force déclinant au fil des activités de la journée. La faiblesse musculaire s'installe donc en fin de journée.

Dans 90 % des cas, les muscles de la paupière ou ceux de l'orbite oculaire sont touchés **FIGURE 21.9**. La mobilité et l'expression faciales peuvent en souffrir. Le client peut éprouver de la difficulté à mâcher et à avaler. La parole subit également les conséquences de la maladie ; la voix s'affaiblit à la fin d'une longue conversation. Les

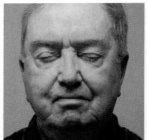

FIGURE 21.9

Dans la myasthénie grave, les muscles de la paupière ou ceux de l'orbite oculaire peuvent être touchés.

muscles du tronc et des membres sont rarement touchés. Lorsqu'ils le sont, les muscles proximaux du cou, de l'épaule et de la hanche sont plus vulnérables que les muscles distaux. Aucun autre signe de trouble neurologique ne se manifeste dans la MG. Il n'y a pas de déficit sensoriel, les réflexes sont normaux, et l'atrophie musculaire est rare.

L'évolution de la maladie varie considérablement d'une personne à une autre. Certaines jouiront de brèves rémissions, d'autres verront leur état se stabiliser, tandis que d'autres encore subiront une atteinte progressive marquée (Grob, Brunner, Namba, & Pagala, 2008). Dans le cas de la myasthénie exclusivement oculaire, qui touche habituellement seulement l'homme, le pronostic est bon. La grossesse, les menstruations, une autre maladie, un traumatisme, les températures extrêmes et l'hypokaliémie peuvent exacerber la MG. De même, les antibiotiques aminosides, les bêtabloquants, la procaïnamide, la quinidine et la phénytoïne peuvent l'aggraver.

La **crise myasthénique** se traduit par l'exacerbation aiguë de la faiblesse musculaire déclenchée par une infection, une intervention chirurgicale, la souffrance émotionnelle, des médicaments inappropriés ou une surdose de psychotropes (p. ex., le carbonate de lithium, les phénothiazines, les benzodiazépines, les antidépresseurs tricycliques) ou de bloquants neuromusculaires (p. ex., la tubocurarine, le bromure de pancuronium, le succinylcholine). Les complications majeures de la MG telles que l'aspiration, l'insuffisance respiratoire et l'infection respiratoire découlent de la faiblesse des muscles qui participent à la déglutition et à la respiration.

21.10.3 Examen clinique et examens paracliniques

Le diagnostic de MG s'établit à partir des antécédents et de l'examen physique du client. Toutefois, d'autres examens permettent de préciser le diagnostic lorsqu'il est encore incertain. L'électromyographie mettra en évidence, le cas échéant, l'affaiblissement de la réponse à la stimulation répétée des muscles de la main, indication de la fatigue musculaire. L'EMG de l'unité motrice est un examen de choix dans la confirmation du diagnostic. Des médicaments peuvent également faciliter le diagnostic. Ainsi, le test au Tensilon^MD fait ressortir l'amélioration de la contractilité musculaire à la suite de l'administration intraveineuse de chlorure d'édrophonium (Tensilon^MD), un anticholinestérasique qui inhibe l'enzyme acétylcholinestérase. L'anticholinestérasique augmente temporairement le niveau d'acétylcholine à la jonction musculaire, ce qui augmente temporairement la contractilité musculaire. Ce test est aussi utilisé dans l'établissement du diagnostic de la crise cholinergique (secondaire à la surdose d'un anticholinestérasique) qui survient lorsque l'inhibition de la **cholinestérase** est excessive. Cette crise a pour traits cliniques la **fasciculation**, la sudation, le ptyalisme et le **myosis**. Dans cet état, le Tensilon^MD n'améliore pas la faiblesse musculaire : il l'accentue. De l'atropine (un anticholinergique) devrait être disponible au moment du test diagnostique au Tensilon^MD afin de pouvoir en contrecarrer les effets.

21.10.4 Processus thérapeutique en interdisciplinarité

Pharmacothérapie

Le traitement pharmacologique de la MG se compose d'un anticholinestérasique, d'un corticostéroïde administré tous les deux jours et d'un immunosuppresseur **ENCADRÉ 21.15**. L'anticholinestérasique a pour objectif d'améliorer le fonctionnement de la jonction neuromusculaire. L'acétylcholinestérase est l'enzyme qui métabolise l'ACh. Par conséquent, son inhibition par un anticholinestérasique prolonge l'action de l'ACh, facilitant la transmission de l'influx nerveux à la jonction neuromusculaire. La pyridostigmine (Mestinon^MD) est le plus efficace des médicaments de cette classe dans le traitement à long terme de la MG. L'adaptation de la dose de façon à éviter la crise myasthénique ou cholinergique constitue tout un défi clinique. Le corticostéroïde (plus précisément la prednisone) supprime la réponse immunitaire qui cause la destruction des récepteurs de l'acétylcholine. D'autres médicaments peuvent également être utilisés pour supprimer la réponse immunitaire : l'azathioprine (Imuran^MD), le mofétilmycophénolate (CellCept^MD) et la cyclosporine (Sandimmune^MD).

Processus diagnostique et thérapeutique

| ENCADRÉ 21.15 | **Myasthénie grave** |

Examen clinique et examens paracliniques

- Anamnèse et examen physique
- Fatigabilité au regard fixe dirigé vers le haut (2 à 3 min)
- Faiblesse musculaire
- EMG
- Épreuve au Tensilon^MD
- Anticorps dirigés contre les récepteurs de l'acétylcholine

Processus thérapeutique

- Médicaments
  - Anticholinestérasiques
  - Corticostéroïdes
  - Immunosuppresseurs
- Traitement chirurgical (thymectomie)
- Plasmaphérèse

De nombreux médicaments sont contre-indiqués ou doivent être utilisés avec prudence dans la MG. Les classes de médicaments qui doivent faire l'objet de l'évaluation approfondie de leurs avantages et de leurs inconvénients sont les anesthésiques, les antiarythmiques, les antibiotiques, la quinine, les psychotropes, les barbituriques, les sédatifs hypnotiques, les cathartiques, les diurétiques, les opiacés, les myorelaxants, les hormones thyroïdiennes et les tranquillisants.

Traitement chirurgical

L'ablation du **thymus** améliore l'état de santé de la majorité des personnes atteintes de MG puisque cet organe semble favoriser la production d'anticorps dirigés contre les récepteurs de l'ACh. La thymectomie est indiquée dans la plupart des cas de **thymome** (tumeur du thymus), dans les cas de MG généralisée de l'âge de la puberté à 65 ans et dans les cas de MG purement oculaire.

Autres traitements

La **plasmaphérèse** peut amener une amélioration symptomatique à brève échéance ; elle est indiquée dans la crise ou en prévision d'une intervention chirurgicale quand le corticostéroïde est contre-indiqué ▶ .

L'immunoglobuline G en administration intraveineuse fait preuve d'une certaine efficacité ; elle est recommandée à titre de traitement de deuxième intention de la MG.

RAPPELEZ-VOUS...

Le myosis est également une réaction réflexe de la pupille à la lumière.

Fasciculation :
Tressautements localisés, non coordonnés et incontrôlables d'un seul groupe musculaire.

Plasmaphérèse : Technique qui permet de prélever du plasma sanguin chez un donneur de sang ou chez un client.

14

La plasmaphérèse est expliquée dans le chapitre 14, *Génétique, réaction immunitaire et transplantation.*

21

Soins et traitements infirmiers

CLIENT ATTEINT DE MYASTHÉNIE GRAVE

Collecte des données

L'infirmière peut évaluer la gravité de la maladie en interrogeant le client sur sa fatigabilité, sur les parties du corps qui sont touchées et sur l'étendue de l'atteinte. Elle évalue également sa capacité d'adaptation et ses connaissances sur la maladie. Dans certains cas, la fatigue est telle que la personne ne peut plus travailler, ni même se déplacer.

Les données objectives englobent la fréquence et l'amplitude respiratoires, la saturation en oxygène (SpO_2), les gaz artériels sanguins, les tests de spirométrie et les signes de détresse respiratoire chez le client en poussée myasthénique aiguë. La force des muscles du visage et des membres, la déglutition, la parole (volume et clarté), la toux et le réflexe laryngé font également l'objet d'une évaluation.

Analyse et interprétation des données

Voici certains des diagnostics infirmiers possibles en présence de MG :

- mode de respiration inefficace lié à la faiblesse musculaire intercostale ;
- dégagement inefficace des voies respiratoires lié à la faiblesse musculaire intercostale et à la défaillance de la toux et du réflexe laryngé ;
- altération de la communication verbale liée à la faiblesse du larynx, des lèvres, de la bouche, du pharynx et de la mâchoire ;
- déficit nutritionnel lié à l'altération de la déglutition ;
- altération de la perception sensorielle (visuelle) liée à la ptose et à la diminution des mouvements oculaires ;
- intolérance à l'activité liée à la faiblesse musculaire et à la fatigabilité ;
- perturbation de l'image corporelle liée à l'incapacité de maintenir le mode de vie et les responsabilités habituelles.

Planification des soins

Les objectifs généraux pour le client qui souffre de myasthénie grave sont :

- de recouvrer son endurance musculaire normale ;
- de gérer sa fatigue ;
- d'éviter les complications ;
- de jouir d'une qualité de vie optimale, dans les circonstances.

Interventions cliniques

Dans la plupart des cas, la personne atteinte de MG est hospitalisée pour cause d'infection respiratoire ou de crise myasthénique aiguë. Les soins et les traitements infirmiers ont pour objectifs de maintenir la ventilation suffisante, de poursuivre le traitement pharmacologique et de surveiller l'apparition d'effets indésirables du traitement. L'infirmière est en mesure de distinguer la crise cholinergique de la crise myasthénique **TABLEAU 21.10**, étant donné que les causes et le traitement de ces crises ne sont pas du tout les mêmes.

Comme c'est le cas avec d'autres maladies chroniques, la démarche de soins est axée sur les déficits neurologiques et leurs conséquences sur les activités de la vie quotidienne. Le client devrait se voir suggérer un régime alimentaire équilibré, composé d'aliments faciles à mastiquer et à avaler. Il sera sans doute plus aisé de manger des aliments mous que des aliments solides ou liquides. Établir l'horaire d'administration des médicaments de sorte que le pic d'action survienne au moment des repas est une autre mesure qui facilitera les repas. Les activités de divertissement ne doivent pas être trop exigeantes physiquement, mais elles doivent correspondre aux intérêts du client. L'enseignement porte sur l'importance de respecter le régime médical, sur les réactions indésirables potentielles liées à l'emploi de certains médicaments, sur la planification d'activités de la vie quotidienne de manière à éviter la fatigue, sur les ressources communautaires, sur les complications de la maladie et du traitement (situation de crise) et sur la conduite à tenir en présence de ces complications. L'infirmière informe le client de l'existence de la Fondation de la myasthénie grave et des groupes d'entraide.

Évaluation des résultats

Pour le client souffrant de myasthénie grave, les résultats escomptés à la suite des soins et des interventions cliniques sont :

- de maintenir une fonction musculaire optimale ;
- de ne pas éprouver d'effets secondaires indésirables liés à la prise de médicaments ;
- d'éviter les complications, en particulier celles liées aux crises myasthéniques ou cholinergiques ;
- de jouir d'une qualité de vie optimale.

TABLEAU 21.10	Comparaison entre la crise myasthénique et la crise cholinergique	
CRISE MYASTHÉNIQUE	**CRISE CHOLINERGIQUE**
Cause	
Exacerbation de la myasthénie par des facteurs précipitants, la non-observance du traitement pharmacologique ou des médicaments à une dose trop basse	Surdose d'anticholinestérasiques produisant une augmentation de l'ACh aux sites récepteurs ; rémission spontanée ou grâce à la thymectomie
Diagnostic différentiel	
Augmentation de la force après administration I.V. d'un anticholinestérasique ; faiblesse accrue des muscles squelettiques se manifestant par le ptosis, des signes d'atteinte du bulbe rachidien (p. ex., une mastication ou une élocution difficile) ou de la dyspnée	Faiblesse apparaissant dans l'heure suivant l'administration d'un anticholinestérasique ; faiblesse accrue des muscles squelettiques se manifeste par le ptosis, des signes d'atteinte du bulbe rachidien, de la dyspnée ; effets sur les muscles lisses pouvant se manifester par un myosis, un ptyalisme, une diarrhée, des nausées ou des vomissements, des crampes abdominales, une augmentation des sécrétions bronchiques, une sudation ou un larmoiement

21.11 | Syndrome des jambes sans repos

21.11.1 Étiologie et physiopathologie

Le **syndrome des jambes sans repos (SJSR)** est un trouble relativement fréquent qui se caractérise par des **paresthésies** (sensations désagréables) et des anomalies motrices dans une jambe ou dans les deux. Le taux de prévalence va de 5 à 15 %. Il est sans doute plus élevé que cela en réalité, car le trouble est sous-diagnostiqué. Le trouble est moins prévalent chez les Asiatiques que dans les autres groupes ethniques, et il est plus fréquent chez les personnes âgées que dans le reste de la population. Il frappe davantage les femmes que les hommes, et il apparaît à un plus jeune âge chez la femme que chez l'homme (Trotti, Bhadriraju, & Rye, 2008).

Le SJSR peut être **idiopathique** primaire ou secondaire. Dans la majorité des cas, il est primaire, et nombre de ces personnes ont des antécédents familiaux de SJSR. Le SJSR secondaire peut se produire en présence d'anomalies métaboliques associées à une carence en fer, d'insuffisance rénale, d'une **polyneuropathie** liée au diabète, d'une polyarthrite rhumatoïde ou d'une grossesse. L'anémie (carence en fer) et certains médicaments peuvent provoquer le SJSR ou en aggraver les symptômes.

La physiopathologie du SJSR primaire relève d'une anomalie du métabolisme du fer et d'altérations fonctionnelles dans les systèmes de neurotransmission dopaminergique centraux (Trotti *et al.*, 2008). Le SJSR primaire peut venir d'une dysfonction du système nerveux; néanmoins, sa cause exacte demeure inconnue. Plusieurs théories existent, dont: 1) l'altération de la transmission dopaminergique dans les noyaux gris centraux; 2) une neuropathie axonale; 3) un phénomène de désinhibition du tronc cérébral produisant des perturbations motrices et sensorielles. Des études récentes ont démontré une forte corrélation entre le SJSR et la maladie cardiovasculaire (Trotti *et al.*, 2008).

21.11.2 Manifestations cliniques

L'intensité des symptômes sensoriels du SJSR va du léger malaise occasionnel (paresthésies, notamment de l'engourdissement, du fourmillement et des picotements) à la douleur prononcée. Souvent, ce sont les premiers symptômes, et ils se traduisent par une sensation gênante et désagréable, mais habituellement non douloureuse, dans les jambes. Cette sensation est décrite comme étant celle produite par des insectes grimpant le long des jambes. La douleur siège au mollet, mais elle peut irradier aux membres supérieurs et au tronc. Le malaise se fait sentir lorsque la personne est sédentaire, et il survient surtout le soir ou la nuit.

La douleur nocturne peut perturber le sommeil; elle est soulagée par l'activité physique, la marche, l'étirement, le balancement ou le battement des jambes, par exemple. Quand elle est prononcée, la personne ne dort que quelques heures, se sent fatiguée le jour et ne parvient pas à accomplir ses tâches habituelles. Les anomalies motrices présentes dans le SJSR se manifestent par une instabilité psychomotrice volontaire et des mouvements involontaires répétitifs périodiques. Ces derniers se produisent habituellement durant le sommeil. La fatigue accentue les symptômes. Au fil du temps, les épisodes de SJSR sont plus fréquents et plus marqués.

21.11.3 Examen clinique et examens paracliniques

Le diagnostic du SJSR, essentiellement clinique, repose en grande partie sur les antécédents du client ou le compte rendu des manifestations nocturnes du syndrome par le conjoint. Les critères diagnostiques s'énoncent comme suit: 1) l'envie pressante de bouger les jambes, habituellement accompagnée de sensations désagréables dans les jambes, qui surgissent ou s'intensifient au repos ou en période d'inactivité; 2) le mouvement fait disparaître en partie ou totalement l'envie pressante de bouger ou les sensations désagréables; 3) l'intensification des symptômes se produit surtout le soir ou la nuit (Spiegelhalder & Hornyak, 2008).

L'examen de **polysomnographie** peut être utile dans la distinction entre le SJSR et d'autres problèmes (p. ex., une apnée du sommeil) susceptibles de perturber le sommeil. Le mouvement périodique des jambes durant le sommeil est un symptôme courant du SJSR. Des antécédents de diabète, le cas échéant, permettront de savoir si les paresthésies découlent d'une neuropathie périphérique ou du SJSR. Des analyses sanguines, notamment l'hémogramme et la détermination du taux sérique de ferritine, ainsi que des analyses de la fonction rénale (p. ex., la créatinine sérique) peuvent être utiles dans la détermination de la cause secondaire du SJSR (Ball & Caivano, 2008).

Polysomnographie:
Examen qui combine l'enregistrement du sommeil d'une personne avec l'enregistrement de plusieurs variables physiologiques comme la respiration, l'activité musculaire dans les jambes, l'activité cardiaque, etc.

21

Soins et traitements en interdisciplinarité

CLIENT ATTEINT DU SYNDROME DES JAMBES SANS REPOS

Les buts des soins et des traitements en interdisciplinarité consistent à apaiser le malaise et le désarroi du client, et à améliorer la qualité de son sommeil. Lorsque l'insuffisance rénale ou la carence en fer est à l'origine du SJSR, le traitement aura pour effet d'atténuer les symptômes du syndrome. Les mesures non pharmacologiques de la prise en charge du syndrome comprennent le maintien d'un horaire de sommeil régulier, l'exercice physique, l'évitement des activités provoquant les symptômes et l'élimination des facteurs précipitants comme l'alcool, la caféine et certains médicaments (neuroleptiques, lithium, antihistaminiques et antidépresseurs).

Si les mesures non pharmacologiques échouent, le traitement pharmacologique peut prendre la relève. Les principaux médicaments prescrits dans le SJSR sont les dopaminergiques, les opiacés et les benzodiazépines. Les dopaminergiques, notamment l'association de carbidopa et de lévodopa (Sinemet^MD) ou des agonistes dopaminergiques (bromocriptine [Apo-Bromcriptine^MD], pramipexole [Mirapex^MD]), sont les médicaments de choix dans le traitement du SJSR. L'antiparkinsonien ropinirole (ReQuip^MD) est prescrit lorsque le syndrome devient d'intensité modérée ou grave (Trotti *et al.*, 2008). Ces médicaments sont efficaces dans la maîtrise des symptômes sensoriels et des symptômes moteurs.

Les antiépileptiques tels la gabapentine (Neurontin^MD), l'acide valproïque (Depakene^MD), la lamotrigine (Lamictal^MD) et la carbamazépine (Tegretol^MD) peuvent également être utiles. La clonidine (Catapres^MD) et le propranolol (Inderal^MD) sont efficaces dans certains cas. En général, les opiacés (p. ex., l'oxycodone) sont réservés aux personnes affligées de symptômes graves et réfractaires aux autres médicaments. Administré à une dose basse, l'opiacé se révèle efficace dans l'atténuation des symptômes du SJSR. Comme son principal effet indésirable est la constipation, la nécessité d'un laxatif ou d'un émollient fécal devrait être évaluée.

21.12 | Sclérose latérale amyotrophique

La **sclérose latérale amyotrophique (SLA)** est un trouble neurologique évolutif rare caractérisé par la perte des neurones moteurs. En règle générale, la mort survient dans les deux à six ans suivant le diagnostic, quoique de nombreuses personnes survivent plus de dix ans (Corcia & Meininger, 2008). La SLA apparaît habituellement entre l'âge de 40 et 70 ans. Ce trouble touche plus particulièrement les homme, dans une proportion de deux hommes pour une femme. Au Canada, environ 3 000 personnes vivent avec la SLA (Société canadienne de la sclérose latérale amyotrophique, 2010).

La pathogenèse de la sclérose latérale amyotrophique est présentée dans la figure 21.2W, au www.cheneliere.ca/lewis.

Pour des raisons encore inconnues, les cellules motrices du tronc cérébral et de la moelle épinière dégénèrent ⬤. Les neurones morts ne sont plus en mesure de produire ou de transmettre les influx nerveux aux muscles. Par conséquent, les messages électriques ou chimiques d'activation provenant du cerveau ne se rendent pas aux muscles.

La faiblesse des extrémités supérieures, la dysarthrie et la dysphagie constituent les symptômes typiques de la maladie. La faiblesse peut toutefois s'installer d'abord dans les jambes. La dénervation, l'absence de stimulation et l'inutilisation des muscles provoquent l'amyotrophie et les fasciculations. La douleur, les troubles du sommeil, la spasticité, le ptyalisme, l'instabilité émotionnelle, la dépression, la constipation et le reflux œsophagien peuvent figurer au nombre des symptômes (Corcia & Meininger, 2008). En général, c'est une infection respiratoire secondaire à l'insuffisance respiratoire qui provoque le décès. Malheureusement, la SLA est incurable. Le riluzole (Rilutek^MD) ralentit sa progression. Il agit en diminuant la quantité de glutamate (neurotransmetteur excitateur) au cerveau.

La maladie est dévastatrice, car la progression du déclin physique de la personne est inévitable et que ce déclin physique s'effectue généralement sans perte cognitive. L'un des défis des soins infirmiers consiste à enseigner au client des exercices d'endurance d'intensité modérée du tronc et des membres, car ils contribueront à diminuer la spasticité. En outre, l'infirmière soutient le client sur les plans cognitif et émotionnel. À titre d'interventions infirmières, il convient de mentionner : 1) la facilitation de la communication ; 2) la réduction du risque d'aspiration ; 3) le dépistage précoce de l'insuffisance respiratoire ; 4) le soulagement de la douleur secondaire à la faiblesse musculaire ; 5) la diminution du risque de blessures consécutives à une chute ; 6) la planification d'activités divertissantes telles que la lecture et le compagnonnage ; et 7) l'accompagnement du client et de sa famille dans l'adaptation à la maladie, notamment au cours du processus de deuil à la suite de la perte de la fonction musculaire, et dans la mort, issue ultime de la maladie.

21.13 | Maladie de Huntington

La **maladie de Huntington (MH)** (ou chorée de Huntington) est une maladie à transmission héréditaire autosomique dominante qui frappe autant les hommes que les femmes, sans discrimination ethnique. La probabilité que la descendance d'une personne atteinte hérite de la maladie est de 50 % **ENCADRÉ 21.16**. Elle survient habituellement entre l'âge de 30 et 50 ans (Rosenblatt, Ranen, Nance, & Paulsen, 1999). Souvent, le diagnostic est posé une fois que la personne a eu des enfants. La maladie touche 1 Canadien sur 10 000 (Société Huntington du Canada, 2010).

Par le passé, le diagnostic était établi à partir des antécédents familiaux et des manifestations cliniques. Toutefois, depuis la découverte du gène de la maladie, l'analyse génétique permet de la détection du gène qui lui est associé. La personne asymptomatique qui a des antécédents familiaux de la maladie est placée devant le dilemme de subir ou non le test. Un résultat positif indique que la maladie surviendra, sans toutefois révéler le moment ou l'étendue de l'atteinte.

Comme dans la maladie de Parkinson, le processus pathologique de la MH se déroule dans les noyaux gris centraux et dans le système moteur extrapyramidal. Toutefois, il ne s'agit pas d'un déficit en dopamine dans le cas de la MH, mais d'une carence des neurotransmetteurs ACh et de l'acide gamma-aminobutyrique (GABA). Cette carence d'ACh et de GABA entraîne une présence excessive de dopamine causant des symptômes à l'opposé de ceux du syndrome parkinsonien.

Les manifestations cliniques relèvent d'un trouble moteur ainsi que de troubles cognitifs et psychiatriques. Le trouble moteur prend la forme de mouvements involontaires anormaux et excessifs (chorée), à savoir des mouvements de contorsion du visage, des membres et du corps. Ils s'intensifient au fur et à mesure que la maladie évolue. Les mouvements faciaux entravent le langage, la mastication et la déglutition ; ils peuvent entraîner l'aspiration et la malnutrition. La démarche se détériore et, après un certain temps, la déambulation n'est plus possible **FIGURE 21.10**.

La détérioration cognitive s'étend à la perception, à la mémoire, à l'attention et à l'apprentissage. La dysfonction motrice combinée à la dysfonction cognitive a pour conséquence la perte de la capacité de parler (Lechich, 2008). La dépression est très fréquente. L'irritabilité, l'anxiété, l'agitation, l'impulsivité, l'apathie, le retrait social et la propension à l'obsession sont d'autres symptômes psychiatriques (Rosenblatt *et al.*, 1999).

En général, la mort survient dans les 10 à 20 ans qui suivent l'apparition des symptômes. La phase terminale de la maladie se caractérise par la perte de poids malgré l'apport calorique suffisant, la détresse respiratoire secondaire à la pneumonie, les poussées de fièvre, le sommeil ou la léthargie profonde diurne (Lechich, 2008).

La maladie étant incurable, les soins infirmiers ont une visée essentiellement palliative de contrôle des symptômes et d'optimisation de la qualité de vie. La tétrabénazine (Nitoman^MD) est le premier médicament commercialisé précisément dans l'indication de la MH. Il a pour objectif de maîtriser la **chorée** ; il agit en diminuant la quantité de dopamine à la jonction synaptique cérébrale pour ainsi réduire

les mouvements involontaires caractéristiques de la chorée.

Les neuroleptiques, notamment l'halopéridol et la rispéridone (Risperdal^MD), les benzodiazépines, tels le diazépam (Valium^MD) et le clonazépam (Rivotril^MD), et les médicaments qui épuisent les stocks de dopamine comme la réserpine et la tétrabénazine sont également utilisés dans le but de maîtriser le trouble moteur. Des mesures non pharmacologiques (p. ex., du counseling, un aide-mémoire) interviennent dans le traitement de la détérioration cognitive. Les inhibiteurs sélectifs du recaptage de la sérotonine, dont la sertraline (Zoloft^MD) et la paroxétine (Paxil^MD), peuvent être utiles dans le traitement des troubles psychiatriques ainsi que les psychotropes tels l'halopéridol ou la rispéridone (Risperdal^MD), qui s'avèreront peut-être nécessaires.

La maladie pose un défi de taille aux professionnels de la santé. Le but des soins infirmiers consiste à offrir l'environnement le plus confortable possible au client et au proche aidant en assurant la sécurité physique, en traitant les symptômes physiques et en offrant un soutien émotionnel et psychologique. La chorée fait grimper les besoins caloriques. Ainsi, de 4 000 à 5 000 calories par jour peuvent être nécessaires pour maintenir le poids. Au fur et à mesure que la maladie évolue, il devient de plus en plus difficile de combler ces

---

Génétique et pratique clinique

ENCADRÉ 21.16 **Maladie de Huntington**

Fondements génétiques

- Trouble autosomique dominant
- Causé par une mutation d'un seul gène sur le chromosome 4
- Même expression chez l'homozygote et chez l'hétérozygote

Incidence

- 1 cas par 10 000 personnes au Canada
- Incidence plus élevée chez les personnes d'origine européenne
- Probabilité d'avoir un enfant affligé de la maladie de Huntington de 50 % à chaque grossesse pour un parent hétérozygote porteur du gène muté

Tests génétiques

- Par analyse de l'ADN
- Analyse de l'ADN de cellules prélevées à l'amniocentèse ou à la biopsie de villosités choriales

- L'analyse génétique peut déterminer si la personne est porteuse de la mutation.
- Aucune analyse ne peut prévoir le moment d'apparition des symptômes.

Conséquences cliniques

- La maladie fait habituellement son apparition de l'âge de 30 ans à l'âge de 50 ans.
- La maladie de Huntington est un trouble neurologique dégénératif évolutif.
- La maladie est incurable.
- Des médicaments maîtrisent les troubles moteurs et les troubles comportementaux.
- Le counseling génétique peut être utile en présence d'antécédents familiaux de maladie de Huntington.

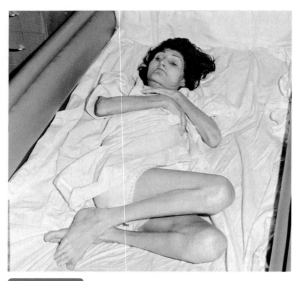

FIGURE 21.10
La maladie de Huntingdon est évolutive et, progressivement, la démarche se détériore jusqu'à rendre la déambulation impossible.

besoins caloriques en raison des difficultés à avaler et à arrêter de bouger qu'éprouve le client. La dépression et la détérioration de l'état mental peuvent également compromettre l'apport nutritionnel. Avec le temps, la personne devra s'en remettre à d'autres façons de s'alimenter qui seront mises en place en fonction de ses volontés, notamment l'alimentation entérale grâce à une sonde de gastrostomie.

L'infirmière soutient le client et ses proches pour faire face aux questions de fin de vie. Si cela s'avère approprié, l'infirmière encourage le client à aborder ces questions avec son médecin traitant et avec l'équipe interdisciplinaire. Ces questions portent sur les soins à domicile ou le placement en établissement de soins de longue durée, l'alimentation entérale, les directives préalables, la réanimation cardiorespiratoire (RCR), l'antibiothérapie en cas d'infection et la tutelle. Il convient de revenir sur ces sujets lorsque la maladie évolue et que le client et le proche aidant affrontent l'incapacité croissante (Lechich, 2008).

Analyse d'une situation de santé   Jugement clinique

SOLUTIONNAIRE

www.cheneliere.ca/lewis

Madame Céleste Dumont, âgée de 44 ans, est atteinte de sclérose en plaques. Elle a été diagnostiquée l'an dernier. Elle connaît très bien sa maladie et la gestion quotidienne que cela implique. Elle est traitée avec de l'acétate de glatiramère (Copaxone^{MD}) 20 mg en injection S.C. die, médicament qu'elle s'administre elle-même. Elle est actuellement à l'unité de médecine de jour, car elle présente une exacerbation de sa maladie manifestée par une difficulté à marcher, des vertiges, des pertes d'équilibre, de la douleur aux mains et une hyperesthésie cutanée.

Pour traiter la poussée évolutive actuelle de la SEP, l'infirmière lui a administré une dose I.V. de méthylprednisolone (Solu-Médrol^{MD}) 1 000 mg. La cliente doit recevoir deux autres doses pour les deux prochains jours. À la suite d'une première dose, elle a montré de la tachycardie à plus de 140 batt./min et une pression artérielle élevée. Elle s'est sentie très mal et inquiète. Son anxiété s'est exprimée par des pleurs et des tremblements dans la voix.

C'est la première fois que madame Dumont se présente à l'unité de médecine de jour. En raison des signes et des symptômes présentés, l'infirmière juge qu'il est crucial pour le suivi clinique de la cliente de déterminer un plan thérapeutique infirmier : elle décide que la surveillance de la fréquence cardiaque et de la pression artérielle constitue une intervention spécifique faisant partie du suivi à assurer au moment des prochaines visites de la cliente.

Madame Dumont dit être prête à prendre toutes les mesures requises pour avoir une qualité de vie satisfaisante.

Collecte des données – Évaluation initiale – Analyse et interprétation

1. L'infirmière désire connaître les valeurs habituelles de la pression artérielle de madame Dumont. En quoi une telle donnée clinique peut-elle être utile dans ce cas-ci ?

2. Sur quelles données l'infirmière peut-elle appuyer le problème prioritaire « *Effets secondaires de la methylpred-nisolone (Solu-Médrol^{MD}) I.V.* » inscrit dans l'extrait du plan thérapeutique infirmier de madame Dumont ?

Extrait

CONSTATS DE L'ÉVALUATION									
Date	Heure	N°	Problème ou besoin prioritaire	Initiales	RÉSOLU / SATISFAIT			Professionnels / Services concernés
					Date	Heure	Initiales	
2011-02-28	10:00	2	Effets secondaires de la methylprednisolone	A.V.				
			(Solu-Médrol^{MD}) I.V.					
		3						

Signature de l'infirmière	Initiales	Programme / Service	Signature de l'infirmière	Initiales	Programme / Service
Abigaël Vaillancourt	A.V.	Médecine de jour			
		Médecine de jour			

3. Quel autre problème prioritaire, formulé en termes de risque pour la sécurité, peut également être déterminé à la suite de l'analyse des manifestations d'exacerbation de la sclérose en plaques ?

Planification des interventions – Décisions infirmières

4. Pour assurer le suivi clinique en lien avec le problème prioritaire numéro 2 et le contexte ambulatoire, émettez une directive qui guiderait l'infirmière dans sa décision de permettre à madame Dumont de quitter l'unité de médecine de jour.

Extrait

CONSTATS DE L'ÉVALUATION								
Date	Heure	N°	Problème ou besoin prioritaire	Initiales	RÉSOLU / SATISFAIT			Professionnels / Services concernés
					Date	Heure	Initiales	
2011-02-28	10:00	2	Effets secondaires de la methylprednisolone	A.V.				
			(Solu-Médrol^{MD}) I.V.					

SUIVI CLINIQUE							
Date	Heure	N°	Directive infirmière	Initiales	CESSÉE / RÉALISÉE		
					Date	Heure	Initiales
2011-02-28	10:00	2					
		3					

Signature de l'infirmière	Initiales	Programme / Service	Signature de l'infirmière	Initiales	Programme / Service
Abigaël Vaillancourt	A.V.	Médecine de jour			
		Médecine de jour			

Évaluation des résultats – Évaluation en cours d'évolution

5. Sur quelles données l'infirmière se basera-t-elle pour permettre à madame Dumont de quitter l'unité de médecine de jour ?

6. Quelle information l'infirmière devra-t-elle vérifier au moment de la prochaine visite de la cliente ?

Application de la pensée critique

Dans l'application de la démarche de soins auprès de madame Dumont, l'infirmière a recours aux éléments du modèle de la pensée critique pour analyser la situation de santé de la cliente et en comprendre les enjeux. La **FIGURE 21.11** résume les caractéristiques de ce modèle en fonction des données de cette cliente, mais elle n'est pas exhaustive.

Vers un jugement **clinique**

Connaissances
- Physiopathologie de la sclérose en plaques
- Manifestations d'exacerbation de la maladie
- Répercussions de la sclérose en plaques sur les différentes dimensions de la personne (physique, psychologique, spirituelle, sociale)
- Effets secondaires de la methylprednisolone (Solu-Médrol^MD)

Expériences
- Expérience en administration des médicaments par voie intraveineuse
- Approche des clients atteints d'une maladie chronique évolutive

ÉVALUATION
- Signes vitaux de la cliente, particulièrement le pouls, la fréquence cardiaque et la pression artérielle
- Manifestations d'exacerbation de la sclérose en plaques chez cette cliente (difficulté à marcher, vertiges, pertes d'équilibre, douleur aux mains, hyperesthésie cutanée)
- Risques pour la sécurité de madame Dumont liés à l'exacerbation de la sclérose en plaques
- Répercussions psychologiques chez la cliente au cours d'une poussée évolutive de la sclérose en plaques

Normes
- Normes d'administration des médicaments par voie intraveineuse
- Normes locales justifiant le départ d'un client de l'unité de médecine de jour

Attitude
- Démontrer de la compassion et de l'empathie par rapport à la réaction émotive de madame Dumont au moment d'une exacerbation de la sclérose en plaques

FIGURE 21.11
Application de la pensée critique à la situation de santé de madame Dumont

■ ■ ■ À **retenir**

VERSION REPRODUCTIBLE

www.cheneliere.ca/lewis

- La céphalée de tension est le type de céphalée le plus fréquemment diagnostiqué.

- En plus du mal de tête pulsatif, les migraines peuvent être précédées par un prodrome et une aura.

- L'épilepsie se caractérise par des crises épileptiques spontanées récurrentes causées par une condition chronique sous-jacente.

- L'état de mal épileptique est la complication la plus grave de l'épilepsie, et tous les types de crises épileptiques peuvent aboutir à cet état.

- Le but premier du traitement de l'épilepsie consiste à prévenir les crises épileptiques.

- Il s'avère nécessaire pour un client épileptique de prendre des médicaments de façon régulière et continue, parfois durant toute sa vie.

- La sclérose en plaques est un problème chronique évolutif du système nerveux central qui affecte les fonctions intestinale, vésicale, sexuelle et cognitive.

- La sclérose en plaques ne se guérissant pas, les soins sont axés sur le traitement du processus pathogénique et la maîtrise des symptômes.

- L'exacerbation de la sclérose en plaques pouvant forcer la personne atteinte à s'aliter, les interventions infirmières ont pour objectif de prévenir les complications majeures de l'immobilité.

- La maladie de Parkinson est un trouble neurodégénératif chronique évolutif dont le tremblement, la rigidité et la bradykinésie en sont les symptômes classiques.

- Chez la femme, la myasthénie grave risque le plus de se produire lorsqu'elle est en mesure de procréer.

- Dans la myasthénie grave, il n'y a pas de déficit sensoriel, les réflexes sont normaux et l'atrophie musculaire est rare.

- Comme la maladie de Huntington est incurable, les soins sont essentiellement palliatifs, symptomatiques et visent à augmenter la qualité de vie.

Pour en **savoir** plus

VERSION COMPLÈTE ET DÉTAILLÉE

www.cheneliere.ca/lewis

Références Internet

Organismes et associations

Canadian Headache Society et Réseau canadien des céphalées
www.headachenetwork.ca

Coalition canadienne de la myasthénie grave
www.mgcc-ccmg.org

Épilepsie Canada
www.epilepsy.ca

Épilepsie Section de Québec
www.epilepsiequebec.com

Multiple Sclerosis International Federation
www.msif.org

Société canadienne de la sclérose en plaques
http://mssociety.ca

Société Parkinson Canada
www.parkinson.ca

Organismes gouvernementaux

Gouvernement du Québec > Guide Santé
> Maladies
> Migraine
> Sclérose en plaques
www.guidesante.gouv.qc.ca

Organisation mondiale de la santé
> Programmes et projets > Centre des médias
> Aide-mémoire
> Céphalées
> Épilepsie
www.who.int

Références générales

Association médicale canadienne
> Public > Info maladies
> Maladie de Parkinson
> Sclérose en plaques
www.amc.ca

Clinique pour les troubles du sommeil
> Troubles du sommeil > Jambes sans repos
www.clinique-sommeil.ca

Infirmiers.com > Étudiants en IFSI
> Cours (semestre 4)
> Épilepsie
> Sclérose en plaques
www.infirmiers.com

Informations Hospitalière
> Dictionnaire > Dictionnaire médical
> Céphalée de tension
> Myasthénie
www.informationhospitaliere.com

PasseportSanté.net > Maladies
> Index des maladies de A à Z > Migraine
Maladies > Index des maladies de A à Z
> Syndrome des jambes sans repos
www.passeportsante.net

Monographies

Buchfuhrer, M., Hening, W., Kushida, C., Battenfield, A., & Dzienkowski, K. (2007). *Restless legs syndrome: Coping with your sleepless nights.* New York : Demos/AAN Press.

Devinsky, O. (2008). *Epilepsy: Patient and family guide.* New York : Demos medical pub.

Géraud, G., Fabre, N., Lantéri-Minet, M., & Valade, D. (2010). *Les céphalées en 30 leçons.* Paris : Masson.

Hoffmann, J.J. (2010). *Sclérose en plaques : prise en charge et soins.* Paris : J. Lyon.

Lantéri-Minet, M. (2008). *Céphalées de tension.* Paris : Medi-text.

Lieberman, A., & McCall, M. (2008). *100 questions & answers about Parkinson disease.* Sudbery, Mass. : Jones and Bartlett.

Okun, M., & Fernandez, H. (2010). *Ask the doctor about Parkinson's disease.* New York : Demos Health.

Reuber, M., Elger, E., Schachter, S., & Altrup, U. (2009). *Epilepsy explained: A book for people who want to know more.* New York : Oxford University Press.

Thibault, M. (2008). *La sclérose en plaques : du diagnostic aux récentes découvertes.* Issy-les-Moulineaux, Fr. : Vidal ; Ivry-sur-Seine, Fr. : ARSEP.

Articles, rapports et autres

Crépin, A., & Coudert, C. (2008). *La myasthénie : de la physiopathologie à la prise en charge thérapeutique.* Clermont-Ferrand, Fr. : Université de Clermont.

Destee, A., Mutez, E., Kreisler, A., Vanbesien-Maillot, C., & Chartier-Harlin, M.C. (2009). Maladie de Parkinson : génétique et mort neuronale. *Revue neurologique, 165,* F80.

Dystrophie musculaire Canada (DMC) (2007). *Myasthénie Grave (MG).* Toronto : DMC.

Fromont, A., Binquet, C., Clerc, L., & Moreau, T. (2009). Épidémiologie de la sclérose en plaques : la particularité française. *Revue neurologique, 165,* 671.

Gelisse, P., Bonafe, A., Courbes, P., & Crespel, A. (2009). Lettre à l'éditeur – Épilepsie et migraine, la sémiologie des hallucinations est capitale. *Revue neurologique, 165,* 735.

Kerschen, P. (2008). *Les scléroses en plaques à début tardif.* Nancy, Fr. : Université Henri-Poincaré.

Zamboni, P., Galeotti, R., Menegatti, E., Malagoni, A.M., Tacconi, G., Dall'Ara, S., *et al.* (2009). Chronic cerebrospinal venous insufficiency in patients with multiple sclerosis. *Journal of Neurology, Neurosurgery & Psychiatry, 80,* 392–399.

Multimédia

NotreTemps.Com > Santé > Atlas
> Cerveau et système nerveux
> Épilepsie
> Maladie de Parkinson
> Sclérose en plaques
[vidéos]
www.atlasducorpshumain.fr

5Min Life Videopedia > Health > Neurology
> *What Myasthenia Gravis Is*
[vidéo]
www.5min.com

CHAPITRE

22

Écrit par:
Sharon L. Lewis, RN, PhD, FAAN

Adapté par:
Catherine Forbes, inf., M. Sc., CSN(C)

INTERVENTIONS CLINIQUES

Démence et maladie d'Alzheimer

Objectifs

Après avoir lu ce chapitre, vous devriez être en mesure:

- de définir la démence;
- de comparer les diverses étiologies de la démence;
- de décrire les différentes formes de démence;
- de décrire les manifestations cliniques, l'examen clinique, les examens paracliniques ainsi que le processus thérapeutique en interdisciplinarité associés à la démence;

- de décrire les manifestations cliniques associées au trouble cognitif léger;
- de décrire les soins et traitements infirmiers offerts au client atteint de la maladie d'Alzheimer;
- de différencier les autres maladies neurodégénératives s'apparentant à la démence, notamment la démence à corps de Lewy, la démence fronto-temporale, l'hydrocéphalie à pression normale et la maladie de Creutzfeldt-Jakob;

- de décrire l'étiologie, la physiopathologie, les manifestations cliniques, l'examen clinique, les examens paracliniques ainsi que le processus thérapeutique en interdisciplinarité associés au délirium.

Cette carte conceptuelle illustre schématiquement les principaux concepts décrits dans le présent chapitre. Sa lecture vous permettra d'avoir une vue d'ensemble des notions qui y sont présentées.

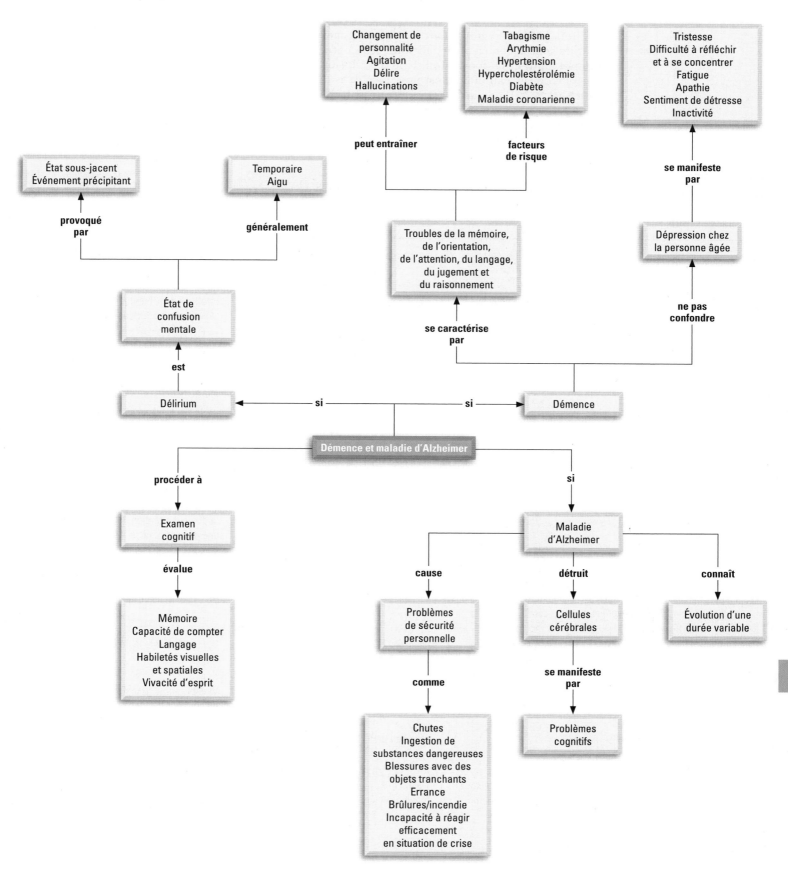

22.1 | Principaux troubles cognitifs

Les trois troubles cognitifs les plus courants chez l'adulte sont la démence, le délirium (état confusionnel aigu) et la dépression. Une description générale de ces pathologies est présentée dans le **TABLEAU 22.1**. Bien que le présent chapitre traite essentiellement de la démence et du délirium, il est important de noter que la dépression est souvent associée à ces affections.

22.2 | Démence

La **démence** est un syndrome qui se caractérise par des troubles de la mémoire, de l'orientation, de l'attention, du langage, du jugement et du raisonnement. Il peut en découler des changements de personnalité et des manifestations comportementales, comme de l'agitation, des idées délirantes et des hallucinations. La personne atteinte a de plus en plus de difficulté à travailler, à assumer ses responsabilités sociales et familiales, et à

TABLEAU 22.1	Caractéristiques cliniques de la démence, du délirium et de la dépression		
CARACTÉRISTIQUE	**DÉMENCE**	**DÉLIRIUM**	**DÉPRESSION**
Apparition	En général, de manière insidieuse	Soudaine, souvent au cours de la nuit	Coïncide avec certains changements de la vie ; souvent brusque
Évolution	Longue ; symptômes progressifs mais relativement stables au fil du temps	Fluctuante, pire la nuit ; moments de lucidité	Effets diurnes, habituellement pires en avant-midi ; fluctuations situationnelles
Progression	Lente mais régulière	Brusque	Variable, rapide ou lente, mais irrégulière
Durée	Plusieurs mois ou années	Quelques heures à un mois	Au moins deux semaines, mais peut durer plusieurs mois ou années
État de conscience	Normal	Réduit	Normal
Vivacité d'esprit	Généralement normale	Fluctuante, léthargie ou hypervigilance	Normale
Orientation	En déclin progressif	Fluctuante en ce qui a trait à la gravité ; généralement altérée	Désorientation sélective, résultant d'une baisse de la concentration et de la durée d'attention, se manifestant par une déficience de la mémoire
Pensée	Difficultés avec le raisonnement abstrait, appauvrissement des idées, altération du jugement, difficultés à trouver les mots	Désorganisée, incohérente, fragmentée ; langage incohérent, lent ou accéléré	Intacte, mais présence d'apathie, de fatigue ; possibilité d'absence de volonté de vivre ; risque de tentative de suicide
Perception	Perceptions erronées fréquentes ; idées délirantes, illusions et hallucinations	Faussée ; illusions, idées délirantes et hallucinations	Déni possible de la dépression
Comportement psychomoteur	Apraxie	Variable ; hypocinétique, hypercinétique, ou mixte	Variable ; ralentissement psychomoteur ou agitation
Cycle veille-sommeil	Réveils fréquents	Sommeil perturbé, cycle inversé	Sommeil perturbé, réveil très matinal fréquent
Examen de l'état mental	Nombreuses réponses « quasi-erronées » ; difficultés durant l'examen, doit fournir beaucoup d'efforts pour donner une réponse appropriée ; obtient constamment de faibles résultats.	Distraction ; faibles résultats ; s'améliore lorsque le client récupère.	Répond souvent « Je ne sais pas » ; peu enclin à l'effort, peu de persévérance, indifférence.

accomplir les activités de la vie quotidienne. La plupart des médecins établissent un diagnostic de démence si deux fonctions cérébrales ou plus, comme la mémoire ou le langage, sont fortement affectées.

Bien qu'elle surgisse plus souvent chez des personnes âgées, la démence ne fait pas partie du processus normal de vieillissement. Dans la population canadienne, 500 000 personnes sont atteintes de démence (Société Alzheimer du Canada, 2010). Comme l'espérance de vie ne cesse d'augmenter, le nombre de personnes atteintes de démence est également en croissance. Environ 100 causes différentes de démence sont recensées, et 63 % des gens atteints souffrent de la maladie d'Alzheimer (MA) **FIGURE 22.1**. Aux État-Unis, la moitié de tous les clients des établissements de soins de longue durée est atteinte de la MA ou de démence (Kester & Scheltens, 2009).

22.2.1 Étiologie et physiopathologie

Les deux causes les plus courantes de démence sont les affections neurodégénératives (p. ex., la MA) et les maladies vasculaires. Les affections neurodégénératives comptent pour 60 à 80 % de tous les cas de démence. De plus, un âge avancé et des antécédents familiaux constituent des facteurs de risque importants de démence.

Il arrive aussi que la démence soit causée par une affection pour laquelle des traitements existent, rendant les symptômes de démence potentiellement réversibles si la maladie est traitée dès les premières manifestations **TABLEAU 22.2**. Par contre, si l'exposition ou la maladie perdurent, il peut en résulter des changements irréversibles malgré le traitement.

Les affections vasculaires représentent la deuxième cause de démence. La **démence vasculaire**, ou démence par infarctus multiples, se caractérise par la perte de fonctions cognitives dues aux lésions cérébrales ischémiques, aux lésions ischémiques-hypoxiques ou hémorragiques causées par la maladie cardiovasculaire. Ce type de démence découle de la diminution de l'apport sanguin due au rétrécissement et à l'obstruction des artères qui irriguent le cerveau. La démence vasculaire apparaît à la suite de un ou de plusieurs accidents vasculaires cérébraux (Pendlebury & Rothwell, 2009).

Des antécédents de tabagisme, d'arythmie (p. ex., une fibrillation auriculaire), d'hypertension, d'hypercholestérolémie, de diabète et de maladie coronarienne sont des éléments qui prédisposent à la démence. Les clients qui présentent un syndrome métabolique sont plus à risque d'être atteints de démence ou de la maladie d'Alzheimer (Mohajeri & Leuba, 2009).

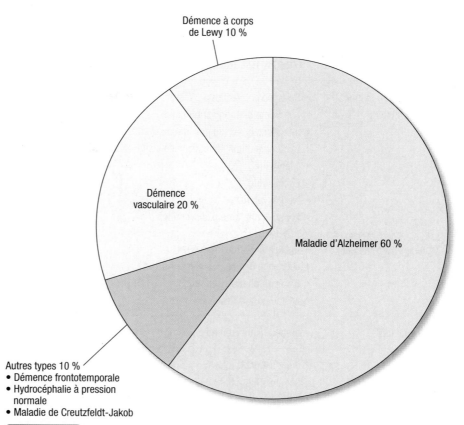

FIGURE 22.1

Répartition des différents types de démence

TABLEAU 22.2	Causes de la démence
ÉTIOLOGIE	**PHYSIOPATHOLOGIES**
Affections neurodégénératives	• Maladie d'Alzheimer • Démence à corps de Lewy • Démence frontotemporale • Syndrome de Down • Sclérose latérale amyotrophique • Maladie de Parkinson • Chorée de Huntington
Maladies vasculaires	• Démence par infarctus multiples • Maladie de Binswanger • Hémorragie sous-arachnoïdienne[a] • Hématome sous-dural chronique[a]
Maladies toxiques, métaboliques ou nutritionnelles	• Alcoolisme • Carence en thiamine (vitamine B_1)[a] • Carence en cobalamine (vitamine B_{12})[a] • Carence en folate[a] • Hyperthyroïdie[a] • Hypothyroïdie[a]

TABLEAU 22.2	Causes de la démence *(suite)*
ÉTIOLOGIE	**PHYSIOPATHOLOGIES**
Maladies ou infections immunologiques	• Sclérose en plaques • Syndrome de fatigue chronique • Infections (p. ex., la maladie de Creutzfeldt-Jakob) • Syndrome d'immunodéficience acquise (sida) • Méningite[a] • Encéphalite[a] • Neurosyphilis[a] • Lupus érythémateux disséminé[a]
Maladies systémiques	• Encéphalopathie urémique[a] • Démence des hémodialysés[a] • Encéphalopathie hépathique[a] • Maladie de Wilson
Traumatismes	• Traumatisme crânien-cérébral[a]
Tumeurs	• Tumeurs cérébrales (primaires)[a] • Tumeurs métastatiques[a]
Troubles vasculaires	• Hydrocéphalie[a]
Médicaments[b]	• Anticholinergiques • Phénytoïne (Dilantin[MD]) • Opioïdes • Hypnotiques • Tranquilisants • Agents antiparkinsoniens • Médicaments : digoxine, méthyldopa (apo-methyldopa) • Cocaïne • Héroïne

[a] Affection potentiellement réversible.

[b] Exemples de médicaments susceptibles de causer une altération potentiellement réversible des fonctions cognitives.

22.2.2 Manifestations cliniques

L'apparition des symptômes de démence varie en fonction de l'étiologie ; la maladie peut en effet apparaître soudainement ou de manière insidieuse et graduelle. Souvent, les démences associées à une dégénérescence neurologique s'installent lentement et progressent au fil du temps, alors que dans les cas de démence vasculaire, les symptômes sont en général plus soudains ou progressent par paliers. Il est toutefois difficile de distinguer l'étiologie des démences (vasculaire ou neurodégénérative) en se basant uniquement sur la progression des symptômes dans le temps. En effet, un épisode aigu (de quelques jours à quelques semaines) ou subaigu (quelques semaines à quelques mois) de changements peut indiquer une étiologie infectieuse ou métabolique, comme une encéphalite, une méningite, de l'hypothyroïdie, ou une démence liée à la consommation de drogues. Les manifestations caractéristiques des différents types de démence se chevauchent et peuvent être difficiles à distinguer du fait de la coexistence de plusieurs pathologies médicales.

Les manifestations cliniques de la démence sont qualifiées de légères, modérées ou graves **TABLEAU 22.3**. Indépendamment de la cause de la démence, les premiers symptômes sont liés à une perturbation des fonctions cognitives. Le client se plaint de pertes de mémoire, d'une certaine désorientation, ou de difficulté avec les mots et les chiffres. C'est souvent un membre de la famille, plus particulièrement le conjoint, qui signale au professionnel de la santé les épisodes de perte de mémoire du client.

Le déclin de la mémoire lié au vieillissement normal se caractérise par des changements légers n'affectant pas les activités quotidiennes. Chez les sujets atteints de démence, les pertes de mémoire concernent tout d'abord les faits récents, alors que les souvenirs lointains demeurent intacts. Mais, à mesure que le temps passe et que la maladie progresse, les pertes de mémoire concernent non seulement la mémoire récente, mais aussi celle à long terme, pour finir par empêcher la personne de prendre soin d'elle-même.

22.2.3 Examen clinique et examens paracliniques

Le processus de diagnostic de la démence sert à déterminer la cause de celle-ci (p. ex., les facteurs réversibles et les facteurs non réversibles). La première étape consiste à effectuer un bilan détaillé des antécédents médicaux, neurologiques et psychologiques. Ensuite, un examen physique complet est fait afin d'écarter toute autre condition médicale, en procédant, entre autres, au dépistage d'une carence en cobalamine (vitamine B_{12}) et d'hypothyroïdie. Selon les antécédents du client, il peut s'avérer important de vérifier également la présence de **neurosyphilis**.

Les sujets présentant un trouble cognitif léger (TCL) doivent se prêter à une évaluation cognitive et à une surveillance clinique régulière, car ils présentent un risque plus élevé d'être atteints de démence (le TCL est défini plus loin dans le présent chapitre).

L'examen de l'état mental constitue un élément important de l'évaluation du client. Le

Capsule

Jugement clinique

Madame Chantale Harbec est âgée de 55 ans. Elle est gérante dans une boutique de mode. Depuis quelque temps, elle oublie ses clés et ses gants. « Je dois faire de l'Alzheimer, c'est certain, moi qui n'oublie jamais rien habituellement. Je ne comprends pas ce qui m'arrive », dit-elle.

Madame Harbec a-t-elle raison de croire qu'elle présente un début de démence ? Justifiez votre réponse.

TABLEAU 22.3	Manifestations cliniques de la démence		
MANIFESTATIONS PRÉCOCES (LÉGÈRES)	**MANIFESTATIONS INTERMÉDIAIRES (MODÉRÉES)**	**MANIFESTATIONS AVANCÉES (GRAVES)**
• Pertes de mémoire plus importantes que chez un sujet normal • Altération de la mémoire à court terme, particulièrement en ce qui a trait aux nouvelles connaissances • Difficulté à reconnaître la signification des nombres • Perte d'initiative et d'intérêt • Perte de lucidité • Désorientation géographique	• Difficulté à reconnaître les membres de la famille, les proches et les amis • Agitation • Errance, tendance à s'égarer • Perte de la mémoire à long terme • Confusion • Troubles de la compréhension • Tendance à oublier comment faire des tâches simples • Apraxie • Aphasie sensorielle • Aphasie motrice • Insomnie • Idées délirantes • Illusions, hallucinations • Troubles du comportement	• Mémoire très défaillante, incapacité d'assimiler de nouvelles informations • Incompréhension de la signification des mots • Dysphagie • Mots ou sons répétitifs • Incapacité d'effectuer les autosoins • Immobilité • Incontinence

client atteint de démence légère peut être en mesure de compenser ses incapacités, rendant ainsi difficile l'évaluation des fonctions cognitives au cours d'une simple conversation. L'examen cognitif évalue la mémoire, la capacité de compter, le langage, les habiletés visuelles et spatiales, ainsi que la vivacité d'esprit. Le mini-examen de l'état mental de Folstein (*Mini-Mental State Examination* [MMSE]) est un outil couramment utilisé pour l'évaluation des fonctions cognitives **ENCADRÉ 22.1**. Une réponse juste à chacune des 30 questions du mini-examen donne un score de 1 point. Au final, un score inférieur ou égal à 24 points permet d'évoquer le diagnostic de la démence. L'évaluation cognitive de Montréal (mieux connue sous l'acronyme MoCA [*Montreal Cognitive Assessment*]) est un autre outil utilisé en milieu clinique 🖱.

Chez les personnes âgées, la dépression est souvent confondue avec la démence, et inversement. Les manifestations de dépression chez les aînés incluent la tristesse, la difficulté à réfléchir et à se concentrer, la fatigue, l'apathie, un sentiment de détresse et l'inactivité. La dépression grave peut entraîner un manque de concentration et d'attention, causant ainsi des pertes de mémoire et une déficience fonctionnelle. Lorsque la démence et la dépression sont toutes deux présentes (ce qui se produit chez près de 40 % des clients atteints de démence), la détérioration intellectuelle peut s'avérer extrême. Il existe des traitements contre la dépression seule, ou combinés au traitement de la démence. Le défi consiste

ENCADRÉ 22.1	Mini-examen de l'état mental

Échantillon de questions

• Orientation temporelle : « Quel jour sommes-nous aujourd'hui ? »
• Apprentissage : « Écoutez attentivement, je vais dire trois mots. Vous les répéterez quand j'aurai terminé. Prêt ? Les voici : MAISON (pause), AUTO (pause), LAC (pause). Maintenant, redites-moi ces mots. » (Refaire jusqu'à cinq fois, mais

noter seulement le résultat du premier essai.)
• Langage : « Comment appelez-vous ceci ? » (En pointant un crayon ou un stylo.)
• Lecture : « S'il vous plaît, faites ce qui est indiqué sur cette feuille. » (Faire lire au client : « Fermez les yeux » sur le formulaire d'examen.)

Source : Adapté de Folstein, Folstein, & McHugh (2001). Reproduction autorisée par Psychological Assessment Resources.

à effectuer une évaluation juste et rapide pour arriver à poser le bon diagnostic. Des évaluations neuropsychologiques permettent de distinguer efficacement la démence de la dépression.

Le diagnostic de démence vasculaire repose quant à lui sur l'observation de perte des fonctions cognitives, la présence de lésions cérébrales vasculaires révélées par des techniques d'imagerie cérébrale, et l'exclusion des autres causes de démence (p. ex., la MA). Pour évaluer les clients atteints de démence, la tomodensitométrie (TDM) et l'imagerie par résonance magnétique (IRM) sont deux moyens permettant de traduire en images la structure cérébrale (Schmidt, Havas, & Ropele, 2009). Bien que les techniques de tomographie par émission de

L'évaluation cognitive de Montréal (MoCA) est présentée dans la figure 22.1W au www.cheneliere.ca/lewis.

22

photon unique (TEPU) et de tomographie par émission de positons (TEP) puissent être utilisées pour mettre en évidence des anomalies du système nerveux central (SNC) reliées à la démence, ces outils ne sont pas couramment offerts pour établir un diagnostic de démence. Actuellement, aucun marqueur génétique ou marqueur du liquide céphalorachidien (LCR) n'est recommandé pour établir un diagnostic chez les clients atteints de démence.

Soins et traitement en interdisciplinarité

CLIENT ATTEINT DE DÉMENCE

À bien des égards, la prise en charge du client atteint de démence est semblable à celle du client atteint de la MA (décrite plus loin dans le présent chapitre). Il existe des mesures préventives visant à prévenir la démence vasculaire. Ces mesures comprennent la prise en charge de facteurs de risque comme l'hypertension, le diabète, le tabagisme, l'hyperfibrinémie, l'hyperhomocystéinémie et les arythmies cardiaques. Les médicaments utilisés pour traiter la MA le sont également pour traiter la démence vasculaire. La pharmacothérapie est présentée ultérieurement dans ce chapitre.

22.3 | Trouble cognitif léger

Le **trouble cognitif léger (TCL)** est un état qui se caractérise par des troubles affectant la mémoire, le langage ou d'autres fonctions cognitives essentielles. Ces difficultés sont suffisamment importantes pour que d'autres personnes les remarquent et pour être observées au cours d'évaluations objectives de la fonction cognitive. Malgré la nature sérieuse de ces difficultés, le TCL n'entrave pas la poursuite des activités de la vie quotidienne **TABLEAU 22.4**. Pour cette raison, la personne ne peut recevoir un diagnostic de démence. Pour le simple observateur, la personne atteinte d'un TCL semble plutôt normale. Toutefois, celle-ci peut prendre conscience de changements significatifs concernant sa mémoire,

TABLEAU 22.4	Comparaison entre un oubli normal et des pertes de mémoire liées à un trouble cognitif léger et à la maladie d'Alzheimer	
OUBLI NORMAL	**PERTE DE MÉMOIRE LIÉE À UN TROUBLE COGNITIF LÉGER**	**PERTE DE MÉMOIRE LIÉE À LA MALADIE D'ALZHEIMER**
Range parfois ses clés, ses lunettes ou d'autres objets à la mauvaise place.	Range fréquemment des objets à la mauvaise place.	Oublie la fonction de certains objets, ou range ceux-ci à un endroit inapproprié.
Oublie momentanément le nom d'une connaissance.	Oublie souvent le nom des personnes et prend du temps à les reconnaître.	Ne se rappelle pas une personne pourtant bien connue.
Cherche un mot à l'occasion.	Cherche ses mots de plus en plus.	Commence à perdre des habiletés langagières et évite les interactions sociales.
Oublie à l'occasion d'effectuer une course.	Commence à oublier des événements et des rendez-vous importants.	Perd la notion du temps, ne sait pas quel est le jour de la semaine
Peut oublier un événement qui remonte à longtemps.	Peut oublier des événements récents ou de l'information nouvellement apprise.	Présente d'importants troubles de la mémoire récente et a de la difficulté à assimiler une nouvelle information.
En conduisant, peut momentanément oublier de tourner un coin de rue, mais s'oriente rapidement.	S'égare temporairement plus souvent, peut avoir de la difficulté à comprendre et à suivre les indications d'une carte.	S'égare facilement, ou se perd dans des endroits familiers, parfois durant des heures.
Fait des farces sur ses pertes de mémoire.	S'inquiète de ses pertes de mémoire; la famille et les amis remarquent ses pertes de mémoire.	Est peu ou pas conscient de ses troubles cognitifs.

Source : Adapté de Rabins (2007).

et les membres de sa famille remarquent également des changements dans ses capacités (Chertkow, Massoud, & Nasreddine, 2008).

Entre 10 et 20 % des personnes âgées de 65 ans et plus présentent un TCL. Même si plusieurs d'entre elles maintiennent des fonctions cognitives normales et ne souffrent pas de la maladie d'Alzheimer, il n'en demeure pas moins qu'en général elles présentent un risque plus élevé d'en souffrir. Environ 15 % des clients atteints d'un TCL finissent par souffrir d'une forme de démence (Alzheimer's Association, 2009).

Aucun médicament n'est reconnu pour le traitement du TCL. Des recherches sont actuellement en cours pour déterminer si les médicaments utilisés dans le traitement de la MA (p. ex., les inhibiteurs de l'acétylcholiestérase) pourraient aider les clients atteints de TCL. Pour l'instant, le traitement principal du TCL consiste en un suivi régulier (Hodson & Keady, 2008).

Lorsque des soins à un client atteint d'un TCL sont donnés, il est important d'être attentif aux signes d'altération de la mémoire et de la pensée indiquant une aggravation des symptômes ou un début de démence. Il est essentiel de bien connaître les 10 signes précurseurs de la MA **ENCADRÉ 22.2**.

Enseignement au client et à ses proches

ENCADRÉ 22.2 **Signes précurseurs de la maladie d'Alzheimer**

L'enseignement au client et à ses proches sur la détection des signes précurseurs de la maladie d'Alzheimer devrait tenir compte des aspects suivants.

Pertes de mémoire nuisant aux activités quotidiennes

Oublier occasionnellement un rendez-vous, le nom d'un collègue ou un numéro de téléphone et s'en rappeler plus tard est un phénomène normal. Cependant, une personne atteinte de la maladie d'Alzheimer oubliera fréquemment des choses (en particulier des événements récents) et ne s'en souviendra pas ultérieurement.

Difficultés à exécuter les tâches familières

Il arrive à tout le monde d'être distrait et, par exemple, d'oublier les légumes cuits sur la cuisinière et ne les servir qu'à la fin du repas. Une personne atteinte de la maladie d'Alzheimer peut quant à elle avoir de la difficulté à exécuter des tâches familières qu'elle a accomplies toute sa vie, comme préparer un repas, parce qu'elle ne se rappelle pas comment les faire.

Problèmes de langage

S'il est normal d'avoir parfois de la difficulté à trouver le mot juste, une personne atteinte de la maladie d'Alzheimer peut oublier des mots faciles ou les substituer par des mots qui complexifieront inutilement ses phrases.

Désorientation dans l'espace et le temps

Il est normal d'oublier pendant un court moment le jour de la semaine ou même l'endroit où l'on va. Une personne atteinte de la maladie d'Alzheimer peut toutefois se perdre dans sa propre rue, ne sachant plus comment elle s'est rendue là ni comment rentrer chez elle.

Jugement amoindri

Parfois, certaines personnes malades tardent à se faire soigner, mais se rendent finalement chez le médecin. Une personne atteinte de la maladie d'Alzheimer pourrait ne pas être assez lucide pour reconnaître qu'elle a un problème de santé qui nécessite d'être traité. Elle pourrait aussi, par exemple, porter des vêtements chauds en pleine canicule.

Difficultés avec les notions abstraites

Une personne peut parfois éprouver de la difficulté à faire des opérations abstraites, comme déterminer le solde de son compte bancaire ou payer ses factures. Une personne atteinte de la maladie d'Alzheimer peut avoir de grandes difficultés à accomplir des tâches de cette nature, car elle ne comprend plus, par exemple, ce que représentent les chiffres.

Objets égarés

N'importe qui peut égarer temporairement son portemonnaie ou ses clés. Une personne atteinte de la maladie d'Alzheimer rangera les objets dans des endroits inappropriés (p. ex., un fer à repasser dans le congélateur ou une montre dans le sucrier).

Changements d'humeur ou de comportement

Il arrive à tout le monde d'être triste ou maussade. Une personne atteinte de la maladie d'Alzheimer peut changer d'humeur très rapidement et passer, par exemple, du calme aux pleurs ou à la colère, sans raison apparente.

Changements dans la personnalité

Si la personnalité de chacun peut se modifier quelque peu avec le temps, la personne qui souffre de la maladie d'Alzheimer peut devenir confuse, renfermée et méfiante. Au nombre des changements possibles, il y a aussi l'apathie, la peur et des comportements inhabituels.

Perte d'intérêt

Il est normal, à l'occasion, de se lasser de l'entretien ménager, du travail ou des activités sociales, mais la plupart des gens retrouvent vite leur enthousiasme. Une personne atteinte de la maladie d'Alzheimer peut devenir très passive et pourra avoir besoin de beaucoup d'encouragements pour prendre part à des activités.

Source : Société Alzheimer du Canada (2009).

22.4 | Maladie d'Alzheimer

La **maladie d'Alzheimer** représente plus de 60 % des cas de démence. C'est une maladie chronique, évolutive et dégénérative du cerveau. La maladie tient son nom d'Alois Alzheimer, un médecin allemand qui, en 1906, a décrit les altérations observées dans les tissus cérébraux d'une femme de 51 ans décédée d'une maladie mentale inhabituelle.

Environ 500 000 Canadiens sont atteints de la MA, soit 1,5 % de la population canadienne (Société Alzheimer du Canada, 2010). Près de 5 % des personnes âgées entre 65 et 74 ans et de 50 % de celles âgées de plus de 85 ans en sont atteintes. La maladie est fatale, et la mort survient habituellement 4 à 6 ans après l'établissement du diagnostic, quoique certains clients y survivent jusqu'à 20 ans. Aux États-Unis, la MA se classe au sixième rang des causes de décès. Le coût économique de la prise en charge des personnes atteintes de la MA aux États-Unis est d'au moins 148 milliards de dollars annuellement (Alzheimer Society, 2009). Aujourd'hui, un demi-million de Canadiens sont atteints de la maladie d'Alzheimer ou d'une démence apparentée (Société Alzheimer du Canada, 2010). Le coût économique de la prise en charge de ces personnes est estimé à près de 15 milliards de dollars annuellement (Société Alzheimer du Canada, 2010). Le fardeau que cette maladie représente pour le client, sa famille, les professionnels de la santé et la société dans son ensemble est donc excessivement lourd (Société Alzheimer du Canada, 2010).

L'incidence de la MA est associée à un statut socioéconomique inférieur, à un niveau d'éducation plus faible, ainsi qu'à un accès limité aux soins de santé. Des recherches supplémentaires s'avèrent nécessaires pour déterminer si les différences observées sont liées à des facteurs de risque génétiques ou environnementaux (Flaskerud, 2009). Les femmes semblent plus susceptibles de souffrir de la maladie que les hommes, essentiellement parce qu'elles vivent plus longtemps **TABLEAU 22.5**.

22.4.1 Étiologie et physiopathologie

L'étiologie exacte de la MA demeure inconnue. La MA ne fait pas partie du processus normal du vieillissement, mais, comme pour les autres formes de démence, l'âge constitue le plus grand facteur de risque pour son apparition. Son action principale consiste à détruire les cellules cérébrales. Seul un faible pourcentage de la population âgée de moins de 60 ans est atteint de cette maladie. Lorsque celle-ci se manifeste chez une personne de moins de 60 ans, elle est qualifiée de forme précoce de la maladie d'Alzheimer. La MA qui apparaît chez les personnes de plus de 60 ans est quant à elle qualifiée de forme tardive de la maladie d'Alzheimer **ENCADRÉ 22.3**.

L'appellation **maladie d'Alzheimer familiale (MAF)** désigne les personnes dont la famille présente un profil d'hérédité de la maladie clairement connu. Chez les autres, l'expression employée est forme sporadique de la maladie d'Alzheimer. La MAF apparaît plus tôt (avant l'âge de 60 ans) et suit une évolution plus rapide que la forme sporadique (Fadil *et al.*, 2009). Malgré leurs différences, la MAF et la forme sporadique de la maladie présentent tout de même une pathogenèse similaire.

Les manifestations caractéristiques de la MA sont liées aux altérations de la structure du cerveau comme : 1) la présence de plaques amyloïdes ; 2) la présence de dégénérescences neurofibrillaires ; 3) l'absence de connexions entre les cellules ; 4) la mort cellulaire. La **FIGURE 22.2** illustre les modifications pathologiques présentes dans la MA.

En vieillissant, il est normal que des plaques se forment dans les tissus cérébraux, mais chez les clients atteints de la MA, certaines parties du cerveau comportent un plus grand nombre de plaques. Celles-ci constituent des amas de dépôts insolubles formés d'une protéine appelée β-amyloïde, de diverses autres protéines, de débris de neurones et de cellules autres que les neurones, comme les **microglies** (cellules qui englobent et digèrent des cellules endommagées ou des particules étrangères) et les astrocytes. La β-amyloïde résulte du clivage du précurseur de la protéine

---

Différences hommes-femmes

TABLEAU 22.5	Démence et maladie d'Alzheimer
HOMMES	**FEMMES**
• Les hommes souffrent plus souvent de démence vasculaire que les femmes.	• La maladie d'Alzheimer affecte plus de femmes que d'hommes. • Les femmes sont plus susceptibles de souffrir de la maladie d'Alzheimer que les hommes, probablement parce qu'elles vivent plus longtemps. • Environ deux fois plus de femmes que d'hommes meurent chaque année de la maladie d'Alzheimer.

ENCADRÉ 22.3 | **Maladie d'Alzheimer**

Fondements génétiques

- Forme précoce (familiale)
  - Constitue un trouble autosomique dominant.
  - Présente diverses mutations sur les gènes codants des substances suivantes :
    › le précurseur de la protéine amyloïde (APP), sur le chromosome 21 ;
    › la préséniline 1 (PS1), sur le chromosome 14 ;
    › la préséniline 2 (PS2), sur le chromosome 1.
- Forme tardive (sporadique)
  - Génétiquement plus complexe que la forme précoce de la maladie.
  - La présence de l'allèle apolipoprotéine E4 (gène apo E4) sur le chromosome 19 augmente les probabilités de souffrir de la MA.
  - En présence de deux gènes apo E4, il y a un risque accru de présenter les signes de la MA.
  - La présence de l'allèle apolipoprotéine E2 est associée à une diminution du risque de contracter la maladie.

Incidence

- Forme précoce
  - Représente une forme rare de la MA (moins de 5 % des cas).
  - Chez les enfants de parents atteints, le risque de souffrir éventuellement de la maladie est de 50 %.
  - Peut se manifester dès l'âge de 30 ans.

- Forme tardive
  - Beaucoup de personnes ayant le gène apo E4 ne souffriront jamais de la maladie, alors que d'autres n'ayant pas le gène apo E4 vont en être atteintes.

Tests génétiques

- Forme précoce
  - Dépistage génétique de mutations sur les chromosomes 1, 14 et 21.
- Forme tardive
  - Analyse sanguine pour déterminer la présence du gène apo E4.
  - Absence de consensus sur la pertinence clinique de rechercher la présence du gène apo E4.
  - Le test pour le gène apo E4 est surtout utilisé dans le cadre de recherches scientifiques.

Conséquences cliniques

- La MA est le type de démence le plus couramment rencontré.
- L'incidence de la MA est trois fois plus importante chez les personnes dont l'un des deux parents est atteint que chez celles dont aucun parent n'est atteint.
- Il peut être pertinent que les membres de la famille d'un client atteint de la forme précoce de la MA passent un test génétique et reçoivent des conseils professionnels.
- Si une personne a le gène apo E4, cela ne signifie pas qu'elle sera atteinte de la MA.

β-amyloïde (APP) associée à la membrane cellulaire **FIGURE 22.3**. La fonction habituelle de l'APP demeure inconnue. Dans la MA, les plaques apparaissent tout d'abord dans les régions du cerveau qui servent à la mémoire et aux fonctions cognitives, notamment l'hippocampe (structure qui joue un rôle important dans la formation et le stockage des souvenirs récents). Ultimement, la MA attaque le cortex cérébral, en particulier les régions propres au langage et au raisonnement.

Les **dégénérescences neurofibrillaires** consistent en des agrégations anormales de filaments de protéines torsadés à l'intérieur des cellules nerveuses. Le constituant majeur de ces agrégations est la protéine tau. Dans le SNC, la protéine tau joue normalement un rôle de soutien des structures intracellulaires en stabilisant les **microtubules**. Elle maintient en effet les microtubules ensemble comme les traverses de chemin de fer stabilisent les rails. Chez les clients atteints de la MA, la protéine tau est altérée, ce qui entraîne l'entortillement des microtubules, qui se présentent alors comme des filaments hélicoïdaux

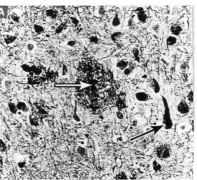
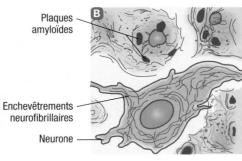

Plaques amyloïdes

Enchevêtrements neurofibrillaires

Neurone

FIGURE 22.2

Modifications pathologiques associées à la maladie d'Alzheimer – **A** Plaque formée de protéines centrales amyloïdes (flèche blanche), à côté d'une dégénérescence neurofibrillaire (flèche noire), sur un spécimen histologique issu de l'autopsie d'un cerveau. **B** Représentation schématique d'une plaque amyloïde et d'une dégénérescence neurofibrillaire.

FIGURE 22.3B. Cet entortillement produit les dégénérescences neurofibrillaires qui sont observées à l'intérieur des neurones des personnes atteintes de la MA.

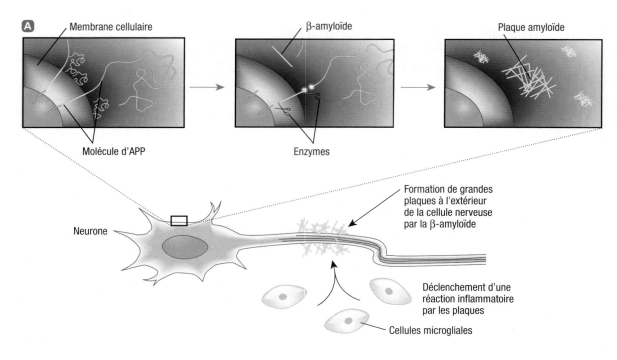

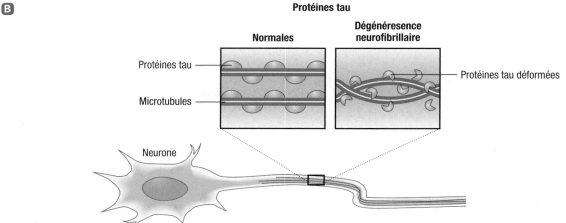

FIGURE 22.3

Théories étiologiques actuelles de l'apparition de la maladie d'Alzheimer – **A** Une quantité anormale du peptide β-amyloïde est produite par clivage du précurseur de la protéine β-amyloïde (APP) et libérée dans la circulation. Les fragments de β-amyloïde s'agglutinent et forment des plaques qui adhèrent aux neurones. Les microglies s'activent en raison de la formation de la plaque et il en résulte une réaction inflammatoire. **B** Les protéines tau fournissent un support structural aux microtubules neuronaux. Les changements chimiques à l'intérieur des neurones engendrent des modifications structurales des protéines tau, ce qui crée un entortillement et une dégénérescence des microtubules (dégénérescences neurofibrillaires).

Les plaques et les dégénérescences neurofibrillaires ne sont pas seulement présentes chez les clients atteints de démence ou de la MA, elles se trouvent également dans le cerveau de sujets qui ne présentent aucun signe de trouble cognitif. Elles sont toutefois en plus grande quantité dans le cerveau des personnes souffrant de la MA.

La troisième caractéristique de la MA est l'absence de connexions entre les neurones. Cette situation découle des dommages structuraux subis par les neurones et qui mènent à la mort de ces derniers. Les parties du cerveau qui sont touchées rapetissent progressivement provoquant ainsi une

atrophie cérébrale. Au stade final de la maladie, le volume des tissus cérébraux s'avère considérablement réduit **FIGURE 22.4**.

Facteurs génétiques

Il est possible que des facteurs génétiques jouent un rôle primordial dans la transformation de la protéine β-amyloïde par le cerveau (Rademakers & Rovelet-Lecrux, 2009). La surproduction d'APP semble en effet être un facteur de risque important dans la MA. Un taux anormalement élevé d'APP cause des dommages aux cellules (directement ou en suscitant une réaction inflammatoire) et finit par provoquer

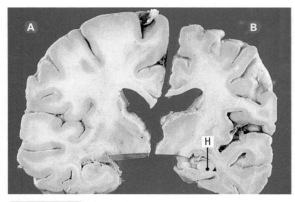

FIGURE 22.4

Effets de la maladie d'Alzheimer sur le cerveau – **A** Coupe du cerveau normal d'une personne âgée de 70 ans. **B** Coupe du cerveau d'une personne âgée de 70 ans atteinte de la maladie d'Alzheimer. Le cerveau malade est atrophié en raison d'une perte de volume du cortex et de la substance blanche, surtout dans la région de l'hippocampe (H).

la mort des neurones. Le désir de comprendre pourquoi les neurones produisent ainsi de la β-amyloïde a mené les chercheurs à se pencher sur les enzymes et les gènes qui sont responsables de la synthèse et de la transformation de cette protéine.

Chez les clients atteints de la forme précoce de la MA, trois gènes jouant un rôle important dans l'étiologie de la maladie ont été identifiés : l'apolipoprotéine E4, la préséniline 1 (PS1) et la préséniline 2 (PS2) **ENCADRÉ 22.3**. Le premier gène que les chercheurs ont associé à la MA est le gène de l'apolipoprotéine E4 (gène apo E4) sur le chromosome 19. L'apo E se présente sous différentes formes (allèles), dont trois sont plus courantes. Les gens héritent d'un allèle de chacun de leurs parents (p. ex., l'apo E2, l'apo E3, l'apo E4). L'apo E sert au métabolisme des lipoprotéines et semble agir sur l'élimination des plaques amyloïdes. Les mutations sur ce gène entraînent une augmentation des dépôts d'amyloïde. Ainsi, la présence de l'apo E4 est associée à une augmentation du risque de souffrir de la forme tardive de la maladie. Toutefois, la présence seule du gène ne suffit pas à expliquer la maladie, car nombre de personnes porteuses du gène apo E4 ne souffriront pas de la MA.

Quand les gènes des présénilines 1 et 2 présentent des mutations, les cellules cérébrales produisent de l'APP en quantité excessive. Cette protéine est un facteur de risque important de la maladie d'Alzheimer.

Facteurs cellulaires

Les chercheurs étudient avec intérêt la possibilité d'un lien entre l'inflammation et l'apparition de la MA. L'une des théories avancées associe vieillissement et inflammation en suggérant que la formation de radicaux libres (sous-produits du métabolisme cellulaire normal) cause progressivement des dommages aux neurones, ce qui entraîne des pertes fonctionnelles. Ce stress oxydatif provoque de l'inflammation, qui peut être un facteur favorisant l'apparition de la MA.

Liens avec d'autres maladies

Le cerveau est un organe très vascularisé. Par conséquent, sa santé est liée à la santé générale du cœur et des vaisseaux sanguins, et les recherches semblent confirmer l'existence d'un lien entre les maladies cardiovasculaires et la MA. La prise en charge des facteurs de risque de maladies cardiovasculaires, comme une pression artérielle et un taux de cholestérol élevés, le diabète et l'obésité, peut contribuer à éviter ou à retarder le déclin cognitif (Alzheimer Society, 2009).

Facteurs épidémiologiques

Les études épidémiologiques s'intéressent aux personnes en tant que groupes pour tenter de découvrir les causes de la MA. Des recherches récentes ont démontré que les personnes qui s'adonnent à des activités stimulantes axées sur l'analyse d'informations (p. ex., lire, faire des mots croisés, apprendre une nouvelle langue) et qui font preuve de curiosité intellectuelle présentent un risque plus faible de souffrir de la MA. Par ailleurs, certains facteurs liés aux habitudes de vie semblent favoriser la santé du cerveau et réduire le risque de souffrir de cette maladie, comme certains régimes alimentaires (faibles en gras, riches en fruits et légumes), la pratique régulière d'exercices physiques, l'accès à des loisirs, et l'atteinte d'un certain niveau d'instruction (Société Alzheimer du Canada, 2010).

22.4.2 Manifestations cliniques

Des modifications pathologiques précèdent souvent de 5 à 20 ans les manifestations cliniques de la démence. La Société d'Alzheimer du Canada a établi une liste de signes avant-coureurs des manifestations courantes de la MA **ENCADRÉ 22.2**. À l'instar des démences, les manifestations de la MA peuvent être considérées comme légères, modérées ou graves **TABLEAU 22.3**. La vitesse d'évolution de la maladie varie beaucoup d'une personne à l'autre et peut s'étendre sur une période allant de 3 à 20 ans.

Un des premiers symptômes de la MA consiste en une subtile détérioration de la mémoire. Inévitablement, celle-ci évolue vers des pertes de mémoire plus graves qui affectent les capacités fonctionnelles du client. À mesure que la maladie progresse, les manifestations deviennent de plus en plus évidentes et préoccupantes au point que la personne atteinte ou les membres de sa famille décident de consulter un professionnel de la santé. Parmi les différentes manifestations de la maladie, il y a l'incapacité à se rappeler de faits récents et à mémoriser de nouvelles informations, une diminution de l'hygiène personnelle, ainsi que la difficulté à se concentrer et à demeurer attentif. La perte continue de neurones observée dans la MA peut amener la personne atteinte à agir de manière inhabituelle ou imprévisible. Les manifestations comportementales de la MA (p. ex., l'agitation, l'agressivité) découlent des changements qui se produisent dans le cerveau de la personne atteinte. Ces manifestations ne sont ni intentionnelles ni contrôlables. Certains clients présentent aussi des manifestations psychotiques (p. ex., des idées délirantes, des illusions, des hallucinations).

À mesure que la maladie progresse, les troubles cognitifs se font plus nombreux. Ceux-ci comprennent la **dysphasie** (difficulté de compréhension et d'expression du langage), l'**apraxie** (incapacité de manipuler des objets ou d'effectuer un geste précis), l'**agnosie visuelle** (incapacité de reconnaître des objets en les voyant), et la **dysgraphie** (difficulté à communiquer par écrit). Les troubles de la mémoire finissent par toucher les événements anciens, et le client ne reconnaît éventuellement plus les membres de sa famille ni ses amis. L'agressivité et une tendance à l'errance s'ajoutent à ces problèmes.

Lorsque la maladie évolue vers un stade plus avancé, le client n'est plus en mesure de communiquer avec son entourage, il devient incontinent et incapable d'accomplir les activités de la vie quotidienne. Dans les phases avancée ou finale de la maladie, le client ne réagit plus et une assistance totale lui est nécessaire pour répondre à l'ensemble de ses besoins (se laver, se mouvoir, s'alimenter, etc.).

Jugement clinique

Capsule

Karina est infirmière spécialisée dans le maintien à domicile. Elle visite régulièrement monsieur Labrèche afin de contrôler sa glycémie puisqu'il est diabétique de type 2. Pour évaluer sommairement la condition cognitive du client, elle lui demande de lui montrer où il range ses médicaments ainsi que le contenu de son réfrigérateur.

Que pensez-vous de la façon de procéder de Karina ?

22.4.3 Examen clinique et examens paracliniques

Le diagnostic de la MA est un diagnostic d'élimination. Il n'existe aucun examen diagnostique de la MA. Chez les clients atteints de troubles cognitifs, l'accent est mis sur une évaluation précoce et détaillée. Tel qu'indiqué précédemment, beaucoup d'affections sont susceptibles de comporter des manifestations de démence dont certaines sont traitables et réversibles **TABLEAU 22.2**.

Le personnel médical peut émettre un diagnostic clinique de MA lorsque toutes les autres possibilités de pathologies susceptibles de causer des troubles cognitifs ont été écartées. L'évaluation complète du client devra inclure la description détaillée de ses antécédents médicaux, un examen physique, des évaluations de l'état neurologique et mental, ainsi que des tests de laboratoire **ENCADRÉ 22.4**. La TDM et l'IRM permettent de constater l'atrophie cérébrale et l'hypertrophie des ventricules dans les dernières phases de la maladie. Cependant, il est possible d'observer ces particularités dans d'autres pathologies, ainsi que chez des sujets normaux. L'établissement d'un diagnostic définitif de MA ne peut s'établir qu'à partir de l'examen des tissus cérébraux, et de l'observation de dégénérescences neurofibrillaires et de **plaques séniles** à l'autopsie.

L'examen neuropsychologique, effectué à l'aide d'outils comme le MMSE **ENCADRÉ 22.1** et le MoCA, permet d'évaluer la gravité des troubles cognitifs. Cet examen est important non seulement pour poser un diagnostic, mais aussi pour tracer un profil de référence à partir duquel le personnel médical pourra mesurer les changements éventuels. Dans certains cas, une évaluation effectuée par un neuropsychologue peut aider le médecin à déterminer si les troubles de la mémoire sont causés par une démence ou une dépression.

22.4.4 Processus thérapeutique en interdisciplinarité

Il n'existe actuellement aucun remède à la MA. Aucun traitement ne peut freiner ce processus de détérioration des cellules du cerveau lorsqu'il est enclenché (Callahan, Boustani, Sachs, & Hendrie, 2009). Il existe toutefois un processus thérapeutique en interdisciplinarité dont les objectifs principaux sont : 1) l'amélioration des facultés cognitives ou le contrôle de leur déclin ; 2) le contrôle des manifestations comportementales indésirables ; 3) le soutien au proche aidant et à la famille de la personne atteinte **ENCADRÉ 22.5**.

Pharmacothérapie

La pharmacothérapie disponible pour la MA a pour effets de ralentir le déclin cognitif et de diminuer les symptômes de la maladie **TABLEAU 22.6**. Cependant, les médicaments ne

---

Processus diagnostique et thérapeutique

| ENCADRÉ 22.4 | Maladie d'Alzheimer |

Examen clinique et examens paracliniques

- Anamnèse et examen physique, incluant une évaluation psychologique
- Examens neuropsychologiques, dont le MMSE et le MOCA
- Examens d'imagerie cérébrale : TDM, IRM, spectroscopie par résonnance magnétique (SRM)
- Hémogramme
- Électrocardiogramme
- Glucose sérique, créatinine, test d'azote uréique du sang

- Taux sériques des vitamines B_1, B_6, B_{12}
- Tests de la fonction thyroïdienne
- Tests de la fonction hépatique
- Dépistage de la dépression

Processus thérapeutique

- Pharmacothérapie pour troubles cognitifs
- Modification du comportement
- Exercice modéré
- Assistance à l'autonomie fonctionnelle
- Écoute de musique, en particulier au moment des repas et du bain
- Assistance et soutien au proche

ENCADRÉ 22.5 | Interventions infirmières auprès du client atteint de la maladie d'Alzheimer

- Évaluer l'état de la mémoire du client et le niveau de fonctionnement de ce dernier.
- Enseigner au client et aux proches aidants à utiliser des aide-mémoire (p. ex., des calendriers, des notes).
- Surveiller l'apparition de problèmes physiologiques associés à la MA, comme la douleur, des difficultés de déglutition, une infection urinaire, une pneumonie, des plaies de pression et la constipation.
- Évaluer la consommation d'aliments et de liquides du client et élaborer un plan pour que celle-ci soit adéquate.
- Évaluer la sécurité personnelle du client et les facteurs de risque relatifs à cette sécurité.
- Déterminer quels sont les facteurs susceptibles d'occasionner des changements de comportement et élaborer des stratégies pour composer avec les comportements difficiles.
- Évaluer le niveau de stress des proches aidants ainsi que leurs stratégies d'adaptation.

- Référer le client et sa famille à des services communautaires, comme les centres de soins de jour ou de répit.
- Surveiller l'apparition de changements comportementaux pouvant indiquer la présence de problèmes physiologiques.
- S'assurer que le client n'est pas exposé à des éléments potentiellement dangereux dans son environnement.
- Aider le client à se nourrir. Administrer l'alimentation entérale au client qui est incapable d'avaler.
- Administrer la pharmacothérapie prescrite.
- Aider le client à utiliser les toilettes, la chaise d'aisance ou la bassine à intervalles réguliers.
- Prodiguer les soins d'hygiène personnelle, les soins de la peau et de la bouche.
- Assister le client dans ses activités quotidiennes.
- Utiliser les alarmes de lit et de chaises, et exercer une surveillance régulière pour réduire les risques de chute.

Pharmacothérapie

TABLEAU 22.6 | Maladie d'Alzheimer

PROBLÈME	MÉDICAMENTS	PROBLÈME	MÉDICAMENTS
Déclin de la mémoire et de la cognition	• Inhibiteurs de la cholinestérase : — donépézil (Aricept[MD]) — rivastigmine (Exelon[MD]) — galantamine (Reminyl[MD]) • Antagoniste des récepteurs de N-méthyl D-aspartate (NMDA) : — mémantine (Ebixa[MD])	Troubles du comportement (p. ex., l'agitation, l'agressivité, la désinhibition)	• Antipsychotiques (neuroleptiques) typiques (conventionnels)[a] : — halopéridol (Haldol[MD]) — loxapine (Loxapac[MD]) • Antipsychotiques (neuroleptiques) atypiques[a] : — rispéridone (Risperdal[MD]) — olanzapine (Zyprexa[MD]) — quétiapine (Seroquel[MD]) — aripiprazole (Abilify[MD]) • Benzodiazépines : — lorazépam (Ativan[MD]) — temazépam (Restoril[MD]) — oxazépam (Serax[MD])
Dépression	• Inhibiteurs sélectifs du recaptage de la sérotonine (ISRS) : — fluoxétine (Prozac[MD]) — sertraline (Zoloft[MD]) — fluvoxamine (Luvox[MD]) — citalopram (Celexa[MD]) • Antidépresseurs tricycliques : — nortriptyline (Aventyl[MD]) — amitriptyline — imipramine (Tofranil[MD]) — doxépine (Sinequan[MD]) • Antidépresseur atypique : — trazodone (Desyrel[MD])	Troubles du sommeil	• Benzodiazépine : — flurazepam (Dalmane[MD])

[a] L'emploi de ces médicaments chez les clients âgés atteints de démence est associé à un risque plus élevé de décès.

guérissent pas la MA, et n'en renversent pas la progression. (Rountree, Chan, Pavlik, Darby, Siddiqui, & Doody, 2009).

La cholinestérase est l'enzyme responsable de la dégradation de l'acétylcholine dans la **fente synaptique FIGURE 22.5**. L'acétylcholine, quant à elle, est un neurotransmetteur qui joue un rôle important dans la mémoire et l'apprentissage. Les inhibiteurs de la cholinestérase, en permettant la conservation de l'acétylcholine, favorisent le maintien des capacités cognitives. Ils comprennent le donépézil (Aricept^MD), la rivastigmine (Exelon^MD) et la galantamine (Reminyl^MD). La rivastigmine est offerte sous forme de timbre.

La mémantine (Ebixa^MD) protège pour sa part les cellules nerveuses cérébrales contre les quantités excessives de glutamate, une substance libérée par les cellules endommagées par la MA. L'agglutination du glutamate sur les récepteurs de NMDA permet en effet au calcium d'entrer librement dans les cellules, ce qui entraîne leur

dégénérescence. La mémantine prévient cette séquence destructive en inhibant l'action du glutamate.

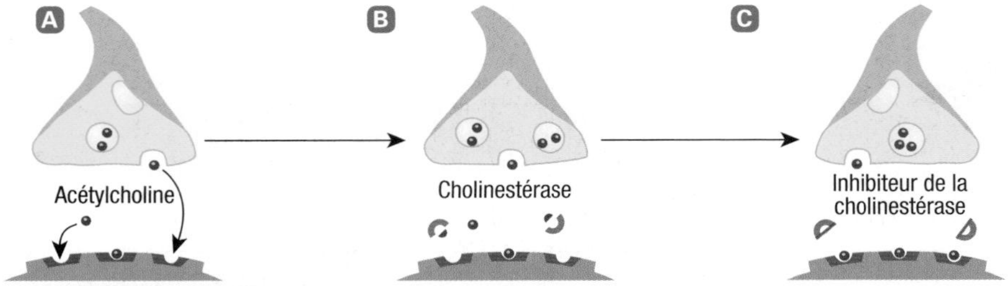

En traitant la dépression souvent associée à la MA, les habiletés cognitives peuvent être améliorées. Les inhibiteurs sélectifs de recaptage de la sérotonine, dont la fluoxétine (Prozac^MD), la sertraline (Zoloft^MD), la fluvoxamine (Luvox^MD) et le citalopram (Celexa^MD), servent souvent à traiter la dépression. L'antidépresseur trazodone (Desyrel^MD) aide aussi à contrer les problèmes de sommeil. Il peut toutefois induire de l'hypotension.

Bien que les médicaments antipsychotiques soient approuvés pour le traitement de troubles psychotiques (p. ex., la schizophrénie), ils sont aussi utilisés dans la prise en charge de troubles comportementaux (p. ex., l'agitation, les comportements agressifs) qui surgissent chez les clients atteints de la MA. Cependant, il a été démontré que ces agents augmentent le risque de décès chez les clients (Burke & Tariot, 2009). En 2005, Santé Canada a d'ailleurs émis un avis indiquant que le risque de mortalité est 1,6 fois plus élevé chez les personnes âgées atteintes de démence qui prennent un antipsychotique atypique que chez celles qui n'en prennent pas. Dans ce même avis, Santé Canada précise que seul le rispéridone était approuvé pour une utilisation à court terme dans le traitement de la psychose et de l'agitation chez les personnes âgées atteintes de démence.

Beaucoup de gens ont recours à l'extrait de feuilles de ginkgo biloba pour améliorer leurs capacités cognitives et prévenir la démence. Cependant, les résultats d'études récentes ne permettent pas d'attester qu'un bénéfice clinique résulte de l'emploi de cette plante (Snitz *et al.*, 2009) **ENCADRÉ 22.6**.

FIGURE 22.5

Mécanismes d'action des inhibiteurs de la cholinestérase – **A** L'acétylcholine est libérée dans les synapses neuronales et permet la transmission d'un message. **B** La cholinestérase dégrade l'acétylcholine. **C** Les inhibiteurs de la cholinestérase inhibent la production de la cholinestérase, ce qui donne plus de temps à l'acétylcholine pour transmettre le message.

Approches complémentaires et parallèles en santé

ENCADRÉ 22.6	Ginkgo biloba

Résultats probants

- Ne prévient pas le déclin intellectuel chez les personnes âgées.
- Ne réduit pas la fréquence de la MA ni des autres démences.
- Aucune étude à long terme ne permet de déterminer si la prise avant l'âge de 50 ans prévient le déclin des facultés cognitives.

Recommandations pour la pratique infirmière

- Peut accroître le risque de saignement. À utiliser avec précaution chez les clients atteints d'un trouble hémostatique et chez ceux qui prennent des médicaments, des plantes médicinales ou des suppléments qui augmentent le risque de saignement.

- Peut affecter la glycémie. À utiliser avec précaution chez les clients atteints de diabète ou qui prennent des médicaments, des plantes médicinales ou des suppléments qui affectent le taux de glucose sanguin. Recommander à ces clients de faire surveiller de près leur glycémie par un professionnel de la santé.

Références

DeKosky, S.T., Williamson, J.D., Fitzpatrick, A.L., Kronmal, R.A., Ives, D.G., Saxton, J.A., *et al.* (2008). Ginkgo biloba for prevention of dementia. *JAMA, 300,* 2253.

Snitz, B.E., O'Meara, E.S., Carlson, M.C. Arnold, A.M., Ives, D.G., Rapp, S.T., *et al.* (2009). Ginkgo biloba for preventing cognitive decline in older adults. *JAMA, 302,* 2663.

CLIENT ATTEINT DE LA MALADIE D'ALZHEIMER

Collecte des données

Les données subjectives et objectives qui doivent être recueillies auprès d'un client atteint de la MA figurent à l'**ENCADRÉ 22.7**. Les questions suivantes, qui s'adresssent au client et à son proche aidant, permettent à l'infirmière de collecter des informations importantes pour le diagnostic : « Quand avez-vous commencé à remarquer des pertes de mémoire ? », « Comment ces pertes de mémoire ont-elles progressé depuis leur apparition ? »

Analyse et interprétation des données

L'analyse et l'interprétation des données pour le client atteint de la maladie d'Alzheimer peuvent intégrer, sans s'y limiter, les éléments présentés dans le **PSTI 22.1**.

Planification des soins

Les objectifs généraux pour le client atteint de la MA sont :

- de maintenir ses capacités fonctionnelles le plus longtemps possible ;
- de bénéficier d'un environnement sécuritaire pour éviter les blessures ;
- d'obtenir les soins personnels nécessaires ;
- de conserver sa dignité.

Les objectifs généraux à l'égard du proche aidant d'un client atteint de la MA sont :

- de réduire le stress du proche aidant ;
- de préserver la santé physique et émotionnelle du proche aidant ;
- d'aider le proche aidant à composer avec les effets à long terme de la prestation de soins qu'il assume.

Interventions cliniques

Promotion de la santé

Un mode de vie sain constitue l'un des meilleurs moyens de réduire le risque de souffrir de la MA. Il est particulièrement important d'entreprendre des démarches pour réduire les facteurs de risque relatifs aux maladies cardiovasculaires ▶ **41** .

Les lésions cérébrales traumatiques peuvent représenter un facteur de risque de la MA ; l'infirmière fera donc la promotion de la sécurité dans la pratique des activités physiques et la conduite automobile. Quant à la dépression, elle devrait être diagnostiquée et traitée le plus rapidement possible. Actuellement, aucun test génétique de routine n'est fait pour la MA.

Le diagnostic et le traitement précoces de la MA sont importants. L'infirmière a un rôle à jouer dans la transmission de l'information au client et à sa famille relativement aux signes précoces de la MA. Les signes avant-coureurs de la MA, tels qu'établis par la Société Alzheimer du Canada figurent à l'**ENCADRÉ 22.2**.

ÉVALUATION CLINIQUE

L'étape d'évaluation du système nerveux est décrite en détail dans le chapitre 18, *Système nerveux*.

Les facteurs de risque des maladies cardiovasculaires sont abordés dans le chapitre 41, *Interventions cliniques – Coronaropathie et syndrome coronarien aigu*.

Collecte des données

ENCADRÉ 22.7	**Maladie d'Alzheimer**

Données subjectives

- Renseignements importants concernant la santé :
  - Antécédents de santé : nombreux traumas à la tête, accident vasculaire cérébral, exposition aux métaux (p. ex., au mercure, à l'aluminum), antécédents d'infections du SNC, antécédents familiaux de démence
  - Médicaments : tout médicament aidant à réduire les symptômes (p. ex., des tranquillisants, des hypnotiques, des antidépresseurs, des antipsychotiques)
- Modes fonctionnels de santé :
  - Perception et gestion de la santé : antécédents familiaux positifs, instabilité émotionnelle
  - Nutrition et métabolisme : anorexie, malnutrition, perte de poids
  - Élimination : incontinence
  - Activités et exercices : manque d'hygiène personnelle ; démarche instable, faiblesse ; incapacité d'accomplir les activités de la vie quotidienne
  - Sommeil et repos : réveils nocturnes fréquents, sieste durant le jour
  - Cognition et perception : pertes de mémoire, incapacité à faire face à des situations complexes, difficultés de résolution de problèmes (signes

précoces) ; dépression, repli sur soi-même, idées suicidaires (au début)

Données objectives

- Observations générales : apparence négligée, agitation
- Comportement et cognition :
  - Phase initiale : perte de la mémoire récente ; désorientation temporelle ; affect plat ; absence de spontanéité ; détérioration de la faculté d'abstraction, de la cognition et du jugement
  - Phase intermédiaire : agitation ; difficultés à reconnaître les membres de la famille et les amis proches ; perte de la mémoire à long terme ; confusion, apraxie, agnosie, alexie (incapacité de compréhension du langage écrit), aphasie ; incapacité d'accomplir des tâches simples
  - Phase avancée : incapacité de vaquer aux activités de la vie quotidienne ; incontinence ; immobilité ; rigidité des membres ; spasmes
- Résultats possibles aux examens paracliniques : diagnostic d'élimination, atrophie cérébrale corticale constatée par TDM, faibles résultats aux examens de l'état mental, atrophie de l'hippocampe constatée par IRM

PSTI 22.1 | **Maladie d'Alzheimer**

PROBLÈME DÉCOULANT DE LA SITUATION DE SANTÉ	**Troubles de la mémoire** liés aux effets de la démence, se manifestant par des pertes de mémoire, par de l'inattention et par une altération des processus de la pensée.
OBJECTIF	Le client fonctionnera au mieux de ses capacités cognitives.

RÉSULTATS ESCOMPTÉS	INTERVENTIONS INFIRMIÈRES ET JUSTIFICATIONS
Cognition (selon la condition) • Capacité à communiquer de façon appropriée • Capacité à communiquer de façon claire • Compréhension des situations et de l'environnement • Capacité d'attention • Capacité à s'orienter temporellement • Description d'événements qui font appel à la mémoire immédiate, récente ou à long terme • Capacité à traiter l'information reçue pour prendre des décisions efficaces	**Prise en charge de la démence** • Déterminer chez le client le type des déficits cognitifs présents et leur étendue, à l'aide d'un outil d'évaluation valide, afin de recueillir un ensemble de données de base. • Faire participer les membres de la famille à la planification, à la prestation et à l'évaluation des soins du client, dans la mesure où ils le souhaitent, afin de pouvoir planifier des interventions appropriées et cohérentes. • Discuter avec les membres de la famille et les amis des meilleures façons d'interagir avec le client afin de maintenir une certaine uniformité pendant les interactions. • Observer les habitudes de comportement du client concernant certaines activités, comme le sommeil, l'administration des médicaments, l'élimination, la prise des repas et les autosoins, afin de conserver les routines familières. • Donner une seule consigne simple à la fois afin de réduire la confusion et la frustration chez le client. • Recourir à la distraction plutôt qu'à la confrontation lorsque le client adopte des comportements perturbateurs afin de diminuer son niveau d'anxiété. • Fournir au client des points de repère (p. ex., les événements d'actualité, les saisons, les lieux, les noms) favorisant l'orientation afin de stimuler sa mémoire et de réduire la confusion. • Limiter les choix que doit faire le client afin d'éviter de susciter de l'anxiété. **Orientation dans la réalité** • Stimuler la mémoire en répétant la dernière idée exprimée du client. • Donner de l'information au client sur les gens, les lieux et le temps afin de renforcer sa mémoire et de réduire la confusion. • Éviter de frustrer le client en lui posant des questions (reliées à l'orientation) auxquelles il est difficile de répondre. • Utiliser des repères environnementaux (p. ex., des affiches, des images, des horloges, des calendriers, un code de couleur pour l'environnement) afin de stimuler la mémoire, de réorienter le client et d'encourager les comportements appropriés.

PROBLÈME DÉCOULANT DE LA SITUATION DE SANTÉ	**Incapacité (partielle ou totale) d'effectuer des activités de la vie quotidienne (AVQ) (se laver, se vêtir et utiliser les toilettes)** liée à des pertes de mémoire, à un déficit cognitif et à des troubles neuromusculaires. Cette incapacité se manifeste entre autres par une incapacité de prendre un bain, de se vêtir et d'utiliser les toilettes de façon autonome et adéquate.
OBJECTIF	Le client pratiquera des activités de la vie quotidienne, avec de l'aide au besoin.

RÉSULTATS ESCOMPTÉS	INTERVENTIONS INFIRMIÈRES ET JUSTIFICATIONS

Bain
• Exécution adéquate des séquences d'actions nécessaires pour prendre un bain :
  – Entrée et sortie du bain
  – Ajustement de la température de l'eau
  – Lavage du visage, du haut du corps, du bas du corps, puis de la région périnéale
  – Séchage
	Aide aux AVQ
	• Évaluer la capacité du client d'assumer seul les autosoins afin de planifier des interventions appropriées et particulières aux problèmes personnels du client.
	• Appliquer la routine des soins de façon constante et répétitive, de manière à en faire un événement récurrent, car les pertes de mémoire altèrent la capacité du client de planifier et de réaliser des activités séquentielles.
	• Aider le client à accepter de l'aide lorsqu'il en a besoin afin de répondre à l'ensemble de ses besoins.
	• Expliquer aux proches aidants l'importance de n'intervenir que lorsque le client a besoin d'assistance afin de promouvoir son autonomie.

Se vêtir

- Exécution adéquate des séquences d'actions nécessaires pour se vêtir :
  - Choix des vêtements
  - Enfilage des vêtements
  - Utilisation des accessoires de fermeture des vêtements (fermeture éclair, boutons, etc.)
  - Laçage des souliers

Utilisation des toilettes

- Exécution adéquate des séquences d'actions nécessaires pour aller à la toilette :
  - Réaction en temps opportun aux besoins d'uriner et d'aller à la selle
  - Gestion des vêtements et des sous-vêtements
  - Utilisation autonome de la toilette ou de la chaise d'aisance (s'y rendre, s'y asseoir)
  - Miction ou défécation dans la toilette
  - Hygiène post miction ou défécation (s'essuyer la région périnéale et anale, se laver les mains)

Bain/hygiène

- Fournir au client les articles personnels souhaités (p. ex., un déodorant, une brosse à dents et un savon) afin de stimuler sa mémoire et de dispenser les soins.
- Aider le client à se laver afin de lui assurer des soins d'hygiène adéquats, tout en encourageant son autonomie.

Se vêtir/soigner son apparence

- Placer les vêtements du client à un endroit accessible (p. ex., près de son lit) afin de stimuler sa mémoire et de lui faciliter la tâche.
- Être disponible pour aider le client à s'habiller afin de s'assurer que celui-ci sera correctement vêtu tout en favorisant son autonomie.

Utilisation des toilettes

- Aider le client à utiliser la toilette/la chaise d'aisance/la bassine, la bassine orthopédique, l'urinal, et ce, à intervalles déterminés afin de favoriser la régularité et d'éviter les accidents.
- Aider le client à s'essuyer après son passage à la toilette afin d'éviter tout inconfort ou excoriation de la peau.

PROBLÈME DÉCOULANT DE LA SITUATION DE SANTÉ	**Risque de blessure** lié à une détérioration du jugement, à l'instabilité de la démarche, à une faiblesse musculaire et à une altération sensorielle/perceptuelle.
OBJECTIFS	• Le client ne subira aucune blessure. • Le client utilisera correctement les dispositifs ou accessoires d'assistance pour sécuriser ses déplacements.

RÉSULTATS ESCOMPTÉS	INTERVENTIONS INFIRMIÈRES ET JUSTIFICATIONS

- Utilisation de façon sécuritaire du matériel et des accessoires de prévention suggérés
- Mise en place par le proche aidant de mesures de prévention des chutes
- Aucune lésion corporelle

Prévention des chutes

- Déterminer les déficits cognitifs ou physiques du client susceptibles d'accroître les risques de chute dans un environnement particulier afin d'empêcher ou de limiter les blessures.
- Rendre disponibles des accessoires d'assistance (p. ex., une marchette) afin de stabiliser la démarche et de sécuriser les déplacements du client.
- Repérer les éléments susceptibles de constituer un danger environnemental pour le client, et s'assurer de les retirer.
- S'assurer que le client porte des chaussures bien ajustées, bien attachées et dont les semelles sont antidérapantes afin de sécuriser les déplacements.
- Recommander au client de porter des verres correcteurs losrqu'il se lève afin de bénéficier d'une bonne vision.
- Mettre en place un dispositif avertisseur près du lit du client permettant au proche aidant d'avoir connaissance du moment où le malade se lève afin de pouvoir lui porter assistance le cas échéant.

Prévention des chutes (proche aidant)

- Enseigner au proche aidant des mesures de prévention des chutes (installer des barrières, contrôler l'agitation, veiller à ce que les planchers ne soient pas encombrés d'objets et qu'ils soient exempts de flaques, de liquides et de reflets, etc.).

22

PROBLÈME DÉCOULANT DE LA SITUATION DE SANTÉ	**Errance** liée à des troubles cognitifs se manifestant par une tendance à s'égarer plusieurs fois par jour, à se déplacer fréquemment d'une place à l'autre, à se promener dans des endroits non autorisés ou privés, à quitter un lieu sans s'en rendre compte, et à répéter la phrase « Je ne sais pas où je suis ».
OBJECTIF	Le client demeurera dans des zones déterminées pour ses déplacements ou ses activités.

RÉSULTATS ESCOMPTÉS	INTERVENTIONS INFIRMIÈRES ET JUSTIFICATIONS
Errance • Capacité à se déplacer sans se blesser et sans blesser les autres • Capacité à demeurer dans une zone sécuritaire même non accompagné • Déplacements seulement dans son espace (chambre) et dans les espaces communs **Prévention des fugues** • Comportement calme dans un environnement connu • Pas de tentatives de fuites dans un environnement familier	**Errance** • Offrir un milieu sécuritaire pour se mouvoir et se promener afin d'éviter que le client ne se blesse ou ne se perde. • Utiliser des symboles (photos, images), autres que les chiffres et les lettres, aidant à reconnaître une pièce, la salle de bain ou une zone quelconque afin d'orienter le client dans l'environnement. • Lorsque l'établissement ne comporte pas d'unité à faible stimulation sensorielle, déterminer des limites de l'environnement sécuritaire à l'aide, par exemple, de rubans rouges ou jaunes fixés au plancher. Les personnes atteintes de la MA croient en effet que le ruban ou les marques dans le plancher sont des barrières. Un morceau de tissu sur les alarmes d'incendie permet d'éviter que la personne ne les déclenche. **Prévention des fugues** • Familiariser le client avec son environnement et sa routine afin de diminuer son niveau d'anxiété. • Limiter les déplacements du client à la zone sécuritaire établie afin de prévenir les fugues. • Doter le client d'un bracelet d'identité afin de faciliter son identification si le client se perd en cas de fugue. • Fournir un niveau adéquat de supervision/surveillance pour assurer la sécurité du client et la mise en place des interventions requises.

Phase aiguë

L'annonce d'un diagnostic de MA est traumatisante à la fois pour le client et sa famille. Il n'est pas inhabituel de voir le client souffrir d'isolement et de dépression, manifester du déni, de l'anxiété, de la peur et éprouver un sentiment de perte. Dans les premières phases de la maladie, il est souvent conscient de la détérioration de sa mémoire, et il agit de façon à dissimuler ou à masquer le problème.

L'infirmière se trouve dans une position privilégiée pour évaluer la présence de signes et de symptômes pouvant mener à un diagnostic de dépression. Elle recommandera dans ce cas la prise d'antidépresseurs et une assistance psychologique. Il arrive aussi que les membres de la famille adoptent des stratégies de déni et ne demandent pas d'aide ou de consultation avec un professionnel de la santé dans la phase précoce de la maladie. En parallèle avec l'évaluation du client, l'infirmière doit évaluer l'impact que la maladie du client a sur la famille et sur son fonctionnement ainsi que les stratégies qui peuvent être mises en place pour permettre au client et à sa famille de vivre avec la maladie le mieux possible.

Même s'il n'existe actuellement pas de traitement pour inverser le cours de la MA, il est nécessaire d'effectuer un suivi continu à la fois du client et de sa famille. L'une des responsabilités importantes de l'infirmière consiste à travailler en collaboration avec la famille relativement à la prise en charge efficace des manifestations cliniques de la maladie à mesure que celles-ci apparaissent. L'infirmière se charge souvent d'enseigner au proche aidant comment exécuter les nombreuses tâches nécessaires à la prestation des soins. L'infirmière doit considérer le client atteint de la MA et le proche aidant comme deux clients touchés par un même problème et dont les besoins se chevauchent (Ducharme, Beaudet, Legault, Kergoat, Lévesque, & Caron, 2009).

Il arrive que les clients atteints de la MA doivent être hospitalisés pour des problèmes de santé autres. Puisqu'ils sont souvent incapables d'exprimer leurs symptômes, la responsabilité de l'évaluation et du diagnostic incombe aux proches aidants et aux professionnels de la santé. Une hospitalisation peut être une expérience traumatisante à la fois pour le client et pour sa famille, et risque de provoquer l'aggravation de la maladie ou un délirium. Le client atteint de la MA qui est hospitalisé dans une unité de soins ou qui se trouve à l'urgence a besoin d'être surveillé de près pour des raisons de sécurité, d'être orienté fréquemment par rapport au temps et à l'espace, mais il est important aussi de le rassurer. La stabilité du personnel infirmier peut d'ailleurs contribuer à diminuer son niveau d'anxiété et les comportements perturbateurs.

Soins ambulatoires et soins à domicile

Actuellement, la majorité des personnes atteintes de la MA sont prises en charge à domicile par les membres de leur famille et leurs amis. D'autres demeurent dans des résidences privées pour personnes âgées ou des établissements de soins prolongés qui offrent des services de soins infirmiers et de l'assistance continue. Un endroit qui s'avère adéquat pour une personne peut ne pas convenir à une autre. De plus, un environnement qui répond bien aux besoins d'une personne à un moment donné de la maladie peut s'avérer inadéquat au fil de l'évolution de celle-ci.

Les clients atteints de la MA franchissent les étapes de la maladie à des rythmes différents. Les soins infirmiers que requiert un client changent à mesure que la maladie progresse, d'où l'importance des évaluations régulières et d'un soutien constant. Indépendamment du milieu environnant, la gravité des problèmes et la quantité de soins infirmiers nécessaires augmentent inévitablement avec le temps. Les manifestations de la maladie varient selon la région du cerveau touchée. Les soins infirmiers se concentrent sur la réduction des manifestations cliniques, la prévention des blessures et le soutien au client et à sa famille tout au long du processus d'évolution de la maladie qui, ultimement, se termine par le décès de la personne.

Dans les premières phases de la MA, les aide-mémoire (p. ex., les calendriers) peuvent s'avérer utiles. Il arrive souvent que les clients souffrent de dépression durant cette période. Celle-ci peut découler du fait d'avoir reçu un diagnostic de maladie incurable et des effets de celle-ci sur les activités de la vie quotidienne (p. ex., la conduite automobile, la fréquentation d'amis, la participation à des loisirs ou à des activités récréatives). En pharmacothérapie, l'utilisation des inhibiteurs de la cholinestérase semble efficace surtout durant les premières phases de la maladie, mais tous les clients ne noteront pas des améliorations. Le client doit prendre ses médicaments régulièrement. Comme la mémoire est l'une des principales fonctions affectées par la maladie, l'observance de la pharmacothérapie peut se révéler problématique.

Une fois le diagnostic connu, le client doit être informé que la progression de la maladie peut varier. Une prise en charge efficace peut ralentir la progression de celle-ci et diminuer le fardeau de cette situation pour le client et sa famille. Au début de la maladie, le client, les membres de sa famille et l'équipe soignante devraient prendre conjointement certaines décisions relatives aux soins. L'infirmière joue le rôle important de personne de référence pour le client et sa famille, notamment en répondant à leurs questions, en les référant aux ressources communautaires appropriées (CSSS, Société Alzheimer du Canada) et en leur démontrant, en collaboration avec l'équipe traitante, l'utilité de prévoir des directives préalables (mandat en cas d'inaptitude, testament). Ces précautions allègeront le fardeau des proches aidants dans les phases plus avancées de la maladie.

Le centre de soins de jour pour personnes âgées est l'une des options qui s'offrent à la personne atteinte de la MA. Les programmes des centres de soins de jour varient sur le plan du contenu, de la structure, de l'environnement physique et de l'expérience du personnel, mais tous ont comme objectifs d'accorder du répit à la famille et d'offrir un environnement sécuritaire au client.

Au cours des phases initiale et intermédiaire de la maladie, la personne atteinte peut bénéficier, dans un environnement sécuritaire, d'activités stimulantes qui encouragent l'indépendance et la prise de décision. De retour à la maison, le client est fatigué, mais satisfait, moins frustré et prêt à réintégrer sa famille. Le fait de bénéficier d'un répit dans la prestation de soins favorise aussi la santé physique et mentale du proche aidant.

À mesure que la maladie progresse, les exigences en ce qui a trait aux soins, à la supervision et au temps peuvent excéder les ressources que la famille est en mesure d'offrir. Cette dernière devra prendre la décision de placer la personne malade dans un établissement de soins prolongés. De plus en plus d'unités de soins spécialement aménagées pour les personnes atteintes de la MA sont créées au sein des milieux de soins de longue durée. L'aménagement d'une unité spécialisée met l'accent sur les besoins de la personne atteinte et sa sécurité. Par exemple, beaucoup d'établissements possèdent des zones désignées où le client peut se promener librement et adaptent l'horaire au rythme naturel de la personne (le client mange quand il a faim et non quand la nourriture est prête). L'unité est sécurisée pour que le client ne puisse en sortir sans être accompagné.

Tout au long des différentes phases de la MA, des problèmes particuliers se présentent, dont il faut tenir compte dans les soins à apporter au client. Ces problèmes sont décrits ci-après.

| Troubles du comportement | Des troubles du comportement se manifestent chez environ 90 % des clients atteints de la MA. Ces troubles comprennent les questions répétitives, les idées délirantes (fausses croyances), les illusions, les hallucinations, l'agitation, l'agressivité, des profils de sommeil altérés, l'errance, les cris et le refus des soins (Bourbonnais & Ducharme, 2008). Souvent, ces comportements surgissent de façon imprévisible et posent des problèmes aux proches aidants. Ces derniers doivent savoir que de tels comportements ne sont pas intentionnels et difficiles à contrôler. Les troubles du comportement constituent l'une des principales causes de placement en établissement de soins prolongés (Kong, Evans, & Guevara, 2009).

Ces comportements représentent souvent la seule façon pour le client de réagir à un facteur précipitant (p. ex., la douleur, la frustration, l'anxiété, des changements de température). Quand la situation devient problématique, l'infirmière doit planifier soigneusement ses interventions. Elle doit tout d'abord évaluer l'état physique du client. Elle vérifie s'il y a eu des changements dans les signes vitaux, les habitudes urinaires et intestinales ainsi que la présence de douleur qui pourraient expliquer les troubles du comportement. Elle évalue ensuite l'environnement pour trouver des facteurs susceptibles de provoquer ces perturbations comportementales. Les changements de température, de même que le bruit excessif, peuvent entraîner des changements de comportement. Quand le client est troublé par son environnement, il faut tenter d'adapter cet environnement aux besoins du client. Parfois, la relocalisation dans un milieu de vie mieux adapté aux besoins du client peut devenir nécessaire.

Quand une personne hospitalisée atteinte de la MA manipule ou arrache son soluté ou ses pansements, l'infirmière peut couvrir ces éléments avec un bandage extensible afin de les retirer du champ visuel du client. Elle peut également donner à la personne atteinte des objets à manipuler afin de la distraire (débarbouillettes à plier, revue à feuilleter, album de photos à regarder, etc.). Elle rassurera le client et lui précisera qu'elle est là pour l'aider. Elle lui fournira de l'information pour l'aider à s'orienter par rapport au temps, à l'endroit où il se trouve et aux gens qui l'entourent. Il ne faut pas demander « Pourquoi ? » à un client confus ou agité. Si le client est incapable de verbaliser sa détresse, l'infirmière l'aidera à exprimer comment il se sent. Elle reformulera ce que dit le client pour s'assurer d'avoir bien compris. L'infirmière doit suivre de près l'évolution de l'état émotionnel du client.

Les interventions infirmières concernant les comportements difficiles misent sur la réorientation, la distraction et le réconfort. Avec le client agité ou souffrant d'une instabilité psychomotrice, la stratégie de réorientation consiste à amener ce dernier à se concentrer sur une nouvelle occupation (p. ex., il est incité à faire des activités comme passer le balai ou le rateau, ou faire de l'époussetage). Pour le distraire, il peut lui être offert de manger une collation, de faire une promenade, de se bercer, d'écouter sa musique préférée ou de visionner des films, ou encore de regarder des photos de famille. La stratégie de réconfort consiste à faire savoir au client qu'il est entre bonnes mains, à l'abri de tout danger ou embarras. Le recours à des activités répétitives, à des chansons, à des poèmes, à de la musique, au massage, à différents arômes ou à un objet préféré peut avoir un effet apaisant sur le client (Kverno, Black, Nolan, & Rabins, 2009).

Devant un client difficile, l'infirmière peut demander à un membre de la famille ayant une influence apaisante sur lui de rester, le temps qu'il se calme. Il est important qu'elle vérifie fréquemment l'état du client et qu'elle note toutes ses interventions. La décision d'utiliser des mesures de contention doit se prendre en dernier

22

recours et ces mesures doivent respecter les normes de l'établissement où le client se trouve (Ministère de la Santé et des Services sociaux, 2002). Puisque les contentions constituent un facteur de risque des plaies de pression, des infections nosocomiales, des chutes et des incidents graves (Lofgren, MacPherson, Granieri, Myllenbeck, & Sprafka, 1989; Tinetti, Liu, & Ginter, 1992), l'infirmière devrait surveiller le client mis sous contention toutes les 15 minutes durant la première heure, et toutes les heures par la suite. Il faut s'assurer que le client ne se blesse pas avec la contention, qu'il n'est pas en détresse et qu'aucune lésion de pression ne se forme.

À mesure que les aptitudes verbales du client diminuent, l'infirmière et le proche aidant doivent se fier davantage à son langage corporel pour comprendre ses besoins en matière de soins. Les interventions infirmières positives, telles que celles décrites précédemment, peuvent contribuer à réduire le recours aux contentions physiques ou chimiques (traitement pharmacologique) (McKay, O'Neil, & McMonigle, 2008).

Les comportements perturbateurs sont parfois traités à l'aide de médicaments antipsychotiques **TABLEAU 22.6**. Cependant, comme il a été précédemment mentionné, ces médicaments ont des effets secondaires indésirables (pouvant même causer la mort). Avant d'administrer ces médicaments, toutes les autres mesures possibles doivent être essayées.

Le client souffre d'**agitation nocturne** (*sundowning*) lorsqu'il devient plus confus ou agité en fin d'après-midi ou en soirée. Les manifestations courantes de ce syndrome sont l'agitation, l'agressivité, l'errance, la résistance au fait d'être redirigé dans l'environnement et une augmentation de l'activité verbale (p. ex., des cris). Les causes de l'agitation nocturne demeurent inconnues, mais certaines hypothèses avancent qu'elle découle d'une perturbation des rythmes circadiens. La fatigue, un environnement inconnu, le bruit (particulièrement dans un milieu de soins hospitaliers), les médicaments, un éclairage réduit et la fragmentation du sommeil constituent d'autres causes possibles (Sharer, 2008). Devant cette situation, l'infirmière doit demeurer calme et éviter la confrontation. Elle doit évaluer les causes possibles de cette agitation. Certaines interventions infirmières peuvent être utiles dans cette situation : 1) créer un environnement calme et paisible ; 2) favoriser au maximum l'exposition à la lumière du jour (lever les stores et allumer les lumières durant le jour) ; 3) vérifier si certains médicaments ne seraient pas la cause de perturbations du sommeil ; 4) limiter les siestes et la consommation de caféine ; 5) discuter de la pharmacothérapie avec l'équipe traitante. La prise en charge de l'agitation nocturne peut constituer un défi important à la fois pour l'infirmière, le client et sa famille.

| **Sécurité** | L'infirmière doit accorder la priorité à la sécurité du client lorsqu'elle planifie et dispense les soins infirmiers. La personne atteinte de la MA risque d'être confrontée à divers problèmes concernant sa sécurité personnelle. Ces problèmes comprennent notamment les blessures dues à des chutes **ENCADRÉ 22.8** ou découlant de l'ingestion de substances dangereuses, les blessures causées aux autres et à soi-même avec des objets tranchants, l'errance, le risque de brûlures ou d'incendie, ainsi que l'incapacité de réagir efficacement en situation de crise. L'infirmière doit évaluer soigneusement ces risques dans le contexte du domicile du client afin de pouvoir les réduire au maximum. Le besoin de supervision doit lui aussi être évalué. À mesure que les fonctions cognitives du client se détériorent, il se peut que ce dernier ait de la difficulté à se diriger dans les espaces physiques et à reconnaître les points de repère de son environnement. L'infirmière peut aider le proche aidant à évaluer les risques que présente le domicile pour la sécurité du client. Elle peut

également référer le client à un ergothérapeute de son CSSS qui effectuera une évaluation complète de la sécurité du domicile.

Le phénomène d'errance constitue une préoccupation majeure pour les proches aidants. L'errance peut être due à la détérioration de la mémoire ou aux effets secondaires des médicaments. Elle peut aussi découler d'un besoin physique ou émotionnel, de la nervosité, de la curiosité, ou répondre à des stimulus qui ravivent le souvenir d'anciennes occupations journalières. Comme pour d'autres comportements, l'infirmière doit évaluer les facteurs ou les événements susceptibles de précipiter le phénomène. Par exemple, il se peut que le client soit sensible aux tensions présentes dans son environnement. Ainsi, l'errance peut constituer une tentative d'échapper à un milieu où il ne se sent pas bien.

La Fondation canadienne MedicAlert et le programme Sécu-Retour de la Société Alzheimer du Canada s'occupent d'améliorer la sécurité des personnes atteintes de la MA, en particulier de celles qui ont tendance à l'errance. Le programme Sécu-Retour offre des produits d'identification (p. ex., des bracelets, des colliers, des cartes-portefeuille), l'inscription à une base de données nationale de photos et de renseignements, l'accès gratuit à une ligne téléphonique d'urgence 24 heures par jour, du soutien par une section locale de la Société Alzheimer du Canada, de l'information sur les comportements d'errance et de la formation pour les proches aidants et les familles.

| **Soulagement de la douleur** | En raison des troubles du langage oral et écrit associés à la MA, il arrive que les clients aient de la difficulté à signaler un problème physique comme la douleur. L'infirmière doit alors surveiller la présence d'autres indices révélateurs, notamment le comportement du client. La douleur peut entraîner des modifications comportementales, comme une augmentation de la vocalisation, des cris, de l'agitation, un repli sur soi-même, ainsi que des changements de l'humeur. Il est important de reconnaître et de traiter rapidement la douleur tout en notant la réaction du client au traitement (McAuliffe, Nay, & O'Donnell, 2009).

| **Difficultés à s'alimenter et à avaler** | La dénutrition est un problème des phases intermédiaire et avancée de la MA, particulièrement chez les clients résidant dans des établissements de soins prolongés où la dénutrition s'avère plus fréquente. Chez le client atteint de la MA, une perte d'intérêt pour les aliments, jumelée à une difficulté à s'alimenter (**apraxie alimentaire**) et à l'existence de comorbidités, peut entraîner des carences nutritionnelles importantes. Dans les établissements de soins prolongés, le manque d'assistance pendant le repas ne peut qu'amplifier le problème.

Si la mastication et la déglutition deviennent problématiques pour le client, des aliments en purée, des liquides épaissis et des suppléments nutritionnels peuvent lui être donnés. Il arrive que le client doive se faire rappeler de mastiquer et d'avaler. Au moment des repas, il est nécessaire d'offrir un environnement calme et de ne pas le presser. Il vaut mieux également éviter les distractions, comme le visionnement de la télévision. L'envie de s'alimenter chez la personne atteinte de la MA peut être stimulée en choisissant un moment où elle a faim, en recourant à un éclairage d'ambiance, à de la musique et à des enregistrements de sons de la nature. Des ustensiles faciles à tenir et des aliments qui se prennent avec les doigts encouragent l'autonomie du client. Il est ensuite important de lui offrir à boire, car il éprouve une diminution de la sensation de soif (Albert, Nakra, Grossberg, & Caminal, 1994) et, selon le stade de sa maladie, il n'a pas toujours la capacité de demander à boire.

Lorsque l'alimentation orale devient impossible, il faut explorer d'autres voies. Le recours à l'alimentation entérale par sonde nasogastrique sur de courtes périodes peut être une avenue à

ALERTE CLINIQUE

L'infirmière sensibilisera le proche aidant à l'importance :

• de maintenir les cages d'escalier bien éclairées ;

• de s'assurer que les rampes sont faciles à saisir ;

• de fixer les côtés des tapis ;

• d'enlever les carpettes et les rallonges électriques ;

• d'utiliser un tapis antidérapant au fond du bain ou de la douche ;

• d'installer des rampes près du bain et de la toilette.

ENCADRÉ 22.8 | **Quels sont les facteurs de risque de chutes chez les clients atteints de démence ?**

Question clinique

Chez les clients atteints de démence ou de déclin cognitif (P), quels facteurs (I) sont susceptibles de faire augmenter les risques de chutes (O) ?

Résultats probants

- Revue systématique d'études de cohortes.

Analyse critique et synthèse des données

- Six études de cohortes (n = 825) dans lesquelles l'âge moyen des clients était de 65 ans.
- Les clients, atteints de déficits cognitifs à des degrés variés (dont la maladie d'Alzheimer), ont été suivis sur des périodes pouvant aller de trois mois à trois ans.
- Les facteurs de risque étudiés étaient les suivants : déficits moteurs et fonctionnels ; difficultés visuelles ; types de démence et leur importance ; troubles du comportement ; antécédents de chutes ; prise d'anti-convulsivants ; faible densité osseuse.

Conclusion

- Il a été démontré que les facteurs ci-dessus représentent tous des risques élevés de chute pour un client atteint de déficits cognitifs.

Recommandations pour la pratique infirmière

- Tous les clients atteints de déficits cognitifs sont à risque élevé de chute.
- Instaurer des mesures de sécurité pour prévenir les chutes dès l'admission du client dans un service de santé.
- Prendre en compte l'ensemble des facteurs de risques de chute et intervenir en fonction de chacun d'eux (p. ex., s'assurer que le client qui a des difficultés visuelles porte ses lunettes).
- Expliquer aux proches aidants comment instaurer des mesures de sécurité pour prévenir les chutes à la maison.

Référence

Harlein, J., Dassen, T., Halfens, R.J., & Heinze, C. (2009). Fall risk factors in older people with dementia or cognitive impairment : A systematic review. *Journal of Advanced Nursing, 65*(5), 922-933.

P : population visée ; I : intervention ; O : (*outcome*) résultats.

---

considérer. Cependant, l'inconfort dû à la sonde nasogastrique peut amplifier l'agitation du client. Une sonde de gastrostomie constitue une autre option. Cette méthode exige toutefois un questionnement éthique dont une des questions principales est : Est-ce que le client voudrait que sa vie soit prolongée dans l'état de déclin cognitif où il est ? Avant qu'une sonde de gastrostomie soit installée, le consentement du représentant légal doit être obtenu, et les enjeux éthiques doivent être discutés. La sonde de gastrostomie peut aussi poser un problème médical, car les clients atteints de la MA sont particulièrement sujets à l'aspiration des préparations alimentaires et au déplacement de tube. En fin de compte, avant de choisir une thérapie, l'équipe soignante doit considérer les résultats recherchés, les retombées positives et les effets secondaires potentiels de la thérapie envisagée ▶ **54** .

| Soins de la bouche | Dans les phases avancées de la maladie, le client sera incapable d'assumer son hygiène buccale. Avec la diminution du brossage de dents et de l'usage de la soie dentaire, des problèmes dentaires peuvent survenir. En raison des difficultés de déglutition, le client emmagasine parfois de la nourriture dans sa bouche, augmentant ainsi le risque de carie. Les caries et les abcès dentaires peuvent ajouter à l'inconfort ou à la douleur du client et, par conséquent, augmenter le degré d'agitation. Il est important d'inspecter régulièrement la bouche du client qui n'est plus autonome et de lui prodiguer des soins d'hygiène buccale adéquats.

| Prévention des infections | Les infections des voies urinaires et la pneumonie sont les infections les plus courantes à survenir chez les clients atteints de la MA. Elles constituent la cause de nombreux décès. Une faible consommation de liquides, une hypertrophie de la prostate chez les hommes, un manque d'hygiène et l'utilisation de dispositifs de drainage vésical (p. ex., un cathéter) peuvent prédis-

poser aux infections urinaires. En raison de problèmes d'alimentation et de déglutition, le client atteint de la MA est aussi à risque de contracter une **pneumonie par aspiration**. L'immobilité peut également prédisposer à la pneumonie. Toutes manifestations d'infection, comme un changement dans le comportement, de la fièvre, de la toux (pneumonie) ou de la douleur au moment d'uriner (infection urinaire), nécessitent une évaluation et un traitement rapides.

| Soins de la peau | Il est important de vérifier régulièrement l'état de la peau du client. Il faut noter et traiter les éruptions, les plaques rouges et les lésions de pression. Aux derniers stades de la maladie, l'incontinence, de pair avec l'immobilité et la dénutrition, augmente le risque de lésions. Il faut s'assurer de garder la peau sèche et propre et de changer le client de position régulièrement afin d'éviter de créer des zones de pression sur les saillies osseuses.

| Problèmes d'élimination | Au cours des phases intermédiaire et avancée de la maladie, l'incontinence urinaire et fécale entraîne une augmentation des besoins en soins infirmiers. L'instauration d'habitudes ou de comportements liés aux fonctions urinaire et intestinale (p. ex., l'établissement d'un horaire pour aller aux toilettes) peut contribuer à diminuer les épisodes d'incontinence.

La constipation est un autre problème d'élimination courant. Elle peut être attribuée à l'immobilité, au régime alimentaire (p. ex., un apport insuffisant en fibres) et à une faible consommation de liquides ▶ **57** . L'augmentation de la consommation de fibres alimentaires, de liquides ainsi qu'un apport de suppléments de fibres et de laxatifs émollients constituent les traitements de premier recours dans la prise en charge de la constipation. Le vieillissement, la présence d'autres problèmes de santé et la dysphagie peuvent accroître le risque de complications associées

54

Les thérapies de soutien nutritionnel sont décrites dans le chapitre 54, *Interventions cliniques – Troubles nutritionnels.*

22

57

Les soins et traitements infirmiers relatifs à la constipation sont présentés dans le chapitre 57, *Interventions cliniques – Troubles du tractus gastro-intestinal inférieur.*

à l'utilisation d'huile minérale, de stimulants, d'agents osmotiques et de lavements.

| Soutien au proche aidant | En 2008, les familles s'occupant d'un proche atteint de la MA ont consacré près de 231 millions d'heures à la dispensation des soins (Société Alzheimer du Canada, 2010). Selon ce rapport, la majorité de ces aidants sont des membres de la famille qui prennent soin de leur proche à la maison.

La MA perturbe tous les aspects de la vie personnelle et familiale. Les gens qui s'occupent d'une personne atteinte d'Alzheimer trouvent généralement cette responsabilité stressante. Cette situation a des effets indésirables sur la santé physique et émotionelle des proches aidants en plus d'engendrer et d'exacerber des conflits familiaux ▶ **6** .

6

Les besoins des proches aidants sont présentés dans le chapitre 6, *Soins communautaires et soins à domicile.*

À mesure que la maladie progresse, la relation entre le proche aidant et le client change. Les rôles familiaux sont parfois modifiés ou renversés (p. ex., le fils prend soin de son père). La famille devra prendre plusieurs décisions au fil du temps concernant, par exemple, l'annonce du diagnostic à la personne atteinte, le retrait du permis de conduire ou la pratique de certaines activités pouvant s'avérer dangereuses. Éventuellement, la famille requerra l'aide du CSSS pour des soins à domicile ou des services de répit. Il importe alors de bien évaluer les besoins de la famille et de lui offrir les ressources dont elle a besoin. Si le client souffre de la forme précoce de la maladie, il est touché durant ses années les plus productives sur les plans professionnel et familial. Les conséquences risquent d'être dévastatrices pour le client et sa famille (Campbell, 2009).

La MA affecte aussi grandement la vie sexuelle d'un couple. À mesure que la maladie progresse, l'intérêt sexuel peut décliner à la fois chez le client et son partenaire. Plusieurs raisons justifient ce phénomène, notamment la fatigue, le déclin de la mémoire et les épisodes d'incontinence chez la personne atteinte. À l'opposé, le client peut devenir très intéressé par la sexualité à mesure que la maladie progresse et perdre toute inhibition à cet égard.

L'infirmière devra travailler de concert avec le proche aidant pour évaluer les agents stressants et déterminer des stratégies d'adaptation visant à réduire le fardeau que constituent les soins à prodiguer. Par exemple, l'infirmière s'enquerra des comportements qui perturbent grandement la vie familiale en gardant à l'esprit que la situation est susceptible de changer à mesure que la maladie évolue. Le fait de cerner les plus grands irritants pour le proche aidant permettra d'établir des priorités en matière de soins. La sécurité du client et du proche aidant doit toujours être considérée en premier lieu. De plus, il est important d'évaluer les attentes du proche aidant envers le client pour déterminer si celles-ci sont raisonnables compte tenu de l'évolution de la maladie. À cet effet, l'**ENCADRÉ 22.9** fournit de l'information sur les différentes phases de la maladie afin de guider le proche aidant et la famille. Des conseils supplémentaires sont également présentés dans l'**ENCADRÉ 22.10**, destiné au personnel soignant.

Des groupes de soutien aux proches aidants et aux familles ont été créés afin de permettre des rencontres dans un climat de compréhension et d'offrir de l'information d'actualité sur la maladie elle-même et sur des sujets connexes comme les problèmes légaux, éthiques, financiers et de sécurité **FIGURE 22.6**. La Société

Enseignement au client et à ses proches

ENCADRÉ 22.9 | **Maladie d'Alzheimer**

L'enseignement au client et à ses proches sur la prise en charge de la maladie d'Alzheimer devrait porter sur les aspects suivants.

Phase initiale

- Confirmer le diagnostic. Beaucoup de pathologies traitables (et potentiellement réversibles) peuvent être confondues avec la maladie d'Alzheimer **TABLEAU 22.2**.
- Amener doucement la personne à cesser de conduire. La confusion et le manque de jugement peuvent altérer les habiletés à conduire et mettre d'autres personnes en danger.
- Encourager la personne à prendre part à des activités, comme rencontrer des amis et des gens de sa famille, écouter de la musique, s'adonner à des loisirs et faire de l'exercice.
- Installer des repères un peu partout dans la maison, établir une routine et choisir un endroit précis pour le rangement des choses essentielles (p. ex., les lunettes).
- Ne pas reprendre la personne sur un énoncé fautif ou sa mauvaise mémoire.
- Inscrire la personne au programme Sécu-Retour.
- Établir une stratégie pour l'avenir concernant les directives préalables, la situation financière ainsi que les possibilités et les préférences personnelles en matière de soins.

Phase intermédiaire

- Installer des serrures aux portes pour assurer la sécurité de la personne.

- Fournir des vêtements de protection contre l'incontinence urinaire et fécale.
- S'assurer que le logis est bien éclairé ; installer des rampes dans les escaliers et dans la salle de bain ; enlever les tapis ou s'assurer qu'ils sont solidement fixés au plancher.
- Étiqueter les tiroirs ainsi que les robinets (chaud et froid) pour plus de sécurité.
- Avoir recours à des stratégies comme la distraction et la diversion pour composer avec les troubles du comportement. Apprendre à reconnaître les éventuels éléments déclencheurs de comportements perturbateurs et réduire l'exposition de la personne atteinte à ceux-ci (p. ex., le stress, les températures extrêmes, etc.).
- Installer des éléments qui stimulent la mémoire, comme des photos de la famille ou des amis.

Phase avancée

- Instaurer un horaire régulier pour aller aux toilettes afin de réduire les épisodes d'incontinence.
- Prodiguer les soins en fonction des besoins, y compris les soins de la bouche et de la peau.
- Contrôler la consommation d'aliments et de liquides afin de s'assurer que celle-ci est adéquate.
- Maintenir la communication par la parole et le toucher.
- Envisager le placement dans un établissement de soins prolongés quand la prestation de soins s'avère trop difficile.

Alzheimer du Canada dispose aussi de plusieurs outils d'information et de soutien aux proches aidants (site Web, groupes de soutien, etc.).

Évaluation des résultats

Pour le client atteint de la MA, les résultats escomptés à la suite des soins et des interventions cliniques sont abordés dans le **PSTI 22.1**.

FIGURE 22.6

Les groupes de soutien constituent un moyen efficace pour aider les proches aidants à composer avec la situation.

ENCADRÉ 22.10 | **Interventions auprès du client atteint de démence**

Interventions préconisées

- Traiter le client en adulte, avec respect et dignité, même quand son comportement s'apparente à celui d'un enfant.
- Toucher le client avec sollicitude et maintenir un contact visuel direct.
- Demeurer calme, souple et compréhensif.
- S'attendre à devoir composer avec des comportements difficiles, puisque la pensée logique du client est affectée.
- Simplifier les tâches.
- Expliquer les consignes à l'aide de gestes ou d'images.
- Se concentrer sur une chose à la fois.
- Faire preuve de souplesse. Si une méthode ne fonctionne pas, en essayer une autre.
- Utiliser la diversion, changer de sujet, rediriger l'intérêt vers une autre activité.
- Rassurer le client.

Interventions déconseillées

- Critiquer, corriger ou argumenter.
- Bousculer le client.
- Parler du client comme s'il était absent.
- Se sentir visé personnellement par les comportements difficiles du client.
- Utiliser des termes condescendants, comme « ma chérie », « mon chou » ou « ma petite madame ».
- Poser des questions ou aborder des sujets qui exigent une recherche de vocabulaire ou un grand effort de réflexion et de mémoire.

22.5 | Autres maladies neurodégénératives

La maladie de Parkinson et la chorée de Huntington sont deux maladies neurodégénératives ▶ **21**. Ces maladies sont chroniques, évolutives et incurables. Malgré leurs différences sur les plans de l'étiologie et de la physiopathologie, toutes deux sont associées à la démence dans les dernières phases de la maladie.

La **démence à corps de Lewy (DCL)** est une affection caractérisée par la présence de corps de Lewy (dépôts anormaux de la protéine alpha-synucléine) dans le tronc cérébral et le cortex. Bien que cette affection soit une cause fréquente de démence, les professionnels de la santé la connaissent peu. En général, les clients présentent des symptômes de parkinsonisme, des hallucinations, des pertes de la mémoire à court terme, des changements cognitifs imprévisibles et des troubles du sommeil. Un diagnostic de DCL peut être fait lorsque deux des symptômes suivants s'ajoutent à la démence : 1) des signes extrapyramidaux, comme la **bradykinésie**, la rigidité, l'instabilité posturale et, parfois, des tremblements ; 2) des capacités cognitives fluctuantes ; 3) des hallucinations (Kverno *et al.*, 2009). La DCL présente des caractéristiques non seulement de la MA mais aussi de la maladie de Parkinson ; il est donc impératif d'établir un diagnostic juste.

La pharmacothérapie de la DCL est déterminée en fonction de chaque client. Parmi les médicaments disponibles, la lévodopa, la carbidopa et les inhibiteurs de lacétylcholinestérase peuvent être administrés au client (Gauthier, 2009). Pour les clients atteints de DCL, les soins infirmiers sont orientés vers la prise en charge de la démence et des problèmes causés par la dysphagie et l'immobilité. Les problèmes de déglutition peuvent entraîner la dénutrition. Ces clients sont particulièrement à risque de chutes en raison de troubles d'équilibre et de difficultés à se mouvoir. La pneumonie constitue une complication courante de la maladie. Le diagnostic de la DCL s'appuie sur des signes et des symptômes cliniques et se confirme à l'autopsie par un examen histologique des tissus cérébraux.

La **démence frontotemporale** constitue un ensemble de démences caractérisées par l'atrophie des lobes antérieurs frontaux et temporaux du cerveau. Dans la **maladie de Pick**, une démence faisant partie de ce groupe, il y a parfois la présence anormale de dépôts microscopiques appelés corps de Pick. La démence frontotemporale est souvent diagnostiquée par erreur comme un trouble psychiatrique ou la maladie d'Alzheimer. Cependant, elle tend à se manifester plus tôt que la maladie d'Alzheimer, généralement entre l'âge de 40 et 70 ans. Une atrophie lobaire symétrique marquée des lobes frontaux ou temporaux est la principale différence entre cette démence et la maladie d'Alzheimer.

21

La maladie de Parkinson et la chorée de Huntington sont étudiées dans le chapitre 21, *Interventions cliniques – Troubles neurologiques chroniques.*

22

Les divers signes et symptômes de la démence frontotemporale comptent des perturbations du comportement, du sommeil, de la personnalité, puis de la mémoire. L'évolution de la maladie est inévitable et entraîne des troubles du langage, un comportement imprévisible et la démence. En raison du comportement étrange associé à cette démence, les clients qui en sont atteints sont souvent vus tout d'abord par un psychiatre. Il n'existe actuellement aucun traitement spécifique. L'autopsie permet de confirmer le diagnostic.

L'**hydrocéphalie à pression normale** est une maladie rare caractérisée par l'accumulation de liquide céphalo-rachidien (LCR) dans le cerveau dûe à une mauvaise circulation de celui-ci. Les symptômes de la maladie incluent la démence, l'incontinence urinaire et des troubles de l'équilibre et de la marche. Une méningite, une encéphalite ou une blessure à la tête peuvent être à l'origine de cette affection. Si l'hydrocéphalie à pression normale est diagnostiquée rapidement, il est possible de la traiter chirurgicalement par la mise en place d'une valve de dérivation qui détournera le liquide du cerveau.

La **maladie de Creutzfeldt-Jakob (MCJ)** est une maladie cérébrale rare et fatale causée par une protéine prion. Elle affecte une personne sur un million (National Institute of Neurological Disorders and Stroke, 2010). Un **prion** est un petit agent pathogène infectieux qui présente un contenu protéique dépourvu d'acides nucléiques. L'une des variantes de la MCJ, la vMCJ, est causée par l'ingestion de viande de bœuf provenant d'animaux atteints de l'encéphalopathie spongiforme bovine, aussi appelée **maladie de la vache folle**. Le risque de contracter la vMCJ est extrêmement faible.

Les premiers signes de la maladie consistent en des troubles de la mémoire et en des changements de comportement. La MCJ évolue rapidement et se caractérise par la détérioration de l'état mental, des mouvements involontaires, une parésie des membres, de la cécité et, finalement, le coma. Il n'existe pas d'examen paraclinique pour la MCJ. Seuls l'autopsie et l'examen des tissus cérébraux permettent de confirmer le diagnostic. De plus, il n'existe actuellement aucun traitement pour la MCJ.

22.6 | Délirium

Le **délirium** est un état de confusion mentale qui se manifeste de façon temporaire, mais aiguë. Il s'agit d'un syndrome courant chez les personnes âgées, particulièrement lorsqu'elles sont hospitalisées. Il représente un risque pour la vie et peut être prévenu. Dans le cas des personnes âgées en milieu hospitalier, de 15 à 53 % vivent un épisode de délirium postopératoire, et de 70 à 87 % vivent un épisode de délirium lorsqu'elles sont à l'unité des soins intensifs (Arend & Christensen, 2009 ; Maldonado, 2008a).

22.6.1 Étiologie et physiopathologie

Le mécanisme physiopathologique du délirium est mal compris. Une carence cholinergique, une libération excessive de dopamine et une augmentation comme une réduction de l'activité sérotonergique peuvent contribuer au délirium. Les cytokines, notamment l'interleukine-1, l'interleukine-2, l'interleukine-6, le facteur de nécrose tumorale-α et les interférons semblent aussi jouer un rôle. Le stress chronique constitue un autre élément associé à l'apparition d'un délirium (Maldonado, 2008b).

Cliniquement, il est rare qu'un seul facteur cause le délirium. Ce dernier résulte souvent de l'interaction de l'état sous-jacent du client et d'un événement précipitant. Chez une personne dont l'état de santé est précaire, un délirium peut se déclencher à la suite d'un événement relativement mineur. Il peut se manifester chez un client qui souffre, par exemple, d'insuffisance cardiaque, d'un cancer, de troubles cognitifs ou de limitations sensorielles ; un épisode de délirium peut aussi survenir suite à un changement minime (p. ex., le recours à un somnifère, une infection urinaire, un changement de chambre). Chez une personne qui ne présente pas de comorbidité, le délirium peut être précipité par une combinaison de facteurs (p. ex., l'anesthésie, une chirurgie majeure, une infection, la privation de sommeil sur une longue période). Le délirium peut finalement indiquer une affection sérieuse, comme une méningite bactérienne (Skrobik, 2009).

La compréhension des facteurs qui peuvent déclencher le délirium permet de déterminer les interventions appropriées. L'**ENCADRÉ 22.11** énumère plusieurs facteurs susceptibles de précipiter le délirium.

Nombre de ces facteurs sont courants chez les clients âgés. Ces derniers possèdent en effet des mécanismes compensatoires limités pour réagir à des agressions physiologiques comme l'hypoxie, l'hypoglycémie et la déshydratation. De plus, les personnes âgées sont plus susceptibles de présenter un délirium consécutif à la prise de médicaments, en partie parce qu'elles en consomment beaucoup. Nombre de médicaments, notamment les sédatifs hypnotiques non barbituriques, les opioïdes (particulièrement la mépéridine [Demerol^MD]), les benzodiazépines et les médicaments ayant des propriétés anticholinergiques, peuvent causer le délirium ou y contribuer, surtout chez les clients âgés ou vulnérables. Une démence préexistante constitue un facteur de risque important de délirium.

22.6.2 Manifestations cliniques

Les clients atteints de délirium peuvent présenter diverses manifestations, qui vont de l'hypoactivité ou de la léthargie à l'hyperactivité, en passant par l'agitation et les hallucinations. Ils peuvent aussi souffrir d'un délirium mixte, dans lequel les symptômes d'hypoactivité et d'hyperactivité se succèdent. Chez la plupart des personnes, le délirium s'installe généralement en deux ou trois jours. Les premières manifestations comprennent souvent de l'irritabilité, de l'insomnie, une perte d'appétit, une incapacité à se concentrer, de la nervosité et de la confusion. Plus tard, peuvent s'ajouter de l'agitation, des perceptions erronées, de fausses interprétations et des hallucinations.

Le délirium aigu se rencontre fréquemment chez les personnes âgées hospitalisées, et dure habituellement de un à sept jours. Cependant, certaines manifestations peuvent persister jusqu'au moment où le client obtient son congé de l'hôpital, et même au-delà. Chez la personne âgée, le délirium demeure l'une des complications les plus fréquentes d'une chirurgie imprévue, surtout chez le client dont l'état physique et émotionnel n'est pas stabilisé avant la chirurgie. Souvent, ces personnes auront plus de difficultés à reprendre les activités de la vie quotidienne, et elles présenteront un risque accru de chutes.

Il y a parfois confusion entre les manifestations du délirium et celles de la démence. La personne qui présente un déficit intellectuel soudain, de la désorientation ou une perturbation de la conscience est fort probablement atteinte de délirium et non de démence **TABLEAU 22.1**.

22.6.3 Examen clinique et examens paracliniques

Une évaluation détaillée des antécédents médicaux et psychologiques, combinée avec un examen physique complet, constitue la première étape de l'établissement d'un diagnostic de délirium. Une attention particulière sera portée aux médicaments administrés, qu'il s'agisse de médicaments prescrits ou en vente libre. La méthode d'évaluation de la confusion (CAM) a fait l'objet de nombreuses études et constitue un outil fiable pour détecter la présence de délirium (Wei, Fearing, Sternberg, & Inouye, 2008) **TABLEAU 22.7**. Il est important de déterminer si le délirium découle ou non d'un problème sous-jacent de démence.

Une fois le diagnostic de délirium établi, il faut explorer les causes potentielles de celui-ci (Sona, 2009). À cet effet, une revue complète des antécédents médicaux et des médicaments administrés

devra être effectuée. Les tests de laboratoire devront permettre d'établir l'hémogramme, ainsi que le niveau des électrolytes sériques, de l'azote uréique du sang et de la créatinine. Un électrocardiogramme, des analyses d'urine et des tests des fonctions hépatique et thyroïdienne seront effectués, et le niveau de saturation en oxygène sera vérifié. De l'information sur le taux d'alcool ou la présence de drogues dans l'organisme pourra aussi être obtenue. Si le client présente une fièvre inexpliquée ou une raideur de la nuque et qu'une méningite ou une encéphalite peuvent être soupçonnées, une ponction lombaire pourra être pratiquée afin de détecter la présence de glucose, de protéines et de bactéries dans le LCR. Si l'anamnèse du client fait mention d'une blessure à la tête, le médecin recommandera peut-être une tomodensitométrie du cerveau.

| ENCADRÉ 22.11 | Facteurs précipitants du délirium |

Caractéristiques démographiques
- Groupe d'âge de 65 ans et plus
- Sexe masculin

État cognitif
- Démence
- Déficience cognitive
- Antécédents de délirium
- Dépression

Environnement
- Admission dans une unité de soins intensifs
- Usage de moyens de contention
- Douleur (particulièrement lorsque non soulagée)
- Stress émotionnel
- Privation prolongée de sommeil

État fonctionnel
- Autonomie fonctionnelle
- Immobilité
- Antécédents de chutes

Contexte sensoriel
- Privation sensorielle
- Surcharge sensorielle

Diminution de l'alimentation
- Déshydratation
- Malnutrition

Médicaments
- Sédatifs hypnotiques non barbituriques
- Opioïdes
- Médicaments anticholinergiques
- Polypharmacie
- Sevrage d'alcool ou de drogues

Troubles médicaux sous-jacents
- Maladie grave aiguë
- Maladie chronique rénale ou hépatique
- Antécédents d'accident vasculaire cérébral
- Maladie neurologique
- Infection ou sepsie
- Fracture ou trauma
- Maladie terminale
- Infection au VIH

Chirurgie
- Chirurgie orthopédique
- Chirurgie cardiaque
- Circulation extracorporelle prolongée
- Chirurgie autre que cardiaque

Source : Adapté de Inouye (2006).

Jugement clinique

Madame Marina Santini est âgée de 78 ans. Elle vient de subir une mastectomie radicale du sein gauche due à une tumeur cancéreuse. Elle reçoit des opioïdes pour soulager sa douleur. Pendant la première nuit postopératoire, elle fait une incontinence urinaire, gémit parce qu'elle est souffrante, cherche à changer de position, se disant inconfortable, et s'impatiente dès qu'il y a quelqu'un près d'elle.

Parmi ces observations, y en a-t-il qui peuvent vous laisser croire que la cliente est en état de délirium ?

TABLEAU 22.7	Méthode d'évaluation de la confusion – Algorithme de diagnostic de la confusion

CARACTÉRISTIQUES DU COMPORTEMENT OBSERVÉ	VALIDATION DES OBSERVATIONS
Pour établir un diagnostic de délirium, il faut pouvoir observer la présence des caractéristiques 1 et 2, en plus des caractéristiques 3 ou 4.	
Caractéristique 1 Changement soudain de l'état mental ou état mental fluctuant (généralement constaté par un membre de la famille ou une infirmière)	Confirmée par une réponse positive aux questions suivantes : • Y a-t-il des changements soudains de l'état mental de base du client ? • Est-ce que le comportement (anormal) a fluctué au cours des dernières 24 heures (tendance à apparaître puis à disparaître, à augmenter ou à diminuer en importance) ?
Caractéristique 2 Inattention	Confirmée par une réponse positive à la question suivante : • Est-ce que le client montre de la difficulté à demeurer attentif (p. ex., il est facile à distraire ou a de la difficulté à suivre le fil d'une conversation) ?
Caractéristique 3 Désorganisation de la pensée	Confirmée par une réponse positive à la question suivante : • La pensée du client est-elle désorganisée ou incohérente, caractérisée par la tenue de propos dépourvus de sens ou non pertinents, l'expression d'idées floues ou illogiques, ou des changements imprévisibles de sujets de conversation ?
Caractéristique 4 État de conscience altéré	Confirmée par toute autre réponse que « alerte » à la question suivante : • Dans l'ensemble, comment évaluez-vous l'état de conscience de ce client (alerte [normal], hypervigilant [hyperalerte], léthargique [somnolent, mais facile à réveille], stuporeux [difficile à éveiller] ou comateux [sans réaction]) ?

Source : Adapté de Inouye, Van Dyck, Alessi, Balkin, Siegal, & Horwitz (1990).

Soins et traitements en interdisciplinarité

CLIENT ATTEINT DE DÉLIRIUM

Les soins et traitements en interdisciplinarité liés au délirium s'articulent autour de la prévention et de la reconnaissance précoce (Steis & Fick, 2008). La prévention du délirium passe par la détection des clients à risque élevé. Les groupes de clients à risque comprennent les personnes atteintes de troubles neurologiques (p. ex., un accident vasculaire cérébral, une démence, une infection du SNC, la maladie de Parkinson), celles atteintes de déficience sensorielle et les personnes âgées. D'autres éléments comptent parmi les facteurs de risque : un séjour dans une unité de soins intensifs, l'absence de repères temporels tels qu'une montre ou un calendrier, l'impossibilité d'avoir accès à des lunettes de lecture et la douleur non soulagée.

Les soins et traitements infirmiers pour traiter le délirium se concentrent sur l'élimination des facteurs précipitants. Si le délirium est d'origine médicamenteuse, il faudra interrompre l'administration des médicaments en cause. Il faut garder à l'esprit que le sevrage d'alcool et de drogues peut aussi entraîner un délirium. Selon l'anamnèse du client, il peut être pertinent

de procéder aux analyses de laboratoire requis pour le dépistage de drogues. Il faudra aussi corriger les déséquilibres électrolytiques et les carences nutritionnelles (p. ex., en thiamine), s'il y a lieu. Si le problème est lié à des conditions environnementales (p. ex., un environnement où la stimulation s'avère excessive ou insuffisante), des changements devront être apportés. Que le délirium soit dû à une infection ou à une maladie chronique (p. ex., une **néphropathie chronique**, une insuffisance cardiaque), il faudra commencer l'antibiothérapie appropriée afin d'améliorer la condition du client. L'infirmière doit également veiller à la sécurité du client. Il est primordial d'aménager un environnement calme et sécuritaire. Pour ce faire, l'infirmière peut : 1) encourager les membres de la famille à demeurer au chevet du client ; 2) encourager la famille à placer des objets familiers près du client (p. ex., des photos) ; 3) transférer le client dans une chambre privée ou dans une chambre située plus près du poste des infirmières ; 4) tenter d'assurer, dans la mesure du possible, la stabilité du personnel infirmier qui travaille auprès du client. Chez le client atteint de délirium, les stratégies de réorientation et d'intervention comportementale sont utilisées.

L'infirmière le rassure et lui procure de l'information susceptible de l'aider à mieux s'orienter spatialement et temporellement, et à comprendre le but des interventions. La présence d'horloges et de calendriers de même qu'une liste d'activités prévues pour le client sont d'autres éléments qui contribuent à réduire la confusion. Il faut également atténuer l'intensité des stimulus environnementaux (niveau de bruit et lumière).

Une relation personnelle impliquant le toucher et la communication verbale constitue une stratégie de réorientation importante. Si le client a besoin de lunettes ou d'un appareil auditif, il faut veiller à ce qu'il puisse se procurer ces objets rapidement et facilement, car une privation sensorielle contribue à précipiter le délirium. Il faut éviter le recours aux contentions. D'autres types d'interventions, notamment les techniques de relaxation, la musicothérapie et la massothérapie, peuvent aider certains clients atteints de délirium **FIGURE 22.7**.

Concernant la prévention du délirium, il est à noter que les interventions les plus efficaces s'inscrivent dans une approche globale et à volets multiples. De telles mesures devraient être mises en place au sein des établissements par des équipes interdisciplinaires. Ces équipes doivent aussi aborder les questions liées à la polypharmacie, à la douleur, au statut nutritionnel et au risque d'incontinence. Il ne faut pas oublier que le client atteint de délirium est à risque de souffrir de problèmes liés à l'immobilité, notamment les lésions de pression. L'infirmière veillera à maintenir l'intégrité de la peau et à favoriser l'activité physique (p. ex., en faisant effectuer des exercices d'amplitude articulaire, si besoin est).

Elle apportera aussi un soutien à la famille et aux proches aidants dans les épisodes de délirium. Les membres de la famille ont besoin de comprendre les facteurs ayant précipité le délirium, ainsi que ses conséquences éventuelles.

Pharmacothérapie

La pharmacothérapie est réservée aux clients très agités, particulièrement ceux dont le comportement entrave les traitements médicaux requis (p. ex., un remplacement liquidien, une intubation, une dialyse). Un client agité est effectivement à risque de chutes et de blessures. La pharmacothérapie doit être utilisée avec circonspection, car beaucoup de médicaments prescrits pour la prise en charge de l'agitation ont des propriétés psychoactives.

Les clients qui nécessitent un tel traitement reçoivent souvent de faibles doses d'antipsychotiques (neuroleptiques) comme l'halopéridol (Apo-Haloperidol^{MD}), la rispéridone (Risperdal^{MD}), l'olanzapine (Zyprexa^{MD}) et la quétiapine (Seroquel^{MD}) (Alici-Evcimen & Breitbart, 2008). L'halopéridol peut être administré par voie intraveineuse, intramusculaire ou orale. Les antipsychotiques causent de la sédation, mais ils comportent aussi d'autres effets secondaires : de l'hypotension, des **effets pyramidaux** dont la **dyskinésie tardive** (mouvements involontaires des muscles du visage, du tronc et des bras) et l'**athétose** (mouvements involontaires d'ondulation des membres), des changements dans le tonus musculaire et des effets anticholinergiques. Les clients âgés qui prennent des agents antipsychotiques doivent être suivis de très près, car certains antipsychotiques sont associés a un risque de mortalité plus élevé (Bourne, Tahir, Borthwick, & Sampson, 2008).

Il est possible d'administrer des benzodiazépines à action brève (p. ex., le lorazépam [Ativan^{MD}]) afin de traiter le délirium causé par le sevrage de sédatifs et d'alcool, ou en concomitance avec des antipsychotiques en vue de réduire les effets pyramidaux. Cependant, ces médicaments peuvent empirer le délirium causé par d'autres facteurs et doivent de ce fait être utilisés avec précaution (Lonergan, Luxenberg, & Areosa Sastre, 2009).

Effet pyramidal : Ensemble des troubles de la motricité dû à une lésion de la voie pyramidale constituée par les fibres corticospinales.

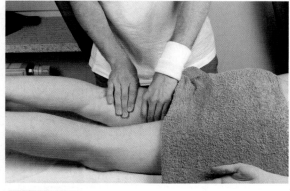

FIGURE 22.7
La massothérapie peut aider certaines personnes atteintes de délirium.

Madame Yvette Charron est âgée de 78 ans. Elle est atteinte de la maladie d'Alzheimer et réside dans un CHSLD. Sa fille Guylaine est la répondante légale, et elle vient la visiter tous les jours en fin d'après-midi. Elle a remarqué dernièrement que sa mère jouait constamment avec ses vêtements, essayant d'en défaire les coutures, ce qui lui occasionne parfois des blessures aux mains à cause des bouts de fil qu'elle enroule autour de ses doigts. La cliente a ensuite tendance à se gratter, ce qui aggrave ses petites plaies. L'infirmière a d'ailleurs fait exactement les mêmes constatations que Guylaine.

Lorsque Guylaine quitte sa mère un peu après le repas du soir, cette dernière erre dans les couloirs de l'unité prothétique jusque vers 19 h. Elle refuse d'entrer dans sa chambre prétextant qu'il y a plein d'étrangers qui l'en empêchent, et demande alors de les faire sortir. Lorsque le personnel accède à sa demande en faisant semblant de faire fuir les intrus, madame Charron retourne dans sa chambre calmement et se couche sans se dévêtir.

Après une période d'errance, la cliente montre généralement des signes d'essoufflement, et sa fréquence cardiaque est à 102 batt./min. Madame Charron obtient un score de 17/30 au mini-examen de l'état mental. ▶

MISE EN ŒUVRE DE LA DÉMARCHE DE SOINS

Collecte des données - Évaluation initiale – Analyse et interprétation

1. Distinguez les données objectives des données subjectives recueillies au cours de cette évaluation de la situation de santé de madame Charron.

2. Quelles sont les trois données supplémentaires qui doivent être recueillies pour documenter le problème d'errance ?

Extrait

CONSTATS DE L'ÉVALUATION									
Date	Heure	N°	Problème ou besoin prioritaire	Initiales	RÉSOLU/SATISFAIT			Professionnels/ Services concernés
					Date	Heure	Initiales	
2011-05-05	18:00	2	Blessures aux mains					
		3	Errance	E.B.				
	19:00	4						

Signature de l'infirmière	Initiales	Programme / Service	Signature de l'infirmière	Initiales	Programme / Service
Esperanza Barajas	E.B.	Unité prothétique			
		Unité prothétique			

3. L'infirmière a-t-elle raison d'ajouter le problème prioritaire d'errance ? Justifiez votre réponse.

4. Quel autre problème prioritaire pouvez-vous inscrire dans l'extrait du PTI de madame Charron, en lien avec les données des signes vitaux ? Inscrivez votre réponse vis-à-vis du numéro 4.

5. Que signifie le résultat de madame Charron au mini-examen de l'état mental ?

Planification des interventions – Décisions infirmières

6. Dans l'extrait du PTI, complétez les directives infirmières découlant du problème prioritaire numéro 2, en ajoutant les intervenants qui n'ont pas le statut légal de professionnels et qui peuvent les appliquer.

Extrait

CONSTATS DE L'ÉVALUATION									
Date	Heure	N°	Problème ou besoin prioritaire	Initiales	RÉSOLU / SATISFAIT			Professionnels / Services concernés
					Date	Heure	Initiales	
2011-05-05	18:00	2	Blessures aux mains					
		3	Errance	E.B.				
	19:00	4						

SUIVI CLINIQUE							
Date	Heure	N°	Directive infirmière	Initiales	CESSÉE / RÉALISÉE		
					Date	Heure	Initiales
2011-05-05	18:00	2	Garder les ongles courts en tout temps				
			Utiliser des stratégies de diversion quand				
			elle joue avec ses vêtements				

Signature de l'infirmière	Initiales	Programme / Service	Signature de l'infirmière	Initiales	Programme / Service
Esperanza Barajas	E.B.	Unité prothétique			
		Unité prothétique			

▶ Quatre jours plus tard, madame Charron ne retrouve plus sa chambre alors qu'elle y arrivait auparavant. Ses épisodes d'errance durent moins de 15 minutes maintenant. Elle n'est plus essoufflée et sa fréquence cardiaque est redevenue normale. Elle reconnaît sa photo placée sur la porte de sa chambre, mais il faut lui rappeler de rechercher sa photo pour retrouver sa chambre. Ces constatations sont faites vers 17 h 45.

Évaluation des résultats – Évaluation en cours d'évolution

7. Ajustez l'extrait du PTI de madame Charron en tenant compte de ces nouvelles données et ajoutez une directive infirmière pour assurer le suivi clinique du besoin prioritaire numéro 5.

Extrait

CONSTATS DE L'ÉVALUATION									
Date	Heure	N°	Problème ou besoin prioritaire	Initiales	RÉSOLU/SATISFAIT			Professionnels/ Services concernés
					Date	Heure	Initiales	
2011-05-05	18:00	2	Blessures aux mains					
		3	Errance	E.B.				
	19:00	4						
2011-05-09	17:45	5	Réorienter dans l'espace	E.B.				

SUIVI CLINIQUE							
Date	Heure	N°	Directive infirmière	Initiales	CESSÉE/RÉALISÉE		
					Date	Heure	Initiales
2011-05-09	17:45	5					

Signature de l'infirmière	Initiales	Programme / Service	Signature de l'infirmière	Initiales	Programme / Service
Esperanza Barajas	E.B.	Unité prothétique			
		Unité prothétique			

Application de la pensée critique

Dans l'application de la démarche de soins auprès de madame Charron, l'infirmière a recours aux éléments du modèle de la pensée critique pour analyser la situation de santé de la cliente et en comprendre les enjeux. La **FIGURE 22.8** résume les caractéristiques de ce modèle en fonction des données de cette cliente, mais elle n'est pas exhaustive.

Vers un jugement **clinique**

Connaissances
- Différents types de démence
- Physiopathologie de la maladie d'Alzheimer
- Stades de la maladie
- Comportements caractéristiques de la démence de type Alzheimer
- Risques associés aux désordres cognitifs
- Mini-examen de l'état mental

Expériences
- Soins aux clients souffrant de problèmes cognitifs
- Expérience en gérontologie-psychiatrie
- Approche avec les membres de la famille du client

ÉVALUATION
- Fonctions cognitives de madame Charron
- Comportements (cherche à découdre ses vêtements, tire sur les fils et les enroule autour de ses doigts)
- Blessures aux doigts infligées par le comportement de la cliente
- Degré d'orientation dans les trois sphères
- Caractéristiques de l'errance (durée, trajet parcouru, facteur déclenchant, comportements, humeur)
- Signes et symptômes de fatigue suite à l'errance
- Hallucinations visuelles (voit des étrangers dans sa chambre)
- Capacité de retrouver sa chambre avec une photo sur la porte

Normes
- Utilisation du mini-examen de l'état mental pour évaluer les fonctions cognitives de la cliente
- Normes de fonctionnement de l'unité prothétique

Attitudes
- Traiter madame Charron en adulte, avec respect et dignité
- Éviter des mots condescendants (p. ex., « ma petite madame »)
- Faire preuve de compréhension et de patience
- Être souple si une approche ne fonctionne pas
- Éviter de chercher à faire entendre raison à la cliente
- Demander la collaboration de la fille de madame Charron

FIGURE 22.7

Application de la pensée critique à la situation de santé de madame Charron

■ ■ ■ À **retenir**

VERSION REPRODUCTIBLE

www.cheneliere.ca/lewis

- La démence est un syndrome caractérisé par des troubles de la mémoire, de l'orientation, de l'attention, du langage, du jugement et du raisonnement.
- Des antécédents de tabagisme, d'arythmie comme la fibrillation auriculaire, d'hypertension, d'hypercholestérolémie, de diabète et de maladie coronarienne sont des éléments qui prédisposent à la démence.
- Les perturbations des fonctions cognitives comme des pertes de mémoire, une certaine désorientation ainsi que des difficultés avec les mots et les chiffres sont des manifestations cliniques de la démence.

- Pour bien cerner l'état mental du client, l'examen cognitif doit être en mesure d'évaluer la mémoire, la capacité de compter, le langage, les habiletés visuelles et spatiales ainsi que la vivacité d'esprit.
- Chez les personnes âgées, la dépression peut être confondue avec la démence, et inversement.
- Les manifestations de la dépression chez les aînés incluent la tristesse, la difficulté à réfléchir et à se concentrer, la fatigue, l'apathie, un sentiment de détresse et l'inactivité.
- La maladie d'Alzheimer est une maladie qui détruit les cellules cérébrales et qui se manifeste par des problèmes cognitifs.
- Il n'existe actuellement aucun remède à la MA. La vitesse d'évolution de la maladie varie beaucoup d'une personne à l'autre et peut s'étendre sur une période de 3 à 20 ans.

- Les femmes sont plus susceptibles de souffrir de la maladie d'Alzheimer que les hommes, essentiellement parce qu'elles vivent plus longtemps.
- Les risques pouvant compromettre la sécurité des personnes atteintes de la MA comprennent notamment les blessures dues à des chutes ou découlant de l'ingestion de substances dangereuses, les blessures causées aux autres et à soi-même avec des objets tranchants, l'errance, le risque de brûlures ou d'incendie, ainsi que l'incapacité de réagir efficacement en situation de crise.
- Le délirium est fréquent chez les personnes âgées hospitalisées, particulièrement aux soins intensifs et en période postopératoire.
- Le délirium résulte souvent de l'interaction entre l'état sous-jacent du client et un événement précipitant.
- Les manifestations du délirium et de la démence sont souvent confondues.
- La personne qui présente un déficit intellectuel soudain, de la désorientation ou une perturbation de la conscience souffre fort probablement de délirium et non de démence.

Pour en **savoir** plus

VERSION COMPLÈTE ET DÉTAILLÉE

www.cheneliere.ca/lewis

 Références Internet

Organismes et associations

Alzheimer-bottin
www.alzheimer-bottin.com

American Health Assistance Foundation > Alzheimer's Disease Research
www.ahaf.org

Baluchon Alzheimer
www.baluchonalzheimer.com

Fédération québécoise des sociétés Alzheimer
www.alzheimerquebec.ca

Fondation d'Alzheimer pour les proches aidants au Canada inc.
www.alzfdn.ca

Journal of Alzheimer's Disease
www.j-alz.com

Société Alzheimer du Canada
www.alzheimer.ca

Références générales

Encyclopédie de L'Agora > Index thématique > Alzheimer (maladie d')
http://agora.qc.ca

Fondation des maladies mentales > Aider une personne > Les maladies mentales > La maladie d'Alzheimer
www.fondationdesmaladiesmentales.org

Institut universitaire en santé mentale. Douglas > Info santé mentale > Santé mentale de A à Z > Alzheimer
www.douglas.qc.ca

PasseportSanté.net > Maladies > Index des maladies de A à Z > Alzheimer (Maladie d')
www.passeportsante.net

Psychomédia > Santé mentale > Alzheimer et démences
www.psychomedia.qc.ca

Société canadienne d'hypothèques et de logement > Entretien d'un logement > Modifications au domicile pour les aînés > La maladie d'Alzheimer chez soi
www.cmhc-schl.gc.ca

WebMD > Health A-Z > Alzheimer's > Alzheimer's Disease Health Center
www.webmd.com

 Monographies

Collaud, T. (2010). *Alzheimer et démence : rencontrer les malades et communiquer avec eux.* Saint-Maurice, Suisse : Saint-Augustin.

Gorssberg, G.T. (2009). *Alzheimer's : the latest assessment and treatment strategies.* Sudbury, MA : Jones & Bartlett.

Held, C. (2010). *Maladie d'Alzheimer, accueillir la démence : organisation du cadre de vie, des services et des soins.* Chêne-Bourg, Suisse : Médecine et hygiène.

Regnault, M. (2009). *Alzheimer : le guide de l'accompagnant.* Escalquens : Dangles.

Tanguay, A. (2010). *Alzheimer et diagnostics différentiels : évaluation et traitement : manuel didactique destiné au personnel soignant.* Montréal : Éditions nouvelles.

 Articles, rapport et autres

ADSP, actualité et dossier en santé publique (2009). *La maladie d'Alzheimer.* Paris : Documentation française, 65.

Bergman, H. (2009). *Relever le défi de la maladie d'Alzheimer et des maladies apparentées. Une vision centrée sur la personne, l'humanisme et l'excellence. Rapport du comité d'experts en vue de l'élaboration d'un plan d'action pour* la maladie d'Alzheimer. Québec : Santé et services sociaux Québec.
www.msss.gouv.qc.ca

Bouchard, R.W. (2009). *La mémantine dans la maladie d'Alzheimer : Repousser le placement en CHSLD. Le Clinicien, 24*(9), 55-60.

Collège des médecins de famille du Canada (2007). *Clinical Review, janvier 2007.*
www.cfp.ca

La Revue canadienne de la maladie d'alzheimer et autres démences (2009). *12*(3).
www.stacommunications.com

Malaquin-Pavan, E., & Pierrot, M. (2007). *Accompagner une personne atteinte de la maladie d'Alzheimer : aspects spécifiques du deuil des aidants naturels et pistes de soutien. Recherche en soins infirmiers, 89,* 76-102.

Norris, S. (2007). *La maladie d'Alzheimer. Division des sciences et de la technologie.* Canada : Bibliothèque du Parlement.
www.parl.gc.ca

Société Alzheimer du Canada. (2010). *Raz-de-marée : Impact de la maladie d'Alzheimer et des affectations connexes au Canada.* Ottawa : Société Alzheimer du Canada.
www.alzheimer.ca

Société canadienne d'hypothèques et de logement (2008). *La maladie d'Alzheimer chez soi / Comment créer un environnement adapté au malade.* Canada : SCHL.
www.cmhc-schl.gc.ca

 Multimédia

Hoffman, J. (2009). *The Alzheimer's project* [enregistrement vidéo] / HBO Documentary Films and the National Institute on Aging of the National Institutes of Health. Burbank, CA, 3 DVD.

CHAPITRE

23

Écrit par:
Teresa E. Hills, RN, MSN,
ACNP-BC, CNRN

Adapté par:
Danièle Dallaire, inf., M. Sc.

Troubles des nerfs périphériques et de la moelle épinière

Objectifs

Après avoir lu ce chapitre, vous devriez être en mesure:

- d'expliquer l'étiologie, les manifestations cliniques, ainsi que les soins et traitements en interdisciplinarité de la névralgie faciale et de la paralysie de Bell;

- d'expliquer l'étiologie, les manifestations cliniques, ainsi que les soins et traitements en interdisciplinarité du syndrome de Guillain-Barré, du botulisme, du tétanos et de la neurosyphilis;

- de décrire la classification des lésions médullaires et des manifestations cliniques qui leur sont associées;

- de décrire les manifestations cliniques ainsi que les soins et traitements en interdisciplinarité du choc neurogénique et du choc spinal;

- d'établir une corrélation entre le niveau lésionnel, les manifestations cliniques et le potentiel de réadaptation;

- de décrire les soins et traitements infirmiers reliés aux principaux problèmes physiques et psychologiques des personnes présentant une lésion médullaire;

- de décrire les conséquences d'une lésion médullaire chez la personne âgée;

- de décrire les différents types de tumeurs de la moelle épinière et leurs manifestations cliniques, ainsi que les soins et traitements en interdisciplinarité se rapportant aux tumeurs de la moelle épinière.

Concepts **clés**

Cette carte conceptuelle illustre schématiquement les principaux concepts décrits dans le présent chapitre. Sa lecture vous permettra d'avoir une vue d'ensemble des notions qui y sont présentées.

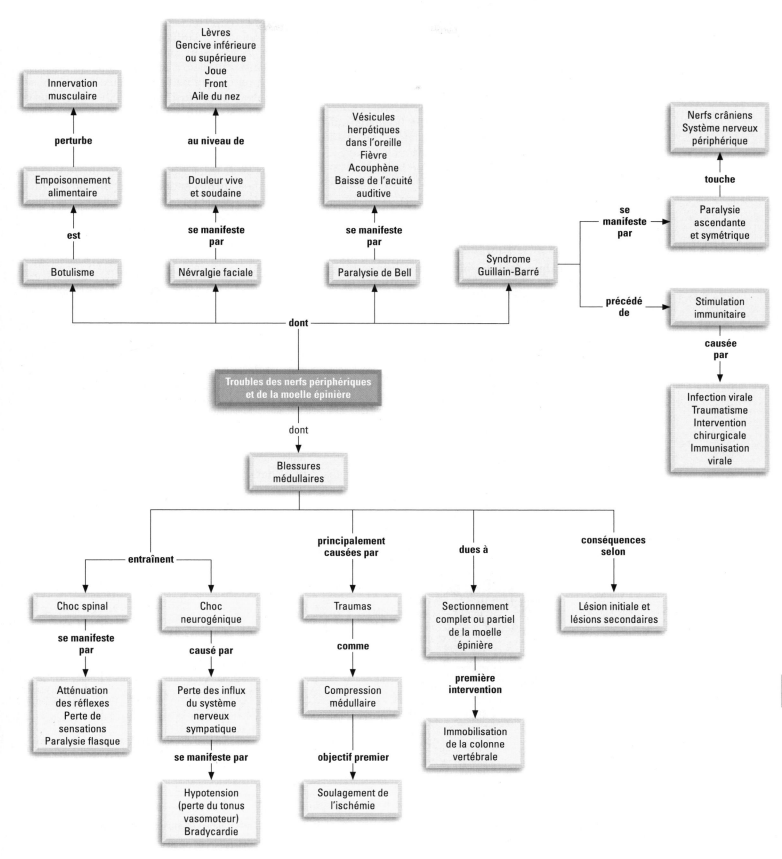

23.1 | Affections des nerfs crâniens

Les affections des nerfs crâniens sont généralement classifiées en tant que neuropathies périphériques, les 12 paires de nerfs crâniens étant considérées comme les nerfs périphériques du cerveau. Elles touchent généralement la branche motrice ou sensorielle (ou les deux) d'un seul nerf (mononeuropathie ou mononévrite). Les affections des nerfs crâniens peuvent être dues à plusieurs causes (tumeurs, traumas, infections, processus inflammatoire) ou être de cause inconnue (dysfonctions idiopathiques). La névralgie faciale et la paralysie de Bell (paralysie faciale périphérique) comptent au nombre des affections des nerfs crâniens.

23.1.1 Névralgie faciale

Étiologie et physiopathologie

La **névralgie faciale**, aussi appelée névralgie essentielle du trijumeau ou parfois tic douloureux, est une affection plutôt rare qui se manifeste par des épisodes très douloureux, soudains, brefs, lancinants, récurrents et généralement unilatéraux survenant sur le trajet du nerf trijumeau. Au Canada, environ 5 personnes sur 100 000 sont diagnostiquées chaque année, soit 1 500 personnes (Trigeminal Neuralgia Association of Canada [TNAC], 2004). La névralgie faciale constitue néanmoins le problème de névralgie le plus couramment diagnostiqué et se rencontre environ deux fois plus souvent chez les femmes que chez les hommes. Dans la grande majorité des cas (plus de 90 %), elle touche des gens de plus de 40 ans (Cheshire, 2007). Le nerf trijumeau est le cinquième nerf crânien (nerf crânien V); il se compose à la fois de branches motrices et sensitives. La névral-gie faciale touche les branches sensitives (ou afférentes), particulièrement les branches maxillaire et mandibulaire **FIGURE 23.1**.

La physiopathologie de la névralgie faciale n'est pas encore complètement connue (Van Kleef *et al.*, 2009). Certains scientifiques l'attribuent à la compression des vaisseaux sanguins, notamment l'artère cérébelleuse supérieure. Elle provoquerait une irritation chronique du nerf trijumeau à la base de sa racine, augmentant ainsi les stimulations nerveuses dans les fibres sensitives (afférentes). La sclérose en plaques et l'hypertension constitueraient des facteurs de risque. D'autres facteurs sont également à signaler : infection au virus de l'herpès, infection des dents ou de la mâchoire, infarctus du tronc cérébral. L'efficacité des anticonvulsivants pour l'atténuation de la douleur pourrait s'expliquer par le fait que ces médicaments stabilisent la membrane neuronale et diminuent les stimuli afférents paroxystiques dans le nerf (Miller, Acar, & Burchiel, 2009).

Manifestations cliniques

La névralgie faciale se manifeste le plus souvent par une douleur extrêmement vive et soudaine dans les lèvres, la gencive inférieure ou supérieure, la joue, le front ou l'aile du nez. Les personnes qui en souffrent disent ressentir une sensation de brûlure, de coup de couteau ou de choc électrique. La phase aiguë de la crise se manifeste par une douleur intense, des tics, des grimaces, des larmoiements et des clignements de l'œil à intervalles rapprochés, d'où l'appellation de tic douloureux. Elle peut se traduire également par une disparition ou une diminution des sensations dans le visage. Les crises sont généralement brèves, de quelques secondes à deux ou trois minutes, et ne touchent le plus souvent qu'un côté du visage (phénomène unilatéral). Les récidives

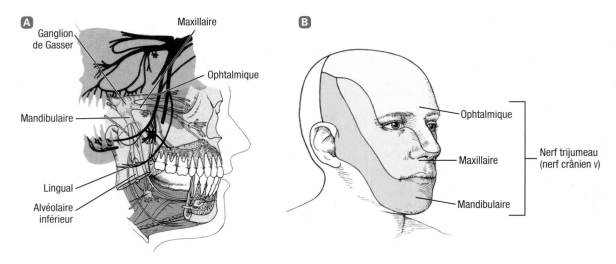

FIGURE 23.1

Anatomie du nerf trijumeau – **A** Le nerf trijumeau (nerf crânien V) et ses trois grandes branches : le nerf ophtalmique, le nerf maxillaire et le nerf mandibulaire. **B** Innervation cutanée de la tête.

sont imprévisibles et peuvent survenir plusieurs fois par jour ou être espacées de plusieurs semaines ou plusieurs mois. À l'issue de la période réfractaire (sans douleur), il n'est pas rare d'observer une alternance, à intervalles rapprochés, d'épisodes de douleur et de périodes réfractaires pouvant se poursuivre sur plusieurs heures.

Les épisodes douloureux sont généralement déclenchés par une légère stimulation cutanée en un point précis du trajet des branches du nerf : la zone gâchette. Les stimuli déclencheurs peuvent ainsi être les suivants : mastication, brossage des dents, courant d'air chaud ou froid sur le visage, lavage du visage, bâillement, voire le simple fait de parler. Le toucher et les chatouillements semblent constituer les principaux déclencheurs, plutôt que les stimuli douloureux ou les changements de température. Le client peut ainsi s'alimenter de façon inadéquate, négliger son hygiène, porter un mouchoir ou un foulard sur le visage et éviter les interactions humaines. L'**hypersomnie**, comme mécanisme d'adaptation, peut également l'aider à supporter la douleur.

Bien que la névralgie faciale soit considérée comme bénigne, l'intensité de la douleur et la perturbation des habitudes de vie qu'elle provoque peuvent mener à un dysfonctionnement physique et psychologique complet, voire au suicide.

Examen clinique et examens paracliniques

La tomodensitométrie (TDM, tomographie axiale commandée par ordinateur) permet de vérifier qu'aucune lésion, tumeur ou anomalie vasculaire n'est en cause. L'imagerie par résonance magnétique (IRM) confirme que la personne ne souffre pas de sclérose en plaques. Une évaluation neurologique complète est effectuée, incluant une évaluation audiologique, mais les résultats sont généralement normaux.

Processus thérapeutique en interdisciplinarité

L'**ENCADRÉ 23.1** montre le processus diagnostique et thérapeutique chez un client atteint de névralgie faciale. Ainsi, une fois le diagnostic établi, le traitement vise à soulager la douleur par les médicaments ou l'intervention chirurgicale **TABLEAU 23.1**.

Pharmacothérapie

La carbamazépine (Tegretol^MD) ou l'oxcarbazépine (Trileptal^MD) constitue généralement le traitement

Hypersomnie : Besoin exagéré de sommeil.

Processus diagnostique et thérapeutique

ENCADRÉ 23.1	Névralgie faciale

Examen clinique et examens paracliniques
- Histoire de santé et examen physique
- TDM
- IRM

Processus thérapeutique
- Administration de médicaments (p. ex., la carbamazépine [Tegretol^MD] ou l'oxcarbazépine [Trileptal^MD])
- Anesthésie par bloc nerveux
- Rétroaction biologique
- Intervention chirurgicale

TABLEAU 23.1	Interventions chirurgicales de la névralgie faciale	
TYPE D'INTERVENTION	**TECHNIQUE**	**ACTION THÉRAPEUTIQUE**
Périphérique		
Rhizotomie au glycérol (injection dans une ou plusieurs branches du nerf trijumeau)	Ablation chimique	Soulagement total de la douleur avec préservation du toucher et du réflexe cornéen
Intracrânienne		
Rhizotomie percutanée par radiofréquence	Destruction des fibres sensitives par l'administration d'un courant de faible intensité	Soulagement total de la douleur avec préservation du toucher et du réflexe cornéen (augmentation du risque d'altérations sensitives)
Décompression vasculaire microchirurgicale	Soulèvement de l'artère appuyant sur la racine du nerf dans la fosse postérieure, au moyen d'une éponge, pour éliminer la pression au point d'entrée de la zone radiculaire du nerf, ou destruction du vaisseau en cause	Soulagement de la douleur sans perte sensitive
Radiochirurgie au scalpel gamma	Application de fortes doses de radiations sur la racine du nerf trijumeau au moyen de la localisation stéréotaxique	Soulagement de la douleur un à quatre jours après le traitement ; non effractif ; pas de perte sensitive

de première ligne pour la névralgie faciale. En agissant sur les canaux sodiques, ces médicaments ralentissent la repolarisation des neurones, atténuant ainsi les stimulations neuronales. Ces anticonvulsivants peuvent prévenir les crises aiguës ou favoriser la rémission des symptômes. Le fait que la pharmacothérapie ne permet pas toujours d'apporter un soulagement permanent de la douleur peut amener certaines personnes à consulter fréquemment l'otorhinolaryngologiste ou à recourir à des approches complémentaires et parallèles dans le but d'améliorer leur qualité de vie.

Traitement classique
L'anesthésie par bloc nerveux est un autre traitement possible. Le bloc nerveux local induit une anesthésie complète de la région innervée par les branches traitées et procure un soulagement temporaire variant de 6 à 18 mois. La rétroaction biologique peut également se révéler utile pour certaines personnes. En plus de mieux gérer sa douleur, le client a le sentiment de mieux maîtriser la situation en apprenant à mettre en œuvre la technique et en modifiant certaines de ses fonctions corporelles.

Interventions chirurgicales
Si le traitement classique associé aux médicaments s'avère inefficace, l'intervention chirurgicale peut être envisagée **TABLEAU 23.1**. La rhizotomie au glycérol consiste en l'injection percutanée de glycérol dans la citerne trigéminale par le trou ovale **FIGURE 23.2**.

La rhizotomie percutanée par radiofréquence consiste à introduire une aiguille dans les racines

du nerf trijumeau, qui sont situées près du pont (protubérance), pour détruire cette zone en utilisant des courants de fréquence radioélectrique. L'intervention peut entraîner l'engourdissement du visage, bien que certaines sensations soient parfois maintenues, l'anesthésie cornéenne et l'affaiblissement des fonctions motrices du nerf trijumeau. Elle se pratique généralement sans hospitalisation et cause peu de complications (Ritter, Friedman & Bhasin, 2009).

La décompression vasculaire microchirurgicale du nerf trijumeau est aussi couramment utilisée en cas de névralgie. Elle consiste à déplacer et à repositionner les vaisseaux sanguins qui compriment le nerf dans sa région radiculaire, soit à l'endroit où il sort du pont. Cette intervention atténue la douleur sans provoquer de perte résiduelle des sensations. Toutefois, comme toute opération pratiquée à proximité du tronc cérébral, elle est potentiellement dangereuse (Miller *et al.*, 2009).

La radiochirurgie au scalpel gamma peut également être utilisée pour le traitement de la névralgie faciale. Elle consiste à administrer un faisceau de rayons gamma très précis sur la partie proximale du trijumeau, visualisée par imagerie à haute résolution. Cette technique s'est révélée bénéfique comme intervention chirurgicale de première instance, mais aussi en cas de persistance de la douleur malgré d'autres chirurgies (Miller *et al.*, 2009) ▶ **19**. La rhizotomie rétrogassérienne et la craniotomie sous-occipitale comptent également au nombre des interventions intracrâniennes envisageables en cas de névralgie essentielle du trijumeau **TABLEAU 23.1**.

19

La radiochirurgie est étudiée dans le chapitre 19, *Interventions cliniques – Troubles intracrâniens aigus.*

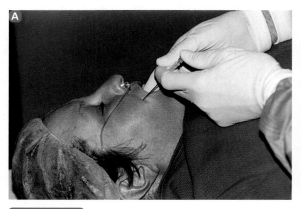 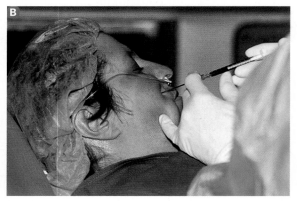

FIGURE 23.2

Rhizotomie au glycérol – **A** Insertion de l'aiguille dans un cas de névralgie faciale. **B** Injection du glycérol par le médecin.

Soins et traitements infirmiers

CLIENT ATTEINT D'UNE NÉVRALGIE FACIALE

Pour l'essentiel, les clients souffrant de névralgie faciale sont traités en clinique ambulatoire. L'évaluation des crises, notamment la détermination des facteurs déclencheurs, de leurs caractéristiques et de

leur fréquence, ainsi que des techniques de gestion de la douleur, permet à l'infirmière de mieux planifier les soins. La collecte des données doit comprendre l'état nutritionnel du client, ses habitudes d'hygiène, notamment l'hygiène buccodentaire, et ses comportements (y compris le repli sur soi). La mesure de l'intensité de la douleur et ses répercussions sur le mode de vie du client, sa consommation de médicaments, son état émotionnel et ses tendances suicidaires constituent également des données importantes à recueillir.

L'infirmière doit surveiller la réaction du client à la pharmacothérapie et noter l'apparition d'effets secondaires éventuels. En raison de la dépendance qu'ils peuvent causer à plus ou moins long terme, les opioïdes puissants tels que la morphine seront utilisés avec précaution. Si l'intervention chirurgicale ne peut pas être envisagée pour le client et que sa douleur n'est pas soulagée par d'autres traitements, des techniques de soulagement moins classiques seront envisagées (p. ex., la rétroaction biologique). Une évaluation minutieuse de la douleur selon le PQRSTU, incluant l'histoire de santé, les méthodes de soulagement employées et la pharmacodépendance, aidera l'infirmière à déterminer les interventions les plus appropriées.

L'aménagement du milieu de vie s'avère essentiel lors des crises aiguës : il vise à atténuer les stimuli déclencheurs. La chambre doit être maintenue à une température modérée et relativement constante et les courants d'air sont à éviter. La plupart des personnes souffrant de névralgie faciale préfèrent effectuer elles-mêmes leurs soins personnels, de crainte qu'une tierce personne ne leur fasse mal par inadvertance.

L'infirmière informera le client sur l'importance de l'alimentation, de l'hygiène et des soins buccaux. Si elle décèle des indices de négligence de l'hygiène buccale, elle lui fournira l'enseignement nécessaire. L'utilisation d'une petite brosse à dents à poils souples ou d'un rince-bouche tiède contribue généralement à l'amélioration des soins buccaux. Idéalement, les interventions d'hygiène auront lieu dans les moments où l'analgésie est la plus efficace.

L'alimentation doit être riche en protéines et en calories, et elle doit comporter des aliments faciles à mastiquer. Il est préférable de servir fréquemment de petits repas à température tiède. Si l'alimentation par voie orale est fortement réduite et que l'état nutritionnel du client suscite des inquiétudes, une sonde nasogastrique peut être insérée du côté qui n'est pas atteint par la névralgie afin de fournir une alimentation optimale par voie entérale.

Si l'intervention chirurgicale est envisagée, l'enseignement à prodiguer au client dépend du type d'opération envisagé (p. ex., le procédé percutané). Il est important que le client sache qu'il restera conscient tout au long des interventions locales de façon à ce qu'il puisse collaborer à l'évaluation de ses réflexes cornéen et ciliaire, ainsi qu'à celle des sensations faciales. Après l'intervention, il convient de comparer l'intensité de la douleur à celle ressentie en période préopératoire. Le réflexe cornéen, le fonctionnement des muscles extraoculaires, l'ouïe, les sensations et le fonctionnement du nerf facial feront l'objet d'évaluations fréquentes. Si le réflexe cornéen présente une anomalie, des protections oculaires doivent être mises en place : larmes artificielles, cache-œil ou autres.

En cas de chirurgie intracrânienne, les soins infirmiers postopératoires à effectuer sont similaires à ceux de la craniotomie. L'alimentation et la mobilisation seront alors graduellement augmentées selon l'évaluation infirmière de l'évolution du client.

Après une intervention percutanée par radiofréquence, l'infirmière appliquera de la glace sur la mâchoire, du côté opéré, durant trois à cinq heures de façon intermittente pour éviter les brûlures de la peau. Tant que les sensations ne sont pas complètement revenues, le client doit éviter de mastiquer du côté opéré afin de ne pas s'infliger de lésions buccales.

L'infirmière doit également planifier un suivi régulier. Elle fournira au client les instructions nécessaires concernant la posologie et les effets secondaires des médicaments. Même s'il ne ressent plus aucune douleur, elle l'encouragera à éviter les stimuli environnementaux trop importants et à recourir à différentes techniques de réduction du stress. Avant d'être traités, certains clients trouvent des moyens de protection pour éviter la douleur. Ils peuvent avoir besoin de conseils psychologiques pour ajuster leurs mécanismes d'adaptation, en particulier pour rétablir leurs relations interpersonnelles.

La manipulation du ganglion de Gasser provoque parfois une infection herpétique (« feux sauvages » ou herpès labial). Le traitement consiste en l'administration d'antiviraux tels que l'acyclovir (Zovirax^MD) ▶ **31** .

Après une intervention chirurgicale, ce sont les effets résiduels de cette opération qui détermineront les soins à long terme. En cas d'anesthésie ou d'anomalie du réflexe cornéen, l'infirmière doit enseigner au client à :

- mastiquer du côté qui n'a pas été atteint ;
- éviter les boissons et aliments solides trop chauds qui risqueraient de brûler ses muqueuses ;
- nettoyer sa bouche de toute particule alimentaire après chaque repas ;
- maintenir une hygiène buccodentaire méticuleuse et consulter son dentiste deux fois l'an ;
- se protéger le visage des températures extrêmes ;
- utiliser un rasoir électrique plutôt que manuel ;
- porter un cache-œil ou éviter de se frotter les yeux ;
- s'examiner régulièrement les yeux pour déceler le plus rapidement possible tout symptôme d'infection ou d'irritation.

Capsule Jugement clinique

Madame Audrey Connolly est âgée de 42 ans et est atteinte de sclérose en plaques. Elle présente une paralysie faciale.

Comment vérifierez-vous la fonction motrice du nerf trijumeau (nerf crânien v) ?

31

Les soins et traitements infirmiers des infections tégumentaires virales sont abordés dans le chapitre 31, *Interventions cliniques – Troubles tégumentaires*.

23

23.1.2 Paralysie de Bell
Étiologie et physiopathologie

La **paralysie de Bell**, aussi appelée paralysie faciale périphérique, paralysie faciale idiopathique ou paralysie faciale a frigore, se caractérise par une inflammation de la branche motrice du nerf facial (nerf crânien VII) d'un côté du visage en l'absence de toute autre maladie susceptible de la causer, par exemple un accident vasculaire cérébral (AVC). La paralysie de Bell est une parésie faciale périphérique aiguë idiopathique (de cause inconnue). Chaque année, entre 11 et 40 personnes sur 100 000 reçoivent ce diagnostic. Elle peut frapper dans toutes les tranches d'âge, mais elle est plus fréquente entre 30 et 45 ans

(Lockhart, Daly, Pitkethly, Comerford, & Sullivan, 2010). La paralysie de Bell est considérée comme bénigne. La plupart des personnes atteintes sont complètement rétablies au bout de six mois, particulièrement si le traitement est immédiatement mis en œuvre. Dans les autres cas, une faiblesse résiduelle ainsi qu'une asymétrie dans la mobilité des muscles faciaux sont observées. Aux États-Unis, elle laisse annuellement plus de 8 000 personnes aux prises avec ces séquelles permanentes qui les défigurent parfois (Tiemstra & Khatkhate, 2007). L'ancien premier ministre fédéral Jean Chrétien est un Québécois bien connu qui a souffert de la paralysie de Bell.

L'étiologie de la paralysie de Bell n'est pas encore parfaitement connue. L'activation du virus herpès simplex de type 1 (VHS-1) pourrait toutefois être en cause. La réactivation du VHS provoque de l'inflammation, de l'œdème, de l'ischémie et une éventuelle démyélinisation du nerf facial, ce qui entraîne douleur et altérations de sa fonction motrice et sensorielle.

Manifestations cliniques, examen clinique et examens paracliniques

Le déclenchement de la paralysie de Bell s'accompagne souvent d'une éruption de vésicules herpétiques dans l'oreille ou dans la région périauriculaire. La maladie peut également se manifester par de la fièvre, un acouphène et une baisse de l'acuité auditive. La paralysie des branches motrices du nerf facial cause généralement la flaccidité du visage du côté atteint avec affaissement de la bouche et écoulement involontaire de salive **FIGURE 23.3**.

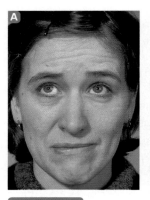

FIGURE 23.3

Manifestations faciales caractéristiques de la paralysie de Bell – **A** Au repos, le visage peut sembler normal ou presque ; la personne atteinte ne peut cependant pas froncer ni lever le sourcil du côté paralysé, et sa bouche tombe du côté droit. **B** Quand la personne tente de fermer les yeux et de montrer les dents, les différences entre les deux côtés du visage apparaissent plus nettement.

Une incapacité à fermer la paupière est également observée, ainsi qu'un mouvement ascendant du globe oculaire quand la personne tente de fermer l'œil. D'autres manifestations sont courantes, notamment l'élargissement de la fente palpébrale (ouverture entre les deux paupières), une atténuation du sillon nasogénien et une incapacité à sourire, à froncer les sourcils et à siffler. Il n'est pas rare que la personne atteinte perde le sens du goût d'un côté de la bouche (agueusie). La diminution de la mobilité musculaire peut entraver la mastication. La paralysie de Bell provoque parfois une diminution de l'écoulement lacrymal, mais le plus souvent, au contraire, un larmoiement excessif. Les muscles étant affaiblis, la paupière inférieure s'ouvre vers l'extérieur, ce qui provoque le déversement du flux lacrymal normal. Les personnes souffrant de cette maladie signalent parfois une douleur derrière l'oreille du côté atteint, surtout avant le déclenchement de la paralysie.

Les complications à craindre sont notamment les suivantes :

- un repli psychologique sur soi-même en raison des modifications physiques constatées ;
- la malnutrition ;
- la déshydratation ;
- un traumatisme des muqueuses ;
- des abrasions de la cornée ;
- des étirements, des contractures et des spasmes musculaires faciaux.

Puisqu'il n'existe pas d'examen permettant d'établir clairement la présence d'une paralysie de Bell, le diagnostic doit d'abord être établi par l'élimination d'autres causes possibles. Le diagnostic et le pronostic sont posés par l'observation de l'apparition de signes et symptômes typiques et par la réponse aux examens de neurostimulation percutanée par électromyographie (EMG).

Processus thérapeutique en interdisciplinarité

La paralysie de Bell se traite notamment au moyen d'applications de chaleur humide, de massages délicats et de neurostimulations, mais aussi par des exercices bien précis. La stimulation peut préserver le tonus musculaire et empêcher l'atrophie. Les soins visent essentiellement à soulager les symptômes, à prévenir les complications et à protéger l'œil du côté atteint.

La personne doit être mise immédiatement sous corticostéroïdes ; la prednisone est celui qui est le plus employé. Ces médicaments s'avèrent plus efficaces quand ils sont administrés avant que la paralysie n'ait entièrement gagné la moitié du visage. Quand ils ne sont plus nécessaires, leur administration doit être diminuée graduellement sur deux semaines. En général, le traitement aux corticostéroïdes fait régresser l'œdème et atténue la douleur; toutefois, des analgésiques légers peuvent être administrés si nécessaire.

Le VHS intervenant dans environ 70 % des cas de paralysie de Bell, l'acyclovir (Zovirax^MD) peut être administré, seul ou en association avec la prednisone (Tiemstra & Khatkhate, 2007). D'autres antiviraux sont également envisageables, par exemple le valacyclovir (Valtrex^MD) et le famciclovir (Famvir^MD).

CLIENT ATTEINT DE LA PARALYSIE DE BELL

La paralysie de Bell doit être dépistée le plus rapidement possible. Le VHS constituant un facteur étiologique possible, l'infirmière devra recommander à toutes les personnes sujettes aux éruptions d'herpès simplex de consulter un professionnel de la santé en cas de douleur à l'intérieur de l'oreille ou autour de celle-ci. Elle évaluera le tonus des muscles faciaux pour détecter rapidement les faiblesses éventuelles.

Les personnes souffrant de paralysie de Bell sont traitées sans hospitalisation. L'administration d'un analgésique léger peut soulager la douleur. L'application de compresses chaudes et humides atténue généralement l'inconfort causé par les lésions herpétiques, stimule la circulation et soulage la douleur. L'infirmière doit conseiller aux clients de se protéger le visage du froid et des courants d'air, car ce syndrome s'accompagne dans certains cas d'une **hyperesthésie** du nerf trijumeau. Le maintien d'une bonne alimentation s'avère crucial. Il faut recommander au client de mastiquer du côté de la bouche qui n'est pas atteint par la paralysie de Bell afin d'apprécier le goût de ses aliments et d'éviter qu'ils ne demeurent dans la cavité buccale. Une hygiène buccale minutieuse doit être faite après chaque repas pour prévenir la parotidite, les caries et les parodontopathies que peut causer l'accumulation des débris alimentaires.

L'infirmière peut recommander à certaines personnes le port de verres fumés pour se protéger les yeux ou pour se sentir esthétiquement plus à l'aise. Les larmes artificielles (méthylcellulose) seront utilisées à intervalles fréquents dans la journée pour éviter le dessèchement de la cornée. Il convient par ailleurs d'inspecter l'œil régulièrement pour détecter les cils qui pourraient y être tombés. La nuit, l'application d'un onguent et l'utilisation d'un cache-œil étanche contribueront à préserver l'hydratation du globe oculaire. Dans certains cas, les paupières doivent être tenues fermées par du ruban adhésif toute la nuit afin de protéger les yeux. L'infirmière doit indiquer au client qu'il doit signaler rapidement toute douleur oculaire ainsi que tout écoulement suspect.

Le port d'un bandage facial peut permettre de soutenir les muscles affectés, d'améliorer l'alignement des lèvres entre elles et de faciliter la mastication ainsi que l'alimentation. C'est en général un physiothérapeute ou un ergothérapeute qui fabrique et ajuste ce type de bandage. Les massages vigoureux risquent d'endommager les tissus. Par contre, les massages ascendants délicats procurent des bienfaits psychologiques; en dehors du maintien de la circulation sanguine, leurs effets physiques ne sont toutefois pas clairement établis. Le client doit pratiquer des exercices faciaux actifs plusieurs fois par jour dès que ses fonctions commencent à se rétablir.

Les altérations de l'apparence physique induites par la paralysie de Bell se révèlent dévastatrices dans certains cas. Pour rassurer le client, l'infirmière lui expliquera qu'il n'a pas subi d'AVC et que ses perspectives de rétablissement complet sont bonnes. Il est important de s'assurer le soutien de la famille et des proches et d'expliquer au client que la plupart des personnes atteintes bénéficient d'un rétablissement complet dans les six semaines environ suivant le déclenchement des symptômes.

Capsule **Jugement clinique**

Madame Francelia Merida est une comédienne âgée de 37 ans. Malheureusement pour la réussite de sa carrière, elle est frappée par une paralysie de Bell.

En plus de lui demander de sourire, de froncer les sourcils, de fermer les yeux fortement, trouvez trois autres moyens d'évaluer la mobilité et la symétrie faciales.

Hyperesthésie : Désigne l'exagération anormalement intense, quelquefois douloureuse, des divers modes de la sensibilité.

23.2 | Polyneuropathies

23.2.1 Syndrome de Guillain-Barré
Étiologie et physiopathologie

Le **syndrome de Guillain-Barré (SGB)** est aussi appelé syndrome de Landry-Guillain-Barré, polyradiculonévrite aiguë inflammatoire ou polyradiculonévrite démyélinisante inflammatoire aiguë. C'est une forme de **polynévrite** aiguë à progression rapide et potentiellement mortelle. Elle se caractérise par une paralysie ascendante et symétrique qui touche généralement les nerfs crâniens et le système nerveux périphérique. Le SGB affecte les hommes une fois et demie plus souvent que les femmes et, en général, se rencontre chez les adultes; des cas sont toutefois décelés dans toutes les tranches d'âge. Dans 85 à 95 % des cas, le traitement des symptômes procure un rétablissement complet (Vucic, Kiernan, & Cornblath, 2009).

L'étiologie du SGB reste toujours inconnue. Il est toutefois admis que les mécanismes de l'immunité à médiation cellulaire et à médiation humorale interviennent dans la réaction immunitaire qui vise les nerfs. Le SGB cause une perte de myéline ainsi que de l'œdème et de l'inflammation des nerfs atteints. La démyélinisation ralentit ou bloque la transmission des impulsions nerveuses. Les muscles innervés par les nerfs périphériques endommagés subissent une dénervation ainsi qu'une atrophie. Dans la phase de rétablissement, la remyélinisation progresse lentement et la fonction neurologique est restaurée selon une configuration proximodistale.

Polynévrite : Atteinte du système nerveux périphérique caractérisée par des troubles sensitifs et moteurs survenant symétriquement des deux côtés du corps et prédominant à l'extrémité des membres.

23

L'apparition du SGB est souvent précédée d'une stimulation du système immunitaire par une infection virale, un trauma, une intervention chirurgicale, une immunisation virale ou l'infection au virus de l'immunodéficience humaine (VIH) (Pritchard, 2008). Le microorganisme le plus fréquemment associé au SGB est *Campylobacter jejuni* (Gupta, Nair, Baheti, Sarma, Kuruvilla, & Diplomate American Board, 2008). La gastroentérite à *C. jejuni* précéderait l'émergence du SGB dans environ 30 % des cas. D'autres pathogènes peuvent également être en cause, notamment : *Mycoplasma pneumoniae*, les cytomégalovirus, le virus Epstein-Barr, le virus de la varicelle et du zona, certains vaccins (rage, grippe A H1N1).

Manifestations cliniques

Le SGB est une affection se manifestant par des symptômes bénins à graves. Ils se développent généralement une à trois semaines après la survenue de la stimulation immunitaire.

Les membres inférieurs s'affaiblissent de manière plus ou moins symétrique au fil des heures, des jours et des semaines, cette détérioration culminant vers le quatorzième jour. La parésie progresse de façon ascendante des membres inférieurs vers le tronc, les membres supérieurs et les muscles respiratoires. Les muscles distaux sont les plus sévèrement atteints. La paresthésie (engourdissement et picotements) est fréquente et généralement suivie d'une paralysie des extrémités. L'hypotonie (diminution du tonus musculaire) et l'aréflexie (abolition des réflexes) comptent au nombre des symptômes persistants courants. La perte de la sensibilité objective est variable, la sensibilité profonde étant plus atteinte que les sensations superficielles (Gupta *et al.*, 2008).

Dans le SGB, la dysfonction du système nerveux autonome résulte des altérations des systèmes nerveux sympathique et parasympathique. Les perturbations du système autonome sont fréquentes chez les personnes souffrant d'une atteinte musculaire grave et d'une paralysie des muscles respiratoires. Les altérations du système nerveux autonome les plus dangereuses sont notamment les suivantes : hypotension orthostatique ; hypertension ; réponses vagales anormales (bradycardie, bloc cardiaque, asystolie). D'autres dysfonctions sont également observables : perturbations du fonctionnement des intestins et de la vessie ; rougeur faciale ; diaphorèse. Le client peut également présenter un syndrome de sécrétion inappropriée d'hormone antidiurétique (SIADH) **61** . En progressant vers le tronc cérébral inférieur, le SGB touche les nerfs faciaux, moteurs oculaires externes, oculomoteurs, hypoglosses, trijumeaux et vagues (nerfs crâniens VII, VI, III, XII, V et X, respectivement). Une faiblesse faciale, des difficultés pour effectuer les mouvements oculaires, de la dysphagie et une paresthésie du visage sont alors observées.

La douleur constitue également l'un des symptômes courants du SGB. Il peut s'agir, selon le cas, de paresthésies, de crampes et douleurs musculaires ou d'hyperesthésie. La douleur s'accentue généralement la nuit. Quand elle est particulièrement forte, les opioïdes peuvent être envisagés. Enfin, la douleur risque d'entraver l'appétit et le sommeil.

Complications

L'insuffisance respiratoire constitue la complication la plus grave du SGB. Elle survient quand la paralysie atteint les nerfs qui innervent la zone thoracique. L'évaluation et la surveillance constante du système respiratoire (rythme, amplitude et fréquence de la respiration ; capacité vitale forcée et force inspiratoire négative) permettent de détecter la nécessité d'une intervention immédiate, par exemple l'intubation et la ventilation assistée. Les infections respiratoires et les infections des voies urinaires (IVU) ne sont pas rares. En général, l'infection se manifeste d'abord par de la fièvre ; le traitement doit alors viser l'élimination du microorganisme infectieux en cause. L'immobilité attribuable à la paralysie peut entraîner différents problèmes, notamment un iléus paralytique, une atrophie musculaire, une thrombose veineuse profonde, une embolie pulmonaire, des lésions de pression, une hypotension orthostatique et des carences nutritionnelles.

Examen clinique et examens paracliniques

Le diagnostic se fonde essentiellement sur les signes cliniques et sur les antécédents médicaux du client. Au début, le liquide céphalo-rachidien (LCR) est normal ou présente une faible teneur en protéines. Cependant, au bout de 7 à 10 jours, l'élévation du taux de protéines atteint les 700 mg/dl (7 g/L) – le taux normal des protéines est de 15 à 45 mg/dl (0,15 à 0,45 g/L) – avec numération cellulaire normale. Les résultats de l'EMG et des examens de conduction nerveuse sont nettement anormaux (baisse de la vitesse de conduction nerveuse) dans les membres atteints.

Processus thérapeutique en interdisciplinarité

Les soins et traitements infirmiers consistent à procurer un traitement symptomatique, en particulier un soutien ventilatoire, au stade aigu du SGB. La plasmaphérèse est utilisée dans les deux premières semaines afin d'éliminer les anticorps qui attaquent les nerfs ▶ **14** . Les clients gravement atteints qui sont traités dans les deux semaines après le déclenchement du SGB bénéficient d'une diminution du temps nécessaire à la réadaptation, ce qui entraîne une diminution de la durée de la ventilation assistée et une diminution notable de la durée moyenne de séjour (hospitalisation).

L'administration d'immunoglobuline à fortes doses par voie intraveineuse (I.V.) est aussi efficace que la plasmaphérèse et présente l'avantage d'être immédiatement disponible et d'offrir une meilleure innocuité. Cependant, ce traitement est réservé aux personnes qui sont bien hydratées et présentent une fonction rénale normale (Van Doorn, Ruts, & Jacobs, 2008).

Quand la maladie s'est déclarée depuis plus de trois semaines, la plasmaphérèse et le traitement d'immunoglobulines ne présentent plus guère d'intérêt. Les corticostéroïdes n'ont pas vraiment d'incidence sur le pronostic, ni sur la durée de la maladie.

Recommandations nutritionnelles

Le SGB perturbe généralement l'alimentation des personnes atteintes. En phase aiguë, comme le SGB touche les nerfs crâniens, certains clients peuvent avoir de la difficulté à avaler. En cas de dysphagie légère, l'infirmière pourra asseoir le client et lui pencher légèrement la tête vers l'avant pour faciliter son alimentation. Pour les dysphagies plus importantes, il faut parfois recourir à l'alimentation entérale (gavage). L'alimentation parentérale totale s'avère indispensable pour certaines personnes souffrant d'iléus paralytique ou d'obstruction intestinale **FIGURE 23.4**. Aux stades ultérieurs de la maladie, le client devient incapable de se nourrir lui-même à cause de la paralysie ou de la faiblesse motrice. L'infirmière doit évaluer son état nutritionnel à intervalles réguliers, en mesurant notamment son poids corporel, son albuminémie et son apport calorique.

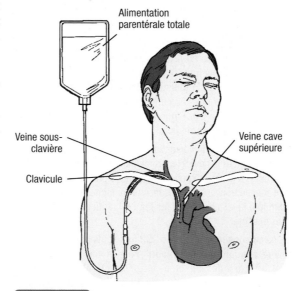

FIGURE 23.4
L'alimentation parentérale totale peut s'avérer nécessaire pour combler les besoins nutritionnels des clients atteints du SGB.

Soins et traitements infirmiers

CLIENT ATTEINT DU SYNDROME DE GUILLAIN-BARRÉ

Collecte des données

La collecte des données constitue la responsabilité infirmière la plus importante au stade aigu de la maladie. Lors de son examen, l'infirmière évalue l'évolution de la paralysie ascendante et la fonction respiratoire, surveille les gaz artériels sanguins (GAS) et vérifie les réflexes pharyngé, cornéen et de déglutition. En général, ils sont amoindris, voire abolis.

Il est important de surveiller la pression artérielle, la fréquence et le rythme cardiaques au stade aigu de la maladie, car les arythmies cardiaques transitoires peuvent survenir. Les altérations du système nerveux autonome ne sont pas rares, notamment la bradycardie et les arythmies. Parfois, dans les cas graves, une hypotension orthostatique secondaire à l'atonie musculaire peut être observée. L'administration de vasopresseurs et de solutés peut s'avérer nécessaire pour traiter l'hypotension artérielle. Cependant, l'apparition du SIADH impose parfois de restreindre l'administration des liquides.

Analyse et interprétation des données

Les problèmes prioritaires se rapportant au SGB sont notamment les suivants :

- altération de la respiration spontanée liée à une paralysie des muscles respiratoires ;

- risque d'aspiration liée à la dysphagie ;
- douleur aiguë liée aux paresthésies, crampes et douleurs musculaires, et hyperesthésies ;
- altération de la communication verbale liée à l'intubation ou à la paralysie des muscles de l'élocution ;
- peur liée à la gravité de la maladie et à l'incertitude quant au pronostic ;
- altération des autosoins liée à l'incapacité de se servir de ses muscles pour accomplir les activités de la vie quotidienne.

Planification des soins

Les objectifs prioritaires pour le client atteint d'un SGB sont les suivants :

- maintenir une bonne ventilation ;
- éviter les aspirations ;
- contrôler la douleur ;
- maintenir des moyens de communication acceptables ;
- maintenir un apport nutritionnel adéquat ;
- rétablir des fonctions physiques optimales.

Interventions cliniques

Le traitement vise à soutenir les systèmes jusqu'au rétablissement du client. L'insuffisance respiratoire et les infections

ÉVALUATION CLINIQUE

L'étape d'évaluation du système nerveux est décrite en détail dans le chapitre 18, *Système nerveux.*

51

Les techniques de ventilation mécanique utilisées auprès des clients atteints d'insuffisance respiratoire sont étudiées dans le chapitre 51, *Interventions cliniques – Insuffisance respiratoire et syndrome de détresse respiratoire aiguë.*

54

Les soins et traitements infirmiers propres à l'alimentation entérale et parentérale sont étudiés dans le chapitre 54, *Interventions cliniques – Troubles nutritionnels.*

constituent des menaces sérieuses pour les personnes atteintes du SGB. L'infirmière doit par conséquent surveiller régulièrement la fonction respiratoire du client, l'évolution de la capacité vitale pulmonaire et des GAS. Si la capacité vitale chute à moins de 800 ml (15 ml/kg ou deux tiers de la capacité vitale normale du client) ou si l'analyse des GAS indique une détérioration, l'équipe de soins pourra opter pour l'intubation endotrachéale ou la trachéostomie afin de ventiler mécaniquement le client ▶ **51**. Dans un cas comme dans l'autre, les techniques d'aspiration doivent être méticuleuses afin d'éviter les infections. L'hygiène bronchique ainsi que la physiothérapie respiratoire contribueront à éliminer les sécrétions et à prévenir les détériorations de la fonction respiratoire. En cas de fièvre, l'infirmière effectuera des cultures de sécrétions trachéales pour déterminer l'agent pathogène en cause. Une antibiothérapie pourra ensuite être amorcée.

Un système de communication doit être établi selon les capacités du client. Cela devient extrêmement difficile quand la maladie affecte les nerfs crâniens. À l'apogée d'un épisode sévère, le client peut se trouver dans l'incapacité complète de communiquer. L'infirmière lui expliquera toutes les interventions de soins avant de les exécuter.

Les personnes atteintes du SGB font souvent de la rétention urinaire pendant quelques jours. Pour éviter les IVU, il vaut mieux effectuer des cathétérismes intermittents plutôt qu'installer une sonde à demeure. Au stade aigu, si d'importants volumes de liquides sont administrés au client (supérieurs à 2,5 L/j), la sonde à demeure pourra cependant s'avérer plus indiquée, car elle permet d'éviter la distension excessive de la vessie, devenue temporairement flasque, et le reflux vésicourétéral. Idéalement, la physiothérapie devrait commencer tôt pour prévenir les problèmes que l'immobilité risquerait de causer. La mobilisation fréquente, les exercices isométriques et le maintien d'une position corporelle adéquate contribuent à préserver les fonctions physiologiques et à prévenir les contractures. En cas de paralysie faciale, l'infirmière doit effectuer des soins oculaires minutieux pour éviter les irritations cornéennes

et les lésions (kératite par lagophtalmie). Le jour, elle mettra fréquemment des larmes artificielles dans les yeux du client pour éviter le dessèchement de la cornée et vérifiera que des cils ne sont pas tombés dans l'œil. La nuit, un onguent et un cache-œil étanche permettront, si nécessaire, de préserver l'hydratation du globe oculaire.

Plusieurs problèmes peuvent entraver l'alimentation, notamment la lenteur de la vidange gastrique, l'iléus paralytique et le risque d'aspiration (si le réflexe pharyngé est aboli). Les besoins nutritionnels du client doivent néanmoins être comblés. En plus de vérifier la persistance du réflexe pharyngé, l'infirmière notera les écoulements involontaires de salive et tout autre signe qui peut confirmer la détérioration du réflexe pharyngé. Au début de la maladie, l'alimentation entérale ou parentérale peut être mise en place pour assurer un apport calorique adéquat. La vidange gastrique étant plus lente, l'infirmière doit mesurer les résidus gastriques à intervalles réguliers ou avant les gavages ▶ **54**. Elle surveillera également le bilan hydrique et électrolytique afin d'éviter les déséquilibres électrolytiques. Les modifications du régime alimentaire, l'immobilité et la diminution de la motilité gastro-intestinale (G.I.) provoquent souvent de la constipation. L'infirmière mettra donc en place des mesures pour prévenir ce problème ou le résoudre.

Tout au long de la maladie, l'infirmière doit encourager et soutenir le client ainsi que ses proches. Les séquelles et les rechutes sont rares dans le SGB, sauf dans les formes chroniques de la maladie. Le rétablissement complet peut donc être espéré, mais il risque de prendre des mois, voire des années, si une dégénérescence axonale est survenue.

Évaluation des résultats

Les résultats escomptés pour un client souffrant du SGB sont les suivants :

- le rétablissement optimal des fonctions physiques ;
- l'absence de douleur et d'inconfort ;
- le maintien d'un état nutritionnel adéquat.

23.2.2 Botulisme
Étiologie et physiopathologie

Le **botulisme** constitue le plus grave des empoisonnements alimentaires. Il est causé par l'absorption G.I. de la neurotoxine produite par la bactérie *Clostridium botulinum*. Ce microorganisme se trouve dans le sol et ses spores sont difficiles à détruire. Il peut être présent dans tout aliment contaminé aux spores. La bactérie prolifère le plus souvent dans les conserves maison produites selon des méthodes inappropriées (Centers for Disease Control and Prevention [CDCP], 2010a). La neurotoxine

détruirait ou inhiberait la neurotransmission de l'acétylcholine à la plaque motrice, ce qui perturberait l'innervation musculaire.

Manifestations cliniques

Les symptômes du botulisme sont notamment les suivants : nausées, vomissements, diarrhée et douleurs abdominales (crampes) survenant généralement dans les 12 à 36 heures suivant la consommation de l'aliment contaminé. Le plus souvent, l'état mental (vigilance, vivacité d'esprit) du client reste intact ; il ne fait pas de fièvre (afébrilité) ; toutefois, il subit une atteinte neurologique qui entraîne une paralysie qui s'étend de la tête vers les membres. Les manifestations neurologiques apparaissent rapidement, ou évoluent sur plusieurs jours. Ce sont notamment la paralysie flasque descendante avec maintien des sensations normales, la photophobie, la ptose, la paralysie des muscles oculaires, une vision brouillée, la

Jugement clinique

Capsule

Madame Anaïs Blais, âgée de 34 ans, aime bien cuisiner. Vers 17 h, elle prépare son souper avec certains légumes en conserve. Une des boîtes semble avoir été endommagée. Madame Blais ouvre la conserve et, comme son contenu lui semble intact, elle consomme les légumes avec son repas. Au petit matin, vers 6 h, elle a des crampes abdominales, de la diarrhée, et des nausées sans vomissement. Elle se présente à l'urgence craignant une intoxication alimentaire.

Ces données sont-elles suffisantes pour confirmer un cas de botulisme ? Justifiez votre réponse.

diplopie, la sécheresse buccale, un mal de gorge et des difficultés de déglutition. D'autres manifestations sont également possibles : un iléus paralytique, des convulsions, et un affaiblissement des muscles respiratoires pouvant rapidement dégénérer en arrêt respiratoire ou cardiaque.

L'évolution de la maladie dépend de la quantité de toxines absorbée par l'intestin. Si elle est minime, les symptômes restent discrets et la personne se rétablit complètement. Si la quantité absorbée est importante, la défaillance circulatoire, la paralysie respiratoire ou les complications pulmonaires peuvent causer la mort. Environ 5 % des personnes atteintes de botulisme en meurent (CDCP, 2010a). Le botulisme étant une maladie à déclaration obligatoire, les organismes de santé tels que les centres de santé et de services sociaux, les directions régionales et nationale de santé publique ainsi que Santé Canada doivent être informés de tous les cas constatés. En plus de l'ingestion orale, le botulisme peut se contracter par inhalation nasale ou par une blessure infectée. Certains observateurs le considèrent comme un véhicule potentiel du bioterrorisme ▸ 52 .

Examen clinique et processus thérapeutique en interdisciplinarité

Des échantillons de sang et de LCR sont prélevés pour analyse afin d'éliminer toute autre maladie. Chez les personnes atteintes de botulisme, le sang et le LCR sont normaux.

L'administration par voie I.V. de l'antitoxine botulinique constitue le traitement initial du botulisme. Avant d'administrer l'antitoxine, une dose test intradermique doit être injectée pour mesurer la sensibilité au sérum. Si la personne ne réagit pas au sérum de la dose test, la dose test est suivie de la dose thérapeutique d'antitoxine botulinique. La procédure peut être répétée 2 à 4 heures plus tard si les symptômes persistent, puis, si nécessaire, à intervalles de 12 à 24 heures. L'antitoxine botulinique ralentit la progression des symptômes neurologiques, mais ne les fait pas régresser.

Le tractus G.I. doit être purgé au moyen de laxatifs sans magnésium, de lavements et d'un lavage d'estomac visant à réduire l'absorption de la toxine par l'organisme. Les laxatifs contenant du magnésium sont contre-indiqués, car ils aggravent le bloc neuromusculaire causé par la toxine.

52

Les agents de bioterrorisme sont étudiés dans le chapitre 52, *Interventions cliniques – Soins en cas d'urgence.*

Soins et traitements infirmiers

CLIENT ATTEINT DE BOTULISME

La prévention primaire constitue l'objectif principal des soins et traitements infirmiers : l'infirmière doit renseigner la clientèle à propos des situations susceptibles de provoquer le botulisme. Les aliments peu acides (notamment le poisson, la crème vichyssoise et les poivrons) doivent être manipulés avec une vigilance toute particulière, car ils favorisent la germination et la prolifération de la botuline (toxine botulinique), qui est un poison mortel. En 10 minutes, l'ébullition détruit la bactérie ainsi que la toxine botulinique ; cependant, les spores sont très résistants à la chaleur et peuvent survivre dans l'eau bouillante pendant trois à cinq heures. La cuisson sous pression à haute température constitue la seule méthode vraiment sûre pour la mise en conserve maison. Les recommandations suivantes seront utiles à toute personne qui envisage de préparer, d'entreposer et de consommer des aliments en conserve :

- Pour préparer des conserves maison, il convient de suivre à la lettre les instructions du fabricant de l'équipement utilisé ; de prendre uniquement des fruits et légumes frais dont toutes les taches suspectes auront été retirées ; de nettoyer soigneusement tous les contenants et les ustensiles ; et de fermer hermétiquement les pots. Les conserves alimentaires doivent être entreposées dans un endroit sec et frais.

- Toute conserve dont l'une des extrémités est bombée doit être immédiatement jetée : ce renflement peut être attribuable aux gaz produits par *C. botulinum.*

- Si le contenu jaillit à l'ouverture du contenant, le jeter immédiatement, sans même le goûter.

- Si le contenu d'une boîte de conserve sent mauvais ou présente un aspect douteux, jeter toute la boîte sans même y goûter.

En phase aiguë de la maladie, les interventions infirmières sont similaires à celles qui doivent être mises en œuvre pour le SGB. Ces interventions de soutien comprennent le repos, les activités favorisant le maintien de la fonction respiratoire, le maintien d'une alimentation adéquate et la prévention de la perte de la masse musculaire. Le rétablissement étant lent, certains clients connaissent différents problèmes attribuables à leur sentiment d'impuissance, à l'ennui et au découragement.

23.2.3 Tétanos

Le **tétanos** est une **polyradiculite** et une polynévrite extrêmement grave qui touche les nerfs rachidiens et crâniens. Elle est provoquée par l'exposition à une neurotoxine puissante libérée par le bacille anaérobie *Clostridium tetani*. Les toxines entravent le fonctionnement de l'arc réflexe en bloquant les transmetteurs inhibiteurs aux terminaisons présynaptiques de la moelle épinière et du tronc cérébral. Les spores du bacille se développent dans le sol, les moisissures des jardins et le fumier. *C. tetani* pénètre dans l'organisme

23

RAPPELEZ-VOUS...

Une bactérie aérobie a besoin d'oxygène pour survivre et proliférer en quantité suffisante pour provoquer une maladie. Une bactérie anaérobie évolue dans un milieu où l'oxygène est pauvre ou absent.

à la faveur d'une lésion traumatique ou purulente qui lui procure un environnement pauvre en oxygène, favorable à la maturation des microorganismes et à la production de la toxine. D'autres modes de contamination sont également possibles, notamment une infection dentaire, une otite moyenne chronique, la consommation de drogues injectables, une morsure humaine ou animale, une brûlure, une engelure, une fracture ouverte ou une blessure par balle. La période d'incubation dure généralement 7 jours, mais peut s'échelonner de 3 à 21 jours. Les symptômes apparaissent souvent après la guérison de la blessure qui a ouvert la porte à la contamination. En général, plus l'incubation est longue, moins la maladie s'avère grave et plus le pronostic est encourageant.

Le nombre annuel des cas de tétanos dans le monde est estimé à un million. Aux États-Unis, 50 à 70 cas sont relevés chaque année et sont généralement attribuables à l'infection d'une plaie profonde et pénétrante ou à la consommation de drogues injectables (CDCP, 2010b). La plupart des cas rapportés touchent des personnes âgées de plus de 40 ans. Le nombre de victimes du tétanos âgées de moins de 40 ans est toutefois en croissance, probablement en raison de la consommation de drogue par voie I.V. Au Canada, entre 2001 et 2004, 12 cas ont été recensés, le tétanos étant une maladie à déclaration obligatoire. Huit de ces cas sont survenus chez des personnes âgées de plus de 60 ans. Durant cette même période, les deux seuls cas signalés provenant du Québec se sont produits en 2004 (Agence de la santé publique du Canada [ASPC], 2006).

Les manifestations initiales du tétanos sont les suivantes : contraction des mâchoires (*trismus*) et raideur de la nuque, fièvre et autres symptômes de sepsis. La suppression de l'innervation réciproque provoque des spasmes toniques touchant tout le corps. À mesure que la maladie progresse, les muscles du cou, du dos, de l'abdomen et des extrémités deviennent de plus en plus rigides. Dans les cas les plus graves, des convulsions toniques continues avec *opisthotonos* (dos arqué en hyper extension et tête renversée en arrière) peuvent survenir. Des spasmes laryngés et respiratoires provoquent l'apnée et l'anoxie. D'autres effets s'expliquent par la stimulation excessive du système nerveux sympathique, notamment la diaphorèse profuse, l'hypertension labile, la tachycardie paroxystique, l'hyperthermie et les arythmies. Le moindre bruit, la moindre secousse ou une lumière vive peut déclencher des convulsions, toujours extrêmement douloureuses. Des contractures musculaires soutenues ou des dommages cérébraux peuvent entraîner des séquelles permanentes. Dans les cas très graves, le taux de mortalité atteint presque 100 %. Le décès est généralement attribuable à des problèmes respiratoires ou cardiaques graves irréversibles, et la diminution du taux de mortalité est principalement reliée à l'accès rapide à des soins d'urgence (ASPC, 2003).

Soins et traitements en interdisciplinarité

CLIENT ATTEINT DU TÉTANOS

Les interventions de promotion de la santé visent essentiellement à assurer une prophylaxie antitétanique, car elle constitue le facteur le plus décisif de l'incidence de la maladie : les adultes devraient recevoir un rappel du vaccin antitétanique et antidiphtérique tous les 10 ans (Ministère de la Santé et des Services sociaux du Québec [MSSSQ], 2009). L'infirmière doit en outre expliquer à ses clients que le nettoyage minutieux et immédiat des plaies à l'eau et au savon constitue une mesure fondamentale pour la prévention du tétanos. En cas de plaie ouverte touchant une personne qui n'a pas été immunisée depuis au moins cinq ans, il faut communiquer avec un professionnel de la santé pour qu'il administre un rappel tétanique ▶ **69**.

Toute personne pour laquelle l'injection d'antioxine tétanique équine est envisagée doit d'abord subir un examen de sensibilité. S'il est positif, l'administration de l'antitoxine équine n'est pas recommandée ; en effet, le **choc anaphylactique** peut entraîner la mort et la désensibilisation s'avère inefficace. Les effets secondaires de l'administration de l'antitoxine sont relativement négligeables : douleur au bras, œdème au point d'injection et démangeaison. Les effets secondaires graves sont rares. Chez le client adéquatement immunisé, l'injection de rappel peut provoquer un œdème du bras ainsi qu'une lymphadénopathie.

L'infirmière doit remettre à tous les clients concernés un carnet de vaccination et les inciter à respecter le calendrier prévu pour les immunisations ultérieures. Pour protéger les clients autant que les professionnels de la santé, tous les vaccins administrés doivent être soigneusement consignés.

Les soins et traitements infirmiers relatifs au tétanos consistent notamment à injecter un rappel de l'anatoxine (vaccin) diphtérique et tétanique (d₂T₅) et l'immunoglobuline antitétanique (TIg) (MSSSQ, 2009) en différents points avant l'émergence des symptômes afin de neutraliser les toxines en circulation. En cas de manifestations cliniques du tétanos, l'administration d'une dose bien plus forte de TIg s'impose (Brook, 2008). Il est important par ailleurs de contrôler les spasmes. Pour ce faire, l'infirmière aura recours à la sédation profonde et à la relaxation forcée des muscles squelettiques, généralement par l'administration de diazépam (Valium^MD), de barbituriques ou, dans les cas graves, de bloquants neuromusculaires (p. ex., le cisatracurium ou la succinylcholine), qui paralysent les muscles squelettiques. Les analgésiques opioïdes tels que la morphine ou le fentanyl sont également indiqués pour atténuer la douleur. L'administration de pénicilline,

69

Le chapitre 69, *Interventions cliniques – Insuffisance rénale aiguë et insuffisance rénale chronique*, présente les protocoles de prévention et d'immunisation du tétanos.

Jugement clinique

Capsule

Monsieur Rodrigue Chiasson, âgé de 52 ans, achevait l'aménagement de son jardin lorsqu'il s'est coupé à la main gauche avec une pièce de métal rouillé. Il s'est présenté à l'urgence, car la coupure était profonde et nécessitait des points de suture. Il ne se souvient pas de l'année où il a reçu son dernier vaccin contre le tétanos.

Devrait-il recevoir une dose de rappel cette fois-ci ?

de métronidazole, de tétracycline ou de doxycycline sur 10 à 14 jours permet d'inhiber la croissance de *C. tetani* (Brook, 2008).

L'équipe soignante pratique généralement une trachéostomie dès le début des symptômes et place le client sous ventilation assistée afin d'éviter les risques associés au laryngospasme et de favoriser l'administration des bloquants neuromusculaires s'ils

s'avèrent nécessaires. Les sédatifs et les analgésiques opioïdes sont administrés de manière concomitante à tous les clients paralysés par la thérapie médicamenteuse. L'infirmière doit également débrider les plaies et drainer les abcès. Le cas échéant, des antibiotiques concomitants seront administrés pour prévenir les infections secondaires.

23.2.4 Neurosyphilis

La **neurosyphilis** (syphilis tertiaire) est une infection de n'importe quelle partie du système nerveux par le microorganisme *Treponema pallidum*. Elle est la conséquence d'une syphilis non traitée ou mal traitée ▶ **64**. Le microorganisme peut envahir le système nerveux central dans les quelques mois suivant la primo-infection. Il reste en dormance pendant des années, ne causant que des modifications minimes dans le LCR, par exemple une augmentation du nombre des leucocytes (globules blancs) et des protéines, ainsi qu'une réaction sérologique positive. Bien qu'elle ne soit pas contagieuse, la neurosyphilis peut causer la mort si elle n'est pas traitée. La pénicilline se révèle efficace pour la méningite syphilitique, mais ne fait pas disparaître les dommages neurologiques déjà présents.

La neurosyphilis tardive est causée par des altérations dégénératives de la moelle épinière (*tabes dorsalis*) et du tronc cérébral (parésie générale). Le *tabes dorsalis* (ataxie locomotrice progressive ou, tabès) se caractérise par des douleurs fulgurantes dans les jambes, quoique mal localisées, de l'ataxie, une démarche saccadée, une détérioration de la proprioception (kinesthésie) et des réflexes tendineux profonds, ainsi qu'une hyperesthésie localisée. L'épanchement et l'œdème articulaire provoquent par ailleurs l'arthropathie tabétique (arthropathie de Charcot), qui se caractérise par l'hypertrophie et la détérioration osseuse ainsi que l'hypermobilité. Entre autres manifestations de la neurosyphilis, citons également les convulsions et les problèmes de vision et d'audition.

Les symptômes neurologiques de la neurosyphilis sont nombreux et rarement spécifiques. La neurosyphilis doit faire l'objet d'un diagnostic différentiel pour les personnes présentant des symptômes neurologiques et psychiatriques. La paralysie générale progressive (maladie de Bayle, méningo-encéphalite syphilitique) est une méningo-encéphalite de type spirochétose qui provoque une dissolution progressive généralisée des capacités mentales et physiques menant à la démence. Elle peut se manifester de la même façon qu'un certain nombre de psychoses majeures ou mineures. Les soins consistent à administrer de la pénicilline, à mettre en place des traitements

symptomatiques et à prendre des mesures de prévention des lésions corporelles possibles en raison de l'affaiblissement des facultés.

23.3 | Lésions de la moelle épinière

23.3.1 Blessures médullaires

Jusqu'à la Seconde Guerre mondiale, l'espérance de vie des blessés médullaires s'échelonnait de quelques mois jusqu'à 10 ans après la blessure. L'insuffisance rénale et le sepsis constituaient les principales causes de décès. Aujourd'hui, les traitements ayant évolué, même les jeunes blessés médullaires peuvent espérer vivre longuement. Le pronostic de survie s'établit généralement à environ cinq ans seulement de moins que les personnes du même âge ne présentant pas de blessures médullaires. Dans les cas de **tétraplégie** (paralysie des deux bras et des deux jambes), parfois encore appelée quadriplégie, la mort prématurée est généralement attribuable à la détérioration de la fonction respiratoire **FIGURE 23.5**.

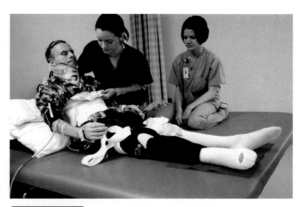

64

Le processus thérapeutique en interdisciplinarité et la pharmacothérapie de la syphilis sont abordés dans le chapitre 64, *Interventions cliniques – Infections transmissibles sexuellement*.

RAPPELEZ-VOUS...

Lors d'un accident où une blessure médullaire est suspectée, il est primordial de ne pas bouger la victime à moins que sa vie ne soit en danger.

FIGURE 23.5
Une infirmière redresse un client tétraplégique à l'aide d'une sangle abdominale.

Les perturbations de la croissance et du développement du client, les changements dans la dynamique familiale, la détérioration de la situation financière en raison de l'absence au travail de même que le coût élevé des interventions de réadaptation et des soins à long terme font en sorte que les traumatismes médullaires constituent un problème majeur. Au Québec, le nombre annuel de nouveaux cas qui sont déclarés est estimé à environ 200 (Bérubé & Loiselle, 2003), tandis qu'au Canada, le taux d'incidence serait de 35 pour 1 000 personnes. Environ 1 050 nouvelles blessures par année produiraient un certain degré de déficit neurologique dans la population canadienne (Association canadienne des paraplégiques [ACP], 2010). Les jeunes adultes de sexe masculin âgés de 16 à 30 ans constituent le groupe le plus exposé aux blessures médullaires. Sur l'ensemble des blessés médullaires, 81 % sont des hommes. Une augmentation du nombre des personnes âgées atteintes d'une blessure médullaire est toutefois constatée, ce qui explique l'accroissement général de l'âge moyen des blessés médullaires, qui est passé de 28 ans dans les années 1970 à 40 ans à la fin des années 2000 (National Spinal Cord Injury Statistical Center [NSCISC], 2009).

La plupart des blessés médullaires peuvent conserver leur indépendance et prendre soin d'eux-mêmes de manière autonome. Cependant, ceux et celles qui présentent des lésions cervicales ont généralement besoin de soins 24 heures sur 24, soit à domicile, soit dans un établissement de soins de longue durée. Aujourd'hui, près de 90 % des blessés médullaires ne restent pas hospitalisés, mais retournent vivre chez eux ou dans une autre résidence non institutionnelle. À leur sortie de l'hôpital, les 10 % restants vont vivre dans des centres d'hébergement, des établissements de soins aux malades chroniques ou des foyers de groupe.

Étiologie et physiopathologie

Au Canada, les traumas constituent la cause principale des blessures médullaires. Les accidents de la route représentent environ 58 % des cas, et les chutes (incluant les accidents industriels), environ 18 % **ENCADRÉ 23.2**. Les autres causes sont reliées à des conditions médicales ou à des accidents sportifs (p. ex., le plongeon). Très peu de cas résultent de la violence et environ 10 % de toutes les nouvelles blessures annuelles sont attribuées à des causes non traumatiques (ACP, 2010).

Lésion initale

La moelle épinière est enveloppée des trois méninges dont la dure-mère, qui forme une couche protectrice très résistante. Il est rare que le trauma la sectionne ou la lacère directement. Les blessures médullaires sont plutôt attribuables aux compressions provoquées par le déplacement des os, à l'interruption de l'irrigation sanguine de la

---

Dilemmes éthiques

| ENCADRÉ 23.2 | **Refus des traitements** |

Situation

Victime d'un accident de moto, un jeune homme âgé de 25 ans a subi une blessure médullaire au niveau C7-8. Le diagnostic : syndrome antérieur de la moelle et paralysie motrice qui l'empêcheront probablement de refaire de la moto un jour. Très déprimé, il ne veut plus vivre et refuse de s'alimenter. Est-il possible de lui imposer l'alimentation entérale par sonde ?

Considérations importantes

- Quand elles émanent de jeunes adultes qui viennent de subir une blessure médullaire, mais qui sont par ailleurs en bonne santé, les demandes d'arrêt des traitements peuvent soulever des questionnements éthiques sérieux pour les professionnels de la santé.

- Environ 20 à 30 % des blessés médullaires traversent peu après leur accident un épisode dépressif majeur attribuable à la perte de leur contrôle corporel et à leur sentiment d'impuissance ; toutefois, près de 50 % des cas se résolvent d'eux-mêmes en une semaine.

- L'évaluation de la santé mentale et le bilan psychologique sont recommandés dans ces circonstances ; il est nécessaire de traiter la dépression avant d'évaluer la capacité à prendre des décisions éclairées.

- La plupart (plus de 90 %) des blessés médullaires qui bénéficient de soins appropriés et qui ont accès à des

ressources efficaces estiment avoir une bonne qualité de vie. Toute demande d'arrêt des traitements intervenant peu après l'accident doit donc être traitée avec beaucoup de circonspection.

- Dans le cas où le client persiste à demander l'arrêt des traitements alors qu'il a été adéquatement traité contre la douleur, la dépression et autres problèmes médicaux dont il pourrait souffrir, sa capacité à prendre des décisions éclairées doit être réévaluée.

- Un adulte apte à décider peut demander l'arrêt des traitements. Si possible, l'accession à sa requête sera retardée quelque temps pour s'assurer que le consentement à l'arrêt des procédures thérapeutiques est éclairé et pour déterminer si l'obtention d'une qualité de vie adéquate est possible.

Questions de jugement clinique

- Que pensez-vous des demandes d'arrêt des traitements formulées par des personnes encore jeunes qui viennent de subir une blessure qui peut entraîner des handicaps sévères ?

- Quelles sont les ressources disponibles pour aider le client et le personnel à mieux vivre cette situation complexe du point de vue éthique et difficile du point de vue émotionnel ?

---

moelle ou aux tractions qui s'exercent sur elle. Les traumas pénétrants tels que les coups de feu ou de couteau peuvent toutefois provoquer une section ou une lacération de la moelle épinière. La rupture mécanique initiale des axones causée par l'étirement ou la lacération constitue la lésion initiale. Les lésions secondaires correspondent aux dommages qui surviennent à la suite de cette blessure primaire (Chafetz, Prak, & Mulcahey, 2009).

Plusieurs théories s'affrontent quant aux causes des dommages secondaires intervenant aux niveaux moléculaire et cellulaire : la formation de radicaux libres, le déréglement de l'afflux calcique, l'ischémie, la peroxydation des lipides (lipoperoxydation). Sur le plan moléculaire survient une apoptose (mort cellulaire) qui peut continuer parfois pendant des semaines, voire des mois, après la lésion initiale. Par conséquent, la blessure médullaire complète constatée dans les traumas graves, et autrefois attribuée à la section complète de la moelle, est en fait causée par l'autodestruction de la moelle elle-même. Des zones hémorragiques se forment au centre de la moelle épinière dans l'heure qui suit le trauma ; en quatre heures, un infarctus peut se produire dans la substance grise (matière grise) (Leucht, Fisher, & Muhr, 2009). Pour prévenir ou endiguer ce processus destructeur progressif, et limiter ainsi la détérioration ultérieure de la moelle épinière, il s'avère primordial de prendre en charge et de soigner le blessé médullaire le plus rapidement possible.

La **FIGURE 23.6** illustre l'enchaînement des événements provoquant des lésions secondaires après un trauma à la moelle épinière. L'hypoxie qui en résulte réduit l'apport en oxygène en deçà du niveau minimal nécessaire pour combler les besoins métaboliques de la moelle épinière. La présence de lactates et l'augmentation des substances vasoactives comme la norépinéphrine (noradrénaline), la sérotonine et la dopamine sont par ailleurs observées au site de la lésion. À doses élevées, ces substances provoquent des angiospasmes (vasospasmes) localisés qui provoquent de l'hypoxie, ce qui peut entraîner de la nécrose. La moelle épinière ne possède malheureusement pas une grande capacité d'adaptation aux vasospasmes.

L'œdème peut causer des altérations permanentes en 24 heures, parfois moins. L'œdème secondaire à la réaction inflammatoire se révèle particulièrement dangereux, car l'espace disponible pour l'expansion tissulaire est limité. Par conséquent, l'œdème provoque une compression de la moelle épinière. Il se propage au-dessus et en dessous de la blessure à l'intérieur du canal médullaire, ce qui aggrave les dommages ischémiques.

L'étendue des atteintes neurologiques provoquées par une blessure médullaire dépend de l'ampleur de la lésion initiale (rupture physique des axones) et de celle des lésions secondaires (ischémie,

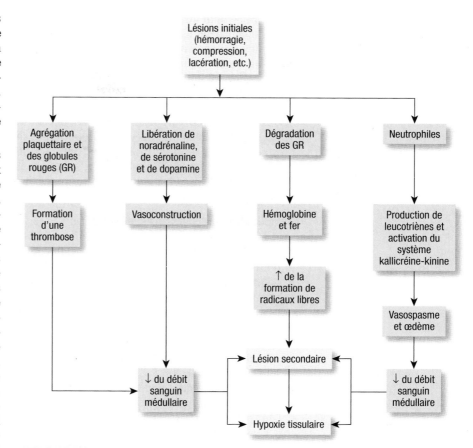

FIGURE 23.6

Enchaînement des perturbations métaboliques et cellulaires provoquant l'ischémie médullaire et l'hypoxie menant à une lésion secondaire.

hypoxie, hémorragie, œdème) (Sonksen & Hillier, 2010). Les lésions secondaires apparaissant au fil du temps, il faut généralement attendre 72 heures et plus après l'accident pour en déterminer plus ou moins exactement l'ampleur et formuler un pronostic quant au rétablissement.

| Choc spinal et choc neurogénique | Environ la moitié des blessés médullaires en phase aiguë subissent également un syndrome neurologique temporaire : le **choc spinal**. Il se caractérise par une atténuation des réflexes, une perte des sensations ainsi qu'une paralysie flasque sous-lésionnelle (en dessous de la blessure) (Onose *et al.*, 2009). Ce syndrome dure habituellement entre 24 heures et 10 jours, mais peut perdurer durant quelques semaines en cas d'infection ou de complications (Barker, 2002). En raison de la paralysie flasque qu'il entraîne, le choc spinal rend l'évaluation neurologique sous-lésionnelle moins fiable. Le retour des réflexes bulbo-caverneux, sacrés et tendineux profonds permettra l'évaluation adéquate des capacités résiduelles. La réadaptation précoce peut commencer pendant le choc spinal si l'état du client le permet, même si le pronostic de récupération fonctionnelle n'est pas établi.

Contrairement au choc spinal, le **choc neurogénique** est causé par la perte des influx nerveux sympathiques qui se caractérise entre autres par une baisse du tonus vasomoteur (hypotension) et de la bradycardie, qui constituent des indices cliniques très importants. Ces effets sont généralement observables dans les cas de lésions cervicales ou thoraciques hautes (T6 ou plus haut). La perte de l'innervation du système nerveux sympathique se traduit par une vasodilatation périphérique, une stase veineuse en périphérie (pooling veineux) et une baisse du débit cardiaque qui compromet l'irrigation systémique des tissus (choc).

Classification des blessures médullaires

Les blessures médullaires sont classifiées selon leur mécanisme lésionnel, le niveau squelettique ou neurologique de la blessure et leur gravité.

| **Mécanisme lésionnel** | Les principaux mécanismes lésionnels sont les suivants : la flexion, l'hyperextension, la compression, la flexion-rotation et l'extension-rotation **FIGURE 23.7**. Les blessures par flexion-rotation sont les plus instables, car elles déchirent les structures ligamenteuses qui stabilisent la colonne vertébrale. Elles provoquent très souvent des dommages neurologiques sévères.

| **Niveau lésionnel** | La vertèbre la plus endommagée du point de vue des os et des ligaments définit le niveau squelettique de la blessure. Le niveau neurologique est le niveau du segment de moelle épinière le plus bas qui conserve une fonction sensorielle et motrice normale des deux côtés du corps. Une blessure peut ainsi être cervicale, thoracique ou lombaire. Les blessures cervicales et lombaires sont les plus courantes, car ces deux zones vertébrales sont celles qui présentent la plus grande flexibilité et participent le plus aux mouvements du corps. Les blessures de la moelle épinière cervicale provoquent la paralysie des quatre membres, c'est-à-dire la **tétraplégie**. Il est toutefois rare que les bras soient complètement paralysés quand la blessure survient dans la partie inférieure de la zone cervicale. Les blessures de la moelle épinière thoracique ou lombaire provoquent la **paraplégie** (paralysie et perte de sensation dans les jambes). La **FIGURE 23.8** indique les structures et les fonctions atteintes selon le niveau de la blessure médullaire.

| **Gravité de la lésion** | En cas de blessure médullaire, la moelle épinière peut être soit complètement, soit partiellement sectionnée. La section complète (lésion complète) de la moelle épinière provoque une perte totale de la fonction sensorielle et motrice du corps en dessous de la lésion. La section partielle (lésion incomplète) de la moelle épinière entraîne une certaine détérioration de l'activité motrice volontaire et des sensations, mais laisse certains tractus intacts. La détérioration des capacités motrices et sensorielles dépend du niveau de la lésion et des tractus nerveux qui sont endommagés.

Les sections partielles (lésions incomplètes) de la moelle épinière sont à l'origine de six syndromes : le syndrome central de la moelle ou centro-médullaire ; le syndrome antérieur de la moelle (ou du cordon antérieur) ; le syndrome de Brown-Séquard ; le syndrome postérieur de la moelle (ou du cordon postérieur) ; le syndrome du cône médullaire (ou cône terminal) ; le syndrome de la queue de cheval.

Les blessures touchant la partie centrale de la moelle épinière se nomment **syndrome centro-médullaire FIGURE 23.9A**. Ce syndrome se produit le plus souvent dans la région cervicale et se rencontre le plus souvent chez les personnes âgées. Il se traduit par une faiblesse motrice ainsi qu'une détérioration sensorielle dans les membres inférieurs et supérieurs, mais les membres supérieurs sont les plus affectés.

Le **syndrome antérieur** de la moelle ou du cordon antérieur est le résultat de lésions à l'artère spinale antérieure. Il s'explique généralement par une blessure, souvent en flexion, ayant provoqué une compression aiguë de la partie antérieure de la moelle épinière et y causant une diminution de l'afflux sanguin **FIGURE 23.9B**. Ses manifestations sont notamment la paralysie motrice et la perte des sensations douloureuses et thermiques en dessous de la blessure. Les tractus médullaires postérieurs n'étant pas endommagés, les sensations du toucher, de la position dans l'espace, des vibrations et du mouvement restent intactes.

Le **syndrome de Brown-Séquard** est causé par la détérioration d'une moitié de la moelle épinière **FIGURE 23.9C**. Il se caractérise par une perte de la fonction motrice et des sensations relatives aux vibrations ainsi qu'à la position dans l'espace, mais aussi par une paralysie vasomotrice ipsilatérale, c'est-à-dire du même côté que la blessure. Les sensations douloureuses et thermiques sont perdues du côté opposé (controlatéral) en dessous de la lésion.

Le **syndrome postérieur** de la moelle est causé par la compression ou un dommage à l'artère spinale postérieure. Il s'avère toutefois très rare. En général, les cordons postérieurs sont endommagés, ce qui détruit la proprioception. Cependant, les sensations douloureuses et thermiques ainsi que la fonction motrice demeurent intactes en dessous de la lésion.

Le syndrome du cône médullaire et le syndrome de la queue de cheval sont causés respectivement par des lésions intervenant tout en bas de la moelle épinière (cône terminal) ou dans les racines nerveuses

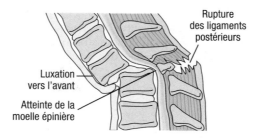

Rupture
des ligaments
postérieurs

Luxation
vers l'avant

Atteinte de la
moelle épinière

Lésion par flexion

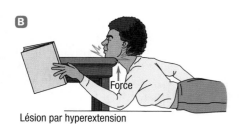

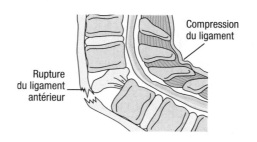

Compression
du ligament

Rupture
du ligament
antérieur

Lésion par hyperextension

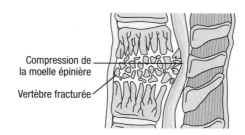

Compression de
la moelle épinière

Vertèbre fracturée

Fracture par compression

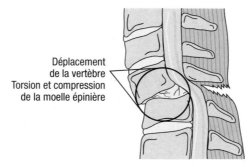

Déplacement
de la vertèbre
Torsion et compression
de la moelle épinière

Lésion par flexion-rotation

FIGURE 23.7

Mécanismes des blessures médullaires – Cette figure illustre seulement quelques-unes des nombreuses circonstances pouvant provoquer ce type de blessure. **A** Lésion par flexion de la moelle cervicale avec rupture des ligaments postérieurs. **B** Lésion par hyperextension de la moelle cervicale avec rupture des ligaments antérieurs. **C** Fractures par compression écrasant les vertèbres et faisant pénétrer des éclats osseux dans le canal rachidien. **D** Les lésions de la moelle cervicale par flexion-rotation déchirent souvent les structures ligamenteuses qui stabilisent la colonne vertébrale.

Le formulaire complet de l'échelle de déficience ASIA est présenté à la figure 23.1W au www. cheneliere.ca/lewis.

lombaires et sacrées (queue de cheval). Les blessures dans ces régions du corps entraînent la paralysie flasque des membres inférieurs ainsi que l'aréflexie et la flaccidité de la vessie et des intestins.

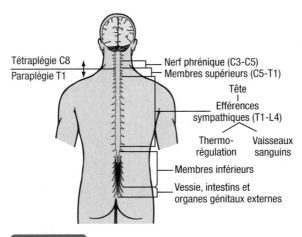

FIGURE 23.8

Les symptômes, la gravité de la paralysie et le potentiel de réadaptation dépendent du niveau de la blessure médullaire.

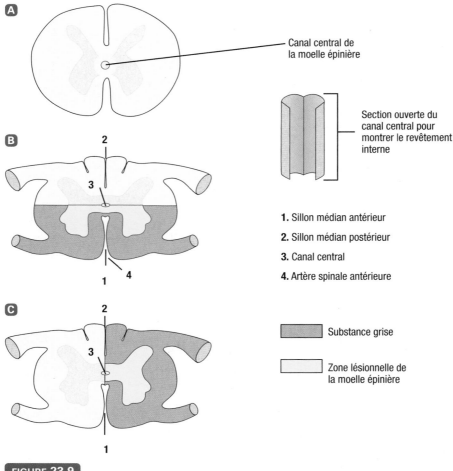

1. Sillon médian antérieur
2. Sillon médian postérieur
3. Canal central
4. Artère spinale antérieure

Substance grise

Zone lésionnelle de la moelle épinière

FIGURE 23.9

Syndromes reliés aux blessures médullaires incomplètes – Ⓐ Syndrome centro-médullaire de la moelle. Ⓑ Syndrome antérieur de la moelle. Ⓒ Syndrome de Brown-Séquard.

| Échelle de déficience de l'American Spinal Injury Association (score ASIA) ou échelle modifiée de Frankel) | L'échelle de déficience de l'American Spinal Injury Association (ASIA) ou échelle modifiée de Frankel est couramment utilisée pour classifier la gravité du handicap résultant d'une blessure médullaire. Elle mesure les détériorations des fonctions motrice et sensorielle, et elle sert à déterminer l'ampleur ainsi que le niveau neurologique de la lésion **FIGURE 23.10** 🌐. Cette échelle s'avère utile pour suivre l'évolution neurologique du client et déterminer des objectifs fonctionnels pertinents pour sa réadaptation.

Manifestations cliniques

Les manifestations des blessures médullaires sont généralement le résultat direct du trauma qui a provoqué la compression de la moelle épinière, l'ischémie, l'œdème et, dans certains cas, la section médullaire complète. Les lésions médullaires se manifestent différemment selon la gravité de la blessure et le niveau auquel elle est survenue. Les personnes victimes d'une section partielle (lésion incomplète) peuvent présenter divers symptômes. Plus la blessure est haute dans la moelle épinière, plus les séquelles en sont sérieuses ; celles qui touchent la région cervicale sont les plus graves, la moelle épinière cervicale étant très proche du tronc cérébral (Walker, 2009). Le **TABLEAU 23.2** récapitule les mouvements préservés et le potentiel de réadaptation des blessés médullaires selon le niveau lésionnel. En général, la détérioration de la fonction sensorielle correspond à celle de la fonction motrice, et ce, quel que soit le niveau de la blessure.

Système respiratoire

Les complications respiratoires dépendent étroitement du niveau de la blessure. Les lésions cervicales situées au-dessus de la vertèbre C4 posent particulièrement problème, car elles provoquent la perte totale de la fonction des muscles respiratoires. Pour assurer sa survie, le client doit être placé sous ventilation assistée. Autrefois, la plupart de ces blessés mouraient sur les lieux mêmes de l'accident. Depuis, l'amélioration des services ambulanciers d'urgence a permis d'augmenter le taux de survie à la suite de la lésion médullaire initiale. Les lésions et fractures survenant en dessous de C4 préservent la respiration diaphragmatique, à condition que le nerf phrénique fonctionne encore. Même si la lésion survient en dessous de C4, l'œdème médullaire et l'hémorragie peuvent toutefois entraver le fonctionnement du nerf phrénique et provoquer l'insuffisance respiratoire. La respiration diaphragmatique provoque presque toujours l'hypoventilation, car la détérioration du fonctionnement des muscles intercostaux induit une diminution de la capacité vitale et du volume courant.

Les blessures cervicales et thoraciques entraînent la paralysie des muscles abdominaux et aussi, très souvent, celle des muscles intercostaux. Cette paralysie provoque une respiration dite paradoxale : gonflement du thorax en expiration, dégonflement en inspiration et mouvements coordonnés inverses de l'abdomen. Le client n'est donc plus en mesure de tousser d'une manière suffisamment efficace pour expectorer, ce qui l'expose à l'atélectasie et à la pneumonie. L'intubation offre un accès direct aux pathogènes et nécessite par conséquent le déploiement d'une hygiène bronchique et d'une physiothérapie respiratoire très minutieuses pour réduire les risques d'infection. L'accroissement considérable de l'activité du système nerveux sympathique au moment de la blessure peut causer un afflux anormal de sang vers les poumons (shunt) et provoquer un œdème pulmonaire neurogénique secondaire. L'œdème pulmonaire peut également se former en réaction à une surcharge liquidienne.

Système cardiovasculaire

Toutes les blessures de la moelle épinière au-dessus de T6 détériorent considérablement le fonctionnement du système nerveux sympathique et

Échelle de déficience de l'American Spinal Injury Association (ASIA)

A = Atteinte complète : Aucune motricité ou sensibilité n'est conservée dans les segments S4-S5.

B = Atteinte incomplète : Seule la sensibilité est conservée au-dessous du niveau lésionnel et comprend les segments S4-S5.

C = Atteinte incomplète : La motricité est conservée au-dessous du niveau lésionnel et plus de la moitié des principaux muscles au-dessous de ce niveau ont un score moteur inférieur à 3.

D = Atteinte incomplète : La motricité est conservée au-dessous du niveau lésionnel et au moins la moitié des principaux muscles au-dessous de ce niveau ont un score moteur égal ou supérieur à 3.

E = Normal : La motricité et la sensibilité sont normales.

FIGURE 23.10
Échelle de déficience de l'American Spinal Injury Association (ASIA)

provoquent la bradycardie et l'hypotension par perte de l'innervation sympathique. Une surveillance cardiaque est donc nécessaire. Dans les cas de

TABLEAU 23.2	Niveau de la blessure médullaire et potentiel de réadaptation	
NIVEAU DE LA BLESSURE	**MOUVEMENTS PRÉSERVÉS**	**POTENTIEL DE RÉADAPTATION**
Tétraplégie		
C1-3		
Lésion souvent mortelle ; régulation essentiellement vagale (par le nerf vague) du cœur, de la respiration, des vaisseaux sanguins et des autres organes sous-lésionnels	Mouvements du cou et de la tête ; perte de l'innervation du diaphragme ; absence de fonction respiratoire spontanée	Capacité de conduire un fauteuil roulant électrique équipé d'un ventilateur portable (au moyen d'un dispositif mentonnier ou buccal) et d'un appui-tête pour stabiliser le cou ; possibilité d'utiliser un ordinateur au moyen d'une baguette buccale, d'une licorne (baguette frontale) ou de capteurs sonores ; présence d'un préposé aux soins 24 heures sur 24
C4		
Régulation essentiellement vagale du cœur, de la respiration et de tous les vaisseaux et organes sous-lésionnels	Sensations et mouvements du cou et de la tête ; dans certains cas, possibilité de respirer spontanément sans l'aide d'un ventilateur mécanique	Même que pour C1-3
C5		
Régulation essentiellement vagale du cœur, de la respiration et de tous les vaisseaux et organes sous-lésionnels	Tous les mouvements du cou et certains mouvements des épaules, du dos, des biceps ; mouvements grossiers des coudes ; incapacité à se tourner et à utiliser les mains ; diminution de la réserve respiratoire	Capacité de conduire un fauteuil roulant électrique avec repose-mains mobiles ; possibilité de se déplacer en fauteuil roulant manuel sur courtes distances ; capacité de se nourrir de manière autonome avec dispositifs d'adaptation (si un aidant prépare la mise en place) ; soins par une tierce personne 10 heures par jour

23

NIVEAU DE LA BLESSURE	MOUVEMENTS PRÉSERVÉS	POTENTIEL DE RÉADAPTATION
Racines nerveuses		
C6		
Régulation essentiellement vagale du cœur, de la respiration et de tous les vaisseaux et organes sous-lésionnels	Abduction de l'épaule et du haut du dos ; rotation de l'épaule ; flexion complète du biceps au coude ; extension du poignet ; faible opposabilité du pouce ; diminution de la réserve respiratoire	Capacité de participer à ses transferts et de réaliser certains autosoins, de se nourrir de manière autonome au moyen de dispositifs manuels, de déplacer son fauteuil roulant sur des surfaces planes et lisses, de conduire une camionnette adaptée en fauteuil roulant, d'utiliser un ordinateur de manière autonome avec dispositifs d'adaptation ; soins par une tierce personne 6 heures par jour
C7-8		
Régulation essentiellement vagale du cœur, de la respiration et de tous les vaisseaux et organes sous-lésionnels	Extension du triceps au coude ; extension et flexion des doigts ; bonne prise mais force relativement réduite ; diminution de la réserve respiratoire	Capacité de se transférer soi-même dans le fauteuil roulant, de se tourner sur soi-même et de s'asseoir dans le lit, de se repousser des mains sur la plupart des surfaces, de réaliser la majeure partie des autosoins, d'utiliser un fauteuil roulant de manière autonome, de conduire une voiture avec commandes aux mains (pour certaines personnes) ; soins par une tierce personne de 0 à 6 heures par jour
Paraplégie		
T1-6		
Innervation sympathique du cœur ; régulation essentiellement vagale de tous les vaisseaux et organes sous-lésionnels	Innervation complète des membres supérieurs ; dos, muscles intrinsèques essentiels de la main ; pas de diminution de la force et de la dextérité de la prise ; réduction de la stabilité du tronc ; diminution de la réserve respiratoire	Indépendance complète pour les autosoins et l'utilisation du fauteuil roulant ; capacité de conduire une voiture avec commandes aux mains (pour la plupart des personnes) et de se tenir debout sans aide externe dans un cadre de verticalisation (orthopodium)
T6-12		
Régulation essentiellement vagale seulement pour les vaisseaux des jambes et les organes G.I. et génito-urinaires	Muscles du thorax et du bas du dos stables et complètement fonctionnels ; muscles intercostaux fonctionnels, d'où augmentation de la réserve respiratoire	Indépendance complète pour l'utilisation du fauteuil roulant ; capacité de se tenir debout avec orthèses complètes des jambes et de marcher avec des béquilles (mais le déplacement se fait par élans successifs et la démarche reste cahoteuse) ; incapacité de monter les escaliers
L1-2		
Régulation essentiellement vagale des vaisseaux des jambes	Maîtrise variable des jambes et du bassin ; instabilité lombaire	Bon équilibre en position assise ; utilisation complètement autonome du fauteuil roulant ; marche possible avec orthèses longues des jambes
L3-4		
Régulation vagale partielle des vaisseaux des jambes et des organes G.I. et génito-urinaires	Quadriceps et muscles fléchisseurs des hanches ; pas de mouvement des muscles ischiojambiers ; pieds ballants	Marche complètement autonome avec cannes et orthèses courtes des jambes ; incapacité à se tenir debout très longtemps

bradycardie sévère (fréquence cardiaque < 40 batt./min), l'administration de médicaments qui accélèrent la fréquence cardiaque (chronotropes positifs tels que l'atropine) s'avère indispensable pour prévenir l'hypoxémie. La perte du contrôle vasomoteur amène aussi une vasodilatation périphérique qui induit une hypovolémie relative. La vasodilatation périphérique réduit le retour veineux vers le cœur et, par conséquent, diminue le débit cardiaque et aggrave l'hypotension. Dans certains cas, il convient d'administrer des médicaments vasopresseurs et des liquides par voie I.V. pour maintenir la pression artérielle (Muzevich & Voils, 2009).

Système urinaire

Les blessures médullaires en phase aiguë et le choc spinal entraînent très souvent de la rétention urinaire. Au stade du choc spinal, la vessie devient atone et se distend. Il faut alors mettre en place une sonde à demeure pour la drainer. Après le stade aigu, la vessie peut devenir très irritable et une perte de l'inhibition cérébrale provoque alors des mictions réflexes. La présence à long terme d'une sonde à demeure accroît toutefois le risque d'infection. Dès que le client est stabilisé du point de vue médical et qu'il n'a plus besoin de recevoir des quantités importantes de liquides, l'infirmière doit retirer dès que possible la sonde à demeure et effectuer des cathétérismes intermittents. Cette technique permet de préserver le tonus vésical et diminue le risque d'infection ▶ .

Système gastro-intestinal

Quand la lésion médullaire survient au-dessus de T5, les principaux problèmes gastro-intestinaux (G.I.) sont attribuables à l'hypomotilité. La baisse de la motilité G.I. favorise la distension gastrique et la formation d'un iléus paralytique. La mise en place d'un tube nasogastrique pour drainer régulièrement le contenu de l'estomac peut alors atténuer la distension gastrique. Il est possible par ailleurs d'administrer la métoclopramide pour pallier le ralentissement de la vidange gastrique. La libération d'acide chlorhydrique en quantités importantes dans l'estomac provoque souvent des ulcères de stress. Les antagonistes des récepteurs H_2 de l'histamine (p. ex., la ranitidine [Zantac^MD] ou la famotidine [Pepcid^MD]), et les inhibiteurs de la pompe à protons (p. ex., l'oméprazole [Losec^MD], l'esoméprazole [Nexium^MD], le pantoprazole [Pantoloc^MD]) sont couramment utilisés pour prévenir la formation d'ulcères dans les premiers jours. Les saignements intraabdominaux sont à craindre et s'avèrent difficiles à diagnostiquer, car ils ne se manifestent par aucun signe subjectif tel que la douleur, l'hypersensibilité au toucher ou la défense musculaire. L'hypotension réfractaire, en dépit des traitements vigoureux, ainsi que la baisse des taux d'hémoglobine et d'hématocrite peuvent signaler un saignement anormal. Dans certains cas, une distension de l'abdomen peut être observée.

L'altération du contrôle neurologique volontaire des selles provoque l'intestin neurogène. Les réflexes intestinaux sont supprimés (aréflexie) et le tonus sphinctérien diminue dans ces deux situations : immédiatement après une blessure médullaire (choc spinal) et dans tous les cas de lésions médullaires en bas de T12. À mesure que les réflexes réapparaissent (résolution du choc spinal), l'aréflexie intestinale diminue, le tonus sphinctérien augmente et la vidange réflexe reprend. Les deux types d'intestin neurogène peuvent être adéquatement traités au moyen d'un programme de rééducation intestinale coordonné avec le réflexe gastrocolique afin de minimiser l'incontinence, dans la mesure du possible.

Système tégumentaire

L'immobilité risque fort de causer des lésions cutanées sur les proéminences osseuses des régions du corps dont les sensations sont abolies ou amoindries. Les lésions de pression peuvent apparaître rapidement et risquent de déclencher un sepsis ou une infection majeure ▶ .

Thermorégulation

La **poïkilothermie** consiste en l'ajustement pathologique de la température corporelle à celle de l'environnement. Avec certaines blessures médullaires, l'interruption du fonctionnement du système nerveux sympathique empêche les sensations thermiques périphériques d'atteindre l'hypothalamus, ce qui provoque la poïkilothermie. Selon le niveau de la lésion, la section de la moelle épinière peut diminuer la capacité de transpirer ou de frissonner en dessous du niveau de la blessure, ce qui affecte également la régulation thermique du corps. L'intensité de la poïkilothermie dépend du niveau de la blessure médullaire. Ainsi, les blessures cervicales hautes induisent une détérioration de la régulation thermique plus importante que les blessures thoraciques ou lombaires.

Besoins métaboliques

Le drainage des sécrétions gastriques par sonde nasogastrique provoque dans certains cas l'alcalose métabolique, tandis que la diminution de l'irrigation tissulaire peut provoquer l'acidose métabolique. Le drainage gastrique risque par ailleurs de perturber l'équilibre électrolytique, notamment en ce qui concerne le sodium et le potassium ; les taux d'électrolytes doivent par conséquent être surveillés en permanence jusqu'à ce que le drainage cesse et que l'alimentation normale reprenne. La perte de poids (égale ou supérieure à 10 %) n'est pas rare et s'accompagne d'une excrétion d'azote proportionnelle à cet amaigrissement. Les besoins nutritionnels des blessés médullaires sont beaucoup plus importants que ceux normalement existants chez une personne immobilisée. Le maintien d'un bilan azoté positif

13

Les mesures de prévention des lésions de pression sont expliquées dans le chapitre 13, *Inflammation et soin des plaies.*

68

Les soins et traitements infirmiers auprès des clients atteints de rétention urinaire sont abordés dans le chapitre 68, *Interventions cliniques – Troubles rénaux et urologiques.*

23

et d'une alimentation riche en protéines contribue à prévenir les lésions cutanées et les infections, et ralentit l'atrophie musculaire.

Problèmes vasculaires périphériques

Les blessés médullaires sont très exposés aux thromboses veineuses profondes (TVP) dans les trois mois suivant leur accident (Agarwal & Mathur, 2009). Or, les TVP sont plus difficiles à détecter chez les blessés médullaires, en raison de l'absence des symptômes et signes habituels tels que la douleur et l'hypersensibilité au toucher. L'embolie pulmonaire constitue l'une des principales causes de décès chez les blessés médullaires. Plusieurs moyens permettent de détecter les TVP, par exemple l'examen Doppler, la pléthysmographie à impédance, la mesure de la circonférence de la cuisse ou du mollet et la présence possible de chaleur ou de rougeurs.

Examen clinique et examens paracliniques

L'utilisation de la TDM est la règle d'or dans l'évaluation de la stabilité de la blessure, de l'emplacement et de l'ampleur des lésions osseuses ainsi que de l'importance des dommages du canal rachidien. S'il est impossible de recourir rapidement à la tomodensitométrie, la radiographie cervicale s'impose. Cependant, il est souvent difficile de bien visualiser les vertèbres C7 et T1, ce qui empêche d'évaluer les blessures médullaires cervicales avec exactitude. L'IRM permet d'évaluer les altérations des nerfs et des tissus mous, et d'élucider les perturbations neurologiques et les aggravations de l'état neurologique que les autres outils diagnostiques ne permettent pas d'expliquer. L'équipe doit procéder à un examen neurologique complet, mais aussi évaluer la tête, la poitrine et l'abdomen pour relever les autres blessures ou traumas éventuels. Les clients qui présentent une blessure cervicale, et dont l'état mental semble altéré, nécessitent souvent une angiographie vertébrale pour vérifier si les artères vertébrales sont endommagées ou non.

Processus thérapeutique en interdisciplinarité

Les objectifs des soins mis en œuvre immédiatement après la blessure consistent à maintenir la perméabilité des voies respiratoires, à assurer une ventilation et un volume sanguin circulant adéquats de même qu'à empêcher la progression des lésions médullaires (lésions secondaires). Le **TABLEAU 23.3**

Évaluation et interventions en situation d'urgence

TABLEAU 23.3	**Blessures médullaires**

CAUSES	OBSERVATIONS	INTERVENTIONS
Trauma fermé • Blessure par compression, flexion, extension ou rotation de la colonne vertébrale • Collision routière (subie en voiture ou à pied) • Chute • Plongeon **Trauma pénétrant** • Étirement, déchirure, écrasement ou lacération de la moelle épinière • Blessure par balle • Blessure par arme blanche	• Difficultés respiratoires • Choc spinal • Choc neurogénique : hypotension ; bradycardie ; assèchement et rougissement de la peau • Douleur, hypersensibilité au toucher, déformations ou spasmes musculaires près de la colonne vertébrale • Engourdissement, paresthésie • Altérations des sensations : température, toucher léger, pression profonde, proprioception • Faiblesse ou sensation de lourdeur dans les membres • Faiblesse, paralysie ou flaccidité des muscles • Coupure ; ecchymose ; blessure ouverte à la tête, au visage, au cou ou dans le dos • Incontinence urinaire et fécale • Rétention urinaire • Priapisme • Diminution du tonus du sphincter anal	**Initiales** • Évaluer et stabiliser les fonctions vitales (examen primaire ABCDE). • Stabiliser la colonne cervicale. • Maintenir la perméabilité des voies respiratoires. • Administrer de l'oxygène par lunettes nasales ou masque avec réservoir. • Prévoir l'intubation endotrachéale si atteinte cervicale haute. • Ouvrir un accès I.V. avec deux cathéters de gros calibre pour la perfusion de solution saline 0,9 % ou de solution de Lactate Ringer. • Contrôler les hémorragies externes. • Évaluer la présence d'autres lésions. • Obtenir des radiographies de la colonne cervicale, une TDM ou une IRM. • Se préparer pour la stabilisation au moyen d'étriers crâniens et d'un dispositif de traction. • Administrer de fortes doses de méthylprednisolone (si prescrit). **Surveillance continue** • Évaluer l'état de conscience et les signes vitaux (pression artérielle, fréquence et rythme cardiaques, fréquence, amplitude et rythme respiratoires), la saturation en oxygène, la température, le débit urinaire. • Tenir le client au chaud. • Mobiliser en bloc. • Surveiller les indices d'une rétention urinaire.

décrit les soins d'urgence à procurer aux blessés médullaires. Lorsque la lésion initiale est au dessus de T6, le choc circulatoire attribuable au choc neurogénique doit être traité rapidement afin de maintenir la pression artérielle. Pour les blessures cervicales, le fonctionnement de tous les systèmes corporels doit être préservé jusqu'à ce que l'ampleur des blessures puisse être mesurée avec exactitude (National Spinal Cord Injury Association [NSCIA], 2010). L'**ENCADRÉ 23.3** décrit le processus thérapeutique en interdisciplinarité à mettre en œuvre à la phase aiguë des blessures cervicales. Les lésions médullaires thoraciques et lombaires exigent un soutien systémique moins important que les lésions cervicales. En particulier, les problèmes respiratoires sont moins sévères et la bradycardie n'est pas à craindre. Les problèmes spécifiques font l'objet d'un traitement symptomatique.

À partir des lieux de l'accident, le blessé est rapidement transporté dans un centre hospitalier où il sera stabilisé. En traumatologie au Québec, des protocoles stricts sont appliqués par les ambulanciers selon le principe charger et courir (*scoop and run*). Par la suite, une évaluation exhaustive permet d'établir le niveau de la lésion initiale ainsi que sa gravité.

L'équipe recueille l'histoire de santé du client; elle relève notamment les circonstances dans lesquelles l'accident s'est produit et détermine la manière dont la personne a perçu l'ampleur de ses blessures juste après l'événement. L'évaluation consiste aussi à tester les groupes musculaires plutôt qu'à examiner individuellement chacun des muscles. Les groupes musculaires doivent être évalués des deux côtés du corps, quand ils forcent dans le sens de la gravité et contre elle, puis avec et contre de la résistance. L'infirmière doit noter les mouvements spontanés qu'elle observe. Elle doit demander au client de bouger ses jambes, puis ses mains, d'écarter les doigts, d'étirer les poignets et de hausser les épaules. Une fois l'évaluation de la fonction motrice terminée, l'évaluation doit porter sur les fonctions sensorielles. Cet examen consistera notamment à vérifier la sensibilité au toucher et à la douleur au moyen d'une aiguille, en commençant par les orteils et en remontant ensuite le long du corps. Si l'équipe en a le temps et si l'état du client le permet, les capacités proprioceptives et la perception des vibrations seront également évaluées.

Le mécanisme lésionnel à l'origine du traumatisme médullaire peut également provoquer des

---

Processus diagnostique et thérapeutique

| ENCADRÉ 23.3 | **Blessures médullaires cervicales** |

Examen clinique et examens paracliniques

- Histoire de santé et examen physique avec examen neurologique complet
- GAS
- Examens de la fonction pulmonaire en série dans la chambre
- Électrolytes, glycémie, facteurs de coagulation, taux d'hémoglobine et d'hématocrite
- Analyse d'urine
- Radiographies de la colonne antéropostérieure, latérale et de l'odontoïde
- TDM, IRM
- Radiographies de la colonne vertébrale
- Myélographie
- EMG pour mesurer les potentiels évoqués
- Échographie Doppler veineuse

Processus thérapeutique

- Interventions en phase aiguë
  - Immobilisation de la colonne vertébrale en tout temps par collier cervical rigide, corset ou traction
  - Maintien de la fréquence cardiaque (p. ex., l'atropine)
  - Maintien de la pression artérielle avec vasopresseurs (p. ex., la norépinéphrine [Levophed^MD]) et réanimation liquidienne

- Administration de méthylprednisolone à fortes doses
- Intubation (si nécessaire selon les GAS et les tests de la fonction respiratoire [pression inspiratoire maximale et pression expiratoire maximale])
- Administration d'oxygène par masque avec ajout d'humidité
- Insertion d'une sonde urinaire à demeure
- Prophylaxie des ulcères de stress
- Prophylaxie des TVP
- Rééducation vésicale et intestinale
- Réadaptation et soins à domicile
- Physiothérapie respiratoire et verticalisation
  › Exercices isométriques
  › Rééducation pour les déplacements (mobilité)
  › Renforcement musculaire
- Ergothérapie (attelles, rééducation aux activités de la vie quotidienne)
- Prévention de la dysréflexie autonomique
- Prévention des lésions de pression
- Récréothérapie
- Enseignement au client et à ses proches

19

Les soins et traitements infirmiers auprès des clients atteints d'hypertension intracrânienne sont décrits dans le chapitre 19, *Interventions cliniques – Troubles intracrâniens aigus.*

lésions cérébrales, surtout dans le cas des blessures cervicales. L'infirmière doit par conséquent déterminer si le client a perdu conscience, s'il présente des signes de commotion et d'hypertension intracrânienne ▶ **19** . Elle doit également évaluer avec minutie les blessures musculosquelettiques et les traumas éventuels aux organes internes. Le client étant privé des sensations musculaires, osseuses et viscérales, seule la baisse rapide du taux d'hématocrite signale parfois la présence d'un trauma interne hémorragique. Il faut aussi examiner l'urine du client : l'hématurie peut également être le signe de lésions internes.

Pour déplacer le client ou ajuster sa position, il convient de préserver son alignement en le mobilisant en bloc, c'est-à-dire en conservant en permanence un alignement parfait de sa colonne vertébrale. L'infirmière doit surveiller l'évolution des fonctions respiratoire, cardiaque, urinaire et gastro-intestinale. Après l'immobilisation et la stabilisation initiales, le client peut être dirigé directement vers le bloc opératoire ou vers le service des soins intensifs, où l'équipe suivra la progression de son état et lui procurera les soins nécessaires.

Stabilisation non chirurgicale

Les traitements non chirurgicaux visent essentiellement à stabiliser le segment médullaire endommagé et à décomprimer la moelle par traction ou réalignement. La stabilisation empêche d'effectuer des mouvements qui pourraient aggraver les lésions. Son objectif est de prévenir les lésions médullaires secondaires que les commotions ou compressions répétées risqueraient de provoquer.

Traitement chirurgical

Ce sont généralement les préférences personnelles du médecin qui déterminent si le blessé médullaire est opéré ou non. Quand la compression médullaire est confirmée ou que l'altération neurologique s'aggrave, l'intervention chirurgicale immédiate donne souvent de bons résultats. Elle stabilise la colonne vertébrale. Pratiquée suffisamment tôt, la décompression médullaire peut atténuer le risque de lésions secondaires à la moelle épinière et, par conséquent, améliorer le pronostic. Plusieurs critères interviennent dans la décision d'opérer rapidement ou non, notamment : des manifestations d'une compression médullaire ; une progression du déficit neurologique ; une fracture ouverte vis-à-vis de la vertèbre ; la présence de fragments osseux risquant de bouger et de pénétrer dans la moelle épinière ; des blessures pénétrantes dans la moelle épinière ou les structures voisines.

Les interventions chirurgicales les plus courantes sont les suivantes : la laminectomie décompressive par approche thoracique et cervicale antérieure avec fusion ; la laminectomie postérieure avec ciment acrylique et fusion ; l'insertion de tiges de stabilisation (p. ex., les tiges de Harrington pour la correction et la stabilisation des difformités thoraciques).

Pharmacothérapie

Les deuxième et troisième études NASCIS (*National Acute Spinal Cord Injury Studies II* et *III*) démontrent que les blessés médullaires avec section partielle ou complète bénéficient d'une amélioration significative de leurs fonctions motrices et de leurs capacités sensorielles s'ils reçoivent de fortes doses de méthylprednisolone (Solu-Medrol^{MD}) dans les huit heures suivant l'accident (Bracken *et al.*, 1985 ; Bracken *et al.*, 1997 ; Tsao, Chen, & Tsai, 2009). Rien n'indique toutefois que ce médicament procure quelque bienfait que ce soit s'il est administré plus de huit heures après la blessure.

Cependant, les bénéfices secondaires à l'administration de stéroïdes sont considérés comme étant modestes. Pour les blessés médullaires ayant subi une lésion complète ou partielle, toute amélioration de la force motrice d'un ou plusieurs muscles, si modeste soit-elle, peut néanmoins se traduire par des gains fonctionnels importants. L'administration ou non de stéroïdes demeure un choix médical personnel ou un choix d'établissement. Il est à noter toutefois que, dans le cas des victimes d'une blessure médullaire en phase aiguë, la plupart des médecins prescrivent l'administration des stéroïdes à fortes doses dans les huit heures suivant la blessure. Certains établissements disposent même d'ordonnances collectives et de protocole d'administration de la méthylprednisolone. Ce médicament est cependant contre-indiqué dans les cas de trauma pénétrant à la moelle épinière et doit être administré avec précaution aux personnes âgées.

Antagoniste des sous-produits de la peroxydation des lipides, la méthylprednisolone améliorerait le flux sanguin et atténuerait l'œdème de la moelle épinière. Elle produit toutefois les effets secondaires suivants : immunosuppression, augmentation de la fréquence des saignements dans le tractus G.I. et augmentation du risque d'infection.

Les vasopresseurs tels que la norépinéphrine (Levophed^{MD}) sont administrés en phase aiguë en tant qu'adjuvants au traitement. Ils visent à maintenir la pression artérielle moyenne au-dessus de 90 mm Hg afin d'améliorer l'irrigation de la moelle épinière.

Le métabolisme des médicaments ainsi que leurs propriétés pharmacologiques sont altérés en présence d'une blessure médullaire. Par conséquent, le risque d'interactions médicamenteuses est accru. Les altérations du métabolisme des médicaments dépendent du niveau et de la gravité de la blessure ; les lésions cervicales provoquent des altérations plus importantes que celles qui surviennent dans des segments inférieurs de la moelle épinière.

Différents médicaments peuvent être administrés pour traiter les dysfonctions spécifiques du système nerveux autonome telles que l'hypoactivité G.I., la bradycardie, l'hypotension orthostatique, les problèmes de vidange vésicale et la dysréflexie autonomique. L'infirmière doit bien connaître les effets visés par l'administration de ces agents pharmacologiques, observer les réactions du client et mettre en œuvre les interventions qui s'imposent en cas d'effets indésirables.

Soins et traitements infirmiers

CLIENT ATTEINT D'UNE BLESSURE MÉDULLAIRE

Collecte des données

L'**ENCADRÉ 23.4** récapitule les données subjectives et objectives que l'infirmière doit obtenir du client qui vient de subir une blessure médullaire.

Analyse et interprétation des données

Les problèmes prioritaires sont établis selon la gravité de la blessure et l'ampleur des altérations qu'elle provoque. Le plan de soins et de traitements infirmiers présenté ici concerne un client souffrant d'une blessure médullaire cervicale complète **PSTI 23.1**.

Planification des soins

Pour les blessés médullaires, les objectifs prioritaires sont les suivants :

- maintenir un fonctionnement neurologique optimal ;
- prévenir ou réduire au minimum les complications reliées à l'immobilité ;
- acquérir les savoir-faire, les connaissances et les comportements permettant d'effectuer les autosoins que nécessite la condition ou guider adéquatement les proches dans l'accomplissement des soins ;
- réintégrer le domicile et la communauté à un niveau de fonctionnement optimal.

Collecte des données

ENCADRÉ 23.4 Blessures médullaires

Données subjectives

- Renseignements importants concernant la santé :
  - Cinétique de l'accident : accident de la route, blessure sportive, accident du travail, blessure par balle ou par arme blanche, chute
- Modes fonctionnels de santé :
  - Perception et gestion de la santé : consommation d'alcool ou de drogues ; comportements à risque, mécanismes habituels d'adaptation et de gestion du stress
  - Activités et exercices : diminution sous-lésionnelle de la force musculaire, des possibilités de mouvement et des sensations ; dyspnée
  - Cognition et perception : hypersensibilité au toucher, douleur au niveau de la lésion ou au-dessus ; engourdissement, picotements, sensation de brûlure, contractions musculaires dans les extrémités
  - Adaptation et tolérance au stress : peur, déni, colère, dépression

Données objectives

- Observations générales : poïkilothermie (incapacité à réguler sa température corporelle)
- Système tégumentaire : peau chaude et sèche en dessous de la lésion si perte de stimulation sympathique
- Système respiratoire :
  - Lésions de C1-C3 : apnée, incapacité à tousser
  - Lésions à C4 : toux inefficace, respiration diaphragmatique ou paradoxale, hypoventilation
  - Lésions de C5-T6 : baisse de la réserve respiratoire

- Système cardiovasculaire : perte de la stimulation sympathique, bradycardie et abolition du tonus vasomoteur (hypotension, hypotension orthostatique) pour les lésions au-dessus de T6
- Système gastro-intestinal : baisse ou absence de bruits intestinaux (iléus paralytique pour les lésions au-dessus de T5), distension abdominale, constipation, incontinence fécale, rétention fécale
- Système urinaire : rétention urinaire (lésions entre T1 et L2) ; vessie flasque ou spastique (hypertonie spastique) avec vidange vésicale réflexe selon le niveau lésionnel
- Système reproducteur : priapisme, perte ou détérioration de la fonction sexuelle
- Système nerveux :
  - Blessures complètes : paralysie flasque et anesthésie sous-lésionnelle dans la tétraplégie (pour les lésions au-dessus de C8) ou la paraplégie (pour les lésions en dessous de C8), hyperactivité des réflexes tendineux profonds, test de Babinski positif bilatéralement (après résolution du choc spinal)
  - Blessures incomplètes : détérioration relative des fonctions motrices volontaires et des sensations
- Système musculosquelettique : atonie musculaire (choc spinal), contractures et spasticité (après résolution du choc spinal)
- Résultats possibles aux examens paracliniques : emplacement et nature des atteintes osseuses sur les radiographies spinales : lésion, œdème, compression à la TDM et à l'IRM ; données positives révélées par le myélogramme

PROBLÈME DÉCOULANT DE LA SITUATION DE SANTÉ	**Respiration inefficace** liée à la fatigue des muscles respiratoires, à la paralysie neuromusculaire et à l'accumulation des sécrétions, mise en évidence par la baisse de la capacité vitale, les altérations de l'amplitude respiratoire, la diminution du volume courant, la diminution de la ventilation-minute, l'incapacité à tousser efficacement, la diminution des bruits respiratoires, le tirage intercostal, etc.
OBJECTIFS	• Le client maintiendra une ventilation adéquate. • Le client ne présentera pas de détresse respiratoire.

RÉSULTATS ESCOMPTÉS	**INTERVENTIONS INFIRMIÈRES ET JUSTIFICATIONS**
État respiratoire : ventilation • Absence de bruits adventices (crépitants, ronchus, sibilances, frottement pleural, etc.) • Murmures vésiculaires présents dans toutes les plages pulmonaires • Fréquence respiratoire _____/R/min • Résultats des tests de la fonction respiratoire dans les normales attendues • Mesure d'oxymétrie dans les normales attendues • Résultats des gaz artériels sanguins (GAS) dans les normales attendues (pression partielle de l'oxygène dans le sang artériel, pression partielle en gaz carbonique dans le sang artériel) **État respiratoire** • Capacité d'augmenter son amplitude respiratoire (spontanément ou avec spiromètre) • Capacité de mobiliser ses sécrétions • Absence de signes de fatigue respiratoire (tachypnée, dyspnée, etc.) ou d'hypoxémie (altération de l'état de conscience, agitation, cyanose, etc.)	**Surveillance respiratoire** • Surveiller la fréquence, le rythme, l'amplitude et l'effort respiratoire pour déterminer les valeurs de base et l'évolution. • Surveiller la fatigue du diaphragme (respiration paradoxale). • Ausculter les bruits respiratoires ; noter les zones de diminution ou d'absence de ventilation et la présence de bruits adventices. • Noter les changements dans les valeurs suivantes : saturation du sang artériel en oxygène, saturation du sang veineux en oxygène, dioxyde de carbone en fin d'expiration et GAS. • Suivre l'évolution des résultats des tests de la fonction respiratoire, en particulier la capacité vitale, la force inspiratoire maximale et le volume expiratoire maximal pour détecter l'hypoventilation qui nécessiterait une ventilation mécanique. • Surveiller la capacité du client à tousser d'une manière efficace pour déterminer son besoin d'assistance à la toux ou d'aspiration. **Soins des voies respiratoires** • Repérer le client qui a besoin ou pourrait avoir besoin d'être intubé pour intervenir rapidement au moment opportun. • Proposer la toux assistée au client avec une respiration spontanée adéquate. • Aspirer par voie endotrachéale ou nasotrachéale le client sous ventilation assistée pour stimuler la toux et éliminer les sécrétions respiratoires.

PROBLÈME DÉCOULANT DE LA SITUATION DE SANTÉ	**Atteinte à l'intégrité de la peau** liée à la mise en place des étriers crâniens, à l'immobilité et à la diminution de l'irrigation tissulaire, mise en évidence par la rougeur cutanée sur les proéminences osseuses et les plaies aux points d'insertion des étriers.
OBJECTIFS	• Le client ne présentera aucun signe d'infection aux points d'insertion des étriers crâniens. • L'intégrité de la peau du client sera préservée sur les proéminences osseuses.

RÉSULTATS ESCOMPTÉS	**INTERVENTIONS INFIRMIÈRES ET JUSTIFICATIONS**
Intégrité tissulaire : peau et muqueuses • Absence d'érythème, de lésions cutanées ou de décoloration sur les proéminences osseuses • Absence de signes et symptômes d'inflammation ou d'infection (rougeur, lésions, écoulement purulent, etc.) aux points d'insertion des étriers crâniens • Absence de fièvre ou autre signe d'infection	**Examen cutané** • Rechercher la ou les causes de pression et de friction pour déterminer les zones cutanées à risque de lésions. • Observer l'apparition de signes d'infection aux points d'insertion des étriers pour traiter rapidement, si nécessaire. **Prévention des infections** • Effectuer adéquatement les techniques de soins des plaies pour éviter la colonisation bactérienne aux points d'insertion des étriers.

▼

Limitation de la pression cutanée

- Surveiller les rougeurs et lésions cutanées pour amorcer rapidement les traitements si nécessaire.
- Installer le client sur un matelas ou dans un lit thérapeutique pour diminuer la pression.
- Utiliser des dispositifs adéquats pour éviter le contact entre les talons et autres proéminences osseuses et le lit.
- Mobiliser le client en bloc pour atténuer la pression sans pour autant nuire à la traction.
- Surveiller l'état nutritionnel du client pour maximiser sa résistance cutanée aux lésions.

PROBLÈME DÉCOULANT DE LA SITUATION DE SANTÉ	**Constipation** liée à un intestin neurogène, à un apport liquidien inadéquat, à une insuffisance de fibres dans à l'alimentation et à l'immobilité, mise en évidence par l'absence de mouvement intestinal depuis plus de deux jours, la diminution des bruits intestinaux, la rétention fécale discernable à la palpation, des selles dures ou de l'incontinence fécale.
OBJECTIFS	• Un programme de rééducation intestinale adapté à la fonction neurologique résiduelle et aux préférences personnelles du client sera établi. • Le client aura des selles au moins tous les deux jours.

RÉSULTATS ESCOMPTÉS	**INTERVENTIONS INFIRMIÈRES ET JUSTIFICATIONS**
Élimination fécale • Contrôle des mouvements intestinaux par le client • Évacuation de selles molles et bien formées • Passage facile des selles, selon le client • Tonus musculaire suffisant pour évacuer les selles	**Rééducation intestinale** • Questionner le client sur ses habitudes intestinales antérieures afin d'établir le fonctionnement de base. • Surveiller les mouvements intestinaux en notant la fréquence des selles, leur consistance, leur forme, leur volume et leur couleur afin de cerner les problématiques. • Ausculter les bruits intestinaux pour déterminer la présence de péritaltisme. • Indiquer au client les aliments riches en fibres, car elles sont indispensables à la régularisation intestinale. • Implanter un programme de rééducation intestinale pour établir le plus rapidement possible une routine d'élimination intestinale.

PROBLÈME DÉCOULANT DE LA SITUATION DE SANTÉ	**Altération de l'élimination urinaire** (après le choc spinal) liée à la blessure médullaire et à la restriction de l'apport liquidien, mise en évidence par la rétention urinaire, la distension de la vessie et la miction involontaire.
OBJECTIF	Un programme de rééducation vésicale adapté à la fonction neurologique résiduelle, aux possibilités d'intervention des proches et aux habitudes de vie du client sera établi.

RÉSULTATS ESCOMPTÉS	**INTERVENTIONS INFIRMIÈRES ET JUSTIFICATIONS**
Élimination urinaire • Absence de rétention urinaire • Absence d'incontinence urinaire	**Soins en présence de rétention urinaire** • Mesurer les ingesta et excreta pour évaluer l'équilibre hydrique. • Évaluer la distension vésicale par palpation et percussions ou à l'aide d'une échographie vésicale (BladderScan^MD), car l'abolition du contrôle autonome et réflexe de la vessie et des sphincters peut provoquer la rétention urinaire. • Installer une sonde urinaire au stade du choc spinal pour soulager la rétention urinaire. • Effectuer des cathétérismes intermittents (après la résolution de la phase aiguë de la blessure médullaire) pour préserver le tonus vésical et éviter les infections pouvant être causées par une sonde à demeure. • Consulter des spécialistes de la continence urinaire pour établir un programme de rééducation vésicale à long terme.

23

PROBLÈME DÉCOULANT DE LA SITUATION DE SANTÉ	**Risque de dysréflexie autonomique** lié à la stimulation réflexe du système nerveux sympathique après la résolution du choc spinal.
OBJECTIF	Le client évitera les épisodes de dysréflexie.

RÉSULTATS ESCOMPTÉS	INTERVENTIONS INFIRMIÈRES ET JUSTIFICATIONS
État neurologique : autonomique • Stabilité hémodynamique (fréquence cardiaque, pression systolique et diastolique) • Absence des signes et symptômes de dysréflexie • Absence de stimuli provoquant la dysréflexie	**Prévention et soins de la dysréflexie** • Détecter et minimiser le plus possible les stimuli pouvant provoquer la dysréflexie : distension vésicale, calculs rénaux, infection, rétention fécale, examen rectal, insertion de suppositoires, lésions cutanées, literie ou vêtements trop serrés. • Surveiller les signes et symptômes de dysréflexie autonomique : hypertension paroxystique, bradycardie, tachycardie, diaphorèse sus-lésionnelle, rougeur du visage, pâleur sous-lésionnelle, céphalées, congestion nasale, engorgement des vaisseaux des tempes et du cou, congestion conjonctivale, frissons en l'absence de fièvre, horripilation, douleurs thoraciques. • Détecter les causes et les éliminer (p. ex., la distension vésicale, la rétention fécale, les lésions cutanées, les vêtements trop serrés). • En cas d'hyperréflexie, placer la tête du lit à la verticale pour réduire la pression sanguine en provoquant un afflux de sang dans les membres inférieurs. • En cas d'hyperréflexie, rester avec le client et l'évaluer toutes les trois à cinq minutes. • Administrer des antihypertenseurs par voie I.V. selon la prescription pour faire diminuer la pression sanguine. • Indiquer au client et à ses proches les causes, symptômes, traitements et mesures de prévention de la dysréflexie pour détecter rapidement l'apparition d'épisodes éventuels et prévenir l'épilepsie, les AVC, voire la mort.

PROBLÈME DÉCOULANT DE LA SITUATION DE SANTÉ	**Inefficacité de l'adaptation** liée à la perte du contrôle des fonctions corporelles et à la perturbation des habitudes de vie provoquées par la paralysie, mise en évidence par les propos révélant la certitude de ne pas pouvoir faire face à la situation nouvelle, les manifestations de colère et autres sentiments négatifs, le rejet des contacts sociaux et des discussions sur les altérations fonctionnelles subies.
OBJECTIFS	• Le client manifestera sa capacité à faire face aux conséquences de la blessure médullaire. • Le client exprimera son chagrin dans le cadre de son processus d'adaptation aux pertes liées à son état chronique.

RÉSULTATS ESCOMPTÉS	INTERVENTIONS INFIRMIÈRES ET JUSTIFICATIONS
Adaptation • Expression verbale des sentiments • Expression verbale de l'acceptation de la situation • Recherche d'information sur la condition et les traitements • Modification des habitudes de vie selon la condition • Recours à un réseau de soutien personnel ou à des ressources externes au besoin • Utilisation de stratégies d'adaptation efficaces • Diminution des sentiments négatifs	**Amélioration des mécanismes d'adaptation** • Évaluer la manière dont le client s'adapte aux modifications de son image corporelle. • Évaluer les conséquences de la nouvelle situation de vie du client sur les rôles et les relations. • Instaurer un climat d'acceptation. • Encourager l'expression verbale des sentiments, peurs et perceptions pour aider le client à mieux comprendre ce qu'il ressent. • Procurer de l'information factuelle sur le diagnostic, le traitement et le pronostic selon les préoccupations formulées par le client, car celui-ci sera davantage en mesure de s'adapter à sa situation nouvelle si ses besoins d'information sont comblés. • Offrir au client des choix réalistes pour certains aspects des soins. • Favoriser la mise en œuvre des mécanismes de défense appropriés. • Aider le client à définir des stratégies positives pour bien vivre avec ses nouvelles limites et pour s'adapter aux modifications nécessaires des rôles et de son mode de vie afin de le dissuader d'opter pour des comportements inefficaces tels que le tabagisme, l'alcoolisme et les crises de rage. • Inciter les proches à participer aux démarches pour mieux convaincre le client de sa valeur et de son importance en tant que personne. • Aider le client à vivre son deuil et son chagrin face aux pertes engendrées par la maladie ou le handicap chronique, car les blessures médullaires causent des pertes bien réelles exigeant une adaptation qui passe par le deuil et le chagrin.

Interventions cliniques

Promotion de la santé

En ce qui concerne la prévention des blessures médullaires, les interventions infirmières consistent notamment à repérer les populations à risque, à conseiller et à informer. En particulier, l'infirmière doit encourager le respect des lois concernant le port de la ceinture de sécurité dans les voitures, le port du casque pour les motocyclistes ainsi que l'utilisation de sièges de sécurité adéquats pour les enfants, et promouvoir le port du casque à vélo.

En plus de souligner l'importance des soins nécessaires à la suite d'une blessure médullaire, l'infirmière doit faire valoir la pertinence de certaines mesures de dépistage et de promotion de la santé qui peuvent avoir un effet décisif sur le bien-être des blessés médullaires. Ces interventions incluent notamment l'éducation, des conseils, l'orientation vers des programmes favorisant le bien-être (p. ex., des ateliers pour cesser de fumer, des programmes d'exercice physique ou de loisir, des interventions de traitement de l'alcoolisme, etc.), ainsi que des examens physiques de routine pour le dépistage et le traitement des problèmes non neurologiques. Les blessés médullaires qui ne sont pas hospitalisés doivent également bénéficier de ces programmes de dépistage et de prévention. Par ailleurs, l'infirmière devra s'assurer que les salles d'examen sont accessibles aux fauteuils roulants, que la hauteur des tables d'examen est ajustable et que l'horaire laisse place à une certaine flexibilité si la consultation prend plus de temps que prévu.

Phase aiguë

Les lésions cervicales hautes causées par une flexion-rotation constituent les blessures médullaires les plus complexes de toutes. Ce sont elles qui seront abordées dans cette rubrique. Les interventions recommandées pour ce type de blessure peuvent être adaptées aux cas moins graves.

| Immobilisation | Avec l'amélioration des techniques chirurgicales de stabilisation, la traction squelettique est de moins en moins utilisée pour les blessures cervicales. Quand elle l'est, elle vise le réalignement anatomique ou la réduction de la fracture. Les étriers de Crutchfield **FIGURE 23.11**, de Vinke ou de Gardner-Wells, les halos cervicaux ainsi que d'autres types d'appareils permettent d'exercer la traction voulue au moyen d'une corde qui passe par le centre du dispositif, puis par une poulie, et qui reste tendue grâce à des poids attachés à son autre extrémité. La traction doit être maintenue en tout temps. Selon la nature de la blessure et l'objectif du traitement, l'utilisation des étriers et de la traction peut cesser une à quatre semaines après l'accident. Le risque de déplacement des tiges crâniennes représente l'un des inconvénients des dispositifs. Dans ce cas, l'infirmière doit maintenir la tête du client en position neutre, appeler à l'aide et stabiliser la tête jusqu'à ce que le médecin replace les tiges.

Les infections aux points d'insertion des tiges sont également à craindre. Dans ce domaine, les soins préventifs consistent à nettoyer les sites d'insertion deux fois par jour avec une solution saline 0,9 % stérile et à appliquer un onguent antibiotique qui forme une barrière mécanique contre la pénétration des bactéries. Les soins préventifs aux points d'insertion peuvent différer selon les méthodes de soins préconisées dans les différents hôpitaux.

Les blessés médullaires sont souvent placés dans des lits spéciaux. La thérapie kinétique consiste à procéder à une rotation latérale lente et continue faisant constamment passer le client de son côté gauche à son côté droit. Les lits spéciaux permettent de tourner le client plus de 200 fois par jour. Ils diminuent également le risque de lésions de pression et de complications cardiopulmonaires. Cependant, le mouvement de rotation provoque chez certains blessés médullaires un malaise comparable à celui de la cinétose, c'est-à-dire une sensation apparentée au mal des transports, et suscite la peur de tomber du lit lorsque la rotation est très prononcée. L'impression de cinétose est beaucoup moins fréquente avec la manipulation automatique qu'avec la manipulation manuelle.

Après la fusion cervicale ou autre intervention chirurgicale de stabilisation, le client doit porter dans certains cas une minerve (collet cervical) rigide ou un corset à appui sterno-occipito-mandibulaire rigide (corset SOMI) jusqu'à ce que la fusion soit consolidée **FIGURE 23.12**.

FIGURE 23.12

Corset d'immobilisation à appui sterno-occipito-mandibulaire (SOMI)

Un corset de type halo-veste peut être utilisé pour les lésions stables qui n'ont pas fait l'objet d'une intervention chirurgicale. Le halo-veste est l'appareil le plus couramment utilisé pour stabiliser les lésions cervicales. Il permet notamment d'appliquer une traction cervicale au moyen d'un corset thoracique **FIGURE 23.13**. Avant l'installation du corset, des poids suspendus comparables à ceux qui sont utilisés avec les étriers peuvent être

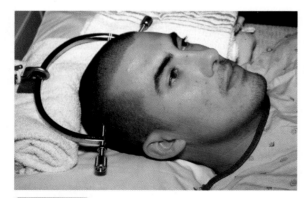

FIGURE 23.11

Le dispositif de traction cervicale est fixé à des étriers (tiges) fixés dans le crâne.

 23

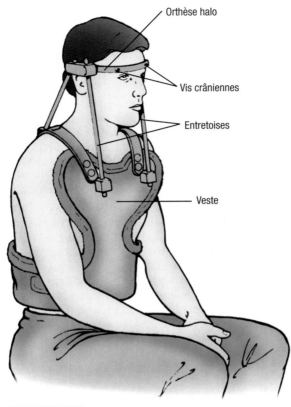

FIGURE 23.13

Halo-veste, conception Ace Manufacturing – Ce corset est muni de bretelles rigides et la veste enveloppe le torse. La couronne du halo, la superstructure et la veste peuvent être utilisées dans les appareils d'IRM.

51

Les soins et traitements infirmiers pour un client en détresse respiratoire sont expliqués dans le chapitre 51, *Interventions cliniques – Insuffisance respiratoire et syndrome de détresse respiratoire aiguë.*

fixés au halo afin de fournir une traction (voir précédemment). Par la suite, le halo peut être fixé à une veste (corset) qui stabilise la lésion et permet au client de se déplacer. Le halo-veste est utilisé chez les clients qui ne présentent pas de dommages neurologiques malgré une blessure vertébrale.

Les blessures médullaires thoraciques ou lombaires sont immobilisées au moyen d'un corset thoracolombaire fabriqué sur mesure qui ressemble à une gaine et empêche les flexions, extensions et rotations spinales, ou au moyen d'un corset de Jewett qui restreint les flexions vers l'avant.

L'immobilisation du cou des blessés médullaires permet de prévenir l'aggravation des lésions. Elle entraîne cependant son lot d'inconvénients majeurs. La diminution des sensations et de la circulation accroît le risque de lésions cutanées et nécessite donc la mise en place d'un programme méticuleux de soins de la peau. La planche dorsale doit être retirée dès que possible pour éviter les lésions cutanées dans les régions coccygienne et occipitale, et les minerves doivent être bien ajustées ou remplacées par d'autres appareils d'immobilisation. Il faut examiner la peau sous le halo-veste ou autre orthèse ou dispositif d'immobilisation afin de détecter rapidement d'éventuelles lésions **ENCADRÉ 23.5**.

| **Altérations respiratoires** | Indépendamment du niveau de la blessure, dans les 48 heures qui suivent, un œdème médullaire ascendant risque d'aggraver la blessure et de provoquer la détresse respiratoire ▶ **51**. L'intubation endotrachéale ou la trachéostomie et la ventilation artificielle doivent être mises en œuvre dans tous les cas suivants : la blessure survient au niveau de C3 ou au-dessus ; les difficultés respiratoires épuisent le client ; les GAS se détériorent et indiquent une ventilation ou une oxygénation inadéquate. Le risque d'arrêt respiratoire n'est pas à écarter ; il exige la mise en place d'une surveillance

---

Enseignement au client et à ses proches

ENCADRÉ 23.5   **Entretien du halo-veste**

L'enseignement au client et à ses proches sur la prise en charge de l'entretien du halo-veste devrait porter sur les aspects suivants.

• Inspecter les tiges de la couronne du halo. Si certaines tiges sont desserrées ou si des signes d'infection sont détectés (p. ex., une rougeur, une sensibilité, un œdème, un écoulement), il faut en informer le médecin.

• Nettoyer régulièrement les régions entourant les points d'insertion des tiges avec des tiges montées imbibées de solution saline à 0,9 %, selon les indications.

• Appliquer un onguent antibiotique si prescrit.

• Au moment des soins cutanés, le client doit être allongé sur un lit, sa tête posée sur un oreiller pour atténuer les pressions du corset sur la peau. Desserrer l'un des côtés de l'orthèse. Laver délicatement la peau à l'eau et au savon, rincer puis sécher complètement. Vérifier la présence de lésions de pression qui pourraient être en train de se former, de rougeurs, d'œdème, d'ecchymoses et d'érosions. Refermer ce côté du corset et répéter la procédure de l'autre côté.

• Si le corset est humide ou mouillé, il peut être séché à fond avec un séchoir à cheveux.

• Si nécessaire, les aides à la locomotion (p. ex., une canne, un déambulateur) amélioreront l'équilibre. Il est préférable de porter des chaussures à talons plats.

• Rappeler au client que, pour regarder sur le côté, il doit tourner tout son corps, pas seulement la tête et le cou.

• Garder une trousse de clés de serrage à proximité du halo pour l'ajuster en cas d'urgence.

• Marquer les sangles du corset de sorte qu'il soit toujours attaché et ajusté au même endroit.

• Éviter de saisir le corset ou les tiges de métal reliant la veste au halo pour aider le client.

• Placer toujours une peau de mouton protectrice en dessous du corset. La changer et la nettoyer au moins une fois par semaine.

• En cas de diaphorèse importante ou de démangeaisons, le client peut porter un t-shirt de coton sous la peau de mouton. Une fermeture velcro peut être cousue sur l'un des côtés du t-shirt.

étroite du système respiratoire et une intervention rapide s'il se présente. La pneumonie et l'atélectasie sont des problèmes potentiels, car la diminution de la capacité vitale ainsi que la perte de la fonction des muscles abdominaux et intercostaux entraînent une respiration diaphragmatique, une accumulation des sécrétions et une toux inefficace. Les personnes âgées ont plus de difficultés à réagir à l'hypoxie et à l'hypercapnie. Par conséquent, la mise en place d'une physiothérapie respiratoire agressive, d'une oxygénation adéquate et d'un soulagement efficace de la douleur s'avère essentielle pour optimiser la fonction respiratoire et les échanges gazeux. La congestion nasale et les bronchospasmes comptent également au nombre des problèmes respiratoires possibles.

L'infirmière évaluera régulièrement les paramètres suivants : les bruits respiratoires, les GAS, le volume courant, la capacité vitale, la coloration de la peau, les caractéristiques de la respiration (en particulier l'utilisation des muscles accessoires), les données subjectives reliées à la capacité du client à respirer, ainsi que la quantité et la couleur des expectorations.

Chez les personnes atteintes d'une tétraplégie, une pression partielle de l'oxygène dans le sang artériel (PaO_2) supérieure à 60 mm Hg et une pression partielle en gaz carbonique dans le sang artériel ($PaCO_2$) inférieure à 45 mm Hg sont des valeurs acceptables, en l'absence de signes cliniques de difficultés respiratoires. En revanche, les personnes qui n'arrivent pas à compter jusqu'à 10 à voix haute sans reprendre leur souffle doivent faire l'objet d'une intervention immédiate.

En plus de surveiller la respiration du client, l'infirmière devra veiller au maintien d'une ventilation adéquate. Elle administrera de l'oxygène jusqu'à ce que les GAS se stabilisent. La physiothérapie respiratoire et les techniques de toux assistée facilitent l'élimination des sécrétions. La toux assistée supplée aux muscles abdominaux, devenus inefficaces, dans la phase expiratoire de la toux. L'infirmière doit placer le talon des deux mains juste en dessous de l'appendice xiphoïde (la pointe du sternum) et exercer une pression ascendante ferme en même temps que le client s'efforce de tousser. En cas de râle crépitant ou ronflant (ronchus), il faut procéder à l'aspiration trachéale. La spirométrie peut également améliorer l'état respiratoire du client.

Instabilité cardiovasculaire En l'absence d'inhibition de l'activité vagale en raison de la perte de l'activité sympathique (nerf pneumogastrique), la fréquence cardiaque ralentit, souvent en deçà de 60 battements par minute. Toute augmentation de la stimulation vagale, par exemple à l'occasion de la mobilisation du client ou d'une procédure d'aspiration, peut provoquer l'arrêt cardiaque. La détérioration du tonus sympathique dans les vaisseaux périphériques se traduit par une pression artérielle chroniquement basse avec risque permanent d'hypotension orthostatique. La diminution du tonus des muscles qui favorisent normalement le retour veineux peut induire une stase veineuse et prédisposer le client à la **thrombophlébite veineuse profonde (TVP)**.

L'infirmière doit évaluer fréquemment les signes vitaux (pression artérielle, fréquence cardiaque et respiration). En cas de bradycardie symptomatique, l'administration d'un anticholinergique tel que l'atropine s'impose. Un stimulateur cardiaque temporaire ou permanent peut être mis en place dans certains cas. L'hypotension doit être traitée au moyen de l'administration d'un vasopresseur (p. ex., la norépinéphrine) et d'un traitement liquidien.

La prévalence des maladies cardiovasculaires doit être prise en considération dans le cas des personnes âgées. Les contractions cardiaques s'affaiblissent et le débit cardiaque diminue, ce qui rend le système cardiovasculaire moins apte à affronter le stress causé par les blessures traumatiques.

Des bas compressifs (antiemboliques) peuvent être utilisés pour prévenir les thromboembolies et stimuler le retour veineux. Les bas doivent être retirés toutes les huit heures pour prodiguer les soins de la peau. Des jambières à compression séquentielle (appareil à compression pneumatique intermittente) peuvent également être utilisées à cette fin. Une échographie Doppler veineuse peut être réalisée avant la mise en place des dispositifs de compression. L'infirmière doit aussi prendre en charge les exercices d'amplitude articulaire et les étirements, et ce, de manière régulière. Pour détecter rapidement les TVP, il faut évaluer la circonférence des cuisses et des mollets du client à chaque quart de travail dans les premiers jours, et surveiller l'apparition possible de rougeurs et de chaleur.

Sauf contre-indication, l'héparine ou l'héparine de bas poids moléculaire (p. ex., l.énoxaparine [Lovenox^{MD}]) peut être administrée à titre prophylactique pour prévenir les TVP. Les contre-indications sont notamment l'hémorragie interne et l'intervention chirurgicale récente (Ploumis et al., 2009).

Si d'autres lésions ont provoqué des pertes sanguines, les taux d'hémoglobine et d'hématocrite doivent faire l'objet d'une surveillance régulière ; des transfusions seront administrées selon les protocoles applicables. Il faut également surveiller tout signe de choc hypovolémique secondaire à l'hémorragie.

Équilibre hydrique et nutritionnel Le tractus G.I. peut cesser de fonctionner durant les 48 à 72 heures suivant l'accident (formation d'un iléus paralytique). Il faut alors installer un tube nasogastrique. Le client ne pouvant pas s'alimenter ni s'hydrater par voie orale, l'infirmière doit suivre étroitement l'évolution de ses besoins hydriques et électrolytiques. Des solutés spécifiques avec ou sans additif lui sont prescrits selon ses besoins physiologiques. Pour le client qui n'a pas besoin de ventilation assistée, une fois que les bruits intestinaux reprennent ou que des flatulences apparaissent, l'alimentation par voie orale (liquides et aliments solides) peut reprendre graduellement. La gravité du catabolisme nécessite la mise en place d'un régime alimentaire hypercalorique et hyperprotéiné qui redonnera de l'énergie au client et favorisera la réparation tissulaire. Chez les victimes d'une blessure médullaire cervicale haute, l'infirmière doit évaluer les mécanismes de déglutition avant de réintroduire l'alimentation orale. Si le client ne peut pas recommencer à manger, l'alimentation entérale ou parentérale totale sera utilisée pour lui fournir l'apport nutritionnel dont il a besoin.

Certains blessés médullaires souffrent d'anorexie pouvant être causée par une dépression psychologique, une lassitude vis-à-vis de la nourriture servie par l'établissement de soins, ou l'impuissance qu'ils ressentent du fait qu'ils doivent être alimentés. Certaines personnes, par ailleurs, ont toujours relativement peu d'appétit. Parfois, le refus de manger constitue un moyen de compenser la diminution ou la perte de la maîtrise de leur corps par l'exercice d'un certain contrôle sur leur environnement. Quand un blessé médullaire ne mange pas suffisamment, l'infirmière doit toujours chercher à en déterminer la cause exacte.

Cette évaluation pourra ensuite lui permettre de conclure avec le client un accord définissant conjointement les objectifs alimentaires **FIGURE 23.14**. Cette technique donne au client le sentiment de mieux maîtriser sa situation ; elle améliore très souvent

RAPPELEZ-VOUS...

La mesure des volumes et des capacités pulmonaires comprend le volume courant, les volumes de réserve inspiratoire et expiratoire, le volume résiduel, la capacité pulmonaire totale, la capacité vitale et la capacité vitale forcée.

Thrombophlébite veineuse profonde (TVP) : Survient lorsqu'un caillot se forme dans une veine plus profonde et de plus gros calibre, par exemple les veines de la cuisse et de la partie inférieure de la jambe. La TVP est plus inquiétante que la thrombophlébite superficielle, car une partie du caillot peut se rompre et se rendre jusqu'aux poumons, provoquant ainsi une embolie pulmonaire.

23

FIGURE 23.14

Les infirmières doivent s'assurer que les clients atteints de blessures médullaires sont suffisamment alimentés.

son apport nutritionnel. Des mesures plus générales peuvent également s'avérer utiles, par exemple : instaurer un environnement agréable pour les repas ; laisser au client suffisamment de temps pour manger paisiblement (et, dans toute la mesure du possible, le laisser s'alimenter lui-même) ; inciter les proches à apporter des plats spéciaux ; prévoir des récompenses de nature sociale en contrepartie des comportements alimentaires adéquats. La tenue d'un bilan calorique et la pesée quotidienne du client aide à mesurer les progrès réalisés. Si possible, le client doit participer à la consignation de son apport calorique. Il faut dans certains cas administrer des suppléments alimentaires pour combler les besoins nutritionnels. L'augmentation de la quantité de fibres alimentaires dans l'alimentation favorisera par ailleurs le fonctionnement intestinal. L'infirmière doit éviter que l'alimentation du client ne devienne l'enjeu d'une lutte de pouvoir.

| Soins vésicaux et intestinaux | Immédiatement après la lésion, la blessure médullaire provoque la rétention urinaire, le contrôle réflexe et le contrôle autonome de la vessie et des sphincters étant abolis. Le client ayant perdu la sensation de plénitude de sa vessie, la distension vésicale excessive risque de provoquer un reflux rénal et, le cas échéant, l'insuffisance rénale. Elle peut même mener à la rupture de la vessie. Par conséquent, une sonde à demeure est généralement installée le plus rapidement possible après l'accident. L'infirmière vérifiera fréquemment la perméabilité de la sonde et l'irriguera, si nécessaire, pour en maintenir le bon fonctionnement. Dans certains établissements, cette procédure doit être prescrite par un médecin. Une technique d'asepsie très rigoureuse pour l'entretien de la sonde s'avère essentielle pour prévenir les infections. Les blessés médullaires ayant une sonde à demeure ont besoin d'un apport liquidien très important. L'infirmière doit aussi veiller à ce que la sonde ne soit pas coudée et qu'elle permette à l'urine de s'écouler librement.

Les IVU sont un problème fréquent. La méthode de prévention la plus efficace consiste à procéder régulièrement à un drainage complet de la vessie. Une fois le client stabilisé, l'infirmière doit déterminer le meilleur moyen de préserver son fonctionnement urinaire à long terme. En général, la sonde urinaire est retirée précocement et des cathétérismes intermittents sont effectués

RAPPELEZ-VOUS…

La perte de chaleur se fait par rayonnement, conduction, convection ou évaporation.

selon un programme bien établi et un bilan urinaire écrit. Le cathétérisme doit être fait toutes les trois à quatre heures afin d'empêcher la prolifération bactérienne qui pourrait être causée par la stase urinaire. La fréquence des cathétérismes dépend de la quantité d'urine présente dans la vessie, une quantité importante nécessitant des cathétérismes à intervalles plus rapprochés. L'appareil d'échographie vésicale portable BladderScan[MD] peut être utilisé pour déterminer la quantité d'urine présente dans la vessie. Si l'urine a une odeur ou une apparence suspecte ou que le client présente des symptômes d'IVU (p. ex., des frissons, de la fièvre, des malaises), un échantillon urinaire sera prélevé à des fins de culture.

L'infirmière doit également prendre en considération les altérations de la fonction rénale qui sont attribuables à l'âge. Les personnes âgées sont plus exposées à la formation de calculs néphrétiques (calculs rénaux) ; les hommes âgés présentent une hyperplasie prostatique pouvant entraver l'écoulement de l'urine et compliquer le traitement des problèmes urinaires.

L'évacuation intestinale volontaire et involontaire (réflexe) étant abolie, la constipation pose généralement problème au stade du choc spinal (Valles & Mearin, 2009). Un programme de rééducation intestinale doit être mis en œuvre en phase aiguë. Il consiste à introduire un stimulant rectal, soit un suppositoire de bisacodyl (Dulcolax[MD]) ou un minilavement, chaque jour à la même heure, puis à procéder à l'évacuation manuelle ou à la stimulation digitale délicate jusqu'à ce que l'élimination soit complète. Au début, ce programme peut être mis en œuvre alors que le client est allongé sur le côté dans son lit. Dès qu'il peut s'asseoir, le programme doit être effectué en position assise, sur une chaise d'aisance rembourrée.

| Thermorégulation | La vasoconstriction, l'horripilation (chair de poule) et la perte de chaleur par la transpiration étant abolies en dessous du niveau de la blessure, la régulation thermique se fait essentiellement de manière externe. L'infirmière surveillera par conséquent l'environnement du client pour le maintenir à une température appropriée et elle prendra régulièrement sa température. Elle évitera de trop le couvrir, mais aussi de l'exposer inutilement au froid (p. ex., pendant les bains). En cas d'infection avec fièvre importante, l'instauration de mesures additionnelles de régulation thermique peut s'avérer nécessaire, par exemple l'utilisation d'une couverture refroidissante. Dans ce cas toutefois, elle devra surveiller étroitement l'état de la peau du client, car la diminution de ses sensations peut lui occasionner des engelures.

| Ulcères de stress | En raison de la réponse physiologique au traumatisme grave qu'ils ont subi, du stress psychologique et des doses élevées de corticostéroïdes reçues, les blessés médullaires souffrent souvent d'ulcères de stress. Leur incidence est maximale 6 à 14 jours après l'accident. L'infirmière doit examiner chaque jour les selles et le contenu gastrique pour y relever d'éventuelles traces de sang, et observer l'évolution du taux d'hématocrite : s'il décline lentement, les ulcères de stress pourraient être en cause. Si l'administration de corticostéroïdes s'avère nécessaire, elle doit s'accompagner de la prise d'un aliment ou d'un antiacide. Des antagonistes des récepteurs H_2 de l'histamine (p. ex., la ranitidine [Zantac[MD]] ou la famotidine [Pepcid[MD]]) et des inhibiteurs de la pompe à protons (p. ex., l'oméprazole [Losec[MD]], l'esoméprazole [Nexium[MD]], le pantoprazole [Pantoloc[MD]]) peuvent être administrés à titre prophylactique pour ralentir la sécrétion d'acide chlorhydrique.

| Privation sensorielle | Pour éviter la privation sensorielle, l'infirmière doit aider le client à compenser pour l'absence de sensations. Pour ce faire, elle lui procurera des stimuli au-dessus du niveau de sa lésion. Les conversations, la musique, les arômes prononcés et les saveurs intéressantes font partie intégrante des interventions infirmières. L'infirmière procurera au client des lunettes prismatiques qui lui permettront de lire et de regarder la télévision. Elle déploiera tous les efforts possibles pour éviter qu'il ne se replie sur lui-même, qu'il ne coupe les ponts avec son environnement.

En phase aiguë de leur traitement, les blessés médullaires souffrent souvent d'une altération de leurs perceptions sensorielles et font des rêves qui semblent très réels. À l'heure actuelle, il n'a pas encore été démontré si ce phénomène est causé par les analgésiques ou par l'anxiété. Les blessés médullaires ont par ailleurs souvent des problèmes de sommeil attribuables à l'environnement hospitalier ou au stress post-traumatique (Jensen, Hirsh, Molton, & Bamer, 2009).

| Réflexes | Après la résolution du choc spinal, le retour des réflexes peut compliquer la réadaptation. N'étant plus encadrés par les centres cérébraux supérieurs, les réflexes s'avèrent souvent hyperactifs et produisent des réponses excessives. Différents stimuli peuvent provoquer l'érection pénienne, plongeant le client dans la gêne et l'inconfort. Des spasmes sous-lésionnels (survenant en dessous de la lésion médullaire) peuvent également être observés et varier en intensité, allant de la secousse musculaire discrète jusqu'aux mouvements convulsifs. Le client ainsi que son entourage peuvent prendre cette activité réflexe pour la manifestation du rétablissement fonctionnel. L'infirmière doit leur expliquer avec tact les causes réelles de ces mouvements. Elle doit informer le client des manières positives d'utiliser ces réflexes dans sa rééducation sexuelle, intestinale et vésicale. Les spasmes peuvent être atténués par l'administration d'antispasmodiques. Les plus communément prescrits sont le baclofène (Lioresal^MD), le dantrolène (Dantrium^MD) et la tizanidine (Zanaflex^MD). En cas de spasticité (hypertonie spastique) grave, les injections de toxine botulinique sont également envisageables.

| Dysréflexie autonomique | Après la résolution du choc spinal, la restauration des réflexes peut provoquer la dysréflexie autonomique chez les blessés médullaires ayant subi une lésion au niveau de T6 ou au-dessus. La **dysréflexie autonomique** (également appelée hyperréflectivité, hyperréflexie ou surréflectivité autonome) est une réaction cardiovasculaire massive non compensée provoquée par le système nerveux sympathique. Elle se produit à la suite d'une stimulation viscérale une fois le choc spinal résolu. Potentiellement mortelle, la dysréflexie autonomique doit être traitée immédiatement. Sinon, elle peut provoquer des convulsions, un AVC, un infarctus du myocarde, voire la mort.

Le déclencheur le plus commun est la distension de la vessie ou du rectum, mais n'importe quelle stimulation sensorielle peut la provoquer. La contraction vésicale ou rectale, la stimulation cutanée ou celle des récepteurs de la douleur (nocirécepteurs) et la présence d'une infection peuvent aussi la déclencher. Ses manifestations sont notamment les suivantes : de l'hypertension (pression systolique jusqu'à 300 mm Hg) ; des céphalées avec élancements ; une importante diaphorèse sus-lésionnelle (au-dessus du niveau de la lésion) ; une bradycardie (de 30 à 40 batt./min) ; une horripilation (hérissement des poils corporels) provoquée par le spasme pilomoteur ; des rougeurs sus-lésionnelles de la peau ; une vision floue ou des taches dans le champ visuel ; une congestion nasale ; de l'anxiété ; des nausées. Quand un blessé médullaire se plaint de céphalées, l'infirmière doit absolument prendre sa pression artérielle.

La dysréflexie autonomique se déclenche à la faveur d'une stimulation des récepteurs sensoriels sous-lésionnels. Le système nerveux sympathique étant resté intact en dessous de la lésion, il réagit à la stimulation par une vasoconstriction artériolaire réflexe qui fait augmenter la pression artérielle ; toutefois, le système nerveux parasympathique n'est pas en mesure de contrecarrer directement ces réactions en envoyant des stimuli antagonistes par la moelle épinière, car elle est endommagée. Les barorécepteurs du sinus carotidien et de l'aorte perçoivent l'hypertension et stimulent le système parasympathique, ce qui fait baisser la fréquence cardiaque, mais les vaisseaux viscéraux et périphériques ne se dilatent pas, car les impulsions efférentes ne peuvent pas traverser la lésion médullaire.

Dans cette situation d'urgence grave, les interventions infirmières consistent à surélever la tête du lit à 45° ou asseoir le client, à avertir le médecin et à examiner le client pour déterminer la cause de la dysréflexie autonomique. Il peut s'agir d'une irritation vésicale. Un cathétérisme immédiat s'avère alors nécessaire pour soulager la distension de la vessie. Une gelée de lidocaïne doit être injectée dans l'urètre avant l'introduction de la sonde. Si le cathéter est déjà en place, l'infirmière vérifiera qu'il n'est ni enroulé sur lui-même, ni plié. S'il est bloqué, elle procédera à une irrigation avec un faible volume de solution, de façon lente et délicate, afin de le désobstruer, ou elle installera un nouveau cathéter. La rétention fécale peut également provoquer la dysréflexie autonomique. L'infirmière procédera à l'examen digital rectal, mais seulement après avoir appliqué un onguent anesthésique afin de diminuer la stimulation du rectum et de prévenir l'augmentation des symptômes. Il convient de retirer tous les stimuli cutanés, par exemple le port de chaussures ou de vêtements trop ajustés. Il faut surveiller fréquemment la pression artérielle durant cet épisode. Si les symptômes persistent alors même que leur cause a été supprimée, il convient d'administrer un alphabloquant ou un vasodilatateur artériolaire (p. ex., la nifédipine [Adalat^MD]). La surveillance étroite de l'évolution du client doit être maintenue jusqu'à ce que ses signes vitaux soient stabilisés. Une note au dossier ainsi que l'ajustement du plan thérapeutique infirmier permettront de cibler et de surveiller les stimuli les plus susceptibles de causer la dysréflexie autonomique chez le client.

L'infirmière expliquera au client ainsi qu'à ses proches les causes et les symptômes de la dysréflexie autonomique **ENCADRÉ 23.6**. Le client ainsi que son entourage doivent comprendre que ce dysfonctionnement peut entraîner la mort, et être en mesure d'en soulager la cause.

Soins ambulatoires et soins à domicile

La réadaptation des blessés médullaires s'avère complexe et délicate. Avec des soins physiques et psychologiques appropriés ainsi qu'une réadaptation intensive spécialisée, le blessé médullaire peut retrouver un fonctionnement optimal du point de vue de ses capacités ou de son bien-être. Toutes les personnes qui viennent de subir une blessure médullaire devraient bénéficier d'un programme complet de réadaptation en établissement, dans une unité ou un centre spécialisé dans la réadaptation médullaire.

La plupart des problèmes qui surviennent dans la période aiguë deviennent chroniques et perdurent toute la vie. La réadaptation

23

ENCADRÉ 23.6 — Dysréflexie autonomique

L'enseignement au client et à ses proches pour un client à risque de dysréflexie autonomique devrait porter sur les aspects suivants.

Signes et symptômes

- Céphalées aiguës et soudaines
- Augmentation de la pression artérielle ou baisse de la fréquence cardiaque (ou les deux)
- Rougeurs du visage et de la région thoracique supérieure (au-dessus de la lésion) et pâleur des extrémités (en dessous de la lésion)
- Sudation sus-lésionnelle
- Congestion nasale
- Sentiment de crainte, d'appréhension

Interventions immédiates

- Placer la personne en position assise.

- Supprimer l'élément déclencheur (rétention fécale, sonde urinaire coudée ou obstruée, vêtements trop serrés).
- Si les mesures décrites ci-dessus n'éliminent pas les signes et les symptômes, appeler le médecin.

Prévention de la dysréflexie autonomique

- Maintenir la régularité de l'élimination intestinale.
- En cas de stimulation anale manuelle pour favoriser l'élimination intestinale, l'utilisation d'un anesthésique local peut prévenir les épisodes de dysréflexie autonomique.
- Surveiller le débit urinaire.
- Déterminer les causes possibles et noter les stimuli déclencheurs.
- Faire porter à la personne un bracelet indiquant ses antécédents de dysréflexie autonomique.

vise en premier lieu à rééduquer les processus physiologiques et à informer le client et ses proches sur les mesures à prendre face aux changements physiologiques et aux modifications des habitudes de vie qui découlent de la blessure **FIGURE 23.15**.

La réadaptation est une démarche multidisciplinaire qui incombe à une équipe composée notamment d'infirmières en réadaptation, de médecins, de physiothérapeutes, d'ergothérapeutes, d'orthophonistes, de conseillers en cheminement professionnel, de psychologues, d'intervenants en loisirs ou de récréologues, de prothésistes, d'orthésistes et de nutritionnistes. Les soins de réadaptation sont conçus et mis en œuvre selon les objectifs et les besoins du client. Pendant la réadaptation, le client est invité à participer activement à ses traitements et à apprendre les techniques d'autosoins, et ce, plusieurs heures par jour. Cette démarche exigeante peut constituer une source de stress pour le client, d'autant plus qu'elle intervient à un moment où il doit affronter une perturbation majeure de son état de santé et de ses fonctions. Le client peut progresser lentement et l'équipe doit l'encourager très souvent. L'infirmière en réadaptation joue un rôle central : elle doit encourager, dispenser des soins spécialisés, faire de l'enseignement au client et à ses proches, et participer à la coordination de l'équipe de réadaptation.

| **Réadaptation respiratoire** | Les stimulateurs du nerf phrénique et les stimulateurs diaphragmatiques électroniques peuvent procurer une amélioration appréciable de la mobilité aux victimes d'une blessure médullaire cervicale haute. Ces dispositifs ne sont pas recommandés pour tous les clients ventilo-dépendants, mais peuvent s'avérer utiles à ceux qui ont conservé leur nerf phrénique intact. Les ventilateurs sont par ailleurs relativement portables et les tétraplégiques à dépendance respiratoire peuvent ainsi se déplacer et bénéficier d'une certaine indépendance. L'infirmière doit enseigner tous les aspects des soins et de l'entretien du ventilateur à domicile au client ainsi qu'à ses proches, et les orienter vers les ressources communautaires appropriées. Les victimes d'une blessure cervicale qui ne sont pas ventilo-dépendantes doivent apprendre les techniques de toux assistée et effectuer régulièrement les exercices de spirométrie et de respiration profonde.

| **Vessie neurogène** | Le terme **vessie neurogène** désigne toutes les dysfonctions vésicales attribuables à une abolition ou à une anomalie de l'innervation de la vessie. Une fois le choc spinal résolu, les blessés médullaires présentent généralement une vessie neurogène à un degré plus ou moins variable, selon la gravité de leur blessure. Pour déclencher la vidange normale de la vessie, le système nerveux doit détendre l'urètre et le plancher pelvien en même temps qu'il contracte le muscle détrusor. Selon le niveau de la lésion médullaire, plusieurs dysfonctions sont possibles : les contractions réflexes du détrusor sont abolies (aréflexie et flaccidité de la vessie); elles peuvent être au contraire hyperactives (hyperréflexie et spasticité vésicale); la contraction du détrusor et la détente urétrale peuvent être incoordonnées (dyssynergie). Différents problèmes sont ainsi fréquemment observés dans les cas de vessie neurogène, notamment l'urgence ou la fréquence mictionnelle, l'incontinence, l'impossibilité de vider la vessie, la rétention urinaire provoquant le reflux urinaire dans les reins.

Les vessies neurogènes peuvent être classifiées selon l'activité réflexe du détrusor, la pression intravésicale de remplissage et la maîtrise de la continence. Le **TABLEAU 23.4** présente les différents types de vessies neurogènes. L'**ENCADRÉ 23.7** décrit les processus diagnostique et thérapeutique correspondants. Les clients présentant une blessure médullaire et une vessie neurogène doivent faire l'objet d'un programme complet de soins de la fonction vésicale.

Une fois que l'état général du client est stabilisé et que ses réflexes neurologiques sont en partie rétablis, il est pertinent de procéder à un examen urodynamique et de prélever des échantillons d'urine pour culture. De nombreuses méthodes de drainage sont envisageables, par exemple, la rééducation du réflexe vésical (si le contrôle de la vidange est en partie préservé), la sonde à demeure, le cathétérisme intermittent, le condom urinaire (cathéter externe). Différentes interventions chirurgicales sont par ailleurs possibles : la sphinctérotomie, l'implantation d'un dispositif de stimulation électrique, la dérivation urinaire.

De nombreux facteurs doivent être pris en considération pour choisir la stratégie de soins vésicaux la mieux adaptée. Ce sont

FIGURE 23.15
Ergothérapie pour blessé médullaire

TABLEAU 23.4	Classification des vessies neurogènes		
TYPE	**CARACTÉRISTIQUE**	**CAUSES**	**MANIFESTATIONS CLINIQUES**
Spastique (spasmodique, réflexe, non inhibée, atteinte du neurone moteur supérieur)	Il n'y a aucune retenue vésicale, la vessie se vide en réponse à l'étirement des parois vésicales et rien ne détermine le moment et le lieu de la vidange.	Lésions du tractus corticospinal ; constatée dans les cas de blessure médullaire, d'AVC, de sclérose en plaques, de tumeur ou de trauma cérébral	Incontinence, fréquence et urgence des mictions ; la vidange est imprévisible et incomplète.
Atone (autonome, flasque, atteinte du neurone moteur inférieur)	La vessie se comporte comme si toutes les fonctions motrices étaient paralysées ; elle se remplit, mais ne se vide pas.	Lésions des neurones moteurs inférieurs provoquées par des traumas touchant S2-S4 ; lésions de la queue de cheval ou des nerfs pelviens	Si la fonction sensitive est intacte, le client sent la distension vésicale et le retard de la miction ; cependant, il ne contrôle pas la miction, d'où la distension vésicale extrême et l'incontinence par trop-plein (incontinence par regorgement).
Sensorielle	Il y a perte de l'envie d'uriner.	Détérioration des capacités sensitives de l'arc réflexe spinal de miction ; observée dans les cas de sclérose en plaques et de diabète	Les sensations vésicales sont très faibles ; il y a élimination peu fréquente d'un volume résiduel important.

notamment les suivants : le type de dysfonction vésicale observée, les préférences du client, le fonctionnement des membres supérieurs, la disponibilité des proches, les habitudes de vie.

Le type de dysfonction vésicale détermine les objectifs thérapeutiques visés et les soins possibles. Une vessie réflexe avec asynergie du détrusor et du sphincter nécessite des mesures pour assurer la rétention de l'urine ainsi qu'une vidange efficace et complète sans pour autant exercer de pression excessive. Des anticholinergiques (p. ex., l'oxybutynine [Ditropan^MD] ou la toltérodine [Detrol^MD]) peuvent être administrés pour abolir la contraction vésicale. Le cas échéant, l'administration d'alphabloquants (p. ex., la térazosine [Hytrin^MD] ou la doxazosine [Cardura^MD]) permettra de réduire la résistance à l'écoulement du col vésical, et le recours aux antispasmodiques (p. ex., le baclofène [Lioresal^MD]) pourra diminuer la spasticité des muscles du plancher pelvien.

Une vessie réflexe avec hyperréflexie du détrusor peut être traitée par l'administration d'anticholinergiques, de capsaïcine (capsicine) intravésicale ou de toxine botulinique A. Si les réflexes vésicaux sont abolis (aréflexie vésicale), le traitement consiste essentiellement à installer une sonde à demeure ou à faire des cathétérismes intermittents.

La décision d'installer une sonde à demeure ne doit pas être prise à la légère, car l'utilisation de cette technique s'accompagne d'un risque élevé d'IVU et de formation d'une fistule ou d'un diverticule. Cependant, cette méthode peut s'avérer la meilleure option possible pour certains clients (Gould, Umscheid, Agarwal, Kuntz, Pegues, & Healthcare Infection Control Practices Advisory Committee, 2009). La perméabilité du cathéter ainsi que l'apport liquidien doivent être régulièrement vérifiés. La fréquence des changements de routine du cathéter varie entre une semaine et un mois, selon le type de sonde utilisé et le protocole de l'établissement.

L'utilisation de cathétérismes intermittents constitue la technique la plus généralement recommandée. L'évaluation infirmière

joue un rôle décisif dans la détermination du laps de temps séparant deux cathétérismes. Au début, elles ont lieu toutes les quatre heures. Le volume vésical peut être estimé avant la mise en place de la sonde au moyen d'un échographe vésical portable (ambulatoire). Si la quantité d'urine mesurée est inférieure à 200 ml, l'intervalle entre les cathétérismes peut être allongé. Si elle est supérieure ou égale à 500 ml, il sera au contraire diminué. La distension de la vessie peut provoquer l'ischémie des parois vésicales, ce qui favorise les invasions bactériennes et les infections. Sur 24 heures, la diurèse intervient généralement à heures fixes. Le nombre de cathétérismes intermittents s'élève généralement à cinq ou six par jour.

Processus diagnostique et thérapeutique

| ENCADRÉ 23.7 | **Vessie neurogène** |

Examen clinique et examens paracliniques
- Histoire de santé et examen physique, y compris examen neurologique
- Examen urodynamique
- Pyélogramme intraveineux
- Culture urinaire

Processus thérapeutique
- Administration de médicaments
  - Suppression des contractions vésicales (anticholinergiques)
  - Détente du sphincter urétral (alphabloquant)
  - Suppression de la spasticité du plancher pelvien (baclofène [Lioresal^MD])
- Apport liquidien : 1 800 à 2 000 ml/j
- Évaluation des résidus postmictionnels par échographie vésicale (BladderScan^MD)
- Drainage urinaire
  - Vidange volontaire ou réflexe
  - Cathétérismes intermittents
  - Sonde à demeure
- Intervention chirurgicale
  - Sphinctérotomie
  - Stimulation électrique
  - Dérivation urinaire

La dérivation urinaire chirurgicale peut s'avérer nécessaire dans certains cas : des IVU fréquentes avec perturbation du fonctionnement rénal ; la formation répétée de calculs rénaux ; l'inefficacité des interventions thérapeutiques. Plusieurs traitements chirurgicaux sont envisageables pour la vessie neurogène, par exemple : la section du col vésical (sphinctérotomie), l'augmentation vésicale (cystoplastie d'augmentation), la prothèse pénienne, la mise en place d'un sphincter artificiel, l'urétérostomie périnéale, la cystotomie, la vésicotomie, la transplantation urétrale antérieure.

Quels que soient les soins et traitements infirmiers retenus, l'infirmière doit enseigner au client et à ses proches les techniques à mettre en œuvre pour accomplir correctement les soins nécessaires. Elle devra leur expliquer les techniques, leur dire comment se procurer les fournitures et l'équipement nécessaires et comment les entretenir, en plus de leur indiquer les circonstances dans lesquelles ils doivent consulter un professionnel de la santé. L'infirmière devra prendre les dispositions nécessaires pour assurer l'accès à des ressources (incluant les coordonnées) permettant de se procurer les fournitures requises et de maintenir un niveau acceptable de soins.

Manœuvre de Valsalva :
Manœuvre qui consiste à exercer une contraction volontaire des muscles abdominaux pendant l'expiration forcée, en gardant la glotte fermée (en retenant sa respiration et en poussant).

| **Intestin neurogène** | L'évacuation intestinale doit faire l'objet d'un suivi particulièrement étroit chez les blessés médullaires, car le contrôle volontaire de cette fonction est parfois aboli, ce qui produit un **intestin neurogène**. En général, les mesures de prévention de la constipation consistent notamment à maintenir une alimentation riche en fibres et un apport liquidien suffisant.

L'**ENCADRÉ 23.8** récapitule les lignes directrices de l'enseignement aux clients et à leurs proches concernant les soins intestinaux. Cependant, ces mesures ne suffisent pas toujours pour stimuler ou maintenir l'évacuation intestinale. Par conséquent, l'administration de suppositoires (bisacodyl [Dulcolax^{MD}] ou glycérine) ou de petits lavements et la stimulation digitale pratiquée par l'infirmière ou le client lui-même (20 à 30 minutes après l'insertion du suppositoire) peuvent se révéler nécessaires dans certains cas. Chez le client présentant une lésion du neurone moteur supérieur, la stimulation digitale se révèle indispensable pour détendre le sphincter externe et favoriser la défécation. Les émollients fécaux tels que le docusate sodique (Colace^{MD}) permettent de régulariser la consistance des selles. Les laxatifs par voie orale ne doivent être utilisés qu'en cas d'absolue nécessité, une journée ou deux seulement, jamais de manière habituelle.

La **manœuvre de Valsalva** et la stimulation manuelle s'avèrent utiles aux blessés médullaires présentant une lésion du neurone moteur inférieur. La manœuvre de Valsalva ne peut être pratiquée que sur les clients dont les muscles abdominaux sont intacts, c'est-à-dire dont la lésion se situe sous T12. Il est généralement considéré qu'une élimination fécale tous les deux jours se situe dans les normales et ne pose pas problème. Cependant, les habitudes d'élimination antérieures à l'accident doivent également être prises en considération. L'administration d'une quantité trop importante d'émollients fécaux et la rétention fécale peuvent causer l'incontinence.

ENCADRÉ 23.8 | **Rééducation intestinale après une blessure médullaire**

L'enseignement au client et à ses proches sur la prise en charge de la rééducation intestinale après une blessure médullaire devrait porter sur les aspects suivants.

Alimentation

- Pour être optimale, elle doit comporter les éléments suivants :
  - trois repas équilibrés par jour ;
  - deux portions de produits laitiers ;
  - au moins deux portions du groupe des viandes et substituts (bœuf, porc, volaille, œufs, poissons) ;
  - au moins quatre portions de fruits et légumes ;
  - au moins quatre portions de pain ou autres produits céréaliers.
- Un apport en fibres d'environ 20 à 30 g par jour. La quantité de fibres doit être augmentée graduellement sur une à deux semaines.
- Sauf contre-indication, l'apport liquidien quotidien doit être d'au moins deux litres. L'eau et les jus de fruits sont préférables ; la consommation de boissons caféinées telles que le café, le thé et les colas doit être limitée. L'ingestion de liquides amollit les selles trop dures ; la caféine stimule les pertes liquidiennes par la miction.
- Les aliments qui produisent des gaz intestinaux (p. ex., les haricots secs) ou irritent le système G.I. (aliments épicés) doivent être évités.

Horaire

Établir un horaire régulier pour l'élimination intestinale. Recommandation : 30 minutes après le premier repas de la journée.

Posture

Si possible, l'évacuation se fera en position verticale, les pieds à plat sur le sol ou sur un marche-pied pour faciliter l'évacuation des selles. Les séjours de plus de 20 ou 30 minutes aux toilettes, sur la chaise d'aisance ou le bassin de lit risquent de provoquer des lésions cutanées. Si le client manque de stabilité, une personne doit l'accompagner et demeurer avec lui.

Activité

L'exercice stimule la fonction intestinale. En plus d'améliorer le tonus musculaire, il accélère le transit G.I. et accroît l'appétit. Il est important d'exercer les muscles, par exemple par des étirements, des exercices d'amplitude articulaire, des changements de position et des mouvements fonctionnels.

Pharmacothérapie

L'administration de suppositoires s'avère parfois nécessaire pour favoriser l'élimination intestinale. La stimulation anale manuelle peut également se révéler utile pour amorcer la défécation. Les émollients fécaux pourront être utilisés pour régulariser la consistance des selles. Les laxatifs par voie orale ne seront utilisés qu'en cas de nécessité absolue.

Pour que le programme de rééducation intestinale atteigne les buts visés, il est important de noter minutieusement l'évacuation intestinale en précisant la quantité, l'heure et la consistance. Le moment où se produit la défécation peut également fournir une information utile. La planification de l'évacuation intestinale 30 à 60 minutes après le premier repas de la journée peut augmenter la probabilité de réussite du programme en mettant à contribution le réflexe gastrocolique déclenché par la prise de nourriture. Ce réflexe peut également être stimulé par l'ingestion d'une boisson chaude immédiatement après le repas. Ici encore, l'infirmière doit éduquer le client et ses proches afin de promouvoir une prise en charge intestinale efficace et indépendante.

| Peau | La prévention des lésions de pression et autres lésions pouvant apparaître sur une peau devenue insensible s'avère essentielle chez les blessés médullaires (Gul, Cakmak, Ozel, Bingol, & Kaya, 2009). Les infirmières en réadaptation doivent enseigner les compétences et fournir toute l'information nécessaire concernant les soins cutanés quotidiens. Un examen visuel et tactile complet de la peau doit être réalisé deux fois par jour, avec une attention particulière portée aux proéminences osseuses. Les régions les plus vulnérables aux lésions cutanées sont notamment les ischions, les trochanters, les talons et le sacrum. L'infirmière doit repositionner soigneusement le client toutes les deux heures au début ; elle pourra ensuite espacer graduellement les mobilisations si elle ne constate aucune rougeur sur les proéminences osseuses. Les fauteuils roulants doivent être équipés de coussins ou autres formes de protection permettant de diminuer les pressions ; des matelas spéciaux s'avèrent également indispensables dans certains cas. Quand elle tourne ou déplace le client, l'infirmière doit procéder avec précaution afin d'éviter les étirements et le cisaillement des tissus mous, mais aussi les frictions et les abrasions.

L'infirmière doit vérifier régulièrement l'état nutritionnel du client. La perte et la prise de poids peuvent augmenter le risque de lésions cutanées. Une consommation adéquate de protéines se révèle indispensable au maintien de la santé de la peau. La mesure des quantités de préalbumine, de protéines totales et d'albumine permet dans certains cas de détecter les apports protéiques inadéquats. Il faut souligner l'importance d'une bonne alimentation pour la santé de la peau auprès du client et de ses proches.

La préservation de la santé de la peau exige également d'éviter les lésions thermiques. Les brûlures peuvent être causées par les liquides ou aliments solides trop chauds, le bain ou la douche, les radiateurs, les coussins chauffants et la tuyauterie mal isolée. Le froid extrême peut également provoquer des lésions thermiques (engelures). Parfois, ces lésions ne sont pas détectées avant que les dommages ne soient devenus majeurs. Il est par conséquent important d'informer à l'avance le client et ses proches des risques de lésions thermiques. L'**ENCADRÉ 23.9** résume l'enseignement à fournir au client et à ses proches relativement à la santé de la peau.

| Sexualité | La gravité de la blessure ainsi que le niveau auquel elle est survenue déterminent le potentiel de satisfaction sexuelle des blessés médullaires masculins et leurs possibilités d'érection, d'orgasme et de fertilité (Alexander, Brackett, Bodner, Elliott, Jackson, & Sonksen, 2009) **TABLEAU 23.5**. Quel que soit l'âge ou le sexe du blessé médullaire, la sexualité constitue une dimension importante de sa situation nouvelle. Pour lui fournir avec tact et délicatesse les conseils et l'information nécessaire sur la sexualité, l'infirmière doit être consciente de ses propres besoins ou comportements dans ce domaine et bien connaître les réactions sexuelles de l'être humain en général. Quand elle discutera de son potentiel sexuel avec un client, l'infirmière veillera à utiliser dans toute la mesure du possible la terminologie scientifique plutôt que le langage familier.

La fonction sexuelle réflexe peut être maintenue chez les blessés médullaires présentant une lésion du neurone moteur supérieur. Le maintien du tonus musculaire dans le sphincter anal externe indique une lésion motrice supérieure (lésion haute). Par contre, l'absence de ce tonus ou du réflexe bulbocaverneux, voire des deux, indique que la lésion touche les neurones moteurs inférieurs ; l'érection psychogène est possible dans certains cas, mais pas l'érection réflexe. En cas d'éjaculation, le sperme peut refluer vers la vessie.

La nature de la blessure détermine la réaction sexuelle physique. Les blessés médullaires de sexe masculin présentant une lésion des neurones moteurs supérieurs peuvent avoir des érections réflexes spontanées ou induites par l'activité réflexe ou encore par un stimulus extérieur. Quand elles sont spontanées, ces érections sont généralement de courte durée et échappent au contrôle de l'homme ; elles ne peuvent pas être déclenchées ou maintenues à volonté au moment du coït. D'une manière générale,

---

Enseignement au client et à ses proches

ENCADRÉ 23.9 **Soins cutanés des blessés médullaires**

L'enseignement au client et à ses proches sur la prise en charge des soins cutanés des blessés médullaires devrait porter sur les aspects suivants.

Changements de position fréquents

- Lorsque la personne est en fauteuil roulant, elle doit se soulever et changer son poids de place toutes les 15 à 30 minutes. Si elle est tétraplégique, le proche aidant doit le faire pour elle.
- Si elle est alitée, il est recommandé d'établir un horaire régulier de changement de position (au moins toutes les deux heures) — sur le côté, sur le dos, sur le ventre.

- Utiliser des matelas et des coussins spéciaux pour fauteuil roulant afin de diminuer la pression.
- Utiliser des oreillers afin de protéger les proéminences osseuses lorsque le client est au lit.

État de la peau

- Inspecter fréquemment la peau pour vérifier la présence de rougeurs, d'œdème et de lésions.
- Couper régulièrement les ongles de la personne pour éviter qu'elle ne s'érafle.
- Si une plaie apparaît, suivre les procédures de soins des plaies selon les normes.

TABLEAU 23.5	Fonction sexuelle potentielle chez les blessés médullaires masculins		
ÉRECTION		**ÉJACULATION**	**ORGASME**
Neurones moteurs supérieurs			
Blessure complète			
Fréquente (92 %), réflexe seulement		Rare (4 %)	Rare
Blessure incomplète			
Très fréquente (99 %) – réflexe (80 %) et psychogène (19 %)		Moins fréquente (32 %) – après érection réflexe (74 %), après érection psychogène (26 %)	Présent (en cas d'éjaculation)
Neurones moteurs inférieurs			
Blessure complète			
Peu fréquente (26 %)		Peu fréquente (18 %)	Présent (en cas d'éjaculation)
Blessure incomplète			
Psychogène et réflexe		Fréquente (70 %), après érection réflexe ou psychogène	Présent (en cas d'éjaculation)

l'orgasme et l'éjaculation ne sont pas possibles chez les hommes qui ont une lésion complète du neurone moteur supérieur.

La plupart des blessés médullaires présentant une lésion complète des neurones moteurs inférieurs ne peuvent plus avoir d'érections, ni psychogènes, ni réflexes. Les blessés médullaires présentant une lésion incomplète des neurones moteurs inférieurs bénéficient d'une probabilité plus grande que l'érection psychogène avec éjaculation soit maintenue, et 10 % d'entre eux restent fertiles malgré leur accident.

Plusieurs méthodes sont envisageables pour traiter le dysfonctionnement érectile, notamment les médicaments, les pompes à pression négative (à vide), les interventions chirurgicales. Le sildénafil (Viagra^MD) constitue maintenant le traitement privilégié pour les hommes atteints d'une blessure médullaire. L'injection pénienne de produits vasomoteurs (vasoactifs) tels que la papavérine ou la prostaglandine E peut également être envisagée. Toutefois, cette méthode entraîne un risque de priapisme (érection pénienne prolongée) et de formation d'une cicatrice ; par conséquent, elle est généralement utilisée uniquement quand l'administration de sildénafil s'est révélée inefficace. Les pompes à vide appliquent une pression négative qui favorise l'afflux sanguin dans le pénis. L'érection est ensuite maintenue par un anneau placé à la base du pénis. L'intervention chirurgicale la plus courante consiste à implanter une prothèse pénienne ▶ 66 .

Les blessures médullaires réduisent la fertilité masculine, car elles induisent une détérioration de la qualité du sperme et provoquent une dysfonction éjaculatoire. Les progrès récents permettent maintenant de collecter le sperme au moyen d'une stimulation pénienne vibratoire et de l'électroéjaculation, et d'induire l'ovulation chez la partenaire féminine du blessé médullaire pour réaliser ensuite une insémination intra-utérine. Alors que les hommes victimes de blessures médullaires avaient jusqu'à tout récemment très peu de chances de devenir pères après leur accident, ces avancées leur procurent aujourd'hui un espoir raisonnable.

L'incidence des blessures médullaires sur la sexualité féminine est moins évidente. La lubrification correspond, chez la femme, à l'érection chez l'homme et comporte, elle aussi, des dimensions réflexes et psychogènes. Les femmes présentant une lésion du neurone moteur supérieur peuvent conserver dans certains cas la lubrification réflexe ; par contre, la lubrification psychogène dépend de la gravité de la blessure. Environ la moitié des femmes blessées médullaires pourraient atteindre l'orgasme.

En général, les blessures médullaires n'abolissent pas la fertilité chez les femmes. Elles ne réduisent pas non plus leur capacité à concevoir et à donner naissance par les voies naturelles. Il arrive que la blessure suspende les menstruations, parfois pendant six mois. Si la femme maintient son activité sexuelle, elle doit se protéger des grossesses non désirées. Les IVU, l'anémie et la dysréflexie autonomique peuvent compliquer une grossesse par ailleurs normale. Cependant, comme la femme ne ressent plus les contractions utérines, elle est exposée à un risque d'accouchement prématuré.

Pour les femmes blessées médullaires, comme pour les hommes, la réadaptation sexuelle doit commencer de manière informelle après la résolution de la phase aiguë. L'infirmière pourra par exemple poser la question suivante : Avez-vous eu

66

Les soins et traitements infirmiers auprès des clients atteints de dysfonctionnement érectile sont décrits dans le chapitre 66, *Interventions cliniques – Troubles du système reproducteur de l'homme.*

des érections depuis votre accident? Ou encore: Vos règles se sont-elles maintenues depuis l'accident? Ces questions permettent d'aborder le sujet du fonctionnement sexuel d'une manière non menaçante pour l'interlocuteur ou l'interlocutrice. Certains blessés médullaires de sexe masculin peuvent par ailleurs poser des questions de ce type: Pensez-vous que je vais redevenir un homme?

Il est important d'amorcer et de maintenir une discussion ouverte avec le client. Ce volet crucial de la réadaptation doit être confié à une personne possédant une formation spécialisée en sexologie. Une infirmière ou autre professionnel de la réadaptation possédant cette expertise conseille alors le ou la client(e), mais aussi son ou sa partenaire, et veille constamment à maintenir des communications ouvertes entre eux. L'infirmière doit respecter les convictions religieuses et culturelles des couples qui la consultent. Elle peut leur suggérer des manières moins classiques de procurer et de recevoir du plaisir sexuel, par exemple les pratiques buccogénitales (cunnilingus et fellation). Des films explicites peuvent être utilisés dans le cadre de ce programme; par exemple, un film montrant des relations sexuelles entre un blessé médullaire paraplégique et un partenaire ne présentant aucun handicap. Les graphiques et les schémas doivent être utilisés avec précaution, car ils sont parfois trop restrictifs et insistent d'une manière excessive sur la mécanique du rapport sexuel au lieu de s'intéresser à la relation.

L'activité sexuelle exige parfois plus de planification après un accident ayant entraîné une blessure médullaire; elle peut alors perdre de sa spontanéité. Par exemple, il faut dans certains cas qu'un préposé déshabille le client et le libère de l'équipement médical. Pour créer un climat propice, il est important d'instaurer une atmosphère de détente. L'équipe soignante laissera aux partenaires un temps amplement suffisant pour se caresser, se câliner et s'embrasser, et les incitera à explorer mutuellement leurs zones érogènes, par exemple les lèvres, le cou et les oreilles, qui peuvent susciter l'orgasme ou l'érection psychogène.

Quand une sonde à demeure est en place, des mesures doivent être prises pour éviter son retrait pendant l'activité sexuelle. Les cathéters externes doivent être enlevés avant le début de l'activité sexuelle et, idéalement, l'apport liquidien sera également suspendu. Le programme de rééducation intestinale prévoira une évacuation le matin de l'activité sexuelle planifiée. Le ou la partenaire sera informé(e) que l'incontinence est possible. Les femmes blessées médullaires ont parfois besoin d'un lubrifiant soluble à l'eau pour compenser la diminution des sécrétions vaginales et faciliter la pénétration.

| Deuil, dépression | Les blessés médullaires éprouvent souvent un très fort sentiment de perte. En général, ils perdent temporairement le contrôle sur leur environnement et dépendent de leur entourage autant pour les activités quotidiennes que pour les mesures nécessaires à leur survie. Ils peuvent avoir l'impression d'être devenus inutiles et de ne plus être qu'un fardeau pour leurs proches. Alors même que leur propre indépendance peut avoir compté jusqu'à tout récemment parmi leurs priorités, ils se retrouvent soudainement complètement dépendants d'autrui.

Les réactions et le rétablissement des blessés médullaires diffèrent complètement, sur certains points majeurs, de ceux des amputés ou des clients en phase terminale. Tout d'abord, la régression intervient toujours, et ce, à différents moments du processus. L'apprivoisement du deuil est une mission difficile qui dure toute la vie, et le client a besoin de soutien et d'encouragement pour traverser l'épreuve. Les techniques de réadaptation ayant beaucoup progressé, il n'est pas rare que les blessés médullaires deviennent physiquement indépendants et quittent le centre de réadaptation avant d'avoir fait le deuil de leurs capacités perdues. L'objectif du rétablissement consiste ici à s'adapter correctement à la situation nouvelle plutôt qu'à l'accepter. Cette adaptation suppose la capacité de continuer de vivre avec des limitations jusque-là inconnues. Les clients qui acceptent relativement bien leur situation et se montrent coopératifs sont plus faciles à traiter; néanmoins, tous les blessés médullaires traversent des moments plus difficiles que d'autres et vivent des émotions en montagnes russes. Tous n'ont pas nécessairement d'épisode dépressif pendant leur rétablissement. Les normes de la société autorisent les personnes qui viennent de subir une perte majeure à traverser une phase de dépression; la société s'attend même à un tel épisode chez les personnes qui doivent affronter la mort ou des changements radicaux de leurs habitudes de vie. Néanmoins, tous les blessés médullaires ne sombrent pas dans la dépression pour autant.

En ce qui concerne l'apprivoisement du chagrin et du sentiment de perte, le rôle de l'infirmière consiste à fournir au client les conditions propices pour faire son deuil des capacités qu'il a perdues, sachant que cette étape fait partie intégrante du processus de réadaptation. L'intervention prioritaire de l'infirmière dans tout le processus de deuil est l'écoute du client. Le **TABLEAU 23.6** résume le processus du deuil en indiquant pour chaque manifestation les interventions infirmières à mettre en œuvre. Il faut se rappeler que les manifestations du processus du deuil ne surviennent pas l'une après l'autre, mais qu'elles peuvent se produire à tout moment, sans ordre précis, de façon circulaire. La préservation de l'espoir constitue une stratégie importante dans le processus du deuil; elle ne doit pas être confondue avec le déni. Lors des manifestations du choc et du déni, l'infirmière doit rassurer le client et insister sur la compétence de toute l'équipe de soins qui intervient auprès de lui. Lors de celles de la colère, elle devra l'aider à récupérer un certain contrôle sur son environnement, notamment en l'incitant à participer au plan de soins. Elle ne doit pas répondre à la colère ou à la manipulation et se laisser entraîner dans des luttes de pouvoir avec le client. Plus il devient capable d'effectuer lui-même les soins dont il a besoin, plus il gagne en indépendance.

Les proches du client ont également besoin de conseils pour ne pas promouvoir la dépendance chez le client, motivés en cela par leur propre sentiment de culpabilité ou par une compassion mal comprise. Les proches du blessé médullaire vivent, eux aussi, un processus de deuil et de chagrin très intense. Dans certains cas, les groupes de soutien pourront les informer sur le processus du deuil, les difficultés physiques, le plan de réadaptation et la signification du handicap dans notre société, mais aussi les inciter à participer activement à ces différentes dimensions de la situation qu'ils sont en train de vivre.

Lors de manifestations de dépression, l'infirmière doit faire preuve de patience et de persévérance et maintenir un bon sens de l'humour. La pitié n'est pas de mise. Elle doit traiter le client en adulte et le laisser participer aux décisions

COMPORTEMENT DU CLIENT[a]	INTERVENTIONS INFIRMIÈRES
Choc et déni	
Lutte pour survivre, dépendance complète, hypersomnie, repli sur soi, fantasmes, espoirs irréalistes	• Fournir des soins infirmiers minutieux. • Fournir une information honnête en tenant compte du besoin d'information du client (ne pas imposer l'information). • Expliquer la blessure au moyen de diagrammes simples. • Encourager le client à entreprendre son processus de rétablissement. • Conclure un « contrat » stipulant la promotion et l'amélioration de toutes les capacités actuelles sans nier la possibilité d'améliorations futures.
Colère	
Refus de toute discussion concernant la paralysie, baisse de l'estime de soi, manipulation, hostilité, injures	• Coordonner les soins avec le client et l'inviter à prendre en charge ses autosoins dans la mesure du possible. • Soutenir les proches ; les empêcher de renforcer la dépendance du client pour atténuer leur propre sentiment de culpabilité. • Recourir largement à l'humour. • Permettre les éclats de colère au client et éviter les remontrances. • Ne pas le laisser focaliser toutes ses pensées sur sa blessure.
Dépression	
Tristesse, pessimisme, anorexie, cauchemars, insomnie, agitation, retard psychomoteur, déprime, pensées suicidaires, refus de participer aux autosoins	• Inviter les proches et les personnes-ressources à soutenir le client et à participer à la démarche de rétablissement. • Planifier une réadaptation graduelle et constater les progrès réalisés à chaque étape afin d'éviter le plus possible les frustrations. • Aider le client avec dynamisme et bonne humeur dans ses activités quotidiennes. • Éviter la pitié. • Agir avec gentillesse mais fermeté.
Adaptation	
Projets d'avenir, participation active aux traitements, construction d'une significa-tion personnelle de l'épreuve et discerne-ment des possibilités de croissance qu'elle représente, retour à la personna-lité antérieure à l'accident	• Se rappeler que chaque personne possède sa propre personnalité. • Appuyer les systèmes de soutien pour favoriser l'autonomie. • Établir des objectifs en collaboration avec le client. • Mettre l'accent sur le potentiel résiduel.

[a] Il est à noter que le choc, le déni et la colère sont des mécanismes normaux d'adaptation.

concernant les soins, mais être ferme sur ce point : les soins nécessaires seront accomplis. Les réunions multidisciplinaires et les séances de planification au cours desquelles les membres de l'équipe peuvent exprimer leurs impressions per-mettent par ailleurs d'assurer la cohérence des soins ainsi que la rédaction d'un plan d'intervention multidisciplinaire. Pour que le client s'adapte à sa condition, il a besoin d'un soutien constant : tout au long de son processus de réadap-tation, il doit se sentir accepté, aimé, apprécié. Quand un client a besoin de parler, il convient de lui prêter l'oreille ; d'une manière générale, il faut être sensible à ses besoins tout au long de son processus de deuil.

Les manifestations dépressives du deuil durent générale-ment de quelques jours à quelques semaines. Cependant, certains blessés médullaires sombrent dans une dépression clinique qui exige un traitement spécifique. Ils doivent alors, dans toute la mesure du possible, être vus par un psychiatre ou une infirmière spécialisée en santé mentale. Son traitement pourra consister en médicaments ou séances de psychothérapie, ou les deux.

Évaluation des résultats

Le **PSTI 23.1** récapitule les résultats escomptés pour le client souffrant d'une blessure médullaire.

BLESSURES MÉDULLAIRES

Les personnes âgées sont de plus en plus actives, tant dans leur travail que dans leurs loisirs, elles sont également de plus en plus nombreuses à subir des blessures médullaires. Leur taux de mortalité à la suite de tels accidents est plus élevé que celui des autres tranches de population ; de plus, les blessures traumatiques causent plus de complications chez les aînés que chez les jeunes et provoquent également des séjours hospitaliers plus longs.

La répartition démographique des blessés médullaires change. Le fait que l'espérance de vie après l'accident s'est considérablement allongée depuis quelque temps contribue à l'augmentation du nombre des blessés médullaires âgés. Le vieillissement les expose par ailleurs à un risque accru pour un certain nombre d'autres maladies chroniques, et ce phénomène peut avoir des incidences considérables pour eux. À mesure que le blessé médullaire vieillit, le processus de vieillissement lui-même ainsi que le temps écoulé depuis l'accident peuvent avoir des conséquences sur l'évolution des capacités fonctionnelles. Par exemple, la durée et la sévérité de la blessure médullaire peuvent aggraver le dysfonctionnement intestinal et vésical.

La mise en œuvre de mesures de promotion de la santé et de dépistage s'avère particulièrement cruciale pour les blessés médullaires âgés : examens quotidiens de la peau, prévention des IVU, examen mensuel des seins pour les femmes et dépistage régulier du cancer de la prostate pour les hommes. Les maladies cardiovasculaires constituent la principale cause de morbidité et de mortalité chez les blessés médullaires. L'abolition des sensations, y compris les douleurs thoraciques, empêche parfois la détection d'une ischémie myocardique aiguë dans les cas de lésion haute. Les altérations fonctionnelles du système nerveux autonome et la baisse de l'activité physique peuvent accroître le risque de problèmes cardiovasculaires, par exemple l'hypertension.

Différentes mesures de promotion de la santé s'imposent pour atténuer le risque de blessures, notamment les chutes, par exemple l'utilisation d'un marche-pied ou d'une barre d'ancrage pour atteindre les étagères supérieures, ou d'une rampe dans les escaliers. La réadaptation des personnes âgées ayant subi une blessure médullaire peut être ralentie par des conditions préexistantes ou par un piètre état de santé au moment de l'accident. Pour prévenir les complications secondaires de la blessure médullaire, une approche interdisciplinaire en réadaptation s'impose dans tous les cas, mais tout particulièrement pour les aînés.

23.3.2 Tumeurs de la moelle épinière
Étiologie et physiopathologie

Les tumeurs de la moelle épinière représentent de 0,5 à 1 % de tous les néoplasmes. Elles sont classifiées selon deux catégories : les tumeurs primaires (qui proviennent initialement de la moelle épinière, des méninges, des nerfs ou des vaisseaux) et les tumeurs secondaires (qui proviennent d'une tumeur primaire de la glande thyroïde, des poumons, des reins ou d'autres organes). Les tumeurs spinales se classent ensuite en plusieurs sous-catégories : tumeurs extradurales (à l'extérieur de la moelle épinière), intradurales-extramédullaires (à l'intérieur de la dure-mère, mais à l'extérieur de la moelle épinière proprement dite) et intradurales-intramédullaires (dans la moelle épinière elle-même). Les tumeurs de cette troisième sous-catégorie sont généralement des astrocytomes ou des épendymomes **FIGURE 23.16** et **TABLEAU 23.7**. Environ 90 % des tumeurs médullaires sont extradurales (Spinal Cord Tumor Association [SCTA], 2010). Les tumeurs extradurales sont généralement métastatiques et surviennent le plus souvent dans les corps vertébraux. Ces lésions métastatiques peuvent envahir l'espace intradural et comprimer la moelle épinière. Les tumeurs de la moelle épinière intradurales-extramédullaires représentent les deux tiers des néoplasmes intraspinaux ; ce sont principalement des méningiomes et des schwannomes (neurilemmomes).

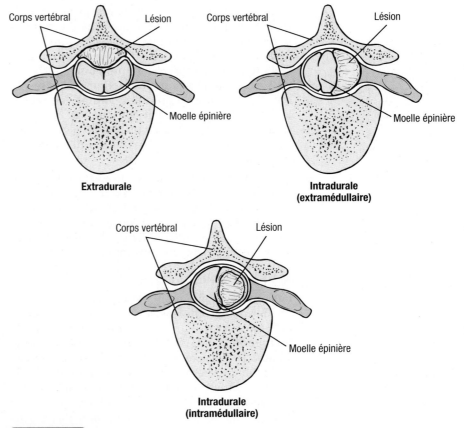

FIGURE 23.16

Types de tumeurs médullaires

TABLEAU 23.7	Classification des tumeurs médullaires		
TYPE DE TUMEUR	**INCIDENCE**	**TRAITEMENTS**	**PRONOSTIC**
Extradurale (provenant des os de la colonne, dans l'espace extradural ou les tissus paraspinaux)	20 à 50 % des tumeurs intraspinales, essentiellement des lésions métastatiques malignes	Soulagement de la pression médullaire par laminectomie chirurgicale, radiothérapie, chimiothérapie ou une combinaison de ces traitements	Mauvais
Intradurale-extramédullaire (dans la dure-mère, à l'extérieur de la moelle épinière)	Le type de tumeur intradurale le plus fréquent (40 %), essentiellement des méningiomes et des neurofibromes bénins	Ablation chirurgicale complète de la tumeur (si possible); ablation chirurgicale partielle avec radiothérapie de suivi	Généralement très bon si la compression n'a pas causé de dommages médullaires
Intradurale-intramédullaire	Le type de tumeur intradurale le moins fréquent (5 à 10 %)	Ablation chirurgicale partielle, radiothérapie (ne procure qu'une amélioration temporaire)	Très mauvais

La croissance de ces tumeurs se faisant généralement très progressivement, leurs symptômes sont provoqués par les effets mécaniques de la lente compression et irritation des racines des nerfs, du déplacement de la moelle épinière, ou de l'obstruction graduelle de l'apport vasculaire. Les tumeurs ne grossissant que lentement, elles ne provoquent pas l'autodestruction (lésion secondaire) de la moelle épinière comme le font les lésions traumatiques. Par conséquent, l'ablation de la tumeur peut mener à un rétablissement fonctionnel complet, sauf dans le cas des tumeurs intradurales-intramédullaires.

La plupart des tumeurs métastatiques sont extradurales. Celles qui sont les plus propices à la formation de métastases qui migrent vers l'espace spinal épidural sont celles qui se propagent aux os, par exemple les carcinomes du sein, des poumons, de la prostate ou des reins.

Manifestations cliniques

Les tumeurs de la moelle épinière peuvent provoquer des problèmes sensoriels et des problèmes moteurs. L'emplacement et l'étendue de la tumeur déterminent la gravité du problème et la superficie de la zone qu'elle touche. Les premiers symptômes des tumeurs situées en dehors de la moelle épinière sont généralement un mal de dos avec radiculalgie (douleur radiculaire) qui simule une névralgie intercostale, une angine de poitrine (sténocardie) ou un zona. L'emplacement de la douleur est déterminé par le niveau médullaire

de la compression. L'activité physique, la toux, l'effort et la position allongée intensifient la douleur. Les perturbations sensorielles se manifestent plus tard par une sensation de froid, un engourdissement et des picotements dans une ou plusieurs extrémités ; ces symptômes progressent de manière ascendante jusqu'à atteindre le niveau de la lésion. La perturbation des sensations relatives à la douleur, à la température et au toucher léger est suivie d'une détérioration de la sensibilité vibratoire (pallesthésie) et de la sensibilité posturale (statesthésie), cette dégradation pouvant aller jusqu'à l'anesthésie complète. L'affaiblissement moteur progresse parallèlement aux perturbations sensorielles et se manifeste par une spasticité, une faiblesse et une maladresse qui s'accentuent lentement. Les problèmes sensoriels et moteurs sont ipsilatéraux par rapport à la lésion. Les dysfonctions vésicales se manifestent d'abord par une urgence mictionnelle associée à une difficulté d'amorcer la miction, puis par une rétention urinaire accompagnée d'une incontinence par trop-plein (incontinence par regorgement).

Les manifestations des tumeurs médullaires intradurales consistent en une détérioration progressive des tractus spinaux qui entraîne la paralysie, la diminution des sensations et le dysfonctionnement vésical. Dans certains cas, la compression des racines des nerfs spinaux ou des vertèbres peut provoquer des douleurs très intenses.

CLIENT ATTEINT D'UNE TUMEUR SPINALE

Les tumeurs extradurales sont généralement décelées très tôt par une radiographie de la colonne. Par contre, les tumeurs intradurales ne peuvent être détectées que par IRM ou TDM, car, qu'elles soient intra ou extramédullaires, elles sont intradurales, donc indétectables. L'analyse du LCR peut révéler la présence de cellules tumorales. Plus de 85 % des néoplasmes primaires sont bénins et peuvent être complètement réséqués ; 90 % des personnes atteintes se rétablissent sans séquelles (SCTA, 2010).

La compression médullaire est une urgence. L'objectif premier du traitement consiste à soulager l'ischémie provoquée par la compression. En général, le médecin prescrit immédiatement des corticostéroïdes pour atténuer l'œdème provoqué par la tumeur. La dexaméthasone (Decadron^MD) est administrée pour traiter cet œdème et, le plus souvent, à fortes doses.

L'ablation chirurgicale constitue le traitement de choix pour presque toutes les tumeurs médullaires, à l'exception des tumeurs métastatiques qui répondent à la radiothérapie et n'auraient provoqué jusque-là que des dommages neurologiques mineurs. La moelle épinière est décomprimée après l'excision de la tumeur par laminectomie. En général, les tumeurs extradurales ou intradurales-extramédullaires peuvent être complètement éliminées par intervention chirurgicale. Les tumeurs intradurales-intramédullaires présentent un pronostic moins favorable. L'exploration et l'ablation sont néanmoins tentées dans la plupart des cas.

Après l'opération, la radiothérapie s'avère plutôt efficace. Les doses maximales permises sont administrées sur six à huit semaines. La chimiothérapie peut également être envisagée en association avec la radiothérapie.

L'objectif ultime du traitement est double : soulagement de la douleur et rétablissement fonctionnel. L'infirmière doit évaluer l'état neurologique du client avant et après le traitement. L'une des responsabilités professionnelles majeures de l'infirmière est de s'assurer que le client reçoive les doses d'analgésiques dont il a besoin. Selon l'ampleur du dysfonctionnement neurologique constaté, il est possible que le client ait besoin de soins comparables à ceux dispensés aux blessés médullaires. La réadaptation des personnes atteintes d'une tumeur spinale est similaire à celle de blessés médullaires.

Analyse d'une situation de santé   Jugement **clinique**

Monsieur Jean-Yves Thibodeau est hospitalisé pour un syndrome de Guillain-Barré à la suite d'une infection des voies respiratoires. Il est âgé de 48 ans. Il présente de la paresthésie aux membres supérieurs et une faiblesse musculaire aux membres inférieurs. Il montre également une paralysie faciale gauche avec atteinte sensitive des nerfs trijumeaux (nerf crânien v) et des nerfs faciaux (nerf crânien vii), entraînant une incapacité de fermer l'œil gauche. L'électromyogramme (EMG) démontre une conduction nerveuse nettement anormale. ▶

MISE EN ŒUVRE DE LA DÉMARCHE DE SOINS

Collecte des données – Évaluation initiale – Analyse et interprétation

1. Comme le client présente de la paresthésie aux membres supérieurs et de la faiblesse musculaire aux membres inférieurs, quelle autre vérification relative à la conduction nerveuse doit être faite ?

2. Puisque monsieur Thibodeau a une atteinte des nerfs faciaux, de quelle façon l'infirmière vérifie-t-elle la fonction motrice de ces nerfs ?

3. L'infirmière désire évaluer le réflexe cornéen parce que le client a une atteinte sensitive au visage. Comment procédera-t-elle ?

SOLUTIONNAIRE

www.cheneliere.ca/lewis

23

▶ Monsieur Thibodeau dort très peu la nuit. Pour attirer l'attention, il a pris la mauvaise habitude de claquer des dents et de crier des insultes sur un ton agressif. Dès que le personnel entre dans sa chambre, il redevient calme mais recommence dès leur sortie. Tout le monde est exaspéré, d'autant plus qu'il n'agit pas ainsi durant la journée.

C'est vers 3 h 45 que l'infirmière a remarqué que monsieur Thibodeau bougeait la tête nerveusement et qu'il avait les deux yeux grand ouverts. Il arrive à dire qu'il ne veut pas rester seul et tente de retenir l'infirmière pour qu'elle ne sorte pas de la chambre. ▶

MISE EN ŒUVRE DE LA DÉMARCHE DE SOINS

4. À la lumière des données de cet épisode, quelle hypothèse mérite d'être confirmée par l'infirmière de nuit?

Planification des interventions – Décisions infirmières

5. Émettez une directive infirmière concernant le problème prioritaire numéro 2.

6. Quelle est la justification de cette directive?

Extrait

CONSTATS DE L'ÉVALUATION									
Date	Heure	N°	Problème ou besoin prioritaire	Initiales	RÉSOLU/SATISFAIT			Professionnels/ Services concernés
					Date	Heure	Initiales	
2011-04-04	11:00	2	Risque de sécheresse de la cornée causée					
			par l'incapacité de fermer l'œil gauche	A.M.				

SUIVI CLINIQUE							
Date	Heure	N°	Directive infirmière	Initiales	CESSÉE/RÉALISÉE		
					Date	Heure	Initiales
2011-04-04	11:00	2					

Signature de l'infirmière	Initiales	Programme / Service	Signature de l'infirmière	Initiales	Programme / Service
Annabelle Moran	A.M.	2e sud – Neurologie			

▶ Monsieur Thibodeau a été évalué par la nutritionniste et l'ergothérapeute pour un problème de dysphagie.

MISE EN ŒUVRE DE LA DÉMARCHE DE SOINS

7. Ajustez l'extrait du plan thérapeutique infirmier selon cette nouvelle donnée.

Extrait

CONSTATS DE L'ÉVALUATION									
Date	Heure	N°	Problème ou besoin prioritaire	Initiales	RÉSOLU/SATISFAIT			Professionnels/ Services concernés
					Date	Heure	Initiales	
2011-04-04	11:00	2	Risque de sécheresse de la cornée causée					
			par l'incapacité de fermer l'œil gauche	A.M.				
2011-04-05	8:45	3						

Signature de l'infirmière	Initiales	Programme / Service	Signature de l'infirmière	Initiales	Programme / Service
Annabelle Moran	A.M.	2e sud – Neurologie			

Évaluation des résultats – Évaluation en cours d'évolution

8. Nommez quatre indices qui indiqueraient que le problème de dysphagie de monsieur Thibodeau est contrôlé.

Application de la pensée critique

Dans l'application de la démarche de soins auprès de monsieur Thibodeau, l'infirmière a recours aux éléments du modèle de la pensée critique pour analyser la situation de santé du client et en comprendre les enjeux. La **FIGURE 23.17** résume les caractéristiques de ce modèle en fonction des données de ce client, mais elle n'est pas exhaustive.

Vers un jugement clinique

Connaissances
- Fonction des nerfs crâniens
- Physiopathologie du syndrome de Guillain-Barré
- Manifestations cliniques selon les systèmes biologiques affectés
- Paralysie faciale
- Complications à court terme

Expériences
- Expérience en soins neurologiques
- Approche auprès du client dysphagique
- Habileté à procéder à l'examen physique neurologique

ÉVALUATION
- Force musculaire aux membres
- Fonction sensitive aux membres
- Fonctions motrice et sensitive des nerfs crâniens affectés
- Condition de l'œil gauche (sécheresse)
- Paramètres de la respiration
- Sentiments éprouvés par monsieur Thibodeau face à l'évolution de son état (possible peur de mourir)
- Signes de dysphagie

Normes
- Respect des ordonnances collectives locales
- Décision d'appliquer des actes autonomes (utilisation de larmes artificielles) selon le protocole de l'établissement

Attitudes
- Faire preuve de patience face aux comportements de monsieur Thibodeau
- Reconnaître que les propos agressifs qu'il tient ne sont pas dirigés contre le personnel
- Démontrer une ouverture pour aborder les impacts du syndrome de Guillain-Barré avec le client

FIGURE 23.17

Application de la pensée critique à la situation de santé de monsieur Thibodeau

■ ■ ■ À retenir

- La sclérose en plaques et l'hypertension constitueraient des facteurs de risque de la névralgie faciale.

- La paralysie de Bell s'accompagne souvent d'une éruption de vésicules herpétiques dans l'oreille ou dans la région périauriculaire.

- Le syndrome de Guillain-Barré (SGB) est une forme de polynévrite aiguë à progression rapide et potentiellement mortelle, caractérisée par une paralysie ascendante et symétrique qui touche généralement les nerfs crâniens et le système nerveux périphérique.

- L'apparition du SGB est précédée d'une stimulation du système immunitaire par une infection virale, un trauma tisme, une intervention chirurgicale, une immunisation virale.

- La bactérie *Clostridium botulinum*, responsable du botulisme, prolifère le plus souvent dans les conserves maison produites selon des méthodes inappropriées.

- Les traumatismes constituent la cause principale des blessures médullaires.

- L'étendue des atteintes neurologiques provoquées par une blessure médullaire dépend de l'ampleur de la lésion initiale (rupture physique des axones) et de celle des lésions secondaires (ischémie, hypoxie, hémorragie, œdème).

- Le choc spinal à la suite d'une blessure médullaire dure de quelques jours à quelques semaines et se caractérise par une atténuation des réflexes, une perte des sensations ainsi qu'une paralysie flasque.

- Le choc neurogénique est causé par la perte des influx sympathiques qui se caractérise par une hypotension (baisse du tonus vasomoteur) et de la bradycardie, qui constituent des indices cliniques très importants.

- En cas de blessure médullaire, la moelle épinière peut être complètement sectionnée provoquant une perte totale de la fonction sensorielle et motrice du corps en dessous de la lésion.

- Une section partielle de la moelle épinière entraîne une certaine détérioration de l'activité motrice volontaire et des sensations.

- Avant toute autre intervention, si une blessure médullaire est soupçonnée, le cou doit être immobilisé en position neutre.

- En raison de la réponse physiologique au traumatisme grave qu'ils ont subi, du stress psychologique et des doses élevées de corticostéroïdes reçues, les blessés médullaires souffrent souvent d'ulcères de stress.

- Les blessés médullaires présentent généralement une vessie neurogène (anomalie ou abolition de l'innervation de la vessie) à un degré plus ou moins variable.

- Dans les cas de tumeurs spinales, la compression médullaire est une urgence.

- L'objectif premier du traitement consiste à soulager l'ischémie provoquée par la compression ; des corticostéroïdes sont administrés pour atténuer l'œdème provoqué par la tumeur.

Pour en savoir plus

 Références Internet

Organismes et associations

American Academy of Neurology
www.aan.com

American Spinal Injury Association
www.asia-spinalinjury.org

Association canadienne des paraplégiques
www.canparaplegic.org

Association de neurochirurgie du Québec
www.ancq.net

Association des neurologues du Québec
www.anq.qc.ca

Association québécoise de la névralgie du trijumeau
www.aqnt.org

Fédération des sciences neurologiques du Canada
www.ccns.org

Fondation canadienne du syndrome de Guillain-Barré
www.gbs-cidp.org

Moelle épinière et motricité Québec
www.portal.paraquad.qc.ca

SécuriJeunes Canada
www.safekidscanada.ca

Trigeminal Neuralgia Association of Canada
www.tnac.org

Trigeminal Neuralgia Association of the USA
www.fpa-support.org

Organismes gouvernementaux

Agence de la santé publique du Canada
> Mesures et interventions d'urgence
> Le botulisme

Agence de la santé publique du Canada > Immunisation et vaccins > Maladies évitables par la vaccination > Le tétanos
www.phac-aspc.gc.ca

Centre for Cranial Nerve Disorders
www.umanitoba.ca/cranial_nerves/ccndhome.htm

National Institute of Neurological Disorders and Stroke > Disorders A – Z > Guillain-Barré Syndrome
www.ninds.nih.gov

Références générales

Hôpital du Sacré-Cœur de Montréal > Soins et services > Les soins et services médicaux, chirurgicaux, psychiatriques et professionnels > Programme de traumatologie > Clientèle > Blessés médullaires
www.hscm.ca

Mayo Clinic > Diseases and Conditions > Guillain-Barre syndrome
www.mayoclinic.com

Organisation mondiale de la Santé > Programmes et projets > Centre des médias > Aide-mémoire > Botulisme
www.who.int

PasseportSanté.net > Maladies > Névralgie faciale
www.passeportsante.net

 Monographies

Guillemin, M.-C. (2005). *Neurologie, neurochirurgie et soins infirmiers.* Paris : Lamarre.

Laffont, I., & Fattal, C. (2008). *Devenir du rachis du blessé médullaire.* Montpellier : Sauramps médical.

Parry, G.J. (2007). *Guillain-Barré syndrome : From diagnosis to recovery.* New York : AAN Press.

 Articles, rapports et autres

Alexander, D.M. (2007). Facing the pain of trigeminal neuralgia. *Nursing, 37*(7), 18-19.

Benhaberou-Brun, D. (2010). Le tétanos est-il encore une menace en 2010 ? *Perspective infirmière, 7*(4), 34-46.

Melançon, F. (2009). Syndrome de Guillain-Barré. *Le clinicien, 24*(9), 1-4.

23

CHAPITRE

24

Écrit par :
Dottie Roberts, EdD(C), MSN,
MACI, RN, CMSRN, ONSC-C

Adapté par :
Pierre Verret, inf. M. Sc., CSIO (C)

ÉVALUATION CLINIQUE

Système musculosquelettique

Objectifs

>> **Guide d'études – SA04, SA18**

Après avoir lu ce chapitre, vous devriez être en mesure :

- de décrire l'anatomie macroscopique et la structure microscopique de l'os ;

- d'expliquer le système de classification des articulations ;

- de décrire les mouvements permis par les articulations synoviales ;

- de comparer les types de tissu musculaire et leur structure ;

- de décrire les fonctions des cartilages, des muscles, des ligaments, des tendons, des fascias et des bourses ;

- de mettre en relation les transformations imputables à l'âge et les différences observées au cours de l'examen physique ;

- de sélectionner les données subjectives et objectives significatives reliées au système musculosquelettique qui devraient être recueillies auprès du client ;

- de choisir les techniques appropriées pour procéder à l'évaluation physique du système musculosquelettique ;

- de distinguer les observations normales de l'évaluation physique du système musculosquelettique des anomalies courantes observées ;

- pour chacun des examens paracliniques du système musculosquelettique, de décrire son but, la signification des résultats et les responsabilités infirmières qui y sont rattachées.

■ ■ ■ **Concepts clés**

Cette carte conceptuelle illustre schématiquement les principaux concepts décrits dans le présent chapitre. Sa lecture vous permettra d'avoir une vue d'ensemble des notions qui y sont présentées.

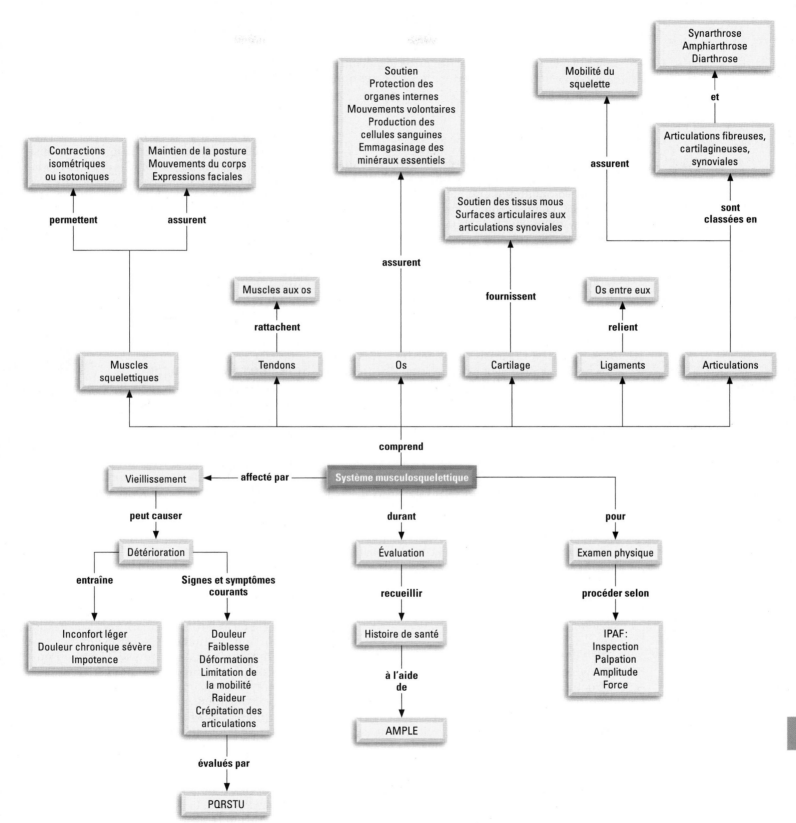

24.1 | Anatomie et physiologie du système musculosquelettique

Le système musculosquelettique se compose d'os, de plusieurs articulations, de cartilages, de muscles volontaires, de ligaments et de tendons (Marieb, 2005).

24.1.1 Os

Fonction

Les principales fonctions de l'os sont le soutien, la protection des organes internes, les mouvements volontaires, la production des cellules sanguines et l'emmagasinage des minéraux essentiels (Jarvis, 2009). En effet, les os fournissent la charpente de soutien qui empêche le corps de s'effondrer et qui lui permet de porter son poids. Les os protègent aussi les organes vitaux et les tissus sous-jacents. Par exemple, le crâne renferme l'encéphale, les vertèbres entourent la moelle épinière, et la cage thoracique contient les poumons et le cœur. Les os servent de points d'attache pour les muscles, qui se relient à eux par des tendons. Les os agissent comme des leviers pour les muscles, et le mouvement est le résultat des contractions musculaires qui s'exercent sur ces leviers. Les os renferment la moelle osseuse responsable de la production des globules rouges et des globules blancs. Enfin, les os représentent un site de stockage des minéraux inorganiques comme le calcium et le phosphore.

Autrefois, le tissu osseux était considéré comme une substance statique, inerte. En réalité, il s'agit d'un tissu dynamique qui change continuellement de forme et de composition. Il renferme à la fois un matériau organique (le collagène) et un matériau inorganique (le calcium et le phosphate). La croissance interne et externe ainsi que le remodelage de l'os sont des processus permanents. Selon sa structure, le tissu osseux se classe en os compact (solide et dense) et en os spongieux (lacunaire).

Structure microscopique

Dans l'os compact (solide et dense), des unités structurales cylindriques appelées ostéons (systèmes de Havers) s'ajustent étroitement les unes aux autres, créant une structure osseuse dense **FIGURE 24.1A**. À l'intérieur de chacun de ces systèmes, un canal central (de Havers) s'étend selon l'axe longitudinal de l'os et contient les vaisseaux sanguins qui parcourent l'intérieur de l'os en provenance du périoste. Des anneaux concentriques appelés lamelles entourent le canal central de l'ostéon et caractérisent l'os arrivé à maturité. Des canaux plus petits (les canalicules) s'étendent du canal central jusqu'aux lacunes dans lesquelles les cellules osseuses mûres sont enfermées. L'os spongieux ne possède pas la structure organisée de l'os compact. Les lamelles n'y forment pas des anneaux concentriques, mais sont plutôt disposées selon les lignes de contrainte maximale imposée à l'os. Les espaces compris dans l'enchevêtrement de tissu osseux sont remplis de moelle osseuse rouge ou jaune, et le sang atteint les cellules osseuses en passant par la moelle.

Les ostéoblastes, les ostéocytes et les ostéoclastes sont les trois types de cellules osseuses. Les ostéoblastes synthétisent la matrice osseuse organique (le collagène) et sont les cellules fondamentalement responsables de la formation de l'os. Les ostéocytes sont les cellules osseuses matures. Les ostéoclastes participent au remodelage de l'os en favorisant la dégradation du tissu osseux. Le remodelage osseux se réalise par la suppression de vieil os par les ostéoclastes (résorption) et le dépôt d'os nouveau par les ostéoblastes (ossification). Le remodelage se fait sur un cycle de 120 jours, la matrice osseuse se renouvelant de 10% par année (Bodin, 2007). La couche la plus interne de l'os est essentiellement formée d'ostéoblastes et de quelques ostéoclastes.

Structure macroscopique

C'est un os long typique, tel le tibia, qui représente le mieux la structure anatomique de l'os **FIGURE 24.1B**. Un os long se compose des épiphyses, de la diaphyse et des métaphyses. L'épiphyse, qui est la portion élargie située à chacune des extrémités d'un os long, est essentiellement constituée d'os spongieux. La largeur de l'épiphyse permet une meilleure distribution du poids et fournit de la stabilité à l'articulation. L'épiphyse est aussi un site important d'attache des muscles. Le cartilage articulaire recouvre l'extrémité de l'épiphyse afin de fournir une surface lisse pour le mouvement de l'articulation. La diaphyse est le corps principal de l'os. Elle procure un soutien structural et se compose d'os compact. La structure tubulaire de la diaphyse lui permet de mieux résister aux forces de flexion et de torsion. La métaphyse est la zone évasée entre l'épiphyse et la diaphyse. Comme l'épiphyse, elle est formée d'os spongieux. Le cartilage épiphysaire, ou zone de croissance, est la région cartilagineuse située entre l'épiphyse et la métaphyse. Chez l'enfant, il produit de l'os de façon active pour permettre la croissance en longueur. Si une lésion d'un cartilage épiphysaire survient chez un enfant en croissance, l'un de ses membres pourra rester plus court que l'autre et causer des problèmes fonctionnels significatifs. Chez l'adulte, la métaphyse et l'épiphyse se soudent quand le cartilage se calcifie pour former de l'os mûr.

RAPPELEZ-VOUS...

La rate est responsable de la maturation des globules rouges.

Le périoste est une couche de tissu conjonctif fibreux qui recouvre l'os. De petits vaisseaux sanguins pénètrent le périoste pour nourrir le tissu osseux sous-jacent. Les fibres musculotendineuses s'ancrent à la couche externe du périoste et sa couche interne s'attache à l'os par des faisceaux de collagène. Il n'y a pas de périoste sur les surfaces articulaires qui sont plutôt recouvertes de cartilage articulaire.

La cavité médullaire située au centre de la diaphyse contient de la moelle osseuse rouge ou jaune (Marieb, 2005). Chez l'enfant en croissance, la moelle osseuse rouge participe activement à la production des cellules sanguines (hématopoïèse). Chez l'adulte, la cavité médullaire des os longs contient de la moelle osseuse jaune, constituée essentiellement de tissu adipeux. La moelle jaune ne participera à l'hématopoïèse que s'il y a un grand besoin de cellules sanguines. La production des cellules sanguines chez l'adulte s'effectue normalement dans la moelle osseuse rouge des côtes, du sternum, des vertèbres, des omoplates et des os du crâne et du bassin.

Types

Le squelette se compose de 206 os classés selon leur forme en os longs, courts, plats ou irréguliers.

Les os longs se caractérisent par un corps central (la diaphyse) et deux extrémités élargies (les épiphyses) **FIGURE 24.1B**. Le fémur, l'humérus et le tibia en sont des exemples. Les os courts sont formés d'os spongieux recouvert d'une mince couche d'os compact. Parmi eux se trouvent les os du carpe et du tarse.

Les os plats ont deux couches d'os compact séparées par une couche d'os spongieux. Il s'agit par exemple des côtes, des omoplates, du sternum et des os du crâne. Les cavités de l'os spongieux contiennent de la moelle osseuse. Les os irréguliers, par exemple le sacrum, la mandibule et les osselets de l'oreille, présentent une variété de formes et de tailles.

Le squelette axial comprend la tête, le thorax et la colonne vertébrale. Il assume un rôle de soutien et de protection. Le squelette appendiculaire comprend les os des ceintures scapulaires et pelviennes ainsi que les membres. Il permet la mobilité nécessaire à la locomotion et à la manipulation.

24.1.2 Articulations

Une articulation est un point d'union où deux os viennent à proximité et se déplacent l'un par rapport à l'autre. La classification structurale est fondée sur les matériaux qui unissent les os et la présence ou l'absence d'une cavité articulaire. Il s'agit alors d'articulations fibreuses, cartilagineuses et synoviales. La classification fonctionnelle prend en compte le degré de mouvement

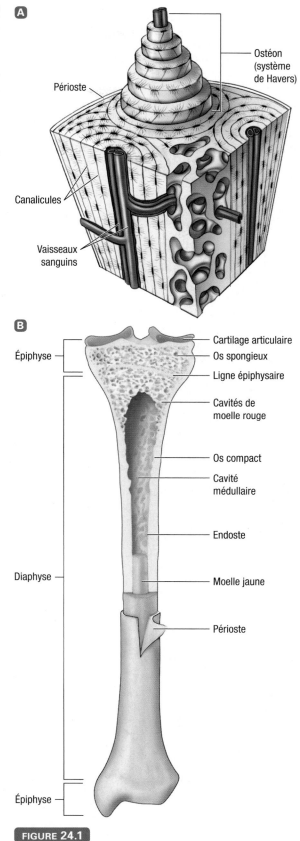

FIGURE 24.1

Structure d'un os – **A** Os compact, avec ses nombreuses unités structurales appelées ostéons. **B** Anatomie d'un os long (le tibia) montrant l'os spongieux et l'os compact.

Certains types d'articulations sont illustrés par des animations au www.cheneliere.ca/lewis.

qu'elles permettent. Cela comprend les synarthroses (articulations immobiles), les amphiarthroses (articulations semi-mobiles) et les diarthroses (articulations totalement mobiles) **FIGURE 24.2**.

Articulations fibreuses

Les articulations fibreuses relient les os par du tissu fibreux et elles n'ont pas de cavité articulaire ni de cartilage. Quelques articulations sont semi-mobiles, mais la plupart ne permettent aucun mouvement. On distingue trois types d'articulations fibreuses : les sutures (p. ex., la suture des os du crâne), les syndesmoses (p. ex., les extrémités distales du tibia et du péroné) et les gomphoses (racines des dents dans les alvéoles) (Marieb, 2005) .

Articulations cartilagineuses

Les articulations cartilagineuses unissent les os par du cartilage et sont dépourvues de cavité articulaire. Ce type d'articulation permet peu ou pas de mouvement. Il existe deux types d'articulations cartilagineuses : les synchondroses (p. ex., le cartilage de conjugaison qui unit les épiphyses à la diaphyse en période de croissance) et les symphyses qui relient deux os par un disque large et plat de fibrocartilage (p. ex., la symphyse pubienne) (Marieb, 2005).

Articulations synoviales

Les articulations synoviales constituent l'articulation la plus couramment rencontrée. Chaque articulation est limitée par une capsule de tissu conjonctif fibreux qui unit les deux os et forme une cavité **FIGURE 24.3**. La capsule est tapissée par une membrane synoviale qui sécrète un liquide épais pour lubrifier l'articulation, réduire la friction, permettre le glissement des surfaces en contact et apporter les nutriments ainsi que l'oxygène au cartilage. L'extrémité de chaque os est recouverte de cartilage articulaire (de type hyalin). Des structures de soutien (p. ex., les ligaments, les tendons) renforcent la capsule articulaire et imposent des limites aux mouvements de l'articulation tout en améliorant leur stabilité (Marieb, 2005).

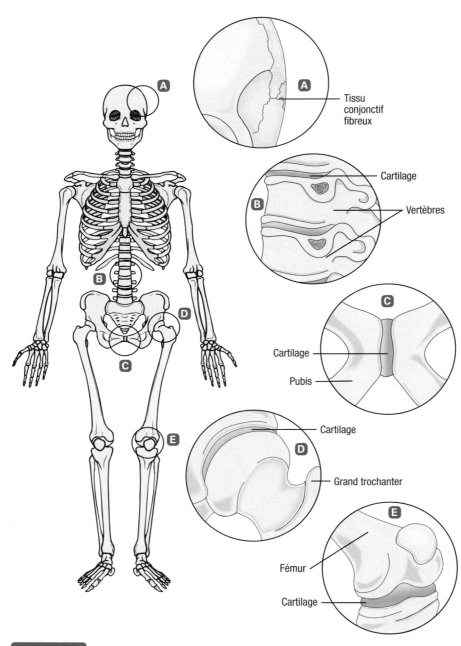

FIGURE 24.2

Classification des articulations – **A** **B** **C** Synarthrose (articulation immobile) et amphiarthrose (articulation semi-mobile). **D** **E** Diarthroses (articulations mobiles).

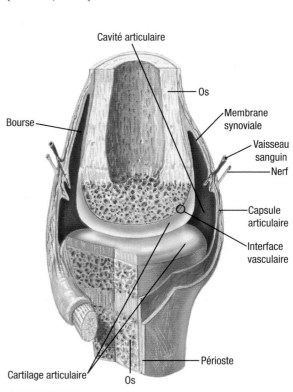

FIGURE 24.3

Structure d'une articulation synoviale (diarthrose)

TABLEAU 24.1	Types d'articulations synoviales (diarthroses)		
ARTICULATION	**MOUVEMENT**	**EXEMPLES**	**ILLUSTRATION**
À glissement ou arthrodiale (arthrodie)	Glissement d'une surface sur une autre	Entre les os tarsiens, articulation sacroiliaque, entre les apophyses articulaires et entre les os carpiens (ci-contre)	
Trochléenne (à charnière)	Flexion et extension	Articulation du coude (ci-contre), articulations interphalangiennes des doigts, articulation du genou	
Trochoïde (à pivot)	Rotation	Atlas-axis et articulation radiocubitale proximale (ci-contre)	
Condylienne (ellipsoïdale)	Flexion et extension ; adduction et abduction	Articulation du poignet (entre le radius et le carpe) (ci-contre)	
En selle (par emboîtement)	Flexion et extension ; adduction et abduction ; opposition du pouce et des doigts	Articulation carpométacarpienne du pouce (ci-contre)	
Sphéroïde (énarthrose)	Flexion et extension ; adduction et abduction ; circumduction	Épaule (ci-contre), hanche	

Il y a six types d'articulations synoviales. L'articulation plane ou à glissement (arthrodiale) permet des mouvements latéraux et d'avant en arrière (articulation non axiale) (p. ex., les os du carpe, les os du tarse, l'articulation sterno-claviculaire). L'articulation trochléenne ou à charnière permet un mouvement sur un seul plan (articulation uniaxiale) comme la flexion et l'extension (p. ex., le coude, la cheville, les phalanges). L'articulation trochoïde ou à pivot permet principalement un mouvement de rotation (articulation uniaxiale) (p. ex., l'articulation entre l'atlas et l'axis). L'articulation condylienne ou ellipsoïdale est une articulation biaxiale qui ne permet le mouvement que sur deux plans perpendiculaires (p. ex., l'articulation du poignet permet la flexion, l'extension, ainsi que la déviation cubitale et radiale). L'articulation en selle ou par emboîtement permet le mouvement sur deux plans perpendiculaires (articulation biaxiale), mais avec une plus grande amplitude (p. ex., l'articulation carpo-métacarpienne du pouce). L'articulation à surface sphérique (sphéroïde) ou énarthrose permet un mouvement sur trois plans (articulation triaxiale) : flexion et extension, abduction et adduction, ainsi que rotation (p. ex., l'épaule, la hanche). Les types d'articulations synoviales sont présentés dans le **TABLEAU 24.1**.

Classification fonctionnelle

Il est possible également de classer les articulations selon les mouvements qu'elles permettent :

- Synarthroses : articulations immobiles
  - Sutures
  - Synchondroses
  - Gomphoses

- Amphiarthroses : articulations semi-mobiles
  - Syndesmoses
  - Symphyses
- Diarthroses : articulations mobiles
  - Plane ou arthrodiale (à glissement)
  - Trochléenne (à charnière)
  - Trochoïde (à pivot)
  - Ellipsoïdales (condyliennes)
  - En selle (par emboîtement)
  - Sphéroïdes (énarthroses)

24.1.3 Cartilage

Le cartilage est un tissu conjonctif rigide qui sert de soutien pour les tissus mous et qui fournit les surfaces articulaires permettant les mouvements des articulations synoviales. Il protège les tissus sous-jacents. En outre, les cartilages épiphysaires participent à la croissance des os longs avant que la maturité physique soit atteinte. Étant donné que le cartilage articulaire est avasculaire, il doit être nourri par la diffusion de substances provenant du **liquide synovial**. L'absence de vascularisation directe est responsable du métabolisme lent des cellules cartilagineuses et explique pourquoi la guérison de ce tissu est longue.

Il existe trois types de tissu cartilagineux, le cartilage hyalin, le cartilage élastique et le cartilage fibreux. Le cartilage hyalin, le plus commun, contient une quantité modérée de fibres de collagène. Il se trouve dans la trachée, les bronches, le nez, le cartilage épiphysaire et les surfaces articulaires des os. Le cartilage élastique, qui contient des fibres de collagène et des fibres élastiques, est plus flexible que le cartilage hyalin. Il s'observe dans l'oreille et l'épiglotte. Le cartilage fibreux (fibrocartilage), qui est principalement constitué de fibres de collagène, est un tissu résistant qui agit souvent comme amortisseur. Il se trouve dans les disques intervertébraux et il forme aussi un coussin protecteur entre les os de la ceinture pelvienne, ceux du genou et ceux de l'épaule.

24.1.4 Muscles
Types

Les trois types de tissu musculaire sont le muscle cardiaque (strié, involontaire), le muscle lisse (non strié, involontaire) et le muscle squelettique (strié, volontaire). Le tissu musculaire cardiaque se trouve dans le cœur. Ses contractions spontanées propulsent le sang dans le réseau circulatoire. Le tissu musculaire lisse occupe la paroi des organes creux, comme les voies aériennes, les artères, le tube digestif, la vessie et l'utérus. Les contractions du muscle lisse sont modulées par des influences nerveuses et hormonales. Le tissu musculaire squelettique, dont la contraction se fait grâce à une stimulation nerveuse, compte pour environ la moitié du poids de l'organisme humain. Il fait l'objet des paragraphes suivants.

Structure

Chaque muscle squelettique est enveloppé par l'épimysium, une couche de tissu conjonctif, en continuité avec le fascia profond, qui aide le muscle à glisser sur les structures avoisinantes. L'épimysium se prolonge par le périmysium qui pénètre à l'intérieur du muscle et le sépare en faisceaux de fibres. À l'intérieur de ces faisceaux, les fibres sont enveloppées séparément par l'endomysium.

L'unité structurale du muscle squelettique est la cellule musculaire ou fibre musculaire, hautement spécialisée pour la contraction. Les fibres musculaires squelettiques sont de longs cylindres plurinucléés qui contiennent de nombreuses mitochondries pour alimenter leur intense activité métabolique. Elles sont formées de myofibrilles, faites à leur tour de filaments contractiles (de nature protéique). Le **sarcomère** est l'unité contractile des myofibrilles (McCance & Huether, 2010). Chacun se compose de filaments de myosine (épais) et de filaments d'actine (fins). L'arrangement des filaments fins et épais explique les bandes caractéristiques des fibres musculaires qu'on observe au microscope. La contraction musculaire se produit quand les filaments épais et les filaments fins glissent les uns sur les autres et font ainsi raccourcir les sarcomères.

Contractions

Les contractions des muscles squelettiques permettent le maintien de la posture, les mouvements du corps et les expressions faciales. Les **contractions isométriques** augmentent la tension à l'intérieur d'un muscle, mais ne produisent pas de mouvement. Des contractions isométriques répétées font grossir le muscle et le renforcent. Les **contractions isotoniques** raccourcissent le muscle pour produire un mouvement. La plupart des contractions sont une combinaison de génération de tension (contraction isométrique) et de raccourcissement (contraction isotonique). Un muscle s'atrophie si, en raison d'une immobilisation, il ne se contracte pas pendant un certain temps, alors qu'une augmentation de son activité entraîne au contraire l'hypertrophie d'un muscle (augmentation de taille).

Les fibres musculaires squelettiques se répartissent en deux groupes selon le type d'activités qu'elles manifestent. Les fibres musculaires à contraction lente supportent une activité prolongée comme la course d'un marathon. Étant donné qu'elles

---

Liquide synovial : Liquide lubrifiant de l'articulation, qui est aussi nourricier dans les cartilages. Présent en faible quantité dans l'espace articulaire, il est formé à partir du sang qui circule dans les capillaires de la membrane synoviale.

Capsule

Jugement clinique

Gilbert a 13 ans. Il s'est fracturé le fémur droit en tombant de sa planche à roulettes. L'infirmière lui explique de contracter les muscles de sa cuisse.

De quel type de contraction s'agit-il ?

soutiennent aussi l'organisme contre la gravité, elles contribuent au maintien de la posture. Les fibres musculaires à contraction rapide permettent les contractions rapides nécessaires pour des activités comme cligner des yeux, sauter ou faire un sprint. Elles ont tendance à se «fatiguer» plus rapidement que les fibres à contraction lente.

Jonction neuromusculaire

Les fibres musculaires squelettiques ont besoin d'un influx nerveux pour se contracter. Une fibre nerveuse et les fibres musculaires squelettiques qu'elle stimule forment ensemble une unité motrice. Cette jonction entre l'axone de la fibre nerveuse et la cellule musculaire adjacente porte le nom de jonction neuromusculaire ou jonction myoneurale. La portion postsynaptique est appelée plaque motrice **FIGURE 24.4**.

L'influx nerveux, provenant du cortex cérébral, se propage le long de l'axone et, quand il parvient à la jonction neuromusculaire (plaque motrice), il provoque la libération de l'acétylcholine, un neurotransmetteur. L'acétylcholine se fixe sur les récepteurs de la membrane musculaire, déclenchant le potentiel d'action dans la fibre musculaire. En réaction à cette stimulation, le réticulum sarcoplasmique libère dans le cytoplasme des ions calcium qui se combinent à la troponine pour provoquer la contraction des myofibrilles. La concentration en calcium plasmatique affecte l'excitabilité des neurones. Si le taux de calcium plasmatique descend trop bas (hypocalcémie), les neurones se dépolarisent, le système nerveux devient hyperexcitable et il peut se produire une crampe musculaire ou **tétanie** (contractions involontaires du muscle squelettique). Un taux élevé de calcium plasmatique (hypercalcémie) produit l'effet opposé, causant une activité musculaire diminuée (Silverthorn, 2007).

Source d'énergie

La source d'énergie directe pour la contraction des fibres musculaires est l'adénosine triphosphate (ATP). L'ATP est synthétisée par le métabolisme oxydatif de la cellule dans de nombreuses mitochondries situées à proximité des myofibrilles. Elle est rapidement épuisée par sa conversion en adénosine diphosphate (ADP) et doit être phosphorylée à nouveau. La créatine phosphate représente une source rapide pour la nouvelle synthèse d'ATP, mais elle est à son tour convertie en créatine et doit être rechargée. La glycolyse peut permettre de synthétiser un peu d'ATP en dégradant le glucose en acide pyruvique (glycolyse aérobique), mais lorsque l'apport d'oxygène est insuffisant pour les besoins métaboliques du tissu musculaire, l'acide pyruvique est converti en acide lactique (glycolyse anaérobique). Une accumulation d'acide lactique dans les tissus entraîne de la fatigue et de la douleur.

24.1.5   Ligaments et tendons

Les ligaments et les tendons se composent de tissu conjonctif fibreux, dense, qui renferme des faisceaux de fibres de collagène étroitement entassées et disposées dans le même plan pour procurer plus de force. Les tendons rattachent les muscles aux os; ce sont des extensions de la gaine musculaire qui adhèrent au périoste. Les ligaments relient les os entre eux (p. ex., le tibia et le fémur dans l'articulation du genou). Leur contenu élastique est supérieur à celui des tendons (Brinker *et al.*, 2009). Les ligaments procurent de la stabilité à l'articulation tout en lui permettant des mouvements limités.

Les ligaments et les tendons sont assez pauvrement vascularisés, ce qui explique que la réparation de ces tissus après une blessure exige un long processus. Par exemple, l'étirement ou la déchirure d'un ligament qui se produit lors d'une entorse prend beaucoup de temps à guérir.

24.1.6   Fascia

Un fascia est formé de couches de tissu conjonctif contenant des fibres enchevêtrées qui peuvent supporter un certain étirement. Il constitue une forme de gaine qui recouvre ou enveloppe une structure anatomique. Le fascia superficiel (hypoderme) se trouve juste sous la peau. Le fascia profond se compose de tissu fibreux qui enveloppe les loges musculaires, les nerfs et les vaisseaux sanguins. Il entoure aussi les muscles individuels, leur permettant d'agir indépendamment et de glisser les uns sur les autres pendant leur contraction (épimysium). Le fascia fournit en outre de la stabilité aux tissus des muscles.

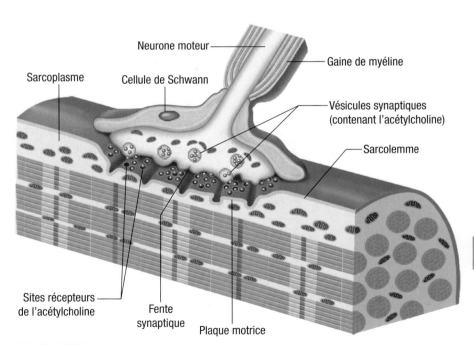

FIGURE 24.4

Jonction neuromusculaire

Nadine Cordier, 22 ans, croit qu'elle souffre d'une bursite au pouce gauche. Elle a fait une mauvaise chute à vélo et son pouce est enflé depuis. De plus, elle ressent de la douleur lorsqu'elle le plie. Pourtant, il n'y a pas de fracture.

A-t-elle raison de croire qu'elle a une bursite au pouce ?

24.1.7 Bourses

Les bourses sont de petits sacs de tissu conjonctif tapissés de membrane synoviale et contenant du liquide synovial. Elles sont généralement situées au voisinage de protubérances osseuses ou d'articulations afin de diminuer la pression et de réduire la friction entre des parties mobiles. Il y a, par exemple, une bourse entre la rotule et la peau (bourse prépatellaire), entre l'olécrâne du coude et la peau (bourse de l'olécrâne), entre la tête de l'humérus et l'acromion de l'omoplate (bourse sous-acromiale) et entre le grand trochanter à l'extrémité proximale du fémur et la peau (bourse trochantérienne). La **bursite** est une inflammation aiguë ou chronique d'une bourse séreuse.

Considérations gérontologiques

EFFETS DU VIEILLISSEMENT SUR LE SYSTÈME MUSCULOSQUELETTIQUE

Plusieurs des problèmes fonctionnels que rencontre l'adulte vieillissant sont reliés aux transformations du système musculosquelettique. Bien que certaines modifications apparaissent au début de l'âge adulte, les signes évidents de détérioration musculosquelettique peuvent n'apparaître que beaucoup plus tard. En raison de ces changements, la personne âgée peut avoir de la difficulté à prendre soin d'elle-même et à s'adonner à ses activités de la vie quotidienne (AVQ). Les conséquences des transformations musculosquelettiques peuvent aller d'un inconfort léger et d'une diminution de la capacité à accomplir les AVQ, jusqu'à la douleur chronique sévère et à l'impotence. Les risques de chute augmentent également chez la personne âgée en partie en raison de la diminution de la force musculaire. Le vieillissement peut altérer la **proprioception** (perception des parties de son corps par rapport à l'environnement) et entraîner des modifications de l'équilibre, rendant la personne instable.

Le processus de remodelage des os se modifie chez la personne âgée. Une augmentation de la résorption osseuse, accompagnée de la diminution de formation osseuse, entraîne une perte de densité osseuse qui contribue à l'ostéopénie et à l'ostéoporose 26. La masse musculaire et la force diminuent également avec l'âge. Vers l'âge de 80 ans, la force musculaire aurait diminué d'environ 50% (Voyer, 2006). Les mouvements des muscles squelettiques peuvent rencontrer des problèmes supplémentaires en raison de la perte de neurones moteurs. Les tendons et les ligaments deviennent moins flexibles et les mouvements deviennent plus raides. En outre, les articulations des personnes âgées risquent davantage d'être atteintes d'arthrite ▶ 27. Une diminution de la force, de la résistance à la fatigue, du temps de réaction, de la coordination et de la vitesse d'exécution résulte de changements attribuables au système musculosquelettique et au système nerveux (Linton & Lach, 2007).

Au moment de l'évaluation du système musculosquelettique, l'infirmière doit surtout mettre l'accent sur la mobilité et la force ainsi que sur les modifications musculosquelettiques qui augmentent les risques de chutes pour le client. En déterminant l'impact des transformations musculosquelettiques liées à l'âge sur les modes fonctionnels de santé de la personne âgée, l'infirmière pourra aborder avec elle des stratégies de prévention. Les limitations fonctionnelles que les personnes âgées acceptent fréquemment comme une conséquence normale du vieillissement peuvent souvent être freinées ou corrigées par des stratégies appropriées de prévention ▶ 25.

L'infirmière doit être en mesure de distinguer les effets du vieillissement des symptômes des maladies. Dans de nombreux cas, les symptômes d'une maladie peuvent être traités pour aider la personne âgée à retrouver un niveau supérieur de fonctionnement. Faire cette distinction n'est pas toujours facile, car les manifestations du vieillissement n'apparaissent pas au même moment chez toutes les personnes. Néanmoins, il faut savoir que le vieillissement normal n'est jamais la cause d'un changement soudain touchant l'autonomie fonctionnelle, les capacités cognitives ou la santé de la personne âgée. Les transformations du système musculosquelettique liées à l'âge sont présentées dans le **TABLEAU 24.2**.

27

L'arthrite est abordée dans le chapitre 27, *Interventions cliniques – Arthrite et maladies des tissus conjonctifs.*

25

Les stratégies de prévention des chutes chez la personne âgée sont expliquées dans le chapitre 25, *Interventions cliniques – Trauma musculosquelettique et chirurgie orthopédique.*

26

L'ostéopénie et l'ostéoporose sont étudiées dans le chapitre 26, *Interventions cliniques – Troubles musculosquelettiques.*

Changements liés à l'âge

TABLEAU 24.2	Système musculosquelettique
CHANGEMENTS	**OBSERVATIONS LORS DE L'ÉVALUATION**
Muscles	
• Diminution du nombre de cellules musculaires et réduction de leur diamètre ; remplacement des cellules musculaires par du tissu conjonctif fibreux • Perte d'élasticité des ligaments et du cartilage • Réduction de la capacité de stockage du glycogène ; capacité moindre de libérer du glycogène pour fournir rapidement de l'énergie en cas de stress	• Diminution de la force et de la masse musculaire ; protrusion abdominale ; muscles flasques • Rigidité accrue du cou, des épaules, des hanches et des genoux • Réduction de la motricité fine et de l'agilité • Temps de réaction et réflexes amoindris en raison du ralentissement de la conduction nerveuse dans les unités motrices ; fatigue apparaissant plus vite durant une activité

TABLEAU 24.2	Système musculosquelettique *(suite)*
CHANGEMENTS	**OBSERVATIONS LORS DE L'ÉVALUATION**
Articulations	
• Risque accru d'érosion des cartilages, entraînant un contact direct entre les extrémités osseuses et l'apparition d'excroissances osseuses autour des marges des articulations • Perte d'eau par les disques intervertébraux ; rétrécissement des espaces intervertébraux	• Raideur articulaire, mobilité réduite, amplitude des mouvements réduite, possibilité de crépitation pendant les mouvements ; douleur associée aux mouvements ou au transport d'objets lourds • Réduction de la taille due à la compression des disques intervertébraux ; modification de la posture
Os	
• Diminution de la densité osseuse	• Réduction de la taille due à la compression vertébrale, douleur dorsale ; déformations (cyphose) causées par la compression des vertèbres

24.2 | Examen clinique du système musculosquelettique

24.2.1 Données subjectives

Les informations transmises par le client au cours de l'entrevue sont importantes dans l'évaluation de celui-ci. Elles permettent à l'infirmière de déterminer le ou les symptômes associés à un problème musculosquelettique et de tracer un portrait global de la condition du client. Les signes et symptômes les plus courants de détérioration musculosquelettique sont la douleur, la faiblesse, les déformations, la limitation de la mobilité, la raideur et la **crépitation** des articulations. Par exemple, si un client déclare ressentir une raideur dans un genou, en utilisant le PQRSTU, l'infirmière peut alors bien documenter les différents symptômes décrits par le client (Ordre des infirmières et infirmiers du Québec [OIIQ], 2010).

Renseignements importants concernant l'évaluation d'un symptôme (PQRSTU)

 Provoquer / pallier / aggraver

L'infirmière cherche à connaître ce qui pourrait avoir provoqué le symptôme principal du client : Qu'est-ce qui a provoqué cette raideur au genou ? Que faisiez-vous quand votre symptôme est apparu ? Selon vous, quelle en est la cause ? Pour un autre symptôme, comme la douleur, celle-ci peut être provoquée ou aggravée par le mouvement, le repos, la position ou les conditions météorologiques. Par exemple, le mouvement augmente la plupart des douleurs

articulaires sauf dans le cas de la polyarthrite rhumatoïde où le mouvement diminue la douleur. Un client atteint d'arthrose notera une augmentation de la raideur articulaire après une période de repos. Par la suite, l'infirmière s'informe sur ce qui aggrave ou soulage ce symptôme : Qu'est-ce qui soulage, diminue ou aggrave votre symptôme ? Qu'est-ce que vous avez essayé pour soulager votre symptôme ? Des activités comme se vêtir, marcher, monter des escaliers, tourner une poignée de porte peuvent aggraver les symptômes du client. Dans les maladies articulaires inflammatoires comme la polyarthrite rhumatoïde, les variations de la pression atmosphérique peuvent augmenter les douleurs articulaires. La chaleur peut diminuer la sensation de raideur et soulager la douleur ; la glace, une médication anti-inflammatoire ou analgésique et le repos peuvent également soulager la douleur et permettre une meilleure mobilité.

 Qualité / quantité

L'infirmière tente d'obtenir une description précise de la sensation éprouvée par le client en lui faisant préciser la qualité du symptôme et sa fréquence : Comment pourriez-vous me décrire cette raideur dans votre genou ? Le client peut décrire son symptôme sous forme de raideur ou d'étirement, de pression ou de brûlure. La sensation ressentie peut être aiguë ou sourde ▶ .

 Région / irradiation

L'infirmière demande au client de lui montrer avec précision la région où cette raideur est ressentie :

10

La méthode PQRSTU appliquée à l'évaluation de la douleur est présentée en détail dans le chapitre 10, *Douleur*.

24

Avec un seul doigt, montrez-moi l'endroit où la raideur est la plus intense? Dans le cas d'une raideur, il lui sera plus difficile de désigner une région précise du genou. Si un traumatisme a entraîné une déchirure d'un ligament collatéral du genou, le client pourra plus précisément montrer la partie interne ou externe du genou selon qu'il s'agit du ligament latéral ou médial. Par la suite, l'infirmière demande si celle-ci irradie à un endroit particulier: Est-ce que cette raideur s'étend vers un autre endroit? Est-ce que vous ressentez ce symptôme dans une autre région? Dans le cas de la polyarthrite rhumatoïde, par exemple, les articulations sont atteintes symétriquement alors que d'autres problèmes musculosquelettiques se manifestent de façon isolée ou unilatéralement.

 ### Symptômes et signes associés / sévérité

Le symptôme primaire (p. ex., la raideur au genou) à l'origine de la consultation est souvent accompagné d'autres symptômes ou signes cliniques qui doivent être évalués simultanément: Avez-vous remarqué d'autres symptômes ou signes associés à cette raideur? Ressentez-vous d'autres malaises en plus de celle-ci? Un engourdissement ou un fourmillement peut être ressenti autour de la région affectée ou irradier dans un membre (p. ex., une hernie discale et une douleur sciatique irradiant dans la fesse, la cuisse ou la jambe).

Les questions doivent aussi cibler les symptômes des maladies arthritiques et des maladies du tissu conjonctif (p. ex., la goutte, le rhumatisme psoriasique, le lupus érythémateux aigu disséminé), de l'**ostéomalacie**, de l'**ostéomyélite** et des infections fongiques des os ou des articulations. Des douleurs articulaires peuvent survenir à la suite d'une infection locale ou apparaître à la suite d'une infection à streptocoque non traitée engendrant une fièvre rhumatismale et des signes (rougeur, chaleur, fièvre, œdème) ou des symptômes (maux de gorge récents, faiblesse, douleur musculaire) d'infections observables localement. Une myalgie est fréquente dans le cas d'une infection virale. Une faiblesse peut impliquer le système musculosquelettique ou neurologique. Une diminution de l'amplitude des mouvements peut traduire des lésions au cartilage articulaire ou à la capsule articulaire, ou encore une **contracture** musculaire.

L'infirmière demande au client: Sur une échelle de 0 à 10 alors que 10 est une raideur qui vous empêche complètement de bouger votre articulation, à combien estimez-vous celle-ci? Un symptôme comme la raideur ou la douleur est difficile à quantifier en raison de son caractère subjectif relié aux expériences individuelles. L'infirmière doit aider le client à bien comprendre l'échelle employée.

Ostéomalacie : Défaut de minéralisation de la matrice protéique de l'os.

Ostéomyélite : Infection osseuse due à un germe qui atteint l'os par voie hématogène.

 ### Temps / durée

L'infirmière doit déterminer le moment précis de l'apparition de la raideur et sa durée: Est-ce la première fois que vous ressentez ce symptôme? Quand avez-vous observé ce symptôme la première fois? À quel moment de la journée ce symptôme est-il présent? Votre symptôme se manifeste-t-il de manière intermittente ou continue? S'il est intermittent, combien de temps dure votre symptôme? Dans la polyarthrite rhumatoïde, la douleur est plus importante le matin alors que dans l'arthrose elle est souvent plus intense le soir. Dans l'arthrose, les raideurs disparaissent en moins de 30 minutes avec la reprise d'activité. Dans la polyarthrite rhumatoïde, les raideurs persistent beaucoup plus longtemps.

Par exemple, la raideur au genou peut varier d'une journée à l'autre selon les activités du client. Un symptôme peut être présent de manière continuelle ou apparaître par intermittence. La fréquence d'apparition peut donner un indice de la gravité du problème.

 ### (*Understanding*) Compréhension et signification pour le client

L'infirmière tente de découvrir ce que signifie ce symptôme pour le client: Qu'est-ce que ce symptôme signifie pour vous? Ce symptôme a-t-il un impact sur vos AVQ? Ce problème vous affecte-t-il moralement? Pour quelle raison consultez-vous maintenant? Les atteintes musculosquelettiques affectent non seulement les capacités physiques du client, mais également son état psychologique en réaction à la perte d'autonomie. L'évaluation fonctionnelle des AVQ comprend l'évaluation d'une autonomie sécuritaire, les besoins de services de soins à domicile et la qualité de vie.

Histoire de santé (AMPLE)

Recueillir l'histoire de santé du client permet à l'infirmière de bien connaître son client et de comprendre ses réactions liées à son problème de santé grâce à l'aperçu de son expérience santé-maladie qu'il lui fournit. Les allergies, les médicaments, les antécédents de santé, une chirurgie ou tout autre traitement font partie des informations pertinentes à recueillir. Ces informations peuvent être recueillies à l'aide de l'outil suivant: AMPLE (OIIQ, 2010).

 ### Allergies / réactions

L'infirmière recueille les informations sur les allergies connues du client. Elle doit s'informer sur les différents types possibles d'allergies (médicamenteuses, alimentaires et environnementales): Avez-vous des allergies connues aux médicaments, aux aliments ou à l'environnement? Quelle est votre réaction à cette allergie? Les allergies alimentaires ou les allergies de contact ont peu de relation directe avec les problèmes musculosquelettiques, mais le malaise général souvent associé aux réactions allergiques peut se manifester par une raideur et la léthargie. Les réactions allergiques aux médicaments utilisés pour traiter les problèmes musculosquelettiques peuvent être significatives si elles perturbent le traitement.

Bien que les réactions allergiques soient habituellement assez rapides et affectent rarement le système musculosquelettique, certaines peuvent se produire 5 à 14 jours après le contact avec l'allergène. Il s'agit d'une hypersensibilité de type III ou semi-retardée comme les réactions allergiques survenant après l'administration d'un sérum xénogénique (issu d'une autre espèce, p. ex., l'insuline de porc) ou d'un médicament (p. ex., la pénicilline). Les anticorps IgM et IgG dirigés contre la protéine étrangère forment avec cet antigène des complexes immuns circulants qui se déposent dans les différents tissus de l'organisme, dont la membrane synoviale. L'activation du complément par les complexes immuns déclenche une inflammation sur les lieux de leur dépôt (Gould, 2006).

 Médicaments

L'infirmière doit recueillir des renseignements sur tous les médicaments utilisés par le client, sans oublier les médicaments d'ordonnance, les médicaments en vente libre, les produits naturels, les suppléments alimentaires et les vitamines. Elle doit recueillir de l'information détaillée sur chaque substance (nom, dose, fréquence, durée de la consommation, effets attendus et effets secondaires possibles). Il faut demander au client qui a pris des médicaments anti-inflammatoires s'il a souffert de problèmes gastro-intestinaux ou observé des signes de saignements. Le client est-il immunisé contre le tétanos et la polio? L'infirmière doit relever la date et les résultats du test à la tuberculine le plus récent.

En plus des médicaments consommés pour traiter un problème du système musculosquelettique, l'infirmière doit questionner le client au sujet des médicaments qui peuvent avoir un effet nocif sur ce système. Voici une liste de certains de ces médicaments (leurs effets secondaires potentiels sont indiqués entre parenthèses):

- Anticonvulsivants (ostéomalacie)
- Phénothiazines (troubles de la démarche)
- Corticostéroïdes (nécrose avasculaire, diminution de la masse osseuse et musculaire)
- Diurétiques hypokaliémiants (crampes musculaires et faiblesse)

Il est aussi important de s'enquérir auprès des femmes ménopausées du recours à l'hormonothérapie substitutive.

 Passé

Les antécédents donnent un aperçu de l'état de santé antérieur d'une personne. L'infirmière demande au client de lui énumérer les principales maladies, blessures, hospitalisations et chirurgies dont il a été l'objet au cours de son enfance et de sa vie adulte. Elle note la date à laquelle elles ont eu lieu ainsi que les causes, et elle s'informe si le problème a été totalement résolu ou s'il y a des effets résiduels. Il faut, par conséquent, interroger le client au sujet de ses problèmes médicaux antérieurs. Des maladies comme la tuberculose, la poliomyélite, le diabète de type 1, les troubles parathyroïdiens, l'hémophilie, le rachitisme, les infections des tissus mous et les incapacités neuromusculaires affectent directement ou indirectement le système musculosquelettique.

Il faut aussi se renseigner auprès des femmes sur leurs antécédents menstruels. Des épisodes d'aménorrhée préménopause peuvent contribuer à l'apparition de l'ostéoporose (Jarvis, 2009). L'infirmière s'informe également des sources possibles d'une infection bactérienne secondaire, comme une infection des oreilles, des amygdales, des dents, des sinus, des poumons ou des voies génito-urinaires. Ces infections peuvent envahir les os et provoquer une ostéomyélite ou une destruction articulaire. Il importe également de recueillir un compte rendu détaillé de l'évolution et du traitement de ces problèmes : Avez-vous déjà subi une chirurgie ? Avez-vous déjà eu un traumatisme physique après un accident ou une activité sportive ? Des problèmes musculosquelettiques antérieurs (p. ex., une entorse, une fracture, une luxation) ou en cours peuvent en outre affecter la santé globale du client. L'infirmière note les détails du traitement d'urgence des blessures musculosquelettiques et recueille l'information spécifique concernant toute intervention chirurgicale, l'évolution postopératoire, les complications et les traitements de réadaptation en cours. Si le client a dû subir une immobilisation prolongée, l'infirmière doit envisager la possibilité qu'il souffre d'ostéoporose, d'atrophie musculaire ou d'une **ankylose** musculaire.

Le client peut retracer de nombreuses lésions, mineures ou majeures concernant son système musculosquelettique. L'infirmière enregistre ces informations en ordre chronologique en incluant les éléments suivants :

- Mécanisme de la lésion (p. ex., une torsion, un écrasement, un étirement)
- Circonstances reliées à la lésion
- Examen clinique et examens paracliniques

Capsule **Jugement clinique**

Madame Doris Lanteigne, 44 ans, est traitée pour une glomérulonéphrite chronique avec hypertension artérielle. Elle prend de la cortisone (Cortone[MD]) en doses décroissantes, de l'hydrochlorothiazide (Novo-Hydrazide[MD]) et du nadolol (Corgard[MD]).

Lesquels de ces médicaments ont un impact sur la fonction musculosquelettique de madame Lanteigne ?

Ankylose : Perte totale ou partielle du mouvement propre à une articulation.

24

- Méthodes de traitement
- Durée du traitement
- État actuel en relation avec la blessure
- Besoin d'aides techniques à la marche (appareils fonctionnels)
- Interférence avec les AVQ

L'infirmière interroge le client sur les problèmes de santé connus dans sa famille. Elle recueille également des informations sur l'état de santé ou la cause de décès des membres de sa famille (parents, grands-parents, fratries). Des antécédents familiaux comme la polyarthrite rhumatoïde, le lupus érythémateux aigu disséminé, l'arthrose, la goutte, l'ostéoporose et la scoliose peuvent avoir une incidence génétique sur les problèmes musculosquelettiques du client.

 (*Last meal*) **Dernier repas**

L'infirmière détermine la quantité et la qualité des aliments et des liquides consommés. La description que le client fait de son régime alimentaire durant une journée typique fournit des indices sur les facteurs nutritifs qui pourraient affecter son système musculosquelettique. Des quantités adéquates de vitamines C et D, de calcium et de protéines sont essentielles pour la santé et l'intégrité de ce système. Des habitudes alimentaires déficientes peuvent pré-

disposer les individus à des problèmes comme l'ostéomalacie et l'ostéoporose. En outre, le maintien d'un poids santé est un objectif nutritionnel important. L'obésité impose un stress supplémentaire aux articulations portantes, comme les genoux, les hanches et la colonne vertébrale, et prédispose les individus à une instabilité ligamentaire.

L'infirmière s'informe également de la consommation d'alcool, du type de boisson consommé, de la quantité et de la fréquence de consommation. L'alcool diminue l'excrétion de l'acide urique dans l'urine et peut provoquer une crise de goutte. L'infirmière note également l'usage de produits tabagiques et toute consommation de substances engendrant la dépendance, y compris les drogues à usage récréatif, en précisant la quantité consommée et la fréquence.

 Événements / environnement

L'infirmière doit évaluer la condition de santé d'une personne afin de cerner les comportements positifs qui déterminent ses forces et de relever les comportements inadéquats actuels ou potentiels qui représentent un risque pour sa santé. L'utilisation des modes fonctionnels de santé aide à organiser les données de l'évaluation initiale. Le **TABLEAU 24.3** résume les questions spécifiques à poser en relation avec les modes fonctionnels de santé.

Histoire de santé

TABLEAU 24.3	Modes fonctionnels de santé – Éléments complémentaires : système musculosquelettique
MODES FONCTIONNELS DE SANTÉ	**QUESTIONS À POSER**
Perception et gestion de la santé	• Que faites-vous si vous avez de la difficulté à vous habiller ? … à préparer vos repas ? … à manger ? … à faire votre toilette ? … à exécuter vos tâches ménagères ? • Devez-vous lever des objets lourds ? • Utilisez-vous ou portez-vous un équipement spécialisé pour vous protéger des blessures quand vous travaillez ou que vous faites de l'exercice ? Décrivez-le.
Élimination	• Avez-vous de la difficulté à vous rendre à la toilette à temps en raison d'un problème musculosquelettique ? • Avez-vous besoin d'aide pour vos déplacements ? • Avez-vous besoin d'un appareil adapté pour aller à la toilette ? • Souffrez-vous de constipation à cause de votre mobilité réduite ou des médicaments que vous prenez pour votre problème musculosquelettique ?
Activités et exercices	• Décrivez vos activités quotidiennes. • Avez-vous de la difficulté à réaliser ces activités ? • Avez-vous besoin d'aide pour accomplir vos activités quotidiennes habituelles en raison d'un problème musculosquelettique ? • Décrivez vos exercices habituels. • Ressentez-vous des symptômes musculosquelettiques avant, pendant ou après l'exercice ? • Pouvez-vous bouger entièrement toutes vos articulations sans difficulté ? • Utilisez-vous des prothèses ou des orthèses ?

TABLEAU 24.3	Modes fonctionnels de santé – Éléments complémentaires : système musculosquelettique *(suite)*
MODES FONCTIONNELS DE SANTÉ	**QUESTIONS À POSER**
Sommeil et repos	• Avez-vous des problèmes de sommeil ? • Devez-vous changer fréquemment de position pendant la nuit ? • La douleur musculosquelettique vous réveille-t-elle la nuit ?
Relations et rôles	• Habitez-vous avec une autre personne ? • Décrivez l'aide que vous recevez des membres de votre famille ou d'autres personnes pour votre problème musculosquelettique. • Décrivez les conséquences de votre problème musculosquelettique sur votre travail et sur vos relations sociales.
Sexualité et reproduction	• Décrivez vos préoccupations sexuelles reliées à votre problème musculosquelettique.
Adaptation et tolérance au stress	• Comment vous êtes-vous adapté à cette raideur au genou ou à l'immobilité résultant de votre problème musculosquelettique ?
Valeurs et croyances	• Décrivez vos valeurs culturelles ou vos croyances religieuses qui pourraient avoir une influence sur le traitement de votre problème musculosquelettique.

Perception et gestion de la santé L'infirmière interroge le client sur son hygiène de vie en relation avec le système musculosquelettique, comme le maintien d'un poids santé, sa préoccupation d'éviter un stress excessif aux muscles et aux articulations ainsi que le recours à une technique appropriée pour soulever des objets. Les préoccupations en matière de sécurité peuvent influer sur la prédisposition du client à certaines blessures ou maladies. Par conséquent, il faut interroger le client sur les normes de sécurité reliées à son environnement de travail, à sa vie de famille, à ses activités récréatives et aux exercices qu'il pratique. Par exemple, si le client est un programmeur informatique, l'infirmière s'informe des adaptations ergonomiques de son bureau qui diminuent le risque de syndrome du tunnel carpien ou de douleurs lombaires. La détermination d'un problème dans ces domaines orientera le plan d'enseignement au client.

Élimination Des questions sur l'élimination du client peuvent révéler une difficulté à se déplacer jusqu'aux toilettes. Une diminution de la mobilité due à un problème musculosquelettique peut entraîner la constipation ou contribuer à l'incontinence intestinale ou urinaire. L'infirmière doit s'informer si un dispositif d'assistance comme un siège surélevé ou une barre d'appui lui serait utile.

Activités et exercices L'infirmière doit obtenir un compte rendu détaillé du type, de la durée et de la fréquence des exercices et des activités physiques du client. Elle doit aussi vérifier de quelle façon ils se répartissent dans le temps (quotidiens, hebdomadaires ou saisonniers), car un exercice occasionnel ou sporadique peut causer plus de dommages que l'exercice régulier. Beaucoup de problèmes musculosquelettiques peuvent influencer ce mode fonctionnel de santé. Il faut interroger le client sur ses limitations de mouvements, ses douleurs, ses faiblesses, ses maladresses, la présence de crépitation ou toute modification osseuse ou articulaire qui nuisent à ses AVQ.

Des activités extrêmes reliées au travail peuvent aussi affecter le système musculosquelettique. Un travail sédentaire peut avoir un impact négatif sur la flexibilité et la force musculaire. Un emploi qui exige des efforts extrêmes pour soulever ou pousser des poids lourds peut provoquer des lésions aux articulations et aux structures de soutien.

Sommeil et repos Les symptômes causés par des problèmes musculosquelettiques peuvent modifier les habitudes de sommeil. Si le client accuse des troubles du sommeil, l'infirmière doit poser des questions sur le type de matelas et d'oreiller qu'il utilise, sa routine à l'heure du coucher, ses positions de sommeil, et s'informer si son partenaire de sommeil a des comportements incommodants pour le client (p. ex., un sommeil agité).

Cognition et perception L'infirmière explore tous les symptômes résultant d'un problème musculosquelettique ressentis par le client et vérifie la signification que le client attribue à ses symptômes. Pour un symptôme donné, un client peut y attribuer une cause musculosquelettique alors que pour un symptôme identique, un autre client peut associer ce symptôme à un problème neurologique.

RAPPELEZ-VOUS...

24

Il y a quatre types d'incontinence urinaire : par regorgement, réflexe, à l'effort, par réduction du temps d'alerte (besoin impérieux).

| Perception et concept de soi | Beaucoup de problèmes musculosquelettiques chroniques entraînent des déformations physiques et une restriction des activités qui peuvent avoir de sérieux impacts négatifs sur l'image qu'une personne a de son corps et la perception qu'elle a de sa propre valeur. L'infirmière doit noter les sentiments personnels du client à cet égard.

| Relations et rôles | Une réduction de la mobilité et la douleur chronique résultant de problèmes musculosquelettiques peuvent affecter négativement la capacité du client à accomplir ses rôles de conjoint, de parent ou d'employé. Son aptitude à rechercher et à entretenir des relations sociales et personnelles significatives peut aussi être modifiée par des problèmes musculosquelettiques. Le fait de connaître l'état civil, l'emploi, le nombre d'enfants et leur âge, le milieu de vie et les proches de la personne aidera l'infirmière à déterminer ses forces ainsi que les réseaux de soutien dont le client dispose.

Si le client vit seul, un problème musculosquelettique et sa réadaptation peuvent rendre difficile, voire impossible, le maintien de sa situation actuelle. Il faut déterminer le degré d'aide que peuvent lui apporter sa famille, ses amis et d'autres proches aidants.

| Sexualité et reproduction | Les symptômes causés par des problèmes musculosquelettiques, dont la douleur, peuvent grandement compromettre la capacité du client à avoir des relations sexuelles satisfaisantes. L'infirmière devra explorer ce sujet avec délicatesse afin d'amener le client à se sentir à l'aise pour discuter de tout problème sexuel relié à la douleur, aux mouvements et à la position.

| Adaptation et tolérance au stress | Les limitations de mobilité et la douleur, aiguë ou chronique, peuvent constituer d'importants facteurs de stress qui mettent au défi la capacité d'adaptation du client. Les aspects qui peuvent être une source de stress comprennent notamment les relations conjugales, la famille et les amis, l'activité professionnelle et la situation financière. L'infirmière doit poser des questions qui aideront à déterminer si un problème musculosquelettique entraîne des difficultés à cet égard et à reconnaître les signes d'incapacité à réagir efficacement chez le client et les proches aidants.

| Valeurs et croyances | L'infirmière doit s'informer des croyances culturelles ou religieuses du client qui pourraient influencer son acceptation du traitement pour son problème musculosquelettique.

24.2.2 Données objectives
Examen physique

L'examen comprend l'Inspection, la Palpation, l'évaluation des Amplitudes des mouvements et de la Force musculaire (IPAF). Bien qu'une vue d'ensemble sera établie, les données fournies par une recherche minutieuse des antécédents de santé serviront de guide pour choisir les régions sur lesquelles concentrer l'examen physique. Ainsi, des mesures particulières pourront être entreprises à la suite des observations.

| Inspection | L'infirmière doit réaliser une inspection systématique en partant de la tête et du cou vers les membres supérieurs, les membres inférieurs, puis le tronc. Il n'est pas obligatoire de respecter un ordre précis, mais le recours à une approche systématique permet d'éviter d'omettre des aspects importants de l'examen. L'infirmière observe la couleur générale de la peau et relève la présence de cicatrices ou d'autres signes manifestes de lésions antérieures ou de chirurgie. Certaines lésions cutanées peuvent demander une investigation plus poussée, car elles peuvent révéler des troubles sous-jacents. Par exemple, des taches café-au-lait ou la présence de petites tuméfactions situées dans la peau (neurofibromes) sont des indices caractéristiques de la **neurofibromatose (NF)** qui peut provoquer une pseudoarthrose touchant le tibia ou le radius et une déformation de la colonne vertébrale (cyphoscoliose). L'infirmière note la corpulence générale, la morphologie musculaire et la symétrie des articulations. Elle observe tout gonflement, œdème, déformation, nodule ou masse, ainsi que les différences de longueur ou de circonférence des membres. Lorsqu'une anomalie est soupçonnée, il faut toujours utiliser l'autre membre du client pour comparer.

| Palpation | Cette technique consiste à palper toute région qui soulève un intérêt en raison d'une plainte subjective du client ou de son aspect anormal. Comme l'inspection, la palpation se fait habituellement de la tête vers les pieds en examinant le cou, les épaules, les coudes, les poignets, les mains, le dos, les hanches, les genoux, les chevilles et les pieds. En général, l'infirmière procède successivement à la palpation superficielle puis à la palpation profonde.

Les mains de l'infirmière doivent être chaudes pour prévenir les spasmes musculaires qui pourraient interférer avec la recherche de repères essentiels ou de structures molles. La palpation des muscles et des articulations permet d'évaluer la température du corps, une sensibilité locale, un gonflement, un œdème ou la présence de crépitation. Les muscles sont aussi palpés durant les mouvements actifs et passifs pour en évaluer le tonus, la force et la souplesse. L'infirmière doit établir la relation entre les structures adjacentes et évaluer le contour général, les saillies anormales et les repères locaux.

| Amplitude des mouvements (évaluation de la mobilité) | Pour vérifier la mobilité des articulations du client, l'infirmière doit évaluer l'**amplitude des**

Neurofibromatose: Terme général pour désigner trois troubles génétiques distincts qui partagent une manifestation commune : la croissance de tumeurs dans les tissus qui entourent les nerfs. La NF peut résulter d'une mutation génétique spontanée ou provenir d'une transmission génétique de l'un ou des deux parents.

mouvements actifs et passifs; les mouvements devraient être semblables lors des deux manœuvres. L'amplitude des mouvements actifs signifie que le client effectue tous les mouvements sans assistance. L'amplitude des mouvements passifs s'évalue quand l'infirmière fait bouger les articulations du client sans sa participation, en déployant toute l'ampleur du mouvement. Il faut agir prudemment pour déterminer la mobilité passive en raison des risques de blessure pour les structures sous-jacentes. L'infirmière devra cesser immédiatement la manipulation en présence de douleur ou de résistance.

La méthode la plus précise pour évaluer l'amplitude des mouvements est d'utiliser un goniomètre pour mesurer l'angle de l'articulation **FIGURE 24.5**. En général, l'infirmière ne mesure pas le degré précis de mobilité de toutes les articulations, à moins d'avoir décelé un problème d'amplitude. Bien que moins précise, la comparaison de l'amplitude du mouvement d'un membre avec celle du membre opposé représente une méthode d'évaluation très utile. Le **TABLEAU 24.4** décrit les mouvements habituels des articulations synoviales, dont l'abduction, l'adduction, la flexion et l'extension .

Si des déficits sont décelés au moment de l'évaluation de la mobilité, il faut évaluer la mobilité fonctionnelle pour déterminer si les transformations articulaires ont affecté l'accomplissement des AVQ. Pour évaluer la mobilité fonctionnelle, l'infirmière peut demander au client s'il a besoin d'aide pour réaliser ses AVQ. Par exemple, elle peut s'informer s'il a besoin d'aide pour manger ou prendre un bain.

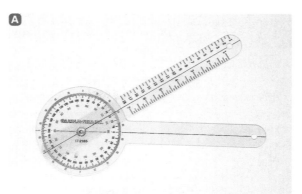

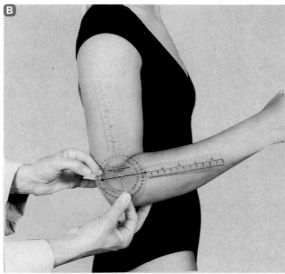

FIGURE 24.5

A Évaluation de l'amplitude des mouvements – Goniomètre. **B** Mesure de l'amplitude des mouvements à l'aide d'un goniomètre.

Vous pouvez consulter les animations *Flexion et extension*, *Abduction et adduction* et *Pronation et supination* au www.cheneliere.ca/lewis.

TABLEAU 24.4	Mouvements des articulations synoviales
MOUVEMENT	**DESCRIPTION**
Abduction	Mouvement d'un membre vers l'extérieur par rapport à la ligne médiane du corps
Adduction	Mouvement d'un membre vers l'intérieur, vers la ligne médiane du corps
Circumduction	Combinaison de flexion, d'extension, d'abduction et d'adduction produisant un mouvement circulaire autour de l'épaule
Dorsiflexion	Flexion de la cheville et des orteils vers le tibia
Éversion	Mouvement de la plante du pied vers l'extérieur par rapport à la ligne médiane du corps
Extension	Déploiement d'une articulation qui augmente l'angle entre deux os
Flexion	Repli d'une articulation qui diminue l'angle entre deux os

TABLEAU 24.4	Mouvements des articulations synoviales *(suite)*
Flexion plantaire	Flexion de la cheville et des orteils vers la surface plantaire du pied (« orteils pointés »)
Hyperextension	Extension dans laquelle l'angle excède 180°
Inversion	Mouvement de la plante du pied vers l'intérieur, vers la ligne médiane du corps
Opposition	Mouvement antérieur du pouce et d'un autre doigt à partir de la paume ouverte amenant un contact entre les pulpes de ceux-ci (rend possible la préhension d'objets entre le pouce et les doigts)
Pronation	Mouvement de l'avant-bras pour tourner la paume de la main vers le bas
Rotation externe (latérale)	Mouvement le long de l'axe longitudinal à l'opposé de la ligne médiane du corps
Rotation interne	Mouvement le long de l'axe longitudinal vers la ligne médiane du corps
Supination	Mouvement de l'avant-bras pour tourner la paume de la main vers le haut

Force (évaluation de la force musculaire) Cet examen permet d'évaluer la force d'un muscle ou d'un groupe musculaire pendant leur contraction en demandant au client de résister à la force opposée exercée par l'infirmière. Par exemple, l'infirmière demande au client de fléchir son coude pendant qu'elle exerce une force opposée pour l'amener en extension. Un muscle normal offrant une pleine résistance à l'opposition a une force de 5 sur l'échelle d'évaluation de la force musculaire et doit être comparé au membre opposé **TABLEAU 24.5**. L'infirmière peut observer de légères variations de la force musculaire entre le côté dominant et le côté non dominant. Il existe aussi des variations de force entre les individus.

Mensuration Lorsque l'infirmière ou le client observe des écarts de longueur ou une asymétrie des membres, l'infirmière doit mesurer la longueur du membre et sa circonférence. Par exemple, elle mesure la longueur de la jambe si elle observe des anomalies de la démarche. Elle doit mesurer le membre concerné entre l'épine iliaque antéro-supérieure et le bas de la malléole interne, puis elle compare cette mesure à celle du membre opposé. La masse d'un muscle se mesure par sa circonférence dans sa partie la plus large. En consignant les mesures, l'infirmière note l'endroit exact où chaque mesure a été prise (p. ex., le muscle quadriceps est mesuré 15 cm au-dessus de la rotule). La personne qui procédera à l'examen suivant saura ainsi quelle région exacte doit être mesurée, ce qui assurera l'uniformité de l'évaluation.

Autres L'infirmière vérifie l'utilisation par le client d'un aide technique comme un déambulateur (marchette) ou une canne. Elle s'assure que l'appareil est ajusté correctement et que le client utilise une technique adéquate et sécuritaire (Brummel-Smith & Dangiolo, 2009). Si le client peut se déplacer seul, elle l'observe pendant qu'il marche, qu'il se tient debout et qu'il est assis afin d'évaluer sa posture et sa démarche. Les problèmes musculosquelettiques et neurologiques peuvent causer des démarches anormales.

La **scoliose** est une courbure latérale en forme de S de la colonne thoracique et lombaire (Jarvis, 2009). En observant le client de dos, l'infirmière constate généralement que les épaules et les omoplates ne sont

TABLEAU 24.5	Échelle de force musculaire
0	Aucune contraction musculaire
1	Frémissement ou contraction à peine décelable à l'observation ou à la palpation
2	Mouvement actif d'une articulation avec élimination de la gravité
3	Mouvement actif complet contre la gravité seulement et non contre une résistance
4	Mouvement actif contre la gravité et une certaine résistance
5	Mouvement actif contre une pleine résistance sans fatigue évidente (force musculaire normale)

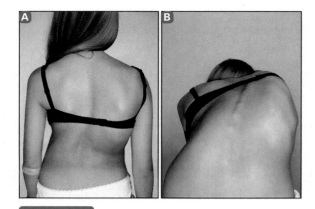

FIGURE 24.6

Scoliose – **A** Personne debout. **B** Personne penchée vers l'avant.

pas à la même hauteur **FIGURE 24.6**. Elle peut dépister la scoliose avec le test de flexion vers l'avant. L'infirmière demande au client d'écarter les pieds à la largeur des épaules et de se pencher lentement vers l'avant pour toucher ses orteils. Elle vérifie la saillie thoracique des côtes ou la saillie lombaire des muscles paravertébraux. Normalement, la colonne vertébrale demeure rectiligne tant en position debout qu'en flexion (Jarvis, 2009). Si la déformation est de plus de 45°, les fonctions pulmonaire et cardiaque sont généralement détériorées.

Lorsqu'un client se plaint de douleur sciatique ou de douleur à la jambe, l'infirmière applique le **test de Lasègue**. L'infirmière demande au client de s'installer en position de décubitus dorsal, puis elle soulève passivement une jambe jusqu'à 60° ou moins en laissant l'autre jambe à plat. Le test est positif si le client ressent de la douleur le long du parcours du nerf sciatique. Un test positif en soulevant la jambe du côté atteint confirme qu'il y a probablement une irritation de la racine du nerf due à un prolapsus ou à une hernie du disque intervertébral, en particulier L4-L5 ou L5-S1. Si le test reproduit une douleur sciatique lorsque la jambe du côté non atteint est soulevée, cela suggère fortement une hernie du noyau pulpeux (Jarvis, 2009) ▶ ▶ .

L'**ENCADRÉ 24.1** montre un exemple de la façon de consigner les résultats d'une évaluation physique normale du système musculosquelettique. Le **TABLEAU 24.6** présente une évaluation ciblée du système musculosquelettique. Le **TABLEAU 24.7** décrit les anomalies courantes observées au moment de l'évaluation du système musculosquelettique.

L'examen clinique de suivi est utilisé pour évaluer l'évolution des problèmes musculosquelettiques déjà décelés au moyen de questions ciblées, alors que l'examen clinique orienté sur le symptôme sert à évaluer l'apparition d'un nouveau problème.

RAPPELEZ-VOUS…

Les tests suivants permettent d'évaluer l'équilibre d'une personne : l'épreuve de Romberg, debout sur un pied les yeux fermés, et la marche talon-orteils.

18

L'évaluation des réflexes est présentée dans le chapitre 18, *Évaluation clinique – Système nerveux.*

25

L'évaluation neurovasculaire est présentée dans le chapitre 25, *Interventions cliniques – Trauma musculosquelettique et chirurgie orthopédique.*

ENCADRÉ 24.1	Observations normales de l'évaluation physique du système musculosquelettique

- Courbures normales de la colonne vertébrale
- Absence d'atrophie ou d'asymétrie musculaire
- Absence de gonflement articulaire, de déformation ou de crépitation
- Absence de douleur à la palpation de la colonne vertébrale
- Amplitude maximale des mouvements de toutes les articulations, sans douleur ni laxité
- Force musculaire de 5

TABLEAU 24.6	Évaluation ciblée du système musculosquelettique		
Cette liste de contrôle permet de vérifier que les étapes clés de l'évaluation ont été réalisées.			
Données subjectives			
Interroger le client sur les éléments suivants :			
Douleur ou raideur articulaire		Oui	Non
Douleur osseuse (ostéalgie)		Oui	Non
Faiblesse musculaire		Oui	Non

TABLEAU 24.6	Évaluation ciblée du système musculosquelettique *(suite)*	
Données objectives – Examen physique		
Squelette et membres : alignement, configuration, symétrie, taille et déformations apparentes (comparer les deux côtés)		☐
Articulations : amplitude des mouvements, sensibilité/douleur, chaleur, crépitation et gonflement		☐
Muscles : taille, symétrie, tonus et sensibilité/douleur (comparer les deux côtés)		☐
Os : sensibilité ou douleur		☐
Données objectives – Examens paracliniques		
Vérifier les résultats des examens suivants :		
Radiographies		☐
Scintigraphie osseuse		☐
Vitesse de sédimentation		☐
Os : sensibilité ou douleur		☐

Anomalies courantes

TABLEAU 24.7	Système musculosquelettique	
OBSERVATION	**DESCRIPTION**	**ÉTIOLOGIE POSSIBLE ET SIGNIFICATION**
Amplitude de mouvement limitée	Degré de mobilité réduit d'une articulation	Blessure, inflammation, contracture
Ankylose	Raideur et immobilité d'une articulation	Inflammation articulaire chronique et destruction de l'articulation (p. ex., la polyarthrite rhumatoïde)
Atrophie	Perte de la masse d'un muscle lui donnant un aspect flasque et occasionnant une réduction de son fonctionnement et de son tonus	Dénervation musculaire, contracture, inactivité prolongée due à une immobilisation
Claudication	Boiterie (à moins d'utiliser une chaussure correctrice)	Différence de longueur des jambes de 2,5 cm ou plus, généralement d'origine structurale (arthrite, fracture)
Contracture	Résistance au mouvement d'un muscle ou d'une articulation résultant de la fibrose des tissus mous de soutien	Raccourcissement du muscle ou des ligaments, rigidité des tissus mous, positionnement inadéquat d'un membre immobilisé
Crépitation	Son de frottements ou craquements fins audible et fréquent, avec grincement palpable, qui accompagne le mouvement résultant de la friction des os	Fracture, luxation, dysfonctionnement de l'articulation temporomandibulaire, arthrose, inflammation chronique

TABLEAU 24.7 **Système musculosquelettique** *(suite)*

OBSERVATION	DESCRIPTION	ÉTIOLOGIE POSSIBLE ET SIGNIFICATION
Cyphose	Flexion antérieure de la colonne thoracique ; exagération de la courbure thoracique	Mauvaise posture, tuberculose, arthrite, ostéoporose, trouble de la croissance des épiphyses vertébrales
Déformation en boutonnière	Anomalie des doigts ; flexion de l'articulation interphalangienne proximale et hyperextension de l'articulation interphalangienne distale	Déformation typique de la polyarthrite rhumatoïde et du rhumatisme psoriasique, causée par la rupture des tendons des extenseurs au-dessus des doigts
Déformation en col de cygne	Hyperextension de l'articulation interphalangienne proximale des doigts avec flexion des articulations métacarpophalangienne et interphalangienne distale	Déformation typique de la polyarthrite rhumatoïde et du rhumatisme psoriasique, causée par la contracture des muscles et des tendons
Démarche antalgique	Enjambée réduite avec mise en appui minimale sur le côté douloureux	Douleur ou inconfort dans le membre inférieur lors de la mise en appui ; possiblement reliée à un traumatisme ou à d'autres problèmes musculosquelettiques
Démarche ataxique	Démarche large et titubante, non coordonnée, souvent accompagnée de dandinement	Troubles neurogènes (p. ex., une lésion de la moelle épinière, une lésion cérébelleuse, la sclérose en plaques)
Démarche festinante	Pendant la marche, fléchissement du cou, du tronc et des genoux alors que le corps est rigide ; départ retardé et pas courts, rapides et traînants ; vitesse pouvant augmenter si le client est incapable de s'arrêter (festination)	Troubles neurogènes (p. ex., la maladie de Parkinson)
Démarche spasmodique	Pas courts en traînant les pieds ; mouvements saccadés, non coordonnés, en ciseaux (les genoux se croisent)	Neurogène (p. ex., une infirmité motrice cérébrale, une hémiplégie, la sclérose en plaques)
Déviation ulnaire (doigts en coup de vent)	Déviation des doigts du côté cubital de l'avant-bras	Déformation typique de la polyarthrite rhumatoïde due à la contracture des tendons
Épicondylite latérale (*tennis elbow*)	Douleur sourde à la face externe du coude, aggravée par les mouvements de rotation et d'extension palmaire contre résistance	Déchirure partielle du tendon à son insertion sur l'épicondyle externe
Épicondylite médiale (*golfer elbow*)	Douleur sourde à la face interne du coude, aggravée par les mouvements de rotation et de flexion palmaire contre résistance	Déchirure partielle du tendon à son insertion sur l'épicondyle externe
Fasciite plantaire (aponévrosite plantaire)	Douleur vive et cuisante sous la plante du pied ; pire le matin	Cycle chronique de dégénérescence/réparation provoquant de l'inflammation
Genu valgum (genou cagneux)	Les genoux collés, espace de plus de 2,5 cm entre les malléoles médiales	Poliomyélite, malformation congénitale, arthrite
Genu varum (jambes arquées)	Les malléoles collées, espace de plus de 2,5 cm entre les deux genoux	Arthrite, malformation congénitale
Gonflement	Enflure touchant souvent une articulation, due à une accumulation de liquide ; généralement accompagnée d'une douleur et d'une raideur	Traumatisme ou inflammation

24

OBSERVATION	DESCRIPTION	ÉTIOLOGIE POSSIBLE ET SIGNIFICATION
Kyste synovial	Petite bosse ou masse située au-dessus d'une gaine de tendon ou d'une articulation ; généralement visible à la face dorsal du poignet ou du pied	Inflammation des tissus entourant l'articulation (peut grossir ou disparaître)
Lordose	Déformation de la courbure antéropostérieure de la colonne vertébrale avec exagération de la courbure lombaire	Secondaire à d'autres malformations spinales, dystrophie musculaire, obésité, difformité en flexion de la hanche, luxation congénitale de la hanche
Luxation	Déplacement d'un os de son articulation normale	Traumatisme, troubles des tissus mous environnants
Myalgie	Sensibilité musculaire généralisée et douleur	Syndromes rhumatismaux chroniques (p. ex., la fibromyalgie)
Œdème	Gonflement d'un tissu dû à une accumulation ou à un excès intratissulaire de liquides dans le milieu interstitiel	Position debout prolongée, immobilisation plâtrée, anti-inflammatoire non stéroïdien (AINS), lupus érythémateux systémique
Paresthésie	Engourdissement et picotement souvent décrits comme une sensation de fourmillement	Atteinte des nerfs sensitifs, souvent due à l'œdème généré dans un espace restreint, comme un plâtre ou un vêtement trop serré
Pied plat	Aplatissement anormal de la plante du pied et de la voûte plantaire	Hérédité, paralysie musculaire, paralysie cérébrale légère, dystrophie musculaire précoce, lésion du tendon tibial postérieur
Scoliose	Déformation latérale de la colonne vertébrale présentant une hauteur asymétrique des épaules, des omoplates et des crêtes iliaques **FIGURE 24.6**	Affection idiopathique ou congénitale, fracture ou luxation, ostéomalacie
Spasticité musculaire	Accroissement du tonus musculaire (raideur) accompagné de contractions musculaires soutenues (spasmes) ; raideur ou rigidité pouvant nuire à la démarche, aux mouvements, à l'élocution	Troubles neuromusculaires comme la sclérose en plaques ou une paralysie cérébrale
Steppage	Flexion accrue de la hanche et du genou pour lever le pied du sol ; pied tombant et se posant brusquement sur le sol	Troubles neurogènes (p. ex., une lésion du nerf péronéen, une paralysie des muscles de la dorsiflexion, la poliomyélite, la maladie de Charcot-Marie-Tooth)
Subluxation	Luxation incomplète de l'articulation	Instabilité de la capsule articulaire et des ligaments (p. ex., un traumatisme, l'arthrite)
Tendinite achilienne	Douleur à la face postérieure de la jambe lors de la course et de la marche ; progression possible vers une douleur au repos	Stress cumulatifs sur le tendon d'Achille produisant de l'inflammation
Ténosynovite	Douleur causée par une inflammation d'un tendon et de la gaine synoviale qui l'entoure	Inflammation qui se produit souvent à la suite de mouvements répétitifs (p. ex., le syndrome du tunnel carpien)
Torticolis	Inclinaison latérale de la tête et amplitude limitée des mouvements du cou	Contraction prolongée des muscles du cou ; congénital ou acquis

24.3 | Examens paracliniques du système musculosquelettique

De nombreux examens paracliniques permettent l'évaluation du système musculosquelettique. Le **TABLEAU 24.8** résume ceux les plus couramment utilisés et certains sont décrits plus en détail ci-après. L'utilisation des techniques d'imagerie comme la radiographie, l'imagerie par résonance magnétique (IRM) et la scintigraphie osseuse a grandement amélioré les soins orthopédiques.

La radiographie classique est l'examen le plus fréquemment utilisé pour évaluer les problèmes musculosquelettiques et pour vérifier l'efficacité d'un traitement. Étant donné que les os sont plus denses que les autres tissus, les rayons X ne les traversent pas et ces zones denses apparaissent en blanc sur les radiographies ordinaires. Les radiographies procurent des informations sur les déformations osseuses, la normalité des articulations, la densité osseuse et la calcification des tissus mous. La principale indication des radiographies est de révéler des fractures, mais elles peuvent aussi servir à l'évaluation de troubles héréditaires, infectieux, inflammatoires, néoplasiques, métaboliques, dégénératifs ou du développement.

L'**arthroscopie** est un examen qui exige l'utilisation d'un petit tube à fibres optiques appelé arthroscope pour procéder à l'examen direct de l'intérieur d'une cavité articulaire. Après l'administration d'un anesthésique, le médecin insère une aiguille de fort calibre dans l'articulation et distend celle-ci à l'aide de liquide ou d'air. Une fois l'arthroscope inséré, le chirurgien peut procéder à une visualisation approfondie et précise de la cavité articulaire. Il peut réaliser des photographies ou des enregistrements vidéo par l'arthroscope et pratiquer une biopsie de la synovie ou du cartilage. La chirurgie arthroscopique permet de réparer des tissus déchirés et élimine ainsi le besoin de pratiquer une grande incision, tout en diminuant grandement le temps de guérison.

Examens paracliniques

TABLEAU 24.8	Système musculosquelettique	
EXAMEN	**DESCRIPTION ET BUT**	**RESPONSABILITÉS INFIRMIÈRES**
Examens radiologiques		
Radiographie classique	Détermine la densité des os. Évalue les modifications structurales ou fonctionnelles des os et des articulations. Dans une radiographie antéropostérieure, le faisceau de rayons X traverse de l'avant vers l'arrière et offre une image monodimensionnelle ; la position latérale fournit une visualisation sur un angle différent et complémentaire.	Éviter l'exposition excessive pour le client et pour soi-même. Avant l'examen, retirer tout objet radio-opaque pouvant affecter les résultats. S'il s'agit d'une femme, vérifier si elle est enceinte.
Discographie	Consiste en une radiographie des disques intervertébraux cervicaux ou lombaires après injection d'un produit de contraste dans le nucleus pulposus. Permet de visualiser les anomalies du disque intervertébral.	Vérifier si le client est allergique au produit de contraste iodé ou aux fruits de mer.
Tomodensitométrie (TDM)	Le faisceau de rayons X est utilisé avec un système informatique pour fournir une image tridimensionnelle. Est utilisée pour déceler les anomalies des tissus mous et des os, ainsi que divers traumatismes musculosquelettiques.	Aviser le client que l'examen est indolore. Lui souligner l'importance de rester immobile pendant son déroulement. Si un produit de contraste doit être utilisé, s'assurer que le client n'est pas allergique aux produits de contraste iodé ou aux fruits de mer. S'il s'agit d'une femme, vérifier si elle est enceinte.
Myélographie avec ou sans TDM	Exige l'injection d'un produit de contraste radiographique dans le sac entourant les racines des nerfs. Un examen tomodensitométrique peut suivre pour montrer comment l'os atteint les racines nerveuses. Est un test sensible dans le cas d'une atteinte discoradiculaire, pouvant déceler des lésions ou des blessures très subtiles.	Le principal effet secondaire est la possibilité d'une céphalée spinale. Aviser le client que celle-ci devrait s'estomper après une ou deux journées de repos et une bonne hydratation, mais qu'elle doit être rapportée au médecin. Si c'est une femme qui subit l'examen, vérifier si elle est enceinte.

24

TABLEAU 24.8	**Système musculosquelettique _(suite)_**	
EXAMEN	**DESCRIPTION ET BUT**	**RESPONSABILITÉS INFIRMIÈRES**
Imagerie par résonance magnétique (IRM)	Utilise des ondes radio et un champ magnétique pour visualiser les tissus mous. Est particulièrement utile pour le diagnostic de la nécrose avasculaire, des discopathies, des tumeurs, de l'ostéomyélite et des déchirures des ligaments et des cartilages. Le client est placé dans un tunnel de balayage. Il est possible de lui injecter du gadolinium par voie I.V. pour améliorer la visualisation des structures. L'IRM ouverte n'exige pas que le client soit placé dans un tunnel. Est contre-indiquée pour les clients ayant des agrafes pour anévrisme, des implants métalliques, un stimulateur cardiaque, des dispositifs électroniques, des prothèses auditives ou des éclats métalliques.	Aviser le client que l'examen est indolore. S'assurer que ses vêtements ne contiennent pas de métal (p. ex., les boutons-pression, une fermeture à glissière, des bijoux, des cartes de crédit). Informer le client de l'importance de rester immobile pendant l'examen. Aviser les clients claustrophobes que l'examen pourrait provoquer des symptômes. Administrer un anxiolytique comme prescrit si nécessaire. L'IRM ouverte peut être indiquée pour les clients obèses ou ayant un tour de poitrine ou de taille important ou encore pour ceux qui souffrent de claustrophobie sévère. L'IRM ouverte n'est pas disponible dans toutes les institutions.
Mesures de la densité minérale de l'os		
Absorptiométrie biénergétique aux rayons X (ADEX)	Mesure la densité osseuse de la colonne vertébrale, du fémur, de l'avant-bras et de l'ensemble du corps. Permet d'évaluer la densité osseuse avec une exposition minimale aux radiations. Est utilisée pour le diagnostic des maladies métaboliques de l'os et pour évaluer les modifications de la densité osseuse apportées par un traitement.	Informer le client que l'examen est indolore.
Échographie quantitative	Évalue la densité, l'élasticité et la force de l'os à l'aide d'ultrasons plutôt que de radiations. Le calcanéum (talon) est une région couramment évaluée.	Informer le client que l'examen est indolore.
Examens radio-isotopiques		
Scintigraphie osseuse	Consiste en une technique utilisant l'injection d'un radio-isotope (généralement le technétium 99m [^{99m}Tc]) qui est absorbé par les os. Une fixation uniforme de l'isotope est normale. Une fixation accrue s'observe dans l'ostéomyélite, l'ostéoporose, les lésions osseuses malignes primitives et métastatiques et certaines fractures. Une diminution de la fixation s'observe dans les zones de nécrose avasculaire.	Informer le client qu'une dose calculée de radio-isotopes est administrée deux heures avant l'examen. S'assurer que la vessie est vidée avant l'examen. Informer le client que la procédure dure une heure pendant laquelle il est allongé sur le dos et que les isotopes ne lui causeront pas de douleur. Expliquer que des scintigraphies de contrôle ne seront pas nécessaires. Encourager une bonne hydratation après l'examen. Si c'est une femme qui subit l'examen, vérifier si elle est enceinte.
Endoscopie		
Arthroscopie	Consiste à insérer un arthroscope dans une articulation (généralement le genou) afin de visualiser sa structure et son contenu. Peut être utilisée en chirurgie exploratrice (retrait de souris articulaires [arthrophytes] et biopsie) et pour le diagnostic d'anomalies des ménisques, du cartilage articulaire, des ligaments ou de la capsule articulaire. L'arthroscopie permet aussi la visualisation de l'épaule, du coude, du poignet, de l'articulation temporomandibulaire, de la hanche et de la cheville.	Aviser le client que l'intervention peut s'effectuer en consultation externe, en respectant une asepsie stricte, sous anesthésie locale ou générale. Couvrir la plaie d'un pansement stérile après l'intervention. Expliquer les restrictions postopératoires reliées aux activités.
Métabolisme minéral		
Phosphatase alcaline	Cette enzyme est présente dans le sang et éliminée en partie par la bile. Elle se retrouve dans plusieurs tissus dont le foie et les os. Cependant, elle est indispensable à la minéralisation de la matrice osseuse organique. Un taux élevé s'observe au moment de la guérison des fractures et en cas de cancers des os, d'ostéoporose, d'ostéomalacie et de maladie osseuse de Paget. Intervalle de référence : 30-120 UI/L	Prélever les échantillons de sang par ponction veineuse. Surveiller le saignement et la formation d'un hématome au site de la ponction. Aviser le client que ce test ne demande pas d'être à jeun.

TABLEAU 24.8	Système musculosquelettique *(suite)*	
EXAMEN	**DESCRIPTION ET BUT**	**RESPONSABILITÉS INFIRMIÈRES**
Calcium	L'os est le principal organe de stockage du calcium et lui confère sa consistance rigide. Une diminution du taux sérique de calcium s'observe dans l'ostéomalacie, la maladie rénale et l'hypoparathyroïdie ; une augmentation s'observe dans l'hyperparathyroïdie et dans certaines tumeurs osseuses. Intervalle de référence : 9,0-10,5 mg/dl (2,25-2,75 mmol/L)	Procéder comme ci-dessus.
Phosphore	La quantité présente est indirectement reliée au métabolisme du calcium. Les taux sont plus faibles dans l'ostéomalacie et plus élevés en cas de maladie rénale chronique et de tumeur ostéolytique métastatique, ainsi que pendant la guérison des fractures. Intervalle de référence : 3,0-4,5 mg/dl (0,97-1,45 mmol/L)	Procéder comme ci-dessus.
Analyses sérologiques		
Facteur rhumatoïde	Évalue la présence d'un auto-anticorps (facteur rhumatoïde) dans le sérum. La présence de ce facteur n'est pas seulement reliée à la polyarthrite rhumatoïde, mais s'observe également dans d'autres maladies du tissu conjonctif, de même que chez un faible pourcentage de la population normale. Intervalle de référence : négatif (ou résultat normal) si le titrage est < 1:20 (< 60 UI/ml)	Prélever les échantillons de sang par ponction veineuse. Surveiller le saignement et la formation d'un hématome au site de la ponction. Aviser le client que ce test ne demande pas d'être à jeun.
Vitesse de sédimentation (VS)	Indicateur non spécifique d'une inflammation. Mesure la vitesse avec laquelle les globules rouges se déposent dans du sang non coagulé. Les résultats sont influencés aussi bien par des facteurs physiologiques que pathologiques. Des valeurs élevées s'observent dans tous les processus inflammatoires (en particulier la polyarthrite rhumatoïde, le rhumatisme articulaire aigu, l'ostéomyélite et les infections respiratoires). Intervalles de référence : homme < 15 mm/h ; femme < 20 mm/h (varie selon le sexe et l'âge)	Procéder comme ci-dessus.
Anticorps antinucléaires	Évalue la présence d'anticorps capables de détruire le noyau cellulaire des tissus de l'organisme. Le résultat est positif chez 95 % des clients atteints de lupus érythémateux aigu disséminé, mais peut aussi être positif chez les individus souffrant de sclérose systémique (sclérodermie généralisée) ou de polyarthrite rhumatoïde et chez un faible pourcentage de la population normale. Intervalle de référence : négatif à une dilution de 1:40	Procéder comme ci-dessus.
Anticorps anti-ADN	Détecte les anticorps sériques qui réagissent avec l'ADN. Test le plus spécifique pour le lupus érythémateux aigu disséminé. Intervalle de référence : < 70 IU/ml	Procéder comme ci-dessus.

24

TABLEAU 24.8	Système musculosquelettique *(suite)*	
EXAMEN	**DESCRIPTION ET BUT**	**RESPONSABILITÉS INFIRMIÈRES**
Complément hémolytique total (hémolyse 50%)	Le complément est une protéine normale de l'organisme jouant un rôle essentiel dans les réactions immunitaires et inflammatoires. Les composants du complément s'épuisent lorsqu'ils sont utilisés pour produire ces réactions. Des déplétions du complément peuvent s'observer chez les clients atteints de polyarthrite rhumatoïde ou de lupus érythémateux aigu disséminé. Intervalle de référence : 75-160 U/ml (75-160 kU/L)	Procéder comme ci-dessus.
Acide urique	Produit final du métabolisme des purines, il est normalement excrété dans l'urine. Bien que ce test ne soit pas un indicateur spécifique, des taux élevés s'observent généralement en cas de goutte. Intervalles de référence : homme : 4,0-8,5 mg/dl (0,24-0,51 mmol/L) ; femme : 2,7-7,3 mg/dl (0,16-0,43 mmol/L)	Procéder comme ci-dessus.
Protéine C-réactive	Est utilisée pour le diagnostic des maladies inflammatoires, des infections et d'une tumeur active métastatique ; est synthétisée par le foie et présente en grandes quantités dans le sérum 18 à 24 heures après l'apparition d'une lésion tissulaire. Intervalle de référence : < 1,0mg/dl (< 10,0 mg/L)	Procéder comme ci-dessus.
Antigène HLA-B27	Cet antigène est présent dans les cas de problèmes comme la spondylarthrite ankylosante et la polyarthrite rhumatoïde. Normale : négatif	Procéder comme ci-dessus.

Marqueurs des lésions musculaires

Créatine-kinase (CK)	Les concentrations les plus élevées se trouvent dans les muscles squelettiques. Une élévation dans la dystrophie musculaire, la polymyosite et les lésions traumatiques peuvent s'observer. Intervalles de référence : homme : 55-170 UI/L ; femme : 30-135 UI/L	Prélever les échantillons de sang par ponction veineuse.Surveiller le saignement et la formation d'un hématome au site de la ponction. Aviser le client que ce test ne demande pas d'être à jeun.
Aldolase	Est utile pour la surveillance de la dystrophie musculaire et de la dermatomyosite. Intervalle de référence : 3,0-8,2 U/dl unités	Procéder comme ci-dessus.
Potassium	S'élève au cours d'un traumatisme musculaire, quand la destruction cellulaire libère cet électrolyte dans le sérum. Intervalle de référence : 3,5-5,0 mEq/L (3,5-5,0 mmol/L)	Surveiller les arythmies cardiaques reliées à l'hyperkaliémie.

Procédures effractives

Arthrocentèse (ponction articulaire)	Consiste en l'incision ou la perforation de la capsule articulaire pour prélever des échantillons de liquide synovial à l'intérieur de la cavité articulaire ou pour retirer un excès de liquide. Le médecin procède à une anesthésie locale et à une préparation aseptique avant d'insérer l'aiguille dans l'articulation et d'aspirer le liquide. Est utile pour le diagnostic d'une inflammation ou d'une infection articulaire, de déchirures méniscales ou de fractures subtiles.	Aviser le client que l'intervention se pratique généralement dans la chambre du client ou dans une salle d'examen. Envoyer les échantillons de liquide synovial au laboratoire pour examen (si indiqué). Appliquer un pansement compressif après l'intervention. Surveiller le pansement pour vérifier s'il y a écoulement de sang ou de liquide.

▼

TABLEAU 24.8	Système musculosquelettique *(suite)*	
EXAMEN	**DESCRIPTION ET BUT**	**RESPONSABILITÉS INFIRMIÈRES**
Électromyographie (EMG)	Mesure les potentiels électriques associés à la contraction des muscles squelettiques. Des aiguilles de faible calibre sont insérées dans certains muscles. Des aiguilles sondes sont reliées à des dérivations qui transmettent l'information à l'appareil d'EMG. Les enregistrements de l'activité électrique des muscles apparaissent sous forme de tracé sur un oscilloscope et un papier enregistreur. Est utile pour fournir des informations reliées à un dysfonctionnement du neurone moteur inférieur et à une maladie musculaire primitive.	Informer le client que l'examen se déroule normalement au laboratoire d'EMG, alors que le client est en position de décubitus dorsal sur une table spéciale. Maintenir le client éveillé pour qu'il puisse collaborer par des mouvements volontaires. Aviser le client que l'insertion des aiguilles pendant la procédure entraîne un certain inconfort. Éviter l'administration de stimulants, y compris la caféine, et de sédatifs dans les 24 heures qui précèdent l'examen.
Divers		
Échotomographie-doppler veineuse	Consiste en une échographie des veines, généralement celles des membres inférieurs, pour déceler des anomalies de la circulation sanguine qui pourraient révéler une thrombose veineuse profonde.	Aviser le client que la procédure est indolore et non effractive.
Thermographie	Consiste en l'utilisation d'un détecteur à infrarouges qui mesure la quantité de chaleur irradiée par la surface de la peau. Est utile pour rechercher la cause de l'inflammation d'une articulation et pour vérifier la réaction du client à un traitement médicamenteux anti-inflammatoire.	Aviser le client que la procédure est indolore et non effractive.
Pléthysmographie	Enregistre les variations de volume et de pression du sang qui traverse les tissus. Ce test n'est pas spécifique aux problèmes musculosquelettiques.	Aviser le client que la procédure est indolore et non effractive.
Potentiels évoqués somesthésiques (PES)	Mesure les potentiels évoqués par les contractions musculaires. Des électrodes placées sur la peau fournissent un enregistrement de l'activité électrique des muscles. Est utile pour déceler un dysfonctionnement subtil du neurone moteur inférieur et une maladie musculaire primitive. Mesure la conduction nerveuse le long de voies qui ne sont pas accessibles par l'EMG. Des électrodes transcutanées ou percutanées sont fixées sur la peau et aident à révéler une neuropathie ou une myopathie. Est souvent utilisé pendant une chirurgie spinale de la scoliose pour déceler une atteinte neurologique lorsque le client est sous anesthésie.	Informer le client que la procédure est semblable à celle de l'EMG, mais sans aiguilles. Les électrodes sont placées sur la peau.

Les articulations souvent étudiées avec cette procédure sont le genou, l'épaule, le poignet, et parfois l'articulation temporomandibulaire (Chernecky & Berger, 2008) **FIGURE 24.7**.

Le médecin procède généralement à une **arthrocentèse** (ponction articulaire) pour une analyse du liquide synovial. Cette technique permet aussi d'injecter des médicaments à un client souffrant d'arthrite septique ou de retirer du liquide de l'articulation pour soulager la douleur.

L'arthrocentèse est réalisée par l'insertion d'une aiguille stérile dans la cavité articulaire de l'articulation concernée pour prélever du liquide

synovial à des fins d'analyse. Le liquide synovial se trouve en petite quantité dans les articulations. Cette ponction articulaire peut être effectuée sur toutes les grosses articulations comme le genou, l'épaule, la hanche, le coude, le poignet ou la cheville (Pagana, 2010).

Un examen visuel du liquide permet d'évaluer son volume, sa couleur, sa limpidité, sa viscosité et la qualité du caillot de mucine. Le liquide synovial normal est transparent et incolore ou parfois jaune paille. Son volume devrait être faible et sa viscosité ressemble à du blanc d'œuf. Le liquide provenant d'une articulation infectée peut être

Hémarthrose: Épanchement sanguin intra-articulaire, le plus souvent d'origine traumatique.

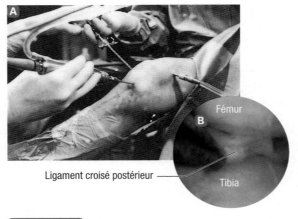

Ligament croisé postérieur

Fémur

Tibia

FIGURE 24.7

Arthroscopie du genou — **A** Insertion d'un arthroscope dans l'articulation. **B** Vue interne de l'articulation.

purulent et épais ou gris et clair. Chez un client souffrant de goutte, le liquide peut être jaune blanchâtre. S'il y a une **hémarthrose**, due à une blessure ou à un trouble hémostatique, il est possible que du sang soit aspiré. Le test du caillot de mucine indique les caractéristiques de la portion protéique du liquide synovial. Normalement, il se forme un caillot de mucine blanc ressemblant à une corde. En présence d'un processus inflammatoire, ce caillot se brise facilement et se fragmente. Le liquide est également examiné afin d'y déceler des traces de graisse qui révéleraient une lésion osseuse. Dans les cas d'arthrite septique, le contenu protéique est élevé et le glucose considérablement abaissé. La présence de cristaux d'acide urique suggère un diagnostic de goutte. Une coloration de Gram et une culture du liquide aspiré peuvent être aussi réalisées.

■ ■ ■ À retenir

VERSION REPRODUCTIBLE

www.cheneliere.ca/lewis

- Le système musculosquelettique se compose d'os, d'articulations, de cartilage, de muscles volontaires, de ligaments et de tendons.

- Les principales fonctions de l'os sont le soutien, la protection des organes internes, les mouvements volontaires, la production des cellules sanguines et l'emmagasinage des minéraux essentiels.

- Les articulations ont pour fonction de relier les os et de permettre la mobilité du squelette.

- La classification structurale divise les articulations en articulations fibreuses, cartilagineuses et synoviales.

- Selon la classification fonctionnelle, une articulation peut être immobile, semi-mobile ou mobile.

- Les contractions des muscles squelettiques permettent le maintien de la posture, les mouvements du corps et les expressions faciales.

- Les contractions isométriques augmentent la tension à l'intérieur d'un muscle, ne produisent pas de mouvement mais font grossir le muscle et le renforcent.

- Les contractions isotoniques raccourcissent le muscle pour produire un mouvement.

- Les tendons rattachent les muscles aux os alors que les ligaments relient les os entre eux.

- Les bourses, de petits sacs de tissu conjonctif tapissés de membrane synoviale et contenant du liquide synovial, sont généralement situées dans le voisinage de protubérances osseuses ou d'articulations afin de diminuer la pression et de réduire la friction entre des parties mobiles.

- Chez l'adulte vieillissant, les problèmes fonctionnels liés au système musculosquelettique peuvent aller d'un inconfort léger et d'une diminution de la capacité à accomplir les AVQ, jusqu'à la douleur chronique sévère et à l'impotence.

- Les symptômes les plus courants de détérioration musculosquelettique sont la douleur, la faiblesse, les déformations, la limitation de la mobilité, la raideur et la crépitation des articulations.

- L'examen physique se réalise en suivant l'acronyme IPAF: Inspection, Palpation, Amplitude des mouvements actifs et passifs (évaluation de la mobilité), Force (évaluation de la force musculaire).

Pour en **savoir** plus

VERSION COMPLÈTE ET DÉTAILLÉE

www.cheneliere.ca/lewis

Références Internet

Organismes et associations

Cartilage Health
www.cartilagehealth.com

Fondation canadienne d'orthopédie
www.canorth.org

International Cartilage Repair Society
www.cartilage.org

Société canadienne de rhumatologie
http://www.rheum.ca/

Références générales

Department of Radiology – University of Washington > Academic Radiology > Academic Sections > Musculoskeletal Radiology > Muscle Atlas
www.rad.washington.edu

Information hospitalière > précis d'anatomie > articulation
www.informationhospitaliere.com

Les secrets du corps humain > Anatomie
www.lecorpshumain.fr

Soins-Infirmiers.com > Module / Cours > Anatomie Physiologie > Le squelette
www.soins-infirmiers.com

Monographies

Jarvis, C. (2010). *L'Examen clinique et l'évaluation de la santé*. Montréal : Chenelière Education.

Lacôte, M., Chevalier, A.-M., Miranda, A., & Bleton, J.-P. (2008). *Évaluation clinique de la fonction musculaire*. Paris : Maloine.

Roy, J., & Bussières, A. (2008). *Compendium de l'examen physique : une évaluation de l'état général et du système neuro-musculo-squelettique*. Québec, Qc : Presses de l'Université du Québec.

Stone, R.J., & Stone, J.A. (2008). *Atlas of skeletal muscles*. Boston : McGraw-Hill Higher Education.

Silverthorn, D.U. (2007). *Physiologie humaine : une approche intégrée* (4e éd.). Paris : Pearson Education France.

Tremblay, J.-L. (2009). *L'examen musculosquelettique*. Montréal : Presses de l'Université de Montréal.

Vitte, É. (2006). *Nouvelle anatomie humaine*. Paris : Vuibert.

Multimédia

Online Physical Exam Teaching Assistant (OPETA) > Musculoskeletal Exam
http://opeta.medinfo.ufl.edu

The Connecticut Tutorials Physical Examination Video > Chapters > Musculoskeletal
www.conntutorials.com

CHAPITRE

25

Écrit par :
Kathleen Rourke,
BSN, ANP, ONP-C

Adapté par :
Pierre Verret, inf., M. Sc., CSIO(C)

INTERVENTIONS CLINIQUES

Trauma musculosquelettique et chirurgie orthopédique

Objectifs

 Guide d'études – SA05

Après avoir lu ce chapitre, vous devriez être en mesure :

- de décrire les principales blessures des tissus mous, leurs causes, la physiopathologie, les manifestations cliniques et les soins et traitements en interdisciplinarité qui leur sont propres ;

- de décrire les étapes de la guérison des fractures ;

- de comparer les différents types de traitements des fractures, leurs objectifs, leurs complications et les interventions infirmières ;

- de résumer les différents points de l'évaluation neurovasculaire d'un membre blessé ;

- d'expliquer les complications souvent associées à une fracture, ainsi qu'à la consolidation des fractures ;

- de décrire les soins et traitements en interdisciplinarité pour les clients qui présentent des fractures précises ;

- de décrire les soins et traitements en interdisciplinarité pour le client qui a subi une amputation ;

- de décrire les types de chirurgie arthroplastique relatifs aux problèmes arthritiques et aux maladies des tissus conjonctifs ;

- d'établir les priorités parmi les soins préopératoires et postopératoires du client qui doit subir une chirurgie arthroplastique.

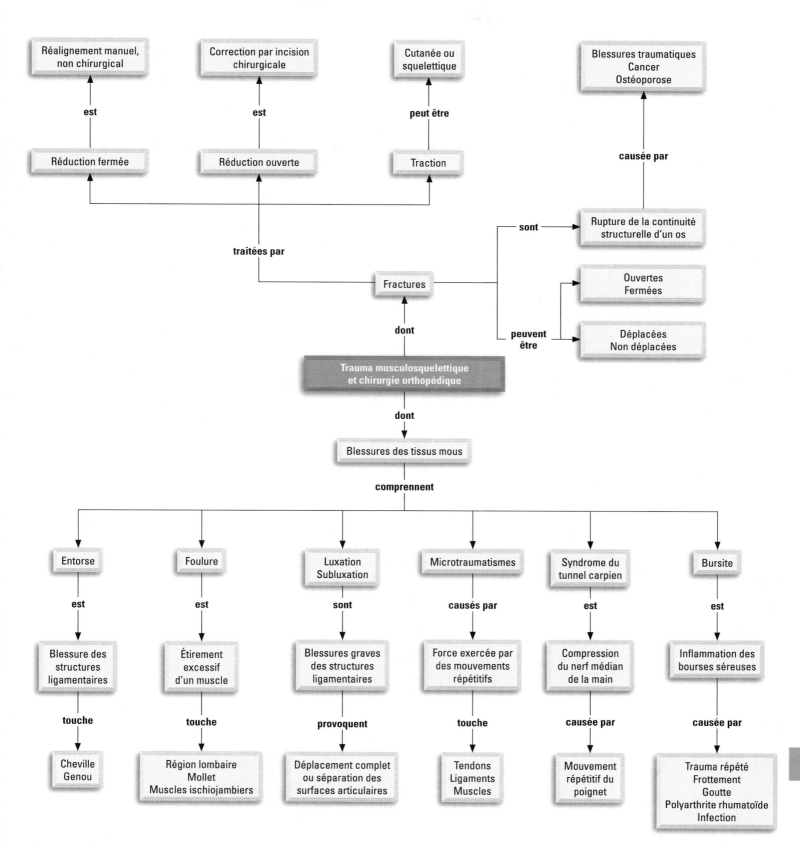

25.1 | Trauma et blessures musculosquelettiques

La cause la plus courante des blessures musculosquelettiques est un événement traumatique entraînant une fracture, une luxation et des blessures aux tissus mous. Bien que la plupart d'entre elles ne soient pas mortelles, ces blessures ont d'énormes conséquences sur les plans de la douleur, de l'incapacité, des dépenses médicales et de la productivité de la personne. Au Canada, les blessures musculosquelettiques constituent un grave problème de santé publique ayant un impact majeur sur la vie des Canadiens. Les traumas sont la première cause de décès chez les jeunes adultes âgés de 15 à 34 ans et la cinquième cause de décès pour l'ensemble du reste de la population (Statistique Canada, 2008).

L'infirmière a un rôle important de transmission d'information auprès du public sur les principes élémentaires de sécurité et de prévention des traumas. La morbidité associée aux traumas peut significativement diminuer si le public est conscient des dangers environnementaux et qu'il utilise un équipement visant à maintenir la sécurité lorsque requis. En milieu professionnel et industriel, l'infirmière en santé et sécurité au travail doit informer les employés et les employeurs de l'usage adéquat de l'équipement de sécurité et des moyens d'éviter les situations professionnelles dangereuses. L'**ENCADRÉ 25.1** énumère les moyens de prévenir les problèmes musculosquelettiques courants chez la personne âgée.

25.2 | Blessures des tissus mous

Les blessures des tissus mous incluent les entorses, les foulures, les subluxations et les luxations. Ces blessures courantes sont généralement dues à un événement traumatique. La popularité croissante des programmes de mise en forme ou de la pratique de sports a fait grimper l'incidence des blessures des tissus mous. Le **TABLEAU 25.1** énumère les traumas sportifs fréquents. Les blessures les plus souvent liées à la pratique des sports, impliquant une visite au service d'urgence pour les jeunes clients, sont les ecchymoses, les entorses et les foulures, les fractures au bras ainsi que les coupures à la tête, au cou ou à la poitrine (Agency for Health and Research Quality, 2009).

25.2.1 Entorses et foulures

Les entorses et les foulures sont les deux types les plus courants de blessures de l'appareil locomoteur. Elles sont généralement associées à un étirement anormal ou à des forces de torsion susceptibles de se produire durant des activités vigoureuses, et elles surviennent d'ordinaire autour des articulations et dans la musculature avoisinant la colonne vertébrale.

Une **entorse** est une blessure des structures ligamentaires qui entourent une articulation, à la suite d'un étirement violent ou d'un mouvement de torsion. La plupart des entorses surviennent à la cheville ou au genou (Cleveland Clinic, 2008). Une entorse est classifiée selon son degré de lésion

---

Enseignement au client et à ses proches

ENCADRÉ 25.1 | **Prévention des problèmes musculosquelettiques chez la personne âgée**

L'enseignement au client et à ses proches sur la prévention des problèmes musculosquelettiques devrait porter sur les aspects suivants :

- Utiliser les rampes pour monter les marches et prévenir les chutes.
- Éliminer les carpettes d'intérieur.
- Traiter la douleur et l'inconfort liés à l'arthrose :
  - Se reposer dans des positions qui atténuent l'inconfort.
  - S'adresser au professionnel de la santé pour l'utilisation de médicaments contre la douleur.
- Utiliser un déambulateur ou une canne pour contribuer à prévenir les chutes.
- Consommer des aliments dont la quantité et la qualité permettent de prévenir un gain pondéral excessif, car l'obésité implique une charge additionnelle sur les articulations, ce qui peut favoriser l'arthrose.

- Effectuer des exercices réguliers et fréquents :
  - Les activités de la vie quotidienne offrent l'occasion de se livrer à des exercices d'amplitude du mouvement.
  - Les loisirs (jeux de patience, travaux à l'aiguille, assemblage de modèles réduits) permettent d'exercer les articulations des doigts et de prévenir leur raideur.
  - Les exercices quotidiens de mise en charge (p. ex., la marche) sont essentiels et doivent être entrepris deux ou trois fois par jour.
- Porter des souliers qui assurent un bon soutien pour éviter les chutes et favoriser le confort.
- Reprendre graduellement les activités afin de favoriser une coordination optimale.
- Se lever lentement pour prévenir les étourdissements, les chutes et les fractures.
- Éviter de marcher sur des surfaces inégales et sur des planchers mouillés.

| TABLEAU 25.1 | Blessures courantes résultant de la pratique des sports |

BLESSURE	DESCRIPTION	TRAITEMENT
Syndrome de coincement sous-acromial (conflit sous-acromial)	Compression des structures des tissus mous sous-acromiaux de l'épaule	• La prise d'anti-inflammatoires non stéroïdiens (AINS) et le repos sont indiqués jusqu'à l'atténuation des symptômes, suivis d'exercices graduels d'amplitude et de renforcement.
Rupture de la coiffe des rotateurs	Déchirure du muscle ou des structures tendino-ligamentaires entourant l'épaule	• Si la déchirure est mineure, le repos, la prise d'AINS et le mouvement graduel avec exercices d'amplitude et de renforcement sont recommandés. • Une déchirure majeure nécessite une réparation chirurgicale.
Entorse du muscle fléchisseur commun des orteils	Inflammation de la partie antérieure du mollet à partir du périoste, due à l'usage de souliers inadéquats, à la surutilisation ou au fait de courir sur une surface dure	• Le repos, l'application de glace, la prise d'AINS, le port de souliers adéquats avec augmentation graduelle de l'activité sont indiqués. • Si la douleur persiste, une radiographie doit être effectuée pour permettre d'exclure une fracture de stress du tibia.
Tendinite	Inflammation du tendon due à un usage excessif ou inadéquat	• Le repos, l'application de glace, la prise d'AINS avec reprise graduelle de l'activité sportive sont recommandés. • Une immobilisation orthopédique protectrice (orthèse) peut être nécessaire si les symptômes réapparaissent.
Blessure d'un ligament	Déchirure ou étirement d'un ligament, survenant généralement après une inversion, une éversion, un cisaillement ou un mouvement de torsion appliqué à une articulation; caractérisée par une douleur soudaine, un œdème et une instabilité	• Le repos, l'application de glace, la prise d'AINS sont indiqués, avec protection du membre affecté par une immobilisation orthopédique. • Si les symptômes persistent, une réparation chirurgicale peut s'avérer nécessaire.
Blessure du ménisque	Blessure du fibrocartilage du genou caractérisée par un bruit d'éclatement, de claquement, une sensation de déchirure, un épanchement ou un œdème	• Le repos, l'application de glace, la prise d'AINS avec reprise graduelle des activités habituelles sont recommandés. • Si les symptômes persistent, une imagerie par résonance magnétique est indiquée afin de diagnostiquer une déchirure du ménisque, et une chirurgie arthroscopique sera alors envisagée.

ligamentaire. Une entorse de premier degré (légère) désigne une atteinte de quelques fibres seulement, provoquant une sensibilité légère et un œdème minime. Une entorse de deuxième degré (modérée) est une déchirure partielle des ligaments, accompagnée d'un œdème et d'une sensibilité plus marqués. Une entorse au troisième degré (grave) désigne une déchirure complète du ligament, entraînant un œdème modéré à grave. Lors d'une déchirure musculaire, un creux dans le muscle peut être observé et il est possible de le palper sous la peau. Comme les zones qui entourent les articulations sont riches en terminaisons nerveuses, toute blessure peut être extrêmement douloureuse.

Une **foulure** est l'étirement excessif d'un muscle, de sa gaine aponévrotique ou d'un tendon. La plupart des foulures concernent les gros muscles, notamment ceux de la région lombaire, du mollet et des muscles ischiojambiers (Cleveland Clinic, 2008). Les foulures sont également classées en premier degré (muscle légèrement ou peu étiré), deuxième degré (déchirure musculaire partielle) ou troisième degré (déchirure importante ou rupture du muscle).

Les manifestations cliniques d'une entorse et d'une foulure sont identiques. Elles incluent la douleur, l'œdème, une diminution de la fonction de l'articulation ou du muscle affecté et une ecchymose. Une augmentation de la douleur est souvent observée pendant un exercice continu sollicitant la région affectée. De minuscules hémorragies dans les tissus lésés, suivies d'une réponse inflammatoire locale, causent de l'œdème dans la région du trauma. Habituellement, pendant l'entrevue, le client signale un trauma par inversion ou par torsion lors d'une activité physique récente.

En règle générale, les entorses et les foulures légères se résolvent spontanément et le fonctionnement optimal est rétabli en trois à six semaines. Une radiographie de la région affectée

25

permet d'exclure une fracture ou un élargissement de la structure articulaire. Une entorse grave peut causer une **fracture par avulsion** concomitante, au cours de laquelle le ligament arrache un fragment osseux en se déchirant. Il est aussi possible que la structure articulaire devienne instable et entraîne une subluxation ou une luxation. Une **hémarthrose** (épanchement sanguin dans un espace ou une cavité articulaire) ou une perturbation de la membrane synoviale peuvent se produire pendant la blessure. Les entorses graves peuvent nécessiter une réparation chirurgicale du muscle, du tendon ou de l'aponévrose avoisinante.

Soins et traitements infirmiers

CLIENT SOUFFRANT D'UNE ENTORSE OU D'UNE FOULURE

Interventions cliniques

Promotion de la santé

Le préconditionnement des muscles par des exercices de réchauffement suivis d'étirements avant la pratique d'exercices ou d'activités vigoureux peut réduire significativement le risque d'entorses et de foulures. Les exercices de renforcement musculaire, d'équilibre et d'endurance sont également importants. Les exercices de renforcement consistent en des mouvements exécutés contre une résistance (p. ex., un entraînement avec poids) permettant d'accroître la force musculaire et la densité osseuse. Les exercices d'équilibre, qui incluent parfois certains exercices de renforcement, contribuent à prévenir les chutes. Les exercices d'endurance doivent débuter lentement et atteindre graduellement un niveau d'intensité modéré **ENCADRÉ 25.2**.

L'emploi d'un bandage élastique de soutien ou d'un bandage enveloppant en ruban adhésif (*taping*) avant de commencer une activité vigoureuse peut réduire le risque d'entorses ; les athlètes s'en servent souvent pour protéger une articulation blessée, en période de compétition et d'entraînement. Cependant, certains professionnels de la santé s'y opposent, car ils estiment que ces accessoires peuvent prédisposer l'athlète à des blessures.

Phase aiguë

Lors d'un trauma, les soins immédiats consistent : 1) à interrompre l'activité en cause et à limiter les mouvements ; 2) à appliquer des compresses de glace sur la région blessée ; 3) à comprimer le membre blessé avec un bandage compressif ; 4) à surélever le membre ; 5) à administrer un analgésique au besoin **TABLEAU 25.2**. Il a été démontré que la technique RGCE

(repos, glace, compression, élévation) diminuait l'inflammation et la douleur dans la plupart des blessures musculosquelettiques. Il faut restreindre le mouvement et garder le membre au repos dès qu'une douleur se fait sentir. À moins que la blessure ne soit grave, un repos prolongé n'est généralement pas indiqué. Le recours au froid (cryothérapie) sous plusieurs formes peut servir à induire une hypothermie dans la région affectée. Les changements physiologiques qui surviennent dans les tissus mous après la cryothérapie incluent la vasoconstriction et une réduction de la transmission et de la perception des influx douloureux nerveux. Ces changements se traduisent par une analgésie et une anesthésie, une diminution des spasmes musculaires sans variation de la force ou de la résistance musculaire, une résorption locale de l'inflammation et de l'œdème ainsi qu'une réduction des besoins métaboliques. Le froid est efficace quand il est appliqué immédiatement après le trauma. La durée de chaque application de glace ne doit pas dépasser 10 à 15 minutes et devrait être suivie d'une période de récupération de 20 à 30 minutes avant la prochaine application. Il est contre-indiqué d'appliquer la glace directement sur la peau.

La compression peut également contribuer à limiter l'œdème qui, non résorbé, peut retarder la guérison. L'infirmière peut appliquer un bandage élastique compressif autour de la région blessée en débutant par l'extrémité distale du membre atteint afin de faciliter le retour veineux. Un bandage est trop serré lorsque le client ressent un engourdissement sous la région de compression, ou si une douleur ou un œdème supplémentaire apparaissent autour du bandage. L'infirmière pourra laisser un bandage compressif en place pendant 30 minutes, puis le retirer pendant 15 minutes. Cependant, certains bandages élastiques enveloppants peuvent être gardés pendant les activités d'entraînement, athlétiques ou professionnelles.

L'élévation consiste à surélever la région blessée au-dessus du cœur pour faciliter l'évacuation du liquide excédentaire de la région blessée et prévenir l'œdème. La région blessée doit être surélevée même pendant le sommeil. Des analgésiques légers et des anti-inflammatoires non stéroïdiens (AINS) peuvent s'avérer nécessaires pour atténuer le malaise du client.

Après la phase aiguë (en général 24 à 48 heures), une chaleur humide tiède peut être appliquée sur la région affectée pour diminuer l'œdème et procurer un confort au client. Les applications de chaleur ne doivent pas dépasser 20 à 30 minutes et doivent être entrecoupées par des périodes de récupération. Les AINS sont souvent recommandés pour réduire l'œdème et la douleur. Il faut encourager le client à se servir du membre affecté, à condition que l'articulation soit protégée par un plâtre, une immobilisation orthopédique, un bandage de ruban adhésif ou une attelle. Le mouvement de l'articulation permet d'acheminer des nutriments vers le cartilage, et la contraction musculaire favorise la circulation ainsi que la résolution de l'hématome et de l'œdème.

Promotion et prévention

ENCADRÉ 25.2	Impact de l'activité physique régulière sur la santé

- Contribue à maîtriser le poids.
- Favorise le maintien de la masse osseuse.
- Favorise la prévention de l'hypertension.
- Augmente la masse musculaire et diminue l'adiposité corporelle.
- Augmente la force musculaire, la flexibilité et l'endurance.
- Peut atténuer les symptômes de dépression et d'anxiété.

- Réduit le risque de cardiopathie, de diabète et de cancer du côlon.
- Diminue le taux de décès chez les adultes de tous âges.
- Favorise le bien-être psychologique et réduit potentiellement le risque de dépression.

TABLEAU 25.2	Blessure aiguë des tissus mous	
CAUSES	**CONSTATS**	**INTERVENTIONS**
• Chute • Coup direct • Blessure par écrasement • Collision automobile • Trauma sportif	• Diminution des mouvements • Fonction limitée ou déficiente du membre supérieur ou inférieur lorsque sollicité • Incapacité à soutenir le poids d'une mise en charge sur le membre inférieur • Spasmes musculaires • Œdème • Ecchymose/contusion • Pâleur • Raccourcissement ou rotation du membre • Diminution des sensations avec œdème important • Douleur, sensibilité à la palpation • Froideur au membre atteint • Remplissage capillaire de plus de deux secondes • Diminution du pouls	**Prioritaires** • S'assurer que les voies respiratoires sont dégagées et vérifier la présence d'une respiration et d'un pouls. • Évaluer l'état neurovasculaire du membre affecté. • Surélever le membre affecté. • Appliquer un bandage compressif, sauf en cas de luxation. • Appliquer de la glace sur la partie affectée. • Immobiliser le membre affecté dans sa position initiale. Ne pas essayer de réaligner ou de réinsérer des os en saillie. • Prévoir des radiographies du membre blessé. • Administrer un analgésique au besoin. • Administrer une prophylaxie antitétanique en cas de lésion cutanée ou de fracture ouverte. • Administrer des antibiotiques prophylactiques en cas de fracture ouverte, de lésions tissulaires importantes ou de trauma touchant un membre. **Surveillance continue** • Surveiller tout changement de l'état neurovasculaire. • Éliminer la mise en charge lorsque le membre inférieur est impliqué. • Surveiller les signes d'un syndrome du compartiment et mesurer la pression du compartiment en présence de changements de l'état neurovasculaire.

Soins ambulatoires et soins à domicile

À l'exception du traitement donné à l'urgence immédiatement après la blessure, les entorses et les foulures sont traitées en clinique externe. L'infirmière doit enseigner au client comment appliquer de la glace et comment surélever le membre affecté pendant 24 à 48 heures après la blessure afin de réduire l'œdème. Il faut également encourager le client à utiliser des analgésiques légers pour favoriser son confort. L'emploi d'un bandage élastique peut procurer un soutien supplémentaire pendant l'activité. L'infirmière, en collaboration avec le physiothérapeute, doit montrer au client les mesures adéquates de renforcement et de conditionnement destinées à prévenir une nouvelle blessure.

Le physiothérapeute peut contribuer au soulagement de la douleur par certaines thérapies spécialisées comme les ultrasons. Il peut également enseigner au client des exercices de flexibilité et de renforcement.

25.2.2 Luxation et subluxation

Une **luxation** est une blessure grave des structures ligamentaires qui entourent une articulation. Elle provoque le déplacement complet ou la séparation des surfaces articulaires. Une **subluxation** est un déplacement partiel ou incomplet de la surface articulaire. Les manifestations cliniques d'une subluxation ressemblent à celles de la luxation, mais elles sont moins intenses. Le traitement de la subluxation est analogue à celui de la luxation, mais la guérison est plus rapide.

Les luxations se produisent habituellement lorsque des forces appliquées sur une articulation altèrent les structures de soutien et les tissus mous qui l'entourent. Les articulations les plus souvent atteintes sont celles des membres supérieurs, notamment le pouce, le coude et l'épaule. Quant aux articulations des membres inférieurs, la hanche est vulnérable à une luxation après un trauma grave, découlant généralement d'un accident automobile **FIGURE 25.1**. La rotule peut se luxer à cause d'une instabilité des tendons, des ligaments et des muscles entourant le genou, ou à la suite d'un coup violent à la rotule. Les luxations peuvent également résulter d'une anomalie congénitale ou d'une maladie. L'incidence de la luxation patellaire est plus élevée chez les jeunes femmes, car leurs muscles quadriceps ne sont pas aussi forts que ceux des hommes (Steiner & Parker, 2009).

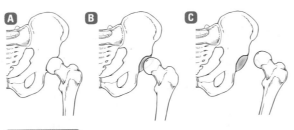

FIGURE 25.1

Articulation de la hanche – **A** Normale. **B** Subluxation (luxation partielle). **C** Luxation.

La manifestation clinique la plus évidente d'une luxation est une déformation de l'articulation. Par exemple, lors d'une luxation postérieure de la hanche, le membre concerné est plus court et souvent en rotation externe du côté affecté. Les autres manifestations sont notamment une douleur locale, une sensibilité, une perte de la fonction de la région blessée et un œdème des tissus mous de la région articulaire. Les principales complications liées à une luxation articulaire sont les lésions articulaires ouvertes, les fractures intraarticulaires, la **nécrose avasculaire** (mort des cellules osseuses du fait d'un approvisionnement sanguin insuffisant) et les lésions des tissus neurovasculaires adjacents.

Des examens radiologiques permettent d'établir l'ampleur de la luxation des structures affectées. Une aspiration articulaire peut également révéler la présence d'une hémarthrose ou de cellules adipeuses. La présence de cellules adipeuses dans le liquide synovial indique la possibilité d'une fracture intraarticulaire.

Le premier objectif du traitement est de repositionner la partie luxée de l'articulation dans sa position anatomique initiale, soit par réduction fermée sous anesthésie locale ou générale, soit sous sédation consciente par l'administration de médicaments par voie I.V. L'anesthésie est souvent nécessaire pour induire un relâchement musculaire qui permet la manipulation des os. Dans certains cas, une réduction chirurgicale peut s'imposer. Après la réduction, le membre est généralement immobilisé à l'aide d'une immobilisation orthopédique, d'une attelle, d'un bandage ou d'une écharpe pour donner aux ligaments et au tissu capsulaire déchirés le temps de guérir.

Les soins et traitements infirmiers en cas de subluxation ou de luxation visent à soulager la douleur ainsi qu'à soutenir et à protéger l'articulation blessée. Habituellement, après la réduction et l'immobilisation d'une articulation, le mouvement d'une articulation est restreint. Tout programme de réadaptation adéquatement supervisé permet de prévenir l'instabilité articulaire et une perte de fonction. Au début, le client pourra commencer par des mouvements de faible amplitude si l'articulation est stable et bien soutenue. Par la suite, un programme d'exercices permettra de rétablir lentement l'amplitude initiale des mouvements articulaires sans causer une autre luxation. Le client devra reprendre graduellement ses activités habituelles.

Le client présentant une articulation luxée risque davantage de subir des luxations à répétition, car la rétraction des ligaments au cours de la guérison et le tissu cicatriciel affaiblissent l'articulation. Il peut être nécessaire d'imposer des restrictions d'activité avec l'articulation affectée pour éviter des luxations répétitives.

Soins et traitements en interdisciplinarité

CLIENT SOUFFRANT D'UNE LUXATION

Toute luxation requiert une attention immédiate et est considérée comme une urgence orthopédique. Le risque de nécrose avasculaire augmente proportionnellement au délai qui précède la réduction de la luxation articulaire. L'articulation de la hanche est particuliè-

rement sujette à la nécrose avasculaire. Après ce trauma, un syndrome du compartiment (syndrome des loges) est également possible. Lors d'une luxation, ce syndrome est souvent associé à des lésions vasculaires importantes. En l'occurrence, il est essentiel que l'infirmière procède à une évaluation neurovasculaire.

25.2.3   Microtraumatismes répétés

Les **microtraumatismes répétés (MR)** désignent des blessures résultant d'une force exercée sur une longue période par des mouvements répétitifs et des postures contraignantes. Ils sont aussi connus sous les descriptions suivantes : lésions dues aux mouvements répétés, lésions musculosquelettiques non traumatiques, syndrome de surutilisation (en médecine sportive), trouble musculosquelettique local, trouble musculosquelettique d'origine professionnelle et « Nintendinite » (lésions liées aux jeux Nintendo). Les mouvements répétés déforment les tendons, les ligaments et les muscles, et provoquent de minuscules déchirures qui s'accompagnent d'inflammation. La cause exacte de ces troubles est inconnue. Il n'existe pas d'examens paracliniques spécifiques et le diagnostic est souvent difficile à établir.

Outre les mouvements répétés, les facteurs liés aux MR incluent notamment une posture ou une position inadéquate, une ergonomie inadaptée en milieu de travail, un équipement professionnel mal conçu (p. ex., un clavier d'ordinateur) et des soulèvements répétés de charges lourdes, entrecoupés de périodes de repos musculaire insuffisantes. Dans tous ces cas, il en résulte de la douleur, de l'œdème et de l'inflammation des muscles, des tendons et des nerfs des structures sollicitées du cou, de la colonne vertébrale, des épaules, de l'avant-bras et des mains. Les symptômes des MR comprennent la douleur, la faiblesse, l'engourdissement ou une altération de la fonction motrice. Les personnes plus à risque de MR sont les musiciens, les danseurs, les bouchers, les commis d'épicerie, les travailleurs qui manipulent des outils vibrants et particulièrement ceux qui utilisent fréquemment une souris et un clavier d'ordinateur.

Les athlètes de compétition et ceux qui sont mal entraînés sont également sujets aux MR. La natation, un lancer par-dessus la tête (p. ex., au baseball), l'haltérophilie, la gymnastique, la danse, le tennis, le ski, les sports de coups de pied (p. ex., le soccer) et l'équitation sont associés à des mouvements répétitifs et donc à un risque de MR; enfin, le surentraînement accentue les effets des MR.

Les MR peuvent être évités grâce à un enseignement adéquat des mesures de prévention et à l'amélioration de l'ergonomie (étude des relations entre l'humain et son milieu de travail). Voici quelques principes d'ergonomie pour l'usage d'un bureau d'ordinateur au travail : fléchir les hanches et les genoux à 90° en posant les pieds à plat par terre ; positionner la hauteur du dossier de la chaise de manière à favoriser un support optimal du dos ; placer les accoudoirs à une hauteur permettant de maintenir les poignets droits quand le clavier est utilisé, avec les avant-bras parallèles au sol ; aligner les yeux avec le haut de l'écran (ligne « fichier »), sauf pour les usagers portant des verres à foyer progressif qui doivent avoir les yeux plus hauts que l'écran afin d'éviter les extensions répétitives du cou ; faire des pauses d'étirement au moins une fois par heure (Leclerc, 2008). Une fois les MR diagnostiqués, le traitement consiste à déterminer l'activité qui a provoqué le problème, à modifier l'équipement ou l'activité en cause, à soulager la douleur en appliquant de la chaleur ou du froid, ou en prenant des AINS, à se reposer, à faire de la physiothérapie pour le renforcement des muscles, à effectuer des exercices de conditionnement et à apporter des modifications au mode de vie.

25.2.4 Syndrome du tunnel carpien

Le **syndrome du tunnel carpien (STC)** est une affection causée par la compression du nerf médian, lequel entre dans la main par les confins étroits du tunnel carpien **FIGURE 25.2**. Le tunnel carpien est formé par des ligaments et des os. Le STC est la neuropathie par compression la plus courante des membres supérieurs. Ce syndrome est lié à des loisirs ou à des professions qui requièrent des mouvements répétitifs du poignet (p. ex., les musiciens, les peintres, les charpentiers, les usagers d'ordinateur). Cette affection est souvent le résultat d'une pression découlant d'un trauma ou d'un œdème dû à l'inflammation d'un tendon et de sa gaine (ténosynovite), d'une néoplasie, de la polyarthrite rhumatoïde ou d'une masse de tissus mous comme des ganglions. Certaines hormones sont possiblement impliquées dans cette affection, car les manifestations initiales sont fréquentes pendant la période prémenstruelle, la grossesse et la ménopause. L'incidence du STC est plus élevée chez les personnes qui présentent un diabète et de l'hypothyroïdie. Les femmes sont plus susceptibles d'être atteintes du STC que les hommes, probablement parce que leur tunnel carpien est plus petit (Johns Hopkins, 2006).

Jugement clinique

Capsule

Monsieur Massimo Vinciguerra est un travailleur routier âgé de 44 ans. Il utilise un marteau piqueur depuis plus de 20 ans.

Risque-t-il de souffrir de microtraumatismes répétés à cause de son travail ? Justifiez votre réponse.

Jugement clinique

Capsule

Madame Marguerite Laplace, 31 ans, est une jeune mère de deux enfants, qui a fait le choix de rester au foyer. Elle est très active et a acquis des compétences dans la couture et le tricot. Elle réalise la plupart des vêtements de ses enfants et passe de grands moments sur les sites de clavardage quand ses enfants sont couchés. Elle se plaint de l'apparition récente de douleur de type brûlure dans le poignet droit et d'engourdissement de la main, ce qui la gêne beaucoup.

Relevez les deux symptômes en faveur d'un diagnostic de syndrome du tunnel carpien et deux causes favorisantes.

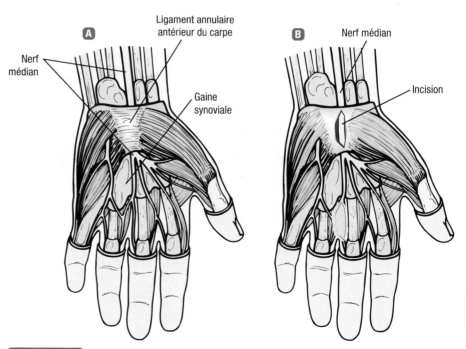

FIGURE 25.2

A Structures du poignet impliquées dans le syndrome du tunnel carpien.
B Décompression du nerf médian par incision du ligament carpien transverse.

25

Le STC se manifeste par de la faiblesse (en particulier du pouce), une douleur de type brûlure et des engourdissements, une sensation anormale dans la région innervée par le nerf médian et une certaine maladresse dans les tâches qui exigent des mouvements délicats de la main (Scanlon & Maffei, 2009). Un engourdissement et un fourmillement réveilleront parfois le client pendant la nuit. Souvent, l'agitation des mains peut soulager ces symptômes.

Les signes physiques du STC comprennent le signe de Tinel et le signe de Phalen. Le signe de Tinel peut être recherché en tapotant sur la partie du nerf médian qui traverse le tunnel carpien dans le poignet **FIGURE 25.3**. Une sensation de fourmillement dans la distribution du nerf médian de la main correspond à une réponse positive. Le signe de Phalen est recherché en faisant pendre le poignet librement jusqu'à sa flexion maximale, et en le maintenant dans cette position pendant plus de 60 secondes. La réponse est positive si le sujet ressent un fourmillement le long de la distribution du

nerf médian dans la main. Au stade avancé, une amyotrophie de l'éminence thénar à la base du pouce est observée, engendrant une douleur récurrente et une dysfonction éventuelle de la main.

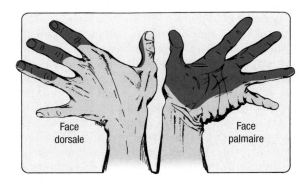

FIGURE 25.3

Distribution du nerf médian – Les régions ombragées désignent les sièges douloureux en rapport avec le syndrome du tunnel carpien.

Soins et traitements en interdisciplinarité

CLIENT ATTEINT DU SYNDROME DU TUNNEL CARPIEN

Pour prévenir le STC, l'infirmière doit enseigner aux employés et aux employeurs à reconnaître les facteurs de risque. Il est possible de recourir à des dispositifs d'adaptation comme des attelles pour tenir le poignet en légère extension et diminuer la pression sur le nerf médian. Il existe aussi des coussinets spéciaux pour les claviers d'ordinateur et des souris spéciales conçues pour prévenir une pression répétée sur le nerf médian. D'autres modifications ergonomiques peuvent concerner la station de travail, la position du corps, ou simplement consister en des pauses fréquentes pendant les activités professionnelles.

Les soins destinés au client souffrant du STC visent à intervenir sur la cause sous-jacente de la compression du nerf. Les symptômes initiaux du STC peuvent être réduits en interrompant le mouvement responsable et en gardant la main et le poignet au repos à l'aide d'une attelle de la main. Les attelles portées la nuit maintiennent le poignet en position neutre et peuvent soulager la douleur et l'engourdissement nocturnes. L'injection d'un corticostéroïde directement dans le tunnel carpien peut procurer un soulagement à court terme. Comme le STC peut altérer les sensations normales de la main, le client doit éviter de s'exposer à certains dangers comme la chaleur extrême et le froid, compte tenu du risque de brûlures

thermiques et d'engelures. Il est possible que le client doive envisager de changer de profession du fait de l'inconfort et des altérations sensorielles.

La libération du nerf médian dans le tunnel carpien est généralement recommandée si les symptômes persistent depuis plus de six mois. Il s'agit d'une chirurgie d'un jour effectuée sous anesthésie locale. Ce type d'intervention peut s'effectuer par chirurgie ouverte ou par endoscopie. La libération chirurgicale du nerf consiste à pratiquer une incision dans le poignet et à sectionner le ligament carpien pour élargir le tunnel carpien **FIGURE 25.2B**. La libération endoscopique du tunnel carpien suppose une ou plusieurs incisions par ponction dans le poignet et la paume : une caméra est reliée à une tubulure, puis le ligament carpien est sectionné. L'intervention endoscopique permet un rétablissement fonctionnel plus rapide et est associée à moins de douleur postopératoire que la libération classique par chirurgie ouverte.

Même s'il est possible de soulager les symptômes immédiatement après l'intervention, le rétablissement complet peut nécessiter quelques mois. Après la chirurgie, l'infirmière doit évaluer l'état neurovasculaire de la main avant de donner congé au client. Elle doit lui enseigner les soins de la plaie et les évaluations qu'il convient d'effectuer à domicile.

25.2.5 Blessure de la coiffe des rotateurs

La coiffe des rotateurs est constituée d'un ensemble de quatre muscles qui forment l'épaule : le muscle sus-épineux, le muscle sous-épineux, le muscle petit rond et le muscle sous-scapulaire. Ces muscles

servent à stabiliser la tête de l'humérus dans la cavité glénoïde tout en facilitant l'amplitude du mouvement de l'articulation de l'épaule et la rotation de l'humérus. Le vieillissement normal peut produire des changements dégénératifs de la coiffe des rotateurs.

Une déchirure de la coiffe des rotateurs peut résulter d'un processus graduel de dégénérescence lié au vieillissement, d'un stress répétitif (en particulier les mouvements des bras au-dessus de la tête) ou d'une blessure à l'épaule lors d'une chute. Une déchirure de la coiffe des rotateurs peut aussi être l'effet de forces d'adduction brusques exercées sur la coiffe pendant que le bras est en abduction . Dans la pratique de certains sports, les mouvements répétitifs au-dessus de la tête, par exemple pendant la natation, les sports de raquette (tennis et racquetball) et le baseball (en particulier le lancer) sont des activités souvent responsables de ce type de blessure. Les autres facteurs étiologiques incluent la chute sur un bras avec la main allongée, un coup sur la partie supérieure du bras, le soulèvement d'objets lourds et les mouvements répétitifs dans le cadre d'une activité professionnelle.

Les manifestations d'une blessure de la coiffe des rotateurs incluent la faiblesse, la douleur et la réduction de l'amplitude du mouvement de l'épaule. Le client ressent souvent une douleur intense pendant l'abduction du bras entre 60 et 120° (arc douloureux). L'épreuve du bras tombant (l'épaule du client est placée passivement en abduction complète à 90°, le client doit maintenir la position mais celui-ci cède soudainement) est un autre signe de blessure de la coiffe des rotateurs (Jarvis, 2009). En règle générale, le diagnostic de rupture de la coiffe des rotateurs ne peut être confirmé uniquement par une radiographie. Une imagerie par résonnance magnétique (IRM) ou une arthroscopie est habituellement nécessaire.

L'objectif du traitement vise le maintien d'une amplitude passive du mouvement et le rétablissement de la force d'abduction. Le client qui présente une déchirure partielle ou une inflammation de la coiffe peut être traité simplement de manière conservatrice, c'est-à-dire par le repos, l'application de glace et de chaleur, l'administration d'AINS, des injections de corticostéroïdes dans l'articulation et la physiothérapie. Si le client ne répond pas au traitement conservateur, ou en cas de déchirure complète, une réparation chirurgicale peut s'imposer. La plupart des réparations chirurgicales s'effectuent à l'aide d'un arthroscope (Yadav, Nho, Romeo, & MacGillivray, 2009). Si la déchirure est importante, une **acromioplastie** (ablation chirurgicale d'une partie de l'acromion pour réduire la compression de la coiffe des rotateurs pendant le mouvement) peut s'avérer nécessaire. Une écharpe ou, plus souvent, une orthèse d'immobilisation de l'épaule peut servir immédiatement après la chirurgie à limiter le mouvement de cette articulation. Cependant, il ne faut pas immobiliser l'épaule trop longtemps, car il y a

un risque de capsulite rétractile (épaule « gelée ») ou d'arthrofibrose. Les exercices de balancement et la physiothérapie sont amorcés dès le lendemain de l'opération.

25.2.6 Blessure du ménisque

Les ménisques sont des structures fibrocartilagineuses en forme de croissant, présentes dans le genou et dans d'autres articulations. Les blessures du ménisque sont souvent concomitantes aux entorses des ligaments, fréquentes chez les athlètes de basketball, de rugby, de football, de soccer et de hockey. Ces activités exercent un stress rotationnel lorsque le genou est soumis à divers degrés de flexion et que le pied est fixe. Un coup au genou peut causer un cisaillement du ménisque entre les condyles fémoraux et le plateau tibial, ce qui provoque la déchirure de tout le ménisque (la **FIGURE 25.4** illustre l'articulation du genou). Les personnes dont le métier exige de s'accroupir ou de s'agenouiller, de même que les personnes âgées, s'exposent à un risque de déchirure dégénérative.

Une animation présentant les mouvements d'adduction et d'abduction est présentée au www.cheneliere.ca/Lewis

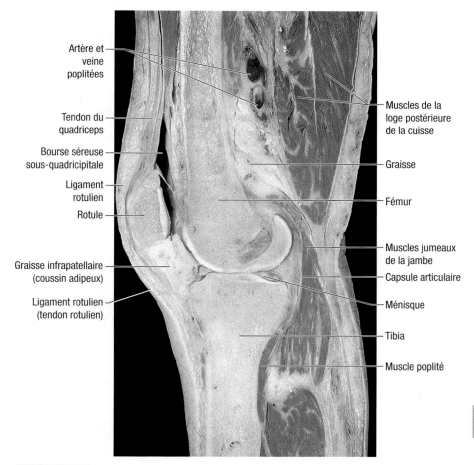

FIGURE 25.4

Section sagittale de l'articulation du genou

Labels: Artère et veine poplitées — Tendon du quadriceps — Bourse séreuse sous-quadricipitale — Ligament rotulien — Rotule — Graisse infrapatellaire (coussin adipeux) — Ligament rotulien (tendon rotulien) — Muscles de la loge postérieure de la cuisse — Graisse — Fémur — Muscles jumeaux de la jambe — Capsule articulaire — Ménisque — Tibia — Muscle poplité

En général, les blessures du ménisque ne suffisent pas à causer un œdème significatif, car la plus grande partie du cartilage n'est pas vascularisée. Toutefois, une déchirure importante du ménisque peut être soupçonnée en cas de sensibilité, de douleur et d'épanchement localisés **FIGURE 25.5**. Une atteinte au ménisque latéral est évoquée par une douleur provoquée par la flexion, la rotation externe puis l'extension du genou (manœuvre de McMurray) (Jarvis, 2009). Le client peut avoir la sensation que le genou est instable et signale souvent un claquement et un blocage de celui-ci. L'atrophie des quadriceps

est généralement évidente si la blessure est présente depuis un certain temps. L'arthrose traumatique peut résulter de blessures répétées du ménisque et d'une inflammation chronique. L'IRM permet de diagnostiquer la plupart des blessures du ménisque et a remplacé l'arthroscopie (Abate, 2008).

La chirurgie peut être indiquée lors d'une déchirure du ménisque. Le degré de douleur et de dysfonction du genou, la nature du travail professionnel, le niveau d'activités sportives et l'âge peuvent influer sur la décision du client de subir ou de retarder une chirurgie.

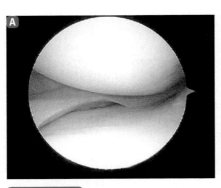 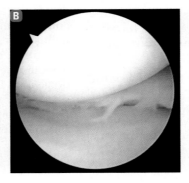 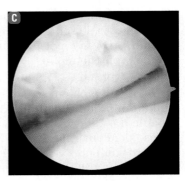

FIGURE 25.5

Vues arthroscopiques du ménisque – **A** Ménisque normal. **B** Déchirure du ménisque. **C** Ménisque après réparation chirurgicale.

Soins et traitements en interdisciplinarité

CLIENT SOUFFRANT D'UNE BLESSURE DU MÉNISQUE

Comme les blessures du ménisque sont souvent dues à des activités sportives, l'infirmière doit demander au client d'effectuer des exercices de réchauffement avant de pratiquer son activité. Si une blessure aiguë se produit, l'examen du genou doit avoir lieu dans les 24 heures suivant le trauma. Les premiers soins pour ce type de blessure comprennent l'application de glace, l'immobilisation et l'utilisation de béquilles pour réduire la mise en charge du corps sur le genou. La plupart des blessures du ménisque se traitent en clinique externe. L'emploi d'une orthèse d'immobilisation du genou pendant les premiers jours suivant la blessure permet de protéger le genou et, dans une certaine mesure, de soulager la douleur.

Une fois la douleur aiguë dissipée, la physiothérapie peut aider le client à augmenter la flexion de son genou et à renforcer ses muscles de manière à normaliser son niveau de fonctionnement. La réparation ou l'excision chirurgicale d'une partie du ménisque (méniscectomie) peut s'avérer nécessaire **FIGURE 25.5**. La chirurgie du ménisque s'effectue par arthroscopie. Le soulagement de la douleur peut nécessiter l'administration d'AINS ou d'autres analgésiques. La réadaptation débute peu après l'intervention chirurgicale et inclut des exercices de renforcement des quadriceps et des muscles ischiojambiers ainsi que des exercices d'amplitude. Le client pourra reprendre ses activités habituelles une fois qu'il aura récupéré sa force musculaire.

25.2.7 Blessure du ligament croisé antérieur

Les traumas du genou comptent pour plus de la moitié des blessures sportives. Le ligament du genou le plus souvent affecté est le ligament croisé antérieur (LCA) (Rishiraj, Taunton, Lloyd-Smith, Woollard, & Regan, 2009). Les blessures du LCA résultent généralement d'une hyperextension

forcée lors d'activités sans contact quand le participant effectue des pivots, atterrit après avoir sauté ou ralentit pendant une course. Les clients qui en souffrent rapportent souvent avoir entendu un son de claquement comme un « pop », un dérobement imprévisible suivi d'une douleur aiguë et d'un gonflement au genou. En général, les athlètes doivent interrompre leurs activités dues à l'instabilité du genou. Une déchirure du LCA peut être partielle ou complète, ou encore occasionner une avulsion (arrachements osseux) des enthèses du genou **FIGURE 25.6**.

Le test de Lachman et le test du tiroir antérieur permettent de mettre en évidence une déchirure du LCA. Le test de Lachman s'effectue en demandant au client de fléchir le genou entre 15 et 30°, en tirant le tibia vers l'avant pendant que le fémur est stabilisé. Pour réaliser le test du tiroir antérieur, le client doit fléchir le genou. L'examinateur place ses pouces dans l'interligne articulaire et tire sur le tibia. Dans les deux cas, le résultat du test est positif (déchirure du LCA) si un mouvement vers l'avant du tibia se produit avec sensation d'arrêt fluide du mouvement (arrêt mou) indiquant que le LCA ne peut être mis sous tension (Bates, Bickley, & Szilagyi, 2006). Les radiographies et l'IRM permettent souvent de diagnostiquer des affections concomitantes, comme une fracture, une déchirure du ménisque et des blessures des ligaments collatéraux.

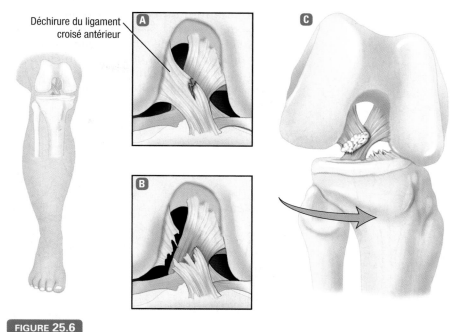

FIGURE 25.6

Blessures du ligament croisé antérieur – **A** Déchirure partielle. **B** Déchirure complète. **C** Avulsion.

CLIENT SOUFFRANT D'UNE BLESSURE DU LIGAMENT CROISÉ ANTÉRIEUR

Le traitement conservateur d'une déchirure partielle du LCA comprend le repos, l'application de glace, la prise d'AINS, l'élévation du membre et l'utilisation des béquilles selon le degré de tolérance du client. En cas d'épanchement important et douloureux, il est possible de procéder à une aspiration articulaire. Une immobilisation du genou avec une attelle plâtrée ou une orthèse articulée peut aider au soutien du genou. La physiothérapie permet souvent au client de maintenir l'amplitude de mouvement normale du genou et de conserver son tonus musculaire. La chirurgie reconstructive est généralement recommandée pour les clients actifs qui ont subi une blessure importante au ligament et au ménisque. Il s'agit de procéder à l'ablation du tissu déchiré du LCA et de le remplacer par une greffe tissulaire autologue ou allogénique. Les exercices d'amplitude sont encouragés peu après l'intervention et le genou est placé dans une orthèse d'immobilisation. La physiothérapie, par des exercices progressifs de mise en charge, est cruciale pour la réadaptation. Il faudra six à huit mois au client pour recouvrer sans danger son niveau de fonctionnement antérieur. Les personnes ayant des antécédents de blessures du LCA sont plus sujettes à une arthrose du genou (Murray, 2009).

25.2.8 Bursite

Les bourses séreuses sont des sacs fermés tapissés d'une membrane synoviale, qui contiennent une petite quantité de liquide synovial. Elles sont localisées à des points de frottement comme entre les tendons et les os, et près des articulations. La **bursite** résulte d'une inflammation des bourses séreuses, engendrée par un trauma répété ou excessif, ou un frottement. Elle peut également être reliée à des atteintes comme la goutte, la polyarthrite rhumatoïde ou une infection.

Les principales manifestations cliniques de la bursite sont la chaleur, la douleur, l'œdème et une amplitude limitée de mouvement dans la région affectée. Les mains, les genoux, le grand trochanter de la hanche, les épaules et les coudes sont des sièges fréquents de bursite. Parmi les activités courantes susceptibles de précipiter une bursite, notons une mécanique corporelle inadéquate, le fait de s'agenouiller souvent (poseurs de moquette, mineurs et jardiniers), le jogging ou la course avec des souliers abîmés ou une position assise prolongée les jambes croisées.

Il faut déterminer et corriger la cause de la bursite. Le repos est souvent le seul traitement requis. L'application de glace sur la région affectée permet d'atténuer la douleur et parfois l'inflammation locale. La région affectée peut être immobilisée à l'aide d'un bandage compressif ou d'une attelle. Les AINS peuvent servir à diminuer l'inflammation et la douleur. L'aspiration du liquide des bourses séreuses et l'injection

25

intraarticulaire d'un corticostéroïde peuvent s'avérer nécessaires. Si la paroi de la bourse s'épaissit et continue de nuire au fonctionnement normal de l'articulation, une excision chirurgicale (bursectomie) peut s'imposer. En général, des bourses septiques nécessitent une incision et un drainage chirurgical.

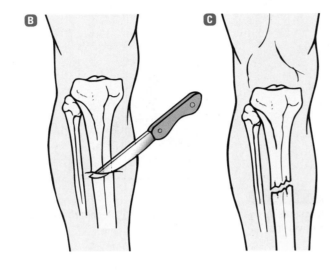

FIGURE 25.7

Classification des fractures selon leur degré de communication avec le milieu externe – **A** Fracture ouverte par déplacement d'un fragment osseux à travers la peau (processus interne). **B** Fracture ouverte par un objet contondant, plaie pénétrante (processus externe). **C** Fracture fermée.

25.3 | Fractures

25.3.1 Classification

Une **fracture** est une lésion causée par une rupture de la continuité structurelle d'un os, avec ou sans déplacement des fragments osseux. La plupart des fractures sont d'ordre traumatique, malgré que certaines résultent d'un processus pathologique (cancer ou ostéoporose).

Il y a plusieurs types de fractures, dont les fractures ouvertes (ou exposées) et les fractures fermées, selon que le foyer de fracture communique ou non avec l'extérieur **FIGURE 25.7**. Lorsqu'il y a fracture ouverte, les tissus mous sont atteints et l'os est exposé à travers une plaie. Lorsque la fracture est fermée, la peau est intacte (exempte de toute plaie).

La fracture peut être complète ou incomplète. Elle est dite complète si elle affecte la totalité de l'os ou si les parties sont complètement séparées, et elle est incomplète si la fracture ne touche qu'une partie de l'os et que ce dernier demeure en un seul morceau. La fracture incomplète résulte souvent d'une torsion ou d'un écrasement de l'os. Les fractures peuvent également être classées selon le trait de fracture, soit linéaire, oblique, transversal, longitudinal ou en spirale **FIGURE 25.8**.

Finalement, la fracture présentera ou non un déplacement. Dans la fracture avec déplacement,

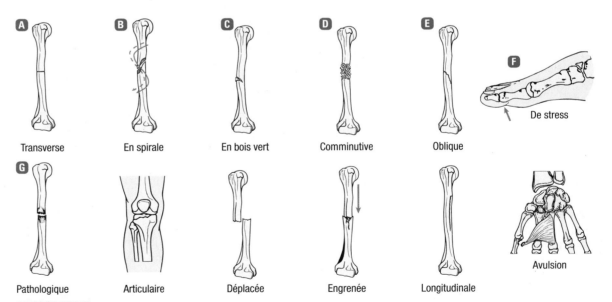

FIGURE 25.8

Types de fractures – **A** S'il s'agit d'une fracture transverse, la ligne de la fracture parcourt la diaphyse de l'os à angle droit par rapport à l'axe longitudinal. **B** En cas de fracture en spirale, la ligne de fracture parcourt la diaphyse de l'os en spirale. **C** La fracture en bois vert est une fracture incomplète dont un côté est fragmenté et l'autre courbé. **D** La fracture comminutive est une fracture qui comporte plus de deux fragments. Les plus petits fragments semblent être en suspension. **E** S'il s'agit d'une fracture oblique, la ligne de fracture suit une ligne oblique. **F** La fracture de stress concerne un os normal ou anormal, soumis à un stress répété comme des séances de jogging ou de course. **G** La fracture pathologique est une fracture spontanée au siège d'une maladie osseuse.

les deux parties de l'os sont séparées l'une de l'autre et ne conservent plus leur axe normal. Ce type de fracture est habituellement comminutive (plus de deux fragments osseux) ou oblique **FIGURE 25.8**. Dans la fracture sans déplacement, le périoste demeure intact et l'os est toujours dans son axe. Les fractures sans déplacement sont généralement transversales, spiroïdales ou « en bois vert » **FIGURE 25.8**.

25.3.2 Manifestations cliniques

Pendant l'entrevue, l'histoire du client indique un mécanisme de blessure associé à des manifestations cliniques dont les symptômes comprennent l'apparition immédiate d'une douleur localisée, une diminution de la fonction, une incapacité à supporter un poids ou à se servir de la partie affectée du corps **TABLEAU 25.3**. Le client évite d'utiliser la partie affectée et se protège. Il est possible qu'il n'y ait pas de déformation osseuse évidente. Si l'infirmière soupçonne une fracture, elle doit immobiliser le membre dans sa position actuelle. Les mouvements inutiles peuvent aggraver les lésions des tissus mous et transformer une fracture fermée en fracture ouverte, ou encore endommager gravement les structures neurovasculaires adjacentes.

TABLEAU 25.3	Manifestations cliniques d'une fracture
MANIFESTATION	**SIGNIFICATION**
Œdème et enflure	
Rupture ou pénétration de l'os à travers la peau, les tissus mous ou un saignement dans les tissus avoisinants	La présence d'un saignement non contrôlé, d'une enflure et d'un œdème dans un espace clos peut bloquer la circulation et endommager les nerfs (p. ex., un risque de syndrome du compartiment).
Douleur et sensibilité à la palpation	
Spasme musculaire consécutif au réflexe involontaire d'un muscle, à un trauma tissulaire direct, à une augmentation de la pression sur les nerfs ou à un déplacement des fragments d'une fracture	La douleur et la sensibilité à la palpation incitent à immobiliser la région blessée afin de limiter le mouvement.
Spasme musculaire	
Irritation des tissus et réponse protectrice à une blessure et à une fracture	Les spasmes musculaires peuvent déplacer une fracture non déplacée ou l'empêcher de se réduire spontanément.
Déformation	
Position anormale d'un membre résultant des forces à l'origine de la blessure et de l'action des muscles infligeant aux fragments une position anormale ; perçue comme une perte du profil osseux normal	La déformation est un signe cardinal de fracture ; si elle n'est pas corrigée, elle peut occasionner des problèmes de consolidation osseuse et de récupération de la fonction de la partie blessée.
Ecchymose/contusion	
Décoloration de la peau due à une extravasation de sang dans les tissus sous-cutanés	L'ecchymose peut survenir immédiatement ou quelques jours après la blessure et apparaître dans la région distale de la blessure. Le client doit être rassuré quant à la normalité du processus.

TABLEAU 25.3	Manifestations cliniques d'une fracture *(suite)*
MANIFESTATION	**SIGNIFICATION**
Perte de fonction	
Lésion de l'os ou de l'articulation, empêchant l'activité fonctionnelle du membre ou d'une partie du membre	La fracture doit être prise en charge adéquatement pour assurer le rétablissement de la fonction du membre.
Crépitation	
Bruit de grincement ou de craquement émis par les fragments osseux, produisant une sensation palpable ou un bruit de craquement	La crépitation peut augmenter le risque de non-consolidation si les extrémités des os bougent trop. Le micromouvement des fragments à l'extrémité des os contribue à l'ostéogenèse (croissance de nouvel os).

25.3.3 Consolidation des fractures

L'infirmière doit connaître les principes élémentaires de la consolidation des fractures pour proposer des interventions thérapeutiques adaptées **FIGURE 25.9**. L'os est le siège d'un processus réparateur remarquable d'autoguérison qui obéit aux étapes suivantes :

- Formation d'un hématome au siège de la fracture : lorsqu'une fracture survient, le saignement entraîne un hématome qui entoure les extrémités des fragments. L'hématome constitué de sang extravasé passe d'une forme liquide à un caillot semi-solide. Cette étape se produit dans les premières 72 heures suivant la blessure.

- Formation d'un tissu de granulation : à ce stade, la phagocytose active absorbe les produits de la nécrose locale. L'hématome se transforme en tissu de granulation. Ce tissu (qui inclut des vaisseaux sanguins nouvellement formés, des fibroblastes et des ostéoblastes) forme la base d'une substance essentielle pour l'os nouvellement formé, appelé ostéoïde, pendant les 3 à 14 jours suivant la blessure.

- Formation du cal osseux : à mesure que les minéraux (calcium, phosphore et magnésium) et la nouvelle matrice osseuse se déposent dans l'ostéoïde, un réseau osseux désorganisé se forme au sein des fragments de la fracture. Le cal osseux est essentiellement composé de cartilage, d'ostéoblastes, de calcium et de phosphore. Il apparaît généralement vers la fin de la deuxième semaine après la blessure. Les signes de formation d'un cal osseux peuvent être confirmés par une radiographie.

- Ossification : l'ossification du cal se produit entre la troisième semaine et le sixième mois suivant la fracture, et se poursuit jusqu'à la

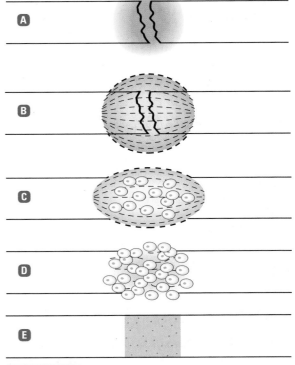

FIGURE 25.9

Représentation schématique de la consolidation osseuse – **A** Saignement aux extrémités fracturées de l'os avec formation consécutive d'un hématome. **B** Organisation de l'hématome en réseau fibreux. **C** Invasion d'ostéoblastes, allongement des fibres de collagène et dépôt de calcium. **D** Formation d'un cal osseux : nouvelle accumulation osseuse à mesure que les ostéoclastes détruisent l'os mort. **E** Le remodelage s'effectue au fur et à mesure que le cal excédentaire est réabsorbé et que l'os trabéculaire est restauré.

guérison de la fracture. L'ossification du cal suffit à prévenir le mouvement au foyer de la fracture lorsque les os sont soumis à un stress léger.

Cependant, la fracture est toujours évidente à la radiographie. Pendant cette phase de la consolidation clinique, le médecin peut autoriser au client une mobilité réduite ou lui retirer son plâtre.

- Consolidation : à mesure que le cal osseux se développe, la distance entre les fragments osseux diminue et disparaît. À ce stade, l'ossification se poursuit. Une consolidation radiologique peut alors être observée. La consolidation radiologique est confirmée lorsque des signes de soudure osseuse sont observés à la radiographie. Il faut parfois jusqu'à un an avant que la consolidation soit complète.

- Remodelage : l'excès de tissu osseux est réabsorbé au cours de la dernière phase de la guérison osseuse et la consolidation est achevée. À cette étape, l'os blessé retrouve graduellement sa résistance et sa morphologie antérieures. Un remodelage osseux s'opère en réponse à un stress de charge ou selon la **loi de Wolff** (Boyd, Benjamin, & Asplund, 2009). Ce stress de charge est d'abord introduit par des exercices puis, graduellement, une mise en charge est permise. Du tissu osseux s'ajoute aux endroits soumis au stress alors qu'il est résorbé dans les endroits où la sollicitation est moindre. La consolidation radiologique est complétée.

De nombreux facteurs, tels que l'âge, le déplacement de la fracture, la région de la fracture, l'approvisionnement en sang vers l'endroit blessé, l'immobilisation, les implants, l'infection et les hormones, influent sur le délai de guérison complète de la fracture. Il arrive que la guérison de la fracture ne se produise pas dans les délais prévus (retard de consolidation), voire pas du tout (absence de consolidation). Le processus d'ossification peut être interrompu par une réduction et une immobilisation inadéquates, un mouvement excessif des fragments de la fracture, une infection, une malnutrition ou une maladie systémique, ou en raison de l'âge. Par exemple, une fracture de la diaphyse fémorale guérit en 3 semaines chez un nouveau-né et en 20 semaines chez un adulte. Le **TABLEAU 25.4** récapitule les complications liées à la guérison des fractures.

La stimulation électrique et les champs électromagnétiques pulsés peuvent servir à stimuler la guérison osseuse dans certains cas d'absence ou de retard de consolidation. Le courant électrique altère les mécanismes cellulaires et entraîne un remodelage osseux. Le mécanisme sous-jacent du remodelage osseux induit par l'électricité est encore inconnu ; il pourrait s'agir de champs électriques négatifs qui attirent les ions positifs comme le calcium. Les électrodes sont placées sur la peau ou le plâtre du client, entre 10 et 12 heures par jour, généralement pendant son sommeil.

Loi de Wolff : Théorie démontrant que les structures osseuses se réorganisent en fonction des contraintes qui leur sont appliquées.

TABLEAU 25.4	Complications liées à la consolidation des fractures
COMPLICATION	**DESCRIPTION**
Union retardée	Le processus de guérison de la fracture est plus lent que prévu ; la guérison finit par se produire.
Non-consolidation	La fracture ne guérit pas malgré le traitement ; la radiographie ne révèle aucun signe de formation du cal osseux.
Consolidation inadéquate	La fracture guérit dans les délais prévus, mais dans une position inadéquate, ce qui peut donner lieu à une déformation ou à un dysfonctionnement.
Angulation	La fracture guérit dans une position anormale par rapport à la ligne médiane de la structure (type de consolidation inadéquate).
Pseudarthrose	Il s'agit d'un type de non-consolidation qui survient au foyer de la fracture. Il se forme une fausse articulation sur la diaphyse des os long permettant des mouvements anormaux.
Fracture itérative	Une nouvelle fracture survient au foyer initial de la fracture.
Myosite ossifiante	Un dépôt de calcium se forme dans le tissu musculaire au siège d'un trauma musculaire fermé significatif ou de traumas musculaires répétés.

25

25.3.4 Processus thérapeutique en interdisciplinarité

Les objectifs généraux du traitement des fractures sont :

- le réalignement anatomique des fragments osseux (réduction) ;
- l'immobilisation pour le maintien du réalignement ;
- le rétablissement d'une fonction normale ou quasi normale de la partie blessée.

L'**ENCADRÉ 25.3** récapitule le processus thérapeutique en interdisciplinarité pour les différentes fractures.

Réduction des fractures

Réduction fermée

La **réduction fermée** consiste en un réalignement manuel et non chirurgical des fragments osseux vers leur position anatomique antérieure. Une traction et une contre-traction manuelles sont appliquées sur les fragments osseux pour rétablir leur position, leur longueur et leur alignement. La réduction fermée s'effectue généralement pendant que le client est sous anesthésie locale ou générale. Après la réduction, la partie blessée est immobilisée à l'aide d'une traction, d'un plâtre, d'une fixation externe, d'attelles ou d'orthèses pour maintenir l'alignement en attendant la guérison.

Réduction ouverte

La **réduction ouverte** est la correction de l'alignement osseux par incision chirurgicale. Elle consiste généralement en une fixation interne de la fracture à l'aide de fils métalliques, de vis, de broches, de plaques, de tiges intramédullaires ou de clous. Le type et le foyer de la fracture, l'âge du client et la présence d'une maladie concomitante de même que le résultat d'une tentative de réduction fermée peuvent influer sur la décision de recourir ou non à une réduction ouverte. Les principaux inconvénients de ce type de correction des fractures sont le risque d'infection, les complications inhérentes à l'anesthésie et l'effet des maladies préexistantes (p. ex., le diabète) du client.

Si une réduction ouverte avec fixation interne (ROFI) est utilisée pour réparer une fracture intra-articulaire (c'est-à-dire qui atteint les surfaces articulaires), il est recommandé de faire rapidement des exercices d'amplitude de mouvement de l'articulation touchée. Certains appareils permettent d'effectuer des mouvements passifs continus de diverses articulations (p. ex., le genou, l'épaule). Leur usage peut contribuer à prévenir les adhérences extra-articulaires et intra-articulaires, à accélérer la reconstruction de la plaque osseuse sous-chondrale (sous le cartilage) ainsi que la guérison du cartilage articulaire et, possiblement, à diminuer l'incidence de l'arthrose post-traumatique. La ROFI permet au client de recommencer à marcher plus rapidement en réduisant le risque de complications liées à une immobilisation prolongée tout en favorisant la consolidation des fractures par une augmentation graduelle de la sollicitation exercée sur l'articulation affectée et les tissus mous adjacents.

Traction

La **traction** consiste en l'application d'une force d'étirement sur une partie du corps ou un membre blessé et d'une autre force de traction dans le sens opposé. L'objectif d'une traction est : 1) de prévenir ou de diminuer la douleur et les spasmes musculaires ; 2) d'immobiliser une articulation ou une partie du corps ; 3) de réduire une fracture ou une luxation ; 4) de traiter un état articulaire pathologique (p. ex., une tumeur, une infection). La traction est également indiquée pour : 1) induire une immobilisation visant à prévenir les lésions des tissus mous ; 2) favoriser l'exercice actif et passif ; 3) induire l'expansion d'un espace articulaire pendant des interventions arthroscopiques ; 4) induire l'expansion d'un espace articulaire avant une reconstruction articulaire majeure.

Les dispositifs de traction appliquent une force de traction sur un membre fracturé afin de le réaligner. Les deux principaux types de traction sont la traction cutanée et la traction squelettique. La traction cutanée est généralement employée pour le traitement à court terme (de 48 à 72 heures) en attendant l'installation d'une traction squelettique ou une chirurgie réductrice. Du ruban adhésif, des bottes ou des attelles sont appliqués directement sur la peau pour assurer l'alignement, faciliter la réduction et contribuer à atténuer les spasmes musculaires dans le membre atteint. La charge de poids utilisée pour la traction cutanée ne dépasse généralement pas 2,3 à 4,5 kg. La traction pelvienne ou

RAPPELEZ-VOUS...

Une infection nosocomiale est une infection contractée dans les établissements de santé et peut donc être transmise par les membres du personnel traitant.

Processus diagnostique et thérapeutique

ENCADRÉ 25.3	**Fractures**

Examen clinique et examens paracliniques

- Évaluation des symptômes (PQRSTU), histoire de santé (AMPLE) et examen physique
- Radiographie
- Tomodensitométrie, imagerie par résonnance magnétique

Processus thérapeutique

- Réduction d'une fracture
  - Manipulation
  - Réduction fermée
  - Traction cutanée
  - Traction squelettique
  - Réduction ouverte/fixation interne
- Immobilisation de la fracture
  - Mise en place d'un plâtre ou d'une attelle
  - Traction
  - Fixation externe
  - Fixation interne
- Fractures déplacées
  - Débridement chirurgical et irrigation
  - Prophylaxie antitétanique
  - Antibiothérapie prophylactique
  - Immobilisation

cervicale peut nécessiter une charge de poids plus lourde à ajuster au besoin pour assurer un réalignement optimal.

La traction squelettique est généralement installée pour une plus longue période que la traction cutanée. Elle sert à aligner les os et les articulations lésées ou à traiter les contractures articulaires et la dysplasie congénitale de la hanche. Pour appliquer une traction squelettique, le médecin insère, partiellement ou complètement, une broche ou une tige métallique dans l'os pour aligner et immobiliser la partie fracturée. La quantité de poids utilisée pour effectuer une traction squelettique peut varier entre 2,3 et 20,4 kg. L'usage d'un poids excessif peut retarder ou empêcher la consolidation. Les principaux inconvénients de la traction squelettique sont l'infection du siège osseux au site d'insertion de la broche squelettique et les conséquences de l'immobilité prolongée.

Lorsque la traction est utilisée pour traiter des fractures, les forces s'exercent généralement sur le fragment distal pour l'aligner avec le fragment proximal. Plusieurs types de tractions peuvent remplir cette fin. La traction de Buck est l'une des plus courantes **FIGURE 25.10**. L'alignement des fragments osseux dépend du positionnement et de l'alignement adéquats du client afin que les forces de traction demeurent constantes. Pour que la traction d'un membre soit efficace, les forces doivent s'exercer en direction opposée (contre-traction). La contre-traction s'effectue souvent au moyen du poids du client ou d'un poids tirant en direction opposée; la force peut en être augmentée en surélevant l'extrémité du lit. Il est impératif de maintenir une traction continue en s'assurant que les poids ne touchent pas le sol et qu'ils se déplacent facilement le long des poulies.

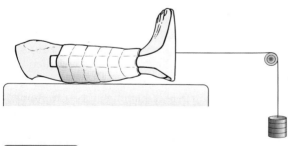

FIGURE 25.10

Traction de Buck – Employée généralement pour les fractures de la hanche et du fémur.

Immobilisation d'une fracture

Plâtre

Un plâtre est un dispositif d'immobilisation circonférentiel temporaire (Boyd *et al.*, 2009). C'est un traitement courant après une réduction fermée. Il permet au client d'effectuer de nombreuses activités quotidiennes tout en lui procurant une immobilisation et une stabilité suffisantes. Le plâtre est constitué d'un polymère naturel ou d'acrylique synthétique, de fibre de verre, de polymère sans latex ou d'une combinaison de ces matériaux. Un plâtre enveloppe généralement les articulations en amont et en aval d'une fracture de manière à limiter les mouvements tendino-ligamentaires et à favoriser ainsi la stabilisation de l'articulation pendant la guérison de la fracture.

Une fois la peau et les saillies osseuses recouvertes d'une ouate orthopédique, le bandage en plâtre de Paris est immergé dans l'eau, puis enroulé et moulé autour de la partie atteinte. Le nombre de couches de bandage en plâtre et la technique d'application déterminent la résistance du plâtre. Le plâtre de Paris durcit en 15 minutes, de sorte que le client peut aisément bouger sans problème par la suite. Cependant, il n'est pas assez solide pour supporter un poids avant d'être complètement sec (24 à 48 heures plus tard).

Pendant la période de séchage, le plâtre doit être manipulé soigneusement en se servant de la paume des mains afin d'éviter de le déformer et de créer des points de pression. Une fois que le plâtre a bien séché, il faut parfois aplanir les extrémités rugueuses pour prévenir les irritations cutanées et empêcher les débris de plâtre de Paris de tomber à l'intérieur et de provoquer une irritation ou une nécrose par compression. À cette fin, l'infirmière couvre les régions rugueuses de ruban adhésif pour assurer que les bords du plâtre demeurent lisses.

Des immobilisations fabriquées avec des matériaux synthétiques sont de plus en plus utilisées plutôt qu'un plâtre, car ceux-ci sont plus légers, plus résistants, relativement imperméables et permettent une mise en charge plus précoce. Le plastique thermolabile, la résine thermoplastique, le polyuréthane et la fibre de verre sont activés par immersion dans l'eau froide ou tiède et sont ensuite moulés autour du torse ou d'un membre.

| Types de plâtres | L'immobilisation d'une fracture ou des tissus mous d'un membre supérieur s'effectue souvent au moyen d'une attelle en U (gouttière), d'une attelle postérieure, d'un plâtre antébrachial ou d'un plâtre brachial-antébrachial **FIGURE 25.11**. L'attelle en U est généralement employée pour les blessures aiguës du poignet ou les blessures susceptibles d'entraîner un œdème important. La confection des attelles plâtrées se fait sur un avant-bras recouvert d'une ouate orthopédique, en commençant par les articulations phalangiennes de la main pour s'étendre à la face postérieure de l'avant-bras, entourer l'humérus distal et atteindre la face antérieure de l'avant-bras jusqu'au pli de flexion palmaire. Par la suite, l'attelle peut être enveloppée d'un bandage élastique.

Le plâtre antébrachial est souvent employé dans le traitement des fractures stables du poignet ou

ALERTE CLINIQUE

Il ne faut jamais recouvrir un plâtre frais, car cela empêche la circulation de l'air, peut retarder son séchage et favorise l'accumulation de chaleur dans le plâtre, ce qui accroît la circulation sanguine et peut favoriser une augmentation de l'œdème.

25

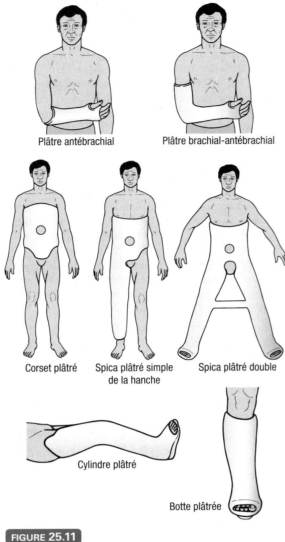

Plâtre antébrachial

Plâtre brachial-antébrachial

Corset plâtré

Spica plâtré simple de la hanche

Spica plâtré double

Cylindre plâtré

Botte plâtrée

FIGURE 25.11

Types courants de plâtres

du métacarpe. Il est possible d'incorporer une attelle de doigt en aluminium dans la confection du plâtre pour un traitement concomitant des blessures aux phalanges. Le plâtre antébrachial est un plâtre circulaire qui va des plis palmaires distaux à l'avant-bras proximal. Ce plâtre permet d'immobiliser le poignet sans restreindre les mouvements du coude.

Le plâtre brachial-antébrachial est souvent employé pour les fractures stables de l'avant-bras ou du coude et pour les fractures instables du poignet. Il ressemble au plâtre antébrachial, mais s'étend jusqu'à l'humérus proximal, et limite le mouvement du poignet et du coude. Les soins infirmiers visent à soutenir le membre et à réduire l'œdème en maintenant le membre surélevé à l'aide d'une écharpe. Cependant, si un plâtre est employé avec suspension du bras pour une fracture de l'humérus proximal, il est contre-indiqué de surélever ou de porter une écharpe de soutien,

car la suspension exerce une traction et maintient l'alignement de la fracture.

Lorsqu'une écharpe est utilisée, l'infirmière doit s'assurer que la région axillaire est bien protégée pour prévenir les excoriations et la macération cutanée due au contact direct des deux surfaces de la peau. L'écharpe doit être disposée de manière à ne pas exercer de pression indue sur la partie postérieure du cou. Il faut encourager le client à bouger les doigts (à moins d'indication contraire) pour favoriser l'action de pompage des muscles sur les structures vasculaires et les tissus mous, et ainsi réduire l'œdème. L'infirmière encourage aussi le client à remuer énergiquement les articulations non immobilisées des membres supérieurs pour prévenir la raideur et les contractures.

Le corset plâtré ou ceux fabriqués en fibre de verre ou en thermoplastique servent souvent à immobiliser et à apporter un soutien aux lésions stables de la colonne thoracique ou lombaire (Fisher, Williams, & Levine, 2008). Le corset plâtré est plus souvent utilisé en pédiatrie. Les corsets sont appliqués autour de la poitrine et de l'abdomen et vont du dessus de la ligne des mamelons jusqu'au pubis. Après l'application d'un corset plâtré, l'infirmière doit vérifier si le client présente un syndrome du compartiment. Cette affection survient lorsqu'un corset trop serré comprime l'artère mésentérique supérieure contre le duodénum. Le client se plaint alors généralement d'une douleur abdominale, d'une pression abdominale, de nausées et de vomissements. L'infirmière doit examiner l'abdomen pour vérifier si les bruits intestinaux sont diminués. Une petite fenêtre peut être réalisée à travers le plâtre dans la région ombilicale pour permettre l'évaluation. Une décompression gastrique avec une sonde nasogastrique pourra alors être effectuée. Il se peut qu'il faille retirer le corset. L'examen physique comprend également l'observation de l'état respiratoire, de la fonction intestinale et urinaire ainsi que des zones de pression au-dessus des saillies osseuses, en particulier sur la crête iliaque.

Le spica plâtré de la hanche sert au traitement des fractures fémorales. Sa fonction est d'immobiliser le membre affecté et le tronc. Il est constitué de deux plâtres unis : 1) un corset plâtré et 2) un cylindre plâtré. Le foyer de la fracture fémorale permet de déterminer s'il convient d'immobiliser la cuisse du membre non affecté pour limiter la rotation du bassin et le mouvement de la hanche du côté de la fracture fémorale. Le spica plâtré de la hanche va du dessus de la ligne des mamelons jusqu'à la base du pied (spica simple) et peut inclure le membre controlatéral jusqu'à la région au-dessus du genou (spica et demi) ou les deux membres (spica des deux hanches).

Un spica plâtré de la hanche peut être utilisé dans un contexte de fracture de la hanche, et ce, particulièrement chez les enfants. L'infirmière recherchera les mêmes manifestations problématiques qu'avec un corset plâtré. Au moment des changements de position du client, la barre de soutien qui unit les cuisses ne doit jamais servir à aider à la mobilisation, car elle peut se briser et endommager le plâtre. Une fois que le plâtre a séché, l'infirmière peut retourner le client en décubitus ventral (en se faisant aider) et placer un oreiller de soutien sous la poitrine et le membre immobilisé. Les soins de la peau près des rebords du plâtre sont importants pour prévenir les lésions de pression. L'infirmière doit montrer au client les positions à adopter pour l'utilisation du bassin hygiénique. Un bassin orthopédique permet plus de confort et son utilisation est plus commode. Quand le spica plâtré de la hanche aura suffisamment séché, le physiothérapeute pourra enseigner au client les techniques de déplacement.

| Blessures d'un membre inférieur | Après la blessure d'un membre inférieur, celui-ci est généralement immobilisé à l'aide d'un plâtre long ou court de la jambe (botte plâtrée), d'un plâtre cylindrique, d'un pansement de Jones ou encore d'une attelle ou d'une orthèse préfabriquées. L'application d'un plâtre long de la jambe est indiquée pour une fracture instable de la cheville, des lésions des tissus mous, une fracture du tibia et des blessures du genou. Le plâtre recouvre habituellement la base des orteils jusqu'à l'aine et le pli interfessier. La botte plâtrée est utilisée pour diverses atteintes, mais principalement pour des blessures stables de la cheville et du pied. Il recouvre la base des orteils jusqu'au-dessous du genou. Le plâtre cylindrique est destiné aux blessures ou aux fractures du genou. Il s'étend de l'aine jusqu'aux malléoles de la cheville. Le pansement de Jones est fait de rembourrages volumineux (pansement absorbant et ouate de coton), d'écharpes et d'un bandage élastique. Après l'application d'un plâtre ou d'un pansement sur un membre inférieur, celui-ci doit être surélevé avec des oreillers au-dessus du cœur pendant les premières 24 heures. Après la phase initiale, le membre plâtré ne doit pas être placé dans une position déclive prolongée compte tenu du risque d'œdème excessif. L'infirmière doit surveiller les signes de compression, en particulier dans la région du talon, du bord tibial antérieur, de la tête du péroné et des malléoles.

Les orthèses pour le genou et la cheville trouvent beaucoup d'applications. Ce genre de dispositif d'immobilisation est facile à installer et à retirer, ce qui permet de surveiller étroitement l'articulation blessée pour vérifier si des signes d'œdème et de dégradation cutanée sont présents **FIGURE 25.12**. Selon le type de blessure, le retrait de l'attelle ou du dispositif d'immobilisation peut

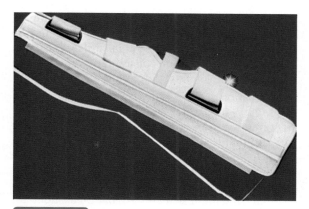

FIGURE 25.12
Dispositif d'immobilisation du genou

être possible, ce qui permet au client d'effectuer des exercices d'amplitude du mouvement et ainsi d'accélérer le rétablissement de la fonction articulaire.

Fixation externe

Un fixateur externe est un dispositif métallique composé de broches métalliques insérées dans l'os et reliées à des tiges externes pour stabiliser la fracture pendant la guérison. Il permet d'appliquer une traction ou de comprimer les fragments de la fracture et d'immobiliser les petits fragments lorsque l'emploi d'un plâtre ou d'un autre dispositif de traction ne convient pas. Le fixateur externe tient les fragments osseux en place de la même façon qu'un dispositif interne implanté par voie chirurgicale. Le fixateur externe est attaché directement aux os par des broches ou des fils métalliques de fixation percutanée **FIGURE 25.13**. Cette forme d'immobilisation est indiquée pour les fractures simples,

Capsule **Jugement clinique**

Yvandre Lessard est âgée de 10 ans. L'autre soir, une voiture l'a renversée alors qu'elle attendait la lumière verte pour traverser la rue. Elle a été amenée à l'urgence où le médecin a diagnostiqué une double fracture au côté gauche du bassin.

Yvandre aura-t-elle besoin d'un plâtre de type spica?

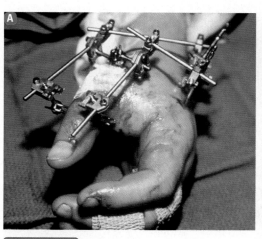
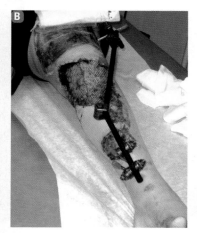

FIGURE 25.13
Fixateurs externes – **A** Stabilisation d'une blessure de la main. **B** Stabilisation d'une blessure du genou avec application de broches dans le fémur et le tibia.

les fractures complexes avec lésions importantes des tissus mous, la correction des anomalies osseuses congénitales, la pseudarthrose, l'absence de consolidation ou une consolidation inadéquate et pour l'allongement d'un membre.

La fixation externe jouit de nombreux avantages par rapport aux autres stratégies de correction des fractures et permet souvent de sauver des membres qui autrement auraient dû être amputés. Comme l'emploi d'un fixateur externe s'étend sur une longue période de temps, il est essentiel de surveiller le relâchement des tiges et la présence d'infection. L'infection se manifeste par un exsudat, un érythème, une sensibilité à la palpation et une douleur susceptible de forcer le retrait du dispositif. L'infirmière doit enseigner au client et au proche aidant les soins méticuleux que les tiges requièrent. Quoique chaque médecin ait son protocole de nettoyage des tiges, une solution de chlorexidine 2 % est recommandée (Holmes & Brown, 2005).

Fixation interne

Les dispositifs de fixation interne (broches, plaques, tiges intramédullaires et vis métalliques ou biorésorbables) sont insérés chirurgicalement au moment du réalignement **FIGURE 25.14**. Les dispositifs métalliques biologiquement inertes comme l'acier inoxydable, le vitallium ou le titane servent à réaligner et à maintenir en place les fragments osseux. L'alignement adéquat est évalué par des radiographies à intervalles réguliers.

RAPPELEZ-VOUS...

La dépression respiratoire désigne une insuffisance de la fonction ventilatoire des poumons (ralentissement, voire arrêt des mouvements ventilatoires), alors que la détresse respiratoire aiguë désigne une respiration accélérée et difficile ; il s'agit, pour les deux, d'urgences respiratoires.

Pharmacothérapie

Les clients victimes de fractures souffrent souvent de douleurs d'intensité variable liées aux spasmes musculaires. Ces spasmes sont causés par les médiateurs chimiques de l'inflammation qui s'accumulent au site du trauma. Ces spasmes constituent un mécanisme de protection qui tend à minimiser le mouvement et à stabiliser la région de la blessure. Les myorelaxants comme la cyclobenzaprine (Novo-Cycloprine[MD]) ou le méthocarbamol (Robaxin[MD]) peuvent être prescrits pour soulager la douleur associée aux spasmes musculaires.

Les effets secondaires des relaxants musculaires sont la somnolence, les céphalées, la faiblesse, la fatigue, la vision trouble, l'ataxie et les troubles gastro-intestinaux (Hodgson & Kizior, 2010). Les réactions d'hypersensibilité peuvent inclure une éruption cutanée ou un prurit. La consommation de doses importantes de myorelaxants peut provoquer de l'hypotension, une tachycardie ou une dépression respiratoire. Il importe d'évaluer les effets d'accoutumance possibles liés à un usage prolongé de ces traitements, ainsi que le potentiel d'une utilisation abusive.

En cas de fracture ouverte, le risque de tétanos peut être réduit par l'administration d'un rappel vaccinal de diphtérie-tétanos et par l'administration prophylactique d'immunoglobulines antitétaniques au client qui n'a jamais été immunisé. Des antibiotiques qui pénètrent les os, comme les

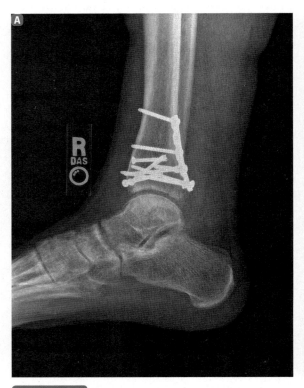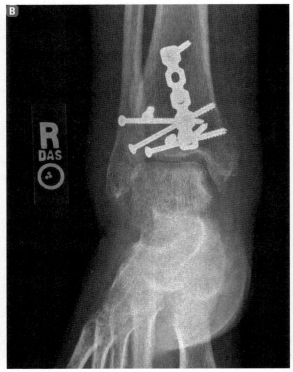

FIGURE 25.14
Dispositifs de fixation interne pour stabiliser des fractures – **A** Fracture du tibia. **B** Fracture du péroné.

céphalosporines (p. ex., la céfazoline), sont également administrés à titre prophylactique.

Thérapie nutritionnelle

Une nutrition adéquate est indispensable au processus de réparation des tissus lésés pour favoriser la force et le tonus musculaires, accroître l'endurance et fournir l'énergie requise pour la marche ou l'entraînement à la marche. Les apports alimentaires du client doivent inclure beaucoup de protéines (p. ex., 1 g par kg de poids corporel), des vitamines (en particulier les vitamines B, C et D), ainsi que du calcium, du phosphore et du magnésium pour assurer la guérison optimale des os et des tissus mous. Les faibles taux sériques de protéines et les déficits en vitamine C nuisent à la guérison des tissus. L'immobilité et la formation du cal osseux augmentent les besoins en calcium. Trois repas quotidiens bien équilibrés suffisent à fournir les nutriments nécessaires. Par ailleurs, il est important de boire entre 2 et 3 L de liquide par jour pour promouvoir le fonctionnement optimal de la vessie et des intestins. La consommation d'une quantité adéquate de liquide et une alimentation riche en fibres incluant des fruits et des légumes permettent de prévenir la constipation. Si le client est immobilisé au lit avec une traction squelettique, un corset ou encore un spica plâtré de la hanche, l'infirmière l'encouragera à consommer six petits repas par jour pour se préserver des excès et éviter qu'une pression soit exercée sur l'abdomen et que le client souffre de crampes abdominales.

RAPPELEZ-VOUS…

Les protéines sont nécessaires à la coagulation sanguine, au maintien des tissus et à leur réparation.

Soins et traitements infirmiers

CLIENT SOUFFRANT D'UNE FRACTURE

Collecte des données

L'infirmière s'enquiert auprès du client ou des témoins d'une brève description de l'épisode traumatique, du mécanisme de la blessure et de la position dans laquelle la victime a été trouvée. Dès que possible, il faut transporter le client à un service d'urgence où il fera l'objet d'un examen approfondi et recevra le traitement approprié **TABLEAU 25.5**. L'**ENCADRÉ 25.4** énumère les données subjectives et objectives qu'il faut recueillir auprès d'une personne qui a subi une fracture.

L'infirmière observera particulièrement la région distale de la blessure. Les résultats des examens paracliniques doivent être documentés avant que le traitement de la fracture ne commence afin d'établir les données de base qui permettront de déterminer si l'apparition d'un nouveau problème est la conséquence du trauma ou une complication reliée au traitement.

Évaluation neurovasculaire

Les blessures musculosquelettiques peuvent entraîner des changements de l'état neurovasculaire du membre blessé. Des éléments comme un trauma musculosquelettique, l'application d'un plâtre ou d'un pansement compressif, une mauvaise position et les réponses physiologiques aux blessures traumatiques peuvent provoquer des lésions nerveuses ou vasculaires, généralement à la partie distale de la blessure.

L'évaluation neurovasculaire doit inclure une évaluation vasculaire périphérique (coloration, oedème, température, remplissage capillaire et pouls périphériques) et une évaluation neurologique périphérique (fonction motrice, fonction sensitive et douleur). La règle des 5 « P » permet de mémoriser aisément certains éléments importants de l'évaluation neurovasculaire : Présence de douleur, Pouls altéré, Pâleur, Paresthésie et Paralysie. Pour que l'évaluation soit précise, il faut comparer les deux membres pendant tout l'examen neurovasculaire. L'infirmière évalue la couleur (rose, pâle, cyanotique) et la température (chaude, tiède, froide) du membre. Si le membre est pâle ou froid, cela peut indiquer une insuffisance artérielle. Un membre cyanotique et tiède signale peut-être un retour veineux insuffisant. Par la suite, elle procède à l'évaluation du remplissage capillaire (pâleur du lit de l'ongle). Normalement, après une compression sur l'ongle, le lit de l'ongle doit retrouver sa couleur initiale en deux secondes. L'infirmière doit également comparer les pouls du membre affecté avec ceux du membre sain et relever toute différence de fréquence ou de qualité du pouls. Le pouls peut être bien frappé, diminué, audible par moniteur doppler ou absent. L'absence ou la diminution du pouls distal à la blessure peut indiquer une insuffisance vasculaire. Notons toutefois que 12 % des adultes en bonne santé ne présentent pas de pouls pédieux ni de pouls tibial postérieur (Roberts & Hedges, 2010). L'infirmière surveille aussi la présence d'œdème périphérique ; un œdème qui prend le godet est possible en cas de blessure grave.

Lors d'une atteinte affectant un membre supérieur, l'infirmière évaluera les fonctions motrice et sensitive des nerfs cubital, médian et radial. La fonction motrice s'évalue en vérifiant la mobilité par l'abduction, l'adduction et l'opposition des doigts, ainsi que par la supination et la pronation de l'avant-bras. En ce qui concerne les membres inférieurs, la dorsiflexion et la flexion plantaire fournissent de l'information sur la fonction motrice induite par le nerf sciatique poplité interne et externe. La fonction sensitive du nerf sciatique poplité externe s'évalue sur la partie dorsale du pied, entre l'espace palmaire du gros orteil et du deuxième orteil. Le nerf sciatique poplité interne, quant à lui, s'évalue en grattant la surface plantaire du pied. Il est essentiel d'examiner les deux membres. Une paresthésie (p. ex., un engourdissement, des fourmillements), une hyperesthésie (augmentation ou exagération de la sensibilité) ou une perte partielle ou totale de sensation (hypoesthésie ou anesthésie) signalée par le client peut être un signe tardif de lésions neurovasculaires. Toute diminution de l'amplitude des mouvements ou de la force d'un membre blessé peut signaler à l'infirmière un risque de complications pouvant entraîner une amputation ou une incapacité.

Durant l'évaluation neurovasculaire, l'infirmière doit porter une attention particulière à la douleur du client. Elle doit s'informer de l'endroit où la douleur est ressentie, de sa qualité et de son intensité. Une douleur non soulagée par la médication ou disproportionnée peut indiquer un syndrome du compartiment.

Une évaluation régulière des signes neurovasculaires constitue la pierre angulaire des soins infirmiers pour les personnes atteintes d'une lésion musculosquelettique. L'infirmière doit demander au client de rapporter tout changement de son état neurovasculaire.

24

ÉVALUATION CLINIQUE

L'évaluation du système musculosquelettique est décrite en détail dans le chapitre 24, *Système musculosquelettique.*

RAPPELEZ-VOUS…

Le signe du godet est une marque, une empreinte laissée par un doigt qui exerce une pression sur la peau ou une muqueuse infiltrée par de l'œdème. Le signe du godet est positif quand l'empreinte persiste un court moment après avoir relâché la pression exercée par le doigt.

TABLEAU 25.5	Fracture d'un membre	
CAUSES	**CONSTATS**	**INTERVENTIONS**
Contusion • Collision automobile • Collision véhicule-piéton • Chute • Coup direct • Flexion forcée ou hyperflexion • Force de torsion **Plaie par arme à feu** • Blessure par balle • Explosion **Autres** • États pathologiques • Contractions musculaires violentes (convulsions) • Lésion par écrasement	• Perte de fonction • Déformation (perte du profil osseux normal) ou position inhabituelle du membre affecté • Crépitation (craquements) • Plaie ouverte au foyer de la fracture, exposition de l'os • Spasme musculaire • Engourdissements, fourmillements, perte des pouls distaux • Œdème et ecchymose • Chaleur au foyer de la fracture • Sensibilité et douleur à la palpation	**Initiales** • Traiter d'abord les blessures qui menacent le pronostic vital. • S'assurer de maintenir les voies respiratoires perméables et vérifier la présence d'une respiration et d'un pouls. • Contrôler l'hémorragie externe à l'aide d'une pression directe ou d'un bandage compressif et de la surélévation du membre. • Immobiliser les articulations proximale et distale du foyer de la fracture dans une attelle. • Évaluer l'état neurovasculaire dans la partie distale de la fracture avant et après la mise en place de l'attelle. • Surélever le membre fracturé si possible. • Ne pas tenter de repositionner les articulations fracturées ou luxées. • Ne pas manipuler les extrémités osseuses qui font saillie. • Appliquer de la glace sur la région affectée. • Effectuer des radiographies du membre affecté. • Administrer une prophylaxie antitétanique si l'intégrité de la peau est altérée. • Marquer la localisation des pouls pour faciliter les évaluations ultérieures. **Surveillance continue** • Surveiller les signes vitaux, l'état de conscience, la saturation pulsatile en oxygène, l'état neurovasculaire et la douleur. • Vérifier la présence de signes et symptômes d'un syndrome du compartiment caractérisé par une douleur excessive, une douleur après l'étirement passif des muscles du membre affecté, une pâleur, une paresthésie, des signes tardifs de paralysie et une absence de pouls. • Vérifier la présence de signes et symptômes d'embolie graisseuse (dyspnée, douleur thoracique, augmentation de la température).

Avant de recevoir son congé de l'établissement de soins, le client doit démontrer et exprimer une compréhension complète de tous les éléments de surveillance.

Analyse et interprétation des données

Pour le client ayant subi une fracture, l'analyse et l'interprétation des données recoupent notamment le contenu du **PSTI 25.1**.

Planification des soins

Les objectifs généraux pour le client qui souffre d'une fracture sont :

• d'obtenir une guérison physiologique sans complications ;

• d'induire un soulagement satisfaisant de la douleur ;

• d'atteindre un potentiel maximal de réadaptation.

Interventions cliniques

Promotion de la santé

L'infirmière expliquera aux membres de la communauté qu'ils doivent prendre des précautions adéquates pour prévenir les blessures à domicile, au travail, sur la route ou lors de la pratique de sports. Elle doit encourager l'application d'initiatives personnelles destinées

à réduire le risque de blessures comme l'usage systématique de la ceinture de sécurité, le respect des limites de vitesse réglementaires, le réchauffement des muscles avant un exercice, le port d'équipement de protection (casques et genouillères, protège-poignets et protège-coudes), le port d'équipement de sécurité au travail et la non-consommation de boissons alcoolisées lors de la conduite d'un véhicule motorisé.

L'infirmière doit encourager le public (en particulier les personnes âgées) à faire de l'exercice modéré pour contribuer au maintien de la force musculaire et de l'équilibre. Pour réduire le risque de chutes, il faut considérer le milieu de vie du client et suggérer de retirer toutes les carpettes, s'assurer qu'il porte des chaussures convenables, que l'éclairage est adéquat, et que l'accès à la toilette est dégagé, principalement la nuit. Elle soulignera également l'importance d'une consommation adéquate de calcium et de vitamine D.

Phase aiguë

Les clients qui ont subi des fractures peuvent recevoir un traitement dans un service d'urgence ou une clinique médicale, puis se voir offrir des soins à domicile ou nécessiter une hospitalisation pendant un certain temps. La planification des soins infirmiers dépend du type de traitement retenu et de l'environnement du client.

ENCADRÉ 25.4　Évaluation de la fracture

Données subjectives

- Renseignements importants concernant la santé :
  - Antécédents de santé : blessure traumatique ; fracture de stress ; maladies osseuses ou systémiques, immobilité prolongée, ostéopénie, ostéoporose
  - Médicaments : recours aux corticostéroïdes (fractures ostéoporotiques) ; analgésiques
  - Chirurgie ou autres traitements : traitement d'urgence d'une fracture, chirurgie musculosquelettique antérieure
- Modes fonctionnels de santé :
  - Perception et gestion de la santé : hormonothérapie de remplacement de l'œstrogène, suppléments de calcium
  - Activités et exercices : perte de mobilité ou faiblesse de la partie affectée ; spasmes musculaires ; répercussions de la fracture sur la capacité fonctionnelle, activités de la vie quotidienne
  - Cognition et perception : douleur soudaine et intense dans la région affectée ; engourdissements, fourmillements, perte de la fonction sensitive dans la partie distale de la blessure ; douleur chronique augmentant avec l'activité

Données objectives

- Observations générales : appréhension, défense musculaire au foyer de la fracture
- Système tégumentaire : lacérations cutanées, pâleur et peau froide ou peau bleutée et chaude dans la partie distale de la blessure ; ecchymoses, hématome, œdème au foyer de la fracture
- Système cardiovasculaire : diminution ou absence de pouls dans la partie distale de la fracture ; diminution de la température cutanée ; retard du remplissage capillaire
- Système neurovasculaire : diminution ou absence de sensibilité, hypersensibilité, paresthésie
- Système musculosquelettique : limitation ou perte de la fonction de la partie affectée ; déformations osseuses locales, angulation anormale ; raccourcissement, rotation, crépitation de la partie affectée ; faiblesse musculaire
- Résultats possibles aux examens paracliniques : localisation et étendue des fractures par radiographies, scintigraphie osseuse, tomodensitométrie ou imagerie par résonnance magnétique

---

Plan de soins et de traitements infirmiers

PSTI 25.1　Fracture

PROBLÈME DÉCOULANT DE LA SITUATION DE SANTÉ	**Altération de la mobilité** liée à une perte de l'intégrité des structures osseuses, au mouvement des fragments osseux, à la blessure des tissus mous et à la prescription de restriction des mouvements, démontrée par une amplitude limitée du mouvement des articulations et une incapacité à bouger délibérément et à supporter une mise en charge.
OBJECTIFS	• Le client obtiendra une consolidation osseuse sans complication et pourra recouvrer une fonction squelettique normale. • Le client utilisera des dispositifs d'assistance au besoin pour augmenter sa mobilité physique. • Le client ne présentera aucune complication liée à l'immobilité.

RÉSULTATS ESCOMPTÉS	INTERVENTIONS INFIRMIÈRES ET JUSTIFICATIONS

Guérison de l'os
 • Signes neurovasculaires normaux
 • Absence de :
   – Fièvre
   – Malaise
   – Frissons
   – Léthargie
   – Augmentation de la leucocytémie
 • Absence d'hématome, de douleur ou d'œdème au site de la blessure
	Mise en place d'une attelle
	 • Soutenir la partie du corps affectée de manière à éviter un déplacement de la fracture et une blessure des tissus mous.
	 • Bouger le moins possible le membre blessé pour éviter d'autres blessures.
	 • Surveiller la présence de saignements au siège de la blessure pour planifier une intervention adéquate.
	 • Surveiller les signes neurovasculaires de la partie affectée pour détecter toute lésion nerveuse ou vasculaire.

25

- Absence de signes d'infection ou d'inflammation du tissu avoisinant (rougeur, lésions, écoulement purulent, etc.).

Mobilité

- Utilisation du membre atteint de façon optimale après le retrait du dispositif d'immobilisation (coordination, amplitude articulaire, absence de douleur à la mobilité, etc.)

Soins liés à la traction et à l'immobilisation

- Positionner le client de manière que l'alignement corporel soit adéquat pour favoriser la traction et la fonction squelettique.
- Maintenir la traction en tout temps pour prévenir les problèmes d'alignement des fragments osseux.
- Surveiller la circulation, le mouvement et la sensibilité du membre affecté pour détecter les complications de la fonction neurovasculaire périphérique.
- Mettre un trapèze à la disposition du client pour lui permettre de se mouvoir au lit afin de réduire les complications liées à l'immobilité.
- Surveiller la peau et les saillies osseuses pour vérifier les signes de lésions cutanées.
- Prodiguer des soins cutanés adéquats aux points de friction pour prévenir les lésions cutanées.

Soins liés au plâtre humide

- En attendant que le plâtre sèche, le manipuler uniquement avec la paume des mains pour éviter de le déformer avec les doigts, ce qui peut provoquer des lésions de pression.
- Soutenir le plâtre avec des oreillers pour prévenir les enfoncements et les aplatissements du plâtre.
- Protéger le plâtre s'il est près de l'aine pour éviter que celui-ci devienne souillé.
- Marquer la circonférence de tout signe d'écoulement à titre d'indication pour les évaluations ultérieures.
- Surélever le membre plâtré au-dessus du cœur afin de réduire l'œdème ou l'inflammation, selon l'indication.

Soins liés au plâtre : entretien

- Demander au client de ne pas insérer d'objet sous le plâtre pour se gratter la peau afin de prévenir les lésions et les infections de la peau.
- Positionner le plâtre sur des oreillers pour diminuer le risque de foulure d'autres parties du corps.
- Matelasser les bords rugueux du plâtre et les points de fixation des tractions pour prévenir l'irritation de la peau et la dégradation du plâtre.
- Demander au client de diriger l'air froid d'un sèche-cheveux sous le plâtre pour atténuer les démangeaisons.
- Appliquer de la glace sur le plâtre au site de la fracture pendant 24 à 36 heures pour réduire l'œdème ou l'inflammation.

PROBLÈME DÉCOULANT DE LA SITUATION DE SANTÉ	**Risque d'une altération neurovasculaire périphérique** lié à l'insuffisance vasculaire et à la compression nerveuse résultant de l'œdème et de la compression mécanique due à la traction, aux attelles ou aux plâtres.
OBJECTIF	Le client ne présentera aucune dysfonction neurovasculaire périphérique.
RÉSULTATS ESCOMPTÉS	**INTERVENTIONS INFIRMIÈRES ET JUSTIFICATIONS**

Perfusion des tissus : périphérique

- Remplissage capillaire aux extrémités du membre atteint en 2 secondes ou moins
- Pouls distal bien perceptible.
- Extrémité tiède
- Aucun signe ou symptôme d'infection ou d'inflammation.
- Aucun œdème périphérique
- Coloration rosée des extrémités
- Aucune douleur localisée
- Aucun engourdissement ou fourmillement

Précautions liées à la circulation

- Effectuer une évaluation complète de la circulation périphérique (p. ex., vérifier les pouls périphériques, l'œdème, le remplissage capillaire, la couleur et la température des membres) pour déceler toute diminution de l'irrigation sanguine des tissus et planifier une intervention adéquate.
- Prévenir l'infection des plaies pour empêcher l'œdème et l'inflammation, susceptibles d'aggraver l'insuffisance vasculaire et la compression nerveuse.
- Maintenir une hydratation adéquate pour prévenir l'augmentation de la viscosité sanguine.

Positionnement

- Immobiliser et soutenir la partie du corps affectée pour prévenir les lésions de pression et les blessures.
- Maintenir le positionnement et l'intégrité de la traction pour prévenir la compression des vaisseaux sanguins et des nerfs.
- Surélever le membre affecté de 20° ou plus au-dessus du cœur pour réduire l'œdème en favorisant le retour veineux (si un syndrome du compartiment est soupçonné, ne pas surélever le membre au-dessus du cœur).

Prise en charge d'une atteinte des fonctions sensitives périphériques

- Surveiller les signes de paresthésies : engourdissements, fourmillements, hyperesthésie et hypoesthésie qui indiquent une compression nerveuse.
- S'assurer que le client distingue la sensation pointue/mousse ou chaud/froid de manière à reconnaître et à prendre en charge, au stade initial, tout problème de circulation ou de compression nerveuse.

PROBLÈME DÉCOULANT DE LA SITUATION DE SANTÉ	**Prise en charge inefficace de la santé** liée à un manque de connaissance de l'atrophie musculaire, du programme d'exercices et des soins liés au plâtre ou aux appareils d'immobilisation externes ainsi qu'en témoignent les questions se rapportant aux effets à long terme de l'immobilisation, au dispositif d'immobilisation et aux restrictions d'activité.
OBJECTIF	Le client décrira les activités recommandées et leur justification.

RÉSULTATS ESCOMPTÉS	**INTERVENTIONS INFIRMIÈRES ET JUSTIFICATIONS**
Connaissance des activités prescrites • Capacité du client à décrire les bénéfices des exercices recommandés pour améliorer sa condition. • Acceptation des restrictions d'activité • Utilisation de stratégies destinées à augmenter graduellement le niveau d'activités • Exécution de façon adéquate des exercices recommandés	**Enseignement : activités/exercices prescrits** • Informer le client de l'objectif et des avantages des activités et des exercices recommandés pour l'encourager à suivre le plan de traitement. • Enseigner au client comment effectuer les activités et les exercices recommandés. • Observer le client pendant qu'il effectue les activités et les exercices recommandés pour évaluer sa manière de procéder et le stimuler à effectuer l'activité. • Indiquer au client la manière de progresser de façon sécuritaire dans l'exécution de ses activités et exercices. **Instructions : habileté psychomotrice** • Remettre au client des instructions imprimées pour qu'il puisse les consulter à domicile. • Founir régulièrement de la rétroaction au client pour qu'il sache ce qu'il fait correctement ou pas et qu'il évite de prendre de mauvaises habitudes.

PROBLÈME DÉCOULANT DE LA SITUATION DE SANTÉ	**Douleur aiguë** liée à l'œdème, au mouvement des fragments osseux, aux spasmes musculaires ainsi qu'en témoignent les signes de douleur, les réactions de protection et les plaintes du client.
OBJECTIF	Le client signalera un soulagement de la douleur grâce aux interventions effectuées.

RÉSULTATS ESCOMPTÉS	**INTERVENTIONS INFIRMIÈRES ET JUSTIFICATIONS**
Maîtrise de la douleur • Capacité du client à signaler l'apparition de sa douleur • Utilisation de mesures de prévention pour éviter l'apparition de la douleur • Utilisation de façon appropriée de mesures de soulagement non pharmacologiques • Description par le client des liens entre le soulagement de la douleur et la bonne utilisation des méthodes pharmacologiques • Douleur soulagée • Description par le client des signes et symptômes à signaler aux professionnels de la santé, qui indiqueraient une complication	**Prise en charge de la douleur** • Évaluer de manière détaillée la douleur du client (ce qui provoque et pallie), la qualité et la quantité (intensité), la région et l'irradiation, les signes et symptômes associés, le temps (durée, fréquence et moment d'apparition), de même que la signification pour le client (*understanding*) (PQRSTU) afin de déterminer son mode de présentation, d'effectuer une évaluation initiale et de planifier les interventions appropriées. • Procurer au client un soulagement optimal de la douleur en lui administrant les analgésiques prescrits pour soulager la douleur et favoriser la relaxation des muscles. • Aviser le médecin si les mesures prévues ne parviennent pas à soulager la douleur ou si la plainte actuelle est différente de l'expérience douloureuse antérieure du client, car cela peut indiquer un syndrome du compartiment imminent. • Enseigner au client à recourir à des techniques non pharmacologiques (p. ex., la relaxation, la visualisation, l'application de chaleur ou de froid et le massage) qui peuvent être combinées à d'autres mesures analgésiques, avant, après et, si possible, pendant les activités douloureuses. Ces techniques doivent être utilisées avant que la douleur n'apparaisse ou ne s'intensifie, afin de réduire l'œdème et favoriser le confort.

| Soins préopératoires | Si une intervention chirurgicale s'impose pour traiter une fracture, le client aura besoin d'une préparation avant l'opération. En plus des soins infirmiers préopératoires habituels, l'infirmière doit informer le client du type d'immobilisation qui sera utilisé, et de la restriction d'activité à laquelle il sera soumis après la chirurgie. L'infirmière doit rassurer le client en lui disant que le personnel infirmier répondra à ses besoins jusqu'à ce qu'il soit en mesure de le faire lui-même. Il est souvent bénéfique de rappeler au client qu'il recevra des analgésiques au besoin.

Une préparation adéquate de la peau est un élément important des soins préopératoires. Le protocole de préparation cutanée varie selon les établissements et peut relever de la responsabilité de l'infirmière. L'objectif de cette préparation est de nettoyer la peau et de retirer les débris et les poils afin de réduire le risque d'infection. L'attention accordée à ce traitement préopératoire peut affecter l'évolution postopératoire.

| Soins postopératoires | En général, les soins postopératoires consistent à surveiller les signes vitaux et à appliquer les principes

25

68

Le chapitre 68, *Interventions cliniques – Troubles rénaux et urologiques*, traite des soins et traitements infirmiers pour divers types de calculs rénaux.

38

Les soins et traitements infirmiers chez un client recevant une transfusion de sang ou de produits sanguins sont traités dans le chapitre 38, *Interventions cliniques – Troubles hématologiques*.

généraux des soins infirmiers postopératoires. Il est nécessaire de procéder fréquemment à des évaluations neurovasculaires du membre affecté pour détecter les changements subtils. L'infirmière doit surveiller attentivement toute limite du mouvement ou de l'activité au moment de tourner ou de positionner le client, et vérifier le soutien du membre affecté. La douleur et l'inconfort peuvent être réduits au minimum par un alignement et un positionnement adéquats. L'infirmière doit inspecter attentivement les pansements ou les plâtres afin de détecter tout signe manifeste de saignement ou d'écoulement. La zone d'écoulement doit être entourée au stylo afin de pouvoir en évaluer la progression. Toute augmentation importante de la zone d'écoulement doit être signalée. Si un système de drainage de plaies est en place, il faut régulièrement en évaluer la perméabilité et mesurer le volume de drainage. Chaque fois que le contenu du dispositif de drainage est mesuré ou vidé, une technique aseptique sera utilisée pour éviter toute contamination.

Les autres responsabilités du personnel infirmier dépendent du type d'immobilisation retenu. Il est possible de recourir à un système de récupération et de reperfusion du sang pour recueillir et redonner au client le sang récupéré d'une cavité ou de l'espace articulaire, par autotransfusion. D'autres interventions infirmières pour le client qui a subi une chirurgie orthopédique sont présentées dans le plan de soins et de traitements infirmiers **PSTI 25.2** ▶ **38**.

| **Autres mesures** | Il est courant que les fractures entravent la mobilité des clients. L'infirmière doit planifier des soins qui visent à prévenir les nombreuses complications inhérentes à l'immobilité. Il faut prévenir la constipation en favorisant la mobilisation précoce du client, en maintenant un apport élevé en liquide (entre 2 et 3 L/j, à moins que cela ne soit contre-indiqué par l'état de santé du client) et en assurant une alimentation riche en fibres alimentaires (fruits et légumes frais). Si ces mesures ne suffisent pas à

garantir le transit intestinal normal du client, d'autres mesures devront éventuellement être ajoutées, tels des liquides tièdes, un émollient fécal, un agent mucilagineux, un laxatif ou des suppositoires. Des habitudes d'élimination établies à un moment précis de la journée permettent d'optimiser la régularité intestinale.

Des calculs rénaux peuvent se former en raison de la déminéralisation osseuse. L'hypercalcémie due à la déminéralisation augmente le pH urinaire et la formation de calculs résultant de la précipitation du calcium. Sauf indication contraire, il est recommandé de consommer plus de 2,5 L de liquide par jour. Il peut être opportun de boire du jus de canneberges ou de prendre de l'acide ascorbique (500 à 1 500 mg/j) pour acidifier l'urine et prévenir la précipitation du calcium dans l'urine ▶ **68**.

L'alitement prolongé peut entraîner un déconditionnement rapide du système cardiopulmonaire et se traduire par une hypotension orthostatique ainsi qu'une diminution de la capacité pulmonaire. Sauf indication contraire, il est possible d'atténuer ces effets en demandant au client de s'asseoir sur le bord du lit en laissant pendre ses jambes ou en exécutant des transferts en position debout. Lorsque le client sera en mesure d'augmenter ses activités, l'infirmière devra évaluer attentivement la présence d'hypotension orthostatique. Elle vérifiera également s'il y a présence de signes de thrombose veineuse profonde et d'embolie pulmonaire.

| **Traction** | Lorsqu'une écharpe avec traction est utilisée, l'infirmière doit régulièrement vérifier la région cutanée recouverte par l'écharpe et celle située à proximité. Toute pression au-dessus d'une saillie osseuse créée par le plissement du tissu ou des vêtements peut entraver l'irrigation sanguine et causer une nécrose. Toute pression cutanée persistante peut nuire au débit sanguin et provoquer des lésions aux structures neurovasculaires périphériques. Il faut inspecter les sites d'insertion des tiges de traction squelettique à la recherche de tout signe d'infection (Bell, Leader,

Plan de soins et de traitements infirmiers

PSTI 25.2	**Chirurgie orthopédique[a]**

PROBLÈME DÉCOULANT DE LA SITUATION DE SANTÉ	**Douleur aiguë** liée à un trauma tissulaire, à une lésion cutanée et à un œdème, démontrée par une réticence au mouvement, une défense musculaire de la région affectée, un résultat toujours supérieur à 8 sur une échelle d'évaluation de la douleur graduée de 0 à 10 et des expressions faciales de douleur.
OBJECTIF	Le client exprimera un soulagement satisfaisant de la douleur.

RÉSULTATS ESCOMPTÉS	**INTERVENTIONS INFIRMIÈRES ET JUSTIFICATIONS**
Maîtrise de la douleur • Capacité du client à signaler l'apparition de douleur • Utilisation de mesures préventives pour éviter l'apparition de la douleur • Utilisation de mesures de soulagement non pharmacologiques de façon appropriée • Description par le client de liens entre le soulagement de la douleur et la bonne utilisation des méthodes pharmacologiques • Douleur soulagée	**Prise en charge de la douleur** • Encourager le client à surveiller sa douleur et à prendre les mesures adéquates pour lui offrir un meilleur contrôle sur la prise en charge de sa douleur. • Entamer une analgésie contrôlée par le patient (ACP) pour donner au client le contrôle de la situation. • Donner des analgésiques avant une activité pour favoriser la participation du client et évaluer le risque de sédation. • Évaluer l'efficacité des mesures analgésiques retenues pendant les phases d'expériences douloureuses de manière qu'un soulagement de la douleur soit apporté pendant tout le processus de guérison. **Positionnement** • Positionner le client de manière que l'alignement corporel soit adéquat pour réduire la pression sur les nerfs et les tissus.

▼

PROBLÈMES DÉCOULANT DE LA SITUATION DE SANTÉ	**Risque d'une altération[b] neurovasculaire périphérique** lié à l'œdème, à la stase circulatoire, à une luxation de la prothèse ou aux dispositifs de fixation.
	Réduction de la mobilité liée à la douleur, à la raideur et au déconditionnement physique, démontrée par une réduction du mouvement des articulations, des difficultés à marcher, une incapacité à participer à la réadaptation physique et un mouvement de défense musculaire.
OBJECTIFS	• Le client participera à la rééducation par l'exercice pour augmenter la mobilité articulaire.
	• Le client démontrera sa capacité à effectuer ses transferts, à marcher avec des dispositifs d'assistance et à se mouvoir sans difficulté.

RÉSULTATS ESCOMPTÉS	INTERVENTIONS INFIRMIÈRES ET JUSTIFICATIONS
Mobilité	**Rééducation par l'exercice : mobilité des articulations**
• Augmentation du tonus musculaire	• Déterminer les limites de l'amplitude du mouvement de l'articulation et son effet sur sa fonction pour planifier des interventions adéquates.
• Augmentation de l'amplitude articulaire	• Aider le client à positionner son corps de manière optimale pendant le mouvement passif et actif des articulations pour prévenir toute luxation ou autres complications.
• Capacité à effectuer les transferts de manière sécuritaire	• Entamer des mesures pour soulager la douleur avant d'entreprendre les exercices pour réduire l'inconfort lié aux exercices et motiver le client en évitant que celui-ci éprouve de la douleur.
Marche	• Effectuer des exercices d'amplitude passifs ou assistés.
• Utilisation adéquate du matériel d'assistance fourni	• Collaborer avec le physiothérapeute dans la conception et la mise en œuvre d'un programme d'exercices pour améliorer la collaboration du client et favoriser la continuité des exercices.
• Mise en charge adéquate qui permet au client de se déplacer facilement et de façon sécuritaire en marchant	**Réadaptation par l'exercice : marche**
	• Aider le client à s'asseoir sur le bord du lit pour faciliter les ajustements posturaux.
	• Proposer et utiliser des dispositifs d'assistance (canne, déambulateur ou fauteuil roulant) pour la marche si le client manque de stabilité, pour prévenir les chutes.
	• Aider le client qui commence à marcher pour favoriser sa mobilité selon ses capacités.
	• Consulter le physiothérapeute concernant la marche pour consolider le plan de soins et permettre au client de bénéficier d'une approche interdisciplinaire.

PROBLÈME DÉCOULANT DE LA SITUATION DE SANTÉ	**Connaissances insuffisantes** liées à des problèmes d'accès à l'information et aux ressources pour assurer une continuité des soins, démontrées par les inquiétudes exprimées quant à la capacité du client à gérer ses propres soins après le congé, par des questions récurrentes sur le suivi devant être effectué en ce qui concerne les soins et l'absence de planification de ces soins.
OBJECTIFS	• Le client décrira les activités liées au traitement, les activités de la vie quotidienne et la manière d'obtenir de l'aide, le cas échéant.
	• Le client se montrera confiant en ses capacités à respecter le plan de soins établi au moment du congé.

RÉSULTATS ESCOMPTÉS	INTERVENTIONS INFIRMIÈRES ET JUSTIFICATIONS
État de préparation au moment du congé : mode de vie autonome	**Planification au moment du congé**
• Description par le client des traitements prescrits	• Transmettre le plan de soins au client au moment du congé (p. ex., les restrictions d'activité, les médicaments, les visites de suivi, les signes d'infection, les risques de luxation) pour renforcer son autonomie en matière de santé et de prise de décisions.
• Description par le client des risques de complications	
• Prise en charge par le client de l'administration de ses médicaments	• Collaborer avec le médecin, le client, les proches aidants et les autres membres de l'équipe de soins pour la planification de la continuité des soins de santé à domicile ou dans un autre service ou établissement.
• Capacité à effectuer les activités de la vie quotidienne (AVQ) de manière autonome	• Coordonner les références du client de manière à assurer les liaisons pertinentes entre les professionnels de la santé pour la supervision du programme de réadaptation à long terme à domicile.
• Capacité à demander de l'assistance lorsque requis	
• Utilisation des ressources sociales disponibles au besoin	

[a] Ce plan de soins et de traitements infirmiers convient pour un client qui a subi une réduction ouverte avec fixation interne ou une chirurgie de remplacement articulaire.

[b] Voir le **PSTI 25.1** pour connaître les résultats escomptés et les interventions en cas de risque d'altération de la fonction neurovasculaire périphérique.

25

& Lloyd, 2008). Les soins aux sites d'insertion des tiges varient selon les établissements de santé, mais généralement ils consistent à retirer l'exsudat, à nettoyer la plaie avec une solution saline physiologique, à désinfecter la peau et les broches avec de la chlorhexidine 2 %, à sécher la région avec des compresses stériles et à appliquer un onguent antibiotique ou antiseptique.

La mise en traction cutanée d'un membre inférieur risque de provoquer une rotation externe de la hanche. Il faut corriger cette position en plaçant un oreiller, un sac de sable ou un drap enroulé le long du grand trochanter du fémur. En général, le client doit être positionné au milieu du lit en décubitus dorsal. Un alignement inadéquat peut augmenter la douleur et ralentir la consolidation, voire l'empêcher.

Pour régler certains problèmes inhérents à l'immobilité prolongée, l'infirmière doit discuter avec le personnel soignant des activités propres à chaque client. Si l'exercice est permis, elle encouragera le client à participer à un programme d'exercices simples, conforme aux restrictions d'activités qui lui sont imposées. Parmi les activités recommandées au client, notons les changements fréquents de position, les exercices d'amplitude des articulations non affectées, les exercices de respiration profonde, les exercices isométriques, l'emploi d'une barre de trapèze (si rien ne s'y oppose) pour surélever le corps au-dessus du lit au moment de changer les draps et d'utiliser le bassin hygiénique. Ces activités doivent être effectuées plusieurs fois par jour.

Si cela est indiqué, il faut privilégier les exercices actifs qui font remuer les articulations non affectées dans l'amplitude du mouvement. Les exercices réguliers du tronc et des membres sont un excellent stimulus pour la respiration profonde. Les exercices actifs de résistance (isotoniques) des membres non affectés contribuent également à réduire le déconditionnement lié à l'immobilité prolongée.

Soins ambulatoires et soins à domicile

l Soins liés au plâtre l Puisque la majorité des fractures sont stabilisées par un plâtre réalisé en consultation externe, le client ne requiert souvent qu'une brève hospitalisation, voire aucune. Quel que soit le type de plâtre utilisé, il peut nuire à la circulation et à la fonction neurologique s'il est trop serré ou s'il provoque un œdème excessif. Il est essentiel d'effectuer régulièrement des évaluations neurovasculaires du membre immobilisé. L'infirmière doit enseigner au client à reconnaître les signes de complications liées au plâtre afin qu'il les rapporte rapidement. L'élévation du membre au-dessus du cœur pour favoriser le retour veineux et les applications de glace pour maîtriser ou prévenir l'œdème sont des mesures courantes pendant la phase initiale (si l'infirmière soupçonne un syndrome du compartiment, ne pas surélever le membre au-dessus du cœur). L'infirmière demandera au client de bouger régulièrement les articulations en amont et en aval du plâtre. L'infirmière doit informer le client de ne pas tenter de retirer le rembourrage du plâtre ni de se gratter sous le plâtre ou d'y introduire des corps étrangers, car cela favorise le risque de blessures aux tissus cutanés et l'infection. En cas de démangeaisons, elle invitera le client à utiliser un sèche-cheveux réglé à froid et de diriger le souffle de l'air sous le plâtre.

L'enseignement destiné au client et à ses proches aidants est important pour prévenir les complications. En plus des directives précises liées aux soins du plâtre et à la reconnaissance des complications, l'infirmière doit encourager le client à communiquer avec un professionnel de la santé s'il a des questions. L'**ENCADRÉ 25.5** récapitule les instructions relatives aux soins du plâtre destinées au client et au proche aidant. L'infirmière doit s'assurer que le client et le proche aidant comprennent ces directives avant le congé de

RAPPELEZ-VOUS…

L'alignement corporel assure une relation équilibrée entre les parties du corps. Un bon alignement réduit les tensions sur les structures musculosquelettiques et maintient le tonus musculaire.

Enseignement au client et à ses proches

ENCADRÉ 25.5 | Soins du plâtre

L'infirmière doit transmettre les éléments d'information suivants au client et à ses proches aidants en ce qui concerne les soins du plâtre.

À ne pas faire

- Mouiller le plâtre.
- Retirer le rembourrage.
- Introduire un objet dans le plâtre.
- S'appuyer sur un nouveau plâtre dans les premières 48 heures (tous les plâtres ne sont pas forcément conçus pour porter une charge ; en cas de doute, l'infirmière s'en assurera auprès du médecin).
- Couvrir le plâtre d'un plastique pendant de longues périodes.

À faire

- Appliquer de la glace directement sur le foyer de la fracture pendant les premières 24 heures (éviter de mouiller le plâtre en gardant la glace dans un sac en plastique et en protégeant le plâtre avec un linge).
- Vérifier auprès du médecin avant de mouiller un plâtre en fibre de verre.
- Bien faire sécher le plâtre en fibre de verre après son exposition à l'eau :

- Sécher le surplus d'eau en tapotant avec une serviette.
- Utiliser un sèche-cheveux à la plus faible puissance, jusqu'à ce que le plâtre soit bien sec.
- Surélever le membre au-dessus du cœur pendant les premières 48 heures.
- Remuer régulièrement les articulations au-dessus et en dessous du plâtre.
- Utiliser un sèche-cheveux réglé à froid en cas de démangeaisons.
- Signaler les signes d'éventuelles complications à un professionnel de la santé :
  - douleur accrue ;
  - œdème associé à une douleur et à une décoloration des doigts ou des orteils ;
  - douleur accompagnant les mouvements ;
  - sensations de brûlure ou picotements sous le plâtre ;
  - lésions cutanées ou odeurs nauséabondes sous le plâtre.
- Respecter les rendez-vous pour le suivi de l'évolution de la fracture et l'examen du plâtre.

l'hôpital. Il convient d'effectuer un appel de suivi, ainsi que des visites à domicile, surtout si le client porte un plâtre corporel ou un spica.

Le retrait du plâtre s'effectue en consultation externe. La plupart des clients redoutent de se faire couper par la lame oscillante de la scie à plâtre. Il faut rassurer le client en l'informant que le risque de lésion cutanée est très faible. Plus important encore, il faut prévenir le client qu'il est possible que le membre n'ait plus le même aspect dû à une atrophie musculaire secondaire à l'immobilisation. Par ailleurs, il se peut que le client soit anxieux à l'idée de se servir du membre blessé après le retrait du plâtre.

| Problèmes psychosociaux | Les objectifs de la réadaptation à court terme visent le passage d'un état de dépendance à un état d'autonomie en ce qui a trait aux activités simples de la vie quotidienne, à la conservation ou à l'augmentation de la force musculaire et à l'endurance. Les objectifs de la réadaptation à long terme sont de prévenir les problèmes associés aux lésions musculosquelettiques **TABLEAU 25.6**. Aider le client à s'adapter à tout problème dû à sa blessure (p. ex., une séparation familiale, la perte de revenu découlant de son incapacité au travail, un risque d'incapacité à vie) constitue une part importante des soins pendant la phase de réadaptation. L'infirmière doit se montrer attentive aux craintes du client et du proche aidant.

| Marche | L'infirmière doit connaître les objectifs globaux de la physiothérapie par rapport aux capacités, aux besoins et à la tolérance du client. L'entraînement à la marche et les directives touchant le mode d'emploi des dispositifs d'assistance (canne, béquilles, déambulateur) relèvent principalement de la responsabilité du physiothérapeute. L'infirmière doit répéter ces directives au client. Le client présentant une dysfonction à un membre inférieur commence généralement l'entraînement à la marche lorsqu'il peut

Capsule **Jugement clinique**

Monsieur Ron Girard s'est fracturé le tibia et le péroné gauches lors d'une chute alors qu'il réparait le toit de sa maison. Il est âgé de 40 ans. Le plâtre a été enlevé ce matin, et monsieur Girard constate que son mollet gauche est plus petit que le droit.

Qu'est-ce qui explique cette atrophie ?

TABLEAU 25.6	Problèmes liés aux blessures de l'appareil locomoteur	
PROBLÈME	**DESCRIPTION**	**CONSIDÉRATIONS POUR L'INFIRMIÈRE**
Amyotrophie	• Elle consiste en une diminution de la masse musculaire due à l'immobilisation prolongée ou à une utilisation inadéquate d'un appareil d'immobilisation orthopédique. • Une perte d'innervation peut favoriser l'atrophie musculaire.	• Un programme d'exercices isométriques de renforcement musculaire, dans les limites du dispositif d'immobilisation, contribue à réduire l'atrophie. • L'atrophie musculaire nuit au processus de réadaptation et le prolonge.
Contracture	• Il s'agit d'une anomalie articulaire caractérisée par une flexion et une position fixe causée par l'atrophie et le raccourcissement des fibres musculaires ou la perte de l'élasticité normale de la peau recouvrant les articulations.	• La contracture peut être évitée par un changement fréquent de la position du client, un alignement corporel adéquat ainsi que des exercices d'amplitude actifs-passifs effectués plusieurs fois par jour. L'intervention suppose un étirement graduel et progressif des muscles ou des ligaments dans la région de l'articulation.
Pied tombant	• La flexion plantaire du pied (pied tombant) survient lorsque le tendon d'Achille raccourcit à la suite d'un manque de soutien du pied durant une période prolongée. • Une paralysie du nerf poplité externe (neuropathie compressive) peut provoquer l'atteinte du pied tombant.	• La prise en charge du client présentant des blessures nécessitant des soins à long terme doit inclure le soutien du pied en position neutre par mesure préventive. • L'apparition du pied tombant peut entraver significativement l'entraînement à la marche. • Une attelle peut être nécessaire pour maintenir le ou les pieds dans une position neutre. • Des chaussures adaptées peuvent aussi être utiles.
Douleur	• Elle est généralement associée aux fractures, à l'œdème et aux spasmes musculaires. • La douleur varie en intensité, de légère à intense ; le client la décrit souvent comme persistante, sourde, sous forme de brûlure, pulsative, vive ou profonde.	• La douleur peut être secondaire à un positionnement et un alignement incorrects du membre, à un soutien inadéquat, à un mouvement soudain, à un dispositif d'immobilisation trop serré ou mal positionné, à un pansement compressif ou à un mouvement au foyer de la fracture. • Il faut déterminer les causes de la douleur pour pouvoir adopter des mesures correctives adéquates.
Spasmes musculaires	• Ils sont causés par une contraction involontaire des muscles après une fracture, un étirement musculaire ou une lésion nerveuse ; ils peuvent durer plusieurs semaines. • La douleur associée aux spasmes musculaires est souvent intense et peut durer plusieurs secondes ou plusieurs minutes.	• Les mesures visant à réduire l'intensité des spasmes musculaires sont comparables aux mesures pour le soulagement de la douleur. • Il ne faut pas masser les muscles, car cela stimule la contraction du tissu musculaire et accroît le spasme et la douleur. • La thermothérapie, en particulier la chaleur, peut atténuer les spasmes musculaires.

25

s'asseoir les pieds pendant au bord du lit. La collaboration entre l'infirmière et le physiothérapeute concernant le soulagement de la douleur avant la séance de physiothérapie rendra le déroulement de cette séance plus confortable pour le client.

Lorsque le client commence à marcher, l'infirmière doit connaître son statut de mise en charge et la bonne technique d'utilisation d'un dispositif d'assistance utilisée par celui-ci. Il existe plusieurs niveaux de mise en charge pour la marche : 1) la marche sans appui sur le membre affecté (le client maintient le membre affecté dans les airs); 2) la marche avec contact au sol des orteils sans appui (contact avec le sol mais sans soutenir de poids); 3) la marche avec port de poids partiel (de 25 à 50 % du poids du client); 4) la marche avec port de poids en fonction de la tolérance du client (c'est-à-dire de la douleur éprouvée par le client et de son seuil de tolérance); 5) la marche avec port de poids complet (aucune limite).

| **Dispositifs d'assistance** | Les accessoires d'aide à la marche incluent les cannes, qui peuvent supporter jusqu'à 40 % du poids normalement soutenu par un membre inférieur ainsi que les déambulateurs ou les béquilles qui facilitent la marche complète sans avoir à déposer de poids sur le membre affecté. Le professionnel de la santé détermine quel dispositif convient au client en considérant les besoins de stabilité et de sécurité maximale liés à la maniabilité du dispositif (une question pertinente dans les petits espaces comme les salles de bains). L'infirmière doit discuter des besoins des clients en fonction de leur mode de vie, puis déterminer le dispositif avec lequel chacun se sent le plus en sûreté et le plus autonome.

Le mode d'emploi des dispositifs d'assistance à la marche varie. Généralement, le membre affecté avance en même temps ou tout de suite après le dispositif d'aide. Le membre non affecté est le dernier à se mouvoir. Dans presque tous les cas, le client doit tenir la canne avec la main du côté opposé au membre affecté.

Les types de démarche courants avec les dispositifs d'assistance à la marche sont les suivants : démarche à deux temps, démarche à quatre temps, démarche en balancier jusqu'aux béquilles et démarche en balancier au-delà des béquilles.

- Démarche à deux temps : une seule béquille avance en même temps que le membre opposé (généralement celui qui est blessé); ce type de démarche est également possible avec une canne.

- Démarche à quatre temps : déclinaison plus lente que la démarche à deux temps où les béquilles et les jambes avancent séparément (chaque point d'appui avance séparément).

Jugement clinique

Marie Chantal Brisson, 17 ans, vient aujourd'hui pour le retrait du plâtre qui avait été installé après une fracture du fémur gauche causée par une violente collision en voiture alors qu'elle revenait d'un bal de finissants. Dans l'accident, un de ses amis, qui conduisait, a été tué, et un autre, qui a souffert d'un trauma crânien, aura besoin d'une longue réadaptation; deux n'ont eu que des blessures légères. L'apparence de la jeune fille vous surprend, car elle est peu soignée; elle semble triste, distraite, perdue dans ses pensées. Elle ne voit plus ses amis et a du mal à entreprendre des projets.

Selon vous, quel est le problème de Marie Chantal ?

- Démarche en balancier jusqu'aux béquilles : les deux béquilles avancent ensemble, puis le client soulève les deux membres inférieurs dans la même direction pour que ceux-ci arrivent vis-à-vis des béquilles; ce type de démarche est également possible avec des déambulateurs.

- Démarche en balancier au-delà des béquilles : ce type de démarche n'est pas bien différent du type précédent, à ceci près que le client doit déposer ses pieds au-delà des béquilles.

L'infirmière doit fixer une ceinture de transfert à la taille du client pour lui donner de la stabilité au cours des étapes d'apprentissage de la marche. Elle doit déconseiller au client de se servir des meubles ou de s'appuyer sur quelqu'un d'autre pour du soutien. Si la force du membre supérieur est insuffisante ou que les béquilles sont inadaptées, le client s'appuie sous les aisselles plutôt que sur les mains et met en danger la masse vasculo-nerveuse qui traverse l'aisselle. Si les instructions verbales ne suffisent pas pour corriger le problème, l'infirmière montrera au client un autre procédé de marche en attendant qu'il ait suffisamment de force (p. ex., des béquilles avec plate-forme, un déambulateur).

Les clients qui doivent marcher sans s'appuyer sur les membres inférieurs doivent avoir assez de force aux membres supérieurs pour soulever leur poids à chaque pas. Comme les muscles de la ceinture scapulaire ne sont pas habitués à ce travail, ils doivent être préalablement soumis à un entraînement rigoureux et assidu pour se préparer à cet effort. Les extensions des bras, les tractions à la barre fixe au moyen d'une potence suspendue et le soulèvement d'haltères favorisent le développement des triceps et des biceps. Les élévations de la jambe en extension et les exercices de contraction du quadriceps permettent de renforcer ces muscles.

| **Conseils et orientations** | Pendant le processus de réadaptation du client, les proches aidants jouent un rôle important dans l'application du plan de soins à long terme. L'infirmière doit montrer aux proches aidants les techniques de renforcement musculaire, les exercices d'endurance et d'entraînement à la marche ainsi que les activités qui optimisent la qualité de vie quotidienne, et elle doit inclure des conseils d'ordre sexuel dans la planification du congé du client. Toutefois, à moins que l'infirmière ait une formation particulière en sexologie, elle doit garder à l'esprit que des réponses erronées peuvent être plus nuisibles que l'absence de réponse. Avant d'orienter le client vers un spécialiste, l'infirmière doit savoir si l'activité sexuelle est compatible avec le degré d'atteinte du client et si un appareil d'immobilisation ou de soutien serait utile.

Par ailleurs, elle doit évaluer si les clients souffrent d'un état de stress post-traumatique. Ceci est particulièrement important si d'autres personnes ont été sévèrement blessées, ou sont décédées, quand le client a subi sa blessure.

Évaluation des résultats

Les résultats escomptés chez un client qui a subi une fracture sont présentés dans les **PSTI 25.1** et **25.2**.

25.4 | Complications des fractures

La majorité des fractures guérissent sans complications. Quand un décès survient des suites d'une fracture, il est habituellement dû à une lésion sous-jacente des organes et des structures vasculaires ou à des complications liées à la fracture ou à l'immobilité. Les complications liées aux fractures peuvent être directes ou indirectes. Les complications directes incluent les problèmes d'infection osseuse, de consolidation osseuse et de nécrose avasculaire. Les complications indirectes liées aux fractures sont dues à des lésions aux vaisseaux sanguins et aux nerfs découlant de problèmes comme le syndrome du compartiment, la thromboembolie veineuse, la rhabdomyolyse (destruction des cellules musculaires des muscles striés), l'embolie graisseuse et le choc traumatique ou hypovolémique. Même si la plupart des blessures musculosquelettiques ne menacent pas la vie du client, les fractures ouvertes, les fractures accompagnées d'une importante perte de sang ou celles qui endommagent des organes vitaux (p. ex., le poumon, le cœur) constituent des urgences médicales requérant un traitement immédiat.

25.4.1 Infection

Les fractures ouvertes et les blessures des tissus mous sont associées à une incidence élevée d'infection. Une fracture ouverte résulte généralement de l'impact de forces externes intenses. En général, les conséquences d'une blessure aux tissus mous sont plus graves que celles d'une fracture. Un tissu dévitalisé et contaminé est un milieu idéal pour la croissance de nombreux pathogènes courants, dont les bacilles anaérobies. Le traitement des infections est exigeant en termes de soins infirmiers et médicaux, de durée de traitement et de perte de revenu pour le client. L'**ostéomyélite** peut devenir chronique ▶ **26**.

Processus thérapeutique en interdisciplinarité

Les fractures ouvertes requièrent un débridement chirurgical (Tripuraneni, Ganga, Quinn, & Gehlert, 2008). La plaie est d'abord nettoyée par un lavage à impulsions avec une solution saline et tout contaminant visible est retiré mécaniquement en salle d'opération. Une excision chirurgicale (débridement) est pratiquée sur les tissus qui ont subi une contusion, une contamination et une dévitalisation, par exemple, les muscles, les tissus adipeux sous-cutanés, la peau et les fragments osseux. L'ampleur des lésions aux tissus mous déterminera si la plaie sera fermée au moment de l'intervention chirurgicale, si l'usage d'un drainage sous vide est nécessaire et si une greffe de peau sera requise. Selon la localisation et l'étendue de la fracture, la réduction peut être maintenue par fixation externe ou par traction. Pendant la chirurgie, la plaie ouverte peut être irriguée avec une solution antibiotique. Il est possible également de placer des billes imprégnées d'antibiotiques dans le siège chirurgical. Pendant la phase postopératoire, le client reçoit des antibiotiques par voie I.V. pendant trois à sept jours. Les antibiotiques, en concomitance avec un traitement chirurgical agressif, diminuent considérablement l'incidence des infections.

25.4.2 Syndrome du compartiment

Les membres supérieurs et inférieurs renferment 38 compartiments qui contiennent un regroupement de muscles, de vaisseaux et de nerfs contenus dans des gaines aponévrotiques. Le **syndrome du compartiment** est un conflit entre le contenu (muscles et système vasculo-nerveux) et son contenant, l'aponévrose, qui est peu extensible. Le syndrome du compartiment survient lorsque la pression augmente dans le compartiment en raison de l'augmentation du contenu (p. ex., une hémorragie intra-compartimentale, une lésion vasculaire, une réponse biochimique à une morsure de serpent, un œdème causé par un écrasement tissulaire) ou de la limitation de l'extensibilité du contenant (p. ex., un pansement compressif, un plâtre, une traction excessive ou une fermeture prématurée de l'aponévrose). Ce syndrome peut être aigu, chronique, d'effort, ou dit d'écrasement. Selon l'âge et l'indice de masse corporelle du client, les valeurs de pression à l'intérieur d'un compartiment doivent être comprises entre 0 et 10 mm Hg. Des valeurs supérieures ou égales à 30 mm Hg indiquent un syndrome du compartiment.

À la suite d'un trauma, l'œdème peut créer une pression suffisante pour bloquer la circulation et provoquer une occlusion veineuse qui vient accentuer l'œdème. Cette augmentation de pression finit par altérer le débit artériel et conduit à une ischémie des membres. Le muscle devient alors progressivement en hypoxie ainsi que les nerfs qui l'innervent. À mesure que l'ischémie évolue, les cellules musculaires et nerveuses sont progressivement détruites et le tissu fibreux se substitue au tissu sain. Une contracture, une incapacité et une perte de fonction peuvent alors survenir.

La situation est réversible au début, mais un retard dans le diagnostic et le traitement peut entraîner une ischémie irréversible des muscles et des nerfs, et occasionner une perte totale ou grave de la fonction du membre. Des lésions irréversibles peuvent apparaître rapidement, après 4 à 8 heures, d'où l'importance d'une surveillance accrue dans les premières 24 à 48 heures.

Le syndrome du compartiment résulte le plus souvent d'un trauma, de fractures (en particulier aux os longs), de lésions importantes des tissus mous et de blessures par écrasement. Les fractures de l'humérus distal et du tibia proximal sont celles qui sont le plus souvent associées au syndrome du compartiment (Malik, Khan, Chaudhry, Ihsan, & Cullen, 2009). Une chirurgie du genou ou de la jambe peut aussi affecter les compartiments. L'application d'une pression prolongée sur un compartiment musculaire se produit lorsqu'une

Jugement clinique

Wilfred Roy est âgé de 15 ans. Il s'est infligé une fracture au coccyx en tombant sur le trottoir avec sa planche à roulettes.

Risque-t-il de souffrir d'un syndrome du compartiment ? Justifiez votre réponse.

26

La physiopathologie et les manifestations cliniques de l'ostéomyélite de même que les soins et traitements en interdisciplinarité qui s'y rapportent sont décrits dans le chapitre 26, *Interventions cliniques – Troubles musculosquelettiques*.

RAPPELEZ-VOUS…

Les bacilles anaérobies évoluent dans des milieux où l'oxygène est rare ou absent. Elles peuvent être commensales de l'homme ou vivre dans le sol.

25

10

Le chapitre 10, *Douleur*, présente plusieurs exemples d'échelles de la douleur.

69

Le chapitre 69, *Interventions cliniques – Insuffisance rénale aiguë et insuffisance rénale chronique*, traite des néphropathies.

personne est coincée sous un objet lourd ou que le membre est coincé sous le corps à cause d'un état d'obnubilation comme le surdosage de drogues ou d'alcool. Lorsque le syndrome du compartiment affecte le membre supérieur, il s'agit alors d'une contracture de Volkmann **FIGURE 25.15**; lorsqu'il affecte le membre inférieur, c'est un syndrome du compartiment tibial antérieur, bien que le mécanisme physiopathologique sous-jacent soit analogue.

Manifestations cliniques et processus thérapeutique en interdisciplinarité

Il est crucial que le syndrome du compartiment soit diagnostiqué rapidement et avec précision. Sa prévention ou sa reconnaissance au stade initial est essentielle. L'infirmière procédera régulièrement à des évaluations neurovasculaires en consignant ses résultats au dossier pour tous les clients qui ont subi une fracture, mais en particulier si celle-ci se situe à l'humérus distal ou au tibia proximal, ou encore s'il y a des lésions aux tissus mous dans ces régions.

Un traitement rapide du syndrome du compartiment pourra éviter des lésions permanentes aux muscles et aux nerfs. Le syndrome du compartiment peut se manifester rapidement du fait d'une réponse physiologique de l'organisme ou alors plusieurs jours après la blessure initiale.

La présence d'au moins une des caractéristiques suivantes permet de confirmer le syndrome du compartiment: 1) présence d'une douleur distale au site de la blessure qui n'est pas soulagée par des analgésiques opioïdes et d'une douleur pendant l'étirement passif du muscle qui traverse le compartiment; 2) une pâleur, un membre froid et la décoloration du membre; 3) une paresthésie; 4) une paralysie ou une perte de fonction; 5) une

diminution ou une absence des pouls périphériques; 6) une augmentation de la pression dans le compartiment (Malik *et al.*, 2009). L'infirmière doit évaluer soigneusement la région, la qualité et l'intensité de la douleur ▶ **10**. Si les médicaments ne soulagent pas la douleur et qu'elle est disproportionnée par rapport à la blessure, ce sont là les premières indications d'un syndrome du compartiment imminent. L'absence des pouls et la paralysie sont des signes tardifs du syndrome du compartiment. L'infirmière doit aviser immédiatement un membre de l'équipe médicale si l'état du client se détériore.

Compte tenu de l'éventualité de lésions musculaires, l'infirmière doit évaluer la diurèse. En effet, la myoglobine libérée par les cellules musculaires endommagées se précipite en une substance gélatineuse qui provoque l'obstruction des tubules rénaux. Cette affection peut entraîner une nécrose tubulaire aiguë et une néphropathie aiguë. Une urine foncée, rougeâtre ou brune, et les manifestations cliniques associées aux néphropathies aiguës en sont des signes courants ▶ **69**.

L'élévation des membres peut diminuer la pression veineuse et ralentir le débit artériel, c'est pourquoi il ne faut pas élever les membres au-dessus du cœur. De même, l'application de compresses froides peut entraîner une vasoconstriction et exacerber le syndrome du compartiment. Il peut aussi s'avérer nécessaire de retirer ou de desserrer le bandage et d'ouvrir le plâtre en deux pour en enlever une moitié. Une diminution du poids de la traction contribue également à réduire les pressions circonférentielles externes.

La décompression chirurgicale par incision de l'aponévrose (aponévrotomie) du compartiment affecté peut s'avérer nécessaire. Le médecin laisse le siège de l'aponévrotomie ouvert pendant quelques jours pour permettre une décompression adéquate des tissus mous. L'infection résultant d'une fermeture tardive de la plaie est une complication possible. Un syndrome du compartiment grave peut conduire à une amputation pour diminuer la myoglobinémie ou pour remplacer un membre non fonctionnel par une prothèse.

25.4.3 Thromboembolie veineuse

La **thromboembolie veineuse** inclut la thrombose veineuse profonde et l'embolie pulmonaire. La thrombose veineuse profonde survient quand un thrombus se forme dans une veine de la jambe, causant de la douleur à la jambe ou un œdème. Les veines des membres inférieurs et du bassin sont très prédisposées à la formation d'un thrombus après une fracture, en particulier lors d'une fracture de la hanche. La thromboembolie veineuse peut également se produire après la mise en place d'une prothèse totale de la hanche ou du genou

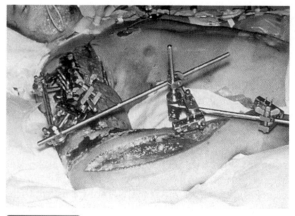

FIGURE 25.15

Contracture ischémique de Volkmann de l'avant-bras résultant d'un syndrome du compartiment dû à une fracture suscondylienne de l'humérus – Noter la ligne d'incision d'une aponévrotomie infructueuse.

(Lazo-Langner & Rodger, 2009). Chez les clients dont la mobilité est réduite, la stase veineuse est aggravée par l'inactivité des muscles qui assurent normalement l'action de pompage pour le retour du sang veineux vers les membres.

Compte tenu du risque élevé de thromboembolie veineuse pour le client qui a subi une chirurgie orthopédique, le médecin peut prescrire des anticoagulants prophylactiques comme la warfarine (Coumadin^MD), l'héparine de faible poids moléculaire (Lovenox^MD) ou le fondaparinux (Arixtra^MD). En plus de porter des bas élastiques à compression calibrée (bas anti-embolie) et de se servir d'appareils de compression séquentielle, le client doit bouger (dorsiflexion/flexion plantaire) les doigts ou les orteils du membre affecté contre une résistance et effectuer des exercices d'amplitude du membre inférieur non affecté ▶ **45**.

25.4.4   Embolie graisseuse

L'**embolie graisseuse** se caractérise par la présence de particules graisseuses dans la circulation systémique qui sont acheminées vers les tissus et les organes après un trauma musculosquelettique. L'embolie graisseuse est un facteur contributif de nombreux décès associés aux fractures. Les fractures les plus susceptibles de causer une embolie graisseuse sont celles des os longs (fémur), des côtes, du tibia et du bassin. Cette affection peut également survenir après une arthroplastie totale, une arthrodèse, une liposuccion, des blessures par écrasement et une greffe de moelle osseuse. Il existe deux hypothèses sur l'origine des embolies graisseuses. Selon la première, la moelle de l'os blessé libère des cellules graisseuses qui, à la suite d'une augmentation de la pression intramédullaire, pénètrent dans la circulation systémique par des veines de drainage et migrent vers d'autres organes (Galway, Tetzlaff, & Helfand, 2009). Une autre hypothèse veut que la blessure provoque une réaction inflammatoire qui crée des lésions biochimiques au parenchyme pulmonaire. Les tissus des poumons, du cerveau, du cœur, des reins et de la peau sont les organes les plus fréquemment touchés par une embolie graisseuse.

Manifestations cliniques

La détection rapide de l'embolie graisseuse est essentielle pour prévenir son évolution, qui peut être fatale. La plupart des clients présentent généralement des symptômes dans les 24 à 48 heures suivant la blessure. Les formes graves surviennent dans les quelques heures après la blessure. Les cellules graisseuses acheminées vers les poumons entraînent une pneumopathie interstitielle hémorragique qui provoque des signes et symptômes de syndrome de détresse respiratoire aiguë (SDRA) comme la douleur thoracique, la tachypnée, la

cyanose, la dyspnée, l'anxiété, la tachycardie et la diminution de la pression partielle de l'oxygène dans le sang artériel (PaO_2). Tous ces symptômes résultent d'un échange insuffisant d'oxygène. Il est important de reconnaître tout changement de l'état mental lié à une hypoxémie, car il s'agit souvent des premiers symptômes à apparaître. Si le client présente des pertes de mémoire, de l'agitation, de la confusion, une augmentation de la température et une céphalée, il faut effectuer d'autres examens pour ne pas confondre les lésions du système nerveux central avec un syndrome de sevrage d'alcool ou un trauma craniocérébral aigu. Une fluctuation constante du niveau de conscience et la présence de **pétéchies** autour du cou, de la paroi thoracique antérieure, des aisselles, de la membrane buccale et des conjonctives oculaires permettent de distinguer l'embolie graisseuse des autres complications. La présence de pétéchies peut découler d'une thrombose intravasculaire due à une diminution de l'oxygénation.

L'évolution clinique de l'embolie graisseuse peut être rapide et aiguë. Il est fréquent que le client rapporte une sensation de mort imminente. Rapidement, la peau pâle devient cyanosée, et le client peut devenir comateux. Il n'existe aucun examen de laboratoire spécifique qui puisse faciliter le diagnostic. Cependant, il est possible d'observer certaines anomalies diagnostiques, notamment la présence de cellules graisseuses dans le sang, l'urine ou les expectorations, une diminution de la valeur de la PaO_2 en deçà de 60 mm Hg, des modifications du segment ST à l'électrocardiogramme, une diminution du décompte plaquettaire et de l'hématocrite ainsi qu'un prolongement du temps de prothrombine (TP). Une radiographie pulmonaire peut révéler des régions d'infiltrats pulmonaires ou plusieurs zones de consolidation parfois appelées poumons blancs.

Processus thérapeutique en interdisciplinarité

Le traitement de l'embolie graisseuse est de nature préventive. L'immobilisation minutieuse de la fracture d'un os long est sans doute le facteur le plus important dans la prévention de l'embolie graisseuse. Le processus thérapeutique pour traiter l'embolie graisseuse est essentiellement relié au soulagement des symptômes et au maintien des fonctions vitales (Galway *et al.*, 2009). Le traitement comprend le maintien d'un apport hydrique adéquat pour prévenir le **choc hypovolémique**, la correction de l'acidose et le remplacement des pertes

Jugement clinique

Capsule

Monsieur Jean-Louis Duchesne est âgé de 28 ans. Il a eu une jambe coincée pendant plus d'une heure sous une caisse en aidant des amis à déménager. Il a eu une fracture de la cheville qui a été plâtrée il y a deux heures environ. Il vous appelle pour obtenir plus de calmants, car il a très mal à l'endroit de la fracture ; de plus, il a « des fourmis » dans le pied. Vous pensez au risque de syndrome du compartiment. Votre collègue plus expérimenté vous dit de ne pas vous en faire, car le client est un usager de drogues connu.

Qu'en pensez-vous ?

45

Les soins et traitements en interdisciplinarité auprès des clients souffrant d'une thrombose veineuse profonde sont décrits dans le chapitre 45, *Interventions cliniques – Troubles vasculaires*.

Pétéchie : Petites hémorragies superficielles qui apparaissent sur la peau et qui prennent la forme de minuscules taches rouges ou violacées (< 4 mm).

25

Le choc hypovolémique est étudié dans le chapitre 50, *Interventions cliniques – État de choc, syndrome de réaction inflammatoire systémique et syndrome de défaillance multiorganique.*

51

Les soins et traitements infirmiers du SDRA sont présentés dans le chapitre 51, *Interventions cliniques – Insuffisance respiratoire et syndrome de détresse respiratoire aiguë.*

sanguines ▶ **50** . L'infirmière doit encourager le client à tousser et à inspirer profondément. Elle doit bouger le client le moins possible avant l'immobilisation ou la stabilisation d'une fracture, à cause du risque de libérer d'autres cellules graisseuses dans la circulation. Le recours aux corticostéroïdes pour prévenir ou traiter l'embolie graisseuse est controversé. L'hypoxie est traitée par l'administration d'oxygène. L'intubation ou la ventilation par pression positive peut être envisagée s'il est impossible d'obtenir un taux satisfaisant de PaO_2 uniquement avec l'oxygène d'appoint. Certains clients peuvent présenter un œdème pulmonaire, un syndrome de détresse respiratoire aiguë (SDRA) ou les deux, ce qui augmente le taux de mortalité ▶ **51** . La plupart des clients survivent à l'embolie graisseuse et présentent peu de séquelles.

25.5 | Types de fractures

25.5.1 Fracture de Pouteau-Colles

La fracture de Pouteau-Colles est une fracture distale du radius et l'une des plus fréquentes chez l'adulte. L'apophyse styloïde du cubitus peut aussi être touchée. Cette fracture se produit généralement lorsque le client essaie d'amortir une chute avec le bras et la main tendus. Ce type de fracture survient surtout chez les clients âgés de plus de 50 ans atteints d'ostéoporose.

Les manifestations cliniques de la fracture de Pouteau-Colles sont la douleur au foyer de la blessure, un œdème prononcé et un déplacement dorsal du fragment distal. Ce déplacement se traduit par une déformation évidente du poignet (déformation en dos de fourchette). La principale complication liée à une fracture de Pouteau-Colles est une insuffisance vasculaire résultant de l'œdème. Le STC est une complication qui peut également survenir à plus long terme.

Le traitement d'une fracture de Pouteau-Colles consiste généralement en une réduction fermée de la fracture et une immobilisation au moyen d'une attelle ou d'un plâtre. Si la fracture est déplacée, la réduction sera maintenue par une fixation externe ou interne. Le coude doit être immobilisé pour prévenir la supination et la pronation du poignet. Les soins infirmiers doivent inclure des mesures destinées à prévenir ou à réduire l'œdème et des évaluations neurovasculaires fréquentes. L'infirmière doit protéger le membre blessé, assurer son soutien et encourager le client à remuer énergiquement le pouce et les doigts. Ce type de mouvement contribue à atténuer l'œdème et à stimuler le retour veineux. L'infirmière demandera au client d'effectuer des mouvements actifs de l'épaule pour prévenir la raideur ou les contractures.

25.5.2 Fracture de l'humérus

Les fractures de la diaphyse humérale sont fréquentes chez les jeunes et les adultes d'âge moyen. Les principales manifestations cliniques sont un déplacement évident de la diaphyse humérale, un raccourcissement du membre, une mobilité anormale et la douleur **FIGURE 25.16**. Les principales complications liées à une fracture de l'humérus sont les lésions du nerf radial et une lésion vasculaire de l'artère brachiale résultant d'une lacération transversale ou d'un spasme musculaire.

Le traitement d'une fracture de l'humérus dépend de son foyer et du déplacement de la fracture. Le traitement non opératoire peut inclure un plâtre brachial-antébrachial en suspension, un dispositif d'immobilisation de l'épaule ou une écharpe thoraco-brachiale, c'est-à-dire un dispositif d'immobilisation conçu pour prévenir le mouvement scapulo-huméral. L'écharpe thoraco-brachiale est positionnée autour du tronc et de l'humérus, apportant un soutien additionnel. Elle est souvent utilisée lors d'une luxation de l'épaule ou d'une réparation chirurgicale à l'épaule.

La tête du lit doit être soulevée quand ces dispositifs sont employés, pour que la gravité contribue à réduire la fracture. Il faut laisser le bras pendre librement lorsque le client est assis ou debout. Les soins infirmiers visent à protéger l'aisselle et à prévenir la macération de la peau. L'infirmière mettra des pansements absorbants légèrement saupoudrés de talc sous l'aisselle et les changera deux fois par jour ou au besoin. Une traction cutanée ou squelettique peut également être mise en place à des fins de réduction et d'immobilisation.

Au cours de la phase de réadaptation, il est absolument capital que le client suive un programme d'exercices visant à accroître sa force musculaire

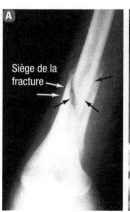
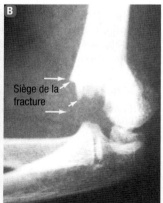

FIGURE 25.16

A Fracture de la diaphyse distale de l'humérus.
B Fracture suscondylienne de l'humérus – Ce type de blessure entraîne la formation d'un gros hématome.

et à restaurer le mouvement du membre blessé. Les exercices doivent inclure des mouvements assistés de la main et des doigts. Des exercices de l'épaule peuvent également être effectués si la fracture est stable, ce qui permet de prévenir la raideur ou une fibrose de la capsule articulaire.

25.5.3 Fracture du bassin

Les fractures du bassin peuvent être bénignes ou menacer le pronostic vital, selon le mécanisme de la blessure et des lésions vasculaires concomitantes (Bodden, 2009). Bien que les fractures du bassin ne représentent qu'une faible proportion des fractures, ce type de blessure est associé au taux de mortalité le plus élevé. Lors d'un épisode traumatique, les blessures pelviennes peuvent passer inaperçues, car l'attention peut être détournée vers des blessures plus évidentes. Les fractures pelviennes peuvent impliquer des traumas intra-abdominaux graves comme une hémorragie et une lacération de l'urètre, de la vessie ou du côlon. Les clients peuvent survivre à la fracture du bassin, mais décéder ultérieurement d'une septicémie, d'une embolie graisseuse ou d'une thromboembolie.

L'examen physique révèle habituellement un œdème local, une douleur à la palpation, une déformation, un mouvement pelvien inhabituel et des ecchymoses à l'abdomen. L'infirmière doit évaluer l'état neurovasculaire des membres inférieurs et toute manifestation de lésions associées. Les fractures pelviennes sont diagnostiquées par radiographie et tomodensitométrie.

Le traitement d'une fracture du bassin dépend de la gravité de la blessure **ENCADRÉ 25.6**. Les fractures stables, non déplacées, nécessitent une intervention limitée et une mobilisation précoce. Le client doit demeurer alité pendant quelques jours ou jusqu'à six semaines. Des fractures plus complexes peuvent être traitées par une traction pelvienne, une traction squelettique, un spica de la hanche, une fixation externe, une réduction ouverte ou par une combinaison de ces méthodes. La réduction ouverte et la fixation interne d'une fracture pelvienne peuvent s'imposer si la fracture est déplacée. Il faut déplacer ou mobiliser le client avec d'extrêmes précautions pour prévenir de graves lésions dues au déplacement d'un fragment de la fracture. L'infirmière pourra tourner le client seulement lorsqu'un membre de l'équipe médicale l'aura autorisé. Étant donné qu'une fracture du bassin peut endommager d'autres organes, l'infirmière doit évaluer la fonction intestinale et urinaire, ainsi que le statut neurovasculaire distal. L'infirmière pourra effectuer les soins du dos quand le client se soulèvera du lit au moyen d'un trapèze ou avec de l'aide pour soulever le tronc du client.

25.5.4 Fracture de la hanche

Les fractures de la hanche sont fréquentes chez les personnes âgées. Il y a eu 28 200 hospitalisations au Canada en 2005-2006 pour fracture de la hanche, dont 88 % étaient des personnes âgées de 65 ans et plus (Canadian Institute for Health Information [CIHI], 2007). Vers l'âge de 90 ans, près de 33 %

Dilemmes éthiques

ENCADRÉ 25.6 **Droit au traitement**

Situation

Un touriste allemand âgé de 35 ans a eu un accident de deltaplane alors qu'il était en visite au Canada. Il a été transporté dans un centre de traumatologie régional pour le traitement de blessures internes, une hémorragie et une grave fracture du bassin. Il présente une infection, une insuffisance rénale aiguë et un syndrome de détresse respiratoire aiguë. Il n'a pas d'assurance maladie. Malgré ses faibles chances de survie, sa femme et ses parents souhaitent que toutes les mesures possibles soient prises.

Considérations importantes
- Loi canadienne sur la santé
- Loi sur les services de santé et les services sociaux
- Loi sur l'assurance maladie du Québec
- Programme fédéral de santé intérimaire
- Il faut discuter avec les proches du client pour éclaircir les objectifs du traitement (p. ex., le rétablissement, la

survie, le maintien de la vie biologique, le non-abandon du client), et préciser ce qu'ils entendent par « vouloir que tout soit fait ». Il n'existe aucune obligation légale ou éthique de poursuivre le traitement médical lorsqu'il est impossible d'atteindre les objectifs thérapeutiques.

- Ni les professionnels de la santé ni les hôpitaux ne sont tenus de dispenser des soins médicaux vains, autrement dit qui n'offrent aucun avantage au client.

- Cet homme s'est livré de son plein gré à une activité potentiellement dangereuse, même s'il n'avait aucune assurance maladie.

Questions de jugement clinique
- Comment engageriez-vous la discussion avec les membres de la famille au sujet des objectifs de traitement pour ce client ?

- La privation de traitement est-elle une option légitime du fait qu'une personne s'adonne à une activité risquée ?

des femmes et 17 % des hommes auront subi une fracture de la hanche (Bischoff-Ferrari, Willet, Wong, Giovannucci, Dietrich, & Dawson-Hughes, 2005). Chez les adultes âgés de plus de 65 ans, la fracture de la hanche est plus fréquente chez les femmes que chez les hommes en raison de l'ostéoporose. Environ 7 % des clients âgés hospitalisés pour une fracture de la hanche décèdent dans les 30 jours suivant leur admission. Certaines études ont montré qu'entre 18 et 36 % des personnes de plus de 65 ans décèdent dans l'année suivante, du fait des complications médicales de la fracture ou de l'immobilité qui en résulte (CIHI, 2007). En 2005-2006, les fractures de la hanche ont exigé en moyenne plus de 19 jours d'hospitalisation. Un grand nombre de personnes âgées ayant subi une fracture de la hanche présentent des incapacités requérant des soins de longue durée et ne retrouveront plus leur autonomie.

Une fracture de la hanche désigne une fracture du tiers proximal du fémur, qui s'étend jusqu'à 5 cm en dessous du petit trochanter **FIGURE 25.17**. Les fractures touchant la capsule articulaire de la hanche sont appelées fractures intracapsulaires. Les fractures intracapsulaires (col fémoral) se définissent également par leur foyer spécifique : 1) capitale (fracture de la tête du fémur) ; 2) sous-capitale (fracture juste en dessous de la tête du fémur) ; 3) transcervicale (fracture du col du fémur). Ces fractures sont souvent liées à l'ostéoporose ou à un trauma mineur. Les fractures extracapsulaires se produisent à l'extérieur de la capsule articulaire. Elles sont appelées : 1) intertrochantériennes si elles siègent quelque part entre le grand trochanter et le petit trochanter ; 2) sous-trochantériennes si elles sont situées en dessous du petit trochanter. Les fractures extracapsulaires sont généralement provoquées par un trauma direct grave ou une chute.

Manifestations cliniques

Les manifestations cliniques d'une fracture de la hanche sont une rotation externe, des spasmes musculaires, un raccourcissement du membre affecté, une douleur ainsi qu'une sensibilité intense près du foyer de la fracture. Les fractures déplacées du col fémoral créent de graves perturbations de l'approvisionnement sanguin vers la tête fémorale et entraînent une nécrose avasculaire.

Processus thérapeutique en interdisciplinarité

La réparation chirurgicale est la méthode privilégiée de prise en charge des fractures intracapsulaires et extracapsulaires de la hanche. Le traitement chirurgical permet la mobilisation du client et réduit le risque de complications majeures. Au début, le membre affecté peut être immobilisé temporairement par une traction de Buck, en attendant que l'état physique du client se stabilise et que l'intervention chirurgicale ait lieu **FIGURE 25.10**. La traction de Buck permet de soulager les spasmes musculaires douloureux et peut être employée jusqu'à 24 à 48 heures au maximum.

Les fractures intracapsulaires (col fémoral) peuvent aussi être réparées par une endoprothèse visant à remplacer la tête du fémur (hémiarthroplastie) **FIGURE 25.18A**. Les fractures extracapsulaires se réparent avec des vis coulissantes conçues pour la hanche, des dispositifs intramédullaires et des prothèses **FIGURE 25.18B**. Les soins infirmiers pour les clients qui ont subi ces interventions sont similaires.

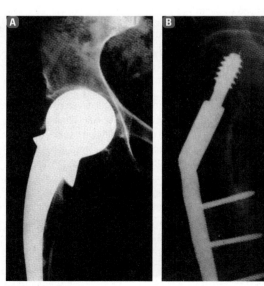

FIGURE 25.18

Dispositifs de fixation interne pour une fracture de la hanche – **A** Endoprothèse de la tête fémorale. **B** Vis et plaque de compression latérale pour la hanche.

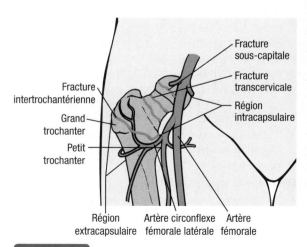

FIGURE 25.17

Localisation des différents types de fractures du fémur

CLIENT SOUFFRANT D'UNE FRACTURE DE LA HANCHE

Interventions cliniques

Phase aiguë

| **Soins préopératoires** | Comme les personnes âgées sont plus sujettes aux fractures de la hanche, les problèmes de santé chroniques doivent être considérés dans la planification des soins et des traitements infirmiers (Auron-Gomez & Michota, 2008). Le diabète, l'hypertension, l'insuffisance cardiaque, les maladies pulmonaires et l'arthrite sont des maladies chroniques susceptibles de compliquer l'état clinique. Il est possible qu'il faille retarder l'intervention chirurgicale jusqu'à ce que l'état de santé général du client se stabilise.

Avant la chirurgie, les spasmes musculaires intenses peuvent accentuer la douleur. Des analgésiques et des myorelaxants adéquats, un positionnement confortable, sauf s'il y a une contre-indication, et une traction bien ajustée peuvent contribuer à supprimer les spasmes.

L'enseignement au client a souvent lieu au service d'urgence, car la norme actuelle en matière de soins est de procéder rapidement à l'intervention chirurgicale. Dans la mesure du possible, l'infirmière enseignera au client comment effectuer des exercices avec la jambe et les deux bras non affectés et lui indiquera à quelle fréquence il doit le faire. Elle encouragera le client à s'aider du trapèze et de la ridelle du côté opposé du lit pour changer de position. Un physiothérapeute pourra commencer à lui enseigner à se lever du lit ou de sa chaise. L'infirmière informera le proche aidant du statut de la mise en charge du client après la chirurgie. La planification relative au congé doit débuter dès que le client arrive à l'hôpital, car son hospitalisation postopératoire ne durera que quelques jours.

| **Soins postopératoires** | Les soins postopératoires initiaux d'un client qui a subi une réduction ouverte avec fixation interne (ROFI) d'une fracture de la hanche sont similaires à ceux de tout client âgé qui se remet d'une chirurgie. L'infirmière doit surveiller les signes vitaux, le bilan des ingesta et excréta, superviser les activités respiratoires comme la respiration profonde et la toux, administrer les analgésiques et inspecter les pansements ainsi que les incisions à la recherche de tout signe de saignement ou d'infection. Le **PSTI 25.2** présente un plan de soins et de traitements infirmiers pour les clients qui ont subi une chirurgie orthopédique.

Au début de la période postopératoire, il existe un risque de lésions neurovasculaires. L'infirmière doit évaluer les membres du client pour vérifier : 1) la douleur ; 2) la couleur ; 3) la chaleur ; 4) l'oedème ; 5) le fonctionnement moteur ; 6) la fonction sensitive ; 7) le remplissage capillaire ; 8) les pouls distaux. Elle peut contribuer à diminuer l'œdème en surélevant la jambe chaque fois que le client est dans un fauteuil. Elle peut également aider à soulager la douleur résultant d'un alignement inadéquat du membre affecté en plaçant des oreillers (ou une attelle d'abduction) entre les genoux lorsque le client se tourne sur un côté. Les sacs de sable et les oreillers permettent aussi de prévenir les rotations externes. Le client porteur d'une endoprothèse s'expose à un risque de luxation de la hanche. L'infirmière doit lui enseigner et démontrer les précautions nécessaires au bon alignement de sa hanche.

Habituellement, le physiothérapeute supervise les exercices actifs assistés du membre affecté et la marche, lorsque le chirurgien l'autorise, généralement le premier ou le deuxième jour après l'opération. L'infirmière et le physiothérapeute observent la démarche du client pour s'assurer qu'il marche convenablement avec les béquilles ou qu'il se sert correctement du déambulateur. Avant d'accorder son congé de l'hôpital, l'infirmière doit s'assurer que le client peut se lever du lit ou d'une chaise et se recoucher, et qu'il peut monter et descendre des escaliers sans risque.

Les complications liées à une fracture du col fémoral incluent la non-consolidation, la nécrose avasculaire, la luxation et l'arthrose. Après une fracture intertrochantérienne, la jambe affectée peut devenir plus courte. Il est donc possible qu'une canne ou une chaussure à semelle compensée soit requise pour une marche sans danger.

Si la fracture de la hanche a été traitée par l'insertion d'une prothèse de la tête fémorale au moyen d'un accès postérieur (accès à l'articulation de la hanche par le dos), il faut recourir systématiquement à des mesures de prévention de la luxation **ENCADRÉ 25.7**. Le client et le proche aidant doivent très bien connaître les positions et les activités qui peuvent provoquer une luxation (flexion supérieure à 90°, abduction ou rotation interne). Un grand nombre d'activités quotidiennes prédisposent à ces positions, comme mettre des souliers ou des chaussettes, croiser les jambes ou les pieds en position assise, se coucher sur le côté de manière inadéquate, être debout ou s'asseoir avec le corps en flexion à plus de 90° par rapport à la chaise ou s'asseoir trop bas, en particulier sur des sièges de toilette. Jusqu'à ce que les tissus mous entourant la hanche aient suffisamment guéri pour stabiliser la prothèse, le client devra éviter ces activités, soit habituellement pour une période d'environ six semaines.

Lorsque la fracture de la hanche est réparée chirurgicalement au moyen d'un accès antérieur (accès à l'articulation par l'avant du corps), les muscles de la hanche sont laissés intacts. Cette approche se traduit généralement par une hanche plus stable pendant la période postopératoire et diminue le taux de complications. Les précautions liées aux mouvements et à la mise en charge du client sont moindres et peuvent inclure des directives destinées à éviter l'hyperextension.

Une douleur intense et soudaine, l'apparition d'une masse dans la région fessière, le raccourcissement d'un membre et la rotation externe indiquent une luxation de la prothèse. Pour corriger la situation, il faut procéder à une réduction fermée ou à une réduction ouverte pour réaligner la tête fémorale dans l'acétabulum.

En plus d'enseigner au client et au proche aidant comment prévenir la luxation de la prothèse, l'infirmière doit également : 1) placer un gros oreiller entre les jambes du client lorsqu'il se retourne ; 2) éviter les flexions extrêmes de la hanche ; 3) éviter de tourner le client sur le côté affecté jusqu'à ce que le chirurgien l'autorise. De plus, certains professionnels de la santé préfèrent que le client porte une attelle d'abduction de la hanche en continu, sauf quand le client prend un bain.

Jugement clinique

Capsule

Madame Astrid Ullman est âgée de 81 ans. Elle vient tout juste de revenir chez elle après sa réadaptation ayant suivi la mise en place d'une endoprothèse de la hanche gauche. Elle avait l'habitude de dormir sur le côté droit.

Est-ce une position sécuritaire dans son cas ? Justifiez votre réponse.

25

ENCADRÉ 25.7 Prothèse de la tête fémorale[a]

L'infirmière doit transmettre les éléments d'information suivants au client et aux proches aidants relativement aux prothèses de la tête fémorale.

À ne pas faire

- Effectuer une flexion de plus de 90° de la hanche (p. ex., s'asseoir sur une chaise ou des sièges de toilette trop bas).
- Effectuer des mouvements d'adduction de la hanche.
- Effectuer des mouvements de rotation interne de la hanche.
- Croiser les jambes à la hauteur des genoux.
- Mettre ses chaussures et ses chaussettes sans s'aider d'un dispositif d'assistance (p. ex., des chausse-pieds à long manche ou un enfile-bas) durant les six premières semaines après l'intervention chirurgicale.
- S'asseoir sur une chaise sans bras sur lesquels s'appuyer quand le client doit se lever.

À faire

- Utiliser un siège de toilette surélevé.
- Placer une chaise à l'intérieur de la douche ou de la baignoire et demeurer assis tout au long des soins d'hygiène.
- Placer un oreiller entre les jambes pendant les six premières semaines suivant l'intervention chirurgicale lorsque le client est allongé sur le côté non opéré ou en décubitus dorsal.
- Garder la hanche dans une position neutre, droite lorsque le client est en position allongée, assise et durant la marche.
- Aviser le chirurgien en cas de douleur intense, de déformation ou d'une perte de la fonction.
- Informer le dentiste de la présence d'une prothèse avant toute intervention dentaire, de manière que des antibiotiques prophylactiques soient administrés au besoin.

[a] Pour les clients qui ont subi une chirurgie par accès postérieur.

Le client est encouragé à se lever du lit dès le lendemain de l'opération. La mise en charge du côté du membre affecté varie. Dans les cas de fractures particulièrement fragiles, la mise en charge peut être restreinte jusqu'à ce que l'examen radiologique indique une guérison adéquate, soit généralement après 6 à 12 semaines.

L'infirmière doit aider le client et le proche aidant à s'ajuster à la perte d'autonomie et aux restrictions imposées par une fracture de la hanche. L'anxiété et la dépression sont courantes, mais des soins infirmiers empathiques et l'anticipation des complications éventuelles peuvent largement contribuer à les prévenir. La durée de l'hospitalisation est de trois ou quatre jours en moyenne. Par la suite, les clients ont souvent besoin de séjourner dans un service ou un établissement où des soins infirmiers peuvent être prodigués ou dans des centres de réadaptation pendant quelques semaines avant de retourner à la maison. Le client et le proche aidant peuvent avoir besoin d'information sur les services communautaires susceptibles de les soutenir après le congé. De plus, un suivi régulier incluant des soins à domicile peut être organisé.

Évaluation des résultats

Les résultats escomptés pour un client qui a subi une fracture de la hanche sont présentés dans le **PSTI 25.2**.

Considérations gérontologiques

FRACTURE DE LA HANCHE

Chez les personnes âgées, les facteurs qui contribuent aux fractures de la hanche incluent la propension aux chutes, l'incapacité à corriger un déséquilibre postural, l'inaptitude des tissus locaux à amortir les chocs (p. ex., les tissus adipeux et la masse musculaire) et la force squelettique sous-jacente. Il a été établi que plusieurs facteurs favorisaient le risque de chute chez les personnes âgées. Ce sont notamment les problèmes de démarche et d'équilibre, la détérioration de la vision et de l'audition, la diminution des réflexes, l'hypotension orthostatique et la prise de médicaments. Les carpettes et les surfaces glissantes ou inégales constituent les principaux facteurs responsables des chutes, qui sont d'ailleurs très fréquentes lorsque les personnes se lèvent d'une chaise ou d'un lit, ou qu'elles s'y installent. Les chutes sur le côté sont les plus courantes chez les personnes âgées et sont plus susceptibles d'entraîner une fracture de la hanche qu'une chute vers l'avant. Le port de protecteur pour les hanches ne s'est pas révélé efficace pour réduire l'incidence des fractures de la hanche chez les personnes âgées (Parker, Gillespie, & Gillespie, 2005). En effet, la liberté de mouvement brimée des clients qui portent ces protecteurs de hanche en plastique ou en bloc de mousse placés sous les vêtements fait en sorte que ceux-ci délaissent rapidement le port de ces dispositifs protecteurs, ce qui explique en partie ces résultats.

La présence de tissus mous amortisseurs au-dessus du grand trochanter et l'état de la contraction du muscle de la jambe au moment de la chute sont deux facteurs importants susceptibles d'influer sur l'intensité de la force imposée à la hanche. Comme le tonus musculaire est faible chez un grand nombre de personnes âgées, il s'agit de facteurs déterminants pour la gravité d'une chute. Les femmes âgées présentent souvent de l'ostéoporose et une faible densité osseuse, ce qui les rend plus sujettes à des fractures de la hanche ou autres.

Les interventions ciblées destinées à réduire les fractures de la hanche chez les personnes âgées impliquent diverses stratégies. Un supplément de calcium et de vitamine D, les traitements hormonaux de substitution de l'œstrogène et les pharmacothérapies de bisphosphonates permettent de limiter la perte osseuse ou d'augmenter la densité osseuse et diminuent ainsi le risque de fractures ▶ . L'infirmière doit planifier soigneusement les interventions visant à réduire l'incidence des fractures de la hanche chez les personnes âgées.

25.5.5 Fracture de la diaphyse fémorale

La fracture de la diaphyse fémorale est une blessure fréquente observée particulièrement chez les jeunes adultes. Elle ne peut résulter que d'une force directe intense, car le fémur a la capacité de se courber légèrement avant de se fracturer. La force employée pour causer la fracture entraîne souvent des lésions aux structures des tissus mous adjacents et ces lésions peuvent être plus graves que la fracture elle-même. Le déplacement des fragments osseux conduit souvent à une fracture ouverte et augmente les dommages causés aux tissus mous. Une fracture du fémur peut entraîner une perte sanguine considérable (de 1 à 1,5 L).

Les manifestations cliniques d'une fracture de la diaphyse fémorale sont généralement évidentes. Elles comprennent une déformation et une angulation marquées, un raccourcissement du membre affecté, l'incapacité à bouger la hanche ou le genou et la douleur. Les complications courantes de la fracture de la diaphyse fémorale incluent l'embolie graisseuse, les lésions nerveuses et vasculaires, ainsi que des problèmes liés à la consolidation osseuse, à une fracture déplacée et aux lésions des tissus mous.

Le processus thérapeutique initial vise à stabiliser le client et à immobiliser la fracture. L'utilisation d'une traction squelettique pour une période prolongée ne correspond plus aux normes de soins actuelles. Selon les résultats probants, la ROFI est devenue la méthode privilégiée de traitement des fractures fémorales. Elle implique une tige intramédullaire, une plaque de compression avec vis ou une plaque latérale fixée avec un clou intercondylaire. La fixation interne est le traitement privilégié, car il limite la durée de l'hospitalisation et les complications inhérentes à l'alitement prolongé. La fixation interne est aussi indiquée si les méthodes non chirurgicales n'ont pas permis une réduction satisfaisante ou en cas de lésions multiples. Dans certains cas, la réparation chirurgicale du fémur peut être renforcée par une traction suspendue pendant trois à quatre jours pour prévenir des mouvements excessifs du membre affecté et contrôler la rotation. Par la suite, le client peut commencer à s'entraîner à la marche sans mettre de mise en charge sur son membre blessé. Les fractures accompagnées de lésions importantes des tissus mous peuvent être traitées quant à elles par fixation externe.

Pour favoriser et maintenir la force musculaire du membre affecté, des exercices isométriques des muscles fessiers et des quadriceps sont généralement recommandés. L'infirmière doit s'assurer que le client effectue ses exercices d'amplitude et de renforcement de tous les membres non affectés pour se préparer à marcher. Il est possible que le client soit immobilisé dans un spica plâtré de la hanche et qu'il passe graduellement à une orthèse articulée ou qu'il soit autorisé à effectuer certaines activités sans mise en charge avec un dispositif d'aide à la marche. En général, les exercices demandant un appui complet sur le membre affecté sont restreints jusqu'à ce que les radiographies confirment la consolidation des fragments de la fracture.

25.5.6 Fracture du tibia

Bien que le tibia soit vulnérable aux blessures puisqu'il n'est pas recouvert d'un muscle antérieur, il faut une force importante pour le fracturer. C'est pourquoi les lésions des tissus mous, la dévascularisation et la fracture ouverte du tibia sont fréquentes. Le tibia est l'un des sièges de fracture de stress les plus courants. Le syndrome du compartiment, l'embolie graisseuse, les problèmes de consolidation osseuse et l'infection associée à une fracture ouverte sont quelques-unes des complications liées aux fractures du tibia. L'amputation, quoique rare, peut s'avérer nécessaire si les muscles et les tissus ne sont pas suffisamment recouverts après une greffe de muscles et de lambeaux.

Le traitement recommandé d'une fracture fermée du tibia est une réduction fermée suivie d'une immobilisation dans un plâtre long de la jambe. Une réduction ouverte avec une tige intramédullaire,

26

Les soins et traitements en interdisciplinarité auprès des clients souffrant d'ostéoporose sont décrits dans le chapitre 26, *Interventions cliniques – Troubles musculosquelettiques.*

une plaque de verrouillage avec vis ou une fixation externe sont indiquées pour les fractures complexes et celles qui s'accompagnent de lésions importantes des tissus mous. Les plaques de verrouillage sont des dispositifs chirurgicaux moins invasifs et plus récents (Ronga, Chezhiyan, Longo, Oliva, & Maffulli, 2009). Quel que soit le type de réduction, il est important de maintenir la force musculaire du quadriceps.

L'état neurovasculaire du membre affecté doit être évalué minimalement toutes les 2 heures pendant les premières 48 heures. L'infirmière demandera au client d'effectuer des exercices d'amplitude actifs qui sollicitent tous les membres non atteints et des exercices de renforcement des membres supérieurs qui seront sollicités pour marcher à l'aide de béquilles. Lorsque le médecin aura déterminé que le client est prêt à marcher, l'infirmière et le physiothérapeute lui enseigneront les principes de marche avec des béquilles. En fonction de la guérison, il est possible que le client ne puisse pas mettre de mise en charge sur son membre blessé pour une période de 6 à 12 semaines. Le client porteur d'une fixation externe doit recevoir un enseignement approprié pour le soin des tiges et les changements de pansement. À la maison, les soins infirmiers doivent débuter rapidement pour assurer un meilleur suivi de la progression du client.

Jugement clinique

Capsule

Loïc Latreille, âgé de 19 ans, a subi une fracture ouverte du tibia à la suite d'un accident de moto. Il a été opéré et les suites opératoires sont satisfaisantes, mais le médecin a recommandé d'attendre avant d'enseigner le principe de marche avec des béquilles. Or, dès qu'il le peut, Loïc essaie à tout prix de se déplacer tout seul pour accélérer sa guérison et pouvoir refaire de la moto avant la fin de la belle saison. Il est déjà tombé sans dommage pour sa fracture, mais il n'en fait qu'à sa tête.

De quel problème de santé souffre Loïc ?

25.5.7 Fracture vertébrale stable

Les fractures stables de la colonne vertébrale sont généralement causées par une collision automobile, une chute, un accident de plongeon ou des blessures sportives. Une fracture stable désigne une fracture ou des fragments de fracture qui ne sont pas susceptibles de se déplacer ou de provoquer des lésions de la moelle épinière. Ce type de fracture est souvent limité au corps vertébral de la région lombaire de la colonne vertébrale et touche plus rarement la région cervicale et thoracique. Les ligaments vertébraux intacts protègent généralement les déplacements des corps vertébraux.

La plupart des clients présentant des fractures vertébrales stables ne connaissent que de brèves périodes d'incapacité. Cependant, si la rupture des structures ligamentaires est importante, une luxation des vertèbres est possible, entraînant une instabilité et une blessure médullaire (fracture instable). Ces blessures requièrent généralement une intervention chirurgicale. La complication la plus sérieuse des fractures vertébrales est le déplacement de la fracture qui peut causer des lésions à la moelle épinière ▶ **23**. Bien que les fractures

23

Les soins et traitements infirmiers auprès des clients souffrant de lésions médullaires sont décrits dans le chapitre 23, *Interventions cliniques – Troubles des nerfs périphériques et de la moelle épinière.*

vertébrales stables soient rarement associées à des blessures médullaires, toutes les lésions rachidiennes doivent être considérées comme instables et potentiellement graves jusqu'à ce que des examens paracliniques permettent de juger de la stabilité de la fracture.

Le client se plaint généralement de douleur et de sensibilité dans la région affectée de la colonne vertébrale. La perte soudaine de fonction en dessous du foyer de la fracture indique une compression de la moelle épinière et une tétraplégie ou paraplégie. Les fractures stables par tassement sont liées à une cyphose (angulation de flexion de plusieurs vertèbres), visible durant l'examen physique. Chez les clients qui présentent une fracture vertébrale stable résultant de l'ostéoporose, plusieurs vertèbres peuvent être touchées, comme en témoigne une cyphose de la colonne thoracique (bosse de sorcière) ou une lordose lombaire (cambrure extrême). Il est possible que la colonne cervicale soit également affectée. Les dysfonctionnements intestinaux et vésicaux peuvent indiquer une interruption de la transmission des influx nerveux provenant du système nerveux autonome ou une blessure médullaire.

L'objectif du processus thérapeutique des fractures vertébrales stables est de maintenir un alignement adéquat de la colonne jusqu'à la consolidation. De nombreuses interventions en soins infirmiers visent à déterminer l'éventualité d'un trauma de la moelle épinière. L'infirmière doit évaluer régulièrement les signes vitaux, les fonctions intestinale et vésicale, les fonctions motrice et sensorielle en dessous de la région affectée. Toute détérioration de l'état neurovasculaire du client doit être signalée rapidement.

Le traitement inclut le soutien, une courte période de repos, l'administration d'analgésiques, puis une mobilisation rapide avec appareillage. S'il est hospitalisé, le client est déplacé avec précautions. L'objectif est de soutenir la colonne vertébrale, de détendre les muscles, de réduire l'œdème et de prévenir une éventuelle compression des racines nerveuses. L'infirmière enseigne au client comment garder sa colonne droite lorsqu'il se tourne, en faisant pivoter en même temps les épaules et le bassin. L'assistance du personnel soignant est requise pour mobiliser le client en bloc. Quelques jours après la lésion initiale, le médecin peut recourir à une orthèse faite sur mesure (p. ex., l'appareil de Milwaukee, de Jewett ou de Taylor), à un corset plâtré ou à un corset amovible si aucun signe de déficit neurologique n'est présent.

Les fractures par tassement vertébral, souvent dues à l'ostéoporose, peuvent être traitées par deux procédures en ambulatoire : la vertébroplastie et la cyphoplastie. La vertébroplastie utilise la radio-imagerie pour guider l'injection de ciment osseux dans le corps vertébral fracturé. Une fois durci, le ciment permet de stabiliser et de prévenir d'autres écrasements vertébraux. La cyphoplastie consiste à insérer un ballonnet dans le corps vertébral puis à le gonfler, de manière à créer une cavité qui est remplie d'un ciment osseux à faible pression. Contrairement à la vertébroplastie, la cyphoplastie entraîne une fuite légère de ciment osseux et contribue à rétablir la taille du corps vertébral (Meade, Malas, Patwardhan, & Gavin, 2008). Ces interventions font présentement l'objet d'essais cliniques et leur efficacité pour le soulagement de la douleur et l'amélioration du fonctionnement ne fait pas l'unanimité (Kallmes *et al.*, 2009 ; Wilhelm, 2009).

Si la fracture se situe à la colonne cervicale, le client peut porter un collier cervical rigide ou semi-rigide. Certaines fractures cervicales sont immobilisées au moyen d'un halo-veste. Il s'agit d'une veste faite en plastique ou d'un plâtre ajusté autour de la poitrine relié à un anneau fixé par des tiges insérées dans le crâne. Ces dispositifs sont utilisés pour immobiliser la colonne vertébrale autour du foyer de la fracture, tout en permettant au client de se déplacer. Avant de quitter l'hôpital, le client doit : 1) avoir retrouvé son habileté à marcher ; 2) connaître les soins du plâtre ou de l'orthèse et des tiges ; 3) être au courant des limitations qu'impose la lésion ainsi que les mesures de sécurité inhérentes à sa blessure et à son traitement.

25.5.8 Fractures maxillo-faciales

Un événement traumatique peut provoquer une fracture de n'importe quel os du visage. Ce type de fracture peut survenir après une collision avec une personne ou un objet, au cours d'une bagarre ou par l'action d'un traumatisme contondant. Après une fracture du visage, il importe avant tout de dégager et de maintenir les voies aériennes perméables et d'assurer une ventilation adéquate en retirant les corps étrangers et le sang des voies respiratoires. Une aspiration peut s'avérer nécessaire. S'il est impossible de garder les voies respiratoires du client perméables, il faut procéder à une intubation endotrachéale ou parfois réaliser une trachéotomie. De plus, le tamponnement permet de maîtriser l'hémorragie des structures faciales et par le fait même de faciliter le maintien de la perméabilité des voies respiratoires. L'infirmière doit soupçonner un trauma cervical chez tous les clients présentant des lésions maxillo-faciales jusqu'à ce qu'un examen clinique et des examens paracliniques écartent cette possibilité (p. ex., une tomodensitométrie, une radiographie). Le **TABLEAU 25.7** décrit les manifestations cliniques fréquentes des fractures maxillo-faciales.

La présence de lésions concomitantes des tissus mous complique souvent l'examen des blessures du visage. L'infirmière doit effectuer des examens de la bouche et du visage dès que l'état du client

TABLEAU 25.7	Manifestations cliniques des fractures maxillo-faciales
FRACTURE	**MANIFESTATION CLINIQUE**
Os frontal	Œdème rapide pouvant masquer des fractures sous-jacentes
Os périorbitaire	Atteinte possible du sinus frontal, encapsulation des muscles oculaires
Os nasal	Déplacement des os nasaux, épistaxis
Os zygomatique	Dépression de l'os zygomatique et encapsulation des muscles oculaires
Maxillaire	Mouvement segmentaire du maxillaire et fracture alvéolaire de dent(s)
Mandibule	Fracture dentaire, saignement, mouvement limité de la mandibule.

est stabilisé et que toute menace au pronostic vital a été traitée. Une évaluation minutieuse des muscles oculaires et des nerfs crâniens (nerfs crâniens III, IV et VI) permet de déterminer s'ils ont été atteints. L'examen radiologique permet de confirmer l'étendue de la blessure. Une tomodensitométrie permet de distinguer l'os des tissus mous et offre une image plus précise de la fracture.

En cas de blessure au visage, l'infirmière doit suspecter une atteinte oculaire, surtout si la lésion est près de l'orbite. Si elle soupçonne une déchirure du globe oculaire, elle doit interrompre l'examen et recouvrir l'œil d'un écran protecteur jusqu'à ce qu'il soit examiné par un ophtalmologiste. L'extrusion de l'humeur vitrée ou la présence de tissus bruns (iris ou corps ciliaire) à la surface du globe, ou qui pénètrent le globe par une lacération, et une pupille excentrique ou en forme de goutte sont autant de signes de rupture du globe oculaire. Le traitement spécifique d'une fracture maxillo-faciale dépend de son siège, de son étendue et de l'atteinte concomitante des tissus mous. Une immobilisation ou une stabilisation chirurgicale peuvent s'avérer nécessaires.

Le client qui subit une fracture maxillo-faciale a besoin de soins infirmiers empathiques, car ce trauma peut considérablement modifier son apparence. L'œdème et la décoloration se dissipent avec le temps, mais les blessures concomitantes des tissus mous peuvent donner lieu à des cicatrices permanentes. L'infirmière doit maintenir les voies aériennes perméables et assurer une nutrition adéquate pendant toute la période de rétablissement. Elle doit toujours avoir à sa disposition un dispositif d'aspiration pour que les voies aériennes restent dégagées.

Fracture de la mandibule

Une fracture de la mandibule peut résulter d'un trauma au visage ou aux mâchoires. Les fractures

25

maxillaires sont également possibles, mais moins fréquentes que les fractures mandibulaires. La fracture peut être simple, sans déplacement osseux, ou s'accompagner d'une perte de tissus et d'os. Elle peut nécessiter un traitement immédiat et parfois à long terme, pour assurer la survie du client et rétablir une apparence et un fonctionnement satisfaisants. La fracture de la mandibule peut avoir été réalisée dans un contexte thérapeutique, pour corriger un problème de malocclusion sous-jacente auquel les interventions orthodontiques n'ont pu remédier. En l'occurrence, la mandibule est réséquée chirurgicalement puis avancée ou reculée selon le problème d'occlusion.

La chirurgie consiste en une immobilisation, généralement à l'aide de fils métalliques fixés aux mâchoires (fixation intermaxillaire) (Mercier, 2008). Le chirurgien peut également procéder à une fixation interne avec des vis et des plaques. Lors d'une fracture simple ayant épargné les dents, la mâchoire inférieure est fixée par un fil métallique à la mâchoire supérieure. Les fils métalliques sont disposés autour des dents, puis des fils croisés ou des bandes élastiques servent à fixer la mâchoire inférieure à la mâchoire supérieure **FIGURE 25.19**. Le chirurgien peut placer des arches de soutien sur l'arche maxillaire et l'arche mandibulaire des

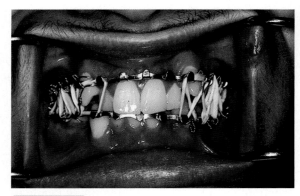

FIGURE 25.19
Fixation intermaxillaire

dents. Il tend aussi des fils verticaux entre les arches pour fixer ensemble les deux mâchoires. Si des dents sont manquantes ou qu'il y a un déplacement osseux, d'autres formes de fixation peuvent s'avérer nécessaires, comme des arches métalliques dans la bouche ou l'insertion d'une broche dans l'os. Une greffe osseuse peut également s'imposer. En règle générale, l'immobilisation est maintenue pendant quatre à six semaines seulement, car ce type de fracture guérit rapidement.

Soins et traitements infirmiers

CLIENT SOUFFRANT D'UNE FRACTURE DE LA MANDIBULE

Interventions cliniques

Phase aiguë

| **Soins préopératoires** | Avant la chirurgie, l'infirmière décrit l'intervention au client et l'avise des changements qui en résulteront et de l'aspect que prendra ensuite son visage. Elle rassure le client sur le fait qu'il pourra respirer normalement, parler et avaler des liquides. L'hospitalisation vise principalement à surveiller la fonction respiratoire du client. Elle est habituellement brève, à moins que d'autres problèmes ou blessures ne surviennent.

| **Soins postopératoires** | Les soins postopératoires se centrent sur le maintien de la perméabilité des voies respiratoires, l'hygiène buccale, la communication, le soulagement de la douleur et une nutrition adéquate. Les deux principaux problèmes susceptibles de se présenter immédiatement après l'opération sont une obstruction des voies aériennes et l'aspiration à la suite d'un vomissement. Étant donné que le client n'est pas en mesure d'ouvrir les mâchoires, il est essentiel de s'assurer du maintien de la perméabilité des voies respiratoires. Immédiatement après l'intervention chirurgicale, l'infirmière place le client sur le côté, la tête légèrement surélevée. Elle doit rester à l'affût de tout signe de détresse respiratoire (p. ex., une dyspnée, une variation de la fréquence, de la qualité et de l'amplitude respiratoires).

L'infirmière fixe à la tête de lit un coupe-fil ou des ciseaux (pour les bandes élastiques) qui accompagneront le client à tous les rendez-vous et examens qui exigeront qu'il sorte de sa chambre.

Ceux-ci pourront servir à couper les fils ou les bandes élastiques en cas d'urgence. Les fils ne seront coupés qu'en cas de détresse respiratoire ou d'arrêt cardiaque rendant indispensable un accès au pharynx ou aux poumons. Le chirurgien doit indiquer, à l'aide d'un pictogramme, quel(s) fil(s) il faut couper, le cas échéant. Ce renseignement doit figurer dans le plan de soins et de traitements infirmiers. Dans certains cas, la coupure des fils peut provoquer un décalage ou un affaissement de la structure faciale et aggraver le problème. Un plateau à trachéotomie ou à intubation endotrachéale doit toujours être disponible.

Si le client commence à vomir ou à s'étouffer, l'infirmière doit dégager la bouche et les voies aériennes. Une aspiration orale ou par voie nasopharyngée peut être nécessaire selon l'étendue de la blessure et le type de réparation. L'infirmière enseigne aussi au client à éliminer les sécrétions et les vomissements. Une sonde nasogastrique peut être installée afin d'éliminer les liquides et les gaz de l'estomac et prévenir les vomissements de même que l'aspiration. Le client peut également recevoir des antiémétiques.

Dans le cadre des soins infirmiers, l'hygiène buccale est extrêmement importante. Il faut rincer la bouche périodiquement, surtout après les repas et les collations, et retirer les débris alimentaires. Le client peut utiliser une solution de salin physiologique tiède, de l'eau ou des rince-bouche alcalins. Un cathéter d'aspiration flexible ou un hydropulseur de type Waterpik^MD (appareil d'hygiène buccodentaire à jet d'eau pulsé) sont des outils efficaces pour effectuer une hygiène buccale complète. L'infirmière vérifie la bouche du client plusieurs fois par jour pour s'assurer qu'elle est propre. Elle se sert d'une lampe-stylo et d'un abaisse-langue pour écarter les joues. Enfin, il faut maintenir l'humidité des lèvres, des commissures labiales et de la muqueuse buccale.

La communication peut être problématique, en particulier au début de la période postopératoire. Un moyen de communication efficace doit être choisi avant l'opération (p. ex., l'utilisation d'un tableau avec pictogrammes, d'un carnet et d'un crayon, d'un petit tableau). Habituellement, le client peut parler assez distinctement pour se faire comprendre, notamment quelques jours après l'opération.

L'ingestion suffisante de nutriments est souvent un défi, car l'alimentation doit s'effectuer sous forme liquide. Le client se fatigue rapidement à force d'aspirer par une paille ou d'utiliser laborieusement une cuillère. L'alimentation doit être planifiée de manière à inclure suffisamment de calories, de protéines et de liquides. Les suppléments protéiques liquides peuvent contribuer à améliorer l'état nutritionnel. L'infirmière collabore avec une nutritionniste et le client pour assurer une alimentation adéquate. Une diète riche en glucides et à faible teneur en fibres de même que l'aspiration d'air par les pailles entraînent un problème de constipation et de flatulence. La marche de même que la consommation de jus de pruneaux et de laxatifs peuvent alors procurer un soulagement.

Le client reçoit généralement son congé alors qu'il porte encore quelques fils métalliques de fixation. L'infirmière doit inviter le client à lui faire part de ses sentiments concernant l'altération de son apparence. Au moment du congé, elle l'informe des consignes concernant les soins buccaux dentaires, l'alimentation et la manipulation des sécrétions. Elle lui indique également quand et comment se servir des coupe-fils, et quand aviser un professionnel de la santé en cas de problèmes ou de préoccupations.

25.6 | Amputation

Au cours des 20 dernières années, des progrès importants ont été réalisés en ce qui concerne les techniques chirurgicales d'amputation, de conception de prothèses et de programmes de réadaptation. Ces progrès permettent aux personnes amputées de redevenir productives et de redécouvrir un rôle intéressant sur le plan social. Les personnes d'âge moyen et les personnes âgées présentent l'incidence d'amputation la plus élevée à cause de l'effet des maladies vasculaires périphériques, particulièrement l'athérosclérose et les changements vasculaires liés au diabète. Chez les jeunes, un trauma (p. ex., lié aux activités agricoles ou au cours d'une collision automobile) est la cause la plus fréquente de l'amputation.

25.6.1 Indications cliniques

Les indications cliniques d'une amputation dépendent de la maladie ou du trauma sous-jacent. L'amputation est plus fréquente chez les personnes dont le travail comporte des risques et son incidence est plus élevée chez les hommes, car ils occupent plus souvent ce genre de travail. L'amputation peut également être indiquée en cas de problèmes de circulation résultant d'une maladie vasculaire périphérique, de lésions traumatiques et thermiques, de tumeurs malignes, d'infection non maîtrisée ou généralisée d'un membre (p. ex., la gangrène gazeuse, l'ostéomyélite) et de troubles congénitaux. Ces maladies peuvent se manifester par une perte de sensation, une circulation inadéquate, une pâleur et des manifestations locales d'infection ou de **sepsie**. Bien que la douleur soit ordinairement présente, il est rare qu'elle soit la principale raison de l'amputation. L'infirmière devra d'ailleurs évaluer la capacité du client à se servir convenablement d'une prothèse.

25.6.2 Examen clinique et examens paracliniques

Les examens paracliniques à effectuer dépendront du problème sous-jacent **ENCADRÉ 25.8**. L'augmentation du nombre de globules blancs et une anomalie de la formule leucocytaire peuvent indiquer une infection. Les examens vasculaires comme l'artériographie, le doppler et la phlébographie fournissent des informations sur l'état circulatoire du membre.

25.6.3 Processus thérapeutique en interdisciplinarité

Si l'amputation est envisagée de manière élective, l'infirmière évalue soigneusement l'état de

Sepsie : Propagation de microorganismes pathogènes dans la circulation sanguine.

Processus diagnostique et thérapeutique

ENCADRÉ 25.8 | **Amputation**

Examen clinique et examens paracliniques

- Évaluation des symptômes (PQRSTU), histoire de santé (AMPLE) et examen physique
- Apparence physique des tissus mous
- Température cutanée
- Fonction sensitive
- Présence des pouls périphériques
- Artériographie
- Veinographie
- Pléthysmographie
- Échographie ultrasonique transcutanée (doppler)

Processus thérapeutique

- Traitement médical

— Prise en charge adéquate des maladies sous-jacentes

— Stabilisation du client ayant subi un trauma

- Traitement chirurgical

  — Type d'amputation requis

  — Soins du moignon

  — Ajustement immédiat de l'appareillage prothétique

  — Ajustement ultérieur de la prothèse

- Réadaptation

  — Coordination des activités liées à l'ajustement de la prothèse et des exercices d'entraînement à la marche

  — Coordination des programmes de renforcement musculaire et de physiothérapie

25

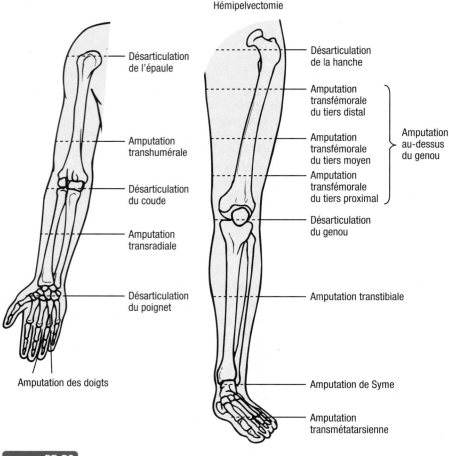

Hémipelvectomie

Désarticulation de l'épaule

Amputation transhumérale

Désarticulation du coude

Amputation transradiale

Désarticulation du poignet

Amputation des doigts

Désarticulation de la hanche

Amputation transfémorale du tiers distal

Amputation transfémorale du tiers moyen

Amputation transfémorale du tiers proximal

} Amputation au-dessus du genou

Désarticulation du genou

Amputation transtibiale

Amputation de Syme

Amputation transmétatarsienne

FIGURE 25.20

Localisation et description des niveaux d'amputation des membres supérieurs et inférieurs

client et le proche aidant à évaluer la nécessité d'une amputation et les rassurera en leur faisant savoir qu'une réadaptation permet une vie active et utile. Si l'amputation est effectuée en urgence, après un trauma, la prise en charge du client est plus complexe, tant sur le plan physique qu'émotionnel.

L'objectif d'une amputation chirurgicale est de préserver la longueur et la fonction d'un membre en retirant tous les tissus infectés, malades ou ischémiques. La **FIGURE 25.20** présente les niveaux d'amputation des membres supérieurs et inférieurs. Le type d'amputation dépend du motif de la chirurgie. Une amputation fermée vise à former un moignon pour une mise en appui. Un lambeau de peau antérieur et un coussinet de tissu mou disséqué recouvrent la partie osseuse du moignon. Le lambeau cutané est suturé sur la face postérieure de manière que la ligne de suture ne se trouve pas dans la région de mise en appui. Des soins particuliers sont nécessaires pour prévenir l'accumulation de liquide de drainage, lequel peut exercer une pression et abriter des bactéries potentiellement infectieuses.

Une désarticulation est une amputation effectuée à partir d'une articulation. Une amputation de Syme est une forme de désarticulation de la cheville. Une amputation ouverte consiste à laisser une surface non recouverte de peau sur le moignon. Ce type de chirurgie est généralement indiqué pour maîtriser une infection confirmée ou potentielle. La plaie est fermée ultérieurement dans le cadre d'une deuxième intervention chirurgicale, ou fermée par une traction cutanée entourant le moignon. Ce type d'amputation est souvent appelé amputation en section plane.

santé général du client. Les maladies chroniques et la présence d'une infection sont des éléments importants à considérer. L'infirmière aidera le

---

Soins et traitements infirmiers

39

ÉVALUATION CLINIQUE

L'évaluation de l'état vasculaire est abordée dans le chapitre 39, *Système cardiovasculaire*.

CLIENT AYANT SUBI UNE AMPUTATION

Collecte des données

Il est important de recueillir des données sur toute maladie préexistante, car la plupart des amputations résultent de problèmes vasculaires. L'évaluation de l'état vasculaire et neurologique est un aspect important du processus d'évaluation.

Analyse et interprétation des données

Pour le client qui a subi une amputation, les problèmes prioritaires comprennent entre autres :

- l'image corporelle perturbée liée à l'amputation et à la réduction de la mobilité ;
- l'atteinte à l'intégrité de la peau relative à l'immobilité et à une prothèse mal ajustée ;
- la douleur chronique due à la sensation du membre fantôme ou au moignon ;

- la mobilité physique réduite liée à l'amputation du membre inférieur.

Planification des soins

Les objectifs généraux pour le client amputé sont :

- d'obtenir un traitement adéquat pour le problème de santé ayant conduit à l'amputation ;
- d'obtenir un soulagement adéquat de la douleur ;
- d'atteindre son potentiel maximal de réadaptation par l'utilisation d'une prothèse (si elle est indiquée) ;
- de faire face aux perturbations de l'image corporelle ;
- d'apporter des ajustements satisfaisants à son mode de vie.

Interventions cliniques

Promotion de la santé

Le contrôle des maladies en cause, comme la maladie vasculaire périphérique, le diabète, l'ostéomyélite chronique et les lésions de pression, permet d'éviter ou de retarder l'amputation. L'infirmière enseigne au client atteint de ces affections comment examiner méticuleusement et quotidiennement les membres inférieurs à la recherche de signes éventuels de complications. Si le client n'est pas en mesure d'assumer cette responsabilité, l'infirmière doit enseigner cette procédure à un proche aidant. Elle demande également au client et à sa famille de signaler à un professionnel de la santé tout changement de coloration ou de température cutanée, la diminution ou la perte de sensation aux pieds ou aux orteils, les fourmillements, les sensations de brûlure ou la présence d'une lésion.

L'enseignement sur les mesures de sécurité pendant des activités récréatives et professionnelles potentiellement dangereuses est une responsabilité importante de l'infirmière, surtout pour l'infirmière en santé et sécurité au travail.

Phase aiguë

Il est important que l'infirmière reconnaisse les implications psychologiques et sociales que peut avoir une amputation. La perturbation de l'image corporelle que provoque l'amputation oblige généralement le client à passer par les stades psychologiques d'un processus de deuil. L'infirmière doit soutenir le client à travers ce processus. Elle encourage la famille à traverser la période de transition et à adopter une attitude réaliste et positive en regard de l'avenir. Les raisons d'une amputation de même que le potentiel de réadaptation dépendent de l'âge, du diagnostic, de la profession, de la personnalité, des ressources et des systèmes de soutien dont dispose le client.

| Soins préopératoires | Avant l'intervention chirurgicale, l'infirmière passe en revue l'information que le client et la famille ont reçue concernant les motifs de l'amputation, la prothèse proposée et le programme d'entraînement à la marche. Le client qui doit subir une amputation a des besoins bien spécifiques en termes d'information. Pour les combler, l'infirmière doit connaître le niveau d'amputation, le type de pansements postchirurgicaux et le type de prothèse qui seront retenus. Le client doit être mis au fait des exercices des membres supérieurs destinés à augmenter la force musculaire de ses bras, comme des tractions au lit ou des exercices d'extension des bras (push-up) sur le fauteuil roulant. Cette information est essentielle pour ceux qui sont appelés à utiliser des béquilles et à s'entraîner à la marche. L'infirmière doit aborder les soins infirmiers postopératoires généraux, notamment le positionnement, le soutien et les soins du moignon. S'il convient d'utiliser un bandage compressif après l'intervention, elle informera le client de son utilité et de la méthode d'application. Si l'usage immédiat d'une prothèse est prévu, elle discutera des attentes générales du client vis-à-vis de la marche.

Le client doit être prévenu qu'il peut avoir la sensation physique que le membre amputé est toujours présent après l'intervention chirurgicale. Ce phénomène, appelé sensation du membre fantôme, se produit chez 90 % des personnes amputées (Hanley, Ehde, Jensen, Czerniecki, Smith, & Robinson, 2009). Le client peut également ressentir une sensation de froid, de lourdeur, de crampes, de douleur lancinante sous forme de brûlure ou de compression. Il est fréquent que cette sensation laisse le client extrêmement anxieux, car il sait que ce membre n'est plus, mais il continue de ressentir de la douleur à ce membre. Généralement, après l'amputation et tout au long du rétablissement, la sensation du membre fantôme s'atténue ainsi que la douleur, mais elle peut persister et devenir chronique.

| Soins postopératoires | Les soins postopératoires généraux pour un client qui vient de subir une amputation dépendent largement de l'état de santé global du client, de son âge et du motif de l'amputation. Chez les clients amputés après une blessure trau-

matique, l'infirmière doit demeurer à l'affût des manifestations d'un syndrome de stress post-traumatique, car ils n'ont pas eu le temps de se préparer, ni même parfois de prendre part à la décision concernant l'amputation du membre.

La prévention et la détection des complications sont importantes durant la période postopératoire. L'infirmière doit surveiller attentivement les signes vitaux du client et ses pansements en cas d'hémorragie. L'usage consciencieux d'une technique stérile au moment des changements de pansements permet de réduire le risque d'infection des plaies.

Si une prothèse postopératoire est immédiatement appliquée, il faudra prêter une attention vigilante au foyer chirurgical. Un garrot doit toujours être disponible en cas d'urgence. En cas de saignement excessif, il faut immédiatement en aviser le chirurgien.

La mise en place plus tardive d'une prothèse est vraisemblablement la meilleure option pour les clients amputés au-dessus du genou ou en dessous du coude, les personnes âgées, les personnes ayant une incapacité intellectuelle et celles dont le membre est infecté **FIGURE 25.21**. Le moment opportun de l'installation de la prothèse dépend de la guérison satisfaisante du moignon et de l'état de santé général du client. Une fois les sutures retirées, les clients peuvent se servir d'une prothèse temporaire pour la mise en appui partielle. En l'absence de complication, ils peuvent soutenir tout leur poids avec des prothèses permanentes environ trois mois après l'amputation.

Tous les clients ne sont pas forcément candidats à une prothèse. En effet, il est possible que le client gravement malade ou affaibli n'ait pas la force musculaire et l'énergie nécessaires pour utiliser une prothèse. Dans ces cas-là, le déplacement en fauteuil roulant est peut-être l'objectif le plus réaliste.

La réussite du programme de réadaptation dépend de la santé physique et émotionnelle du client. La présence d'une maladie chronique et le déconditionnement peuvent compliquer les efforts de réadaptation. La physiothérapie et l'ergothérapie peuvent constituer une composante centrale du plan de soins général du client.

Les contractures en flexion peuvent retarder le processus de réadaptation. La contracture la plus courante et la plus invalidante est la flexion de la hanche. La contracture de la hanche en adduction est plus rare. Pour prévenir les contractures en flexion, l'infirmière doit demander aux clients d'éviter de s'asseoir sur une chaise pendant plus d'une heure en fléchissant les hanches ou en plaçant des oreillers sous le membre amputé. En l'absence de contre-indication, les clients doivent s'allonger sur l'abdomen pendant 30 minutes, trois ou quatre fois par jour, et positionner la hanche en extension.

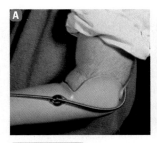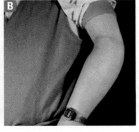

FIGURE 25.21

Deux types de prothèses – **A** Classique, en fibre de verre. **B** Les nouveaux matériaux et les nouvelles techniques ont permis de fabriquer des fourreaux de prothèses légers, mous, flexibles et sécuritaires.

Le bandage adéquat du moignon permet de le mettre en forme et de le modeler pour qu'il reçoive une prothèse éventuelle **FIGURE 25.22**. Le médecin prescrit habituellement un bandage compressif à appliquer immédiatement après la chirurgie pour soutenir les tissus mous, réduire l'œdème, accélérer la guérison, atténuer autant que possible la douleur, et faciliter le rétrécissement, le modelage et la maturation du moignon. Un bandage élastique en rouleau ou un bas à compression calibré qui recouvre fermement le moignon et la partie inférieure du tronc peuvent être utilisés.

Dans un premier temps, le bandage compressif se porte en permanence, sauf pendant les séances de physiothérapie et le bain. Par la suite, le bandage est retiré et réinstallé plusieurs fois par jour, en prenant soin de bien l'ajuster, mais sans trop le serrer, afin qu'il ne nuise pas à la circulation. Après la guérison, le moignon n'est bandé que lorsque le client ne porte pas sa prothèse. L'infirmière doit informer le client d'éviter de laisser pendre son moignon sur le bord du lit, pour réduire au minimum le risque d'œdème.

À mesure que l'état du client progresse, ce dernier entame un programme d'exercices sous la supervision d'un physiothérapeute. Il doit commencer ses exercices d'amplitude actifs de toutes les articulations dès que l'intensité de la douleur et son état médical le permettent. Pour se préparer à la marche, le client doit renforcer ses triceps, les muscles des épaules ainsi que l'appui de son membre inférieur et apprendre à se mettre en équilibre avec son «nouveau corps». Compte tenu du poids perdu du membre amputé, le client doit adapter ses mécanismes de proprioception et de coordination pour éviter de tomber et de se blesser.

La marche avec béquilles débute dès que l'état physique du client le lui permet. Si une prothèse est placée juste après l'intervention chirurgicale, l'infirmière devra suivre avec précision les directives concernant la mise en appui, pour éviter toute blessure au lambeau cutané et tout délai dans le processus de guérison des tissus. Avant qu'il ne reçoive son congé, l'infirmière doit passer en revue avec le client et sa famille les soins du moignon, les recommandations relatives à la marche, la prévention des contractures, les signes de complications, les exercices à effectuer ainsi que les modalités de suivi. L'**ENCADRÉ 25.9** énumère les instructions destinées au client et au proche aidant après une amputation.

Début du second bandage

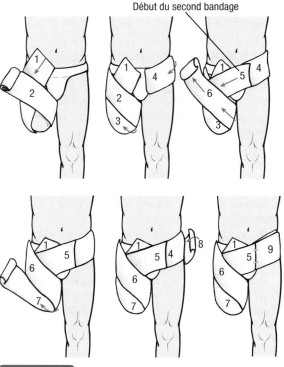

FIGURE 25.22

Bandage du moignon après une amputation transfémorale – Un bandage en huit couvre progressivement toutes les parties du moignon. Deux bandages élastiques sont nécessaires.

Enseignement au client et à ses proches

ENCADRÉ 25.9 Amputation

L'enseignement au client qui a subi une amputation et à ses proches devrait porter sur les aspects suivants :

• Inspecter le moignon quotidiennement à la recherche de signes d'irritation cutanée, d'érythème, d'excoriation et d'odeur. S'attarder particulièrement aux régions soumises à des pressions.

• Interrompre l'utilisation de la prothèse en cas d'irritation de la peau. Faire évaluer la région par un professionnel de la santé avant d'en reprendre l'usage.

• Laver le moignon abondamment tous les soirs avec de l'eau tiède et du savon bactériostatique. Rincer abondamment et sécher délicatement. Exposer le moignon à l'air pendant 20 minutes.

• Ne pas appliquer des substances comme de la lotion, de l'alcool, des poudres ou de l'huile sur le moignon, à moins qu'elles ne soient prescrites par le médecin.

• Porter un bas conçu spécialement pour recouvrir le moignon, en bonne condition et fourni par le prothésiste.

• Remplacer quotidiennement le bas recouvrant le moignon. Le laver avec un savon léger, l'essorer et le faire sécher.

• Employer les mesures de soulagement de la douleur telles que prescrites.

• Effectuer des exercices d'amplitude quotidiens de toutes les articulations. Effectuer chaque jour les exercices de renforcement en incluant les membres supérieurs.

• Ne pas surélever le moignon avec un oreiller.

• S'allonger en décubitus ventral avec la hanche en extension pendant 30 minutes 3 ou 4 fois par jour.

Soins ambulatoires et soins à domicile

Lorsque la guérison s'est effectuée de manière satisfaisante et que le moignon a été bien moulé, le client est prêt à recevoir une prothèse. Le prothésiste effectue d'abord un moule du moignon et prend les mesures requises pour la fabrication de la prothèse. Le fourreau moulé permet au moignon de s'emboîter confortablement dans la prothèse. Le moignon est enveloppé d'un bas prévu à cette fin de manière à s'emboîter convenablement et à éviter toute lésion cutanée. Le moignon peut continuer à rétrécir de sorte que le fourreau devienne trop grand, auquel cas il faut en fabriquer un autre. Il peut falloir ajuster la prothèse du client pour empêcher les frottements entre le moignon et le fourreau. Des mouvements excessifs dans une prothèse trop grande peuvent causer une irritation et de graves lésions cutanées.

Les membres artificiels deviennent partie intégrante de la nouvelle image corporelle du client. L'infirmière doit lui apprendre à nettoyer le fourreau de la prothèse quotidiennement avec une solution savonneuse légère et à le rincer abondamment pour éliminer tous les irritants. Il ne faut pas mouiller les pièces en cuir ou en métal de la prothèse. Il est important de tenir compte de l'état de ses souliers. En effet, des souliers très abîmés gênent la démarche et peuvent endommager la prothèse.

Considérations spéciales en cas d'amputation du membre supérieur

Les implications émotionnelles de l'amputation d'un membre supérieur sont souvent plus pénibles que celles d'une amputation d'un membre inférieur. La dépendance que lui impose le fait de n'avoir plus qu'une main peut être à la fois frustrante et humiliante pour le client. Comme la plupart des amputations des membres supérieurs résultent d'un trauma, le client a eu peu de temps pour s'y ajuster psychologiquement ou n'a peut-être même pas pris part au processus décisionnel concernant l'amputation.

Pour ceux qui ont subi une amputation sous le coude, le port d'une prothèse est possible immédiatement après l'intervention, ou ultérieurement. Si l'amputation a eu lieu au-dessus du coude, l'ajustement d'une prothèse se fera un peu plus tard. La prothèse fonctionnelle courante comporte un bras et un crochet. Il existe aussi des imitations de mains plus esthétiques, mais leur utilité fonctionnelle est limitée. Comme avec les prothèses d'un membre inférieur, la motivation et l'endurance du client sont des éléments essentiels à l'atteinte de résultats satisfaisants.

Évaluation des résultats

Pour le client ayant subi une amputation, les résultats escomptés à la suite des soins et des interventions cliniques sont :

- de s'adapter à sa nouvelle image corporelle et d'intégrer des changements à son mode de vie ;
- de ne présenter aucun signe de lésion cutanée ;
- de diminuer ou de supprimer la douleur ;
- de retrouver la mobilité dans les limites qu'impose l'amputation.

Considérations gérontologiques

AMPUTATION

Chez la personne âgée, sa capacité antérieure à marcher peut affecter l'ampleur de son rétablissement à la suite d'une amputation du membre inférieur. L'usage d'une prothèse requiert une force musculaire et une énergie importantes pour la marche. Ainsi, marcher avec une prothèse sous le genou nécessite 40 % plus d'énergie et marcher avec une prothèse au-dessus du genou nécessite 60 % plus d'énergie que marcher sur deux jambes. Les personnes âgées, dont l'état de santé général est affaibli par des affections comme une maladie cardiaque ou pulmonaire, peuvent ne pas être candidats à l'utilisation d'une prothèse. Dans la mesure du possible, il convient d'aborder ces problèmes avec le client et sa famille avant l'intervention chirurgicale de manière à fixer des objectifs.

25.7 | Interventions chirurgicales articulaires courantes

L'intervention chirurgicale joue un rôle important dans le traitement et la réadaptation des clients souffrant de diverses formes d'atteintes reliées à un trauma ou d'autres états douloureux à l'origine d'une incapacité fonctionnelle. La mise en place chirurgicale d'une prothèse articulaire est l'opération orthopédique la plus courante chez les personnes âgées. Les progrès importants qu'a connus ce type de chirurgie ont permis d'améliorer la conception des prothèses, les matériaux employés et les techniques chirurgicales, offrant ainsi un soulagement significatif de la douleur et permettant une correction des déformations, tout en améliorant la fonction et le mouvement articulaires (Cleveland Clinic, 2010).

25.7.1 | Indications pour une chirurgie articulaire

La chirurgie vise à soulager la douleur chronique, à améliorer le mouvement de l'articulation, à corriger une déformation et un alignement

25

Les différents types d'arthrite
ainsi que les soins et traitements infirmiers auprès des
clients qui en sont atteints sont
décrits dans le chapitre 27,
*Interventions cliniques –
Arthrite et maladies des tissus
conjonctifs.*

inadéquat ainsi qu'à supprimer les causes intra-
articulaires responsables de l'érosion. En plus des
répercussions de la douleur chronique sur le bien-
être physique et émotionnel du client, celle-ci
l'empêche souvent de bouger l'articulation concernée. Si cette incapacité fonctionnelle n'est pas
corrigée, il se produit des contractures qui peuvent
limiter de façon permanente l'amplitude des mouvements. Une réduction de la mobilité de toute
articulation peut être évaluée pendant l'examen
physique et révélée par un rétrécissement de l'interligne articulaire à l'examen radiologique.

Une diminution de l'amplitude des mouvements peut aussi être liée à une perte graduelle de
cartilage des articulations affectées. La **synovite**
peut endommager les tendons jusqu'à une rupture
ou une subluxation de l'articulation entraînant par
la suite une perte de fonction. La progression de
l'atteinte pathologique peut provoquer la disparition du cartilage et une perte de la surface osseuse,
et créer des obstacles mécaniques aux mouvements requérant une intervention chirurgicale.

Une arthroplastie de la hanche ou du genou est
indiquée notamment en cas d'arthrite, d'une
maladie des tissus conjonctifs, d'échec aux interventions antérieures, d'infection, de tumeurs, de
maladie de Paget, de dysplasie congénitale de la
hanche, de déformation grave en varus ou en valgus et de spondyloarthropathies ▶ **27** .

25.7.2 Types de chirurgies articulaires
Synovectomie

La **synovectomie** (ablation de la membrane synoviale) sert de prophylaxie et de traitement palliatif
de la polyarthrite rhumatoïde (PAR). L'ablation de
la membrane synoviale, censée être le siège des
modifications pathologiques élémentaires de la
destruction articulaire, contribue à prévenir l'évolution des lésions articulaires. Il est préférable
d'effectuer une synovectomie au début du processus pathologique pour prévenir la destruction critique des surfaces articulaires. L'ablation
de la membrane synoviale épaissie permet d'éviter
la propagation du processus inflammatoire vers le
cartilage, les ligaments et les tendons adjacents.

Comme il est impossible de procéder à l'ablation chirurgicale de toute la membrane synoviale
d'une articulation, le processus pathologique sous-
jacent demeure toujours présent et finit par affecter
la membrane synoviale régénérée. Néanmoins, la
maladie est moins importante après une synovectomie et des améliorations importantes de la douleur, de la mise en charge et de l'amplitude du
mouvement sont observées. Les foyers courants
de cette intervention sont notamment le coude, le
poignet et les doigts. La synovectomie au genou
est plus rare et le traitement recommandé consiste
dans la mise en place d'une prothèse du genou.

Ostéotomie

L'**ostéotomie** consiste à retirer chirurgicalement un
coin ou une partie d'un os pour modifier son axe
d'alignement (articulaire et vertébral) et déplacer
la mise en charge de manière à corriger une déformation et à soulager une douleur. L'ostéotomie cervicale peut servir à corriger une déformation chez
certains clients qui souffrent de **spondylite
ankylosante**. Le client doit porter ensuite un halo-
veste ou un corset corporel en attendant la fusion
osseuse (trois à quatre mois). L'ostéotomie sous-
trochantérienne ou fémorale peut soulager la douleur et améliorer le mouvement chez certains
clients qui souffrent d'arthrose à la hanche. Il a été
démontré que l'ostéotomie était inefficace pour les
clients qui souffrent de maladies articulaires
inflammatoires. L'ostéotomie du genou (tibia) permet un soulagement de la douleur pour certains
clients, mais la destruction avancée de l'articulation
est généralement corrigée par une arthroplastie.

Les soins postopératoires sont les mêmes que
ceux prodigués en cas de fixation interne d'une
fracture. L'ostéotomie est généralement réalisée à
l'aide de fils métalliques internes, de vis, de plaques, de greffons osseux ou d'un fixateur externe.

Débridement

Le **débridement** est l'ablation chirurgicale de
débris dégénératifs comme des arthrophytes, des
ostéophytes, des débris articulaires et un ménisque abîmé. Cette intervention s'effectue généralement au genou ou à l'épaule au moyen d'un
arthroscope à fibres optiques. L'intervention a souvent lieu en clinique externe. Après l'opération,
un bandage compressif est appliqué et la mise en
charge est permise lorsque l'intervention a été pratiquée au genou. Il faut enseigner au client les
signes d'infection à surveiller ainsi que les moyens
pour soulager la douleur, et l'informer de restreindre ses activités pendant 24 à 48 heures.

Arthroplastie

L'**arthroplastie** est la reconstruction ou le remplacement d'une articulation. Cette intervention
chirurgicale vise à soulager la douleur, à améliorer
ou à préserver l'amplitude du mouvement et à
corriger une déformation causée par l'arthrose, la
PAR, une nécrose avasculaire, des déformations
congénitales ou des luxations, et d'autres affections
systémiques. Il existe divers types d'arthroplastie:
le remplacement partiel d'une articulation
(hémiarthroplastie), le remodelage chirurgical des
os des articulations et le remplacement total de
l'articulation. Une prothèse articulaire peut être
mise en place au coude, à l'épaule, aux articulations phalangiennes des doigts, au poignet, à la
hanche, au genou, à la cheville et au pied. Les
nouvelles technologies et techniques d'arthroplastie des disques lombaires ont récemment été

associées à des résultats cliniques favorables (Sinigaglia, Bundy, Costantini, Nena, Finocchiaro, & Monterumici, 2009).

Arthroplastie totale de la hanche

L'arthroplastie totale de la hanche (mise en place d'une prothèse totale de la hanche [PTH]) permet un soulagement significatif de la douleur et améliore le fonctionnement des clients qui souffrent d'arthrose et de PAR. L'orthopédiste a souvent recours à des ciments en méthacrylate de polyméthyl pour fixer les implants aux os. Avec le temps, les composantes fémorales peuvent se desceller, rendant nécessaire une révision de la prothèse. Compte tenu de ce risque, il est recommandé de fixer les PTH avec des ciments chez les adultes âgés moins actifs, dont la densité osseuse est moindre. Chez les personnes plus jeunes, l'orthopédiste pratique des arthroplasties sans ciment pour prolonger la durée de vie de la prothèse. Les PTH sans ciment procurent une stabilité durable de l'implant et facilitent la croissance interne biologique du nouveau tissu osseux dans l'enrobage de la surface poreuse de la prothèse **FIGURE 25.23**. La **FIGURE 25.24** illustre des prothèses de remplacement totales de la hanche.

Lors d'une arthroplastie de la hanche par accès postérieur, le client doit éviter les rotations internes extrêmes et les flexions de plus de 90° de la hanche durant quatre à six semaines après l'opération. Les sièges de toilette doivent être surélevés et les chaises, adaptées. Il est parfois recommandé de placer un oreiller d'abduction en mousse entre les jambes, pour prévenir une luxation de la nouvelle articulation **FIGURE 25.25**. Les bains et la conduite

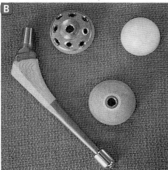

FIGURE 25.24

Prothèse totale de la hanche – **A** Composantes cimentées. **B** Composantes poreuses sans ciment.

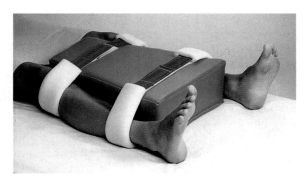

FIGURE 25.25

Maintien de l'abduction postopératoire après la mise en place d'une prothèse totale de la hanche

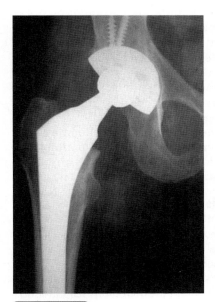

FIGURE 25.23

Arthroplastie totale de la hanche – Prothèse fémorale sans ciment faite d'alliage métallique avec revêtement poreux, munie d'un cotyle cimenté en plastique de haute densité.

automobile sont proscrits pendant quatre à six semaines après l'intervention. Un ergothérapeute pourra enseigner au client comment se servir d'un dispositif d'assistance comme les pinces à long manche pour lui éviter de se pencher pour ramasser quelque chose au sol, ou encore les chausse-pieds à long manche ou les enfile-bas. L'infirmière doit informer le client de ne jamais croiser les jambes ni de se retourner pour saisir quelque chose derrière lui, car les genoux doivent rester éloignés l'un de l'autre. La physiothérapie débute dès le premier jour après l'opération ; elle consiste en un entraînement à la marche et à la mise en charge avec un déambulateur pour les clients dont la prothèse contient du ciment, et en un entraînement avec mise en charge partielle du côté opéré pour les clients dont la prothèse n'en contient pas.

Les exercices destinés à rétablir la force et le tonus des quadriceps et des muscles entourant la hanche sont essentiels pour améliorer la fonction motrice et l'amplitude du mouvement. Il s'agit notamment d'exercices isométriques des quadriceps (p. ex., la contraction des muscles de la cuisse) et des muscles fessiers (p. ex., le serrement des fesses), d'élévations de la jambe tendue en supination et en pronation, et des exercices d'abduction et d'adduction (p. ex., le balancement de la jambe vers l'extérieur, mais sans jamais dépasser la ligne médiane) en position couchée et debout. Le client continuera à effectuer ces exercices plusieurs mois après son congé de l'hôpital. Il est important que le proche aidant prenne connaissance du programme d'exercices pour qu'il encourage le client à s'en acquitter à domicile.

Les soins infirmiers à domicile incluent l'évaluation du soulagement de la douleur, la vérification d'une éventuelle infection et la prévention des thromboses veineuses profondes. L'incision peut être fermée avec des agrafes métalliques qui seront retirées par l'infirmière ou lors d'un rendez-vous de suivi médical. Compte tenu du risque élevé de thromboembolie et du traitement avec anticoagulant, le taux de prothrombine (TP) et le rapport normalisé international (INR) doivent être mesurés chaque semaine et l'anticoagulothérapie doit être ajustée selon les résultats obtenus si le client prend de la warfarine (Coumadin^MD). Les héparines de faible poids moléculaire comme l'énoxaparine (Lovenox^MD) sont administrées par voie sous-cutanée. Le client lui-même ou un membre de la famille peuvent le faire une fois à domicile. L'avantage des héparines de faible poids moléculaire est qu'elles ne requièrent pas d'analyse sanguine pour vérifier l'état de coagulation du client. L'infirmière doit informer le client de prendre des antibiotiques prophylactiques avant ses rendez-vous chez le dentiste et avant toute intervention chirurgicale susceptible de l'exposer à un risque de bactériémie.

Un physiothérapeute évalue l'amplitude du mouvement, la marche et l'observance du programme d'exercices par le client. Il peut augmenter graduellement le nombre de répétitions des exercices, ajouter des poids aux chevilles, recommander de faire de la natation et d'utiliser un vélo stationnaire pour accroître le tonus des quadriceps et améliorer la condition cardiovasculaire du client. Le client doit éviter les exercices et les sports avec un fort impact comme le jogging et le tennis, car cela peut amener un descellement de l'implant. Les personnes âgées peuvent avoir besoin d'une réadaptation dans un établissement de réadaptation fonctionnelle ou de longue durée jusqu'à ce qu'elles redeviennent autonomes.

Arthroplastie par resurfaçage de la hanche
Le resurfaçage de la hanche peut remplacer la mise en place d'une prothèse de la hanche et permet de conserver la tête fémorale en la reconstruisant plutôt qu'en la remplaçant (Sinigaglia *et al.*, 2009). Dans le cas d'une prothèse totale de la hanche, la prothèse vise à remplacer la tête fémorale. La tête fémorale resurfacée est recouverte d'une prothèse métallique. Il semble que le métal s'use moins, ce qui pourrait augmenter la durée de vie de la prothèse. La reconstruction de la hanche est une option avantageuse pour les clients jeunes et actifs.

Après l'intervention chirurgicale, le client doit généralement attendre six mois avant de se livrer à des activités exigeantes, le temps que les muscles entourant l'articulation se renforcent. Même si les premiers résultats obtenus avec cette approche sont favorables, encore peu de données sont disponibles sur la longévité et les complications qui peuvent survenir à long terme.

Arthroplastie du genou
La douleur irréductible et l'instabilité résultant d'une destruction grave de l'articulation du genou sont les principales indications d'une arthroplastie du genou (mise en place d'une prothèse totale du genou [PTG]). En cas d'ostéoporose, une greffe osseuse peut s'avérer nécessaire pour remplacer les régions érodées et corriger les déficits osseux. Une partie ou la totalité de l'articulation du genou peut être remplacée par une prothèse en métal et en plastique. Un pansement compressif peut servir à immobiliser le genou en extension juste après l'opération. Ce pansement est retiré avant le congé du client et remplacé par une orthèse du genou ou une coquille postérieure en plastique pour maintenir l'extension pendant la marche et au repos pendant environ quatre semaines.

La physiothérapie est un élément important des soins postopératoires et elle se trouve facilitée par un faible risque de luxation de la prothèse. Les exercices isométriques des quadriceps débutent le lendemain de l'intervention. Le client effectuera graduellement des élévations de la jambe tendue et des exercices d'amplitude très légers pour renforcer les muscles et atteindre une flexion du genou à 90°. Des exercices passifs de flexion avec des appareils à mouvements passifs continus peuvent faciliter la mobilité de l'articulation après l'intervention. Les exercices de mise en charge totale débutent avant le congé de l'hôpital. Un programme d'exercices actifs à domicile comprend des exercices progressifs d'amplitude avec renforcement musculaire et des exercices de flexibilité. Après la mise en place d'une PTG, de nombreux clients âgés souffrant d'arthrose à un stade avancé ont démontré une nette amélioration de la mobilité et de l'aptitude aux tâches quotidiennes, et ont obtenu de meilleurs résultats aux examens de la fonction motrice (Sloan, Ruiz, & Platt, 2009).

Arthroplastie des articulations des doigts
Pour le client atteint de PAR, un dispositif arthroplastique en caoutchouc ou en silicone est utilisé pour rétablir la fonction des doigts. La déviation cubitale est fréquente et entraîne des limites fonctionnelles très sérieuses de la main. L'objectif de la chirurgie de la main est de rétablir les fonctions de préhension, de pincement, de stabilité et de force plutôt que de corriger une déformation esthétique. Avant l'intervention chirurgicale, l'infirmière enseigne au client des exercices conçus pour

la main, incluant la flexion, l'extension, l'abduction et l'adduction des doigts.

Après l'opération, la main est maintenue surélevée à l'aide d'un pansement volumineux. L'infirmière doit évaluer les signes neurovasculaires et les signes d'infection. La réussite de l'intervention dépend en grande partie du plan thérapeutique postopératoire, qui relève généralement d'un ergothérapeute. Après le retrait du pansement, un programme de port d'attelles est instauré. Quand le client obtient son congé, il reçoit des attelles qu'il emploiera la nuit et l'infirmière lui enseigne des exercices pour la main qu'il devra effectuer au moins 3 ou 4 fois par jour pendant 10 à 12 semaines. Elle demandera également au client d'éviter de soulever des objets lourds.

Arthroplastie du coude et de l'épaule
Bien qu'elle soit possible, la mise en place d'une prothèse totale du coude et de l'épaule n'est pas une technique aussi fréquente que les autres arthroplasties. Cette intervention est effectuée auprès des clients qui souffrent de douleur intense due à la PAR, à l'arthrose, à une nécrose avasculaire ou à des traumas antérieurs. La prothèse de l'épaule est généralement envisagée si la force des muscles environnants et la masse osseuse sont adéquates. Si la mise en place d'une prothèse au coude et à l'épaule s'impose, l'orthopédiste commencera par celle du coude, car les douleurs intenses au coude nuisent au programme de réadaptation de l'épaule.

L'arthroplastie apporte un soulagement important de la douleur, et la plupart des clients n'éprouvent aucune douleur au repos et ne ressentent qu'une douleur négligeable pendant les activités. Les améliorations fonctionnelles permettent une meilleure hygiène de vie et augmentent l'aptitude du client à exécuter ses activités quotidiennes. La réadaptation est plus longue et plus difficile qu'avec les autres chirurgies articulaires.

Arthroplastie de la cheville
L'arthroplastie de la cheville (mise en place d'une prothèse totale de la cheville [PTC]) est indiquée pour la PAR, l'arthrose, un trauma et la nécrose avasculaire. Bien que le recours à la PTC ne soit pas répandu, elle devient une option valable en remplacement de l'arthrodèse pour le traitement d'une arthrite grave à la cheville chez certains clients. Parmi les prothèses disponibles, il existe plusieurs prothèses d'appui fixe et une prothèse articulée permettant la mise en charge sans ciment. Cette prothèse reproduit plus fidèlement la fonction physiologique de la cheville.

L'arthrodèse de la cheville est souvent préférée à l'arthroplastie, car son résultat est plus durable. Cependant, le client présente une cheville immobile et ne peut pas élever son talon. La PTC est avantageuse, car elle permet une démarche plus naturelle.

Après l'opération, le client ne doit pas faire de mise en charge pendant six semaines et doit surélever le membre pour réduire et prévenir l'œdème. Il doit aussi veiller scrupuleusement à prévenir l'infection postopératoire et à maintenir la cheville immobilisée tel qu'indiqué par le médecin.

Arthrodèse
L'**arthrodèse** est une intervention chirurgicale qui consiste à fusionner définitivement une articulation. Cette intervention n'est indiquée que si les surfaces articulaires sont trop endommagées ou infectées pour permettre le remplacement de l'articulation, ou si les tentatives de reconstruction chirurgicale ont échoué. L'arthrodèse permet de soulager la douleur et de rendre l'articulation stable, mais immobile. L'arthrodèse s'effectue généralement par le retrait du cartilage hyalin articulaire et l'ajout de greffes osseuses dans la surface articulaire. L'articulation affectée doit être immobilisée jusqu'à la guérison de l'os. Les foyers courants de l'arthrodèse sont le poignet, le coude, la cheville, la colonne cervicale, la colonne lombaire et l'articulation métatarsophalangienne du gros orteil.

Complications inhérentes à une chirurgie articulaire
L'infection est une complication grave de la chirurgie articulaire, en particulier pendant la mise en place d'une prothèse. Les microorganismes le plus souvent mis en cause sont des streptocoques et des staphylocoques aérobiques Gram positif. L'infection peut provoquer des douleurs et le descellement de la prothèse, ce qui requiert généralement une chirurgie extensive. Pour réduire l'incidence de l'infection, l'opération peut être réalisée dans une salle d'opération spécialement conçue avec un débit d'air laminaire et des antibiotiques sont administrés à titre prophylactique.

La thrombose des veines profondes est une autre complication potentiellement grave des chirurgies articulaires, en particulier si elles sont effectuées aux membres inférieurs. De l'héparine de faible poids moléculaire et des dispositifs à compression séquentielle des jambes seront utilisés. Après l'opération, il faut parfois procéder à une évaluation par ultrason (doppler veineux) pour détecter les thromboses veineuses profondes qui sont à l'origine de la plupart des cas d'embolie pulmonaire.

Processus thérapeutique en interdisciplinarité
Soins préopératoires
Le principal objectif de l'évaluation préopératoire est la détermination des facteurs de risque associés à des complications postopératoires, de manière à élaborer un plan de soins et de traitements infirmiers qui favorise l'atteinte de résultats optimaux. La collecte des données doit inclure les

antécédents médicaux tels que le diabète ou une thrombose veineuse profonde, la tolérance à la douleur et les préférences pour son soulagement, l'état fonctionnel actuel et les attentes vis-à-vis de l'intervention, le niveau de soutien social et les besoins en termes de soins à domicile. De plus, il faut s'assurer que le client ne présente aucune infection ni inflammation aiguë de l'articulation.

Si une chirurgie d'un membre inférieur est prévue, l'infirmière doit évaluer la force musculaire des membres supérieurs et leur fonction articulaire pour déterminer le dispositif d'assistance requis pour la marche et les activités quotidiennes après l'opération. Avant l'opération, il est important d'informer le client et sa famille du séjour hospitalier prévu et des soins postopératoires requis à domicile. Cet enseignement permet d'optimiser l'utilité et la longévité de la prothèse. Le client doit également réaliser que le rétablissement ne se produit pas « du jour au lendemain ». Le client pourra mieux saisir la réalité de la réadaptation en discutant avec d'autres personnes qui vivent avec une prothèse articulaire totale (Jacobsen *et al.*, 2008) **FIGURE 25.26**.

Soins postopératoires

Après l'opération, l'infirmière doit effectuer un examen neurovasculaire pour évaluer la fonction nerveuse et l'état circulatoire. Elle administre l'an-ticoagulothérapie, l'analgésique et les antibiotiques parentéraux. En général, l'articulation affectée est soumise à des exercices et le client est encouragé à marcher dès que possible pour prévenir les complications liées à l'immobilité. Les protocoles utilisés varient selon le client, le type de prothèse et les préférences du chirurgien. Les soins postopératoire pour soulager la douleur peuvent inclure l'analgésie épidurale ou intrathécale, l'analgésie contrôlée par le patient, les injections d'opioïdes par voie I.V., et les opioïdes ou les AINS par voie orale.

Après une arthroplastie, l'hospitalisation peut durer entre trois et cinq jours, selon l'évolution du client et la nécessité d'une physiothérapie. Les exercices et la marche favorisent la mobilité, renforcent les muscles et réduisent le risque de thromboembolie. Si le client prend de la warfarine, le traitement débute le jour de l'intervention et donne lieu à des mesures régulières de l'INR. Pour ceux qui prennent de l'énoxaparine (p. ex., le Lovenox[MD]), le traitement débute peu après l'intervention et se poursuit pendant deux semaines. La décision de recourir à la warfarine, basée sur une histoire antérieure de thrombophlébite, ou à l'héparine de faible poids moléculaire dépend de nombreux facteurs, dont l'âge du client et son état de santé général.

Soins et traitements infirmiers

CLIENT AYANT SUBI UNE CHIRURGIE ARTICULAIRE

Pour le client qui doit subir une chirurgie d'une articulation, les soins et traitements infirmiers commencent par l'enseignement préopératoire et l'établissement d'objectifs réalistes **ENCADRÉ 25.10**. Il est important que le client comprenne et accepte les limites de la chirurgie proposée, et qu'il réalise que dans certains cas, elle ne suffira pas pour éliminer ou traiter la maladie sous-jacente. L'infirmière explique au client les soins postopératoires et lui enseigne comment se retourner, respirer profondément, se servir d'oreillers abducteurs, d'un bassin hygiénique et d'une chaise d'aisance. Le client doit être rassuré et informé que sa douleur pourra être soulagée. L'analgésie contrôlée par le patient peut s'avérer utile. La visite préopératoire d'un physiothérapeute permet au client de pratiquer quelques exercices postopératoires et de prévoir l'acquisition de béquilles ou d'autres dispositifs d'assistance.

ENCADRÉ 25.10	Délégation des tâches : client porteur d'un plâtre ou d'une traction

Rôle de l'infirmière

- Effectuer des évaluations de la fonction neurovasculaire du membre affecté.
- Déterminer la présence de manifestations cliniques d'un syndrome du compartiment.
- Surveiller le plâtre pendant la période de séchage et vérifier s'il présente des déformations pouvant créer des zones de pression.
- Enseigner au client et au proche aidant les soins du plâtre et les signes de complications liées au plâtre.
- Évaluer l'alignement adéquat du corps pour favoriser la traction.
- Informer le client et le proche aidant au sujet de la traction et du positionnement corporel adéquat.

- Enseigner au client et au proche aidant les exercices d'amplitude du mouvement.
- Évaluer la présence de complications liées à l'immobilité ou aux fractures (p. ex., une infection de la plaie, la constipation, une thrombose veineuse profonde, des calculs rénaux, l'atélectasie).
- Élaborer un plan de traitements pour réduire au minimum les complications liées à l'immobilité ou aux fractures.

Rôle de l'infirmière auxiliaire

- Vérifier la coloration, la température, le remplissage capillaire et les pouls dans la partie distale du plâtre.
- Marquer la circonférence de tout écoulement apparent sur le plâtre.

ENCADRÉ 25.10 | **Délégation des tâches : client porteur d'un plâtre ou d'une traction** *(suite)*

- Surveiller l'intégrité de la peau autour du plâtre et sur les zones d'articulation de la traction.
- Matelasser les bords du plâtre et les zones d'articulation de la traction pour prévenir l'irritation de la peau.
- Surveiller l'intensité de la douleur et administrer les analgésiques prescrits.
- Aviser l'infirmière des changements liés à la douleur, ou si la douleur persiste après l'administration des analgésiques prescrits.

Rôle du préposé aux bénéficiaires

- Positionner le membre plâtré au-dessus du cœur selon les directives de l'infirmières.

- Appliquer de la glace sur le plâtre, selon les directives de l'infirmière.
- Maintenir le bon alignement corporel du client et l'intégrité de la traction.
- Aider le client à faire ses exercices d'amplitude de mouvements passifs et actifs.
- Aviser l'infirmière des plaintes du client relatives à la douleur, aux fourmillements ou à la diminution des sensations sur le membre affecté.

La planification relative au congé de l'hôpital débute immédiatement après l'admission du client **FIGURE 25.26**. L'infirmière discute de la durée de l'hospitalisation et du déroulement postopératoire prévu, car le client et sa famille doivent y être préparés. La planification du congé comprend également une évaluation de la sécurité de l'environnement à domicile (p. ex., la présence de carpettes et de fils électriques), ainsi que l'accessibilité des lieux. La salle de bains et la chambre à coucher sont-elles sur le même étage? Les cadres de porte sont-ils assez larges pour laisser passer un déambulateur? L'infirmière évalue aussi le soutien social du client. Un ami ou un parent du client est-il en mesure de lui prêter assistance à domicile? Le client aura-t-il besoin d'un auxiliaire familial ou de services de repas? Le client âgé peut avoir besoin de services de réadaptation dans un établissement de réadaptation ou de soins de longue durée pendant quelques semaines après l'opération, pour l'aider à rétablir progressivement son autonomie. Le **PSTI 25.2** résume les soins infirmiers dans un contexte de chirurgie orthopédique.

L'infirmière insiste auprès du client pour qu'il signale toute complication, notamment les signes d'infections (p. ex., de la fièvre, une douleur plus intense, un drainage) et d'une luxation de la prothèse (p. ex., une douleur, une perte de fonctionnement, un raccourcissement ou un alignement inadéquat d'un membre). L'infirmière à domicile sert de liaison entre le client et le chirurgien, et elle se charge de surveiller les complications postopératoires, d'évaluer le confort ainsi que l'amplitude du mouvement et d'aider le client à améliorer son rendement fonctionnel.

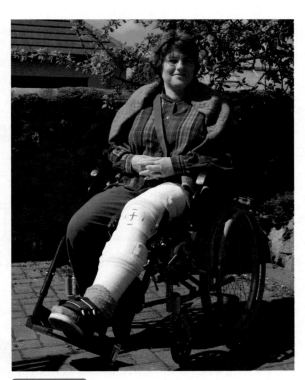

FIGURE 25.26
Cliente ayant reçu une prothèse totale du genou.

Madame Imelda Chapuis est âgée de 75 ans. C'est une personne autonome qui vit seule dans sa maison de style bungalow. Elle est veuve, et a deux enfants et quatre petits-enfants qui la visitent fréquemment. Elle n'a pas de problèmes financiers et est très active. Ses antécédents médicaux sont l'hypertension artérielle et un diabète de type 2. Elle pèse 72 kg et mesure 1m 60.

La semaine dernière, elle a dû subir une arthroplastie de la hanche droite à la suite d'une chute sur le verglas ayant occasionné une fracture du col du fémur. Les suites opératoires se passent bien. Toutefois, vous lisez dans les notes d'évolution au dossier qu'elle a mal dormi. Quand vous entrez dans la chambre en début de matinée, elle est assise dans son fauteuil les jambes pendantes, et son visage est crispé. Elle vous confirme qu'elle a mal à la hanche droite à 5 sur 10. Pourtant, elle avait pris un analgésique une heure plus tôt. «Ça n'a pas beaucoup d'effet, vous savez», dit-elle. Elle peut recevoir de l'acétaminophène (Tylénol[MD]) 325 mg, 1 ou 2 co. q. 4 à 6 h PRN.

Puis elle se met à pleurer et vous dit qu'elle ne sait pas quoi faire. Elle a très peur de perdre son indépendance, mais elle ne veut pas être une charge pour ses enfants qui travaillent ou ses petits-enfants qui poursuivent leurs études. Elle se demande si elle ne devrait pas envisager de quitter sa maison et cela la préoccupe. ▶

SOLUTIONNAIRE

www.cheneliere.ca/lewis

MISE EN ŒUVRE DE LA DÉMARCHE DE SOINS

Collecte des données – Évaluation initiale – Analyse et interprétation

1. Dans la mise en contexte, trouvez trois données précises qui peuvent laisser croire que la douleur ressentie par madame Chapuis n'est pas soulagée adéquatement.

2. Madame Chapuis pourrait souffrir d'autres complications en lien avec sa chirurgie. Nommez-en deux.

3. À partir des données du troisième paragraphe de la mise en contexte, quel problème prioritaire pouvez-vous inscrire dans l'extrait du plan thérapeutique infirmier (PTI) de Madame Chapuis?

Extrait

			CONSTATS DE L'ÉVALUATION		RÉSOLU / SATISFAIT			Professionnels / Services concernés
Date	Heure	N°	Problème ou besoin prioritaire	Initiales	Date	Heure	Initiales	
2011-04-10	08:30	2						

Signature de l'infirmière	Initiales	Programme / Service	Signature de l'infirmière	Initiales	Programme / Service
		3ᵉ est, orthopédie			

▶ L'infirmière a ajouté un nouveau problème prioritaire dans l'extrait du PTI de madame Chapuis.

Extrait

			CONSTATS DE L'ÉVALUATION		RÉSOLU / SATISFAIT			Professionnels / Services concernés
Date	Heure	N°	Problème ou besoin prioritaire	Initiales	Date	Heure	Initiales	
2011-04-10	10:00	3	Douleur non soulagée par analgésiques	Vos initiales				

			SUIVI CLINIQUE		CESSÉE / RÉALISÉE		
Date	Heure	N°	Directive infirmière	Initiales	Date	Heure	Initiales
2011-04-10	10:00	3					

Planification des interventions – Décisions infirmières

4. Concernant le nouveau problème prioritaire, formulez une directive infirmière pour en assurer la surveillance clinique.

Évaluation des résultats – Évaluation en cours d'évolution

5. Quelles données indiqueraient que la douleur de madame Chapuis est maîtrisée ? Nommez-en trois.

Application de la pensée critique

Dans l'application de la démarche de soins auprès de madame Chapuis, l'infirmière a recours aux éléments du modèle de la pensée critique pour analyser la situation de santé de la cliente et en comprendre les enjeux. La **FIGURE 25.27** résume les caractéristiques de ce modèle en fonction des données de cette cliente, mais elle n'est pas exhaustive.

Vers un jugement clinique

Connaissances
- Facteurs en cause dans une fracture de la hanche
- Prévalence des fractures de hanche chez les personnes âgées
- Suivi postopératoire après la pose d'une prothèse de hanche
- Complications postopératoires d'une arthroplastie de la hanche
- Manifestations d'une infection postopératoire
- Réactions psychologiques de la personne ayant un problème de perte d'autonomie brutale
- Caractéristiques de la réadaptation après une arthroplastie de la hanche

Expériences
- Soins aux clients ayant subi une arthroplastie de la hanche
- Expérience personnelle de choix difficiles
- Approche auprès de la personne âgée

ÉVALUATION
- Caractéristiques de la douleur (PQRSTU)
- Signes de complications postopératoires (signes locaux : état de la plaie, couleur de la peau ; signes généraux : fièvre, infection ; signes fonctionnels : mobilisation, posture)
- Indices de l'intensité du conflit décisionnel (pleure, dit qu'elle ne sait pas quoi faire, a très peur de perdre son indépendance, ne veut pas être une charge pour ses enfants, se demande ce qu'elle doit faire)

Norme
- Suivi systématique local pour la clientèle ayant subi une arthroplastie de la hanche

Attitudes
- Ne pas juger la réaction de la cliente parce qu'elle ne sait pas quoi faire
- Ne pas banaliser la difficulté de faire un choix qui engage toute la qualité de vie de madame Chapuis pour le temps qu'il lui reste à vivre

FIGURE 25.27

Application de la pensée critique à la situation de santé de madame Chapuis

■ ■ ■ À retenir

VERSION REPRODUCTIBLE

www.cheneliere.ca/lewis

- Une entorse est une blessure des structures ligamentaires qui entourent une articulation, à la suite d'un étirement violent ou d'un mouvement de torsion.

- La plupart des entorses surviennent à la cheville ou au genou.

- Une foulure est l'étirement excessif d'un muscle, de sa gaine aponévrotique ou d'un tendon.

- La plupart des foulures concernent les gros muscles, notamment ceux de la région lombaire, du mollet et des muscles ischiojambiers.

- Une luxation est une blessure grave des structures ligamentaires qui entourent une articulation, alors qu'une subluxation est un déplacement partiel ou incomplet de la surface articulaire.

- Les microtraumatismes répétés désignent des blessures résultant d'une force exercée sur une longue période par des mouvements répétitifs et des postures contraignantes.

- Le syndrome du tunnel carpien est la neuropathie par compression la plus courante des membres supérieurs et est lié à des loisirs ou à des professions qui requièrent des mouvements répétitifs du poignet.

- La bursite est l'inflammation des bourses séreuses résultant d'un trauma répété ou excessif, de frottements, de la goutte, de la polyarthrite rhumatoïde ou d'une infection.

- Une fracture est une lésion causée par une rupture de la continuité structurelle d'un os, avec ou sans déplacement des fragments.

- Les blessures traumatiques sont responsables de la majorité des fractures, mais certaines résultent d'un processus pathologique comme le cancer ou l'ostéoporose.

- Les fractures peuvent être considérées comme déplacées (comminutives ou obliques) ou non déplacées (transverses, en spirale ou en bois vert).

- La réduction fermée d'une fracture est un réalignement manuel et non chirurgical des fragments osseux vers leur position anatomique antérieure, alors que la réduction ouverte est la correction de l'alignement osseux par incision chirurgicale.

- La traction est l'application d'une force d'étirement sur une partie du corps ou un membre blessé et d'une autre force de traction dans le sens opposé.

- Les deux principaux types de traction sont la traction cutanée, généralement employée pour le traitement à court terme, et la traction squelettique, généralement en place pour une plus longue période que la traction cutanée.

- Un fixateur externe est un dispositif métallique composé de broches métalliques insérées dans l'os et reliées à des tiges externes pour stabiliser la fracture pendant la guérison et qui permet, entre autres, d'immobiliser les petits fragments lorsque l'emploi d'un plâtre ou d'un autre dispositif de traction ne convient pas.

- Les dispositifs de fixation interne (broches, plaques, tiges intramédullaires et vis métalliques ou biorésorbables) sont insérés chirurgicalement au moment du réalignement des os fracturés.

- Le syndrome du compartiment est caractérisé par une compression excessive des muscles et des structures avoisinantes dans leur loge aponévrotique.

- L'embolie graisseuse se caractérise par la présence de particules graisseuses dans la circulation systémique qui sont acheminées vers les tissus et les organes après un trauma musculosquelettique.

- Les fractures de la hanche sont fréquentes chez les personnes âgées et elles sont plus fréquentes chez les femmes que chez les hommes en raison de l'ostéoporose.

- Un grand nombre de personnes âgées ayant subi une fracture de la hanche présentent des incapacités requérant des soins de longue durée et ne retrouveront plus leur autonomie.

- La sensation du membre fantôme survient lorsque le client éprouve la sensation physique que le membre amputé est toujours présent après l'intervention chirurgicale.

Pour en savoir plus

VERSION COMPLÈTE ET DÉTAILLÉE

www.cheneliere.ca/lewis

 Références Internet

Organismes et associations

American Academy of Orthopaedic Surgeons
http://orthoinfo.aaos.org

Association canadienne d'orthopédie
www.coa-aco.org

Association d'orthopédie du Québec
www.orthoquebec.ca

Association québécoise des Médecins du Sport
www.aqms.org

Centers for Disease Control and Prevention > Workplace Safety & Health
www.cdc.gov

ClubOrtho.fr
www.clubortho.fr

Fondation Canadienne d'Orthopédie
www.canorth.org

Institut régional du bien-être, de la médecine et du sport santé
www.irbms.com

Musculoskeletal Transplant Foundation
www.mtf.org

Musculoskeletal Tumor Society
http://msts.org

Organismes gouvernementaux

Centre canadien d'hygiène et de sécurité au travail > Réponses SST > Maladies et lésions > Syndrome du canal carpien
www.cchst.ca

Instituts de recherche en santé du Canada > Instituts > Appareil locomoteur et de l'arthrite
www.cihr-irsc.gc.ca

Références générales

BioMed Central > journals A-Z > BMC Musculoskeletal Disorders
www.biomedcentral.com

Collège des médecins de famille du Canada > Pour les patients > Canal carpien : Prévenir la douleur aux mains et aux poignets
www.cfpc.ca

Health and Safety Executive > Guidance > Topics > Musculoskeletal Disorders
www.hse.gov.uk

MedicineNet.com > Diseases & Conditions > Fracture
www.medicinenet.com

PasseportSanté.net > De A à Z > Entorse

PasseportSanté.net > Maladies > Index des maladies de A à Z > Troubles musculo-squelettiques de l'épaule
www.passeportsante.net

Soins-Infirmiers.com > Module/Cours > Orthopédie Traumatologie > Les entorses

Soins-Infirmiers.com > Module/Cours > Orthopédie Traumatologie > Les fractures

Soins-Infirmiers.com > Module/Cours > Orthopédie Traumatologie > Les luxations
www.soins-infirmiers.com

WebMD > Health Conditions & Communities
www.webmd.com

 ## Monographies

Chanussot, J.C., Danowski, R.-G. (2005). *Traumatologie du Sport.* Paris : Masson.

McKinnis, L.N. (2010). *Fundamentals of musculoskeletal imaging.* Philadelphie, Pa. : F.A. Davis

 ## Articles, rapports et autres

Center, J.R. (2010). The definition and clinical significance of nonvertebral fractures. *Current Osteoroposis Reports, 8*(4), 227-234.

Commission de la santé et de la sécurité du travail (CSST) (2008). *Troubles musculo-squelettiques : Guide d'évaluation des risques, méthode QEC.* Québec, Qc : CSST.
www.csst.qc.ca

Smeltzer, M.D. (2010). Open fractures. *Nursing, 40*(4), 24-31.

Soubeyrand, S.M., & Dumontier, C. (2009). Traumatismes ligamentaires aigus du poignet. *La lettre de médecine physique et de réadaptation, 25*(1), 43-54.

CHAPITRE 26

Écrit par :
Colleen R. Walsh, RN, MSN, ONC,
CS, ACNP-BC

Adapté par :
Pierre Verret, M. Sc., CSIO(C)

INTERVENTIONS CLINIQUES

Troubles musculosquelettiques

Objectifs

Guide d'études – SA04, RE09

Après avoir lu ce chapitre, vous devriez être en mesure :

- de décrire la physiopathologie et les manifestations cliniques de l'ostéomyélite, de même que les processus thérapeutiques en interdisciplinarité et les interventions infirmières qui s'y rapportent ;

- de distinguer les types, la physiopathologie et les manifestations cliniques des tumeurs osseuses, de même que les processus thérapeutiques en interdisciplinarité qui s'y rapportent ;

- de distinguer les causes et les caractéristiques de la lombalgie aiguë et chronique ;

- de décrire le traitement conservateur et chirurgical des lésions affectant les disques intervertébraux ;

- de décrire les interventions infirmières postopératoires auprès d'un client qui a subi une chirurgie spinale ;

- de préciser les causes des maladies du pied les plus courantes et les interventions infirmières qui s'y rapportent ;

- de décrire les causes, la physiopathologie et les manifestations cliniques de l'ostéomalacie, de l'ostéoporose et de la maladie de Paget, ainsi que les processus thérapeutiques en interdisciplinarité et les interventions infirmières qui s'y rapportent.

Concepts **clés**

Cette carte conceptuelle illustre schématiquement les principaux concepts décrits dans le présent chapitre. Sa lecture vous permettra d'avoir une vue d'ensemble des notions qui y sont présentées.

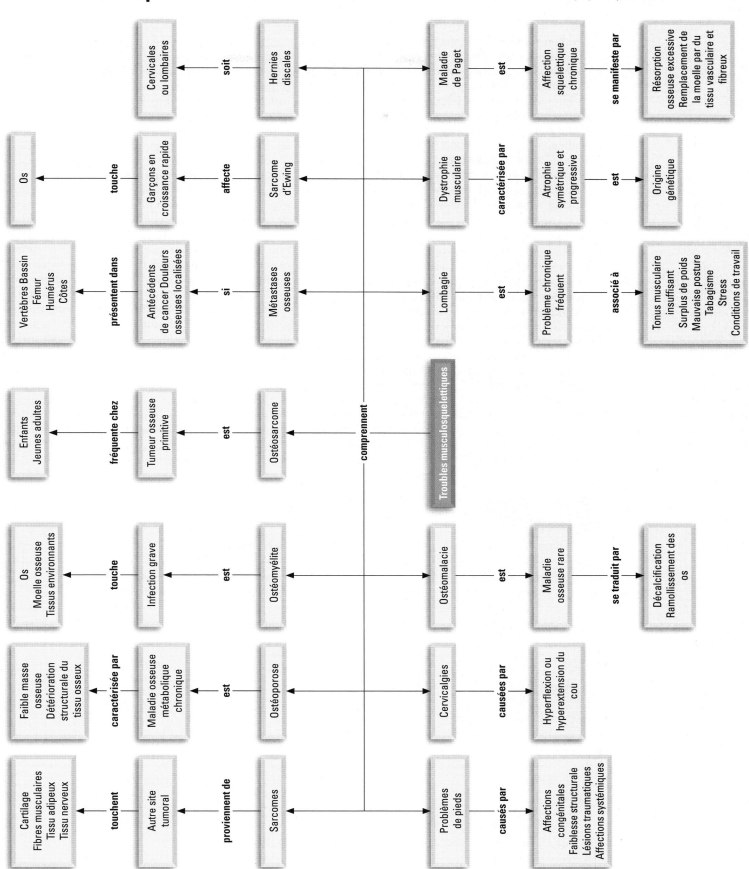

26.1.1 Étiologie et physiopathologie

L'**ostéomyélite** est une infection grave touchant l'os, la moelle osseuse et les tissus mous environnants. Le *Staphylococcus aureus* est le microorganisme qui en est le plus souvent la cause, quoique d'autres variétés de microorganismes puissent également causer l'ostéomyélite, par exemple, les bactéries aérobiques à Gram négatif, seules ou accompagnées d'agents pathogènes à Gram positif (Berbari, Steckelberg, & Osmon, 2009) **TABLEAU 26.1**. L'usage répandu d'antibiotiques joint au traitement chirurgical a permis de réduire significativement le taux de mortalité et les complications associées à l'ostéomyélite.

Les microorganismes responsables de l'infection peuvent se propager par voie directe ou indirecte. L'entrée par voie indirecte (hématogène) de microorganismes affecte le plus souvent les os en pleine croissance des garçons de moins de 12 ans et est associée au risque plus élevé de traumatismes contondants chez les garçons de cet âge. Les sièges les plus fréquents d'infection par voie indirecte chez les enfants sont le fémur distal, le tibia proximal, l'humérus et le radius (Weichert, Sharland, Clarke, & Faust, 2008). Les adultes qui présentent des problèmes d'insuffisance vasculaire (p. ex., en raison du diabète), des infections génito-urinaires ou respiratoires sont plus susceptibles de voir une infection primaire se propager jusqu'à l'os par la circulation sanguine. Le bassin, le tibia et les vertèbres sont des régions osseuses plus fréquemment

atteintes par ce mode de transmission, car elles sont richement vascularisées.

L'ostéomyélite par voie directe peut survenir à tout âge en présence d'une plaie ouverte (p. ex., une plaie par pénétration, une fracture) par laquelle les microorganismes peuvent pénétrer dans le corps. L'ostéomyélite peut aussi découler de la présence d'un corps étranger, comme un implant ou une prothèse orthopédique (p. ex., une plaque, une prothèse totale d'une articulation). Après avoir été véhiculés par le sang jusqu'à l'os, les microorganismes se logent dans une région où la circulation est plus lente, généralement la métaphyse. Ces microorganismes croissent, ce qui entraîne une augmentation de la pression, compte tenu de la nature non extensible de la plupart des os. Cet accroissement de la pression finit par compromettre la circulation vasculaire dans le périoste et provoque une ischémie. L'infection se propage ensuite dans le cortex osseux et la cavité médullaire, et elle provoque ultimement une dévascularisation et une nécrose corticales. Quand l'ischémie survient, l'os meurt. La région dévitalisée de l'os finit par se séparer de l'os sain qui l'entoure et forme un **séquestre**. La partie du périoste qui continue de recevoir un approvisionnement sanguin forme un nouvel os appelé involucre **FIGURE 26.1**.

Après sa formation, le séquestre demeure un îlot osseux infecté, entouré de pus. Il est difficile pour les antibiotiques systémiques ou les globules blancs d'atteindre le séquestre, qui peut s'élargir et permettre aux microorganismes de se propager vers d'autres régions comme les poumons et le

Séquestre : Portion nécrosée d'un tissu cellulaire, notamment d'un tissu osseux, tendant à se séparer du tissu vivant dans lequel elle reste enclavée.

TABLEAU 26.1	Microorganismes responsables de l'ostéomyélite
MICROORGANISME	**FACTEURS DE PRÉDISPOSITION POTENTIELS**
Staphylococcus aureus	Lésion de pression, plaie par pénétration, fracture ouverte, chirurgie orthopédique, trouble lié à une insuffisance vasculaire (p. ex., le diabète, l'athérosclérose)
Staphylococcus epidermidis	Implant prothétique (p. ex., une prothèse articulaire, des dispositifs de fixation d'une fracture)
Streptococcus viridans	Abcès dentaire, maladie gingivale
Escherichia coli	Infection des voies urinaires
Mycobacterium tuberculosis	Tuberculose
Neisseria gonorrhoeæ	Gonorrhée
Pseudomonas	Plaies punctiformes, consommation de drogue par voie intraveineuse
Salmonella	Drépanocytose
Champignons, mycobactéries	Hôte immunosuprimé

cerveau. Si le séquestre nécrotique ne se résout pas naturellement ou par voie chirurgicale, une fistule peut se former, donnant lieu à un suintement cutané purulent et chronique.

L'ostéomyélite chronique désigne un problème persistant et continu (résultant d'un traitement aigu inadéquat), ou une alternance d'exacerbations et de rémissions **FIGURE 26.2**. Avec le temps, le tissu de granulation se transforme en tissu cicatriciel. Ce tissu avasculaire constitue un siège idéal pour la croissance des microorganismes, car les antibiotiques ne peuvent y pénétrer.

26.1.2 Manifestations cliniques

L'ostéomyélite aiguë désigne l'infection initiale ou une infection qui remonte à moins d'un mois. Les manifestations cliniques de l'ostéomyélite aiguë sont à la fois systémiques et locales. Parmi les manifestations systémiques, il y a la fièvre, les sueurs nocturnes, les frissons, l'agitation, les nausées et les malaises. Les manifestations locales incluent : une douleur osseuse constante que le repos ne contribue pas à soulager et que l'activité aggrave ; un œdème, une sensibilité et de la chaleur au siège de l'infection ; et une restriction des mouvements de la partie infectée. Les signes tardifs incluent un écoulement par une fistule à travers la peau ou le siège de la fracture.

L'ostéomyélite chronique désigne une infection osseuse qui persiste au-delà d'un mois ou une infection qui n'a pas répondu à l'antibiothérapie initiale. Ses manifestations systémiques peuvent être moins

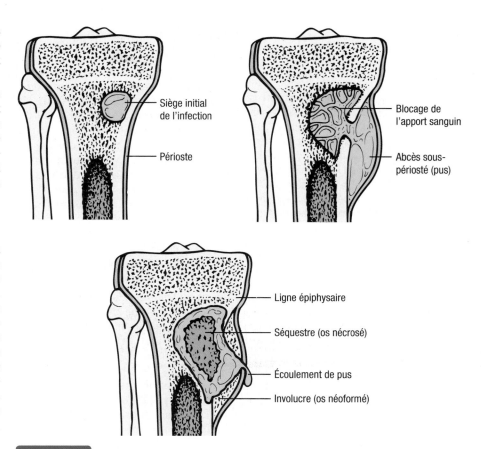

FIGURE 26.1

Évolution d'une ostéomyélite avec involucre et séquestre

intenses. Toutefois, les signes et les symptômes locaux, comme la douleur osseuse constante et l'œdème, de même que la sensibilité et la chaleur au siège de l'infection sont fréquents.

26.1.3 Examen clinique et examens paracliniques

Une biopsie de l'os ou du tissu mou est le meilleur moyen d'isoler et de trouver le microorganisme responsable de l'ostéomyélite. Les hémocultures ou les cultures des plaies du client signalent fréquemment la présence de microorganismes. Une leucocytose ainsi qu'une augmentation de la vitesse de sédimentation (VS) peuvent également être observées. En général, les signes radiologiques évocateurs d'une ostéomyélite ne sont visibles que d'environ 10 jours à quelques semaines après l'apparition des symptômes cliniques ; la maladie aura alors déjà progressé. Les scintigraphies osseuses (au gallium et à l'indium) sont des outils diagnostiques utiles qui donnent habituellement des résultats positifs dans la région de l'infection. L'imagerie par résonance magnétique (IRM) et la tomodensitométrie (TDM) peuvent contribuer à déterminer l'étendue de l'infection et notamment l'atteinte des tissus mous (Averill, Hernandez, Gonzalez, Pena, & Jaramillo, 2009).

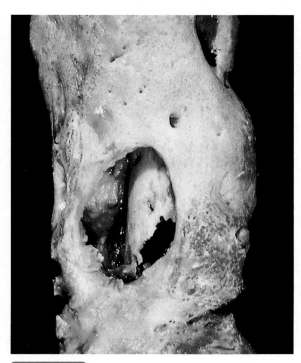

FIGURE 26.2

Ostéomyélite chronique du fémur distal

RAPPELEZ-VOUS...

Une fistule est un canal étroit congénital ou accidentel donnant passage de façon continue à un conduit physiologique ou purulent qui s'écoule à la surface du corps ou dans une cavité interne.

26

26.1.4 Processus thérapeutique en interdisciplinarité

MS 4.1 | Vidéo

Méthodes liées à la thérapie intraveineuse par voie centrale : *Installation d'une perfusion*

13

Le traitement par pression négative (système VAC) est abordé dans le chapitre 13, *Inflammation et soin des plaies*.

24

ÉVALUATION CLINIQUE

L'étape d'évaluation du système musculosquelettique est décrite en détail dans le chapitre 24, *Système musculosquelettique*.

L'antibiothérapie intensive et prolongée par voie intraveineuse (I.V.) constitue le traitement de choix de l'ostéomyélite aiguë, pourvu qu'il n'y ait pas eu d'ischémie osseuse. Avant l'instauration d'une pharmacothérapie, il faut procéder si possible au prélèvement des cultures ou à une biopsie. Si l'antibiothérapie est retardée, le **débridement** et la décompression s'avèrent souvent nécessaires.

Aujourd'hui, il est fréquent de commencer l'antibiothérapie I.V. à l'hôpital et de la poursuivre à domicile, où les clients recevront des antibiotiques à l'aide d'un cathéter veineux central ou d'un cathéter veineux central inséré par voie périphérique (CVCIVP) ▶ **MS 4.1**. L'antibiothérapie par voie I.V. dure habituellement de quatre à six semaines, mais peut se poursuivre jusqu'à trois à six mois. Une gamme variée d'antibiotiques peuvent être prescrits selon le microorganisme responsable de l'infection, notamment la pénicilline, la néomycine, la vancomycine, la céphalexine, la céfazoline, la céfoxitine, la gentamicine et la tobramycine.

Une antibiothérapie par voie orale au moyen d'une fluoroquinolone (ciprofloxacine [Cipro^MD]) au lieu d'une antibiothérapie par voie I.V. peut être prescrite pour une durée de six à huit semaines aux adultes atteints d'ostéomyélite chronique. Une antibiothérapie par voie orale après un traitement aigu par voie I.V. peut également être prescrite

pour s'assurer de la résolution de l'infection. Des scintigraphies osseuses et des analyses de laboratoire incluant la VS permettront de surveiller la réponse du client à la pharmacothérapie.

Le traitement de l'ostéomyélite chronique inclut le retrait chirurgical du tissu peu vascularisé et de l'os mort, et l'administration prolongée d'antibiotiques. Au moment de la chirurgie, il est possible d'implanter des chaînettes de billes en polyméthylméthacrylate imprégnées d'antibiotiques pour combattre l'infection. De plus, après le débridement du tissu dévitalisé et infecté, le chirurgien peut procéder à la fermeture de la plaie, et à la mise en place d'un système d'irrigation et d'aspiration. L'irrigation intermittente ou constante avec des antibiotiques peut aussi être instaurée pour traiter l'os infecté. Il est également fréquent de protéger le membre ou le site chirurgical au moyen d'un plâtre, d'une attelle ou d'un appareil orthopédique. Enfin, l'application d'une pression négative (système VAC) au siège de l'infection peut servir à refermer la plaie ▶ **13**.

L'oxygénothérapie hyperbare peut être administrée comme traitement d'appoint pour un cas d'ostéomyélite chronique réfractaire (Kaide & Khandelwal, 2008). Ce traitement est utilisé pour stimuler la circulation et la cicatrisation du tissu infecté. Les greffes osseuses peuvent également contribuer à rétablir la circulation sanguine. De plus, les prothèses orthopédiques seront retirées si elles sont la source d'une infection chronique. Des lambeaux musculaires ou des greffes de peau permettront alors de combler l'espace mort créé dans l'os. L'amputation d'un membre peut être indiquée s'il y a destruction massive de l'os, si cela est nécessaire pour préserver la vie du client et améliorer sa qualité de vie, ou les deux. Les complications à long terme de l'ostéomyélite, bien qu'assez rares, incluent le sepsis, l'arthrite septique, les fractures pathologiques et l'amylose.

Soins et traitements infirmiers

CLIENT ATTEINT D'OSTÉOMYÉLITE

Collecte des données

Les données subjectives et objectives qu'il faut obtenir de la personne atteinte d'ostéomyélite sont présentées dans l'**ENCADRÉ 26.1**.

Analyse et interprétation des données

L'analyse et l'interprétation des données relatives au client atteint d'ostéomyélite peuvent conduire à l'établissement des problèmes prioritaires suivants :

• douleur aiguë liée au processus inflammatoire découlant de l'infection ;

• prise en charge personnelle inefficace du programme thérapeutique liée à un manque de connaissances sur le traitement à long terme de l'ostéomyélite ;

• mobilité physique réduite liée à la douleur, aux appareils d'immobilisation et aux restrictions de charge.

Planification des soins

Les objectifs généraux pour le client atteint d'ostéomyélite sont :

• d'atteindre une maîtrise satisfaisante de la douleur et de la fièvre ;

• d'éviter toute complication liée à l'ostéomyélite ;

• de se conformer au plan thérapeutique ;

• de demeurer confiant quant à l'issue de la maladie.

Interventions cliniques

Promotion de la santé

Il est important de maîtriser les infections déjà présentes (p. ex., des voies urinaires et respiratoires) pour prévenir l'ostéomyélite. Les adultes immunosupprimés, ceux qui ont des prothèses

ENCADRÉ 26.1   Ostéomyélite

Données subjectives

- Renseignements importants concernant la santé :
  - Antécédents de santé : traumatisme osseux, fracture ouverte, plaies punctiformes ou ouvertes, autres infections aiguës (p. ex., une pharyngite à strepto-coque, une pneumonie bactérienne, une sinusite, une infection cutanée ou dentaire causée par une bactérie, une infection chronique des voies urinaires)
  - Médicaments : utilisation d'analgésiques ou d'antibiotiques
  - Interventions chirurgicales et autres traitements : chirurgie osseuse
- Modes fonctionnels de santé :
  - Perception et gestion de la santé : consommation de drogues par voie I.V. et abus d'alcool ; malaise
  - Nutrition et métabolisme : anorexie, perte de poids ; frissons
  - Activités et exercices : faiblesse, paralysie, spasmes des muscles entourant l'os affecté

  - Cognition et perception : sensibilité locale dans la région affectée, douleur accrue en cas de mouvement de l'os affecté
  - Adaptation et tolérance au stress : irritabilité, retrait, dépendance, colère

Données objectives

- Observations générales : agitation ; hausse et pic de température ; sudations nocturnes
- Système tégumentaire : diaphorèse ; érythème, chaleur et œdème dans la région de l'os infecté
- Système musculosquelettique : restrictions de mouvement ; drainage de la plaie ; fractures pathologiques spontanées
- Résultats possibles aux examens paracliniques : leucocytose, résultats positifs aux hémocultures ou aux cultures de plaie, ↑ VS ; présence de séquestre et d'involucre révélée par les radiographies, la scintigraphie osseuse, la TDM ou l'IRM

PHARMACOVIGILANCE

Gentamicine

- L'infirmière doit recommander au client d'aviser un professionnel de la santé si un problème visuel, auditif ou urinaire se manifeste.
- L'infirmière doit évaluer si le client est déshydraté avant de commencer le traitement.

---

orthopédiques et ceux qui ont des problèmes d'insuffisance vasculaire sont particulièrement vulnérables. L'infirmière doit informer ces clients des manifestations locales et systémiques de l'ostéomyélite. Elle doit aussi sensibiliser les membres de la famille à leur rôle dans la surveillance de la santé du client. L'infirmière doit insister auprès du client pour qu'il lui signale immédiatement tout symptôme de douleur osseuse, de fièvre, d'enflure et de restriction des mouvements d'un de ses membres.

Phase aiguë

Une certaine immobilisation relative du membre affecté (p. ex., une attelle, une traction) est généralement indiquée pour atténuer la douleur. L'infirmière doit manipuler le membre avec précaution, et éviter tout mouvement excessif susceptible d'augmenter la douleur ou de provoquer des fractures pathologiques. Il incombe aussi à l'infirmière d'évaluer la douleur du client. Les douleurs, de légères à sévères, peuvent s'accompagner de spasmes musculaires. Des anti-inflammatoires non stéroïdiens (AINS), des analgésiques opioïdes et des relaxants musculaires peuvent être prescrits pour favoriser le confort du client. L'infirmière peut aussi promouvoir l'utilisation d'approches non pharmacologiques (p. ex., l'imagerie mentale dirigée, l'hypnose) pour soulager la douleur ▶ **10** .

Les pansements servent à absorber l'exsudat des plaies purulentes et à débrider le tissu dévitalisé du siège de la plaie. Des pansements stériles secs, des pansements saturés en solution saline ou en antibiotiques, et des pansements facilitant la cicatrisation (hydrocolloïdes, alginates, hydrocellulaires, hydrogels) peuvent être utilisés. L'infirmière devra manipuler les pansements souillés avec précaution pour prévenir la contamination croisée de la plaie ou la propagation de l'infection à d'autres clients. Le recours à une technique stérile est essentiel lorsqu'il s'agit de remplacer les pansements.

Il arrive souvent que le client soit alité durant les premiers stades de l'infection aiguë. Un bon alignement corporel et des changements

fréquents de position servent à prévenir les complications liées à l'immobilité, tout en favorisant le confort du client. Les contractures en flexion, en particulier de la hanche ou du genou, sont des conséquences fréquentes de l'ostéomyélite des extrémités inférieures puisque le client est souvent porté à fléchir le membre affecté pour être plus à l'aise. La contracture peut alors évoluer en une déformation. Si le pied n'est pas correctement soutenu en position neutre par une attelle, ou si celle-ci exerce une pression excessive de nature à blesser le nerf péronier, un pied tombant peut apparaître rapidement. L'infirmière doit aviser le client d'éviter toute activité comme les exercices de nature aérobique (p. ex., la marche, le vélo, la course) ou l'application de chaleur, qui augmentent la circulation et l'œdème, et qui stimulent la propagation de l'infection. Par contre, les exercices des articulations et des muscles non touchés par l'infection doivent se poursuivre.

L'infirmière doit également informer le client des réactions toxiques et potentiellement indésirables associées aux antibiothérapies à dose élevée et prolongée, incluant les déficits auditifs, la rétention liquidienne et la neurotoxicité qui peuvent se produire avec les aminoglycosides (p. ex., la tobramycine, la néomycine), ainsi que la jaunisse, la colite et la photosensibilité associées à l'usage prolongé des céphalosporines (p. ex., la céfazoline) (Lehne, 2010). Une rupture d'un tendon (en particulier du tendon d'Achille) peut aussi s'observer avec l'usage des fluoroquinolones (p. ex., la ciprofloxacine [Cipro^MD], la lévofloxacine [Levaquin^MD]). Le dosage des pics et creux des concentrations sanguines d'antibiotiques doit être attentivement surveillé tout au long du traitement pour éviter les effets indésirables. L'antibiothérapie prolongée peut aussi provoquer la prolifération de *Candida albicans* dans l'appareil génito-urinaire et la cavité orale, ainsi que du *Clostridium*

10

Il est question des approches non pharmacologiques pour diminuer la douleur dans le chapitre 10, *Douleur*.

Capsule Jugement clinique

Monsieur Joe Smith, 42 ans, est hospitalisé pour ostéomyélite aiguë du pied droit. Il reçoit du céfuroxime 1,5 g I.V. q. 8 h. Une heure après l'administration d'une dose, l'infirmière procède à un prélèvement sanguin pour un dosage de l'antibiotique.

Dans quel but cette analyse de laboratoire est-elle effectuée ?

26

Le PSTI 26.1W pour le client atteint d'ostéomyélite est présenté au www.cheneliere. ca/lewis.

difficile dans les voies gastro-intestinales, surtout chez les clients plus âgés et les clients immunosupprimés. L'infirmière doit recommander au client de signaler toute lésion blanchâtre, jaune ou ayant l'aspect du lait caillé.

Le client et sa famille sont souvent effrayés et découragés par la gravité de l'infection, l'incertitude quant au succès du traitement de même que par le coût et la durée du traitement. Des soins psychologiques et émotionnels prodigués en continu font partie intégrante des soins et traitements infirmiers 🌐.

Soins ambulatoires et soins à domicile

Grâce à l'arrivée sur le marché de divers dispositifs d'accès veineux intermittents, des antibiotiques par voie I.V. peuvent être administrés au client dans un centre de santé et de services sociaux (CSSS) ou encore à la maison. Dans ce dernier cas, l'infirmière doit enseigner au client et au proche aidant comment entretenir le cathéter veineux et s'assurer de son fonctionnement adéquat. L'infirmière doit en outre leur enseigner comment administrer l'antibiotique selon l'horaire prédéterminé et souligner la nécessité des analyses de laboratoire pour assurer le suivi. Elle doit également insister sur l'importance de l'usage ininterrompu des antibiotiques même après la diminution ou la disparition des symptômes. Des visites périodiques à domicile

permettront d'apporter un soutien au proche aidant et de réduire son anxiété. Enfin, en cas de plaies ouvertes, les pansements doivent être changés régulièrement. Pour ce faire, le client et le proche aidant peuvent avoir besoin de fournitures et d'instructions techniques.

Si l'ostéomyélite devient chronique, le client aura besoin d'un soutien physique et psychologique de longue durée. Si les traitements ne permettent pas l'évolution vers une guérison, le client peut devenir méfiant et manifester de la colère envers les professionnels de la santé. Un client bien informé est plus à même de prendre part aux décisions et de coopérer au plan thérapeutique.

Évaluation des résultats

Pour le client souffrant d'ostéomyélite, les résultats escomptés à la suite des soins et des interventions cliniques sont :

- d'obtenir une maîtrise satisfaisante de la douleur et de la fièvre ;
- de se conformer au plan thérapeutique recommandé ;
- d'exprimer une confiance dans sa capacité de mettre en œuvre le plan thérapeutique à domicile ;
- de présenter une amélioration constante de la mobilité et de l'amplitude des mouvements.

26.2 | Tumeurs osseuses

Les tumeurs primitives des os, qu'elles soient bénignes ou malignes, sont relativement rares chez les adultes. Les métastases osseuses issues d'une tumeur située dans une autre région sont beaucoup plus courantes. Le nom attribué à la tumeur dépend de la région de l'os et du tissu environnant touchés ainsi que du type de cellules formant la tumeur. Les principaux types de tumeurs bénignes incluent l'ostéochondrome, l'ostéoclastome et

l'enchondrome **TABLEAU 26.2**. Elles sont beaucoup plus répandues que les tumeurs malignes primitives, et la chirurgie permet souvent de les guérir.

Le cancer malin primitif des os est appelé **sarcome**. Les sarcomes peuvent apparaître dans le cartilage, les fibres musculaires, le tissu adipeux et le tissu nerveux. L'ostéosarcome, le chondrosarcome, le sarcome d'Ewing et le chordome sont les types de cancers osseux les plus courants **TABLEAU 26.2**.

TABLEAU 26.2	Types de tumeurs osseuses primitives
TYPES	**DESCRIPTION**
Tumeurs bénignes	
Ostéochondrome	Tumeur bénigne de l'os la plus fréquente ; affecte souvent la partie métaphysaire des os longs, en particulier des jambes, du bassin ou de l'omoplate ; se déclare généralement chez des personnes âgées entre 10 et 25 ans ; une transformation maligne est possible (chondrosarcome).
Ostéoclastome (tumeur à cellules géantes)	Tumeur osseuse localisée aux extrémités spongieuses des os longs (des bras et des jambes) formée de cellules géantes qui ressemblent aux ostéoclastes. Dans la grande majorité des cas, l'évolution est bénigne et la guérison survient après un traitement chirurgical. Environ 10 % seulement de ces tumeurs sont localement agressives et peuvent se propager aux poumons avec un taux élevé de récidive locale après la chirurgie et la chimiothérapie.
Enchondrome	Tumeur cartilagineuse intramédullaire siégeant généralement dans la cavité d'un seul os de la main ou du pied ; transformation maligne rare ; si la tumeur devient douloureuse, le médecin procède à une résection chirurgicale ; pic de l'incidence chez les personnes âgées entre 10 et 20 ans.

906 Partie 3 Troubles liés au mouvement et à la coordination

TABLEAU 26.2	Types de tumeurs osseuses primitives *(suite)*
TYPES	**DESCRIPTION**
Tumeurs malignes	
Ostéosarcome	Cancer des os primitifs le plus fréquent ; survient surtout chez les jeunes garçons âgés entre 10 et 25 ans, et affecte le plus souvent les os des bras, des jambes ou du bassin **FIGURE 26.3**.
Chondrosarcome	Tumeur maligne qui touche le plus souvent les cellules du cartilage des bras, des jambes et des os du bassin chez les adultes plus âgés (50 à 70 ans) ; peut aussi découler de tumeurs osseuses bénignes (ostéochondrome) ; le médecin procède généralement à une résection chirurgicale étendue avec marge saine, car la tumeur répond rarement à la radiothérapie et à la chimiothérapie ; le taux de survie dépend du stade, de la taille et du grade de la tumeur **FIGURE 26.4**.
Sarcome d'Ewing	Tumeur maligne qui apparaît dans la cavité médullaire des os longs et en particulier du fémur, de l'humérus, du bassin et du tibia ; s'observe généralement chez les enfants et les adolescents ; les résections chirurgicales étendues, la radiothérapie et la chimiothérapie ont fait progresser à 60 % les taux de survie à 5 ans ; touche surtout les personnes de race blanche.
Chordome	Tumeur rare qui touche la base du crâne et les vertèbres sacrococcygiennes des adultes plus âgés (50 à 70 ans) ; une résection chirurgicale étendue ou le recours à la radiothérapie est problématique, car la moelle épinière et les nerfs spinaux peuvent aussi être touchés ; la chimiothérapie peut être administrée en cas de maladie de stade avancé ; une récidive de la tumeur peut se produire 10 ans ou plus après le traitement.

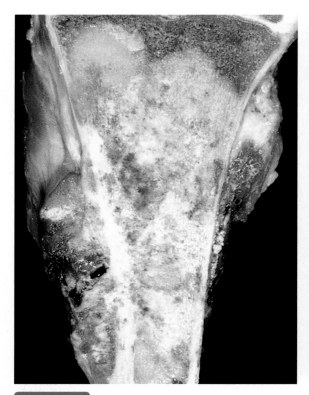

FIGURE 26.3

Ostéosarcome du tibia. La tumeur a infiltré le cortex et formé des masses de tissu mou des deux côtés de l'os.

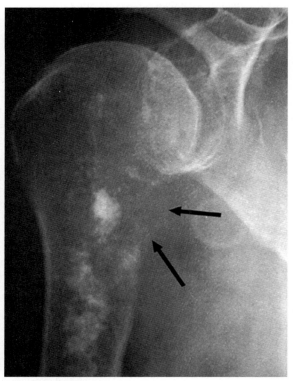

FIGURE 26.4

Chondrosarcome du bassin chez une femme de 92 ans

En 2006, 301 nouveaux cas de cancer des os ont été diagnostiqués au Canada (Statistique Canada, 2010). Les tumeurs malignes surviennent généralement entre l'enfance et le début de l'âge adulte. Elles se caractérisent par une production rapide de métastases et par la destruction osseuse.

26.2.1 Ostéochondrome

L'ostéochondrome représente de 8 à 12 % des tumeurs osseuses primitives et est la plus fréquente tumeur osseuse bénigne (35 à 45 % des cas) (Cotten, Ceugnart, Leroy, & Maynou, 2005). Habituellement découvert avant l'âge de 20 ans, il est caractérisé par une prolifération de cartilage et d'os près de l'extrémité osseuse de la plaque de croissance. Il s'observe plus fréquemment dans les os de la jambe, du bassin ou de l'omoplate.

Les manifestations cliniques habituelles de l'ostéochondrome incluent la présence d'une masse indolore, dure et immobile, une taille inférieure à la normale pour l'âge, une douleur dans les muscles voisins de la tumeur, une jambe ou un bras plus long que l'autre, et une sensation de pression ou d'irritation qui apparaît avec l'exercice. Il se peut aussi que les clients ne ressentent aucun symptôme. Le diagnostic est confirmé par radiographie, TDM ou IRM.

L'ostéochondrome asymptomatique ne nécessite aucun traitement. Si la tumeur provoque de la douleur ou des symptômes neurologiques dus à la compression de nerfs, il faut généralement procéder à une résection chirurgicale. Les clients qui présentent plusieurs ostéochondromes de taille importante doivent faire l'objet d'examens de dépistage réguliers de manière à détecter toute transformation maligne de façon précoce.

26.2.2 Ostéosarcome

L'**ostéosarcome** est une tumeur maligne primitive extrêmement agressive qui dissémine rapidement des métastases vers des sites éloignés. Il survient habituellement dans la région métaphysaire des os longs, particulièrement dans les régions du fémur distal, du tibia proximal, de l'humérus proximal et du bassin **FIGURE 26.3**. L'ostéosarcome est la tumeur maligne des os la plus fréquente chez les enfants et les jeunes adultes. Elle peut parfois affecter les adultes plus âgés, et résulte le plus souvent de la maladie de Paget ou d'une exposition antérieure à de la radiation (Kumar, Abbas, Fausto, & Aster, 2009).

Les manifestations cliniques de l'ostéosarcome se caractérisent habituellement par l'apparition graduelle de douleur et d'un gonflement, surtout autour du genou. Il peut notamment être détecté dans le contexte d'une consultation médicale pour un traumatisme mineur. Les examens paracliniques qui permettent de confirmer la présence d'un ostéosarcome incluent une biopsie tissulaire, des analyses de laboratoire pour détecter une augmentation des taux sériques de calcium et de phosphatase alcaline, des radiographies, une TDM ou une tomographie par émission de positrons, et l'IRM. Des métastases sont présentes chez 10 à 20 % des clients au moment du diagnostic.

D'importants progrès continuent d'être réalisés dans le traitement de l'ostéosarcome. La chimiothérapie préopératoire (néoadjuvante) permet de réduire la taille de la tumeur, ce qui rend possible une résection chirurgicale élargie de la tumeur et évite l'amputation. Cependant, la conservation du membre est contre-indiquée en cas d'atteinte neurovasculaire majeure, de fracture pathologique, d'infection, d'immaturité squelettique ou d'atteinte musculaire importante. L'administration d'une chimiothérapie d'appoint après la chirurgie a permis de faire progresser le taux de survie prévu à cinq ans de 60 à 80 % chez les personnes sans métastase. Lorsque les métastases sont présentes, le taux de survie à cinq ans est de 10 à 30 % (American Cancer Society, 2010). Les agents chimiothérapeutiques utilisés incluent le méthotrexate, la doxorubicine, la cisplatine, la cyclophosphamide, l'étoposide, la bléomycine, la dactinomycine et l'ifosfamide.

26.2.3 Sarcome d'Ewing

Le **sarcome d'Ewing** est une autre tumeur maligne primitive fréquente touchant les os et les tissus mous. Il se diagnostique plus fréquemment chez les garçons au cours des périodes de croissance rapide des os. De fait, 80 % des personnes qui reçoivent un diagnostic de sarcome d'Ewing ont moins de 20 ans (Lahl, Fisher, & Laschinger, 2008).

Cette tumeur se caractérise par une croissance rapide au sein de la cavité médullaire des os longs, du fémur, de l'humérus, du tibia et du bassin. Les métastases surviennent tôt, et les poumons sont le site le plus fréquemment atteint. Les manifestations cliniques habituelles sont la douleur locale progressive, un gonflement localisé, la présence d'une masse palpable, la fièvre et une leucocytose. Les radiographies, la TDM et l'IRM montrent une destruction osseuse périostée. La biopsie osseuse confirme le diagnostic.

Le traitement nécessite généralement de la radiothérapie avec une résection large de la tumeur ou une amputation. L'ajout d'une polychimiothérapie permet d'augmenter le taux de survie. Les agents de chimiothérapie les plus couramment utilisés sont la cyclophosphamide, la vincristine, l'ifosfamide, la doxorubicine, l'étoposide et la dactinomycine. Le taux de survie à cinq ans sans récidive pour le sarcome d'Ewing localisé puis traité avec radiothérapie, résection chirurgicale et chimiothérapie est de 65 à 76 % (Lahl, Fisher, & Laschinger, 2008).

Capsule

Jugement clinique

Monsieur Christos Pavlopoulos, 59 ans, est atteint d'ostéosarcome. Comme il est plutôt du genre à ne pas se plaindre, il dit qu'il ne ressent pas de douleurs osseuses. Son taux de calcium sanguin est de 3,2 mmol/L.

L'analyse de ces données permet-elle de conclure que le client est à risque de fractures liées à la tumeur osseuse ? Justifiez votre réponse.

26.2.4 Métastases osseuses

La plupart des tumeurs osseuses malignes résultent d'une métastase issue d'une tumeur primitive qui affecte généralement le sein, la prostate, les poumons, les reins et la glande thyroïde (Lewis, 2009). Les cellules cancéreuses métastatiques se déplacent de la tumeur primitive jusqu'à l'os par la circulation lymphatique et sanguine. Les lésions métastatiques s'observent généralement dans les vertèbres, le bassin, le fémur, l'humérus ou les côtes. Les fractures pathologiques à l'emplacement des métastases sont fréquentes compte tenu de la fragilité de l'os affecté. Les taux sériques élevés de calcium s'expliquent par la libération de calcium à partir des os endommagés.

Une fois la lésion primitive identifiée, des scintigraphies osseuses avec radionucléide sont souvent requises pour déceler la présence de lésions métastatiques avant qu'elles ne soient visibles sur les radiographies. L'infirmière doit soupçonner des métastases osseuses chez tout client avec des antécédents de cancer qui se plaint de douleurs osseuses localisées. Il est important de noter que les lésions osseuses métastatiques peuvent survenir à n'importe quel moment après le diagnostic et le traitement de la tumeur primitive, même des années plus tard. Le traitement peut être de nature curative ou palliative, et inclure l'excision chirurgicale de la métastase, son irradiation et le soulagement de la douleur. De plus, une stabilisation chirurgicale peut être indiquée s'il y a fracture ou si celle-ci est imminente. Le pronostic dépend de l'ampleur des métastases et de leur emplacement.

Soins et traitements infirmiers

CLIENT ATTEINT D'UNE TUMEUR OSSEUSE

Collecte des données

Le client atteint d'une tumeur osseuse doit faire l'objet d'une évaluation pour déterminer l'emplacement et l'intensité de la douleur. Une faiblesse due à l'anémie et une réduction de la mobilité sont également possibles. L'infirmière doit aussi surveiller l'œdème de la région affectée et la détérioration de la fonction articulaire, selon le siège de la tumeur.

Analyse et interprétation des données

L'analyse et l'interprétation des données relatives au client atteint d'une tumeur osseuse peuvent conduire à l'établissement des problèmes prioritaires suivants :

- douleur aiguë liée au processus de la maladie, à une analgésie inadéquate ou à des mesures de confort inefficaces ;
- réduction de la mobilité physique liée au processus de la maladie, à la douleur, à la faiblesse et à la fragilité osseuse ;
- perturbation de l'image corporelle liée à l'éventuelle amputation, à la déformation, à l'œdème et aux effets de la chimiothérapie ;
- début d'un processus de deuil lié au pronostic sombre de la maladie ;
- risque de blessure lié au processus de la maladie, à une fracture pathologique potentielle, ou à une manipulation ou un positionnement inadéquat de la partie affectée du corps ;
- prise en charge inefficace des soins personnels liée à un manque de connaissances se rapportant aux soins à domicile requis par l'état de santé du client.

Planification des soins

Dans un contexte de tumeur osseuse, les objectifs généraux sont de permettre au client :

- d'obtenir un soulagement satisfaisant de la douleur ;
- de se livrer à ses activités préférées aussi longtemps que possible ;
- de s'adapter aux changements de l'image corporelle découlant de la chimiothérapie, de la radiothérapie et de la chirurgie ;
- d'éviter toute blessure ;
- d'exprimer une opinion réaliste sur l'évolution de la maladie et son pronostic.

Interventions cliniques

Promotion de la santé

L'infirmière doit enseigner au public à reconnaître les signes avant-coureurs du cancer des os, notamment l'œdème, les douleurs osseuses inexpliquées, les restrictions touchant les amplitudes de mouvements et les variations de la température cutanée. Comme pour tous les types de cancer, elle insistera sur l'importance des examens de santé fréquents.

Phase aiguë

Les soins infirmiers destinés au client atteint d'une tumeur osseuse maligne ne diffèrent pas beaucoup des soins au client présentant un cancer malin touchant un autre système ou appareil de l'organisme ▶ 16 . Cependant, une attention particulière doit être accordée à la réduction des complications associées à un alitement prolongé et à la prévention des fractures pathologiques. Afin de prévenir les fractures pathologiques, il est important de manipuler et de soutenir le membre atteint avec précaution, et de tourner les clients alités en bloc (Johnson & Knobf, 2008). Le client est souvent peu disposé à participer aux activités thérapeutiques à cause de la faiblesse qu'entraînent la maladie et le traitement, ou parce qu'il redoute la douleur. L'infirmière doit veiller à lui allouer des périodes régulières de repos entre les activités.

Soins ambulatoires et soins à domicile

L'infirmière doit aider le client et ses proches à accepter le pronostic associé à la tumeur osseuse. L'incapacité d'accomplir les activités développementales liées à l'âge peut alimenter les frustrations du client. L'infirmière doit porter une attention

16

Les soins à prodiguer aux clients atteints de cancer sont présentés dans le chapitre 16, *Cancer*.

Jugement **clinique**

Madame Régine Valois a 41 ans. Elle est hospitalisée pour un ostéochondrome du bassin avec métastases osseuses. Comme elle est alitée en permanence, le personnel tient à la changer de position aux deux heures. La cliente est réticente parce qu'elle craint les fractures pendant ce soin.

Le personnel infirmier devrait-il s'abstenir de changer la cliente de position ? Justifiez votre réponse.

particulière aux complications liées à la douleur, aux invalidités, à la chimiothérapie et aux chirurgies spécifiques comme la décompression de la moelle épinière ou l'amputation.

Évaluation des résultats

Pour le client atteint d'une tumeur osseuse, les résultats escomptés à la suite des soins et des interventions cliniques sont :

- de ressentir le moins de douleur possible ;
- d'éviter les chutes ;
- d'accepter les changements touchant l'image corporelle ;
- de conserver sa dignité et de participer activement aux décisions relatives au traitement ;
- de conserver une capacité fonctionnelle maximale.

26.3 | Dystrophie musculaire

La **dystrophie musculaire (DM)** désigne un groupe de maladies d'origine génétique caractérisées par une atrophie symétrique et progressive des muscles squelettiques, sans signe d'atteinte neurologique. Dans toutes les formes de DM, une perte insidieuse de la force musculaire résulte d'une invalidité et d'une déformation progressive. Les types de DM se distinguent selon le groupe de muscles affecté, l'âge d'apparition, la vitesse d'évolution et le mode de transmission génétique (Kaspar, Allen, & Montanaro, 2009). Les types de DM sont présentés au **TABLEAU 26.3**.

Les dystrophies de Duchenne et de Becker sont des troubles récessifs liés au chromosome X qui ne sont habituellement observés que chez les hommes **ENCADRÉ 26.2**. Ces maladies se caractérisent par une mutation génétique du gène de la dystrophine (une protéine musculaire). Dans les cellules musculaires normales, la dystrophine permet de relier les

14

Le dépistage génétique est abordé dans le chapitre 14, *Génétique, réaction immunitaire et transplantation.*

fibres musculaires squelettiques à la membrane basale. Les altérations de la dystrophine peuvent provoquer des anomalies de la membrane plasmatique des fibres musculaires et une dégénérescence subséquente de ces fibres.

Les examens paracliniques utiles pour les DM incluent le dosage des enzymes musculaires sériques (particulièrement la créatine kinase), l'électromyographie (EMG), la biopsie des fibres musculaires, l'électrocardiographie pour évaluer la présence d'une cardiomyopathie et l'historique génétique de la famille ▶ **14**. La biopsie musculaire permet de confirmer le diagnostic par l'observation classique de dépôts de graisse et de tissu conjonctif, de dégénérescence et de nécrose des fibres musculaires et d'un déficit de la dystrophine.

À l'heure actuelle, il n'existe aucun traitement définitif pour arrêter l'atrophie progressive liée aux DM. Un traitement avec corticostéroïde peut freiner significativement l'évolution de la maladie jusqu'à deux ans (Manzur, Kuntzer, Pike, & Swan, 2008).

TABLEAU 26.3	Types de dystrophie musculaire	
TYPES	**FONDEMENT GÉNÉTIQUE**	**MANIFESTATIONS CLINIQUES**
Duchenne (pseudohypertrophique)	Maladie liée au chromosome X ; mutation du gène de la dystrophine	Apparaît avant l'âge de 5 ans ; faiblesse graduelle des muscles du bassin et des épaules ; incapacité à marcher après l'âge de 12 ans ; cardiomyopathie ; insuffisance respiratoire frappant les adolescents ou les personnes dans la vingtaine ; débilité mentale.
Becker (bénigne pseudohypertrophique)	Maladie liée au chromosome X ; mutation du gène de la dystrophine	Apparaît entre l'âge de 5 et 15 ans ; évolution plus lente de l'atrophie touchant les muscles du bassin et des épaules que pour la dystrophie de Duchenne ; cardiomyopathie ; insuffisance respiratoire ; survie possible jusqu'à la trentaine ou la quarantaine.
Landouzy-Déjerine (facio-scapulo-humérale)	Maladie qui se transmet sur un mode autosomique dominant ; délétion du chromosome 4q35	Apparaît dans l'adolescence avant l'âge de 20 ans ; affaiblissement lent et graduel des muscles du visage et des épaules, flexion dorsale du pied ; surdité.
Erb (dystrophie des ceintures scapulaires et pelviennes)	Maladie qui se transmet sur un mode autosomique récessif ou dominant	Apparaît entre le début de l'enfance et le début de l'âge adulte ; affaiblissement lent et graduel des muscles des épaules et des hanches.

ENCADRÉ 26.2 | Dystrophie musculaire de Duchenne

Fondement génétique

Trouble récessif lié au chromosome X

Incidence

Environ 30 hommes sur 100 000

Test génétique

Analyse de l'ADN pour rechercher une mutation du gène de la dystrophine

Conséquences cliniques

- La dystrophie musculaire de Duchenne est présente à la naissance, mais ne devient habituellement cliniquement apparente que vers l'âge de trois ans.

- Peu de personnes atteintes de la maladie vivent jusqu'à l'âge adulte.

- Les personnes qui ont des antécédents familiaux de DM de Duchenne doivent envisager de passer des tests génétiques et obtenir une consultation avec un généticien.

- Comme il existe plusieurs variantes de DM avec des causes génétiques différentes, il est important d'en définir le type pour déterminer le traitement et prodiguer les recommandations pertinentes durant la consultation génétique.

L'objectif du traitement est de préserver la mobilité et l'autonomie au moyen d'exercices, de physiothérapie et d'appareils orthopédiques. L'infirmière encouragera la communication entre les membres de la famille pour surmonter les tensions émotionnelles et physiques inhérentes aux DM. Elle doit également enseigner au client et à sa famille des exercices d'amplitude de mouvement, les principes d'une bonne alimentation et les signes d'évolution de la maladie. Des tests génétiques et une consultation en médecine génétique peuvent être recommandés pour les personnes avec des antécédents familiaux de DM.

L'infirmière doit concentrer ses soins afin que le client demeure actif aussi longtemps que possible. Elle veillera à ce que le client évite de demeurer alité de façon prolongée puisque l'immobilité peut entraîner une plus grande atrophie musculaire. À cet effet, à mesure que la maladie évolue, l'infirmière mettra l'accent sur la nécessité de limiter les périodes de sédentarité qu'au moment où l'intégrité cutanée est compromise ou en présence de complications respiratoires. Par contre, des changements de position fréquents seront requis dans ce contexte. Enfin, compte tenu de la nature chronique et évolutive de la DM, le client devra recevoir des soins médicaux et infirmiers continus tout au long de sa vie.

26.4 | Lombalgie

26.4.1 Étiologie et physiopathologie

La **lombalgie** compte parmi les problèmes de santé chroniques les plus fréquents au Canada. Quatre adultes sur cinq en seront atteints à un moment donné de leur vie, quoique l'incidence soit plus importante entre 30 et 50 ans (Statistique Canada, 2006). Chez les personnes de moins de 45 ans, la lombalgie est responsable du plus grand nombre d'heures de travail perdues avant toute autre condition médicale et constitue l'un des problèmes de santé les plus coûteux pour la société (Feightner, 2003). La lombalgie est un problème courant, car la région lombaire : 1) soutient la majeure partie du poids corporel ; 2) est la région la plus flexible de la colonne vertébrale ; 3) contient des racines nerveuses vulnérables aux lésions ou aux maladies ; 4) est dotée d'une structure biomécanique peu robuste.

Plusieurs facteurs de risque sont associés à la lombalgie, notamment un tonus musculaire insuffisant, un surplus de poids, une mauvaise posture, le tabagisme et le stress. Les métiers qui exigent de soulever de lourdes charges à répétition, de s'exposer à des vibrations (comme pour les foreurs avec marteau-piqueur) et de rester de longues périodes en position assise contribuent aussi à ce problème de santé. La lombalgie est due le plus souvent à un problème musculosquelettique dont l'origine inclut : 1) une tension aiguë dans la région lombosacrée ; 2) une instabilité du mécanisme osseux dans la région lombosacrée ; 3) l'arthrose des vertèbres lombosacrées ; 4) une discopathie dégénérative ; 5) une hernie d'un disque intervertébral.

Jugement clinique

Capsule

Miguel est infirmier dans une unité de neurologie. Lorsqu'il aide les préposés aux bénéficiaires à remonter un client dans son lit, il s'assure d'avoir les genoux droits et les pieds parallèles. Il soulève le client et travaille de manière coordonnée avec son collègue.

Est-ce une bonne façon de procéder pour éviter des problèmes lombaires ? Justifiez votre réponse.

26.4.2 Lombalgie aiguë

La lombalgie aiguë dure quatre semaines ou moins. Elle résulte généralement d'un type d'activité responsable d'un stress excessif (souvent une hyperflexion) sur les tissus du bas du dos. Il arrive souvent que les symptômes n'apparaissent pas au moment de la lésion, mais plus tard en raison de l'augmentation progressive de la pression exercée sur le nerf par un disque intervertébral ou par l'inflammation.

Peu d'anomalies permettent le diagnostic définitif d'irritation nerveuse et d'entorse musculaire. Le **test de Lasègue** est une manœuvre qui permet de déceler une hernie discale lombaire en cas de douleur radiculaire. En règle générale, l'IRM et la TDM ne sont effectuées que si un traumatisme ou une maladie systémique (p. ex., un cancer, une infection de la moelle épinière) sont soupçonnés.

Processus thérapeutique en interdisciplinarité

Si les spasmes musculaires aigus et la douleur qui en découlent ne sont ni sévères ni débilitants, le client peut être traité en consultation externe par une combinaison des mesures suivantes : 1) des analgésiques, comme les AINS ; 2) des relaxants musculaires (p. ex., la cyclobenzaprine) ; 3) des massages et des exercices d'étirement et de relaxation ; 4) l'alternance de compresses chaudes et froides (Bonner, 2009). La douleur sévère peut nécessiter un traitement bref par des analgésiques opioïdes.

Certaines personnes peuvent requérir une brève période (un à deux jours) de repos à la maison, mais la plupart des clients prennent du mieux tout en poursuivant leurs activités régulières. L'alitement prolongé est à proscrire (Verbunt, Sieben, Vlaeyen, Portegijs, & Knottnerus, 2008). À ce stade, tous les clients doivent éviter les activités qui aggravent la douleur comme soulever une charge, se pencher, se tordre et rester assis longtemps. La plupart des cas s'améliorent en deux semaines.

Soins et traitements infirmiers

CLIENT ATTEINT DE LOMBALGIE AIGUË

Collecte des données

Les données subjectives et objectives devant être collectées auprès du client présentant une lombalgie sont résumées dans l'**ENCADRÉ 26.3**.

Analyse et interprétation des données

L'analyse et l'interprétation des données relatives au client présentant une lombalgie aiguë peuvent conduire à l'établissement des problèmes prioritaires suivants :

- douleur aiguë liée aux spasmes musculaires et à l'inefficacité des mesures destinées à améliorer le confort du client ;
- réduction de la mobilité physique liée à la douleur.

Planification des soins

Dans un contexte de lombalgie aiguë, les objectifs généraux sont de permettre au client : 1) d'obtenir un soulagement satisfaisant de la douleur ; 2) d'éviter la constipation due aux médicaments et à l'immobilité ; 3) d'apprendre des mesures visant à protéger le dos ; 4) de retrouver le niveau d'activité antérieur dans les limites des restrictions prescrites.

RAPPELEZ-VOUS...

Pour éviter de s'infliger des problèmes lombaires en déplaçant les bénéficiaires, l'infirmière doit respecter des principes sécuritaires de prise par contact étroit, de positionnement et de mouvement.

Collecte des données

ENCADRÉ 26.3   Lombalgie

Données subjectives

- Renseignements importants concernant la santé :
  - Antécédents de santé : tension ou traumatisme lombosacré aigu ou chronique, arthrose, discopathie dégénérative, obésité, chirurgie lombaire antérieure
  - Médicaments : emploi d'analgésiques opioïdes et non opioïdes, de relaxants musculaires, d'AINS, de corticostéroïdes, de médicaments en vente libre, notamment des produits naturels et des suppléments nutritifs
- Modes fonctionnels de santé :
  - Perception et gestion de la santé : tabagisme, manque d'exercice
  - Nutrition et métabolisme : obésité
  - Élimination : constipation
  - Activités et exercices : mauvaise posture, spasmes musculaires ; intolérance à l'activité
  - Sommeil et repos : sommeil interrompu
  - Cognition et perception : douleurs au dos, aux fesses ou aux jambes associées à la marche, à la rotation, à l'effort, à la toux, à l'élévation de la jambe ; engourdissement ou picotement dans les jambes, les pieds, les orteils
  - Relations et rôles : travail qui implique de soulever des charges lourdes, de s'exposer à des vibrations et de conduire un véhicule durant de longues périodes ; perturbation du rôle familial résultant de l'incapacité à travailler et à produire un revenu

Données objectives

- Observations générales : mouvement prudent
- Système nerveux : diminution ou absence des réflexes achilléens ou rotuliens ; résultats positifs à la manœuvre de Lasègue
- Système musculosquelettique : muscles paravertébraux tendus à la palpation, diminution de l'amplitude des mouvements de la colonne vertébrale
- Résultats possibles aux examens paracliniques : localisation du siège de la lésion à l'aide de la myélographie, de la TDM ou de l'IRM ; localisation de la compression nerveuse par EMG

ENCADRÉ 26.4 — Lombalgie

L'enseignement concernant la prise en charge de la lombalgie doit amener le client et ses proches :

À ne pas faire

- Se pencher vers l'avant sans fléchir les genoux.
- Soulever quoi que ce soit plus haut que la hauteur des coudes.
- Soulever des objets lourds.
- Demeurer debout trop longtemps dans la même position.
- Dormir sur le ventre ; dormir sur le dos ou le côté en gardant les jambes droites.
- Faire de l'exercice sans consulter un professionnel de la santé en présence de douleur intense.
- Dépasser la quantité d'exercices recommandés ou se livrer à des exercices qui n'ont pas été planifiés par un professionnel de la santé.

À faire

- Prévenir les lombalgies provoquées par une inclinaison vers l'avant, en plaçant un pied sur une marche ou un tabouret pendant les longues périodes en station debout.
- Dormir sur le côté en veillant à fléchir les genoux et les hanches.
- Dormir sur le dos en soulevant les genoux et les jambes, ou en plaçant un oreiller de 25 cm sous les genoux pour fléchir les hanches et les genoux.
- Effectuer régulièrement 15 minutes d'exercices le matin et le soir ; commencer par une période d'échauffement de 2 à 3 minutes en remuant les bras et les jambes ; alterner les exercices de détente et de contraction musculaires ; effectuer les exercices lentement avec des mouvements fluides.
- Transporter les objets légers près du corps.
- Maintenir un poids santé.
- Procéder à l'application locale de froid et de chaleur.
- Utiliser un coussin de soutien lombaire ou un oreiller pour s'asseoir.

Interventions cliniques

Promotion de la santé

L'infirmière remplit un rôle pédagogique important auprès des clients souffrant de problèmes de lombalgie et peut servir de modèle que le client peut imiter. À ce titre, elle doit employer en tout temps les bonnes techniques de mécanique corporelle. Cela doit être sa principale préoccupation lorsqu'elle enseigne au client et à ses proches des techniques de transfert et de changement de position. L'infirmière doit évaluer la mécanique corporelle du client et lui prodiguer des conseils quant aux activités susceptibles de provoquer une tension dans le dos **ENCADRÉ 26.4**.

Des conseils pour la prévention des lésions au dos sont présentés dans l'**ENCADRÉ 26.5** .

L'infirmière doit aussi rappeler aux clients de maintenir un poids santé. Un excès pondéral exerce un stress supplémentaire sur le bas du dos et affaiblit les muscles abdominaux qui le soutiennent. Il est recommandé aux femmes d'utiliser des chaussures à talons bas, de même que des semelles intérieures qui absorbent les chocs.

La position du corps pendant le sommeil joue aussi un rôle important dans la prévention de la lombalgie. L'infirmière doit rappeler aux clients d'éviter de dormir en décubitus ventral, car cette position produit une **lordose lombaire** excessive et induit un stress trop important au bas du dos. L'usage d'un matelas ferme est recommandé. Le client peut dormir sur le dos ou sur le côté en prenant soin de garder les hanches et les genoux fléchis pour prévenir toute pression superflue sur les muscles de soutien, les structures ligamentaires et les articulations lombosacrées. L'infirmière doit aussi promouvoir l'arrêt du tabagisme. Il a été démontré que la nicotine diminuait la circulation sanguine dans les disques vertébraux, et une relation causale a été établie entre le tabagisme et certains types de lombalgie (Calmels *et al.*, 2009).

Phase aiguë

En cas de lombalgie aiguë, l'infirmière doit aider le client à limiter ses activités, favoriser son confort, et l'informer sur son problème de santé et les exercices qui lui sont recommandés .

Des exercices d'étirement et de renforcement musculaires peuvent être intégrés dans la planification des soins. Bien que ce soit souvent le physiothérapeute qui enseigne les exercices au client, il incombe à l'infirmière de s'assurer que celui-ci comprend la nature et la fréquence de ces exercices, ainsi que leur bien-fondé.

Soins ambulatoires et soins à domicile

L'objectif du traitement est de faire en sorte que l'épisode de lombalgie aiguë demeure un incident isolé. Si la région lombosacrée est instable, le client peut s'attendre à des épisodes répétés. Il est possible que le rachis lombaire ne soit pas en mesure de répondre aux sollicitations imposées par certains mouvements sans créer

Le tableau 26.1W présenté au www.cheneliere.ca/lewis montre des exercices destinés à renforcer le dos.

Le PSTI 26.2W pour le client atteint de lombalgie est présenté au www.cheneliere.ca/lewis.

Lordose lombaire : Exagération de la courbure lombaire.

ENCADRÉ 26.5 — Prévention de la lombalgie

- Maintenir un poids santé.
- Ne pas dormir sur le ventre.
- Dormir sur le côté avec les genoux fléchis et un oreiller entre les genoux.
- Éviter la cigarette et les produits dérivés du tabac.
- Se livrer à une activité physique régulière, notamment à des exercices d'endurance et de renforcement musculaire.
- Appliquer les bons principes de mécanique corporelle (p. ex., s'il s'agit de soulever des objets lourds, fléchir les genoux et non la taille, et se relever lentement tout en tenant l'objet près du corps).

de tension, compte tenu de facteurs comme l'obésité, une mauvaise posture, un soutien musculaire insuffisant, l'âge avancé ou un traumatisme. Les interventions visent à renforcer les muscles de soutien par des exercices. Un corset permet de limiter les mouvements extrêmes, et par conséquent de contenir la douleur et de diminuer le recours aux analgésiques (Calmels *et al.*, 2009).

L'usage persistant d'une mauvaise mécanique corporelle peut aussi provoquer des épisodes répétés de lombalgie. Si le client ressent une tension lombaire liée au travail, une consultation auprès d'un professionnel de la Commission de la santé et de la sécurité du travail (CSST) peut s'imposer. L'infirmière devra se montrer empathique dans ses soins, et offrir un soutien émotionnel au client aux prises avec la frustration, la douleur et les invalidités résultant d'une lombalgie.

Évaluation des résultats

Pour le client souffrant de lombalgie aiguë, les résultats escomptés à la suite des soins et des interventions cliniques sont :

- un soulagement satisfaisant de la douleur ;
- le retour au niveau de mobilité antérieur.

26.4.3   Lombalgie chronique

La lombalgie chronique dure plus de trois mois ou désigne des épisodes invalidants récurrents. Les causes de la lombalgie chronique incluent une discopathie dégénérative, le manque d'exercice physique, une blessure antérieure, l'obésité, des anomalies structurales et posturales ainsi qu'une maladie systémique. L'arthrose du rachis lombaire s'observe chez les clients de plus de 50 ans, alors que les maux de dos chroniques rencontrés chez les clients plus jeunes souffrant d'arthrose touchent habituellement le rachis thoracique ou lombaire. L'inconfort est plus important après des périodes d'inactivité, principalement au réveil, ou en position assise prolongée.

La sténose spinale désigne un rétrécissement du canal vertébral ou des canaux radiculaires d'où émergent les racines nerveuses. La sténose résulte généralement d'un traumatisme ou d'une dégénérescence de la colonne vertébrale, comme dans le cas de l'arthrose. Lorsqu'elle se produit dans la région lombaire, la sténose est une cause fréquente de lombalgie chronique. Une hernie discale accompagnée d'une compression des racines nerveuses peut en résulter. La douleur associée à la sténose spinale lombaire commence habituellement au bas du dos, puis irradie unilatéralement ou bilatéralement vers les fesses et les jambes (Markman & Gaud, 2008). Elle s'aggrave avec la marche et en particulier lorsque la personne atteinte demeure debout sans marcher.

Les traitements de la lombalgie chronique sont comparables à ceux de la lombalgie aiguë. Ils comprennent notamment le soulagement de la douleur associée aux activités quotidiennes, l'adoption d'un programme de gestion de la douleur lombaire ainsi que des soins médicaux continus ENCADRÉ 26.6. Un climat froid et humide aggrave la douleur lombaire. Le soulagement de la douleur et de la raideur par des analgésiques légers, comme les AINS, est essentiel au confort quotidien du client aux prises avec une lombalgie chronique. La perte de poids, des périodes de repos suffisantes, l'application locale de chaleur ou de froid, l'exercice et les activités quotidiennes contribuent à conserver les muscles et les articulations mobiles. Les antidépresseurs peuvent éventuellement contribuer à soulager la douleur et les troubles du sommeil qui y sont associés (Urquhart, Hoving, Assendelft, Roland, & Van Tulder, 2008). De plus, certains traitements minimalement invasifs, comme les injections épidurales de corticostéroïdes et l'implantation de dispositifs de libération d'analgésiques peuvent être envisagés pour les clients dont la lombalgie chronique est réfractaire aux options thérapeutiques courantes. Une intervention chirurgicale peut également être indiquée pour les clients atteints d'une lombalgie chronique grave qui ne répond pas aux traitements conservateurs ou dont les déficits neurologiques sont persistants.

26.5 | Discopathie intervertébrale

26.5.1   Étiologie et physiopathologie

Les disques intervertébraux s'interposent entre les vertèbres depuis l'axe cervical jusqu'au sacrum. La dégénérescence structurale des disques cervicaux et lombaires est souvent due à une **discopathie dégénérative FIGURE 26.5**. Cette dégénérescence évolutive est un processus normal lié au vieillissement : elle résulte en la perte de l'élasticité et de la flexibilité des disques intervertébraux ainsi que de leur capacité à absorber les chocs (Johns Hopkins Medicine Neurology and Neurosurgery, 2009). L'amincissement des disques se produit lorsque le noyau pulpeux (substance gélatineuse au centre du disque) commence à s'assécher et à rétrécir. La compression des racines nerveuses est alors possible. Les dommages dus à la discopathie dégénérative contribuent à l'arthrose de la colonne vertébrale par la formation d'ostéophytes (saillies osseuses).

Les **hernies discales** peuvent résulter d'une dégénérescence naturelle liée à l'âge, d'un stress répété ou d'un traumatisme à la colonne vertébrale. La sténose spinale peut aussi provoquer une hernie discale à cause du rétrécissement du canal rachidien entraînant une saillie des disques intervertébraux. Le noyau pulpeux commence par former une saillie, qui peut éventuellement se transformer en hernie et exercer une pression sur les nerfs adjacents. Les hernies discales les plus fréquentes se retrouvent dans la colonne lombosacrée, en particulier entre L4-L5 et L5-S1. Une hernie discale peut aussi se former entre les disques C5-C6 et C6-C7.

ENCADRÉ 26.6 | **Quelles approches complémentaires et parallèles sont-elles employées pour traiter la lombalgie ?**

Question clinique

Outre les soins médicaux classiques, les clients ambulants souffrant de lombalgie (P) ont-ils recours à des approches complémentaires et parallèles (I) pour gérer leur douleur (O) ?

Résultats probants

- Revue systématique d'essais randomisés contrôlés, d'études observationnelles avec contrôle historique et d'études qualitatives

Analyse critique et synthèse des données

- Cent trois études ont été effectuées auprès de clients atteints de lombalgie.
- La chiropratique est le traitement le plus fréquemment utilisé, suivie par les massages et l'acupuncture.
- Le recours aux approches complémentaires et parallèles est plus souvent rapporté pour les lombalgies et moins souvent pour les douleurs à la colonne thoracique.
- Le massage est employé aussi souvent par les clients avec une douleur au cou que par ceux avec une lombalgie.

Conclusions

- Les clients souffrant de lombalgie ont possiblement recours à une combinaison de traitements classiques et d'approches complémentaires et parallèles.

- Les clients avec des lombalgies sont plus enclins à consulter un praticien de soins parallèles ou à recourir par eux-mêmes à ce genre de traitement que ceux qui en sont exempts.

Recommandations pour la pratique infirmière

- L'infirmière doit questionner les clients sur tous les traitements qu'il reçoit pour le soulagement de la douleur.
- Au cours de l'évaluation et du suivi d'un client souffrant d'une lombalgie, l'infirmière doit s'informer sur les approches complémentaires et parallèles que le client trouve efficaces pour soulager la douleur.

Références

Santaguida, P.L., Gross, A., Busse, J., Gagnier, J., Walker, K., Bandhari, M., *et al.* (2009). *Evidence report on complementary and alternative medicine in back pain utilization report.* Agency for Healthcare Research and Quality (AHRQ), publication n° 09-E006. [En ligne]. www.ahrq.gov/downloads/pub/evidence/pdf/backpaincam/backcam.pdf (page consultée le 19 décembre 2010).

P : population visée ; I : intervention ; O : (*outcome*) résultats.

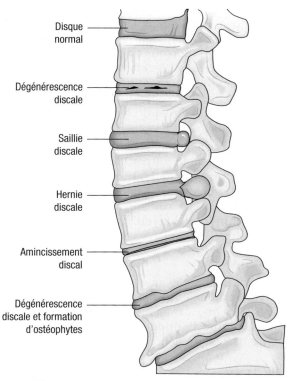

Disque normal

Dégénérescence discale

Saillie discale

Hernie discale

Amincissement discal

Dégénérescence discale et formation d'ostéophytes

FIGURE 26.5
Causes courantes des lésions discales dégénératives

26.5.2 Manifestations cliniques

La lombalgie est la manifestation la plus courante des lésions discales lombaires. Une douleur radiculaire qui irradie vers les fesses et sous le genou, suivant le trajet du nerf sciatique, indique généralement une hernie discale lombaire. Les manifestations propres à la hernie discale lombaire sont résumées au **TABLEAU 26.4**. Le test de Lasègue peut donner un résultat positif, attestant une irritation des racines nerveuses. Ce test consiste à évaluer la présence de douleur au dos ou à la jambe en soulevant la jambe sans plier le genou. Les lombalgies issues d'autres causes ne s'accompagnent pas toujours de douleurs aux jambes. Les réflexes peuvent être diminués ou absents selon la racine du nerf spinal touché. Le client peut signaler une **paresthésie,** ou une faiblesse musculaire dans les jambes, les pieds ou les orteils. La compression de plusieurs racines nerveuses (queue de cheval), due à une hernie discale ou à une chirurgie spinale, peut se manifester par une incontinence intestinale et vésicale, ou encore par une dysfonction érectile. Il s'agit d'une urgence médicale, car il peut en résulter des incapacités permanentes (Bonner, 2009).

Paresthésie : Trouble de la sensibilité, désagréable mais non douloureux, donnant l'impression de palper du coton, et pouvant s'accompagner d'une anesthésie (disparition plus ou moins importante de la sensibilité).

26

TABLEAU 26.4	Manifestations cliniques associées aux hernies discales lombaires[a]			
DISQUE INTERVERTÉBRAL	**DOULEUR**	**RÉFLEXE TOUCHÉ**	**FONCTION MOTRICE**	**SENSATION**
L3-L4	Du dos aux fesses, à la face postérieure de la cuisse, à la face interne du mollet	Rotulien	Quadriceps, muscle jambier antérieur	Partie antérieure de la cuisse, face interne de la jambe
L4-L5	Du dos aux fesses, à la face dorsale du pied et au gros orteil	Aucun	Muscle moyen fessier, muscle jambier antérieur, muscle long extenseur du gros orteil	Face dorsale du pied et du gros orteil
L5-S1	Du dos aux fesses, à la plante du pied et au talon	Achilléen	Muscle grand fessier, muscles ischio-jambiers, muscles jumeaux de la jambe	Talon et face latérale du pied

[a] Une hernie discale peut exercer une pression sur plus d'une racine nerveuse.

Les lésions discales cervicales s'accompagnent souvent de douleurs radiculaires irradiant vers les bras et les mains, suivant le trajet du nerf touché. Comme avec les lésions discales lombaires, les réflexes peuvent être diminués ou absents, et une diminution de la force de préhension est courante.

26.5.3 Examen clinique et examens paracliniques

Les radiographies servent à visualiser les anomalies structurales. La myélographie, l'IRM ou la TDM permettent quant à elles de localiser le siège de la lésion. Toutefois, une phlébographie épidurale ou une discographie peuvent s'imposer si les autres méthodes diagnostiques s'avèrent infructueuses. Enfin, une EMG des extrémités peut servir à déterminer la gravité de l'irritation nerveuse ou à exclure d'autres affections pathologiques comme la neuropathie périphérique.

26.5.4 Processus thérapeutique en interdisciplinarité

Le client chez qui est suspectée une lésion discale recevra d'abord un traitement conservateur **ENCADRÉ 26.7** qui inclut la restriction des mouvements spinaux extrêmes (appareil orthopédique, corset ou ceinture), l'application locale de chaleur ou de glace, des ultrasons et des massages, une traction, ainsi que la neurostimulation électrique transcutanée. La pharmacothérapie inclut les AINS, les opioïdes à courte durée d'action et les relaxants musculaires. L'injection de corticostéroïdes par voie épidurale permet de réduire l'inflammation et de soulager la douleur aiguë. Si la cause sous-jacente persiste, la douleur est susceptible d'être récurrente. Le traitement conservateur peut induire la guérison de la lésion, sauf si celle-ci est due à une discopathie dégénérative, et il peut atténuer la douleur. Une fois que ses symptômes se sont estompés, le client doit entamer des exercices de renforcement du dos deux fois par jour, qu'il devra pratiquer pour le reste de sa vie. L'infirmière doit démontrer les principes d'une bonne mécanique corporelle au client. Les mouvements de flexion et de torsion extrêmes sont fortement déconseillés.

L'établissement d'un plan thérapeutique conservateur permet à la plupart des clients d'obtenir une guérison. Cependant, si la **radiculopathie** (douleur issue des racines nerveuses) progresse, ou qu'une perte de maîtrise intestinale ou vésicale est documentée, la chirurgie peut s'avérer nécessaire.

Chirurgie

La chirurgie d'un disque endommagé est généralement indiquée lorsque les tests diagnostiques confirment que le traitement conservateur est sans effets, et que le client présente des douleurs constantes ou un déficit neurologique persistant.

La thermoplastie annulaire intradiscale (*intradiscal electrothermic therapy* [IDET]) est une intervention très peu invasive qui consiste à insérer une aiguille dans le disque lésé par guidage

ENCADRÉ 26.7 | **Discopathie intervertébrale**

Examen clinique et examens paracliniques
- Antécédents de santé et examen physique
- Radiographie
- TDM
- IRM
- Myélographie
- Discographie
- EMG

Processus thérapeutique
- Traitement conservateur
  - Restriction des activités pendant plusieurs jours (éviter l'alitement total)
  - Analgésiques
  - AINS
  - Relaxants musculaires (p. ex., la cyclobenzaprine)
  - Application locale de glace ou de chaleur
  - Physiothérapie
  - Injections épidurales de corticostéroïdes
- Traitement chirurgical
  - Thermoplastie annulaire intradiscale
  - Nucléoplastie discale par radiofréquence
  - Système de décompression interépineuse (dispositif X-Stop[MD])
  - Laminectomie avec ou sans arthrodèse des vertèbres
  - Discoïdectomie
  - Discectomie percutanée au laser
  - Mise en place de disques artificiels (p. ex., le disque Charité[MD])
  - Arthrodèse des vertèbres avec ou san fixation (p. ex., des plaques, des vis)

radiographique. Ensuite, un fil est introduit dans le disque à l'aide de l'aiguille, puis on le chauffe, ce qui assure la dénervation des petites fibres nerveuses qui ont proliféré dans les fissures et envahi le disque en dégénérescence. La chaleur peut aussi faire partiellement fondre l'anneau fibreux du disque intervertébral, ce qui stimule l'organisme à générer de nouvelles protéines fortifiantes dans les fibres de l'anneau, et peut contribuer au traitement de la douleur lombaire et sciatique (Cleveland Clinic, 2008).

La nucléoplastie discale par radiofréquence (nucléoplastie par coblation) consiste, comme l'IDET, à insérer une aiguille dans le disque. Plutôt que de chauffer le fil, une sonde spéciale de radiofréquence est employée. Cette sonde génère une énergie qui rompt les liens moléculaires du gel dans le noyau. On élimine ainsi 20 % du noyau, ce qui assure la décompression du disque et fait diminuer la pression qui s'exerce sur lui et sur les racines nerveuses environnantes. Le soulagement de la douleur est variable selon les clients.

Le système de décompression interépineuse lombaire percutané (X-Stop[MD]) est un dispositif fait de titane qui est installé sur un support mis en place sur les vertèbres du bas du dos. L'usage du dispositif X-Stop[MD] est destiné aux clients dont la douleur résulte d'une sténose lombaire. Ce dispositif permet de soulever les vertèbres et ainsi de réduire la compression des nerfs. L'effet de ce traitement est comparable à celui d'une laminectomie, mais la procédure est moins invasive.

La laminectomie demeure l'intervention chirurgicale la plus courante et la plus classique en cas de discopathie lombaire. Elle consiste en une excision chirurgicale d'une partie de l'arc vertébral postérieur (désigné comme la lame) pour accéder à une partie ou à tout le disque saillant, puis pour le retirer. Un bref séjour hospitalier est généralement requis après l'intervention.

La discoïdectomie est une autre intervention chirurgicale répandue qui permet la décompression des racines nerveuses. La discoïdectomie microchirurgicale est une variante de l'intervention standard dans laquelle le chirurgien utilise un microscope pour mieux visualiser le disque et l'espace vertébral, et retirer la portion endommagé du disque. Cela permet de maintenir la stabilité osseuse de la colonne vertébrale.

La discectomie percutanée au laser s'effectue sous anesthésie locale et consiste à insérer un tube à travers les tissus mous rétropéritonéaux en direction de la bordure latérale du disque par guidage radioscopique. Par la suite, un laser est dirigé sur la portion endommagée du disque. De petites incisions sont effectuées durant cette intervention, et les pertes sanguines sont minimes. Cette intervention efficace et sûre permet une réadaptation plus rapide.

La prothèse de disque Charité[MD] est destinée aux clients qui présentent des lésions discales lombaires et une discopathie dégénérative (Guyer & Roybal, 2008). Ce disque artificiel est composé d'un noyau de haute densité, intercalé entre deux plateaux vertébraux en alliage cobalt-chrome **FIGURE 26.6**. Il est implanté par voie chirurgicale dans la colonne vertébrale au moyen d'une petite incision pratiquée en dessous du nombril, après retrait du disque endommagé. Le disque rend le mouvement possible dans la région de

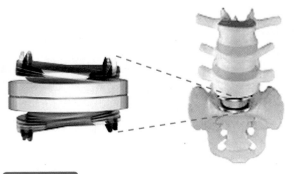

Disque artificiel Charité^{MD}, employé en cas de discopathie dégénérative pour remplacer un disque intervertébral endommagé

l'implant. Le Prodisc-L^{MD} est un autre modèle de disque lombaire artificiel offert pour traiter la discopathie dégénérative.

Enfin, le médecin peut recourir à une arthrodèse en présence d'un mécanisme osseux instable. La colonne vertébrale est stabilisée par une fusion des vertèbres contiguës au moyen d'une greffe osseuse provenant du péroné ou de la crête iliaque du client, ou encore d'un os de cadavre. Des tiges, des plaques ou des vis peuvent être implantées en guise de fixation métallique durant la chirurgie spinale pour assurer une plus grande stabilité et diminuer les mouvements vertébraux. Une fusion entre les corps vertébraux lombaires postérieurs permet un soutien additionnel de la greffe osseuse ou de la prothèse. La **protéine morphogénétique de l'os**, une protéine fabriquée par génie génétique, peut servir d'appoint à la greffe osseuse autologue dans l'arthrodèse ; elle gagne en popularité même si les coûts qu'elle implique en limitent l'usage (Hsu & Wang, 2008) **ENCADRÉ 26.8.**

Approches complémentaires et parallèles en santé

ENCADRÉ 26.8 | **Acupuncture**

L'acupuncture est une pratique médicale chinoise traditionnelle qui consiste à insérer de très fines aiguilles dans la peau pour stimuler des points anatomiques (appelés points d'acupuncture) à des fins thérapeutiques.

Résultats probants

Résultats probants disponibles dans le contexte du traitement des atteintes suivantes : la douleur dentaire postopératoire, la douleur associée à l'endoscopie, la fibromyalgie, les nausées et les vomissements induits par la chimiothérapie, la grossesse ou une intervention chirurgicale, l'arthrose, les lombalgies associées à la grossesse et les épicondylites

Recommandations pour la pratique infirmière

- L'acupuncture est un traitement sûr à condition que le praticien ait reçu une formation appropriée.
- Il est recommandé aux clients de s'assurer que leur praticien a bien suivi une formation appropriée et qu'il détient les permis d'exercice requis.

Référence

Natural Standard (2011). [En ligne]. ww.naturalstandard.com (page consultée le 16 mars 2011).

Soins et traitements infirmiers

CLIENT DEVANT SUBIR UNE CHIRURGIE SPINALE

Les soins infirmiers postopératoires visent principalement à maintenir l'alignement adéquat de la colonne vertébrale en tout temps jusqu'au rétablissement. Suivant le type et l'ampleur de l'intervention chirurgicale et les préférences du chirurgien, le client pourra s'asseoir sur le bord du lit, se tenir debout ou même circuler dès le lendemain de l'intervention. L'infirmière doit connaître les directives précises concernant les activités qui sont permises à chacun des clients.

L'infirmière place des oreillers sous les cuisses du client allongé sur le dos, et entre ses jambes s'il est allongé sur le côté, pour favoriser le confort et assurer l'alignement. Le client craint souvent d'être tourné ou de devoir faire des mouvements susceptibles d'augmenter la douleur et de créer une tension dans la région opérée. L'infirmière doit rassurer le client et lui rappeler que l'alignement corporel est assuré par l'emploi des techniques appropriées. Un nombre suffisant de personnes doivent être disponibles pour déplacer le client, de manière à lui occasionner

le moins de douleur possible et à éviter aux membres du personnel de fournir un effort excessif.

Après l'intervention chirurgicale, la plupart des clients nécessiteront des analgésiques opioïdes, comme la morphine par voie I.V., pendant 24 à 48 heures. L'analgésie contrôlée par le client permet une analgésie optimale : c'est la méthode privilégiée pour soulager la douleur durant cette période. Dès que le client commence à boire des liquides, des médicaments peuvent être administrés par voie orale, comme l'acétaminophène avec codéine, l'hydrocodone (Hycodan^{MD}) ou l'oxycodone. Le diazépam (Valium^{MD}) peut être prescrit pour la relaxation musculaire. L'infirmière doit surveiller et documenter l'efficacité du traitement analgésique.

Parfois, il peut y avoir pénétration du canal rachidien durant la chirurgie, ce qui entraîne une fuite de liquide céphalorachidien (LCR). Des maux de tête sévères ou la présence de LCR sur le pansement doivent être signalés immédiatement. Sur le pansement, le LCR apparaît comme un écoulement clair ou d'un jaune léger. Sa concentration en glucose est élevée, un test rapide sur bandelette donnera un résultat positif. La quantité, la couleur et les caractéristiques de l'écoulement doivent être rapportées.

Après une chirurgie spinale, l'infirmière doit surveiller régulièrement les signes neurologiques périphériques du client. Les mouvements des bras et des jambes de même que la sensibilité doivent être identiques ou présenter une amélioration par rapport aux résultats de l'évaluation effectuée avant l'intervention chirurgicale. En règle générale, l'évaluation de la force motrice et de la sensibilité est répétée toutes les 2 à 4 heures durant les premières 48 heures suivant l'intervention. Il est possible que la chirurgie ne soulage pas immédiatement les paresthésies, comme les sensations d'engourdissement et de picotement. L'infirmière doit signaler rapidement toute faiblesse musculaire ou paresthésie d'apparition nouvelle au chirurgien. Elle surveille également la température, le retour capillaire et le pouls pour évaluer la circulation aux extrémités.

Un **iléus paralytique** et une altération de la fonction intestinale peuvent s'observer durant plusieurs jours et se manifester par des nausées, une distension abdominale et de la constipation. L'infirmière doit évaluer si le client expulse des gaz intestinaux, émet des bruits intestinaux dans tous les quadrants, et présente un abdomen souple et non distendu. Les émollients (p. ex., le docusate de sodium [Colace^MD]) peuvent contribuer à prévenir la constipation et à la traiter.

Les restrictions d'activités, les opioïdes ou l'anesthésie peuvent compromettre l'évacuation adéquate de la vessie. Si le chirurgien l'autorise, l'infirmière peut encourager les hommes à laisser pendre les jambes sur le côté du lit ou à se tenir debout pour uriner. Les clients doivent se servir de la chaise d'aisance ou se déplacer jusqu'aux toilettes, s'ils y sont autorisés, pour favoriser une vidange adéquate de la vessie. L'infirmière doit veiller à ce que l'intimité du client soit préservée. Elle doit déterminer si le client est autorisé à se lever pour se rendre aux toilettes sans corset ni appareil orthopédique. Un cathétérisme intermittent ou un cathéter à demeure peut s'avérer nécessaire pour les clients qui ont de la difficulté à uriner.

L'infirmière doit accorder une attention particulière à un problème d'incontinence ou à une difficulté à déféquer ou à uriner, et elle doit signaler ces problèmes au chirurgien sans tarder, car la perte de tonus des sphincters anal ou vésical peut indiquer des lésions nerveuses.

En plus des soins infirmiers usuels à la suite d'une chirurgie spinale, le client qui a subi une arthrodèse requerra des soins spécialisés de la part de l'infirmière. De fait, comme cette intervention implique généralement une greffe osseuse, le délai de rétablissement postopératoire est plus long que celui d'une laminectomie. Ainsi, les activités doivent être restreintes pendant une période prolongée. Une orthèse rigide (corset thoraco-lombo-sacré ou en forme de dossier de chaise) est souvent utilisée durant cette période. Certains chirurgiens exigent que le client apprenne à mettre et à enlever l'orthèse en se tournant en bloc dans le lit, tandis que d'autres autorisent leur client à placer l'appareil orthopédique en position assise ou debout. L'infirmière doit vérifier quelle méthode utiliser avant de procéder à la mise en place de l'orthèse.

Si une chirurgie est pratiquée sur la colonne cervicale, l'infirmière doit être à l'affût des symptômes d'œdème de la moelle épinière comme la détresse respiratoire et l'aggravation du statut neurologique des extrémités supérieures. Après la chirurgie, le cou du client est immobilisé par un collier cervical mou ou semi-rigide (p. ex., un Miami J^MD).

En plus du site opératoire principal, le site où le greffon osseux a été prélevé doit également faire l'objet d'une évaluation régulière de la part de l'infirmière. La crête iliaque postérieure est le site où le greffon est le plus fréquemment prélevé, mais il peut aussi s'agir du péroné. Le site donneur présente généralement plus de douleurs postopératoires que la zone où la chirurgie spinale a été pratiquée. Il est recouvert d'un pansement compressif afin de prévenir tout excès de saignement. S'il s'agit du péroné, une évaluation des signes neurovasculaires doit être effectuée. L'infirmière doit aussi vérifier si des restrictions relatives à la mise en charge sont souhaitables.

À mesure que la greffe osseuse guérit, le client doit s'adapter à l'immobilité permanente du site de la greffe ou de la fusion. Il est essentiel de lui enseigner les bonnes techniques de mécanique corporelle et d'en évaluer l'usage durant le séjour hospitalier.

L'infirmière doit recommander au client d'éviter de s'asseoir ou de rester debout trop longtemps. Elle l'encourage à marcher, à s'allonger et à transférer son poids d'un pied à l'autre en station debout. En général, le client doit éviter de soulever des poids durant la période postopératoire d'une chirurgie spinale. Il doit apprendre à envisager mentalement une activité avant de s'engager dans un effort potentiellement nuisible, comme se pencher, se coucher ou soulever un objet. Tout mouvement de torsion de la colonne vertébrale est contre-indiqué. Les cuisses et les genoux doivent être sollicités, plutôt que le dos, pour absorber les chocs inhérents aux activités et aux mouvements. L'usage d'un matelas ferme ou d'une planche sous le matelas est indispensable.

Iléus paralytique : Arrêt provisoire du péristaltisme.

26.6 | Cervicalgie

Les cervicalgies sont presque aussi fréquentes que les lombalgies : elles affectent jusqu'à 50 % des adultes à un moment ou un autre de leur vie (Efering & Manning, 2008). Ces douleurs peuvent être associées à de nombreuses atteintes, bénignes (p. ex., une mauvaise posture) ou graves (p. ex., une lésion traumatique) **ENCADRÉ 26.9**.

Les foulures et les entorses cervicales découlent de blessures par hyperflexion et hyperextension. Les

ENCADRÉ 26.9	Causes des cervicalgies
• Mauvaise posture	• Spondylose
• Entorse ou foulure	• Polyarthrite rhumatoïde
• Discopathie dégénérative incluant une hernie discale	• Tumeur
• Traumatisme (p. ex., une fracture, une subluxation)	• Ostéoporose
	• Ostéomyélite
	• Méningite

26

clients se plaignent de raideurs et de douleurs au cou, et peuvent signaler une douleur irradiant vers le bras et la main. La douleur peut aussi irradier vers la tête, la région antérieure du thorax, le long de la colonne vertébrale et les épaules. Une faiblesse ou une paresthésie du bras et de la main peuvent indiquer une compression de la racine nerveuse cervicale résultant d'une sténose, d'une discopathie dégénérative ou d'une hernie. L'évaluation du symptôme, l'histoire de santé, l'examen physique, les radiographies, l'IRM, la TDM et la myélographie permettent de découvrir la cause des cervicalgies. Une EMG des membres supérieurs permet quant à elle de diagnostiquer une radiculopathie cervicale.

Le traitement conservateur des cervicalgies sans troubles sous-jacents inclut le soutien de la tête par un collet cervical mou, l'application de chaleur et de glace, les massages, le repos jusqu'à l'accalmie des symptômes, la physiothérapie, les ultrasons et les AINS. L'acupuncture peut aussi s'avérer utile. La plupart des cervicalgies se résolvent sans intervention chirurgicale.

Il est important de prévenir les douleurs bénignes du cou résultant d'activités quotidiennes en évitant par exemple de rester longtemps assis devant l'ordinateur ou la télévision, de dormir dans une position où la colonne vertébrale n'est pas alignée ou d'effectuer des mouvements brusques durant un exercice. Les stratégies de prévention commencent par l'adoption d'une bonne posture et le maintien d'une bonne flexibilité du cou **ENCADRÉ 26.10**.

26.7 | Problèmes de pieds

Les pieds sont la plateforme qui soutient le poids du corps et ils absorbent des chocs considérables durant la marche. C'est une structure complexe composée d'os, de muscles, de tendons et de ligaments. Ils peuvent être affectés par : 1) des atteintes congénitales ; 2) une faiblesse structurale ; 3) des lésions traumatiques ; 4) des atteintes systémiques comme le diabète et la polyarthrite rhumatoïde. La plupart des douleurs, des déformations et des invalidités liées aux problèmes de pieds peuvent être directement attribuées à des chaussures mal ajustées qui provoquent le chevauchement et l'angulation des orteils, et gênent le mouvement normal des muscles du pied.

Les chaussures ont pour fonction : 1) de fournir un support, d'assurer la stabilité et la protection du pied, d'absorber les chocs et de servir de plateforme pour les orthèses ; 2) d'améliorer l'adhérence avec la surface de marche ; 3) de traiter les anomalies du pied. Le **TABLEAU 26.5** résume les problèmes courants du pied.

Enseignement au client et à ses proches

ENCADRÉ 26.10 | **Exercices pour le cou**

Il convient d'inclure les instructions suivantes dans l'enseignement au client sur les exercices à effectuer en cas de cervicalgie :

- Pencher la tête vers l'arrière de manière à présenter le visage au plafond. Répéter lentement à cinq reprises. En cas de vertige, cesser l'exercice. Augmenter graduellement jusqu'à 10 reprises selon la tolérance.
- Pencher la tête vers l'avant de manière à ce que le menton touche la poitrine et que le visage soit face au sol. Répéter lentement à cinq reprises. Augmenter graduellement jusqu'à 10 reprises selon la tolérance.

- Tenir la tête droite et la pencher sur le côté de manière à ce que l'oreille touche l'épaule. Alterner de chaque côté. Répéter lentement à cinq reprises de chaque côté. Augmenter graduellement jusqu'à 10 reprises selon la tolérance.
- Tourner la tête lentement d'un côté aussi loin que possible. Refaire le même exercice de l'autre côté. Répéter l'exercice cinq fois de chaque côté. Augmentez graduellement jusqu'à 10 reprises selon la tolérance.
- Répéter ces exercices toutes les heures durant la journée.

Source : Bogduk & McGuirk (2007).

TABLEAU 26.5	Problèmes courants du pied	
PROBLÈMES	**DESCRIPTION**	**TRAITEMENT**
Problèmes locaux à l'avant-pied		
Hallux valgus (oignon)	Déformation douloureuse du gros orteil consistant en une déviation latérale de celui-ci vers le deuxième orteil, un renflement osseux de la face interne de la tête du premier métatarsien, et la formation d'une bourse séreuse ou d'un durillon sur le renflement osseux **FIGURE 26.7**	Le traitement conservateur comprend le port de chaussures pourvues d'un large avant-pied et l'utilisation de coussinets pour oignon pour soulager la pression sur la bourse séreuse. Le traitement chirurgical consiste à retirer la bourse séreuse et le renflement osseux, et à corriger la déviation latérale du gros orteil ; peut nécessiter une fixation interne temporaire ou permanente.
Hallux rigidus	Raideur douloureuse de la première articulation métatarsophalangienne résultant de l'arthrose ou d'un traumatisme local	Le traitement conservateur comprend l'injection intra-articulaire de corticostéroïdes et des étirements passifs de la première articulation métatarsophalangienne. Le port de chaussures à semelles rigides

TABLEAU 26.5	Problèmes courants du pied *(suite)*	
PROBLÈMES	**DESCRIPTION**	**TRAITEMENT**
		permet de diminuer la douleur articulaire pendant la marche. Le traitement chirurgical consiste en une arthrodèse ou une arthroplastie au moyen d'un implant en silicone.
Orteil en marteau	Déformation du deuxième au cinquième orteil, incluant une déformation en flexion des articulations interphalangiennes proximale et distale, l'hyperextension de l'articulation métatarsophalangienne, une déformation en flexion de l'articulation interphalangienne distale seulement (orteil en maillet), la formation d'un durillon sur la face dorsale de l'articulation interphalangienne proximale et l'extrémité de l'orteil affecté **FIGURE 26.8**; symptômes dont les clients se plaignent : une sensation de brûlure à la base du pied, de la douleur et une difficulté à marcher avec des chaussures	Le traitement conservateur consiste à effectuer des étirements passifs de l'articulation interphalangienne proximale et en l'usage d'un support de l'arcade métatarsienne. La correction chirurgicale consiste en une résection de la base de la deuxième phalange et de la tête de la phalange proximale, et à réunir les extrémités osseuses. Une broche de Kirschner permet le maintien des os en position droite.
Névrome de Morton (méta-tarsalgie de Morton ou névrome plantaire)	Névrome dans l'espace interdigital entre la tête du troisième métatarsien et celle du quatrième, responsable de crises de douleurs vives et soudaines, et de sensations de brûlure	L'excision chirurgicale constitue le traitement habituel.
Problèmes locaux au milieu du pied		
Pes planus (pied plat)	Affaissement de l'arcade métatarsienne provoquant des douleurs au pied ou à la jambe	Les symptômes sont soulagés par des supports plantaires longitudinaux et souples. Le traitement chirurgical consiste en une arthrodèse triple ou une fusion de l'articulation sous-astragalienne.
Pes cavus (pied creux)	Élévation de la voûte longitudinale du pied découlant d'une contracture de l'aponévrose plantaire ou d'une déformation osseuse de la voûte	Le traitement consiste en des manipulations et la pose d'un plâtre (chez les clients de moins de six ans); la correction chirurgicale est nécessaire si ce problème nuit à la marche (chez les clients de plus de six ans).
Problèmes locaux à l'arrière-pied		
Talalgie (talons douloureux)	Douleur au talon pendant les mises en charge; causes fréquentes : bursite plantaire, fasciite plantaire ou épine calcanéenne (épine de Lenoir) chez l'adulte	Le traitement consiste à injecter des corticostéroïdes localement dans la bourse enflammée et à utiliser un protège-talon en caoutchouc mousse, à exciser chirurgicalement la bourse ou l'épine calcanéenne, à utiliser des talons plats pour diminuer la mise en charge sur le talon; pour la fasciite plantaire, le traitement consiste en des exercices d'étirement, un traitement par ondes de choc, et l'utilisation d'AINS et de corticostéroïdes.
Problèmes locaux		
Cor	Épaississement local de la peau causé par une pression continue sur les saillies osseuses, en particulier sur la tête métatarsienne, entraînant souvent une douleur localisée	Le cor est ramolli par des applications d'eau tiède ou de préparations contenant de l'acide salicylique (p. ex., le Compound W^MD), et il est enlevé avec une lame de rasoir ou un scalpel. Ceci soulage la pression exercée sur les saillies osseuses par les chaussures.
Cor mou	Lésion douloureuse causée par la saillie osseuse d'un orteil qui appuie contre l'orteil adjacent, affectant généralement l'espace interdigital; caractère mou dû aux sécrétions qui maintiennent l'espace interdigital relativement humide	La douleur peut être soulagée par l'insertion d'un coton entre les orteils. Le traitement chirurgical consiste en l'excision des excroissances osseuses (si présentes).

26

TABLEAU 26.5	Problèmes courants du pied *(suite)*	
PROBLÈMES	**DESCRIPTION**	**TRAITEMENT**
Durillon	Formation comparable à celle du cor, mais qui recouvre une plus grande surface et siégeant généralement sur les régions d'appui du pied	Le traitement est le même que pour les cors.
Verrue plantaire	Formation papillomateuse douloureuse qui est causée par un virus susceptible de toucher n'importe quelle partie de la peau de la plante des pieds et qui tend à s'agglomérer sur les points de pression	Le traitement consiste en l'application de produits à base d'acide salicylique (p. ex., le Compound W^{MD}), la cryothérapie à l'aide d'azote liquide, l'excision par électrocoagulation ou le retrait chirurgical ; les traitements au laser sont également possibles ; plusieurs verrues disparaissent sans traitement.

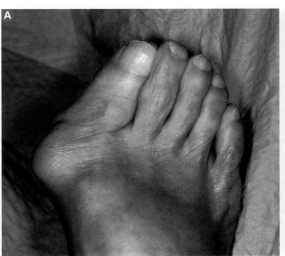
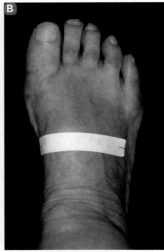

FIGURE 26.7
A Hallux valgus sévère avec oignon du gros orteil. B Correction postopératoire.

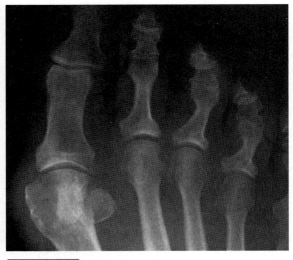

FIGURE 26.8
Orteil en griffe. Type d'orteil en marteau résultant d'une irritation chronique due à des chaussures mal ajustées.

Soins et traitements infirmiers

CLIENT ATTEINT D'UN PROBLÈME DE PIEDS

Interventions cliniques

Promotion de la santé

Le port de chaussures bien conçues et bien ajustées est essentiel pour avoir des pieds en santé et non douloureux. Ce sont les modes qui influencent souvent la sélection des chaussures, particulièrement chez les femmes, plutôt que les considérations liées au confort et au soutien. L'infirmière doit insister sur l'importance d'une chaussure qui convient au pied plutôt que d'obéir aux tendances actuelles de la mode. La chaussure doit être assez longue et assez large pour prévenir le chevauchement des orteils et l'angulation du premier orteil en position de valgus. La chaussure doit être assez large dans la région de la tête métatarsienne pour permettre aux muscles du pied de bouger et aux orteils de fléchir. Le cambrion (partie étroite de la semelle sous le coup de pied) de la chaussure doit être assez rigide pour assurer un soutien optimal. La hauteur du talon doit être raisonnable compte tenu du contexte dans lequel la chaussure est portée. Idéalement, le talon de la chaussure ne devrait pas s'élever à plus de 2,5 cm au-dessus de l'avant-pied.

Des stratégies efficaces pour prévenir les blessures aux pieds sont également nécessaires au travail. Une station debout prolongée sur une surface dure et rigide peut causer un désalignement des os du pied et de l'inflammation. Un revêtement de sol antidérapant peut prévenir les chutes et les accidents par glissement pouvant causer des entorses ou des fractures du pied. La CSST exige que les travailleurs qui sont exposés à des risques potentiels de blessures aux pieds (p. ex., les travailleurs de la construction) portent des chaussures certifiées par l'Association canadienne de normalisation (CSA).

Phase aiguë

De nombreux problèmes de pieds exigent l'orientation du client vers un podiatre. Selon la nature du problème, les traitements conservateurs sont généralement instaurés en premier **TABLEAU 26.5**. Ils incluent les AINS, le traitement par onde de choc, l'application de glace, la physiothérapie, l'ajustement des chaussures, les étirements, les bains tièdes, les orthèses, les ultrasons et les injections de corticostéroïdes. Si ces méthodes n'offrent aucun soulagement, la chirurgie peut alors être recommandée.

Selon le type d'intervention chirurgicale pratiquée, des pinces ou des fils métalliques peuvent être installés à travers les orteils (Oliva, Longo, & Maffulli, 2009), ou encore une attelle protectrice qui s'étend jusqu'à l'extrémité du pied. Après l'intervention, le pied est généralement immobilisé par un gros pansement, une botte plâtrée, un soulier plâtré ou une chaussure à plateforme pourvue d'une semelle rigide qui s'ajuste par-dessus le pansement (désignée comme une botte pour *hallux valgus*). Le pied doit rester élevé, et le talon, ne pas toucher le lit pour réduire l'inconfort et prévenir l'œdème. L'infirmière doit évaluer régulièrement l'état neurovasculaire durant la période postopératoire immédiate. Les dispositifs insérés pendant la chirurgie peuvent gêner ou empêcher l'évaluation des mouvements. L'infirmière doit garder à l'esprit que la sensibilité peut être difficile à évaluer, car la douleur postopératoire peut empêcher le client de différencier la douleur qui résulte de la chirurgie de celle qui est due à une pression nerveuse ou à un problème circulatoire.

Le type et l'importance de la chirurgie déterminent le degré de marche autorisé. Il est possible de devoir recourir à des béquilles, à un déambulateur ou à une canne. Le client peut ressentir de la douleur ou des élancements lorsqu'il commencera à marcher. L'infirmière doit lui rappeler les recommandations du physiothérapeute, et l'importance de marcher en restant droit et en distribuant le poids de manière homogène. Une démarche dysfonctionnelle ou une douleur persistante doivent être signalées au médecin. L'infirmière doit enseigner au client l'importance de s'accorder fréquemment des périodes de repos avec le pied surélevé.

Soins ambulatoires et soins à domicile

Les soins des pieds doivent inclure des soins hygiéniques quotidiens et le port de bas propres assez longs pour éviter les plis causant des zones de pression. Couper les ongles d'orteils droits permet de prévenir les ongles incarnés et de réduire le risque d'infection. L'infirmière donne des instructions détaillées aux personnes atteintes de diabète ou de problèmes circulatoires afin de prévenir des complications sérieuses associées aux ampoules, aux zones de pression et aux infections ▶ .

Des directives sur les soins des pieds à prodiguer aux clients diabétiques sont fournies dans le chapitre 60, *Interventions cliniques – Diabète*.

Considérations gérontologiques

PROBLÈMES DE PIEDS

Les personnes âgées sont plus sujettes aux problèmes de pieds à cause d'une mauvaise circulation, de l'athérosclérose et de la diminution de la sensibilité dans les membres inférieurs. À ce titre, les personnes âgées atteintes de diabète sont particulièrement vulnérables. Un client peut ainsi présenter une plaie ouverte, mais ne pas s'en rendre compte parce qu'une maladie vasculaire périphérique ou une neuropathie diabétique diminue sa sensibilité (Plummer & Albert, 2008). L'infirmière enseigne aux personnes âgées à inspecter leurs pieds quotidiennement et à signaler la moindre plaie ouverte ou détérioration des tissus cutanés à leur médecin. Si elles ne sont pas traitées, les plaies risquent de s'infecter, d'entraîner une ostéomyélite et d'exiger un débridement. Si l'infection se généralise, une amputation peut s'avérer nécessaire.

26.8 | Maladies osseuses métaboliques

Le métabolisme normal des os est affecté par les hormones, la nutrition et des facteurs héréditaires. Le dérèglement d'un de ces facteurs peut entraîner une diminution générale de la masse et de la force osseuses. Les maladies métaboliques osseuses incluent l'ostéomalacie, l'ostéoporose et la maladie de Paget.

26.8.1 Ostéomalacie

L'**ostéomalacie** est une maladie osseuse rare associée à une carence en vitamine D. Elle affecte les adultes, et se traduit par une décalcification et un ramollissement des os. Cette maladie est semblable au rachitisme chez les enfants à la différence que le cartilage de conjugaison est fermé chez les adultes. La vitamine D sert à l'absorption intestinale du calcium. Un apport insuffisant en vitamine D peut interférer avec la minéralisation normale des os qui ne se calcifient pas ou trop peu, et provoque ainsi leur ramollissement. Les facteurs étiologiques à l'origine de l'ostéomalacie incluent l'exposition insuffisante aux rayons ultraviolets (nécessaires à la synthèse de la vitamine D), la malabsorption gastro-intestinale, les brûlures importantes, la diarrhée chronique, la grossesse, une maladie rénale et l'ingestion de médicaments comme la phénytoïne (Dilantin[MD]).

Les manifestations cliniques les plus répandues de l'ostéomalacie sont la douleur osseuse localisée et persistante, ainsi qu'une difficulté à se lever d'une chaise et à marcher. Les autres manifestations cliniques incluent la lombalgie, une faiblesse musculaire progressive, surtout dans la région de la ceinture pelvienne, une perte pondérale, et des déformations graduelles de la

26

colonne vertébrale (**cyphose**) et des membres. Les fractures sont fréquentes et viennent retarder le temps de guérison.

Les résultats des analyses de laboratoire révèlent une diminution des taux sériques de phosphore, de calcium et de 25-hydroxyvitamine D, et une augmentation des taux sériques de phosphatase alcaline. Les radiographies démontrent quant à elles les effets de la déminéralisation osseuse, en particulier une perte de calcium dans les os du bassin et la présence de déformations osseuses qui y sont. Les **stries de Looser-Milkmann** (rubans de décalcification osseuse visibles sur les radiographies) confirment le diagnostic d'ostéomalacie. Cependant, une ostéomalacie significative peut être présente sans qu'elle soit accompagnée de changements visibles sur les radiographies.

Le processus thérapeutique interdisciplinaire de l'ostéomalacie vise à corriger la carence en vitamine D. Des suppléments en vitamine D_3 (cholécalciférol) et en vitamine D_2 (ergocalciférol) peuvent être prescrits et induire une réponse spectaculaire chez le client. Des suppléments de calcium et de phosphore peuvent également être prescrits. La consommation d'œufs, de viande, de poisson gras, de lait et de céréales enrichies en calcium et en vitamine D au petit déjeuner est encouragée (Prentice, 2008). L'exposition à la lumière du soleil (aux rayons ultraviolets) est également importante, tout comme les exercices avec mise en charge.

26.8.2 Ostéoporose

L'**ostéoporose**, ou os poreux (maladie des os fragiles), est une maladie osseuse métabolique chronique et évolutive, caractérisée par une diminution de la masse osseuse et une détérioration structurale du tissu osseux qui rendent les os plus fragiles **FIGURE 26.9**. Les os peuvent devenir à ce point fragiles qu'ils ne sont plus en mesure de supporter un stress mécanique normal (Al-Dabagh, Archer, Newton, Kwagyan, & Nunlee-Bland, 2009).

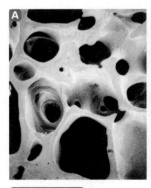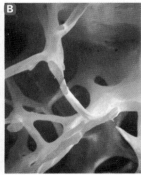

FIGURE 26.9

Ⓐ Os normal. Ⓑ Os ostéoporotique.

Au Canada, 2 millions de personnes sont atteintes d'ostéoporose, soit 1 femme sur 4 et 1 homme sur 8 de plus de 50 ans. Cependant, l'ostéoporose peut frapper à tout âge. Au Canada seulement, il en coûte environ 1,3 milliard de dollars chaque année pour traiter l'ostéoporose et les fractures qui en résultent. Avec l'augmentation prévue de l'espérance de vie et la proportion croissante de personnes âgées dans la population, il est évalué qu'en 2018, le Canada dépensera au moins 32,5 milliards de dollars en traitement ostéoporotique si aucune action efficace en prévention ni aucune stratégie de traitement ne sont instaurées (Ostéoporose Canada, 2010c).

L'ostéoporose est plus fréquente chez les femmes que chez les hommes, pour plusieurs raisons : 1) les femmes tendent à consommer moins de calcium que les hommes tout au long de leur vie (les hommes entre 15 et 50 ans en consomment deux fois plus que les femmes) ; 2) la masse osseuse des femmes est inférieure puisque leur ossature est généralement plus petite ; 3) la résorption osseuse commence plus tôt chez les femmes et s'accélère avec la ménopause ; 4) la grossesse et l'allaitement diminuent les réserves squelettiques de la femme, à moins que l'apport en calcium ne soit adéquat ; 5) la longévité augmente la probabilité d'ostéoporose et les femmes vivent plus longtemps que les hommes **ENCADRÉ 26.11**.

Étiologie et physiopathologie

Les facteurs de risque de l'ostéoporose sont énumérés dans l'**ENCADRÉ 26.12**. Des exercices réguliers avec mise en charge ainsi que la consommation de fluor, de calcium et de vitamine D en réduisent l'occurrence (Miller, 2008). Des taux faibles de testostérone constituent un facteur de risque important chez les hommes.

En général, le pic de la masse osseuse (quantité maximale de tissu osseux) est atteint avant l'âge de 20 ans. Il est déterminé par une combinaison de quatre principaux facteurs : l'hérédité, la nutrition, l'exercice et la fonction hormonale. L'hérédité peut être responsable de jusqu'à 70 % du pic de la masse osseuse d'une personne. La perte osseuse qui survient entre 35 et 40 ans est inévitable, mais sa vitesse varie. À la ménopause, les femmes connaissent une perte osseuse rapide quand le déclin de la production d'œstrogène est le plus prononcé. Par la suite, cette perte ralentit et finit par ressembler à celle qui s'observe chez les hommes âgés de 65 à 70 ans.

Les ostéoblastes déposent continuellement du tissu osseux, tandis que les ostéoclastes en assurent la résorption : il s'agit d'un processus appelé **remodelage**. Dans la plupart des cas, la vitesse de dépôt osseux est égale à celle de résorption, de sorte que la masse osseuse totale demeure constante. Dans l'ostéoporose, la résorption osseuse est plus importante que le dépôt osseux. Bien que la résorption affecte tout le système squelettique, l'ostéoporose touche principalement les os de la colonne vertébrale, des hanches et des poignets. Avec le temps, le tassement et les fractures de vertèbres entraînent une perte graduelle de la taille et l'apparition d'une bosse au dos connue sous le nom de bosse de sorcière ou cyphose. Les douleurs lombaires ou les fractures spontanées sont généralement les premières manifestations cliniques. La perte de substance osseuse affaiblit mécaniquement l'os, qui devient plus sujet aux fractures spontanées ou aux fractures découlant de traumatismes mineurs. À ce titre, une personne qui subit une fracture vertébrale due à l'ostéoporose a 25 % de chances de subir une deuxième fracture vertébrale dans l'année qui suit (Freedman, Potter, Nesti, Giuliani, Hampton, & Kuklo, 2008).

Les maladies spécifiquement associées à l'ostéoporose incluent les maladies intestinales inflammatoires, les malabsorptions intestinales, les maladies rénales, la polyarthrite rhumatoïde, l'hyperthyroïdie, l'alcoolisme chronique, la cirrhose du foie, l'**hypogonadisme** et le diabète.

De plus, de nombreux médicaments peuvent interférer avec le métabolisme osseux, notamment les corticostéroïdes, les anticonvulsivants (p. ex., l'acide valproïque [Depakene^{MD}], la phénytoïne [Dilantin^{MD}]), les antiacides contenant de l'aluminium [Maalox^{MD}], l'héparine, certains traitements anticancéreux et les doses excessives d'hormones thyroïdiennes (Miller, 2008). Si l'un de ces médicaments est prescrit, l'infirmière doit informer le client de cet effet secondaire possible. L'utilisation de corticostéroïdes à long terme est une cause majeure d'ostéoporose, car ces médicaments provoquent une perte osseuse et inhibent la formation de nouveaux tissus osseux.

Manifestations cliniques

L'ostéoporose est souvent appelée la maladie silencieuse, car la perte osseuse ne s'accompagne d'aucun symptôme. Les personnes concernées peuvent ignorer qu'elles sont atteintes d'ostéoporose jusqu'à ce que leurs os se fragilisent à ce point qu'une tension, un choc ou une chute provoque une fracture de la hanche, des vertèbres ou du poignet. Le tassement des vertèbres peut d'abord se manifester par des douleurs lombaires, une diminution de la taille ou une déformation de la colonne vertébrale comme une cyphose ou une posture très voûtée.

Examen clinique et examens paracliniques

L'ostéoporose passe souvent inaperçue puisqu'elle n'est visible sur les radiographies classiques que lorsque la perte de calcium dépasse 25 à 40 %. En

règle générale, les taux sériques de calcium, de phosphore et de phosphatase alcaline sont normaux, quoique les taux sériques de phosphatase alcaline puissent augmenter après une fracture.

La densitométrie osseuse évalue la densité minérale osseuse (DMO), soit la masse osseuse par unité de volume ▶ **24**. L'échographie quantitative et l'absorptiométrie à rayons X biphotonique (*dual-emission X-ray absorptiometry* [DEXA]) sont deux types de densitométrie osseuse. L'échographie mesure la densité osseuse du talon, de la rotule ou du tibia au moyen d'ondes sonores. L'examen paraclinique le plus fréquent pour mesurer la DMO est la DEXA : elle mesure la densité osseuse dans la colonne vertébrale, les hanches et l'avant-bras

Les examens visant à mesurer la densité osseuse sont présentés dans le chapitre 24, *Évaluation clinique – Système musculosquelettique*.

Jugement clinique

Capsule

Madame Linda Burelle, 39 ans, prend les médicaments suivants : hydroxyde de magnésium (Gelusil^{MD}), divalproex sodique (Epival^{MD}) et béclométhasone (Qvar^{MD}).

Lesquels de ces médicaments peuvent interférer avec le métabolisme osseux ?

ENCADRÉ 26.12   **Facteurs de risque de l'ostéoporose**[a]

- Âge (65 ans ou plus)
- Écrasement vertébral
- Fracture de fragilisation après l'âge de 40 ans
- Antécédents familiaux de fractures ostéoporotiques (en particulier, fracture de la hanche chez un parent)
- Emploi prolongé de corticostéroïdes[b]
- Conditions médicales (la maladie cœliaque ou la maladie de Crohn) inhibant l'absorption des nutriments
- Hyperparathyroïdie primaire
- Tendance à faire des chutes
- Fracture vertébrale à la radiographie
- Hypogonadisme (faible taux de testostérone chez les hommes, arrêt des menstruations chez les jeunes femmes)
- Ménopause précoce (avant l'âge de 45 ans)
- Polyarthrite rhumatoïde
- Hyperthyroïdie
- Poids corporel inférieur à 60 kg
- Perte pondérale de plus de 10 % du poids corporel à l'âge de 25 ans
- Faible consommation de calcium
- Forte consommation d'alcool
- Tabagisme actif
- Faible densité minérale osseuse

[a] Les facteurs de risque sont cumulatifs, c'est-à-dire qu'en présentant plusieurs facteurs de risque, une personne est exposée à un risque plus élevé de souffrir d'ostéoporose.

[b] Au moins trois mois de traitement cumulatif au cours de l'année précédente à une dose quotidienne équivalente à 7,5 mg ou plus de prednisone.

Source : Ostéoporose Canada (2010b).

(les sièges de fractures liées à l'ostéoporose les plus fréquents) (Freedman *et al.*, 2008). La DEXA permet aussi d'évaluer les variations de la densité osseuse dans le temps et l'efficacité du traitement. Une évaluation de la densité osseuse est indiquée pour toutes les femmes et tous les hommes présentant un ou plusieurs facteurs de risque d'ostéoporose **ENCADRÉ 26.12**.

Les résultats de la DEXA sont souvent rapportés sous forme de T-scores (University of California Berkeley, 2009), qui correspondent au nombre d'écarts-types en dessous de la moyenne de densité osseuse normale. Un T-score plus grand ou égal à 1 signale une densité osseuse normale. L'ostéoporose se définit par une DMO d'au moins 2,5 écarts-types inférieurs (T-score plus petit ou égal à −2,5) à la DMO moyenne des jeunes adultes. L'**ostéopénie** se définit par une perte osseuse supérieure à la normale (T-score entre −1 et −2,5), mais encore inférieure au seuil de diagnostic de l'ostéoporose. Plus de 14 millions de femmes âgées de plus de 50 ans sont atteintes d'ostéopénie. La biopsie osseuse permet de distinguer l'ostéoporose de l'ostéomalacie **TABLEAU 26.6**.

Différences hommes-femmes

TABLEAU 26.6	Ostéoporose	
HOMMES		**FEMMES**
• Un jeune homme atteint son pic de masse osseuse à l'âge de 20 ans. • L'ostéoporose est sous-diagnostiquée et sous-traitée chez les hommes comparativement aux femmes. • Un homme de plus de 50 ans sur huit présentera une fracture liée à l'ostéoporose durant sa vie.		• Une jeune femme atteint son pic de masse osseuse à l'âge de 16 ans. • L'ostéoporose est huit fois plus fréquente chez les femmes que chez les hommes. • Une femme de plus de 50 ans sur deux présentera une fracture liée à l'ostéoporose au cours de sa vie.

Soins et traitements en interdisciplinarité

CLIENT ATTEINT D'OSTÉOPOROSE

Le processus thérapeutique interdisciplinaire de l'ostéoporose met l'accent sur une nutrition adéquate, des suppléments de calcium, l'exercice, la prévention des fractures et les médicaments **ENCADRÉ 26.13**. Le conseil consultatif scientifique de la Société de l'ostéoporose du Canada recommande d'envisager une pharmacothérapie pour les clients présentant un risque modéré à élevé de fracture à la suite d'une analyse de la densité osseuse et présentant les facteurs de risque suivants :

- fractures vertébrales supplémentaires observées à la radiographie latérale de la colonne vertébrale ;
- antécédent de fracture du poignet chez les personnes âgées de plus de 65 ans, ou dont le T-score est inférieur ou égal à −2,5 ;
- T-score de la colonne vertébrale lombaire inférieur au T-score du col fémoral ;
- perte osseuse rapide ;
- hommes recevant un traitement androgénosuppressif pour un cancer de la prostate ;
- femmes recevant des inhibiteurs de l'aromatase pour le traitement d'un cancer du sein ;
- utilisation prolongée ou répétée de glucocorticoïdes systémiques (par voie orale ou parentérale) ne répondant pas aux critères classiques récents d'utilisation prolongée[a] ;

- chutes à répétition (2 ou plus au cours des 12 derniers mois) ;
- autres problèmes de santé étroitement liés à l'ostéoporose, à une perte osseuse rapide ou aux fractures.

La prévention et le traitement de l'ostéoporose sont axés sur un apport adéquat en calcium (1 200 mg/j chez les personnes de plus de 50 ans). Si l'apport alimentaire en calcium est insuffisant, il est recommandé de prendre des suppléments de calcium. Le lait entier ou écrémé, le yogourt, les feuilles de navet, le fromage cottage, la crème glacée, les sardines et les épinards sont autant d'aliments riches en calcium **TABLEAU 26.7**. La quantité de calcium élémentaire varie selon les préparations de calcium **TABLEAU 26.8**. Les suppléments de calcium permettent d'inhiber les pertes osseuses liées à l'âge, mais n'entraînent pas la formation de nouveaux tissus osseux.

La vitamine D joue un rôle important dans l'absorption et la fonction du calcium, et elle contribue à la formation osseuse. La plupart des gens soutirent suffisamment de vitamine D de leur alimentation ou par synthèse naturelle en exposant leur peau à la lumière du soleil. Il suffit généralement de s'exposer au soleil pendant 20 minutes par jour. Cependant, des suppléments de 400 à 1 000 UI de vitamine D peuvent être recommandés pour les personnes de moins de 50 ans, et des suppléments de 800 à 2 000 UI pour

---

[a] Au moins 3 mois de traitement cumulatif au cours de l'année précédente à une dose quotidienne équivalente à 7,5 mg ou plus de prednisone.

celles de plus de 50 ans, celles qui sont confinées à la maison ou qui ne s'exposent pas assez au soleil (Ostéoporose Canada, 2010b).

Un minimum d'exercices modérés est nécessaire pour construire et maintenir la masse osseuse. L'exercice permet aussi d'augmenter la force musculaire, la coordination et l'équilibre. Les exercices avec mise en charge qui obligent le client à réagir contre la force de gravité sont les plus efficaces.

Ils incluent la marche, la randonnée pédestre, l'entraînement avec des poids, la montée d'escaliers, le tennis et la danse. Il faut privilégier la marche aux exercices aérobiques à impact élevé ou à la course, car ils sont susceptibles d'exercer un stress trop important sur les os et de provoquer des fractures de stress. Il est recommandé de marcher 30 minutes 3 fois par semaine.

Processus diagnostique et thérapeutique

ENCADRÉ 26.13   **Ostéoporose**

Examen clinique et examens paracliniques
- Antécédents de santé et examen physique
- Taux sériques de calcium, de phosphore, de phosphatase alcaline et de vitamine D
- Densitométrie osseuse
  - Absorptiométrie à rayons X en double énergie
  - Échographie quantitative

Processus thérapeutique
- Alimentation riche en calcium
- Suppléments de calcium
- Suppléments de vitamine D
- Programme d'exercices
- Calcitonine (Calcimar^{MD})
- Bisphosphonates (p. ex., l'alendronate, l'étidronate, le risédronate)
- Modulateur sélectif des récepteurs œstrogéniques (p. ex., le raloxifène)
- Recombinant de la parathormone (p.ex., le tériparatide)
- Vertébroplastie
- Cyphoplastie

Thérapie nutritionnelle

TABLEAU 26.7   **Sources alimentaires de calcium**

ALIMENTS	TENEUR EN CALCIUM (mg)	ALIMENTS	TENEUR EN CALCIUM (mg)
Sources riches en calcium			
240 ml de lait entier	291	150 g d'épinards cuits	200
240 ml de lait écrémé	302	150 g d'amandes	304
28 g de fromage cheddar	130	**Sources pauvres en calcium**	
28 g de fromage cottage	130	1 oeuf	28
230 g de yogourt	415	84 g de boeuf, de porc ou de volaille	10
240 ml de crème glacée	176	1 pomme, 1 banane	10
240 ml de crème glacée molle	272	1 pomme de terre moyenne	14
84 g de saumon	167	1 carotte moyenne	14
84 g d'huîtres	113	¼ tête de laitue	27
1 tige moyenne de brocoli cuit	158		

| TABLEAU 26.8 | Contenu en calcium élémentaire des différentes préparations commerciales de calcium | | | |

SEL DE CALCIUM (% DE CALCIUM ÉLÉMENTAIRE)	NOM COMMERCIAL	CALCIUM ÉLÉMENTAIRE (mg/co.)	VITAMINE D (UI/co.)	PARTICULARITÉ
Carbonate (40 %)	Cal[MD]-500	500	—	Calcium provenant de coquilles d'huîtres[a]
	Cal[MD]-500-D	500	125	
	Calcite[MD] 500	500	—	
	Calcite[MD] D 500	500	125	
	Calcite[MD] 500 + D400	500	400	
	Cal[MD]-D 400[MD]	500	400	
	Calcia[MD] 200	500	200	Comprimés croquables
	Calcia[MD] 400	500	400	
	Cal-K[MD]	150	—	Comprimés qui contiennent 6,8 mmol de potassium
	Caltrate[MD] 600	600	—	—
	Caltrate[MD] 600 avec vitamine D	600	200	Comprimés à mâcher (à saveur de chocolat ou de vanille)
	Caltrate[MD] Plus	600	200	Comprimés croquables (à saveur de fruits) qui contiennent aussi du magnésium (50 mg), du zinc (7,5 mg), du cuivre (1 mg) et du manganèse (1,8 mg)
	Caltrate[MD] select	600	400	—
	Carbocal[MD] D 400	500	400	Calcium provenant de coquilles d'huîtres[a]
	Os-Cal[MD]	500	—	—
	Os-Cal[MD] D	500	125	—
Carbonate (40 %) + gluconate (9 %)	Gramcal[MD]	1 000	—	Comprimés à dissoudre dans de l'eau ou du jus
Citrate (21 %)	Ci-Cal[MD]	250	—	—
	Ci-Cal[MD] +D	250	125	—
	Ci-Cal[MD] D400	500	400	Comprimés croquables (à saveur d'orange)
	Ostéocit[MD]	315	—	Comprimés à dissoudre dans de l'eau ou du jus
	Ostéocit[MD] D	315	300	

[a] Les personnes allergiques aux fruits de mer devraient éviter les préparations de calcium provenant de coquilles d'huîtres. Les produits naturels ne sont pas inclus dans ce tableau puisque aucune réglementation n'assure la conformité de l'étiquetage concernant le contenu de ces produits.

Source : Demers & Lapierre (2007).

Le tabagisme et la consommation excessive d'alcool constituent des facteurs de risque de l'ostéoporose. Une consommation régulière de 60 à 90 ml d'alcool peut augmenter le degré d'ostéoporose, même chez les jeunes personnes, qu'elles soient de sexe masculin ou féminin. L'infirmière doit conseiller aux clients de cesser de fumer et de réduire leur consommation d'alcool pour contrer le risque de perte de masse osseuse.

Bien que la perte osseuse ne puisse être inversée de manière significative, il est possible de prévenir les pertes osseuses additionnelles par des suppléments de calcium et de vitamine D, de l'exercice et certains médicaments (p. ex., l'alendronate [Fosamax^MD], le raloxifène [Evista^MD]), s'ils sont indiqués. L'infirmière doit souligner aux clients atteints d'ostéoporose l'importance de demeurer actifs afin de prévenir toute perte osseuse supplémentaire découlant de l'immobilité.

Le traitement peut aussi consister à offrir un accessoire d'aide à la marche au besoin et à protéger les zones de fractures pathologiques potentielles. Par exemple, il est possible de recourir à une orthèse (orthèse thoraco-lombo-sacrée) pour assurer l'alignement adéquat de la colonne vertébrale après une fracture ou le traitement d'une fracture vertébrale ▶ **25**.

La vertébroplastie et la cyphoplastie sont des interventions minimalement invasives destinées à traiter les fractures vertébrales ostéoporotiques. La vertébroplastie consiste à injecter un ciment osseux dans la vertèbre tassée pour la stabiliser ; elle ne permet pas cependant de corriger la déformation. La cyphoplastie consiste à insérer un ballonnet d'air dans la vertèbre tassée, puis à le gonfler pour redonner de la hauteur au corps vertébral et corriger la déformation, après quoi on procède à l'injection du ciment osseux (Meade, Malas, Patwardha, & Gavin, 2008).

Pharmacothérapie

L'instauration d'une pharmacothérapie antiostéoporotique doit se fonder sur une évaluation du risque absolu de fracture sur 10 ans à l'aide d'un outil valable de prédiction des fractures qui tient compte de la DMO et des facteurs de risque cliniques. Au Canada, à l'heure actuelle, on peut utiliser la version canadienne de l'outil d'évaluation des risques de fracture de l'OMS (Fracture Risk Assessment Tool) et le système d'évaluation des risques de l'Association canadienne des radiologistes et Ostéoporose Canada (CAROC), car ils ont été validés auprès de la population canadienne (Ostéoporose Canada, 2010a).

Le traitement hormonal de remplacement œstrogénique après la ménopause n'est plus utilisé en première intention comme traitement préventif de l'ostéoporose, compte tenu du risque élevé de maladie cardiaque, de cancer du sein et de l'utérus qu'il comporte (Cleveland Clinic, 2009). S'il est employé pour traiter les symptômes associés à la ménopause, l'œstrogène protégera aussi les femmes contre la perte osseuse, et les fractures de la hanche et des vertèbres. Il est possible que l'œstrogène inhibe l'activité des ostéoclastes, diminuant ainsi la résorption osseuse, et prévenant à la fois la perte osseuse corticale et trabéculaire.

La calcitonine de saumon (Calcimar^MD), disponible sous forme intramusculaire (I.M.), sous-cutanée (S.C.) et intranasale,

peut également être utilisée dans le traitement de l'ostéoporose. La calcitonine endogène est sécrétée par la glande thyroïde et elle inhibe la résorption osseuse ostéoclastique en interagissant directement avec les ostéoclastes actifs. La préparation nasale (Miacalcin^MD) est facile à administrer, et contrairement aux préparations I.M. et S.C., elle n'entraîne pas de nausées. Toutefois, l'infirmière doit rappeler aux clients d'alterner quotidiennement la narine dans laquelle le médicament est administré, car la sécheresse et l'irritation nasales sont des effets secondaires courants. De plus, il a été démontré qu'en administrant les préparations I.M. ou S.C. le soir, les effets secondaires comme la nausée et les rougeurs au visage sont atténués. Enfin, l'utilisation de la calcitonine nécessite des suppléments de calcium pour prévenir l'hyperparathyroïdie secondaire.

Les bisphosphonates inhibent la résorption osseuse médiée par les ostéoclastes, et augmentent ainsi la DMO et la masse osseuse totale. Il a été démontré que ce groupe de médicaments augmentait la DMO de 5 %. Il comprend l'étidronate (Didrocal^MD), l'alendronate (Fosamax^MD), le pamidronate (Aredia^MD), le risédronate (Actonel^MD) et le clodronate (Bonefos^MD). L'anorexie, la perte de poids et la gastrite sont des effets secondaires courants. L'alendronate est le médicament le plus fréquemment utilisé dans le traitement de l'ostéoporose. L'infirmière doit enseigner au client comment prendre un bisphosphonate pour que son absorption soit optimale et que les effets secondaires gastro-intestinaux (en particulier l'irritation œsophagique) soient réduits. L'**ostéonécrose** (mort osseuse) de la mâchoire est un effet secondaire rare et grave des bisphosphonates qui s'observe surtout chez les clients atteints d'un cancer avancé et dont la cause de cet effet secondaire est inconnue. L'alendronate est disponible sous forme de comprimé oral à prendre une fois par semaine. L'administration de l'acide zolédronique (Aclasta^MD) sous forme de perfusion I.V. annuelle prévient l'ostéoporose durant deux ans après une perfusion unique. Des symptômes pseudogrippaux peuvent s'observer pendant les premiers jours suivant l'administration. Des études récentes ont démontré que l'acide zolédronique est associé à une amélioration statistiquement significative de la survie sans maladie chez des femmes atteintes d'un cancer du sein de stade précoce répondant aux œstrogènes (Gnant et al., 2009).

Les modulateurs sélectifs des récepteurs œstrogéniques, comme le raloxifène (Evista^MD), sont d'autres types de médicaments employés dans le traitement de l'ostéoporose. Ces substances miment l'effet de l'œstrogène sur l'os en limitant la résorption osseuse sans stimuler les tissus du sein ou de l'utérus. Chez les femmes ménopausées, le raloxifène augmente significativement la DMO. Les crampes aux jambes, les bouffées de chaleur et les caillots sanguins sont quelques-uns des effets secondaires. Il est possible que l'emploi du raloxifène atténue le risque de cancer du sein ; comme le tamoxifène, il bloque les récepteurs œstrogéniques des cellules cancéreuses (American Cancer Society, 2009).

Le tériparatide (Forteo^MD) sert au traitement de l'ostéoporose chez les hommes et les femmes ménopausées pour lesquels le risque de fractures est élevé. Le tériparatide est un fragment de l'hormone parathyroïdienne humaine et a pour effet d'augmenter l'action des

25

Les fractures sont décrites dans le chapitre 25, *Interventions cliniques – Trauma musculosquelettique et chirurgie orthopédique.*

Bisphosphonates

L'infirmière doit recommander au client :

- de prendre le médicament avec un grand verre d'eau ;
- de prendre le médicament 30 minutes avant de manger ou de prendre d'autres médicaments ;
- d'éviter la position allongée pendant au moins 30 minutes après avoir pris le médicament.

26

ostéoblastes. Il s'agit du premier médicament approuvé dans le traitement de l'ostéoporose qui stimule la formation de nouveaux os. La plupart des médicaments employés pour traiter l'ostéoporose préviennent les pertes osseuses additionnelles. Le tériparatide est administré une fois par jour par injection S.C. (Panus, Katzung, Jobst, Tinsley, Masters, & Trevor, 2008). Ses effets secondaires incluent les crampes aux jambes et les étourdissements. Ce médicament est dispendieux, et il est possible que son utilisation prolongée (plus de deux ans) augmente légèrement le risque d'ostéosarcome.

Le traitement médical des clients qui reçoivent des corticostéroïdes vise notamment à prescrire la plus faible dose possible de médicaments. Un apport adéquat en calcium et en vitamine D est par ailleurs nécessaire à la prévention et au traitement de l'ostéoporose. Des suppléments sont aussi habituellement requis si des médicaments contre l'ostéoporose sont prescrits. De plus, si la densitométrie osseuse révèle une ostéopénie, un traitement par des bisphosphonates (p. ex., l'alendronate [Fosamax(MD)]) devra être envisagé.

26.8.3 Maladie de Paget

La **maladie de Paget** (ostéite déformante hypertrophique) désigne une affection squelettique chronique dans laquelle une résorption osseuse excessive s'accompagne d'un remplacement de la moelle normale par du tissu conjonctif vasculaire et fibreux **FIGURE 26.10**. L'os nouvellement formé est de plus grande taille, désorganisé et structurellement plus faible. Les régions du squelette couramment affectées sont le bassin, les os longs, la colonne vertébrale, les côtes, le sternum et le crâne. Environ 3 % des personnes de plus de 40 ans sont affectées par la maladie de Paget (Société de l'arthrite, 2009). Toutefois, le nombre

exact d'individus touchés par la maladie est imprécis, car bien des gens ignorent en être atteints. La cause de cette maladie est inconnue, bien que l'hypothèse d'une origine virale ait été soulevée. Jusqu'à 40 % de tous les clients atteints de la maladie de Paget ont au moins un parent qui en souffre également. Les hommes sont deux fois plus touchés par cette maladie que les femmes.

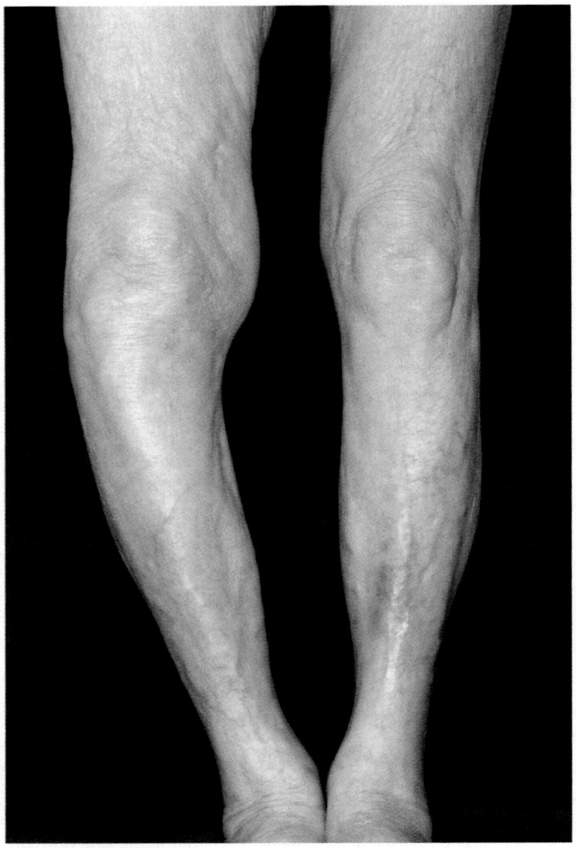

Dans les formes plus bénignes de la maladie, les clients peuvent demeurer asymptomatiques, et la maladie peut être découverte accidentellement par des radiographies ou des analyses biochimiques. Les premières manifestations cliniques sont généralement l'apparition insidieuse de douleurs osseuses (qui peuvent évoluer en douleurs sévères et difficiles à soulager), la fatigue et l'adoption progressive d'une démarche chancelante. Les clients peuvent se plaindre que leur taille diminue ou que leur tête grossit. Un crâne plus large et plus épais peut provoquer des maux de tête, des déficits visuels, une perte auditive et la démence. L'augmentation du volume osseux dans la colonne vertébrale peut entraîner une compression de la moelle épinière ou des racines nerveuses. Les fractures pathologiques sont la complication la plus fréquente de la maladie de Paget et peuvent en être le premier signe révélateur. Les autres complications incluent l'ostéosarcome, le fibrosarcome et l'ostéoclastome (tumeur à cellules géantes).

Les taux sériques de phosphatase alcaline sont nettement élevés (ce qui indique un renouvellement osseux rapide) dans les formes avancées de la maladie. Les radiographies montrent que le contour normal de l'os atteint est courbé, et que le cortex osseux est épaissi et irrégulier, surtout dans les os porteurs et le crâne. Les scintigraphies osseuses aux biphosphates marqués au technétium99m révèlent une augmentation de l'absorption dans les régions squelettiques affectées.

Les soins et traitements en interdisciplinarité relatifs à la maladie de Paget se limitent généralement à un traitement symptomatique, à des soins de soutien et à la correction des déformations secondaires par une intervention chirurgicale ou des appareils orthopédiques. Les bisphosphonates

FIGURE 26.10

Déformation osseuse due à la maladie de Paget

servent aussi à retarder la résorption osseuse. Il est également possible d'administrer de l'acide zolédronique pour renforcer la masse osseuse. Le calcium et la vitamine D sont souvent prescrits pour diminuer l'hypocalcémie, un effet secondaire courant de ces médicaments. Leur efficacité peut s'évaluer en surveillant les taux sériques de phosphatase alcaline. Le traitement par la calcitonine est recommandé pour les clients qui ne peuvent pas tolérer les bisphosphonates. La résorption osseuse, le soulagement des symptômes aigus et la diminution des taux sériques de phosphatase alcaline peuvent être sensiblement affectés par l'administration de calcitonine, qui inhibe l'activité ostéoclastique. La réponse au traitement par la calcitonine n'est toutefois généralement pas permanente. Des AINS peuvent aussi être ajoutés au traitement pour le soulagement de la douleur. Une chirurgie orthopédique pourra s'avérer nécessaire pour réparer les fractures, remplacer la hanche ou le genou, ou réaligner le genou.

Un matelas ferme est indispensable pour offrir un support au dos et soulager la douleur. Le client devra peut-être porter un corset ou une attelle légère pour soulager la douleur au dos et bénéficier d'un support lorsqu'il est debout. Le client doit être en mesure de se servir correctement de ces dispositifs et savoir comment examiner régulièrement certaines régions de sa peau à la recherche de lésions dues aux frictions. L'infirmière doit déconseiller les activités qui impliquent le soulèvement d'objets ou des mouvements de torsion. La physiothérapie peut stimuler la force musculaire, et une bonne mécanique corporelle est essentielle. Un programme alimentaire bien équilibré joue également un rôle important dans le traitement des troubles osseux métaboliques, par un apport adéquat en vitamine D, en calcium et en protéines nécessaires pour assurer la disponibilité des composantes qui entrent dans la formation des os. Des mesures de prévention doivent être mises en œuvre par l'infirmière, comme l'enseignement au client, la promotion de l'emploi d'appareils d'assistance, et des modifications relatives à l'environnement pour prévenir les chutes et les fractures ultérieures (Hendriks *et al.*, 2008).

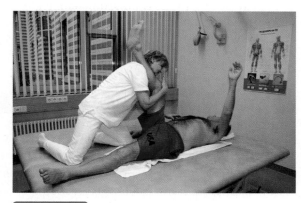

FIGURE 26.11

La physiothérapie vise à permettre au client de retrouver une forme physique normale.

Considérations gérontologiques

MALADIES OSSEUSES MÉTABOLIQUES

L'ostéoporose et la maladie de Paget sont fréquentes chez les personnes âgées. L'infirmière doit informer le client sur l'importance d'une nutrition adéquate de manière à prévenir les pertes osseuses additionnelles, comme celles qui résultent de l'ostéoporose. Elle soulignera également au client l'importance de demeurer aussi actif que possible afin de ralentir la déminéralisation osseuse due à l'inactivité ou à l'immobilisation prolongée.

Comme les troubles osseux métaboliques augmentent le risque de fractures pathologiques, l'infirmière doit être extrêmement prudente lorsqu'elle participe à la mobilisation du client ou qu'elle l'aide à se déplacer. Un programme d'exercices effectué sous supervision est essentiel au traitement de l'ostéoporose. Si l'état du client le permet, l'infirmière doit l'encourager à marcher selon sa tolérance. Les fractures de la hanche peuvent nuire à la qualité de vie et justifier l'admission dans un établissement de soins de longue durée (Binkley, Ramamurthy, Krueger, & Buehring, 2009).

Monsieur Julius Huyck est un ingénieur forestier de 54 ans. Il souffre de lombalgie sévère depuis au moins cinq ans, ce qui l'oblige à s'absenter de plus en plus fréquemment de son travail. Il vient tout juste d'être admis à l'unité de soins chirurgicaux pour subir une discoïdectomie lombaire à la suite d'une hernie discale entre les vertèbres L4 et L5.

À son admission à l'unité de soins, monsieur Huyck se plaint d'une douleur qu'il évalue à 7 sur 10 et qu'il décrit comme un courant électrique qui lui passe dans le bas du dos. Il dit qu'il a moins mal lorsqu'il reste debout même s'il a tendance à rester penché : « Ça me soulage un peu quand je suis penché », dit-il. L'infirmier qui reçoit le client procède à une évaluation initiale de la condition de ce dernier. Il apprend alors que le client prend du MS Contin^MD pour soulager ses fortes lombalgies et qu'il dort plutôt sur le ventre par habitude. Au réveil, ses douleurs sont toujours présentes, mais il ne se plaint pas : « Je ne suis pas du genre plaignard, vous savez. »

Le médecin a prescrit du lorazépam (Ativan^MD) 1 mg à administrer au coucher. Le client ne comprend pas, car il sait que ce médicament sert à apaiser l'anxiété. « Je n'ai pourtant pas peur de l'opération. Pourquoi dois-je prendre ce médicament ? », demande-t-il à l'infirmier. ▶

MISE EN ŒUVRE DE LA DÉMARCHE DE SOINS

Collecte des données – Évaluation initiale – Analyse et interprétation

1. Quel test objectif permet à l'infirmier d'évaluer la présence de lombalgie chez monsieur Huyck ?

2. Quelles données relatives à l'évaluation de la douleur sont manquantes dans la mise en contexte ?

3. Dans la mise en contexte, plusieurs détails sont inconnus concernant la prise de MS Contin^MD. Trouvez quatre données que l'infirmier doit obtenir.

4. Comme le client n'est pas plaignard, comment l'infirmier pourrait-il vérifier que monsieur Huyck éprouve de la douleur lombaire ?

5. À la suite de l'évaluation initiale de la situation de santé de monsieur Huyck, quel premier problème prioritaire inscrirez-vous dans l'extrait du plan thérapeutique infirmier (PTI) du client ?

Extrait

CONSTATS DE L'ÉVALUATION								
Date	Heure	N°	Problème ou besoin prioritaire	Initiales	RÉSOLU / SATISFAIT			Professionnels / Services concernés
					Date	Heure	Initiales	
2011-03-17	13:30	1						

Signature de l'infirmière	Initiales	Programme / Service	Signature de l'infirmière	Initiales	Programme / Service

MISE EN ŒUVRE DE LA DÉMARCHE DE SOINS

Planification des interventions – Décisions infirmières

6. Quelle intervention viserait le soulagement des lombalgies du client, autre que le recours aux analgésiques ?

7. Compte tenu de ces données supplémentaires, quelle intervention permettrait de vous assurer que le client exécute correctement les exercices enseignés ?

▶ Des exercices visant à renforcer la musculature dorsale et à soulager les lombalgies ont été enseignés à monsieur Huyck. En entrant dans la chambre vers 15 h 30, vous constatez qu'il ne les fait pas correctement. ▶

MISE EN ŒUVRE DE LA DÉMARCHE DE SOINS

Évaluation des résultats – Évaluation en cours d'évolution

8. Quelle mesure permettrait d'assurer un suivi clinique du problème de lombalgie que présente monsieur Huyck?

▶ Le lendemain de son admission, monsieur Huyck a subi une discoïdectomie lombaire. Il est de retour de la salle de réveil à 14 h 10. La surveillance postopératoire habituelle est appliquée, et tout se déroule normalement pour le moment.

MISE EN ŒUVRE DE LA DÉMARCHE DE SOINS

9. En fonction de ces nouvelles données, qu'allez-vous inscrire dans l'extrait du PTI?

Extrait

CONSTATS DE L'ÉVALUATION									
Date	Heure	N°	Problème ou besoin prioritaire		Initiales	RÉSOLU / SATISFAIT			Professionnels / Services concernés
						Date	Heure	Initiales	

SUIVI CLINIQUE								
Date	Heure	N°	Directive infirmière	Initiales	CESSÉE / RÉALISÉE			
					Date	Heure	Initiales	

Signature de l'infirmière	Initiales	Programme / Service	Signature de l'infirmière	Initiales	Programme / Service

Application de la pensée critique

Dans l'application de la démarche de soins auprès de monsieur Huyck, l'infirmière a recours aux éléments du modèle de la pensée critique pour analyser la situation de santé du client et en comprendre les enjeux. La **FIGURE 26.12** résume les caractéristiques de ce modèle en fonction des données de ce client, mais elle n'est pas exhaustive.

Vers un jugement **clinique**

Connaissances
- Physiopathologie de la hernie discale
- Caractéristiques de la douleur lombaire et sciatique
- Mesures antalgiques
- Test de Lasègue
- Traitement chirurgical d'une hernie discale

Expériences
- Expérience en soins chirurgicaux préopératoires et postopératoires
- Expérience en enseignement à la clientèle

ÉVALUATION
- Caractéristiques des lombalgies ressenties par monsieur Huyck
- Résultat au test de Lasègue
- Manifestations non verbales de la douleur
- Mesures antalgiques prises par le client
- Usage fait par le client du MS Contin^MD
- Façon dont monsieur Huyck pratique les exercices de renforcement du dos

Norme
- Protocole local de surveillance postdiscoïdectomie lombaire

Attitudes
- Ne pas sermonner le client parce qu'il ne se plaint pas
- Souligner l'exécution correcte des exercices de renforcement du dos

FIGURE 26.12
Application de la pensée critique à la situation de santé de monsieur Huyck

---

▪ ▪ ▪ À retenir

VERSION REPRODUCTIBLE

www.cheneliere.ca/lewis

- L'ostéomyélite peut être aiguë si l'infection initiale remonte à moins d'un mois. Elle est dite chronique si l'infection osseuse persiste au-delà d'un mois ou si une infection n'a pas répondu à l'antibiothérapie initiale.

- Les tumeurs osseuses primitives (sarcomes) sont relativement rares chez l'adulte ; les métastases provenant d'un autre site tumoral sont plus courantes.

- L'ostéosarcome est une tumeur osseuse primitive, et c'est la plus fréquente chez les enfants et les jeunes adultes.

- Le sarcome d'Ewing se diagnostique plus fréquemment chez les garçons au cours des périodes de croissance rapide des os. Les métastases pulmonaires sont fréquentes et surviennent rapidement.

- Les métastases osseuses s'observent généralement dans les vertèbres, le bassin, le fémur, l'humérus ou les côtes.

- Il faut soupçonner des métastases osseuses chez tout client qui a des antécédents de cancer et qui se plaint de douleurs osseuses localisées.

- La dystrophie musculaire (DM) se caractérise par une atrophie symétrique et progressive des muscles squelettiques, sans signe d'atteinte neurologique.

- Les types de DM (notamment de Duchenne et de Becker) se distinguent selon le groupe de muscles affecté, l'âge d'apparition,

la vitesse d'évolution et le mode de transmission génétique.

- Plusieurs facteurs de risque sont associés à la lombalgie : un tonus musculaire insuffisant, un surplus de poids, une mauvaise posture, le tabagisme, le stress, des métiers qui exigent de soulever de lourdes charges, de s'exposer à des vibrations et de rester longtemps en position assise.

- Les hernies discales cervicales s'accompagnent souvent de douleurs irradiant vers les bras et les mains, suivant le trajet du nerf touché.

- Une douleur qui irradie vers les fesses et sous le genou en suivant le trajet du nerf sciatique indique généralement une hernie discale lombaire.

- Les cervicalgies peuvent être associées à de nombreuses

affections bénignes ou graves. Les entorses cervicales découlent de blessures par hyperflexion et hyperextension.

- Les pieds peuvent être affectés par des affections congénitales, une faiblesse structurale, des lésions traumatiques ou des affections systémiques comme le diabète et la polyarthrite rhumatoïde.

- L'ostéomalacie affecte les adultes, et se traduit par une décalcification et un ramollissement des os.

- L'ostéoporose se caractérise par une diminution de la masse osseuse et une détérioration structurale du tissu osseux qui rendent les os plus fragiles.

- La maladie de Paget s'accompagne d'un remplacement de la moelle normale par du tissu conjonctif vasculaire et fibreux.

Pour en savoir plus

 Références Internet

Organismes et associations

American Cancer Society > Learn About Cancer > Select a cancer type > Bone Cancer > Detailed Guide
www.cancer.org

Dystrophie musculaire Canada
www.muscle.ca

Institut de cancérologie Gustave Roussy > Infos cancer : Les cancers de l'enfant > Les tumeurs osseuses
www.igr.fr

Ostéoporose Canada
www.osteoporosecanada.ca

Société canadienne du cancer > À propos du cancer > Types de cancer > Os
www.cancer.ca

Organismes gouvernementaux

Guide Santé (Services Québec - Citoyens) Maladies > Ostéoporose
www.guidesante.gouv.qc.ca

Références générales

Orpha.net > Maladies rares > Liste alphabétique > Sarcome d'Ewing
www.orpha.net

PasseportSanté.net > Maladies > Index des maladies de A à Z
> Ostéoporose
> Lombalgie
> Dystrophie musculaire
www.passeportsante.net

Santé chez nous > Maladies > O
> Ostéomyélyte
> Ostéomalacie
> Ostéoporose
http://santecheznous.com

 Monographies

American Cancer Society (ACS) (2008). *Bone metastasis : What you need to know—now.* Atlanta, Ga. : ACS.

Fouquet, B., Roquelaure, Y., Hérisson, C., & Association Entretiens de rééducation et réadaptation fonctionnelle (2010). *Cervico-scapulalgies professionnelles.* Issy-les-Moulineaux, France : Elsevier-Masson.

Heymann, D. (2010). *Bone cancer : Progression and therapeutic approaches.* Amsterdam : Academic Press.

Larivière, C., Forget, R., Bilodeau, M., & Vadeboncœur, R. (2010). *Évaluation de la validité de construit de tests portant sur l'endurance et les réponses réflexes des muscles du dos chez des sujets présentant une lombalgie chronique : Programme REPAR – IRSST.* Montréal : IRSST Direction des communications.

Porte, M., Patte, K., Pelissier, J., Gautheron, V., & Association Entretiens de rééducation et réadaptation fonctionnelle (2010). *Dystrophino-pathies de l'enfant et de l'adulte : maladies de Duchenne, Becker et apparentées.* Issy-les-Moulineaux, France : Elsevier-Masson.

 Articles, rapports et autres

International Association for the Study of Pain (IASP) (2009). *Lorsque le mouvement est douloureux : évaluer, comprendre, agir.* Seattle, Wash. : IASP.

Ostéoporose Canada (2010). *Le point sur l'ostéoporose : un guide pratique pour les médecins canadiens, 14*(1), 2-9.

 Multimédia

Atlas du corps humain (Notretemps.com)
> Colonne vertébrale
> Lombalgie
> Tête et cou
> Douleur cervicale ou cervicalgie
[vidéos en ligne]
www.atlasducorpshumain.fr
(page consultée le 23 novembre 2010).

Santépratique.fr > Vidéos > Ostéoporose
[vidéo en ligne]
www.santepratique.fr
(page consultée le 24 novembre 2010).

Écrit par :
Dottie Roberts, EdD(C), MSN,
MACI, RN, CMSRN, ONSC-C

Adapté par :
Pierre Verret, inf., M. Sc., CSIO(C)

INTERVENTIONS CLINIQUES

Arthrite et maladies des tissus conjonctifs

Objectifs

 Guide d'études – SA18

Après avoir lu ce chapitre, vous devriez être en mesure :

- de comparer l'arthrose et la polyarthrite rhumatoïde ;

- de décrire les manifestations cliniques de l'arthrose et de la polyarthrite rhumatoïde, liées à ces maladies ;

- de résumer la physiopathologie et les manifestations cliniques de la spondylite ankylosante, de la polyarthrite psoriasique et de l'arthrite réactionnelle ;

- de décrire la physiopathologie et les manifestations cliniques de l'arthrite suppurée, de la maladie de Lyme et de la goutte ;

- de différencier la physiopathologie et les manifestations cliniques du lupus érythémateux disséminé, de la sclérodermie systémique, de la polymyosite, de la dermatomyosite et du syndrome de Sjögren ;

- d'expliquer en quoi consistent la pharmacothérapie de même que les soins et traitements infirmiers des maladies arthritiques et des tissus conjonctifs ;

- de comparer les causes possibles et les manifestations du syndrome algique myofascial, de la fibromyalgie et de l'encéphalomyélite myalgique.

▪ ▪ ▪ Concepts clés

Cette carte conceptuelle illustre schématiquement les principaux concepts décrits dans le présent chapitre. Sa lecture vous permettra d'avoir une vue d'ensemble des notions qui y sont présentées.

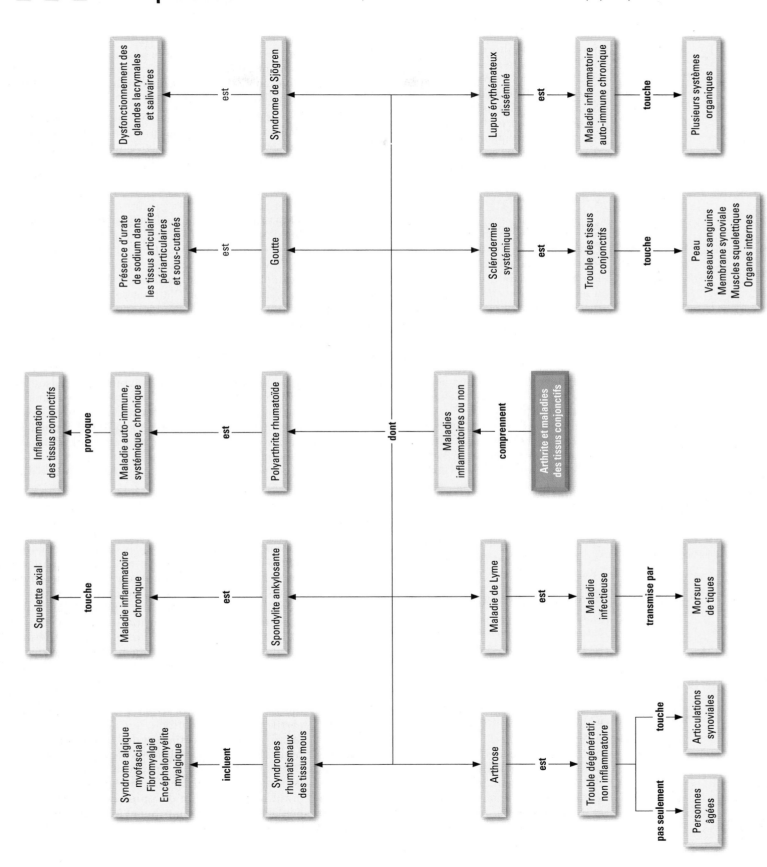

L'**arthrite** est un regroupement de maladies inflammatoires ou non inflammatoires des articulations qui comprend plus d'une centaine de problèmes différents touchant les os, les muscles et les articulations (Société de l'arthrite, 2008). L'arthrite touche 4,2 millions de Canadiens de tous âges et selon les estimations, ce nombre devrait augmenter de 50 % d'ici 2020. La plupart des types d'arthrite sont plus fréquents chez les femmes (62 % des personnes atteintes d'arthrite sont des femmes) (Agence de la santé publique Canada, 2009). Les types les plus courants sont l'arthrose, la polyarthrite rhumatoïde et la goutte.

27.1.1 Arthrose

L'**arthrose** est un trouble dégénératif et non inflammatoire qui s'attaque lentement aux articulations synoviales (diarthrose). Elle peut toucher n'importe quelle articulation, mais affecte principalement les mains et les articulations qui supportent le poids corporel comme les hanches, les genoux, les chevilles et la colonne vertébrale. Elle est la forme la plus commune de maladie articulaire en Amérique du Nord. À l'heure actuelle, elle touche trois millions de Canadiens (Société de l'arthrite, 2010) et une augmentation de la prévalence est prévue avec le vieillissement de la population. Dans la plupart des cas, l'arthrose survient après l'âge de 45 ans, mais peut se déclarer à n'importe quel âge. Autrefois associé à un processus dégénératif, les connaissances actuelles démontrent que l'arthrose est associée à la formation de nouveaux tissus articulaires en réponse à la destruction du cartilage (Roberts, 2007). De plus, une activité normale et l'exercice sont plus bénéfiques que néfastes pour les articulations et ne provoquent pas d'arthrose (Société de l'arthrite, 2010) .

Étiologie et physiopathologie

L'arthrose n'est pas considérée comme une partie intégrante du processus de vieillissement. La destruction du cartilage peut débuter vers l'âge de 20 à 30 ans et toucher la majorité des adultes dès l'âge de 40 ans. Peu de clients ressentent des symptômes avant 50 ou 60 ans, mais plus de la moitié des personnes âgées de plus de 65 ans présentent à la radiographie des signes d'arthrose à au moins une articulation.

L'arthrose se manifeste sous une forme primaire (arthrose idiopathique) ou secondaire. Les causes de l'arthrose primaire ni son remède ne sont encore connues, mais des chercheurs du Canada et du monde entier tentent de savoir pourquoi le cartilage commence à se détériorer. Par exemple,

des chercheurs canadiens ont découvert certaines des enzymes qui endommagent le cartilage dans l'arthrose. Bloquer l'activité de ces enzymes serait l'une des façons de ralentir la progression de la maladie (Société de l'arthrite, 2010). Quant à l'arthrose secondaire, elle est causée par un événement ou un problème connu qui endommage directement le cartilage ou entraîne une instabilité articulaire **TABLEAU 27.1**.

Les chercheurs n'ont toujours pas réussi à déterminer une seule cause de l'arthrose. Toutefois, un certain nombre de facteurs ont été liés à l'apparition de la maladie. Ainsi, plusieurs croient que la réduction des œstrogènes durant la ménopause serait responsable de la fréquence accrue de l'arthrose chez la femme vieillissante **TABLEAU 27.2**. Certains facteurs génétiques semblent également jouer un rôle important dans l'apparition de l'arthrose. Des facteurs de risque modifiables ont été invoqués, notamment l'obésité, qui contribue à l'apparition de l'arthrose de la hanche et du genou. En plus de favoriser l'équilibre pondéral, il a été démontré que l'exercice physique, effectué de façon modérée et régulière, réduit le risque d'apparition et de progression de l'arthrose. Les blessures au ligament croisé antérieur du genou, lesquelles sont associées à des mouvements d'arrêts et de pivotements brusques (comme au football et au soccer), peuvent aussi augmenter le risque d'arthrose du genou (Øistad, Engebretsen, Storheim, & Risberg, 2009). Enfin, les personnes qui doivent s'agenouiller et fléchir les genoux fréquemment dans le cadre de leurs activités présentent un risque accru d'arthrose du genou.

L'arthrose est un problème musculosquelettique caractérisé par des lésions au cartilage. Ces lésions provoquent une réponse métabolique des chondrocytes **FIGURE 27.1**. Au fur et à mesure que la maladie progresse, le cartilage articulaire, normalement lisse, blanc et translucide, devient mou, jaune et granuleux. Le cartilage touché s'amollit graduellement, perd de son élasticité et résiste moins à la détérioration lorsqu'il est utilisé de manière importante. La quantité de cartilage reconstruit par l'organisme ne parvient pas à remplacer la quantité qui a été détruite. Les modifications constantes de la structure du collagène du cartilage entraînent la fissuration et l'érosion des surfaces articulaires. Tandis que le cartilage central s'amincit, une augmentation de la croissance du cartilage et de l'os (ostéophytes) peut s'observer aux limites de l'articulation. Cette augmentation entraîne une perte de congruence des surfaces articulaires, déséquilibrant la distribution du poids dans l'ensemble de l'articulation et contribuant à la réduction des mouvements.

Des animations expliquant le fonctionnement des articulations arthrodiales (main, vertèbre) sont présentées au www.cheneliere.ca/lewis.

TABLEAU 27.1	Causes de l'arthrose secondaire
CAUSE	**EFFETS SUR LE CARTILAGE ARTICULAIRE**
Traumatisme	Les luxations ou les fractures peuvent entraîner une nécrose avasculaire ou un déséquilibre de la répartition du poids porté sur l'articulation.
Stress mécanique	Les activités physiques répétitives (p. ex., les activités sportives) provoquent la détérioration du cartilage.
Inflammation	La libération d'enzymes associée à la présence d'une inflammation locale peut entraîner des répercussions négatives sur l'intégrité du cartilage.
Instabilité articulaire	Les lésions aux structures de soutien causent une instabilité, entraînant un déséquilibre de la répartition du poids porté sur le cartilage articulaire.
Troubles neurologiques	La douleur et la perte de réflexes reliées aux troubles neurologiques, notamment la neuropathie diabétique et l'arthropathie tabétique, favorisent l'apparition de mouvements anormaux, lesquels contribuent à la détérioration du cartilage.
Déformations squelettiques	Les affections congénitales ou acquises comme la maladie de Legg-Calvé-Perthes ou la luxation de la hanche contribuent à la détérioration du cartilage.
Troubles hématologiques	L'hémarthrose chronique (p. ex., l'hémophilie) peut contribuer à la détérioration du cartilage.
Médicaments	Les médicaments comme l'indométhacine, la colchicine et les corticostéroïdes peuvent stimuler les enzymes présentes dans le liquide synovial et responsables de digérer le collagène.

Différences hommes-femmes

TABLEAU 27.2	Arthrose
HOMMES	**FEMMES**
• Avant l'âge de 50 ans, les hommes sont plus souvent touchés par l'arthrose que les femmes. • L'arthrose de la hanche est plus fréquente chez les hommes après l'âge de 55 ans. • L'arthrose du genou est plus fréquente chez les hommes âgés de moins de 45 ans.	• Après l'âge de 50 ans, les femmes sont 2 fois plus touchées par l'arthrose que les hommes. • L'arthrose des articulations interphalangiennes et de la base du pouce est plus fréquente chez les femmes après l'âge de 55 ans. • L'arthrose du genou est plus fréquente chez les femmes âgées de plus de 45 ans.

L'arthrose est classée comme arthrite non inflammatoire, ce qui laisse entendre qu'elle ne s'accompagne pas d'inflammation (œdème). Des études récentes ont montré que ce n'est pas le cas. Bien qu'il n'y ait habituellement pas d'enflure au premier stade de la maladie, l'inflammation peut apparaître à mesure que l'arthrose progresse. De petits morceaux de cartilage peuvent se détacher et flotter dans l'articulation, ce qui perturbe les autres tissus mous à proximité et peut occasionner une synovite secondaire lorsque les phagocytes sont activés. L'inflammation contribue à l'apparition précoce de la douleur et de la raideur arthrosiques. Quant à la douleur associée à la phase plus

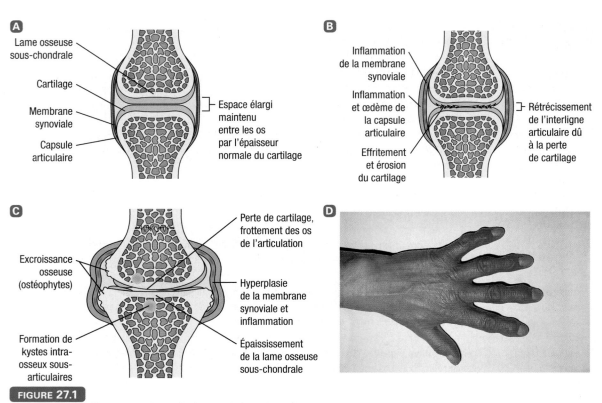

FIGURE 27.1

Modifications pathologiques associées à l'arthrose – **A** Articulation synoviale normale. **B** La destruction du cartilage de l'articulation et le rétrécissement de l'espace articulaire sont des manifestations précoces associées à l'arthrose. Le client présente une inflammation et un épaississement de la capsule articulaire et de la membrane synoviale. **C** Au fil du temps, l'os sous-articulaire s'épaissit en raison de la friction constante des deux surfaces osseuses. Des ostéophytes (excroissances osseuses irrégulières) se forment autour de la périphérie de l'articulation. **D** Chez les personnes atteintes d'arthrose de la main, les ostéophytes des articulations interphalangiennes distales sont nommés nodules d'Heberden.

Jugement clinique

Monsieur Damien Roy, âgé de 56 ans, souffre d'arthrose aux deux genoux. Il joue au hockey 2 fois par semaine depuis 30 ans, activité qu'il adore faire avec ses amis ; c'est sans doute ce qui explique son indice de masse corporelle de 23. Il exerce le métier de boulanger depuis l'âge de 22 ans.

Quel facteur semble avoir contribué à l'apparition de l'arthrose chez ce client ?

tardive de l'arthrose, elle résulte du contact des surfaces articulaires consécutif à la détérioration complète du cartilage de l'articulation.

Manifestations cliniques

Manifestations systémiques

L'arthrose n'est associée à aucune manifestation systémique comme la fatigue, la fièvre ou des atteintes organiques. Cet aspect est important, car il permet de différencier l'arthrose des troubles articulaires inflammatoires comme la polyarthrite rhumatoïde.

Articulations

Les manifestations de l'arthrose vont de l'inconfort léger à une invalidité physique importante. La douleur articulaire constitue le symptôme prédominant, ainsi que le principal motif de consultation médicale des clients. La douleur s'aggrave généralement avec l'utilisation de l'articulation. Durant les stades précoces de l'arthrose, le repos permet de soulager la douleur articulaire. Toutefois, lorsque la maladie atteint un stade avancé, le client peut ressentir de la

douleur au repos ou présenter des troubles du sommeil en raison d'un inconfort articulaire accru. De plus, une baisse de la pression barométrique (signe annonciateur d'une mauvaise condition météorologique) peut intensifier la douleur arthrosique. À mesure que l'arthrose progresse, l'augmentation de la douleur peut grandement contribuer à l'invalidité et à une perte de fonction. Le client peut ressentir une douleur arthrosique à l'aine, aux fesses, dans la partie interne de la cuisse ou au genou. Il lui devient alors difficile de s'asseoir ou de se lever de sa chaise ou d'un fauteuil profond. La présence d'une douleur et d'une raideur localisées est fréquente lorsque l'arthrose progresse dans les articulations intervertébrales (apophysaires) de la colonne.

La douleur articulaire est habituellement provoquée par une activité physique, tandis que la raideur articulaire survient après une période de repos ou en position statique. Contrairement aux clients souffrant de troubles arthritiques de nature inflammatoire, les personnes atteintes d'arthrose présentent fréquemment une raideur matinale, mais celle-ci disparaît habituellement après 30 minutes. Une activité physique excessive peut entraîner un épanchement léger dans l'articulation, ce qui peut accroître temporairement la raideur. Les **crépitations** que l'on décrit comme une sensation de grincement causée par la présence de particules de cartilage dispersées dans la cavité articulaire, peuvent également contribuer à la sensation de raideur. Les crépitations, qui dénotent une perte d'intégrité du cartilage, sont présentes chez plus de 90 % des personnes atteintes d'arthrose du genou.

L'arthrose touche habituellement les articulations de façon asymétrique. Les plus fréquemment touchées sont les articulations interphalangiennes distales (IPD) et proximales (IPP) des doigts, l'articulation métacarpophalangienne (MCP) du pouce, les articulations portantes (hanches, genoux), l'articulation métatarsophalangienne (MTP) du pied et les vertèbres cervicales et lombaires basses **FIGURE 27.2**.

Déformations

L'instabilité articulaire ou les déformations associées à l'arthrose sont propres à l'articulation touchée. Par exemple, les **nodules d'Heberden** touchent les articulations interphalangiennes distales et révèlent la formation d'ostéophytes ainsi qu'une perte de l'espace articulaire **FIGURE 27.1D**. Elles peuvent apparaître chez les personnes atteintes d'arthrose dès l'âge de 40 ans et tendent à toucher les membres d'une même famille. Les **nodules de Bouchard** se retrouvent aux articulations interphalangiennes

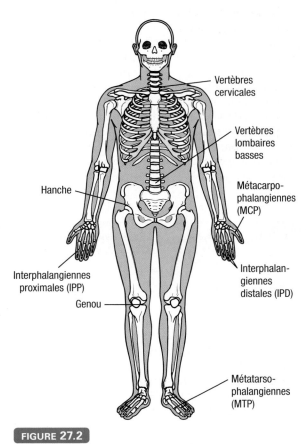

FIGURE 27.2

Articulations les plus souvent touchées par l'arthrose

proximales et indiquent une évolution pathologique similaire. Les nodules d'Heberden et de Bouchard sont souvent rouges, enflés et douloureux à la palpation. Bien que ces formations osseuses n'entraînent habituellement pas une perte de fonction importante, le client peut se sentir désemparé devant l'aspect de la déformation.

L'arthrose du genou provoque une réduction du cartilage dans la partie interne du genou et, par conséquent, une asymétrie articulaire. La personne atteinte d'arthrose du genou présente habituellement des jambes arquées et, conséquemment à cette déformation, cela peut modifier sa démarche. Dans les cas d'arthrose de la hanche de stade avancé, la perte de l'espace articulaire peut entraîner un raccourcissement de la jambe du client.

Examen clinique et examens paracliniques

La radiographie est nécessaire pour confirmer le diagnostic d'arthrose et déterminer le stade des lésions articulaires. Il peut être utile de recourir à une scintigraphie, à une tomodensitométrie ou à une imagerie par résonance magnétique (IRM) du tissu osseux pour préciser un diagnostic. Ces examens paracliniques possèdent la sensibilité nécessaire pour déceler les altérations articulaires précoces. À mesure que l'arthrose progresse, un rétrécissement de l'espace articulaire, une sclérose osseuse et la formation d'ostéophytes apparaissent habituellement à la radiographie. Toutefois, de telles altérations ne vont pas toujours de pair avec le degré de douleur ressenti par le client. Ainsi, un client peut présenter peu ou pas de douleur, et ce, même si la radiologie révèle la présence d'altérations articulaires importantes. À l'inverse, un client peut ressentir une douleur vive, même si la radiographie n'indique la présence que de légères altérations.

Il n'existe pas d'anomalies détectables en laboratoire ou de marqueurs biologiques pour diagnostiquer l'arthrose. L'utilisation de tests de laboratoire à des fins diagnostiques continue de faire l'objet d'études sérieuses (The Johns Hopkins White Paper, 2009). Les personnes atteintes d'arthrose présentent une vitesse de sédimentation normale ; toutefois, les personnes atteintes d'arthrose et d'une synovite aiguë peuvent présenter une légère élévation de la vitesse de sédimentation. Il est également utile de mener d'autres tests (p. ex., un hémogramme, des analyses des fonctions rénale et hépatique), mais uniquement pour dépister d'autres problèmes de santé connexes ou déterminer les valeurs initiales de certains paramètres avant l'instauration d'un traitement. L'analyse du liquide synovial permet de différencier l'arthrose de toute autre forme d'arthrite inflammatoire. En présence d'arthrose, le liquide synovial demeure jaune clair, avec peu ou aucun signe d'inflammation.

Nodule d'Heberden : Arthrose des articulations inter-phalangiennes distales.

Nodule de Bouchard : Épaississement des os des doigts semblable aux nodules d'Heberden, mais se situant plutôt sur l'articulation inter-phalangienne proximale. Ces nodules se rencontrent chez les individus qui présentent des troubles digestifs et chez les rhumatisants chroniques.

Processus thérapeutique en interdisciplinarité

Comme l'arthrose ne peut pas être guérie, le processus thérapeutique se concentre sur le soulagement de la douleur et la réduction de l'inflammation, la prévention des invalidités physiques ainsi que sur le maintien et l'amélioration de la fonction articulaire **ENCADRÉ 27.1**. Les interventions non pharmacologiques constituent la base de la prise en charge de l'arthrose et doivent être maintenues tout au long de la période de traitement. La pharmacothérapie vient s'ajouter aux traitements non pharmacologiques. Les symptômes de l'arthrose sont souvent traités de manière conservatrice durant de nombreuses années ; toutefois, la perte de fonction articulaire, l'absence de soulagement de la douleur et la réduction de la capacité à prendre soin de soi-même de façon autonome peuvent favoriser le recours à la chirurgie. L'arthroscopie demeure une intervention fréquemment utilisée pour retirer les débris de cartilage des articulations, particulièrement au genou, bien que les résultats d'études randomisées contrôlées aient récemment démontré qu'elle n'entraînait aucun bienfait sur la réduction de la douleur et l'amélioration de la fonction articulaire (Mounsey & Ewigman, 2009). Les articulations gravement endommagées peuvent être reconstruites ou remplacées par des prothèses articulaires. Le remplacement articulaire est une intervention majeure le plus souvent réservée aux articulations de la hanche ou du genou. Les arthroplasties de la hanche et du genou soulagent la douleur et peuvent rétablir la capacité à bouger et à fonctionner normalement. Les prothèses articulaires ont une durée de vie de 10 à 20 ans, puis doivent ensuite être remplacées. C'est la raison pour laquelle les orthopédistes retarde ce type d'intervention jusqu'à ce qu'elle devienne absolument nécessaire ▶ **25**.

55

Divers moyens pour aider le client à atteindre et à maintenir un poids santé sont présentés dans le chapitre 55, *Interventions cliniques – Obésité*.

25

Les interventions chirurgicales reconstructives sont abordées dans le chapitre 25, *Interventions cliniques – Trauma musculosquelettique et chirurgie orthopédique*.

Repos et protection articulaire

La personne qui souffre d'arthrose doit comprendre l'importance d'un bon équilibre entre repos et activité. En période de crise inflammatoire, l'articulation touchée doit demeurer au repos et, si nécessaire, être maintenue dans une position fonctionnelle au moyen d'une attelle ou d'un appareil orthopédique. Toutefois, l'immobilisation de l'articulation touchée ne doit pas dépasser une période d'une semaine en raison des risques de raideur articulaire associée à l'inactivité. Le client peut également devoir modifier ses activités habituelles afin de réduire le stress infligé aux articulations touchées. Par exemple, une personne souffrant d'arthrose du genou doit éviter de demeurer longtemps en position debout, agenouillée ou accroupie. L'utilisation d'un dispositif d'assistance comme une canne, un déambulateur ou des béquilles peut aider à réduire la charge portée sur les articulations touchées par l'arthrose.

Application de chaleur et de froid

L'application de chaleur et de froid peut aider à réduire la douleur et la raideur. Bien que la glace ne soit pas utilisée aussi souvent que la chaleur dans le traitement de l'arthrose, elle peut être appropriée en présence d'une exacerbation de l'inflammation. La **thermothérapie** (coussins chauffants, hydromassages, ultrasons et bains de paraffine) est particulièrement utile pour réduire la raideur.

Thérapie nutritionnelle et exercices

Si le client présente une surcharge pondérale, il est alors important d'inclure un programme de perte de poids dans son plan de traitement. L'infirmière doit aider le client à évaluer son régime alimentaire actuel en vue d'apporter les changements appropriés ▶ **55**. Comme les articulations doivent supporter un poids considérable et qu'il est essentiel d'assurer un certain degré de mobilisation articulaire pour préserver l'intégrité du cartilage de l'articulation, l'American College

---

Processus diagnostique et thérapeutique

ENCADRÉ 27.1 | **Arthrose**

Examen clinique et examens paracliniques
- Évaluation des symptômes (PQRSTU), histoire de santé (AMPLE) et examen physique
- Examens radiologiques des articulations touchées
- Analyse du liquide synovial

Processus thérapeutique
- Thérapie nutritionnelle et gestion du poids
- Repos et protection des articulations, utilisation des dispositifs d'assistance
- Exercice thérapeutique

- Application de chaleur et de froid
- Approches complémentaires et parallèles en santé : phytothérapie et suppléments nutritifs (p. ex., la glucosamine) ; thérapies par le mouvement (p. ex., le yoga, le tai-chi) ; neurostimulation électrique transcutanée ; acupuncture
- Pharmacothérapie **TABLEAU 27.3** : acétaminophène ; anti-inflammatoires non stéroïdiens ; acide hyaluronique par voie intra-articulaire ; corticostéroïdes par voie intra-articulaire ; analgésiques opioïdes
- Chirurgie reconstructive

of Rheumatology a déterminé que l'exercice physique était une composante fondamentale du traitement de l'arthrose (Zhang *et al.*, 2008). L'aérobie, les exercices d'amplitude articulaire et les programmes de renforcement des quadriceps se sont avérés bénéfiques chez de nombreux clients atteints d'arthrose du genou.

Approches complémentaires et parallèles en santé

Les approches complémentaires et parallèles utilisées dans le traitement des symptômes de l'arthrite gagnent de plus en plus en popularité chez les clients qui n'ont pas réussi à obtenir un soulagement adéquat de leur douleur avec les traitements conservateurs. Ainsi, il a été démontré que l'acupuncture est un traitement sécuritaire qui réduit la douleur arthritique chez certaines personnes atteintes d'arthrose (Zhang *et al.*, 2008). Les autres options de traitement comprennent, entre autres, le yoga, la massothérapie, l'imagerie mentale dirigée et le toucher thérapeutique ▶ **7**. Des suppléments nutritifs comme la glucosamine et le sulfate de chondroïtine peuvent aussi s'avérer utiles chez certains clients pour soulager la douleur arthritique modérée à sévère aux genoux et améliorer la mobilité articulaire **ENCADRÉ 27.2**.

Pharmacothérapie

Le choix d'un traitement pharmacologique dépend de la gravité des symptômes ressentis par le client **TABLEAU 27.3**. L'acétaminophène (Tylenol^{MD}), administré jusqu'à 1 000 mg toutes les 6 heures, peut soulager la douleur articulaire légère à modérée; toutefois, la dose quotidienne totale ne doit pas dépasser 4 g. L'utilisation d'un médicament par voie topique, notamment une crème à base de capsaïcine (Antiphlogistine Arthrite^{MD}), peut également s'avérer bénéfique, que ce soit seul ou en association avec l'acétaminophène. La capsaïcine par voie topique inhibe la douleur en agissant localement sur la substance P, laquelle est responsable de la transmission des signaux de la douleur. Elle est offerte en vente libre à des concentrations de 0,025 à 0,075 %; des concentrations plus fortes sont également offertes sur ordonnance. Les autres produits offerts en vente libre contiennent du camphre, de l'huile d'eucalyptus et du menthol (p. ex., Baume du tigre^{MD}, BenGay^{MD}, ArthriCare^{MD}) et peuvent offrir un soulagement temporaire de la douleur. Les salicylés par voie topique (p. ex., Aspercreme^{MD}), qui peuvent également être absorbés par voie systémique, représentent une autre option de traitement pour les clients chez lesquels les médicaments contenant de l'aspirine ne sont pas contre-indiqués. Comme l'effet des médicaments administrés par voie topique est de courte durée, il peut être nécessaire d'appliquer ces derniers plus d'une fois au cours de la journée.

Chez les personnes qui ne parviennent pas à obtenir un soulagement adéquat de leur douleur avec l'acétaminophène ou chez celles qui présentent une douleur arthrosique modérée à grave, les anti-inflammatoires non stéroïdiens (AINS) peuvent s'avérer une option plus efficace dans le traitement de la douleur. Le traitement par les AINS en vente libre est habituellement instauré à faibles doses (ibuprofène [Advil^{MD}] 200 mg jusqu'à 4 fois par jour); la dose doit être augmentée en fonction des symptômes du client. Si le client présente un risque d'effets indésirables de nature gastro-intestinale (G.I.) ou si le traitement par un AINS classique provoque chez lui de tels effets, il peut être indiqué d'administrer un traitement supplémentaire avec un agent gastro-protecteur, notamment le misoprostol. Une combinaison de misoprostol et de diclofenac (Arthrotec^{MD}) est également disponible. Enfin, un gel à base de diclofénac (Voltaren^{MD}, Pennsaid^{MD}) peut être appliqué sur les genoux et les mains pour soulager la douleur articulaire.

Comme les AINS classiques empêchent la transformation de l'acide arachidonique en prostaglandine

7

Différentes approches complémentaires et parallèles pour le traitement des symptômes de l'arthrite sont présentées dans le chapitre 7, *Approches complémentaires et parallèles en santé*.

Approches complémentaires et parallèles en santé

ENCADRÉ 27.2 | **Glucosamine**

Résultats probants

L'utilisation de la glucosamine dans le traitement de l'arthrose légère à modérée du genou est basée sur des résultats probants de niveau élevé, tandis que son utilisation dans le traitement général de l'arthrose est basée sur des résultats probants de niveau intermédiaire.

Recommandations pour la pratique infirmière

- Les études se sont concentrées sur le sulfate de glucosamine; les autres préparations n'ont pas été évaluées.
- Peu d'effets indésirables ont été observés dans le traitement d'une durée de 30 à 90 jours.

- Un essai clinique mené en 2006 a clairement démontré que la prise de sulfate de glucosamine n'augmente pas la résistance à l'insuline.
- La glucosamine peut augmenter le risque de saignement lorsque pris simultanément avec des anticoagulants (p. ex., Coumadin^{MD}).

Référence

PasseportSanté.net (2010). [En ligne]. www.passeportsante.net (page consultée le 18 mars 2011).

en inhibant la production de cyclo-oxygénase 1 et 2 (COX-1 et COX-2), ils augmentent le risque d'érosion et de saignement G.I. De plus, les AINS classiques exercent un effet sur l'agrégation plaquettaire, augmentant le temps de saignement. Les personnes traitées par la warfarine (Coumadin^MD) et un AINS présentent donc un risque accru de saignement. Aussi, les effets néfastes possibles du traitement de longue durée par un AINS sur le métabolisme chondral, en particulier chez les personnes âgées qui peuvent déjà présenter une perte de l'intégrité du cartilage, s'avèrent inquiétants. Dans cette perspective, le traitement par un inhibiteur de la COX-2 (Celebrex^MD) peut être envisagé comme option de rechange aux AINS classiques chez certains clients (Santé Canada, 2006). Il faut faire preuve de prudence chez certains clients puisque les AINS et les inhibiteurs de la COX-2 sont associés à une hausse d'événements cardiovasculaires (p. ex., l'infarctus du myocarde, l'AVC) (Santé Canada, 2006).

Lorsqu'ils sont administrés à des doses anti-inflammatoires équivalentes, les AINS possèdent une efficacité similaire, mais ils varient grandement pour ce qui est du coût. De plus, la réponse thérapeutique aux AINS est variable d'une personne à l'autre. Certains clients préfèrent utiliser de l'aspirine, mais ce traitement ne doit pas être pris en association avec un AINS, car ces deux médicaments inhibent la fonction plaquettaire et augmentent le temps de saignement. Les injections intra-articulaires de corticostéroïdes peuvent être appropriées chez les personnes âgées qui présentent une inflammation et un épanchement locaux. Si le client reçoit quatre injections ou plus sans pour autant obtenir de soulagement, il peut alors être nécessaire d'avoir recours à un autre traitement. L'utilisation de corticostéroïdes par voie systémique n'est pas indiquée et peut même accélérer l'évolution de la maladie.

L'acide hyaluronique (viscosuppléance) représente une autre option de traitement de l'arthrose du genou légère à modérée. L'acide hyaluronique, que l'on retrouve normalement dans le liquide et le cartilage d'une articulation saine, contribue à la viscosité et à l'élasticité du liquide synovial. Sa dégradation peut provoquer des lésions articulaires. Les dérivés synthétiques et naturels de l'acide hyaluronique (Orthovisc^MD, Synvisc^MD) sont injectés directement dans l'espace articulaire sur une base hebdomadaire, durant une période de trois semaines. Il a été démontré que ces injections intra-articulaires sont sûres et efficaces dans le traitement de la douleur et des troubles fonctionnels de l'arthrose du genou (Bellamy, 2006). Un nouveau médicament administré en une seule injection, Synvisc-1^MD (acide hyaluronique), peut offrir un soulagement de la douleur jusqu'à six mois. Il est également possible d'ajouter l'acide hyaluronique à des suppléments oraux de glucosamine et de chondroïtine. Il est à noter que peu d'effets indésirables ont été rapportés avec l'acide hyaluronique.

Les antirhumatismaux à action lente (ARAL) sont ainsi nommés, car ils pourraient ralentir l'évolution de l'arthrose ou favoriser la guérison des articulations. Un certain nombre d'autres médicaments font actuellement l'objet d'études en vue de déterminer s'ils sont efficaces et sécuritaires. Les résultats obtenus à ce jour sont mixtes. La doxycycline (Vibramycin^MD), un antibiotique, fait partie des médicaments évalués. Elle pourrait réduire la dégradation du cartilage chez certains clients atteints d'arthrose du genou (Nuesch, Rutjes, Trelle, Reichenbach, & Juni, 2008). La pharmacothérapie pour traiter l'arthrite et les troubles des tissus conjonctifs est présentée en détail dans le **TABLEAU 27.3**.

Pharmacothérapie

TABLEAU 27.3	Arthrite et troubles des tissus conjonctifs		
MÉDICAMENTS	**MÉCANISMES D'ACTION**	**EFFETS INDÉSIRABLES**	**CONSIDÉRATIONS INFIRMIÈRES**
Salicylés			
• Aspirine, salsalate (AAS^MD, Asaphen^MD)	• Anti-inflammatoire • Analgésique • Antipyrétique • Inhibition de la synthèse des prostaglandines	• Irritation G.I. (dyspepsie, nausées, ulcère, hémorragie) • Augmentation du temps de saignement • Exacerbation de l'asthme (asthme sensible à l'aspirine) • Acouphènes, étourdissements (doses élevées répétées)	• Prendre avec des aliments, du lait, des antiacides (selon les directives du médecin) ou un verre d'eau. • Prendre des comprimés entérosolubles d'aspirine. • Rappeler au client l'importance de rapporter tout signe de saignement (p. ex., des selles noires, des ecchymoses, des pétéchies, des saignements de nez).

TABLEAU 27.3	Arthrite et troubles des tissus conjonctifs *(suite)*		
MÉDICAMENTS	**MÉCANISMES D'ACTION**	**EFFETS INDÉSIRABLES**	**CONSIDÉRATIONS INFIRMIÈRES**
Anti-inflammatoires non stéroïdiens (AINS)			
• Ibuprofène (Motrin^MD, Advil^MD) • Naproxène (Naprosyn^MD, Anaprox^MD, Aleve^MD) • Kétoprofène (PMS-Kétoprofen^MD) • Piroxicam (PMS-Piroxicam^MD) • Indométhacine (Novo-Methacin^MD) • Sulindac (Apo-Sulin^MD, Novo-Sundac^MD) • Diclofénac (Voltaren^MD, Apo-Diclo SR^MD, Arthrotec^MD) • Nabumétone (Novo-nabumétone^MD) • Oxaprozine (Daypro^MD) • Méloxicam (Mobicox^MD) • Célécoxib (Celebrex^MD)	• Anti-inflammatoire • Analgésique • Antipyrétique • Inhibition de la synthèse des prostaglandines	• Irritation G.I. (dyspepsie, nausées, ulcère, hémorragie) • Augmentation du temps de saignement • Céphalées, acouphène • Éruption cutanée • Insuffisance rénale aiguë et autres modifications du tissu rénal • Exacerbation de l'asthme (réaction croisée avec l'aspirine) • Atteinte cardiovasculaire	• Prendre le médicament avec des aliments, du lait ou des antiacides (selon les directives du médecin). • Rappeler l'importance de rapporter tout signe de saignement (p. ex., des selles noires, des ecchymoses, des pétéchies, des saignements de nez), ainsi que la présence d'œdème, d'éruptions cutanées, de céphalées persistantes, de troubles de la vision. • Surveiller toute augmentation de la pression artérielle reliée à la rétention hydrique. • Utiliser ces traitements régulièrement pour produire un effet maximal.
Antibiotiques			
• Doxycycline (Vibramycin^MD)	• Réduction de l'action des enzymes sur la dégradation du cartilage	• Vaginite moniliale • Sensibilité au soleil • Irritation G.I. non spécifique	• Est une option thérapeutique possible dans les cas d'une atteinte légère.
• Minocycline (Minocin^MD)	• Effet anti-arthritique possiblement relié à des propriétés immuno-modulatrices et anti-inflammatoires	• Effets G.I. (nausées vomissements, diarrhée, crampes d'estomac) • Étourdissements • Photosensibilité (sévère)	
Analgésiques topiques			
• Crème à base de capsaïcine (Antiphlogistine Arthrite^MD)	• Déplétion de la substance P dans les terminaisons nerveuses, ce qui empêche les impulsions douloureuses d'atteindre le cerveau	• Éruption cutanée, urticaire • Sensation de brûlure localisée, érythème	• Doit être appliquée régulièrement pour produire un effet maximal. • Une crème à base d'aloès peut atténuer la sensation de brûlure. • Conseiller au client de ne pas utiliser la crème à base de capsaïcine avec une source externe de chaleur (compresses chaudes) en raison des risques de brûlure. • Est offerte avec ou sans ordonnance, selon la concentration.

27

TABLEAU 27.3	**Arthrite et troubles des tissus conjonctifs** *(suite)*		
MÉDICAMENTS	**MÉCANISMES D'ACTION**	**EFFETS INDÉSIRABLES**	**CONSIDÉRATIONS INFIRMIÈRES**
• Diclofénac sodique (Voltaren GelMD, PennsaidMD)	• Anti-inflammatoire • Analgésique	• Irritation cutanée • Effets G.I. indésirables semblables à ceux des AINS systémiques	• Conseiller au client d'éviter de s'exposer au soleil et aux rayons ultraviolets. • Ne doit pas être utilisé en association avec d'autres AINS oraux ou de l'aspirine en raison d'une augmentation possible des effets secondaires indésirables.
Corticostéroïdes			
Injections intra-articulaires			
• Acétate de méthylprednisolone (Depo-MedrolMD) • Acétonide de triamcinolone (KenalogMD) • Bétaméthasone (CelestoneMD) • Triamcinolone (AristospanMD)	• Anti-inflammatoire • Analgésique • Inhibition de la synthèse ou de la libération des médiateurs de l'inflammation	• Ostéoporose localisée • Rupture de tendons • Arthropathie neuropathique causée par des injections fréquentes • Modifications cutanées ou sous-cutanées entraînant une dépression au point d'injection • Infection locale possible	• Utiliser une technique aseptique stricte pour aspirer le liquide articulaire ou administrer le corticostéroïde par injection. • Avertir le client que la douleur risque de s'accentuer immédiatement après l'injection, mais que le soulagement obtenu par la suite durera de plusieurs semaines à plusieurs mois après l'injection. • Conseiller au client d'éviter de surutiliser l'articulation touchée après l'injection.
Systémiques			
• Succinate sodique d'hydrocortisone (Solu-CortefMD) • Succinate sodique de méthylprednisolone (Solu-MedrolMD)	• Anti-inflammatoire • Analgésique • Inhibition de la synthèse ou de la libération des médiateurs de l'inflammation	• Syndrome de Cushing (y compris une rétention hydrique) • Irritation G.I. • Ostéoporose • Insomnie • Hypertension	• Administrer uniquement dans les cas où la vie du client est en danger ou si les symptômes persistent après le traitement par des anti-inflammatoires moins puissants. • Administrer uniquement durant une période de temps limitée, en réduisant la dose progressivement.
• Déxaméthasone • Prednisone • Triamcinolone (AristocortMD)		• Psychose stéroïdienne • Diabète • Acné • Menstruations irrégulières • Hirsutisme • Risque d'infection résistante aux antibiotiques • Ecchymoses	• L'infirmière doit se rappeler que l'interruption brutale du traitement entraîne une exacerbation des symptômes. • Surveiller la pression artérielle, le poids, l'hémogramme et le taux de potassium. • Limiter la consommation de sodium. • Rappeler au client de rapporter tout signe d'infection.
Antirhumatismaux à action lente (ARAL)			
• Méthotrexate	• Antimétabolite • Inhibition de la synthèse de l'ADN et de l'ARN, ainsi que de la synthèse des protéines	• Hépatotoxicité	• Surveiller l'hémogramme, ainsi que les fonctions hépatique et rénale. • Conseiller au client de rapporter tout signe d'anémie (fatigue, faiblesse).

TABLEAU 27.3   **Arthrite et troubles des tissus conjonctifs** *(suite)*

MÉDICAMENTS	MÉCANISMES D'ACTION	EFFETS INDÉSIRABLES	CONSIDÉRATIONS INFIRMIÈRES
		• Généralement administré une fois par semaine mais réduction du risque de symptômes reliés à l'activité antitumorale du médicament (p. ex., la toxicité G.I. et cutanée, l'aplasie médullaire, la néphropathie) lorsque la dose hebdomadaire est fractionnée et administrée de façon intermittente.	• Le client doit veiller à bien s'hydrater. • En raison des effets tératogènes, informer la cliente qu'elle doit utiliser un moyen de contraception durant le traitement et trois mois après celui-ci. • Informer le client de limiter sa consommation d'alcool lorsqu'il prend le méthotrexate. • Ne pas prendre d'acide folique le même jour que le méthotrexate.
• Sulfasalazine (Salazopyrin^{MD})	• Sulfonamide • Anti-inflammatoire • Inhibition de la synthèse des prostaglandines	• Effets G.I. (anorexie, nausées et vomissements, douleur abdominale) • Saignements, ecchymoses, jaunisse • Céphalées • Éruption cutanée, urticaire, prurit	• Informer le client que ce médicament peut donner à la peau ou à l'urine une coloration jaune orangée. • Prendre le médicament à fréquence régulière, après les repas, avec un verre d'eau (250 ml). • Le traitement peut se poursuivre après la disparition des symptômes. • Surveiller l'hémogramme.
• Léflunomide (Arava^{MD})	• Anti-inflammatoire • Agent immunomodulateur qui inhibe la prolifération des lymphocytes	• Hépatotoxicité (en particulier, si le client prend du méthotrexate ou présente des antécédents de consommation abusive d'alcool) • Nausées, diarrhée continue • Infection des voies respiratoires • Alopécie • Éruption cutanée • Augmentation de la pression artérielle	• Surveiller la fonction hépatique. • Évaluer le soulagement de la douleur, l'œdème et la raideur, ainsi que la mobilité articulaire. • Conseiller à la cliente en âge de procréer d'éviter toute grossesse.
• Pénicillamine (Cuprimine^{MD})	• Anti-inflammatoire • Mécanisme d'action précis inconnu ; inhibition possible de la réponse immunitaire à médiation cellulaire	• Irritation G.I. (nausées et vomissements, anorexie, diarrhée), altération ou diminution du goût • Éruption cutanée • Protéinurie • Hématurie • Carence en fer (en particulier, chez les femmes qui ont encore leurs menstruations)	• Surveiller la leucocytose, la numération plaquettaire et l'analyse d'urine. • Conseiller au client de prendre le médicament une heure avant ou deux heures après les repas, ou au moins une heure avant ou après avoir pris tout autre médicament, ou consommer de la nourriture ou du lait.
Sels d'or			
• Par voie parentérale (aurothiomalate de sodium [Myochrysine^{MD}], auranofine [Ridaura^{MD}])	• Altération des réponses immunitaires, enraiement de la synovite associée à la polyarthrite rhumatoïde active • Antirhumatismaux	• Diminution de l'hémoglobine, leucopénie, thrombocytopénie • Protéinurie • Hématurie	• Avant d'instaurer le traitement, il convient de s'assurer que la cliente n'est pas enceinte. • Surveiller l'hémogramme, l'analyse d'urine, les fonctions hépatique et rénale.

27

TABLEAU 27.3 | **Arthrite et troubles des tissus conjonctifs** *(suite)*

MÉDICAMENTS	MÉCANISMES D'ACTION	EFFETS INDÉSIRABLES	CONSIDÉRATIONS INFIRMIÈRES
		• Stomatite • Éruptions cutanées et prurit	• Informer le client que la réponse thérapeutique peut prendre de trois à six mois avant d'apparaître. • Conseiller au client de rapporter immédiatement tout prurit, éruption cutanée, douleur buccale, indigestion ou goût métallique.
Antipaludiques			
• Hydroxychloroquine (Plaquenil^{MD})	• Action antirhumatismale inconnue • Inhibition possible de la formation des antigènes	• Toxicité oculaire (rétinopathie); affection oculaire susceptible de continuer à évoluer même après l'interruption du traitement • Toxicité otovestibulaire (acouphène) • Névrite périphérique, neuromyopathie • Hypotension • Modifications à l'électrocardiogramme durant un traitement prolongé	• Surveiller l'hémogramme et la fonction hépatique. • Informer le client que la réponse thérapeutique peut prendre jusqu'à 6 mois avant d'apparaître. • Conseiller au client de rapporter immédiatement tout trouble visuel, faiblesse musculaire, réduction de l'ouïe, acouphène.
Immunodépresseurs			
• Azathioprine (Imuran^{MD}) • Cyclophosphamide (Procytox^{MD})	• Inhibition de la synthèse de l'ADN et de l'ARN, ainsi que de la synthèse des protéines	• Irritation G.I. (nausées et vomissements; anorexie en présence de doses élevées) • Exanthème	• Évaluer le soulagement de la douleur, l'œdème et la raideur, ainsi que la mobilité articulaire. • Conseiller au client de rapporter immédiatement tout signe inhabituel de saignement ou d'ecchymose. • Informer le client que la réponse thérapeutique peut prendre jusqu'à 12 semaines avant d'apparaître. • Conseiller à la cliente en âge de procréer d'éviter toute grossesse. • Encourager les clients à boire beaucoup de liquide afin de réduire le risque de cystite hémorragique.
• Mofétilmycophénolate (CellCept^{MD})	• Inhibition de la synthèse de l'ADN	• Irritation G.I. (nausées et vomissements, anorexie) • Céphalées, étourdissements, problèmes de sommeil, tremblements • Exanthème	• Effectuer une formule sanguine complète et des tests de la fonction hépatique toutes les deux à quatre semaines durant les trois premiers mois de traitement, puis tous les un à trois mois. • Informer le client au sujet du risque accru d'infection. • Aviser le client de ne pas prendre simultanément des antiacides, car ces derniers peuvent nuire à l'absorption des immunodépresseurs.

| TABLEAU 27.3 | **Arthrite et troubles des tissus conjonctifs** *(suite)* | | |

MÉDICAMENTS	MÉCANISMES D'ACTION	EFFETS INDÉSIRABLES	CONSIDÉRATIONS INFIRMIÈRES
Traitements biologiques et thérapies ciblées			
• Étanercept (Enbrel^{MD})	• Liaison au facteur de nécrose tumorale (TNF), inhibant son interaction avec les récepteurs se trouvant à la surface des cellules pour réduire la réponse immunitaire et inflammatoire	• Réaction au point d'injection, incluant un exanthème, de la douleur, du prurit et de l'œdème • Douleur abdominale, vomissements • Étourdissements, céphalées • Rhinite, pharyngite, toux	• Évaluer le soulagement de la douleur, l'œdème et la raideur, ainsi que la mobilité articulaire. • Informer le client que les réactions au point d'injection surviennent généralement durant le premier mois de traitement et s'atténuent au fil du temps avec la poursuite du traitement. • Aviser le client de ne pas recevoir de vaccins à virus vivants durant le traitement.
• Infliximab (Remicade^{MD}) • Adalimumab (Humira^{MD})	• Anticorps monoclonal se liant au TNF • Réduction de l'infiltration des cellules inflammatoires	• Douleur abdominale, nausées et vomissements • Étourdissements • Rhinite • Toux • Sinusite, pharyngite	• Évaluer le soulagement de la douleur, l'œdème et la raideur, ainsi que la mobilité articulaire.
• Anakinra (Kineret^{MD})	• Inhibition de l'action de l'interleukine-1 • Réduction de la réponse inflammatoire	• Réaction au point d'injection • Leucopénie • Céphalées • Douleur abdominale • Éruption cutanée	• Évaluer le soulagement de la douleur, l'œdème et la raideur, ainsi que la mobilité articulaire. • Informer le client que les réactions au point d'injection surviennent généralement durant le premier mois de traitement et s'atténuent au fil du temps avec la poursuite du traitement. • Évaluer la fonction rénale. • Surveiller la présence d'infection. • Informer le client qu'il ne doit pas prendre d'autres médicaments qui inhibent le TNF.
• Abatacept (Orencia^{MD})	• Modulation de l'activation des lymphocytes T • Inhibition de la réponse immunitaire	• Céphalées • Infections des voies respiratoires supérieures et urinaires • Nausées • Maux de gorge • Douleur au dos et aux articulations • Réaction au point d'injection • Exanthème	• N'est pas recommandé en association avec un inhibiteur du TNF. • Évaluer le soulagement de la douleur, l'œdème et la raideur, ainsi que la mobilité articulaire.
• Rituximab (Rituxan^{MD})	• Anticorps monoclonal ciblant les lymphocytes B	• Étourdissements • Palpitations • Fièvre	• Surveiller la présence d'infection et de saignement. • Avertir le client de ne pas recevoir de vaccins à virus vivants durant le traitement.

27

TABLEAU 27.3	**Arthrite et troubles des tissus conjonctifs (suite)**		
MÉDICAMENTS	**MÉCANISMES D'ACTION**	**EFFETS INDÉSIRABLES**	**CONSIDÉRATIONS INFIRMIÈRES**
		• Démangeaisons • Difficulté respiratoire • Maux de gorge	• Chez les clients qui suivent un traitement contre l'hypertension, surveiller la présence d'hypotension. • Informer le client que ce traitement provoque habituellement de la fatigue.
• Golimumab (Simponi^MD) • Certolizumab (Cimzia^MD)	• Antagoniste du TNF alpha • Réduction de la réaction inflammatoire	• Infections des voies respiratoires supérieures • Maux de gorge et infection nasale	• Informer le client du risque accru de tuberculose et d'infections fongiques invasives. • Surveiller la présence d'infection et de saignement. • Surveiller l'apparition de tumeurs malignes associées aux antagonistes du TNF. • Informer le client que le psoriasis peut s'aggraver.
• Tocilizumab (Actemra^MD)	• Inhibition de l'action de l'interleukine-6	• Infections des voies respiratoires supérieures • Céphalées • Infection des voies nasales • Hausse de la pression artérielle • Augmentation des enzymes hépatiques	• Ce traitement est administré aux clients atteints de polyarthrite rhumatoïde chez lesquels les autres traitements se sont avérés inefficaces. • Surveiller la pression artérielle et le risque d'infection. • Informer le client du risque d'effets G.I. indésirables (p. ex., une perforation). • Surveiller les taux d'enzymes hépatiques et de lipoprotéines de basse densité.

Soins et traitements infirmiers

24

ÉVALUATION CLINIQUE

L'étape d'évaluation du système musculosquelettique est décrite en détail dans le chapitre 24, *Système musculosquettique.*

CLIENT ATTEINT D'ARTHROSE

Collecte des données

L'infirmière doit évaluer et documenter précisément ce qui provoque (P) la douleur (p. ex., un mouvement, une activité, le changement de climat), la quantité et la qualité (Q) de la douleur (p. ex., une pression, un brûlement, un étirement), la région (R) (p. ex., le genou, le poignet, la hanche), et la présence d'autres signes ou symptômes associés (S) (p. ex., un œdème, une rougeur, une sensation de chaleur, une raideur, de la fièvre), la fréquence et la durée (T) de la douleur et de la raideur articulaire du client (p. ex., surtout le matin, dure moins de 30 min). Elle doit également questionner le client sur la signification de cette douleur pour lui (U) et les répercussions de ses symptômes, en particulier sur sa capacité à mener ses activités quotidiennes (p. ex., la difficulté à s'acquitter des soins d'hygiène, à se faire à manger, à marcher). La collecte de données doit également faire mention de l'histoire de santé du client en incluant les allergies (A) (p. ex., aux fruits de mer, à la vibramycine), les médicaments (M) prescrits ou en vente libre utilisés et leur efficacité (p. ex., Tylénol^MD 1 g aux 4 heures, soulagement partiel, glucosamine 1 caps. par jour depuis

1 mois), les antécédents (P) du client ainsi que les antécédents familiaux (p. ex., une ménisectomie au genou droit il y a 5 ans, la mère fait de l'arthrose), son alimentation (L) (p. ex., une alimentation riche en glucides et en gras, un client obèse) et les autres informations complémentaires pertinentes (E) (p. ex., un travail de manutention dans un entrepôt). L'examen physique de l'articulation ou des articulations touchées comprend, entre autres, l'observation de la présence d'un œdème, l'évaluation de la douleur à la palpation, l'amplitude des mouvements articulaires et la présence de crépitations. L'infirmière doit comparer l'articulation touchée avec l'articulation controlatérale (si celle-ci n'est pas touchée par l'arthrose).

Analyse et interprétation des données

Voici quelques diagnostics infirmiers pour le client atteint d'arthrose :

- douleur aiguë et chronique liée à l'activité physique et à la méconnaissance des techniques d'autogestion de la douleur ;
- insomnie liée à la douleur ;

- diminution de la mobilité physique liée à la faiblesse, à la raideur ou à la douleur durant la marche ;
- déficit des autosoins liés à une déformation articulaire et à la douleur pendant l'activité ;
- régime alimentaire déséquilibré lié à un apport supérieur aux besoins caloriques ;
- diminution de l'estime de soi liée aux modifications de l'apparence physique et aux changements dans les rôles sociaux et professionnels.

Planification des soins

Les objectifs généraux pour le client qui souffre d'arthrose sont :
- de maintenir ou améliorer la fonction articulaire en équilibrant les périodes de repos et d'activité ;
- d'utiliser des mesures de protection adaptées à l'articulation afin d'améliorer la tolérance à l'activité **ENCADRÉ 27.3** ;
- de favoriser son autonomie en matière d'autosoins et maintenir ses rôles sociaux de façon optimale ;
- de utiliser les traitements pharmacologiques et non pharmacologiques pour soulager la douleur de façon satisfaisante.

Interventions cliniques

Promotion de la santé

Comme il est impossible de prévenir l'apparition de l'arthrose primaire, l'infirmière doit concentrer son enseignement sur la réduction des facteurs de risque modifiables, notamment la perte de poids et la réduction des risques professionnels et récréatifs **ENCADRÉ 27.3**. Les programmes de conditionnement physique doivent inclure des mesures de sécurité visant à protéger et à prévenir les traumatismes des structures articulaires. De plus, les affections congénitales qui prédisposent à l'arthrose, comme la maladie de Legg-Calvé-Perthes, doivent être traitées rapidement.

Phase aiguë

Les personnes qui souffrent d'arthrose éprouvent souvent de la douleur, de la raideur, une limitation fonctionnelle et de la frustration à devoir surmonter des difficultés physiques sur une base quotidienne. Les personnes âgées croient parfois que l'arthrose est une composante inévitable du processus de vieillissement et que rien ne peut être fait pour soulager leur inconfort et limiter l'invalidité associée.

Les personnes souffrant d'arthrose reçoivent habituellement des soins médicaux en consultation externe. Ces soins sont généralement prodigués par une équipe interdisciplinaire composée d'un rhumatologue, d'une infirmière, d'un ergothérapeute et d'un physiothérapeute. L'équipe interdisciplinaire utilise couramment des questionnaires d'évaluation de la santé pour déterminer les zones de difficulté. Des objectifs thérapeutiques ciblés en lien avec les problèmes relevés peuvent être établis à partir des données tirées des questionnaires et de l'examen physique, et servent à guider l'élaboration d'interventions spécifiques. Ces questionnaires sont remplis à intervalles réguliers, ce qui permet de contrôler l'efficacité des traitements. En général, le client est hospitalisé uniquement s'il doit subir une intervention chirurgicale ▶ **46**.

La douleur et l'inflammation sont traitées par l'administration de médicaments. Le soulagement non pharmacologique de la douleur peut comprendre l'application de chaleur (sacs thermiques) ou de froid (sacs de glace), la relaxation ou l'imagerie mentale dirigée. Des attelles peuvent également être prescrites pour immobiliser ou détendre les articulations douloureuses ou enflammées. Un physiothérapeute peut participer à la conception d'un programme d'exercices pour le client, une fois la phase aiguë résolue. Il peut aussi recommander le tai-chi comme forme d'exercices sans impact. Cette activité peut être exercée par les personnes de tous âges, y compris celles en fauteuil roulant. L'infirmière doit mettre l'accent sur l'importance des exercices de réchauffement et d'étirements conçus pour améliorer l'amplitude des mouvements afin de prévenir le risque de blessures par étirement.

L'infirmière a une grande responsabilité dans l'enseignement sur l'arthrose offert au client et à ses proches, car il constitue la base d'une prise en charge réussie de la maladie. Elle doit prodiguer de l'information sur la nature et le traitement de l'arthrose, le soulagement de la douleur, la posture et les mouvements adéquats ainsi que l'utilisation appropriée des dispositifs d'assistance (p. ex., une canne ou un déambulateur). Elle doit également informer le client quant aux principes de protection des articulations et de la conservation de l'énergie, aux choix alimentaires et au contrôle du poids, à la gestion du stress et aux programmes d'exercices thérapeutiques **ENCADRÉ 27.4**. De plus, elle doit le rassurer en l'informant que l'arthrose est un problème qui se manifeste localement et qu'il est peu habituel qu'elle dégénère en une maladie grave accompagnée de déformations. Le client peut également recevoir un soutien et de plus amples renseignements sur l'arthrose par l'intermédiaire de ressources communautaires, entre autres le Programme d'initiative personnelle contre l'arthrite offert par la Société de l'arthrite (www.arthrite.ca).

Soins ambulatoires et soins à domicile

Les soins ambulatoires et les soins à domicile se concentrent principalement sur la douleur chronique et la perte de fonction des articulations touchées. L'infirmière doit établir les objectifs des soins à domicile en fonction de chaque client afin de mieux répondre à ses besoins. Il convient également d'inclure le proche aidant, les membres de la famille ainsi que les autres personnes significatives pour le client dans le processus de détermination des objectifs et de leur offrir un enseignement. Il est essentiel de modifier le milieu domestique et l'environnement de travail du client pour favoriser la sécurité, l'accessibilité et les soins personnels (Ling, 2010 ; Yoshida & Stephens, 2004). De telles modifications peuvent inclure les interventions suivantes : enlever les tapis, installer des rampes dans les escaliers et le bain, utiliser

La préparation aux interventions chirurgicales est expliquée dans le chapitre 46, *Interventions cliniques – Soins préopératoires*.

Promotion et prévention

ENCADRÉ 27.3	**Prévention de l'arthrose**

- Ne pas fumer.
- Maintenir un poids santé.
- Faire régulièrement de l'exercice, y compris des exercices de renforcement et d'endurance.

- Éviter les traumatismes articulaires.
- Utiliser des mesures préventives pour se protéger et réduire le risque de blessures articulaires.

ENCADRÉ 27.4 **Protection articulaire et conservation de l'énergie**

L'enseignement au client et à ses proches sur la prise en charge de l'arthrose devrait porter sur les aspects suivants.

- Maintenir un poids approprié.
- Utiliser des dispositifs d'assistance, au besoin.
- Éviter les mouvements répétitifs violents.
- Éviter les positions occasionnant une déviation ou une contrainte articulaire.
- Adopter une bonne posture et une mécanique corporelle adéquates.

- Demander de l'aide lorsque vient le temps d'effectuer des tâches qui peuvent causer de la douleur.
- Pour les tâches courantes, utiliser des techniques d'organisation et de régulation du rythme des activités.
- Modifier l'environnement domestique et professionnel de façon à exécuter les tâches avec moins de stress.

des veilleuses et porter des chaussures bien ajustées qui offrent un bon soutien. Les dispositifs d'assistance, notamment les cannes, les déambulateurs, les sièges de toilette surélevés et les barres d'appui, permettent aussi de réduire la charge portée sur l'articulation touchée et de favoriser la sécurité du client. L'infirmière doit conseiller au client de continuer à suivre tous les

traitements prescrits à la maison et elle doit être disposée à discuter des nouvelles approches thérapeutiques offertes pour le soulagement des symptômes de l'arthrose.

De plus, l'infirmière peut être appelée à donner des conseils d'ordre sexuel pour aider le client et son partenaire (p. ex., alterner les positions adoptées et varier les différents moments où ont lieu les relations sexuelles). En outre, les discussions à ce sujet permettront de mieux connaître les besoins de chaque partenaire. L'infirmière doit encourager le client à prendre des analgésiques ou un bain chaud avant toute activité sexuelle afin de réduire la raideur articulaire.

Évaluation des résultats

Pour le client souffrant d'arthrose, les résultats escomptés à la suite des soins et des interventions cliniques sont :

- de démontrer un équilibre adéquat entre les périodes de repos et d'activité ;
- d'obtenir un soulagement satisfaisant de la douleur ;
- de conserver une flexibilité articulaire et une force musculaire adéquates en protégeant ses articulations et en effectuant des exercices thérapeutiques ;
- de reconnaître le caractère chronique de l'arthrose et collaborer avec les professionnels de la santé dans le traitement de la maladie.

27.1.2 Polyarthrite rhumatoïde

La **polyarthrite rhumatoïde** est une maladie auto-immune systémique et chronique qui se caractérise par l'inflammation du tissu conjonctif de la diarthrose (articulation synoviale) et qui s'accompagne fréquemment de manifestations extra-articulaires. La personne atteinte de polyarthrite rhumatoïde présente habituellement des périodes de rémission et d'exacerbation.

La polyarthrite rhumatoïde peut atteindre toute personne, peu importe le groupe ethnique ou l'âge, mais, généralement, les premiers symptômes se déclarent entre 20 et 50 ans. Environ 1 % de la population canadienne est affectée par la polyarthrite rhumatoïde et les femmes présentent un risque deux à trois fois plus élevé que les hommes (Statistique Canada, 2006).

Étiologie et physiopathologie

Les causes de la polyarthrite rhumatoïde demeurent inconnues. Bien que certaines théories aient proposé une étiologie infectieuse, aucune culture réalisée à partir d'échantillons de sang, de tissu ou de liquide synovial n'a permis de révéler avec précision la présence d'un agent infectieux. À l'heure actuelle, les hypothèses selon lesquelles la polyarthrite rhumatoïde serait une affection d'origine auto-immune ou serait liée à une prédisposition génétique représentent les théories les plus communément acceptées.

Hypothèse auto-immunitaire

Selon cette hypothèse, les modifications associées à la polyarthrite rhumatoïde débutent lorsqu'un hôte réceptif présente une réponse immunitaire initiale à un antigène. Cet antigène, qui n'est probablement pas le même chez tous les clients, provoque la formation d'immunoglobulines G (IgG) anormales. La polyarthrite rhumatoïde se caractérise par la présence d'autoanticorps dirigés contre ces IgG anormales. Ces autoanticorps, mieux connus sous le nom de facteurs rhumatoïdes, se lient aux IgG et forment ainsi des complexes immuns qui se déposent initialement sur la membrane synoviale ou la partie superficielle du cartilage articulaire. La formation de complexes immuns provoque l'activation du complément, ce qui a pour effet d'entraîner une réaction inflammatoire ▶ **13** ▶ **14**. Les neutrophiles se dirigent ensuite vers le site d'inflammation, où ils libèrent des enzymes protéolytiques qui peuvent endommager le cartilage articulaire et entraîner l'épaississement de la membrane synoviale **FIGURE 27.3**. Les autres cellules inflammatoires comprennent les lymphocytes T auxiliaires CD4, qui coordonnent principalement la réponse immunitaire à médiation cellulaire. Une fois activés, les lymphocytes T auxiliaires CD4 stimulent la sécrétion de cytokines pro-inflammatoires (interleukine-1 [IL-1], interleukine-6 [IL-6] et facteur de nécrose tumorale [TNF]) par les monocytes, les macrophages

13

L'activation du complément est abordée dans le chapitre 13, *Inflammation et soin des plaies.*

14

Le chapitre 14, *Génétique, réaction immunitaire et transplantation*, décrit la formation du complexe immun.

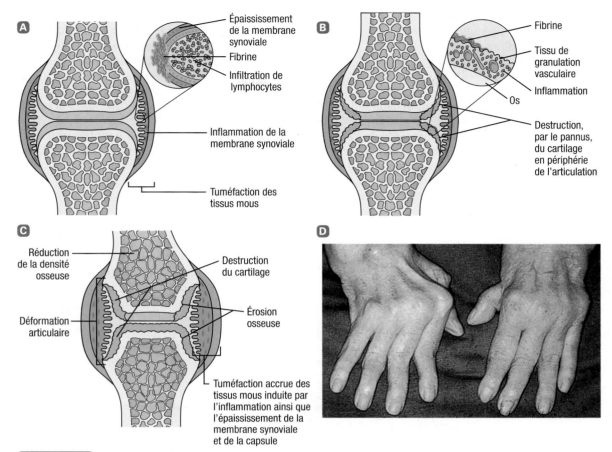

FIGURE 27.3

Polyarthrite rhumatoïde – Ⓐ La première manifestation pathologique de la polyarthrite rhumatoïde est la synovite rhumatoïde. La membrane synoviale devient enflammée. Les lymphocytes et les plasmocytes augmentent considérablement. Ⓑ Au fil du temps, il y a destruction du cartilage articulaire. Un tissu de granulation vasculaire (pannus) se forme sur la surface du cartilage au pourtour de l'articulation. La surface articulaire affiche une perte de cartilage sous le pannus qui s'étend sur toute la surface, mais elle est plus marquée aux extrémités de l'articulation. Ⓒ Le pannus inflammatoire provoque une destruction focale de l'os ce qui engendre une ostéolyse au pourtour de l'articulation, laquelle est responsable des érosions observées à la radiographie. Cette phase est associée à une déformation articulaire. Ⓓ Déformation caractéristique des mains et gonflement des tissus mous associés à une polyarthrite rhumatoïde de stade avancé.

et les fibroblastes synoviaux. Ces cytokines sont les principaux facteurs en jeu dans la réaction inflammatoire associée à la polyarthrite rhumatoïde.

Les modifications articulaires associées à l'inflammation chronique apparaissent lorsque la membrane synoviale hypertrophiée envahit le cartilage, les ligaments, la capsule articulaire et les tendons avoisinants. Un pannus (tissu de granulation vasculaire) se forme alors dans l'articulation, recouvrant et érodant éventuellement la surface entière du cartilage articulaire. La production de cytokines inflammatoires à la jonction du cartilage et du pannus exacerbe la destruction du cartilage. Le pannus érode et détruit les tissus de soutien comme les tendons et les ligaments, provoquant finalement une laxité, une subluxation et une contracture articulaires.

Hypothèse des facteurs génétiques

La prédisposition génétique semble jouer un rôle important dans l'apparition de la polyarthrite rhumatoïde. Par exemple, les jumeaux monozygotes sont davantage touchés par la polyarthrite rhumatoïde que les jumeaux dizygotes ; qui plus est, les clients caucasiens atteints de polyarthrite rhumatoïde présentent davantage d'antigènes d'histocompatibilité HLA DR4 ▶ **14** . D'autres variantes du système HLA ont été établies chez les clients appartenant à d'autres groupes ethniques. Enfin, il est à noter que le tabagisme accroît de manière importante le risque de polyarthrite rhumatoïde chez les hommes et les femmes qui présentent une prédisposition génétique à la maladie (Lundström, Källberg, Alfredson, Kalreskog, & Césure Padyukov, 2009). La pathogenèse de la polyarthrite rhumatoïde est mieux comprise que son

14

Le système HLA est abordé dans le chapitre 14, *Génétique, réaction immunitaire et transplantation.*

27

étiologie. La polyarthrite rhumatoïde évolue selon quatre stades différents. Ceux-ci sont présentés dans l'**ENCADRÉ 27.5**.

Manifestations cliniques

Articulations

La polyarthrite rhumatoïde apparaît habituellement de façon insidieuse. Des symptômes non spécifiques comme la fatigue, l'anorexie, une perte de poids et une raideur générale peuvent précéder l'apparition des symptômes arthritiques. La raideur devient plus localisée au cours des semaines et des mois qui suivent. Certains clients font état d'un événement stressant déclencheur, notamment une infection, un stress professionnel, un effort physique, un accouchement, une intervention chirurgicale ou un trouble émotif. Toutefois, les recherches n'ont pu établir de lien direct entre de tels événements et l'apparition de la polyarthrite rhumatoïde.

L'atteinte articulaire se manifeste cliniquement par une douleur, une raideur, une limitation des mouvements et des signes d'inflammation (p. ex., une sensation de chaleur, un œdème et une douleur à la palpation) (Roberts, 2007). Les symptômes articulaires se manifestent de manière symétrique et touchent principalement les petites articulations de la main (articulations interphalangiennes proximales et métacarpophalangiennes) et du pied (articulations métatarsophalangiennes). Les articulations plus volumineuses des membres inférieurs et supérieurs, notamment celles des poignets, des coudes, des épaules, des genoux, des hanches, des chevilles et de la mâchoire, peuvent également être touchées. La polyarthrite rhumatoïde peut aussi affecter la colonne cervicale mais la colonne dorsolombaire est généralement épargnée. Le **TABLEAU 27.4** compare la polyarthrite rhumatoïde et l'arthrose.

En général, la raideur articulaire se manifeste après des périodes d'inactivité. La raideur matinale peut durer de 60 minutes à plusieurs heures, suivant l'activité de la maladie. Les articulations métacarpophalangiennes et interphalangiennes proximales présentent habituellement un aspect œdémateux. Au cours des stades précoces de l'affection, les doigts peuvent prendre un aspect fusiforme en raison de l'hypertrophie de la membrane synoviale et

ENCADRÉ 27.5	Stades de la polyarthrite rhumatoïde

Stade I : précoce

Aucune modification destructrice visible à la radiographie ; signes possibles d'ostéoporose visibles à la radiographie

Stade II : modéré

Signes d'ostéoporose visibles à la radiographie, accompagnés ou non d'une destruction légère de l'os ou du cartilage ; aucune déformation articulaire (mais possibilité de mobilité articulaire restreinte) ; atrophie des muscles adjacents ; présence possible de lésions touchant les tissus mous extra-articulaires (p. ex., des nodules, une ténosynovite)

Stade III : grave

Destruction du cartilage et des os visible à la radiographie, en plus de l'ostéoporose ; déformation articulaire, notamment une subluxation, une déviation cubitale des doigts ou une hyperextension avec ou sans ankylose fibreuse ou osseuse ; atrophie musculaire importante ; présence possible de lésions touchant les tissus mous extra-articulaires (p. ex., des nodules, une ténosynovite)

Stade IV : terminal

Ankylose fibreuse ou osseuse et présence des critères du stade III

Source : Adapté de American College of Rheumatology (2011).

TABLEAU 27.4	Comparaison entre l'arthrose et la polyarthrite rhumatoïde	
PARAMÈTRE	**ARTHROSE**	**POLYARTHRITE RHUMATOÏDE**
Âge au moment de l'apparition	• En général, clients âgés de plus de 40 ans	• Jeunes et sujets d'âge moyen
Sexe	• Davantage d'hommes que de femmes touchés avant l'âge de 50 ans, et davantage de femmes que d'hommes touchées après l'âge de 50 ans	• De 2 à 3 fois plus de femmes que d'hommes touchés ; différence moins marquée entre les hommes et les femmes après l'âge de 60 ans
Poids	• En général, surcharge pondérale	• Perte de poids ou maintien d'un poids constant

TABLEAU 27.4	Comparaison entre l'arthrose et la polyarthrite rhumatoïde *(suite)*	
PARAMÈTRE	**ARTHROSE**	**POLYARTHRITE RHUMATOÏDE**
Maladie	• Maladie localisée, connaît une évolution variable et progressive	• Maladie systémique, avec périodes d'exacerbation et de rémission
Articulations touchées	• Articulations portantes des genoux et des hanches, petites articulations (MCP, IPD, IPP), colonne cervicale et lombaire ; atteintes souvent asymétriques	• Petites articulations d'abord (IPP, MCP et MTP), poignets, coudes, épaules et genoux ; atteintes généralement bilatérales et symétriques
Caractéristiques de la raideur	• Raideur au réveil, mais habituellement réduction après 30 minutes	• Raideur allant de une heure à toute la journée ; diminution de celle-ci avec l'utilisation de l'articulation
Caractéristiques de la douleur	• Aggravation graduelle de la douleur avec l'utilisation de l'articulation et par la progression de la maladie, mais soulagement par le repos	• Douleur variable ; peut interrompre le sommeil
Épanchements	• Rares	• Courants
Nodules	• Nodules d'Heberden (IPD) et de Bouchard (IPP)	• Présents, en particulier sur la surface des extenseurs
Liquide synovial	• Leucocytes inférieurs à 2 000/µl ; non inflammatoire	• Leucocytes supérieurs à 20 000/µl, surtout des neutrophiles ; inflammatoire
Radiographies	• Rétrécissement de l'espace articulaire, ostéophytes, kystes sous-chondrals, sclérose	• Rétrécissement et érosion de l'espace articulaire avec excroissances osseuses ; subluxation (stade avancé) ; ostéoporose reliée à l'utilisation de corticostéroïdes
Tests de laboratoire	• Absence du facteur rhumatoïde • Augmentation passagère de la vitesse de sédimentation reliée à la synovite	• Présence du facteur rhumatoïde chez 80 % des clients • Vitesse de sédimentation élevée, présence de protéines C réactives révélatrice d'une inflammation active

de l'épaississement de la capsule articulaire. Les articulations deviennent douloureuses, sensibles et chaudes au toucher. La douleur articulaire augmente au mouvement, varie en intensité et peut ne pas être proportionnelle au degré d'inflammation. Une ténosynovite touche souvent les extenseurs et fléchisseurs des poignets, favorisant l'apparition de symptômes liés au syndrome du tunnel carpien et rendant la préhension d'objets difficile.

Au fur et à mesure que l'affection évolue, l'inflammation et la fibrose de la capsule articulaire et des tissus de soutien peuvent entraîner des déformations et une incapacité fonctionnelle. L'atrophie des muscles et la destruction des tendons entourant l'articulation provoquent un glissement des surfaces articulaires l'une sur l'autre (subluxation). Les déformations habituelles de la main comprennent les déviations cubitales, les déformations en boutonnière et les déformations en col de cygne **FIGURE 27.3D** et **FIGURE 27.4**. Les subluxations de la tête métatarsienne et la formation d'hallux valgus (oignons) peuvent entraîner de la douleur et une incapacité à marcher.

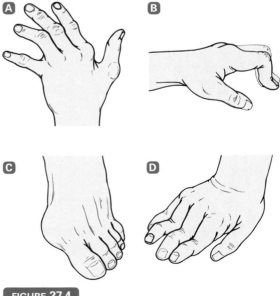

FIGURE 27.4

Déformations caractéristiques de la polyarthrite rhumatoïde –
Ⓐ Déviation cubitale. Ⓑ Déformation en boutonnière.
Ⓒ Hallux valgus. Ⓓ Déformation en col de cygne.

Manifestations extra-articulaires

La polyarthrite rhumatoïde peut toucher presque tous les systèmes de l'organisme. Les manifestations extra-articulaires associées à la polyarthrite rhumatoïde sont décrites à la **FIGURE 27.5**. Les trois manifestations les plus fréquentes sont les nodules rhumatoïdes, le syndrome de Sjögren et le syndrome de Felty.

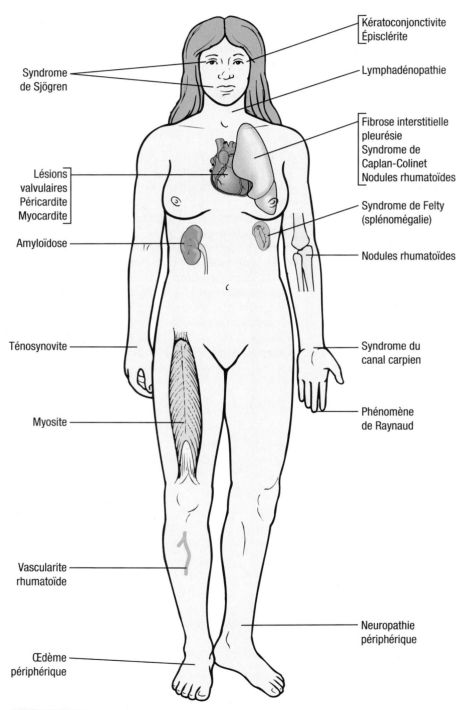

Kératoconjonctivite
Épisclérite

Lymphadénopathie

Syndrome de Sjögren

Fibrose interstitielle
pleurésie
Syndrome de Caplan-Colinet
Nodules rhumatoïdes

Lésions valvulaires
Péricardite
Myocardite

Syndrome de Felty
(splénomégalie)

Amyloïdose

Nodules rhumatoïdes

Ténosynovite

Syndrome du canal carpien

Myosite

Phénomène de Raynaud

Vascularite rhumatoïde

Neuropathie périphérique

Œdème périphérique

FIGURE 27.5

Manifestations extra-articulaires de la polyarthrite rhumatoïde

Jusqu'à 25 % de tous les clients atteints de polyarthrite rhumatoïde présentent des nodules rhumatoïdes et affichent habituellement des titres élevés de facteur rhumatoïde. Les nodules sous-cutanés de type granuleux à l'aspect ferme sont habituellement situés le long de la surface des muscles extenseurs des articulations comme les doigts et les coudes, et ne sont pas douloureux à la palpation. Les nodules se trouvant au bas de la colonne vertébrale ou derrière la tête sont fréquents chez les personnes âgées. Ils apparaissent de façon insidieuse et peuvent grossir ou diminuer spontanément. En raison du risque élevé de récidive, il n'est pas courant d'enlever les nodules par voie chirurgicale ; toutefois, ils peuvent facilement se rompre et s'infecter. Les nodules qui apparaissent sur la sclère ou les poumons laissent présager la présence d'une maladie active ainsi qu'un mauvais pronostic.

De 10 à 15 % des clients atteints de polyarthrite rhumatoïde présentent également le syndrome de Sjögren. Le syndrome de Sjögren peut apparaître seul ou en association avec d'autres troubles arthritiques, notamment la polyarthrite rhumatoïde ou le lupus érythémateux disséminé (LED). Les clients touchés par le syndrome de Sjögren présentent une réduction de la sécrétion des glandes lacrymales et salivaires, ce qui entraîne une sécheresse buccale, de même que des brûlures, des picotements ou des démangeaisons oculaires accompagnées d'une réduction de la production de larmes et une photosensibilité.

Le **syndrome de Felty** survient plus fréquemment chez les clients atteints de polyarthrite rhumatoïde sévère accompagnée de nodules. Il se caractérise par des troubles inflammatoires oculaires, une splénomégalie, une lymphadénopathie, une atteinte pulmonaire et une dyscrasie sanguine (anémie, thrombocytopénie et granulocytopénie).

Complications

Le client qui ne reçoit aucun traitement présente une destruction articulaire dès la première année de l'atteinte. Les contractures en flexion et les déformations des mains entraînent une réduction de la force de préhension et entravent la capacité du client à prendre soin de lui-même. La présence d'une myosite nodulaire et une dégénérescence des fibres musculaires peuvent causer une douleur semblable à celle de l'insuffisance vasculaire. Les nodules scléraux peuvent provoquer des cataractes et une perte de la vision. Les nodules rhumatoïdes risquent aussi d'entraîner des complications dont des ulcères, tout comme des lésions de pression. Les nodules des cordes vocales provoquent un enrouement progressif de la voix, et les nodules du corps vertébral, une destruction osseuse. Des effets cardiopulmonaires risquent également d'apparaître durant les stades plus avancés de la maladie. Ceux-ci comprennent, entre autres, une pleurésie, un épanchement pleural, une péricardite, un épanchement péricardique et une cardiomyopathie. Enfin, un syndrome du tunnel carpien risque de survenir conséquemment à l'œdème de la membrane synoviale du poignet, lequel peut causer une pression sur le nerf médian et entraîner de la douleur.

Examen clinique et examens paracliniques

Il est essentiel d'établir un diagnostic précis pour instaurer un traitement approprié et prévenir toute invalidité. Le diagnostic est habituellement établi à partir de l'histoire de santé et des résultats obtenus au cours de l'examen physique. Toutefois, il peut être utile de recourir à certains examens paracliniques pour confirmer le diagnostic et surveiller la progression de l'atteinte **ENCADRÉ 27.6** et **ENCADRÉ 27.7**. Environ 80 % des clients présentent un résultat positif pour le facteur rhumatoïde et ces titres tendent à augmenter durant la phase active de la maladie. D'autres paramètres biologiques comme la vitesse de sédimentation et la protéine C réactive (CRP) constituent des indicateurs généraux de l'inflammation active. La présence d'anticorps antinucléaires (AAN) est également observée chez certains clients atteints de polyarthrite rhumatoïde. Enfin, la présence d'anticorps antipeptide cyclique citrulliné (antiCCP) s'est révélé un marqueur potentiellement important dans la détection précoce de la polyarthrite rhumatoïde. Des anticorps antiCCP ont été détectés dans le sang des clients atteints de polyarthrite rhumatoïde durant une période allant jusqu'à 10 ans avant l'apparition des premiers symptômes (The Johns Hopkins White Paper, 2009).

Lorsque le liquide synovial est analysé au cours de la phase précoce de la maladie, il a un aspect jaune paille et contient de nombreuses particules de fibrine. Le client atteint de polyarthrite rhumatoïde présente une concentration plus élevée d'enzyme MMP-3 dans son liquide synovial, ce qui peut révéler une lésion articulaire évolutive. Aussi, le nombre de globules blancs est également élevé (jusqu'à 25 000/µl), et les modifications inflammatoires de la membrane synoviale peuvent être confirmées à partir d'une biopsie tissulaire.

La radiographie n'est pas communément utilisée pour diagnostiquer la polyarthrite rhumatoïde, car elle peut se révéler non concluante durant les stades précoces de la maladie. De fait, les examens radiologiques peuvent ne révéler qu'une déminéralisation osseuse et un gonflement des tissus mous. Durant les stades plus avancés, la radiographie permet d'observer un rétrécissement de l'espace articulaire, une destruction du cartilage articulaire, une érosion, une subluxation, une déformation, une asymétrie dans le positionnement des articulations et une ankylose. Une radiographie initiale peut être utile pour surveiller l'évolution de la maladie et l'efficacité du traitement. Toutefois, il est plus utile de réaliser des scintigraphies osseuses pour détecter les modifications précoces des articulations, confirmer le diagnostic de polyarthrite rhumatoïde et instaurer le traitement. Les critères diagnostiques de la polyarthrite rhumatoïde sont décrits dans l'**ENCADRÉ 27.6**.

Processus thérapeutique en interdisciplinarité

Les soins prodigués aux clients atteints de polyarthrite rhumatoïde débutent par un programme complet d'éducation et par une pharmacothérapie. L'enseignement relatif à la pharmacothérapie comprend des directives sur la prise adéquate des médicaments, le signalement des effets indésirables et des rendez-vous fréquents avec l'équipe de soins pour assurer un suivi approprié (examen clinique et tests de laboratoire). L'infirmière doit renseigner le client et ses proches sur le processus évolutif de la maladie et les traitements à domicile. Les AINS sont prescrits pour favoriser le confort physique. La physiothérapie permet d'assurer le maintien des mouvements articulaires et de la force musculaire. L'ergothérapie permet quant à elle de conserver la fonction des extrémités supérieures et de favoriser la protection des articulations par l'entremise d'attelles ou d'autres dispositifs d'assistance et des stratégies de stimulation à l'activité.

Un plan de traitement individualisé tient compte du niveau d'activité de la maladie, de la fonction de l'articulation, de l'âge, du sexe, des rôles familiaux et sociaux ainsi que de la réponse du client au traitement antérieur **ENCADRÉ 27.7**. Une relation positive et durable avec l'équipe de soins de santé peut favoriser l'estime de soi du client atteint de polyarthrire rhumatoïde et accroître sa capacité d'adaptation.

Capsule **Jugement clinique**

Madame Florence Arsenault est âgée de 62 ans. Elle a consulté un rhumatologue parce qu'elle éprouvait de la raideur et de la douleur aux articulations des doigts des deux mains. Comme le médecin soupçonnait un problème de polyarthrite rhumatoïde, il a demandé des examens sanguins spécifiques dont les résultats sont les suivants : anticorps antinucléaires (AAN) négatifs, protéines C réactives (CRP) 0,8 mg/dl, facteur rhumatoïde négatif.

Ces résultats peuvent-ils confirmer le soupçon du médecin ?

ENCADRÉ 27.6	**Classification de l'American Rheumatism Association**

Critères diagnostiques de la polyarthrite rhumatoïde

La polyarthrite rhumatoïde est caractérisée par la présence d'au moins quatre des sept critères suivants.

- Raideur musculaire d'une durée d'une heure et plus[a]
- Œdème de trois articulations ou plus[a]

- Œdème des articulations des mains[a]
- Œdème symétrique des articulations[a]
- Érosion ou décalcification visible à la radiographie des mains
- Nodules rhumatoïdes
- Présence de facteur rhumatoïde dans le sérum

[a] Doit être présent(e) depuis au moins six semaines.

Source : Adapté de Arnett et al. (1988).

Pharmacothérapie

L'administration de médicaments demeure la pierre angulaire du traitement de la polyarthrite rhumatoïde **TABLEAU 27.3**. Toutefois, de nombreux médicaments utilisés pour traiter la polyarthrite rhumatoïde coûtent cher. Plutôt que de poursuivre le traitement par l'aspirine ou les AINS à fortes doses en attendant que la radiographie révèle des signes évidents de la maladie, les médecins prescrivent maintenant des ARAL plus précocement, car des modifications articulaires irréversibles peuvent apparaître dès la première année (Donahue *et al.*, 2008). Ces agents peuvent réduire les effets permanents de la polyarthrite rhumatoïde comme l'érosion et les déformations articulaires. Le choix d'un traitement repose sur le niveau d'activité de la maladie, le niveau fonctionnel du client et ses choix relatifs au mode de vie (p. ex., le désir de la cliente d'avoir des enfants).

Le méthotrexate est le médicament de premier choix dans le traitement de la polyarthrite en phase précoce. L'effet anti-inflammatoire rapide du méthotrexate permet de réduire les symptômes cliniques en l'espace de quelques jours à quelques semaines. Il est également peu coûteux et est associé à une toxicité plus faible que celle des autres médicaments. Ses effets indésirables comprennent la suppression de la moelle osseuse et l'hépatotoxicité. Le traitement par le méthotrexate requiert des tests de laboratoire fréquents, y compris des hémogrammes et des analyses biochimiques. L'utilisation de la sulfasalazine (Salazopyrin^{MD}) et de l'hydroxychloroquine (Plaquenil^{MD}), un antipaludique, peut se révéler efficace dans le traitement de la polyarthrite rhumatoïde légère à modérée. Ces ARAL sont rapidement absorbés, relativement sécuritaires et bien tolérés. La léflunomide (Arava^{MD}), un

antirhumatismal synthétique, modifie l'évolution de la maladie en inhibant la surproduction de cellules immunitaires. Son efficacité est semblable à celle du méthotrexate et de la sulfasalazine. Ses effets indésirables comprennent l'hépatotoxicité, la diarrhée et la tératogenèse. Les femmes en âge de procréer doivent exclure toute possibilité de grossesse lorsqu'elles utilisent cette médication (Maddison *et al.*, 2005).

Les traitements biologiques sont une classe de médicaments spécialement conçus pour ralentir l'évolution de formes d'arthrite de type inflammatoire comme la polyarthrite rhumatoïde. Ces médicaments comprennent l'étanercept (Enbrel^{MD}), l'infliximab (Remicade^{MD}), l'adalimumab (Humira^{MD}), l'anakinra (Kineret^{MD}) et l'abatacept (Orencia^{MD}). Ils peuvent être utilisés pour traiter les clients atteints de polyarthrite rhumatoïde modérée à grave qui n'ont pas répondu au traitement par les ARAL, mais ils peuvent aussi être utilisés en association avec un médicament ayant fait ses preuves, par exemple le méthotrexate.

Produit par génie génétique (technologie de recombinaison de l'ADN), l'étanercept est une protéine de fusion formée à partir d'un récepteur du TNF. Ce récepteur du TNF soluble se lie au TNF dans la circulation avant même que ce dernier puisse se lier au récepteur à la surface cellulaire. En bloquant la liaison au TNF, l'étanercept inhibe la réponse inflammatoire. Ce médicament est administré par injection sous-cutanée à raison de 25 mg 2 fois par semaine (3 à 4 jours d'intervalle) ou de 50 mg 1 fois par semaine.

L'infliximab et l'adalimumab sont des anticorps monoclonaux ayant une affinité spécifique pour le TNF. Ils se lient au TNF, prévenant ainsi sa

PHARMACOVIGILANCE

Étanercept (Enbrel^{MD})

- Il est associé à une augmentation du risque d'infection grave et d'insuffisance cardiaque.
- Il convient de rapporter la présence d'une fièvre persistante, d'ecchymoses, de saignements ou de tout autre signe d'infection.

PHARMACOVIGILANCE

Hydroxychloroquine (Plaquenil^{MD})

- Une rétinopathie peut apparaître durant le traitement et se prolonger après celui-ci.
- Il convient de rapporter immédiatement tout problème de vision.

liaison aux récepteurs membranaires du TNF. L'infliximab est administré par voie intraveineuse (I.V.) comme suit : une dose initiale, suivie d'une dose additionnelle après deux et six semaines, puis l'administration d'une dose toutes les huit semaines. L'infliximab doit être administré avec le méthotrexate. L'adalimumab est quant à lui administré toutes les deux semaines par voie sous-cutanée. Si la réponse au traitement n'est pas suffisante, il est possible de l'administrer à raison d'une fois par semaine.

L'anakinra est une version recombinée de l'antagoniste de l'IL-1 (IL-1Ra). Il bloque l'activité biologique de l'IL-1 en inhibant sa liaison au récepteur de l'IL-1. L'anakinra s'administre par injection sous-cutanée sur une base quotidienne. Ce médicament, indiqué pour réduire la douleur et l'œdème associés à la polyarthrite rhumatoïde modérée à grave, peut être utilisé en association avec un ARAL modifiant l'évolution de la maladie, mais pas avec un inhibiteur du TNF. En effet, l'utilisation concomitante de l'anakinra et d'un inhibiteur du TNF peut provoquer une infection grave et une neutropénie.

L'abatacept (Orencia^MD) est recommandé chez les clients qui présentent une réponse inadéquate aux ARAL ou aux inhibiteurs du TNF. L'abatacept inhibe l'activation des lymphocytes T et est administré sous forme de perfusion I.V. Tout comme l'anakinra, l'abatacept ne doit pas être utilisé en association avec un inhibiteur du TNF.

Le rituximab (Rituxan^MD) peut être administré en association avec le méthotrexate chez les clients qui présentent une polyarthrite rhumatoïde modérée à grave et qui ne répondent pas au traitement par un inhibiteur du TNF (p. ex., l'étanercept, l'infliximab). Le rituximab est un anticorps monoclonal qui cible les lymphocytes B. Il est habituellement administré à raison de deux perfusions I.V. à intervalles de deux semaines. L'administration d'un second cycle de traitement peut être indiquée chez certains clients après quatre à six mois.

Deux nouveaux inhibiteurs du TNF, le golimimab (Simponi^MD) et le certolizumab (Cimzia^MD), améliorent les symptômes de la polyarthrite rhumatoïde modérée à grave. Ces deux médicaments sont administrés en association avec le méthotrexate. Comparativement aux autres agents biologiques, le certolizumab demeure dans l'organisme durant une période de temps plus longue et peut également entraîner une réduction plus rapide (une à deux semaines) et importante des symptômes de la polyarthrite rhumatoïde (Cleveland Clinic, 2009). Ce médicament est également utilisé pour traiter la maladie de Crohn.

Le tocilizumab (Actemra^MD), un médicament relativement nouveau, est produit à partir de cellules CHO (Chinese Hamster Ovary) modifiées par génie génétique. Il est utilisé pour traiter les clients atteints de polyarthrite rhumatoïde modérée à grave qui n'ont pas répondu adéquatement aux autres classes de médicaments approuvés dans le traitement de la polyarthrite rhumatoïde ou qui ne peuvent les tolérer. Le tocilizumab agit en bloquant l'action de l'IL-6, une cytokine pro-inflammatoire (Cleveland Clinic, 2009).

Les autres traitements utilisés de manière moins fréquente dans le traitement de la polyarthrite rhumatoïde comprennent, entre autres, les antibiotiques (minocycline [Minocin^MD]), les immunodépresseurs (azathioprine [Imuran^MD], la pénicillamine [Cuprimine^MD]) et les sels d'or (auranofine [Ridaura^MD] et aurothiomalate de sodium [Myochrysine^MD]).

Le traitement par des corticostéroïdes peut aider à maîtriser les symptômes. En effet, les injections intra-articulaires de corticostéroïdes peuvent soulager temporairement la douleur et l'inflammation associées aux crises aiguës. Il n'est toutefois pas recommandé aux clients atteints de polyarthrite rhumatoïde d'utiliser à long terme les corticostéroïdes oraux en raison du risque de complications qui leur est associé, notamment l'ostéoporose et la nécrose avasculaire. Toutefois, certains clients peuvent recevoir de faibles doses de prednisone durant une période de temps limitée pour réduire l'activité de la maladie, et ce, jusqu'à l'obtention des effets de l'ARAL.

Différents AINS et salicylés peuvent également être utilisés pour traiter la douleur et l'inflammation reliées à l'arthrite. Les AINS possèdent des propriétés anti-inflammatoires, analgésiques et antipyrétiques. Bien que de nombreux AINS soient des inhibiteurs puissants de l'inflammation, ils ne semblent pas être en mesure de modifier l'évolution naturelle de la polyarthrite rhumatoïde. Les AINS peuvent entraîner un certain soulagement après quelques jours, mais leur efficacité se fait entièrement sentir de deux à trois semaines après le début du traitement. Les anti-inflammatoires administrés à raison d'une à deux fois par jour peuvent améliorer l'observance thérapeutique du client **TABLEAU 27.3**. Les inhibiteurs de la COX-2, la nouvelle génération d'AINS, sont efficaces dans le traitement de la polyarthrite rhumatoïde et de l'arthrose. À l'heure actuelle, le célécoxib (Celebrex^MD) est le seul inhibiteur de la COX-2 offert sur le marché.

Thérapie nutritionnelle

Bien qu'il n'existe aucune thérapie nutritionnelle spécifique pour la polyarthrite rhumatoïde, il est important que le client adopte une alimentation équilibrée. En effet, la polyarthrite rhumatoïde est souvent accompagnée de symptômes de fatigue, de douleur, de dépression et de réduction de l'endurance physique et de la mobilité. Ces symptômes peuvent entraîner une perte d'appétit ou

PHARMACOVIGILANCE

Infliximab (Remicade^MD) et tocilizumab (Actemra^MD)

- Effectuer un test à la tuberculine et une radiographie pulmonaire pour éliminer une tuberculose avant d'instaurer le traitement.

- Surveiller tout signe d'infection et interrompre le traitement en présence d'une infection aiguë.

entraver la capacité du client à acheter des aliments et à préparer ses repas, favorisant ainsi une perte de poids. L'ergothérapeute peut aider le client à apporter des modifications à son milieu de vie et à utiliser des dispositifs d'assistance pour faciliter la préparation des repas.

Le traitement par les corticostéroïdes ou l'immobilité associée à la douleur peut provoquer une prise de poids indésirable. Un programme modéré de perte de poids, incluant un régime alimentaire équilibré et des exercices physiques, contribue à réduire la charge portée sur les articulations touchées. Les corticostéroïdes augmentent l'appétit et, par conséquent, l'apport en calories. De plus, les clients peuvent se sentir désemparés devant les signes et symptômes du syndrome de Cushing associé au traitement par les corticostéroïdes. Ce syndrome a pour effet de modifier l'apparence physique du client (visage rond et redistribution de tissu graisseux dans la région du tronc). Il convient d'encourager le client à continuer d'adopter une alimentation équilibrée et à ne pas modifier la dose de corticostéroïdes ou interrompre le traitement de façon abrupte. Le client retrouvera lentement un poids normal plusieurs mois après la fin du traitement.

Soins et traitements infirmiers

CLIENT ATTEINT DE POLYARTHRITE RHUMATOÏDE

Collecte des données

Les données subjectives et objectives qui doivent être obtenues chez les clients atteints de polyarthrite rhumatoïde sont présentées à l'**ENCADRÉ 27.8**.

Analyse et interprétation des données

Le **PSTI 27.1** présente les problèmes prioritaires pour les clients atteints de polyarthrite rhumatoïde.

Collecte des données

ENCADRÉ 27.8	Polyarthrite rhumatoïde

Données subjectives

- Renseignements importants concernant la santé :
  - Antécédents de santé : infections récentes ; présence de facteurs déclencheurs comme un choc émotionnel, une infection, le surmenage, une grossesse ou une intervention chirurgicale ; alternance de rémissions et d'exacerbations ; interventions chirurgicales ou autres traitements : toute intervention chirurgicale aux articulations ; antécédents familiaux de polyarthrite rhumatoïde ou d'autres maladies auto-immunes
  - Médicaments : utilisation d'aspirine, d'AINS, de corticostéroïdes et d'ARAL ; tabagisme
  - Alimentation : habitudes alimentaires (fruits et légumes, alimentation riche en gras, en protéines, en charcuterie), anorexie, obésité, sécheresse des muqueuses de la bouche et du pharynx
- Modes fonctionnels de santé :
  - Perception et gestion de la santé : capacité d'observance du traitement ; répercussions de la maladie sur la capacité fonctionnelle, sur les activités de la vie quotidienne
  - Activités et exercices : raideur et œdème articulaires, faiblesse musculaire, difficulté à marcher, fatigue
  - Fonction sensitive : paresthésie des mains et des pieds ; engourdissement, picotements et perte de sensibilité ; douleur articulaire symétrique qui s'accentue avec le mouvement ou la mise en charge sur une articulation

Données objectives

- Observations générales : lymphadénopathie, fièvre
- Système tégumentaire : kératoconjonctivite ; nodules rhumatoïdes sous-cutanés sur l'avant-bras et les coudes, ulcères cutanés ; peau tendue et brillante sur les articulations atteintes ; œdème périphérique
- Système respiratoire : bronchite chronique, tuberculose, histoplasmose, fibrose pulmonaire
- Système cardiovasculaire : pâleur et cyanose symétriques des doigts (phénomène de Raynaud) ; bruits cardiaques distants, souffles, arythmies
- Système gastro-intestinal : splénomégalie (syndrome de Felty)
- Système musculosquelettique : atteinte symétrique des articulations avec œdème, érythème, sensation de chaleur, douleur à la palpation et déformations ; augmentation du volume des articulations phalangiennes proximales et métacarpophalangiennes ; amplitude de mouvements limitée ; contractures musculaires, atrophie musculaire
- Résultats possibles aux examens paracliniques : facteur rhumatoïde positif, élévation de la vitesse de sédimentation, anémie ; élévation du nombre de globules blancs dans le liquide synovial ; signes de rétrécissement de l'espace articulaire, érosion et déformations osseuses visibles à la radiographie (ostéoporose associée au stade avancé de la maladie)

PSTI 27.1   Polyarthrite rhumatoïde

PROBLÈME DÉCOULANT DE LA SITUATION DE SANTÉ	**Douleur chronique** liée à l'inflammation articulaire, à un usage excessif des articulations ou à l'inefficacité des interventions visant à soulager la douleur ou à accroître le confort, mise en évidence par la description des différents composantes de la douleur ressentie par le client, le réflexe de défense du client, la limitation de la fonction articulaire et la présence d'articulations chaudes, enflées et douloureuses.
OBJECTIFS	• Le client utilisera efficacement les médicaments analgésiques et les traitements non pharmacologiques de soulagement de la douleur. • Il exprimera un soulagement satisfaisant de la douleur.

RÉSULTATS ESCOMPTÉS	**INTERVENTIONS INFIRMIÈRES ET JUSTIFICATIONS**
Soulagement de la douleur • Capacité à signaler l'apparition de la douleur • Utilisation des mesures préventives pour éviter l'apparition de la douleur • Utilisation de mesures de soulagement de la douleur non pharmacologiques de façon appropriée • Capacité à décrire les liens entre le soulagement de la douleur et la bonne utilisation des méthodes pharmacologiques • Communication des symptômes non soulagés au professionnel de la santé • Soulagement de la douleur	**Traitement de la douleur** • Évaluer de manière détaillée la douleur du client (ce qui provoque et pallie, la qualité et la quantité (intensité), la région et l'irradiation, les symptômes et signes associés, le temps (durée, fréquence et moment d'apparition), de même que la signification pour le client (*understanding*) (PQRSTU) afin de déterminer son mode de présentation, d'effectuer une évaluation initiale et de planifier les interventions appropriées. • Évaluer avec le client, la famille et l'équipe de soins, l'efficacité des mesures analgésiques utilisées antérieurement en vue de déterminer quels éléments se sont avérés utiles ou non. • Réduire ou éliminer les facteurs qui déclenchent ou accroissent la douleur (p. ex., la peur, la fatigue, la méconnaissance) en vue de minimiser les stimuli négatifs qui peuvent augmenter la douleur. • Enseigner des techniques non pharmacologiques (p. ex., la relaxation, la distraction, l'application de chaleur ou de froid et le massage), à utiliser avant que la douleur apparaisse ou augmente, en association avec d'autres interventions visant à soulager la douleur, en vue de réduire la tension et favoriser la relaxation. • Offrir au client un soulagement optimal de la douleur grâce aux traitements analgésiques prescrits en vue d'aider à réduire la douleur et l'inflammation.

PROBLÈME DÉCOULANT DE LA SITUATION DE SANTÉ	**Mobilité physique réduite** liée à la douleur, à la raideur et à la déformation des articulations, mise en évidence par la limitation de la mobilité, de la force et de l'endurance ainsi que l'incapacité à mener les activités de la vie quotidienne (AVQ).
OBJECTIFS	• Le client effectuera les exercices d'amplitude de mouvements afin de préserver et d'améliorer la fonction des articulations. • Il utilisera des mesures de protection articulaire pour prévenir l'augmentation de l'inflammation touchant les articulations.

RÉSULTATS ESCOMPTÉS	**INTERVENTIONS INFIRMIÈRES ET JUSTIFICATIONS**
Mobilité • Amélioration du tonus musculaire • Accroissement de l'amplitude articulaire • Capacité à décrire les bénéfices des exercices recommandés pour améliorer la condition **Endurance** • Capacité de mener les AVQ sans douleurs et sans épuisement • Utilisation adéquate du matériel d'assistance	**Programme d'exercices : mobilité articulaire** • Évaluer les limites d'amplitude des mouvements et les répercussions négatives sur la fonction en vue d'établir le plan de soins initial. • Avec le physiothérapeute, planifier la conception et l'exécution d'un programme d'exercices en vue de préserver et d'améliorer la fonction articulaire. • Expliquer au client et à sa famille le plan d'exercices et ses objectifs en vue de renseigner le client et de lui offrir un soutien. • Utiliser des mesures visant à contrôler la douleur avant de débuter les exercices articulaires (p. ex., des compresses chaudes, une douche chaude) en vue de réduire la raideur et d'accroître la mobilité. • Apprendre au client à utiliser correctement les attelles, à choisir des chaussures bien ajustées, à garder une bonne posture et un bon alignement corporel, ainsi qu'à choisir et à utiliser correctement les dispositifs d'assistance en vue de prévenir et de restreindre la déformation articulaire.

PROBLÈME DÉCOULANT DE LA SITUATION DE SANTÉ	**Perturbation du concept de soi** liée à la maladie chronique, au traitement de longue durée, aux déformations, à la raideur et à l'incapacité de mener les AVQ, mise en évidence par le repli social, l'absence de réactions affectives, la perturbation de l'image corporelle et la réduction de la libido.
OBJECTIFS	• Le client discutera des répercussions et des sentiments reliés à la modification de son apparence physique. • Il verbalisera son adaptation aux modifications de son apparence physique et de ses fonctions corporelles. • Il connaîtra les ressources offertes par la communauté en matière de sexologie (pour lui et son ou sa partenaire).

RÉSULTATS ESCOMPTÉS	INTERVENTIONS INFIRMIÈRES ET JUSTIFICATIONS
Image corporelle • Ouverture à parler de sa perception de son image de soi • Attitude positive envers l'utilisation de stratégies visant à améliorer la fonction corporelle • Mise en application de stratégies d'adaptation réalistes permettant de faire face aux changements qui touchent son apparence physique • Modification des habitudes de vie de façon congruente avec la réalité de sa condition **Fonction sexuelle** • Capacité à exprimer qu'il est possible d'avoir des relations sexuelles en dépit des imperfections physiques • Verbalisation de sa capacité à avoir des relations intimes	**Amélioration de l'image corporelle** • Déterminer les influences de la culture, de la religion, du groupe ethnique, du sexe et de l'âge du client sur son image corporelle en vue de cerner l'étendue du problème et de planifier les interventions appropriées. • Aider le client à discuter des modifications causées par la maladie ou l'intervention chirurgicale en vue de cerner les problèmes et de planifier les interventions appropriées. • Aider le client à établir une différence entre son apparence physique et ses sentiments de valeur personnelle afin de favoriser une image corporelle positive en dépit des manifestations physiques associées à la maladie. • Faciliter le contact du client avec d'autres personnes qui présentent des modifications similaires de leur image corporelle afin de promouvoir le partage et favoriser la socialisation. **Conseils d'ordre sexuel** • Avant d'aborder le thème de la sexualité, informer le client du fait que de nombreuses personnes atteintes de la maladie présentent des difficultés sexuelles, ce qui pourrait l'inciter à parler de ses problèmes sexuels. • Discuter des autres modes d'expression sexuelle qui s'offrent au client (le cas échéant) afin d'élargir l'éventail des possibilités. • Diriger le client vers un sexologue, car les inquiétudes et problèmes reliés à la sexualité peuvent avoir des répercussions importantes sur l'image corporelle. • Faire participer le plus possible le conjoint du client aux consultations sexologiques afin de favoriser la communication.

PROBLÈME DÉCOULANT DE LA SITUATION DE SANTÉ	**Prise en charge inefficace des soins personnels** liée à la complexité du problème de santé chronique, à un sentiment d'impuissance, à la douleur et à des conflits décisionnels, mise en évidence par la remise en question du plan de traitement, l'expression par le client de doutes sur son aptitude à maîtriser la maladie et l'incapacité d'accomplir des activités sur de longues périodes de temps.
OBJECTIFS	• Le client participera à la planification et au déroulement du traitement. • Il exprimera sa confiance quant à la prise de décisions d'ordre thérapeutique.

RÉSULTATS ESCOMPTÉS	INTERVENTIONS INFIRMIÈRES ET JUSTIFICATIONS
Motivation • Adoption d'un comportement axé sur un objectif à réaliser • Confiance en la capacité à mener à bien des actions • Capacité à affirmer que les actions qu'il mène le conduiront vers l'objectif escompté	**Conseils d'ordre préventif** • Déterminer la méthode utilisée habituellement par le client pour cibler les éléments sur lesquels les interventions doivent se concentrer. • Informer le client du comportement qu'il doit adopter afin de s'assurer de la bonne compréhension des interventions en lien avec la maladie. • Aider le client à s'adapter aux modifications prévues afin que les effets de la maladie ne le surprennent pas. • Diriger le client vers des organismes communautaires (p. ex., un service de repas à domicile, la Société de l'arthrite) pour lui permettre d'atteindre les objectifs escomptés. • Favoriser la participation des membres de la famille du client afin d'accroître le sentiment de maîtrise de ce dernier et d'augmenter les manifestations de soutien à son égard.

Comportement relatif au traitement : maladie ou blessure	**Prise en charge de la douleur**
• Respect des traitements recommandés • Réalisation des autosoins selon les capacités • Évitement des comportements qui favorisent l'évolution négative de la maladie • Capacité à décrire l'évolution attendue de la condition (modifications de son état de santé, etc.) • Gestion autonome de la douleur en vue d'une meilleure qualité de vie	• Déterminer les répercussions de la douleur sur la qualité de vie du client (p. ex., le sommeil, l'appétit, l'activité, la cognition, l'humeur, les relations, le rendement professionnel et les responsabilités), car ces éléments peuvent nuire au soulagement satisfaisant de la douleur et doivent, par conséquent, être résolus. • Informer les autres professionnels de la santé et les membres de la famille des options non pharmacologiques utilisées par le client afin d'encourager les mesures préventives de prise en charge de la douleur.
PROBLÈME DÉCOULANT DE LA SITUATION DE SANTÉ	**Déficit de soins personnels (se laver, s'habiller, s'alimenter, faire sa toilette)** lié à l'évolution de la maladie, à la faiblesse et aux contractures, mis en évidence par l'incapacité de mener les activités courantes de la vie quotidienne.
OBJECTIFS	• Le client réalisera la majorité de ses AVQ. • Il déterminera dans quel contexte il a besoin d'aide pour réaliser ses activités quotidiennes.
RÉSULTATS ESCOMPTÉS	**INTERVENTIONS INFIRMIÈRES ET JUSTIFICATIONS**
Soins personnels : activités de la vie quotidienne • Exécution des AVQ en fonction des capacités, sans douleur ni épuisement • Capacité à demander et accepter de l'aide lorsque requis	**Aide relative aux soins personnels** • Évaluer la capacité d'autosoins du client afin de planifier les interventions appropriées. • Évaluer si le client a besoin de matériel adapté pour assurer son hygiène personnelle, s'habiller, se préparer, faire sa toilette et manger. Le matériel adapté permet de contrebalancer les effets des contractures et de la faiblesse, et donne la possibilité au client de réaliser autant que possible ses AVQ. • Encourager la réalisation d'activités de soins personnels selon une routine établie afin de favoriser une indépendance maximale. • Aider le client à s'adapter à ses besoins de dépendance, afin de s'assurer qu'il pourra combler tous ses besoins. • Encourager les membres de la famille du client à promouvoir les comportements d'autonomie et à n'intervenir que lorsque le client n'est pas en mesure d'accomplir une tâche.

Planification des soins

Les objectifs généraux pour le client qui souffre de polyarthrite rhumatoïde sont :

- d'obtenir un soulagement satisfaisant de la douleur ;
- de présenter une perte minimale de la capacité fonctionnelle des articulations touchées ;
- de participer à la planification et à la mise en place du plan de traitement ;
- de conserver une image de soi positive ;
- de développer au maximum les capacités d'autosoins.

Interventions cliniques

Promotion de la santé

À ce jour, il n'est pas possible de prévenir la polyarthrite rhumatoïde. Toutefois, les programmes communautaires d'éducation devraient se concentrer sur la reconnaissance des symptômes pour favoriser le diagnostic et le traitement précoces de la maladie. La Société de l'arthrite offre de nombreuses ressources, des programmes de formation et d'informations ainsi que des activités de soutien pour aider les gens aux prises avec l'arthrite rhumatoïde.

Phase aiguë

Les principaux objectifs de soins en ce qui concerne la polyarthrite rhumatoïde sont la réduction de l'inflammation, le soulagement de la douleur, la préservation de la fonction articulaire et la prévention ou la réduction de la déformation articulaire. Il est possible d'atteindre ces objectifs par un programme thérapeutique complet qui englobe les éléments suivants : pharmacothérapie, repos, protection des articulations, application de chaleur ou de froid, exercices physiques et enseignement offert au client et à ses proches. L'infirmière fait partie de l'équipe interdisciplinaire et travaille en étroite collaboration avec le médecin, le physiothérapeute, l'ergothérapeute et le travailleur social en vue d'aider le client à retrouver une fonction articulaire adéquate et à apporter les ajustements appropriés à son mode de vie en fonction de la chronicité de sa maladie.

10

Le chapitre 10, *Douleur*, présente différentes formes non pharmacologiques de soulagement de la douleur.

Le client qui reçoit un diagnostic de polyarthrite rhumatoïde est habituellement traité en consultation externe. Cependant, il peut également être hospitalisé pour maîtriser une inflammation aiguë, évaluer l'étendue systémique de la maladie et recevoir un enseignement détaillé. Une hospitalisation peut également être requise si le client présente des complications extra-articulaires ou une polyarthrite rhumatoïde de stade avancé associée à des déformations invalidantes qui nécessitent une chirurgie reconstructive. L'intervention infirmière débute par un examen physique approfondi (p. ex., la douleur articulaire, l'œdème, l'amplitude de mouvements et l'état de santé général). L'infirmière doit aussi évaluer les besoins psychosociaux (p. ex., le soutien familial, la vie sexuelle, le stress émotionnel, les contraintes financières, les obstacles professionnels ou vocationnels) et les préoccupations liées au milieu de vie du client (p. ex., le transport, les modifications de l'environnement au domicile ou au travail). Après avoir déterminé les problèmes prioritaires, l'infirmière coordonne la planification d'un programme de réadaptation et d'enseignement avec l'équipe interdisciplinaire.

Il est possible d'enrayer efficacement l'inflammation en administrant des AINS, des ARAL et des traitements biologiques ciblés. Il convient d'administrer le médicament à des heures régulières pour assurer une concentration thérapeutique appropriée et réduire la raideur matinale. L'infirmière doit informer le client de l'action et des effets indésirables de chaque médicament prescrit, de même que de l'importance des tests de laboratoire nécessaires au contrôle de l'efficacité des traitements. De nombreux clients atteints de polyarthrite rhumatoïde prennent plusieurs médicaments différents. L'infirmière doit présenter la pharmacothérapie aussi clairement que possible en incluant la dose, la fréquence et l'heure recommandée pour la prise de la médication. Il convient d'encourager les clients à trouver une méthode pour se rappeler de prendre leurs médicaments à l'heure convenue (p. ex., un pilulier ou un autre système).

Le soulagement non pharmacologique de la douleur peut comprendre l'utilisation de chaleur et de froid à des fins thérapeutiques, le repos, la relaxation, la protection des articulations **ENCADRÉS 27.4** et **27.9**, la rétroaction biologique, la neurostimulation transcutanée (TENS) ▶ **10** et l'hypnose. Le client et ses proches aidants doivent choisir des traitements qui assurent un confort optimal et correspondent à leur mode de vie.

Des attelles légères peuvent être utilisées pour reposer l'articulation enflammée et prévenir les déformations résultant de spasmes et de contractures musculaires. Les attelles doivent être retirées à intervalles réguliers pour prodiguer des soins cutanés, faire des exercices d'amplitude de mouvements, puis elles doivent être replacées comme prescrit. L'ergothérapeute peut déterminer les dispositifs d'assistance qui aideront le client dans ses activités quotidiennes.

L'infirmière doit tenir compte de la raideur matinale du client lorsqu'elle planifie les interventions et les soins que le client devra réaliser. La chaleur (p. ex., prendre une douche chaude, se reposer dans un bain en recouvrant ses épaules de serviettes chaudes ou plonger ses mains dans de l'eau chaude) peut aider à soulager la raideur articulaire et permettre au client de mener ses activités quotidiennes de façon plus confortable.

Soins ambulatoires et soins à domicile

| Repos | L'alternance des périodes de repos et d'activité au cours de la journée contribue à soulager la fatigue et la douleur. Le temps de repos nécessaire varie en fonction de la gravité de la maladie et des limitations du client. Le client devrait se reposer pour éviter tout épuisement. L'alitement complet est rarement nécessaire et doit même être évité pour prévenir la raideur et l'immobilité. Toutefois, même s'il souffre d'une polyarthrite rhumatoïde légère, un client peut avoir besoin de se reposer durant la journée et de dormir de 8 à 10 heures chaque nuit. L'infirmière doit aider le client à déterminer de quelle façon il peut modifier ses activités quotidiennes pour éviter le surmenage, car cela peut provoquer la fatigue et une exacerbation de la maladie. Par exemple, il peut être plus facile pour le client de préparer ses repas s'il s'assoit sur un siège élevé, disposé près de l'évier. L'infirmière doit aider le client à organiser ses activités et à établir ses priorités en fonction d'objectifs réalistes.

Pendant les périodes de repos, il est possible d'adopter et de conserver une bonne position en utilisant un matelas ferme ou en le rendant plus rigide en mettant une planche sous le matelas. Il est préférable de privilégier les positions en extension et d'éviter les flexions. Les attelles et les corsets peuvent s'avérer utiles pour maintenir le corps dans une position adéquate et favoriser le repos, particulièrement en présence d'inflammation articulaire. Il est également recommandé de se coucher sur le ventre durant 30 minutes, 2 fois par jour. Enfin, pour réduire le risque de contracture articulaire, il ne faut jamais placer d'oreillers sous les genoux. Il est toutefois possible de placer un petit oreiller plat sous la tête et les épaules.

| **Protection des articulations** | Il est important que le client protège ses articulations. L'infirmière doit aider le client à déterminer de quelle façon il peut modifier ses tâches et ses activités quotidiennes afin de réduire le poids supporté par les articulations **ENCADRÉ 27.9**. Une planification méticuleuse est requise pour aider le client à conserver son énergie. L'infirmière doit mettre l'accent sur la façon d'exécuter une tâche et sur les techniques de simplification du travail. Par exemple, pour éviter toute fatigue, le client doit effectuer ses activités sur de courtes périodes de temps et les alterner avec des périodes de repos. Cependant, il est important de mentionner qu'il ne doit pas effectuer toutes ses corvées d'un seul coup, mais les espacer tout au long de la semaine (p. ex., ne pas faire le ménage de la maison uniquement la fin de semaine). Il doit également planifier ses activités de façon à éviter de monter et de descendre les escaliers de façon répétée. Le client peut utiliser des paniers pour transporter les marchandises ; de plus, il peut ranger le matériel qu'il utilise le plus souvent dans un endroit commode et facile d'accès. Les appareils qui permettent de protéger les articulations tout en économisant du temps (p. ex., un ouvre-boîte électrique) doivent être utilisés le plus souvent possible. Le client peut aussi déléguer certaines tâches aux autres membres de sa famille.

Il est possible d'augmenter l'autonomie du client en lui offrant une formation sur les différents dispositifs d'assistance ergonomique (p. ex., des ustensiles adaptés, des crochets à bouton, des poignées de tiroir modifiées, des plats de plastique légers et des sièges de toilette surélevés). Le port de souliers qui s'attachent avec une fermeture velcro ou de vêtements munis de fermetures éclair et de boutons situés à l'avant et non à l'arrière peut faciliter l'habillement. De plus, l'utilisation d'une canne ou d'un déambulateur peut offrir un soutien et soulager la douleur à la marche. Enfin, un déambulateur à roulettes peut minimiser davantage la charge portée sur les petites articulations des mains ou des poignets.

| **Application de chaleur et de froid et exercices physiques** | L'application de chaleur et de froid peut aider à soulager la raideur, la douleur et les spasmes musculaires. L'application de froid est particulièrement bénéfique durant les

ENCADRÉ 27.9 — Protection des petites articulations

L'enseignement au client et à ses proches sur la prise en charge de l'arthrite devrait porter sur les aspects suivants :

- Éviter les positions qui favorisent les déformations.
  - Presser une éponge pour en extraire l'eau au lieu de la tordre.
- Se servir de l'articulation la plus forte pour effectuer une tâche, peu importe laquelle.
  - Pour se lever d'une chaise, prendre appui sur les paumes des mains plutôt que sur les doigts.
  - Porter le panier à linge avec les bras et non avec les doigts.
- Répartir le poids sur de nombreuses articulations au lieu de quelques-unes.
  - Faire glisser les objets au lieu de les soulever.
  - Tenir les paquets près du corps pour assurer un meilleur soutien et diminuer l'effort.

- Changer fréquemment de position.
  - Ne pas tenir un livre ou garder les mains trop longtemps sur le volant sans prendre de pause.
  - Éviter de tenir un crayon entre les doigts ou de couper des légumes durant une période prolongée.
- Éviter les mouvements répétitifs.
  - Ne pas tricoter trop longtemps.
  - Lorsque vient le temps de passer l'aspirateur, prendre une pause entre deux pièces.
  - Modifier l'environnement domestique en utilisant des robinets et des poignées de porte que l'on peut presser au lieu de tourner.
- Modifier les tâches pour éviter de fatiguer les articulations.
  - Éviter de soulever des objets lourds.
  - S'asseoir sur un tabouret au lieu de rester debout durant la préparation des repas.

---

périodes d'exacerbation de la maladie, tandis que la chaleur humide offre un soulagement accru de la raideur chronique. La modalité de traitement doit être choisie en fonction de la gravité de la maladie, de la facilité d'exécution et du coût. Les sources superficielles de chaleur, notamment les sacs chauffants, les enveloppements humides chauds, les bains de paraffine, les baignoires d'hydromassage et les bains ou douches chaudes, peuvent soulager la raideur et ainsi permettre au client de faire des exercices thérapeutiques. Il est possible d'utiliser des sacs de légumes surgelés (petits pois ou maïs) à la maison pour recouvrir l'articulation. Ces sacs épousent bien la forme des épaules, des poignets ou des genoux. Le client peut également utiliser des cubes de glace ou de petits verres de papier remplis d'eau glacée pour masser les articulations proximales ou distales douloureuses.

Les exercices individualisés font partie intégrante du plan de traitement. Il a été démontré que les programmes de conditionnement physique améliorent le niveau de forme physique des clients atteints de polyarthrite rhumatoïde. En règle générale, les programmes d'exercices thérapeutiques sont mis au point par un ergothérapeute ou un physiothérapeute. Ils comprennent des exercices qui améliorent la flexibilité et la force des articulations touchées ainsi que l'endurance générale du client. L'infirmière doit encourager le client à participer à son programme d'exercices thérapeutiques et s'assurer qu'il exécute correctement ceux-ci. Des mouvements articulaires inadéquats peuvent favoriser l'apparition d'une immobilité articulaire progressive et d'une faiblesse musculaire, tandis que des exercices trop intenses peuvent accroître la douleur, l'inflammation et les lésions articulaires. Ainsi, pendant les périodes inflammatoires, il convient de limiter les exercices à une ou deux séries plutôt qu'à la séquence régulière prescrite. L'infirmière doit aussi préciser au client que la participation à un programme récréatif d'exercices (p. ex., la marche ou la natation) ou aux activités quotidiennes habituelles n'exclut pas la nécessité d'effectuer des exercices thérapeutiques en vue de maintenir la fonctionnalité et l'amplitude des mouvements articulaires.

Afin que ses articulations demeurent fonctionnelles, le client doit effectuer quotidiennement des exercices simples d'amplitude de mouvements et avoir l'occasion de pratiquer ses exercices sous la supervision d'un professionnel de la santé. L'observance rigoureuse du programme d'exercices prescrit constitue l'un des principaux objectifs du programme d'enseignement. Les exercices aquatiques effectués dans l'eau chaude (25 à 30 °C) facilitent l'exécution des mouvements articulaires en raison de la flottabilité de l'eau. Même si elle facilite l'exécution des mouvements, l'eau offre également une résistance ; le client doit doubler ses efforts et fait ainsi travailler de façon plus importante ses muscles qu'il ne le ferait hors de l'eau.

Soutien psychologique Afin que le client puisse acquérir l'autonomie dans ses soins personnels et qu'il puisse respecter son programme de traitement individualisé à la maison, il doit bien comprendre ce qu'est la polyarthrite rhumatoïde, sa nature et son évolution, de même que les objectifs de traitement. Il convient de considérer les valeurs personnelles du client et ses perceptions de la maladie. Le client fait constamment face à divers problèmes comme la limitation fonctionnelle, la fatigue, la perte de l'estime de soi, l'altération de son image corporelle et la peur des déformations et de l'invalidité. L'infirmière doit également aborder les modifications reliées à sa vie sexuelle. La douleur chronique ou la perte de fonction rendent le client influençable à la prise de remèdes dont les effets sont vantés dans les publicités trompeuses et qui peuvent même être dangereux. L'infirmière doit aider le client à reconnaître les peurs et les préoccupations ressenties habituellement par toute personne souffrant d'une maladie chronique.

Il est important d'évaluer le soutien familial dont dispose le client. De plus, une planification financière peut être nécessaire. Il est possible d'utiliser les ressources offertes par la communauté, notamment les soins infirmiers à domicile, les services d'aide familiale et la réadaptation professionnelle. Enfin, certains clients peuvent retirer des bienfaits de groupes d'entraide.

ALERTE CLINIQUE

La chaleur et le froid peuvent être utilisés aussi souvent que nécessaire, pourvu que l'application de chaleur ne dépasse pas 20 minutes et que l'application de froid ne dépasse pas plus de 10 à 15 minutes à la fois. L'infirmière doit mettre le client en garde contre le risque de brûlure. Le client ne doit pas utiliser de crème qui produit une sensation de chaleur (p. ex., la capsaïcine) en même temps qu'un traitement par la chaleur.

RAPPELEZ-VOUS...

Selon l'articulation sollicitée, des mouvements de flexion, d'extension, de rotation interne, de rotation externe, de pronation, de supination, d'inversion, d'éversion, de circumduction, d'abduction et d'adduction peuvent être faits.

27

ARTHRITE

La prévalence de l'arthrite chez les personnes âgées est élevée. Les personnes âgées qui en sont atteintes sont d'ailleurs aux prises avec des problèmes particuliers. Voici quelques-uns des problèmes les plus importants que vivent les personnes âgées atteintes d'une maladie des tissus conjonctifs :

- Comme l'incidence de l'arthrose est élevée chez les personnes âgées, les professionnels de la santé ont tendance à ne pas évaluer la présence d'autres types d'arthrite.

- L'âge à lui seul peut entraîner des modifications des profils sérologiques, ce qui rend plus difficile l'interprétation de certaines valeurs de laboratoire, entre autres, le facteur rhumatoïde et la vitesse de sédimentation.

- Chez les personnes âgées, la polypharmacie peut entraîner une arthrite iatrogène.

- La faiblesse et les syndromes de douleur musculosquelettique non associés à l'atteinte d'un organe peuvent être reliés à la dépression ou à l'inactivité physique.

- Les problèmes arthritiques qui, comme le LED, apparaissent chez les jeunes adultes peuvent également se présenter sous une forme moins grave chez les personnes âgées.

Le vieillissement entraîne de nombreuses modifications physiques et métaboliques, lesquelles peuvent accroître la sensibilité des personnes âgées aux effets thérapeutiques et toxiques de certains médicaments. Ainsi, l'utilisation d'AINS dotés d'une demi-vie plus courte peut nécessiter l'administration de doses plus fréquentes, mais provoquer moins d'effets indésirables chez les personnes âgées qui présentent une altération du métabolisme des médicaments. Les personnes âgées qui prennent des AINS présentent un risque accru d'effets indésirables, en particulier de saignements G.I. et de toxicité rénale. Comme les personnes âgées prennent souvent de nombreux médicaments, il peut être particulièrement difficile d'utiliser des médicaments additionnels dans le traitement de la polyarthrite rhumatoïde en raison d'un risque accru d'interactions médicamenteuses indésirables. Le traitement pharmacologique doit être le plus simple possible pour encourager le client âgé à le respecter (p. ex., le nombre limité de médicaments et la fréquence d'administration réduite), en particulier chez le client qui ne dispose pas d'une assistance régulière.

De plus, l'utilisation de corticostéroïdes chez les personnes âgées représente un problème majeur. L'ostéopénie induite par les corticostéroïdes peut accroître la réduction de la densité osseuse reliée à l'âge et à l'inactivité ainsi que le risque de fractures pathologiques, en particulier les factures par compression des vertèbres. La myopathie induite par les corticostéroïdes, quant à elle, peut être atténuée ou prévenue par un programme d'exercices approprié conçu en fonction de l'âge du client. Enfin, le fait de disposer d'un réseau de soutien adéquat constitue un facteur important dans le traitement des personnes de tous les groupes d'âge, mais encore plus chez les personnes âgées. La capacité à suivre un plan de traitement qui englobe une planification nutritionnelle, un programme d'exercices, le maintien d'une bonne santé générale et une pharmacothérapie appropriée dépend de ce facteur.

27.2 | Spondylarthropathies

Les **spondylarthropathies** sont un groupe de troubles inflammatoires interreliés touchant plus d'un système. Elles frappent la colonne vertébrale, les articulations des membres inférieurs et supérieurs et les structures périarticulaires. Les personnes qui souffrent de telles affections ne présentent pas une élévation du facteur rhumatoïde. Par conséquent, les spondylarthropathies sont souvent appelées arthropathies séronégatives. La présence de l'antigène HLA B27 est fortement associée à l'apparition de ces maladies. Tant les facteurs génétiques qu'environnementaux jouent un rôle dans la manifestation de ce groupe d'affections, qui comprend la spondylite ankylosante, la polyarthrite psoriasique et l'arthrite réactionnelle ▶ **14**. Les spondylarthropathies partagent entre elles des caractéristiques cliniques et biologiques qui compliquent leur différenciation au cours des stades précoces. Selon les critères de l'European Spondylarthropathy Study Group, un diagnostic de spondylarthropathie peut être posé lorsque la douleur inflammatoire à la colonne vertébrale ou la synovite asymétrique est accompagnée d'un ou de plusieurs des éléments suivants : 1) épisode périodique de douleurs fessières ; 2) signes radiologiques de sacro-iliite ; 3) enthésopathie du talon (p. ex., une fasciite plantaire, une tendinite achiléenne) ; 4) antécédents familiaux de spondylarthropathie (parent au premier degré) ; 5) psoriasis ou antécédents confirmés de psoriasis ; 6) maladie inflammatoire de l'intestin ou antécédents confirmés ; 7) urétrite, cervicite ou diarrhée aiguë survenue un mois avant l'apparition des symptômes arthritiques (Anandarajah & Ritchlin, 2004).

27.2.1 Spondylite ankylosante

La **spondylite ankylosante** (aussi appelée **spondylarthrite ankylosante**) est une maladie inflammatoire chronique qui touche principalement le squelette axial, y compris les articulations sacro-iliaques, l'espace intervertébral et les articulations costovertébrales. Près de 80 à 90 % des personnes atteintes présentent l'antigène HLA B27. Les individus porteurs de cet antigène courent un risque 20 fois plus élevé de spondylarthropathie par

14

Le système HLA et son lien avec les maladies auto-immunes sont abordés dans le chapitre 14, *Génétique, réaction immunitaire et transplantation*.

rapport aux personnes qui ne présentent pas cet antigène (Mayo Clinic, 2009). La spondylite ankylosante touche habituellement les individus âgés de 15 à 35 ans, mais peut également survenir chez des sujets plus jeunes. Toutefois, son incidence est plus élevée chez les personnes âgées de 25 à 34 ans. Les hommes présentent un risque de spondylite ankylosante trois fois plus élevé que les femmes (Société de l'arthrite, 2009g). La spondylite ankylosante peut être sous-diagnostiquée chez la femme en raison de son évolution plus lente et parce que ce problème arthritique n'est souvent pas pris en considération dans le diagnostic différentiel chez la femme.

Étiologie et physiopathologie

La cause de la spondylite ankylosante n'est pas connue. Il semble que les prédispositions génétiques jouent un rôle important dans la pathogenèse de la maladie, mais les mécanismes précis demeurent inconnus **ENCADRÉ 27.10**. L'inflammation aseptique de la membrane synoviale des articulations et des tissus adjacents entraîne la formation de tissus de granulation (pannus) et de cicatrices fibreuses denses qui provoque la fusion des tissus articulaires. L'inflammation extra-articulaire peut toucher les yeux, les poumons, le cœur, les reins et le système nerveux périphérique.

Manifestations cliniques et complications

La spondylite ankylosante se caractérise par une sacro-iliite symétrique et une arthrite inflammatoire progressive du squelette axial. Les symptômes de douleur inflammatoire à la colonne vertébrale

représentent les premiers signes révélateurs d'un diagnostic de spondylite ankylosante. En général, le client se plaint de douleur lombaire, de raideur et d'une limitation dans les mouvements ; ces symptômes sont plus prononcés la nuit et le matin, mais s'amenuisent avec une activité légère. Le client peut aussi présenter un **syndrome de la queue de cheval**, lequel est associé à une faiblesse des membres inférieurs et à un dysfonctionnement vésical. Chez la femme, la spondylite se caractérise initialement par une douleur et une raideur du cou plutôt que par une lombalgie. Il est rare de rencontrer des symptômes généraux comme la fièvre, la fatigue, l'anorexie et la perte de poids. L'**uvéite** (inflammation intra-oculaire) représente le symptôme non squelettique le plus fréquent. Elle peut se manifester plusieurs années avant l'apparition des symptômes arthritiques. Les clients atteints de spondylite ankylosante peuvent également présenter une douleur touchant le thorax et le cartilage costal. Ces douleurs peuvent être une source d'inquiétude pour le client.

Des anomalies et déformations posturales graves peuvent provoquer une incapacité importante chez le client atteint de spondylite ankylosante **FIGURE 27.6**. La modification de l'amplitude des mouvements de la colonne vertébrale et la présence d'une cyphose grave contribuent à altérer la fonction visuelle et influence la sécurité des déplacements du client lorsqu'il marche. Le client présente un risque accru de fracture vertébrale

---

Génétique et pratique clinique

ENCADRÉ 27.10 | **Spondylite ankylosante**

Fondements génétiques

- Présence de l'antigène HLA B27 augmentant la susceptibilité du client

Incidence

- Au total, 80 à 90 % des individus blancs atteints de spondylite ankylosante présentent l'antigène HLA B27.

- La présence de la maladie est observable chez seulement 2 % des personnes qui présentent l'antigène HLA B27.

- La spondylite ankylosante est trois fois plus fréquente chez les hommes que chez les femmes.

- La maladie touche plus fréquemment les Blancs, comparativement aux autres groupes ethniques.

- Cette maladie inflammatoire touche 7 personnes sur 100 000.

Tests génétiques

- Évaluation de la présence de l'antigène HLA B27

Conséquences cliniques

- La spondylite ankylosante est habituellement diagnostiquée chez les personnes âgées de 15 à 35 ans.

- Les yeux et le cœur sont souvent affectés par cette maladie systémique.

- Les facteurs génétiques et environnementaux jouent un rôle dans la pathogenèse de la maladie.

- La spondylite ankylosante touche environ de 3 à 10 % des clients atteints d'une maladie inflammatoire de l'intestin.

- Environ 50 à 70 % des personnes souffrant de cette maladie et d'une maladie inflammatoire de l'intestin présentent l'antigène HLA B27.

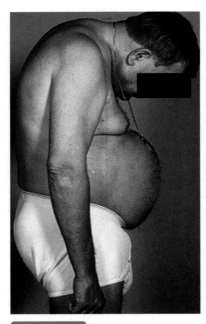

FIGURE 27.6

Spondylite ankylosante de stade avancé – Chez de nombreux clients, la position inclinée vers l'avant due à la cyphose entraîne une protubérance de l'abdomen consécutive à une restriction pulmonaire.

Syndesmophyte : Pont osseux pathologique qui se forme entre deux vertèbres voisines et les soude entre elles.

L'ostéotomie vertébrale et l'arthroplastie totale sont présentées dans le chapitre 25, *Interventions cliniques – Trauma musculosquelettique et chirurgie orthopédique.*

Les prédispositions génétiques sont expliquées dans le chapitre 14, *Génétique, réaction immunitaire et transplantation.*

associée à l'ostéoporose, et l'insuffisance aortique de même que la fibrose pulmonaire sont également des complications fréquentes.

Examen clinique et examens paracliniques

La radiographie est un outil essentiel au diagnostic de la spondylite ankylosante. Les radiographies de la colonne vertébrale sont toutefois peu utiles lorsque vient le temps d'établir un diagnostic initial. Au contraire, les radiographies du bassin permettent de démontrer la présence de modifications caractéristiques associées à l'inflammation de l'articulation sacro-iliaque, allant d'une érosion subtile à une fusion complète des articulations avec oblitération des espaces articulaires. Chez les clients qui présentent une spondylite ankylosante de stade plus avancé, un aspect de colonne de bambou peut être observé à la radiographie de la colonne vertébrale. Cet aspect s'explique par une calcification (**syndesmophyte**) qui lie les vertèbres les unes aux autres. Bien que les clients atteints de spondylite ankylosante puissent présenter une vitesse de sédimentation élevée et une anémie légère, les analyses de laboratoire ne permettent pas de détecter avec précision la présence de la maladie. Toutefois, la présence de l'antigène HLA B27 peut augmenter la probabilité du diagnostic de spondylite ankylosante, surtout lorsqu'on soupçonne fortement la présence d'une telle atteinte.

Processus thérapeutique en interdisciplinarité

Il est impossible de prévenir la spondylite ankylosante. Toutefois, dans les familles dont l'un des membres a reçu un diagnostic d'une autre maladie arthritique associée à l'antigène HLA B27 (p. ex., l'iridocyclite aiguë [uvéite antérieure] et la spondylite juvénile), il faut surveiller les signes de douleur lombaire afin de diagnostiquer et de traiter le plus tôt possible la spondylite ankylosante.

Les soins offerts au client atteint de ce problème de santé ont pour but d'assurer le maintien d'une mobilité maximale du squelette et de réduire la douleur et l'inflammation. L'application de chaleur peut aider à soulager les symptômes locaux. Le médecin prescrit fréquemment des AINS et des salicylés pour soulager les symptômes. Les ARAL comme la sulfasalazine (Salazopyrin^MD), ou le méthotrexate, ont peu d'effets sur la colonne vertébrale, mais peuvent s'avérer utiles si l'atteinte touche les articulations des membres inférieurs et supérieurs. Les injections locales de corticostéroïdes peuvent également être bénéfiques pour soulager les symptômes. L'étanercept (Enbrel^MD), un traitement biologique, se lie au TNF et inhibe son action. Le TNF, une cytokine qui favorise l'inflammation, se retrouve en concentrations élevées dans le sang et certains tissus des clients atteints de spondylite ankylosante. Il a été démontré que l'étanercept réduit les exacerbations inflammatoires et améliore la mobilité vertébrale (Widberg, Karimi, & Hafström, 2009). Les autres agents biologiques qui inhibent le TNF (infliximab [Remicade^MD], adalimumab [Humira^MD], golimumab [Simponi^MD]) peuvent aussi être efficaces.

Une fois que le client a obtenu un soulagement de la douleur et de la raideur, il est essentiel qu'il fasse de l'exercice. L'adoption d'une bonne posture est importante pour minimiser les déformations vertébrales. Le programme d'exercices doit comprendre des étirements du dos, du cou et du thorax. Il a également été démontré que l'hydrothérapie réduit la douleur et améliore l'extension vertébrale. Dans certains cas, une intervention chirurgicale peut corriger les déformations graves et être pratiquée pour corriger les altérations de la mobilité ▶ **25**.

27.2.2 Polyarthrite psoriasique

Le **psoriasis** est un trouble inflammatoire bénin et commun de la peau. Il apparaît chez les personnes qui présentent une prédisposition génétique ▶ **14**. La polyarthrite psoriasique est une forme d'arthrite peu répandue. Elle se rencontre aussi souvent chez les hommes que chez les femmes, habituellement entre 20 et 50 ans. Jusqu'à 30 % des personnes atteintes de psoriasis souffriront un jour d'arthrite psoriasique. Bien que le psoriasis puisse

CLIENT ATTEINT DE SPONDYLITE ANKYLOSANTE

La principale responsabilité de l'infirmière consiste à enseigner au client atteint de spondylite ankylosante la nature de la maladie et les principes du traitement. Le programme de soins à domicile doit comprendre des exercices physiques réguliers, l'adoption d'une bonne posture, l'application de chaleur humide et l'utilisation adéquate des médicaments prescrits.

L'évaluation initiale de l'amplitude de mouvements doit inclure l'expansion de la cage thoracique (au moyen d'exercices respiratoires). L'infirmière doit encourager le client à cesser de fumer, car l'abandon du tabagisme peut réduire le risque de complications pulmonaires chez les clients qui présentent une expansion thoracique réduite. Un programme continu de physiothérapie doit comprendre des étirements légers et progressifs ainsi que des exercices de renforcement afin de préserver l'amplitude de mouvements et améliorer la flexion et l'extension thoraco-lombaires. Le client doit éviter les exercices physiques trop intenses durant les périodes d'exacerbation de l'inflammation. Il est également essentiel pour le client d'adopter une bonne position durant les périodes de repos. Le matelas utilisé par le client doit être ferme, et l'oreiller, plat. Le client doit dormir sur le dos et éviter d'adopter des positions qui favorisent les déformations en flexion. L'entraînement postural doit mettre l'accent sur l'importance d'éviter les flexions vertébrales (p. ex., se pencher au-dessus d'une table), les charges lourdes, les longues marches et la position debout ou assise prolongée. L'infirmière doit encourager le client à pratiquer des sports dans lesquels les muscles s'étirent naturellement, notamment la natation ou les sports de raquette. Il est important d'offrir des conseils à la famille du client et de veiller à la réadaptation professionnelle de ce dernier.

---

survenir à tout âge (plus souvent vers la fin de l'adolescence), les manifestations arthritiques de la maladie font leur apparition plus tard, dans la vingtaine, la trentaine et la quarantaine (Société de l'arthrite, 2009a). La polyarthrite psoriasique est maintenant considérée comme une maladie inflammatoire évolutive qui entraîne une invalidité importante. Les causes exactes sont inconnues, mais l'on soupçonne qu'une association de facteurs immunologiques, génétiques et environnementaux soit en cause. Cette maladie arthritique peut se présenter sous cinq formes différentes (National Psoriasis Foundation, 2010):

- Arthrite touchant principalement les petites articulations des mains et des pieds;
- Arthrite asymétrique touchant les articulations des extrémités;
- Polyarthrite symétrique ressemblant à la polyarthrite rhumatoïde;
- Arthrite touchant les articulations sacro-iliaques et la colonne vertébrale (spondylite psoriasique);
- Arthrite mutilante, une affection rare, déformante et dévastatrice.

À la radiographie, le client atteint de polyarthrite psoriasique présente une destruction et une érosion du cartilage semblables à celles observées chez les personnes souffrant de polyarthrite rhumatoïde. Au stade avancé de la maladie, un élargissement des espaces articulaires et une déformation ayant un aspect de pointe de crayon dans une cupule sont souvent présents à la radiographie. Ces anomalies touchent surtout les articulations interphalangiennes distales et résultent d'une ostéolyse. Une vitesse de sédimentation élevée, une anémie légère et des taux sanguins élevés d'acide urique peuvent être observés chez certains clients. Il convient donc d'écarter tout diagnostic de goutte. Les traitements comprennent l'utilisation d'attelles, la protection des articulations et la physiothérapie. La **chrysothérapie intramusculaire** (injections de sels d'or) était jadis utilisée pour traiter avec un certain succès la polyarthrite psoriasique; elle a maintenant été remplacée par les ARAL (p. ex., le méthotrexate), lesquels se sont avérés efficaces dans le traitement des manifestations articulaires et cutanées. La sulfasalazine (Salazopyrin^MD) et la cyclosporine ont également été utilisées avec un certain succès dans le traitement de cette maladie. Les traitements biologiques ciblés, y compris l'étanercept (Enbrel^MD), le golimumab (Simponi^MD), l'adalimumab (Humira^MD) et l'infliximab (Remicade^MD), peuvent aussi être utilisés.

27.2.3 Arthrite réactionnelle

L'**arthrite réactionnelle** (syndrome oculo-urétro-synovial ou syndrome de Reiter) est une affection qui touche plus fréquemment les jeunes hommes que les jeunes femmes. Elle est associée à un ensemble de symptômes qui comprend l'urétrite, la conjonctivite, les lésions muco-cutanées et, chez la femme, la cervicite (Petersel & Sigal, 2005). Bien que son étiologie exacte soit inconnue, l'arthrite réactionnelle semble se manifester après l'apparition de certains types d'infections génito-urinaires ou des voies G.I. (Carter & Hudson, 2009). Le *Chlamydia trachomatis* est la bactérie la plus souvent impliquée dans l'arthrite réactionnelle transmise sexuellement. Quant à l'arthrite réactionnelle entérique, elle apparaît habituellement dans les jours ou les semaines suivant l'infection à *Shigella*, à *Salmonella*, à *Campylobacter* ou à *Yersinia*, et semble toucher autant les hommes que les femmes. Les personnes porteuses de l'antigène HLA B27 présentent un risque accru d'arthrite réactionnelle après une relation sexuelle ou l'exposition à certains pathogènes entériques, ce qui appuie l'hypothèse d'une prédisposition génétique.

L'urétrite apparaît de une à deux semaines après la relation sexuelle ou une infection G.I. La personne touchée peut également présenter une fièvre légère, une conjonctivite et des symptômes arthritiques au cours des quelques semaines suivantes. L'arthrite réactionnelle est habituellement asymétrique, touchant surtout les articulations de taille importante des extrémités inférieures et les orteils. La personne aux prises avec une forme grave de la maladie peut présenter une lombalgie. Les lésions muco-cutanées prennent souvent la forme de petites ulcérations superficielles et non douloureuses. Elles apparaissent sur la langue, la muqueuse orale et le gland du pénis. Les manifestations touchant les tissus mous comprennent surtout les enthésopathies comme la tendinite achiléenne ou la fasciite plantaire. Les personnes qui souffrent d'arthrite réactionnelle présentent peu d'anomalies biologiques, bien que la vitesse de sédimentation puisse être élevée.

Le pronostic de la maladie est favorable, la plupart des clients présentant une guérison après 2 à 16 semaines. Comme l'arthrite réactionnelle est souvent associée à l'infection à *C. trachomatis*, il est fortement recommandé de traiter les clients ainsi que leurs partenaires sexuels au moyen de la doxycycline (Vibramycin^MD) à raison de 100 mg 2 fois par jour durant une période allant jusqu'à 3 mois. Il n'est pas nécessaire de traiter la conjonctivite et les lésions muco-cutanées. Quant à l'uvéite, il est habituellement recommandé de la traiter au moyen de corticostéroïdes ophtalmiques topiques. Enfin, il peut être utile de recourir à la physiothérapie durant la période de rétablissement.

Les articulations touchées peuvent guérir complètement. Ainsi, de nombreux clients présentent une rémission totale et retrouvent une fonction articulaire complète. Toutefois, jusqu'à 50 % des clients peuvent présenter une forme chronique ou récurrente de la maladie, ce qui peut entraîner une invalidité majeure. Les modifications observées à la radiographie chez les clients qui présentent la forme chronique ressemblent étroitement à celles de la spondylite ankylosante. Le traitement de l'arthrite réactionnelle chronique est symptomatique.

27.2.4 Arthrite suppurée

L'**arthrite suppurée** (arthrite infectieuse ou bactérienne) est causée par l'invasion de microorganismes dans la cavité articulaire. Les bactéries peuvent se propager dans la circulation sanguine à partir d'un autre site actif d'infection, contaminant ainsi l'articulation par voie hématogène. Les microorganismes peuvent également s'introduire directement dans l'articulation au cours d'un accident ou d'une incision chirurgicale. Toute bactérie, peu importe laquelle, peut causer une infection ; même les bactéries non pathogènes peuvent provoquer une arthrite suppurée, entre autres chez le client immunosupprimé. La bactérie la plus souvent en cause dans l'arthrite suppurée est le *Staphylococcus aureus*. Le *Streptococcus haemolyticus* est aussi souvent impliqué. La bactérie la plus souvent en cause chez les jeunes adultes qui sont actifs sexuellement est quant à elle le *Neisseria gonorrhoeae*. Les facteurs qui augmentent le risque d'infection comprennent les maladies qui affaiblissent la résistance de l'hôte (p. ex., la leucémie, le diabète), le traitement par des corticostéroïdes ou des agents immunodépresseurs et les maladies chroniques débilitantes.

Dans les cas d'arthrite suppurée, les grosses articulations comme celles du genou et de la hanche sont les plus souvent touchées. L'inflammation de la cavité articulaire entraîne une douleur importante, un érythème et un œdème. Comme l'infection se propage souvent du site primaire vers un autre site de l'organisme, les symptômes articulaires s'accompagnent fréquemment de fièvre ou de frissons. Il est possible de poser un diagnostic d'arthrite suppurée en réalisant une ponction articulaire (arthrocentèse) et une culture du liquide synovial (Mathews & Coakley, 2008). Il convient également d'effectuer des hémocultures pour déceler la présence de bactéries aérobiques et anaérobiques.

L'arthrite suppurée est une urgence médicale qu'il faut diagnostiquer et traiter rapidement pour prévenir la destruction articulaire. Souvent, il faut administrer des antibiotiques à large spectre dirigés contre les microorganismes Gram négatif, les pneumocoques et les staphylocoques avant même d'avoir découvert le microorganisme en cause. Lorsque les résultats des cultures auront permis de déterminer ce dernier, un traitement spécifique pourra être administré. Selon le microorganisme en cause dans l'infection, le traitement peut durer deux semaines ou se poursuivre de quatre à huit semaines. De plus, une ponction locale et un drainage chirurgical peuvent être requis. Si le diagnostic et le traitement sont retardés, le client peut subir une destruction du cartilage articulaire, puis une perte de la fonction articulaire. Il peut également présenter une infection chronique. L'arthrite suppurée de la hanche risque aussi de provoquer une nécrose avasculaire (Chen, Wang, & Juhn, 2008).

Les interventions infirmières comprennent l'évaluation et la surveillance de l'inflammation articulaire, de la douleur et de la fièvre. Pour soulager la douleur, les articulations peuvent être immobilisées avec des attelles ou par traction. Des compresses chaudes peuvent aussi être appliquées sur les articulations touchées pour aider à soulager la douleur. Dès que possible, le client doit effectuer des exercices légers d'amplitude de mouvements pour prévenir l'atrophie musculaire, les contractures musculaires et l'ankylose articulaire. L'infirmière doit expliquer la nécessité du traitement antibiotique et l'importance de poursuivre l'antibiothérapie jusqu'à ce que l'infection se soit résorbée. L'infirmière doit également apporter un soutien au client qui doit subir une arthrocentèse ou un drainage chirurgical. Enfin, il convient d'utiliser des méthodes aseptiques strictes lorsque sont effectuées des ponctions articulaires.

27.2.5 Maladie de Lyme

La **maladie de Lyme** est une maladie infectieuse causée par le spirochète *Borrelia burgdorferi* et transmise par la morsure de tiques *Ixodes dammini* infectées. Cette maladie fut observée pour la première fois à Lyme, dans le Connecticut, à la suite d'une éclosion inhabituelle de cas d'arthrite chez les enfants. Elle est maintenant la maladie à vecteur la plus répandue dans le nord-est et le centre-nord de l'Amérique du Nord (Société de l'arthrite, 2009e). La tique se nourrit habituellement du sang de souris, de chiens, de chats, de vaches, de chevaux, de chevreuils et d'humains. Les animaux sauvages ne présentent pas la maladie ; sa forme clinique apparaît toutefois chez les animaux domestiques. Aucun cas de transmission interhumaine n'a été rapporté. L'été est la période la plus favorable à ce type d'infection chez l'être humain. Des cas de la maladie de Lyme ont été signalés dans presque tous les États et provinces de l'Amérique du Nord, mais la majorité se concentre dans quelques États et dans quelques provinces seulement. Au Canada, le plus grand nombre de cas confirmés a été enregistré en Ontario, mais aucun cas n'a été signalé à Terre-Neuve, à l'Île-du-Prince-Édouard, au Yukon et dans les Territoires du Nord-Ouest (Société de l'arthrite, 2009e).

Les symptômes de la maladie de Lyme ressemblent à ceux d'autres maladies comme la sclérose en plaques, la mononucléose et la méningite. Le symptôme clinique le plus caractéristique de la forme précoce localisée de la maladie de Lyme est l'érythème migrant, l'apparition d'une lésion cutanée au site de la morsure entre 2 et 30 jours après le contact avec la tique **FIGURE 27.7**. La lésion apparaît tout d'abord comme une macule ou une papule rouge ; cette première lésion s'étale pour former une grande lésion ronde au contour rouge et au centre clair. L'érythème migrant est fréquemment accompagné de symptômes aigus

ressemblant à ceux d'une infection virale, notamment une fièvre légère, des frissons, une céphalée, une raideur du cou, de la fatigue, une lymphadénopathie et une douleur articulaire et musculaire migratoire. Les symptômes apparaissent habituellement au cours de la première semaine, mais peuvent parfois prendre jusqu'à 30 jours pour se manifester.

En l'absence de traitement, le spirochète *B. burgdorferi* peut se propager en quelques semaines au cœur, aux articulations et au système nerveux central (SNC). Le client peut présenter une cardite, accompagnée d'une douleur arthritique chronique et d'un œdème des grosses articulations comme les genoux et les hanches. Les troubles du système nerveux peuvent comprendre des céphalées graves, une paralysie faciale temporaire (p. ex., une paralysie de Bell) ou une mauvaise coordination motrice. Une complication neurologique de la maladie de Lyme, la neuroborréliose tertiaire, entraîne quant à elle des symptômes de confusion et de perte de mémoire.

En règle générale, le diagnostic de la maladie de Lyme repose sur les manifestations cliniques, particulièrement sur la présence d'érythème migrant et d'antécédents d'exposition à une zone endémique. Les clients atteints de cette maladie présentent habituellement une vitesse de sédimentation et un hémogramme normaux. Pour confirmer le diagnostic, il est recommandé de mener une analyse immuno-enzymatique. La mesure des anticorps par dosage immuno-enzymatique est sensible, mais manque de spécificité. C'est pourquoi il est recommandé d'entreprendre un processus en deux étapes avec confirmation des résultats du dosage immuno-enzymatique positif par buvard de Western. Les laboratoires privés des États-Unis omettent souvent l'étape de confirmation, ce qui entraîne un fort pourcentage de

Capsule Jugement clinique

Madame Mariette Desmarais, âgée de 27 ans, et monsieur Pascal Pettigrew, âgé de 29 ans, ont voyagé sur la côte Atlantique des États-Unis pendant leur voyage de noces. À leur retour, madame Desmarais a constaté qu'elle avait sur les bras, de petites éruptions cutanées contenant du liquide séreux. Quant à monsieur Pettigrew, il avait de petites taches rouges de moins de 1 cm aux chevilles.

Chez qui pouvez-vous soupçonner une possible maladie de Lyme ?

RAPPELEZ-VOUS...

L'atrophie musculaire, la contracture musculaire et l'ankylose articulaire sont des complications dues à l'immobilité.

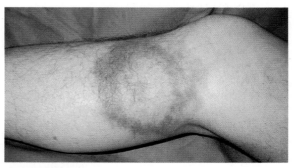

FIGURE 27.7

Érythème migrant, caractéristique de la maladie de Lyme

résultats positifs. Il faut s'assurer d'envoyer les échantillons à des laboratoires qui utilisent le processus en deux étapes et qui respectent les lignes directrices canadiennes. Malgré le processus en deux étapes, la probabilité d'un résultat faux-positif est élevée dans une région à faible prévalence comme le Canada (Halperin & Lang, 2009). De plus, il est nécessaire d'effectuer une analyse du liquide céphalorachidien chez les personnes qui présentent des symptômes d'ordre neurologique.

Les lésions actives peuvent être traitées par une antibiothérapie orale. La doxycycline (Vibramycin^MD), le céfuroxime (Ceftin^MD) et l'amoxicilline sont généralement efficaces dans le traitement des premiers stades de l'infection et dans la prévention des stades plus avancés. La doxycycline a également démontré son efficacité dans la prévention de la maladie de Lyme lorsqu'elle a été administrée dans les trois jours suivant la morsure de tiques *Ixodes dammini*. Le traitement à court terme (de deux à trois semaines) est habituellement efficace pour traiter une lésion solitaire (érythème migrant) ; toutefois, une infection de longue date peut exiger une antibiothérapie prolongée par voie parentérale. De plus, la ceftriaxone (Rocephin^MD) est administrée par voie I.V. pour traiter les problèmes cardiaques et neurologiques graves. Dans la plupart des cas, la maladie de Lyme est traitée avec succès par les antibiotiques (Marques, 2008).

La meilleure façon de prévenir l'apparition de la maladie de Lyme est d'éviter de s'exposer aux tiques. L'enseignement au client et à ses proches relativement à la prévention de la maladie de Lyme dans les régions endémiques est présenté dans l'**ENCADRÉ 27.11**. Aucun vaccin n'est encore offert pour lutter contre cette maladie (Nardelli, Munson, Callister, & Schell, 2009).

27.2.6   Goutte

La **goutte** est causée par une augmentation de la production d'acide urique, une excrétion réduite d'acide urique par les reins ou une augmentation de la consommation d'aliments contenant de la purine, laquelle est métabolisée en acide urique par l'organisme. Elle se caractérise par des dépôts de cristaux d'urate de sodium dans les tissus articulaires, périarticulaires et sous-cutanés. Les manifestations articulaires comprennent les crises récurrentes d'arthrite aiguë. Plus de 500 000 Canadiens souffrent de cette maladie. Elle est la cause la plus fréquente d'arthrite inflammatoire chez les hommes de plus de 40 ans et ceux-ci sont 4 fois plus susceptibles d'avoir un jour la goutte que les femmes (Société de l'arthrite, 2009c).

La goutte peut être classée en deux catégories : goutte primaire et goutte secondaire (Hoch, Klein, & Schiller, 2008). La goutte primaire résulte d'un défaut héréditaire du métabolisme de la purine qui entraîne une surproduction ou une

---

Enseignement au client et à ses proches

ENCADRÉ 27.11	Prévention de la maladie de Lyme (régions endémiques)

L'enseignement au client et à ses proches sur la prise en charge de la maladie de Lyme devrait porter sur les aspects suivants.

• Éviter de marcher dans les hautes herbes et les petits buissons et de s'asseoir sur des billots de bois.

• Tondre l'herbe et enlever les broussailles aux abords des sentiers, des immeubles et des terrains de camping.

• Placer les billots de bois et les mangeoires d'oiseaux loin de la maison.

• Porter des pantalons longs ou des collants à tissage serré de couleur claire pour que les tiques soient faciles à voir.

• Durant les randonnées pédestres, rentrer le bas des pantalons dans les bottes ou les chaussettes, porter des chemises à manches longues dont les pans sont insérés dans les pantalons et porter des souliers fermés.

• Examiner souvent ses jambes et vérifier qu'aucune tique n'entre en contact avec la peau écorchée.

• Examiner soigneusement les vêtements et les laver.

• Vaporiser modérément sur la peau un insectifuge contenant du diéthyltoluamide ou appliquer de la perméthrine sur les bottes, les vêtements (surtout sur les membres inférieurs) et l'équipement de camping.

• Mettre des colliers contre les tiques aux animaux domestiques ; examiner souvent leur pelage et ne pas les laisser monter sur les meubles ou les lits.

• Enlever les tiques à l'aide de pinces (ne pas utiliser les doigts). Saisir les pièces buccales de la tique aussi près que possible de la peau et tirer délicatement vers l'arrière. Ne pas tordre ni secouer.

• Pour être en mesure d'effectuer des tests ultérieurement, conservez la tique dans une bouteille remplie d'alcool.

• Laver les morsures à l'eau et au savon et appliquer un antiseptique. Se laver les mains.

• Si des symptômes pseudogrippaux ou une éruption cutanée en forme d'anneau apparaissent de 2 à 30 jours après l'extraction de la tique, consulter immédiatement un médecin.

Source : Adapté de Centers for Disease Control and Prevention (CDCP) (2010c).

rétention d'acide urique. La goutte secondaire, quant à elle, peut être liée à un problème acquis **ENCADRÉ 27.12** ou à l'utilisation de médicaments qui inhibent l'excrétion d'acide urique. Elle peut également être causée par l'administration de médicaments qui augmentent le taux de mort cellulaire, notamment ceux utilisés en chimiothérapie dans le traitement de la leucémie. La goutte primaire compte pour 90 % de tous les cas et survient principalement chez les hommes d'âge moyen, mais presque jamais chez les femmes qui sont au stade de la préménopause. Les personnes traitées par un diurétique thiazidique, les femmes ménopausées et les personnes qui ont subi une transplantation d'organe et qui reçoivent un traitement par des immunodépresseurs peuvent également présenter une hyperuricémie et souffrir de goutte secondaire à la médication.

Chez l'homme, l'obésité accroît le risque de goutte. L'hypertension, l'utilisation de diurétiques et la consommation excessive d'alcool représentent des facteurs de risque additionnels. Un régime alimentaire riche en purine (p. ex., les crustacés et les mollusques, notamment le crabe et les crevettes; les légumes et légumineuses comme les lentilles, les asperges et les épinards; les viandes, notamment le bœuf, le poulet et le porc) ne provoque pas la goutte, mais peut déclencher une crise aiguë chez les personnes atteintes.

Étiologie et physiopathologie

L'acide urique, essentiellement excrété par les reins, est le principal produit final du catabolisme de la purine. L'hyperuricémie peut résulter d'une augmentation de la synthèse de la purine, de la réduction de l'excrétion rénale ou d'une combinaison de ces deux phénomènes. Pris seul, un régime alimentaire riche en purine a relativement peu d'effets sur les taux d'acique urique. Par contre, l'hyperuricémie peut résulter d'un jeûne prolongé ou d'une consommation excessive d'alcool; en effet, ces deux facteurs augmentent la production d'acide cétonique, lequel inhibe ensuite l'excrétion d'acide urique.

Manifestations cliniques et complications

En phase aiguë, l'arthrite goutteuse peut toucher une ou plusieurs articulations (habituellement, moins de quatre). Les articulations touchées sont empourprées ou cyanosées et très douloureuses à la palpation. L'inflammation du gros orteil (podagre) est le premier symptôme le plus fréquemment observé. La bourse de l'olécrâne, les articulations médiotarsiennes du pied, des chevilles, des genoux et des poignets peuvent également être touchées. L'arthrite goutteuse aiguë est souvent déclenchée par un traumatisme, une intervention chirurgicale, l'alcool ou une infection systémique. Les symptômes apparaissent généralement

ENCADRÉ 27.12	Troubles et situations pouvant causer une hyperuricémie

- Acidose ou cétose
- Consommation d'alcool
- Athérosclérose
- Chimiothérapie
- Diabète
- Insuffisance rénale provoquée par les médicaments
- Hyperlipidémie
- Hypertension
- Affection maligne
- Syndrome myéloprolifératif
- Obésité ou inanition
- Insuffisance rénale
- Drépanocytose
- Exposition au plomb
- Utilisation de certains médicaments courants (aspirine à faibles doses, diurétiques thiazidiques et niacine)

la nuit et se caractérisent par un œdème soudain et une douleur extrême, culminant après plusieurs heures, souvent accompagnés de fièvre légère. Chaque crise dure habituellement de 2 à 10 jours, avec ou sans traitement. L'articulation touchée revient ensuite à la normale et les clients ne présentent aucun symptôme entre les crises.

La goutte chronique se caractérise par des atteintes articulaires multiples et la présence de dépôts visibles de cristaux d'urate de sodium, nommés **tophus**. En règle générale, ces dépôts apparaissent dans la membrane synoviale, l'os sous-chondral, la bourse de l'olécrâne, les vertèbres, le long des tendons, dans la peau et dans les cartilages **FIGURE 27.8**. Les tophus sont rares pendant la phase initiale et ne sont habituellement observés que plusieurs années après le début de l'atteinte.

La gravité de l'arthrite goutteuse est variable, allant de crises légères peu fréquentes à des crises graves et multiples (jusqu'à 12 par année) associées à une évolution lente vers l'invalidité. En règle générale, plus le taux d'acide urique est élevé, plus le tophus apparaît rapidement, et plus la fréquence et la gravité des crises de goutte chronique augmentent. L'inflammation chronique peut

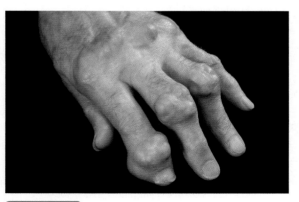

FIGURE 27.8

Goutte tophacée

entraîner une déformation articulaire, et la destruction du cartilage peut prédisposer l'articulation à une arthrose secondaire. Les dépôts de cristaux, larges et inesthétiques peuvent percer la peau sous-jacente, produisant des fistules qui s'infectent fréquemment. De plus, une excrétion excessive d'acide urique peut provoquer des calculs dans les reins ou les voies urinaires. Une pyélonéphrite et une insuffisance rénale peuvent alors survenir à la suite de l'obstruction des reins par les dépôts d'urate de sodium.

Examen clinique et examens paracliniques

Les taux sériques d'acide urique sont habituellement élevés (plus de 6 mg/dl). Toutefois, l'hyperuricémie n'est pas un critère diagnostique précis de la goutte, car elle peut être causée par divers médicaments ou exister de façon totalement asymptomatique chez certaines personnes dans la population générale. Pour déterminer si l'atteinte est causée par une réduction de l'excrétion rénale ou une surproduction d'acide urique, il est possible d'analyser les concentrations en acide urique à partir d'échantillons d'urine prélevés sur 24 heures.

Le recours à la ponction du liquide synovial dans le cadre de l'évaluation du client demeure controversé puisqu'il est possible de poser un diagnostic précis de goutte à partir des seuls symptômes cliniques chez 80 % des clients. Toutefois, la ponction du liquide synovial peut avoir une valeur thérapeutique en désengorgeant une capsule articulaire enflée. De plus, la ponction articulaire se révèle la seule méthode fiable pour distinguer la goutte de l'arthrite suppurée et de la **pseudogoutte** (formation de cristaux de phosphate

de calcium). Le liquide synovial d'une articulation touchée par la goutte se caractérise par la présence de cristaux d'urate de sodium en forme d'aiguilles (Malik, Schumacher, Dinnella, & Clayburne, 2009). Les radiographies ne révèlent aucun résultat anormal durant les premiers stades de la maladie. Le tophus, un indicateur d'atteinte chronique, prend, quant à lui, l'aspect de parties osseuses érodées à la radiographie.

Processus thérapeutique en interdisciplinarité

Les soins prodigués aux clients atteints de la goutte **ENCADRÉ 27.13** ont pour objectif d'enrayer la crise aiguë par l'administration d'un anti-inflammatoire (p. ex., la colchicine) en association avec un analgésique (p. ex., un AINS). Pour prévenir les crises futures, il convient de prescrire un traitement d'entretien d'allopurinol (Zyloprim^MD, Alloprin^MD) et d'encourager le client à perdre du poids (le cas échéant) et à réduire la consommation d'alcool et d'aliments riches en purine (viandes rouges et abats). Le traitement vise également à prévenir la formation de calculs rénaux d'acide urique et l'apparition d'autres troubles connexes, notamment l'hypertriglycéridémie et l'hypertension.

Pharmacothérapie

L'arthrite goutteuse aiguë se traite au moyen de la colchicine et des AINS. Comme la colchicine a des effets anti-inflammatoires, mais n'a aucune propriété analgésique, l'ajout d'un AINS au traitement permet de soulager la douleur. L'administration de colchicine par voie orale entraîne généralement un soulagement important de la douleur en l'espace de 24 à 48 heures. De plus, la réponse du client au traitement par la colchicine permet de confirmer le diagnostic de goutte, car les clients atteints de cette maladie présentent généralement une bonne réponse à ce traitement. Il est possible de prévenir les crises récurrentes de goutte en administrant de la colchicine et un inhibiteur de la xanthine oxidase comme l'allopurinol ou un agent uricosurique comme le probénécide (Benuryl^MD). Les corticostéroïdes, qu'ils soient utilisés par voie orale ou par injection intra-articulaire, peuvent se révéler utiles dans le traitement des crises aiguës. Si les traitements habituellement prescrits sont contre-indiqués ou inefficaces, il est possible d'utiliser des corticostéroïdes à action systémique. L'hormone adrénocorticotrope peut également être utilisée pour traiter la goutte aiguë.

Pendant de nombreuses années, le traitement standard de l'hyperuricémie causée par une excrétion insuffisante d'urate reposait sur l'utilisation d'agents uricosuriques qui, comme le probénécide, inhibent la réabsorption tubulaire d'urate. Toutefois, cette classe de médicaments est inefficace chez les clients qui présentent une réduction de la clairance de la créatinine comme les personnes âgées de plus

---

Processus diagnostique et thérapeutique

ENCADRÉ 27.13 | **Goutte**

Examen clinique et examens paracliniques

- Évaluation des symptômes (PQRSTU), histoire de santé (AMPLE) et examen physique
- Présence de cristaux d'urate de sodium dans le liquide synovial
- Concentrations sériques élevées d'acide urique
- Taux élevés d'acide urique dans les urines prélevées sur 24 heures
- Radiographie

Processus thérapeutique

- Immobilisation de l'articulation
- Application locale de chaleur et de froid
- Ponction articulaire et administration de corticostéroïdes par voie intra-articulaire
- Éviter les aliments et les boissons riches en purine (p. ex., les anchois, le foie, la bière, le vin)
- Pharmacothérapie : colchicine ; AINS (p. ex., le naproxène [Naprosyn^MD]) ; allopurinol (Zyloprim^MD, Alloprin^MD) ; probénécide (Benuryl^MD) ; corticostéroïdes (prednisone) ; corticostéroïdes par voie intra-articulaire (acétate de méthylprednisolone) ; hormone adrénocorticotrope

---

de 60 ans. L'aspirine inactive l'effet des agents uricosuriques, entraînant une rétention d'urate ; il convient donc d'éviter de prendre de l'aspirine en même temps que des agents uricosuriques. L'acétaminophène peut être utilisé en toute sécurité si le client a besoin d'obtenir un soulagement de la douleur.

Dans une autre perspective, le client doit maintenir un volume d'urine adéquat (2 à 3 L/j) afin d'éviter la précipitation d'acide urique dans les tubules rénaux. L'allopurinol (Zyloprim^MD, Alloprin^MD), qui inhibe la production d'acide urique, est particulièrement utile chez les clients qui présentent des calculs rénaux d'acide urique ou une insuffisance rénale et chez lesquels les agents uricosuriques se sont révélés inefficaces ou dangereux. Le losartan (Cozaar^MD), un antagoniste des récepteurs de l'angiotensine II, peut quant à lui se révéler fort utile dans le traitement des personnes âgées souffrant de goutte et d'hypertension. En effet, le losartan favorise l'élimination d'urate dans l'urine et peut normaliser les taux sériques d'urate. Il est également possible de prescrire le losartan et l'allopurinol. Peu importe les médicaments prescrits, il convient de surveiller régulièrement les taux sériques d'acide urique afin d'évaluer les effets thérapeutiques.

Thérapie nutritionnelle

Les restrictions alimentaires habituelles comprennent la réduction de la consommation d'alcool et d'aliments riches en purine. Toutefois, certains médicaments peuvent souvent parvenir à maîtriser la goutte sans qu'il soit nécessaire d'appliquer les restrictions décrites ci-dessus. L'infirmière doit recommander aux clients obèses de suivre un programme amaigrissant bien planifié.

Capsule **Jugement clinique**

Monsieur Diego Abraham, âgé de 49 ans, souffre de goutte aux gros orteils. Il est traité avec un inhibiteur de la xanthine oxydase (Zyloprim^MD, Alloprin^MD) 200 mg t.i.d. Le dernier résultat d'acide urique est de 8,2 mg/dl.

Devrait-il arrêter la prise du médicament ? Justifiez votre réponse.

Soins et traitements en interdisciplinarité

CLIENT ATTEINT DE GOUTTE

Chez le client atteint d'arthrite goutteuse aiguë, les interventions infirmières se concentrent sur le contrôle de la douleur touchant les articulations enflammées. L'infirmière doit veiller à ne pas causer de douleur en manipulant maladroitement une articulation enflammée. Le repos au lit, avec immobilisation adéquate des articulations touchées, peut être approprié. Si une extrémité des membres inférieurs est touchée, l'infirmière doit prévoir un cerceau ou une planche pour les pieds afin de protéger la région endolorie du poids exercé par les couvertures. De plus, il convient d'évaluer les limites d'amplitude de mouvements et l'intensité de la douleur ressentie par le client, tout en documentant l'efficacité du traitement.

L'infirmière doit expliquer au client et à sa famille que l'hyperuricémie et l'arthrite goutteuse sont des problèmes de santé chroniques que l'on peut maîtriser en respectant scrupuleusement le plan de traitement. L'infirmière doit leur prodiguer des explications sur l'importance du traitement pharmacologique et la nécessité de mesurer périodiquement les taux sériques d'acide urique. Le client doit être en mesure de montrer qu'il connaît bien les facteurs qui peuvent déclencher une crise, entre autres : la consommation excessive d'alcool et d'aliments riches en calories ou en purine ; la privation de nourriture (jeûne) ; l'utilisation de certains médicaments (p. ex., la niacine, l'aspirine et les diurétiques) ; des événements médicaux majeurs (p. ex., une intervention chirurgicale, un infarctus du myocarde).

27.2.7 Lupus érythémateux disséminé

Le **lupus érythémateux disséminé (LED)** est une maladie inflammatoire auto-immune chronique qui touche plus d'un système organique. Il s'agit d'un problème complexe résultant de l'interaction entre des facteurs génétiques, hormonaux, environnementaux et immunologiques. Le LED touche principalement la peau, les articulations, les membranes séreuses (plèvre, péricarde), les reins ainsi que les systèmes hématologique et neurologique.

Au Canada, environ 15 000 personnes sont atteintes du LED. La maladie peut apparaître chez les hommes et les femmes de tous âges, mais se déclare plus fréquemment entre l'âge de 15 et 44 ans. Elle survient 10 fois plus fréquemment chez les femmes que chez les hommes, particulièrement chez celles en âge de procréer. Sa prévalence est plus élevée chez les Afro-Américains, les Asiatiques, les Autochtones et les Hispaniques. De plus, le LED apparaît habituellement sous une forme plus grave chez les Autochtones (Murphy, Spence, McIntosh, & Connor Gorger, 2006). Le LED se caractérise par sa variabilité, que ce soit chez une même personne ou entre différents individus. Son déroulement chronique et imprévisible est marqué par l'alternance de périodes d'exacerbations et de rémissions.

Étiologie et physiopathologie

L'étiologie du LED, plus précisément de la réponse immunitaire anormale qui est associée à cette maladie, est inconnue. Comme la prévalence du LED est élevée chez les membres d'une même famille, la communauté scientifique soupçonne l'influence de facteurs génétiques. De multiples

27

gènes de prédisposition du complexe majeur d'histocompatibilité (système HLA) sont associés au LED, dont le gène HLA DR3. Il est également connu que les hormones jouent un rôle dans l'étiologie du LED. Ainsi, les premières règles (ménarche), l'utilisation de contraceptifs oraux et la grossesse (y compris la période du postpartum) peuvent quelquefois contribuer à l'apparition ou à l'exacerbation des symptômes de la maladie. De plus, le LED tend à s'aggraver au cours de la période suivant immédiatement l'accouchement.

Certains facteurs environnementaux comme l'exposition prolongée au soleil et les coups de soleil peuvent contribuer à l'apparition du LED et seraient possiblement les éléments déclencheurs les plus fréquents. Les agents infectieux peuvent également favoriser l'hyperactivité immunitaire. Certains médicaments, notamment la procaïnamide (Procan SR^MD), l'hydralazine (Apresoline^MD) et certains anticonvulsivants, peuvent provoquer ou aggraver le LED (Dedeoglu, 2009).

Le LED se caractérise par la production d'une importante variété d'autoanticorps dirigés contre les acides nucléiques (p. ex., l'ADN monocaténaire [simple brin] et l'ADN bicaténaire [double brin]), les érythrocytes, les protéines de coagulation, les lymphocytes, les plaquettes et de nombreuses autres autoprotéines. Les réactions auto-immunes visent principalement les constituants du noyau cellulaire, en particulier l'ADN.

Les complexes immuns circulants contiennent des anticorps dirigés contre l'ADN et sont déposés dans les membranes basales des capillaires des reins, du cœur, de la peau, du cerveau et des articulations. Lorsque les autoanticorps se fixent à leurs antigènes, le complément est activé et l'inflammation apparaît. L'activation de complexes antigènes-anticorps dans les parois des vaisseaux sanguins provoque une affection appelée angéite lupique, qui est suivie d'une ischémie des parois, d'un épaississement de l'intima, d'une dégénérescence fibrinoïde et de la formation d'un thrombus. La réponse violente des anticorps est reliée à l'activation des lymphocytes B et T. Les manifestations spécifiques du LED dépendent du type de cellules et des organes touchés. Le LED est une réaction d'hypersensibilité de type III ▶ 14 .

Manifestations cliniques et complications

La gravité du LED est extrêmement variable. En effet, le LED va d'un trouble relativement léger à une maladie qui évolue rapidement et touche de nombreux systèmes **FIGURE 27.9**. Les organes ne sont pas touchés de manière caractéristique et il est impossible de prédire les-quels seront atteints. Tous les organes peuvent être touchés par l'accumulation de complexes immuns circulants. Les tissus les plus fréquemment atteints sont la peau et les muscles, la muqueuse des poumons, le cœur, les tissus nerveux et les reins. Des manifestations systémiques comme de la fièvre, une perte de poids, une arthralgie et une fatigue excessive peuvent précéder une exacerbation du LED.

Manifestations dermatologiques

Des lésions vasculaires cutanées peuvent apparaître un peu partout sur le corps, plus particulièrement sur les régions qui ont été exposées au soleil. Les personnes qui sont photosensibles peuvent présenter des réactions cutanées graves. La réaction cutanée classique du LED est l'érythème en papillon qui touche les joues et la voûte nasale et se manifeste chez 50 % des personnes atteintes de LED **FIGURE 27.10**. Environ 20 % des clients présentent des **lésions discoïdes** (en forme de pièce de monnaie). Un nombre limité de clients présentent quant à eux un **lupus cutané subaigu**, soit un syndrome caractérisé par des lésions persistantes, une photosensibilité et une atteinte systémique légère.

Un tiers des clients atteints de LED présentent des ulcères de la muqueuse buccale et nasopharyngienne. Une **alopécie** (perte transitoire de cheveux), qu'elle soit disséminée ou par plaques, est également fréquente. Cette perte se produit avec ou sans lésions sous-jacentes du cuir chevelu et peut être permanente ou les cheveux peuvent repousser durant la rémission. Le cuir chevelu devient sec, écailleux et atrophié.

Troubles musculosquelettiques

Souvent, le client se plaint d'abord d'une polyarthralgie et d'une raideur matinale. Ces symptômes précèdent souvent de plusieurs années l'atteinte des autres systèmes. Plus de 90 % des clients atteints de LED présentent une arthrite. L'arthrite liée au lupus est généralement non érosive, mais elle peut provoquer des déformations, notamment une déformation en col de cygne **FIGURE 27.4D**, une déviation cubitale des doigts et une subluxation des articulations avec hyperlaxité. Les clients atteints de LED présentent un risque accru de perte osseuse et de fracture.

Troubles cardiopulmonaires

Chez les personnes souffrant de LED, les symptômes de tachypnée et de toux sont évocateurs d'une affection pulmonaire restrictive. L'apparition d'une pleurésie, avec ou sans épanchement pleural, est également possible. Les troubles cardiaques peuvent comprendre des arythmies consécutives à une fibrose du nœud sinusal ou auriculoventriculaire et une péricardite. De telles manifestations sont un signe éminent du stade avancé de la maladie et contribuent de façon importante à la morbidité et à la

Lésion discoïde : Lésion caractérisée par une plaque d'érythème bien limitée, arrondie ou ovalaire. Elle est rapidement associée à une hyperkératose folliculaire ostiale, rugueuse et adhérente, formant à sa face inférieure des crampons cornés.

Lupus cutané subaigu : Forme anatomoclinique particulière de la maladie lupique qui regroupe 5 à 10 % des malades. Il est défini par des lésions cutanées inflammatoires chroniques papulo-squameuses ou annulaires non cicatricielles, disposées en zones photo-exposées et dont l'histologie est évocatrice de lupus érythémateux.

14

Les réactions d'hypersensibilité d'origine génétique sont abordées dans le chapitre 14, *Génétique, réaction immunitaire et transplantation.*

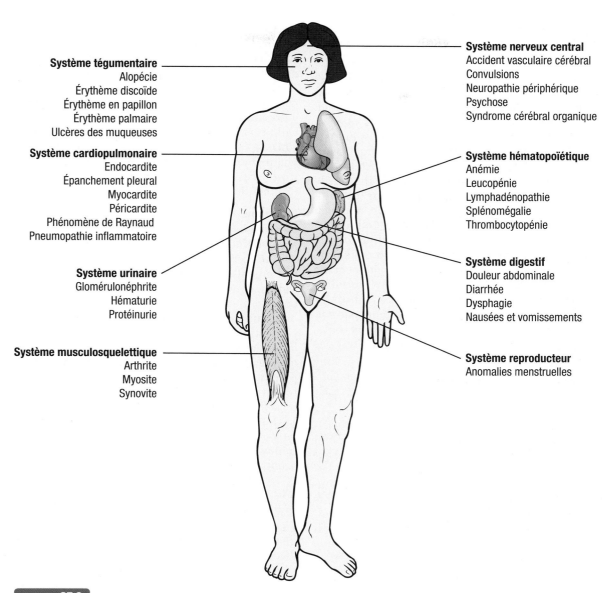

Système tégumentaire
Alopécie
Érythème discoïde
Érythème en papillon
Érythème palmaire
Ulcères des muqueuses

Système cardiopulmonaire
Endocardite
Épanchement pleural
Myocardite
Péricardite
Phénomène de Raynaud
Pneumopathie inflammatoire

Système urinaire
Glomérulonéphrite
Hématurie
Protéinurie

Système musculosquelettique
Arthrite
Myosite
Synovite

Système nerveux central
Accident vasculaire cérébral
Convulsions
Neuropathie périphérique
Psychose
Syndrome cérébral organique

Système hématopoïétique
Anémie
Leucopénie
Lymphadénopathie
Splénomégalie
Thrombocytopénie

Système digestif
Douleur abdominale
Diarrhée
Dysphagie
Nausées et vomissements

Système reproducteur
Anomalies menstruelles

FIGURE 27.9
Différents systèmes touchés par le lupus érythémateux disséminé

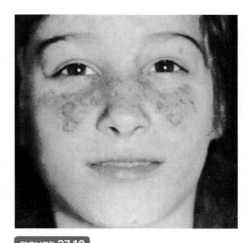

FIGURE 27.10
Érythème en papillon caractéristique du lupus érythémateux disséminé

mortalité associées au LED (Pullen, Brewer, & Ballard, 2009). Des conditions cliniques comme l'hypertension et l'hypercholestérolémie requièrent un traitement et un suivi rigoureux. De plus, les personnes atteintes de LED présentent un risque de syndrome des antiphospholipides, un trouble de la coagulation qui provoque parfois la formation de caillots dans les artères et les veines (Hellman & Imboden, 2008). Aussi, selon les estimations, 20 % des clients atteints de LED pourraient présenter un phénomène de Raynaud (Collège français des enseignants en rhumatologie, 2005).

Troubles rénaux
Environ 50 % des clients atteints de LED présentent une néphrite lupique (Seshan & Jennette, 2009). Les manifestations rénales peuvent varier,

allant d'une protéinurie légère à une glomérulo-néphrite rapide et évolutive.

L'objectif principal du traitement de la néphrite lupique consiste à ralentir la progression de la néphropathie et à préserver la fonction rénale en traitant la maladie sous-jacente. L'importance d'effectuer une biopsie rénale demeure un sujet de controverse ; toutefois, les résultats de la biopsie rénale peuvent aider à guider le traitement, qui comprend habituellement des corticostéroïdes, des agents cytotoxiques (cyclophosphamide [Procytox^MD]) et des immunodépresseurs (azathioprine [Imuran^MD] et cyclosporine). Un nouveau médicament, le mofétilmycophénolate (CellCept^MD), peut être plus efficace et moins toxique que la cyclophosphamide et est maintenant considéré comme la norme en ce qui a trait au traitement. La prednisone par voie orale et la méthylprednisolone par voie I.V. peuvent également être utilisées dans le traitement de la néphrite lupique, particulièrement au cours de la période initiale de traitement, lorsque les agents cytotoxiques n'ont pas encore fait effet.

Troubles liés au système nerveux

Tout comme les atteintes rénales, les manifestations neuropsychiatriques sont courantes chez les personnes atteintes de LED. Qu'elles soient généralisées ou focales, les convulsions représentent la manifestation la plus fréquente du LED touchant le SNC. Au moment du diagnostic, jusqu'à 15 % des clients atteints de LED présentent des convulsions. Les corticostéroïdes et les anticonvulsivants permettent habituellement de maîtriser les convulsions. Certaines personnes peuvent également présenter une neuropathie périphérique, laquelle est associée à des déficits moteurs et sensitifs.

Le dysfonctionnement cognitif est une autre manifestation neurologique qui peut survenir dans un contexte de LED et résulte probablement du dépôt de complexes immuns dans le tissu cérébral. Le dysfonctionnement cognitif se caractérise par la confusion, la désorientation, les troubles de mémoire et des symptômes psychiatriques comme la dépression grave et la psychose. Le LED peut également être associé à des troubles d'origine psychiatrique variés comme les troubles de l'humeur, l'anxiété et la psychose ; toutefois, ces troubles peuvent être liés au stress auquel est soumis le client devant une maladie grave ou une polythérapie. Le LED peut aussi être associé à un accident vasculaire cérébral ou à une méningite aseptique. Enfin, les personnes atteintes de LED présentent souvent des céphalées, qui peuvent s'aggraver en période de crise (exacerbation de la maladie).

Troubles hématologiques

La formation d'anticorps contre les cellules sanguines, notamment les érythrocytes, les leucocytes, les thrombocytes et les facteurs de coagulation, représente une autre caractéristique fréquente du LED. Il est également commun d'observer une anémie, une leucopénie légère et une thrombocytopénie chez les clients atteints de LED. De plus, certains clients ont tendance à présenter une coagulopathie (saignement excessif ou formation de caillots sanguins). Chez les personnes atteintes de LED, le syndrome des antiphospholipides provoque fréquemment une hypercoagulabilité ; dans un tel cas, un traitement avec de la warfarine (Coumadin^MD) s'avère bénéfique.

Infections

Les personnes atteintes de LED présentent une plus grande sensibilité aux infections. Cette sensibilité accrue résulte possiblement de l'incapacité de l'organisme à phagocyter les bactéries envahissantes, d'anomalies dans la production des anticorps et de l'effet immunodépresseur exercé par de nombreux médicaments anti-inflammatoires. L'infection représente une cause majeure de mortalité, la pneumonie étant l'infection la plus fréquente. Il faut prendre garde à la fièvre, car celle-ci peut indiquer un processus infectieux sous-jacent plutôt que l'activité du lupus. En règle générale, il est sécuritaire de vacciner les clients atteints de LED ; toutefois, il faut éviter d'administrer des vaccins à virus vivants aux clients qui reçoivent un traitement comprenant des corticostéroïdes ou des agents cytotoxiques.

Examen clinique et examens paracliniques

Le diagnostic repose sur la présence de critères distincts révélés à partir de l'histoire de santé, de l'examen physique et des résultats aux tests de laboratoire **ENCADRÉ 27.14**. Aucun examen précis ne permet de diagnostiquer le LED ; toutefois, l'analyse sanguine peut révéler la présence de plusieurs anomalies. Le LED se caractérise par la présence d'AAN et la détection de ces anticorps permet d'établir la présence d'une affection auto-immune. Les autres anticorps présents comprennent, entre autres, les anticorps antiADN, antineuronaux, anticoagulants, antileucocytes, antiérythrocytes, antiplaquettes, antiphospholipides et antimembrane basale. Les examens qui possèdent la plus grande spécificité pour le LED comprennent l'analyse des anticorps antiADN bicaténaires et la recherche d'anticorps à l'antigène nucléaire de Smith (antiSm). Des concentrations élevées d'anticorps antiADN sont rarement présentes chez les personnes qui souffrent d'une autre affection que le LED. Les antiSm semblent se retrouver presque exclusivement chez les personnes qui souffrent de LED et sont présents chez 20 à 30 % des personnes atteintes. La recherche des cellules LE (ou cellules de Hargraves) est un test biologique qui n'est pas propre au LED, car les clients atteints d'autres troubles rhumatismaux peuvent également présenter des résultats positifs à ce test. Quant aux mesures de la vitesse de sédimentation et des taux de CRP, elles ne permettent pas de diagnostiquer le LED, mais sont toutefois utilisées pour surveiller l'activité de la maladie et l'efficacité du traitement.

Processus thérapeutique en interdisciplinarité

L'une des principales difficultés associées au traitement du LED consiste à prévenir les complications de ces traitements qui peuvent entraîner des lésions tissulaires à long terme. Un diagnostic précoce, une détection rapide des lésions organiques graves et un plan de traitement approprié peuvent contribuer à améliorer le pronostic du LED. La survie dépend de plusieurs facteurs, notamment l'âge, le groupe racial, le sexe, les conditions socioéconomiques, les troubles comorbides et la gravité de la maladie.

Pharmacothérapie

Les AINS demeurent un traitement important, en particulier chez les clients atteints d'une polyarthralgie ou d'une polyarthrite légère. Il convient cependant d'effectuer une surveillance attentive des effets G.I. indésirables chez les clients qui suivent un traitement prolongé par les AINS. Les médicaments antipaludiques, notamment l'hydroxychloroquine (Plaquenil^MD), sont fréquemment utilisés pour traiter la fatigue et les troubles cutanés et articulaires de gravité modérée. Toutefois, la réponse au traitement antipaludique peut prendre quelques mois avant de donner des résultats bénéfiques. Ces médicaments permettent également de prévenir les poussées actives de la maladie. Le client qui reçoit des doses élevées de ces médicaments peut présenter une rétinopathie, mais celle-ci disparaît généralement lorsque le traitement est interrompu. Les clients traités à l'hydroxychloroquine doivent subir à intervalles de 6 à 12 mois une fundoscopie et un examen du champ visuel chez un ophtalmologiste (Société de l'arthrite, 2009d).

Si le client ne tolère pas le médicament antipaludique, il est possible d'utiliser un agent antibactérien comme la dapsone. De plus, il est nécessaire de limiter le recours aux corticostéroïdes et il peut être utile de réduire progressivement les doses de méthylprednisolone par voie I.V. pour maîtriser les exacerbations graves de la polyarthrite. Les immunodépresseurs qui ne contiennent pas de stéroïdes, notamment le méthotrexate, peuvent servir de traitement de deuxième intention et sont prescrits en association avec l'acide folique pour réduire les effets indésirables mineurs du méthotrexate **ENCADRÉ 27.15**. Toutefois, il convient de

---

<table>
<tr><td>**ENCADRÉ 27.14**</td><td>**Critères diagnostiques du lupus érythémateux disséminé^a**</td></tr>
</table>

- Érythème en papillon
- Érythème discoïde
- Photosensibilité
- Ulcères buccaux
- Arthrite : non érosive, atteinte de deux articulations ou plus caractérisée par une douleur à la palpation, un œdème et un épanchement
- Sérosite : pleurite ou péricardite
- Trouble neurologique : convulsions ou psychose

- Trouble rénal : protéinurie persistante ou cylindres cellulaires dans l'urine
- Trouble hématologique : anémie hémolytique, leucopénie, lymphopénie ou thrombocytopénie
- Trouble immunologique : culture cellulaire positive pour le LED ; anticorps dirigés contre l'ADN ou anticorps antiSm ; tests sérologiques faussement positifs pour la syphilis
- Anticorps antinucléaires

^a Une personne est dite atteinte de LED si elle présente au moins quatre de ces critères, en série ou simultanément, durant un intervalle quelconque d'observation. Ces critères, conçus par un sous-comité de l'American College of Rheumatology, sont utilisés à des fins de classification dans le cadre de sondages effectués auprès de la population et non pour le diagnostic individuel des clients.

Source : Adapté de Tan *et al.* (1982).

---

noter que l'utilisation de doses élevées de corticostéroïdes peut être particulièrement appropriée chez les clients qui présentent un LED cutané grave. Des immunodépresseurs comme l'azathioprine (Imuran^MD) et la cyclophosphamide (Procytox^MD) peuvent également être prescrits pour réduire le besoin d'un traitement de longue durée au moyen des corticostéroïdes. L'azathioprine ou la cyclophosphamide peuvent être utilisées pour traiter les atteintes organiques graves, en particulier la néphrite lupique. Il est nécessaire d'exercer une surveillance rigoureuse pour minimiser tout risque de toxicité et d'effets indésirables reliés aux médicaments. Puisque le LED peut entraîner la formation de caillots sanguins qui peuvent mettre la vie du client en danger, il convient parfois d'administrer des anticoagulants comme la warfarine (Coumadin^MD) ou l'héparine pour l'atteinte de valeurs du temps de thrombine ou du temps de prothrombine ciblées (Lupus Foundation of America, 2009).

Des études cliniques évaluent actuellement l'effet de différents médicaments utilisés dans le traitement du LED. Il s'agit notamment d'agents biologiques qui interfèrent avec la réponse immunitaire comme l'abatacept (Orencia^MD), de même que les hormones (prastérone [DHEA]) utilisées pour combattre l'ostéoporose induite par le lupus.

Les mesures successives des taux d'anticorps antiADN et du complément sérique représentent la meilleure façon de surveiller l'évolution de la maladie **ENCADRÉ 27.16**. Il est également possible d'utiliser des tests moins onéreux pour surveiller l'efficacité du traitement, notamment les examens

27

qui visent à mesurer la vitesse de sédimentation et les taux de CRP. L'enseignement dispensé au client sur les traitements prescrits doit comprendre de l'information sur les indications et la prise de médication adéquate des médicaments de même que sur les effets secondaires possibles. Le client doit savoir que l'arrêt brusque du traitement peut exacerber l'activité de la maladie.

Pratique fondée sur des résultats probants

ENCADRÉ 27.15 — L'acide folique peut-il réduire les effets gastro-intestinaux indésirables associés au méthotrexate ?

Question clinique

Chez les clients atteints de polyarthrite rhumatoïde qui reçoivent un traitement de longue durée de méthotrexate (P), les suppléments d'acide folique (I), en comparaison avec l'absence de prise d'acide folique (C), permettent-ils de réduire les effets G.I. indésirables (O) ?

Résultats probants

* Revue systématique et méta-analyse des études randomisées contrôlées menées

Analyse critique et synthèse des données

* Neuf études randomisées contrôlées (n = 788).
* Les suppléments d'acide folique réduisent la toxicité G.I. sans diminuer l'efficacité du méthotrexate.
* Pris à des doses inférieures ou égales à 5 mg/sem., l'acide folique réduit les effets G.I. indésirables et la toxicité hépatique.
* L'acide folique administré à des doses supérieures ou égales à 5 mg/sem. a été associé à plus de douleur et d'œdème articulaire comparativement à l'acide folique administré à des doses plus faibles (5 mg/sem.)

Conclusion

* Il est fortement recommandé d'administrer au moins 5 mg d'acide folique par semaine durant un traitement avec le méthotrexate chez les clients atteints de polyarthrite rhumatoïde.

Recommandations pour la pratique infirmière

* L'infirmière doit vérifier avec le médecin la nécessité d'administrer un supplément d'acide folique chez les clients recevant un traitement de longue durée de méthotrexate.
* L'infirmière doit aviser le client de la nécessité de prendre des suppléments d'acide folique si le traitement de méthotrexate se poursuit à long terme.
* L'infirmière doit aviser le client que l'acide folique ne doit pas être pris le même jour que le méthotrexate.
* Il est tout de même nécessaire d'évaluer la présence d'une toxicité hépatique précoce au moyen d'examens de laboratoire chez les clients qui prennent des suppléments d'acide folique.

Référence

Visser, K., Katchamart, W., Loza, E., Martinez-Lopez, J.A., Salliot, C., Trudeau, J., *et al.* (2009). Multinational evidence-based recommendations for the use of methotrexate in rheumatic disorders with a focus on rheumatoid arthritis : Integrating systematic literature research and expert opinion of a broad international panel of rheumatologists in the 3E Initiative. *Ann Rheum Dis*, *68*(7), 1086-1112.

P : population visée ; I : intervention ; C : comparaison ; O : (*outcome*) résultat.

Processus diagnostique et thérapeutique

ENCADRÉ 27.16 — Lupus érythémateux disséminé

Examen clinique et examens paracliniques

* Évaluation des symptômes (PQRSTU), histoire de santé (AMPLE) et examen physique
* Anticorps (p. ex., antiADN, antiSm, AAN)
* Formule sanguine complète
* Culture de cellules pour le LED
* Taux du complément sérique
* Analyses d'urine
* Radiographie des articulations touchées
* Radiographie thoracique
* Électrocardiographie pour déterminer la présence d'atteintes cardiaques

Processus thérapeutique

* Pharmacothérapie : AINS (affection légère) ; médicaments ne contenant pas de stéroïdes (p. ex., le méthotrexate) ; antipaludiques (p. ex., l'hydroxychloroquine [Plaquenil^MD]) ; corticostéroïdes (exacerbations et atteintes sévères) ; immunodépresseurs (p. ex., la cyclophosphamide [Procytox^MD], le mofétilmycophénolate [CellCept^MD]).

CLIENT ATTEINT DE LUPUS ÉRYTHÉMATEUX DISSÉMINÉ

Collecte des données

Comme pour la majorité des maladies arthritiques, la nature chronique et imprévisible du LED pose parfois de nombreux problèmes au client et aux proches aidants. Pour résoudre les problèmes physiques, psychologiques et socioculturels liés aux traitements à long terme du LED, il convient de faire appel à une équipe de soins multidisciplinaire.

Les données subjectives et objectives à recueillir chez le client atteint de LED sont présentées dans l'**ENCADRÉ 27.17**.

L'infirmière doit évaluer dans quelle mesure la douleur et la fatigue perturbent les activités de la vie quotidienne. Il est indiqué d'orienter l'enseignement et les conseils en fonction de l'âge du client. Ceux-ci doivent notamment inclure les relations personnelles, la planification des naissances, les responsabilités professionnelles et les loisirs du client.

Analyse et interprétation des données

Les problèmes prioritaires pour le client atteint de LED peuvent comprendre, entre autres, ceux présentés dans le **PSTI 27.2**.

Collecte des données

ENCADRÉ 27.17 | **Lupus érythémateux disséminé**

Données subjectives

* Renseignements importants concernant la santé :
  – Antécédents de santé : exposition aux rayons ultraviolets, produits chimiques, infections virales, photosensibilité accompagnée d'éruptions cutanées ; infections fréquentes ; stress physique ou psychologique ; états d'activité accrue des œstrogènes, y compris apparition précoce des premières règles, grossesse et période du postpartum ; alternance de rémissions et d'exacerbations ; antécédents familiaux de maladies auto-immunes, tabagisme
  – Médicaments : utilisation de contraceptifs oraux, de procaïnamide (Procan SR^{MD}), d'hydralazine (Apresoline^{MD}), d'isoniazide (INH^{MD}), d'anticonvulsifs, d'antibiotiques (qui peuvent déclencher l'apparition des symptômes du LED) ; corticostéroïdes, AINS
  – Alimentation : alimentation équilibrée, maintien d'un poids santé, ulcères buccaux et nasaux ; nausées et vomissements
  – Signes et symptômes associés : ulcères buccaux et nasaux ; nausées et vomissements ; xérostomie (sécheresse de la cavité bucale) ; dysphagie
* Modes fonctionnels de santé :
  – Perception et gestion de la santé : répercussions négatives de la maladie sur les capacités fonctionnelles
  – Nutrition et métabolisme : perte de poids, ulcères buccaux et nasaux ; nausées et vomissements ; xérostomie ; dysphagie
  – Élimination : réduction de la diurèse ; diarrhée ou constipation
  – Activités et exercices : raideur matinale ; œdème et déformation articulaires ; essoufflement, dyspnée ; fatigue excessive
  – Sommeil et repos : insomnie
  – Cognition et perception : troubles visuels ; vertige ; céphalées ; polyarthralgie ; douleur thoracique

(péricardique, pleuritique) ; douleur abdominale ; douleur articulaire ; douleur lancinante, sensation de froid dans les doigts avec engourdissement et picotements
  – Sexualité et reproduction : aménorrhée, menstruations irrégulières
  – Adaptation et tolérance au stress : dépression, isolement, stress physique ou psychologique

Données objectives

* Observations générales : fièvre, lymphadénopathie, œdème périorbital
* Système tégumentaire : alopécie ; cuir chevelu sec et squameux ; kératoconjonctivite, érythème en papillon, érythème discoïde ou palmaire, urticaire, érythème périunguéal, purpura ou pétéchies ; ulcères des jambes
* Système respiratoire : frottement pleural, diminution des murmures vésiculaires
* Système cardiovasculaire : vasculite ; frottement péricardique ; hypertension, œdème, arythmies, souffles ; pâleur et cyanose bilatérales et symétriques des doigts (phénomène de Raynaud)
* Système gastro-intestinal : ulcères buccaux et pharyngés ; splénomégalie
* Système nerveux : faiblesse faciale, neuropathies périphériques, œdème papillaire, dysarthrie, confusion, hallucination, désorientation, psychose, convulsions, aphasie, hémiparésie
* Système musculosquelettique : myopathie, myosite, arthrite
* Système urinaire : protéinurie
* Résultats possibles aux examens paracliniques : présence d'anticorps antiADN, antiSm et AAN ; anémie, leucopénie, thrombocytopénie ; augmentation de la vitesse de sédimentation ; culture cellulaire positive pour le LED ; augmentation de la créatinine sérique ; hématurie microscopique, cylindres cellulaires dans l'urine ; péricardite ou épanchement pleural visible à la radiographie du thorax

---

Planification des soins

Les objectifs généraux pour le client qui souffre du LED sont de :

- soulager efficacement la douleur ;
- respecter le plan de traitement de façon à obtenir un soulagement optimal des symptômes ;
- reconnaître et d'éviter les activités qui provoquent une exacerbation de la maladie ;
- maintenir ses rôles sociaux fonctionnels et de conserver une image de soi positive.

Interventions cliniques

Promotion de la santé

Actuellement, il n'est pas possible de prévenir le LED. Toutefois, l'enseignement dispensé aux professionnels de la santé et à la communauté doit favoriser une compréhension plus claire de la maladie et promouvoir un diagnostic et un traitement plus rapides.

Phase aiguë

Pendant une phase d'exacerbation de la maladie, les clients peuvent devenir soudainement et gravement malades. Les interventions infirmières consistent alors à évaluer de façon précise la gravité des symptômes et la réponse au traitement. L'infirmière doit porter une attention particulière aux accès de fièvre, à l'inflammation articulaire, aux limites dans les amplitudes de mouvements, au site et à l'intensité de douleur, ainsi qu'à la fatigue. Si le client reçoit des corticostéroïdes, il faut noter son poids et les quantités de liquides absorbés et éliminés, car les corticostéroïdes entraînent une rétention hydrique et peuvent provoquer une insuffisance rénale. Il est possible que le médecin prescrive une analyse d'urine sur 24 heures pour vérifier la clairance des protéines et de la créatinine. L'infirmière doit aussi surveiller les signes d'hémorragie reliés au traitement pharmacologique, notamment la pâleur, les ecchymoses, les pétéchies ou les mélénas.

L'évaluation neurologique doit porter principalement sur la détection des troubles visuels, des céphalées, des modifications de la personnalité, des convulsions et des oublis. La présence d'une psychose peut indiquer une atteinte du SNC ou résulter d'un traitement par les corticostéroïdes. Une irritation nerveuse dans les extrémités des membres (neuropathie périphérique) peut provoquer un engourdissement, un picotement et une faiblesse dans les mains et les pieds.

L'infirmière doit expliquer au client la nature de la maladie, les modes de traitement et toutes les interventions diagnostiques. Il est également essentiel de fournir un soutien émotionnel au client et à sa famille.

Soins ambulatoires et soins à domicile

Les interventions infirmières doivent mettre l'accent sur l'enseignement relatif à la santé et sur l'importance de la coopération du client pour atteindre un contrôle maximal de l'évolution de la maladie. Cependant, le client doit comprendre que le respect strict du plan de traitement ne le protège pas entièrement contre les exacerbations, car le LED est une maladie imprévisible. Une variété de facteurs peuvent exacerber les symptômes de la maladie, notamment la fatigue, l'exposition au soleil, le stress émotif, les infections, les médicaments et les interventions chirurgicales. L'infirmière doit aider le client et ses proches aidants à éliminer ou à réduire les facteurs déclencheurs **ENCADRÉ 27.18**.

| Lupus et grossesse | Puisque le LED est plus fréquent chez les femmes en âge de procréer, il peut être nécessaire d'envisager un traitement durant la grossesse. Le médecin traitant (ou le rhumatologue) et l'obstétricien doivent discuter exhaustivement avec la cliente de son désir d'avoir des enfants. L'utilisation antérieure de corticostéroïdes à doses élevées, la chimiothérapie ou une atteinte rénale peuvent entraîner une infertilité. La cliente doit comprendre qu'un avortement spontané, la mort fœtale tardive et un retard de croissance intra-utérin sont des problèmes fréquents pendant une grossesse chez les femmes atteintes de LED. Ceux-ci sont causés par un dépôt de complexes immuns dans le placenta et des réactions inflammatoires touchant les vaisseaux sanguins placentaires. Les systèmes rénal, cardiovasculaire, pulmonaire et nerveux central (en particulier) peuvent être affectés durant la grossesse. Il faut déconseiller la grossesse aux femmes atteintes de LED qui présentent des atteintes graves de ces systèmes. Pour de meilleurs résultats, la grossesse devrait être planifiée en fonction de la période où la maladie a une activité minimale. Les exacerbations durant la période du postpartum de même qu'après un avortement sont communes.

Néanmoins, le lupus érythémateux néonatal survient rarement chez les nourrissons nés de mères atteintes du LED. Lorsqu'il

---

Enseignement au client et à ses proches

ENCADRÉ 27.18   **Lupus érythémateux disséminé**

L'enseignement au client et à ses proches sur la prise en charge du lupus érythémateux disséminé devrait porter sur les aspects suivants.

- Processus morbide
- Noms des médicaments, mode d'action, effets indésirables, posologie et administration
- Stratégies de soulagement de la douleur
- Conservation de l'énergie et techniques de régulation du rythme d'activité
- Exercices thérapeutiques, utilisation de la thermothérapie (pour l'arthralgie)
- Absence de stress physique et émotionnel

- Absence de contact avec des personnes qui souffrent d'une infection
- Non-usage de poudres et de savons asséchants, ainsi que de produits chimiques pour la maison
- Utilisation d'un écran solaire (facteur de protection solaire d'au moins 30) et des vêtements protecteurs ; exposition au soleil le moins possible entre 11 h et 15 h
- Suivis médicaux et de laboratoire réguliers
- Thérapie de couple et conseils relatifs à la grossesse
- Ressources communautaires et organismes de services de santé

survient, il se manifeste souvent (30 % des nourrissons atteints de lupus néonatal) par un érythème annulaire squameux de la partie supérieure du visage,

| **Problèmes psychosociaux** | Le client atteint de LED fait face à de nombreux problèmes psychosociaux (Danoff-Berg & Friedberg, 2009). Le début de la maladie et les symptômes peuvent être imprécis, et le client doit parfois attendre longtemps avant de recevoir un diagnostic. Les interventions de soutien peuvent s'avérer aussi importantes que le traitement médical pour aider le client à adapter son mode de vie en fonction de sa maladie. L'infirmière doit informer le client et sa famille que le LED est associé à un pronostic favorable chez de nombreuses personnes. Les familles s'inquiètent du caractère héréditaire de la maladie, et certaines personnes veulent savoir si leurs enfants seront eux aussi atteints du LED. De nombreux couples ont besoin de recevoir des conseils sur la grossesse et la sexualité. Les personnes qui ont à prendre des décisions d'ordre marital ou professionnel s'inquiètent souvent des répercussions possibles du LED sur leurs projets futurs. L'infirmière devra quelquefois prodiguer aux enseignants, aux employeurs et aux collègues de travail du client des renseignements sur la maladie.

Les effets physiques apparents du LED, c'est-à-dire les lésions cutanées et l'alopécie, peuvent provoquer l'isolement social du client et modifier son estime de soi et l'image corporelle qu'il a de lui-même. L'infirmière peut recommander au client de consulter un dermatologue pour obtenir un traitement cutané approprié et des cosmétiques pour dissimuler l'érythème. Toutefois, la douleur et la fatigue sont considérées par les clients comme les symptômes qui réduisent le plus leur qualité de vie. Les amis et les parents des clients sont déroutés par les plaintes de douleurs articulaires passagères et de fatigue insurmontable émises par ces derniers. L'alternance des périodes d'activité et de relaxation peut aider le client à poursuivre ses activités quotidiennes. L'infirmière doit souligner l'importance de planifier les activités récréatives et professionnelles. Les jeunes adultes atteints de LED ont particulièrement de la difficulté à éviter de s'exposer au soleil et à limiter leurs activités physiques. L'infirmière doit intervenir pour aider le client à se fixer des objectifs raisonnables pour conserver et améliorer la mobilité, les niveaux d'énergie et l'estime de soi.

Évaluation des résultats et suivi clinique

Pour le client souffrant du LED, les résultats escomptés sont présentés dans le **PSTI 27.2** portant sur la planification des soins et des traitements infirmiers.

Jugement clinique

Capsule

Madame Larramée ne présente actuellement pas d'exacerbation du lupus. Comme elle n'a pas de conjoint et qu'elle désire ardemment être enceinte, elle songe à l'insémination artificielle. Cependant, elle craint de transmettre la maladie à son bébé.

Que devrait-elle savoir à ce sujet ?

Plan de soins et de traitements infirmiers

PSTI 27.2 — Lupus érythémateux disséminé

PROBLÈME DÉCOULANT DE LA SITUATION DE SANTÉ	**Fatigue** liée à l'inflammation chronique et à une modification de l'immunité, mise en évidence par le manque d'énergie du client et son incapacité à réaliser les activités courantes.
OBJECTIFS	• Le client utilisera des techniques de conservation de l'énergie. • Il établira les activités prioritaires et les réalisera. • Il adaptera son mode de vie à son niveau d'énergie.

RÉSULTATS ESCOMPTÉS	INTERVENTIONS INFIRMIÈRES ET JUSTIFICATIONS
Conservation de l'énergie • Capacité de reconnaître ses limites personnelles en matière d'énergie • Conscience de l'importance de planifier des périodes de repos dans l'organisation de sa journée • Organisation des activités de façon à conserver son énergie • Capacité d'effectuer des activités de la vie quotidienne	**Maintien de l'énergie** • Établir un ordre de priorité pour ses activités afin de respecter son niveau d'énergie. • Réserver des périodes de repos pour contrer temporairement les effets de la fatigue. • Enseigner des techniques d'organisation des activités et de gestion du temps en vue de prévenir la fatigue. • Encourager l'alternance des périodes d'activité et de repos pour favoriser la récupération et une participation maximale aux activités. • Enseigner comment reconnaître les signes et symptômes de fatigue qui nécessitent une réduction de l'activité. • Aviser le client et sa famille de communiquer avec un professionnel de la santé si les signes et symptômes de fatigue persistent, ce qui permettra d'accroître le soutien au client et la compréhension de la famille au sujet de la maladie et les problèmes associés.

PROBLÈME DÉCOULANT DE LA SITUATION DE SANTÉ	**Douleur aiguë** liée au processus inflammatoire et à l'inefficacité des mesures visant à accroître le confort, mise en évidence par les plaintes de douleur articulaire, l'inefficacité des mesures actuelles visant à soulager la douleur et la diminution des activités pour éviter d'exacerber la douleur.
OBJECTIF	Le client utilisera les traitements analgésiques et les mesures non pharmacologiques de façon appropriée afin de soulager la douleur et la réduire à un niveau acceptable.

RÉSULTATS ESCOMPTÉS	INTERVENTIONS INFIRMIÈRES ET JUSTIFICATIONS
Soulagement de la douleur • Utilisation des mesures de prévention pour éviter l'apparition de la douleur • Recours aux mesures de soulagement de la douleur non pharmacologiques • Prise des analgésiques selon les recommandations • Communication des symptômes non maîtrisés au professionnel de la santé • Communication de la diminution ou de l'absence de la douleur	**Traitement de la douleur** • Évaluer de manière détaillée la douleur du client (ce qui provoque et pallie, la qualité et la quantité (intensité), la région et l'irradiation, les symptômes et signes associés, le temps (durée, fréquence et moment d'apparition), de même que la signification pour le client (*understanding*) (PQRSTU) afin de déterminer son mode de présentation, d'effectuer une évaluation initiale et de planifier les interventions appropriées. • S'assurer que le client reçoit des analgésiques adéquats pour soulager la douleur. • Enseigner des techniques de soulagement non pharmacologiques (p. ex., la relaxation, l'imagerie mentale dirigée, la distraction et l'application de chaleur ou de froid), à utiliser avant que la douleur apparaisse ou augmente, en association avec d'autres mesures visant à soulager la douleur, en vue de remplacer l'utilisation d'analgésiques ou d'accroître les effets de ces derniers.

PROBLÈME DÉCOULANT DE LA SITUATION DE SANTÉ	**Atteinte de l'intégrité de la peau** liée à la photosensibilité, aux éruptions cutanées et à l'alopécie, mise en évidence par des éruptions cutanées sur l'ensemble du corps, l'érythème en papillon sur le visage, une perte de cheveux, des ulcérations sur le bout des doigts, de l'urticaire et une photosensibilité.
OBJECTIFS	• Le client conservera l'intégrité de la peau en utilisant des traitements topiques. • Il préviendra les exacerbations en utilisant des écrans solaires et en limitant toute exposition aux rayons du soleil.

RÉSULTATS ESCOMPTÉS	INTERVENTION INFIRMIÈRES ET JUSTIFICATIONS
Intégrité des tissus : peau et muqueuses • Absence de pigmentation anormale, de lésions cutanées, de lésions des muqueuses, de desquamation, d'érythème	**Soins de la peau : traitements topiques** • Inspecter quotidiennement la peau des clients qui présentent un risque de lésions cutanées. • Évaluer les manifestations cutanées afin de planifier des interventions appropriées. • Appliquer un anti-inflammatoire topique sur la zone touchée pour maîtriser les manifestations cutanées. **Enseignement : processus morbide** • Discuter des modifications du mode de vie qui peuvent être nécessaires pour prévenir les complications futures ou maîtriser le processus morbide (p. ex., l'utilisation d'écrans solaires ou de vêtements qui protègent contre les rayons du soleil lorsque le client est à l'extérieur), car le soleil exacerbe les manifestations cutanées. • Enseigner au client des mesures pour maîtriser ou minimiser les symptômes qui touchent la peau.

PROBLÈME DÉCOULANT DE LA SITUATION DE SANTÉ	**Méconnaissance de la maladie** liée à un accès limité aux ressources informatives et à un manque de connaissance concernant celles-ci, mise en évidence par les questions sur le LED, la mésinterprétation de l'information et le non-respect des directives associées au traitement.
OBJECTIFS	• Le client décrira le processus de la maladie et les raisons pour lesquelles les traitements ont été prescrits. • Il aura confiance en sa capacité à reconnaître les complications de la maladie et à utiliser des mesures pour prévenir leur apparition.

RÉSULTATS ESCOMPTÉS	INTERVENTIONS INFIRMIÈRES ET JUSTIFICATIONS
Connaissances : processus de la maladie • Capacité à décrire sa maladie, son évolution et les options de traitement • Modification des habitudes de vie en vue d'une meilleure maîtrise des symptômes • Prise de mesures pour gérer les exacerbations et prévenir les complications • Capacité à décrire décrit les signes et symptômes à signaler aux professionnels de la santé • Connaissance des ressources aidantes parmi les proches, le réseau social ou la communauté	**Enseignement : processus de la maladie** • Décrire au client le processus de la maladie. • Discuter du traitement ou des options de traitement pour accroître les chances de maîtrise à long terme. • Offrir aux membres de la famille des renseignements sur les progrès réalisés par le client afin de favoriser leur participation et de soutenir ce dernier durant les périodes d'exacerbation. • Informer le client des signes et des symptômes qu'il doit rapporter à son médecin (p. ex., de la fièvre, un œdème, une diurèse réduite, une douleur thoracique et dyspnée) pour assurer une intervention précoce. • Diriger le client vers des organismes communautaires ou groupes de soutien locaux (p. ex., Lupus Canada, Société de l'arthrite) pour lui offrir des sources additionnelles d'information et de soutien.

27.2.8   Sclérodermie systémique

La **sclérodermie systémique** est un trouble des tissus conjonctifs caractérisé par des modifications fibreuses, dégénératives et parfois inflammatoires de la peau, des vaisseaux sanguins, de la membrane synoviale, des muscles squelettiques et des organes internes. Il existe deux types de sclérodermie systémique : la **sclérodermie dermatologique limitée** (type le plus commun, touchant 80 % des clients) et la **sclérodermie systémique généralisée**. Bien qu'elles soient toutes deux de nature systémique, ces deux formes diffèrent entre elles par le degré et le type d'atteintes organiques et leur évolution (Vincent, 2009). La sclérodermie dermatologique limitée présente des lésions cutanées de deux types, en plaques profondes (sclérodermie de Morphée) et en bandes (sclérodermie linéaire), créant localement un épaississement de la peau (affectant parfois aussi les tissus souscutanés), mais les organes internes ne sont que très rarement touchés. La sclérodermie systémique généralisée cause des cicatrices ou une sclérose des tissus et des organes internes ainsi qu'un durcissement de la peau et des organes. Tous les groupes ethniques sont touchés par la sclérodermie systémique, mais elle est plus fréquente chez les Afro-Américains que chez les Blancs. Les personnes d'origine hispanique ou autochtone peuvent également présenter un risque plus élevé par rapport aux Blancs. Bien que les symptômes se manifestent à tout âge, la sclérodermie systémique apparaît habituellement chez les individus âgés de 30 à 50 ans et son incidence globale augmente avec l'âge (Société de l'arthrite, 2009f).

Étiologie et physiopathologie

La cause exacte de la sclérodermie systémique demeure inconnue. Un dysfonctionnement immunitaire ou des anomalies vasculaires pourraient jouer un rôle dans l'apparition de la maladie. Les autres facteurs de risque associés à l'épaississement de la peau comprennent l'exposition professionnelle au charbon, aux plastiques et à la poussière de silice. Chez les personnes atteintes de sclérodermie systémique, il y a également une surproduction de collagène, la protéine qui donne à la peau normale sa force et son élasticité **FIGURE 27.11** La perturbation cellulaire est suivie de l'agrégation des plaquettes et d'une fibrose. La prolifération du collagène dérègle le fonctionnement des organes internes, entre autres les poumons, les reins, le cœur et le tractus G.I.

Manifestations cliniques

Les manifestations de la sclérodermie systémique varient, allant d'une forme cutanée limitée à un épaississement cutané diffus accompagné d'une

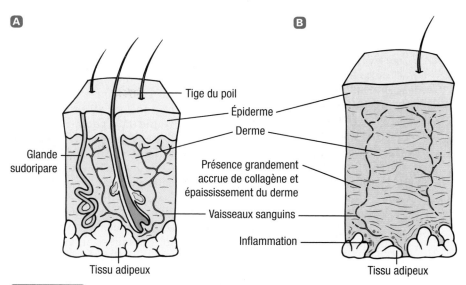

Ⓐ   Ⓑ

Tige du poil
Épiderme
Derme
Glande sudoripare
Présence grandement accrue de collagène et épaississement du derme
Vaisseaux sanguins
Inflammation
Tissu adipeux   Tissu adipeux

FIGURE 27.11

Modifications cutanées accompagnant la sclérodermie – Ⓐ Peau normale. Ⓑ Sclérodermie.

atteinte multiorganique. Les manifestations cliniques de la sclérodermie systémique peuvent être résumées à partir de l'acronyme **CREST** :

- **C**alcinose : dépôts calciques douloureux dans la peau ;
- Phénomène de **R**aynaud : débit sanguin anormal en réponse au froid ou au stress ▶ **55** ;
- Dysfonctionnement o**E**sophagien : difficulté à avaler causée par une cicatrisation interne ;
- **S**clérodactylie : resserrement de la peau des doigts et des orteils ;
- **T**élangiectasie : apparition de taches rouges sur les mains, les avant-bras, les paumes des mains, le visage et les lèvres.

Phénomène de Raynaud

Le **phénomène de Raynaud** (angiospasme paroxystique des doigts et des orteils) est la première manifestation la plus fréquente de la sclérodermie dermatologique limitée. Les clients présentent une réduction du débit sanguin dans les doigts et les orteils lorsqu'ils sont exposés à des températures froides (blanchissement ou phase blanche), suivie d'une cyanose parce que les tissus reçoivent de moins en moins d'oxygène (phase bleue), puis d'un érythème au moment du réchauffement (phase rouge). Les changements de couleur s'accompagnent souvent d'engourdissements et de picotements. Le phénomène de Raynaud peut se manifester quelques mois, quelques années ou même quelques décennies avant l'apparition de la sclérodermie systémique.

Modifications de la peau et des articulations

Le gonflement symétrique indolore ou l'épaississement de la peau des doigts et des mains peut

55

Le phénomène de Raynaud est abordé dans le chapitre 55, *Interventions cliniques – Obésité.*

27

Madame Consuelo Panza, âgée de 42 ans, est d'origine mexicaine. Elle est atteinte de sclérodermie systémique et ses derniers résultats de laboratoire connus sont les suivants : absence d'anticorps antiScl-70, facteur rhumatoïde sérique présent, protéinurie des 24 heures positive, créatinine sanguine 4,3 mg/dl.

D'après ces résultats, une atteinte rénale due à la sclérodermie systémique est-elle possible ? Justifiez votre réponse.

Sclérodactylie :
Sclérodermie limitée aux doigts.

évoluer vers une sclérodermie diffuse du tronc. Chez le client atteint d'une sclérodermie dermatologique limitée, l'épaississement de la peau est généralement limité aux régions se situant sous le coude ou le genou ; toutefois, dans certains cas, il peut également toucher le visage. Chez le client atteint d'une sclérodermie généralisée, la peau perd de son élasticité et devient tendue et brillante, donnant au visage un manque d'expression et un pincement typique des lèvres. Les modifications cutanées au visage peuvent également réduire l'amplitude des mouvements de l'articulation temporo-mandibulaire. Le client présente parfois une **sclérodactylie** caractérisée par une position semi-fléchie des doigts et un resserrement de la peau jusqu'aux poignets **FIGURE 27.12**. Une réduction des fonctions articulaires des membres supérieurs et inférieurs peut être un signe précurseur précoce de polyarthrite.

Atteinte des organes internes

Environ 20 % des personnes atteintes de sclérodermie systémique généralisée présentent un syndrome de Sjögren, un problème secondaire caractérisé par une sécheresse oculaire et buccale. Parfois, une dysphagie, une maladie parodontale et des caries dentaires peuvent également apparaître. Des reflux fréquents d'acide gastrique peuvent aussi survenir après une fibrose œsophagienne. Le client qui présente des troubles de déglutition aura tendance à réduire sa consommation alimentaire et à perdre du poids. Des effets G.I. additionnels comprenant de la constipation associée

à une réduction de la motilité intestinale et de la diarrhée causée par une malabsorption consécutive à une prolifération bactérienne sont également possibles.

Les atteintes pulmonaires comprennent, entre autres, l'épaississement de la plèvre, la fibrose pulmonaire et les anomalies de la fonction pulmonaire. Le client présente habituellement une toux et une dyspnée. Jusqu'à 50 % des clients atteints de sclérodermie peuvent souffrir d'une hypertension pulmonaire ; parmi ceux-ci, 10 % seront également atteints d'une maladie pulmonaire interstitielle. Des médicaments comme le bosentan (Tracleer^MD), les inhibiteurs de la phosphodiétérase-5 (Viagra^MD et Cialis^MD) ou le tréprostinil (Remodulin^MD) en perfusion sous-cutanée permettent de traiter avec succès cette dernière complication (Grodzicky, 2008).

Les maladies cardiaques primaires comprennent la péricardite, l'épanchement péricardique et les arythmies. La fibrose du myocarde provoquant une insuffisance cardiaque globale survient plus fréquemment chez les personnes atteintes d'une sclérodermie systémique généralisée.

La maladie rénale était jadis une cause de mortalité majeure chez les personnes atteintes de sclérodermie systémique. Comme une hypertension artérielle maligne associée à une insuffisance rénale évolutive et irréversible peut survenir, il est important de diagnostiquer rapidement toute atteinte rénale et d'instaurer le plus tôt possible un traitement. Les améliorations récentes en matière de dialyse, de néphrectomie bilatérale (chez les personnes atteintes d'hypertension non maîtrisée) et de transplantation rénale ont donné quelques espoirs aux personnes atteintes d'insuffisance rénale. Plus particulièrement, les inhibiteurs de l'enzyme de conversion de l'angiotensine (p. ex., le lisinopril [Zestril^MD]) ont eu un impact marqué sur la capacité de traiter la maladie rénale.

Examen clinique et examens paracliniques

Les résultats des tests de laboratoire sont relativement normaux chez les clients atteints de sclérodermie systémique. Ils peuvent toutefois présenter une légère anémie hémolytique en raison de la destruction des globules rouges dans les vaisseaux sanguins touchés. L'anticorps antiScl-70, le marqueur biologique de la sclérodermie, ainsi que le facteur rhumatoïde sont tous deux présents chez environ 30 % des clients atteints de sclérodermie systémique. La présence d'anticorps anticentromères est observée chez de nombreux clients atteints du syndrome de CREST. En cas d'une atteinte rénale, l'analyse d'urine peut révéler une protéinurie, une hématurie microscopique et des cylindres urinaires. Les concentrations sériques de créatinine peuvent aussi être élevées.

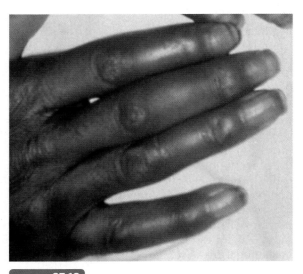

FIGURE 27.12

Sclérodactylie visible sur la main d'un client atteint de sclérodermie systémique

La présence de calcification sous-cutanée, d'hypomotilité distale de l'œsophage ou de fibrose pulmonaire bilatérale, confirmée à la radiographie, permet de diagnostiquer la sclérodermie systémique. Les examens de la fonction pulmonaire révèlent une diminution de la capacité vitale et de la compliance pulmonaire.

Processus thérapeutique en interdisciplinarité

Les soins en interdisciplinarité peuvent grandement améliorer les atteintes organiques et soulager le client. Des progrès considérables ont été accomplis et, chaque année, de nouveaux traitements sont mis au point et font reculer la maladie. Par contre, comme la cause précise de la maladie demeure inconnue, il n'y a pas encore de moyen de guérison, ni de prévention des lésions. Donc, les soins en sont principalement de soutien et visent à prévenir ou à traiter les complications liées aux atteintes organiques **ENCADRÉ 27.19**. De plus, la physiothérapie aide à maintenir la mobilité articulaire et à préserver la force des muscles. L'ergothérapie permet au client de conserver ses capacités fonctionnelles. Avec les nouveaux traitements et en apprenant à s'adapter aux limitations imposées par la maladie, le client peut mener une vie utile et productive.

Pharmacothérapie

Aucun médicament ou groupe précis de médicaments n'a démontré une entière efficacité dans le traitement de la sclérodermie systémique. Les agents vasomoteurs sont souvent prescrits durant la phase précoce de la maladie, et les inhibiteurs des canaux calciques (nifédipine [Adalat^MD] et diltiazem [Cardizem^MD]) sont couramment utilisés chez les personnes qui souffrent du phénomène de Raynaud. La réserpine, un alphabloquant, augmente le débit sanguin vers les doigts.

L'époprosténol (Flolan^MD), un vasodilatateur, peut aider à prévenir et à traiter les ulcères des doigts et des orteils tout en améliorant la capacité d'exercice et le fonctionnement du cœur et des poumons. Le losartan (Cozaar^MD), un inhibiteur de l'angiotensine II, peut également être utilisé pour traiter le phénomène de Raynaud. Il est important de noter que certains médicaments utilisés pour traiter d'autres manifestations de la sclérodermie, tels que les inhibiteurs des canaux calciques, peuvent parfois aggraver le reflux gastro-œsophagien (RGO). Si la modification des habitudes de vie n'est pas suffisante, les médicaments les plus efficaces pour traiter le RGO sont de la classe des inhibiteurs de la pompe à protons tels que l'oméprazole (Losec^MD), le pantoprazole (Pantoloc^MD), le lansoprazole (Prevacid^MD), l'ésoméprazole (Nexium^MD) et le rabéprazole (Pariet^MD).

Les prostacyclines sont le plus ancien traitement pour l'hypertension artérielle pulmonaire (HTAP), surtout l'époprosténol (Flolan^MD). Malgré son efficacité, ce traitement est souvent mal toléré. Cependant, de nouvelles formulations de prostacyclines ont vu le jour récemment avec une administration plus facile : le tréprostinil (Remodulin^MD), qui nécessite plutôt une pompe portable à micro-infusion sous-cutanée semblable aux pompes à insuline, et l'iloprost en inhalation intranasale, qui est plus facile à administrer, mais nécessite quand même de six à neuf traitements par jour. Lorsqu'on met dans la balance la facilité d'administration, les effets secondaires minimes et l'efficacité du médicament, les meilleurs traitements pour l'HTAP offerts actuellement sont le bosentan (Tracleer^MD) et les inhibiteurs de la phosphodietérase-5 (Viagra^MD et Cialis^MD) (Grodzicky, 2008).

Les corticostéroïdes ont peu d'effets sur la sclérodermie systémique. Leur usage est réservé

Processus diagnostique et thérapeutique

ENCADRÉ 27.19   **Sclérodermie systémique**

Examen clinique et examens paracliniques
- Évaluation des symptômes (PQRSTU), histoire de santé (AMPLE) et examen physique
- Titres d'anticorps antinucléaires
- Anticorps anticentromère
- Examen au microscope des capillaires du lit unguéal
- Radiographie du thorax
- Biopsie cutanée ou viscérale
- Analyse d'urine (protéinurie, hématurie, cylindres)
- Tests de la fonction pulmonaire
- Électrocardiogramme

Processus thérapeutique
- Physiothérapie
- Ergothérapie
- Pharmacothérapie : médicaments vasomoteurs (p. ex., le bosentan [Tracleer^MD], l'époprosténol [Flolan^MD], le tréprostinil [Remodulin^MD]); inhibiteurs calciques (p. ex., le diltiazem [Cardizem^MD], la nifédipine [Adalat^MD]); inhibiteurs de l'enzyme de conversion de l'angiotensine (p. ex., le lisinopril [Prinivil^MD et Zestril^MD]); inhibiteurs de la phosphodiestérase-5 (p. ex., le Viagra^MD et le Cialis^MD); médicaments immunodépresseurs (p. ex., le cyclophosphamide [Procytox^MD], le mofétilmycophénolate [CellCept^MD]).

aux clients souffrant de myosite, d'une atteinte importante des articulations ou d'une maladie grave de la peau avec ulcérations. Les médicaments administrés par voie topique peuvent offrir un certain soulagement de la douleur articulaire. Les crèmes à base de capsaïcine peuvent être utiles non seulement comme analgésiques locaux mais également comme vasodilatateurs. Les autres traitements prescrits pour soulager les troubles systémiques peuvent comprendre, entre autres, la tétracycline (pour traiter la diarrhée causée par une prolifération bactérienne), les inhibiteurs du récepteur H_2 de l'histamine (p. ex., la cimétidine) et les inhibiteurs de la pompe à protons (p. ex., l'oméprazole [Losec^{MD}]) pour soulager les symptômes œsophagiens, les antihypertenseurs (p. ex., le captopril [Capoten^{MD}], le propranolol [Inderal^{MD}], le méthyldopa) pour traiter l'hypertension accompagnée d'une atteinte rénale et les immunodépresseurs (p. ex., le cyclophosphamide [Procytox^{MD}], le mofétilmycophénolate [CellCept^{MD}]).

Soins et traitements en interdisciplinarité

CLIENT ATTEINT DE SCLÉRODERMIE SYSTÉMIQUE

Comme il n'est pas possible de prévenir la sclérodermie systémique, les interventions infirmières commencent souvent lorsque le client est hospitalisé à des fins diagnostiques. L'infirmière doit aider le client à soulager son sentiment d'impuissance en lui offrant de l'information sur la maladie et en l'encourageant à participer activement à la planification de ses soins. Pour planifier les soins en fonction des signes observables, il convient d'évaluer à intervalles réguliers les signes vitaux, le poids, le bilan des ingesta et des excreta, la fonction respiratoire, la fonction intestinale et l'amplitude des mouvements articulaires du client. Le stress émotif et les températures froides peuvent aggraver le phénomène de Raynaud. Il convient également d'aviser le client de ne pas subir de prélèvements sanguins par piqûre du bout des doigts. En effet, les personnes atteintes de sclérodermie systémique présentent une mauvaise circulation sanguine dans les doigts, de sorte que la guérison des blessures digitales se fera plus difficilement.

L'enseignement au client et à sa famille est une importante responsabilité de l'infirmière. Les modifications de l'apparence du visage et des mains entraînent souvent une mauvaise image de soi, ainsi qu'une perte de mobilité et de fonction. Afin de prévenir la rétraction cutanée et favoriser la vascularisation, le client doit effectuer des exercices thérapeutiques à domicile. Les mouvements mandibulaires (p. ex., bâiller en ouvrant la bouche) représentent de bons exercices pour aider à maintenir la fonction de l'articulation temporo-mandibulaire. Les exercices isométriques conviennent particulièrement bien aux personnes qui souffrent d'arthropathie, étant donné une amplitude de mouvements limitée. L'infirmière doit encourager le client à appliquer des compresses chaudes et humides ou à recourir aux bains de paraffine pour accroître la flexibilité de la peau des mains et des pieds. Il convient également d'enseigner au client à utiliser convenablement les dispositifs d'assistance et à organiser ses activités de façon à préserver ses forces et à réduire l'invalidité.

De plus, le client doit être encouragé à protéger ses mains et ses pieds du froid, ainsi que des brûlures ou des blessures susceptibles de guérir lentement. Le client doit éviter de fumer en raison de l'effet vasoconstricteur du tabac. Il faut également lui rappeler de signaler rapidement tout signe d'infection. Les lotions peuvent réduire la sécheresse et les fissures de la peau ; toutefois, comme la peau des personnes atteintes de sclérodermie systémique est très épaisse, elle doit être massée très longtemps pour faire pénétrer la lotion.

Le client peut réduire ses symptômes de dysphagie en prenant des repas légers, en mastiquant lentement et en buvant beaucoup de liquides. Il peut également réduire les brûlures d'estomac en prenant des antiacides 45 à 60 minutes avant chaque repas et en adoptant une position assise et verticale durant au moins deux heures après les repas. Pour réduire les reflux gastriques nocturnes, le client peut utiliser des oreillers supplémentaires ou surélever la tête de son lit avec des blocs.

Il est souvent nécessaire de modifier la façon de travailler du client, car il peut présenter des problèmes particuliers lorsque, par exemple, il est exposé au froid, monte les escaliers, écrit à l'ordinateur ou avec un crayon. Le client peut également vouloir s'isoler en raison de la modification de l'aspect de son visage et de ses mains due à l'étirement de la peau. De plus, il peut être socialement embarrassant pour le client de prendre ses repas à l'extérieur en raison de la réduction de la taille de sa bouche, de ses difficultés à avaler et du reflux gastrique. Certaines personnes atteintes de sclérodermie systémique portent des gants pour protéger l'extrémité de leurs doigts des ulcères ou pour les garder au chaud. Afin de réduire la douleur associée aux ulcères ou à la calcinose de l'extrémité des doigts, le client peut utiliser des dispositifs d'assistance ou des ustensiles gainés. Il convient d'insister sur l'hygiène buccale quotidienne en raison du risque accru de problèmes dentaires ou gingivaux. À cet effet, le client doit choisir un dentiste qui connaît bien la sclérodermie systémique et qui se sent à l'aise de travailler avec des clients dont l'accès à la cavité orale est limité. Le soutien psychologique contribue à réduire le stress et a une influence positive sur la réaction vasomotrice périphérique. De fait, la rétroaction biologique et les techniques de relaxation, par exemple, réduisent la tension, améliorent le sommeil et augmentent la température des doigts et des orteils.

Au besoin, l'infirmière prodigue des conseils au client sur la dysfonction sexuelle. La dysfonction sexuelle peut résulter de différents facteurs comme les modifications corporelles, la douleur, la faiblesse musculaire, la réduction de la mobilité, la baisse de l'estime de soi, la dysfonction érectile et la réduction des sécrétions vaginales. L'infirmière doit offrir des conseils personnalisés au client en fonction de son évaluation.

RAPPELEZ-VOUS...

Un exercice est dit isométrique lorsqu'un muscle maintient une force en se contractant sans déplacement des articulations.

RAPPELEZ-VOUS...

Le froid a également un effet vasoconstricteur.

27.2.9 Polymyosite et dermatomyosite

La **polymyosite** et la **dermatomyosite** sont des myopathies inflammatoires, idiopathiques et disséminées des muscles striés. Elles entraînent une faiblesse bilatérale habituellement plus grave des muscles proximaux ou des muscles des épaules et des hanches. Ces troubles relativement rares sont deux fois plus fréquents chez la femme que chez l'homme et touchent habituellement les adultes âgés de 45 à 65 ans (Roberts, 2007). Bien qu'elles soient distinctes l'une de l'autre, la polymyosite et la dermatomyosite peuvent se manifester par des signes et des symptômes similaires et nécessiter un traitement identique (Rellosa & Rubin, 2009). La polymyosite est généralement plus grave que la dermatomyosite.

Étiologie et physiopathologie

La cause exacte de la polymyosite et de la dermatomyosite demeure inconnue. Certaines théories stipulent que ces troubles seraient dus à la présence d'un agent infectieux, aux néoplasmes, à certains médicaments ou vaccins et au stress. Le lien entre la gravité de la polymyosite et de la dermatomyosite avec l'altération des complexes immuns n'a pas encore été établi ; par conséquent, les chercheurs ne savent pas si l'altération des complexes immuns est une cause primaire ou secondaire de ces maladies. Les théoriciens pensent que la polymyosite est causée par une réaction à médiation cellulaire, car la présence de lymphocytes T cytotoxiques et de macrophages a été observée près des fibres musculaires endommagées de certaines personnes atteintes de polymyosite. À l'opposé, la dermatomyosite a été associée à la présence de lymphocytes B (immunité humorale) et à la destruction des vaisseaux de petit calibre des muscles.

Manifestations cliniques et complications

Manifestations musculaires

Le client atteint de polymyosite ou de dermatomyosite présente une perte de poids et une fatigue accrue. Il ressent également une faiblesse musculaire, laquelle apparaît graduellement et rend plus difficile l'exécution des activités de la vie quotidienne. Les muscles les plus fréquemment touchés sont ceux des épaules, des jambes, des bras et de la ceinture pelvienne. Le client peut éprouver de la difficulté à se lever d'une chaise, à sortir de la baignoire, à monter les escaliers, à se peigner ou à saisir un objet placé en hauteur. Les muscles du cou peuvent s'affaiblir de façon telle que le client aura de la difficulté à soulever sa tête de l'oreiller. La douleur et la sensibilité musculaires ne sont pas des symptômes fréquents. L'examen musculaire révèle une incapacité à vaincre la résistance ou la gravité. La faiblesse des muscles pharyngiens peut entraîner une dysphagie et une dysphonie (voix nasale ou rauque).

Manifestations cutanées

Les modifications cutanées associées à la dermatomyosite comprennent, entre autres, une éruption cutanée érythémateuse symétrique, cyanotique ou violacée, accompagnée d'un œdème autour des paupières. Des papules et de petites plaques érythémateuses ou de couleur violette peuvent apparaître sur les articulations interphalangiennes distales ou métacarpophalangiennes (**papules de Gottron**), ainsi que sur les articulations du coude et du genou chez environ 70 % des personnes atteintes de dermatomyosite **FIGURE 27.13**. Ces modifications cutanées précoces permettent de diagnostiquer et de distinguer plus rapidement la dermatomyosite de la polymyosite qui se caractérise par l'absence d'éruption cutanée. Des taches rouges, lisses et squameuses apparaissent selon la même distribution symétrique, sans toutefois toucher les espaces interphalangiens (**signes de Gottron**). Ces taches peuvent être confondues avec le psoriasis ou la dermatite séborrhéique. Une éruption érythémateuse et squameuse (poïkilodermie) peut aussi apparaître durant les stades plus avancés de la maladie sur le dos, les fesses et la partie antérieure du cou et du thorax (aspect en V). Une hyperémie et une télangiectasie sont également souvent présentes sur le lit unguéal. Des nodules calciques (calcinose cutanée) peuvent se former partout sur la peau et sont particulièrement fréquents chez les clients qui souffrent depuis longtemps d'une dermatomyosite.

RAPPELEZ-VOUS...

Les client atteints de dermatomyosite sont davantage à risque de souffrir d'un cancer.

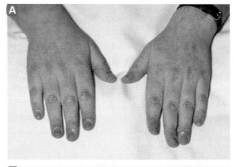
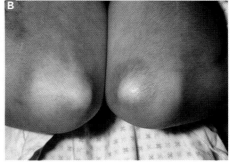

FIGURE 27.13

Ⓐ Papules de Gottron. Ⓑ Modifications cutanées de la dermatomyosite.

Autres manifestations

Une rougeur, une douleur et une inflammation articulaires apparaissent souvent chez les clients atteints de polymyosite et de dermatomyosite, contribuant à limiter l'amplitude des mouvements articulaires. Des contractures et une atrophie musculaire peuvent également apparaître durant les stades plus avancés de la maladie. L'affaiblissement des muscles pharyngiens entraîne parfois une difficulté à avaler et à tousser, et il augmente le risque de pneumonie par aspiration chez les clients atteints de l'une ou l'autre des maladies. Jusqu'à 65 % des clients peuvent aussi être atteints d'une maladie pulmonaire interstitielle. Les personnes atteintes de dermatomyosite présentent également un risque accru de cancer, lequel peut être déjà présent au moment du diagnostic. Enfin, la polymyosite et la dermatomyosite peuvent être associées à d'autres troubles des tissus conjonctifs (p. ex., une sclérodermie systémique).

Examen clinique et examens paracliniques

Le diagnostic de polymyosite et de dermatomyosite est confirmé par imagerie par résonance magnétique (IRM), électromyographie, biopsie musculaire ou au moyen de mesures des concentrations sériques d'enzymes musculaires. L'électromyographie évocatrice d'une polymyosite révélera des décharges anormales à haute fréquence et une fibrillation spontanée, avec des pics positifs au repos. La biopsie musculaire révèle quant à elle une nécrose, une dégénérescence, une régénérescence et une fibrose. Ces observations pathologiques sont différentes selon que le client est atteint de polymyosite ou de dermatomyosite. Les concentrations d'enzymes, notamment la créatinine kinase et la myoglobine, sont élevées. Une augmentation de la vitesse de sédimentation est également observée lorsque la maladie est active.

Soins et traitements en interdisciplinarité

CLIENT ATTEINT DE POLYMYOSITE ET DE DERMATOMYOSITE

La polymyosite et la dermatomyosite sont traitées initialement par des corticostéroïdes à fortes doses. En règle générale, le client présentera une amélioration de son état si le traitement par les corticostéroïdes est instauré rapidement. Il peut être nécessaire de recourir à un traitement de longue durée au moyen des corticostéroïdes, car les rechutes sont fréquentes une fois la corticothérapie terminée. Si les corticostéroïdes s'avèrent inefficaces ou si le client présente une atteinte organique, il est alors possible d'administrer des immunodépresseurs (méthotrexate, azathioprine [Imuran[MD]], tacrolimus [Prograf[MD]], cyclophosphamide [Procytox[MD]]) par voie orale ou I.V. (administration intermittente). De plus, il a été démontré que l'administration de fortes doses d'immunoglobuline par voie I.V. améliorait la dermatomyosite. Des corticostéroïdes par voie topique et de l'hydroxychloroquine (Plaquenil[MD]) peuvent aussi être prescrits pour traiter l'éruption cutanée. Enfin, des études cliniques sont actuellement menées pour évaluer l'utilisation du rituximab (Rituxan[MD]), un anticorps monoclonal, dans le traitement de la polymyosite et de la dermatomyosite.

La physiothérapie peut s'avérer utile. Toutefois, elle doit être adaptée en fonction de l'activité de la maladie. Les massages et les mouvements passifs sont appropriés durant la phase active.

Les exercices plus intenses doivent être réalisés uniquement durant les périodes pendant lesquelles l'activité de la maladie est minimale, c'est-à-dire lorsque les concentrations sériques d'enzymes sont basses.

L'infirmière doit renseigner le client sur la nature de sa maladie, les examens paracliniques et les traitements prescrits, tout en soulignant l'importance du suivi médical. Il est important que le client comprenne que les bienfaits du traitement prennent souvent du temps avant d'apparaître. De plus, il est nécessaire de porter une attention particulière à la sécurité du client. L'infirmière doit encourager l'utilisation de dispositifs d'assistance afin de prévenir tout risque de chute. Aussi, pour éviter le risque d'aspiration, l'infirmière encouragera le client à se reposer avant les repas, à adopter une position droite lorsqu'il mange et à opter pour des aliments qui se mastiquent facilement.

Afin que le client conserve son énergie, l'infirmière l'aidera à organiser et à planifier ses activités. Lorsque le client ne montre aucun signe d'inflammation active, il peut effectuer des exercices de renforcement musculaire (mouvements répétitifs). Les soins à domicile et l'alitement peuvent devenir nécessaires durant la phase aiguë de la polymyosite, car la faiblesse musculaire profonde ressentie par le client l'empêche de mener ses activités quotidiennes.

27.2.10 Connectivite mixte

La **connectivite mixte**, définie comme une combinaison de signes cliniques évoquant plusieurs atteintes arthritiques, était jadis considérée comme un trouble clinique distinct. Toutefois, le suivi des personnes atteintes de connectivite mixte a révélé que, chez la plupart des clients, ce trouble représente en fait un stade précis dans l'évolution du LED, de la sclérodermie systémique ou de la polymyosite (Hellman & Imboden, 2008).

27.2.11 Syndrome de Sjögren

Le **syndrome de Sjögren** est une maladie auto-immune relativement fréquente qui cible les glandes responsables de l'hydratation, entraînant une **xérostomie** (sécheresse buccale) et une

kératoconjonctivite sèche (sécheresse oculaire) (Gálvez *et al.*, 2009). Le nez, la gorge, les voies respiratoires et la peau du client peuvent également s'assécher. L'affection peut toucher d'autres glandes, y compris les glandes se trouvant dans l'estomac, le pancréas et les intestins (atteinte extra-glandulaire). Le syndrome de Sjögren est habituellement diagnostiqué chez les personnes âgées de plus de 40 ans, parmi lesquelles 90 % sont des femmes.

Le syndrome de Sjögren primaire se caractérise par un dysfonctionnement des glandes lacrymales et salivaires. Le client atteint de la forme primaire du syndrome a tendance à présenter des anticorps dirigés contre les antigènes cytoplasmiques SS-A (ou Ro) et SS-B (ou LA), ainsi que des AAN. Le client atteint du syndrome de Sjögren secondaire souffre habituellement d'une autre affection auto-immune (p. ex, une polyarthrite rhumatoïde, un LED) avant de présenter ce syndrome.

Il semble que le syndrome de Sjögren soit causé par des facteurs génétiques et environnementaux. Plusieurs gènes semblent être en cause : un gène particulier prédispose les Blancs, tandis que d'autres gènes ont été liés à la maladie chez les personnes d'origine japonaise, chinoise et afro-américaine. Le syndrome de Sjögren peut être déclenché par une infection d'origine virale ou bactérienne, qui entraînerait des effets délétères sur le système immunitaire. Dans le syndrome de Sjögren, les lymphocytes attaquent et endommagent les glandes lacrymales et salivaires.

La sécheresse oculaire réduit la production de larmes, entraînant une sensation de rugosité et de brûlure dans les yeux, une vision embrouillée et une photosensibilité. La sécheresse buccale provoque quant à elle des fissures au niveau de la muqueuse buccale, une altération du goût, une dysphagie et une augmentation de la fréquence des infections buccales ou des caries dentaires. L'examen histologique révèle une infiltration lymphocytaire des glandes salivaires et lacrymales. Une sécheresse de la peau, des éruptions cutanées, une douleur articulaire et musculaire et des troubles thyroïdiens peuvent également être présents. D'autres glandes exocrines peuvent également être touchées. Par exemple, la sécheresse vaginale peut provoquer une **dyspareunie** (relations sexuelles douloureuses). De plus, le syndrome de Sjögren est fréquemment associé à des troubles thyroïdiens auto-immuns comme la maladie de Graves et la thyroïdite chronique de Hashimoto. Enfin, la maladie peut se généraliser et toucher les ganglions lymphatiques, la moelle osseuse et les viscères (pseudolymphome) en plus d'augmenter le risque de lymphome (Baimpa, Dahabreh, Voulgarelis, & Moutsopoulos, 2009).

L'examen ophtalmologique (test de Schirmer pour mesurer la sécrétion lacrymale), l'évaluation de la fonction des glandes salivaires et la biopsie des glandes salivaires accessoires de la lèvre inférieure contribuent à l'établissement d'un diagnostic. Le traitement vise à soulager les symptômes et comprend, entre autres : 1) l'instillation de larmes artificielles pour assurer une hydratation et une lubrification adéquates ; 2) une occlusion chirurgicale ponctuelle des canaux lacrymaux ; 3) un apport liquidien accru durant les repas. Il est également important d'adopter une bonne hygiène dentaire. De plus, la pilocarpine (Salagen^MD) peut être utilisée pour soulager les symptômes de sécheresse buccale. L'augmentation de l'humidité de l'air à la maison peut aider quant à elle à réduire les infections respiratoires. Enfin, l'utilisation d'un produit hydrosoluble de lubrification vaginale peut rendre les relations sexuelles plus agréables.

27.3 | Syndromes rhumatismaux des tissus mous

Le syndrome algique myofascial, la fibromyalgie et l'encéphalomyélite myalgique sont trois syndromes rhumatismaux des tissus mous qui possèdent de nombreux éléments en commun et qui peuvent être interreliés. À l'heure actuelle, des recherches sont menées pour étudier les liens existant entre ces trois atteintes. Le traitement par une équipe interdisciplinaire de soins incluant un rhumatologue, une infirmière, un professionnel de la santé mentale et un physiothérapeute peut s'avérer utile chez les clients atteints de l'un de ces syndromes.

27.3.1 Syndrome algique myofascial

Le **syndrome algique myofascial** est une forme de douleur musculaire chronique. Il se caractérise habituellement par une douleur et une sensibilité touchant le thorax, le cou, les épaules, les hanches et le bas du dos. La douleur issue de ces muscles peut irradier vers les fesses, les mains et la tête, et ainsi causer de fortes céphalées. Il a été démontré que la douleur émanait de points gâchettes antérieur et postérieur, résultant d'un traumatisme musculaire ou de tensions musculaires chroniques (p. ex., un travail de bureau ou à l'ordinateur). Les régions douloureuses sont souvent situées dans les cordons musculaires et les fascias des muscles squelettiques. Lorsqu'on applique une pression sur ceux-ci, les points gâchettes semblent activer une douleur caractéristique, laquelle peut s'aggraver en période d'activité ou de stress

(Cleveland Clinic, 2010). Le syndrome algique myofascial survient plus fréquemment chez les adultes d'âge moyen ; il touche davantage les femmes que les hommes. Les clients se plaignent d'une douleur profonde, accompagnée d'une sensation de brûlure, de picotements et de raideur.

Le diagnostic du syndrome algique myofascial est établi par palpation des points gâchettes. Celle-ci révèle une induration et, fréquemment, une contraction musculaire dans la région du point gâchette. La palpation du point gâchette entraîne une douleur locale, laquelle peut ensuite irradier vers une région éloignée. Ces signes et symptômes ont également été observés chez les personnes en bonne santé et les individus atteints de fibromyalgie. En raison des similarités existant entre le syndrome algique myofascial et la fibromyalgie, certains en sont venus à penser que la douleur myofasciale est une forme de fibromyalgie ou qu'elle peut évoluer vers une fibromyalgie. Le **TABLEAU 27.5** présente une comparaison de ces deux syndromes.

La physiothérapie est l'un des traitements utilisés chez les clients atteints du syndrome algique myofascial. Le traitement habituel consiste à appliquer de la glace ou un agent refroidissant en aérosol (p. ex., du chlorure d'éthyle) sur la région douloureuse, puis à effectuer des étirements. Des résultats positifs ont été observés avec les timbres topiques et l'injection d'un anesthésique local dans les points gâchettes (p. ex., la lidocaïne à 1 %) (Affaitati *et al.*, 2009). La massothérapie, l'acupuncture, la rétroaction biologique et le traitement par ultrasons se sont également avérés bénéfiques chez certains clients.

L'enseignement prodigué au client et à ses proches aidants représente une responsabilité infirmière importante. L'infirmière doit démontrer au client comment prévenir toute tension musculaire dans le cadre de son travail ou de ses loisirs. Il convient également de passer en revue les bonnes postures ainsi que les bonnes positions à adopter au repos ou durant le sommeil. La plupart des clients atteints du syndrome algique myofascial sont en mesure de mener une vie normale et active.

27.3.2   Fibromyalgie

La **fibromyalgie** est un syndrome de douleur chronique se caractérisant par une douleur musculosquelettique diffuse et non articulaire, la présence de multiples points sensibles et une sensation de fatigue. Les personnes souffrant de fibromyalgie peuvent également présenter un sommeil non réparateur, une raideur matinale, le syndrome du côlon irritable et de l'anxiété. La fibromyalgie était anciennement nommée fibrosite. Cette dernière dénomination présupposait la présence d'une inflammation des muscles et des tissus mous. Il est maintenant connu que la fibromyalgie est un trouble non inflammatoire, non dégénératif et non évolutif.

La fibromyalgie est un trouble musculosquelettique régulièrement diagnostiqué, ainsi qu'une cause majeure d'invalidité. Elle touche de 2 à 6 % de la population canadienne et apparaît 4 à 10 fois plus souvent chez la femme que chez l'homme. Comme son incidence augmente avec l'âge, ce sont les femmes de plus de 50 ans qui sont les plus touchées (Société de l'arthrite, 2009b). La fibromyalgie partage de nombreux points en commun avec l'encéphalomyélite myalgique **TABLEAU 27.6**.

Étiologie et physiopathologie

Les chercheurs continuent à concentrer leurs efforts sur la détermination des causes sous-jacentes et les mécanismes physiopathologiques de la fibromyalgie. La communauté scientifique s'entend généralement pour reconnaître qu'un dérèglement neuro-endocrinien et un déséquilibre des neurotransmetteurs sont en jeu dans la fibromyalgie. L'amplification de la douleur ressentie par le client résulte d'une transmission sensorielle anormale dans le SNC. Le client atteint de fibromyalgie présente de multiples anomalies physiologiques, entre autres des concentrations accrues de substance P dans le liquide rachidien, un débit sanguin réduit vers le thalamus, un dysfonctionnement de l'axe hypothalamo-hypophyso-surrénalien, des concentrations réduites de sérotonine et de tryptophane ainsi qu'une anomalie de la fonction des cytokines. La sérotonine et la substance P jouent un rôle dans la régulation de l'humeur, le sommeil et la perception de la douleur. Les modifications de l'axe hypothalamo-hypophyso-surrénalien peuvent également entraîner des répercussions négatives sur la santé physique et mentale, augmentant

TABLEAU 27.5	Comparaison entre le syndrome algique myofascial et la fibromyalgie	
PARAMÈTRE	SYNDROME ALGIQUE MYOFASCIAL	FIBROMYALGIE
Emplacement	Régional	Généralisé
Examen	Points gâchettes	Points douloureux
Réponse à l'administration d'un traitement local	Effet curatif	Non soutenue
Sexe	Rapport égal ou inconnu	Rapport femmes / hommes : 10:1

Source : Adapté de McCance & Huether (2010).

TABLEAU 27.6	Éléments communs entre la fibromyalgie et l'encéphalomyélite myalgique
ÉLÉMENT COMMUN	**DESCRIPTION**
Apparition	Chez les femmes jeunes et d'âge moyen autrement en bonne santé
Étiologie (hypothèses)	Maladies possiblement déclenchées par une infection, un dysfonctionnement de l'axe hypothalamo-hypophyso-surrénalien ou une altération du SNC
Manifestations cliniques	Malaise et fatigue, dysfonction cognitive, céphalées, troubles du sommeil, dépression, anxiété, fièvre, douleur musculosquelettique généralisée
Évolution de la maladie	Intensité variable des symptômes; fluctuation des symptômes dans le temps
Diagnostic	Aucune analyse de laboratoire ou examen des articulations et des muscles concluant; diagnostic par exclusion, principalement
Processus thérapeutique en interdisciplinarité	Traitement symptomatique qui peut inclure des antidépresseurs comme l'amitriptyline (Elavil^MD) et la fluoxétine (Prozac^MD); autres interventions qui comprennent, entre autres, l'application de chaleur, le massage, les étirements réguliers, la rétroaction biologique, la gestion du stress et la relaxation; importance de l'enseignement aux clients et aux proches aidants

l'incidence de la dépression et réduisant la réponse au stress. Les facteurs génétiques semblent aussi contribuer à l'apparition du syndrome dans une même famille (Russell & Larson, 2009). Enfin, une maladie d'origine virale ou la maladie de Lyme peuvent provoquer une fibromyalgie chez les clients qui y sont prédisposés.

Manifestations cliniques et complications

Le client souffrant de fibromyalgie se plaint d'une douleur diffuse (sensation de brûlure, coups, écrasement, arrachement), qui s'aggrave et s'améliore au cours d'une même journée. Il est souvent difficile pour le client de discerner si la douleur provient de ses muscles, de ses articulations ou des tissus mous. La douleur à la tête ou au visage résulte souvent d'une raideur ou d'une douleur touchant les muscles du cou et des épaules. Chez environ un tiers des personnes atteintes de fibromyalgie, la douleur peut s'accompagner d'un dysfonctionnement de l'articulation temporo-mandibulaire. Qui plus est, les clients présentent habituellement un sommeil non réparateur et de la fatigue.

L'examen physique des personnes atteintes de fibromyalgie révèle une douleur à la palpation de 11 (ou plus) des 18 points douloureux situés à des endroits précis sur le corps humain **FIGURE 27.14**. Il convient de noter que les clients atteints de fibromyalgie sont sensibles aux stimuli douloureux de l'ensemble de l'organisme et non pas uniquement des points douloureux repérés. De plus, les points douloureux peuvent varier de jour en jour : à certaines occasions, le client atteint de fibromyalgie peut présenter une douleur à moins de 11 points ; à d'autres moments, la palpation de tous les points entraîne de la douleur.

Les symptômes cognitifs varient, allant d'une difficulté de concentration à des trous de mémoire et à un sentiment de désarroi à l'idée de faire face à des tâches multiples. De nombreuses personnes rapportent des céphalées migraineuses. La dépression et l'anxiété sont fréquentes et peuvent nécessiter un traitement pharmacologique. Les

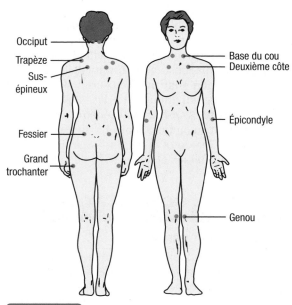

Occiput
Trapèze
Sus-épineux
Fessier
Grand trochanter
Base du cou
Deuxième côte
Épicondyle
Genou

FIGURE 27.14

Points douloureux de la fibromyalgie

27

personnes atteintes de fibromyalgie présentent souvent d'autres symptômes neurologiques comme un engourdissement ou des fourmillements aux mains ou aux pieds (paresthésie). Le syndrome des jambes sans repos est également une caractéristique propre à cette maladie. Le client décrit le syndrome des jambes sans repos comme un besoin irrépressible de bouger les jambes, que ce soit au repos ou en position couchée.

Le syndrome du côlon irritable, associé à des symptômes de constipation ou de diarrhée, de douleur abdominale et de ballonnement, est fréquent. Les clients atteints de fibromyalgie peuvent également avoir de la difficulté à avaler, possiblement en raison d'une anomalie de la fonction du muscle lisse de l'œsophage. En l'absence de toute infection vésicale, l'augmentation de la fréquence des mictions et les urgences mictionnelles sont des signes typiques de la maladie. Les femmes atteintes de fibromyalgie peuvent avoir des menstruations plus douloureuses ; de plus, les symptômes de la fibromyalgie peuvent s'aggraver durant les menstruations.

Examen clinique et examens paracliniques

Il est souvent difficile d'établir un diagnostic de fibromyalgie de manière définitive. De plus, le manque de connaissances sur cette maladie par certains professionnels de la santé peut retarder le diagnostic et, par conséquent, le traitement. Dans la plupart des cas, les analyses de laboratoire permettent d'écarter d'autres diagnostics soupçonnés dans le cadre de l'histoire de santé du client et de l'examen physique. Les personnes atteintes de fibromyalgie présentent occasionnellement de faibles taux d'AAN, mais ce paramètre ne permet pas de diagnostiquer la maladie. Les échantillons prélevés par biopsie musculaire peuvent avoir un aspect moucheté non spécifique ou révéler une atrophie des fibres musculaires. Selon la Société de l'arthrite, un diagnostic de fibromyalgie peut être posé si le client répond aux deux critères suivants : 1) douleur à la palpation de 11 des 18 points douloureux **FIGURE 27.14** ; 2) antécédents de douleur diffuse durant au moins 3 mois. La douleur diffuse doit toucher les deux côtés de l'organisme et se manifester au-dessus et au-dessous de la taille.

Processus thérapeutique en interdisciplinarité

Le traitement de la fibromyalgie est symptomatique et requiert un haut niveau de motivation de la part du client. L'infirmière peut jouer un rôle important en enseignant au client à prendre une part active dans son traitement. Le repos peut aider à soulager la douleur et la sensibilité à la pression. Les traitements pharmacologiques comprennent les composés tricycliques à faibles doses comme la cyclobenzaprine et l'amitriptyline (Elavil^MD). Les inhibiteurs sélectifs du recaptage de la sérotonine (ISRS) et de la noradrénaline (venlafaxine [Effexor XR^MD], milnacipran, duloxétine [Cymbalta^MD]) et le tramadol (Ultram^MD) agissent de façon similaire et peuvent s'avérer efficaces chez certaines personnes. Si l'amitriptyline n'est pas bien tolérée, il est possible de lui substituer un autre médicament similaire (p. ex., la doxépine [Sinequan^MD], l'imipramine [Tofranil^MD], le trazodone [Desyrel^MD]). L'utilisation des antidépresseurs de la classe des ISRS (p. ex., la sertraline [Zoloft^MD] ou la paroxétine [Paxil^MD]) est principalement réservée aux personnes atteintes de fibromyalgie et de dépression. Le cas échéant, il sera peut-être nécessaire de prescrire l'ISRS à une dose plus élevée que celle utilisée dans le traitement de la dépression. Tant les antidépresseurs que les myorelaxants entraînent des effets sédatifs qui peuvent aider à améliorer le repos nocturne chez les personnes atteintes de fibromyalgie.

L'utilisation d'opioïdes à longue durée d'action n'est généralement pas recommandée, à moins que le client atteint de fibromyalgie ne réponde pas aux autres traitements. Chez certains clients, la douleur peut être soulagée par des analgésiques offerts sans ordonnance comme l'acétaminophène (Tylenol^MD) ou l'ibuprofène (Motrin^MD, Advil^MD).

Les cyclobenzapirines sont également utilisées pour soulager les spasmes musculaires et favoriser le sommeil chez les clients atteints de fibromyalgie.

La gabapentine (Neurontin^MD) et la prégabaline (Lyrica^MD), qui sont des anticonvulsifs, font partie des nouveaux médicaments utilisés pour traiter la fibromyalgie. Ces médicaments peuvent aider à réduire la douleur et la fatigue, et à améliorer le sommeil et l'exécution des activités quotidiennes.

Soins et traitements en interdisciplinarité

CLIENT ATTEINT DE FIBROMYALGIE

En raison de la nature chronique de la fibromyalgie et de la nécessité de suivre un programme de rééducation permanent, le client atteint de fibromyalgie a besoin du soutien continu de l'infirmière et des autres membres de l'équipe de soins. La massothérapie est souvent associée à l'ultrasonothérapie ou à la thermothérapie (chaude et froide) pour soulager les muscles tendus et endoloris de même que pour augmenter la circulation sanguine. Le client peut effectuer des étirements légers afin de soulager la tension et les spasmes musculaires, que ce soit en présence d'un physiothérapeute ou à la maison. Le yoga et le tai-chi s'avèrent souvent des choix d'exercices appropriés. Les exercices aérobiques à faible impact, notamment la marche, peuvent aussi aider à prévenir l'atrophie musculaire.

Les nutritionnistes conseillent souvent aux personnes atteintes de fibromyalgie de restreindre leur consommation de sucre, de caféine et d'alcool, car ces substances sont des irritants musculaires. Il peut être approprié de prendre des vitamines et des minéraux pour combattre le stress, corriger les carences et accroître les défenses du système immunitaire. Le client atteint de fibromyalgie doit soigneusement évaluer le bien-fondé des régimes miracles ou des suppléments dont l'efficacité n'a pas été démontrée et discuter de ceux-ci avec un professionnel de la santé avant de les utiliser. Le client doit également savoir que certains aliments et suppléments alimentaires peuvent entraîner des effets indésirables graves et même être dangereux lorsqu'ils sont associés à certains médicaments.

La douleur et les symptômes reliés à la fibromyalgie peuvent causer un stress important. Or, les personnes atteintes de fibromyalgie ne semblent pas gérer leur stress de façon efficace. Certaines techniques de relaxation utiles comprennent, entre autres, la rétroaction biologique, l'imagerie mentale dirigée et l'entraînement autogène. Les clients doivent recevoir une formation initiale sur ces techniques avant de les pratiquer par eux-mêmes à la maison ▶ .

Les stratégies d'adaptation au stress sont abordées dans le chapitre 8, *Stress et gestion du stress*.

27.3.3 Encéphalomyélite myalgique

L'**encéphalomyélite myalgique**, également nommée syndrome de fatigue chronique, est un trouble caractérisé par une fatigue invalidante et une variété de symptômes connexes. Il est difficile d'établir la prévalence de l'encéphalomyélite myalgique en raison de l'absence d'examens paracliniques éprouvés. Selon une étude publiée en 2007 par Statistique Canada et intitulée *Symptômes physiques médicalement inexpliqués*, la prévalence de l'encéphalomyélite myalgique serait de l'ordre de 1,3 % (Park & Knudson, 2007). Par conséquent, près de 400 000 Canadiens, dont plus de 90 000 Québécois, en seraient atteints (Association québécoise de l'encéphalomyélite myalgique, 2010). La maladie affecte tous les groupes ethniques et socioéconomiques, mais les femmes sont plus fréquemment touchées que les hommes. Bien qu'elle ne soit pas encore bien comprise, l'encéphalomyélite myalgique peut entraîner des répercussions dévastatrices sur la vie des personnes atteintes et de leur famille.

Étiologie et physiopathologie

En dépit des nombreux efforts déployés en vue de déterminer l'étiologie et la physiopathologie de l'encéphalomyélite myalgique, les mécanismes précis associés à la manifestation de cette maladie demeurent inconnus. De nombreuses théories ont toutefois été émises pour tenter d'expliquer les causes de ce syndrome. Ainsi, des anomalies neuro-endocrines, associées à une hypofonction de l'axe hypothalamo-hypophyso-surrénalien et de l'axe hypothalamo-hypophyso-gonadique (axes responsables de la régulation de la réponse au stress et des taux d'hormones de reproduction), ont été observées chez les personnes atteintes d'encéphalomyélite myalgique (Centers for Disease Control and Prevention [CDCP], 2010b). Le rôle joué par plusieurs microorganismes a également été examiné en lien avec l'apparition du syndrome, notamment le virus de l'herpès (p. ex., le virus Epstein-Barr [EBV] et le cytomégalovirus [CMV]), le rétrovirus, l'entérovirus, le *Candida albicans* et le mycoplasme. Comme de nombreuses personnes atteintes présentent aussi un déficit cognitif (p. ex., une perte de mémoire, une perte de concentration), l'hypothèse selon laquelle l'encéphalomyélite myalgique est causée par des modifications du SNC a été proposée.

Manifestations cliniques

Il est souvent difficile de distinguer l'encéphalomyélite myalgique de la fibromyalgie, car ces deux maladies présentent de nombreuses caractéristiques cliniques similaires **TABLEAU 27.6**. Dans environ 50 % des cas, l'encéphalomyélite myalgique apparaît de manière insidieuse ou se présente sous forme d'épisodes intermittents qui deviennent graduellement chroniques. La fatigue invalidante est le symptôme le plus fréquemment associé à l'encéphalomyélite myalgique ; c'est d'ailleurs pour cette raison que les personnes atteintes consultent leur médecin. Dans d'autres situations, l'encéphalomyélite myalgique apparaît soudainement chez une personne active et en bonne santé. Une affection pseudogrippale banale ou tout autre facteur aigu de stress peut agir à titre d'élément déclencheur. Les symptômes associés à l'encéphalomyélite myalgique peuvent varier en intensité au fil du temps **ENCADRÉ 27.20**.

L'encéphalomyélite myalgique peut avoir des répercussions négatives importantes sur la vie professionnelle et familiale du client. Certaines personnes peuvent même avoir besoin d'aide pour accomplir leurs tâches et activités quotidiennes. Le client peut éprouver de la colère et de la frustration devant la difficulté des médecins à diagnostiquer la maladie.

Examen clinique et examens paracliniques

L'examen physique et les examens paracliniques aident au diagnostic différentiel de l'encéphalomyélite myalgique. Toutefois, aucun test de laboratoire ne permet de confirmer l'encéphalomyélite myalgique ou d'en mesurer la gravité. En 2003, un groupe d'experts mis sur pied par Santé Canada a publié un document connu sous le nom de *Consensus canadien*, concernant les lignes directrices pour le diagnostic et le traitement de l'encéphalomyélite myalgique (Carruthers & Van de Sande, 2008).

Soins et traitements en interdisciplinarité

CLIENT ATTEINT D'ENCÉPHALOMYÉLITE MYALGIQUE

Puisqu'il n'existe aucun traitement définitif de l'encéphalomyélite myalgique, les soins de soutien sont essentiels. Il faut renseigner le client sur la maladie et prendre en considération tous ses symptômes. Les AINS peuvent être utilisés pour traiter les céphalées, les douleurs musculaires et articulaires, ainsi que la fièvre. Comme de nombreuses personnes atteintes d'encéphalomyélite myalgique souffrent également d'allergies et de sinusite, il est possible de prescrire des antihistaminiques et des décongestionnants pour soulager les symptômes allergiques. Les antidépresseurs tricycliques (p. ex., la doxépine [Sinequan^MD], l'amitriptyline [Elavil^MD]) et les ISRS (p. ex., la fluoxétine [Prozac^MD], la paroxétine [Paxil^MD]) peuvent améliorer les troubles de l'humeur et du sommeil. Le clonazépam (Rivotril^MD) peut également être utilisé pour traiter les troubles du sommeil et le trouble panique. L'utilisation de l'hydrocortisone à faibles doses fait actuellement l'objet d'études en vue de déterminer ses effets sur la réduction de la fatigue et de l'invalidité.

Le repos total n'est pas conseillé au client, car il peut lui donner l'impression d'être invalide ; le client doit également éviter tout effort ardu, car cela peut exacerber sa fatigue. Par conséquent, il est important de planifier un programme d'exercices physiques progressifs. Un régime alimentaire bien équilibré comprenant des fibres ainsi que des fruits et légumes frais de couleur foncée (action antioxydante) est essentiel au traitement. Enfin, la thérapie comportementale peut favoriser une pensée positive et réduire l'incapacité générale, la fatigue et les autres symptômes (Santhouse, 2009).

Les personnes atteintes d'encéphalomyélite myalgique font face à des problèmes importants, dont une précarité financière **FIGURE 27.15**. En effet, une fois touchées par ce syndrome, elles ne peuvent plus travailler ou doivent réduire leurs heures de travail. Il peut être difficile d'obtenir des prestations d'invalidité en raison de la difficulté associée au diagnostic de cette maladie.

L'encéphalomyélite myalgique ne semble pas être de nature évolutive. Bien que le syndrome disparaisse ou s'améliore graduellement chez la plupart des clients, certains d'entre eux ne verront jamais leur état s'améliorer. Les personnes chez lesquelles le syndrome est apparu soudainement ont des chances plus élevées de guérison. Les personnes atteintes d'encéphalomyélite myalgique peuvent présenter une invalidité et des atteintes d'ordre professionnel ou psychosocial importantes, y compris une pression sociale et un sentiment d'isolement face à certaines personnes qui les considèrent comme paresseuses, voire folles.

FIGURE 27.15

Les crises d'encéphalomyélite myalgique ont des répercussions dans tous les aspects des AVQ.

Monsieur Gaston Larivière est âgé de 57 ans. Il travaille comme cuisinier dans un restaurant italien. À l'âge de 28 ans, il a été renversé par une voiture qui a brûlé un feu rouge. Cet accident avait alors causé une double fracture au côté gauche du bassin, et une autre en forme d'épine à la partie interne de la tête du tibia droit. Cette dernière fracture a provoqué une déchirure partielle du ménisque interne droit. Plusieurs années plus tard, il a été atteint d'arthrose sévère au genou droit, confirmée par résonance magnétique.

Monsieur Larivière rencontre l'infirmière de la clinique de préadmission, car il doit subir une méniscectomie sur une base ambulatoire dans une semaine. Il lui raconte qu'il ressent présentement de la douleur sous forme de piqûre au côté interne du genou. Selon lui, elle n'est pas due à sa déchirure méniscale, mais plutôt à une marche en montagne dans un sentier plutôt difficile. Son genou droit est légèrement enflé par rapport au genou gauche. Le client éprouve de la raideur articulaire et l'infirmière a remarqué qu'il boitait lorsqu'il est entré dans son bureau.

Tous les résultats des tests de laboratoire faits en préadmission sont au dossier du client. L'infirmière constate que la vitesse de sédimentation est de 23 mm/h. ▶

MISE EN ŒUVRE DE LA DÉMARCHE DE SOINS

Collecte des données – Évaluation initiale – Analyse et interprétation

1. À l'aide de la méthode PQRSTU pour l'évaluation de la douleur au genou droit de monsieur Larivière, déterminez quelles données de la mise en contexte correspondent aux lettres P, Q, R et T de l'acronyme.

2. Quelles données sont manquantes pour les lettres correspondant à l'acronyme PQRT ?

▶ Afin d'assurer un suivi clinique même si le client est admis sur une base ambulatoire, l'infirmière juge pertinent de déterminer un plan thérapeutique infirmier pour monsieur Larivière. ▶

MISE EN ŒUVRE DE LA DÉMARCHE DE SOINS

3. Quel premier problème prioritaire devrait alors y être inscrit ?

Extrait

CONSTATS DE L'ÉVALUATION									
Date	Heure	N°	Problème ou besoin prioritaire		Initiales	RÉSOLU / SATISFAIT			Professionnels / Services concernés
						Date	Heure	Initiales	
2011-03-16	10:45	2							

Signature de l'infirmière	Initiales	Programme / Service	Signature de l'infirmière	Initiales	Programme / Service
		Préadmission			

4. Qu'est-ce qui pourrait expliquer l'œdème au genou droit ?

▶ L'infirmière explique à monsieur Larivière les particularités des soins relatifs à une méniscectomie et elle prodigue l'enseignement habituel. Pour assurer un suivi de sa condition clinique actuelle, elle

27

avise le client que le personnel de l'unité de chirurgie d'un jour sera informé de la douleur qu'il ressent actuellement et des conseils qu'elle lui donne. L'infirmière inscrit deux directives s'appliquant au problème prioritaire formulé pour en assurer la surveillance clinique.

Extrait

			CONSTATS DE L'ÉVALUATION			RÉSOLU / SATISFAIT			Professionnels / Services concernés
Date	Heure	N°	Problème ou besoin prioritaire		Initiales	Date	Heure	Initiales	
2011-03-16	10:45	2							

			SUIVI CLINIQUE		CESSÉE / RÉALISÉE		
Date	Heure	N°	Directive infirmière	Initiales	Date	Heure	Initiales
2011-03-16	10:45	2	Dir. verb. au client : éviter de rester debout trop longtemps.	C.M.			
			Éviter les activités causant un choc au genou (p. ex., sauter).				

Signature de l'infirmière	Initiales	Programme / Service	Signature de l'infirmière	Initiales	Programme / Service
		Préadmission			
Clarence Marcotte	C.M.	Préadmission			

Planification des interventions – Décisions infirmières

5. Trouvez une autre directive s'adressant au client et visant à renforcer la musculature de la cuisse droite et à diminuer les tensions sur le genou.

Évaluation des résultats – Évaluation en cours d'évolution

6. À l'aide des données de l'évaluation initiale avec la méthode PQRSTU, déterminez quels changements indiqueraient à l'infirmière de l'unité de chirurgie d'un jour que le problème désigné comme prioritaire avant la chirurgie est résolu.

Application de la pensée critique

Dans l'application de la démarche de soins auprès de monsieur Larivière, l'infirmière a recours aux éléments du modèle de la pensée critique pour analyser la situation de santé du client et en comprendre les enjeux. La **FIGURE 27.16** résume les caractéristiques de ce modèle en fonction des données de ce client, mais elle n'est pas exhaustive.

Vers un jugement **clinique**

Connaissances
- Différence entre l'arthrose et l'arthrite
- Articulations atteintes par l'arthrose
- Caractéristiques de la douleur arthrosique
- Rôle de l'infirmière en préadmission
- Particularités de la préparation à la ménisectomie
- Exercices de renforcement du quadriceps

Expériences
- Enseignement à la clientèle
- Expérience en chirurgie orthopédique
- Soins aux clients atteints de maladies chroniques du système musculosquelettique

ÉVALUATION
- Douleur ressentie au genou droit à l'aide de la méthode PQRSTU
- Résultat de la vitesse de sédimentation et de la résonance magnétique
- Causes possibles ayant conduit à l'apparition de l'arthrose au genou droit
- Compréhension des exercices de renforcement du quadriceps et motivation à les exécuter

Normes
- Normes applicables en préadmission (évaluation de la condition du client en lien avec la chirurgie à subir, résultats des tests de laboratoire et autres évaluations au dossier, signature du consentement opératoire, enseignement spécifique à la méniscectomie)

Attitude
- Ne pas sous-estimer la douleur du client

FIGURE 27.16
Application de la pensée critique à la situation de santé de monsieur Larivière

■ ■ ■ À **retenir**

VERSION REPRODUCTIBLE

www.cheneliere.ca/lewis

- Les personnes âgées croient parfois que l'arthrose est une composante inévitable du processus de vieillissement et que rien ne peut être fait pour soulager leur inconfort et l'invalidité qui l'accompagne.

- Le traitement de la polyarthrite rhumatoïde par l'injection intra-articulaire de corticostéroïdes peut aider à maîtriser les symptômes en soulageant temporairement la douleur et l'inflammation associées aux crises actives.

- Dans le traitement pharmacologique de la polyarthrite rhumatoïde, les anti-inflammatoires non stéroïdiens doivent être administrés à des heures régulières pour assurer une concentration thérapeutique appropriée et réduire la raideur matinale.

- L'application de froid est particulièrement bénéfique durant les périodes d'exacerbation de la polyarthrite rhumatoïde, tandis que la chaleur humide offre un soulagement accru de la raideur chronique.

- Les soins offerts au client atteint de spondylite ankylosante ont pour but d'assurer le maintien d'une mobilité maximale du squelette et de réduire la douleur et l'inflammation.

- Outre les manifestations cutanées, les symptômes de la maladie de Lyme ressemblent à ceux d'autres maladies comme la sclérose en plaques, la mononucléose et la méningite.

- L'hyperuricémie et l'arthrite goutteuse sont des problèmes de santé chroniques que l'on peut maîtriser en respectant scrupuleusement le plan de traitement.

- Le lupus érythémateux disséminé (LED) est une maladie inflammatoire auto-immune chronique qui touche plus d'un système organique. Il s'agit d'un problème complexe multifactoriel résultant de l'interaction entre des facteurs génétiques, hormonaux, environnementaux et immunologiques.

- L'une des principales difficultés associées au traitement du LED consiste à prendre en charge la phase active de la maladie tout en prévenant les complications qui peuvent entraîner des lésions tissulaires à long terme.

27

- Les soins offerts à une personne atteinte de sclérodermie systémique visent à prévenir ou à traiter les complications secondaires liées aux atteintes organiques.

- Le syndrome de Sjögren primaire se caractérise par un dysfonctionnement des glandes lacrymales et salivaires. Le client atteint du syndrome de Sjögren secondaire souffre habituellement d'une autre affection auto-immune (p. ex, la polyarthrite rhumatoïde, le LED).

- Il est souvent difficile de distinguer l'encéphalomyélite myalgique de la fibromyalgie, car ces deux maladies présentent de nombreuses caractéristiques cliniques similaires.

Pour en **savoir** plus

VERSION COMPLÈTE ET DÉTAILLÉE

www.cheneliere.ca/lewis

 Références Internet

Organismes et associations

Action contre les spondylarthropathies
www.acs-france.org

Association québécoise de l'encéphalo-myélite myalgique
www.aqem.org

Association québécoise de la fibromyalgie
www.aqf.ca

Association du syndrome de Sjögren
www.sjogrens.ca

FM-SFC Canada Compassion en action
www.fm-cfs.ca

Lupus Canada
www.lupuscanada.org

Mon-arthrose.com
www.mon-arthrose.com

Réseau canadien de l'arthrite
www.arthritisnetwork.ca

Sjögren's Syndrome Fondation
www.sjogrens.org

Société de l'arthrite
www.arthrite.ca

Organismes gouvernementaux

**Agence de santé publique du Canada
> Maladies chroniques > Autres
> Arthrite et problèmes connexes**
www.phac-aspc.gc.ca

Anciens Combattants Canada > Clients > Lignes directrices > Lignes directrices sur l'admissibilité au droit à pension > Polyarthrite rhumatoïde
www.vac-acc.gc.ca

Maladies infectieuses > Maladie de Lyme > Fiche de renseignements
www.phac-aspc.gc.ca

Centre canadien d'hygiène et de sécurité au travail > Réponses SST > Maladies et Lésions > Phénomène de Raynaud
www.cchst.ca

Guide Santé > Maladies > Arthrite > Fibromyalgie
www.guidesante.gouv.qc.ca

Medline plus > Health Topics > Lupus
www.nlm.nih.gov

Saine alimentation Ontario > Prévention des maladies et des problèmes de santé > Arthrite > Pour en savoir plus sur la goutte
www.eatrightontario.ca/fr

Santé Canada > Vie saine > Votre santé et vous > Maladies > Aînés et le vieillissement – Arthrose > Maladie de Lyme
www.hc-sc.gc.ca

Références générales

Association médicale canadienne > Public > Infos Maladies > Maladie de Lyme > Maladie de Raynaud
www.cma.ca

Association québécoise de la douleur chronique > Centre de documentation sur la douleur > Douleur au dos, au cou et aux articulations > Arthrose
www.douleurchronique.org

Paediatric Rheumatology InterNational Trials Organisation et la Société européenne de rhumathologie pédiatrique > France > Information > Spondylarthopathies juvéniles > Sclérodermie
www.printo.it/pediatric-rheumatology

**PasseportSanté.net > Maladies > Index des maladies de A à Z > Arthrite (vue d'ensemble) > Arthrose (Ostéoarthrite) > Polyarthrite rhumatoïde > Goutte > Fibromyalgie
Approches complémentaires > Produits de santé naturels > Glucosamine**
www.passeportsante.net

Le Réseau canadien pour la santé des femmes Votre Santé – FAQs > Fibromyalgie
www.cwhn.ca

 Monographies

Arthtitis Fondation (2008). *Raising a child with arthritis : A parent's guide.* Atlanta, Ga : Arthritis Fondation.

Graham, H. (2008). *The London Lupus Centre book of lupus : A patients' guide.* New York, London : Springer.

Mergui, A. (2007). *La fatigue chronique ou fibromyalgie : la reconnaître, la combattre, la traiter.* Paris : Trédaniel.

Ostalecki, S. (2008). *Fibromyalgia : The complete guide from medical experts and patients.* Sudbury, Mass. : Jones & Bartlett.

Wallace, D.J. (2009). *The Lupus Book : A guide for patients and their families* (4th ed.). New York : Oxford University Press.

Articles, rapports et autres

Milord, F., & Soulyvane, N. (2010). *Le risque de la maladie de Lyme au Canada en relation avec les changements climatiques : évaluation des systèmes de surveillance, données du Québec*. Québec, Qc : Institut national de la santé publique.

Parent, M., Fleury, M., & Rioux A. (2007). La polyarthrite rhumatoïde : un agent de rémission sans hésitation ! *Le Médecin du Québec*, *42*(7), 65-68.

Roussin, A. (2007). Le phénomène de Raynaud : primaire ou secondaire ? Telle est la question ! Québec, Qc : *Le clinicien, 23*, 61-66.

Stein, E., & MacQuarrie, M. (2009). Programme sur l'encéphalomyélite myalgique ou syndrome de la fatigue chronique (EM-SFC) et symposium de la recherche interdisciplinaire sur la fatigue invalidante dans les maladies chroniques. *Maladies chroniques au Canada, 29*(3), 151-153.

Trudel, L., & Serhir, B. (2009). *Maladie de Lyme*. Québec, Qc : Institut national de santé publique.

 Multimédia

Vulgaris-médical Vidéo > Fibromyalgie > Comprendre la fibromyalgie
video.vulgaris-medical.com

Notre temps.com > Membres et articulations > Spondyarthrite ankylosante > Arthrose
Notre temps.com > Cerveau et système nerveux > Maladie de Lyme
www.atlasducorpshumain.fr

GLOSSAIRE

A

Abcès cérébral: Collection de pus située à l'intérieur du cerveau (intracérébrale) venant compliquer une infection.[1]

Ablation par radiofréquence (ARF): Intervention qui consiste à placer, dans une zone tissulaire prédéterminée, des électrodes génératrices de courants de radiofréquence qui, se transformant en chaleur, ont un effet destructeur sur la zone visée.[2]

Absence atypique: Absence différant de celle du petit mal par son début et sa fin moins brusques et par l'association fréquente de phénomènes moteurs toniques, atoniques ou myocloniques.[2]

Absence typique: Touche surtout les enfants et les adolescents. Il y a une perte de contact (regard fixe et vide), les débuts et fins sont brusques, avec clonies palpébrales et automatismes gestuels. Il y a ensuite reprise de l'activité avec amnésie de la crise, et seul l'interrogatoire de l'entourage permet de confirmer le diagnostic.[3]

Accident ischémique transitoire (AIT): Épisode transitoire de dysfonctionnement neurologique provoqué par une ischémie focale cérébrale, médullaire ou rétinienne, mais sans infarctus aigu à l'encéphale.

Accident vasculaire cérébral (AVC): Perte soudaine de la fonction cérébrale. Elle est provoquée par l'interruption de la circulation sanguine à l'intérieur du cerveau (AVC ischémique) ou par la rupture d'un vaisseau sanguin à l'intérieur du cerveau (AVC hémorragique). L'interruption de la circulation sanguine ou la rupture de vaisseaux sanguins provoque la mort des cellules cérébrales (neurones) de la région atteinte.[4]

Accident vasculaire cérébral embolique: AVC qui survient lorsqu'un embole se loge dans une artère cérébrale et l'obstrue, entraînant un infarctus ou un œdème de la région irriguée par le vaisseau atteint.

Accident vasculaire cérébral hémorragique: AVC causé par la rupture d'un vaisseau sanguin cérébral, ce qui entraîne un saignement à l'intérieur du cerveau. Ce saignement interrompt la circulation sanguine au cerveau et cause une ischémie des cellules cérébrales non perfusées.

Accident vasculaire cérébral ischémique: Mort de cellules cérébrales causée par l'obstruction d'un des vaisseaux qui perfuse le cerveau. Il existe trois types d'AVC ischémique: thrombotique, lacunaire et embolique.

Accident vasculaire cérébral lacunaire: AVC provoqué par l'occlusion d'une petite artère perforante qui a pour origine une plus grosse artère.

Accident vasculaire cérébral thrombotique: AVC occasionné par l'occlusion progressive d'un vaisseau sanguin cérébral par la présence d'athérosclérose. Progressivement, des cellules sanguines adhèrent aux parois athérosclérotiques du vaisseau sanguin cérébral, et un caillot sanguin se forme et obstrue la circulation cérébrale.

Acculturation: Processus par lequel un groupe social s'adapte aux attitudes et aux pratiques des membres d'une autre culture qu'il côtoie.

Acide: Substance pouvant libérer des protons ou ions H+.[2]

Acide désoxyribonucléique (ADN): Molécule qui se retrouve dans tous les organismes vivants. L'ADN est présent dans le noyau des cellules eucaryotes, dans le cytoplasme des cellules procaryotes, dans la matrice des mitochondries ainsi que dans les chloroplastes. Certains virus possèdent également de l'ADN encapsulé dans leur capside. On dit que l'ADN est le support de l'hérédité, car il constitue le génome des êtres vivants et se transmet en totalité ou en partie lors des processus de reproduction. Il est à la base de la synthèse des protéines.[5]

Acide ribonucléique (ARN): Molécule formée d'une seule chaîne hélicoïdale analogue à l'une des deux chaînes de l'ADN (acide désoxyribonucléique). Sa différence repose sur le remplacement d'un sucre, le ribose, au lieu du désoxyribose et d'une base, l'uracile, au lieu de la thymine. Cette molécule permet la synthèse des protéines selon le programme inscrit sur le code génétique. Cet ARN peut servir de messager et transmettre aux ribosomes l'information génétique prise sur la molécule d'ADN.[6]

Acidose: État physiologique caractérisé par l'augmentation de la concentration d'ions hydrogène dans le LEC et la diminution du pH.

Acidose métabolique: État physiologique qui se caractérise par une concentration plasmatique de bicarbonate inférieure à 22 mmol/L et par un pH sanguin inférieur à 7,35.

Acidose respiratoire: Déséquilibre acidobasique s'accompagnant d'une hausse de la concentration de gaz carbonique dans le sang artériel ($PaCO_2$), d'un excès d'acide carbonique (H_2CO_3) et d'une hausse de la concentration d'ions hydrogène (H^+) (diminution du pH sanguin).

Acromioplastie: Désigne l'amincissement de la face inférieure de l'acromion obtenu grâce à une intervention chirurgicale. Elle a pour but d'élargir l'espace qui permet l'insertion de ces diverses muscles.[1]

Actigraphie: Mesure ambulatoire obtenue grâce à un capteur de mouvement de la taille d'une montre-bracelet habituellement porté au poignet non dominant de la personne. Les données sont stockées dans la mémoire de l'actigraphe, puis transmises à un ordinateur qui les traduira en termes de cycles activité-repos.[7]

Activateur tissulaire du plasminogène (t-PA): Enzyme protéolytique initiant la fibrinolyse.[8]

Acupuncture: Branche de la médecine chinoise traditionnelle consistant à piquer avec des aiguilles en des points précis de la surface du corps d'un client pour soigner différentes maladies ou provoquer un effet analgésique.[9]

Adrénaline: Hormone produite par les glandes surrénales (plus précisément leur partie centrale) se trouvant au-dessus de chaque rein, faisant partie d'une variété d'hormones appelées les catécholamines. Elle a un rôle de premier plan dans le fonctionnement du système nerveux dit sympathique (système nerveux ayant une action essentiellement excitatrice). Cette hormone joue également le rôle de neurotransmetteur en permettant le passage de l'influx nerveux entre deux neurones (cellules nerveuses). La noradrénaline et la dopamine font également partie des catécholamines.[1]

Affectation: Distribution, pour une période de temps donnée, des tâches dont chaque membre du personnel a la responsabilité et qu'il est autorisé à accomplir.

Agent alkylant: Substance possédant des chaînes de la série alkyle, capable de se combiner à des nucléoprotéines et de les dénaturer. Les agents alkylants sont des antimitotiques qui se lient à l'ADN au cours du cycle mitotique et provoquent un blocage des cellules après la phase S. Les époxides, le myleran, les éthylènamines, les moutardes azotées sont des agents alkylants.[1]

Agent cancérogène: Agent causant le cancer et capable de provoquer des altérations cellulaires.

Agent pathogène (ou agent infectieux): Agent biologique responsable d'une maladie infectieuse. Ils peuvent être des virus, des bactéries, des parasites (protozoaires, helminthes).[8]

Âgisme: Attitude ou comportement visant à déprécier les individus du fait de leur âge.[10]

Agitation nocturne (*sundowning*): Type d'agitation qui se caractérise par le fait que le client devient plus confus ou agité en fin d'après-midi ou en soirée. Les manifestations courantes de ce syndrome sont l'agitation, l'agressivité, l'errance, la résistance au fait d'être redirigé dans l'environnement et une augmentation de l'activité verbale (p. ex., des cris).

Agnosie: Incapacité de reconnaître un objet ou un élément du réel, alors que leurs qualités sensibles sont perçues par les fonctions sensorielles restées intactes.[11]

Agnosie visuelle: Incapacité de reconnaître des objets en les voyant.

Agoniste: Substance produisant l'effet recherché, ou qui accroît un effet. Ceci se produit au niveau des récepteurs des cellules qui constituent les tissus.[1]

Alcalose: Déséquilibre acidobasique du plasma dans le sens d'une augmentation d'une alcalinité se traduisant par l'abaissement du rapport acide carbonique/bicarbonate du plasma.

Alcalose métabolique: Alcalose caractérisée par l'élévation du taux des bicarbonates et du pH plasmatique de façon simultanée.

Alcalose respiratoire: Alcalose caractérisée par la perte excessive d'acide carbonique par voie pulmonaire (hypocapnie), en raison d'une hyperventilation alvéolaire, avec abaissement des bicarbonates plasmatiques et élévation du pH.

Algie: Douleur dont l'origine n'est pas due à une lésion anatomique.[11]

Algie vasculaire de la face: Syndrome caractérisé par des épisodes quotidiens de douleur périorbitaire intense qui se répètent pendant 6-12 semaines et qui peuvent être suivis d'une période de rémission durant des mois ou des années. La douleur est non pulsatile, 30-60 minutes de durée, avec tendance à apparaître pendant la nuit ou à des intervalles réguliers pendant la journée. La rhinorrhée unilatérale, l'injection conjonctive, le larmoiement, la congestion du visage et la myose accompagnent souvent les maux de tête.[12]

Allèle: L'une des formes que peut prendre un gène occupant un locus particulier sur un chromosome.

Allèle dominant: Gène qui s'exprime dans le phénotype d'une personne hétérozygote.

Allèle récessif: Allèle qui n'a pas d'effet notable sur le phénotype d'une personne hétérozygote.

Allodynie: Douleur résultant d'un stimulus qui, normalement, ne provoque pas de douleur.[13]

Allogreffes de cellules souches hématopoïétiques: Réinjection de cellules souches hématopoïétiques d'un donneur compatible à un receveur compatible en vue d'une reconstruction hématopoïétique à la suite de l'administration d'un traitement intensif myéloablatif.

Alopécie: Chute totale ou partielle des cheveux ou des poils attribuable à l'âge, à des facteurs génétiques ou faisant suite à une affection locale ou générale.[14]

Amplitude des mouvements: Mesure de l'arc d'une ou de plusieurs articulations lors de l'exécution d'un mouvement donné.[15]

Amygdalo-hippocampectomie: Procédé chirurgical pour le traitement de l'épilepsie qui consiste en l'extraction de l'hyppocampe et du complexe amygdalien.[8]

Anaphylaxie: Réaction allergique grave accompagnée de difficultés respiratoires et circulatoires mettant en danger la vie de la personne.

Andragogie: Démarche d'enseignement qui tient compte des caractéristiques propres à l'adulte apprenant.[12]

Anergie: État d'immunodéficience caractérisé par une diminution ou une absence de réaction à un antigène ou à une catégorie d'antigènes.

Anesthésie par blocage nerveux: Méthode consistant à atténuer la douleur ou à réduire la sensibilité dans une partie donnée du corps en injectant des médicaments analgésiques à l'intérieur ou autour du nerf menant à cette partie du corps.[16]

Anévrisme: Dilatation localisée dans un vaisseau sanguin.

Angiœdème (Œdème de Quincke): Réaction allergique se caractérisant par une éruption s'accompagnant d'un œdème apparaissant sous la peau (sous cutané).[1]

Angiogenèse tumorale: Processus par lequel les vaisseaux sanguins se forment au sein de la tumeur elle-même.

Anion: Ion chargé négativement.

Anisocorie: Différence de taille entre les deux pupilles.[1]

Ankylose: Perte totale ou partielle du mouvement propre à une articulation.[11]

Antagoniste: Substance qui, en se fixant sur les mêmes récepteurs cellulaires qu'une substance de référence, empêche d'obtenir l'ensemble ou seulement une partie des effets que produit habituellement cette cellule.[1]

Anthracycline: Substance antitumorale qui inhibe la synthèse de l'ADN et de l'ARN.[2]

Antiémétique: Toute substance, le plus souvent un médicament, utilisée pour traiter les nausées et les vomissements.[1]

Antigène: Substance reconnue comme étrangère, souvent une protéine ou un glucide, qui provoque une réponse immunitaire.

Antigènes associés aux tumeurs: Antigènes présents à la surface des cellules cancéreuses ayant été altérées du fait de leur transformation maligne.

Antirétroviral: Antiviral agissant sur les virus à ARN ou rétrovirus, tels que le VIH, en inhibant leur transcriptase inverse.[17]

Aphasie: Difficulté ou incapacité à s'exprimer (aphasie motrice) ou incapacité à comprendre le langage (aphasie sensorielle ou de Wernicke).

Aphérèse: Technique utilisée en hématologie consistant à prélever un ou plusieurs composants du sang (les globules blancs ou le plasma, entre autres) en utilisant une machine permettant le tri des composants que l'on désire extraire. Les autres composants sont redonnés au client que l'on appelle le donneur.[1]

Apnée: Arrêt de la respiration spontanée durant plus de 10 secondes.

Apnée obstructive du sommeil (AOS): Obstruction partielle ou totale des voies respiratoires supérieures durant le sommeil.

Apoptose: Ensemble des mécanismes survenant au sein de la cellule et aboutissant à la mort physiologique de celle-ci.[1]

Approche complémentaire en santé: Approche qui vise l'amélioration de l'état de santé de la population en s'orientant vers l'assainissement du milieu, la réduction des risques auxquels la personne s'expose délibérément et la connaissance plus approfondie de la biologie humaine.[18]

Approche complémentaire et parallèle en santé (ACPS): Ensemble des médecines alternatives privilégiant l'idée d'associer des traitements issus de philosophies thérapeutiques différentes.

Approche intégrative: Approche combinant les traitements de la médecine classique avec des approches complémentaires et parallèles en santé qui ont démontré leur innocuité et leur efficacité.

Approche parallèle: Approche qui comprend les mêmes interventions que l'approche complémentaire, mais qui, souvent, devient le traitement principal et remplace les soins médicaux allopathiques.

Apraxie: Incapacité à effectuer un mouvement ou une série de mouvements sur consigne. Ce ou ces mouvements sont par ailleurs bien exécutés spontanément.[8]

Apraxie alimentaire: Perte d'intérêt pour les aliments, jumelée à une capacité réduite à s'alimenter.

Aromathérapie: Utilisation médicale des essences et des huiles essentielles d'une plante.

Artériopathie oblitérante des membres inférieurs (AOMI): Maladie des artères caractérisée par la présence de rétrécissement (sténose) et parfois de fermeture (occlusion) dans le canal intérieur (aussi appelé lumière) des artères qui assurent la vascularisation des membres inférieurs.[19]

Arthrite: Le terme arthrite est utilisé pour décrire plus de 100 troubles médicaux qui touchent les articulations, les tissus qui les entourent et d'autres tissus conjonctifs. Ces troubles médicaux varient de formes relativement bénignes, comme les tendinites et bursites, à des maladies systémiques, telles que la polyarthrite rhumatoïde.[21]

Arthrite réactionnelle: Affection systémique accompagnée de lésions cutanées, d'une conjonctivite et d'une urétrite.

Arthrite suppurée: Est une forme d'inflammation articulaire causée par un microorganisme. Ce microorganisme peut être une bactérie, un virus ou un champignon. L'infection de l'articulation survient le plus souvent après une infection touchant une autre partie de l'organisme.[20]

Arthrocentèse: Ponction d'une cavité articulaire afin de permettre un meilleur diagnostic ou un traitement.[1]

Arthrodèse: Fusion chirurgicale d'une articulation.[2]

Arthroplastie: Intervention chirurgicale ayant pour but de rétablir la mobilité d'une articulation en créant un nouvel espace articulaire. L'objectif de l'arthroplastie est la réparation d'une articulation permettant un bon fonctionnement.[1]

Arthroscopie: Examen endoscopique d'une articulation.[12]

Arthrose: Également connue sous le nom d'arthrite dégénérative. Il s'agit de la forme la plus répandue d'arthrite. Elle est la source de douleur, de raideur et d'enflure autour d'une ou de plusieurs articulations qui persistent durant plus de deux semaines. Elle peut s'attaquer à n'importe quelle articulation, mais touche habituellement les mains et les articulations qui supportent le poids corporel, c'est-à-dire les hanches, les genoux, les chevilles et la colonne vertébrale.[21]

Assimilation culturelle: Processus par lequel un groupe minoritaire subit la domination culturelle d'un autre groupe, avec pour résultat que le groupe minoritaire perd ses valeurs profondes et ses croyances.

Astrocyte: Cellule de la substance grise des systèmes nerveux dite aussi cellule en araignée parce qu'elle possède des ramifications très nombreuses et rayonnantes.[11]

Ataxie: Incoordination des mouvements due à une atteinte du système nerveux central sans atteinte de la force musculaire.[1]

Atélectasie: État caractérisé par un affaissement des alvéoles qui empêche l'échange respiratoire normal d'oxygène et de gaz carbonique. Lorsque les alvéoles s'affaissent, le poumon se ventile moins bien, et l'hypoventilation se produit, ce qui diminue le taux d'oxygène sanguin.

Athérosclérose: Épaississement et durcissement des artères causés par l'accumulation de dépôts lipidiques dans la tunique interne des vaisseaux.

Athétose : Maladie caractérisée par des mouvements spasmodiques involontaires de grande amplitude, affectant surtout les extrémités des membres et la face.[11]

Atopie : Terrain particulier qui favorise le développement des allergies chez un individu exposé aux allergènes qui sont des corps reconnus comme étrangers par un individu atopique et susceptibles de déterminer une allergie. Cet individu est en quelque sorte programmé, vis-à-vis de ces allergènes, à devenir allergique à cause de son bagage génétique.[1]

Atrophie cérébrale : Diminution du poids et du volume du tissu composant le cerveau, due à des pathologies se caractérisant par une dégénérescence des neurones et du cortex cérébral.[1]

Aura : Ensemble des symptômes moteurs, sensitivo-sensoriels, végétatifs ou psychiques marquant le début d'une crise d'épilepsie secondairement généralisée.[11]

Auscultation : Technique diagnostique consistant à écouter les bruits produits par les organes (p. ex., le cœur, les poumons), à l'aide d'un stéthoscope.[14]

Auto-immunité : État pathologique, c'est-à-dire un fonctionnement anormal de l'organisme au cours duquel le client doit lutter lui-même contre ses propres défenses immunitaires. Autrement dit le client fabrique des anticorps contre ses propres tissus ou constituants.[1]

Autorégulation cérébrale : Mécanisme qui permet de maintenir un débit sanguin cérébral constant en faisant varier le diamètre des vaisseaux de l'encéphale en réaction aux variations de la pression artérielle.

Autosome : Tout chromosome qui n'est pas un chromosome sexuel.

Axone : Prolongement constant, unique, de la cellule nerveuse, ou neurone sous la forme d'un filet axial qui peut atteindre plusieurs décimètres et que parcourt l'influx nerveux.[11]

B

Bacille : Microorganisme unicellulaire de nature végétale, en forme de bâtonnet plus ou moins allongé.[11]

Barrière hématoencéphalique : Cellules endothéliales spécialisées non fenêtrées dont les jonctions serrées forment une barrière au transport de certaines substances entre les capillaires et les tissus cérébraux.[12]

Base : Substance pouvant capter des protons ou libérer des ions OH⁻. On distingue habituellement les bases minérales (p. ex., la soude, la potasse) et les bases organiques (p. ex., le THAM, les amines).[2]

Base de données : Représente tous les renseignements recueillis au sujet d'une personne. Elle comprend l'évaluation du symptôme, l'histoire de santé, les données d'un examen physique, les résultats des analyses de laboratoire et des tests diagnostiques, ainsi que des renseignements provenant de tous les professionnels de la santé.

Biodisponibilité : Correspond à une fraction du médicament captée sous sa forme pharmacologiquement active. Elle est aussi caractérisée par la vitesse avec laquelle se fait cette captation.[1,15]

Biopsie à l'emporte-pièce : Intervention dermatologique couramment utilisée pour prélever un échantillon de tissu qui sera soumis à un examen histologique ou pour exciser de petites lésions.

Black out : Perte momentanée du contrôle de la pensée.[11]

Blépharoplastie : Restauration des pertes de substance ou des malformations palpébrales au moyen d'une greffe libre ou d'un lambeau pédiculé.[11]

Bolus : Désigne une injection intraveineuse d'une dose importante d'un agent thérapeutique.[8]

Botulisme : Intoxication alimentaire due à un microbe anaérobie, le *Clostridium botulinum*, qui se développe dans les conserves mal stérilisées, les viandes ou charcuteries avariées.[11]

Bradykinésie : Trouble moteur résultant d'une rigidité musculaire qui se manifeste par des mouvements ralentis des doigts et la perte des mouvements fins comme ceux de l'écriture.[15]

Bruit blanc : Bruit dont la densité spectrale de puissance est constante quelle que soit sa fréquence.[22]

Bursite : Inflammation des bourses séreuses d'une articulation.[11]

C

Cachexie : Dégradation profonde de l'état général, accompagnée d'une maigreur importante.[1]

Cachexie cancéreuse : Syndrome clinique complexe caractérisé par une fonte tissulaire chronique du tissu adipeux et de la masse maigre, à la suite de l'action directe de facteurs tumoraux, ou indirectement causée par une réponse exacerbée de l'hôte face à la tumeur.[23]

Canal potassique : Il s'agit d'un canal ionique qui permet au potassium (sous la forme d'ion K⁺) de sortir de la cellule. Il existe un grand nombre de variétés de canaux potassiques dont le fonctionnement est complexe. Leur ouverture et leur fermeture sont directement dépendants de nombreux facteurs (ion calcium, acétylcholine, adénosine triphosphorique, ligands).[1]

Cancer : Terme général qui englobe plus de 200 maladies caractérisées par la propagation incontrôlée de cellules anormales. Les cellules cancéreuses peuvent envahir et détruire les tissus sains. La plupart des cancers peuvent aussi se propager vers d'autres parties du corps.[16]

Caractère ou trait : Caractéristique physique dont quelqu'un hérite, comme la couleur des cheveux ou des yeux.

Caractéristique déterminante : Facteur qui constitue l'élément déclenchant d'un phénomène.[11]

Carcinome basocellulaire : Type de tumeur le plus fréquent et le plus souvent bénin, diagnostiqué surtout chez les personnes qui fréquentent les régions tropicales ou qui s'exposent au soleil sans protection cutanée et chez celles qui présentent des antécédents de lésions de la peau causées par le soleil.

Carcinome *in situ* : Cancer au stade précoce, dont les cellules n'ont pas encore envahi les tissus avoisinants.[16]

Caryotypage : Cartographie complète des chromosomes du noyau d'une cellule. Les caractéristiques chromosomiques d'une cellule ou d'une lignée cellulaire sont habituellement représentées systématiquement par des chromosomes en métaphase disposés par paires dans l'ordre décroissant de la taille et selon la position du centromère, à partir d'une microphotographie d'un seul noyau cellulaire.[12]

Cascade enzymatique : Séquence de réactions d'activation successives faisant intervenir des enzymes (cascade enzymatique) ou des hormones (cascade hormonale) caractérisée par une série d'amplifications d'un stimulus initial.

Cascade ischémique : Série de réactions biochimiques déclenchée dans le cerveau après plusieurs secondes à quelques minutes d'ischémie ou de réduction de perfusion sanguine.[24]

Cataplexie : Perte brève et soudaine du tonus des muscles squelettiques ou à une faiblesse musculaire jumelée ou non à un effondrement de la posture menant à une chute au sol.

Cation : Ion chargé positivement.

Cellule multipotente : Cellule primitive, embryonnaire, de la moelle osseuse (tissu interne des os), capable de se différencier en n'importe laquelle des cellules du sang (les globules rouges qui transportent l'oxygène, les globules blancs essentiels à la défense du corps et les plaquettes).[25]

Cellule pluripotente : Cellule pouvant donner la plupart des types de cellules mais pas tous les types de cellules nécessaires pour le développement fœtal.[12]

Cellulite : Inflammation du tissu conjonctif sous-cutané, causée par une infection bactérienne.

Céphalée : Douleurs de la tête, quelle que soit leur cause.[1]

Céphalée de tension : Les céphalées de tension sont des maux de tête en casque, associés à une tension plus ou moins forte dans les muscles du cou, causée par une mise en tension des muscles entourant le crâne (muscles péri-crâniens). S'y ajoutent souvent des sensations de fourmillement ou de tiraillement plus ou moins fortes dans le cuir chevelu. Dans les céphalées de tension, la tête est comme serrée dans un étau. La douleur atteint généralement les deux côtés de la tête (bilatérale) avec une tension au niveau de la nuque et du front.[24]

Charge virale : Nombre de particules de VIH dans un échantillon de sang qui s'exprime en nombre de copies d'ARN VIH par millilitre.[26]

Chéloïde : Formation tumorale fibreuse de la peau, prenant généralement la forme d'un bourrelet induré et ramifié en pinces d'écrevisse, pouvant provoquer parfois des démangeaisons ou des élancements douloureux et ayant tendance à récidiver après ablation chirurgicale ou destruction par des agents caustiques.[11]

Cheminement clinique : Plan d'interventions interdisciplinaires qui prescrit des interventions et leur délai d'exécution et qui permet d'atteindre les résultats escomptés de certains clients, en fonction de la durée de leur séjour.

Chimiotactisme : Tendance des cellules, et plus particulièrement des leucocytes ou des organismes mobiles, à se déplacer dans une direction déterminée sous l'influence de divers stimuli (stimulations). Ces stimuli sont émis par des substances chimiques.[1]

Choc anaphylactique : Réaction allergique extrêmement violente provoquant une forte perturbation de la circulation sanguine qui entraîne un état de choc avec une chute très brutale de la pression artérielle mettant en danger les organes vitaux, notamment le cœur et le cerveau.[1]

Choc cardiogénique : Choc résultant de la diminution du débit cardiaque dans les maladies du cœur.[12]

Choc hypovolémique : Diminution de la masse sanguine circulante dont la conséquence principale est une baisse du retour veineux et du débit cardiaque.[3]

Choc neurogénique : Est causé par la baisse du tonus vasomoteur attribuable à la blessure et se caractérise par de l'hypotension et de la bradycardie, qui constituent des indices cliniques très importants.

Choc spinal : Se caractérise par une atténuation des réflexes, une perte des sensations ainsi qu'une paralysie flasque sous-lésionnelle (en dessous de la blessure).

Cholinestérase : Enzyme (sorte de protéine participant à différentes réactions chimiques de l'organisme) ayant pour but d'hydrolyser (détruire, casser) l'acétylcholine dans le sang et les tissus (ensemble de cellules). Ceci a pour résultat de rendre ce neuromédiateur inactif.[1]

Chordotomie : Section chirurgicale de faisceaux de fibres nerveuses sensitives de la moelle épinière, effectuée dans une intention analgésique.[14]

Chorée : Maladie nerveuse qui consiste en des mouvements involontaires et irréguliers.[11]

Chromosome : Support matériel des gènes présent dans le noyau de toutes les cellules humaines quand elles se divisent, composé d'ADN et de protéines.

Chronotype : Ensemble des caractéristiques somnologiques d'un individu. Il constitue le « réglage de base » du système qui gère les horaires du sommeil et de l'éveil.[27]

Chrysothérapie intramusculaire : Injections de sels d'or.

Cisaillement : Pression exercée sur la peau lorsqu'elle adhère au lit et que les couches cutanées suivent la direction du mouvement corporel.

Clonus : Série de contractions rapides rythmiques et réflexes (involontaires), pouvant être considérées comme des spasmes, causées par l'étirement de certains muscles.[1]

Codominant : Les allèles sont dit codominants lorsque deux allèles d'un gène se manifestent complètement et de manière indépendante dans le phénotype chez une personne hétérozygote.

Colonisation : Occupation d'un terrain, d'une partie de l'organisme par un peuplement abondant.[11]

Colonisation critique : Étape juste avant l'infection : les microorganismes prolifèrent sans affecter l'état de santé globale de l'hôte, mais altèrent le processus de cicatrisation. Les signes cliniques observables sont la stagnation de la cicatrisation, une plus grande sensibilité ou une douleur ressentie au site de la plaie, une augmentation de l'exsudat séreux, un changement de couleur du lit de la plaie, un tissu de granulation friable et exubérant et une odeur anormale.[28]

Colostrum : Liquide jaunâtre et opaque sécrété par les glandes mammaires les premiers jours après un accouchement.[11]

Coma : Prostration avec perte de la motricité volontaire, de la conscience, de la sensibilité, et maintien partiel des fonctions vitales.[11]

Commotion : Commotion due à un déplacement ou un étirement de la substance nerveuse à l'intérieur de la boîte crânienne au moment de l'impact. Cette commotion est à l'origine d'une perte de connaissance rapide proportionnelle à l'intensité du choc.[1]

Compétence culturelle : Capacité d'un professionnel de la santé de comprendre et de respecter les traits culturels des gens issus d'autres groupes sociaux et de pouvoir travailler avec eux.

Concentré de globules rouges (GR) : Produit sanguin labile constitué de granulocytes mis en suspension dans du plasma, obtenu en pratiquant une aphérèse sur un seul donneur.[2]

Congénital : Désigne une condition présente dès la naissance.

Connectivite mixte : Syndrome de chevauchement, caractérisé par une combinaison de signes cliniques, identiques à ceux du lupus érythémateux disséminé, de la sclérodermie, de la polymyosite et de la polyarthrite rhumatoïde et des taux élevés, inhabituels, d'anticorps circulants dirigés contre un antigène nucléaire ribonucléoprotéique.[29]

Contraction isométrique : Contraction musculaire sans raccourcissement où les deux points d'attache du muscle sont fixes, contrairement au travail concentrique et excentrique. Un muscle soumis à une contraction isométrique est un muscle qui travaille en tension mais sans mouvement.[30]

Contraction isotonique : Contraction musculaire avec raccourcissement ou allongement du muscle, sans modification marquée de sa tension. La contraction musculaire isotonique entraîne un mouvement.[31]

Contracture : Contraction prolongée et pathologique, de degré et de durée variables, d'un ou plusieurs muscles dont le mouvement se trouve alors limité ou nul.[11]

Contusion : Destruction du tissu nerveux et s'accompagnant généralement de petits hématomes avec saignement de certaines parties du cerveau.[1]

Coque : Bactérie de forme ronde ou ovoïde (p. ex., les streptocoques et les staphylocoques).

Couple sérodiscordant : Couple dans lequel l'un des partenaires est séropositif et l'autre non.

Courbe de Gompertz : Courbe obtenue grâce à une fonction qui repose sur l'observation qu'en début d'expérience une population croît de façon exponentielle puis finit par se stabiliser en s'approchant d'une certaine valeur.

Craniectomie de décompression : Détachement chirurgical d'un volet du crâne pratiqué pour traiter une hypertension intracrânienne secondaire aux lésions cérébrales.[32]

Crépitant : Bruit entendu pendant la respiration d'un individu présentant une maladie pulmonaire.

Crépitation : Sensations tactiles et auditives que l'on éprouve à la palpation spécifique de certains troubles osseux, musculaires, etc.[11]

Crise atonique : Souvent appelées crises avec chute. Ces crises se caractérisent par une perte soudaine de tonicité, créant une incapacité de se tenir debout ou assis (elles sont aussi appelées crises akinésiques). Les crises atoniques sont habituellement rares chez les adultes.[33]

Crise épileptique : Décharge électrique paroxystique des neurones, qui interrompt le fonctionnement normal cérébral, pouvant provoquer des manifestations motrices, sensitives, autonomiques, des perturbations de l'état de conscience et de la cognition.

Crise myasthénique : Exacerbation aiguë de la faiblesse musculaire déclenchée par une infection, une intervention chirurgicale, la souffrance émotionnelle, des médicaments inappropriés ou une surdose de psychotropes ou de bloquants neuromusculaires.

Crise myoclonique : Ce type de crise ne provoque pas de perte de connaissance. Les crises myocloniques sont souvent associées à des contractions brusques simples ou répétées des muscles (myoclonie). Elles sont principalement observées chez les jeunes enfants et les nouveau-nés, étant plus rares chez les adultes.[33]

Crise non épileptique psychogène : Consiste en un changement brusque de comportement ou du niveau de conscience. Elle ressemble à une crise épileptique, mais elle n'est pas accompagnée de changements électrophysiologiques à l'EEG typiques à la crise épileptique.

Crise tonico-clonique (ou grand mal) : Provoque une perte de conscience, chute, contraction tonique en flexion/extension de l'ensemble du corps (phase tonique), suivies de secousses cloniques aux quatre membres (écume aux lèvres, révulsion oculaire) (phase convulsivante), ensuite il y a le coma hypotonique calme avec respiration bruyante, morsure de langue et perte d'urine (phase stertoreuse), le réveil est progressif avec amnésie et confusion.[3]

Culture : Ensemble des traits distinctifs, spirituels et matériels, intellectuels et affectifs, qui caractérisent une société ou un groupe social. Elle englobe, outre les arts et les lettres, les modes de vie, les droits fondamentaux de l'être humain, les systèmes de valeurs, les traditions et les croyances.[116]

Curandero : Guérisseur qui a recours à des remèdes traditionnels, à des plantes médicinales ou à la magie.

Cyanose : Coloration bleutée de la peau, du lit unguéal et des muqueuses, causée par la présence d'hémoglobine désaturée dans les capillaires ; elle constitue un signe tardif d'hypoxie.

Cyphose : Exagération de la courbure postérieure de la colonne vertébrale thoracique.

Cytokine : Facteur soluble sécrété par les globules blancs et d'autres types de cellules, et agissant comme messager intracellulaire.

D

Débridement : Désigne l'incision que le chirurgien pratique dans un foyer purulent.[1]

Décès neurologique (ou mort cérébrale) : Perte de conscience irréversible associée à la perte totale des fonctions du tronc cérébral, y compris la capacité de respirer.[34]

Dégénérescence neurofibrillaire : Accumulation de fragments de protéines en hélice dans les cellules nerveuses. Les dégénérescences neurofibrillaires sont l'une des anomalies structurelles caractéristiques que l'on observe dans le cerveau des clients atteints de la maladie d'Alzheimer. À l'autopsie, la présence des plaques amyloïdes et des dégénérescences neurofibrillaires permet de poser un diagnostic formel de la maladie d'Alzheimer.[35]

Dégranulation : Libération par certaines cellules (mastocytes, basophiles) de granules, contenant notamment de l'histamine lorsqu'elles sont au contact de l'antigène auquel l'immunoglobuline est sensibilisée.

Déhiscence : Ouverture de la ligne de suture d'une plaie.

Délégation : Action de transmettre l'autorité ou la responsabilité d'accomplir une tâche particulière à une personne compétente dans une situation donnée.

Délirium : État d'hypovigilance ou d'hypervigilance qui peut être caratérisée par de la désorientation, la présence d'hallucinations visuelles et auditives. Cet état est potentiellement réversible et la cause est souvent physiologique.

Delirium tremens : Épisode aigu de l'alcoolisme chronique caractérisé par un état confusionnel, une agitation et une angoisse extrêmes, des tremblements généralisés, des sueurs profuses.[11]

Démarche de soins : Cycle d'analyse approfondie de la situation clinique comprenant plusieurs étapes et dans lequel les résultats sont évalués en fonction de la situation de départ.

Démarche festinante : Démarche d'une personne qui avance à petits pas rapides, penché en avant.

Démence : Déficience généralisée du fonctionnement intellectuel qui touche la personna lité et entrave le fonctionnement social et professionnel.

Démence à corps de Lewy (DCL) : Démence associée à des dépôts de protéine, appelés « corps de Lewy », localisés dans le cortex cérébral.[35]

Démence frontotemporale : Démence dont la caractéristique est l'atrophie cérébrale (du cerveau) s'associant à un début marqué par des troubles du comportement tels qu'une négligence physique ou encore une baisse d'intérêt (apathie) associés à des troubles de l'humeur.[1]

Démence vasculaire : La démence vasculaire (Dva), également appelée « démence à infarctus multiples », se produit lorsque les cellules dans le cerveau sont privées d'oxygène.[36]

Demi-vie : Temps au bout duquel la concentration d'une substance chimique a diminué de moitié dans un compartiment déterminé.[2]

Démyélinisation : Destruction de la myéline enveloppant la fibre nerveuse.[11]

Dépendance physique : Réponse physiologique attendue à l'exposition continue aux médicaments. Elle se manifeste par un syndrome de sevrage qui survient lorsque les taux sanguins du médicament diminuent abruptement.

Dépendance psychologique : Cet état implique que l'arrêt ou la réduction brusque de la consommation d'une drogue produit des symptômes psychologiques caractérisés par une préoccupation émotionnelle et mentale reliée aux effets de la drogue et par un désir obsédant (*craving*) d'en reprendre.[37]

Dépression respiratoire : Incapacité des poumons à oxygéner correctement le sang et à éliminer le gaz carbonique en excès.[12]

Dermatome : Région cutanée innervée par les fibres sensitives provenant de la moelle épinière.

Dermatomyosite : Forme aiguë et rare de polymyosite se caractérisant par une inflammation et une dégénérescence des fibres constituant les muscles squelettiques (muscles des mouvements volontaires).[1]

Désafférentation : Suppression des afférences, c'est-à-dire des fibres nerveuses établissant normalement une connexion entre deux structures nerveuses.[14]

Déshydratation : Perte excessive de fluides organiques en raison d'un manque d'absorption d'eau, de vomissements persistants, de diarrhée ou d'hyperhidrose. Déficit en eau.

Déterminant de la santé : Facteur personnel, social, économique et environnemental qui détermine l'état de santé des individus ou des populations.[38]

Deuil anticipé : Deuil vécu lorsqu'un individu a amorcé le processus de laisser aller la personne ou de s'en désengager émotionnellement avant la perte ou le décès réel de celle-ci.

Deuil chronique : Deuil qui se caractérise par le fait qu'il ne parvient pas à une résolution. Il « traîne en longueur et encombre la vie du survivant d'un chagrin qui ne s'estompe jamais tout à fait, de regrets et d'attachements quelquefois démesurés au passé, aux souvenirs, aux rites ou aux objets ayant appartenu au défunt ».[39]

Deuil différé : Forme de deuil qui implique un choix délibéré par l'endeuillé et qui se caractérise par le fait que celui-ci reconnaît qu'il a un deuil à vivre, mais où la résolution est remise à plus tard parce que son énergie et son temps sont requis au moment du décès pour faire face à d'autres obligations incontournables.

Deuil inhibé : Deuil qui se caractérise par un refoulement, une sorte de refus inconscient de la souffrance qui accompagne le travail du deuil. Les manifestations normales du deuil sont masquées par différents symptômes physiques ou par des comportements divers.

Déviation à gauche : Augmentation relative ou absolue des neutrophiles non segmentés par rapport aux neutrophiles segmentés.[40]

Diagnostic génétique préimplantatoire : Alternative au diagnostic prénatal qui permet de détecter une anomalie génétique avant l'implantation de l'embryon. L'analyse génétique réalisée sur des embryons humains obtenus par fécondation *in vitro* permet de ne transférer chez la cliente que des embryons sains ou porteurs sains, évitant ainsi l'épreuve des interruptions médicales de grossesse à un couple présentant une forte probabilité de transmettre une maladie génétique d'une particulière gravité.[41]

Diaphorèse : Fonction de la peau aboutissant à l'excrétion de la sueur sur le front et le haut du thorax, mais également sur d'autres parties du corps.[14]

Diffusion : Mouvement de molécules d'une région à concentration élevée vers une région à faible concentration.

Diffusion facilitée : Mode de passage transmembranaire d'une substance dans lequel cette dernière se combine temporairement à un transporteur et qui, s'effectuant dans le sens d'un gradient de concentration, ne consomme pas d'énergie.[2]

Digitopuncture : Technique de massothérapie qui dérive de la médecine traditionnelle chinoise, consistant à stimuler les points d'acupuncture par la pression des doigts dans le but d'aider à diminuer le stress et la fatigue.[2]

Diplopie : Trouble de la vision consistant à percevoir deux images ou plus pour un seul objet.[11]

Directive infirmière : Indication de suivi spécifique ou exceptionnelle qui porte sur des interventions requises par la situation de santé du client ou par une évolution atypique de sa situation.[42]

Discopathie dégénérative : Fait partie du processus naturel de vieillissement. Malheureusement, au fur et à mesure que nous vieillissons, nos disques intervertébraux perdent leurs qualités de souplesse, d'élasticité et d'absorption des chocs. Les ligaments entourant le disque appelé « anneau fibreux » deviennent friables, et se déchirent plus facilement. En même temps, le cœur tendre du disque (appelé « noyau pulpeux »), de consistance gélatineuse, commence à se dessécher et à rétrécir. Les dégâts subis par les disques intervertébraux, le développement de becs de perroquet et l'épaississement progressif des ligaments soutenant la colonne peuvent tous contribuer à provoquer une arthrose dégénérative de la colonne lombaire.[43]

Discrimination : Traitement différencié, inégalitaire, appliqué à des personnes sur la base de critères variables.[11]

Dispositif d'accès veineux central (DAVC) : Dispositif inséré dans une veine en vue d'administrer des médicaments ou des liquides directement dans le sang circulant. Ce dispositif peut être entièrement caché sous la peau (Port-a-Cath[MD]) ou déboucher à travers celle-ci (cathéter de Hickman).[16]

Domination culturelle : Attitude qui se manifeste lorsque les croyances et les pratiques culturelles de l'un sont imposées à une autre personne ou à un autre groupe social.[44]

Données objectives : Données observées ou mesurées par la personne qui effectue la collecte d'information.

Données subjectives : Données recueillies au cours de l'entrevue visant à évaluer le symptôme et à établir l'histoire de santé de la personne.

Dose équianalgésique : Désigne une dose d'analgésique donnée équivalente, en ce qui a trait au soulagement de la douleur, à celle d'un autre analgésique. Cette équivalence permet la substitution d'analgésiques au cas où un médicament précis s'avère inefficace ou qu'il provoque des effets secondaires intolérables.

Douleur : Domaine de la vie physique. Souffrance plus ou moins vive, produite par une blessure, une brûlure, une lésion ou toute autre cause, qui manifeste une rupture du bien-être, de l'équilibre de la santé, la perte ou la diminution de l'intégrité physique.[11]

Douleur aiguë : C'est un signal d'alarme qui permet de rechercher la cause ; elle a un rôle protecteur. Elle est récente, transitoire et finit par céder rapidement ; par contre, elle est souvent intense.[3]

Douleur chronique : Douleur qui se prolonge, varie en intensité et qui persiste plus d'un mois après la période de guérison normale ou qui est associée à un processus pathologique qui crée une douleur récurrente durant des mois ou des années (arthralgie, lombalgie, céphalée, etc.). (Bonica, 1980)

Douleur du membre fantôme : Les douleurs du membre fantôme sont généralement très intenses, voire invalidantes. Il s'agit de douleurs de désafférentation (en anglais, *desafferentation pain*), apparaissant en présence d'une lésion du système nerveux périphérique.[1]

Douleur neurogène : Douleur déclenchée ou causée par une lésion, une dysfonction ou une perturbation de la transmission des afférences sensorielles par le système nerveux central ou périphérique.

Douleur nociceptive : Douleur qui doit son nom au fait qu'elle a son origine dans la stimulation d'un récepteur (nocicepteur) qui, après une série d'événements chimiques et nerveux, transmet au cerveau des messages qui sont intégrés (décodés) comme étant une douleur.[45]

Douleur persistante : Qui subsiste de façon durable.[11]

Douleur référée : Douleur qui provient d'un viscère, par exemple le cœur, mais est référée vers des localisations à distance du cœur, c'est-à-dire à distance de sa source. Il s'agit donc de localisations qui sont fausses, mais qui sont confondues au niveau de la corne postérieure de la moelle épinière.[1]

Drépanocytose : Modification de la forme des globules rouges (hématies) qui, normalement biconcaves, prennent une forme de croissant ou de faucille. Moins élastiques, les hématies falciformes peuvent obstruer les petits vaisseaux sanguins et bloquer la circulation sanguine.[38]

Dysarthrie : Trouble moteur de la parole résultant d'une paralysie ou d'une absence de coordination des mouvements volontaires qui atteint les muscles des organes phonateurs.[11]

Dysarthrie ataxique : Scansion du discours, qui consiste à détacher chaque syllabe d'un mot.

Dyscrasie sanguine : Anomalie hématologique : anomalie de l'analyse des éléments figurés du sang (globules rouges ou blancs, plaquettes) ou de sa teneur en hémoglobine, en fer...[25]

Dysgraphie : Difficulté à communiquer par écrit.

Dyskinésie : Perturbation qui se situe au niveau des mouvements et qui se traduit entre autres par de l'incoordination, des spasmes ou de la parésie.[15]

Dyskinésie tardive : L'un des effets secondaires induit par les traitements neuroleptiques. C'est une réaction extrapyramidale. Le plus souvent, celles-ci sont bucco-faciales et se présentent sous la forme de mouvements choréoathétosiques de mâchonnements et de protrusion de la langue répétitifs et incontrôlables. Plus rarement, ces mouvements intéressent d'autres groupes musculaires.[46]

Dysménorrhée : Menstruations difficiles et douloureuses.[1]

Dyspareunie : Douleur éprouvée par certaines femmes (ou, parfois, par des hommes) au cours d'un rapport sexuel.[47]

Dyspepsie : Digestion douloureuse et difficile, survenant sans lésion organique après les repas.[1]

Dysphagie : Difficulté à avaler, sensation de gêne, manifestation plus ou moins douloureuse se produisant au moment de la déglutition ou du transit œsophagien des aliments.[11]

Dysphasie : Trouble du langage consistant en une mauvaise coordination des mots, en raison d'une lésion cérébrale.[11]

Dysphasie motrice : Elle se caractérise par des troubles de la phonation et de l'écriture, alors que la compréhension est à peu près bonne. Le client présente généralement des problèmes d'articulation à des degrés divers, et utilise des phrases qui ne sont pas structurées (agrammatisme). Il a du mal à trouver le mot exact pour s'exprimer, et les mots utilisés ne sont pas adaptés.[1]

Dysphasie sensorielle : Altération de la réception du langage sans trouble de l'articulation verbale se caractérisant par un langage spontané rapide (fluence normale ou exagérée), la production de nombreuses paraphasies (remplacement d'un mot par un autre) et un langage généralement vide de sens avec des troubles importants de la compréhension.

Dysréflexie autonomique : Est aussi appelée hyperréflectivité, hyperréflexie ou surréflectivité autonome. Réaction cardiovasculaire massive non compensée provoquée par le système nerveux sympathique.

Dystrophie musculaire (DM) : Désigne un groupe de maladies d'origine génétique caractérisées par une atrophie symétrique et progressive des muscles squelettiques, sans signe d'atteinte neurologique.

E

Échec de fin de dose : Désigne la percée de douleur qui survient avant la fin de la durée de l'analgésie normalement associée à un analgésique spécifique.

Échelle de coma de Glasgow : Méthode qui permet d'apprécier la profondeur d'un coma par l'étude de la variabilité de 3 critères cliniques très précis qui sont : l'ouverture des yeux, les capacités de motilité (faculté de se mouvoir), ou si l'on préfère meilleure réponse motrice et la réponse aux questions posées (réponses verbales).[1]

Éclampsie : Ensemble de manifestations convulsives accompagnant, surtout chez l'enfant et la femme enceinte, certains états pathologiques.[11]

Éclipse mentale : Perte momentanée du contrôle de la pensée.[11]

Écoute active : Habileté fondamentale de la communication thérapeutique qui consiste en une écoute attentive avec tout son être, et suppose un engagement du corps, du cœur et de l'esprit.

Écouvillonnage : Prélèvement en vue de la bactériologie de produits pathologiques dans une cavité organique par le moyen d'un tampon de coton stérile monté sur une tige.[2]

Effet d'épargne des opioïdes : Les non-opioïdes sont souvent combinés avec les opioïdes : cette association permet d'induire un soulagement optimal de la douleur tout en recourant à des doses plus faibles d'opioïdes (réduisant ainsi les effets secondaires liés à ces médicaments).

Effet de premier passage : L'effet de premier passage se définit comme une perte de médicament par métabolisme avant son arrivée dans la circulation générale, dès son premier contact avec un organe ou un tissu pourvu de l'équipement enzymatique nécessaire.[15]

Effet plafond : Qui n'offre pas un meilleur rendement analgésique au-delà d'une limite supérieure donnée.

Effet pyramidal : Ensemble des troubles de la motricité dû à une lésion de la voie pyramidale constituée par les fibres corticospinales.[1]

Efficacité personnelle : Croyance d'une personne en sa capacité à s'ajuster efficacement à une situation et à réussir un changement de conduite.

Électrolyte : Substance dont les molécules se dissocient ou se décomposent en ions en présence d'eau.

Embolie graisseuse : Est constituée de gouttelettes graisseuses provenant de la moelle osseuse d'un os fracturé, essentiellement de la diaphyse (partie moyenne de l'os) fémorale chez les polytraumatisés.[1]

Encéphalite : Inflammation de l'encéphale due : soit à une infection (multiplication bactérienne, parasitaire ou virale), soit à un processus auto-immun, soit à des toxines, soit à d'autres étiologies.[12]

Encéphalite spongiforme transmissible (EST) : Les EST se caractérisent par une dégénérescence spongiforme du cerveau s'accompagnant de symptômes neurologiques graves, puis mortels.[38]

Encéphalomyélite myalgique : Aussi appelée syndrome de la fatigue chronique, qui qualifie actuellement une affection se caractérisant par une fatigue particulière intense et s'accompagnant d'épuisement, au cours de laquelle le client se plaint des différentes doléances physiques et psychologiques plus précisément neuropsychologiques.[1]

Encéphalopathie de Gayet-Wernicke : Maladie caractérisée par des troubles neuropsychiques associant un mélange de signes psychiques à un type de confusion mentale, de désorientation dans le temps et dans l'espace, et des troubles neurologiques (troubles de l'équilibre associés à des contractures et parfois à des mouvements anormaux). Cette maladie est généralement secondaire à l'alcoolisme qui entraîne un déficit en vitamine B_1.[1]

Enjambement : Mécanisme d'entrecroisement avec échange de segments de matériel génétique, soit entre séquences d'ADN homologues, soit entre chromosomes homologues, aboutissant à une recombinaison génétique.[2]

Entorse : Lésion traumatique articulaire due à la distorsion brutale d'une articulation (sans qu'il y ait déplacement durable des surfaces articulaires) et qui s'accompagne d'une élongation ou d'un arrachement ligamentaire.[11]

Épilepsie : Maladie nerveuse se manifestant par des crises de convulsions, des évanouissements.[11]

Épilepsie focale : Type de crise qui se caractérise souvent par une activité électrique anormale localisée dans une région du cerveau. Le résultat peut prendre la forme de mouvements involontaires ou de sensations inhabituelles (neurones sensoriels), ou encore de changements de l'attention ou du comportement. Les crises se caractérisent par des sensations étranges ou inhabituelles, par exemple des odeurs ou des anomalies visuelles. Parmi les autres caractéristiques des CPS, signalons des mouvements secs ou de l'agitation, une distorsion auditive, des maux d'estomac et un soudain sentiment de peur. Les crises partielles simples ne sont pas habituellement associées à des altérations de la conscience ou de la mémoire.[33]

Épithélialisation : Formation des cellules épithéliales au site d'une plaie.

Épreuve de Romberg : Test utilisé pour évaluer la sensibilité posturale (statesthésie) des membres inférieurs.

Espaces liquidiens : Termes utilisés pour décrire la distribution d'eau dans l'organisme. Le premier espace réfère à la distribution normale de liquide dans les compartiments du LEC et du LIC. Le deuxième espace fait référence à une accumulation anormale de liquide interstitiel (p. ex., un œdème). La formation d'un troisième espace découle de l'accumulation de liquide dans une partie de l'organisme (liquide transcellulaire) où il n'est pas facilement échangeable avec le reste du LEC.

État de mal épileptique : Décrit une série de crises répétées entre lesquelles la personne ne reprend pas connaissance.[33]

État de santé global : Niveau de santé d'une personne ou d'une communauté.

Ethnicité : Terme qui fait référence à un groupe de personnes solidaires par la notion d'identité et par leurs antécédents sociaux et historiques.

Ethnocentrisme : Tendance d'une personne ou d'une société à considérer son modèle de culture comme supérieur à celui d'autres groupes sociaux ou ethniques.[48]

Ethnogériatrie : Se rapporte au domaine spécialisé en soins transculturels auprès des personnes âgées d'origine étrangère.

Étiologie : Étude des causes des maladies ; ces causes elles-mêmes.[11]

Étude à double insu (ou en double aveugle) : Est une façon d'éprouver l'efficacité d'un traitement ou d'une substance, dans laquelle un ou plusieurs groupe(s) de sujets bien recensés reçoivent le traitement à titre expérimental, sans que ces sujets ou que les investigateurs eux-mêmes n'aient connaissance du traitement reçu, pour supprimer tout jugement *a priori*.[22]

Euthanasie : Fait de donner délibérément la mort à un malade (généralement incurable ou qui souffre atrocement).[11]

Examen clinique : Processus pratique de collecte de données comprenant une entrevue et un examen physique, alors qu'une base de données constitue une liste particulière de données à recueillir.

Examen complet : Examen qui comprend une collecte de données incluant une histoire de santé et un examen physique détaillé des systèmes corporels de la tête au pied.

Examen d'urgence : Examen qui consiste à poser des questions précises, dans un laps de temps très court, tout en évaluant les symptômes et en maintenant les fonctions vitales.

Examen de suivi : Examen utilisé pour réévaluer à intervalle régulier l'état d'une personne en lien avec ses problèmes de santé établis et apporter les ajustements nécessaires au processus thérapeutique infirmier.

Examen orienté sur un symptôme : Processus utilisé pour évaluer un client présentant une plainte précise ou une problématique particulière, qui comprend une collecte de données plus succincte, mais plus approfondie en lien avec le symptôme présenté.

Examen physique : Évaluation des signes vitaux, prise d'autres mesures et examen de toutes les parties du corps grâce à des techniques d'inspection, de palpation, de percussion et d'auscultation.

Exérèse : Ablation chirurgicale d'une structure (tumeur, organe, kyste, etc.).

Exérèse stéréotaxique : Technique utilisée en neurochirurgie pour atteindre des zones du cerveau de manière précise.

Extravasation : Infiltration de médicaments dans les tissus avoisinant le point de perfusion.

F

Facteur de croissance : Molécules qui favorisent ou qui inhibent la multiplication des cellules.[1]

Fasciculation : Tressautements localisés, non coordonnés et incontrôlables d'un seul groupe musculaire.

Fenêtre sérologique : Période située entre la contamination et l'apparition des anticorps plasmatiques spécifiques (du VIH par exemple) élaborés par l'organisme.[17]

Fente synaptique : Espace entre deux cellules nerveuses qui constitue une aire de jonction par laquelle le message chimique passe d'un neurone à l'autre, entraînant l'excitation ou l'inhibition de ce dernier.[22]

Fibromyalgie : Maladie chronique caractérisée par une sensation de douleur générale et un sentiment de fatigue profonde. La douleur est souvent décrite comme étant diffuse ou comme une sensation de brûlure de la tête aux pieds. La douleur peut être plus aiguë à certains moments. Elle peut également passer d'une partie du corps à une autre, se faisant normalement ressentir davantage dans les parties du corps les plus souvent utilisées. La douleur peut être suffisamment aiguë pour entraver les tâches quotidiennes ou n'être qu'un léger malaise selon le degré d'atteinte.[49]

Fièvre hémorragique à virus Ebola : Se caractérise souvent par une brusque montée de température, avec une faiblesse intense, des myalgies, des céphalées et des maux de gorge. Cette fièvre est souvent suivie de vomissements, de diarrhées, d'éruptions cutanées, d'insuffisance rénale et hépatique, et d'hémorragies internes et externes.[38]

Foulure : Distension violente et accidentelle des ligaments d'une articulation.[11]

Foyer épileptogène : Se définit par le volume cortical impliqué dans la genèse des crises d'épilepsie.[50]

Fracture : Lésion causée par une rupture de la continuité structurelle d'un os, avec ou sans déplacement des fragments osseux.

Fracture par avulsion : Fracture par arrachement, un petit morceau d'os est retiré de la partie principale de l'os par un tendon ou ligament.[51]

G

Gamète : Cellule reproductrice humaine ; spermatozoïde chez l'homme et ovocyte chez la femme.

Gène : Unité d'information héréditaire occupant un emplacement précis sur un chromosome.

Génétique : Étude de l'hérédité ; étude des gènes.

***Genioglossal advancement and hyoid myotomy* (GAHM) :** Intervention qui consiste à avancer la langue et à fixer l'os hyoïde au cartilage thyroïde pour rétablir le flux d'air.[52]

Génome : Ensemble du matériel génétique d'une personne ou d'une espèce, encodé chez l'humain dans l'ADN. Ce matériel génétique est organisé sous la forme de chromosomes.

Génotypique : Relatif au génotype, qui est l'ensemble des caractères génétiques d'un être vivant, qu'ils se traduisent ou non dans son phénotype.[14]

Gliose : Prolifération du réseau névroglique.[1]

Glucocorticoïde : Groupe de stéroïdes sécrétés par la zone fasciculée de la corticosurrénale. Ces hormones agissent sur le métabolisme des glucides.[2]

Goutte : Forme d'arthrite qui se caractérise par un taux trop élevé d'acide urique dans l'organisme, qui n'est pas éliminé adéquatement par les reins. Le plus souvent, la goutte touche le gros orteil, mais elle atteint aussi la cheville, le genou, le pied, la main, le poignet ou le coude. Elle est souvent caractérisée par des attaques douloureuses qui durent des jours ou des semaines, suivies de longues périodes asymptomatiques.[21]

Gradient de concentration : Différence entre deux concentrations.

Granulome : Tumeur de nature inflammatoire constituée de tissu conjonctif particulièrement riche en vaisseaux et pénétrée par des cellules de diverses natures (leucocytes, plasmocytes, histiocytes, etc.).[1]

Graphesthésie : Forme de stéréognosie. La graphesthésie permet au sujet de reconnaître les lettres tracées dans la paume de la main. Pour cela, il doit tendre la paume de la main vers le haut, et l'examinateur doit écrire un chiffre ou une lettre majuscule en utilisant un objet dont la pointe est plus ou moins arrondie.[1]

Greffe de cellules souches hématopoïétiques (GCSH) : Traitement qui consiste à réinjecter par voie intraveineuse des cellules souches hématopoïétiques provenant de la moelle osseuse (greffon médullaire), du sang périphérique ou du sang de cordon en vue d'une reconstruction hématopoïétique suite à l'administration d'un traitement intensif myéloablatif.

Greffe de moelle osseuse (GMO) : Traitement comportant d'abord la destruction de la moelle osseuse d'un client par chimiothérapie ou radiothérapie, puis son remplacement par de la moelle osseuse fournie par une autre personne ou, dans certains cas, par le client lui-même.[16]

Greffon : Terme général qui désigne l'élément du corps humain qui doit être greffé. Cela peut être un organe, du tissu, ou des cellules.[53]

H

Hémarthrose : Épanchement sanguin intraarticulaire, le plus souvent d'origine traumatique.[11]

Hématome épidural : Épanchement de sang situé entre le crâne et la dure-mère. Cette variété d'hématome apparaît rapidement à cause de la déchirure d'un vaisseau. Généralement il s'agit de l'artère méningée moyenne. Le plus souvent l'hématome extradural est lié à une cause traumatique s'accompagnant d'une fracture de la paroi crânienne à proximité de l'hématome.[1]

Hématome intracérébral : Collection de sang dans la substance cérébrale (ou parenchyme cérébral), conséquence de la rupture d'un vaisseau. On parle d'hémorragie intracérébrale lorsque le diamètre de l'hémorragie est inférieur à 3 cm.[54]

Hématome sous-dural : Correspond à un épanchement entre la dure-mère et l'arachnoïde, généralement des deux côtés et dont la constitution est lente. L'hématome sous dural est soit constitué par du sang qui provient des veines du cortex soit par du LCR.[1]

Hémianopsie : Perte ou diminution de la vue dans une moitié du champ visuel d'un œil ou le plus souvent des deux yeux.[1]

Hémianopsie homonyme : Perte de la vision sur la même moitié du champ visuel dans les deux yeux.

Héminégligence : Incapacité totale ou partielle à percevoir des informations situées dans l'hémi-espace controlatéral à une lésion cérébrale, sans qu'un déficit moteur ou sensoriel de l'œil puisse rendre compte d'un tel trouble.[2]

Hémorragie intracérébrale : AVC causé par la rupture d'un vaisseau sanguin intracérébral, ce qui entraîne un saignement à l'intérieur du cerveau. Ce saignement interrompt la circulation sanguine au cerveau et cause une ischémie des cellules cérébrales non perfusées.

Hémorragie sous-arachnoïdienne : Hémorragie causée par la rupture de la membrane arachnoïdienne. L'espace sous-arachnoïde est situé entre la pie-mère et l'arachnoïde.

Hépatomégalie : Augmentation anormale du volume du foie.[14]

Héréditaire : Qualifie une maladie ou une condition qui se transmet des parents aux enfants.

Hernie discale : Désigne une anormalité du disque intervertébral, que l'on peut également qualifier de disque « déplacé », « rompu » ou « déchiré ». Ce processus se déroule lorsque le cœur interne (noyau) du disque intervertébral forme une saillie et dépasse de la couche externe de ligaments entourant le disque (anneau ou partie périphérique). Cette déchirure de l'anneau provoque des douleurs lombaires (bas des reins) dans la région de la hernie.[43]

Hétérozygote : Qui possède deux allèles différents pour un gène donné pendant les divisions cellulaires.

Hirsutisme : Développement excessif et répartition anormale du système pileux, d'origine congénitale ou en rapport avec des troubles endocriniens.[11]

Holisme : Système de pensée selon lequel les caractéristiques d'un être ou d'un ensemble ne peuvent être connues que lorsqu'on le considère et l'appréhende dans son ensemble, dans sa totalité, et non pas quand on en étudie chaque partie séparément.

Homéostasie : État d'équilibre du milieu interne de l'organisme, naturellement maintenu par des réactions adaptatives assurant une bonne santé.[55]

Homozygote : Qui possède deux allèles identiques pour un gène donné.

Hydrocéphalie à pression normale : L'hydrocéphalie à pression normale (HPN) est une dilatation du système ventriculaire du cerveau c'est-à-dire des ventricules cérébraux avec une pression normale du liquide céphalo-rachidien (LCR).

Hygiène du sommeil : Ensemble de pratiques qu'il est important d'appliquer pour obtenir un sommeil nocturne normal et de qualité et pour s'assurer d'être en forme le jour.

Hyperalgésie : Réponse exagérée à un stimulus qui est normalement douloureux.[57]

Hyperalgésie primaire : Réponse accentuée aux stimulus douloureux au niveau même de la lésion tissulaire.[56]

Hypercalcémie : Taux excessif de calcium dans le sang.[1]

Hypercapnie : Augmentation de la $PaCO_2$ dans le sang au-dessus de 45 mm Hg.

Hyperesthésie : Désigne l'exagération anormalement intense, quelquefois douloureuse, des divers modes de la sensibilité.[1]

Hyperfibrinémie : Augmentation du taux du fibrinogène sanguin au-dessus de 14,7 µmol/L, habituelle au cours des syndromes inflammatoires.[2]

Hyperhomocystéinémie : Augmentation dans le plasma qui correspond à la partie liquide du sang ; l'homocystéine est à l'origine d'une augmentation du nombre des facteurs de risque de survenue d'accident vasculaire atteignant les artères et les veines.[1]

Hyperkaliémie : Taux élevé de potassium sérique dans le sang.

Hypermagnésémie : Taux élevé de magnésium dans le sang.

Hypernatrémie : Taux élevé de sodium dans le sang.[1]

Hyperparathyroïdie : Hyperfonctionnement de la glande parathyroïde.[11]

Hyperphosphatémie : Taux élevé de phosphate dans le sang.[1]

Hyperplasie : Prolifération excessive d'un tissu organique par multiplication de ses cellules qui conservent toutefois une forme et une fonction normales.[11]

Hyperrésonnance : Sonorité excessive, au cours d'un examen clinique.[11]

Hypersomnie : Besoin exagéré de sommeil.[11]

Hypertonique : Se dit d'une solution dont les solutés sont plus concentrés qu'à l'intérieur des cellules.

Hypervolémie : Excès du volume de liquide extracellulaire.

Hypocalcémie : Faible taux de calcium dans le sang.[11]

Hypogonadisme : Affection provenant de fonctions gonadiques déficientes, comme la gamétogénèse et la production d'hormones stéroïdiennes gonadiques. Elle est caractérisée par un retard de croissance, une maturation des gamètes et le développement de caractéristiques sexuelles secondaires. L'hypogonadisme peut être causé par une déficience de gonatogropines (hypogonadisme hypogonadotrope) ou un échec gonadique primaire (hypogonadisme hypergonadotropique).[12]

Hypokaliémie : Faible taux de potassium sérique dans le sang.

Hypomagnésémie : Faible taux de magnésium sérique dans le sang.

Hyponatrémie : Déséquilibre électrolytique du système sanguin caractérisé par une concentration trop faible du sodium dans le sang, qui se manifeste chez une personne par une sécheresse de la peau, une tachycardie et de l'hypotension.[2]

Hypophosphatémie : Faible taux de phosphate dans le sang.[1]

Hypopnée : Affection caractérisée par une respiration superficielle (réduction de 30 à 50 % du flux respiratoire).

Hypotension orthostatique : Baisse de la tension artérielle survenant soudainement quand un individu passe en position debout en appui sur la plante des pieds.

Hypotonique : Se dit d'une solution dont les solutés sont moins concentrés qu'à l'intérieur des cellules.

Hypoventilation : Manifestation se produisant lorsque la ventilation alvéolaire ne répond pas adéquatement à la demande en oxygène de l'organisme ou n'élimine pas suffisamment de gaz carbonique.

Hypovolémie : Diminution du volume sanguin total.

Hypoxémie : Diminution de la pression partielle de l'oxygène dans le sang artériel (PaO_2) et de la saturation pulsatile en oxygène (SpO_2) dans le sang.

I

Idiopathique : Maladie existant par elle-même, indépendamment de tout autre état pathologique, et dont la cause est inconnue.[1]

Iléus paralytique : Arrêt provisoire du péristaltisme.

Immunité : Résistance d'un organisme à l'action d'un poison ou d'un agent pathogène, qui peut être naturelle ou acquise (soit artificiellement au moyen d'un vaccin ou d'un sérum approprié, soit de façon spontanée à la suite d'une première infection surmontée).[11]

Immunité à médiation cellulaire : Immunité qui associe les lymphocytes et les macrophages (variété de globules blancs capables d'absorber puis de détruire les particules directement après les avoir digéré).[1]

Immunité à médiation humorale : Type d'immunité appelée immunité à médiation humorale qui se fait par voie sanguine et fait intervenir certains globules blancs, en particulier les lymphocytes B, qui se transforment en plasmocytes capables de fabriquer des anticorps. L'action de ces éléments se fait à distance de leur lieu de production.[1]

Immunité acquise : Immunité qui intervient secondairement après une phase de reconnaissance de l'antigène, prolifération lymphocytaire et différenciation en cellules productrices d'anticorps (lymphocytes B / plasmocytes) ou en cellules responsables de cytotoxicité (lymphocytes TCD3+). Cette immunité acquise comporte une mémoire et de ce fait, un deuxième contact avec l'antigène engendrera ultérieurement une réponse rapide et puissante de type secondaire.[58]

Immunité innée : Mécanisme de protection présent à la naissance et dont le rôle premier est de former la première ligne de défense contre des agents pathogènes. Ce type d'immunité consiste en une réaction non spécifique. Les neutrophiles et les monocytes sont les principaux globules blancs participant à ces réactions. L'immunité innée n'étant pas spécifique à un antigène, la réaction contre un microorganisme peut donc s'effectuer en quelques minutes, sans qu'il y ait eu de contact préalable avec celui-ci.

Immunocompétence : Capacité d'un organisme ou d'une cellule à produire une réaction de défense immunitaire, c'est-à-dire à différencier le soi du non-soi. Les lymphocytes T (LT) et B (LB) deviennent des cellules immunocompétentes après qu'ils ont acquis leur immunocompétence dans la moelle osseuse (LB) ou dans le thymus (LT), c'est-à-dire lorsqu'ils expriment leurs récepteurs spécifiques sur la surface de leur membrane.[45]

Immunodéficience : État dans lequel la capacité du système immunitaire à lutter contre les maladies infectieuses est compromise ou totalement absente. La plupart des cas d'immunodéficience acquise sont secondaires, mais certaines personnes naissent avec un disfonctionnement du système immunitaire (immunodéficience primaire).

Inconscience : État d'une personne qui a perdu connaissance ou qui n'a plus conscience d'elle-même ni du monde.[11]

Inégalité en santé : Écart dans la prévalence, la mortalité et le fardeau social associé aux maladies qui touchent des populations particulières.

Infection aiguë ou primo-infection : Désigne le premier contact d'un agent infectieux avec un organisme vivant ; réservé auparavant à la primo-infection tuberculeuse.[17]

Infection nosocomiale : Infection qui résulte de l'exposition à un microorganisme dans le milieu des soins de santé, ou au moment d'actes de soins.

Infiltration : Pénétration d'une sérosité d'origine organique dans le tissu cellulaire.[11]

Inflammation aiguë: Inflammation à début soudain et à signes marqués et progressifs.[2]

Inflammation chronique: Inflammation à développement lent et formation d'un tissu granuleux qui tend à localiser le processus.[2]

Inflammation subaiguë: Inflammation qui présente les caractéristiques du processus aigu, mais qui dure plus longtemps.

Insomnie aiguë: Difficulté à s'endormir ou à demeurer endormi au moins trois nuits par semaine sur une période de deux semaines.

Insomnie chronique: Difficulté à s'endormir ou à demeurer endormi au moins trois nuits par semaine sur une période persistante, jumelée à des symptômes diurnes (p. ex., de la fatigue, une faible concentration, de la difficulté à prendre part à des activités sociales ou familiales) qui perdurent durant un mois ou plus.

Insomnie primaire ou idiopathique: Difficulté permanente à trouver et à maintenir le sommeil, ce qui cause un fonctionnement diurne médiocre.[59]

Insomnie secondaire (comorbidité): Trouble du sommeil qui découle d'un état psychiatrique, de différentes situations de santé, de la consommation de médicaments, de l'abus d'alcool ou d'autres drogues.

Insuffisance gonadique: sécrétion insuffisante d'hormones par les gonades (testicules et ovaires) qui provoque l'infertilité chez l'adulte et une puberté retardée chez l'enfant et l'adolescent.

Interféron: Substance fabriquée par l'organisme, et ayant des propriétés antivirales et anticancéreuses susceptibles de s'adapter au fonctionnement immunitaire. Ils font partie des cytokines. Ce sont de petites protéines sécrétées par différents types de cellules, ayant une action régulatrice et stimulatrice du système immunitaire. Ils sont fabriqués par les globules blancs.[1]

Intervention neuroablative: Ce type d'intervention implique la destruction des nerfs, interrompant ainsi la transmission de la douleur.

Intestin neurogène: Se définit par un manque de contrôle nerveux qui empêche l'intestin de fonctionner correctement. Un intestin neurogène peut entraîner une incontinence fécale, une constipation chronique, ou les deux.[60]

Intoxication paradoxale: Aggravation plutôt qu'atténuation symptomatique.

Intrathécale: Injection qui se fait à l'intérieur d'une enveloppe de protection comme celle constituée, par exemple, par l'arachnoïde (une des trois méninges, située entre la dure-mère et la pie-mère, et séparée de la pie-mère par l'espace sous-arachnoïdien qui contient le liquide céphalorachidien). Dans ce cas, l'injection intrathécale consiste à faire pénétrer un produit dans l'espace sous-arachnoïdien.[1]

Ion: Atome ou groupe d'atomes électriquement chargé(s) par suite de l'augmentation ou de la diminution numérique des électrons.[1]

Irritant: Propriété d'un médicament à induire une réaction veineuse de type inflammatoire. Cette réaction peut être accompagnée d'inconfort, de douleur ou de sensation de serrement.

Ischémie cérébrale secondaire: Diminution de la vascularisation artérielle, donc de l'apport sanguin, au niveau d'une zone plus ou moins étendue d'un tissu ou d'un organe: l'ischémie cérébrale est secondaire à une baisse de la tension intraartérielle des artères du cerveau ou du système nerveux central.[1]

Ischémie myocardique: Diminution ou arrêt de l'apport de sang dans le myocarde.[11]

Isotonique: Se dit d'un liquide dont l'osmolalité est équivalente à celle de l'intérieur de la cellule.

K

Kératoconjonctivite sèche: Sécheresse oculaire.

Kinesthésie: Sens du mouvement; forme de sensibilité qui, indépendamment de la vue et du toucher, renseigne d'une manière spécifique sur la position et les déplacements des différentes parties du corps.[11]

L

Lésion cérébrale ischémique: Lésion des cellules cérébrales ayant entraîné la mort des cellules cérébrales causé par l'obstruction de la circulation sanguine provoquant une anoxie des cellules cérébrales.[3]

Lésion de pression: Lésion localisée sur la peau ou le tissu sous-jacent (généralement près d'une proéminence osseuse) qui résulte d'une pression ou de l'action combinée d'une pression et d'un cisaillement ou d'une friction.[61]

Lésion discoïde: Lésion caractérisée par une plaque d'érythème bien limitée, arrondie ou ovalaire. Elle est rapidement associée à une hyperkératose folliculaire ostiale, rugueuse et adhérente, formant à sa face inférieure des crampons cornés.[62]

Lésion ischémique-hypoxique: Lésion cérébrale aiguë ou subaiguë due à l'asphyxie (p. ex., l'hypoxie, l'acidose).[64]

Leucopénie: Diminution du nombre des globules blancs circulant dans le sang.[11]

Leucoplasie orale chevelue: Hyperplasie épithéliale de la muqueuse orale, associée au virus d'Epstein-Barr (herpèsvirus humain 4), retrouvée presque exclusivement chez les personnes ayant une infection par le VIH. La lésion correspond à une plaque blanche qui est d'aspect parcheminé.[12]

Lichénification: Épaississement de la peau dû à la prolifération des kératinocytes et accompagné d'une accentuation des marques naturelles de la peau.[65]

Lipodystrophie: Redistribution des graisses provoquant un changement de l'allure corporelle.

Lipolyse: Destruction des corps gras (lipides) ou graisses de l'organisme.[1]

Liquide céphalorachidien (LCR): Liquide contenu dans les espaces délimités par les méninges (membranes de protection et de recouvrement du système nerveux central), extrêmement clair (comme l'eau de roche) et constitué d'eau à 99 %.[1]

Liquide extracellulaire (LEC): Liquide présent à l'extérieur d'une cellule et comprenant le liquide interstitiel et le liquide intravasculaire.

Liquide interstitiel: Liquide occupant les espaces intercellulaires et l'extérieur des vaisseaux sanguins.

Liquide intracellulaire (LIC): Liquide occupant l'intérieur des cellules somatiques et contenant des solutés dissous indispensables à l'équilibre hydroélectrolytique et au métabolisme. Le LIC représente environ 40 % du poids corporel de l'adulte.

Liquide synovial: Liquide lubrifiant de l'articulation, qui est aussi nourricier dans les cartilages. Présent en faible quantité dans l'espace articulaire, il est formé à partir du sang qui circule dans les capillaires de la membrane synoviale.

Liquide transcellulaire: Liquide contenu dans les cavités spécialisées de l'organisme (liquide céphalorachidien, liquide du tractus gastro-intestinal (GI) et liquides pleural, synovial, péritonéal, intraoculaire et péricardique).

Littératie en santé: Capacité de reconnaître l'existence d'un besoin d'information en matière de santé ou de services de santé, de déterminer l'information adéquate, de la trouver, de l'évaluer et de l'exploiter en relation avec une situation donnée.

Locus: Emplacement d'un gène sur un chromosome.

Loi de Wolff: Théorie démontrant que les structures osseuses se réorganisent en fonction des contraintes qui leur sont appliquées.[66]

Lombalgie: Douleur de la région lombaire, d'origine et d'évolution très diverses.[11]

Lordose lombaire: Exagération de la courbure lombaire.

Lupus cutané subaigu: Forme anatomoclinique particulière de la maladie lupique qui regroupe 5 à 10 % des malades. Il est défini par des lésions cutanées inflammatoires chroniques papulo-squameuses et/ou annulaires non cicatricielles, disposées en zones photo-exposées et dont l'histologie est évocatrice de lupus érythémateux.[62]

Lupus érythémateux disséminé (LED): Maladie auto-immune dont l'origine précise est inconnue, s'accompagnant d'un trouble sévère de l'immunité (défaut de la fonction de certains globules blancs : les lymphocytes T et B). Elle touche préférentiellement les femmes jeunes, et sa fréquence semble plus élevée chez les Noires américaines et les Asiatiques. Cette maladie, qui se caractérise par la production d'anticorps et plus particulièrement d'anti ADN, peut être à l'origine d'une autodestruction de tous les organes.[1]

Luxation: Déplacement anormal des extrémités osseuses d'une articulation l'une par rapport à l'autre.[11]

Lyse cellulaire: Fragmentation et désintégration de la structure moléculaire des tissus ou des cellules bactériennes exercées par des agents physiques, chimiques ou biologiques.[14]

M

Maladie d'Alzheimer: Maladie neurodégénérative évolutive caractérisée par une perte de fonctions et par la mort de cellules nerveuses dans plusieurs zones du cerveau, ce qui entraîne la perte de fonctions mentales telles que la mémoire et l'apprentissage. La maladie d'Alzheimer est la principale cause de démence.[35]

Maladie d'Alzheimer familiale (MAF): À un moment donné de l'histoire familiale, certains gènes ont subi une mutation et des caractéristiques anormales qui causent la FFMA sont apparues. Ces gènes héréditaires exercent une grande influence: si l'un des parents a la FFMA, chacun des enfants aura une probabilité de 50 % d'hériter de la maladie. Si les deux parents ont la FFMA, 75 % de leurs enfants développeront la maladie d'Alzheimer à l'âge adulte.[67]

Maladie de Creutzfeldt-Jakob (MCJ): Trouble rare d'origine génétique et infectieuse qui entraîne généralement des pertes de mémoire et des changements de comportement.[35]

Maladie de Huntington (MH): Affection génétique dont le mode de transmission autosomale dominante signifie que chaque enfant né d'un parent atteint devient une personne à risque.[68]

Maladie de la vache folle: Affection touchant le système nerveux central, due à un prion (sorte de protéine modifiée), dont l'évolution est progressive et qui se caractérise par une démence (altération grave du raisonnement avec diminution définitive des facultés mentales) associée à des myoclonies (contractions brutales des muscles).[1]

Maladie de Lyme: Maladie inflammatoire qui est transmise par la morsure d'une tique infectée par une bactérie. Cette bactérie pénètre dans l'organisme à l'endroit où la tique a mordu et commence à se multiplier et à s'acheminer vers différentes parties du corps. Si elle n'est pas traitée, la maladie de Lyme peut causer une infection qui se manifeste sous diverses formes, en particulier, sous forme d'inflammation chronique touchant les articulations, le système nerveux, le cœur et la peau.[20]

Maladie de Paget: Se caractérise par une augmentation de volume (hypertrophie osseuse) et une déformation de certaines pièces osseuses du squelette humain. Parallèlement, les os à proximité des os déformés sont quant à eux indemnes.[1]

Maladie de Parkinson (MP): Trouble neurologique complexe. En résumé, la fonction du mouvement est contrôlée dans le cerveau par une substance chimique, la dopamine, qui véhicule l'information entre les neurones. Les symptômes du Parkinson se manifestent lorsque les cellules qui produisent cette dopamine meurent ou sont endommagées.[69]

Maladie de Pick: Type de démence dans laquelle la dégénérescence des cellules nerveuses cause des altérations spectaculaires de la personnalité et du comportement sans pour autant affecter la mémoire, dans la majorité des cas, tant que la maladie n'a pas atteint sa phase avancée.[35]

Maladie extrapyramidale (ou syndrome extrapyramidal): Troubles provoqués par l'altération du système pyramidal (ensemble de structures nerveuses et de faisceaux), se manifestant par une altération du tonus musculaire et de la régulation des mouvements involontaires et automatiques.[25]

Maladie pulmonaire obstructive chronique (MPOC): Terme générique désignant un ensemble d'affections respiratoires touchant les bronches et les poumons (bronchite chronique, asthme, emphysème), pouvant coexister chez un même sujet, qui déterminent chez ce dernier une insuffisance ventilatoire obstructive.[2]

Mandat en cas d'inaptitude: Document écrit dans lequel une personne (le mandant) désigne une autre personne (le mandataire) pour voir à sa protection ou à l'administration de ses biens, ou les deux, dans l'éventualité où elle serait privée de ses facultés de façon permanente ou temporaire.

Manifestation clinique: Toute constatation à l'égard d'un problème particulier qu'elle soit subjective ou objective.

Manœuvre de Valsalva: Manœuvre qui consiste à exercer une contraction volontaire des muscles abdominaux pendant l'expiration forcée, en gardant la glotte fermée (en retenant sa respiration et en poussant).

Marche helcopode: Démarche dans laquelle le membre inférieur paralysé est traîné comme un corps étranger qui serait attaché au malade sans qu'il en ait connaissance.[70]

Mastoïdite: Inflammation de la muqueuse et des structures osseuses des cellules mastoïdiennes, généralement consécutive à une otite.[11]

Matité: Diminution de la sonorité par excès de gaz.[1]

Médecine traditionnelle chinoise (MTC): Vieille de quelques milliers d'années, la médecine traditionnelle chinoise (MTC) est un « système », c'est-à-dire un ensemble de théories (explications) et de pratiques (techniques) concernant l'humain et sa santé ayant comme premier objectif d'entretenir la santé et de prévenir les maladies.[71]

Médiateur chimique: Substance chimique (appelée également neurotransmetteur) fabriquée par l'organisme et permettant aux cellules nerveuses (neurones) de transmettre l'influx nerveux (message) entre elles ou entre un neurone et une autre variété de cellules de l'organisme (muscles, glandes).[1]

Médicament anxiolytique: Médicament utilisé dans le traitement de l'anxiété et de ses différentes manifestations, faisant partie des tranquillisants.[14]

Médicament hypnotique: Médicament qui provoque le sommeil.[1]

Méiose: Dans la formation des gamètes, ensemble des deux divisions cellulaires successives qui terminent l'ovogenèse et la spermatogenèse, et constituant pour la première en une réduction du nombre des chromosomes (synon. *division méiotique*); *en partic.* division (réductionnelle) de l'ovogenèse.[11]

Mélatonine: Hormone endogène sécrétée dans le cerveau par la glande pinéale à partir d'un acide aminé, le tryptophane, qui a pour effet de diminuer la latence du sommeil et d'en améliorer l'efficacité.

Méningite: Inflammation aiguë des tissus méningés enveloppant le cerveau et la moelle épinière. Elle désigne spécifiquement l'infection de l'arachnoïde et du LCR.

Métastase: Cellules cancéreuses ayant migré vers d'autres parties du corps à partir d'une tumeur primitive, par voie lymphatique ou sanguine. Cette migration donnera naissance à des tumeurs secondaires appelées métastases.[16]

Métasynthèse: Synthèse de plusieurs études et résultats qualitatifs.

Méthode Bobath: Méthode qui vise à aider la personne à maîtriser son problème de spasticité par l'inhibition des réflexes anormaux.

Méthotrexate: Analogue structural de l'acide folique, agent antimétabolite des acides nucléiques dont l'action se fait par inhibition de la synthèse.[1]

Microglie: Ensemble des cellules immunitaires présentes dans le cerveau. Les cellules qui forment la microglie sont des macrophages qui ingèrent les cellules mortes et d'autres débris. Dans la maladie d'Alzheimer, elles sont associées aux cellules nerveuses mourantes et aux plaques amyloïdes.[35]

Microtraumatismes répétés (MR): Désignent des blessures résultant d'une force exercée sur une longue période par des mouvements répétitifs et des postures contraignantes.

Microtubule: Minuscule élément de forme cylindrique, présents dans le cytoplasme. Les microtubules constituent avec les filaments, un réseau, appelé cytosquelette, qui est à l'origine du mouvement de la cellule et lui donne sa forme.[25]

Migraine: Fort mal de tête affectant généralement une moitié du crâne, dans les régions temporale et orbitaire, souvent accompagné de divers malaises (nausées, troubles de la vue, de la parole, de l'équilibre) mais disparaissant sans séquelles; *p. exagér.* mal de tête.[11]

Migraine avec aura: Type de migraine caractérisé par les attaques périodiques de symptômes neurologiques réversibles (l'aura) qui précèdent ou accompagnent la migraine. L'aura peut inclure une combinaison de troubles sensoriels comme la vision trouble, des hallucinations, un vertige, un engourdissement et de la difficulté à se concentrer et à parler. L'aura est en général suivie par les caractéristiques de la migraine commune comme la photophobie, la phonophobie et la nausée.[12]

Migraine sans aura (ou migraine commune): Migraine la plus fréquente; elle se caractérise par la survenue de céphalées (maux de tête) dont l'installation est progressive et dont la durée varie de plusieurs heures à plusieurs jours (plus rarement). La localisation se situe dans la moitié droite ou gauche du crâne. C'est la raison pour laquelle les migraines portent le nom d'hémicranie.[1]

Minéralocorticoïde: Se dit de toute substance d'action semblable à celle de l'aldostérone et dont l'activité glucocorticoïde ne se manifeste pas aux doses thérapeutiques.[2]

Minéralocorticostéroïde: Ensemble des stéroïdes à 21 atomes de carbone, sécrétés par la zone glomérulée des corticosurrénales. La principale est l'aldostérone.[2]

Mitose: Processus naturel par lequel les cellules du corps croissent et se divisent.[16]

Mode fonctionnel de santé: Grille utilisée pour connaître l'histoire de santé d'un client qui donne lieu à une première collecte de renseignements importants sur la santé et est suivie d'une évaluation de 11 domaines illustrant l'état de santé et le fonctionnement de l'organisme.

Modèle biopsychosocial: Modèle qui tient compte des interrelations entre les aspects biologiques, psychologiques et sociaux de la maladie.[72]

Modes fonctionnels de santé: Grille utilisée pour connaître l'histoire de santé d'un client et qui donne lieu à une première collecte de renseignements importants sur la santé; elle est suivie d'une évaluation de 11 domaines illustrant l'état de santé et le fonctionnement de l'organisme.

Modulation: Processus d'inhibition ou d'amplification des impulsions douloureuses.

Moxibustion: Consiste à réchauffer un point d'acupuncture et à faire pénétrer la chaleur à travers la peau.[71]

Muguet: Mycose affectant les muqueuses, particulièrement celles de la bouche, et se manifestant par des points et des plaques d'un blanc laiteux.[11]

Mutation: Changement permanent dans la séquence de l'ADN.

Myasthénie grave (MG): Maladie de la jonction neuromusculaire qui occasionne une faiblesse musculaire. Elle peut être purement oculaire (elle se présente par une faiblesse des paupières) ou sous forme généralisée intéressant tous les muscles du corps.[73]

Mycète: Champignon microscopique présent normalement en petites quantités mais qui peut entraîner des infections (les mycoses) en cas de diminution des défenses immunitaires, en particulier chez les clients cancéreux ou atteints du sida.

Mycose: Affection parasitaire causée par la présence de champignons microscopiques dans l'organisme.[11]

Mydriase: Dilatation anormale de la pupille due soit à l'action d'un réflexe pupillaire, soit à une maladie oculaire ou nerveuse, soit à l'action de certaines substances.[11]

Myélosuppression: Suppression de l'activité de la moelle osseuse entraînant une diminution du nombre de globules et de plaquettes dans le sang.[2]

Myoclonie: Contraction musculaire soudaine, brève et involontaire pouvant survenir pendant le sommeil ou durant les périodes d'éveil.

Myosis: Diminution physiologique ou pathologique du diamètre de la pupille.[11]

Myotome: Groupe musculaire innervé par les neurones moteurs primaires d'une unique racine ventrale.

N

Nadir: Numération globulaire la plus faible survenant de 7 à 10 jours après l'amorce d'un traitement de chimiothérapie ou une radiothérapie.

Narcolepsie: Trouble neurologique chronique causé par l'incapacité du cerveau à réguler normalement le cycle veille-sommeil. La personne atteinte de narcolepsie ressent un besoin soudain de dormir et peut s'endormir brutalement pour une période qui varie de quelques secondes à plusieurs minutes.

Nature idiopathique: Dont la cause est inconnue.

Nécrose avasculaire: Mort des cellules osseuses du fait d'un approvisionnement sanguin insuffisant.

Nécrose caséeuse: Nécrose tissulaire engendrée par le bacille tuberculeux, d'aspect macroscopique homogène et blanchâtre.[14]

Néoplasme bénin: Excroissance non cancéreuse qui ne s'étend pas aux tissus avoisinants et qui réapparaît rarement une fois qu'elle a été entièrement enlevée.[16]

Néoplasme malin: Tumeur constituée de cellules cancéreuses qui peuvent se détacher et former des tumeurs secondaires ailleurs dans l'organisme.[16]

Néphropathie chronique (insuffisance rénale chronique): Réduction ou impossibilité que présente le rein à assurer la filtration et l'élimination des produits de déchets du sang. C'est aussi la réduction de capacité des reins à contrôler l'équilibre du corps en eau et en sels (en termes de minéraux). L'insuffisance rénale chronique n'est pas réversible.[1]

Neurofibromatose (NF): Terme général pour désigner trois troubles génétiques distincts qui partagent une manifestation commune: la croissance de tumeurs dans les tissus qui entourent les nerfs. La NF peut résulter d'une mutation génétique spontanée ou provenir d'une transmission génétique de l'un ou des deux parents.[74]

Neurone moteur inférieur: Neurone dont le noyau est situé dans la substance grise de la moelle épinière et dont l'axone conduit l'influx à un organe effecteur, notamment un muscle.[2]

Neurone moteur supérieur: Neurone dont le noyau est situé dans le cortex cérébral moteur (pyramidal et extrapyramidal), dont les fibres acheminent les impulsions aux neurones moteurs sous-jacents, crâniens et médullaires.[2]

Neuroplasticité: Ensemble des manifestations traduisant la capacité des neurones à se modifier et à se remodeler tout au long de la vie. Tous ces mécanismes contribuent à une adaptation des neurones à un environnement moléculaire, cellulaire et fonctionnel extrêmement changeant et, par voie de conséquence, à des modifications fonctionnelles.[75]

Neurostimulation: La neurostimulation consiste à stimuler des fibres nerveuses, libératrices de neuromédiateurs, qui activeraient un système naturel de réduction de la perception douloureuse.[76]

Neurostimulation transcutanée (NSTC): Technique non médicamenteuse et non effractive destinée à soulager la douleur à l'aide d'un courant électrique de faible tension transmis par des électrodes placées sur la peau. On utilise aussi l'acronyme TENS pour *Transcutaneous Electrical Nerve Stimulation*.[71]

Neurosyphilis: Également appelée syphilis nerveuse. Résultat de la pénétration à l'intérieur du système nerveux central du *Treponema pallidum* responsable de la syphilis, et ceci de manière précoce ou tardive.[1]

Neutropénie: Diminution du nombre de polynucléaires neutrophiles en dessous de 1 500 par microlitre s'observant dans de nombreuses affections.[1]

Neutropénique: Qui présente un faible taux de globules blancs, principalement les neutrophiles.

Névralgie faciale: Névralgie (douleur provoquée par la lésion ou par l'irritation d'un nerf sensitif) siégeant dans le territoire du nerf trijumeau ou d'une de ses branches. Le nerf trijumeau correspond à la cinquième paire de nerfs crâniens, qui se divise en trois branches au niveau d'un ganglion nerveux, le ganglion de Gasser.[1]

Névrectomie: Exérèse d'un nerf sur une certaine étendue.[14]

Nociception: Fonction défensive, d'alarme. C'est l'ensemble des phénomènes permettant l'intégration dans le système nerveux central d'un stimulus douloureux par l'activation des nocicepteurs (récepteurs à la douleur) cutanés, musculaires et articulaires.[8]

Nodule d'Heberden: Arthrose des articulations interphalangiennes distales.[77]

Nodule de Bouchard: Épaississement des os des doigts semblable aux nodules d'Heberden, mais se situant plutôt sur l'articulation inter-phalangienne proximale. Ces nodules se rencontrent chez les individus qui présentent des troubles digestifs et chez les rhumatisants chroniques.[1]

Noyau lenticulaire: Association du putamen et du globus pallidus. Il a une forme de pyramide triangulaire dont le sommet, interne, est dirigé vers le trou de Monro. Sa base, latérale, est parallèle au claustrum et à l'insula.[78]

Noyau suprachiasmatique (NSC): Horloge interne à l'origine des rythmes du sommeil.[1]

Noyaux gris centraux: Regroupements de substance grise situés à l'intérieur de l'encéphale (cerveau) et appelés également noyaux gris de la base ou ganglions de la base.[1]

Nystagmus: Mouvement d'oscillation rythmique et involontaire des yeux.

O

Obnubilation: Trouble de la conscience caractérisé par un obscurcissement et un ralentissement de la pensée.[11]

Œdème cérébral: Variété d'œdème apparaissant au cerveau, lié à l'augmentation du contenu liquidien de cette partie de l'encéphale (système nerveux contenu dans le crâne).[1]

Oligodendrocyte: Une des six cellules composant la névroglie composant le tissu de soutien du système nerveux central. Les oligodendrocytes de petite taille sont alignés le long des axones correspondant à la partie centrale de forme cylindrique issue du corps du neurone et permettant le transport de l'influx nerveux, et plus particulièrement autour des axones épais du système nerveux central et de leurs prolongements cytoplasmiques. Ils s'enroulent autour de ceux-ci, constituant ainsi une enveloppe isolante: la gaine de myéline.[1]

Oncogène: Gène capable de provoquer la conversion de cellules normales en cellules cancéreuses ou d'y contribuer.

Osmolalité: Concentration moléculaire qu'ont les particules osmotiquement actives et qui sont contenues dans une solution (mesurée en osmoles par kilogramme de solvant).

Osmolarité: Différence de concentration entre l'intérieur des vaisseaux contenant le sang et l'extérieur.[1]

Osmose: Mouvement de l'eau entre deux compartiments séparés par une membrane semi-perméable (une membrane perméable à l'eau, mais pas à un soluté).

Ostéochondrome: Tumeur bénigne des os qui mêle du tissu cartilagineux et du tissu osseux.[79]

Ostéomalacie: Défaut de minéralisation de la matrice protéique de l'os.[11]

Ostéomyélite: Infection osseuse due à un germe qui atteint l'os par voie hématogène.

Ostéonécrose: Mort osseuse.

Ostéopénie: Fragilisation progressive du tissu osseux due à une diminution de sa densité. Elle se situe entre l'os normal et l'ostéoporose, qui est une raréfaction pathologique du tissu osseux.[1]

Ostéoporose: Déminéralisation osseuse entraînant la fragilité de la masse osseuse (os poreux).

Ostéosarcome: Est le type le plus courant de cancer des os. Il se développe dans les nouveaux tissus des os en croissance, le plus souvent dans la région du genou. Les ostéosarcomes ont tendance à se propager à d'autres parties du corps, en particulier les poumons.[16]

Ostéotomie: Section chirurgicale d'un os.[11]

Ototoxicité: Terme désignant de façon générale ce qui est toxique pour l'appareil auditif.[11]

P

Pallesthésie : Sensibilité vibratoire explorée à l'aide d'un diapason appliqué sur une surface osseuse.[15]

Palliation : Fait d'atténuer ou de supprimer les symptômes d'une maladie sans en traiter les causes.[80]

Pandémie : Épidémie à l'échelle planétaire provoquée par une nouvelle souche virale.[81]

Papule de Gottron : Éruption cutanée touchant le visage, les mains, le haut du corps, survenant au cours d'une maladie systémique (auto-immune) dans laquelle le client fabrique des anticorps contre ses propres tissus : la dermatomyosite.[1]

Paracentèse abdominale : Opération qui consiste à introduire un instrument dans une ouverture pratiquée dans l'abdomen afin d'évacuer un liquide accumulé dans la cavité abdominale.[2]

Paralysie de Bell : Paralysie faciale unilatérale et isolée (survenant d'un seul côté et ne s'accompagnant pas d'autres symptômes). La paralysie faciale de Bell s'installe brutalement et, le plus souvent, elle résulte d'une exposition au froid. Dans quelques cas, elle est la conséquence d'une infection virale. Au cours de la paralysie faciale de Bell, on constate que les muscles du visage sont relâchés du côté paralysé et que les traits sont attirés du côté sain.[1]

Paralysie de Todd : Terme général utilisé le plus souvent pour décrire une perte sévère ou complète de force musculaire due à une maladie du système moteur depuis le niveau du cortex cérébral jusqu'à la fibre musculaire. Ce terme peut aussi occasionnellement référer à la perte d'une fonction sensorielle.[12]

Paraplégie : Paralysie complète ou partielle des membres, notamment des membres inférieurs.[11]

Parasomnie : Comportement inhabituel et souvent indésirable qui a lieu durant le sommeil ou au réveil (p. ex., le somnambulisme, des cauchemars).

Paresthésie : Trouble de la sensibilité, désagréable mais non douloureux, donnant l'impression de palper du coton, et pouvant s'accompagner d'une anesthésie (disparition plus ou moins importante de la sensibilité).[1]

Parodontite : Inflammation aiguë du parodonte avec formation de poches, parfois suppuration, entraînant la mobilité de la dent et sa chute.[11]

Percée de douleur : Désigne une sensation transitoire, légère à modérée, chez des clients dont la douleur est normalement bien maîtrisée.

Perception : Ce qui est perçu par l'intermédiaire des sens.[11]

Percussion : Technique d'évaluation qui consiste à tapoter sur la peau de la personne avec de petites frappes précise pour évaluer les structures sous-jacentes.

Percussion directe : Méthode d'examen clinique qui consiste à frapper directement une région du corps avec les doigts ou le revers de la main.

Percussion indirecte : Méthode d'examen clinique qui se pratique en frappant avec les doigts d'une main sur un doigt de l'autre main en contact avec la région du corps à examiner.

Personne immunodéprimée : Personne ayant des défenses immunitaires affaiblies.

Perte hydrique insensible : Représente la vaporisation invisible d'eau à partir des poumons et de la peau et contribue à réguler la température corporelle.

Perte hydrique sensible : Perte en eau perceptible plus importante qui survient lorsqu'il y a un surplus de transpiration (diaphorèse).

Pétéchies : Petites hémorragies superficielles qui apparaissent sur la peau et qui prennent la forme de minuscules taches rouges ou violacées (< 4 mm).

Phase préterminale : Période durant laquelle « la maladie évolue lentement alors que les traitements curatifs ont pour la plupart déjà été abandonnés ».[88]

Phase terminale : Condition clinique souvent instable qui provoque une perte accélérée d'autonomie.[88]

Phénomène de Raynaud : Trouble causé par l'exposition au froid ou au stress qui se caractérise par des crises d'ischémie aux extrémités du corps.

Phénomène de rebond : Reprise évolutive ou aggravation d'un processus pathologique apparemment guéri, dès l'arrêt du traitement.[2]

Phénotype : Caractéristiques physiques apparentes déterminées par les gènes.

Phénotypique : Relatif au phénotype, qui est l'ensemble des caractéristiques corporelles d'un organisme.[14]

Phonophobie : Intolérance pathologique aux sons et aux bruits.[11]

Photophobie : Crainte de la lumière vive due à certaines affections nerveuses ou à une extrême sensibilité de la rétine dans certaines affections oculaires.[11]

Phytothérapie : Utilisation des plantes médicinales seules ou en combinaison à des fins thérapeutiques.

Plaie chronique : Plaie qui ne cicatrise pas dans le délai normal (environ trois mois).

Plan d'enseignement : Comporte l'évaluation des besoins d'apprentissage, l'évaluation de la capacité et de la réceptivité du client de même que l'établissement des objectifs avec le client.

Plan thérapeutique infirmier (PTI) : Document qui dresse le profil clinique évolutif des problèmes et des besoins prioritaires du client et fait état des directives infirmières données. L'infirmière consigne au dossier de chaque client le plan thérapeutique infirmier qu'elle détermine ainsi que les ajustements qu'elle y apporte selon l'évolution clinique du client et l'efficacité des soins et des traitements qu'il reçoit.

Planification préalable de soins : La planification préalable des soins (PPS) est une démarche de réflexion et de communication qui permet à une personne apte à prendre des décisions d'exprimer ses volontés en ce qui concerne ses soins personnels et de santé ultérieurs dans l'éventualité où elle ne pourrait plus fournir son consentement.[82]

Plaque motrice : Structure ayant la forme d'une jonction entre le muscle et un nerf et permettant de transmettre l'influx nerveux c'est-à-dire l'ordre provenant du cerveau à partir de l'extrémité de l'axone ou plus précisément le prolongement du neurone : la cellule nerveuse. Autrement dit par l'intermédiaire de la plaque motrice il est possible de commander la contraction des muscles du squelette appelés muscles striés squelettiques.[1]

Plaque sénile : Regroupement de neurones en dégénérescence qui se rencontrent dans le cerveau âgé mais aussi, et en plus grand nombre, dans les processus dégénératifs du système nerveux central.

Plasmaphérèse : Technique qui permet de prélever du plasma sanguin chez un donneur de sang ou chez un client.[1]

Pneumonie d'aspiration : Infection des poumons résultant de l'entrée anormale de sécrétions ou de substances étrangères dans les voies respiratoires inférieures.

Poïkilothermie : Consiste en l'ajustement pathologique de la température corporelle à celle de l'environnement.

Pollakiurie : Émission fréquente de petites quantités d'urine.[11]

Polyarthrite rhumatoïde : Maladie auto-immune chronique dans laquelle le système immunitaire de l'organisme attaque le tissu sain des articulations plutôt que des cellules étrangères, ce qui enflamme la synoviale (membrane qui tapisse l'articulation et produit le liquide qui la lubrifie).[83]

Polydipsie : Soif excessive.

Polymyosite : Maladie rare se caractérisant par une inflammation et une dégénérescence des fibres constituant les muscles squelettiques (muscles des mouvements volontaires). Il s'agirait d'une atteinte du collagène (protéine de soutien de l'organisme), peut-être d'une maladie par hypersensibilité retardée (mécanisme auto-immunitaire où le malade fabrique des anticorps contre ses propres tissus).[1]

Polyneuropathie : Condition dans laquelle plusieurs nerfs périphériques sont atteints d'un désordre. Les polyneuropathies sont en général caractérisées par l'affaiblissement moteur et sensoriel des extrémités atteintes.

Polynévrite : Atteinte du système nerveux périphérique caractérisée par des troubles sensitifs et moteurs survenant symétriquement des deux côtés du corps et prédominant à l'extrémité des membres.[14]

Polyradiculite : Inflammation de plusieurs racines nerveuses.[105]

Polysomnographie (PSG) : Examen qui combine l'enregistrement du sommeil d'une personne avec l'enregistrement de plusieurs variables physiologiques comme la respiration, les activités musculaires des jambes, l'activité cardiaque, etc.[84]

Polyurie : Élimination excessive d'urine.

Porteur : Personne qui porte un gène défectueux ou muté pouvant s'exprimer dans une maladie héréditaire récessive. Un porteur n'est pas malade, mais il peut transmettre la maladie à ses enfants.

Potentialisation : Interaction qui entraîne l'augmentation des effets de deux drogues.

Potentiel d'action : Changements transitoires du potentiel membranaire à partir de son niveau de repos qui constituent les signaux électriques donnant naissance à l'influx nerveux.

Potentiels évoqués : Méthode qui permet d'étudier l'activité électrique des voies nerveuses de l'audition, de la vision et de façon générale, de la sensibilité corporelle.[1]

Préjugé : Opinion hâtive et préconçue souvent imposée par le milieu, l'époque, l'éducation ou due à la généralisation d'une expérience personnelle ou d'un cas particulier.[11]

Pression hydrostatique : Pression exercée par un liquide (p. ex., le plasma) sur les parois d'un conduit (p. ex., un vaisseau sanguin) qui le contiennent.

Pression intracrânienne (PIC): Force hydrostatique mesurée dans le LCR cérébral.

Pression oncotique: Pression exercée par les protéines (l'albumine) et ayant pour effet de retenir le liquide dans le compartiment occupé par ces protéines.

Pression osmotique: Quantité de pression requise pour freiner le débit osmotique d'eau.

Prestations de compassion: Prestations versées aux personnes qui doivent s'absenter temporairement de leur travail pour fournir des soins ou offrir un soutien à un membre de leur famille souffrant d'une maladie grave, qui risque de causer le décès dans un délai de 26 semaines.[85]

Prévention: Ensemble de mesures destinées à éviter un événement qu'on peut prévoir et dont on pense qu'il entraînerait un dommage pour l'individu ou la collectivité.[11]

Prévention primaire: La prévention primaire comprend tous les actes destinés à diminuer l'incidence d'une maladie dans une population, donc à réduire le risque d'apparition de cas nouveaux. Elle fait appel à des mesures de prévention individuelle (hygiène corporelle, alimentation, activité physique et sportive, vaccinations...) et collective (distribution d'eau potable, élimination des déchets, salubrité de l'alimentation, vaccinations, hygiène de l'habitat et du milieu de travail). Cette conception traditionnelle de la prévention débouche inévitablement sur un programme très vaste d'amélioration de la qualité de la vie et de réforme des institutions sociales.

Prévention secondaire: La prévention secondaire comprend « tous les actes destinés à diminuer la prévalence d'une maladie dans une population, donc à réduire la durée d'évolution de la maladie ». Elle prend en compte le dépistage précoce et le traitement des premières atteintes.[86]

Prion: Agent infectieux de très petite taille, responsable de certaines maladies chez l'homme et chez l'animal et se caractérisant par une dégénérescence du système nerveux.[1]

Prise de décision clinique: Activité de résolution de problèmes nécessitant l'usage du jugement clinique. Il s'agit d'un processus dynamique faisant appel à l'interaction entre la connaissance des problèmes cliniques, l'information dont on dispose sur le client et les options de traitement possibles.

Prodrome: Signe avant-coureur d'un malaise, d'une maladie.[11]

Promotion de la santé: Processus qui confère aux populations les moyens d'assurer un plus grand contrôle sur leur propre santé et d'améliorer celle-ci.[38]

Proprioception: Ensemble des récepteurs, des voies et des centres nerveux impliqués dans la perception, consciente ou non, de la position relative des parties du corps.[8]

Protéine morphogénétique de l'os: Facteur de croissance présent en quantité infinitésimale dans le squelette et capable d'induire la formation d'os. Grâce au génie génétique, on peut aujourd'hui la produire en quantité illimitée.[41]

Proto-oncogène: Gène qui agit comme un important régulateur dans le processus cellulaire normal, mais qui peut devenir oncogène à la suite d'une mutation.

Protozoaire: Microorganisme unicellulaire appartenant au règne animal vivant normalement dans le sol et les plans d'eau et qui peut provoquer une infection lorsqu'il pénètre dans le corps humain.

Pseudogoutte: Est causée par des dépôts de cristaux de calcium (pyrophosphate dihydrate de calcium) qui se forment dans l'articulation. Le calcium déclenche une réaction inflammatoire dans l'articulation. Les dépôts de calcium et l'inflammation chronique affaiblissent et détruisent certaines parties des structures de l'articulation. Le cartilage, substance résistante et souple qui protège les extrémités des os, commence à présenter des trous et des fendillements. Souvent, des débris de cartilage tombent dans la cavité articulaire, ce qui irrite les tissus mous et nuit à la mobilité de l'articulation.[20]

Psoriasis: Maladie de la peau, rebelle et longue, qui se caractérise par des plaques rouges et bien délimitées, contenant des papules et des squames (sorte de petites écailles de peau).[1]

Ptose: Descente ou placement anormalement bas d'un organe.[14]

Ptyalisme: Sécrétion excessive de salive.[11]

Pyrétogène: Qui provoque la fièvre.[11]

Q

Qi: Flux énergétique continu, dynamique, circulant dans des canaux énergétiques ou méridiens, et qui entretient la vie.[87]

R

Radicotomie: Section chirurgicale des racines antérieures ou postérieures des nerfs rachidiens.[14]

Radiculopathie: Atteinte d'une racine nerveuse.[12]

Radiodermite: Œdème qui se traduit par une augmentation de volume des tissus, et donc par un gonflement plus ou moins important traduisant l'arrivée massive de liquide, survenant à cause d'une irradiation de 8 grays environ.[1]

Raideur de la nuque: Excès de tension musculaire.

Râle terminal: Respiration accompagnée de bruits humides qui s'explique par la présence de sécrétions dans les voies respiratoires et par le fait que le mourant respire par la bouche.

Rayonnement corpusculaire: Terme collectif applicable aux rayonnements ionisants composés de corpuscules (alpha, bêta, etc.), et non de photons.[2]

Rayonnement ionisant: Type de rayonnement associé le plus souvent aux tests ou traitements médicaux, comme les rayons X ou les rayons utilisés en radiothérapie.[16]

Réaction croisée: Réaction déclenchée par une substance qui n'est pas la cause primaire de l'allergie.

Réaction vasovagale: Ou syncope vasovagale (évanouissement). Réponse anormale du système nerveux autonome à une forte composante émotionnelle, à un stress physique ou psychologique. C'est une réaction bénigne assez fréquente après une vaccination, particulièrement chez l'adolescent et le jeune adulte.[88]

Récepteur sérotoninergique (ou récepteur de la sérotonine): Structures moléculaires qui sont situées dans certains organes et qui ont la capacité de réagir à la sérotonine. Ils sont également appelés 5-hydroxytryptamine (5-HT).[1]

Réduction fermée: Réalignement manuel et non chirurgical des fragments osseux vers leur position anatomique antérieure. On applique une traction et une contre-traction manuelles sur les fragments osseux pour rétablir leur position, leur longueur et leur alignement.

Réduction ouverte: Correction de l'alignement osseux par incision chirurgicale.

Réflexe pharyngé: Contraction du pharynx et la nausée consécutive due à l'excitation du pharynx.[1]

Règle du double effet: Règle éthicomorale qui oppose des prescriptions médicales visant à soulager à celles qui viseraient à provoquer le décès du client.[89]

Reiki: Médecine non conventionnelle d'origine japonaise, basée sur des soins énergétiques par apposition des mains.[8]

Religion: Système de croyances et de pratiques qui tient pour principe supérieur un ou des dieux, source de vénération.

Remodelage: Processus par lequel les ostéoblastes déposent continuellement du tissu osseux, tandis que les ostéoclastes en assurent la résorption.

Renforcement positif: Opération, stimulus ayant pour effet de favoriser ou d'inhiber la réaction du sujet.[11]

Réponse inflammatoire: Séquence de réactions physiologiques de défense consécutives à une atteinte cellulaire.

Résonnance: Bruit que l'on distingue en auscultant le larynx, le cou et le thorax d'un individu qui parle.[11]

Respiration de Kussmaul: Respiration profonde et rapide.

Résultats probants: Résultats de recherche les plus significatifs provenant surtout des travaux de chercheurs en pratique clinique afin de donner les meilleurs soins aux clients.

Rétinite pigmentaire: Maladie héréditaire qui se caractérise par une détérioration des cônes et des bâtonnets et qui endommage la vision périphérique de façon progressive au cours des années.[90]

Rétrovirus: Le virus de l'immunodéficience humaine, ou VIH, appartient à la famille des rétrovirus, c'est-à-dire des virus à ARN ayant la capacité de se transformer en ADN proviral en faisant intervenir une enzyme qu'ils possèdent et que l'on appelle la transcriptase inverse. Par voie de fait, le virus peut se propager dans les cellules.[1]

Rigidité pallidale: Variété de contracture extrapyramidale qui prédomine au visage et aux membres supérieurs.

Rotation des opioïdes: Se définit par le changement d'un opioïde par un autre et se pratique en cas de diminution du ratio bénéfice/risque.[91]

Rythme circadien: Rythme biologique relatif au comportement et à la physiologie d'une personne; les rythmes circadiens fluctuent sur une période de 24 heures.

S

Sarcome: Tumeur maligne formée aux dépens du tissu conjonctif ou d'un tissu qui en dérive et dont les éléments cellulaires sont généralement indifférenciés.[11]

Sarcome d'Ewing: Se développe dans la cavité de l'os, le plus souvent dans une jambe, un bras ou le bassin. Sa croissance est généralement rapide et il est sujet à propagation. (Le sarcome d'Ewing peut aussi se déclarer dans les tissus mous plutôt que dans les os.)[16]

Sarcome de Kaposi (SK): Peut se définir comme un processus prolifératif mésenchymateux concernant les cellules des systèmes sanguin et lymphatique, induit par des facteurs de croissance viraux, notamment l'interleukine 6 de l'herpès virus humain type 8 (HHV8).[92]

Sarcomère: Unité fondamentale d'une fibrille musculaire striée représentée par la portion délimitée par deux stries.[11]

Saturation veineuse jugulaire: Constitue à la fois un indicateur de l'extraction veineuse totale d'oxygène dans le tissu cérébral, et une mesure de l'approvisionnement et de la demande en oxygène dans le cerveau. Une SvjO$_2$ normale se situe entre 55 % et 75 %.

Scansion: Trouble de la prononciation qui consiste à détacher les syllabes de chaque mot, comme on le fait en scandant un vers.

Sclérodactylie: Sclérodermie limitée aux doigts.[11]

Sclérodermie dermatologique limitée: Présente des lésions cutanées de deux types, en plaques profondes (morphée) et en bandes (linéaire), créant localement un épaississement de la peau (affectant parfois aussi les tissus sous-cutanés). Les organes internes ne sont que très rarement touchés.

Sclérodermie systémique: Maladie qui touche primitivement les vaisseaux de petit calibre (artérioles et capillaires) de l'ensemble du corps et s'accompagne de phénomènes de fibrose généralisée. Cette maladie atteint différents tissus et organes dont la peau, les poumons, le tube digestif, les reins et le cœur. La fibrose que l'on observe au cours de la sclérodermie systémique correspond à un processus de réparation des tissus qui est exagéré et mal contrôlé. Les relations entre les anomalies des vaisseaux et le processus de fibrose sont mal connues. Des dérèglements de l'immunité, en particulier des phénomènes d'inflammation et d'auto-immunité, semblent jouer un rôle important au cours de cette maladie.[93]

Sclérodermie systémique généralisée: Cause des cicatrices ou une sclérose des tissus et des organes internes ainsi qu'un durcissement de la peau et des organes.

Sclérose en plaques (SEP): Maladie imprévisible, souvent invalidante, du système nerveux central, constitué du cerveau et de la moelle épinière. Le système immunitaire prend pour cible la myéline, soit la couche protectrice qui entoure les cellules du système nerveux central.[94]

Sclérose latérale amyotrophique (SLA): Affection neurologique touchant le système nerveux central de l'adulte et entraînant une lésion des cellules nerveuses (neurones) qui provoque une paralysie progressive. Cette maladie, appelée également maladie de Charcot, se caractérise par l'atteinte des neurones moteurs (neurones transmettant l'influx permettant les mouvements).[1]

Scoliose: Courbure latérale en forme de S de la colonne thoracique et lombaire.

Scotome: Lacune dans le champ visuel due à l'existence de points insensibles sur la rétine et le plus souvent provoquée par une lésion du nerf optique.[11]

Sécurité culturelle: Concept selon lequel les infirmières des communautés autochtones néo-zélandaises doivent reconnaître qu'elles sont elles-mêmes issues d'une culture particulière, apprendre à distinguer leurs propres préjugés et se sensibiliser aux inégalités sociales à l'origine des inégalités de santé si elles veulent pouvoir produire des soins considérés culturellement sécuritaires par le client.

Sédation: Apaisement par les sédatifs; médicaments provoquant une légère dépression du système nerveux central, maintenant le malade éveillé, mais relativement plus calme.[2]

Sensibilisation centrale: Excitabilité accrue dans les neurones rachidiens. Les lésions des tissus périphériques ou des nerfs peuvent entraîner une sensibilisation centrale qui suppose, pour être maintenue, des informations nociceptives provenant de la périphérie.

Sensibilisation périphérique: Est induite par des altérations neurohumorales sur le site de la lésion et aux alentours.[95]

Sepsie: Propagation de microorganismes pathogènes dans la circulation sanguine.

Septicémie: Propagation de microorganismes pathogènes dans la circulation sanguine.

Séquestre: Portion nécrosée d'un tissu cellulaire, notamment d'un tissu osseux, tendant à se séparer du tissu vivant dans lequel elle reste enclavée.[11]

Séroconversion: Période d'apparition d'anticorps spécifiques dans le sang dirigés contre le VIH.

Shunt ventriculo-péritonéal: Création chirurgicale d'une communication entre un ventricule cérébral et le péritoine au moyen d'un tube de plastique pour permettre le drainage du liquide cérébrorachidien pour soulager une hydrocéphalie.[12]

Signe de Babinski: Test de réflexe qui sert essentiellement à dépister une lésion du système nerveux central (cerveau et moelle épinière): Normalement, lorsqu'on frotte le bord externe de la plante du pied avec une pointe mousse, en allant du talon vers les orteils, le gros orteil se dirige vers la plante du pied (flexion) pendant que la voûte plantaire se creuse. On appelle signe de Babinski le réflexe inverse: le gros orteil se dirige vers le dos du pied (extension).[1]

Signe de Brudzinski: Flexion du cou vers l'avant qui provoque une flexion réflexe des hanches et des genoux. Cette réponse anormale témoigne d'une lésion méningée (irritation de la dure-mère).

Signe de Chvostek: Contraction des muscles du visage en réponse à la percussion du nerf facial devant l'oreille.[8]

Signe de Gottron: Macule érythémato-squameuse localisée sur les tendons extenseurs des articulations métacarpophalangiennes des doigts (peut imiter le psoriasis).[96]

Signe de Kernig: Douleur intense engendrée par l'extension complète de la jambe du client lorsqu'il est assis.

Signe de Lhermitte: Symptôme sensoriel transitoire qui se manifeste par une sensation de décharge électrique parcourant le dos, le long de la colonne vertébrale, et les jambes lors d'une flexion cervicale.

Signe de Trousseau: Spasmes carpiens causés par le gonflement du brassard d'un tensiomètre sur le bras du client.

Sinus: Conduit artificiel au sein d'un tissu.

Soins en interdisciplinarité: Traitements que les infirmières prodiguent avec d'autres professionnels de la santé (généralement des médecins) concernant des complications possibles ou effectives découlant de maladies ou d'autres traitements.

Soins infirmiers: Ensemble des soins prodigués par le personnel infirmier aux clients. Ils ont pour but de protéger, de promouvoir et d'optimiser la santé et les aptitudes des personnes, de prévenir les maladies et les blessures, de soulager la souffrance en diagnostiquant et en traitant les réactions humaines, et ils constituent un engagement pour les soins aux personnes, aux familles, aux communautés et à la population en général (ANA, 2003).

Soins infirmiers transculturels: Soins faisant partie d'un champ de pratique qui s'intéresse aux différentes cultures et sous-cultures en lien avec la prestation de soins infirmiers.

Spasticité: Augmentation exagérée et permanente du tonus musculaire (tension musculaire) d'un muscle au repos. Cette affection est secondaire à une maladie neurologique (tumeur, problème vasculaire, transformation progressive du tissu nerveux en un tissu inerte).[1]

Spiritualité: Caractéristique inhérente à l'être humain. Elle comprend communément les dimensions de sens, de transcendance, de foi et de croyance, les attitudes à l'égard de la vie et de la mort, les valeurs, les relations et l'élargissement de la conscience.[96]

Spirochète: Bactérie en forme de spirale comprenant les microorganismes responsables de la lèpre et de la syphilis.

Splénectomie: Ablation de la rate.[1]

Spondylarthropathies: Groupe de troubles inflammatoires interreliés touchant plus d'un système. Elles frappent la colonne vertébrale, les articulations des membres inférieurs et supérieurs et les structures périarticulaires. Les personnes qui souffrent de telles affections ne présentent pas le facteur rhumatoïde. Par conséquent, les spondylarthropathies sont souvent appelées arthropathies séronégatives.

Spondylite ankylosante: La spondylite ankylosante, aussi appelée spondylarthrite ankylosante, est une maladie rhumatismale qui atteint surtout la colonne vertébrale et le bas du dos.

Statesthésie: Forme particulière de sensibilité musculaire qui permet de se rendre compte de la position du corps et de ses parties.[15]

Stéréognosie: Impossibilité de reconnaître les dimensions d'un objet en touchant celui-ci.[1]

Stéréotype: Opinion toute faite des membres d'un groupe social, racial ou ethnique prêtant à tous les mêmes valeurs et croyances.

Stimulation cérébrale profonde: Traitement des troubles de la motricité, notamment la maladie de Parkinson, qui consiste à appliquer, par une implantation stéréotactique d'électrodes, un courant électrique dans des zones spécifiques de cerveau telles que le thalamus. Ces électrodes sont reliées à un neurostimulateur implanté sous la peau.[12]

Stratégie d'adaptation: Effort cognitif et comportemental que fournit la personne pour répondre à des demandes externes ou internes qu'elle évalue comme étant égales ou supérieures à ses ressources.[98]

Stridor laryngé: Bruit respiratoire anormal, aigu et perçant, du nouveau-né, survenant à l'inspiration et causé par une affection du larynx.[14]

Stries de Looser-Milkmann: Rubans de décalcification osseuse visibles sur les radiographies.

Subaiguës: Qui présente des caractères intermédiaires entre une forme aiguë et une forme chronique.[11]

Subluxation: Luxation incomplète.[11]

Substance P: Neuropeptide, c'est-à-dire polypeptide ayant des fonctions de neurotransmetteur et de neuromodulateur.[8]

Suicide médicalement assisté (ou suicide assisté ou aide au suicide): Octroi (par un médecin, ou par un autre professionnel de la santé, ou par un membre de famille, ou par un ami) d'un soutien ou d'un moyen qui donne à une personne le pouvoir de terminer sa propre vie.[12]

Surveillance immunitaire: Fonction du système immunitaire dont le rôle est de répondre et de réagir aux antigènes associés aux tumeurs.

Syndesmophyte: Pont osseux pathologique qui se forme entre deux vertèbres voisines et les soude entre elles.[14]

Syndrome algique myofascial: Syndrome musculaire douloureux attribuable à l'irritation des muscles et des fascias du dos et du cou, causant une douleur vive et chronique, et qui est caractérisé par la découverte de cordons indurés musculaires décelables à la palpation et par des douleurs déclenchées à distance, lors de la palpation de points gâchettes.[2]

Syndrome antérieur: État médical où l'approvisionnement de sang à la partie antérieure de cordon médullaire est interrompu. Il est caractérisé par la perte de fonction motrice au-dessous du niveau des dommages, la perte de sensations portées par les colonnes antérieures du cordon médullaire (douleur et température), et la conservation des sensations portées par les colonnes postérieures (contact fin et proprioception).[96]

Syndrome centro-médullaire: Syndrome lié à une blessure traumatique des régions cervicale ou thoracique haute de la moelle épinière, caractérisé par une faiblesse des bras et des jambes relativement épargnées ainsi qu'une perte de sensibilité variable. Cet état est associé à de l'ischémie, à une hémorragie ou à de la nécrose impliquant les portions centrales de la moelle épinière. Les fibres corticospinales dédiées aux jambes sont épargnées à cause de leur position plus externe dans la moelle épinière. Ce cas clinique peut apparaître durant la rémission suivant un choc spinal. Les pertes peuvent être permanentes ou passagères.[12]

Syndrome d'immunodéficience acquise (sida): Maladie infectieuse contagieuse, transmissible par voie sexuelle ou sanguine, et caractérisée par l'effondrement ou la disparition des réactions immunitaires de l'organisme et représentant la phase terminale de l'infection par le VIH.[14]

Syndrome de Brown-Séquard: Est appelé également hémiparaplégie spinal. Ce syndrome est le résultat d'une lésion de la moitié de la moelle épinière. Il se caractérise par l'apparition d'une hémiparaplégie (paraplégie de la moitié du corps) associée à une hémianesthésie (anesthésie de la moitié du corps) profonde et survenant du côté de la lésion.[1]

Syndrome de Felty: Est une complication de la polyarthrite rhumatoïde (PR). Il se caractérise par la présence de trois troubles: une polyarthrite rhumatoïde, une splénomégalie et un nombre anormalement bas de globules blancs. Les personnes atteintes du syndrome de Felty présentent un risque accru de contracter une infection en raison de leur neutropénie. Les symptômes peuvent comprendre: un sentiment général de malaise, la fatigue, une perte d'appétit et de poids, la pâleur, des infections récurrentes et des sensations de brûlure aux yeux et (ou) un écoulement oculaire.[20]

Syndrome de Guillain-Barré (SGB): Affection des nerfs périphériques (appartenant au système nerveux périphérique, c'est-à-dire l'ensemble du système nerveux sans l'encéphale et la moelle épinière). Elle se caractérise par une démyélinisation due à l'inflammation de la gaine de myéline.[1]

Syndrome de Korsakoff: Syndrome se caractérisant par une amnésie (perte de mémoire), une fabulation et, chez les alcooliques, par une polynévrite (inflammation des tissus nerveux).[1]

Syndrome de la queue de cheval: Le syndrome de la queue de cheval correspond à la souffrance des racines de la queue de cheval en dessous du niveau du cône terminal, entre les corps vertébraux de L2 et le sacrum. Il constitue un syndrome neurogène périphérique pluriradiculaire dominé par l'importance des troubles sphinctériens.[99]

Syndrome de lyse tumorale: Syndrome biologique résultant de la destruction d'une tumeur, spontanée ou induite par un traitement, dans le contexte d'un cancer très sensible: hypokaliémie, hyperuricémie, hyperphosphatémie, hypocalcémie, augmentation du taux sérique des LDH.[100]

Syndrome de mouvements périodiques des membres (SMPM): Mouvements involontaires et répétitifs des jambes ou des bras (ou des deux) qui se manifestent seulement durant le sommeil.

Syndrome de sécrétion inappropriée d'hormone antidiurétique (SIADH): Ensemble de symptômes se caractérisant par une diminution importante du sodium dans le sang et une diminution de la quantité des urines.[1]

Syndrome de Sjögren: Le système immunitaire de l'organisme attaque les glandes qui sécrètent des liquides. Les lymphocytes (un type de globule blanc) attaquent et détruisent ensuite ces glandes, ce qui provoque une sécheresse douloureuse des yeux et de la bouche. Le syndrome de Sjögren peut aussi entraîner une sécheresse de la peau, des narines et du vagin. Il peut affecter les organes, notamment les reins, le système digestif, les vaisseaux sanguins, les poumons, le foie, le pancréas et le système nerveux central.[101]

Syndrome des jambes sans repos (SJSR): Sensation profonde et désagréable d'agacement dans les jambes, qui incommode la personne et qui se manifeste au cours de périodes de repos, de détente ou d'inactivité.[1]

Syndrome douloureux régional complexe (SDRC): Maladie caractérisée par une douleur et un œdème persistants, qui suivent généralement un traumatisme.[12]

Syndrome du compartiment: Résultat d'une augmentation de la pression dans le compartiment (fascia) secondaire à l'augmentation du contenu (p. ex., à cause d'une hémorragie, d'un œdème) ou à une limitation de l'expansion du fascia (p. ex., à cause d'un pansement, d'un plâtre), pouvant mener à une lésion nerveuse ou musculaire.

Syndrome du tunnel carpien (STC): Affection faisant partie des neuropathies (maladies du tissu nerveux) correspondant à une compression d'un nerf du bras (le nerf médian) au niveau du canal carpien situé dans le poignet et délimité par les os du carpe. Cette affection est susceptible d'entraîner une paralysie des doigts.[1]

Syndrome général d'adaptation (SGA): Ensemble de réactions de défense de l'organisme provoquées par un agent stressant et qui permettent de faire face à une menace.

Syndrome lié à la culture: Concept selon lequel un groupe social attribue une pathologie ou un désordre à une cause associée à sa vision du monde.

Syndrome parkinsonien: Se définit comme une association de plusieurs symptômes neurologiques traduisant l'atteinte du système nerveux central et comprenant une lenteur et une rareté des mouvements (akinésie) avec une hypertonie, c'est-à-dire une rigidité. À cela s'ajoute un tremblement au repos des membres. L'ensemble des signes traduisent une altération du faisceau pyramidal.[1]

Syndrome postérieur: Est causé par la compression ou un dommage à l'artère spinale postérieure.

Syndrome respiratoire aigu sévère (SRAS): Les personnes atteintes du syndrome respiratoire aigu sévère (SRAS) ont de la fièvre, suivie par des symptômes respiratoires comme de la toux, de l'essoufflement ou de la difficulté à respirer. Dans certains cas, ces symptômes deviennent de plus en plus graves et les clients peuvent avoir besoin d'un apport d'oxygène et d'une ventilation mécanique. D'autres symptômes du SRAS incluent des douleurs musculaires, des maux de tête, des maux de gorge et la diarrhée.[102]

Synovectomie: Exérèse partielle ou totale de la synoviale articulaire dans un but diagnostique (biopsie) ou thérapeutique.[1]

Synovite: Inflammation d'une membrane synoviale ou d'une gaine synoviale.[11]

Système HLA: Ensemble des substances (antigènes) présentes à la surface des globules blancs et de la plupart des tissus de l'organisme. Ces antigènes peuvent être classés selon un système semblable à celui utilisé dans le cas des globules rouges (types A, B, AB et O). Le groupage des antigènes d'histocompatibilité sert à vérifier la concordance entre les plaquettes, la moelle osseuse et les organes du donneur et du receveur. La compatibilité entre le donneur et le receveur est nécessaire pour assurer la survie et le bon fonctionnement des cellules transfusées.[16]

Système phagocytaire mononucléé: Système constitué de macrophages (histiocytes) présents dans certains tissus de soutien comme le tissu conjonctif mais également dans la moelle osseuse, la rate, les ganglions, les alvéoles pulmonaires, les cellules de Küpffer du foie.[1]

Système rénine-angiotensine-aldostérone (SRAA): Ensemble physiologique hypertenseur. Il provoque la constriction des vaisseaux, fait augmenter la pression artérielle et stimule la sécrétion d'aldostérone (qui réduit l'élimination de l'eau et du sodium).[1]

T

Tableau généalogique: Tableau représentant les membres d'une famille et leurs caractéristiques ou troubles génétiques.

Tampon: Système qui agit sur le plan chimique en transformant les acides forts en acides plus faibles ou en se liant à eux pour en neutraliser l'effet.

Taux métabolique: Nombre de calories requises pour entretenir le métabolisme de base. Ce taux correspond à la consommation calorifique du corps sans mouvements ou activités. La régulation de la température, la digestion et les autres processus du métabolisme requièrent des calories.[103]

Télésanté: La télésanté, ou télémédecine, se définit comme l'usage de technologies de télécommunication pour échanger toute information médicale et fournir des services de santé par-delà les barrières géographiques, temporelles, sociales et culturelles. La télémédecine peut donc servir à des fins cliniques, éducatives et de recherche.[104]

Temps de doublement tumoral : Temps requis pour qu'une masse tumorale double de taille.

Temps de Quick (ou de prothrombine) : Temps de formation et d'activation de certains facteurs de la coagulation aboutissant à la formation d'un caillot.[25]

Test de Lasègue : Flexion de la cuisse vers le bassin, la jambe restant en extension (en position allongée). En cas de test positif, une douleur apparaît dans la fesse, très vive, arrêtant immédiatement le mouvement. Cette douleur est causée par la compression du nerf.[1]

Test de provocation-neutralisation : Test qui consiste à exposer la personne à certaines substances de l'environnement pour faire apparaître les symptômes. Les tests se poursuivent avec des doses plus élevées et plus faibles jusqu'à la disparition des symptômes.

Test itératif de latence d'endormissement (TILE) : Analyse de l'activité du cerveau pendant une période de un ou deux jours, effectuée au cours du dépistage de pathologies du sommeil.[105]

Testament biologique : Directives qui indiquent les volontés d'une personne en matière de soins médicaux advenant une diminution de ses facultés mentales ou physiques si elle devient inapte à prendre une décision éclairée sur les soins à recevoir.

Tétanie : Syndrome caractérisé par un état permanent d'hyperexcitabilité neuromusculaire, se traduisant par des accès de contractures musculaires localisées surtout aux extrémités des membres, généralement dû à une hypocalcémie ou à une alcalose respiratoire.[11]

Tétanos : Maladie toxi-infectieuse grave, commune à l'homme et aux animaux, due au bacille de Nicolaïer qui pénètre dans l'organisme par une plaie même minime, caractérisée par des contractures toniques douloureuses des muscles striés, qui débutent en général par les muscles masticateurs avant de toucher la nuque, le tronc et les membres.[11]

Tétranopsie : Absence de vision d'un quart de champ visuel.[106]

Tétraplégie : Paralysie des deux bras et des deux jambes.

Thalamotomie : Intervention chirurgicale consistant à supprimer certaines connexions du thalamus (noyau volumineux de la base du cerveau servant de relais des voies sensitives sensorielles vers le cortex [partie superficielle] du cerveau), parfois même une partie du thalamus lui-même.[25]

Théorie de l'action raisonnée : Théorie du comportement humain qui s'intéresse à l'intention derrière la modification d'un comportement, souvent influencée par sa croyance qu'il va tirer un bénéfice du nouveau comportement.

Théorie du comportement planifié : Théorie du comportement humain qui avance que plus une personne a le sentiment d'exercer un contrôle sur sa situation, plus sa propension à changer s'intensifie.

Théorie du portillon : Selon cette théorie, il existe, au niveau de la moelle épinière et des centres sous-corticaux, un système de fermeture, un « portail ». Ce mécanisme exerce une gestion sélective des informations douloureuses filtrant vers les étages supérieurs de la conscience.[107]

Thérapie génique : Traitement expérimental qui consiste à introduire du matériel génétique dans les cellules d'une personne pour lui permettre de lutter contre une maladie.

Thérapie immunosuppressive : Traitement avec des agents, tels que des rayons X, des corticostéroïdes, ou des produits chimiques cytotoxiques, qui suppriment l'immuno-réaction aux antigènes ; utilisé dans les conditions telles que la transplantation d'organe, la maladie auto-immune, l'allergie, le myélome multiple, et la néphrite chronique.

Thermothérapie : La chaleur appliquée sur une zone arthritique peut diminuer la douleur, la raideur et les spasmes musculaires. Elle favorise la circulation sanguine qui nourrit et détoxifie les fibres musculaires.[20]

Thiamine : Vitamine B$_1$.[1]

Thoracentèse : Ponction thoracique transpariétale destinée à évacuer un épanchement pleural ou à pratiquer un prélèvement (biopsie).[11]

Thrombocytopénie : Affection caractérisée par une quantité anormalement faible de plaquettes dans le sang. Puisque les plaquettes sont nécessaires à la coagulation, un nombre peu élevé peut engendrer une certaine fragilité à la formation d'ecchymoses ou la tendance aux saignements. La thrombocytopénie peut être un effet secondaire de la chimiothérapie.[16]

Thromboembolie veineuse : Obstruction d'une veine (l'embolie) par un caillot sanguin (thrombose) dans le ruisseau de sang.

Thrombophlébite veineuse profonde (TVP) : Survient lorsqu'un caillot se forme dans une veine plus profonde et de plus gros calibre, par exemple les veines de la cuisse et de la partie inférieure de la jambe. La TVP est plus inquiétante que la thrombophlébite superficielle, car une partie du caillot peut se rompre et se rendre jusqu'aux poumons, provoquant ainsi une embolie pulmonaire.[108]

Thymome : Tumeur bénigne ou maligne qui se développe aux dépens des cellules du thymus, c'est-à-dire les thymocytes. Il s'agit d'une tumeur rare qui, plus souvent, n'entraîne aucune symptomatologie (en l'occurrence, signes pouvant faire suspecter un thymome).[1]

Thymus : Organe embryonnaire situé dans le thorax antérieur, en avant de la trachée et des gros vaisseaux, composé de deux lobes, dont le volume décroît après la deuxième année de la vie.[11]

Tinnitus : Des sons, appelés acouphènes ou tinnitus, peuvent prendre diverses formes. Par exemple, certaines personnes entendront un bourdonnement (aigu ou grave), tandis que d'autres se plaindront de sonnerie, de grondement ou de sifflement.[109]

Tolérance : Faculté que présente un organisme vivant à supporter jusqu'à un certain seuil sans dommage apparent les effets chimiques ou physiques auxquels il est exposé.[11]

Tophus : Accumulation de cristaux d'acide urique qui se déposent dans les tissus mous et forment ce qu'on appelle le « tophus ». Ce processus provoque une irritation locale des tissus mous, puis des rougeurs. Le tophus peut prendre l'apparence de dépôts blanchâtres ou jaunâtres sous la peau. Parfois, ces dépôts sont à l'origine d'ulcérations sous-cutanées.[20]

Toucher d'harmonisation globale : Thérapie énergétique et holistique fondée sur la croyance selon laquelle un champ énergétique entoure le corps humain.[110]

Toucher thérapeutique : Approche énergétique des plus étudiées et documentées sur le plan scientifique ; serait efficace pour réduire l'anxiété, la douleur et les effets indésirables postopératoires et de la chimiothérapie, par exemple.[71]

Toxicomanogène : Se dit de ce qui provoque une toxicomanie, c'est-à-dire un usage excessif et répété de substances toxiques ou de médicaments détournés de leur usage habituel, pouvant entraîner un état de dépendance.[25]

Traction : Application d'une force d'étirement sur une partie du corps ou un membre blessé et d'une autre force de traction dans le sens opposé.

Traduction : Processus enzymatique de formation d'une molécule protidique à partir de l'information contenue dans l'ARN messager.[2]

Tragus : Petite saillie triangulaire de l'orifice externe du conduit auditif.[11]

Traitements biologiques : Administration d'agents qui modifient la relation entre l'hôte et la tumeur en altérant la réponse biologique de l'hôte aux cellules tumorales.

Traitements ciblés : Traitements qui entravent la croissance des cellules cancéreuses en prenant pour cible des récepteurs et des voies cellulaires spécifiques qui sont essentielles à la croissance tumorale.

Transcriptase inverse : Enzyme intracellulaire réalisant la transcription (transfert de l'information génétique) de l'acide ribonucléique (ARN) en acide désoxyribonucléique (ADN), et non de l'ADN en ARN, comme cela se produit ordinairement.[111]

Transcription : Passage de l'information génétique de l'ADN à l'ARN, sous forme de ribonucléotides complémentaires, survenant durant la synthèse de l'ARN simple brin par une ARN polymérase à partir d'une matrice d'ADN.[31]

Transduction : Processus par lequel l'énergie d'un stimulus se voit transformée en réponse électrique (potentiel d'action).

Transmission : Processus par lequel les signaux nociceptifs sont relayés de la périphérie vers la moelle épinière, puis au cerveau.

Transport actif : Processus qui permet de faire passer à travers une membrane des molécules d'un compartiment à faible concentration à un compartiment à forte concentration, donc dans le sens contraire de la tendance naturelle de diffusion, grâce à un apport d'énergie.

Traumatisme craniocérébral (TCC) : Désigne toute atteinte cérébrale impliquant une destruction ou dysfonction (fonctionnement inadéquat) du tissu cérébral suite à un choc (accélération, décélération ou rotation) entre le cerveau et la boîte crânienne. Il peut également être occasionné par une fracture ouverte, un objet pénétrant ou par un mécanisme d'accélération/décélération rapide.[73]

Trou anionique : Taux sérique de sodium moins la somme des taux des ions chlorure et bicarbonate pouvant aider à déterminer la source de l'acidose métabolique.

Trouble cognitif léger (TCL) : Représente un trouble cognitif particulier, intermédiaire entre les changements cognitifs liés à l'âge (comme l'oubli bénin lié à l'âge), et les pathologies dégénératives responsables de troubles cognitifs évolutifs, en particulier la maladie d'Alzheimer.[8]

Trouble respiratoire du sommeil (TRS): Profil respiratoire anormal pendant le sommeil.

Tympanisme: Sonorité dont le timbre est particulièrement aigu et que l'on rencontre dans certaines régions du corps au moment de la percussion de certaines zones du corps et en particulier l'abdomen.[1]

Type histologique: Classement des cellules cancéreuses selon leur apparence au microscope. La classification histologique des cellules cancéreuses aide à déterminer leur possible vitesse de croissance et leur tendance à se propager. Le système de classification varie selon le type de cancer.[16]

U

Uvéite: Inflammation de l'uvée, de la rétine, de l'humeur vitrée ou du nerf optique.

Uvulopalatopharyngoplastie (UPPP): Intervention chirurgicale qui réalise un raccourcissement avec mise en tension du voile du palais et plastie d'élargissement du pharynx.[112]

V

Valence: Charge électrique d'un ion.

Valeur: Croyance ou conviction d'une personne, d'une famille, d'un groupe ou d'une société.

Valve de phonation: Dispositif à valve unidirectionnelle qui permet au client d'inspirer par son tube de trachéostomie, mais qui se ferme dès qu'il cesse d'inspirer. Au moment de l'expiration, l'air s'échappe donc par les voies aériennes supérieures (haut de la trachée, larynx puis bouche ou nez), permettant au client trachéotomisé de parler s'il le désire.[113]

Vasospasme: Spasme vasculaire; contraction passagère entraînant une diminution de calibre d'un vaisseau.

Vésicant: Capacité d'un médicament à induire, en cas de fuite accidentelle hors de la veine, la formation d'ulcération ou de phlyctène et susceptible de causer des dommages tissulaires de sévérité variable pouvant aller jusqu'à la nécrose tissulaire.

Vessie neurogène: Atteinte à la moelle épinière au-dessus de la région sacrée qui entraîne la perte de la maîtrise volontaire du sphincter urétral externe, mais qui conserve intact le réflexe de miction.

Virémie: Désigne la présence de grandes quantités de virus dans le sang.

Virus de l'hépatite B (VHB): Virus à ADN responsable d'une forme particulière d'hépatite virale, une maladie initialement connue sous le nom d'*hépatite sérique* et à l'origine d'épidémies dans certaines parties de l'Asie et de l'Afrique.[8]

Virus de l'hépatite C (VHC): Virus qui se transmet par contact de sang à sang, responsable de l'hépatite C, une maladie infectieuse transmissible par le sang.[8]

Virus du Nil occidental (VNO): Membre de la famille des flavivirus, il est lié aux virus qui causent la fièvre rouge (dengue) et la fièvre jaune. Les effets de l'infection par le VNO varient beaucoup, allant de l'absence de symptômes jusqu'à l'apparition d'une maladie grave, potentiellement mortelle.[114]

W

Wind up: Le terme embrasement (en anglais, *wind up*) désigne une intensification des douleurs légères en douleurs intenses, parfois intolérables.[1]

X

Xérostomie: État de sécheresse de la cavité buccale.[11]

Xylostomiase: État suivant la consommation excessive d'alcool qui se traduit par des malaises, de la nausée, des maux de tête, de la soif et une sensation globale de fatigue, et communément appelé « gueule de bois ».

Z

Zone gâchette: Zone particulière, souvent peu étendue, dont la stimulation même légère peut déclencher des douleurs en éclairs, souvent en salves.[2]

Zoonose: Maladie bactérienne, virale ou parasitaire transmise entre les animaux et l'humain.

1. www.vulgaris-medical.com

2. www.granddictionnaire.com

3. www.infirmiers.com

4. www.fmcoeur.com

5. www.science-et-vie.net

6. sante-guerir.notrefamille.com

7. www.ordrepsy.qc.ca

8. fr.wikipedia.org

9. www.termiumplus.gc.ca

10. www.mediadico.com

11. www.cnrtl.fr

12. www.chu-rouen.fr

13. www.theses.umontreal.ca

14. www.larousse.fr

15. www.med.univ-rennes1.fr

16. info.cancer.ca

17. www.actupparis.org

18. Pélissier-Simard, L., & Xhignesse, M. (2008). Les approches complémentaires en santé : comprendre pour bien conseiller. *Le médecin du Québec, 43*(1), 23-30.

19. www.atherothrombose.org

20. www.arthrite.ca

21. www.phac-aspc.gc.ca

22. www.futura-sciences.com

23. tel.archives-ouvertes.fr

24. www.informationhospitaliere.com

25. dictionnaire.doctissimo.fr

26. www.pvsq.org

27. www.sommeil-mg.net

28. www.oiiq.org

29. www.fortunecity.com

30. www.nutri-site.com

31. www.olf.gouv.qc.ca

32. www.sport.fr

33. www.epilepsy.ca

34. Shemie, S.D., Doig, C., Dickens, B., Byrne, P., Wheelock, B., Rocker, G., *et al.*, au nom du Groupe de référence en pédiatrie et du Groupe de référence en néonatalogie (2006). L'arrêt cérébral : diagnostic du décès neurologique et prise en charge des donneurs d'organes au Canada. *CMAJ, 174*(6), 1-32.

35. www.janssen-ortho.com

36. www.saoq.org

37. www.etape.qc.ca

38. www.who.int

39. Saint-Pierre, L., & Régnier, R. (2009). *Surmonter l'épreuve du deuil*. Montréal: Les Éditions Québécor.

40. m3e.meduniwien.ac.at

41. cat.inist.fr

42. www.santepub-mtl.qc.ca

43. www.vertebre.com

44. Giger, J.N., & Davidhizar, R.E. (2008). *Transcultural nursing : Assessment and intervention* (5th ed.). St. Louis, Mo. : Mosby.

45. www.medicopedia.net

46. www.techno-science.net

47. pr2010.bvbep.com

48. Bonham, V.L., & Knerr, S. (2008). Social and ethical implications of genomics, race, ethnicity, and health inequits. *Semin Oncol Nurs, 24*, 254.

49. www.aqf.ca

50. www.jle.com

51. www.footphysicians.com

52. www.santesommeil.com

53. www.dondorganes.fr

54. www2.neurochirurgie.fr

55. Myers, T. (2008). *Mosby's dictionary of medicine, nursing and health professions*. St. Louis, Mo. : Mosby.

56. www.unites.uqam.ca

57. Moline, J. (1992). *Manuel de sémiologie médicale*. Paris : Masson.

58. www.healthandfood.be

59. www.stacommunications.com

60. www.coloplast.ca

61. www.npuap.org

62. www.therapeutique-dermatologique.org

64. emedicine.medscape.com

65. Graham-Robin, R., Bourke, J., & Cunliffe, T. (2008). *Dermatology : Fundamentals of practice*. Edinburgh, R.-U. : Royal College of General Practitioners, Elsevier.

66. asta-umha.fr

67. www.alzheimer.ca

68. www.huntingtonqc.org

69. www.parkinson.ca

70. www.cgm-quebec.ca

71. www.passeportsante.net

72. www.systemique.be

73. www.chuv.ch

74. nfcanada.ca

75. www.neuroplasticite.com

76. www.rvdpsychologue.com

77. www.chirurgie-arthrose.com

78. www.chups.jussieu.fr

79. www.fnclcc.fr

80. dictionnaire.reverso.net

81. www.pandemiequebec.gouv.qc.ca

82. www.acsp.net

83. www.statcan.gc.ca

84. www.collegeahuntsic.qc.ca

85. www.servicecanada.gc.ca

86. www.soins-infirmiers.com

87. www.termiumplus.gc.ca

88. publications.msss.gouv.qc.ca

89. www.sfap.org

90. www.inlb.qc.ca

91. www.reseaudouleurouest.com

92. medecinetropicale.free.fr

93. www.rhumatismes.net

94. mssociety.ca

95. www.institut-upsa-douleur.org

96. www.worldlingo.com

97. Vachon, M., Fillion, L., & Achille, M. (2009). A conceptual analysis of spirituality at the end-of-life. *Journal of Palliative Medicine, 12*(1), 53-59.

98. Lazarus, R., & Folkman, S. (1984). *Stress, appraisal, and coping*. New York : Springer Publishing Company.

99. www.cen-neurologie.fr

100. www.oncorea.com

101. www.sjogrens.ca

102. www.hc-sc.gc.ca

103. www.infotalia.com

104. www.rqt.qc.ca

105. dictionnaire.sensagent.com

106. www.lasante.ma

107. uriic.uqat.ca

108. sante.canoe.com

109. www.guidesante.gouv.qc.ca

110. www.depressionlifelines.ca

111. www.actions-traitements.org

112. www.chu-nantes.fr

113. www.ist-medical.fr

114. www.thecanadianencyclopedia.com

115. Wepierre, J. (1981). Abrégé de pharmacologie générale et moléculaire. *Abrégés de pharmacie*. Paris : Masson.

116. UNESCO (1982). *Déclaration de Mexico*. Mexico, Mex. : UNESCO.

SOURCES ICONOGRAPHIQUES

CHAPITRE 1 – 6: Dean Mitchell / Shutterstock; **9:** JHDT Stock Images LLC / Shutterstock; **17:** Tom Grill / Shutterstock; **19:** Jupiterimages Corporation; **23:** Jupiterimages Corporation; **24:** Adapté avec l'aimable autorisation d'Elizabeth Burkhart, RN, MPH, PhD, Chicago, Illinois.

CHAPITRE 2 – 32: Mary Lane / Dreamstime.com; **33:** Rick Brady, Riva, Md; **38:** Jupiterimages Corporation; **39 (en haut):** Sean Locke / iStockphoto; **39 (en bas):** Rick Brady, Riva, Md; **42:** Tjasa Maticic / iStockphoto; **45:** De Giger, J.N., & Davidhizar, R.E. (2008). *Transcultural Nursing* (5th ed.). St. Louis, Mo.: Mosby.

CHAPITRE 3 – 53: L'imagier (info@limagier-photo.com); **56:** Jupiterimages Corporation; **65:** Liu Yang / Redlink / Corbis / MaXx Images; **66:** Bartlomiej Magierowski / Shutterstock; **67:** L'imagier (info@limagier-photo.com); **71:** Tiré de Wilson, S.F., & Giddens, J.F. (2005). *Health assessment for nursing practice* (3rd ed.) St. Louis, Mo.: Mosby.

CHAPITRE 4 – 80: Jupiterimages Corporation; **84:** Scott Griessel / Dreamstime.com; **89:** Paul Barton / Corbis.

CHAPITRE 5 – 97: Woog, P. (1992). *The chronic illness trajectory framework: the Corbin and Strauss nursing model.* New York: Springer; **101:** Frantab01 / Dreamstime.com; **104, 105:** Jupiterimages Corporation; **109:** Barbara Helgason / Dreamstime.com; **110, 112, 113:** Jupiterimages Corporation; **116:** Redessiné de Benzon, J. (1991). Approaching drug regimens with a therapeutic dose of suspicion. *Geriatr Nurs,* 12(4), 180-183.

CHAPITRE 6 – 123: Tomas Hajek / Dreamstime.com; **124 (en haut):** Glowimages / Corbis; **124 (en bas):** Potter, P.A., & Perry, A.G. (1997). *Fundamentals of Nursing: Concepts, Process, and Practice,* (4th ed.). St. Louis, Mo.: Mosby. **126:** Jupiterimages Corporation; **127:** BSIP LAURENT; **131:** Paula Solloway / Alamy; **132:** Jupiterimages Corporation.

CHAPITRE 7 – 142: Tiré de Barnes, P.M., Bloom, B., & Nahin, R. (2007). CDC National Health Statistics Report #12. *Complementary and alternative medicine use among adults and children;* **149:** Gracieuseté de Cory Shaw, San Antonio, TX.

CHAPITRE 8 – 154: Jupiterimages Corporation; **156:** jean gill / iStockphoto; **157, 158, 159:** Elsevier; **160:** Adapté de Lazarus, R.S., & Folkman, S. (1984). *Stress, Appraisal, and Coping.* New York: Springer Publishing Company; **163:** Jupiterimages Corporation; **165:** Ljupco Smokovski / Shutterstock.

CHAPITRE 9 – 172: Jupiterimages Corporation; **173:** Elsevier; **183:** Gracieuseté de Robert Margulies, Miami, Fla; **185:** Philips Respironics.

CHAPITRE 10 – 198: Bear, M.F., Connors, B.W., & Paradiso, M.A. (2006). *Neuroscience: Exploring the brain.* Philadelphie: Lippincott Williams & Wilkins; **199:** McCaffery, M., Pasero, C., & Paice, J.A. From McCaffery, M., Pasero, C. (1999). *Pain: clinical manual* (2nd ed.). St. Louis, Mo.: Mosby; **207 (figure 10.4A):** Patricia Bourgault et Maryse Grégoire. Éditeur et distributeur: Centre d'expertise en santé de Sherbrooke. © CHUS, Université de Sherbrooke, 2008. Fonds Brigitte Perreault; **207 (figure 10.4B):** Bourgault, Grégoire et Gélinas (2007). Le thermomètre d'intensité de douleur: un nouvel outil pour les patients adultes en phase critique. *Perspective infirmière,* vol. 4, n° 4; **209:** Adapté de McCaffery, M., & Pasero, C. (1999). *Pain: Clinical manual* (2nd ed.), p. 60. St. Louis, Mo.: Mosby; **226:** Salerno, E., & Willins, J. (1996). *Pain management handbook.* St. Louis, Mo.: Mosby; **230:** Rick Brady, Riva, Md; **238:** Illustrations de Caroline Arbour, inf., B. Sc., Ph.D. (étudiante), Université McGill. Tirées de Gélinas, C., Fillion, L., Puntillo, K., Viens, C., & Fortier, M. (2006). Validation of a Critical-Care Pain Observation Tool in Adult Patients. *American Journal of Critical Care,* 15(4), 420-427; **240:** Konstantin Sutyagin / Shutterstock.

CHAPITRE 11 – 246: Gracieuseté de Kathleen A. Pollard, RN, MSN, CHPN, Phoenix, Ariz; **247 (en haut):** Adapté de Ferris, F.D., et al. (2002); **247 (en bas):** Adapté de Comité des normes en soins infirmiers de l'Association canadienne de soins palliatifs (2009); **248:** Rick Brady, Riva, Md; **249:** Gracieuseté de Kathleen A. Pollard, RN, MSN, CHPN, Phoenix, AZ;

255: Tiré de Potter, P.A., & Perry, A.G. (1997). *Fundamentals of nursing: concepts, process, and practice* (4th ed.). St. Louis, Mo.: Mosby; **262:** StockphotoPro; **264 (figure 11.10):** Avec la permission de Kathleen A. Pollard, M. Sc. Inf, CHPN, Phoenix, AZ; **264 (figure 11.11):** Rick Brady, Riva, MD; **269:** Izabela Habur / iStockphoto.

CHAPITRE 12 – 287, 292: Jupiterimages Corporation.

CHAPITRE 13 – 317 (figure 13.5A): De Bale, S., & Jones, V. (2006). *Wound care nursing: A client-centered approach* (2nd ed.). St. Louis, Mo.: Mosby Elsevier; **317 (figures 13.5B et 13.5C):** Reproduit avec la permission de Dr. C. Lawrence, Wound Healing Research Unit, Cardiff; **318:** À titre gracieux par Robert B. Babiak, RN, BSN, CWOCN, San Antonio, TX; **321:** Reproduit avec la permission de Otolaryngology Houston, www.houstonoto.com; **330:** Diane Diederich / iStockphoto.

CHAPITRE 14 – 360: Morison, M.G. (2001). *Nursing management of chronic wounds.* Edinburgh: Mosby; **362:** Morison, M.G. (2001). *Nursing management of chronic wounds.* Edinburgh: Mosby; **381:** McKenry, L., Tessier, E., & Hogan. M. (2006). *Mosby's pharmacology in nursing.* St. Louis, Mo.: Mosby; **382:** © Mosby, une filiale de Elsevier inc., 2007.

CHAPITRE 15 – 402: Georges Dolisi; **405 (en haut):** Tiré de Emond, R., Welsby, P., & Rowland, H. (2003). *Color atlas of infectious diseases* (4th ed.). Edinburgh: Mosby; **405 (en bas):** Gracieuseté de Jeffrey Kwong; **406:** Set of slides published in 1992 by Jon Fuller, MD and Howard Libman, MD at Boston University School of Medicine, Boston, Mass; **421:** Tiré de Centers for Disease Control and Prevention. Gracieuseté de Jonathan W.M. Gold, MD, New York; **422:** Tiré de James, W.D., Berger, T. & Elston, D. (2006). *Andrews' diseases of the skin: clinical dermatology* (10th ed.). St. Louis: Saunders; **423:** Jupiterimages Corporation.

CHAPITRE 16 – 430: Adapté de Kumar, V., Abbas, A.K., & Fausto, N. (2005). *Robbins and Cotran Pathologic Basis of Disease* (7th ed.). Philadelphie: Saunders; **434:** Association nucléaire canadienne (2010). *Qu'est-ce que le rayonnement?* [En ligne]. www.cna.ca/curriculum/cna_radiation/introduction-fra.asp?pid=Introduction; **435:** Association nucléaire canadienne (2010). *Effets biologiques des rayonnements ionisants.* [En ligne]. www.cna.ca/curriculum/cna_bio_effects_rad/introduction-fra.asp?bc=Introduction(fr)&pid=Introduction; **437:** Adapté de Stevens, A., Lowe, J. (2000). *Pathology: an Illustrated Review in Color* (2e éd.). Londres: Mosby. + Lewis, 8e édition, chap. 16, p. 266; **438:** Adapté de DeVita, V.T., Helman, S., Rosenberg, S.A. et al. (1997). *Cancer: Principles and Practice of Oncology.* Philadelphie: Lippincott-Raven; **455:** Avec la permission de Pharmaceia Deltec, Inc., St. Paul, Minn; **460 (figures 16.14 et 16.15):** Avec la permission de Jormain Cady, Virginia Mason Medical Center, Seattle, Wash; **474:** Dr. P. Marazzi / Science Photo Library; **487:** Forbes, C.D., Jackson, W.F. (2003). *Color atlas and text of clinical medicine* (3e éd.). Londres: Mosby; **494:** nyul / Fotolia.

CHAPITRE 17 – 500: Copstead-Kirkhorn, L.C., & Banasik, J.L. (2010). *Pathophysiology* (4th ed). St Louis, Mo.: Mosby; **501:** Thibodeau, G.A. & Patton, K.T. (2010). *The human body in health and disease* (5th ed.). St. Louis, Mo.: Mosby; **504:** Patton, K.T. & Thibodeau, G.A. (2010). *Anatomy and physiology* (7th ed.). St Louis, Mo.: Mosby; **505 (figures 17.6 et 17.7):** Patton, K.T., & Thibodeau, G.A. (2010). *Anatomy and physiology* (7th ed.). St Louis, Mo.: Mosby; **520:** McCance, K.L., & Huether, S.E (2010). *Pathophysiology: the biologic basis for disease in adults and children* (6th ed.). St. Louis, Mo.: Mosby; **546:** Gracieuseté de Pharmaceia Deltec, Inc., St. Paul, Minn; **547:** Jupiterimages Corporation.

CHAPITRE 18 – 554: Adapté de Thibodeau, G.A., & Patton, K.T. (2007); **557:** Adapté de Thibodeau, G.A., & Patton, K.T. (2007); **558:** Adapté de Thibodeau, G.A., & Patton, K.T. (2007); **563:** Adapté de Thibodeau, G.A., & Patton, K.T. (2007); **564 (en bas):** Adapté de Thibodeau, G.A., & Patton, K.T. (2007); **564 (en haut):** Adapté de Thibodeau, G.A., & Patton, K.T. (2007); **565:** Adapté de Thibodeau, G.A., & Patton, K.T. (2007); **571:** erwo1 / iStockphoto; **575:** michealofiachra / iStockphoto; **585:** Adapté de Fuller, G,. & Manford, M. (2006).

CHAPITRE 19 – 593: Adapté de McCance, K.L., & Huether, S.E. (2006). *Pathophysiology: the Biologic Basis for Disease in Adults and Children* (5th ed.). St. Louis, Mo.: Mosby;

595: Adapté de Urden, L.D., Stacy, K.M., & Lough, M.E. (2006). *Thelan's critical care nursing : diagnosis and management* (5e éd.). St. Louis, Mo. : Mosby ; **597 (en haut)** : Clochesy, & J.M. et al. (1996). *Critical Care Nursing* (2e éd.). Philadelphie : Saunders ; **597 (en bas)** : Copstead, L.C., & Banasik, J.L. (2005). *Pathophysiology* (3e éd.). Philadelphie : Saunders ; **598 (figure 19.8)** : Adapté de Barker, E. (2002). *Neuroscience nursing : a spectrum of care* (2e éd.). St. Louis, Mo. : Mosby ; **598 (figure 19.9)** : Avec la permission de Meg Zomorodi ; **611** : Bingham, B.J.G., Hawke, M., & Kwok, P. (1992). *Clinical Atlas of Otolaryngology.* St. Louis, Mo. : Mosby ; **613 (figure 19.15)** : Copstead, L.C., & Banasik, J.L. (2005). *Pathophysiology* (3e éd.) Philadelphie : Saunders ; **613 (figure 19.16)** : Kumar, V., Abbas, A.K., & Fausto, N. (2004). *Robbins and Cotran pathologic basis of disease* (7e éd.). Philadelphie : Saunders ; **620** : Stevens, A., & Lowe, J. (2000). *Pathology : illustrated review in color* (2e éd.). Londres : Mosby ; **626** : Avec la permission du Department of Neurological Surgery, Vanderbilt University Medical Center, Nashville, Tenn. ; **636** : Jason Stitt / iStockphoto.

CHAPITRE 20 – 648 : Kumar, V., Abbas, A.K., & Fausto, N. (2004). *Robbins and Cotran pathologic basis of disease* (7e éd). Philadelphie : Saunders ; **655** : Abbott Vascular, Santa Clara, Calif. ; **663** : Cote, R. Battista, R.N., Wolfson, C. et al. (1989). *Neurology, 39.* 638-643 ; **671** : Adapté de Hoeman, S.P. (1995). *Rehabilitation nursing* (2nd éd.). St. Louis, Mo. : Mosby ; **673** : De Forbes, C.D., & Jackson, W.F. (2003). *Color atlas and text of clinical medicine* (3rd éd.). Londres : Mosby ; **674** : Courtoisie de Sammons Preston, Bolingbrook, Ill. ; **675** : Andy Dean / iStockphoto ; **678** : Sandra Gligorijevic / iStockphoto ; **676** : Hattie Young / Science Photo Library ; **677** : John Cole / Science Photo Library.

CHAPITRE 21 – 707 : Stevens, A., & Lowe, J. (2000). *Pathology : Illustrated review in color* (2nd éd.). Londres : Mosby ; **716** : Perkin, D.G. (1998). *Mosby's color atlas and text of neurology.* Londres : Mosby-Wolfe ; **717** : Rudy, E. (1984). *Advanced neurological and neurosurgical nursing.* St. Louis, Mo. : Mosby ; **730 (en haut)** : Watney Collection / Phototake ; **730 (en bas)** : Aleksej Vasic / iStockphoto.

CHAPITRE 22 – 743 : Damjanov, I., & Linder, J. (Eds) (1996). *Anderson's pathology* (10th ed.). St. Louis, Mo. : Mosby ; **748** : Stevens, A., & Lowe, J. (2000). *Pathology : Illustrated review in color* (2e éd.). Londres : Mosby ; **757** : Jupiterimages Corporation ; **761** : Tomasz Wojnicz / Dreamstime.com.

CHAPITRE 23 – 768 : Adapté de Thibodeau, G. A., & Patton, K. T. (2007). *Anatomy and physiology* (6e éd.). St. Louis, Mo. : Mosby ; **770** : Avec l'aimable autorisation de Joe Rothrock, Media (Pennsylvanie) ; **772** : Adapté de Chipps, E., Clanin, N., & Campbell, V. (1992). *Neurologic disorders.* St. Louis, Mo. : Mosby ; **779** : ZUMA Press / KEYSTONE Press ; **781** : Adapté de Marciano, F.F., Greene, K.A., Apostolides, P.J., et al. (1995). Pharmacologic management of spinal cord injury : review of the literature. *BNI Quarterly* 11(2):11. In McCance, K.L., & Huether, S.E. (2006). *Pathophysiology : the biologic basis for disease in adults and children* (5e éd.). St. Louis, Mo. : Mosby ; **783** : (A, B et C) De Copstead-Kirkhorn, L.C., & Banasik, J.L. (2010). *Pathophysiology* (4e éd.). St. Louis, Mo. : Mosby ; **785** : Adapté de American Spinal Injury Association/International Medical Society of Paraplegic (ASIA/IMOSP) (2006). *International standards for neurological functional classification of spinal cord injury patients* (version révisée), Chicago : ASIA ; **795 (figure 23.11)** : Avec l'aimable autorisation du Dr. Michael S. Clement, Mesa, Ariz. ; **796** : Gracieuseté de Acromed Corporation, Cleveland, Ohio ; **798** : LEMOINE / MaXx images ; **800** : Avec l'aimable autorisation du Dr. Michael S. Clement, Mesa, Ariz. ; **807** : Barker, E. (2002). *Neuroscience nursing : A spectrum of care* (2nd éd.). St. Louis, Mo. : Mosby ; **809** : Zdorov Kirill Vladimirovich / Shutterstock.

CHAPITRE 24 – 817 : Patton, K.T., & Thibodeau, G.A (2010). *Anatomy and physiology* (7e éd.). St. Louis, Mo. : Mosby Elsevier ; **818 (figure 24.3)** : Patton, K.T., & Thibodeau, G.A (2010). *Anatomy and physiology* (7e éd.). St. Louis, Mo. : Mosby Elsevier ; **821** : Patton, K.T., & Thibodeau, G.A (2010). *Anatomy and physiology* (7e éd.). St. Louis, Mo. : Mosby Elsevier ; **829b** Patton, K.T., & Thibodeau, G.A (2010). *Anatomy and physiology* (7e éd.). St. Louis, Mo. : Mosby Elsevier ; **831** : Gracieuseté de Eurospine.org ; **840** : Patton, K.T., & Thibodeau, G.A (2010). *Anatomy and physiology* (7e éd.). St. Louis, Mo. : Mosby Elsevier.

CHAPITRE 25 – 848 : Redessiné de Price, S.A., & Wilson, L.M. (2003). *Pathophysiology : clinical concepts of disease processes* (6th ed.). St. Louis, Mo. : Mosby ; **849** : De Thompson, J.M., McFarland, G.K., Hirsch, J.E., et al. (2002). *Mosby's clinical nursing* (5th ed.). St. Louis, Mo. : Mosby ; **850** : www.pinnaclesystems.com ; aussi dans Maher, A.B., Salmond, S.W., & Pellino, T.A. (2002). *Orthopaedic nursing* (3rd ed.). St. Louis, Mo. : Saunders ; **851** : Patton, K.T., & Thibodeau, G.A. (2010). *Anatomy and physiology* (7th ed.). St. Louis, Mo. : Mosby Elsevier ; **852 (figure 25.5 A.)** : De David Lintner, M.D., Houston, Tex., www.drlintner.com ; **852 (figures 25.5B et 25.5C)** : Gracieuseté de Peter Bonner, San Antonio, Tex. ; **853** : U.S. National Library of Medicine and the National Institutes of Health (2009). Medline Plus Medical Encyclopedia Image, ACL degrees. [En ligne]. www.nlm.nih.gov/medlineplus/ ency/imagepages/18002.htm ; **856** : Redessiné de Long, B., Phipps, W., & Cassmeyer, V. (1993). *Medical-surgical nursing : a nursing process approach.* St Louis, Mo. : Mosby ; **861 (en haut)** : De Maher, A.B., Salmond, S.W., Pellino, T., et al., editors (2002). *Orthopaedic nursing* (3rd ed.). Philadelphie : Saunders ; **861 (en bas)** : Browner, B., Levine, A., Jupiter, J., Trafton, P., & Krettek, C. (2008). *Skeletal trauma* (4th ed.). Philadelphie : Saunders ; **862** : Reproduction autorisée gracieusement par Jeremy Lewis, M.D. ; **874** : De Ryan, D.W., & Park, G.R. (1995). *Color atlas of critical and intensive care : diagnosis and investigation.* Londres : Mosby-Wolfe ; **878 (figure 25.18)** : De Thompson, J.M., McFarland, G.K., Hirsch, J.E., et al. (1997). *Mosby's clinical nursing* (4th ed.). St. Louis, Mo. : Mosby ; **884** : Gracieuseté de R.A. Weinstein, Denver, Colo. ; **887** : De Macklin, E.J., et al. (2002). *Hunter, Macklin, and Callahan's rehabilitation of the hand and upper extremity, vol. 2,* (5th ed.). St. Louis, Mo. : Mosby ; **891 (figure 25.23)** : De Thibodeau, G.A., & Patton, K.T. (2007). *Anatomy and physiology* (6th ed.). St. Louis, Mo. : Mosby ; **891 (figure 25.25)** : Gracieuseté de Zimmer, Inc., Warsaw, Ind. ; **896** : Jupiterimages Corporation.

CHAPITRE 26 – 903 (figure 26.1) : Redessiné de Mourad, L. (1992). *Orthopedic disorders.* St. Louis, Mo. : Mosby ; **903 (figure 26.2)** : De Thibodeau, G.A., & Patton, K.T. (2010). *The human body in health and disease* (5e éd.). St. Louis, Mo. : Mosby ; **907 (figure 26.3)** : Kumar, V., Abbas, A.K., Fausto, N., & Aster, J. (2009). *Robbins and Cotran, Pathologic basis of disease* (8th éd.). Philadelphie : Saunders ; **907 (figure 26.4)** : Canale, S.T., & Beaty, J.H. (2007). *Campbell's operative orthopaedics* (11th éd.). Philadelphie : Saunders ; **915** : De Eidelson, S.G., & Spinasanta, S.A. (2005). *Advanced technologies to treat neck and back pain: a patient's guide.* Wheaton, Ill. : SYA Press and Research ; **918** : De DePuy Spine, Inc. Raynham, Mass. ; **922 (figure 26.7)** : Canale, S.T., & Beaty, J.H. (2007). *Campbell's operative orthopaedics* (11th éd.). Philadelphie : Saunders ; **922 (figure 26.8)** : De Mercier, L.R. (1996). *Practical orthopedics* (4th éd.). St. Louis, Mo. : Mosby ; **924** : Patton, K.T., & Thibodeau, G.A. (2010). *Anatomy and physiology* (7th éd.). St. Louis, Mo. : Mosby Elsevier ; **930** : Dr. P. Marazzi / Science Photo Library ; **932** : Jupiterimages Corporation.

CHAPITRE 27 – 940 : Firestein, G.S., Budd, R.C., Harris, E.D. Jr., McInnes, I.B., Ruddy, S., & Sergent, J.S. (2008). *Kelley's textbook of rheumatology* (8th éd.). Philadelphie : Saunders Elsevier ; **953** : De Stevens, A., & Lowe, J. (2000). *Pathology : an illustrated review in color* (2nd éd.). Londres : Mosby ; **968** : Kim, D.H., Henn, J.S., Vaccaro, A.R., & Dickman, C.A. (2006). *Surgical anatomy and techniques to the spine.* Philadelphie : Saunders Elsevier ; **971** : Swartz, M. (2005). *Textbook of physical diagnosis : History and examination with student online access* (5th éd.). Philadelphie : Saunders Elsevier ; **973** : Visual Unlimited ; **977 (en bas)** : Kliegman, R., Jenson, H.B., Behrman, R.E., & Stanton, B.F. (2007). *Nelson textbook of pediatrics* (18th éd.). Philadelphie : Saunders Elsevier ; **986** : De Zitelli, B.J., & Davis, H.W. (2002). *Atlas of pediatric physical diagnosis* (4th éd.). St. Louis, Mo. : Mosby ; **989** : Firestein, G.S., Budd, R.C., Harris, E.D. Jr., McInnes, I.B., Ruddy, S., & Sergent, J.S. (2008). *Kelley's textbook of rheumatology* (8th éd.). Philadelphie : Saunders Elsevier ; **993** : Redessiné de Freundlich, B., Leventhal, L. The fibromyalgia syndrome. In H.R. Schumacher Jr., J.H. Klippel, W.J. Koopman, Eds. (1997). *Primer on the rheumatic diseases* (11th éd.). Atlanta : Arthritis Foundation. Avec la permission de The Arthritis Foundation, 1330 W. Peachtree St., Atlanta, Ga. ; **997** : Pali Rao / iStockphoto ; **996** : Fred Goldstein / Dreamstime.com.

RÉFÉRENCES

CHAPITRE 1

Références de l'édition originale

Ackley, B.J., & Ladwig, G.B. (2006). *Nursing diagnosis handbook: A guide to planning care* (7th ed.). St. Louis, Mo.: Mosby.

American Nurses Association (2003). *Nursing: A social policy statement* (2nd ed.). Washington, D.C.: American Nurses Association.

Bulechek, G.M., Butcher, H.K., & Dochterman, J.M. (2008). *Nursing interventions classification (NIC)* (5th ed.). St. Louis, Mo.: Mosby.

Carpenito-Moyet, L. (2007). *Nursing diagnosis: Application to clinical practice* (12th ed.). Philadelphia: Lippincott Williams & Wilkins.

Cochrane, A.L. (1972). *Effectiveness and efficiency: Random reflections on health services*. London: Nuffield Provincial Hospitals Trust.

Cronenwett, L., Sherwood, G., Barnsteiner, J., Disch, J., Johnson, J., Mitchell, P., *et al.* (2007). Quality and safety education for nurses. *Nurs Outlook, 55*, 122.

Gordon, M. (2007). *Manual of nursing diagnosis* (11th ed.). Boston: Jones and Bartlett.

Henderson, V. (1966). *The nature of nursing*. New York: Macmillan.

Hughes, H., Lloyd, D., & Clark, J. (2008). A conceptual model for nursing information. *Int J Nurs Terminol Classif, 19*, 48.

Institute of Medicine (2000). *To err is human: Building a safer health system*. [En ligne]. www.nap.edu/books/0309068371/html (page consultée le 7 septembre 2010).

Kaiser Permanente of Colorado, & Institute for Healthcare Improvement (2010). *SBAR technique for communication: A situational briefing model*. [En ligne]. *www.ihi.org/IHI/Topics/PatientSafety/SafetyGeneral/Tools/SBARTechniqueforCommunication ASituationalBriefingModel.hmt* (page consultée le 7 octobre 2010).

Manthey, M. (2008). Social justice and nursing: The key is respect. *Creat Nurs, 14*(2), 62.

Melnyk, B., & Fineout-Overholt, E. (2005). *Evidence-based practice in nursing and healthcare: A guide to best practice*. Philadelphia: Lippincott Williams & Wilkins.

Moorhead, S., Johnson, M., Maas, M., & Swanson, E. (2008). *Nursing outcomes classification (NOC)* (4th ed.). St. Louis, Mo.: Mosby.

NANDA International (2009). *Nursing diagnoses: Definitions and classification 2009-2011*. Kaukauna, Wis.: NANDA International.

Nightingale, F. (1946). *Notes on nursing: What it is and what it is not* (facsimile edition). Philadelphia: Lippincott.

Pipe, T.B., Cisar, N., Caruso, E., & Wellik, K. (2008). Leadership strategies: Inspiring evidence-based practice at the individual, unit, and organizational levels. *J Nurs Care Qual, 23*(3), 265.

Roy, S., & Andrews, H. (1999). *The Roy adaptation model* (2nd ed.). Stamford, Conn.: Appleton & Lange.

Saba, V., & Taylor, S. (2007). Moving past theory: Use of a standardized, coded nursing terminology to enhance nursing visibility. *Comput Inform Nurs, 25*, 324.

Sackett, D.L., Straus, S.E., Richardson, W.S., Rosenburg, W., & Haynes, R.B. (2000) *Evidence-based medicine: How to practice and teach EBM* (2nd ed.). London: Churchill Livingstone.

Thede, L. (2008). Informatics: The Electronic Health Record: Will nursing be on board when the ship leaves? *Online J Issues Nurs, 13*(3). [En ligne]. www.nursingworld.org/MainMenuCategories/ANAMarketplace/ANAPeriodicals/OJIN/Columns/Informatics/ElectronicHealthRecord.aspx (page consultée le 7 octobre 2010).

Références de l'édition française

Agence de la santé publique du Canada (2009). *Les principaux déterminants – 7. Habitudes de vie et compétences d'adaptation personnelles*. [En ligne]. www.phac-aspc.gc.ca/ph-sp/determinants/determinants-fra.php#personalhealth (page consultée le 7 septembre 2010).

Agrément Canada (2010). *Sécurité des patients*. [En ligne]. www.accreditation.ca/echange-de-connaissances/securite-des-patients (page consultée le 7 septembre 2010).

American Nurses Association (2008). *Recognized languages for nursing*. [En ligne]. http://nursingworld.org/MainMenuCategories/ThePracticeofProfessionalNursing/NursingStandards/DocumentationInformatics/NIDSEC/RecognizedLanguagesforursing.aspx (page consultée le 7 octobre 2010).

American Nurses Association & National Council of State Boards of Nursing (2005). *Working with others: A position paper*. [En ligne]. www.ncsbn.org/Working_with_Others.pdf (page consultée le 7 octobre 2010).

Association des infirmières et infirmiers du Canada (2001). Qu'est-ce que l'informatique infirmière et pourquoi est-elle aussi importante? *ZOOM sur les soins infirmiers, 11*. [En ligne]. www.cna-nurses.ca/CNA/documents/pdf/publications/NursingInformaticsSept_2001_f.pdf (page consultée le 7 septembre 2010).

Association des infirmières et infirmiers du Canada (2008). *La pratique infirmière avancée: un cadre national*. [En ligne]. www.cna-aiic.ca/CNA/documents/pdf/publications/ANP_National_Framework_f.pdf (page consultée le 7 septembre 2010).

Baker, G.R., Norton, P.G., Flintoft, V., Blais, R., Brown, A., Cox, J., *et al.* (2004).The Canadian Adverse Events Study: The incidence of adverse events among hospital patients in Canada. *CMAJ, 170*(11), 1678-1686.

Brassard, Y., & Maxwell, B. (2010). Transmettre l'information clinique. Dans P.A. Potter & A.G. Perry (dir.), *Soins infirmiers: fondements généraux*. Montréal: Chenelière Éducation.

Dallaire, C., & Dallaire, M. (2009). Proposer de nouvelles perspectives de carrière: comment choisir? Dans P. Delmas & C. Sliwka, *Profession infirmière: quelle place et quelles pratiques pour l'avenir*. Paris: Éditions Lamarre.

Inforoute Santé du Canada (2010). *Unité collaborative de normalisation: SNOMED CT® en pratique*. [En ligne]. www.infoway-inforoute.ca/standards-collaborative/snomed-ctr/snomed-ct-in-use (page consultée le 7 septembre 2010).

Institut canadien pour la sécurité des patients (2010a). *À propos de l'ICSP*. [En ligne]. www.patientsafetyinstitute.ca/french/about (page consultée le 7 septembre 2010).

Institut canadien pour la sécurité des patients (2010b). *Les compétences liées à la sécurité des patients*. [En ligne]. www.patientsafetyinstitute.ca/French/education/safetyCompetencies/Documents/Les Compétences liées à la sécurité des patients Édition originale.pdf (page consultée le 10 mars 2011).

Johnson, M., Bulechek, G., McCloskey Dochterman, J., Maas, M.L., Moorhead, S., Swanson, E., *et al.* (2006). *Nursing diagnoses, outcomes, and interventions: NANDA, NOC, and NIC linkages* (2nd ed.). St. Louis, Mo.: Mosby.

Labarre, K., & Dallaire, C. (2008). L'exercice infirmier et le système professionnel. Dans C. Dallaire (dir.), *Le savoir infirmier: au cœur de la discipline et de la profession*. Boucherville, Qc: Gaëtan Morin.

Mantzoukas, S., & Watkinson, S. (2006). Review of advanced nursing practice: The international literature and developing the generic features. *J Clin Nurs, 16*, 28-37.

Ministère de la Santé et des Services sociaux du Québec (2010a). *Le Dossier de santé du Québec et vous*. [En ligne]. www.dossierdesante.gouv.qc.ca/fr_citoyens_DSQ_et_vous.phtml (page consultée le 7 septembre 2010).

Ministère de la Santé et des Services sociaux du Québec (2010b). *Groupe Vigilance pour la sécurité des soins*. [En ligne]. www.msss.gouv.qc.ca/ministere/vigilance/index.php?index (page consultée le 7 septembre 2010).

Ordre des infirmières et infirmiers du Québec (2006). *L'intégration du plan thérapeutique infirmier à la pratique clinique: application de la loi 90*. Montréal: Ordre des infirmières et infirmiers du Québec.

Ordre des infirmières et infirmiers du Québec (2007). *Perspectives de l'exercice de la profession d'infirmière*. Montréal: Ordre des infirmières et infirmiers du Québec.

Organisation mondiale de la santé (1986). *La Charte d'Ottawa pour la promotion de la santé*. Ottawa, Ont.: Organisation mondiale de la santé, Santé et Bien-être social Canada et Association canadienne de la santé publique.

Potter, P.A., & Perry, A.G. (2010). *Soins infirmiers: fondements généraux*. Montréal: Chenelière Éducation.

Saufl, N., Owens, A., Kelly, I., Merrill, B., & Freyaldenhouen, L.L. (2007). A multidisciplinary approach to total joint replacement. *J Perianesth Nurs, 22*, 195.

Simoneau, I.L. (2010). Développer sa pensée critique et exercer son jugement clinique. Dans P.A. Potter & A.G. Perry, *Soins infirmiers: fondements généraux*. Montréal: Chenelière Éducation.

University of Iowa (2008a). *Nursing Outcomes Classification (NOC)*. [En ligne]. www.nursing.uiowa.edu/excellence/nursing_knowledge/clinical_effectiveness/documents/Label%20Definitions%20NOC%204th.pdf (page consultée le 7 octobre 2010).

University of Iowa (2008b). *Nursing Interventions Classification (NIC)*. [En ligne]. www.nursing.uiowa.edu/excellence/nursing_knowledge/clinical_effectiveness/niclabels.htm (page consultée le 7 octobre 2010).

CHAPITRE 2

Références de l'édition originale

Alexander, G.R. (2008). Cultural competence models in nursing. *Crit Care Nurs Clin North Am, 20*, 415.

Anderson, N.R. (2008). Safe in the city. *Home Health Nurse, 26*, 534.

Andrews, M.M. (2008). Cultural diversity in the healthcare workforce. In M.M. Andrews & J.S. Boyle (Eds), *Transcultural concepts in nursing care*. Philadelphia: Lippincott Williams & Wilkins.

Andrews, M.M., & Boyle, J.S. (2008). *Transcultural concepts in nursing care* (5th ed.). Philadelphia: Lippincott Williams & Wilkins.

Beal, A. (2008). *Addressing racial and ethnic health disparities by improving health care quality*. [En ligne]. www.commonwealthfund.org/Content/From-the-President/2008/Addressing-Racial-and-Ethnic-Health-Disparities-by-Improving-Health-Care-Quality.aspx (page consultée le 27 août 2010).

Behringer, B., & Friedell, G.H. (2006). Appalachia: Where place matters in health. *Prev Chronic Dis, 3*, 4. [En ligne]. www.cdc.gov/pcd/issues/2006/oct/06_0067.htm (page consultée le 10 mars 2011).

Bigony, L. (2008). Exploring spiritual care: When should I refer? *J Christ Nurs, 25*, 142.

Bonham, V.L., & Knerr, S. (2008). Social and ethical implications of genomics, race, ethnicity, and health inequities. *Semin Oncol Nurs, 24*, 254.

Burgess, D.J., Fu, S.S., & van Ryn, M. (2004). Why do providers contribute to disparities and what can be done about it? *J Gen Intern Med, 19*, 1154.

Cain, K.P., Benoit, S.R., Winston, C.A., & MacKenzie, W.R. (2008). Tuberculosis among foreign-born persons in the United States. *JAMA, 300*, 405.

Capell, J., Dean, E., & Veenstra, G. (2008). The relationship between cultural competence and ethnocentrism of health care professionals. *J Transcult Nurs, 19*, 121.

Carcaise-Edinboro, P., & Bradley, C.J. (2008). Influence of patient-provider communication on colorectal cancer screening. *Med Care, 46*, 738.

Centers for Disease Control and Prevention (2010). *Reducing health disparities in cancer*. [En ligne]. www.cdc.gov/cancer/healthdisparities/basic_info/disparities.htm (page consultée le 27 août 2010).

Courtwright, A. (2008). The social determinants of health: Moving beyond justice. *Am J Bioeth, 8*, 16.

Davis, A.M., Vinci, L.M., Okwuosa, T.M., Chase, A.R., & Huang, E.S. (2007). Cardiovascular health disparities: A systematic review of health care interventions. *Med Care Res Rev, 64*, 205.

Davis, T.C., Federman, A.D., Bass, P.F., Jackson, R.H., Middlebrooks, M., Parker, R.M., et al. (2009). Improving patient understanding of prescription drug label instructions. *J Gen Intern Med, 24*, 57.

Giger, J.N., & Davidhizar, R.E. (2008). *Transcultural nursing: Assessment and intervention* (5th ed.). St. Louis, Mo.: Mosby.

Hall, E. (1963). Proxemics: The study of man's spatial relationships. In I. Gladstone (Ed.), *Man's image in medicine and anthropology*. New York: New York International University Press.

Kagan, S.H. (2008). Ageism in cancer care. *Semin Oncol Nurs, 24*, 246.

Nguyen, J.T., Berger, A.K., Duval, S., & Luepker, R.V. (2008). Gender disparity in cardiac procedures and medication use for acute myocardial infarction. *Am Heart J, 155*, 862.

Pesut, B., Fowlet, M., Johnston Taylor, E., Reimer-Kirkham, S., & Sawatzky, R. (2008). Conceptualizing spirituality and religion for healthcare. *J Clin Nurs, 17*, 2803.

Prüss Üstün, A., & Corvalán, C. (2006). *Preventing disease through healthy environments: Towards an estimate of the environmental burden of disease*. [En ligne]. www.who.int/quantifying_ehimpacts/publications/preventingdisease/en/index.html (page consultée le 24 octobre 2010).

Reyes-Ortiz, C.A., Eschbach, K., Zhang, D.D., & Goodwin, J.S. (2008). Neighborhood composition and cancer among Hispanics: Tumor stage and size at time of diagnosis. *Cancer Epidemiol Biomarkers Prev, 17*, 2931.

Schonberg, M.A., Leveille, S.G., & Marcatonio, E.R. (2008). Preventive health care among older women: Missed opportunities and poor targeting. *Am J Med, 121*, 974.

Thornlow, D.K. (2008). Nursing patient safety research in rural health care settings. *Ann Rev Nurs Res, 26*, 195.

U.S. Census Bureau (2010). *Population estimates*. [En ligne]. www.census.gov/popest/estimates.php (page consultée le 27 août 2010).

U.S. Department of Health and Human Services. *Healthy people 2010*. [En ligne]. www.healthypeople.gov (page consultée le 27 août 2010).

U.S. Department of Health and Human Services. *Healthy People 2010: Midcourse review executive summary*. [En ligne]. http://www.healthypeople.gov/2010/data/midcourse/pdf/ExecutiveSummary.pdf (page consultée le 10 mars 2011).

Wallace, L.S., Devoe, J.E., Heintzman, J.D., & Fryer, G.E. (2008). Language preference and perceptions of healthcare providers' communication and autonomy making behaviors among Hispanics. *J Immigr Minor Health, 11*(6), 453-459.

Warnecke, R.B., Oh, A., Breen, N., Gehlert, S., Paskett, E., Tucker, K.L., et al. (2008). Approaching health disparities from a population perspective: The National Institutes of Health Centers for Population and Health Disparities. *Am J Public Health, 98*, 1608. [En ligne]. www.ncbi.nlm.nih.gov/pmc/articles/PMC2509592 (page consultée le 24 octobre 2010).

Yeh, M.C., Viladich, A., Bruning, N., & Roye, C. (2009). Determinants of Latina obesity in the United States: The role of selective acculturation. *J Transcult Nurs, 20*, 105.

Zhang, Y., Galloway, J.M., Welty, T.K., Wiebers, D.O., Whisnant, J.P., Devereux, R.B., et al. (2008). Incidence and risk factors for stroke in American Indians: The Strong Heart Study. *Circulation, 7*, 1577.

Références de l'édition française

Agence de la santé publique du Canada (2003). *Pourquoi les Canadiens sont-ils en santé ou pas?* [En ligne]. www.phac-aspc.gc.ca/ph-sp/determinants/determinants-fra.php#unhealthy (page consultée le 26 août 2010).

Agence de la santé publique du Canada (2005). *Réduire les disparités en santé – Rôles du secteur de la santé: orientations et activités stratégiques recommandées*. [En ligne]. www.phac-aspc.gc.ca/ph-sp/disparities/dr_policy_1-fra.php (page consultée le 26 août 2010).

Agence de la santé publique du Canada (2010). *Déterminants de la santé*. [En ligne]. www.phac-aspc.gc.ca/ph-sp/determinants/index-fra.php (page consultée le 15 décembre 2010).

Association des infirmières et infirmiers du Canada (2006). *La justice sociale: un moyen de parvenir à une fin, une fin en soi*. [En ligne]. www.cna-aiic.ca/CNA/documents/pdf/publications/Social_Justice_f.pdf (page consultée le 24 octobre 2010).

Babylon® Translation on @ click (2010). *One Click Translation*. [En ligne]. www.babelfish.com (page consultée le 24 octobre 2010).

Barker, D.J., Forsen, T., Uutela, A., Osmond, C., Eriksson, J.G. (2001). Size at birth and resilience to effects of poor living conditions in adult life: Longitudinal study. *BMJ, 323*, 1273-1276.

Bibeau, G., & Fortin, S. (2008). Inégalités et médicalisation de la souffrance sociale. Une approche de l'anthropologie de la modernité. Dans K.L. Frohlich (dir.), *Les inégalités sociales de santé au Québec*. Montréal: Presses de l'Université de Montréal.

Bourgault, M.-H., & Belleville, D. (2009). *Présence de fibres d'amiante dans l'air intérieur et extérieur de la ville de Thedford Mines: estimation des risques de cancer du poumon et du mésothéliome*. Québec, Qc: Institut national de santé publique du Québec.

Case, A., Lubotsky, D., & Paxson, C. (2001). Economic status and health in childhood: The origins of the gradient. *NBER Working Paper, 8344*.

Conseil canadien sur l'apprentissage (2007). *La littératie en santé au Canada: une question de bien-être*. [En ligne]. www.ccl-cca.ca/CCL/Reports/HealthLiteracy-2.html (page consultée le 24 octobre 2010).

Crouch, R., Elliott, R., Lemmens, T., & Charland, L. (2001). *Approches complémentaires et parallèles en santé et VIH/sida: questions de droit, d'éthique et de politiques dans la réglementation*. [En ligne]. www.aidslaw.ca/publications/interfaces/downloadFile.php?ref=332 (page consultée le 27 août 2010).

Daniels, N. (2002). Why justice is good for our health. In F. Lolas & L. Agar (Eds), *Interfaces between bioethics and the empirical social sciences*. Santiago, Chili : International Bioethics Advisory Committee of PAHO.

De Koninck, M., Pampalon, R., Paquet, G., Clément, M., Hamelin, A.M., & Disant, M.J. (2008). *Santé : pourquoi ne sommes-nous pas égaux ? Comment les inégalités sociales de santé se créent et se perpétuent*. [En ligne]. www.inspq.qc.ca/pdf/publications/794_Inegalites_sociales_sante.pdf (page consultée le 24 octobre 2010).

Eming Young, M. (2002). *From early child development to human development, investigating in our children's future*. Washington, D.C. : The World Bank.

Fournier, C., Lavallée, C., Dubé, G., & Côté, L. (2005). *Santé et conditions de vie des Québécoises : portrait d'hier à aujourd'hui*. Sainte-Foy, Qc : Les Publications du Québec.

Institut canadien d'information sur la santé (2005). *Répartition géographique des médecins au Canada : au-delà du nombre et du lieu*. [En ligne]. Ottawa, Ont. : http://secure.cihi.ca/cihiweb/dispPage.jsp?cw_page=PG_529_F&cw_topic=529&cw_rel=AR_1346_F (page consultée le 27 août 2010).

Institut de recherche en santé du Canada (2006). *La santé des Autochtones*. [En ligne]. www.irsc-cihr.gc.ca/f/documents/aboriginal_health_mpkit_0607_f.pdf (page consultée le 24 octobre 2010).

Institut national de santé publique du Québec (2006a). *Enfance et jeunesse*. [En ligne]. www.inspq.qc.ca/domaines/index.asp?Dom=20&Axe=21 (page consultée le 24 octobre 2010).

Institut national de santé publique du Québec (2006b). *Portrait de santé du Québec et de ses régions : deuxième rapport national sur l'état de santé de la population du Québec*. [En ligne]. www.inspq.qc.ca/pdf/publications/546-PortraitSante2006_Analyses.pdf (page consultée le 27 août 2010).

Jarvis, C. (2009). *L'examen clinique et l'évaluation de la santé*. Montréal : Chenelière Éducation.

Karliner, L., Jacobs, E., Chen, A., & Mutha, S. (2007). Do professional interpreters improve clinical care for patients with limited English proficiency? A systematic review of the literature. *Health Services Research, 42*(2), 727-754.

Kawachi, I., & Kennedy, B. (2002). *The health of nations : Why inequality is harmful to your health*. New York : The New Press.

Kristenson, M., Eriksen, H.R., Sluiter, J.K., Starke, D., & Ursin, H. (2004). Psycho-biological mechanisms of socioeconomic differences in health. *Soc Sci Med, 58*(8), 1511-1522.

Lefebvre, C. (2003). *Un portrait de la santé des Québécois de 65 ans et plus*. [En ligne]. www.inspq.qc.ca/pdf/publications/180_PortraitSantePersonnesAgees.pdf (page consultée le 24 octobre 2010).

Ministère de l'Immigration et des Communautés culturelles (2009). *Population immigrée recensée au Québec et dans les régions en 2006 : caractéristiques générales. Recensement de 2006, données ethnoculturelles*. Québec, Qc : Les Publications du Québec.

Ordre des infirmières et infirmiers de l'Ontario (2009). *Directive professionnelle : la prestation de soins adaptés à la culture*. [En ligne]. www.cno.org/docs/prac/51040_CultureSens.pdf (page consultée le 26 août 2010).

Organisation mondiale de la santé (2010). *The World Health Report 2010 – Health systems financing: The path to universal coverage*. Genève, Suisse : Organisation mondiale de la santé.

Paquet, G. (2005). *Partir du bas de l'échelle : des pistes pour atteindre l'égalité sociale en matière de santé*. Montréal : Les Presses de l'Université de Montréal.

Paquet, G., & Hamel, D. (2005). *Des alliés pour la santé des tout-petits vivant au bas de l'échelle sociale. Étude longitudinale de développement des enfants du Québec (ELDEQ, 1998-2002) – De la naissance à 4 ans*. Québec, Qc : Institut de la statistique du Québec, Institut national de la santé publique du Québec.

Phaneuf, M. (2002). *Communication, entretien, relation d'aide et validation*. Montréal : Chenelière Éducation.

Polaschek, N. (1998). Cultural safety: A new concept in nursing people of different ethnicities. *Journal of Advanced Nursing, 27*(3), 452-457.

Richards, B., Kozak, R., Brassard, P., Menzies, D., & Schwartzman, K. (2005). Tuberculosis surveillance among new immigrants in Montreal. *Int J Tuberc Lung Dis, 9*(8), 858-864.

Santé Canada (2001). « Certaines circonstances » : équité et sensibilisation du système de soins de santé quant aux besoins des populations minoritaires et marginalisées. Recueil de documents et de rapports préparé pour Santé Canada. [En ligne]. www.hc-sc.gc.ca/hcs-sss/alt_formats/hpb-dgps/pdf/pubs/2001-certain-equit-acces/2001-certain-equit-acces-fra.pdf (page consultée le 27 août 2010).

Scott, K. (2002). *A lost decade: Income equality and the health of Canadians*. Communication présentée à la Conférence sur les déterminants sociaux de la santé pendant toute la durée de vie, Toronto, Ontario.

Statistique Canada (2001). *Enquête sur la santé dans les collectivités canadiennes (ESCC)*. Ottawa, Ont. : Statistique Canada.

Statistique Canada (2006). *Population selon la langue maternelle, par province et territoire (Recensement de 2006)*. [En ligne]. www40.statcan.gc.ca/l02/cst01/demo11b-fra.htm (page consultée le 27 août 2010).

UNESCO (1982). *Déclaration de Mexico*. Mexico, Mex. : UNESCO.

Wilkins, R., Berthelot, J., & Ng, E. (2002). Tendances de la mortalité selon le revenu du quartier dans les régions urbaines du Canada de 1971 à 1996. *Rapport sur la santé : supplément, 13*.

Wilkinson, R., & Marmot, M. (2004). *Social determinants of health. The solid facts* (2nd ed.). Genève, Suisse : Organisation mondiale de la santé.

Wilkinson, R., & Pickett, K. (2009). Income inequalities and social dysfunctions. *Annu Rev Sociol, 35*, 493-511.

CHAPITRE 3

Références de l'édition originale

Eliopoulos, C. (2009). *Gerontological nursing* (7th ed). Philadelphia : Lippincott.

Gordon, M. (2010). *Manual of nursing diagnosis* (12th ed.). Boston : Jones and Bartlett.

Jarvis, C. (2008). *Physical examination and health assessment* (5th ed.). St. Louis, Mo. : Saunders Elsevier.

Lehne, R. (2010). *Pharmacology for nursing care* (7th ed) St. Louis, Mo. : Mosby.

Seidel, H.M., Ball, J.W., Dains, J.W., & Benedict, G.W. (2006). *Mosby's guide to physical examination* (6th ed) St. Louis, Mo. : Mosby.

Wilson, S., & Giddens, J. (2009). *Health assessment for nursing practice* (4th ed.). St. Louis, Mo. : Mosby.

Références de l'édition française

Centre d'expertise en santé de Sherbrooke (2006-2009). *La grille d'évaluation SMAF^MD*. [En ligne]. www.expertise-sante.com/grille-evaluation.htm (page consultée le 8 juillet 2010).

Jarvis, C. (2009). *L'examen clinique et l'évaluation de la santé*. Montréal : Chenelière Éducation.

Ordre des infirmières et infirmiers du Québec (2010). *Le triage à l'urgence : lignes directrices pour l'infirmière à l'urgence*. [En ligne]. www.oiiq.org/uploads/publications/autres_publications/ETG.pdf (page consultée le 22 août 2010).

CHAPITRE 4

Références de l'édition originale

American Hospital Association (2003). *The patient care partnership: Understanding expectations, rights and responsibilities*. [En ligne]. www.aha.org/aha/content/2003/pdf/pcp_english_030730.pdf (page consultée le 13 janvier 2009).

American Nurses Credentialing Center (2009). *Forces of magnetism – Force 11: Nurses as teachers*. [En ligne]. www.nursecredentialing.org/Magnet/ProgramOverview/ForcesofMagnetism.aspx (page consultée le 26 janvier 2009).

Anderson, A., & Klemm, P. (2008). The Internet: Friend or foe when providing patient education? *Clin J Oncol Nurs, 12*(1), 55-63.

Anderson, P.F., & Allee, N.J. (2004). *Medical library association encyclopedic guide to searching and finding health information on the Web*. [En ligne]. www-personal.umich.edu/~pfa/mlaguide/info/siteinfo.html (page consultée le 18 janvier 2009).

Barclay, L. (2009). Screening questions to predict limited health literacy: A cross-sectional study of patients with diabetes mellitus. *Ann Fam Med, 7*, 24-31.

Cancer Prevention Research Center (2009). *Detailed overview of the transtheoretical model*. [En ligne]. www.uri.edu/research/cprc/TTM/detailedoverview.htm (page consultée le 25 janvier 2009).

Caregiver Support (2009). *Caregiver stress*. [En ligne]. www.caregiversupport.org/caregiver_stress.cfm (page consultée le 20 janvier 2009).

Centers for Disease Control and Prevention (2008). *Chronic disease overview*. [En ligne]. www.cdc.gov/nccdphp/overview.htm (page consultée le 23 janvier 2009).

Farrell, K., Wicks, M.N., & Martin, J.C. (2004). Chronic disease self-management improved with enhanced self-efficacy. *CNR, 13*(4), 289-308.

Fox, S. (2008). *Pew Internet and American life project: The engaged e-patient population*. [En ligne]. www.pewinternet.org/pdfs/PIP_Health_Aug08.pdf (page consultée le 1er février 2009).

Harless, W.G., Zier, M.A., Duncan, R.C., Hudak, J.L., McGarvey, M., & McLeod, D.G. (2007). An assessment of the virtual conversations method for prostate cancer patient education. *Urol Nurs, 27*(6), 499-506.

Jallinoja, P., Absetz, P., Kuronen, R., Nissinen, A., Talja, M., Uutela, A., *et al.*

(2007). The dilemma of patient responsibility for lifestyle change: Perceptions among primary care physicians and nurses. *Scan J Prim Health Care, 25*(4), 244-249.

Kearsley, G. (2009). *Explorations in learning and instruction: The theory into practice database.* [En ligne]. http://tip.psychology.org/motivate.html (page consultée le 26 janvier 2009).

Kelley, K., & Abraham, C. (2007). Health promotion for people aged over 65 years in hospitals: Nurses' perceptions about their role. *J Clin Nurs, 16*(3), 569-579.

Kennen, E.M., Davis, T., Huang, J., Yu, H., Carden, D., Bass, R., *et al.* (2005). Tipping the scales: The effect of literacy on obese patients' knowledge and readiness to lose weight. *Southern Medical Journal, 98*(1), 15-18.

Knowles, M.S., Holton, E.F., & Swanson, R.A. (2005). *The adult learner: The definitive classic in adult education and human resource development* (6th ed.). St. Louis, Mo.: Mosby.

Medline Plus (2008). *How to write easy-to-read health materials.* [En ligne]. www.nlm.nih.gov/medlineplus/etr.html (page consultée le 20 janvier 2009).

Morris, N.S., MacLean, C.D., Chew, L.D., & Littenberg, B. (2006). The single item literacy screener: Evaluation of a brief instrument to identify limited reading ability. *BMC Fam Pract, 7,* 21.

Peterson, S.J., & Bredow, T.S. (2004). *Middle range theories: Application to nursing research.* Philadelphia: Lippincott Williams & Wilkins.

Redman, B.K. (2007). *The practice of patient education* (10th ed.). St. Louis, Mo.: Mosby.

Resnick, B. (2004). A longitudinal analysis of efficacy expectations and exercise in older adults. *Res Theory Nurs Pract, 18*(4), 331-344.

Rose, J. (2007). *Designing training for gen Y: Learning style and values of generation Y.* [En ligne]. http://trainingpd.suite101.com/article.cfm/designing_training_for_gen_y (page consultée le 20 janvier 2009).

The Joint Commission (2007). *What did the doctor say? – Improving health literacy to protect patient safety.* [En ligne]. www.jointcommission.org/NR/rdonlyres/D5248B2E-E7E6-4121-8874-99C7B4888301/0/improving_health_literacy.pdf (page consultée le 24 janvier 2009).

The Joint Commission (2008a). *Accreditation program: Hospital national patient safety goals.* [En ligne]. www.jointcommission.org/PatientSafety/NationalPatientSafetyGoals/09_

hap_npsgs.htm (page consultée le 20 janvier 2009).

The Joint Commission (2008b). *Facts about speak up initiatives.* [En ligne]. www.joint-commission.org/GeneralPublic/Speak+Up/about_speakup.htm (page consultée le 20 janvier 2009).

The Joint Commission (2008c). *Speak up initiatives.* [En ligne]. www.jointcommission.org/PatientSafety/SpeakUp (page consultée le 20 janvier 2009).

The Organization for Transplant Professionals (2006). Educational strategies in generational designs. *Prog Transplant, 16*(1), 8.

Villaire, M., & Mayer, G. (2007). Low health literacy: The impact on chronic illness management. *Prof Case Manag, 12*(4), 213-216.

Watson, A.J., Bell, A.G., Kvedar, J.C., & Grant, R.W. (2008) Reevaluating the digital divide: Current lack of Internet use is not a barrier to adoption of novel health information technology. *Diabetes Care, 31*(3), 433-435.

White, K., D'Abrew, N., Auret, K., Graham, N., & Duggan, G. (2008). Learn now; live well: An educational programme for caregivers. *Int J Palliat Nurs, 14*(10), 497-501.

Wilson-Stronks, A., Lee, K.K., Cordero, C.L., Kopp, A.L., & Galvez, E. (2008). *One size does not fit all: Meeting the health care needs of diverse populations.* [En ligne]. www.jointcommission.org/PatientSafety/HLC/one_size_meeting_need_of_diverse_populations.htm (page consultée le 20 janvier 2009).

Références de l'édition française

Agence de la santé publique du Canada (2010). *Infobase des maladies chroniques.* [En ligne]. http://204.187.39.30/Surveillance/Index.aspx?L=fra (page consultée le 16 avril 2010).

Barbe, W.B., & Milone, M.N. Jr. (1981). What we know about modality strengths. *Educational Leadership, 38*(5), 378-380.

Conseil canadien sur l'apprentissage (2008). *La littératie en santé au Canada : une question de bien-être.* [En ligne]. www.ccl-cca.ca/pdfs/HealthLiteracy/HealthLiteracyReportFeb2008F.pdf (page consultée le 17 avril 2010).

Groupe Vigilance pour la sécurité des soins (2006). *Ma santé, j'en prends soin.* [En ligne]. http://publications.msss.gouv.qc.ca/acrobat/f/documentation/2007/07-909-01.pdf (page consultée le 16 avril 2010).

Hagan, L. (2006). L'éducation pour la santé. Dans G. Carroll (dir.), *Pratiques en santé*

communautaire. Montréal : Chenelière Éducation.

Institut canadien pour la sécurité des patients (2010). [En ligne]. www.patientsafetyinstitute.ca/French/toolsresources/patientsAndTheirFamilies/Pages/PatientTips.aspx (page consultée le 16 avril 2010).

Pédagogie interactive en promotion de la santé (2010). *Fiche 13 : Lisibilité d'un document écrit.* [En ligne]. www.guidemethodologique.be/-Fiche-13-Lisibilite-d-un-document (page consultée le 4 août 2010).

Potter, P.A., & Perry, A.G. (2010). *Soins infirmiers : fondements généraux* (3e éd.). Montréal : Chenelière Éducation.

Prochaska, J.O., & Velicer, W.F. (1997). The transtheoretical model of health behavior change. *Am J Health Promot, 12*(1), 38-48.

CHAPITRE 5

Références de l'édition originale

American Association of Retired Persons (2009). *Caregiving in the United States.* [En ligne]. www.aarp.org/research/housing-mobility/caregiving/fs111_caregiving.html (page consultée le 12 mai 2009).

American Psychological Association (2009). *Facts about suicide in older adults.* [En ligne]. www.apa.org/ppo/issues/oldersuicidefact.html (page consultée le 12 mai 2009).

Centers for Disease Control and Prevention (CDC) (2009). *Chronic disease prevention and health promotion.* [En ligne]. www.cdc.gov/nccdphp (page consultée le 12 mai 2009).

Corbin, J.M., & Strauss, A. (1991). A nursing model for chronic illness management based upon the trajectory framework. *Sch Inq Nurs Pract, 5,* 155.

Coster, S., & Norman, I. (2008). Cochrane reviews of educational and self-management interventions to guide nursing practice: A review. *Int J Nurs Stud.*

Evans, L.K., & Cotter, V.T. (2008). Avoiding restraints in patients with dementia: Understanding, prevention, and management are the keys. *Am J Nurs, 108,* 40.

Fulmer, T. (2008). Screening for mistreatment of older adults. *Am J Nurs, 108,* 52.

Gems, D., & Partridge, L. (2008). Stress-response hormesis and aging: "That which does not kill us makes us stronger". *Cell Metab, 7,* 200.

Gomez-Mejiba, S.E., Zhai, Z., Akram, H., Pye, Q.N., Hensley, K., Kurien, B.T., *et al.* (2008). Inhalation of environmental stressors & chronic inflammation: Autoimmunity and neurodegeneration. *Mutat Res.*

Grymonpre, R.E., & Hawranik, P.G. (2008). Rural residence and prescription medication use by community-dwelling older adults: A review of the literature. *J Rural Health, 24,* 203.

Gulick, G.G., & Jett, K. (2008). Geropharmacology. In P. Ebersole, P. Hess, T.A. Touhy, *et al.* (Eds), *Geriatric nursing and healthy aging* (7th ed.). St. Louis, Mo.: Mosby.

Hertz, J.E., Koren, M.E., Rossetti, J., & Robertson, J.F. (2008). Early identification of relocation risk in older adults with critical illness. *Crit Care Nurs Q, 31,* 59.

Horn, A. (2008). Medical care for the homeless elderly. *Care Manag J, 9,* 25.

Hoth, K.F., Poppas, A., Moser, D.J., Paul, R.H., & Cohen, R.A. (2008). Cardiac dysfunction and cognition in older adults with heart failure. *Cogn Behav Neurol, 21,* 65.

Jett, K. (2008c). Economic, residential, and legal issues. In P. Ebersole, P. Hess, T.A.Touhy, *et al.* (Eds), *Geriatric nursing and healthy aging* (7th ed.). St. Louis, Mo.: Mosby.

Jett, K. (2008d). Frailty, vulnerability and elder mistreatment. In P. Ebersole, P. Hess, T.A. Touhy, *et al.* (Eds), *Geriatric nursing and healthy aging* (7th ed.). St. Louis, Mo.: Mosby.

Kagan, S.H. (2008). Ageism in cancer care. *Semin Oncol Nurs, 24,* 246.

Kepka, D., Ayala, G.X., & Cherrington, A. (2007). Do Latino immigrants link self-rated health with BMI and health behaviors? *Am J Health Behav, 31,* 535.

Levasseur, M., St-Cyr Tribble, D., & Desrosiers, J. (2008). Meaning of quality of life for older adults: Importance of human functioning components. *Arch Gerontol Geriatr.*

Martin, B., Golden, E., Egan, J.M., Mattson, M.P., & Mausley, S. (2007). Reduced energy intake: The secret to a long and healthy life? *IBS J Sci, 2,* 35-39.

McGarry, J., & Simpson, C. (2008). Identifying, reporting, and preventing elder abuse in the practice setting. *Nurs Stand, 22,* 49.

McGinnis, S.L., & Zoske, F.M. (2008). The emerging role of faith community nurses in prevention and management of chronic disease. *Policy Polit Nurs Pract, 9,* 173.

Mosby's dental dictionary (2nd ed.) (2008). St. Louis, Mo.: Elsevier.

National Center for Health Statistics (2008). *Older persons' health.* [En ligne]. www.cdc.gov/nchs/fastats/older_americans.html (page consultée le 28 novembre 2008).

National Institute on Aging. *Dietary supplements* (2008). [En ligne]. www.nia.nih.gov/HealthInformation/Publications/preventaging.htm (page consultée le 30 novembre 2008).

Plonczynski, D.J., Wilbur, J., Larson, J.L., & Thiede, K. (2008). Lifestyle physical activity of older rural women. *Res Nurs Health, 31*, 501.

Schumacher, B., Hoeijmakers, J.H., & Garinis, G.A. (2008). Sealing the gap between nuclear DNA damage and longevity. *Mol Cell Endocrinol.*

Thakur, M., & Blazer, D.G. (2008). Depression in long-term care. *J Am Med Dir Assoc, 9*, 82.

The American Geriatrics Society (2009). *Position statement on ethnogeriatrics.* [En ligne]. www.americangeriatrics.org/ Products/Positionpapers/ethno_committee. shtml (page consultée le 12 mai 2009).

Touhy, T.A. (2008). Stress, crises, and health in aging. In P. Ebersole, P. Hess, T.A. Touhy, *et al.* (Eds), *Geriatric nursing and healthy aging* (7th ed.). St. Louis, Mo.: Mosby.

U.S. Census Bureau (2008). *Annual estimates of the population by sex, race, and hispanic or latino origin for the United States.* [En ligne]. www.census.gov (page consultée le 30 novembre 2008).

U.S. Department of Health and Human Services (2007). *Health, United States.* [En ligne]. www.cdc.gov/nchs/data/hus/hus07.pdf#027 (page consultée le 30 novembre 2008).

Références de l'édition française

Agence de santé publique du Canada (2010). *Facteurs de risque.* [En ligne]. www. phac-aspc.gc.ca/cd-mc/facteurs_risque- risk_factors-fra.php (page consultée le 3 juillet 2010).

Bain, P., & Spencer, C. (2006). *Journée inter- nationale de sensibilisation pour contrer les abus envers les personnes aînées. Fiche d'information 3 : Types d'abus et de négligence.* Vancouver : Réseau canadien pour la prévention des mauvais traitements envers les aîné(e)s. [En ligne]. www.seniors.gov.ab.ca/services_ resources/elderabuse/Fact3_WEAAD_F. pdf (page consultée le 2 décembre 2010).

Cardinal, L., Langlois, M.C., Gagné, D., & Tourigny, A. (2008). *Perspectives pour un vieillissement en santé : proposi- tion d'un modèle conceptuel.* [En ligne]. www.inspq.qc.ca/pdf/publications/860_ PerspectiveVieillissementSante.pdf (page consultée le 6 juillet 2010).

Conseil canadien de la santé (2007). *Schémas de population – Maladies chroniques au Canada.* [En ligne]. www.healthcouncil- canada.ca/docs/rpts/2007/outcomes2/ Outcomes2PopulationPatternsFRENCHWeb. pdf (page consultée le 3 juillet 2010).

Fondation des maladies du cœur (2010). *Statistiques.* [En ligne]. www.fmcoeur. com/site/c.ntJXJ8MMIqE/b.3562179/ k.9FCD/Statistiques.htm (page consultée le 2 décembre 2010).

Gouvernement du Québec (2010). *Définition de la maltraitance des aînés.* [En ligne]. http://maltraitanceaines.gouv.qc.ca/ definition-sur-la-maltraitance-des-aines (page consultée le 11 mars 2011).

Institut canadien d'information sur la santé, Association pulmonaire du Canada, Santé Canada, & Statistique Canada (2001). *Les maladies respiratoires au Canada.* [En ligne]. www.phac-aspc.gc.ca/ publicat/rdc-mrc01/pdf/mrc0901f.pdf (page consultée le 2 décembre 2010).

Jett, K. (2008a). Theories of Aging. In P. Ebersole, P. Hess, T.A.Touhy, *et al.* (Eds), *Geriatric nursing and healthy aging* (7th ed.). St. Louis, Mo.: Mosby.

Jett, K. (2008b). Physiological changes with aging. In P. Ebersole, P. Hess, T.A. Touhy, *et al.* (Eds), *Geriatric nursing and healthy aging* (7th ed.). St. Louis, Mo.: Mosby.

Lefebvre, C. (2003). *Un portrait de la santé des Québécois de 65 ans et plus.* [En ligne]. www.inspq.qc.ca/pdf/publications/ 180_PortraitSantePersonnesAgees.pdf (page consultée le 29 novembre 2010).

Liu, C.J., & Latham, N.K. (2009). Progressive resistance strength training for improving physical function in older adults. *Cochrane Database of Syst Rev, 3,* CD 002759.

Luggen, S., & Touhy, T.A. (2008). Managing basic physiological needs. In P. Ebersole, P. Hess P, T.A. Touhy, *et al.* (Eds), *Geriatric nursing and healthy aging* (7th ed.). St. Louis, Mo.: Mosby.

Maillé, M. (2010). La polymédication chez la personne âgée. *Perspective infirmière, 7*(3), 37-39.

Ministère de la Famille et des Aînés (2010). *Plan d'action gouvernemental pour contrer la maltraitance envers les personnes aînées 2010-2015.* [En ligne]. www.mfa. gouv.qc.ca/fr/publication/Documents/ Plan_action_maltraitance.pdf (page consultée le 29 novembre 2010).

Payette, H. (2003). *DNA : dépistage nutrition- nel des aînés.* Sherbrooke, Qc : Centre de recherche sur le vieillissement, Institut universitaire de gériatrie de Sherbrooke.

Pottie Bunge, V. (2000). Mauvais traite- ments infligés aux adultes plus âgés par les membres de la famille. Dans Centre canadien de la statistique juridique, *La violence familiale au Canada : un profil statistique 2000.* [En ligne]. www.statcan. gc.ca/pub/85-224-x/85-224-x2000000-fra.pdf (page consultée le 29 novembre 2010).

Publications du Québec (2010). *Maltraitance des aînés.* [En ligne]. http://maltraitanceaines.gouv.qc.ca/ definition-sur-la-maltraitance-des-ainees (page consultée le 14 octobre 2010).

Ramage-Morin, P.L. (2009). *Consommation de médicaments chez les Canadiens âgés. Rapports sur la santé, 20*(1), 39-48. [En ligne]. www.statcan.gc.ca/pub/82-003- x/82-003-x2009001-fra.pdf (page consultée le 8 août 2010).

Santé Canada (2004). *Les aidants naturels au Canada, informels ou membres de la famille, qui prennent soin d'une personne atteinte de maladie mentale.* [En ligne]. www.hc-sc.gc.ca/hcs-sss/pubs/home- domicile/2004-mental-care-soins/index-fra. php (page consultée le 29 novembre 2010).

Santé Canada (2004). *Votre santé et vous – Diabète de type 2.* [En ligne]. www.hc-sc. gc.ca/hl-vs/iyh-vsv/diseases-maladies/ diabete-fra.php (page consultée le 1er décembre 2010).

Société canadienne du cancer (2010). *Statistiques générales sur le cancer pour 2010.* [En ligne]. www.cancer.ca/Canada- wide/About%20cancer/Cancer%20statistics/ Stats%20at%20a%20glance/General%20 cancer%20stats.aspx?sc_lang=fr-CA (page consultée le 2 décembre 2010).

Statistique Canada (2007). Un portrait des aînés. *Le Quotidien.* [En ligne]. www. statcan.gc.ca/daily-quotidien/070227/ dq070227b-fra.htm (page consultée le 3 juillet 2010).

Statistique Canada (2008). *La violence fami- liale au Canada : un profil statistique 2008.* [En ligne]. www.statcan.gc.ca/pub/85-224- x/85-224-x2008000-fra.pdf (page consultée le 5 juillet 2010).

Statistique Canada (2009). *La mosaïque eth- noculturelle du Canada, Recensement de 2006 : résultats.* [En ligne]. www12.statcan. ca/census-recensement/2006/as-sa/97- 562/index-fra.cfm (page consultée le 1er décembre 2010).

Statistique Canada (2010). *Espérance de vie et décès.* [En ligne]. www40.statcan.ca/ l02/cst01/health26-fra.htm (page consultée le 19 octobre 2010).

St-Laurent, D., & Gagné, M. (2008). *Surveillance de la mortalité par suicide au Québec : ampleur et évolution du problème de 1981 à 2006.* [En ligne]. www.inspq.qc.ca/pdf/publications/734_ SuicideQuebec2008.pdf (page consultée le 3 décembre 2010).

Woog, P. (1992). *The chronic illness trajec- tory framework: The Corbin and Strauss nursing model.* New York : Springer.

World Health Organization (2005). *Preventing chronic diseases: A vital investment.* [En ligne]. www.who.int/chp/chronic_ disease_report/contents/en/index.html (page consultée le 3 juillet 2010).

CHAPITRE 6

Références de l'édition originale

American Nurses Association (2007a). *Public health nursing: Scope and standards of prac- tice.* Silver Spring, Md.: Nursesbooks.org.

American Nurses Association (2007b). *Scope and standards of hospice and palliative nursing practice.* Silver Springs, Md.: American Nurses Publishing, Nursesbooks.org.

Case Management Society of America (2008). *Definition of case management.* [En ligne]. www.cmsa.org/Home/CMSA/ WhatisaCaseManager/tabid/224/Default. aspx (page consultée le 24 juin 2009).

Centers for Disease Control and Prevention (2009). *Chronic disease prevention and health promotion.* [En ligne]. www.cdc.gov/ nccdphp (page consultée le 24 juin 2009).

Maurer, F., & Smith, C. (2009). *Community/ public health nursing practice: Health for families and populations.* St. Louis, Mo.: Mosby.

McEwen, M., & Pullis, B. (2008). *Community- based nursing: An introduction.* St. Louis, Mo.: Mosby.

National Association for Home Care and Hospice (2008). *Basic statistics about home care.* [En ligne]. www.nahc.org (page consultée le 24 juin 2009).

National Center for Health Statistics (2010). *Older persons' health.* [En ligne]. www.cdc. gov/nchs/fastats/older_americans.html (page consultée le 15 décembre 2010).

Stanhope, M., & Lancaster, J. (2008). *Public health nursing: Population centered health care in the community.* St. Louis, Mo.: Mosby.

Teenier, P. (2008). 2008 refinements to the Medicare home health prospective payment system. *Home Healthc Nurs, 26*(3), 181.

U.S. Department of Health and Human Services & Health Resources and Services Administration Bureau of the Health Professions (2006). *The registered nurse population: Findings from the 2004 National Sample Survey of Registered Nurses.* [En ligne]. ftp://ftp.hrsa.gov/bhpr/ workforce/0306rnss.pdf (page consultée le 24 juin 2009).

Références de l'édition française

Association canadienne de santé publique [ACSP] (2010a). *La pratique infirmière en santé publique ~ en santé communautaire au Canada* (4e éd.). [En ligne]. www.cpha. ca/uploads/pubs/3-2bk04214.pdf (page consultée le 12 juillet 2010).

Association canadienne de santé publique (2010b). *Facteurs de risque des maladies* chroniques. [En ligne]. www.phac-aspc. gc.ca/cd-mc/facteurs_risque-risk_factors-fra.php (page consultée le 22 juillet 2010).

Association canadienne des infirmières et infirmiers en santé communautaire (2008). *Normes canadiennes de pratique des soins infirmiers en santé communautaire* (2ᵉ éd.). [En ligne]. www.chnc.ca/documents/chn_standards_of_practice_mar08_french.pdf (page consultée le 12 juillet 2010).

Canadian Institute for Health Information (1999). *Supply and distribution of registered nurses in Canada*. [En ligne]. http://secure.cihi.ca/cihiweb/products/fsdrnc.pdf (page consultée le 20 juillet 2010).

Commissaire à la santé et au bien-être (2010). *Rapport d'appréciation de la performance du système de santé et de services sociaux*. [En ligne]. www.csbe.gouv.qc.ca (page consultée le 6 juillet 2010).

Gouvernement du Québec (2010). *Code des professions*. [En ligne]. www2.publications duquebec.gouv.qc.ca/dynamicSearch/telecharge.php?type=2&file=/C_26/C26.htm (page consultée le 26 octobre 2010).

Institut canadien d'information sur la santé (ICIS) (2009). *La base de données des infirmières et infirmiers autorisés.* [En ligne]. http://secure.cihi.ca/cihiweb/disp Page.jsp?cw_page=hhrdata_rndb_f (page consultée le 6 février 2009)

Lévesque, L., Ducharme, F., & Caron, C. (2010). L'ESPA... Pour mieux soutenir les aidants. *Perspective infirmière, 7*(4), 42-46. [En ligne]. www.oiiq.org/uploads/periodiques/Perspective/vol7no4/26_recherche_espa.pdf (page consultée le 19 septembre 2010).

Ordre des infirmières et infirmiers du Québec (2001). *Étude sur les permis d'exercice de la profession d'infirmière délivrés entre 1994 et 1999*. [En ligne]. www.oiiq.org/uploads/publications/statistiques/permis/etude_permis_exercice.pdf (page consultée le 20 juillet 2010).

Ordre des infirmières et infirmiers du Québec (2007). *Une nouvelle approche de planification des effectifs infirmiers : des choix à faire de toute urgence !* Mémoire adopté par les membres du bureau de l'OIIQ lors de la réunion du 26 octobre 2007. [En ligne]. www.oiiq.org/uploads/publications/memoires/Effectifs.pdf (page consultée le 24 avril 2008).

Paquet, M. (2009). *Entretien avec une aidante «surnaturelle». Autonome S'démène pour prendre soin d'un proche à domicile.* Québec, Qc : Les Presses de l'Université Laval.

Revenu Québec (2010). *Crédits d'impôt pour aidants naturels.* [En ligne]. www.formulaire.gouv.qc.ca/cgi/affiche_doc.cgi?dossier=10216 (page consultée le 1ᵉʳ août 2010).

Service Québec (2010). *Programmes et services pour les aînées.* [En ligne]. www.aines.info.gouv.qc.ca/fr/index.asp (page consultée le 20 juillet 2010).

Statistique Canada (2007). *Un portrait des aînés au Canada.* [En ligne]. www.statcan.gc.ca/pub/89-519-x/89-519-x2006001-fra.pdf (page consultée le 21 juillet 2010).

Underwood, J.M., Mowat, D.L., Meagher-Stewart, D.M., Deber, R.B., Baumann, A.O., MacDonald, M.B., *et al.* (2009). Building community and public health nursing capacity: A synthesis report of the National Community Health Nursing Study. *Can J Public Health, 100*(5), I1-11.

World Health Organization (2005). *Preventing chronic diseases: A vital investment.* [En ligne]. www.who.int/chp/chronic_disease_report/contents/en/index.html; www.who.int/chp/chronic_disease_report/media/canada.pdf (pages consultées le 3 juillet 2010).

CHAPITRE 7

Références de l'édition originale

American Holistic Nurses Association. *What is holistic nursing?* [En ligne]. www.ahna.org/AboutUs/WhatisHolisticNursing (page consultée le 24 avril 2009).

Bjordal, J.M., Johnson, M.I., Lopes-Martins, R.A., Bogen, B., Chow, R., & Ljunggren, A.E. (2007). Short term efficacy of physical interventions in osteoarthritis knee pain: A systematic review and meta-analysis of randomized placebo-controlled trials. *BMC Musculoskelet Disord, 8*, 51.

Burr, J.P. (2005). Jayne's story, Healing Touch as a complementary treatment for trauma recovery. *Holis Nurs Pract, 19*(5), 211.

Chen, H.Y., Shi, Y., Ng, C.S., Chan, S.M., Yung, K.K., & Zhang, Q.L. (2007). Auricular acupuncture treatment for insomnia: A systematic review. *J Altern Complement Med, 13*(6), 669.

Engebretson, J., & Wardell, D.W. (2007). Energy based modalities. *Nurs Clin North Am, 42*(2), 243.

Ernst, E., Pittler, M.H., Wider, B., & Boddy, K. (2007). Massage therapy: Is its evidence base getting stronger? *Complementary Health Practice Review, 12*(3), 179.

Ezzo, J.M., Richardson, M.A., Vickers, A., Allen, C., Dibble, S.L., Issell, B.F., *et al.* (2007). Acupuncture point stimulation for chemotherapy induced nausea or vomiting. *Cochrane Database of Systematic Reviews*, 2.

Furlan, A.D., Imamura, M., Dryden, T., & Irvin, E. (2009). Massage for low back pain. *Cochrane Database of Systematic Reviews*, 4.

Hansen, N.V., Jorgenson, T., & Ortenblad, L. (2008). Massage and touch for dementia. *Cochrane Database of Systematic Reviews*, 4.

Helmreich, R.J., Shiao, S.Y., & Dune, L.S. (2006). Meta analysis of acustimulation: Effects on nausea and vomiting in pregnant women. *Explore, 2*(5), 412.

Kutner, J., Smith, M., Corbin, L., Hemphill, L., Benton, K., Mellis, B.K., *et al.* (2008). Massage therapy versus simple touch to improve pain and mood in patients with advanced cancer: A randomized trial. *Ann Intern Med, 149*(6), 369.

Kwon, Y.D., Pittler, M.H., & Ernst, E. (2006). Acupuncture for peripheral joint arthritis: A systematic review and meta-analysis. *Rheumatology, 45*(11), 1331.

Linde, K., Allais, G., Brinkhaus, B., Manheimer, E., Vickers, A., & White, A.R. (2009b). Acupuncture for tension-type headache. *Cochrane Database of Systematic Reviews*, 1.

Manheimer, E., White, A., Berman, B., Forys, K., & Ernst, E. (2005). Meta-analysis: Acupuncture for low back pain. *Annals Intern Med, 142*(8), 651.

National Center for Complementary and Alternative Medicine (2009). *What is CAM?* [En ligne]. http://nccam.nih.gov/health/whatiscam (page consultée le 24 avril 2009).

National Center for Complementary and Alternative Medicine. *Statistics on CAM use in the United States.* [En ligne]. http://nccam.nih.gov/news/camstats/2007.

Scholz, B.A., Holmes, H.M., & Marcus, D.M. (2008). Use of herbal medications in elderly patients. *Ann Longterm Care, 16*(12), 24.

Shiao, S.Y., & Dune, L.S. (2006). Meta analysis of acustimulations: Effects on nausea and vomiting in postoperative adult patients. *Explore, 2*(3), 202.

Thomson Healthcare (2007). *PDR for herbal medicine* (4ᵗʰ ed.). Monvale, N.J.: Thompson Reuters.

University of Maryland Medical Center (2010). *Herbal medicine.* [En ligne]. www.umm.edu/altmed/articles/herbal-medicine-000351.htm (page consultée le 24 avril 2010).

White, A., Foster, N.E., Cummings, M., & Barlas, P. (2007). Acupuncture treatment for chronic knee pain: A systematic review. *Rheumatology, 46*, 384.

Références de l'édition française

Aghabati, N., Mohammadi, E., & Pour Esmaiel, Z. (2008). The effect of therapeutic touch on pain and fatigue of cancer patients undergoing chemotherapy. *Evid Based Complement Alternat Med, 7*(3).

Association canadienne des thérapeutes en médecines douces (2010). [En ligne]. www.asscdm.com/articles/200609contresindicationsf.htm (page consultée le 7 juillet 2010).

Bardia, A., Barton, D.L., Prokop, L.J., Bauer, B.A., & Moynihan, T.J. (2006). Efficacy of complementary and alternative medicine therapies in relieving cancer pain: A systematic review. *J Clini Oncol, 24*(34), 5457-5464.

Beider, S., Mahrer, N.E., & Gold, J.I. (2007). Pediatric massage therapy: An overview for clinicians. *Pediatr Clin North Am, 54*(6), 1025-1041.

Billhult, A., Bergbom, I., & Stener-Victorin, E. (2007). Massage relieves nausea in women with breast cancer who are undergoing chemotherapy. *J Altern Complement Med, 13*(1), 53-57.

Billhult, A., Lindholm, C., Gunnarsson, R., & Stener-Victorin, E. (2008). The effect of massage on cellular immunity, endocrine and psychological factors in women with breast cancer: A randomized controlled clinical trial. *Auton Neurosci, 140*(1-2), 88-95.

Billhult, A., Lindholm, C., Gunnarsson, R., & Stener-Victorin, E. (2009). The effect of massage on immune function and stress in women with breast cancer: A randomized controlled trial. *Auton Neurosci, 150*(1-2), 111-115.

Billhult, A., & Maatta, S. (2009). Light pressure massage for patients with severe anxiety. *Complement Ther Clin Pract, 15*(2), 96-101.

Braden, R., Reichow, S., & Halm, M.A. (2009). The use of the essential oil lavandin to reduce preoperative anxiety in surgical patients. *J Perianesth Nurs, 24*(6), 348-355.

Calenda, E. (2006). Massage therapy for cancer pain. *Curr Pain Headache Rep, 10*(4), 270-274.

Campeau, M.P., Gaboriault, R., Drapeau, M., Van Nguyen, T., Roy, I., Fortin, B., *et al.* (2007). Impact of massage therapy on anxiety levels in patients undergoing radiation therapy: Randomized controlled trial. *J Soc IntegrOncol, 5*(4), 133-138.

Cherkin, D.C., Sherman, K.J., Deyo, R.A., & Shekelle, P.G. (2003). A review of the evidence for the effectiveness, safety, and cost of acupuncture, massage therapy, and spinal manipulation for back pain. *Ann Intern Med, 138*(11), 898-906.

Cooke, B., & Ernst, E. (2000). Aromatherapy: A systematic review. *Br J Gen Pract, 50*(455), 493-496.

Cooke, M., Holzhauser, K., Jones, M., Davis, C., & Finucane, J. (2007). The effect of aromatherapy massage with music on the stress and anxiety levels of emergency nurses: Comparison between summer and winter. *J Clin Nurs, 16*(9), 1695-1703.

Dunn, C., Sleep, J., & Collett, D. (1995). Sensing an improvement: An experimental study to evaluate the use of aromatherapy, massage and periods of rest in an intensive care unit. *J Adv Nurs, 21*(1), 34-40.

Ernst, E., & Pittler, M.H. (1998). The effectiveness of acupuncture in treating acute dental pain: A systematic review. *Br Dent J, 184*(9), 443-447.

Esmail, N. (2007). Complementary and alternative medicine in Canada: Trends in use and public attitudes, 1997-2006. *Public Policy Sources,* 87.

Filshie, J., & Rubens, C.N. (2006). Complementary and alternative medicine. *Anesthesiol Clin, 24*(1), 81-111.

Fujii, M., Hatakeyama, R., Fukuoka, Y., Yamamoto, T., Sasaki, R., Moriya, M., *et al.* (2008). Lavender aroma therapy for behavioral and psychological symptoms in dementia patients. *Geriatrics & Gerontology International, 8*(2), 136-138.

Garner, B., Phillips, L.J., Schmidt, H.M., Markulev, C., O'Connor, J., Wood, S.J., *et al.* (2008). Pilot study evaluating the effect of massage therapy on stress, anxiety and aggression in a young adult psychiatric inpatient unit. *Aust N Z J Psychiatry, 42*(5), 414-422.

Gholamrezaei, A., Ardestani, S.K., & Emami, M.H. (2006). Where does hypnotherapy stand in the management of irritable bowel syndrome? A systematic review. *J Altern Complement Med, 12*(6), 517-527.

Greco, C.D. (2003). Management of adolescent chronic pelvic pain from endometriosis: A pain center perspective. *J Pediatr Adolesc Gynecol, 16*(suppl. 3), S17-9.

Henricson, M., Ersson, A., Maatta, S., Segesten, K., & Berglund, A.L. (2008). The outcome of tactile touch on stress parameters in intensive care: A randomized controlled trial. *Complement Ther Clin Pract, 14*(4), 244-254.

Holmes, C., Hopkins, V., Hensford, C., MacLaughlin, V., Wilkinson, D., & Rosenvinge, H. (2002). Lavender oil as a treatment for agitated behaviour in severe dementia: A placebo controlled study. *Int J Geriatr Psychiatry, 17*(4), 305-308.

Jimbo, D., Kimura, Y., Taniguchi, M., Inoue, M., & Urakami, K. (2009). Effect of aromatherapy on patients with Alzheimer's disease. *Psychogeriatrics, 9*(4), 173-179.

Kearney, D.J., & Brown-Chang, J. (2008). Complementary and alternative medicine for IBS in adults: Mind-body interventions. *Nat Clin Pract Gastroenterol Hepatol, 5*(11), 624-636.

Kim, J.T., Wajda, M., Cuff, G., Serota, D., Schlame, M., Axelrod, D.M., *et al.* (2006).

Evaluation of aromatherapy in treating postoperative pain: Pilot study. *Pain Practice, 6*(4), 273-277.

Kritsidima, M., Newton, T., & Asimakopoulou, K. (2010). The effects of lavender scent on dental patient anxiety levels: A cluster randomized-controlled trial. *Community Dent Oral Epidemiol, 38*(1), 83-87.

Lao, L., Bergman, S., Hamilton, G.R., Langenberg, P., & Berman, B. (1999). Evaluation of acupuncture for pain control after oral surgery: A placebo-controlled trial. *Arc Otolaryngol Head Neck Surg, 125*(5), 567-572.

Lao, L., Bergman, S., Langenberg, P., Wong, R.H., & Berman, B. (1995). Efficacy of Chinese acupuncture on postoperative oral surgery pain. *Oral Surg Oral Med Oral Pathol Oral Radiol Endod, 79*(4), 423-428.

Lehrner, J., Marwinski, G., Lehr, S., Johren, P., & Deecke, L. (2005). Ambient odors of orange and lavender reduce anxiety and improve mood in a dental office. *Physiology & Behavior, 86*(1-2), 92-95.

Linde, K., Allais, G., Brinkhaus, B., Manheimer, E., Vickers, A., & White, A.R. (2009a) Acupuncture for migraine prophylaxis. *Cochrane Database of Systematic Reviews,* 1.

Mansky, P.J., & Wallerstedt, D.B. (2006). Complementary medicine in palliative care and cancer symptom management. *Cancer J, 12*(5), 425-431.

Marc, I., Rainville, J., Masse, B., Verreault, R., Vaillancourt, L., Vallée, E., *et al.* (2008). Hypnotic analgesia intervention during first-trimester pregnancy termination: An open randomized trial. *Am J Obstet Gynecol, 199*(5), e1-5.

Maville, J.A., Bowen, J.E., & Benham, G. (2008). Effect of Healing Touch on stress perception and biological correlates. *Holist Nurs Pract, 22*(2), 103-110.

McCaffrey, R., Thomas, D.J., & Kinzelman, A.O. (2009). The effects of lavender and rosemary essential oils on test-taking anxiety among graduate nursing students. *Holist Nurs Pract, 23*(2), 88-93.

McLean, T.W., & Kemper, K.J. (2006). Lifestyle, biomechanical, and bioenergetic complementary therapies in pediatric oncology. *J Soc Integr Oncol, 4*(4), 187-193.

Miller, V., & Whorwell, P.J. (2009). Hypnotherapy for functional gastrointestinal disorders: A review. *Int J Clin Exp Hypn, 57*(3), 279-292.

Moyer, C.A., Rounds, J., & Hannum, J.W. (2004). A meta-analysis of massage therapy research. *Psychol Bull, 130*(1), 3-18.

Myers, C.D., Walton, T., & Small, B.J. (2008). The value of massage therapy in cancer care. *Hematol Oncol Clin North Am, 22*(4), 649-660.

National Center for Complementary and Alternative Medicine (2010). *About NCCAM.* [En ligne]. http://nccam.nih.gov/about et http://nccam.nih.gov/health/whatiscam (page consultée le 8 septembre 2010).

Ordre des infirmières et infirmiers du Québec (1993). *Les pratiques complémentaires de soins* (Mémoire). Montréal : Ordre des infirmières et infirmiers du Québec.

Ordre des infirmières et infirmiers du Québec (1996). Avis du bureau : méthodes complémentaires de soins. *Le Journal, 4*(2), 7-10.

Ordre des infirmières et infirmiers du Québec (2008). *Code de déontologie.* Montréal : Ordre des infirmières et infirmiers du Québec.

PasseportSanté.net (2010). [En ligne]. www.passeportsante.net (page consultée le 8 juillet 2010).

Rosted, P. (2001). Practical recommendations for the use of acupuncture in the treatment of temporomandibular disorders based on the outcome of published controlled studies. *Oral Diseases, 7*(2), 109-115.

Russell, N.C., Sumler, S.S., Beinhorn, C.M., & Frenkel, M.A. (2008). Role of massage therapy in cancer care. *J Altern Complement Med, 14*(2), 209-214.

Sagar, S.M. (2006). Integrative oncology in North America. *J Soc Integr Oncol, 4*(1), 27-39.

Santé Canada (2010). *Bienvenue à la Base de données des produits de santé naturels homologués (BDPSNH).* [En ligne]. www.hc-sc.gc.ca/dhp-mps/prodnatur/applications/licen-prod/lnhpd-bdpsnh.php (page consultée le 8 juillet 2010).

Schnur, J.B., Bovbjerg, D.H., David, D., Tatrow, K., Goldfarb, A.B., Silverstein, J.H., *et al.* (2008). Hypnosis decreases presurgical distress in excisional breast biopsy patients. *Anesth Analg, 106*(2), 440-444.

Shen, Y.A., & Nahas, R. (2009). Complementary and alternative medicine for treatment of irritable bowel syndrome. *Can Fam Physician, 55*(2), 143-148.

Smith, C.A., Collins, C.T., Cyna, A.M., & Crowther, C.A. (2006). Complementary and alternative therapies for pain management in labour. *Cochrane Database of Systematic Reviews,* 4.

Snow, L.A., Hovanec, L., & Brandt, J.A. (2004). Controlled trial of aromatherapy for agitation in nursing home patients with

dementia. *Altern Complement Med, 10*(3), 431-437.

Sturgeon, M., Wetta-Hall, R., Hart, T., Good, M., & Dakhil, S. (2009). Effects of therapeutic massage on the quality of life among patients with breast cancer during treatment. *J Altern Complement Med, 15*(4), 373-380.

Sung, Y.F., Kutner, M.H., Cerine, F.C., & Frederickson, E.L. (1977). Comparison of the effects of acupuncture and codeine on postoperative dental pain. *Anesth Analg, 56*(4), 473-478.

Thomson Healthcare (2007). *PDR for herbal medicine* (4th ed.). Monvale, N.J. : Thompson Reuters.

Webb, A.N., Kukuruzovic, R., Catto-Smith, A.G., & Sawyer, S.M. (2007). Hypnotherapy for treatment of irritable bowel syndrome. *Cochrane Database of Systematic Reviews,* 4.

Wilkinson, S., Barnes, K., & Storey, L. (2008). Massage for symptom relief in patients with cancer: Systematic review. *J Adv Nurs, 63*(5), 430-439.

Wilkinson, S.M., Love, S.B., Westcombe, A.M., Gambles, M.A., Burgess, C.C., Cargill, A., *et al.* (2007). Effectiveness of aromatherapy massage in the management of anxiety and depression in patients with cancer: A multicenter randomized controlled trial. *J Clin Oncol, 25*(5), 532-539.

Wilson, S., Maddison, T., Roberts, L., Greenfield, S., & Singh, S. (2006). Systematic review: The effectiveness of hypnotherapy in the management of irritable bowel syndrome. *Aliment Pharmacol Ther, 24*(5), 769-780.

CHAPITRE 8

Références de l'édition originale

Bauer, M.E. (2008). Chronic stress and immunosenescence: A review. *Neuroimmunomodulation, 15,* 241-250.

Benson, H. (1975). *The relaxation response.* New York : Avon.

Burris, J.L., Brechting, E.H., Salsman, J., & Carlson, C.H. (2009). Factors associated with the psychological well-being and distress of university students. *J Am Coll Health, 57*(5), 536-544.

Carlson, L.E., & Bultz, B.D. (2008). Mind-body interventions in oncology. *Curr Treat Options Oncol, 9,* 127-134.

Carmody, J., & Baer, R.A. (2008). Relationships between mindfulness practice and levels of mindfulness, medical and psychological symptoms and well-being in a mindfulness-based stress reduction program. *J Behav Med, 31*(1), 23-33.

Chida, Y., & Hamer, M. (2008). Chronic psychological factors and acute physiological response to laboratory-induced stress in health populations: A quantitative review of 30 years of investigations. *Psychol Bull, 134*(6), 829-885.

Cohen, S., Janicki-Deverts, D., & Miller, G.E. (2007). Psychological stress and disease. *JAMA, 298*, 1685-1687.

Cohen, S., Tyrrell, D.A., & Smith, A.P. (1991). Psychological stress and susceptibility to the common cold. *N Engl J Med, 325*(9), 606-612.

Creswell, J.D., Myers, H.F., Cole, S.W., & Irwin, M.R. (2009). Mindfulness meditation training effects on CD4+ T lymphocytes in HIV-1 infected adults: A small randomized controlled trial. *Brain Behav Immun, 23*(2), 184-188.

Eremin, O., Walker, M.B., Simpson, E., Heys, S.D., Ah-See, A.K., Hutcheon, A.W., *et al.* (2009). Immunomodulatory effects of relaxation training and guided imagery in women with locally advanced breast cancer undergoing multimodality therapy: A randomised controlled trial. *Breast, 18*(1), 17-25.

Esler, M., Eikelis, N., Schlaich, M., Lambert, G., Alvarenga, M., Dawood, T., *et al.* (2008). Chronic mental stress is a cause of essential hypertension: Presence of biological markers of stress. *Clin Exp Pharmacol Physiol, 35*(4), 498-502.

Fernros, L., Furhoff, A.K., & Wändell, P.E. (2008). Improving quality of life using compound mind-body therapies: Evaluation of a course intervention with body movement and breath therapy, guided imagery, chakra experiencing and mindfulness meditation. *Qual Life Res, 17*(3), 367-376.

Freeman, L., Cohen, L., Stewart, M., White, R., Link, J., Palmer, J.L., *et al.* (2008). The experience of imagery as a post-treatment intervention in patients with breast cancer: Program, process, and patient recommendations. *Oncol Nurs Forum, 35*(6), E116-E121.

Garcia, J.E. (2008). Music therapy in oncology. *Clinical & Translational Oncology: Official Publication of the Federation of Spanish Oncology Societies & the National Cancer Institute of Mexico, 10,* 774.

Grippo, A.J., & Johnson, A.K. (2009). Stress, depression and cardiovascular dysregulation: A review of neurobiological mechanisms and the integration of research from preclinical disease models. *Stress, 12*(1), 1-21.

Holm, L., & Fitzmaurice, L. (2008). Emergency department waiting room stress: Can music or aromatherapy improve anxiety

scores? *Pediatr Emerg Care, 24*(12), 836-838.

Jankford, R., & Herman, J.P. (2008). Limbic regulation of hypothalamo-pituitary-adrenocortical function during acute and chronic stress. *Ann N Y Acad Sci, 1148,* 64-73.

Kubzansky, L.D., Sparrow, D., Vokonas, P., & Kawachi, I. (2001). Is the glass half empty or half full? A prospective study of optimism and coronary heart disease in the normative aging study. *Psychosom Med, 63,* 910-916.

Larzelere, M.M., & Jones, G.N. (2008). Stress and health. *Prim Care, 35*(4), 839-856.

Lazarus, R., & Folkman, S. (1984). *Stress, appraisal, and coping.* New York : Springer Publishing Company.

Lehrer, P.M., Woolfolk, R.L., & Sime, W.E. (2007). *Priniciples and practice of stress management.* New York : Guilford Press.

Luo, Y., & Wang, H. (2009). Correlation research on psychological health impact on nursing students against stress, coping way and social support. *Nurse Educ Today, 29*(1), 5-8.

McCance, K.L., & Huether, S.E. (2006). *Pathophysiology: The biologic basis for disease in adults and children* (5th ed.). St. Louis, Mo. : Mosby.

Menzies, V., & Kim, S. (2008). Relaxation and guided imagery in hispanic persons diagnosed with fibromyalgia: A pilot study. *Family & Community Health, 31*(3), 204-212.

Miller, G., Chen, E., & Zhou, E.S. (2007). If it goes up, must it come down? Chronic stress and the hypothalamic-pituitary-adrenocortical axis in humans. *Psychol Bull, 133*(1), 25-45.

NANDA International (2009). *Nursing diagnoses: Definitions and classification 2009-2011.* West Sussex, R.-U. : Wiley Blackwell.

National Mental Health Association (2009). [En ligne]. www.nmha.org (page consultée le 18 mai 2009).

Ozbay, F., Fitterling, H., Charney, D., & Southwick, S. (2008). Social support and resilience to stress across the life span: A neurobiologic framework. *Curr Psychiatry Rep, 10*(4), 304-310.

Pedrelli, P., Feldman, G.C., Vorono, S., Fava, M., & Petersen, T. (2008). Dysfunctional attitudes and perceived stress predict depressive symptoms severity following antidepressant treatment in patients with chronic depression. *Journal of Psychiatry Research, 161*(3), 302-308.

Pottie, C.G., & Ingram, K.M. (2008). Daily stress, coping, and well-being in parents of children with autism: A multilevel

modeling approach. *J Fam Psychol, 22*(6), 855-864.

Schmidt, M.V., Sterlemann, V., & Müller, M.B. (2008). Chronic stress and individual vulnerability. *Ann N Y Acad Sci, 1148,* 174-183.

Selye, H. (1983). The stress concept: Past, present, and future. In C.L. Cooper (Ed.), *Stress research: Issues for the eighties.* New York : Wiley.

Sparrenberger, F., Cichelero, F.T., Ascoli, A.M., Fonseca, F.P., Weiss, G., Berwanger, O., *et al.* (2009). Does psychological stress cause hypertension? A systemic review of observational studies. *J Hum Hypertens, 23,* 12-19.

Sullivan, M.J., Wood, L., Terry, J., Brantley, J., Charles, A., McGee, V., *et al.* (2009). The support, education, and research in chronic heart failure study (SEARCH): A mindfulness-based psychoeducational intervention improves depression and clinical symptoms in patients with chronic heart failure. *Am Heart J, 157*(1), 84-90.

Thibodeau, G.A., & Patton, K.T. (2010). *Anatomy and physiology* (7th ed.). St. Louis, Mo. : Mosby.

Trakhtenberg, E.S. (2008). The effects of guided imagery on the immune system: A critical review. *Int J Neurosci, 118*(6), 839-855.

Turan, T., Basbakkal, Z., & Ozbek, S. (2008). Effect of nursing interventions on stressors of parents of premature infants in neonatal intensive care unit. *J Clin Nurs, 17*(21), 2856-2866.

Vestergaard-Poulsen, P., van Beek, M., Skewes, J., Bjarkam, C.R., Stubberup, M., Bertelsen, J., *et al.* (2009). Long-term meditation is associated with increased gray matter density in the brain stem. *Neuroreport, 20*(2), 170-174.

Wu, S.D., & Lo, P.C. (2008). Inward-attention meditation increases parasympathetic activity: A study based on heart rate variability. *Biomed Res, 29*(5), 245-250.

Ziemssen, T., & Kern, S. (2007). Psychoneuroimmunology – Cross-talk between the immune and nervous systems. *J Neurol, 254,* II8-II11.

Ziv, N., Rotem, T., Arnon, Z., & Haimov, I. (2009). The effect of music relaxation versus progressive muscle relaxation on insomnia in older people and their relationship to personality traits. *J Music Ther, 45*(3), 360-380.

Références de l'édition française

Anisman, H., & Merali, Z. (1999). Understanding stress: Characteristics

and caveats. *Alcohol, Research & Health, 23*(4), 241-249.

Carver, C.S., Scheier, M.F., & Kumari Weintraub, J. (1989). Assessing coping strategies: A theoretically based approach. *J Pers Soc Psychol, 56*(2), 267-283.

Centre d'études sur le stress humain (2010). [En ligne]. www.hlhl.qc.ca/centre-detudes-sur-le-stress-humain.html (page consultée le 7 juillet 2010).

Cohen, S., & Hamrick, N. (2003). Stable individual differences in physiological response to stressors: Implications for stress-elicited changes in immune related health. *Brain Behav Immun, 17*(6), 407-414.

Cohen, S., & Rabin, B.S. (1998). Psychologic stress, immunity, and cancer. *J Natl Cancer Inst, 90*(1), 3-4.

Fillion, L., Kirouac, G., Lemyre, L., & Mandeville, R. (1994). Stress et immunité : recension en psychoneuro-immunologie. *Psychologie Canadienne, 35*(4), 405-426.

Folkman, S. (2000). Positive affect and the other side of coping. *Am Psychol, 55*(6), 647-654.

Fondation des maladies du cœur (2010). *Le stress apprivoisé.* [En ligne]. www.fmcoeur.com (page consultée le 6 mai 2010).

Gélinas, C., & Fillion, L. (2004). Factors related to persistent fatigue following completion of breast cancer treatment. *Oncol Nurs Forum, 31*(2), 269-278.

Herbert, T.B., & Cohen, S. (1996). Measurement issues in research on psychological stress. In H.B. Kaplan (Ed.), *Psychosocial stress: Perspectives on structure, theory, life course, and methods.* New York : Academic Press inc.

Holmes, T.H., & Rahe, R.H. (1967). The social readjustment rating scale. *J Psychosom Res, 11*(2), 213-218.

Miller, J.F. (2000). *Coping with chronic illness: Analysis of coping with illness.* Philadelphia : F.A. Davis Company.

O'Leary, A. (1990). Stress, emotion, and human immune function. *Psychol Bull, 108*(3), 363-382.

Park, C.L., & Folkman, S. (1997). Meaning in the context of stress and coping. *Rev Gen Psychol, 1*(2), 115-144.

Potter, P.A., & Perry, A.G. (2010). *Soins infirmiers : fondements généraux* (3e éd.). Montréal : Chenelière Éducation.

Roy, C., & Andrew, H.A. (1991). *The Roy adaptation model. The definitive statement.* Norwalk, Conn. : Appleton & Lange.

Selye, H. (1976). *Stress in health and disease.* Boston : Butterworths.

Winterhalter, J. (2001). Psychosocial issues for the person with chronic illness or disability. In S. Drayton-Hargrove & J.B. Derstine (Eds), *Comprehensive Rehabilitation Nursing* (pp. 227-240). Philadelphia : Saunders.

CHAPITRE 9

Références de l'édition originale

American Academy of Sleep Medicine (2008). *Over the counter: Will melatonin cure your sleep problems?* [En ligne]. www. sleepeducation.com (page consultée le 25 juillet 2009).

Bhat, A., & El Solh, A.A. (2008). Management of narcolepsy. *Expert Opin Pharmacother, 9*, 1721-1733.

Bloom, H.G., Ahmed, I., Alessi, C.A., Ancoli-Israel, S., Buysse, D.J., Kryger, M.H., *et al.* (2009). Evidence-based recommendations for the assessment and management of sleep disorders in older persons. *J Am Geriatr Soc, 57*, 761.

Brown, L.K., & Arora, M. (2008). Nonrespiratory sleep disorders found in ICU patients. *Crit Care Clin, 24*, 589.

Buscemi, N., Vandermeer, B., Pandya, R., Hooton, N., Tjosvold, L., Hartling, L., *et al.* (2004). Melatonin for treatment of sleep disorders. Summary. *Evidence Report/ Technology Assessment, 108*, 1.

Buysse, D.J., Angst, J., Gamma, A., Ajdacic, V., Eich, D., & Rössler, W. (2008). Prevalence, course, and comorbidity of insomnia and depression in young adults. *Sleep, 31*, 473.

Buysse, D.J., Reynolds, C.F., Monk, T.H., Berman, S.R., & Kupfer, D.J. (1989). The Pittsburgh Sleep Quality Index: A new instrument for psychiatric practice and research. *Psychiatry Res, 28*, 193.

Cabello, B., Thille, A.W., Drouot, X., Galia, F., Mancebo, J., d'Ortho, M.-P., *et al.* (2008). Sleep quality in mechanically ventilated patients: Comparison of three ventilatory modes. *Crit Care Med, 36*, 1749.

Calamaro, C. (2008). Sleeping through the night: Are extended-release formulations the answer? *J Am Acad Nurse Pract, 20*, 69.

Chaput, J.P., Després, J.P., Bouchard, C., & Tremblay, A. (2007). Association of sleep duration with type 2 diabetes and impaired glucose tolerance. *Diabetologia, 50*, 2298.

Conn, D.K., & Madan, R. (2006). Use of sleep-promoting medications in nursing home residents: Risks versus benefits. *Drugs Aging, 23*, 271.

Dirksen, S.R., & Epstein, D.R. (2008). Efficacy of an insomnia intervention on fatigue, mood, and quality of life in breast cancer survivors. *J Adv Nurs, 61*, 664.

Drowsy driving and automobile crashes. [En ligne]. www.nhlbi.nih.gov/health/prof/ sleep/drsy_drv.htmnational highway safety (page consultée le 25 juillet 2009).

Everyday Health. *What is insomnia?* [En ligne]. www.everydayhealth.com/sleep. (page consultée le 25 juillet 2009).

Garcia, A.D. (2008). The effect of chronic disorders on sleep in the elderly. *Clin Geriatr Med, 24*, 27.

Greenburg, D.L., Lettieri, C.J., & Eliasson, A.H. (2009). Effects of surgical weight loss on measures of obstructive sleep apnea: A meta-analysis. *Am J Med, 122*, 535.

Haimov, I., Hanuka, E., & Horowitz, Y. (2008). Chronic insomnia and cognitive functioning among older adults. *Behav Sleep Med, 6*, 32.

Hiestand, D., & Phillips, B. (2008).The overlap syndrome: Chronic obstructive pulmonary disease and obstructive sleep apnea. *Crit Care Clin, 24*, 551.

Iber, C., Ancoli-Israel, S., Chesson, A., & Quan, S.F. for the American Academy of Sleep Medicine (2007). *The AASM manual for the scoring of sleep and associated events: Rules, terminology and technical specifications*. Westchester, Ill.: American Academy of Sleep Medicine.

Irwin, M.R., Cole, J.C., & Nicassio, P.M. (2006). Comparative meta-analysis of behavioral interventions for insomnia and their efficacy in middle-aged adults and in older adults 55+ years of age. *Health Psychol, 25*, 3.

Johns, M.W. (1991). A new method for measuring daytime sleepiness: The Epworth sleepiness scale. *Sleep, 14*, 540.

Kilpatrick, K., & Lavoie-Tremblay, M. (2006). Shiftwork: What health care managers need to know. *Health care Manag (Frederick), 25*, 160.

Mezick, E.J., Matthews, K.A, Hall, M., Strollo, P.J., Buysse, D.J., Kamarck, T.W., *et al.* (2008). Influence of race and socioeconomic status on sleep: Pittsburgh SleepSCORE project. *Psychosom Med, 70*, 410.

Misra, S., & Malow, B.A. (2008). Evaluation of sleep disturbances in older adults. *Clin Geriatr Med, 24*, 15.

Missildine, K. (2008). Sleep and the sleep environment of older adults in acute care settings. *J Gerontol Nurs, 34*, 15.

National Institute for Neurological Disorders and Stroke (2010). *Narcolepsy fact sheet.* [En ligne]. www.ninds.nih.gov/disorders/ narcolepsy (page consultée le 30 juin 2010).

National Sleep Foundation. *Can't sleep? Learn about insomnia.* [En ligne]. www. sleepfoundation.org/article/sleep-related-problems/insomnia-and-sleep (page consultée le 8 septembre 2010).

National Sleep Foundation. *Facts about sleep.* [En ligne]. www.sleepfoundation. org/site (page consultée le 25 juillet 2009).

National Sleep Foundation. *Insomnia facts.* [En ligne]. www.sleepfoundation.org/ sleep-facts-information (page consultée le 29 juin 2009).

Ohayon, M.M., & Okun, M.L. (2006). Occurrence of sleep disorders in the families of narcoleptic patients. *Neurology, 67*, 703.

Passarella, S., & Duong, M.T. (2008). Diagnosis and treatment of insomnia. *Am J Health Syst Pharm, 65*, 927.

Ross, J. (2008). Obstructive sleep apnea: Knowledge to improve patient outcomes. *J Perianesth Nurs, 23*, 273.

Samaha, E., Lal, S., Samaha, N., & Wyndham, J. (2007). Psychological, lifestyle and coping contributors to chronic fatigue in shift-worker nurses. *J Adv Nurs, 59*, 221.

Silber, M.H., Ancoli-Israel, S., Bonnet, M.H., Chokroverty, S., Grigg-Damberger, M.M., Hirshkowitz, M., *et al.* (2007). The visual scoring of sleep adults. *J Sleep Med, 3*, 121.

Singh, M., Drake, C.L., Roehrs, T., Hudgel, D.W., & Roth, T. (2005). The association between obesity and short sleep duration: A population-based study. *J Clin Sleep Med, 1*, 357.

Taibi, D.M., Vitiello, M.V., Barsness, S., Elmer, G.W., Anderson, G.D., & Landis, C.A. (2009). A randomized clinical trial of valerian fails to improve self-reported, polysomnographic, and actigraphic sleep in older women with insomnia. *Sleep Med, 10*, 319.

Vitiello, M.V., Larsen, L.H., & Moe, K.E. (2004). Age-related sleep change: Gender and estrogen effects on the subjective-objective sleep quality relationships of healthy, noncomplaining older men and women. *J Psychosom Res, 56*, 503.

Weaver, T.E., & Grunstein, R.R. (2008). Adherence to continuous positive airway pressure therapy: The challenge to effective treatment. *Proc Am Thorac Soc, 15*, 173.

Winwood, P.C., Winefield, A.H., & Lushington, K. (2006). Work-related fatigue and recovery: The contribution of age, domestic responsibilities and shiftwork. *J Adv Nurs, 56*, 438.

Références de l'édition française

American Academy of Sleep Medicine (2009). *Sleep hygiene – The healthy habits of good sleep.* Darien, Ill.: American Academy of Sleep Medicine.

American Psychiatric Association (1994). *Diagnostic and statistical manual of mental disorders IV (DSM IV).* Washington, D.C.: American Psychiatric Association.

American Sleep Disorders Association, & Diagnostic Classification Steering Committee (2005). *International classification of sleep disorders: Diagnostic and coding manual, ICSD-R.* Westchester, Ill.: American Academy of Sleep Medicine.

Centers for Disease Control and Prevention (2010). *Sleep and chronic disease.* [En ligne]. www.cdc.gov/sleep/chronic_disease.htm (page consultée le 29 juin 2010).

Claustrat, B., Geoffriau, M., Brun, J., & Chazot, G. (1995). Melatonin in humans: A biochemical marker of the circadian clock and an endogenous synchronizer. *Neurophysiol Clin, 25*, 351-359. [En ligne]. www.ncbi.nlm.nih.gov/pubmed/8904197 (page consultée le 30 juin 2010).

Dumont, M., Montplaisir, J., & Infante-Rivard, C. (1997). Sleep quality of former night-shift workers. *Int J Occup Environ Health, 3*(suppl. 2), S10.

Gouvernement du Canada (2004). *Table ronde sur la sécurité routière. Fatigue au volant.* [En ligne]. www.fatigueauvolant.ca (page consultée le 30 juin 2010).

Harland, B.F. (2000). Caffeine and nutrition. *Nutrition, 16*(7-8), 522-526.

Horne, J.A., & Ostberg, O. (1976). A self-assessment questionnaire to determine morningness-eveningness in human circadian rhythms. *Int J Chronobiol, 4*(97).

Infante-Rivard, C., Dumont, M., & Montplaisir, J. (1989). Sleep disorder symptoms among nurses and nursing aides. *Int Arch Occup Environ Health, 61*(353).

Izac, S.M. (2006). Basic anatomy and physiology of sleep. *Am J Electroneurodiagnostic Technol, 46*, 18.

Monk, T.H. (2005). The post-lunch dip in performance. *Clin Sports Med, 24*(2), 15-23. [En ligne]. www.ncbi.nlm.nih.gov/pubmed/15892914 (page consultée le 30 juin 2010).

Morin, C.M. (2009). *Vaincre les ennemis du sommeil.* Montréal: Les Éditions de l'Homme.

National Center on Sleep Disorders Research (2003). *Sleep and health.* [En ligne]. www. nhlbi.nih.gov/health/prof/sleep/res_plan/ section4/section4e.html (page consultée le 29 juin 2010).

Nielsen, T., & Levin, R. (2007). Nightmares: A new neurocognitive model. *Sleep Med Rev, 11*(4), 295. [En ligne]. www.ncbi.nlm. nih.gov/pubmed/17498981 (page consultée le 30 juin 2010).

Novak, R.D., & Auvil-Novak, S.E. (1996). Focus group evaluation of night nurse shiftwork difficulties and coping strategies. *Chronobiol Int, 13*, 457.

Sack, R.L., Auckley, D., Auger, R.R., Carskadon, M.A. Wright, K.P. Jr, Vitiello, M.V., *et al.* (2007). Circadian rhythm sleep disorders: Part I. Basic principles, shift work and jet lag disorders. *An Sleep, 30*, 1460.

Santé Canada (2006). *Mélatonine.* Ottawa, Ont.: Santé Canada. [En ligne]. www.hc-sc.gc.ca/dhp-mps/alt_formats/hpfb-dgpsa/pdf/prodnatur/mono_melatonin-fra.pdf (page consultée le 30 juin 2010).

Santé Canada (2010). *La caféine dans les aliments.* [En ligne]. www.hc-sc.gc.ca/fn-an/securit/addit/caf/food-caf-aliments-fra.php (page consultée le 29 juin 2010).

Schwartz, J.R., & Roth, T. (2008). Neurophysiology of sleep and wakefulness: Basic science and clinical implications. *Curr Neuropharmacol, 6*(4), 367-378.

Shils, M.E., Moshe Shike, A., Ross, C., & Caballero, B. (1999). *Modern nutrition in health and disease* (9th ed.). Baltimore: Williams and Wilkins, Waverly Company.

Société canadienne du sommeil (2003). *L'apnée obstructive du sommeil.* [En ligne]. www.css.to/css/sleep/apnee.pdf (page consultée le 30 juin 2010).

Société canadienne du sommeil (2003). *Stratégies pour travailleurs de nuit.* [En ligne]. www.css.to/sleep/trav_nuit.pdf (page consultée le 30 juin 2010).

Société canadienne du sommeil (2004). *La somnolence au volant.* [En ligne]. www.css.to/css/sleep/somn_volant.pdf (page consultée le 30 juin 2010).

Société canadienne du sommeil (2007). *Narcolepsie et cataplexie.* [En ligne]. www.css.to/sleep/narcolepsie.pdf (page consultée le 30 juin 2010).

Société de l'assurance automobile du Québec (2009). *Fatigue au volant.* [En ligne]. www.saaq.gouv.qc.ca/publications/prevention/fatigue_volant.pdf (page consultée le 30 juin 2010).

Statistique Canada (2002). *Enquête sur la santé dans les collectivités canadiennes. Santé mentale et bien-être.* Ottawa, Ont.: Statistique Canada.

Statistique Canada (2005). *Insomnie.* [En ligne]. www.statcan.gc.ca/studies-etudes/82-003/archive/2005/8707-fra.pdf (page consultée le 30 juin 2010).

Williams, C. (2001). Vous empêchez-vous de dormir? Les habitudes de sommeil des Canadiens. *Tendances sociales canadiennes*, 12-17.

Zadra, A., Pilon, M., & Montplaisir, J. (2008). Polysomnographic diagnosis of sleepwalking: Effects of sleep deprivation. *Ann Neurol, 63*(4), 51. [En ligne]. www.ncbi.nlm.nih.gov/pubmed/18351640 (page consultée le 30 juin 2010).

CHAPITRE 10

Références de l'édition originale

American College of Rheumatology (2008). Recommendations for use of selective and nonselective nonsteroidal antiinflammatory drugs: An American College of Rheumatology white paper. *Arthritis Rheum, 59*(8), 1058-1073.

American Pain Foundation (2009). *Pain facts and figures.* [En ligne]. www.painfoundation.org (page consultée le 25 juin 2009).

American Society for Pain Management Nursing (2002). *Pain management in clients with addictive disease.* [En ligne]. www.aspmn.org/Organization/position_papers.htm (page consultée le 29 juin 2009).

American Society for Pain Management Nursing (2004). *Position statement on the use of placebos in pain management.* [En ligne]. www.aspmn.org/pdfs/Use%20of%20Placebos.pdf (page consultée le 29 juin 2009).

Australian and New Zealand College of Anaesthetists, & Faculty of Pain Medicine (2005). *Acute pain management: Scientific evidence* (2nd ed.). [En ligne]. www.anzca.edu.au/publications/acutepain.htm (page consultée le 29 juin 2009).

Beauchamp, T., & Childress, J. (2009). *Principles of biomedical ethics.* New York: Oxford University Press.

Ben-Ari, A., Lewis, M.C., & Davidson, E. (2007). Chronic administration of ketamine for analgesia. *Journal of Pain & Palliative Care Pharmacotherapy, 21*(1), 7-14.

Berry, P.H., Chapman, C.R., Covington, E.C., Dahl, J.L., Katz, J.A., Miaskowski, C., *et al.* (Eds) (2001). *Pain: Current understanding of assessment, management and treatments.* [En ligne]. www.ampainsoc.org/ce (page consultée le 6 décembre 2008).

Busch, A.J., Barber, K.A., Overend, T.J., Peloso, P.M.J., & Schachter, C.L. (2007). Exercise for treating fibromyalgia syndrome. *Cochrane Database of Systematic Reviews, 4*, CD003786.

Chou, R., & Huffman, L.H. (2007). Nonpharmacologic therapies for acute and chronic low back pain: A review of the evidence for an American Pain Society/American College of Physicians clinical practice guideline. *Ann Intern Med, 147*(7), 492-504.

Christo, P.J., & Mazloomdoost, D. (2008). Cancer pain and analgesia. *Ann N Y Acad Sci, 1138*, 278-298.

Chu, L.F., Angst, M.S., & Clark, D. (2008). Opioid-induced hyperalgesia in humans: Molecular mechanisms and clinical considerations. *Clin J Pain, 24*(6), 479-496.

De Leon-Casasola, O.A. (2008). Current developments in opioid therapy for management of cancer pain. *Clin J Pain, 24*(suppl. 10), S3-S7.

Dworkin, R.H., O'Connor, A.B., Backonja, M., Farrar, J.T., Finnerup, N.B., Jensen, T.S., *et al.* (2007). Pharmacologic management of neuropathic pain: Evidence-based recommendations. *Pain, 132*(3), 237-251.

Edwards, R.R., Bingham, C.O., Bathon, J., & Haythornthwaite, J.A. (2006). Catastrophizing and pain in arthritis, fibromyalgia, and other rheumatic diseases. *Arthritis Rheum, 55*(2), 325-332.

Elkins, G., Jensen, M.P., & Patterson, D.R. (2007). Hypnotherapy for the management of chronic pain. *Int J Clin Exp Hypn, 55*(3), 275-287.

Ersek, M. (1999). Enhancing effective pain management by addressing patient barriers to analgesic use. *Journal of Hospice Palliative Nursing, 1*(3), 87-96.

Ersek, M. (2008). Overview of pain types and prevalence. In J. Dahl, D.E. Gordon, & J.A. Paice (Eds), *Pain Resource Nurse (PRN) program curriculum & planning guide.* Madison, Wis.: University of Wisconsin.

European Society of Regional Anesthesia and Pain Therapy (ESRA) (2004). [En ligne]. www.european.org.

Falowski, S., Celii, A., & Sharan, A. (2008). Spinal cord stimulation: An update. *Neurotherapeutics, 5*(1), 86-99.

Ferrell, B.R., & Coyle, N. (2008). The nature of suffering and the goals of nursing. *Oncol Nurs Forum, 35*(2), 241-247.

Frey Law, L.A., Evans, S., Knudtson, J., Nus, S., Scholl, K., & Sluka, K.A. (2008). Massage reduces pain perception and hyperalgesia in experimental muscle pain: A randomized, controlled trial. *J Pain, 9*(8), 714-721.

Gammaitoni, A.R., Fine, P., Alvarez, N., McPherson, M.L., & Bergmark, S. (2003). Clinical application of opioid equianalgesic data. *Clin J Pain, 19*(5), 286-297.

Ganesh, A., & Maxwell, L.G. (2007). Pathophysiology and management of opioid-induced pruritus. *Drugs, 67*(16), 2323-2333.

Gatchel, R.J., Peng, Y.B., Peters, M.L., Fuchs, P.N., & Turk, D.C. (2007). The biopsychosocial approach to chronic pain: Scientific advances and future directions. *Psychol Bull, 133*(4), 581-624.

Gelinas, C., Fillion, L., & Puntillo, K.A. (2008). Item selection and content validity of the Critical-Care Pain Observation Tool for non-verbal adults. *J Adv Nurs, 65*(1), 203-216.

Gibson, S.J. (2007). IASP global year against pain in older persons: Highlighting the current status and future perspectives in geriatric pain. *Expert Rev Neurother, 7*(6), 627-635.

Gjerstad, J. (2007). Genetic susceptibility and development of chronic non-malignant back pain. *Rev Neurosci, 18*(1), 83-91.

Guindon, J., Walczak, J.S., & Beaulieu, P. (2007). Recent advances in the pharmacological management of pain. *Drugs, 67*(15), 2121-2133.

Herr, K., Bjoro, K., & Decker, S. (2006). Tools for assessment of pain in nonverbal older adults with dementia: A state-of-the-science review. *J Pain Symptom Manage, 31*(2), 170-192.

Herr, K., Coyne, P.J., Key, T., Manworren, R., McCaffery, M., Merkel, S., *et al.* (2006). Pain assessment in the nonverbal client: Position statement with clinical practice recommendations. *Pain Manage Nurs, 7*(2), 44-52.

Hosking, R.D., & Zajicek, J.P. (2008). Therapeutic potential of cannabis in pain medicine. *Br J Anaesth, 101*(1), 59-68.

Hospice and Palliative Nurses Association (2008). *Position statement: The ethics of opiate use within palliative care.* [En ligne]. www.hpna.org/DisplayPage.aspx?Title=Position%20Statements (page consultée le 5 décembre 2008).

Katz, W.A., & Rothenberg, R. (2005). Section 3: The nature of pain: Pathophysiology. *J Clin Rheumatol, 11*(suppl. 2), S11-S15.

Lang, T., Barker, R., Steinlechner, B., Gustorff, B., Puskas, T., Gore, O., *et al.* (2007). TENS relieves acute posttraumatic hip pain during emergency transport. *J Trauma, 62*(1), 184-188.

Li, D., Puntillo, K., & Miaskowski, C. (2008). A review of objective pain measures for use with critical care adult clients unable to self-report. *J Pain, 9*(1), 2-10.

Little, P., Lewith, G., Webley, F., Evans, M., Beattie, A., Middleton, K., *et al.* (2008). Randomised controlled trial of Alexander technique lessons, exercise, and massage (ATEAM) for chronic and recurrent back pain. *BMJ, 337*, a884.

McCaffery, M. (1968). *Nursing practice theories related to cognition, bodily pain and man-environmental interactions.* Los Angeles: UCLA Students Store.

McCamant, K.L. (2006). Peripheral nerve blocks: Understanding the nurse's role. *J Perianesth Nurs, 21*(1), 16-26.

McCarberg, B.H., & Barkin, R.L. (2007). The future of cannabinoids as analgesic agents: A pharmacologic, pharmacokinetic, and pharmacodynamic overview. *Am J Ther, 14*(5), 475-483.

Merskey, H., & Bugduk, N. (Eds) (1994). *Classification of chronic pain, descriptions of chronic pain syndromes and definitions of pain terms* (2nd ed.). Seattle, Wash.: IASP Press.

National Center of Health Statistics (2007). *Health, United States, 2007, with chart book on trends in the health of Americans.* Hyattsville, Md.: U.S. Printing Office.

National Institute of Neurological Disorders and Stroke (2008). *Complex regional pain syndrome fact sheet.* [En ligne]. www.ninds.nih.gov/disorders/reflex_sympathetic_dystrophy/detail_reflex_sympathetic_dystrophy.htm (page consultée le 20 décembre 2008).

Nnoaham, K.E., & Kumbang, J. (2008). Transcutaneous electrical nerve stimulation (TENS) for chronic pain. *Cochrane Database Systematic Reviews, 3,* CD003222.

Oregon Nurses Association (1995). *ONA provides guidance on nurses' dilemma.* [En ligne]. www.oregonrn.org/associations/3019/files/AssistedSuicide.pdf (page consultée le 29 juin 2009).

Passik, S.D., & Kirsh, K.L. (2008). The interface between pain and drug abuse and the evolution of strategies to optimize pain management while minimizing drug abuse. *Exp Clin Psychopharmacol, 16*(5), 400-404.

Reid, M.C., Papaleontiou, M., Ong, A., Breckman, R., Wethington, E., & Pillemer, K. (2008). Self-management strategies to reduce pain and improve function among older adults in community settings: A review of the evidence. *Pain Medicine, 90*(4), 409-424.

Saarto, T., & Wiffen, P.J. (2007). Antidepressants for neuropathic pain. *Cochrane Database Systematic Reviews,* CD005454.

Stegmann, J.U., Weber, H., Steup, A., Okamoto, A., Upmalis, D., & Daniels, S. (2008). The efficacy and tolerability of multiple-dose tapentadol immediate release for the relief of acute pain following orthopedic (bunionectomy) surgery. *Curr MedRes Opin, 24*(11), 3185-3196.

Taylor, S., Kirton, O.C., Staff, I., & Kozol, R.A. (2005). Postoperative day one: A high risk period for respiratory events. *Am J Surg, 190*(5), 752-756.

Teno, J.M., Clarridge, B.R., Casey, V., Welch, L.C., Wetle, T., Shield, R., *et al.* (2004). Family perspectives on end-of-life care at the last place of care. *JAMA, 291*(1), 88-93.

The Joint Commission (2008). *Standard on pain assessment and management.* [En ligne]. www.jointcommission.org (page consultée le 15 décembre 2008).

Thomson Healthcare (2008). *Micromedex® Healthcare Series* [computer program] Version 5.1. Greenwood Village, Colo.

Wang, H., Ehnert, C., Brenner, G.J., & Woolf, C.J. (2006). Bradykinin and peripheral sensitization. *Biol Chem, 387*(1), 11-14.

Woolf, C.J. (1996). Windup and central sensitization are not equivalent. *Pain, 66*(2-3), 105-108.

Woolf, C.J. (2007). Central sensitization: Uncovering the relation between pain and plasticity. *Anesthesiology, 106*(4), 864-867.

Références de l'édition française

Argoff, C.E., Albrecht, P., Irving, G., & Rice, F. (2009). Multimodal analgesia for chronic pain: Rationale and future directions. *Pain Medicine, 10*(suppl. 2), S53-S66.

Beaulieu, P. (dir.) (2005). *Pharmacologie de la douleur.* Montréal: Les Presses de l'Université de Montréal.

Boulanger, A. (2005). Approche et traitement de la douleur neuropathique. Dans P. Beaulieu (dir.), *Pharmacologie de la douleur.* Montréal: Les Presses de l'Université de Montréal.

Choinière, M., & Taillefer, M.C. (2005). Évaluation de la douleur. Dans P. Beaulieu (dir.), *Pharmacologie de la douleur* (p. 326-346). Montréal: Les Presses de l'Université de Montréal.

Choinière, M., Watt-Watson, J., Costello, J., Feindel, C., Guerriere, C., Carrier, M., *et al.* (2009). Prevalence, characteristics, and risk factors of persistent post-operative pain after cardiac surgery. *Pain Res Manag, 14*(2), 144.

Clinique des lombalgies interdisciplinaire en première ligne (2006). *Clip – Guide de pratique.* [En ligne]. www.santepub-mtl.qc.ca/clip (page consultée le 23 août 2010).

Dion, D. (2003). La dépendance aux opiacés... mythe ou réalité? *Le Médecin du Québec, 38*(6), 71-73.

Dion, D., Fugère, F., & Dechêne, G. (2005). Approche et traitement de la douleur cancéreuse. Dans P. Beaulieu (dir.), *Pharmacologie de la douleur.* Montréal: Les Presses de l'Université de Montréal.

Fletcher, D. (2005). Pharmacologie des anti-inflammatoires non-stéroïdiens. Dans P. Beaulieu (dir.), *Pharmacologie de la douleur.* Montréal: Les Presses de l'Université de Montréal.

Gélinas, C. (2004). *Développement et validation d'une grille d'observation de douleur auprès d'une clientèle adulte de soins critiques présentant ou non une altération du niveau de conscience* (Thèse de doctorat inédite). Université Laval.

Gélinas, C. (2007). Le thermomètre d'intensité de douleur: un nouvel outil pour les patients adultes en phase critique. *Perspective infirmière, 4*(4), 12-20.

Gélinas, C., Fillion, L, Puntillo, K., Viens, C., & Fortier, M. (2006). Validation of the Critical-Care Pain Observation Tool in adult patients. *Am J Crit Care, 15* (4), 420-427.

Lussier, D., & Mallet, L. (2005). Particularités pharmacologiques de la douleur chez le patient âgé. Dans P. Beaulieu (dir.), *Pharmacologie de la douleur.* Montréal: Les Presses de l'Université de Montréal.

McCaffery, M., & Pasero, C. (1999). *Pain: Clinical manual* (2nd ed.). St. Louis, Mo.: Mosby.

Macintyre, P.E., Schug, S.A., Scott, D.A., Visser, E.J., Walker, S.M., APM:SE, *et al.* (2010). *Acute pain management: Scientific evidence* (3rd ed.). Melbourne, Austr.: Australian and New Zealand College of Anaesthetists and Faculty of Pain Medicine.

Moulin, D.E., Clark, A.J., Speechley, M., & Morley-Forster, P.K. (2002). Chronic pain in Canada-prevalence, treatment, impact and the role of opioid analgesia. *Pain Res Manag, 7*(4), 179-184.

Newton-John, T.R., & Williams, A.C. (2006). Chronic pain couples: Perceived marital interactions and pain behaviours. *Pain, 123*(1-2), 53-63.

Ordre des infirmières et infirmiers du Québec (2009). *Surveillance clinique des clients qui reçoivent des médicaments ayant un effet dépressif sur le système nerveux central* (2e éd.). Montréal: Ordre des infirmières et infirmiers du Québec.

Pasero, C. L., & McCaffery, M. (1994). Avoiding opioid-induced respiratory depression. *Am J Nurs, 94*(4), 24-31.

Potter, P.A., & Perry, A.G. (2010). *Soins infirmiers: fondements généraux* (3e éd.). Montréal: Chenelière Éducation.

Registered Nurses' Association of Ontario (2002). *Évaluation et prise en charge de la douleur.* [En ligne]. www.rnao.org/Storage/11/547_%C9valuation_et_prise_en_charge_de_la_douleur.pdf (page consultée le 24 août 2010).

Salerno, E., & Willins, J. (1996). *Pain management handbook.* St. Louis, Mo.: Mosby.

Santé Canada (2005). *SATIVEX®, Feuillet de renseignements.* [En ligne]. www.hc-sc.gc.ca/dhp-mps/alt_formats/hpfb-dgpsa/pdf/prodpharma/sativex_fs_fd_091289-fra.pdf (page consultée le 23 août 2010).

Sawyer, J., Haslam, L., Daines, P., & Stilos, K. (2010). Pain prevalence study in a large Canadian teaching hospital. Round 2: Lessons learned? *Pain Manag Nurs, 11*(1), 45-55.

Skidmore-Roth, L. (2003). *Guide Beauchemin des médicaments en soins infirmiers 2003.* Montréal: Beauchemin.

Statistique Canada (2008). *Douleur chronique chez les personnes âgées au Canada.* [En ligne]. www.statcan.gc.ca/pub/82-003-x/2008001/article/10514-fra.htm (page consultée le 24 août 2010).

CHAPITRE 11

Références de l'édition originale

American Academy of Neurology (1994). Practice parameters: Determining brain death in adults. [En ligne]. www.aan.com/professionals/practice/guidelines/pda/Brain_death_adults.pdf (page consultée le 18 août 2010).

American Cancer Society. *Major depression and complicated grief.* [En ligne]. www.cancer.org/docroot/MBC/content/MBC_4_1X_Major_Depression_and_Complicated_Grief.asp (page consultée le 18 août 2010).

American Nurses Association (2010). *ANA position statements.* [En ligne]. http://nursingworld.org/MainMenuCategories/HealthcareandPolicyIssues/ANAPositionStatements/EthicsandHumanRights.aspx (page consultée le 18 août 2010).

Anderson, W.G., Arnold, R.M., Angus, D.C., & Bryce, C.L. (2008). Posttraumatic stress and complicated grief in family members of patients in the intensive care unit. *J. Gen. Intern. Med., 23*, 1871.

Aylor, A.L., & Grimes, G.C. (2008). End-of-life review. *Am J Hosp Palliat Care, 25*, 233.

Browning, A.M. (2009). Empowering family members in end-of-life care decision making in the intensive care unit. *Dimens. Crit. Care Nurs., 28*, 18.

Chen, Y.Y., & Youngner, S.J. (2008). "Allow natural death" is not equivalent to "do not resuscitate": A response. *J Med Ethics, 34*, 887.

Crighton, M.H., Coyne, B.M., Tate, J., Swigart, V., & Happ, M.B. (2008). Transitioning to end-of-life care in the intensive care unit: A case of unifying divergent desires. *Cancer Nurs, 31*, 478.

Doolen, J., & York, N.L. (2007). Cultural differences with end-of-life care in the critical care unit. *Dimens. Crit. Care Nurs., 26*, 194.

Edmondson, D., Park, C.L., & Blank, T.O. (2008). Deconstructing spiritual well-being: Existential well-being and HRQOL in cancer survivors. *Psychooncology, 17*, 161.

Field, M., & Cassel, C. (1997). *Approaching death: Improving care at the end of life.* Washington, D.C.: National Academy Press.

Fishman, J., O'Dwyer, P., Lu, H.L., Henderson, H., Asch, D.A., & Casarett, D.J. (2009). Race, treatment preferences, and hospice enrollment: Eligibility criteria may exclude patients with the greatest needs for care. *Cancer, 115*, 689.

Heran, M.K., Heran, N.S., & Shemie, S.D. (2008). A review of ancillary tests in evaluating brain death. *Can. J. Neurol. Sci., 35*, 409.

Hospice Foundation of America (2010). What is hospice? [En ligne]. www.hospicefoundation.org/hospiceinfo (page consultée le 18 août 2010).

Johnson, K.S., Kuchibhatla, M., & Tulsky, J.A. (2008). What explains racial differences in the use of advance directives and attitudes toward hospice care? *J Am Geriatr Soc, 56*, 1953.

Kübler-Ross, E. (1969). *On death and dying.* New York: MacMillan.

Martocchio, B.C. (1985). Grief and bereavement healing through hurt. *Nurs Clin North Am, 20*, 327.

Metzger, P.L., & Gray, M.J. (2008). End-of-life communication and adjustment: Pre-loss communication as a predictor of bereavement-related outcomes. *Death Stud, 32*, 301.

Payne, J.K., & Thornlow, D.K. (2008). Clinical perspectives on portable do-not-resuscitate orders. *J Gerontol Nurs, 34*, 11.

Rando, T.A. (1993). *Treatment of complicated mourning.* Champaign, Ill.: Research Press.

Ruder, S. (2008). Incorporating spirituality into home care at the end of life. *Home Healthc Nurse, 26*, 158.

Thornton, J.D., Pham, K., Engelberg, R.A., Jackson, J.C., & Curtis, J.R. (2009). Families with limited English proficiency receive less information and support in interpreted intensive care unit family conferences. *Crit Care Med, 37*, 89.

Washington, K.T., Bickel-Swenson, D., & Stephens, N. (2008). Barriers to hospice use among African Americans: A systematic review. *Health Soc. Work, 33*, 267.

Wijdicks, E.F., Rabinstein, A.A., Manno, E.M., & Atkinson, J.D. (2008). Pronouncing brain death: Contemporary practice and safety of the apnea test. *Neurology, 71*, 1240.

World Health Organization (2010). *Palliative care.* [En ligne]. www.who.int/cancer/palliative/en/ (page consultée le 18 août 2010).

Références de l'édition française

Assemblée nationale du Québec (2010). *Commission spéciale. Mourir dans la dignité. Document de consultation.* [En ligne]. www.assnat.qc.ca/fr/travaux-parlementaires/commissions/CSMD/mandats/Mandat-12989/index.html (page consultée le 17 août 2010).

Association canadienne de soins palliatifs (ACSP) (2006a). *Document de réflexion de l'ACSP sur l'euthanasie, le suicide assisté et les soins de fin de vie de qualité.* [En ligne]. www.acsp.net/bibliotheque-ressources/SMA-document_de_reflexion-ACSP-22nov2006.pdf (page consultée le 17 août 2010).

Association canadienne de soins palliatifs (2006b). *Normes de référence pancanadiennes en matière de soins palliatifs à domicile. Vers l'accès équitable à des soins palliatifs et de fin de vie à domicile de qualité.* [En ligne]. www.acsp.net/bibliotheque-ressources/normes_de_reference_pancanadiennes/Pages_de_Normes_de_reference_soins_infirmiers_palliatifs.pdf (page consultée le 17 août 2010).

Association canadienne de soins palliatifs (2009). *C'est quoi la planification préalable des soins?* [En ligne]. www.acsp.net/projets/planification_preable_des_soins/pps_cest_qui_la_planification_preable_des_soins.html (page consultée le 17 août 2010).

Association canadienne de soins palliatifs (2010). *Feuille de données de l'ACSP: les soins palliatifs au Canada.* [En ligne]. www.acsp.net/uploads/files/francais/politique_publique/Feuille_de_donnees_Les_soins_palliatifs_au_Canada_Octobre_2010.pdf (page consultée le 10 février 2011).

Association des pharmaciens des établissements de santé du Québec (2008). *Guide pratique des soins palliatifs: gestion de la douleur et autres symptômes* (4ᵉ éd.). Montréal : Association des pharmaciens des établissements de santé du Québec.

Association québécoise d'établissements de santé et de services sociaux (2006). *Avis juridique. Les exigences reliées à la détermination de la mort.* [En ligne]. www.aqesss.qc.ca/docs/public_html/document/Documents_deposes/Avis_quebec_transplant.pdf (page consultée le 17 août 2010).

Béland, G., & Bergeron, R. (2002). Les niveaux de soins et l'ordonnance de ne pas réanimer. *Le Médecin du Québec, 37*(4), 105-111.

Bernier, N., Néron, S., & Dumont, S. (2007). Proches-aidants et détresse psychologique sévère: portrait d'un programme de prévention. *Les Cahiers de soins palliatifs, 7*(2), 85-99.

Berry, P., & Griffie, J. (2006). Planning for the actual death. In B.R. Ferrell & N. Coyle (Eds), *Textbook of palliative nursing* (2ⁿᵈ ed.) (p. 561-577). New York: Oxford University Press.

Bouthillier, M.E., Petit, E., & Roigt, D. (2008). Pour une éthique du soin en contexte interculturel: la personnalisation et la communication. *Bulletin du réseau de soins palliatifs du Québec, 16*(1), 3-5.

Brink, P., Smith, T.F., & Kitson, M. (2008). Determinants of do-not-resuscitate orders in palliative care home. *J Palliat Med, 11*(2), 26-32.

Callanan, M., & Kelley, P. (1992). *Final gifts. Understanding the special awareness, needs, and communications of the dying.* New York: Bantam Books.

Carstairs, S. (2005). *Nous ne sommes pas au bout de nos peines. Des soins de fin de vie de qualité: rapport d'étape.* [En ligne]. http://sen.parl.gc.ca/scarstairs/PalliativeCare/PalliativeCare_f.asp (page consultée le 1ᵉʳ mars 2010).

Carstairs, S. (2010). *Monter la barre: plan d'action pour de meilleurs soins palliatifs au Canada.* [En ligne]. http://sen.parl.gc.ca/scarstairs/PalliativeCare/Still%20Not%20There%20French.pdf (page consultée le 17 août 2010).

Chan, L.S., Macdonald, M.E., & Cohen, R.S. (2009). Moving culture beyond ethnicity: Examining dying in hospital through a cultural lens. *J Palliat Care, 25*(2), 117-124.

Coalition pour des soins de fin de vie de qualité du Canada (CSFVQ) (2007). *Un partenariat pancanadien sur les soins palliatifs et les soins de fin de vie.* [En ligne]. www.acsp.net/csfvqc/information-et-ressources/CSFVQ_partenariat_pancanadien_2007.pdf (page consultée le 17 août 2010).

Comité des normes en soins infirmiers de l'Association canadienne de soins palliatifs (2009). *Normes de pratique canadiennes en soins infirmiers palliatifs.* [En ligne]. www.acsp.net/bibliotheque-ressources/Normes_de_pratique_Canadiennes_en_soins_infirmiers_palliatifs_2009.pdf (page consultée le 17 août 2010).

Comité d'éthique du réseau de soins palliatifs du Québec (2010). Questions essentielles en soins palliatifs. *Bulletin du Réseau de soins palliatifs du Québec, 18*(2), 19.

Comité directeur de la Société canadienne du cancer (2009). *Statistiques canadiennes sur le cancer 2009.* [En ligne]. www.cancer.ca/Canada-wide/About%20cancer/Cancer%20statistics/Canadian%20Cancer%20Statistics.aspx?sc_lang=fr-CA (page consultée le 8 octobre 2010).

Comité directeur de la Société canadienne du cancer (2010). *Statistiques canadiennes sur le cancer 2010.* [En ligne]. www.cancer.ca/Canada-wide/About%20cancer/Cancer%20statistics/Canadian%20Cancer%20Statistics.aspx?sc_lang=fr-CA (page consultée le 8 octobre 2010).

Conseil de la santé et du bien-être (2003). *Pour une plus grande humanisation des soins en fin de vie. Avis.* [En ligne]. www.csbe.gouv.qc.ca/fileadmin/www/Archives/ConseilSanteBienEtre/Avis/20030917_avis_cfr.pdf (page consultée le 17 août 2010).

Cornille, M.E., Foriat, C., Hanus, M., & Séjourné, C. (2006). *Comment surmonter son deuil? Informations, résilience, réseaux de soutien.* Paris: Éditions Josette Lyon.

Curateur public du Québec (2010). *Mon mandat en cas d'inaptitude* (9ᵉ éd.). [En ligne]. www.curateur.gouv.qc.ca/cura/publications/mandat.pdf (page consultée le 17 août 2010).

Duhamel, F. (2007). Les interventions systémiques en soins infirmiers auprès de la famille. Dans F. Duhamel (dir.), *La santé et la famille. Une approche systématique en soins infirmiers* (2ᵉ éd., p. 63-86). Montréal: Gaëtan Morin Éditeur.

Emanuel, L., Ferris, F.D., Von Gunten, C.F., & Von Roenn, J.H. (2010). *The last hours of living: Practical advice for clinicians.* [En ligne]. www.medscape.com/viewarticle/716463?src= (page consultée le 17 août 2010).

Ferrell, B.R., & Coyle, N. (2008). The nature of suffering and the goals of nursing. *Oncol Nurs Forum, 35*(2), 241-247.

Ferris, F.D., Balfour, H.M., Bowen, K., Farley, J., Hardwick, M., Lamontagne, C., *et al.* (2002). *Modèle de guide des soins palliatifs: fondé sur les principes et les normes de pratique nationaux.* Ottawa: Association canadienne de soins palliatifs. [En ligne]. http://www.chpca.net/modele_de_guide_des_soins_palliatifs (page consultée le 17 août 2010).

Foucault, C. (2004). *L'art de soigner en soins palliatifs. Perspectives infirmières* (2ᵉ éd.). Montréal: Les Presses de l'Université de Montréal.

Foucault, C. (2008). La personne en fin de vie appartenant à une autre culture: en quoi ses croyances et comportements en matière de santé peuvent-ils influencer la relation soignant-soigné? *Bulletin du Réseau de soins palliatifs du Québec, 16*(1), 21-25.

Héma-Québec (2010). *Tissus humains.* [En ligne]. Institut de la statistique du Québec (2007). *Décès et taux de mortalité selon la cause et le sexe, Québec, 2007.* [En ligne]. www.stat.gouv.qc.ca/donstat/societe/demographie/naisn_deces/310_2007_tousages.htm (page consultée le 17 août 2010).

Institut de la statistique du Québec (2007). *Décès et taux de mortalité selon la cause et le sexe, Québec, 2007.* [En ligne]. www.stat.gouv.qc.ca/donstat/societe/demographie/naisn_deces/310_2007_tousages.htm (page consultée le 17 août 2010).

Institut national de santé publique du Québec (2006). *Soins palliatifs en fin de vie au Québec : définition et mesure d'indicateurs. Partie 1: Population adulte (20 ans et plus)*. Institut national de santé publique du Québec, Québec

Irwin, R.S., & Rippe, J.M. (2008). *Irwin and Rippe's intensive care medicine* (6th ed.) Philadelphia : Wolters Kluwer, Lippincott Williams & Wilkins.

Jacques, J. (1998). *Psychologie de la mort et du deuil*. Montréal : Modulo Éditeur.

Kruse, B.G., Ruder, S., & Martin, L. (2007). Spirituality and coping at the end of life. *J Hosp Palliat Nurs, 9*(6), 296-304.

Mainville, M.C. (2005). *Mourir à domicile*. Saint-Jérôme, Qc : Éditions Ressources.

Masson, J. (2006). *Derrière mes larmes d'enfant la mort et le deuil me font mal*. Saint-Jérôme, Qc : Éditions Ressources.

Mélançon, M.J. (2008). Clarification des concepts et des pratiques concernant le « Mourir dans la dignité ». Dans J.P. Béland (dir.), *Mourir dans la dignité ? Soins palliatifs ou suicide assisté, un choix de société* (p. 7-23). Québec, Qc : Les Presses de l'Université Laval.

Ministère de la Santé et des Services sociaux (2004). *Politique en soins palliatifs de fin de vie*. [En ligne]. http://publications.msss.gouv.qc.ca/acrobat/f/documentation/2004/04-828-02.pdf (page consultée le 17 août 2010).

Ministère de la Santé et des Services sociaux (2006). *Fichier des tumeurs. Principales causes de mortalité par cancer, Québec*. [En ligne]. http://msssa4.msss.gouv.qc.ca/santpub/tumeurs.nsf/Cat?OpenView&Start=1&Count=30&Expand=3#3 (page consultée le 17 août 2010).

Ministère de la Santé et des Services sociaux (2009). *Dons d'organes ou de tissus après décès*. [En ligne]. www.formulaire.gouv.qc.ca/cgi/affiche_doc.cgi?dossier=3917&sujet=4 (page consultée le 17 août 2010).

Ministère de la Santé et des Services sociaux (2010). *Signifier son consentement*. [En ligne]. www.msss.gouv.qc.ca/sujets/organisation/don_corps/index.php?Signifier_son_consentement (page consultée le 17 août 2010).

Ordre des infirmières et infirmiers du Québec (2005). Chronique de déontologie. Les obligations déontologiques de l'infirmière et le consentement aux soins. *Le Journal, 2005*(2). [En ligne]. www.oiiq.org/pratique-infirmiere/deontologie/chroniques/les-obligations-deontologiques-de-linfirmiere-et-le-conse (page consultée le 17 août 2010).

Ordre des infirmières et infirmiers du Québec (2006). *Le plan thérapeutique infirmier. La trace des décisions cliniques de l'infirmière. Application de la loi 90.* [En ligne]. www.oiiq.org/uploads/publications/autres_publications/PTI_fr.pdf (page consultée le 17 août 2010).

Ordre des infirmières et infirmiers du Québec (2010). Mourir dans la dignité. D'abord les soins palliatifs!, *Le Journal, 2010*(7). [En ligne]. www.oiiq.org/publications/le-journal/dernier-numero/mourir-dans-la-dignite-d-abord-les-soins-palliatifs (page consultée le 17 août 2010).

Organisation mondiale de la santé (2010). *Palliative care*. [En ligne]. www.who.int/cancer/palliative/en/ (page consultée le 17 août 2010).

Plante, A. (2007). La famille et un patient atteint d'un cancer qui menace de laisser ses jeunes adolescents dans le deuil. Dans F. Duhamel (dir.), *La santé et la famille. Une approche systématique en soins infirmiers* (2e éd., p. 209-226). Montréal : Gaëtan Morin Éditeur.

Québec-Transplant (2006). *Diagnostic du décès neurologique (DDN)*. [En ligne]. www.quebec-transplant.qc.ca/QuebecTransplant_fr/PDF/Formulaires/DOC_C_020_DDN_2006_05_25.pdf (page consultée le 17 août 2010).

Québec-Transplant (2009). *Qui sommes-nous?* [En ligne]. www.quebec-transplant.qc.ca/QuebecTransplant_fr/qui_somme_nous.htm (page consultée le 17 août 2010).

Racher, F.E., & Annis, R.C. (2007). Respecting culture and honouring diversity in community practice. *Res Theory Nurs Pract, 21*(4), 255-270.

Réseau de soins palliatifs du Québec (2009). *Réponse au document du Collège des médecins du Québec*. [En ligne]. www.aqsp.org/images/PositionEuthanasieSuicideAssiste.pdf (page consultée le 17 août 2010).

Saint-Arnaud, J. (2009). *L'éthique de la santé : guide pour une intégration de l'éthique dans les pratiques infirmières*. Montréal : Gaëtan Morin Éditeur.

Saint-Pierre, L., & Régnier, R. (2009). *Surmonter l'épreuve du deuil*. Montréal : Les Éditions Québécor.

Santé Canada (2006). *Planification préalable des soins : le projet sur le glossaire : rapport final*. [En ligne]. www.hc-sc.gc.ca/hcs-sss/pubs/palliat/2006-proj-glos/2006-proj-glos-4-fra.php#Toc145219317 (page consultée le 17 août 2010).

Service Canada (2010). *Assurance-emploi et prestations de compassion*. [En ligne]. www.servicecanada.gc.ca/fra/ae/genres/prestations_compassion.shtml#Qui (page consultée le 17 août 2010).

Services Québec (2009). *Que faire lors d'un décès*. [En ligne]. www.deces.info.gouv.qc.ca/fr/publications/Guide_deces_fr_final.pdf (page consultée le 17 août 2010).

Shemie, S.D., Doig, C., Dickens, B., Byrne, P., Wheelock, B., Rocker, G., *et al.*, au nom du Groupe de référence en pédiatrie et du Groupe de référence en néonatalogie (2006). L'arrêt cérébral : diagnostic du décès neurologique et prise en charge des donneurs d'organes au Canada. *CMAJ, 174*(6), 1-32.

Sous-comité du Comité sénatorial permanent (2000). *Des soins en fin de vie de qualité : chaque Canadien et Canadienne y a droit. Rapport final*. [En ligne] www.parl.gc.ca/36/2/parlbus/commbus/senate/com-f/upda-f/rep-f/repfinjun00-f.htm (page consultée le 17 août 2010).

Turner, L. (2002). Bioethics and end-of-life care in multi-ethnic settings: Cultural diversity in Canada and the USA. *Mortality, 7*(3), 285-301.

Wilson, D.M., Truman, C.D., Thomas, R., Fainsinger, R., Kovacs-Burn, K., Froggatt, K., *et al.* (2009). The rapidly changing location of death in Canada, 1994-2004. *Soc Sci Med, 68*(1), 1752-1758.

CHAPITRE 12

Références de l'édition originale

Agency for Healthcare Research and Quality (2008). *Treating tobacco use and dependence: 2008 update*. [En ligne]. www.ncbi.nlm.nih.gov/bookshelf/br.fcgi?book=hsahcpr&part=A28163 (page consultée le 1er juillet 2009).

American Psychiatric Association (2000). *The diagnostic and statistical manual of mental disorders DMS-IV-TR* (4th ed.). Arlington, Va. : American Psychiatric Association.

American Society for Pain Management Nursing (2002). *ASPMN position statement: Pain management in patients with addictive disease*. Lenexa, Kans. : American Society for Pain Management Nursing.

Centers for Disease Control and Prevention (2008). *Smoking prevalence among women of reproductive age*. [En ligne]. www.cdc.gov/mmwr/preview/mmwrhtml/mm5731a2.htm (page consultée le 1er juillet 2009).

Centers for Disease Control and Prevention (2009). *Smoking and tobacco use: Tobacco-related mortality*. Atlanta, Ga. : Office on Smoking and Health. [En ligne]. www.cdc.gov/tobacco/data_statistics/fac_sheets;health_effects/tobacco_related_mortality (page consultée le 1er juillet 2009).

Graham-Knight, D., & Karch, A.M. (2007). Pharm party. *Am J Nurs, 107*(12), 79.

Hall, S.M., Humfleet, G.L., Reus, V.I., Muñoz, R.F., & Cullen, J. (2004). Extended nortriptyline and psychological treatment for cigarette smoking. *Am J Psychiatry, 161*(11), 2100-2107.

Lehne, R.A. (2010). *Pharmacology for nursing care* (7th ed.). St. Louis, Mo. : Saunders Elsevier.

Lussier-Cushing, M., Repper-DeLisi, J., Mitchell, M.T., Lakatos, B.E., Mahmoud, F., & Lipkis-Orlando, R. (2007). Is your medical/surgical patient withdrawing from alcohol? *Nursing, 37*(10), 50-55.

Miller, W.R. (1999). *Enhancing motivation for change in substance abuse treatment: Treatment improvement protocol (TIP) series 35*. Rockville, Md. : US Department of Health and Human Services. [En ligne]. www.ncbi.nlm.nih.gov/books/bv.fcgi?rid=hstat5.chapter.61302 (page consultée le 1er juillet 2009).

Moore, E.E. (2005). Alcohol and trauma: The perfect storm. *J Trauma, 59*(suppl. 3), S53-S56.

Naegle, M.A. (2008a). Screening for alcohol use and misuse in older adults: Using the short Michigan alcoholism screening test – geriatric version. *Am J Nurs, 108*(11), 50-58.

Naegle, M.A. (2008b). Substance misuse and alcohol use disorders. In E. Capezuti, D. Zwicker, M. Mezey & T. Fulmer (Eds), *Evidence-based geriatric nursing protocols for best practice* (3rd ed.). New York : Springer Publishing Company.

National Institute on Drug Abuse (2006). *Research report: Tobacco addiction*. Rockville, Md. : National Institutes of Health, U.S. Department of Health and Human Services.

Rollnick, S., Miller, W.R., & Butler, C.C. (2008). *Motivational interviewing in health care: Helping patients change behavior*. New York : The Guilford Press.

Savage, S.R., Kirsh, K.L., & Passik, S.E. (2008). Challenges in using opioids to treat pain in persons with substance use disorders. *Addict Sci Clin Pract, 4*(2), 4.

Substance Abuse and Mental Health Services Administration & Drug Abuse Warning Network (2008a). *National estimates of drug-related emergency department visits* (DAWN series D-30, DHHS Publication No (SMA) 08-4339). Rockville, Md. : U.S. Department of Health and Human Services. [En ligne]. http://dawninfo.samhsa.gov/pubs/edpubs/deault.asp (page consultée le 1er juillet 2009).

Substance Abuse and Mental Health Services Administration & Office of Applied Studies (2008b). *Results from the 2007 national survey on drug use and health: National findings* (NSDUH Series H-34, DHHS Publication No. SMA 08-4343). Rockville, Md.: U.S. Department of Health and Human Services. [En ligne]. http://oas.samhsa.gov (page consultée le 1er juillet 2009).

Tetrault, J.M., & O'Connor, P.G. (2008). Substance abuse and withdrawal in the critical care setting. *Crit Care Clin, 24*(4), 767-788.

U.S. Department of Health and Human Services (2009). *Healthy People 2020: The road ahead*. [En ligne]. www.healthypeople.gov/hp2020 (page consultée le 5 octobre 2010).

Références de l'édition française

Agency for Healthcare Research and Quality (2008). *Help for smokers and other tobacco users: Consumer guide*. [En ligne]. www.ahrq.gov/consumer/tobacco/helpsmokers.htm (page consultée le 5 mai 2010).

Allard, F. (2009). Osez interroger vos patients sur l'alcool! *Le Médecin du Québec, 44*(2), 27-34. [En ligne]. www.fmoq.org/en/mdq/archives/00/2009/numero.aspx?num=2 (page consultée le 5 octobre 2010).

American Psychiatric Association (2000). *DSM-IV-TR (Texte révisé) – Manuel diagnostique et statistique des troubles mentaux* (édition française coordonnée par J.-D. Guelfi). Paris: Masson.

Association des pharmaciens du Canada (2010). *e-CPS, Compendium des produits et spécialités pharmaceutiques*. [En ligne]. www.pharmacists.ca/content/products/cps_french.cfm (page consultée le 5 mai 2010).

Baldisseri, M.R. (2007). Impaired healthcare professional. *Crit Care Med, 35*(2), S106-S116.

Beers, M.H., Porter, R.S., Jones, T.V., Kaplan, J.L., & Berkwits, M. (Eds) (2006). *The Merck manual of diagnosis and therapy* (18th ed.). Whitehouse Station, N.J.: Merck Research Laboratories.

Brisson, P. (1997). *L'approche de réduction des méfaits: sources, situation, pratiques*. Québec, Qc: Publications du Québec.

Centre québécois de lutte aux dépendances (2006). *Drogues: savoir plus, risquer moins*. Montréal: Centre québécois de lutte aux dépendances.

Chayer, L., Larkin, J.-G., Morissette, P., & Brochu, S. (1997). *Pour une approche pragmatique de prévention en toxicomanie. Orientations et stratégie. La réduction des méfaits chez les usagers de substances psychoactives: les actions évaluées*. Québec, Qc: Publications du Québec.

Collège des médecins du Québec & Ordre des pharmaciens du Québec (2009). *La buprénorphine dans le traitement de la dépendance aux opioïdes. Lignes directrices*. [En ligne]. http://reductiondesmefaits.aitq.com/index.php?option=com_docman&task=doc_download&gid=206&Itemid=37 (page consultée le 5 juillet 2010).

Comité permanent de lutte à la toxicomanie (1999). *Toxicomanie et réduction des méfaits*. Québec, Qc: Publications du Québec.

Comité permanent de lutte à la toxicomanie (2003). *La consommation de psychotropes. Portrait et tendance au Québec*. Québec, Qc: Publications du Québec.

Conseil québécois sur le tabac et la santé, Société canadienne du cancer & Ministère de la Santé et des Services sociaux (2009). [En ligne]. www.jarrete.qc.ca (page consultée le 5 mai 2010).

Davis, S.F., & Buskist, W. (Eds) (2008). *21st century psychology: A reference handbook*. Thousand Oaks, Calif.: Sage Publications.

Éduc'alcool (2006). *Alcool et santé. L'alcool et les aînés*. [En ligne]. www.educalcool.qc.ca/img/Alcool_et_Sante_3.pdf (page consultée le 5 juillet 2010).

Ferguson, S.G., & Shiffman, S. (2009). The relevance and treatment of cue-induced cravings in tobacco dependance. *J Subst Abuse Treat, 36*(3), 235-243.

Golay, A., Lagger, G., & Giordan, A. (2010). *Comment motiver le patient à changer?* Paris: Maloine.

Gray, J. (2007). *Therapeutic Choices* (5th ed.). Ottawa, Ont.: Canadian Pharmacists Association.

Institut national de santé publique du Québec (2006). *Portrait de santé du Québec et de ses régions. Les analyses*. Québec, Qc: Publications du Québec.

Kayser, J.W., & Thibault, C. (2006). *Counseling en abandon du tabac – Orientations pour la pratique infirmière*. Montréal: Ordre des infirmières et infirmiers du Québec. [En ligne]. www.oiiq.org/uploads/publications/autres_publications/Tabagisme.pdf (page consultée le 5 octobre 2010).

Kumar, V., Cotran, R.S., & Robbins, S.L. (2003). *Robbins basic pathology*. Philadelphia: Saunders Elsevier.

LeFever Kee, J., Hayes, E.R., & McCuistion, L.E. (2009). *Pharmacology: A nursing process approach* (6th ed.). St. Louis, Mo.: Saunders Elsevier.

Miller, W.R., & Rollnick, S. (2006). *L'entretien motivationnel. Aider la personne à engager le changement* (trad. de l'anglais par D. Lécallier et P. Michaud). Paris: InterEditions-Dunod.

Ministère de la Santé et des Services sociaux (MSSS) (2006). *Plan québécois de lutte contre le tabagisme 2006-2010. Le Québec respire mieux*. Québec, Qc: Publications du Québec.

Ministère de la Santé et des Services sociaux (2009). *Liste officielle des centres d'accès au matériel d'injection au Québec (distribution et vente) 2008-2009*. Québec, Qc: Publications du Québec.

National Institute on Drug Abuse (2008). *Drugs, brains, and behavior – The science of addiction*. Rockwell, Md.: National Institutes of Health, U.S. Department of Health and Human Services.

Ordre des infirmières et infirmiers du Québec (2003). *Guide d'application de la nouvelle Loi sur les infirmières et les infirmiers et de la Loi modifiant le Code des professions et d'autres dispositions législatives dans le domaine de la santé*. Montréal: Ordre des infirmières et infirmiers du Québec.

Organe international de contrôle des stupéfiants (2010). *Rapport de l'Organe international de contrôle des stupéfiants pour 2009*. New York: Organisation des Nations Unies.

Paquin, I. (2003). Le traitement de substitution avec méthadone au Québec: une mesure de santé publique en réadaptation. *Drogues, santé et société, 2*(1), 112-123.

Parrillo, V.N. (2008). *Encyclopedia of social problems*. Thousand Oaks, Calif.: Sage Publications.

Payette, Y., & Nguyen, C.T. (2009). *Enquête sur le tabagisme chez les jeunes 2004-2005*. Québec, Qc: Publications du Québec.

Pinto, S., & Walsh, K. (2010). *Substance abuse in older adults*. [En ligne]. www.ebscohost.com/academic/cinahl-plus (page consultée le 5 juillet 2010).

Prochaska, J.O., & DiClemente, C.C. (1992). Stages of changes in the modification of problem behaviors. *Prog Behav Modif, 28*, 183-218.

Publications du Québec (2010). *Code de déontologie des infirmières et infirmiers* (R.R.Q., 1981, c. I-8, r.4.1). [En ligne]. www2.publicationsduquebec.gouv.qc.ca/dynamicSearch/telecharge.php?type=2&file=//I_8/I8R4_1.htm (page consultée le 5 juillet 2010).

Recherche et intervention sur les substances psychoactives – Québec (2000). *DÉBA A/D: Fiche résumé*. [En ligne]. www.risqtoxico.ca/documents/Fiche_DEBA_AD_08.pdf (page consultée le 26 avril 2010).

Santé Canada (2009). *Enquête de surveillance canadienne de la consommation d'alcool et de drogues. Sommaire des résultats pour 2008*. [En ligne]. www.hc-sc.gc.ca/hc-ps/drugs-drogues/stat/_2008/summary-sommaire-fra.php (page consultée le 26 avril 2010).

Société canadienne du cancer (2010). *Statistiques canadiennes pour le cancer 2010*. Toronto: Société canadienne du cancer. [En ligne]. www.ncic.cancer.ca/~/media/CCS/Canada%20wide/Files%20List/liste%20de%20fichiers/PDF%20-%20Policy%20-%20Canadian%20Cancer%20Statistics%20-%20French/Canadian%20Cancer%20Statistics%202010%20-%20French.ashx (page consultée le 26 avril 2010).

Statistique Canada (2010). *Fumeurs, selon le sexe, provinces et les territoires (pourcentage)*. [En ligne]. www40.statcan.gc.ca/l02/cst01/health74b-fra.htm (page consultée le 7 juillet 2010).

Stern, T.A., Rosenbaum, J.F., Fava, M., Biederman, J., & Rauch, S. (2008). *Massachusetts General Hospital comprehensive clinical psychiatry*. Philadelphia: Lippincott Williams & Wilkins.

Torchalla, I. (2010). *Smoking behaviour and smoking cessation: Differences between men and women?* [En ligne]. http://itag.ubc.ca/pdfs/Torchalla.pdf (page consultée le 6 janvier 2010).

Weekes, J., Rehm, J., & Mugford, R. (2007). *FAQ sur l'abus de médicaments d'ordonnance*. Ottawa, Ont.: Centre canadien de lutte contre l'alcoolisme et les toxicomanies. [En ligne]. www.ccsa.ca/2007%20CCSA%20Documents/ccsa-011520-2007.pdf (page consultée le 5 octobre 2010).

CHAPITRE 13

Références de l'édition originale

Atkins, E. (1982). Fever: Its history, cause, and function. *Yale J Biol Med, 55*(3-4), 283-289.

Ayello, E.A., & Lyder, C.H. (2007). Protecting patients from harm: preventing pressure ulcers in hospital patients. *Nursing, 37*(10), 36-40.

Baranoski, S. (2006). Pressure ulcers: A renewed awareness. *Nursing, 36*(8), 36-41.

Beard, R., & Day, M.W. (2008). Fever and hyperthermia: Learn to beat the heat. *Nursing, 37*(6), 28-31.

Black, J., Baharestani, M., Cuddigan, J., Dorner, B., Edsberg, L., Langemo, D., *et al.* (2007). National pressure ulcer advisory panel's updated pressure ulcer staging system. *Urol nurs, 27*(2), 144-150.

Bolton, L. (2007). Operational definition of moist wound healing. *J Wound Ostomy Continence Nurs, 34*(1), 23-29.

Caliano, C., & Jakubek, P. (2006a). Wound bed preparation: the key to success for chronic wounds, Part I. *Nursing, 36,* 70.

Caliano, C., & Jakubek, P. (2006b). Wound bed preparation: the key to success for chronic wounds, Part II. *Nursing, 36,* 76.

Gardner, S.E., Frantz, R.A., Saltzman, C.L., Hillis, S.L., Park, H., & Scherubel, M. (2006). Diagnostic validity of three swab techniques for identifying chronic wound infection. *Wound Repair Regen, 14*(5), 548-557.

Hanson, D., Langemo, D., Anderson, J., Hunter, S., & Thompson, P. (2007). Measuring wounds. *Nursing, 37*(2), 18-21.

Hunter, S., Thompson, P., Langemo, D., Hanson, D., & Anderson, J. (2007). Understanding wound dehiscence. *Nursing, 37*(9), 28-30.

Keast, D.H., Parslow, N., Houghton, P.E., Norton, L., & Fraser, C. (2007). Best practice recommendations for the prevention and treatment of pressure ulcers: Update 2006. *Adv Skin Wound Care, 20*(8), 447-460.

Kiekkas, P., Brokalaki, H., Theodorakopoulou, G., & Baltopoulos, G.I. (2008). Physical antipyresis in critically ill adults. *Am J Nurs, 108*(7), 40-49.

National Pressure Ulcer Advisory Panel (2007). *Pressure ulcer stages by NPUAP.* [En ligne]. www.npuap.org/pr2.htm (page consultée le 9 novembre 2009).

National Pressure Ulcer Advisory Panel (2009). *The role of nutrition in pressure ulcer prevention and treatment: National pressure ulcer advisory panel white paper.* [En ligne]. www.npuap.org/Nutrition%20White%20Paper%20Website%20Version.pdf (page consultée le 9 novembre 2009).

Rushing, J. (2007). Obtaining a wound culture specimen. *Nursing, 37*(11), 18.

Russo, C.A., Steiner, C., & Spector, W. (2008). Statistical brief #64: Hospitalizations related to pressure ulcers among adults 18 years and older. Rockville, Md.: Agency for Healthcare Research and Quality.

Sarvis, C.M. (2007). Wound & skin care: Calling on nerds for critically colonized wounds. *Nursing, 37*(5), 26-27.

Singer, A.J., & Dagum, A.B. (2008). Current management of acute cutaneous wounds. *N Engl J Med, 359,* 1037-1046.

Slachta, P.A. (2008). Caring for chronic wounds: a knowledge update. *American Nurse Today, 3*(7), 27.

Stotts, N.A., & Gunningberg, L. (2007). Predicting pressure ulcer risk. *Am J Nurs, 107*(11), 40-48.

Takahashi, P., Chandra, A., Kiemele, L., & Targonski, P. (2008). Wound care technologies: Emerging evidence for appropriate use in long-term care. *Ann Longterm Care, 16*(suppl.).

Van Rijswijk, L., & Lyder, C. (2008). Pressure ulcers: Were they there on admission? *Am J Nurs, 108*(11), 27-28.

Zulkowski, K., & Gray-leach, K. (2009). Staging pressure ulcers: What's the buzz in wound care? *Am J Nurs, 109*(1), 27-30.

Références de l'édition française

Baranoski, S., & Ayello, E.A. (2004). *Wound care essentials.* Philadelphia: Lippincott Williams & Wilkins.

Bryant, R.A., & Nix, D.P. (2006). *Acute and chronic wounds* (3rd ed.). St. Louis, Mo.: Mosby.

De Bale, S., & Jones, V. (2006). *Wound care nursing: A client-centered approach* (2nd ed.). St. Louis, Mo.: Mosby.

Elkin, M.K., Perry, A.G., & Potter, P.A. (2008). *Nursing interventions & clinical skills* (4th ed.). St. Louis, Mo.: Mosby.

Kane, D.P. (2006). Chronic wound healing and chronic wound management. In D. Krasner, G.T. Rodeheaver & R.G. Sibbald (Eds.), *Chronic wound care: Clinical source book for healthcare professionals.* Malvern, Pa.: HMP Communications.

Keast, D., Parslow, N., Houghton, P.E., Norton, L., & Fraser, C. (2006). Recommandations des pratiques exemplaires pour la prévention et la prise en charge des ulcères de pression: mise à jour 2006. *Wound Care Canada, 4*(1), 87-98.

Kranke, P., Bennett, M.H, Debus SE, Roeckl-Wiedmann, I., & Schnabel, A. (2004). Hyperbaric oxygen therapy for chronic wounds. *Cochrane Database of Systematic Reviews, 2,* CD004123.

Krasner, D., Rodeheaver, G.T., & Sibbald, R.G. (2007). *Chronic wound care: A clinical source book for healthcare professionals.* Malvern, Pa.: HMP Communications.

Ordre des infirmières et infirmiers du Québec (2003). *Guide d'application de la nouvelle Loi sur les infirmières et les infirmiers et de la Loi modifiant le Code des professions et d'autres dispositions législatives dans le domaine de la santé.* [En ligne]. www.oiiq.org/uploads/publications/autres_publications/Guide_application_loi90.pdf (page consultée le 15 novembre 2010).

Ordre des infirmières et infirmiers du Québec (2007). *Les soins de plaies au cœur du savoir infirmier – De l'évaluation à l'intervention pour mieux prévenir et traiter.* Westmount, Qc: Ordre des infirmières et infirmiers du Québec.

Orsted, H.L., Keast, D.H., Kuhnke, J., Armstrong, P., Attrell, E., Beaumier, M., *et al.* (2010). Recommandations de pratiques exemplaires en matière de prévention et de gestion des plaies chirurgicales ouvertes. *Wound Care Canada, 8*(1), 36-61.

Potter, P.A., & Perry, A.G. (2010). *Soins infirmiers: fondements généraux* (3e éd.). Montréal: Chenelière Éducation.

Sibbald, G., Orsted, H., Coutts, P., & Keast, D. (2006). Recommandations des pratiques exemplaires pour la préparation du lit de la plaie: mise à jour 2006. *Wound Care Canada, 4*(1), 73-86.

CHAPITRE 14

Références de l'édition originale

Bryant, H. (2007). Anaphylaxis: Recognition, treatment, and education. *Emerg Nurse, 15,* 24.

Bundesen, I.M. (2008). Natural rubber latex: A matter of concern for nurses. *AORN J, 88,* 197.

Coico, R., & Sunshine, G. (2009). Immunology: A short course (6th ed.). Hoboken, N.J.: John Wiley & Sons.

Cooper, C. (2007). Multiple chemical sensitivity in the clinical setting. *Am J Nurs, 107,* 40.

Goligher, E.C., & Detsky, A.S. (2009). Migratory pulmonary infiltrates. *CMAJ, 180,* 75.

Goodwin, K., Viboud, C., & Simonsen, L. (2005). Antibody response to influenza vaccination in the elderly: A quantitative review. *Vaccine, 24*(8), 1159.

Hahn, T., McCarthy, P.L., Zhang, M.J., Wang, D., Arora, M., Frangoul, H., *et al.* (2008). Risk factors for acute graft-versus-host disease after human leukocyte antigen-identical sibling transplants for adults with leukemia. *J Clin Oncol, 28,* 5728.

Hummell, D. (2008). Common allergy disorders. *Contemporary Pediatrics, 25,* 40.

Hunter, S., Anderson, J.W., Langemo, D., Hanson, D., & Thompson, P.A. (2008). When your patient has atopic dermatitis., *Nursing, 38,* 55.

Juglen, L.M., Pestka, E.L., Clawson, M.L., & Fisher, S.D. (2008). Incorporating genetics and genomics into nursing practice: A demonstration. *Online J Issues Nurs, 13.*

Lea, D.H. (2009). The genetic information nondiscrimination act (GINA): What it means for your clients and families. *Online J Issues Nurs, 14.*

Lea, D.H., Feero, G., & Jenkins, J.F. (2009). Keeping genetic information confidential. *American Nurse Today, 4,* 26.

Leighton, S.C. (2008). The spin on apheresis. *Nursing, 38,* 29.

Linda, E.B. (2009). Speaking up for organ donors. *Nursing, 39,* 28.

Maradiegue, A. (2008). A resource guide for learning about genetics. *Online J Issues Nurs, 13.*

McLeod, B.C. (2007). Evidence based therapeutics apheresis in autoimmune and other hemolytic anemias. *Curr Opin Hematol, 14,* 647.

Moore, J., Middleton, L., Cockwell, P., Adu, D., Ball, S., Little, M.A., *et al.* (2009). Calcineurin inhibitor sparing with mycophenolate in kidney transplantation: A systemic review and meta-analysis. *Transplantation, 87,* 591.

National Center for Biotechnology Information, National Library of Medicine & National Institutes of Health (2009). *Gene tests.* [En ligne]. www.ncbi.nlm.nih.gov/sites/GeneTests/?db=GeneTests (page consultée le 21 octobre 2009).

Peavy, R.D., & Metcalfe, D.D. (2008). Understanding the mechanisms of anaphylaxis. *Curr Opin Allergy Clin Immunol, 8,* 310.

Tan, J., Yang, S., Cai, J., Guo, J., Huang, L., Zhixian, W., *et al.* (2008). Simultaneous islet and kidney transplantation in seven patients with type 1 diabetes and end-stage renal disease using a glucocorticoid-free immunosuppressive regimen with alemtuzumab induction. *Diabetes, 57,* 2666.

U.S. Department of Health and Human Services & National Institutes of Health (2009). *Stem cell basics.* [En ligne]. http://stemcells.nih.gov/staticresources/info/basics/SCprimer2009.pdf (page consultée le 23 octobre 2009).

U.S. National Library of Medicine & National Institutes of Health (2009). *Genetics home reference. Handbook of gene therapy.* [En ligne]. *http://ghr.nlm.nih.gov* (page consultée le 21 septembre 2009).

Vandenbusche, L.M. (2008). Integrating genetics into primary care: Family history is key. *Advanced Practice Nurse Journal.*

Références de l'édition française

Agence canadienne d'inspection des aliments (2010). *Allergies alimentaires courantes. Guide du consommateur – Comment gérer les risques.* [En ligne]. http://inspection.gc.ca/francais/fssa/labeti/allerg/allergf.pdf (page consultée le 3 février 2011).

Appelbaum, F.R. (2002). Greffe de moelle osseuse et de cellules souches. Dans E.

Braunwald, A.S. Fauci, D.L. Kasper, S.L. Hauser, D.L. Longo & J.L. Jameson (dir.), *Harrison, Principes de médecine interne* (15e éd., p. 738-744). Paris : Flammarion Médecines-Sciences.

Association canadienne de greffes et de dons d'organes (2010). [En ligne]. http://organdonations.ca/facts (page consultée le 16 juillet 2010).

Association des allergologues et immunologues du Québec (AAIQ) (2011). *Les tests d'allergie.* [En ligne]. www.allerg.qc.ca/Information_allergique/tests_allergie.html (page consultée le 12 janvier 2011).

Association des pharmaciens du Canada (2010). *Compendium des produits et spécialités pharmaceutiques (e-CPS).* [En ligne]. www.pharmacists.ca (page consultée le 22 juillet 2010).

Audibert, F., Wilson, R.D., Allen, V., Blight, C., Brock, J.A., Désilets, V.A., *et al.* (2009). Dépistage génétique préimplantatoire. Comité sur la génétique. *Journal d'obstétrique et gynécologie du Canada, 31*(8), 768-775.

Austen, F.K. (2002). Allergies, anaphylaxie et mastocytose systémique. Dans E. Braunwald, A.S. Fauci, D.L. Kasper, S.L. Hauser, D.L. Longo, & J.L. Jameson, *Harrison, Principes de médecine interne* (15e éd., p.1913-1922). Paris : Flammarion Médecines-Sciences.

Bégin, P., & Paradis, J. (2009). Cet article peut contenir des traces d'arachides. *Le Médecin du Québec, 44*(5), 41-46. [En ligne]. www.fmoq.org/fr/mdq/archives/00/2009/numero.aspx?num=5 (page consultée le 23 février 2011).

Bourbonnais, G. (2010). *Génétique 5: hérédité liée au sexe.* [En ligne]. www.cegep-ste-foy.qc.ca/profs/gbourbonnais/pascal/nya/genetique/notesgenet/notesgenet_5.htm (page consultée le 14 juillet 2010).

Bourdin, A., Godard, P., Charpin, D., Tillie-Leblond, I., Raherison, C., & Marquette, C.H. (2010). *Allergies et hypersensibilités, item 113. Allergies respiratoires, item 115.* [En ligne]. www.med.univ-montp1.fr/enseignement/cycle_2/MIA/Autres_ressources/Allergies_et_Hypersensibilites_Adulte.pdf (page consultée le 11 janvier 2011).

Callum, J.L., & Pinkerton, P.H. (2005). *Sang difficulté 2: transfusions sanguines, alternatives et réactions transfusionnelles* (2e éd.). Toronto, Ont. : Centre des Sciences de la santé des femmes et Collège Sunnybrook.

Conseil supérieur de la santé (2009). *Allergies et pseudo allergies alimentaires.* [En ligne]. www.health.belgium.be/internet2Prd/groups/public/@public/@shc/documents/ie2divers/17794533_fr.pdf.

Corporation de recherche et d'action sur les maladies héréditaires [CORAMH] (2010). *Hérédité et génétique.* [En ligne]. www.coramh.org/pages.php?p=2 (page consultée le 14 juillet 2010).

Decoster, A., Lemahieu, J.C., Dehecq, E., & Duhamel, M. (2004). *L'immunité spécifique.* [En ligne]. http://anne.decoster.free.fr/immuno/ispe/ispe.htm (page consultée le 2 février 2011).

Deruaz, C.A., Lapointe, A.K., Bart, P.A., Leimgruber, A., & Spertini, F. (2004). Latex : de l'allergie professionnelle au syndrome latex-fruit. *Revue Médicale Suisse, 529.* [En ligne]. http://revue.medhyg.ch/article.php3?sid=23691 (page consultée le 3 février 2011).

Dewachter, P., Mouton-Faivre, C., Nace, L., Longrois, D., & Mertes, P-M. (2007). Prise en charge d'une réaction anaphylactique en extrahospitalier et aux urgences : revue de la littérature. *Urgence pratique, 84,* 5-13. [En ligne]. www.urgence-pratique.com/2articles/medic/Reac%20anaphylactic.pdf (page consultée le 3 février 2011).

Dzieczkowski, J. S., & Anderson, K.C. (2002). Biologie de la transfusion et thérapeutique transfusionnelle. Dans E. Braunwald, A.S. Fauci, D.L. Kasper, S.L. Hauser, D.L. Longo, & J.L. Jameson, *Harrison, Principes de médecine interne* (15e éd., p. 733-739). Paris : Flammarion Médecines-Sciences.

Furger, P., Bouali, R., Gilbert, M., Leblanc, F., & Vadeboncoeur, A., en collaboration avec l'Université Laval (2005). *Docteur@méd.ca. Du symptôme au diagnostic.* Québec, Qc : Éditions D & F.

Gabus, V. (2005). Choc anaphylactique. *Bulletin SMUR, 15,* juin.

Hébert, J., Caron, A., Charbonneau, Y., Copeland, D., Dubé, N., & Primeau, M.N. (2010). *Immunothérapie par voie sous-cutanée pour le traitement des allergies. Consensus québécois.* [En ligne]. www.allerg.qc.ca/Professionels/A_Immunotherapie_12_10_vf.pdf (page consultée le 2 février 2011).

HumGen International (2011a). *La recherche en génétique humaine. Qu'est-ce que le projet du génome humain ?* [En ligne]. www.humgen.org/int/faq.cfm?Idsuj=2 (page consultée le 10 mars 2011).

HumGen International (2011b). *Test de dépistage génétique.* [En ligne]. www.humgen.org/int/faq.cfm?Idsuj=1 (page consultée le 5 janvier 2011).

HumGen International (2011c). *L'assurance et l'information génétique.* [En ligne]. www.humgen.org/int/faq.cfm?Idsuj=12 (page consultée le 5 janvier 2011).

HumGen International (2011d). *La discrimination génétique.* [En ligne]. www.humgen.

org/int/faq.cfm?Idsuj=11 (page consultée le 5 janvier 2011).

HumGen International (2011e). *Les cellules souches.* [En ligne]. www.humgen.org/int/faq.cfm?Idsuj=4 (page consultée le 5 janvier 2011).

Institut canadien d'information sur la santé (2010). *Traitement du stade terminal de l'insuffisance organique au Canada, de 1999 à 2008* – Rapport annuel du RCITO. Ottawa, Ont. : Institut canadien d'information sur la santé.

Isabelle, C., & Blaquière, M. (2009). Anaphylaxie sous les foudres de l'Olympe. *Le Médecin du Québec, 44*(5), 33-39. [En ligne]. www.fmoq.org/fr/mdq/archives/00/2009/numero.aspx?num=5 (page consultée le 3 février 2011).

Jouet, J.P. (2007). *Les greffes de cellules souches hématopoïétiques.* [En ligne]. http://medecine.univ-lille2.fr/pedagogie/contenu/mod-transv/module08/item127/greffes_cel_souches_hematop.pdf (page consultée le 3 février 2011).

Laberge, A.-M., Michaud, J., Richter, A., Lemyre, E., Lambert, M., Brais, B., *et al.* (2005). Population history and its impact on medical genetics in Quebec. *Clin Genet, 68,* 287-301.

Lemahieu, J.C. (2004). *Le système immunitaire : cellules, molécules et organes de l'immunité.* [En ligne]. http://anne.decoster.free.fr/immuno/orgcelri/orgcelmo.htm (page consultée le 8 janvier 2011).

Male, D. (2007). L'hypersensibilité de type II. Dans D. Male, J. Brostoff, D.B. Roth, & I. Roitt, *Immunologie* (7e éd., p. 495-508). Issy-les-Moulineaux, France : Elsevier Masson SAS.

Ministère de la Santé et des Services sociaux (2011). *Dons d'organes et de tissus.* [En ligne]. www.msss.gouv.qc.ca/sujets/organisation/don_organes/index.php?accueil (page consultée le 26 janvier 2011).

Nepom, G.T., & Taurog, J.D. (2002). Gènes du complexe majeur d'histocompatibilité. Dans E. Braunwald, A.S. Fauci, D.L. Kasper, S.L. Hauser, D.L. Longo, & J.L. Jameson, *Harrison, Principes de médecine interne* (15e éd., p. 1830-1839). Paris : Flammarion Médecines-Sciences.

Paradis, L., & Des Roches, A. (2009). Allergie aux antibiotiques quand la coupe déborde. *Le Médecin du Québec, 44*(5), 53-58. [En ligne]. www.fmoq.org/fr/mdq/archives/00/2009/numero.aspx?num=5.

Pauli, G. (2010). Immunothérapie spécifique : mécanismes et conséquences thérapeutiques futures. *La Revue de Respir, 28.* [En ligne]. www.respir.com/doc/pdf/revue/LaRevueDeRespir28_avr10.pdf (page consultée le 3 février 2011).

Portail québécois des maladies génétiquement orphelines (PQMGO) (2010). *La génétique et l'hérédité expliquées.* [En ligne]. www.pqmgo.com/gegenetique.html (page consultée le 14 juillet 2010).

Québec-Transplant (2010a). *Donneur vivant* [En ligne]. www.quebec-transplant.qc.ca/QuebecTransplant_fr/don_vivant.htm (page consultée le 17 juillet 2010).

Québec-Transplant (2010b). *Le don d'organes et de tissus.* [En ligne]. www.quebec-transplant.qc.ca/QuebecTransplant_fr/don_organes.htm (page consultée le 17 juillet 2010).

Québec-Transplant (2010c). *Le nombre de personnes transplantées au Québec, par type ou combinaison d'organes* [En ligne]. www.quebec-transplant.qc.ca/QuebecTransplant_fr/stats_tx.htm (page consultée le 17 juillet 2010).

Québec-Transplant (2010d). *Les personnes en attente d'une transplantation au 31 décembre.* [En ligne]. www.quebec-transplant.qc.ca/QuebecTransplant_fr/stats_attente.htm (page consultée le 17 juillet 2010).

Rast, H., Jost, M. (2006). *Allergie au latex. Risques et mesures préventives au poste de travail.* Lucerne, Suisse : Suva – Caisse nationale suisse d'assurance en cas d'accidents, Division médecine du travail.

Santé Canada (2005). *Projet du génome humain.* [En ligne]. www.hc-sc.gc.ca/sr-sr/biotech/about-apropos/genome-fra.php (page consultée le 16 janvier 2011).

Société canadienne d'immunodéficience (2011). *Qu'est-ce que l'immunodéficience primaire ?* [En ligne]. www.cisociety.com/french/what-is-PID-fr.html (page consultée le 15 janvier 2011).

Stallergenes (2011a). *L'éviction de l'allergie.* [En ligne]. www.stallergenes.fr/les-traitements-de-l-allergie/l-eviction-de-l-allergie.html (page consultée le 12 janvier 2011).

Stallergenes (2011b). *Les allergies croisées.* [En ligne]. www.stallergenes.fr/patient/l-allergie/les-allergies-croisees.html (page consultée le 13 janvier 2011).

Tortora, G.J., & Grabowski, S.R. (2001). *Principes d'anatomie et de physiologie.* Montréal : Éditions du Renouveau Pédagogique Inc.

UNESCO (2003), Déclaration internationale sur les données génétiques humaines. Disponible au http://portal.unesco.org/fr/ev.php-url_id=17720&url_do=do_topic&url_section=201.html.

CHAPITRE 15

Références de l'édition originale

Artsob, H., Gubler, D.J., Enria, D.A., Morales, M.A., Pupo, M., Bunning, M.L., et al. (2009). West Nile virus in the new world: Trends and spread of West Nile virus in the western hemisphere. *Zoonoses Public Health, 56*(6-7), 357-369.

Barbaro, G., & Iacobellis, G. (2009). Metabolic syndrome associated with HIV and highly active antiretroviral therapy. *Curr Diab Rep, 9*(1), 37-42.

Benotsch, E.G., Seal, D.W., Stevenson, L.Y., Sitzler, C., Kelly, J.A., Bogart, L.M., et al. (2008). Stigma, AIDS, and HIV prevention in Africa: Reports from community organizations providing prevention services. *J Hum Behav Soc Environ, 18*(3), 329-349.

Bogart, L.M., Cowgill, B.O., Kennedy, D., Ryan, G., Murphy, D.A., Elijah, J., et al. (2008). HIV-related stigma among people with HIV and their families: A qualitative analysis. *AIDS Behav, 12*(2), 244-254.

Bowles, K.E., Clark, H.A., Tai, E., Sullivan, P.S., Song. B., Tsang, J., et al. (2008). Implementing rapid HIV testing in outreach and community settings: Results from an advancing HIV prevention demonstration project conducted in seven U.S. cities. *Public Health Rep, 123,* 78-85.

Bradley-Springer, L. (Ed.) (2005). *HIV symptom management.* Akron, Ohio: Association of Nurses in AIDS Care.

Brown, H.G., & Lee, J.M. (2009). *Biology and genetics of prions.* [En ligne]. www.uptodate.com/patients/content/topic.do?topicKey=~Ht2rNaJoJBudat (page consultée le 25 août 2009).

Buchbinder, S. (2009). The epidemiology of new HIV infections and interventions to limit HIV transmission. *Top HIV Med, 17*(2), 37-43.

Centers for Disease Control and Prevention (1992). *1993 Revised classification system for HIV infection and expanded surveillance case definition for AIDS among adolescents and adults* (MMWR 1992; 41, No. RR-17). [En ligne]. www.cdc.gov/mmwr/preview/mmwrhtml/00018871.htm (page consultée le 2 avril 2011).

Centers for Disease Control and Prevention (2003). *Advancing HIV prevention: New strategies or a changing epidemic.* [En ligne]. www.cdc.gov/hiv/topics/prev_prog/AHP/AHP-Overview (page consultée le 22 août 2009).

Centers for Disease Control and Prevention (2005). *Updated U.S. Public Health Service guidelines for the management of occupational exposures to HIV and recommendations for postexposure prophylaxis.*

[En ligne]. www.aidsinfo.nih.gov (page consultée le 16 août 2009).

Centers for Disease Control and Prevention (2006a). *How is HIV passed from one person to another?* [En ligne]. www.cdc.gov/hiv/resources/qa/qa15.htm (page consultée le 16 août 2009).

Centers for Disease Control and Prevention (2006b). *How safe is the blood supply in the United States?* [En ligne]. www.cdc.gov/hiv/resources/qa/qa15.htm (page consultée le 16 août 2009).

Centers for Disease Control and Prevention (2006c). *Revised recommendations for HIV testing of adults, adolescents, and pregnant women in health-care settings.* [En ligne]. www.cdc.gov/mmwr/preview/mmwrhtml/rr5514a1.htm (page consultée le 22 août 2009).

Centers for Disease Control and Prevention (2007a). *Guidelines for isolation precautions: Preventing transmission of infectious agents in healthcare settings 2007.* [En ligne]. www.cdc.gov/hicpac/2007IP/2007isolationPrecautions.html (page consultée le 2 avril 2011).

Centers for Disease Control and Prevention (2007b). *HIV and its transmission.* [En ligne]. www.cdc.gov/hiv/pubs/facts/transmission.htm (page consultée le 25 août 2009).

Centers for Disease Control and Prevention (2007c). *HIV/AIDS surveillance report.* [En ligne]. www.cdc.gov/hiv/surveillance.htm (page consultée le 6 août 2009).

Centers for Disease Control and Prevention (2008a). *About antibiotic resistance.* [En ligne]. www.cdc.gov/getsmart/antibiotic-use/anitbiotic-resistance-faqs.html (page consultée le 2 avril 2011).

Centers for Disease Control and Prevention (2008b). *Guidelines for the use of antiretroviral agents in HIV-1-infected adults and adolescents.* [En ligne]. www.aidsinfo.nih.gov (page consultée le 16 août 2009).

Centers for Disease Control and Prevention (2008c). *Measles outbreak continue in U.S., 2008.* [En ligne]. www.cdc.gov/Features/MeaslesUpdate

Centers for Disease Control and Prevention (2008d). *Revised surveillance case definitions for HIV infection among adults, adolescents and children < 18 months and for HIV infection and AIDS among children aged 18 months to < 13 years – United States.* [En ligne]. www.cdc.gov/mmwr/preview/mmwrhtml/rr5710a1.htm (page consultée le 27 août 2009).

Centers for Disease Control and Prevention (2009a). *Guidelines for the prevention and treatment of opportunistic infections in HIV-infected adults and adolescents:*

Recommendations from CDC, the National Institutes of Health, and the HIV Medicine Association of the Infectious Diseases Society of America. [En ligne]. www.aidsinfo.nih.gov (page consultée le 16 août 2009).

Centers for Disease Control and Prevention (2009b). *H1N1 (swine flu): General information.* [En ligne]. www.cdc.gov/h1n1flu/general_info.htm (page consultée le 25 août 2009).

Centers for Disease Control and Prevention (2009c). *Incorporating HIV prevention into the medical care settings (PICS).* [En ligne]. www.cdc.gov/hiv/topics/prev_prog/AHP/resources/factsheets/PICS.htm (page consultée le 22 août 2009).

Centers for Disease Control and Prevention (2009d). *Prion diseases.* [En ligne]. www.cdc.gov/ncidod/dvrd/prions/index.htm (page consultée le 25 août 2009).

Centers for Disease Control and Prevention (2009e). *Public health service task force recommendations for use of antiretroviral drugs in pregnant HIV-infected women for maternal health and interventions to reduce perinatal HIV transmission in the United States.* [En ligne]. www.aidsinfo.nih.gov (page consultée le 16 août 2009).

Centers for Disease Control and Prevention (2009f). *Questions and answers about Ebola hemorrhagic fever.* [En ligne]. www.cdc.gov/ncidod/dvrd/spb/mnpages/dispages/ebola/qa.htm (page consultée le 2 avril 2011).

Centers for Disease Control and Prevention (2009g). Trends in tuberculosis – United States, 2008. *MMWR Morb Mortal Wkly Rep, 58,* 10.

Chopra, I., Schofield, C., Everett, M., O'Neil, A., Miller, K., Wilcox, M., et al. (2008). Treatment of health-care associated infections caused by gram-negative bacteria: A consensus statement. *Lancet, 8*(2), 133-139.

Cohan, D., Sarnquist, C., Gomez, E., Feakins, C., Maldonado, Y., & Zetola, N. (2008). Increased uptake of HIV testing with the integration of nurse-initiated HIV testing into routine prenatal care. *J Acquir Immune Defic Syndr, 49*(5), 571-573.

Davis, A., Johnson, S.D., Kiser, J., & Hindman, J. (2009). *A pharmacist's guide to antiretroviral medications for HIV-infected adults and adolescents.* [En ligne]. www.mpaetc.org/downloads/mpaetc_pharm_guide_09.pdf (page consultée le 22 août 2009).

DeMarco, R.F., Kendricks, M., Dolmo, Y., Looby, S.E., & Rinne, K. (2009). The effect of prevention messages and self-efficacy

skill building with inner-city women at risk for HIV infection. *J Assoc Nurses AIDS Care, 20*(4), 283-292.

Des Jarlais, D.C., McKnight, C., Goldblatt, C., & Purchase, D. (2009). Doing harm reduction better: Syringe exchange in the United States. *Addiction, 104*(9), 1441-1446.

Fauci, A.S., Touchette, N.A., & Folkers, G.K. (2005). Emerging infectious diseases: A 10-year perspective from the National Institute of Allergy and Infectious Diseases. *Emergency Infectious Disease, 11*(4), 519.

Gatherer, D. (2009). The 2009 H1N1 influenza outbreak in its historical context. *J Clin Virol, 45*(3), 174-178.

High, K.P., Bradley, S.F., Gravenstein, S., Mehr, D.R., Quagliarello, V.J., Richards, C., et al. (2009). Clinical practice guideline for the management of fever and infection in older residents of long-term care facilities – 2008 update by the Infectious Diseases Society of America. *J Am Geriatr Soc, 57,* 375-394.

Holzemer, W.L., Human, S., Arudo, J., Rosa, M.E., Hamilton, M.J., Corless, I., et al. (2009). Exploring HIV stigma and quality of life for persons living with HIV infection. *J Assoc Nurses AIDS Care, 20*(3), 161-168.

Huether, S.E., & McCance, K.L. (2007). *Understanding pathophysiology* (4th ed.). St. Louis, Mo.: Mosby.

Kaiser Family Foundation (2007). *Overview: Regional/global HIV/AIDS statistics, 2007.* [En ligne]. www.globalhealthreporting.org (page consultée le 25 août 2009).

Kaiser Family Foundation (2009). *The Global HIV/AIDS epidemic Fact Sheet, April 2009.* [En ligne]. www.globalhealthreporting.org (page consultée le 16 août 2009).

Knobel, H., Urbina, O., Gonzalez, A., Sorli, M.L., Montero, M., Carmona, A., et al. (2009). Impact of different patterns of nonadherence on the outcome of highly active antiretroviral therapy in patients with long-term follow up. *HIV Medicine, 10*(6), 364-369.

Kwong, J. (2009). *First visit basics: Initiating care for the HIV-infected patient.* Denver, Colo.: Mountain Plains AIDS Education, Training Center.

Madoff, L.C., & Kasper, D.L. (2008). Introduction to infectious diseases: Host pathogen interaction. In A.S. Fauci, E. Braunwald, D.L. Kasper, S.L. Hauser, D.L. Longo, J.L. Jameson, et al. (Eds), *Harrison's principles of internal medicine.* New York: McGraw-Hill.

Mahungu, T.W., Rodger, A.J., & Johnson, M.A. (2009). HIV as a chronic disease. *Clinical Medicine, 9*(2), 125-128.

Marcelin, A.G., Tubiana, R., Lambert-Niclot, S., Lefebvre, G., Dominguez, S., Bonmarchand, M., *et al.* (2008). Detection of HIV-1 RNA in seminal plasma samples from treated patients with undetectable HIV-1 RNA in blood plasma. *AIDS, 22*(13), 1677-1679.

Martinez, E., Larrousse, M., & Gatell, J.M. (2009). Cardiovascular disease and HIV infection: Host, virus, or drugs? *Curr Opin Infect Dis, 22*(1), 28-34.

Mayer, K., Pizer, H.F., & Venkatesh, K.K. (2008). The social ecology of HIV/AIDS. *Med Clin North Am, 92*(6), 1363-1375.

Moore, C.L., Hingwe, A., Donabedian, S.M., Perri, M.B., Davis, S.L., Haque, N.Z., *et al.* (2009). Comparative evaluation of epidemiology and outcomes of methicillin-resistant *Staphylococcus aureus* (MRSA) USA300 infections causing community and healthcare-associated infections. *Int J Antimicrob Agents, 34*(2), 148-155.

Mountain Plains AIDS Education and Training Center (2009). *STD/HIV risk assessment: A quick reference guide.* [En ligne]. www.mpaetc.org (page consultée le 22 août 2009).

National Institute of Allergy and Infectious Diseases (2009). *HIV risk factors.* [En ligne]. www.niaid.nih.gov/topics/HIVAIDS/Understanding/Pages/riskFactors.aspx (page consultée le 2 avril 2011).

New Mexico AIDS Education and Training Center (2008). *St. John's wort (hypericin): Fact sheet 729.* [En ligne]. www.aidsinfonet.org (page consultée le 22 août 2009).

New Mexico AIDS Education and Training Center (2009a). *Alternative and complementary therapies: Fact sheet 700.* [En ligne]. www.aidsinfonet.org (page consultée le 22 août 2009).

New Mexico AIDS Education and Training Center (2009b). *Drug use and HIV: Fact sheet 154.* [En ligne]. www.aidsinfonet.org (page consultée le 25 août 2009).

New Mexico AIDS Education and Training Center (2009c). *The HIV life cycle: Fact sheet 400.* [En ligne]. http://aidsinfo.nih.gov/other/factsheet.asp (page consultée le 25 août 2009).

Occupational Safety & Health Administration (2009). *Bloodborne pathogens and needlestick prevention.* [En ligne]. www.osha.gov/SLTC/bloodbornepathogens.

Ortiz, A.M., & Silvestri, G. (2009). Immunopathogenesis of AIDS. *Curr Infect Dis Rep, 11*(3), 239-245.

Osmond, D.H. (2003). *Epidemiology of HIV/AIDS in the United States.* [En ligne]. www.hivinsite.org/InSite?page=kb-00&doc=kb-01-03 (page consultée le 2 avril 2011).

Pommerville, J.C. (2007). *Alcamo's fundamentals of microbiology.* Boston : Jones & Bartlett.

Public Health Agency of Canada (2007). *HIV/AIDS Epi updates, November 2007.* [En ligne]. www.phac-aspc.gc.ca/aids-sida/publication/epi/epi2007-eng.php (page consultée le 6 août 2009).

Ramachandran, R., & Shanmughavle, P. (2009). Role of microbicides in the prevention of HIV and sexually transmitted diseases – a review. *Curr HIV Res, 7,* 129.

Roberson, D.W., White, B.L., & Fogel, C.I. (2009). Factors influencing adherence to antiretroviral therapy for HIV-infected female inmates. *J Assoc Nurses AIDS Care, 20*(1), 50-61.

Rotheram-Borus, M.J., Swendeman, D., & Chovnick, G. (2009). The past, present, and future of HIV prevention: Integrating behavioral, biomedical, and structural intervention strategies for the next generation of HIV prevention. *Annu Rev Clin Psychol, 5,* 143-167.

Salahuddin, N., Barroso, J., Leserman, J., Harmon, J.L., & Pence, B.W. (2009). Daytime sleepiness, nighttime sleep quality, stressful life events, and HIV-related fatigue. *J Assoc Nurses AIDS Care, 20*(1), 6-13.

Scarinci, E.G., Griffin, M.T.Q., Grogoriu, A., & Fitzpatrick, J.J. (2009). Spiritual well-being and spiritual practices in HIV-infected women: A preliminary study. *J Assoc Nurses AIDS Care, 20*(1), 69-76.

Stevenson, M. (2009). Basic science summary. *Top HIV Med, 17*(2), 30-34.

Tobian, A.A., & Quinn, T.C. (2009). Herpes simplex virus type 2 and syphilis infections with HIV: An evolving synergy in transmission and prevention. *Curr Opin HIV AIDS, 4*(4), 294-299.

Valenti, W.M. (2008). Acute retroviral syndrome: A challenge for primary care. *AIDS Read, 18*(6), 294.

Watkins, D.I. (2009). HIV vaccine development. *Top HIV Med, 17*(2), 35.

World Health Organization (2009a). *Confirmed number of human cases of avian influenza A (H5N1) reported to WHO.* [En ligne]. www.who.int/csr/disease/avian_influenza/country/cases_table_2009_06_02/en/index.html (page consultée le 25 août 2009).

World Health Organization (2009b). *What is the new influenza A H1N1?* [En ligne]. www.who.int/csr/disease/swineflu/frequently_asked_questions/about_disease/en/index.html (page consultée le 25 août 2009).

Références de l'édition française

Agence de la santé publique du Canada (1999). *Pratiques de base et précautions additionnelles visant à prévenir la transmission des infections dans les établissements de santé.* [En ligne]. www.phac-aspc.gc.ca/publicat/ccdr-rmtc/99vol25/25s4/index_f.html (page consultée le 6 octobre 2010).

Agence de la santé publique du Canada (2000). *Dépistage du VIH dans les points de service à l'aide de trousses de dépistage rapide – Guide pour les professionnels de santé.* [En ligne]. www.phac-aspc.gc.ca/publicat/ccdr-rmtc/00vol26/rm2607fa.html (page consultée le 6 octobre 2010).

Agence de la santé publique du Canada (2004). *Principales causes de décès.* [En ligne]. www.phac-aspc.gc.ca/publicat/lcd-pcd97/index-fra.php (page consultée le 6 octobre 2010).

Agence de la santé publique du Canada (2007a). *Actualités en épidémiologie sur le VIH/sida.* [En ligne]. www.phac-aspc.gc.ca/aids-sida/publication/epi/pdf/epi2007_f.pdf (page consultée le 8 octobre 2010).

Agence de la santé publique du Canada (2007b). *Test de dépistage du VIH et la consultation : politiques en transition?* [En ligne]. www.phac-aspc.gc.ca/aids-sida/publication/hivtest/pdf/hivtest_f.pdf (page consultée le 6 octobre 2010).

Agence de la santé publique du Canada (2009). *Le VIH et le sida au Canada. Rapport de surveillance en date du 31 décembre 2008.* Ottawa, Ont. : Division de la surveillance et de l'évaluation des risques, Centre de la lutte contre les maladies transmissibles et les infections, Agence de la santé publique du Canada.

Association canadienne de santé publique (2005). *Au premier plan : le Canada se mobilise contre le VIH/sida (2005-2010).* [En ligne]. www.premierplan.ca/pdf/au_premier_plan.pdf (page consultée le 6 octobre 2010).

Association pulmonaire du Canada (2006). *Tuberculose au Canada et au monde.* [En ligne]. www.lung.ca/diseases-maladies/tuberculosis-tuberculose/world-monde/index_f.php (page consultée le 6 octobre 2010).

Centre SIDA McGill (2009, 16 septembre). *Projet SPOT.* [En ligne].www.spottestmontreal.com/Page/presse.aspx (page consultée le 6 octobre 2010).

Ministère de la Santé et des Services sociaux (2004). *Interventions préventives auprès des personnes atteintes d'une infection transmissible sexuellement (ITS) et auprès de leurs partenaires.* [En ligne]. http://publications.msss.gouv.qc.ca/acrobat/f/documentation/2004/04-325-02.pdf (page consultée le 6 octobre 2010).

Ministère de la Santé et des Services sociaux (2006a). *Épidémiologie de la tuberculose au Québec de 2000 à 2003.* [En ligne]. www.msss.gouv.qc.ca/sujets/prob_sante/tuberculose/index.php?Situation_actuelle (page consultée le 10 octobre 2010).

Ministère de la Santé et des Services sociaux (2006b). *Guide pour la prophylaxie postexposition (PPE) aux personnes exposées à des liquides biologiques dans le contexte du travail.* [En ligne]. http://publications.msss.gouv.qc.ca/acrobat/f/documentation/2005/05-333-01.pdf (page consultée le 10 octobre 2010).

Ministère de la Santé et des Services sociaux (2006c). *Les infections nosocomiales – Plan d'action sur la prévention et le contrôle des infections.* Québec, Qc : Publications du Québec.

Ministère de la Santé et des Services sociaux (2008). *La thérapie antirétrovirale pour les adultes infectés par le VIH – Guide pour les professionnels de la santé du Québec.* [En ligne]. http://publications.msss.gouv.qc.ca/acrobat/f/documentation/2007/07-337-02.pdf (page consultée le 10 octobre 2010).

Ministère de la Santé et des Services sociaux (2009). *Éclosion de rougeole au Québec – Portrait épidémiologique au 26 mars 2009.* [En ligne]. www.msss.gouv.qc.ca/sujets/prob_sante/rougeole/portrait_26mars2009.php (page consultée le 8 octobre 2010).

Ministère de la Santé et des Services sociaux (2010). *Rougeole.* [En ligne]. www.msss.gouv.qc.ca/sujets/prob_sante/rougeole/rougeole.php (page consultée le 8 octobre 2010).

Organisation mondiale de la santé (2010a). *Fièvre hémorragique à virus Ébola.* [En ligne]. www.who.int/mediacentre/factsheets/fs103/fr (page consultée le 8 octobre 2010).

Organisation mondiale de la santé (2010b). *Foire aux questions sur la tuberculose ultra résistante.* [En ligne]. www.who.int/tb/challenges/xdr/faqs/fr/index.html (page consultée le 8 octobre 2010).

Santé Canada (1998). *Guide de prévention des infections. Lavage des mains, nettoyage, désinfection et stérilisation dans les établissements de santé.* Ottawa, Ont. : Santé Canada, Laboratoire de lutte contre la maladie, Bureau des maladies infectieuses et du travail.

Santé Canada (2009). *Votre santé et vous – Tuberculose.* [En ligne]. www.hc-sc.gc.ca/hl-vs/iyh-vsv/diseases-maladies/tubercu-fra.php (page consultée le 6 octobre 2010).

Société canadienne de l'hémophilie (2007). *Bulletin 2005-2007 du système canadien d'approvisionnement en sang.* [En ligne]. www.hemophilia.ca/fr/l-approvisionnement-securitaire-en-sang/bulletins-du-systeme-canadien-d-approvisionnement-en-sang/bulletin-2005-2007-du-systeme-canadien-d-approvisionnement-en-sang (page consultée le 6 octobre 2010).

CHAPITRE 16

Références de l'édition originale

Abeloff, M.D. (2008). *Clinical oncology: Expert consult premium edition.* London: Churchill Livingstone.

Adams, L.A., Shepard, N., Caruso, R.A., Norling, M.J., Belansky, H., & Cunningham, R.S. (2009). Putting evidence into practice: Evidence-based interventions to prevent and manage anorexia. *Clin J Oncol Nurs, 13*(1), 95.

American Cancer Society (2009). *Cancer facts and figures for African Americans, 2009-2010.* [En ligne]. www.cancer.org/Research/CancerFactsFigures/CancerFactsFiguresforAfricanAmericans/cffaa-2009-2010-pdf (page consultée le 29 novembre 2010).

American Cancer Society (2010). *Cancer facts and figures 2010.* [En ligne]. www.cancer.org/acs/groups/content/@epidemiologysurveilance/documents/document/acspc-026238.pdf (page consultée le 29 novembre 2010).

Antin, J.H., & Yolin, D.S. (2009). *Manual of cell and bone marrow transplantation.* Cambridge, Mass.: Cambridge University Press.

Appelbaum, F.R., Forman, S.J., Negrin, R.S., & Blume, K.G. (2009). *Thomas' hematopoietic cell transplantation* (4th ed.). Malden, Mass.: Wiley-Blackwell.

Brink-Huis, A., Van Achterberg, T., & Schoonhoven, L. (2008). Pain management: A review of organization models with integrated processes for the management of pain in adult cancer clients. *J Clin Nurs, 17,* 1986.

Broxson, A., Williams, L., Mendoza, T., Tamayo, G., Ownby, K., & McNeill, J. (2009). Ambulatory cancer pain management: A feasibility study of multisite nursing collaborative research. *Oncol Nurs Forum, 36,* 13.

Croce, C.M. (2008). Oncogenes and Cancer. *N Engl J Med, 358,* 502.

Ettinger, D.S., Armstrong, D.K., Barbour, S., Berger, M.J., Bierman, P.J., Bradbury, B., *et al.* (2009). NCCN Clinical Practice Guidelines in Oncology: Antiemesis. *J Natl Compr Canc Netw, 7,* 572.

Given, B. (2008). Cancer-related fatigue: A brief overview of current nursing perspectives and experiences. *ClinJ Oncol Nurs, 12*(1), 7.

Hanna, L., Crosby, T., & Macbeth, F. (2008). *Practical clinical oncology.* Cambridge, Mass.: Cambridge University Press.

Haylock, P.J., Mitchell, S.A., Cox, T., Temple, S.V., & Curtiss, C.P. (2007). The cancer survivor's prescription for living. *Am J Nurs, 107,* 58.

Hayman, J.A. (2009). Cancer quality alliance proceedings: Treatment summaries in radiation oncology and their role in improving clients' quality of care: Past, present, and future. *J Oncol Pract, 5,* 108.

Held-Warmkessel, J. (2008). Targeted cancer therapies. *Nursing, 38*(9), 26.

Hurria, A., & Balducci, L. (2009). *Geriatric oncology.* New York: Springer.

Keefe, D.M., Schubert, M.M., Elting, L.S., Sonis, S.T., Epstein, J.B., Raber-Durlacher, J.E., *et al.* (2007). Updated clinical practice guidelines for the prevention and treatment of mucositis. *Cancer, 109,* 820.

King, J.E. (2008). What is tumor lysis syndrome? *Nursing 2008, 38*(5), 18.

Knowles, J. (2009). Encouraging early presentation of cancer symptoms. *Primary Health Care, 19,* 23.

Kuchinski, A., Reading, M., & Lash, A.A. (2009). Treatment-related fatigue and exercise in clients with cancer: A systemic review. *Medsurg Nurs, 18,* 174.

Langhorne, M., Fulton, J., & Otto, S.E. (2007). *Oncology Nursing* (5th ed.). St. Louis, Mo.: Mosby.

Mariotto, A.B., Rowland, J.H., Ries, L.A., Scoppa, S., & Feuer, E.J. (2007). Multiple cancer prevalence: A growing challenge in long-term survivorship. *Cancer Epidemiol Biomarkers Prev, 16,* 566.

McEvoy, L., Carrow, M., Davis, M.E., Frierson, L., Gooch, M., Ricci, J., *et al.* (2009). Advancing expertise in the care of elderly clients with cancer. *Oncol Nurs Forum, 36,* 55.

Miller, K.D., & Triano, L.R. (2008). Medical issues in cancer survivors: A review. *The Cancer Journal, 14,* 375.

Mitchell, S.A. (2009). Hematopoietic stem cell transplantation. In S. Newton, M. Hickey, & J. Marrs, *Oncology nursing advisor.* St. Louis, Mo.: Mosby.

Morgan, M.A. (2009). Cancer survivorship: History, quality-of-life issues, and the evolving multidisciplinary approach to implementation of cancer survivorship care plans. *Oncol Nurs Forum, 36,* 429.

Muehlbauer, P.M., Thrope, D., & Davis, A. (2009). Putting evidence into practice: Evidence-based interventions to prevent, manage, and treat chemotherapy and radiotherapy induced diarrhea. *Clin J Oncol Nurs, 13*(3), 336.

Murphy, B.J. (2009). Structural emergencies. In S. Newton, M. Hickey, & J. Marrs, *Oncology nursing advisor.* St. Louis, Mo.: Mosby.

National Cancer Institute (2009). *Cancer trends progress report update, 2007.* Bethesda, Md.: U.S. National Institutes of Health.

National Cancer Institute (2010). Radiation therapy for cancer. *National cancer institute fact sheet.* [En ligne]. www.cancer.gov/cancertopics/factsheet/therapy/radiation (page consultée le 29 novembre 2010).

National Comprehensive Cancer Network (2009). Myeloid growth factors. *Clinical practice guidelines in oncology.* [En ligne]. www.jnccn.org/content/7/1/64.full.pdf (page consultée le 29 novembre 2010).

Neal A.J., & Hoskin P.J. (2009). *Clinical oncology: Basic principles and practice* (4e ed.). New York: Oxford University Press.

Newton, S., Hickey, M., & Marrs, J. (2008). *Mosby's oncology nursing advisor: A comprehensive guide to clinical practice.* St. Louis, Mo.: Mosby.

Park, S.M., Lim, M.K., Jung, K.W., Shin, S.A., Yoo, K.Y., Yun, Y.H., *et al.* (2007). Prediagnosis smoking, obesity, insulin resistance, and second primary cancer risk in male cancer survivors: National Health Insurance Corporation study. *J Clin Oncol, 25,* 4835.

Polovitch, M., White, J., & Kelleher, L. (2005). *Chemotherapy and biotherapy guidelines and recommendations for practice* (2e éd.). Pittsburgh, Pa.: Oncology Nursing Society.

Rao, A.V., & Cohen, H.J. (2008). Fatigue in older cancer clients: Etiology, assessment, and treatment. *Semin Oncol, 35,* 633.

Reavley, N., Pliant, J.F., & Sali, A. (2009). Evaluation of the effects of a psychosocial intervention on mood, coping and quality of life in cancer clients. *Integr Cancer Ther, 8,* 47.

Rosiak, J. (2009). Metabolic emergencies. In S. Newton, M. Hickey, & J. Marrs, *Oncology nursing advisor.* St. Louis, Mo.: Mosby.

Schulmeister, L. (2007). Totect™: A new agent for treating anthracycline extravasation. *Clin J Oncol Nurs, 11*(3), 387.

Schulmeister, L. (2009). Vesicant chemotherapy extravasation antidotes and treatments. *Clin J Oncol Nurs, 13*(4), 395.

Steinbrook, R. (2007). Erythropoeitin, the FDA, and oncology. *N Engl J Med, 356,* 24.

United States Department of Labor (s.d.). Controlling occupational exposure to hazardous drugs. *OSHA technical Mmanual.* [En ligne]. www.osha.gov/dts/osta/otm/otm_vi/otm_vi_2.html (page consultée le 29 novembre 2010).

Wray, T. (2008). Client involvement in prevention of oral mucositis. *Oncol Nurs Forum, 35,* 536.

Références de l'édition française

Agence d'évaluation des technologies et des modes d'intervention en santé (AETMIS) (2007). Aperçu comparatif des stratégies de lutte contre le cancer dans quelques pays et provinces canadiennes. *ETMIS 2007, 3*(8).

Agence nationale d'accréditation et d'évaluation en santé (ANAES) (2003). Évaluation de la radiothérapie conformationnelle 3D. *Oncologie, 2004*(6).

Appelbaum, F.R. (2002). Greffe de moelle osseuse et de cellules souches. Dans E. Braunwald, A.S. Fauci, D.L., Kasper, S.L. Hauser, D.L. Longo & J.L. Jameson (Eds), *Principes de médecine interne* (15e éd., p. 739-744). Paris: Flammarion.

Association des infirmières et infirmiers autorisés de l'Ontario (2002). *Évaluation et prise en charge de la douleur. Ligne directrice sur les pratiques exemplaires en soins infirmiers.* [En ligne]. http://rnao.org/Storage/11/547_%C3%89valuation_et_prise_en_charge_de_la_douleur.pdf (page consultée le 29 novembre 2010).

Association des infirmières et infirmiers autorisés de l'Ontario (2007). *Nursing best practice guideline: Assessment and management of pain (revised 2007).* [En ligne]. www.rnao.org/Storage/29/2351_BPG_Pain_and_Supp.pdf (page consultée le 29 novembre 2010).

Association des pharmaciens du Canada (2010). *Compendium des produits et spécialités pharmaceutiques.* Ottawa, Ont.: Association des pharmaciens du Canada.

Association nucléaire canadienne (2010a). *La technologie nucléaire: des possibilités à explorer.* [En ligne]. www.cna.ca/curriculum/default.asp (page consultée le 29 novembre 2010).

Association nucléaire canadienne (2010b). *Temps, distance et blindage.* [En ligne]. www.cna.ca/curriculum/cna_safety/shielding-fra.asp?bc=Temps,%20distance%20et%20blindage&pid=Temps,%20distance%20et%20blindage (page consultée le 29 novembre 2010).

Association paritaire pour la santé et la sécurité du travail du secteur affaires sociales (ASSTSAS) (2008). *Guide de prévention – Manipulation sécuritaire des médicaments dangereux.* Montréal: Association paritaire pour la santé et la sécurité du travail du secteur affaires sociales.

Balas, O., Wioland, Y., Moreno V., Gaschard-Wahart V., Lefkopoulos D., & Lartigau E. (2009). *Astro 2009. État de l'art en radiothérapie.* [En ligne]. www.afib.asso.fr/_documents/articles/rapport%20Astro%202009%20AFIB%20VF%20SP.pdf (page consultée le 29 novembre 2010).

Balducci L. (2003). New paradigms for treating elderly patients with cancer: The comprehensive geriatric assessment and guidelines for supportive care. *J Support Oncol, 1,* 30-37.

Bélanger, S. (2007). *Les neuropathies induites par la chimiothérapie.* [En ligne]. www.aqio.org/docs/Neuropathies.pdf (page consultée le 29 novembre 2010).

Boehm, K., Borrelli, F., Ernst, E., Habacher, G., Hung, S.K.K., Milazzo, S., *et al.* (2009). Green tea (*Camellia sinensis*) for the prevention of cancer. *Cochrane Database of System Rev, 3,* CD005004.

Bonnafoux-Clavère, A., Clavère, P., & Bonnetblanc, J.M. (2001). Radiation induced skin reaction. *Annales de dermatologie et de vénéréologie, 128*(8-9), 947-950.

Boulanger, A., Arsenault, P., Béland, A., Bélanger A., Cloutier C., Dion, D., *et al.* (2009). *Algorithme de traitement de la douleur neuropathique. Recommandations d'un forum québécois sur la douleur neuropathique.* [En ligne]. www.aqsp.org/images/PresentationsCongres09/D9_AlineBoulanger_RSPQ2009.pdf (page consultée le 29 novembre 2010).

Brusco, S., Schneider, S.M., Raynard, B., Tran, M., Lallemand,Y., Desport, J.C., *et al.,* (2007). *Comprendre la nutrition entérale.* [En ligne]. www.e-cancer.fr/expertises-publications-de-l-inca/guides-cancer-info-pour-les-patients (page consultée le 12 janvier 2011).

Centre canadien d'hygiène et de sécurité au travail (2008). De bons médicaments, mais à manipuler avec soin. *Le rapport sur la santé et la sécurité, 6*(10). [En ligne]. www.cchst.ca/newsletters/hsreport/issues/2008 (page consultée le 29 novembre 2010).

Comité de soutien, d'adaptation et de réadaptation (2005). *Le soutien, l'adaptation et la réadaptation en oncologie au Québec. Recommandation. Avis.* Québec, Qc : Conseil québécois de lutte contre le cancer.

Damron H.B., Brant J.M., Belansky H.B., Friend P.J., Samsonow S., Schaal A. (2009). Putting evidence into practice: Prevention and management of mleeding in patients with cancer. *Clin J Oncol Nurs, 13*(5), 573-583.

Delvaux, N., Merckaert, I., Razavi, D., & Lienard, A. (2008). Communication soignant-soignée : généralités. Dans D. Razavi & N. Delvaux (dir.), *Précis de psycho-oncologie de l'adulte* (pp. 87-116). Issy-les-Moulineaux, France : Elsevier Masson.

Deslandres, M., Sibaud, V., Chevreau C., & Delord, J.P. (2008). Effets secondaires cutanés des nouvelles molécules anticancéreuses. Focus sur les molécules ciblant les récepteurs tyrosine kinase et le récepteur à l'EGF. *Annales de dermatologie et de vénéréologie, 135*(suppl. 1), 16-24.

Direction de la lutte contre le cancer (DLCC) (2009). *Prévention et traitement des nausées et vomissements induits par la chimiothérapie ou la radiothérapie chez l'adulte.* Québec, Qc : Publications du Québec.

Direction générale de la santé publique (2006). *Le Québec respire mieux. Plan québécois de lutte contre le tabagisme 2006-2010.* [En ligne]. http://publications.msss.gouv.qc.ca/acrobat/f/documentation/2006/06-006-17.pdf (page consultée le 29 novembre 2010).

Fonds mondial de recherche sur le cancer (2007). *Alimentation, nutrition, activité physique et prévention du cancer : une perspective mondiale. Résumé scientifique du rapport.* Washington, D.C. : World Cancer Research Fund, American Institute for Cancer Research. [En ligne]. www.fmrc.fr/PDFs/french_summary_5Nov07.pdf (page consultée le 12 janvier 2011).

Gilchrist, D. (2010). *Qu'est-ce que le BRCA?* [En ligne]. www.cbcn.ca/documents/network_news/netnews-winterspring2010-french.pdf (page consultée le 12 janvier 2011).

Gucalp R., & Dutcher, J. (2002). Urgences en cancérologie. Dans E. Braunwald, A.S. Fauci, D.L. Kasper, S.L. Hauser, D.L. Longo & J.L. Jameson (Eds), *Principes de médecine interne* (15e éd., p. 642-650). Paris : Flammarion.

Handin R.I. (2002). Maladies de la coagulation et thromboses. Dans E. Braunwald, A.S. Fauci, D.L. Kasper, S.L Hauser, D.L. Longo & J.L. Jameson (Eds), *Principes de médecine interne* (15e éd., p. 751-757). Paris : Flammarion.

Haute autorité de santé (2007). *Prise en charge diagnostique des neuropathies périphériques (polyneuropathies et mononeuropathies multiples). Argumentaire mai 2007.* [En ligne]. www.has-sante.fr/portail/upload/docs/application/pdf/diagnostic_neuropathie_argumentaire.pdf (page consultée le 29 novembre 2010).

Institut de la statistique du Québec (2009). *Le bilan démographique du Québec. Édition 2009.* [En ligne]. www.stat.gouv.qc.ca/publications/demograp/bilan_demo.htm (page consultée le 29 novembre 2010).

Institut national de santé publique du Québec (INSPQ) (2009). *Cancer chez les autochtones du Québec vivant dans les réserves et les villages nordiques, de 1984 à 2004 : Incidence et mortalité.* [En ligne]. www.inspq.qc.ca/pdf/publications/736_CancerAutochtones.pdf (page consultée le 29 novembre 2010).

Jouet, J.P. (2007). *Les greffes de cellules souches hématopoïétiques.* [En ligne]. http://medecine.univ-lille2.fr/pedagogie/contenu/mod-transv/module08/item127/greffes_cel_souches_hematop.pdf (page consultée le 12 janvier 2011).

Keefe, D.M., Schubert, M.M., Elting, L.S., Sonis, S.T., Epstein, J.B., Raber-Durlacher, J.E., *et al.* (2007). *Updated clinical practice guidelines for the prevention and treatment of mucositis.* [En ligne]. www.mascc.org/mc/page.do?sitePageId=87007 (page consultée le 12 janvier 2011).

Kelley A..S., & Meier, D.E. (2010). Palliative care: A shifting paradigm. *N Engl J Med, 363*(8), 781-782.

Lizotte G, & Fleury, M. (2004). Sauriez-vous reconnaître le patient présentant des risques de malnutrition ? *Le Médecin du Québec, 39*(6), 81-86.

Polovich, M., Whitford, J.M., & Olsen, M. (2009). Chemotherapy and biotherapy guidelines and recommendations for practice. Pittsburgh, Pa. : Oncology Nursing Society.

Maloney, K.W. (2009). *Nursing management of chemotherapy-induced peripheral neuropathy.* [En ligne]. www.oncolink.org/resources/article.cfm?c=16&s=59&ss=224&id=1010 (page consultée le 12 janvier 2011).

Ministère de la Santé et Services sociaux du Québec (MSSS) (2010a). *Méthodes reconnues de dépistage du cancer du sein.* [En ligne. www.msss.gouv.qc.ca/sujets/santepub/pqdcs/index.php?methodes_reconnues (page consultée le 12 décembre 2010).

Ministère de la Santé et Services sociaux du Québec (2010b). *Position ministérielle sur l'auto-examen des seins.* [En ligne]. www.msss.gouv.qc.ca/sujets/santepub/pqdcs/index.php?position_ministerielle (page consultée le 12 décembre 2010).

Mitchell, S.A., Beck, S.L. Hood, L.E., Katen Moore, K., & Tanner, E.R. (2007). Putting evidence into practice: evidence-based interventions for fatigue during and following cancer and its treatment. *Clin J Oncol Nurs, 11*(1), 99- 113.

Mundford, R.S. (2002). Sepsis et choc septique. Dans E. Braunwald, A.S. Fauci, D.L. Kasper, S.L. Hauser, D.L. Longo & J.L. Jameson (Eds), *Principes de médecine interne* (15e éd., p. 799-804). Paris : Flammarion.

Organisation mondiale de la santé (OMS) (2005a). *Action mondiale contre le cancer.* [En ligne]. www.who.int/cancer/media/Action%20Mondiale%20Contre%20le%20CancerCover.pdf (page consultée le 29 novembre 2010).

Organisation mondiale de la santé (2005b). *Prévention et lutte anticancéreuses.* [En ligne]. http://apps.who.int/gb/ebwha/pdf_files/WHA58/WHA58_22-fr.pdf (page consultée le 29 novembre 2010).

Organisation mondiale de la santé (2006). *Phase préparatoire à l'instauration de la vaccination anti-papillomavirus. Directives stratégiques et programmatiques à l'intention des pays.* [En ligne]. http://whqlibdoc.who.int/hq/2006/WHO_RHR_06.11_fre.pdf (page consultée le 29 novembre 2010).

Organisation mondiale de la santé (2009). *Le cancer. Aide-mémoire, 297.* [En ligne]. www.who.int/mediacentre/factsheets/fs297/fr/index.html (page consultée le 29 novembre 2010).

Organisation mondiale de la santé (2010). *Que sont les champs électromagnétiques ?* [En ligne]. www.who.int/peh-emf/about/WhatisEMF/fr (page consultée le 29 novembre 2010).

Razavi, D., Delvaux N., & Farvacques, C. (2008a). Adaptation psychologique : généralités. Dans D. Razavi & N. Delvaux (dir.), *Précis de psycho-oncologie de l'adulte* (p. 65-84). Issy-les-Moulineaux, France : Elsevier Masson.

Razavi, D, Delvaux N., & Farvacques, C. (2008b). Adaptation psychologique : concepts et problématiques. Dans D. Razavi & N. Delvaux (dir.), *Précis de psycho-oncologie de l'adulte* (pp. 87-116). Issy-les-Moulineaux, France : Elsevier Masson.

Regroupement des pharmaciens en établissement de santé ayant un intérêt pour les soins palliatifs (2008). *Guide de soins palliatifs. Gestion de la douleur et autres symptômes* (4e éd.). Montréal : Association des pharmaciens des établissements de santé du Québec.

Servan-Schreiber, D. (2009). *Les signaux d'alerte : est-ce que ça peut-être un cancer ?* [En ligne]. www.guerir.org/dossiers/cancer-information/description-de-la-maladie/les-signaux-d2019alerte-est-ce-que-ca-peut-etre-un-cancer-1/?searchterm=sympt%C3%B4mes (page consultée le 29 novembre 2010).

Société canadienne du cancer [SCC] (2006). *Soulager la douleur : guide pratique.* Toronto : Société canadienne du cancer.

Société canadienne du cancer (2009a). *Statistiques canadiennes sur le cancer 2009.* Toronto : Société canadienne du cancer.

Société canadienne du cancer (2009b). *Calories.* [En ligne]. www.cancer.ca/Canada-wide/About%20cancer/Coping%20with%20cancer/Nutrition/Calories.aspx?sc_lang=fr-ca (page consultée le 29 novembre 2010).

Société canadienne du cancer (2010a). *Statistiques canadiennes sur le cancer 2010.* Toronto : Société canadienne du cancer.

Société canadienne du cancer (2010b). *Lutte au cancer : les enjeux au Québec. Fiche documentaire statistiques canadiennes sur le cancer.* Toronto : Société canadienne du cancer.

Société canadienne du cancer (2010c). *Le bronzage artificiel : notre position.* Toronto : Société canadienne du cancer.

Société canadienne du cancer (2010d). *Virus du papillome humain.* Toronto : Société canadienne du cancer.

Société canadienne du cancer (2010e). *VPH et cancer du col de l'utérus.* Toronto : Société canadienne du cancer.

Société canadienne du cancer (2010f). *Dépistage du cancer du sein. Mémo-mamo.* [En ligne]. www.cancer.ca/Quebec/Prevention/QC_Memo-Mamo_microsite/QC_Memo-Mamo_Groupes-age_page4.aspx?sc_lang=fr-CA (page consultée le 12 janvier 2011).

Société canadienne du cancer (2010g). *Dépistage précoce du cancer du testicule.* [En ligne]. www.cancer.ca/canada-wide/about%20cancer/types%20of%20cancer/early%20detection%20of%20testicular%20cancer.aspx?sc_lang=fr-CA (page consultée le 23 novembre 2010).

Statistique Canada (2006). *Recensement de 2006. Portrait de la population canadienne en 2006, selon l'âge et le sexe : faits saillants.* [En ligne]. www12.statcan.ca/census-recensement/2006/as-sa/97-551/p1-fra.cfm (page consultée le 29 novembre 2010).

Vachani, C. (2006) *Mucositis tip sheet (mouth sores).* [En ligne]. www.oncolink.org/coping/article.cfm?c=5&s=66&ss=166&id=966 (page consultée le 12 janvier 2011).

Vachani, C. (2009). *Diarrhea.* [En ligne]. www.oncolink.org/coping/article.cfm?c=5&s=67&ss=174&id=575&p=1 (page consultée le 12 janvier 2011).

Zitella, L.J., Friese, C.R., Hauser, J., Gobel B.H., Woolery, M., O'Leary, C., & Andrews, F.A. (2006). Putting evidence into practice: prevention of infection. *Clin J Oncol Nurs, 10*(6).

CHAPITRE 17

Références de l'édition originale

Amella, E.J. (2004). Feeding and hydration issues for older adults with dementia. *Nurs Clin North Am, 39*(3).

Ebersole, P., Touhy, T.A., Hess, P., Jett, K., & Schmidt Luggen, A. (2008). *Toward healthy aging.* St. Louis, Mo. : Mosby.

Fournier, M. (2009). Perfecting your acid-base balancing act: How to detect and correct acid-base disorders. *American Nurse Today, 4*(1).

Hadaway, L.C. (2008). Central venous access devices. *Nursing, 38*(6).

Hankins, J. (2007). The role of albumin in fluid balance. *Nursing, 37*(12), 14-15.

Haskal, R. (2007). Current issues for nurse practitioners: Hyponatremia. *J Am Acad Nurse Pract, 19*(11), 563-579.

Holcomb, S.S. (2008). Third-spacing: When body fluid shifts. *Nursing, 38*(7), 50-53.

Huether, S.E., & McCance, K.L. (2008). *Understanding pathophysiology.* St. Louis, Mo. : Mosby.

Kee, J.L., Paulanka, B.J., & Polek, C. (2009). *Handbook of fluid, electrolyte and acid-base imbalances.* Clifton Park, N.Y. : Delmar.

Ludeman, K. (2007). Choosing the right vascular access device. *Nursing, 37*(9).

Myers, T. (2008). *Mosby's dictionary of medicine, nursing and health professions.* St. Louis, Mo. : Mosby.

Noble, K.A. (2008). Fluid and electrolyte imbalance: A bridge over troubled water. *J Perianesth Nurs, 23*(4), 267-272.

Phillips, L.D. (2005). *Manual of IV therapeutics.* Philadelphia : F.A. Davis.

Porth, C.M., & Matfin, G. (2009). *Pathophysiology: Concepts of altered health states.* Philadelphia : Lippincott, Williams, & Wilkins.

Rosenthal, K. (2007). CVAD site prep with pep. *Nursing Made Incredibly Easy, 5*(6).

Scales, K., & Pilsworth, J. (2008). The importance of fluid balance in clinical practice. *Nurs Stand, 22*(47), 50-57.

Smith, L.H. (2008). Implanted ports, computed tomography, power injectors, and catheter rupture. *Clin J Oncol Nurs, 12*(5), 809-812.

Weinstein, S.M. (2007). *Plumer's principles & practice of intravenous therapy.* Philadelphia : Lippincott Williams & Wilkins.

Wilson, B.A., Shannon, M.T., & Shields, K.M. (2009). *Pearson intravenous drug guide.* Upper Saddle River, N.J. : Pearson.

Références de l'édition française

Alexander, M., Corrigan, A., Gorski, L., Hankins, J., & Perruca, R. (2009). *Infusion nursing: An evidence-based approach.* St. Louis, Mo. : Saunders Elsevier.

Association québécoise d'établissements de santé et de services sociaux (2006). *Cathéters veineux centraux : soins et entretien.* Montréal : Association québécoise d'établissements de santé et des services sociaux.

Association québécoise d'établissements de santé et de services sociaux (2009a). *Soins et entretien des cathéters veineux centraux : cadre de référence.* [En ligne]. http://msi.aqesss.qc.ca/methodes (page consultée le 30 juin 2010).

Association québécoise d'établissements de santé et de services sociaux (2009b). *Soins et entretien des cathéters veineux centraux: technique de soins.* [En ligne]. http://msi.aqesss.qc.ca/methodes (page consultée le 30 juin 2010).

Danjou, C. (2006). L'hydratation. Dans P. Voyer (dir.), *Soins infirmiers aux aînés en perte d'autonomie* (p. 169-178). Saint-Laurent, Qc : Éditions du Renouveau Pédagogique Inc.

Registered Nurses Association of Ontario (2008). *Care and maintenance to reduce vascular access complications.* Toronto : Registered Nurses Association of Ontario.

CHAPITRE 18

Références de l'édition originale

Brickman, A.M., Honig, L.S., Scarmeas, N., Tatarina, O., Sanders, L., Albert, M.S., *et al.* (2008). Measuring cerebral atrophy and white matter hyperintensity burden to predict the rate of cognitive decline in Alzheimer disease. *Arch Neurol, 65,* 1202.

Chan, W.Y., Kohsaka, S, & Rezaie, P. (2007). The origin and cell lineage of microglia: New concepts. *Brain Res Rev, 53,* 344.

Colucci-D'Amato, L., & Di Porzio, U. (2008). Neurogenesis in adult CNS: From denial to opportunities and challenges for therapy. *Bioessays, 30,* 135.

Ionita, C.C., Graffagnino, C., Alexander, M.J., & Zaidat, O.O. (2008). The value of CT angiography and transcranial doppler sonography in triaging suspected cerebral vasospasm in SAH prior to endovascular therapy. *Neurocrit Care, 9,* 8.

Martin-Villalba, A., Okuducu, A.F., & Von Deimling, A. (2008). The evolution of our understanding on glioma. *Brain Pathol, 18,* 455.

Meier, R., Dittrich, H., Schulze-Bonhage, A., & Aertsen, A. (2008). Detecting epileptic seizures in long-term human EEG: A new approach to automatic online and real-time detection and classification of polymorphic seizure patterns. *J Clin Neurophysiol, 25,* 119.

Mistraletti, G., Carloni, E., Cigada, M., Zambrelli, E., Taverna, M., Sabbatici, G., *et al.* (2008). Sleep and delirium in the intensive care unit. *Minerva Anestesiol, 74,* 329.

Palmieri, R.L. (2009). Wrapping your head around cranial nerves. *Nursing, 39,* 24.

Strbian, D., Durukan, A., Pitkonen, M., Marinkovic, I., Tatlisumak, E., Pedrono, E., *et al.* (2008). The blood-brain barrier is continuously open for several weeks following transient focal cerebral ischemia. *Neuroscience, 153,* 175.

Uehara, T., Sumiyoshi, T., Itoh, H., & Kurata, K. (2008). Lactate production and neurotransmitters: Evidence from microdialysis studies. *Pharmacol Biochem Behav, 90,* 273.

Références de l'édition française

Jarvis, C. (2009). *L'examen clinique et l'évaluation de la santé.* Montréal : Beauchemin.

Laplante, J., Cole, M., McCusker, J., Singh, S., & Ouimet, M.A. (2005). Confusion assessment method: Validation d'une version française. *Perspective infirmière, 3*(1) 12-22.

Voyer, P. (2006). *Soins infirmiers aux aînés en perte d'autonomie.* Saint-Laurent, Qc : Éditions du Renouveau Pédagogique Inc.

Zuercher, M., Ummenhofer, W., Baltussen, A., & Walder, B. (2009). The use of Glasgow Coma Scale in injury assessment: A critical review. *Brain Inj, 23*(5), 371-84.

CHAPITRE 19

Références de l'édition originale

Andrews, P.J.D., Citerio, G., Longhi, L., Polderman, K., Sahuquillo, J., Vajkoczy, P., *et al.* (2008). NICEM consensus on neurological monitoring in acute neurological disease. *Intensive Care Med, 34*(8), 1362.

Anness, E., & Tirone, K. (2009). Evaluating the neurologic status of unconscious patients. *American Nurse Today, 4*(4), 8.

Banks, C., & Furyk, J. (2008). Hypertonic saline use in the emergency department. *Emerg Med Australas, 20*(4), 294.

Bershad, E., Humphreis, W., & Suarez, J. (2008). Intracranial hypertension. *Semin Neurol, 28*(5), 690.

Catt, S., Chalmers, A., & Fallowfield, L. (2008). Psychosocial and supportive care needs in high grade glioma. *Lancet Oncol, 9*(9), 884.

Centers for Disease Control and Prevention (2010). *Traumatic brain injury in the United States: Emergency department visits, hospitalizations and deaths 2002-2006.* [En ligne]. www.cdc.gov/traumaticbraininjury/pdf/blue_book.pdf (page consultée le 12 novembre 2010).

Cushing, H. (1925). *Studies in intracranial physiology and surgery.* London : Oxford University Press.

Czosnyka, M., Brady, K., Reinhard, M., Smielewski, P., & Steiner, L.A. (2009). Monitoring of cerebrovascular autoregulation: Facts, myths, and missing links. *Neurocrit Care, 10,* 373.

Fan, J., Kirkness, C., Vicini, P., Burr, R., & Mitchell, P. (2008). Intracranial pressure waveform morphology and intracranial adaptive capacity. *Am J Crit Care, 17,* 545.

Hartl, R., Gerber, L., Ni, Q., & Ghajar, J. (2008). Effect of early nutrition on deaths due to severe traumatic brain injury. *J Neurosurg, 109*(1), 50.

Hayes, D. (2006). Viral meningitis in adults. *Nursing 2006, 36*(2), 64.

Lab Tests Online (2007). *Cepheid molecular diagnostics: Rapid test helps diagnose viral meningitis.* [En ligne]. www. labtestsonline.org/news/meningitis 070530.html (page consultée le 12 novembre 2010).

Martin, E.M., Lu, W.C., Helmick, K., French, L., & Warden, D.L. (2008). Traumatic brain injuries: Sustained in the Afghanistan and Iraq wars. *Am J Nurs, 108,* 40.

Matthews, C., Miller, L., & Mott, M. (2007). Getting ahead of acute meningitis and encephalitis. *Nursing 2007, 37*(11), 37.

McIlvoy, L.H. (2008). Spotting and stopping increased ICP. *American Nurse Today, 3,* 38.

National Cancer Institute (2009). *Brain tumor.* [En ligne]. www.cancer.gov/ cancertopics/types/brain (page consultée le 12 novembre 2010).

Palmieri, R. (2007). Responding to primary brain tumor. *Nursing 2007, 37*(1), 37.

Ramesh, V., Thirumaran, K., & Raja, M. (2008). A new scale for prognostication in head injury. *J Clin Neurosci, 15,* 1110.

Ryan, D.L. (2009). Caring for patients with traumatic brain injuries: Are you up to the challenge? *American Nurse Today, 4,* 18.

Sathornsumetee, S., & Rich, J. (2008). Designer therapies for glioblastoma multiforme. *Ann N Y Acad Sci, 1142,* 108.

Tang, Y., Liu, B., Hapip, C., Xu, D., & Fang, C.T. (2008). Genetic analysis of West Nile virus isolates from US blood donors during 2002-2005. *J Clin Virol, 43,* 292.

The Brain Trauma Foundation (2007). Update notice: Guidelines for the management of severe traumatic brain injury: Cerebral perfusion pressure. *J Neurotrauma, 24,* S7.

Valadka, A.B, & Robertson, C.S. (2007). Surgery of cerebral trauma and associated critical care. *Neurosurgery, 61,* 203.

Wasserman, J.R., & Koenigsberg, R. (2007). Diffuse axonal injury. *eMedicine Clinical Knowledge Base.* [En ligne].

Wilensky, E.M., & Bloom, S. (2005). Monitoring brain tissue oxygenation after severe brain injury. *Nursing 2005, 35*(2), 32cc1.

Wong, D., Lurie, F., & Wong, L. (2008). The effects of clopidogrel on elderly traumatic brain injured patients. *J Trauma, 65,* 1303.

Zink, E.R., & McQuillan, K. (2005). Managing traumatic brain injury. *Nursing 2005, 35*(9), 36.

Références de l'édition française

Association des pharmaciens du Canada (2010). *Compendium des produits et spécialités pharmaceutiques (e-CPS).* [En ligne]. www.pharmacists.ca (page consultée le 22 juillet 2010).

Barker, E. (2002). *Neuroscience nursing. A spectrum of care* (2ᵉ éd.). St. Louis, Mo.: Mosby.

Childs, C., Wieloch, T., Lecky, F., Machin, G., Harris, B., & Stocchetti, N. (2010). Report of a consensus meeting on human brain temperature after severe traumatic brain injury: its measurement and management during pyrexia. *Front Neur 1*(146). [En ligne]. www.frontiersin.org/neurotrauma/10.3389/fneur.2010.00146/abstract (page consultée le 4 avril 2011).

Fondation canadienne des tumeurs cérébrales (2011). *Canadian Facts about Brain Tumours* [En ligne]. www.braintumour.ca/ Userfiles/documents/Fact%20SheetPDF. pdf (page consultée le 4 avril 2011).

Littlejohns, L., & Bader, M.K. (2005). Prevention of secondary brain injury: Targeting technology. *AACN Clin Issues, 16*(4), 501-514.

Ministère de la Santé et des Services sociaux du Québec. (2009). *Protocole d'immunisation du Québec.* [En ligne]. www.msss.gouv.qc.ca/immunisation/piq (page consultée le 12 novembre 2010).

Organisation mondiale de la santé (2008). *Rage: principaux points.* [En ligne]. www.who.int/ mediacentre/factsheets/fs099/fr/index.html (page consultée le 12 novembre 2010).

Regroupement des associations de personnes traumatisées craniocérébrales du Québec (2010). *Le TCC, c'est quoi?* [En ligne]. www.raptccq.com/fr/raptccq/ le-tcc-cest-quoi.html (page consultée le 12 novembre 2010).

Société canadienne du cancer (2010). *Statistiques sur le cancer du cerveau et de la moelle épinière.* [En ligne]. http://info. cancer.ca/F/CCE/ceedetails.asp?tocid=8 (page consultée le 12 novembre 2010).

Société de l'assurance automobile du Québec (2011). *Guide de sécurité à vélo* (6ᵉ éd.). [En ligne]. www.saaq.gouv.qc.ca/documents/ documents_pdf/prevention/guide_velo.php (page consultée le 4 avril 2011).

Urden, L.D., Stacy, K.M., & Lough, M.E. (2006). *Thelan's critical care nursing diagnosis and management* (5ᵉ éd.). St. Louis, Mo.: Mosby.

CHAPITRE 20

Références de l'édition originale

Adams, H., Del Zoppo, G., Alberts, M., Brass, L., Grubb, R.L., Jauch, E.C., *et al.* (2007). Guidelines for the early management of adults with ischemic stroke. *Stroke, 38,* 1655.

Adams, R.J., Albers, G., Alberts, M.J., Benavente, O., Furie, K., Goldstein, L.B., *et al.* (2008). Update to the AHA/ASA recommendations for the prevention of stroke in patients with stroke and transient ischemic attack. *Stroke, 39,* 1647.

American Heart Association (2010). *Stroke statistics.* [En ligne]. www.americanheart. org/presenter.jhtml?identifier=4725 (page consultée le 20 octobre 2010).

American Stroke Association (2009). *NIH Stroke Scale International.* [En ligne]. www.nihstrokescale.org (page consultée le 20 octobre 2010).

Broderick, J., Connolly, S., & Feldmann, E. (2007). Guidelines for the management of spontaneous intracerebral hemorrhage in adults: 2007 update. *Stroke, 38,* 2001.

Carmona, R. (2004). *The health consequences of smoking: A report of the Surgeon General.* [En ligne]. *www.surgeongeneral. gov/library/smokingconsequences* (page consultée le 20 octobre 2010).

Centers for Disease Control and Prevention (2010). *Cerebrovascular disease or stroke.* [En ligne]. www.cdc.gov/nchs/fastats/stroke. htm (page consultée le 20 octobre 2010).

Christensen, M.C., Mayer, S.A., Ferran, J.M., & Kissela, B. (2009). Depressed mood after intracerebral hemorrhage. *Cerebrovasc Dis, 27*(4), 353.

Del Zoppo, G.J., Saver, J.L., Jauch, E.C., & Adams Jr, H.P. (2009). Expansion of the time window for treatment of acute ischemic stroke with intravenous tissue plasminogen activator. *Stroke, 40,* 2945.

Easton, J.D., Saver, J.L., & Albers, J.W. (2009). Definition and evaluation of transient ischemic attack. *Stroke, 40,* 2276.

Gao, F., & Jiang, W. (2009). Transient ischemic attack associated with stenosis of accessory middle cerebral artery: A case report. *Clin Neurol Neurosurg, 111,* 588.

Giles, M.F., & Rothwell, P.M. (2009). Transient ischaemic attack: Clinical relevance, risk prediction and urgency of secondary prevention. *Curr Opin Neurol, 22*(1), 46.

Gordon, C., Ellis-Hill, C., & Ashburn, A. (2009). The use of conversational analysis: Nurse-patient interaction in communication disability after stroke. *J Adv Nurs, 65*(3), 544.

Haley, W.E., Roth, D.L., Howard, G., & Safford, M.M. (2010). Caregiving strain and estimated risk for stroke and coronary heart disease among spouse caregiver differential effects by race and sex. *Stroke, 41,* 331.

Hegge, K. (2008). Anti-platelet agents for recurrent ischemic stroke. *S D Med, 62*(1), 15.

Hoffmann, T., Bennett, S., & McKenna, K. (2009). Interventions for stroke rehabilitation: Analysis of the research contained in the OT seeker evidence database. *Top Stroke Rehabil, 15*(4), 341.

Infanti, J. (2008). Challenging the gold standard: Should mannitol remain our first-line defense against intracranial hypertension? *J Neurosci Nurs, 40*(6), 362.

Knies, R. (2010). *Research applied to clinical practice. Temperature management in acute stroke: Why does it matter?* [En ligne]. www.enw.org/Research-StrokeTemp.htm (page consultée le 20 octobre 2010).

Koelemay, M, & Legemate, D. (2009). Carotid artery stenting increased risk for stroke more than carotid endarterectomy in severe symptomatic stenosis. *Ann Intern Med, 150*(4), JC10.

McCaffrey, P. (2008). *Neuroanatomy of speech, swallowing and language: The blood supply.* [En ligne]. www.csuchico. edu/~pmccaffrey//syllabi/CMSD%20 320/362unit11.html (page consultée le 20 octobre 2010).

Miller, J., & Mink, J. (2009). Acute ischemic stroke: Not a moment to lose. *Nursing, 39,* 37.

Muscedere, J., Dodek, P., & Keenan, S. (2008). Comprehensive evidence-based clinical practice guidelines for ventilator-associated pneumonia: Prevention. *J Crit Care, 23*(1),126.

Palmer, J.L., & Metheny, N.A. (2008). Preventing aspiration in older adults with dysphagia. *Am J Nurs, 108,* 40.

Stingele, R., & Ringleb, P. (2009). To stent or not to stent, stent-protected percutaneous angioplasty versus endarterectomy post hoc analyses. *Curr Opin Neurol, 22*(1), 75.

The Internet Stroke Center (2010). *About stroke.* [En ligne]. www.strokecenter.org/ patients/stats.htm (page consultée le 20 octobre 2010).

Vega, J. (2008). *Interesting facts and statistics about stroke.* [En ligne]. http:// stroke.about.com/od/strokestatistics/a/ StrokeStats.htm (page consultée le 20 octobre 2010).

Zebian, R.C., & Kazzi, A.A (2010). *Subarachnoid hemorrhage.* [En ligne]. www.emedicine.com/EMERG/topic559.htm (page consultée le 19 octobre 2010).

Références de l'édition française

Agence de la santé publique du Canada (2009). *Tracking heart disease and stroke in Canada.* [En ligne]. www.canadian strokestrategy.ca/eng/resourcestools/ documents/cvd-avs-2009-eng.pdf (page consultée le 18 octobre 2010).

Agranoff, A., & Wong E. (2008). *Lacunar stroke.* [En ligne]. http://emedicine.med scape.com/article/322992-overview (page consultée le 13 novembre 2010).

American Stroke Association (2009). *Warning signs.* [En ligne]. www.strokeassociation. org/STROKEORG/WarningSigns/Warning-Signs_UCM_308528_SubHomePage.jsp (page consultée le 20 octobre 2010).

Boerhinger Ingelheim (2010). *Premier traitement approuvé en 20 ans pour la prévention de l'AVC chez les Canadiens atteints de fibrillation auriculaire.* [Communiqué de presse]. www.boehringer-ingelheim.ca/ fr/Home/Section_des_nouvelles/news_ detail.jsp?paramOid=4000 (page consultée le 29 décembre 2010).

Edmiaston, J., Connor, L., Loehr, L., & Nassief, A. (2010). Validation of a dysphagia screening tool in acute stroke patients. *Am J Crit Care, 19*(4), 357-364.

Fondation des maladies du cœur du Québec (2010). *Statistiques.* [En ligne]. www. fmcoeur.qc.ca/site/c.kpIQKVOxFoG/ b.3669917/k.9F47/Statistiques.htm (page consultée le 13 novembre 2010).

Janjua, N., & Mayer, S. (2003). Cerebral vasospasm after subarachnoid hemorrage. *Curent opinion in critical care, 9,* 113-119.

Koelemay, M.J., & Legemate, D.A. (2009). ACP Journal Club. Carotid artery stenting and carotid endarterectomy were similarly effective in severe symptomatic stenosis. *Ann Intern Med, 150*(4), JC2-10, JC2-11

Lindsay, P., Bayley, M., Hellings, C., Hill, M., Woodbury, E., & Phillips, S. (2008). *Recommandations canadiennes pour les pratiques optimales de soins de l'AVC (mise à jour de 2008) – Sommaire.* [En ligne]. www.cmaj.ca/cgi/reprint/179/12/ SF1 (page consultée le 18 octobre 2010).

Martinez, J., Pampalon, R., & Hamel, D. (2003). *Maladies chroniques au Canada. Défavorisation et mortalité par accident vasculaire cérébral au Québec.* [En ligne]. www.phac-aspc.gc.ca/publicat/cdic-mcc/24-2/b_f.html (page consultée le 16 décembre 2010).

National Institute on Deafness and Other Communication Disorders & National Institutes of Health (2008). *Aphasia.* [En ligne]. www.nidcd.nih.gov/health/voice/aphasia.asp (page consultée le 19 octobre 2010).

O'Farrell, B., & Zou, G. (2008). Implementation of the Canadian Neurological Scale on an acute care neuroscience unit: A program evaluation. *J Neurosci Nurs, 40*(4), 201-211.

Réseau canadien contre les accidents cérébrovasculaires (2007). *À propos – Accidents cérébrovasculaires.* [En ligne]. www.canadianstrokenetwork.ca/fr/ apropos/aboutthenetwork_fr.php (page consultée le 20 octobre 2010).

Smith, J. A., Forster, A., House, A., Knapp, P., Wright, J.J., & Young, J. (2008). Information provision for stroke patients and their caregivers. *Cochrane Database of Syst. Rev. 2,* CD 001919.

Stingele R., Ringleb P.A. (2009). To stent or not to stent: stent-protected percutaneous angioplasty versus endarterectomy post hoc analyses. *Curr Opin Neurol, 22*(1), 75-79.

Summers, D., Leonard, A., Wentworth, D., Saver, J.L., Simpson, J., Spilker, J.A., *et al.* (2009). Comprehensive overview of nursing and interdisciplinary care of the acute ischemic stroke patient: A scientific statement from the American Heart Association. *Stroke, 40,* 2911-2944.

The Internet Stroke Center (2010). *Canadian Neurological Scale.* [En ligne]. www. strokecenter.org/trials/scales/canadian. html (page consultée le 20 octobre 2010).

Tu, J., Nardi, L., Fang, J., Liu, J., Khalid, L., & Johansen, H. (2009). *National trends in rates of death and hospital admissions related to acute myocardial infarction, heart failure and stroke, 1994-2004.* [En ligne]. www.cmaj.ca/cgi/reprint/180/13/ E118 (page consultée le 20 octobre 2010).

CHAPITRE 21

Références de l'édition originale

Ball, E., & Caivano, C.K. (2008). Internal medicine: Guidance to the diagnosis and management of restless legs syndrome. *Southern Med J, 101*(6), 631-634.

Benbadis, S.R. (2009). *Psychogenic nonepileptic seizures.* [En ligne]. http://emedicine. medscape.com/article/1184694-overview (page consultée le 13 mars 2009).

Bershad, E.M., Feen, E.S., & Suarez, J.I. (2008). Myasthenia gravis crisis. *Southern Medical Journal, 101*(1), 63-69.

Bromfield, E.B. (2010). *Choosing AEDs for seniors.* [En ligne]. http://professionals. epilepsy.com/page/seniors_choose.html (page consultée le 15 janvier 2010).

Brunton, S. (2006). A comprehensive approach to Parkinson's disease. *Postgraduate Medicine, 119*(1), 55.

Chadwick, C. (2008). Steady your sights on Parkinson's disease. *Nursing, 38*(12), 56nn1-56nn2, 56nn4.

Corcia, P., & Meininger, V. (2008). Management of amyotrophic lateral sclerosis. *Drugs, 68*(8), 1037-1048.

Elger, C.E., & Schmidt, D. (2008). Modern management of epilepsy: A practical approach. *Epilepsy Behav, 12*(4), 501-539.

Epilepsy Foundation (2010). *Epilepsy and seizure statistics.* [En ligne]. www. epilepsyfoundation.org/about/statistics. cfm (page consultée le 15 janvier 2010).

Fagley, M.U. (2007). Taking charge of seizure activity. *Nursing, 37*(9), 47-48.

Goadsby, P.J. (2010). *Treatment of cluster headache.* [En ligne]. www. americanheadachesociety.org/assets/ GoadsbyCluster.pdf (page consultée le 6 mars 2009).

Goetz, C., Emre, M., & Dubois, B. (2008). Parkinson's disease dementia: Definitions, guidelines and research perspectives in diagnosis. *Ann Neurol, 64*(suppl. 2), S81-S92.

Grob, D., Brunner, N., Namba, T., & Pagala, M. (2008). Lifetime course of myasthenia gravis. *Muscle Nerve, 37*(2), 141-149.

Hoffman, J.J. (2008). Toward a better understanding of amyotrophic lateral sclerosis. *Home Health Nurse, 26*(6), 337-342.

International Headache Society (2005). *The international classification of headache disorders* (2nd ed.). [En ligne]. http://216.25.88.43/upload/CT_Clas/ICHD-IIR1final.pdf (page consultée le 15 janvier 2010).

International League against Epilepsy (2010a). *Overview – 2001 Task Force Report: A proposed diagnostic scheme for people with epileptic seizures and with epilepsy: Report of the ILAE Task Force on classification and terminology.* [En ligne]. www.ilae-epilepsy.org/Visitors/Centre/ ctf/ctfoverview.cfm (page consultée le 13 janvier 2010).

International League against Epilepsy (2010b). *Seizure types.* [En ligne]. www. ilae-epilepsy.org/Visitors/Centre/ctf/ seizure_types.cfm (page consultée le 13 janvier 2010).

Jabs, R., Seifert, G., & Steinhäuser, C. (2008). Astrocytic function and its alteration in the epileptic brain. *Epilepsia, 49*(suppl. S2), 3-12.

Jensen, R., & Stovner, L.J. (2008). Epidemiology and comorbidity of headache. *Lancet Neurol, 7*(4), 354-361.

Lazoff, M. (2010). *Multiple sclerosis.* [En ligne]. http://emedicine.medscape.com/ article/793013-overview (page consultée le 15 janvier 2010).

Lechich, A.J. (2008). Huntington's disease. *Care Manage J, 9*(2), 63-64.

Leroux, E., & Ducros, A. (2008). Cluster headache. *Orphanet J Rare Dis, 3*(20), 1.

Multiple Sclerosis Association of America (2010). *Treatments for managing the symptoms of multiple sclerosis.* [En ligne]. www.msassociation.org/programs/ medications/types/symptom.asp (page consultée le 15 janvier 2010).

National Multiple Sclerosis Society (2010a). *What is multiple sclerosis?* [En ligne]. www.nationalmssociety.org/about-multiple-sclerosis/what-we-know-about-ms/what-is-ms/index.aspx (page consultée le 15 janvier 2010).

National Multiple Sclerosis Society (2010b). *Who gets MS?* [En ligne]. www. nationalmssociety.org/about-multiple-sclerosis/what-we-know-about-ms/faqs-about-ms/index.aspx (page consultée le 15 janvier 2010).

Nouri, S., & Balish, M. (2009). *Sudden unexpected death in epilepsy: Follow up.* [En ligne]. http://emedicine.medscape.com/ article/1187111-followup (page consultée le 13 janvier 2010).

Palmieri, R.L. (2008). Caring for a medical/ surgical patient with MS. *Nursing, 38*(10), 34-40.

Rosenblatt, A., Ranen, N.G., Nance, M.A., & Paulsen, J.S. (1999). *A physician's guide to the management of Huntington's disease* (2nd ed.). [En ligne]. http://huntingtondisease. tripod.com/physiciansguide (page consultée le 15 janvier 2010).

Sahai-Srivastava, S., & Ko, D.Y. (2010). *Pathophysiology and treatment of migraine and related headache.* [En ligne]. http://emedicine.medscape.com/ article/1144656-overview (page consultée le 15 janvier 2010).

Simuni, T., & Sethi, K. (2008). Nonmotor manifestations of Parkinson's disease. *Ann Neurol, 64*(suppl. 2), S65-S80.

Spiegelhalder, K., & Hornyak, M. (2008). Restless legs syndrome in older adult. *Clin Geriatr Med, 24*(1), 167-180.

Tarsy, D. (2010). *Management of comorbid problems associated with Parkinson disease, UpToDate Online 16.3.* [En ligne]. www.uptodate.com (page consultée le 15 janvier 2010).

Tarsy, D., & Kleiner-Fisman, G. (2010). *Surgical treatment of Parkinson disease, UpToDate Online 16.3.* [En ligne]. www. uptodate.com (page consultée le 15 janvier 2010).

Trotti, L.M., Bhadriraju, S., & Rye, D.B. (2008). An update on the pathophysiology and genetics of restless legs syndrome. *Curr Neurol Neurosci Rep, 8*(4), 281-287.

Welsh, M. (2008). Treatment challenges in Parkinson's disease. *Nurse Pract, 33*(7), 32-38.

Références de l'édition française

Alonso, A., & Hernan, M. (2008). Temporal trends in incidence of multiple sclerosis. *Neurology, 71*(2),129-135.

Berney, A. (2009). Crises non épileptiques psychogènes : le défi des troubles fonctionnels en neurologie. *Schweizer Archiv für Neurologie und Psychiatrie, 160*(8), 347-350.

Coalition canadienne de la myasthénie grave (2010). *À propos de la myasthénie grave.* [En ligne]. www.mgcc-ccmg.org/about.asp (page consultée le 8 avril 2010).

Épilepsie Canada (2003). *Prévalence et incidence de l'épilepsie.* [En ligne]. www.epilepsy.ca/fran/content/epidemioFR.html#anchor89849 (page consultée le 8 avril 2010).

Hartman, A.L., & Vining, E.P. (2007). Clinical aspects of the ketogenic diet. *Epilepsia, 48*(1), 31-42.

Hickey, V. (2009). *The clinical practice of neurological and neurosurgical nursing* (6th ed.) Philadelphia : Lippincott, Williams & Wilkins.

Jelinski, S.E., Becker, W.J., Christie, S.N., Giammarco, R., Mackie, G.F., Gawel, M.J., *et al.* (2006). Demographics and clinical features of patients referred to headache specialists. *Can J Neurol Sci, 33*(2), 228-234.

Linde, K., Allais, G., Brinkhaus, B., Manheimer, E., Vickers, A., & White, A.R. (2009). Acupuncture for tension-type headache. *Cochrane Database System Rev, 1,* CD007587.

Perkin, D.G. (1998). *Mosby's color atlas and text of neurology.* London : Mosby-Wolfe.

Potter, P.A., & Perry, A.G. (2010). *Soins infirmiers : fondements généraux* (3e éd.). Montréal : Chenelière Éducation.

Rudy, E. (1984). *Advanced neurological and neurosurgical nursing.* St. Louis, Mo. : Mosby.

Société canadienne de la sclérose latérale amyotrophique (2010). [En ligne]. www.als.ca (page consultée le 8 avril 2010).

Société Huntington du Canada (2010). *À propos de la maladie d'Huntington.* [En ligne]. www.huntingtonsociety.ca/french/about_hd.htm (page consultée le 11 avril 2010).

Société Parkinson Canada (2010). *Forme précoce de la maladie.* [En ligne]. www.parkinson.ca/site/c.jpIMKWOBJoG/b.5822041/k.C735/Forme_pr233coce_de_la_maladie.htm (page consultée le 14 septembre 2010).

Société Parkinson du Québec (2010). *Un appui aujourd'hui, une réponse demain.* [En ligne]. www.parkinsonquebec.ca/ pdf/spqdepliant.pdf (page consultée le 14 septembre 2010).

Stevens, A., & Lowe, J. (2000). *Pathology: Illustrated review in color* (2nd ed.). London : Mosby.

CHAPITRE 22

Références de l'édition originale

Alici-Evcimen, Y., & Breitbart, W. (2008). An update on the use of antipsychotics in the treatment of delirium. *Palliative & Supportive Care, 6,* 177.

Alzheimer Society (2009). *2009 Alzheimer's disease facts and figures.* [En ligne]. www.alz.org/national/documents/report_alz factsfigures2009.pdf (page consultée le 12 février 2010).

Alzheimer's Association (2009). *Mild cognitive impairment and early-stage Alzheimer's disease special report: 2009 Alzheimer's disease facts and figures.* [En ligne]. www.alz.org/national/documents/report_alzfactsfigures2009.pdf (page consultée le 12 février 2010).

Arend, E., & Christensen, M. (2009). Delirium in the intensive care unit: A review. *Nurs Crit Care, 14,* 145.

Bourne, R.S., Tahir, T.A., Borthwick, M., & Sampson, E.L. (2008). Drug treatment of delirium: Past, present and future. *J Psychosom Res, 65,* 273.

Burke, A.D., & Tariot, P.N. (2009). Atypical antipsychotics in the elderly: A review of therapeutic trends and clinical outcomes. *Expert Opin Pharmacother, 10,* 2407.

Callahan, C.M., Boustani, M., Sachs, G.A., & Hendrie, H.C. (2009). Integrating care for older adults with cognitive impairment. *Curr Alzheimer Res, 6,* 368.

Campbell. J. (2009). A model of consequences of dementia caregivers' stress process: Influence on behavioral symptoms of dementia and caregivers' behavior-related reactions. *Research & Theory for Nursing Practice, 23,* 181.

Chertkow, H., Massoud, F., & Nasreddine, Z. (2008). Diagnosis and treatment of dementia: Mild cognitive impairment and cognitive impairment without dementia. *CMAJ, 178,* 1273.

Etters, L., Goodall, D., & Harrison, B.E. (2008). Caregiver burden among dementia patient caregivers: A review of the literature. *J Am Acad Nurse Pract, 20,* 423.

Fadil, H., Borazanci, A., Ait Ben Haddou, E., Yahyaoui, M., Korniychuk, E., Jaffe, S.L., *et al.* (2009). Early onset dementia. *Int Rev Neurobiol, 84,* 245.

Flaskerud, J.H. (2009). Dementia, ethnicity, and culture. *Issues Ment Health Nurs, 30,* 522-529.

Gauthier, S. (2009). Pharmacotherapy of Parkinson disease dementia and Lewy body dementia. *Front Neurol Neurosci, 24,* 135.

Hodson, R., & Keady, J. (2008). Mild cognitive impairment: A review and nursing implications. *Br J Nurs, 17,* 368.

Kester, M.I., & Scheltens, P. (2009). Dementia: The bare essentials. *Pract Neurol, 9,* 241.

Kong, E.H., Evans, L.K., & Guevara, J.P. (2009). Nonpharmacological intervention for agitation in dementia: A systematic review and meta-analysis. *Aging Ment Health, 13,* 512.

Kverno, K.S., Black, B.S., Nolan, M.T., & Rabins, P.V. (2009). Research on treating neuropsychiatric symptoms of advanced dementia with non-pharmacological strategies, 1998-2008: A systematic literature review. *Int Psychogeriatr, 21,* 825.

Lonergan, E., Luxenberg, J., & Areosa Sastre, A. (2009). Benzodiazepines for delirium, *Cochrane Database System Rev, 1,* CD006379.

Maldonado, J.R. (2008a). Delirium in the acute care setting: Characteristics, diagnosis and treatment. *Crit Care Clin, 24,* 657.

Maldonado, J.R. (2008b). Pathoetiological model of delirium: A comprehensive understanding of the neurobiology of delirium and an evidence-based approach to prevention and treatment. *Crit Care Clin, 24,* 789.

McAuliffe, L., Nay, R., & O'Donnell, M. (2009). Pain assessment in older people with dementia: Literature review. *J Adv Nurs, 65,* 2.

McKay, A., O'Neil, M., & McMonigle, A. (2008). Managing challenging patient behaviors. *J Contin Educ Nurs, 39,* 390.

Mohajeri, M.H., & Leuba, G. (2009). Prevention of age-associated dementia. *Brain Res Bull, 80,* 315.

Ouldred, E., & Bryant, C. (2008). Dementia care. Part 2: Understanding and managing behavioural challenges. *Br J Nurs, 17,* 242.

Pendlebury, S.T., & Rothwell, P.M. (2009). Prevalence, incidence, and factors associated with pre-stroke and post-stroke dementia: A systematic review and metaanalysis. *Lancet Neurol, 8,* 1006.

Rademakers, R., & Rovelet-Lecrux, A. (2009). Recent insights into the molecular genetics of dementia. *Trends Neurosci, 32,* 451.

Rountree, S.D., Chan, W., Pavlik, V.N., Darby, E.J., Siddiqui, S., & Doddy, R.S (2009). Persistent treatment with cholinesterase inhibitors and/or memantine slows clinical progression of Alzheimer disease. *Alzheimers Res Ther, 1,* 7.

Schmidt, R., Havas, D., & Ropele, S. (2009). MRI in dementia. *Neurol Clin, 27,* 221.

Sharer, J. (2008). Tackling sundowning in a patient with Alzheimer's disease. *Medsurg Nurs, 17,* 27.

Skrobik, Y. (2009). Delirium prevention and treatment. *Crit Care Clin, 25,* 585.

Snitz, B.E., O'Meara, E.S., Carlson, M.C., Arnold, A.M., Ives, D.G., Rapp, S.T., *et al.* (2009). Ginkgo biloba for preventing cognitive decline in older adults. *JAMA, 302,* 2663.

Sona, C. (2009). Assessing delirium in the intensive care unit. *Crit Care Nurse, 29,* 103.

Steis, M.R., & Fick, D.M. (2008). Are nurses recognizing delirium? A systematic review. *J Gerontol Nurs, 34,* 40.

Waszynski, C.M. (2007). Detecting delirium. *AJN, 107,* 50.

Wei, L.A., Fearing, M.A., Sternberg, E.J., & Inouye, S.K. (2008). The Confusion Assessment Method: A systematic review of current usage. *J Am Geriatr Soc, 56,* 823.

Zec, R.F., & Burkett, N.R. (2008). Nonpharmacological and pharmacological treatment of the cognitive and behavioral symptoms of Alzheimer disease. *NeuroRehabilitation, 23,* 425.

Références de l'édition française

Albert, S., Nakra, B., Grossberg, G., & Caminal, E. (1994). Drinking behavior and vasopressin responses to hyperosmolality in Alzheimer's disease. *Int Psychogeriatr, 6*(1), 79-86.

Bourbonnais, A., & Ducharme, F. (2008). Screaming in elderly persons with dementia, a critical review of the literature. *Dementia, 7,* 205-225.

DeKosky, S.T., Williamson, J.D., Fitzpatrick, A.L., Kronmal, R.A., Ives, D.G., Saxton, J.A., *et al.* (2008). Ginkgo biloba for prevention of dementia. *JAMA, 300,* 2253.

Ducharme, F., Beaudet, L., Legault, A., Kergoat, M.J., Lévesque L., & Caron, C. (2009). Development of an intervention program for Alzheimer's family caregivers following diagnostic disclosure. *Clin Nurs Res, 18*(1), 44-67.

Folstein, M., Folstein, S., & McHugh, P.R. (2001). *Mini mental state examination.* Lutz, Fla. : Psychological Assessment Resources.

Harlein, J., Dassen, T., Halfens, R.J., & Heinze, C. (2009). Fall risk factors in older people with dementia or cognitive impairment: A systematic review. *Journal of Advanced Nursing, 65*(5), 922-933.

Inouye, S.K., Van Dyck, C.H., Alessi, C.A., Balkin, S., Siegal, A.P., Horwitz, R.I. (1990). Clarifying confusion: the confusion assessment method. A new method for detection of delirium. *An Intern Med, 113*(12), 941-948.

Lofgren, R., MacPherson, D., Granieri, R., Myllenbeck, S., & Sprafka, M. (1989). Mechanical restraints on the medical ward: Are protective devices safe? *Am J Public Health, 79*, 735-738.

Ministère de la Santé et des Services sociaux (MSSS) (2002). *Orientations ministérielles relatives à l'utilisation exceptionnelle des mesures de contrôle : contention, isolement et substances chimiques.* [En ligne]. http://publications.msss.gouv.qc.ca/acrobat/f/documentation/2002/02-812-02.pdf (page consultée le 29 avril 2010).

Montreal Cognitive Assessment Tool (2010). [En ligne]. www.mocatest.org (page consultée le 29 avril 2010).

National Institute of Neurological Disorders and Stroke (2010). *What is Creuzfeldt Jacob disease?* [En ligne]. www.ninds.nih.gov/disorders/cjd/detail_cjd.htm (page consultée le 29 avril 2010).

Rabins, P. (2007). *Johns Hopkins White Papers: Memory.* Baltimore : Johns Hopkins University.

Santé Canada (2005). *Avis important concernant l'innocuité des médicaments antipsychotiques atypiques pour les personnes atteintes de démences.* [En ligne]. www.hc-sc.gc.ca/ahc-asc/media/advisories-avis/_2005/2005_63-fra.php (page consultée le 7 juillet 2010).

Société Alzheimer du Canada (2009). *La maladie d'Alzheimer. Dix signes précurseurs.* [En ligne]. www.alzheimer.ca/french/disease/warningsigns.htm (page consultée le 18 janvier 2011).

Société Alzheimer du Canada (2010). *Raz de marée : impact de la maladie d'Alzheimer et des affections connexes au Canada.* [En ligne]. www.alzheimer.ca/french/rising_tide/rising_tide_report.htm (page consultée le 7 juillet 2010).

Tinetti, M., Lui, W., & Ginter, S. (1992). Mechanical restraint use and fall-related injuries among residents of skilled nursing facilities. *Ann Intern Med, 116*(5), 369-374.

CHAPITRE 23

Références de l'édition originale

Agarwal, N.K., & Mathur, N. (2009). Deep vein thrombosis in acute spinal cord injury. *Spinal Cord, 47*(10), 769.

Alexander, M.S., Brackett, N.L., Bodner, D., Elliott, S., Jackson, A., & Sonksen, J. (2009). Measurement of sexual functioning after spinal cord injury: Preferred instruments. *J Spinal Cord Med, 32*(3), 226.

Bracken, M.B., Shepard, M.J., Hellenbrand, K.G., Collins, W.F., Leo, L.S., Freeman, D.F., et al. (1985). Methylprednisolone and neurological function 1 year after spinal cord injury: Results of the National Acute Spinal Cord Injury Study. *J Neurosurg, 63*(5), 704.

Brakken, M.B., Shepard, M.J., Holford, T.R., Leo-Summers, L., Aldrich, E.F., Fazl, M., et al. (1997). Administration of methylprednisolone for 24 or 48 hours or tirilazad mesylate for 48 hours in the treatment of acute spinal cord injury: Results of the Third National Acute Spinal Cord Injury Randomized Controlled Trial. National Acute Spinal Cord Injury Study. *JAMA, 277*(20), 1597.

Brook, I. (2008). Current concepts in the management of Clostridium tetani infection. *Expert Rev Anti Infect Ther, 6*(3), 327.

Caleo, M., & Schiavo, G. (2009). Central effects of tetanus and botulinum neurotoxins. *Toxicon, 54*(5), 593.

Centers for Disease Control and Prevention (2010a). *Botulism.* [En ligne]. http://emergency.cdc.gov/agent/Botulism/clinicians/epidemiology.asp (page consultée le 13 février 2010).

Centers for Disease Control and Prevention (2010b). *Tetanus.* [En ligne]. www.cdc.gov/vaccines/pubs/pinkbook/downloads/tetanus.pdf (page consultée le 13 février 2010).

Centers for Disease Control and Prevention & National Center for Injury Prevention and Control (2010). *Spinal cord injury (SCI): Fact sheet.* [En ligne]. www.cdc.gov/ncipc/factsheets/scifacts.htm (page consultée le 13 février 2010).

Chafetz, R.S., Prak, S., & Mulcahey, M.J. (2009). Computerized classification of neurologic injury based on the international standards for classification of spinal cord injury. *J Spinal Cord Med, 32*(5), 532.

Cheshire, W.P. (2007). Trigeminal neuralgia: For one nerve a multitude of treatments. *Expert Rev Neurother, 7*(11), 1565.

Gul, U., Cakmak, S.K., Ozel, S., Bingol, P., & Kaya, K. (2009). Skin disorders in patients with hemiplegia and paraplegia. *J Rehabil Med, 41*(8), 681.

Gupta, D., Nair, M., Baheti, N.N., Sarma, P.S., Kuruvilla, A., & Diplomate American Board (2008). Electrodiagnostic and clinical aspects of Guillain-Barre syndrome: An analysis of 142 cases. *J Clin Neuromuscul Dis, 10*(2), 42.

Jensen, M.P., Hirsh, A.T., Molton, I.R., & Bamer, A.M. (2009). Sleep problems in individuals with spinal cord injury: Frequency and age effects. *Rehabilitation Psychology, 54*(3), 323.

Leucht, P., Fischer, K., & Muhr, G. (2009). Epidemiology of traumatic spine fractures. *Injury, 40*(2), 166.

Miller, J.P., Acar, F., & Burchiel, K.J. (2009). Classification of trigeminal neuralgia: Clinical, therapeutic, and prognostic implications in a series of 144 patients undergoing microvascular decompression. *J Neurosurg, 111*(6), 1231.

Muzevich, K.M., & Voils, S.A. (2009). Role of vasopressor administration in patients with acute neurologic injury. *Neurocrit Care, 11*(1), 112.

National Spinal Cord Injury Statistical Center (2009). *Cord injury facts & figures at a glance.* [En ligne]. www.spinalcord.uab.edu/show.asp?durki=119513 (page consultée le 13 février 2010).

National Spinal Cord Injury Association (2010). [En ligne]. www.spinalcord.org (page consultée le 13 février 2010).

Onose, G., Anghelescu, A., Muresanu, D.F., Padure, L., Haras, M.A., Chendreanu, C.O., et al. (2009). A review of published reports on neuroprotection in spinal cord injury. *Spinal Cord, 47*(10), 716.

Ploumis, A., Ponnappan, R.K., Maltenfort, M.G., Patel, R.X., Bessey, J.T., Albert, T.J., et al. (2009). Thromboprophylaxis in patients with acute spinal injuries: An evidence-based analysis. *J Bone Joint Surg Am, 91*(11), 2568.

Pritchard, J. (2008). What's new in Guillain-Barre syndrome? *Postgrad Med J, 84*(966), 532.

Ritter, P.M., Friedman, W.A., & Bhasin, R.R. (2009). The surgical treatment of trigeminal neuralgia: Overview and experience at the University of Florida. *J Neurosci Nurs, 41*(4), 211.

Sonksen, P., & Hillier, S. (2010). Spinal cord injury. *Br Med J, 340*, b5204.

Spinal Cord Tumor Association (2010). [En ligne]. http://spinalcordtumor.org (page consultée le 12 février 2010).

Tiemstra, J.D., & Khatkhate, N. (2007). Bell's palsy: Diagnosis and management. *Am FamPhysician, 76*(7), 997.

Tsao, Y.T., Chen, W.L., & Tsai, W.C. (2009). Steroids for acute spinal cord injury: Revealing silent pathology. *Lancet, 374*(9688), 500.

Valles, M., & Mearin, F. (2009). Pathophysiology of bowel dysfunction in patients with motor incomplete spinal cord injury: Comparison with patients with motor complete spinal cord injury. *Dis Colon Rectum, 52*(9), 1589.

Van Doorn, P.A., Ruts, L., & Jacobs, B.C. (2008). Clinical features, pathogenesis, and treatment of Guillain-Barre syndrome. *Lancet Neurol, 7*(10), 939.

Van Kleef, M., Van Genderen, W.E., Narouze, S., Nurmikko, T.J., Van Zundert, J., Geurts, J.W., et al. (2009). Trigeminal neuralgia. *Pain Practice, 9*(4), 252.

Vucic, S., Kiernan, M.C., & Cornblath, D.R. (2009). Guillain-Barre syndrome: An update. *J Clin Neurosci, 16*(6), 733.

Walker, J. (2009). Spinal cord injuries: Acute care management and rehabilitation. *Nurs Stand, 23*(42), 47.

Références de l'édition française

Agence de la santé publique du Canada (ASPC) (2003). *Maladies à déclaration obligatoire en direct : tétanos. Symptômes.* [En ligne]. http://dsol-smed.phac-aspc.gc.ca/dsol-smed/ndis/diseases/tetn-fra.php (page consultée le 10 décembre 2010).

Agence de la santé publique du Canada (2006). *Maladies à déclaration obligatoire en direct : tétanos. Nombre de cas déclarés, Canada, 1995 à 2004.* [En ligne]. http://dsol-smed.phac-aspc.gc.ca/dsol-smed/ndis/disease2/tetn-fra.php (page consultée le 7 mai 2010).

Association canadienne des paraplégiques (2010). *Les blessures médullaires au Canada.* [En ligne]. www.canparaplegic.org/fr/SCI_facts_67/items/6.html (page consultée le 26 avril 2010).

Barker, E. (2002). *Neuroscience nursing: A spectrum of care* (2nd ed.). St. Louis, Mo.: Mosby.

Bérubé, M., & Loiselle, C. (2003). L'incertitude, le *coping* et l'espoir chez les blessés médullaires. *L'infirmière du Québec, 2*, 16-24.

Gould, C.V., Umscheid, C.A., Agarwal, R.K., Kuntz, G., Pegues, D.A., & Healthcare Infection Control Practices Advisory Committee (2009). *Guideline for prevention of catheter-associated urinary tract infections.* [En ligne]. www.cdc.gov/ncidod/dhqp/dpac_uti_pc.html (page consultée le 21 septembre 2010).

Lockhart, P., Daly, F., Pitkethly, M., Comerford, N., & Sullivan, F. (2010). Antiviral treatment for Bell's palsy (idiopathic facial paralysis). *The Cochrane Library, 6*, 37. [En ligne]. http://onlinelibrary.wiley.com/o/cochrane/clsysrev/articles/CD001869/frame.html (page consultée le 23 avril 2010).

Ministère de la Santé et des Services sociaux du Québec (2009). *Protocole d'immunisation du Québec* (5e éd.). [En ligne]. www.msss.gouv.qc.ca/immunisation/piq (page consultée le 17 septembre 2010).

Trigeminal Neuralgia Association of Canada (2004). *Trigeminal neuralgia information.* [En ligne]. www.tnac.org (page consultée le 23 avril 2010).

CHAPITRE 24

Références de l'édition originale

Altizer, L. (2007). Anatomy and physiology. In NAON. *Core curriculum for orthopaedic nursing* (6th ed.). Boston : Pearson Custom Publishing .

Brinker, M.R., O'Connor, D.P., Almekinders, L.C., Best, T.M., Buckwalter, J.A., Garrett, W.E., et al. (2009). Basic science and injury of muscle, tendon, and ligament. In J. DeLee, D. Drez & M. Miller (Eds), *DeLee and Drez's orthopaedic sports medicine* (3rd ed.). Philadelphia : Saunders.

Brummel-Smith, K., & Dangliolo, M. (2009). Assistive technologies in the home. *Clin Geriatr Med, 25*(1), 61.

Chernecky, C., & Berger, B. (2008). *Laboratory tests and diagnostic procedures* (5th ed.). St. Louis, Mo.: Saunders.

McCance, K.L., & Huether, S.E. (2010). *Pathophysiology: The biologic basis for disease in adults and children* (7th ed.). St. Louis, Mo.: Mosby.

Lash, R., *et al.* (2009). Diagnosis and management of osteoporosis. *Prim Care,* 36, 1.

Lorenz, K, *et al.* (2009). How reliable is pain as the fifth vital sign? *J Am Board Fam Med,* 22, 291.

National Institute of Arthritis and Musculoskeletal and Skin Diseases (2009). *Handout on health: osteoarthritis.* National Institutes of Health. [En ligne]. www.niams.nih.gov/health_info/bone/osteoporosis (page consultée le 4 novembre 2009).

Roberts, D. (2009). The musculoskeletal system. In H. Craven (Ed.), *Core curriculum for medical-surgical nursing* (4th ed.). Pitman, NJ: Academy of Medical-Surgical Nurses.

Thibodeau, G.A., & Patton, K.T. (2008). *Structure and function of the human body* (13th ed.). St. Louis, Mo.: Mosby

Références de l'édition française

Bodin, M. (2007). Le ranélate de strontium : un élément-clé de la lutte contre l'ostéoporose. *Le Rhumatologue,* 64. [En ligne]. www.france-rhumato.fr/Revues/nov2007.pdf (page consultée le 28 juin 2010).

Gould, B.E. (2006). *Pathophysiology for the health professions* (3rd ed.). Philadelphia : Saunders.

Jarvis, C. (2009). *L'examen clinique et l'évaluation de la santé.* Montréal : Chenelière Éducation.

Linton, A.D., & Lach, H.W. (2007). *Matteson & McConnell's gerontological nursing: Concepts and practice* (3rd ed.). St. Louis, Mo.: Saunders.

Marieb, E.N. (2005). *Anatomie et physiologie humaine* (3e éd.). Saint-Laurent, Qc : Éditions du Renouveau Pédagogique Inc.

Ordre des infirmières et infirmiers du Québec (2010). *PRN. Comprendre pour intervenir. Guide d'évaluation, de surveillance clinique et d'interventions infirmières* (2e éd.). Montréal : Ordre des infirmières et infirmiers du Québec.

Pagana, K.D. (2010). *Mosby manual of diagnostic and laboratory tests* (4th ed.). St. Louis, Mo. : Mosby.

Silverthorn, D.U. (2007). *Physiologie humaine : une approche intégrée* (4e éd.). Paris : Pearson Education France.

Voyer, P. (2006). *Soins infirmiers aux aînés en perte d'autonomie.* Saint-Laurent, Qc : Éditions du Renouveau Pédagogique Inc.

CHAPITRE 25

Références de l'édition originale

Abate, J. (2008). Dislocations and soft-tissue injuries of the knee. In B. Browner, A.M. Levine, J.B. Jupiter, P.G. Trafton & C. Krettek (Eds), S*keletal trauma* (4th ed.). Philadelphia : Saunders.

Agency for Health and Research Quality (2009). Sports-related injuries account for one in five of children's emergency department visits. *AHRQ Research Activities,* 349, 21.

Auron-Gomez, M., & Michota, F. (2008). Medical management of hip fracture. *Clin Geriatr Med,* 24(4), 701-719.

Bell, A., Leader, M., & Lloyd, H. (2008). Care of pin sites. *Nurs Stand,* 22(33), 44-48.

Bodden, J. (2009). Treatment options in the hemodynamically unstable patient with a pelvic fracture. *Orthop Nurs,* 28(3), 109-114.

Boyd, A., Benjamin, H., & Asplund, C. (2009). Splints and casts: Indications and methods. *Am Fam Physician,* 80(5), 491-499.

Brauer, C.A., Coca-Perraillon, M., Cutler, D.V., & Rosen, A.B. (2009). Incidence and mortality of hip fractures in the United States. *JAMA,* 302(14), 1573.

Centers for Disease Control and Prevention (2007). *Ten leading causes of death and injury, causes of death by age group.* [En ligne]. www.cdc.gov/injury/wisqars/leadingcauses.html (page consultée le 4 décembre 2010).

Centers for Disease Control and Prevention (2010). *Hip fractures among older adults.* [En ligne]. www.cdc.gov/

HomeandRecreationalSafety/Falls/adulthipfx.html (page consultée le 4 décembre 2010).

Cleveland Clinic (2008). Sprain vs. strain: Different injuries, same treatment. *Arthritis Advisor,* 7(8), 6. [En ligne (abonnement obligatoire)]. www.arthritis-advisor.com/pub/7_8/features/486-1.html (page consultée le 15 juin 2010).

Cleveland Clinic (2010). New materials, improved designs mean better hips. *Arthritis Advisor,* 9(1), 1.

Fisher, T., Williams, S., & Levine, A. (2008). Spinal orthoses. In B. Browner, A.M. Levine, J.B. Jupiter, P.G. Trafton & C. Krettek (Eds), *Skeletal trauma* (4th ed.), Philadelphia : Saunders.

Food and Drug Administration (2009). *Birmingham hip resurfacing system (BHR).* [En ligne]. www.fda.gov/MedicalDevices/ProductsandMedicalProcedures/DeviceApprovalsandClearances/RecentlyApprovedDevices/ucm078189.htm (page consultée le 10 février 2010).

Galway, U., Tetzlaff, J.E., & Helfand, R. (2009). Acute fatal fat embolism syndrome in bilateral total knee arthroplasty – A review of the fat embolism syndrome. *Internet Journal of Anesthesiology,* 19(2).

Hanley, M., Ehde, D., Jensen, M., Czerniecki, J., Smith, D.G., & Robinson, L.R. (2009). Chronic pain associated with upper-limb loss. *Am J PhysMed Rehabil,* 88(9), 742-751.

Hodgson, B.B., & Kizior, R.J. (2010). *Saunders nursing drug handbook 2010.* St. Louis, Mo.: Saunders.

Jacobsen, A., Myerscough, R., DeLambo, K., Fleming, E., Huddleston, A., Bright, N., *et al.* (2008). Patients' perspectives on total knee replacement. *Am J Nurs,* 108(5), 54-63.

Juby, A. (2009). The challenges of interpreting efficacy of hip protector pads in fracture prevention in high-risk seniors. *Clin Rheumatol,* 28(6), 723.

Kallmes, D., Comstock, B., Heagerty, P., Turner, J., Wilson, D., Diamond, T., *et al.* (2009). A randomized trial of vertebroplasty for osteoporotic spinal fractures. *N Engl J Med,* 361(6), 569-579.

Lazo-Langner, A., & Rodger, M. (2009). Overview of current venous thromboembolism protocols in hip reconstruction. *Orthop Clin North Am,* 40(3), 427-436.

Malik, A., Khan, W., Chaudhry, A., Ihsan, M., & Cullen, N. (2009). Acute compartment syndrome: A life and limb threatening surgical emergency. *J Periop Pract,* 19(5), 137-142.

Marx, J., Hockberger, R., & Walls, R. (Eds) (2009). *Rosen's emergency medicine* (7th ed.). Philadelphia : Mosby.

Meade, K.P., Malas, B.S., Patwardhan, A.G., & Gavin, T.M. (2008). Orthoses for osteoporosis. In J.D. Hsu, J.W. Michael, & J.R. Fisk, *American academy of orthopaedic surgeons atlas of orthoses and assistive devices* (4th ed.). St. Louis, Mo.: Mosby.

Mercier, L. (2008). Fractures of the mandible. *Practical orthopedics* (6th ed.). Philadelphia : Mosby.

Murray, M. (2009). Current status and potential of primary ACL repair. *Clin Sports Med,* 28(1), 51-61.

National Institute of Arthritis and Musculoskeletal and Skin Disorders (2010). *Osteoporosis overview.* [En ligne]. www.niams.nih.gov/Health_Info/Bone/Osteoporosis (page consultée le 7 février 2010).

National Institute on Aging & National Aeronautics and Space Administration (2004). *Exercise: A guide from the National Institute on Aging.* [En ligne]. http://weboflife.nasa.gov/exerciseandaging/home.html (page consultée le 4 décembre 2010).

National Limb Loss Information Center (2010). *Fact sheet: Amputation statistics by cause, limb loss in the United States.* [En ligne]. www.amputee-coalition.org/fact_sheets/amp_stats_cause.html (page consultée le 7 février 2010).

Rishiraj, N., Taunton, J., Lloyd-Smith, R., Woollard, R., & Regan, W. (2009). The potential role of prophylactic/functional knee bracing in preventing knee ligament injury. *Sports Med,* 39(11), 937-925.

Roberts, J., & Hedges, J. (2010). Arterial puncture and cannulation. In J. Roberts & J.R. Hedges (Eds), *Clinical procedures in emergency medicine* (5th ed.). Philadelphia : Saunders.

Ronga, M., Chezhiyan, S., Longo, G., Oliva, F., & Maffulli, N. (2009). Minimally invasive osteosynthesis of distal tibial fractures using locking plates. *Orthop Clin North Am,* 40(4), 499-504.

Scanlon, A., & Maffei, J. (2009). Carpal tunnel syndrome. *J Neurosci Nurs,* 41(3), 140-147.

Sinigaglia, R., Bundy, A., Costantini, S., Nena, U., Finocchiaro, F., & Monterumici, D.A. (2009). Comparison of single-level L4-L5 versus L5-S1 lumbar disc replacement: Results and prognostic factors. *Eur Spine J,* 18(1), 52-63.

Sloan, F., Ruiz, D., & Platt, A. (2009). Changes in functional status among persons over age sixty-five undergoing total knee arthroplasty. *Med Care,* 47(7), 742-748.

Steiner, T., & Parker, R. (2009). Subluxation and dislocation: Patellofemoral instability, acute dislocation of the patella. In J. DeLee, D. Drez & M. Miller (Eds), *DeLee and Drez's orthopaedic sports medicine* (3rd ed.). Philadelphia : Saunders.

Tripuraneni, K., Ganga, S., Quinn, R., & Gehlert, R., (2008). The effect of time delay to surgical debridement of open tibia shaft fractures on infection rate. *Orthopedics, 31*(12), 1195.

Wilhelm, K., (2009). Kyphoplasty: Better or worse than vertebroplasty? *Neuroradiology Journal, 22*(suppl. 1), 149.

Yadav, H., Nho, S., Romeo, A., & MacGillivray, J. (2009). Rotator cuff tears: Pathology and repair. *Knee Surg, Sports Traumatol, Arthrosc, 17*(4), 409-421.

Références de l'édition française

Bates, B., Bickley, L.S., & Szilagyi, P.G. (2006). *Guide de l'examen clinique* (5e éd.). Paris : Arnette.

Bischoff-Ferrari, H.A., Willet, W.C., Wong, J.B., Giovannucci, E., Dietrich, T., & Dawson-Hughes, B. (2005). Fracture prevention with vitamin D supplementation: A meta-analysis of randomized controlled trials. *JAMA, 293*(18), 2257-2264.

Holmes, S.B., & Brown, S.J. (2005). Skeletal pin site care: National Association of Orthopaedic Nurses guidelines for orthopaedic nursing. *Orthop Nurs, 24*(2), 99-107.

Institut canadien d'information sur la santé (ICIS) (2007). *Indicateurs de santé 2007.* [En ligne]. http://secure.cihi.ca/cihiweb/products/hi07_indicateurs_de_sante_2007_f.pdf (page consultée le 4 décembre 2010).

Jarvis, C. (2009). *L'examen clinique et l'évaluation de la santé.* Montréal : Chenelière Éducation.

Johns Hopkins (2006). Relief is at hand for carpel tunnel syndrome. *Johns Hopkins Letter Health After 50 Newsletter, 17*(11), 3.

Leclerc, C. (2008). *Évaluation ergonomique d'un poste de travail.* [En ligne]. www.rh.ulaval.ca/webdav/site/rh/shared/documents/sst/ergonomie/ergonomie_bureau/Ergonomie.pdf (page consultée le 4 décembre 2010).

Parker, M.J., Gillespie, W.J., & Gillespie, L.D. (2005). Hip protectors for preventing hip fractures in older people. *Cochrane Database System Rev, 3.*

Statistique Canada (2008). *Les principales causes de décès.* [En ligne]. www.statcan.gc.ca/daily-quotidien/081204/dq081204c-fra.htm (page consultée le 4 décembre 2010).

CHAPITRE 26

Références de l'édition originale

Al-Dabagh, H., Archer, A., Newton, M., Kwagyan, J., & Nunlee-Bland, G. (2009). Osteoporosis awareness protocol for patients with fragility fractures. *J Natl Med Assoc, 101*(2), 145-150.

American Cancer Society (2009). *Medicines to reduce breast cancer risk.* [En ligne]. www.cancer.org/Cancer/BreastCancer/MoreInformation/MedicinestoReduceBreastCancer/index (page consultée le 21 décembre 2010).

Averill, L.W., Hernandez, A., Gonzalez, L., Pena, A.H., & Jaramillo, D. (2009). Diagnosis of osteomyelitis in children: Utility of fat-suppressed contrast-enhanced MRI. *AJR Amn J Roentgenol, 192*(5), 1232-1238.

Berbari, E.F., Steckelberg, J.M., & Osmon, D.R. (2009). Osteomyelitis. In G.L. Mandell, J.E. Bennett, & R. Dolin, *Mandell, Douglas, and Bennett's principles and practice of infectious diseases* (7th ed., p. 1457-1467). Philadelphia : Churchill Livingston.

Binkley, N., Ramamurthy, R., Krueger, D., & Buehring, B. (2009). Advances in osteoporosis care for older adults. *Clin. Geriatrics, 17*(2), 35-40. [En ligne]. www.clinicalgeriatrics.com/articles/Advances-Osteoporosis-Care-Older-Adults (page consultée le 19 décembre 2010).

Bonner, S.M. (2009). Getting to the root of your patient's back pain. *Nursing, 39*(7), 36-41.

Calmels, P., Queneau, P., Hamonet, C., Le Pen, C., Maurel, F., Lerouvreur, C., et al. (2009). Effectiveness of a lumbar belt in subacute low back pain: An open, multicentric, and randomized clinical study. *Spine, 34*(3), 215-220.

Canale, S.T., & Beaty, J.H. (2007). *Campbell's operative orthopaedics* (11th ed.). Philadelphia : Saunders.

Cotten, A., Ceugnart, X., Leroy, C., & Maynou, C. (2005). Tumeurs osseuses primitives et pseudotumeurs. Dans A. Cotten, *Imagerie musculosquelettiques : pathologies générales* (p. 281-334). Paris : Masson.

Cleveland Clinic (2008). Breakthroughs in back pain. *Arthritis Advisor, 7*(10).

Cleveland Clinic (2009). Drugs that build bones. *Arthritis Advisor, 8*(3).

Efering, A., & Manning, A.F. (2008). Epidemiology and risk factors for spinal disorders. In N. Boos & M. Aebi, *Spinal disorders: Fundamentals of diagnosis and treatment* (p. 153-173). New York : Springer.

Freedman, B.A., Potter, B.K., Nesti, L.J., Giuliani, J.R., Hampton, C., & Kuklo, T.R. (2008). Osteoporosis and vertebral compression fractures-continued missed opportunities. *Spine J, 8*(5), 756-762.

Gnant, M., Mlineritsch, B., Schippinger, W., Luschin-Ebengreuth, G., Pöstlberger, S., Menzel, C., et al. (2009). Endocrine therapy plus zoledronic acid in premenopausal

breast cancer. *N Engl J Med, 360*(7), 679-691.

Guyer, R.D., & Roybal, R.R. (2008). The Charite study of disk arthroplasty: What does it really mean? In D.K. Resnick, R.W. Haid, & J.C. Wang, *Surgical management of low back pain* (2nd ed., p. 194-201). New York : Thieme Medical Publishers.

Hendriks, M.R., Bleijlevens, M.H., Van Haastregt, J.C., De Bruijn, F.H., Diedericks, J.P., Mulder, W.J., et al. (2008). A multidisciplinary fall prevention program for elderly persons: A feasibility study. *Geriatr Nurs, 29*(3), 186-196.

Hsu, W.K., & Wang, J.C. (2008). Gene therapy and tissue engineering for spinal fusion. In D.K. Resnick, R.W. Haid & J.C. Wang (Eds), *Surgical management of low back pain* (2nd ed.). New York : Thieme Medical Publishers.

Johns Hopkins Medicine Neurology and Neurosurgery (2009). *Degenerative disc disease.* [En ligne]. www.hopkinsmedicine.org/neurology_neurosurgery/conditions_main/degenerative_disc_disease.html (page consultée le 20 décembre 2010).

Johnson, S.K., & Knobf, M.T. (2008). Surgical interventions for cancer patients with impending or actual pathologic fractures. *Orthop Nurs, 27*(3), 160-171.

Kaide, C.G., & Khandelwal, S. (2008). Hyperbaric oxygen: Applications in infectious disease. *Emerg Med Clin North Am, 26*(2), 571-595.

Kaspar, R.W., Allen, H.D., & Montanaro, F. (2009). Current understanding and management of dilated cardiomyopathy in Duchenne and Becker muscular dystrophy. *J Am Acad Nurse Pract, 21*(5), 241-249.

Kumar, V., Abbas, A.K., Fausto, N., & Aster, J. (2009). *Robbins and Cotran, Pathologic basis of disease* (8th ed.). Philadelphia : Saunders.

Lewis, V.O. (2009). What's new in musculoskeletal oncology? *J Bone Joint Surg Am, 91*(6), 1546-1556.

Manzur, A.Y., Kuntzer, T., Pike, M., & Swan, A. (2008). Glucocorticoid corticosteroids for Duchenne muscular dystrophy. *Cochrane Database System Rev, 1,* CD003725.

Markman, J.D., & Gaud, K.G. (2008). Lumbar spinal stenosis in older adults: Current understanding and future directions. *Clin Geriatr Med, 24*(2), 369-388.

Meade, K.P., Malas, B.S., Patwardha, A.G., & Gavin, T.M. (2008). Orthoses for osteoporosis. In J.D. Hsu, J.W. Michael & J.R. Fisk (Eds), *American Academy of Orthopaedic Surgeons atlas of orthosis and assistive

devices (4th ed., pp. 155-168). St. Louis, Mo. : Mosby.

Miller, C.A. (2008). Mobility and safety. In C.A. Miller, *Nursing for wellness in older adults* (5th ed., p. 460-489). Philadelphia : Lippincott, Williams & Wilkins.

Oliva, F., Longo, U., & Maffulli, N. (2009). Minimally invasive hallux valgus correction. *Orthop Clin North Am, 40*(4), 525-530.

Panus, P., Katzung, B., Jobst, E., Tinsley, S., Masters, S., & Trevor, A. (2008). *Pharmacology for the physical therapist.* Dubuque, Iowa : McGraw-Hill Publishers.

Plummer, E.S., & Albert, S.G. (2008). Diabetic foot management in the elderly. *Clin Geriatr Med, 24*(3), 551-567.

Prentice, A. (2008). Vitamin D deficiency: A global perspective. *Nutr Rev, 66*(suppl. 2), S153-164.

Santaguida, P.L., Gross, A., Busse, J., Gagnier, J., Walker, K., Bandhari, M., et al. (2009). *Evidence report on complementary and alternative medicine in back pain utilization report.* Agency for Healthcare Research and Quality, publication n° 09E006. [En ligne]. www.ahrq.gov/downloads/pub/evidence/pdf/backpaincam/backcam.pdf (page consultée le 19 décembre 2010).

University of California Berkeley (2009). What to do about osteopenia: An update. *Wellness Letter, 25*(9), 4-5.

Urquhart, D.M., Hoving, J.L., Assendelft, W.J.J., Roland, M., & Van Tulder, M.W. (2008). Antidepressants for non-specific low back pain. *Cochrane Database System Rev, 1,* CD001703, 8.

Verbunt, J.A., Sieben, J., Vlaeyen, J.W., Portegijs, P., & Knotterus, A.J. (2008). A new episode of low back pain: Who relies on bed rest? *Eur J Pain, 12*(4), 508-516.

Weichert, S., Sharland, M., Clarke, N.M., & Faust, S.N. (2008). Acute haematogenous osteomyelitis in children: Is there any evidence for how long we should treat? *Curr Opin Infect Dis, 21*(3), 258-262.

Références de l'édition française

American Cancer Society (2010). *What are the survival rates for osteosarcoma?* [En ligne]. www.cancer.org/Cancer/Osteosarcoma/DetailedGuide/osteosarcoma-survival-rates (page consultée le 21 décembre 2010).

Bogduk, N., & McGuirk, B. (2007). *Prise en charge des cervicalgies aiguës et chroniques : une approche fondée sur les preuves.* Issy-les-Moulineaux, France : Elsevier Masson.

Demers, L., & Lapierre, M. (2007). Nouveautés dans le traitement de l'ostéoporose. Ça passe… ou ça casse. *Le Médecin du Québec, 42*(3), 81-86.

Feightner, J.W. (2003). Utilisation des ceintures lombaires pour prévenir la lombalgie professionnelle. *Le Médecin du Québec, 38*(9), 83-85.

Lahl, M., Fisher, V., & Laschinger, K. (2008). Ewing's sarcoma family of tumors: An overview from diagnosis to survivorship. *Clin J Oncol Nurs, 12*(1), 89-97.

Lehne, R.A. (2010). *Pharmacology for nursing care* (7th ed.). St. Louis, Mo.: Saunders Elsevier.

Ostéoporose Canada (2010a). *Évaluation du risque de fracture sur 10 ans: risque CAROC de base.* [En ligne]. www. osteoporosecanada.ca/multimedia/pdf/CAROC_FR.pdf (page consultée le 19 décembre 2010).

Ostéoporose Canada (2010b). *Lignes directrices de pratique clinique 2010 pour le diagnostic et le traitement de l'ostéoporose au Canada.* [En ligne]. www. cmaj.ca/cgi/content/full/cmaj.100771/DC2 (page consultée le 19 décembre 2010).

Ostéoporose Canada (2010c). *Qu'est-ce que l'ostéoporose?* [En ligne]. www. osteoporosecanada.ca/index.php/ci_id/5526/la_id/2.htm (page consultée le 19 décembre 2010).

Société de l'arthrite (2009). *La maladie de Paget.* [En ligne]. www.arthrite.ca/types%20of%20arthritis/pagets/default.asp?s=1 (page consultée le 20 décembre 2010).

Statistique Canada (2006). *Maladies musculosquelettiques: dorsalgie (mal de dos).* [En ligne]. www.statcan.gc.ca/pub/82-619-m/2006003/4053542-fra.htm (page consultée le 19 décembre 2010).

Statistique Canada (2010). *Statistiques canadiennes sur le cancer.* [En ligne]. www.cancer.ca/Canada-wide/About%20cancer/Cancer%20statistics/Canadian%20Cancer%20Statistics.aspx?sc_lang=fr-CA (page consultée le 19 décembre 2010).

CHAPITRE 27

Références de l'édition originale

Affaitati, G., Fabrizio, A., Savini, A., Lerza, R., Tafuri, E., Costantini, R., *et al.* (2009). A randomized, controlled study comparing a lidocaine patch, a placebo patch, and anesthetic injection for treatment of trigger points in patients with myofascial pain syndrome: Evaluation of pain and somatic pain thresholds. *Clin Ther, 31*(4), 705.

Baimpa, E., Dahabreh, I., Voulgarelis, M., & Moutsopoulos, H.M. (2009). Hematologic manifestations and predictors of lymphoma development in primary Sjögren syndrome: Clinical and pathophysiologic aspects. *Medicine, 88*(5), 284.

Carter, J., & Hudson, A. (2009). Reactive arthritis: Clinical aspects and medical management. *Rheum Dis Clin North Am, 35*(1), 21-44.

Centers for Disease Control and Prevention (2010a). *CFS toolkit for health care professionals: Basic CFS overview.* [En ligne]. www.cdc.gov/cfs/toolkit/index.html (page consultée le 8 janvier 2011).

Centers for Disease Control and Prevention (2010b). *Chronic fatigue syndrome: Revised case definition.* [En ligne]. www.cdc.gov/cfs/general/case_definition/index.html (page consultée le 8 janvier 2011).

Centers for Disease Control and Prevention (2010c). *It's spring: Time to prevent Lyme disease.* [En ligne]. www.cdc.gov/features/lymedisease (page consultée le 8 janvier 2011).

Chen, C., Wang, J., & Juhn, R. (2008). Total hip arthroplasty for primary septic arthritis of the hip in adults. *Int Orthop, 32*(5), 573.

Cleveland Clinic (2009). New RA drugs show promise. *Arthritis Advisor, 8*(4). [En ligne (abonnement obligatoire)]. www.arthritis-advisor.com/pub/8_4/features/541-1.html (page consultée le 8 janvier 2011).

Cleveland Clinic (2010). *Myofascial pain syndrome.* [En ligne]. http://my.clevelandclinic.org/disorders/chronic_pain/hic_myofascial_pain_syndrome.aspx (page consultée le 8 janvier 2011).

Danoff-Berg, S., & Friedberg, F. (2009). Unmet needs of patients with systemic lupus erythematosus. *Behav Med, 35*(5).

Dedeoglu, F. (2009). Drug-induced autoimmunity. *Curr Opin Rheum, 21*(5), 547.

Donahue, K.E., Gartlehner, G., Jonas, D.E., Lux, L.J., Thieda, P., Jonas, B.L., *et al.* (2008). Systematic review: Comparative effectiveness and harms of disease-modifying medications for rheumatoid arthritis. *Ann Int Med, 148*(2), 124-134.

Gálvez, J., Sáiz, E., López, P., Pina, M.F., Carillo, A., Nieto, A., *et al.* (2009). Diagnostic evaluation and classification criteria in Sjögren's Syndrome. *Joint Bone Spine, 76*(1), 44-49.

Hellman, D., & Imboden, J. (2008). Arthritis and musculoskeletal disorders. In S. McPhee, M.A. Papadakis & L.M. Tierney (Eds), *Current medical diagnosis and treatment* (47th ed.). New York: McGraw-Hill.

Hoch, B.L., Klein, M.J., & Schiller, A.L. (2008). Bones and joints. In R. Rubin & D.S. Strayer (Eds), *Rubin's pathology: Clinicopathologic foundations of medicine* (5th ed., p. 1083-1152). Philadelphia: Lippincott Williams & Wilkins.

Ling, S.M. (2010). *Rehabilitation of older adult clients.* [En ligne]. www.hopkins-arthritis.org/patient-corner/disease-management/rehab.html (page consultée le 8 janvier 2011).

Lundström, E., Källberg, H., Alfredson, L., Kalreskog, L., & Padyukov, L. (2009). Gene-environment interaction between the DRB1 shared epitope and smoking in the risk of anti-citrullinated protein antibody-positive rheumatoid arthritis: All alleles are important. *Arthritis Rheum, 60*(6), 1597-1603.

Lupus Foundation of America (2009). *Medications to treat lupus symptoms.* [En ligne]. www.lupus.org/webmodules/webarticlesnet/templates/new_learntreating.aspx?articleid=2246&zoneid=525 (page consultée le 8 janvier 2011).

Malik, A., Schumacher, H., Dinnella, J., & Clayburne, G.M. (2009). Clinical diagnostic criteria for gout: Comparison with the gold standard of synovial fluid crystal analysis. *J Clin Rheum, 15*(1), 22-24.

Marques, A. (2008). Chronic Lyme disease: A review. *Infect Dis Clin North Am, 22*(2), 341-360.

Mathews, C.J., & Coakley, G. (2008). Septic arthritis: Current diagnostic and therapeutic algorithm. *Curr Opin Rheum, 20*(4), 457-462.

Mayo Clinic (2009). *Ankylosing spondylitis.* [En ligne]. www.mayoclinic.com/health/ankylosing-spondylitis/DS00483 (page consultée le 8 janvier 2011).

Mounsey, A., & Ewigman, B. (2009). Arthroscopic surgery for knee arthritis? Just say no. *J Fam Pract, 58*(3), 143-145.

Nardelli, D.T., Munson, E.L., Callister, S.M., & Schell, R.F. (2009). *Lyme vaccine: Past and present concern.* [En ligne]. www.lymeinfo.net/vaccine.html (page consultée le 8 janvier 2011).

National Psoriasis Foundation (2010). *Types of psoriatic arthritis.* [En ligne]. www.psoriasis.org/netcommunity/learn_psatypes (page consultée le 8 janvier 2011).

Nuesch, E., Rutjes, A., Trelle, S., Reichenbach, S., & Juni, P. (2008). Doxycycline for osteoarthritis of the knee or hip. *Cochrane Database System Rev, 3.*

Øistad, B., Engebretsen, L., Storheim, K., & Risberg, M.A. (2009). Knee osteoarthritis after anterior cruciate ligament injury: A systematic review. *Am J Sports Med, 37*(7), 1434-1443.

Pullen, R., Brewer, S., & Ballard, A. (2009). Putting a face on systemic lupus erythematosus. *Nursing, 39*(8), 22-28.

Rellosa, G., & Rubin, R. (2009). What's the "take home"? Profound weakness in a young woman. *Consultant, 49,* 519.

Roberts, D. (2007). Arthritis and connective tissue disorders. In National Association of Orthopaedic Nurses, *NAON core curriculum for orthopaedic nursing* (6th ed.). Boston: Pearson Custom Publishing.

Russell, I., & Larson, A. (2009). Neurophysiopathogenesis of fibromyalgia syndrome: A unified hypothesis. *Rheum Dis Clin North Am, 35*(2), 421-439.

Santhouse, A.M. (2009). Review: CBT reduces fatigue in adults with chronic fatigue syndrome but effects at follow-up unclear. *Evid Based Ment Health, 12*(1), 16.

Seshan, S., & Jennette, J. (2009). Renal disease in systemic lupus erythematosus with emphasis on classification of lupus glomerulonephritis: Advances and implications. *Arch Pathol Lab Med, 133*(2), 233-248.

The Johns Hopkins White Paper (2009). *Arthritis.* Baltimore: Johns Hopkins Medicine.

Vincent, R. (2009). Scleroderma. *Practice Nurse, 38*(4), 47-52.

Widberg, K., Karimi, H., & Hafström, I. (2009). Self- and manual mobilization improves spine mobility in men with ankylosing spondylitis: A randomized study. *Clin Rehabil, 23*(7), 599-608.

Zhang, W., Moskowitz, R.W., Nuki, G., Abramson, S., Altman, R.D., Arden, N., *et al.* (2008). OARSI recommendations for the management of hip and knee osteoarthritis, Part II: OARSI evidence-based, expert consensus guidelines. *Osteoarthritis Cartilage, 16*(2), 137-162. [En ligne]. www.oarsi.org/pdfs/oarsi_recommendations_for_management_of_hip_and_knee_oa.pdf (page consultée le 8 janvier 2011).

Références de l'édition française

Agence de la santé publique du Canada (2009). *Arthrite.* [En ligne]. www.phac-aspc.gc.ca/cd-mc/musculo/arthrite-arthritis-fra.php (page consultée le 23 décembre 2010).

American College of Rheumatology (2011). *Classification criteria for determining progression of rheumatoid arthritis.* [En ligne]. www.hopkins-arthritis.org/physician-corner/education/acr/acr.html#prog_rheum (page consultée le 21 janvier 2011).

Anandarajah, A., & Ritchlin, C. (2004). Treatment update on spondyloarthropathy. *Postgrad Med, 116*(5), 31.

Arnett, F.C., Edworthy, S.M., Bloch, D.A., McShane, D.J., Fries, J.F., Cooper, N.S., *et al.* (1988). The American Rheumatism Association 1987 revised criteria for the classification of rheumatoid arthritis. *Arthritis Rheum, 31*(3), 315-324.

Association québécoise de l'encéphalo-myélite myalgique (2010). *L'EM/SFC : de quoi s'agit-t-il ?* [En ligne]. www.aqem.org/emsfc.php#1 (page consultée le 21 janvier 2011).

Bellamy, N., Campbell, J., Robinson, V., Gee, T., Bourne, R., & Wells, G. (2006). Viscosupplementation for the treatment of osteoarthritis of the knee. *Cochrane Database System Rev, 2*.

Carruthers, B.M., & Van de Sande, M.I. (2008). *Encéphalomyélite myalgique/syndrome de fatigue chronique : définition clinique et lignes directrices à l'intention des médecins. Abrégé du Consensus canadien (2005-2006).* [En ligne]. www.aqem.org/includes/documents/AbrFinMars08.pdf (page consultée le 7 janvier 2011).

Collège français des enseignants en rhumatologie (2005). *Phénomène de Raynaud.* [En ligne]. http://cofer.univ-lille2.fr/2eme_cycle/items/item_327.htm (page consultée le 23 décembre 2010).

Grodzicky, T. (2008). L'atteinte pulmonaire et son traitement dans la sclérose systémique (deuxième partie). *Le Bulletin de Sclérodermie Québec*, printemps.

Halperin, S.A., & Lang, B. (2009). *La maladie de Lyme au Canada : une foire aux questions pour les pédiatres.* [En ligne]. www.cps.ca/francais/enonces/ID/MaladieLyme.htm (page consultée le 23 décembre 2010).

Jarvis, C. (2009). *L'examen clinique et l'évaluation de la santé.* Montréal : Chenelière Éducation.

Maddison, P., Kiely, P., Kirkham, B., Lawson, T., Moots, R., Proudfoot, D., *et al.* (2005). Leflunomide in rheumatoid arthritis: Recommendations through a process of consensus. *Rheumatology, 44*(3), 280-286.

McCance, K.L., & Huether, S.E. (2010). *Pathophysiology: The biologic basis for disease in adults and children* (6th ed.). St. Louis, Mo. : Mosby.

Murphy, K.A., Spence, S.T., McIntosh, C.N., & Connor Gorger, S.K. (2006). *Descriptions des états de santé au Canada : maladies musculo-squelettiques.* [En ligne]. http://dsp-psd.communication.gc.ca/Collection/Statcan/82-619-MIF/82-619-MIF2006003.pdf (page consultée le 23 décembre 2010).

Park, J., & Knudson, R. (2007). Symptômes physiques médicalement inexpliqués. *Rapport sur la santé, 18*(1), 49-54. [En ligne]. www.statcan.gc.ca/pub/82-003-x/2006001/article/sympt/82-003-x2006002-fra.pdf (page consultée le 7 janvier 2011).

PasseportSanté.net (2010). *Glucosamine.* [En ligne]. www.passeportsante.net/fr/Solutions/PlantesSupplements/Fiche.aspx?doc=glucosamine_ps_sommaire (page consultée le 29 décembre 2010).

Petersel, D., & Sigal, L. (2005). Reactive arthritis. *Infect Dis Clin North Am, 19*(4), 863-883.

Santé Canada (2006). *Rapport sur les risques cardiovasculaires associés aux anti-inflammatoires non stéroïdiens sélectifs de la COX-2.* [En ligne]. www.hc-sc.gc.ca/dhp-mps/prodpharma/activit/sci-consult/cox2/cox2_cardio_report_rapport-fra.php (page consultée le 23 décembre 2010).

Société de l'arthrite (2008). *L'arthrite : une introduction.* [En ligne]. www.arthrite.ca/types%20of%20arthritis/default.asp?s=1 (page consultée le 23 décembre 2010).

Société de l'arthrite (2009a). *Arthrite psoriasique.* [En ligne]. www.arthrite.ca/types%20of%20arthritis/psoriatic%20arthritis/default.asp?s=1&province=qc (page consultée le 23 décembre 2010).

Société de l'arthrite (2009b). *Fibromyalgie.* [En ligne]. www.arthrite.ca/types%20of%20arthritis/fibromyalgia/default.asp?s=1&province=qc (page consultée le 23 décembre 2010).

Société de l'arthrite (2009c). *Goutte.* [En ligne]. www.arthrite.ca/types%20of%20arthritis/gout/default.asp?s=1&province=qc (page consultée le 23 décembre 2010).

Société de l'arthrite (2009d). *Lupus.* [En ligne]. www.arthrite.ca/types%20of%20arthritis/lupus/default.asp?s=1&province=qc (page consultée le 23 décembre 2010).

Société de l'arthrite (2009e). *Maladie de Lyme.* [En ligne]. www.arthrite.ca/types%20of%20arthritis/lyme%20disease/default.asp?s=1 (page consultée le 23 décembre 2010).

Société de l'arthrite (2009f). *Sclérodermie.* [En ligne]. www.arthrite.ca/types%20of%20arthritis/scleroderma/default.asp?s=1&province=qc (page consultée le 23 décembre 2010).

Société de l'arthrite (2009g). *Spondylarthrite ankylosante.* [En ligne]. www.arthrite.ca/types%20of%20arthritis/as/default.asp?s=1&province=qc (page consultée le 23 décembre 2010).

Société de l'arthrite (2010). *L'arthrose.* [En ligne]. www.arthrite.ca/types%20of%20arthritis/osteoarthritis/default.asp?s=1&province=qc (page consultée le 23 décembre 2010).

Statistique Canada (2006). *Polyarthrite rhumatoïde.* [En ligne]. www.statcan.gc.ca/pub/82-619-m/2006003/4053552-fra.htm (page consultée le 23 décembre 2010).

Tan, E.M., Cohen, A.S., Fries, J.F., Masi, A.T, McShane, D.J., Rothfield, N.F., *et al.* (1982). The 1982 revised criteria for classification of systemic lupus erythematosus. *Arthritis Rheum, 25*(11), 1271-1277. [En ligne]. www.rheumatology.org/practice/clinical/classification/SLE/sle.asp (page consultée le 7 janvier 2011).

Visser, K., Katchamart, W., Loza, E., Martinez-Lopez, J.A., Salliot, C., Trudeau, J., *et al.* (2009). Multinational evidence-based recommendations for the use of methotrexate in rheumatic disorders with a focus on rheumatoid arthritis: Integrating systematic literature research and expert opinion of a broad international panel of rheumatologists in the 3E Initiative. *Ann Rheum Dis, 68*(7), 1086-1093.

Yoshida, K., & Stephens, M. (2004). Living with rheumatoid arthritis: Strategies that support independence and autonomy in everyday life. *Physiotherapy Theory Pract, 20*(4), 221-231.